CW00806578

ISBN 978-0-260-49860-1
PIBN 10952205

NOUVELLE
BIOGRAPHIE GÉNÉRALE

DEPUIS

LES TEMPS LES PLUS RECULÉS

JUSQU'A NOS JOURS.

TOME TRENTE-TROISIÈME.

—

Maldonado. — Martial.

TYPOGRAPHIE DE H. FIRMIN DIDOT. — MESNIL (EURE).

NOUVELLE
BIOGRAPHIE GÉNÉRALE

DEPUIS

LES TEMPS LES PLUS RECULÉS
JUSQU'A NOS JOURS,

AVEC LES RENSEIGNEMENTS BIBLIOGRAPHIQUES
ET L'INDICATION DES SOURCES A CONSULTER;

PUBLIÉE PAR

MM. FIRMIN DIDOT FRÈRES,

SOUS LA DIRECTION

DE M. LE Dr HOEFER.

Tome Trente-Troisième.

PARIS,

FIRMIN DIDOT FRERES, FILS ET Cie, ÉDITEURS,
IMPRIMEURS-LIBRAIRES DE L'INSTITUT DE FRANCE,
RUE JACOB, 56

M DCCC LX.

NOUVELL

BIOGRAPHIE

GÉNÉRALE

DEPUIS LES TEMPS LES PLUS RECULÉS JUSQU'A NOS JOURS.

M

MALDONADO (*Lorenzo* Ferrer), navigateur aventurier espagnol, né dans la seconde moitié seizième siècle, mort le 12 janvier 1625. On re le lieu précis de sa naissance; il racon- que dès l'âge de quinze ans il avait navigué ns les mers du Levant et qu'il avait même été qu'aux Indes; que par la suite il avait voulu faire recevoir pilote; en d'autres occasions, affirmait que son éducation maritime s'était te en Flandre et dans quelques-unes des villes tiques. Il vécut néanmoins fort obscur jus- en 1600. A cette époque un procès, qu'il dut utenir à Estepa, commença à donner du re- tissement à son nom. Ferrer Maldonado était calligraphe et même un peintre habile, et en re initié à la plupart des sciences alors ensei- ées dans les écoles; il avait fait proposer par un ses parents au marquis d'Estepa de le servir ns une opération litigieuse, en lui procurant s pièces qu'il saurait contrefaire; l'envoyé argé de cette audacieuse commission, dont il orait le danger, fut mis immédiatement en t d'arrestation; à la nouvelle de cet incident, ldonado s'enfuit, laissant son cousin entre les ins de la justice. Celui-ci se vit condamné au nnissement hors d'Estepa et de Grenade pen- nt l'espace de quatre ans. Sur ces entrefaites, le gistrat qu'on désignait sous le nom de fiscal prit que Ferrer était à Cadix; un mandat mener fut lancé contre lui, mais sans résul- ; on ignore ce qu'il devint pendant neuf ans. le retrouve à Madrid en 1609; et comme il était point connu dans cette capitale, il put se nner hardiment pour un officier de marine i avait exploré les mers les plus lointaines et les parages les moins connus. Il affirmait uement avoir reconnu en l'année 1588 le dé- it cherché si infructueusement par les An- is, et grâce auquel on pouvait gagner les Phi- pines et les Moluques en trois mois de navi- tout au plus. C'était en franchissant ce détroit, auquel il avait imposé le nom d'*Aniam* et dont les eaux étaient parfaitement libres, qu'il avait gagné les côtes de la Chine et du Japon; il ne s'en tenait point à ces assertions audacieuses dans ses récits : il se donnait comme possédant bien d'autres secrets, plus extraordinaires. C'est ainsi qu'il assiégeait le ministère de ses mémoires, et fit si bien qu'on le présenta à D. Garcia de Sylva y Figueroa, homme instruit et homme influent à la fois, qui lui fit subir un premier interrogatoire en se contentant de lui faire débiter sa théorie sur le fameux détroit d'Aniam. Il résulta de cette enquête que l'entrée du mystérieux canal était par les 78° et la sortie par les 75°. Maldonado ajoutait qu'il ne lui avait pas fallu plus de trente jours pour le franchir. Hâtons-nous de dire que telles étaient les pièces géographiques dont ces documents se trouvaient accompagnés, qu'on n'a pu jamais réhabiliter ni Maldonado, ni Fuca, son émule. Le premier de ces imposteurs n'avait pu même tromper Figueroa. Un peu plus tard, il reçut une atteinte mordante du spirituel Cervantès (1), qui avait assez fréquenté les marins pour apprécier la valeur de ces projets. Notre aventurier ne s'en était pas tenu uniquement à capter l'intérêt des savants; dès 1609 il avait présenté à Philippe III un mémoire dont on conservait naguère une copie dans les archives du duc de l'Infantado, et dans lequel il donnait la relation écrite de sa découverte. Il annonça en outre au conseil des Indes qu'il avait découvert la fixation de l'aiguille aimantée, et une méthode pour obtenir la longitude en mer : on lui offrit pour ces deux beaux secrets 5,000 ducats de rente perpétuelle, sur lesquels il y en avait 3,000 affectés aux premiers. Les frais considérables que nécessitèrent les expériences firent comprendre, un peu tard,

(1) Voy. *Coloquio de los perros Cipion y Berganza* et la vie de Cervantes par Navarrète, 1re partie, § 137.

ce que valaient les théories du personnage. Le savant Navarrète affirme que le livre qu'il publia n'est pas de nature à faire changer sur lui l'opinion des marins. Ce livre est intitulé : *Imagen del mondo sobre la esfera, cosmografia, geografia y arte de navegar;* Alcala, par Juan Garcia y Antonio Duplastre, 1626, in-4°. Il est à remarquer que l'auteur n'y fait mention ni du fameux détroit d'Aniam ni de la fixation de l'aiguille aimantée. Ce faiseur de projets, que l'on peut caractériser plus sévèrement que ne l'ont fait certains biographes, n'eut pas la satisfaction de voir paraître son œuvre; car il mourut dans une auberge de Madrid, le 12 janvier 1625. Ce fut sans doute la famille de Hinestrosa, à laquelle il avait confié l'exécution de son testament, qui fit imprimer le livre en question, livre sans valeur, et tout à fait insignifiant pour la science. De son vivant, Ferrer Maldonado jouit d'un crédit tres-réel. Ferdinand DENIS.

Fernandez de Navarrète, *Historia de la Nautica*, p. 291 et 396, et *Disertacion sobre Ferrer Maldonado, Fucu*, etc.; dans *Coleccion de documentos ineditos*, 1848.

MALDONAT (*Jean*), théologien et exégète espagnol, né en 1534, à Las Casas de La Reina, en Estramadure, mort à Rome, le 5 janvier 1583. Il fit ses études à Salamanque, où il enseigna la philosophie, la théologie et la langue grecque. Il se rendit ensuite à Rome, et entra dans l'ordre des Jésuites, en 1562. Il fut envoyé à Paris l'année suivante, pour y enseigner la philosophie dans le collége des jésuites. Il y professa aussi la théologie avec un grand succès. On rapporte qu'il convertit plusieurs ministres protestants, soit à Paris même, soit dans des voyages qu'il fit à Poitiers et en Lorraine. Tant de succès excitèrent l'envie. On l'accusa d'hérésie parce qu'il avait soutenu qu'il n'est pas de foi que la Vierge ait été conçue sans péché; mais l'évêque de Paris, Pierre de Gondi, le déclara absous. On l'accusa encore d'avoir capté au profit de sa compagnie une partie de la succession du président Montbrun-Saint-André. Maldonat crut prudent de se dérober à l'acharnement de ses ennemis, et alla cacher ses talents dans le collége de Bourges, où il poursuivit ses grands travaux exegetiques. Gregoire XIII l'appela à Rome pour le faire travailler à l'édition de la Bible des Septante. Il mourut dans cette ville, laissant des ouvrages dont quelques-uns parurent, après sa mort seulement, et dont les autres restèrent manuscrits chez les jésuites de Rome et de Rouen. De Thou, si opposé aux jésuites, fait un grand éloge de Maldonat, en qui il admirait « une piéte singuliere, une grande austérité de mœurs, un jugement exquis, avec une exacte connaissance de la philosophie et de la théologie ». Dans ses *Commentaires*, il montre une certaine tendance vers les explications rationnelles qui l'a fait suspecter de socinianisme. Il ne paraît pas que l'inculpation fût fondee; mais Maldonat avait plus de lumières et de critique que la plupart des théologiens de son temps. On a de lui : *Commentarii in quatuor Evangelistas;* Pont-à-Mousson, 1596-1597, 2 vol in-fol. Le P. Dupuy, qui surveilla l'impression, y fit quelques additions et beaucoup de retranchements. Ces commentaires ont été souvent réimprimés; Richard Simon accuse l'auteur de n'avoir pas lu dans les sources les écrivains qu'il cite; — *Commentarii in Jeremiam, Baruch, Ezechielem et Danielem; accessit expositio psalmi CIX, et Epistola ad principem Borbonium, Montispenserii ducem, de collatione ac disputatione cum Sedanensibus calvinianis;* Paris, 1610, in-4°; Tournon, 1611, in-fol.; — *Commentarii in præcipuos Sacræ Scripturæ libros Veteris Testamenti;* Paris, 1643, in-fol.; — *Opera varia Theologica, tribus tomis comprehensa, ex variis tum Regis, tum doctissimorum virorum bibliothecis, maxime parte nunc primum in lucem edita;* Paris, 1677, in fol. Ce recueil réussit peu auprès des théologiens. « Maldonat, qui avait à combattre les calvinistes de France, dit Richard Simon, jugea que saint Augustin n'était guère plus de saison. Il semble avoir suivi en cela les constitutions de son père Ignace, qui veulent qu'on accommode la théologie aux temps et aux lieux lorsqu'il s'agit de la plus grande gloire de Dieu; en quoi il a très-bien réussi; » — *De Cærimoniis*, dans la *Bibliotheca ritualis* de Zaccaria; Rome, 1781, in-4°. Le *Traité des Anges et des Démons* de Maldonat n'a paru que dans une traduction française par Labori, chanoine de Périgueux; Paris, 1617, in-12. Le P. Codognat, minime, a extrait des ouvrages de Maldonat une *Somme des cas de conscience*, qui fut condamnée à Rome. Z.

Sothwell, *Bibliotheca Scriptorum Societatis Jesu*. — Bayle, *Dictionnaire Historique et critique*. — Richard Simon, *Histoire Critique; Lettres choisies*. — Niceron, *Mémoires*, t. XXIII. — Le P. Prat, *Maldonat et l'université de Paris;* Paris, 1857.

MALEBRANCHE (*Nicolas* DE), philosophe français, né à Paris, le 6 août 1638, mort dans la même ville, le 13 octobre 1715. Son père, Nicolas de Malebranche, était secrétaire du roi et trésorier des cinq grosses fermes : sa mère se nommait Catherine de Lauzon. De dix enfants nés de cette union, notre Malebranche fut le dernier. La délicatesse et la fragilité de sa complexion ne permirent pas a ses parents de l'envoyer jeune encore aux écoles publiques : il fut élevé dans la maison paternelle, et n'en sortit qu'à l'âge de l'adolescence, pour aller etudier la philosophie au college de La Marche, puis la théologie à la Sorbonne. Il en suivit les cours avec fruit, sa plus vive de ses passions étant alors l'étude de la science Il eut ensuite à choisir une carrière. Son tempérament, ses goûts, ses habitudes de corps et d'esprit et la douce mélancolie de son caractère l'eloignaient du monde; il choisit l'etat ecclesiastique. Quand il eut reçu les ordres, un canonicat lui fut offert à Notre-Dame de Paris. Mais accepter ce titre n'etait-ce pas s'exposer à devenir un jour théologal, official, archidiacre, vicaire général, peut-être évêque? Il refusa; moins, toutefois, par modestie, ou par défaut de courage, que par répugnance pour les affaires, par inclination pour la retraite. S'étant donc scrupuleusement interrogé sur sa vocation, il prit enfin le parti qui lui parut le plus conforme à son humeur, à son génie; en 1660, âgé de vingt-deux ans, il entra chez les religieux de l'Oratoire.

La congrégation de l'Oratoire était, on le sait, une congrégation savante : ce que l'on sait moins, c'est qu'il régnait alors dans cette congrégation, la plus savante de toutes, un véritable esprit de liberté, que ne gênaient ni les prescriptions d'une règle facile ni la volonté bien conseillée des supérieurs. Ceux-ci, par exemple, n'imposaient à leurs studieux confrères aucun genre de travail; ils ne leur défendaient que la paresse. Aussi le jeune Malebranche put-il, avec leur agrément, se vouer tour à tour à plusieurs études, et se dégoûter successivement tant de celles-ci que de celles-là. Par les conseils du P. Lecointe, il s'occupa d'abord d'histoire ecclésiastique, et lut en grec Socrate, Sozomène, Eusèbe, Théodoret; mais il renonça, dit-on, à l'histoire, parce qu'il ne pouvait réussir à concevoir clairement un ensemble de faits. Cela ne peut nous étonner. Malebranche a trop montré dans la suite combien son esprit, avide d'abstractions, était peu propre à considérer ce qui appartient au monde réel : lui qui n'a jamais su voir les choses présentes, comment aurait-il pu se former une idée nette des choses passées? Quittant donc l'histoire, Malebranche étudia l'hébreu. Il n'avait déjà plus de zèle pour l'hébreu, quand un jour il rencontra dans la boutique d'un libraire le *Traité de l'Homme* de Descartes, qui venait de paraître. L'ancien élève du collège de La Marche ne connaissait pas d'autre philosophie que celle de saint Thomas. Tandis qu'il lisait le *Traité de l'Homme*, il se prit tout à coup d'un tel enthousiasme pour la théorie des esprits animaux, que les battements trop précipités de son cœur le contraignirent plus d'une fois d'interrompre cette intéressante lecture. Tel est le récit de Fontenelle. Il est du moins constant qu'ayant ainsi, et comme par aventure, connu les principes de la philosophie cartésienne, Malebranche négligea tout à fait l'hébreu pour rechercher, lire, méditer les autres écrits de Descartes, et qu'il devint en peu de temps le plus déclaré partisan du novateur. Le voilà donc philosophe, philosophe passionné, homme de parti. Personne ne l'aurait auparavant cru capable de cette témérité, et lui-même moins que personne. Mais désormais il a secoué son indolence; les brouillards qui dérobaient à son esprit la vraie lumière se sont dissipés. Tout à fait guéri de cette inquiétude maladive qui le portait tour à tour aux études les plus diverses, il est tout entier, et pour toujours, attaché à la poursuite des déductions métaphysiques, et l'empire du possible n'a pas de limites si reculées qu'il n'ait l'ambition de les atteindre.

Après s'être consacré six années à étudier toutes les parties de la doctrine cartésienne, Malebranche mit au jour, en 1674 et en 1675, sa *Recherche de la Vérité*. On raconte que le théologien Pirot, chargé d'examiner cet ouvrage, refusa nettement de l'approuver; mais que l'historien Mézeray, autre censeur, se montra plus facile, ne soupçonnant pas qu'il y eût tant de venin caché sous les formules géométriques du docte oratorien. Descartes avait remis à la mode en France, en Hollande, les controverses philosophiques. Vivement excitée par le titre même du livre de Malebranche, la curiosité publique trouva dans ce volume une ample satisfaction; on s'en disputa les exemplaires. L'auteur en fit paraître successivement cinq autres éditions, avec des corrections et des additions considérables (1) : on ne se lassa pas de le lire, de le relire, de l'admirer et de le censurer, de le proclamer dans toutes les langues le plus sûr guide de la jeunesse, et le plus détestable manuel de toutes les erreurs. Il y avait déjà dans l'école même de Descartes deux partis : les modérés, qui s'en tenaient aux principes de la doctrine nouvelle et n'en recherchaient pas les conséquences, ou qui, voyant bien le péril des conséquences, s'efforçaient toutefois de le dissimuler, se contentant d'approuver les tendances de Descartes, la liberté de son esprit, et la fermeté de sa polémique contre des traditions surannées; mais il y avait aussi les exaltés, les indiscrets, qui, sans aucun ménagement pour les opinions reçues, pour les scrupules légitimes de l'autorité, c'est-à-dire de la Sorbonne, osaient tout dire au nom de Descartes, puisqu'il avait émancipé la raison, et compromettaient ainsi par toutes sortes d'excès le principe de la nouvelle philosophie. Le succès même du premier livre de Malebranche prouve assez qu'il etait de la phalange des immodérés : il ne se fait jamais un aussi grand bruit autour des gens qui énoncent simplement des idées sages.

Voici la méthode suivie par Malebranche dans sa *Recherche de la Verité*. Le principe de toute certitude étant la raison absolument libre, c'est-à-dire affranchie du contrôle des sens, plus la pensée humaine s'élève au-dessus de la sphère des substances corporelles, plus elle s'approche de la verité suprême, de laquelle procèdent toutes les vérités subalternes: enfin, par un dernier effort, elle pénètre le sanctuaire même; elle voit dans la pensée de Dieu la cause des êtres, et s'unit a elle par cette vision. Redescendant ensuite l'échelle des êtres, jusqu'aux plus basses regions de la nature, elle cons-

(1 Strasbourg, 1677, 2 vol. in-12; Paris, 1678, 1 vol. in-4°; Lyon, 1684, 2 vol. in-12; Paris, 1700, 3 vol. in-12, Paris, 1712, 4 vol in-12. L'abbé Lenfant le traduisit en latin *De Inquirenda veritate*; Genève, 1685, in 4°. Il y en eut aussi deux traductions en anglais, une en allemand, une autre en hollandais.

tate qu'ils portent tous la marque de leur céleste origine, et que tout est plein de Dieu. Ainsi la physique elle-même n'est qu'une théodicée. Nous entendrons tout à l'heure les graves objections qui seront faites à cette méthode. Elle devait d'autant plus choquer les bons esprits, que Malebranche n'avait pris aucune précaution pour se concilier leur indulgence. Ses contemporains l'ont appelé *le Méditatif*. D'autres exemples fameux, celui de saint Anselme, celui de saint Bonaventure, pour n'en pas citer d'autres, nous apprennent d'ailleurs que les esprits méditatifs perdent ordinairement toute retenue dès que l'esprit de système s'est emparé d'eux. C'est un mot brutal que celui de Faydit traitant l'interprète aventureux de la pensée divine comme un homme tout à fait écarté du droit chemin,

Qui, voyant tout en Dieu, n'y voit pas qu'il est fou.

Non, Malebranche n'est pas un fou; c'est un penseur d'un esprit vif, ingénieux, mais d'un jugement faible, qui ne sait pas distinguer où finit le domaine de la raison, et où commence celui de l'imagination. Il est toutefois évident que sa méthode justifie Spinosa, bien qu'il lui prodigue les plus dures invectives, et non-seulement Spinosa, mais les plus fanatiques théosophes et les athées les plus effrontés. Aristote l'a prouvé contre Platon, et Gaunilon contre saint Anselme. Dès qu'un logicien cesse de reconnaître l'infirmité naturelle de la raison humaine, il déifie sa propre pensée, puis il en devient idolâtre. Un peu de critique, un peu de bon sens suffit pour éviter l'écueil : eh bien, ce peu de bon sens a été quelquefois refusé aux plus nobles génies. Cela paraît une étrange disposition de la Providence; mais l'homme n'est pas plus autorisé à lui faire des questions que des reproches : *Quis consiliarius ejus fuit?*

Les plus ardents parmi tous les adversaires de Malebranche furent les théologiens. Dès l'année 1677, Malebranche entreprit de démontrer l'injustice de leurs censures, dans un petit écrit intitulé : *Conversations métaphysiques et chrétiennes*, in-12. Il ne le publia pas d'abord sous son nom, et beaucoup de gens l'attribuèrent à son ami, l'abbé de Catelan. Quel qu'en fût l'auteur présumé, c'était une apologie, qui tendait à concilier la métaphysique et la foi chrétienne. Elle obtint l'approbation de quelques cartésiens. Mais la Sorbonne, plus ombrageuse, ne l'approuva pas. Non-seulement, en effet, Malebranche y prouvait mal son orthodoxie; mais les arguments qu'il employait pour défendre sa méthode autorisaient manifestement les plus effroyables blasphèmes. On ne pouvait tromper la Sorbonne avec les artifices d'un beau langage, quand, pour élever l'homme, on l'absorbait en Dieu, quand, pour célébrer avec plus d'emphase les souveraines perfections de l'essence divine, on se donnait comme entretenant avec elle un commerce familier.

Un grand nombre de théologiens, que ces nouveautés révoltaient, accusaient donc l'auteur d'extravagance ou d'impiété, quand une indiscrétion du P. Levasseur, professeur de théologie positive à Saint-Magloire, fit parvenir entre les mains d'Antoine Arnauld quelques fragments d'un traité manuscrit, où Malebranche dissertait à sa manière, c'est-à-dire avec une entière indépendance, sur une autre question métaphysique et chrétienne, la question de la grâce et de la liberté.

Quelle place suppose-t-on à la liberté de l'homme dans le système métaphysique de Malebranche? Assurément on n'en suppose aucune, puisque, de l'avis même de plusieurs cartésiens, et pour en citer un parmi les modernes, de l'avis de M. Bouillier (*Hist. de la Philos. Cartés.*, t. II, p. 141), la personne humaine est totalement anéantie par ce système. Cependant, par une inconséquence singulière, Malebranche avait, dans l'écrit divulgué par le P. Levasseur, plaidé la cause du libre arbitre en des termes pélagiens: c'était un délit aux yeux d'Arnauld. Il en fit aussitôt une affaire, ne laissant pas ignorer à Malebranche qu'il se préparait à lui répondre. Le P. Quesnel, ami de l'un et de l'autre, voulut dès l'origine apaiser un débat qui promettait plus d'une satisfaction aux ennemis communs des cartésiens et des jansénistes, les jésuites : par son entremise, un colloque entre Arnauld et Malebranche eut lieu chez le marquis de Roucy, au mois de mai 1679; mais on échangea beaucoup de paroles dans cette entrevue, sans pouvoir s'entendre. A quelque temps de là Malebranche publia son manuscrit, sous le titre de : *Traité de la Nature et de la Grâce*, in-12, 1680, et souleva contre lui par cette publication non-seulement Arnauld, mais encore Bossuet. Bossuet, ayant reçu de Malebranche un exemplaire de l'ouvrage, écrivit sur cet exemplaire : *Pulchra, nova, falsa.* On connaît Bossuet : il jugeait les autres avec hauteur, et ne revenait guère sur ses jugements. Malebranche s'efforça vainement de le mettre dans son parti. Mais, de son côté, Bossuet ne réussit pas mieux à convaincre Malebranche. Un entretien qu'ils eurent à ce sujet se termina par des récriminations réciproques; ils se séparèrent mécontents l'un de l'autre, et Bossuet pressa vivement Arnauld ainsi que Fénelon, de réfuter l'*extravagant* oratorien. Voici les termes d'une de ses lettres à Arnauld : « Opto quam primum edi ac pervenire ad nos hujus tractatus (le *Traité de la Nature et de la Grâce*) promissam confutationem, neque tantum hujus partis quæ de gratia Christi tam *falsa*, tam *insana*, tam *nova*, tam *exitiosa* dicuntur, sed vel maxime ejus qua de ipsa Christi persona.... tam *indigna* proferuntur. » Fénelon se rendit promptement aux désirs de Bossuet, et publia sa *Réfutation du système de Malebranche sur la Nature et la Grâce.* Arnauld prit un chemin plus long, mais plus sûr, pour arriver au même but. Versé dans toutes les subtilités de l'école, Arnauld ne pouvait se dissimuler que les nouveautés du théologien avaient pour complices les nouveautés du philosophe ; aussi commença-t-il sa vive polémique en dénonçant au public comme autant de faussetés toutes les propositions que nous offre sur la nature des idées le premier et le plus fameux ouvrage de Malebranche, *La Recherche de la Vérité.*

Le traité *Des Vraies et des Fausses Idées* parut pour la première fois à Cologne en 1683, in-12. C'est un livre écrit sans pitié. Sur la question des idées, le réalisme de Malebranche avait atteint le dernier terme de l'audace. Arnauld démontre de la façon la plus convaincante que toutes les idées de Malebranche, tous les corpuscules intelligibles localisés par ce docteur dans la mémoire de l'homme, ou dans le laboratoire de l'entendement divin, sont des fictions absolument différentes de ce que l'on a coutume de comprendre sous le nom d'*idées*. N'était-ce pas donner trop d'importance à une définition erronée? N'y avait-il pas plus de stratégie que de loyauté dans cette brusque et véhémente sortie contre un simple paradoxe? Qu'on ne le pense pas. C'est un problème fondamental que celui de l'origine et de la nature des idées. C'est à l'occasion de ce problème qu'Aristote et Platon se séparent, pour s'engager ensuite en des voies si différentes. Il occupe d'ailleurs une place d'autant plus considérable dans le système de Malebranche, qu'après avoir empli de chimères la pensée de Dieu, Malebranche prend pour témoins de la vérité ces chimères elles-mêmes, et n'en veut pas d'autres : de sorte que de sa fausse psychologie prennent origine une fausse théologie, une fausse morale. Sans aucun doute Malebranche aurait bien désiré, dès le début de cette polémique, ne pas voir toute sa philosophie engagée dans la question; mais l'empressement qu'il mit à répondre aux objections d'Arnauld prouve assez qu'il avait apprécié l'habileté du vieil athlète, et qu'il avait reconnu la nécessité de parer au plus vite un coup si bien porté. La *Réponse au livre des Vraies et des Fausses Idées* fut publiée la même année que l'écrit d'Arnauld Cette *Réponse*, quelquefois éloquente, ne manque pas d'aigreur. On y rencontre même des invectives : des invectives contre un septuagénaire! C'est un oubli des convenances. Mais il faut peut-être pardonner aux philosophes *méditatifs* cette faute, qu'ils ont souvent commise : vivant loin du monde, ils en ignorent les lois. Quoi qu'il en soit, la *Réponse* de Malebranche, dictée par un maître dans l'art d'écrire, lui réconcilia beaucoup d'esprits que l'autorité d'Arnauld avait d'abord entraînés dans l'autre parti. Arnauld fut donc forcé de reprendre la plume, et tout d'un trait il écrivit une longue *Défense*, qui parut à Cologne en 1684. L'attention publique était vivement excitée. Il est assez vraisemblable que même en ce temps, si différent du nôtre, où tous les lettrés avaient quelque expérience de la philosophie, les subtilités de cette polémique ne furent pas bien comprises par beaucoup de gens. Tout le monde s'efforçait, du moins, de les comprendre, et dans tous les lieux où se réunissaient d'ordinaire les beaux esprits de la cour et de la ville, on ne parlait que de ce grand tournoi; les femmes elles-mêmes se faisaient initier aux mystères de l'idiome scolastique, et prenaient ensuite parti pour ou contre les êtres représentatifs, la vision en Dieu, l'étendue intelligible. Derrière chacun des combattants était une nombreuse phalange, qui l'encourageait, l'animait, et lui promettait à chaque nouvelle reprise d'armes une facile victoire.

Contre la *Défense* d'Arnauld Malebranche composa promptement *Trois Lettres*, dont la réunion forme un nouveau volume.

Il s'agit toujours, dans ces lettres, des fameuses entités de l'entendement divin. Cependant le terrain de la dispute s'élargit. Plusieurs fois sommé de laisser de côté la question des idées, et d'aborder enfin celle de la grâce, Arnauld ne peut plus différer de condescendre au désir de son adversaire et aux secrètes instigations de Bossuet. Il écrit à la hâte et fait communiquer à Malebranche une *Dissertation sur les miracles de l'ancienne loi, en réponse à un Éclaircissement du Traité de la Nature et de la Grâce*. Malebranche est dénoncé dans cet écrit comme un des plus audacieux ennemis de la foi, pour avoir subordonné tous les faits occasionnels aux lois générales de la Providence, et pour avoir ainsi plus qu'ébranlé la confiance due par tout chrétien aux miracles, aux légendes bibliques. A cette dénonciation Malebranche répliqua sans se troubler. On pouvait mettre en défaut sa logique, mais non pas son courage. Il publia donc presque sur-le-champ sa *Réponse à la Dissertation d'Arnauld*, et son *Éclaircissement sur les miracles de l'ancienne loi*. Les mois, les années s'écoulaient, les volumes succédaient aux volumes, et ni l'ardeur des deux combattants, ni l'attention du public n'étaient encore fatiguées. Arnauld mit alors au jour ses *Réflexions théologiques et philosophiques*, ainsi que *Neuf Lettres* à l'adresse de Malebranche, 1685, 1686. Dans ces *Réflexions*, dans ces *Lettres*, il l'accusait d'avoir amèrement outragé la Providence par des hypothèses dignes d'un impie, d'avoir en des termes trop clairs contredit la doctrine de saint Augustin et de l'Église sur l'absolue nécessité de la grâce prévenante, d'avoir, autant qu'il l'avait pu, profané par d'indignes sarcasmes le dogme de la prédestination, et d'avoir enfin, par toutes sortes de nouveautés, mis la philosophie en opposition directe avec la religion révélée. Avait-il commis tous ces délits? Peut-être. Mais le débat, on le voit, a changé de caractère : il s'agissait naguère, à propos des idées, de savoir si la philosophie de Malebranche peut être sanctionnée par la droite raison; mais à propos de la grâce, de la prédestination, des miracles, il s'agit simplement de vérifier si les assertions dogmatiques de Malebranche sont ou ne sont pas conformes à celles de saint Augustin. La dissemblance démontrée, Malebranche sera-t-il confondu? Il ne le sera pas au jugement de tous les siècles. L'autorité de saint Augustin sera toujours grande sans aucun doute; mais il y a longtemps déjà qu'elle ne prévaut plus sur l'autorité de la raison. Du temps même de Malebranche, il y avait en France, en Hollande, en Angleterre, plus d'un libre penseur pour qui les arrêts de l'Église n'étaient pas sans appel. Ajoutons qu'un parti puissant, les molinistes, n'acceptait pas le janséniste Arnauld pour un interprète fidèle de saint Augustin. *Le Méditatif* n'avait donc pas lui-même manqué d'adresse lorsqu'il avait fait tant d'efforts pour obliger son adversaire à traiter uniquement la question de la grâce : il était certain à l'avance de voir ses opinions sur cet obscur et dangereux problème appuyées par un grand nombre de gens. Aux *Reflexions* et aux *Lettres* d'Arnauld il opposa neuf *Lettres* nouvelles, qu'il publia successivement, en trois parties, et, dissertant avec plus d'abondance sur la matière de la grâce que sur ces abstractions métaphysiques, dont il n'y avait pas fait généralement admettre la réalité, il intéressa davantage à sa cause les libres docteurs.

Cette polémique finit en l'année 1686. Quand le silence eut remplacé tant de bruit, ni l'un ni l'autre des deux interlocuteurs ne put se féliciter d'avoir convaincu son adversaire et entraîné le public de son côté. Les esprits restèrent partagés; mais cette affaire n'accrut pas beaucoup la réputation d'Arnauld, depuis longtemps faite; tandis que Malebranche, à peine connu lorsque le débat commença, était devenu lorsqu'il cessa un véritable chef de secte. Dès lors en effet parmi les cartésiens on distingua les *malebranchistes*, qui, ayant reçu ce nom, le portèrent en public, s'avouant les disciples du maître. Nous n'assurons pas qu'ils fussent tous à combattre pour toutes ses opinions; mais tous, du moins, ils en avaient adopté quelques-unes, et se plaisaient d'ailleurs à rendre hommage au mérite éclatant de l'écrivain, à la constante sérénité du philosophe.

Assurément, dans les écrits d'un homme aussi incapable de subir le joug de la discipline, aussi ardent à conclure, et aussi peu respectueux à l'égard des maximes communément admises, il y avait un aliment pour la curiosité, pour l'enthousiasme de chacun. Il s'était d'ailleurs concilié beaucoup de partisans, depuis le commencement de sa controverse avec Arnauld, par des ouvrages plus originaux, plus considérables que ses libelles polémiques, et où il avait fait preuve d'un talent plus varié. Dès l'année 1684 parurent ses *Méditations métaphysiques et chrétiennes*, qui eurent un étonnant succès: quatre mille exemplaires de cet ouvrage furent en quelque sorte arrachés au libraire qui venait de les mettre en vente, et l'auteur dut en préparer aussitôt une édition nouvelle. Dans le même temps, la même année, Malebranche donna son *Traité de Morale*, in-12. Enfin, en 1688, le public reçut de sa main ses *Entretiens sur la métaphysique et sur la religion*, réimprimés en 1690 et en 1697, qui sont considérés à bon droit comme offrant, sous la forme d'un dialogue solennel, un résumé complet de toute la doctrine de Malebranche sur l'âme, l'union de l'âme et du corps, la nature des idées, l'imperfection des sens, la vision en Dieu, l'universel empire de la Providence, et les lois qu'elle observe dans le gouvernement des esprits et des corps. Voici le début des *Entretiens*: « Bien donc, mon cher Ariste, puisque vous le voulez, il faut que je vous entretienne de mes visions métaphysiques. Mais pour cela il est nécessaire que je quitte ces lieux enchantés qui charment nos sens... Comme j'appréhende extrêmement de prendre pour les réponses immédiates de la vérité intérieure quelques-uns des préjugés ou de ces principes confus qui doivent leur naissance aux lois de l'union de l'âme et du corps, et que dans ces lieux je ne puis pas faire taire un certain bruit confus, qui jette le trouble dans toutes mes idées, sortons d'ici, je vous prie; allons nous renfermer dans votre cabinet, afin de rentrer plus facilement en nous-mêmes : tâchons que rien ne nous empêche de consulter l'un et l'autre notre maître commun, la raison universelle. C'est la vérité intérieure qui doit présider à nos entretiens! » Ce fragment en dit assez et trop. Voilà un philosophe qui prêt à considérer la nature et les opérations des corps s'en éloigne autant qu'il peut, qui tient pour suspect le témoignage des sens corporels au sujet du monde où, comme il va le dire, nos corps habitent, et qui ne veut interroger sur la réalité de ce monde qu'un esprit sourd à tous les bruits, insensible à tous les contacts. Le système né de ce colloque avec la raison pure peut assurément avoir beaucoup de grandeur; mais au lieu de vérités bien démontrées et bien ordonnées, il ne nous offrira jamais qu'un audacieux échafaudage de décevantes visions. Le mot est de l'auteur lui-même, et mérite d'être retenu : *Il faut que je vous entretienne de mes visions.* Mais à qui permet-on d'être visionnaire, si ce n'est aux poëtes?

L'Église de Rome fut et devait être consultée sur ce système. Elle répondit, le 29 mai 1690, par une mise à l'*index* des ouvrages suivants : *Traité de la Nature et de la Grâce*, *Lettres* contre Arnauld, *Défense de l'auteur de la* Recherche de la Vérité *contre l'accusation de M. de La Ville*, *Lettres* en réponse aux Réflexions Philosophiques. Plus tard, le 4 mars 1709, elle frappa de la même sentence la *Re-*

cherche de la Vérité, et le 15 janvier 1714 les *Entretiens sur la métaphysique et la religion*.

Depuis quelques années Rome avait trop usé de ses foudres. Elles n'avaient plus guère de vertu. Nous n'apprenons donc pas que les partisans de Malebranche aient été très-déconcertés par l'arrêt de l'année 1690. Cependant l'intrépide docteur paraît avoir quelque temps tenu sa tête courbée et ses lèvres closes, moins, il est vrai, par soumission que par condescendance, étant de ceux dont un décret de la congrégation de l'Index ne saurait troubler la conscience. Nous le voyons rentrer dans l'arène en 1694. Un péripatéticien plus ferme encore que le docte Arnauld, Régis, avait censuré bon nombre de propositions malebranchistes dans le *Journal des Savans* des années 1693, 1694. Il avait, notamment soutenu, contre le néo-platonicien de l'Oratoire, que les idées, simples modalités du sujet pensant, ne possèdent à aucun titre l'existence objective; il avait, en outre, attaqué, avec plus ou moins de bonne foi, une assertion de Malebranche relative aux plaisirs des sens, l'accusant de reproduire sur ce point le sentiment d'Épicure. Aux accusations de Régis, Malebranche fit une *Réponse* qui donna de nouveaux mouvements d'impatience au vétéran de la critique. Arnauld déclare que, réduit autrefois à un silencieux abandon de ses chimères, Malebranche se montre aujourd'hui bien arrogant, quand il ose tenter de les remettre en honneur. Ce qui fournit à Malebranche l'occasion d'écrire contre Arnauld deux nouvelles *Lettres*, plus vives peut-être et plus dures que les précédentes (juillet 1694). Les récriminations occupent plus de place dans ces libelles que les raisons, bonnes ou mauvaises, pour ou contre les sentiments opposés. Quelques années après, dom François Lami, zélateur enthousiaste de Malebranche, et néanmoins assez libre esprit, ayant prétendu justifier la thèse de l'amour pur et désintéressé, c'est-à-dire la thèse même du quiétisme, en citant quelques lignes empruntées au huitième entretien des *Conversations métaphysiques*, Malebranche se vit engagé contre sa volonté, par ce malencontreux emprunt, dans un parti qui ne jouissait pas alors d'une très-bonne renommée. Il est incontestable que si l'intelligence humaine, comme l'assurait Malebranche, voit en Dieu même toute vérité, elle n'a qu'à s'abîmer dans la contemplation de cette lumière. L'étude des choses n'importe plus : ce n'est qu'un travail stérile. Or, si l'unique objet de la connaissance est Dieu, à plus forte raison est-il l'unique objet de l'amour. Et s'il est aimé sans comparaison, il est aimé sans intérêt, l'union de l'homme à Dieu par l'amour étant nécessairement plus étroite, plus intime, que l'union par la connaissance. On ne peut, comme il semble, raisonner autrement sans commettre quelque paralogisme. Cependant c'étaient là des conclusions compromises, et Malebranche crut devoir protester contre ce qu'on lui faisait dire. C'est à cette occasion qu'il publia son *Traité sur l'Amour de Dieu*, 1697, in-12. Ainsi que Bossuet, dans sa polémique contre Fénelon, Malebranche proteste à la fois contre l'amour mercenaire et l'amour absolument dégagé de tout intérêt. Assurément Dieu seul est la fin de notre amour. Mais nous trouvons dans cet amour notre félicité, et cette félicité est bien loin de nous être indifférente. Si donc nous n'aimons pas Dieu en vue de nous-mêmes, ce qui toutefois nous entraîne à l'aimer, c'est le sentiment de ce qui doit faire notre bonheur personnel : un pur sentiment, et non pas un calcul. Or, c'est le calcul qui rend l'amour mercenaire. Telle fut la distinction proposée par Malebranche. « Il aimait, nous dit le P. André, M. de Cambrai, qui s'était montré favorable à son système sur les idées. Il craignait M. de Meaux, qui menaçait son *Traité de la Nature et de la Grâce*. Il craignait encore plus le moindre soupçon de quiétisme, qui était alors l'accusation à la mode... Il tâcha d'éclaircir la matière à la satisfaction des deux partis. » L'a-t-il vraiment éclaircie? Nous en doutons un peu.

Malebranche allait bientôt atteindre sa soixantième année. L'éclat de son talent, l'indépendance et même l'âpreté de ses convictions en avaient fait un personnage si considérable, que la renommée de Descartes lui-même n'était pas supérieure à la sienne. On sera peut-être surpris d'apprendre qu'il était surtout en crédit auprès des mathématiciens; et que par leur recommandation il fut élu, en 1699, membre honoraire de l'Académie des Sciences. Il y eut à Paris des conférences de malebranchistes. Il y en avait une chez la nièce de Malebranche, Mlle de Wailly, où l'étude et la discussion des sentiments particuliers à notre docteur réunissaient toutes les semaines, à un jour fixe, l'abbé de Cordemoy, le premier médecin de la reine Silva, le mathématicien Joseph Sauveur, professeur au Collége Royal, Miron, conseiller au Châtelet, l'érudit Germon, Saurin, rédacteur du *Journal des Savants*, le P. Aubert, le P. André et quelques autres. Malebranche venait rarement dans cette assemblée. Comme on le pressait un jour de s'y rendre : — « Pourquoi? dit-il; pour faire dire à mon arrivée : *Voilà la bête!* » Même à cette réunion d'amis il préférait la solitude. Aussi souvent qu'il le pouvait, il quittait Paris, se retirait à la campagne, fermait les volets de son appartement, et méditait dans le silence et la nuit. Mais à Paris sa maison était ouverte à tout le monde; car, loin de repousser les visiteurs comme des importuns, il les recevait avec reconnaissance comme des hôtes toujours attendus, tant son ardeur pour la propagande le rendait communicatif. On le savait, et il ne venait guère à Paris de notable étranger qui ne fit sa visite au père Malebranche. Jacques II lui rendit lui-même cet hommage.

Malebranche apprit un jour de l'évêque de Rosalie, M. de Lionne, que sa philosophie avait pénétré même dans la Chine. Ce qui lui fournit l'occasion de composer les *Entretiens d'un philosophe chrétien et d'un philosophe chinois sur l'existence de Dieu;* Paris, 1708. Mais, quelle que fût l'aménité naturelle de son caractère, il avait été tellement aigri par les agitations de sa vie, qu'il ne pouvait écrire même à l'adresse d'un Chinois sans offenser toute une secte française. Les Jésuites, qui considéraient la Chine comme une province conquise par leur société, s'irritèrent de le voir accuser les Chinois d'athéisme; et le père Tournemine, le père Hardouin lui repondirent que les Chinois étaient moins athées que lui-même, puisque sa doctrine était au fond celle de Spinosa. C'était une accusation déjà vieille, et contre laquelle Malebranche avait souvent protesté. Mais à beaucoup d'habiles gens, à Leibniz lui-même, elle parut un peu fondée. La question n'était pas en effet de savoir si Malebranche confessait des lèvres les conclusions si mal notées de Spinosa, mais si l'on pouvait concilier en logique les conclusions de Spinosa et les prémisses de Malebranche. Cette contrariété ne fut pas la dernière qu'éprouva notre docteur. Avec la franchise et la vivacité de son esprit, il avait écrit sur toute matière avec trop peu de réserve; de sorte que tout envieux de sa gloire trouvait facilement dans ses ouvrages des arguments pour l'accuser. C'est le malheur des écrivains qui ont confié trop tôt au public les passions de leur âme; on leur reproche même l'effervescence des plus généreux sentiments; leurs imprudences sont appelées des crimes, et le public, qui n'aime pas les grands noms, se met du côté des obscurs détracteurs.

C'est en 1713 que parut l'ouvrage du père Boursier intitulé : *De l'Action de Dieu sur les Créatures*. Meilleur logicien que Malebranche, le père Boursier se prononçait fermement pour la thèse de la vision en Dieu, mais rejetait ensuite, comme une inconséquence, tout ce que Malebranche avait imaginé, dans ses traités sur la grâce, pour réserver à l'homme un reste de liberté. C'était donc pour Malebranche un disciple de plus parmi les docteurs de la Sorbonne, mais un disciple fâcheux, qui le compromettait en le faisant raisonner avec trop de rigueur. « Si l'homme, dans la doctrine du père Boursier, n'est qu'un automate mu par Dieu lui-même, est-il donc autre chose dans la doctrine de Malebranche? » Ainsi s'exprime, sous la contrainte de l'évidence, le dernier historien de ces débats, M. Francisque Bouillier. La doctrine d'un philosophe n'est pas en effet ce qu'il veut bien affirmer, mais ce qu'on doit conclure de ses principes. Dans une de ses lettres au père André, Malebranche reprocha des contradictions au père Boursier. Il se contredit lui-même plus ouvertement encore dans ses *Reflexions sur la Prémotion physique;* 1715, in-12.

Malebranche mourut où il avait passé presque toute sa vie, dans une étroite cellule de la maison de l'Oratoire Saint-Honoré. Comme les paladins de notre légende héroïque, comme un vrai héros de la table ronde, il combattit jusqu'au dernier jour de sa vie, et mourut des suites d'un combat. Le philosophe anglais Berkeley étant venu le visiter dans sa cellule, ils furent bientôt en pleine dispute. N'étaient-ils pas l'un et l'autre chevaliers? Mais à la suite de cette discussion, Malebranche sentit qu'il avait fait un effort supérieur à ce qui lui restait d'énergie physique. Il s'affaissa sur lui-même, pour ne plus se relever.

Nous avons mentionné dans cette notice tous, ou, du moins, presque tous les opuscules de Malebranche qui ont été multipliés par la presse. Quelques-uns sont-ils restés inédits? On pourrait le supposer, en lisant les fragments de la correspondance du père André, publiés pour la première fois par M. Cousin. Nous regrettons surtout la perte de ses lettres. Suivant le père Lelong, Malebranche avait un commerce épistolaire avec plus de cinq cent cinquante personnes. M. Cousin a récemment publié deux lettres de Malebranche, M. Feuillet de Conches quatre, MM. Mancel et Charma dix-sept. On a de plus une correspondance de Malebranche et de Mairan, sur laquelle il faut consulter les *Fragments de Philosophie Cartésienne* de M. Cousin, et l'on parle encore de lettres inédites de Malebranche à Leibniz. Quelles mains ont anéanti ou caché le reste? « Retenir, altérer, détruire la correspondance d'un tel personnage, c'est dérober le public, et, à quelque parti qu'on appartienne, c'est soulever contre soi les honnêtes gens de tous les partis. » Cette phrase vive est de M. Cousin. Nous souscrivons à la sentence qu'elle renferme. Nous y souscrivons, sans être du parti de Malebranche et de M. Cousin. M. Cousin définit Malebranche « le Platon du christianisme, l'ange de la philosophie moderne, un penseur sublime, un écrivain d'un naturel exquis et d'une grâce incomparable ». Mais, d'un autre côté, Voltaire, dans son *Traité de Métaphysique*, chapitre 3, prétend que « pour réduire le système de Malebranche à quelque chose d'intelligible on est obligé de le réduire au spinosisme; » et nous avons plus d'une fois indiqué dans le cours de cette notice que nous sommes à cet égard de l'opinion de Voltaire. Malebranche n'est donc pas l'*ange* par lequel nous consentons à nous laisser conduire. La sublimité de sa pensée nous effraye plutôt qu'elle ne nous séduit. Mais qui refuserait à l'éclat de son génie, à l'aimable et courageuse liberte de son caractère, a l'austère éloquence de son style, tous les hommages qui leur sont dus?

B. HAURÉAU.

V. Cousin. Introduction aux *Œuvres Philosophiques du pere Andre*. — Mancel et Charma, *Le pere André*. — Fr. Bouillier, *Hist. de la Philosophie Cartésienne*, et article *Malebranche*, dans le *Dictionn. des Sciences Philosoph.* — Bordas-Demoulin, *Le Cartésia-*

nisme. — Damiron, *Hist. de la Philosophie du dix-septième siècle.* — Fontenelle, *Éloge de Malebranche.* — J. Simon, Introduction aux *Œuvres Philosoph. d'Ant. Arnauld.* — F. Saisset, *Essai de Philosophie religieuse.* — Niceron, *Memoires*, II.

MALÉE ou **MALCHUS** (1), général carthaginois, vivait, suivant Paul Orose, dans le sixième siècle avant J.-C. Il fut, d'après Justin, un des premiers qui étendirent la domination de Carthage, en soumettant les tribus africaines et en s'emparant ensuite d'une grande partie de la Sicile. Il voulut poursuivre ses conquêtes en Sardaigne, mais il perdit une grande bataille, et fut puni de sa défaite par l'exil. Indigné de l'ingratitude de ses concitoyens, il excita son armée à la révolte, et mit le siége devant Carthage. Ce fut en vain que les Carthaginois lui envoyèrent pour intercéder en leur faveur son fils Carthalon, Malée le fit crucifier en vue de la ville. S'étant rendu maître de Carthage, il fit mettre à mort dix des principaux sénateurs. Il laissa aux autres la suprême puissance. Accusé bientôt après d'aspirer à la royauté, il fut condamné à mort. Paul Orose, qui n'a fait qu'abréger le récit de Justin, ajoute que ces événements eurent lieu sous le règne de Cyrus; mais sa seule raison pour assigner cette date, c'est que Justin nomme Magon aussitôt après Malée. La chronologie de ces faits est extrêmement incertaine et les faits même sont douteux.

Y.

Justin, XVIII, 7. — Orose, IV, 6.

MALEGUZZI-VALERY (Comtesse *Veronica*), Italienne célèbre par son savoir et son esprit, née à Reggio, le 25 février 1630, morte à Modène, le 26 septembre 1690. Elle montra de bonne heure pour les études sérieuses des dispositions que ses parents se plurent à développer en lui donnant des maîtres. A la connaissance de l'histoire, de la philosophie et de la théologie elle joignit celle du grec, du français et de l'espagnol. En 1649 elle soutint deux thèses publiques, dont elle dedia l'une à Marguerite Farnèse, duchesse de Parme, l'autre à la reine de France. Son peu de fortune l'obligea de se retirer dans un couvent où elle mourut dans de grands sentiments de piété. Un seul de ses ouvrages a été imprimé, c'est l'*Innocenza riconosciuta*, drame en trois actes et en prose, avec un prologue et des chœurs; Bologne, 1660, in-4°. Elle laissa en manuscrit un autre drame, intitulé : *La Sfortunata fortunata*, des *Quesiti sopra il demonio platonico*, et une traduction italienne du *Traité de l'Usage des Passions* du P. Senault.

Z.

Tiraboschi, *Bibliotheca Modenese*, t. III, p. 129-137. — Cinelli, *Bibliotheca volante*, t. III, p. 264.

MALEK BEN ANAS, chef de secte orthodoxe arabe, né à Médine, en 713, mort en 795 de J.-C., dans la même ville. Descendant d'un ancien roi de l'Yémen, nommé Si-Asbah ou Dzoul-Asmah, il suivit les leçons des docteurs les plus célèbres, Nefii ben-Eli, Naim, Sohri, et fut revêtu de la charge de mufti dans sa ville natale, charge qu'il semble avoir conservée jusqu'à la fin de ses jours. Ayant entendu vanter la simplicité des mœurs du khalife ommiade de Cordoue Abderrahman Ier, il se déclara ouvertement contre les premiers princes fastueux et intolérants de la famille des Abbassides, en déclarant non obligatoire le serment de foi et hommage qu'on était forcé de leur prêter. Djafar el Mansour, frère du khalife régnant et plus tard son successeur, le fit battre de verges et malmener au point qu'on lui démit une épaule. Malek n'en vit pas moins adopter le rite qu'il avait fondé par Hakem Ier, qui le fit introduire en Espagne, en le substituant à celui de l'iman de Baalbek al Aouzaeï. Plus tard, Haroun al Rachid, après avoir essayé vainement de lui interdire le séjour de Médine, lui offrit d'être le précepteur de ses deux fils Amin et Mamoun; mais le fier docteur ayant fait dire au khalife que la dignité d'interprète des sciences religieuses ne lui permettait pas d'aller au-devant de qui que ce fût, Haroun se résigna à envoyer ses fils à l'école commune, où Malek ne leur accorda pas même une place d'honneur. C'est vers cette époque qu'il rédigea, sous le titre de *Mouwatha fi'lhadith*, le premier code de traditions musulmanes. Haroun, par un excès de dévouement, ayant voulu astreindre tous les fidèles à l'observation de ce code, Malek l'en dissuada lui-même. Disciple d'Ibn-Hanefi et maître de Schaafi, il se distingua de ces deux fondateurs de sectes orthodoxes par un attachement plus scrupuleux à la lettre de la loi ainsi que par le peu de latitude qu'il laissait au raisonnement, et en opposition avec la secte rationaliste des hanéfites, auxquels appartiennent les khalifes abbassides ainsi que les sultans ottomans. Tandis que les chaafites de l'Égypte et de l'Yémen ont de préference développé le droit civil musulman, les malékites, répandus encore aujourd'hui surtout dans le nord de l'Afrique, sont les croyants les plus orthodoxes, également éloignés des exagérations du traditionalisme de la secte des hanbélites. Jusqu'à un âge assez avancé, Malek fréquenta la mosquée cinq fois par jour, assista à toutes les funérailles, visita les malades, etc. Quand, par suite des infirmités de la vieillesse, il se dispensa de ces soins, il se retrancha dans un mutisme complet. Malgré son culte superstitieux des pratiques dévotes, on cite cependant de lui une réponse curieuse, dans laquelle il déclare qu'il n'est pas nécessaire de quitter l'occupation du moment pour aller se livrer à la prière à l'heure où le muezzin le proclame, *pourvu que l'intention soit pure et droite*, idée toute chrétienne et peu conforme au formalisme du Coran. Son code de traditions, cité plus haut, a été commenté par un grand nombre de docteurs musulmans. Nous nous dispenserons de raconter les fables dont les chroniqueurs arabes ont orné l'histoire de la naissance et de la mort de Malek ben Anas.

Ch. RUMELIN.

(1) Les manuscrits de Justin donnent Maleus et Malcus.

Ibn-Khallikan, *Dictionnaire Biographique*. — Hadji-Chalfa, *Lexicon Bibliographicum*. — Hammer, *Histoire de la Littérature arabe*.

MALEK (*Djemal ed Din Mohammed al Thaii-Ibn*), grammairien arabe de l'Espagne, né à Jaën, dans l'Andalousie, vers 1230, mort à Damas, le 18 juillet 1273. Par sa naissance, il appartenait à la plus ancienne tribu d'Arabie, celle de Thaï. Les guerres continuelles entre les chrétiens et les musulmans rendant alors le sejour de l'Espagne peu propre au culte des lettres, Ibn-Malek se rendit d'abord en Égypte, et ensuite à Damas, où il passa le reste de sa vie. Ses travaux portent tous sur la grammaire, la lexicographie et la prosodie arabe, et son biographe, Dhahabi, le nomme, sous ce rapport, un « océan d'érudition ». Ses principaux ouvrages en prose sont : *Méthode facile de la Langue Arabe; — Déclarations sur la connaissance de la langue arabe; — Traité sur la pureté du parler arabe. — Traité sur la base des verbes arabes*, avec un commentaire; *— Traité de l'art métrique arabe; — Traité supplémentaire sur les verbes trisyllabiques; — Traité sur la methode d'interprétation*, etc. Ces traités se trouvent, en manuscrit, à la bibliothèque de l'Escurial, 1312 et 1325. Malek a écrit d'autres traités de grammaire en vers, sous forme de poèmes didactiques, ouvrages insignifiants sous le rapport poétique, mais très-imporants pour la philologie. Tels sont : *Lâmiyat-al-af'âl*, ou *Sur la forme des verbes et des noms verbaux en arabe*, avec un commentaire de son fils Bedr ed Din, autographié d'abord par G. A. Walline Helsingfors, 1851, in-8°. Une édition imprimée de la Lâmiyat a été publiée en suédois par H. Kellgren comme suite d'une étude comparative des suffixes pronominaux dans plusieurs langues orientales, sous le titre de : *Om Affix-Pronomer i arabiskan, Persiskan och Turkiskan; samt Ibn Mâlik Lâmiya, med Text-Kritik, och anmerkningar*; Helsingfors, 1854, in-8°; — *Poème sur la contraction et l'allongement des verbes*, avec un commentaire (en manuscrit); — *Poème sur la manière de bien lire* (en manuscrit). Le plus célèbre de ces traités de grammaire en vers, et qui en même temps est usité encore aujourd'hui dans les écoles indigènes arabes, dont les élèves en apprennent les règles par cœur, est intitulé : *Kholaset fi'lnahou*, c'est-à-dire : *Quintessence de la Grammaire*, ou vulgairement *Al Fiya* (*Le Millénaire*), à cause du nombre des distiques, qui est de mille. M. Sylvestre de Sacy, après avoir publié des extraits de l'Al Fiya, avec une traduction et des notes, dans son *Anthologie grammaticale arabe*, Paris, 1829, grand in-8°, a donné, en 1833, une édition complète du texte arabe de ce poème, avec un commentaire. Mais les Arabes eux-mêmes ont dès le commencement donné des commentaires nombreux de l'Al Fiya, dont les principaux sont, par ordre de date, les suivants : 1° le propre commentaire d'Ibn Mâlek lui-même; 2° celui de son fils Bedr ed Din, Abou Abdallah Mohammed, qui l'a composé, en 1277, sous le titre : *Scharh Ibn el Mosannif*, c'est-à-dire : *Commentaire du fils de l'auteur*. Le commentaire de Bedr ed Din, qui a corrigé son père sur plusieurs points, a été commenté à son tour par le célèbre chéik du Caire, l'historien Djelal ed Din Soyouti, qui, avant 1505, a rédigé l'*El Mosannif ala Ibn el Mosannif*. Le troisième commentaire de l'Al Fiya, par ordre de dates, mais qui est le plus célèbre et particulièrement suivi dans les écoles, est celui d'Abou Mohammed Abdallah, surnommé Ibn Akil, descendant d'Akil, frère du khalife Ali, et chef des cadis au Caire. Ibn Akil, mort le 28 août 1367, écrivit, outre un extrait paraphrasé de l'Al Fiya, appelé *Wéfiyet*, encore deux commentaires de ce poëme, dont le plus grand et celui que nous avons encore est intitulé : *El Behyet el Mardhiet*. Il a été imprimé à l'imprimerie impériale de Boulâq, près du Caire, en 1837, en 1 vol. grand in-8° de 289 p., et de nouveau en 1849, avec adjonction d'un commentaire spécial sur certains passages. La première édition qu'on ait donnée en Europe, de ce commentaire, est due à M. Dieterici de Berlin, qui y a joint aussi le texte de l'Al Fiya, sous le titre : *Alfiyah carmen didacticum grammaticum auctore Ibn-Mâlik, et in Alfiyan Commentarius quem scripsit Ibn-Akil, edidit Fridericus Dieterici*; Lipsiæ, 1850 et 1851, in-4°. En 1852, M. Dieterici a donné ensuite une traduction allemande de ce commentaire, sous le titre : *Ibn-Akil's Commentar zu der Alfiyja des Ibn Mâlik, aus dem arabischen zum ersten mal übersetzt*; Berlin, 1852, in-8°. Les autres commentaires de l'Al Fiya sont : *Minhay-es-Salik fi el Kelam*, par Athir ed Din Abou Heyyan Andalousi, docteur espagnol de la famille de Ibn Malek, vers 1344; puis celui de Djemal ed Din Abdallah, surnommé Ibn Hischam, mort en 1360, intitulé : *Aoudhal el Mesalik*. Ce commentaire paraphrasé, appelé ordinairement *Taoudhih*, a été commenté à son tour par le chéik Khalid ben-Abdallah-Azhéri, vers 1480. C'est de ces divers ouvrages ainsi que du commentaire de Nour ed Din Aly Ochmouny, de 1490, qu'Ahmed Alsedjay, du Caire, s'est servi, pour rédiger, au commencement de ce siècle, son *Fath el djelyl ala-schah Ibn Akyl*, ou *Ouverture lumineuse pour le commentaire d'Ibn Akyl*, ouvrage dont il se trouve un exemplaire à la Bibliothèque imperiale de Paris. Cet ouvrage d'Ahmed Alsedjay, quoique s'attachant surtout au commentaire d'Ibn Akil, résume tous les commentaires precedents. Un autre résumé de ce genre, mais en vers, une espèce d'anthologie, formée des principales règles de l'Al Fiya, ainsi que des meilleures notes des commentateurs, mises en vers à leur tour par r de cette nouvelle collection, est l'ou- du chéik Abou-Mohammed ben-Aïni, in- *El Chewahid el Kobva*, de 1451.

Ch. Rumelin.

. *Bibliotheca Arabico-Hispana.* — Sylvestre de nthologie grammaticale Arabe. — Hadji-Khalfa, *Bibliographicum et Encyclopædicum.* — dia Dhahabi. *Bibliothèque universelle.* — Jour- Société Asiatique de Leipzig.

.EPEYRE (*Gabriel* de Vendages de), rançais, né en 1624, à Toulouse, où il rt, le 5 mai 1702. Issu d'une famille noble enne, il étudia avec un égal succès les . le droit, les mathématiques et la scolastique; il savait même assez de pour être consulté par les gens de rofession. Reçu conseiller au présidial de se, il devint par son intégrité l'arbitre de e tous les différends de la province; il ne lait de procès que ceux qu'il ne pouvait der, et souvent même il paya pour les plaideurs dont la cause était perdue par clusions. Le zèle particulier qu'il avait culte de la Vierge le porta à lui consa- grands frais plusieurs établissements, utres une magnifique chapelle, dont la ion fut remise aux soins d'habiles ar- C'est par le même motif qu'il fonda à l'A- e des Jeux floraux, dont il fut un des es les plus zélés, un cinquième prix en faveur de celui qui présenterait le meil- nnet à la louange de la mère de Dieu. yre, quoique d'un esprit éclairé et d'une rvente, était fort adonné aux pratiques et de la chiromancie, et il se mê- uis de faire des prédictions. Il a plusieurs ouvrages, parmi lesquels nous s : *Traité de la Nature des Comètes;* se, 1665, in-12, dédié à la Vierge; — *ction de quelques passages des Pères neur de la très-sainte mère de Dieu;* se, 1686, in-8°. Afin d'empêcher qu'au- plaire ne pût tomber entre les mains ules, l'auteur a placé dans le préam- ce livre une déclaration par laquelle personne à qui il en faisait présent ait à ne le donner, prêter ni laisser à des gens respectueux envers la mère ; — *Description de la chapelle de Dame du Mont-Carmel;* Toulouse, 1692, — *Cinquante Sonnets sur la Passion de Seigneur;* Toulouse, 1694, in 8°; — *Le er de Notre-Dame, ou la vie de la très- mère de Dieu, en CL sonnets;* Tou- 1701, in-12, dédié à Jésus-Christ. Telle vénération du poëte pour Marie qu'il a presque chaque jour un sonnet à sa

P. L—y.

res de Trévoux, février, 1703. — *Biogr. Toulou-*

II ou MALERBI (*Niccolo*), traducteur né à Venise, en 1422, mort vers la fin du ne siècle. Fils d'un noble vénitien, il entra vers 1470 dans l'ordre des Camaldules. Il passa quelque temps au monastère de Saint-Michel à Murano, et devint ensuite abbé de divers couvents de son ordre. En 1470 il commença une traduction complète de la Bible, qui, terminée en huit mois, parut en 1471, à Venise, en deux volumes in-fol., sous le titre de : *Biblia volgare historiata;* il en parut vingt autres éditions, la dernière en 1567. Cette traduction, à laquelle collabora Jérôme Squarciafico, est la la première qui fut imprimée en italien; une autre plus ancienne se conserve en manuscrit; une troisième parut deux mois après celle de Malermi, sans lieu ni date d'impression. Le travail de Malermi est défectueux sur beaucoup de points, ce qui tient en grande partie à ce que la langue italienne n'était pas encore formée à cette époque.

E. G.

Paiton, *Biblioth. degli Volgarizzatori*, t. V. — Costadoni, *Lettera intorno a certi Scrittori Camaldulensi*, p. 8. — Tiraboschi, *Storia della Letter. Ital*, t. VI, Parte I.

MALESHERBES (*Chrétien-Guillaume* de Lamoignon de), célèbre magistrat français, né le 6 décembre 1721, à Paris, guillotiné le 22 avril 1794, dans la même ville. Il était fils du chancelier Guillaume de Lamoignon (*voy.* ce nom), mort en 1772, et fut élevé d'abord chez Mme Roujault, son aïeule maternelle, puis chez les Jésuites, où il dut beaucoup aux conseils du P. Porée. L'abbé Pucelle, célèbre conseiller janséniste, l'initia à la jurisprudence. Issu d'une ancienne famille de robe, et destiné par sa naissance aux plus hautes charges de la magistrature, il s'y prépara par une étude approfondie de l'histoire et du droit, ce qui ne lui fit négliger ni la littérature ni la science; loin de là : il eut de bonne heure l'esprit aussi juste qu'éclairé, et s'appliqua en toute chose à très-bien faire ce qu'il entreprenait. Parent du procureur général, il fut d'abord un de ses substituts (1741), place secondaire qui servait d'école aux jeunes gens de cette époque pour se former aux devoirs de leur état. Conseiller au parlement le 3 juillet 1744, il succéda le 14 décembre 1750 à son père, nommé chancelier de France, dans la charge de premier président de la cour des aides, après y avoir été reçu en survivance le 26 février de l'année précédente. « Là, dit un de ses biographes, là s'ouvrit pour lui cette carrière de simplicité, de vertu, de dévouement aux intérêts de l'humanité, qui devait remplir sa vie entière. Chef de cette cour qui opposa toujours des résistances sages aux déprédations des finances, il sut, dans cette position difficile, être juste, intrépide et pourtant modéré dans la guerre qu'il faisait aux ministres, clairvoyant et infatigable dans la défense du peuple. Sans passion, sans faiblesse, sans irrévérence et sans flatterie, approfondissant chaque sujet et éclairant tous les détails obscurs de la matière fiscale, dévoilant toutes les fraudes de la répartition des impôts, tous les petits crimes de la cupidité appuyée par le pouvoir, toute la tyrannique insouciance de l'autorité, qui épuisait la substance du peuple, il fut, pour ainsi dire, le bouclier de la patrie; cette première partie de sa vie politique suffirait pour lui mériter la reconnaissance éternelle de la France. » On a imprimé en 1779, sous le titre de : *Mémoires pour servir à l'histoire du droit public de la France en matière d'impôts*, un recueil de tout ce qui s'est passé de plus intéressant à la cour des aides depuis 1756 jusqu'en 1775. C'est là que, dans de nombreuses remontrances, qui presque toutes sont l'œuvre de Malesherbes, on trouve d'excellents modèles de l'art de dire la vérité aux rois; « tout y est exposé, discuté, approfondi; chacun de ces discours est un ouvrage solide sur la matière qu'on y traite; nulle objection n'est ni éludée ni affaiblie, mais la réponse est toujours victorieuse (1) ». Son langage doux et austère, plein de respect et de fermeté, forçait ceux à qui il s'adressait à lui prêter leur attention. En 1761, il dénonçait au roi le despotisme des intendants, sous lequel gémissaient le cultivateur, l'artisan et souvent le noble indigent; en 1759, il disait au comte de Clermont, qui venait au nom du roi faire enregistrer un édit : « Nous lisons sur votre front la douleur avec laquelle vous vous acquittez de ce ministère, » et en 1763, au prince de Condé : « La vérité, monsieur, est donc bien redoutable, puisqu'on fait tant d'efforts pour l'empêcher de parvenir au trône! » Enfin, il disait, dans une occasion semblable, au duc de Chartres, en 1769 : « Le peuple gémit sous le poids redoublé des impôts, et quand il les voit renouveler après plusieurs années de paix, quand il y voit joindre des emprunts onéreux, présentés comme une ressource nécessaire, il perd jusqu'à l'espérance de voir jamais la fin de ses malheurs ». Il ne montra pas moins de persévérance et de dignité quand il lui fallut protester au nom de la justice outragée. Un pamphlétaire, Varenne, payé par la cour pour injurier les parlements, avait été condamné; le roi lui remit la peine, et le coupable entendit à genoux les paroles suivantes sortir de la bouche de Malesherbes : « Le roi vous accorde des lettres de grâce, la cour les entérine. Retirez-vous; la peine vous est remise, mais le crime vous reste. » Dans l'affaire de Monnerat, marchand forain qui, victime d'une méprise, resta près de deux ans enseveli dans les cachots de Bicêtre, Malesherbes fit en vain les plus généreux efforts pour obtenir une réparation des fermiers généraux, qui avaient persécuté ce malheureux.

En devenant premier président de la cour des aides, Malesherbes avait reçu de son père, le chancelier, la direction de la librairie (decembre 1750). Pendant tout le temps qu'il occupa ce ministère, destiné à restreindre la liberté de penser, il agit avec toute la tolérance de son caractère. Ce fut, a-t-on dit, l'âge d'or des lettres. S'il ne dépendait point de lui d'abroger de mauvaises lois, il s'occupa sans cesse des moyens d'en neutraliser l'effet, en indiquant de lui-même aux écrivains et aux libraires le moyen de les éluder. Sous son administration la littérature prit un plus grand caractère d'utilité en produisant une foule de bons ouvrages sur l'économie politique, l'agriculture, le commerce, les finances, etc. C'est enfin à sa bienfaisante activité autant qu'à son persévérant courage que l'on doit l'*Encyclopédie*, un des plus vastes monuments littéraires du dix-huitième siècle. Il fut l'ami des gens de lettres, et les défendit plus d'une fois lorsqu'on inculpait leurs intentions ou leurs écrits. Il adoucit autant que possible les rigueurs de la censure, en donnant permission tacite d'imprimer à condition que le livre parût venir de l'étranger, espèce de fiction de droit dont personne n'était dupe. En ce cas le nom du censeur restait secret. Il arriva un jour que Mme de Pompadour voulut connaître un de ces censeurs à propos d'un ouvrage qui lui avait fort déplu. Malesherbes résista à ses prières comme à ses menaces. « Permettez, madame, lui dit-il, que je n'expose pas à votre ressentiment un homme qui ne l'a pas mérité et qui n'a pas excédé les bornes de son ministère. » Tour à tour accusé de partialité par les jésuites, les jansénistes, les philosophes, les gens de cour, il s'exposa par sa modération à mécontenter tous les partis; mais il échappa à leur haine par l'ascendant de sa bonté. Les gens de lettres trouvaient en lui un appui, un conseil, un père; s'il était quelquefois forcé de leur donner des avis contraires à leur opinion, c'était avec cette douceur que la raison a toujours dans la bouche d'un ami. Longtemps avant qu'il fût chargé de les surveiller, il avait vécu avec eux, et depuis qu'il avait accepté ces pénibles fonctions, il regardait comme le seul dédommagement de ses travaux le plaisir de les voir encore davantage. Lors de la disgrâce de son père, à la fin de 1763, il se démit de la direction de la librairie, qui fut aussitôt placée dans les attributions du lieutenant de police. Voici le témoignage que lui rendaient les deux plus grands écrivains de l'époque : « M. de Malesherbes, écrivait Voltaire, n'avait pas laissé de rendre service à l'esprit humain en donnant à la presse plus de liberté qu'elle n'en a jamais eu. Nous étions déjà presque à moitié chemin des Anglais. » J.-J. Rousseau, de son côté, s'adressait ainsi à Malesherbes : « En apprenant votre retraite, j'ai plaint les gens de lettres, mais je vous ai félicité; en cessant d'être à leur tête par votre place, vous y serez toujours par vos talents. Occupé des charmes de la littérature, vous n'êtes plus forcé d'en voir les calamités; vous philosophez plus à votre aise, et votre cœur a moins à souffrir. »

En 1768, M. de Lamoignon se démit du titre de chancelier. M. de Maupeou père, vice-chan-

(1) Gaillard, *Vie de Malesherbes*, p. 7.

celier depuis 1763, lui succéda, et donna aussitôt sa démission en faveur de son fils, alors premier président du parlement. Ce dernier, qui pendant le ministère du vice-chancelier, homme d'une capacité avérée, en exerçait de fait les fonctions, haïssait Malesherbes, parce qu'il connaissait sa supériorité, et avec lui la cour des aides, dont il voulait confisquer les charges. Aussi, d'accord avec Mme du Barry, chercha-t-il, par des coups d'autorité et des ruses puériles, à pousser ce corps à quelque acte de vigueur qu'on pourrait taxer de révolte et de désobéissance. L'esprit et l'adresse de son chef déjouèrent l'une après l'autre ces machinations. Après le renversement des parlements (janvier 1771), la cour des aides, qui subsistait encore, s'empressa de venir à leur secours. Malesherbes protesta en son nom; il fit entendre, le 18 février 1771, ces belles remontrances qui lui méritèrent les respects de la nation et partagèrent la cour même. « Dieu, disait-il, ne place la couronne sur la tête des rois que pour procurer aux sujets la sûreté de leur vie, la liberté de leur personne et la tranquille propriété de leurs biens.... S'il existe des lois anciennes et respectées, si le peuple les regarde comme le rempart de ses droits et de sa liberté, si elles sont réellement un frein utile contre les abus de l'autorité, dispensez-nous, sire, d'examiner si, dans aucun état, un roi peut abroger de pareilles lois; il nous suffit de dire à un prince ami de la justice qu'il ne le doit pas. » Il terminait par une allusion à la convocation des états généraux : « Que reste-t-il donc, sinon que vous interrogiez la nation elle-même, puisqu'il n'y a plus qu'elle qui puisse être écoutée de Votre Majesté? » Comme à un signal donné, tous les parlements de province qui n'étaient pas encore détruits firent entendre le cri d'*états généraux*. Voltaire, qui faisait alors sa cour au chancelier, essaya de réfuter les remontrances de la cour des aides. « Il me semble, écrivait-il à Mme du Deffand, qu'on doit parler à son souverain d'une manière un peu plus honnête. » Le 6 avril suivant Malesherbes fut exilé dans une de ses terres, et le 9 la compagnie qu'il présidait fut dispersée par le maréchal de Richelieu. Telle était la profondeur de sa disgrâce qu'à la mort de son père il n'obtint la permission que de passer trois jours à Paris.

Rappelé par Louis XVI, qui avait pour lui la plus affectueuse estime, Malesherbes ne tarda pas, par suite de la restauration des anciens parlements (novembre 1774), à être réintégré à la tête de la cour des aides. Sa rentrée fut un véritable triomphe : « il était alors l'amour et les délices de la nation ». Il avait ramené avec lui plusieurs de ses collègues, qui n'avaient trouvé d'asile qu'à sa terre de Malesherbes. En reprenant son poste, il avait sacrifié aux instances de l'opinion publique ses projets de retraite; après s'être concerté avec son ami Turgot, il s'appliqua sans interruption à un long et laborieux travail sur la réforme du régime fiscal, et le présenta au roi, en mai 1775, sous forme de remontrances. Dans un langage aussi élevé que courageux, il faisait pressentir, quinze ans avant la révolution, la nécessité prochaine d'une constitution et d'une représentation nationale. Voici les passages saillants de ce remarquable discours :

« En France, la nation a toujours eu un sentiment profond de ses droits et de sa liberté. Nos maximes ont été plus d'une fois reconnues par nos rois; ils se sont même glorifiés d'être les souverains d'un peuple libre. Cependant les articles de cette liberté n'ont jamais été rédigés, et la puissance réelle, la puissance des armes, qui, sous un gouvernement féodal, était dans les mains des grands, a été totalement réunie à la puissance royale. Alors, quand il y a eu de grands abus d'autorité, les représentants de la nation ne se sont pas contentés de se plaindre de la mauvaise administration, ils se sont crus obligés à revendiquer les droits nationaux. Ils n'ont pas parlé seulement de justice, mais de liberté, et l'effet de leurs démarches a été que les ministres, toujours attentifs à saisir les moyens de mettre leur administration à l'abri de tout examen, ont eu l'art de rendre suspects et les corps réclamants et la réclamation elle-même.... Nous ne devons point vous le dissimuler, Sire : le moyen le plus simple, le plus naturel, le plus conforme à la constitution de cette monarchie serait d'entendre la nation elle-même assemblée, et personne ne doit avoir la lâcheté de vous tenir un autre langage, personne ne doit vous laisser ignorer que le vœu unanime de la nation est d'obtenir des états généraux ou au moins des états provinciaux. Mais nous savons aussi que depuis plus d'un siècle la jalousie des ministres et celle des courtisans s'est toujours opposée à ces assemblées nationales; et si la France est assez heureuse pour que Votre Majesté s'y détermine un jour, nous prévoyons qu'on fera naître encore des difficultés de formes... Daignez songer enfin (ajoutait-il en concluant) que le jour où vous aurez accordé cette précieuse liberté à vos peuples, on pourra dire qu'il a été conclu un traité entre le roi et la nation contre les ministres et les magistrats; contre les ministres, s'il en est d'assez pervers pour vouloir vous cacher la vérité; contre les magistrats, s'il en est jamais d'assez ambitieux pour prétendre avoir le droit exclusif de vous la dire. »

Ce travail, encouragé par le roi, reçut pourtant un froid accueil; la cour le critiqua, et Maurepas, qui était premier ministre, l'ajourna en disant que s'il y avait des abus, on avait devant soi le règne tout entier pour penser à des réformes. Malesherbes, qui voyait plus loin et plus juste, s'affligea des délais, et donna sa démission (12 juillet 1775). L'offre d'un ministère n'ébranla point le parti qu'il avait pris; mais peu de jours après il céda aux instances réitérées de Turgot, à un ordre exprès du roi et surtout à la crainte de livrer la place à une intrigue de cour; il consentit à remplacer le duc de La Vrillière, mais « pour peu de temps » et à la condition que dans le département dont il se chargeait (la maison du roi) on ne signerait plus de lettres de cachet. Son entrée au conseil redoubla les espérances des nombreux partisans d'une réforme. Il y apporta des vues saines, des conseils excellents, une grande tolérance; il vida les prisons d'État, qu'il visita lui-même; il tempéra les rigueurs du pouvoir; il proposa d'établir des tribunaux particuliers pour autoriser les lettres de cachet, les arrêts de surséance et les sauf-conduits. Là se borna tout le bien qu'il put faire. N'osant affronter les résistances de la cour, écarté par M. de Maurepas, abandonné du roi, gémissant du mal sans pouvoir le réparer, il n'aspirait qu'à se démettre d'une autorité qui lui convenait si peu, lorsque le renvoi de Turgot lui en offrit l'occasion (12 mai 1776). En se séparant de lui, Louis XVI, déjà las d'être roi, lui dit : « Que ne puis-je comme vous quitter ma place! » En 1787, à l'époque où les sceaux venaient d'être confiés au chef de sa famille, M. de Lamoignon, il regarda comme un devoir de rentrer au conseil comme ministre d'État; mais il eut la prudence de refuser toute fonction active. Peut-être, en rendant cet hommage public aux vertus de Malesherbes, MM. de Brienne et de Lamoignon n'usèrent-ils que d'un moyen adroit pour couvrir leurs opérations de la popularité d'un homme de bien. Pour la seconde fois, Malesherbes échoua complétement. Réduit aux avis et aux bonnes intentions, mis dans l'impuissance de bien faire, il rédigea des mémoires secrets dont le roi, auquel ils étaient destinés, n'eut pas même connaissance; il ne put jamais obtenir du roi une audience particulière; il eut la douleur d'être associé à des coups d'autorité qu'il avait autrefois combattus, tels que la translation du parlement à Troyes, l'établissement d'une cour plénière, la création de nouveaux tribunaux, et se retira en 1788 au milieu de l'effervescence causée par la convocation prochaine des états généraux. Après avoir été l'un des premiers à la demander, il s'en effrayait comme d'un péril inconnu pour la monarchie, et croyait maintenant, comme Turgot, que c'était à une assemblée de propriétaires qu'il fallait remettre le soin de réformer le royaume.

Dans l'intervalle de ses deux ministères, Malesherbes avait voyagé pour ajouter à ses connaissances Sous le simple nom de M. Guillaume, il avait parcouru la Suisse, l'Allemagne et les Pays-Bas. « Il mettait le plus grand soin à ne pas être connu, dit un écrivain; mais, comme il était alors au plus haut point de la faveur publique, et que toutes les bouches répétaient incessamment son éloge, il lui arriva souvent de s'entendre louer de la manière la moins suspecte. » Devenu libre, il revint à la campagne : le soir il étudiait, le jour il cultivait ses jardins, où des plantes et des arbustes rares avaient été rassemblés. Il ne cessait aussi de proposer d'utiles réformes et d'écrire des mémoires sur l'état civil des protestants et des juifs, sur le mélèze et le bois de Sainte-Lucie, sur les pins, sur la manière d'utiliser les landes, sur les progrès de l'économie rurale, etc. Plusieurs années s'écoulèrent ainsi; il avait traversé les premiers orages de la révolution dans le silence de l'obscurité. Lorsqu'il apprit que le roi, qui avait négligé ses conseils, allait être jugé par la Convention, il sortit aussitôt de sa retraite, et demanda, avec la simplicité qu'il mettait en toute chose, à défendre celui qui avait été son maître et son ami (11 décembre 1792). « J'ignore, écrivait-il, si la Convention nationale donnera à Louis XVI un conseil pour le défendre et si elle lui en laissera le choix. Dans ce cas-là, je désire que Louis XVI sache que s'il me choisit pour cette fonction, je suis prêt à m'y dévouer. » Sa demande ayant été accueillie, il se réunit à Tronchet et à Desèze, et tous trois eurent l'autorisation d'entrer librement au Temple. Dès que Malesherbes eut été introduit (14 décembre), le roi vint au-devant de lui, et le serra dans ses bras en versant des larmes. « Vous ne craignez pas d'exposer votre vie pour sauver la mienne, dit-il; mais tout sera inutile : ils me feront périr. » Malgré son grand âge, il n'avait rien perdu de son énergie et de sa sensibilité; matin et soir, il se rendait à la prison, réglait la défense du roi, l'informait de tout ce qui se passait et se chargeait de ses commissions. Le voyant dans un complet dénûment, il lui prêta 125 louis, auxquels le roi n'eut pas même besoin de toucher et qu'au moment de mourir il remit intégralement à un municipal de service Lorsque l'arrêt fatal eut été prononcé par la Convention, les trois défenseurs lui en portèrent la nouvelle; Malesherbes tomba aux pieds du roi, et eut à peine la force de proférer quelques paroles entrecoupées de sanglots. Le 19 janvier il se présenta inutilement à la barre de l'assemblée d'obtenir l'appel au peuple. « Je revis encore une fois cet infortuné monarque, écrit-il dans journal; deux officiers municipaux étaient debout à ses côtés; il était debout aussi, et lisait. L'un des officiers me dit : « Causez avec lui, nous n'écouterons pas. » Alors j'assurai le roi que le prêtre qu'il avait desiré allait venir. Il m'embrassa, et me dit : « La mort ne m'effraye pas, et j'ai la plus grande confiance dans la miséricorde de Dieu. »

Après la mort de Louis XVI, Malesherbes vécut à la campagne, où il continua à s'occuper d'agriculture et de soins de bienfaisance. Arrêté dans les premiers jours de décembre 1793, il fut d'abord conduit aux Madelonnettes, puis, réuni, dans la prison de Port-Libre (Port-Royal), à tous les membres de sa famille qui subissaient le même sort que lui. Il eut la douleur de les voir conduire à l'échafaud avec lui. Amené devant le tribunal révolutionnaire comme coupable d'avoir conspiré contre l'unité de la république, il refusa de se défendre, et fut conduit à l'échafaud en même temps que sa fille, Mme de Châteaubriand, et le mari de celle-ci, frère du célèbre écrivain de ce

eut aussi pour compagnons de supplice
:r, d'Epremesnil et Thouret. Il marcha à
avec une sérénité qui peut être comparée
le Socrate ; son pied, mal assuré, ayant
contre une pierre lorsqu'il traversait la
Palais, les mains liees, il dit à son voi-
oilà ce qui s'appelle un mauvais présage ;
ain a ma place serait rentré. »
nd magistrat, ministre trop sensible et
:ouragé, avocat héroique et victime su-
:'est ainsi que peut se résumer tout Ma-
s. Ce Franklin de vieille race avait très-
nt embrasse la société moderne dans ses
fondamentaux, il l'avait d'avance prévue
ipée ; mais s'il ne s'était pas trompé sur
il s'était fait illusion sur les distances et
incidents du voyage.... Sa conversation
:he, nourrie, abondante ; il savait tout,
noins il savait beaucoup de tout, et cela
i flots avec une vivacité et une profusion
sa parole aussi piquante qu'instruc-
. » Philosophe pratique, jamais il ne con-
e ces habitudes nees de l'amour de soi et
iennent une seconde nature. Il ne s'occu-
de ses vêtements ; l'habit le plus modeste
si qui lui convenait le mieux. « Son ac-
ses manières, dit J.-B. Dubois, étaient sim-
nme sa vie ; son affabilite connue lui at-
: de tout le monde ; jamais il
ue s'entretenir avec celui qui se
ns, quel qu'il fût, et on le quittait avec
énétré de reconnaissance pour sa bonté
nte de sa bonhomie. » Malesherbes appar-
ax trois grandes academies, honneur qui
été defere qu'à Fontenelle parmi les gens
es ; à l'Académie Française il avait rem-
upré de Saint-Maur (16 fevrier 1775) ; il
mbre honoraire de l'Académie des Sciences
1750 et de celle des Inscriptions depuis
:ne souscription fut ouverte en 1819
élever un monument, qui fut placé
salle des Pas-Perdus au Palais de Jus-
rmi les nombreux écrits de Malesherbes,
erons : *Remontrances au roi au nom*
'our des Aides en 1770, 1771 *et* 1774,
dans les *Memoires pour servir à l'his-*
'u droit public de la France ; Bruxel-
aris), 1779, in-4° ; — trois *Lettres* sur
nomènes géologiques des environs de Ma-
s, dans le *Journal des Savants* de
— *Discours prononcé dans l'Acadé-*
ançaise à sa réception ; Paris, 1775,
— *Memoires* (deux) *sur le mariage*
testants ; Londres (Paris), 1787, in-8° ;
'es sur la révocation de l'edit de Nan-
18, in-8° : attribuées à Malesherbes par
e de Sautereau de Marsy ; — *Mémoires*
moyens d'accélérer l'économie rurale
nce ; 1790, in-8° ; — *Idées d'un Agri-*
sur le défrichement des terres incul-
tes ; 1791, in-8° : dans les *Annales* réimpr. d'*Agriculture française*, t. X ; — *Mémoire pour Louis XVI ;* Paris, 1794, in-8° ; — *Observations sur l'Histoire naturelle générale et particulière de Buffon et de Daubenton* (publ. avec une preface et des notes par L.-P. Abeille) ; Paris, an VI (1796), 2 vol. in-8° ou in-4° ; cet écrit avait été composé par l'auteur à l'âge de dix-huit ans ; — *Mémoires sur la Librairie et la Liberté de la presse* (publ. par A.-A. Barbier) ; Paris, 1809, in-8°. On a fait paraître, sous le titre d'*Œuvres inédites ;* Paris, 1808, 1822, in-12, un extrait de ses remontrances. La plupart des mémoires que Malesherbes avait rédigés sur la politique et l'administration ont été dispersés à l'époque de la révolution ; ils se distinguaient par la clarté, l'élégance du style, la pureté des vues et la variété des connaissances ; selon le jugement de La Harpe, « c'étaient des modèles de bon goût dans un siècle de phrases, comme des monuments de vertu dans un siècle de corruption. »

Paul Louisy.

Vie de Malesherbes ; Paris, 1802, in-8°. — J.-B. Dubois (de Jancigny), *Notice hist. sur Lamoignon-Malesherbes ;* Paris, 3° édit., 1806. — Gaillard. *Vie ou Éloge histor. de M. de Malesherbes ;* Paris, 1805, in-8°. — Delisle de Sales, *Malesherbes, ou mém. sur la vie publique et privée de ce grand homme ;* Paris, 1803, in-8°. — N.-L. Pissot, *Precis hist. de la vie de Malesherbes*, en tête de ses *OEuvres inédites ;* Paris, 1808, in-12. — Boissy d'Anglas, *Essai sur la vie, les opinions et les écrits de Malesherbes ;* Paris, 1818. 2 vol. in-8° — P. Chas, *Éloge de Lamoignon-Malesherbes ;* Paris, 1808, in-8°. — Cl.-Ph. Duplessis, *Éloge de Malesherbes ;* Paris, 1820, in-8°. — Gandouard de Montauré, *Éloge de Malesherbes ;* Paris, 1824, in 8°. — L. Rozet, *Éloge hist de Malesherbes ;* Paris, 1831, in-8°. — Dupin aîné, *Éloge de Lamoignon-Malesherbes ;* Paris, 1841, in-8°. — A. Bazin, *Éloge hist. de Malesherbes ;* Paris, 1831, in-8°. — Sainte-Beuve, *Malesherbes*, dans les *Causeries du lundi*, II.

MALESPINI (*Celio*), conteur italien, né à Florence, vers 1540. L'époque de sa mort n'est pas bien connue ; on sait qu'après avoir été dans le Milanais au service du roi d'Espagne, Philippe II, il séjourna à Venise ; il était dans cette ville en 1576 lorsque la peste y exerça ses ravages ; en 1580 il était à Florence secrétaire du grand duc. Il reste de lui un recueil de *Ducento Novelle*, Venise, 1609, 2 part. in-4°, imité du *Décameron*. La Fontaine (1) et Carli ont reproduit plusieurs des récits de Malespini, et six de ses nouvelles ont été insérées dans le *Novelliero* de Zanetti (Venise, 1754, tom. IV). Les *Ducento Novelle* sont parfois assez libres, mais elles ne manquent ni d'esprit ni de naturel.

G. B.

Gamba, *Bibliogr. delle Novelle Italiane*, 1833 et 1835.

MALET (*Claude-François* DE), général français, né le 28 juin 1754, à Dôle, fusillé à Paris, le 29 octobre 1812. Issu de famille noble, il entra à dix-sept ans dans la 1re compagnie de mousquetaires, et à la suppression de cette compagnie (1775) retourna dans sa ville na-

(1) Le *Pâté d'anguille*, par exemple, n'a pas le même titre que la 57° nouvelle de la première partie du recueil de Malespini.

te-Beuve, *Causeries du lundi*, II, 418-480.

tale avec le brevet de capitaine de cavalerie. Il passa dans sa famille plusieurs années, vivant en gentilhomme, fort occupé de ses plaisirs et de ses relations de société, où sa belle figure et sa politesse lui donnaient beaucoup de succès. Il embrassa tous les principes de la révolution avec ardeur, et son père, irrité de ses opinions politiques, le laissa presque sans fortune. Commandant de la garde nationale de Dôle en 1790, il partit en 1791 avec un bataillon de volontaires, et fut nommé aide de camp du général Charles de Hesse. En mars 1792, il rejoignit l'armée du Rhin, et se fit remarquer à la reprise du camp retranché de Nothweiller. Bientôt il fut obligé de quitter l'armée, comme ancien militaire de la maison du roi, et aussi par suite de son esprit frondeur. Mis à la réforme (prairial an III), il fit agir des amis, et, sur le rapport d'un commissaire exécutif, fut nommé adjudant général chef de brigade (germinal an IV), et envoyé à l'armée de Rhin et Moselle, avec laquelle il fit, sous Pichegru et Moreau, deux campagnes en Allemagne. En 1799, à l'armée des Alpes, il reçut de Championnet le grade de général de brigade, et se distingua au passage du petit Saint-Bernard. Républicain ardent, il désapprouva l'élévation du général Bonaparte au consulat. Lors de la proclamation de l'empire, il écrivit au premier consul : « Si un empire héréditaire est le seul refuge qui nous reste contre les factions, soyez empereur; mais employez toute l'autorité que votre suprême magistrature vous donne pour que cette nouvelle forme de gouvernement soit constituée de manière à nous préserver de l'incapacité ou de la tyrannie de vos successeurs, et qu'en cédant une portion si précieuse de notre liberté, nous n'encourions pas un jour de la part de nos enfants le reproche d'avoir sacrifié la leur. » Son adhésion lui valut la croix de commandant de la Légion d'Honneur. Dans l'automne de 1804, il fut envoyé à l'armée d'Italie, et y resta. Il est probable qu'il tenta d'enrôler des militaires dans les *Frères bleus*, société secrète relevant des *Philadelphes*, et d'organiser quelque conjuration nouvelle, puisque le prince Eugène l'éloigna en 1807 de l'armée, et l'envoya dans l'intérieur. L'empereur ayant pris connaissance du rapport du vice-roi ordonna l'arrestation de Malet. On le conduisit à La Force en juillet, et dix mois après, soit volonté de Napoléon, soit défaut de preuves légales, il sortit de prison sans jugement, et fut mis immédiatement à la retraite (mai 1808). Profitant de l'absence de Napoléon, il se ménagea des communications dans le civil et le militaire, donnant partout l'idée, même l'assurance d'un mouvement qui allait s'opérer par de puissants moyens dans le sénat, l'armée et le peuple. Dénoncé à la police, il fut arrêté avec plusieurs de ses affidés et réintégré à La Force. Les premiers indices présentaient un vaste projet tendant au renversement de l'empire; mais de moyens réels, nulle apparence. Cependant, comme dans les divers entretiens il avait été beaucoup question du sénat, le préfet de police eut l'idée que le complot pouvait bien se rattacher à certains membres influents de ce corps, opinion vivement combattue par Fouché, mais qui touchait assez aux préventions de l'empereur. On prononça alors les mots d'*élimination*, d'*épuration* du sénat. Malet, voyant l'enquête et les interrogatoires se fausser, les laissa diriger de ce côté. Rien n'ayant été découvert contre le sénat, on acquit pas assez de preuves contre Malet, son prétendu instrument, pour le faire juger. Il est à remarquer que les données de son plan, tel que le représentent les révélations, se retrouvèrent à peu près en 1812. La politique de l'empereur étant de ne pas ébruiter ces affaires et de les terminer par voie de haute police, le public n'en eut pas connaissance. Elles n'agissaient donc pas sur l'opinion et n'ébranlaient pas la confiance. Quoique détenu à La Force, où il se lia avec les généraux Laborie et Guidal, Malet ne renonça pas à ses desseins. Il saisit l'occasion de la campagne d'Autriche (1809). La nouvelle de la bataille d'Essling avait jeté dans les esprits une vive agitation mêlée d'inquiétude. Malet comptait alors s'échapper de sa prison le jour même (29 juin) où un *Te Deum* devait être chanté à Notre-Dame, arriver sur le parvis l'épée à la main, en grande tenue, précédé d'un tambour et d'un drapeau, et là crier à la foule : « *Bonaparte est mort!.. A bas la police! Vive la liberté!* » Il comptait masquer avec des pelotons militaires toutes les avenues de l'église, et y enfermer les principales autorités réunies pour la cérémonie. Les prisons s'ouvriraient; on délivra d'abord les généraux Dupont et Marescot, alors à l'Abbaye; on nomma un gouvernement provisoire; on expédiait des courriers; on envoyait des commissaires, etc. L'uniforme et les armes du général étaient déjà déposés dans une maison près de La Force. Le complot fut révélé par un détenu, le Romain Sorbi, qui se disait agent de la junte d'Espagne. Malet et ses co-détenus furent séparés. Au dehors, quelques individus furent arrêtés.

Le ministre de la police regarda cette affaire comme une *incartade*. Cependant l'empereur, ayant eu connaissance d'un écrit où Malet exposait ses plans, ordonna qu'il serait désormais détenu dans une prison d'État. Soit oubli, soit intérêt pour le général, cette décision ne fut point exécutée par le ministre Fouché. Au milieu des grands événements de l'époque, Malet fut oublié dans sa prison. Mais dominé, comme le dit Desmarest, par *l'idée fixe* qui le tourmentait depuis dix ans, il attendait une occasion favorable, et il la saisit, lorsque Napoléon s'engagea dans l'expédition de Russie. En juin 1812, Malet, feignant d'avoir besoin d'un air plus pur que celui de La Force, obtint du ministre de la police la faveur d'être envoyé chez le docteur son, rue du faubourg Saint-Antoine, . Il y trouva MM. de Polignac, de Puyvert é Lafon, agent des Bourbons. Il leur com- a, par des insinuations plus ou moins po- ses plans et ses espérances. MM. de Po- ne voulant pas une seconde fois risquer e, se firent transférer dans une autre de santé. Il y eut donc pour préparer les ts de la conspiration Malet, Lafon, Puyvert prêtre espagnol, Caamagno, lesquels pour complices au dehors Mme Malet, un t vendéen, Boutreux, et le caporal Rateau, le de Paris. On décida en principe l'al- es républicains et des royalistes, adoptée r les philadelphes, le retour des Bour- t l'acceptation de la constitution de 1791; etenait des correspondances avec le midi est. is la supposition de la mort de en Russie fut la base de toutes les ons; une série d'actes en était la con- e. Une proclamation du sénat au peuple nnoncer cet événement contenait une amère de son gouvernement; un sénatus- e qui déclarait Napoléon et sa famille du trône, et nommait une commission membres pour exercer provisoirement oir exécutif; des lettres de service par cette commission chargeait Malet du ement des troupes de la première di- de la place de Paris; un arrêté qui le e de éral de division; le e la police et du pré- aux Lahorie et Guidal, révu . Malet projetait, l'abbé t la rédaction et la forme; Rateau les expéditions. Ce travail secret dura rs mois, et ne fut terminé que dans les rs jours d'octobre. Le moment était fa- : depuis quinze jours Paris était sans de l'armée de Russie. Malet résolut retard. « Il avait d'ailleurs, dit Saul- es qualités sans lesquelles un conspira- habile, réussit rarement : un carac- , une intrépidité à toute épreuve, qui s'augmentait en raison de ence du danger. Ajoutez à cela une taille une voix ferme et sonore, un regard pé- ; et l'on voit quel ascendant devait donner l homme un succès à demi accompli. » it la nuit du 22 au 23 octobre pour l'exé- le ses plans, si longtemps médités. Pres- la même heure l'armée française éva- oscou pour commencer cette retraite ait être marquée par de si effroyables s. A onze heures du soir Malet, accom- le Rateau, franchit le mur du jardin de n, se rend chez le prêtre espagnol, s'y e son habit d'officier général, apporté la ar sa femme, donne un uniforme et le e de camp à Rateau, celui de commis- police à Boutreux, et se rend à la ca- pincourt, occupée par la 10e cohorte des gardes nationales du premier ban (1). Il demande le colonel Soulier, qu'il fallut réveiller, lui annonce d'un ton dégagé la mort de l'empereur, lui communique le sénatus-consulte, lui remet un décret du sénat qui le nomme général de brigade, et en obtient, malgré sa surprise, une force de douze cents hommes. Il joue la même scène auprès du colonel Rabbe, qui commandait un régiment d'infanterie de la garde de Paris, et obtient le même succès et la disposition des troupes. Alors il dirige des détachements sur le Trésor, la Banque, la Poste aux lettres, l'hôtel de ville; les officiers reçoivent des instructions cachetées, et préparées à l'avance, avec promesse de récompense et d'avancement; lui-même se porte à La Force, pendant que les autres agissent ailleurs. Malgré ce premier succès et l'urgence d'action prompte, beaucoup de temps fut perdu, à cause des torrents de pluie qui inondaient Paris. La plupart des conjurés n'arrivèrent à leur destination que vers cinq ou six heures du matin. Cet incident nuisit beaucoup aux rapides progrès des conspirateurs. Ils avaient en effet résolu de briser d'un seul coup l'action du gouvernement par la mort des ministres; mais pendant le jour ils n'osèrent commettre ce crime. Arrivé à La Force, Malet se fait ouvrir les portes, joue la même comédie qu'aux casernes, délivre les généraux Lahorie et Guidal, remet à chacun d'eux un paquet cacheté, qui leur annonçait le nouvel ordre de choses, avec la nomination du premier comme ministre de la police, et du second comme préfet de police, et, leur donnant un détachement, leur recommande d'aller promptement occuper leurs postes, et d'envoyer à La Force les deux fonctionnaires qu'ils remplaçaient (2). Malet se rend ensuite à la place Vendôme, chez le général Hullin, commandant la première division militaire, dans l'espoir de l'entraîner également. Il lui notifie verbalement le changement survenu dans l'État, et lui annonce qu'il a ordre de le remplacer et de le faire garder à vue. Hullin, fort étonné et se montrant disposé à résister, demande à voir ces ordres. « Dans votre cabinet », dit Malet. Hullin entre le premier, et au moment où il se retourne pour recevoir les ordres, Malet lui tire à bout portant un coup de pistolet qui lui fracasse la mâchoire inférieure. Le général tombe baigné dans son sang. Malet l'enferme dans le cabinet, se

(1) Sorte de conscription supplémentaire, formée de cent cohortes destinées à servir dans l'intérieur de l'empire et à la garde des frontières.

(2) Lahorie était un ancien chef d'état-major de Moreau, et « d'après le témoignage du général Lariboisière, dit M. Thiers, un officier du plus haut mérite, qui eût bien servi Napoléon si on ne s'était attaché à le perdre dans son esprit. » Au rapport de Saulnier il était arbitrairement détenu depuis le procès de Moreau, et il avait contre l'empereur de profonds ressentiments. Enfin, il venait d'obtenir sa liberté; il se disposait à partir pour les États-Unis, quand Malet ouvrit les portes de sa prison, et le prit pour aide de camp. Guidal avait été impliqué dans un mouvement du midi. Il allait être envoyé devant un conseil de guerre siégeant à Marseille.

porte à l'état-major, situé aussi place Vendôme, fait arrêter le chef de bataillon Laborde, entre chez l'adjudant commandant Doucet, lui remet ses pièces et l'informe des faits accomplis. Pendant leur conversation, Laborde, qui comme chef de la police militaire était habitué à la défiance et qui avait cru reconnaître en Malet un ancien détenu, arrive par un escalier dérobé chez Doucet, lui fait secrètement un signe d'intelligence; et comme la discussion n'aboutissait point, Malet prépare un pistolet pour s'en servir; mais son geste fut trahi par une glace. Soudain les deux officiers se précipitent sur lui, et appellent des gendarmes embusqués sur l'escalier, et avec leur aide terrassent Malet et le désarment. Laborde descend aussitôt sur la place, harangue la troupe, la détrompe sur la mort de l'empereur et sur le caractère du prétendu général, qui n'était qu'un prisonnier d'État évadé; les soldats répondent par des cris de *Vive l'empereur!* Pendant ce temps Lahorie avait pénétré au ministère de la police, surpris le duc de Rovigo au milieu de son sommeil, et malgré ses objections sur la vérité de ces nouvelles et sa résistance, il l'avait envoyé sous escorte à La Force. Guidal avait agi de même à la préfecture de police. Le préfet M. Pasquier s'était d'abord réfugié chez un apothicaire voisin. Ayant été découvert, il fut conduit par des soldats à la prison, où était déjà le ministre. A huit heures du matin, le colonel Soulier vint, d'après ses ordres, occuper la place et l'hôtel de ville avec un demi-bataillon. Le préfet de la Seine Frochot avait couché à sa campagne, et revenait tranquillement à Paris, lorsqu'il reçut en chemin un billet au crayon d'un de ses employés qui, plein de trouble, lui annonçait les étranges événements de la nuit et finissait par ces mots: *Fuit Imperator!* Il hâte sa marche, arrive à l'hôtel de ville, où Soulier lui remet un paquet cacheté renfermant le sénatus-consulte avec d'autres pièces, et une instruction particulière pour le préfet, annonçant que le gouvernement provisoire se réunirait à la préfecture, et qu'il eût à faire disposer sans délai une salle pour le recevoir. Frochot, tout étourdi de cette révolution, ne conçoit pas le moindre doute, ne fait pas la moindre objection, et donne les ordres pour recevoir le gouvernement provisoire, en présence de Soulier, qui ne le quittait pas. Le conseiller d'État Réal, instruit le matin de l'arrestation du ministre de la police par Lahorie, courut chez Cambacérès, qui resta stupéfait et très-alarmé. Il fut convenu pourtant d'avertir le ministre de la guerre, afin qu'il fît venir en poste les élèves de Saint-Cyr pour défendre l'impératrice et le roi de Rome, alors à Saint-Cloud, et pour protéger les Tuileries. Avant que ces ordres fussent exécutés, l'arrestation de Malet avait coupé court au complot. Cette entreprise, qui, conduite jusque là en silence et avec habileté, pouvait devenir si dangereuse pour le gouvernement, était maintenant avortée. Il n'y avait à craindre que l'énergie et l'habileté de Lahorie et de Guidal dans leurs nouveaux postes. Tous deux manquèrent de résolution: ils ne firent jouer aucun des ressorts de la police. Lahorie surtout ne s'occupait que de frivolités, d'un costume officiel, d'invitations. La réaction fut rapide. Laborde arrêta Lahorie et Guidal, sans la moindre résistance, et les envoya à La Force, d'où venaient de sortir le duc de Rovigo et M. Pasquier. A midi tous les fils de la conspiration étaient rompus, et tout était rentré dans l'ordre. Quand Paris apprit cette rapide succession de scènes, il passa de la crainte à une explosion de plaisanteries contre une police détestée et si facilement prise au dépourvu. Savary et M. Pasquier, disait-on, *avaient fait un fameux tour de force.* Il y avait pourtant sujet de réfléchir: il existait un héritier de Napoléon, et personne parmi les fonctionnaires n'y avait songé. Plus le gouvernement avait été mis en défaut et en péril, plus il montra d'empressement à faire punir les coupables et à donner des récompenses. Un grand nombre de personnes furent arrêtées, entre autres Mme Malet, Mlle Boulais, maîtresse de pension, le général Lamotte, du nom duquel Malet s'était servi à son insu, le docteur Guillié, les amis de Malet, et ceux dont les noms avaient été trouvés dans ses papiers. M. Guillié, arrêté comme complice de la conspiration, et confondu par une méprise de la police avec le général Guillet, n'en resta pas moins une année au donjon de Vincennes. Une commission militaire, présidée par le général Dejean, fut formée. Dans le cours des débats, Malet, constamment calme, ferme et réservé, assuma sur lui toute la responsabilité. Ses complices, disait-il, n'avaient été que les jouets de ses déceptions. Le président lui ayant demandé: « Quels sont vos complices réels? Nommez-les! — La France entière; et vous-même, si j'eusse réussi. » Le président l'invitant à se défendre: « Un homme, dit-il, qui s'est constitué le vengeur de son pays n'a pas besoin de se défendre; il triomphe ou il meurt! » Et il se rassit. Sur les vingt-cinq accusés, dix furent acquittés, quinze condamnés à mort et fusillés le même jour à la plaine de Grenelle, excepté Rabbe et Rateau, auxquels il fut accordé un sursis, depuis converti en grâce. On a dit que Malet était resté debout après une première décharge, que la seconde ne l'avait pas tué, et qu'on l'avait achevé à coups de baïonnette. Ces récits sont inexacts.

Napoléon apprit par une estafette, au milieu de la retraite de Russie, les détails de cette étrange conspiration. Il en fut très affecté. Dans l'intimité, seul avec ses officiers les plus dévoués, « ses émotions, dit Ségur, éclatèrent par des exclamations d'étonnement, d'humiliation, de colère ». Ce qui le frappa le plus, ce fut la facilité de chacun à croire, à obéir servilement, et surtout l'oubli complet de son fils. Cependant, il affecta de ne de cette conspiration, qu'il appelait « un ur honteux », qu'avec dédain ou une somllé. Il résolut de revenir à Paris, contre le ent de quelques-uns de ses généraux. Le des ministres, dans l'anxiété de cette crise, la conspiration et la retraite de , cacha autant qu'il le put les plans et le s conjurés, craignant d'enhardir d'autres ux et de « plus heureux imitateurs d'un ste exemple ». Mais les traits saillants de ment se répandirent, et quand il fut bien , « il eut, dit Saulnier, un lugubre retenent dans l'intérieur ». L'empereur en eut t des preuves. Des intrigues politiques nt simultanément de Paris, Lyon, Mar- Bordeaux, Montauban, Toulouse. Le but e même, le renversement de l'empire, par rte quel moyen, et le rappel de l'ancienne lie. « Personnellement, dit Thibaudeau, vons lieu de croire que le complot de Malet des ramifications dans les départements. s plusieurs années, il existait dans le une conspiration contre l'empereur, qui l'impulsion et attendait le mot d'ordre . Elle était tramée par les restes du parti urchiste, ranimé et entretenu par Barras. l y avait un rôle, et avait été pour ce motif à Marseille. » En renversant le gouvernement impérial, que se proposait réellement « On n'a, dit Thibaudeau, nul aveu de lui, ocuments avérés. » Après la restauration urbons, on a dit qu'il avait travaillé pour Par suite de certaines intrigues, sa veuve effet de Louis XVIII une pension, et entra dans les mousquetaires. L'erreur à ard fut reconnue plus tard. D'après plu- c mporains, on ne peut une ici us républicain. Le duc de dans ses ires (VI, p. 17): « Le il let ét e de bonne foi dans la tion; il en professa les principes avec une ferveur. Il était républicain par cons-, et avait pour les conspirations un caracemblable à ceux dont l'antiquité grecque aine nous a transmis les portraits. » Des-, dans ses *Témoignages historiques*, si : « C'est bien dans un sens républicain tte crise était conçue par lui, et tous ceux t connu savent que s'il aspirait à renverser voir d'une famille, ce ne fut jamais au d'une autre (les Bourbons). »

a traité de folie cette conspiration. On y ne audace, une prévoyance, une force mbinaisons qui dénotent un esprit d'une ce rare. On n'avait point de nouvelles mpereur; l'incertitude faisait supposer des urs et devait précipiter une crise. Malet sur une obéissance passive et sur de hauts fonctionnaires consternés ts, sur la docilité des troupes que des es ou des promesses d'avancement devaient ainer, sur l'indifférence et l'apathie des citoyens, et tous ses calculs avaient porté juste. Fouché disait dans une lettre de conseils qu'il adressait en juin 1814 à un des ministres de Louis XVIII : « Le gouvernement, quelque fort qu'il soit, et quelque cher qu'il doive être à la nation, doit aussi tout craindre pour lui-même. Il aura en vain des yeux et des oreilles présents et ouverts partout, il devra toujours craindre. Malet n'était pas un fou ; c'était un audacieux. » J. CHANUT.

Thiers, *Hist. du Consulat et de l'Empire*, XIV, XV. — Thibaudeau, *Le Consulat et l'Empire*, VI. — Lafon, *Hist. de la Conspiration du général Malet*; 1814. — Dourille, *Hist. de la Conspiration de Malet*; 1840. — *Procès Malet*; 1836. — Saulnier, ancien préfet de police, *Éclaircissements hist. sur la conspiration de Malet*; 1834. — Desmarest, *Temoignages hist., ou quinze ans de haute police sous tout le consulat et l'empire.*

MALEU (*Étienne*), chroniqueur français, prêtre et chanoine de l'église de Saint-Junien en Limousin, né en 1282, mort le 11 juillet 1322. Sa chronique, éditée par l'abbé Arbellot, est intitulée : *Chronicon Comodaliacense, seu ecclesiæ Sancti-Juniani, ad Vigennam ab anno D ad ann. MCCCXVI;* Saint Junien, 1847, in-8°. Dom Estiennot l'avait insérée dans le tome II des fragments de l'*Histoire d'Aquitaine*. « Maleu, a dit l'abbé Arbellot, mérita à certains égards d'être placé à côté des meilleurs chroniqueurs limousins au moyen âge. Dans son récit on trouve ordinairement de l'exactitude, toujours de la bonne foi, et de temps à autre des traits d'une naïveté charmante. » M. A.

Arbellot, *Notice sur Maleu*.

MALEVILLE (*Jacques*, marquis DE), homme politique français (1), né en 1741, à Domme (Périgord), où il est mort, le 21 novembre 1824. Après avoir exercé quelque temps la profession d'avocat au parlement de Bordeaux, il rentra dans la vie privée, et se familiarisa, par une étude assidue, avec les savants interprètes des lois romaines. Lorsque la révolution éclata, il en adopta les principes généraux, et chercha à les faire servir à l'établissement d'une monarchie constitutionnelle. En 1790 il devint membre, puis président du directoire de son département (la Dordogne). L'année suivante il entra au tribunal de cassation. Sa carrière politique ne commença que quelques années plus tard, à l'époque de son admission au Conseil des Anciens (brumaire an IV, octobre 1795). Lié avec Portalis, Muraire, Barbé-Marbois et d'autres

(1) Cette famille est assez ancienne, et a compté plusieurs membres qui se sont distingués dans la magistrature et dans les armes. L'oncle de Jacques, *Guillaume* DE MALEVILLE, né en 1699, à Domme, fut chanoine et curé de cette commune. Il a laissé, entre autres ouvrages *Lettres sur l'administration du sacrement de Pénitence*; Bruxelles (Toulouse), 1740, 2 vol. in-12; — *Les Devoirs du Chrétien*; Toulouse, 1750, 4 vol. in 12; — *La Religion naturelle et revelée, ou dissertations philosophiques, théologiques et critiques contre les incredules*; Paris, 1756-1758, 6 vol. in-12, — *Defense des Lettres sur la Pénitence*; 1760, in-8°; — *Histoire critique de l'Eclectisme ou des nouveaux platoniciens*, Londres (Paris), 1766, 2 vol. in-12. Il mourut en Périgord, vers 1770.

membres fort opposés aux mesures violentes, héritage de la révolution, il les seconda avec énergie, et fit un assez grand nombre de rapports et de discours sur différentes matières d'administration ou de politique. Attaquant la loi du 9 floréal an III, qui avait ordonné le partage à titre de présuccession des biens des ascendants d'émigrés, il se plaignit vivement de l'injustice d'une loi qui punissait des citoyens d'avoir élevé leurs enfants dans des principes royalistes. « Nous serions tous coupables, s'écriait il, nous qui sommes nés sous un gouvernement monarchique, de n'avoir pas élevé nos enfants en Brutus. A ce compte la république hériterait bientôt de toute la nation. » Animé des mêmes sentiments, il appuya, le 3 frimaire an V, la proposition d'abroger la loi du 3 brumaire an IV qui mettait un grand nombre de Français en état de prévention et de surveillance, et qui excluait de toutes fonctions électorales les parents et les alliés d'émigrés. Il demanda en outre que l'on remplaçât, selon les formes légales, les magistrats nommés au tribunal de cassation par le Directoire, et s'éleva contre toute innovation au code d'instruction criminelle. Le coup d'État du 18 fructidor n'atteignit point Maleville. Privé de l'appui de ceux de ses collègues que la proscription avait frappés, il continua, au nom des mêmes principes, la guerre qu'il avait déclarée aux institutions républicaines. Après avoir protesté plusieurs fois contre le coup d'État, il s'opposa, le 21 nivôse an VI, à ce que la nomination des membres des tribunaux criminels fût enlevée aux assemblés électorales, et osa dire à la tribune : « Voici ce qui pourrait bien ramener le peuple au royalisme, malgré son éloignement pour cette institution, c'est de s'apercevoir que sa souveraineté n'est qu'un vain nom et que l'exercice lui en devient illusoire. » Ces paroles soulevèrent un grand orage, et l'impression en fut refusée. Maleville parla encore en faveur des domaines congéables des ci-devant seigneurs de la Bretagne et du rétablissement de la contrainte par corps, et contre les avantages excessifs que les premières lois de la révolution avaient accordés aux enfants nés hors mariage. Au mois de floréal an VII (mai 1799), il cessa de faire partie du corps législatif, les opérations du collége qui l'avait réélu ayant été annulées.

Après l'établissement du consulat, Maleville fut au nombre des juges du tribunal de cassation nommés par le sénat (18 germinal an VIII); ses collègues l'élevèrent l'année suivante à la présidence de la section civile, en remplacement de Tronchet. Le 24 thermidor suivant, il fut chargé, avec Portalis, Tronchet et Bigot de Préameneu, de préparer la rédaction d'un projet de code civil, et se distingua dans les délibérations par la pureté de ses doctrines, la sagacité de son esprit et l'étendue de ses connaissances. « Promoteur éclairé de la puissance paternelle et de la liberté de tester, dit M. Portalis, il chercha en toute occasion à concourir par ses efforts au rétablissement de cette magistrature domestique, si favorable à la conservation des mœurs. Persuadé que les familles sont les éléments de la société et que la bonne constitution de l'État dépend en grande partie de la bonne constitution des familles, il repoussa de tous ses efforts le divorce et l'adoption.... Il ne se contenta pas d'avoir concouru à la confection de la loi, il voulut en faciliter l'intelligence et en assurer la juste application. Il publia en conséquence une lumineuse analyse de la discussion du Code Civil au conseil d'État, et après avoir tenu un rang distingué parmi ses auteurs il se plaça encore à la tête de ses interprètes. » En 1806 Maleville fut appelé au sénat, et obtint en 1808 le titre de comte de l'empire. Le 1er avril 1814 il vota pour la déchéance de Napoléon, pour le rappel des Bourbons et pour le projet de constitution, tout en critiquant sur ce dernier point la disposition par laquelle les sénateurs s'attribuaient à eux-mêmes une dotation héréditaire. Créé pair de France, le 4 juin 1814, il se prononça contre le projet de loi qui rétablissait la censure; lors du procès du maréchal Ney, il opina, dans un vote motivé, pour la déportation. Depuis 1820 il ne prit qu'une part restreinte à la discussion des affaires publiques. En 1817 il avait reçu de Louis XVIII le titre de marquis. On a de Maleville : *Du Divorce et de la séparation de corps*; Paris, 1801, in-8°, réimpr. en 1816 sous le titre : *Examen du Divorce*, avec quelques modifications; — *Analyse raisonnée de la discussion du Code Civil au conseil d'État*; Paris, 1804-1805, 4 vol. in-8°; 3e édit., ibid., 1822. « Ce commentaire, selon Camus, n'est pas très-profond, mais il est exact et toujours clair. » — *Défense de la Constitution, par un ancien magistrat*; Paris, 1814, in 8°. P. L—Y.

Mahul, *Annuaire nécrolog.*, 1823. — De Portalis, *Éloge de Jacques de Maleville*, dans *le Moniteur* du 28 janvier 1825. — *Lettres de Camus* (édit. Dupin).

MALEVILLE (*Pierre-Joseph*, marquis DE), homme politique français, fils du précédent, né en 1778, à Domme, en Périgord, mort en avril 1832, à Paris. Fils d'un savant jurisconsulte, il s'exerça quelque temps au barreau de Paris, et débuta dans la carrière politique par les fonctions de sous-préfet de Sarlat, qu'il occupa depuis 1804 jusqu'au commencement de 1811; à cette époque il entra à la cour d'appel de Paris, avec le titre de conseiller. Adoptant la même ligne de conduite que son père, il fit distribuer au sénat, le 1er avril 1814, une adresse imprimée dans laquelle il se prononçait pour le rappel des Bourbons avec des institutions libérales. Élu représentant de l'arrondissement de Sarlat en juin 1815, il se conduisit avec beaucoup d'énergie en ces circonstances difficiles. Il défendit la liberté de la tribune, demanda que la liberté de la presse fût placée sous la sauvegarde du jugement des jurés, et réclama contre la sévérité des peines qu'on prétendait appliquer aux délits politiques, opposant aux paroles du ministère l'autorité de Montesquieu pour établir que les calomnies dirigées contre le chef de l'État ou les membres de sa famille devaient être punies par les tribunaux correctionnels. Dans la séance du 23 juin, il s'opposa à ce que le fils de Napoléon fût reconnu empereur; n'ayant pu développer son opinion à la tribune à cause des murmures qui l'accueillirent, il le fit dans une brochure adressée au gouvernement provisoire et aux chambres. « Si vous aimez la liberté, disait-il, si vous ne voulez pas perdre le fruit de vos efforts et de tant de combats, hâtez-vous de porter directement à Louis vos vœux et ceux de la nation. Faites-lui connaître que des mœurs nouvelles, des intérêts déjà anciens, et résultant d'un ordre de choses qui a traversé le quart d'un siècle, ne sauraient être froissés sans exposer l'État à de nouveaux orages. Dites-lui que les Français ne peuvent se reposer qu'à l'ombre et sous les garanties d'un pacte constitutionnel. » Ainsi qu'il arriva aux hommes modérés, en obéissant à sa conscience, il ne satisfit aucun parti. Cette opinion, dénoncée le 30 juin à la chambre, donna lieu à une séance orageuse; on proposa de mettre l'auteur en jugement; on alla jusqu'à le traiter d'aliéné.

Après la seconde restauration, de Maleville, qui avait repris ses fonctions à la cour royale, fut nommé en 1819 premier président à la cour de Metz; en 1820 il passa en la même qualité à celle d'Amiens, et en 1828 il vint siéger comme conseiller à la cour de cassation. La mort de son père lui avait ouvert en 1824 les portes de la chambre des pairs. Intervenant dans presque toutes les discussions qui intéressaient le droit public ou civil, la propriété, la morale ou la religion, il sut allier dans ses discours l'élévation des sentiments à l'étendue des connaissances. Il succomba en peu de jours à une attaque de choléra. De Maleville fut un défenseur éclairé de la monarchie et des institutions libérales. Il se délassait, au milieu de l'étude, des travaux législatifs et judiciaires, dont il s'acquittait avec une scrupuleuse exactitude; les antiquités celtiques et romaines furent souvent le but de ses recherches, et il était versé dans la littérature orientale. On a de lui : *Discours sur l'influence de la reformation de Luther*, Paris, 1804, in-8°, qui obtint une mention honorable au concours de l'Institut; le but de l'auteur était de prouver que la réforme n'avait été favorable ni à la situation politique des États ni au progrès des lumières; — *Adresse au Sénat*; Paris, 1814, br. in-8°; — *Frappe, mais écoute*; Paris, 1814, broch.; — *Les Benjamites rétablis en Israel*; Paris, 1816, in-8°. Dans ce poëme en prose, qu'il prétendait traduit de l'hébreu, il invitait, sous le voile de l'allégorie, ses concitoyens à la paix et à la concorde. De Maleville a laissé en manuscrit, sous le titre de *Fables sacrées et Mystères des différentes nations*, un ouvrage dont il avait lu en public des fragments et où il comparait ensemble les mythes religieux de tous les peuples anciens et modernes.

P. L—Y.

Arnault, Jay, Jouy et de Norvins, *Biogr. nouv. des Contemp.* — *Le Moniteur univ.*, 1832 et 1838.

* **MALEVILLE** (*Léon* DE), homme politique français, né à Montauban, le 8 mai 1803. Issu d'une famille protestante et l'une des premières du midi, il fit ses études dans sa ville natale. Il vint à Paris vers 1820, et y fit son droit. Reçu avocat en 1823, il fut attaché au cabinet de M. Hennequin; mais lorsque M. de Preissac fut appelé à la préfecture du Gers, M. de Maleville suivit son oncle comme secrétaire particulier. Quand M. de Preissac donna sa démission, M. de Maleville revint avec lui à Montauban (1829). Après la révolution de Juillet, M. de Preissac ayant été nommé préfet de la Gironde, son neveu le suivit encore comme secrétaire général de préfecture. M. de Preissac cessa une seconde fois d'être préfet, en 1833; M. de Maleville partagea son sort. L'année suivante son département (Tarn et Garonne) l'envoya à la chambre des députés, dont il était le plus jeune membre. Ami de M. Thiers et partisan éclairé d'une monarchie constitutionnelle et progressive, il prit place sur les bancs de la gauche. Il y défendit la faculté protestante de Montauban, que l'on voulait supprimer pour créer a Paris une faculté centrale de théologie. Il vota contre les lois de septembre, appuya le cabinet du 22 février 1836, et rentra dans l'opposition lorsque M. Molé arriva au pouvoir. En 1840, lors de la formation du cabinet du 1er mars, M. de Maleville y fut appelé en qualité de sous-secrétaire d'État au ministère de l'intérieur et reçut la croix d'officier de la Légion d'Honneur (23 octobre 1840). Le ministère du 29 octobre le replaça dans les rangs de l'opposition. Il s'éleva alors contre la politique des doctrinaires, signala les dangers d'un système de corruption qui attirait à lui « tous les zèles défaillants, les consciences fatiguées et les ambitions insatiables ». Et s'adressant un jour aux ministres, qui demeurèrent silencieux, il s'écria : « Ne connaissez-vous pas le tarif des conciences que vous vous êtes récemment attachées? » Il prononça un véhément discours contre l'indemnité Pritchard, et combattit toutes les mesures anti-libérales que le gouvernement crut devoir proposer. En 1847 et 1848 il fut un des promoteurs du mouvement réformiste, et contribua aux embarras du pouvoir suscités par les banquets politiques. Après la révolution de Février, M. de Maleville fut élu à l'Assemblée constituante; il sembla avoir regret de ses précédents, et se rallia au comité de la rue de Poitiers. « Son cœur, disait-il, repoussait avec indignation l'exemple déplorable des violences qui quelques mois auparavant avaient imposé au gouvernement provisoire la proclamation de la république. » Aussi, le 20 décembre 1848, le

président Louis-Napoléon Bonaparte lui confia-t-il le portefeuille de l'intérieur. Il accepta ce poste sans arrière-pensée; mais ses habitudes de lutte parlementaire, des souvenirs, peut-être trop fidèles, des conditions du gouvernement constitutionnel lui conseillèrent la retraite; il céda son portefeuille à Léon Faucher dès le 30 décembre. Sa démission, qui était attribuée à une demande du chef du pouvoir exécutif relative à la remise des dossiers concernant les affaires de Strasbourg et de Boulogne, causa une vive sensation, et M. de Maleville dut s'en expliquer à la tribune. Délaissé par les électeurs de Montauban, il fut élu à l'Assemblée législative par ceux de la Seine (13 juillet 1849), et continua de se montrer hostile aux excès. Néanmoins, en 1850 il vota avec la gauche républicaine pour les mesures capables de paralyser les projets de l'Élysée. Le coup d'État du 2 décembre 1851 a rendu M. de Maleville à la vie studieuse, qu'il a toujours aimée. Outre de nombreuses publications politiques, on cite de lui un travail très-vaste sur le budget du ministère de l'intérieur (1838) et une petite comédie de mœurs *Les Tribulations de M. le Prefet* (1827).

Son frère, officier supérieur, né à Domme, en 1813, mort de ses blessures, à Médole, dans la derrière campagne d'Italie (1858), s'est distingué par un des plus beaux faits militaires des temps modernes. Élève de Saint-Cyr, il avait gagné tous ses grades en Afrique, où il était resté quinze années, et était parvenu à commander le 55e de ligne. A la bataille de Solferino, le maréchal Niel le chargea de tenir la ferme de Casanova, qui couvrait la route de Mantoue, tandis que lui-même marchait sur Guidizzolo, pour couper aux Autrichiens la retraite sur le Mincio. Le colonel de Maleville fut attaqué par des forces supérieures; cinq fois son régiment fut délogé, et cinq fois il reprit position. Des pelotons entiers disparaissaient sous la mitraille : presque tous les officiers étaient tués ou blessés, et les munitions venaient à manquer. Il demanda du secours et des cartouches : on lui répond de charger à la baïonnette. Les soldats hésitent et tourbillonnent sous la pluie de fer qui les écrase; dans ce moment suprême il jette son sabre brisé, saisit le drapeau, et, s'élançant vers les Autrichiens, il s'écrie : « cinquante-cinquième, sauvez votre drapeau. » A quelques pas, il tomba mortellement atteint; mais l'ennemi dut reculer devant l'élan terrible des Français : le drapeau fut sauvé et le corps du colonel rapporté. « Le colonel de Maleville a dit le maréchal Niel, était un véritable héros! Sa mort laisse bien en arrière les plus beaux traits de notre histoire et de l'antiquité. » F. FAYOT.

Le Moniteur universel, ann. 1831-1851. — *Documents particuliers*. — Vapereau, *Dict. univ. des Contemporains*.

MALEZIEU (*Nicolas* DE), écrivain français, né à Paris, en 1650, mort le 4 mars 1729. Il avait pour père Nicolas de Malezieu, écuyer, seigneur de Bray, qu'il perdit étant encore au berceau. Sa mère était une femme de beaucoup d'esprit, qui développa avec soin ses dispositions naturelles. Il commença par être un enfant prodige : à quatre ans, presque sans maître, il avait appris à lire et à écrire; à douze il avait terminé sa philosophie. Puis il cultiva avec un succès à peu près égal l'histoire, les lettres, les mathématiques, la poésie, le latin, le grec et l'hébreu. Bossuet et le duc de Montausier le désignèrent au roi pour remplir les fonctions de précepteur du petit duc du Maine, fils naturel de Louis XIV, comme plus tard (1696) il fut encore choisi par Mme de Maintenon pour enseigner les mathématiques au duc de Bourgogne. Dans ce dernier poste, il obtint un succès justifié autant par ses talents spéciaux que par les dispositions naturelles de son illustre élève. Grâce à ces charges élevées, et aussi grâce à son esprit et à son caractère, il ne tarda pas à entrer dans l'intimité du roi, comme un des personnages les plus distingués de la cour. Ce qui fait encore à un plus haut degré l'éloge de son esprit et de son caractère, c'est qu'il fut et demeura toujours l'ami de Bossuet et de Fénelon, même au milieu de leurs différends, où ceux ci le prirent parfois pour arbitre sans qu'il perdît l'affection de l'un ni de l'autre. Lorsque le duc du Maine se maria, Malezieu resta attaché à sa maison, et se fixa à Sceaux, dont la petite cour rivalisait avec celle de Versailles, qu'elle dépassait en agrément, si elle lui cédait en luxe. Les jeux et les ris, comme on disait alors, exilés de l'entourage de Mme de Maintenon et du vieux monarque, s'étaient réfugiés chez le duc et la duchesse du Maine, où ils se trouvaient beaucoup plus à l'aise qu'au Temple, près de ce grand-prieur de Vendôme dont Saint-Simon a peint le cynisme avec tant d'énergie, et qui, par la grossièreté de ses amusements, effarouchait le cortége des Grâces décentes. Il s'était formé là comme un Parnasse familier, une petite académie d'aimables et charmants esprits, que l'on voyait aussi quelquefois au Temple, à la suite de La Fare, de Chaulieu, de l'abbe Courtin, de Brueys et de Palaprat, mais qui, le plus souvent, trônaient parmi les divertissements quotidiens du vallon de Sceaux. Les plus célèbres de ces hôtes habituels du château princier étaient l'abbé de Polignac, l'auteur de l'*Anti-Lucrèce*, cette élégante réfutation du poëte épicurien; l'abbé Genest, connu par sa tragédie de *Penélope*, enfin Nicolas de Malezieu. Nul n'était plus propre que lui, par la variété de ses connaissances, à satisfaire l'inquiétude de savoir et la prodigieuse activité d'esprit de la jeune duchesse, que séduisaient toutes les sciences, même les plus étrangères à l'esprit de son sexe. Souvent, en présence de toute la cour, Malezieu lui traduisait à livre ouvert, avec une parfaite élégance et un sentiment délicat des beautés de l'original, les auteurs grecs ou latins, Sophocle, Euripide,

Térence, Virgile, et, tout en les traduisant, il les déclamait si bien que l'auditoire se sentait ému comme à la voix des plus grands acteurs.

Mais c'était surtout en sa qualité d'ordonnateur des fêtes de Sceaux que Malezieu se rendait utile. Ces divertissements et spectacles, qu'il avait surnommés les *galères du bel-esprit*, n'en trouvaient pas moins en lui un directeur aussi actif qu'ingénieux. La duchesse voulait, suivant l'expression de Fontenelle, qu'il entrât des idées, de l'invention dans ses fêtes, et que la joie eût de l'esprit; aussi fit-elle en sorte de s'attacher éternellement Malezieu à force de bienfaits. Par dévouement pour ses protecteurs, celui-ci n'hésitait pas à délaisser de plus hautes études, afin de composer de petits vers pleins de feu, de goût et d'esprit, des impromptus où il excellait, des pièces badines où il jouait lui-même son rôle. Son imagination était toujours en eveil et son cerveau toujours en mouvement, soit pour créer, soit pour combiner de nouveaux divertissements. L'abbé Genest l'aidait vaillamment dans cette tâche, et ne se fâchait point des plaisanteries en vers ou en prose que ne cessait de lui décocher son confrère, surtout à propos de l'extravagante dimension de son nez, qui l'avait fait surnommer l'*abbé Rhinocéros*.

Le dévouement de Malezieu envers ses nobles bienfaiteurs ne faillit point à l'heure du danger. Après la mort de Louis XIV, il soutint de sa plume les droits du duc du Maine, contre les pairs et les princes du sang, travailla à un mémoire contre le duc d'Orléans, qui devait être envoyé au roi d'Espagne, et paya cette audace d'un emprisonnement de plusieurs mois.

Malezieu entra, en 1701, à l'Académie Française comme successeur de Clermont-Tonnerre, évêque et comte de Noyon. Il faisait déjà partie depuis deux ans de celle des Sciences en qualité de membre honoraire. Il jouissait d'un tempérament ardent et robuste et d'une excellente santé. Ce fut une attaque d'apoplexie qui mit fin à ses jours, à l'âge de soixante-dix-neuf ans. Son corps fut transporté dans l'église de Châtenay, près de Sceaux. Il a laissé peu d'écrits : ce fut un de ces hommes qui dispersent et gaspillent leur intelligence, au lieu de la concentrer et de donner leur mesure dans une œuvre méditée à loisir. On a de lui : *Éléments de Géométrie de M. le duc de Bourgogne;* Paris, 1715, in-8° : ce sont ses leçons recueillies par le bibliothécaire du duc du Maine. Dans les *Divertissements de Sceaux*, Trévoux, 1712, 1715, des pièces diverses, telles que chansons, contes, lettres, sonnets, des comédies, *La Tarentule*, *Les Importuns*, l'*Heautontimorumenos*, d'après Térence. On lui attribue aussi une comédie en musique : *Les Amours de Ragonde*, et, quoiqu'il fût du nombre des quarante, une facétie intitulée *Polichinelle demandant une place à l'Académie*, facétie qu'on représenta plusieurs fois sur le théâtre des marionnettes, et qui lui valut deux répliques sur le même ton, demeurées manuscrites. Victor FOURNEL.

D'Olivet, *Histoire de l'Académie*. — Fontenelle, *Éloges des Académiciens*.

MALFILATRE ou **MALFILLATRE** (1) (*Jacques-Charles-Louis*), poëte français, né à Caen, le 8 octobre 1732, mort à Paris, le 6 mars 1767. Il étudia avec distinction chez les jésuites de sa ville natale, et montra de bonne heure des dispositions pour la poésie. Quatre odes envoyées par lui aux palinods de Normandie furent couronnées : elles avaient pour sujets, la première, *Le Soleil fixe au milieu des planètes;* la seconde, *Le Prophète Élie enlevé aux cieux;* la troisième, *La Prise du fort Saint-Philippe*, et la quatrième, *Louis le Bien Aimé sauvé de la mort*, à l'occasion de l'attentat de Damiens. Marmontel signala *Le Soleil fixe au milieu des planètes* comme « l'aurore d'une belle carrière poétique ». Clément dans ses *Observations critiques* et Palissot dans le *Journal françois* publièrent avec éloge des morceaux remarquables du jeune poëte, entre autres des fragments d'une traduction en vers des *Géorgiques* de Virgile. Ainsi encouragé, Malfilatre vint à Paris : il obtint de l'argent pour une traduction de Virgile, mélangée de prose et de vers; le libraire Lacombe l'employa à des compilations, qui furent bien payées; le comte de Lauraguais le prit pour secrétaire; de Beaujeu l'appela auprès de lui à Vincennes, et voulut assurer sa tranquillité; mais, suivant quelques biographes, Malfilatre, trop sensible aux plaisirs, dépensait plus qu'il n'avait. Selon d'autres, il dut ses infortunes à son amour pour ses parents. Il avait fait venir son père et sa sœur à Paris. Sa sœur s'éprit d'amour pour un jeune homme indigne d'elle, et l'épousa; le nouveau couple ne tarda pas à abuser de la facilité du caractère du poete : Ne sachant pas résister à des demandes incessantes, Malfilatre contracta des dettes; craignant pour sa liberté, que ses créanciers menaçaient, il se retira à Chaillot. Malade d'un abcès au genou, résultat d'une chute de cheval, et qu'il négligea d'abord, il trouva un refuge chez une brave tapissière, nommée Mme Lanoue, à qui il devait pourtant, et qui, plus touchée des souffrances du poëte que de la perte qu'elle allait subir, s'empressa de pourvoir à tous ses besoins. De vives douleurs assaillirent Malfilatre à son lit de mort, et il dut se soumettre à de cruelles opérations. De Savines, depuis évêque de Viviers, et Thomas lui prodiguèrent des soins

(1) L'acte de baptême de Malfilatre, daté du 14 juillet 1740, le dit fils de Charles Malfillastre et de Jeanne Marie-Esther de Clinchamps; la première signature de l'acte, qui paraît être celle de son père, porte *Malfillatre;* une autre signature du même acte, d'une mauvaise écriture de femme, donne *Malflatre*. D'un autre côté, on a trouvé sur un livre la signature du poëte sous la forme de *Malfillatre*, ce qui est sans doute la veritable orthographe.

dans sa dernière maladie. Gilbert n'a donc pas eu tout à fait raison de dire :

La faim mit au tombeau Malfilatre ignoré ;
S'il n'eût été qu'un sot il aurait prospéré.

Malfilatre était de mœurs douces et simples ; timide de caractère, il aimait la solitude. Il avait, suivant Auger, « une âme douce et confiante, aimant tous ceux qui l'entouroient, et s'en faisant aimer sans peine. Plus sensible peut-être aux charmes de la composition qu'à ceux de la gloire, moins empressé d'être connu que jaloux de la mériter, il jetoit dans le silence et dans l'obscurité les fondements de plusieurs grands ouvrages : il fut très-malheureux sans doute, mais son humeur n'en éprouva jamais la moindre altération ». On a attribué la mort du poëte au déréglement de sa vie ; Auger l'attribue à la détresse et au travail. Malfilatre avait commencé à mettre en vers le *Télémaque* de Fénelon. Il avait préparé une tragédie d'*Hercule au mont Œta* et conçu le plan d'une épopée dont le sujet était *La Découverte du Nouveau Monde*. On a imprimé en 1799 une traduction en prose des *Métamorphoses* d'Ovide, en 3 vol. in-8°, d'après le texte du père Jouvency, et avec des notes de Malfilatre, dans lesquelles celui-ci signala les imitations les plus heureuses que les poëtes français ont pu faire des morceaux d'Ovide. Deux ans après la mort de Malfilatre, de Savines et de Messine publièrent son poëme de *Narcisse dans l'île de Vénus* ; Paris, 1769, in-8°. On en trouva le plan défectueux ; mais on s'accorda à louer les détails, pleins de grâce et de fraîcheur, ainsi que le style, élégant et harmonieux. « Plusieurs détails de cet ouvrage, au jugement d'un de ses éditeurs, semblent formés de la naïveté de La Fontaine et de la richesse de Virgile : le goût antique y respire. » Fontanes en donna une nouvelle édition, Paris, 1790, in-8° ; en 1795 une autre édition fut publiée par Aubin. En 1805, les œuvres de Malfilatre parurent avec une notice d'Auger, en 1 vol. in-12 ; elles ont été plusieurs fois réimprimées depuis. Miger a publié, d'après les manuscrits autographes, avec des notes et des additions, le travail que Malfilatre avait commencé sur le prince des poëtes latins sous ce titre : *Le Génie de Virgile* ; Paris, 1810, 4 vol. in-8°.

L. LOUVET.

De Savines, Fontanes et Aubin, Notices en tête de leurs éditions de *Narcisse*. — Auger, *Notice biographique et littéraire sur Malfilatre*, en tête de son édition. — La Harpe, *Cours de Littérature*. — Dussault, *Annales Littéraires*, tome III, page 292. — De Baudre, *Discours sur la vie et les ouvrages de Malfilatre* ; Caen, 1825, in-8°. — Merville, P.-A.-A. Gautier, Paul Lacroix, Jules Raveuel, Notices en tête de leurs éditions des *Poesies* de Malfilatre. — Feletz, *Jugements Historiques et Littéraires*, p. 321. — Chaudon et Delandine, *Dict. univ., Hist., Crit. et Bibliogr.* — Ourry, dans l'*Encyclop. des Gens du Monde*. — Viollet-le-Duc, dans le *Dict. de la Convers.* — Quérard, *La France Littéraire*. — *Bulletin de l'Acad. de Caen*, 3e année, n° 12. — Édouard Frère, *Manuel du Bibliographe normand*.

* **MALGAIGNE** (*Joseph-François*), chirurgien français, né le 14 février 1806, a Charmes-sur-Moselle, où son père et son grand-père avaient exercé la médecine. Après avoir fait ses humanités dans sa ville natale, il suivit des cours de rhétorique et de philosophie à Nancy, où il commença aussi ses études médicales. A dix-neuf ans il rédigea un journal littéraire : *Le Spectateur de la Lorraine* ; mais la couleur libérale de cette feuille déplut au préfet et à l'évêque, Forbin-Janson ; elle fut supprimée avant la fin de sa première année. En 1826, M. Malgaigne vint à Paris continuer ses études de médecin ; en 1828 il obtint un prix de la Société Médicale d'Émulation et le premier second prix au Val-de-Grâce ; en 1829, il remporta le 1er prix dans cette école de chirurgie militaire, et ce succès lui donnait, d'après les règlements d'alors, le droit de rester dans les hôpitaux d'instruction. Cependant, en 1830, les bureaux de la guerre voulurent l'envoyer dans un régiment ; protestant de son droit, il donna sa démission, traita avec les députés de la Pologne à Paris, et conduisit dans ce pays une ambulance de onze chirurgiens : il avait le titre de chirurgien de division, attaché à la 4e division d'infanterie. En cette qualité il fit la campagne de 1831, et assista à l'assaut de Varsovie, après lequel il reçut la croix d'officier du mérite militaire de Pologne. Depuis son retour à Paris, en 1832, il rédigea la partie chirurgicale de la *Gazette Médicale de Paris* et publia de nombreux comptes-rendus de la clinique de Dupuytren ; ils ont pris place dans les leçons orales de ce célèbre chirurgien. En 1835, il obtint au concours la place d'agrégé ainsi que celle de chirurgien du bureau central des hôpitaux. En 1843, il fonda le *Journal de Chirurgie*, appelé, depuis 1847, *Revue Médico-Chirurgicale*, et qui cessa de paraître en 1855. Dans ce journal il critiqua, entre autres, la myotomie rachidienne et d'autres opérations orthopédiques de M. Jules Guérin. Ces critiques devinrent l'objet d'une plainte en diffamation. M. Malgaigne plaida lui-même sa cause avec une verve à la fois satirique et éloquente, et fut appuyé par une déclaration de principes signée de tous les médecins et les chirurgiens les plus illustres de la France : il gagna ce fameux procès en première instance et en appel, et reporta immédiatement le débat devant un tribunal scientifique, l'Académie de Médecine, dont il fut nommé membre en 1846. Un instant, vers la fin du règne de Louis-Philippe, M. Malgaigne se détourna de ses travaux pour s'occuper de questions politiques ; il fut nommé en 1847 député du 4e arrondissement de Paris, et siégea à la chambre jusqu'à la révolution du 24 février 1848. Deux ans après, en 1850, il devint, après un brillant concours, professeur à la faculté de médecine, et fut, en 1851, nommé officier de la Légion d'Honneur. Il a été chirurgien de l'hôpital Saint-Louis de 1845 à 18.8, et est actuellement chirurgien de La Charité.

Orateur brillant à l'Académie de Médecine,

eur acclamé par un auditoire nombreux, lgaigne est en même temps un érudit , un écrivain élégant et un hardi novateur a science. Ses principaux ouvrages sont : *d'Anatomie chirurgicale et de Chirur- perimentale*, 2 vol. in-8°; Paris, 1838; , 1858; — *Leçons cliniques sur les Her-* recueillies par M. Gelez); 1841; — *Études iques sur les Etranglements herniaires les opérations de Hernies étranglées*; – *Traité des Fractures et des Luxations*, las, in-fol.; 2 vol. in-8°, 1847 et 1855; — *l de Médecine opératoire*, 1re édit., 1834; e édit. en 1853; traduit dans les princi- s de l'Europe; — *Lettres sur l'His- re de la Chirurgie*; 1843; — une édition, imée des *Œuvres complètes d'Ambroise* avec des notes historiques et critiques, et e d'une introduction sur l'histoire de la en occident; 1842; — un très-grand d'articles et de mémoires dans divers s périodiques. Parmi ces mémoires on ue surtout : *Recherches historiques et ues sur les appareils employés dans le ment des fractures depuis Hippocrate nos jours*; — *Sur une nouvelle mé- de réduction des luxations scapulo- ales*, dans *le Bull. de Thérap.*; 1838; — *ches sur la fréquence des Hernies, selon es, les âges et la population*; dans *An- d'hyg. pub.*, 1840, avec une carte de la hernieuse; — *Sur les anévrysmes de la inguinale*; dans le *Journal de Chirur-* IV; — *Sur les fractures du sacrum et cyx*; ibid.; — *Lettres à un chirurgien rince*, dans la *Revue Médico-Chirurgi-* . IV et V; — *Statistique des résultats andes opérations dans les hôpitaux de* ; dans l'*Examinateur médical*, 1841; *uvelle méthode d'opérer les kystes sé- synoviaux*; ibid., 1840; — *Sur l'His- l'organisation de la chirurgie et de la ne grecques avant Hippocrate*; dans le *de Chirurg.*, t. IV; — *La chirurgie au tième siècle*; dans la *Revue Méd.-Chir.*, — *Essai sur la médecine égyptienne*; . V; — *Éloge de Roux*, les articles *Astley Cooper, Dupuytren* dans la *Bio- e Générale*. — M. Malgaigne, ennemi utine et des préjugés, a sa place marquée istoire de la science par l'indépendance de ceptions ainsi que par une connaissance le des doctrines du passé. D. DUCHAUSSOY.

au, *Dict. biog. des contemporains*. — Sachaille, *ecins de Paris*. — *Docum. partic.*

MERBE (*François*), poëte français, na- aen, en 1555, et mourut à Paris, le 16 oc- 628. La maison dans laquelle il avait vu isparut de son vivant, et son père fit bâtir, , sur l'emplacement qu'elle occupait une aison, qui existe encore, sur la place qui n nom; une plaque de marbre, avec une inscription commémorative, y a été placée, en 1814, par les soins de l'Académie des Sciences, arts et belles-lettres de Caen. La découverte du contrat de mariage de Malherbe, d'un écrit important, intitulé *Instruction de F. Malherbe à son fils*, et de plusieurs de ses lettres inédites, nous permet de rectifier sur plusieurs points et de compléter sur d'autres la biographie d'un poëte dont sa ville natale est justement fière et auquel elle a élevé une statue (1). François Malherbe, aîné de neuf enfants, était le fils de François Malherbe, conseiller au présidial de Caen. Celui-ci avait épousé, le 13 juillet 1554, Louise Le Vallois, fille de Henri, sieur d'Ifs, et de Catherine Le Joly. Il mourut en 1606. Malherbe, ainsi que sa famille, aimait à vanter sa noblesse : il faisait remonter son origine à l'un des compagnons de Guillaume le Conquérant, et se disait un des rejetons du Malherbe de Saint-Aignan qui prit part aux expéditions de la Terre Sainte, et portait d'*hermines à six roses de gueules*. Ses prétentions, que nous passerions sous silence s'il ne les avait manifestées souvent avec une insistance qui est un trait de caractère, furent confirmées par une sentence de M. de la Potherie, intendant de la justice, police et finances de la généralité de Caen, le 2 janvier 1644. La fortune de son père devait être assez considérable, si l'on en juge par les différents actes que nous avons eus sous les yeux. Ce qu'il y a de certain, c'est que celui-ci ne négligea rien pour l'éducation de son fils. Après avoir fait ses premières études dans l'université de Caen, Malherbe fut envoyé dans une pension de Paris, où se trouvait déjà un de ses cousins, Malherbe de Mondrainville, puis à Bâle et à Heidelberg, où il acheva son éducation littéraire. De retour dans sa ville natale, il y fit des lectures publiques. En 1576, il fut attaché au service de Henri d'Angoulême, fils naturel de Henri II, grand-prieur de France et commandant en Provence. Il y resta dix ans, se trouvant fort bien dans un pays qu'il vantait surtout *à cause de la douceur de la conversation*. Épris d'abord d'une belle Provençale, qu'il a chantée sous le nom de *Nérée*, anagramme de celui de *Renée*, il épousa, le 1er octobre 1581, Madeleine de Carriolis, née du mariage de Louis de Carriolis, président au parlement de Provence, avec Honorée d'Escalis. Elle était déjà veuve pour la seconde fois : son premier mari avait été Jean de Bourdon, écuyer d'Aix, sieur de Bouq, dont elle avait eu un fils, qui survécut à Malherbe, son beau-père, et à sa mère. Son second mari fut Balthasar Catin, sieur de Saint-Savournin, lieutenant du sénéchal au siége de Marseille, dont elle n'avait point eu d'enfants, petit homme bossu, au rapport de Nostradamus, écrivain qui, en parlant de Malherbe, l'appelait son *vieil et très-singulier ami*.

(1) Cette statue en bronze, ouvrage de Dantan aîné, a été placée en 1847 au seuil du palais de l'Université, à côté de celle de La Place.

Le mariage de Malherbe fut heureux. Le poëte semble avoir été sincèrement attaché à sa femme : il lui a écrit plusieurs lettres empreintes d'une sensibilité que l'on rencontre rarement dans ses ouvrages en prose et en vers. Plus endurant sans doute avec ses parents de Provence qu'avec ceux de Normandie, il n'eut point à soutenir contre les premiers ces luttes d'intérêt qui plus d'une fois le forcèrent à plaider contre les seconds. On sait qu'il avait coutume de répondre à ceux qui lui reprochaient ses procès avec ses cousins ou avec son frère : « Eh ! avec qui voulez-vous donc que j'aie des procès? est-ce avec les Turcs et les Moscovites? Je n'ai rien à partager avec eux ! » Quelque temps après son mariage, il accompagna le grand-prieur au siége de Menerbe, une des plus fortes places des religionnaires. Lorsque le comte de Suze fut appelé au gouvernement de la Provence, le grand-prieur fut nommé général des galères à Marseille, où Malherbe le suivit, pour revenir avec lui à Aix, au mois de juin 1579. Il perdit enfin son protecteur, tué le 2 juin 1586, par Altoviti, capitaine des galères ; et ce fut à cette époque qu'il revint à Caen.

Malherbe s'était déjà fait connaître par quelques productions, que l'on a réunies sous le titre de *Bouquet de fleurs de Sénèque*, et qui n'ont été recueillies par aucun des éditeurs de ses œuvres. Composées antérieurement à l'époque où le poete chercha, comme un grand nombre de ses contemporains, des modèles en Italie, et était encore plein des souvenirs de ses études classiques, ses premières odes ne peuvent être passées sous silence. Elles datent des premières années du règne de Henri III. L'âme de Malherbe paraît avoir été profondément attristée alors par le spectacle des malheurs causés par les guerres civiles et s'être ouverte à des sentiments religieux que nous ne trouvons exprimés plus tard par lui ni avec la même vivacité ni d'une manière aussi touchante. Il voulait, disait-il, en s'adressant au lecteur, montrer à ceux qui blâmaient son train de vie, « que la solitude lui plaisoit bien, et que, fuyant les compagnies, il aimoit trop mieux vivre en son particulier, povre et en paix, qu'avec les autres, riche et sans repos et toujours en quelque doute sur sa conscience ». On n'a guère cité que les quatre premiers vers de la première ode, adressée à Groulart, premier président du parlement de Rouen :

> Je meurs, Groulart, d'ouïr parmi les hommes
> Tant de mépris de la Divinité,
> Et ne puis croire, en voyant ta bonté,
> Que tu sois fait du limon que nous sommes.

L'ode, qui contient vingt-deux strophes, est dirigée contre les athées du temps :

> Nier un Dieu ! Nier la propre essence !
> Se dire fait, et nier son facteur !
> Voir l'univers et nier son auteur !
> Oh ! trop maligne et trop lourde impudence !

Malherbe empruntait à Sénèque quelques-uns de ses arguments en faveur de la Providence ; mais les dogmes du christianisme lui inspiraient un autre ordre de considérations, lorsqu'il disait à l'incrédule, par exemple :

> Songe à ce jour, jour affreux et terrible,
> Que Dieu tonnant, ardent et rugissant,
> Prendra les bons et t'ira maudissant,
> Avec les tiens, de cet arrêt horrible :
> Sortez dehors de vos tombes poudreuses,
> Sortez au jour, les os cousus de nerfs,
> Et devalez pour jamais aux enfers,
> Malheureux corps des âmes malheureuses.

Dans ces premiers essais de sa muse, Malherbe a déjà l'accent lyrique.

Nous ne trouvons pas dans les vers qui composent ce *Bouquet de fleurs de Sénèque* ces formes ingénieusement emphatiques et ces jeux de mots puérils empruntés par lui au poëme de Tansille, et dont abonde son poëme sur *les Larmes de saint Pierre*. Il le dédiait, en 1587, à Henri III. Il adressait au roi de France, dans la première partie de ce poëme, des éloges outrés, qu'il désavoua plus tard et auxquels on peut opposer les strophes énergiques dans lesquelles il a flétri ce prince méprisable et les infamies de sa cour. Il montra enfin ce qu'il serait un jour dans son ode adressée, en 1596, à Henri IV, sur la prise de Marseille par le duc de Guise et sur la chute du consul Cazaux, qui pendant cinq ans avait été maître de cette ville.

Malherbe était en Normandie en 1598, et il perdit l'année suivante une fille sur laquelle, plus tendre en prose qu'en vers, il pleurait avec une sensibilité touchante, dans une lettre adressée à sa femme. Ce fut précisément dans la même année, en 1599, qu'il écrivit à Du Perrier ces stances si souvent citées, et qui prouvent plus son talent poétique que l'abondance de ses idées et la richesse de sa sensibilité.

On ignore à quoi Malherbe s'appliqua pen[illegible] le temps qu'il passa en Normandie. Nous sav[illegible] qu'il y vivait à ses frais, sans recevoir aucune subvention de sa famille et sans toucher [illegible] ses revenus d'Aix. En homme exact et [illegible] teur, il ne mentionne aucun cadeau [illegible] fait son père, si ce n'est un tonneau plein du nectar normand. Il fut obligé même de faire alors divers emprunts, dont il a donné le détail dans son *Instruction à son fils*. Ces particularités ne font pas supposer qu'il eût pris, comme on l'a cru, du service actif dans l'armée. Il épiait seulement les occasions de se produire et d'employer sa veine, comme le disait Huet, pour se procurer une meilleure fortune. L'entrée solennelle à Caen du duc d'Épernon, gouverneur de la Normandie depuis la mort du duc de Joyeuse, semblait être pour lui une occasion de montrer ses talents. Ce ne fut cependant pas lui, mais MM. de Cahaignes et de Montbernard qui furent appelés par les échevins à composer les vers qui célébrèrent cette solennité. Lorsqu'en 1589 Henri IV annonça son avénement au trône aux échevins de Caen, de Malherbe et de Digny furent au nombre des notables convoqués pour tre roi; et plus tard Mal- ... stances pour le duc de ..., qui demandait en mariage la prin- ...arre, sœur de Henri IV. Ces faits ni le père ni le fils n'avaient pris ... Ligue, et détruisent l'assertion, si ...pétée d'après les mémoires, très-sus- ...ibués à Racan, selon laquelle Mal- de La Roque, attaché comme lui au Henri d'Angoulême, auraient poussé ...t Sully dans une rencontre, que celui- ...t gardé rancune au poëte, non sans ...riment pour sa fortune.

...née 1600, Malherbe, de retour en Pro- ...t offrir à Marie de Medicis, passant à ...devenir l'épouse de Henri IV, les belles ...qui attestaient en lui la maturité du ...l'éclosion du génie. Ce fut alors que ...n le recommanda au roi. Ce prince ...demandé s'il faisait encore des vers : ...fais plus, répondit-il, depuis que Votre ...l'emploie pour ses affaires. D'ailleurs, pas que qui que ce soit s'en mêle, ...gentilhomme de Normandie, établi en ...nommé Malherbe, qui a porté la poé- ...ise à un si haut point, que personne ...ait approcher. » Il n'en fallait pas da- ...t lorsque Malherbe vint, sur les pro- ...son protecteur, auquel se joignit alors ...s Yveteaux, s'établir à Paris, en 1605, ...lui ordonna de se tenir près de lui, en *qu'il lui ferait du bien*. Ce ne fut pas le roi lui même qui donna au ...moyens de se fixer à Paris et de vivre Le duc de Bellegarde le prit dans sa ...ui offrant une pension de mille li- ...mit à sa table, et lui entretenait un do- ...et un cheval. Il fit chez le grand- ...connaissance de Racan, jeune encore, s'attacha avec une affection constante, son premier disciple. Il perdit en 1606 , *noble homme François Malherbe*, *Digny*, dont il partagea l'héritage avec Eléazar de Malherbe. Son lot se com- ...environ 70 acres de terres labourables, ... et jardins situés en la commune de ...x fontaines du Digny et au hameau de ...eut de plus en partage la maison de ...née près de la Belle Croix dans la rue ...ne, à l'angle de la rue Costy, mainte- de l'Odon. Sa fortune était suffisante ...médiocre, et dans les plaintes qu'il ...l souvent à la cour il exagéra beau- ...pauvreté. Il demeurait tantôt à Paris, ...ontainebleau, « accommodé comme un ...ainsi qu'il l'écrivait à Peiresc en 1606. ...cette année que date avec ce savant sa précieuse correspondance. Sa son fils unique, Marc-Antoine, rési- ...ns cette dernière ville, pendant qu'il ...a capitale. De là sa correspondance ...ec son ami, auquel il rendait compte des événements du jour, en lui transmettant aussi des particularités relatives à sa personne et à sa famille. « Marc-Antoine, lui dit-il, dans une de ses lettres, vous fera voir des vers que j'ai faits pour le roi; il les a si exactement loués que je crains qu'il ne pense que nous soyons quittes : ce n'est pas là comme je l'entends; car s'il trouve des vers qu'il m'a commandés de nouveau aussi bons que les précédents, je suis résolu de lui parler de *grille* (le paraphe du roi avait la forme d'une *grille*), c'est-à-dire de *pension*. » On voudrait, pour l'honneur de sa mémoire, que son désir d'obtenir les bonnes grâces du roi ne l'eût pas engagé à flatter la malheureuse passion que ce prince éprouva pour la princesse de Condé, et à écrire pour lui les madrigaux que celui-ci lui adressait; et il est triste d'apprendre de lui-même que les éloges prodigués par lui au monarque n'étaient nullement désintéressés. « Vous verrez bientôt, écrivait-il encore à Peiresc, près de quatre cents vers que j'ai faits sur le roi. Je suis fort enthousiasmé, parce qu'il m'a dit que je lui montre que je l'aime et qu'il me fera du bien. »

Quoi qu'il en soit, Malherbe avait pris depuis son arrivée à la cour la première place parmi les prosateurs et les poëtes de cette époque. Ce fut sans hésitation que lui-même entra dans son rôle de maître et de réformateur, qu'il conserva jusqu'à la fin de sa vie. Il sut donner à ses préceptes une autorité d'autant plus grande qu'ils semblaient recevoir une consécration définitive dans des œuvres destinées par lui à servir de modèles. Impitoyable critique, il attaqua résolument les expressions et les tournures provinciales qu'apportaient à la cour les représentants des diverses parties de la France, réunis autour du prince qui allait consommer le grand travail de l'unité française, et il se fit gloire d'avoir *dégasconné* la cour.

Malherbe ne composa depuis ce moment qu'un petit nombre de vers, inspirés par les événements ou devenus pour lui autant de moyens de se rappeler au souvenir des grands personnages qui s'étaient chargés de sa fortune.

La mort cruelle et inattendue du roi, en 1610, lui inspira les vers les plus touchants qu'il ait composés. La reine lui accorda une pension de 1,500 livres, qu'elle augmenta deux ou trois ans après. Le poëte lui témoigna sa reconnaissance, et chanta les heureux succès de sa régence. Il avait en 1605 composé de belles strophes sur l'attentat du 19 décembre contre la vie de Henri IV, des stances sur son voyage dans le Limousin et une ode sur l'heureux succès de son expédition contre Sedan. Il continua sous le nouveau règne à se plaindre des rigueurs de la fortune, et ne se montra pas moins empressé à demander les faveurs de Richelieu et de Louis XIII qu'il ne l'avait été à présenter, comme le lui reprochait Des Yveteaux, des placets sous le nom de sonnets à Bellegarde et à Henri IV. Le 10 juin 1617,

Louis XIII lui fit don d'un terrain de 22 maisons à bâtir dans l'enclos de la Darsine, du port de Toulon, et des salines dans un lieu appelé Castaigneau. Plus le poëte avançait en âge, et moins il songeait à revenir en Normandie, *d'où il voulait retirer le peu qu'il avoit*, écrit-il à son cousin du Bouillon. Il y était de temps en temps attiré par les procès qu'il y soutenait. « Je suis ici, écrivait-il à du Perron, accroché encore pour quelques jours à deux ou trois méchants procès, et n'attends que d'avoir trouvé quelque fil à ce labyrinthe, pour m'en retourner en nos quartiers. » — « Je suis bien malheureux, écrivait-il plus tard à Patris ; mais je ne pense pas estre au point de ne pas trouver un ami qui m'aide à me dépouiller. Quand cela seroit, je ferois passer ma rente par décret, pour couper racine aux craintes imaginaires. Un Normand ne pense pas être bien fin s'il ne forme des difficultez en une affaire où il n'y en a point. Le texte a beau être clair, il y veut des gloses, et Dieu sait quelles ! »

Il écrivait cette lettre en 1627, et c'est alors qu'il eut le malheur de perdre son fils unique, tué en duel par Charles de Fortia de Piles. Tout porte à croire, dit M. Roux Alpheran, dans ses *Recherches sur Malherbe*, que ce jeune homme, qui était sur le point d'entrer au parlement de Provence, à titre de conseiller, avait été le provocateur. Il fut tué à quatre lieues d'Aix, où son corps fut rapporté et inhumé dans l'église des Pères Minimes de cette ville. Malherbe, dans son désespoir, n'eut plus jusqu'à sa mort qu'une pensée, celle de venger ce qu'il ne cessa d'appeler l'assassinat de son fils,

Ce fils qui fut si brave et qui m'étoit si cher !

dit-il.

« L'Église, qui abhorre le sang, écrivait-il, le 2 janvier 1628, à l'archevêque d'Aix, doit abhorrer les sanguinaires ; vous ne favoriserez pas l'impunité de ceux qui ont répandu le sang de mon pauvre fils ! »

Le roi était alors occupé au siége de La Rochelle. Malherbe fit pendant quelque temps trêve à sa douleur, pour composer, sur la prise de ce boulevard des protestants, une ode qui est une de ses plus belles pièces lyriques. Elle était adressée à Richelieu, qui lui écrivit : « Je prie Dieu que d'ici à trente ans vous nous puissiez donner de semblables témoignages de la verdeur de vostre esprit, que les années n'ont pu vieillir qu'autant qu'il falloit pour l'espurer entièrement de ce qui se trouve quelquefois à redire à ceux qui ont peu d'expérience. »

Malherbe, toujours ardent à poursuivre ceux qu'il appelait les meurtriers de son fils, *qu'il vouloit mettre*, disait-il, *le plus avant qu'il pourroit dans le chemin de Grève*, ne se contenta pas d'adresser une plainte à Louis XIII, sur ce douloureux événement Il fit le voyage de La Rochelle, pour présenter lui-même sa supplique au Roi, qui n'y eut aucun égard et laissa à la justice son libre cours. De Piles ne fut condamné qu'au paiement d'une somme de 800 livres, destinée à une fondation pieuse. Le duel fut considéré comme une rencontre malheureuse et excusable. Malherbe fut désespéré ; il voulait aller provoquer en duel le meurtrier de son fils, répondant à ceux qui lui faisaient remarquer l'inégalité d'âge entre son adversaire et lui : « Ma vieillesse est pour moi une raison d'engager le combat ; car je risque un denier contre une pistole. » Quelques semaines après, le 16 octobre 1628, Malherbe, dont cette terrible catastrophe avait aggravé la maladie, mourut à Paris, assisté de François d'Arbaud de Porchères, cousin de sa femme, à qui il légua la moitié de sa bibliothèque. Il fut inhumé dans l'église de Saint-Germain-l'Auxerrois.

Malherbe avait successivement perdu ses trois enfants. Son frère Éléazar de Malherbe, au contraire, laissa un fils dont la famille est aujourd'hui représentée par M. François-Auguste de Malherbe, propriétaire en la commune d'Allemagne, près Caen. Le poëte normand eut plus qu'aucun de ses contemporains le sentiment du génie de la langue française. Partant de ce principe qu'elle se trouve surtout dans le langage du peuple, où n'ont pu pénétrer les innovations exagérées de l'école savante, et dans les écrits de ces hommes d'action qui, pour parler à la foule, se servent, comme les auteurs de la satire Ménippée, ou comme Henri IV, des expressions les plus intelligibles et les plus populaires, Malherbe fit la guerre au néologisme barbare et inintelligent, attaqué déjà par Henri Estienne et condamné par Ronsard lui-même dans la dernière période de sa vie. Il n'était pas seulement nécessaire de *réparer* la langue, il fallait l'épurer. Malherbe donna la chasse à toutes les incorrections qu'y avaient introduites les représentants des dialectes provinciaux. Verbes neutres traités comme des verbes actifs, confusion dans les genres, dans les modes, dans l'emploi et la valeur des conjonctions et des prépositions, pléonasmes ridicules, ellipses forcées, voilà pour la correction grammaticale. Mais ce qui manquait surtout à la langue, ce que Malherbe cherche à lui donner, c'est une qualité sans laquelle toutes les autres sont inutiles, la propriété des expressions. Il proscrivit tout ce qui était inutile. Il avait effacé les litanies, prétendant qu'au lieu de la longue kyrielle que récitent les dévots, on pourrait se contenter du dernier verset, qui resume tout ce qui précède. Cette partie toute négative de son œuvre n'est pas sans importance. Il lui fallait pour l'accomplir cette confiance en lui-même, cette conscience de sa supériorité qui éclatent dans les brusqueries et les libres allures de sa critique. Il ne composa jamais avec ce qu'il crū contraire au bon goût. Le grand-prieur d'Angoulême lui montrait des vers qu'il attribuait à un poëte en renom. « Ces vers sont de vous, répond Malherbe, et ils ne valent rien. » Il faut le voir dans sa petite chambre, qui contient juste assez de chaises pour les sept auditeurs ou disciples devant lesquels il porte ses arrêts, Colomby, Racan, Maynard, Touvant, Yvrandes, Du Moustier et Arbaud de Porchères. Si dans ce petit cénacle quelqu'un ose désigner Maynard par son titre de président. « Il n'y a, s'écrie Malherbe, d'autre président ici que moi! »

Si en se montrant difficile et minutieux en fait de langage, si en fixant avec tant de soin les limites du gérondif et du participe, qu'il traite, comme le disait Balzac, comme des peuples limitrophes, Malherbe a donné ou restitué à la langue française ses propriétés essentielles, les vers qu'il a composés sont des modèles, sur lesquels la poésie a dû se régler et dont elle ne pourrait s'écarter sans cesser d'être la véritable poésie française. Ici le rôle de Malherbe s'agrandit et s'élève. Pour créer la poésie lyrique, il fallait plus que du bon sens et de la ténacité; il fallait « la puissance qui fonde et le goût qui choisit ». Or le vers français tel qu'il est conçu et, pour ainsi dire, ciselé par Malherbe, est à la fois clair, noble, harmonieux, expressif et, de même que sa conversation, *ne disant mot qui ne porte coup.* Rimes riches et neuves, mots bien choisis et surtout admirablement placés, coupes savantes, images vives et hardies, mouvement et chaleur, tels sont les caractères que nous offrent quelques-unes de ces odes ou de ces stances qui ont valu au poëte de Caen les titres de noblesse que lui a décernés Boileau, dans les vers pleins de sens, de précision et d'éclat, dont l'auteur de l'*Art Poétique* a trouvé chez lui le premier modèle. On hésite cependant à considérer Malherbe comme un véritable poete dans toute l'acception du mot. Il avait un vif sentiment de l'harmonie, un sens musical très-sûr, une connaissance approfondie du vrai caractère de notre langue, un goût délicat et pur, une intelligence ferme et forte, un art plein d'habileté et de ressources. Avec ces qualités, Malherbe, sans être un homme de génie, a fait plus pour la langue et pour la poésie que n'aurait pu le faire un homme de génie qui ne les aurait pas possédées au même degré. Ces qualités, il les tenait de la nature et il les avait fortifiées par le travail : ce n'est pas le poëte inspiré, c'est le poëte patient. Son esprit est plus ferme que souple, plus sensé qu'élevé, plus juste que sensible. C'est à lui cependant, il faut le reconnaître hautement, et non à Desportes, à Bertaut et à Regnier, comme on l'a fait plusieurs fois, qu'il faut attribuer le mérite d'avoir ouvert la liste de nos auteurs classiques. Ses disciples et ses successeurs immédiats, Racan, Maynard, Gombaud, Maleville, ont marché sur ses traces, sans réussir à l'égaler. Malherbe reconnaissait que de tous ses disciples Maynard était celui qui faisait les meilleurs vers, mais qu'il n'avait pas de force; il ajoutait que Racan avait de la force, mais ne travaillait pas assez ses vers; et qu'enfin de Maynard et de Racan on ferait un grand poëte. Quel était ce grand poete? Sans doute Malherbe lui-même, dans lequel il faut bien reconnaître les deux qualités qu'il regrettait avec raison de ne pas trouver réunies chez ses deux disciples préférés. Ils n'avaient pas, eux, ce bon sens altier et cette sûreté de goût qui caractérisent les rares esprits auxquels appartient le privilége de dominer leur époque et de tracer en quelque sorte le cercle dans lequel doit se circonscrire son évolution et s'accomplir son progrès. C. HIPPEAU.

Memoires de Racan. — Tallemant des Réaux, t. Ier. — Guez de Balzac, *Les Entretiens.* — *Recherches biographiques sur Malherbe et sa famille*, par M. Roux-Alphéran, 1840. — *Instruction de Malherbe à son fils*, publiée par M. Ph. de Chennevières; Paris, 1846. — *Lettres inédites de Malherbe*, mises en ordre par G. Mancel, conservateur de la bibliothèque de Caen; 1852. — *Malherbe, sa vie et ses œuvres*, par M. de Gournay; Caen, 1852. — *Malherbe, Maynard et Racan*, dans le VIIIe volume des *Causeries du lundi*, de M. Sainte Beuve, 1855. — *Les Écrivains normands au dix-septième siècle*, par C. Hippeau; Caen, 1858

MALHERBE (*Joseph-François-Marie*), historien français, né à Rennes, le 31 octobre 1733, mort à Paris, le 17 février 1827. Il fut reçu docteur à Angers, et alla (1774) enseigner la philosophie à l'abbaye de Saint-Germain-des-Prés de Paris. Ses supérieurs le chargèrent de revoir la dernière édition, donnée par les Bénédictins, des *Œuvres de saint Ambroise;* et en 1784 ils lui confièrent le soin de mettre la dernière main au VIe volume de l'*Histoire générale du Languedoc*, que Dom Bourotte n'avait pas eu le temps de publier, étant mort le 12 janvier 1784. La révolution, en le rendant à la vie civile, donna une autre direction à ses travaux. Répondant à l'appel fait par le gouvernement à tous les écrivains, à l'occasion de la convocation des états généraux, il publia avec M. Vernes l'ouvrage intitulé : *Testament du Publiciste patriote, ou précis des observations de M. l'abbé de Mably sur l'histoire de France;* La Haye et Paris, 1789, in-8°. L'étude que Malherbe avait faite de la chimie le rendit apte à concourir quand le bureau de consultation proposa un prix pour la fabrication de la soude par la décomposition du sel marin; le procédé qu'il avait découvert en 1777 lui fit adjuger le prix. Il contribua aussi, en 1792 et 1793, à améliorer la confection du savon à Paris. Adjoint, en 1794, à la commission chargée de recueillir les livres dans les dépôts littéraires, il devint, en 1799, bibliothécaire de la cour de cassation, puis ensuite du Tribunat. En 1812, il fut nommé censeur des livres. Il a laissé les manuscrits suivants : *Remarques historiques sur les localités et les antiquités du Languedoc;* — *Observations sur l'histoire de France, relativement aux assemblées nationales;* — une traduction de la *Physique souterraine* de Becher : la publication de cette traduction du meilleur des ouvrages du chimiste allemand aurait pu être utile si surtout, comme nous le pensons, il n'en existe aucune traduction française;

la chimie, on le sait, y est assez heureusement alliée à la géologie. P. LEVOT.

Documents inédits.

MALIBRAN (*Maria-Felicita* GARCIA, Mme), célèbre cantatrice française, née à Paris, le 24 mars 1808, morte à Manchester, le 23 septembre 1836. Elle était fille de l'excellent artiste Manuel Garcia (*voy.* ce nom), qui fut son premier maître dans l'art du chant; il se vit, dit-on, forcé de la traiter durement à cause de son caractère fantasque et indiscipliné. Dès l'âge de cinq ans, elle joua à Naples un rôle d'enfant, où le public l'applaudit beaucoup. Deux ans après, elle reçut de Panseron des leçons de solfége, et du compositeur Hérold les premiers principes du piano. A la fin de 1817, elle accompagna son père à Londres, où elle apprit l'anglais; elle s'exprimait avec la même facilité en espagnol, en italien et en allemand. Après des études sévères et approfondies, elle se fit entendre pour la première fois, en 1824, dans un cercle musical établi par Garcia, et le 7 juin 1825 elle débuta au théâtre du roi, grâce à une indisposition de Judith Pasta, par le role de *Rosine* du *Barbier de Séville*, qu'elle avait appris en deux jours : elle fut si bien goûtée du public, qu'on l'engagea sur-le-champ pour la fin de la saison aux appointements de 500 livres sterling (12,500 fr.). Elle visita successivement les villes de Manchester, d'York et de Liverpool, puis se rendit à New-York. Au théâtre de cette ville, dirigé par son père, elle joua avec un grand succès *Tancrède* et *Otello*. « On raconte, dit un écrivain, que son père, qui jouait ce dernier rôle, la trouvant trop froide à la première représentation, lui jura qu'il la poignarderait tout de bon à la catastrophe si elle ne s'animait davantage; cette menace, dans la bouche d'un maître si sévère, fut prise au sérieux par sa fille; elle fut sublime, et après la représentation, le père, ivre de joie, prodigua à sa fille des éloges et des caresses. » Ce fut à cette époque que, malgré sa répugnance, elle épousa M. Malibran, négociant français, qui passait pour être riche, mais qui fit bientôt faillite : il était d'un âge mûr, et son mariage avec Mlle Garcia, célébré le 25 mars 1826, ne fut pas heureux; la jeune femme, obligée de se séparer de son mari, revint en France au mois de septembre 1827. Le 14 janvier 1828, Mme Malibran chanta à l'Opéra le rôle de *Sémiramis*, dans une représentation au bénéfice de Galli. « Sa voix, écrivait à cette occasion Castil-Blaze, est un mezzo soprano, second dessus d'une grande étendue. Elle la ménage avec tant d'art, qu'on peut croire qu'elle possède les trois diapasons; elle chante aussi la partie du contre-alto. Sa voix est d'un beau son et d'un timbre flatteur; sa manière de chanter appartient à la bonne école. Elle articule bien le trille, et peut le prolonger sans en altérer le mouvement et la justesse; elle joue avec expression; elle est d'une belle taille et d'un extérieur agréable; elle a de fort jolis yeux; elle compte à peine dix-neuf ans. »

Enfin, Mme Malibran débuta au Théâtre-Italien, où on l'avait engagée moyennant 50,000 fr. par an et un bénéfice. Elle obtint ses principaux succès dans *Otello*, *Le Barbier* et *la Gazza ladra*. Elle se rendit bientôt propre à tous les premiers rôles de son emploi, et si comme cantatrice elle put craindre les souvenirs laissés par Mmes Sontag et Fodor, elle se montra piquante comédienne et tragédienne consommée. En 1829 elle retourna à Londres, où elle partagea avec Mlle Sontag les applaudissements du public. L'année suivante, à Paris, les deux cantatrices déployèrent sur la même scène toutes les ressources de leur talent, et on les vit, à quelques jours d'intervalle, se faire un hommage mutuel des couronnes qu'on leur avait jetées. Le mariage de Mlle Sontag avec le comte Rossi laissa Mme Malibran sans rivale sur la scène italienne. En 1832 elle alla en Italie, accompagnée de Lablache et du violoniste Bériot, qu'elle épousa, le 29 mars 1836. Ce voyage fut pour la cantatrice une suite de triomphes : elle parut à Milan, à Naples et, vers la fin de l'année, à Bologne, dont les habitants firent exécuter en marbre son buste, qui fut inauguré sous le péristyle du théâtre. Partout elle excita un enthousiasme poussé jusqu'au fanatisme. Elle se rendit de nouveau à Londres, au mois d'avril 1836, et y fit une chute de cheval dont les suites lui devinrent funestes; cependant, à force d'énergie, elle surmonta son mal pendant plusieurs semaines, durant lesquelles elle eut le courage de donner des représentations à Bruxelles et à Aix-la-Chapelle. Au mois de septembre elle se fit entendre à Manchester; mais la seconde fois qu'elle chanta elle s'évanouit sur la scène, et quelques jours après elle expira dans les douleurs d'une fièvre nerveuse. Elle avait vingt-huit ans et demi. Malgré les appréciations contradictoires qui ont éte faites du talent de cette femme extraordinaire, « on n'a pu lui refuser, dit M. Fétis, les qualités qui assurent à un artiste la supériorité sur les autres artistes du même genre; ces qualités sont celles du génie qui invente des formes, qui les impose comme des types, et qui oblige non-seulement à les admettre, mais à les imiter... A la scène son imagination s'exaltait; les plus heureuses improvisations lui venaient en foule; ses hardiesses étaient inouïes, et nul ne pouvait résister à l'entraînement de son chant expressif et pathétique. » Mme Malibran a composé beaucoup de nocturnes, de romances et de chansons; plusieurs ont été gravées. Après sa mort on a fait paraître un album qui contient ses dernières pensées musicales. P.

Fétis, Biographie univ. des Musiciens.

MALIDE (*Joseph-François* DE), prélat français, né à Paris, le 12 juillet 1730, mort en Angleterre, le 2 juin 1812. Il était second fils d'un capitaine aux gardes françaises, qui mourut au château de Versailles durant son service. Le jeune Malide cet accident la protection particulière du ›is XV, qui lui fit prendre l'état ecclésias- le pourvut de l'abbaye de Belval et l'en- n Italie en 1758. Nommé aussitôt concla- M. de Rochechouart, évêque de Laon, le pour son vicaire général. Malide assista lité de promoteur à l'assemblée générale rgé tenue en 1765. L'année suivante il fut à l'évêché d'Avranches, d'où il passa sur : épiscopal de Montpellier. Lors de la ré- n, député du clergé aux états généraux, la, le 18 juillet 1789, l'établissement des patriotiques, et dans la séance du 4 août na le droit de la nation à la propriété des ecclésiastiques. Il fut, néanmoins, l'un des ires des protestations des 12 et 15 septem- 91. Après la session il émigra en Angleterre, nd le concordat eut été promulgué, il re- e donner sa démission. Cette obstination lut d'être maintenu par Napoléon sur la es émigrés. A. L.

aphie Moderne (1818).

…IN (*Jean-Michel*), bibliothécaire fran- é en 1698, mort à Paris, le 15 novembre ut durant soixante années commis en ne la Bibliothèque du Roi, et apporta t établissement de nombreuses améliora- Sa longue vie, laborieuse et modeste, aucun incident remarquable. On lui doit ction de la plus grande partie du cata- le la Bibliothèque du Roi, entre autres la *Jurisprudence*, dont le premier volume et econd ont été imprimés, et la *table …* des auteurs dont les ouvrages nt dans la Bibliothèque. L—z—e.

Leprince, *Essai historique sur la Bibliothèque* … Paris, 1782, in-12), p. 103. – Jean Chevret, *Éloge* … *Malin*; dans le *Manuel des Citoyens français*, etc. 1790, in-8°), p. 122. – Le même, *Étrennes à la* … *française* (Paris, 1792, in-8°).

…NGRE (*Claude*), historien français, né …60, à Sens, mort vers 1653. Il était d'une … re, … vint s'établir à Paris, où il … ressource de sa plume. … beaucoup, … avec peu de succès, … ancienne et … histoire de France. … ses recherches à profit, … d'inexactitudes qu'il … d'inélégance … son style. Il prit en tête ques-uns de ses livres le titre de *sieur* …*t-Lazare*, et obtint, on ne sait comment, historiographe de France. On a de lui : *Gloire et Magnificence des Anciens*; 1612, …: il y est question des théâ- … et mausolées, et des céré- …; — *Traité de la Loi Salique*, *et blasons de France, retirés des an- chartes*, etc.; Paris, 1614, in-8°, fig., rencontre des détails curieux; — *En- roi Louis XIII à Orléans*; Paris, 1614, t dans le *Cérémonial français* de Go- I, 969; — *Histoire générale des États …lés à Paris en* 1614; Paris, 1616, in-8°; — *Histoire de Louis XIII et des actions mémorables arrivées tant en France qu'ès pays étrangers durant la régence de la royne sa mère et depuis sa majorité*; Paris, 1616, in-4°. « A quoi il s'est appliqué particulièrement, dit Moréri, c'est à l'histoire de Louis XIII, qu'il écrivit d'une manière qui ne devoit pas contribuer à le faire estimer, parce qu'il y flatte trop les puissances, et que pour gagner davantage il alla jusqu'à diversifier les titres de ses ouvrages. » Ce volume, qui se ressent en effet du penchant de l'auteur à la flatterie, s'arrête à la fin de 1614; — *Histoire chronologique de plusieurs grands Capitaines, princes, etc., et autres hommes illustres qui ont paru en France depuis le règne de Louis XI jusqu'à celui de Louis XIII*; Paris, 1617, in-8°; — *Histoire de la rébellion excitée en France par les rebelles de la religion prétendue réformée* (depuis 1620 jusqu'en 1629); Paris, 1622-1629, 5 vol. in-8°; cet ouvrage, qu'il est rare de trouver complet, a paru par fragments et sous des titres différents, tels que *Intrigues et guerres civiles de France*, et *Histoire générale des derniers troubles de France*; — *Histoire générale de la rébellion de Bohême depuis 1617*; Paris, 1623, 5 parties en 2 vol. in-8°; — *Histoire des Dignités honoraires de France*; Paris, 1635, in-8°; c'est le moins mauvais des écrits de Malingre, parce qu'il a pris le soin d'y citer ses autorités; — *Remarques d'histoire*; Paris, 1638, 1639, in-8°: c'est la description chronologique des choses mémorables arrivées en France et à l'étranger de 1610 à 1639; — *Histoire générale des Guerres et mouvements arrivés en divers États du monde sous le règne de Louis XIII*; Paris, 1638, 2 vol. in-8°; la continuation, qui va jusqu'en 1642, a paru à Rouen, 1647, 2 vol. in-8°; — *Antiquités de la ville de Paris*; Paris, 1640, in-fol.; quoique d'un style languissant, et malgré des inexactitudes, cet ouvrage est encore utile; ce n'est au reste qu'une refonte des *Fastes et Antiquités de Paris* du P. Dubreul; — *Les Annales de la ville de Paris depuis sa fondation jusqu'en* 1640; Paris, 1640, in-fol.; — *Le Journal de Louis XIII ou Histoire journalière du règne de Louis XIII depuis 1610 jusqu'en 1646, par S. M. C.*; Paris, 1646, 2 vol. in-8°: comme Malingre était fort décrié en fait d'histoire, il voulut donner le change au public en transposant les initiales de son nom; — *Recueil tiré des registres du Parlement concernant les troubles qui commencèrent en* 1588; Paris, 1652, in-4°; — *Histoire de notre temps sous Louis XIV*; Paris, 1655, in-8°: commencée par Malingre, elle fut continuée et publiée par l'historiographe Du Verdier. Le même auteur a donné de nouvelles éditions, augmentées, des *Mémoires de François de Boyvin, baron de Villars*, Paris, 1630, 2 vol. in-8°; de l'*Histoire romaine* de Coeffeteau, Paris, 1630, t. II, in-fol. (le t. Ier avait paru en 1628); du *Trésor des histoires de France* de Gilles Corrozet, Paris, 1639, in-8°; de l'*Histoire de l'Hérésie de ce siècle* de Florimond de Rémond, Rouen et Paris, 1618-1624, 3 vol. in-4°; de 4 derniers volumes du *Mercure françois*; de l'*Histoire des derniers Troubles* de P. Mathieu. Enfin il a traduit du latin de Schott l'*Histoire de l'Italie*; Paris, 1627, in-8°. P. L—Y.

Nicéron, *Mémoires*, XXXIV. — Moréri, *Grand Dict. Hist.* — Le Long, *Biblioth. Hist. de la France*.

MALINGRE (*Pierre-François*), poëte français, né en 1756, mort à Paris, le 27 mai 1824. D'abord attaché à la commission de l'instruction publique, puis professeur d'histoire et de géographie, il devint enfin employé à la Bibliothèque royale. On a de lui : *Appel à l'Angleterre*, en vers; 1792, in-8°; — *Mémorial anglais, ou précis des révolutions d'Angleterre jusqu'à nos jours*, en vers; 1796, in-8°; — *Ode sur le premier consul*; 1802, in-12; — *Carmen de rebus egregie gestis domi, a Napoleone Augusto*, in-8°; — *Le duel de Niort, ou histoire d'un plaisant mariage, petit poëme dédié aux amateurs de la gaîté française*, etc. (anonyme); 1803, in-12; — *Cours élémentaire et préparatoire de Géographie*, en vers; Paris, in-4°; — *La Naissance de Titus*, vers à l'occasion de la naissance du roi de Rome, dans les *Hommages poétiques* de Lucet et Eckard. J. V.

Biogr. univ. et portat. des Contemp. — Quérard, *La France Littéraire*.

MALIPIERO (*Aureo*). *Voy.* MASTROPETRO (*Orio*).

MALIPIERO (*Pasquale*), soixante-septième doge de Venise, mort le 5 mai 1462. Il était procurateur de Saint-Marc lorsqu'il fut élu doge en remplacement de Francesco Foscari, déposé par le conseil des Dix, le 23 octobre 1457. Ami des arts et peu belliqueux, Malipiero maintint les États Vénitiens dans une paix prospère, et obtint du sultan d'Égypte Abou-Saïd Khoshadam un traité qui accorda aux Vénitiens le libre commerce dans tous les ports d'Égypte (1461). Ce doge avait inscrit au bas de son portrait : *Me Duce pax patriæ data sunt et tempora fausta.* A. DE L.

Marino Sanuto, *Vite de' Duchi*. — Julio Faroldo, *Annali Veneti*. — Daru, *Hist. de Venise*.

* **MALITOURNE** (*Pierre-Armand*), écrivain français, né à L'Aigle (Orne), en 1799. Il acheva au collége d'Alençon ses études, commencées dans sa ville natale. Venu à Paris en 1816, il obtint une mention honorable en 1820, sur cette question mise au concours : *Déterminer et comparer le genre d'éloquence et les qualités morales propres à l'orateur de la tribune et à l'orateur du barreau*; Paris, 1820, in-8°. Ce succès lui valut ses débuts dans *La Quotidienne*; il collabora ensuite au *Messager des chambres*, à *La Charte*, au *Constitutionnel*, à la *Revue de Paris*, à *L'Indépendance belge*, à la *Revue Française*, etc. M. Malitourne a publié : *Éloge de Lesage*, couronné par l'Académie Française en 1822; — *Des Révolutions militaires de la Charte*; Paris, 1820, in-8°; — *Traité du Mélodrame*, par messieurs *A! A! A!* Paris, 1817, in-8°. Cette facétie fut composée en société avec MM. Ader et Abel Hugo. M. Malitourne a été l'éditeur des *Œuvres choisies* de Balzac, auxquelles il a joint une notice sur la vie et les ouvrages de cet écrivain (Paris, 1822, 2 vol. in-8°). Il a travaillé très-activement au *Dictionnaire de la Conversation*, revu et mis en ordre les fameux manuscrits de madame Ida Saint-Edme, publiés en 1826, sous le titre de *Mémoires d'une Contemporaine*. Aujourd'hui M. Malitourne est bibliothécaire à l'Arsenal. A. LE BAILLY.

Vapereau, *Dict. des Contemp.* — Quérard, *La France Litter.*

MALKARAUME (*Jean*), poëte français du treizième siècle. On manque de détails sur sa vie, et son existence n'a été signalée que depuis peu de temps. La Bibliothèque impériale possède de lui en manuscrit une *Histoire de l'Ancien Testament et de la Guerre de Troie*; dans cette étrange compilation, le récit biblique arrive jusqu'à la mort de Moise; l'auteur intercale alors le *Roman de Troye* de Benoît de Saint-Maure, et se l'approprie sans hésiter, en faisant au texte quelques grossiers changements. Il revient ensuite à l'histoire sainte, et trouve le moyen de placer l'épisode de Pyrame et Thisbé à la suite de l'histoire de Suzanne qui accompagne celle de Samson. Le manuscrit est incomplet, et s'arrête au récit concernant Saul et David. G. B.

P. Paris, *Manuscrits français de la bibliothèque du roi*, VII, 209.

MALLARA (*Juan* DE), littérateur espagnol, né à Séville, vivait au seizième siècle. Il fit ses études à Salamanque, et s'adonna avec succès à la culture des belles-lettres. On a de lui : *La Filosofia vulgar, primera parte, que contiene mil refranes glosados*; Séville, 1568, in-fol.: c'est un recueil de sentences qui a eu plusieurs éditions sous des titres différents; ces sentences s'appliquent notamment à des sujets de médecine. Il avait écrit quelques poëmes, *Hercules*, en latin, et *La Psyché*, en espagnol, qui n'ont pas vu le jour. P.

Antonio, *Biblioth. nova Hispana*, III.

MALLARMÉ jeune (*François-René-Auguste*), homme politique français, né en Lorraine, en 1756, mort à Richemont (Seine-Inférieure), en juillet 1835. Il était avocat lorsque la révolution éclata, devint procureur syndic du district de Pont-à-Mousson et fut ensuite député de la Meurthe à l'Assemblée législative, puis à la Convention nationale. Dans le procès de Louis XVI, il s'exprima en ces termes : « Louis a été cent fois parjure. Il est temps que les représentants de la nation française apprennent aux autres nations que nous ne mettons aucune différence entre un roi et un ı. Je vote pour la mort. » Il présidait la ntion le 31 mai 1793, et participa à la iption des girondins. En nivôse an II ır 1794), envoyé en mission dans les dé- nts de la Moselle et de la Meurthe, il y de nombreuses arrestations, entre celles de trente-deux jeunes filles de ı, « coupables d'avoir offert des fleurs et its au roi de Prusse lors de son entrée ır ville » En floréal (avril), il accompagna ust et Le Bas à l'armée de Rhin et Mo- il dépassa tellement la sévérité de ses es, que ceux-ci se virent contraints de ır son rappel. Au 9 thermidor (27 juillet llarmé se prononça contre Robespierre; ıus tard il s'éleva avec force contre les nnaires, qui « avilissaient les députés par titude de leurs dénonciations », et de- que nul ne pût être jugé sans avoir été u. Dénoncé à la suite des événements du irial an III (20 mai), il fut décrété d'ar- n, et ne recouvra la liberté que par l'am- du 4 brumaire (25 octobre 1795). Le Di- ; le nomma son commissaire près le tri- lu département de la Dyle (1796); il passa ; qualité à Namur (1798), puis à Mayence, employé par le gouvernement consulaire rganisation du département du Mont-Ton- Nommé en 1800 juge au tribunal d'appel cour d'appel) d'Angers, il exerça ces ıs jusqu'à la recomposition des tribu- n 1811, et obtint la place de receveur ıl des droits réunis à Nancy, place qu'il n 1814 à la première invasion, pendant la- l consuma presque toute sa fortune à lever ps de partisans. Appelé par Napoléon, le s 1815, à la sous-préfecture d'Avesnes, il vé par les Prussiens et enfermé dans la e de Wesel, sous l'accusation d'avoir ı Nancy trente-cinq mille francs de la unicipale : c'était plutôt les arrestations upplices de Verdun que les Prussiens te- ı venger. Néanmoins Mallarmé fut bientôt la liberté; mais la France lui était fermée ıi dite d'amnistie, du 12 janvier 1816. Il se gique, et ne revit sa patrie qu'après ution de juillet 1830. On a de lui quel- ochures politiques, des *Discours*, des *ts*, aujourd'hui sans intérêt. H. Lesueur.

iteur universel, ann. 1792, an Ier; an IV. — *ie Moderne* (1815). — *Galerie historique des orains* (1819). — Thiers, *Histoire de la Révolu- çaise*, t. IV. — A. de Lamartine, *Hist. des Gi-* passim.

LLEFILLE (*Jean-Pierre-Félicien*), ur français, né le 3 mai 1813, à l'île de Amené fort jeune en France, il fit ses à Paris, aux collèges Charlemagne et s, et se mit à vingt ans à suivre la car- ttéraire. Pendant longtemps il se mon- théâtre, comme dans ses romans, un des ıeureux disciples de l'école romantique, encore ajouter à ses hardiesses et à ses exagérations. Par ses sentiments politiques il appartenait à l'opinion républicaine. Aussi fut-il un des rares littérateurs que la révolution de Février porta aux affaires; le 13 juin 1848 il alla remplacer à Lisbonne M. de Nivière, et y fit fonctions d'ambassadeur jusqu'au 17 juin 1849 avec le simple titre de chargé d'affaires. Depuis cette époque, il est redevenu homme de lettres. On a de lui : *Le Concert des fleurs*, dans la *Revue de Paris*, août 1834; — *Glenarvon*, drame joué en 1835 à l'Ambigu avec un grand succès; — *Les sept Infants de Lara*, drame, 1836; — *Le Paysan des Alpes*, drame, 1837; — *Randal*, drame, 1838; — *Tiégault le loup*, drame, 1839; — *Les Enfants blancs*, drame, 1841; — *Psyché*, comédie, 1842; — *Le Capitaine Larose*, roman; Paris, 1844, 2 vol. in-8°; — *Le Collier*, roman; Paris, 1845, 2 vol. in-8°; — *Marcel*, roman; Paris, 1845, 2 vol.; — *Le Roi David*, tragédie lyrique, 1849, avec Alexandre Soumet; — *Monsieur Vautour*, roman; Paris, in-18; — *Le Cœur et la Dot*, comédie, 1852; — *Les Mères repenties*, drame, 1858; — *Mémoires de don Juan*; Paris, 1858, in-18. P. L—y.

Louandre et Bourquelot, *La Littérature française contemporaine*.

MALLEMANS ou **MALLEMENT** (*Claude*), seigneur de Messanges, physicien français, né en 1653, à Beaune, mort le 17 avril 1723, à Paris. Il entra en 1674 dans la congrégation de l'Oratoire; mais il y resta peu de temps, s'attacha à l'université de Paris, et professa pendant trente-quatre ans la philosophie au collège du Plessis. Il donna des leçons de cette science à la duchesse de Bourgogne. On a prétendu qu'à la fin de ses jours, se trouvant dans une situation peu commode, il se retira dans la communauté de Saint-François de Sales. C'était un homme habile, inventif et zélé pour les principes de Descartes. On a de lui : *Machine pour faire toutes sortes de cadrans solaires; nouveau système de l'aimant*; Paris, 1679, et dans le *Journal des Savants*, même année, il propose un cadran horizontal pour les peuples qui ont l'écliptique à l'horizon; — *L'Ouvrage de la Création, traité physique du monde, nouveau système*; Paris, 1679, in-12. « Prenant pour texte le premier chapitre de la Genèse, dit Moréri, l'auteur soutient que le soleil, tournant sur le centre commun, met plus de temps à décrire son tour que la terre n'en met à faire la moitié du sien, et que le cercle qu'il parcourt décline sur l'équateur de la terre autant que le demande le mouvement de trépidation. » On trouve à la fin de cet ouvrage un recueil de plusieurs pièces astronomiques. Son système, dont on lui contestait l'invention, ayant été attaqué par le *Journal de Trévoux*, et par des savants italiens, Mallemans répondit à l'un en 1705 par un *Discours sur trois articles* et aux autres en juillet 1716 dans le *Journal des Savants*; — *Le grand et fameux Problème* *de la quadrature du cercle, résolu géométriquement par le cercle et la ligne droite;* Paris, 1683, 1686, in-12; — *Réponse à une critique satirique intitulée:* Apothéose du Dictionnaire de l'Académie française; Paris, 1686, in-12; l'auteur avait voulu se venger de Furetière, qui l'avait maltraité dans son *Apothéose* et qui lui riposta en 1687 dans le piquant écrit qui a pour titre *Enterrement du Dictionnaire de l'Académie;* — *La question décidée sur le sujet de la fin du siècle;* Paris, 1699, in-12; il s'agissait de savoir si l'année 1700 était la dernière du dix-septième siècle; Mallemans se prononce pour l'affirmative; — divers articles dans le *Journal des Savants*, sur la quadrature du cercle (1698), sur la géographie de la Pentapole (1698), etc. P. L.

Papillon, *Bibliothèque des Auteurs de Bourgogne*, II. — Moréri, *Dictionnaire hist.* — *Journal de Trevoux*, février 1706 — Lalande, *Bibliogr. astronom.*

MALLEMANS (*Jean*), littérateur français, frère du précédent, né le 22 janvier 1649, à Beaune, mort le 13 janvier 1740, à Paris. Il fut d'abord marié et embrassa la carrière des armes; après être devenu veuf, il entra dans les ordres et obtint en 1702 un canonicat. « Singulier dans ses sentiments, dit Goujet, il n'a fait aucun ouvrage où il ne se soit écarté des opinions les mieux fondées et où il n'ait donné dans des bizarreries insoutenables. » Il se brouilla avec son frère Claude, parce que ce dernier avait pris parti pour Descartes. Il a publié : *La Vie de J.-C., tirée des Évangélistes;* Paris, 1704, 2 vol. in-12; — *Histoire de l'Église depuis J.-C. jusqu'à l'empereur Jovien;* Paris, 1704, 4 vol. in-12; suite de l'ouvrage précédent; — *Traduction françoise des ouvrages de Virgile en prose poétique, avec des notes*, Paris, 1706, 3 vol. in-12, dans laquelle il prétendit avoir expliqué « cent endroits dont toute l'antiquité a ignoré le vrai sens »; — *Pensées sur le sens littéral des XVIII premiers versets de l'Évangile de saint Jean;* Paris, 1718, in-12; il avait composé sur saint Jean un ouvrage qui devait former 5 ou 6 vol.; mais on lui refusa le privilége d'imprimer à cause des idées singulières qu'il avait déjà exprimées; — divers écrits de piété ou de controverse, des lettres, des dissertations contre son chapitre, etc., des *factums* sur les nombreux procès qu'il soutint.

Un troisième frère, *Étienne* MALLEMANS, mort le 6 avril 1716, à Paris, s'était fait de la réputation par sa facilité à versifier. On cite de lui *Le Défi des Muses;* Paris, 1701, in-12, recueil de trente sonnets moraux, composés en trois jours sur les mêmes bouts rimés, fournis par la duchesse du Maine. P. L.

Lelong, *Bibliothèque sacrée.* — Goujet, dans le *Supplem* de Moréri. — Papillon, *Bibliothèque des auteurs de Bourgogne*, II

MALLEOLUS. *Voy.* HAMMERLEIN.

MALLERY (*Charles* DE), graveur belge, né à Anvers, en 1576. Il était élève d'Antoine Wierix, dont il imita le burin correct, mais sec et froid. Il se fit marchand d'estampes et gagna dans ce commerce une belle fortune. Ses ouvrages sont fort nombreux, puisque l'abbé de Marolles possédait de lui 342 sujets divers. Ses principales planches sont des *Chasses* gravées avec Collaert et les frères Golles, d'après Stadan; — *Vermis sericus* (Histoire du ver à soie), 8 feuilles in-4°; — *Le Meunier, son Fils et l'Ane*, d'après Franck, 4 sujets tirés de la fable de La Fontaine; — les planches qui illustrent la *Cavalerie françoise* (1602); — *Sainte Agnès*, d'après Grammatica; — et d'après ses propres dessins: les quinze *Mystères du saint Rosaire;* — *L'Enfant Jésus entre deux anges;* — *L'Adoration des Mages;* — *La Samaritaine*, etc.

Son fils et son élève *Philippe*, né à Anvers, en 1600, a gravé le *portrait de Jean Lélio*, *archevêque de Prague;* — vingt-trois estampes intitulées : *Ara cœli;* — *Description de l'entrée triomphale de Louis XIII à Lyon* (1632); — les illustrations du *Typus mundi;* Anvers, 1627; — des frontispices ornementés pour différents ouvrages, etc. Philippe Mallery se distingue par une exécution pleine de finesse et de correction. Son monogramme se compose des lettres P. D. M. enlacées. A. DE L.

Le Blanc, *Manuel de l'amat. d'estampes*, F. Basan, *Dictionnaire des Graveurs.* — Giov. Gori Gandellini, *Notizie istoriche degl' Intagliatori.*

MALLÈS (*N...* DE BEAULIEU, dame), femme auteur française, morte en mai 1825, à Nontron (Dordogne). Elle a écrit quelques romans et des livres pour l'instruction de la jeunesse; tels sont : *Lucas et Claudine;* Paris, 1816, 2 vol. in-12; — *Contes d'une mère à sa fille;* Paris, 1817, 2 vol.; 2e édit. augmentée, 1820, 2 vol. in-12, fig.; — *Le Robinson de douze ans, histoire curieuse d'un mousse* (français) *abandonné dans une île déserte;* Paris, 1818, in-12; 10e édit., 1832; ce livre, le plus populaire de l'auteur, a été jusqu'à présent réimprimé presque chaque année; — *Contes à ma jeune famille;* Paris, 1819, in-12; 4e édit., 1829; — *Lettres de deux jeunes amies;* Paris, 1820, 2 vol. in-12; — *Quelques scènes de ménage;* Paris, 1820, 2 vol. in-12; — *La Jeune Parisienne au village;* Paris, 1824, in-12. K.

Mahul, *Annuaire necrol.*, 1825

MALLET (*Alain* MANESSON), ingénieur français, né à Paris, en 1630, mort dans la même ville, en 1706. Entré au service du roi de Portugal, il devint ingénieur de ses camps et armées, et, de retour en France, il fut nommé maître de mathématiques des pages de Louis XIV. On lui doit : *Les travaux de Mars, ou l'art de la guerre, avec un ample détail de la milice des Turcs, tant pour l'attaque que pour la défense des places;* Paris, 1671, 1685, 3 vol. in-8°, avec une figure à chaque page : cet ouvrage renferme des éléments de géométrie et de fortification d'après de nouveaux principes, comparés aux divers systèmes des autres ingénieurs;

— *Description de l'univers, contenant les différents systèmes du monde, les cartes générales et particulières de la géographie ancienne et moderne et les mœurs, religion et gouvernement de chaque nation*; Paris, 1683, 5 vol. in-8°; Francfort, 1685 : ce livre est surtout recherché pour les figures; l'auteur ayant beaucoup voyagé avait levé lui-même la plupart des plans qu'il a fait graver pour son livre. Bayle dit que « c'est un *ramas* curieux de mille choses; » on y trouve beaucoup d'erreurs et d'inexactitudes; — *La Géométrie pratique, divisée en quatre livres*; Paris, 1702, 4 vol. in-8°, avec 100 planches. J. V.

Chaudon et Delandine, *Dict. univ. hist.* — Bayle, *Nouvelles de la république des lettres*.

MALLET (*Jean-Roland*), économiste français, mort le 12 avril 1736. Fils, dit-on, d'un menuisier, il devint gentilhomme ordinaire du roi Louis XIV, et entra dans les bureaux du contrôleur général des finances Desmarets. L'Académie française avait couronné une ode de Mallet, lorsque Tourreil vint à mourir. Son fauteuil ayant été offert à Desmarets, celui-ci répondit qu'il avait dans ses bureaux un premier commis à qui cela conviendrait mieux : Mallet fut nommé. Par les ordres de Desmarets, Mallet entreprit un grand ouvrage dans lequel il fait connaître avec autant de clarté que de simplicité la matière des revenus, des dépenses et des dettes du royaume; il lui valut une pension de 10,000 livres. Il a pour titre : *Comptes-rendus de l'administration des finances du royaume de France pendant les onze dernières années du règne de Henri IV, le règne de Louis XIII et soixante-cinq années du règne de Louis XIV, avec des Recherches sur l'origine des impôts, sur les revenus et les dépenses de nos rois depuis Philippe le Bel jusqu'à Louis XIV, et différents mémoires sur le numéraire et sa valeur sous les trois règnes ci-dessus*; Paris, 1720; réimprimés par ordre de Necker, avec une préface et des observations de l'éditeur; Paris, 1789, in-4°. Quoique ayant passé toute sa vie dans la finance, Mallet laissa peu de fortune. J. V.

Dict. d'Économie politique.

MALLET (*David*), poëte anglais, né vers 1700 à Crieff (comté de Perth), mort le 21 avril 1765. Il descendait des Mac-Gregor, qui, sous les ordres de Rob Roy, se rendirent fameux par leurs continuelles révoltes. Le nom de ce clan ayant été supprimé par la loi, le père de David prit le nom de Malloch et se fit aubergiste à Crieff. On n'a sur la jeunesse de David que des renseignements vagues et contradictoires; il reçut une éducation assez bonne, à l'université d'Édimbourg ou à celle d'Aberdeen, pour mériter d'être le précepteur des fils du duc de Montrose, qu'il accompagna dans leurs voyages. Admis dans le grand monde, il en prit le ton, les manières et même les préjugés et sembla vouloir renier son origine en donnant une désinence anglaise à son nom. S'il fallait en croire Johnson, il aurait été le seul Écossais dont les Écossais ne disaient pas de bien; pourtant Thomson et Smollet, Écossais tous deux, furent au nombre de ses amis. Mallet débuta dans la carrière littéraire par une touchante ballade, *William and Margaret*, insérée dans le *Plain dealer* (juillet 1724), et qui depuis a été entièrement remaniée. Ce succès l'encouragea : il publia deux poëmes, l'un en 1728, *The Excursion*, pastiche assez heureux des *Saisons* de Thomson; l'autre en 1733, *Verbal criticism* (la Critique littéraire), qui parut froid et médiocre. Ce dernier, il l'avait composé pour faire sa cour à Pope, qui lui offrit son amitié et la protection de lord Bolingbroke. Après la mort de Pope, Mallet n'hésita point à se faire l'instrument de la rancune de ce seigneur en calomniant la mémoire du grand poëte. Bolingbroke lui légua, en récompense de ce triste service, tous ses écrits, imprimés ou non, et Mallet s'empressa de les livrer au public qui les accueillit avec froideur; il en avait refusé 3,000 liv. st., espérant d'en tirer d'énormes profits. Bien qu'il eût accepté du prince de Galles, qui avait rompu avec la cour, l'emploi de sous secrétaire et une pension, il se mit aux gages de la cour en écrivant contre l'infortuné amiral Byng un pamphlet, qui lui valut une pension considérable. Plus tard il fut chargé de tenir le registre des navires dans le port de Londres, sorte de sinécure qui le laissait maître de vivre à sa guise, d'avoir bonne table et de fréquenter la bonne compagnie. Il se maria deux fois; une de ses filles, morte à Gênes, en 1790, épousa un noble italien nommé Cilesia et écrivit une tragédie, *Almida*, qui fut représentée à Drury-Lane. Mallet mérite une place parmi les poëtes dont le talent a plus d'éclat que d'originalité; il versifiait avec élégance et ne manquait pas d'invention. Outre les ouvrages cités, on a de lui : *Eurydice*, tragédie, 1731; elle tomba à plat malgré les efforts des acteurs : l'auteur, placé à l'orchestre, les accablait de malédictions et leur reprochait sa mésaventure; — *Mustapha*, tragédie, 1739; elle est dédiée au prince de Galles et obtint beaucoup de succès, grâce au style, qui en est plus naturel, et à de malignes allusions au roi et à son favori Walpole; — *Alfred*, intermède, 1746, en société avec Thomson; — *Life of lord Bacon*, impr. en tête de ses œuvres (édit., 1740), et trad. en français par Pouillot; Paris, 1755, in-8°. C'est un récit bien écrit, mais superficiel, et dans lequel tout ce qui concerne la science a été à peine effleuré; aussi Mallet, suivant le mot de Warburton, avait oublié que Bacon était philosophe; — *The Hermit, or Amyntor and Theodora*; Londres, 1747, in-8°; trad. en français avec *L'Excursion*; Paris, 1798, 3 vol. in-12. Ce poëme est le meilleur de ses ouvrages; on y trouve des scènes pathétiques et d'excellentes leçons de morale; Johnson ne lui reproche autre chose que d'être écrit en vers blancs; — *Bolingbroke's Works;* Londres, 1753-1754, 5 vol. in-4°; — *Elvira*, tragédie, 1763. Les œuvres complètes de Mallet ont paru à Londres, 1769, 3 vol. in-8°. Cet auteur avait accepté la tâche d'écrire la vie du célèbre Marlborough; la femme de ce dernier l'en avait particulièrement chargé à la condition de n'y point insérer de vers. Il parlait souvent de ce travail qui l'occupait beaucoup et prétendait en faire son chef-d'œuvre. Lorsqu'il mourut, il n'avait pas tracé une ligne de l'ouvrage pour lequel la vieille duchesse lui avait fait un legs de 1,000 liv. st. et son fils une pension. P. L—Y.

Johnson, *Poets*. — Davies, *Life of Garrick*, II. — Bowles, dans son édit. de *Pope*. — Ruffhead, *Life of Pope*, in-4°, p. 414. — Swift, *Works*, XIX. — Boswell, *Tour and life of Johnson* — Disraeli, *Quarrels of authors*, I. — Chalmers, *General biograph. Dictionary*. — Chambers (Rob.), *Lives of illustrious Scotsmen*. — *Biographia dramatica*. — *Cyclop. of English literature* (Biogr.).

MALLET (*Edme*), littérateur français, né en 1713, à Melun, mort le 25 septembre 1755, à Paris. Après avoir surveillé l'éducation des enfants de M. de Lalive, fermier général, il entra dans les ordres, fut reçu docteur en théologie et alla occuper en 1744 une cure dans les environs de Melun. En 1751, il fut nommé professeur de théologie au collége de Navarre. On a de lui : *Principes pour la lecture des poëtes;* Paris, 1745, 2 vol. in-12; — *Essai sur l'étude des belles-lettres;* Paris, 1747, in-12; — *Principes pour la lecture des orateurs;* Paris, 1753, 3 vol. in-12. Dans chacun de ces ouvrages, il donne une idée précise, quoique générale, des belles-lettres; il cite les meilleurs écrivains qu'il faut consulter sur chaque matière et trace l'ordre à suivre dans les lectures; — *Essai sur les bienséances oratoires;* Paris et Amsterdam, 1753, 2 vol. in-12; — *Histoire des guerres civiles de France, trad. de l'italien de Davila;* Paris, 1757, 3 vol. in-4°. L'abbé Mallet fit usage pour cette traduction du travail laissé inachevé par Grosley et il l'a accompagnée de notes critiques et historiques. Il a laissé de nombreux matériaux pour deux ouvrages considérables dont il avait formé le projet, une Histoire générale des guerres de la France depuis l'établissement de la monarchie jusqu'au règne de Louis XIV et une Histoire du concile de Trente. Le même écrivain a fourni en outre à l'*Encyclopédie* beaucoup d'articles concernant la théologie et les belles-lettres; quelques-uns ayant été dénoncés par la *Gazette ecclésiastique*, l'évêque de Mirepoix, qui tenait la feuille des bénéfices, les fit examiner, découvrit la fausseté de l'accusation et donna à Mallet le canonicat de Verdun, sans que celui-ci l'eût demandé. P. L.

Moréri, *Dict. Hist.* — *Éloge de Mallet*, en tête du t. VI de l'*Encyclopédie*, in-fol.

MALLET (*Fridrich*), mathématicien suédois, né le 27 février 1728, mort le 28 juin 1797, à Upsal. Ses études terminées, il parcourut de 1754 à 1756, l'Angleterre, la France et les Pays-Bas, et devint en 1757 astronome adjoint et en 1773 professeur de géométrie à l'université d'Upsal. Il fit partie de l'Académie des sciences de Stockholm. On a de lui : *Éclipse de soleil du 17 octobre 1763*, dans les *Mémoires* de l'acad. de Stockholm, t. XXV; — *Vénus et le Soleil;* ibid., XXII; — *Observations météorologiques faites à Upsal;* ibid., XXII; — *Du calcul des éclipses;* ibid., 1765; — *Remarques sur la divergence des rayons lumineux;* ibid., 1771; — *Description mathématique du globe;* Upsal, 1766-1773, 2 part. in-8°, trad. en allemand; Greifswald, 1774, in-8° fig.; — plusieurs mémoires et dissertations. K.

Lalande, *Bibl. astronom.* — *Allgem. literar. Anzeiger*, 1801.

MALLET (*Paul-Henri*), historien suisse, né le 20 août 1730, à Genève, où il est mort le 8 février 1807. D'une famille ancienne, mais peu aisée, il fit de bonnes études au collége de Genève, où il eut Necker pour condisciple; quelques pièces de vers qu'il composa à cette époque furent imprimées dans *le Mercure Suisse*. Il abandonna l'étude du droit pour exercer l'emploi d'instituteur chez un de ses compatriotes, puis en Lusace chez le comte de Calemberg. En 1752 il succéda à La Beaumelle dans la chaire de belles-lettres fondée pour ce dernier à l'académie de Copenhague. Mais la langue française étant peu cultivée en Danemark, il employa les nombreux loisirs que lui laissait l'enseignement à apprendre les idiomes teutoniques et scandinaves, et à se familiariser avec la poésie, l'histoire et les monuments des peuples du Nord, à peu près inconnus à cette époque même dans les pays qu'ils habitaient. L'*Introduction à l'histoire du Danemark*, accompagnée d'une version française de l'*Edda*, et qui parut en 1755, établit dans le monde savant la réputation du jeune auteur. Tous les secours qui dépendaient du gouvernement lui avaient été accordés par l'entremise de ses protecteurs, les comtes de Bernstorf et de Moltke, qui lui procurèrent les moyens de faire dans la Suède et la Norvége un voyage de recherches nécessaire à la continuation de son ouvrage. D'autre part Mallet fut chargé par le roi de donner au prince Christiern des leçons de langue et de littérature françaises. En 1760 il revint à Genève et fut nommé professeur d'histoire à l'académie de cette ville; quatre ans après il siégeait au conseil des Deux-Cents. [illegible] avoir refusé d'aller à Pétersbourg diriger l'éducation du grand-duc (depuis Paul Ier), il consentit à accompagner en Italie et en Angleterre lord Mount-Stuart, fils du premier ministre lord Bute. A Londres il fut présenté à la famille royale. La reine lui demanda d'être son correspondant pour les nouvelles littéraires du continent et le chargea en même temps d'entreprendre l'histoire de la maison de Brunswick. Le landgrave de Hesse l'invita ensuite à venir à [sa] cour « afin, disait plaisamment Mallet, de p[...]

sure d'une histoire de Hesse ». Il parcours l'Allemagne, visita de nouveau Copen-
fit en 1766 un séjour de quelques mois
el et se rendit ensuite à Paris. De retour
a patrie, il travailla aux histoires de Hesse
Brunswick qu'il avait sur le métier; les
qui lui avaient imposé ces travaux in-
'en récompensèrent par des pensions;
le public, dit Sismondi, estima qu'on avait
pensé à lui qu'à eux », et ces deux ou-
trouvèrent peu de lecteurs. A peine les
terminés qu'en 1787 il s'engagea, moyenne pension, à retracer pour le duc de
mbourg les annales de ses États. La ré-
n française lui enleva toutes ses écono-
et par suite des guerres continuelles de
re. il perdit également le fruit de ses tra-
raires, c'est-à-dire les pensions qu'il
d'Angleterre, d'Allemagne et de Dane-
Il mourut d'une attaque de paralysie. Il
e l'érudition, un grand amour du travail,
up de finesse et de modestie.
allet, dit Sismondi, avait dans l'esprit et le
re une qualité qui est plus essentielle aux
ns qu'on ne pense, c'est une crainte exces-
l'ennui. Il était meilleur juge que ses lec-
ux-mêmes de ce qui pouvait les rebuter; il
quelles longueurs il fallait supprimer, quels
trop arides il fallait vivifier; comment on
semer sur un sujet fatigant l'intérêt qui
u développement du caractère, aux dé-
la vie humaine mise en scène. C'est
u'il a lutté à plusieurs reprises et dans
rs ouvrages avec les défauts de son su-
mmé en 1763 correspondant de l'Aca-
nes Inscriptions, il appartenait aussi aux
nies d'Upsal, de Lyon et de Cassel.
a de Mallet : *Introduction à l'histoire
nemark, où l'on traite de la religion,
œurs, des lois et des usages des an-
Danois;* Copenhague, 1755-1756, 2 part.
et 1765, in-8°; trad. en danois : Copen-
1756, in-4°; en anglais : *Northern an-
es;* Londres, 1770, in-8°; — *Monuments
ythologie et de la poésie des Celtes
iculièrement des anciens Scandinaves;*
gue, 1756, in-4°; Genève, 1787, 2 vol.
Ces poésies, accompagnées d'un commen-
étaient à peine connues en Europe avant
uction de Mallet, et forment le complé-
e l'ouvrage précédent; la seconde édition
quelques changements; — *Histoire de
rk* (depuis Gormund en 714 jusqu'en
Copenhague, 1758-1765-1777, 3 vol.
cette édition originale, dont il y a peu
plaires complets, a été reproduite à Lyon,
'69, 5 vol. in-8°); et à Genève (Paris),
vol. in-12. La seconde édition, Genève,
777, 5 vol. in-8°, s'étend jusqu'en 1720;
ème, qui est la moins correcte, Genève,
vol. in-12, est augmentée et continuée
1773. Cette histoire, traduite en alle-
mand, en anglais et en russe, et écrite avec une grande impartialité, est supérieure aux travaux analogues dont le Danemark avait été l'objet jusqu'à cette époque. « Mallet, dit Sismondi, fut obligé de consulter aussi bien le goût du prince pour qui elle était écrite que celui du public qui devait la lire. Il fut obligé de s'engager dans des recherches sur les premiers rois danois, sur leurs guerres, sur des événements qui n'intéressent que la couronne de Danemark, recherches dont nous sommes forcé de reconnaître la sécheresse »; — *De la forme du gouvernement de Suède;* Copenhague (Genève), 1756, in-8°; — *Le Bonheur du Danemark sous un roi pacifique;* Copenhague, 1758, in-4°; — *Abrégé de l'histoire de Danemark* (1re partie); Copenhague, 1760, in-8°, composé à l'usage du prince Christiern; — *Mémoires sur la littérature du Nord;* Copenhague, 1759-1760, 6 vol. in-8°; — *Histoire de la maison de Brunswick;* Genève, 1767, 2 tom. en 1 vol. in-8°; — *Histoire de la maison de Hesse;* Paris (Copenhague), 1767-1785, 4 vol. in-8°; — *Des intérêts et des devoirs d'un républicain, par un citoyen de Raguse; ouvrage trad. de l'italien par B***;* Yverdun, 1770, in-8°, traduction supposée; — *Histoire de la maison et des États de Mecklembourg-Schwerin;* Schwerin, 1796, 2 tom. en 1 vol. in-4°; la suite de cet ouvrage, qui s'arrête à 1503, n'a point paru; — *Histoire des Suisses ou Helvétiens, depuis les temps les plus reculés jusqu'à nos jours;* Genève et Paris, 1803, 4 vol. in-8°. Jusqu'en 1443, où s'était arrêté alors le troisième livre de la grande histoire de Jean de Muller, ce n'est guère qu'un abrégé de cet ouvrage; — *De la Ligue hanséatique jusqu'au seizième siècle;* Genève, 1805, in-8°. Ce laborieux écrivain a encore fourni des articles au *Mercure danois* de 1753; il a traduit de l'anglais de W. Coxe le *Voyage en Pologne, Russie, Suède et Danemark;* Genève, 1783-1786, 3 vol. in-4° ou 6 vol. in-8°, et le *Dictionnaire de la Suisse* de Tscharner; ibid., 1788, 3 vol. in-8°. P. L—Y.

Sismondi, *De la Vie et des Écrits de P.-H. Mallet;* Genève, 1807, in-8°. — Senebier, *Hist. litt. de Genève,* III. — Haag frères, *La France Protestante.* — Nyerup et Kraft, *Dansk Literatur-Lexikon.*

MALLET-PRÉVOST (*Henri*), géographe suisse, frère aîné du précédent, naquit en octobre 1727, à Genève, où il est mort en février 1811. Porté, dès sa jeunesse, à l'étude des sciences, il se livra particulièrement à la géographie. On a de lui : *Carte de la Suisse romande, qui comprend le pays de Vaud et le gouvernement d'Aigle;* 1761-1762, 4 gr. feuilles; — *Cartes des environs de Genève;* Paris, 1776; — *Carte générale de la Suisse, divisée en XVIII cantons;* 1798. Ces travaux, entrepris avec l'approbation du gouvernement, se recommandent par beaucoup d'exactitude; — *Manuel métrologique, ou Répertoire général des me-*

sures, poids et monnaies des différents peuples modernes et de quelques anciens, comparés à ceux de la France ; Genève, 1802, in-4°; — *Description de Genève ancienne et moderne ;* ibid , 1807, in-12. P. L—Y.

Senebier, *Hist. littér. de Genève*, III.

MALLET-FAVRE (*Jacques-André*), astronome suisse, né en septembre 1740, à Genève, où il est mort, le 31 janvier 1790. Appartenant à une des familles les plus anciennes et les plus considérées de Genève, il reçut une excellente éducation. Dans son enfance, il fut estropié par la maladresse d'un domestique qui laissa tomber sur lui un vase rempli d'eau bouillante, et cet accident, qui le rendit un peu contrefait, fut peut-être la cause du penchant qu'il montra ensuite pour la solitude. Un goût décidé pour les sciences exactes, développé en lui par les conseils du savant Le Sage, le mit bientôt en état d'aller suivre à Bâle les leçons de Daniel Bernoulli; il passa deux années chez ce savant, qui l'aimait tendrement, et resta en correspondance avec lui jusqu'à la fin de sa vie. Il était encore fort jeune lorsqu'il concourut à Berlin et à Lyon pour des prix sur des sujets de mécanique, et l'on cita ses travaux avec éloge. Vers le même temps il fit paraître, dans les *Acta Helvetica*, des recherches sur la doctrine des probabilités et des hasards. En 1763 il revint à Genève, puis il se rendit en France et en Angleterre; dans ces deux pays il se lia avec les astronomes en réputation, notamment avec Bevis, Maskelyne, Messier et Lalande. De toutes les sciences mathématiques l'astronomie fut dès lors celle dont il s'occupa le plus. Le passage de Vénus sur le disque du soleil devait avoir lieu en 1769; afin de déterminer avec précision les circonstances de ce phénomène, plusieurs sociétés savantes envoyèrent des astronomes sur les différents points où il pouvait être observé favorablement. L'Académie de Pétersbourg déploya en cette occasion beaucoup de zèle, et chargea Mallet, sur la proposition de Lalande, de se rendre dans une des parties les plus éloignées de l'empire russe. Mallet quitta Genève au mois d'avril 1768, en compagnie de Jean-Louis Pictet, qui devint plus tard son beau-frère. Arrivé, le 11 mars 1769, à Ponoï, près d'Archangel, il passa quatre mois dans cet affreux climat, et faillit même manquer l'observation du passage de Vénus : il ne vit, à cause des nuages, que l'entrée de cette planète sur le disque solaire. Son travail fut pourtant moins incomplet que celui de Pictet, qui avait été envoyé pour le même objet à Oumba, en Sibérie, et il profita de son séjour dans ces hautes latitudes pour faire un grand nombre d'observations de physique et de météorologie, dont deux, entre autres, qui déterminaient exactement la longueur du pendule à secondes, tant à Saint-Pétersbourg qu'à Ponoï, ont servi à Laplace, dans sa *Mécanique céleste*, comme éléments du calcul de l'ellipticité de la terre. De retour à Genève en 1770, Mallet entra au grand conseil ainsi qu'à l'académie, où il fonda une chaire d'astronomie, dont il fit le service pendant toute sa vie Ayant ensuite obtenu un emplacement sur un des bastions de la ville, il y éleva un observatoire, dont il fit en grande partie la dépense, et le munit à ses frais d'une collection des meilleurs instruments connus à cette époque. On en trouve la description et le plan dans les *Lettres* de Bernoulli (Berlin, 1777, t. Ier). En 1782, par suite de l'invasion des troupes étrangères, Mallet quitta Genève et se retira dans sa maison de campagne à Avully, où il transporta le lieu de ses observations. Deux de ses élèves, Jean Trembley et Marc-Auguste Pictet, le secondèrent activement dans ses travaux, dont l'utilité fut proclamée par les premières sociétés savantes de l'Europe. Vers la fin de sa vie l'agriculture et l'histoire naturelle se partagèrent les loisirs que lui laissait l'astronomie; il avait écrit sur les abeilles, ainsi que sur la culture de divers froments, des mémoires intéressants qui ont été perdus. « Une espèce d'apoplexie lente, dit Lalande, une augmentation extraordinaire du cœur, gênait la circulation; il s'endormait malgré lui, et finalement il s'endormit pour toujours sans douleur, sans agonie, le 31 janvier 1790. Il conserva jusqu'à son dernier moment la tranquillité d'un sage, et même de la gaîté; il donna, deux jours avant sa mort, une leçon d'astronomie. » Mallet avait été, en 1772, élu correspondant de l'Académie des sciences de Paris; il faisait également partie des sociétés savantes de Londres et de Saint-Pétersbourg. Quoiqu'il ait obtenu plusieurs succès dans les concours proposés sur des objets d'astronomie et de mécanique, il n'a point laissé d'ouvrage proprement dit; parmi ses mémoires, nous citerons les suivants : *Recherches sur les avantages de trois joueurs qui font entre eux une poule au trictrac*, dans les *Acta Helvetica*, V; — *Sur la meilleure manière de construire les roues que les rivières font tourner*, dans les *Philosoph. Transactions*, LVII; — *Lettre au docteur Bevis sur le passage de Vénus, sur le soleil, sur la gravité à Ponoi et l'inclinaison de l'aiguille aimantée;* ibid., LVII; — *Observationes in Ponoi institutæ anno* 1769, dans les *Novi commentarii* de l'acad. de Pétersbourg, XIV, 2e part.; — *Observations et calculs des oppositions de Mars et de Saturne en* 1773 *faits à Genève*, dans les *Mém. des savants étrangers*, VII; — *Tables pour Saturne*, dans le *Recueil des astronomes* de Bernoulli; — *Correspondance avec Jean Bernoulli pour déterminer par la trigonometrie l'ascension droite et la déclinaison de l'étoile polaire en* 1770; — *Tables d'aberration et de nutation pour les différentes étoiles*, dans la *Connaissance des temps* de 1773; — *Observations de l'éclipse de Lune du* 30 *juillet* 1776, dans l'*Astronomisches Jahrbuch* de 1778; — *Observations astronomiques* *pour* 1780, avec MM. Trembley et Pictet. Mallet leva une carte très-exacte du lac de Genève et commença des opérations trigonométriques pour le reste du territoire. Il fit aussi à Genève une méridienne du temps moyen pour que tous les horlogers de cette ville pussent régler leurs pendules avec plus de précision; il y avait même un sonneur qui tous les jours avertissait du temps moyen. P. L.

Picot, *Éloge de J.-A. Mallet*, 1790. — Lalande, *Biblioth. astronomique*, 698-700. — Schlichtegroll, *Nécrol*, 1790. — *Neues histor. Handbuch*, IV. — Senebier, *Hist. littér. de Genève*, III.

MALLET DU PAN (*Jacques*), publiciste suisse, né près de Genève, en 1749, mort à Richemond (Angleterre), en mai 1800. Fils d'un pasteur protestant, il perdit son père de très-bonne heure. A quinze ans, il suivit les cours de l'Académie, et s'y trouva, avec Clavière, le futur ministre des finances de la Convention. Il étudia ensuite quelque temps le droit. Mais ses goûts l'entraînaient vers cette partie brillante de la littérature dont Voltaire tenait alors le sceptre. Il desira et obtint l'honneur de lui être présenté. Il en fut accueilli avec bonté, et le philosophe de Ferney, toujours prêt à protéger les jeunes gens qui annonçaient des dispositions, lui fit obtenir une chaire d'histoire et de belles-lettres, pour laquelle le landgrave de Hesse-Cassel lui avait demandé un professeur (1772). Mallet avait vingt-trois ans. Il partit plein d'ardeur et d'enthousiasme, résolu, dans la candeur de son inexpérience, à ouvrir l'âme de ses futurs auditeurs à l'amour des vertus et des grandes vérites. Il prit pour sujet de son discours d'inauguration : *Quelle est l'influence de la philosophie sur les belles-lettres?* Quelques idées hardies pour une cour y furent remarquées. Mallet, plein de franchise, se trouva bientôt gêné dans le poste qu'il remplissait. Au bout de quelques mois, il remercia le prince et quitta sa place. Voltaire ne parut point lui avoir su mauvais gré de ce trait d'indépendance; il continua à le recevoir à Ferney, mais il ne fit plus rien pour lui.

Mallet n'était pas riche; il fallait se créer des ressources par son talent. Linguet avait alors une grande célébrité et une nuée d'ennemis; car, dans son *Journal de politique et de littérature*, il s'était attaqué audacieusement et avec la satire la plus mordante à tout ce qui avait de la puissance, ministres, parlements, philosophes. Mallet eut occasion de faire connaissance avec lui à Genève, et, séduit par l'éclat et la hardiesse de son esprit, il ne vit que le courage du lutteur et la conformité de leurs antipathies. Aussi, il se rendit à Londres et puis à Bruxelles, où Linguet se décidait à publier ses *Annales politiques et littéraires*, pour lui proposer sa collaboration. Leur société ne dura pas longtemps. S'il y avait analogie de talent et de style dans les deux hommes, il y avait de trop grandes différences dans leur caractère. Linguet, fatigué de son exil et n'y tenant plus, rompit son ban et vint se montrer à Paris, où il fut mis à la Bastille (1779). L'idée vint alors à Mallet de continuer les *Annales* sous le titre de : *Annales pour faire suite à celles de M. Linguet*. Il donnait deux fois par mois soixante pages d'un journal qui offrait, avec plus d'étendue et de conscience que celui de son prédécesseur, un tableau raisonné des événements politiques des deux mondes, et des articles développés sur des points intéressants d'économie politique et de législation. Il en avait déjà publié 36 numéros en deux ans, lorsqu'au commencement de 1783, Linguet, qui venait de sortir de la Bastille, se mit à l'attaquer outrageusement dans quelques articles, le dénonçant comme son contrefacteur. Mallet répondit avec fermeté et dignité qu'il était prêt à *rendre* le titre que Linguet avait pris à un autre journal, mais qu'il allait continuer, sous une autre dénomination, un recueil qui n'avait jamais été copié sur celui de Linguet. En effet, dès le mois de mars, il publia son journal sous le titre de : *Mémoires historiques, politiques et littéraires sur l'état présent de l'Europe*, avec cette épigraphe : *Nec temere nec timide*. Ce fut la devise de toute sa vie. Malgré la hardiesse de son opposition au courant des idées en faveur, ce recueil trouva un public sérieux et attentif. Il circulait même en France et avait donné au nom de l'auteur la réputation d'un publiciste distingué. De là des propositions qui décidèrent l'avenir de Mallet. L'éditeur de l'*Encyclopédie*, Panckoucke, qui avait depuis 1778 l'entreprise du *Mercure de France*, imagina de joindre à ce recueil le journal hebdomadaire et politique qu'il publiait sous le double titre de Bruxelles et de Genève. Il jeta les yeux sur Mallet pour la rédaction. Celui-ci avait été en butte à beaucoup de ressentiments et d'attaques injustes par suite d'un écrit *Sur la dernière révolution de Genève*, dans lequel il avait dit la vérité aux deux partis opposés. Il était fatigué de la politique genevoise, et son cœur souffrait de l'état de sa patrie, occupée alors par des troupes étrangères. Mallet se rendit à Paris. Il avait alors trente-cinq ans, un savoir varié, l'habitude des méditations politiques, une connaissance réfléchie de la situation des États européens. Dès ses débuts au *Mercure*, Panckoucke apprécia son mérite, et lui assura par une convention environ huit mille francs pour ses travaux politiques et littéraires (1784). C'était une somme considérable pour le temps. L'époque où il s'établissait à Paris était curieuse : la nation était pleine d'illusions, s'abandonnant aux théories illimitées et à toutes les espérances. Il montra dans ses articles un caractère d'indépendance qui avec le savoir et le talent assura le succès du *Mercure* politique. La partie littéraire comptait pour rédacteurs plusieurs écrivains très-distingués. Quand la révolution éclata, quand les luttes de l'Assemblée constituante occupèrent l'attention de l'Europe, Mallet fut le seul écrivain, dans le *Mercure*, qui sût, sans insulte ni flatterie, donner une analyse raisonnée de ces grands débats. Ses comptes-rendus prirent dès lors la plus grande importance. Il fut le courageux organe de toute une portion considérable de l'opinion publique, de celle qui croyait que le bonheur et la liberté de la France voulaient être fondés sur les droits également garantis de la nation et du souverain. Il blâma fortement les meurtres du 14 juillet. Lors des attentats du 6 octobre, il s'exprima avec tant d'énergie, qu'il fut dès ce moment regardé, par les sociétés populaires, comme un des plus grands ennemis de la révolution. Après la fuite du roi à Varennes (juin 1791), une visite domiciliaire fut opérée dans sa maison. Ses papiers furent mis sous les scellés, et lui-même dut pendant quelque temps se cacher pour éviter les violences. Pendant deux mois, sa collaboration au *Mercure* politique fut suspendue. Quand il reprit la plume, il n'en continua pas moins à attaquer avec vigueur les excès de la démocratie. Ses attaques furent assez souvent aussi violentes, aussi injustes que celles de ses adversaires. Bien que consciencieux, il semblait trop être l'homme et l'organe de l'ancien régime, d'un parti rétrograde. Mais s'il s'attira de nombreux ennemis, il eut aussi des amis zélés parmi les constitutionnels. Lorsque la guerre eut été déclarée contre l'empereur d'Allemagne, Mallet fut chargé par Louis XVI d'une mission de confiance auprès des souverains d'Autriche et de Prusse (1792). Il était chargé de les éclairer sur les conséquences de leur coalition pour l'intérieur de la France. Il y mit beaucoup de zèle; mais le succès ne couronna pas ses représentations courageuses, qui étaient peu en harmonie avec les vues des cabinets. Peu après eut lieu la journée du 10 août. Ne pouvant rentrer en France, Mallet vint à Genève, où il retrouva sa famille qui avait pu quitter Paris. Mais cet asile ne fut pas longtemps tranquille. Des mouvements de troupes avaient lieu sur la frontière; il se réfugia à Lausanne dans le pays de Vaud. Il recommença une vie errante, tantôt en Suisse, tantôt en Belgique, en correspondance avec plusieurs ministres, exposé à beaucoup de mécomptes ou de persécutions. Dénoncé au conseil souverain de Berne comme libelliste, sur les plaintes du général Bonaparte, il fut condamné à l'exil par le conseil secret, et se retira à Zurich, ensuite à Fribourg en Brisgau, où il passa l'hiver de 1798. C'est de là qu'il put voir ou connaître l'invasion de la Suisse, dont il retraça les épisodes avec l'amertume et l'irritation d'un citoyen exilé de son pays et repoussé de partout. Dans les premiers mois de 1798, il se décida à passer en Angleterre, comptant y trouver un asile plus calme. Il y avait des amis français et anglais. Trop fier pour demander à partager l'aumône des émigrés, trop consciencieux pour déposer sa plume, tant qu'elle pourrait servir la cause de la société, il voulait se créer, surtout pour sa famille, des ressources indépendantes. Il fonda le *Mercure Britannique :* il avait calculé que cinq cents souscripteurs lui donneraient un revenu suffisant. Mais on ne pouvait pas compter sur le concours du gouvernement. Le ministère se borna à la communication de quelques pièces officielles, et à une souscription pour vingt-cinq exemplaires destinés aux colonies françaises conquises. Mallet ne reçut de marques d'attention officielle d'aucun homme en place; il ne fut jamais appelé chez aucun ministre. Mais sa réputation et bientôt son œuvre elle-même le servirent mieux auprès de l'élite du public anglais. Sa plume était aussi indépendante que par le passé. Il y disait des vérités à tous, et aux incorrigibles émigrés tous les premiers. La plupart de ceux-ci lui étaient en général très-hostiles et l'appelaient un jacobin. Mallet continua son œuvre jusque dans les premiers mois de 1800; mais sa santé, affaiblie par tant de secousses et de labeurs, s'altéra de plus en plus. Il mourut d'épuisement à la peine, dans la maison de campagne à Richmond, où son ami le comte de Lally-Tolendal l'avait invité à résider.

Mallet mourait pauvre, estimé et considéré de tous ceux qui l'avaient connu. Une souscription en faveur de sa famille, dont le maximum pour chacun ne pouvait dépasser dix livres sterling, fut rapidement remplie, et s'éleva à la somme de 1,000 liv. sterl. Le gouvernement accorda à sa veuve une pension de 200 livres sur la liste civile. Diverses retenues la réduisirent à environ 150 livres; mais cela même était une faveur considérable et inattendue, que des familles de grande naissance tombées dans l'infortune réclamaient souvent en vain.

M. Sayous, ancien professeur à l'Académie de Genève, a publié en 1851 sur Mallet Du Pan deux volumes très-intéressants, dont la presse a rendu compte avec des éloges unanimes. Ces mémoires et cette correspondance font bien connaître et les qualités de l'homme et le talent de l'écrivain. On y trouve des renseignements aussi exacts que sincères sur l'émigration, la coalition, les guerres civiles de cette époque. Les *folies de Coblentz* (c'est le mot consacré) y sont prises sur le fait et mises en relief, avec la vanité, l'outrecuidance, les dédains, et l'intempérance de langage qui caractérisaient la plupart des émigrés. Mallet Du Pan a passé pour un agent de la coalition. Cette accusation est injuste. C'était un conseiller qui s'exprime avec énergie, mais qui est désintéressé. On ne peut dire qu'il ait jamais été à la solde d'un gouvernement. Sans doute la passion l'entraîne assez souvent; mais il montre en général beaucoup de sagacité et de bon sens pour juger les événements, et le parti qu'on aurait pu en tirer. La coalition, selon lui, devait bien faire entendre aux Français qu'elle avait pris les armes, non contre la France, mais contre son gouvernement, non contre la révolution, mais contre l'anarchie. « L'armée à laquelle vous avez affaire, leur disait-il, n'est ni républicaine, ni royaliste; elle est française. » Là, en effet, a été son vrai caractère. Constamment attaché aux principes de la monarchie constitutionnelle, il avait proposé de bonne heure pour la France l'exemple du gouvernement anglais. Mais quand il vit la monarchie sérieusement attaquée, il ne songea plus qu'à la sauver. Bien que républicain par son éducation et ses idées, il fut un des plus courageux défenseurs de Louis XVI; émigré, il brava les fureurs de Coblentz, et conseilla à Louis XVIII l'acceptation du régime constitutionnel; écrivain, il eut le courage (ce qui est rare) de dire à ses lecteurs que lire des brochures n'était pas suffisant en temps de révolution. Il avait une haute idée de la dignité de l'écrivain et des devoirs qui lui incombent. C'est lui qui, parlant de l'inefficacité des lois répressives sur la presse, a dit ces belles paroles, bonnes à retenir et à méditer, et encore bien plus à mettre en pratique : « La meilleure sauve-garde de la liberté de la presse, le plus efficace préservatif de son déréglement, c'est la morale des auteurs, non pas la morale qu'on parle et qu'on imprime, mais celle qu'on pratique : le respect religieux de la vérité, l'honneur, l'habitude de la décence, *et cette terreur utile* qui devrait saisir tout homme de bien, lorsque sa plume va afficher une accusation ou répandre un système. » Outre les ouvrages déjà cités, on doit à Mallet Du Pan : *Discours sur l'éloquence et les systèmes politiques*; Londres, 1775; — *Mercure historique et politique*, de 1788 à 1792; — *Considérations sur la nature de la révolution française*; Londres, 1793; — *Correspondance politique pour servir à l'histoire du républicanisme français*; Hambourg, 1796. J. CHANUT.

Mémoires et correspondance de Mallet Du Pan, recueillis et mis en ordre par A. Sayous, ancien professeur à l'Académie de Genève, 2 vol. in-8°; Paris, 1851. — *Revue des Deux Mondes*, 1er décembre 1851 — *Journal des Débats* 22 septembre 1852. — Rabbe, Boisjolin, etc., *Biogr.* — Sainte-Beuve, *Causeries du Lundi*.

MALLET (*Charles-François*), ingénieur français, né à Paris, le 4 juillet 1766, mort dans la même ville, le 19 octobre 1853. Nommé ingénieur des Ponts et Chaussées en 1791, il suivit en 1805 à Naples le roi Joseph, qui en fit un des trois membres du conseil général des Ponts et Chaussées. Ingénieur en chef en 1808, il fut envoyé dans le département de la Doire et passa, quelques mois après, dans celui du Pô. Un beau pont à Turin, le redressement du Pô près Moncalier, un hospice sur le col de Sestrières, le nivellement barométrique, qu'il fit conjointement avec M. d'Aubusson et qui fut l'objet d'un rapport très-favorable à l'Institut, tels sont les principaux travaux qui ont marqué le séjour de cet ingénieur dans le Piémont. En 1814, il vint à Rouen pour diriger la construction du grand pont de pierre. Lorsque le gouvernement conçut, en 1824, le projet d'utiliser les eaux de l'Ourcq à l'assainissement de Paris et à pourvoir d'eau les maisons particulières, Mallet fit les études nécessaires à ce sujet, se rendit plusieurs fois en Angleterre et publia une *Notice historique sur le projet d'une distribution générale d'eau à domicile dans Paris*; Paris, 1830, in-4°. En 1840, il se retira du service avec le titre d'inspecteur général honoraire. On a encore de lui : *Mémoire sur la minéralogie du Boulonnais*; Paris, an III (1795), in-8°, et dans le *Journal des mines*; — plusieurs *Mémoires* dans les *Annales des Ponts et Chaussées*. G. DE F.

Mém. de l'Académie de Rouen, 1841. — *Docum. part.*

***MALLET** (*Charles-Auguste*), philosophe français, né le 1er janvier 1807, à Lille. Admis en 1826 à l'École normale, il sortit le premier de sa promotion et fut reçu agrégé des lettres, agrégé de philosophie et docteur ès lettres. Après avoir professé l'histoire à Douai, il fut chargé du cours de philosophie dans plusieurs colléges des départements, et en 1842 il fut appelé à Paris. Nommé inspecteur de l'académie de Paris (1848), il devint recteur de l'académie de Rouen (1850) et se vit admis à la retraite en 1852. On a de lui : *Rollin considéré comme historien*; Paris, 1829, in-4°, thèse de doctorat; — *Manuel de philosophie*; Paris, 1835, in-12, remanié en 1853 sous le titre de *Manuel de logique*; — *Études philosophiques*; Paris, 1837-1838, 2 vol. in-8°, qui ont obtenu un des prix de l'Académie française; — *Éléments de science morale*; Paris, 1840, 2 vol. in-8°, trad. de l'anglais de James Beattie; — *Histoire de la philosophie ionienne*; Paris, 1842, in-8°; — *Histoire de l'école de Mégare*; Paris, 1845, in-8°; — plusieurs mémoires, notamment sur S'Gravesende, Newton, Laromiguière, insérés dans le recueil de l'Académie des Sciences morales et politiques, et de nombreux articles dans le *Journal général* et dans la *Revue de l'instruction publique*, *le Moniteur* (1845-1850), le *Dictionnaire des sciences philosophiques* et la *Nouvelle Biographie générale*. K.

Documents particuliers.

MALLEVILLE (*Claude* DE), poëte français, né en 1597 à Paris, où il est mort en 1647. Il était fils d'un officier de la maison de Retz. Après avoir fait de bonnes études, il fut placé dans les bureaux d'un commis des finances, nommé Potier; mais, cédant à son penchant pour les belles-lettres, il entra comme secrétaire chez le maréchal de Bassompierre. Il se lassa bientôt de ce nouvel emploi, qui lui donnait fort peu d'occupation, et comme il avait d'ambitieuses visées, il se mit au service du cardinal de Berulle, qui alors était en faveur. N'y ayant pas mieux fait ses affaires, il retourna vers son premier maître, qu'il accompagna dans son ambassade d'Angleterre; pendant la détention de ce dernier à la Bastille, il lui rendit beaucoup de services et contribua à la rédaction de ses mémoires. Depuis

1630 il assistait régulièrement aux séances que quelques « gens de lettres » tenaient une fois la semaine chez Conrart (*voy.* ce nom). Lorsque en 1634 le cardinal de Richelieu fit proposer, par l'intermédiaire de Boisrobert, de prendre sous sa protection cette assemblée littéraire, Malleville fut un de ceux qui s'opposèrent au périlleux honneur de la voir officiellement constituer en société publique. Il céda pourtant aux instances de ses amis et fut un des premiers membres de l'Académie française. Lorsque Bassompierre sortit de prison, il donna à Malleville la place de secrétaire des Suisses, dans laquelle celui-ci gagna en peu de temps vingt mille écus. Une partie de cette somme fut employée par lui à acheter une charge de secrétaire du roi. « Ce qu'on estimait le plus en lui, dit Pellisson, c'était son esprit et le génie qu'il avait pour les vers. » Ses poésies ont en effet de la chaleur et de la vivacité; l'expression en est souvent agréable et facile; les images en sont brillantes; mais, comptant trop sur sa facilité, il ne soignait pas assez ses ouvrages. Il s'était entièrement adonné au sonnet, genre difficile où il réussit pourtant une fois; le sujet qu'il avait choisi, *La Belle Matineuse*, fut également traité par Voiture et d'autres beaux-esprits de ce temps. Au jugement des connaisseurs, Malleville remporta la palme sur ses rivaux. Ce qui fit dire à Boileau à propos des « sonnets sans défauts : »

> A peine dans Gombauld, Maynard et Malleville,
> En peut-on admirer deux ou trois entre mille.

Ce poëte, dans sa jeunesse, avait écrit des *Épîtres* en prose, à l'imitation de celles d'Ovide; il les désavoua dans la suite. Il composait aussi des vers latins, et ceux qu'il fit contre le fameux parasite Montmaur ont été publiés. Parmi ses rondeaux, il en est un à l'adresse de Boisrobert, favori du cardinal, qui prouve qu'il savait badiner agréablement :

> Coiffé d'un froc bien raffiné,
> Et revêtu d'un doyenné
> Qui lui rapporte de quoi frire,
> Frère René devient messire;
> Il vit comme un déterminé.
> Un prélat riche et fortuné,
> Sous un bonnet enluminé,
> En est, s'il le faut ainsi dire,
> Coiffé.
>
> Ce n'est pas que frère René
> D'aucun mérite soit orné,
> Qu'il soit docte, qu'il sache écrire,
> Ni qu'il dise le mot pour rire;
> Mais seulement c'est qu'il est né
> Coiffé.

On a de Malleville : *Recueil de lettres d'amour*; Paris, 1641, in-8°, dans lequel il y a plusieurs morceaux de lui; — *Stratonice*; Paris, 1641, 2 vol. in-8°; — *Almerinde*; Paris, 1646, in-8°, roman traduit, comme le précédent, de l'italien de Luc à Asserino; — *Poésies*; Paris, 1649, in-4°, et 1659, in-12. Il fut du nombre des poëtes qui travaillèrent à la fameuse *Guirlande de Julie*. P. L—y.

Pellisson, d'Olivet, *Hist. de l'Acad. française*. — Baillet, *Jugem. des savants*, II. — Ménage, *Dissertat. sur les sonnets de la Belle Matineuse*, dans ses *Poemata*. — Viollet-Leduc, *Biblioth. poétique*. — Asselineau, *Hist. du sonnet en France*.

MALLIAN ou **MAILLAN** (*Julien* DE), auteur dramatique français, né à la Guadeloupe, à la fin de 1805, mort à Paris, au commencement de mars 1851. Venu fort jeune en France, il fit de brillantes études au collége Bourbon. Reçu avocat, il quitta bientôt le droit pour le théâtre, où son début fut des plus heureux, et où il obtint depuis plus d'un succès. « Il avait fini par boire dans tous les verres, et dans tous les faubourgs, » dit M. Lefeuve. « Ce que la foule connaît de J. Mallian, ajoute M. Ph. Dumanoir, ce sont ses ouvrages : vaudevilles pleins de gaieté, drames pleins de larmes, qui, à travers les exigences qui étouffent l'individualité de l'auteur dramatique, trahissaient toujours l'écrivain et le penseur. Ce que ses amis seuls connaissaient, c'était ce cœur loyal et généreux, si souvent contristé; cette bonté d'enfant qui permet de dire : il n'y a qu'un être ici-bas auquel Mallian ait fait du mal, c'est lui-même. » Plusieurs de ses pièces ont été données sous les noms de *Julien* ou de *Julien de M.* On cite de lui : *La Semaine des Amours* (avec M. Dumanoir), jouée aux Variétés; — *Le Charpentier, ou vice et pauvreté*, vaudeville populaire (avec M. Rochefort), 1831; — *Les Deux Roses*, drame historique, 1833; — *L'Honneur dans le Crime*, drame, 1834; — *Les Dernières scènes de la Fronde*, drame en trois actes, 1834; — *Le Juif errant*, drame fantastique (avec M. Merville), 1834; — *Le Vagabond*, drame populaire en un acte, 1836; — *Deux vieux garçons*, vaudeville, 1838; — *Une expiation*, drame, 1846; — *Le Château des sept tours*, drame, 1846; — *Le Moulin des tilleuls*, opéra comique (avec M. Cormon), 1849; — *La jolie Fille de Parme* (avec M. Alboise); — *La Tache de sang* (avec M. Boulé); — *La Nonne sanglante* (avec M. Bourgeois); — *Les Brigands de la Loire* (avec M. Brot); — *Marie-Jeanne* (avec M. Dennery), qui fut la dernière création de Mme Dorval et obtint un grand succès; — *L'Homme qui bat sa femme* (avec M. Dumanoir); — *La Révolution française* (avec M. Labrousse), pièce à grand spectacle qui eut plus de cent cinquante représentations, etc. On doit encore à Mallian : *De l'emancipation par l'éducation secondaire*; Paris, 1838, in-8°. L. L—t.

Ph. Dumanoir, *Notice nécrologique sur Mallian*. — Bourquelot et Maury, *La Littér. franç. contemp.* — Lefeuve, *Hist. du Lycée Bonaparte*.

MALLINCROT (*Bernard*), savant prélat allemand, né à Küchen, vers la fin du seizième siècle, mort à Ottenstein, le 7 mars 1664. Son savoir étendu en théologie, en littérature et en histoire, lui valut l'office de doyen de la cathédrale de Munster. On a de lui : *De natura et usu literarum*; Munster, 1638 et 1642, in-8°; — *De ortu et progressu artis typographicæ*; Coi°; reproduit dans les *Monu-ographica* de Wolf; — *De archi-is S. Romani Imperii ac cancella-ialis aulæ;* Munster, 1640, in-4°, in-4°; une troisième édition de ce li de recherches curieuses, fut donnée s; Iéna, 1715, in-4°; en tête se trouve phie de l'auteur; — *Paralipomena cis græcis;* Cologne, 1656, in-4°; lans les *Supplementa ad Vossium is græcis*, de Fabricius. O.

émoires, t. XXXIII. — Alpen, *Leben des Munster Chr. von Galen.*

(*Michele*), littérateur italien, né à , le 4 novembre 1756, mort à Rome, e 1831. Il fit ses études à Rome, pro-ience à Modène et à Fermo, et fit icadémie des Arcades sous le nom de *'liaco*. Parmi les nombreux ouvrages iés, on cite : *Il Tempio di Gnido, tara rima;* Rome, 1779, in-12; — édie jouée en 1787 à Rome; — *An-na* (janvier 1790 à décembre 1797); ', ouvrage périodique qui obtint du uteur y ajouta un supplément (*Ag-itoria*), qui comprend l'histoire des ' à 1789; — *Il Trionfo della reli-morte Luigi XVI*, poëme; Rome, *amentazioni di Geremia;* Rome, 4; — *La Gerusalemme distrutta;* , poëme en douze chants. P.

taliana, 1830. — Tipaldo, *Biogr. degli Ita-* IV.

s (*Caius*), un des complices de Ca-n 62 avant J.-C. Il servit dans l'ar-a et acquit la réputation d'un officier illant. Comme beaucoup de vétérans entra dans la conspiration de Catilina à Fésules en Étrurie, avec mission ler des troupes et de ramasser des nilitaires. Dans la bataille que le col-céron, Antonius, livra aux rebelles, manda l'aile droite de l'armée de Ca-rit dans l'action. Y.

t., 24, 27-30, 33, 33, 36, 59, 60. — Cicéron, , 12; II, 6, 9. — Dion Cassius, XXXVII, 30.

BURY (*James* HARRIS, comte DE), iglais, né à Salisbury, le 11 avril 1746, ovembre 1820. Il était fils de James ur d'une grammaire universelle qui célébrité, intitulée : *Hermès*. Après l'université d'Oxford, il alla étudier iyde, et fit un premier voyage à Ber-logne. Il débuta dans la carrière di-ous les auspices de sir Joseph Yorke, d'Angleterre en Hollande, et, quel-res, partit pour Madrid en qualité d'ambassade (1768), et l'année sui-ippel de son ministre, il demeura à nime chargé d'affaires. Il eut occa-trer ses talents dans les discussions ent entre l'Espagne et la Grande-sujet des îles Falkland. Ministre plé-nipotentiaire à Berlin (1771), il y resta quatre ans. Appelé à remplir les mêmes fonctions auprès de Catherine II (1777), il avait pour mission d'amener l'impératrice à la conclusion d'une alliance offensive et défensive avec la Grande-Bretagne. Pendant cinq ans, il dépensa beaucoup d'habileté, beaucoup d'esprit d'intrigue, et une très-grande persévérance; mais il échoua surtout contre ce sentiment de répulsion qu'inspiraient déjà à tous les peuples les prétentions arrogantes de l'Angleterre à la domination absolue des mers. « Cette grande dame, dit-il en parlant de Catherine, dégénère souvent en une femme ordinaire, et joue avec son éventail quand elle croit manier son sceptre. La France a appris l'art de la cajoler, et elle a peur d'encourir le déplaisir et la critique d'une nation qui écrit des mémoires et des épigrammes. » Il quitta ce poste important, où toute son habileté avait brillé sans résultat, pour aller comme ministre à La Haye (1783); il y négocia une alliance entre l'Angleterre, la Hollande et la Prusse. Pendant les troubles civils qui agitèrent la Hollande en 1787, il se montra opposé au parti des patriotes que soutenait la France, et contribua à rétablir le stathouder. Le roi de Prusse, dont les vues avaient triomphé par l'habileté de l'ambassadeur, l'autorisa à introduire dans ses armes l'aigle prussienne, et le prince d'Orange lui accorda la devise des Nassau : *Je maintiendrai*. En Angleterre, il fut élevé à la pairie, sous le titre de baron de Malmesbury. Il revint en 1788 à Londres, où il soutint au parlement la politique de Fox. Mais lorsque le contre-coup des violentes passions qui agitaient la France, depuis le grand mouvement de 1789, amena une scission dans le parti whig, lorsque Fox se déclara prêt à reconnaître la république française, lord Malmesbury suivit le parti de Burke. Envoyé à Berlin en 1793 pour négocier un traité de subsides, il fut chargé en 1794 de demander pour le prince de Galles (depuis Georges IV) la main de la princesse Caroline de Brunswick, si fameuse depuis par ses aventures et par son procès. Jusque-là il avait joui d'une grande faveur près du prince de Galles, qui lui confiait ses embarras, et le prenait pour intermédiaire entre lui et les ministres de son père. Le mariage qu'il négocia devint la cause de sa disgrâce. Le prince ne lui pardonna jamais d'avoir montré de l'intérêt à sa femme et d'avoir cherché à les rapprocher. En 1796 et en 1797, Malmesbury fut obligé d'aller successivement à Paris et à Lille pour suivre des négociations importantes avec le Directoire au sujet de la paix; il y apporta beaucoup de zèle et d'intelligence, et avec aussi peu de succès qu'autrefois à Saint-Pétersbourg. Dans le journal très-curieux de son séjour en France, il retrace ses faits et gestes de chaque jour, les incidents ordinaires et les incidents sérieux, ses impressions sur la société du temps et l'aspect de Paris. On y trouve cette note sur le général Bonaparte :

« homme habile, jacobin enragé, terroriste même. » La vie publique de lord Malmesbury se termina avec cette mission. Dès sa cinquantième année il fut atteint de surdité à tel point qu'il se vit forcé de refuser toute fonction publique. Néanmoins il continua à vivre dans l'intimité de Pill, de Canning, du duc de Portland et d'autres hommes éminents de ce parti; il était toujours consulté par eux, quand il s'agissait de politique extérieure. Il ne resta pas non plus étranger aux affaires intérieures de son pays. Les hommes distingués dans la politique et les lettres, les jeunes gens surtout, venaient souvent faire visite au *vieux lion* (old lion), comme on l'appelait à cause de la profusion de ses cheveux blancs et de ses grands yeux brillants. En décembre 1800, il fut créé comte, lord-lieutenant et garde des archives du comté de Southampton : c'étaient de hautes et lucratives faveurs de la couronne. Il donna en 1807 une magnifique édition (2 vol. in-4°) des œuvres de son père, en tête de laquelle il a mis une biographie écrite avec élégance. Il est aussi auteur d'une histoire de la révolution de Hollande ayant pour titre : *Introduction to the history of the Dutch Republic, for the last ten years*, 1777-1787, in-8°. Ses mémoires et sa correspondance ont été publiés longtemps après sa mort (1844-1845) par les soins de son petit-fils, le comte de Malmesbury actuel. Peu de livres contemporains sont aussi riches en matériaux pour l'histoire secrète des cours dans les gouvernements absolus, et pour celle des partis dans les gouvernements libres. J. CHANUT.

Taylor et Forster, *National portraits Gallery*. — *English Cyclopædia* (Biography). — *Revue des Deux Mondes*, 15 janvier et 1er mai 1846. — *Diaries et correspondence of James Harris, first earl of Malmesbury*; London, 1845.

MALMESBURY (*James-Howard* HARRIS, comte DE), homme d'État anglais, petit-fils du précédent, né en 1807. Il fut élève au collége d'Eton et compléta ses études à celui d'Oriel (Oxford). Il représenta pendant quelques mois en 1841 le bourg de Wilton à la Chambre des Communes; mais, vers la fin de la même année, la mort de son père lui ouvrit la Chambre des Lords. Il prit alors le titre et le nom dont il était héritier. Il siége parmi les tories, mais sans avoir des opinions absolues. Orateur facile et élégant, il n'a pas joué cependant à la chambre un rôle éclatant, ni pris une part active aux menees politiques. A l'avénement du comte de Derby comme premier ministre, il fut appelé au poste des affaires étrangères (février 1852). Lorsque l'empire fut proclamé en France, il mit un tel empressement à reconnaître le nouvel ordre de choses, que l'opinion en Angleterre avait accueilli avec défiance et regardait presque comme une menace, qu'il fut exposé à de vives attaques dans le parlement, et ne pouvant dire les motifs secrets de sa conduite, il eut de la peine à se justifier. Vers 1839, il s'était lié d'amitié avec le prince Louis-Napoléon, alors réfugié à Londres, et très-probablement, avant le coup d'État, il avait reçu les confidences du prince sur la politique qu'il comptait suivre. Pendant son ministère, qui fut de courte durée, il montra des talents remarquables, et contribua beaucoup, par le tact et l'esprit conciliant de sa conduite, à assurer avec l'empereur Napoléon III cette alliance, qui est devenue le trait saillant de notre époque, et qui est la garantie de la paix du monde. L'administration de lord Derby ayant été brusquement renversée (décembre 1852), lord Malmesbury vint à Paris offrir ses félicitations personnelles à l'empereur. Après la récente guerre avec la Russie, il prit la parole dans la Chambre des Lords pour critiquer sévèrement la paix qui avait été conclue à Paris, en mars 1856, sous les auspices du comte Clarendon. C'était naturel, puisque les tories étaient alors dans l'opposition. Lord Malmesbury rentra au ministère, en février 1858, comme secrétaire d'état des affaires étrangères dans le cabinet du comte de Derby, et fut remplacé par lord John Russell le 17 juin 1859, lors de la chute de ce cabinet. Il est connu dans le monde littéraire comme éditeur des *Mémoires et de la correspondance officielle* de son grand-père, le premier comte. C'est un vrai service qu'il a rendu à l'histoire. On lui a reproché dans les revues du temps, et nous doutons que ce soit avec justice, d'avoir publié beaucoup de documents sans avoir obtenu au préalable l'assentiment des familles qu'ils concernaient. En Angleterre, l'opinion est très-chatouilleuse et sévère sur ces matières, et il est rare que les personnages d'un rang élevé manquent à des convenances qui sont devenues des règles. Lord Malmesbury a épousé en 1830 la fille unique du comte de Tankerville. Il n'a pas eu d'enfants de ce mariage. L'héritier présomptif de sa pairie est son frère Edward-Alfred-John Harris. J. C.

English Cyclopædia (Biogr.). — *Sketches of the Derby ministry*.

MALMESBURY. *Voy*. GUILLAUME et OLIVIER.

MALMIGNATI (*Jules*), poëte italien, né vers la fin du seizième siècle à Lendinara, ville de la Polésine, mort vers le milieu du dix-septième siècle. Né d'une famille noble, il s'occupa pendant toute sa vie de compositions littéraires; son extrême vanité ne l'empêcha pas de tomber bientôt dans le plus profond oubli, d'où son nom ne fut tiré qu'au commencement de ce siècle (1). On a de lui : *Il Clorindo, tragedia pastorale*; Trévise, 1604, in-8°; ibid., 1618 et 1630, in-12; — *L'Ordaura, tragedia*; Trévise, 1620, in-8°; Venise, 1630, in-12; — *L'Enrico, overo Francia conquistata, poema eroico*; Venise, 1623, in-8°.

(1) Au seizième chant de son *Enrico*, Malmignati fait annoncer par l'enchanteur Merlin la naissance d'un poëte appelé Jules Malmignati qui, au son harmonieux de ses chants guerriers, attirera les Italiens et les Français confondus ensemble.

, dédié à Louis XIII, est devenu ex-
ure; le dénoûment y est le même
a *Henriade* de Voltaire; comme dans
Malmignati fait voir à son héros, en-
, les événements qui doivent se passer
ccesseurs. O.

Votice sur Malmignati (*Magasin encyclo-*
).

(*Étienne-Pierre-François-de-*
religion le P. ÉTIENNE, fondateur de
té religieuse, né à Reims, le 4 sep-
14, mort au couvent de la Trappe
, le 12 avril 1840. Fils d'un chantre,
ades comme boursier au collége de
de sa ville natale. Ordonné prêtre
desservit les cures de Mareuil-sur-
ies-les-Hurlus et de Prouilly. En 1778,
la chartreuse de Mont-Dieu près
efusa le serment civil exigé du clergé
ablée nationale (12 juillet et 27 novem-
et émigra, d'abord à Namur, puis à
i il devint confesseur de Mlle Louise-
e Bourbon-Condé. Le 5 avril 1794,
n de *père Étienne*, il prit définitive-
de bernardin à la trappe du Sacré-
ant) et fut bientôt élu sous-prieur de
. Fuyant devant les armes vic-
s français et aussi expulsé succes-
r les empereurs d'Autriche, de Russie
de Prusse, on voit le P. Étienne à
Munster, à Marienfeld, à l'abbaye
inte, (canton de Fribourg), à celle de
stphalie), à Constance, à Vienne; en
ha, et à Therespol; puis à Dantzig, à
lambourg, à Dribourg où il demeura
ps en qualité de prieur. Chassé encore
ilité, il revint à La Val-Sainte; puis
Napoléon ayant décrété la suppres-
nastères de la Trappe, la plupart des
èrent en Amérique Malmy et deux
gues restèrent en Suisse et, après le
Bourbons, obtinrent de fonder autant
de leur ordre qu'ils pourraient. Le P.
acquisition de l'antique abbaye d'Ai-
816) et, grâce à d'actives quêtes, ré-
ument qui devint rapidement le centre
reuse et riche communauté. Nommé
e communauté le 13 août 1834, il
mission en 1837; il mourut, âgé de
eize ans. A. L.

...e sur le R. P. Étienne, fondateur de la
...bl'e 1840). — Casimir Gaillardin, *Vie du*
Pierre François-de-Paule Malmy (1841).

aint), premier évêque de la ville qui
om, naquit, suivant les légendaires,
agne insulaire, et mourut, suivant les
dernes, en 612 ou en 627. Sa fête
ée le 15 novembre. Tout ce que les
content sur sa vie est à peu près
abuleux. On sait, toutefois, que, de
la cité principale du diocèse (si l'on
r diocèse un territoire n'ayant pas
mites déterminées) n'était pas le rocher de Saint-Malo, mais la ville d'Alet, autrement nommée Quid Alet, Guich Alet, en terre
ferme. La notice de l'empire désigne Alet comme
siége d'une préfecture militaire. Quelques érudits
lui ont donné pour fondateur le *grandœvus Ale-
thes*. L'érudition n'a longtemps servi qu'à faire
de ces jeux d'esprit. B. H.

Gallia Christiana, t. XIV, col. 996. — L'abbé Tresvaux, *Église de Bretagne*.

MALO (***), général français, né à Vire, en 1772, mort en 1801. Il appartenait à l'ordre des Cordeliers lorsque la révolution appela tous les citoyens à la défense de la patrie et brisa les liens monastiques. Malo s'engagea dans le 12e hussards. Il franchit rapidement les premiers grades et commandait la légion de police cantonnée au camp de Grenelle lorsque des conspirateurs de diverses opinions vinrent, dans la nuit du 10 septembre 1796, assaillir le camp et chercher à débaucher les soldats qui le composaient. Surpris dans sa tente, Malo n'eut que le temps de sauter en chemise sur son cheval; il rallia quelques cavaliers et, à leur tête, mit en fuite les insurgés. Plus tard il éventa la conjuration dont La Villeheurnois était le chef Carnot, pour ce nouveau service, le nomma général de brigade. Le corps législatif décréta que Malo avait bien mérité de la patrie, malgré les insultes quotidiennes des journaux réactionnaires qui ne cessaient de répéter *Libera nos à Malo*. Son zèle républicain ne protégea pas Malo contre la majorité du Directoire, qui le trouvait trop dévoué à Carnot. Il fut révoqué le 12 fructidor an V (septembre 1797). A la nouvelle de sa destitution, il courut au palais directorial, et invectiva de la façon la plus scandaleuse les cinq magistrats qui représentaient alors le peuple français. Un ordre d'exil fut la suite de cette scène et depuis lors Malo n'occupa aucune fonction. H. L.

Biographie moderne (1815). — *Galerie historique des Contemporains* (1819).

MALO (*Charles*), littérateur français, né le 19 juillet 1790, à Paris. Élève des écoles centrales et du Prytanée, il débuta par quelques pièces de théâtre représentées à Paris et fonda un recueil périodique, *La France Littéraire*, 1832-1849, 36 vol. in-8°. Membre d'un grand nombre de sociétés savantes et agent de la Société pour l'Instruction élémentaire, dont il rédige le *Bulletin*, il a fondé à Paris un Cercle des sociétés littéraires. Ses principaux ouvrages sont: *La Guirlande de Flore*; Paris, 1814, in-18, avec 16 grav.; — *Napoléoniana*; Paris, 1814, in-8°; — *Mémoires d'Olivier Cromwell, et de ses enfants*; Paris, 1816, in-8°; — *Correspondance inédite et secrète de Benjamin Franklin*; Paris, 1817, 2 vol. in-8°; — *Le Panorama d'Angleterre, éphémérides politiques, littéraires*, etc; Paris, 1817-1818, 3 vol. in-8°; — *Voyages du prince persan Mirza-Haboul Thaleb-Khan* (lisez Aboul-Thaleb-Mirza) *en Asie*; 1819, in-8°; — *Histoire de l'île de Saint-Domingue, depuis l'époque* de sa découverte jusqu'à 1818; Paris, 1819, in-8°; — *L'Anacharsis français, ou Description historique et géographique de toute la France;* 1822, in-18, avec grav. et cartes (en prose mêlée de vers); — *Histoire des Juifs depuis la destruction de Jérusalem jusqu'à nos jours;* Paris, 1826, in-8°; — *Paris et ses environs, promenades pittoresques;* Paris, 1827, in-18, grav.; — *Galerie des reines de France;* Paris, 1844, gr. in-8°, avec 65 portraits; — beaucoup de traductions de l'anglais. G. DE F.

Documents particuliers.

MALOET (*Pierre*), médecin français, né vers 1695, à Clermont en Auvergne, mort en 1742. Reçu docteur en médecine en 1720, à Paris, il acquit la réputation d'un praticien habile et d'un observateur judicieux. Il fut attaché au service de l'hôtel des Invalides et fit partie depuis 1725 de l'Académie des sciences. On a de lui, dans le recueil de cette compagnie, plusieurs mémoires sur le mouvement des lèvres (1727), sur deux hydropisies enkystees du poumon (1732), sur un anévrisme de l'artère sous-clavière droite (1733), etc.

Son fils MALOET (*Pierre-Louis-Marie*), né en 1730, à Paris, où il est mort, le 22 août 1810, exerça aussi la médecine. Après avoir donné des preuves de zèle pendant l'épidémie qui ravagea Brest en 1758, il professa à Paris la physiologie et la matière médicale, et devint, en 1773, inspecteur des hôpitaux militaires, conseiller du roi, et médecin des princesses Adélaïde et Victoire, qu'il suivit en 1791 à Rome. Porté sur la liste des émigrés, il perdit tous ses biens. Sous l'empire il fut nommé l'un des quatre médecins consultants de Napoléon. Il a publié une curieuse dissertation intitulée : *An ut exteris animantibus, ita et homini sua vox peculiaris;* Paris, 1757, in-4°; et un *Éloge historique de Vernage;* Paris, 1776, in-8°. K.

Biogr. méd.

MALOMBRA (*Pietro*), peintre de l'école vénitienne, né à Venise, en 1556, mort en 1618. Issu d'une famille aisée, il s'adonna dans sa jeunesse à l'étude des lettres et de la musique, et devint chancelier ducal. Cette charge ne l'empêcha pas de se livrer à la peinture sous Giuseppe Porta, qui fit de lui un bon dessinateur. D'un tempérament sage et patient, il apporta à son travail un soin et un fini qui n'étaient pas ordinaires à son époque. Ruiné par des revers de fortune, il trouva, dans l'art qu'il n'avait d'abord cultivé que par plaisir, des ressources abondantes et il peignit avec un égal talent le portrait, l'histoire et l'architecture. Il décora plusieurs salles du palais ducal de Venise; il exécuta pour l'église S.-Francesco-di-Paola quatre tableaux représentant les miracles du saint, et remarquables par la précision des contours, la grâce et l'originalité des poses. Il fit un grand nombre d'autres peintures pour les églises de Venise et de Padoue, pour les galeries publiques et particulières, enrichissant ces compositions d'architectures et de perspectives, se plaisant surtout à reproduire les cérémonies publiques, sur la place Saint-Marc ou dans la salle du grand conseil. Il peignit aussi avec talent des décorations théâtrales. Don Alonzo de La Cueva, ambassadeur d'Espagne près la république de Venise, avait rapporté à Madrid un tableau placé au musée de cette ville et longtemps attribué au Tintoret. Ce tableau est l'œuvre de Malombra, qui y a réuni dans la salle du collége de Venise le doge et les sénateurs se préparant à la réception d'un ambassadeur; toutes les têtes sont des portraits. Malombra eut pour héritier de son talent *Giuseppe*, son fils et son élève, qui s'adonna à l'architecture. E. B—N.

Ridolfi, *Vite degli illustri pittori veneti.* — Orlandi. Lanzi, Baldinucci, Ticozzi. — P. Madrazo, *Real Museo de Madrid.* — Viardot, *Musées de l'Europe.*

MALONE (*Edmond*), savant littérateur anglais, né le 4 octobre 1741, à Dublin, mort le 25 mai 1812, à Londres. Possesseur d'une grande fortune, il alla habiter Londres et se lia d'amitié avec plusieurs érudits, entre autres Boswell et Steevens. Ce dernier lui fit bientôt partager l'admiration enthousiaste qu'il professait pour Shakespeare, et lui offrit de travailler à la seconde édition qu'il donna en 1778 des œuvres de ce poëte; mais lorsqu'il sut que Malone de son côté en préparait une autre beaucoup plus complète, il refusa de le voir davantage. Malone possédait aussi bien la littérature dramatique que l'ancienne poésie anglaise; il donna une preuve remarquable de son érudition en même temps que de sa sagacité lors de la querelle littéraire qui s'éleva au sujet des prétendus poëmes attribués au moine Rowley : il démontra d'une façon péremptoire qu'il ne fallait y voir autre chose que l'œuvre habilement faite d'un écrivain moderne, c'est-à-dire de Chatterton. On a de Malone : *Historical account of the rise and progress of the English stage and of the economy and usages of the ancient theatres in England;* Londres, 1790, in-8°; Bâle, 1790, in-8°; — *The Plays and poems of W. Shakspeare, collated verbatim with the most authentic copies and revised, the corrections and illustrations of various commentators*, etc.; Londres, 1790, 10 tom. en 11 vol. pet. in-8°; c'est une des éditions les plus estimées de Shakspeare; — *The Life of W. Shakspeare;* Londres, 1821, in-8°. D'autres opuscules de Malone ont été imprimés à petit nombre. Il mit au jour en 1800 des mélanges de prose et de vers de Dryden et fut l'éditeur des œuvres de sir Joshua Reynolds (1797) et de William Hamilton (1808). P. L—Y.

James Boswell, *Biographical memoir of Edm. Malone.* — Archdall, *Peerage of Ireland.* — Chalmers, *General Biograph. Dictionary.*

MALOT (*François*), visionnaire français, né près de Langres, en 1708, mort le 21 février 1785. Il fit ses études à Paris au collége Sainte-

rsqu'en 1730 le cardinal de Fleury dis-
nembres de cette maison, Malot devint
r des fils de Mérac, président à la
les Comptes. Ordonné prêtre en 1751,
ua jamais le saint ministère d'une
. On a de Malot : *Les Psaumes*
trad. en français selon l'hébreu à l'u-
airs, 1754, 2 vol in-12; cet ouvrage
on auteur d'être classé parmi les *ap-*
u figuristes. Malot combattit vive-
let qui, dans son édition de la *Bible*
, rejetait la conversion des Juifs à la
ide et après le règne de l'Antéchrist.
une *Dissertation sur l'époque du*
s Juifs et sur l'heureuse révolution
opérer dans l'Eglise, 1776, in-12;
pliqua par une longue *Dissertation*,
12. Malot, à son tour, fit paraître un
nt à sa Dissertation sur l'epoque
des Juifs et fixa cette époque à l'an-
; un grand événement *précurseur*
illeurs d'ici là signaler l'ère nouvelle
encerait pour les humains. Rondet ne
rester en arrière et, dans une *Lettre*
1780, in-12, il annonça que le règne
hrist finirait en 1860. Malot continua
on et appuya son opinion sur des sup-
ort arbitraires dans : *Suite et Defense*
sertation sur l'epoque du rappel des
2, in-12; et : *Lettre de l'auteur de*
ation sur l'époque du rappel des Juifs
des Nouvelles ecclésiastiques; 10 juin
2. Les prophéties de Rondet et de
servi de texte à une multitude d'o-
eligieux, politiques, ou comiques Un
vrage de F. Mallot, intitulé : *Avan-*
Necessité d'une foi éclairée, parut
n-16. A. L.

ecclesiastiques, 30 octobre et 6 nov. 1782.

U (*Jean-Baptiste*), prélat belge, né à
dre occidentale), le 30 juin 1809.
ni étudié au collége des Jésuites de
ul, puis au collége germanique de
ntra au séminaire de Bruges. Devenu
le la cathédrale de Bruges en 1840, il
, en 1848, coadjuteur de l'évêque de
auquel il succéda l'année suivante.
paux ouvrages sont : *Chronicon mo-*
ldenburgensis; Bruges, 1840, in-4°;
ture de la sainte Bible en langue
jugée d'après l'Écriture, la tradi-
saine raison; Louvain, 1846, 2 vol.
Recherches historiques et critiques
itable auteur de l'Imitation de Jé-
t; Examen des droits de Thomas à
de Gerson et de Gersen, avec une
ux derniers adversaires de Thomas
..., *suivi de documents inédits*;
1848, in-8°; 3e édit., Tournai 1858.
ns ultramontaines de M. Malou lui
es titres de prélat domestique et d'é-
stant au trône du pape. E. R.

Annuaire de l'université catholique de Louvain, année 1859. — *Bibliographie de la Belgique*.

MALOU (*Jules-Édouard-François-Xavier*), homme politique belge, frère du précédent, né à Ypres, le 19 octobre 1810. Il entra en 1836 comme chef de bureau au ministère de la justice, où il devint directeur de la division de législation et de statistique. Il fut, de 1841 à 1848, membre de la chambre des représentants pour l'arrondissement d'Ypres. Nommé, en 1844, gouverneur de la province d'Anvers, il fit partie, l'année suivante, comme ministre des finances, du cabinet libéral formé par M. van de Weyer, conserva, en 1846, son portefeuille dans le ministère catholique du comte de Theux, et fut admis à la retraite en 1847. Élu de nouveau, en 1850, représentant de l'arrondissement d'Ypres, il continue de siéger dans les rangs de l'opposition catholique, où son éloquence et ses lumières en finances lui assurent une place importante. M. Malou est l'un des directeurs de la société générale pour favoriser l'industrie nationale.

On a de lui : *Situation financière de la Belgique* (juillet 1847). *Impôts, Recettes et Dépenses, Dette flottante, Dette constituée*; Bruxelles, 1847, in-8°; — *La Question monétaire*; Bruxelles, 1859, in-8°. Il a traduit de l'allemand : *La situation monétaire de la Suisse en septembre* 1859, par O. T.; Bruxelles, 1859, in-8°. E. R.

M. Scheler, *Statistique personnelle des ministères et des corps législatifs constitués en Belgique depuis* 1830; Bruxelles 1857, in 12. — *Le Livre d'or de l'ordre de Léopold et de la Croix de fer*, tom. I, p. 254.

MALOUET (*Pierre-Victor*, baron), homme d'État et publiciste français, né à Riom, en février 1740, mort à Paris, le 7 septembre 1814. Il était encore sur les bancs des oratoriens lorsqu'il donnait carrière à son goût pour la poésie en publiant une *ode* sur la prise de Mahon et une autre sur les victoires que le prince de Condé avait remportées en Allemagne. Deux tragédies et deux comédies qu'il présenta ensuite à la Comédie-Française donnèrent lieu de la part de Lekain à des conseils que le jeune auteur eut la sagesse de suivre. Renonçant à la littérature, comme déjà il avait renoncé à l'enseignement, il partit à dix-huit ans pour Lisbonne avec le titre de chancelier du consulat de France et d'attaché à l'ambassade. Le comte de Merle, ambassadeur de la cour des Tuileries, ayant été promptement rappelé, Malouet le suivit en France et fut presque aussitôt employé dans l'administration de l'armée du maréchal de Broglie. Il paya de sa personne à la bataille de Fillinghausen. A la paix de 1763, il entra dans la marine, et fut d'abord chargé de diriger à Rochefort les embarquements pour Cayenne lorsqu'on y tenta les premiers et infructueux essais de colonisation. Nommé sous-commissaire en 17..7, et envoyé à Saint-Domingue, il y séjourna jusqu'en 1774, et y exerça successivement les fonctions de commissaire et d'ordonnateur. Les notions exactes qu'il recueillit et transmit au gouvernement pendant son administration, notions consignées dans le t. IV de ses *Mémoires*, fixèrent, en 1776, l'attention de M. de Sartines, qui lui confia l'examen des divers projets de colonisation de la Guyane alors présentés aux ministres. Luttant contre leurs auteurs, que soutenait M. de Maurepas, Malouet, élevé au grade de commissaire général de la marine, et en même temps secrétaire du cabinet de Mme Adélaïde, fit prévaloir ses vues personnelles et fut chargé de les mettre à exécution. Arrivé à Cayenne, à la fin d'octobre, il visita tous les ports ainsi que toutes les rivières de la colonie; et dès qu'il fut remis d'une maladie dangereuse causée par cette excursion, il se rendit à Surinam où il obtint sur la colonie hollandaise des informations précises formant la base de projets dont il confia l'exécution à l'ingénieur Guisan (*voy.* ce nom). Malgré l'envie et l'esprit de routine, il avait triomphé de bien des difficultés et réalisé de notables améliorations, lorsqu'un nouveau directeur et quarante employés européens arrivèrent inopinément. Ne comptant plus sur les chefs de la compagnie, Malouet revint en France en 1779; il laissait un plan détaillé et arrêté dans toutes ses parties, des instructions précises, des travaux commencés sur des bases solides et des agents pénétrés de ses vues. Fait prisonnier par un corsaire anglais, il fut conduit à Londres, recouvra promptement sa liberté, et vint à Versailles où il reçut du roi un accueil bienveillant; quoique la guerre d'Amérique appelât plus particulièrement l'attention, il fut décidé qu'on poursuivrait l'exécution de ses plans. En 1780, il fut chargé de négocier avec les Génois un emprunt de six millions. Pendant les huit années suivantes, il administra, comme intendant, le port de Toulon où il imprima une grande activité aux travaux.

Lorsque le tiers état du bailliage de Riom le nomma, en 1789, son député aux états généraux et le chargea de porter à la sénéchaussée d'Auvergne les cahiers dont il avait été le principal rédacteur, il prononça un discours faisant pressentir la ligne politique qu'il suivrait. Partisan de la constitution anglaise, il voulait l'alliance du trône et de la liberté qui lui semblaient inséparables. Ces principes le dirigèrent en effet à l'assemblée nationale où, à l'exception de deux circonstances (la réunion des trois ordres qu'il appuya, et l'aliénation des biens du clergé qu'il soutint, en proposant toutefois un projet réglementant l'usage qu'on ferait de leur produit), il vota constamment avec la droite. Prenant part à toutes les discussions importantes, il se fit entendre toutes les fois que la prérogative royale lui parut menacée, ou que les réformes proposées lui semblèrent détruire l'équilibre qu'il voulait maintenir entre l'autorité constitutionnelle du roi et la représentation nationale. Son dévouement à Louis XVI était bien connu de ce prince avec qui il était en pleine communauté de sentiments et d'opinions. Le 17 septembre 1792, il se réfugia en Angleterre où il s'empressa de publier un écrit en faveur du roi, et le 8 octobre suivant, il écrivit au ministre des affaires étrangères une lettre qui ne fut lue à la Convention que le 20 novembre, lettre où il demandait qu'on lui expédiât des passe-ports pour qu'il lui fût permis de venir défendre Louis XVI. Sur la proposition de Treilhard, cette lettre fut renvoyée au comité des Finances où était ouvert un registre sur lequel on inscrivait tous ceux dont on apprenait l'émigration. Au mois de septembre 1801, il voulut rentrer en France, mais il fut arrêté et reconduit à la frontière. Informé de ce fait, le premier consul, qui voulait se l'attacher, le raya peu de temps après de la liste des émigrés. A peine revenu, il vit rechercher ses conseils, et, en septembre 1803, il fut chargé d'administrer le port d'Anvers où étaient projetés de grands travaux. Il y resta pendant six années en qualité de commissaire général et de préfet maritime. Il concourut ainsi à la fondation de cet arsenal et fut créé baron en récompense des services qu'il rendit, soit en surmontant les obstacles que rencontrait cette création, soit en ac[illegible] la construction de dix-neuf vaisseaux. s[illegible] en coopérant aux mesures qui ob[illegible] Anglais à abandonner, en septembre 1809, [illegible] de Walcheren, qu'ils occupaient depuis six [illegible]maines. Nommé conseiller d'État (février 18[illegible]), il en exerça les fonctions jusqu'au mois d'octobre 1812, époque où l'indépendance de ses opinions, énoncées parfois avec une franchise et une persistance d'opposition rares détermina son exil en Touraine. Le 2 avril 1814, le gouvernement provisoire le chargea du ministère de la marine, et, le 13 mai suivant, le roi confirma sa nomination. Les travaux auxquels il dut se livrer dans ce moment de crise hâtèrent sa mort. Quoiqu'il eût occupé des emplois lucratifs, il ne laissa aucune fortune, et le roi se chargea des frais de ses funérailles.

La culture des lettres était pour Malouet une diversion à ses travaux administratifs. Outre des mémoires restés inédits, un poëme intitulé *Les quatre Parties du jour à la mer*, qu'il composa dans sa traversée de France à Saint-Domingue, et qui a été inséré dans les *Soirées provençales* de Bérenger et divers articles publiés dans les *Archives littéraires de l'Europe* et dans les *Mélanges de philosophie et de littérature* de Suard, on lui doit : *Mémoire sur l'esclavage des nègres*; Paris et Neufchâtel, 1788, in-8°; — *Lettres à ses commettants*; 1789, in-8°; — *Mémoires sur l'administration de la marine et des colonies*; 1789, in-8°; — *Opinion sur les mesures proposées par MM. de Mirabeau et de Lameth, relativement à la sûreté intérieure et extérieure du royaume*; 1789, in-8°; — *Collection de ses opinions à l'assemblée nationale*; P[illegible] 1791-1792, 3 vol. in 8°; le 3e volume c[illegible]

; sur la Révolution ; — Défense de
!, 1792, in-8° ; — Examen de cette
Quel sera pour les colonies de l'A-
: résultat de la révolution fran-
a guerre qui en est la suite, et de
i doit la terminer? Paris, 2e édit.,
'; la première édition avait paru à
- Lettre à un membre du parle-
l'intérêt de l'Europe au salut des
; l'Amérique, 1797, in-8° ; — Col-
mémoires et correspondances offi-
l'administration des colonies et
t sur la Guiane française et hol-
Paris, an X (1802), 5 vol. in-8°, avec
ms. Cette collection, que l'on pour-
le bréviaire de l'administrateur colo-
attachante qu'instructive. Elle
, exposé des fautes commises à la
les mesures au moyen desquelles on
prév · ou les réparer. La rectitude
e » , son caractère intègre et
y araissent à chaque ligne. S'ap-
, autorité des faits et de son expé-
onnelle, il énumère avec clarté et
s principes constitutifs de l'adminis-
colonies considérées dans leur ré-
eur ou dans leurs rapports avec la
— Considérations historiques sur
; l'armée chez les anciens et les
Anvers, 1810, in-8°. Barbier a at-
louet : Voyage et Conspiration de
nus, histoire véritable, extraite
s mémoires authentiques de ces
Paris, 1792, in-8°. Mais il semble
ne note de la Feuille de corres-
lu libraire, année 1792, que Mallet
de cette brochure.

P. LEVOT.

ice sur la vie et les écrits de Malouet, 'te de France du 15 septembre 1814. — An- les et coloniales.

: (*Paul-Jacques*), chimiste fran-
sen, en 1701, mort à Paris, le 3 jan-
Son père, conseiller au présidial de
ui lui destinait sa charge, l'envoya
risprudence à Paris ; mais, entraîné
t irrésistible, le jeune Malouin
ecine et se fit recevoir docteur. Il
nde réputation, devint professeur
u Collége de France, médecin ordi-
eine, membre de la Société royale
de l'Académie des sciences de Paris
rofesseur de chimie au Jardin du
Il avait une grande estime pour
, qu'il déclarait aussi certaine que
tiques. « Tous les grands hommes
médecine, disait-il un jour à un jeune
pa mal de cet art. — Il faut au
er de la liste un certain Molière,
nterlocuteur. — Aussi, repartit Ma-
comme il est mort. » Ses travaux en
u principalement pour objets le zinc, la chaux, (oxyde) d'étain, les amalgames de mercure et d'antimoine, d'étain et de plomb. Aussi économe que désintéressé, il avait quitté Paris après deux ans d'une pratique lucrative, pour aller à Versailles, où il voyait peu de malades, disant « qu'il s'était retiré à la cour. » Attachant un grand prix à la médecine préventive, il s'était imposé un régime sévère, qui lui procura une vieillesse sans infirmité. Il mourut doucement d'une attaque d'apoplexie. Par son testament il fit un legs à la faculté de médecine de Paris sous la condition de tenir tous les ans une assemblée publique pour rendre compte à la nation de ses travaux et de ses découvertes. Malouin eut la réputation d'un chimiste laborieux et savant. Il écrivait avec distinction. Parmentier ayant lu à l'Académie des sciences un nouveau traité de l'art du boulanger dans lequel il contredisait sur plusieurs points son vieux collègue, n'osait le regarder ; mais sa lecture était à peine finie que Malouin vint lui dire : « Recevez mon compliment ; vous avez vu mieux que moi. » On a de Malouin : *In reactionis actionisque æqualitate œconomia animalis* ; Paris, 1730, in-4° ; — *Traité de chimie, contenant la manière de préparer les remèdes qui sont le plus en usage dans la pratique de la médecine* ; Paris, 1734, in-12 ; — *Lettre en réponse à la critique du Traité de chimie* ; Paris, 1735, in-12 ; — *An ad sanitatem musice?* Paris, 1743, in-4° ; — *Pharmacopée chimique, ou chimie médicinale* ; Paris, 1750, 2 vol. in-12 ; 1755, in-12 ; — *Arts du meunier, du boulanger et du vermicellier*, dans la collection des *Arts et métiers* publiée par l'Académie des sciences. Malouin a donné des articles de chimie à la grande *Encyclopédie* de Diderot et D'Alembert. Dans les *Mémoires de l'Académie des sciences*, on trouve de lui, l'*Histoire des maladies épidémiques observées à Paris en même temps que les différentes températures de l'air, depuis 1746 jusqu'en 1754* (ann. 1746-1754), et une *Analyse des eaux savonneuses de Plombières* (1746). L. L—T.

Condorcet, *Éloge de P.-J. Malouin*, dans le recueil de l'Académie des sciences, 1778. — Chaudon et Delandine, *Dict. univ., histor., crit. et bibliogr.* — *Biographie médicale*.

MALPEINES (*Léonard* DE). *Voy.* LÉONARD.

MALPIEDI (*Domenico*), peintre de l'école romaine, né à S.-Ginesio (marche d'Ancône), florissait de 1590 à 1605 ; il travaillait en 1596, dans sa patrie, où, pour l'église collégiale, il peignit les *Martyres de saint Geniès* et de *saint Eleuthère*, tableaux qui font reconnaître en lui un bon imitateur du Barrocci. Diverses autres peintures du même style et du même auteur sont répandues dans les autres églises de la Marche d'Ancône et témoignent de l'activité et de la fécondité de cet artiste. Gualandi a publié deux pièces relatives à des travaux qu'il exécuta pour Osimo ; elles portent les dates de 1601 et 1603. E. B—N.

Colucci, *Antichità Picene*. — Amico Ricci, *Memorie storiche delle arti e degli artisti della Marca d'Ancona*. — Lanzi, *Storia della pittura*. — Gualandi, *Memorie originali di belle arti*. — Ticozzi, *Dizionario*.

MALPIGHI (*Marcello*), célèbre anatomiste italien, né le 10 mars 1628 à Crevalcuore, dans le Bolonais, mort le 29 novembre 1694, à Rome. L'étude des belles-lettres occupa sa première jeunesse; il avait dix-sept ans lorsqu'il commença son cours de philosophie sous la direction de Francesco Natalis, qui lui inspira pour les doctrines d'Aristote le goût qu'il avait lui-même. Ayant perdu, en 1649, son père et sa mère, il hésita longtemps pour savoir quelle carrière il embrasserait; d'après le conseil de Natalis, il se décida pour la médecine et l'étudia à l'université de Bologne. Bartolommeo Massari et Andrea Mariano, que le jeune élève avait choisis de lui-même pour ses professeurs, s'attachèrent principalement à cultiver ses dispositions pour l'anatomie. Tous deux avaient sur la science qu'ils enseignaient des principes fort différents. Massari, cherchant à faire dans l'anatomie des découvertes nouvelles, avait établi chez lui une espèce d'académie composée de neuf de ses disciples, au nombre desquels était Malpighi; il y faisait sur les cadavres ou sur les animaux vivants de nombreuses expériences, et en tirait des preuves contre la circulation du sang qu'il ne voulait point admettre. De son côté Mariano, renonçant aux principes des Arabes qu'on suivait depuis longtemps dans la pratique médicale, s'était formé une méthode conforme à celle d'Hippocrate. Après avoir achevé le cours de ses études, Malpighi prit à Bologne le grade de docteur (26 avril 1653) et se montra, dans sa thèse, grand partisan d'Hippocrate; ce qui le fit passer pour un novateur téméraire et l'exposa à mille railleries de la part des professeurs et des élèves restés fidèles au respect traditionnel de l'Université pour les théories des Arabes. Il ne voulut point se séparer encore de ses professeurs, et s'appliqua avec ardeur à la pratique de son art en les accompagnant dans leurs visites. La réputation naissante de Malpighi lui fit offrir, en 1656, par le sénat de Bologne, une chaire de médecine qu'il avait inutilement demandée jusque-là. Il ne la garda pas longtemps; car, dans la même année, il fut appelé par le grand-duc Ferdinand II à l'université de Pise pour y enseigner la médecine théorique. Dans cette ville il se lia d'une étroite amitié avec le savant Borelli, qu'il reconnut depuis pour son maître, et aux sages conseils duquel il avouait modestement d'être redevable de la plupart des découvertes qu'il fit dans la suite. « Dès qu'il eut entendu ce grand philosophe, dit Éloy, il fut non-seulement choqué des termes barbares de la philosophie scolastique, mais il en sentit tellement le vide qu'il ne s'attacha plus qu'aux expériences, et comprit que c'était sur elles que devaient être bâtis les systèmes philosophiques. » Ils disséquaient ensemble des animaux, et ce fut dans une de ces opérations qu'il découvrit que le cœur [illegible] posé de fibres spirales, découverte do[illegible] porta, dans ses œuvres posthumes, l'h[illegible] Borelli.

La santé de Malpighi ne s'accomm[illegible] de l'air vif de Pise; comme il y était malade, il prit le parti de retourner, en Bologne, où il rentra dans son premi[illegible] Il s'appliqua entièrement à l'anatomie. de ses premières découvertes, dit M. [illegible] fut que la structure des poumons diffè[illegible] coup de la description qu'on en donnait. d'un simple parenchyme ou tissu parti[illegible] crut voir dans ces organes un assemb[illegible] membranes qui forment, par leur réun[illegible] férentes loges semblables aux rayon[illegible] ruche, communiquant entre elles, se [illegible] à une membrane commune, dans l'intér[illegible] quelles s'ouvrent les extrémités des [illegible] et dont la surface est couverte par un [illegible] veines et des artères du poumon. Quoiq[illegible] sières encore, ces observations étaient [illegible] quant au fond; cependant elles furent [illegible] par les anatomistes jusqu'à des temps [illegible] prochés de nous... Malpighi ne se born[illegible] l'anatomie du poumon, il rechercha a[illegible] usages de cet organe, qui sert, suivan[illegible] assimiler certaines parties du sang entr[illegible] à diviser celles qui sont trop réunies. Il [illegible] rait les effets de l'air sur le sang à l'a[illegible] mains d'un boulanger, qui pétrit la [illegible] forme une masse de pâte homogène; ce[illegible] nètre dans les vésicules du poumon, il le[illegible] et les vaisseaux qui rampent sur leur [illegible] extérieure sont agités, d'où s'ensuit un [illegible] plus exact du sang qu'ils contiennent. » [illegible] publia ses recherches sur le poumon [illegible] Quelques médecins s'efforcèrent d'en [illegible] l'honneur à d'autres. Malpighi, qui, d[illegible] cours de ses travaux, se vit plus d[illegible] exposé à cette tactique commune aux [illegible] médiocres et jaloux, y fait allusion [illegible] écrits posthumes, et ajoute qu'on peut c[illegible] les inventeurs des choses aux fondate[illegible] villes : à proprement parler, ce n'est p[illegible] qui a ramassé au hasard quelques m[illegible] habitants qui fonde la cité, c'est plu[illegible] a dicté des lois et imposé une forme [illegible] nement. Il en est de même dans les [illegible] une seule observation ne suffit pas pour [illegible] taliser le nom de celui qui s'y est trou[illegible] duit à l'improviste; mais il faut des [illegible] positives et approfondies sur lesquelles [illegible] établir une série de raisonnements et de[illegible] quences.

En 1662 Malpighi accepta la chaire [illegible] mort de Pierre Castelli laissait vacante [illegible] sine; le revenu, qui était de mille écus, [illegible] sait une place recherchée. Après l'avoir [illegible] quatre ans, il résista à toutes les in[illegible] revint dans sa patrie; deux motifs l'y [illegible] ramené : l'ennui des persécutions que

; partisans des Arabes et du galénisme, ir de reprendre ses expériences anato- Depuis lors chaque année de sa vie fut par quelque découverte. L'ostéogénie, e interne du cerveau, du rein et de la disposition du tissu adipeux, celle des la substance médullaire du cerveau, la poulet dans l'œuf, tels furent les points qui fixèrent son attention. Il re citer ses observations sur la peau, t bien connaître la structure et la divi- tuniques; l'une de ces tuni- même encore son nom, c'est le *réqueux* de Malpighi; le premier, il en a e description soignée. « Mais, dans la e ses recherches, dit l'auteur déjà cité, r de petites glandes, formant en quelque rame des organes, de manière que la qui règne dans ses ouvrages est celle aisseaux, dans les organes sécrétoires, nt tous à une petite vessie ou glande, e laquelle ils rampent pour y répandre qui y est sécrétée, et que de ces glandes de petits vaisseaux excréteurs qui vont liquide au dehors. » Cette théorie, par Boerhaave, régna pendant assez s, quoique Ruysch en eût démontré la Le nom de Malpighi s'était avantageu- épandu à l'étranger; en 1669 il fut la société royale de Londres, avec la- entretint dès lors un commerce de let- cardinal Pignatelli, qui l'avait connu à et qui avait pour lui une affection sin- t devenu pape sous le nom d'Inno- fit aussitôt venir à Rome et le premier médecin (1691). Il était certain âge, sujet à la goutte, aux de cœur et à des douleurs néphré- tout cela détruisit insensiblement ses 'il usait encore par de laborieuses veilles. trois ans après, il fut attaqué d'apoplexie Quirinal, et y succomba le 29 no- 1694, à l'âge de soixante sept ans. La née, il avait été reçu membre de l'a- des Arcades. Son corps fut transporté s l'église de Santo-Gre-

acité de Malpighi dans les recherches ues lui mérita la réputation dont il s'est étendue jusqu'à nous. Dans un personne n'en avait la moindre idée, il avec ardeur à la découverte des par- nus délicates du corps humain et les nsibles à la vue. D'après Éloy, il ma- parties qu'il voulait examiner, il se u microscope, il employait des injec- tes avec l'encre et d'autres liqueurs et réunissait à tout cela l'anatomie com- s animaux; c'est à cette manière cons- procéder que l'on doit ses plus beaux Il ne borna point ses recherches aux les plus parfaits, il les étendit jusqu'aux insectes et aux végétaux, qu'il disséqua avec la même adresse que les parties du corps humain. En effet Malpighi doit être regardé, avec le botaniste anglais Grew, comme le créateur de l'anatomie végétale; il enrichit cette science d'importantes observations; mais son goût pour les analogies l'entraîna à des erreurs qui se propagèrent sous l'autorité de son nom. Il s'est trompé sur les trachées des végétaux. « Comme il s'était occupé de l'anatomie des insectes, dit Cuvier, et qu'il avait vu que les trachées des végétaux étaient, comme celles des animaux, soutenues par un fil en spirale, comme il y avait même trouvé souvent du vide, il crut que ces trachées étaient des organes de respiration. Il s'est aussi trompé relativement aux vaisseaux propres; il les considérait comme des vaisseaux de circulation, il leur supposait des valvules que Grew a montré ne pas exister. Enfin il a comparé à tort l'accroissement des plantes à celui des os. Quant aux sexes des végétaux, il ne les a pas connus. » Sur ce sujet et sur beaucoup d'autres Malpighi eut bien des contradictions à essuyer, et fut cruellement déchiré par ses adversaires, qui regardaient ses travaux comme de vaines spéculations, propres à entretenir la curiosité des oisifs. Parmi eux on cite Michele Lipari, Sbaraglia, Trionfetti, Mini, Montanari, Bonauni, etc. Selon le portrait qu'a laissé de lui Manfredi, Malpighi était d'un naturel sérieux et mélancolique; il était assidu au travail et se donnait sans regret tout le mal nécessaire pour parvenir à la connaissance des choses qu'il se proposait. Quoiqu'il aimât la gloire, il témoignait cependant beaucoup de modestie au milieu des louanges que son mérite lui attirait.

Voici la liste des ouvrages de Malpighi : *De pulmonibus observationes anatomicæ;* Bologne, 1661, in-fol.; Copenhague, 1663, in-8° (avec le traité *De pulmonum Substantia* de Thomas Bartholin); Leyde, 1672, et Francfort, 1678, in-12; et dans la *Bibliotheca* de Manget. Les figures sont grossières, mais assez exactes; — *Exercitatio de omento, pinguedine et adiposis ductibus;* Bologne, 1661, in-12, opuscule qui ne renferme que des faits connus; — *Tetras anatomicarum epistolarum Malpighii et Caroli Fracassati de lingua et cerebro;* Bologne, 1665, in 12; Amsterdam, 1669, in-12. De ces quatre lettres les deux premières sont de Malpighi : l'une est adressée à Fracassati, l'autre à Borelli, celle où il donne une description fort exacte de la langue, que l'on connaissait mal à cette époque; — *Epistola de externo tactus organo;* Naples, 1664, in-12; — *De viscerum, nominative pulmonum, hepatis, cerebri corticis, renum, lienis structura exercitationes anatomicæ; accedit dissert. de polypo cordis;* Bologne, 1666, in-4°; Amsterdam, 1669, 1698, in-12; Londres, 1669, in-12; Iéna, 1677, 1683, 1697, in-12; Montpellier, 1683, in-12; trad. en français par Sauvalle; Paris,

1682, in-12. C'est dans la dissertation sur le polype que l'auteur traite de la nature du sang; il est le premier qui en ait parlé d'une manière satisfaisante; — *Dissertatio epistolica de bombyce;* Londres, 1669, in-4° fig.; trad. en français avec le suivant sous ce titre : *La Structure du ver à soye et la formation du poulet dans l'œuf;* Paris, 1686, in-12; — *Dissert. epistolica de formatione pulli in ovo;* Londres, 1673, in-4°, fig.; — *Anatomes plantarum idea, cui subjungitur appendix de ovo incubato;* Londres, 1675-1679, 3 tom. en 1 vol. in-fol. avec 80 pl.; ibid., 1686, in-fol.; c'est un de ses meilleurs ouvrages; une troisième partie a été publiée en 1697 par Régis, professeur à Montpellier; — *Epistola de glandulis conglobatis;* Londres, 1689, et Leyde, 1690, in-4°; — *Consultationum medicinalium centuria prima;* Padoue, 1713, in-4°, et Venise, 1748, publication posthume faite par les soins de Jérôme Gaspari, médecin de Vérone. La plupart des écrits de Malpighi ont été insérés dans la *Biblioth. anatom.* de Manget, où l'on trouve encore : *De cornuum Vegetatione; De Utero et viviparorum Ovis; Epistolæ quædam circa illam de ovo dissertationem.* Les œuvres de ce savant ont été l'objet de trois éditions : *Opera omnia;* Londres, 1686, 2 vol. in-fol., fig.; Leyde, 1687, 2 vol. in-4°, fig.; — *Opera posthuma;* Londres, 1697, in-fol., fig. et Amsterdam, 1698, 1700, in-4°, publiés par Régis; — *Opera medica et anatomica varia;* Venise, 1743, in-fol., fig., publiés par F. Gravinelli; cette dernière édition est la seule complète. P.

Eust. Manfredi, *Vite degli Arcadi*, I. — Régis, *Vita Malpighii*, en tête des *Opera posthuma*. — Fabroni, *Vita Italorum*, III, 128-193. — Lancisi, *Letter on circumstances of his death*, dans les *Philosoph. Transact.*, 1697. — Nicéron, *Mémoires*, IV. — Eloy, *Dict. de la Medecine*. — Jourdan, dans la *Biog. Medicale*. — Cuvier, *Hist. des sciences naturelles*, I.

MALPIGLI (*Niccolo*), poëte italien, né à Bologne, vivait au quatorzième siècle. On possède peu de détails sur sa vie; il passa pour un des rivaux les plus distingués de Pétrarque; mais ses écrits sont perdus ou restés enfouis au fond des grandes bibliothèques. Il n'a été imprimé de lui qu'un *Canzone* dans l'*Istoria della volgar poesia* de Crescimbeni, t. III, p. 215. C'est à tort qu'on a parfois attribué à Malpigli le *Quadriregio*, poeme qui est dû à Federico Frezzi. G. B.

Tiraboschi, *Storia della Litteratura italiana*, XVII, 9.

MALRACHANUS, grammairien irlandais, qui vécut, selon notre conjecture, au huitième siècle. On ne sait rien de sa vie. De ses œuvres inédites on possède *Ars Malrachani*, traité de grammaire incomplet, que renferme le manuscrit 1188 de Saint-Germain-des-Prés, à la Bibliothèque impériale. Voici les premiers mots de ce traité : « Verbum est pars orationis, cum tempore et persona, sine casu, aut agere aliquid, aut pati, aut neutrum significans. » Après avoir disserté sur le verbe en général, Malrachanus expose, dans un deuxième chapitre, les accidents du verbe, au nombre de sept, qui sont la qualité, la conjugaison, le genre, le nombre, la figure, le temps, la personne. Ensuite viennent des explications particulières, qui forment autant de chapitres, sur chacun de ces accidents. Puisque Malrachanus est Irlandais, il sait le grec. Les rapprochements qu'il fait entre le latin et le grec doivent recommander son traité à tous les érudits. B. H.

Complém. de l'Encyclop. mod., article IRLANDE (*Écoles d'*).

MALSBURG (*Ernest-Frédéric-Georges-Otto*, baron DE), littérateur allemand, né à Hanau, le 23 juin 1786, mort le 20 septembre 1824, au château d'Eschenberg. Élevé par son oncle, ministre de l'électeur de Hesse, il étudia à Marbourg, où il se préparait à la carrière diplomatique. Il fut secrétaire de légation à Munich (1808), à Vienne (1810), d'où il ne revint à Cassel qu'en 1813. En 1817, il fut envoyé comme chargé d'affaires à Dresde, où il passa les plus heureuses années de sa vie dans la familiarité de Tieck, de Loeben et de Kalckreuth. Ses poésies (Cassel, 1817, et Leipzig, 1821) rappellent le genre de Schlegel et de Novalis. On a de lui : une traduction renommée des pièces de Calderon; Leipzig, 1819-1825, 6 vol., et de trois drames de Lope de Vega : *Stern*, *Scepter*, *Blume* (*Étoile*, *Sceptre*, *Fleur*); Dresde, 1824. Ses poésies posthumes et des épisodes tirés de sa vie ont paru à Cassel, 1825. Henri WILMEN.

Convers.-Lexikon.

MALTAIS (LE). *Voy.* CAFFA (*Melchior*).

MALTE-BRUN (*Malte-Conrad* BRUUN, connu sous le nom DE), né à Thisted (province de Jutland en Danemark), le 12 août 1775, mort à Paris, le 14 décembre 1826. Son père, ancien officier, était conseiller de justice et administrateur des domaines; il le destinait à l'état ecclésiastique; mais l'étude de la théologie lui parut aride, et les devoirs de pasteur s'accordaient mal avec sa vive imagination. La nature l'avait doué de beaucoup de facilité pour les langues, et d'une grande aptitude pour les sciences. Ses premiers pas dans la carrière des lettres furent marqués par des succès; l'harmonie de ses vers et la force de ses pensées promettaient un grand poete au Danemark. Ses talents naissants lui acquirent de la considération et le firent admettre parmi les littérateurs les plus distingués de la capitale. L'influence que la révolution française exerçait en Europe se fit aussi sentir en Danemark. Les idées nouvelles exaltèrent l'âme ardente de Malte-Brun, et dès lors il prit la résolution d'abandonner la carrière ecclesiastique pour suivre celle du barreau. L'étude des lois developpa ses talents, et bientôt il se plaça, malgré sa jeunesse, au premier rang parmi les publicistes danois. La feuille qu'il publia sous le titre de *Vækkeren* (le Réveille-

lui attira une condamnation fiscale; puis
u'il rédigea en 1796, et qu'il intitula *Le*
isme des aristocrates, provoqua contre
poursuites qui l'obligèrent à se réfu-
as l'île de Hven appartenant à la Suède.
our qu'il fit dans cette célèbre résidence
-Brahé inspira sa muse : il y composa
oèmes, l'un l'honneur d'un combat
ue les Dan sous les ordres de Bille,
livré aux s; l'autre à l'occa-
la mort nstorff, ministre
la marche des idées, projetait
rmes.
un court séjour sur la terre d'exil,
n obtint l'autorisation de revenir à Co-
. Son premier soin fut de publier ses
p ques. Cette publication eut tout le
qu n pouv en attendre. Mais comme il
ait de r r pour sa patrie les libertés
as le stère de Bernstorff elle parais-
t point d'obtenir, les hommes puis-
ressés à s'opposer à ces réformes signa-
jeune poète comme un esprit brouillon,
révolutionna gereux. Un écrit pé-
très piq qu'il publia de 1797 à
ue *Tria juncta in uno*, mit
fureur de ses adversaires. Pré-
ses amis que le ministère public allait
ses poursuites contre lui et que cette fois
é serait plus sévère qu'elle ne l'avait été
ors, Malte-Brun se hâta de chercher un
Suède. Peu de temps après, des offres
ses lui furent faites à Hambourg par
négociant qui le chargea de l'éducation
nfants. Ce fut dans cette ville qu'il apprit
uvelles qui eurent une grande influence
avenir : celle de la sentence des tribu-
ois qui le condamnèrent à un long exil;
révolution qui donnait à la répu-
française un chef dont on espérait que la
étoufferait les factions sans enchaîner
té. Son enthousiasme pour le héros de
fut un des motifs qui le déterminèrent
r Hambourg et à adopter la France pour

-Brun paya, comme tant d'autres, son
admiration à l'homme extraordinaire qui
s rênes du gouvernement; mais lorsqu'il
faire proclamer consul à vie, il osa, par
icles insérés dans plusieurs journaux,
'ambition du chef et la faiblesse du sénat.
ciste danois n'éprouva plus dès ce mo-
e de la haine pour l'idole qu'il avait en-
Forcé de renoncer à la politique, il se
l'étude d'une science qui devait lui ac-
le la célébrité. Jusqu'alors les traités de
ie français étaient des compilations sans
et sans goût. Malte-Brun comprit tout
qu'un écrivain habile et instruit pou-
r d'une science qui embrasse, pour ainsi
les autres. Il débuta en s'associant
pour publier un traité dans lequel,
mettant à contribution les auteurs étrangers que ses connaissances des langues du Nord lui rendaient familiers, il donna sur les contrées qu'il décrivit des détails inconnus en France. Animant ses descriptions de ce coloris naturel à un poëte de vingt-huit ans, il se plaça bientôt dans cet ouvrage au niveau des auteurs français les plus éloquents. Dès ce moment, sa réputation d'écrivain fut solidement établie : aussi les propriétaires du *Journal des Débats* s'empressèrent-ils, en 1806, de l'associer à leurs travaux en qualité de rédacteur. En 1808, il publia le *Tableau de la Pologne*, ouvrage qui offrait une esquisse rapide de la géographie, de l'histoire, des mœurs et des ressources de son ancien territoire. La même année, il fonda, de concert avec M. Eyriès, les *Annales des voyages, de la géographie et de l'histoire*, et, grâce à cet heureux essai, nous possédons maintenant plusieurs ouvrages périodiques sur la science géographique.

Ce fut vers la même époque qu'il conçut le plan de l'ouvrage qui devait fonder sa réputation scientifique et littéraire. Nous voulons parler du *Précis de la géographie universelle :* le premier volume parut en 1810. En 1815, pendant les Cent-jours, Malte-Brun, jugeant, par les premiers actes de l'empereur, que son séjour à l'île d'Elbe ne l'avait pas rendu plus partisan des libertés publiques, manifesta hautement son éloignement pour le despotisme et l'arbitraire en publiant une *Apologie de Louis XVIII*. Vers la fin de 1821, il acquit un nouveau titre à la reconnaissance des savants en coopérant de tout son pouvoir à l'établissement de la *Société de Géographie*. Cependant l'assiduité d'un travail fatigant et les veilles continuelles épuisaient depuis longtemps ses forces; ses amis voyaient avec douleur l'altération graduelle de sa santé, lorsque, le 14 décembre 1826, une attaque d'apoplexie l'enleva à la science.

Voici la liste des ouvrages de Malte-Brun : *Poetiske Forsœg* (Essais poétiques); Copenhague, 1797, 2 part.; — *La Résistance des Danois le 2 avril* 1801, *poëme;* Paris, 1801; — *Géographie mathématique, physique et politique de toutes les parties du monde* (avec Edme Mentelle et Herbin); Paris, 1803-1807, 16 vol. in-fol., avec atlas in-fol. Environ le tiers de cet ouvrage appartient à Malte-Brun. « Les différentes parties de la science, dit Bory de Saint-Vincent, s'y trouvent indiquées d'une manière claire et précise; celles que nous appelons *astronomiques* et *physiques* y sont supérieurement traitées, relativement à l'époque. On peut même dire que, pour la seconde, Malte-Brun, qui ne passait pourtant pas pour avoir les connaissances d'un naturaliste, sut choisir avec discernement les bases de ses théories en géologie et en histoire naturelle. » — *Projet d'association coloniale de la Nouvelle-Scandinavie*; Paris, 1804; — *Tableau historique et physique de la Pologne ancienne et moderne;* Paris, 1807, in-8°; nouv. édit, entièrement refondue, augmentée et continuée par Léonard Chodzko; Paris, 1830, 2 vol. in-8°, avec 2 cartes; trad. en allemand, Leipzig, 1831, gr. in-8°; — *Voyage à la Cochinchine en 1792 et 1793*; Paris, 1807, 2 vol. in-8°, et atlas, trad. de l'anglais de John Barrow, avec des notes; — *Annales des voyages, de la géographie et de l'histoire;* Paris, 1808-1815, 24 vol. in-8°; ce recueil fut continué en 1819 et ann. suiv. avec la collaboration d'Eyriès sous le titre de *Nouvelles Annales des voyages;* — *Imitation de l'églogue* Sicilides Musæ, *à l'occasion de la naissance du roi de Rome;* Paris, 1811, in-8°; — *Précis de géographie universelle ou Description de toutes les parties du monde, sur un plan nouveau, d'après les grandes divisions naturelles du globe; précédé de l'Histoire de la géographie chez les peuples anciens et modernes, d'une Théorie générale de la géographie mathématique, physique et politique;* Paris, 1810-1829, 8 vol. in-8°, avec cartes; 2° édit, revue et mise dans un nouvel ordre par J.-N. Huot; Paris, 1831 et ann. suiv., 12 vol. in-8° et atlas, et réimprimé depuis. Malte Brun a publié lui-même six volumes. « Ils peuvent être considérés, dit Bory de Saint-Vincent, comme une encyclopédie pour laquelle toutes les relations de voyages, les statistiques locales, les recueils des sociétés savantes, les traités anciens et modernes, et les moindres journaux ont été mis à contribution. Le plan de l'ouvrage est sans doute beaucoup trop vaste pour qu'un seul homme le pût exécuter sans qu'il s'y trouvât des parties faibles; mais nulle part on n'avait encore fait mieux. » MM. Adrien Balbi, Larenaudière et Huot ont extrait de ce grand ouvrage et terminé, d'après le plan et les matériaux de Malte-Brun, un *Traité élémentaire de géographie;* Paris, 1830-1831, 2 vol. in-8°, et atlas; — *Le Spectateur ou Variétés historiques, littéraires, critiques, politiques et morales;* Paris, 1814-1815, 27 cahiers formant trois vol. in-8°; — *Apologie de Louis XVIII;* Paris, 1815; 3° édit., même année, in-8°, brochure extraite du t. III du précédent recueil; — *Les Partis, esquisse morale et politique, ou les Aventures de sir Charles Credulous à Paris pendant l'hiver de 1817-1818*, Paris, 1818, in 8°; — *Tableau politique de l'Europe au commencement de 1821*; Paris, 1821, in-8°, extr. des *Annales des voyages;* — *Traité de la légimité considérée comme la base du droit public de l'Europe chrétienne;* Paris, 1824, in-8°; on y trouve également une lettre adressée à Châteaubriand et un éloge historique de saint Louis; — *Mélanges scientifiques et littéraires de Malte-Brun;* Paris, 1828, 3 vol. in-8°; c'est un choix de ses principaux articles sur la littérature, la géographie et l'histoire, recueillis et mis en ordre par J. Nachet; ils ont été extraits en grande partie des *Annales des voyages*, du *Journal des Débats*, de *La Quotidienne* et du *Spectateur*. Malte Brun a fourni des articles à la *Biographie universelle classique* du général Beauvais, et des notes à la traduction de la *Description historique de Sainte-Hélène*, par T.-H. Brooke (1815). Il a également coopéré à l'édition des *Voyages* de Marco-Polo, qui a été publiée par la Société de Géographie, et, en société avec Depping, il a donné une nouvelle édition de l'*Histoire de Russie* de Léveque; Paris, 1812, 8 vol. in 8°. [J.-N. Huot, dans l'*Encycl. des G. du M.*, avec addit.]

Journal des Debats, 18 déc. 1826. — *Le Globe*, 1826. — Bory de Saint-Vincent, *Notice biogr. sur Malte-Brun*, dans la *Revue encyclop.*, XXXVI, 1827, p 575-588. — Kolod *Conversat.-Lexicon*, XXII. — *Nouv. Biogr. des Contemp.*, XII. — Erslew, *Forfatter-Lexicon*, I, 224-226. — Quérard, *La France Littér.*

MALTE-BRUN (*Victor-Adolphe*), géographe français, fils du précédent, né à Paris, en 1816. Il fit ses études au collége de Versailles, entra en 1837 dans une étude d'avoué et embrassa en 1838 la carrière de l'enseignement. Il professa successivement l'histoire à Pamiers en 1838, à Sainte-Barbe en 1840 et au collége Stanislas en 1846. A partir de 1847, il se voua plus particulièrement aux études géographiques. Membre de la Société de géographie, il en est devenu secrétaire général en 1855. On a de lui : *Les jeunes Voyageurs en France;* Paris, 1840, 1844, 2 vol. in-12; — *Itinéraire historique et archéologique de Philippeville à Constantine*, avec une carte; Paris, 1858, in-8°. On lui doit une nouvelle édition de la *Géographie* de son père; Paris, 1852 1855, 8 vol. in 8°; et *La France illustrée*, histoire, géographie et statistique; Paris, 1855-1857, 3 vol. in 8°. M. Malte-Brun est rédacteur en chef des *Nouvelles Annales des Voyages*. J. V.

Bourquelot et Maury, *La Litt. franç. contemp.* — Vapereau, *Dict. univ. des Contemp.*

MALTHUS (*Thomas-Robert*), célèbre économiste anglais, naquit le 14 février 1766, à Rookery près de Guildford, l'un des plus beaux sites du comté de Surrey, et mourut à Bath, le 29 décembre 1834. Son père, Daniel Malthus, qui avait reçu chez lui David Hume et Jean-Jacques Rousseau, était un zélé disciple des philosophes du dix-huitième siècle : retiré dans ses domaines et jouissant d'une fortune indépendante, il se livrait tout entier à son goût pour l'étude et avait publié, avec succès, divers ouvrages sous le voile de l'anonyme. Le jeune Malthus fut élevé sous les yeux de son père; il compléta son instruction sous Robert Graves, l'auteur du *Don Quichotte spirituel*, à l'académie de Warrington, et dans la maison de Gilbert Wakefield, où il demeura jusqu'en 1784, époque de son admission au collége de Jésus à Cambridge. A vingt deux ans il obtint la licence, entra dans les ordres et vint desservir une cure dans le voisinage de son lieu natal. C'est là qu'il entreprit les travaux qui le rendirent célèbre. Pour

de nouveaux documents, il résolut de
En 1799 il s'embarqua pour Hambourg,
agnie d'Édouard Clarke, de Cripps et
es voyageurs se séparèrent en Suède :
t Cripps poursuivirent leur route au
alis thus et *Otter* parcoururent
la Suède, la Finlande et une partie
e. Pendant la courte paix de 1802,
visita la France et la Suisse, étudiant
'état des populations et réunissant des
pour ses ouvrages. En 1805 il épousa
unée d'Eckersall, et devint professeur
moderne et d'économie politique au
e l'Inde orientale à *Haileybury*, dans le
Hertford; il occupa cette place jusqu'à
arrivée à l'âge de soixante-huit ans. Il
fils et une fille; sa femme lui survé-
ses opinions politiques il appartenait au
ig; sincèrement attaché aux institutions
ays, il était partisan de sages réformes,
osé à toute innovation inconsidérée ou
te.
emier écrit de Malthus fut un pamphlet,
La Crise (The Crisis), dirigé contre l'ad-
tion de Pitt et contre certaines mesures
à la loi sur les pauvres. C'est en 1798
it l'*Essai sur le principe de la popu-*
qui fit la réputation de son auteur, qui
abord l'anonyme. Le titre complet de cet
célèbre est : *An Essay on the Prin-*
Population, as it affects the future
ment of Society, with Remarks on
ulations of M. Godwin, M. Condor-
her writers; Londres, in-8°. Il repa-
itement remanié, sous le titre : *An*
on the Principle of Population, or a
its past and present Effects on hu-
ppiness; with an Enquiry into our
ts respecting the future removal or
ion of the evils which it occasions;
803, in-4°. L'auteur, qui cette fois s'était
altre, en donna, en 1817, une 4e édition,
ment augmentée; la 6e et dernière
1826, avec de faibles changements. Cet
traduit dans presque toutes les langues
ope, l'a été en français, par MM Pré-
et fils; Paris, 1836, traduction repro-
ms la collection des principaux écono-
par Guillaumin.
une analyse succincte de l'*Essai sur le*
de la population, qui a soulevé de
controverses Dès le début du 1er livre,
pose ces deux questions : 1° Quelles
causes qui ont jusqu'ici arrêté les pro-
l'humanité ou l'accroissement de son
? 2° Y a-t-il possibilité d'écarter, en tout
rtie, les causes qui entravent nos pro-
'attention de l'auteur s'était principale-
e sur l'accroissement du nombre des
de notre espèce comparé à celui de
ité des vivres propres à les nourrir : il
premier bien plus rapide que le dernier; c'est ce qu'il voulait exprimer mathématiquement, en représentant la multiplication des individus par une progression géométrique et l'augmentation des subsistances par une progression arithmétique. Mais ces deux grands phénomènes, comme en général tout ce qui touche aux problèmes de la vie, échapperont probablement toujours à toute appréciation mathématiquement exacte.

C'est sur l'histoire et la statistique des différents peuples, sauvages ou civilisés du globe, que Malthus essaye d'appuyer sa thèse, après avoir établi que, si la population n'est arrêtée par aucun obstacle, elle va doublant tous les vingt-cinq ans. Il divise en deux classes les obstacles qui peuvent arrêter l'accroissement de la population : 1° les obstacles préventifs (*preventive check*), ou volontaires, propres au libre arbitre de l'espèce humaine; telle serait l'abstinence du mariage ou ce que Malthus appelle la contrainte morale (*moral restraint*); 2° les *obstacles destructifs*, qui paraissent être une suite inévitable des lois de la nature et qu'il désigne aussi par le mot de *misery*, inexactement traduit par *malheur*. Comment agissent et ont agi ces obstacles réunis dans le développement de la société humaine? Voilà ce que l'auteur examine dans les deux premiers livres qui forment, pour l'historien, la partie la plus intéressante de l'ouvrage. Débutant par les peuples placés au plus bas degré de l'échelle sociale, par les sauvages, il trouve que la famine, les épidémies, surtout la petite vérole, l'abus de l'eau-de-vie chez quelques-uns, les guerres d'extermination chez tous, apportent des obstacles permanents à l'accroissement de leur population. C'est ce qui se voit chez les indigènes de l'Australie, de l'Amérique, de l'Afrique et de l'Asie.

L'étude des divers États de l'Europe moderne (Norvég., Suède, Russie, Suisse, France, Angleterre) porte l'auteur à conclure que là les obstacles préventifs ont moins de force que les obstacles destructifs pour arrêter les progrès de la population. « Le bonheur y est, dit-il, en raison de la quantité d'aliments que peut acheter l'ouvrier pour une journée de travail. Les pays à blé sont plus populeux que les pays de pâturages; les pays à riz plus populeux que les pays à blé. Mais le bonheur de ces diverses contrées ne dépend pas du nombre de leurs habitants, ni de leurs richesses, ni de leur ancienneté; il dépend du rapport de la population à la quantité des aliments... La guerre, principale cause de la dépopulation chez les sauvages, est aujourd'hui moins destructive, même en y comprenant les malheureuses guerres révolutionnaires. Depuis que la propriété est devenue plus générale, depuis que les villes sont mieux bâties et les rues mieux percées, depuis qu'une économie politique mieux entendue permet une distribution plus équitable des produits de la terre, les pestes, les famines sont plus rares et moins funestes (1). » Le 3e livre contient l'examen des différents systèmes qui ont été proposés pour combattre les maux causés par un trop grand développement de la population. On y trouve, entre autres, une critique vive et piquante des systèmes de Wallace, de Condorcet et d'Owen. C'est dans le 4e et dernier livre que l'auteur expose son propre système qui se résume dans la *contrainte morale*.

Laisons le ici s'expliquer lui-même. « L'accroissement de la population étant limité par les moyens de subsistance, il importe pour le bonheur du genre humain de ne pas croître d'une manière trop rapide. Le devoir de tout individu est donc de ne songer au mariage que lorsqu'il a de quoi suffire aux besoins de sa progéniture, et cependant, il faut que le désir du mariage conserve toute sa force et qu'il porte le célibataire à acquérir par son travail le degré d'aisance qui lui manque. Ainsi, c'est à diriger et à régler le principe de population que nous devons nous appliquer et non à l'affaiblir ou à l'altérer (2). » Pour compléter sa pensée, l'auteur ajoute : « Par une simple maxime de prudence, un homme qui gagne de quoi nourrir seulement deux enfants ne consentirait jamais à se mettre dans une situation où il pourrait être forcé d'en nourrir quatre ou cinq, quelles que fussent à cet égard les suggestions d'une passion aveugle. Cette prudente retenue, si elle était généralement adoptee, en diminuant l'offre des bras ou du travail, ne manquerait pas d'en élever le prix. Le temps passé en privations serait employé à des épargnes; on contracterait des habitudes de sobriété, de travail, d'économie, et en peu d'années l'homme industrieux se trouverait en état d'embrasser l'état du mariage sans en redouter les suites (3). » Malthus voudrait que ce moment fût retardé le plus longtemps possible : « Si la coutume, dit-il, de se marier tard pouvait prévaloir, il pourrait se former entre les deux sexes des relations d'amitié plus intimes : un ami et une amie, quoique jeunes, pourraient s'entretenir familièrement dans le sein de la confiance, sans qu'on en conclût aussitôt des vues matrimoniales ou quelque intrigue. De part et d'autre on étudierait mieux ses penchants, et on aurait plus d'occasions de former des attachements durables, sans lesquels le mariage a moins de douceur que d'amertume. » Enfin, revenant sur son thème favori, savoir que le seul moyen de hausser le prix du travail est de diminuer le nombre des ouvriers, et après avoir proclamé le danger des aumônes, des secours publics et privés, permanents ou temporaires, qu'il taxait de faveurs meurtrières, propres à encourager la paresse et à multiplier le nombre des infortunés, il arrive à formuler sa doctrine en ces termes :

(1) Liv. II. ch 13.
(2) Liv. IV. chap. 1.
(3) Ibid., chap. 2.

« Quand on s'est aperçu que le gaz oxygène pur ne guérissait pas la phthisie, comme on l'avait cru d'abord, mais qu'il aggravait, au contraire, les symptômes de cette maladie, on a essayé un air qui jouit des propriétés tout opposées. Je propose d'appliquer à la guérison de l'indigence la même marche philosophique, et puisque nous avons reconnu qu'en augmentant le nombre des ouvriers, nous n'avons fait qu'aggraver les symptômes de cette funeste maladie, *je souhaiterais qu'on essayât maintenant d'en diminuer le nombre* (1). »

L'apparition de l'ouvrage de Malthus produisit dans toute l'Europe une vive sensation, qui s'explique par l'état des esprits d'alors. Ce fut vers le milieu du dix-huitième siècle que l'on commença seulement à comprendre qu'il existe une physiologie du corps social, comme il y a une physiologie du corps humain, et qu'il existe des lois suivant lesquelles les nations prospèrent ou dépérissent comme les individus. Le ministre Turgot fit entrer la science économique dans les gouvernements, et Adam Smith en établit les vraies bases par une juste appréciation de la puissance de la division du travail; par une définition nette de la valeur échangeable, il enseigna le premier comment les richesses se produisent et comment elles se consomment. Mais il restait un grand problème à résoudre : pourquoi les richesses sont elles si inégalement réparties dans le corps social ? Pourquoi y a-t-il tant de malheureux ? Ce problème redoutable fut en 1789 soulevé par le peuple français, et jeté comme un défi à la face de tous les gouvernements de l'Europe. La révolution française versa des torrents de sang sans en trouver la solution. A l'ancien système de concentration on avait substitué le morcellement parcellaire des propriétés; le pouvoir avait été remis aux masses les plus pauvres, qui ne s'étaient refusé ni les emprunts forcés, ni la banqueroute, ni la suppression des impôts indirects; il y avait toujours des hommes déguenillés, des vieillards sans pain, des enfants trouvés, des prostituées. Ce fut au milieu de la stupeur et du désappointement général qui suivirent les hardiesses de 1793 que parurent le livre de Godwin, sur la *justice politique*, et celui de Malthus : le premier attribua le mal social aux vices des gouvernements, et le dernier aux vices inhérents à la nature humaine.

Malthus eut autant d'adversaires que de partisans, tous également passionnés. Les premiers lui reprochaient surtout la dureté et l'immoralité de sa doctrine. L'auteur fut sans doute sensible a ce reproche, puisqu'il supprima, dans les dernières éditions de son livre, cette terrible phrase que voici : « Un homme qui naît dans un monde déja occupé, si sa famille ne peut plus le nourrir, ou si sa société n'a pas besoin de son travail, cet homme n'a pas le moindre droit à

(1) Ibid., chap. 3.

réclamer une portion quelconque de nourriture, et il est réellement de trop sur la terre. Au grand banquet de la nature, il n'y a pas de couvert mis pour lui. La nature lui commande de s'en aller, et elle ne tarde pas elle-même à mettre cet ordre à exécution. » Parmi les partisans outrés de Malthus, nous citerons le traducteur allemand du livre de Malthus, le conseiller Weinhold, qui, renchérissant sur son maître, proposait la castration comme remède à l'excès de la population. Quant au pseudonyme de *Marcus*, qui conseillait d'asphyxier les nouveau-nés à l'aide du gaz acide carbonique, il n'a probablement voulu que se moquer du celèbre économiste anglais.

Malthus est un exemple mémorable de ces hommes qui, ne voyant jamais qu'un côté d'une question évidemment multiple, arrivent à des conclusions excessives, exagérées. Cela arrive surtout en théologie; et Malthus, ne l'oublions pas, était théologien et curé, avant d'être économiste. D'abord, s'il avait sérieusement consulté l'histoire, elle lui aurait appris que l'équilibre, entre les populations inégalement réparties sur le globe, se rétablit de soi-même avec le temps qu'il ne faut point mesurer par l'âge des individus. Sans doute ce travail d'équilibre, toujours instable, condition de tout mouvement, ne s'effectue presque jamais sans de terribles agitations. Mais ces agitations mêmes sont à la vie de l'humanité ce que la purification de l'air par les tempêtes est pour tout être qui respire : partout la stagnation, l'immobilité, c'est la mort. Puis, la pauvreté, que Malthus paraît redouter comme un fleau, n'a-t-elle pas le stimulant du génie? Toutes les grandes decouvertes, toutes les grandes inventions qui ont procuré le bien-être au genre humain, si elles ne sont pas dues au hasard, ont été enfantées par la dure loi de la nécessité. Enfin, les hommes sont loin de connaître toutes les forces de la nature, leviers des arts et de l'industrie : ils ne se sont pas même encore mis complétement en possession de la planète qui leur a été assignée pour domicile dans l'infini. A ce dernier point de vue, les préoccupations de l'économiste anglais étaient au moins prématurées.

Voici comment le système de Malthus a été jugé par un de nos plus grands économistes. « Dans une étude où, dit M. Rossi, il aurait fallu tenir un compte si exact de toutes les circonstances, et ne marcher, pour ainsi dire, que de distinction en distinction, on est nécessairement arrivé, de part et d'autre (partisans et détracteurs de Malthus), à des généralités qui ne sont que des abstractions aussi déraisonnables qu'inhumaines.... Toute la question est de savoir si, l'instinct de reproduction étant, dans notre espèce, abandonné à lui-même, il arrive pour les États un *trop-plein*, comme pour les familles. Si le fait est réel, on pourra critiquer certaines applications, quelques conséquences extrêmes de la théorie de Malthus, mais on ne saurait révoquer en doute la théorie elle-même; car, au fond, cette théorie se réduit à ceci : l'instinct aveugle de la reproduction pouvant amener des résultats exorbitants et hors de proportion avec les moyens de subsistance, l'homme doit placer cet instinct, comme tous les autres penchants, sous l'empire de sa raison. Or, nous avouerons volontiers que nul ne connaît au juste les limites des forces naturelles qui servent à la production ou qui aident à la distribution des richesses. Un économiste contemporain d'Aristote ou de Cicéron n'aurait pu compter sur la pomme de terre pour la nourriture des hommes, ni, pour leur déplacement et leurs émigrations, sur les moyens de transport qui sont aujourd'hui à notre portée. Il ne se douterait pas qu'un monde nouveau offrirait un jour des terres fertiles à des millions d'Européens, et que les Gaulois mangeraient du sucre des Antilles et du riz de la Caroline. Une cinquième partie du monde est venue plus tard s'ajouter à l'Amérique, et peut-être nos neveux pourront-ils se transporter dans la Nouvelle-Zélande aussi facilement que nous pouvons aujourd'hui aller du Havre à la Nouvelle-Orléans. Qui peut affirmer que de nouvelles substances alimentaires ne seront pas découvertes, qu'on ne trouvera pas le moyen de retirer de la même étendue de terrain des produits pouvant suffire à la nourriture d'une population double ou triple de celle qu'on peut alimenter avec les produits actuels? De même on peut concéder que la production de la richesse deviendra plus active, et que la distribution en sera plus facile et plus équitable, à mesure que, par l'effet naturel d'une civilisation toujours croissante, tomberont les obstacles que leur opposent aussi des lois imparfaites et de coutumes pernicieuses. Qui voudrait, en présence des progrès déjà accomplis, désespérer des progrès qui restent encore à faire?... Nous devons donc convenir, si l'on considère l'espèce humaine comme une seule et même famille, comme une famille patriarcale que rien ne trouble et ne divise, et notre globe tout entier comme un seul et même domaine sur lequel cette grande famille peut s'établir à son aise et se distribuer également sans rencontrer d'obstacles, qu'il n'y a aucune raison de s'alarmer de l'accroissement de la population; car le domaine est vaste et ses forces productives sont loin d'être épuisées. La famille peut donc s'augmenter et s'étendre : l'espace ne lui manque pas.... Ajournons donc à quelques milliers d'années ces tristes débats sur l'accroissement de la population. Si l'on ralentit par des alarmes prématurées le développement de notre espèce, qui voudra pénétrer dans ces déserts qui n'ont encore entendu que les hurlements de la bête fauve ou les cris du sauvage? L'espèce humaine ne se propage que sous l'empire du besoin; ceux qui se trouvent bien dans un lieu ne vont pas chercher fortune ailleurs. »

Voilà, selon M. Rossi, ce que les adversaires de Malthus ont pu dire de plus sensé. Mais il leur reproche d'avoir basé leur système sur deux abstractions : 1° sur ce que la terre est considérée comme un seul et grand domaine, également ouvert à tous les hommes; 2° sur ce que l'espèce humaine ne forme qu'une seule et grande famille. Puis, prenant les choses telles qu'elles sont, et non pas telles qu'elles devraient être, M. Rossi reprend : « Cela sera, dit-on, nécessairement vrai un jour. Soit; mais quand? Dans dix siècles, dans vingt, dans cinquante? Singulière consolation qu'une prophétie pour des hommes qui ont faim, pour des enfants qui demandent du pain aujourd'hui. La terre est aujourd'hui divisée en lots nombreux qui opposent chacun mille obstacles divers à ceux qui veulent les occuper et s'y établir : là des obstacles naturels, là un climat meurtrier et un sol rebelle; là encore le manque complet de moyens de communication et de transport; ailleurs, des obstacles venant des institutions humaines, des peuplades hostiles et féroces, des gouvernements barbares et perfides, des lois prohibitives de toute nature, des langues inconnues, des religions fanatiques, des antipathies de race et de couleur. » Enfin, après avoir signalé le courage qu'il y a à défendre les principes de la saine science et de la vraie philanthropie, sous le feu incessant d'attaques ardentes et opiniâtres, « ardentes comme l'égoïsme et opiniâtres comme l'ignorance, » il arrive à conclure que les enseignements de Malthus ne s'adressent qu'à la raison et au libre arbitre de chacun. « Si, dit-il, les *obstacles répressifs*, c'est-à-dire les maladies et la mort engendrées par la misère sont un supplice pour l'humanité et une honte pour la raison humaine, écartez-les par le seul moyen qui soit en votre pouvoir : ne fondez pas légèrement de nouvelles familles; imitez ce patriote qui ne voulait pas, en se mariant, donner des gages à la tyrannie : n'en donnez pas à la misère. Nul ne vous dit de ne pas vous marier; mais attendez de pouvoir le faire en homme raisonnable. Nul ne vous dénie les joies de la paternité; mais faites en sorte que, par l'impatience d'en jouir, vous ne les transformiez pas en d'horribles angoisses. Bref, aux obstacles répressifs substituez ce que Malthus appelle les *obstacles préventifs*, c'est-à-dire un travail incessant, l'esprit d'ordre et d'économie, une prudence inébranlable, une haute moralité (1). »

Dans ces débats, dont nous venons d'esquisser le tableau, l'attention ne semble avoir été frappée que d'une seule chose : de la disproportion marquée entre l'accroissement de la population et celui des subsistances. Mais on n'a pas même songé à se demander si la quantité des subsistances consommées répond toujours exactement au but naturel de cette consommation; en un mot, est-il bien sûr que la majorité des individus, à quelque classe qu'ils appartiennent, ne consomme pas plus que ne l'exige l'intérêt de la santé, le plus précieux bien de la vie? Cette question, qui vaut bien la peine d'être posée, nous nous bornons ici à la signaler, en rappelant que l'économie politique, cette *météorologie du milieu social*, est la science universelle par excellence; car elle touche à toutes les connaissances humaines; elle embrasse tout ce qui peut intéresser l'homme.

Outre l'Essai sur le Principe de la Population, on a de Malthus : *An Investigation on the cause of the present high price of provisions*; Londres, 1800, in-8°; — *A Letter to Samuel Whitbread, on his proposed bill for the amendment of the Poor Law*; ibid., 1807, in-8°; — *A Letter to lord Grenville, occasioned by some observations of his lordship on the East India company's Establishment for the education of their civil servants*; ibid., 1813, in-8°; — *Observations on the effects of the Corn-Laws*, etc.; 1814, in-8°; — *The grounds of an opinion on the policy of restricting the importation of foreign corn*, 1815, in-8°; — *An Inquiry into the nature and progress of rent*, 1815; — *Principles of Political Economy, considered with a view of their practical application*, 1820, in-8°; traduit en français (t. VIII de la collection des économistes de M. Guillaumin); — *The measure of value stated and illustrated*, etc., 1823; — *Definitions on Political Economy*, 1827, in-8°.

F. Hoefer.

Otter, *Memoir of Malthus*. — *English Cyclopædia* (Biography). — Joseph Garnier et Rossi, *Preface et Introduction à l'Essai sur le Principe de la population* (t. VII de la collection de M. Guillaumin). — Blanqui, *Histoire de l'Économie politique*, t. II.

MALTIZ (*Gotthilf-Auguste*, baron de), littérateur allemand, né à Königsberg, le 9 juillet 1794, mort à Dresde, le 7 juillet 1837. Il occupa dans l'administration forestière un emploi qu'il perdit bientôt pour avoir composé une satire contre deux de ses supérieurs. Il alla s'établir à Berlin, où il fit jouer une pièce intitulée *Le vieil Étudiant*, remplie d'allusions relatives aux souffrances des Polonais; beaucoup de passages en avaient été biffés par la censure; mais Maltiz persuada aux acteurs de les rétablir à la représentation, ce qui lui valut l'ordre de quitter immédiatement la ville. Après avoir passé deux ans à Hambourg, il vint en 1830 à Paris, attiré par la révolution de Juillet. L'année suivante, il vint se fixer à Dresde. Ses principaux ouvrages sont : *Ränzel und Wanderstab* (Sac et Bâton de voyageur); Berlin, 1821-1823, 2 vol.; — *Gelasius ein Spiegelbild unserer Zeit* (Gélase, miroir de notre temps); Leipzig, 1826; — *Pfefferkörner* (Grains de poivre); Hambourg, 1831-1834, 4 parties; satires politiques; — *Balladen und Romanzen*; Paris,

(1) M. Rossi, Introduction à l'*Essai de Malthus* (collection des économistes de M. Guillaumin).

— *Jahresfrüchte der ernsten und hei Muse* (Produits de la Muse sérieuse et); Liepsing, 1834-1835, 2 vol.; — *Späs- für Forstmänner und Jäger* (Facéties es forestiers et les chasseurs); Berlin, 4e édition; — plusieurs pièces de théâtre. O.

Nekrolog der Deutschen, t. XIV.

.TIZ (*Apollonius*, baron DE), diplomate rateur russe, né en 1795. Fils de Pierre- c Maltiz, qui fut ambassadeur de la cour sie à Lisbonne et Carlsruhe, il entra diplomatie et devint chargé d'affaires à r. On a de lui : *Gedichte* (Poésies); , 1838, 2 vol.; — *Dramatische Ein-* Fantaisies dramatiques); Munich, 1838- vol.; — *Drei Fähnlein; Sinngedichte* ammes); Berlin, 1844. O.

Lex.

.TON (*Thomas*), dessinateur anglais, né 5, mort le 18 février 1801, à Dublin. Ar- ible dans le dessin et la gravure et versé connaissance des mathématiques, il ac- aucoup de réputation par les cours pu- 'il ouvrit sur la perspective et la géo- appliquee aux arts. On a de lui : *A royal geometry or Introduction to the ma- ics*; Londres, 1775, in-8°; — *Complete on perspective in theory and prac-* ondres, 1776-1783, 2 vol. in-fol. fig.; rage, divisé en quatre livres et dont les augmentent beaucoup le mérite, est ir les principes établis par Brooke Tay- *Picturesque tour through the ci- London and Westminster*; Londres, part. in-fol., fig.; — *Picturesque and ive view of Dublin*; 1794, in-fol., K.

ulograph. Dictionary.

TRET (*Claude*), helléniste français, né , à Annecy, en Savoie, mort en 1674, à e. Il entra en 1637 dans l'ordre des Jé- t enseigna successivement les belles- t l'Ecriture Sainte. Vers la fin de sa vie, supérieur du noviciat de Toulouse. On : *Procopii Cæsariensis Historiarum poris lib. IX et de Edificiis Justiniani*; Paris, imprimerie du Roi, 1662-1663, en 2 vol. in-fol.; la version latine, qu'il n de notes et d'éclaircissements, est cc. K.

, Script. Soc. Jesu.

S (*Étienne-Louis*), célèbre physicien , naquit à Paris, le 23 juillet 1775, de n Mitry, trésorier de France et de Char- bores, et mourut le 23 février 1812. e bonnes études classiques et mon- ord un goût prononcé pour les lettres. écolier, il composa un poëme épique, la *Fondation de la France* ou la *Thé-* et deux tragédies, l'une sur *la prise e et la mort de Caton*, l'autre, sous le *'lectre*, retraçait les horribles péripéties des Atrides (1). Le culte des lettres ne l'éloignait pas cependant des mathématiques; car il subit, en 1793, l'examen pour l'école du génie de Mézières, et fut, dans la même année, classé comme sous-lieutenant. Mais cette école ayant été bientôt supprimée à la suite d'une émeute des élèves, il ne put point profiter de son brevet d'admission. Malus s'engagea comme volontaire dans le 15e bataillon de Paris et vint à Dunkerque prendre part, comme simple terrassier, aux fortifications de campagne dont on entourait cette place. Le directeur de ces travaux, l'ingénieur Lepère, fut frappé de l'intelligence du jeune terrassier et l'envoya à l'École polytechnique, récemment fondée. Après être sorti de cette école, où il avait gagné l'amitié de Monge, il fut reçu à Metz élève sous-lieutenant du génie, le 20 février 1796. Le 19 juin suivant, il passa capitaine et prit, en 1797, une part active aux combats de l'armée de Sambre-et-Meuse. Pendant qu'il était en garnison à Giessen il fit connaissance avec la fille du chancelier de cette université, Mlle Koch, que les événements de la guerre l'empêchèrent alors d'épouser. Au commencement de 1798, le capitaine Malus dut se rendre à Toulon, où il s'embarqua pour servir sous Caffarelli dans l'armée expéditionnaire d'Égypte. Il se signala à la prise de Malte, au combat de Chabreys et à la bataille des Pyramides, et fut l'un des premiers membres de l'Institut d'Égypte, créé par le général Bonaparte. Malus consigna dans un journal tous les événements qui l'intéressaient durant son séjour en Égypte (2). Dans la campagne de Syrie, il fut attaché à la division du général Kleber et se distingua au siége d'El-Harisch, et à la prise de Jaffa, dont il peignit les horreurs en termes éloquents. C'est là qu'il fut atteint de la peste. « J'avais perdu, dit-il, successivement mes amis, mes connaissances, mes domestiques; il ne me restait plus que mon domestique français qui, dans le cours de ma maladie, m'avait toujours soigné avec zèle. Le 24 germinal, il mourut près de moi. Je demeurai seul, sans force, sans secours, sans amis; j'étais tellement épuisé par la dyssenterie et les suppurations continuelles que ma tête était extraordinairement affaiblie; la fièvre, qui redoublait la nuit, me donnait souvent le transport et m'agitait cruellement. Deux sapeurs entreprirent de me soigner, et périrent l'un après l'autre. Enfin, le 2 floréal, je fus embarqué sur *L'Étoile*, qui partait pour l'Égypte et dont le capitaine avait la peste; il mourut le jour de notre arrivée à Damiette. L'air de la mer fit sur moi un effet subit : il me semblait que je sortais d'une suffocation; dès le premier jour, je sentis presque le désir de manger. Les vents contraires nous tinrent plusieurs jours en

(1) Ces morceaux, restés complétement inédits, furent trouvés par Fr. Arago dans les papiers de Malus.

(2) Ce journal fut trouvé par Fr. Arago, longtemps après la mort de Malus, dans des papiers de famille.

pleine mer ; ce retard produisit sur ma santé une amélioration très-marquée : les forces renaissaient ; la croûte de mon bubon tomba, l'appétit revint. » Malus parvint à se rétablir, malgré l'encombrement des malades et des morts à Damiette. Pendant sa convalescence à Cathieh, il composa un mémoire sur la lumière. Le 21 octobre 1799, il reçut de Kleber le brevet de chef de bataillon, et paya de sa personne à la bataille d'Héliopolis. Après la reddition complète du Caire, Malus était établi à Gizèle, lorsque Kleber tomba sous le fer d'un fanatique. Il inscrivit cet événement sur son journal en ces termes : « Kleber fut assassiné le 25 prairial ; quelques jours après, le général Menou, en attaquant l'honneur du général Kleber mort, l'a assassiné une seconde fois. »

Un armistice ayant été conclu entre le général Menou et les généraux ennemis, Malus quitta l'Égypte et vint débarquer à Marseille, le 14 octobre 1801. Après avoir visité ses parents à Paris, il partit pour Giessen, où il épousa sa fiancée. En 1804, il fut chargé par Napoléon de rédiger un projet d'agrandissement du port et de l'enceinte d'Anvers. Ce travail, accompagné de onze feuilles de dessins, est conservé au dépôt des fortifications. Dans les années suivantes, Malus fut employé à l'armée du Nord et présida la reconstruction du fort de Kehl. Le 13 août 1810, il entra à l'Académie des sciences, reçut, le 5 décembre de la même année, le grade de major, et devint examinateur des élèves de l'École polytechnique. Il remplissait par intérim, en 1811, les fonctions de directeur des études de cette école, lorsqu'il fut, à l'âge de trente-sept ans, enlevé à la science par une phthisie pulmonaire qui avait fait, en peu de temps, des progrès très-rapides.

La science doit à Malus la découverte de la *polarisation* de la lumière par réflexion. Un rayon de lumière, qui tombe (rayon incident) sur un prisme rhomboïdal de spath d'Islande, apparaît double après avoir traversé ce cristal : au lieu d'un seul rayon réfracté, il en sort deux ; l'un est situé dans le même plan que le rayon incident, et leurs angles sont dans un rapport constant : c'est le rayon réfracté, dit *ordinaire ;* l'autre n'est pas situé dans le même plan, de même que son angle de réfraction n'est pas dans un rapport constant avec l'angle d'incidence : c'est le rayon réfracté, dit *extraordinaire*. Ce phénomène de double réfraction, offert par les cristaux de carbonate calcaire rhomboïdal, était depuis près de deux siècles connu des physiciens. Huygens avait même indiqué une construction géométrique très-simple pour trouver, sous toutes les incidences, la position du rayon extraordinaire, relativement au rayon ordinaire, c'est-à-dire l'indice de la double réfraction. Plus d'un siècle après, pour vérifier cette donnée du célèbre physicien hollandais, Wollaston proposa une méthode ingénieuse propre à déterminer l'indice de réfraction par l'observation de la réflexion totale. Huygens avait aussi découvert qu'un quelconque de ces rayons soumis à l'action d'un second cristal d'Islande ne ressemble plus, après l'avoir traversé, à de la lumière directe ; car, dans certaines positions de la section principale de ce second cristal, elle n'éprouve plus la double réfraction. On crut pendant longtemps que cette curieuse propriété de la lumière n'était fournie que par le spath d'Islande. C'est à Malus que l'on doit la généralisation du phénomène ; ce grand physicien trouva que toute lumière réfléchie sur un corps diaphane et sous un angle d'environ 35° se modifie d'une manière analogue. Voici en quels termes son ami et collaborateur nous a fait connaître le hasard auquel cette découverte est due. « Malus, qui habitait une maison de la rue d'Enfer, se prit un jour, dit Fr. Arago, à examiner avec un cristal doué de la double réfraction les rayons du soleil réfléchis par les carreaux de vitre des fenêtres du Luxembourg. Au lieu de deux images intenses, qu'il s'attendait à voir, il n'en aperçut qu'une seule, l'image ordinaire ou l'image extraordinaire, suivant la position qu'occupait le cristal devant son œil. Ce phénomène étrange frappa beaucoup notre ami ; il tenta de l'expliquer, à l'aide de modifications particulières que la lumière solaire aurait pu recevoir en traversant l'atmosphère. Mais la nuit étant venue, il fit tomber la lumière d'une bougie sur la surface de l'eau sous l'angle de 35°, et il constata, au moyen d'un cristal bi-réfringent, que la lumière réfléchie était polarisée, comme si elle provenait d'un cristal d'Islande. Une expérience faite avec un miroir de verre lui donna le même résultat. Dès ce moment il fut prouvé que la double réfraction n'était pas le seul moyen de polariser la lumière ou de lui faire perdre la propriété de se partager en deux faisceaux en traversant le cristal d'Islande. La réflexion sur les corps transparents, phénomène de tous les instants, aussi ancien que le monde, avait la même propriété, sans qu'aucun homme l'eût jamais soupçonné. Malus ne s'arrêtait pas là : il fit tomber simultanément un rayon ordinaire et un rayon extraordinaire, provenant d'un cristal bi-réfringent, sur la surface de l'eau, et remarqua que si l'inclinaison était de 35 à 36°, ces deux rayons se comportaient très-diversement. Quand le rayon ordinaire éprouvait une réflexion partielle, le rayon extraordinaire ne se réfléchissait pas du tout, c'est-à-dire traversait le liquide en totalité. Si la position du cristal était telle, relativement au plan dans lequel la réflexion s'opérait, que le rayon extraordinaire se réfléchît partiellement, c'était le rayon ordinaire qui passait en totalité. Les phénomènes de réflexion devinrent ainsi un moyen de distinguer les uns des autres les rayons polarisés en divers sens. Dans cette nuit, qui succéda à l'observation fortuite de la lumière solaire réfléchie par les fenêtres du

Luxembourg, Malus créa l'une des branches les plus importantes de l'optique (1). »

Quand on dit d'un aimant qu'il a des *pôles*, on entend seulement par là que certains points du contour de l'aimant sont doués de propriétés particulières que n'ont pas les autres points du contour. C'est donc par analogie qu'on dit des rayons ordinaires et extraordinaires provenant du dédoublement de la lumière naturelle dans le cristal d'Islande, qu'ils ont des pôles, qu'ils sont *polarisés*. Seulement, pour ne pas étendre cette analogie au delà de ses bornes légitimes, il faut se rappeler que sur chaque élément de ce rayon, les côtés ou pôles (les pôles sud et nord, par exemple) diamétralement opposés paraissent avoir l'un et l'autre les mêmes propriétés. C'est à 90° de ces deux points, sur une droite perpendiculaire à la ligne qui les joint, qu'on trouve sur le même rayon des pôles doués de propriétés différentes. Mais si l'on compare ensemble les deux faisceaux provenant d'un cristal donné, les pôles doués des mêmes propriétés y seront placés dans deux directions rectangulaires. « J'ai tardé jusqu'à présent, dit Malus, à admettre le terme de *polarisation* dans la description des phénomènes physiques dont il est question ; mais les variétés qu'offre ce nouveau phénomène et la difficulté de les décrire me forcent à adopter cette nouvelle expression, qui signifie simplement la modification que la lumière a subie en acquérant de nouvelles propriétés, relatives, non à la direction du rayon, mais seulement à ses côtés considérés à angles droits et dans un plan perpendiculaire à sa direction (2). »

Malus a inventé un goniomètre répétiteur, instrument destiné à mesurer les angles des cristaux, d'après la réflexion de la lumière : c'était l'application d'un principe indiqué par Lambert.

Les importants travaux de Malus sont consignés dans les mémoires intitulés : *Sur une propriété de la lumière réfléchie par les corps diaphanes*, travail qui remporta le prix de l'Académie, sur le rapport de Laplace ; — *Sur de nouveaux phénomènes d'optique*, lu le 11 mars 1811, imprimé dans les *Mém. de l'Académie*, année 1810, p. 105-111 ; — *Sur les phénomènes qui accompagnent la réflexion et la réfraction de la lumière*; ibid., p. 111-120; — *Sur l'axe de réfraction des cristaux et des substances organisées*, lu à l'Académie, le 19 août 1811. F. H.

Arago, *Notices biographiques*, t. III, p. 113-155.

MALVASIA (*Carlo-Cesare*, marquis DE), antiquaire italien, né le 18 décembre 1616, à Bologne, où il est mort, le 10 mars 1693. Il étudia le droit, la médecine, la philosophie et la théologie et soutint, de la façon la plus brillante, des thèses sur ces sciences différentes. Il entra dans les ordres, devint chanoine de la cathédrale et fut pourvu d'une chaire de droit à l'université de Bologne. Il appartenait à l'Académie des Gelati et à plusieurs autres sociétés littéraires d'Italie. Quoiqu'il fût étranger à la pratique des beaux-arts, il en étudia l'histoire pendant toute sa vie et laissa des ouvrages estimés, parmi lesquels nous citerons : *Felsina pittrice, vite e ritratti de' pittori Bolognesi*; Bologne, 1678, 2 vol. in-4° fig. Cet ouvrage, dédié à Louis XIV, qui fit présent à l'auteur de son portrait enrichi de diamants, est partial, injuste même, à l'égard des peintres étrangers à l'école de Bologne; Baldinucci et Vittoria en relevèrent les erreurs, l'un dans les *Notizie de' professori* et *la Veglia*, l'autre dans les *Osservazioni sopra il libro della Felsina*; Rome, 1713, in-8°; Zanotti entreprit la défense de Malvasia contre les critiques précédents; — *Ælia Lælia Crispis non nata resurgens in expositione legali*; Bologne, 1683, in-4°, explication d'une inscription trouvée, dit-on, dans la maison du sénateur Volta; cette énigme a exercé la patience de quarante-trois savants qui n'en ont, pas plus que Malvasia, découvert le véritable mot; d'après Spon, elle ne serait pas d'origine romaine; — *Marmora felsinea illustrata, innumeris inscriptionibus exteris hucusque ineditis, cum doctissimorum virorum expositionibus, roborata et aucta*; Bologne, 1690, in-fol. ; c'est un recueil d'inscriptions découvertes à Bologne ou dans les environs ; — *Pitture di Bologna*; Bologne, 1732, in-12, ouvrage posthume édité par Zanotti. P.

Orlandi, *Notizie degli scrittori Bolognesi*. — L. Crespi, *Vie de Malvasia*, dans les *Vite de' Pittori Bolognesi*.

MALVENDA (*Thomas*), savant exégète espagnol, né à Xativa, en mai 1566, mort le 7 mai 1628. Il se fit dominicain en 1682, enseigna la philosophie et la théologie au couvent de Lombajo, séjourna sept ans à Rome et vécut depuis 1612 auprès de son ami Aliaga, archevêque de Valence; il publia : *De Antichristo libri XI*; Rome, 1604 et 1621, in-fol ; Lyon, 1647, in-fol. ; — *De Paradiso voluptatis* ; Rome, 1605, in-4° ; — *Annalium ordinis Prædicatorum centuria prima*; Naples, 1627, in-fol. ; cet ouvrage fut imprimé, contre le gré de l'auteur, sur un manuscrit dont plusieurs feuilles étaient transposées; — *Commentaria in Sacram Scripturam una cum nova de verbo ad verbum ex hebræo translatione variisque lectionibus*; Lyon, 1650, 5 vol. in-fol.; en tête du premier volume se trouve une biographie détaillée de l'auteur ; — un grand nombre d'ouvrages théologiques et exégétiques restés manuscrits. O.

Échard, *Script. Ord. Prædicatorum*, t. II. — Antonio, *Bibl. hispana nova*, t. II.

MALVES. *Voy.* GUA DE MALVES.

MALVEZZI (*Virgilio*, marquis DE), historien italien, né à Bologne, en 1599, mort dans la

(1) Arago, *Notices biographiques*, t. III, p. 152.

(2) *Mém. sur de nouveaux phénomènes d'optique*, p. 107, dans les *Mém. de l'Acad.*

même ville, le 11 août 1654. On le compte parmi les savants précoces, parce que avant l'âge de dix-sept ans il fut reçu docteur en droit. Il appartenait à une famille noble et fut destiné à l'état militaire. Il fit ses premières armes sous le duc de Seria, gouverneur du Milanais. Le roi d'Espagne, Philippe IV, lui confia plusieurs missions diplomatiques et lui donna entrée dans son conseil de guerre. Les affaires ne lui firent pas négliger les lettres. On a de lui : *Discorsi sopra il libro primo degli Annali di Cornelio Tacito*; Venise, 1622, in-4° ; ouvrage qui offre du savoir, mais peu de goût et de critique; — *Il Romulo;* Bologne, 1629, in-4°; biographie accompagnée de réflexions politiques, qui eut beaucoup de succès ; plusieurs fois réimprimée en Italie, elle a été traduite en français sous ce titre : *Le Romulus, avec des considérations politiques et morales sur sa vie;* Paris, 1645, in-12, et en espagnol par le Quevedo; — *Il Tarquinio superbo;* Bologne, 1632, in-4°; — *Davide perseguitato;* Bologne, 1634, in-4°; — *Il Ritratto del privato politico christiano;* Bologne, 1635, in-4° ; — *Successos principales de la Monarquia d'España en el anno* 1639; Madrid, 1640, in-4°; — *Considerationi con occasione d'alcuni luoghi delle vite d'Alcibiade et de Coriolano;* Bologne, 1648, in-4°; — *Introduzione al racconto dei principali successi accaduti sotto il comando di Filippo IV;* Rome, 1651, in-4°. Z.

Ghilini, *Teatro d'Huomini letterati*, part. I, p. 222. — Orlandi, *Notizie degli scrittori Bolognesi*. — Nicéron, *Mémoires pour servir à l'histoire des hommes illustres*.

MALVICINO (*Ambrogio*). *Voy.* BONVICINO.

MAMACHI (*Tommaso-Maria*), érudit italien, né le 3 décembre 1713, dans l'île de Chio, mort en juin 1792, à Corneto, près Montefiascone. Amené fort jeune en Italie par ses parents qui étaient d'origine grecque, il fut elevé dans un couvent de Dominicains et prit ensuite l'habit de leur ordre. Il professa la théologie à Florence et fut appelé en 1740 à Rome au collége de la Propagande ; il eut la charge de théologien de la Casanate. Le pape Benoît XIV lui conféra le titre de maître en théologie et le fit entrer à la congrégation de l'Index, dont il fut secretaire en 1779. Sous Pie VI il fut nommé maître du sacré palais. Mamachi avait de la vivacité, beaucoup de solidité dans l'esprit et un grand amour de l'étude. Doué d'une heureuse mémoire, il écrivait avec facilité et plus d'une fois les papes se servirent de ses conseils et de sa plume. Il avait une connaissance étendue des antiquités ecclésiastiques. Lié avec les prélats les plus distingués de l'Église, il jouit d'une influence marquée dans les affaires religieuses. Il est inutile d'entrer dans le détail de ses nombreuses querelles théologiques, qui lui attirèrent beaucoup d'ennemis et de critiques de tout genre; la plus piquante est celle du marquis Spirité qui lui donna pour titre : *Mamachiana, per chi vuol divertirsi*, 1770. On l'accusa plus particulièrement de changer d'opinion selon les temps, d'être tour à tour favorable ou contraire aux Jésuites et aux appelants, et de ne consulter que son propre intérêt. Depuis 1785 il dirigeait le *Journal ecclésiastique* publié à Rome. Les principaux ouvrages de Mamachi sont : *De ethnicorum oraculis, de cruce Constantino visa et de evangelica chronotaxi;* Florence, 1738; — *De laudibus Leonis X;* Rome, 1741, in-8° ; — *De ratione temporum Athanasiorum deque aliquot synodis quarto sæculo celebratis Epistolæ IV;* Florence, 1748, in-8°; l'auteur y combat l'opinion de Mansi sur plusieurs points de critique et d'érudition ecclésiastique; — *Originum et antiquitatum christianarum lib. XX;* Rome, 1749-1755, 12 tom. en 4 vol. in-4°. Cet ouvrage, qui annonce beaucoup d'érudition, de recherches et de lecture, n'a pas été continué ; il traite à peu près, mais d'une manière plus satisfaisante, les mêmes matières que Bingham; — *De' Costumi de' primitivi Cristiani lib. III;* Rome, 1753-1757, 3 vol. in-8° : c'est une traduction en italien d'une partie des dissertations précédentes ; — *De animabus justorum in sinu Abrahæ ante Christi mortem expertibus beatæ visionis Dei lib. II;* Rome, 1766, 2 vol. in-4°, traité dirigé surtout contre le chanoine Cadonici; plusieurs autres théologiens, entre autres le P. Natali, y sont attaqués indirectement; — *Del diritto libero della chiesa d'acquitare e di possedere beni temporali;* Rome, 1769, in-8° ; — *La Pretesa filosofia de' moderni increduli esaminata e discussa;* Rome, 1770; — *Alethini Philaretæ epistolarum de Palafoxii orthodoxia;* Rome, 1772-1773, 2 vol. in-8°; il y réfuta les objections des Jésuites sur la canonisation de Palafox et disculpe cet évêque de l'accusation de jansénisme. Le P. Faure, jésuite romain, répliqua à Mamachi dans ses *Saggi theologici;* Lugano, 1773; — *Epistolæ ad Justinum Febronium de ratione regendæ christianæ reipublicæ deque legitima romani pontificis auctoritate;* Rome, 1776-1777, 2 vol. in-8°; réfutation des principes émis par J.-N. de Hontheim en 1763 dans son célèbre livre *De statu Ecclesiæ*. Campomanès, fiscal du conseil de Castille, qui etait partisan de ce dernier, s'efforça vainement d'empêcher l'introduction en Espagne des ouvrages de Mamachi. Il a encore travaillé aux *Annales prædicatorum*, dont le tome Ier parut en 1759 à Rome, et il est, dit-on, l'auteur d'une *Vie du cardinal Barbarigo*, évêque de Padoue.

On a quelquefois confondu ce dominicain avec un jésuite du même nom, également Grec d'origine, et qui remplissait, en 1759, les fonctions de préfet du collége de Rouen. Il fut obligé de quitter la France par suite d'un arrêt rendu par le parlement qui déclarait « séditieuse et déte-

ers qu'il avait dictée à ses P.

Giraud, *Biblioth. sacrea.*

A (*Marcantonio*), grammairien n 1582, à Forli, mort le 24 octobre a Entré à l'âge de vingt-quatre ans de Jésus, il remplit divers em- enseignement et dans l'administra- ait partie, sous le nom de Cinonio, ie des Filergiti. Tous les ouvrages ui ont été édités après sa mort, tels *na peripatetica*; La Flèche, 1652, *ogæ*; ibid., 1661, in-12; — *Georgica*, *de cultura animi*; ibid., 1661, plus connu, et celui qui a gardé ur, est intitulé : *Osservazioni della lana*; Ferrare, 1644, et Forli, 1685, ; réimpr. par les soins de Jérôme Ferrare, 1709, 2 vol. in-4°. Cet ite des verbes et des particules. P.

' Letterati d'Italia, I. 860. — Tiraboschi, *Letteratura italiana*, VIII, 411.

IN (*Pierre*), poëte latin moderne, à Clermont-Ferrand, mort le 31 oc- à La Flèche. Admis dans la compa- is, il enseigna d'abord la rhétorique royé à Caen comme professeur de il y resta pendant six ans; d'après Avranches, Huet, qui avait été son recevait point d'écoliers qui n'eus- uelque teinture de la géometrie, et sequ'à trois cents suivre son cours. e rendit à La Flèche où on lui avait ire de théologie. Il s'est fait prin- e par ses belles poésies la- contemporains, il passa pour urs de Virgile, à en ... eure et l'élégance de *Delphino cunæ regiæ*; ; — *De poemate epico*; Pa- ; dans cette dissertation, qu'il *peripatetique*, il a pour but, tout les règles de l'art poétique, de rele- uts du poëme de *Saint Louis*, du e; — *Constantinus, sive de idola- ata*; Paris, 1658, in-4°, et Amster- , in-12; à la suite de ce poëme en n trouve, sous le titre de *Sylva poe-* urs petites pièces latines; l'ouvrage osé à différentes critiques littéraires, dans la dissertation *Le Procès* ... ; — *Eclogæ et de Cultura IV*; La Flèche, 1661, in-4°; — *ica; accessit dissertatio de epico* La Flèche, 1661, in-fol.; ce recueil écrits précédents. K.

ments des savants. — Huet, *Origines de ment. de rebus ad eum pertinentibus.* — *éface du poëme de La Pucelle.* — Titon du *se français.* — Leclerc, *Biblioth. du Dict.*

NUS (*Henri*), savant imprimeur t au milieu du seizième siècle. Né à Luxembourg, il fonda une imprimerie à Cologne et publia : *Priscæ monetæ ad hujus nostri temporis aliquot nationum monetas supputatio*; Cologne, 1551; réimprimé dans le *Tractatus scriptorum de monetis* de Budelius; — *Gratulatorium in Philippi regis Angliæ adventu in Germaniam anno* 1549, *in Angliam anno* 1554, *in Belgium anno* 1555; — *Epithalamium nuptiarum Philippi cum Maria Angliæ regina*; Cologne, 1555, in-4o; — *Strena calendarum Januarii anno* 1556, *ad amicos.* O.

Foppens, *Bibl. belgica.*

MAMERANUS (*Nicolas*), littérateur belge, frère du précédent, né dans le Luxembourg, vivait dans la première moitié du seizième siècle. Il fit ses études à Emerick (duché de Clèves) chez les frères de Saint-Jérôme, et passa presque toute sa vie chez les princes allemands et à la cour de Charles-Quint. C'était un homme d'un caractère jovial et plaisant. Dans sa vieillesse il était devenu le jouet de ceux qui l'entouraient; il ne paraissait jamais en public sans avoir la tête ceinte d'un laurier, sous prétexte qu'il était poete lauréat, et il se proclamait lui-même le petit chéri de Virgile (*mamma Maronis*). Entre autres ouvrages on lui doit : *Caroli V iter ex inferiore Germania usque ad comitia apud Augustam Rheticam indicta anni* 1547; s. l., 1548, in-8°; — *De investitura regalium Mauritio, duci Saxoniæ* 24 *fabr.* 1548 *facta*, dans le t. II du *Scriptores rerum germanic.* de Echard; ce dernier recueil contient de lui *Labores Caroli V distichis complexi*, et *De rebus gestis Caroli V*, relation historique qui va de 1515 à 1548; — *Catalogus expeditionis rebellium principum ac civitatum Germaniæ contra Carolum V productæ anno* 1546; Cologne, 1550, in-8°, et dans le t. III du recueil de Freher; — *De venatione carmen heroicum*, poëme tautogramme dont la lettre C a fourni tous les mots. K.

Foppens, *Bibl. belgica.* — Meusel, *Betrachtungen ueber die neuesten historischen Schriften*, t. Ier, 1774, p. 61.

MAMERCINUS ou MAMERCUS, nom de la plus ancienne famille de la maison patricienne Æmilia. Elle prétendait descendre d'un Mamercus qui vivait sous le règne de Numa. Comme beaucoup d'anciennes familles romaines, elle disparut du temps des guerres samnites. Les principaux membres de cette famille sont :

MAMERCUS (*L. Æmilius*), consul pour la première fois en 484 avant J.-C. avec K. Fabius Vibulanus Il vainquit les Volsques et les Èques, mais il essuya ensuite une défaite. Consul une seconde fois en 478 avec Servilius Structus Ahala, il remporta une victoire sur les Veientins et les força de faire la paix. Le sénat, trouvant qu'il avait accordé aux vaincus des conditions trop favorables, lui refusa le triomphe. Il fut consul pour la troisième fois en 473 avec Vopiscus Julius Julus. Sa magistrature fut marquée par des troubles sur lesquels on ne possède que des renseignements incomplets et douteux. Il paraît que les consuls ayant pressé les levées avec trop de rigueur excitèrent une sédition et furent chassés du forum. Denys d'Halicarnasse rapporte que Mamercus soutint la loi agraire en 470 par rancune contre le sénat.

Tite Live, II, 42, 49, 54. 55. — Denys d'Halicarnasse, VIII, 83-81 ; IX, 16, 17, 37-41.

MAMERCUS (*Tib.-Æmilius*), fils du précédent, consul en 470 avant J.-C. avec L. Valerius Potitus. Son année de charge fut remplie par les agitations que causèrent la loi agraire et le jugement d'App. Claudius. Mamercus, d'accord avec son père, soutint la loi agraire; il conduisit aussi une armée contre les Sabins, mais il n'accomplit rien de remarquable. Dans son second consulat en 467 il soutint encore la loi agraire et parvint à faire passer en partie cette importante mesure. Sans troubler les détenteurs de domaines publics, il fit distribuer au peuple des terres récemment conquises sur les Volsques, et envoya une colonie à Antium.

Tite-Live, III, 1. — Denys d'Halicarnasse, IX, 59. — Diodore de Sicile, XL, 74. — Niebuhr, *Histoire romaine*, vol. II.

MAMERCUS (*Æmilius-Mamercinus*), tribun consulaire en 438 avant J.-C. Nommé dictateur en 437 pour diriger la guerre contre les Veientins et les Fidénates, il choisit L. Quinctius Cincinnatus pour maître de la cavalerie et remporta une victoire qui lui valut les honneurs du triomphe. C'est dans cette bataille qu'au rapport de Tite-Live Lar Tolumnius, roi de Veies, fut tué en combat singulier par Cornelius Cossus. Mais la date de cet événement est fort douteuse. Niebuhr place la mort de Lar Tolumnius et la prise de Fidènes en 426, année où Mamercus fut, dit-on, dictateur pour la troisième fois. « Il n'est pas improbable, dit Niebuhr, que quelque membre de la maison Æmilia trouva matière dans les traditions légendaires pour un panégyrique apocryphe de cet Æmilius. Dans ce panégyrique on lui attribua probablement plus de dictatures qu'il n'en avait réellement remplies, et les exploits accomplis sous ses auspices aussi bien que les siens propres furent rapportés à des années auxquelles ils n'appartenaient pas. » D'après les anciennes autorités, Æmilius Mamercus, nommé dictateur en 433 dans la prévision d'une guerre avec l'Etrurie, choisit A. Postumius Tubertus pour maître de la cavalerie. La guerre n'eut pas lieu et le dictateur resta à Rome. Il limita à dix-huit mois la durée de la censure qui avait été jusque-là de cinq ans. Le peuple accueillit cette mesure avec beaucoup de faveur; mais les censeurs en furent si irrités qu'ils exclurent Mamercus de sa tribu et le réduisirent à la condition d'*ærarius* (citoyen de la dernière classe). Il devint dictateur pour la troisième fois en 426 avec A. Cornelius Cossus pour maître de la cavalerie.

Tite-Live, IV, 17-20, 23-24, 31-34. — Eutrope, I, 19. — Orose, II, 13. — Diodore, XII, 80. — Lydus, *De Magistr.*, I, 38. — Niebuhr, *Hist. romaine*, vol. II.

MAMERCUS (*L. Æmilius Mamercinus Privernas*), un des généraux romains qui se distinguèrent dans les campagnes contre les Samnites, fut consul pour la première fois en 357 avant J.-C. avec Plautius Venno Hypsæus. En 335 il fut désigné dictateur pour tenir les comices en l'absence des consuls. Consul pour la seconde fois en 329 avec C. Plautius Decianus, il laissa son collègue marcher contre la ville de Privernum et leva une armée contre les Gaulois dont on annonçait la prochaine invasion. Ce bruit se trouva faux et les deux consuls unissant leurs forces s'emparèrent de Privernum. Cette conquête était si importante que Mamercus reçut le surnom de *Privernas* et que les Plautii en conservèrent le souvenir sur leurs médailles. En 316, Mamercus fut de nouveau élu dictateur et combattit avec succès contre les Samnites.

Tite-Live, VIII, 1, 16, 20 ; IX, 21. — Smith, *Dictionary of greek and roman biography*.

MAMERCUS (Μάμερκος), tyran de Catane, mis à mort en 338 avant J.-C. Il gouvernait Catane lorsque Timoléon débarqua en Sicile en 344. Il était, suivant Plutarque, puissant par ses talents militaires et ses richesses. Il fit d'abord alliance avec Timoléon, puis, le voyant maître de Syracuse et vainqueur des Carthaginois, il commença à craindre qu'il ne voulût chasser de la Sicile tous les tyrans. Pour arrêter ses progrès, il s'unit à Hicétas et aux Carthaginois en 339. Les nouveaux alliés remportèrent quelques succès, bientôt suivis de revers. Hicétas succomba le premier. Mamercus, vaincu à son tour, abandonné par les Carthaginois, assiégé dans Catane, désespéra de pouvoir résister et se réfugia à Messine auprès du tyran Hippon. Timoléon ne tarda pas à venir assiéger Messine par terre et par mer. Hippon s'enfuit et Mamercus se rendit en stipulant qu'il serait régulièrement jugé par l'assemblée des Syracusains. Mais à peine eut-il comparu devant l'assemblée qu'il fut condamné à mort par acclamation et exécuté comme un malfaiteur public. Il semble, d'après une expression de Cornelius Nepos, qu'il n'était pas Sicilien de naissance, et qu'il était d'abord venu dans l'île à la tête d'une troupe de mercenaires italiens. Plutarque nous apprend qu'il se vantait de son talent poétique, avec peu de raison, si on en juge par les deux vers que cite ce biographe. Y.

Plutarque, *Timoléon*, 13, 30, 31, 34. — Diodore, XVI. 69, 82. — Cornelius Nepos, *Timoléon*, 2.

MAMEROT (*Sébastien*), historien français, né et mort au quinzième siècle. Originaire du Soissonnais, il embrassa l'état ecclésiastique vers 1458. Il vivait sous la protection immédiate de Louis de Laval, qui fut gouverneur du Dauphiné et de Champagne. Par ses ordres, Mamerot, son chapelain, écrivit la traduction de la *Chronique*

ienne, due à un Polonais, puis le *Ro-*
i. et Valère Maxime. Mamerot, lorsqu'il
en 1472, quitta Troyes et partit
Syrie. Il avait déjà donné son livre des
es d'outremer. A son retour, en 1488, il
sa *Compendieuse description de la*
e promission, ms. de la Bib. imp. F. D.

s, Manuscrits français, III, p. 88.

ERT (Saint), évêque de Vienne, vivait
seconde moitié du cinquième siècle. « Il
des plus saints évêques des Gaules qui
oré l'Église dans le cinquième siècle, et par
rtus et par leur doctrine. Cependant on
rien d'assuré de lui jusqu'à son épisco-
reste se borne à peu de chose. On ignore
'année précise à laquelle il fut fait évêque
e. Seulement on sait qu'il gouvernait cette
n 463. Il parut comme un pasteur saint
nt, qui d'une part avait beaucoup d'es-
conduite et de prudence, et de l'autre
vive et une piété capable d'obtenir de
s faveurs extraordinaires et miraculeuses.
l'idée que nous en donnent saint Sidoine
Avite qui le connaissaient particulière-
et le peu d'actions que nous savons de
int ne fait que la confirmer. Ainsi il ne
as arrêter au portrait bien différent que
trace le pape Hilaire dans quelques-unes
ettres. Le cardinal Baronius a été lui-
étonné de voir que ce pape ait traité si
prelat dont la sainteté est devenue si il-
» (*Histoire littéraire de la France*,
480.) Ce différend entre le pape et l'é-
enait de ce que celui-ci avait ordonné
que à Die; on ne sait comment il se ter-
— A l'occasion de divers fléaux qui af-
de Vienne, saint Mamert établit
(avant 474). Cette cérémonie se
rapidement, et dès le commencement
siècle elle s'observait dans presque
nde chrétien. Saint Mamert vivait en-
; mais on ignore l'époque de sa mort.
se célèbre le 11 mai. On n'a aucun ou-
Dupin et l'*Histoire littéraire* lui
portent le nom
d'e : une les litanies ou
s, l'autre sur la des Nini-
Y.

s. *Vitæ sanctorum*, au 11 mai. — Tillemont,
sur l'hist. ecclésiastique, t. XVI. — Dupin, *Bi-*
lésiastique, t. IV. — *Histoire littéraire de la*

CLAUDIEN (*Mamertus-Claudia-*
nus), orateur et poëte latin, frère de
mert, vivait dans la seconde moitié du
e siècle. Il était prêtre du diocèse de
dont son frère était évêque; il mourut
ou 474. Sidoine Apollinaire, qui le loue
oup d'endroits de ses ouvrages, lui con-
e pompeuse épitaphe dans laquelle il
:

tor, dialecticus, poeta,
tator, geometra, musicusque,
Doctus solvere vincla quæstionum,
Et verbi gladio secare sectas,
Si quæ catholicam fidem lacessunt.
Psalmorum hic modulator, et phonascus,
Ante altaria fratre gratulante,
Instructas docuit sonare classes.

Claudien Mamert méritait ces éloges; c'était un esprit cultivé et un écrivain élégant pour l'époque. On a de lui : *De statu animæ*, en trois livres contre Faustus, évêque de Riez. Faustus avait soutenu que Dieu seul est incorporel et que toutes les créatures, même l'âme, sont corporelles. Mamert réfuta cette opinion dans un traité qui est un curieux spécimen de la philosophie néoplatonicienne encore en usage dans quelques écoles d'occident (1). On prétend que Descartes s'en est inspiré dans ses *Méditations*, et il mérite d'être encore étudié. « On voit là, dit le *Dictionnaire des sciences philosophiques*, une méthode de philosophe et de théologien, où les raisonnements alternent avec les élans d'une foi vive, les arguments avec les autorités. Ainsi écrivait Faustus; ainsi écrit son docte et pieux adversaire, traitant d'ailleurs avec un égal respect l'autorité de la *Bible* et celle des sages païens, citant quelquefois les disciples de Pythagore, Platon, Cicéron, puis s'efforçant de concilier leurs subtiles théories avec les traditions du Nouveau Testament, sur la vision de Lazare et l'apparition de l'ange Gabriel à la Vierge Marie : c'est une image originale de cette société demi-païenne et demi-chrétienne, demi-savante et demi-barbare qui rappelle encore l'antiquité en même temps qu'elle annonce le moyen âge. Le *De statu animæ*, publié pour la première fois avec d'autres écrits du même genre; Venise, 1482, in-4°, fut édité séparément par Mosellanus; Bâle, 1520, in-8°. Grynæus l'a inséré dans ses *Orthodoxographi*, p. 1247 : on le trouve aussi dans les diverses bibliothèques des Pères; la meilleure édition est celle de Schott et Barth; Zwickau, 1655; — *Epistolæ*, deux lettres adressées à Sidoine Apol-

(1) Mamert, dans une lettre de dédicace à Sidoine Apollinaire, a fait de son propre ouvrage un résumé qui en donne une idée suffisante. « Le premier livre, dit-il, commence par établir brièvement que la Divinité est impassible et étrangère à toute affection; puis il engage avec l'adversaire une lutte variée sur l'état de l'âme; ensuite, pour préparer le lecteur à des doctrines obscures, il effleure quelque chose des doctrines de la géométrie, de l'arithmétique et même de la dialectique, et, selon le besoin, des règles de l'art de philosopher. Tout cela avec modestie et réserve, dans la plus juste mesure qu'il a été possible, non sans en venir de temps à autre, aux mains, avec la partie adverse. — Le second livre, après un préambule, disserte utilement et à bonne intention sur la mesure, le nombre et le poids, de manière qu'un lecteur attentif, avec l'aide de la piété, en suivant les degrés de la création, soit conduit, sinon au bonheur de contempler la Trinité créatrice de l'univers, du moins à une conviction plus ferme de son existence. Depuis là jusqu'à la fin, tout le livre s'appuie sur des témoignages. — Le troisième revient d'abord un peu sur quelques discussions du commencement; puis il poursuit dans leur fuite les adversaires blessés au précédent combat. Il déclare enfin ne pas dédaigner la paix, mais ne pas craindre davantage les attaques de l'adversaire inconnu. »

linaire; — *Carmen contra poetas vanos*, poëme en vers hexamètres dans lequel l'auteur soutient la supériorité des doctrines chrétiennes sur la poésie païenne. La versification en est coulante et prouve que Mamert ou l'auteur quel qu'il soit (car on attribue aussi cet ouvrage à saint Paulin de Nole) avait étudié soigneusement quelques-uns des meilleurs poëtes romains. Le *Carmen contra poetas* a été inséré dans le *Corpus poetarum christianorum* de Fabricius, p. 775, et dans la *Bibliotheca Patrum maxima* de Lyon, vol. VI, p. 1074; — l'hymne *De Passione Domini*, commençant par les mots *Pange lingua gloriosi prælium certaminis*, dans le *Breviaire romain*, est attribuée par les uns à Mamertus, par d'autres à Venantius Fortunat. Les poëmes : *Carmen paschale*, *Laus Christi*, *Miracula Christi*, imprimés parmi les ouvrages du célèbre poëte Claudien, ont eté attribués avec plus de vraisemblance à Claudien Mamert; mais ils n'appartiennent probablement ni à l'un ni à l'autre. Y.

Sidoine Apollinaire, IV, 2, 3, 11, V, 2. — Gennadius, *De Viris illustr.*, 83. — Trithème, *De Script. eccles.*, 78 — Fabricius, *Bibl. mediæ et infimæ latin* au mot Claudianus. — Baehr, *Geschichte d Römisch. Literatur*, supplément Band, I, 33; II, 169. — *Hist. litteraire de la France*, t. II, p. 42. — Germain, *De Mamerti Claudiani scriptis et philosophia*; Montpellier, 1840, in-8°. — *Diction. des sciences philosophiques.*

MAMERTINUS (*Claudius*), orateur latin, vivait vers la fin du troisième siècle après J.-C. Le premier discours de la collection des *Panegyrici veteres* (*voy.* DREPANIUS) porte ordinairement le titre de *Claudii Mamertini Panegyricus Maximiano Herculio dictus;* il fut prononcé, le 21 avril 289, dans quelque ville de la Gaule, probablement à Trèves, et est adressé à Maximien Hercule, qui à cette époque faisait ses preparatifs de guerre contre Carausius. Il faut remarquer que le nom de Mamertinus manque dans plusieurs des meilleurs manuscrits et que probablement il ne se trouve dans aucun des plus anciens. Le second discours, qui dans les éditions des *Panegyrici veteres* est intitulé *Claudii Mamertini Panegyricus Genethliacus Maximiano Augusto dictus*, a pour objet l'anniversaire de la naissance de Maximien, et se rapporte à l'époque comprise entre le 1er avril 291 et le 1er mars 292. Il faut remarquer encore qu'aucun des plus anciens manuscrits ne porte le nom de Mamertinus, et qu'ils indiquent seulement que l'auteur du second discours est le même que l'auteur du premier, ce qui résulte d'ailleurs de la teneur et du style de ces deux compositions. D'après ces données, il est à peine permis d'attribuer ces deux premiers panégyriques à Claudius Mamertinus, et comme on a pour tout renseignement sur lui des inductions tirées de ces discours, sa personnalité disparaît avec son titre d'auteur (1). Y.

Histoire litteraire de la France, t. I

MAMERTINUS (*Claudius*), orateur latin, vivait dans la seconde moitié du quatrième siècle après J.-C. Il était déja avancé en âge lorsque Julien le nomma en 361 préfet du trésor public. Il devint ensuite préfet d'Illyrie et consul. Conservé dans la préfecture d'Illyrie en 364 par Valentinien Ier, il fut accusé de péculat. On ne sait ce qui advint de cette accusation, sans doute fausse, du moins, si l'on en croit Mamertinus lui-même qui se représente dans son panégyrique comme plein de générosité et de dévouement et d'une douceur à toute épreuve. En 362, il prononça en qualité de consul le panégyrique de l'empereur Julien (*Mamertini pro consulatu gratiarum actio Juliano Augusto*). Ce Mamertinus ne peut être le même que le précédent (si le précédent a réellement existé) et l'on n'a pas de raison de croire qu'il fût son fils. Pour les éditions de son panégyrique, *voir* DREPANIUS. Y.

Walch, *De Panegyricis veterum.* — T. G. Martin, *De Panegyricis veterum.* — Heyne, *Censura XII Panegyricorum veterum*, dans ses *Opuscula academica*, vol. VI. — Schwarz, *Dissertations*, dans son édition des *Panegyrici veteres.*

MAMGON, fondateur de la dynastie des Mamigonéans, né vers 220, mort vers 300 à Daron. Le chef de cette famille, qui fut investie pendant près de 400 ans de la charge de grand connétable des rois d'Arménie, Mamgon, parut en 240 à la cour du roi sassanide de Perse, Ardechir Ier Babécan. Il avait échappé aux embûches que lui dressa un autre satrape, nommé *Peghlogh*, son frère de lait, en le calomniant, auprès de leur parent, le roi indo-scythe Arpagh. Chahpour II, successeur d'Ardechir, sommé par Arpagh de lui livrer le fugitif, envoya Mamgon, à l'égard duquel il ne voulait pas violer les droits de l'hospitalité, dans l'Arménie, pays alors soumis aux Sassanides. Tiridate, roi d'Arménie, ayant été rétabli sur le trône par les Romains en 259, Mamgon offrit de grands présents à ce prince, qui lui donna un lieu d'asile et

(1) Ces inductions sont resumées ou plutôt amplifiées par les auteurs de l'*Histoire littéraire de la France*. « Il y a toute apparence que Mamertin etait né dans cette ville, ou du moins qu'il y enseignait alors les belles lettres. En effet, c'est là qu'on le voit paraître sur le théâtre des savants, et donner les premières preuves que l'on sache de son éloquence. Il est certain qu'il parle dans ses écrits comme un naturel du pays, et qu'en y parlant du Rhin, il le nomme notre rivière (*fluvius noster*). Ce fut donc aux soins de Mamertin en particulier que les écoles de Trèves furent redevables, sinon de leur institution, au moins du lustre qu'elles acquirent sur la fin de ce siècle. Ce fut encore sur son modèle et peut-être aussi sous sa discipline que se formèrent les orateurs que l'on vit briller dans cette ville au commencement du quatrième siècle, et dont quelques-uns devinrent les panégyristes ordinaires du grand Constantin. Il avait véritablement de l'éloquence, mais de cette éloquence telle qu'elle était en son siècle, après qu'elle avait perdu la plupart de ses anciennes beautés. Pour la religion, Mamertin montre en plusieurs endroits de ses écrits qu'il ne reconnaissait que Jupiter pour le souverain Dieu » Ces conjectures s'appliquent assez bien à l'auteur des deux panégyriques, mais rien ne prouve que cet auteur s'appelât Claudius Mamertinus.

rs, en le faisant changer de résidence
ısieurs années. Après le meurtre de
mgon fut investi du gouvernement
ue Daron, ainsi que de la charge de
étable. On compte parmi ses descen-
res son fils Vatché, puis deux Mou-
ıx Vartan, et un troisième qui fut
nfin Mennet et Hamazasb. Ch. R.

horène, *Hist. d'Arménie*. — De Saint-Mar-
s historiques sur l'Arménie.

MI (*Terenzio* DELLA ROVERE, comte),
itique, philosophe et poète italien, né
ans les États de l'Église, vers 1802.
par son talent poétique et ses opi-
les, il parut avec éclat en 1831 dans
ent de la Romagne contre l'autorité
du pape Grégoire XVI, et fit partie
ement provisoire de Bologne. Cette
'émancipation fut promptement ré-
r l'in on autrichienne, et le
exile de l'Italie, se réfugia en
vécut à Paris, consacrant ses loisirs
et à la philosophie. Ses *Inni sacri*
833) et ses *Nuove Poesie* (Paris,
lesquels il appliquait à des légendes
les formes des hymnes homériques,
es compositions, graves et élevées,
isent à désirer plus d'originalité.
el Rinnovamento della filosofia
ana (Paris, 1835), suivi de *Sei let-*
bate Rosmini (1838), ses *Dialoghi*
prima (Paris, 1846), montrèrent en
sophe spiritualiste, instruit et bon
i' 'çait de concilier les données
avec les résultats du raison-
critiques lui ont reproché de man-
ofondeur et d'être trop timide.
ui faisaient pas négliger les inté-
de l'Italie. Il s'est défendu plus tard
partie d'aucun comité révolutionnaire
exil; mais tout en restant à l'écart
de Mazzini, il se tenait en rapport
mbres les plus distingués de l'émi-
ienne, et n'attendait qu'une occasion
recommencer la lutte pour la liberté
. L'amnistie de Pie IX en 1846 lui
trée de l'Italie. Les réformes libérales
avait pris l'initiative provoquèrent
la péninsule un mouvement révolu-
i porta au pouvoir les anciens exilés,
vait bientôt les en précipiter. Appelé
aux fonctions de ministre de l'inté-
résident du ministère, le 3 mai 1848,
amiani se proposa deux buts : sécu-
méliorer l'administration des États de
nner avec le Piémont, la Toscane et
gue contre l'Autriche. Ce programme,
nait dans ces mots, liberté avec la
constitutionnelle et délivrance de
es propres forces, exigeait de la part
réformes radicales qui n'auraient
que peu de chose de la puissance
temporelle, et une déclaration de guerre à l'Autriche qui répugnait à son cœur de père des fidèles. Mamiani ne put décider Pie IX à prendre des résolutions aussi graves, et, mal vu du pontife, qui le trouvait révolutionnaire, suspect aux libéraux qui le taxaient de faiblesse, il donna sa démission à la fin de juillet. Il rentra un moment au pouvoir comme ministre des affaires étrangères dans le cabinet Galetti qui se forma après l'assassinat de Rossi (15 novembre); mais voyant qu'il était impossible de concilier l'autorité pontificale avec les exigences de la situation, il se retira du ministère dès le mois de décembre. Bien qu'il n'eût pas servi l'éphémère république romaine que renversa l'intervention française, un ordre du pape alors à Gaëte l'exila de Rome, le 20 juillet 1849. Il se retira à Gênes, où il a vécu depuis. Naturalisé sarde en juillet 1855, il fut élu député à Gênes en février 1856. Dans le parlement piémontais, il a défendu le ministère Cavour, et s'est prononcé en toute occasion pour une politique nationale et libérale avec modération. Il publia à Paris en 1851 un livre remarquable *sur la Papauté* (*del Papato*) dans lequel il faisait ressortir l'incompatibilité, bien démontrée depuis, de la puissance temporelle du pape avec les nécessités de la civilisation moderne. Il a fait paraître des travaux importants soit comme collaborateur de la *Revista contemporanea* de Turin, soit comme membre de l'Académie philosophique de Gênes. Parmi ces écrits, qui se rapportent presque tous à la métaphysique et à la philosophie politique, on distingue les suivants : *Della Impossibilità d'una scienza assoluta*; — *Dello Bello in ordine teorica del progresso*; — *Dell' Uso della metafisica nelle scienze fisiche*; — *Sull' Origine, natura e costituzione della sovranità*. Aux ouvrages déjà cités il faut ajouter les *Poeti dell' età media*; Paris, 1842. Ses *Poésies choisies* ont été insérées dans la *Biblioteca poetica italiana* de Baudry; Paris, 1841, in-32. Ses *Poésies complètes* ont paru à Paris, 1843. Une nouvelle édition de ses *Poésies* a été publiée à Florence par Le Monnier. Ses *Scritti politici* forment un volume de la même collection (*Biblioteca nazionale*). M Mamiani vient d'entrer (janvier 1860) comme ministre de l'instruction publique dans le ministère formé par le comte Cavour. L. J.

Ricciardi, *Histoire de la révolution d'Italie*. — Spaventa. *Saggi sulla filosofia di Mamiani*, dans le *Cimento* de Turin 1855-1856. — *British and foreign review*, avril 1856. — Vapereau, *Dict. univ. des Cont.*

MAMMÆA (*Julia*), impératrice romaine, fille de Julia Mæsa et mère d'Alexandre Sévère, tuée en 235 après J.-C. Elle épousa Gessius Marcianus et eut de lui un fils qui fut l'empereur Alexandre Sévère. Il semble qu'après l'avénement de Septime Sévère, elle quitta Émèse, sa ville natale, et vint vivre à Rome sous la protection de sa tante Julia Domna, femme de ce prince. Il fallait qu'elle fût à la cour impériale vers 206, puisque le bruit courut plus tard qu'Alexandre était réellement le fils de Caracalla. On ne sait rien d'ailleurs sur la vie de Mammæa jusqu'à l'avénement de son neveu Héliogabale. Elle suivit ce prince à Rome, et elle eut bientôt à défendre son fils, encore enfant, contre les embûches de l'empereur ; elle eut aussi à préserver les mœurs du jeune Alexandre de la corruption de la cour impériale. Elle s'acquitta de cette double tâche avec une énergique vigilance. Le meurtre d'Héliogabale en 222 plaça sur le trône Alexandre, qui très-jeune encore n'eut que l'apparence du pouvoir. L'empire fut réellement gouverné par deux femmes, Julia Mæsa et sa fille Julia Mammæa (*voy.* MÆSA). Après la mort de Mæsa, Mammæa restée seule à la tête des affaires les dirigea avec équité et modération. Elle continua de veiller sur la vertu de son fils. « Elle fermait, dit Hérodien, toutes les avenues aux débauchés, aux flatteurs et à tous ceux dont la conduite était décriée, de peur qu'ils ne fissent perdre à l'empereur tout le fruit d'une bonne éducation, qu'ils n'enflammassent ses passions naissantes et ne le portassent aux plus infâmes voluptés. Elle lui conseillait sur toutes choses de s'appliquer à rendre la justice et de passer la plus grande partie du jour à donner audience, afin que cette assiduité et les soins du gouvernement l'occupassent tout entier et ne lui laissassent point de temps pour la débauche. »

Mais à ses nobles qualités Julia Mammæa joignait de graves défauts. Très-orgueilleuse et jalouse du pouvoir, redoutant une rivale dans l'affection de son fils, elle fit reléguer en Afrique la première femme d'Alexandre. Elle blessa l'armée en affichant trop ouvertement son pouvoir, et elle s'aliéna encore plus les soldats, en restreignant avec une parcimonie imprudente les largesses qu'ils avaient l'habitude de recevoir. Ces diverses causes de mécontentement, exploitées par Maximin, amenèrent la ruine de Mammæa et de son fils qui furent égorgés ensemble dans une bourgade, près de Mayence (*voy.* ALEXANDRE SÉVÈRE).

Y.

Dion Cassius; Hérodien et les autres sources indiquées aux articles HÉLIOGABALE, et ALEXANDRE SÉVÈRE.

MAMOUN (*Abou'l-Abbas-Abdallah III, al-*), khalife abbasside de Bagdad, né dans cette ville, en septembre 786, mort le 9 août 834, près de Podandon ou Kochaïrah, en Cilicie. Fils du célèbre Haroun-al-Rachid et de l'esclave Meradjol, Mamoun avait peu d'espoir, vu la nombreuse descendance légitime de son père, de monter un jour sur le trône. Il reçut cependant, avec ses autres frères, les leçons de plusieurs hommes illustres, tels que le grammairien Aboul-Hassan-Kossaï, l'imam Malek ben Anas et Djafer ben Yahiah, chef de la famille des Barmékides. Dès 800 il fut investi du gouvernement du Khorassan qu'il administra si bien que, lors de la mort de son père, il fut proclamé khalife par une partie de l'armée. Il était pourtant le premier à reconnaître, en 808, les droits de son frère aîné, Al-Amin, à la succession du trône. Ce dernier, peu reconnaissant, ayant dépouillé Mamoun de son gouvernement, la guerre éclata entre les deux frères. Après des chances diverses, Amin se vit bloqué dans son palais de Bagdad, tandis que Mamoun fut proclamé pour la seconde fois khalife, par son général victorieux Taher (8 septembre 813). Le 4 octobre suivant, il se trouva, par la mort d'Amin, maître du khalifat. Dès le commencement de son règne, il eut à combattre plusieurs révoltes par suite de la mesure impolitique qu'il avait prise en concentrant entre les mains de quelques grands dignitaires le gouvernement des provinces les plus importantes. Des usurpateurs le menacèrent jusque dans sa capitale; il fut même un instant déposé et la couronne placée sur la tête de son oncle Ibrahim ben Mahdi, surnommé Mobarek. En 819 il reprit possession de Bagdad et fit une nouvelle distribution des gouvernements. Il n'eut pas la main plus heureuse que la première fois ; car Taher, auquel il donna cette fois le Khorassan, s'y rendit indépendant, et fonda la dynastie des Tahérides. Il est vrai que Taher étant mort peu après, son fils Abdallah rentra dans l'obéissance, et apaisa même, dans l'intérêt du khalife, les troubles de la Mésopotamie, en 825, ainsi que ceux de l'Égypte, en reprenant, en 827, Alexandrie sur les Ommiades fugitifs. Deux autres provinces, l'Afrique et l'Yemen, s'étaient également rendues indépendantes. Quant à l'Égypte, à la Syrie et à la Mésopotamie, l'autorité du khalife n'y était que nominale. Ce fut dans la limite des pays du centre qu'il exerça non-seulement une action tout à fait bienfaisante, mais qu'il inaugura même une ère de civilisation si puissante, qu'on a comparé son règne à celui de Louis XIV et de Léon X. Il fit reconstruire plusieurs villes du Khorassan, renversées par un tremblement de terre, secourut des contrées dévastées par l'inondation, la disette ou la sécheresse, et distribua, à l'occasion de son mariage avec Khadidja, de nombreuses largesses aux musulmans, aux juifs et aux chrétiens indistinctement. Après avoir, en 826, ordonné par une loi de maudire publiquement la mémoire de Moaviah, premier khalife ommiade et proclamé ensuite la prééminence d'Ali sur les autres disciples du prophète, il se mit ouvertement, en 827, à la tête de la secte hétérodoxe des *Motasalis*, fondée par David, fils d'Aata. Conformément aux dogmes de cette secte, il ordonna de reconnaître que le Coran était un livre, non pas éternel, mais créé; que l'unité de Dieu consistait dans l'absence de toute qualité et attribut; que la justification par Dieu était nécessaire, quoique la volonté de l'homme fût libre. Mamoun fit même incarcérer ceux qui refusaient de souscrire à ces idées hérétiques.

Mamoun fit traduire en arabe, soit du syrien, soit du persan, du grec ou de l'indien, les ori-

ıvoyés par les empereurs grecs à son
ıun ; il chargea même une commission de
r de l'île de Chypre, occupée depuis peu par
ns, tous les trésors littéraires. Il réu-
ıois par semaine ces savants interprètes
palais, pour contrôler leurs travaux. Les
ıu'il encourageait le plus étaient les ma-
ıronomie. Il accepta, en 813, la
ue ıa première traduction arabe des
s d'Euclide faite par Hadjadj-ben-Yousouf
ıa Après avoir fondé les deux observa-
dad et de Kasioun près de Damas,
ɒ ·r. ı surer un degré de la méri-
s ıa de Sindjar en Mésopotamie,
l'obliquité de l'écliptique, et dresser
es astronomiques par Al-Ferreghani
l ben Mousa le Kharizmien, et par
. Il protégea aussi d'autres astro-
noins en raison de leurs travaux scien-
que parce qu'ils y mêlèrent, dans une
proportion, des pratiques astrologiques.
ent Al-Battani, appelé communément
i, Abou-Maascher ou Alboumazar, et
e Juif Maschallah, et le Persan Abdallah-
, fils de Neubacht. La tolérance de Ma-
montra surtout dans le choix de ses
ı. Tout en admettant à sa cour le cory-
a médecine arabe, Eboubekr-al Rhazi,
Alkendi, auteur de la première ency-
arabe, il prit cependant pour méde-
cour des chrétiens, tels que l'oculiste
et Kosta ben Luca, tous deux Maro-
i que le Copte Georges ben Baktichiû.
ıque était représentée à sa cour par
ben Mossoud et Ishak ben Médini, qui
recueils de chansons arabes no-
juste envers la poésie grecque, qu'il
pas, Mamoun encouragea en revanche
ı arabe, qui était illustrée par Aboul-
ı, auteur d'épopées, et par Ibn-Abou-
Asmaï, premiers rédacteurs de contes
kidi, père de l'historiographie arabe,
ın ben Tenaï, grammairien, étaient les
urs des enfants du khalife. Ce dernier
en outre, en 824, des discussions juri-
selon le rit hanéfite, qui eurent lieu en
nce, chaque mardi, jour auquel il dis-
égalemement des récompenses pour des tra-
éraires.

un termina sa carrière au milieu des
de la guerre, dont on attribue la cause
des Grecs de laisser partir pour Bag-
savant prêtre, Léon, que le khalife
pelé auprès de lui, et que l'empereur
e, pour le retenir, avait fait arche-
Thessalonique. Après avoir fait une der-
tribution des gouvernements, il marcha
Cilicie, où il rasa la ville de Tarse (830).
à Damas par la révolte du gouverneur
131), il envoya son général Yahya-ben-
ndre les villes de Tyane et Héraclée en
eure, pendant qu'il s'occupait lui-même,
à Damas, après avoir tué Abdou, de questions liturgiques et théologiques (janvier 832). Après avoir ouvert les deux grandes pyramides de Damas, fait rétablir le nilomètre au Caire, il marcha en 833 contre les Grecs. Quand il sentit sa fin approcher, il fit appeler son frère puîné Motassem, auquel il légua le trône, à l'exclusion de son propre fils Abbas et de son frère aîné Motémyn, en lui recommandant surtout de respecter la famille des Alides. Mamoun n'a pas seulement été le protecteur des lettres, il fut lui-même un bon écrivain. Il a rédigé le *Mémoire officiel, adressé au roi des Bulgares, contenant des Renseignements sur le Coran* (que ce souverain, hésitant entre le christianisme et l'islamisme, lui avait demandés); et il a laissé deux traités, dont l'un *Sur les signes de la prophétie*, l'autre *Sur la rhétorique des prédicateurs et des panégyristes des califes*. M. Hammer cite aussi des poëmes adressés par Mamoun à ses femmes et à ses favoris. Ch. RUMELIN.

Ibn-al-Athir, *Chronique*. — Elmacin, *Historia Saracenorum*. — Aboulféda, *Annales Moslemici*. — Ibn-Tagriberti, *Histoire d'Égypte*. — Soyouti, Ibn-Khaldoun, *Hist. des califes*. — Abdallatif, *Relation de l'Égypte*. — Ebouikhaïr, *Clef de la félicité*. — Sémakhchari, *Printemps des Justes*. — Mohammed-el-Aoufi, *Anecdotes hist. des souverains musulmans*. — Hammer, *Geschichte der Arabischen Literatur*.

MAMOUN (*Yahial-al*), roi arabe de Tolède, né vers 1020, mort à Séville en 1077. Fils d'Ismaïl ben Abderrahman ben Omar, il lui succéda en 1045 et se vit enlever par Ferdinand Ier, roi de Castille, la plupart de ses villes fortes. Pour ne pas perdre la plus importante, Alcala de Henarès, il se résigna, en 1048, à prêter au vainqueur foi et hommage, et à lui payer un tribut annuel. En 1065, accompagné de Ferdinand Ier, il assiégea Valence, d'où il chassa son propre gendre, Abdelmélek ben Abdelaziz. Il occupa ensuite Cordoue. Après avoir vainement essayé de secouer le joug des chrétiens, il accueillit à sa cour Alfonse, fils de Ferdinand Ier, le traita magnifiquement et contribua en 1072 à le replacer sur le trône de Castille, d'où son frère Sanche l'avait chassé. Il conclut avec lui un traité d'alliance; Alphonse VI s'en montra l'observateur exact en refrénant les velléités guerrières du fameux Cid et en accourant en 1074 au secours de Mamoun, dont les États avaient été envahis par le roi de Séville. Mamoun eut pour successeur son fils Hescham, mort en 1078.

Ch. R.

Ibn-Abdel Halim, *Histoire des Arabes de Tolède*. — Roderich de Tolède, *Chroniques espagnoles*. — Makkari, *History of the Mohammedan Empire in Spain*. — Romey, *Hist. d'Espagne*. — Rosseeuw Saint-Hilaire, *Hist. d'Espagne*. — Lembke, *Histoire d'Espagne* (en allemand).

MAMUGNA. *Voy.* BRAGADINI (*Marco*).

MAN (*Corneille* DE) ou MANILIUS, littérateur et imprimeur belge, né à Gand vers 1505, mort vers 1570. Il s'était établi à Gand et fut le chef d'une famille d'imprimeurs dont les produits sont encore estimés : lui-même fut l'auteur de *De-*

claratie van der triumphe, etc. (Explication des cérémonies faites dans la ville de Gand, le 13 juillet 1549, pour l'entrée du prince Philippe d'Espagne, fils de l'empereur Charles-Quint), en vers; Gand, 1549, in-4°; trad. en latin; — *Pompa triumphalis Philippi II*; Gand, 1558, in-fol., trad. en flamand et en français; — *La Mort*, poëme dramatique (en flamand). L—z—e.

Sander, *De Gandavens.*, p. 88. — Sweert, *Bibliotheca belgica*, p. 192. — Valere André, *Bibliotheca Belgica*, p. 159.

MAN (*Cornille* de), peintre hollandais, né à Delft, en 1621, mort dans la même ville, en 1706. Il passa en France, se rendit ensuite à Florence, à Rome et à Venise, et ce ne fut qu'après neuf ans d'absence qu'il revit sa patrie où il se fixa. Il ne paraît pas avoir beaucoup produit quoique ses travaux fussent fort recherchés. « Mais, dit Descamps, un seul tableau eût suffi pour l'immortaliser; c'est la représentation de la corporation des médecins et des chirurgiens de la ville de Delft qui se voit encore dans l'Académie de cette ville. » De Man peignait dans le genre du Titien; il disposait bien ses sujets, et son coloris est sans reproche. A. de L.

Descamps, *La Vie des Peintres hollandais*, etc., t. II, p. 104.

MANARA (*Prospero*, marquis), poëte italien, né le 14 avril 1714, à Borgo Caro (duché de Parme), mort le 18 octobre 1800, à Parme. Issu d'une famille patricienne, il s'adonna de bonne heure à la culture des lettres et des arts. L'abbé Frugoni, qui résidait alors à Parme, était regardé comme le chef d'une nouvelle école qui s'efforçait de substituer l'élégance, le sentiment et la régularité à l'afféterie et à l'emphase qui avaient envahi le domaine de la poésie. Cette tentative de réforme ne fut pas sans influence sur le talent de Manara. Doué d'une âme sensible et tendre, il chercha, dans ses vers, moins l'éclat que la douceur et une sorte de grâce nonchalante. Virgile était son poëte favori; aussi, bien qu'il se fût montré poëte lui-même dans une suite d'églogues et de sonnets pleins de fraîcheur, il consacra la plus grande partie de sa vie à en donner une traduction harmonieuse et fidèle. Publiée par fragments, cette œuvre suffit pour le placer au premier rang des écrivains contemporains en Italie. En 1747 il interrompit ses travaux pour s'opposer courageusement aux exactions d'un détachement de troupes françaises; conduit en ôtage à Gênes, il fut amené devant le maréchal de Richelieu, qui l'accueillit fort bien et lui fit remise de la contribution de guerre dont ses compatriotes avaient été frappés. En 1749, Manara vint s'établir à Parme. Le duc Philippe l'avait appelé dans cette ville pour l'investir des fonctions de secrétaire de l'académie littéraire qu'il venait d'y fonder. Vers 1760 il le nomma chambellan et le chargea de surveiller, après le départ de Condillac, l'éducation du prince Ferdinand. Sans cesser de cultiver les lettres, il remplit encore différentes charges, entre autres celles de directeur du collége des nobles et de gouverneur du prince Louis, qui fut roi d'Étrurie. En 1782, il reçut le titre de ministre d'État. Ses *Œuvres* ont été recueillies et publiées par ses deux fils; Parme, 1801, 4 vol. pet. in-8°; elles contiennent des églogues, des canzones, des sonnets, des discours académiques, des lettres, ainsi que la version poétique des *Bucoliques* et des *Géorgiques* de Virgile. P.

Ant. Cerati, *Éloge de P. Manara*, en tête de ses *Œuvres*. — Camillo Ugoni, *Della Letteratura italiana nella seconda metà del secolo XVIII*. — Tipaldo, *Biogr. degli Italiani illustri*, VI. — Baldwin, *Literary Journal*, II.

MANASSÉ (du mot hébreu *nascha*, oubli ou qui est oublié (1)), patriarche juif qui donna son nom à deux demi-tribus israélites, naquit en Égypte, l'an 1712 avant J.-C., de Joseph, fils de Jacob et de Aséneth, fille de Putipharé, prêtre d'Héliopolis. Lorsque Joseph vit son père sur le point de mourir, il se prosterna aux pieds de son lit et lui présenta ses deux fils Manassé et Ephraïm, le priant de les bénir. Il avait placé Manassé, l'aîné, à la droite de Jacob et Éphraïm à sa gauche; mais le vieillard, croisant les bras, mit sa main droite sur la tête d'Éphraïm et sa main gauche sur la tête de Manassé. Joseph voulut lui faire changer cette disposition; mais Jacob s'y opposa, et lui dit : « Je sais ce que je fais, mon fils; l'aîné sera père de plusieurs peuples; mais son frère, qui est plus jeune, sera plus grand que lui et sa postérité se multipliera dans les nations. »

Manassé mourut avant la fuite d'Égypte. Il eut pour fils Machir qui lui-même eut de nombreux rejetons. Quand la tribu de Manassé sortit d'Égypte sous la conduite de Gamaliel, fils de Phadussur, elle ne comptait pas moins de trente-deux mille deux cents hommes en état de combattre; ce nombre s'était élevé à 52,700 lors de l'entrée des Hébreux sur la terre de Chanaan. En considération de ce grand nombre, elle fut divisée en deux portions : l'une orientale, au delà du Jourdain, dont la ville principale était Gessur; l'autre occidentale, en deçà du fleuve jusqu'à la mer, avait Thersa pour capitale. A. L.

Genèse, chap. XLVI, XLVIII. — Nombres, chap. II, XV, XVI, XXVI, XXXIII. — Josué, chap. XIII.

MANASSÉ, quinzième roi de Juda, né l'an 706 avant J.-C., mort à Jérusalem, l'an 639. Il était fils d'Ézéchias et avait à peine douze ans lorsqu'il succéda à son père (694). Les vingt-deux premières années de son règne furent souillées par de nombreux excès. Il fit rebâtir les temples des baalim (idoles), consacra par le feu ses fils à Moloch (2) dans la vallée de Bénennom. Il força tout son peuple à apostasier, mettant à mort ceux qui voulaient conserver l'antique croyance. Durant longtemps Jérusalem fut le théâtre d'hor

(1) Parce que, suivant l'Écriture Sainte, Joseph dit à la naissance de ce fils : « Dieu m'a fait oublier toutes mes peines et la maison de mon père. »

(2) Divinité phénicienne dont le nom veut dire *roi*. On lui sacrifiait souvent des enfants. Quelques mythographes l'identifient avec Saturne.

)lices. Isaïe fut un des prophètes qui
us énergiquement la voix contre tant
es Beau-père du roi, il osa menacer
: de la colère céleste. Manassé, loin
re à ses conseils, fit scier en deux le
vieillard. Enfin l'heure du châtiment
ar-Haddon, roi d'Assyrie, vint, à la
puissante armée, mettre le siége de-
ılem (672). Il prit la ville d'assaut, la
emmena en esclavage presque tous
que le fer et le feu avaient épargnés.
t conduit enchaîné à Babylone et con-
travaux les plus vils. Il s'amenda
nnut la justice de sa punition et im-
séricorde divine. Le Seigneur eut pitié
ntir. Assar-Haddon étant mort (669),
, qui le remplaça, permit au monarque
ionter sur le trône de Juda. Dès lors
e s'occupa plus que de faire oublier
il releva les murs et les édifices de Jé-
rganisa de grandes forces militaires
d'extirper l'idolâtrie. Il régna encore
es et laissa à son fils Amon un royaume
A. L.

nes, liv. II, chap. XXXIII — Richard et Gi-
iéque sacrée — M. Ferd. Hoefer, Babylonie,
's pittoresque, p. 108.

É Ier, archevêque de Reims, mort
ernières années du onzième siècle.
historiens, attribuant à Manassé la
origine, l'ont fait descendre, par les
e Hugues Capet. Il était, en effet,
on noble, mais non pas d'une maison
auteurs du *Gallia christiana* l'ap-
ssé *de Gournay*. De simple clerc,
rop en quelles circonstances, il fut
èque de Reims, après la mort de Ger-
âteau-du-Loir. Il n'était pas encore
4 octobre 1069; mais il le fut peu de
s. Les premières années de son épis-
nt assez avantageusement connaître.
ncore qu'un homme fier, entrepre-
l, qui paraissait manier aisément la
utorité. Grégoire VII, croyant pou-
en lui toute sa confiance, le chargea,
ıps, de missions délicates, et Lan-
vêque de Cantorbéry, l'appela pom-
« une des colonnes de l'Église. »
es plus familiers de ses clercs, distin-
me privé du personnage officiel, ne
pas en aussi haute estime. S'il faut en
ert de Nogent, on l'avait entendu
ırchevêché de Reims serait un beau
n'obligeait pas à chanter des messes! »
te avait, on le conçoit, fait douter de
entôt on eut à lui reprocher son faste
violence de son caractère, son im-
toute contradiction, son mépris de
ègles établies, ses déprédations, sa
nfin les murmures de ses familiers
ı clameur publique, quand on le vit,
aux moines de Saint-Remi le droit de suffrage, et leur imposer un abbé de sa façon. Aux plaintes excitées par sa conduite, Manassé répondit en fulminant des sentences d'excommunication et en dépouillant de leurs biens toutes les personnes qu'il tint pour suspectes de mutinerie. Grégoire VII enjoignit d'abord à Geoffroy, évêque de Paris, de recueillir en son diocèse les moines exilés de Saint-Remi, et de les absoudre de toute censure ecclésiastique; ensuite il donna pour mission à ses légats d'examiner, avec la plus scrupuleuse attention, ce qui se passait à Reims, de rechercher le brandon de la discorde, et de le condamner sans ménagement. Les légats assignèrent Manassé devant le concile d'Autun : ce fut une menace vaine. Manassé déclara qu'il ne s'humilierait pas lui-même jusqu'à défendre sa conduite devant de simples évêques. Condamné comme contumace, il fit appel de cette sentence devant la cour de Rome. « Qu'il me soit permis », écrivait-il dans cette circonstance à Grégoire VII, « à moi qui ai le pouvoir de convoquer les évêques de toute la Gaule, qu'il me soit permis de ne pas entendre une sommation de légats et d'avoir affaire à vous-même. J'irai près de vous à la Pâque prochaine ». En effet, quelque temps après, il se rendit auprès du pape, s'excusa, fit des promesses, prononça même sur les reliques de saint Pierre un serment solennel dont le texte nous a été conservé, et parvint du moins à faire abroger la sentence du concile d'Autun. Il reparut ensuite à Reims le front plus haut que jamais, et la main plus prompte soit à piller, soit à sévir. Grégoire VII entendit alors de nouvelles plaintes. Toute l'Église des Gaules semblait lui reprocher d'avoir eu trop d'indulgence pour un effronté. Les légats du saint-siége reçurent la commission de recommencer le procès de l'archevêque de Reims. Afin de le corrompre, Manassé offrit au légat Hugues, évêque de Die, 300 onces d'or, et lui en promit bien davantage. Hugues repoussa les présents de Manassé, et l'assigna devant le concile de Lyon. Cette fois encore l'accusé refusa de comparaître. Le concile le déposa. Avait-il encore droit à quelque pitié? Grégoire VII, malgré l'énergie de son caractère, aimait mieux contraindre à la soumission les prélats indociles que les briser. Dans cet esprit, il écrivit à Manassé qu'il lui donnait un délai pour réparer ses fautes, et restituer aux clercs, aux moines, aux églises, les biens qu'il leur avait dérobés. Manassé ne fit aucune restitution. Il fut alors solennellement excommunié par le saint-siége (27 décembre 1081). Les électeurs réunis donnèrent pour successeur Renaud du Bellay à Manassé, qui voulut néanmoins se maintenir par la violence dans son palais archiépiscopal; mais il en fut chassé. Où se retira-t-il ensuite? On l'ignore. Suivant quelques historiens, il se rendit dans la Terre Sainte et y fut fait prisonnier par le gouverneur musulman de Babylone. Suivant d'autres, il alla mourir en Allemagne, auprès de

puisque le bruit courut plus tard qu'Alexandre était réellement le fils de Caracalla. On ne sait rien d'ailleurs sur la vie de Mammæa jusqu'à l'avénement de son neveu Héliogabale. Elle suivit ce prince à Rome, et elle eut bientôt à défendre son fils, encore enfant, contre les embûches de l'empereur; elle eut aussi à préserver les mœurs du jeune Alexandre de la corruption de la cour impériale. Elle s'acquitta de cette double tâche avec une énergique vigilance. Le meurtre d'Héliogabale en 222 plaça sur le trône Alexandre, qui très-jeune encore n'eut que l'apparence du pouvoir. L'empire fut réellement gouverné par deux femmes, Julia Mæsa et sa fille Julia Mammæa (*voy.* MÆSA). Après la mort de Mæsa, Mammæa restée seule à la tête des affaires les dirigea avec équité et modération. Elle continua de veiller sur la vertu de son fils. « Elle fermait, dit Hérodien, toutes les avenues aux débauchés, aux flatteurs et à tous ceux dont la conduite était décriée, de peur qu'ils ne fissent perdre à l'empereur tout le fruit d'une bonne éducation, qu'ils n'enflammassent ses passions naissantes et ne le portassent aux plus infâmes voluptés. Elle lui conseillait sur toutes choses de s'appliquer à rendre la justice et de passer la plus grande partie du jour à donner audience, afin que cette assiduité et les soins du gouvernement l'occupassent tout entier et ne lui laissassent point de temps pour la débauche. »

Mais à ses nobles qualités Julia Mammæa joignait de graves défauts. Très-orgueilleuse et jalouse du pouvoir, redoutant une rivale dans l'affection de son fils, elle fit reléguer en Afrique la première femme d'Alexandre. Elle blessa l'armée en affichant trop ouvertement son pouvoir, et elle s'aliéna encore plus les soldats, en restreignant avec une parcimonie imprudente les largesses qu'ils avaient l'habitude de recevoir. Ces diverses causes de mécontentement, exploitées par Maximin, amenèrent la ruine de Mammæa et de son fils qui furent égorgés ensemble dans une bourgade, près de Mayence (*voy.* ALEXANDRE SÉVÈRE).

Y.

Dion Cassius; Hérodien et les autres sources indiquées aux articles HÉLIOGABALE, et ALEXANDRE SÉVÈRE.

MAMOUN (*Abou'l-Abbas-Abdallah III, al-*), khalife abbasside de Bagdad, né dans cette ville, en septembre 786, mort le 9 août 834, près de Podandon ou Kochairah, en Cilicie. Fils du célèbre Haroun-al-Rachid et de l'esclave Meradjol, Mamoun avait peu d'espoir, vu la nombreuse descendance légitime de son père, de monter un jour sur le trône. Il reçut cependant, avec ses autres frères, les leçons de plusieurs hommes illustres, tels que le grammairien Aboul-Hassan-Kossaï, l'imam Malek ben Anas et Djafer ben Yahiah, chef de la famille des Barmekides. Dès 800 il fut investi du gouvernement du Khorassan qu'il administra si bien que, lors de la mort de son père, il fut proclamé khalife par une partie de l'armée. Il était pourtant le premier à reconnaître, en 808, les droits de son frère aîné, Al-Amin, à la succession du trône. Ce dernier, peu reconnaissant, ayant dépouillé Mamoun de son gouvernement, la guerre éclata entre les deux frères. Après des chances diverses, Amin se vit bloqué dans son palais de Bagdad, tandis que Mamoun fut proclamé pour la seconde fois khalife, par son général victorieux Taher (8 septembre 813). Le 4 octobre suivant, il se trouva, par la mort d'Amin, maître du khalifat. Dès le commencement de son règne, il eut à combattre plusieurs révoltes par suite de la mesure impolitique qu'il avait prise en concentrant entre les mains de quelques grands dignitaires le gouvernement des provinces les plus importantes. Des usurpateurs le menacèrent jusque dans sa capitale; il fut même un instant déposé et la couronne placée sur la tête de son oncle Ibrahim ben Mahdi, surnommé Mobarek. En 819 il reprit possession de Bagdad et fit une nouvelle distribution des gouvernements. Il n'eut pas la main plus heureuse que la première fois; car Taher, auquel il donna cette fois le Khorassan, s'y rendit indépendant, et fonda la dynastie des Tahérides. Il est vrai que Taher étant mort peu après, son fils Abdallah rentra dans l'obéissance, et apaisa même, dans l'intérêt du khalife, les troubles de la Mésopotamie, en 825, ainsi que ceux de l'Égypte, en reprenant, en 827, Alexandrie sur les Ommiades fugitifs. Deux autres provinces, l'Afrique et l'Yemen, s'étaient également rendues indépendantes. Quant à l'Égypte, à la Syrie et à la Mésopotamie, l'autorité du khalife n'y était que nominale. Ce fut dans la limite des pays du centre qu'il exerça non-seulement une action tout à fait bienfaisante, mais qu'il inaugura même une ère de civilisation si puissante, qu'on a comparé son règne à celui de Louis XIV et de Léon X. Il fit reconstruire plusieurs villes du Khorassan, renversées par un tremblement de terre, secourut des contrées dévastées par l'inondation, la disette ou la sécheresse, et distribua, à l'occasion de son mariage avec Khadidja, de nombreuses largesses aux musulmans, aux juifs et aux chrétiens indistinctement. Après avoir, en 826, ordonné par une loi de maudire publiquement la mémoire de Moawiah, premier khalife ommiade et proclamé ensuite la prééminence d'Ali sur les autres disciples du prophète, il se mit ouvertement, en 827, à la tête de la secte hétérodoxe des *Motasalis*, fondée par David, fils d'Aata. Conformément aux dogmes de cette secte, il ordonna de reconnaître que le Coran était un livre, non pas éternel, mais créé; que l'unité de Dieu consistait dans l'absence de toute qualité et attribut; que la justification par Dieu était nécessaire, quoique la volonté de l'homme fût libre. Mamoun fit même incarcérer ceux qui refusaient de souscrire à ces idées hérétiques.

Mamoun fit traduire en arabe, soit du syrien, soit du persan, du grec ou de l'indien, les ouvrages envoyés par les empereurs grecs à son père Haroun ; il chargea même une commission de faire venir de l'île de Chypre, occupée depuis peu par les musulmans, tous les trésors littéraires. Il réunissait une fois par semaine ces savants interprètes dans son palais, pour contrôler leurs travaux. Les sciences qu'il encourageait le plus étaient les mathématiques et l'astronomie. Il accepta, en 813, la dédicace de la première traduction arabe des *Éléments* d'Euclide faite par Hadjadj-ben-Yousouf ben-Matha. Après avoir fondé les deux observatoires de Bagdad et de Kasioun près de Damas, il fit, le premier, mesurer un degré de la méridienne dans la plaine de Sindjar en Mésopotamie, constater l'obliquité de l'écliptique, et dresser des tables astronomiques par Al-Ferreghani Mohammed ben Mousa le Kharizmien, et par Habesch. Il protégea aussi d'autres astronomes, moins en raison de leurs travaux scientifiques, que parce qu'ils y mêlèrent, dans une certaine proportion, des pratiques astrologiques. Tels furent Al-Battani, appelé communément Albategni, Abou-Maascher ou Alboumazar, et surtout le Juif Maschallah, et le Persan Abdallah-ebn-Sehl, fils de Neubacht. La tolérance de Mamoun se montra surtout dans le choix de ses médecins. Tout en admettant à sa cour le coryphée de la médecine arabe, Eboubekr-al Rhazi, ainsi qu'Alkendi, auteur de la première encyclopédie arabe, il prit cependant pour médecins de cour des chrétiens, tels que l'oculiste Gabriel et Kosta ben Luca, tous deux Maronites, ainsi que le Copte Georges ben Baktichiü. La musique était représentée à sa cour par Ibrahim ben Mossoud et Ishak ben Médini, qui publièrent des recueils de chansons arabes notées. Moins juste envers la poésie grecque, qu'il n'aimait pas, Mamoun encouragea en revanche la poésie arabe, qui était illustrée par Aboul-Atahiyeh, auteur d'épopées, et par Ibn-Abou-Obeid et Asmaï, premiers rédacteurs de contes bleus. Wakidi, père de l'historiographie arabe, et Yaypah ben Tenaï, grammairien, étaient les précepteurs des enfants du khalife. Ce dernier institua en outre, en 824, des discussions juridiques, selon le rit hanéfite, qui eurent lieu en sa présence, chaque mardi, jour auquel il distribuait également des récompenses pour des travaux littéraires.

Mamoun termina sa carrière au milieu des tumultes de la guerre, dont on attribue la cause au refus des Grecs de laisser partir pour Bagdad un savant prêtre, Léon, que le khalife avait appelé auprès de lui, et que l'empereur Théophile, pour le retenir, avait fait archevêque de Thessalonique. Après avoir fait une dernière distribution des gouvernements, il marcha vers la Cilicie, où il rasa la ville de Tarse (830). Rappelé à Damas par la révolte du gouverneur Abdou (831), il envoya son général Yahya-ben-Ekta prendre les villes de Tyane et Héraclée en Asie Mineure, pendant qu'il s'occupait lui-même, à Damas, après avoir tué Abdou, de questions liturgiques et théologiques (janvier 832). Après avoir ouvert les deux grandes pyramides de Damas, fait rétablir le nilomètre au Caire, il marcha en 833 contre les Grecs. Quand il sentit sa fin approcher, il fit appeler son frère puîné Motassem, auquel il légua le trône, à l'exclusion de son propre fils Abbas et de son frère aîné Motémyn, en lui recommandant surtout de respecter la famille des Alides. Mamoun n'a pas seulement été le protecteur des lettres, il fut lui-même un bon écrivain. Il a rédigé le *Mémoire officiel, adressé au roi des Bulgares, contenant des Renseignements sur le Coran* (que ce souverain, hésitant entre le christianisme et l'islamisme, lui avait demandés) ; et il a laissé deux traités, dont l'un *Sur les signes de la prophétie*, l'autre *Sur la rhétorique des prédicateurs et des panégyristes des califes*. M. Hammer cite aussi des poëmes adressés par Mamoun à ses femmes et à ses favoris. Ch. RUMELIN.

Ibn-al-Athir, *Chronique*. — Elmacin, *Historia Saracenorum*. — Abouiféda, *Annales Moslemici*. — Ibn-Tagriberti, *Histoire d'Égypte*. — Soyouti, Ibn-Khaldoun, *Hist. des califes*. — Abdallatif, *Relation de l'Égypte*. — Eboulkhair, *Clef de la félicité*. — Semakhchari, *Printemps des Justes*. — Mohammed-el-Aoufi, *Anecdotes hist. des souverains musulmans*. — Hammer, *Geschichte der Arabischen Literatur*.

MAMOUN (*Yahial-al*), roi arabe de Tolède, né vers 1020, mort à Séville en 1077. Fils d'Ismaïl ben Abderrahman ben Omar, il lui succéda en 1045 et se vit enlever par Ferdinand Ier, roi de Castille, la plupart de ses villes fortes. Pour ne pas perdre la plus importante, Alcala de Henarès, il se résigna, en 1048, à prêter au vainqueur foi et hommage, et à lui payer un tribut annuel. En 1065, accompagné de Ferdinand Ier, il assiégea Valence, d'où il chassa son propre gendre, Abdelmélek ben Abdelaziz. Il occupa ensuite Cordoue. Après avoir vainement essayé de secouer le joug des chrétiens, il accueillit à sa cour Alfonse, fils de Ferdinand Ier, le traita magnifiquement et contribua en 1072 à le replacer sur le trône de Castille, d'où son frère Sanche l'avait chassé. Il conclut avec lui un traité d'alliance; Alphonse VI s'en montra l'observateur exact en refrénant les velléités guerrières du fameux Cid et en accourant en 1074 au secours de Mamoun, dont les États avaient été envahis par le roi de Séville. Mamoun eut pour successeur son fils Hescham, mort en 1078. Ch. R.

Ibn-Abdel Halim, *Histoire des Arabes de Tolède*. — Roderich de Tolède, *Chroniques espagnoles*. — Makkari, *History of the Mohammedan Empire in Spain*. — Romney, *Hist. d'Espagne*. — Rosseeuw Saint-Hilaire, *Hist. d'Espagne*. — Lembke, *Histoire d'Espagne* (en allemand).

MAMUGNA. *Voy.* BRAGADINI (*Marco*).

MAN (*Corneille* DE) ou MANILIUS, littérateur et imprimeur belge, né à Gand vers 1505, mort vers 1570. Il s'était établi à Gand et fut le chef d'une famille d'imprimeurs dont les produits sont encore estimés : lui-même fut l'auteur de *De-*

claratie van der triumphe, etc. (Explication des cérémonies faites dans la ville de Gand, le 13 juillet 1549, pour l'entrée du prince Philippe d'Espagne, fils de l'empereur Charles-Quint), en vers; Gand, 1549, in-4°; trad. en latin; — *Pompa triumphalis Philippi II*; Gand, 1558, in-fol., trad. en flamand et en français; — *La Mort*, poème dramatique (en flamand). L—z—e.

Sander, *De Gandavens.*, p. 35. — Sweert, *Bibliotheca belgica*, p. 182. — Valère André, *Bibliotheca Belgica*, p. 159.

MAN (*Cornille* de), peintre hollandais, né à Delft, en 1621, mort dans la même ville, en 1706. Il passa en France, se rendit ensuite à Florence, à Rome et à Venise, et ce ne fut qu'après neuf ans d'absence qu'il revit sa patrie où il se fixa. Il ne paraît pas avoir beaucoup produit quoique ses travaux fussent fort recherchés. « Mais, dit Descamps, un seul tableau eût suffi pour l'immortaliser; c'est la représentation de la corporation des médecins et des chirurgiens de la ville de Delft qui se voit encore dans l'Académie de cette ville. » De Man peignait dans le genre du Titien; il disposait bien ses sujets, et son coloris est sans reproche. A. de L.

Descamps, *La Vie des Peintres hollandais*, etc., t. II, p. 104.

MANARA (*Prospero*, marquis), poëte italien, né le 14 avril 1714, à Borgo Caro (duché de Parme), mort le 18 octobre 1800, à Parme. Issu d'une famille patricienne, il s'adonna de bonne heure à la culture des lettres et des arts. L'abbé Frugoni, qui résidait alors à Parme, était regardé comme le chef d'une nouvelle école qui s'efforçait de substituer l'élégance, le sentiment et la régularité à l'afféterie et à l'emphase qui avaient envahi le domaine de la poésie. Cette tentative de réforme ne fut pas sans influence sur le talent de Manara. Doué d'une âme sensible et tendre, il chercha, dans ses vers, moins l'éclat que la douceur et une sorte de grâce nonchalante. Virgile était son poëte favori; aussi, bien qu'il se fût montré poëte lui-même dans une suite d'églogues et de sonnets pleins de fraîcheur, il consacra la plus grande partie de sa vie à en donner une traduction harmonieuse et fidèle. Publiée par fragments, cette œuvre suffit pour le placer au premier rang des écrivains contemporains en Italie. En 1747 il interrompit ses travaux pour s'opposer courageusement aux exactions d'un détachement de troupes françaises; conduit en ôtage à Gênes, il fut amené devant le maréchal de Richelieu, qui l'accueillit fort bien et lui fit remise de la contribution de guerre dont ses compatriotes avaient été frappés. En 1749, Manara vint s'établir à Parme. Le duc Philippe l'avait appelé dans cette ville pour l'investir des fonctions de secrétaire de l'académie littéraire qu'il venait d'y fonder. Vers 1760 il le nomma chambellan et le chargea de surveiller, après le départ de Condillac, l'éducation du prince Ferdinand. Sans cesser de cultiver les lettres, il remplit encore différentes charges, entre autres celles de directeur du collége des nobles et de gouverneur du prince Louis, qui fut roi d'Étrurie. En 1782, il reçut le titre de ministre d'État. Ses *Œuvres* ont été recueillies et publiées par ses deux fils; Parme, 1801, 4 vol. pet. in-8°; elles contiennent des églogues, des canzones, des sonnets, des discours académiques, des lettres, ainsi que la version poétique des *Bucoliques* et des *Géorgiques* de Virgile. P.

Ant. Cerati, *Éloge de P. Manara*, en tête de ses *Œuvres*. — Camillo Ugoni, *Della Litteratura italiana nella seconda metà del secolo XVIII*. — Tipaldo, *Biogr. degli Italiani illustri*, VI. — Baldwin, *Literary Journal*, II.

MANASSÉ (du mot hébreu *nascha*, oubli ou qui est oublié (1)), patriarche juif qui donna son nom à deux demi-tribus israélites, naquit en Égypte, l'an 1712 avant J.-C., de Joseph, fils de Jacob et de Aséneth, fille de Putipharé, prêtre d'Héliopolis. Lorsque Joseph vit son père sur le point de mourir, il se prosterna aux pieds de son lit et lui présenta ses deux fils Manassé et Ephraïm, le priant de les bénir. Il avait placé Manassé, l'aîné, à la droite de Jacob et Éphraïm à sa gauche; mais le vieillard, croisant les bras, mit sa main droite sur la tête d'Éphraïm et sa main gauche sur la tête de Manassé. Joseph voulut lui faire changer cette disposition; mais Jacob s'y opposa, et lui dit : « Je sais ce que je fais, mon fils; l'aîné sera père de plusieurs peuples; mais son frère, qui est plus jeune, sera plus grand que lui et sa postérité se multipliera dans les nations. »

Manassé mourut avant la fuite d'Égypte. Il eut pour fils Machir qui lui-même eut de nombreux rejetons. Quand la tribu de Manassé sortit d'Égypte sous la conduite de Gamaliel, fils de Phadassur, elle ne comptait pas moins de trente-deux mille deux cents hommes en état de combattre; ce nombre s'était élevé à 52,700 lors de l'entrée des Hébreux sur la terre de Chanaan. En considération de ce grand nombre, elle fut divisée en deux portions : l'une orientale, au delà du Jourdain, dont la ville principale était Gessur; l'autre occidentale, en deçà du fleuve jusqu'à la mer, avait Thersa pour capitale. A. L.

Genèse, chap. XLVI, XLVIII. — Nombres, chap. II, XV, XVI, XXVI, XXXIII. — Josué, chap. XIII.

MANASSÉ, quinzième roi de Juda, né l'an 706 avant J.-C., mort à Jérusalem, l'an 639. Il était fils d'Ézéchias et avait à peine douze ans lorsqu'il succéda à son père (694). Les vingt-deux premières années de son règne furent souillées par de nombreux excès. Il fit rebâtir les temples des baalim (idoles), consacra par le feu ses fils à Moloch (2) dans la vallée de Bénennom. Il força tout son peuple à apostasier, mettant à mort ceux qui voulaient conserver l'antique croyance. Durant longtemps Jérusalem fut le théâtre d'hor

(1) Parce que, suivant l'Écriture Sainte, Joseph dit à la naissance de ce fils : « Dieu m'a fait oublier toutes mes peines et la maison de mon père. »

(2) Divinité phénicienne dont le nom veut dire roi. On lui sacrifiait souvent des enfants. Quelques mythographes l'identifient avec Saturne.

ribles supplices. Isaïe fut un des prophètes qui éleva le plus énergiquement la voix contre tant de désordres. Beau-père du roi, il osa menacer son gendre de la colère céleste. Manassé, loin de se rendre à ses conseils, fit scier en deux le courageux vieillard. Enfin l'heure du châtiment sonna : Assar-Haddon, roi d'Assyrie, vint, à la tête d'une puissante armée, mettre le siége devant Jérusalem (672). Il prit la ville d'assaut, la saccagea et emmena en esclavage presque tous les vaincus que le fer et le feu avaient épargnés. Manassé fut conduit enchaîné à Babylone et contraint aux travaux les plus vils. Il s'amenda alors, reconnut la justice de sa punition et implora la miséricorde divine. Le Seigneur eut pitié de son repentir. Assar-Haddon étant mort (669), Sansduchin, qui le remplaça, permit au monarque juif de remonter sur le trône de Juda. Dès lors Manassé ne s'occupa plus que de faire oublier son passé; il releva les murs et les édifices de Jérusalem, organisa de grandes forces militaires et s'efforça d'extirper l'idolâtrie. Il régna encore trente années et laissa à son fils Amon un royaume florissant. A. L.

Paralipomènes, liv. II, chap. XXXIII. — Richard et Giraud, *Bibliothèque sacrée*. — M. Ferd. Hoefer, *Babylonie*, dans l'*Univers pittoresque*, p. 408.

MANASSÉ Ier, archevêque de Reims, mort dans les dernières années du onzième siècle. Quelques historiens, attribuant à Manassé la plus haute origine, l'ont fait descendre, par les femmes, de Hugues Capet. Il était, en effet, d'une maison noble, mais non pas d'une maison royale. Les auteurs du *Gallia christiana* l'appellent Manassé *de Gournay*. De simple clerc, on ne sait trop en quelles circonstances, il fut élu archevêque de Reims, après la mort de Gervais de Château-du-Loir. Il n'était pas encore consacré le 4 octobre 1069; mais il le fut peu de temps après. Les premières années de son épiscopat le firent assez avantageusement connaître. Ce n'était encore qu'un homme fier, entreprenant, libéral, qui paraissait manier aisément la verge de l'autorité. Grégoire VII, croyant pouvoir placer en lui toute sa confiance, le chargea, vers ce temps, de missions délicates, et Lanfranc, archevêque de Cantorbéry, l'appela pompeusement « une des colonnes de l'Église. » Cependant les plus familiers de ses clercs, distinguant l'homme privé du personnage officiel, ne le tenaient pas en aussi haute estime. S'il faut en croire Guibert de Nogent, on l'avait entendu dire : « L'archevêché de Reims serait un beau bénéfice, s'il n'obligeait pas à chanter des messes ! » Et ce langage avait, on le conçoit, fait douter de sa piété. Bientôt on eut à lui reprocher son faste insolent, la violence de son caractère, son impatience de toute contradiction, son mépris de toutes les règles établies, ses déprédations, sa tyrannie. Enfin les murmures de ses familiers devinrent la clameur publique, quand on le vit, en 1072, disputer aux moines de Saint-Remi le droit de suffrage, et leur imposer un abbé de sa façon. Aux plaintes excitées par sa conduite, Manassé répondit en fulminant des sentences d'excommunication et en dépouillant de leurs biens toutes les personnes qu'il tint pour suspectes de mutinerie. Grégoire VII enjoignit d'abord à Geoffroy, évêque de Paris, de recueillir en son diocèse les moines exilés de Saint-Remi, et de les absoudre de toute censure ecclésiastique; ensuite il donna pour mission à ses légats d'examiner, avec la plus scrupuleuse attention, ce qui se passait à Reims, de rechercher le brandon de la discorde, et de le condamner sans ménagement. Les légats assignèrent Manassé devant le concile d'Autun : ce fut une menace vaine. Manassé déclara qu'il ne s'humilierait pas lui-même jusqu'à défendre sa conduite devant de simples évêques. Condamné comme contumace, il fit appel de cette sentence devant la cour de Rome. « Qu'il me soit permis », écrivait-il dans cette circonstance à Grégoire VII, « à moi qui ai le pouvoir de convoquer les évêques de toute la Gaule, qu'il me soit permis de ne pas entendre une sommation de légats et d'avoir affaire à vous-même. J'irai près de vous à la Pâque prochaine ». En effet, quelque temps après, il se rendit auprès du pape, s'excusa, fit des promesses, prononça même sur les reliques de saint Pierre un serment solennel dont le texte nous a été conservé, et parvint du moins à faire abroger la sentence du concile d'Autun. Il reparut ensuite à Reims le front plus haut que jamais, et la main plus prompte soit à piller, soit à sévir. Grégoire VII entendit alors de nouvelles plaintes. Toute l'Église des Gaules semblait lui reprocher d'avoir eu trop d'indulgence pour un effronté. Les légats du saint-siége reçurent la commission de recommencer le procès de l'archevêque de Reims. Afin de le corrompre, Manassé offrit au légat Hugues, évêque de Die, 300 onces d'or, et lui en promit bien davantage. Hugues repoussa les présents de Manassé, et l'assigna devant le concile de Lyon. Cette fois encore l'accusé refusa de comparaître. Le concile le déposa. Avait-il encore droit à quelque pitié? Grégoire VII, malgré l'énergie de son caractère, aimait mieux contraindre à la soumission les prélats indociles que les briser. Dans cet esprit, il écrivit à Manassé qu'il lui donnait un délai pour réparer ses fautes, et restituer aux clercs, aux moines, aux églises, les biens qu'il leur avait dérobés. Manassé ne fit aucune restitution. Il fut alors solennellement excommunié par le saint-siége (27 décembre 1081). Les électeurs réunis donnèrent pour successeur Renaud du Bellay à Manassé, qui voulut néanmoins se maintenir par la violence dans son palais archiépiscopal; mais il en fut chassé. Où se retira-t-il ensuite? On l'ignore. Suivant quelques historiens, il se rendit dans la Terre Sainte et y fut fait prisonnier par le gouverneur musulman de Babylone. Suivant d'autres, il alla mourir en Allemagne, auprès de l'empereur Henri IV, excommunié comme lui. Ces assertions contradictoires sont également dépourvues de toute garantie.

Les auteurs de l'*Histoire littéraire* ont inscrit Manassé parmi les écrivains du onzième siècle, à cause de son *Apologie*, qui a été publiée par Mabillon, d'après un manuscrit de la reine de Suède. C'est un plaidoyer habilement composé, où l'on trouve beaucoup d'arguments spécieux, énoncés en des termes d'une parfaite convenance. Mais, suivant le témoignage d'un contemporain, Manassé n'était pas lettré : son *Apologie* serait donc un ouvrage écrit par une plume d'emprunt. La chronique de Hugues de Flavigny nous offre une de ses lettres à Grégoire VII; mais il est vraisemblable qu'il n'en est pas l'auteur. B. H.

Gallia christiana, IX, col. 70. — *Hist. littér. de la France*, VIII, 648. — Marlot, *Metrop. Rem. Hist.*, II, 168.

MANASSÉ II, archevêque de Reims, mort le 17 septembre 1106. Il était de l'illustre maison de Châtillon. Son père, Manassé le Chauve, portait le titre de vidame de Reims. L'école de Reims avait alors pour principal régent ce Bruno qui fut dans la suite le fondateur de l'ordre des Chartreux. Formé sous sa discipline, Manassé s'éleva successivement aux fonctions de prévôt et de trésorier. La noblesse de sa naissance contribua aussi à sa fortune, car il fut élu archevêque, en 1096, avant d'avoir reçu les ordres. Son admission au diaconat, puis à la prêtrise, eut lieu après son élection. Les historiens de l'église de Reims s'accordent à louer l'administration de Manassé II. Assez peu soumis au saint-siége, avec lequel il eut des différends, il montra néanmoins beaucoup de zèle pour les affaires de son clergé. Les moines de Saint-Remi furent aussi ses adversaires; mais on ne peut s'empêcher de reconnaître que ces moines avaient des habitudes d'indépendance qui dégénéraient quelquefois en mutinerie. Il mourut chez les chanoines de Saint-Denis de Reims, après avoir pris l'habit de leur ordre. On a conservé de lui plusieurs lettres, qui ont été imprimées dans divers recueils, et analysées par les auteurs de l'*Histoire littéraire*. B. H.

Gallia christ., X, col. 77. — *Hist. littér. de la France*, IX, 297.

MANASSES BEN SARUK ou **MENAHEM**, grammairien juif, vivait en Espagne au neuvième siècle. Il est auteur d'un très-bon *Lexique* des racines hébraïques, qui se trouve en manuscrit dans diverses bibliothèques de l'Europe, et dont un extrait a été donné dans le tome II des *Titres primitifs de la révélation* de Fabricy. Manasses a aussi écrit en hébreu une *Réponse à une question sur la grammaire proposée par Rabbi Donasch*, dont un exemplaire se trouve à la bibliothèque du Vatican. O.

Wolf, *Bibl. hebraica*, t. III. — Bartolocci, *Bibl. rabbinica*.

MANASSÈS (*Constantin*) (Κωνσταντῖνος ὁ Μανάσση), chroniqueur et romancier byzantin, vivait vers le milieu du douzième siècle, sous le règne de l'empereur Manuel Comnène. Il composa un tableau historique (Σύνοψις ἱστορική) qui est une chronique depuis la création du monde jusqu'à l'avénement d'Alexis Ier Comnène, en 1081. Cet ouvrage est écrit dans une sorte de vers que l'on appelait *vers politiques*, mais qui est plutôt une prose rhythmique; il en contient 6,750 environ. Leunclavius en publia une traduction latine à Bâle, 1573, in-8°; le texte grec, d'après un manuscrit palatin avec la traduct. de Leunclavius et des notes par J. Meursius, parut à Leyde, 1616, in-4°; le même, revu sur deux manuscrits de Paris par Fabrot qui y joignit un glossaire, fut publié à Paris (Collection du Louvre); 1655, in-fol. La dernière édition est celle d'Emmanuel Bekker; Bonn, 1837, in-8°. On a encore de Constantin Manassès les fragments d'un roman intitulé : les *Amours d'Aristandre et de Callistée*; ils ont été publiés pour la première fois par Boissonade à la suite de Nicétas Eugénianus; Paris, 1819, 2 vol. in-12, et réimprimés dans les *Erotici Scriptores* de la collection Teubner; Leipzig, 1858-1859, 2 vol. in-12. Y.

Fabricius, *Bibliotheca græca*, vol. VII, p. 469, etc. — Hamberger, *Nachricht. von gelehrt-Männern*.

MANASSÈS *de Recanati*, rabbin italien, mort en 1290. Quoique son intelligence ne se développât que tardivement, il se rendit célèbre dans la synagogue par son grand savoir. Ses principaux écrits sont : *Commentarius cabalisticus in Legem Moisis*; Venise, 1523 et 1545, in-4°; Bâle, 1541, in-4°; Lublin, 1595, in-fol, avec un commentaire; cet ouvrage est devenu extrêmement rare, la plupart des exemplaires ayant été détruits par ordre de l'Inquisition; — *Zepher. hadinnim, seu Liber judiciorum*; Bologne, 1738, in-4°. — *Tachmi Misvoth seu Rationes præceptorum*; Constantinople, 1544, in-8°; Bâle, 1581, in-4°. — *Quæstiones et responsiones legales*, Venise; — *Ordo stellarum et siderum*, inédit. O.

Wolf, *Biblioth. hebraica*. — Hommel, *Bibl. juris rabbinici*. — Hallervord, *Bibl. curiosa*, p. 270. — Bartolocci, *Bibl. Rabbinica*.

MANASSÈS (*Azaria-Mippano*), savant rabbin italien, né à Fano, au seizième siècle, mort à Mantoue, en 1620. Il professa à Reggio la théologie juive, et publia entre autres : *Asara Maamaroth, seu Decem tractatus de cabbala*; les trois premiers de ces traités : *Scrutinium judicii, Mater omnis viventis*, et *De attributis Dei*, parurent à Cracovie, 1544; Venise, 1587; Amsterdam, 1649; Francfort, 1678, in-4°; le quatrième, intitulé : *Columba obtumescentiæ*; parut à Amsterdam, 1619 et 1648, in-4°; le cinquième, *Mundus parvus*, à Wimmersdorf, 1675, in-4° (et avec le sixième *Exercitus Dei*; Hambourg, 1653, in-4°); le septième, *De temporibus* a Dyhrenfurt, in-4°; les trois derniers sont restés inédits : les cinq premiers parurent ensemble; Francfort, 1698, avec un commentaire de Jehuda Löw. *Asius Rimmonim seu Succus expressus malogranatorum*, publié en extrait par Corduero, Venise, 1601, et Mantoue, 1624, in-4°; — Plusieurs traités cabbalistiques, restés en manuscrit. O.

Wolf, *Bibl. th. hebraica*.

MANASSÈS BEN JEHUDA DE LONZANO, rabbin italien, vivait au seizième siècle. Il est auteur d'un ouvrage intitulé : *Schné Iadoth, id est Duæ manus; scilicet in duas partes, quarum prima est Jad oni, id est manus pauperis; secunda Jad Hamelech, id est manus regis. Utraque manus habet quinque digitos;* Venise, 1618, in-4°; Amsterdam, 1659, in-4°. Ces éditions ne contiennent que la *Main du pauvre* et le premier *Doigt* de la *Main du roi;* les *Doigts* II et III de cette main parurent à Venise, 1668, in-4°; le quatrième et cinquième sont restés inédits. Cet ouvrage ne renferme guère que des subtilités rabbiniques, sauf le premier *Doigt* de la *Main du Pauvre*, intitulé *Or Thora*, qui contient sur les livres de Moïse beaucoup de variantes et d'interprétations précieuses. O.

Buxtorf, *Bibl. rabbinica*. — Rich. Simon, *Bibliothèque critique*, t. I. — Morin, *Antiquitates ecclesiæ orientalis*, p. 368. — Huet, *Demonstratio evangelica*.

MANASSÈS BEN JOSEPH BEN ISRAEL, savant rabbin portugais, né à Lisbonne, en 1604, mort à Middelbourg, en 1659. Son père, riche marchand de Lisbonne, accusé par l'inquisition de professer secrètement le judaisme, fut dépouillé de ses biens et ne put sauver sa vie qu'en se réfugiant en Hollande avec sa femme et ses deux fils. Manassès, confié aux soins d'Isaac Uriel, fit des progrès étonnants dans toutes les connaissances libérales, et à l'âge de dix-huit ans il fut jugé digne de succéder à son maître, qui venait de mourir, dans la direction de la synagogue d'Amsterdam. Pour suppléer à l'insuffisance du traitement affecté à ces fonctions, il établit dans sa maison une imprimerie, de laquelle sortirent des éditions estimées. Il se livra aussi au commerce, mais sans suspendre cependant ses travaux littéraires. En 1656, il passa en Angleterre, principalement dans le dessein de demander le rappel de ses coreligionnaires. Il fut très-bien accueilli par Cromwell; mais ses démarches furent inutiles. Bientôt après, il retourna en Hollande. Après sa mort, les juifs d'Amsterdam firent porter son corps dans leur ville, et lui firent à leurs frais de magnifiques funérailles. Manassès descendait, à ce qu'il assurait, de la famille de David; il épousa une femme qui appartenait à la famille d'Abarbanel, et, s'il faut en croire Vossius, il prétendait que le Messie naîtrait de ce mariage. Il paraît qu'il avait une idée excessive de son mérite. On ne peut lui refuser l'honneur d'avoir été un des hommes les plus distingués de son temps. Il avait des relations intimes avec Episcopius, Grotius et plusieurs autres Arminiens; ce qui ne l'empêchait pas d'être plein de zèle pour le culte de ses pères.

On a de lui : *Sepher Phui Rabbali* (Le grand livre des Figures); la 1re part., Amsterdam, 1828, in-4°, contient un catalogue des passages du Pentateuque cités dans le *Midrasch rabbah*, et la 2e, ibid., 1678, le catalogue des passages des cinq megilloths cités dans le même ouvrage; — *Mischnijoth;* Amsterdam, 1631, 1637, in-8°. Ce sont les cinq ordres de la Michna avec de courtes remarques; — *El Conciliador o de la Conveniencia de los lugares de las escripturas*, 1re part. sur le Pentateuque; Francfort (Amsterdam), 1632, in-4°; 2e part. sur les premiers prophètes; Amsterdam, 1641; 3e part. sur les derniers prophètes; ibid., 1650; 4e part. sur les hagiographes; ibid., 1651, in-4°. Il s'agit dans cet ouvrage de la conciliation de 472 passages qui se contredisent, du moins en apparence, savoir 189 dans le Pentateuque et 283 pour le reste de l'Ancien Testament, traduit en latin par Vossius, Amsterdam, 1633-1667, in-4°; en anglais par E.-H. Linds, Londres, 1842, 2 vol. in 8°; — *De Creatione problemata XXX;* Amsterdam, 1635, in-8°; — *De la Resurreccion de los muertes;* Amsterdam, 1636, in-12, publié en même temps dans une version latine due à Manassès lui-même; — *Libri III de termino vitæ;* Amsterdam, 1639, in-8°, plusieurs éditions; — *De la fragilidad humana;* Amsterdam, 1642, in-4°, publié en même temps en latin. Ce livre, qui devait former le commencement d'une critique des dogmes, traite du péché originel et de la chute de l'homme; — *Tesauro dos Dinim;* les trois premières parties, Amsterdam, 1645, in-8°, la 4e, 1647 et la 5e, sous le titre particulier *De Economia que contiene todo lo que tien al matrimonio*, 1747; les cinq parties réunies; ibid., 1710, in-8°; — *Piedra gloriosa de la estatua de Nebucadnezar;* Amsterdam, 1655, in-12 : explication du chap. II de Daniel; — *Esperança de Israel*, Amsterdam, 1650, in-8° et en même temps en latin; plusieurs éditions, trad. en anglais, Londres, 1651, in-4°; en hébreu, Amsterdam, 1698, in-16; en juif-allemand, Amsterdam, 1691, in-8°; en hollandais, Amsterdam, 1666, in-12; — *Orden de las oraciones del Minhag sphara.;* Amsterdam, 1637, in-8°; — *Sepher Nichmath khajims* (Livre du souffle de la vie); Amsterdam, 1652, in-4°, dédié à l'empereur Ferdinand III. Il s'agit de l'immortalité de l'âme, de ses rapports avec le corps et de ses destinées futures. Springer en a traduit le 1er chapitre en allemand; Breslau, 1714, in-8°; — *Vindiciæ Judæorum, or a letter in answer to certain questions propounded, touching the reproaches part on the nation of the Jews;* Londres, 1656, in-4°, apologie des Juifs, destinée à faciliter leur rappel en Angleterre. Cet écrit a été reproduit dans *The Phenix*, Londres, 1708, in-8°, et traduit en allemand par Mendelssohn, Berlin, 1782, in-8°; en hébreu par

S. Bloch; Vienne, 1814, et Vilna, 1828, in-8°, etc.; — *Humble Adress to the Lord Protector in behalf of the Jewish nation*, Londres, 1656, in-4°; — *Los Oraciones del anno*, Amsterdam, 1650, 2 vol. in-8°. Manassès laissa plusieurs ouvrages inédits. On lui doit la publication de plusieurs éditions, soit de diverses parties de l'Ancien Testament, soit de l'Ancien Testament tout entier dans le texte original, avec ou sans notes, et surtout une édition du Pentateuque hébreu avec une traduction espagnole, une introduction et des notes.

Michel NICOLAS.

Bartalocci, *Mag. Bibl. rabbin.* — Wolf, *Bibl. hebr.* — Rossi, *Dizion. degli autori ebrei.* — Basnage, *Hist. des Juifs.* — Eli Carmoly, *Manasses ben Israel, une biographie* dans la *Revue orientale*; Bruxelles, 1842, 290-308. — J. Fürst, *Biblioth. judaica*, II, 334-338.

MANBY (*Georges-William*), inventeur anglais, né le 28 novembre 1765, à Hilgay (comté de Norfolk), mort le 18 novembre 1854, dans les environs de Great Yarmouth. Après avoir terminé ses études au collége militaire de Woolwich, il servit dans la milice, obtint le grade de capitaine, et devint directeur des casernes d'Yarmouth (1803). Il employa les loisirs que lui laissait sa place à des recherches utiles à l'humanité. Ayant eu connaissance du plan inventé en 1792 par le lieutenant Bell pour sauver les navires en détresse, il mit tous ses soins à le perfectionner et reçut en 1811 du parlement une récompense nationale de 6,000 livres (150,000 fr.). On lui donna la surveillance des côtes depuis Yarmouth jusqu'au golfe de Forth, et de 1815 à 1816 il y établit cinquante-neuf stations pourvues d'un appareil de sauvetage. Manby inventa aussi une autre machine, qui, mue par une seule personne, pouvait éteindre un incendie; c'était une pompe d'une forme particulière; on la chargeait d'une dissolution de chaux et de potasse, et ce fluide, lancé sur les flammes les plus vives, les éteignait partout où il tombait. Cette invention, dont l'essai fut tenté en 1816 à bord d'un vaisseau en présence d'un comité d'officiers de marine, eut un plein succès. La même activité d'esprit poussa Manby à entreprendre, à cinquante-six ans, avec toute l'ardeur d'un jeune homme, le long et périlleux voyage du Groenland. Son but était de faire en mer l'expérience des procédés qu'il avait inventés pour rendre la pêche de la baleine moins périlleuse et plus lucrative; mais il ne put y parvenir à cause de la mauvaise volonté de l'équipage du bâtiment sur lequel il se trouvait. Le capitaine Manby a publié : *Histoire des antiquités de la paroisse de Saint-David, dans le sud du pays de Galles*, 1801, in-8°; — des *Essais* sur l'histoire naturelle, 1802; — *Leçons sur les moyens de sauver les naufragés*, 1813, in-8°; — *Journal of a voyage to Groenland in the year 1821*; Londres, 1822, in-4°.

K.

The English Cyclopædia (Biogr.).

MANCEL (*Jean-Baptiste-Georges*), littérateur français, né à Caen, le 10 décembre 1811. Il y étudia le droit, fut quelque temps compositeur d'imprimerie, et devint, en 1837, conservateur adjoint, et, en 1839, conservateur de la bibliothèque de cette ville, place qu'il occupe encore aujourd'hui. M. Mancel a dirigé la publication du *Calvados pittoresque et monumental*; Caen, 1847, in-fol., dont il n'a paru que trente-trois livraisons; et de *la Normandie illustrée*; Nantes, 1852, 2 vol. in-fol. Il a édité (avec M. Trébutien) *L'Etablissement de la fête de la conception Notre-Dame, dite la fête aux Normands, par Wace*; Caen, 1842, in-8°; — (avec M. Charma) *Le père André, jésuite*; Paris, 1841-1857, 2 vol. in-8°; — *Journal d'un bourgeois de Caen*, 1652-1733; Caen, 1848, in 8°; — *Lettres inédites de Malherbe*; Caen, 1852, in-8°; — *Souvenirs de l'insurrection normande, dite du Fédéralisme, en 1793, par F. Vaultier*; Caen, 1858, in-8°; — *Documents, Notes et Notices pour servir à l'histoire du département du Calvados*. Caen, 1852, in-8°.

E. R.

Journal de la Librairie. — *Documents particuliers.*

MANCHESTER (*Edward* MONTAGU, comte DE), ministre et général anglais, né en 1602, mort le 5 mai 1671. Son père, Henry Montagu, magistrat distingué et l'un des ministres de Charles Ier, reçut de ce prince le titre de comte de Manchester. Le jeune Edward, connu d'abord sous le nom de lord *Manderville*, eut une éducation assez négligée; il passa quelques années à l'université de Cambridge, accompagna en 1623 Charles Ier (alors prince de Galles) en Espagne, et fut compris parmi les nombreux chevaliers que le nouveau roi, à l'époque de son couronnement, créa dans l'ordre du Bain. Élu député au parlement par le comte de Huntingdon, il siégea à trois législatures et entra à la chambre des lords avec le titre de baron de Kimbolton. Des relations de famille l'amenèrent dans le parti des mécontents; il y acquit bientôt de la popularité par le généreux emploi qu'il savait faire de sa fortune. En 1640 il fut un des quinze commissaires chargés de conclure à Ripon une suspension d'armes avec les Écossais, et il fit partie d'un comité permanent formé de pairs et de députés qui devait se réunir dans l'intervalle des sessions. Le 4 janvier 1641, il fut, en même temps que quatre membres des communes, accusé de haute trahison; n'ayant pu obtenir du roi le retrait de cette mesure, qu'aucun acte blâmable ne justifiait, il entra en rébellion ouverte et prit du service dans l'armée parlementaire. Après avoir assisté à la bataille d'Edge Hill (23 octobre 1642), où il commandait un régiment, il perdit son père, qui lui légua le titre de comte de Manchester, et s'éloigna quelque temps de la vie publique. Bien qu'il n'eût fait dans cette campagne qu'un court apprentissage des armes, il déploya de véritables talents militaires dont le parlement songea à tirer parti lorsqu'il prit ombrage du chef de ses troupes, le comte d'Essex. On leva une armée nombreuse, composée des milices de sept comtes du centre, et ce ne fut pas sans surprise qu'on en vit remettre le commandement à lord Manchester, qui avait jusque-là fait preuve de moins d'expérience que de zèle et de bonne conduite. Ce dernier n'épargna ni activité ni argent pour rassembler des soldats; l'un de ses compatriotes, Olivier Cromwell, était à la tête de la cavalerie. On se mit en marche vers le nord. Joignant la bravoure à la prudence, ce général improvisé ne rencontra que des succès: il entra dans Lynn, battit lord Newcastle à Horncastle (11 octobre 1643), prit Lincoln d'assaut et contribua à la reddition d'York; l'année suivante, il se trouva à la journée de Marston-Moor (5 juillet 1644), dont l'issue fut si fatale à la cause royale, rallia différentes garnisons et mit toutes ses forces en ligne à la seconde bataille de Newburg (27 octobre 1644), qui resta indécise. Le parlement parut fort mécontent. Cromwell, qui avait à diverses reprises critiqué les opérations de son chef, saisit cette occasion de prendre sa place et l'accusa hautement de trahison, parce qu'une partie des troupes n'avait pas été engagée et que le roi avait pu faire retraite sans être harcelé. Lord Manchester plaida lui-même sa cause devant les pairs, et bien qu'il n'eût été coupable que d'un excès de prudence, il eut beaucoup de peine à faire admettre sa justification. Privé du commandement militaire (1645), il accepta pour quelque temps les fonctions de président de la chambre haute et chercha un refuge à Hounslow-Heath où Cromwell avait établi son camp. Après la mort du roi, il rentra dans la vie privée; mais le protecteur lui ayant offert un siége à la chambre des lords reconstituée, il l'occupa jusqu'à la chute de la république. Le rôle considérable qu'il avait joué dans les guerres civiles, la part qu'il avait prise aux malheurs du dernier roi semblaient le signaler comme un des personnages les plus compromis; il n'en fut pas ainsi. Dès que la restauration fut à peu près accomplie, il en prépara l'avénement dans ses conférences avec Monk; un des premiers, il accourut au-devant du nouveau monarque, qui s'empressa de récompenser ses services en le nommant successivement conseiller privé, gentilhomme de sa chambre, grand chambellan et chancelier de l'université de Cambridge. Lord Manchester était un homme généreux, bon, plein d'humanité; il avait vécu dans l'intimité de Buckingham et avait gardé de lui des manières affables et des mœurs licencieuses. Il se maria cinq fois et laissa onze enfants. D'après Clarendon, ce fut l'influence de sa seconde femme, Anne de Warwick, qui le détermina à se séparer de la cour.

P. L—Y.

Clarendon, *History of the Rebellion*. — Whitelock. — Collins, *Peerage*. — Lodge, *Portraits of illustrious personages*, V, 223.

MANCHICOURT (*Pierre*), musicien français du seizième siècle. Selon M. Fétis, ce ne serait pas à Tours, comme le dit La Croix du Maine, que ce musicien serait né, mais à Béthune en Artois, en 1510. On ignore l'époque de sa mort. Les biographes donnent d'ailleurs peu de détails sur les événements de sa vie; on sait seulement qu'après avoir été chanoine d'Arras, il fut maître des enfants de chœur de la cathédrale de Tournay, et qu'il quitta ensuite cette position pour aller s'établir à Anvers où il vivait encore en 1560. Cet artiste a joui, de son temps, d'une certaine réputation. On a de lui: *Cantiones musicæ*; Paris, 1539, in-4°; — *Modulorum musicalium*; Paris, 1545, in-4°, contenant quarante-huit motets à quatre parties. — *O Thoma Didime*, motet inséré dans le septième livre des motets à 4, 5 et 6 voix, publié à Paris, en 1534, par P. Attaignant; — Deux messes intitulées l'une *C'est une dure departie*, l'autre, *Povre cœur*, se trouvant dans le recueil des messes de Certon, publié à Paris, en 1546, par le même éditeur; — *Missa quatuor vocum cum titulo: Quo obiit dilectus*; Paris, Nicolas Duchemin, 1568.

D. D. B.

La Croix du Maine, *Bibliothèque française*. — Guichardin, *Description des Pays Bas*. — Fetis, *Biogr. universelle des Musiciens*. — Patria, *Hist. de l'art musical en France*.

MANCINELLI (*Antoine*), philologue italien, né à Velletri, en 1452, mort à Rome, vers 1506. Élève de Pomponius Lætus, il devint un humaniste distingué et enseigna les lettres anciennes à Velletri, à Sermoneta, à Rome, à Fano, à Venise, à Orvieto. Vers la fin de sa vie il retourna à Rome où il mourut dans l'indigence et l'obscurité. « On dit qu'ayant fait une harangue contre les mauvaises mœurs d'Alexandre VI, ce pape en fut si irrité qu'il lui fit couper la langue et les mains. » Bayle, qui rapporte ce fait, a raison de le révoquer en doute. Mancinelli composa des traités de grammaire, des commentaires sur les auteurs anciens, des poëmes. Ces ouvrages, aujourd'hui oubliés, eurent du succès et il s'en fit plusieurs éditions; le recueil en fut publié à Venise, 1498-1502, 1519-1521; Bâle, 1501-1508; Milan, 1503-1506, in-4°. Un choix de ses *Epigrammata* a été inséré dans les *Deliciæ poetarum italorum* de Gruter, t. II, et son poëme *De Vita sua*, imprimé à Bologne, 1496, in-8°, se trouve dans les *Vitæ summorum dignitate et eruditione virorum*; Cobourg, 1735, in-4°.

Z.

Fabricius, *Bibliotheca latina mediæ et infimæ ætatis*. — Bayle, *Diction. historique et critique*. — Niceron, *Mémoires pour servir à l'histoire des hommes illustres*, t. XXXVIII.

MANCINI (*Celso*), appelé aussi *Celsus de Rosinis*, littérateur italien, né à Ravenne, mort en 1612 ou en 1618, à Otrante. Il enseigna la philosophie morale à Ferrare, devint chanoine de Latran et passa ensuite dans les États de Naples. On a de lui: *De somnis, de risu ac ridiculis, de Synaugia platonica*; Ferrare,

1531, in-4°; réimp. dans la *Biblioth. Dresdensis* de Gœtz, II, 46; à Francfort, 1598, in-4°; — *De Cognitione hominis, quæ lumine naturali haberi potest lib. III*; Ravenne, 1586, in-4°; — *De Juribus principatuum lib. IX*; Rome, 1596; — *Agonotheta christiana*. P.

Ughelli, *Lyceum lateranense*.

MANCINI ou MANZINI (*Carlo-Antonio*, comte), astronome italien, né à Bologne, où il est mort vers 1678, dans un âge très-avancé. Il était de famille patricienne et s'appliqua à l'étude des mathématiques, où il devint fort habile. On a de lui : *Astrorum simulacra*; Bologne, in-4°; — *Tabulæ primi mobilis, quibus nova dirigendi ars et circuli positionis invento exhibetur*; Bologne, 1626, in-4°; — *Stella Gonzaga, sive geographicus ad terrarum orbis ambitum et meridianorum differentias tractatus*; Bologne, 1654, in-4°. Il a encore composé en italien une dioptrique pratique, un ouvrage contre le duel : *Il duello schernitto*, et une vie de saint Bruno. P.

Moréri, *Grand Dict. hist.* — Lalande, *Biblioth. astron.*

MANCINI (*Paolo*), fondateur de l'académie des *Umoristi*, né à Rome, où il est mort en 1635. Il appartenait à la noblesse romaine, étudia les humanités chez les jésuites et le droit à Pérouse, embrassa le métier des armes, et fut, dans la guerre suscitée par Clément VIII contre Ferrare, capitaine de la garde à cheval du cardinal généralissime Aldobrandini. En 1600 il épousa Vittoria Capozzi; ses noces furent célébrées avec beaucoup de magnificence, et les poëtes du temps, entre autres Gasparo Salviani, écrivirent en son honneur des comédies et des pièces de vers. Mancini les engagea à venir en donner le divertissement dans son palais, qui devint peu à peu le lieu ordinaire où se réunissaient les beaux esprits et les amis des lettres. La nouvelle académie se trouva formée vers 1602; Salviani en fut un des plus ardents promoteurs et Antonio Bruni le premier secrétaire. Les habitués s'assemblaient sous la présidence du maître du logis d'abord deux fois par mois, puis toutes les semaines; chacun d'eux était tenu de lire un morceau de vers ou de prose, et ce qui avait été jugé le meilleur était imprimé à frais communs. On donna aux premiers associés, à cause de leur entrain et de leur bonne volonté, le surnom d'*Uomini di bell' umore*, d'où vint celui d'*Umoristi*, qui leur resta. Erithreo (Rossi) a laissé d'eux, dans sa *Pinacotheca*, le portrait suivant qui se ressent de l'emphase italienne : *Erat summa inter eos* (les *Humoristes*) *pax atque concordia : nemo adversarius, nemo obtrectator laudum alterius, sed contra semper alter ab altero adjuvabatur et communicando, et monendo, et favendo*. Quoi qu'il en soit, cette académie, rivale de celle des *Lincei*, jeta un grand éclat pendant la première moitié du dix-septième siècle; elle compta parmi ses membres d'éminents écrivains, tels que Tassoni, Guarini, Marini, Vandelli et Peiresc. Elle se soutint jusqu'en 1670, et le pape Clément XI, qui en avait fait partie dans sa jeunesse, tenta inutilement de la rétablir en 1717. Après vingt années d'une union heureuse, Mancini, ayant perdu sa femme, renonça au monde et entra dans les ordres.

Paolo Mancini eut plusieurs enfants dont l'aîné, *Michel-Laurent*, épousa Hiéronyme Mazarin, sœur puînée du cardinal Mazarin, morte le 29 décembre 1656. Ce dernier laissa une postérité nombreuse, que Mazarin fit venir en France et prit sous sa protection; parmi les quatre fils nous citerons *Philippe-Julien*, duc de NIVERNAIS (*voy.* ce nom); les cinq filles furent *Laure*, duchesse de MERCOEUR, morte le 8 février 1657; *Olympe*, comtesse de SOISSONS, morte le 9 octobre 1708; *Marie*, princesse de COLONNA, morte en mai 1715; *Hortense*, duchesse de MAZARIN, morte le 2 juillet 1699; et *Marie-Anne*, duchesse de BOUILLON, morte le 20 juin 1714. P.

Bumaldi, *Biblioth. Bonon. Script.* — Ghilini, *Theatro d'uomini letterati.* — Thomasini, *Elog. doct.* — Erythræus, *Pinacotheca*, ch. 13. — Anselme, *Hist. des gr. officiers de la couronne*, 3e éd., III, 462. — Tiraboschi, *Storia della Letter. italiana*, VIII, 1re part., 39 (?).

MANCINI (*Laure*), duchesse DE MERCOEUR, l'aînée des nièces du cardinal Mazarin, née en 1636, morte le 8 février 1657. Elle épousa, en 1651, le duc de Mercœur, fils du duc de Vendôme, et frère de cet audacieux frondeur, le duc de Beaufort, que les Parisiens avaient surnommé *le roi des halles*. Ce mariage ne se fit pas sans de longs pourparlers. Le grand Condé, qu'on nommait alors M. le Prince, s'y était montré fort opposé, et il fallut négocier pour obtenir son consentement, dont on n'osait se passer. N'ayant pu obtenir ce consentement, on passa outre toutefois, et, pendant l'exil du cardinal à Brühl, Laure Mancini devint duchesse de Mercœur. Mais ce mariage ne tarda pas à devenir une véritable affaire d'État, et, comme le cardinal avait été déclaré coupable de haute trahison, le duc fut cité à comparaître devant le parlement pour s'y justifier d'une union qu'on lui imputait à crime. Cependant les amis qu'il avait dans le sein même du parlement assoupirent l'affaire; et lorsque, les troubles de la Fronde étant apaisés, le cardinal reprit sa puissance, le duc de Mercœur se trouva fort bien d'avoir épousé sa nièce. Cette union dura peu de temps toutefois; Mme de Mercœur mourut en couches en 1657. Mme de Motteville nous apprend qu'elle était belle, quoique d'une taille peu avantageuse. Ce fut, de toutes les Mancini, celle qui fit le moins de bruit et qui eut la vie la plus sage; aussi est-elle beaucoup moins connue que ses sœurs. [LE BAS, *Dict. encyclop. de la France.*]

Mme de Motteville, *Mémoires.* — Am. Renée, *Les Nièces de Mazarin.*

:INI (*Olympe*). *Voy.* Soissons (com-).

INI (*Marie*), sœur de la précédente, née en 1640, morte vers 1715, à Madrid. ans un couvent jusqu'à l'âge de dix ans, ortit pour accompagner sa mère et sa rtense que le ministre demandait à Paris initier à la vie du grand monde et de Pour achever leur éducation et la rendre aux goûts du siècle, leur oncle les plaça élèbre couvent des Filles Sainte-Marie lot, où elles restèrent deux ans. Lors-e sortit du cloître, elle n'avait rien de t dans ses traits : le portrait qu'en adame de Motteville, pour n'être pas n est pas moins authentique et vrai; il avec le sentiment unanime des contem-« Marie de Mancini, dit-elle dans ses *Mé-* était grande, mais si maigre que son col as semblaient décharnés; puis elle était jaune. Ses grands yeux noirs n'ayant ure de feu paraissaient rudes; sa bou-grande et plate et hormis les dents rait belles, on la pouvait dire toute laide Louis XIV n'en fut point d'abord épris. lant que la nature et la passion eussent ment transformé « cette créature splen-charpentée », suivant l'expression -Évremond, le roi s'attacha à made-de La Mothe d'Argencourt. Le car-ord avec la reine mère, et redoutant l'ascendant d'une future favorite, fit norts pour la desservir auprès du roi. sit à merveille, en lui prouvant, let-main, que Mlle d'Argencourt avait ombreuses faiblesses de sentiment et it plus digne du rang distingué qu'elle our. Louis XIV, blessé de la vérité urt, ordonna d'enfermer à Chaillot, au es Filles de Sainte-Marie, son ancienne, ce qui donna lieu à cette improvisation le :

eçans Chaillot tous les jours
émit la belle Lamothe,
adeleine dans sa grotte
egrette moins ses amours.
vec sujet elle pleure
ans cette maison de Dieu.
our une pauvre demeure,
lle quitte un Richelieu (1).

it, à mesure que la nièce du cardinal se ait, aux charmes de sa personne vin-oindre ceux de l'intelligence. Instruite par des maîtres habiles, la célèbre Mazarin savait par cœur les poëtes de Elle chantait d'une façon merveilleuse *ne* de Petrarque, le poëte par excellence ncoliques amours! Le roi en devint érieusement amoureux, quoi qu'en dise religieux qui était venu en France, sion spéciale du pape de surveiller les mœurs de la cour. « J'asseuray au pape, écrivait-il plus tard à Mazarin, que le roy estoit aussy chaste que lorsqu'il sortit du batesme et que cette affection, celle qu'il avoit pour Marie Mancini, provenoit d'une sympathie d'*humeur*, et de ce que cette fille avoit beaucoup d'esprit revenant au sien, qui est ce que nous appelons *amor socialis*. »

Le monarque, âgé de vingt ans, dominé par la passion, fut tenté un moment d'épouser la nièce de son ministre. Mais loin de favoriser cette passion, le cardinal envoya sa nièce dans un couvent à Brouage, en attendant qu'une occa-sion se présentât pour la marier, comme il l'avait déjà fait pour la comtesse de Soissons et la duchesse de Vendôme, ses deux sœurs aînées. La séparation de Marie et du prince fut tou-chante; et elle lui dit ce mot si connu : *Vous pleurez, vous êtes roi, et je pars*, que Bayle, dans ses *Réponses aux questions d'un provin-cial*, s'efforça vainement de dénaturer. Peu après, Louis XIV épousa l'infante Marie-Thérèse, et la nièce de Mazarin épousa, en 1661, le prince de Colonna, connétable de Naples, à qui elle apporta en dot cent mille livres de rente. Elle partit aussitôt pour l'Italie avec son époux; mais à son grand déplaisir, « car elle eut la douleur, écrit madame de La Fayette, de se voir chassée de France par le roi; ce fut, il est vrai, avec tous les honneurs imaginables..... Mais elle se trouva si peinée de ses douleurs et de l'ex-trême violence qu'elle s'était faite, qu'elle pensa y demeurer. »

Le connétable passa d'abord avec elle quelques années paisibles. Elle donna, en peu d'années plusieurs fils à son mari, et rien ne semblait man-quer à leur bonheur, quand, à la suite d'une couche pénible qui avait mis ses jours en dan-ger, Marie signifia au connétable qu'elle ne vou-lait plus vivre avec lui; et à partir de cette fatale déclaration elle le rebuta par sa froideur et ses caprices. Elle résolut de divorcer et con-fia ce dessein à sa sœur Hortense, prétextant les infidélités de son mari. Elle la pria de favoriser sa fuite. Avant de partir, elle écrivit à une de ses amies de Rome une lettre dans laquelle elle repoussait énergiquement le reproche que le connétable lui faisait de s'être montrée nue au chevalier de Lorraine, un des plus ravissants sei-gneurs de la cour de France, lorsqu'elle se bai-gnait dans le Tibre. Puis, après avoir revêtu des habits d'homme, elle partit avec Hortense pour Civita-Vecchia. Les deux exilées volontaires se jetèrent dans une felouque que guidaient quel-ques matelots et abordèrent en Provence (1672) où leur descente fit un grand scandale, à en croire madame de Grignan, qui eut la charité de leur envoyer des chemises, disant « qu'elles voya-geaient en vraies héroïnes de roman avec force pierreries et point de linge blanc (1). »

e mots, fondé sur ce qu'elle avait pour amant de *Richelieu*.

(1) A cette occasion, on lit aussi dans une lettre de madame de Scudéry, publiée par l'éditeur du *Supplé-*

Le duc de Mazarin, mari d'Hortense, apprenant cette aventure, envoya des émissaires dans le midi de la France. Pour les éviter, Hortense gagna la Savoie; Marie seule continua son voyage, et pria le roi de lui accorder protection contre le connétable. Louis XIV, lui ayant refusé audience, l'envoya à l'abbaye du Lys, où il pourvut magnifiquement à tous ses besoins. Elle mit tout en jeu pour approcher le roi, qui refusa constamment de la voir; puis, désappointée, elle se rendit à Turin, remonta l'Allemagne, traversa les Pays-Bas et revint à Madrid s'enfermer dans un couvent, après que le prince Colonna eut enfin consenti à la séparation demandée. Toute sa personne gagna, dans la solitude, un grand air de modestie et de simplicité qui la fit remarquer de ses anciennes connaissances. L'abbé de Villars la trouva plus belle à quarante ans qu'elle ne l'était à vingt, époque de ses amours avec le roi. « Elle n'est pas reconnaissable, écrit-il, de ce qu'elle était en France : c'est un teint clair, une taille charmante, de beaux yeux, des dents blanches, de beaux cheveux. » Mais bientôt, ennuyée de la vie du couvent, Marie, après une absence de onze années, revint en France, où elle était totalement oubliée (1684). Elle languit dans une telle obscurité, qu'on ne nota pas même l'année de sa mort, que l'on place vers l'année 1715. Selon le père Anselme, elle finit ses jours à Madrid, vers le milieu de mai.

Armand LEBAILLY.

Mémoires de M. L. P. M. M. (madame la princesse Marie Mancini) par un anonyme, in 12, 1676; trad. en italien, 1678. — *Apologie, ou les véritables Mémoires de madame Marie de Mancini écrits par elle-même*; Leyde, 1678, in-12. — *Mémoires de madame de Motteville* (collection Petitot). — *Mémoires sur Mme de Sévigné*, par Walkenaër. — Somaize, *Dictionnaire des précieuses*. — *Mémoires de Mademoiselle et de madame de La Fayette* (collection Petitot). — *Bulletins de la Société de l'histoire de France*, tome Ier, 1834. — *Mémoires de la duchesse de Mazarin*, par Saint-Réal. — *Mémoires de Saint-Simon*, tom. XX, édit. in-18. — *Roman comique de Scarron*. — *Opuscules* de Saint-Évremond. — *Remarques* de M. Erard. — Amédée Renée, *Les Nièces de Mazarin*, Paris, Didot, 1857.

MANCINI (*Marie-Anne*), duchesse DE BOUILLON, sœur des précédentes, née à Rome, en 1646, morte en 1714, à Paris. Elle fut amenée à Paris quelques années plus tard que ses sœurs. Mariée en 1662, c'est-à-dire à treize ans, à Godefroy de La Tour, duc de Bouillon, elle ne lui apporta qu'une dot inférieure à celle de ses sœurs, sa fortune ayant été réduite par la mort du cardinal. Charmante et spirituelle comme l'étaient toutes les Mancini, elle fut plus heureuse que ses sœurs, bien que sa vie faillît être horriblement bouleversée par l'interrogatoire qu'elle eut à subir devant la Chambre ardente instituée par Louis XIV pour rechercher et punir ces affreux crimes d'empoisonnement qui désolaient et terrifiaient alors la France. La duchesse était accusée d'avoir eu recours à la sorcellerie pour commettre des crimes et pour lire dans l'avenir, accusation puérile qui ne peut être justiciable que du tribunal du ridicule. L'interrogatoire que rapporte Mme de Sévigné fut aussi plaisant que la folie qui avait donné lieu à ces graves imputations. « La duchesse de Bouillon alla demander à la Voisin un peu de poison pour faire mourir un vieux et ennuyeux mari qu'elle avoit, et une invention pour épouser un jeune homme qu'elle aimoit. Ce jeune homme étoit M. de Vendôme, qui la menoit d'une main, et M. de Bouillon (son mari) de l'autre; et de rire. Quand une *Mancini* ne fait qu'une folie comme celle-là, c'est donné... » Et plus loin, Mme de Sévigné raconte ainsi l'interrogatoire de la duchesse : « Mme de Bouillon entra comme une petite reine dans cette chambre; elle s'assit dans une chaise qu'on lui avoit préparée, et, au lieu de répondre à la première question, elle demanda qu'on écrivît ce qu'elle vouloit dire; c'étoit : « Qu'elle ne venoit là que par le respect qu'elle avoit pour l'ordre du roi, et nullement pour la chambre qu'elle ne reconnoissoit point, ne voulant pas déroger au privilége des ducs. » Elle ne dit pas un mot que cela ne fût écrit, et puis elle ôta son gant, et fit voir une très-belle main; elle répondit sincèrement, jusqu'à son âge. « Connoissez-vous la Vigoureux? — Non. — Connoissez-vous la Voisin? — Oui. — Pourquoi voulez-vous vous défaire de votre mari? — Moi, me défaire de mon mari! vous n'avez qu'à lui demander s'il en est persuadé; il m'a donné la main jusqu'à cette porte. — Mais pourquoi alliez-vous si souvent chez cette Voisin? — C'est que je voulois voir les sibylles qu'elle m'avoit promises; cette compagnie méritoit bien qu'on fît tous les pas. — N'avez-vous pas montré à cette femme un sac d'argent? » Elle dit que non, pour plus d'une raison, et tout cela d'un air fort riant et fort dédaigneux. « Eh bien, messieurs, est-ce là tout ce que vous avez à me dire? — Oui, madame. » Elle se lève, et en sortant, elle dit tout haut : « Vraiment, je n'eusse jamais cru que des hommes sages pussent demander tant de sottises. » Elle fut reçue de tous ses parents, amis et amies avec adoration, tant elle étoit jolie, naïve, naturelle, hardie, et d'un bon air et d'un esprit tranquille. » Voltaire ajoute que « La Reynie, un des présidents de cette chambre, ayant été assez mal avisé pour demander à la duchesse de Bouillon si elle avait vu le diable, elle répondit qu'elle le voyait dans ce moment; qu'il était fort laid et fort vilain, et qu'il était déguisé en conseiller d'État. » Tout allait bien jusque-là; mais la duchesse, non contente d'être sortie triomphante de cet interrogatoire, se vanta encore tout haut d'avoir bafoué ses juges, ce qui la fit exiler à Nerac, par un monarque jaloux de sa dignité et de celle de ses ministres.

ment de Bussy : « Mesdames Colonna et Mazarin sont arrêtées à Aix; l'histoire dit qu'on les y a trouvées déguisées en hommes qui venaient voir les deux frères, le chevalier de Lorraine et le comte de Marsan. »

se profita du temps de son exil pour sœur en Angleterre, d'où elle revint que temps à Nerac, et passa ensuite pour y voir le prince de Turenne, son : trouvait à Rome. C'est là qu'elle reçut permission de rentrer à la cour de n 1690. On ne sait plus rien de la vie hesse de Bouillon depuis cette époque, it qu'elle mourut à l'âge de soixante-

oignages les plus unanimes de l'amae l'esprit éclairé de madame de Bouillon été laissés par ses contemporains. Ce it-on, qui devina le talent de La Fonlui donna le surnom de *Fablier*, si ittribué à madame de La Sablière. La , qui n'oubliait jamais ses amis dans or, lui adressa de nombreuses lettres exil; et, pendant le séjour de sa pron Angleterre, il écrivait à l'ambassaiçais : « Elle porte la joie partout; c'est r de la voir disputant, grondant, jouant de tout avec tant d'esprit, que l'on s'en imaginer davantage. » La due Bouillon ne fut pas, plus que ses xemple de la galanterie, travers trop à cette époque. Dans l'âge mûr, elle la par le it des lettres et la protection ne accordait à ceux qui les cultie prétendu, sans trop de vraisemqu'elle avait coopéré à la composition *pha et Zéangir*, tragédie de son biire Belin. [Le Bas, *Dict. encyclop. de ce.*]

es du temps. — Voltaire, *Siècle de Louis XIV*. Sevigné, *Lettres*. — Am. Renée, *Les Nièces de*

NI (*Hortense*). *Voy.* MAZARIN (duch.

INI (*Francesco*), peintre de l'école bo-né vers 1685, à S.-Angelo-in-Vado, en , mort en 1758. L'époque de sa nais- incertaine; on ne peut accepter la date donnée par quelques auteurs, puisque ons que Mancini fut élève de Carlo Ciavait déjà acquis une certaine réputamort de son maître, arrivée en 1719. s il fut admis à l'academie de Saint-1725, et il devait nécessairement être plus de vingt ans. Après la mort de ignani, Francesco partit pour Rome, ncontra son condisciple Marcantonio hini; cette liaison n'eut pas une heufluence sur son talent, car elle l'ens'éloigner du faire soigné de son maître ndre la manière plus expéditive de son i qu'il en soit, bon dessinateur et agréaiste, il ne tarda pas à être compté parmi leurs artistes vivant alors à Rome. Le uvre de Mancini est *Saint Pierre et ean guerissant un estropié*, tableau servé au Quirinal, a été copié en mosaïque à Saint-Pierre. Citons encore parmi les bons ouvrages de ce maître, *Le Bienheureux Gambacorti* de la cathédrale de Pise, *L'Apparition de J.-C. à saint Pierre*, au couvent des Philippins de Castello; *Le Char du soleil*, au palais Albicini de Forli; plusieurs autres peintures aux conventuels d'Urbin et aux Camaldules de Fabriano; enfin des fresques à l'église de la Misericordia de Macerata. Mancini forma plusieurs élèves dont les plus connus sont le chanoine Andrea Lazzarini et Niccolo Lapiccola de Crotone. E. B—N.

Zani, *Enciclopedia metodica*. — Zanelli, *Vita di Carlo Cignani*. — Missirini, *Memorie dell' Accademia di S. Luca*. — Gualandi, *Memorie originali di belle arti*. — Casali, *Guida di Forli*. — Morrona, *Pisa illustrata*.

MANCO-CAPAC, fondateur de la monarchie des Incas. Ce législateur du Pérou appartient autant à la légende qu'à l'histoire. Selon le calcul des premiers écrivains du Pérou, il vécut vers le onzième siècle de l'ère chrétienne; mais si l'on considère que la dynastie des Incas ne se compose que de douze monarques régnants et si l'on suppose que chaque règne ait duré vingt ans en moyenne, on trouvera que Manco-Capac n'a dû exister que dans le treizième siècle. Quant à sa patrie, lorsqu'il arriva chez les Péruviens réduits encore à l'état sauvage, il profita de leur vénération pour le soleil et se donna lui et sa femme, Mama Oello, pour fils de cet astre. Il leur apprit à adorer intérieurement et comme un dieu suprême, le *grand Pachacamac* (1) (c'est-à-dire l'âme ou le soutien de l'univers), et extérieurement et comme un dieu inférieur, créateur visible et bienfaisant, le soleil son père. La tradition rapporte que Manco partit du lac de Titicaca. Alcide d'Orbigny y voyait une preuve qu'il appartenait à la nation des Aymaras, qui habitait les bords de ce lac et qui est demeurée le type de la civilisation mexicaine. D'autres érudits font venir Manco et Mama d'un autre continent ou, du moins, de quelque terre éloignée d'Amérique, et expliquent ainsi le titre d'*enfants du soleil* qu'ils prirent à leur arrivée et les connaissances qu'ils apportèrent chez les Péruviens. Quelle que fût son origine, le couple réformateur subjugua promptement l'esprit des Indiens et trouva dans ces naturels crédules des instruments dociles et empressés. La fondation d'une ville fut l'un des premiers actes du législateur. En réunissant un certain nombre de tribus autour de lui, Manco propagea rapidement ses idées civilisatrices. En même temps que le prétendu fils du soleil enseignait à ses sujets à cultiver la terre, à construire des maisons, à pratiquer les arts les plus utiles à l'homme, Mama Oello apprenait aux femmes à filer, à tisser des étoffes de coton et de laine. Manco établit aussi des hiérarchies administratives, judiciaires et militaires; mais la principale base

(1) Composé des deux mots péruviens *pacha* (monde) et *camac* (animer).

de son gouvernement fut la religion. Les lois prononçaient la peine de mort contre l'homicide, le vol et l'adultère. Les pères étaient responsables des fautes de leurs enfants. L'oisiveté était punie sévèrement, etc. Le territoire de Manco, qui d'abord n'embrassait qu'un espace de huit à dix lieues autour de Cusco, s'étendit rapidement par l'alliance ou par la conquête. L'inca soumit à ses lois toute la partie orientale du Pérou jusqu'à la rivière de Paucartempé, quatre-vingts lieues à l'ouest jusqu'à l'Apurima, et neuf lieues au sud jusqu'à Guequezona. Son règne dura trente ou quarante ans. Il laissa le trône à son fils Sinchi-Roca. A. de L.

Garcilasso de La Vega, *Los Commentarios reales*, etc.; Lisboa, 1609, in-fol.; trad. en français par J. Pradelle. — Beaudouin, *Hist. des Incas*, etc.; Paris, 1633, 2 vol. in-4°, très-rares — Raynal, *Histoire philosophique des deux Indes*, t. VI, liv. VII, chap. VI. — Robertson, *History of America*. — Frédéric Lacroix, *Pérou*, dans l'*Univers Pittoresque*, p. 364-404. — Pedro Cieza de Leon, *Chronica del Peru*, passim. — Prescott, *Hist. du Pérou*.

MANCO-CAPAC II, dernier inca du Pérou, assassiné à Villapampa vers 1563. Fils d'Huana-Capac et frère de Huascar et d'Atahualpa, après le meurtre de ces deux incas, il fut reconnu empereur par les populations de Cusco et des districts environnants. Dans le même temps Francisco Pizarre faisait proclamer Paul Inca, un des fils d'Atahualpa. Pour les deux princes, le titre de souverain fut à peu près honorifique. Manco-Capac, attaqué dans Cusco par les Espagnols, défendit courageusement sa capitale, et quand il se vit forcé, il se réfugia dans les montagnes d'où il guerroya avec avantage. Paul Inca étant mort, Pizarre fit des propositions à Manco. Ce souverain consentit à se reconnaître vassal du roi d'Espagne, et fit son entrée publique à Cusco en 1533. Mais, traité aussitôt en prisonnier, il trama une vaste conspiration qui avait pour but le massacre général des Espagnols et la délivrance du Pérou. Il profita de la permission qu'il reçut de se rendre à une fête solennelle qui devait se célébrer dans la province d'Incaya pour jeter le cri de guerre (1535). Les Espagnols surpris furent massacrés en assez grand nombre. Los Reyes et Cusco furent assiégés par deux cent mille Indiens qui montrèrent un courage remarquable. Juan Pizarre fut tué dans un des nombreux assauts que les assaillants ne cessaient de livrer. Les Espagnols, réduits à cent soixante-dix, se disposaient à évacuer la ville lorsqu'Almagro arriva du Chili avec cinq cent soixante dix Européens et un grand nombre d'indigènes. Almagro était alors en lutte avec les Pizarre. L'inca entama une négociation avec Almagro; il comprit bientôt que ce chef ne consentait à lui prêter une assistance momentanée que pour le sacrifier plus tard. Prévenant la trahison, il se jeta à l'improviste sur son douteux allié; mais la valeur et la discipline triomphèrent du nombre, et Manco-Capac fut complétement battu. Il regagna les Andes et continua d'inquiéter les conquistadores si vivement qu'ils ne trouvèrent qu'un seul moyen de se débarrasser de lui : l'un d'entre eux, se prétendant proscrit, se fit accueillir du monarque péruvien et le poignarda.

A. de Lacaze.

Garcilasso de la Vega, *Historia general del Peru*. — Aug de Zarate, *Conquête du Pérou par Pizarre*. — Frédéric Lacroix, *Pérou et Bolivie*, dans l'*Univers pittoresque*, p. 441. — Prescott, *Hist. du Pérou*.

MANDAGOT (*Guill.* de). *Voy.* Guillaume.

MANDAJORS (*Louis* des Ours, seigneur de Canvas et de), archéologue français, mort à Alais en 1716. Il était bailli général du comté d'Alais et maire de cette ville. Homme d'esprit et de quelque érudition, il composa des ouvrages où un amour exagéré de sa province le fit commettre plusieurs erreurs géographiques. On a de lui : *Nouvelles découvertes sur l'état de l'ancienne Gaule du temps de César*; Paris, 1696, in-12. L'auteur y bouleverse toutes les positions des villes et des territoires des nations de l'ancienne Gaule; il ne s'appuie au surplus que sur de vaines conjectures et des rapports de noms; — *Éclaircissements sur la dispute d'Alise en Bourgogne et de la ville d'Alez au sujet de la fameuse* Alesia *assiégée par César*; Avignon, 1715, in-12; — *Conclusion de la dispute d'Alise*; s. d., in-12. Mandajors, fidèle à son plan, voit Alesia ou Alise dans Alais, sa patrie; — *Nouvelles découvertes sur Clodion et les Français*, s. d., in-4°, ouvrage fort médiocre. L—z—e.

Hugues de Salins, dans le *Journal de Verdun*, ann. 1697. — *Dictionnaire historique* (1822).

MANDAJORS (*Jean-Pierre* des Ours de), historien et poëte français, fils du précédent, né à Alais, le 24 juin 1679, mort dans la même ville, le 15 novembre 1747. Après avoir terminé ses études dès l'âge de quatorze ans, il vint à Paris en 1696. Il cultiva la poésie, mais l'histoire ancienne, surtout celle de la Gaule, fut l'objet principal de ses travaux. Admis en 1712 comme élève à l'Académie des Inscriptions et Belles-lettres, il y fut reçu membre associé en 1715. On a de lui : *Arlequin, valet de deux maîtres*, comédie jouée au Théâtre-Italien, 1714; — *L'Impromptu de Nîmes*, pastorale, 1714; — *Mémoires sur la marche d'Annibal dans les Gaules*, dans les t. III et V des *Mém. de l'Académie des Inscriptions*, 1725; — *Histoire critique de la Gaule Narbonnaise*; Paris, 1733, in-12, ouvrage fort estimé. Le premier livre contient l'histoire des Gaules avant la conquête romaine; la seconde partie traite de ce pays sous César et Auguste. Elle est suivie de sept dissertations sur *la Celtique d'Ambigat*; *la Fondation de Marseille*; *la Route d'Annibal entre le Rhône et les Alpes*; *la Guerre des Cimbres*; *le passage de Pompée dans la Narbonnaise*; *les significations du mot Gallia*; *les limites de la Narbonnaise et de l'Aquitaine*; — *Réflexions sur les* Dissertations historiques et critiques sur l'état de l'ancienne

s le *Journal des savants*, mai 1712; ent aux assertions de son père, Man- ache à prouver qu'*Augustodunum* nom d'Autun. Un grand nombre de pleins d'érudition sont imprimés dans le sociétés savantes. On y remarque n les mémoires suivants : *Sur 'arundium ou Areselum;* l'auteur ouver celui d'Alais; — *Sur les vies et de Scipion attribuées à Plu-* andajors les attribue à Donat Accia- r *les limites de la France et de la* . *Sur un passage de Grégoire de ujet des années du règne d'Euric,* roi *des Visigoths;* — *Sur une pré-* , *de Marc-Aurèle en faveur des* etc. L—z—e.

ge de Mandajors dans le *Recueil de l'A- Inscriptions*, t. XXI (Histoire), p. 250. — *hist* (1822).

. (*Jean-François*), prédicateur fran- Marines, en 1732, mort à Paris, en artenait à l'ordre de l'Oratoire dont upérieur général. Il était prédicateur 'ait longtemps professé au collége de 1792, il émigra en Angleterre et ne rance qu'en 1800. Il avait refusé un ; Louis XV; il refusa un archevêché on. On a du P. Mandar : *Panégy- tint Louis*, prononcé à l'Académie aris, 1772; Londres, 1792, traduit en - *Voyage à la Grande-Chartreuse* ème; Paris, 1782; — *Discours sur* : (en vers), 1802; — des *Sermons*, *tes*, imprimés en 1815 avec les *Mé-* ". Viel, son ami. A. L.

Verdun, 1776. — *Dictionnaire historique*

; (:*hel-Philippe* Mandar, dit . l rateur et publiciste français, ucent, né le 19 septembre 1759, près Pontoise, mort le 2 mai 1823, à ; sous les auspices de son oncle, qui ur du collége de Juilly, il embrassa ; de la révolution avec l'exaltation ctérisait; sa passion pour la liberté eut-être un peu loin; mais ce qu'on ; sa conduite doit être considéré honorable excuse de ses erreurs. rnées qui précédèrent la prise de la fut un des nombreux orateurs qui peuple à la résistance; le ; se rendit auprès de Bezenval, qui Champ de Mars avec les Suisses, et d'évacuer cette position, sous pré- peu d'instants, elle ne serait cette intervention hardie permit au 'emparer, sans coup férir, de l'ar- s que contenait l'hôtel des Invali- ', dont le nom était devenu popu- e part active aux journées qui mar- époque de troubles, notamment à et du 10 août. Lors des massa-cres de septembre, il était vice-président de la section du Temple. Le 3, vers six heures du soir, il alla chez Danton, où tous les ministres, excepté Roland, se trouvaient réunis avec le président Lacroix et les secrétaires de l'assemblée législative, Pétion, Robespierre, Camille Desmoulins, Fabre d'Églantine, Manuel, plusieurs membres de la commune révolutionnaire, ainsi que les présidents et commissaires des quarante-huit sections de Paris. On agita, dans cette assemblée, les moyens d'éloigner le roi de Prusse, qui venait d'entrer dans Verdun, et de sauver Paris. Mandar, élevant la voix en faveur de l'humanité, proposa d'énergiques mesures pour faire cesser les massacres qui continuaient encore dans les prisons et arrêter sur l'heure ce torrent de sang, qui, ajoutait-il, souillerait à jamais le nom français. Puis, prenant à part Danton, Pétion et Robespierre, il leur parla avec la plus entraînante chaleur. « Si demain, dit-il, vous consentez à m'accompagner à la barre, je prends sur moi de proposer d'imiter les Romains dans ces temps de crise qui menacent la patrie, et pour arrêter sur-le-champ ces effroyables massacres, je demanderai qu'il soit créé un dictateur. Je motiverai ma demande, ma voix retentira comme le tonnerre. Oui, pour faire cesser ces massacres, j'aurai l'audace de le proposer : il ne le sera que vingt-quatre heures; il ne sera puissant que contre le crime; la dictature arrêtera le sang, les massacres cesseront, ils cesseront à l'instant même! — Garde-t'en bien! dit Robespierre, Brissot serait dictateur. — O Robespierre, répondit Mandar, ce n'est pas la dictature que tu crains, ce n'est pas la patrie que tu aimes, c'est Brissot que tu hais! » Pétion ne prononça pas une parole. La proposition de Mandar ne fut pas appuyée, et les massacres continuèrent pendant toute la semaine. Mandar ne renonça point, malgré cet échec, à soutenir la révolution; en 1793, on retrouve son nom parmi les membres du conseil exécutif. Dans la suite, il n'alla plus que rarement au club des Jacobins, et s'occupa à peu près exclusivement de littérature. La Convention lui accorda un secours de quinze cents francs et l'empire lui fit une petite pension. Parmi les nombreux écrits de Mandar, nous citerons : *Des Insurrections, ouvrage philosophique et historique;* Paris, 1793, in-8°; — *Le Génie des siècles;* Paris, 1794, 1795, in-8°; poëme en prose en huit chants, à la suite duquel on trouve un discours prononcé en 1792 contre les journées de septembre; — *Philippique destinée pour être lue dans les deux chambres du parlement d'Angleterre, adressée au duc de Norfolk;* Sophopolis (Paris), 1798, in-8°; — *Adresse au roi de la Grande-Bretagne sur l'urgence de la paix;* Paris, 1797, in-8°; 3e édit., 1799; — *Voyage à Sophopolis;* — *Prière à Dieu, récitée par le pape, le clergé, le sénat, le corps législatif et le peuple en actions de grâces pour le sacre de l'empereur Napoléon*; Paris, 1804, in-4°. On doit encore à cet écrivain la publication des ouvrages suivants, qu'il a traduits de l'anglais : *Voyage en Suisse*, de W. Coxe; Paris, 1790, 3 vol. in-8°; — *Relation de quatre voyages au pays des Hottentots*, de W. Paterson; Paris, 1791, in-8°; — *Voyage et retour de l'Inde par terre*, de Th. Howel; Paris, 1796, in-4°, etc. Il a eu part, avec Castera, à la traduction de la *Description de l'Indostan*, de Rennell, et a laissé en manuscrit *Le Phare des rois*, poëme en seize livres, dont l'impression fut défendue en 1809 à cause d'un chant intitulé *Le Crime*.

Son frère aîné, MANDAR (*Charles-François*), né en 1757, à Marines, mort après 1830, à Paris, fut ingénieur des ponts et chaussées. Après avoir enseigné la fortification à l'école de Pont-le-Voy, il fut appelé sous l'empire à celle des ponts et chaussées comme professeur d'architecture. En 1830 il prit sa retraite avec le titre d'ingénieur en chef. Son nom a été donné à une rue de Paris, qui fut construite sur ses propriétés et d'après ses dessins. On a de lui : *De l'Architecture des forteresses ou de l'Art de fortifier les places et les établissements de tout genre qui ont rapport à la guerre*; Paris, an IX (1801), in-8° pl.; — *Études d'architecture civile*; Paris, nouv. édit. augmentée, 1826-1830, in-fol. avec 120 pl. P. L.

Prudhomme, *Les Revolutions de Paris*. — Louis Blanc, *Histoire de la Revolution française*. — *Biogr. univ des Contemp.* — *Biographie nouvelle des Contemp.* — Quérard, *La France litter* — Nagler, *Neues Allg Künstl.-Lexic.*

MANDAT (*Jean-Antoine* GALYOT, marquis DE), officier français, né aux environs de Paris, en 1731, assassiné dans cette ville, le 10 août 1792. Il était capitaine aux gardes françaises lorsque éclata la révolution. Dévoué à la constitution et au roi, il croyait servir l'une en défendant l'autre. Mal vu à la cour à cause de ses opinions, il lui inspirait néanmoins une entière confiance à cause de son énergie et de ses lumières (1). Depuis la retraite de La Fayette, le commandement général de la garde nationale parisienne passait alternativement durant deux mois à un des six chefs de légion. Mandat s'était retiré du service actif et avait été élu l'un de ces chefs (4e légion). Son tour de service durait lors des journées des 9 et 10 août. Prévenu, dans la nuit, de l'insurrection terrible qui se préparait, il obtint de Pétion, maire de Paris, l'ordre de repousser la force par la force dans le cas où le château serait attaqué. Il fit ses préparatifs en conséquence et se concerta avec M. de Maillardoz, commandant des gardes suisses, pour mettre les Tuileries à l'abri de tout danger. Il venait de terminer ses dispositions lorsque le 10, à cinq heures du matin, il fut mandé à l'Hôtel-de-Ville. Il hésitait à s'y rendre, mais le procureur départemental Rœderer l'y décida. Il trouva une nouvelle municipalité installée. Le président Huguenin lui demanda de quel droit il avait fait prendre position aux troupes et à la garde nationale. Il répondit que c'était par ordre de Pétion. On le fouilla pour reprendre cet écrit; mais Mandat, en comprenant l'importance, l'avait glissé à son fils, âgé de douze ans, qui l'avait accompagné. Au même instant on dépose sur le bureau du conseil général une lettre ainsi conçue : « Le commandant général ordonne au commandant de bataillon de service à la Ville de dissiper la colonne d'attroupement qui marcherait au château tant avec la garde nationale qu'avec la gendarmerie en l'attaquant par derrière : signé le commandant général Mandat. » La commune décrète sur le champ Mandat d'arrestation, nomme Santerre pour le remplacer et ordonne qu'il soit conduit à l'Abbaye. Le président Huguenin, en donnant cet ordre, fait un geste horizontal qui en explique le sens. Un coup de pistolet abat l'infortuné commandant sur les marches de l'Hôtel-de-Ville. Les piques et les sabres l'achèvent. Son fils, qui l'attendait sur le perron, dispute en vain aux meurtriers le cadavre de son père. Le corps de Mandat fut jeté dans la Seine.

On a accusé Pétion d'avoir provoqué cet assassinat pour faire disparaître l'ordre donné par lui de tirer sur le peuple; mais on n'a pas de preuves de ce crime. Toujours est-il que la mort de Mandat fut le signal de désorganisation de la défense du château et de la dispersion d'une grande partie des troupes rassemblées. Elle décida de la victoire populaire et de la chute de la monarchie. H. LESUEUR.

Le Moniteur Universel, ann. 1792. — *Galerie historique des Contemporains* (1819). — De Ferrières, *Memoires*, t. III, p. 176. — Dulaure, *Esquisses historiques de la Révolution française*, t. II, p. 253-255. — Mme Campan, *Mémoires*, t. II, p. 241. — Thiers, *Hist. de la Révol. française*, t. II, liv. VII, p. 201-205. — A. de Lamartine, *Hist des Girondins*, t. III, liv. XX, p. 120-149.

*MANDEL (*Édouard*), graveur allemand, né à Berlin, le 15 février 1810. Élève de Buchhorn, il devint en 1837 membre de l'Académie des beaux-arts à Berlin, et professeur de gravure cinq ans après. Il obtint en 1855 à l'exposition universelle une médaille de seconde classe. Ses principales planches sont : *Le Guerrier et son enfant*, d'après Hildebrand; — *Lorely*, d'après Begass; — *L'Enlèvement d'Hylas*, d'après Sohn; — *Œdipe et Antigone*, d'après Henning; — *La Carità*, d'après Darge; — *Le Portrait du roi de Prusse*, d'après Otto; — *Le Berger italien*, d'après Pollack; — *Le Portrait de van Dyck*, d'après le tableau du Louvre; — *Le Portrait du Titien*, d'après l'original de Berlin; — *Le Portrait de Charles Ier*, d'après van Dyck; — *La Madone de Colonna*, d'après Raphael; — *Le Christ pleurant sur Jérusalem*, d'après Ary Scheffer; — *Deux Enfants*, d'après Magnus etc. O.

Conv.-Lex.

(1) Thiers, liv. VII.

(*François* DE), célèbre gouver-
s, né à Paris, le 20 octobre 1529,
24 novembre 1588. Il appartenait
famille, originaire de la Cham-
ez le duc de Nemours en' qua-
obtint bientôt le titre de gentil-
ambre du roi et celui d'écuyer.
ours, qui venait d'être nommé
de la cavalerie légère, se sou-
:ien page et lui donna dans sa
rade de cornette, que Mandelot
pour celui de lieutenant. Après
à la bataille de Renti, au siége de
le Thionville et dans maints tour-
fut nommé lieutenant général du
et fit partie de l'armée royale que
isait contre les protestants du
istes, sous le commandement du
Adrets, s'étaient emparés de la
qu'ils saccageaient impunément.
i régnait parmi les chefs de
ne ne permit pas au duc de Ne-
le siége de la place. Cependant
auprès de Beaurepaire le baron
tenait la campagne, et le força
succès imprévu rétablit l'har-
:hefs; les calvinistes de Lyon
res une longue résistance et l'é-
n ramena la tranquillité dans le
Nemours avait obtenu le gou-
.yonnais après la mort du ma-
André; Charles IX nomma Man-
t dans cette même province
, de l'ordre de Saint-Michel.
ralluma entre les catholiques et
midi; après d'heureuses expédi-
onnais et dans le Forez, Mandelot
rerneur de Lyon en remplace-
e Nemours, qui avait donné sa
lébordement du Rhône et de la
rigoureux, une disette extrême
lifficultés de sa tâche. Cepen-
ra juge intègre et gouverneur
ne fut pas contraint de sortir du
l'administration; mais il ne sut
an égal bonheur une juste ba-
factions religieuses. A Lyon
la querelle qui d'abord n'avait
s opinions et les principes était
estion de vie ou de mort entre
t la réforme. Tous les moyens
pour anéantir une secte rivale,
lique crut ne pouvoir terminer
un massacre général des réfor-
aint-Barthélemy, Mandelot, qui
atisme de l'époque, s'empressa
es de Charles IX et prit toutes
nécessaires pour assurer le suc-
:. Les chefs calvinistes furent
demeure pour y connaître les
à leur égard. Confiants dans la
erneur, ils se rendent chez lui désarmés, et sont aussitôt renfermés dans les différentes prisons de la ville. Mandelot, certain de ce qui allait se passer, voulut laisser le champ libre aux meurtriers et conduisit toutes les troupes au faubourg de la Guillotière, sous prétexte d'y réprimer une émeute. Après son départ la milice urbaine s'adjoignit la populace lyonnaise et marcha sur les prisons. Le lieutenant général de la sénéchaussée, Nicolas de Lange, et les principaux officiers de la garnison ne voulurent prendre aucune part aux massacres, et le bourreau lui-même refusa son concours. Les calvinistes furent égorgés de sang-froid, et lorsque le gouverneur revint avec les troupes, il se contenta de protester et d'ordonner une enquête qui n'aboutit à rien. On a trouvé dans sa correspondance avec Charles IX et Catherine de Médicis des lettres qui ne laissent aucun doute sur sa participation au crime. Dans celle du 2 septembre 1572, il annonce au roi que les biens des hérétiques ont été saisis et placés en lieu sûr et demande pour récompense de ne pas être oublié dans le gouvernement. La mort de Charles IX arrêta pour un temps ses projets; mais la reconnaissance de son successeur ne lui fit pas défaut. Henri III adjoignit le Forez au gouvernement de Mandelot et le chargea de plusieurs expéditions contre les calvinistes du Dauphiné. En 1582, il l'envoya en Suisse renouveler le traité d'alliance et lui donna pour récompense le cordon du Saint-Esprit. Quatre ans plus tard, Mandelot leva une petite armée pour dissiper les débris des reitres que le duc de Guise avait battus à Auneau, mais il subit une complète défaite. Cependant la Ligue s'organisait. Mandelot, resté fidèle à Henri III, voulut en vain réagir dans son gouvernement contre l'opinion publique et conserver au roi cette province importante. Le chagrin qu'il ressentit de son insuccès donna beaucoup d'activité à une maladie dangereuse dont il était atteint. Il mourut, jeune encore, après avoir adressé de remarquables paroles à sa femme, Éléonore de Robertet, et aux amis qui l'entouraient. Il a laissé une volumineuse correspondance avec les rois Charles IX et Henri III; vingt-sept lettres seulement ont été publiées.

MONFALCON.

Registre des lettres et dépêches du roy à M. de Mandelot et les réponses de M. Mandelot au roy et aux princes (manuscrit d'environ 900 p.). — *Corresp. de Charles IX et de Mandelot pendant l'année* 1572, publiée par M. Paulin; Paris, 1830, in 8°. — *Discours sur la vie, mort et derniers moments de feu Mgr de Mandelot*; Lyon, 1588, in-8°.

MANDELOT (*Marie-Huberte* DUBREUIL DE SAINTE-CROIX, comtesse DE HAUTEPIERRE, baronne DE), poëte français, née au château de Villeux, près de Lyon, en 1755, morte le 20 avril 1822, au château de Chilloup, près de Montluel. Chanoinesse du chapitre noble de Neuville, elle épousa, à l'âge de vingt-cinq ans, Charles-Claude de Bataille, baron de Mandelot, chevalier de Malte et ancien officier, qui avait plus de soixante ans. Elle en eut une fille, et resta veuve en 1789. Pendant la terreur, elle fut emprisonnée à Chalons-sur-Saône. Tout en soignant son vieux mari, et vivant auprès de sa sœur à la campagne, elle s'occupait de littérature et faisait des vers. En 1801 elle maria sa fille au marquis Xavier de Ruolz. Un abus de confiance d'une jeune personne, qui s'appropria les vers de la baronne, força celle-ci à les publier. On a d'elle : *Les Loisirs champêtres;* Lyon, 1811, in-8°; — *Elan d'un cœur royaliste*, *opuscules poétiques;* Paris, 1816, in-8°. J. V.

Biog. univ. et portative des Contemp. — Quérard, *La France littér.*

MANDELSLO (*Jean-Albert*), voyageur allemand, né à Schöneberg, dans le pays de Ratzebourg, le 15 mai 1616, mort à Paris, le 15 mai 1644. Il était d'une ancienne famille noble du duché de Brunswick, dont beaucoup de membres ont occupé des fonctions élevées (*voy.* Zedler, *Universal-Lexicon*). Après avoir été pendant quelque temps page à la cour du duc de Holstein, il partit en 1636 avec l'ambassade que ce prince envoya en Russie et en Perse; le souverain de ce pays voulut le prendre à son service; mais Mandelslo refusa, et retourna en Allemagne en 1640, après avoir visité l'Inde, Madagascar et Ceylan. Entré ensuite dans la cavalerie du maréchal de Rantzau, il mourut à Paris de la petite vérole. La relation intéressante de son voyage aux Indes, qu'il rédigea en 1639, parut sous le titre de : *Schreiben von seiner ostindischen Reise;* Schleswig, 1645, in-fol., par les soins d'Oléarius, qui l'a reproduit aussi à la suite de son *Voyage en Perse;* une nouvelle édition, considérablement augmentée d'après les papiers de l'auteur, fut publiée par Oléarius sous le titre de *Morgenländische Reisebeschreibung;* Schleswig, 1647, 1658 et 1668, in-fol., avec figures; Hambourg, 1696, in-fol., avec d'autres relations de voyage; une traduction hollandaise parut à Amsterdam, 1658, in-4°. L'ouvrage de Mandelslo, traduit en français, publié avec diverses descriptions des contrées de l'extrême Orient, fut publié par Wicquefort; Paris, 1659, in-4°; 1666, 2 vol. in-4°; 1719, 2 vol. in-fol.; Amsterdam, 1727 et 1737, 2 vol. in-fol. O.

Möller, *Cimbria literata*, t. II. — Witte, *Diarium biographicum.*

MANDER (*Karel* VAN), peintre et écrivain flamand, né en mai 1548, à Meulebeeke, village près de Courtrai, mort le 11 septembre 1606, à Amsterdam. Il était issu d'une ancienne famille, et son père, qui possédait de grands biens, n'épargna rien pour lui donner une excellente éducation. Il s'occupait surtout à faire des vers et des dessins. Placé chez Lucas de Heere, qui pratiquait à la fois la peinture et la poésie, il fit des progrès dans l'un et l'autre genre, et passa ensuite un an dans l'atelier de Pierre Vlerick. Mais, la vie agitée que menait son maître lui ayant déplu, il retourna à Meulebeeke en 1569, et se livra entièrement à la poésie; il composa six ou sept tragédies et comédies, qui furent jouées avec succès et dont il peignit lui-même les décorations; il travaillait aussi aux machines, et l'on raconte qu'ayant voulu représenter le déluge, il poussa l'imitation si loin et amena une telle quantité d'eau sur la scène que quelques-uns des spectateurs furent noyés ou sur le point de l'être. En 1574 il partit pour Rome. Pendant un séjour de trois ans, il y fit, de concert avec un jeune peintre nommé Gaspar di Puglia, diverses peintures grotesques et des paysages à fresque et à l'huile, qui furent très-recherchés. Passant à son retour par la Suisse, il s'arrêta à Bâle et se rendit à Vienne, sur l'invitation de Spranger, son ami; malgré les avantages que présentait pour lui le service de l'empereur où on voulait l'attacher, il préféra de revenir dans son pays et s'y maria. La guerre le força bientôt de s'éloigner. Plusieurs voitures, chargées de ce qu'il avait de plus précieux, l'accompagnaient; étant tombé dans un parti d'ennemis, il vit égorger sous ses yeux les gens de sa suite et lui-même n'échappa à la mort que par la rencontre d'un officier avec lequel il s'était lié d'amitié en Italie. Van Mander chercha asile à Bruges et y reprit avec une ardeur nouvelle sa plume et ses pinceaux. La peste et la guerre le chassèrent encore de cette ville. Il s'embarqua pour la Hollande et s'établit en 1583 à Harlem, où le produit de ses ouvrages ne tarda pas à réparer ses pertes. En société avec Hubert Goltz et Kornelis, il y érigea une petite académie, où il introduisit le goût italien. Au mois de juin 1604, il se rendit à Amsterdam; deux ans plus tard, il y mourut, tué par l'ignorance d'un médecin qui rendit sa maladie mortelle. On lui fit des funérailles magnifiques; il fut inhumé dans la vieille église d'Amsterdam, avec une couronne de laurier sur la tête. Des dix enfants qu'il eut, quelques-uns cultivèrent la peinture. Les tableaux que cet artiste éminent a produits sont fort nombreux; on les trouve surtout en Belgique et en Hollande; les plus remarquables sont : *Adam et Ève dans le Paradis terrestre*, *le Déluge*, *le Portement de croix*, *l'Adoration des Mages*, *Jacob*, *le Jugement de Salomon*, *Saint Paul et saint Barnabé déchirant leurs vêtements*, *Persée*, *la Fuite en Égypte*. Il a peint en camaïeu une *Passion de J.-C.*, en douze pièces, une *Fête flamande*, *Saint Jean prêchant dans le désert*, etc. Ses paysages ne sont pas moins estimés; la couleur en est bonne et la composition piquante. « Van Mander, dit Descamps, fut bon peintre, bon poëte, savant éclairé, sage critique, et homme de bien. »

Parmi les nombreux écrits flamands de ce peintre, qui fut un des bons écrivains de son temps, nous rappellerons : des comédies ou tragédies, entre autres *Noé*, *Dina*, *David*, *Salo-*

mon, Hiram, la Reine de Saba, Nabuchodonosor; on ne sait pas si toutes ces pièces ont été imprimées; — *Schriftuerlycke Liedekens* (Cantiques tirés de l'Écriture); Leyde, 1595, in-12; — *Bucolica en Georgica*, trad. de Virgile; Harlem, 1597, in 8°; — *Het Leven der oude antycke doorluchtighe Schilders* (Les Vies des plus célèbres peintres de l'antiquité, égyptiens, grecs et romains); Alckmaer, 1603, et Amsterdam, 1617, in-4°. Ces vies ne sont pas fort exactes, l'auteur n'ayant pas été en état de consulter les sources originales; — *Het Leven der moderne Schilders* (Les Vies des plus célèbres peintres modernes, italiens, flamands et allemands); cet ouvrage, imprimé à la suite du précédent, s'étend de 1366 à 1604; les jugements y sont en général pleins de raison et les préceptes excellents, mais le style en est diffus et peu poli; — *Den Grondt der Edel vry Schilderkonst* (Les Principes de la Peinture), poeme; Harlem, 1604, in-4°; Amsterdam, 1618, in-4° goth. Ce poëme, écrit en vers de dix syllabes, est divisé en quatorze chapitres, qui traitent du dessin, des proportions du corps humain, de l'attitude, de l'ordonnance, des passions, etc. On y trouve à la fin une explication des *Métamorphoses* d'Ovide et des figures de l'antiquité. Il a été mis en prose; Leeuwarden, 1702, in-12; — *Olyfberg* (La Montagne des Olives), poésies; Harlem, 1609, in-12, fig; — *De Eerste twalf Boecken van de Iliados* (Les Douze premiers livres de l'Iliade, traduits en flamand); Harlem, 1611, in-12. On attribue encore à Van Mander: *Le Nouveau Monde, ou Description des Indes occidentales*, trad. de l'italien de Jérôme Benzoni; Amsterdam, 165..., in-4°, et *De pulvere tabaci poema*; Copenhague, 1666, in 4°. Cet artiste a laissé beaucoup d'ouvrages qui n'ont jamais vu le jour. Le recueil de ses principaux écrits a été publié par les soins de 'T Geslacht à Amsterdam, 1618, in-4°.

L'aîné de ses fils, MANDER (*Carl* van), né en 1580, à Delft, mort vers 1665, cultiva aussi la peinture. Après avoir longtemps travaillé dans sa patrie, il passa en Danemark, où il fut attaché à la cour. K.

'T Geslacht, *Vie de Carel van Mander*, en tête du *Recueil de ses œuvres*. — De Piles, *Abrégé de la vie des Peintres*, 369. — Descamps, *Vie des Peintres hollandais*, I, 194-199. — Nagler, *Neues allgem. Künstler-Lexik.* — Paquot, *Mémoires littér.*, IV.

MANDEVILLE (*Jean* DE), célèbre voyageur anglais, né à Saint-Alban, vers 1300, mort à Liége, le 17 novembre 1372. Il était d'une famille distinguée et eut de bonne heure le désir de s'instruire. La médecine, les mathématiques, la théologie furent l'objet de ses études; les récits merveilleux qui circulaient alors au sujet de l'Asie piquèrent si vivement sa curiosité, qu'il résolut d'entreprendre de longs voyages, bien difficiles et bien périlleux à cette époque; il partit en 1327, se dirigea à travers la France, et franchit la Méditerranée. Arrivé en Égypte, il entra au service du sultan Melek Madaron et l'accompagna dans ses campagnes; il obtint la faveur de ce prince qui voulait se l'attacher par un mariage; mais le gentilhomme anglais refusa, car il aurait fallu renoncer à sa religion. Passant ensuite dans les Indes avec quatre compagnons, il servit le khan du Cathay dans ses guerres contre le roi de Manci (la Chine méridionale); il passa plusieurs années à Cambalu (Peking) et revint dans sa patrie en 1361, après une absence de trente-quatre ans. Il écrivit la description de ce qu'il avait vu dans ses voyages, « profitant, dit-il, des connaissances de personnes instruites au sujet de choses qu'il n'avait pas vues, » et il soumit son ouvrage au pape, qui l'approuva. Quoique avancé en âge, il se mit à parcourir la France et les Pays-Bas; la mort le frappa à Liége, où l'on a vu longtemps sa tombe; quelques écrivains anglais ont prétendu toutefois qu'il était enseveli à Saint-Alban. La relation des voyages de Mandeville jouit au moyen âge d'une grande célébrité; elle avait tout ce qu'il fallait pour stimuler au plus haut degré la curiosité publique, et la part faite à l'exagération était suffisante pour ne pas laisser l'intérêt se refroidir. Il n'est pas inutile de rapprocher d'ailleurs l'écrit de Mandeville de l'ouvrage du célèbre Marco-Polo qui avait, à la fin du quatorzième siècle, parcouru les mêmes contrées. Ce que dit le touriste anglais au sujet du Vieux de la Montagne, du grand rubis du roi de Ceylan, du tombeau de saint Thomas, des mœurs des Tartares, de la magnificence du grand khan, se retrouve fidèlement dans la narration du voyageur vénitien.

On a exagéré la part du fabuleux qui se remarque dans le livre de Mandeville; l'auteur parle, il est vrai, d'hommes à queue et d'hommes à tête de chien, mais il n'en fait mention qu'une seule fois; il signale l'arbre de vie, mais il se borne à dire que ses feuilles, vertes par-dessus, sont blanches par-dessous. Il n'oublie pas le *roc*, cet oiseau gigantesque qui enlève sans peine un éléphant et qui habite les îles au sud de Madagascar; mais tous les anciens auteurs arabes attestent, en termes bien plus formels, l'existence de ce volatile. Mandeville se montre parfois bon observateur: il décrit avec exactitude les fours à poulets de l'Égypte, la poste aux pigeons, la récolte du baume et les signes auxquels on distingue le véritable; il ne se trompe point dans ce qu'il dit du gisement des diamants, de leur aspect, de leurs diverses qualités et de leur préparation; il retrace nettement la croissance et la récolte du poivre; il a vu ce qu'on voyait naguère encore dans l'Inde, mais ce qu'on y aperçoit moins souvent de nos jours, des fanatiques se jetant sous les roues des chars qui portent les images des dieux, et des femmes se brûlant avec le cadavre de leurs époux; il remarque qu'au sud de l'équateur, on aperçoit une autre étoile polaire, ce qui montre que la terre doit être ronde.

Ses observations sur le crocodile, l'hippopotame, l'éléphant, la girafe, les perroquets sont judicieuses; les détails qu'il donne sur les mœurs et usages de divers peuples se distinguent encore par leur exactitude; les ongles allongés des Chinois et les petits pieds de leurs femmes avaient fixé son attention. L'usage d'un papier-monnaie non remboursable ne lui a point échappé, et les recherches des sinologues modernes ont confirmé ce qu'il avance à cet égard. Mandeville ne pouvait se délivrer des préjugés qui exerçaient alors un empire absolu. Mais, en racontant des fables, il ajoute qu'il n'en parle que par ouï-dire et qu'il n'en a point été témoin. Ce qu'il importe de constater, c'est que les copistes et les traducteurs de son ouvrage y ont introduit des additions nombreuses, et c'est là précisément que se rencontrent les merveilles qui répugnent le plus au bon sens; les géants hauts de cinquante pieds, les diables vomissant, du haut des montagnes, des flammes sur les voyageurs, sont des embellissements étrangers à la rédaction primitive. Les traductions sont détestables et remplies d'erreurs; elles défigurent les noms, elles prêtent au vieux voyageur des absurdités dont il est parfaitement innocent; il avait dit que l'Égypte est partagée en cinq provinces, on en fait cinq archevêchés; là où il écrit Andrinople, on met Naples.

On ignore si Mandeville rédigea sa relation en français ou dans sa langue maternelle; mais l'ouvrage fut d'abord publié en français. La première édition connue porte la date de 1480 et paraît avoir été imprimée à Lyon; c'est un petit in-folio de 88 feuillets, extrêmement rare. Une autre édition, datée aussi de 1480, porte l'indication de Lyon; il y en a un exemplaire à la Bibliothèque impériale. Trois ou quatre éditions d'une traduction latine furent imprimées sans lieu ni date à la fin du quinzième siècle. Une rédaction italienne, faite a Milan, obtint une vogue qu'attestent des réimpressions nombreuses : *Tractato delle piu maravigliose cose che si trovano in le parte del mondo vedute del cavaler Johanne da Mandavilla*. Les deux plus anciennes traductions allemandes datent l'une d'Augsbourg, 1481, et l'autre de Strasbourg, 1484. Une version hollandaise parut à Anvers en 1494. Ce fut en dernière ligne, sous le rapport chronologique, qu'arriva la rédaction anglaise. Wynkyn de Worde l'imprima à Westminster en 1499; on n'en connaissait qu'un seul exemplaire, et on ignore ce qu'il est devenu. Le même typographe remit l'ouvrage sous presse en 1503. L'edition de Richard Pinson, sans date, in-4°, est également une rareté extrême. Les éditions postérieures ne méritent guère d'être recherchées.

Un savant qui s'est livré à l'étude du moyen âge, M. J. Orchard Halliwell, a publié en 1839, à Londres, pet. in-8°, une edition du texte anglais du voyage de Mandeville, revu sur sept manuscrits et sur les anciennes éditions avec soixante-dix facsimilés d'anciennes vignettes sur bois des miniatures de manuscrits, le tout accompagné d'une introduction, de notes et d'un glossaire. Les manuscrits de la relation de Mandeville sont nombreux; il s'en trouve à la Bibliothèque impériale à Paris, au musée Britannique, à Berne, et en bien d'autres dépôts publics. On a attribué au vieux voyageur un petit traité rempli de fables intitulé : *Le Lapidaire, où sont déclarez les noms de pierres orientales avec les vertus et propriétés d'icelles*; cet opuscule, imprimé trois fois dans le cours du seizième siècle, est dû à un auteur resté inconnu, lequel a joint à quelques indications prises dans Mandeville des fables empruntées aux naturalistes crédules du moyen âge. G. B.

Freytag, *Analecta litteraria*, p. 562. — Niceron, *Memoires*, XXV. — Sprengel, *Geschichte der geographischen Entdeckungen*, p. 349. — Lambinet, *Origines de l'imprimerie*, p. 299-302. — Görres, *Die teutschen Volksbücher*, 1807, p. 53 et suiv. — *Retrospective Review*, III, 269 — D'Israeli, *Amenities of litterature*, édit. de 1832, I, 136. — Schoenborn, *Bibliographische Untersuchungen ueber die Reisebeschreibungen des sir John Mandeville*; Breslau, 1840, in 4°. — *Nouvelles Annales des voyages*, XIX, 192.

MANDEVILLE (*Bernard* DE), littérateur anglais, né vers 1670, à Dort, en Hollande, mort le 21 janvier 1733. Il étudia la médecine, fut reçu docteur en Hollande et passa en Angleterre. A Londres, où il s'établit, il ne paraît pas avoir eu grand succès dans la pratique de son art; mais il trouva dans ses talents littéraires d'amples moyens d'existence. Après s'être fait connaître par de petits écrits où l'on trouve un esprit moqueur et des pensées ingénieuses, il mit au jour en 1714 un poëme d'environ 500 vers, qu'il réimprima sous le titre de *La Fable des Abeilles*, et qui souleva contre lui les plus violentes attaques. « Mon dessein, disait-il, a été uniquement de faire sentir la bassesse de tous les ingrédients qui composent le véritable mélange d'une société bien réglée, et cela dans le but d'exalter le pouvoir étonnant de la sagesse politique, qui a su élever une si belle machine sur les plus méprisables fondements. Je fais voir que les vices auxquels les particuliers s'abandonnent, habilement ménagés, servent à la grandeur et au bonheur présent de la société. Enfin, en exposant les suites nécessaires d'une honnêteté et d'une vertu générales, de la tempérance, du contentement et de l'innocence de toute une nation, je démontre que si tous les hommes étaient ramenés des vices dont ils sont naturellement souillés, ils cesseraient par là même d'être capables de former des sociétés vastes, puissantes et polies. » Il prétendait en outre n'avoir écrit que pour son plaisir et non pour celui des lecteurs. L'ouvrage fut dénoncé par la cour du Banc du roi au grand jury du Middlesex. Fiddes, Dennis, Law, Bluet, Hutcheson, Berkeley, tous les moralistes se chargèrent au reste d'en faire prompte justice; entre tous, Warburton, se nant par l'âpreté de sa critique, traitait r de déclamateur babillard et son livre d'al lités. A l'exemple de La Roche-ld, ndeville avait dit beaucoup de ré-ésagré ; mais, en lui rochant de r la et d'enc le vice, on le u av les états, le can les universités. Il menait une ordonnée, avait des façons brusques et es, et se montrait fort souple à l'égard nds qu'il amusait par ses boutades et ses es; il était aussi l'ami de quelques mar-hollandais, qui lui faisaient une pension défendit leurs intérêts de commerce. cclesfield le protégea pendant longtemps. cet écrivain dont le nom seul a survécu détestable réputation : *The Virgin un-d or Female dialogues betwixt an el-maiden lady and her niece on love, age, memoirs and morals*; Londres, n-8° ; — *Treatise of the hypochondriac ysteric passions*; ibid., 1711; ce livre se de curieux détails sur les pratiques nnêtes des médecins et des apothicaires; *grumbling Hive or Knaves turned* (La Ruche murmurante ou les Fripons honnêtes gens); Londres, 1714, in-8°; r y ajouta des remarques et réimprima ce sous le titre indiqué plus haut *The Fable of es or Private vices made public bene-* a Fable des Abeilles ou les Vices des par-s avantageux au public); ibid., 1723, avec un essai sur la charité et sur les de charité, ainsi que des recherches sur re de la société. Cet ouvrage, ainsi re-, a été réimprimé en 1806 à Londres et en français par Bertrand; Amsterdam, vol. in-8°, et 1750, 4 vol. in-12. D'a-abarand, voici quel serait le plan du . Une vaste ruche renfermait une nom-société d'abeilles, qui avaient les mœurs ices des sociétés humaines. Les médecins nt des charlatans, les juges des prévari-, les prêtres des hypocrites, et les rois de ministres intéressés. Chaque portion so était en proie au vice; cependant merveille. Les crimes faisaient la ur de la nation, et la vertu s'entendait ement avec le vice. Les abeilles, mécon-t leur bonheur, demandèrent une réforme e à Jupiter, qui exauça leurs vœux. Les retirèrent. Quant aux abeilles, attaquées urs ennemis, elles perdirent un grand e des leurs et furent réduites à la triste sa-on que peut donner la pratique de la vertu. ville a encore publié : *Free thoughts gion, the church and national hap-*; Londres, 1720, in-8°; trad. en fran-Amsterdam, 1723, 2 vol. in-12; — *An y into the origin of honour and use- s of Christianity in war*; Londres, n-8°.

P. L—Y.

Biographia Britannica, supplém., t. VII. — Hawkins, *Life of Johnson*. — Lounger, *Common-place Book*, II. — Nirth, *Life of B. de Mandeville*. — Chauffepié, *Supplément au Dict. de Bayle*.

MANDOSIO (*Prosper*), littérateur et bio-graphe italien, né à Rome, vers le milieu du dix-septième siècle, mort vers 1709. Appartenant à une ancienne famille patricienne originaire d'Amelia, dont plusieurs membres se sont fait connaître dans les lettres (1), il devint membre des académies des *Infecondi* et des *Humoristi*. On a de lui : *Centuria di enimmi*; Pérouse, 1670, in-8°; — *L'Innocenza trionfante, scenico trattenimento*; Rome, 1676, in-12; — *Bibliotheca romana seu romanorum scriptorum centuriæ X*; Rome, 1682-1692, 2 vol. in-4°; cet ouvrage, emprunté en partie à celui d'Oldoino, est incomplet sur beaucoup de points; — *Θεατρον in quo maximorum christiani orbis Pontificum archiatros spectandos præbet*; Rome, 1696, in-4°; livre qui a servi de base à celui de Gaétan Marini sur le même sujet; — *Catalogo d'autori che hanno dato in luce opere spettanti al giubileo dell' anno santo*; Rome, 1700, in-16.

O.

Cinelli, *Bibliotheca volante*, t. III.

MANDRILLON (*Joseph*), littérateur français, né en 1743, à Bourg en Bresse, guillotiné le 7 janvier 1794, à Paris. Il embrassa très-jeune la carrière du commerce, fit un voyage en Amérique et ouvrit un comptoir à Amsterdam; il prit part aux troubles qui agitèrent la Hollande et publia quelques écrits politiques contre le stathouder. Au début de la révolution française, il vint à Paris et se rapprocha du parti constitutionnel. Accusé d'entretenir une correspondance avec le duc de Brunswick, il fut traduit devant le tribunal révolutionnaire, qui l'envoya à l'échafaud. On a de lui : *Le Voyageur américain ou Observations sur les colonies britanniques*; Amsterdam, 1783, in-8°, trad. de l'anglais; — *Le Spectateur américain ou Remarques générales sur l'Amérique septentrionale*; ibid., 1784, in-8°; Bruxelles, 1785, in-8°; une troisième édition, plus complète, a paru en 1795 à Bruxelles; l'auteur s'efforce de prouver que la découverte de l'Amérique a été aussi funeste à l'Europe qu'à elle-même; — *Fragments de politique et de littérature, suivis d'un voyage à Berlin en 1784*; Amst., 1784, et Paris, 1788, in-8°; — *Vœux patriotiques*; Bruxelles, 1789, in-8°; — *Mémoires pour servir à l'histoire de la révolution des Provinces-Unies en 1787*; Paris, 1791, in-8°.

P. L.

Biogr. nouv. des Contemp.

MANDRIN (*Louis*), fameux brigand français, né à Saint-Étienne-de-Geoire (Dauphiné), le 30 mai 1724, roué à Valence, le 26 mai 1755. Fils d'un maréchal-ferrant associé avec des faux

(1) Quintilien Mandosio, mort en 1593, fut conseiller à la cour pontificale, et publia une dizaine de traités sur le droit canonique, ainsi qu'un traité de philosophie morale, intitulé *De Ingratitudine*.

monnayeurs, son père avait été tué dans une rencontre avec la maréchaussée. Mandrin exerça quelque temps le même métier; puis il se vendit à un recruteur, déserta en emmenant deux de ses camarades et forma une bande dont il fut le chef. Pendant trois ans il fabriqua de la fausse monnaie dans les rochers de la côte Saint-André. Son ancien capitaine ayant menacé de le porter sur la liste des déserteurs, il l'attendit sur la route et le tua. Trahi par un de ses compagnons à qui ce meurtre avait fait horreur, il échappa à la maréchaussée en allant s'établir dans un vieux château. Quelques scènes de fantasmagorie le rendirent complétement maître de la place. Mais un jeune officier, ayant entendu parler d'apparitions nocturnes, pénétra dans le château avec quelques soldats et découvrit le stratagème; toutes les maréchaussées furent convoquées, et Mandrin, chassé de ce dernier asile, fut pris quelques jours après. La veille du jour fixé pour son supplice, il s'évada, rejoignit ses hommes au nombre de trente-six et choisit pour centre de ses opérations un petit ermitage situé sur une riante colline. Mandrin avait une physionomie intéressante, le regard hardi, la repartie vive; il prit le nom de chevalier du *Montjoly*, se fit passer pour officier et fut bien accueilli dans les châteaux voisins, surtout par les dames qui le trouvaient fort aimable. Les choses allèrent même si loin qu'on menaça d'incendier l'ermitage et que Mandrin, dégoûté d'une vie trop uniforme, se mit à voyager seul. En son absence les faux monnayeurs se répandirent dans les villages, et furent bientôt traqués par les troupes. Mandrin arriva juste à temps pour relever le courage de ses hommes et les diriger dans le combat; mais, malgré leur féroce intrépidité, ils furent défaits, et Mandrin, fait prisonnier, fut condamné à mort. Il obtint la permission d'aller à pied jusqu'au lieu du supplice; mais, à la vue de la potence, il rompit ses liens, culbuta les gardes, se jeta dans la foule et gagna les montagnes. Caché sous les habits d'une religieuse, il erra pendant quelque temps; trahi et arrêté de nouveau, il parvint encore à s'échapper pendant qu'on le reconduisait à Grenoble. Il parcourut les bords du Rhône, et arriva à Lyon où il s'engagea. Au régiment, il vola la caisse du capitaine. Puis il reforma sa bande. Ayant été informé que la brigade de Romans était à sa poursuite, il dressa une embuscade et tua tous les grenadiers. Après ce succès sa troupe s'augmenta d'un grand nombre de mauvais sujets; il parcourut en contrebandier le Dauphiné, l'Auvergne, le Languedoc et le Mâconnais, qui furent inondés de ses marchandises prohibées. Au mois de juillet 1754 il se rapprocha de Vienne. Effrayées de ses exploits, les brigades n'osèrent plus le poursuivre; les assassinats se multiplièrent et le nom de Mandrin jeta la terreur dans les provinces méridionales. Il exploita avec une grande adresse cette terreur, pilla à main armée, força les entreposeurs de Rodez et de Mende à acheter de nombreux ballots de tabac et envoya ses hommes porter jusqu'en Suisse et en Savoie les denrées prohibées en France. Il entrait ouvertement dans les villes et forçait les débitants à lui payer ses marchandises. Il visita ainsi Carpentras, Brioude et Montbrison. Dans cette dernière ville, il força les prisons, et délivra les malfaiteurs. Se recrutant sans cesse, regorgeant d'or et d'argent, sa troupe devint une petite armée ne manquant de rien et composée d'hommes capables de tout. Le bruit de ses méfaits arriva jusqu'à la cour et le roi donna l'ordre qu'on dirigeât des troupes contre cette légion de brigands (1). Ayant battu un détachement du régiment d'Harcourt, l'audace de Mandrin s'accrut et il osa rançonner les villes de Beaune et d'Autun. Cependant six mille soldats ne tardèrent pas à arriver sous les ordres de M. de Fitcher. Mandrin, surpris dans son camp, fut vaincu. Il signala les derniers moments de sa carrière par un dernier crime, la mort de la femme d'un brigadier des fermes de Noirétable. Un de ses compagnons le dénonça. Arrêté pendant la nuit, il fut garrotté et porté à Valence, où il arriva, le 10 mai 1755. M. Laverde-Morval, président du tribunal qui devait le juger, l'interrogea en vain pour connaître ses complices; il n'avoua rien; néanmoins on assure qu'avant de mourir il se repentit de ses crimes. Conduit au supplice, avant d'être étendu sur la roue, il harangua le peuple. On lui rompit ensuite les bras, les jambes et les reins. L'histoire de ce contrebandier fameux a été écrite bien des fois; la plus exacte est celle de l'abbé Regley; Paris, 1755. Lagrange (de Montpellier) a fait représenter une tragédie en 3 actes *La Mort de Mandrin*; Nancy, 1755, et en 1826 MM. Benjamin et Étienne Arago ont fait représenter un mélodrame sous le titre de *Mandrin*. A. JADIN.

L'abbé Regley, *Histoire de Mandrin*. — *Mosaïque du Midi*.

MANDROCLÈS de Samos, architecte grec qui construisit le pont sur lequel Darius traversa le Bosphore de Thrace avec son armée; en mémoire de cet événement et enrichi par les libéralités du roi, cet architecte fit exécuter un tableau représentant, avec de nombreuses figures, ce passage, et le tableau fut placé dans le *Héræum* de Samos. G. B.

Herodote, liv. IV, 88. — Raoul Rochette, *Lettre à M. Schorn; supplément au Catalogue des artistes de l'antiquité*, p. 398.

MANEGOLDE, que l'on appelle *de Lutenbach*, lieu de sa naissance, théologien allemand, mort au commencement du douzième siècle. Contre l'usage de son temps, il prétendit être professeur de grammaire ainsi que de philosophie.

(1) On a prétendu que les bandes de Mandrin comptaient jusqu'à quatre mille affiliés. Ce nombre a pu être exagéré, mais il fallait qu'il fût considérable pour imposer de grandes villes et nécessiter une expédition de six mille hommes.

et rester laïque. On le vit à la fois ouvrir une école en Alsace et se marier. Ayant eu des filles de son mariage, il s'occupa de leur éducation littéraire avec tant de soin, qu'elles donnèrent elles-mêmes des leçons publiques de théologie. Il y a peut-être, dans cette tradition recueillie par les historiens, quelque circonstance imaginaire. Mais le fait principal doit être, du moins, fidèlement rapporté. Manegolde fut, au milieu du onzième siècle, un libre docteur, faisant métier d'enseigner, sans aucun mandat de l'Église, les lettres sacrées et les lettres profanes, allant de ville en ville convoquer la jeunesse autour de sa chaire laïque, accueilli partout avec la plus grande faveur, et formant en divers lieux des disciples comme Theotger, futur évêque de Metz, le moine Gérard de Loudun, et même, suivant Égasse du Boulay, le célèbre Guillaume de Champeaux. Cependant Manegolde renonce, vers 1090, à l'indépendance, et reçoit l'habit des chanoines réguliers. Yves de Chartres le félicite vivement, dans une de ses lettres, d'avoir pris cette résolution. Il est permis de supposer que Manegolde s'engagea dans les ordres à la vue des périls que les entreprises de l'empereur Henri IV faisaient courir à la société chrétienne. Il est, du moins, certain que ce prince fut jaloux d'attirer dans son parti l'éminent philosophe, et que celui-ci fit au contraire la plus active propagande en faveur du saint-siége, parcourant les villes et les campagnes pour les soulever contre l'ennemi de l'Église; que ses audacieuses provocations irritèrent l'empereur, et qu'arrêté par ses ordres, il fut jeté dans une prison où il fit un long séjour. Burchard de Gebliswilr, désirant fonder à Marbach, sur le Rhin, en face de Brisgau, un établissement de chanoines réguliers, choisit Manegolde pour instituteur de cette maison. Quelques historiens rapportent cette fondation à l'année 1090. Ils doivent en cela se tromper. Berthold de Constance, auteur contemporain, transporte sa fondation de Marbach à l'année 1094, et la bulle d'Urbain II, qui l'approuve, est de 1096. Dès l'origine de cette maison, Manegolde la gouverne avec le titre de prévôt. Il n'est pas certain qu'elle ait eu des abbés avant le milieu du treizième siècle. Dans une autre lettre d'Urbain, Manegolde est nommé doyen des chanoines réguliers de Reittenberg. On suppose qu'il était déjà pourvu de ce titre lorsqu'il fut appelé par Burchard de Gebliswilr à fonder une autre maison du même ordre, et qu'il fut à la fois doyen honoraire de Reittenberg et prévôt titulaire de Marbach; mais c'est là une simple conjecture. On ne sait pas le jour précis de sa mort. Le premier acte où se rencontre le nom de Gerungus, qui fut après lui prévôt de Marbach, est de l'année 1119.

Henri de Gand et l'anonyme de Molk attribuent à Manegolde des *gloses* sur Isaïe, les Psaumes, l'Évangile de saint Matthieu, et les Épîtres de saint Paul. De ces ouvrages inédits les auteurs de l'*Histoire Littéraire* n'en ont retrouvé qu'un seul en France, à Saint-Allyre de Clermont. C'est une petite glose sur les Psaumes, qu'il faut distinguer, disent-ils, d'un plus ample commentaire composé par Manegolde sur le même livre, et qui paraît perdu. Des divers écrits publiés par Manegolde pour la défense du saint-siége ou des libertés ecclésiastiques, contre les prétentions des empereurs d'Allemagne, un seul a été jusqu'à ce jour retrouvé, et inséré par Muratori dans le t. IV de ses *Anecdota*. B. H.

Gallia christ., V, col. 884. — *Hist. litt. de la France*, IX, 290 — Ptolemée de Lucques, *Chron.*, p. 982 — Trithemius, *Chron. Hirs.*, I, 289 et seq. — Goujet, Continuat. de la *Bibliothèque* d'Ellies Dupin, III.

MANÈS ou **MANI** (*Manichæus*), fondateur de la secte des manichéens, vivait dans le troisième siècle après J.-C. Son histoire personnelle est peu connue et se perd dans des légendes contradictoires. Quelques faits seulement peuvent être établis avec certitude ou du moins avec probabilité. Manès, suivant la chronique d'Édesse, naquit à Caroub dans la Huzitide, en 240 après J.-C. L'Orient était alors en proie à une fermentation extraordinaire. Le puissant prosélytisme chrétien avait par un contre-coup naturel réveillé les vieilles religions dispersées depuis l'Indus jusqu'à l'Euphrate. Le parsisme, surtout favorisé par l'établissement de la dynastie persane des Sassanides, reprenait une vigueur qu'il avait perdue sous les Grecs et les Parthes. Au milieu de cette ferveur, qui s'exerçait dans les sens les plus opposés, Manès, prêtre chrétien, dit-on, et médecin, conçut l'idée d'amalgamer le parsisme avec le christianisme et d'en tirer une vaste doctrine capable de réunir tant d'éléments religieux discordants. L'idée était plus hardie que raisonnable. Tenter d'opérer une hérésie dans le parsisme au moment où il renaissait dans toute la force d'une jeunesse nouvelle, c'était se heurter contre une difficulté énorme. On dit cependant, mais rien n'est moins certain, que l'audacieux hérésiarque fut protégé par Sapor et par Hormisdas; mais Varanes Ier s'effraya du progrès des doctrines de Manès et le fit mettre à mort vers 274.

Il est impossible de préciser la date de l'introduction des doctrines de Manès ou du manichéisme dans l'empire romain. Cet événement est, comme la vie même de Manès, entouré de légendes. Le principal document à ce sujet, intitulé: *Acta disputationis Archelai, episcopi Mesopotamiæ, et Manetis hæresiarchæ*, est regardé comme apocryphe; cependant il n'est pas inutile d'en donner un résumé. Manès, d'après ces *Actes*, s'appelait d'abord Curbicus. Une femme de Ctésiphon fort riche l'acheta, lorsqu'il n'était encore âgé que de sept ans; elle le fit instruire avec beaucoup de soin, et lui laissa tous ses biens en mourant. Curbicus, qui prit dès lors le nom de Manès, trouva parmi les objets qui lui étaient légués les livres d'un nommé Scythien. Il en adopta les principes, les donna comme siens et réunit quelques disciples. Trois d'entre eux, Thomas, Buddas ou Addas et Hermas, prêchèrent ses opinions. Le premier alla en Égypte et le second dans l'Inde. Pendant leur mission, le fils de Sapor tomba dangereusement malade. Manès, qui était savant dans la médecine, fut appelé à le traiter et n'ayant pas réussi à le guérir, il fut mis en prison. Persécuté en Perse, il sentit le besoin de se concilier les chrétiens, dont il adopta les principes. Il lut dans les livres sacrés qu'un bon arbre ne peut produire de mauvais fruits, ni un mauvais arbre de bons fruits, et il prétendit d'après ce passage qu'il faut dans le monde un bon et un mauvais principe pour produire les biens et les maux. Il trouva dans l'Écriture que Satan était le prince des ténèbres et l'ennemi de Dieu; il en fit le mauvais principe. Il vit que Jésus-Christ avait promis le Paraclet à ses disciples, et il se donna pour le Paraclet. Pendant qu'il arrangeait ainsi son système, il apprit que Sapor voulait le faire mourir. Manès gagna les gardes, s'échappa et passa sur les terres de l'empire romain. Là il s'annonça comme un nouvel apôtre envoyé pour réformer la religion et pour purger la terre de ses erreurs. Il eut une conférence avec Archélaüs, évêque de Cascar; mais il ne parvint pas à le tromper par ses sophismes, et, désespérant de faire des prosélytes, il repassa en Perse, où des soldats de Sapor l'arrêtèrent et le firent mourir.

La doctrine qui dès le commencement du quatrième siècle se répandit dans le monde romain, et qui sous le nom de *manichéisme* est devenue une des grandes hérésies du christianisme, ne se rattache pourtant à cette religion que par sa forme extérieure; elle a son point de départ dans le parsisme, et par sa grossière métaphysique elle rentre tout à fait dans la philosophie orientale du gnosticisme. Les manichéens, exagérant la dualité admise par les mages, supposaient qu'il existe deux principes éternels d'où procèdent toutes choses, savoir la lumière et les ténèbres, le bien et le mal, dont l'un s'appelle Dieu et l'autre la matière ou le démon (1). Ces principes sont en eux-mêmes indépendants l'un de l'autre; mais, par rapport l'un à l'autre, le bon principe est supérieur au mauvais, car le bien, en tant que bien, doit être plus complet que le mal en tant que mal; le premier doit être un en soi, l'autre, au contraire présente la lutte perpétuelle de ses propres formes qui se détruisent mutuellement. On reconnaît là l'ancienne notion grecque de la matière; mais comment identifier cette notion avec le mythe parso-chrétien d'un prince des ténèbres? Manès et ses sectateurs s'en tirent à force de contradictions. « Les manichéens, dit Ritter, admettent que le royaume des ténèbres a la capacité d'observer le royaume de la lumière, et qu'il aperçoit même effectivement ce royaume; que les ténèbres sont en possession d'une aspiration vers la lumière, et que leurs puissances s'avancent au combat pour s'emparer de la lumière. Telle est l'origine du mélange dans le monde, du bien et du mal, tel que nous le remarquons ici; car le bien même, si parfait qu'il soit représenté, est cependant reconnu de telle nature qu'il ne peut échapper complètement au mélange avec le mal; nous ne trouvons encore là, au fond, qu'une pensée, qu'une affirmation, c'est que le bien l'emporte en force sur le mal; que le bien ne doit pas se livrer tout entier au mélange, mais abandonner seulement une partie de sa plénitude, l'âme du monde ou l'âme vertueuse pour être mêlée avec le mal, et que le bien porte en lui la certitude intime de sa victoire future sur le mal, victoire à laquelle il marche résolument. On compare le méchant au lion disposé à fondre sur les troupeaux du bon pasteur; mais le pâtre creuse une fosse profonde; il y descend un bouc de son troupeau; avide de le dévorer, le lion s'élance dans la fosse, et y est pris, tandis que le berger retire son bouc et le sauve. » Ces idées constituent la partie métaphysique et philosophique du manichéisme; elles sont aussi superficielles que confuses. Bayle a dit avec raison. « Il paraît évidemment que cette secte n'était point heureuse en hypothèses quand il s'agissait du détail. Leur première hypothèse était fausse; mais elle empirait encore entre leurs mains, par le peu d'adresse et d'esprit philosophique qu'ils employaient à l'expliquer. » A côté de cette doctrine métaphysique, qui ne saurait compter parmi les hérésies, on trouve une forme religieuse empruntée au christianisme et que l'on place avec raison au nombre des hérésies. Ce fut par sa forme religieuse que le manichéisme agit sur le monde. En voici une courte exposition. Des deux grands principes sont émanés, selon Manès, une immense quantité d'*éons* ou esprits élémentaires qui leur ressemblent et qui habitent dans cinq éléments ou sphères. Pendant des siècles, le prince des ténèbres ignora l'existence du royaume de la lumière; mais il n'en fut pas plutôt informé qu'il résolut de se le soumettre. Le Dieu de la lumière lui opposa une armée commandée par le premier homme, mais avec si peu de succès que le démon et ses éons s'emparèrent d'une partie de la lumière et même de Jésus, fils du premier homme. Le Saint-Esprit fut plus heureux, il vainquit le prince des ténèbres et créa la terre. Afin de se venger en introduisant le mal dans le monde, le démon créa de son côté nos premiers parents composés d'un corps et d'une âme sensitive appartenant à la matière ténébreuse, et d'une âme raisonnable, particule de cette lumière engloutie dans la lutte par le prince des ténèbres. Dieu envoya son fils Christ sur la terre pour délivrer ces âmes formées de la lumière divine. Ce sauveur parut dans le monde sous l'apparence d'un être humain; mais

(1) Dans saint Augustin, Faustus dit : « Est quidem, quod duo principia confitemur, sed unum ex his Deum vocamus, alterum *hylen*, aut ut communiter et usitate dixerim, dæmonem » August., *Contra Faustum*, XXX, 1.

sa vie et sa passion n'eurent rien de réel : ce furent comme des exemples offerts aux hommes pour leur apprendre qu'ils ne peuvent arriver à la félicité céleste qu'à travers les privations et la mort. Avant de quitter ses disciples, il leur promit de leur envoyer le Paraclet, ou le Consolateur, et cette promesse était realisée dans la personne de Manès, qui était venu annoncer la vérité aux hommes sans types et sans figures.

Après la mort, les âmes doivent être purifiées par l'eau et le feu; il n'y a point de résurrection des corps. Les âmes purifiées entrent promptement dans le royaume de la lumière; celles qui négligent l'œuvre de leur purification passent dans des corps d'animaux et n'arrivent à la félicité céleste qu'après de nombreuses transfigurations; quelques-unes plus endurcies sont condamnées aux peines de l'enfer. Dès que la plus grande partie des âmes aura été délivrée et introduite de nouveau dans la région de la lumière, le monde sera consumé par le feu, le prince des ténèbres et ses éons rentreront dans leur séjour de ténèbres, et pour les empêcher de recommencer la guerre, Dieu entourera la région de la lumière d'une garde invincible composée des âmes déchues.

La morale des manichéens était parfaitement d'accord avec leur dogmatique. Ils se divisaient en deux classes, les *élus* et les *auditeurs*. Les premiers devaient s'abstenir de vin, de viande et de toute nourriture animale, de la musique, du mariage, et en général de toutes les jouissances qui naissent de la satisfaction, même modérée, de nos penchants naturels. Ils ne devaient rien posséder en propre et passer toute leur vie dans la contemplation. Les auditeurs n'étaient pas astreints à une règle aussi sévère; cependant ils devaient se nourrir de leur travail, eux et les élus, et chercher le bonheur dans la pauvreté.

Les manichéens avaient à la tête de leurs assemblées, sous la direction suprême de Manès et de ses douze apôtres, des évêques, des anciens et des diacres dont l'unique fonction était l'enseignement. Ils n'avaient dans les lieux de leurs réunions ni autels ni images, ni sacrifices. Leur culte ne consistait qu'en chants, en prières, en lectures de leurs livres saints et en exhortations. Ils célébraient la cène sans vin et n'administraient le baptême que dans un âge mûr. Leurs seules fêtes étaient la commémoration de la mort du Sauveur, le dimanche et l'anniversaire du martyre de Manès. Leur doctrine se répandit avec rapidité en Asie, en Afrique et jusqu'en Italie; mais depuis le quatrième siècle, persécutés avec acharnement, ils se réfugièrent dans le mystère des sociétés secrètes, et s'ils reparurent de loin en loin, ce fut sous d'autres noms. De nombreux traités furent écrits contre eux par Eusèbe de Césarée, Eusèbe d'Émèse, Sérapion de Thmuis, saint Athanase d'Alexandrie, George et Apollinaire de Laodicée et Titus de Bostra. On trouve de très-précieux renseignements sur cette secte dans les écrits de saint Augustin, qui pendant neuf ans défendit avec zèle les doctrines manichéennes. Ces doctrines reparurent en Perse au sixième siècle, et sous le nom de *Paulicianisme* elles se répandirent de nouveau dans le monde chrétien. Vers le milieu du huitième siècle l'empereur Constantin Copronyme transporta d'Arménie en Thrace un grand nombre de Pauliciens qui continuèrent de professer leur religion jusqu'à la prise de Constantinople par les Turcs. Dans le onzième et le douzième siècle, les doctrines des Pauliciens, introduites en Italie et en France sous le nom de *Cathares*, trouvèrent de nombreux adhérents, et donnèrent lieu à d'horribles persécutions. Z.

Acta disputationis Archelai episcopi Mesopotamiæ et Manetis hæresiarchæ, dans les *Monumenta Ecclesiæ græcæ et latinæ* de Zacagni; Rome, 1698. — Saint Augustin, *De Moribus manichæorum*; *de Genesi contra manichæos*; *De Duabus animabus contra manichæos*; *De Vera religione Epistola fundamentis contra Faustum*. — Beausobre, *Histoire du manichéisme*. — Bayle, article *Manichéisme*. — Basnage, *Histoire des églises reformées*. — Fabricius, *Bibliotheca græca*, t. V, p. 284. — Canisius, *Lectiones antiquæ*, édit. de Basnage, t. I, p. 50. — D'Herbelot, *Bibliothèque orientale*. — Tillemont, *Mémoires pour servir à l'histoire ecclésiastique*. — Wolf, *Manichæismus ante manichæos et in christianismo redivivus*. — Mosheim, *Commentaria de rebus christianis ante Constantinum*. — Walch, *Historie der Ketzereien*. — Pluquet, *Dictionnaire des hérésies*. — Foucher, dans les *Mémoires de l'Académie des Inscriptions et Belles-Lettres*, t. XXXI, etc. — Schmidt, dans les *Mém. de l'Acad. des Sciences morales et politiques*, *Savants étrangers*, t. II. — Matter, *Hist. du Gnosticisme*. — Meldegg, *Die Theologie des Magiers Manes und ihr Ursprung*; Francfort, 1825, in-8°. — Baur, *Sur le manichéisme des Cathares*; Tubingue, 1831, in-8°. — Henri Ritter, *Hist. de la philosophie chrétienne*, t. I, l. 2 (trad. de M. Trullard). — *Dict. des Sciences philosophiques*.

MANESSE (*Denis-Joseph*), naturaliste français, né à Landrecies, en 1743, mort le 24 septembre 1820, au château de Soupire (Aisne). Chanoine à l'abbaye de Saint-Jean, près de Soissons, curé et prieur de Beauges, il exerçait en même temps gratuitement la médecine. Informé de ses succès et de son dévouement, Louis XVI lui accorda une pension dont le priva la révolution. Manesse quitta alors la France et se rendit d'abord en Allemagne, puis en Russie. Il revint en France en 1814 et y reprit ses travaux de naturaliste. Il avait été reçu membre de l'Académie d'Erfurt en 1795, et de celle de Saint-Pétersbourg en 1801. On a de lui : *Traité de la manière d'empailler et de conserver les animaux, les pelleteries et la laine, et des insectes qui les attaquent, avec l'histoire de leurs mœurs et de leurs habitudes*; Paris, 1787. Il a laissé inédite une *Oologie ou description des nids et des œufs d'un grand nombre d'oiseaux avec leurs mœurs et leurs habitudes*, ornée de dessins qui représentaient une collection d'œufs que Manesse avait réunie. J. V.

Beuchot, *Journal de la Librairie*, 1820. — *Biog. univ. et port. des Contemp.* — Quérard, *La France littér.*

MANESSON (*Alain*). *Voy.* MALLET.

MANÉTHON (Μανέθως ou Μανεθών) (1), prêtre égyptien de la ville de Sebennytus, vivait vers 300 avant J.-C., sous Ptolémée, fils de Lagus, et probablement aussi sous son successeur Ptolémée Philadelphe. Son histoire personnelle est peu connue. Il eut, suivant Georges Syncelle, la réputation d'avoir atteint le plus haut degré de sagesse. Ce fut sa réputation même qui engagea des imposteurs à fabriquer des ouvrages qu'ils publièrent sous son nom. Ces productions apocryphes et les notions fabuleuses répandues sur le sage égyptien le firent regarder par quelques anciens eux-mêmes comme un personnage mythique, et empêchèrent longtemps d'attacher aux fragments de son histoire d'Égypte l'importance qu'ils méritent. C'est seulement depuis les grands travaux modernes sur l'Égypte que l'on a pu bien apprécier la valeur de cet ouvrage. Manéthon fut le premier qui donna en grec une exposition des doctrines civiles et religieuses des Égyptiens aussi bien que leur histoire et leur chronologie. L'ouvrage dans lequel il exposait les idées des Égyptiens touchant les dieux, la morale, l'origine des dieux et du monde, semble avoir porté le titre d'*Abrégé des choses naturelles* (Τῶν φυσικῶν ἐπιτομή). Divers renseignements dérivés de cet ouvrage ou de quelque autre du même genre se trouvent dans le traité de Plutarque sur *Isis et Osiris*, dans Jamblique (*Sur les Mystères*) dans les *Histoires variées* d'Élien; dans Porphyre (*Sur l'Abstinence*). Suidas mentionne de Manéthon un traité sur le *cyphi*, ou encens sacré des Égyptiens, et sa préparation telle qu'elle était enseignée dans leurs livres religieux. Les extraits trop rares que nous possédons des traités authentiques de Manéthon nous donnent l'idée d'un esprit judicieux, honnête, éclairé et nous disposent à avoir confiance en son histoire d'Égypte. Les fragments de ce livre sont pour nous la source principale de la chronologie égyptienne. Avant la conquête de l'Égypte par les Grecs, les temples de cette contrée renfermaient de nombreux documents historiques sur pierre ou sur papyrus. C'étaient des généalogies royales, ou des listes de tous les princes ensevelis dans ces sanctuaires; il y avait aussi des espèces de poëmes sur les plus illustres de ces monarques. C'est d'après ces documents que les prêtres de Memphis donnèrent à Hérodote un aperçu des anciennes annales de leur patrie. Mais il ne paraît pas qu'il ait existé alors une véritable histoire d'Égypte. Manéthon entreprit de l'écrire pour satisfaire la curiosité des rois Lagides, et fit un relevé des inscriptions sacrées. Selon Josèphe, elles étaient très-précises, car elles contenaient le nombre d'années, de mois et de jours, que chaque prince

(1) La forme égyptienne de son nom était très-probablement Manethoth (Ma-n-Thôth), c'est-à-dire *celui qui a été donné par Thoth*, nom qui répond à Hermodote ou Hermodore en grec.

avait régné, et sa taille exacte. Cepen[dant, dans] un autre passage, le même Josèphe, vo[ulant re]pousser une assertion de Manéthon, peu [favorable] pour les Juifs, dit qu'il a inséré dans son [histoire] des récits populaires, indignes de croyan[ce. Il est] possible en effet que, pour pallier l'aridi[té mono]tone de ces listes royales, Manéthon ait p[uisé quel]ques récits à des sources moins authenti[ques. Du] reste, sans mettre en doute son intellige[nce et sa] bonne foi, nous ne savons pas s'il s'était heureusement acquitté de la tâche coordonner les documents conservés et à Memphis, et dans les autres avaient été à diverses époques le siége pire, et s'il a toujours tenu compte d lutions ou des conquêtes qui ont pu momentanément l'unité du royaume.

L'histoire de Manéthon était divisée livres. Le premier contenait l'histoire gypte avant les trente dynasties, c'est-à période mythique, et donnait les d des dieux et des demi-dieux; il se t par les onze premières dynasties des n tels. Le second s'ouvrait par la douzièm tie et se fermait par la dix-neuvième. sième donnait l'histoire des onze dyna tantes et se terminait avec Nectanabus, l des rois égyptiens nationaux. Les dyn conservées dans Jules l'Africain et Eu correctement dans la version arméni a cependant introduit diverses inter Une trente-et-unième dynastie, qui c liste des rois jusqu'à Darius Codoma certainement une fabrication postérieu par quelque faussaire sous le nom de La première période ou période myth prenait, suivant les calculs de Manéthon quatre mille neuf cents ans, et les trente d commençant à Manès remplissaient trois cent cinquante-cinq ans; ces chiffres n ne prenant que ceux qui se rapportent riode historique, reculent les annales de bien au delà du déluge tel qu'il est fixé chronologique biblique. Par ce motif, l nologistes chrétiens, Jules Africain et p Eusèbe, ont cherché, par diverses c dans le livre de Manéthon, à faire coïn règne de Manès avec la dispersion des au temps de la tour de Babel. Les ext par ces deux auteurs, et réunis par Geor celle au huitième siècle, sont, avec le cité par Josèphe, tout ce qui nous re *Égyptiaques* de Manéthon. Outre les tions systématiques, ce texte a encore la part des copistes de nombreuses alt dans les nombres et les noms propres ét Divers savants modernes, d'après une id sèbe, ont travaillé à resserrer l'antiquit tienne dans des limites plus restreintes, posant des dynasties contemporaines. système est étranger à la pensée de Ma et, sans lui accorder une confiance a

vons rien de mieux à faire aujourd'hui
bercher à rétablir l'état primitif de ce
i, ayant été composé en grande partie
les monuments égyptiens, est un des
s guides pour leur interprétation, comme
ontré les travaux de Champollion.
re d'Égypte fut graduellement tronquée
par les abréviateurs, ensuite par Eusèbe
rpola à dessein pour l'accommoder à
ème. Enfin un imposteur mit sous le
néthon de Sebennytus un traité qui avait
de faire concorder la chronologie des
des chrétiens avec celle des Égyptiens.
se réfère souvent à ce dernier ouvrage,
iteur, dit-il, vivait sous le règne de Pto-
'hiladelphe et écrivit un traité sur la
tion du Chien (ἡ βίβλος τῆς Σώθεος).
iction telle que la cite Syncelle abonde
s extraordinaires et en absurdités qu'il
ssible d'attribuer à Manéthon (1).
s est parvenu un poëme grec en six li-
r *l'Influence des astres* (Ἀποτελέσμα-
i porte le nom de Manéthon. L'auteur,
dédicace à un roi Ptolémée, dit qu'il a
r guide Pétosiris, et a voulu montrer,
omposition de ce poëme grec, que les
s n'étaient étrangers à aucune science.
st là une fiction; les *Apotelesmatica*
aucun caractère d'authenticité. Les six
ns sont parvenus dans un tel désordre
s'est demandé s'ils sont l'œuvre d'un seul
un recueil de divers morceaux, réunis
par un compilateur. Tyrwhitt avança que le premier et le cinquième livres ne sont pas de la même main que le reste de l'ouvrage. MM Axt et Rigler, approfondissant la question, arrivèrent à ce résultat que les *Apotelesmatica* n'ont pu être écrits par un poëte alexandrin et qu'ils ne sont pas non plus de l'époque de Nonnus (sixième siècle). Le quatrième livre est beaucoup plus récent que les autres. Le livre cinquième est un mélange de choses anciennes et de choses récentes, de sorte qu'il est dans un état encore plus triste que le premier, assez ancien, mais mutilé et interpolé. Les livres II, III, VI sont très-bien conservés, anciens et paraissent être l'œuvre d'un seul poëte, de Manéthon, si l'on veut. Les livres I, V, IV, bien loin de faire corps avec les livres II, III, VI, ne font pas partie d'un seul tout et ne sont pas d'un seul écrivain. M. Kœchly a rectifié ces observations et leur a donné plus de précision. D'après lui, les *Apotelesmatica*, dans leur état actuel, comprennent 1° un poëme suivi et complet, sauf quelques lacunes, formé des livres II, III, VI; 2° le livre IV, œuvre plus récente, imitée probablement du poëme précédent et mutilée en beaucoup d'endroits; 3° deux collections (livres I et V) formées par deux compilateurs, qui, sans aucun souci de la langue et de la versification, ont rassemblé des morceaux d'époques diverses et généralement de nulle valeur. Après avoir distingué les éléments hétérogènes dont se sont formés les *Apotelesmatica*, M. Kœchly établit que l'auteur du poëme principal (II, III et VI° livres) n'a pu vivre ni avant les Antonins, ni après Alexandre Sévère, et qu'il a dû composer son ouvrage sous cet empereur (222-235 après J.-C.). Le quatrième livre paraît appartenir à l'époque de Julien, ou du moins n'a pas dû être écrit après le règne de Valens, qui frappa les astrologues de peines sévères et ordonna de brûler leurs livres. Parmi les morceaux qui forment le II° livre, on en trouve d'anciens et d'élégants. Dans le V° tout est récent et barbare.

A quelle époque la compilation générale qui porte le titre d'*Apotelesmatica* a-t-elle été faite, et pourquoi l'a-t-on mise sous le nom de Manéthon? C'est ce qu'il est impossible de déterminer. Les *Apotelesmatica* furent publiés pour la première fois d'après un manuscrit de la bibliothèque Laurentiane à Florence par Gronovius avec une traduction latine et des notes; Leyde, 1698, in-4°. L'éditeur reproduisit fidèlement le texte du manuscrit avec les erreurs innombrables dont il fourmille et n'en corrigea qu'un très-petit nombre. D'Orville, dans son célèbre commentaire sur Chariton, en découvrit et en corrigea une grande partie. MM. Axt et Rigler, en s'aidant des travaux de d'Orville, ont donné à Cologne, 1832, in-8°, une bonne édition qui a été surpassée par celle de M. Kœchly, laquelle fait partie des *Poetæ bucolici et didactici* publiés par A.-F. Didot, Paris 1851, in-8°. M. Kœchly a

ronologie de Manéthon, extrêmement embrouil-
compilateurs byzantins, a été éclaircie dans un
travail de M. Boeckh. Cet érudit pense par de
isons que les dynasties de Manéthon ont été
de manière à remplir un nombre exact de cy.
ques (ou périodes de l'étoile Sirius) comprenant
0 années juliennes ou 1461 années égyptiennes.
ier égyptien comptait par année 365 jours
it sans tenir note des six heures additionnelles
ttent l'année solaire. Leur année se divisait en
s de trente jours chacun avec cinq jours comes; elle commençait le 1er du mois de thoth
is). Comme elle était de six heures (ou d'un
les quatre ans) plus courte que l'année du ca-
lien (y compris l'année bissextile), le 1er de
gradait d'un jour tous les quatre ans, et par
gradation successive il revenait à son point de
bout de 1460 ans (365 × 4). Cette période 1460
othiaque, et partait de l'année dans laquelle le
h coïncidait avec le lever héliaque de Sirius
c'est-à-dire avec le 20 juillet. Or, on sait par
(*De Die natali*, c. 21) que la période sons laquelle étaient compris Hérodote et Mané-
it en 139 après J.-C.; elle avait donc commencé
nt J.-C., et la période précédente avait com-
r 82. Manethon ou les prêtres qui lui servirent
réglèrent leur chronologie sur la période so-
l'époque mythique des dieux et des demi-dieux,
rent dix-sept périodes de 1461 années égyp-
1460 années juliennes), chacune, c'est-à-dire
la dynastie humaine de Menès commence avec
ième période, ou 5702 avant J.-C. On voit que
nologie est une conception mathématique dé-
it fondement historique. *Consult.* sur ce sujet,
ouvrages de Boeckh et de Bunsen cités plus
History of Greece, tom III, c. XX; Ideler,
der *Chronologie*, vol. I, sect. I, p. 128-138.

mis en tête de son édition des recherches très-intéressantes sur les divers poëmes et fragments dont la juxtaposition a produit les *Apotelesmatica*, et au lieu de suivre l'ordre du manuscrit et l'édition princeps, il a disposé les six livres dans l'ordre suivant : II, III, VI, IV, I, V. Cette édition est accompagnée d'une traduction latine ; le texte seul de M. Kœchly a reparu dans la collection Teubner ; Leipzig, 1859, in-8°. [W. BRUNET, *dans l'E. des G. du M.* avec additions.]

Suidas, au mot Μανέθως. — Fabricius, *Bibliotheca græca*, edit. Harles, vol. IV, p. 128 139. — Scaliger, *Opus de emendatione temporum*. — Banier et Boivin, *Sur la chronologie de Manéthon*, dans les *Mémoires de l'Acad. des Inscriptions*, t. III. — Larcher, *Sur la Chronologie de Manethon*, dans sa traduction d'Herodote, t IV. — Dreyer, *Ueber die Hycksos, oder das Hirtenvolk des Manetho*, dans le *Neues deut Magazin* ; Iena, 1802. — Bunsen, *Egyptens Stelle in der Weltgeschichte*, t. I. — Boeck, *Manetho und die Hundssternperiode, ein Beitrag zur Geschichte der Pharaonen* ; Berlin, 1845. — Tyrwhitt, *Disputatio, Manethone falso tributum esse poema Apotelesmaticorum, id potius posteriore tempore imperii romani conscriptum esse*, dans la preface de son édition du poëme d'Orphée, *De Lapidibus* ; Londres, 1781, in 8°. — Ziegler, *Disquisitio de libris apotelesmaticis, Manethonis nomine vulgo addictis*, dans le *Neues Magazin F. Schullehrer* ; Göttingue, 1793. — Rigler, *Comm. de Manethone astrologo* : Cologne, 1828. — M. Axt, *Astrologie von Manetho übersetzt* ; Wetzlar, 1830. — Koechly, Preface de son édition des *Apotelesmatica*.

MANETTI (*Giannozzo*), orateur et érudit italien, né à Florence d'une famille noble, le 5 juin 1396, mort à Naples, le 26 octobre 1459. Destiné au commerce, il ne reçut qu'une éducation élémentaire et fut à l'âge de dix ans placé chez un banquier. Mais l'amour de l'etude le porta bientôt à quitter sa profession, et en quelques années il acquit une instruction rare à cette époque. Son biographe Naldo Naldi énumère complaisamment ses connaissances dans la grammaire, la rhétorique, la dialectique, l'éthique, la physique, la métaphysique, la théologie et la géométrie ; mais il se distingua surtout par son savoir en grec et en hébreu. On rapporte que pour mieux se familiariser avec ces deux langues, il prit un domestique qui parlait grec et un domestique qui parlait hébreu. La république de Florence lui confia diverses missions auprès des Génois, du roi de Naples Alfonse, de François Sforza, des papes Eugène IV et Nicolas V, du duc d'Urbin, de l'empereur Frédéric III. Partout il se fit honneur par sa dextérité et son éloquence qui paraissait merveilleuse. Des désagréments que lui suscitèrent les envieux l'ayant décidé à quitter Florence, il reçut l'accueil le plus flatteur du pape Nicolas V qui le prit pour secrétaire. Calliste III, successeur de Nicolas, le confirma dans cette place. Il fit en 1455 un voyage à Naples, et le roi Alfonse ne voulut plus le laisser partir, le comblant de faveur et disant que « n'eût-il qu'un morceau de pain, il le partagerait avec lui. » Ce fut à Naples que Manetti composa la plupart de ses ouvrages. Il y revint mourir, apres avoir revu encore une fois Florence et sa famille. Les historiens littéraires de l'Italie font le plus grand éloge de Manetti, que Tiraboschi appelle « un homme véritablement grand, qui, par la maturité du sens, l'innocence des mœurs, l'agrément des manières, l'ampleur de l'érudition, n'était inférieur à aucun de ses contemporains et à qui l'on trouvera peu d'égaux dans l'histoire de tous les siècles ». Les ouvrages de Manetti ne justifient pas tout à fait ces éloges ; mais on ne peut lui refuser l'honneur d'avoir été un des Italiens qui contribuèrent le plus à la renaissance des lettres. Apostolo Zeno a donné la liste de ses ouvrages ; nous n'indiquerons que ceux qui ont été imprimés, savoir : *De dignitate et excellentia hominis libri IV* ; Bâle, 1532, in-8° ; — *Orationes : orat. ad regem Alphonsum in nuptiis filii sui ; ad eumdem de pace servanda ; ad Fredericum imperatorem de coronatione sua ; ad Nicolaum V pont. max.* ; Hanau, 1611, in-4° ; — *Specimen historiæ litterariæ florentinæ decimi tertii ac decimi quarti sæculi ; sive vitæ Dantis, Petrarchæ ac Boccatii* ; Florence, 1747, in-8° ; — *Vitæ Nicolai V pont. max. libri tres*, dans les *Scriptores rerum italicarum* de Muratori, t. III, part. 2 ; — *Chronicon Pistoriense a condita urbe usque ad ann.* 1446 ; ibid., t. XIX. Z.

Naldo Naldi, *Vita Manetti*, dans le *Thesaurus antiquitatum Italiæ*, t. IX, et dans les *Scriptores rerum italicarum*, t. XX. — Apostolo Zeno, *Dissertazioni Vossiane*, t. I. — Tiraboschi, *Storia della letteratura italiana*, t. VI, part. II, p 121.

MANETTI (*Rutilio*), peintre de l'école de Sienne, né dans cette ville en 1571, mort en 1637. Il dut sans doute les premières notions de son art à son père Domenico l'ancien ; mais il fut élève de Francesco Vanni, et prit surtout pour modèle le Caravage dont il imita la vigueur, mais sans savoir appliquer la juste distribution des ombres. Son imagination était brillante, son dessin correct, son style plus noble que celui de son modèle, et ses architectures étaient bien entendues. Il fut un des artistes les plus féconds de son école et peignit avec une égale facilité à fresque et à l'huile. Le palais public de Sienne renferme de lui un assez grand nombre de fresques, entre autres *la République de Sienne envoyant deux mille combattants à la croisade* ; *Elieser et Rebecca* ; *David et Abigail* ; *la Vie de sainte Catherine*, etc. Dans la même ville il peignit pour les églises beaucoup de fresques dont les sujets étaient tirés de la vie des saints. Ses peintures à l'huile ne sont pas moins nombreuses ; les principales sont : à Sienne, dans la cathédrale, *la Nativité de la Vierge* ; à Saint-Sébastien, *un Calvaire* ; à l'hôpital de Monagnese, *la Resurrection* ; à Saint-Augustin, *le saint titulaire* ; à San-Pietro, *le Repos de la Sainte Famille*, un des meilleurs ouvrages du maître ; au palais public, une *Sainte famille* ; aux Servites, *la Nativité de la Vierge*, de 1625, et *Saint Laurent* ; à Saint-Jean-Baptiste, *la Naissance et la Prédication du saint*, et *Sainte Catherine*; à Saint Dominique, *Saint Antoine*, de 1627; à Saint-Étienne, *la Visitation*; au musée, *le Martyre de saint Ansano*, et *Élie ressuscitant un mort*, de 1631; à Pise, dans la cathédrale, *Élie*; à S.-Sisto, *la Prédication de saint Jean*; à S.-Silvestro, *Saint Dominique devant le crucifix*; — à Florence, au palais Pitti, le *Mariage de la Vierge*; au palais Rinuccini, *Judith présentant aux Hébreux la tête d'Holopherne*, et *Didon sur le bûcher*; à la galerie publique, le *Portrait du peintre* par lui-même; — à Forli, une *Assomption*, de 1613; — à Madrid, au musée, *Sainte Marguerite ressuscitant un enfant*.

Rutilio Manetti a formé plusieurs élèves dont les plus connus sont Niccolò Tornioli et Domenico Manetti. E. Breton.

Della Valle, *Lettere sanesi*. — Lanzi, *Storia della Pittura*. — Lomazzo, *Idea del tempio della Pittura*. — Mancini, *Notizie*. — Romagnoli, *Cenni di Siena*.

Manetti (*Domenico*), peintre de l'école de Sienne, neveu du précédent, né à Sienne en 1609, mort en 1663. Élève de Rutilio Manetti, auquel il fut inférieur, il a laissé à Sienne d'assez nombreux ouvrages à fresque et à l'huile. Parmi ces derniers nous mentionnerons seulement le *Saint Étienne*, le tableau du maître autel de l'église paroissiale de Monsindoli, et *l'Assomption* de celle de Terenzano. E. B—n.

Della Valle, *Lettere sanesi*. — Romagnoli, *Cenni di Siena*. — Mucci, *Siena*. — Lanzi, *Storia*. — Ticozzi, *Dizionario*.

Manetti (*Saviero*), naturaliste italien, né en 17[illegible], à Florence, où il est mort, le 19 novembre 178[illegible]. Reçu docteur en médecine en 1747 à l'université de Pise, il y exerça la place de lecteur extraordinaire; agrégé en 1758 au collége de médecine de Florence, il refusa d'aller enseigner cette science à Rome et à Paris afin de rester dans sa ville natale, où il remplit les fonctions d'intendant du jardin des plantes. Il fit de nombreuses excursions en Italie, et entretint une correspondance suivie avec les plus savants physiciens de l'Europe. Associé aux principales académies de son pays, il fut pendant longtemps secrétaire de celle des Géorgophiles, qui le reconnut pour un de ses fondateurs. On a de lui : *Catalogus horti academiæ Florentinæ*; — *Viridarium Florentinum*; Florence, 1751, in-8°; — *Due diputazioni, la prima de' medicamenti che attaccano alcune parti del corpo umano, e la seconda come l'aria operi sul nostro corpo*; Florence, 1754, gr. in-4°; — *Linnæi regnum vegetabile*; Florence, 1756, gr. in-8°; — *Dell' inoculazione del vajuolo*; Florence, 1761, in-4°; — *Storia naturale degli uccelli; ornithologia methodice digesta*; Florence, 1767-1776, 5 vol. in-fol. avec 600 pl. col.; — *Il Magazzino Toscano*; Florence, 1770-1772, 31 cahiers. Cet ouvrage périodique, dont il paraissait chaque mois un volume, fut entrepris par Manetti, qui y inséra un grand nombre de mémoires, et en continua la publication sous le titre de *Nuovo Magazzino*; ibid., 1777, 9 cah.; — *Avis avec des remarques et des additions sur les maladies fébriles mortelles*; ibid., 1781. P.

Novelle letterarie, 1786. — Rotermund, *Suppl. à Jöcher*.

Manfred ou **Mainfroi**, roi de Naples et de Sicile, né en 1233, tué à Grandella près de Bénévent, le 26 février 1266. Fils naturel d'une comtesse Lancia et de Frédéric II, cet empereur lui donna pour apanage la principauté de Tarente. Conrad Ier, fils aîné de Fréderic (1), ayant succédé à son père, nomma son frère Manfred, *baile* (vice-roi) de Sicile. En cette qualité il eut à soutenir une sanglante lutte contre le pape Innocent IV, ennemi implacable de la maison de Souabe qui avait fait révolter un grand nombre de puissants barons et de villes importantes. Manfred, par la force ou l'adresse, ramena les insurgés à l'obéissance, et lorsque l'empereur débarqua à Siponte (décembre 1251), il trouva la Sicile soumise. Conrad, après avoir rendu de grands honneurs au vainqueur, prit ombrage de son habileté et s'appliqua à diminuer son influence. Manfred dissimula, et continua à servir son frère avec activité; il l'aida puissamment à réduire la Pouille, Naples, Capoue, qui s'étaient placées sous la protection du pape. Conrad avait un frère légitime, nommé Henri, fils de sa belle-mère Isabelle d'Angleterre et né en 1238. Ce jeune prince vint, en 1254, joindre son frère en Italie et mourut presqu'en arrivant; l'empereur ne lui survécut que de quelques semaines. Plusieurs écrivains guelfes accusent Manfred de ce double fratricide. Les historiens impartiaux ne voient dans cette imputation qu'une de ces calomnies renouvelées trop souvent à la mort des princes. Après la mort de Conrad Ier (21 mai 1254), Manfred força Berthold, marquis d'Hohemburg, à se démettre de la tutelle de Conrad II ou Conradin à peine âgé de trois ans, et le 8 octobre il vint à Cerepano se faire confirmer dans la régence par Innocent IV. Mais bientôt il se brouilla avec le souverain pontife à l'occasion du meurtre de Borello, baron d'Anglone, favori du saint-père, tué dans une rencontre sur la voie publique. Le pape voulut venger son favori, et cita le régent devant un tribunal exceptionnel. Manfred, informé du sort qui l'attendait s'il comparaissait devant les juges pontificaux, se retira à Luceria. Les Sarrasins étaient maîtres de cette ville : ils lui fournirent un corps de troupes qui, joint aux Allemands et aux débris des gibelins qu'il rassembla rapidement, lui permit de prendre l'offensive. Il battit les troupes papales en diverses rencontres et ravagea les État de l'Église. En 1255, Alexandre IV, successeur d'Innocent IV, fit prêcher une croisade contre Manfred; mais les foudres du Vatican n'arrêtèrent point les progrès du prince de Tarente,

(1) Ce prince est ainsi dénommé comme roi de Sicile. Comme empereur c'est Conrad IV.

qui, après avoir reconquis la Pouille, les Calabres, la terre de Labour, envoya son oncle maternel Frédéric Lancia occuper la Sicile. Manfred pensa alors à s'emparer du trône : il fit courir la nouvelle que son neveu Conradin était mort en Allemagne, où l'impératrice Élisabeth (veuve de Conrad Ier) l'avait emmené. Ce bruit ayant pris faveur, les prélats et les seigneurs, excités par quelques émissaires, députèrent en 1258 vers Manfred pour l'engager à prendre le sceptre. Après de feints refus, il se rendit à Palerme et s'y fit couronner *roi de Sicile*, le 11 août. Élisabeth protesta au nom de son fils contre cette usurpation. Manfred répondit que le trône de Sicile lui appartenait par droit de conquête, l'ayant enlevé aux papes qui en avaient dépossédé Conradin ; que d'ailleurs les conjonctures ne lui permettaient pas d'y faire asseoir un enfant hors d'état de le conserver ; qu'en l'occupant lui-même un certain temps il l'assurait bien mieux à son neveu qui en hériterait lorsqu'il saurait le défendre. Il renvoya les ambassadeurs d'Élisabeth chargés de riches présents et convaincus de son affection pour Conradin. En même temps il s'appliqua à faire aimer son gouvernement par son affabilité, sa justice, sa clémence et sa libéralité. Aussi la nouvelle excommunication qu'Alexandre IV lança en 1259 contre Manfred fit-elle peu d'impression. En 1260 Alexandre lui fit offrir de le reconnaître pour roi s'il voulait rendre les biens qu'il avait confisqués sur le clergé et chasser les Sarrasins de ses États. Manfred accorda le premier point, mais refusa le second, « comptant plus sur la fidélité des Sarrasins que sur la foi de la cour romaine. » La paix ne put donc se conclure et Urbain IV, successeur d'Alexandre IV et de sa politique, fit des efforts en 1262 pour empêcher le mariage de don Pedro, fils de Jayme, roi d'Aragon, avec Constance, fille de Manfred. Néanmoins, malgré les intrigues de la cour de Rome, ce mariage eut lieu. Le roi de Sicile, blessé de la conduite du pape, lui enleva le comté de Fondi. Urbain, reconnaissant son impuissance devant un pareil adversaire, engagea Charles, comte d'Anjou et frère du roi saint Louis, à entreprendre la conquête du royaume de Naples et de Sicile. Il fit en même temps prêcher une nouvelle croisade contre Manfred. Elle eut plus de succès que la première. Un grand nombre d'aventuriers angevins, provençaux, picards et flamands, entraînés par l'espoir du pillage, s'enrôlèrent sous les drapeaux de Charles d'Anjou. Le prince français, arrivé à Rome, reçut, le 28 juin 1264 du nouveau pontife Clément IV l'investiture du royaume de Sicile *en deçà et au delà du phare*, moyennant un tribut annuel de huit mille onces d'or (1). Le pape se réserva aussi le duché de Bénévent. Manfred, se défiant de la fidélité de ses sujets, voulut conjurer l'orage qui allait l'accabler. Il fit proposer à Charles un accommodement. Celui-ci, fier des trente mille hommes qu'il amenait de France, répondit aux envoyés du roi : « Retournez vers le sultan de Nocera, votre maître, et dites-lui que je ne veux autre que bataille et que dans peu je l'aurai mis en enfer ou qu'il m'aura mis en paradis. » Charles donnait à Manfred le titre de *sultan de Nocera*, parce que cette ville, habitée surtout par des mahométans, était particulièrement dévouée à la maison de Souabe. Quoique inférieur en forces, Manfred n'hésita pas à marcher à l'encontre de son rival. Les deux armées se rencontrèrent devant Bénévent ; le fleuve Calore les séparait. Le roi de Sicile fit franchir le fleuve par ses archers sarrasins, qui en peu d'instants couchèrent à terre une partie de la lourde infanterie française, mais qui, chargés à leur tour par la gendarmerie française, furent écrasés et poursuivis de l'autre côté du Calore jusque dans la plaine de Grandella. La cavalerie allemande s'ébranla alors et, quoique toute l'armée de Charles se fût engagée successivement, l'avantage restait à Manfred, lorsque les Français reçurent l'ordre de frapper aux chevaux ; les Allemands, surpris par ce genre d'attaque qui alors passait pour déloyal entre chevaliers, furent presque tous désarçonnés. Dans cet instant décisif, Manfred vit son corps de réserve, composé de quatorze cents chevaux commandés par son grand trésorier, le comte de la Cerra, le comte de Caserte et d'autres barons de la Pouille, se débander et fuir à travers champs sans avoir combattu. Resté avec un petit nombre de chevaliers toscans ou sarrasins, il résolut de mourir dans la bataille plutôt que de survivre à sa défaite. Comme il mettait son casque, un aigle d'argent qui en formait le cimier s'en détacha et tomba à terre : *Hoc est signum Dei*, dit-il à ses fidèles, et il se précipita dans la mêlée, cherchant vainement à rallier les siens. Un chevalier picard, voyant son extrême valeur, courut sur lui et donna de sa lance dans la tête de son cheval que ce coup fit cabrer avec violence. Manfred, désarçonné par ce choc subit, tomba à terre et fut assommé par quelques ribauds qui accompagnaient le chevalier. Celui-ci prit l'écharpe et le cheval du roi de Sicile et, deux ou trois jours après, il parut avec ces dépouilles devant quelques seigneurs prisonniers qui demandèrent au chevalier picard ce qu'était devenu celui à qui cette écharpe et ce cheval avaient appartenu. Il leur répondit qu'il était mort, et indiqua le lieu de sa chute. Un valet fut envoyé et rapporta le cadavre de Manfred en travers sur un âne. Charles fit appeler tous les barons captifs pour le reconnaître : tous répondirent avec douleur que c'était bien là celui qui avait été leur chef. Les chevaliers français, attendris par leur douleur, demandèrent à Charles d'Anjou qu'au moins ce vaillant roi, fils d'un grand empereur, reçût une honorable

(1) Soit 109,840 f. de notre monnaie actuelle. L'once d'or de Sicile valait 13 f. 73 c.

sépulture. « Si ferois-je volontiers, répondit Charles, s'il ne fusse excommunié » ; et sous ce prétexte lui refusant une terre sacrée, il le fit enterrer dans une fosse creusée au pied du pont de Bénévent. Chaque soldat de l'armée angevine porta spontanément une pierre sur cet humble tombeau. Ainsi fut élevé un monument à la gloire du héros et à la générosité d'une armée victorieuse. Mais Pignatelli, archevêque de Cozenza, ne voulut pas même que les os de Manfred reposassent sous cet amas de pierres : il les fit enlever de ce lieu qui appartenait à l'Église et jeter sur les confins du royaume aux bords de la rivière Verde (1).

Telle fut la fin de ce prince, digne, par ses grandes qualités, du trône que son ambition, suffisamment justifiée par les circonstances, lui fit usurper sur son neveu. Sa mémoire, d'ailleurs, comme souverain est à l'abri de tout reproche. Brave sans témérité, doux, clément, libéral, habile dans le maniement des affaires, il rehaussait ces mérites réels par les grâces extérieures d'une physionomie noble, d'une taille avantageuse et d'un air affable : « en un mot, il eut eu de quoi gagner les cœurs de tous ses sujets, si l'infidélité, qui leur est naturelle, dit M. de Saint-Marc, leur eût permis d'avoir pour un roi qui savait régner et qui voulait les rendre heureux l'affection qu'il méritait ».

On doit à Manfred le port de Salerne et la ville de Manfredonia, dans la Pouille. Les guerres qu'il eut à soutenir pour défendre son royaume contre les envahissements de quatre papes et sa mort prématurée l'empêchèrent d'accomplir beaucoup de projets utiles. Il avait épousé 1° Béatrix de Savoie, dont il eut *Constance*, mariee à don Pedro d'Aragon, et *Béatrix*, qui épousa Guillaume V, marquis de Montferrat : et 2° Hélène, dite aussi Sibylle, fille de Comnène, despote d'Épire, dont il eut *Frédéric*, surnommé *Manfrédin*, et une autre *Béatrix*, qui, tombés entre les mains de Charles d'Anjou, terminèrent leur vie, avec leur mère, dans la captivité. A. de Lacaze.

Matthieu Paris, *Historia Angliæ* (continuatio), ad ann. 1253-1266. — Ricordano Malespini, *Hist. Florentina*, cap. CXXXIII, p. 974. — Burigni, *Histoire de Sicile*, t. II, p. 140. — Nicolo de Jamsilla, *Hist.*, p. 507-591. — H. Leo et Botta, *Hist. d'Italie* (trad. par Dochez, liv. IV, chap. IX). — Sabas Malespina, *Hist. Sicula*, liv. I, III. — Matteo Spinelli, *Diurnali*, p. 1073. — De Raumer, *Gesch. der Hohenstauffen*, vol. IV, p. 334-350. — Giannone, *Istor. civile*, liv. XVIII XIX. — Sismondi, *Hist. des Républiques italiennes*, t. III, chap. XVIII-XXI. — Montigny, *Hist. de l'Empire d'Allemagne*, t. III.

Manfredi, maison souveraine d'Italie, qui domina à Faenza et à Imola du treizième au quinzième siècle. Originaires d'Allemagne, ses membres, dont les principaux suivent, furent constamment chefs des gibelins dans la Romagne.

Manfredi (*Richard*), profitant du grand crédit que sa famille avait acquis depuis près d'un siècle dans l'Italie centrale, osa le premier s'emparer de Faenza et d'Imola et s'y proclamer seigneur indépendant, en 1334. Le pape Benoît XII venait d'être élu ; mais il habitait Avignon et son légat était prisonnier à Bologne : les circonstances avaient donc été bien choisies par Manfredi, qui laissa sa suzeraineté à ses fils, *Jean* et *Renier*, vers 1348.

Le règne de ces princes fut une lutte continuelle contre le saint-siége. Clément VI voulait expulser les gibelins des États de l'Église. Il chargea son parent Hector de Durfort d'attaquer les Manfredi ; ceux-ci appelèrent à leur aide les Ordelaffi, seigneurs de Forli, et les Malatesti, seigneurs de Rimini. Le même intérêt unissait ces princes usurpateurs. Les troupes papales furent plusieurs fois défaites, et Clément VI ne put rentrer dans les villes qu'il réclamait. Son successeur, Innocent VI, fut plus heureux ; le cardinal Egidio Albornoz prit Faenza, le 17 novembre 1356, et rejeta les Manfredi dans quelques châteaux inexpugnables, d'où ils firent inutilement diverses tentatives pour reconquérir leur souveraineté.

Astorre Manfredi, en 1376, devenu chef de sa famille, essaya de faire révolter en sa faveur les Faenzais ; il allait réussir lorsque la conspiration fut découverte. La vengeance du pape Grégoire XI fut terrible ; il donna l'ordre à son légat, Robert de Genève, de livrer la ville au pillage et de charger John Hawkwood (*voy.* ce nom), le fameux chef de la compagnie blanche, de l'accomplir, lui payant ainsi sa solde arriérée. Les aventuriers anglais s'acquittèrent fidèlement de leur mission. Durant trois jours le vol, le meurtre, le viol et l'incendie ne cessèrent dans Faenza que lorsque la ville fut déserte. Quatre mille cadavres gisaient dans les rues (29 juin 1376). Les Manfredi recueillirent les fugitifs, et dans la nuit du 25 juillet 1377 entrèrent dans Faenza, par un aqueduc oublié. La peste et la famine avaient fait fuir la garnison papale. Astorre fut aussitôt proclamé seigneur. Il reçut bientôt des renforts des Florentins et de Barnabò Visconti, duc de Milan, et occupa Imola. Le saint-père prit alors à sa solde Albéric de Barbiano, l'un des plus puissants condottieri d'Italie, qui pressa si fort Astorre, que ce seigneur dut abdiquer, en 1404, entre les mains du cardinal Baldassare Cossa (depuis Jean XXIII), moyennant vingt-cinq mille florins. Manfredi étant venu recevoir cette somme fut, malgré un sauf-conduit, arrêté par les ordres de Cossa et décapité, le 28 novembre 1405, comme rebelle et sujet du saint-père.

Gian-Galeazzo Manfredi, fils du précédent, fut rappelé, le 18 juin 1410, à Faenza par le vœu des habitants. Il combattit victorieusement les guelfes, et laissa sa principauté à son petit-fils, *Guidazzo-Antonio*.

Guidazzo-Antonio, mort le 18 juin 1448, ne fut qu'un chef de condottieri. Il fit de ses sujets autant de soldats, et se mit à la solde de diverses puissances. C'est ainsi qu'il servit tour à tour la république florentine et le duc de Milan, Fi-

(1) Sabas Malespina, liv. III.

lippo-Maria Visconti. La république le paya en argent, et Visconti, en avril 1439, lui donna Imola, Bagnacavallo et Massa. Manfredi était devenu un des princes les plus riches d'Italie lorsqu'il mourut.

Ses deux fils, *Astorre II* et *Taddeo*, se partagèrent les États de leur père. Astorre II avait vaillamment servi sous les ordres de Nicolao Piccinino mais la jalousie qu'il conçut contre son frère l'empêcha d'agrandir son apanage; d'ailleurs, il mourut jeune encore, le 2 mai 1468, laissant la seigneurie de Faenza à son fils *Galeotto*. Taddeo était général des Florentins et se distingua, en 1452, contre Alfonse d'Aragon, dit *le Sage*, roi de Naples. Il vendit sa ville d'Imola à Gieromino Riario, neveu du pape Sixte IV. On ne sait point l'époque de sa mort.

Galeotto MANFREDI devait succéder à son père; mais il trouva un rude concurrent dans son frère *Carlo*, qui le chassa de Faenza. Galeotto fut obligé d'implorer les secours de son beau-père, Giovanni Bentivoglio seigneur de Bologne, et ceux de Bonne de Savoie duchesse de Milan. Avec cette aide il rentra dans son patrimoine. Il le gouvernait paisiblement lorsque sa femme, Francesca Bentivoglio, qui se croyait trompée, feignit un jour (31 mai 1488) d'être malade, et invita Galeotto à venir la voir. Au moment où, après s'être déshabillé il se couchait près d'elle, trois assassins cachés sous le lit le saisirent par les pieds, tandis qu'un quatrième le pressait à la gorge Galeotto, d'une force et d'une adresse prodigieuses, était sur le point de triompher de ses adversaires qu'il était parvenu terrasser, lorsque sa femme s'élança hors du lit, saisit une épée, et la lui plongea dans le corps. Elle prit ensuite ses enfants, et se réfugia dans la forteresse d'où son père et Bergamino, général milanais, essayèrent de la faire sortir. La population, insurgée, leur livra un terrible combat. Bergamino fut tué et Bentivoglio resta prisonnier. Déjà les Bolonais armaient pour la délivrance de leur seigneur lorsque les Faenzais se placèrent sous la protection des Florentins. Ils consentirent à reconnaître Astorre III, fils aîné de Galeotto, pour souverain sous une régence composée de seize citoyens Francesca Bentivoglio, d'abord condamnée par la cour papale, en reçut plus tard l'autorisation de prendre un second époux.

Astorre III n'avait que trois ans lorsqu'il succéda à son père. Son règne s'écoula prospère et tranquille grâce à la sagesse de ses tuteurs, jusqu'en 1500, où il fut attaqué sans motif par César Borgia. Les Faenzais se défendirent avec courage; mais, ayant été obligés de capituler, Astorre III et son frère naturel furent mis à mort par le vainqueur. En eux finit la famille des souverains de Faenza.

A. DE LACAZE.

Scipione Ammirato, liv. XXVI, p. 183. — Stefano Infessura, *Diario*, passim. — Sismondi, *Hist. des Républiques italiennes*, t. X et XI.

MANFREDI (Frà *Andrea*), religieux servite et habile architecte, né à Faenza, florissait dans la seconde moitié du quatorzième siècle. En 1383, la grande et belle église des Servites de Bologne fut élevée sur ses dessins, et dix ans après il construisit également le vaste portique qui la précède, portique remarquable par l'élégance et la pureté de son architecture. La tombe de Manfredi, placée autrefois au milieu du chœur, dont il avait également dessiné les stalles, existe encore dans l'église, mais elle a été changée de place.

E. B—N.

Malvasia, *Passagier disingannato*. — Gualandi, *Tre Giorni in Bologna*.

MANFREDI (*Muzio*), poëte italien, né vers 1550; on ignore la date exacte de sa mort et le lieu de sa naissance qui a été signalé comme étant Ravenne, Cesena ou Rimini. Il a laissé un certain nombre de recueils de vers, que ne recommande aucun mérite; nous signalerons: *Rome*; Bologne, 1575; — *Cento donne cantate*; Parme, 1580; — *Semirami, favola boschereccia*, 1593; réimprimée dans le *Teatro Italiano*, t. II, p. 225; — *Madrigali*; 1605; — *Rime sacre*; 1610.

G. B.

Crescimbeni, *Storia della volgar Poesia*, V, 78.

MANFREDI (*Bartolommeo*), peintre de l'école romaine, né en 1580, à Ustiano, bourg du Mantouan, mort en 1617. Élève de Cristoforo Roncalli dit le Pomarancio, il se perfectionna sous Michel-Ange de Caravage, ou peut-être seulement par l'étude de ses ouvrages. Il approcha tellement de la manière de ce dernier que ses meilleurs ouvrages sont difficiles à distinguer de ceux du modèle. Il représenta rarement des scènes nobles, et prit presque toujours pour sujet de ses compositions des réunions de soldats, des joueurs de cartes ou de dés, des rixes d'hommes du peuple, etc. Son dessin est faible, mais ses figures sont pleines de mouvement et d'expression, et son coloris est vigoureux. On a peine à comprendre comment cet artiste, qui, usé par les excès de tous genres, mourut à la fleur de l'âge, a pu produire le grand nombre d'ouvrages qu'il a laissés, nombre qui augmenterait encore si on restituait à leur véritable auteur plusieurs tableaux attribués dans les galeries au Caravage. Les principaux tableaux de Manfredi sont à Florence, au palais Pitti, *La bonne Aventure*; à Pérouse, au palais Cenci, *Diogène*, — au musée de Madrid, *Un Soldat portant dans un plat la tête de saint Jean-Baptiste*; — au musée de Vienne, *Des Joueurs de cartes* et *Saint Pierre reniant Jésus-Christ*; — à la Pinacothèque de Munich *Le Couronnement d'épines*; — au musée de Darmstadt, *Des Musiciens à table*; — à Paris, au Louvre, *Une Assemblée de Buveurs*, et *Une Diseuse de bonne aventure*; — au musée de Nantes, *Judith venant de couper la tête à Holopherne*.

E. B—N.

Baglione, *Vite de' Pittori*. — Orlandi. — Lanzi. — Winckelmann, *Neues Mahler-Lexikon*. — Gambini, *Guida di Perugia.* — Fantuzzi, *Guida di Firenze.* — *Catalogues des Musées de Paris, Nantes, Madrid*, etc.

MANFREDI (*Eustachio*), géomètre, astronome et poëte italien, né le 20 septembre 1674, à Bologne, où son père, Adolphe Manfredi, remplissait les fonctions de notaire, mourut dans la même ville, le 15 février 1739. Fontenelle raconte ainsi les premières années de Manfredi : « Son esprit fut toujours au-dessus de son âge. Il fit des vers dès qu'il put savoir ce que c'était que des vers, et il n'en eut pas moins d'intelligence ou moins d'ardeur pour la philosophie. Il faisait même dans la maison paternelle de petites assemblées de jeunes philosophes, ses camarades; ils repassaient sur ce qu'on leur avait enseigné dans leur collége, s'y affermissaient, et quelquefois l'approfondissaient davantage. Il avait pris naturellement assez d'empire sur eux pour leur persuader de prolonger ainsi leurs études volontairement. Il acquit dans ces petits exercices l'habitude de bien mettre au jour ses pensées et de les tourner selon le besoin de ceux à qui on parle. Cette académie d'enfants, animée par le chef et par les succès, devint avec un peu de temps une académie d'hommes, qui des premières connaissances générales s'élevèrent jusqu'à l'anatomie, jusqu'à l'optique, et enfin reconnurent d'eux-mêmes l'indispensable et agréable nécessité de la physique expérimentale. C'est de cette origine qu'est venue l'Académie des Sciences de Bologne... ; elle a pris naissance dans le même lieu que Manfredi, et elle la lui doit. » A dix-huit ans, Manfredi fut reçu docteur en droit civil et en droit canonique. Il se livra ensuite à l'étude des mathématiques, sous la direction de Guglielmini, et il fit des progrès assez rapides pour être appelé à professer cette science à l'université, en 1698. Les travaux de Manfredi sur l'hydrostatique lui valurent la place de surintendant des eaux, et il remplit ces fonctions importantes depuis 1704 jusqu'à sa mort. De 1704 à 1711, il dirigea aussi le collége de Montalte, qu'il abandonna lorsqu'il fut nommé astronome de l'Institut de Bologne. Les graves occupations de Manfredi ne lui firent pas négliger le culte des Muses, et en 1716 il publia un recueil de sonnets et de *canzoni* (Bologne, in-12; et Parme, 1793, in-8°), justifiant le choix qu'avait fait l'académie *della Crusca* en l'appelant dans son sein. Manfredi était associé étranger de l'Académie des Sciences de Paris, et membre de la Société royale de Londres. Il succomba à une affection calculeuse, qui le fit souffrir pendant les dernières années de sa vie. Les travaux scientifiques de Manfredi ont pour titres : *Ephemerides* (1) *Motuum Cœlestium ab anno* 1715 *ad annum* 1750, *cum introductione et variis tabulis*; Bologne, 1715-1725, 4 vol. in-4°; — *De Transitu Mercurii per Solem anno* 1723; Bologne, 1724, in-4°; — *De novissimis circa siderum fixorum errores Observationibus Epistolæ*; Bologne, 1730, in-4°; — *Liber de Gnomone meridiano Bononiensi, deque observationibus astronomicis eo instrumento peractis*; Bologne, 1736, in-4°; — *Elementi della Cronologia*; Bologne, 1744, in-4°; — *Instituzioni Astronomiche*; Bologne, 1749, in-4°. Manfredi est aussi l'auteur d'une *Vie de Malpighi*, publiée dans les *Vite degli Arcadi illustri*, et l'éditeur d'un ouvrage de Guglielmini, *Della Natura de' Fiumi*, et des *Observations Astronomiques et géographiques* de Fr. Blanchini; Vérone, 1737, in-fol. Enfin, le *Recueil de l'Académie de Bologne* lui doit plusieurs dissertations, entre autres *De annuis inerrantium stellarum aberrationibus*. E. M.

Notice sur la vie et les ouvrages de Manfredi (en tête de l'édition de ses *Poésies* publiée à Parme en 1793). — Fabroni, *Vitæ Italorum*. — Fantuzzi, *Scrittori Bolognesi*. — Fontenelle, *Éloge de Manfredi*. — Montucla, *Hist. des Mathématiques*, II.

MANFREDI (*Gabriel*), analyste italien, frère du précédent, né à Bologne, le 25 mars 1681, mort dans la même ville, le 13 octobre 1761. Il se fit connaître par un traité *De Constructione Æquationum differentialum primi gradus* (Pise, 1707, in-4°), qui obtint un légitime succès. En 1708, il fut nommé l'un des secrétaires du sénat. Membre fondateur de l'Institut de Bologne, il obtint en 1720 une chaire d'analyse, et en 1726 il fut élu chancelier de l'université. En 1739, il succéda à son frère comme surintendant des eaux, et ce fut pour lui l'occasion de faire paraître *Considerazioni sopra alcuni dubii che debbono esaminarsi nella congregazione dell' acque*; Rome, 1739, in-4°. On lui doit encore plusieurs mémoires publiés dans le *Recueil de l'Institut de Bologne*, dans les *Osservazioni litterarie* (Vérone, 1737 et années suivantes), et dans le *Giornale de' Litterati d'Italia*. E. M

Fantuzzi, *Scrittori Bolognesi*. — Montucla, *Hist. des Mathematiques*, III.

MANFREDINI (*Federigo*), homme politique italien, né à Rovigo, le 24 août 1743, mort le 2 septembre 1829. Il commença ses études au collége de Modène, et les termina à l'académie militaire de Florence. Employé pendant la guerre de Sept Ans, il revint à Florence en 1776, et devint précepteur des fils de Léopold. Manfredini prit part à la guerre qui eut lieu contre l'Autriche et la Porte Ottomane, et fut nommé major général. Léopold étant allé prendre possession du trône impérial, vacant par la mort de Joseph II, emmena Manfredini à Vienne, et le créa magnat de Hongrie, conseiller intime et grand-majordome. Manfredini ne resta pas longtemps en Autriche, et retourna à Florence avec l'archiduc Ferdinand, qui devenait grand-duc de Toscane (1791) et qui le prit

(1) Manfredi avait trois frères et deux sœurs, qui, les uns et les autres, l'aidèrent activement dans l'exécution des nombreux calculs que nécessitait cette publication. Ces *Éphémérides* ont été continuées par Zanotti et Matteucci jusqu'en 1810. L'introduction a été réimprimée en 1750, in-4°.

qui, après avoir reconquis la Pouille, les Calabres, la terre de Labour, envoya son oncle maternel Frédéric Lancia occuper la Sicile. Manfred pensa alors à s'emparer du trône : il fit courir la nouvelle que son neveu Conradin était mort en Allemagne, où l'impératrice Élisabeth (veuve de Conrad Ier) l'avait emmené. Ce bruit ayant pris faveur, les prélats et les seigneurs, excités par quelques émissaires, députèrent en 1258 vers Manfred pour l'engager à prendre le sceptre. Après de feints refus, il se rendit à Palerme et s'y fit couronner *roi de Sicile*, le 11 août. Élisabeth protesta au nom de son fils contre cette usurpation. Manfred répondit que le trône de Sicile lui appartenait par droit de conquête, l'ayant enlevé aux papes qui en avaient dépossédé Conradin ; que d'ailleurs les conjonctures ne lui permettaient pas d'y faire asseoir un enfant hors d'état de le conserver ; qu'en l'occupant lui-même un certain temps il l'assurait bien mieux à son neveu qui en hériterait lorsqu'il saurait le défendre. Il renvoya les ambassadeurs d'Élisabeth chargés de riches présents et convaincus de son affection pour Conradin. En même temps il s'appliqua à faire aimer son gouvernement par son affabilité, sa justice, sa clémence et sa libéralité. Aussi la nouvelle excommunication qu'Alexandre IV lança en 1259 contre Manfred fit-elle peu d'impression. En 1260 Alexandre lui fit offrir de le reconnaître pour roi s'il voulait rendre les biens qu'il avait confisqués sur le clergé et chasser les Sarrasins de ses États. Manfred accorda le premier point, mais refusa le second, « comptant plus sur la fidélité des Sarrasins que sur la foi de la cour romaine. » La paix ne put donc se conclure et Urbain IV, successeur d'Alexandre IV et de sa politique, fit des efforts en 1262 pour empêcher le mariage de don Pedro, fils de Jayme, roi d'Aragon, avec Constance, fille de Manfred. Néanmoins, malgré les intrigues de la cour de Rome, ce mariage eut lieu. Le roi de Sicile, blessé de la conduite du pape, lui enleva le comté de Fondi. Urbain, reconnaissant son impuissance devant un pareil adversaire, engagea Charles, comte d'Anjou et frère du roi saint Louis, à entreprendre la conquête du royaume de Naples et de Sicile. Il fit en même temps prêcher une nouvelle croisade contre Manfred. Elle eut plus de succès que la première. Un grand nombre d'aventuriers angevins, provençaux, picards et flamands, entraînés par l'espoir du pillage, s'enrôlèrent sous les drapeaux de Charles d'Anjou. Le prince français, arrivé à Rome, reçut, le 28 juin 1264 du nouveau pontife Clément IV l'investiture du royaume de Sicile *en deçà et au delà du phare*, moyennant un tribut annuel de huit mille onces d'or (1). Le pape se réserva aussi le duché de Bénévent. Manfred, se défiant de la fidélité de ses sujets, voulut conjurer l'orage qui allait l'accabler. Il fit proposer à Charles un accommodement. Celui-ci, fier des trente mille hommes qu'il amenait de France, répondit aux envoyés du roi : « Retournez vers le sultan de Nocera, votre maître, et dites-lui que je ne veux autre que bataille et que dans peu je l'aurai mis en enfer ou qu'il m'aura mis en paradis. » Charles donnait à Manfred le titre de *sultan de Nocera*, parce que cette ville, habitée surtout par des mahométans, était particulièrement dévouée à la maison de Souabe. Quoique inférieur en forces, Manfred n'hésita pas à marcher à l'encontre de son rival. Les deux armées se rencontrèrent devant Bénévent ; le fleuve Calore les séparait. Le roi de Sicile fit franchir le fleuve par ses archers sarrasins, qui en peu d'instants couchèrent à terre une partie de la lourde infanterie française, mais qui, chargés à leur tour par la gendarmerie française, furent écrasés et poursuivis de l'autre côté du Calore jusque dans la plaine de Grandella. La cavalerie allemande s'ébranla alors et, quoique toute l'armée de Charles se fût engagée successivement, l'avantage restait à Manfred, lorsque les Français reçurent l'ordre de frapper aux chevaux ; les Allemands, surpris par ce genre d'attaque qui alors passait pour déloyal entre chevaliers, furent presque tous désarçonnés. Dans cet instant décisif, Manfred vit son corps de réserve, composé de quatorze cents chevaux commandés par son grand trésorier, le comte de la Cerra, le comte de Caserte et d'autres barons de la Pouille, se débander et fuir à travers champs sans avoir combattu. Resté avec un petit nombre de chevaliers toscans ou sarrasins, il résolut de mourir dans la bataille plutôt que de survivre à sa défaite. Comme il mettait son casque, un aigle d'argent qui en formait le cimier s'en détacha et tomba à terre : *Hoc est signum Dei*, dit-il à ses fidèles, et il se précipita dans la mêlée, cherchant vainement à rallier les siens. Un chevalier picard, voyant son extrême valeur, courut sur lui et donna de sa lance dans la tête de son cheval que ce coup fit cabrer avec violence. Manfred, désarçonné par ce choc subit, tomba à terre et fut assommé par quelques ribauds qui accompagnaient le chevalier. Celui-ci prit l'écharpe et le cheval du roi de Sicile et, deux ou trois jours après, il parut avec ces dépouilles devant quelques seigneurs prisonniers qui demandèrent au chevalier picard ce qu'était devenu celui à qui cette écharpe et ce cheval avaient appartenu. Il leur répondit qu'il était mort, et indiqua le lieu de sa chute. Un valet fut envoyé et rapporta le cadavre de Manfred en travers sur un âne. Charles fit appeler tous les barons captifs pour le reconnaître : tous répondirent avec douleur que c'était bien là celui qui avait été leur chef. Les chevaliers français, attendris par leur douleur, demandèrent à Charles d'Anjou qu'au moins ce vaillant roi, fils d'un grand empereur, reçût une honorable

(1) Soit 109,840 f. de notre monnaie actuelle. L'once d'or de Sicile valait 13 f. 73 c.

sépulture. « Si ferois-je volontiers, répondit Charles, s'il ne fusse excommunié » ; et sous ce prétexte lui refusant une terre sacrée, il le fit enterrer dans une fosse creusée au pied du pont de Bénévent. Chaque soldat de l'armée angevine porta spontanément une pierre sur cet humble tombeau. Ainsi fut élevé un monument à la gloire du héros et à la générosité d'une armée victorieuse. Mais Pignatelli, archevêque de Cozenza, ne voulut pas même que les os de Manfred reposassent sous cet amas de pierres : il les fit enlever de ce lieu qui appartenait à l'Église et jeter sur les confins du royaume aux bords de la rivière Verde (1).

Telle fut la fin de ce prince, digne, par ses grandes qualités, du trône que son ambition, suffisamment justifiée par les circonstances, lui fit usurper sur son neveu. Sa mémoire, d'ailleurs, comme souverain est à l'abri de tout reproche. Brave sans témérité, doux, clément, libéral, habile dans le maniement des affaires, il rehaussait ces mérites réels par les grâces extérieures d'une physionomie noble, d'une taille avantageuse et d'un air affable : « en un mot, il eut eu de quoi gagner les cœurs de tous ses sujets, si l'infidélité, qui leur est naturelle, dit M. de Saint-Marc, leur eût permis d'avoir pour un roi qui savait régner et qui voulait les rendre heureux l'affection qu'il méritait ».

On doit à Manfred le port de Salerne et la ville de Manfredonia, dans la Pouille. Les guerres qu'il eut à soutenir pour défendre son royaume contre les envahissements de quatre papes et sa mort prématurée l'empêchèrent d'accomplir beaucoup de projets utiles. Il avait épousé 1° Béatrix de Savoie, dont il eut *Constance*, mariée à don Pedro d'Aragon, et *Béatrix*, qui épousa Guillaume V, marquis de Montferrat : et 2° Hélène, dite aussi Sibylle, fille de Comnène, despote d'Épire, dont il eut *Frédéric*, surnommé *Manfrédin*, et une autre *Béatrix*, qui, tombés entre les mains de Charles d'Anjou, terminèrent leur vie, avec leur mère, dans la captivité. A. DE LACAZE.

Matthieu Paris, *Historia Angliæ* (continuatio), ad ann. 1253-1266. — Ricordano Malespini, *Hist. Florentina*, cap. CXXXIII, p. 974. — Burigni, *Histoire de Sicile*, t. II, p. 140. — Nicolo de Jamsilla, *Hist.*, p. 507-591. — H. Leo et Botta, *Hist. d'Italie* (trad. par Dochez, liv. IV, chap. IX). — Sabas Malespina, *Hist. Sicula*, liv. I, III. — Matteo Spinelli, *Diurnali*, p. 1073. — De Raumer, *Gesch. der Hohenstauffen*, vol. IV, p. 334-330. — Giannone, *Istor. civile*, liv. XVIII XIX. — Sismondi, *Hist. des Républiques italiennes*, t. III, chap. XVIII-XXI. — Montigny, *Hist. de l'Empire d'Allemagne*, t. III.

MANFREDI, maison souveraine d'Italie, qui domina à Faenza et à Imola du treizième au quinzième siècle. Originaires d'Allemagne, ses membres, dont les principaux suivent, furent constamment chefs des gibelins dans la Romagne.

MANFREDI (*Richard*), profitant du grand crédit que sa famille avait acquis depuis près d'un siècle dans l'Italie centrale, osa le premier s'emparer de Faenza et d'Imola et s'y proclamer seigneur indépendant, en 1334. Le pape Benoît XII venait d'être élu ; mais il habitait Avignon et son légat était prisonnier à Bologne : les circonstances avaient donc été bien choisies par Manfredi, qui laissa sa suzeraineté à ses fils, *Jean* et *Renier*, vers 1348.

Le règne de ces princes fut une lutte continuelle contre le saint-siége. Clément VI voulait expulser les gibelins des États de l'Église. Il chargea son parent Hector de Durfort d'attaquer les Manfredi ; ceux-ci appelèrent à leur aide les Ordelaffi, seigneurs de Forli, et les Malatesti, seigneurs de Rimini. Le même intérêt unissait ces princes usurpateurs. Les troupes papales furent plusieurs fois défaites, et Clément VI ne put rentrer dans les villes qu'il réclamait. Son successeur, Innocent VI, fut plus heureux ; le cardinal Egidio Albornoz prit Faenza, le 17 novembre 1356, et rejeta les Manfredi dans quelques châteaux inexpugnables, d'où ils firent inutilement diverses tentatives pour reconquérir leur souveraineté.

Astorre MANFREDI, en 1376, devenu chef de sa famille, essaya de faire révolter en sa faveur les Faenzais ; il allait réussir lorsque la conspiration fut découverte. La vengeance du pape Grégoire XI fut terrible ; il donna l'ordre à son légat, Robert de Genève, de livrer la ville au pillage et de charger John Hawkwood (*voy.* ce nom), le fameux chef de la compagnie blanche, de l'accomplir, lui payant ainsi sa solde arriérée. Les aventuriers anglais s'acquittèrent fidèlement de leur mission. Durant trois jours le vol, le meurtre, le viol et l'incendie ne cessèrent dans Faenza que lorsque la ville fut déserte. Quatre mille cadavres gisaient dans les rues (29 juin 1376). Les Manfredi recueillirent les fugitifs, et dans la nuit du 25 juillet 1377 entrèrent dans Faenza, par un aqueduc oublié. La peste et la famine avaient fait fuir la garnison papale. Astorre fut aussitôt proclamé seigneur. Il reçut bientôt des renforts des Florentins et de Barnabò Visconti, duc de Milan, et occupa Imola. Le saint-père prit alors à sa solde Albéric de Barbiano, l'un des plus puissants condottieri d'Italie, qui pressa si fort Astorre, que ce seigneur dut abdiquer, en 1404, entre les mains du cardinal Baldassare Cossa (depuis Jean XXIII), moyennant vingt-cinq mille florins. Manfredi étant venu recevoir cette somme fut, malgré un sauf-conduit, arrêté par les ordres de Cossa et décapité, le 28 novembre 1405, comme rebelle et sujet du saint-père.

Gian-Galeazzo MANFREDI, fils du précédent, fut rappelé, le 18 juin 1410, à Faenza par le vœu des habitants. Il combattit victorieusement les guelfes, et laissa sa principauté à son petit-fils, *Guidazzo-Antonio*.

Guidazzo-Antonio, mort le 18 juin 1448, ne fut qu'un chef de condottieri. Il fit de ses sujets autant de soldats, et se mit à la solde de diverses puissances. C'est ainsi qu'il servit tour à tour la république florentine et le duc de Milan, Fi-

(1) Sabas Malespina, liv. III.

lippo-Maria Visconti. La république le paya en argent, et Visconti, en avril 1439, lui donna Imola, Bagnacavallo et Massa. Manfredi était devenu un des princes les plus riches d'Italie lorsqu'il mourut.

Ses deux fils, *Astorre II* et *Taddeo*, se partagèrent les États de leur père. Astorre II avait vaillamment servi sous les ordres de Nicolao Piccinino; mais la jalousie qu'il conçut contre son frère l'empêcha d'agrandir son apanage; d'ailleurs, il mourut jeune encore, le 2 mai 1468, laissant la seigneurie de Faenza à son fils *Galeotto*. Taddeo était général des Florentins, et se distingua, en 1452, contre Alfonse d'Aragon, dit *le Sage*, roi de Naples. Il vendit sa ville d'Imola à Gieromino Riario, neveu du pape Sixte IV. On ne sait point l'époque de sa mort.

Galeotto MANFREDI devait succéder à son père; mais il trouva un rude concurrent dans son frère *Carlo*, qui le chassa de Faenza. Galeotto fut obligé d'implorer les secours de son beau-père, Giovanni Bentivoglio, seigneur de Bologne, et ceux de Bonne de Savoie, duchesse de Milan. Avec cette aide il rentra dans son patrimoine. Il le gouvenait paisiblement lorsque sa femme, Francesca Bentivoglio, qui se croyait trompée, feignit un jour (31 mai 1488) d'être malade, et invita Galeotto à venir la voir. Au moment où, après s'être déshabillé, il se couchait près d'elle, trois assassins cachés sous le lit le saisirent par les pieds, tandis qu'un quatrième le pressait à la gorge. Galeotto, d'une force et d'une adresse prodigieuses, était sur le point de triompher de ses adversaires, qu'il était parvenu à terrasser, lorsque sa femme s'élança hors du lit, saisit une épée, et la lui plongea dans le corps. Elle prit ensuite ses enfants, et se réfugia dans la forteresse d'où son père et Bergamino, général milanais, essayèrent de la faire sortir. La population, insurgée, leur livra un terrible combat. Bergamino fut tué et Bentivoglio resta prisonnier. Déjà les Bolonais armaient pour la délivrance de leur seigneur lorsque les Faenzais se placèrent sous la protection des Florentins. Ils consentirent à reconnaître Astorre III, fils aîné de Galeotto, pour souverain sous une régence composée de seize citoyens. Francesca Bentivoglio, d'abord condamnée par la cour papale, en reçut plus tard l'autorisation de prendre un second époux.

Astorre III n'avait que trois ans lorsqu'il succéda à son père. Son règne s'écoula prospère et tranquille, grâce à la sagesse de ses tuteurs, jusqu'en 1500, où il fut attaqué sans motif par César Borgia. Les Faenzais se défendirent avec courage; mais, ayant été obligés de capituler, Astorre III et son frère naturel furent mis à mort par le vainqueur. En eux finit la famille des souverains de Faenza.

A. DE LACAZE.

Scipione Ammirato, liv. XXVI, p. 183 — Stefano Infessura, *Diario*, passim. — Sismondi, *Hist. des Républiques italiennes*, t. X et XI.

MANFREDI (Frà *Andrea*), religieux servite et habile architecte, né à Faenza, florissait dans la seconde moitié du quatorzième siècle. En 1383, la grande et belle église des Servites de Bologne fut élevée sur ses dessins, et dix ans après il construisit également le vaste portique qui la précède, portique remarquable par l'élégance et la pureté de son architecture. La tombe de Manfredi, placée autrefois au milieu du chœur, dont il avait également dessiné les stalles, existe encore dans l'église, mais elle a été changée de place.

E. B—N.

Malvasia, *Passagier disingannato*. — Gualandi, *Tre Giorni in Bologna*.

MANFREDI (*Muzio*), poëte italien, né vers 1550; on ignore la date exacte de sa mort et le lieu de sa naissance, qui a été signalé comme étant Ravenne, Cesena ou Rimini. Il a laissé un certain nombre de recueils de vers, que ne recommande aucun mérite; nous signalerons : *Rome;* Bologne, 1575; — *Cento donnecantate;* Parme, 1580; — *Semirami, favola boschereccia*, 1593; réimprimée dans le *Teatro Italiano*, t. II, p. 225; — *Madrigali;* 1605; — *Rime sacre;* 1610.

G. B.

Crescimbeni, *Storia della volgar Poesia*, V, 73.

MANFREDI (*Bartolommeo*), peintre de l'école romaine, né en 1580, à Ustiano, bourg du Mantouan, mort en 1617. Élève de Cristofano Roncalli, dit le Pomarancio, il se perfectionna sous Michel-Ange de Caravage, ou peut-être seulement par l'étude de ses ouvrages. Il approcha tellement de la manière de ce dernier, que ses meilleurs ouvrages sont difficiles à distinguer de ceux du modèle. Il représenta rarement des scènes nobles, et prit presque toujours pour sujet de ses compositions des réunions de soldats, des joueurs de cartes ou de dés, des rixes d'hommes du peuple, etc. Son dessin est faible, mais ses figures sont pleines de mouvement et d'expression, et son coloris est vigoureux. On a peine à comprendre comment cet artiste, qui, usé par les excès de tous genres, mourut à la fleur de l'âge, a pu produire le grand nombre d'ouvrages qu'il a laissés, nombre qui augmenterait encore si on restituait à leur véritable auteur plusieurs tableaux attribués dans les galeries au Caravage. Les principaux tableaux de Manfredi sont : à Florence, au palais Pitti, *La bonne Aventure;* — à Pérouse, au palais Cenci, *Diogène;* — au musée de Madrid, *Un Soldat portant dans un plat la tête de saint Jean-Baptiste;* — au musée de Vienne, *Des Joueurs de cartes* et *Saint Pierre reniant Jésus-Christ;* — à la Pinacothèque de Munich, *Le Couronnement d'épines;* — au musée de Darmstadt, *Des Musiciens à table;* — à Paris, au Louvre, *Une Assemblée de Buveurs*, et *Une Diseuse de bonne aventure;* — au musée de Nantes, *Judith venant de couper la tête à Holopherne.*

E. B—N.

Baglione, *Vite de' Pittori*. — Orlandi. — Lanzi. — Winckelmann, *Neues Mahler-Lexikon*. — Gambini, *Guida di Perugia.* — Fantuzzi. *Guida di Firenze.* — *Catalogues des Musées de Paris, Nantes, Madrid*, etc.

MANFREDI (*Eustachio*), géomètre, astronome et poëte italien, né le 20 septembre 1674, à Bologne, où son père, Adolphe Manfredi, remplissait les fonctions de notaire, mourut dans la même ville, le 15 février 1739. Fontenelle raconte ainsi les premières années de Manfredi : « Son esprit fut toujours au-dessus de son âge. Il fit des vers dès qu'il put savoir ce que c'était que des vers, et il n'en eut pas moins d'intelligence ou moins d'ardeur pour la philosophie. Il faisait même dans la maison paternelle de petites assemblées de jeunes philosophes, ses camarades; ils repassaient sur ce qu'on leur avait enseigné dans leur collége, s'y affermissaient, et quelquefois l'approfondissaient davantage. Il avait pris naturellement assez d'empire sur eux pour leur persuader de prolonger ainsi leurs études volontairement. Il acquit dans ces petits exercices l'habitude de bien mettre au jour ses pensées et de les tourner selon le besoin de ceux à qui on parle. Cette académie d'enfants, animée par le chef et par les succès, devint avec un peu de temps une académie d'hommes, qui des premières connaissances générales s'élevèrent jusqu'à l'anatomie, jusqu'à l'optique, et enfin reconnurent d'eux-mêmes l'indispensable et agréable nécessité de la physique expérimentale. C'est de cette origine qu'est venue l'Académie des Sciences de Bologne... ; elle a pris naissance dans le même lieu que Manfredi, et elle la lui doit. » A dix-huit ans, Manfredi fut reçu docteur en droit civil et en droit canonique. Il se livra ensuite à l'étude des mathématiques, sous la direction de Guglielmini, et il fit des progrès assez rapides pour être appelé à professer cette science à l'université, en 1698. Les travaux de Manfredi sur l'hydrostatique lui valurent la place de surintendant des eaux, et il remplit ces fonctions importantes depuis 1704 jusqu'à sa mort. De 1704 à 1711, il dirigea aussi le collége de Montalte, qu'il abandonna lorsqu'il fut nommé astronome de l'Institut de Bologne. Les graves occupations de Manfredi ne lui firent pas négliger le culte des Muses, et en 1716 il publia un recueil de sonnets et de *canzoni* (Bologne, in-12; et Parme, 1793, in-8°), justifiant le choix qu'avait fait l'académie *della Crusca* en l'appelant dans son sein. Manfredi était associé étranger de l'Académie des Sciences de Paris, et membre de la Société royale de Londres. Il succomba à une affection calculeuse, qui le fit souffrir pendant les dernières années de sa vie. Les travaux scientifiques de Manfredi ont pour titres : *Ephemerides* (1) *Motuum Cœlestium ab anno* 1715 *ad annum* 1750, *cum introductione et variis tabulis;* Bologne, 1715-1725, 4 vol. in-4°; — *De Transitu Mercurii per Solem anno* 1723; Bologne, 1724, in-4°; — *De novissimis circa siderum fixorum errores Observationibus Epistolæ;* Bologne, 1730, in-4°; — *Liber de Gnomone meridiano Bononiensi, deque observationibus astronomicis eo instrumento peractis;* Bologne, 1736, in-4°; — *Elementi della Cronologia;* Bologne, 1744, in-4°; — *Instituzioni Astronomiche;* Bologne, 1749, in-4°. Manfredi est aussi l'auteur d'une *Vie de Malpighi*, publiée dans les *Vite degli Arcadi illustri*, et l'éditeur d'un ouvrage de Guglielmini, *Della Natura de' Fiumi*, et des *Observations Astronomiques et géographiques* de Fr. Blanchini; Vérone, 1737, in-fol. Enfin, le *Recueil de l'Académie de Bologne* lui doit plusieurs dissertations, entre autres *De annuis inerrantium stellarum aberrationibus*. E. M.

(1) Manfredi avait trois frères et deux sœurs, qui, les uns et les autres, l'aidèrent activement dans l'exécution des nombreux calculs que nécessitait cette publication. Ces *Ephemerides* ont été continuées par Zanotti et Matteucci jusqu'en 1810. L'introduction a été réimprimée en 1750, in-4°.

Notice sur la vie et les ouvrages de Manfredi (en tête de l'édition de ses *Poésies* publiée à Parme en 1793). — Fabroni, *Vitæ Italorum*. — Fantuzzi, *Scrittori Bolognesi*. — Fontenelle, *Éloge de Manfredi*. — Montucla, *Hist. des Mathématiques*, II.

MANFREDI (*Gabriel*), analyste italien, frère du précédent, né à Bologne, le 25 mars 1681, mort dans la même ville, le 13 octobre 1761. Il se fit connaître par un traité *De Constructione Æquationum differentialum primi gradus* (Pise, 1707, in-4°), qui obtint un légitime succès. En 1708, il fut nommé l'un des secrétaires du sénat. Membre fondateur de l'Institut de Bologne, il obtint en 1720 une chaire d'analyse, et en 1726 il fut élu chancelier de l'université. En 1739, il succéda à son frère comme surintendant des eaux, et ce fut pour lui l'occasion de faire paraître *Considerazioni sopra alcuni dubii che debbono esaminarsi nella congregazione dell' acque;* Rome, 1739, in-4°. On lui doit encore plusieurs mémoires publiés dans le *Recueil de l'Institut de Bologne*, dans les *Osservazioni litterarie* (Vérone, 1737 et années suivantes), et dans le *Giornale de' Litterati d'Italia*. E. M

Fantuzzi, *Scrittori Bolognesi*. — Montucla, *Hist. des Mathematiques*, III.

MANFREDINI (*Federigo*), homme politique italien, né à Rovigo, le 24 août 1743, mort le 2 septembre 1829. Il commença ses études au collége de Modène, et les termina à l'académie militaire de Florence. Employé pendant la guerre de Sept Ans, il revint à Florence en 1776, et devint précepteur des fils de Léopold. Manfredini prit part à la guerre qui eut lieu contre l'Autriche et la Porte Ottomane, et fut nommé major général. Léopold étant allé prendre possession du trône impérial, vacant par la mort de Joseph II, emmena Manfredini à Vienne, et le créa magnat de Hongrie, conseiller intime et grand-majordome. Manfredini ne resta pas longtemps en Autriche, et retourna à Florence avec l'archiduc Ferdinand, qui devenait grand-duc de Toscane (1791) et qui le prit pour premier ministre. Manfredini se trouva à la tête des affaires au moment de l'entrée des Français en Italie. Partisan de la neutralité, il accourut au quartier général de Bonaparte, et sut lui plaire. Bonaparte se rendit à Florence, et fut solennellement reçu par la cour. Grâce à la prudence de Manfredini vis-à-vis du saint-père, qui s'était réfugié à Sienne, et qu'il empêcha de venir à Florence, la Toscane échappa à l'invasion. En 1799, l'archiduc Ferdinand III fut chassé de Florence pour avoir offert un asile momentané au roi de Sardaigne. Manfredini ne suivit pas le grand-duc en Autriche, et alla vivre deux ans à Messine. Au mois de décembre 1801, il se rendit à Vienne, à l'appel de l'empereur, et reçut le grade de feld-maréchal lieutenant des armées autrichiennes. Lorsque le duché de Wurtzbourg fut donné par Napoléon au grand-duc Ferdinand, en compensation de la Toscane, Manfredini obtint le titre de ministre gouvernant l'État avec les affaires étrangères et la presse dans ses attributions spéciales. Une chute de cheval l'obligea à retourner en Italie et à prendre du repos. Il se fixa dans une maison de campagne près de Padoue, et resta dès lors étranger aux affaires publiques. Il s'occupait seulement de répandre l'instruction dans les campagnes, et aidait les artistes et les littérateurs de ses conseils et de sa bourse. Il avait, étant ministre, protégé Raphael Morghen, et resta son ami. Il mourut d'une inflammation d'intestins, et légua 5,000 sequins à la maison de refuge de Padoue, ses gravures au séminaire de la même ville et ses tableaux à celui de Venise. Napoléon le regardait comme un homme d'un sens droit, généralement estimé, éclairé, aussi près de toutes les idées philosophiques de la révolution qu'éloigné de leurs excès. J. V.

Mémoires tirés des papiers d'un homme d'État. — Arnault, Jay, Jouy et Norvins, *Biogr. nouv. des Contemp.* — *Biogr. des hommes vivants.*

MANFREDUS (*Scipion*), astrologue bolonais, vivait à la fin du quinzième siècle. Il est si peu connu qu'il a échappé aux investigations de Fantuzzi; on le chercherait en vain parmi les nombreux *Scrittori Bolognesi* qu'a enregistrés ce laborieux biographe. Manfredus fit paraître un *Prognosticon* qui souleva sans doute des critiques; car, en 1479, il mit au jour une *Defensio adversus detractatores prognostici.* G. B.

Hain, *Repertorium bibliographicum*, II, 350.

MANGEART (Dom *Thomas*), numismate français, né à Metz, en 1695, mort à Nancy, en 1762. Il entra en 1713 chez les bénédictins de Saint-Vannes, et se livra à la prédication avec un grand succès, sans cependant négliger de savantes recherches sur l'antiquité. En 1747, Charles de Lorraine l'appela à Vienne et le chargea de lui organiser un cabinet d'antiquités de diverses sortes. Ce prince ayant été nommé gouverneur des Pays Bas, le P. Mangeart le suivit à Bruxelles avec les titres d'antiquaire-bibliothécaire et de conseiller intime. Il conserva ces fonctions jusqu'en 1761, où il se retira à l'abbaye de Saint-Léopold à Nanci. On a de lui : *Octave de Sermons pour les Morts*, suivi d'un *Traité Théologique dogmatique et critique sur le purgatoire*; Nanci, 1739, 2 vol. in-12; — deux *Mémoires sur les variations d'une agathe et sur un médaillon d'or de l'empereur Pertinax* (du cabinet du prince Charles de Lorraine et trouvé en Transylvanie); Bruxelles, 1752, in-fol.; — *Médaillon présenté au duc Charles*; Bruxelles, 1754, in-4°; — *Introduction à la Science des Médailles, pour servir à la connaissance des dieux, de la religion, des sciences, des arts et de tout ce qui appartient à l'histoire ancienne avec les preuves tirées des médailles.* Cet ouvrage fut terminé par l'abbé Jacquin et publié par Michelet d'Ennery; Paris, 1763, in-fol., avec trente-cinq pl. L—z—e.

Hist. de Metz. — Bégin, *Biographie de la Moselle.* — *Dict. Hist.* (1822).

* **MANGEART** (*Jacques*), helléniste français, né à Reims, le 12 mars 1805. Il se fit avocat, et suivit, en 1827, l'expédition de Morée. De retour en France, il entra dans l'enseignement, et quitta, après cinq années d'exercice, le professorat pour le barreau. Depuis 1848 il est bibliothécaire à Valenciennes. On a de lui : *Souvenirs de la Morée, recueillis pendant le séjour des Français dans le Péloponèse*; Paris, 1830, in-8°; — plusieurs fragments d'auteurs grecs, tels que : *De la Curiosité*, par Plutarque (1831); — *Harangue sur la fausse ambassade*, par Eschine (1832); — quelques ouvrages de Sénèque traduits pour la *Bibliothèque latine-française*, de Panckoucke; — *Catalogue descriptif et raisonné des manuscrits de la bibliothèque de Valenciennes*; 1857-1858. A. H—t.

Vapereau, *Dict. des Contemp.*

MANGENOT (*Louis*), poëte français, né en 1694, à Paris, où il est mort, le 9 octobre 1768. Il était neveu de Palaprat et fils d'un commerçant peu fortuné. On négligea tellement son éducation qu'il avait dix-huit ans lorsqu'il commença ses études; il embrassa l'état ecclésiastique, et devint chanoine du Temple. « Il était né avec le goût et le talent de la poésie, dit Dessarts; mais il n'a traité que de petits sujets, et son genre était la délicatesse. Il se fit particulièrement connaître par l'églogue du *Rendez-vous*, où il s'est montré supérieur à tout ce que Fontenelle et La Mothe ont fait de meilleur en ce genre; style élégant et naturel, narration simple et intéressante, sentiments vrais, toutes les grâces qui peuvent parer un petit ouvrage s'y trouvent réunies. » Cette pièce obtint l'églantine d'argent au concours des Jeux Floraux. L'abbé Mangenot travailla au *Journal des Savants* depuis 1727 jusqu'en 1731. Plus de quinze ans avant sa mort, il était atteint d'une paralysie qui lui ôta l'usage d'une moitié de son corps.

Une de ses sœurs, fort dévote, ne lui épargnait pas les chagrins domestiques. « Ne soyez pas scandalisé, dit-elle un jour à Sedaine, si mon frère fait des vers; nous sommes tous d'honnêtes gens dans la famille, il n'y a que lui qui nous déshonore. » Les *Poésies* de Mangenot ont paru à Maestricht (Paris), 1776, 2 part. in-8°. On connaît encore de lui une *Histoire abrégée de la Poésie françoise*, plaisanterie agréable, renfermée en quelques lignes; la voici tout entière :

« La poésie française sous Ronsard et sous Baïf était un enfant au berceau, dont on ignorait jusqu'au sexe. Malherbe le soupçonna mâle, et lui fit prendre la robe virile. Corneille en fit un héros; Racine en fit une femme adorable et sensible. Quinault en fit une courtisane pour la rendre digne d'épouser Lully, et la peignit si bien sous le masque que le sévère Boileau s'y trompa et condamna Quinault à l'enfer et sa muse aux prisons de Saint-Martin. A l'égard de Voltaire, il en a fait un excellent écolier de rhétorique, qui lutte contre tous ceux qu'il croit empereurs de sa classe, et qu'aucun de ses pareils n'ose entreprendre de dégoter, se contentant de s'en rapporter au jugement de la postérité, unique et seul préfet des études de tous les siècles. » P. L.

Sabatier, *Les trois Siècles Littér.* — Desessarts, *Les Siècles litter. de la France*, IV. — Philippon de La Madelaine, *Dict. des Poëtes français.*

MANGET (*Jean-Jacques*), savant médecin suisse, né le 19 juin 1652, à Genève, où il est mort, le 15 août 1742. Il était fils d'un riche marchand, et avait pour oncle un des médecins du roi de Pologne. Après avoir terminé ses classes, il étudia pendant cinq ans la théologie; ses parents le destinaient à l'état ecclésiastique. Ayant obtenu la permission de suivre son goût, il s'appliqua à la médecine, et y fit de tels progrès, sans autre secours que des livres, qu'en 1678 il prit le grade de docteur à Valence, en Dauphiné. Il se mit alors à pratiquer dans sa ville natale, occupant ses loisirs à réunir tous les ouvrages qu'il put se procurer sur l'art de guérir, ouvrages qui servirent de matériaux à ses laborieuses compilations. En 1699 l'électeur de Brandebourg le nomma son premier médecin honoraire, titre qui lui fut maintenu quand ce prince devint roi de Prusse. Manget parvint à un âge très-avancé, et fut pendant longtemps doyen de la faculté de Genève.

« Daniel Le Clerc, dit Éloy, a beaucoup aidé cet écrivain dans la compilation des nombreux ouvrages qu'il a mis au jour. On sent bien qu'un homme qui a publié tant de gros volumes n'a pu tout faire lui seul; on sent même qu'il n'est point étonnant qu'il ne soit pas toujours original et exact. » Les recueils qu'il a laissés sont encore d'une grande utilité. On a de Manget : *Messis Medico-spagyrica*; Genève, 1683, in-fol., qui contient une abondante collection de préparations pharmaceutiques ou chimiques; — *Bibliotheca Anatomica, sive recens in anatomica inventorum thesaurus locupletissimus*; ibid, 1685, 2 vol. in-fol., fig.; 2° édit., augmentée, ibid., 1699, 2 vol. in-fol.; Londres, 1711, 3 vol. in-4° (édit. abrégée). C'est un recueil de ce que les écrivains du dix-septième siècle ont publié de plus intéressant sur la structure du corps humain; — *Bibliotheca Medico-practica*; ibid., 1695, 1698, et 1739, 4 vol. in-fol., vaste dictionnaire de matière médicale, disposé par ordre alphabétique; — *Bibliotheca Chemica curiosa, sive rerum ad alchimiam pertinentium thesaurus*; ibid., 1702, 2 vol in-fol. fig.; un extrait en allemand en a été donné par C. Horlacher; Francfort, 1703-1704, 2 vol. in fol.; — *Observations sur la maladie qui a commencé depuis quelques années à attaquer le gros bétail en divers endroits de l'Europe*; ibid., 1716, in-12; Paris, 1745, in-12; — *Theatrum Anatomicum, cum Eustachii tabulis anatomicis*; ibid., 1716-1717, 2 vol. in-fol. L'ostéologie est tirée de Bidloo, la myologie de Brown, et la splanchnologie de Ruysch. Il n'y est pas question des auteurs antérieurs au dix-septième siècle. Morgagni a vivement critiqué cet ouvrage; — *Bibliotheca Chirurgica*; ibid., 1721, 4 tom. en 2 vol. in-fol.; — *Traité de la Peste, recueilli des meilleurs auteurs anciens et modernes*; ibid., 1721, 2 vol. in-12; Lyon, 1722; ce n'est, à vrai dire, qu'une édition du livre du P. Maurice Tolon, capucin; — *Nouvelles Réflexions sur la Peste*; ibid., 1722, in-12; — *Bibliotheca Scriptorum Medicorum, veterum et recentium*; ibid., 1731, 4 vol. in-fol. : c'est un ouvrage qui peut être encore consulté avec fruit, excepté la partie bibliographique, où l'on trouve beaucoup d'erreurs et de lacunes. On doit à Manget de nouvelles éditions des *Opera Medica* de P. Barbette; Genève, 1683, 1688, 1704, in-4°; de la *Pharmacopœa Schradero-Hoffmanniana*; ibid., 1687, in-fol.; du *Tractatus de Febribus* de Fr. Piens; ibid., 1689, in-8°; du *Compendium Practicæ Medicini* de J.-A. Schmitz; ibid., 1691, in-12; et du *Sepulchretum* de Th. Bonet; ibid., 1700, in-fol. K.

Manget, sa *Vie* par lui-même; dans *Biblioth. Med. Script.* — Haller, *Bibliotheca*. — Éloy, *Dict. de la Médecine*. — Sénebier, *Hist. Littér. de Genève*, II. — *Biogr. Médic.*

MANGEY (*Thomas*), érudit anglais, né en 1684, à Leeds, mort le 6 mars 1755, à Durham. Il prit ses degrés à Cambridge, obtint divers bénéfices, fut chapelain de l'évêque de Londres, et occupa depuis 1721 un canonicat au chapitre de Durham. Il fit partie de la Société des Antiquaires. Ses principaux ouvrages sont : *Practical Discourses upon Lord's Prayer*; Londres, 1716, 1717, 1721, in-8°; — *Remarks upon Nazarenus*; ibid., 1718 : où il démontre la fausseté d'un Évangile mahométan qu'avait publié Toland; — *Philonis Judæi Opera omnia*; ibid., 1742, 2 vol. in-fol. K.

Manning, *Surrey*, I. — Hutchinson, *History of Durham*, II, 173

MANGILI (*Giuseppe*), naturaliste italien, né à Caprino (Bergamasque), le 17 mars 1767, mort à Pavie, en novembre 1829. Il fit ses études à Bergame, où dès l'âge de dix-neuf ans il enseignait les belles-lettres. Il passa ensuite à Pavie, et s'y fit recevoir docteur ès sciences, et professa, après Spallanzani (1799), la médecine et l'histoire naturelle. Il enrichit le musée de Pavie de plus de 7,000 pièces et l'organisa d'une façon utile. On a de lui : *Saggio di Osservazioni per servire alla storia dei mammifeiri soggetti a periodico letargo*; Milan, 1807, in-8°; — *Éloge de Mascherone et de Felice Fontana*; Milan, 1813, et Pavie, 1828; — *Brevi Cenni sulla* Epistola zootomica *del professore Otto di Breslavia al celeberrimo Blumenbach*; Pavie, 1828, in-8°; dans cet écrit, Mangili signale l'action déprimante et contra-stimulante du venin de la vipère, et présente l'ammoniaque comme un puissant antidote. L'expérience et les meilleurs savants ont donné raison à la découverte de Mangili; — de nombreux mémoires sur la zoonomie publiés dans les *Nuove Ricerche zoolomiche sopra alcune specie di conchiglie bivalvi*; Milan, 1804, in-4°. L—z—E.

Encyclopedia popolare; Turin, 1848.

MANGIN (*N.......*), inventeur français, né à Mayence, mort à Salzbourg, en janvier 1800. Il passa en France après la prise de Mayence par les troupes prussiennes, et y fut employé dans son grade d'adjudant général. Pendant quelque temps il fut chargé de la police secrète à l'armée du général Moreau. Il eut le bras gauche emporté par un boulet de canon, dans une légère affaire près de Saltzbourg, et mourut des suites de sa blessure. Il avait inventé une machine de guerre à laquelle il donna le nom de *scaphandre*, et dont on fit l'expérience en 1798. Cette machine, propre à soutenir un homme sur l'eau dans une position verticale, était destinée à favoriser les passages de rivières par des corps entiers, sans ponts ni bateaux. Mangin avait épousé la fille du sénateur Jacqueminot. J. V.

Chaudon et Delandine, *Dict. univ. Histor., Crit. et Bibliogr.*

MANGIN (*Charles*), architecte français, né à Mitry, près de Meaux, en 1721, mort en 1807. Il exécuta à Paris différents travaux importants, entre autres la halle au blé, la restauration du portail de Saint-Sulpice et l'élévation des tours de cette église, divers hôtels, le séminaire du Saint-Esprit. Il a laissé un recueil de modèles d'architecture qui n'a pas été publié. G. DE F.

Biographie Champenoise

MANGIN (*Claude*), administrateur français, né à Metz, en 1786, mort à Paris, en 1835. Placé en apprentissage chez un menuisier, il quitta les outils pour l'étude, et fit son droit chez un homme instruit, ex-jésuite, qui l'avait recueilli dans sa maison. Il débuta à seize ans au barreau de Metz. En 1815 il fut nommé, par l'intermédiaire de M. de Serre, procureur du roi dans sa ville natale. Trois ans plus tard il fut appelé à la direction des affaires civiles au ministère de la justice, et au mois de mars 1821 il fut envoyé comme procureur général à la cour royale de Poitiers, pour y poursuivre le général Berton, tâche dont il s'acquitta selon le désir du ministère qui l'en avait chargé, mais de manière à mériter la réprobation générale. Son réquisitoire, dans lequel il inculpait gravement plusieurs membres de la chambre, souleva une vive polémique dans les journaux. Laffitte, Benjamin Constant, Keratry et Foy portèrent contre lui une plainte en diffamation; mais la cour de cassation décida *qu'il n'y avait pas lieu à suivre*, et le tribunal correctionnel, auquel Mangin avait déféré deux lettres injurieuses de Benjamin Constant, condamna ce député à deux mois de prison et 600 francs d'amende; cependant il fut déchargé, sur appel, de la prison. En 1826 le ministère récompensa Mangin de son zèle à poursuivre les partisans des libertés publiques, par un siége à la cour de cassation, qu'il échangea contre la préfecture de police lors de la formation du ministère Polignac en 1829.

Cette nomination irrita les Parisiens. La police d'espionnage marcha de front avec la police administrative; les comédiens ambulants furent soumis aux lois de la censure, et le préfet « défendit à Polichinelle d'avoir son franc parler ». A la révolution de Juillet, il crut prudent de se soustraire à la vengeance du peuple, et se retira d'abord en Belgique, puis en Allemagne. Il revint en France en 1834, avec l'intention de reprendre ses fonctions d'avocat à Metz; mais il mourut presque subitement, à Paris, l'année suivante. [Le Bas, *Dict. encycl. de la France*, avec addit.]

Bégin, *Biogr. de la Moselle*. — Rabbe, *Biogr. univ. des Contemp.*

MANGLARD (*Adrien*), peintre français, né à Lyon, le 10 mars 1695, mort à Rome, le 1er août 1760. Il fut élève de van der Cabel, peintre flamand, qui passa presque toute sa vie en France, et alla finir sa carrière à Lyon. Ensuite il partit pour l'Italie, où il s'acquit une grande réputation en peignant des paysages et surtout des tableaux de marine. Il se fixa à Rome, et fut l'hôte du marquis Gabrielli « chez qui il vivait en philosophe un peu cynique », dit Mariette. Manglard fut reçu membre de l'Académie de Peinture le 24 novembre 1736, et exposa au salon du Louvre de 1739. Ses tableaux sont fort peu connus en France; le musée du Louvre en possede un seul, *Le Naufrage*. La principale gloire de Manglard est d'avoir eu pour elève et imitateur le célèbre Joseph Vernet. H. H—N.

Robert Dumesnil, *Le Peintre graveur*. — F. Villot, *Notice des tableaux du Louvre*.

MANGOU ou **MOENGKÉ KHAN**, quatrième grand-khan des Mogols, né en 1207, à Karakoroum, mort en août 1259, devant Hotchéou, ville de la province chinoise de Sétchuen. Il était l'aîné des quatre fils de Touloui, qui était lui-même le troisième fils de Dchinghis-Khan. Mangou, qui s'était distingué dans les dernières campagnes de son grand-père contre la Chine, ainsi que dans celles de ses oncles et de son cousin Batou en occident, avait été plusieurs fois désigné pour le trône mogol. Mais la yasa, ou constitution établie par Dchinghiskhan, ayant déféré la nomination élective du grand-khan au *kouriltai*, ou grande assemblée de princes et chefs, Mangou s'était vu exclu d'avance par un traité de famille, par lequel Gouyouk, le dernier grand-khan, lors de son élection, avait voulu rattacher à sa cause tous les kouriltais futurs et perpétuer la succession dans sa propre lignée. Mais l'administration tracassière et cruelle de Gouyouk, qui avait fait tuer une fille de Dchinghis-Khan, Ataboun, ainsi que les prodigalités de la régente, Ogoulkaïmich, veuve de Gouyouk, ayant excité un mécontentement général, la mère de Mangou, Sourkhataï Beghi-Taiko, que M. Hammer appelle, d'après les sources persannes, Siyourkoukteni, femme aussi intrigante qu'elle était intelligente, parvint à gagner à ses vues son beau-frère Batou, alors le doyen des princes mogols. Le trône ayant été offert à Batou, celui-ci s'en démit immédiatement en faveur de Mangou, pour exclure ainsi non-seulement les fils de Gouyouk, mais aussi le prince Chyramoun, neveu de ce dernier, qui avait déjà été, par un passe-droit, écarté lors de l'élection de Gouyak. Mangou étant monté sur le trône, après un interrègne de trois ans, en juillet 1251, malgré les mauvais vouloirs des princes des lignes d'Ogotaï et de Dchagataï, concentra immédiatement le gouvernement entre les mains des hommes les plus énergiques. Mingkassar, le grand-juge, fut continué dans sa charge, qu'il eut bientôt l'occasion d'exercer de la manière la plus cruelle. Sur la simple dénonciation d'un espion, il fit tuer en un jour soixante-dix princes du sang et grands chefs, dont les uns furent étouffés, au moyen de pierres, dont on leur emplissait la bouche, tandis que les princes furent roulés jusqu'à ce que la mort s'ensuivît, dans des tapis de soie. Quant aux deux principaux rivaux de Mangou, l'un, le prince Khodcha Aghoul, fils de Gouyouk, fut relégué sur le bord de la rivière Sélenga, où il mourut dans l'obscurité, tandis que son cousin, Chyramoun, plus dangereux, fut noyé. Ce fut aussi le supplice que subirent leurs mères, Katakasch et Oghoulkaïmich, après avoir été enveloppées dans du feutre. Les deux conseillers de cette dernière, Kaïlak et Tchinkai, furent décapités, ainsi que le prince des Ouigours, Ildikont, qui tomba de la main de son propre frère, à Bischbaligh, installé à sa place par Mangou. Aidé par Batou, qui se chargea encore de l'exécution de Bouri, petit-fils de Dchagataï, ainsi que de celle d'Iltchikidaï, conquérant et gouverneur mogol de la Perse, Mangou, pour étouffer le souvenir de ses cruautés, se mit alors à réorganiser l'administration. Après avoir publié une amnistie, il diminua l'impôt sur les troupeaux, qu'il réduisit à 1 pour 100, et fixa la capitation proportionnellement aux impôts retirés des différentes provinces, mais dont le maximum ne dépassa pas 15 ducats. Quant aux savants et aux ministres des divers cultes, il les en exempta complétement, à l'exception des juifs. Il régla ensuite la fourniture des chevaux de relais pour les courriers de l'empire et les ambassadeurs du grand-khan, et confisqua toutes les terres dont s'étaient emparés Oghoulkaïmich et ses fils. Dans le grand kouriltaï tenu en 1253, Mangou fit distribution des grands gouvernements de l'empire. Après avoir donné le Dchagataï à Kara Houlagou, petit-fils du prince qui imposa son nom à ces vastes régions, il concéda la Chine à son frère Koubilaï, et le Tibet au général Holitai. Un de ses cousins, Arghoun-Aga, eut toute la Perse jusqu'aux confins de l'Arménie et de la Syrie. Les deux seuls mahométans pourvus de grandes charges par Mangou furent Mohamed-Yelwadch, qui fut nommé surintendant de la Chine, tandis que son frère Masoud eut le gouvernement général des pays entre l'Oxus et l'Irtysch. Chaque gouverneur était assisté d'un surintendant des finances, chargé de faire tous les dix ans le recensement de la population et la nouvelle répartition des impôts. A la grande assemblée de 1254 on vit aussi paraître le roi d'Arménie, Hethoum ou Hayton Ier, qui obtint non-seulement la restitution des mines de sel occupées par les généraux de Batou, ainsi que quelques exemptions pour les docteurs de l'Église arménienne, mais aussi la promesse de la part de Mangou de déclarer la guerre aux musulmans ; déclaration suspendue sur l'entremise de Batou, devenu mahométan lui-même, mais publiée dans l'année même de la mort de ce prince, en 1256.

Les dispositions favorables de Mangou pour les chrétiens résultent de l'accueil favorable qu'il fit à l'ambassade de saint Louis, conduite par le fameux capucin Guillaume Ruysbroek ou Rubruquis. Sans tirer trop de conséquences de ce fait, sur lequel on a émis beaucoup de conjectures, nous observerons que, faute de pouvoir s'entendre suffisamment des deux côtés, les ambassadeurs n'obtinrent que la protection de la religion chrétienne ainsi que la permission de la propager dans les États mogols. Quant à Mangou lui-même, sans embrasser le christianisme, il donna aux prêtres chrétiens la préférence non-seulement sur les docteurs musulmans, mais même sur les bonzes bouddhistes. Car, quoiqu'il eût déjà, en 1253, nommé un grand-lama de l'empire dans la personne de Garma Dosichoum Khyenpa, il ne fit pourtant ni rédiger de confession générale bouddhiste, ni traduire des livres religieux en mogol, ni constituer la hiérarchie lamaïte. Il ne se déclara pas même le patron officiel de la religion bouddhiste, qui était pourtant celle de la majorité des Mogols. Par contre il mit le chrétien Boulghaï à la tête de la secrétairerie d'État, divisée en sept cabinets pour l'expédition des affaires dans les sept langues de l'empire, savoir le persan, l'ouïgour, l'arabe, le chinois, le tibétain, le mandchou et le tangoute. Quant aux Mandchoux, que nous voyons paraître pour la première fois, leur pays fut incorporé à cette époque à la monarchie par les deux cousins de Mangou, Dordan et Hadan, qui imposèrent le nom de ce dernier, un peu modifié selon les dialectes, à la contrée appelée autrement *Chirentalen* ou *Liéoutsong*. Pendant ce temps la partie sud de la Chine ainsi que le Tibet avaient été occupés par Kouïkour, autre petit-fils de Dchingis-Khan, qui agissait dans l'intérêt de Koubilaï. Engagé par ce succès, et pour achever la conquête de la Chine, entamée ainsi au nord et au sud, Mangou fonda une nouvelle résidence, en 1256, plus près des frontières de la Chine que Karakoroum; cette nouvelle résidence fut appelée Kaïpingfou; il la peupla de Chinois et de Mogols. Il établit ensuite de grands magasins de vivres et releva les murs de plusieurs villes. Après avoir donné la régence intérimaire à son frère Arikh-Bougha, en 1257, il partit lui-même pour la Chine, dont il avait ôté le gouvernement à son frère Koubilaï, suspectant ses intentions; mais Koubilaï étant allé au-devant de Mangou, auquel il fit hommage de tout, jusqu'à ses femmes, ce dernier lui rendit son gouvernement, et le chargea de la conduite de la guerre dans le Houkouang, tandis qu'il envoya un de ses généraux dans le Tongking et qu'il mit lui-même le siége devant Hotchéou, dans le Setchuen. C'est devant cette ville qu'il mourut, en août 1259, selon les uns de la dyssenterie, selon les autres percé de flèches ennemies, tandis que selon une troisième version il se serait noyé dans une rivière. Pendant la campagne de Chine de Mangou, Houlagou avait extirpé la dynastie des Ismaéliens ou Assassins, et après le renversement du khalifat de Bagdad il avait fondé une nouvelle branche mogole en Irak et en Perse. La conquête de la Chine, suspendue momentanément par la lutte des deux frères de Mangou, Arikh Bougha et Koubilaï, qui se disputaient le grand-khanat, fut plus tard achevée par ce dernier. Mangou, l'organisateur de l'empire mogol, est connu en occident de préférence sous cette variante turque de son nom mogol, Moemgkè, tandis que les monnaies arabes portent *Moungha* ou même *Moungkaka*. RUMELIN.

Ssanang-Ssetsen, *Hist. des Mogols orientaux*. — Hammer, *Hist. des Ilkhans*. — Dulaurier, *Les Mogols d'après les sources arméniennes*.

MANGOURIT (*Michel-Ange-Bernard*), littérateur français, né le 21 août 1752, à Rennes, mort le 17 février 1829, à Paris. Il était en 1782 lieutenant criminel au présidial de Rennes, lorsqu'il fut obligé de résigner cet emploi, soit pour avoir, dit-on, tenté de violer une jeune fille qu'il était chargé d'interroger, soit à cause de trois brochures sur l'administration des bailliages, qui furent brûlées par la main du bourreau. Il reparut à Rennes au moment de la révolution, et en fut un des plus ardents partisans. Après avoir été consul à Charlestown, il devint successivement résident de la république dans le Valais (1798), secrétaire de légation à Naples, et commissaire des relations extérieures à Ancône; ce fut lui qui négocia la capitulation de cette place lorsqu'elle se rendit en 1799. Revenu en France, il ne fut guère employé que dans des missions secrètes. Mangourit était un des zélés propagateurs de la franc-maçonnerie, sur laquelle il a beaucoup écrit; il eut part à la fondation de la Société Philotechnique et de l'ancienne Académie Celtique, qui forma le noyau de la Société des Antiquaires de France. Dès le mois de janvier 1789 il avait créé à Paris *Le Hérault de la Nation*, un des premiers journaux de la révolution. « Point d'ordres privilégiés, dit-il lui-même, point de parlements, la nation et le roi, tel fut le thème du *Hérault de la Nation*. D'anciens ministres du roi, le cardinal de Brienne et M. de Lamoignon, garde des sceaux, le protégeaient. » Les principaux ouvrages de Mangourit sont : *Les Gracches français*; Nantes, 1787, in-8°; — *Le Tribun du Peuple*; Paris, 1787, in-8°; — *Le Pour et le Contre au sujet des grands Bailliages*; Nantes, 1787, in-8°; ces trois pamphlets, condamnés au feu par arrêt du parlement de Bretagne, « furent, dit Mangourit, passés de Versailles à Paris par moi dans le carrosse de M. de Lamoignon et dans celui de M. Bertrand de Moleville, dernier intendant de Bretagne »; — *Le Hérault de la Nation, sous les auspices de la patrie*; Paris, janvier 1789 et suiv., 65 n^{os} en 2 vol. in-8°; — *Le premier Grenadier de nos armées*; Paris, 1801, in-8°, notice sur La Tour d'Auvergne; — *Défense d'Ancône et des départements romains par le général Monnier aux années* VII et VIII; Paris, 1802, 2 vol. in-8°, avec cartes et fig., ouvrage qui renferme des détails intéressants sur les faits d'armes dont l'Italie fut alors le théâtre; — *Voyage en Hanovre*; Paris, 1805, in-8°; cette relation fut l'objet d'attaques assez vives dans quelques journaux; — *Nouveaux Projets de Soirées, lectures dramatiques et musicales*; Paris, 1815, in-8°. On doit encore à Mangourit divers mémoires d'archéologie et des écrits inédits sur la politique. P. L.

Biogr. des Hommes vivants. — Quérard, *France Littér*.

MANHÈS (*Charles-Antoine*, comte), général français, né à Aurillac (Auvergne), le 4 novembre 1777, mort à Naples, au mois d'août 1854. Envoyé par les administrateurs de son département à l'école de Mars, il prit part au triomphe de la journée du 9 thermidor. Nommé, par décret de la convention du 17 germinal an III (6 avril 1795), sous-lieutenant, il fit les campagnes de l'an III et de l'an IV à l'armée de Rhin et Moselle, sous les ordres de Pichegru et Hatry, et celles de l'an V, de l'an VI et de l'an VII sous Kellermann, Bonaparte, Scherer et Joubert. Il assista au siége de Luxembourg et fut blessé d'un coup de feu à la jambe à la bataille de Novi. Nommé lieutenant par ses camarades, le 24 décembre 1799, il fit les campagnes d'Italie sous Championnet, Moreau, Massena, Berthier. Il rédigea, dit-on, l'adresse de son bataillon au Directoire pour demander la punition des pillards. A l'affaire des Gravières, près de Suze, il entra un des premiers dans les redoutes de l'ennemi. En 1802, il devint aide de camp de son oncle, le général Milhaud, et le suivit jusqu'en 1806 sous les ordres de Murat, de Jourdan et de Soult. Il se trouva à la bataille d'Austerlitz, où il eut un cheval tué sous lui. Capitaine le 6 juin 1806, chef d'escadron le 4 avril 1807, il passa comme aide de camp dans l'état-major de Murat, qu'il accompagna dans cette campagne, terminée par la paix de Tilsitt. Manhès alla avec Murat en Espagne, et fut chargé d'amener sous escorte le prince de la Paix en France après la fuite des deux rois. Murat ayant été appelé au trône de Naples, emmena Manhès près de lui, et le nomma colonel, le 1er novembre 1808. Chargé de porter au général Lamarque (*voy.* ce nom) le refus du roi de Naples de ratifier la capitulation accordée par ce général à Hudson Lowe, Manhès entra dans Capri et fut nommé général de brigade, le 4 septembre 1809. Appelé au commandement des Abruzzes, il parvint à y rétablir la tranquillité en quelques mois. En 1810 il prépara contre la Sicile une expédition qui n'eut pas lieu. A cette époque Manhès reçut la mission de détruire le brigandage dans la Calabre. Il y parvint par les mesures les plus rigoureuses, exécutées avec une sévérité inflexible jusqu'à la cruauté. Il interdit aux habitants de sortir de leurs villes ou villages, enrégimenta tous les hommes capables de porter les armes, les lança avec les troupes françaises à la chasse des brigands, qui, jugés par des commissions militaires, furent punis de supplices atroces. Toute correspondance avec les brigands, même entre parents, était punie de mort, ainsi que l'acte de sortir d'une ville avec de la nourriture. La Calabre fut délivrée du brigandage; le général Manhès, promu lieutenant général, le 25 mars 1811, reçut une dotation dans les Calabres avec titre de comte. La ville de Cosenza l'admit parmi ses citoyens. Cependant Manhès se montrait accessible à tous les malheureux et contribuait à faire rentrer tous les exilés qui adressaient leur soumission au nouveau gouvernement. Nommé commandant de plusieurs divisions territoriales avec pleins pouvoirs de haute police, il acheva de détruire ce qui restait de brigandage, et, en 1812, le roi Joachim le nomma premier inspecteur général de gendarmerie. La même année Manhès remplaça sur le canal de Messine, à la tête d'un corps de troupes, les divisions Pacthod et Lamarque, rappelées en France. Il usa d'une rigueur extrême contre les carbonari, et les exécutions se renouvelèrent. Fatigué de ces répressions, il résolut de ne plus se charger de semblables missions, et refusa d'aller dans les Abruzzes lorsque l'insurrection y éclata. En 1814, Murat s'étant uni aux Autrichiens, un décret du gouvernement de Napoléon rappela tous les Français qui se trouvaient à Naples; Manhès ne revint pas. Après le retour de Napoléon de l'île d'Elbe, Murat, changeant de politique, attaqua les Autrichiens. Manhès, commandant supérieur de Naples, fut envoyé par la reine sur les frontières romaines; mais il se replia bien vite, fréta un bâtiment, et, sans attendre la fin des événements, s'embarqua avec sa famille, le 19 mai. Il avait épousé la fille du général Pignatelli-Cerchiara. En route il recueillit son souverain, et le 25 il débarqua avec lui à Cannes. Presque aussitôt il abandonna le roi Joachim, qui, si l'on en croit les insinuations du général, aurait manqué de réserve auprès de la femme de son hôte pendant le voyage. Quoi qu'il en soit, Manhès se retira à Marseille où il se mit, dit-on, en rapports avec l'agent royaliste le vicomte de Bruges. Il se rendit avec un passeport à Lyon, et offrit ses services au roi Louis XVIII. Il vint à Paris au mois d'octobre; dix-huit mois plus tard, il reçut l'ordre de se rendre dans sa ville natale. Réintégré en 1818 avec son grade de lieutenant général dans l'armée française, il fut employé en 1828 et 1829 à des inspections de gendarmerie. Après la révolution de Juillet, il s'offrit encore au ministre de la guerre; mais il ne fut pas employé, et resta disponible jusqu'à sa retraite. Il se retira enfin à Naples, où il avait obtenu la permission de résider en 1837, et y mourut du choléra. On lui doit des notes aux ***Mémoires sur le royaume de Naples*** du comte Orloff, revus par Amaury Duval. L. L—T.

G..... (Garnier), *Notice historique sur le général Manhès*, 1817. — Aug. de Rivarol, *Notice historique sur les Calabres*, 1817. — Comte Grégoire Orloff, *Mémoires historiques, politiques et littéraires sur le royaume de Naples*. — Botta, *Histoire d'Italie*, tome V. — Coletta, *Hist. du royaume de Naples, de 1734 à 1825*. — Manhès, *Lettre au rédacteur du Moniteur universel*, insérée dans le numéro du 21 décembre 1835. — Général Oudinot, *De l'Italie et de ses forces militaires*, 1835. — Palmieri Micciche, *Mœurs de la cour et des peuples des Deux-Siciles*. — *Dict. de la Conv.*, 1re édition. — Sarrut et Saint-Edme, *Biogr. des hommes du jour*, t. III, 2e part., p. 204.

MANIACÈS (*Georges*), Γεώργιος ὁ Μανίακης, général byzantin, fils de Gudelius Maniacès, vivait dans la première moitié du onzième siècle. Il était gouverneur de la ville et du thème de Teluch (Τελούχ), dans le Taurus, sous le règne de l'empereur Romain III Argyre vers 1030. Après la défaite de Romain par les Sarrasins près d'Antioche, Georges réussit à prendre une revanche sur l'ennemi victorieux. Cet exploit lui valut le gouvernement de la province de basse Médie. Il devint ensuite protospathaire et gouverneur des villes de l'Euphrate. En 1032 il prit la ville d'Édesse, et y trouva une prétendue lettre de Jésus-Christ à Augarus (ou Abgarus), roi d'Édesse, lettre qu'il envoya à l'empereur. Il fut plus tard gouverneur de haute Médie et d'Aspracanie. Sous le règne de Michel IV le Paphlagonien (1035), il eut le commandement de l'armée envoyée contre les Sarrasins dans l'Italie méridionale qui relevait encore de l'empire byzantin. Étienne, beau-frère de l'empereur, commandait la flotte. Georges reprit la Sicile sur les Sarrasins, bien qu'ils eussent reçu cinquante mille auxiliaires d'Afrique (1038). Deux ans après, il remporta sur les mêmes ennemis une grande victoire, qui eût été plus décisive si Étienne n'avait laissé échapper les débris de l'armée vaincue. L'amiral ne répondit aux reproches du général qu'en l'accusant auprès de l'empereur de méditer une révolte. Georges fut arrêté et conduit à Constantinople. Michel V Calaphates, après son avénement en 1041, le fit mettre en liberté, et les désastres des Byzantins en Italie forcèrent Zoé, qui succéda à Michel, de le renvoyer dans ce pays Maniacès, en débarquant à Otrante, trouva le sud de l'Italie au pouvoir des Normands, anciens auxiliaires des Grecs. Il livra bataille à ces hardis aventuriers, les vainquit, et en fit un grand carnage. Au milieu de ses succès il apprit qu'un de ses ennemis, Romain Sclerus, l'avait desservi auprès du nouvel empereur, Constantin Monomaque, avait pillé ses propriétés d'Anatolie, et lui avait fait retirer le titre de *magister*. Justement irrité, Maniacès se révolta, défit le général byzantin Pardus et conçut le projet de porter la guerre au cœur de l'empire. Il passa la mer avec l'élite de ses troupes, débarqua a Dyrrachium et marcha sur la Bulgarie. Il rejeta les offres que lui fit l'empereur effrayé et mit l'armée impériale en déroute; mais, frappé par une main inconnue, il périt dans sa victoire en 1042 ou 1043. Y.

Zonaras, XVII, 12. — Cedrenus (édit. de Bonn), II, p. 494, 500, 512, 516, 520-523, 541, 545-549. — J. Scyl. Curopalate, *Historia*, p. 720, ed. de Bonn. — Lebeau, *Histoire du Bas-Empire*, LXXVII, LXXVIII.

MANILIUS, MANLIUS ou **MALLIUS** (1) (*Marcus* ou *Caius*), poëte latin, auteur d'un poëme astrologique en cinq livres intitulé *Astronomica*, vivait vers le commencement de l'ère chrétienne. Rien n'est plus incertain que son histoire personnelle. Aucun auteur ancien ne le mentionne. Quelques critiques l'identifient avec le Manilius dont Pline parle comme d'un sénateur qui, sans aucun maître, s'était rendu célèbre par le plus grand savoir. Ce Manilius avait, au rapport de Pline, recueilli des renseignements sur le phénix et soutenu que la période de la vie de cet être fabuleux correspondait avec la révolution de la grande année (*magni conversionem anni*) dans laquelle les corps célestes accomplissaient un cycle parfait. D'autres critiques pensent que le poëte était le Manilius Antiochus, le fondateur de l'astronomie (*astrologiæ conditorem*), qui vint à Rome comme esclave avec Publius Syrus le mimographe et Staberius Eros le grammairien; d'autres le confondent avec le mathématicien Manlius qui du temps d'Auguste disposa l'obélisque du Champ de Mars de manière qu'il servît d'aiguille de cadran solaire; selon d'autres enfin, il est le même que Fl. Mallius Theodorus dont Claudien a célébré le consulat et loué les connaissances astronomiques. Ces conjectures contradictoires ne s'appuient que sur la similitude des noms, et sur le fait que ces divers Manlius s'étaient tous occupés d'astronomie; mais il ne semble pas que le sénateur Manilius ait composé aucun ouvrage sur l'astronomie; Manilius d'Antiochus vivait du temps de Sylla, un siècle environ avant la date probable de la composition des *Astronomica*; ce Mallius si vanté par Claudien avait, d'après les expressions de ce poëte, composé un traité dont la prose élégante (*sermonis melle politi*) surpassait les chants d'Orphée. On ne peut donc voir dans ce traité le poëme des *Astronomiques*. D'ailleurs, quoi qu'en aient dit Gevart et Spanheim, ce dernier ouvrage ne peut appartenir à l'époque de Théodose le Grand. L'opinion de Saumaise, Huet, Scaliger, Vossius, Creech, que l'auteur des *Astronomiques* vivait du temps d'Auguste, est généralement adoptée. Il est vrai qu'aucun auteur ancien n'a parlé de lui ni cité un seul vers de son poëme. Ovide ne le nomme pas dans sa liste de poëtes contemporains, et Quintilien, qui avait une occasion naturelle de le placer avec Lucrèce et Macer, a gardé le même silence. Aulu-Gelle et Macrobe en ont fait autant, quoiqu'ils traitent souvent des questions astronomiques. Enfin Manilius n'a été mentionné ni par les compilateurs de systèmes astronomiques qui auraient pu abondamment puiser dans ses pages, ni par les grammairiens qui auraient pu relever dans ses écrits tant de particularités de style. Ce silence est extraordinaire. Pingré l'explique en supposant que le poëme laissé inachevé par Manilius ne fut pas publié. « Il est resté inconnu, dit-il, jusqu'au siècle de Constantin; il s'est trouvé alors en la possession de Julius Firmicus Maternus, qui nous en a laissé un commentaire, ou plutôt une simple traduction en prose, sans nous instruire de la source où il avait puisé tant ce qu'il nous dit d'après Manilius, que ce qu'il ajoute à la doctrine de ce poëte, sans doute d'après des auteurs également anciens. Depuis Firmicus, l'exemplaire autographe de Manilius sera encore resté enseveli dans la poussière, jusqu'à ce qu'enfin, vers le dixième siècle, il a été retrouvé en fort mauvais état, et presque consumé de vétusté. On a commencé alors à en tirer des copies, dont quelques unes sont parvenues jusqu'à nous. » Ce sont encore là des conjectures. Pingré suppose sans preuve que Firmicus Maternus (*voy.* ce nom) a copié Manilius. Sans doute telle est la ressemblance entre les *Astronomiques* de Manilius et la *Mathesis* de Julius Firmicus, ou que ces deux auteurs ont puisé à

(1) Ces trois variétés de noms et plusieurs autres se trouvent dans les manuscrits; mais les probabilités sont pour *Manilius*.

une source commune, peut-être aux *Apoteles-mata* de Dorothée de Sidon, ou que l'un a copié l'autre. En admettant cette dernière hypothèse, il faudrait, avant de trancher la question de plagiat, avoir fixé la date respective des deux ouvrages. Or la première trace, encore bien vague, que l'on trouve du poëte astrologique, c'est dans une lettre de Gerbert de Reims, depuis le pape Sylvestre II (vers 1,000), qui charge un ami de lui procurer une copie de M. Manilius *de Astrologia*. Sauf cette indication peu précise, il n'est fait nulle mention des *Astronomiques* de Manilius jusqu'au Pogge qui les découvrit au quinzième siècle. Les preuves extérieures manquent donc complétement touchant la vie de Manilius; mais on a des preuves intrinsèques assez convaincantes qu'il a vécu sous Auguste.

Le poëme s'ouvre par une invocation à César, fils et successeur d'un père déifié, héritier de sa puissance terrestre aussi bien que de ses honneurs immortels; plus loin il est dit que la lignée des Jules remplit la demeure céleste, et qu'Auguste partagea la domination du ciel avec le Dieu du tonnerre. Il est fait directement allusion comme à des événements récents à la destruction des légions de Varus, à la bataille de Philippes, et aux pirates qui, sous les ordres du fils de Pompée, couvraient la mer. Ce n'est certainement pas un contemporain de Théodose, c'est un contemporain de Tibère qui a écrit les vers suivants : « La vierge incorruptible domine sur Rhodes, île également heureuse et sur terre et sur mer : elle a été le séjour du prince qui doit gouverner l'univers. Consacrée au soleil, elle devient véritablement la maison de cet astre, lorsqu'elle admit en son enceinte celui qui après César est la vraie lumière du monde. » Ce passage ne peut s'appliquer qu'à Tibère, héritier désigné du trône et n'a pu être écrit que de son vivant. Manilius écrivit donc vers la fin du règne d'Auguste. Il n'était ni Asiatique comme l'a dit Bentley, ni Carthaginois comme le prétend Huet, mais Romain, puisqu'il dit « Annibal que nous espérions voir tomber dans *nos* chaînes » (*speratum Hannibalem* (1) *nostris cecidisse catenis*). A ce petit nombre d'inductions se bornent tout ce que l'on sait de Manilius. Quant au silence gardé sur lui par les auteurs anciens, il est difficile de l'expliquer par une autre hypothèse que celle de Pingré.

Le premier livre des *Astronomiques* traite de la sphère céleste. Après un bel exorde sur les premiers auteurs de l'astronomie et sur les progrès de cette science, le poëte parle de l'origine du monde, de la position, de la forme et de la grandeur de la terre, des noms et figures des signes du zodiaque et des constellations extrazodiacales, des cercles de la sphère, de la voie lactée, des planètes, des comètes et des météores, et des désastres, peste, famine, guerre civile, que ces phénomènes annoncent. Dans son second livre Manilius passe en revue les sujets traités par Homère, Hésiode, Théocrite et d'autres poëtes célèbres; il affirme que son sujet est bien supérieur et il s'applaudit en beaux vers de puiser à des sources vierges :

> Omne genus rerum doctæ cecinere sorores ;
> Omnis ad accessus Heliconis semita trita est.
> Et jam confusi manant de fontibus amnes,
> Nec capiunt haustum turbamque ad nota ruentem.
> Integra quæramus rorantes prata per herbas;
> Undamque occultis meditantem murmur in antris,
> Quam neque durato gustarint ore volucres,
> Ipse nec æthereo Phœbus libaverit igni.
> Nostra loquor; nulli vatum debebimus orsa;
> Nec furtum, sed opus veniet, soloque volamus
> In cœlum curru; propria rate pellimus undas.

Le reste du chant ne se soutient pas à cette hauteur et se perd dans des rêveries astrologiques sur les signes masculins, féminins, diurnes, nocturnes, terrestres, aqueux, amphibies, féconds, stériles, sur la division de chaque signe en douze dodécatéméries, sur la division du ciel en douze demeures, etc. Ces détails techniques sont précédés d'une exposition de la doctrine stoïcienne de l'âme du monde pénétrant, animant, et réglant chaque partie de l'univers, de sorte que toutes les parties rattachées entre elles par un lien commun obéissent à une impulsion commune, agissent à l'unisson et en harmonie. De ce principe il conclut que les choses d'en bas dépendent des choses d'en haut, et que si nous pouvions déterminer et connaître les rapports et les mouvements des corps célestes, nous calculerions d'après eux les changements correspondants qui doivent prendre place dans d'autres membres du système. Le troisième livre est tout entier technique et astrologique. Manilius nous enseigne quelles années, quels mois, quels jours et quelles heures de notre vie appartiennent à chaque signe, et le nombre d'années de vie qui nous est promis, tant par chacun des douze signes, que par chacune des douze demeures célestes. Le livre se termine par une définition des signes tropiques ou qui président aux saisons, ce qui donne lieu à de belles descriptions. Les quatrième et cinquième livres sont apotelesmatiques, c'est-à-dire relatifs à l'influence des astres sur les hommes. Le principe de l'astrologie admis, ces deux livres sont intéressants et quelquefois dignes de Lucrèce. Le quatrième livre commence par ces beaux vers :

> Quid tam sollicitis vitam consumimus annis?
> Torquemurque metu, cæcaque cupidine rerum;
> Æternisque senes curis, dum quærimus ævum,
> Perdimus; et nullo votorum fine beati
> Victuros agimus semper, nec vivimus unquam.

Pour arracher l'homme à ces vaines inquiétudes, Manilius s'efforce de prouver que tout est soumis aux lois irréfragables du destin. Le livre finit par des considérations élevées sur la noblesse de l'homme et la grandeur de son intelligence. « Le cinquième livre est à notre avis

(1) Bentley, qui ne veut pas que Manilius soit Romain, rejette comme interpolé ce vers et un autre (*Qua genitus cum fratre Remus hanc condidit urbem*); d'où l'on avait conclu qu'il était citoyen romain.

supérieur à tous les précédents. Il contient une énumération des constellations extrazodiacales et des degrés des douze signes avec lesquels elles se lèvent. Leur lever inspire des inclinations, des mœurs, des caractères, porte à s'adonner à des arts, des professions, des métiers dont les descriptions, vraiment poétiques, occupent presque tout le livre. Ces descriptions sont entremêlées d'épisodes : on y remarque surtout le bel épisode d'Andromède, que plusieurs savants critiques ont jugé digne de Virgile. Le livre est terminé par la distinction connue des étoiles en six différentes grandeurs (1). »

Tels sont les principaux sujets des *Astronomiques*. Manilius s'était proposé d'en traiter beaucoup d'autres ; mais, par un motif inconnu, peut-être la mort de l'auteur, ce poëme est resté inachevé. C'est un ouvrage remarquable et qui mérite d'être plus connu. Manilius était un homme instruit qui avait consulté les meilleures autorités et adopté les vues les plus sagaces. Presque toutes ses erreurs sont de son temps ; mais il a plus d'une fois devancé son temps et soupçonné les plus brillantes découvertes de l'astronomie moderne. Non-seulement il rejette sans hésiter l'opinion populaire que les étoiles fixes étaient disposées à la surface d'une voûte concave à égale distance du centre de la terre ; mais il affirme qu'elles sont de même nature que le soleil et appartiennent chacune à un système séparé. La voie lactée est exactement représentée comme formée par le rayonnement d'une multitude de petites étoiles. Comme poète, Manilius a de beaux élans d'imagination, des pensées fortes et de très-heureuses rencontres d'expressions ; mais il s'embarrasse dans le technique et s'efforce vainement d'embellir des détails arides. Il lutte péniblement contre son sujet et ne le domine pas avec la grandeur majestueuse et l'élévation naturelle de Lucrèce. Son style, trop souvent fatigué, contourné, redondant, obscur, offre beaucoup de répétitions et d'étranges combinaisons de mots. Ces défauts sont encore aggravés par le mauvais état dans lequel le texte nous est parvenu.

L'édition princeps des *Astronomiques* fut faite par Jean Regiomontanus (Kœnigsberg) d'après un manuscrit découvert par le Pogge (Poggio) ; Nuremberg, in-4°, sans date, probablement vers 1472 ou 1473. Vers le même temps, Laurent Bonincontri de Miniato, habile mathématicien, en donna une édition à Bologne, 1474, in-fol., d'après un manuscrit du Mont-Cassin, et y ajouta un commentaire de peu de valeur. Cette édition fut reproduite a Rome, 1484 ; elle fut suivie de celles de Steph. Dulcinius, Milan, 1489, in-fol. ; d'Alde, Venise, 1499 ; d'Ant. Molinius, Lyon, 1551, 1556, in-12. « Dans plusieurs de ces éditions, dit Pingré, le texte de Manilius est joint à celui de Firmicus et à d'autres ouvrages astronomiques : dans toutes ce texte est souvent inintelligible ; elles sont pleines de transpositions ridicules, d'expressions barbares, de phrases qui n'ont aucun sens. » La dernière des trois éditions de Joseph Scaliger (Paris, 1579, 1590, in-8° ; Leyde, 1600, in-4°) est infiniment supérieure à toutes les précédentes. Le texte est principalement fondé sur un manuscrit de Gembloursc(*codex Gemblacensis*), le plus ancien manuscrit connu de Manilius ; Scaliger y a joint des notes fort savantes sur tous les sujets relatifs à l'ancienne astronomie et astrologie. Cependant il restait encore beaucoup à faire, et Bentley rendit un grand service aux lettres latines par son édition de Manilius ; Londres, 1739, in-4°. Bentley s'attache à la troisième édition de Scaliger ; mais il la réforme souvent au moyen d'une collation nouvelle et très-soignée du manuscrit de Gemblours, qu'il confronta avec un manuscrit de Leipzig, le plus ancien après celui de Gemblours, et avec un manuscrit de Leyde. Il profita aussi de variantes extraites par Gronovius d'un manuscrit de Venise, et d'autres variantes consignées par Pierre Pithou sur un exemplaire de l'édition de Bologne. Avec ces divers secours, Bentley donna un texte qui, malgré des corrections téméraires, a mérité de servir de base aux éditions subséquentes. Parmi celles-ci les deux meilleures sont celle de Pingré avec une traduction française, Paris, 1786, 2 vol. in-8°, et celle de F. Jacob, Berlin, 1846, in-8°, travail excellent qui ne laisse rien à désirer pour la partie critique, mais auquel manque un commentaire exégétique. Les *Astronomiques* ont été traduites en anglais par Thomas Creech ; Londres, 1697, in-8°.

L. J.

Harles, *Notitia litteraturæ romanæ*, t. II, p. 433. — Scaliger, *Prolegomena in Manilium*, en tête de l'édit. de 1600. — Pingré, *Introduction à sa traduction*. — F. Jacob, *De M. Manilio poeta. Pars I, qua de ejus nomine, ætate, patria et ingenio agitur ; Pars altera, qua de versibus a Bentleio poetæ adjudicatis tractatur* ; Lubeck, 1832 1836, 4 part. in-4°. — Smith, *Dictionary of greek and roman biography*.

MANIN ou **MANINI** (*Lodovico*), cent-vingt-unième et dernier doge de Venise, né dans cette ville, le 13 juillet 1726, mort à Macera, vers 1803. Sa famille était patricienne. Élu doge le 9 mars 1789, en remplacement de Paolo Renier, il arrivait au pouvoir dans les plus fâcheuses circonstances. Au milieu des terribles commotions politiques qui ébranlaient l'Europe, l'État vénitien avait conservé la paix, il est vrai ; mais sa marine si formidable et son commerce si florissant étaient tombés dans la décadence la plus complète ; ses arsenaux étaient vides, ses forteresses tombaient en ruines, son trésor était grevé de 188 millions de dettes. L'oisiveté avait répandu la corruption dans toutes les classes de citoyens. Manini, homme faible et sans talents, se trouva au-dessous d'une position presque désespérée. Il se laissa dominer par le parti clérical, accueillit avec de grands honneurs le comte d'Artois, l'empereur Léopold II, la reine Caroline de Naples, et d'autres

(1) Pingré, *Introd. à sa trad. de Manilius*, p. XVII.

ennemis de la révolution française; et, tout en proclamant hautement sa neutralité, livra passage aux troupes autrichiennes, fournit des vivres et des munitions aux Piémontais et aux Anglais. Après avoir longtemps hésité pour reconnaître le nouveau gouvernement français, il se décida à en recevoir l'envoyé; mais en même temps il donnait asile à Vérone au roi Louis XVIII, qu'il chassait plus tard au bruit des triomphes de Bonaparte. Ce système de tergiversations ne pouvait conduire son pays qu'à une ruine totale. Le Directoire français fit inviter Manini à entrer avec l'Espagne et la Turquie dans une alliance dirigée contre l'Autriche, l'Angleterre et la Russie; le doge refusa : il refusa également une alliance proposée par l'ambassadeur prussien à Paris, pour appuyer au moins la neutralité de Venise sur la puissance de la Prusse. Manini se contenta de relever quelques vieilles fortifications et d'engager six mille Esclavons, qu'il répandit dans les lagunes ou à bord de quelques petits bâtiments. Sur ces entrefaites, Bergame, Brescia et Crème se révoltèrent, désarmèrent les garnisons vénitiennes et appelèrent les Français. Les Vénitiens envoyèrent à Bonaparte deux députés, Francisco Pesaro et Giambattista Cornaro pour le prier de restituer au moins les citadelles de Bergame et de Brescia. Le général répondit que le Français n'avaient pris aucune part au soulèvement des sujets de Venise et que d'ailleurs, en cas de retraite, il devait avoir ces deux citadelles à sa disposition. Il fit en même temps occuper Vérone et Peschiera que Manini avait livrées aux Autrichiens, et exigea des Vénitiens un million de francs par mois tant que durerait la guerre pour les punir d'avoir violé la neutralité. Le doge, ou du moins ses agents, soulevèrent alors les montagnards de Trompia, Sabbia et Canonica. Divers détachements français furent surpris et détruits. Bergame, Brescia et Vérone, attaquées à l'improviste, virent leurs rues ensanglantées et dans la dernière de ces villes quatre cents Français furent massacrés (14 avril 1797). Le 20 du même mois les batteries du fort San-Andrea coulaient devant Venise un lougre français, tuaient Laugier, son capitaine et la plus grande partie de l'équipage.

En apprenant ces assassinats Bonaparte déclara que la république de Venise avait cessé d'exister. Il rejeta toute transaction, et donna l'ordre aux généraux Kilmaine, Victor, Lahoz et Chabran d'entrer par divers points dans le pays vénitien. Le doge assembla les Dix, le grand conseil, la quarantie, et leur exposa la situation lamentable de la république; vingt et une voix s'élevèrent pour une résistance désespérée, cinq cent quatre-vingt-dix-huit décidèrent qu'il fallait s'en remettre à la générosité du vainqueur, qui fit aussitôt occuper Venise par Baraguey d'Hilliers, tandis que l'amiral Brueys, joignant à sa flotte les bâtiments vénitiens, s'emparait des îles Ioniennes. Manini abdiqua; le conseil et le sénat furent dissous et remplacés provisoirement par un conseil populaire de quatre-vingts membres. Le fameux livre d'or de la noblesse fut brûlé publiquement ainsi que les ornements ducaux. Le règne de la démocratie dura peu, car, par le traité de Campo-Formio (18 octobre 1797), Bonaparte céda Venise à l'Autriche ainsi que l'Istrie, la Dalmatie, les bouches du Cataro, les îles de la mer Adriatique, et tous les établissements vénitiens situés au-dessus du golfe de Lodrina. Manini évita quelque temps de prêter serment au nouveau gouverneur autrichien Francesco Pesaro; mais, craignant la confiscation de ses immenses biens, il se résigna, et mourut loin des affaires publiques. A. DE LACAZE.

Botta, *Storia d'Italia*, lib. X. — Coppi, *Annali d'Italia*, t. II. — Dochez, *Hist. d'Italie*, t. III, p. 397-430. — Daru, *Histoire de Venise*, t. VI.

MANIN (*Daniele*), célèbre homme d'État italien, né le 13 mai 1804, à Venise, mort le 22 septembre 1857, à Paris. Le futur président de Venise régénérée portait le même nom que le dernier doge de la Venise aristocratique. Mais loin d'appartenir à la race du patricien déchu, il sortait du peuple, et, lorsqu'il vint au monde, un demi-siècle ne s'était pas écoulé depuis que Samuel Medina, son aïeul, avait quitté la foi juive pour la foi chrétienne (1). Son père, avocat distingué, et son précepteur, le savant Foramiti, l'élevèrent dans les principes républicains; l'un et l'autre, emportés par le désir de réhabiliter le nom de Manin, poursuivaient d'une haine commune Napoléon, l'Autriche et la France. Le jeune Daniele, que son bon sens et sa pénétration naturelle mettaient en garde contre les exagérations, remplissait entre les deux vieillards le rôle de modérateur. Ces entretiens animés sur des questions de philosophie, de jurisprudence et de politique développèrent en lui le germe de talents précoces. A dix-sept ans il fut reçu docteur en droit à l'université de Padoue. En attendant que l'âge lui ouvrît l'accès de la profession paternelle (on ne pouvait plaider qu'à vingt-quatre ans), il continua ses études de linguistique et s'occupa d'une traduction du droit romain, mis en ordre par Pothier (2). N'ayant d'autre modèle dans l'art oratoire que son père, qui avait acquis une grande habitude de la parole, il eut à vaincre une prononciation difficile et un certain embarras avant d'être maître de lui et de s'élever aux plus beaux effets d'éloquence. Il s'était marié à vingt et un ans. En 1830 il s'établit comme avocat à Mestre, bourg voisin de Venise; en d'autres termes, il donnait des consultations dans le civil; car aucune intervention d'avocat n'était admise au criminel, l'Autriche ayant imposé une procédure sommaire, sans publicité et sans débats. Il vivait dans la retraite, entouré de quelques amis dé-

(1) Il fut baptisé le 3 avril 1759, à l'âge de vingt-quatre ans, et prit les noms de Lodovico-Maria Manin.

(2) De 1829 à 1830, il écrivit un dictionnaire du dialecte vénitien.

voués, patriotes comme lui, Zanetti, Minotto, le poëte Tommaseo et Francisco degli Antoni, lorsqu'il apprit en 1831 la révolution de Bologne. Aussitôt, brûlant de faire quelque chose pour l'indépendance italienne, il rédigea une proclamation, qui fut secrètement imprimée et distribuée, pour appeler le peuple à la révolte. Son projet était, comme il le fut plus tard, de s'emparer de l'arsenal. Il échoua et se renferma dans ses paisibles travaux. « Sept ans après, on le voit sortir, homme mûr, de son obscurité et se jeter à corps perdu dans des luttes d'intérêt matériel, dans les polémiques soulevées par des questions de tracé de chemins de fer.... Il n'est pas changé; mais son génie politique s'est développé et lui a suggéré une savante évolution, un plan sagace et profond. Point de tyrannie qui ne laisse quelque porte entr'ouverte à la liberté : c'est par là qu'il faut pénétrer dans la place. Point de despotisme qui n'ait des lois, si mauvaises qu'elles soient : il faut se servir de ces lois pour le combattre, tourner les positions qu'on ne peut enlever; habituer le peuple à l'action collective, quel qu'en soit le but immédiat et si étranger que ce but puisse paraître à la liberté politique; refaire par cette habitude un esprit public (1). » Ajoutons que Manin, tout en faisant dépendre l'affranchissement de l'Italie d'une révolution démocratique en France, bornait son rôle à le préparer par l'opposition légale et repoussait comme un crime l'insurrection immédiate.

Cette lutte, stérile et mesquine aux yeux d'impatients patriotes, Manin s'y jeta en 1838, au moment où l'établissement d'un chemin de fer entre Venise et Milan passionnait tous les esprits. Après avoir pris part, dans la *Gazette de Venise*, à une vive polémique soulevée par la question du tracé, il s'occupa, avec l'enthousiaste activité qu'il apportait en ses décisions, de recruter à la Société italienne, nouvellement organisée, le plus grand nombre d'adhérents possible. Muni d'une procuration, il se rendit à Milan. Les premières réunions d'actionnaires furent orageuses comme des assemblées politiques; on tenta de les dissoudre; Manin raffermit les courages en protestant qu'il ne céderait qu'à la force; mais aussi, en entendant acclamer l'union des Lombards et des Vénitiens, put-il ajouter avec raison : « Mes amis, nous avons atteint un but plus important que la question du chemin de fer. » A l'instigation des banquiers de Vienne et surtout de M. de Bruck, alors directeur du *Lloyd* de Trieste, le gouvernement, déjà alarmé d'un mouvement national qui pouvait amener à son égard une sorte d'indépendance matérielle, supprima brutalement la Société italienne après de vains efforts pour l'anéantir par les voies légales. Dans la dernière assemblée qui eut lieu à Venise, Manin, fidèle à son devoir, ne voulut pas se retirer, sans une protestation solennelle. « Ce que vous faites arbitrairement, s'écria-t-il, vous déshonore; la Société que je défends est malade de vos blessures, c'est vrai; mais elle n'est pas morte, et votre prétendu remède, vous le savez tous, n'est qu'un suicide imposé par l'autorité. » Jamais patriote n'avait parlé à Venise un plus ferme langage en face d'un gouvernement despotique. On appela ce discours « les paroles d'un croyant ».

Manin devenait populaire, et la police prenait ombrage de ses actions. N'écoutant, comme O'Connell qu'il avait pris pour modèle, que « la voix plaintive de la patrie », il imprima un redoublement d'activité à sa politique d'agitation légale. Tout lui devint moyen de réveiller l'opinion publique et matière d'opposition : le transit de la malle des Indes accordé à Trieste, la crainte du choléra, que les Allemands déclaraient non contagieux; la réforme de la censure, le congrès scientifique de Venise, l'idée d'une ligue douanière italienne, celle d'une société d'assurance entre les propriétaires, la réforme de la procédure criminelle. Il rédigeait des pétitions et les faisait couvrir de milliers de signatures. S'il n'était pas inquiété, c'est qu'il s'enfermait dans l'arsenal judiciaire comme dans un fort inexpugnable, osant faire tout ce qui n'était pas défendu, rarement davantage. Pour suivre un tel plan de bataille, il fallait avoir, comme lui, une connaissance approfondie de la langue, des mœurs, des lois, de la jurisprudence ancienne et moderne appliquée à l'administration de Venise. Une excellente preuve qu'il en donna, ce fut l'étude comparée, insérée dans le recueil *le Guide*, de la législation de l'Autriche et de celle de l'ancienne Venise.

L'avénement de Pie IX au trône pontifical avait inspiré les plus vives espérances (juin 1846). L'Italie s'ébranlait tout entière. La Toscane, le Piémont, les Deux-Siciles entraient l'un après l'autre dans la voie des réformes libérales. La fièvre de la liberté gagnait jusqu'aux sujets de l'Autriche. Depuis 1831, jamais mouvement ne fut plus unanime des Alpes aux caps de Sicile. A Milan, un député, en pleine assemblée centrale, exposa les griefs du pays. Aussitôt Manin, s'emparant de cette courageuse initiative, signa seul une pétition rédigée dans le même objet (21 décembre 1847). Il y demandait en substance « que le royaume lombardo-vénitien fût un royaume national et italien, avec un vice-roi et des ministres indépendants du cabinet de Vienne et ne relevant que de l'empereur seul; qu'il eût une armée italienne, des finances italiennes, sauf une contribution fixe aux frais généraux de l'empire autrichien; une diète du royaume votant les lois et les impôts, élue dans de larges conditions et délibérant publiquement; la liberté communale, la procédure publique et orale, la liberté de la presse, la garde civique, l'abolition des fiefs, la révision générale des lois »,

(1) Henri Martin, *Daniel Manin*, liv Ier.

l, il offrait en même temps le
ι ιοsιι loin d'être pour lui, comme
t u iteurs modernes, un jeu de l'es-
né à acquérir une vaine popularité, il
ait comme un devoir qui avait pour but
issement de son pays. La pétition, ap-
l'assemblée vénète, eut le sort des ten-
e ce genre : elle fut mise à l'écart. Mais
t de Vienne, rattachant cet acte légal
les qui avaient ensanglanté Milan, Vi-
Trévise, y vit l'indice d'une vaste cons-
et en fit arrêter l'auteur (18 janvier
risonnier de la police, Manin, ainsi que
so, victime de la même cause, ne
protester contre l'arbitraire de sa dé-
l puisait hardiment sa justification dans
qui lui étaient reprochés. « Peu de ré-
isait-il à un juge, auraient suffi, il y a un
faire bénir l'Autriche; aujourd'hui rien
que ce que j'ai demandé ne pourrait suf-
ain, je ne sais si cela suffira. » L'ins-
la plus sévère ne put fournir d'indice
tre lui. On songeait à le faire passer en
Le temps manqua. La double révolu-
Paris et de Vienne rendit tout à coup
ı la liberté.
· par le peuple, qui l'emporta en triom-
nars 1848). Manin s'empressa d'orga-
n Son premier soin fut de
stitution d'une garde civique, et
iverneur, comte Palffy, s'y refusait
ut, Manin passa outre, et la forma
, jurant qu'après avoir défendu la li-
e la parole, il saurait la défendre avec
u lieu de quatre cents hommes, chiffre
gent enfin accordé, il en recruta quatre
ntenant que le moment d'agir était venu,
p ı our faire place à l'homme de
: du peuple, qui saluait en lui
eur, il résolut de devancer les repré-
e le pouvoir préparait sourdement et,
l'audace à son aide, il s'empara de
et fit déposer les armes aux soldats
22 mars). Dans la même journée, il
la république sur la place Saint-Marc.
neur donna sa démission; le comman-
capitula. Pas une goutte de sang
versée (1). Le peuple fit éclater sa
ues applaudissements enthousiastes;
e le lui avait recommandé Manin, il
avec e dignité qui convient aux
s d : libres. Pendant que ces
ı · s accomplissaient, la muni-
ui avait refusé son concours à Manin,
stituée en gouvernement provisoire
igocié avec les autorités autrichiennes
'évacuation. Une proclamation fut pu-
es soins où, s'attribuant l'honneur de
, elle ne disait rien des couleurs ita-

rtre du commandant Marinovich par les ou-
venal doit être attribué à des causes privées.

liennes qui avaient été arborées, ni de la république solennellement acceptée. Manin n'y figurait pas, Tommaseo non plus. Le peuple s'alarma
de cette exclusion et en témoigna son mécontentement. Manin, invité par le vœu unanime à
former un gouvernement régulier, se présenta
le 23 mars 1848 à la municipalité et fit adopter sa
liste, dont tous les noms reçurent ensuite sur
la place Saint-Marc la consécration populaire.
Les représentants de Sardaigne, de Suisse et
d'Amérique s'empressèrent de reconnaître ce
nouvel état de choses; Manin y occupait la place
qui lui était due, celle de président de la république de Venise (1).

La révolution s'accomplit avec le même bonheur et la même rapidité dans toute la Vénétie.
Des huit provinces qui la composent, une seule,
celle de Vérone, resta au pouvoir de l'Autriche.
L'adhésion à Venise, comme l'enthousiasme, fut
unanime. « Manin, en sa qualité de chef du gouvernement, apporta tous ses soins à protéger les
personnes et à garantir les intérêts. Il n'ignorait
pas que la puissance et la durée d'un pouvoir
dépendent toujours du degré de considération
qu'il inspire; aussi s'étudiait-il avec une ardeur
extrême à ne souffrir aucun désordre, à ne tolérer aucun abus. Exigeant jusqu'au despotisme
envers les fonctionnaires publics, il mit tout son
orgueil à ne pas rester au-dessous du rôle que
la Providence lui avait confié, en le faisant l'instrument de la rédemption de Venise. En surex-
citant de toutes ses forces l'esprit de nationalité,
il ne souffrit jamais qu'on froissât une opinion
politique ou religieuse, et qu'on portât atteinte
à un droit véritable (2). » Après avoir procédé
à de pressantes réformes judiciaires et fiscales, et
parmi ces dernières la suppression de la capitation, de la loterie, du timbre des journaux, des
droits d'entrée sur les bateaux de pêche, après
avoir proclamé l'égalité des droits entre les citoyens de toutes les religions, il poussa activement aux travaux de défense. Le péril en effet
de retomber au pouvoir de l'Autriche était loin
d'être conjuré. La cause italienne avait trouvé
dans le roi Charles-Albert plutôt un vaillant
champion qu'un chef habile; il n'avait pas su
empêcher la jonction des renforts de Nugent avec
Radetzki, et on le soupçonnait de délaisser la
Vénétie pour l'obliger de se donner à lui avant
de la secourir. Grande était la perplexité de Manin, qui voyait son pays protégé d'une façon insuffisante par le contingent romain du général
Durando, quelques milliers de volontaires et les
gardes civiques. La présence de l'escadre sarde
dans les eaux de Venise suffit pour écarter les

(1) Le gouvernement provisoire se trouvait ainsi composé : Manin, affaires étrangères, avec la présidence;
Tommaseo, cultes et instruction publique; Castelli, justice;
Camerata, finances; Solera, guerre; Paulucci, marine;
Paleocapa, intérieur et travaux publics; Pincherle, commerce; l'artisan Toffoli y figurait aussi, mais sans portefeuille.

(2) A. de La Forge, *Venise sous Manin*, II, 8.

bâtiments ennemis; mais la défection de l'armée napolitaine ayant permis aux Autrichiens de reprendre l'offensive, Vicence retomba dans leurs mains (10 juin 1848), et la chute de cette ville entraîna celle de toute la terre ferme. Padoue, Trévise, Palma-Nuova capitulèrent; Venise elle-même fut menacée. Manin, qui ne croyait pas que l'Italie pût se suffire à elle-même, avait tenté de prévenir ces funestes retours de la guerre en se plaçant ouvertement sous la protection de la France ou de l'Angleterre. Lord Palmerston invoqua les traités de 1815 en promettant toutefois de rester neutre. M. de Lamartine, à qui Manin avait demandé un bâtiment de guerre et vingt mille fusils, répondit que des considérations tenant à la politique extérieure ne lui permettaient pas d'autoriser l'envoi de ces armes, dont pourtant le prix d'achat était prêt (1). Les mêmes considérations empêchèrent sans doute la république française de reconnaître officiellement comme un gouvernement régulier la république vénète.

Cependant la division s'était glissée dans la cité. Le parti de l'annexion au Piémont faisait des progrès. Quatre provinces, suivant l'exemple de la Lombardie, avaient spontanément accepté la royauté de Charles-Albert. Manin y répugnait : il aurait accédé à l'unité ou à la fédération, mais non à un État qui ne comprenait pas toute l'Italie. Aussi adressa-t-il aux divers gouvernements italiens un dernier et pressant appel en faveur de l'intervention française. N'en ayant pu rallier aucun à ses vœux, il se démit du pouvoir (4 juillet 1848), ne voulant rien être dans une monarchie et aimant mieux faire un sacrifice que de renier un principe. Le même jour l'assemblée constituante vota l'annexion. Charles-Albert s'empressa d'envoyer quelque argent et une poignée de soldats. Un mois plus tard la complète déroute des Piémontais rendit Venise à elle-même. Aussitôt le peuple, resté fidèle aux vieilles traditions, s'assembla en tumulte, demanda la république et le recours à la France, et rappela Manin (11 août). Ce dernier, après avoir exercé seul la dictature pendant quarante-huit heures, choisit pour adjoints de l'autorité suprême, remise à sa discrétion, le contre-amiral Graziani et le colonel Cavedalis (13 août). L'assemblée lui promit son concours. « Puisque vous témoignez avoir confiance en moi, lui dit-il, j'exigerai de vous des preuves de cette confiance, de très-grandes preuves. Notre cause ne pourra triompher que par d'immenses sacrifices; ces sacrifices, je devrai vous les imposer; si vous ne voulez pas vous y soumettre, vous ferez bien de me destituer tout de suite. Pour sauver son pays, il faut savoir s'exposer à tout, même aux malédictions de ses contemporains. »

Ces dernières paroles expliquent la conduite de Manin pendant cette seconde et douloureuse période de son pouvoir. Soutenu par cette pensée : « Tant que Venise restera libre, la cause italienne ne sera pas perdue », il gouverna pendant une année entière au nom du salut commun. Nommé dictateur dans un moment d'imminent péril, jamais il ne fut, par ses actes ou par ses paroles, au-dessous des circonstances. Son unique ambition fut l'affranchissement de Venise; à ce noble but il sacrifia tout, une humble fortune, sa santé, la vie des siens. Sa gloire fut moins d'avoir su épuiser la résistance jusqu'aux limites du possible que d'avoir fait d'une foule dégénérée un peuple libre et brave et d'avoir personnifié en ce peuple le principe destiné à constituer le droit public de l'Europe moderne, l'indépendance nationale. Les moyens qu'il employa, sanctionnés par l'assemblée constituante, furent rigoureux, désespérés. Toutes les classes rivalisaient de zèle à lui venir en aide. Il n'eut à réprimer ni collisions, ni rivalités, ni murmures. L'ascendant de la parole humaine a rarement été porté si loin. Il veillait sur tous, et tous avaient foi en lui (1). Les gens du peuple l'appelaient : « Notre Manin, notre père. »

La relation du siége de Venise appartient à l'histoire, qui en a déjà fait connaître l'héroïsme et les souffrances. Il dura plus d'un an. Vingt mille soldats, la plupart volontaires, firent plus d'une fois, sous les ordres des généraux Pepe et Ulloa, reculer les bataillons épais de l'Autriche. L'Europe admirait avec une pitié jalouse cette lutte inégale, dont la victime était désignée d'avance. La France républicaine, à laquelle Venise s'obstinait à demander assistance, ne lui envoya que de bonnes intentions et de vagues promesses; aucun de ses gouvernants n'osa, par une intervention déclarée, briser les traités de 1815, ébranlés par deux révolutions. La diplomatie agita diverses combinaisons : dans toutes, Venise redevenait autrichienne; dans quelques-unes, c'était la rançon de la Lombardie. Tant qu'un souffle de liberté remua l'Italie, Manin espéra. Après le désastre de Novare, il répondit à Haynau, qui le sommait de rendre la ville, en faisant décréter par l'assemblée vénète *la résistance à tout prix*. A cet effet il fut investi de pouvoirs illimités (2 avril 1849). En même temps il implorait, dans un chaleureux manifeste, la médiation de l'Angleterre et de la France, et souscrivait d'avance à toute combinaison politique qui arracherait Venise à l'Autriche. De M. Drouyn de Lhuys et de lord Palmerston la réponse fut la même : rétablir l'autorité de l'empereur. Au

(1) Il était alors question d'abandonner la Lombardie, Parme et Modène au roi de Sardaigne et d'accorder une constitution à Venise, sous la vice-royauté indépendante d'un prince autrichien. M. de Lamartine n'hésita pas à reconnaître que ces propositions satisfaisaient largement aux légitimes ambitions d'affranchissement de l'Italie. *Voy.* son *Hist. de la Révolution de 1848*, t. II.

(1) « La foi de Venise dans cet homme était entière, absolue, inconcevable. Le peuple semblait lui attribuer l'omnipotence et l'omniscience, et le croire capable de garantir la ville de tout péril et de la relever de toute calamité. » Flagg, *Venice, the city of the sea*; II, 200.

moment où elle abandonnait Venise, la France intervenait contre Rome. Manin entama alors des négociations avec l'Autriche et n'obtint autre chose, après bien des lenteurs et des tergiversations, que le conseil de capituler. Les gouvernements révolutionnaires, en qui il avait fondé son dernier espoir, tombèrent l'un après l'autre : d'abord la Toscane, puis Rome, la Hongrie ensuite, dont le chef, Kossuth, avait seul tendu la main à Venise, en l'acceptant pour alliée. Pendant que le siége, commandé par le général d'Aspre, était poursuivi à outrance, l'assemblée donna ordre à Manin de ne pas cesser la résistance. Le 5 août un impôt sur les immeubles porta à 51 millions de francs l'ensemble des sommes prélevées depuis une année. Le choléra avait éclaté et décimait la ville avec plus de furie que le bombardement. Les rangs de la garde civique s'éclaircissaient; les munitions de guerre, les approvisionnements diminuaient. Le 11 août Manin écrivit à M. de Bruck pour traiter de la capitulation. Le 13 il parla une dernière fois au peuple assemblé sur la place Saint-Marc. « Quelles que soient les épreuves que la Providence nous réserve, dit-il en terminant, vous pourrez peut-être dire : Cet homme s'est trompé; mais vous me direz jamais : Cet homme nous a trompés. — Non non, jamais! s'écria la foule entière. — Je n'ai jamais dit d'espérer quand je n'espérais pas.... » Il pâlit; sa voix s'eteignit; il ne put achever. Il quitta le balcon en chancelant, rentra dans la salle du conseil et se laissa tomber à terre, pleurant à chaudes larmes et battant le plancher de ses poings. « Un tel peuple, s'écriait-il. Avec un tel peuple, être reduit à se rendre! (1) » Grâce à l'intervention officieuse des consuls de France et d'Angleterre, la capitulation, arrêtée le 22, fut signée définitivement le 24 au matin au village de Marocco, le jour même où finissait l'approvisionnement de Venise (2). A cette date Manin abdiqua le pouvoir, dont les attributions passèrent à la municipalité, qui le pria d'employer son influence à maintenir encore le bon ordre. « La durée de ma popularité jusqu'aux derniers jours, écrivait-il plus tard, m'a frappé de stupeur et m'a pénétré d'une émotion douloureuse. » Le 27 août, jour de l'entrée des Autrichiens, il s'embarqua sur le vapeur français *le Pluton* avec sa famille, emportant avec lui une somme de 20,000 francs que le corps municipal lui avait offerte au nom de Venise. C'était toute sa fortune.

Les années d'exil de Manin s'écoulèrent en France, pays sur l'appui duquel il comptait toujours, comme un frère compte sur son frère ». A peine débarqué à Marseille (octobre 1849), il eut la douleur de perdre sa femme, frappée du choléra en quittant Venise. Il se rendit à Paris. « Résolu, dit M. Henri Martin, à ne rien accepter ni de l'affection privée de ses nouveaux amis, ni de la sympathie politique, à ne rien devoir ni aux gouvernements ni aux particuliers, le successeur des doges chercha dans l'humble profession de maître de langue italienne des moyens d'existence pour lui et les siens. » La mort de sa fille bien aimée Émilia, jeune personne d'une haute intelligence, qui succomba à dix-huit ans à une terrible affection nerveuse, porta le dernier coup à la santé déjà si délabrée de Manin (janvier 1854). Reportant sur sa patrie tout ce qui lui restait d'énergie et d'affection, il ne cessa, dans plusieurs lettres communiquées à *la Presse*, à *l'Estafette*, au *Siècle*, au *Daily News* et au *Diritto*, de protester contre l'occupation autrichienne; il sacrifia même la forme républicaine qu'il avait proclamée et invita en dernier lieu tous les partis à se rallier à cette devise : Indépendance et unité. « Le but que nous nous proposons, écrivait-il à ce sujet, ce que nous voulons, sans exception, le voici : *indépendance* complète de tout le territoire italien, *union* de toutes les parties de l'Italie en un seul corps politique. » Plus tard il remplaça le terme d'*union* par celui d'*unification*, qui pouvait s'appliquer à la fois à la forme fédérative et à la forme unitaire. Il acceptait la maison de Savoie, « pourvu qu'elle concourût loyalement et efficacement à faire l'Italie, c'est-à-dire à la rendre indépendante et une. Sinon, non. » Le dernier acte politique de Manin fut d'adhérer à la profession de foi de la *Société nationale italienne*, fondée en 1857 pour la propagation de ses principes. Un mois après il succomba à l'affection de cœur, dont il avait ressenti les premières atteintes en 1848; il mourut avec la foi la plus entière dans le triomphe de ses opinions et avec la ferme conviction d'avoir bien servi sa patrie jusqu'au dernier soupir.

Paul Louisy.

Montanelli, *Memorie sull' Italia*. — A. de La Forge, *Hist. de la rép. de Venise sous Manin*. — Degli Antoni, *Ricordi* (ms.). — *Raccolta per ordine cronologico di tutti gli atti, decreti, etc., del Governo provisorio di Venezia*; Venise, 1840-1849, 8 vol. gr. in 8°. — La Varenne (de), *Les Autrichiens et l'Italie*; Paris, 1838, in-12. — Pepe, *Hist. des révolut. et des guerres d'Italie*. — *Archivo triennale delle cose d'Italia*, VI. — Edmond Flagg, *Venice, the city of the sea*; New-York, 1853, 2 vol. — *Correspondence respecting the affairs of Italia*; Lond., 1849. — F.-T. Perrens, *Deux ans de révolution en Italie*; Paris, 1857, in-18. — Lamartine, *Hist. de la révol. de 1848*. — Ulloa, *Guerre de l'indépend. ital. en 1848 et 1849*, 2 vol. in-8°. — F. Carrano, *Della difesa di Venezia*; Genève, 1850, in-8°. — H. Castille, *Manin*. — Chassin, *Manin et l'Italie*; Paris, 1859. — F. Mornand, *Etude sur Manin*, dans *le Courrier de Paris*, 9 et 10 octobre 1857. — H. Martin, *Daniel Manin*; 1859, in-8°.

MANINI (*Giuseppe*), littérateur italien, né en 1750, à Ferrare, où il est mort en 1834. Il fut pourvu de différentes dignités ecclésiastiques dans sa ville natale, notamment de celle de vicaire général, et publia : *Studio dell' uomo ne' suoi rapporti con Dio*; Ferrare, 1788, 2 vol.; — *Sulla verità e santità della cattolica re-*

(1) H. Martin, d'après le *Journal* manuscrit de Pezzato.

(2) Tous les officiers vénitiens qui avaient quitté le service de l'Autriche pour la combattre devaient quitter Venise, ainsi que tous les soldats étrangers à la ville et quarante personnes civiles, entre autres Manin, Tommaseo et Avesani.

ligione; ibid., 1805; — *Compendio della storia sacra e politica di Ferrara*; ibid., 1808, 6 vol.; — *Sullo spirito della democrazia filosofica in materia di religione e costumi*; ibid., 1816, 1 vol.; dialogues; — *Il secondo ed ultimo tempio della nazione Giudaica*; ibid., 1819. P.

Tipaldo, *Biogr. degli Italiani illustri*, I, 283.

MANLEY (*N... De la Rivière*), femme auteur anglaise, née vers 1672, à Guernesey, morte le 11 juillet 1724, à Londres. Son père, sir Roger Manley, un des fidèles partisans de Charles Ier, avait été gouverneur de l'île de Guernesey; c'était un homme instruit qui avait publié divers ouvrages historiques, notamment *Commentaria de rebellione Anglicana*; Londres, 1686, in-8°, et *History of the late wars of Denmark*; ibid., 1670. Il donna une bonne éducation à sa fille, qui avait montré de bonne heure un esprit au-dessus de son âge; mais il mourut avant de l'avoir établie et la laissa à la garde d'un de ses neveux. Celui-ci s'attacha par d'adroites manœuvres à corrompre les mœurs de sa pupille, et, quoique déjà marié, il lui proposa de l'épouser; à peine y eut-elle consenti que son séducteur l'abandonna. Ce malheur la jeta dans une vie d'intrigues et de dissipation d'où elle ne put jamais sortir. Son esprit et ses agréments lui gagnèrent les bonnes grâces d'une ancienne maîtresse de Charles II, la duchesse de Cleveland, qui l'attira chez elle; mais, au bout de six mois, la protectrice, femme d'humeur capricieuse, congédia sa nouvelle favorite, sous prétexte qu'elle entretenait une intrigue avec son fils. Le général Tidcomb lui ayant offert de venir passer quelque temps à son château, elle le remercia en disant « que le dégoût du monde avait augmenté son goût pour la retraite, et que, puisqu'il lui était impossible de paraître avec honneur en public, elle était résolue de vivre dans l'obscurité ». Cherchant alors à tirer parti de ses talents, elle écrivit une tragédie, *The royal mischief* (L'auguste infortune), qui fut représentée en 1696 sur le théâtre de Lincoln's Inn Fields. La pièce eut un grand succès et l'auteur fut porté aux nues. Enivrée d'encens par les beaux-esprits, courtisée par d'élégants seigneurs, Mme Manley oublia ses projets d'isolement et se laissa aller, avec la fougue de la jeunesse et de l'insouciance, à l'attrait de la galanterie. Elle devint une femme à la mode. Douée d'une heureuse organisation qui lui permettait d'allier sans effort le travail au plaisir, elle continua d'écrire. Un de ses ouvrages, *Memoirs of the new Atalantis*, causa beaucoup de scandale. Sous une fiction et avec des noms d'emprunt, elle peignit, d'une plume un peu trop complaisante, les mœurs licencieuses de la cour et de la noblesse, mêlant aux aventures galantes des portraits politiques et la satire la plus mordante de la révolution et de ceux qui l'avaient faite. Des poursuites furent dirigées aussitôt contre l'imprimeur et l'éditeur des *Mémoires*, qui avaient paru anonymes. Mme Manley en réclama la responsabilité devant le tribunal du banc du roi; interrogée sur la manière dont elle avait appris certaines affaires d'État, elle répondit pour ne compromettre personne. « Par inspiration sans doute; car je suis trop ignorante pour qu'il en ait été autrement. » Elle fut privée quelque temps de sa liberté et assez durement traitée; toutefois on n'osa pas la condamner. Sous la reine Anne, elle consentit à défendre la politique ministérielle et quelques-uns de ses écrits, rédigés avec habileté, ne parurent pas inférieurs à ceux des meilleurs publicistes du temps. Elle travaillait alors avec les conseils, sinon sous la direction, du célèbre Swift; il lui arrivait quelquefois de terminer des morceaux qu'il avait commencés, et elle fut jugée capable de lui succéder dans la rédaction du journal l'*Examiner*. On a de Mme Manley : *The royal mischief*; Londres, 1696, in-4°, tragédie; — *Letters from a supposed nun in Portugal*; ibid., 1696, in-8°; — *The lost Lover, or the jealous husband*; ibid., 1696, in-4°, comédie; — *Almyna, or the Arabian vow*; ibid., 1707, in-4°, tragédie; — *Memoirs of the new Atalantis*; ibid., 4 vol.; 7e édit., Londres, 1741, 4 vol. in-12; trad. en français par Henri Scheurleer et Jean Rousset sous le titre : *L'Atlantis de Mme Manley, contenant les intrigues politiques et amoureuses d'Angleterre et les secrets des révolutions depuis 1683 jusqu'à présent*; La Haye, 1713, 2 vol. in-8°; une seconde édition, avec la clef, a paru à Amsterdam, 1714-1716, 3 vol. in-8°; — *Memoirs of Europe towards the close of the VIIIth century*; Londres, 1710, 2 vol. in-8°; — *Court intrigues*; ibid., 1711, in-8°; — *Adventures of Rivelle*; ibid., 1714, in-8°; — *Lucius, the first christian King of Britain*; ibid., 1717, in-4°, tragédie dédiée à Richard Steele, qui en écrivit le prologue; quant à l'épilogue, il est de Prior; — *The Power of love*; ibid., 1720, in-8°, recueil de contes en prose; — *A stage-coach journey to Exeter*; ibid., 1725, in-8°; — *Bath intrigues*; ibid., 1725, in-8°; — *Secret history of queen Zarah*; ibid., 1745, in-8°. Ces trois derniers ouvrages, d'après les dates de publication, sont posthumes. P. L—Y.

Cibber, *Lives of the Poets*. — *Notes to Tatler and Guardian*, édit. 1806. — Nichols, *Poems*, VII. — Chalmers, *General Biograph. Dictionary*. — *Biographia Dramatica*, I, 2e part. — Flœgel, *Gesch. der komischen Litteratur*.

MANILIUS. *Voy.* MAN (DE).

MANLIUS, nom d'une des plus anciennes et des plus célèbres maisons patriciennes romaines (*Gens Manlia*). On trouve aussi quelques plébéiens de ce nom qui a été souvent confondu avec ceux de Mallius et Manilius. Le premier membre de cette maison qui obtint le consulat fut Cneius Manlius Cincinnatus, consul en 480 avant J.-C., et depuis cette époque jusqu'au dernier siècle de la république, quelques-uns de ses membres remplirent constamment de hautes fonctions dans l'État. Les noms de famille des Manlius sous la république étaient ACIDIUS, CAPITOLINUS, CINCINNATUS, TORQUATUS, VULSO.

MANLIUS CAPITOLINUS (*Marcus*), célèbre pour avoir sauvé le Capitole de l'attaque des Gaulois. Consul en 392 avant J.-C., il fit la guerre contre les Æques et fut honoré de l'ovation. Quand Rome fut prise par Brennus, l'an 390 av. J.-C., Manlius se réfugia dans le Capitole avec le sénat et l'élite de la jeunesse romaine. Les Gaulois, qui en firent le siége pendant sept mois, tentèrent par une nuit sombre d'escalader les rochers de cette citadelle. Ils en atteignaient déjà les créneaux, lorsque les oies sacrées poussèrent des cris d'alarme. Manlius, réveillé, accourt aux remparts, en repousse les Gaulois et les précipite du haut des murailles; ainsi fut sauvé le Capitole. En récompense de cet exploit, Manlius reçut le glorieux surnom de *Capitolinus* (1) et la république lui donna une maison sur le mont Capitolin. D'aussi éclatants témoignages de la reconnaissance publique ne satisfirent pas son ambition. Jaloux des honneurs décernés à Camille, perpetué dans la dictature et le tribunat, il conçut le plan criminel de changer la constitution de son pays et de s'emparer du pouvoir souverain. Les tribuns devinèrent à temps ses projets; ils devinrent eux-mêmes ses accusateurs. Son jugement s'instruisit au Champ de Mars; mais comme de là l'accusé dans sa défense montrait le Capitole, et que cette vue influençait le peuple en sa faveur, on changea le lieu de l'assemblée, et Manlius, condamné à mort, fut précipité du haut de la roche Tarpéienne, témoin de ses anciens triomphes, l'an de Rome 370 (382 av. J.-C.). Sa maison du Capitole fut démolie, et, pour flétrir davantage sa mémoire, il fut décrété qu'aucun membre de la famille Manlia ne porterait à l'avenir le surnom de Marcus. Manlius Capitolinus est le titre et le héros d'une tragédie de Lafosse. [F. DENÈQUE, dans l'*E. des G. du M.*]

Tite-Live, V, 31, 47; VI, 5, 11, 14-20. — Cicéron, *de Republ.*, II, 27; *Philipp.*, I, 13; II, 44. — Aulu-Gelle, XVII, 21. — Dion Cassius, *Fragm.*, 31, p. 13 ed. Reimar, XLV, 32. — Aurelius Victor, *De Vir. ill.*, 24.

MANLIUS TORQUATUS (*Titus*), de la même famille que le précédent et fils de Manlius Imperiosus, qui fut nommé dictateur, l'an de Rome 392 (362 av. J.-C.), pour placer le clou sacré dans le temple de Jupiter. Manlius Torquatus est un des héros favoris de l'histoire romaine. Il possédait les vertus caractéristiques des vieux Romains; il était brave, fils obéissant et père rigoureux. Son père, dont le surnom indique suffisamment le caractère, l'avait relégué à la campagne à cause d'une prononciation embarrassée qui semblait le rendre impropre aux affaires. Une telle conduite de la part d'un père était à Rome l'objet d'un blâme universel; il arriva même qu'un tribun, Titus Pomponius, le cita devant le peuple en 362 pour qu'il eût à se justifier de tant de rigueur. Le jeune Manlius, ayant eu avis de cette affaire, accourut de la campagne à Rome, entra de grand matin chez le tribun, et, le poignard sur la gorge, lui fit solennellement jurer de renoncer à son accusation. Cet acte de piété filiale inspira pour ce jeune homme une vive admiration, et lui concilia l'affection du peuple. Aussi, l'année suivante, fut-il élu tribun militaire, grade qui, d'ordinaire, était la récompense de grands services. Il ne tarda pas à justifier ce choix par sa bravoure, en acceptant le défi d'un Gaulois, que sa taille gigantesque et ses armes étranges rendaient formidable. Le Gaulois fut vaincu, dépouillé de ses armes; et le collier (*torquis*) qu'il avait au cou, Manlius le mit au sien; de là lui vint le surnom de *Torquatus*, porté depuis par ses descendants. Plus tard, en récompense de son mérite et de son courage, on lui déféra la dictature, l'an 402 (352 av. J.-C.), pour faire la guerre aux Cérites, alliés des Tarquiniens, les plus implacables ennemis de Rome. L'an 408, il fut honoré une seconde fois de cette dignité. Ce fut le premier Romain nommé dictateur sans avoir été auparavant consul. Enfin il parvint au consulat, et pour la troisième fois, l'an 417 (337 avant J.-C). Malheureusement pour sa gloire, la même sévérité dont son enfance avait été victime, il l'eut envers son fils, et à un plus haut degré. Ce jeune homme, contre l'ordre des consuls, avait accepté le défi d'un Latin. Il le tua, mais cette victoire ne désarma pas le consul : l'intérêt de la discipline prévalut sur la pitié paternelle. Manlius eut l'horrible courage de faire attacher son fils au poteau fatal et d'ordonner au licteur de lui trancher la tête. Le jour de son triomphe, la jeunesse de Rome lui témoigna sa désapprobation par son absence; les vieillards seuls allèrent au-devant du triomphateur. Quelque temps après, on lui offrit la censure, mais il la refusa en disant que les Romains ne pourraient pas supporter sa sévérité, ni lui les vices du peuple. Pour flétrir son implacable rigidité, tous les ordres d'une excessive rigueur ont été par la suite appelés *edicta Manliana*, ordres à la Manlius. [F. DENÈQUE dans l'*E. des G. du M.*]

Tite-Live, VII, 4, 5, 10, 19, 26-28; VIII, 3-12. — Ciceron, *de Off.*, III, 31; *de Fin.*, I, 7, 11, 19, 22; *Tuscul.*, IV, 22. — Valère Maxime, VI, 9; I, 7; II, 7. — Aulu-Gelle, I, 13. — Dion Cassius, *Fragm.*, 34, p. 16, édit. Reim. — Aurelius Victor, *De Vir. illustribus*, 28.

MANLIUS TORQUATUS (*Titus*), descendant du précédent, vivait dans le troisième siècle avant J.-C. Consul pour la première fois en 235, il conquit la Sardaigne et obtint les honneurs du triomphe. Sous son premier consulat, le temple

(1) C'est l'opinion commune; mais c'est probablement une méprise, car le surnom de Capitolinus était héréditaire dans une branche de la *gens Manlia*. On connaît, antérieurement au sauveur du Capitole, trois Manlius Capitolinus, tous trois tribuns consulaires, l'un en 434, l'autre en 422, le troisième en 400, 402, 397.

de Janus fut fermé, parce que les Romains se trouvaient en paix avec tous les peuples, ce qui, dit-on, n'était pas arrivé depuis le règne de Numa Pompilius. En 231 il fut élu censeur avec Q. Fulvius Flaccus; mais il résigna cette dignité parce que les auspices étaient défavorables. Consul pour la seconde fois en 224 avec Q. Fulvius Flaccus, il fit avec succès la guerre contre les Gaulois dans le nord de l'Italie. Son collègue et lui furent les premiers généraux romains qui passèrent le Pô. Ce Torquatus avait la dureté héréditaire de sa famille (*priscæ ac nimis duræ severitatis*, dit Tite-Live). Il le prouva en s'opposant au rachat des Romains faits prisonniers à la bataille de Cannes. L'année suivante 215, il remplaça en Sardaigne le gouverneur de l'île, le préteur Q. Mucius, qui était tombé malade. Il parvint à repousser les Carthaginois et à soumettre les Sardes révoltés. En 212 il sollicita en vain la dignité de grand-pontife qui fut donnée à P. Licinius Crassus, beaucoup plus jeune que lui. Le peuple aurait voulu conférer le consulat à Torquatus en 210; mais celui-ci refusa cet honneur. Il répondit à ceux qui le pressaient d'accepter : « Si j'étais consul, je ne pourrais supporter la licence de vos mœurs, ni vous la sévérité de mes commandements; retournez donc à l'assemblée, et rappelez-vous qu'Annibal est en Italie. » Deux ans après il fut nommé dictateur pour tenir les comices et présider les jeux qui avaient été voués par le préteur M. Æmilius. Il mourut en 202. Y.

Tite-Live, XXII, 60; XXIII, 34, 40, 41; XXV, 5; XXVI, 22; XXVII, 33; XXX, 39. — Eutrope, II, 23. — Velleius Paterculus, II, 38. — Orose, IV, 12.

MANLIUS (*Jean-Jacques* DE Bosco), botaniste italien, né à Alexandrie, vivait au quinzième siècle. On a de lui : *Luminare majus, thesaurus aromatariorum*; Venise, 1496, 1520, 1556 et 1561, in-fol.; Lyon, 1536, in-4°; — *Interpretatio simplicium*, dans l'*Herbarium novum* de Brunfels, t. II. O.

Rotermund, *Supplément à* Jöcher.

MANN (*Théodore-Augustin*), littérateur belge, né dans le comté d'York (Angleterre), le 22 juin 1735, mort à Prague, le 23 février 1809. Il était déiste au moment où vers 1754 il quitta l'Angleterre pour venir à Paris; mais la lecture du *Discours sur l'histoire universelle* de Bossuet changea ses convictions et bientôt l'archevêque de Paris, Christophe de Beaumont, reçut son abjuration. La guerre de 1756 entre l'Angleterre et la France ayant obligé Mann à quitter ce dernier royaume, il se rendit en Espagne, entra dans le régiment de dragons du comte O' Mahony, puis alla faire un cours d'études à l'académie militaire de Barcelone. Il ne tarda pas à abandonner la profession des armes pour se retirer à la chartreuse de Nieuport, la seule maison anglaise de cet ordre, et après un an et demi d'épreuves il fit profession. Il devint en 1764 prieur de son monastère, qu'il quitta en 1777 ayant obtenu à cette époque une bulle de sécularisation, et une autre bulle qui le rendait apte à posséder des bénéfices. Mann vint alors habiter Bruxelles, et obtint une prébende au chapitre de Notre-Dame de Courtrai, avec des lettres patentes qui le dispensaient de la résidence. Il fut nommé en 1787 secrétaire perpétuel de l'Académie de Bruxelles. Ce corps l'avait chargé de faire les observations météorologiques qui étaient transmises à l'Académie de Manheim, laquelle en recevait de diverses parties de l'Europe, et les publiait sous le titre d'*Éphémérides météorologiques*. Lors de la seconde invasion des Français, en 1794, Mann se retira d'abord à Lintz et ensuite à Prague, où il mourut. Ses principaux ouvrages sont : *Dissertation critique sur les traductions et éditions de l'Histoire universelle*, par une société de gens de lettres; Bruxelles, 1780, in-8° (avec du Chasteler); — *Mémoire et Lettres sur l'étude de la langue grecque*; Bruxelles, 1781, in-8°; — *Histoire du règne de Marie-Thérèse*; Bruxelles, 1781, in-8°; 2e édit., ibid., 1786, in-12; — *Mémoire sur la conservation et le commerce des grains*; Malines, 1784, in-12; — *Abrégé de l'histoire ecclésiastique, civile et naturelle de la ville de Bruxelles et de ses environs*; Bruxelles, 1785, 3 part. en 2 vol. in-8°, fig. : l'auteur a beaucoup profité pour cet ouvrage d'un travail inédit de Foppens. Le manuscrit autographe d'une nouvelle édition, corrigée et augmentée, se trouve à la bibliothèque royale de Bruxelles; — *Recueil de mémoires sur les grandes gelées et leurs effets, où l'on essaye de déterminer ce qu'il faut croire de leurs retours périodiques, et de la gradation en plus ou moins du froid de notre globe*; Gand, 1792, in-8°; — *Table chronologique de l'histoire universelle de 1700 à 1802*; Dresde, 1804, in-4°; — *Principes métaphysiques des êtres et des connaissances*; Vienne, 1807, in-4°. Il a traduit de l'anglais : *Dictionnaire des jardiniers et des cultivateurs*, par Philippe Miller; édition corrigée et augmentée de notes; Bruxelles, 1786-1789, 8 vol. in-8°. Il a mis au jour comme éditeur : *Dictionnaire géographique portatif* de Vosgien; Bruxelles, 1783, 2 vol. in-8°. Enfin, il a été collaborateur de l'*Esprit des journaux*, et les *Memoires* de l'Academie de Bruxelles contiennent de lui un grand nombre de mémoires et de dissertations scientifiques et historiques. E. REGNARD.

Reiffenberg. *Éloge de l'abbé Mann*, dans l'*Annuaire de la Biblioth. roy. de Belgique*; Bruxelles, 1850, in-18, p. 77.

MANNE (*Louis-Charles-Joseph* DE), bibliophile français, né le 11 septembre 1773, à Paris, où il est mort, le 23 juillet 1832. Il descendait d'une famille hollandaise dont une branche s'établit en France en 1672 lors du rétablissement du thoudérat. Après avoir été élevé au coll[illegible] Quatre-Nations, il fut admis dans les [illegible] de la compagnie des Indes et passa en [illegible] cabinet des médailles. Dénoncé comme royaliste, il s'enfuit de Paris, servit quelque temps dans l'armée vendéenne et revint dans la capitale, où, par le crédit de ses amis, il fut réintégré dans son poste à la Bibliothèque nationale. En 1820 il succéda à Capperonnier comme conservateur de cet établissement, auquel il rendit de véritables services par la création de nouvelles et spacieuses galeries et par le classement méthodique de plus de 300,000 volumes. On a de lui : *Notice des ouvrages de d'Anville;* Paris, 1802, in-8°; — *Œuvres de d'Anville;* Paris, 1834, 2 vol. in-4° avec 17 cartes. Le recueil devait avoir six ou sept volumes. L'éditeur, qui avait passé sa première enfance chez le célèbre géographe, possédait tous les manuscrits, dessins et cartes que ce dernier avait laissés; — *Nouveau Recueil d'ouvrages anonymes et pseudonymes;* Paris, 1834, in-8°, avec la collaboration de son fils M. Edmond de Manne, aujourd'hui conservateur à la même bibliothèque. On doit à ce dernier des notices dans la *Biographie générale* et dans divers recueils périodiques. K.

Le Moniteur univers., 1832.

***MANNERS** (*John-James-Robert*, lord), homme politique anglais, né le 13 décembre 1818 à Belvoir-Castle (comté de Leicester). Second fils du duc de Rutland, mort en 1857, il fit ses études à l'université de Cambridge et entra en 1841 à la Chambre des Communes, où il figura au nombre des tories modérés qui, sous le nom de *conservateurs*, suivaient les inspirations de Robert Peel. Cependant il combattit les réformes économiques de ce dernier, défection qui, aux élections de 1847, lui fit perdre son mandat. Après s'être vainement porté candidat à Londres en concurrence avec Samuel Rothschild, il réussit, en février 1850, à rentrer au parlement, et les électeurs de Colchester l'y ont maintenu jusqu'à présent. Lord Manners a deux fois fait partie du ministère, la première, en qualité de haut commissaire des forêts (février à décembre 1852), et la seconde, avec le portefeuille des travaux publics (février 1858 à mai 1859). Partisan avoué du système féodal et de l'aristocratie religieuse, il a publié quelques écrits où il expose ses principes avec plus de verve et d'esprit que de solidité; nous citerons de lui : *A plea for national holidays;* Londres, 1843; — *The Spanish match*; ibid., 1846, à propos des mariages espagnols; — *Notes of an Irish tour;* ibid., 1849. P. L.

Pierer, *Universal Lex.* (suppl.). — *The Parliamentary companion*, 1859.

MANNERS (*John*). *Voy.* GRANBY.

MANNERT (*Conrad*), historien et géographe allemand, né le 17 avril 1756, à Altdorf, mort à Munich, le 27 septembre 1834. Après avoir, depuis 1784, enseigné les belles-lettres à l'école de St-Sébalde et ensuite à l'*Ægidianum* à Nuremberg, il fut nommé en 1797 professeur de philosophie à Altdorf. En 1808 il obtint à l'université de Landshut une chaire d'histoire, science qu'il fut chargé en 1826 d'enseigner à l'université de Munich. Parmi ses nombreux travaux, qui se distinguent par une érudition étendue et solide, nous citerons : *Geschichte der Vandalen* (Histoire des Vandales); Leipzig, 1785; — *Geschichte der unmittelbaren Nachfolger Alexanders* (Histoire des successeurs immédiats d'Alexandre); Leipzig, 1787; — *Miscellanea diplomatischen Inhalts* (Mélanges concernant la diplomatique); Nuremberg, 1793; — *Ælteste Geschichte Bojariens* (La plus ancienne Histoire du pays de Bavière); Nuremberg, 1807; — *Kaiser Ludwig IV der Baier* (L'empereur Louis IV le Bavarois); Landshut, 1812; — *Geschichte Baierns* (Histoire de Bavière); Leipzig, 1826, 2 vol.; — *Geschichte der Deutschen* (Histoire d'Allemagne); Stuttgard, 1828-1830, 2 vol.; — *Geschichte der alten Deutschen, besonders der Franken* (Histoire des anciens Germains et en particulier des Francs); Stuttgard, 1829. Mannert a publié avec Ukert une excellente *Géographie des Grecs et des Romains;* Nuremberg, 1792-1825, 10 vol. in-8°. O.

Conversations-Lexikon. — *Neuer Nekrolog der Deutschen*, t. XII.

MANNEVILLETTE (DE). *Voy.* APRÈS (D').

MANNI (*Giannicolà*), dit *Giannicola de Pérouse*, peintre de l'école romaine, né à Pérouse vers 1478, mort en 1544. Élève du Pérugin, il l'aida dans ses travaux à Pérouse. C'est ainsi qu'auprès des fresques de ce maître et de celle de Raphael, dans la chapelle du collége del Cambio, nous trouvons de Giannicola plusieurs belles figures de saints peintes à fresque, et sur l'autel un *Baptême de J.-C.*, tableau quelquefois attribué au Pérugin lui-même. Il ne paraît pas être sorti de sa patrie, aussi est-ce là que sont presque tous ses ouvrages, tels que : à Saint-Thomas, *J.-C. ressuscité apparaissant à saint Thomas*, tableau qui passe pour son chef-d'œuvre; à la sacristie de Santo-Domenico, deux tableaux oblongs, *La Vierge avec saint Jean évangéliste*, et *Sainte Élisabeth et saint Jean-Baptiste*, tout à fait dans le style du Pérugin; au musée de l'Université, un grand tableau très-estimé représentant *La Vierge et plusieurs saints;* enfin on lui attribue deux petits tableaux de *Saint Pierre* et *Saint Paul* conservés dans la cathédrale de Santo-Lorenzo. Dans les musées de l'Europe, on ne voit guère d'ouvrages de ce maître; le musée de Berlin possède de lui un *Saint Sébastien* et un *Saint Georges*. E. B—N.

Vasari, *Vite.* — R. Gambini, *Guida di Perugia.* — *Königliche Museen von Berlin.*

MANNI (*Domenico-Maria*), célèbre érudit italien, né le 8 août 1690, à Florence, où il est mort, le 30 novembre 1788. Son père, Giuseppe di Lorenzo Manni, était imprimeur et ne manquait pas de mérite; il fut l'auteur des *Serie* *de' senatori Fiorentini* (Florence, 1722, in-4°). Le jeune Manni eut dès sa jeunesse le goût des recherches littéraires; il dut beaucoup aux sages conseils du chanoine Casotti di Prato; mais ce fut par une révision attentive des collections classiques et par l'étude constante des monuments de l'antiquité qu'il se forma lui-même. Il s'était déjà fait connaître par son érudition lorsqu'il prit la direction de l'imprimerie de son père. « Il s'attacha, dit un écrivain, à donner de nouvelles éditions d'anciens ouvrages italiens, et les enrichit de préfaces, de notes et d'additions, qui les firent rechercher des curieux avec empressement. Les soins qu'il devait à son atelier ne l'empêchèrent pas de continuer de se livrer, avec une ardeur infatigable, à l'étude de l'histoire de la Toscane, et d'en éclaircir les points les plus intéressants par des dissertations publiées séparément ou dans des recueils périodiques. » Manni aida souvent de ses conseils les savants et les écrivains qui avaient recours à lui. Apostolo Zeno, en parlant de lui, le proclame « un des lettrés les plus laborieux, les plus sincères et les plus honorables qu'il connaisse ». Il était membre de plusieurs académies d'Italie; celle des Arcades l'avait admis sous le nom de *Tubalco*. Il a écrit de nombreux ouvrages, parmi lesquels nous citerons : *Delle Vite de' Santi Padri*; Florence, 1731-1735, 4 vol. in-4°; — *De Florentinis inventis commentarius*; Ferrare, 1731, in 4°: entre autres découvertes importantes dues aux Florentins, il rappelle le microscope, les lunettes et le thermometre; — *Vocabolario della Crusca*; Florence, 1731-1739, t. V et VI, in-4°; il eut une grande part à la compilation de ce travail, confié à ses presses; — *Lezioni di lingua toscana*; Florence, 1737, 1738, in-8°; Lucques, 1772, in-8°; une édition augmentée a paru à Venise, 1758, 2 vol. in-8°; — *Vita di Francesco Guicciardini*, en tête de la belle édition de la *Storia d'Italia* de cet auteur; Venise, 1738 1740, 2 vol. in-fol.; — *Degli occhiali da naso inventati da Salvino Armati trattato istorico*; Florence, 1738, in-4°; — *Osservazioni istoriche sopra i sigilli antichi de' secoli bassi*; Florence, 1739-1786, 30 vol. in-4°, fig.; recueil d'observations intéressantes qui concerne le moyen âge en Italie; — *Notizie intorno a fra Giordano di Rivalta, dell' ordine de' Predicatori*, en tête des *Prediche* de ce religieux; Florence, 1739, in-4°; — *Istoria del Decamerone di Giov. Bocaccio*; ibid., 1742, in-4°; — *Ragguaglio dell' elezione del imperatore Francesco I*; ibid., 1745, in 4°; — *Istorica spiegazione alle pitture della real galleria de' Medici*; ibid., 1745, in-fol.; — *Notizie istoriche intorno al Parlagio ovvero anfiteatro di Firenze*; Bologne, 1746, in-4°; — *Istoria degli anni santi dal loro principio sino al presente del 1750*; Florence, 1750, in-4°, fig.; cette histoire des jubilés est beaucoup plus complète que celle du P. Tommaseo Alfani, publiée en 1725, et qui a du reste beaucoup servi à Manni; — *Delle antiche terme di Firenze*; ibid., 1751, in-4°; — *De titulo dominicæ crucis archetypo*; ibid., 1752, in-4°, et dans les *Simbole* de Gori, t. IX; — *Vita di Francesco Carletti, viaggiatore Fiorentino*; Venise, 1754, in-12; — *Metodo per istudiare con brevità le Storie di Firenze*; Florence, 2e édit., in-8°, et Livourne, 1755, in-4°; — *Della Disciplina del canto ecclesiastico antico*; Florence, 1756, in-4°; — *Vita di Giodoco Badio, umanista e stampatore*; Milan, 1757, in-4°; — *Le Veglie piacevoli, ovvero Notizie de' più bizarri e giocondi uomini Toscani*; Florence et Venise, 1757-1780, 8 vol. in-8°; recueil qui abonde en renseignements de toute sorte sur les Toscans célèbres par leurs actes ou par leurs écrits; — *Vita d'Aldo Pio Manuzio*; Venise, 1759, in-8°, ouvrage recherché; — *Vita di Arlotto Mainardi*; Venise, 3e édit. augmentée, 1760, in-8°; — *Vita del conte Lorenzo Magalotti*; Venise, 1761, in-8°, et en tête des *Lettere familiari* de cet écrivain, publiées en 1762 par Manni avec des notes; — *Della prima promulgazione de' libri in Firenze*; Florence, 1761, in-4°; on y voit que les premiers imprimeurs de cette ville furent Bernardo et Domenico Cennini et que l'ouvrage le plus ancien qui soit sorti de leurs presses est une *Vita di santa Catarina di Siena*, en 1471; — *Serie di ritratti di uomini illustri Toscani con gli Elogi istorici de' medesimi*; Florence, 1766-1768, 4 vol. in-fol.; — *Vita del celebre senator Lelio Torelli*; ibid., 1770, in-4°; — *Della vita e del culto del beato Ludovico Alamanni lib. II*; ibid., 1771, in-4°; — *Vita di Niccolo Stenone di Danimarca, vescovo di Tripoli*; ibid., 1775, in 4°; — *Ragionamenti sulla vita di santo Filippo Neri*; ibid., 1785, in-4°; — *L'Etica d'Aristotile, la Retorica di M. Tullio* (trad. en italien); ibid., 17.. in-4°. Manni a enrichi de notes et de préfaces un assez grand nombre d'ouvrages, entre autres *Cronichette antiche di varii scrittori del buon secolo della lingua toscana*; Florence, 1733, in-4°; — *De hominibus doctis*, de Cortesio; ibid., 1734, in-4°; — *Ammaestramenti degli antichi*, de Bart. de' Granchi; ibid., 1734, in-4°; — *Novella antica*, de Grasso Legnajuolo; ibid., 1844, in-8°; — *Rime*, de Pétrarque (édit. Bandini); ibid., 1748, in-8°; — *Discorsi*, de V. Borghini; ibid., 1755, 2 vol. in-4°; — *Libro di novelle*; ibid.; 1778, 2 vol. in-8°. Enfin il a été chargé pour le recueil des *Rerum italicarum Scriptores* de la compilation du t. II, qui parut en 1770. Beaucoup de dissertations relatives à certains points de l'histoire florentine ont été fournies par ce savant aux mémoires des académies dont il faisait partie. P.

Tomitano, *Elogio di D.-M. Manni*; Venise, 1789, in-8°.

— Tipaldo, *Biografia degli Italiani illustri*, VI, 263-264.

MANNING (*Owen*), antiquaire anglais, né le 11 août 1721, à Orlingbury (comté de Northampton), mort le 9 septembre 1801, dans le Surrey. Admis au nombre des agrégés de Cambridge, il devint chapelain de l'évêque de Lincoln, puis vicaire d'un village du Surrey. L'étude approfondie qu'il avait faite de la langue anglo-saxonne le fit élire en 1767 membre de la Société royale de Londres. On cite de lui : *Anglo-saxon and gothic Dictionary*; Londres, 1775, 2 vol. in-fol. L'ouvrage est d'Edward Lye, savant archéologue, qui mourut avant d'y mettre la dernière main. Manning se chargea de le publier avec de nombreuses additions de sa main, et l'accompagna d'une grammaire des deux langages et de plusieurs fragments d'Ulphilas, du roi Alfred et autres auteurs; — *The History and Antiquities of Surrey*; Londres, 1804 et ann. suiv., 3 vol. gr. in-fol., ouvrage posthume édité par W. Bray. K.

W. Bray, *Life of Owen Manning*, en tête du t. Ier du *Surrey*. — Nichols et Bowyer, *Literary Anecdotes*, IX.

MANNING (*Thomas*), linguiste anglais, né en 1774, à Diss (comté de Norfolk), mort en mai 1840, à Bath. Fils d'un pasteur, il étudia la théologie à Cambridge et s'appliqua ensuite à la médecine; il se lia d'amitié avec le célèbre Porson, qui lui inspira le goût des langues orientales. Après avoir publié un ouvrage sur l'algèbre (Londres, 1798, 2 vol. in-8°), il s'embarqua pour la Chine; mais, s'étant arrêté à Calcutta, il se dirigea vers le Thibet et fit un long séjour à Lassa. En 1816 il accompagna lord Amherst en Chine et lui servit d'interprète, avec sir Georges Staunton. Il légua en mourant à la société asiatique la riche bibliothèque chinoise qu'il avait rassemblée. K.

Rose, *New Biogr. Dictionary*.

MANNINI (*Jacopo-Antonio*), peintre de l'école bolonaise, né à Bologne, en 1646, mort en 1732. On ne trouve à Bologne qu'un seul ouvrage de Mannini, une chapelle à San-Giacomo-Maggiore. Artiste soigneux, régulier, précis, mais lent dans l'exécution, il fut chargé par le duc de Parme de la décoration d'une chapelle à Colorno, en collaboration avec Draghi. De 1706 à 1708, il vint à Modène, où, probablement avec l'aide de son frère Angelo-Michele, il peignit la voûte de l'église Saint-Barnabé qu'il couvrit d'architectures et d'ornements accompagnés de figures exécutées par le peintre modenais Sigismondo Caula. Ces peintures, fort endommagées par le temps, ont été presque entièrement refaites en 1838 par C. Crespolani et L. Manzini. Quant aux fresques que Mannini avait peintes à la voûte de l'oratoire de Saint-Sébastien, elles ont disparu avec l'oratoire lui-même. Cet artiste a laissé quelques gravures à l'eau-forte. Il fut membre de l'académie Clémentine de Bologne. E. B—n.

Zanotti, *Storia dell' accademia Clementina*. — Orlandi, *Abbecedario*. — Lanzi, *Storia della Pittura*. — Malvasia, *Pitture di Bologna*. — Campori, *Gli artisti negli Stati Estensi*. — F. Sossaj, *Modena descritta*.

MANNO, orfèvre, sculpteur ou plutôt ciseleur, et peintre de l'école bolonaise, l'un des plus anciens artistes connus auxquels Bologne ait donné naissance. Suivant Baldi, il aurait peint une *Madone* dès 1260. Il fut aussi l'auteur d'une statue de bronze de Boniface VIII érigée en 1301 à la façade du *Palazzo del pubblico*. Cette figure, sans expression et sans caractère, est également faible d'exécution et annonce l'enfance de l'art; mais elle est intéressante en ce qu'elle présente pour la première fois la tiare à trois couronnes, le *triregno*; elle est aujourd'hui au musée archéologique de l'Université. E. B—n.

Malvasia, *Felsina pittrice*. — Masini, *Bologna perlustrata*. — Cicognara, *Storia della Scoltura*.

MANNO (*Francesco*), peintre et architecte italien, né en 1754 à Palerme, mort le 18 juin 1831 à Rome. Placé d'abord chez un orfèvre, il reçut ensuite des leçons de dessin de son frère Antonio; l'un de ses premiers tableaux fut le portrait du roi Ferdinand Ier, qui se trouve à la galerie de Palerme. En 1786, il s'établit à Rome, se lia avec Pompeo Batoni et remporta, avec *la Clélie*, un des prix de l'académie de Saint-Luc, dont il fut élu plus tard secrétaire. Le pape Pie VI, qui posa devant lui, lui donna l'emploi de peintre des palais apostoliques. Les ouvrages de cet artiste sont répandus dans la plupart des villes d'Italie, mais surtout à Rome et à Palerme; nous citerons *Hersilie* et *La Déposition de la croix*. Il a peint aussi des fresques au Quirinal. A Rome il a fait continuer, sur ses dessins, l'église de N.-D. de Constantinople. P.

Tipaldo, *Biogr. degli Italiani illustri*, I, 306.

MANNON, philosophe irlandais (1), mort, probablement, dans la seconde moitié du neuvième siècle. Jean Scot Erigène avait le premier enseigné la vraie philosophie dans l'école du palais, sous le règne de Charles le Chauve. On lui donne pour successeur dans la même chaire son compatriote Mannon, qui vécut, dit-on, sous Louis le Bègue et eut pour principaux disciples Radbod, d'Utrecht; Étienne, de Liége; Mancion, de Châlons-sur-Marne. Ayant ensuite quitté l'école du Palais, Mannon se retira dans l'abbaye de Saint-Oyan, dans le Jura, où il remplit les fonctions de prévôt. Valère André lui attribue des commentaires sur la *République* de Platon, la grande *Morale* d'Aristote, ainsi que le traité *Du Ciel et du Monde*. Mais ces attributions sont plus que suspectes d'erreur. Il est difficile de croire que des traités ignorés de tous nos docteurs, aux onzieme et douzième siècles, aient été commentés au neuvième par un régent de l'école du Palais. Sur un des plus précieux volumes de l'ancien

(1) C'est, du moins, l'opinion d'un assez grand nombre d'historiens. Quelques autres le font naître à Staveren en Frise; d'autres encore dans la Bourgogne.

fonds du roi, à la Bibliothèque impériale, num. 2832, nous trouvons, du moins, quelque trace du séjour de Mannon à l'abbaye de Saint-Oyan. On lit, en effet, sur le premier feuillet de ce volume : *Vota bonæ memoriæ Mannonis. Liber ad sepulchrum S. Augendi oblatus.*

B. H.

Hist. Littér. de la France, IV, 225, 246, et t. V, p. 657. — *Complément de l'Encyclopédie Moderne*, art. *Irlande* (*Écoles d'*).

MANNORY (*Louis*), littérateur français, né à Paris en 1696, mort dans la même ville, en 1777. Il était avocat au parlement et jouissait d'une certaine réputation comme légiste et comme écrivain. Néanmoins on lui reproche un style prolixe et d'avoir trop souvent remplacé la logique par la bouffonnerie. Il soutint les Travenol dans leur procès contre Voltaire et n'épargna au poëte philosophe aucune insulte. Voltaire, qui lui avait rendu quelque service, se vengea de l'ingrat en le peignant « comme un bavard mercenaire qui vendait sa plume et ses injures au plus offrant. » On a de Mannory : *Apologie de la nouvelle tragédie d'*Œdipe (de Voltaire); Paris, 1719, in-8°; — Traduction de l'*Oraison funèbre de Louis XIV* (par le P. Porée); — *Voltariana, ou Éloges amphigouriques de Fr.-Marie Arouet*, etc.; Paris, 1748, in-8°; c'est un recueil, devenu rare, de toutes les pièces, chansons, satires et épigrammes lancées contre Voltaire. Mannory prend le nom *russifié* de *Timorowitz Ablabew*. L'abbé Guyot Des Fontaines, Roy et surtout J.-B. Rousseau y contribuèrent. *La Voltairomanie* de Des Fontaines y est reproduite en entier. On trouve aux pages 3-6 un *Portrait de Voltaire* qui, quoique peu flatté, offre beaucoup de traits vrais et bien rendus. Il est fâcheux qu'il soit terminé par les vers suivants qui donneront, au surplus, une idée générale du style et de l'esprit du *Voltariana* :

*Portrait de M. de V***.*

Spectre vivant, squelette décharné,
Qui n'a rien vu que la seule figure,
Croiroit d'abord avoir vu d'un damné
L'épouvantable et hideuse peinture :
Mais épluchant le monstre jusqu'au bout,
Poëte impie, effréné philosophe,
On voit encore, en considérant tout,
Que la doublure est pire que l'étoffe.

Observations judicieuses sur la Sémiramis (de Voltaire); *Alétopolis* (Paris), 1749, in-8°; — *Plaidoyers et Mémoires concernant des questions intéressantes*, etc.; Paris, 1759, 18 vol. in-12. Ce recueil offre un grand nombre de causes singulières que l'auteur a su rendre plus piquantes par la manière agréable dont il les a présentées.

L—z—e.

Barbier, *Dictionnaire des Anonymes*. — Ch. Nisard, *Les Ennemis de Voltaire*. — Voltaire, *Correspondance*.

MANNOURY D'ECTOT (*Jean-Charles-Alexandre-François*, marquis de), ingénieur et littérateur français, né à Saint-Lambert, près Argentan (Orne), le 11 décembre 1777, mort à Paris, le 2 mars 1822. Issu d'une famille noble il annonça des dispositions remarquables pour l'étude; mais les événements de la Révolution ne permirent pas de lui donner cette instruction solide et suivie, qui est indispensable à ceux que leur avenir destine à la pratique des sciences positives. Aussi Mannoury s'efforça-t-il de combler lui-même les lacunes de son éducation. Les études philosophiques et politiques, celles des sciences naturelles, et celles surtout de la mécanique et de l'hydraulique, absorbèrent tous les instants de sa vie. Il présenta à l'Institut un grand nombre de machines de son invention qui furent accueillies avec faveur par ce corps savant. Ses diverses découvertes, la plupart décrites par Carnot (*voy.* les *Mémoires de l'Acad. des Sciences*), sont : le *siphon intermittent*, *l'hydréole* et la *colonne oscillante*. Cette dernière, la plus ingénieuse de ses inventions, n'offre aucun précédent dans la science. A la restauration, qu'il accueillit avec enthousiasme, Mannoury composa plusieurs écrits politiques : *La Chute de l'impie*, etc., ou *l'Europe pacifiée*; 1814, br. in-8° de 48 p., — *Mémoire adressé aux deux chambres, concernant les intérêts respectifs des émigrés et des acquéreurs de biens nationaux*; 1814, br. in-8° de 10 p.; — *Mémoire au congrès de Paris sur la question d'un contrat social européen*; 1816, br. in-8° de 48 p. Outre ces opuscules, Mannoury a laissé inédits une *Théorie du calorique*, travail intéressant en ce qu'il émet et soutient des idées repoussées à l'époque où l'auteur les produisit, sur la nature de ce fluide, et *un Mémoire sur les aérostats et sur les moyens propres à amener la solution de ces problèmes.*

Ed. de Manne.

Annuaire nécrologique de Mahul. — Quérard, *France Littéraire*. — *Bibliographie de la France*. — *Mémoires de l'Académie des Sciences*. — *Renseignements particuliers.*

MANNOZZI (*Giovanni* dit *Giovanni da Giovanni*), peintre de l'école florentine, [illegible] 1590, à San-Giovanni, mort en 1636. [illegible] vers la peinture par une vocation irr[illegible] il fut contrarié par ses parents qui le de[illegible] à la carrière des lettres. Las enfin de[illegible]ches et des persécutions, il s'enfuit à [illegible] près d'un de ses oncles, qui le fit entrer [illegible] l'atelier de Matteo Rosselli. Après six [illegible]tudes, il était déjà en état d'aider so[illegible] dans ses travaux; il voulut également s'i[illegible] dans l'architecture et la perspective, [illegible]pliqua à l'histoire sacrée et profane. En [illegible] sur l'invitation de Cosme II, il pe[illegible] façade d'une maison voisine de la port[illegible] une fresque représentant une sorte d[illegible] de Florence; cette fresque a été effacée en partie par le temps; mais Gottfried [illegible] gravée en tête d'un recueil de vues de [illegible] Giovanni se rendit bientôt à Rome p[illegible]corer l'église des Quattro-Santi-coronati. Il n'y fit pas un long séjour et revint dans natale qu'il ne devait plus quitter, et qu'il allait enrichir d'un si grand nombre de peintures que l'esprit se refuse à croire qu'elles aient pu être l'œuvre d'un seul artiste, dont encore la carrière fut assez courte. Ce fut après ce voyage à Rome, que, en 1619 et 1620, Giovanni peignit, en compagnie de son maître, du Passignano et des plus habiles artistes du temps, la façade du palais de' signori del Borgo sur la place de Santa-Croce.

Parmi les entreprises de Giovanni, il en est deux tout à fait hors ligne par leur importance; ce sont les fresques de la Badia et du palais Pitti. A la *Badia* (abbaye) de Fiesole, il peignit dans le réfectoire *Les Anges servant J.-C.*, vaste composition où il mêla des épisodes bizarres ou burlesques. L'exécution de cette fresque est inégale; certaines parties sont excellentes, tandis que d'autres sont négligées. Peut-être la vie qu'il menait à l'abbaye ne convenait-elle pas à son caractère épicurien. Il donna plus d'une preuve de cet esprit facétieux; c'est ainsi qu'ayant à peindre une décollation de saint Jean-Baptiste, il donna au bourreau les traits d'un homme fort laid qui venait sans cesse l'importuner dans son atelier; une autre fois il représenta la charité fraternelle par deux ânes galeux se grattant l'un l'autre.

Au palais Pitti, il a peint à la voûte d'un grand salon plusieurs allégories sur le mariage de Ferdinand II avec la princesse d'Urbin, et sur les murs la protection accordée par Laurent de Médicis aux lettres et aux arts chassés de la Grèce. Parmi quelques irrégularités que l'on doit attribuer à la fois et à son siècle, et à la pente naturelle de son génie, on y trouve des figures admirables d'expression et d'exécution. A l'académie de Florence sont les fresques dont Giovanni avait orné le palais della Crocetta; elles furent transportées en 1788 dans la galerie des sculptures. Parmi les autres fresques dont Giovanni a enrichi la Toscane, nous trouverons encore à Florence, dans l'église d'Ogni-Santi, *Le Paradis*, composition trop symétrique, mais d'un coloris vigoureux; au couvent de Santa-Croce, *La multiplication des pains par saint François pendant une famine*, remplie de têtes magnifiques; à l'hôpital de Santa-Maria-Nuova, un beau groupe de *La Charité*; à Santa-Felice, *Saint Félix prêtre exprimant dans la bouche de saint Maxime mourant la grappe qui doit le guérir miraculeusement*, fresque pleine d'expression, mais d'un coloris affaibli par le temps; au palais Buonarotti, quelques figures allégoriques; au palais Mozzi, *Vénus et Adonis*; enfin à la galerie publique, *le portrait* du peintre peint à fresque par lui-même. Le même artiste a encore laissé de belles fresques dans les environs de Florence, à Volterra et à Pistoja.

Les peintures à l'huile de Giovanni sont moins nombreuses et généralement moins estimées que ses fresques, n'étant jamais tout à fait exemptes de crudité. Les principales sont : à l'oratoire de la confrérie des *Bacchettoni* de Florence, *Saint Hippolyte prêchant du haut d'un arbre*; à la galerie publique, *Vénus peignant les cheveux de Cupidon*, *Jésus-Christ sous un arbre servi par les anges*, *La Peinture*, figure allégorique, et *Le Mariage de sainte Catherine*; au palais Pitti, une *Madone*, un *Cuisinier* et un *Rendez-vous de chasseurs*; au palais Capponi, une *Étude de vieille femme*; au palais Rinuccini, *Le Triomphe de Côme Ier*, esquisse.

Doué par la nature d'un génie ardent et entreprenant, d'une imagination vive, féconde et parfois originale jusqu'à la bizarrerie, d'une main ferme et agile, Giovanni se fia trop à sa facilité et se permit parfois des négligences qui justifient le mot de Pierre de Cortone devant un de ses plus faibles ouvrages : « Lorsque Giovanni fit ce tableau, il s'était déjà aperçu qu'il était un grand homme. » D'un caractère facétieux, il se plaisait à faire ce que nous appellerions aujourd'hui des charges d'atelier; il professait aussi pour Bacchus un culte un peu trop fervent, et c'est peut-être à ce penchant qu'il dut la goutte cruelle qui l'enleva aux arts à l'âge de quarante-six ans. Son fils et son élève, *Giovanni-Garzia*, a laissé des fresques qui ne sont pas dépourvues de mérite. E. B—N.

Baldinucci, *Notizie*. — Orlandi. — Ticozzi. — F. Inghirami et F. Galvani, *Riminiscenze pittoriche di Firenze*. — Fantozzi, *Guida di Firenze*. — Pistolesi, *Descrizione di Roma*. — Valery, *Voy. hist. et littér. en Italie*.

MANOEL, surnommé *l'Heureux*, roi de Portugal, né le 1er juin 1469, mort le 13 décembre 1521. Petit-fils du roi Duarte, et fils de Fernand, duc de Viseu, qui avait encouru, sous Jean II, une peine juridique dont le roi lui-même avait été le terrible exécuteur, il n'était pas destiné à s'asseoir sur le trône. Ce fut sa sœur, épouse de Jean II, qui l'y fit monter. Don Alfonso, héritier présomptif de la couronne, était mort emporté par son cheval, sur les plages de Santarem, et le roi songeait à lui substituer son fils naturel don Jorge, lorsque la reine parvint à faire changer ces dispositions. L'éducation de Manoel fut confiée à un Sicilien nommé Cataldo, que l'on fit venir d'Italie. Il eut pour condisciples l'infant Jorge et les principaux seigneurs de la cour, et l'on eut lieu de remarquer la rapidité avec laquelle il fit d'excellentes études classiques (1). Il succéda à Jean II, le 27 octobre 1495. Faire la biographie complète de ce monarque, ce serait tracer à grands traits l'histoire des changements qui s'opéraient alors dans le monde. Comme premier élément de prospérité politique, il eut le bonheur d'être servi en Asie par les Alméida et les Albuquerque, en Afrique, par les Menezès, les

(1) *Voy.* *Cataldi Siculi epistolæ*, livre rarissime, imprimé par Ferdinand Valentin en 1500, à Lisbonne, aux frais des élèves de l'auteur.

Mensantos et les Ataïde. Un fait curieux dans la vie privée de Manoel, c'est que chacun de ses deux premiers mariages est marqué par un immense accroissement de territoire. En 1497, il épouse dona Isabelle de Castille, et Gama aborde à Calicut. En 1500, il se marie à sa belle-sœur, dona Maria, et le Brésil offre ses plages fertiles aux Portugais. Dans l'intervalle de ces deux époques mémorables, le 28 avril 1498, il fut reconnu solennellement héritier du royaume de Castille : la mort d'Isabelle lui enleva l'espoir de régner sur l'Espagne. Manoel avait la foi ardente de son siècle et elle lui fit multiplier les grandes expéditions, dans le but sincère d'accroître l'influence du christianisme; mais en plus d'une circonstance aussi son zèle fut poussé jusqu'au fanatisme. Jamais, comme son prédécesseur, il ne sut s'élever au-dessus des idées de son temps. Pour être plus agréable à la première princesse qu'il doit épouser, il expulse non-seulement les juifs espagnols, qui s'étaient réfugiés dans ses États, mais encore les israélites portugais qui y demeuraient depuis une longue suite de générations. Il prit encore en 1498 une mesure financière qui devait être funeste. Étant allé à Saragosse, du plein consentement, il est vrai, des Cortès de Lisbonne, il rendit une ordonnance qui exemptait de l'impôt et de la dîme tous les ecclésiastiques du royaume et les chevaliers du Christ. En même temps, grâce à une dispense du saint-siége, il permit à ces derniers et aux membres de l'ordre de Santiago de se marier. Cette mesure, bien différente de la première, mit fin à d'incroyables désordres, et l'on cessa de voir la nombreuse noblesse illégitime qui envahissait vers la fin du quinzième siècle la plupart des fonctions secondaires dans tout le Portugal.

Manoel hérita de la manie belliqueuse d'Alfonse V. En 1501, il réunit une armée de vingt-six mille hommes que devait porter une flotte puissante pour aller asservir l'Afrique; la cour de Rome (il lui faut rendre cette justice) le dissuada de cette folie; le pape lui fit comprendre qu'il réservât son zèle pour l'opposer à l'envahissement croissant des Turcs. En attendant qu'il marchât contre les infidèles, Manoel se contenta de prouver sa dévotion par des pèlerinages et des ambassades attestant sa foi religieuse. Il alla d'abord à Saint-Jacques de Compostelle, et fit à cette église des dons splendides. L'ambassade de don Rodrigo de Castro, qui se rendit à Rome auprès d'Alexandre VI, attesta aussi sa magnificence; elle prouva en même temps l'élévation de ses idées. Il ne craignit pas, dit-on, de remontrer au pape la nécessité de reprimer les désordres qui se multipliaient dans Rome et qui affligeaient le monde chrétien. Il ne s'en tint pas à ces représentations, qui devaient être sans efficacité; chez lui il sut à la fois prévoir et agir. On remarqua sous son administration quelques réformes heureuses, quelques innovations favorables au peuple : s'il édifiait, par exemple, le somptueux couvent de Belem, dont l'architecture, vraiment originale, émerveille les étrangers, il voulait que dans San-Jeronymo les marins qui venaient de parcourir les mers lointaines trouvassent de prompts secours religieux; il fit construire nombre d'hôpitaux et ce qu'on appelle en Portugal des *misericordias*, asiles pieux où se distribuaient d'abondantes aumônes.

Sous ce roi, les relations diplomatiques se multiplièrent et elles se portèrent vers les régions les plus lointaines; nous mentionnerons seulement celles du Congo et d'Éthiopie. Manoel n'avait jamais complétement oublié ses projets sur l'Afrique; il arma de nouveau contre elle. La première expédition pour subjuguer Azamor, en 1508, fut infructueuse, bien qu'elle fût commandée par João de Menezès; la seconde, beaucoup plus importante et dirigée par le duc de Bragance, Jaime, eut en 1513 des résultats beaucoup plus heureux. L'année suivante Manoel envoya vers Léon X le fameux Tristan da Cunha, accompagné d'une suite nombreuse. L'or de l'Afrique, les pierreries de l'Inde, les animaux les moins connus de l'Asie, rappelèrent à Rome des temps bien oubliés (1). Cette mémorable ambassade porta ses fruits pour le royaume qui l'envoyait. Funchal, capitale de Madère, fut erigée en évêché, et la bulle du 3 novembre accorda aux rois de Portugal la souveraineté de toutes les terres que les Portugais viendraient à découvrir. Ce que le roi obtenait ainsi de Rome tourna parfois au bien de ses sujets. Les siéges épiscopaux se multiplièrent dans les nouvelles conquêtes; des commanderies s'établirent et protégèrent les chrétiens parmi les infidèles. Sous Manoel, presque tous les priviléges communaux furent réformés, et en définitive ce souverain introduisit dans la magistrature l'institution des *Juizes de fora*, si favorables dans l'ensemble de ces réformes. On peut le dire, la féodalité reçut un coup mortel. Ce fut sous ce règne que la ville de Porto abolit le ridicule usage qui lui permettait d'éloigner de ses murs ceux des gentilshommes du royaume qui auraient voulu y vivre. En même temps les abus qui s'étaient glissés dans l'administration, par suite des prétentions de tous genres de la noblesse, furent réformes. On rectifia jusqu'aux armoiries, et les archives du royaume (ce qu'on appelle en Portugal les chartes de *la torre do Tombo*) reçurent une organisation nouvelle. Les chroniques nationales, commencées au quatorzième siècle par Fernand Lopez, furent poursuivies par Duarte-Galvão et Ruy de Pina.

(1) C'est dans la chronique rimée de Garcia de Resende, dans sa *Muscellanea*, qu'il faut lire le récit amusant et original à la fois de cette ambassade. On peut consulter également à ce sujet Goes. L'éléphant que Manoel envoyait à Rome parvint en Italie, mais le rhinocéros fut noyé en vue de Marseille.

Le roi fit son testament le 7 avril 1517. Dans cet acte trop souvent oublié des biographes, plusieurs clauses sont bien remarquables. Manoel y veut qu'on paye les dettes de ses prédécesseurs Alfonse V, Jean II, et traitant l'infant Henrique comme une tête couronnée, il le nomme avec ces deux rois, disant qu'il est trop juste que ceux qui ont apporté de tels biens à la nation ne laissent nulle part de créanciers; en second lieu il prescrit qu'on l'enterre sans pompe, sous une simple dalle, afin que la multitude le puisse fouler aux pieds. Un de ses aïeux, Alfonse le Savant, avait déjà donné cette preuve d'humilité. Manoel se remaria en 1518, avec dona Leonor, fille de Philippe d'Autriche, roi de Castille. Il mourut le 21 décembre 1521. Son corps fut enterré à Belem, simplement, comme il l'avait prescrit; mais au bout de trente ans, et lorsque déjà des signes de décadence se manifestaient en Portugal, la nation prétendit acquitter sa dette. Les ossements du roi heureux furent transportés dans le tombeau en marbre qui les renferme maintenant. On y lit cette inscription qui contraste tant avec les volontés dernières du monarque :

Littore ab occidvo qui primi ad lvmina solis
Extendit cvltum notitiamque Dei,
Tot Reges domiti cvi submisere tiaras,
Conditvr hoc tvmvlo maximvs Emmanvel.

Ferdinand Denis.

Ad. de Varnhagen, *Retratos e elogios des personagens illustres de Portugal*; Lisb., 1842. — Damiao de Goes, *Chronica de felicissimo Rei dom Emmanuel*, 1566, in fol. — F. Manoel do Nascimento. — *Dasrida e feitos d'el rei D. Manuel* trad. d'Osorio. — *Trasladaçam dos ossos dos muyto altos e muyto-poderosos el Rey D. Manuel e Reinha dona Maria de larmada memoria*, 1551, in 4°, goth. — Pedro de Mariz, *Dialogos de varia historia*. — Laclède, *Histoire generale du Portugal*, édit. de Fortia d'Urban. — F. Denis, *le Portugal*. — Llano, *Hist. polit. et litter. de l'Espagne et du Portugal*.

MANOËL. *Voy.* Emmanuel et Manuel.

MANOEL DE NASCIMENTO. *Voy.* Nascimento.

MANONCOURT. *Voy.* Sonnini.

MANOU, mot sanscrit qui signifie *réflexion* (de la racine *man*, penser) et qui est tout ensemble le nom du premier homme créé par Brahma et du premier législateur des Indiens. Un bel épisode du *Mahabharata* nous apprend comment Manou se sauva du déluge en construisant une arche qu'un poisson intelligent conduisait par une bride à travers l'abîme des eaux. Quant à Manou le législateur, ni la fable ni l'histoire ne nous ont transmis la moindre donnée certaine sur sa naissance ni sur sa vie. Mais la plupart des fidèles ne font pas cette distinction de personnes et attribuent le livre des lois à l'auteur de la race humaine. Nulle part on ne trouve dans le livre de Manou les noms de Rama et de Krichna; en revanche on y rencontre ceux de Vichnou et de Narayama, qui sont fort antérieurs à Rama. Conséquemment nous ne croyons pas trop nous écarter de la vérité en fixant l'âge du code de Manou au siècle qui a précédé Rama, c'est-à-dire à douze ou quinze cents ans avant notre ère. Manou, d'après son propre témoignage, avait un fils nommé Bhrigou qui promulgua les lois rédigées par son père. Confiées à la mémoire des prêtres, elles se conservèrent sous leur ancienne forme jusqu'à l'époque de Valmiki, l'inventeur du *Sloka* ou distique. Alors elles reçurent la forme poétique sous laquelle elles nous sont parvenues.

Suivant la mythologie indienne, c'est Brahma lui-même qui dicta ce code au *richi* Manou. Dans l'origine ce livre célèbre contenait 100,000 distiques. Manou le remit à Narada, le plus sage parmi les dieux; celui-ci l'abrégea pour l'usage des hommes; et le transmit, en 12,000 vers, à Somati, qui le réduisit à 4,000. Les divinités du ciel inférieur récitent le code sacré dans son intégrité; les mortels ne connaissent que le second abrégé. Cependant, comme les institutes que nous possédons ne renferment que 2,625 vers, il faut croire que le résumé à l'usage des hommes a été perdu et que nous n'en avons qu'un simple extrait.

Le livre de Manou nous présente un tableau curieux de l'état de l'Inde après l'invasion de Sémiramis. Déjà l'Inde avait eu des philosophes, des jurisconsultes, des poëtes; les Vedas avaient été commentés et avaient soulevé des critiques et des doutes; des dissidences s'étaient manifestées et le raisonnement avait ébranlé la foi aux livres révélés. Les brahmanes étaient la base, les kchatryas le sommet de l'édifice social. Les brahmanes étaient les interprètes de la volonté des dieux, les arbitres de la destinée des hommes; les seconds, dont faisait partie le roi, étaient les défenseurs de l'ordre civil.

C'est le roi qui infligeait les peines prononcées par la loi. Il était le protecteur des faibles et surtout de la femme pour qui la loi demande le plus grand respect; car sa malédiction est une calamité pour la maison. En retour de ce respect, la femme devait à son mari une fidélité à toute épreuve.

Le *Manava-dharma Castra* commence par un mythe de la création du monde. Il développe ensuite les devoirs des quatre castes, les prêtres, les guerriers, les artisans et les serviteurs; expose un système d'enseignement et d'éducation; fixe les cérémonies du mariage et du culte; indique les différents moyens de pourvoir à sa subsistance; détermine les aliments purs et impurs; trace la conduite du père et de la mère de famille. Il règle le jugement des contestations, l'audition des témoins, les héritages. Il traite enfin de la migration des âmes et de la félicité qui attend les hommes vertueux et bienfaisants. Il met au rang des crimes capitaux le meurtre, l'adultère, l'ivresse, les jeux de hasard, la dérogation aux privilèges d'une caste, la dégradation des monuments, l'abus de l'autorité, la falsification des monnaies, les offenses commises envers les prêtres, les pénitents, les agriculteurs et les femmes.

Quelques prescriptions du code de Manou semblent dénoter une douceur de mœurs peu compatible avec les principes fondamentaux de cette société livrée au despotisme sacerdotal et royal. A la naissance d'un enfant mâle et avant la section du cordon ombilical, on lui fera goûter, dit Manou, un peu de miel et du beurre clarifié avec une cuiller d'or pendant que son père récitera les paroles sacrées. Loin d'exiger que la veuve se brûle après la mort de son mari, il veut qu'elle passe le reste de ses jours dans la méditation et la prière. Il recommande de choisir pour épouse une fille qui ait un extérieur sans défaut et un nom agréable. Il exclut du nombre des femmes sur lesquelles le choix d'un époux doit tomber celles qui parlent immodérément, qui sont affligées de quelque maladie chronique, qui ont trop de cheveux ou qui n'en ont point du tout et enfin celles qui ont les cheveux roux. A côté de ces dispositions généralement sages quoique parfois entachées de superstition, il s'en trouve d'autres où l'absurdité le dispute à la barbarie. Manou favorise le despotisme et encourage les ruses sacerdotales comme l'un des meilleurs moyens pour gouverner les hommes. Un parallèle entre Manou et Moïse serait intéressant à faire, mais il ne saurait trouver place ici.

La première traduction du code de Manou qui ait été faite dans une langue européenne est celle de William Jones (en anglais), qui parut à Calcutta en 1794. Le texte sanscrit a été publié pour la première fois, en 1813, à Calcutta avec le commentaire de Koullouka Bhatta. Cette édition étant devenue fort rare, M. Haughton, professeur de sanscrit au collége de la compagnie des Indes orientales à Londres, en publia une nouvelle en 1825, qui n'est pas moins remarquable par le luxe de l'exécution que par la correction du texte. En 1830, M. Loiseleur-Deslongchamps publia à Paris le code de Manou avec quelques notes mais sans traduction. Une traduction française de ce livre se trouve dans le *Panthéon littéraire*.

DELATTRE.

William Jones, *Manou's laws*. — Colebroke, *Digest of hindou law*.

MANRIQUE (*Jorge*), poete espagnol, vivait au quinzième siècle; il fut commandeur de l'ordre de Saint-Jacques et remplit des fonctions importantes; il était né vers 1420, et sa mort est indiquée comme ayant eu lieu en 1485; les circonstances de sa vie sont d'ailleurs peu connues et ne paraissent avoir offert rien de remarquable. Il ne doit qu'à son talent litteraire l'honneur d'avoir transmis son nom à la postérité. Quelques pièces de vers de sa composition se trouvent dans le *Cancionero general;* on y distingue surtout la *Escola de Amor* et les vers adressés à la *Fortuna;* mais il doit sa réputation à ses poésies morales, parmi lesquelles les *Coplas* sur la mort de son père don Rodrigo Manrique occupent le premier rang. Un sentiment profond et vrai y domine, et peu d'écrits en espagnol ont atteint le degré de beauté et d'énergie qui s'y montre parfois. La versification, facile et noble, se recommande par sa simplicité. Des personnages allégoriques figurent dans cette œuvre; la Foi, la Justice, la Prudence, la Bravoure y jouent un grand rôle et elles n'ont pas la froideur qu'on remarque d'ordinaire dans de semblables compositions. Quant à l'époque où l'ouvrage fut composé, elle a suivi de près la mort du personnage qu'il célèbre et qui était lui-même un poëte assez distingué. Cette mort eut lieu le 26 mars 1458.

Outre les diverses éditions du *Cancionero general* où elles figurent, et des *Proverbios* de Lopez et Mendoza auxquels elles sont quelquefois jointes, les *Coplas* de Manrique avec une glose en vers d'Alonso de Cervantes furent publiées à Lisbonne en 1501, à Valladolid en 1561, à Medina en 1574; une autre glose, mais en prose, composée par Louis de Aranda, a été publiée en 1552. Une autre en vers faite par un chartreux fut jointe aux éditions d'Alcala, 1570, de Madrid, 1614 et 1632, qui contiennent aussi quelques autres productions appartenant à l'Espagne du moyen âge. Plus récente et plus complète, l'édition de Madrid, 1779, reproduite en 1799, contient les gloses d'Alonso Cervantes, de Juan de Guzman, de Rodrigo de Valdepenas et de Luis Perez. Un littérateur américain distingué, Longfellow, a fait imprimer en 1833, à Boston, le texte des *Coplas* avec une traduction et une préface intéressante. G. B.

Velasquez, *Origenes de la poesia española*, p. 172. — Antonio, *Bibliotheca hispana*, t. II, p. 342 (2e édition). — Ticknor, *History of spanish literature*, t. I, p. 406. — L. Clarus, *Darstellung der spanischen Literatur im Mittelalter*, t. II, p. 107.

MANRIQUE (*Ange*), théologien espagnol, né à Burgos, vers 1577, mort en 1649. Il entra de bonne heure dans l'ordre de Cîteaux, et se distingua par ses talents de prédicateur. Philippe IV le nomma évêque de Burgos en 1645. Il mourut quatre ans après, dans son évêché, laissant plusieurs ouvrages en espagnol et en latin. Le plus important est une histoire de l'ordre de Cîteaux: *Cistercensium, seu verius Ecclesiasticorum annalium Libri, a condito Cistercio;* Lyon, 1642-1649, 4 vol. in-fol. Cet ouvrage n'est pas achevé, et ne s'étend que jusqu'à la fin du treizième siècle; on y trouve de l'erudition, mais peu de critique. Parmi les ouvrages espagnols de Manrique, on remarque le *Santoral cisterciense;* Burgos, 1610; Salamanque, 1620, 2 vol. in-4°.

Z.

Nicolas Antonio, *Bibliotheca hispana nova*.

MANRIQUE (*Sébastien*), missionnaire espagnol, né vers 1600, mort en 1669. Il appartenait à l'ordre des Augustins et prêcha l'Évangile dans les Indes de l'année 1628 à 1641. Il mourut procurateur et définiteur général de son ordre près la cour romaine. A son retour des Indes, il avait publié : *Itinerario de las misiones que hizo al oriente, con una sumaria Relacion del grande imperio de Xa-zahan Corrombo*, gran-mogol, *y de otros reyes infideles*, etc.; Rome, 1649, in-4°. Cet itinéraire ne renferme guère que les incidents relatifs à la mission. La partie géographique y est très-négligée. A. de L.

Antonio, *Bibliotheca hispana* (nova), t. IV, p. 282.

MANSARD ou **MANSART** (*François*), architecte français, né à Paris en 1598, d'une famille originaire d'Italie, mort en 1666. Il produisit de nombreux et estimables ouvrages; malheureusement, pour la gloire de leur auteur, la plupart ont disparu et ne nous sont connus que par les gravures ou par la liste qu'en a laissée Charles Perrault. Rappelons qu'il éleva le portail de l'église des Feuillants, l'église Sainte-Marie de Chaillot, celle des Minimes de la place Royale, etc., édifices qui tous ont disparu. Nous ne voyons plus aujourd'hui à Paris que la façade de l'hôtel Carnavalet, qu'il restaura en ayant soin de respecter les précieuses sculptures de Jean Goujon, l'église de la Visitation de Sainte-Marie (temple protestant) de la rue Saint-Antoine, l'église du Val-de-Grâce, qu'il ne put élever que jusqu'à trois mètres au-dessus du sol, ayant été éloigné de ce travail par les intrigues de ses ennemis; enfin, l'hôtel de la Vrillière, aujourd'hui la banque de France, édifice entièrement défiguré par de nombreuses restaurations et additions. Il avait bâti les châteaux de Choisy, de Berny, de Gèvres, de Fresnes; mais son chef-d'œuvre était sans contredit le magnifique château de Maisons près Paris, qu'il construisit sur le bord de la Seine pour le surintendant des finances René de Longueil.

On peut reprocher à François Mansard d'être, en exagérant la noblesse et la dignité, tombé parfois dans la lourdeur; mais on ne peut lui refuser un esprit solide, une imagination féconde, le sentiment du beau, et surtout une horreur du mauvais goût, assez rare à son époque. Aussi modeste qu'habile, il n'était jamais content de ses dessins, lors même qu'ils avaient mérité les suffrages des connaisseurs.

On attribue à François Mansard l'invention de ces toits brisés qui laissent à l'intérieur des pièces habitables qui de son nom se sont appelées *mansardes*. E. B—n.

Fontenai, *Dict. des Artistes*. — Quatremère de Quincy, *Hist. des plus célèbres architectes*.

MANSARD ou **MANSART** (*Jules* Hardouin, dit), architecte français, neveu du précédent, né à Paris en 1645, mort en 1708. Fils d'un peintre nommé Jules Hardouin, il prit, en embrassant la carrière de l'architecture, le nom de son oncle (1), dont il fut l'élève. Un de ses premiers travaux fut le château de Clagny. Cet édifice, que Louis XIV avait fait élever près de Versailles pour Mme de Montespan, n'existe plus. De ce jour, la faveur de Louis XIV fut acquise au jeune architecte, qui fut nommé surintendant et ordonnateur général de ses bâtiments.

Mentionnons en passant les châteaux de Marly, de Dampierre et de Lunéville, et arrivons à une œuvre d'une bien plus grande importance. Si le château de Versailles ne satisfait pas complétement l'œil de l'homme de goût, il ne faut pas en accuser absolument Mansard, qui fit sans doute tout ce qui était en son pouvoir pour résister à la décadence qui partout s'attaquait à l'art comme un torrent déchaîné par l'école du Bernin. Les augmentations successives dont ce palais fut l'objet suffisent pour justifier Mansard de n'avoir pu donner à Versailles que l'apparence d'une agrégation de bâtiments divers, plutôt que celle d'un palais homogène, imposant et grandiose comme ceux qui avaient été élevés tout d'un jet en Italie par les Michel-Ange, les Palladio, les Cronaca, etc. C'est donc surtout dans l'intérieur du palais que nous trouvons Mansard donnant à son génie un essor plus libre et cherchant à reproduire avec une richesse un peu exagérée les merveilles de l'Italie. Il suffira d'indiquer la grande galerie des glaces dans laquelle, il est vrai, l'architecte dut subir l'influence du peintre Lebrun, et la chapelle, le dernier et l'un des plus parfaits ouvrages de Mansard, malgré l'injuste critique de Voltaire, satirique plus spirituel que digne appréciateur de l'art.

Inspiré par Le Nôtre, Mansard éleva aussi les orangeries de Versailles d'un style plus pur qu'aucune partie du château lui-même. Il dessina aussi le grand Trianon, gracieux et élégant bâtiment à l'italienne. Le 1er mai 1685, il commençait les travaux de la maison royale de Saint-Cyr, et il poussait les travaux avec une telle rapidité, qu'ils étaient entièrement achevés au mois de juillet de l'année suivante.

Arrivons maintenant au plus beau titre de Mansard à l'admiration de la postérité, au dôme des Invalides. « Le projet d'une coupole, dit Quatremère de Quincy, n'avait point fait partie dans le principe des vues de l'ordonnateur du monument, ni de celles de l'architecte des Invalides; l'église telle qu'elle fut projetée et achevée par son auteur, Liberal Bruant, en est la preuve. Lorsque l'on conçut l'idée d'embellir l'ensemble du monument des Invalides par un dôme, ce dôme ne put trouver place qu'à l'extrémité de la nef de l'église, ce qui dut produire dans le fait deux églises à la suite l'une de l'autre et sans aucun rapport entre elles. Quoi qu'il en soit, ce fut pour Mansard une difficulté de plus à résoudre, et l'on convient généralement qu'il y eut de l'habileté à lier, comme il le fit, la cons-

(1) A une époque reculée, un chevalier romain, nommé Michaele Mansarto, était venu s'établir en France où il devint la souche d'une famille d'artistes que l'on trouve constamment attachée au service des rois de France comme ingénieurs, peintres, sculpteurs ou architectes.

truction de son dôme à celle de l'église en opérant encore assez heureusement le raccordement des deux architectures. » Mansard n'ayant pu ainsi faire du dôme des Invalides autre chose qu'une addition ou un prolongement à l'église déjà terminée, il fut obligé de lui donner une entrée particulière et ce fut alors que, du côté du sud, il éleva le beau frontispice que nous voyons aujourd'hui. En 1699, il construisait, sur l'emplacement de l'hôtel de Vendôme, la belle place qui en porte aujourd'hui le nom, quoique alors elle ait reçu celui de Louis le Grand. Enfin on lui doit aussi les dessins de la jolie place des Victoires.

Tant de travaux importants acquirent à Mansard avec une fortune immense, les honneurs, les titres, les emplois les plus brillants; il fut chevalier de l'ordre de Saint-Michel, premier architecte du roi, surintendant et ordonnateur général des bâtiments, arts et manufactures, membre protecteur de l'Académie royale de peinture et sculpture à laquelle, par son influence, il rendit d'immenses services. Mansard mourut presque subitement à Marly, à l'âge de soixante-trois ans; son corps, rapporté à Paris, fut inhumé à l'église Saint-Paul, où lui fut élevé un mausolée sculpté par Coysevox. E. B—N.

Quatremère de Quincy, *Vies des plus célèbres architectes.* — Fontenai, *Dictionnaire des Artistes.*

MANSEL (*Jean*), historien français, né à Hesdin, vivait pendant le quinzième siècle. Ce qu'on sait sur son compte se réduit à ce qu'il est l'auteur de la *Fleur des histoires*, volumineuse compilation, qui contient une histoire universelle écrite par ordre de Philippe le Bon, duc de Bourgogne. Elle s'étend depuis la création du monde jusqu'au règne de Charles VI. On y trouve cette absence de critique, ces récits fabuleux que les écrivains du moyen âge admettaient toujours sans hésitation. La *Fleur des histoires* n'a point été imprimée; la Bibliothèque impériale en possède plusieurs beaux manuscrits. G. B.

P. Paris, *Manuscrits français de la Bibliothèque du Roi*, t. I, p. 59. II, p. 314; V, 314.

MANSENCAL (*Jean* DE), magistrat français, né à Bazas, mort à Toulouse, en 1562. Il jouissait d'une grande réputation de savoir et d'intégrité, et les rois Henri II et François II eurent souvent recours à ses lumières. Successivement conseiller, avocat général, premier président du parlement de Toulouse, Mansencal se fit remarquer par l'énergie avec laquelle il signala les empiétements du clergé et les désordres de ses membres. Aussi vit-il condamner en Sorbonne son livre intitulé : *La Vérité et Autorité de la Justice du roi très-chrétien, en la correction et punition des maléfices, contre les erreurs contenues en un libelle diffamatoire scandaleusement composé;* Toulouse, 1549. C'était la réfutation d'un libelle qui, sous le titre de *Arrêt du Parlement de Toulouse, très-profitable, etc., rendu le 26 octobre* 1549, attaquait cette compagnie pour avoir déclaré justiciable de l'autorité séculière un ecclésiastique convaincu de débauche et d'outrage aux mœurs. La censure infligée à Mansencal ne diminua pas son crédit; François II le nomma son vice-lieutenant général pour la province de Languedoc. Le roi ne fut pas trompé dans son choix; car Mansencal déploya depuis le plus grand zèle contre les huguenots, et dans les journées du 11 au 12 mai 1562, bannit tous ses parents, tous ses amis, après un combat dans lequel « quatre mil cinq cens d'iceulx ennemis du roi et de la religion, en nombre vérifié, demeurèrent sur les rues et pavés de Toloze sans comprendre une infinité d'autres ensevelis à deux lieues à la ronde ». A. L.

Annales manuscrites de Toulouse. — *Biographie toulousaine.*

MANSFELD (Comtes DE), une des plus anciennes familles nobles de l'Allemagne, qui tirait son nom du château de Mansfeld, situé dans la régence de Mersebourg (États prussiens). A la fin du quinzième siècle, cette famille, étant à la huitième génération, se divisa en deux branches principales, l'aînée et la cadette, qui à leur tour formèrent divers rameaux, et s'éteignit en 1780 en la personne du prince Joseph-Wenceslas de Mansfeld; la fille unique de ce dernier transmit son titre et ses biens allodiaux à la famille de Colloredo, qui ajouta dès lors à son nom patronymique celui de Mansfeld. Les plus illustres personnages de cette maison sont :

MANSFELD (*Albert*, comte DE), né en 1480, mort le 5 mars 1560. Second fils d'Ernest, qui mourut en 1486, il appartenait à la branche cadette de sa famille. S'étant déclaré pour Luther, il fut un des principaux chefs du parti protestant durant les guerres d'Allemagne. En 1547, il fit lever le siége de Brême à Henri de Brunswick, et peu de temps après il fut battu par le colonel Wrisberger, qui lui enleva jusqu'à deux mille chevaux. Envoyé en 1550 au secours de Magdebourg, qu'assiégeait l'empereur Charles-Quint, il perdit dans une rencontre la plupart de ses soldats et ne put que se jeter dans la ville avec un faible détachement.

Un de ses fils, *Wolrath*, mort le 30 décembre 1578, porta les armes avec réputation. En 1569 il accompagna en France le duc de Deux-Ponts, et, à la mort de celui-ci, il prit le commandement des troupes, joignit les huguenots et combattit à Moncontour; après la perte de la bataille, il sauva, par une prudente retraite, une partie de la cavalerie allemande. K.

Zeiller, *Grafen und Herren von Mansfeld*; Halle, 1703, in 8°.

MANSFELD (*Pierre-Ernest*, comte DE), général allemand, né le 20 juillet 1517, mort le 22 mai 1604, à Luxembourg. Neuvième fils du comte Ernest, mort en 1532, il fut le chef de la branche belge de sa famille, dite d'Huldreggen. Introduit fort jeune à la cour de Charles-Quint, il accompagna ce prince dans son expédition de Tunis, donna des preuves de courage au siége de Landrecies (1543), et reçut en 1546 le collier de la Toison d'or et le gouvernement du duché de Luxembourg. La guerre ayant été déclarée à la France (1551), il fut au nombre des généraux qui envahirent ce pays; il s'empara de Stenay et ravagea la Champagne; mais, à l'approche du roi Henri II, il s'enferma dans la petite place d'Ivoy qu'il avait munie d'approvisionnements et où il comptait opposer une longue résistance. La mutinerie de ses troupes le força de se rendre; il resta prisonnier des Français de 1552 à 1557. Après avoir combattu à Saint-Quentin, il tenta inutilement de ravitailler Thionville; serré de près par le duc de Guise, il se jeta dans Luxembourg et mit cette ville à l'abri de toute attaque. En 1569, le comte de Mansfeld rentra en France, au titre d'allié cette fois, et amena du secours à Charles IX pour résister à la ligue protestante; il eut une part si brillante à la victoire de Moncontour que le roi lui écrivit une lettre des plus flatteuses. Regardé comme un des meilleurs capitaines de l'époque, il fut employé à pacifier les Pays-Bas, et désigné en 1592 à remplacer le duc de Parme comme gouverneur général de ces provinces. Mais, n'ayant pu empêcher les excès auxquels se livraient les troupes espagnoles, il céda en 1594 sa charge à l'archiduc Ernest, et se retira à Luxembourg avec le titre de prince de l'empire. Mansfeld réunit en lui les talents de l'homme de guerre et du protecteur éclairé des arts; il rassembla à grands frais des monuments antiques, et les plaça dans ses jardins joints au magnifique palais, aujourd'hui détruit, qu'il s'était fait bâtir à Luxembourg. On lui reproche un caractère cruel et une avidité insatiable. K.

Grotius, *Annales de rebus Belgicis*. — Moréri, *Grand Dict. hist.* — Schannat (abbé), *Histoire du comte de Mansfeld*; Luxembourg, 1707, in-12.

MANSFELD (*Charles*, prince DE), général allemand, fils du précédent, né en 1543, mort le 14 août 1595. Employé dans les Pays-Bas, dont le duc de Parme lui remit le gouvernement en 1591, il y fut constamment harcelé par le prince Maurice, qui remporta sur lui de nombreux avantages. En 1593 il amena, au duc de Mayenne, une armée auxiliaire qui s'éleva, l'année suivante, à plusieurs milliers de soldats. Il renforça Laon, et envahit la Picardie; mais, à diverses reprises, il s'était prononcé contre cette intervention qui ruinait les trésors de l'Espagne, et en 1595 il obtint d'être envoyé en Hongrie contre les Turcs. L'empereur le nomma lieutenant général, prince et capitaine général de mer en Flandre. Il ne laissa points d'enfants. On dit qu'il fit tuer sa première femme, Diane de Cossé, fille du maréchal de Brissac, après l'avoir surprise en adultère avec le comte de Maure. K.

Moréri, *Grand Dict. hist.* — G. Scherer, *Oration von den heroischen Thaten Carls von Mansfeld*; Vienne, 1596, in-4°. — N. Gabelmann, *De vita et rebus gestis principis Caroli Mansfeldensis*; Erfurt, 1601, in-4°.

MANSFELD (*Charles* DE), théologien belge, fils naturel du comte Pierre-Ernest, né vers 1588, à Luxembourg, mort en 1647. Après avoir étudié à Rome, il embrassa l'état ecclésiastique, et devint aumônier général aux armées espagnoles dans les Pays-Bas. On a de lui : *Clericorum cœnobitica sive Canonicorum vita et origo*; Luxembourg, 1625, in-12; — *Clericus, sive de statu perfectionis clericorum*; Bruxelles, 1627, in-12; ouvrage rempli de savoir et de piété; — *Sacerdotis breviculum*; Bruxelles, 1642, in-16; — *Castra Dei, sive parochia, religio et disciplina militum*; Bruxelles, 1642, in-4°, manuel assez superficiel et mal écrit; — *Magisterium militare*; Anvers, 1647, in-4°, etc. K.

Paquot, *Mémoires*, IV. — Calmet, *Biblioth. lorraine*, 627.

MANSFELD (*Ernest* DE), célèbre général allemand, né à Malines, en 1585, mort le 30 novembre 1626, à Wrakowicz, village de Bosnie. Fils naturel du comte Pierre-Ernest de Mansfeld (*voy.* ce nom) et d'une dame de Malines, il fut élevé par les soins de son parrain l'archiduc Ernest. Après avoir fait ses premières armes en Hongrie sous son frère Charles, il servit l'Autriche pendant plusieurs années dans les campagnes de Juliers et d'Alsace. En récompense il fut légitimé par l'empereur Rodolphe, qui s'engagea de plus à lui restituer une partie des biens de son père. Mansfeld, n'ayant pu obtenir l'exécution de cette promesse, quitta en 1610 le service des Habsbourg, auxquels il jura une haine mortelle, et embrassa la réforme. Il entra dans l'armée du duc de Savoie, alors en guerre avec les Espagnols, et fut quelque temps après créé pour sa bravoure marquis de Castel-Nuovo. Chargé en 1618 de recruter en Allemagne pour le duc une armée de quatre mille hommes, il allait la conduire en Italie, lorsque l'*Union* des princes protestants obtint du duc, son allié, que Mansfeld fût envoyé avec ses troupes au secours des insurgés de Bohême. A son entrée dans ce pays Mansfeld s'empara de l'importante place de Pilsen et de quelques autres forteresses. En 1619 il marcha avec trois mille hommes pour faire lever le siége de Prague; mais, tombé à Budweiss dans une embuscade, il fut complétement battu par Bucquoy et Wallenstein; ce n'est qu'avec les plus grands efforts qu'il se fit jour à travers les ennemis. Après cette défaite, qui mit fin au succès des révoltés, Mansfeld s'occupa pendant le reste de l'année et toute l'année suivante à prendre plusieurs places voisines de la Bavière (1). Aussi adroit négociateur qu'ha-

(1) C'est à cette époque que Mansfeld, auquel des membres des états de Bohême reprochaient les excès de ses soldats, répondit : « Ces hommes ne peuvent vivre d'air; or jamais vous ne préparez quoi que ce soit pour eux; ils prennent alors sans peser ni payer. Toute discipline disparaît bientôt, et il n'y a pas d'infamie qu'ils ne commettent. » Quant à Mansfeld lui-même, il se montra relativement moins cruel et avide que la plupart des hommes de guerre de son temps, tels par exemple que Tilly parmi les catholiques et Chrétien de Brunswick parmi les protestants.

bile capitaine, il retint, en octobre 1620, pendant deux semaines, par de vains pourparlers, l'armée de la *Ligue* catholique devant Pilsen, ce qui aurait assuré le salut du comte palatin Frédéric V (*voy.* ce nom), sans le dissentiment et l'étourderie des autres généraux de ce prince. Après la bataille de la Montagne-Blanche, Mansfeld resta pendant l'année 1621 seul avec Jugerndorf et Bethlen-Gabor, à soutenir par les armes la cause de Frédéric, et à la fin de l'année il n'y avait plus absolument que lui qui osât résister aux forces de l'Autriche. Il ne se troubla pas; dans le corps fluet de ce jeune homme blond, à bec-de-lièvre, habitait une âme audacieuse; on lui offrit de l'or en masse, on mit sa tête à prix : rien ne le toucha. Il part subitement de Pilsen, où Tilly l'assiégeait, et se rend avec soixante cavaliers à Heilbronn, pour ranimer le courage des princes de l'*Union*; mais ils ne l'écoutèrent pas. A son retour en Bohême, il trouva Pilsen entre les mains de Tilly, qui avait acheté du lieutenant de Mansfeld la reddition de cette place. Mansfeld alla dans le haut Palatinat, où il recruta en quelques semaines une armée de vingt mille hommes, au moyen des quarante mille livres que Jacques Ier d'Angleterre venait d'envoyer à Frédéric son gendre. S'étant avancé vers les frontières de la Bohême, il se vit bientôt serré de près par Tilly et Maximilien de Bavière; faisant alors semblant de traiter de sa soumission à l'empereur, il se retire peu à peu de sa mauvaise position, entre en Franconie, où ses bandes mettent tout à feu et à sang; il dévaste ensuite l'évêché de Spire, et va enfin prendre ses cantonnements d'hiver dans les prévôtés impériales de l'Alsace. Établi à Haguenau, il faisait piller le pays par les partis qu'il envoyait de tous côtés. Rejoint en 1622 par Frédéric, il passe le Rhin en avril, et défait Tilly à Mingolsheim; sans le dissentiment qui s'éleva entre Mansfeld et Frédéric de Bade, l'armée impériale aurait été entièrement détruite. Au lieu de cela il arriva que Frédéric de Bade fut battu quelques semaines plus tard; et le duc de Brunswick Chrétien, le troisième général de Frédéric V, ayant aussi essuyé une défaite peu de temps après, ce malheureux prince se décida à licencier toutes ses troupes, espérant par sa soumission être maintenu dans la possession du Palatinat. Mansfeld conserva autour de lui ses soldats, qui avaient en lui une pleine confiance. Uni à Chrétien, il les conduisit en Lorraine; arrivé à Mouzon, il se montra disposé à faire une pointe en Champagne, alors entièrement dégarnie de troupes. Le duc de Nevers, gouverneur de la province, court à sa rencontre et l'arrête pendant quelque temps en lui faisant les plus brillantes propositions, dans le cas où Mansfeld voudrait entrer au service de la France; en même temps il rassemblait une armée et s'entendait avec les Espagnols pour envelopper les deux hardis *condottieri*. Ceux-ci, devinant la ruse, se précipitent à marche forcée sur les Pays-Bas. Après avoir battu, le 29 août, à Fleurus les troupes de Cordova, ils parviennent à traverser sans encombre les armées espagnoles, et arrivent enfin avec douze mille hommes à Bréda, où Maurice de Nassau les reçut avec joie. Mais bientôt après Maurice, ayant échoué dans toutes ses entreprises, les congédia avec trois mois de solde. Ils allèrent alors camper en Westphalie, prêts à attendre les événements. Le brigandage de leurs troupes fit bientôt tarir les ressources du pays; Chrétien alla guerroyer en aventurier et se fit complétement battre à Stadtloen; Mansfeld, abandonné d'une partie de ses soldats, renvoya les autres lorsque les états de l'Ost-Frise lui eurent remis trois cent mille florins, et alla vivre à La Haye en particulier.

Mandé en 1624 à Compiègne par Richelieu, inquiet de la puissance croissante de l'empereur Ferdinand II, Mansfeld reçut du cardinal la promesse d'un subside considérable pour le recrutement d'une armée. Il passa ensuite en Angleterre, où, à force d'instances, il obtint de Jacques l'argent nécessaire pour lever les troupes, avec lesquelles il fut chargé de reprendre de nouveau en main la cause de Frédéric V. Il débarqua ses soldats à Walcheren où il fut rejoint par deux mille Français commandés par Chrétien; mais une épidémie ayant diminué en peu de temps son armée de moitié, il se sentit trop faible pour pénétrer en Allemagne, et il dut se borner à guerroyer aux alentours d'Emmerich contre les troupes d'Anholt. Vers la fin de l'année, le roi de Danemark ayant pris fait et cause pour les protestants contre l'empereur, Mansfeld se transporte à Lubeck, et y reçoit de l'argent de la France. En février 1626, le roi de Danemark, le duc de Weimar, le duc de Brunswick et Mansfeld commencent à la fois contre les impériaux une attaque générale, qui fut loin de donner les brillants résultats qu'on aurait dû en attendre. Le 25 avril, Mansfeld, cherchant à forcer le passage de l'Elbe, près de Dessau, se vit, par la faute du roi, attaqué par toutes les troupes de Wallenstein; complétement défait, il ne ramena derrière la Havel que cinq mille hommes; quinze mille furent tués ou faits prisonniers. Mais, renforcé par trois mille Écossais et cinq mille Danois, il se trouva six semaines plus tard de nouveau prêt à agir. Uni à Weimar, il penètre en Silésie et de là en Moravie, où Bethlen Gabor, qui venait de rompre encore une fois avec Ferdinand, alla le rejoindre en novembre. Les subsides de la France et de l'Angleterre n'arrivant pas, les troupes de Mansfeld mettaient le pays au pillage; ce fut une des causes qui engagèrent Bethlen à négocier avec Wallenstein. Après avoir emprunté mille ducats à Bethlen, Mansfeld, laissant ses soldats sous le commandement de Weimar, partit avec douze de ses officiers et une escorte turque, pour aller chercher à Venise de nouvelles ressources. Tombé malade à Bude, il n'en continua pas moins sa route; mais, arrivé à Wrakowicz, il s'arrêta, sentant l'approche de la mort. Après avoir envoyé deux officiers, l'un à Paris, l'autre à Londres, pour faire prendre soin de ses troupes, il légua son argent et ses effets à ses fidèles compagnons d'armes; ensuite il revêtit son casque et sa cuirasse, ceignit son épée, et, debout, appuyé sur deux amis, il attendit avec fermeté le dernier ennemi.

E. G.

Acta Mansfeldica (1624, in-4°). — Mebold, *Geschichte des dreissigjährigen Krieges.*

MANSFIELD (*William* MURRAY, comte DE), magistrat anglais, né le 2 mars 1705, à Perth, mort le 20 mars 1793, à Londres. Il était le onzième des quatorze enfants du vicomte Stormont, et appartenait, ainsi que l'indique son nom patronymique, à une des anciennes familles de la noblesse écossaise. Après avoir été un des meilleurs élèves du collége de Westminster et de l'université d'Oxford, il voyagea en France et en Italie (en compagnie du jeune duc de Portland, à ce qu'on raconte), et fut reçu avocat en 1731. Au milieu des fortes études par lesquelles il se prépara au barreau, il ne négligea point le culte des lettres et rechercha la société des beaux-esprits et des écrivains du temps, de Pope surtout, qui chanta plusieurs fois ses louanges. L'occasion de mettre au jour ses talents s'étant offerte, il la saisit, et sa première cause révéla en lui l'orateur et le jurisconsulte. Dès 1732 il plaidait devant la cour suprême, et bientôt après c'était lui qui, dans toutes les affaires considérables, portait la parole à la barre de la chambre des Lords. Aussi, l'entendit-on dire plus tard qu'il n'avait jamais connu de différence entre un manque absolu de travail et un revenu de 3,000 guinées par an. Ses rivaux, Yorke et Talbot, s'inclinèrent devant sa supériorité. Un des procès qui établirent la réputation judiciaire de Murray fut celui du grand prévôt et de la cité d'Édimbourg rendus responsables du meurtre d'un criminel que, dans un moment de fureur, le peuple avait massacré. En 1738 il épousa l'une des filles du comte de Nottingham. Deux ans après il vint siéger au parlement au nom d'un bourg du Yorkshire, et fut réélu pour les législatures de 1747 et de 1754. Le gouvernement récompensa son zèle en lui donnant la charge de *solicitor general* (1742). A quelque temps de là, la rébellion des jacobites l'exposa à de dures épreuves. Une partie de l'Écosse avait accueilli le prétendant; la famille de Murray plaçait en lui de secrètes espérances, et lui-même, dans sa jeunesse, s'y était associé. Ses ennemis, en ranimant les souvenirs du passé, s'en firent une arme pour l'abattre; mais l'accusation de trahison, portée au conseil des ministres, puis à la chambre haute, s'évanouit. Murray, qui venait de faire condamner lord Lovat, dédaigna de se justifier et n'en demeura pas moins l'ami le plus dévoué de la monarchie. Les hautes charges dont il fut revêtu le forcèrent de se mêler aux affaires politiques plus peut-être qu'il n'était dans ses goûts. Le parti tory le regardait comme un de ses chefs. Plus d'une fois Pitt et Murray en vinrent aux prises, et, dans ces luttes oratoires, la modération et l'urbanité ne furent pas toujours du côté du premier, qui du reste se plaisait à reconnaître les éminentes qualités de son adversaire et à le placer sur la même ligne que Holt et Somers, ces modèles de la magistrature anglaise.

Nommé *attorney general* en 1754, Murray fut appelé en 1756 à présider la cour du banc du roi, et créé pair selon l'usage; on lui accorda le titre de baron de Mansfield. En même temps, par une faveur exceptionnelle, il siégea au cabinet avec le rang de ministre sans portefeuille. Grâce à la rigoureuse observation de quelques règles d'équité, il rendit prompte et bonne justice et fit, pendant plus de trente ans, du corps qu'il dirigeait un des tribunaux les mieux administrés de l'Europe. Un de ses axiomes favoris était : « Quand le juge n'a plus de doutes, que sert-il d'introduire des délais? » A une expérience consommée, à l'érudition la plus variée, il unissait un sens droit et une intelligence plus vive que profonde qui lui permettaient de démêler d'un coup d'œil les points les plus importants de chaque affaire. Quelquefois il lui arrivait de formuler des lois, au lieu de les appliquer. Cette hardiesse eut d'heureux résultats dans quelques parties de la législation commerciale; mal appliquée à la propriété foncière, elle souleva des tempêtes en politique. A propos de divers procès de presse, celui des fameuses *Lettres* de Junius entre autres, il prétendit que le jury avait à s'occuper du fait, non du droit. Cette doctrine nouvelle, dans laquelle il persistait, lui attira une désapprobation presque générale. Après l'avoir de nouveau formulée, il ajouta un jour ces paroles qui peignent la fermeté de son âme : « J'honore le roi et je respecte le peuple; mais beaucoup de choses, acquises par la faveur de l'un et de l'autre, ne sont, à mon avis, dignes de recherche. Je désire la popularité, celle-là seule qui nous suit et non qui nous précipite, celle-là qui, tôt ou tard, ne faillit jamais à rendre justice à la poursuite d'un noble but par de nobles moyens. » Son attachement de plus en plus marqué au parti tory ne rendit pas lord Mansfield populaire. Durant les troubles de 1780, on livra aux flammes son hôtel qui contenait de fort belles collections de livres et de tableaux. Il refusa pourtant d'accepter rien qui pût ressembler à une indemnité. Son influence politique le rendait digne de participer d'une façon plus active à la direction des affaires. Bien des offres lui furent faites; il eut la sagesse de les décliner, « sachant, dit Walpole, qu'il est plus sûr de porter le glaive de la loi que de s'y exposer ». Avec toutes les qualités d'un grand ministre et avec plus d'honneur qu'aucun ministre de son temps, il se contenta d'être un bon magistrat. Si, en 1757, il accepta la chancellerie de l'Échiquier, ce fut pour donner à une nouvelle administration le temps de se former et de résister à l'assaut des partis; il ne garda ces fonctions que trois mois. Lord Mansfield se démit en 1788 de la présidence de la cour suprême. Elevé en 1782 au rang de comte, il légua sa fortune et son titre à son neveu, le vicomte David Stormont.

P. L—Y.

H. Roscoe, *Life of lord Mansfield* dans le *Cabinet Cyclopædia* de Lardner. — *State Trials*, XX. — J. Burrows, *Reports*. — Lodge, *Portraits of illustrious personages*, VIII. — Campbell, *Lives of the chiefs justice of England*. — *English Cyclop* (*Biogr.*).

MANSI (*Jean-Dominique*), savant prélat italien, né à Lucques, le 16 février 1692, mort le 27 septembre 1769. Dernier rejeton d'une ancienne famille patricienne, il entra de bonne heure dans la congrégation des clercs de la Mère de Dieu. Après avoir pendant plusieurs années enseigné la théologie à Naples, il devint le théologien de l'archevêque de Lucques. Cet emploi lui laissant le loisir de s'occuper d'histoire ecclésiastique, son étude favorite, il visita l'Italie, la France et l'Allemagne, pour y chercher dans les bibliothèques et les archives des documents se rapportant à ses travaux. Ses excellents ouvrages, remarquables par l'érudition la plus étendue et une critique habile, lui valurent d'être promu, en 1765, à l'archevêché de Lucques. On a de lui : *De Casibus et Excommunicationibus episcopis reservatis*; Lucques, 1724 et 1739, in-4°; — *Prolegomena et Dissertationes in omnes et singulos S. Scripturæ libros*; Lucques, 1729, in-fol.; — *De Epochis conciliorum Sardicensis et Sirmiensium, ceterorumque in causa Arianorum*; Lucques, 1746-1749, 2 vol. in-8°; — *Supplementum collectionis conciliorum et decretorum N. Coleti*; Lucques, 1748-1752, 6 vol. in-fol.; — *Sacrorum conciliorum nova et amplissima Collectio*; Florence, 1759-1798, 31 vol. in-fol., ce précieux recueil, qui s'arrête à l'an 1509, surpasse en richesse de matériaux et en critique tous ceux qui l'ont précédé; — *Epitome doctrinæ moralis ex operibus Benedicti XIV depromtæ*; Venise, 1770. Mansi a aussi donné d'excellentes éditions augmentées et annotées des ouvrages suivants : *De Ecclesiæ Disciplina* de Thomassin; Venise, 1728, 4 vol. in-fol.; — *Baronii Annales*; Lucques, 1738-1756, 38 vol. in-fol.; — *Natalis Alexandri Historia ecclesiastica*; Venise, 1750, 9 vol. in fol., et 18 vol. in-4°; — *Fabricii Bibliotheca latinitatis mediæ et infimæ*; Padoue, 1754, 6 vol. in-4°; Lucques, 1755-1759, 3 vol. in-4°; — *Memorie della gran contessa Matilda da Fr. Fiorentini, con note e con l'aggiunta di molti documenti*; Lucques, 1756, in-4°.

O.

Zatti, *Vita D. Mansi* (Venise, 1772). — Sarteschi, *De Scriptoribus congregationis Matris Dei*, p. 302.

MANSION (*N****), sculpteur français, né à Paris, en 1773. Il obtint la médaille de première classe en 1810, année où il avait exposé le modèle d'une statue d'*Aconce* et *Napoléon donnant la paix à la terre*. Depuis, il a envoyé au Salon : en 1812, *Ajax, fils d'Oilée*; en 1814, *Une Nymphe de Diane*; en 1819, *Esculape protégeant la beauté par la découverte de la vaccine*, groupe; les bustes de *Rembrandt* et de *Philippe de Champaigne*, pour la grande galerie du Louvre, et la statue en marbre de *Cydippe, amante d'Aconce*; en 1822, le buste de *Téniers* pour la galerie du Louvre; les bustes de *Laugier* et de *Dupuytren*; en 1824, *L'Invention de la poésie lyrique*, bas-relief pour la cour du Louvre.

E. B—N.

Barbet de Jouy, *Descript. des sculptures modernes du Louvre*. — *Livrets des expositions*.

MANSION (*Colard*). Voy. COLARD.

MANSO (*Jean-Gaspard-Frédéric*), philologue et historien allemand, né à Blasienzell, dans le duché de Gotha, le 26 mai 1692, mort à Breslau, le 9 juin 1826. Après avoir étudié à Iéna la théologie, la philosophie et la philologie, il fut pendant quelque temps professeur au gymnase de Gotha, et devint, en 1790, vice-recteur, puis, en 1793, recteur du *Magdaleneum* à Breslau. On a de lui : *Versuche über einige Gegenstände aus der Mythologie der Griechen und Römer* (Essais sur quelques sujets de la mythologie grecque et romaine); Leipzig, 1794; — *Sparta, ein Versuch zur Aufklärung der Geschichte und Verfassung dieses Staates* (Sparte, essai sur l'histoire et la constitution de cet État); Leipzig, 1800-1805, 3 vol.; — *Vermischte Schriften* (Mélanges); Leipzig, 1801, 2 vol.; on y trouve un certain nombre de pièces de poésies, remarquables par une versification élégante et facile; — *Leben Constantins des Grossen* (Vie de Constantin le Grand); Breslau, 1817; — *Geschichte des Preussischen Staates seit dem Hubertsburger Frieden* (Histoire de la Prusse, de la paix d'Hubertsbourg); Francfort 1819-1820 et 1835, 3 vol.; traduit en français par Bulos, Paris, 1828, 3 vol in-8°; — *Vermischte Abhandlungen und Aufsätze* (Mémoires et Dissertations sur divers sujets); Breslau, 1821; — *Geschichte des Ostgothischen Reiches in Italien* (Histoire du royaume des Ostrogoths en Italie); Breslau, 1824. Parmi les éditions des auteurs anciens données par Manso, nous citerons celle de *Méléagre*, Gotha, 1785, et celle de *Bion et Moschus*, Leipzig, 1807.

O.

Kluge, *Manso als Schulmann und Gelehrter* (Breslau, 1828). — Passow, *Narratio de Mansone* (Breslau, 1826) — Jacobs, *Personalien*. — *Neuer Nekrolog der Deutschen*, t. IV. — Mahul, *Annuaire nécrologique* (année 1827).

MANSO (*Jean-Baptiste*, marquis DE VILLA), poëte italien, né à Naples, vers 1560, mort à Naples, le 28 décembre 1645. Noble et riche, il consacra sa fortune à protéger les lettres et les arts. Il fonda dans son palais l'académie des *Oziosi*, et ordonna par son testament que son héritage serait employé à l'établissement d'un collége des nobles. Rien ne fait plus d'honneur à Manso que son amitié pour le Tasse. Ce grand poëte a donné à son *Dialogue sur l'amitié* le titre de : *Il Manso*. On a de Manso : *I paradossi, overo dell' amore dialogi*; Milan, 1608, in-4°; — *Erocallia, overo dell' amore e della bellezza dialogi XII*; Venise, 1618, in-4°; — *Vita di S. Patrizia vergine*; Naples, 1619, in-4°; — *La Vita di Torquato Tasso*; Naples, 1619, in-4°; — *Le Poesie nomiche divise in rime amorose, sacre e morali*; Venise, 1635, in-12. Z.

J. N. Erythræus, *Pinacotheca*. — Toppi, *Bibliotheca napoletana*. — Tiraboschi, *Storia della letteratura italiana*, t. VIII, p. 31.

MANSON (*Johann*), marin suédois, tué en 1658. Bon hydrographe, il était parvenu au grade de capitaine de l'amirauté suédoise, lorsqu'il fut tué dans un combat livré dans le Sund contre la flotte danoise. Il a laissé une *Description nautique de la Baltique* (en suédois); Stockholm, 1644 et 1749, avec cartes. A. de L.

Warmholtz, *Biblioth. hist. sueo-gothica*. — Geyer, *Hist. de Suède*. — Gegelius, *Biogr. Lex.*

MANSOUR (*Abou-Djafar-Abdallah II, Al-*), khalife abbasside de Bagdad, né à Hachémiéh vers 712, mort le 18 octobre 775 de J.-C., à Bir-Maimoun, près de la Mecque. Après avoir gouverné, sous le règne de son frère et prédécesseur Aboul Abbas al-Saffah, les provinces d'Adzerbaidjan et de Mésopotamie, Mansour monta sur le trône, en juillet 754. Étant en route alors pour le pèlerinage de la Mecque, il chargea son fidèle général, Abou-Moslem, de soutenir ses droits tant contre son cousin Isa ben Mousa que contre son oncle Abdallah ben Ali, gouverneur de la Syrie. Ce dernier, après sa défaite à Nisibe par Abou-Moslem, en novembre 754, s'étant caché pendant quelques années chez son frère Souleiman à Bassora, Mansour l'appela à sa résidence, près de laquelle il fit construire à Abdallah une maison avec des fondements de sel gemme qui, s'étant affaissés sous l'action d'un courant d'eau, que par l'ordre du khalife on y conduisit secrètement, écrasèrent ce malheureux sous le poids des murailles renversées, en 765. Bien avant cet événement, Mansour s'était défait plus promptement encore d'un autre bienfaiteur de sa dynastie, Abou-Moslem. Celui-ci, ayant refusé d'échanger son gouvernement de Khorasan contre celui de Syrie, le khalife l'attira, sous de faux prétextes, à Madain, où, l'ayant appelé dans l'intérieur du palais, il fit précipiter dans le Tigre son corps percé de coups, en 755. Vers cette époque, Mansour vit échapper d'une manière absolue à son autorité l'Espagne, occupée, dès cette même année, par l'Ommaiade Abderrahman ben-Moawiah. Une autre province ne sortit alors que momentanément de la domination des Abbassides : le gouverneur de l'Afrique septentrionale, Abderrahman ben-Habib, se déclara indépendant, tandis que son frère, réfugié chez les Ouerfadjoumahs, excita une révolte générale de toutes les tribus berbères. Ce ne fut qu'Aghleb ben Salem qui parvint, vers 770, à remettre l'Afrique sous le sceptre de Mansour. Après avoir apaisé trois révoltes excitées successivement par divers gouverneurs du Khorasan, Sinan, Djamhour, et Mohammed, fils d'Aschaât, le khalife porta la guerre dans l'Asie Mineure contre les Grecs, qui furent défaits en Pamphylie sur les bords du Mélas. Mais cette campagne n'aboutit qu'à la reconstruction de deux villes, savoir celle de Mopsuestia sous le nom de Massissa, et celle de Mélitène, sous le nom de Malatié, que Mansour fit fortifier toutes deux par l'émir Gabriel ben Yahiah. Rappelé en Irak par les progrès de différentes sectes, telles que les Schorat et les Ibad-Nisyé, et avant tout par les ravages des Rawendiés, qui croyaient à une espèce de métempsycose, Mansour crut étouffer cette insurrection en emprisonnant les chefs principaux des sectaires. Mais, assiégé dans son palais de Hachémiéh, en 758, par les Rawendiés, il ne dut son salut qu'à la présence d'esprit et aux secours inespérés de Maan ben Zéiad, chef ommaïade. Décidé alors à abandonner sa résidence d'Hachémieh, dont les habitants avaient pris part à cette révolte, il choisit sur les bords du Tigre l'ancien emplacement des villes de Séleucie et de Ctésiphon, où se trouvait alors un petit village avec un château de plaisance des rois sassanides, nommé Bagadatta, ce qui signifie en pehlvi « Dieudonné. » C'est là, qu'en 762, il fit bâtir, en forme circulaire, une nouvelle ville, flanquée de cent soixante-trois tours, et ornée des dépouilles de quelques autres cités du voisinage, telles que Vaseth, Madain, Taki-Eiwan, qui toutes possédaient de magnifiques palais du temps des Sassanides. Construite d'abord sur la seule rive droite du Tigre, et nommée par Mansour Medinet-el-Salam (ville de la paix), sa nouvelle résidence, depuis qu'elle s'étendait aussi sur la rive gauche ou persane, en 768, reprit son ancien nom persan dont la forme commune, Bagdad, n'est qu'une contraction. Mansour, devenu ombrageux, crut trouver la source des diverses révoltes dans les dispositions hostiles des Alides. Après avoir fait expirer sous les verges Mohammed, fils d'Abdallah et arrière-petit-fils du khalife Othman, il fit arrêter un autre Abdallah, petit-fils de l'imam Hoceïn. Mais par cette mesure il provoqua précisément ce qu'il avait voulu empêcher. Les deux fils de ce chef emprisonné, Mohammed Mahdi, surnommé Nefs-Zakiiah (l'âme juste) et Ibrahim, se proclamèrent khalifes, en 762, l'un à Médine, et l'autre à Bassora; mais ils succombèrent, tous deux, sur le champ de bataille, contre Isa ben Mousa, gouverneur de Koufa, et cousin de Mansour. Ce dernier eut encore la satisfaction de voir mourir, en 765,

Djafar ben Mohammed, le dernier imam généralement reconnu des Alides, qui se divisèrent depuis en deux grandes branches, dont chacune élisait un imam. Outre la rentrée, déjà mentionnée plus haut, de l'Afrique sous la domination des khalifes, Mansour vit, dans la même année 770, la soumission complète du Zaboulistan et du Sind. Après avoir employé des manœuvres coupables pour affaiblir, au moyen de narcotiques, la santé de son cousin Isa ben Mousa, auquel revenait de droit la succession, le khalife, sous le prétexte de l'incapacité mentale d'Isa, fit assurer le trône à son propre fils Mahdi, et entreprit enfin un dernier pèlerinage à la Mecque, pendant lequel il mourut. Mansour, dont nous avons déjà signalé l'ingratitude, se fit remarquer aussi par son intolérance. Mais s'il persécuta les chrétiens et s'il les fit même flétrir par des stigmates, il ne faut pas s'en étonner de la part d'un souverain qui emprisonna et fustigea des docteurs musulmans orthodoxes, tels que Malek ibn Anas et el-Hanéfi. D'un autre côté, Mansour a laissé des monuments impérissables de son règne, grâce à l'esprit d'économie qui, souvent, il est vrai, dégénéra chez lui en avarice sordide. Le même prince, qui débattait avec ses tailleurs le prix des vieux habits, et qui forçait ses serviteurs à se fournir eux-mêmes leurs livrées, fut en mesure, tout en laissant dans le trésor plus de 700 millions de francs, de bâtir, outre les trois villes nommées, trois autres cités du nom de Mansouriah, en Afrique, en Perse et dans l'Inde, de reconstruire, en 773, Hillah, sur l'emplacement de Babylone, ainsi que d'embellir et d'agrandir les villes de Bassorah et de Coufa. Aux six divans ou conseils d'État, qui existaient déjà avant lui, Mansour ajouta celui de l'*Esimet*, pour les affaires mixtes. Il fut enfin le premier des khalifes d'Orient qui tourna vers les lettres l'activité des Arabes. Il provoqua les traductions d'ouvrages grecs et latins, soit en arabe, soit dans une autre des langues orientales en usage dans l'empire. Ce fut sous son inspiration que le Maronite polygraphe Théophile d'Édesse traduisit en syriaque Platon, Hérodote, Homère et Xénophon, tandis que des ouvrages de médecine et de botanique furent traduits en persan par Georges de Baktischu, professeur de l'école persane de médecine à Gandisapour ou Djoudjapour, ainsi que par ses collègues. Mansour fit aussi construire le premier astrolabe par Ali ben Isa, et faire, par Newbacht, les premières observations astronomiques. Mais ce fut surtout la poésie arabe qui profita des encouragements de ce khalife, auteur lui-même de poëmes érotiques et guerriers. Il récompensa royalement les poëtes, soit qu'ils chantassent ses victoires, comme Djafar ibn Hamsah, ou qu'ils décrivissent les astres lumineux du zodiaque, comme Ibrahim Fésari el Monedchi. Mais il arriva malheur à un poëte illustre pour avoir voulu se mêler de questions théologiques : Ibn-el-Mohkaffa, qui avait traduit en vers arabes les fables de Bidpaï, et en prose un grand nombre d'ouvrages de philosophie et de médecine, fut brûlé vivant dans un four, par ordre de Mansour, pour avoir donné d'un passage du Coran une interprétation qui déplaisait au khalife. Ce dernier fit, en outre, rédiger, sous sa surveillance personnelle, des traités ascétiques, ainsi qu'un aperçu historique des sectes qui avaient jusqu'alors surgi parmi les musulmans. Il est remarquable que Mansour, qui se piquait tant d'orthodoxie, et qui fit agrandir et embellir les mosquées de Médine et de la Mecque, préférait, pour les affaires diplomatiques, aux Arabes libres, les esclaves persans et turcs, dont les historiens font alors pour la première fois mention.

Ch. Rumelin.

Ibn-al-Athir et son abréviateur. — Elmacin, *Historia saracenica*. — Taghriberdi, *Histoire d'Égypte*. — Aboulféda, *Annal. Moslem.* — Hadji Chalfa, *Lexicon bibliographicum et encyclopædicum*. — Ibn Khallican, *Dictionnaire biographique* (traduction anglaise). — M. Noël Desvergers, *L'Arabie* (dans l'*Univers Pittoresque*). — Hammer, *Gemældesaal moslimischer Herrscher*. — Hammer, *Geschichte der arabischen Literatur*.

MANSOUR-BILLAH (*Abou-Tâher Ismail al-*), khalife fatimite d'Afrique, né à Cairouan en 914, mort à la fin de février 953, à Mansouriah. Il monta au trône, le 17 mars 946, au milieu de la révolte du kharedjite Makhled-ibn-Keidad, chef ifrénide, qui, sous le nom d'Abou-Yézid, propageait la secte nekkarite, ou, selon d'autres, l'hérésie ébadite dans une grande partie de l'Afrique et du Maghreb. Le khalife Caïm Mohammed Béamrillah, ayant été chassé par ce chef de toutes ses capitales, Mansour, fils du khalife, dans l'intérêt de sa dynastie, crut devoir cacher pour le moment la mort de son père, et continuer à expédier les ordres au nom de Caïm. Vaillamment soutenu par Réchic, son secrétaire d'État, par son visir Yacoub-ibn-Ishak, et par l'Esclavon Mérah, le jeune prince parvint à arracher à Abou-Yézid toutes les villes qu'il avait prises, Sous, Raccada, Cairouan, Tunis, Méhadia. Ayant rejeté ce rebelle dans le désert, Mansour sut gagner à sa cause Mohammed-ibn-el-Kheir-ibn-Khazer, chef du Maghreb central ou de l'Algérie, ainsi que Zeiri-ibn-Menad, gouverneur de la partie sud de la régence, et ce fut avec leur aide qu'il put refouler Abou-Yézid jusque dans les réduits les plus inaccessibles. Après l'avoir poursuivi dans une forteresse située sur un rocher taillé à pic, et l'avoir forcé de se laisser tomber dans un précipice, Mansour en fit retirer Abou-Yézid, qu'on amena en sa présence. Abou-Yézid ayant été soigné de ses blessures jusqu'à sa mort, survenue en août 947, le khalife en fit écorcher le cadavre, et placer la peau, remplie de paille, dans une cage pour servir de jouet à deux singes qu'on avait dressés à cela. Cette révolte étant apaisée, Mansour publia la nouvelle de la mort de son père, en même temps qu'il notifia son propre avénement au trône. En septembre 947, il chassa d'Afrique le gouverneur de Téhert, Hamid-ibn-Yézel-ibn-Isliten, qui avait reconnu les khalifes ommaiades d'Espagne, et donna sa place à l'Ifrenide Yala-ibn-Mohammed, en même temps qu'il nomma gouverneurs du Zab et d'El-Mecila, dans le sud de l'Algérie, les frères Djafer et Yahiah, fils d'Ali-ibn-Hamdoun, qui y fondèrent une dynastie illustre par la protection éclairée qu'elle accorda aux lettres. Ce fut à l'aide de ces divers chefs que Mansour se débarrassa encore successivement des deux fils d'Abou-Yézid, dont l'un, Fadhl, fut assassiné devant Baghaia, qu'il assiégeait, par Batit-ibn-Yala, en 948, tandis que l'autre, Aioub, qui avait sollicité en personne les secours des Ommaiades d'Espagne, périt de la main d'un prince maghrawien, Abdallah-ibn-Bakkar, en 950. Assuré enfin sur le trône de l'Afrique, Mansour confia, en 951, le gouvernement de la Sicile à Hassan-ibn-Ali-ibn-Kelby, en même temps qu'il équipa une flotte, sous le commandement de son affranchi, Fareh, pour achever la conquête de cette île, et pour commencer celle des Calabres. Fareh revint en 953, à Méhadia, chargé de butin, mais sans avoir fait de nouvelles conquêtes pour son maître, laissant la Sicile entière à Hassan el Kelby, qui s'y rendit indépendant, transmettant son royaume à ses descendants. Ce fut en général le résultat des luttes de Mansour; forcé de confier de grands gouvernements à ses généraux, pour étouffer les nombreuses révoltes, il les vit tous rendre leurs fiefs héréditaires. Tels furent les Zeirides à Achir, les Hamdounites dans le Zab, les Khazérites dans les oasis de Biskara et Tobna, les Ifrénides dans les villes de Tiaret et Tlemcen, et enfin en Sicile les Kelbides. Le dernier complice d'Abou-Yézid, Mâbed-ibn-Khazer, qui avait continué à infester les régences, ayant été pris et massacré, avec son fils, à Mansouriah, en 952, le khalife ne survécut pas longtemps à ce succès. C'est dans cette dernière ville, dont il venait de terminer la construction, qu'il mourut, à la fin de février 953. Son corps fut transporté et enterré à Méhadia, siége du gouvernement, depuis l'abandon de Cairouan, trop exposé aux attaques des Berbères. Mansour fut non-seulement un protecteur des lettres et des sciences, mais il était aussi poëte lui-même, et se plaisait à improviser en prose et en vers des discours d'apparat ou des missives intimes. Ch. R.

Ibn-Khaldoun, *Histoire des Berbères d'Afrique*. — Ibn-Rakik. — Ibn-Taghriberdi, *Histoire des khalifes d'Égypte*.

MANSOUR (*Aboul-Cassem*), souverain des trois régences de l'Afrique septentrionale, de la dynastie berbère des Zeirides ou Badisides, né à Achir vers 950, mort vers la fin de mars 996, à Cairouan. Il était fils de Yousouf Bologguin ibn-Zeiri, de la grande souche berbère des Senhadjas. Après avoir administré, sous son frère, le gouvernement d'Achir, il lui succéda sur le trône de Caïrouan, en mai 984, sous la suzeraineté des khalifes fatimites d'Égypte. Mansour, dont le règne ne fut qu'une suite de guerres contre d'autres souverains de l'Afrique, ou contre des chefs de tribus révoltés, marque cependant dans la série des princes zeirides par le fait qu'il parvint à rompre les liens de vasselage, dans lesquels son père et son grand-père avaient été engagés jusqu'à leur mort envers les khalifes fatimites. Après avoir confié le gouvernement de Téhert, près d'Oran, à son oncle Abou-Bébar et à son frère Itouweft celui d'Achir, il envoya ce dernier, en 985, contre Zeïri-ibn-Atia, surnommé El-Cartas, prince zénate de Fez. Mais Itouweft ayant essuyé une défaite, Mansour renonça à conquérir le Maroc, où il laissa dès lors les princes zénates, Ibn-Atia, Ibn-Khazroun, et Yeddoun Ibn-Yala, établir leur autorité sous la suzeraineté des khalifes ommaiades d'Espagne. L'année suivante, en 986, eut lieu la révolte du missionnaire fatimite Aboul-Fehm Haçan ibn Nasrouiah, Khoraçanien, auquel Mansour avait donné le gouvernement de la province de Kétama. Le khalife fatimite ayant défendu à Mansour, dont il craignait le caractère opiniâtre, de rien entreprendre contre Aboul-Fehm, le prince zeïride passa outre, et ayant saccagé Milah, il battit à Sétif le rebelle, qu'il fit prisonnier. Après l'avoir assommé à coups de masse, Mansour lui ouvre le ventre, lui arrache le foie, qu'il dévore, et livre son corps dépecé à ses esclaves nègres, qui le rôtissent et qui en mangent les morceaux ainsi préparés. Cette atrocité fit dire aux ambassadeurs égyptiens, qui avaient assisté à cette scène de cannibales, quand ils étaient de retour au Caire, qu'ils revenaient d'un pays habité par des hommes pires que les bêtes féroces. Cette guerre à peine terminée, Mansour fait un nouvel acte d'indépendance vis-à-vis des khalifes fatimites. Abdallah Ibn-Mohammed el Khatib, un des derniers survivants des Aghlabites, que Mansour avait nommé gouverneur de Caïrouan, en même temps que grand trésorier, ayant construit dans cette ville un magnifique palais, qui avait coûté plus de huit millions de francs, le prince zeïride accueillit toutes les dénonciations de concussion formulées contre lui. En y prêtant l'oreille, Mansour y ajouta encore à la charge d'Abdallah des soupçons de velléités rebelles, soupçons d'autant plus spécieux que le khalife fatimite avait ordonné au prince zeïride de comprendre Abdallah dans la khothbah, c'est-à-dire de le reconnaître pour son successeur présomptif. L'ayant appelé auprès de lui, Mansour, aidé de son propre frère Abdallah, perça son ministre par derrière de plusieurs coups de lance, vengeance dans laquelle il aurait, selon quelques auteurs, impliqué aussi le fils de sa victime, Yousouf-ibn-Abi-Mohammed qui implorait à genoux la grâce de son père, tandis que, selon d'autres, Mansour aurait donné le gouvernement de Caïrouan à Yousouf (en 987), qui, d'après cette version, ne fut exécuté qu'en 990, comme complice de la seconde révolte du Kétama. En 989 Mansour eut la chance d'adjoindre à son gouvernement plusieurs tribus zénatiennes, que lui amena Saïd-ibn-Khazroun. Il donna en récompense le gouvernement héréditaire de Tobna à ce chef dont le fils, Felfoul, eut la main de la fille de Mansour. La nouvelle révolte du Kétama, de l'an 990, excitée par un juif, Aboul-Feredj, qui se donnait pour fils du khalife fatimite Caïm Béamrillah, fut étouffée dans le sang des partisans de ce sectaire, qui lui-même succomba dans les tortures, tandis que le Kétama fut écrasé d'impôts. Mansour apaisa avec le même succès une dernière sédition, faite par un prince de sa maison, Aboul-Béhar, son oncle paternel et gouverneur de Tébert. Malgré l'intervention du visir des khalifes ommaïades d'Espagne, Abou-Béhar, serré de près par Itouweft, et abandonné de ses alliés zénatiens, se vit forcé de recourir à la clémence de son neveu, qui lui rendit son gouvernement en 992. Vaillamment secondé par ses frères Itouweft et Hammad, Mansour put transmettre un pouvoir bien affermi à son fils Abou Mounad Badis, d'après lequel la dynastie porte aussi le nom de Badisides. Dans les dernières années de son règne, Mansour avait beaucoup fait pour l'agrandissement et l'embellissement de sa résidence de Caïrouan. Ch. R.

Aboulféda, *Annales Moslemici*. — Nowaïri, *Hist. des Arabes*. — Ibn-Khaldoun, *Histoire des Berbères d'Afrique*.

MANSOUR (*Chah*), souverain de la Perse méridionale, de la dynastie des Mozaffériens, né à Chiraz vers 1345, mort à Calaat-Séfyd, en avril 1393. Fils de Chah Mozaffer, et petit-fils de Mobarezeddin Mohammed, fondateur de la dynastie, Chah Mansour, avant-dernier prince des Mozaffériens, fut en même temps un des plus vaillants adversaires de Tamerlan. Mobarezeddin Mohammed ayant été détrôné, en 1362, par son second fils, Chah Choudjah, Mansour reçut de l'usurpateur, qui tenait à se l'attacher, le gouvernement des provinces d'Ispahan et d'Abercouch. Depuis lors il fut un des meilleurs soutiens de Chah Choudjah, pour lequel il gagna la bataille de Tchachtkhar sur Chah Mahmoud, prince mozafférien de Sirdgian, et frère de Choudjah. Ce dernier, de crainte de le voir élever de plus fortes prétentions, l'ayant envoyé dans les districts du nord, Mansour conquit les provinces de Karabagh, de Casvin, et d'Asterabad, après avoir battu près de Soultanieh l'émir Saric Adel, gouverneur de ces pays pour le prince ilghanien Houceïn. Après la mort de son oncle Chah Choudjah, le 9 octobre 1384, il s'empara des États du fils de celui-ci, Aly Zein el Abidin, auquel il fit crever les yeux. Mais les divers frères et cousins de Mansour, ainsi que son oncle Abou-Yezid, lui disputant l'héritage d'Aly, Chiraz, Tamerlan se hâta de profiter du droit d'intervention, que lui conférait une stipulation du testament de Chah Choudjah. Arrivé devant Ispahan, en octobre 1387, le conquérant tartare occupa cette ville, évacuée par Mansour. Ce dernier ayant excité une révolte au moyen d'un de ses émissaires, qui fit massacrer la garnison tartare, Tamerlan vint réoccuper Ispahan, où il fit un affreux carnage de toute la population mâle, dont les têtes, au nombre de 70,000, servirent comme de matériaux pour la construction de plusieurs tours dans l'enceinte de la ville. Tous les princes mozaffériens s'étant soumis, Tamerlan leur laissa leurs souverainetés. Chah Mansour seul, qui s'était soutenu contre le vainqueur mogol à Chouster, n'eut pas plutôt entendu la nouvelle du départ de Tamerlan, que, en 1388, il attaqua à l'improviste ses parents, qui avaient juré fidélité aux Mogols, pour les priver de leurs provinces, et se constituer maître unique de toute la Perse méridionale. Tamerlan ayant résolu, en 1393, d'en finir avec Mansour, s'avança contre lui, par le Khouzistan et Loristan, signalant sa marche par des pillages de villes et par des massacres impitoyables. Mansour ayant été forcé d'accepter la bataille près de Calaat Sefyd, y fut deux fois sur le point de vaincre Tamerlan, dont il frappa même, dit-on, trois fois le casque avec son cimeterre sans le connaître. Enfin le vaillant Mozafférien tomba lui-même, les uns disent vers la fin de la bataille, tandis que, selon d'autres, il aurait été tué dans sa fuite par le propre fils de Tamerlan, Chah Rokh. Le féroce vainqueur envoya la tête coupée de Mansour au souverain ilghanien de Bagdad, en lui intimant l'ordre de se soumettre. Après avoir tué à Chiraz Chah Gadanfer, fils de Mansour, il fit, quinze jours après la mort de ce dernier, massacrer dix-sept princes de la famille des Mozaffériens, qui s'étaient rendus spontanément à sa cour, lui offrant leur soumission. Il n'épargna que les deux frères Chah Chabély et Aly Zein el Abidin, auxquels Mansour avait fait crever les yeux. Un fils d'Aly, Motâsem, qui reparut après la mort de Tamerlan, en 1407, disputa l'héritage de ses ancêtres aux Timourides jusqu'en 1410, année où la dynastie des Mozaffériens s'éteignit tout à fait par la mort de ce dernier champion.

Ch. R.

Ahmed Ben-Arabschah, *Hist. de Tamerlan*. — Cherefeddyn, *Hist. des Mogols de Perse*. — Mirkhond, *idem*. — Hammer, *Hist. des Ilkhans*. — Defrémery et de Saulcy dans le *Journal Asiatique*.

MANSOUR Ier (*Abou Saleh al-Abder-Razzak*), souverain de la Transoxane et de la Perse orientale, de la dynastie des Samanides, né vers 948, à Samarcande, mort dans cette ville, le 11 avril 976. Fils de Nouh Ier, il était encore mineur quand, après la mort de son frère Abdelmélek Ier, il fut, en 961, appelé sur le trône de Samarcande par quelques émirs, tandis que la majorité, conseillée par Alptighin, gouverneur du

Khorasan, aurait voulu mettre à sa place un de ses oncles. Voulant se venger d'Alptighin, Mansour nomma gouverneur du Khorasan et généralissime des armées samanides Aboul-Hoçein-ben-Simdjour, émir du Kahistan. Mais il ne fit par là qu'aggraver le mal, car le Khorasan eut dès lors des princes indépendants, Alptighin se soutenant contre toutes les armées de Mansour à Ghasna, où il fonda la première branche des Ghasnévides. Dans le même temps Khalef, fils d'Ahmed, releva la dynastie des Soffarides dans le Sedjestan, tandis que les Beni Ferighoun se rendirent indépendants dans le Djoundjan, et Khowaresm-Chah, dans le Kharizme. Enfin un prince de la branche collatérale des Samanides du Kerman, Abou-Ali ben Elia, ayant été chassé de ses domaines par le Bouide Adhadeddaulah, Mansour, sous le prétexte de soutenir les droits de son cousin, résolut, en 967, de réparer ses pertes par des conquêtes à faire sur la dynastie remuante des Bouides, qui tenait en chartre privée le khalife de Bagdad. Il chargea de cette guerre le Simdjouride Aboul Hoçein Mohammed, en même temps que les deux princes dailemides ou ziarides, Wachmeghyr et Hoçan ben Firouzan. Mais les Bouides, Roknoddaulah et son fils Adhadeddaulah, étant parvenus à s'emparer encore de Rei, Mansour, privé de son meilleur allié, Wachméghyr, qui mourut dans l'intervalle, se crut heureux de pouvoir terminer cette lutte, en épousant la fille d'Adhadeddaulah, et en se contentant d'un tribut annuel de 1,500,000 francs, payé par les Bouides, qui, en revanche, conservèrent toutes leurs conquêtes. Si Mansour Ier inaugure l'ère des démembrements de la monarchie samanide, il doit, d'un autre côté, être signalé pour la protection éclairée qu'il accorda aux lettres. C'est par ses ordres que son visir Abou-Ali-Mohammed-al-Bélami traduisit en prose persane les fables de Bidpai, ainsi que la chronique arabe de Tabary. Mansour reçut à sa cour deux des plus fameux poëtes persans, dont l'un, Roudeki, mit en vers ces fables de Bidpai, que nous venons de citer, tandis que l'autre, Dakiki, a le mérite d'avoir, sur ses ordres, commencé le célèbre Chah-Namé, dont la continuation et l'exécution principale font, il est vrai, l'éternelle gloire de Firdousi, qui vécut un peu plus tard. Par ses vertus pacifiques, Mansour, parmi ses trois surnoms, a mieux mérité celui de *El-Saïdid*, qui signifie *celui qui agit avec rectitude*, que les deux autres, d'*El-Mozhaffer* et d'*El-Mowafed*, savoir le *Victorieux* et l'*Invincible*, surnoms dont l'application à ce prince est démentie par l'histoire de son règne entier. Ch. R.

Mirkhond, *Hist. des Samanides.* — *La Chronique de Tabary*, éd. de Kosegarten et de Dubeux. — *Le Chah-Nameh* de Firdousi, éd. de Wallenbourg; Vienne, 1810. — Id. éd. de M. Mohl. — Hammer, *Hist. des Belles-Lettres en Perse.*

MANSOUR II (*Aboul-Harith al*), prince de la Transoxane et de la Perse orientale, de la dynastie des Samanides, né en 970 à Samarcande, mort en 999, à Bokhara. Petit-fils du précédent par son père Nouh II, il monta en 997 sur le trône de Samarcande à l'époque de la désorganisation complète de la monarchie. Menacé jusque dans le centre de la domination, la Transoxane, qui avait été jusqu'alors à l'abri des rébellions, Mansour II ne fit que passer sur le trône, grâce aux menées des traîtres auxquels il donna sa confiance, tandis qu'il désobligea des émirs dévoués, qui, étant mieux traités, auraient pu le sauver. Il donna à Bectouzoun, Turc de nation, la charge de Hadjeb ou grand chambellan, avec le gouvernement de Khorasan, dont il priva le fameux Mahmoud le Ghasnévide, tandis qu'il fit visir un autre Turc, Faic, qui eut aussi le commandement de Samarcande. Sur les réclamations de Mahmoud, Mansour lui donna quelques territoires du Khorasan, ainsi que les pays de Balkh et de Ghasna; mais l'envoyé de Mahmoud, Aboul-Hoçein Houmouli, ayant été suborné par Faic, qui lui fit donner la charge de chancelier, le prince ghasnévide se mit en campagne, non contre Mansour II, mais contre ses deux satellites. Ayant chassé Bectouzoun de Nichapour, Mahmoud se retira devant Mansour, qui s'avança contre lui. Loin de comprendre l'intention de ces ménagements, le malheureux souverain samanide, au lieu de traiter avec Mahmoud, se confia aux deux émirs turcs, qui l'invitèrent à une fête. S'abandonnant à leur loyauté, quoiqu'il eût mal reçu Bectouzoun après sa fuite de Nichapour, il se rendit à leur invitation. Mais il fut saisi et privé de la vue, le 8 février 999, au moyen d'un poinçon rougi au feu, à Sarraks. Ayant été entraîné par eux à Bokhara, il tomba dans la même année entre les mains d'Ilek khan, souverain de Turkestan, et fondateur d'une nouvelle dynastie dans la Transoxane. Tous les membres de la famille samanide, y compris le nouveau roi, Abdelmélek II, étant ainsi faits prisonniers, Ilek les mit chacun dans une prison séparée, où il se débarrassa promptement de tous, ainsi que des deux Turcs, Faik et Bectouzoun, instruments désormais inutiles de ses plans. Mansour II, qui avait survécu à l'horrible supplice, infligé par ces derniers, mourut ainsi dans les prisons d'Ilek, à la fin de 999, après un règne de vingt mois.

Ch. R.

Mirkhond, *Hist. des Samanides.* — Mirkond, *Hist. des Ghasnévides.* — *Tewarikh-el Tahsimeh.* — Hammer, *Gemäldesaal grosser moslimischer Herrscher.*

MANSOUR (*Abou-Amer-Mohammed al-*), visir ommaïade et fondateur de la dynastie des Amérites en Espagne, né en 939, à Torrès, ou Torrasch près d'Algéziras en Andalousie, mort à Médina-Céli, le 6 août 1004. Il descendait d'un compagnon de Tarikh, d'Abdelmélic, de la tribu yéménite des Moafer, d'où lui est venu son surnom d'El-Moaferi, moins connu cependant que ceux d'Alhadjeb (le chambellan), et d'Alcoraxi, corruption du mot d'*Allorraschi*, qui signifie natif de Torrès. Après avoir étudié à Cordoue, et gagné sa vie comme écrivain public à la porte du palais, il fut remarqué de la sultane Sobeiah (Aurore), femme du khalife Hakem II, par l'influence de laquelle il eut successivement les charges de cadi, de percepteur des finances, et de directeur de la monnaie de Cordoue. En même temps il essaya de la carrière des armes, quoique sa première campagne de 965, contre le comte de Castille, fût malheureuse. Après la mort de Hakem II, en 976, sa veuve, Sobeiah, devenue tutrice de son fils mineur, Hescham II, ayant nommé son favori administrateur de son douaire, Mansour devint par là la seconde personne de l'État; car il avait rang après le grand visir Djafer-ben-Othman-el-Moshafi. Secondé par Sobeiah, il éloigna de toutes les affaires d'État le jeune Hescham II, dont le nom, prononcé seulement dans la khothbah ou prière du vendredi, et imprimé sur les monnaies, était remplacé par celui de Mansour dans les actes du gouvernement, ainsi que dans les inscriptions des monuments. Pour arriver à cette toute-puissance, Mansour avait successivement fait assassiner Al-Moghaïra, oncle de Hescham II, en 977, ensuite en 978 le commandant d'Alcazar, Djafar-ben-Ali, fils du grand-visir Djafar-ben-Othman, puis ce dernier lui-même, emprisonné depuis quatre ans, en 982, et enfin, en 983, son propre beau-père Ghâliib, commandant de la garde et gouverneur de Médina-Céli. Étant parvenu ainsi à cumuler toutes les charges, celles de visir, de hadjeb, de commandant de la garde, avec les insignes du khalifat lui-même, il maria, en 985, son fils aîné Abdelmélec, avec une cousine du khalife. Pour ajouter de l'éclat à son autorité, il construisit, sur le Guadalquivir, une nouvelle ville, appelée *Es-Sahira*, avec les sommes qu'il avait confisquées non-seulement sur les domaines des femmes de Hescham II, mais même sur ceux de sa protectrice Sobeia, qu'il ne ménagea plus, dès qu'il était arrivé à ses fins. Ce nouveau Sahira, appelé ensuite Alameria, et dont les vastes faubourgs vinrent bientôt se confondre avec ceux de Cordoue, éclipsa tout à fait le Vieux-Sahira, lieu de retraite du khalife Hescham II. Ce fut dans cette ville nouvelle que Mansour tint sa cour, composée principalement à l'exclusion des Arabes, des Berbères de l'Afrique, et qu'il reçut les envoyés des divers souverains, avec lesquels il traita de pair. Il y établit une espèce d'académie palatine, dont les membres, premier exemple de ce fait, furent au nombre de quarante. Absolu et vaniteux, il voulait que pour y être admis on racontât ou chantât ses exploits guerriers. Quant à ses opinions religieuses, il se constitua le persécuteur des philosophes, dont il fit, en 977, brûler tous les ouvrages dans les diverses bibliothèques de l'Espagne, en les remplaçant par des ouvrages théologiques et ascétiques.

Mansour, qui était poëte lui-même, encouragea, outre la poésie, aussi les sciences mathématiques et astronomiques; car c'est sous lui que Gerbert d'Aurillac (plus tard pape sous le nom de Silvestre II), aurait, dit-on, apporté d'Espagne en France, et delà en Italie, l'art de la confection des pendules. Mais le but principal vers lequel tendait Mansour fut la domination universelle des Arabes en Espagne et en Afrique. Dans deux campagnes, de 985 à 987, il abattit la dynastie des Edrisides à Fez, dont il fit décapiter à Tavire le dernier prince, Hassan-ben-Kennoun. Ayant nommé son fils Abdelmélek gouverneur d'Afrique, il se vit pourtant arrêté dans le cours de ses conquêtes au delà du détroit par deux chefs rusés, qui, à l'abri de la suzeraineté des khalifes fatimites, fondèrent tous deux des dynasties dans le Maghreb, savoir Zeïri-ibn-Ménad, ancêtre des Zeïrides, et Zeiri-ibn-Atia, ancêtre des Zénates. Sa domination en Afrique étant peu assurée, Mansour dirigea durant toute sa vie, ses efforts principaux contre les chrétiens d'Espagne. Il organisa militairement toute la Péninsule, mit à la tête du conseil d'État son frère Al-Hakem-Omar, entretint sur pied une armée de 600,000 fantassins et de 200,000 cavaliers, avec une garde de 2,000 Esclavons, et établit auprès de chaque commandant de ville un tribunal prétorien, qui jugeait sommairement toutes les affaires. Dès la première année de son règne, en 977, accompagné du comte Véla d'Alava, qui avait été chassé de sa principauté par le comte Fernando Gonzalez de Castille, Mansour parcourut ses vastes provinces, armant les places fortes, et défendant les frontières. Puis il publia l'Elgihed, ou la guerre sainte contre les chrétiens, et commença la longue série de ses expéditions militaires, dont les Arabes comptent jusqu'à 56. Battu en 979 par Garcia de Castille et Sanche II de Navarre, il prend sa revanche en 980, et attaque ensuite, en 983, le royaume de Léon, dont le trône était alors disputé par deux compétiteurs, Ramire III et Bermude II. Après avoir pris Simancas, Zamora, Astorga, il se jette en 985 sur le comte Borel de Barcelone, et le défait, le 6 mai, près de sa capitale, qui se rend au vainqueur. Mansour prend ensuite Sepulvéda et les autres places fortes de Castille, et rentre dans Léon. Mais pendant qu'il y poursuit le cours de ses victoires, Sanche II de Navarre extermine une armée musulmane sous les murs de Pampelune, en 987, en même temps que Borel, à l'aide des secours de Hugues Capet, reprend sa capitale, Barcelone. Après avoir encore battu Garcia de Castille, en 988, Mansour attaque avec toutes ses forces Bermude II, maintenant sans rival. Ayant vaincu ce roi, en 995, près de Léon, sur les bords de l'Elza, il prend en 990 cette capitale elle-même, qu'il démolit entièrement. Mais, arrivé à la poursuite de Bermude II, dans les rochers inaccessibles de l'Asturie, il dut se retirer devant les chrétiens, qui conservèrent alors, comme sous Tarikh, cet antique berceau de leur indépendance. En revanche, Mansour battit encore dans la même année, près d'Alcocer, sur le Duero, les Castillans, dont le comte Garcia, blessé à mort, tomba entre les mains des Arabes, qui le lendemain n'eurent plus qu'un cadavre à rendre aux Castillans chargés du rachat de leur prince. En 997, le hadjeb prit les villes de Coïmbre, Braga, Evora, Lamego, dans le Portugal, qui faisait alors partie du Léon, et pilla le trésor de l'église Saint-Jacques de Compostelle, en Galice, dont il emporta les cloches pour les faire servir, suspendues en sens inverse, comme lampes dans la grande mosquée de Cordoue. Mais le danger commun ayant enfin poussé les chrétiens des trois royaumes à s'unir contre Mansour, celui-ci, après avoir traversé déjà la Castille, trouva ses adversaires campés près de Kalatannozor (le Fort des Aigles), sur le territoire de l'ancienne Numance, en 998. L'infanterie espagnole, formée en bataillons serrés, soutint pendant un jour entier le choc de la cavalerie arabe, qui venait se briser contre ces masses immobiles. Mansour, voyant le champ de bataille couvert de 50,000 cadavres arabes, renonça à recommencer le lendemain la lutte contre les chrétiens, désireux de rendre leur victoire plus complète. D'après quelques-uns Mansour aurait, encore en 1001, peu de jours avant sa mort, vengé cette défaite par la victoire d'Al Chandak, près de Tolède. Selon la plupart des auteurs, il mourut, après avoir déchiré les appareils qui retenaient son sang, à Medina-Celi. On raconte qu'il avait toujours porté, comme un trésor précieux, une petite caisse en bois de cèdre, dans laquelle, au sortir de chaque combat, il déposait soigneusement la poussière qui couvrait son armure. Ce fut dans cette poudre glorieuse qu'on l'ensevelit.

Si Mansour n'est pas parvenu a conquérir toute l'Espagne et à abattre les chrétiens, il faut en chercher la cause dans l'usage des Arabes de regagner leurs foyers après chaque campagne, aux approches de la mauvaise saison. Mansour, qui devait partager son temps entre la direction des opérations militaires et l'administration civile de l'empire, suivit exactement cette coutume, qui donnait aux vaincus le temps et les moyens de réparer leurs pertes, et imposa au vainqueur la nécessité de recommencer la conquête chaque année, ou encore deux fois dans la même année, au printemps et en automne. Ainsi, toutes les expéditions de Mansour, dont on peut porter le nombre a cinquante-six, n'aboutirent qu'au pillage des villes et à la dévastation des campagnes. Cruel envers ses rivaux, jusqu'à ce qu'il fût parvenu à ses fins, il se montra clément envers les vaincus sur le champ de bataille. Outre son beau palais de Sahira, il a construit la grande mosquee et le pont principal de Cordoue. Son règne a été célébré par une pléiade de sept biographes, tandis que quatre autres ont écrit l'histoire littéraire de son temps. Il transmit sa charge de vizir à ses deux fils. Le second ayant été assassiné, en 1009, par Mehdi, de la famille des Ommaïades, qui déposa le faible Hescham II, le petit-fils de Mansour, Abdelaziz, se créa une domination indépendante à Valence, où deux ou trois de ses descendants se soutinrent pendant quatre-vingts ans. Ch. R.

Mariana, *Histoire d'Espagne*. — Ferreras, *id.* — Masdeu, *id.* — Aschbach, *Geschichte der Ommayaden in Spanien*. — Schæfer, *Geschichte von Spanien* (Collect. d'Heeren et Ukert). — Romey, *Histoire d'Espagne*. — Rosseuw Saint-Hilaire, *id.* — Makkari, *History of the Muhammedan Empire in Spain*. — Hammer, *Hist. de la littérature arabe* (en allemand).

MANSOUR (*Abou-Yousouf Yacoub al Modjahed al*), souverain de l'Espagne musulmane et de l'Afrique septentrionale, de la dynastie des Almohades ou Mouwahédin, né à Maroc, vers 1150, mort le 22 janvier 1199, à Saléh. Fils de Yousouf et petit-fils d'Abdel Moumen, fondateur militaire de cette dynastie, Mansour signala son avénement au trône, en septembre 1184, par une amnistie et par l'augmentation des traitements de tous les employés civils, ainsi que de la solde de l'armée. Son oncle Cid Aboul-Rabiâ s'étant révolté à Fez, ainsi que les deux frères de Mansour, Aboul-Yahiah et Omar, le nouveau souverain les vainquit promptement, et les fit exécuter. Dans l'intervalle, Ali ben-Ishak ibn-Ghania, roi des îles Baléares, d'une branche apanagée des Almoravides, ayant, en 1185, surpris Bougie, Milianah et Alger, et reconnu les khalifes abbassides, Mansour envoya contre lui son cousin Abou-Zéyd, tandis qu'il poursuivit lui-même les conquêtes de son père, mort devant Santarem, en Portugal. Ali ibn-Ghania, qui avait été chassé de toutes les villes précédemment occupées par lui, ayant reparu en 1187, à Cafsa, en alliance avec Abou-Cösch, prince de Tripoli, et soutenu par de vaillants mercenaires turcs, Mansour reprit, en 1188, ces deux villes aux rebelles, qui furent refoulés dans le désert. Il se rendit ensuite à Fez, dont les habitants s'étaient de nouveau soulevés, et en fit un massacre affreux. C'est là qu'il reçut l'ambassade du fameux Saladin, sultan d'Égypte et de Syrie, qui lui proposa, en 1189, une alliance contre les chrétiens. Les cent quatre-vingts vaisseaux que Mansour envoya à Saladin empêchèrent, dit-on, les croisés d'aborder en Syrie, dont ils se préparaient à reprendre les ports. En 1190, Mansour reconquit les Algarves et l'Estramadure, où les rois de Portugal et de Castille, soutenus par deux troupes de croisés, les uns d'Angleterre et les autres d'Allemagne, avaient occupé les forteresses de Silvès, Beja, Evora, etc. Mais étant tombé malade, le prince almohade arrêta, en novembre 1191, le cours de ses conquêtes sur les bords du Tage, et retourna à

Maroc. Afin de punir les habitants de Fez et terminer la rivalité qui existait depuis longtemps entre cette ville et celle de Maroc, pour le rang de capitale, Mansour fonda en 1192, sur les bords de l'océan Atlantique, une nouvelle ville, Rabat-al-Feth (Rabat), en face de la ville de Saléh, qu'il agrandit en même temps. Ces deux villes sœurs, qui devaient plus tard n'en former qu'une seule, devinrent non-seulement la résidence des rois almohades, mais aussi la métropole commerciale, maritime et militaire ainsi que l'arsenal de l'empire. En 1194, Mansour marcha de nouveau contre Ali Ibn-Ghania et contre son frère Yahiah, qui menaçaient Biskera et Constantine. Mais, prévenu de l'alliance des quatre rois chrétiens de l'Espagne, que le fougueux archevêque de Tolède, Martin de Pisuerga, avait stimulés par son propre exemple, en se mettant lui-même à la tête de l'armée et en ouvrant la campagne, Mansour proclama son fils Mohammed-Abdallah régent et héritier présomptif, et prêcha dans toute l'Afrique la guerre sainte contre les chrétiens. Conseillé par un traître, le comte Pedro Fernandez de Castro, le souverain almohade, qui avait mis à la tête de son armée ses meilleurs généraux, Abou-Abdallah ben-Sénanid, et Yahiah ben-Hafs, gagna, le 19 juillet 1195, la sanglante bataille d'Alarcos (près de Badajoz) sur le roi Alfonse IX de Castille, qui avait engagé la lutte avant l'arrivée de ses alliés. Sans poursuivre ses avantages, quoique les chrétiens eussent perdu 30,000 hommes, Mansour retourna à Séville, où il distribua quatre cinquièmes du butin à ses troupes, tandis qu'il employa le dernier cinquième pour la construction dans cette ville d'une mosquée, ornée de la fameuse tour appelée *Giralda*, ainsi que pour bâtir à Maroc un château fort, une mosquée et un palais. En 1196 il repassa la Guadiana, et ayant pris et démoli les villes de Salamanque et de Guadalaxara, il poussa jusqu'aux rives du Duero. Mais ce fut là le terme des expéditions victorieuses des Arabes : ils furent repoussés de Tolède et de Talavera. Rentré à Séville, Mansour y emprisonna le célèbre médecin et philosophe Ibn-Roschd, ou Averroès, dont il suspecta l'orthodoxie, quoique plus tard il lui rendit la liberté avec un traitement honorable, qu'Averroès conserva jusqu'à sa mort, survenue à Maroc, en 1199.

Dans sa dernière campagne, en 1197, Mansour arriva jusqu'à Madjérit, aujourd'hui Madrid, où un combat avec les chrétiens allait s'engager; mais à la nouvelle de l'approche du comte de Barcelone, qui marchait au secours des Castillans, le prince almohade se retira, sans coup férir. Les deux partis étant également fatigués, on fit la paix pour dix ans, après s'être rendu mutuellement toutes les conquêtes. On rapporte que les divers rois chrétiens proposèrent alors successivement à Mansour leur alliance. Mais le décès subit de ce souverain, survenu en 1199, mit fin à toutes ces intrigues politiques, au moment où il était sur le point de donner sa fille au roi Sanche VII de Navarre. Avant sa mort il avait encore dû étouffer la révolte du gouverneur de Maroc, qu'il fit massacrer, au mépris de la capitulation dans laquelle il lui avait garanti la vie sauve. C'est à cette occasion qu'on lui prête cette parole de sauvage, que rien ne sent aussi bon que l'odeur d'un ennemi tué, parole qu'on avait déjà attribuée à Vitellius.

Mansour appartenait à la secte des Dhahérites, qui ne reconnaissaient pas l'autorité des khalifes; aussi, après avoir pris lui-même les titres et les honneurs du khalifat, il se fit appeler émir al Moumenin. Mais avec toute son hétérodoxie il avait des prétentions orthodoxes, car il brûla, en 1192, à Fez tous les livres traitant de jurisprudence, pour encourager la rédaction de traités sur la tradition du Coran. Il fit aussi insérer de nouvelles formules dans les prières publiques des mosquées. Tout en laissant aux villes de Fez et Maroc la gloire d'être les deux métropoles littéraires de son empire, Mansour travailla surtout à l'agrandissement et à l'embellissement des centres politiques et militaires de sa monarchie, Séville, Rabat, Salé, Alkazar-Kébir et Mansouriah. Ce prince est le fameux *Almanzor* des chroniques chevaleresques de l'Espagne. Outre sa clémence envers les prisonniers, qu'il relâcha par milliers sans rançon, on cite bien d'autres traits de sa générosité. Avec lui s'éteignit la grandeur non-seulement des Almohades, mais aussi celle des Arabes d'Espagne en général. BUHELIN.

Ibn-Khaldoun, *Histoire des Berbères d'Afrique*. — Makkari, *History of the Mohammedan Empire in Spain*. — Aschbach, *Geschichte der Almoraviden und Almohaden in Spanien*. — Schæfer, *Geschichte von Spanien*. — Romey, *Hist. d'Espagne*. — Hammer, *Hist. de la Littérature arabe*. — M. Ferdinand Denis, *Chroniques chevaleresques de l'Espagne et du Portugal*.

MANSTEIN (*Christophe-Hermann* DE), général allemand, né le 1er septembre 1711, à Pétersbourg, mort le 27 juin 1757, à Welmina. Fils d'un général, Ernest-Sébastien de Mansfeld, il servit quelque temps en Prusse et passa ensuite dans l'armée russe. A l'attaque des lignes de Pérékop, en Crimée, il se conduisit avec tant de bravoure qu'il reçut le titre de major (1735); en 1737, il se trouva à la prise d'Oczakow. Après la mort de l'impératrice Anne, il fut chargé par Münnich de s'emparer de Biren, duc de Courlande, et s'acquitta de cette mission périlleuse avec beaucoup d'adresse. En 1741 il fut employé contre les Suédois, et contribua à la victoire de Wilmannstrand, où il fut blessé. Lors de l'avénement d'Élisabeth, il tomba dans une sorte de disgrâce, fut relégué sur les frontières de la Sibérie, et, étant parvenu à démontrer son innocence, il servit en 1743 sur la flotte russe. En 1745 il rentra dans l'armée prussienne, devint en 1754 général major d'infanterie, et se distingua en toute occasion par sa bravoure et son habileté dans l'art de la guerre. Blessé en 1757, à la journée de Kollin, où il commandait l'aile droite, il ne voulut pas quitter le champ de bataille, et mourut à quelques jours de là, de ses blessures. Manstein était fort instruit; il savait la plupart des langues de l'Europe, et se livrait à l'étude dans les moments de loisir que lui laissait le métier des armes. On a de lui : *Mémoires historiques, politiques et militaires sur la Russie*; Lyon, 1772, 2 vol. in-8°, traduits en allemand et en anglais. Ce recueil s'étend de 1727 à 1744; c'est un morceau d'histoire aussi précieux par la sincérité de l'écrivain, témoin des faits qu'il raconte, qu'intéressant par rapport aux faits eux-mêmes. K.

Hirsching, *Histor.-litterar. Handbuch*. — Huber, *Vie du général de Manstein*, en tête de ses *Mémoires*.

MANSUETI (*Giovanni*), peintre de l'école vénitienne, né à Venise, vers 1450, travaillait encore à Trévise en 1500. Il fut élève de Vittore Carpaccio, dont il s'efforça d'imiter la manière en y joignant celle de Gentile Bellini, mais en refusant d'adopter le style moderne, qui commençait à prévaloir; aussi ses figures ont-elles des contours secs et durs et manquent-elles de naturel et de facilité dans leurs mouvements. A côté de ces défauts, il faut reconnaître une imitation vraie de la nature. Il avait peint, pour la Scuola di San-Marco de Venise, trois sujets tirés de la vie du saint, remarquables par la variété des têtes et des costumes des personnages qui animent ces compositions. Au musée de Venise, on conserve un tableau important provenant de l'église Santo-Francesco de Venise, et dans lequel il a réuni *saint Sebastien, saint Grégoire, saint François, saint Roch* et *saint Libéral*. Un des rares ouvrages de Mansueti existe au palais Puccini de Pistoja; enfin, au musée de Berlin, nous trouvons un *Christ bénissant*. E. B—n.

Ridolfi, *Vite degli illustri Pittori Veneti*. — Orlandi, *Abbecedario*. — Baldinucci, *Notizie*. — Ticozzi, *Dizionario*. — Tolomei, *Guida di Pistoja*. — Quadri, *Otto Giorni in Venezia*. — *Catalogues des musées de Venise et de Berlin*.

MANTEGNA (*Andrea*), célèbre peintre et graveur de l'école de Mantoue, né en 1430, à Padoue, mort en 1506. Enfant de parents pauvres, il gardait des troupeaux quand il fut remarqué par le Squarcione, qui en fit son élève favori et en quelque sorte son fils adoptif; il était probablement bien jeune encore, car en 1441, n'ayant guère que dix ans, il était admis dans la corporation des peintres de Padoue. A l'école du Squarcione, Mantegna eut pour camarades et pour émules Marco Zoppo, Dario de Trévise et Niccolò Pizzolo, rivalité qui ne fut pas sans influence sur ses progrès. Mantegna justifia bientôt les espérances qu'il avait données à son maître, en peignant la grande chapelle des Eremitani de Padoue; mais son succès même fut cause de sa rupture avec son bienfaiteur. Jacopo Bellini, trouvant dans le jeune artiste les qualités qu'il désirait dans un gendre, lui accorda la main de sa fille; de ce jour le Squarcione ne put pardonner à Andrea son alliance avec un peintre qu'il regardait comme son ennemi et son rival, et il l'enveloppa dans la haine qu'il portait à Jacopo. Mantegna avait étudié l'antique avec soin d'après les marbres et les plâtres que le Squarcione avait rapportés de ses voyages en Italie et en Grèce, et ses peintures s'en ressentaient peut-être un peu trop; on y retrouvait souvent une roideur qui rappelait la sculpture, ce qui fit dire au Squarcione, non sans quelque raison, « que les ouvrages de Mantegna étaient des statues peintes; » mais aussi c'est à cette étude qu'il dut d'avoir pu donner à l'école de Mantoue cette simplicité, cette exactitude qui la firent remarquer entre toutes les écoles lombardes, jusqu'au jour où Jules Romain vint par son impulsion puissante lui imprimer son cachet, si ferme et si hardi. La parenté de Mantegna avec les Bellini ne dut pas non plus être sans influence sur son talent; c'est ainsi qu'on trouve dans ses œuvres un coloris suave, une exécution soignée, et que ses figures, remarquables déjà par la science du dessin, ne manquent pas d'une certaine élégance malgré la roideur, en quelque sorte systématique, de leurs draperies; les têtes sont d'un beau caractère quoique manquant parfois un peu de noblesse; les fonds de paysage sont généralement moins bien réussis; leur coloris tire sur le jaune, et il y a absence totale de perspective aérienne. L'art de faire *plafonner* les figures, le *sotto in sù* des Italiens, cet art trop négligé aujourd'hui, avait été inventé par le Melazzo, peintre de l'école bolonaise; mais son perfectionnement est un des plus beaux titres de gloire du Mantegna.

Nous avons déjà indiqué ses fresques aux Eremitani de Padoue; il y avait travaillé en compagnie de son condisciple Niccolò Pizzolo, qui, du reste, n'y fit que le *Père éternel* assis au milieu des docteurs de l'Église. Outre les *quatre Évangélistes* de la voûte, Mantegna a peint sur le mur de gauche et dans six compartiments l'*histoire de saint Jacques le mineur*; sur le mur de droite, où est représentée la *Vie de saint Christophe*, les deux compartiments inférieurs sont seuls du Mantegna, et encore le bas en est-il en très-mauvais état. Le compartiment représentant le martyre du saint est très-intéressant, parce que l'auteur y a placé son portrait, celui du Squarcione et ceux d'un grand nombre de personnages illustres de son temps. Ces diverses fresques sont superbes et moins sèches que beaucoup de productions de leur auteur; mais on y chercherait vainement du charme et de la grâce, même dans les rares figures des femmes.

Mantegna peignit encore à Padoue, sur la porte de l'église Saint-Antoine, deux belles et célèbres fresques de *saint Bernardin* et de *Saint An-*

toine; il les accompagna de cette inscription : *Andreas Mantegna optumo favente numine perfecit MCCCLII, XI kal. sextil.* Les peintures de Mantegna à Padoue datent en effet toutes de sa jeunesse, c'est-à-dire de 1448 à 1461. En 1463, il peignait à Vérone dans le cloître de Saint-Zénon une très-belle fresque représentant *l'Enfant Jésus.* Pendant son séjour dans cette ville, il avait logé chez son ami, le peintre Gialfino ; il reconnut son hospitalité en peignant deux triomphes sur la façade de sa maison. Ces fresques sont aujourd'hui presque méconnaissables; d'abord barbarement badigeonnées, elles ont été ensuite plus maladroitement encore restaurées. Quelques autres maisons de Vérone conservent encore les traces de fresques de Mantegna.

Appelé à Mantoue en 1468 par le marquis Louis de Gonzague, qui le combla de faveurs, le créa chevalier, lui donna une propriété à la campagne, et une maison de ville dont l'emplacement, en face l'église Saint-Sébastien, est encore indiqué par une inscription, le Mantegna devint le fondateur de l'école de cette ville, dans laquelle il passa tout le reste de sa vie, à l'exception d'un séjour qu'il fit à Rome de 1488 à 1490, lorsque le pape Innocent VIII le chargea de peindre la petite chapelle du Belvédère au Vatican, chapelle à laquelle il travailla, dit Vasari, avec tant de soin et d'amour que les murs et la voûte semblaient couverts de miniatures plutôt que de peintures. Ces fresques malheureusement n'existent plus. Si l'anecdote rapportée par le même historien est vraie, il n'est pas étonnant que Mantegna n'ait pas fait un bien long séjour à Rome. Travaillant toujours sans voir venir d'émoluments, l'artiste modela à l'une des extrémités de la muraille qu'il décorait une figure de terre; le pape lui ayant demandé quelle était cette allégorie : c'est *La Discrétion*, dit Mantegna. Faites *La Patience* de l'autre côté, répondit le pape, avec plus d'esprit que de générosité. Dans la nouvelle sacristie de Saint-Pierre, on conserve plusieurs têtes d'apôtres et six demi-figures d'anges, fresques de Mantegna que l'on croit avoir été détachées de la muraille de l'ancien Saint-Pierre.

Un des ouvrages les plus importants de Mantegna à Mantoue devait être une suite de fresques représentant les *Triomphes de César*, dans le palais de Saint-Sébastien. Ces fresques ne furent point exécutées; les cartons seuls furent peints à la detrempe par le Mantegna. Ces belles pages, au nombre de neuf, après diverses vicissitudes, ont été acquises du duc de Mantoue par le roi d'Angleterre Charles Ier, et sont aujourd'hui, après les célèbres cartons de Raphael, le plus bel ornement de la galerie du château d'Hampton-Court. Ces vastes compositions ont été gravées en partie par le Mantegna lui-même, et en entier par Andreani de Mantoue.

Au Castello di Corte de Mantoue, ancienne résidence des Gonzague, dans quelques pièces consacrées aujourd'hui à l'Archivio notarile, se trouvaient de nombreuses fresques mentionnées par Vasari, Ridolfi, etc ; elles ont, à plusieurs reprises, tellement souffert des guerres qu'il ne reste guère d'un peu conservé que la salle dite du Mantegna. Dans deux grands panneaux qui ont été habilement restaurés par Francesco Sabatelli, Mantegna a peint à fresque la famille entière de Louis de Gonzague, et un délicieux groupe de genres soutenant cette inscription : *Ill. Ludovico II M. M. principi optimo ac fide invictissimo et ill. Barbaræ ejus conjugi, mulierum gloriæ incomparabili, suus Andreas Mantinia Patavus opus hoc tenue ad eorum Deus absolvit, anno MCCCC LXXIIII* On voit qu'ici encore Mantegna prend le titre de *Padouan.* Ces magnifiques fresques font vivement regretter la perte de plusieurs autres panneaux qui sont presque effacés, et qui représentaient également des princes de la même famille. A la voûte, huit grands médaillons, imitant des bas-reliefs et offrant des têtes de grandeur naturelle, sont également attribués au Mantegna.

Le temps a détruit presque entièrement les fresques dont, avec l'aide de ses meilleurs élèves, il avait orné le vestibule et la façade de l'église Saint-André; on voit cependant encore dans la partie supérieure de cette façade un grand médaillon à fresque, récemment restauré, représentant *Saint André et saint Longin.* Trois autres médaillons, ouvrage des élèves du Mantegna, sont entièrement défigurés par les restaurations. L'une des chapelles, placée sous l'invocation de saint Jean-Baptiste, appartenait au Mantegna, qui y fut enterré ainsi que l'indique cette inscription : *Ossa Andreæ Mantiniæ, famosissimi pictoris, cum duobus filiis in hoc sepulcro, per Andream Mantiniam nepotem ex filio constructo MDLX.* Dans la même chapelle a été placé, par les soins des fils de Mantegna, un beau buste de bronze par Sperandio, habile sculpteur mantouan. Au-dessus du buste est la date de 1516, indiquant l'époque où il fut érigé ; au-dessous on lit ce distique :

Esse parem nunc noris, si non præponis Apelli,
Ænea Mantiniæ qui simulacra vides.

Près de là est un tableau fort ruiné de Mantegna, *La Vierge, sainte Élisabeth, le petit saint Jean, saint Joseph et saint Zacharie.*

Sur la façade de la petite église Saint-Sébastien il avait peint à fresque *La Vierge, saint Sébastien* et plusieurs autres saints ; cette peinture est presque effacée.

On a attribué aussi à Mantegna, mais sans certitude, une chapelle peinte à fresque dans l'eglise Saint-Jérôme de Forli.

Les tableaux de Mantegna ne sont pas moins nombreux que ses fresques ; on en trouve dans plusieurs églises de l'Italie et dans presque toutes les galeries publiques et privées de l'Europe. Indiquons ici les principaux : à Vérone, une *Ma-*

done et des anges, saint Pierre, saint Paul et saint Jean, saint Jean-Baptiste, saint Georges et un évêque, dans Saint-Zénon ; — à Mantoue, dans la cathédrale, à l'oratoire de l'Incoronata, une admirable *Madone ;* — à Rome, au musée du Vatican, une *Piété*, l'un de ses meilleurs ouvrages ; au palais Chigi, le *portrait* du peintre par lui-même ; au palais Doria, un *Saint Antoine ;* au palais Spada, *Le Christ avec sa croix ;* — à Velletri, au Museo Borgiano, *Sainte Euphémie, vierge et martyre*, tableau signé : *Opus Andreæ Mantegnæ* MCCCCLIIII ; — à Forli, dans la galerie Regoli, une *Madeleine ;* — à Naples, dans le musée, un *Martyre de saint Laurent* et une autre *Sainte Euphémie*, l'un des chefs-d'œuvre du maître ; — à Florence, dans la galerie publique, une *Madone*, sans doute celle que Vasari dit avoir été peinte par Mantegna pendant son séjour à Rome et être passée en la possession de François de Médicis, *La Circoncision, L'Épiphanie* et *La Résurrection*, petits tableaux travaillés avec une grande finesse, le portrait d'*Élisabeth*, femme de Guida Gonzaga, tête digne du Vinci ou de Raphael ; — à Milan, au musée de Brera, un tableau à compartiments contenant *douze saints, saint Bernardin et plusieurs anges, le Christ mort et les Marie*, peinture en détrempe ; — à Modène, dans la galerie ducale, un *Christ sur la croix*, composition de plus de cent figures ; — à Paris, au Musée du Louvre, *Jésus-Christ entre les larrons, Le Parnasse, La Sagesse victorieuse des Vices, La Vierge de la Victoire*, un de ses derniers ouvrages, tableau fort loué par Lanzi et qui était destiné à consacrer le souvenir de la bataille de Fornoue, livrée le 6 juillet 1495 par le marquis de Mantoue aux troupes du roi de France Charles VIII, souvenir pourtant peu glorieux pour les Italiens, qui au nombre de quarante mille furent battus par neuf mille Français ; — à Tours, dans le Musée, deux petits sujets de la Passion, qui avec le *Christ* du Louvre avaient composé un gradin d'autel ; — à Madrid, au Musée, *La Mort de la Vierge ;* — à Berlin, au Musée, *Saint Christophe, Le Printemps, Le Christ mort, La Présentation de Jésus-Christ au temple, Judith*, une *Madone* et le *portrait d'un religieux ;* — à Vienne, au Musée, un *Saint Sébastien* et des *Triomphes de Jules César* en camaieu vert ; — à Munich, dans la Pinacothèque, *La Vierge entre deux saints, La Mort de Lucrèce* et *Jésus-Christ sauveur du monde ;* — enfin, en Angleterre, au château d'Hampton-Court, les neuf célèbres cartons dont nous avons parlé ; à la galerie du comte de Pembroke, une *Judith ;* chez sir Baring, *Le Christ au jardin des Olives*, et chez Georges Vivien, esq., *Le Triomphe de Scipion*.

Le Mantegna ne mania pas avec moins d'habileté la pointe et le burin que le pinceau et la palette, et Lomazzo lui donne le titre de premier graveur d'estampes en Italie. Quelques auteurs italiens lui attribuent même l'invention de la gravure au burin ; ce qui est certain, c'est qu'il apporta à cet art de grands perfectionnements. On a prétendu qu'il n'avait commencé à pratiquer la gravure qu'à l'âge de soixante ans ; cette supposition n'est guère probable, car il paraît impossible qu'il ait pu, tout en ne cessant de cultiver la peinture, dans le court espace de seize années, produire des estampes dont on porte le nombre à une cinquantaine, mais dont trente au moins peuvent lui être attribuées avec certitude. Les principales sont une *Madone assise, Hercule entre le Vice et la Vertu, Hercule et Antée, Le Mariage d'Énée et de Lavinie, Le Christ flagellé, Le Christ porté au tombeau, La Descente de Jésus-Christ aux limbes, Deux Monstres se combattant à coups de bâton*, un *Combat de dieux marins, Quatre Femmes dansant, Bacchus porté par des faunes et des satyres, Judith mettant dans le sac la tête d'Holopherne, Jésus-Christ ressuscité entre saint Philippe et saint Pierre*, enfin le *Triomphe de Jules César*, dont nous avons déjà parlé.

Ce maître, qui a exercé une si grande influence sur la peinture au quinzième siècle, a eu l'honneur d'être célébré par l'Arioste, qui au commencement du XXXIIIe chant de l'*Orlando* le cite à côté de Léonard de Vinci, de Jean Bellini, des Dossi, de Michel-Ange, du Titien et de Raphael, et après les plus grands peintres de l'antiquité :

E quei, che furo a' nostri di, son ora,
Leonardo, *Andrea Mantegna*, Gian Bellino,
Duo Dossi, e quei ch'a par sculpe e colora
Michel, più che mortal, Angel divino,
Bastiano, Rafael, Tizian ch' onora
Non men Cador, che quei Venezia e Urbino.

L'école du Mantegna, dans la haute Italie du moins, fut avant l'apparition du Vinci, du Giorgione et du Corrége, celle qui peut-être résuma le mieux les véritables progrès de l'art et qui en marqua le plus nettement l'état réel. Il n'est point une ville en Lombardie, si peu importante et si reculée qu'elle soit, où l'on ne puisse retrouver des preuves incontestables de l'imitation de son style. Cet artiste savant et inventif, qui se serait évidemment classé au premier rang s'il n'avait pas eu le malheur de venir trop tôt, imprima à l'art du pays lombard, morcelé en tant d'États étrangers et hostiles les uns aux autres, une direction aussi forte qu'avaient pu le faire le Ghirlandajo à Florence, le Pérugin à Pérouse, le Francia à Bologne.

Mantegna compta parmi ses nombreux élèves et ses aides ses cinq fils, et un de ses parents, Carlo del Mantegna. C'est à tort qu'on lui a fait l'honneur de le supposer également le maître du Corrége ; ce fut de son fils Francesco que le grand peintre parmesan reçut les premières leçons.

E. Breton.

Vasari, *Vite*. — Lomazzo, *Idea del Tempio della Pittura*. — Bettinelli, *Arti Mantuane*. — Ridolfi, *Vite degli illustri Pittori Veneti*. — Orlandi, *Abbecedario*. — Baldinucci, *Notizie.* — Lanzi, *Storia della Pittura.* — Ticozzi, *Dizionario.* — Taja, *Descrizione del palazzo Vaticano.* — Pistolesi, *Descrizione di Roma.* — G. Susani, *Nuovo Prospetto di Mantova.* — G. Casali, *Guida per la città di Forlì.* — P. Faccio, *Nuova Guida in Padova.* — John Grundy, *The Stranger's Guide to Hampton-Court palace.* — Waagen, *De Walk through the art treasures exhibition at Manchester* 1857.

MANTEGNA (*Bernardino, Francesco, Giovanni-Andrea* et *Lodovico*), peintres de l'école de Mantoue, florissaient à la fin du quinzième et au commencement du seizième siècle. Fils et élèves du précédent, ils aidèrent leur père dans ses entreprises. *Bernardino*, né en 1490, mort à Mantoue, le 9 avril 1528, avait dès l'âge de seize ans acquis déjà une certaine réputation. Isabelle, marquise de Gonzague, l'avait chargé de décorer sa villa de Sacchetta. *Francesco* travaillait en 1494 pour Francesco de Gonzague, et des actes nous apprennent qu'il vivait encore en 1514. Après la mort de son père, il coopéra plus qu'aucun autre de ses frères à l'achèvement des peintures que Mantegna avait commencées au palais de Mantoue et à l'église Saint-André. Il fut le premier maître du Corrége. *Giovanni-Andrea* n'était que le fils naturel de Mantegna. *Lodovico*, son fils légitime et son élève favori, mourut en 1509. E. B—N.

Bettinelli, *Arti Mantuane.* — Lanzi, *Storia della Pittura.* — Ticozzi, *Dizionario.* — Vasari, *Vite.* — F. Villot, *Notice des Tableaux du Louvre.*

MANTEGNA (*Carlo del*), peintre de l'école de Mantoue, vivait à la fin du quinzième siècle et au commencement du seizième. Parent et élève du Mantegna, il l'aida dans ses travaux, et, après la mort de ce grand maître, il acheva avec ses fils les œuvres qu'il avait laissées incomplètes à Mantoue. En 1514, on le trouve peignant à Gênes et tenant une école très-fréquentée. On rencontre rarement des ouvrages authentiques de Carlo; mais dans beaucoup de galeries on attribue au Mantegna lui-même des peintures qui n'appartiennent peut-être qu'à son élève.

E. B—N.

Bettinelli, *Arti Mantuane.* — Soprani, *Vite de' Pittori Genovesi.* — Lanzi, *Storia della Pittura.* — Orlandi, *Abbecedario.* — Vasari, *Vite.*

MANTELL (*Gédéon-Algernon*), géologue anglais, né en 1790, à Lewes, en Sussex, mort le 10 novembre 1852, à Londres. Fils d'un médecin, il exerça lui-même la médecine dans sa ville natale, et acquit la réputation d'un praticien consommé. En 1835 il s'établit à Brighton, et en 1839 il passa à Clapham, dans la banlieue de Londres; enfin, quelques années après il se fixa dans cette capitale, où il s'appliqua entièrement à la géologie, dont il avait fait depuis longtemps son étude favorite. Placé au centre d'une province qui offre un champ si vaste à l'observation scientifique, il forma à Lewes une collection d'animaux fossiles, la plus riche que jamais savant ait eue en sa possession et qu'il vendit plus tard au British Museum. La composition du district de Weald attira d'abord son attention, et il fit une étude particulière de ces terrains crétacés que supporte un assemblage de sable et de calcaire; ce fut là qu'il rencontra les restes de plusieurs grands fossiles inconnus jusque alors. Des cinq genres qui composent le groupe des reptiles dinosauriens, il en découvrit quatre, qu'il nomma *Iguanodon, Hylæosaure, Pelorosaure* et *Regnosaure*. La première de ces découvertes, qui date de 1825, valut à Mantell son admission à la Société royale de Londres; la seconde, la médaille de Wollaston (1835); et la dernière, la grande médaille royale (1849). Plusieurs de ses ouvrages comme *Wonders of Geology* et *Medals of Creation*, sont devenus populaires, et ont eu un grand nombre d'éditions. Nous citerons de lui : *The Fossils of South Down, or illustrations of the geology of Sussex*; Londres, 1822, gr. in-4°, pl.; — *Illustrations of the Geology of Sussex*; ibid., 1827, gr. in-4°, pl., complément de l'ouvrage précédent; — *The Fossils of Tilgate forest*; ibid., 1827, gr. in-4°, pl.; — *Geology of the South East of England*; ibid., 1833, in-8°, pl.; — une cinquantaine de mémoires insérés dans les recueils scientifiques, entre autres dans les *Philosophical Transactions*. K.

Agassiz et Strickland, *Bibliographia Zoologiæ et Geologiæ.* — W. Hopkins, *Anniversary Address*, [illegible]. — *English Cyclop.*

MANTELS (*Jean*), en latin *Mantelius*, érudit belge, né le 23 septembre 1599, à Hasselt (pays de Liége), mort le 23 février 1676, dans la même ville. Il fit ses humanités à Liége, et entra en 1617 chez les Augustins, qui le chargèrent d'enseigner les belles-lettres. Il fut successivement prieur à Anvers, à Ypres, à Hasselt et à Cologne, et fut en 1647 député à Rome pour assister, en qualité de *père discret*, au chapitre général de son ordre; il reçut à Pavie le diplôme de docteur. Depuis 1631, il avait fait de l'éloquence sacrée sa principale application. « C'était, dit Paquot, un esprit aisé, nourri de l'étude des anciens et de la connaissance des belles-lettres et des beaux-arts. » On a de lui : *Manuel de la Confrérie de la Ceinture de saint Augustin* (en flamand); Liége, 1627, in-12; — *Speculum Peccatorum, sive sancti Augustini conversio*; Anvers, 1637, in-4°, fig.; — *Ars Artium, sive de regimine sanctimonialium*; Anvers, 1640, in-16; — *De Officio pastorali lib. II*; Anvers, 1643, in-12; — *Ægidii Albertini Emblemata hieropolitica*; Cologne, 1647, in-12 : ouvrage signé *Melitanus a Corylo* (Mantelius de Hasselt); — *Thaumaturgi physici Prodromus*; Cologne, 1649, in-12; — *Sanctus Augustinus, De venerabili Eucharistia lib. II*; Liége, 1655, in-12; — *Hasseletum, sive ejusdem oppidi descriptio*; Louvain, 1663, in-4°; histoire de Hasselt, de ses environs, du pays de Liége, etc.; — *Historiæ Lossensis Lib. X*; Liége, 1717, in-4°; histoire du comté de Looz, avec notices géographiques et éclaircissements. K.

L. Robyns, *Éloge hist. du P. Mantels*, en tête de

l'Hist. Lausanois. — Paquot, Mém. Littér. des Pays-Bas, IX, 278-280.

MANTEUFFEL (*Othon-Théodore*, baron DE), homme d'État prussien, fils d'un ancien gouverneur de province, né à Lubben, le 3 février 1805. Nommé en 1829 référendaire près la chambre de justice, puis conseiller provincial, il fut élu en 1837 député à l'assemblée des états provinciaux de la marche de Brandebourg. En 1841 il devint conseiller supérieur du gouvernement à Kœnigsberg. En 1844 il fut promu au rang de conseiller intime auprès du prince de Prusse. Nommé en 1846 directeur au ministère de l'intérieur, il chercha en 1847, lors de la première réunion de l'assemblée des états prussiens, à défendre contre les attaques du libéralisme constitutionnel l'ordre de choses établi. Aussi dans la seconde assemblée des états, qui se réunit en avril 1848, protesta-t-il contre l'élection par tête. Quoique depuis le mois de mars 1848 le ministère de l'intérieur eût passé, dans une succession rapide, entre les mains d'hommes dont les opinions politiques étaient fort différentes de celles de M. de Manteuffel, celui-ci sut néanmoins se maintenir toujours dans ses fonctions, jusqu'à ce qu'enfin, le 8 novembre 1848, le roi le chargea, sous le ministère Brandebourg, du portefeuille de l'intérieur. Il prit une part réelle à la constitution du 5 décembre, comme aussi la plupart des actes, des notes et des circulaires diplomatiques de la Prusse, dans ces temps si agités, sortirent de sa plume. Ce fut lui qui, après la mort du comte de Brandebourg, opéra à la suite de la conférence d'Olmütz, un changement considérable dans la politique de la Prusse. Quand, le 19 décembre 1850, le roi eut accepté la demande de démission de Ladenberg, il nomma M. de Manteuffel président du conseil des ministres. Il conserva ces fonctions jusqu'en décembre 1858, et fut remplacé quand le prince de Prusse eut été déclaré régent.

MANTEUFFEL (*Charles-Othon*, baron DE), son frère, né à Lubben, le 9 juillet 1806, fut nommé sous-secrétaire d'État de l'intérieur à Berlin en 1852. Henri WILLEN.

Conv.-Lex. — *Documents divers.*

MANTI OU MANTY (1) (*Théodoric* DE), vice-amiral, né en Provence, dans la seconde moitié du seizième siècle, mort vers 1640. Les Marseillais, qui avaient eu diverses occasions d'apprécier sa valeur, l'employèrent, à plusieurs reprises, à chasser de leurs côtes les corsaires barbaresques, auxquels son nom seul inspirait de la terreur. Le 19 juillet 1625, il concourut sur le vaisseau *La Vierge*, qu'il commandait, avec le titre de contre-amiral, au combat que le duc de Guise livra aux Rochellais, combat où ces derniers perdirent dix navires et deux mille hommes.

(1) Il est parfois désigné sous le nom de *Mantin* dans les écrits du temps; mais comme la correspondance du cardinal de Richelieu et celle du cardinal de Sourdis ne l'appellent que *Manti* ou *Manty*, nous avons préféré ces deux noms.

Comme vice-amiral, il commanda la troisième escadre, forte de vingt vaisseaux composant l'arrière-garde de l'armée navale qui, le 17 septembre suivant, battit la flotte rochellaise commandée par Guiton et lui fit essuyer une perte de onze vaisseaux, dont deux s'échouèrent. Quand Richelieu organisa la marine en France, Manti fut un de ceux qu'il chargea de l'exécution de ses projets. Il s'occupa avec Augustin Beaulieu (voy. ce nom) et de Poincy de la construction de trente vaisseaux qui devaient être faits dans les ports de Bretagne, en bois du pays. Commandant en 1637 le vaisseau *L'Europe*, de 500 tonneaux, dans l'armée navale du comte d'Harcourt, il dirigea, au mois de mars, avec le commandeur de Poincy, l'artillerie des vaisseaux contre le fortin de l'île de Sainte-Marguerite, ce qui fut si bien exécuté que ce fort, revêtu en pierre, avec parapets et batteries, reçut, du lever au coucher du soleil, deux mille coups de canon, qui le réduisirent à l'état d'un talus éboulé. Emporté par son ardeur, Manty mit ensuite pied à terre et prit part, en enfant perdu, à l'escalade du fort. A l'attaque de l'île Saint-Honorat, le 14 et le 15 mai suivant, il protégea, avec le commandeur des Gouttes le débarquement des troupes de terre qui obligèrent les Espagnols à capituler. Manti commanda ensuite huit vaisseaux et quelques galères sur les côtes de Provence. Il mourut peu après, car il est appelé *le feu sieur de Manty* dans un mémoire rédigé en 1640 par le commandeur de Virville, mémoire intitulé : *Pratique de la Guerre et des saluts ès armées navales de la mer Méditerranée*, et inséré dans le t. II, p. 471, de la *Correspondance* d'Escoubleau de Sourdis. P. LEVOT.

Hydrographie, etc., par le P. Fournier. — *Histoire du maréchal de Toiras*, par Baudier. — *Lettres, Instructions diplomatiques et Papiers d'État du cardinal de Richelieu* (*Collection des documents inédits sur l'histoire de France*).

MANTICA (*François*), prélat italien, né à Pordenone, en Frioul, en 1534, mort à Rome, le 25 janvier 1614. Après avoir enseigné pendant plusieurs années la jurisprudence à Padoue, il devint auditeur de la Rote et en 1596 cardinal. On a de lui : *De conjecturis ultimarum voluntatum*; Francfort, 1580; Venise, 1587; Cologne, 1631; Genève, 1645, 1696, et 1734, in-fol.; — *Vaticanæ Lucubrationes de tacitis et ambiguis conventionibus*; Rome, 1609 et 1610, in-fol.; Cologne, 1615; Genève, 1646, 1681 et 1692, 2 vol. in-fol.; — *Decisiones Romanæ*; Rome, 1618, et Lyon, 1619, in-4°. O.

Papadopoli, *Gymnasium Patavinum*, t. I. — Eggs, *Purpura docta*. — Oldoino, *Athenæum Ligusticum*.

MANTOUE (*Giovanni-Battista* BRIZIANO DE, dit le *Mantouan*), sculpteur et graveur italien, né à Mantoue, florissait au milieu du seizième siècle. Élève de Jules Romain, il orna, sous sa direction, l'une des salles du palais du T, et sculpta une *Vierge des douleurs* pour l'église Saint-Barnabé de Mantoue. Il a gravé un grand nombre de planches, surtout d'après les compositions de son maître, telles que la *Fuite en Égypte*; un *Médecin appliquant des ventouses sur l'épaule d'une femme*; *Romulus et Rémus allaités par une louve*; *Pluton, Jupiter et Neptune tirant au sort les empires de la terre, du ciel et des eaux*; *Jupiter enfant, nourri par la chèvre Amalthée*, etc. Mais celles de ses estampes dans lesquelles il a déployé le plus de science et d'étude représentent deux sujets de *l'incendie de Troie*. Les planches du Mantouan sont ordinairement signées des initiales I B M. E. B—N.

Vasari, *Vite*. — Baldinucci, *Notizie*. — Orlandi, *Abbecedario*. — Lanzi, *Storia della Pittura*. — Sossaj, *Guida di Mantova*.

MANTOUE (*Teodoro* DE). *Voy*. GHISI (*Teodoro*).

MANTOUE (*Marcello* DE). *Voy*. VENUSTI.

MANTOUE. *Voy*. GONZAGUE.

MANTUANO (*Marco*). *Voy*. BENAVIDES.

MANTZ (*Gaspard*), publiciste et jurisconsulte allemand, né à Gundelfingen, en 1606, mort à Ingolstadt, le 28 mars 1677. Il enseigna la jurisprudence à Dillingen et à Ingolstadt; l'électeur de Bavière le nomma son conseiller, et l'employa dans plusieurs négociations. Parmi ses quarante-trois ouvrages sur diverses matières de droit public et privé, nous citerons : *Patrocinium debitorum calamitate belli depauperatorum*; Nuremberg, 1639 et 1740, in-8°; — *Tractatus de præludio belli civilis inter rigorosos creditores et calamitosos debitores*; Nuremberg, 1642; les mesures proposées par Mantz dans ces deux écrits furent sanctionnées par la diète, à la suite de quoi l'auteur les fit réimprimer ensemble sous le titre de *Trophæus Manzianus*; Francfort, 1655; — *Status Romani Imperii antiquus et novus*; Augsbourg, 1673, in-fol.; — *Fundamenta Urbis et Orbis, seu de ortu et progressu Imperii Romani*; Augsbourg, 1673, in-fol. O.

Kobold, *Baierisches Gelehrten-Lexikon*.

MANUCCI (*Nicolas*), voyageur vénitien, mort vers 1710. Il passa aux Indes, fut attaché comme premier médecin au fils du grand Mogol, Aurangzeb, et quitta ce prince vers 1690. On suppose qu'il revint en Europe vers 1691. C'est à lui que l'on doit la belle collection de peintures indo-persanes conservée à la Bibliothèque impériale. Les missionnaires français le citent fréquemment sous le nom de *Manouchy*. Retiré probablement en Portugal, il publia l'ouvrage suivant, devenu rarissime : *Istoria de Mogol en tres partes de Nicolao Manuchi, Veneziano; de Reinado de Orangzeb* (sic), *Guerras de Golconda e Visapour com varios successos até a era de* 1700, 3 vol. Le catalogue de Middlehill donne ce titre; mais nous n'avons jamais pu nous procurer l'ouvrage. F. D.

Mercure Galant de 1691. — *Documents particuliers*.

MANUCES (Les). Dignes précurseurs des Estienne, les Alde Manuce sont, comme eux, l'éternel honneur de l'imprimerie. Le zèle infatigable de ces deux illustres familles, leur grand savoir, leur enthousiasme et leur dévouement pour un art dont la découverte préservait d'une ruine imminente les chefs-d'œuvre littéraires de l'antiquité grecque et romaine, leur ont donné des droits égaux à la reconnaissance universelle.

MANUZIO ALDO (1) (plus connu sous le nom de Alde l'ancien) naquit en 1449 (2), à Bassiano, près Velletri, dans les États Romains, et mourut à Venise, le 3 février 1515. L'usage en Italie étant de se servir des noms de baptême plutôt que des noms de famille, l'a fait connaître plus généralement sous le nom de *Messer Aldo*, ou *Aldo*; et il prit le titre de *Romanus* en raison de la proximité de sa ville natale avec Rome, alors capitale littéraire du monde. Alde, ayant plus tard soigné l'éducation de l'un des fils des princes de Carpi, Alberto Pio, obtint de cette famille, qui le protégea en tous temps, d'ajouter le nom de *Pio* au sien, et dès l'année 1503 il se désigna toujours ainsi : *Aldo Pio Manutio Romano*, ou *Aldus Pius Manutius Romanus*.

Par son mariage avec la fille d'André Torregiano d'Asola, qui en 1479 avait acquis l'imprimerie de Nicolas Jenson, établi à Venise dès 1470, au retour de la mission que Louis XI lui avait donnée auprès de Gutemberg pour connaître le secret de l'imprimerie, Alde l'ancien se rattache aux premiers inventeurs de cet art.

Son petit-fils a prétendu que leur famille descendait des Mannuci, ancienne famille noble de Florence; mais ni Alde Manuce ni son fils Paul Manuce n'ont rien dit qui puisse faire supposer une communauté d'origine dont cette ancienne famille pût vouloir s'honorer lorsque le nom des Alde fut devenu célèbre.

En commençant ses études, Alde Manuce fut astreint à apprendre par cœur la Grammaire rhythmique d'Alexandre de Ville-Dieu (3), la seule alors en usage. Il la prit en tel dégoût que plus tard il crut devoir la remplacer par une grammaire plus méthodique, qu'il composa lui-même et qui eut un grand succès en Italie et dans les pays étrangers. Après avoir terminé ses études latines à Rome, sous les habiles professeurs Gaspar de Vérone

(1) M. A. Renouard remarque que ce nom se trouve écrit de diverses manières, soit par Alde lui-même, soit par ses descendants : Manuzio ou Manucio, Mannucio, Mannuzio, Mennuccio, et Mannucci. Aldo est le diminutif de Theobaldo, qui était son nom de baptême. En tête du *Thesaurus Cornucopiæ* de 1496 et dans le premier et le second volume d'Aristote, 1495-1497, il se nomme ainsi *Aldus Manutius Bassianus*.

(2) Cette date, à quelques mois près, est la plus certaine. Elle résulte de l'indication donnée par Alde le jeune dans une préface datée du mois de février, en tête d'un opuscule intitulé : *De morte; Dialogus Ægidii Perrini Parisini*; Rome, 1504, où on lit : *Centesimus autem quadragesimus septimus ab Aldi ortu agitur annus*.

(3) Maria Manni, *Vita de Aldo Pio Manuzio*; Venise, 1760, in-4°.

et Domizio Calderino, il vint suivre à Ferrare les leçons du célèbre professeur de grec Guarini.

En 1482, à l'approche de l'armée vénitienne, Alde se retira à La Mirandole, chez l'illustre Jean Pic, *quod amaret literatos viros et faveret ingeniis*, ainsi que l'écrit Alde, en 1485, à Ange Politien. Alde et Pic de la Mirandole (1) se rendirent ensuite à Carpi, auprès du prince Alberto Pio ; c'est là probablement que fut conçu le projet de l'établissement de la belle imprimerie destinée à la reproduction des chefs-d'œuvre littéraires de la Grèce et de Rome, dont les bases furent arrêtées en 1490, ainsi qu'Alde nous en a informés (2). Cependant, le premier livre qui en est sorti, les *Erotemata* de Constantin Lascaris, est daté du 1er février 1494 ; mais il paraît certain que d'autres impressions sans date, particulièrement l'édition du poème de Musée en grec et en latin, précédèrent la grammaire de Lascaris. Alde, voulant faire connaître son mérite et propager le goût des lettres, entreprit, en 1488, de lire et d'expliquer publiquement les meilleurs écrivains grecs et latins; il continua plusieurs années ce cours, qu'il faisait pour une nombreuse réunion de jeunes gens.

L'honorable famille des princes de Carpi, après lui avoir fourni les moyens d'élever son imprimerie, lui vint souvent en aide, et le jeune prince Leonello lui écrivait au nom du prince Alberto, son frère aîné, pour le solliciter, de la manière la plus pressante et la plus aimable, de venir s'établir avec son imprimerie dans leur château à Novi, lui offrant même d'y partager en deux les chambres qu'ils habitaient... (3).

Douze ans plus tard une autre lettre du même prince, 12 mars 1510, datée également de Novi, réitère cette proposition (4).

La vie d'Alde Manuce se trouve tellement mêlée aux ouvrages qu'il a imprimés, que j'ai cru devoir indiquer année par année ses principales publications. C'est dans les préfaces qu'il nous donne beaucoup de renseignements sur sa vie. Le dernier jour de février 1494 Alde Manuce fit paraître la grammaire de Lascaris, suivie de quelques traités in-4°, avec cette souscription : *Impressum summo studio, literis et impensis Aldi Manucii Romani*. Le caractère qu'il y employa comme essai ne reparut plus dans son imprimerie. Les deux préfaces d'Alde nous apprennent que c'est sur des instances réitérées, et pour venir en aide aux études de la jeunesse, qu'il s'est décidé à publier cet ouvrage dans des temps aussi malheureux, où la guerre qui envahit toute l'Italie menace le monde d'une commotion générale. « Mais j'ai fait vœu, dit-il, de consumer ma vie à l'utilité publique; et Dieu m'est témoin que tel est mon plus ardent désir. A une vie paisible j'ai préféré une vie laborieuse et agitée : l'homme n'est pas né pour des plaisirs indignes d'une âme généreuse, mais pour des travaux qui l'honorent. Laissons aux vils troupeaux l'existence des brutes. Caton nous l'a dit, la vie de l'homme est comparable au fer : faites-en un emploi constant, il brille ; si vous n'en usez point, il se rouille. »

Tels sont les sentiments qui animaient ces hommes de fer, les Alde et les Estienne ! Ils avaient le droit de parler ainsi, puisque leurs œuvres ont égalé leurs engagements.

En 1495 parut le premier volume de la première édition grecque d'*Aristote*. « Pour se faire une idée des difficultés et de la hardiesse d'une pareille entreprise, dit avec raison M. A. A. Renouard, qu'on se représente les nombreux traités formant les cinq volumes in-fol. des œuvres d'Aristote, alors tous inédits, et dont les divers manuscrits étaient ou presque illisibles ou défigurés par l'ignorance des copistes, souvent mutilés ou oblitérés et présentant des leçons différentes. Aucune publication antérieure ne pouvait aider l'éditeur, à tout moment arrêté par des doutes qu'il lui fallait résoudre par sa sagacité et sa critique. Si l'on songe que ce ne fut pas seulement pour la volumineuse et difficile édition d'Aristote, mais pour une multitude innombrable d'éditions grecques, qu'Alde dut accomplir presque toujours une pareille tâche, on sentira combien il serait injuste de lui reprocher quelques erreurs typographiques ou quelques leçons qui depuis furent rectifiées, soit à l'aide de meilleurs manuscrits, soit par les ingénieuses conjectures d'autres savants, venus après lui, et dont quelques-uns ont consumé leur vie entière à la révision d'un seul ouvrage. »

Dans la préface, Alde annonce qu'il a été secondé dans ces grands travaux par plusieurs savants, et particulièrement par Alexandre Bondinus, dont une préface en grec vient à la suite de celle d'Alde.

De même qu'à Rome les premiers imprimeurs avaient reproduit les chefs-d'œuvre de la langue

(1) Dans une des préfaces de son édition d'Aristote, Alde nous apprend que Pic de La Mirandole était oncle du prince de Carpi, Alberto Pio.

(2) Cette date résulte de sa préface en tête du *Thesaurus Cornucopiæ*, qui parut en août 1497 ; Alde nous y signale les difficultés qu'il eut à vaincre et les pénibles travaux auxquels il dévoua sa vie. L'historien de la vie d'Alde l'ancien, Maria Manni, dit que c'est dans l'*Organon* d'Aristote, imprimé par Alde en 1495, que se trouve ce passage, il s'est trompé, il est dans le *Thesaurus Cornucopiæ* imprimé en 1497 « Postquam suscepi « hanc duram provinciam (*annus enim agitur jam septi-* « *mus*), possem jurejurando affirmare me tot annos ne « horam quidem solidæ habuisse quietis. »

(3) « Perchè non è homo che desidera più de me que Ms. Aldo fusse et stantiasse a Novi, intendo e voglio, essendo qui Ms. Aldo, che sia patrone e signore, et allora ge farò tale demostratione, chel cognoscerà, chio l'amo, et forsi più chel non si crede. » Lettre du 28 septembre 1498...

(4) « Me displazeria bene, et atristaria, se altro loco che questo vi elegessi per habitare, recercaremo tutto il Castello, nel quale aciò siati accommodato, sel sarà bisogno, le dividerò per metà le camere ne le quelle stanze uvi ne sarete patron, ma interim non dovesti restare de inviare li instrumenti, et altre vostre robe necessarie, et cosi mi conforto et prego a fare, nè il parere di vostro socero falla in questo, sichè satisfati, et a lui, et a noi altri che vi amamo. »

latine, de même Alde l'ancien se hâta de reproduire tous les chefs-d'œuvre de la littérature grecque, et il fut secondé dans ses travaux par un grand nombre d'illustres savants venus de la Grèce chercher à Venise un refuge après la prise de Constantinople. Cette même année 1495 il donna *Théocrite* et *Hésiode* en un vol. in-fol. C'est dans ces deux ouvrages qu'on vit enfin un caractère grec parfaitement régulier, satisfaisant de tous points, et bien supérieur à celui de l'Homère imprimé à Florence par Nerlius. En 1497 parut le *Thesaurus Cornucopiæ*, recueil de grammairiens grecs tous inédits (1). Charles VIII venait d'envahir l'Italie, et voici ce qu'Alde écrivait dans sa préface :

« C'est une rude tâche que d'imprimer correctement les livres latins, et plus dure encore les livres grecs; mais rien de plus pénible que d'apporter tous les soins qu'ils exigent dans des temps aussi durs, où les *armes* sont bien plus maniées que les *livres*. Depuis que je me suis imposé ce devoir, voici sept ans que je puis affirmer, sous la foi du serment, de n'avoir pas joui pendant tant d'années, même une heure, d'un paisible repos. »

Dans la même année 1497 parurent les 2e, 3e et 4e volumes d'*Aristote*. Dans sa préface au prince de Carpi, Alde rend compte de ses efforts pour réunir les meilleurs textes manuscrits d'Aristote; il annonce qu'il va donner bientôt Platon, Hippocrate, Galien et les autres médecins, puis les mathématiciens; « et, ajoute-t-il, si Dieu me prête vie je m'efforcerai de ne jamais vous laisser manquer de bons livres de littérature et de science. »

A la fin du 2e volume, commençant par la vie d'Aristote et de Théophraste, se trouvent plusieurs indications en grec et en latin, entre autres celle du *Registre* des cahiers dont se compose ce volume. Pour donner en grec cette indication, il fallait que des Grecs fussent employés chez Alde même pour l'assemblage et la reliure (2). Alde y prend le titre de Philhellène, et dit que ce volume a été « excriptum (sic) Venetiis, manu *stamnea* (sic), in domo Aldi Manutii Romani et græcorum studiosi, mense februario M. III. D. »

Le grand nombre de préfaces écrites en grec soit par Alde, soit par de savants grecs qui avaient trouvé un asile dans son imprimerie donne lieu de croire qu'on y parlait aussi fréquemment en grec que dans la maison des Estienne on parlait en latin (1).

La même année il donna Jamblique, Proclus, Porphyre, Synesius, etc. Dans un dictionnaire grec, Alde recommande au lecteur de numéroter les pages. Il eût mieux valu lui épargner cette peine en les imprimant avec le texte, ce qu'Alde fit ensuite.

En 1498 parut le dernier volume d'*Aristote* et une édition d'*Aristophane* avec les scolies, etc. Vers cette époque il publia un Psautier en grec, sans date. Dans la préface, Decadius annonce que bientôt Alde publiera une Bible polyglotte en hébreu, grec et latin. Malheureusement l'exécution de ce projet fut suspendue. On en voit cependant une page fort bien exécutée à notre Bibliothèque impériale.

En 1499, il publia Dioscoride, les *Epistolographes* grecs, les *Astronomiques*, et en 1500 *Lucrèce*. C'est dans le courant de cette année qu'il épousa la fille de Turrisan ou Torregiano d'Asola, imprimeur instruit, qui a donné quelques bonnes éditions.

Vers l'année 1501 Alde eut l'heureuse idée de former une véritable académie, composée d'hommes distingués par leur savoir, qui se réunissaient à un jour fixé chez lui pour traiter de questions littéraires et s'occuper du choix des ouvrages les plus utiles à imprimer, des meilleurs manuscrits et des meilleures leçons à adopter. La constitution de cette académie fut rédigée en grec. Pour en assurer la durée, Alde sollicita de l'empereur Maximilien Ier son autorisation par un diplôme impérial; mais cette académie, fondée en 1500, se trouva dissoute par la mort ou la dispersion accidentelle de ses membres. Voici les noms de ceux qui la composaient ou qui par leurs rapports scientifiques avec Alde ont concouru au but de cette institution, appelée l'*Academia d'Aldo*, de même que Laurent Médicis à Florence, Pontanus à Naples et Pomponius VI à Rome ont donné leurs noms à celles qu'ils ont fondées. Alde la nomme quelquefois *Neaccademia nostra*.

Alde, *président*; Andrea Navagero, *sénateur vénitien*; Pierre Bembo (*depuis cardinal*); Daniel Rinieri, *sénateur vénitien et procurateur de Saint-Marc, très-savant en grec, en latin et en hébreu*; Marino di Lionardo Sanudo, *sénateur et historien de Venise*; Nicolas Guideco, *Vénitien*; Scipion Fortiguerra, *dit* Carteromaco, *de Pistoie*, *et* Michel Fortiguerra, *son frère ou son parent*; Urbain Bolzanio, *de Bellune*, *religieux*; Benedetto Ramberto, *de Venise*; Pierre Alcioneo, *Vénitien*; J.-B Egnazio, *Vénitien*, *professeur d'éloquence à Venise*; Aless. Bondino, *de Venise*, *dit* Agathéméron; Marc Musurus, *de Candie*, *depuis archevêque de Monembasia*; Jean Musurus; Marc-Antonio Coccio Sabellico, *de Vicovaro près de Rome*; J. Gregoropulo, *de Candie*; Benedetto Tirreno; Paul Canale,

(1) M. A. A. Renouard indique à cet ouvrage la date de 1496, quoique sur l'original la date soit ainsi imprimée : M. III. D; et cependant M. Renouard range sous la date de 1497 les autres ouvrages d'Alde qui portent cette même indication. M. III. D.

(2) L'expression de *broché à la grecque*, connue dans tous les ateliers de brochure, se rattache probablement à ce mode d'opérer venu de Constantinople.

M. A. A. Renouard, dont je ne saurais trop louer l'exactitude scrupuleuse, si persévérante dans le cours de ses longs travaux sur les Alde et les Estienne, ne parle point de ces indications placées par Alde à la page 269 du volume, non plus que d'un autre avis au relieur, également en grec, qui se trouve entre les pages 15 et 16 des *Rhetores Attici*, 1513, 2 vol. in-fol.

(1) Cet avis est répété en grec, et l'expression singulière *imprimé avec une main d'étain* est traduite par κασσιτερίνῃ χειρί.

noble vénitien; Jean Giocondo, *de Vérone*; François Rosetto, *médecin de Vérone*; Girolamo Aleandro, *depuis cardinal*; Girolamo Menocchio, *de Lucques, médecin*; Jean de Lucca, *médecin*.

Savants qui ont pu faire partie de l'Académie d'Alde et qui furent ses collaborateurs :

Giustino Decadeo, *de Corfou*; Aristobulo Apostolio, *de Candie*; Arsenio, *depuis archevêque de Monembasia*; Thomas Linacre, *Anglais, grammairien et philosophe*; Gabriel Braccio; Girolamo Avanzio, *de Vérone*; Demetrius Chalchondylas, *Athénien*; Angiolo Gabrieli, *chevalier et sénateur vénitien*; Alberto Pio, *prince de Carpi*; Andrea Torresano, *imprimeur, beau-père d'Alde*, et les *deux fils Torresani*, Frédéric et François.

On peut aussi ranger parmi les collaborateurs d'Alde :

Jean Lascaris Rhyndacenus, *Grec*; Didier Érasme, *de Rotterdam*; Jean Baptiste Ramusio, *de Venise*, auteur du célèbre recueil des voyages; Demetrius Ducas, *de Candie*, en Crète, et plusieurs autres.

Le calligraphe de l'académie était le célèbre *calligraphe* Jean Rosso, *le Crétois* (1).

Secondé par quelques-uns des membres de cette académie, chaque mois Alde faisait paraître un volume imprimé à mille exemplaires (2).

C'est par un travail assidu, une constance énergique et une vie frugale qu'Alde put suffire à ces immenses travaux, accrus par la célébrité même attachée à son nom, qui le forçait de répondre aux lettres dont il était accablé, d'écouter les lectures qu'on lui venait faire, et de recevoir les curieux qui le questionnaient sur ses entreprises littéraires. C'était souvent en vers latins qu'on le consultait et qu'on lui conseillait d'imprimer tels ou tels ouvrages. Bien plus, des libraires, tels que Bologni de Trévise, lui écrivaient en vers latins pour lui demander des livres à crédit. Tantôt c'étaient des visiteurs de distinction, qui sollicitaient de lui la faveur de voir son imprimerie, ou des oisifs qui, pour distraire leur ennui, se disaient : « Allons donc chez Alde ». Afin de les éloigner, il dut placer cette inscription latine sur sa porte (3) :

« Qui que tu sois, si tu as rien à demander à Alde, sois bref, et sur sa réponse laisse-le à ses travaux; à moins que tu ne viennes lui prêter l'épaule, comme Hercule vint en aide à Atlas épuisé de fatigue. Sache qu'ici les labeurs sont incessants pour quiconque y met le pied. »

Mais toute chose a ses inconvénients : Érasme avait écrit à Alde qu'il voulait faire imprimer chez lui ses Adages : arrivé à Venise, il s'empresse de se rendre chez Alde, et se fait annoncer; mais son nom, inconnu des serviteurs ou mal prononcé, le fit rester longtemps à attendre à la porte d'Alde, qui, informé enfin de cette méprise, s'empressa d'accourir pour s'excuser auprès d'un homme d'un tel mérite, pour lequel il avait la plus haute estime.

On remarque à cette époque un redoublement d'activité dans les publications d'Alde, et c'est en 1501 qu'il introduisit l'usage du caractère penché, appelé italique ou *aldino*, dont le modèle lui fut donné, dit-on, par l'écriture même de Pétrarque; il en commanda l'exécution à l'habile graveur Jean de Bologne, qui avait dessiné et gravé les autres caractères de son imprimerie.

Doni et quelques autres prétendent que ce fut Alde qui dessina et fondit ce caractère qui porte son nom : le talent et le nom du graveur ont été consacrés par Alde dans ces vers, placés sur le titre même du *Virgile* où ces types parurent pour la première fois,

IN GRAMMATOGLYPTÆ LAUDEM.

Qui Graiis dedit Aldus en latinis
Dat nunc grammata scalpta dædaleis
Francisci manibus Bononiensis.

Ce petit *Virgile* in-8° commence la série des chefs-d'œuvre littéraires imprimées par Alde en ce format. Le public accueillit avec empressement et reconnaissance un format portatif et économique, réunissant presque autant de matière qu'un in-4° ou un in-f°. Ces charmants volumes, que l'on pouvait emporter dans sa poche, à la promenade et en voyage, ne coûtaient que deux francs et demi, valeur actuelle, et remplaçaient avantageusement les in-folio, qui coûtaient dix fois plus et qu'on ne pouvait lire que sur un pupitre.

Un privilége de dix ans accordé à Alde, le 13 novembre 1502, par le sénat de Venise, pour

(1) Voy. J. Morelli (*Aldi Manutii Scripta tria*), p. 5; Bassano, 1806.

(2) « Mille et amplius alicujus boni autoris volumina singulo quoque mense emittimus ex academia nostra », dit-il dans sa préface de l'*Euripide*, 1503.

(3) Mihi duo sunt, præter sexcenta alia, quibus studia nostra assidua interpellatione impediuntur : crebræ scilicet literæ virorum doctorum quæ undique ad me mittuntur, quibus si respondendum sit, dies totos ac noctes consumam scribendis epistolis : et ii qui ad nos veniunt partim salutandi gratia, partim perscrutaturi si quid novi agatur, partim, quæ longe major est turba, negotii inopia. « Tunc enim, eamus, aiunt, ad Aldum. » Veniunt igitur frequentes, et sedent oscitabundi,

Non missura cutem nisi plena cruoris hirudo.

Mitto qui veniunt recitaturi, alii carmen, alii prosa oratione aliquid, quod etiam excusum typis nostris publicari cupiant, idque rude et incastigatum plerumque.... »

A quibus me cœpi tandem permolestis interpellatoribus vindicare. Nam iis qui ad me scribunt, vel nihil respondeo, cum quod scribitur non magni intersit, vel, si intersit, laconice. Quam quidem rem, quoniam nulla id a me fit superbia, nullo contemptu, sed ut quicquid est otii, consumam edendis bonis libris, rogo ne quis gravius ferat, neve aliorsum atque ego facio, accipiat. Eos autem qui vel salutandi, aut quacumque alia causa ad nos veniunt, ne posthac molesti esse pergant, neve importuni interpellant labores ac lucubrationes nostras, curavimus admonendos epigrammate, quod quasi aliquod edictum videre licet supra januas cubiculi nostri, his verbis : QUISQUIS ES, ROGAT TE ALDUS ETIAM ATQUE ETIAM : UT SI QUID EST QUOD A SE VELIS, PERPAUCIS AGAS DEINDE ACTUTUM ABEAS ; NISI TANQUAM HERCULES DEFESSO ATLANTE, VENERIS SUPPOSITURUS HUMEROS. SEMPER ENIM ERIT, QUOD ET TU AGAS, ET QUOTQUOT HUC ATTULERINT PEDES.

Préface à André Navager, en tête du *Ciceronis Libri Oratorii*, 1514, in-4°.

lui en garantir l'emploi exclusif, se trouve à la fin des *Métamorphoses* d'Ovide en 1502. Ce privilége, renouvelé le 17 décembre même année par le pape Alexandre VI, fut maintenu pour quinze ans par Jules II en 1513, et confirmé l'année suivante par Léon X (1).

La même année parut, dans le format in-8°, l'*Horace*; — le *Cose Volgari di Petrarca*; — *Juvénal et Perse*, in-8°; — *Martial*, in-8°, et deux volumes grand in-fol., très-bien imprimés, d'une sorte d'encyclopédie, publiée sous le nom de *George Valla*.

L'année suivante, en 1502, Alde donna dans le format in-f° les ouvrages grecs *Julius Pollux*, *Thucydide*, *Hérodote*, *Stephanus de Urbibus*; et dans le format petit in-8°, faisant suite aux ouvrages déjà publiés: *Lucain*, les *Epîtres familières de Cicéron* et une édition de *Sophocle*, publiée avec grand soin d'après de bons manuscrits. Brunck en a fait l'éloge, et l'a suivie en grande partie pour son texte. Dans une préface adressée à Musurus, Alde le remercie des secours qu'il veut bien lui prêter; « car, dit-il, j'ai toujours proclamé les droits et les mérites de chacun ». *Stace*, *Valère-Maxime*, *les Métamorphoses d'Ovide*, *les Héroïdes*, *Elégies*, et *les Fastes*, *Catulle*, *Tibulle* et *Properce*, parurent aussi en 1502. C'est dans l'édition du *Dante* (1502) que parut pour la première fois l'emblème de l'*ancre et du dauphin*.

En 1503, dans le format in-f°, il imprima en grec: *Lucien*, *Philostrate*, etc., en 1 vol., les commentaires d'*Ulpien*; *Xénophon*; *Aristote*, *de Animalibus*, et *Origène* en latin. Dans le format in-8°, il ne parut que deux ouvrage grecs: le *Florilegium diversorum Epigrammatum*, et *Euripide*, 2 vol.

En 1504 les livres grecs format in-f° sont: *Commentaires sur Aristote* de Jean le Grammairien, divers traités d'*Aristote*, *Théophraste*, etc., *Démosthène*, dont l'édition, annoncée par lui comme un produit de la nouvelle académie, ne fut tirée qu'à un petit nombre d'exemplaires (1), sans qu'il nous en donne les motifs, et *contrairement*, ajoute-t-il, *à tout ce qu'il avait imprimé dans ses thermes*, c'est-à-dire dans ses ateliers, échauffés en hiver par des poêles pour faire sécher le papier te rendre l'encre plus maniable. Il imprima aussi cette année, dans le format in-8°, *Homère*, 2 vol., et les *Lettres de Pline*, *Salluste* et les *Rime di Petrarcha*.

En 1505 parut un seul volume grec, format in-f°: *Ésope*, suivi d'autres écrits; quelques exemplaires ont la traduction latine intercalée dans le texte, à d'autres elle manque, ce qui a fait croire à deux éditions; dans le format in-8°, une nouvelle édition de *Virgile*.

Cette année les travaux de l'imprimerie d'Alde furent interrompus en partie, et entièrement l'année suivante, par la guerre qui désolait une partie de l'Europe, et surtout l'Italie. Alde, dépouillé de ses biens en terre ferme, dut perdre son temps en voyages et en démarches pour les recouvrer. En revenant de Milan, il fut arrêté par une troupe armée du duc de Mantoue, et conduit à Caneto; il y fut jeté dans une horrible prison. Réclamé par ses amis, il put regagner ses pénates, mais plus pauvre et plus obéré que quand il les avait quittés un an auparavant. Des amis lui vinrent en aide, entre autres le père Sanctus, petit-fils de Marc Barbarigo, qui fut doge, et André *Torregiano* d'Asola, son beau-père.

En 1507 il ne parut qu'un petit volume in-8°, devenu très-rare: c'est l'*Hécube* et l'*Iphigénie en Aulide*, d'Euripide, traduites en latin par Érasme, qui y a joint une ode à l'honneur de Henri VII.

En 1508 parut la seconde édition de la *Grammaire Latine* d'Alde. Cette année Erasme vint à Venise, où il fit imprimer par Alde une édition beaucoup plus ample de ses *Adages*, dont le premier essai avait été imprimé à Paris, en 1500, par Jean Philippi, et ensuite par Josse Bade (2).

Dans sa préface, Érasme rend grâce à Alde du secours qu'il en obtint. Alde, nous dit-il, mit à sa disposition tous les documents qu'il avait déjà réunis sur le même sujet; en sorte que, secondé par son obligeance et par le secours des amis d'Alde, non moins obligeants, Jean Lascaris, Baptiste Egnatius, Marcus Musurus, le frère Urbain, il put compléter à Venise son ouvrage, dont il n'avait apporté que de maigres et confus matériaux (3); à mesure qu'il écrivait, Alde impri-

(1) Les priviléges accordés à Alde pour les livres qu'il imprimait n'empêchaient pas qu'ils ne fussent contrefaits à Fano, par Soncino, et à Florence par les Juntes. Les Lyonnais contrefaisaient aussi, mais dans un caractère plus lourd, les in-8° d'Alde dès qu'ils paraissaient. Tout, jusqu'à ses préfaces, y était copié, sauf la date et la marque d'Alde. L'incorrection des premiers volumes était surtout tellement révoltante, qu'Alde eut soin d'en avertir le public dans un avis en forme de placard, daté du 16 mars 1503, où il exprime le chagrin que lui causent ces éditions frauduleuses, qu'on cherche à faire passer pour *aldines*, et qui, très-mal exécutées et remplies de fautes, peuvent nuire à sa réputation, outre qu'elles nuisent à ses intérêts. Pour indiquer le moyen de les reconnaître, il signale les fautes typographiques qu'elles contiennent: « mais ce qui est piquant, c'est que les contrefacteurs, alertes à veiller à leurs intérêts, tournèrent à leur profit cet avis destiné à nuire au débit de leurs éditions. Ainsi lors qu'Alde indique telle et telle faute dans le Juvénal ou quelque autre ouvrage, aussitôt ils réimpriment des feuillets nouveaux où la faute est corrigée, et trompent de nouveau l'acheteur, en lui prouvant par ce nouveau faux que leur édition n'est pas la contrefaçon qu'Alde avait ainsi signalée. »

(1) Has Demosthenis orationes ex Neacademia nostra emittimus..... cum et admodum quam pauca exempla imprimenda curaverim, idque coactus, quod in nullo ante accidit volumine excuso in thermis nostris.

(2) C'est surtout en Allemagne que les Adages d'Érasme eurent un prodigieux succès. Mathieu Schurer les réimprima onze fois de 1509 à 1520; et Froben en donna dix éditions de 1513 à 1520, sans compter sept à huit éditions publiées ailleurs.

(3) Venetiam nihil mecum apportabam, præter confu-

mait; en sorte qu'en neuf mois l'édition fut exécutée.

Dans son long commentaire sur le proverbe *Festina lente*, Érasme se plaît à donner les plus grands éloges au savoir et à l'obligeance d'Alde et à son zèle infatigable pour améliorer les textes au moyen des manuscrits, qu'il faisait rechercher en Pologne, en Hongrie et ailleurs. « Si, dit-il, quelque divinité protectrice venait en aide à Alde, on le verrait publier tout ce que les langues grecque, latine et hébraïque nous ont laissé de monuments littéraires. » Dans cette dissertation Érasme entre dans de grands détails sur l'imprimerie d'Alde et sur *l'ancre et le dauphin*, marque emblématique de l'imprimerie d'Alde (1). En signalant les immenses travaux littéraires et typographiques de ce savant imprimeur, il compare la gloire acquise par Ptolémée en formant une vaste bibliothèque, mais bornée par des murailles, à celle d'Alde fondateur d'une bibliothèque qui n'aurait d'autres bornes que celles de l'univers.

Alde donna aussi cette année une édition de *Pline le jeune* en format in-8°, et les *Rhetores Græci*, 2 vol. in-f°, très-bien imprimés.

En 1509 Alde ne publia dans le format in-f° que les opuscules de *Plutarque;* c'est la première édition. Dans le format in-8°, il donna une seconde édition d'Horace, plus correcte que la première, accompagnée d'un excellent traité *De Metris Horatianis*, composé par lui avec tant de méthode que ce traité fut souvent réimprimé.

La ligue de Cambray contre Venise et les désastres qui en furent la suite forcèrent Alde à suspendre de nouveau les travaux de son imprimerie pendant les années 1510 et 1511. Elle fut enfin rouverte en 1512, année de la naissance de Paul Manuce.

sam et indigestam operis materiam, ... magna mea temeritate simul utrique sumus agressi : ego scribere, Aldus excudere. Aldus nihil habebat in Thesauro suo quod non communicaret, etc. (*Erasmi Adagia, chil. II, cent 1, art* I, au mot *Festina lente*, p. 380 de l'edition de Robert Estienne, 1558.)

(1) Il dit que cet emblème, *le dauphin s'enroulant autour d'une ancre*, se trouvait sur des médailles impériales. On la voit en effet sur le revers d'une medaille de Vespasien, en argent, et aussi de Domitien. Bembo fit present d'une de ces médailles de Vespasien à Alde, qui y ajouta l'adage latin *Festina lente*, adopté par Auguste; en effet le dauphin désignant la vitesse par la rapidité avec laquelle il fend les ondes, et l'ancre étant une marque de solidité et de constance, ces deux emblèmes exprimaient avec justesse que pour travailler solidement il faut un labeur sans relâche mais accompagné d'une lente reflexion A ce sujet on voit dès 1499 Alde écrire au prince de Carpi, à la fin du recueil des *anciens Astronomes :* « Sum ipse mihi optimus testis me semper habere comites, ut oportere aiunt, delphinum et anchoram. Nam et dedimus multa cunctando, et damus assidue. »

En 1571 l'empereur Maximilien II, par un diplôme de noblesse du 28 avril, accorda à Paul Manuce le droit d'ajouter à cette arme de famille l'aigle impériale. Mais la mort de Paul Manuce, survenue peu après, ne lui permit pas d'imprimer ces armes sur aucun de ses livres; elles ne parurent que sur ceux d'Alde le jeune, son fils.

Cette année parut la troisième édition de la *Grammaire Grecque* de Lascaris, format in-4°, et dans le format in-8° les *Erotemata de Chrysoloras*, les *Épîtres familières de Cicéron*, *Valère-Maxime* et *Martial.*

En 1513, dans le format in-8°, les *Commentaires de César*, *Ciceronis Epistolæ*, et *Pindare*. Cette édition, belle et rare, a servi de base à toutes les éditions, jusqu'à la nouvelle recension des manuscrits faite par Bœckh. Dans la préface, adressée par Alde à André Navagero, il lui dit :

« Voici déjà quatre ans, cher Navager, que j'ai dû suspendre mes travaux, quand j'ai vu l'Italie tout entière en proie au cruel fléau d'une guerre acharnée. Je fus forcé de quitter Venise pour tâcher d'obtenir la restitution de mes champs et jardins perdus, non par ma faute, mais par celle de ces temps désastreux. Démarches inutiles! etc. »

Sans se décourager par tant d'adversité, il annonce à Navager, dans une longue liste, tous les auteurs grecs qu'il se propose de publier, si toutefois *le rocher qu'il roule depuis tant d'années ne l'écrase pas*. Enfin, il se préparait à réunir en un seul volume les Scolies revues de Pindare, d'Hésiode, de Sophocle, d'Euripide, d'Eschyle, de Théocrite et d'Appien.

Cette même année parut dans le format in-folio :

1° *Rhetorum Græcorum Orationes*, en trois parties. On y trouve plusieurs discours découverts au mont Athos par Lascaris, pendant la mission que Laurent de Médicis lui avait donnée pour recueillir des manuscrits en Grèce. « En sorte, dit Alde dans sa préface dédicatoire, que si ces discours nous sont conservés, c'est autant à Laurent de Médicis qu'à Lascaris, cet homme unique en savoir et en qualités de tous genres, qu'on en est redevable. » Dans cette préface il signale les bienfaits du pontificat de Léon X (1), et fait des vœux pour ce protecteur et restaurateur des lettres en Italie, où il a fait renaître l'âge d'or.

2° *Platon*. Cette belle édition, aussi rare que précieuse, publiée par les soins réunis d'Alde et de Musurus, est dédiée au pape Léon X, dont Alde reçut de nouveaux priviléges. Alde écrit dans la préface qu'il voudrait racheter d'un écu d'or toute faute qui pourrait s'y rencontrer.

3° *Alexander Aphrodisiensis*. Dans sa préface au prince de Carpi, Alde lui raconte qu'un grand travail entrepris sur les Commentaires et sur d'autres auteurs grecs par le savant F.

(1) Hoc enim Pontifice, tot rapinæ, tot cædes, tot hominum scelera cessabunt et bella in primis malorum omnium causa; hoc pacis filio renovabitur mundus Hic ille est quem, afflicti, oppressi, submersi, promissum expectabamus. Hic vir hic est, aurea condet sæcula, qui rursus Latio regnata per arva Saturno quondam. Hic ille Leo, de quo scriptum est : Vincet Leo ex tribu Juda.

Di patrii indigetes, et Romule, Vestaque mater, etc.

Cette épître est datée de mai 1513.

V. Bergomas fut brûlé ainsi que la bibliothèque, si précieuse, de ce savant, et qu'au moment où il imprime cet ouvrage

« Vicinæ, ruptis inter se legibus, urbes
Arma ferunt, sævit toto Mars impius orbe.

Toutefois, ajoute-t-il, je ne cesserai pas de remplir mes promesses et de rouler le rocher jusqu'au sommet de la montagne. »

4° *Thesaurus Cornucopiæ*, ou recueil de grammaires et commentaires latins, tels que *Terentius Varro*, *Festus*, etc.

5° Un recueil d'ouvrages d'*Aristote*, de *Théophraste*, sur l'histoire naturelle, etc.

En 1514, Alde publia : dans le format in-folio, le dictionnaire d'*Hesychius*, première édition; *Athénée* et *Suidas*; — dans le format in-4°, les traités de *Rhétorique de Cicéron*, les *Agronomes Caton*, *Varron*, *Columelle*, etc.; *Quintilien*, et une nouvelle édition de la *Grammaire Latine*; — dans le format in-8°, *Il Petrarcha*, l'*Arcadia de Sannazar*, une réimpression de *Virgile*, *Valère-Maxime*.

En 1515, année de la mort d'Alde, parut dans le format in-8° *Catulle*, etc.; et les *Divinæ Institutiones de Lactance*, où se trouve une espèce d'éloge funèbre d'Alde, par J.-B. Egnatius, de Venise. Il y énumère les grandes qualités qui rendent le nom d'Alde célèbre dans toute l'Europe, et il y déplore sa mort, occasionnée par l'excès d'un travail de jour et de nuit.

Lucain, l'*Éloge de la Folie* par *Erasme*, le *Dante*, *Lucrèce*, parurent après la mort d'Alde Manuce, ainsi que sa *Grammaire Grecque*, publiée par Marc Musurus.

Alde l'ancien mourut le 6 février 1515, et en lui s'éteignit l'académie qu'il avait formée de ses savants amis. Plus tard, nous la verrons reparaître sous le titre d'*Academia della Fama*. Par les ordres d'Alde, son corps fut porté à Carpi, chez le prince dont il avait été le précepteur; il voulut aussi que sa veuve et ses fils allassent demeurer dans cette principauté, où ces princes leur firent don de quelques possessions. Alde fut enseveli dans l'église de Saint-Patrinian, avec des livres dont on l'entoura dans son cercueil, et son oraison funèbre fut prononcée par Raphael Regius, professeur de cette ville.

Alde avait eu de sa femme *Maria* Torregiani quatre enfants : l'aîné, Manutio de Manuti, vécut à Asola, pourvu d'un bénéfice ecclésiastique. Antoine fut libraire à Bologne et Paul Manuce, qui n'avait que trois ans lorsqu'il perdit son père, fut élevé par son grand-père, André d'Asola (Torregiani), jusqu'à ce qu'il pût reprendre la direction de l'imprimerie.

La fille d'Alde est désignée dans le testament de son père sous le nom de *Alda*.

Outre son mérite personnel, Alde fut doué des plus rares qualités morales; il était modeste et rendait justice à ses collaborateurs, dont il sut s'attirer l'amitié, et il jouissait de la confiance des savants et des hommes les plus distingués de son époque, et les bibliothèques si riches en manuscrits des patriciens Antoine Maurocen, Daniel Renieri, Aloisio Mocenigo étaient à sa disposition pour l'amélioration des textes de ses savantes éditions. Son mérite seul décidait plus d'un savant à se rendre à Venise. Les jours et les nuits ne pouvaient lui suffire, nous dit-il, pour répondre à toutes les lettres qu'il recevait.

Parmi ses principaux collaborateurs, qui étaient ses commensaux et qui sont mis au rang des correcteurs de son imprimerie par M. Manni, puisqu'ils recevaient des émoluments, on compte Aleander, qui depuis devint cardinal et était alors dans l'ordre des mineurs; le savant crétois Marc Musurus, à qui Alde a dédié son travail sur l'orthographe des mots grecs; Alcyonius, que l'on a accusé d'avoir détruit le traité de Cicéron *De Gloria* pour anéantir la trace des emprunts qu'il en avait faits dans son écrit intitulé : *Medicis legatus, sive de Exilio*; Demetrius Chalcondyle, l'un des plus savants grecs réfugiés à Venise après la prise de Constantinople; enfin Érasme (1), bien qu'il s'en soit défendu, mais à tort, si l'on donne ce titre de correcteur de l'imprimerie des Alde à celui de savant éminent qui collationne et rectifie les textes bien plus encore qu'il ne corrige typographiquement les fautes commises par les ouvriers (2).

Indépendamment des soins donnés à ses nombreuses éditions grecques et latines publiées sur des manuscrits difficiles à réunir, difficiles à déchiffrer, et qu'Alde prenait soin de collationner et d'accompagner de préfaces, de dissertations écrites en très-bon latin, quelquefois même en grec, il a laissé un grand nombre d'ouvrages, qui seuls lui mériteraient la renommée littéraire dont il jouit.

Sa *Grammaire Grecque* devait paraître même avant la grammaire latine; mais elle ne fut publiée qu'en 1515, après sa mort, par les soins de Marc Musurus, son ami, qui l'accompagna d'une préface, où il déplore la perte de son bienfaiteur, et signale ses grandes qualités, sa générosité, et ses efforts ainsi que ceux du sénat de Venise pour transporter et faire revivre en Italie la langue et les écrits des Grecs, anéantis par les Turcs (3).

(1) Erasme nous dit, dans le *Catalogus omnium Erasmi Lucubrationum*, placé à la suite de ses *Adagia*, qu'après leur achèvement il s'occupa d'autres travaux littéraires sur Terence, Plaute et Sénèque, et qu'après en avoir exactement corrigé les textes sur les anciens manuscrits, il les laissa à Alde pour les utiliser comme il l'entendrait.

(2) Non est moris nostri fraudare quemquam sua laude; immo decrevimus omnes quicumque mihi vel opera, vel inveniendis novis libris, vel commodandis raris et emendatis codicibus, vel quocumque modo adjumento fuerint notos facere studiosis, ut et illis debeant se mihi debent.

Préface d'Alde adressée à Musurus en tête du Stace de 1502.

(3) Nihil unquam mihi fuit optabilius quam ut grecæ linguæ propaginem, quæ Turcarum crudelibus lacertis excisa radicitus solo in patrio misere jacebat, apud Italos redivivo germine pullulare viderem. Id totum non

On doit aussi à Alde l'ancien un Dictionnaire Grec-Latin in-fol., qui fut réimprimé en 1524 avec quelques additions de François d'Asola, son beau-frère; — un petit traité *De metris Horatianis*, souvent réimprimé. Il a aussi traduit du grec en latin plusieurs ouvrages, la Grammaire de Lascaris, la Batrachomyomachie, les Vers dorés de Pythagore, les Sentences de Phocylide, les Fables d'Ésope, etc.

Parmi les opuscules d'Alde, il en est un, c'est un petit poëme intitulé *Musarum Panegyris*, qui fut imprimé d'abord sans date, du vivant d'Alde, dans une autre imprimerie que la sienne, mais dont on ne connaît que quatre exemplaires (1); J. Morelli l'a réimprimé en 1606, à Bassano, avec deux autres opuscules; l'un est une lettre adressée à la princesse Catherine (de la famille Pio de Carpi), sur l'éducation à donner à ses fils, Albert et Leonello; l'autre est le règlement ou loi de l'académie d'Alde ΝΕΑΚΑΔΗΜΙΑΣ ΝΟΜΟΣ, dont un exemplaire unique fut retrouvé par Gaétan Marini dans la bibliothèque Barbarini (2). Il fut rédigé en grec par Scipion Carteromachos (Fortiguerra), et la première obligation pour tout membre de cette académie était d'y parler en grec, sous peine d'en être exclu.

Si ses éditions grecques n'ont pas toute la correction desirable, et ont mérité souvent les reproches que lui a faits le savant professeur Urceus Codrus, il faut tenir compte de l'immensité de travaux incessants, qui ne permettait pas à Alde de tout revoir avec cette attention si pénible qu'exige la lecture des épreuves. C'est ce qu'il déplore lui-même dans les termes les plus amers :

« Vix credas quam sim occupatus : non habeo certe tempus, non modo corrigendis, ut cuperem, diligentius, qui excusi emittuntur libris cura nostra, summisque diu et noctu vigilibus, sed ne perlegendis quidem cursim : id quod si videres, misereceret te Aldi tui; .. cum sæpe non vacet vel cibum sumere, vel alvum levare. »

Alde l'ancien, après vingt-cinq ans de travaux qui épuisèrent sa vie à l'âge de soixante-six ans, laissa ses enfants presque sans fortune, et mourut à peu près pauvre. Sa vie fut économe et même parcimonieuse, si l'on en croit Érasme; mais cette parcimonie lui est un nouveau titre de gloire, et accroît encore la reconnaissance dont les lettres lui sont redevables, puisqu'il n'épargnait aucune dépense pour obtenir de bons manuscrits (1).

Presque tous les poëtes du temps l'ont célébré de son vivant et ont déploré sa mort (2). Henri Estienne a composé en son honneur deux pièces, l'une en vers grecs, l'autre en vers latins. Dans l'épître placée en tête du vol. d'Ovide (*Amatoria*), qui parut en mai 1515, le beau-père d'Alde, André d'Asola, témoigne des excellentes qualités de son gendre, de l'amitié qu'il lui portait et de la confiance qu'en retour Alde avait en lui. Il signale son mérite éminent, qui lui rend impossible une tâche qu'il n'ose entreprendre qu'en se faisant seconder par les savants amis qu'Alde avait coutume de consulter malgré son profond savoir, preuve nouvelle de son excellent esprit.

C'est près de l'imprimerie d'Antonelli, installée dans l'un des plus superbes palais de Venise, que l'on voit sur un des canaux les moins fréquentés de Venise, près de Santo-Agostino, une maison de triste apparence où sur une plaque de marbre on lit :

MANUCIA GENS ERUDITOR. NEM. IGNOTA
HOC LOCI ARTE TYPOGRAPHICA EXCELLUIT.

Maittaire, *Annales Typogr.* — Unger, *De Aldi Pii Manutii Romani Vita meritisque*, etc., 2e éd augmentée par Geret, in-4°; Wittemberg, 1753. — D. M. Manni, *Vita de Aldo Pio Manuzio*; Venise, 1759, in-8°. — G. Marini, *Lettere sull' anno natalizio d'Aldo Pio Manuzio*; in Roma 1805, in-8°. — Aldi Pii Manutii, *Scripta tria, a J. Morellio edita, et illustrata*, in-8°; Bassani typis Remondianis, 1806. — *Notizie letterarie intorno a i Manuzi Stampatori*, in-8°; Padoue, 1786, Francesco Piacentini. — Ant. Renouard, *Annales de l'Imprimerie des Alde*, troisième édition; imprimerie de Paul Renouard, librairie de Jules Renouard, grand in-8°; Paris, 1834.

solum illustrissimo Senatui Veneto, qui bonarum litterarum cultores amplissimis præmiis semper fovit, ac liberaliter evexit, verum etiam Aldo Manutio, qui libros studiosæ juventuti suppeditavit, a me referri debet acceptum. Cum enim admirandus ille vir publicas rationes privatis anteponeret, nulli sumptui parcens, nullum prorsus laborem detrectans, propriæ tam pecuniæ profusus quam vitæ prodigus exstitit, ut communi studiorum utilitati prospiceret. Quapropter sæpenumero calamum arripueram, ut hæc exararem, sed calamus arreptus doloris ob amissum Aldum concepti, vulnus, quod nondum cicatricem obduxerat, refricabat.

(1) Du temps de Morelli on n'en connaissait que deux.

(2) Il servait de garde à un exemplaire de la première édition de l'*Etymologicon Magnum* de 1499. J. Morelli (Aldi Scripta tria), p. 10.

(1) Il paraît que la sobriété de la table d'Alde avait tellement choqué Érasme, accoutumé à de meilleurs festins, que, dans l'un de ses colloques les plus plaisants, intitulé *Opulentia sordida*, il a cherché à ridiculiser la famille entière d'Alde en nous représentant André d'Asola, beau-père d'Alde, dans le *Pater familias* Antronius. Orthogonus et sa femme sont Alde et sa femme, fille d'André d'Asola. Parmi les nombreux commensaux de la table d'Alde figure, sous le nom du Grec Verpius, soit Jean de Crète, soit Marc Musurus.

Comme chaque jour trente-trois personnes étaient nourries dans la maison d'Alde, il était naturel et nécessaire que la plus grande économie y présidât. Si Érasme s'est livré à ces personnalités où la satire est voilée, ce fut probablement pour répondre à la critique brutale de Jules César Scaliger, qui lui reprochait de s'être échappé d'un cloître de Hollande pour chercher un refuge chez Alde, s'employant à la correction des épreuves, *mangeant comme trois en ne travaillant que comme un*.

(2) Quid enim Aldus, dum nostro commodo inservire posset, intentatum reliquit. Cuinam impendio dum ex ultimis terrarum partibus castigatum aliquod exemplar afferri curaret, unquam pepercit? Nec mirum igitur fuit, si tam bonos omnes illius obitus commovit, quam vita juvaret. (*F. Floridus Sabinus*, dans son apologie contre les calomniateurs de la langue latine; Lyon 1537).

Soleva messer Aldo non perdonare ne a spesa, nè a fatica d'aver bonissimi testi antichi, et quelli conferendo insieme, ed apresso ragunando uomini espertissimi, col giudizio loro reformo, ed emendò infiniti buoni autori latini. (*Doni. J. Marini*, 1552-1553, in-4°).

MANUZIO (*Paolo*), né à Venise, le 12 juin 1511 (1), mort dans cette ville, le 6 avril 1574. Il n'avait que trois ans lorsqu'il perdit son père. Il fut élevé, ainsi que ses deux autres frères (2) et sa sœur, par les soins de leur mère et de leur aïeul André d'Asola, qui prit la direction de l'imprimerie, ce qui plus tard fit naître des discussions entre les membres de la famille. L'ardeur du jeune Paul Manuce pour l'étude fut telle qu'il tomba malade et dut, par ordre des médecins, suspendre toute lecture; ce ne fut qu'après deux ans d'intervalle qu'il put reprendre ses études. Il s'adonna avec passion et avec le plus grand succès à écrire en latin, en formant son style à l'imitation de celui de Cicéron, et il y excella. En 1529 son aïeul maternel André d'Asola mourut, ce qui fit naître de nouvelles complications d'intérêt entre les fils d'Asola, François et Frédéric, et leurs cousins. Tous les livres imprimés par Alde Manuce jusqu'en juillet 1536 portent cette indication, *Venetiis, in ædibus heredum Aldi Manutii* (*Romani*) *et Andreæ Asulani soceri*, ce qui prouve un arrangement entre les deux familles, soit pour la continuation des ouvrages commencés, soit pour d'autres publications.

De tous les fils d'Alde, Paul Manuce était le plus digne de soutenir l'honneur du nom de son père; mais il était découragé par ces dissensions domestiques, et ce fut en quelque sorte malgré lui qu'en 1533, à l'âge de vingt-et-un ans, il prit la direction de l'imprimerie paternelle, dont les travaux étaient restés suspendus depuis quatre années. J. Baptiste Egnazio, l'ancien ami de son père, qui l'encourageait à continuer la tâche glorieuse dont il le savait capable, le seconda dans ses travaux littéraires, et Paul lui en a témoigné toute sa reconnaissance (3). Pour donner plus de lustre à son imprimerie, Paul Manuce en renouvela les caractères (4).

Depuis la mort d'Alde (6 février 1515) jusqu'à celle d'André d'Asola, son beau-père, tous les livres sortis de l'imprimerie des Aldes avaient paru sous cette indication : *In ædibus Aldi et Andreæ Asulani* (5).

(1) Voy. Aug. Sinapius, *Apparatus ad Pauli Manutii vitam*; Leipzig, Fleischer, in-4°.

(2) Dans la lettre en tête des *Amatoria* d'Ovide, qui parut au mois de mai 1515, année de la mort d'Alde l'ancien, André d'Asola dit a-o r pris soin de ses quatre petits-fils et de sa fille, devenue veuve. — Multas ob causas magnum mihi dolorem attulit Aldi generis mei mors. Primo non solum generum, qui et doctissimus et optimus omnium vir esset, amittebam, deinde cum is viduam mihi filiam, quatuor orbos nepotes, relinqueret, neque ego illos, maxime ope mea indigentes, deserere ullo pacto aut deberem aut vellem, magno id mihi oneri futurum esse videbam.

(3) Ille mihi primum ad eas artes iter ostendit a quibus bene beatique vivendi ratio proficiscitur. Préface adressée à Maffeo Leoni, en tête des *Epistolæ familiares*, 1533, in-8°.

(4) Préface de Georges Logus au poëme de *Gratius*, imprimé par Paul Manuce en 1534. Voy. aussi la préface de Victor Trincavella en tête de l'édition de *Themistius*, imprimée par Paul Manuce en 1534.

(5) Le dernier livre qui porte cette indication est *Re-*

C'est par la *Rhétorique* de Cicér
Épîtres familières que Paul Manu
prise de possession de l'imprimer
et sa prédilection pour cet auteur s'
dans tout le cours de sa carrière p
des éditions qu'il en donna et pa
de ses travaux littéraires pour c
texte et le commenter.

En 1535, cédant aux sollicitatio
ses amis et à un faux espoir de gr
il se rendit à Rome, dont les antiq
venirs l'enchantaient, il y reçut
bienveillant; mais quand il revi
pelé par ses affaires, il les trouv
état (1), ce qui troubla son repos.

Son mérite le faisait recherch
rence désirait se l'approprier;
à Rome l'avait rendu prudent.
nise, où en 1537 il voulut, à
père, prendre le soin d'instru
gens nobles, réunion que dans
il nomme sa Jeune Académie:
vante, en butte à des jalousies q
son mérite, et fatigué par de no
de famille, il alla se renferm
Césène, dans la bibliothèque
pour y collationner des man
rendit à Ferrare, où il trouva
le cardinal B. Accolti. De 15
ouvrages parurent sous le
regiani.

Enfin, en 1540 Alde se s
François et Frédéric Torregia
les livres qu'il imprima po
Aldus seul; souvent *Apud P*
Aldi filium. En 1569 il se
porté des changements à
écrit à son fils (28 mai 15
tienne l'ancre paternelle (2)
sona che possa levar la re
segna, che sarà accompagna
tuo; » et dans sa lettre du 31
de mettre cette indication
Apud Aldum Manutium,
ciò che da tutti s'intenda ».

En tête de l'édition des *I*
Cicéron, qu'il publia cette an
les fautes commises par l
teurs et correcteurs, c'est
qui lira ses épreuves (3).

Deux chaires d'éloquence
l'une à Venise, l'autre à Pad
et les travaux de son impr
avec activité, lui firent re
ainsi que celles que lui fi

cognitio Veteris et Novi Test
gubium; in-4°, 1529.

(1) Voy la lettre 7 du livr
(2) Cette marque est enc
à droite et à gauche on voit
(3) Non, ut solet, per vicar
cura.

Son père avait publié presque tous les auteurs grecs; il s'attacha de préférence aux latins, surtout a Cicéron, l'objet de ses affections particulières. Le commentaire qu'il a laissé sur presque toutes les parties des œuvres de Cicéron (1), la révision qu'il a faite du texte, sa traduction des *Philippiques de Démosthène*, en excellent latin, ses quatre traités sur les antiquités romaines (2); ses nombreuses préfaces et notes ajoutées à ses éditions prouvent que Paul Manuce, dont la réputation d'excellent latiniste est universellement reconnue, était aussi un habile archéologue.

La mort du cardinal Bernadino Maffei, qui le protégeait et l'encourageait dans ses travaux, lui causa une telle affliction qu'il en tomba gravement malade.

Henri Estienne, pendant son séjour à Venise, se lia d'amitié avec Paul Manuce, et fit imprimer chez lui sa traduction en vers latins de plusieurs idylles de Moschus, de Bion et de Théocrite, suivie de trois poëmes de Henri Estienne en l'honneur de la vie champêtre, et d'une traduction en vers grecs d'une élégie de Properce (*Venetiis, Aldus*, 1555).

La réputation de Paul Manuce était si grande en Italie et même en Europe, qu'on sollicitait vivement l'honneur de le voir, et dans ses lettres il regrette le temps consumé par ces vains devoirs de société. En 1556 une maladie des yeux à laquelle il était sujet prit plus de gravité, et de nouveaux troubles de famille compromirent sa santé, qui fut toujours très-faible. Outre les soins à donner à sa femme et à ses enfants, « c'est à moi, dit-il, que recourent mes frères pour les aider, l'un de ma bourse, et tous deux de mes conseils; bien plus, les frères de ma femme veulent que je m'interpose dans les différends survenus entre eux pour le partage de l'héritage de leur père ». C'est au milieu de ces difficultés qu'il trouvait encore le temps d'exécuter ses grands travaux littéraires sur les antiquités romaines et ses commentaires sur les écrits de Cicéron.

Les princes de Ferrare renouvelaient les instances qu'ils lui avaient faites seize ans auparavant, et le pressaient de transporter son établissement dans leur ville, à des conditions avantageuses; Bologne lui faisait aussi des propositions pour s'y fixer ainsi que sa famille. Profitant des bonnes dispositions des habitants de cette ville à son égard, il facilita à son frère Antoine Manuce les moyens d'établir à Bologne une petite imprimerie, à laquelle il joignit un dépôt de ses livres (3). En 1556 il hésitait encore entre Rome, où il avait fait plusieurs voyages, et Ferrare et Bologne, pour aller s'y fixer, lorsque Badoaro, l'un des sénateurs les plus distingués de Venise, conçut et exécuta le projet de fonder dans son propre palais une académie composée de cent personnes les plus habiles en littérature et dans les sciences. Cette académie, qui fut nommée *Accademia Veneziana* et aussi *della Fama* (1), devait s'occuper de toutes les branches des connaissances humaines, à peu près sur le même plan que notre Institut de France. Cette circonstance, qui permettait à Paul Manuce de publier de belles et savantes éditions et les ouvrages nouveaux que d'après les statuts chaque académicien devait composer sur des sujets intéressant les lettres et les sciences, le décida à rester à Venise et à se charger de la direction de l'imprimerie, indépendamment d'une chaire d'éloquence. C'est en France qu'il fit fondre, par Garamond, le caractère de moyenne grandeur (2) qui lui servit pour les impressions de l'académie et pour celles qu'il fit pour son compte.

Dans les années 1558 et 1559 Paul Manuce publia, concurremment avec les impressions qui portent son nom, 57 ouvrages avec l'indication; *In Academia Veneta*, nommée aussi *Academia della Fama* parce que tous ses ouvrages ont pour emblème la Renommée (*Fama*) avec ces mots sur une banderolle : *Io volo in ciel per riposarmi in Dio*; c'était le prélude d'ouvrages plus importants. Par malheur la fortune du fondateur Badoaro croula, et entraina la ruine de l'académie, en 1561.

Compromis par ses associés dans une spéculation commerciale, Paul Manuce dut quitter Venise et rester deux ans à Padoue. Bientôt son innocence fut reconnue, et il revint à Venise. Des lettres du cardinal Seripandi lui témoignaient le vif désir qu'avait le pape Pie IV de lui confier à Rome l'impression des Pères de l'Église d'après les beaux manuscrits de la bibliothèque Palatine. Le saint Père donnait à Paul Manuce cinq cents ducats d'or par an, trois cents pour ses frais de déplacement, et la promesse d'un bénéfice pour son fils. La dépense des impressions était à la charge de la chambre apostolique, et quand les frais étaient couverts, la moitié des bénéfices était reservée à Alde. Les livres devaient être vendus au plus bas prix. Paul Manuce accepta ces propositions (3), et arriva le 7 juin 1561 à Rome,

(1) Son commentaire le plus important est sur les *Oraisons*. Il ne parut en entier qu'après sa mort, par les soins de son fils, en 3 vol. in fol., 1578-1579.

(2) 1° *De Legibus*, 1557, in fol.; 2° *De Senatu*, publié en 1581 par son fils, in-4°, 3° *De Comitiis*, Bologne, 1585, in-fol.; 4° *De Civitate Romana*, Rome, 1585, in-4°.

(3) On ne connait guère de lui qu'un seul livre, très-rare, dont Vittoria Colonna, marquise de Peschière, est l'auteur; il est intitulé : *Pianto della Signora marchesa di Pescara*, etc.; in-8°, imprimé en 1557, *nella magnifica città di Bologna, per Antonio Manuzio*. Voy. *Apparatus ad Pauli Manutii vitam*, par A. Sinapius.

(1) L'académie nomma pour son chancelier Bernardo Tasso, le père du célèbre poëte.

(2) Dans l'une de ses lettres, du 21 juillet 1556, il dit : *Il carattere maggiore è quello che onorò molto la stampa di mio padre. Il mezzano ho fatto venir de Franza, et sono tutti i più eccellenti nel suo genere.*

(3) Laborabam domesticis incommodis, fratrum meorum culpa : nec spes erat emergendi, nisi nova consilia caperentur. (*Lettre à J. Craton*, novembre 1570).

précédé d'une grande réputation. Il y fut bien accueilli; une belle et agréable maison lui fut donnée, et le pape veilla à ce qu'il eût en aide d'habiles correcteurs (1). En plein consistoire, il dit à trois cardinaux amis d'Alde : « Ayez soin que rien ne manque à Manuce et à l'imprimerie, parce que notre volonté est d'en faire un très-honorable établissement (2). »

Paul Manuce fit venir de France un assortiment de matrices, ou frappes, de beaux caractères. Il aurait voulu employer le caractère italique de son père, si connu sous le nom de *testo d'Aldo;* mais il ne put obtenir des Turrisan ni les frappes ni les poinçons, qui leur appartenaient par suite du partage de famille. La direction de son imprimerie de Venise fut confiée à son fils Alde.

Il paraît que l'imprimerie fondée à Rome par le pape fut mise pour la moitié à la charge de la municipalité de Rome *del Popolo.* C'est ce qui explique pourquoi les éditions de Paul Manuce exécutées à Rome portent l'indication : *in ædibus Populi Romani.* Le premier livre qui en sortit fut le *Saint Cyprien*, en 1563; puis un grand nombre d'ouvrages, tels que les *Lettres de saint Jérôme, Salvien*, etc. Mais à la mort de Pie IV les magistrats *del Popolo*, qui n'avaient pas partagé l'affection du saint-père pour Paul Manuce, lui demandèrent, au commencement de janvier 1566, de leur remettre les clefs, c'est-à-dire de fermer l'imprimerie et de la transporter ailleurs. Paul les leur rendit le dimanche 6 janvier, et le lundi 7 le pape Pie V fut élu. Il était bien disposé en faveur d'Alde; aussi quand les municipaux vinrent se prosterner devant lui, il les reçut durement (3).

La défense faite par Pie V de rien imprimer à Rome qui ne fût exclusivement destiné à la religion ne permettait à Alde de publier ni ses Commentaires, ni les œuvres de Cicéron, son occupation favorite, ni ses ouvrages sur l'antiquité (4); c'était à Venise, chez son fils, qu'il les faisait exécuter. Le besoin de surveiller lui-même ses impressions, sa faible santé et les fatigues auxquelles il succombait, l'engagèrent enfin à renoncer à la direction de l'imprimerie à Rome, confiée à ses soins depuis neuf ans. Dans une lettre à son fils, en date du 13 avril 1569, il lui annonce son intention de venir se fixer à Venise au moins six mois, pour y imprimer à ses frais son *Commentaire*, ce qui pourra lui coûter 450 écus, et il lui mande que déjà il avait reçu de l'empereur et du roi de France un privilége pour dix ans et qu'il attend celui d'Espagne et de Flandre.

Après un voyage à Vérone et à Milan, il revint encore à Rome, où ses anciens amis l'accueillirent avec joie. Le pape Grégoire XIII, qui prenait intérêt à ses travaux, l'encouragea à les poursuivre; en sorte que Paul Manuce reprit la direction de l'imprimerie, tout en travaillant à son *Commentaire sur Cicéron* huit heures par jour. Il se préparait à retourner à Venise pour l'imprimer, lorsque, à l'âge de soixante-deux ans, il mourut, à Rome, et fut enterré à l'église de Sainte-Marie-à-la-Minerve.

Son frère aîné, Manutio de' Manutii, né en 1506, à Asola, mourut le 12 novembre en 1568 (1); son autre frère, Antoine, qui mourut à Bologne, vers 1560, fut l'éditeur, en 1543, d'un recueil de voyages, intitulé : *Viaggi alla Tana in Persia*, etc., in-8°. Il paraît même qu'Antoine avait établi à Bologne une petite imprimerie, puisque l'on connaît quelques volumes publiés sous cette indication : *Bononiæ, apud Antonium Aldi filium*, et portant une petite ancre avec les mots : *Aldi filii*, entourée d'un cartouche employé par ce seul Antoine Manuce dans le petit nombre de livres ainsi désignés (2).

Les principaux travaux littéraires de Paul Manuce ont été consacrés à Cicéron. Les soins qu'il a donnés à la révision du texte dans les nombreuses éditions dont il fut l'éditeur ont contribué beaucoup à l'améliorer. Sa critique était sage et fondée sur la connaissance la plus approfondie du latin et du style de Cicéron.

Son Commentaire sur les *Lettres familières de Cicéron*, qui s'est augmenté d'édition en édition, forme dans celle de 1579, qui est la dernière, un gros volume in-fol. (3). Il en fut de même pour les *Lettres à Atticus;* les Commentaires s'accrurent aussi au point de former un gros vol. in-fol. dans l'édition de 1582. Ses Commentaires sur les lettres *ad Brutum*

(1) « Voglio che si spenda e straspenda per dar correttori in ajuto del Manutio, acciò che la sua debil complessione non patisca. » Un père, ajoute Paul Manuce, qui nous rapporte ces paroles, pourrait-il rien dire de plus aimable et de plus tendre pour son fils?

(2) Lettre XXVIII de Paul Manuce à son frère Manutio de' Manutii, p. 66.

(3) « Andate via, andate via, rimettete in casa subito messer Paolo Manutio; et poi tornate; se ne parerà di farvi delle gratie, vele faremo. »

(4) Une édition du Décaméron de Boccace, *revisto e purgato*, conformément à l'ordre donné au concile de Trente, devait être imprimée à Rome par Paul Manuce, auquel les commissaires florentins avaient remis le manuscrit; mais sur les réclamations des Giunti à Florence un privilége leur fut également accordé : ils l'imprimèrent en 1573, et dans la même année ils en donnèrent deux éditions, ce qui empêcha probablement Alde Manuce d'imprimer celle pour laquelle il avait obtenu l'approbation inquisitoriale, le 8 août 1572.

A Rome, dit Daunou, l'imprimerie avait eu une grande activité jusqu'en 1478; mais après cette époque, sous les pontificats d'Innocent VIII et d'Alexandre VI, on n'a presque plus imprimé dans cette ville que des harangues, des bulles, etc.

(1) D'un caractère indolent, il vécut à Asola, content d'un petit bénéfice ecclésiastique. Son frère lui témoigna en tout temps une amitié sincère, et lui vint souvent en aide. Alde Manuce, dans sa lettre à son fils, en date du 15 janvier 1569, lui envoya cette inscription pour être placée sur la tombe de son frère : Manutio, Aldi F., ea prudentia, iis moribus ornato, ut paternæ laudis hæreditatem egregie tueretur, Aldus Manutius, fratri filius, cum lacrymis p. Vix. ann. LXIII.

(2) Le premier que l'on connaisse est intitulé : *Taxaquetis Hispani Orationes*, 15[illegible]

(3) La première édition, de 1540, de son Commentaire joint au texte ne formait que [illegible] feuillets.

et ad Quintum fratrem ne sont pas moins considérables; mais le plus important de tous ses travaux est celui qu'il fit sur les *Oraisons*. Il ne parut en entier qu'après sa mort, en 3 vol. in-fol., 1578-1579. Il a aussi rédigé des notes sur Virgile.

Ses travaux sur *les Antiquités* jouissent aussi d'une grande estime, et ses quatre traités : *De Legibus*, 1557, in-fol.; *De Senatu*, publié en 1581, par son fils, in-4°; *De Comitiis*, 1585, Bologne, in-fol.; *De Civitate Romana*, 1585, Rome, in-4°, sont encore consultés avec fruit.

La correspondance de Paul Manuce avec les hommes les plus honorables de son époque fut tellement estimée, de son vivant et après sa mort, qu'il en imprima lui-même sept éditions et son fils trois autres; elle fut ensuite fréquemment reproduite (1). Dans sa lettre (Livre V, 2) à son ami Paleotto, il lui donne les motifs qui lui ont fait recueillir ses lettres, attendu que, par désœuvrement, plusieurs personnes (*bonas scilicet horas male collocantibus*) s'amusaient à les transcrire, ce qui lui fit redouter de les voir imprimer avec des inexactitudes provenant soit de la negligence, soit même de la déloyauté (*late enim patet hoc vitium*). Il ne s'est d'ailleurs decidé à les imprimer, nous dit-il dans la préface, que sur les instances réiterées des hommes les plus éminents de Venise (2).

Dans cette volumineuse correspondance, on suit Paul Manuce durant sa longue et pénible carrière; si ses lettres, qui brillent plus par le charme du style et par une phraséologie d'apparat que par le fond lui-même, ne nous permettent pas de pénétrer dans son intimité autant qu'on le désirerait, elles nous montrent en lui un homme bon, simple, bienveillant et généreux pour les siens, venant en aide par ses conseils et sa bourse à ses frères, et cherchant à concilier les esprits et les intérêts, qui troublèrent souvent sa famille (3). On le voit lutter avec courage contre la maladie et les obstacles, et l'on s'étonne comment, avec une constitution faible et maladive et une irritation de la vue dont le celèbre Fallope ne put entièrement le guerir, il put entreprendre et exécuter des travaux litteraires aussi considérables. L'exiguite de sa fortune lui rendit la vie penible; mais, digne heritier de son père, l'amour des lettres, presque toujours incompatible avec l'entente des affaires et la fortune, soutint son courage. « Ne vous laissez pas imposer, lui écrivait le célèbre Silvestro Aldobrandini, par les fausses et vulgaires apparences; mais considérez combien de cardinaux et d'évêques et combien de princes ont, du vivant de votre père, mené une vie que la fortune favorisait dans leurs goûts matériels, mais qui tous, presque sans exception, sont ensevelis dans un éternel oubli, même de ceux qui les ont connus, tandis que la grande et honorable mémoire de votre père Alde vit et vivra éternellement tant que les belles-lettres seront en honneur (1). » Paul, dans sa lutte perpétuelle contre la pauvreté, put cependant se maintenir au-dessus d'elle; mais notre admiration égale nos regrets en voyant dans la famille des Alde et des Estienne tant d'energie et de dévouement aux lettres si mal recompensé; leur désintéressement et leur pauvreté rendent leur gloire encore plus pure (2).

(1) En Suisse, à Mourgues, en 1581, à Francfort et à Leipsick, en 1720, avec des Commentaires par G. Krause, etc.

(2) Quas ego nequaquam edere animum induxissem, nisi me suadentes atque etiam petentes venetæ nobilitatis movisset auctoritas. *Voyez* aussi l'Apparatus ad Vitam Pauli Manutii, p. 30.

(3) Bien que l'un de ses frères, Antoine, se soit montré peu digne de l'interêt que lui portait Alde Manuce, jamais on ne voit dans la correspondance de Paul aucune marque d'amertume à son égard. (Apparatus ad Pauli Manutii Vitam, par Sinapius, Leipzig, Fleischer, in-4°).

Epistolarum Pauli Manutii Libri XII. — *Lettere de Paolo Manuzio copiate sugli autographi esistenti nella Bibliotheca Ambrosiana;* Paris, Renouard, 1834, in-8°. — D. Aug. Sinapius *Apparatus ad Pauli Manutii Vitam*, Lipsiæ, Fleischer, s. d., in-4°. — Aug. Renouard, *Annales des Alde*. — Pellegrini, *Sommario dell' Academia Veneta;* in-8°. — *Specimen historico litterario de Academia Veneta;* in-4°, Ulm. Wagner père.

MANUZIO (*Aldo*), né à Venise, le 13 février 1547, mort à Rome, le 28 octobre 1597. Une jeunesse orageuse, un caractère inconstant empêchèrent Alde le jeune de remplir complétement sa carrière d'imprimeur, que lui avaient si honorablement tracée son père et son aïeul. Mais, à leur exemple, il se distingua par son goût pour l'étude, et il a enrichi les editions imprimées soit dans l'officine paternelle, pendant le séjour de son père à Rome, soit lorsque son père eut loué à Dominique Basa son imprimerie de Venise (3). Dès sa plus tendre enfance, son éducation fut l'objet des soins constants et affectueux de son père. La nature secondait les vœux paternels, et on espéra voir en lui un aussi bon grammairien que son aïeul, un érudit aussi profond que son père. C'est ainsi qu'en avait jugé Muret dans une visite qu'Alde, encore enfant, lui fit à Padoue (4).

(1) *Lettere volgari*, 1564, t. III, p. 74.

(2) Dans une de ses lettres, adressée à M. A. Natta au sujet d'une erreur de calcul qu'il avait faite pour fixer le prix de l'impression de l'ouvrage de Natta : *De libris suis*, in fol., 1562 (et non celui *de Deo* du même auteur, comme l'a cru M. A. Renouard), il lui dit qu'au lieu de 50 feuilles qu'il avait cru que formerait le manuscrit, il en est déjà à la 80°, en sorte que la perte sera considérable pour sa modique fortune, qui en supporterait difficilement les conséquences, mais que cependant si l'auteur l'exige, il s'y résignera. « Vous m'objecterez, ajoute-t-il, que je me récupérerai sur le produit de la vente des exemplaires. — Cela se pourrait si, comme les autres imprimeurs, j'avais des agents pour débiter et disséminer nos livres dans les autres contrées; mais je ne vends que chez moi, à des prix très-modiques, afin d'éviter les frais et les embarras. — Vous les vendrez tout de même, dites-vous! — Quant au merite de l'ouvrage, j'en puis juger; mais il en est autrement du débit, et vous savez vous-même que les livres latins, même ceux des meilleurs auteurs anciens, sont si peu recherchés qu'ils sont mis au nombre des livres au rebut. A peine lit-on Cicéron, ou César, ou Salluste : on ne les lit même pas; bien plus, on les méprise!..... » Livre III, lettre 31.

(3) A raison de 20 écus d'or par mois.

(4) Nihil illo puero festivius, nihil ingeniosius, nihil amabilius, nihil ardentius in studio virtutis ac litterarum : quanta in sermone suavitas, quanta indoles in ipso

Alde fit paraître en 1556, à l'âge de dix ans, la première édition d'un recueil accru depuis et souvent réimprimé : *Eleganze della Lingua Toscana e Latina, scelte da Aldo Manutio.* En 1559 il donna une nouvelle édition de la traduction italienne des épîtres de Cicéron, *revue et corrigée en une multitude d'endroits, par Alde Manuce.* En 1561 il fit paraître, à l'âge de quatorze ans, son *Orthographiæ Ratio*, où il donne un système rationnel et fondé sur les monuments, tels que les inscriptions, médailles et manuscrits, pour orthographier d'une manière régulière la langue latine. En 1562, appelé à Rome par son père, il fit, sous un maître aussi habile, une étude approfondie des monuments, et donna en 1566 une nouvelle édition de ce traité, augmentée des inscriptions recueillies par lui-même et d'un opuscule sur les abréviations qu'elles offrent. Il y ajouta l'ancien calendrier romain, que son père avait publié pour la première fois dans les *Fasti Romani*, d'après un marbre antique.

Pendant son séjour à Rome, où il resta jusqu'en 1565, il recueillit les fragments de *Salluste*, et en fit imprimer, en 1563, une édition chez son père, à Venise, en l'accompagnant de notes. Il copia sur les monuments et sur les marbres antiques un très-grand nombre d'inscriptions, qu'il se proposait d'imprimer, ainsi qu'il l'avait annoncé dans sa préface de Salluste (1). Son manuscrit, déposé dans la bibliothèque du Vatican, ne fut publié qu'en 1731, à Florence, par les soins de Gori, sur la copie qu'en avait faite J. B. Doni. En 1565, malgré les exhortations de son père, et ses éloges pour l'encourager dans la publication d'une édition de Tite Live (2), le désir de l'indépendance lui fit quitter ses travaux et vouloir se faire avocat; il se rendit donc à Padoue pour y faire ses études. Mais en 1568, son oncle Manutio étant mort à Asola, Alde alla recueillir l'héritage qui revenait à son père, et y reçut une lettre en date du 28 février 1570 contenant les conseils les plus éclairés, dont la sévérité est tempérée par la tendresse paternelle.

De retour à Venise, il reprit en goût l'archéologie, et revint à ses travaux d'éditeur et de correcteur dans l'imprimerie paternelle. Ses cousins Bernard et Jérôme Turrisan, qui avaient conservé la librairie de leur père, lui proposèrent, en 1568, soit d'acquérir, soit de louer l'imprimerie Manutienne. N'ayant pu tomber d'accord, ils en établirent une nouvelle, à laquelle les matrices de l'ancien caractère italique, qu'ils possédaient, *testo Aldino*, donnèrent un certain relief, et sur leurs éditions ils ajoutèrent l'*ancre aldine*. De nouvelles tentatives furent inutilement faites pour mettre fin à cette concurrence.

Alde, qui se sentait bien supérieur en mérite littéraire à ses cousins, en voulut donner une preuve dans son édition de *Velleius Paterculus*, qu'il imprima en 1571 (1). Son père, qui s'affligeait de la concurrence que lui faisaient des cousins, écrivait à Alde, le 2 avril 1571, pour le stimuler dans cette lutte et l'empêcher de céder. « Je me borne à te dire que les Turrisan triomphent et répandent le bruit qu'ils attendent ton retour pour que tu leur cèdes une partie de ton imprimerie; je ne saurais remédier à tout. » Dans sa lettre du 6 mai 1570, il disait à son fils : « Jérôme Turrisan croit que parce qu'il a imprimé trois ou quatre opuscules il est maître du champ de bataille; mais il ne sait pas ce qui lui adviendra s'il plaît à Dieu de me rendre la santé dont je suis privé depuis six mois! » (2)

Alde se laissait quelquefois entraîner au goût de la dépense et à la bonne chère, ce qui lui attirait de justes réprimandes de son père, qui, dans sa lettre du 26 septembre 1573 il lui écrit : « Demande à ta mère quelle fut notre vie pour nous tirer d'affaire, et garde-toi d'imiter le luxe de la maison des Junte, suis cette persévérante frugalité qui m'a permis de rester toujours honorable (3). »

D'après les conseils de son père, il avait renoncé à un projet de mariage à Asola, et en 1572 il épousa Francesca Lucrezia, fille de Bernard Junte, célèbre imprimeur de Florence, qui, s'occupant moins que la famille des Alde des intérêts littéraires, avait su par une sage et habile administration, acquérir une honorable fortune. Quelques combinaisons d'association typographique et commerciale furent liées entre les deux familles.

En 1574 Alde publia, en quatre volumes in-8° : *Nuova Scielta di Lettere..... fatta da tutti i libri sin hora stampati*, ouvrage dont la rareté est attribuée à la suppression de plusieurs lettres entachées d'hérésie, au sujet desquelles Alde Manuce, dans sa correspondance, témoigne ses

vultu, ac motu corporis, ut in summa ingenii celeritate parem modestiam facile agnoscas. Itaque feras hoc æquo animo : spero eum aliquando et patre et avo majorem et celebriorem futurum : ne vivam, si non ex animo loquor.

(1) Magnum volumen effeci inscriptionum.

(2) Cette édition parut en 1571; Sigonius en fut l'éditeur. Alde Manuce écrivait à son fils, le 19 septembre 1571, d'apporter plus de soin à la correction des épreuves, attendu que Sigonius avait été surpris de voir tant de fautes dans les *Commentaires de César* (publiés en 1566 avec cette indication : Venetiis, *corrigente Aldo Manutio* Pauli F. M., in ædibus Manutianis) : « Cela vient, mon fils, de ce que vous voulez embrasser à la fois trop de choses, dont résulte un grand dommage pour votre santé et votre réputation; lire trois feuilles in-8° en un jour, c'est trop. Quand j'y parvenais, du moins j'avais soin de les relire; il est vrai que c'était dans ma maison qu'on imprimait. »

(1) Il se servit trop largement d'un commentaire inédit, de Cl. Dupuy (Puteanus), en évitant de le nommer, ce qui lui fut reproché sévèrement par Burmann.

(2) Les éditions publiées alors dans l'imprimerie Manutienne dirigée par D. Basa portent le plus souvent l'indication : *Ex Bibliotheca Aldina*, et ensuite celle de : *Ex ædibus Manutianis*, ou *apud Aldum*, ou *apresso Aldo Manutio*.

(3) « Dimanda a tua madre como siamo vivuti per uscir di bisogno; e non imitar la grandezza di casa Giunti, ma imita la mia frugalità di tante anni, con la quale mi sono trattenuto honoratamente, etc. »

inquiétudes à son fils. Son commentaire sur l'*Art poetique d'Horace*, accompagné d'une dissertation où il traite de trente questions d'antiquités, parut en 1576. Vers ce temps il fut nommé professeur de belles-lettres et lecteur dans les écoles de la chancellerie, où s'instruisaient les jeunes gens qui se destinaient aux fonctions de la secrétairerie de la république. Il avait conçu le projet d'une description complète de l'Italie, et s'était mis en rapport avec les municipalités, qui offraient de le seconder; mais de ce vaste projet il n'est resté que la seule vie de Castruccio Castracano, ce célèbre tyran de Lucques, et une histoire de la maison Pio de Carpi, encore manuscrite.

En 1582 il se rendit à Milan, où il fut bien accueilli par le cardinal Ch. Borromée; en passant par Ferrare, il y vit le Tasse emprisonné, et nous a dépeint l'état déplorable où il le trouva, « non quant à son esprit, qui lui parut, dans le long entretien qu'il eut avec lui, entièrement sain, mais par sa nudité et la souffrance de la faim, dans la prison où on le retenait privé de toute liberté (1).

Ce témoignage d'Alde est important; Alde avait imprimé en 1581, 1582 et 1583 (2), les poésies diverses de ce *nobilissimo spirito;* c'est ainsi qu'il le nomme dans ses préfaces où il nous annonce que le Tasse lui a confié ses poésies pour les imprimer (3). Ainsi le Tasse avait toute sa raison lorsque Alde le vit dans sa prison en 1582, tandis que deux ans auparavant, en novembre 1580, Montaigne nous dit : « J'eus plus de despit encores que de compassion, de veoir le Tasse à Ferrare en si piteux estat, survivant à soy-mesme, mecognoissant et soy et ses ouvrages, lesquels sans son sceu, et toutesfois à sa veue, on a mis en lumière incorrigez et informes (4). »

(1) In uno stato miserabile, non per lo senno, del quale gli parve al lungo ragionare ch' egli ebbe seco, intero e sano, ma per la nudezza e fame, ch' egli pativa, prigione e privo della sua liberta. (*Juliani Goselini Lettere ; Venise*, 1592, in-8°). Malheureusement je n'ai pu me procurer ces lettres de Julien Goselini ni à notre Bibliothèque impériale, ni à celle de l'Arsenal, ni à la Mazarine.

(2) L'édition de 1583 est un vrai chef-d'œuvre d'impression; les gravures en bois dont elle est ornée sont charmantes. En 1585 Alde publia un vol. in-12, *aggiunta alle rime e prose del signor T. Tasso*, même format. Notre Bibliothèque impériale ne possède ni l'édition de 1581 ni celle de 1582. Je n'ai donc pu vérifier si la lettre du Tasse adressée au duc d'Urbin qui se trouve (sans date) en tête de l'édition de 1583, et où le Tasse le remercie de la généreuse protection qu'il lui a accordée, ne se trouve pas déjà dans les deux précédentes éditions. Dans cette lettre il lui dit que *sa folie* fut de ne pas s'être refugié tout d'abord auprès de lui, et que désormais, grâce à sa protection, il a la certitude de son salut, de son repos et de son honneur. « Le peu que j'ai dit à V. E. de ma longue et lamentable histoire a suffi pour que votre cœur magnanime me vint en aide et, me tirant d'une situation avilissante, honteuse et misérable, me rétablit dans l'estime des hommes dont j'étais déchu, et mort en quelque sorte. Par vos soins j'ai reçu une nouvelle vie. »

(3) Dédicace à Don Ferrand Gonzague, 30 décembre 1580.

(4) *Essais*, livre II, ch. XII. Montaigne, qui, dans le récit de ses voyages, se plaît à nous informer de l'excellent accueil qu'il reçut à la cour de Ferrare, me paraît avoir écrit sous l'impression qu'il y reçut sur l'état mental du Tasse, qu'on lui dissimula peut-être ou qu'on lui présenta sous un jour faux. Il ne nous dit pas avoir parlé à ce poëte infortuné, qu'on ne lui laissa voir peut-être dans sa prison qu'à travers les barreaux. La *Gerusalemme* terminée avant les infortunes du Tasse fut publiée par lui, sans être ni *informe* ni *incorrigée*. Si par dépit de voir le Tasse préférer la cour des Médicis à la sienne, le *magnanime* Alphonse fit enfermer le Tasse malade et atteint d'humeurs noires et le retint sept ans en prison dans le dénuement et la misère, il ne paraît pas, d'après le récit d'Alde, qu'il y eût aucun motif de l'y retenir en 1583. Entré en prison le 31 mars 1579, le Tasse n'en sortit qu'en 1586. La conduite du duc d'Este semble donc inexcusable.

En 1583 parut l'édition complète de *Cicéron*, 10 vol. in-f°. C'est l'ouvrage le plus important qu'Alde le jeune ait publié.

A la marque de l'imprimerie paternelle, l'*ancre et le dauphin*, Alde le jeune ajouta les armes que l'empereur Maximilien avait accordées à Paul Manuce, le 28 avril 1571, par un diplôme conservé à la Bibliothèque ambrosienne. C'est en 1581 que l'on voit pour la première fois, sur le *Censorinus de Die natali*, l'orthographe du nom de Manuce ainsi changée : *ab Aldo Mannuccio, Paull. F. Aldi N. emendatus.*

Sa réputation littéraire, fort grande en Italie, l'était surtout à Bologne, où il accepta la chaire d'éloquence. On voit en 1585 deux ouvrages imprimés à Bologne sous son nom; l'un est un discours qu'il prononça au pape Sixte V, l'autre est le traité *De Comitiis*, par Paul Manuce, son père, un vol. in-f°, ayant en tête le portrait de Paul Manuce. Ayant fait imprimer en cette ville, 1586, une vie de Cosme Ier, le grand-duc François de Médicis, son fils, en fut si charmé, qu'il fit à Alde des offres pour la chaire de belles-lettres à l'université de Pise. Les conditions étaient tellement avantageuses qu'Alde se décida à les accepter, lorsque de Rome survint une autre invitation, non moins honorable; c'était sa nomination à la chaire qu'avait occupée avec tant de distinction le célèbre Muret, ami de son père. Alde, lié par ses engagements envers le grand-duc, ne put venir à Rome qu'en 1588 pour occuper cette chaire, laissée vacante dans l'espoir qu'il l'accepterait un jour. En 1590, après la mort de Sixte V, le pape Clément VIII, son successeur, confia à Alde la direction de l'imprimerie du Vatican. Depuis ce moment Alde ne revint plus à Venise, d'où il avait transporté la riche et belle bibliothèque formée par son aïeul et par son père. L'imprimerie de Venise fut dirigée par Nicolas Manassi, qui probablement en devint propriétaire. Occupé des deux honorables emplois de professeur et de directeur de l'imprimerie vaticane, Alde le jeune mourut à Rome, âgé de cinquante-et-un ans, sans laisser de postérité, tous ses enfants étant morts en bas âge.

« Il ne fut pas, dit Baillet (*Jug. des Sav.*, t. VI, p. 90), aussi curieux du grec que Henri Estienne, et se contenta d'exceller dans le latin, qui était le fort de son père Paul. Tout occupés qu'étaient Alde Manuce et Henri Estienne à travailler sur les langues mortes et étrangeres, tous deux montrèrent une passion extraordinaire pour cultiver, polir et orner leur langue maternelle. Ils ne se sont pas contentés de composer divers ouvrages en langue vulgaire de leur fonds, ou de traduire, l'un des livres latins en italien, l'autre des livres grecs en français, mais ils ont encore écrit chacun des traités sur les origines, les progrès et les propriétés de leur langue, pour en faire voir les beautés. »

Avec Alde le jeune finit cette illustre famille de typographes à qui nous devons la conservation de tant de précieux monuments littéraires de l'antiquité grecque et latine.

Voici les vers qu'Angelo Rocca a composés sur les trois Alde Manuce :

Aldus Manucius senior moritura Latina
  Græcaque restituit mortua ferme typis.
Paulus restituit calamo monumenta Quiritum,
  Utque alter Cicero scripta diserta dedit
Aldus dum juvenis miratur avumque patremque,
  Filius atque nepos, est avus atque pater.

Ambroise Firmin Didot.

Notizie Letterarie intorno a i Manuzi stampatori e alla loro famiglia; Padoue, 1736, in-8°. — A. Renouard, *Annales des Alde*.

MANUEL I COMNÈNE (Μανουὴλ ὁ Κομνηνός), empereur de Constantinople, quatrième fils de l'empereur Calo-Jean ou Jean II, né vers 1120, mort le 24 septembre 1180. Il succéda à son père en 1143. De ses trois frères aînés, deux, Alexis et Andronic, étaient morts avant leur père; le troisième, Isaac, *sebastocrator*, vivait encore et avait des droits au trône; mais l'empereur Jean, qui préférait le plus jeune, à cause de ses qualités martiales, avait déclaré publiquement qu'il lui destinait la couronne. Manuel se trouvait avec son père lorsque celui-ci succomba en Cilicie; et comme il craignait que son frère, alors a Constantinople, ne revendiquât le pouvoir suprême, il envoya en toute hâte un des plus fidèles ministres de Calo-Jean, Axuch, qui se saisit d'Isaac, l'enferma dans une prison, et fit proclamer Manuel. A peine raffermi sur le trône, Manuel se jeta dans des entreprises militaires qui remplirent son regne et où il montra plutôt la valeur d'un soldat que le talent d'un général. Pour ne pas laisser à l'interieur un sujet de troubles, il se réconcilia avec son frère Isaac. Libre d'inquiétude à ce sujet, il se consacra tout entier à la guerre. Dès 1144 son général, Démétrius Branas, contraignit Raymond, prince d'Antioche, qui s'était soustrait à la souveraineté byzantine, de venir renouveler à Constantinople son serment de fidelité. En 1145, Manuel marcha contre les Turcs, qui avaient envahi l'Isaurie, les battit en plusieurs rencontres et conclut avec eux une paix avantageuse. Vers le même temps, croyant avoir de bonnes raisons de douter de l'abnégation de son frère Isaac, il jugea prudent de lui enlever le titre de *sebastocrator* et de l'enfermer dans un monastère. Les succès militaires de Manuel et les difficultés du pouvoir avaient changé son caractère. Avant son règne il ne montrait que des qualités aimables. « Il était compatissant, généreux, ennemi de toute vexation, d'un accès facile, incapable de fraude, de soupçon, de malignité. Maintenant il était devenu dur, hautain, libertin, plein de mépris pour les autres hommes, qu'il regardait comme ses esclaves, avide d'exactions, prompt à retrancher les pensions qu'il avait lui-même accordées aux services. Ce n'est pas qu'il fût avare; mais, pillé par ses officiers, par son incestueuse concubine (Théodora, fille de son frère Andronic), il fallut épuiser ses sujets pour verser dans ces gouffres sans fond. Ajoutez à cela les dépenses énormes de la guerre. » (Le Beau, *Histoire du Bas-Empire*, l. 87). En 1144, Manuel avait épousé Berthe, fille de Bérenger, comte de Salzbach et belle-sœur de l'empereur Conrad III. Il cherchait à se ménager un appui contre les desseins de Roger, roi de Sicile, qui menaçait la Grèce. Bientôt un grave incident rendit sa position plus difficile à l'égard des puissances occidentales. En 1147, il apprit par une lettre de Louis VII, roi de France, qu'une nouvelle croisade avait été résolue; que deux armées, commandées l'une par le roi de France, l'autre par Conrad III, se mettaient en marche pour l'Asie et demandaient passage sur les terres de l'empire. Manuel n'osa refuser, mais il fit secrètement prévenir les Turcs de l'orage qui les menaçait. Tandis que les croisés s'écoulaient vers l'Asie, où les attendait une ruine complète, Manuel, assisté par les Vénitiens, engageait la lutte avec Roger, qui, déjà maître des îles de la mer d'Ionie, avait envahi la Grèce continentale. A la tête des vétérans de son père, il marcha vers Thessalonique en traversant la Macédoine. A Philippopolis, il apprit que les Patzenègues, probablement à l'instigation de Roger, avaient passé le Danube. Sans hésiter il courut à ces barbares, et les rejeta dans les déserts de la Dacie. Il revint ensuite sur Thessalonique, où il s'embarqua, et avant la fin de l'année 1148 il mit le siege devant Corfou. Une armée vénitienne se joignit bientôt à lui. La forteresse de Corfou ne se rendit qu'après un long siége, qui coûta la vie au beau-frere de l'empereur, le grand-duc Stephanus Contostephanus. Manuel le remplaça par son fidèle ministre Axuch. Pendant ce siége, qui fut prolongé par une sanglante querelle des Grecs et des Vénitiens, l'empereur déploya un courage éclatant. Un jour que sa flotte faisait de vains efforts pour chasser les Siciliens de quelques ouvrages avancés, au bord de la mer, voyant que ses soldats n'osaient plus rester sur le pont des vaisseaux, il se plaça hardiment à la poupe du plus exposé, à courte portée des traits ennemis. Il n'aurait pas evité la mort si le commandant sicilien n'avait défendu à ses soldats de tirer sur lui, en disant qu'il serait criminel de priver le monde de ce héros. Après la prise de Corfou, Manuel se préparait à attaquer Roger sur ses propres domaines; mais il fut retenu par une diversion des Serviens et des Hongrois sur le Danube. Marchant contre ces nouveaux ennemis, il battit les Serviens dans deux campagnes et les força d'implorer la paix. La guerre contre les Hongrois dura jusqu'en 1152, et se termina honorablement pour l'empereur grec. Geisa, roi de Hongrie, promit de ne plus commettre de ravages sur les terres de l'empire. Cependant la guerre s'était rallumée en Asie et continuait en Italie. Les troupes impériales, repoussées par les Turcs en Cilicie, furent plus heureuses contre les Normands de Sicile, auxquels elles enlevèrent Brindes, Bari et d'autres places. La flotte sicilienne éprouva plusieurs défaites. Il semblait que le vaillant Jean Ducas, général en chef des Grecs, devait réussir promptement à rendre à l'empire byzantin ses anciennes possessions d'Italie; mais Alexis Comnène, chef peu capable, remplaça Ducas dans le commandement en chef, et Guillaume succéda à Roger sur le trône de Sicile. Le nouveau roi remporta sur Alexis une victoire signalée. Vers le même temps la flotte grecque était battue à Négrepont (juillet 1155). L'amiral normand Maius alla braver Manuel jusque dans sa capitale. Il entra dans le port de Constantinople, et pénétra jusque dans les jardins du palais des Blaquernes. Trop faible pour occuper la première ville de l'empire, il se contenta de proclamer devant le peuple que Manuel n'avait aucun droit sur les possessions du roi Guillaume. Cette vigoureuse démonstration décida l'empereur à conclure la paix avec le roi de Sicile (1155). Les conquêtes et les prisonniers faits de part et d'autre furent rendus, excepté les ouvriers en soie, qui restèrent en Italie, où ils jetèrent les fondements de florissantes fabriques de soie. Des hostilités bientôt terminées avec Raymond, prince d'Antioche, et une guerre avec le sultan turc z ed Din, promptement finie aussi, signalèrent nnée suivante. A peine la tranquillité était-elle tablie en Asie que la lutte recommençait sur e autre frontière. Geisa, croyant l'empire épuisé tant d'expéditions, passa le Danube; la rre traîna en longueur. Geisa mourut, et rs prétendants se disputèrent le trône. Enfin nne, fils de Geisa, l'emporta. Manuel, qui sout un autre pretendant, Étienne Bela, envoya e les Hongrois une armée commandée par plus habile lieutenant, Andronic Contoste- La bataille s'engagea près de Zeugminum Semlin), et fut une des plus acharparle l'histoire. Les Grecs triomphèrent, e victoire leur assura pour quelque temps luence décisive sur les peuples de la vallée Danube (1168). Encouragé par le succès, songea à reprendre d'autres provinces à l'empire. Il consentit à fournir des es à Amauri, roi de Jérusalem, pour une n contre l'Égypte; mais les secours oya étaient si considérables qu'il parut le chef de l'entreprise. Deux cent vingt vaiss portant des troupes nombreuses firent voile p la Syrie (1169). Ce formidable armement, pl sous les ordres d'Andronic Contostephanus, fraya Amauri, qui ne songea qu'à faire avort l'entreprise; cependant il ne put refuser d prendre part. Les troupes grecques et latine réunies mirent le siége devant Damiette, et l ville, vigoureusement attaquée, eût succombé s le mauvais vouloir d'Amauri et de ses soldats n'eût neutralisé tous les efforts des Grecs. Il fallut lever le siége (décembre 1170). Amauri se rendit quelque temps après à Constantinople, et fut bien reçu de l'empereur. Les deux princes songèrent à renouveler l'entreprise; mais de graves embarras appelèrent sur d'autres points l'attention de Manuel. Des motifs, diversement racontés par les auteurs italiens et les auteurs grecs, l'engagèrent dans une guerre contre les Vénitiens; il la termina par des concessions commerciales et une somme d'argent (1174). La guerre contre les Turcs coûta plus cher à l'empire. Manuel, malgré des prodiges de valeur, fut battu à Myriocéphale par le sultan Az ed Din, en 1176, et subit la condition déshonorante de raser Sableium et Dorylæum. Furieux de son échec, il renouvela les hostilités l'année suivante, et obtint des succès qui lui valurent une paix honorable. Mais le désastre de Myriocéphale laissa dans son esprit une impression ineffaçable. Il perdit son ancienne énergie; sa santé s'altéra. Miné par une fièvre lente, il s'alita dans les premiers mois de 1180, et mourut le 24 septembre suivant. Manuel fut un despote violent, licencieux dans ses mœurs, un mauvais administrateur, à la fois prodigue et rapace; mais, avec tous ses défauts, il fut un des princes les plus capables de maintenir l'empire à cette époque d'extrême décadence et à la veille d'une ruine complète; il eut des vertus guerrières et une infatigable activité. Il ne fonda rien de durable, mais c'était beaucoup d'avoir soutenu glorieusement pendant un règne de trente-sept ans un édifice qui tombait en ruines de tous côtés. Il eut malheureusement, comme la plupart des princes byzantins, le tort de se mêler beaucoup trop des questions religieuses. Il perdit à dresser des formulaires et à persécuter les dissidents un temps qu'il aurait mieux employé à mettre de l'ordre dans ses finances et à réprimer les déprédations de ses ministres. Manuel fut marié deux fois : avec Berthe (qui prit le nom d'Irène), belle-sœur de Conrad III, empereur de Germanie; et avec Marie (qui prit le nom de Xéné), fille de Raymond, prince d'Antioche. Il laissa de sa seconde femme un fils, nommé *Alexis*, qui lui succéda. L. J.

Cinnamus, I-IV. — Nicétas, l. II, III. — Guillaume de Tyr, l. XVI. — Roger de Hoveden, *Chronique*. — Le Beau, *Histoire du Bas-Empire*, l. LXXXVII, XCI. — Gibbon, *History of Decline and Fall of Roman Empire*.

MANUEL II, *Paléologue* (Μανουὴλ ὁ Παλαιολόγος), né vers 1350, mort en 1425, empereur de Constantinople de 1391 à 1425. Il était second fils de Jean VI Paléologue. L'ancien empire byzantin, détruit par les Latins, ne s'était relevé qu'en apparence, et n'était plus qu'une principauté, grande seulement par son passé et menacée d'une ruine prochaine. Amurat s'était emparé d'Andrinople en 1361, et dès lors le sort de Constantinople fut décidé. Jean VI fit des appels désespérés aux puissances occidentales, et se rendit deux fois en Italie dans l'espoir d'arracher des secours au pape (1369, 1370). A Rome il n'obtint que des promesses, et plus malheureux encore à Venise, il fut arrêté pour dettes. Il se hâta de prévenir de sa désagréable aventure son fils aîné Andronic, qui gouvernait Constantinople. Ce prince ne s'inquiéta pas de délivrer son père. Manuel, alors despote de Thessalonique, se montra plus dévoué, et, rassemblant la somme nécessaire, il courut à Venise, et fit mettre son père en liberté. L'empereur le récompensa de sa conduite en l'associant au pouvoir suprême (1373), au préjudice d'Andronic. Tandis que Jean Paléologue, abandonné par les Latins, s'humiliait devant Amurat, et se reconnaissait son vassal, Manuel eut l'idée de faire pour son compte la guerre aux Turcs, alors occupés contre les Serviens. Cette téméraire entreprise eut une prompte issue. Menacé dans Thessalonique par Khair ed Din Pacha, Manuel s'enfuit vers Constantinople, et demanda asile à son père, qui, redoutant la colère d'Amurat, n'osa pas le recevoir. Le malheureux prince fit alors voile vers Lesbos, espérant trouver protection à la cour de Gasteluzzi, prince latin de l'île. Mais là encore il essuya un dur refus. Alors, prenant un parti hardi, il se rendit à Brousse, se présenta devant le sultan, et, avouant sa faute, demanda grâce. Amurat la lui accorda, et le renvoya à Constantinople. Le sultan périt en 1389, à la bataille de Kossovo. Son fils Bajazet s'unit à Andronic, et tous deux, d'accord avec les Génois de Péra, s'emparèrent de Jean et de Manuel. Quelques mois après une convention intervint entre les trois princes byzantins, par laquelle Jean et Manuel devaient régner sur Constantinople et ses environs, tandis qu'Andronic tiendrait comme fiefs de la couronne les villes et districts de Selymbrie, Héraclée, Rodosto, Danias et Panidas, sur la Propontide et la ville de Thessalonique. Pour garantie de cet accord, Manuel fût envoyé comme ôtage à Bajazet; il assista en cette qualité au siége de Philadelphie (maintenant Allah Shehr), et contribua par son courage à soumettre aux Turcs le dernier reste de la puissance grecque en Asie. L'empire byzantin n'était guère plus qu'un nom lorsque Manuel en fut investi par la mort de son père, en 1391. Craignant que son frère ne profitât de son absence pour se saisir de la couronne, il s'échappa de Nicée et se rendit en hâte à Constantinople. Le sultan, furieux, mit le siége devant cette ville, et jura qu'il ne se retirerait pas avant de s'en être emparé et d'avoir fait tuer l'empereur. Dans cette extrémité Manuel invoqua le secours des puissances occidentales, qui répondirent à son appel. Une armée composée de Hongrois, d'Allemands, de Français et commandée par la fleur de la noblesse européenne, parut sur la frontière turque. La bataille de Nicopolis (1396), où les croisés furent complétement battus, semblait entraîner la chute de Constantinople; mais la résistance désespérée de ses habitants et la terrible diversion de Timour retardèrent d'un demi-siècle l'inévitable catastrophe. Après un siége de près de six ans, il fut convenu entre les parties belligérantes que Jean, fils d'Andronic, gouvernerait Constantinople et que l'empereur se réserverait le Péloponnèse. Il se rendit en effet dans cette province, et de là il alla en Italie, en France, en Allemagne, implorant des secours qu'il n'obtint pas, et recevant des honneurs qui dans sa situation semblaient une dérision. Une nouvelle crise le rappela à Constantinople. Cette ville était à demi soumise aux Turcs. On y trouvait déjà trois mosquées et une nombreuse population musulmane, qui jouissait du libre exercice de sa religion. Bajazet exigea l'établissement d'une quatrième mosquée et d'un mehkeme (cour de justice) où un kadi turc rendrait la justice au nom du sultan. Il plaça une nombreuse colonie de Turcomans à Kiniki, dans le voisinage immédiat de Constantinople, et se fit payer un tribut de 10,000 ducats. En même temps il s'emparait de la Grèce, alors gouvernée par des princes latins, parmi lesquels on remarquait les ducs de Delphes et d'Athènes. Dans ce péril extrême, Constantinople fut sauvée par l'invasion de Timour dans l'Asie Mineure. Les Tartares anéantirent l'armée turque à Angora (1402). Bajazet, prisonnier du vainqueur, mourut bientôt. Timour se dirigea vers l'extrême Orient, laissant les fils du sultan se disputer les provinces de l'empire turc, presque renversé. Manuel discerna habilement quel était le plus capable des fils de Bajazet, et en se prononçant pour lui il fit pencher la balance en sa faveur. Mohammed, le prince favorisé, se montra reconnaissant. Il rendit à l'empereur plusieurs places du Pont-Euxin, Thessalonique et son territoire et plusieurs districts du Péloponnèse. La dernière partie du règne de Manuel fut paisible. Pour obtenir des secours des princes occidentaux, il se montra favorable à la réunion des deux Églises, et envoya des ambassadeurs au concile. Mais il ne désirait pas sincèrement cette réunion, à laquelle son peuple était opposé. La duplicité du gouvernement grec sur ce point fut une des causes de la chute de l'empire. Manuel mourut à l'âge de soixante-dix-sept ans. Jean VII, son fils aîné, qu'il avait eu de sa femme Irène, fille de Constantin Dragas, et qu'il avait associé au trône en 1419, lui succéda. L. J.

Laonicus Chalcondylas, I, 2, etc. — Phranza, I, 10, etc. — Ducas, 8-15. — J. Le Beau, *Histoire du Bas-Empire* (contin. d'Ameilhon). — Gibbon, *History of Decline and Fall of Roman Empire*, t. XII. — Smith, *Dictionary of*

Greek and Roman biography. — De Hammer, *Histoire des Ottomans* (traduction de M. Dochez), t. 1. — Berger de Xivrey, *Mem. sur la vie et les ouvrages de l'empereur Manuel Paléologue*; dans les *Mémoires de l'Acad. des Inscriptions et Belles-Lettres*, t. XIX, 2e part.

MANUEL (Don *Juan*), prince espagnol, auteur du *Comte Lucanor*, né à Escalona, le 5 mai 1282, mort en 1347. Il était du sang royal de Castille et Léon, petit-fils de saint Ferdinand et neveu d'Alphonse le Sage. A l'âge de deux ans il perdit son père, l'infant don Pedro Manuel, et fut élevé par les soins de son cousin, le roi don Sanche le Brave. A don Sanche, enlevé par une mort prématurée, succéda Ferdinand IV. Sous ce nouveau prince don Juan, qui dès l'âge de douze ans avait fait ses premières armes contre les Maures, atteignit les hautes dignités de grand-sénéchal de la maison du roi et de gouverneur du royaume de Murcie avec le titre d'*adelantado mayor*. Ferdinand mourut en 1312, laissant pour successeur un enfant de treize mois, Alphonse XI. Les princes du sang se disputèrent le gouvernement pendant la minorité. L'infant don Pedro, frère du feu roi, et la reine mère s'unirent contre la jeune veuve de Ferdinand, dona Constanza, que soutenait Manuel. Il en résulta des troubles qui durèrent jusqu'en 1320, époque où, après la mort de don Pedro et des deux reines, don Juan Manuel devint co-régent du royaume de Castille avec don Juan le Borgne et don Philippe. Un chroniqueur contemporain trace le plus sombre tableau de l'administration des trois tuteurs. « Les riches-hommes et les chevaliers, dit-il, ne vivaient que d'exactions et de vols.... Les choses en étaient venues au point que, dans la crainte des voleurs, grands et petits ne circulaient sur les routes qu'armés jusqu'aux dents et par nombreuses compagnies. Personne n'osait habiter les lieux ouverts, et dans les places fermées on ne vivait plus que d'extorsions et de larcins. Beaucoup de gens, voyant que la justice n'était plus rendue selon le bon droit en aucune partie du royaume, avaient fui en Aragon, d'autres en Portugal; enfin, il se commettait tant de crimes, qu'on ne s'étonnait plus de trouver des cadavres sur les grands chemins. » Le peuple désirait ardemment la majorité du roi, espérant qu'elle mettrait fin à tant de maux. Elle fut proclamée au mois d'août 1325. Un des premiers actes d'Alphonse fut d'éloigner don Manuel. Un rapprochement eut lieu peu après, et aboutit à une rupture complète. Le roi refusa de tenir la promesse qu'il avait faite d'épouser Constanza, fille de don Juan Manuel. L'infant n'était pas d'humeur à supporter un tel outrage : il s'allia avec son beau-frère, le roi d'Aragon, et avec le roi de Grenade, et envahit les États d'Alphonse. Il serait long et peu intéressant de raconter les pillages, les guet-apens, les rapprochements et les ruptures qui se succédèrent dans les dix années suivantes. Les deux rivaux se montrèrent égaux en courage et en habileté. Enfin en 1335 la paix se fit, devant la crainte d'une invasion musulmane, et la Castille, délivrée de la guerre civile, se tourna contre les ennemis du christianisme. « Les mêmes chevaliers, dit la *Chronique* de Villazan, qui pillaient, violaient, égorgeaient sans scrupule, se comportent en bons chrétiens. » Don Juan Manuel maria sa fille avec l'héritier du trône de Portugal, et alla guerroyer contre les Maures de Grenade. A la tête de troupes peu nombreuses, il remporta une suite ininterrompue de triomphes, et partagea avec le roi Alphonse la gloire de la journée de Tarifa (3 novembre 1340) et de la prise d'Algésiras (1344). Il mourut, suivant l'opinion la plus probable, en 1347, et fut enseveli à Peñafiel. Il joignait à ses autres titres ceux de *duc de Peñafiel* et de *marquis de Villena*. Il avait été marié deux fois. Sa première femme fut dona Constanza, fille de don Jayme, roi d'Aragon. Il n'eut d'elle qu'une fille, appelée aussi dona Constanza, et qui épousa don Pedro de Portugal, si célèbre par ses amours avec Inès de Castro. De sa seconde femme, dona Blanca de La Cerda, fille de l'infant don Fernand de La Cerda, il eut un fils, don Fernand Manuel, seigneur de Villena, et une fille, dona Juana Manuel, qui épousa Henri de Transtamare. « Dans une vie comme celle-ci, pleine d'intrigues et de violences, de la part d'un prince comme celui-ci, qui épousa les sœurs de deux rois et qui eut deux autres rois pour gendres, qui agita son pays pendant trente ans par ses révoltes et ses entreprises militaires, on n'aurait pas attendu un heureux essai dans les lettres; cependant il en fut ainsi. La poésie espagnole avait brillé pour la première fois, au milieu du trouble et du danger; la prose espagnole naquit du même sol et dans les mêmes circonstances. Jusqu'à cette époque il n'y avait pas eu dans le dialecte castillan d'écrits de beaucoup de valeur, si l'on excepte les ouvrages d'Alphonse X et une ou deux chroniques. Mais dans ces écrits l'éclat, qui semble un élément essentiel du génie espagnol primitif, était tenu en échec, soit par la nature du sujet ou par des circonstances que nous ne connaissons pas, et c'est seulement lorsqu'un nouvel essai fut tenté au milieu des guerres et des tumultes, qui pour des siècles semblent avoir été un principe de vie pour toute la Péninsule, que nous découvrons dans la prose espagnole un développement décidé des formes qui la caractérisèrent et devinrent nationales. Don Juan Manuel, à qui appartient l'honneur d'avoir produit une de ces formes, se montra digne d'une famille dans laquelle pendant plus d'un siècle les lettres avaient été honorées et cultivées (1). »

Manuel composa douze ouvrages; il les fit transcrire avec soin sur un grand volume, qu'il légua à un monastère de Peñafiel, fondé par lui et dans lequel il fût enseveli. Le précieux manuscrit, qui existait encore à la fin du seizième siècle, est aujourd'hui perdu. Il n'en existe que trois copies

(1) Ticknor, *Hist. of Sp. Lit.*, t. I, p. 88.

partielles, plus ou moins tronquées (à Madrid, bibliothèque nationale et bibliothèque de l'Académie). En combinant les renseignements d'Argote de Molina et les indications des manuscrits, on obtient la liste suivante des écrits de don Manuel : *Cronica de España; — Libro de los Sabios; — Libro del Caballero* ou *Libro del Escudiero; — Libro del Infante; — Libro de Caballeros*, ou *de la Caballeria; — Libro de los Estados* ou *Libro de la Leyes; — Libro de la Caça; — Libro del Engeños* (*Livre des Engins militaires*, et non pas *de los Enganos*, des fraudes); — *Libro de los Cantos; — Reglas como se deve trovar; — Libro de los Exemplos* ou *El conde Lucanor; — Libro de la respuesta à las tres preguntas que le fizo don Juan Alonzo*. De tous ces ouvrages un seul, *Le Comte Lucanor*, dont nous parlerons plus bas, a été publié; quant aux autres, ils sont en partie perdus. Le manuscrit le plus complet (un des deux de la bibliothèque nationale de Madrid) offre des lacunes. Il commence par l'apologue du troubadour et du cordonnier. Un cordonnier chantait les vers d'un chevalier poëte, et les écorchait impitoyablement. Le troubadour, indigné et ne pouvant faire taire le chanteur, mit en pièces des souliers que le cordonnier venait d'achever. De là un procès. Les deux parties entendues, le roi dédommagea le cordonnier et lui interdit de chanter les vers du poëte. Après cet apologue, qui signifie sans doute qu'il ne faut ni tronquer ni interpoler les œuvres des écrivains, vient une lettre à l'archevêque de Tolède, oncle de don Manuel; suit un traité en vingt-six chapitres intitulé : *Livre des Enseignements, ou conseils à mon fils don Fernand :* c'est un cours de morale religieuse et sociale à l'usage d'un gentilhomme de la plus haute naissance. L'auteur renvoie plusieurs fois à un autre ouvrage *Sur les divers États et Conditions des hommes*, qui paraît ne plus exister et qu'il ne faut pas confondre avec le *Livre des États* (*Libro de los Estados*), qui porte aussi le titre de *Livre des Lois* (*Libro de las Leyes*) et qui traite des lois civiles et ecclésiastiques. Le *Livre du Chevalier et de l'Écuyer* est une sorte de morale en action; les préceptes généraux sont placés dans le cadre d'une fiction (*fabliella*). M. de Puibusque, qui prétend (ce qui semble exagéré) que « dans aucune partie de l'Europe le quatorzième siècle n'a produit un livre plus substantiel, plus érudit, plus sensé; c'est le dernier mot de la science et de la philosophie de l'époque », en fait l'analyse suivante : « Un jeune écuyer, qui se rend à Valladolid pour être armé chevalier, s'arrête dans un ermitage où réside un vieillard qui a quitté la société des hommes après y avoir longtemps brillé par ses talents et ses vertus. Avide de s'instruire, il lui adresse des questions multipliées sur les devoirs qu'il aura bientôt à remplir. Le vieux chevalier répond point par point, et ses enseignements portent de tels fruits, que le disciple est bientôt digne du maître. A peine le jeune écuyer s'est-il fait entendre à la cour que tous les suffrages sont pour lui; il obtient jusqu'aux éloges du roi. Encouragé par ce succès, il revient chez l'ermite, dès qu'on l'a fait chevalier, et lui soumet de nouvelles questions pour achever de s'instruire. Il ne se borne plus aux devoirs de la chevalerie, il étudie le monde moral et physique sous tous les aspects; il veut savoir ce que c'est que le ciel, la terre, la mer, les éléments, les astres, les animaux, les plantes, les minéraux, toute la création enfin, tout ce qui est animé et inanimé, humain et divin, tangible et imperceptible. Le champ est vaste; l'ermite a besoin de temps. Il invite le jeune chevalier à s'établir sous son toit de feuillage et à y demeurer jusqu'à ce que la mort les sépare. Celui-ci y consent avec joie; chaque jour il reçoit une nouvelle instruction du vieux chevalier, et ce n'est qu'après avoir recueilli sa dernière leçon avec son dernier soupir qu'il se détermine à revenir à la cour, où il confond les plus savants par la variété et la solidité de ses connaissances; le roi en est si ravi, qu'il lui confie la direction des affaires de l'État (1). »

Le Comte Lucanor est un ouvrage du même genre que *Le Chevalier et l'Écuyer*; il renferme aussi des moralités dans un cadre romanesque. C'est un recueil de quarante-neuf contes, anecdotes, apologues, dans la manière orientale, et dont la première idée a été probablement empruntée à la *Disciplina clericalis* de Petrus Alphonsus, collection d'historiettes écrites en latin environ deux siècles plus tôt. La *Disciplina clericalis*, prototype du *Comte Lucanor*, n'est elle-même qu'une variation de ce recueil de contes, qui sous les titres divers de *Hitopadesa*, *Panchatantra*, *Calila et Dimna*, *Syntipa*, le *Livre de Sendebad*, le *Dolopathos*, le *Livre des Sept Sages* a charmé la curiosité des lecteurs depuis le Gange jusqu'à l'océan Atlantique. Le sujet du *Comte Lucanor* n'a donc rien d'original; le cadre en est fort simple comme ceux de tous les recueils de contes orientaux. Le *Comte Lucanor*, personnage fictif, qui représente assez fidèlement les anciens comtes, ces princes indépendants de l'ancienne Espagne, se trouve embarrassé sur divers sujets de morale et de politique; à mesure que ces questions compliquées se présentent à lui, il les propose à son conseiller Patronio, qui y répond par un conte que termine une moralité en vers. Ces contes sont de caractères très-différents; c'est quelquefois un trait de l'histoire d'Espagne, comme celui des trois chevaliers de Saint-Ferdinand au siége de Séville; plus souvent c'est un trait des mœurs nationales, comme l'histoire de Rodrigue et de ses trois fidèles com-

(1) Deux autres traités de don Manuel, que l'on supposait perdus, *Le Livre de la chasse* et *La Chronique d'Espagne*, existent dans un manuscrit de la Bibliothèque nationale de Madrid.

pagnons. On y trouve des fictions de chevalerie, par exemple L'Ermite et Richard Cœur de Lion, des apologues : Le Vieillard, son Fils et l'Ane, Le Corbeau et le Renard, etc. « Dans presque tous ces contes, dit Ticknor, nous voyons la vaste expérience d'un homme du monde tel qu'il existait alors, et la froide observation de quelqu'un qui connaît trop les hommes et qui a eu trop à souffrir de leur part pour avoir beaucoup gardé des sentiments romanesques de sa jeunesse. Car nous savons par don Juan lui-même qu'il écrivit *Le Comte Lucanor* quand il avait déjà atteint le sommet des honneurs et de l'autorité et probablement lorsqu'il avait essuyé ses plus rudes défaites. Il faut remarquer à son honneur que nous ne trouvons trace dans ses écrits ni de l'arrogance du pouvoir ni de l'amertume d'une ambition déçue, ni des maux qu'il avait soufferts des autres, ni de ceux qu'il leur a infligés. Il semble l'avoir écrit dans un heureux intervalle dérobé au tumulte des camps, aux intrigues du gouvernement, aux crimes de la révolte, lorsque l'expérience des aventures et des passions de sa vie passée était assez éloignée pour n'éveiller que faiblement ses sentiments personnels et cependant assez présente pour qu'il ait pu nous en donner les résultats avec une grande simplicité dans cette série de contes et d'anecdotes marques à l'empreinte de son siècle, et avec une philosophie chevaleresque et une honnêteté que ne désavouerait pas un siècle plus avancé. » *Le Comte Lucanor* (*El Conde Lucanor*) fut publié pour la première fois par Argote de Molina, Séville, 1575, in-4°, avec une vie de don Juan Manuel et un curieux essai sur la poésie castillane. Cette édition est excessivement rare; la seconde, Madrid, 1642, ne l'est guère moins. *Le Comte Lucanor* n'a pas été réimprimé en Espagne; il en a été fait une réimpression fautive et tronquée par Keller, Stuttgard, 1839, in-12. Il a été traduit en allemand par J. von Eichendorff, Berlin, 1840, in-12, et en français par M. A. de Puibusque, Paris, 1854, in-8°. L. J.

Cronica del Rey don Alonso XI (attribuée à Villazan). — Argote de Molina, *Sucesion de los Manueles*, en tête de son édit. du *Conde Lucanor*. — Ticknor, *History of Spanish Literature*, t. I, c. XV. — A. de Puibusque, *Vie de don Juan Manuel*, en tête de sa trad. du *Comte Lucanor*.

MANUEL (*Nicolas*), littérateur suisse, mort à Berne, en 1530. Il fut un des premiers à pratiquer dans Berne le protestantisme et à fronder les abus de la cour de Rome. En 1522 il fit représenter deux farces intitulées l'une : *Le Mangeur des Morts*; l'autre : *Antithèse entre Jésus-Christ et son vicaire*. Plus tard il traduisit de l'allemand le *Recueil des Procédures contre les Jacobins exécutés à Berne en 1509, pour crime de sorcellerie, auquel traité sont accouplés des Cordeliers d'Orléans pour pareille imposture*; Genève, 1556, in-8°. Manuel devint conseiller du canton de Berne et remplit plusieurs négociations politiques. A. L.

Dict. Biograph. (1834).

MANUEL (*Pierre-Louis*), homme politique français, né à Montargis, en 1751, guillotiné à Paris, le 14 novembre 1793. Il était fils d'un artisan, qui lui fit cependant donner une bonne éducation. Après avoir été quelque temps chez les Doctrinaires, il vint à Paris, et entra chez le banquier Tourton, en qualité de précepteur. Un pamphlet qu'il publia quelque temps après lui valut une détention de trois mois à la Bastille; aussi figura-t-il dès les premiers mouvements révolutionnaires parmi les plus ardents ennemis de l'ancien régime. Ses discours à la Société des Amis de la Constitution appelèrent sur lui l'attention des patriotes et les suffrages des électeurs parisiens, qui lors du renouvellement des municipalités, en 1791, le nommèrent procureur de la commune; il contribua, ainsi que Pétion, aux événements du 20 juin, et fut en conséquence suspendu de ses fonctions par l'administration départementale; mais il les reprit le 13 juillet, en vertu d'un décret de l'Assemblée législative. Il se fit de nouveau remarquer, au 10 août, par son activité et son courage, et présida à la formation de la commune, qui reçut le nom de cette fameuse journée. Il conserva la place de procureur de la commune, et, le 12, demanda la translation de la famille royale au Temple. Sa proposition fut adoptée, et on le chargea lui-même de veiller à son exécution, ce qu'il fit dès le lendemain. La conduite de Manuel pendant les journées de septembre fut purement négative; plongé dans une sorte de stupeur, voisine de la consternation et de l'effroi, il se borna à suivre Pétion et Robespierre auprès de Danton, pour obtenir de lui des explications sur les crimes effroyables dont la capitale était témoin, et pour réclamer des mesures d'ordre, de justice et d'humanité. Mais Danton pensait *qu'il fallait laisser faire la colère du peuple*. Leur démarche resta sans résultat. Manuel mit à profit l'influence que lui donnaient ses fonctions pour sauver quelques prisonniers, parmi lesquels on cite Beaumarchais, son ennemi personnel. Plus tard (3 novembre) il déclara à la tribune des Jacobins « que les massacres qui venaient d'épouvanter la capitale avaient été la Saint-Barthélemy du peuple, qui s'était montré aussi méchant qu'un roi »; et il alla même jusqu'à demander à la Convention (16 novembre) de décréter que tout Français sorti de France après ces massacres, et retiré en pays neutre, ne pût être considéré comme émigré.

Compris dans la députation de Paris à la Convention nationale, il prit la parole dès la première séance pour proposer de loger le président de cette assemblée dans le palais des Tuileries, et de l'environner de toute la pompe convenable à sa dignité. Cette motion, combattue par Chabot et par Tallien, fut rejetée à une grande majorité; cependant son auteur, peu découragé par cet échec, reparut à la tribune dans la même séance, pour y prononcer ces paroles : « Vous venez de consacrer la souveraineté du peuple ; il faut le débarrasser d'un rival. La première question à aborder c'est celle de la royauté, parce qu'il est impossible que vous commenciez une constitution en présence d'un roi. Je demande, pour la tranquillité du peuple, que vous déclariez que la question de la royauté sera le premier objet de vos travaux. » Cette seconde proposition fut mieux accueillie que la première; couverte d'applaudissements, elle amena immédiatement la motion de Collot-d'Herbois, c'est-à-dire l'abolition de la royauté.

Quelques jours après, Manuel rendit ainsi compte au conseil général de la commune d'une visite qu'il avait faite au Temple : « Louis *de la Tour* ignorait qu'il n'était plus roi. Il paraît que le décret ne lui avait pas été signifié; j'ai cru devoir lui apprendre la fondation de la république. — Vous n'êtes plus roi, lui ai-je dit, voilà une belle occasion de devenir bon citoyen. — Il ne m'a pas paru affecté. J'ai dit à son valet de chambre de lui ôter ses décorations; et s'il a mis un habit royal à son lever, il se couchera avec la robe de chambre d'un citoyen. Il est coupable, je le sais; mais comme il n'a pas été reconnu tel par la loi, nous lui avons promis les égards dus à un prisonnier. Il est très-possible d'être sévère et bon... On avait proposé de réduire les vingt plats qu'on sert sur sa table... Nous sommes convenus qu'il ne faut pas tant de prodigalité sur sa nourriture; et pour son intérêt comme pour le nôtre, il faudra l'accoutumer à plus de frugalité... Louis *de la Tour* n'est pas plus touché de son sort de prisonnier qu'il ne l'était de celui de roi. Je lui ai parlé de nos conquêtes; je lui ai appris la reddition de Chambéry, Nice, etc., et je lui ai montré la chute des rois aussi prochaine que celle des feuilles... »

Le 5 décembre suivant, le nom de Mirabeau s'étant trouvé compromis par le dépouillement des pièces trouvées dans l'*armoire de fer*, Manuel, admirateur constant de ce grand orateur, et qui avait été l'éditeur de ses *Lettres à Sophie*, entreprit de le défendre, et termina en demandant qu'un comité fût spécialement chargé de l'examen de sa vie. Cette proposition fut adoptée, et, en attendant le rapport du comité d'instruction publique, la Convention décréta que les bustes ou effigies de Mirabeau qui se trouvaient placés dans la salle de l'Assemblée seraient voilés.

Manuel se fit remarquer par la violence de son opinion sur la question de la mise en jugement et de la culpabilité de Louis XVI. « Il fut roi, dit-il, il est donc coupable; car ce sont les rois qui ont détrôné les peuples... Sans ces Mandrins couronnés, il y a longtemps que la raison et la justice couronneraient la terre.... Que de temps il a fallu pour casser la fiole de Reims!... Législateurs, hâtez-vous de prononcer une sentence qui consommera l'agonie des rois. Entendez-vous les peuples qui la sonnent? Un roi mort n'est pas un homme de moins... »

Le 11 décembre, Manuel interrompit vivement les débats qui s'étaient élevés à l'occasion de l'acte énonciatif des griefs imputés à Louis XVI, et s'écria : « Ces discussions sont oiseuses ! La journée s'avance : vous savez qu'il importe que Louis retourne au Temple avant la fin du jour; je demande donc que vous donniez des ordres pour qu'il soit amené sur-le-champ. Il attendra vos ordres pour être introduit à la barre. » Il fit ensuite décréter que le président serait autorisé à faire à l'accusé les questions qui pourraient naître de ses réponses, et il ajouta : « Comme la Convention n'est point condamnée à ne s'occuper aujourd'hui que d'un roi, je pense qu'il serait bon que nous nous occupassions d'un objet important, dussions-nous faire attendre Louis à son arrivée. » Mais bientôt un brusque changement parut se faire dans sa conduite et dans ses idées : le 27 décembre il demanda que la défense du roi et les pièces du procès fussent imprimées et envoyées dans tous les départements; cette motion fut écartée par la question préalable. Lors des appels nominaux, il vota pour l'appel au peuple, et s'exprima en ces termes sur la question de la peine, au moment où le duc d'Orléans venait de se prononcer pour la peine de mort : « Je reconnais ici des législateurs, je n'y ai jamais vu des juges, car des juges sont froids comme la loi, des juges ne murmurent pas, ne s'injurient pas, ne se calomnient pas. Jamais la Convention n'a ressemblé à un tribunal. Si elle l'eût été, certes, elle n'aurait pas vu le plus proche parent de Louis n'avoir pas, sinon la conscience, du moins la pudeur de se récuser. » Il vota ensuite sur la détention et le bannissement à la paix; et dès que la condamnation à mort fut prononcée, il donna sa démission, et adressa à l'assemblée une lettre ainsi conçue : « Il est impossible à la Convention, telle qu'elle est composée, de sauver la France, et l'homme de bien n'a plus qu'à s'envelopper de son manteau. » Il retourna ensuite dans son pays natal; mais, accusé, après le 31 mai, d'avoir voulu sauver le roi, en abusant du pouvoir que lui donnaient ses fonctions, il fut arrêté et traduit au tribunal révolutionnaire. « Non, s'écria-t-il, en terminant sa défense, le procureur de la commune du 10 août n'est point un traître! Je demande qu'on grave sur ma tombe que c'est moi qui fis cette journée. » Il n'en fut pas moins condamné à mort; l'énergie et la violence de son caractère firent alors place à un profond accablement, sous le poids duquel il reçut le coup fatal, le 14 novembre 1793; il était âgé de quarante-deux ans.

On a de Manuel : *Essais historiques, critiques, littéraires et philosophiques;* Genève, 1783, in-12; — *Coup d'œil philosophique sur le règne de saint Louis;* Damiette (Paris), 1786, in-8°; — *Lettre à la reine;* Paris, s. d., in-8°; — *La Bastille dévoilée, ou recueil de pièces authentiques pour servir à son histoire*; Paris, 1789, 1790, in-8°, avec fig.; — *L'Année française, ou vie des hommes qui ont honoré la France par leurs talents ou par leurs services pour tous les jours de l'année*; Paris, 1789, 1791, 1797, 4 vol. in-12; — *Voyages de l'opinion dans les quatre parties du monde*; 1790; — *Lettres sur la Révolution, recueillies par un ami de la Constitution*; (Paris), 1792, in-8°; — *La Police de Paris dévoilée*; Paris, 1791, 2 vol. in-8°. Il avait été l'éditeur des *Lettres écrites par Mirabeau à Sophie Ruffey, marquise de Monnier*, 1792, 4 vol. in-8°; il s'était emparé du manuscrit, lors de la prise de la Bastille. La famille dirigea contre lui des poursuites; mais son influence empêcha les suites que cette affaire aurait pu avoir. [LE BAS, *Dict. encycl. de la France*, avec addit.]

Prudhomme, *Les Révolutions de Paris*. — L. Blanc, *Hist. de la Révol.* — *Biog. univ. des Contemp.* — *Biog. nouv. des Contemp.*

MANUEL (*Jacques-Antoine*), homme politique français, né à Barcelonnette, le 19 décembre 1775, mort à Paris, le 27 août 1827. Il partit comme volontaire en 1792, prit part aux premières campagnes d'Italie, et ne tarda pas à obtenir le grade de capitaine; mais des blessures assez graves le forcèrent alors à quitter le service, et bientôt il fut obligé de donner sa démission pour se livrer à l'étude du droit. Dès son début dans cette carrière, il fit pressentir ce qu'il serait un jour; et en peu d'années sa réputation s'étendit de la Provence aux contrées voisines. Pendant les Cent Jours les électeurs d'Aix lui offrirent la députation; il refusa cet honneur, en les priant de reporter leurs suffrages sur Fabri; mais pendant qu'il donnait à Aix cette preuve de désintéressement ses compatriotes de Barcelonnette le choisissaient spontanément pour leur député. Il accepta, et alla siéger à cette chambre des représentants qui, dans les graves circonstances où allait se trouver la France, devait, par tous ses actes, faire preuve d'une si incroyable imprévoyance, mais dont, il faut le dire aussi, Manuel fut l'orateur le plus distingué et le plus sincèrement patriote. Il se tint à l'écart dans les premiers jours de la session; mais après le désastre de Waterloo, quand il vit la chambre divisée et, après avoir exigé l'abdication de Napoléon, ne savoir plus à quelles mains confier les rênes de l'État, apercevant l'abîme où cet état de choses allait plonger la France, il s'élança à la tribune, et prononça un magnifique discours dans lequel, après avoir fait sentir les dangers où allait se trouver la patrie, par suite de la division des esprits, il demanda que Napoléon II fût immédiatement reconnu comme empereur des Français; il le termina en proposant que sur la question de savoir quel serait le souverain que la France devait reconnaître, question qui avait soulevé la discussion actuelle, la chambre adoptât l'ordre du jour, motivé 1° sur ce que Napoléon II était devenu empereur des Français par le fait de l'abdication de Napoléon Ier et par la force des constitutions de l'empire; 2° sur ce que les deux chambres avaient voulu et entendu, par leur arrêté de la veille, portant nomination d'une commission de gouvernement provisoire, assurer à la nation la garantie dont elle avait besoin dans les circonstances extraordinaires où elle se trouvait, pour sa liberté et son repos, au moyen d'une administration qui eût toute la confiance du peuple. Ce discours fut accueilli par des applaudissements presque unanimes, et un vétéran de la révolution, Cambon, s'écria : « Ce jeune homme commence comme Barnave a fini. » A la séance du 27 juin, Manuel fit prononcer l'ajournement de tout travail étranger à la constitution et au budget; le 28 il fut nommé membre de la commission de constitution, et le 3 juillet il présenta, au nom d'une commission spéciale, un projet d'adresse à la nation. Pour ne point réveiller les haines, il avait évité de prononcer des noms propres, et s'était toujours tenu dans les généralités. Ces précautions furent mal interprétées. On reprocha au projet d'adresse de ne pas exprimer avec assez de force et de franchise les intentions et les vœux que l'assemblée avait manifestés en ordonnant l'impression et l'envoi du discours de Durbach contre le rétablissement des Bourbons. Manuel défendit sa rédaction. « Croit-on, dit-il, que sous cette forme l'adresse soit favorable à la maison de Bourbon, ramenée par les Anglais!... Messieurs, je veux le bonheur des Français, et je ne crois pas que ce bonheur puisse exister si le règne de Louis XVIII recommence. Vous voyez quelle est ma franchise; certes, si je voulais dissimuler, je ne prendrais pas cette salle pour lieu de ma confidence. » Le lendemain, l'adresse fut votée d'enthousiasme, après une légère addition proposée par Jacotot. Manuel terminait ainsi cette pièce, devenue historique : « Si les destinées d'une grande nation devaient encore être livrées au caprice et à l'arbitraire d'un petit nombre de privilégiés, alors, cédant à la force, la représentation nationale protestera, à la face du monde entier, des droits de la nation française opprimée; elle en appellera à l'énergie de la génération actuelle et des générations futures pour revendiquer à la fois l'indépendance nationale et les droits de la liberté civile. Elle en appelle dès aujourd'hui à la justice et à la raison de tous les peuples civilisés. » Dans la séance du 7 juillet, en présence des baïonnettes anglo-prussiennes, qui venaient d'occuper Paris, Manuel reparut à la tribune comme rapporteur de la commission constitutionnelle, et y fit entendre ces nobles paroles : « Ce qui arrive, dit-il, vous l'aviez tous prévu; avec quelque rapidité que se précipitent les événements, ils n'ont pu vous surprendre; et déjà votre déclaration, fondée sur le sentiment profond de vos devoirs, a appris à la France que vous sauriez remplir et achever votre tâche. La commission de gouvernement s'est trouvée dans une position à ne pouvoir se défendre; quant à nous, nous devons compte à la patrie de tous nos instants, et s'il le faut, des dernières gouttes de notre sang !... Vous avez protesté d'avance, vous protestez encore contre un acte qui blessera votre liberté et les droits de vos mandataires. Auriez-vous à redouter ces malheurs si les promesses des rois n'étaient pas vaines? Eh bien, disons comme cet orateur célèbre, dont les paroles ont retenti dans l'Europe : Nous sommes ici par la volonté du peuple, nous n'en sortirons que par la puissance des baïonnettes! » Le lendemain, Manuel signa la déclaration que cinquante-trois membres de la chambre déposèrent entre les mains de leur président, et qui devait servir de protestation contre leur dispersion par la force militaire Pendant la réaction de 1815 et 1816, il se tint éloigné du midi, ensanglanté et dévasté par des assassins. Fixé à Paris, il voulut s'y faire inscrire sur le tableau des avocats; le conseil de discipline refusa de l'admettre. Cette exclusion n'empêcha pas les citoyens d'accourir en foule dans le cabinet de l'avocat que l'on repoussait du barreau. En 1818, il fut nommé à la chambre des députés par deux départements, la Vendée et le Finistère. Il opta pour le premier, et se trouva ainsi le représentant révolutionnaire du pays qui avait le plus vivement combattu la révolution. Possédant au plus haut degré le talent de l'improvisation, il s'en servit avec succès dans toutes les discussions de quelque importance. Finances, législation, politique intérieure, diplomatie, instruction publique, administration militaire, tout était de son ressort. Silencieux et attentif à l'ouverture des débats, il n'entrait dans l'arène qu'au moment décisif, lorsque, excité par les provocations de ses adversaires, comme par le besoin d'appuyer d'arguments irrésistibles les raisonnements de ses amis, il se sentait entraîner au combat, pour remédier à l'insuffisance des uns et pour mettre à nu la faiblesse des autres, c'est-à-dire pour fixer moralement et irrévocablement la victoire sous le drapeau de l'opposition. Lorsque, accablés sous le poids de sa raison puissante, les députés du centre et de la droite essayaient de s'y soustraire par des murmures ou par d'indécentes apostrophes, Manuel restait calme au milieu de l'orage qui éclatait à ses côtés, et sa puissance d'esprit, réunie à une fermeté inébranlable, faisait bientôt repentir les interrupteurs de lui avoir fourni l'occasion d'un nouveau triomphe.

La session de 1819-1820 fut la plus pénible et la plus glorieuse des campagnes parlementaires de Manuel. Il s'opposa d'abord avec force à l'exclusion de l'abbé Grégoire, et signala les funestes conséquences du principe inconstitutionnel invoqué en cette circonstance. On eût dit qu'il pressentait l'application qu'on lui ferait plus tard de ce principe. Ce fut en 1823, et à l'occasion de la guerre d'Espagne, qu'eut lieu cette nouvelle violation de la représentation nationale. Manuel, en attaquant le projet de loi, s'était exprimé avec franchise sur le compte de Ferdinand VII. Il avait fait entrevoir que ce roi prisonnier pourrait éprouver le sort que l'entrée des étrangers en France avait appelé sur la tête de Louis XVI; ces considérations, dictées par une grande sagesse, excitèrent la fureur des ultra-royalistes; et La Bourdonnaie, le plus fougueux de leurs orateurs, se hâta de demander l'exclusion de Manuel. Celui-ci voulut s'expliquer; il eut une peine extrême à obtenir la parole; sa justification fut noble et pleine de franchise; mais les royalistes avaient un trop grand intérêt à expulser l'orateur de la gauche pour ne pas user de la force que leur donnait la majorité. La proposition de La Bourdonnaie fut prise en considération, dans la même séance, pour être discutée dans celle du 3 mars suivant. Manuel prit encore la parole dans cette séance. « Arrivé, dit-il, dans cette chambre par la volonté de ceux qui avaient le droit de m'y envoyer, je ne dois en sortir que par la violence de ceux qui n'ont pas le droit de m'en exclure; et si cette résolution de ma part doit appeler sur ma tête de plus graves dangers, je me dis que le champ de la liberté a été quelquefois fécondé par un sang généreux. »

La majorité cependant s'indignait du retard que cette courageuse défense apportait à l'accomplissement de ses desseins; à peine Manuel eut-il cessé de parler, qu'elle demanda vivement à aller aux voix, et le grand orateur fut banni de la tribune et de la chambre. Malgré ce vote, il vint le lendemain à la séance; alors M. Ravez, qui présidait la chambre, lui ordonna de quitter la salle. « Monsieur le président, répondit Manuel, j'ai annoncé hier que je ne céderais qu'à la violence, aujourd'hui je viens tenir ma parole. » Les significations par huissier furent en effet inutiles; on appela alors les vétérans et la garde nationale; mais le sergent Mercier refusa de servir d'instrument à un attentat contre la représentation nationale. Force fut alors de recourir aux gendarmes, dont le chef mit fin à toute hésitation par cette injonction laconique : *Gendarmes, empoignez M Manuel* (1). A ces mots, l'énergique député se leva, et dit à l'officier qui se trouvait le plus près de lui : « Cela me suffit, monsieur, je suis prêt à vous suivre; » et il se laissa prendre par le bras, satisfait d'avoir ainsi constaté qu'il n'obéissait qu'à la force. Les membres du côté gauche se précipitèrent sur son passage, en criant : « Emmenez-nous,

(1) M. le vicomte de Foucault, alors colonel de la gendarmerie, a souvent protesté contre cette expression, qui peut être est échappée à un subalterne. Sur le refus de la garde nationale, requis par le président de la chambre : il avait dit : « Gendarmes, faites votre devoir. » C'est de lui-même que nous tenons cette explication. A. DE L.

nous voulons le suivre ! Nous sommes tous Manuel ! » Et ils abandonnèrent l'assemblée, pêle-mêle avec les gendarmes. La population parisienne ne témoigna pas un moindre intérêt à l'illustre victime des contre-révolutionnaires. Une foule innombrable de citoyens, réunis autour du Palais Bourbon, accueillit Manuel à sa sortie, et le reconduisit en triomphe jusqu'à sa maison. Soixante-et-trois députés signèrent ce jour là même une protestation contre toutes les délibérations que la chambre pourrait prendre après cette mutilation inconstitutionnelle de la représentation, et cessèrent d'assister aux séances, pendant tout le reste de la session.

Depuis lors, Manuel attendit modestement dans la retraite des temps meilleurs ; mais le mal cruel qui le dévorait depuis dix ans devait l'enlever à la France avant qu'elle pût s'acquitter envers lui. La mort le surprit le 27 août 1827. [Le Bas, *Dict. encycl. de la France.*]

Fadeville (Théod.), *Manuel jugé par ses actions et ses discours*; Paris, 1828, in-8° — Ramond de La Croisette, *Manuel*; Paris, 1828, in-12. — Fourtanier, *Éloge de Manuel*; Toulouse, 1849, in-8°. — *Biog univ. et port. des Contemporains.* — *Biogr. nouv. des Contemp.* — Vaulabelle (De), *Hist des deux Restaurations.*

MANZI (*Guglielmo*), antiquaire italien, né le 25 août 1784, à Civita-Vecchia, mort le 21 février 1821, à Rome. Appartenant à une famille de riches commerçants, il fit ses études à Rome, et visita ensuite les ports de Marseille et de Barcelone, où il se rendit familières les langues de ces deux pays. Nommé vice-consul d'Espagne dans sa ville natale, il en exerça les fonctions pendant plusieurs années ; puis il se livra entièrement à l'étude des langues anciennes ainsi qu'à la recherche des vieux manuscrits. On lui doit, entre autres découvertes, celle d'un ouvrage de Léonard de Vinci sur l'hydraulique. Après la mort de l'abbé Pla, il devint bibliothécaire de la Barberine, un des plus riches dépôts de Rome en manuscrits et en livres rares. Malgré les graves infirmités dont il était atteint, il se rendit en France et en Angleterre, et visita les bibliothèques de Paris, d'Oxford, de Londres et de Lyon. Il mourut à l'âge de trente-sept ans. On a de cet érudit : *Traduzione di Velleio Patercolo;* Rome, 1814, in-8° ; on la dit aussi élégante que fidèle ; — *Testi di Lingua inediti, tratti della biblioteca Vaticana;* ibid., 1816, in-8° ; — *Discorso sulle feste, sui giuocchi e sul lusso degl' Italiani nel secolo XVI ;* ibid., 1818, in-8° ; — *Opere di Luciano ;* Lausanne (Venise), 1819, 3 vol. in-8°, traduction estimée. Comme éditeur d'anciens ouvrages, il a publié : *La Traduzione dell' Ecuba di Euripide*, de Bandello ; Rome, 1813, in-4° ; — *Reggimento dei Costumi delle Donne*, de Fr. de Barberino ; ibid., 1815, in-8° ; — *Orazioni*, de Stefano Porcari ; ibid., 1816, in-8° ; — *Trattato della Pittura*, de Léonard de Vinci ; ibid., 1817, in-4°, dédié à Louis XVIII ; — *Viaggio in Egitto e in Terra Santa*, de Frescobaldi ; ibid., 1818, in-8°. En tête de cet ouvrage, il a placé une savante dissertation sur le commerce extérieur de l'Italie au quatorzième siècle ; — *Trattati della Compunzione del Cuore*, de saint Jean Chrysostome ; ibid., 1817, in-8° ; — plusieurs traités de Cicéron anciennement traduits en italien ; ibid., 1819 et 1825. P.

Tipaldo, *Biografia degli Italiani illustri*, I, 74-76. — Valery, *Curiosités et Anecdotes italiennes*.

MANZI (*Pietro*), érudit italien, frère du précédent, né le 2 novembre 1785, à Civita-Vecchia, mort le 22 avril 1839, à Rome. Élevé avec son frère, il étudia le droit, fit de longs voyages à l'étranger, parcourut l'Orient et presque toute l'Europe et renonça au barreau, où il avait pris une place honorable, pour se consacrer aux belles-lettres. Cependant il accepta l'emploi de juge dans un des tribunaux de Rome. Il a publié : *Il Conquisto di Messico;* Rome, 1817, in-8° ; 2e édit., 1820 ; — *Dello Stile e dei modi di Tucidide*, trad. de Denys d'Halicarnasse ; ibid., 1819, in-8° ; Milan, 1826, in-8° ; — *Storia dell' imperio dopo Marco*, trad. d'Hérodien ; ibid., 1821, in-8° ; — *Istoria della Rivoluzione di Francia, dalla convocazione degli Stati fino allo stabilimento della monarchia costituzionale ;* Florence, 1826, in-8° ; cette histoire, dont il n'écrivit que la première partie, lui valut la croix de la Légion d'Honneur ; — la traduction de Quinte-Curce ; Prato, 1827, in-8° ; — celle de Thucydide ; Milan, 1832, in-8° ; — *Dello Stato di Civita-Vecchia ;* Prato, 1837, in-8°. P.

Ben. Blasi, *Elogio di P. Manzi* ; Civita-Vecchia, 1839.

MANZINI. *Voy.* Mancini.

MANZO. *Voy.* Manso.

MANZOLLI (*Pierre-Ange*), poëte latin italien, né à Stellata, près de Ferrare, vivait dans la première moitié du seizième siècle. Malgré toutes les recherches de Bayle, Kœnig et autres, on ne connaît absolument rien sur sa vie. On sait seulement depuis 1725 qu'il est l'auteur d'un poeme satirique sur les mauvaises mœurs et les faux préjugés ; ce poëme, divisé en douze livres, a pour titre : *Zodiacus Vitæ, hoc est de hominis vita, studio ac moribus optime instituendis ;* Venise, in-8°, sans date, mais publié après 1534, année de l'avénement d'Hercule II, duc de Ferrare, auquel ce livre est dédié. Ce poëme, qui parut sous le pseudonyme de *Marcelle Paligenio*, anagramme de *Pier-Angelo Manzolli*, contient de vives attaques contre les papes et le clergé. Sans être dirigé contre la foi catholique, il fut néanmoins mis à l'index et beaucoup d'exemplaires en furent détruits par ordre de l'inquisition. Les principales éditions du *Zodiacus Vitæ* furent publiées à Bâle, 1537, in-8°, Paris, 1564, in-16 ; Lyon, 1581 et 1706, in-12 ; Hambourg, 1721 ; Rotterdam, 1722 et 1772, in-8° ; Bâle, 1779, in-8° ; traduit en allemand, Francfort, 1599 ; Halberstadt, 1743, in-8° ; Vienne, 1785, in-8° ; une imitation en vers français par Rivière parut à Paris, 1619, in-8° ;

une traduction française fut donnée par La Monnerie; La Haye, 1731 et 1733, 2 vol. in-12. Enfin une édition de l'original latin parut avec un commentaire de Christophe Wirsung, à Heidelberg, dans le courant du seizième siècle; elle est devenue très-rare. Le *Zodiacus Vitæ*, quoique rempli de digressions oiseuses, contient de très-beaux passages; aussi était-il le livre favori de Gabriel Naudé. O.

Bayle, *Dict.* (article *Palingène*). — Gerdes, *Historia Reformationis*, t. II, p. 317. — Heumann, *Pœcile*, t. I, p. 259; t. II, p. 174. — Baillet, *Jugem. des Savants*, IV.

MANZONI (*Francesca*), femme poëte italienne, née le 10 mai 1710, à Barsio, village du Milanais, morte en 1743, à Cereda, près Lecco. Fille d'un jurisconsulte, qui lui donna une éducation toute littéraire, elle lisait à douze ans les classiques latins; elle apprit ensuite avec une merveilleuse facilité le grec, le français et l'espagnol, la géométrie, le droit et la musique. En 1741, elle épousa un écrivain vénitien, Luigi Giusti. Plusieurs académies d'Italie l'admirent dans leur sein. On a d'elle : *L'Ester*, tragédie; Vérone, 1733, in-8°, dédiée à l'impératrice Élisabeth, femme de Charles VI; — *Abigaile* (1734); — *La Debbora* (1735); — *La Madre dei Maccabei* (1737); — *Il Sacrifizio di Abramo* (1738), tragédies sacrées; — *Le Tristezze di Ovidis lib. V in versi italiani*; dans le t. XXII de la *Collection milanaise des anciens Poëtes latins*. Ses poésies sont éparses dans les recueils académiques. Outre diverses tragédies, elle a laissé en manuscrit une *Storia di tutte le Donne erudite di ogni secolo e di ogni nazione*. P.

Ticozzi, *I Secoli della letteratura italiana*.

MANZONI (*Alexandre*), célèbre poëte et romancier italien, de la famille de la précédente, né à Milan, en 1784. Son père portait le titre de comte et possédait une modeste fortune; il mourut lorsque le poëte était encore jeune. Sa mère était fille du marquis Beccaria, le célèbre auteur du traité des *Délits et des Peines*. Manzoni commença ses études à Milan, et les termina à Pavie. Il songeait déjà beaucoup à la poésie; mais il n'avait encore rien publié lorsqu'il vint à Paris en 1805. Sa mère l'y avait précédé de quelques années, et grâce au nom de Beccaria elle avait été introduite dans la société d'Auteuil, dernier et brillant asile de la philosophie du dix-huitième siècle, et avait vécu dans l'intimité de Cabanis et de Mme de Condorcet. La même société s'ouvrit pour le jeune Manzoni; bien qu'il n'eût pas encore la ferveur catholique qui lui inspira plus tard les hymnes sacrés, il avait peu de goût pour l'idéologie. Dans cette réunion de philosophes, il distingua Fauriel, littérateur d'un savoir varié et de la plus rare initiative d'esprit. C'est à lui qu'il montra en février 1806 ses premiers vers, un poëme sur la mort de Carlo Imbonati, ami dévoué que sa mère venait de perdre. Ce début en vers *sciolti* (non rimés) est plus remarquable par la générosité des sentiments que par la forme, d'une élégance un peu froide et sans originalité. Dans de beaux vers, pensant à l'existence de son ami, il traçait le programme de sa propre vie : « Sentir et méditer, disait-il : te contenter de peu; jamais ne détourner tes yeux du but; conserver pures ta main et ton âme; n'éprouver des choses humaines qu'autant qu'il faut pour t'en détacher; ne te rendre jamais esclave; ne pas faire trêve avec la bassesse; ne trahir jamais la sainte vérité; ne proférer jamais une parole qui applaudisse au vice et tourne la vertu en ridicule. » Tel est le noble but que Manzoni se proposait; moralement il n'a manqué à aucune des promesses de ces vers; littérairement il les a surpassées. Fauriel exerça sur lui une heureuse influence. « Combien de fois, dit M. Sainte-Beuve, vers cet été de 1806 ou de quelques-unes des années qui suivirent, soit dans le jardin de la Maisonnette (chez Mme de Condorcet), soit au dehors... les deux amis allaient discourant entre eux du but suprême de toute poésie, des fausses images qu'il importait avant tout de dépouiller et du bel art simple qu'il s'agissait de faire revivre!.... Il faut que la poésie soit tirée du fond du cœur; il faut sentir et savoir exprimer ses sentiments avec sincérité. C'était là le premier article de cette réforme poétique méditée entre Fauriel et Manzoni...... Manzoni en ces années de jeunesse recueillait ses idées et les mûrissait tour à tour sous les soleils de France et de Lombardie, plutôt qu'il ne se hâtait de les produire. Son petit poëme d'*Urania* était commencé en 1807; il méditait vaguement quelque projet de long poëme, tel que la *Fondation de Venise*, par exemple; mais surtout il vivait avec abondance et sans arrière-pensée de la vie morale, de la vie du cœur; il se mariait en 1808 (avec Henriette-Louise Blondel, fille d'un banquier de Genève); il s'occupait d'agriculture et d'embellir sa résidence à Brusuglio, près de Milan; il revenait voir en France ses bons amis de La Maisonnette, et donnait Fauriel pour parrain au premier-né de ses enfants... Les saisons ainsi se passaient pour lui entre la famille, les arbres et les vers, et encore ces derniers semblaient-ils tenir la moindre place dans son attention. »

On raconte diversement par quelles circonstances il revint aux idées religieuses et à la pratique du catholicisme. Nous n'avons pas à rechercher les origines de cette conversion, qui eut lieu, dit-on, à Paris, dans les premiers mois de 1810; il nous suffit d'en constater les résultats littéraires. Vers 1813 parurent cinq hymnes : *La Nativité*, *La Passion*, *La Résurrection*, *La Pentecôte*, *Le Nom de Marie*, compositions d'un grand mérite, qui unissent l'exactitude théologique au charme d'une poésie pure et colorée. Les tentatives d'innovation littéraire qui se produisirent en Europe, et particulièrement en France, à partir de 1816 trouvèrent Manzoni préparé à les accueillir dans ce qu'elles avaient de raisonnable. Sur plusieurs points il prit même les devants. Ses hymnes sacrés inaugurèrent avec plus d'orthodoxie cette poésie religieuse qui anime les premières œuvres de Lamartine et de Hugo ; son *Comte de Carmagnola* parut dix ans avant *Hernani*. Il s'était mis à cette tragédie en 1816, et l'avait achevée au milieu du beau mouvement littéraire dont l'Italie était témoin. Un voyage qu'il fit à Paris en 1819, et qui se prolongea jusque vers le milieu de 1820, lui fit voir de près un mouvement plus remarquable encore. Dans l'intimité de Fauriel, dans la société d'esprits d'élite tels que MM. Augustin Thierry et Cousin, il agita ces questions de poésie et d'histoire qui passionnaient alors le public. La tragédie du *Comte Carmagnola*, qui parut sur ces entrefaites, est conçue dans ce que l'on nommait alors le système romantique, c'est-à-dire que les trois unités n'y sont pas observées. Le plan de la pièce est fort simple. L'auteur, acceptant le sujet tel que le lui fournissait l'histoire, nous montre dans une série de scènes Carmagnola (*voy.* ce nom), célèbre chef de condottieri, ex-généralissime des armées du duc de Milan, passant au service de Venise, et commandant les troupes de la république contre son ancien maître. Au second acte a lieu la bataille de Maclodio. Au troisième acte, Carmagnola vainqueur met en liberté ses prisonniers, suivant la coutume des condottieri. Au quatrième acte, le conseil des Dix arrête la perte de Carmagnola, devenu suspect et redoutable à la république. Au cinquième acte, le comte de Carmagnola, attiré à Venise sous un faux prétexte, est arrêté et condamné à mort ; il marche au supplice après avoir fait ses adieux à sa femme et à sa fille. Rien ne ressemble moins au type consacré de la tragédie française et italienne. Gœthe fut un des premiers à saluer cette belle production. Il en fit, dans le recueil intitulé *Sur l'Art et l'Antiquité* (*Ueber Kunst und Alterthum*) un compte rendu développé qui se terminait ainsi : « Nous félicitons M. Manzoni de s'être affranchi aussi heureusement qu'il l'a fait des anciennes règles, et d'avoir marché dans la route nouvelle d'un pas si sûr que l'on pourrait fonder d'autres règles sur son exemple. Nous devons ajouter qu'il est constamment élégant, correct et distingué dans les détails, et qu'après un examen aussi scrupuleux et aussi sévère que l'on peut l'attendre d'un étranger, nous n'avons pas rencontré dans sa pièce un seul passage où nous ayons désiré un mot de plus ou de moins. La simplicité, la vigueur et la clarté sont inséparablement fondues dans son style ; et sous ce rapport nous n'hésitons pas à qualifier son ouvrage de classique. Qu'il continue à dédaigner les côtés faibles et vulgaires de la sensibilité humaine, et à s'occuper de sujets capables d'exciter en nous des émotions graves et profondes. » Les innovations auxquelles Gœthe applaudissait devaient soulever des objections en France. M. Chauvet, parlant de *Carmagnola* dans le *Lycée français*, sans contester le talent de Manzoni, combattit, par des raisons ingénieuses, le système dramatique qu'il avait suivi. Manzoni répondit à cet article dans une longue lettre, qui fut publiée par Fauriel en 1823. Il y démontra d'une manière incontestable que l'unité d'action prise dans un sens très-large est seule indispensable dans la tragédie, que les unités de temps et de lieu sont de pures conventions, que le poëte admet ou rejette suivant les convenances de son sujet. Dans tout ce qu'il dit contre la forme dramatique du dix-septième siècle, Manzoni est excellent ; il est moins heureux lorsqu'il défend la forme nouvelle, qu'il appelle historique ; il semble qu'il fait la part trop grande à l'histoire et qu'il n'accorde pas assez à l'imagination. « Tout poëte, dit-il, qui aura bien compris l'unité d'action verra dans chaque sujet la mesure de temps et de lieu qui lui est propre ; et après avoir reçu de l'histoire une idée dramatique, il s'efforcera de la rendre fidèlement, et pourra dès lors en faire ressortir l'effet moral. N'étant plus obligé de faire jouer violemment et brusquement les faits entre eux, il aura le moyen de montrer dans chacun la véritable part des passions. Sûr d'intéresser à l'aide de la vérité, il ne se croira plus dans la nécessité d'inspirer des passions au spectateur pour le captiver ; et il ne tiendra qu'à lui de conserver ainsi à l'histoire son caractère le plus grave et le plus poétique, l'impartialité. » Malheureusement des pièces écrites dans ce système seraient d'un médiocre effet sur le public ; quoique belles, elles seraient froides et peu émouvantes. C'est là précisément le défaut du *Comte de Carmagnola*. Ce qu'il y a peut-être de plus beau dans ce drame, c'est ce qui n'est pas historique ou du moins ce qui rend l'esprit et non la lettre de l'histoire, c'est-à-dire l'admirable chœur qui est entre le deuxième et le troisième acte (les condottieri sur le champ de bataille de Maclodio).

La seconde pièce de Manzoni, *Adelghis* (*Adelchi*), moins sévèrement historique que *Carmagnola*, bien que conçue dans le même système, offre plus d'intérêt. L'action est encore sobre jusqu'à la sécheresse, mais les caractères sont plus variés et ont plus de relief. Le poëte a pris pour sujet l'expédition de Charlemagne contre Didier et Adelghis, les derniers chefs nationaux des Lombards. La pièce se termine par la défaite des Lombards, la captivité de Didier et la mort d'Adelghis. C'est une tragédie noble, touchante et, à part la figure un peu romanesque d'Adelghis, très-conforme à l'histoire, dont Manzoni avait fait une étude approfondie. On y trouve deux chœurs, tous deux très-beaux et dignes de celui de *Carmagnola* ; l'un exprime les sentiments des populations indigènes, écrasées par les barbares, qui se disputent leur possession ; l'autre peint les derniers moments d'Hermangarde, la fille de Didier, la femme répudiée de Charlemagne. Les chœurs de *Carmagnola* et d'*Adelghis*, s'ajoutant aux *Hymnes sacrés*, assignaient à Manzoni une place très-élevée parmi les poëtes lyriques modernes; il se surpassa lui-même dans son ode sur la mort de Napoléon (*Il Cinque Maio*). Ce sujet a inspiré de belles odes à Casimir Delavigne, à Béranger, à Lamartine, mais aucun des trois poëtes français, pas même Lamartine, n'a égalé Manzoni. Celui-ci songeait alors à écrire un roman dans le genre de ceux de Walter Scott. Il apporta dans cette nouvelle composition les scrupuleuses lenteurs, les longues recherches qu'il avait mises dans tous ses ouvrages, et il fut conduit par ses propres méditations et par les conseils de Fauriel, qui était allé passer deux ans près de lui (1823-1825), à s'éloigner de la manière du romancier anglais. Walter Scott agit directement sur l'histoire : non-seulement il mêle aux faits historiques des circonstances de son invention, mais il dispose de ces faits à sa guise, et les rapproche, les intervertit ou les combine pour les adapter à ses inventions; d'un autre côté, l'invention est assujettie à certains faits historiques trop connus pour que le romancier puisse les omettre ou les dénaturer; de sorte que l'histoire et le roman s'aident et se gênent mutuellement. Manzoni pensait qu'il ne faut pas s'attaquer à l'histoire même, mais à la peinture de la société, que l'histoire dedaigne trop souvent, qu'il y a lieu d'inventer des faits pour développer des mœurs historiques. « La narration historique, disait-il, est interdite à la poésie, puisque l'exposé des faits a pour la curiosité très-raisonnable des hommes un charme qui dégoûte des inventions poétiques qu'on veut y mêler, qui les fait même paraître puériles; mais rassembler les traits caractéristiques d'une époque de la société et les développer dans une action, profiter de l'histoire sans se mettre en concurrence avec elle, sans prétendre faire ce qu'elle fait mieux, voilà ce qui est encore réservé à la poésie, et ce qu'à son tour elle seule peut faire (1). » Manzoni réalisa cette théorie dans son Roman des *Fiancés* (*Promessi Sposi*), qui parut en 1827, avec un grand succès. L'action empruntée à la poésie amène naturellement un tableau de la société italienne au commencement du dix-septème siècle, parce qu'elle met aux prises des personnages de conditions fort diverses, et même de races differentes; car la scène se passe dans le Milanais du temps de la domination espagnole. Lucia, Renzo, Agnese, don Abbondio, don Rodrigue, le capucin Cristoforo, le cardinal Borromée, l'*Innominato* (l'Homme sans nom), le bandit féodal, sont également remarquables comme types de la nature humaine et comme peintures de mœurs. Le style des *Fiancés*, naïf sans trivialité, éloquent sans déclamation, est travaillé avec un art exquis, auquel on ne peut reprocher que de se montrer un peu trop. Depuis ses *Fiancés* Manzoni n'a publié que deux ouvrages, l'un et l'autre d'importance secondaire : des *Observations sur la Morale catholique* (*Osservazioni sulla Morale Cattolica*, 1834), opuscule composé dès 1813, et qui a pour objet de défendre le catholicisme contre les attaques de Sismondi dans le 127ᵉ chapitre de son *Histoire des Républiques italiennes*. L'autre ouvrage de Manzoni, *Storia della Colonna infame* (1842), est un appendice historique à la description de la peste de 1630, qui forme l'épisode le plus intéressant des *Fiancés*. Au milieu de la terreur causée par le fléau, on supposa que des maisons avaient été ointes d'un poison qui répandait la contagion. Deux malheureux artisans, accusés d'être des *untori*, furent mis à la torture, condamnés à mort et exécutés avec une abominable cruauté. On démolit la maison d'un des pretendus *untori* et à sa place on éleva une colonne qui resta débout jusqu'à 1778, et qui s'appelait la *Colonne infâme* (ou plutôt d'infamie). Ce crime imaginaire et cette atroce injustice ont fourni à Manzoni le sujet d'une discussion historique ingénieuse et d'un récit qui égale en interêt les pages les plus émouvantes des *Fiancés*.

Manzoni perdit sa première femme en 1833; il se remaria quelques années après, et il continua de vivre dans la retraite avec sa famille, fermement attaché à la foi catholique, sans renier le libéralisme de sa jeunesse, étranger à la politique et respecté de tous les partis qui saluent en lui un des caractères les plus purs et un des plus beaux talents littéraires de l'Italie contemporaine. Manzoni vient d'être nommé (février 1860) sénateur du royaume de Sardaigne.

Les *Œuvres* de Manzoni, surtout les *Promessi Sposi*, ont eu de nombreuses éditions en Italie; elles ont été aussi publiées en France : *Tragedie : Il Conte di Carmagnola et l'Adelchi; aggiunteri le Poesie varie dello stesso, ed alcune prose sulla teoria del dramma tragico*; Paris, 1826, in-12, plusieurs fois réimprimées; — *I promessi Sposi, storia Milanese del secolo XVII, scoperta e rifatta da Al. Manzoni*; Paris, 1827, 3 vol. in-12. Les tragedies ont été traduites en français par Fauriel : *Le comte de Carmagnola et Adelghis, tragedies, traduites de l'italien, suivies d'un article de Gœthe et de divers morceaux sur la théorie de l'art dramatique*; Paris, 1823, in-8°. M. Antoine de Latour a donné une traduction nouvelle du *Théâtre et des Poésies*; Paris, 1841, in-12; il existe plusieurs traductions françaises des *Fiancés*; la meilleure est celle de Rey-Dusseuil; Paris, 1828, 5 vol. in-12; 1841, in-12.

L. J.

Didier, *Manzoni*, dans la *Revue des Deux Mondes*, 1er septembre 1835. — Loménie, *Galerie des Contemporains illustres*, t. VI. — Sainte-Beuve, *Fauriel*; dans ses *Portraits Contemporains*, t. II (la partie relative à

(1) Sainte-Beuve, *Portraits contemporains*, t. II, article *Fauriel*.

Manzoni a été traduite en italien par Camillo Laderchi; Ferrare, 1846, in-8°).

MANZUOLI (*Tommaso*), dit *Maso* DA SAN-FRIANO), peintre de l'école florentine, né en 1536, à San-Friano, mort en 1575. Il fut élève de Pier-Francesco di Jacopo et de Carlo Portelli. Un des ouvrages de sa jeunesse fut un grand tableau en détrempe, qu'en 1563 il exécuta pour les funerailles de Michel-Ange. Les œuvres de Manzuoli sont d'un mérite fort inégal, parce que, surtout dans les derniers temps de sa vie, il tomba dans la sécheresse en recherchant trop la pureté et la sévérité du dessin. Dans son tableau de *La Visitation*, qui est au musée du Vatican, on admire à la fois le charme et la grâce des figures, la richesse et la variété des draperies, la beauté des architectures, et l'excellence de la composition. On a dit que c'était peut-être le meilleur tableau produit en ce temps par l'école florentine. E. B—N.

Borghini, *Il Riposo*. — Vasari, *Vite*. — Lanzi, *Storia della Pittura*. — Fantozzi, *Guida di Firenze*. — Ticozzi, *Dizionario* — *Catalogues des Musees de Florence et du Vatican*.

MAP ou **MAPES**. *Voy.* GAUTIER MAPES.

MAPELLI (*Cassandra* FEDELE), célèbre dame italienne, née vers 1465, à Venise, où elle est morte, le 25 mars 1558. Elle appartenait à une famille illustre, qui fut chassée de Milan par une faction opposée à celle des Visconti. Son père, ayant remarqué en elle un esprit précoce, l'appliqua de bonne heure a l'étude et lui apprit les langues grecque et latine, qu'elle parla bientôt avec facilité Elle s'adonna encore a la théologie, à l'histoire et à l'éloquence; la poésie et la musique, ou elle réussit également, lui servaient de délassement après ses études sérieuses. La réputation que son mérite lui procura la fit bientôt connaître, et l'obligea d'entretenir un commerce de lettres avec plusieurs savants et quelques princes de l'époque, tels que le pape Léon X et Ferdinand Ier, d'Aragon, roi de Naples; ce dernier fit même des demarches en 1488 pour l'attirer à Naples; mais le doge de Venise, interposant son autorité, ne voulut pas que la république fût privee d'un de ses plus grands ornements. Elle avait plus de trente ans lorsqu'elle épousa Giammaria Mapelli, medecin de Vicence, qu'elle suivit dans l'île de Candie. Lors de son retour, une violente tempête assaillit le vaisseau qui la ramenait, et la mit en danger de périr. Son mari étant mort en 1521, elle chercha une consolation dans l'étude et dans les exercices de piete. D'après Tommasini, Cassandra aurait vécu jusqu'à l'âge de cent deux ans et serait morte à la maison des hospitalières de Saint-Dominique, dont elle avait depuis douze ans la direction. La date exacte de sa mort a été retrouvée dans les archives de ce couvent. On a de cette dame : *Epistolæ et Orationes*; Padoue, 1589, in-8°; réimpr. avec des notes de Tommasini, Padoue, 1636, in-8°. P.

Tommasini, *Vita di Cassandra Fedele*, en tête de l'edit. de 1636. — Politien, *Miscellanea*. — Facciolati, *Fasti Gymnasii Patavini*. — Agostini, *Scrittori Veneziani*, II. — Tiraboschi, *Storia della Litterat. Ital.*, VI. — Niceron, *Memoires*, VIII.

MAPHÆUS. *Voy.* MAFFEI et MAFFEO.

MAPINIUS, archevêque de Reims, mort avant l'année 565. L'histoire de son épiscopat est peu connue. Il avait succédé à Flavius dès l'année 549, puisque nous voyons à cette date l'archidiacre Protadius siéger en son nom au cinquième concile d'Orléans. Un autre concile était réuni dans la ville de Toul vers l'année 550. Mapinius se soucia peu sans doute d'y assister : il s'excusa d'être resté dans son diocèse durant la session de ce concile, en alléguant qu'il n'avait pas été régulièrement convoqué par le roi. Deux lettres de Mapinius nous ont été conservées; l'une adressée à Nicet, évêque de Trèves au sujet du concile de Tours, l'autre à Villicus, évêque de Metz : la première a été insérée par le P. Labbe dans ses *Conciles*, t. V, la seconde par Marlot dans son *Historia Metrop. Remensis*, liv. II, c. XX. B. H.

Gallia Christ., t. IX, col. 14. — *Hist. Litt. de la France*, t. III, p. 306.

MAPP (*Marc*), en latin *Mappus*, médecin et botaniste français, né le 28 octobre 1632, à Strasbourg, ou il est mort, le 9 août 1701. Il commença ses études dans sa ville natale et les acheva à Padoue. Reçu docteur en 1653, il fut chargé quelque temps après d'enseigner la botanique et la pathologie. Il se distingua par un grand attachement à la doctrine d'Hippocrate, qu'il défendit contre les attaques des medecins novateurs. On a de lui : *De Lue Venerea*; Strasbourg, 1673, in-4°; — *De Flatibus*; ibid., 1675, in-4°; — *De Superstitione et remediis superstitiosis*; ibid., 1677, in-4°; — *Historia medica de Acephalis*; ibid., 1687, in-4°; — *Dissertationes medicæ tres de Potu Theæ, Caffeæ, Chocolatæ*; ibid., 1691-1693-1695, 3 part. in-4°; ce recueil annonce beaucoup d'érudition et contient des faits ignorés et d'intéressantes observations; — *Catalogus plantarum Horti medici Argentinensis*; ibid., 1691, in-4° · énumération de près de 1,500 plantes cultivées dans le jardin de l'université de Strasbourg; — *Historia exaltationis Theriacarum in theriacam cœlestem*; ibid., 1695, in-12; — *De Rosa* de Jericho *vulgo dicta*; ibid., 1700, in-4°; — *Historia Plantarum Alsaticarum*; ibid., 1742, in-4° : ouvrage posthume, publie par J.-C. Ehrmann. On y trouve environ 1,700 plantes rangées par ordre alphabétique et accompagnées d'une assez nombreuse synonymie ainsi que des usages médicinaux. Toutefois l'auteur a fait un recueil peu utile pour la science, parce qu'il a négligé de profiter des méthodes des botanistes de son temps. K.

Éloy, *Dict. de la Méd.* — *Biogr. Méd.*

MAQUART, et non **MACQUART** (*Jean-Nicolas*), littérateur français, né aux Mazures, en Champagne, le 6 avril 1752, mort à Reims, le 4 juin 1831. Il enseigna à Reims la philoso-

d'*Adelghis*, s'ajoutant aux *Hymnes sacrés*, assignaient à Manzoni une place très-élevée parmi les poëtes lyriques modernes ; il se surpassa lui-même dans son ode sur la mort de Napoléon (*Il Cinque Maio*). Ce sujet a inspiré de belles odes à Casimir Delavigne, à Béranger, à Lamartine, mais aucun des trois poëtes français, pas même Lamartine, n'a égalé Manzoni. Celui-ci songeait alors à écrire un roman dans le genre de ceux de Walter Scott. Il apporta dans cette nouvelle composition les scrupuleuses lenteurs, les longues recherches qu'il avait mises dans tous ses ouvrages, et il fut conduit par ses propres méditations et par les conseils de Fauriel, qui était allé passer deux ans près de lui (1823-1825), à s'éloigner de la manière du romancier anglais. Walter Scott agit directement sur l'histoire : non-seulement il mêle aux faits historiques des circonstances de son invention, mais il dispose de ces faits à sa guise, et les rapproche, les intervertit ou les combine pour les adapter à ses inventions ; d'un autre côté, l'invention est assujettie à certains faits historiques trop connus pour que le romancier puisse les omettre ou les dénaturer ; de sorte que l'histoire et le roman s'aident et se gênent mutuellement. Manzoni pensait qu'il ne faut pas s'attaquer à l'histoire même, mais à la peinture de la société, que l'histoire dedaigne trop souvent, qu'il y a lieu d'inventer des faits pour développer des mœurs historiques. « La narration historique, disait-il, est interdite à la poésie, puisque l'exposé des faits a pour la curiosité très-raisonnable des hommes un charme qui dégoûte des inventions poétiques qu'on veut y mêler, qui les fait même paraître puériles ; mais rassembler les traits caractéristiques d'une époque de la société et les développer dans une action, profiter de l'histoire sans se mettre en concurrence avec elle, sans prétendre faire ce qu'elle fait mieux, voilà ce qui est encore réservé à la poésie, et ce qu'à son tour elle seule peut faire (1). » Manzoni réalisa cette théorie dans son Roman des *Fiancés* (*Promessi Sposi*), qui parut en 1827, avec un grand succès. L'action empruntée à la poésie amène naturellement un tableau de la société italienne au commencement du dix-septième siècle, parce qu'elle met aux prises des personnages de conditions fort diverses, et même de races différentes ; car la scène se passe dans le Milanais du temps de la domination espagnole. Lucia, Renzo, Agnese, don Abbondio, don Rodrigue, le capucin Cristoforo, le cardinal Borromée, l'*Innominato* (l'Homme sans nom), le bandit féodal, sont également remarquables comme types de la nature humaine et comme peintures de mœurs. Le style des *Fiancés*, naïf sans trivialité, éloquent sans déclamation, est travaillé avec un art exquis, auquel on ne peut reprocher que de se montrer un peu trop. Depuis se[s] *Fiancés* Manzoni n'a publié que deux ouvrages l'un et l'autre d'importance secondaire : des *Ob-servations sur la Morale catholique* (*Osservazioni sulla Morale Cattolica*, 1834), opus-cule composé dès 1813, et qui a pour objet d[e] défendre le catholicisme contre les attaques d[e] Sismondi dans le 127e chapitre de son *Histoir[e] des Républiques italiennes*. L'autre ouvrage d[e] Manzoni, *Storia della Colonna infame* (1842) est un appendice historique à la description d[e] la peste de 1630, qui forme l'épisode le plus in-téressant des *Fiancés*. Au milieu de la terreu[r] causée par le fléau, on supposa que des maison[s] avaient été ointes d'un poison qui répandait l[a] contagion. Deux malheureux artisans, accusé[s] d'être des *untori*, furent mis à la torture, con-damnés à mort et exécutés avec une abominabl[e] cruauté. On démolit la maison d'un des pré-tendus *untori* et à sa place on éleva une colonn[e] qui resta débout jusqu'à 1778, et qui s'appelai[t] la *Colonne infâme* (ou plutôt d'infamie). C[e] crime imaginaire et cette atroce injustice on[t] fourni à Manzoni le sujet d'une discussion his-torique ingénieuse et d'un récit qui égale e[n] interêt les pages les plus émouvantes de[s] *Fiancés*.

Manzoni perdit sa première femme en 1833 il se remaria quelques années après, et il con-tinua de vivre dans la retraite avec sa famille, fermement attaché à la foi catholique, sans re-nier le libéralisme de sa jeunesse, étranger à l[a] politique et respecté de tous les partis qui sa-luent en lui un des caractères les plus pur[s] et un des plus beaux talents littéraires de l'Itali[e] contemporaine. Manzoni vient d'être nomm[é] (février 1860) sénateur du royaume de Sar-daigne.

Les *Œuvres* de Manzoni, surtout les *Promess[i] Sposi*, ont eu de nombreuses éditions en Italie ; elles ont été aussi publiées en France : *Trage-die : Il Conte di Carmagnola et l'Adelchi ; aggiunteri le Poesie varie dello stesso, ed alcune prose sulla teoria del dramma tra-gico* ; Paris, 1826, in-12, plusieurs fois réimpri-mées ; — *I promessi Sposi, storia Milanes[e] del secolo XVII, scoperta e rifatta da Al. Manzoni* ; Paris, 1827, 3 vol. in-12. Les trage-dies ont été traduites en français par Fauriel : *Le comte de Carmagnola et Adelghis, trage-dies, traduites de l'italien, suivies d'un ar-ticle de Gœthe et de divers morceaux su[r] la théorie de l'art dramatique* ; Paris, 1823, in-8°. M. Antoine de Latour a donné une tra-duction nouvelle du *Théâtre et des Poesies* ; Paris, 1841, in-12 ; il existe plusieurs traduc-tions françaises des *Fiancés* ; la meilleure es[t] celle de Rey-Dusseuil ; Paris, 1828, 5 vol. in-12 ; 1841, in-12. L. J.

(1) Sainte-Beuve, *Portraits contemporains*, t. II, article *Fauriel*.

Didier, *Manzoni* ; dans la *Revue des Deux Mondes*, 1er septembre 1834. — Lomenie, *Galerie des Contempo-rains illustres*, t. VI. — Sainte-Beuve, *Fauriel* ; dans ses *Portraits Contemporains*, t. II (la partie relative à

Manzoni a été traduite en italien par Camillo Laderchi ; Ferrare, 1844, in-8°).

MANZUOLI (*Tommaso*), dit *Maso* da San-Friano), peintre de l'école florentine, né en 1536, à San-Friano, mort en 1575. Il fut élève de Pier-Francesco di Jacopo et de Carlo Portelli. Un des ouvrages de sa jeunesse fut un grand tableau en détrempe, qu'en 1563 il exécuta pour les funérailles de Michel-Ange. Les œuvres de Manzuoli sont d'un mérite fort inégal, parce que, surtout dans les derniers temps de sa vie, il tomba dans la sécheresse en recherchant trop la pureté et la sévérité du dessin. Dans son tableau de *La Visitation*, qui est au musée du Vatican, on admire à la fois le charme et la grâce des figures, la richesse et la variété des draperies, la beauté des architectures, et l'excellence de la composition. On a dit que c'était peut-être le meilleur tableau produit en ce temps par l'école florentine. E. B—n.

Borghini, *Il Riposo*. — Vasari, *Vite*. — Lanzi, *Storia della Pittura*. — Fantozzi, *Guida di Firenze*. — Ticozzi, *Dizionario* — *Catalogues des Musées de Florence et du Vatican*.

MAP ou **MAPES**. *Voy*. Gautier Mapes.

MAPELLI (*Cassandra* Fedele), célèbre dame italienne, née vers 1465, à Venise, où elle est morte, le 25 mars 1558. Elle appartenait à une famille illustre, qui fut chassée de Milan par une faction opposée à celle des Visconti. Son père, ayant remarqué en elle un esprit précoce, l'appliqua de bonne heure à l'étude et lui apprit les langues grecque et latine, qu'elle parla bientôt avec facilité. Elle s'adonna encore à la théologie, à l'histoire et à l'éloquence ; la poésie et la musique, où elle réussit également, lui servaient de délassement après ses études sérieuses. La réputation que son mérite lui procura la fit bientôt connaître, et l'obligea d'entretenir un commerce de lettres avec plusieurs savants et quelques princes de l'époque, tels que le pape Léon X et Ferdinand Ier, d'Aragon, roi de Naples ; ce dernier fit même des démarches en 1488 pour l'attirer à Naples ; mais le doge de Venise, interposant son autorité, ne voulut pas que la république fût privée d'un de ses plus grands ornements. Elle avait plus de trente ans lorsqu'elle épousa Giammaria Mapelli, médecin de Vicence, qu'elle suivit dans l'île de Candie. Lors de son retour, une violente tempête assaillit le vaisseau qui la ramenait, et la mit en danger de périr. Son mari étant mort en 1521, elle chercha une consolation dans l'étude et dans les exercices de piété. D'après Tommasini, Cassandra aurait vécu jusqu'à l'âge de cent deux ans et serait morte à la maison des hospitalières de Saint-Dominique, dont elle avait depuis douze ans la direction. La date exacte de sa mort a été retrouvée dans les archives de ce couvent. On a de cette dame : *Epistolæ et Orationes* ; Padoue, 1589, in-8° ; réimpr. avec des notes de Tommasini, Padoue, 1636, in-8°. P.

Tommasini, *Vita di Cassandra Fedele*, en tête de l'édit. de 1636. — Politien, *Miscellanea*. — Facciolati, *Fasti Gymnasii Patavini*. — Agostini, *Scrittori Veneziani*, II. — Tiraboschi, *Storia della Litterat. Ital.*, VI. — Niceron, *Mémoires*, VIII.

MAPHÆUS. *Voy*. Maffei et Maffeo.

MAPINIUS, archevêque de Reims, mort avant l'année 565. L'histoire de son épiscopat est peu connue. Il avait succédé à Flavius dès l'année 549, puisque nous voyons à cette date l'archidiacre Protadius siéger en son nom au cinquième concile d'Orléans. Un autre concile était réuni dans la ville de Toul vers l'année 550. Mapinius se soucia peu sans doute d'y assister : il s'excusa d'être resté dans son diocèse durant la session de ce concile, en alléguant qu'il n'avait pas été régulièrement convoqué par le roi. Deux lettres de Mapinius nous ont été conservées ; l'une adressée à Nicet, évêque de Trèves au sujet du concile de Tours, l'autre à Villicus, évêque de Metz : la première a été insérée par le P. Labbe dans ses *Conciles*, t. V, la seconde par Marlot dans son *Historia Metrop. Remensis*, liv. II, c. XX. B. H.

Gallia Christ., t. IX, col. 14. — *Hist. Litt. de la France*, t. III, p. 306.

MAPP (*Marc*), en latin *Mappus*, médecin et botaniste français, né le 28 octobre 1632, à Strasbourg, où il est mort, le 9 août 1701. Il commença ses études dans sa ville natale et les acheva à Padoue. Reçu docteur en 1653, il fut chargé quelque temps après d'enseigner la botanique et la pathologie. Il se distingua par un grand attachement à la doctrine d'Hippocrate, qu'il défendit contre les attaques des médecins novateurs. On a de lui : *De Lue Venerea* ; Strasbourg, 1673, in-4° ; — *De Flatibus* ; ibid., 1675, in-4° ; — *De Superstitione et remediis superstitiosis* ; ibid., 1677, in-4° ; — *Historia medica de Acephalis* ; ibid., 1687, in-4° ; — *Dissertationes medicæ tres de Potu Theæ, Caffeæ, Chocolatæ* ; ibid., 1691-1693-1695, 3 part. in-4° ; ce recueil annonce beaucoup d'érudition et contient des faits ignorés et d'intéressantes observations ; — *Catalogus plantarum Horti medici Argentinensis* ; ibid., 1691, in-4° : énumération de près de 1,500 plantes cultivées dans le jardin de l'université de Strasbourg ; — *Historia exaltationis Theriacarum in theriacam cœlestem* ; ibid., 1695, in-12 ; — *De Rosa* de Jericho *vulgo dicta* ; ibid., 1700, in-4° ; — *Historia Plantarum Alsaticarum* ; ibid., 1742, in-4° : ouvrage posthume, publié par J.-C. Ehrmann. On y trouve environ 1,700 plantes rangées par ordre alphabétique et accompagnées d'une assez nombreuse synonymie ainsi que des usages médicinaux. Toutefois l'auteur a fait un recueil peu utile pour la science, parce qu'il a négligé de profiter des méthodes des botanistes de son temps. K.

Éloy, *Dict. de la Méd.* — *Biogr. Méd.*

MAQUART, et non **MACQUART** (*Jean-Nicolas*), littérateur français, né aux Mazures, en Champagne, le 6 avril 1752, mort à Reims, le 4 juin 1831. Il enseigna à Reims la philosophie et la rhétorique; il y était recteur lorsqu'arriva la révolution. Il se retira à Anvers, puis à Munster. Quelque temps après, il fut appelé en Russie pour diriger l'*Institut des jeunes Nobles*, fondé par l'abbé Nicole. Il revint en France en 1810, et fut chargé au lycée de Reims du double emploi d'aumônier et de professeur de philosophie. A l'époque de l'invasion il eut le bonheur de rendre à ses concitoyens un service qu'ils n'ont pas encore oublié : les Russes occupaient la ville; un grand nombre d'officiers, enchantés de revoir leur ancien maître, accoururent auprès de lui; il en profita pour sauvegarder les intérêts des principaux fabricants : voyant que la ville allait être livrée au pillage, il intercéda auprès du général en chef de Saint-Priest, qu'il détermina à monter à cheval pour rétablir l'ordre et contenir ses soldats. La ville fut reprise par Napoléon, qui ne montra pas pour Maquart la même bienveillance et lui reprocha ses relations du dehors. Au retour des Bourbons, il fut nommé grand-vicaire. On a de lui un grand nombre d'ouvrages, la plupart manuscrits; cinq seulement ont été publiés, entre autres *L'Éloge de saint Louis;* Reims, 1816, in-4°.

Son frère, *Claude-Joseph* MAQUART, né aux Mazures, en 1762, mort en 1847, s'exila dans les Pays-Bas aux approches de la révolution, et passa ensuite en Russie. De retour à Reims en 1819, il devint vicaire général.

A. HUYOT.

Géruzez, *Hist. de Reims.* — Bouillot, *Biogr. Ardennaise.* — Quérard, *La France Littéraire.*

MAQUART (*Antoine-Nicolas-François*), littérateur français, né à Romainville, le 1er mars 1790, mort à Paris, le 16 septembre 1835. Élevé à Chantilly, il fut employé de bonne heure dans les bureaux du ministère de la marine. On lui doit : *L'Ami coupable, conte, par Aug.*; Leipzig, 1813, in-12; — *Contes nouveaux, sans préface, sans notes, et sans prétention, par un homme de lettres;* Paris, 1814, in-12; — *Éloge de L.-A.-H. de Bourbon-Condé, duc d'Enghien;* Paris, 1820, in-8°; — *Pétition à la chambre des députés au sujet des inconvénients qui résultent de la manière inexacte dont la plupart des journaux rendent compte des débats de cette chambre;* Paris, 1822, in-8°. Maquart a travaillé à la *Gazette de France* et au *Drapeau blanc*. J. V.

Quérard, *La France Littéraire.*

* **MAQUET** (*Auguste*), littérateur français, né le 13 décembre 1813, à Paris. Il fit ses études classiques au collège de Charlemagne, où pendant quelque temps il fut chargé de suppléer le professeur d'humanités. Ayant abandonné vers 1835 la carrière de l'enseignement pour chercher gloire et profit dans les lettres, il débuta par des nouvelles et des pièces de vers qui parurent sous le pseudonyme de *Mac-Queat*. Ce fut en 1837 qu'il entra en rapports suivis avec M. Alexandre Dumas; il lui remit une nouvelle, dont la conspiration de Cellamare avait fourni le thème et que l'on avait refusé d'insérer à la *Revue des Deux Mondes;* cette nouvelle assez courte, intitulée *Le Bonhomme Buvat*, devint, entre les mains du fécond écrivain, *Le Chevalier d'Harmental*, roman en plusieurs volumes, qui eut du succès, et qu'il signa seul. Telle fut l'origine d'une collaboration tacite, d'où sortit une vingtaine d'ouvrages, et qui dura jusqu'en 1851, époque où des complications de comptes arriérés vinrent l'interrompre. Le secret en était au reste connu depuis longtemps; en 1845, il avait été divulgué avec un certain éclat en pleine séance de l'association des gens de lettres par M. Eugène de Mirecourt, qui, pour appuyer ses réclamations, s'était empressé de le rendre public dans le violent pamphlet intitulé : *Fabrique de romans; Maison Alexandre Dumas et compagnie*. Dans cette association littéraire, dont les habitudes de notre époque offrent plus d'un exemple, M. Dumas, en se réservant la gloire, laissait à son collaborateur anonyme un assez large dédommagement pécuniaire; il fournissait l'idée et écrivait le plan de sa main ainsi que la liste des chapitres; M. Maquet les remplissait, et ce travail provisoire, corrigé, augmenté et remanié, paraissait sous le nom seul de M. Dumas, qui y mettait le cachet de sa personnalité, de son intelligence et de son style. Ces particularités, et bien d'autres non moins curieuses, on en doit la connaissance aux indiscrétions des tribunaux, qui plusieurs fois, et notamment en janvier 1858, ont été appelés à trancher cette épineuse question de bonne foi littéraire. En dernier lieu M. Maquet demandait à être déclaré co-auteur des dix-huit romans suivants, qui peuvent passer à bon droit pour les plus beaux fleurons de la couronne de M. Dumas : *Le Chevalier d'Harmental*, *Sylvandire*, *Les Trois Mousquetaires*, *Monte-Cristo*, *Vingt ans après*, *La Reine Margot*, *Une Fille du Régent*, *La Guerre des femmes*, *La Dame de Monsoreau*, *Le Bâtard de Mauléon*, *Le Chevalier de Maison-Rouge*, *Les Quarante-cinq*, *Les Mémoires d'un Médecin*, *Le Vicomte de Bragelonne*, *Olympe de Clèves*, *Ingénue*, *La Tulipe noire* et *Ange Pitou*. La participation de M. Maquet à la rédaction de ces ouvrages fut reconnue, mais il ne réussit pas à s'en faire allouer les bénéfices. Parmi les œuvres personnelles de cet écrivain, nous citerons : *Le Beau d'Angennes*, roman; Paris, 1843, 2 vol. in-8°; — *Deux trahisons*, roman; ibid., 1844, 2 vol. in-8°; — *Histoire de la Bastille* (avec MM. Aug. Arnould et Alboize); ibid., 1844, gr. in-8°, fig.; — *Les Prisons de l'Europe* (avec M. Alboize); ibid., 1844-1846, 8 vol. in-8°, fig.; — *Les Mousquetaires*, drame (avec M. Dumas); ibid., 1846; — *La Reine Margot*, drame (avec le même); ibid., 1847, joué au Théâtre-Historique; — *Le Chevalier de Maison-Rouge*, drame (avec le même); ibid., 1847,

— *Monte-Cristo*, drame en deux journées (avec le même); ibid., 1847; — *Catilina*, drame (avec le même); ibid., 1848; — *Le Chevalier d'Harmental* et *La Guerre des Femmes*, drames (avec le même); ibid., 1849; ces cinq dernières pièces ont été représentées au Théâtre-Historique; — *Valéria*, drame en cinq actes et en vers (avec M. Jules Lacroix); ibid., 1851, joué au Théâtre-Français; — *La Belle Gabrielle*, roman; ibid., 1853-1854, 5 vol. in-8°; un drame, portant le même titre et extrait de ce roman, a été donné par lui en 1857 à la Porte-Saint-Martin; — *Le Comte de Lavernie*, roman; ibid., 1855; le drame, joué en 1855, sous ce titre, est du même auteur; — *La Maison du Baigneur*, roman; ibid., 1856; — *Les Dettes de cœur*, pièce en trois actes; ibid., 1859, jouée au Vaudeville. P. L—Y.

Gazette des Tribunaux, janv. 1858. — *La Littér. Fr. contemp.* — Querard, *Les Supercheries littér. dévoilées*, et *La France Littér.*, t. XI. — Vapereau, *Dict. des Contemp.*

MARA (*Guillaume*), humaniste français, né en Cotentin, vers 1470, mort vers 1530. Reçu docteur en droit, il entra dans les ordres; après avoir été pendant plusieurs années secrétaire du cardinal Briçonnet, il devint recteur de l'université de Caen et chanoine du chapitre de Coutances. On a de lui : *Tripertitus in Chimæram conflictus;* 1510, in-4° (Caen), et Paris, 1513, in-4° : satire contre l'orgueil, l'avarice et la luxure; — *De tribus fugiendis, ventre, pluma et venere;* Paris, 1512 et 1513, in-4°; livre rare et curieux; — *Sylvarum libri IV;* Paris, 1513, in-4°; — *Epistolæ et Orationes*; Paris, 1513, in-4°; — *Paraphrasis in Musæum De Herone et Leandro;* Cologne, 1526, in-8°; — *De Amoribus*, inédit ainsi que *De Laudibus; De Probris; De Divinis* et *Næviarum et epitaphiorum Liber I.* O.

F. Trithemius, *Scriptores ecclesiastici.* — Oudin, *De Scriptoribus ecclesiasticis*

MARA (*Gertrude-Élisabeth* SCHMÆLING), célèbre cantatrice allemande, née en 1749, à Cassel, morte le 20 janvier 1833, à Revel. Fille d'un pauvre musicien qui la laissait des journées entières dans une complète solitude, elle s'exerça elle-même à jouer du violon; quelques leçons la mirent bientôt en état d'exécuter des duos. Mais elle était tellement faible des jambes que son père fut obligé de la porter dans les maisons où elle était appelée. A l'aide d'une souscription faite à Francfort, elle reçut une meilleure éducation physique et morale. A neuf ans elle donna des concerts à Vienne, puis elle se rendit à Londres, où la reine lui assura sa protection; ce fut là qu'elle renonça à un instrument que les dames anglaises trouvaient indigne d'une femme, et qu'elle fut confiée aux soins du chanteur Paradisi. Elle passa ensuite cinq années à l'école que Hiller venait d'ouvrir à Leipzig; lorsqu'elle en sortit (1771), sa voix s'étendait, avec une égale sonorité, depuis le *sol* grave jusqu'au *mi* suraigu. Après avoir débuté avec succès à Dresde, elle fut engagée au service de la cour de Prusse. En 1773 elle épousa le violoncelliste Mara, dont elle ne tarda pas à se séparer. On sait que le grand Frédéric, quoique amateur passionné de musique, traitait les artistes avec une rigueur toute militaire. Mme Mara, qui était lasse de vivre sous un tel régime, feignit un jour d'être malade. « Le roi, dit M. Fétis, lui fit dire le matin qu'elle eût à se bien porter et à chanter comme elle pouvait le faire; mais elle resta couchée. Deux heures avant le spectacle, une voiture escortée de huit dragons s'arrêta à sa porte, et un capitaine entra dans sa chambre en lui déclarant qu'il avait ordre de la mener au théâtre, *morte ou vive*. « Vous voyez que je suis au lit! — S'il n'y a que cette difficulté, dit le militaire, je vous prends avec le lit. » Il fallut obéir. Ayant enfin obtenu son congé, la cantatrice parut devant les cours de Vienne et de Versailles, passa plusieurs années en Angleterre, où elle acquit une grande fortune, et parcourut les principales villes d'Italie et d'Allemagne. En 1804 elle alla en Russie, fit un assez long séjour à Moscou, et se fixa en Livonie, à Revel, consacrant les derniers temps de sa vie à instruire dans l'art du chant de jeunes filles nobles. Peu de temps avant de mourir, elle reçut de Gœthe un poëme sur l'anniversaire de sa naissance. Il existe un beau portrait de Mme Mara, gravé par Collier, en 1794.

Son mari, *Jean* MARA, né en 1744, à Berlin, et mort en 1808, à Schiedam (Hollande), fut un violoncelliste habile. Il fit partie de la musique particulière du prince Henri de Prusse. Ses débauches et ses folles dépenses finirent par fatiguer l'amour de sa femme, qui se sépara de lui, tout en continuant de lui envoyer de temps à autre des sommes considérables, qu'il dépensait promptement. Il tomba dans la misère, perdit son talent, et s'abandonna sans réserve à l'ivrognerie. P.

G.-C. Grosheim, *Das Leben der Künstlerin Mara;* Cassel, 1823. — Rochlitz, *Für Freunde der Tonkunst*, 69-117. — Rose, *New Biograph. Dict.* — Fétis, *Biogr. univ. des Musiciens*, VI.

MARACCI. *Voy.* MARRACCI.

MARAFIOTI (*Jeronimo*), historien italien, né à Polistena (roy. de Naples), vivait à la fin du seizième siècle. Il faisait partie de l'ordre des Cordeliers, et partagea sa vie entre les devoirs de son état et l'étude de l'histoire. Il vivait encore en 1626. Ses principaux ouvrages sont : *Le Chroniche e antichità di Calabria, conformi all' ordine de' testi greco e latino, raccolte da' piu famosi scrittori;* Naples, 1596, in-8°; Padoue, 1601, in-4° : l'ouvrage de Gabriel Barri, *De Antiquitate Calabriæ*, publié en 1571, à Rome, a servi de principale base à celui-ci; — *De Arte Reminiscentiæ per loca et imagines ac per notas et figuras in manibus positas;* Venise, 1602, in-8°; Francfort, 1603, in-8° : c'est un traité de mnémonique devenu fort rare. P.

Toppi, *Biblioth. Neapol.* — Luc Wadding, *Scriptores ord. Minorum.*

MARAFOSCHI (*Prospero*), prélat italien, né le 29 septembre 1653, à Macerata, mort le 24 février 1732, à Rome. Il était chanoine de Saint-Pierre de Rome lorsqu'il devint évêque de Cyrène *in partibus* (1711). Il jouit des bonnes grâces de plusieurs papes : Clément XI lui donna la charge d'auditeur et le siége archiépiscopal de Césarée en Cappadoce (1721); Benoît XIII le créa cardinal (1724) et vicaire général de Rome (1726). P.

Moréri, *Dict. Hist.* — Ughelli, *Italia Sacra.*

MARAÏ (*Ebn-Youssouf-al-Mocdessi*), historien arabe, né à Jérusalem, vers 1560, mort au Caire, en 1619. Il était professeur de droit du rit hambélite à la médressé, école que Ladjin, sultan mamelouk, avait fondée en 1298 auprès de la mosquée de Touloun, au Caire. Nous ne saurions rien de sa vie si Maraï, en parlant de cette fondation à l'année 1298, n'avait pris soin lui-même, en interrompant son récit, de se plaindre des diminutions de traitement que lui faisait subir son chef hiérarchique, Ahmed le Noubien, malgré les services qu'il rendait, en copiant des livres, etc. Maraï a écrit sous le titre : *Nozehat el Nadherin fi-man Wala Mesr min al Kholafa Wal Saladin*, l'histoire des khalifes et des sultans, tant mamelouks que turcs, qui ont régné en Égypte depuis Omar. Sèche au commencement, cette histoire donne ensuite un certain nombre de détails curieux sur les sultans mamlouks. Reiske l'a traduite depuis l'avénement des Toulounides en 870, jusqu'en 1618. Il en existe une continuation, comprenant les années 1619 à 1625 et attribuée au frère de Maraï. Le texte arabe, qui n'a pas encore été imprimé, se trouve en manuscrit à Paris et à Leyde Ch. R.

Reiske, dans Buesching, *Magazin für die neuere Geschichte und Geographie*, Gœttingue, 1771, in 4°. — Eichhorn, *Repertorium Biblicum Orientale*, avec les suppléments. — D'Herbelot, *Bibliothèque Orientale*.

MARAIS (*Marin*), habile violiste et compositeur français, né à Paris, le 31 mars 1656, et mort dans la même ville, le 15 août 1728. Admis comme enfant de chœur à la maîtrise de la Sainte-Chapelle du Palais, il y apprit la musique, puis devint élève de Hotteman et ensuite de Sainte-Colombe, pour la viole. Il acquit bientôt sur cet instrument un talent qui lui valut plus tard, en 1685, la place de viole solo de la musique de la chambre du roi, qu'il occupa jusqu'en 1725. Marais se faisait remarquer aussi par son habileté sur la basse de viole; aucun de ses prédécesseurs n'avait encore poussé aussi loin l'art de jouer en harmonie sur ce bel instrument. Il y ajouta une septième corde pour en augmenter les ressources, et fut, dit-on, le premier qui imagina de faire filer en laiton les trois grosses cordes de l'instrument, afin de leur donner plus de sonorité. Lully, qui l'estimait beaucoup et qui lui avait donné des leçons de composition, se servait souvent de lui pour battre la mesure à l'Opéra. Après la mort de Lully, Marais remplit les fonctions de batteur de mesure à ce théâtre, pour lequel il composa, avec Louis Lully, *Alcide* (1693), et, à lui seul, *Ariane et Bacchus* (1696), *Alcyone* (1706), et *Sémélé* (1709). De ces quatre opéras, le premier et le troisième eurent du succès. Les auteurs du temps citent surtout comme un morceau du plus grand effet la tempête d'*Alcyone*. On connaît de Marais un recueil intitulé : *Pièces en trios pour les flûtes, violons et dessus de viole*; Paris, 1692, et cinq livres de pièces de viole, dont le cinquième a été publié à Paris, en 1725. Marais mourut à l'âge de soixante-douze ans; il avait eu dix-neuf enfants, qui presque tous furent musiciens; le plus connu d'entre eux est Roland Marais, qui, en 1725, succéda à son père comme violiste solo de la chambre du roi.

Dieudonné Denne-Baron.

Histoire de l'Académie royale de Musique, par un des secrétaires de Lully. — *Anecdotes dramatiques*; Paris, 1775. — De La Borde, *Essai sur la Musique*. — Fétis, *Biographie universelle des Musiciens*. — Castil-Blaze, *L'Académie impériale de Musique*.

MARAIS (*Matthieu*), jurisconsulte et littérateur français, né à Paris, en 1664, mort dans la même ville, le 21 juin 1737. Avocat au parlement de Paris, il était une des lumières du barreau de son temps. Sa vie n'offre d'ailleurs aucun trait saillant. Ami de Bayle, il collabora au *Dictionnaire Historique*, et rédigea les articles *Henri III*; *Henri, duc de Guise*; *Marguerite, reine de Navarre*, etc. Lié avec le président Bouhier, il entretint avec lui une intéressante correspondance, publiée dans le *Journal de Paris* de 1721 à 1727. Il écrivit aussi dans le *Mercure* une *Critique* du Panégyrique de Sacy (par Mme Lambert). Chardon de La Rochette a fait paraître un écrit posthume de Matthieu Marais : *Histoire de la Vie et des Ouvrages de M. de La Fontaine*; Paris, 1811, in-12 et in-18. Marais est aussi auteur de *Mémoires* intéressants sur les premières années du règne de Louis XV, qui ont été publiés il y a quelques années L—z—e.

Ravenel, *Revue rétrospective*, t. I, n°s 13, 14 et 15.

MARAIS (Des). *Voy.* Desmarais, Godet et Regnier.

MARALDI (*Jacques-Philippe*), astronome italien, né le 21 août 1665, à Perinaldo (comté de Nice), mort le 1er décembre 1729, à Paris. Il était neveu par sa mère de Dominique Cassini. Après avoir fini avec distinction le cours des études ordinaires, il s'appliqua aux mathématiques, et il y avait fait de tels progrès que son oncle, établi en France depuis plusieurs années, l'y appela, en 1687. Cet élève, digne de recevoir des conseils d'un tel maître, devint dans la suite un astronome des plus habiles. Dès qu'il se mit à observer l'état du ciel, il comçut le dessein de dresser un catalogue des étoiles fixes plus précis que celui de Bayer, dont on se servait alors. Ce travail considérable lui coûta bien des veilles, qu'il lui fallut passer en plein air et en toutes saisons; il altéra la santé du jeune observateur, et lui donna de fréquents maux d'estomac, dont il se ressentit toujours, « parce que, dit Fontenelle, il ne put pas s'empêcher d'en entretenir toujours la cause ». Il communiquait assez facilement le résultat de ses études, qui profita, quoique inédit encore, à De Lisle, à Manfredi et à Bruckner. « La construction du catalogue, dit le même écrivain, des observations soit journalières, soit rares, et dont le temps se fait beaucoup attendre, comme celles des phases de l'anneau de Saturne, des déterminations de retours d'étoiles fixes, qui disparaissent quelquefois, des applications adroites des méthodes données par Cassini, des vérifications de théories dont il est important de s'assurer, des corrections d'autres théories qui peuvent recevoir plus d'exactitude, voilà tous les événements de la vie de Maraldi. » Après avoir été admis à l'Académie des Sciences, il travailla en 1700 à la prolongation de la méridienne jusqu'à l'extrémité sud-est du royaume, et en 1718 il s'occupa de la terminer du côté du nord. En 1701 il se trouvait à Rome, où le pape Clément XI s'empressa de profiter de ses lumières pour le perfectionnement du calendrier. A ces voyages près, Maraldi passa toute sa vie renfermé dans l'Observatoire. Il se délassait de ses travaux astronomiques en faisant des observations sur les insectes, sur des pétrifications curieuses, sur la culture des plantes. Il mettait la dernière main à son catalogue des étoiles fixes, lorsqu'il mourut, après quelques jours de maladie, à l'âge de soixante-quatre ans. « Son caractère, dit encore Fontenelle, était celui que les sciences donnent ordinairement à ceux qui en font leur unique occupation, du sérieux, de la simplicité, de la droiture; mais, ce qui n'est pas si commun, c'est le sentiment de la reconnaissance porté au plus haut point, tel qu'il l'avait pour son oncle. Cassini avait en lui un second fils. » Outre le *Catalogue* de Maraldi, qui resta inédit, ce savant a fait insérer de 1701 à 1729 dans le recueil de l'Académie des Sciences cent douze mémoires qui ont pour sujets principaux l'astronomie, l'histoire naturelle et la physique; nous citerons dans le nombre : *Considérations sur la théorie des planètes*, 1704; — *Observations sur les abeilles*, 1712; — *Détermination géographique de l'île de Corse*, 1722; — *Observations météorologiques*, 1720-1729. P.

Fabroni, *Vitæ Italorum*, VIII, 299-320. — Fontenelle, *Éloges*, II. — Bailly, *Histoire de l'Astronomie moderne*, II, 482. — Duhamel, *Regiæ Scientiarum Academiæ Historia*, lib. V. — Lalande, *Biblioth. Astronom.*

MARALDI (*Jean-Dominique*), astronome français, neveu du précédent, né le 17 avril 1709, à Perinaldo, où il est mort, le 14 novembre 1788. Après avoir terminé son éducation au collége des Jésuites de San-Remo, il vint à Paris en 1727, et s'y appliqua à l'étude de l'astronomie. Nommé adjoint en 1731, il fut associé à l'Académie des Sciences en 1733 et pensionnaire en 1758. Ses premières observations eurent pour objet la théorie des satellites de Jupiter; cinquante ans plus tard, il s'en occupait encore. Reprenant le travail commencé par Cassini sur les nouvelles éphémérides des satellites de cette planète, travail continué pendant vingt ans par Philippe Maraldi, il leur appliqua avec succès les mêmes lois qui régissent notre système. De 1732 a 1740 il fut associé à son cousin Cassini de Thury pour la description trigonométrique des côtes et des frontières de la France, ainsi que dans le tracé des méridiens et des perpendiculaires qui, liés ensemble par une chaîne continue de 400 triangles appuyés sur 18 bases, formèrent le canevas de la grande carte de France, connue sous le nom de carte de Cassini. En 1735, Maraldi fut chargé de la connaissance des temps, tâche pénible dont il s'acquitta pendant vingt-quatre ans, au bout desquels il fut remplacé par Lalande. L'état de sa santé l'ayant forcé, en 1770, de retourner dans sa patrie, il y continua avec beaucoup d'assiduité le cours de ses observations sur les éclipses et les satellites. On a de lui un grand nombre d'observations astronomiques insérées dans le recueil de l'Académie, entre autres un *Mémoire sur le mouvement apparent de l'étoile polaire vers les pôles du monde* et ses recherches *Sur les satellites de Jupiter*. Maraldi concourut à la *Carte* des triangles, gravée en 1744, et fut l'éditeur du *Cœlum australe stelliferum* de La Caille; Paris, 1763, in-4°.

Un autre membre de cette famille, **Maraldi** (*Jacques-Philippe*), né en 1746, s'appliqua aussi a l'astronomie, et fit à Perinaldo quelques observations. P.

Cassini, *Éloge de J.-D. Maraldi*; dans le *Magasin encyclop.*, 1810. — Lalande, *Biblioth. Astronom.*

MARAN (*Guillaume* DE), jurisconsulte français, né à Toulouse, en 1549, mort dans la même ville, en 1621. Il était professeur de droit à l'université de Toulouse en 1582. Dix ans après, lorsque le frère Ange de Joyeuse fut nommé chef de l'armée de la Ligue dans le Languedoc, Maran fut envoyé à Rome pour obtenir du pape les dispenses nécessaires; à son retour, il tomba entre les mains de corsaires barbaresques, et ne dut sa liberté qu'à la générosité de la province de Languedoc, qui paya sa rançon. On a de lui : *De Antecessorum Delectu*; 1617, in-fol.; — *De Æquitate et Justitia*; 1622, in-4°; — *Paratitla in XLII priores Digesti libros*, 1628, in-fol.; — trois *Index* fort utiles sur le livre intitulé : *Notitia utraque Dignitatum, tum Orientis, tum Occidentis ultra Arcadii Honoriique tempora*, avec le commentaire de Pancirole; Lyon, 1608, in-fol. Ces ouvrages furent publiés après la mort de Maran par les soins de son fils Raymond. H. F.

Denis Simon, *Bibliothèque des Auteurs de Droit*. — Raynal, *Histoire de Toulouse*. — Du Mège, *Histoire des Instit. religieuses, etc., de Toulouse*. — *Biographie Toulousaine*.

MARAN (*Prudent*), théologien français, né à Sézanne, en Brie, le 14 octobre 1683, mort à Paris, le 2 avril 1762. Il avait fait profession de la règle de Saint-Benoît à Saint-Faron de Meaux, le 30 janvier 1703. Il habitait en 1734 l'abbaye de Saint-Germain-des-Prés, quand son opposition à la bulle *Unigenitus* le fit exiler à Corbie. Il fut de là transféré à Saint-Martin de Pontoise, puis aux Blancs-Manteaux, où il mourut. On le compte à bon droit au nombre des savants les plus illustres de la congrégation de Saint-Maur. On a de lui : *Dissertation sur les Semi-Ariens*; Paris, 1722, in-12; — *S. Cæcilii Cypriani, episcopi Carthaginiensis, Opera*; 1726, in-fol. (cette édition avait été laissée inachevée par Baluze); — *S. Justini, philosophi et martyris, Opera*; Paris, 1742, in-fol.; — *Divinitas Domini nostri Jesu-Christi manifesta in Scripturis et Traditione*; Paris, 1746, in-fol. : cet ouvrage, composé contre les sociniens, a été traduit ou plutôt développé en français par dom Maran, sous le titre de : *La Divinité de Jésus-Christ prouvée contre les Hérétiques et les Déistes*; Paris, 1751, 3 vol. in-12; — *La Doctrine de l'Écriture et des Pères sur les guérisons miraculeuses*; Paris, 1754, in-12; — *Les Grandeurs de Jésus-Christ et la Défense de sa Divinité, contre les PP. Hardouin et Berruyer, jésuites*; Paris, 1756, in-12. A. H—T.

Dom Tassin, *Histoire Littéraire de la Congrégation de Saint-Maur*.

MARANA (*Jean-Paul*), historien italien, né à Gênes, vers 1642, mort en décembre 1692. Appartenant à une ancienne famille patricienne, il fut arrêté en 1670 pour ne pas avoir dénoncé la conjuration du comte della Torre, qui devait livrer Savone au duc de Savoie. Après avoir été gardé en prison pendant quatre ans, il partit pour l'Espagne, afin d'y consulter des documents au sujet de cette conspiration, dont il se proposait d'écrire le récit, ce qui lui valut d'être de nouveau incarcéré à son retour à Gênes; il fût relâché peu de temps après; mais les notes qu'il avait recueillies ainsi que le travail qu'il avait rédigé d'après ces notes ne lui furent jamais rendus. Il quitta Gênes en 1681, demeura quelque temps à Monaco et se rendit ensuite à Paris, où, protégé par le P. de La Chaise et par l'archevêque de Harlay, il obtint une pension du roi. Pris en 1689 d'une profonde mélancolie, dont rien ne put le guérir, il alla terminer ses jours en Italie dans un lieu solitaire. Quoique possédant des connaissances très-solides, Marana se montra presque toujours bien plus occupé de plaire au commun des lecteurs que de satisfaire ceux qui demandent une exactitude sévère; et il adopte très-souvent les anecdotes les plus incertaines, dès qu'elles ont quelque chose de piquant. On a de lui : *La Congiura di Rafaello della Torre, con le mosse della Savoia, contra la republica di Genova*; Lyon, 1682, in-12; — *L'Espion du Grand-Seigneur dans les cours des princes chrétiens*; Paris, 1684 et suiv., 6 vol. in-12; Cologne, 1697 et 1610, 6 vol. in-12; Amsterdam, 1756, 9 vol. in-12; traduit en diverses langues de l'Europe; — *Dialogo fra Genova et Algieri, cita fulminate dal Giove Gallico*; Paris, 1685, in-12; une traduction française parut en même temps à Paris; — *Entretiens d'un Philosophe et d'un Solitaire sur plusieurs matières de morale et de littérature*; Paris, 1696, in-12. Marana avait aussi écrit un livre intitulé : *Le più nobili Azioni della vita e regno di Luigi il Grande*; le manuscrit en fut remis à Fr. Pidou de Saint-Olon, ancien ministre de France à Gênes et ami de Marana; il en donna un extrait sous le titre de : *Les Evenements les plus importants du règne de Louis le Grand*; Paris, 1688, in-12. O.

Journal de Verdun (année 1754, article de Dreux du Radier). — Moréri, *Dictionnaire Historique*.

MARANGONI (*Jean*), antiquaire et biographe italien, né à Vicence, en 1673, mort le 5 février 1753. Après avoir été pendant plusieurs années chanoine à Agnani, il fut appelé comme protonotaire apostolique à Rome; plus tard il y fut nommé adjoint au gardien des cimetières de Boldetti. Il passa ses dernières années dans un couvent. On a de lui : *Thesaurus Parochorum, seu vitæ et monumenta parochorum qui sanctitate, pietate, etc., illustrarunt Ecclesiam*; Rome, 1726-1727, 2 vol. in-4°; — *Memorie sacre e civili dell' antica città di Novarra, oggidi Citta nuova nella provincia del Piceno*; Rome, 1743, in-4°; — *Delle cose gentilesche e profane transportate ad uso e al ornamento delle chiese*; Rome, 1744, in-4°; écrit à la défense de Boldetti (*voy.* ce nom); — *Delle memorie sacre e profane dell' anfiteatro Flavio di Roma*; Rome, 1746, in-4°; — *Istoria dell' antichissimo oratorio o capella di S. Lorenzo nel patriarchio Lateranense appellato Sancta Sanctorum e dell' imagine del Salvatore detta archeotipa che ivi conservassi*; Rome, 1747, in-4°; — *Chronologia Romanorum Pontificum superstes in pariete australi Basilicæ S. Pauli Ostiensis, depicta sæculo V*; Rome; — *L'Atti di S. Vittorino illustrati*; — *Vita S. Magni Tranensis episcopi*; Iesi, etc. O.

Storia Letteraria d'Italia, t. VII. — *Neue Beiträge zu den alten and neuen theologischen Sachen* (année 1754).

MARANSIN (*Jean-Pierre*, baron), général français, né le 20 mars 1770, à Lourdes (Hautes-Pyrénées), mort le 15 mai 1828, à Paris. Fils d'un négociant, il s'engagea, le 13 février 1792, fut élu capitaine le même jour, et servit d'abord à l'armée des Pyrénées occidentales, où il donna des preuves multipliées de courage et de dévouement. Ainsi, lors de l'attaque de la vallée de Roncevaux par Moncey, il s'empara de vive force du château d'Irati, et causa, en brûlant les magasins de la mâture royale, une perte de quatre millions de francs à l'ennemi (26 vendémiaire an III). Après avoir été passagèrement employé en Vendée, il passa en 1795 à l'armée du Rhin, fut blessé au siége de Kehl, se distingua à Engen, et opéra avec beaucoup d'intrépidité le passage de la Limath : ce beau fait d'armes lui valut une lettre flatteuse du général Massena. Dans le cours de cette campagne, il prit part aux différentes actions qui eurent lieu jusqu'à la bataille de Hohenlinden. Promu colonel en 1807, il suivit Junot en Portugal. Affrontant à la fois une population hostile et la présence d'un corps de 5,000 Anglais, il tenta un hardi mouvement de retraite sur Lisbonne, qu'il réussit à gagner, grâce à l'énergie avec laquelle il emporta d'assaut, sans artillerie, la ville de Beja, défendue par 4,000 miliciens. A la fin de cette année, il entra en Espagne comme général de brigade. Chargé de l'expédition de Ronda, il réduisit à la soumission un grand nombre de communes, battit Gonzalès, et força Ballesteros à se jeter en Portugal et Zayas à reprendre la mer. Blessé grièvement à Albuera, il eut encore à défendre la province de Malaga, dont il était gouverneur, contre les troupes de Ballesteros, qu'il tailla en pièces au combat de Cartama (16 février 1812). Le 30 mai 1813 il reçut le titre de général de division. A Vittoria il commandait l'avant-garde, et résista pendant quatre heures avec beaucoup d'opiniâtreté; il prit ensuite part aux nombreux combats que l'armée eut à livrer jusqu'à Toulouse, et sous les murs de cette ville (10 avril 1814) il forma l'aile gauche avec le général Darricau. Durant les Cent Jours, il accepta le commandement des gardes nationales de l'armée des Alpes, et seconda les opérations militaires du maréchal Suchet; cette participation aux actes du gouvernement impérial fut punie, au retour des Bourbons, d'un emprisonnement de quatre mois. Il fut mis à la retraite en 1825. Le général Maransin avait reçu le 15 août 1809 le titre de baron de l'empire ; son nom est inscrit sur l'arc de triomphe de l'Étoile. P. L.

Jay, Jouy et de Norvins, *Biographie nouvelle des Contemporains*. — *Fastes de la Légion d'Honneur*. — De Courcelles, *Dict. des Généraux français*.

MARANTA (*Bartolommeo*), botaniste et littérateur italien, né à Venosa, vers le commencement du seizième siècle, mort à Naples, vers la fin de ce siècle. Élève de Ghini, il s'appliqua à l'étude des plantes dans le jardin botanique fondé par Pinelli à Naples, ville où il passa la plus grande partie de sa vie. On a de lui : *De Aquæ Neapoli in Luculliano scaturientis quam ferream vocant, metallica materia ac viribus*; Naples, 1559, in-4°; — *Methodus cognoscendorum Medicamentorum simplicium*; Venise, 1569 et 1571, in-4°; c'est un des meilleurs traités de botanique publiés à cette époque; il fut revu par le célèbre Falloppe, l'ami de Maranta. Ce dernier y décrit un certain nombre de végétaux inconnus avant lui, et qu'il avait découverts dans ses pérégrinations dans le royaume de Naples; — *Lucullianarum Quæstionum libri V, in quibus innumera ad artem poetarum facientia inauditis ferme animadversionibus explicantur præsertim Virgilii inscribendis poematis artificium nemini adhuc cognitum detegitur*; Bâle, 1564, in-fol.; — *Della Teriaca et del Mithridate*; Bâle, 1571, in-4°; traduit en latin par Camerarius, Francfort, 1576, in-8°. Maranta a aussi fourni de nombreux matériaux à l'*Historia nationalis* de Ferr. Imperato et au *Commentaire sur Dioscoride* de Mattioli. O.

Toppi, *Bibl. Napolitana*. — Tiraboschi, *Storia della Letteratura Italiana*.

MARAT (*Jean-Paul*), fameux révolutionnaire français, né à Boudry (comté de Neufchâtel), le 24 mai 1744, assassiné à Paris, le 13 juillet 1793 (1). Il étudia d'abord la médecine, et publia divers traités sur les sciences physiques. Il traduisit ensuite en français *Les Chaînes de l'Esclavage*, publia une brochure sur l'abolition de la peine de mort, et un livre intitulé : *De l'Homme, ou des principes et des lois de l'influence de l'âme sur le corps et du corps sur l'âme*. Il s'était fixé à Paris. Ayant essayé de toutes les carrières, savant, romancier, philosophe, s'attaquant à tout ce qui brillait, entassant œuvre sur œuvre et se prenant, dans son fol orgueil, qui perçait déjà, comme un génie incompris, il parvint enfin à se faire recevoir médecin des gardes du corps du comte d'Artois, place qu'il n'occupait plus à l'époque de la révolution. Il est probable que Marat fût mort inconnu sans les événements extraordinaires qui éclatèrent en 1789 et qui le mirent bientôt hors de page. La nature avait doué Marat d'une de ces organisations qui ne sont pas rares aux époques

(1) Sa famille était d'origine espagnole et son nom véritable était MARA. Elle passa, on ne sait à quelle époque, dans l'île de Sardaigne. Le père de Marat, qui s'appelait Jean, exerçait la médecine à Cagliari; après avoir embrassé le calvinisme, il fut obligé de quitter cette ville, et vint s'établir à Genève, où il épousa Louise Cabral. De ce mariage sortirent cinq enfants. Des trois fils, l'aîné, *Jean-Paul*, qui acquit une si triste célébrité, fut le seul qui écrivit son nom tel qu'on le connait aujourd'hui. Le second, *Henri* MARA, né en 1745, fit en Russie une carrière assez brillante; il y fut professeur dans une école militaire avec le grade de colonel; il s'appelait *M. de Boudry*, du nom de son lieu natal. Le troisième, *Jean-Pierre* MARA, né à Neufchâtel, et mort à Carlsruhe vers 1848, à l'âge de quatre-vingt-dix ans, fut un habile fabricant d'aiguilles de montre et de compensateurs ; c'est de lui que descendent les représentants actuels de cette famille. Les deux filles furent *Marie*, née en 1746, et *Albertine*, née en 1757, qui accompagna son frère aîné à Paris, et y mourut, le 2 novembre 1841. P. L.

de rénovation. Elle lui avait donné une immense ambition, un désir immodéré de la gloire, beaucoup d'idées, mais de ces idées étranges qui bouleversent toutes les positions acquises et que nul n'admet, à moins qu'il ne soit aux derniers rangs; en somme il n'avait rien de ce qui fait parvenir un homme dans une vieille société, ni idées reçues, ni figure, ni manières, ni fortune. Il s'en suit que, pauvre, obscur, ambitieux au delà de toute expression et n'arrivant à rien, il avait accumulé au fond de sa pensée une haine profonde contre une société où il aurait dû selon lui être mieux partagé. Une révolution étonnante allait tirer son nom de l'obscurité, tant il est vrai que l'homme, ainsi que l'a dit Voltaire, est le très-humble serviteur des circonstances. Marat se fit de suite une place à part dans cette revolution, en s'y posant comme *L'Ami du Peuple*, et en publiant chaque semaine sous ce titre ses méditations sur les événements. Ce n'est ni la question politique, ni le sort des ordres et de la cour qui tourmentent son inquiète pensée; c'est le sort de l'indigent. Il n'y a pour lui ni nobles, ni bourgeois, ni ouvriers; il n'y a que des riches et des pauvres. Il allait du premier coup au fond de la révolution. C'est ce qui explique l'immense popularité de cet homme. Dès le 24 juin 1789 il publie une brochure intitulée : *Supplique aux Pères Conscrits de ceux qui n'ont rien contre ceux qui ont tout*, où il dévoile avec une rare sagacité un des côtés de la révolution, qui était alors plongé dans l'ombre. Il y avait une pensée hardie et neuve sous ces phrases, qui parurent si étranges en 1789. Ce publiciste rappelait au tiers état qu'à ses côtés vivaient des millions d'individus qui restaient étrangers aux bienfaits de la révolution, « parce que, disait-il, la liberté ne peut exister pour qui ne possède rien ». Il ajoutait : « Vous avez stipulé sur les propriétés que vous avez mises sous la sauvegarde des lois. Mais combien ces règlements ont peu de prix pour l'homme qui n'a pas d'intérêts à traiter, pas d'intérêts à défendre! La propriété elle-même, qu'est-elle pour l'indigent? » Ce côté de l'œuvre du publiciste est, nous ne craignons pas de le dire, digne de l'attention la plus sérieuse. Mais ce que nous ne saurions flétrir avec trop d'indignation, c'est le caractère de Marat, c'est le côté qu'il appelait lui-même *pratique* de son œuvre, c'est sa hideuse propagande d'un système général de massacres et de spoliations. En 1789 il proposait déjà, dans un des numéros de sa feuille, d'élever huit cents potences dans les Tuileries et d'y pendre ceux qu'il appelait les traîtres, à commencer par Mirabeau. Décrété d'accusation par la Constituante, il se réfugia chez une actrice du Théâtre-Français, mademoiselle Fleury, de là chez Bassal, curé de Saint-Louis à Versailles. Traqué dans ce dernier asile, il se cacha dans une cave du boucher Legendre, puis dans les caves du couvent des Cordeliers. Les événements ne tardèrent pas, hélas! à mettre en relief sa manière d'agir; et au 20 juin, au 10 août, aux massacres de septembre, partout on retrouve la main de Marat. Il fut un des sept membres de la commune signataires de la proclamation qui provoqua les assassinats dans les prisons. Paris l'envoya bientôt siéger à la Convention. Accusé dès les premières séances d'avoir demandé la dictature, il parvint à se justifier. Lors du procès du roi, il vota en ces termes : « Point d'appel au peuple : il ne peut être demandé que par les complices du tyran. » Après la mort du roi, Marat se livra à toutes ses fureurs : « Massacrez, écrivait-il dans son journal, massacrez deux cent soixante-dix mille partisans de l'ancien régime; et réduisez au quart le nombre des membres de la Convention. » Il ne comprenait pas qu'on s'étonnât d'un tel système, disant qu'on n'en rabattrait que trop, et qu'il n'y avait que les morts qui ne revenaient pas. Il croyait enrichir les pauvres en tuant et en spoliant les riches; s'il eût mieux connu les véritables ressorts qui meuvent les sociétés, il eût mieux raisonné; et une fausse logique ne l'eût pas conduit à un affreux système d'assassinats. Comme il ne cessait d'outrager la majorité de la Convention dans ses écrits, les girondins parvinrent à le faire décréter d'accusation. Mais il fut acquitté au tribunal révolutionnaire, et se vengea des girondins à la journée du 2 juin. Plusieurs d'entre eux, Louvet, Salles, Barbaroux se réfugièrent à Caen, où vivait une jeune fille, de la famille du grand Corneille, et qui s'appelait Charlotte Corday (*voy.* ce nom). Profondément émue des récits de Barbaroux, cette jeune fille vint à Paris dans l'intention de frapper Robespierre, Danton ou Marat. Elle se décida pour Marat, et le frappa mortellement, le 13 juillet 1793, dans le bain, avec un couteau qu'elle avait caché sous sa robe. Le corps de Marat fut inhumé dans le jardin des Cordeliers; son buste fut placé dans toutes les municipalités, et les honneurs du Panthéon lui furent décernés par un décret du 14 novembre 1793 Mais son corps n'y fut transporté que quelques jours après le 9 thermidor 1794. Cette dernière cérémonie fut assez froide. Après la fermeture du club des Jacobins son buste et la cendre d'un mannequin qui avait reproduit son image furent promenés ignominieusement (1) dans les rues et jetées dans l'égoût de la rue Montmartre. La Convention ordonna que ses restes fussent retirés du Panthéon.

De sa personne Marat était petit, à peine cinq pieds, trapu, les épaules larges, soutenant de gros bras, qu'il agitait sans cesse en parlant, et avec cela une forte tête, osseuse, d'un teint jaune cuivré, un nez épaté, des lèvres minces, des yeux vifs, une barbe noire et des cheveux bruns épars. Il avait une marche brusque, saccadée, quelque chose de convulsif, des tics enfin

(1) Ces cendres étaient placées dans un pot de chambre.

tels que de lancer ses bras à droite et à gauche à tous propos, de baisser et de lever la tête, de se dresser sur la pointe des pieds. Il y avait dans sa manière d'être quelque chose de grotesque, d'autant qu'il était toujours affublé d'une levite verte bordée de fourrure, avec une espèce de mouchoir sur la tête. H. BOSSELET.

Marat a publié un assez grand nombre d'écrits, dont les idées sont aussi peu connues que les titres. Il a traité tour à tour la philosophie, la physique, la medecine, l'économie politique, la politique et même le roman ; jusqu'à la révolution, il s'est à peu près renfermé dans l'étude des sciences. A peine eut-elle éclaté qu'il se laissa aller au mouvement politique et qu'il devint publiciste. Nous citerons ceux de ses ouvrages qui meritent quelque attention : *De l'Homme, ou des principes et des lois de l'influence de l'âme sur le corps et du corps sur l'âme*; Amsterdam, 1773, 3 vol. in-12. C'est le premier ecrit qui soit sorti de sa plume. Voltaire en rendit compte dans la *Gazette littéraire*. On a pretendu que Cabanis avait mis à profit les vues de l'auteur sans jamais le citer; — *Decouvertes sur le feu, l'electricité et la lumière*; Paris, 1779, in-8° de 38 p. ; — *Découvertes sur la lumiere constatees par une suite d'experiences nouvelles* ; Londres, 1780, 1782, in-4°; — *Recherches physiques sur le feu*; Paris, 1780, in-8° de 8 p. ; — *Recherches physiques sur l'electricité*; Paris, 1782, in-8° de 461 p. ; — *Œuvres de Physique*; Paris, 1784, in-8°, fig. col.; — *Mémoire sur l'electricite medicale*; Paris, 1784, in-8°, couronne en 1763 par l'Academie de Rouen ; — — *Notions elementaires d'Optique*; Paris, 1784, in-8° de 48 p ; — *Lettres de l'observateur Bon Sens à M. de *** sur la fatale catastrophe de Pilastre de Rosiers, les aéronautes et l'aérostation*; Paris, 1785, in-8° de 39 p.; — *Observations de l'amateur Avec à l'abbé Saas sur la nécessité d'avoir une théorie solide et lumineuse avant d'ouvrir boutique d'eléctricité médicale*; Paris, 1785, in-8° de 33 p.; — *De l'Optique de Newton*, traduction nouvelle par M***, publiée par Beauzee et dédiée au roi; Paris, 1787, 2 vol. in-8°, avec 21 pl.; — *Mémoires académiques, ou nouvelles découvertes sur la lumière*; Paris, 1788, in-8° ; — *Le Moniteur patriote*; 1789, in-8° ; numéro 1 et unique de cette feuille anonyme ; — *Offrande à la Patrie, ou discours au tiers état* ; au temple de la Liberté (Paris), 1789, in-8° de 62 p. ; il y a un supplément publié la même année ; — *La Constitution, ou projet de déclaration des droits de l'homme et du citoyen, par l'auteur de l'Offrande*; Paris, 1789, in-8° de 67 p. ; — *Avis au Peuple, ou les ministres dévoilés* ; (Paris), 1789, in-8° de 24 p. ; — *L'Ami du Peuple*; Paris, 1789 et an. suiv., in-8°. Ce journal, exclusivement rédigé par Marat et qui jouit d'une vogue considérable, fut fondé le 12 septembre 1789 et parut sans interruption jusqu'au 14 juillet 1793. Il porta successivement les titres suivants : *Le Publiciste parisien, L'Ami du Peuple, Le Journal de la République française*, et *Le Publiciste de la République française*. Les collections complètes en sont rares et fort recherchées ; — *Lettre de Marat au roi*; Paris, s. d., in-8° ; — *Dénonciation faite au tribunal public contre Necker*; 1789, in-8°, suivie d'une *Nouvelle dénonciation* en 1790 ; — *Plan de Législation criminelle* (1787) · Paris, 1790, in-8° de 157 p., avec portrait; — *Projet de Constitution*; Paris, 1790, in-8°, trad. en allemand en 1795 ; — *Appel à la Nation*; Paris, 1790, in-8° de 67 p. ; — *Vie privée et ministérielle de Necker*; Genève (Paris), 1790, in-8° (anonyme) ; — *Le Junius français, journal politique*; Paris, 1790 ; il a paru 13 numéros ; le 1er est en date du 2 juin 1790 ; — *Relation fidèle des malheureuses affaires de Nancy*; Paris (1790), in-8° ; — *C'est un beau rêve, mais gare au réveil*; Paris (1790), in-8° ; — *Les Charlatans modernes, ou lettres sur le charlatanisme académique*; Paris, 1791, in-8° de 40 p.; — *Complot d'une banqueroute générale de la France, de l'Espagne, et par contre-coup de la Hollande et de l'Angleterre, ou les horreurs de l'ancien et du nouveau régime*; Paris (1792), in-4° de 56 p. ; — *Les Chaînes de l'Esclavage*; 1792, in-8° ; Paris, 1833, in-8° ; ibid., édition *illustrée*, 1850, in-4° à 2 col. Cet ouvrage, plein d'emphase et de déclamation, parut d'abord en 1774, en anglais, in-4° ; — *Marat à Louis-Philippe-Joseph d'Orléans, prince français*; in-plano à 3 col., pièce extrêmement rare ; — *Lettre de l'Ami du Peuple aux fédérés*; Paris (1793), in-8° ; — *Un roman de cœur*; Paris, 1847, 2 vol. in-8°. Ce roman, publié pour la première fois par M. Paul Lacroix, fut réimprimé dans le feuilleton du *Siècle* et tiré à part sous ce titre : *Les Aventures du jeune comte Potowski, roman de cœur* ; Paris, 1851, 2 part. in-4°. Ce n'est pas la seule œuvre d'imagination que Marat ait composée ; il en existe une autre encore, inédite et intitulée : *Lettres polonaises*. En 1794 la prétendue veuve de Marat forma le projet de réimprimer les *Œuvres politiques de l'Ami du Peuple* ; il ne parut que le prospectus de cette publication, qui devait avoir 15 vol. gr. in-8°. On y annonçait *L'École du Citoyen*, ouvrage posthume, dont le manuscrit s'est égaré. P. L.

Desmarest, *Vie abregée de Marat depuis 1789*; s. l. n. d., in-18. — Rousseau, *Disc. d'apothéose du cit. Marat*; Paris, 1793, in-4°. — Verne (la sœur), *Apothéose du cit. Marat*; Auxerre, 1793, in-4°. — Béraud, *Oraison funèbre de J.-P. Marat*; Paris, 1793, in-8°. — F.-R. Guiraut, *Oraison funèbre de Marat*; Paris, 1793, in-8°. — Fabre d'Églantine, *Portrait de Marat*; Paris, s. d., in-8°. — Paulin Crassous, *Éloge funèbre de Lepelletier et de Marat*; 1809, in-8°. — Maton de La Varenne, *Les Crimes de Marat et autres egorgeurs*;

publiés après la mort de Maran par les soins de son fils Raymond. H. F.

Denis Simon, *Bibliothèque des Auteurs de Droit*. — Raynal, *Histoire de Toulouse*. — Du Mège, *Histoire des Instit. religieuses, etc., de Toulouse*. — *Biographie Toulousaine*.

MARAN (*Prudent*), théologien français, né à Sézanne, en Brie, le 14 octobre 1683, mort à Paris, le 2 avril 1762. Il avait fait profession de la règle de Saint-Benoît à Saint-Faron de Meaux, le 30 janvier 1703. Il habitait en 1734 l'abbaye de Saint-Germain-des-Prés, quand son opposition à la bulle *Unigenitus* le fit exiler à Corbie. Il fut de là transféré à Saint-Martin de Pontoise, puis aux Blancs-Manteaux, où il mourut. On le compte à bon droit au nombre des savants les plus illustres de la congrégation de Saint-Maur. On a de lui : *Dissertation sur les Semi-Ariens*; Paris, 1722, in-12; — *S. Cæcilii Cypriani, episcopi Carthaginiensis, Opera*; 1726, in-fol. (cette édition avait été laissée inachevée par Baluze); — *S. Justini, philosophi et martyris, Opera*; Paris, 1742, in-fol.; — *Divinitas Domini nostri Jesu-Christi manifesta in Scripturis et Traditione*; Paris, 1746, in-fol. : cet ouvrage, composé contre les sociniens, a été traduit ou plutôt développé en français par dom Maran, sous le titre de : *La Divinité de Jésus-Christ prouvée contre les Hérétiques et les Déistes*; Paris, 1751, 3 vol. in-12; — *La Doctrine de l'Écriture et des Pères sur les guérisons miraculeuses*; Paris, 1754, in-12; — *Les Grandeurs de Jésus-Christ et la Défense de sa Divinité, contre les PP. Hardouin et Berruyer, jésuites*; Paris, 1756, in-12. A. H—T.

Dom Tassin, *Histoire Littéraire de la Congrégation de Saint-Maur*.

MARANA (*Jean-Paul*), historien italien, né à Gênes, vers 1642, mort en décembre 1692. Appartenant à une ancienne famille patricienne, il fut arrêté en 1670 pour ne pas avoir dénoncé la conjuration du comte della Torre, qui devait livrer Savone au duc de Savoie. Après avoir été gardé en prison pendant quatre ans, il partit pour l'Espagne, afin d'y consulter des documents au sujet de cette conspiration, dont il se proposait d'écrire le récit, ce qui lui valut d'être de nouveau incarcéré à son retour à Gênes; il fût relâché peu de temps après; mais les notes qu'il avait recueillies ainsi que le travail qu'il avait rédigé d'après ces notes ne lui furent jamais rendus. Il quitta Gênes en 1681, demeura quelque temps à Monaco et se rendit ensuite à Paris, où, protégé par le P. de La Chaise et par l'archevêque de Harlay, il obtint une pension du roi. Pris en 1689 d'une profonde mélancolie, dont rien ne put le guérir, il alla terminer ses jours en Italie dans un lieu solitaire. Quoique possédant des connaissances très-solides, Marana se montra presque toujours bien plus occupé de plaire au commun des lecteurs que de satisfaire ceux qui demandent une exactitude sévère; et il adopte très-souvent les anecdotes les plus incertaines, dès qu'elles ont quelque chose de piquant. On a de lui : *La Congiura di Rafaello della Torre, con le mosse della Savoia, contra la republica di Genova*; Lyon, 1682, in-12; — *L'Espion du Grand-Seigneur dans les cours des princes chrétiens*; Paris, 1684 et suiv., 6 vol. in-12; Cologne, 1697 et 1610, 6 vol. in-12; Amsterdam, 1756, 9 vol. in-12; traduit en diverses langues de l'Europe; — *Dialogo fra Genova et Algieri, cita fulminate dal Giove Gallico*; Paris, 1685, in-12; une traduction française parut en même temps à Paris; — *Entretiens d'un Philosophe et d'un Solitaire sur plusieurs matières de morale et de littérature*; Paris, 1696, in-12. Marana avait aussi écrit un livre intitulé : *Le più nobili Azioni della vita e regno di Luigi il Grande*; le manuscrit en fut remis à Fr. Pidon de Saint-Olon, ancien ministre de France à Gênes et ami de Marana; il en donna un extrait sous le titre de : *Les Evenements les plus importants du règne de Louis le Grand*; Paris, 1688, in-12. O.

Journal de Verdun (année 1754, article de Dreux du Radier). — Moréri, *Dictionnaire Historique*.

MARANGONI (*Jean*), antiquaire et biographe italien, né à Vicence, en 1673, mort le 5 février 1753. Après avoir été pendant plusieurs années chanoine à Agnani, il fut appelé comme protonotaire apostolique à Rome; plus tard il y fut nommé adjoint au gardien des cimetières de Boldetti. Il passa ses dernières années dans un couvent. On a de lui : *Thesaurus Parochorum, seu vitæ et monumenta parochorum qui sanctitate, pietate, etc., illustrarunt Ecclesiam*; Rome, 1726-1727, 2 vol. in-4°; — *Memorie sacre e civili dell' antica città di Novarra, oggidi Citta nuova nella provincia del Piceno*; Rome, 1743, in-4°; — *Delle cose gentilesche e profane transportate ad uso e al ornamento delle chiese*; Rome, 1744, in-4°; écrit à la défense de Boldetti (*voy.* ce nom); — *Delle memorie sacre e profane dell' anfiteatro Flavio di Roma*; Rome, 1746, in-4°; — *Istoria dell' antichissimo oratorio o capella di S. Lorenzo nel patriarchio Lateranense appellato Sancta Sanctorum e dell' imagine del Salvatore detta archeotipa che ivi conservassi*; Rome, 1747, in-4°; — *Chronologia Romanorum Pontificum superstes in pariete australi Basilicæ S. Pauli Ostiensis, depicta sæculo V*; Rome; — *L'Atti di S. Vittorino illustrati*; — *Vita S. Magni Tranensis episcopi*; Iesi, etc. O.

Storia Letteraria d'Italia, t. VII. — *Neue Beitrage zu den alten and neuen theologischen Sachen* (année 1754).

MARANSIN (*Jean-Pierre*, baron), général français, né le 20 mars 1770, à Lourdes (Hautes-Pyrénées), mort le 15 mai 1828, à Paris. Fils d'un negociant, il s'engagea, le 13 février 1792, fut élu capitaine le même jour, et servit d'abord à l'armée des Pyrénées occidentales, où il donna des preuves multipliées de courage et de dévouement. Ainsi, lors de l'attaque de la vallée de Roncevaux par Moncey, il s'empara de vive force du château d'Irati, et causa, en brûlant les magasins de la mâture royale, une perte de quatre millions de francs à l'ennemi (26 vendémiaire an III). Après avoir été passagèrement employé en Vendée, il passa en 1795 à l'armée du Rhin, fut blessé au siége de Kehl, se distingua à Engen, et opéra avec beaucoup d'intrépidité le passage de la Limath : ce beau fait d'armes lui valut une lettre flatteuse du général Massena. Dans le cours de cette campagne, il prit part aux différentes actions qui eurent lieu jusqu'à la bataille de Hohenlinden. Promu colonel en 1807, il suivit Junot en Portugal. Affrontant à la fois une population hostile et la présence d'un corps de 5,000 Anglais, il tenta un hardi mouvement de retraite sur Lisbonne, qu'il réussit à gagner, grâce à l'énergie avec laquelle il emporta d'assaut, sans artillerie, la ville de Beja, défendue par 4,000 miliciens. A la fin de cette année, il entra en Espagne comme général de brigade. Chargé de l'expédition de Ronda, il réduisit à la soumission un grand nombre de communes, battit Gonzalès, et força Ballesteros à se jeter en Portugal et Zayas à reprendre la mer. Blessé grièvement à Albuera, il eut encore à défendre la province de Malaga, dont il était gouverneur, contre les troupes de Ballesteros, qu'il tailla en pièces au combat de Cartama (16 février 1812). Le 30 mai 1813 il reçut le titre de général de division. A Vittoria il commandait l'avant-garde, et résista pendant quatre heures avec beaucoup d'opiniâtreté; il prit ensuite part aux nombreux combats que l'armée eut à livrer jusqu'à Toulouse, et sous les murs de cette ville (10 avril 1814) il forma l'aile gauche avec le général Darricau. Durant les Cent Jours, il accepta le commandement des gardes nationales de l'armée des Alpes, et seconda les opérations militaires du maréchal Suchet; cette participation aux actes du gouvernement impérial fut punie, au retour des Bourbons, d'un emprisonnement de quatre mois. Il fut mis à la retraite en 1825. Le général Maransin avait reçu le 15 août 1809 le titre de baron de l'empire ; son nom est inscrit sur l'arc de triomphe de l'Étoile. P. L.

Jay, Jouy et de Norvins, *Biographie nouvelle des Contemporains*. — *Fastes de la Légion d'Honneur*. — De Courcelles, *Dict. des Généraux français*.

MARANTA (*Bartolommeo*), botaniste et littérateur italien, né à Venosa, vers le commencement du seizième siècle, mort à Naples, vers la fin de ce siècle. Élève de Ghini, il s'appliqua à l'étude des plantes dans le jardin botanique fondé par Pinelli à Naples, ville où il passa la plus grande partie de sa vie. On a de lui : *De Aquæ Neapoli in Luculliano scaturientis quam ferream vocant, metallica materia ac viribus*; Naples, 1559, in-4°; — *Methodus cognoscendorum Medicamentorum simplicium*; Venise, 1569 et 1571, in-4°; c'est un des meilleurs traités de botanique publiés à cette époque; il fut revu par le célèbre Falloppe, l'ami de Maranta. Ce dernier y décrit un certain nombre de végétaux inconnus avant lui, et qu'il avait découverts dans ses pérégrinations dans le royaume de Naples; — *Lucullianarum Quæstionum libri V, in quibus innumera ad artem poetarum facientia inauditis ferme animadversionibus explicantur præsertim Virgilii inscribendis poematis artificium nemini adhuc cognitum detegitur*; Bâle, 1564, in-fol.; — *Della Teriaca et del Mithridate*; Bâle, 1571, in-4°; traduit en latin par Camerarius, Francfort, 1576, in-8°. Maranta a aussi fourni de nombreux matériaux à l'*Historia naturalis* de Ferr. Imperato et au *Commentaire sur Dioscoride* de Matthioli. O.

Toppi, *Bibl. Napolitana*. — Tiraboschi, *Storia della Letteratura Italiana*.

MARAT (*Jean-Paul*), fameux révolutionnaire français, né à Boudry (comté de Neufchâtel), le 24 mai 1744, assassiné à Paris, le 13 juillet 1793 (1). Il étudia d'abord la médecine, et publia divers traités sur les sciences physiques. Il traduisit ensuite en français *Les Chaînes de l'Esclavage*, publia une brochure sur l'abolition de la peine de mort, et un livre intitulé : *De l'Homme, ou des principes et des lois de l'influence de l'âme sur le corps et du corps sur l'âme*. Il s'était fixé à Paris. Ayant essayé de toutes les carrières, savant, romancier, philosophe, s'attaquant à tout ce qui brillait, entassant œuvre sur œuvre et se prenant, dans son fol orgueil, qui perçait déjà, comme un génie incompris, il parvint enfin à se faire recevoir médecin des gardes du corps du comte d'Artois, place qu'il n'occupait plus à l'époque de la révolution. Il est probable que Marat fût mort inconnu sans les événements extraordinaires qui éclatèrent en 1789 et qui le mirent bientôt hors de page. La nature avait doué Marat d'une de ces organisations qui ne sont pas rares aux époques

(1) Sa famille était d'origine espagnole et son nom véritable était MARA. Elle passa, on ne sait à quelle époque, dans l'île de Sardaigne. Le père de Marat, qui s'appelait Jean, exerçait la médecine à Cagliari; après avoir embrassé le calvinisme, il fut obligé de quitter cette ville, et vint s'établir à Genève, où il épousa Louise Cabral. De ce mariage sortirent cinq enfants. Des trois fils, l'aîné, *Jean-Paul*, qui acquit une si triste célébrité, fut le seul qui écrivit son nom tel qu'on le connaît aujourd'hui. Le second, *Henri* MARA, né en 1745, fit en Russie une carrière assez brillante; il y fut professeur dans une école militaire avec le grade de colonel; il s'appelait *M. de Boudry*, du nom de son lieu natal. Le troisième, *Jean-Pierre* MARA, né à Neufchâtel, et mort à Carlsruhe vers 1845, à l'âge de quatre-vingt-dix ans, fut un habile fabricant d'aiguilles de montre et de compensateurs ; c'est de lui que descendent les représentants actuels de cette famille. Les deux filles furent *Marie*, née en 1746, et *Albertine*, née en 1757, qui accompagna son frère aîné à Paris, et y mourut, le 2 novembre 1841. P. L.

de rénovation. Elle lui avait donné une immense ambition, un désir immodéré de la gloire, beaucoup d'idées, mais de ces idées étranges qui bouleversent toutes les positions acquises et que nul n'admet, à moins qu'il ne soit aux derniers rangs; en somme il n'avait rien de ce qui fait parvenir un homme dans une vieille société, ni idées reçues, ni figure, ni manières, ni fortune. Il s'en suit que, pauvre, obscur, ambitieux au delà de toute expression et n'arrivant à rien, il avait accumulé au fond de sa pensée une haine profonde contre une société où il aurait dû selon lui être mieux partagé. Une révolution étonnante allait tirer son nom de l'obscurité, tant il est vrai que l'homme, ainsi que l'a dit Voltaire, est le très-humble serviteur des circonstances. Marat se fit de suite une place à part dans cette révolution, en s'y posant comme *L'Ami du Peuple*, et en publiant chaque semaine sous ce titre ses méditations sur les événements. Ce n'est ni la question politique, ni le sort des ordres et de la cour qui tourmentent son inquiète pensée; c'est le sort de l'indigent. Il n'y a pour lui ni nobles, ni bourgeois', ni ouvriers; il n'y a que des riches et des pauvres. Il allait du premier coup au fond de la révolution. C'est ce qui explique l'immense popularité de cet homme. Dès le 24 juin 1789 il publie une brochure intitulée : *Supplique aux Pères Conscrits de ceux qui n'ont rien contre ceux qui ont tout*, où il dévoile avec une rare sagacité un des côtés de la révolution, qui était alors plongé dans l'ombre. Il y avait une pensée hardie et neuve sous ces phrases, qui parurent si étranges en 1789. Ce publiciste rappelait au tiers état qu'à ses côtés vivaient des millions d'individus qui restaient étrangers aux bienfaits de la révolution, « parce que, disait-il, la liberté ne peut exister pour qui ne possède rien ». Il ajoutait : « Vous avez stipulé sur les propriétés que vous avez mises sous la sauvegarde des lois. Mais combien ces règlements ont peu de prix pour l'homme qui n'a pas d'intérêts à traiter, pas d'intérêts à défendre ! La propriété elle-même, qu'est-elle pour l'indigent? » Ce côté de l'œuvre du publiciste est, nous ne craignons pas de le dire, digne de l'attention la plus sérieuse. Mais ce que nous ne saurions flétrir avec trop d'indignation, c'est le caractère de Marat, c'est le côté qu'il appelait lui-même *pratique* de son œuvre, c'est sa hideuse propagande d'un système général de massacres et de spoliations. En 1789 il proposait déjà, dans un des numéros de sa feuille, d'élever huit cents potences dans les Tuileries et d'y pendre ceux qu'il appelait les traîtres, à commencer par Mirabeau. Décrété d'accusation par la Constituante, il se réfugia chez une actrice du Théâtre-Français, mademoiselle Fleury, de là chez Bassal, curé de Saint-Louis à Versailles. Traqué dans ce dernier asile, il se cacha dans une cave du boucher Legendre, puis dans les caves du couvent des Cordeliers. Les événements ne tardèrent pas, hélas! à mettre en relief sa manière d'agir; et au 20 juin, au 10 août, aux massacres de septembre, partout on retrouve la main de Marat. Il fut un des sept membres de la commune signataires de la proclamation qui provoqua les assassinats dans les prisons. Paris l'envoya bientôt siéger à la Convention. Accusé dès les premières séances d'avoir demandé la dictature, il parvint à se justifier. Lors du procès du roi, il vota en ces termes : « Point d'appel au peuple : il ne peut être demandé que par les complices du tyran. » Après la mort du roi, Marat se livra à toutes ses fureurs : « Massacrez, écrivait-il dans son journal, massacrez deux cent soixante-dix mille partisans de l'ancien régime; et réduisez au quart le nombre des membres de la Convention. » Il ne comprenait pas qu'on s'étonnât d'un tel système, disant qu'on n'en rabattrait que trop, et qu'il n'y avait que les morts qui ne revenaient pas. Il croyait enrichir les pauvres en tuant et en spoliant les riches; s'il eût mieux connu les véritables ressorts qui meuvent les sociétés, il eût mieux raisonné; et une fausse logique ne l'eût pas conduit à un affreux système d'assassinats. Comme il ne cessait d'outrager la majorité de la Convention dans ses écrits, les girondins parvinrent à le faire décréter d'accusation. Mais il fut acquitté au tribunal révolutionnaire, et se vengea des girondins à la journée du 2 juin. Plusieurs d'entre eux, Louvet, Salles, Barbaroux se réfugièrent à Caen, où vivait une jeune fille, de la famille du grand Corneille, et qui s'appelait Charlotte Corday (*voy.* ce nom). Profondément émue des récits de Barbaroux, cette jeune fille vint à Paris dans l'intention de frapper Robespierre, Danton ou Marat. Elle se décida pour Marat, et le frappa mortellement, le 13 juillet 1793, dans le bain, avec un couteau qu'elle avait caché sous sa robe. Le corps de Marat fut inhumé dans le jardin des Cordeliers; son buste fut placé dans toutes les municipalités, et les honneurs du Panthéon lui furent décernés par un décret du 14 novembre 1793. Mais son corps n'y fut transporté que quelques jours après le 9 thermidor 1794. Cette dernière cérémonie fut assez froide. Après la fermeture du club des Jacobins son buste et la cendre d'un mannequin qui avait reproduit son image furent promenés ignominieusement (1) dans les rues et jetées dans l'égoût de la rue Montmartre. La Convention ordonna que ses restes fussent retirés du Panthéon.

De sa personne Marat était petit, à peine cinq pieds, trapu, les épaules larges, soutenant de gros bras, qu'il agitait sans cesse en parlant, et avec cela une forte tête, osseuse, d'un teint jaune cuivré, un nez épaté, des lèvres minces, des yeux vifs, une barbe noire et des cheveux bruns épars. Il avait une marche brusque, saccadée, quelque chose de convulsif, des tics enfin

(1) Ces cendres étaient placées dans un pot de chambre.

tels que de lancer ses bras à droite et à gauche à tous propos, de baisser et de lever la tête, de se dresser sur la pointe des pieds. Il y avait dans sa manière d'être quelque chose de grotesque, d'autant qu'il était toujours affublé d'une lévite verte bordée de fourrure, avec une espèce de mouchoir sur la tête. H. Bosselet.

Marat a publié un assez grand nombre d'écrits, dont les idées sont aussi peu connues que les titres. Il a traité tour à tour la philosophie, la physique, la médecine, l'économie politique, la politique et même le roman ; jusqu'à la révolution, il s'est à peu près renfermé dans l'étude des sciences. A peine eut-elle éclaté qu'il se laissa aller au mouvement politique et qu'il devint publiciste. Nous citerons ceux de ses ouvrages qui meritent quelque attention : *De l'Homme, ou des principes et des lois de l'influence de l'âme sur le corps et du corps sur l'âme;* Amsterdam, 1773, 3 vol. in-12. C'est le premier ecrit qui soit sorti de sa plume. Voltaire en rendit compte dans la *Gazette littéraire.* On a pretendu que Cabanis avait mis à profit les vues de l'auteur sans jamais le citer; — *Decouvertes sur le feu, l'electricité et la lumière ;* Paris, 1779, in-8° de 38 p. ; — *Découvertes sur la lumiere constatees par une suite d'experiences nouvelles ;* Londres, 1780, 1782, in-4°; — *Recherches physiques sur le feu;* Paris, 1780, in-8° de 8 p. ; — *Recherches physiques sur l'electricité;* Paris, 1782, in-8° de 461 p. ; — *Œuvres de Physique;* Paris, 1784, in-8°, fig. col. ; — *Mémoire sur l'electricite medicale;* Paris, 1784, in-8°, couronne en 1763 par l'Academie de Rouen ; — — *Notions elementaires d'Optique;* Paris, 1784, in-8° de 48 p ; — *Lettres de l'observateur Bon Sens à M. de *** sur la fatale catastrophe de Pilastre de Rosiers, les aéronautes et l'aérostation;* Paris, 1785, in-8° de 39 p.; — *Observations de l'amateur Avec à l'abbé Saas sur la nécessité d'avoir une théorie solide et lumineuse avant d'ouvrir boutique d'eléctricité médicale;* Paris, 1785, in-8° de 33 p.; — *De l'Optique de Newton,* traduction nouvelle par M***, publiée par Beauzee et dédiée au roi; Paris, 1787, 2 vol. in-8°, avec 21 pl.; — *Mémoires académiques, ou nouvelles découvertes sur la lumière;* Paris, 1788, in-8° ; — *Le Moniteur patriote ;* 1789, in-8° ; numéro 1 et unique de cette feuille anonyme ; — *Offrande à la Patrie, ou discours au tiers état ;* au temple de la Liberté (Paris), 1789, in-8° de 62 p. ; il y a un supplément publié la même année ; — *La Constitution, ou projet de déclaration des droits de l'homme et du citoyen, par l'auteur de l'Offrande ;* Paris, 1789, in-8° de 67 p. ; — *Avis au Peuple, ou les ministres dévoilés ;* (Paris), 1789, in-8° de 24 p. ; — *L'Ami du Peuple;* Paris, 1789 et ann. suiv., in-8°. Ce journal, exclusivement rédigé par Marat et qui jouit d'une vogue considérable, fut fondé le 12 septembre 1789 et parut sans interruption jusqu'au 14 juillet 1793. Il porta successivement les titres suivants : *Le Publiciste parisien, L'Ami du Peuple, Le Journal de la République française,* et *Le Publiciste de la République française.* Les collections complètes en sont rares et fort recherchées ; — *Lettre de Marat au roi;* Paris, s. d., in-8° ; — *Dénonciation faite au tribunal public contre Necker ;* 1789, in-8°, suivie d'une *Nouvelle dénonciation* en 1790 ; — *Plan de Législation criminelle* (1787)· Paris, 1790, in-8° de 157 p., avec portrait; — *Projet de Constitution ;* Paris, 1790, in-8°, trad. en allemand en 1795 ; — *Appel à la Nation ;* Paris, 1790, in-8° de 67 p. ; — *Vie privée et ministérielle de Necker ;* Genève (Paris), 1790, in-8° (anonyme) ; — *Le Junius français, journal politique ;* Paris, 1790 ; il a paru 13 numéros ; le 1er est en date du 2 juin 1790 ; — *Relation fidèle des malheureuses affaires de Nancy ;* Paris (1790), in-8° ; — *C'est un beau rêve, mais gare au réveil;* Paris (1790), in-8° ; — *Les Charlatans modernes, ou lettres sur le charlatanisme académique ;* Paris, 1791, in-8° de 40 p. ; — *Complot d'une banqueroute générale de la France, de l'Espagne, et par contre-coup de la Hollande et de l'Angleterre, ou les horreurs de l'ancien et du nouveau régime ;* Paris (1792), in-4° de 56 p. ; — *Les Chaînes de l'Esclavage ;* 1792, in-8° ; Paris, 1833, in-8° ; ibid., édition *illustrée,* 1850, in-4° à 2 col. Cet ouvrage, plein d'emphase et de déclamation, parut d'abord en 1774, en anglais, in-4° ; — *Marat à Louis-Philippe-Joseph d'Orléans, prince français ;* in-plano à 3 col., pièce extrêmement rare ; — *Lettre de l'Ami du Peuple aux fédérés ;* Paris (1793), in-8° ; — *Un roman de cœur ;* Paris, 1847, 2 vol. in-8°. Ce roman, publié pour la première fois par M. Paul Lacroix, fut réimprimé dans le feuilleton du *Siècle* et tiré à part sous ce titre : *Les Aventures du jeune comte Potowski, roman de cœur ;* Paris, 1851, 2 part. in-4°. Ce n'est pas la seule œuvre d'imagination que Marat ait composée ; il en existe une autre encore, inédite et intitulée : *Lettres polonaises.* En 1794 la prétendue veuve de Marat forma le projet de réimprimer les *Œuvres politiques de l'Ami du Peuple ;* il ne parut que le prospectus de cette publication, qui devait avoir 15 vol. gr. in-8°. On y annonçait *L'École du Citoyen,* ouvrage posthume, dont le manuscrit s'est égaré. P. L.

Desmarest, *Vie abrégée de Marat depuis 1789 ;* s. l. n. d., in-18. — Rousseau, *Disc. d'apothéose du cit. Marat ;* Paris, 1793, in-4°. — Verne (la sœur), *Apothéose du cit. Marat ;* Auxerre, 1793, in-4°. — Béraud, *Oraison funèbre de J.-P. Marat ;* Paris, 1793, in-8°. — F.-E. Guiraut, *Oraison funèbre de Marat ;* Paris, 1793, in-8°. — Fabre d'Églantine, *Portrait de Marat ;* Paris, s. d., in-8°. — Paulin Crassous, *Éloge funèbre de Lepelletier et de Marat ;* 1809, in-8°. — Maton de La Varenne, *Les Crimes de Marat et autres égorgeurs ;*

Paris, 1795, in-18. — *Vie criminelle et politique de J.-P. Marat*; s. l. n. d., in-8°. — Vallouise, *Marat*; Paris, 1840, in-8°. — Prudhomme, *Les Revolutions de Paris*. — *Le Moniteur* de 1793. — Léonard Gallois, *Histoire des Journaux et des Journalistes de la Révolution française*; Paris, 1845-1846, 2 vol. in-8°. — *Skizzen aus Marat's journalitischen Leben*; Hambourg, 1846, in-8°. — C. Hilbey, *Marat et ses calomniateurs*; Paris, 1847, in-8°. — Paul Lacroix, *Marat philosophe, naturaliste, philanthrope et romancier*; Paris, 1854, in-4°. — Robert, *Vie des Députes à la Convention*; Paris, 1814, in-8°. — Haureau, *Les Montagnards, notices historiques*; 1832, in-8°. — A. Esquiros, *Histoire des Montagnards*. — A. de Lamartine, *Hist. des Girondins*. — Thiers, Michelet, Louis Blanc, *Hist. de la Revolution française*.

MARATTA ou **MARATTI** (*Carlo*), célèbre peintre de l'école romaine, né en 1625, à Camerino (Marche d'Ancône), mort à Rome, en 1713. Envoyé à onze ans à Rome, il étudia plusieurs années sous la direction d'Andrea Sacchi, et revint dans sa patrie, où il resta jusqu'au jour où, en 1650, le cardinal Albrizio, gouverneur d'Ancône, le ramena à Rome. Ce fut alors qu'il peignit *La Nativité*, tableau qu'on admire encore à l'église Saint-Joseph au Forum, et qui contribua à le placer au premier rang dans l'opinion de ses contemporains. Raphael Mengs dit de lui que seul à Rome Maratta soutint l'honneur de la peinture et empêcha cet art de décliner aussi vite que dans les autres parties de l'Italie. L'admiration qu'il avait vouée aux chefs-d'œuvre de Raphael lui fit accepter avec empressement la mission de sauver de la destruction les fresques du Vatican et de la Farnésine. On ne saurait assez louer la discrétion dont il fit preuve dans cette difficile entreprise. Son génie ne le portait pas aux grandes compositions, et il préféra toujours peindre des tableaux de galerie ou d'autel. Il avait cependant consenti à peindre à fresque pour la cathédrale d'Urbin une coupole qui a été renversée par le tremblement de terre de 1782. On ne peut plus guère citer de lui en ce genre que *La Destruction des Idoles* au baptistère de Constantin, et *La Naissance de Vénus*, fresque brillante à un plafond de la villa Falconieri à Frascati. A peine reste-t-il trace du *portrait de Raphael* qu'il avait peint sur la façade de la maison qu'avait habitée ce grand peintre dans la via de' Coronari. Parmi les tableaux du Maratta, il en est cependant quelques-uns de fort grands, tels que *Saint Charles* à San-Carlo du Corso, et *Le Baptême de Jésus-Christ*, à Saint-Pierre. Il excella sur tout à peindre des *Madones*, unissant la modestie à la grâce et à la noblesse; aussi Salvator Rosa l'avait surnommé *Carluccio delle Madonnine*. Les toiles les plus estimées de ce maître sont celles qui se rapprochent du style d'Andrea Sacchi, comme *Saint-François-Xavier* et *la Madone* du palais Doria à Rome, et *Le Martyre de saint Blaise*, à Gênes. Le soin avec lequel il étudiait ses ouvrages le rendait quelquefois minutieux, et souvent la perfection trop cherchée de l'exécution nuisit à l'inspiration du génie. Ses draperies ne sont pas toujours heureuses, et l'harmonie générale manque dans plusieurs de ses peintures. Son but principal semble avoir été de concentrer toute la lumière sur un seul objet, et cela aux dépens du reste de la composition, souvent trop éteint. Ses élèves exagérèrent cette manière, et en arrivèrent à ne peindre en quelque sorte que des vapeurs, des nuages, des *sfumature*, comme disent les Italiens. Maratta a aussi, à l'exemple de Luca Giordano et de plusieurs de ses contemporains, peint sur verre des encadrements de miroirs et des coffres de toilette, alors fort à la mode.

Peu d'artistes ont joui de leur vivant d'une aussi brillante réputation. Protégé par Alexandre VII et par ses successeurs, Carlo Maratta fut, par Clément XI, auquel il avait donné des leçons de dessin, créé chevalier de l'ordre du Christ, en 1704, et directeur des immenses travaux que ce pape ordonna à Rome et à Urbin. Louis XIV lui conféra le titre de son peintre ordinaire. Quoiqu'il eût des compétiteurs habiles, Maratta se soutint et prévalut toujours, et lors même qu'il eut cessé de vivre, son école continua de figurer au premier rang jusqu'au pontificat de Benoît XIV. Les ouvrages de ce peintre sont presque innombrables; voici les principaux. Rome : à Santa-Maria-del-Popolo, *La Vierge avec saint Jean*, *saint Augustin*, *saint Grégoire et saint Ambroise*, peinture à l'huile sur mur; à Santa-Maria-di-Monte-Santo, *Saint François* et *Saint Roch*; à Saint-Marc, *L'Adoration des Mages*, imitation du Guide; à Sainte-Croix-de Jérusalem, *Saint Bernard*; à Saint-André, *Saint Stanislas Kostka*; à Sainte-Marie, des Anges, *Le Baptême de Jésus-Christ*; à Saint-Isidore, *Le Crucifiement*, *Le Sposalizio* et *La Conception*; à La Minerva, *La Vierge et les saints canonisés par Clément X*; à la Chiesa Nuova, *Saint Charles* et *saint Ignace*; à Santa-Maria della Pace, *La Visitation*; à Saint-Jean-de-Latran, *Saint Philippe Neri*; à Saint-Pierre, la coupole de la chapelle de la Conception, exécutée en mosaïque sur ses dessins; au palais Chigi, une *Madone*; au palais Sciarra, *Saint Augustin*, *saint François Barberini*, *saint Pierre prêchant*, et une *Sainte Famille*; au palais Doria, deux *Madones*; à l'Académie de Saint-Luc, *Sisara*; au palais Corsini, une *Madeleine*; — Castel-Gandolfo : au palais pontifical, une *Assomption*; — Florence : à la Galerie publique, une *Tête du Sauveur* de profil; *Maratta* peint par lui-même; à la Galerie Pitti, *Saint Philippe Neri*; au Palais Capponi, une *Madone* et l'*Annonciation*; au palais Corsini, une *Madone* entourée de fleurs; — Forli : à Santo-Filippo, un très-beau *Saint François de Sales*; — Volterra : à Saint-Michel, une *Madone*; — Sienne : à la cathédrale, *La Visitation*; — Pérouse : au palais Penna, *Diane et Actéon*; au palais Oddi, *La Vierge lisant*; le *Portrait du peintre*; — Ancône : à l'église du Saint-Sacrement, une *Madone*; — Vérone : aux Philippins, *Saint Philippe*; — Naples : au Musée, une *Sainte Famille* et *Sainte Cécile*; — Turin : à Saint-Philippe-Neri, *La Vierge avec sainte Catherine de Sienne, saint Eusèbe, saint Jean-Baptiste et le B. Amédée IX*; — Bruxelles : au Musée, *Apollon et Daphné*; — Carlsruhe, au Musée, une *Madone*; — Munich : à la Pinacothèque : un *Enfant endormi dans une grotte, Saint Jean dans l'île de Pathmos, La Vanité*; — Dresde : au musée, une *Jeune Femme entourée de fruits* peints par Carlo da Fiore; *Sainte Famille, Madone avec saint Jean, Madone avec sainte Anne, La Vierge et l'Enfant*; — Berlin : au musée, *Saint Antoine de Padoue, Madone sur des Nuages*; — Vienne : au musée, *Jésus-Christ portant sa croix, Mort de saint Joseph* (1676), *Le Christ mort*, une *Madone, Le Sommeil de Jésus, La Fuite en Égypte*, une *Vierge glorieuse*, une *Sainte Famille*; — Londres : à la National Gallery, un *Portrait de cardinal*; — Paris : au Louvre, *La Nativité* (1657), qui servit de carton à la fresque peinte dans la galerie de Monte-Cavallo, fresque aujourd'hui détruite; *Le Sommeil de Jean en présence de sainte Catherine d'Alexandrie* (1697), *La Prédication de saint Jean-Baptiste, Le Mariage mystique de sainte Catherine*, le portrait de *Maria-Magdalena Rospigliosi*, le *Portrait du peintre* par lui-même; — Lyon : au musée, une *Mater dolorosa*; — Angers : au musée, *La Vierge adorant son divin Fils*.

A son talent de peintre, Maratta joignit celui de graveur à l'eau-forte; ses planches sont pittoresques, quoique d'un travail un peu maigre; les plus estimées sont : *La Vie de la Vierge*, suite de douze compositions originales; *Héliodore chassé du Temple*, en 2 feuilles, d'après Raphael; *La Flagellation de saint André*, d'après le Dominiquin; *La Samaritaine*, d'après Annibal Carrache; *Joseph reconnu par ses frères*; enfin *Saint Charles Borromée priant pour la cessation de la peste*.

Carlo Maratta mourut aveugle, dans un âge très-avancé; il fut enseveli à Sainte-Marie-des Anges en face de Salvator Rosa, et sa sépulture fut marquée par un monument dont lui-même avait donné le dessin. Il avait formé de nombreux élèves, dont les principaux furent Niccolò Berettoni, dont on l'accusa d'avoir été jaloux, Giuseppe et Tommaso Chiari, Giuseppe Passeri, Giacinto Calandrucci, Andrea Procaccini, Pietro de' Pietri, sa propre fille Maria Maratta, enfin Agostino Masucci, le dernier peintre qui soit sorti de son école. E. Breton.

Orlandi, *Abbecedario*. — Lanzi, *Storia della Pittura*. — Pascoli, *Vite de' Pittori moderni*. — Bellori, *Vita del cavalier Maratta*. — Ticozzi, *Dizionario*. — Pistolesi, *Descrizione di Roma*. — Fantozzi, *Guida di Firenze*. — Gambini, *Guida di Perugia*. — Bennassuti, *Guida di Verona*. — Casali, *Guida di Forli*; *Guida di Volterra*. — A. Maggiore, *Le Pitture d'Ancona*. — Villot, *Musée du Louvre*. — *Catalogues des musées de Naples, Florence, Carlsruhe, Munich, etc.*

MARATTA (*Maria*), femme poëte et peintre de l'école romaine, vivait à la fin du dix-septième siècle. Fille et élève du précédent, elle avait épousé Gianbattista Zappé, poëte distingué, et cette alliance fut cause qu'elle négligea la peinture pour la poésie, dans laquelle elle obtint de brillants succès. On voit à Rome, au palais Corsini, son *Portrait* peint par elle-même. E. B—n.

Lanzi, *Storia*. — Ticozzi, *Dizionario*.

MARAVIGLIA (*Giuseppe-Maria*), en latin *Mirabilia*, philosophe italien, né à Milan, mort en 1684, à Novara. Il appartint d'abord à la congrégation des clercs réguliers, fut chargé en 1651 de professer la morale à Padoue, et échangea les fonctions de prieur provincial contre celles d'évêque à Novara (1667). On remarque parmi ses écrits : *Leges honestæ Vitæ*; Venise, 1657, in-12, traité de morale dédié à la reine Christine de Suède; — *Leges Prudentiæ senatoriæ*; Venise, 1657, in-12; — *Leges Doctrinæ e sanctis Patribus*; Venise, 1660, in-24; — *Proteus ethico-politicus, seu de multiformi hominis statu*; Venise, 1660, in-fol.; — *Pseudomantia veterum et recentiorum explosa, seu de fide divinationibus adhibenda*; Venise, 1662, in-fol.; — *De Erroribus virorum doctorum*; Venise, 1662, in-12; Rome, 1667, in-4°; — *Legatus ad principes christianos*; Venise, 1665, in-12; — *Ammaestramenti dell' anima christiana*; Novara, 1675, in-8°. P.

Silos, *Hist. Cleric. regul.*, III, 403. — Papadopoli, *Hist. Gymnasii Patavini*, I, 181, et 378. — Ughelli, *Italia Sacra*, IV, 730. — Cotta, *Museum Novar.*, 203.

MARAZZOLI (*Marco*), compositeur italien, né à Parme, mort le 16 janvier 1662, à Rome. Nommé chantre de la chapelle pontificale (1637), il obtint un bénéfice, et reçut du pape Urbain VIII la direction des cérémonies de l'église. Il fut aussi attaché à la musique de la reine Christine de Suède. Virtuose remarquable sur la harpe, il fut un des meilleurs compositeurs d'oratorios et de cantates de son temps. On a de lui : *Amori di Giasone e d'Isifile*, drame lyrique, joué en 1642 à Venise; — *L'Arme e gli Amori*, joué au palais Barberini; — *Del Male il Bene*, écrit avec Abbatini; — *La Vita umana, ovvero il trionfo della pietà* (1658); ces trois opéras furent représentés en présence de la reine de Suède; les paroles du dernier étaient du cardinal Rospigliosi, plus tard Clément IX; — des cantates morales, et beaucoup d'oratorios qui n'ont pas été gravés. P.

Gerber, *Lexikon*. — Fétis, *Biogr. des Musiciens*.

MARBAN (*Pedro* de), missionnaire espagnol, mort dans la première moitié du dix-huitième siècle. Admis chez les Jésuites, il suivit en 1675 le P. José del Castillo en Bolivie, et s'aventura, en compagnie des PP. Barace et Bermudo, dans la vaste province des Moxos, qui s'étend entre le 13° et le 16° de latit. Protégé par le comte de Monclova, gouverneur de la Nouvelle-Espagne, dont il était le chapelain, il fit un long séjour chez les Indiens, et il finit par être

nommé supérieur des missions jésuitiques établies parmi eux, c'est-à-dire qu'il tenait sous sa direction 19 à 20,000 individus. Marban apprit l'idiome des peuples qu'il dirigeait, et composa : *Arte de la Lengua Moxa, con su vocabulario y catechismo*; Lima, 1701, in-8°. F. D.

Alcide d'Orbigny, *Description de la Bolivie*; Paris, 1846. — Ludewig, *Literature of American aboriginal Languages*, 1858, in-8°.

*MARBEAU (*Jean-Baptiste-François*), philanthrope français, né à Brives (Corrèze), en 1798. Il fit son droit à Paris, prit son grade de licencié, et y exerça pendant vingt ans les fonctions d'avoué. Chargé, en 1844, comme adjoint au maire de l'ancien premier arrondissement de Paris, d'une inspection des salles d'asile de cet arrondissement, il fut frappé d'une lacune qui lui parut exister dans les institutions de bienfaisance, et formula dans son rapport la pensée de créer des *crèches*, établissements où l'on soignerait en commun, pendant le cours des journées de travail, les petits enfants âgés de moins de deux ans, dont les mères, pauvres, honnêtes et laborieuses, sont obligées pour vivre d'aller travailler hors de leur habitation. Avec le concours de plusieurs personnes charitables, M. Marbeau organisa la première crèche à Chaillot. Elle fut ouverte le 14 novembre 1844. D'autres se créèrent encore, et en 1846 M. Marbeau obtint un prix Montyon de 3,000 fr., qu'il remit immédiatement aux crèches du premier arrondissement. Depuis lors, ces établissements se sont étendus à Paris, dans la banlieue et dans la France entière. Une société s'organisa en 1847 pour leur propagation, et les crèches déclarées, en mai 1856, établissements d'utilité publique, ont été placées sous l'administration et la surveillance de l'État. On a de M. Marbeau : *Traité des transactions, d'après les principes du Code Civil*; Paris, 1833, in-8°; — *Politique des Intérêts, ou essai sur les moyens d'améliorer le sort des travailleurs*; Paris, 1834, in-8°; — *Études sur l'économie sociale*; Paris, 1844, in-8°; — *Des Crèches, ou moyen de diminuer la misère en augmentant la population*; Paris, 1845, in-18; — *Du Paupérisme en France, et des moyens d'y remédier, ou principes d'économie charitable*; Paris, 1847, in-18; — *De l'Indigence et des Secours*; Paris, 1850, in-18. L. L—T.

A. de Malarce, *De l'Assistance préventive, et particulièrement des Crèches*, dans le *Moniteur* du 30 mai 1856. — Bourquelot et Maury, *La Littér. franç. contemp.* — Vapereau, *Dict. univ. des Contemp.*

MARBECK (*John*), compositeur anglais, mort vers 1585. Il était bachelier en musique, et occupa l'emploi d'organiste à la chapelle Saint-Georges de Windsor. Il possédait en musique des connaissances étendues, et précéda Tye et Tallis, que l'on regarde à tort comme les plus anciens compositeurs de l'Église reformée d'Angleterre. Vers 1544 plusieurs des habitants de Windsor, Marbeck entre autres, s'étaient formés en société pour propager les principes de la réforme luthérienne. L'évêque de Winchester, chargé de sévir contre eux, en fit condamner trois au bûcher; quant au musicien, on abandonna les poursuites contre lui; il obtint son pardon du roi, et reprit ses fonctions d'organiste. L'évêque Gardiner devint même son protecteur. On a de Marbeck : *The Boke of Common Prayer noted*, impr. par Richard Grafton, 1550, in-4° ; c'est le plus ancien livre de chant simple qui a été publié à l'usage de l'Église anglicane; le rituel romain a servi de modèle à l'auteur; — *The Lives of holy Saints, Prophets, Patriarchs and others*; Londres, 1574; — *A Book of Notes and common Places with their expositions*; — une *Concordance* de la Bible. K.

Rose, *New Biogr. Dictionary*. — Hawkins, *Hist. of Music*, III.

MARBEUF (*Pierre* DE), poëte français, né vers 1596, aux environs de Pont-de-l'Arche (Normandie). Il était de bonne famille, et portait les titres de chevalier et seigneur d'Imare et de Sahurs. Après avoir eté élevé au collége de La Flèche, il vint à Orléans, étudier le droit. L'amour que lui inspira une jeune Parisienne le rendit poete, et il la célébra sous le nom d'Hélène; mais ce ne fut pas la seule femme qui reçut le tribut de ses vers. A Hélène succéda Jeanne, puis vinrent Gabrielle, Madeleine, Philis, ce *miracle d'Amour*, et Amaranthe, une *princesse*. A la suite d'un assez long séjour à la petite cour de Lorraine, ce poëte revint à Pont-de-l'Arche, où il obtint l'emploi de maître des eaux et forêts, ce qui le détermina sans doute à se donner le nom de Silvandre. Sa dernière pièce imprimée date de 1633; cependant il est probable qu'il prolongea sa vie jusqu'aux premières années du règne de Louis XIV. Marbeuf, qui a prodigué tant d'éloges aux femmes, ne fut pas heureux en mariage; sa femme étant morte, il composa une pièce intitulée *Misogyne*, dans laquelle il la qualifie de Mégère et d'Alecton, traite de sottise le dévouement d'Orphée, qui descendit aux enfers pour en tirer Eurydice, et jure que si jamais il y descend, ce sera plutôt pour empêcher sa femme d'en sortir. On a de lui : *Psalterion chrestien, dédié à la Mère de Dieu*; Rouen, 1618; — *Poésie mêlée du même auteur*; Rouen, 1618; — *Recueil des vers de Pierre de Marbeuf, chevalier, sieur de Sahurs*; Rouen, 1629, in-8°; — *Portrait de l'Homme d'État*, ode; Paris, 1633, in-4°. P. L.

Viollet Le Duc, *Biblioth. Poétique*.

MARBEUF (*Louis-Charles-René*, comte DE), général français, né à Rennes, le 4 octobre 1712, mort à Bastia, le 20 septembre 1786. Entré, comme enseigne, au régiment de Bourbonnais (1728), il était maréchal de camp depuis le 25 juillet 1762, lorsque deux ans plus tard il fut envoyé en Corse avec un corps de troupes dont la mission apparente était d'aider les Génois à conserver la souveraineté de la Corse près de leur échapper.

Conformément à ses instructions, il donna à Pascal Paoli, chef suprême de la Corse, l'assurance que les Français avaient pour seule mission de garder pendant quatre ans les cinq places maritimes de l'île, Bastia, Saint-Florent, Ajaccio, Calvi et Algajola, mais nullement d'aider les Génois à reprendre l'offensive contre leurs anciens sujets. Cette singulière occupation fit place à des hostilités réelles lorsque, par le traité de Compiègne (17 juin 1768), Gênes, convaincue de l'inutilité de ses efforts, fit à la France, au prix de 40 millions, l'abandon de la Corse, abandon déguisé sous les noms d'engagement ou de nantissement. Le 12 juillet, Marbeuf, dont le corps d'armée avait été élevé de quatre mille à douze mille hommes, envoya sommer Paoli de retirer les troupes corses qui gardaient les communications de Saint-Florent à Bastia, et le 31 il commença les hostilités. M. de Chauvelin, investi du commandement en chef, débarqua le 29 août avec un renfort de huit bataillons; les échecs qu'il subit démontrèrent que le nouveau général n'avait rien de ce qu'il fallait pour lutter avec Paoli dans cette guerre de tirailleurs. Aussi fut-il rappelé au bout de cinq mois. Jusqu'à l'arrivée du comte de Vaux, successeur de Chauvelin, non-seulement Marbeuf tint Paoli en respect, mais il cerna les indigènes (16 février 1769), et les contraignit à capituler. Le comte de Vaux arriva dans les derniers jours d'avril, et moins de quarante jours lui suffirent pour achever la conquête commencée par Marbeuf, qui le seconda efficacement à l'attaque de Borgo (5 mai), de Ponte-Novo (8 mai) et du pont de Golo (17 mai). Le départ de Paoli, qui s'embarqua pour l'Angleterre, le 13 juin 1769, mit fin aux hostilités, et décida la prompte soumission de l'île. M. de Vaux étant rentré en France, Marbeuf, qui avait été nommé lieutenant général (23 octobre 1768), resta chargé du commandement de la nouvelle possession française. Si dans la guerre qu'il lui fallut faire au *banditisme*, sans cesse renaissant, il eut à déployer de la rigueur, elle contrasta avec la mansuétude dont il usa envers les populations paisibles. Sa tâche fut difficile. Il satisfit à toutes les exigences de sa situation, et ce qui ne contribua pas peu à aplanir les difficultés dont elle était hérissée, ce furent les libéralités splendides et le luxe de représentation qu'il déployait, luxe qui lui donnait l'apparence d'un vice-roi. Il n'eut pourtant jamais le titre de gouverneur, qui fut accordé, le 4 août 1772, au marquis de Monteynard, alors secrétaire d'État de la guerre, mais qui ne résida point en Corse. Marbeuf prit celui de commandant en chef, auquel il joignit, trois ans plus tard, celui d'inspecteur des troupes en Corse. Il eut à soutenir les attaques de tous les mécontents. Ils avaient pour principal appui le comte de Narbonne-Pelet, qui lui disputait le commandement de la Corse et l'avait dépeint aux ministres avec des couleurs défavorables. Il paraît même que la députation noble de la Corse, en 1776, corrobora par ses plaintes les imputations de M. de Narbonne. Mais, l'année suivante, une autre députation de cette noblesse fut conduite à Paris par Charles Bonaparte, père de Napoléon. Marbeuf lui avait donné des preuves d'une bienveillance toute particulière en lui faisant obtenir une bourse au séminaire d'Autun, pour son fils aîné Joseph, dont Lucien prit la place lorsque, plus tard, Joseph fut envoyé avec les mêmes avantages à l'école de Metz, et une troisième bourse pour Napoléon, à l'école de Brienne. Plus tard leur sœur Élisa fut admise dans la maison royale de Saint-Cyr. Consulté par le ministère sur les causes de la mésintelligence des deux généraux, Charles Bonaparte se prononça contre le comte de Narbonne, qui fut rappelé.

Marbeuf épousa Mlle Catherine-Antoinette Salinguera-Gayardon de Fenoyl, fille d'un maréchal de camp, née en 1765. Louis XVI, pour récompenser ses services, lui avait fait une concession considérable de terres dans la partie occidentale de la Corse, entre Cargèse et Galeria, et avait érigé cette concession en marquisat de Cargèse. Les libéralités de Napoléon Ier atténuèrent plus tard les pertes que la révolution avait fait éprouver à la famille de Marbeuf. Par décret du 19 décembre 1805, il accorda à la veuve du général, femme d'un esprit distingué, une pension de 6,000 francs « en considération du bien fait à la Corse par son mari pendant son gouvernement, pension réversible par portions égales sur les enfants de la titulaire. » L'un de ces enfants était *Laurent-François-Marie*, baron DE MARBEUF, né à Bastia, le 26 mai 1786. Entré à l'école de Fontainebleau, à la fin de l'an XI, il en sortit sous-lieutenant au 25e de dragons. Il fit les grandes campagnes de l'an XIV, de 1806 et de 1807. Après avoir été officier d'ordonnance de l'empereur, il avait été nommé colonel du 6e de chevau-légers (14 octobre 1811), lorsqu'il mourut à Marienpol (grand-duché de Varsovie), à la suites des blessures qu'il avait reçues à Krasnoï, où il avait enfoncé un carré d'infanterie russe à la tête de son régiment. Quant à Mme de Marbeuf, elle mourut au couvent du Sacré-Cœur à Paris, le 18 mars 1839.

P. LEVOT.

Archives du ministère de la guerre. — Pommereul, *Hist. de l'île de Corse*. — *Documents inédits*.

MARBODE, évêque de Rennes, né à Angers, où il est mort, le 11 septembre 1123. Son père se nommait, dit-on, Robert, et, comme paraît l'indiquer son surnom de *Pellicianus*, il était pelissier, marchand de pelisses. Marbode exerça d'abord dans l'église d'Angers l'emploi d'écolâtre; plus tard, celui d'archidiacre. Nous le voyons archidiacre d'Angers en 1096. La même année, le pape Urbain le consacre évêque de Rennes. Cette cérémonie eut lieu dans la ville de Tours. En 1097, Marbode siège au concile de Saintes. Nous le trouvons quelques années après dans la ville d'Angers, cette ville étant en proie à de grandes discordes. Il s'agissait de donner un successeur à l'évêque Geoffroy, et les suffrages se partageaient entre divers candidats. L'évêque de Rennes avait le cœur angevin : il ne put se défendre de jouer un rôle actif dans cette mêlée, et fut fait prisonnier par les adversaires de son client, Reinaud de Martigné. On accusa de cette violence le célèbre Geoffroy, abbé de Vendôme, qui était aussi venu prendre part à la lutte. Mais celui-ci nia le fait. En 1104, Marbode assiste au concile de Troyes; en 1109, il administre l'église d'Angers, pendant un voyage à Rome de Reinaud. Vers la fin de sa vie, Marbode abdiqua la dignité pastorale, et se retira dans l'abbaye de Saint-Aubin, où il mourut. Sa vie avait été fort agitée; cependant il avait trouvé le loisir d'écrire des vers, fort goûtés de ses contemporains. Une lettre circulaire des moines de Saint-Aubin annonça la mort de Marbode comme un grand événement. Ulger, évêque d'Angers, fit en son honneur des vers, où, lui prodiguant les éloges les plus outrés, il nous apprend combien grande était sa renommée :

In toto mundo non invenitur eundo
Ullus compar ei nominis atque rei.
Omnes facundos sibi vidimus esse secundos,
Nullus in ingenio par, nec in eloquio.
Cessit ei Cicero, cessit Maro junctus Homero....

Nous supposons qu'Ulger ne croyait pas très-fermement à la supériorité de Marbode sur Cicéron, sur Virgile; mais durant tout le moyen âge on a sans scrupule abusé de l'hyperbole. Yves Mayenc a le premier publié les *Œuvres* de Marbode, en 1524. Beaugendre les a depuis jointes à celle d'Hildebert. L'art d'écrire en vers avait fait d'assez notables progrès dans le douzième siècle. Marbode, qui mourut dans la première moitié de ce siècle, offense plus d'une fois, comme son apologiste Ulger, et la grammaire et la prosodie. On doit néanmoins quelque reconnaissance aux éditeurs de ce poete : ses œuvres ont pour l'histoire littéraire un incontestable intérêt. B. H.

Gallia Christiana, XIV, col. 716. — *Hist. Litt. de la France*, X, 343.

MARBOIS (De). *Voy.* Barbé-Marbois.

MARBOT (*Antoine*), général français, né en 1750, à Beaulieu (Bas-Limousin), mort à Gênes, le 29 germinal an VIII (19 avril 1800). Il entra avant la révolution dans les gardes du corps du roi, donna sa démission en 1789, devint ensuite administrateur de la Corrèze, puis député à l'Assemblée législative, et rentra dans la carrière militaire. Il se signala en 1793 à la conquête de la Cerdagne espagnole, continua d'être employé à l'armée des Pyrénées occidentales en 1794 et 1795. Destitué en 1795, puis rétabli dans son grade de général de division peu de jours avant le 13 vendémiaire an IV (5 octobre 1795), il fut nommé à cette époque au Conseil des Anciens, où il se prononça contre le parti de Clichy. Il approuva toutes les mesures prises dans la journée du 18 fructidor an V, fut élu deux fois président, et demanda, en 1799, que la responsabilité des ministres ne fût plus un vain mot. Il sortit du conseil à cette époque, et remplaça le général Joubert dans le commandement de Paris et de la 17e division militaire. Devenu suspect par ses liaisons avec le parti de l'opposition, il fut envoyé avec son grade à l'armée d'Italie quelque temps avant le 18 brumaire, et mourut à Gênes, de l'épidémie qui ravageait alors cette ville. [Le Bas, *Dict. encyc. de la France*, avec addit.]

Rousselin, *Notice hist sur Marbot*; 1800, in-8°. — De Courcelles, *Dict. Hist. des Généraux français*.

MARBOT (*Antoine-Adolphe-Marcelin*), général français, fils aîné du précédent, né au château de La Rivière, à Altillac (Quercy), le 22 mars 1781, mort à sa terre de Bra, près Tulle, le 2 juin 1844. Entré au service en 1798 comme simple volontaire, il devint d'abord sous-lieutenant, le 13 vendémiaire an VIII, ensuite lieutenant et aide de camp de Bernadotte, général en chef de l'armée de l'ouest. Une conspiration républicaine ayant été découverte à Rennes à la fin de l'an X (1802), Marbot fut arrêté et détenu plusieurs mois en prison. On soupçonnait Bernadotte d'être à la tête du complot; mais on manquait de preuves, et tout fut mis en œuvre auprès de son aide de camp pour en obtenir quelques révélations compromettantes. Marbot tint ferme. Mis en liberté et renvoyé dans la 49e demi-brigade, il partit au mois de ventôse an XI pour l'Inde avec l'expédition commandée par le général Decaen. Rentré en France en 1806, il devint aide de camp du maréchal Augereau, fit la campagne d'Allemagne près de lui, et se distingua à la bataille d'Iéna, où il fut blessé, et à celle d'Eylau, où il eut un cheval tué sous lui. Augereau, forcé de quitter l'armée par suite de ses blessures, laissa son aide de camp à Massena, sous les ordres duquel Marbot servit jusqu'à la paix de Tilsitt. A la fin de 1808, Marbot partit pour l'Espagne, où il servit d'aide de camp au maréchal Lannes. Sa conduite à Tudela, le 23 novembre, lui valut le grade de chef d'escadron. Il passa ensuite à l'état-major du maréchal Berthier. Après la prise de Madrid, Marbot, étant parti d'Astorga pour porter des lettres de Napoléon à son frère Joseph, tomba dans une embuscade de guerillas, le 4 janvier 1809, fut blessé, fait prisonnier et conduit presque mourant sur les pontons de Cadix. Il parvint à s'échapper en février 1810, gagna l'Afrique, et rejoignit, au mois de mars, le corps du maréchal Victor, qui bloquait Cadix. Après avoir rempli une mission à Paris, Marbot fit, en 1810 et 1811, la campagne de Portugal comme aide de camp de Massena. Passé au 16e régiment de chasseurs, il fit la campagne de Russie avec ce corps. Blessé grièvement près de Witepsk, il tomba entre les mains des Russes et fut envoyé à Sarato sur le Volga. Il rentra en France après la paix, en 1814, et fut employé dans l'état-major de Paris. Aide de camp du maréchal Davout, ministre de la guerre pendant les Cent Jours, il quitta le service actif au licenciement de l'armée de la Loire. Ayant repris du service après la révolution de Juillet, il parvint au grade de maréchal de camp.

J. V.

Arnault, Jay, Jouy et Norvins, *Biogr. nouv. des Contemp.* — *Biogr. univ. et portat. des Contemp.*

MARBOT (*Jean-Baptiste-Antoine-Marcelin* baron), général français, frère cadet du précédent, né le 18 août 1782, au château de La Rivière, à Altillac (Quercy), mort à Paris, le 16 novembre 1854. Enrôlé volontairement en 1799, dans le 1er régiment de hussards, il fut nommé sous-lieutenant un mois plus tard, à la suite d'un brillant fait d'armes. Il assista au siége de Gênes, où son père trouva la mort. Pendant la seconde campagne d'Italie, il enleva des canons aux Autrichiens dans une charge de cavalerie, et à la bataille d'Austerlitz il déploya une grande activité comme aide de camp d'Augereau. Capitaine en 1807, il se fit remarquer à Eylau, en portant à travers le feu ennemi un ordre au 14e de ligne; un boulet le renversa, et on le retrouva au milieu des morts. De l'état-major d'Augereau il passa, en 1808, à celui du maréchal Lannes, et en 1809 à celui du maréchal Massena. Il fit sous ces deux chefs les deux premières campagnes d'Espagne, et fut blessé d'un coup de sabre à Agreda et d'un coup de feu qui lui traversa le corps au siége de Saragosse. La même année, il reçut un coup de biscaïen à la cuisse et un coup de feu au poignet à Znaïm. En 1812, il fit la campagne de Russie à la tête du 23e de chasseurs, et à la Bérézina il protégea, le mieux qu'il put, le passage de cette rivière. Blessé à la fois d'un coup de feu et d'un coup de lance à Jacobowo, pendant la retraite, il revint peu de mois après, et à peine guéri, recevoir en pleine poitrine la flèche d'un Baskir sur le champ de bataille de Leipzig. Au combat de Hanau, il fut de nouveau blessé par l'explosion d'un caisson. Enfin à Waterloo, dans une charge du 7e de hussards, qu'il commandait, il reçut encore une blessure d'une lance anglaise. La veille l'empereur l'avait nommé général de brigade. En garnison à Valenciennes, à l'époque du retour de Napoléon, il avait arboré le drapeau tricolore et forcé le gouverneur, qui voulait livrer la ville aux Anglais, à se retirer. Porté sur la liste d'exil, puis de bannissement le 24 juillet 1815, il se retira en Allemagne, où il écrivit de remarquables ouvrages sur l'art de la guerre. Rappelé en France par une ordonnance royale du mois de novembre 1819, il reçut de Charles X le commandement du 8e régiment de chasseurs à cheval. Dans son testament, l'empereur écrivit : « Je lègue au colonel Marbot cent mille francs: Je l'engage à continuer à écrire pour la défense de la gloire des armées françaises et à en confondre les calomniateurs et les apostats (1). » Marbot avait connu le duc d'Orléans en 1814, alors que le prince était colonel général de l'arme dans laquelle Marbot commandait un régiment. « Cette circonstance, dit M. Cuvilier-Fleury, avait décidé en lui le penchant qui le rapprocha depuis de la famille d'Orléans et qui plus tard l'engagea irrévocablement dans sa destinée. » Marbot, choisi pour diriger le jeune duc de Chartres dans son éducation militaire, ne quitta plus ce prince, devenu duc d'Orléans après la révolution de Juillet, et resta comme aide de camp auprès du comte de Paris, lorsque la mort eut frappé l'héritier présomptif de la couronne de Louis-Philippe. Nommé maréchal de camp après 1830, Marbot combattit auprès du duc d'Orléans à Anvers en 1831, à Mascara, où il commandait l'avant-garde, en 1835, pendant l'expédition des Portes de Fer en 1839, et à l'attaque du teniah de Mouzaïa en 1840. Il reçut sa dernière blessure en Afrique. Promu lieutenant général le 21 octobre 1838, il devint pair de France le 6 avril 1845 et membre du comité de cavalerie. Mis à la retraite après la révolution de Février, il vécut depuis loin des affaires, occupé à recueillir ses souvenirs militaires. On a de lui : *Remarques critiques sur l'ouvrage de M. le lieutenant général Rogniat intitulé: Considérations sur l'art de la guerre*; Paris, 1820, in-8°; — *De la Nécessité d'augmenter les forces militaires de la France, et moyen de le faire au meilleur marché possible*; Paris, 1825, in-8°. Le général Marbot a fourni l'article *Cavalerie* à l'*Encyclopédie moderne* de Courtin, tiré à part, 1825, in-8°. Il a été en outre un des collaborateurs les plus distingués du *Spectateur militaire*, et a laissé plusieurs volumes de mémoires fort curieux.

L. LOUVET.

Cuvilier-Fleury, *Le général Marbot*, dans le *Journal des Débats* du 22 novembre 1854. — Arnault, Jay, Jouy et Norvins, *Biogr. nouv. des Contemp.* — *Biogr. univ. et portat. des Contemp.*

MARBOURG (*Conrad* DE). *Voy.* CONRAD.

MARC (Saint), second évangéliste, vivait dans la seconde moitié du premier siècle de notre ère, principalement à Alexandrie. Au rapport de saint Jérôme, il était Juif d'origine, de la tribu de Lévi. Suivant Nicéphore, il était neveu (fils de la sœur) de saint Pierre et son filleul. C'était peut-être le même que le Jean Marc dont il est question dans les Actes des Apôtres (XII, 12), et qui allait avec saint Barnabé prêcher l'Évangile dans différents pays de l'Asie Mineure, mais qu'il quitta à Perge pour revenir à Jérusalem (2). Cette séparation fâcha saint Paul, qui cependant se réconcilia plus tard avec lui, à en juger par ce passage (*Coloss.*, IV, 24) à Philémon : « Marc te salue », et surtout par celui de II *Timoth.*, IV, 11 : « Amène-moi Marc, car il m'est utile ».

(1) Sur ce legs, Marbot avait reçu 62,148 fr.; 32,818 fr. ont été ajoutés pour ses héritiers en 1855.

(2) *Act. Apost.*, XII, 25; XIII, 5, 13.

Saint Pierre aussi (1) parle d'un Marc; mais était-il identique avec Jean Marc, compagnon de saint Barnabé? Les uns, comme Grotius, Lightfoot, etc., le croient, les autres sont de l'opinion contraire. Quoi qu'il en soit, le Marc dont parle Pierre était bien notre évangéliste : c'était le fidèle et zélé compagnon de l'apôtre, qui l'appelle son *fils*. Suivant saint Épiphane, saint Marc était au nombre des disciples qui s'étaient scandalisés du sermon de Jésus-Christ sur le sang et la chair (saint Jean, VI, 60 et 66). Mais au rapport de Papias, dont le temoignage est moins contestable, saint Marc n'aurait jamais entendu le Christ de son vivant.

Saint Marc paraît avoir écrit l'Évangile qui porte son nom, vers l'an 65, non pas, comme le prétendait Baronius, en latin, mais en grec. Son style ressemble assez à celui des épîtres de saint Pierre; aussi dans les premiers siècles du christianisme appelait-on son Évangile l'*Évangile de saint Pierre* (2). Saint Marc n'est pas, comme on l'a dit, l'abréviateur de saint Matthieu; car il y a dans le premier des détails (chap. I, 23; VIII, 32; XII, 41; XVII, 12) qui ne sont pas dans le dernier. Il est plus complet que tous les autres évangélistes pour le récit des miracles et des paraboles de Jésus-Christ. Enfin, il s'accorde parfaitement avec eux en tout ce qui concerne l'esprit de l'enseignement du Sauveur. Il montre combien la nouvelle religion diffère de celle des Juifs, qui tenaient surtout aux pratiques extérieures du culte. Ainsi, les Juifs ayant reproché à ses disciples de prendre leur repas avec des mains impures, Jésus leur dit : « C'est avec raison qu'Isaïe a dit de vous, ô hypocrites : Ce peuple m'honore des lèvres, mais leur cœur est bien loin de moi; c'est en vain qu'ils m'honorent publiant des maximes et des ordonnances, car, laissant là le commandement de Dieu, vous observez avec soin la tradition des hommes, lavant les pots, les coupes, et faisant beaucoup d'autres choses semblables... » Se résumant, il déclare que ce qui souille l'homme ce sont ses mauvaises pensées, traduites par de mauvaises actions (3). Le vrai sel purificateur, c'est la paix que les hommes doivent garder entre eux : ἔχετε, ἐν ἑαυτοῖς ἅλας, καὶ εἰρηνεύετε ἐν ἀλλήλοις (4).

C'est surtout les rapports de Jésus-Christ avec les pharisiens, les scribes et les sadducéens que saint Marc expose admirablement. Les pharisiens avaient été chargés par Hérode et le sanhédrin d'embarrasser Jésus par des questions insidieuses. « Nous savons, maître, lui dit l'un d'eux, que vous êtes véridique, car vous ne regardez pas la qualité des personnes; faut-il ou ne faut-il pas payer tribut à Cesar? » — « Pourquoi me tentez-vous? Apportez-moi un denier que je le voie... De qui est cette image et cette inscription? — De César. — Rendez donc à César ce qui est à César et à Dieu ce qui est à Dieu (1). » C'est dans le même sens qu'il prêchait à ses disciples : « Vous savez que ceux qui sont regardés comme les maîtres des peuples les dominent, et que leurs grands (μεγάλοι αὐτῶν) ont pouvoir sur eux : il n'en est point de même parmi vous; mais si quelqu'un veut devenir grand chez vous, qu'il soit d'abord votre serviteur, et celui qui voudra être votre chef (ὑμῶν πρῶτος) devra être le serviteur de tous (πάντων δοῦλος) (2); car le fils de l'homme n'est pas venu pour se faire servir, mais pour servir et donner sa vie pour la rédemption du grand nombre (3). » Il est impossible d'indiquer en termes plus formels la séparation du pouvoir temporel d'avec le pouvoir spirituel.

« Gardez-vous, dit encore Jésus, des scribes qui aiment à se promener vêtus de longues robes, à être salués sur les places publiques, à occuper les premiers siéges dans les synagogues et les premières places dans les festins; qui dévorent les maisons des veuves sous prétexte qu'ils font de longues prières (4). » Enfin, le divin législateur a résumé toute sa doctrine dans cette belle réponse au scribe qui lui avait demandé quel était le premier de tous les commandements : « Écoutez, Israel, le Seigneur notre Dieu est notre seigneur unique (εἷς κύριος) : vous l'aimerez de tout votre cœur, de toute votre âme et de toutes vos forces : c'est là le premier commandement. Le second est égal à celui-là (δευτέρα αὕτη) (5) : Tu aimeras ton prochain comme toi-même. Il n'y a pas d'autre commandement plus grand que ceux-là (6). »

Le dernier chapitre (XVIe) de l'Évangile de saint Marc manquait, selon saint Jérôme, en grande partie dans les premiers manuscrits, et quelques-uns l'ont donné comme supposé. On attribue à tort au même évangéliste l'Évangile dit *Egyptien*, ainsi que le livre de la Liturgie (imprimés à Paris en 1583, en grec et en latin). — Le lion est le symbole de saint Marc, par allégorie, à ce qu'on prétend, à ces mots : *vox clamantis in deserto*, qui, à l'exclusion des deux premiers versets, commencent l'Évangile de saint Marc. F. H.

Saint Jérôme, *Adv. Hæres.*, lib. III; *De Script. eccles.* — Saint Clement d'Alexandrie, *Hypotyp.*, lib. VI. — Eu-

(1) I. *Petr.*, V, 13.

(2) Saint Jérôme. *Epist.* CL, *ad Hedibiam*; Tertullien, lib. IV, *contra Marcion.*; Nicéphore, II, c. 15.

(3) Saint Marc, VII, 6 et suiv.

(4) Ibid., chap. IX, 50.

(1) Saint Marc, chap. XII, 14-17.

(2) C'est sans doute pour suivre la lettre, et non l'esprit de ce précepte de Jésus, que les papes signent : *Servus servorum Dei*. Du moins l'histoire le prouve.

(3) Saint Marc, X, 42-45.

(4) Ibid., XII, 38-40.

(5) Cette phrase a été inexactement rendue par la plupart des interprètes : les mots δευτέρα αὕτη (*secunda eadem ipsa*) impliquent une *egalité*, et non une *similitude*. Aussi ne fallait-il pas traduire : *Secundum autem simile est* (Vulgate).

(6) Saint Marc, chap. XII, 29-31.

sèbe, II, 15. — Papias, lib. III, c. XXXIX. — Winer, *Bibl. Real Lexicon*. — Ebrard, *Kritik der Evangelischen Geschichte*.

MARC (Μαρκός), hérésiarque grec, de la secte des gnostiques, vivait vers le milieu du second siècle après J.-C. On a peu de détails sur sa vie; ceux que nous a transmis saint Irénée ne sont ni explicites ni impartiaux. Irénée, suivi en cela par les autres Pères de l'Église, attribue à l'hérésiarque une grossière immoralité. Il semble que Marc était originaire d'Asie ou peut-être d'Égypte (suivant saint Jérôme), et qu'il prêcha ses doctrines en Orient; mais ses disciples, appelés *Marcosiens* (Μαρκώσιοι) se répandirent aussi en Occident, et particulièrement en Gaule et en Espagne. Saint Irénée donne une longue exposition de leurs doctrines, qui étaient fondées sur l'hypothèse gnostique des éons. D'après Irenée, Marc prétendait avoir acquis sa connaissance des éons et de l'origine de l'univers par une révélation des quatre premiers ordres des eons, qui étaient descendus vers lui de la région de l'invisible et de l'ineffable sous une forme féminine. Il se peut que Marc se soit prétendu favorisé d'une révélation particulière; il se peut aussi que saint Irénée ait pris trop à la lettre la forme poétique et orientale sous laquelle Marc exprimait ses doctrines; mais l'extravagance et l'inanité du système des Marcosiens ne sont pas douteuses. Comme les écrivains juifs cabalistiques, Marc cherchait des mystères dans le nombre et la position des lettres. Il établit une singulière comparaison entre les trente éons du royaume invisible et les trente lettres de l'alphabet. « La profondeur divine doit, disait-il, s'être exprimée par les quatre gradations de la double pluralité, de la décade et de la dodécade, comme par autant de syllabes. Il en est de même de la création du monde et de sa dissolution... Ainsi comme Dieu ne peut être connu dans son unité, il s'est révélé dans la pluralité des lettres : Dieu est infini, et toute lettre du mot qui le révèle doit impliquer aussi l'infinité; car son nom peut être écrit en plusieurs lettres dont chacune se décompose en une autre lettre et ainsi à l'infini. » Ces subtilités inintelligibles ne sont que le prélude d'abstractions plus elevées, mais aussi peu claires. Matter, Néander, Ritter les ont exposées sans les rendre compréhensibles; nous renvoyons à leurs ouvrages. En somme, Marc regardait la création entière comme l'expression de l'inexpressible, et par delà l'inexpressible il plaçait l'inconcevable, réduisant la notion de Dieu à n'être qu'une vaine abstraction. Irénée accuse Marc et ses disciples d'avoir exploité à leur profit la crédulité des adeptes, parmi lesquels se trouvaient beaucoup de femmes riches. Il soupçonne de plus que cet hérésiarque etait assisté par le démon, qui lui inspirait le don de prophétie et qui le communiquait aussi à certaines femmes de sa secte. Enfin, il l'accuse d'avoir employé les philtres et les potions aphrodisiaques. Plusieurs critiques pensent que ces imputations ne sont pas fondées, ou que du moins elles ne s'appliquent pas à tous les Marcosiens. Il semble que ces hérétiques acceptaient l'autorité des livres canoniques et qu'ils y joignaient des livres apocryphes, entre autres l'Evangile de l'enfance de Jésus. L. J.

Saint Irénee, *Adv. Hæres.*, I, 8-18. — Saint Épiphane, *Hæres.* — Tertullien, *Adversus Valentinianos*, c. 4; *De Resurrectione Carnis*, c. 5. — Théodoret, *Hæreticarum Fabularum Compendium*, c. 9. — Eusèbe, *Hist. Evang.*, IV, 11. — Philastrius, *De Hæresibus post Christum*, c. 14. — Prædestinatus, *De Hæresib.*, I, 14. — Saint Augustin, *De Hæres.*, c. 15. — Saint Jérôme, *Comm. in Isai.*, LXIV, 4, 5; *Epist. ad Theodoram*, 75, édit. de Vallars. — Ittigius, *De Hæresiarchis*, II. — Tillemont, *Mémoires ecclésiastiques*, vol. II, p. 291. — Lardner, *Histor. of Heretics*, II, 7. — Neander, *Kirchengeschichte*, t. II. — Matter, *Hist. critique du Gnosticisme*. — Ritter, *Hist. de la Philosophie chretienne*, t. I.

MARC (Saint), trente-quatrième pape, mort le 7 octobre 336, à Rome. Il était Romain de naissance. Constantin l'avait désigné comme un des juges de l'hérésiarque Donat. Quelques auteurs prétendent qu'avant de prendre la tiare, il porta le titre de cardinal, titre qui était donc dès ce temps-là en usage. Il fut élu pape, le 18 janvier 336, et succéda à saint Sylvestre Ier. La durée de son pontificat ne fut que de quelques mois. Dans ce court espace de temps, il aurait, dit-on, fondé deux basiliques, dans l'une desquelles, celle de Saint-Marc où il fut inhumé, et procédé à une ordination nombreuse d'évêques et de prêtres. Il eut la douleur de voir avant de mourir l'empereur Constantin remettre en grâce Arius comme un innocent calomnié. « On n'est pas d'accord, dit Artaud, sur la question de savoir si c'est saint Marc, ou saint Damase Ier qui ordonna de réciter à la messe, après l'Évangile, le symbole de Nicée : *Credo in unum Deum*, etc. Innocent VIII veut que ce soit Damase. » L'épître connue sous le nom de Marc, et qui est adressée à saint Athanase et aux évêques d'Égypte, est regardée comme apocryphe par quelques critiques. Ce pape eut pour successeur Jules Ier. K.

Baronius, *Annales*. — Bellarmin, *De Romanis Pontif.*, lib. 2, c. 144. — Artaud, *Hist. des souverains Pontifes*, I.

MARC (*Antoine*), linguiste autrichien, né à Laybach, le 13 avril 1735, mort à Mariabrunn, près de Vienne, le 5 février 1801. Entré de bonne heure chez les augustins de Laybach, il se retira vers la fin de sa vie dans la proximité de Vienne. On a de lui : *Krainska Grammatica* (Grammaire carniolienne); Laybach, 1768 et 1783, in-8°; — *Parvum Dictionarium trilingue;* Laybach, 1782, in-4° : lexique carniolien, allemand et latin; — *Glossarium Slavicum;* Vienne, 1792, in-4°; — *Adjumentum Poeseos Carniolicæ;* Vienne, 1798, in-8°; — *Bibliotheca Scriptorum Carnioliæ*, en manuscrit à la bibliothèque du *Theresianum* de Vienne, ainsi qu'une *Brevis Chronica Carnioliæ*. O.

Allgemeine Literatur-Zeitung (Intelligenz-Blatt, année 1803). — *Œstreichische National-Encyclopædie.*

MARC (*Charles-Chrétien-Henri*), médecin français, d'origine allemande, né à Amsterdam, le 4 novembre 1771, mort à Paris, le 12 janvier 1841. Son père, qui était Allemand, et sa mère, qui était Hollandaise, vinrent s'établir au Havre en 1772, et y restèrent avec lui jusqu'en 1780. Ramené en Allemagne en 1781, il fut placé au collége de Schepfenthal, en Saxe, dirigé par Saltzmann. Reçu docteur à Erlangen en 1791, il vint, à la fin de 1795, à Paris, et s'y lia avec Bichat, Ribes et Alibert, et sous la direction de Corvisart il contribua, avec Fourcroy, Cabanis, Desgenettes, Larrey, Duméril, Pinel et d'autres, à la formation de la Société Médicale d'Émulation. Lorsque le docteur Herbauer suivit le roi Louis-Napoléon en Hollande, en 1806, il laissa sa clientèle à Marc, qui devint en 1816 membre du conseil de salubrité et fut chargé du service des secours à donner aux noyés et asphyxiés. Six semaines après son organisation, l'Académie de Médecine le choisit pour un de ses membres. En 1829, Marc fonda avec Esquirol, Parent-Duchatelet, Barruel, Darcet, Orfila, Keraudren, Devergie, Leuret, etc., les *Annales d'Hygiène publique et de Médecine légale*, dont il écrivit l'introduction. Il s'occupa surtout de la création d'une société de sauvetage, rédigea un grand nombre de consultations médico-légales, et publia un magnifique travail sur la folie, à laquelle il attribue quantité de faits criminels. Une congestion pulmonaire l'emporta d'une manière rapide. Ayant guéri la princesse Adélaïde d'une maladie en 1817, il devint médecin du duc d'Orléans, et premier médecin du roi après la révolution de Juillet. « C'était, dit Pariset, un homme simple et modeste autant qu'éclairé, serviable et généreux, même envers ses ennemis; humain, désintéressé, ne refusant ses soins à personne, mais donnant toujours aux pauvres la préférence sur les riches; faisant le bien et se cachant pour le faire comme d'autres se cachent pour faire le mal. » On a de Marc : *Dissertatio inauguralis medica, sistens historiam morbi rarioris spasmodici cum brevi epicrisi;* Erlangen, 1792, in-8°; — *Allgemeine Bermerkungen über die Gifte und ihre Wirkungen im menschlichen Körper, nach dem Brownischen systeme dargestellt* (Observations générales sur les poisons et sur les effets qu'ils produisent dans le corps de l'homme, d'après le système de Brown); Erlangen, 1795, in-8°; — *Sur les Hémorrhoïdes fermées*, traduit de l'allemand de Hildenbrand; Paris, 1804, in-8°; — *Manuel d'Autopsie cadavérique médico-légale*, traduit de l'allemand de Rose, augmenté de notes et de deux mémoires sur la docimasie pulmonaire et sur les moyens de constater la mort; Paris, 1808, in-8°; — *Recherches sur l'emploi du sulfate de fer dans le traitement des fièvres intermittentes;* Paris, 1810, in-8°; — *La Vaccine soumise aux simples lumières de la raison;* Paris, 1810, 1836, in-12; — *Fragmenta quædam de morborum simulatione;* Paris, 1811, in-4°; — *Commentaire sur la loi de Numa Pompilius relative à l'ouverture cadavérique des femmes mortes enceintes;* Paris, 1811; — *Rapports sur quelques cas contestés d'aliénation mentale;* dans les *Annales d'Hygiène*, tome IV; — *Examen médico-légal des causes de la mort de S. A. R. le prince de Condé;* Paris, 1831, in-8°; — *Nouvelles Recherches sur les secours à donner aux noyés et asphyxiés;* Paris, 1835, in-8°; — *Rapport au nom d'une commission de l'Académie royale de Médecine sur l'établissement des conseils de salubrité départementaux;* dans le *Bulletin de l'Académie*, 1837, tome Ier; — *De la folie considérée dans ses rapports avec les questions médico-judiciaires;* Paris, 1840, 2 vol. in-8°. Marc a encore fourni de nombreux articles au *Dictionnaire des Sciences médicales*, au *Dictionnaire de Médecine*, à la *Bibliothèque Médicale*. Il a publié un mémoire sur la préparation du gaz azote, qu'il avait cru propre à guérir la phthisie pulmonaire, dans les *Chemische Annalen* de Crell en 1795, et tracé des règles diététiques à l'usage des voyageurs dans le *Taschenbuch fuer Reisende* de Fick en 1797. L. L—T.

Pariset, *Éloge de Ch.-Chr.-H. Marc*, lu à l'Académie de Médecine, le 6 décembre 1842. — Pariset et Ollivier d'Angers, *Discours aux obsèques du docteur Marc*, en tête de l'ouvrage de Marc sur *La Folie*. — Reveille-Parise, *Notice sur le docteur Marc* — Sarrut et Saint-Edme *Biogr. des Hommes du Jour*, tome II, 2e partie, p. 23. — *Le Biographe et le Necrologe réunis*, tome I, p. 268.

MARC DE LA NATIVITÉ. *Voy.* GENEST.

MARC-ANTOINE. *Voy.* ANTOINE et RAIMONDI.

MARCA (*Pierre* DE), historien et prélat français, né à Pau (Béarn), le 24 janvier 1594, mort à Paris, le 29 juin 1662. Fils du sénéchal de Béarn et descendant d'une famille noble originaire d'Espagne, il fut élevé chez les jésuites d'Auch, étudia le droit à Toulouse, et fut pourvu à dix-neuf ans de la charge qu'avait son père dans le conseil de Pau, dont il était alors le seul membre catholique. Lorsqu'en 1621 Louis XIII érigea ce conseil en parlement, il l'en nomma président, en récompense des soins qu'il avait pris pour rétablir l'orthodoxie dans le Béarn. Après la mort de sa femme, Marguerite de Fargues, qu'il perdit en 1632 et dont il eut plusieurs enfants, Marca prit les ordres, et fut nommé en 1639 conseiller d'État, place qu'il dut autant à son mérite qu'à la faveur du chancelier Séguier. Le cardinal de Richelieu l'ayant chargé de répondre à l'ouvrage du docteur Hersent, intitulé : *Optatus Gallus de cavendo schismate*, Marca composa son ouvrage le plus remarquable : *De Concordia Sacerdotii et Imperii*, dont la première partie fut imprimée en 1641. L'année suivante, il fut nommé à l'évêché de Couserans; mais comme dans cet ouvrage les théologiens ultramontains crurent voir certaines opinions contraires à celles de la cour de Rome, Marca ne put obtenir les bulles d'institution qu'en 1647, après avoir donné des marques suffisantes de soumission aux droits du saint-siége, et promis les corrections nécessaires dans un autre ouvrage qu'il fit imprimer à Barcelone, in-4°, et qui se trouve dans les éditions in-folio du livre précédent. Dans l'intervalle, la Catalogne était passée sous la domination de la France, et Marca avait été fait en 1644 visiteur général et intendant de cette province. Le 27 mai 1652 il fut investi de l'archevêché de Toulouse. De pieuses et utiles fondations furent dues aux soins du savant prélat, qui pour obtenir les bonnes grâces du pape Innocent X lui déféra neuf propositions, contenant presque tout le système de Febronius, et réfutées par onze règles où la doctrine de la hiérarchie est clairement établie. Ses fonctions lui permirent de présider plusieurs fois les états du Languedoc. Nommé ministre d'État en 1658, il fut choisi avec Hyacinthe Serroni, évêque d'Orange, pour fixer la délimitation des frontières des deux royaumes de France et d'Espagne. Après cette opération, Marca revint à Paris, et le cardinal de Retz ayant enfin donné sa démission du siége métropolitain de la capitale, le roi le lui conféra, par brevet du 26 février 1662. Ce fut vers cette époque que pour se rendre la cour de Rome de plus en plus favorable, et peut-être aussi, disent ses ennemis, dans l'intention de se procurer le chapeau de cardinal, Marca s'unit avec les jésuites contre le livre de Jansenius, dressa le premier le projet d'un formulaire où l'on condamnait les cinq fameuses propositions dans le sens de l'auteur, et prétendit que ces cinq propositions résultaient clairement de la doctrine et du dessein de l'évêque d'Ypres et des preuves que ce prélat employait. Cette fois, ses bulles ne se firent pas attendre : il les obtint dans le consistoire du 5 juin 1662; mais le jour même qu'elles arrivèrent à Paris Marca mourut. On l'inhuma dans le chœur de la cathédrale de Paris. Sa mort donna lieu à cette épitaphe badine :

Ci gît l'illustre de Marca,
Que le plus grand des rois marqua
Pour le prélat de son église ;
Mais la mort, qui le remarqua,
Et qui se plaît à la surprise,
Tout aussitôt le demarqua.

Pierre de Marca fut un des plus savants prélats de l'Église gallicane, de l'aveu même de l'abbé de Longuerue, qui, d'ailleurs, le traite assez mal. « De tous nos évêques, dit-il, on ne peut citer en fait de savoir que M. de Marca; mais il avait acquis sa grande érudition longtemps avant que d'entrer dans l'Église, et il la devait au barreau. » Cet écrivain ne pouvait lui pardonner d'avoir démenti ses principes par sa rétractation; et si l'on en croit le même auteur, quand M. de Marca disait mal, c'est qu'il était payé pour ne pas bien dire, ou qu'il espérait l'être. Ses principaux ouvrages, écrits d'un style ferme, assez pur, sans affectation et sans embarras, sont : *De Concordia Sacerdotii et Imperii, seu de libertatibus Ecclesiæ Gallicanæ libri VIII;* la meilleure édition est celle de Paris, 1704, in-fol., par Baluze, à qui de Marca en mourant avait confié tous ses manuscrits. Cet ouvrage, le plus savant que nous ayons sur cette matière, fut réimprimé à Francfort et à Leipzig en 1708, in-fol., avec des augmentations par Boehmer. Le prélat laissa en manuscrit une suite de cet ouvrage dans laquelle il revient à ses premiers sentiments, plus sincères et plus vrais que ceux de sa rétractation; — *Histoire de Béarn;* Paris, 1640, in-fol. On trouve dans cette histoire, devenue très-rare, des éclaircissements utiles sur l'origine des rois de Navarre, des ducs de Gascogne, des comtes de Toulouse, etc., et l'on y prend une grande idée de l'érudition de l'auteur; — *Marca Hispanica, sive limes Hispanicus, edente Steph. Baluzio;* Paris, 1688, in-fol. C'est une description aussi savante que curieuse de la Catalogne, du Roussillon et des frontières de France et d'Espagne; — *Dissertatio de Primatu Lugdunensi et cæteris primatibus;* 1644, in-8°; — *Relation de ce qui s'est fait depuis 1653 dans les assemblées des évêques au sujet des cinq propositions;* Paris, 1657, in-4°. Cette relation était peu favorable aux jansénistes, qui n'épargnèrent point son auteur. Nicole le réfuta dans son *Belga percontator*, et plusieurs autres écrivains se mirent sous ses drapeaux, mais sans imiter sa modération. En 1669 et en 1681, Baluze mit au jour deux recueils in-8°; le premier renferme trois dissertations déjà imprimées, et le second plusieurs opuscules sur la venue de Jésus Christ, sur les Mages, sur la primauté de saint Pierre, sur la différence des clercs et des laïques d'après le droit divin, sur le temps du concile de Sirmich contre Photin, évêque de cette ville, sur la lettre synodique d'un concile d'Illyrie, sur les anciennes collections des canons, etc. L'abbé de Faget, cousin germain du savant archevêque, publia, en 1668, in-4°, un recueil contenant quatre traités latins, et trois français; les traités latins sont sur le sacrement de l'Eucharistie, sur le sacrifice de la Messe, et sur le patriarcat de Constantinople. Ce recueil est précédé d'une *Vie* en latin de Pierre de Marca; elle est étendue et curieuse, et il s'éleva à son occasion une dispute fort vive entre Baluze et l'abbé de Faget, dispute qui fit peu d'honneur à l'un et à l'autre de ces écrivains. Ils s'accablèrent d'injures dans des lettres imprimées à la fin d'une nouvelle édition de ce recueil, 1669, in-8°, préférable à la première.

H. Fisquet (de Montpellier).

Gallia Christiana, I et VII. — De Faget, *Vie de Pierre de Marca*. — Abbé Bompart, *Éloge de Marca;* Paris, 1672, in-8°. — De Longuerue, *Dissertations diverses*, passim. — *Mercure de France*, 1644 à 1662. — Fisquet, *France Pontificale*.

MARCA (*Giovanni-Battista della*). *Voy.* Lombardelli (*Giovanni-Battista*).

MARCABRUN, troubadour français, né en Gascogne, vers 1140, mort vers la fin du

MARC (*Charles-Chrétien-Henri*), médecin français, d'origine allemande, né à Amsterdam, le 4 novembre 1771, mort à Paris, le 12 janvier 1841. Son père, qui était Allemand, et sa mère, qui était Hollandaise, vinrent s'établir au Havre en 1772, et y restèrent avec lui jusqu'en 1780. Ramené en Allemagne en 1781, il fut placé au collége de Schepfenthal, en Saxe, dirigé par Saltzmann. Reçu docteur à Erlangen en 1791, il vint, à la fin de 1795, à Paris, et s'y lia avec Bichat, Ribes et Alibert, et sous la direction de Corvisart il contribua, avec Fourcroy, Cabanis, Desgenettes, Larrey, Duméril, Pinel et d'autres, à la formation de la Société Médicale d'Émulation. Lorsque le docteur Herbauer suivit le roi Louis-Napoléon en Hollande, en 1806, il laissa sa clientèle à Marc, qui devint en 1816 membre du conseil de salubrité et fut chargé du service des secours à donner aux noyés et asphyxiés. Six semaines après son organisation, l'Académie de Médecine le choisit pour un de ses membres. En 1829, Marc fonda avec Esquirol, Parent-Duchatelet, Barruel, Darcet, Orfila, Keraudren, Devergie, Leuret, etc., les *Annales d'Hygiène publique et de Médecine légale*, dont il écrivit l'introduction. Il s'occupa surtout de la création d'une société de sauvetage, rédigea un grand nombre de consultations médico-légales, et publia un magnifique travail sur la folie, à laquelle il attribue quantité de faits criminels. Une congestion pulmonaire l'emporta d'une manière rapide. Ayant guéri la princesse Adélaïde d'une maladie en 1817, il devint médecin du duc d'Orléans, et premier médecin du roi après la révolution de Juillet. « C'était, dit Pariset, un homme simple et modeste autant qu'éclairé, serviable et généreux, même envers ses ennemis; humain, désintéressé, ne refusant ses soins à personne, mais donnant toujours aux pauvres la préférence sur les riches; faisant le bien et se cachant pour le faire comme d'autres se cachent pour faire le mal. » On a de Marc : *Dissertatio inauguralis medica, sistens historiam morbi rarioris spasmodici cum brevi epicrisi*; Erlangen, 1792, in-8°; — *Allgemeine Bemerkungen über die Gifte und ihre Wirkungen im menschlichen Körper, nach dem Brownischen systeme dargestellt* (Observations générales sur les poisons et sur les effets qu'ils produisent dans le corps de l'homme, d'après le système de Brown); Erlangen, 1795, in-8°; — *Sur les Hémorrhoïdes fermées*, traduit de l'allemand de Hildenbrand; Paris, 1804, in-8°; — *Manuel d'Autopsie cadavérique médico-légale*, traduit de l'allemand de Rose, augmenté de notes et de deux mémoires sur la docimasie pulmonaire et sur les moyens de constater la mort; Paris, 1808, in-8°; — *Recherches sur l'emploi du sulfate de fer dans le traitement des fièvres intermittentes*; Paris, 1810, in-8°; — *La Vaccine soumise aux simples lumières de la raison*; Paris, 1810, 1836, in-12; — *Fragmenta quædam de morborum simulatione*; Paris, 1811, in-4°; — *Commentaire sur la loi de Numa Pompilius relative à l'ouverture cadavérique des femmes mortes enceintes*; Paris, 1811; — *Rapports sur quelques cas contestés d'aliénation mentale*; dans les *Annales d'Hygiène*, tome IV; — *Examen médico-légal des causes de la mort de S. A. R. le prince de Condé*; Paris, 1831, in-8°; — *Nouvelles Recherches sur les secours à donner aux noyés et asphyxiés*; Paris, 1835, in-8°; — *Rapport au nom d'une commission de l'Académie royale de Médecine sur l'établissement des conseils de salubrité départementaux*; dans le *Bulletin de l'Académie*, 1837, tome Ier; — *De la folie considérée dans ses rapports avec les questions médico-judiciaires*; Paris, 1840, 2 vol. in-8°. Marc a encore fourni de nombreux articles au *Dictionnaire des Sciences médicales*, au *Dictionnaire de Médecine*, à la *Bibliothèque Medicale*. Il a publié un mémoire sur la préparation du gaz azote, qu'il avait cru propre à guérir la phthisie pulmonaire, dans les *Chemische Annalen* de Crell en 1795, et tracé des règles diététiques à l'usage des voyageurs dans le *Taschenbuch fuer Reisende* de Fick en 1797. L. L—T.

Pariset, *Éloge de Ch.-Chr.-H. Marc*, lu à l'Academie de Medecine, le 8 décembre 1842. — Pariset et Ollivier d'Angers, *Discours aux obsèques du docteur Marc*, en tête de l'ouvrage de Marc sur *La Folie*. — Reveille-Parise, *Notice sur le docteur Marc*. — Sarrut et Saint-Edme *Biogr. des Hommes du Jour*, tome II, 2e partie, p. 23. — *Le Biographe et le Necrologe réunis*, tome I, p. 268.

MARC DE LA NATIVITÉ. *Voy.* GENEST.

MARC-ANTOINE. *Voy.* ANTOINE et RAIMONDI.

MARCA (*Pierre* DE), historien et prélat français, né à Pau (Béarn), le 24 janvier 1594, mort à Paris, le 29 juin 1662. Fils du sénéchal de Béarn et descendant d'une famille noble originaire d'Espagne, il fut élevé chez les jésuites d'Auch, étudia le droit à Toulouse, et fut pourvu à dix-neuf ans de la charge qu'avait son père dans le conseil de Pau, dont il était alors le seul membre catholique. Lorsqu'en 1621 Louis XIII érigea ce conseil en parlement, il l'en nomma président, en récompense des soins qu'il avait pris pour rétablir l'orthodoxie dans le Béarn. Après la mort de sa femme, Marguerite de Fargues, qu'il perdit en 1632 et dont il eut plusieurs enfants, Marca prit les ordres, et fut nommé en 1639 conseiller d'État, place qu'il dut autant à son mérite qu'à la faveur du chancelier Seguier. Le cardinal de Richelieu l'ayant chargé de répondre à l'ouvrage du docteur Hersent, intitulé : *Optatus Gallus de cavendo schismate*, Marca composa son ouvrage le plus remarquable : *De Concordia Sacerdotii et Imperii*, dont la première partie fut imprimée en 1641. L'année suivante, il fut nommé à l'évêché de Couserans; mais comme dans cet ouvrage les théologiens ultramontains crurent voir certaines opinions contraires à celles de la cour de Rome, Marca ne put obtenir les bulles d'institution qu'en 1647, après avoir donné des marques suffisantes de soumission aux droits du saint-siége, et promis les corrections nécessaires dans un autre ouvrage qu'il fit imprimer à Barcelone, in-4°, et qui se trouve dans les éditions in-folio du livre précédent. Dans l'intervalle, la Catalogne était passée sous la domination de la France, et Marca avait été fait en 1644 visiteur général et intendant de cette province. Le 27 mai 1652 il fut investi de l'archevêché de Toulouse. De pieuses et utiles fondations furent dues aux soins du savant prélat, qui pour obtenir les bonnes grâces du pape Innocent X lui déféra neuf propositions, contenant presque tout le système de Febronius, et réfutées par onze règles où la doctrine de la hiérarchie est clairement établie. Ses fonctions lui permirent de présider plusieurs fois les états du Languedoc. Nommé ministre d'État en 1658, il fut choisi avec Hyacinthe Serroni, évêque d'Orange, pour fixer la délimitation des frontières des deux royaumes de France et d'Espagne. Après cette opération, Marca revint à Paris, et le cardinal de Retz ayant enfin donné sa démission du siége métropolitain de la capitale, le roi le lui conféra, par brevet du 26 février 1662. Ce fut vers cette époque que pour se rendre la cour de Rome de plus en plus favorable, et peut-être aussi, disent ses ennemis, dans l'intention de se procurer le chapeau de cardinal, Marca s'unit avec les jésuites contre le livre de Jansenius, dressa le premier le projet d'un formulaire où l'on condamnait les cinq fameuses propositions dans le sens de l'auteur, et prétendit que ces cinq propositions résultaient clairement de la doctrine et du dessein de l'évêque d'Ypres et des preuves que ce prélat employait. Cette fois, ses bulles ne se firent pas attendre : il les obtint dans le consistoire du 5 juin 1662; mais le jour même qu'elles arrivèrent à Paris Marca mourut. On l'inhuma dans le chœur de la cathédrale de Paris. Sa mort donna lieu à cette épitaphe badine :

> Ci gît l'illustre de Marca,
> Que le plus grand des rois marqua
> Pour le prélat de son église;
> Mais la mort, qui le remarqua,
> Et qui se plaît à la surprise,
> Tout aussitôt le démarqua.

Pierre de Marca fut un des plus savants prélats de l'Église gallicane, de l'aveu même de l'abbé de Longuerue, qui, d'ailleurs, le traite assez mal. « De tous nos évêques, dit-il, on ne peut citer en fait de savoir que M. de Marca; mais il avait acquis sa grande érudition longtemps avant que d'entrer dans l'Église, et il la devait au barreau. » Cet écrivain ne pouvait lui pardonner d'avoir démenti ses principes par sa rétractation; et si l'on en croit le même auteur, quand M. de Marca disait mal, c'est qu'il était payé pour ne pas bien dire, ou qu'il espérait l'être. Ses principaux ouvrages, écrits d'un style ferme, assez pur, sans affectation et sans embarras, sont : *De Concordia Sacerdotii et Imperii, seu de libertatibus Ecclesiæ Gallicanæ libri VIII*; la meilleure édition est celle de Paris, 1704, in-fol., par Baluze, à qui de Marca en mourant avait confié tous ses manuscrits. Cet ouvrage, le plus savant que nous ayons sur cette matière, fut réimprimé à Francfort et à Leipzig en 1708, in-fol., avec des augmentations par Boehmer. Le prélat laissa en manuscrit une suite de cet ouvrage dans laquelle il revient à ses premiers sentiments, plus sincères et plus vrais que ceux de sa rétractation; — *Histoire de Béarn*; Paris, 1640, in-fol. On trouve dans cette histoire, devenue très-rare, des éclaircissements utiles sur l'origine des rois de Navarre, des ducs de Gascogne, des comtes de Toulouse, etc., et l'on y prend une grande idée de l'érudition de l'auteur; — *Marca Hispanica, sive limes Hispanicus, edente Steph. Baluzio*; Paris, 1688, in-fol. C'est une description aussi savante que curieuse de la Catalogne, du Roussillon et des frontières de France et d'Espagne; — *Dissertatio de Primatu Lugdunensi et cæteris primatibus*; 1644, in-8°; — *Relation de ce qui s'est fait depuis 1653 dans les assemblées des évêques au sujet des cinq propositions*; Paris, 1657, in-4°. Cette relation était peu favorable aux jansénistes, qui n'épargnèrent point son auteur. Nicole le réfuta dans son *Belga percontator*, et plusieurs autres écrivains se mirent sous ses drapeaux, mais sans imiter sa modération. En 1669 et en 1681, Baluze mit au jour deux recueils in-8°; le premier renferme trois dissertations déjà imprimées, et le second plusieurs opuscules sur la venue de Jésus Christ, sur les Mages, sur la primauté de saint Pierre, sur la différence des clercs et des laïques d'après le droit divin, sur le temps du concile de Sirmich contre Photin, évêque de cette ville, sur la lettre synodique d'un concile d'Illyrie, sur les anciennes collections des canons, etc. L'abbé de Faget, cousin germain du savant archevêque, publia, en 1668, in-4°, un recueil contenant quatre traités latins, et trois français; les traités latins sont sur le sacrement de l'Eucharistie, sur le sacrifice de la Messe, et sur le patriarcat de Constantinople. Ce recueil est précédé d'une *Vie* en latin de Pierre de Marca; elle est étendue et curieuse, et il s'éleva à son occasion une dispute fort vive entre Baluze et l'abbé de Faget, dispute qui fit peu d'honneur à l'un et à l'autre de ces écrivains. Ils s'accablèrent d'injures dans des lettres imprimées à la fin d'une nouvelle édition de ce recueil, 1669, in-8°, préférable à la première. H. Fisquet (de Montpellier).

Gallia Christiana, I et VII. — De Faget, *Vie de Pierre de Marca*. — Abbé Bompart, *Éloge de Marca*; Paris, 1672, in-8°. — De Longuerue, *Dissertations diverses*, passim. — *Mercure de France*, 1644 à 1662. — Fisquet, *France Pontificale*.

Marca (*Giovanni-Battista della*). Voy. Lombardelli (*Giovanni-Battista*).

Marcabrun, troubadour français, né en Gascogne, vers 1140, mort vers la fin du douzième siècle. Il fut en faveur auprès du roi de Castille Alphonse VII, et il a laissé une assez grande quantité de pièces de vers, qui roulent pour la plupart sur l'amour. Quelques fragments en ont été publiés, et ne révèlent rien de supérieur au niveau habituel des poëtes du midi de la France à cette époque. G. B.

Nostradamus, *Vies des Troubadours*, p. 208. — Millot, *Hist. des Troubadours*, t. II, p. 250. — De Rochegude, *Parnasse Occitanien*, p. 175. — Diez, *Leben und Werke der Troubadours*, p. 42-51. — Raynouard, *Choix de Poésies des Troubadours*, t. III, p. 373; V, 251-257.

MARCADÉ (*Victor-Napoléon*), jurisconsulte français, né à Rouen, le 28 juillet 1810, mort dans la même ville, le 17 août 1854. Il étudia le droit à Paris, vint prendre place au barreau de sa ville natale, et acheta, en 1845, une charge d'avocat à la cour de cassation, qu'il conserva jusqu'en 1851. L'année suivante, l'altération de sa santé le força de retourner à Rouen. On a de lui : *Éléments du Droit civil français, ou explication méthodique et raisonnée du Code Civil*; Paris, 1842, tom. I-III (comprenant le premier livre du Code); 5e édit., sous le titre de *Explication théorique et pratique du Code Napoléon*; Paris, 1858-1859, 9 vol. in-8°; — *Études de Science religieuse expliquée par l'examen de la nature de l'homme, contenant avec une préface philosophique et historique les principes de théodicée et l'établissement de la mission divine de l'Église*, etc.; Paris, 1847, in-8°; divers travaux dans le *Journal du Palais*. Marcadé a été l'un des fondateurs de la *Revue critique de Législation et de Jurisprudence*. E. R.

N.-V. Marcadé; dans la *Revue critique de Législation*, août 1854. — *Préface* en tête des *Études de Science religieuse*, etc. — *Journal de la Librairie*.

MARCANDIER (*Roch*), publiciste français, né en 1767, à Guise, guillotiné à Paris, le 24 messidor an II (12 juillet 1794). Affectant un ardent républicanisme, il fut quelque temps secrétaire de Camille Desmoulins, qu'il quitta pour fonder un recueil périodique : *Les Hommes de Proie, ou les crimes du comité de surveillance*, recueil dans lequel il signala son ancien patron comme l'un des promoteurs des massacres de septembre. Il attaquait aussi Danton, Fabre d'Églantine, Panis, Sergent, Manuel, et quelques autres députés ou fonctionnaires de ce temps, comme concussionnaires. Il dénonçait « les assassinats et les rapines de chaque jour, et comment pour posséder les choses on s'emparait des personnes. » Il règne trop de haine dans ce pamphlet pour qu'un historien puisse y recueillir des documents utiles; cependant, il peut servir çà et là à corroborer certains faits soulevés par d'autres écrivains, plus sérieux. Après les exécutions des girondins, des hébertistes, des dantonistes et des restes de leurs factions, Marcandier, n'ayant plus personne à attaquer dans les partis secondaires, osa s'élever contre Robespierre, dans une feuille intitulée : *Le véritable Ami du Peuple, par un f.... b..... de sans-culotte qui ne se mouche pas du pied et qui le fera bien voir*. Onze numéros parurent de mai à juillet 1794, in-8°. On insinua alors que Marcandier n'était qu'un agent des contre-révolutionnaires, ne cherchant qu'à semer la division entre les républicains. L'auteur du *Véritable Ami du Peuple* fut donc arrêté ainsi que sa femme, et tous deux traduits devant le tribunal révolutionnaire. Mme Marcandier fut mise en liberté; lui-même fut condamné à mort et exécuté le même jour. Seize jours plus tard c'était le tour de Robespierre. H. LESUEUR.

Le Moniteur universel, an 1er (1793), n° 138, an II. — Buchez, *Histoire parlementaire de la Révolution française*. XVIII, p. 207 (1794); nos 287, 299. — Fleury, *Vie de Camille Desmoulins*.

MARCASSUS (*Pierre* DE), littérateur français, né en 1584, à Gimont (Gascogne), mort en décembre 1664, à Paris. Venu dans cette ville de bonne heure, il enseigna les humanités au collége de Boncourt, et fut ensuite précepteur d'un neveu du cardinal de Richelieu, le marquis François de Pont de Courlay. S'il faut en croire Gui Patin, qui nous a fourni ces premiers détails, il manqua d'être pendu pour les vols qu'il avait commis; mais le crédit de la duchesse d'Aiguillon le tira de ce mauvais pas. Que le fait soit vrai ou faux, il n'en est pas moins certain que Marcassus obtint dans la suite une chaire de professeur d'éloquence au collége de La Marche. C'était un écrivain des plus médiocres et rempli de vanité. On a de lui : *Les Bucoliques de Virgile, trad. en vers françois*; Paris, 1621, in-4° : ouvrage dédié au maréchal de Bassompierre, et qui pèche également contre les règles de la versification et contre la pureté du langage; — *Les Amours de Daphnis et de Chloé, trad. du grec de Longus*; Paris, 1626, in-8°; — *La Clorimène*, roman; Paris, 1626, in-8°; — *Le Timandre*, roman; Paris, in-8° : il y raconte, sous des noms d'emprunt, plusieurs anecdotes de son temps; — *L'Amadis de Gaule*, roman; Paris, 1629, in-8°; — *Lettres morales*; Paris, 1629, in-8°; — *Les Dionysiaques, ou le parfait héros*; Paris, 1631, in-4°; traduction des deux premiers livres du poëme de Nonnus; — *L'Argenis, ou les amours de Polyarque et d'Argenis, trad. du latin de Barclay*; Paris, 1633, in-8°; — *L'Éromène*, pastorale en cinq actes et en vers; Paris, 1633, in-8°; — *Les trois livres De l'Ame, trad. du grec d'Aristote*; Paris, 1641, in-8°; — *L'Histoire grecque*; Paris, 1647, in-fol.; ibid., 1669, 2 vol. in-12 : recueil d'extraits d'Hérodote, de Thucydide et de Xénophon; la suite, qui devait avoir deux volumes, n'a jamais paru; — *Les Pescheurs illustres*, comédie; Paris, 1648, in-4° : on ignore si cette pièce a été représentée; — *Libre version des Odes et des Épodes d'Horace, commencée à l'âge de quatre-vingts ans et finie en deux mois par P. de Marcassus, particulier et principal historiographe du roi, rayé de l'État*; Paris, 1664, in-8°.

Ce titre singulier est une preuve que sa vanité avait angmenté avec l'âge. Dans l'épître dédiée à Louis XIV, il dit que parmi les gens de lettres il a « l'avantage de n'avoir personne au-dessus de lui » et que « ni le temps ni son accablement ne lui ont rien ôté des richesses de l'esprit ». Marcassus a encore publié des poésies latines et françaises, imprimées à part ou dans les recueils du temps. P. L—y.

Goujet, *Biblioth. françoise*, V. — Nicéron, *Memoires*, XXXI. — Gui Patin, *Lettre* a Spon (22 mars 1657). — Marolles (De), *Denombrem. des Auteurs*.

MARC-AURÈLE, seizième empereur des Romains, né à Rome, le 26 avril de l'an de J.-C. 121, mort à Sirmich ou à Vienne, le 17 mars de l'année 180. Des statues équestres en bronze élevées a la mémoire des empereurs romains, une seule subsiste aujourd'hui, épargnée par l'action destructive des siècles ainsi que par l'avidité des hommes, plus destructive encore, et dominant du haut du Capitole la Rome des anciens jours : c'est celle de Marc-Aurèle, le meilleur et le plus glorieux des Antonins. Avec lui, ainsi qu'on l'a dit, la philosophie s'était assise sur le trône, philosophie active, efficace, dirigeant vers le bien de l'humanité les forces redoutables que mettait alors aux mains d'un seul homme le titre d'empereur des Romains. Malheureusement, si le bronze ou le marbre nous ont conservé l'image d'un prince que la reconnaissance publique avait placé parmi les dieux pénates et protecteurs du foyer, ses actes nous sont aussi peu connus que ses traits nous sont familiers. Un règne de vingt années, glorieux pour l'empire, heureux pour les peuples, n'a pas trouvé d'historiens dignes de lui. La sèche biographie de Jules Capitoliu, l'extrait de Dion Cassius par Xiphilin, quelques phrases d'Hérodien et les bas-reliefs de la colonne Antonine, voila ce qui nous reste sur les événements exterieurs. Quant a l'homme, il s'est fait pleinement connaître en nous laissant, dans ses œuvres morales, un des plus beaux livres de l'antiquité païenne. Voyons s'il nous sera possible d'emprunter aux monuments contemporains, aux inscriptions surtout, quelques details ignores sur les institutions d'un souverain dont le nom rappelle l'époque la plus heureuse pour l'humanite pendant la longue durée de l'empire. Issu d'une famille qui avait été établie longtemps dans la Bétique, Marc-Aurèle eut pour pere Annius Verus et pour mère Domitia Lucilla, à laquelle on donne à tort le nom de Calvilla, ainsi que Borghesi l'a établi par des preuves incontestables, empruntées à l'épigraphie (1). Le futur empereur, fils d'un simple particulier, naquit à Rome, dans la villa que possédait sa famille sur le mont Cœlius, le sixième jour avant les kalendes de mai, sous le consulat d'Augur et d'Annius Verus, son grand-père, c'est-à-dire en l'an de Rome 874 (26 avril de l'année 121 de notre ère (1)). Son père mourut jeune, n'étant encore parvenu qu'à la préture dans cette carrière des honneurs que les membres des familles patriciennes parcouraient d'une marche progressive et presque toujours régulière. L'enfant fut adopté par son aieul deux fois consulaire. Bientôt il plut à l'empereur Adrien, à la famille duquel il était allié, et qui admirait son bon naturel, sa docilité, son extrême franchise : aussi le prince, par une aimable plaisanterie, l'appelait-il non pas Verus, mais *Verissimus*, et nous voyons que fier d'un nom qui convenait si bien à sa loyauté, Marc-Aurèle le prit quelquefois sur ses médailles (2). A six ans le jeune

(1) L'exactitude des noms quand il s'agit de personnages historiques a une veritable importance, et sous ce rapport l'épigraphie a corrige bien des textes fautifs. Malheureusement ces corrections, consignees pour la plupart dans des mémoires isolés ou dans des recueils speciaux, arrivent tard à la connaissance du public. C'est ainsi que les travaux les plus récents publiés en France sur Marc-Aurèle continuent à lui donner pour mère Domitia Calvilla, bien que depuis longues années cette erreur du texte de Capitolin ait été signalee en Italie par le savant épigraphiste de Saint-Marin, M. Borghesi. En effet, un grand nombre d'empreintes de briques, tuiles ou autres objets en terre cuite qui portent toutes le nom de *Domitia Lucilla*, femme de Verus, ont éte reconnues comme appartenant à la mère de Marc-Aurèle, femme de Publius Annius Verus, et sur les propriétes de laquelle existaient plusieurs briqueteries ou fours à poteries, dont de nombreux produits sont parvenus jusqu'à nous. Non-seulement sur toutes ces inscriptions on ne lit jamais que les noms de *Domitia Lucilla*, mais ces mêmes noms lui sont donnes par Spartien dans la *vie de Didius Julianus* (chap. I), et par son fils Marc-Aurèle lui-même dans ses *pensées* (L. VIII, c. 25). Capitolin, dans un des passages où il en parle l'appelle aussi *Domitia Lucilla*; mais comme au commencement de la vie de Marc-Aurèle il dit que la mère de ce prince s'appelait *Domitia Calvilla*, ajoutant qu'elle etait fille de *Calvisius* qui avait éte deux fois consul, on s'est obstiné à préférer ce temoignage unique à tant d'autres, qui ont d'autant plus de valeur que la plupart d'entre eux, c'est-à-dire les monuments epigraphiques, sont contemporains et directs, n'ayant pas subi l'épreuve, toujours dangereuse, qui consiste à passer par les mains d'un copiste souvent inexact ou infidèle. On n'a pas réflechi qu'en tous cas, si elle avait porté le nom de son père, elle aurait dû s'appeler *Calvisilla*, et non pas *Calvilla*, qui serait le diminutif feminin du nom de *Calvus*. Déjà Marini avait dit dans son livre sur les *figulines*, ou terres cuites, livre qui existe en manuscrit à la Vaticane : « Je suis entièrement convaincu que le mot Calvilla s'est trouvé écrit dans le livre de Capitolin contre sa volonté et par suite d'une erreur. Il voulait mettre *Domitia Lucilla Calvisii filia*, et entraîné par ce mot *Calvisii* le copiste ou lui-même auront écrit *Calvilla*. Ces sortes d'erreurs dans les noms propres où la consonnance du mot suivant influe sur le mot qui précède sont fréquentes dans les manuscrits, et ont été plus d'une fois relevees par les critiques. » Ajoutons a l'appui de cette opinion du savant epigraphiste qu'il serait contraire à l'usage suivi chez les Romains que la mère de Marc-Aurèle eût eu à la fois les deux noms de *Calvilla* et *Lucilla*, comme l'ont voulu Eckhel, E. Q. Visconti et quelques autres, attendu que ces noms ont tous deux la forme du gracieux diminutif qui ne s'employait que pour celui des noms de la jeune fille dont on l'appelait de preference. Ainsi aucun autre exemple ne se retrouve, dans toutes les inscriptions de l'antiquité latine, de deux noms de cette forme appliqués à la même femme. Si la mère de Marc-Aurèle avait eu un troisième nom, elle se serait appelée *Domitia Calva Lucilla*, et non pas *Domitia Calvilla Lucilla* (voy. le mémoire de M. Borghesi intitulé : *Figulina di Domizia Lucilla, madre dell' imperatore M. Aurelio*, 1er vol. du *Giornale Arcadico*, p. 359-369).

(1) Voy. non-seulement Capitolin, mais l'inscription donnée par Marini (*Atti*, II, p. 287), et qui porte en tête NATALES CAESARVM.

(2) Voy. la médaille citée par Vaillant, *Num. Græc.*, p. 58.

Annius fut inscrit dans l'ordre des chevaliers, et deux ans plus tard dans le collége des prêtres saliens. Sa nomination à un sacerdoce dans un âge si tendre semble indiquer que déjà l'empereur songeait à fonder par l'adoption une dynastie et prévoyait que le jeune enfant, qui lui devenait chaque jour plus cher, serait un digne héritier de l'empire du monde. Annius Verus, le grand-père de Marc-Aurèle, ne négligeait rien de son côté pour que l'éducation la plus complète mît en relief les dons heureux d'une précoce intelligence : « Je rends grâces aux dieux, a dit plus tard Marc-Aurèle, d'avoir eu de si bons parents. J'ai dû à leur tendre sollicitude l'avantage d'avoir reçu dans le sein de la famille, et sans fréquenter les écoles publiques, les leçons d'excellents maîtres. Ils m'apprirent à diriger tous les mouvements de mon âme et à éviter tout acte qui n'aurait pas été conforme aux lois de la raison (1). »

L'histoire a conservé le nom de ces maîtres qui comprenaient leur tâche et devinrent plus tard les amis ou les conseillers de l'empereur. Fronton, Hérode Atticus, Apollonius de Chalcis, Junius Rusticus, Sextus de Chéronée, plusieurs autres orateurs, philosophes ou grammairiens, lui apprirent l'art de la parole et l'initièrent à cette philosophie stoïcienne que le travail latent de la civilisation adoucissait chaque jour et dont plus tard le jeune élève devait résumer la plus parfaite expression. La correspondance de Fronton avec Marc-Aurèle, retrouvée il y quelques années dans les palimpsestes de la bibliothèque Ambroisienne et de la Vaticane par le cardinal Maï, nous a appris sur la jeunesse du prince et la marche imprimée à ces études littéraires plus qu'il ne nous est donné de connaître sur les années les plus glorieuses de son règne. Sous l'afféterie du style de cette correspondance, défaut d'une époque de décadence, et défaut plus saillant encore dans les lettres du professeur, on reconnaît dans celles de Marc-Aurèle une grâce bienveillante et la reconnaissance d'un cœur qui s'épanche à chaque ligne en expressions de gratitude pour l'enseignement du maître ou de sollicitude pour la santé de l'ami : « Comment veux-tu que j'étudie, lui dit l'aimable disciple, quand je sais que tu souffres? (2) »; et ailleurs : « Je t'aime plus que personne ne t'aime, plus que tu ne t'aimes toi-même : je ne pourrais lutter de tendresse qu'avec ta fille Gratia, et j'ai bien peur encore de la vaincre. Ta lettre a été pour moi un trésor d'affection, une source jaillissante de bonté, un foyer d'amour : elle a élevé mon âme à un tel degré de joie que mes paroles ne suffisent pas à la redire (3). » Malgré l'affectation de ce langage, on aime à voir dans ces lettres, en les parcourant toutes, le témoignage d'une profonde affection, dont l'expression se trouve malheureusement affaiblie par l'exagération qu'inspiraient alors les habitudes de la littérature ainsi que par les relations de disciple à professeur qui faisaient de ces témoignages d'une sincère sympathie des espèces d'exercices oratoires.

La jeunesse de Marc-Aurèle se passa dans de sérieuses études, que de fréquents voyages à la campagne, à Lorium, à Lavinium ou sur les bords du golfe de Naples, n'interrompaient jamais complétement. A peine si les distractions de la chasse ou des vendanges, sous le beau ciel de la Campanie, enlevaient quelques heures à la lecture ou à la composition. Cependant cet heureux climat réunit, au dire de Marc-Aurèle, toutes les séductions des lieux les plus favorisés. La première moitié de la nuit, écrit-il à Fronton, est douce comme une nuit du Laurentin ; au chant du coq c'est la fraîcheur de Lanuvium; au lever du soleil on se croirait dans les hautes forêts de l'Algide; puis peu à peu le ciel s'embrase, on éprouve d'abord la douce température de Tusculum; quand le soleil est à son midi, on sent la chaleur de Pouzzole, pour se retrouver enfin vers le soir aussi dispos que sous les frais ombrages de Tibur (1) : « Nous allons souvent entendre nos faiseurs de panégyriques : ce sont des Grecs, il est vrai, mais de merveilleux mortels : croirais-tu que moi, qui suis aussi étranger à la littérature grecque que le mont Cœlius, qui m'a vu naître, est étranger au sol de la Grèce, je ne désespère pas, grâce à leurs leçons, d'égaler un jour l'éloquent Théopompe (2)... J'ai entendu il y a trois jours déclamer Polémon. Veux-tu savoir ce que j'en pense? Voici ma réponse : Je le comparerais volontiers au cultivateur habile et plein d'expérience qui ne demande à son champ que du blé et de la vigne. Il a sans doute d'heureuses vendanges et d'abondantes récoltes; mais on cherche en vain dans ce domaine le figuier de Pompéi ou la rose de Tarente; en vain on voudrait se reposer à l'ombre d'un platane. Tout est utile, rien n'est agréable; il faut louer froidement ce qui ne saurait charmer. Tu trouveras peut-être mon jugement bien téméraire quand il s'agit d'une si grande gloire; mais c'est à toi que j'écris, mon maître, et je sais que ma témérité ne te déplaît pas (3). » — « J'ai lu aujourd'hui depuis la septième heure, dit-il encore, et j'ai trouvé dix images ou sujets de comparaison... Je passe ici les nuits à étudier : je viens de faire pendant ces dernières journées les extraits de soixante livres en cinq tomes! Soixante! Mais quand tu liras parmi tout cela du Novius, des Atellanes, de petits discours de Scipion, tu seras moins effrayé du nombre (4). »

où on lit autour de la tête de Marc-Aurèle BHPICCIMOC. KAICAP. Saint Justin adresse son apologie du Christianisme à l'empereur Antonin et à son fils Verissimus le philosophe, Οὐηρισσίμῳ υἱῷ φιλοσόφῳ.

(1) *Pensées*, L. I, § 4 et 17.

(2) L. V, *lettre* LIX.

(3) L. II, *lettre* V.

(1) L. II, *Epist.* 2.

(2) Ibid.

(3) L. II, *Epist.* 2.

(4) L. II, *Epist.* 9.

Nous emprunterons encore à cette correspondance une dernière citation, qui prouve qu'au milieu d'une vie sérieuse il y avait place quelquefois pour l'entrain de la jeunesse, et qui prouve encore que dans l'Italie méridionale les routes n'étaient pas beaucoup plus sûres au beau temps des Antonins qu'elles ne le sont aujourd'hui. « J'étais monté à cheval, dit le prince, et je m'étais avancé assez loin sur la route. Tout à coup nous apercevons au beau milieu du chemin un nombreux troupeau de moutons. La place était solitaire : deux bergers, quatre chiens, rien de plus. L'un des bergers dit à l'autre, en apercevant notre cavalcade : Prenons garde, ces gens m'ont l'air des plus grands voleurs du monde. J'entends le propos, et piquant des deux, je me précipite sur le troupeau : les brebis effrayées se dispersent et s'enfuient pêle-mêle en bêlant. Le berger me lance sa houlette; elle va tomber sur le cavalier qui me suit; nous repartons au plus vite, et voilà comme le pauvre homme qui croyait perdre son troupeau ne perdit que sa houlette (1). »

La rhétorique de Fronton avait une puissante rivale dans le cœur de Marc-Aurèle; c'était la philosophie. Dès l'âge de douze ans, dit Jules Capitolin (2), il avait pris le costume de philosophe et en pratiquait toutes les austérités. Il étudiait enveloppé du manteau grec et couchait sur la dure. Il fallut les plus grandes instances de sa mère pour le décider à mettre quelques peaux sur sa couche, et plus d'une fois ce renoncement à toute espèce de bien-être compromit sa santé, que fatiguait déjà l'ardeur de ses études. A l'âge de quinze ans, il prit la robe virile et fut fiancé à la fille d'Ælius César, alors l'héritier du trône. Peu de temps après, il fut créé préfet de Rome pendant les féries latines, c'est-à-dire qu'en l'absence des consuls allant présider aux fêtes du mont Albain, il devint le premier magistrat de la ville. Il fit briller, dit-on, dans cette haute fonction, comme dans les festins qu'il offrit par ordre de l'empereur, une grande magnificence. Ainsi s'annonçait chaque jour par de nouvelles faveurs la brillante destinée du jeune philosophe, qui, loin d'ambitionner de nouveaux honneurs, semblait se détacher davantage des biens du monde, et céda à sa sœur tout le patrimoine qui lui venait de son père. A la mort d'Ælius, en l'an de Rome 891 (de J.-C. 138), Antonin fut adopté par Adrien, créé césar, et associé à la puissance tribunitienne, sous la condition d'adopter Marc-Aurèle, alors âgé de dix-sept ans, et le jeune Lucius Verus, fils du césar qui venait de mourir. C'est alors que le prince dont nous écrivons l'histoire changea le nom de son père, Annius Verus, contre le nom d'Aurelius, qu'il prit en entrant par l'adoption dans la famille Aurelia, qui était celle d'Antonin.

Adrien ne survécut que peu de mois aux dispositions qu'il venait de prendre pour assurer à l'empire une ère prospère en désignant ainsi les héritiers de son pouvoir. Il mourut à Baies, le 10 juillet; et Marc-Aurèle, alors questeur, fut choisi par le nouvel empereur pour être, malgré sa grande jeunesse, son collègue dans le consulat. Il devint dès lors l'associé de toutes les charges ainsi que de toutes les grandeurs du rang suprême. De ce jour commença la vie d'abnégation et de philosophie pratique qu'il devait mener pendant ces quarante années qui sont dans les tristes annales de l'empire romain ce qu'est l'oasis au milieu du désert. Entraîné par un profond amour de l'humanité, par la rectitude de son jugement, par sa conscience, il ne voulait plus entendre que la voix sévère du stoïcisme; il étudiait sans relâche la doctrine du Portique, tempérée dès lors par je ne sais quel souffle de christianisme qui passait sur le monde, et dont il eut le tort de méconnaître l'origine tout en éprouvant sa douce influence. Ses aspirations vers la science étaient plus vives que jamais; mais il voulait avant tout apprendre à se gouverner lui-même, puisqu'il se savait appelé à gouverner les autres. Fronton se désolait de voir son élève, tout occupé de la morale stoïcienne, négliger ces exercices de rhéteur qui avaient fait sa propre gloire et dont il s'exagérait l'importance : « Cherche, lui dit-il, à atteindre la sagesse de Zénon ou de Cléanthe; mais n'oublie pas qu'il te faudra revêtir le manteau de pourpre et non le manteau de laine grossière des philosophes. Si l'étude de la philosophie n'avait à s'occuper que des choses, je m'étonnerais moins de te voir mépriser le talent de la parole : et cependant, n'as-tu pas recherché autrefois toutes les ressources des orateurs, l'adresse à réfuter, le talent d'émouvoir, de charmer, d'exciter, de détendre les passions de ceux qui t'écoutent? Si tu méprises cette science, pour l'avoir apprise, tu mépriseras aussi la philosophie en l'apprenant (1). » Marc-Aurèle, cependant, laissait dire l'éloquent rhéteur : il aimait son bon maître, lui écrivait souvent, le consolait par son affection, mais écoutait les leçons du philosophe Rusticus : « Ce sage précepteur, dit-il, m'a fait comprendre que j'avais besoin de redresser, de cultiver mon caractère; il m'a détourné des fausses voies où entraînent les sophistes; il m'a dissuadé d'écrire sur les sciences spéculatives, de déclamer de petites harangues qui ne visent qu'aux applaudissements, de chercher à ravir l'admiration des hommes par une ostentation de munificence. Je lui dois d'être resté étranger à la rhétorique, à la poétique, à toute affectation d'élégance dans le style, et d'écrire avec simplicité. Je lui dois encore de me montrer prêt au pardon dès l'instant où ceux qui m'ont offensé par leurs paroles ou

(1) L. II, *Epist.* 17.
(2) *Vie de Marc-Antonin*, c. 2.

(1) *Lettres de Fronton à Marc-Aurèle sur l'éloquence*, édit. et trad. de A. Cassan, t. II, p. 17.

leur conduite veulent revenir à moi ; de mettre à mes lectures une scrupuleuse attention, de ne jamais donner avec légèreté mon assentiment aux grands discoureurs ; enfin je lui dois d'avoir eu entre les mains les commentaires d'Épictète : c'est lui-même qui m'a prêté ce livre (1) ».

C'est en 893 (de notre ère 140) que Marc-Aurèle parvint pour la première fois à l'honneur des faisceaux consulaires. Une statue déposée maintenant au musée de Palerme, et qui a été trouvée à Tyndaris, le représente sous des habits sacerdotaux, présidant à un sacrifice : elle lui a été probablement consacrée à l'occasion de son avénement à ce premier consulat, ainsi que le font présumer l'air de jeunesse répandu sur ses traits et l'inscription gravée sur la base de la statue (2). De nombreux monuments épigraphiques parvenus jusqu'à nous, et où Marc-Aurèle ne porte encore que le titre de césar, prouvent que de semblables honneurs étaient rendus souvent par les villes de province au fils adoptif d'Antonin (3). Déjà consul désigné, le jeune prince avait été nommé *sevir turmis equitum romanorum*, c'est-à-dire commandant de l'un des six escadrons de la chevalerie romaine. Sans l'expression de *sevir*, employée à ce propos par J. Capitolin, on serait tenté de croire qu'il s'agit ici du commandement général des six escadrons qui appartenait aux jeunes césars, *princes de la jeunesse* (1), attendu que le simple sévirat, ou commandement d'un escadron, précédait le plus souvent la questure, et se trouve même quelquefois concédé avant le vigintivirat. Toutefois les inscriptions nous fournissent quelques exemples de sévirs ayant déjà été questeurs (2).

Dès l'âge de quinze ans Marc-Aurèle avait été fiancé, par la volonté d'Adrien, à la fille du césar Ælius Verus : lorsque Antonin devint maître de l'empire, il voulut marier sa fille Faustine à son fils adoptif; mais malgré la raison d'État, malgré la parfaite convenance que cette alliance semblait offrir, tel était le respect du jeune césar pour la foi jurée qu'il semble n'avoir cedé qu'à la considération de la grande différence d'âge qui existait entre lui et la fille d'Ælius Verus. Et cependant Faustine n'était pas seulement la fille de l'empereur ; elle était bien belle, ainsi que nous l'attestent ses bustes, ses statues, ses médailles. Plus tard, Marc-Aurèle prouva combien il l'aimait en se montrant aveugle sur ses défauts. Cet aveuglement ne peut même trouver d'excuse que dans la passion ; sans elle il toucherait au ridicule. Désigné sur la scène comme un mari trompé, par des bouffons qui nommaient au public les amants de Faustine, jamais il ne voulut se reconnaître, et quoiqu'on ait prétendu qu'il répondait à ceux qui le pressaient de répudier

(1) *Pensées de l'empereur Marc-Aurèle*, l. I, c. 7, trad. de M. Al. Pierron, p. 3.

(2) M. AVRELIO || VERO. CÆSARI. COS || IMP || T. ÆLI. HADRIANI || ANTONINI. AVG || PII. FILIO || P. P. D. D. Voy. *Bull. de l'Inst. Archéol.*, année 1845, p. 57. Les deux sigles P. P., qui ne peuvent signifier ici que *permissu proconsulis*, sont une des singularités de cette inscription. Cette rare formule ne s'était rencontrée jusqu'à présent que dans la province d'Afrique.

(3) Dans les ruines du théâtre de Fermo : M. ÆLIO AURELIO CÆS. COS. II. FIL. IMP. ANTONINI AUG. PII P. P. D. D. P. L'inscription, qui n'appartient pas à une base de statue, mais à une frise, semble avoir été placée sur l'entrée principale du théâtre, qui sans doute venait d'être construit, ainsi qu'on l'apprend par la marque des briques, et qui avait été dédié au jeune césar. Son second consulat date de l'an de Rome 898 (de J.-C. 145). Voy. *Bull. de l'Inst. Archéol.*, 1839, p. 89. — En Espagne, près de Séville, l'ancienne Hispalis, on a trouvé une autre inscription consacrée à Marc-Aurèle césar par une corporation de bateliers, ou pour mieux dire de caboteurs : M. AURELIO VERO || CÆSARI. IMP. CÆSARIS || TITI. AELII. HADRIANI || ANTONINI. AUG. PII P. P. || FILIO SCAPHARII QUI || ROMVLÆ NE || GOTIANTVR. D. S. P. D. D. Voy. Henzen, 3e vol. d'Orelli, no 7277. Une autre inscription est consacrée au génie de la colonie des habitants de Pouzzoles, qui s'adressent à cette divinité protectrice pour la santé du jeune césar, *pro salute M. Ælii Aurelii Cæsaris nostri* (voy. Mommsen I. R. N. 2464, et Henzen, 3e vol. d'Orelli, 6315). Jusque dans la Transylvanie on a trouvé l'expression des vœux formés par la population en faveur du jeune prince qui partageait avec Antonin la reconnaissance des peuples les plus éloignés du centre de l'empire. Une inscription découverte près de Klausenburg porte : I. O. M || TAVIANO || PRO SALVTE || IMP. ANTO || NINI ET M || AVRELI CÆS || GALATÆ CON || SISTENTES || MVNICIPI. *posuerunt*. M. Henzen a prouvé qu'il fallait ici lire TAVIANO, et non pas TRAIANO, comme l'avaient fait Gruter et Orelli. Il s'agit, dans cette inscription de la Transylvanie, du Jupiter adoré à *Tavium*, en Galatie, où il y avait, ainsi que nous l'apprend Strabon, un colosse d'airain et un temple qui servait d'asile inviolable aux coupables lorsqu'ils avaient pu s'y réfugier (L. XII, c. V, p. 486, éd. Didot). Nous apprenons ainsi que des Galates avaient été transportés au delà du Danube, probablement au temps de Trajan, et qu'ils continuaient, dans leur nouvelle patrie, à rendre un culte au Jupiter de leur pays natal (voy. *Bull. de l'Inst. Archéol.*, 1848, p. 131). La Dalmatie rend également hommage au césar Marc-Aurèle à l'occasion de son second consulat (voy. Murat., 239, 4, et Orelli, 867). — A Rome les préfets du prétoire, les officiers et les soldats des cohortes prétoriennes et des cohortes urbaines, ainsi que les *statores evocati*, chargés, comme nous l'apprend Suétone, du service intérieur du palais (Galba, c. X), consacrent au jeune prince une inscription qui nous fait connaître qu'à cette époque, c'est-à-dire sous le règne d'Antonin, les cohortes prétoriennes étaient au nombre de dix et les cohortes urbaines au nombre de trois : *Tribuni cohortium prætoriarum decem et urbanarum trium* (voy. Fabretti, p. 131, 63, et Orelli, 3422). — Une autre inscription romaine en l'honneur de Marc-Aurèle lorsqu'il n'était encore que césar est datée du consulat d'Erucius Clarus et de Claudius Severus en l'an de J.-C. 146. C'était la huitième année du règne d'Antonin (Orelli, 3456). On voit par ces exemples, auxquels nous pourrions en ajouter d'autres, et qui ont survécu à tant de monuments du même genre détruits par le temps, combien les peuples de l'empire se trouvaient unanimes pour associer dans leur sentiment de gratitude le césar Marc-Aurèle à son père adoptif.

(1) Le titre de *princeps juventutis* n'est jamais donné à Marc-Aurèle, ni par les historiens ni sur les inscriptions ou les monnaies, à moins qu'on ne veuille prendre pour une commémoration de ce titre une médaille qui appartient à l'année de son premier consulat, et qui porte pour exergue IVVENTAS. S. C. avec la figure d'un jeune homme près d'un trophée tenant une lance de la main gauche, type qu'on retrouve fréquemment sur les monnaies des césars avec l'inscription PRINCEPS IVVENTVTIS. Voy. Eckhel, t. VII, p. 45.

(2) Voy. Valerius Festus sous Néron (*Bull. Arch. Napol.*, no LVII, p. 36); — Cornelius Dolabella Metilianus, du temps de Trajan (Gudius, p. 121, 8); — L. Publius Petronius Volusianus (*Inscr. onor. di Concordia*, par Borghesi, *Ann. de l'Inst. Archéol.*, 1853, p. 190).

sa femme : « Alors il faut rendre la dot : » or, la dot c'était l'empire, nous croyons qu'un autre sentiment que la reconnaissance pour les bienfaits d'Antonin lui fit garder près de lui la mère de ses enfants. Il ne la vit jamais ce qu'elle était ; ou plutôt il la vit toujours ce qu'elle avait été lorsque jeune, charmante, et sans doute encore fidèle, elle habitait avec lui sa villa de Lorium ou sa belle retraite de Lanuvium, sur les dernières pentes du mont Albain. C'est de là qu'il décrivait à Fronton son bonheur intérieur, les joies immenses de la paternité ou ses inquiétudes pour la santé de ses enfants, encore tout jeunes. Là il se délassait au milieu des affections de famille de l'étude ou du fardeau des affaires ; car Antonin l'avait associé à l'empire en lui accordant la puissance tribunitienne. Dès lors il eut sa part dans tous les événements de ce règne de vingt ans, sur lequel l'histoire nous a laissé moins de souvenirs encore que sur le sien propre, bien qu'il ait été également consacré tout entier au bonheur de l'humanité. Pas de conquêtes, peu de guerres : « Antonin, dit Eutrope, ne rechercha jamais les triomphes qu'on obtient par les armes. Il défendit les provinces, mais il ne voulut pas les agrandir ; et cependant il inspirait aux nations alliées tant de vénération et de crainte respectueuse que, renonçant à faire entre elles usage de la force, elles lui exposaient leurs griefs et s'en rapportaient à sa justice (1). » Tous les documents historiques sont muets sur ce bienfaisant patronage auquel Marc-Aurèle, dans sa droiture et sa justice, eut probablement une si grande part. — Heureux les peuples qui n'ont pas d'histoire, a-t-on dit ; — peut-être pourrait-on dire aussi : heureux les princes dont la vie n'est pas chantée par les poëtes ou célébrée par les cent voix de la renommée : ils ont passé sur la terre non comme de brillants météores, qui éclairent en brûlant, mais comme des consolateurs dont la mission providentielle est d'essuyer les larmes, qui sont trop souvent le prix auquel on achète la gloire.

En l'an 161 de notre ère, dans les premiers jours de mars, Antonin, se sentant mourir, fit porter dans la chambre de Marc-Aurèle une statue d'or de la Fortune, qui, selon l'usage, devait toujours se trouver dans l'appartement de l'empereur ; puis, donnant pour mot d'ordre au tribun de service le nom de la vertu que le stoïcisme plaçait avant toutes les autres, *æquanimitas*, égalité d'âme, il expira (2). Par l'adoption, par le don de la puissance tribunitienne, par cet envoi de la statue de la Fortune, symbole de la fortune de l'empire, Marc-Aurèle se trouvait désigné comme seul héritier du trône. Cependant, il n'hésita pas un instant à y faire asseoir à ses côtés Lucius Verus, plus jeune que lui de neuf ans (Marc-Aurèle en avait alors quarante), et l'on vit pour la première fois deux augustes se partager le fardeau de la souveraine puissance, fardeau que rendaient lourd les événements qui éclatèrent au début du nouveau règne : « Le bonheur et la sécurité dont on devait jouir sous un si bon prince, dit Jules Capitolin dans sa *Vie de Marc-Aurèle*, furent troublés tout d'abord par de terribles fléaux. Le Tibre déborda d'une manière plus désastreuse qu'on ne l'avait encore vu, entraînant la destruction d'un grand nombre d'édifices, la perte de beaucoup de bestiaux, et une grande famine qui fut la suite de ces premiers malheurs. Dans le même temps eut lieu la guerre des Parthes ; la guerre était en outre imminente en Bretagne, et les Cattes avaient fait une irruption dans la Germanie et dans la Rhétie. Calpurnius Agricola fut envoyé contre les Bretons, et Aufidius Victorinus contre les Cattes. Quant à la guerre des Parthes, L. Verus en fut chargé du consentement du sénat, tandis que Marc-Aurèle restait à Rome, où le soin des affaires de l'intérieur exigeait sa présence (1). »

Telle est la manière sèche et concise dont Capitolin présente des faits aussi importants. Aucune date précise, aucuns détails sur la cause des événements. Peut-être, cependant, pourrons-nous, à l'aide du rapprochement de ce simple énoncé avec d'autres documents recueillis sur l'état des provinces, suppléer au silence de l'histoire. Une inscription nous apprend que pendant les dernières années du règne d'Antonin la légation de la Bretagne était confiée à un vaillant et habile général, Statius Priscus, dont les victoires en Arménie valurent plus tard à Marc-Aurèle et à Verus le surnom d'*Arménique* (2). Que Priscus ait été légat de la Bretagne vers la fin du règne d'Antonin, nous n'en pouvons douter ;

(1) Eutrope *Hist Rom.*, l. VIII, 8 (4).
(2) J. Capitolin, *Vie d'Antonin le Pieux*, c. XII.

(1) J. Capitolin, *Vie de Marc-Aurèle*, c. VIII.
(2) M. Statio M. F. CL. PRISCO || LICINIO. ITALICO. LEGATO AVGVSTORVM || PR. PR. PROV. CAPPADOCIÆ. LEG. AVG || PR. PR. PROV. BRITTANNIÆ, etc. Cette longue inscription, dont nous ne citons ici que les quatre premières lignes, et qui a été trouvée à Rome, où elle décorait probablement la base d'une statue, a été publiée par Gruter, 4031 ; Manucce, ort. 100 ; Smet., 66, 1 ; Panv. civ. R. 40 ; Horsley, *Brit. Rom.*, 270 ; Henzen, 3e vol. d'Orelli, 5480. Elle nous apprend avec la brièveté du style lapidaire toutes les dignités auxquelles Priscus fut appelé pendant la durée de trois règnes. Nous savons par elle que ses longs services dans les armées romaines commencèrent en Judée, où, sous le règne d'Adrien, il fut préfet de la quatrième cohorte des *Lingones* et obtint des récompenses militaires. Tribun dans la première légion, dans la dixième et dans la quatrième, préfet d'une aile de cavalerie, légat de la treizième et de la quatorzième légion, il connaissait toutes les armes et avait pour lui l'expérience de nombreux services militaires. Ses charges civiles n'avaient pas été moins nombreuses. Procurateur de l'impôt du vingtième sur les successions, dans la Narbonnaise et dans l'Aquitaine, questeur, tribun du peuple, préteur, légat de l'empereur dans la Dacie, il fut nommé consul ordinaire, puis bientôt après légat de Bretagne, d'où il fut rappelé pour être envoyé en Orient. L'histoire est d'accord avec l'épigraphie pour nous signaler Statius Priscus comme l'un des hommes qui contribuèrent le plus à la gloire militaire du règne de Marc-Aurèle.

car les fastes nous apprennent qu'il fut consul en l'an de J.-C. 159, et la légation de Bretagne étant consulaire, il ne pouvait l'exercer qu'après avoir obtenu l'honneur des faisceaux. Or, Antonin étant mort en 161, Priscus doit avoir été nommé légat peu de temps après son consulat, puisque l'inscription de Bretagne qui nous l'a fait connaître comme chef de cette province l'appelle LEGATVS AVG., légat de l'empereur, et non pas LEGATVS AVGG., légat des empereurs, ainsi qu'on n'aurait pas manqué de le nommer s'il était parvenu à cette charge alors que Marc-Aurèle et Verus étaient déjà montés sur le trône. Une fois ce premier point arrêté, nous pouvons arriver à reconnaître de quelle nature étaient les troubles qui décidèrent l'envoi d'un nouveau légat en Angleterre. Un fragment de Porphyrogénète nous apprend que vers cette époque l'armée de Bretagne voulut élire pour empereur son chef, nommé Priscus, qui se refusa à ses vœux (1). Le mouvement n'eut donc pas d'autre suite; mais il suffit à expliquer les paroles de Capitolin et le rappel du gouverneur de la province. Il est naturel, en effet, d'une part que cette manifestation en faveur d'un chef aimé de ses soldats ait eu lieu de préférence à l'époque d'un changement de règne, et, d'autre part, que, malgré le refus par lequel Statius Priscus repoussa l'offre de l'empire, Marc-Aurèle, sans se priver des services d'un bon et fidèle général, n'ait pas voulu le laisser à la tête des troupes mêmes qui avaient poussé le dévouement en sa faveur jusqu'à lui offrir la pourpre impériale. Dans ce cas, comme dans beaucoup d'autres, qui se représentent lorsqu'on étudie l'histoire de Rome, les troubles, indiqués si sommairement par les historiens, n'avaient pas leur origine dans le peuple, mais dans l'armée : ce fut un mouvement tout militaire. Quant aux provinciaux, leur voix ne comptait que lorsqu'ils étaient enrôlés sous les étendards de la légion romaine. Alors ils pouvaient faire et défaire des empereurs; tandis que, habitants des municipes, ils ne pouvaient qu'accepter avec reconnaissance ou supporter avec résignation le légat qui leur était envoyé, selon qu'il se montrait administrateur intègre ou avide despote. Sans doute on voit à cette époque les habitants des provinces réclamer leur part des honneurs ou du pouvoir que Rome accorde à ceux qui la servent. Ils arrivent aux premières dignités, franchissent même les degrés du trône, et s'y asseoient avec Trajan ou Adrien. Marc-Aurèle lui-même appartient à une famille originaire de la Bétique; mais il faut d'abord conquérir la cité romaine, et la cité romaine s'ouvre surtout aux soldats qui ont versé leur sang pour elle. La légion est donc la force de l'État : ceux qu'elle proclame règnent sur le monde romain, des frontières de la Perse aux forêts de la Calédonie. Si le maître de ce monde meurt et devient Dieu, chaque armée provinciale s'agite et voudrait lui choisir pour successeur le chef qui la conduit. Sa reconnaissance assurera aux compagnons qui l'auront proclamé une part plus prompte dans les dépouilles de la terre. De là les mouvements qui agitent l'empire au siècle des Antonins, dont le règne fut cependant un repos pour l'humanité; de là cette révolte des armées de Bretagne lorsqu'elles apprirent la mort du fils adoptif d'Adrien, comme nous verrons, quelques années plus tard, les armées d'Asie proclamer Avidius Cassius à la fausse nouvelle de la mort de Marc-Aurèle. Les historiens ne nous en apprennent guère plus sur les causes de la guerre parthique que sur celles des mouvements qui avaient lieu vers le même temps dans la Bretagne. Les querelles si fréquentes entre Rome et les Parthes semblent bien s'être ranimées au début du règne d'Antonin lorsque ce prince donna à l'Arménie un nouveau roi (en l'an de Rome 893, de J.-C. 140 (1); mais la Parthie était alors gouvernée par Vologèse II, prince pacifique, qui n'avait point oublié ce que son pays avait eu à souffrir de la guerre contre Rome au temps de Trajan et qui dissimula son ressentiment. Lorsque Vologèse III monta sur le trône, vers l'an de Rome 902 (2) (de J.-C. 149), il était disposé à se montrer moins endurant; mais il semble, d'après un passage de Capitolin, que les lettres d'Antonin aient suffi pour le détourner alors d'attaquer l'Arménie, fidèle alliée des Romains. Ce fut à la mort de l'empereur que tout à coup le roi des Parthes fondit sur cette contrée, rupture qui semble du reste avoir été prévue par Antonin, s'il est vrai, comme l'affirme son biographe, que dans sa dernière maladie il ne parlait que des rois qui l'avaient mécontenté, *nihil aliud quam de regibus quibus irascebatur loquutus est* (3). Quoi qu'il en soit, l'Arménie se trouvait alors dégarnie des forces qui auraient pu la défendre. Il est vrai que Severianus, légat de la Cappadoce, se porta vers la ville d'Élégie (maintenant Ilidjah), sur la rive gauche de l'Euphrate, à l'entrée de la vaste plaine d'Erzeroum; mais il y avait

(1) Ὅτι οἱ ἐν Βρεττανίᾳ στρατιῶται Πρίσκον ὑποστράτηγον εἵλοντο αὐτοκράτορα. Ὁ δὲ παρῃτήσατο. κ. τ. λ. Fragm. Const. ed. Mai, p. 224. Cf. Borghesi (*Giorn. Arcad.*, 1830, p. 224. *De Fragmm. Constantinianis*), qui, se fondant sur l'inscr. que nous avons citée dans la note précédente, rapporte cette manifestation des troupes romaines en Bretagne à la légation de Statius Priscus, tandis que Bekker (*Remarques sur Dion*, LXXII, 9, § 2) croit qu'il s'agit d'une autre tentative de révolte, qui éclata vers l'époque de la mort de Perennis, sous Commode, tentative dont Spartien parle en ces termes : *Appellatus est Commodus etiam Britannicus ab adulatoribus, cum Britanni etiam imperatorem contra eum deligere voluerint* (*Vie de Commode*, 8). Le nom de *Priscus*, dans le fragment de Porphyrogénète et la connaissance que nous avons de la légation en Bretagne de Statius Priscus, par son inscription honoraire, donnent à la conjecture de M. Borghesi toute espèce de probabilité.

(1) Voy. Eckhel, t. VII, p. 15.
(2) Voy. Visconti, *Icon. Gr.*, t. III, c. XV.
(3) Capitolin, *Vie d'Antonin le Pieux*, c. XII.

été conduit bien plutôt par les fausses prédictions d'un imposteur (1), que par suite de plans stratégiques formés en prévision d'une invasion de la part des Parthes. En effet, les préparatifs de la défense étaient nuls : en trois jours la ville fut prise ; une légion, peut-être la vingt-deuxième, qui portait le nom de *Dejotariana*, avait été taillée en pièces. Severianus lui-même n'avait pas survécu à sa défaite (2). La Syrie fut envahie, et la nouvelle de ces désastres étant parvenue à Rome, Verus se mit en marche pour l'Orient, où on espérait que la présence d'un des deux empereurs allait relever l'ardeur des soldats, amollis par un long repos et découragés par la défaite. A en croire Fronton, l'armée d'Asie était en effet bien dégénérée de son antique valeur et de son ancienne discipline : « On t'a confié, écrit-il à Verus, une armée pervertie par le désordre, l'oisiveté et la débauche, des soldats habitués à applaudir chaque jour les histrions d'Antioche, et que l'on trouve plus souvent dans des lieux infâmes que sous leurs enseignes ; des chevaux mal tenus, des vêtements luxueux, des armes impuissantes, à ce point que Lælianus Pontius, homme des anciens jours, brisait du bout de ses doigts les cuirasses et fit arracher la plume dont les cavaliers avaient garni leurs selles (3). » Le frère adoptif de Marc-Aurèle n'avait pas les vertus guerrières et l'austère énergie qui auraient pu remédier à tant d'abus. Il se laissa séduire à son tour par cet air énervant qui avait fait d'Antioche et de son faubourg Daphné des lieux de plaisance, et ne combattit que par ses lieutenants. Mais Marc-Aurèle les lui avait choisis. Un diplôme militaire (4) nous apprend que ce prince à peine parvenu à l'empire, c'est-à-dire dès les premiers jours de mai 914 (de J.-C. 161), avait abdiqué le consulat en faveur d'Avidius Cassius, qu'il voulait pouvoir mettre comme personnage consulaire à la tête de cette expédition, dont il prévoyait que son collègue ne serait que le chef nominal. Un autre consul substitué (*consul suffectus*) de la même année, Furius Saturninus, dut aussi probablement sa nomination au besoin qu'on avait de généraux consulaires pour une guerre qui menaçait d'être longue et pénible (5). Statius Priscus, qui avait été rappelé de la Bretagne à l'occasion des troubles dont nous avons parlé tout à l'heure, et auquel on avait confié la légation de la Cappadoce en remplacement de Severianus, tué dans la première attaque des Parthes ; Ti. Claudius Fronton, qui s'intitule dans une inscription honoraire : « légat propréteur des deux augustes pour la conduite de l'armée légionnaire et des troupes auxiliaires envoyées en Orient (1) ; » Martius Verus, P. Julius Geminius Marcianus (2) contribuèrent à venger la gloire des armes romaines, tandis que le jeune auguste vivait dans les villes de Syrie bien plus en débauché qu'en soldat.

Cependant, Marc-Aurèle, après avoir reconduit jusque dans la Campanie son frère partant pour l'Orient, était revenu à Rome, où il avait sans doute à pourvoir aux désastres causés par l'inondation du Tibre et à la disette qui en avait été la conséquence. Tout porte à croire que c'est à ce propos qu'il s'occupa activement d'une œuvre de bienfaisance à peine indiquée par les historiens, mais dont nous retrouvons des traces fréquentes dans les monuments épigraphiques. Lorsque Nerva et Trajan eurent fondé cette belle institution d'assistance publique qui consistait à assigner à l'éducation et à l'entretien des jeunes enfants de condition libre, en Italie, des sommes considérables placées par l'État sur hypothèque, la surintendance de ces revenus fut confiée à des procurateurs, simples chevaliers, ainsi que nous l'apprennent de nombreuses inscriptions relatives aux personnages revêtus de cette charge publique (3). Les choses restèrent en cet état sous les

(1) Lucien, *Alexander, seu Pseudomantis*, XXXII, 27, éd. Didot.

(2) Id., *Quomodo historia sit conscribenda*, XXV, 21 (éd. Didot). Cf. Dion Cassius, l. LXXI, 2.

(3) *Lettres de Fronton à L. Verus*, Cassan, t. II, p. 193.

(4) Card. Dipl. imp., p. 239-243, et dipl. XXI.

(5) Voy. Lucien, *Quomodo hist. sit conscr.*, c. XXI ; et pour le consulat substitué de Furius Saturninus, comparez l'inscr. donnée par Maffei dans le *Museum Veronense*, sous le nº 8 de la page 240, avec les deux inscriptions du recueil d'Orelli nºs 3067 et 3068.

(1) LEG. AVGG. PR. PR. EXERCITVS. LEGIONARII. ET. AVXILIOR. PER. ORIENTEM. IN. ARMENIAM. ET. OSROHENAM. ET. ANTHEMVSIAM DVCTORVM. Voyez la longue inscription honoraire de Fronton dans la préface à l'édition des *Lettres de Fronton et Marc-Aurèle* donnée par le cardinal Mai, p. XXII, et dans le 3ᵉ volume d'Orelli, où M. Henzen corrige les premières lignes, corrompues par Ligorio, d'après une inscription de la Dacie dédiée au même Fronton, Orel. 5478 et 5479.

(2) LEG. AVGG. svper VEXILLATIONES IN. CAPPADOCIA. Voy. Bœck, *Corpus I*, Gr. nº 3364.

(3) On trouve un grand nombre d'inscriptions rappelant les *quæstores alimentorum* ou bien encore *quæstores pecuniæ* ou *arcæ alimentariæ*, dont les fonctions semblent avoir été municipales. Ces questeurs se trouvaient sous la juridiction d'autres magistrats, nommés par l'empereur, et ces derniers ont porté pendant les règnes de Trajan, d'Adrien, d'Antonin, le nom de *procuratores alimentorum* ou *alimoniæ*. L'examen attentif de toutes les inscriptions qui les concernent fait connaître que cette charge accordée à des hommes ayant rempli des fonctions militaires jusqu'au tribunat, ou ayant exercé déjà d'autres *procurationes*, n'était confiée qu'à des personnes ayant rang de chevaliers. Ces procurateurs paraissent avoir étendu leur action chacun sur une des provinces de l'Italie où ils se trouvaient ainsi désignés par leurs fonctions pour exercer une haute surveillance sur tout ce qui regardait les secours alimentaires. C'est ainsi que nous trouvons dans les monuments épigraphiques des *procuratores alimentorum per Transpadum, Histriam et Liburniam*, des *procuratores ad alimenta Bruttii, Calabriæ et Apuliæ*, d'autres, s'intitulant *procuratores alimentorum viæ Flaminiæ*, etc. Au-dessus de ces procurateurs, et conformément à ce qui se passait pour d'autres administrations, telles que la direction des eaux présidée par le *consularis aquarum*, ou celle des travaux publics par le *curator operum publicorum*, la direction suprême des secours alimentaires avait été confiée par Trajan à un personnage consulaire dont relevaient tous les *procuratores alimentorum* des provinces, de la même manière que les *procuratores vigesimæ hereditatum* relevaient du *præfectus ærarii militaris*. M. Borghesi suppose que le premier consulaire qui ait exercé ces fonctions importantes a été le Pomponius Bassus dont on lit le nom dans la table alimentaire de Veleja, et qui

règnes d'Adrien et d'Antonin; mais dès les premières années du règne de Marc-Aurèle nous voyons des consulaires ou des préteurs mis à la tête de cette institution, dans les différentes provinces de l'Italie, sous le titre de préfets alimentaires (*præfecti alimentorum*). Il est à présumer que Marc-Aurèle, animé des sentiments de commisération qu'il devait à un naturel bienveillant, et que favorisait dès lors le stoïcisme régénéré, donna à l'institution philanthropique de ses prédécesseurs des bases plus larges encore, et voulut, dans son zèle pour les classes souffrantes, que les administrateurs de ces deniers du pauvre fussent revêtus de pouvoirs plus grands, afin qu'ils pussent faire plus de bien. C'est à ce changement des procurateurs alimentaires en préfets, des simples chevaliers en consulaires, changement dont nous devons la connaissance à l'épigraphie, qu'il nous faut probablement rapporter une phrase de Jules Capitolin où il dit, d'une manière trop vague, que l'empereur prit de sages mesures pour la distribution des aliments publics : *De alimentis publicis multa prudenter invenit* (1). A l'occasion de l'union de sa fille Lucile, fiancée avec Lucius Verus, qu'elle alla rejoindre en Syrie, où fut célébré le mariage, Marc-Aurèle créa aussi de nouvelles catégories de jeunes enfants que l'État devait désormais se charger d'entretenir à l'aide des fonds consacrés par les deux empereurs à cet usage, et tout nous porte à croire que de même qu'on avait donné le nom de *Faustiniani* ou d'*Ulpiani* aux enfants secourus par les fondations dues à Faustine, la femme d'Antonin, ou à Trajan, qui appartenait à la famille *Ulpia*, de même on appela *Aureliani* ou *Veriani* les enfants admis à profiter de la nouvelle fondation. Ainsi s'expliquerait une phrase de Capitolin par laquelle il nous apprend qu'en faveur de l'heureuse alliance qui venait d'unir encore plus étroitement les deux empereurs, ils appelèrent à profiter de l'assistance publique de jeunes garçons et de jeunes filles auxquels on donna de nouveaux noms pour les distinguer de ceux qui recevaient leur pension alimentaire sur les fondations précédentes : *pueros et puellas novorum nominum frumentariæ perceptioni adscribi præceperunt.* — Nous croyons devoir suivre ici l'heureuse correction proposée par Saumaise, qui lit dans ce passage « *novorum nominum* » au lieu de « *novorum hominum* », expression qui se présenterait ici sous un aspect tout à fait insolite (1). C'est encore pendant le séjour de L. Verus en Orient que nous devons placer une réforme opérée par Marc-Aurèle dans l'administration de l'Italie, et sur laquelle Capitolin s'exprime avec sa concision ou pour mieux dire sa sécheresse ordinaire : « Il donna, dit-il, des juges à l'Italie, suivant l'exemple d'Adrien, qui avait chargé des consulaires d'y rendre la justice (2). » En effet, Spartien confirme la dernière partie de cette assertion dans sa *Vie d'Adrien* lorsqu'il nous apprend que cet empereur avait nommé juges quatre personnages consulaires dont la juridiction s'étendait sur toute la péninsule (3), et qui, ainsi que l'a conjecturé Noris, avaient probablement pour mission de diminuer au profit de la centralisation, ou du pouvoir impérial, l'indépendance des magistratures municipales. Rien de plus dans les historiens sur cette institution, si ce n'est que nous apprenons par Appien d'Alexandrie qu'elle cessa d'exister peu de temps après la mort d'Adrien (4). Mais ici encore l'épigraphie vient à notre secours : de nombreuses inscriptions mentionnant les nouveaux juges, ou *juridici*, institués par Marc-Aurèle nous font connaître, d'abord que l'institution primitive avait été changée en ce point que ce n'était plus des consulaires mais des personnages prétoriens, c'est-à-dire n'ayant encore exercé que la préture, qui étaient nommés à ces nouvelles fonctions, ensuite que leur nombre avait été porté de quatre à cinq entre lesquels se trouvaient partagées les onze régions de l'Italie délimitées par Auguste, ou plutôt neuf de ces régions. En effet, nous ne trouvons aucunes traces de *juridici* dans la première région, composée du Latium et de la Campanie, non plus que dans la septième, qui formait l'Étrurie. Probablement ces deux régions, placées dans le voisinage de Rome, en appelaient directement aux tribunaux de la capitale, se

plus tard est nommé patron de Ferentino par une délibération dans laquelle on cite ce personnage éminent comme ayant été placé sous Trajan à la tête de l'institution par laquelle cet empereur a veillé au salut éternel de l'Italie : *Demandatam sibi curam ab indulgentissimo imp. Cæsare Nerva Trajano Augusto Germanico qua æternitati Italiæ suæ prospexit secundum liberalitatem ejus ita ordinari ut omnis ætas curæ ejus merito gratias agere debeat*. Or, les expressions employées en parlant de l'institution à laquelle présidait Bassus ne peuvent guère s'entendre, surtout au début du règne de Trajan, date de l'inscription, puisque l'empereur n'y porte pas encore le nom de *Dacicus*, que du service des secours alimentaires, créé vers cette époque en faveur des jeunes enfants de condition libre jusqu'à l'âge où ils pouvaient servir l'État (voy. la *Table de bronze* publiée par Gruter, 446, 1, et par Orelli, n° 784). Quoi qu'il en soit, un *præfectus alimentorum*, personnage consulaire, des *procuratores alimentorum*, pris dans l'ordre des chevaliers et préposés à l'administration alimentaire de chaque province, des *quæstores alimentarii*, nommés par les municipes, telle paraît avoir été pendant toute la première moitié du second siècle, et jusqu'aux réformes apportées à l'institution par Marc-Aurèle, la hiérarchie des fonctionnaires employés à la distribution des secours alimentaires de fondation impériale (voy. le mémoire sur la *Tabula alimentaria Bæbianorum*, inséré par Henzen dans les *Annal. de l'Inst. Archeol.*, 1844, p. 38-48, et les *Ricerche intorno i due primi præfecti alimentorum*, par Borghesi, *Bull. de l'Inst. Archeol.*, 1844, p. 125-127).

(1) *Vie de Marc-Aurèle*, c. XI.

(1) Voy. la note de Saumaise, dans l'édition des *Script. Hist. Aug. cum notis variorum*; Leyde, 1671, t. I, p. 318. Cf. Henzen, ann. 1843, p. 20.

(2) *Vie de Marc-Aurèle*, c. XI.

(3) *Vie d'Adrien*, c. XXI.

(4) Apparet enim tunc quoque regiones Italiæ distributas fuisse proconsulibus; qui mos, quidem, longo post tempore renovatus est ab Adriano imperatore, sed non diu post ejus obitum duravit. (*De Bell. Civ.*, l. I, c. 38.)

trouvant d'ailleurs comprises pour la plus grande partie dans le rayon de cent milles sur lequel s'étendait la juridiction du préfet de la ville (1). Maintenant, et toujours à l'aide des inscriptions, nous pouvons supposer qu'à leurs fonctions de juges suprêmes les *juridici* ajoutaient encore le soin important de veiller à l'approvisionnement des contrées dans lesquelles ils administraient la justice. Nous voyons du moins par une inscription de Rimini qu'un *juridicus* qui administrait l'Ombrie et la Flaminienne reçoit des actions de grâces pour les services rendus à une époque de disette (2), tandis qu'une autre inscription de Concordia, qui a pour nous l'avantage de rappeler le premier *juridicus* envoyé par Marc-Aurèle dans la Transpadane, le félicite également d'avoir su remédier aux difficultés de l'annone : *Providentia maximorum imperatorum missus urgentis annonæ difficultates juvit* (3). Comme la seule disette mentionnée par Capitolin sous le règne de Marc-Aurèle eut lieu dès les premiers temps de son avénement, à la suite des débordements du Tibre, alors qu'éclataient les mouvements de la Bretagne et la guerre parthique, nous obtenons la date approximative de l'institution des *juridici*, qui semble avoir été l'une des premières réformes accomplies sous le nouveau règne. Vers la même époque, ou même un peu de temps auparavant, Marc-Aurèle instituait une magistrature destinée à veiller sur le sort des enfants privés de leurs parents : c'était la préture tutélaire. Capitolin nous dit à ce propos que l'empereur créa le premier un préteur des tutelles, chargé de surveiller les tuteurs, qui jusqu'alors n'avaient eu de comptes à rendre qu'aux consuls (1). On voit que dans toutes ces créations l'enfance, le dénûment, la faiblesse ou la misère avaient le privilége d'attirer les premières pensées du prince dont la philosophie semble avoir été une continuelle préoccupation du bonheur de l'humanité. Par une singulière coïncidence, le premier préteur des tutelles devint, au sortir de cette charge, le premier *juridicus* envoyé dans la Transpadane et dont nous parlions tout à l'heure. L'inscription où nous est conservée la liste des fonctions qu'il a remplies, et où nous lisons que ce fut à lui que fut confiée pour la première fois par les empereurs très-sacrés la magistrature qui devait veiller sur les pupilles, *cui primo jurisdictio pupillaris a sanctissimis imperatoribus mandata est* (2), ne nous a pas appris comment il se nommait. Elle est acéphale, et les premières lignes, où devaient se trouver ses noms, contiennent à peine quelques traces de lettres : toutefois, le docte Borghesi, par de nombreuses inductions et les rapprochements les plus ingénieux, a reconnu que ce personnage qui a joué un rôle si important dans les nouvelles institutions de Marc-Aurèle devait être Arrius Antoninus, parent de l'empereur Antonin et auquel Fronton a adressé quelques lettres, alors qu'il exerçait les fonctions de *juridicus* dans la Transpadane. L'une des premières conditions nécessaires à la bonne exécution des mesures d'assistance publique auxquelles Marc-Aurèle attachait tant d'importance était de constater l'état des enfants qui naissaient en Italie. Dans ce but, l'empereur établit, pour les différentes régions de la péninsule, des officiers de l'état civil chargés de recevoir les déclarations de naissance, auxquelles on obligea les parents de condition libre. Quant aux enfants qui naissaient à Rome, ils étaient inscrits sur les registres des préfets du trésor de Saturne, afin d'avoir à prendre rang suivant leurs besoins dans les distributions publiques de l'annone (3). Non-seulement l'empereur s'occupait ainsi de ce qui regardait les personnes, mais il paraît avoir aussi réglé la transmission des biens et avoir fait, ainsi que nous l'apprend J. Capitolin, de nouvelles ordonnances concernant les ventes à l'encan (4). On pourrait croire d'après cette indication qu'on lui doit l'institution des préteurs hastaires, *prætores hastarii*, chargés des ventes aux enchères, d'autant plus que des deux inscriptions qui nous les font connaître, l'une est datée du règne de Marc-Aurèle ; mais si l'inscription où nous trouvons mentionné un *prætor ad hastes* est authentique, ce dont on a douté (5), elle ferait

(1) La dixième région de l'Italie, ou la Vénétie, et la onzième, ou Transpadane, furent réunies sous un même *juridicus*, appelé *juridicus Transpadanæ* ou *juridicus per Transpadum*. La neuvième région, ou la Ligurie, et la huitième, ou l'Émilie, étaient de même réunies sous le *juridicus per Æmiliam et Liguriam*. La seconde région de Pline, composée de l'Apulie et de la Calabre, avait à sa tête le *juridicus per Apuliam et Calabriam*. La troisième région, comprenant la Lucanie, et le Bruttium nous offrent un *juridicus per Lucaniam et Brittios*. Un autre *juridicus* présidait à la cinquième et à la sixième region de Pline, c'est-à-dire au Picenum et à l'Ombrie, sous le titre de *juridicus per Flaminiam et Umbriam*. Quant à la quatrième région de Pline, renfermant les Frentani, les Marrucini, les Peligni, les Samnites, les Sabins, et pour laquelle on ne trouve pas dans les inscriptions de *juridicus* particulier, M. Borghesi suppose qu'elle avait été divisée entre les deux *juridici* du Picenum et de l'Apulie (voy. le mémoire sur une inscription honoraire de Concordia, inséré par M. Borghesi dans les *Annales de Corresp. archeol.*, 1853, p. 196-209).

(2) C. Cornelius Felix Thrallus, *juridicus per Flaminiam et Umbriam*, est complimenté par les habitants des sept quartiers qui formaient la ville d'Ariminum et par les différentes corporations de cette même ville *ob eximiam moderationem et in sterilitate annonæ laboriosam erga ipsos fidem et industriam ut et civibus annona superesset et vicinis civitatibus subveniretur*. Voy. pour cette inscription, trouvée à Rimini, près de l'arc d'Auguste, l'*Histoire de Rimini*, par le Dr Tonini, t. Ier, p. 363, et Orelli, 3177. On ne saurait confondre les attributions des *juridici* relativement à l'approvisionnement des provinces avec les fonctions remplies par les *præfecti alimentorum*, dont nous avons parlé tout à l'heure.

(3) *Ann. de l'Institut de Corr. archeol.*, 1853, p. 188.

(1) *Vie d'Antonin le Philosophe*, c. X.

(2) *Iscrizione onoraria di Concordia*, Borghesi, *Ann. de l'Inst. Archéol.*, 1853, p. 188-227.

(3) J. Capitolin, *Vie de Marc-Antonin le Philosophe*, c. IX.

(4) *Ibid.*

(5) Voy. Muratori, 780, 9 ; Borghesi, *Ann. Inst. Arch.*,

remonter cette charge jusqu'au règne de Tibère, puisqu'elle est consacrée au Novellius Torquatus qui, sous les yeux et au grand étonnement de cet empereur, avait avalé d'un seul trait trois conges de vin, c'est-à-dire près de dix litres, ainsi que Pline nous l'apprend (1).

Aucun prince, dit encore le biographe de Marc-Aurèle, ne montra plus de déférence pour ce sénat romain que les empereurs du premier siècle de notre ère avaient courbé sous leur despotisme. Afin d'entourer d'une plus grande considération les sénateurs, il confiait, par délégation, à ceux d'entre eux qui étaient préteurs ou consulaires la décision d'affaires importantes, et il attribuait à ce grand corps de l'État la connaissance de tous les cas où on en avait appelé de la décision des consuls. Si Marc-Aurèle se trouvait à Rome, il se faisait une loi d'assister aux séances, alors même que rien n'y réclamait sa présence; s'il avait à y traiter quelque sujet qui l'intéressât, il revenait à jour fixe, fût-ce même du fond de la Campanie, et souvent on le vit assister aux comices jusqu'à la nuit, ne quittant pas sa place que le consul n'eût prononcé la formule consacrée : « Nous ne vous retenons plus, pères conscrits (*nihil vos moramur, patres conscripti*). » Persuadé qu'il n'y a pas de bonne justice si elle est lente à se montrer, il veilla surtout à la prompte expédition des affaires; aussi crut-il devoir ajouter aux fastes un certain nombre de jours pendant lesquels les tribunaux restaient ouverts, de telle sorte qu'il avait porté au nombre de deux cent trente par année les jours où il était permis de rendre la justice (2).

Pour opérer tant de réformes utiles, Marc-Aurèle s'entourait des hommes qu'il croyait les plus capables de le seconder dans ses vues philanthropiques, et parmi eux il n'avait garde d'oublier les disciples du portique qui l'avaient initié à la pratique de la philosophie stoïcienne telle qu'on la comprenait alors, c'est-à-dire dépouillée de cette rigueur première qui aurait voulu faire de la pitié une faiblesse indigne de l'homme. Dès la seconde année de son règne, l'empereur nomma consul son maître Junius Rusticus, dont Themistius a dit que « Marc-Aurèle l'avait arraché à ses livres pour partager avec lui le fardeau de l'empire (3) ». C'était en effet le second consulat qu'obtenait ce maître bien aimé de la jeunesse du prince, et il ne devait en sortir que pour exercer la préfecture de Rome, haute dignité, qui à cette époque amenait immédiatement à la seconde nomination consulaire, ou bien ne s'accordait qu'à celui qui avait été deux fois consul, ainsi qu'on peut le prouver par de nombreux exemples (1). Rusticus exerça pendant plusieurs années ces fonctions, qui lui assuraient une des premières places dans les conseils du prince : nous en avons la preuve non-seulement dans le rescrit du Digeste adressé par Marc-Aurèle et Verus à Rusticus, préfet de la ville : *Ad Junium Rusticum, amicum nostrum, præfectum urbis* (2), mais aussi dans la condamnation de saint Justin prononcée par Rusticus pendant sa magistrature et que les calculs d'Eusèbe placent en l'an de Rome 920 (de J.-C. 167), cinq ans après son second consulat. Nous pouvons ajouter à ce sujet que quelques poids anciens qui portent pour inscription EX AVCT. Q. IVNII RVSTICI PR. VRB avaient fait supposer à Tillemont ainsi qu'à plusieurs autres historiens ou antiquaires que Rusticus avait été préteur de la ville, *Prætor Urbanus* (3); mais il s'agit ici de ces mêmes fonctions de préfet qu'il remplit après son second consulat, et les sigles PR. sont là, contre l'habitude du style épigraphique, l'abréviation de *Præfectus*, ainsi que l'a prouvé une inscription trouvée à Mayence et publiée par Orelli (4).

Pendant que Marc-Aurèle, entouré de sages conseillers, veillait sur l'empire et modifiait dans l'intérêt du peuple l'administration de l'Italie, Lucius Verus, se livrant, dans la ville d'Antioche, au goût qu'il avait pour le plaisir, confiait à ses généraux le commandement de son armée. Grâce à leur habileté, les armes romaines n'eurent point à souffrir de l'incapacité du jeune empereur. Cassius Avidius marcha contre les Parthes, les força à battre en retraite, envahit la Mésopotamie, pilla et brûla Séleucie, rasa le palais des rois de Perse à Ctésiphon, et pénétra jusqu'à Babylone, tandis que Statius Priscus, qui s'etait dirigé sur l'Arménie, renversait Artaxarte du trône qu'il avait usurpé et le rendait à son souverain légitime. Ces brillants succès forcèrent Vologèse à demander la paix, et il dut l'acheter par la perte de la Mésopotamie. La guerre avait duré cinq années, pendant lesquelles Verus avait à peine quitté les bosquets de Daphné ou son palais d'Antioche pour s'avancer d'abord jusqu'à l'Euphrate, puis pour aller, en 164, jusqu'à Éphèse, au-devant de sa fiancée, la jeune Lucile, fille de Marc-Aurèle. Cependant les victoires des Romains eurent un retentissement qui porta leur nom jusqu'aux extrémités orientales de l'Asie, s'il faut croire les historiens de la Chine sur un fait dont ceux de Rome ne font aucune mention. La première ambassade romaine envoyée aux princes du Céleste Empire est placée par les annalistes de cette contrée dans l'année 166 de

1844, p. 317; Henzen, 3ᵉ vol. d'Orelli, 6483. Mommsen dit à propos de cette inscription : *Mihi titulus a Muratorio ex schedis editus valde suspectus est.*

(1) *H. N.*, l. XIV, c. 28.

(2) J. Capitolin, *Vie de Marc-Antonin*, c. X.

(3) Orat. 13 et 17.

(1) Voy. ceux de Catilius Severus, d'Annius Verus, de Valerius Asiaticus, de Salvius Julianus, de Sergius Paulus, d'Aufidius Victorinus, d'Helvius Pertinax, etc., appartenant à peu près à la même époque et cités par Borghesi dans son mémoire sur l'*Età di Giovenale*, Rome, 1847.

(2) *Dig.*, l. 49, Tit. § 1, 1, 3.

(3) Voy. Tillemont, *Hist. des Empereurs*, t. II, p. 346.

(4) EX. AVCTORITATE Q. IVNI. RVSTICI. PRAEF. VRBIS (Orelli, nᵒ 4348).

notre ère, celle même où fut conclue la paix entre les Parthes et les Romains. On lit dans les textes chinois que cette ambassade avait été envoyée par l'empereur An-tun, c'est-à-dire Marc-Aurèle Antonin. Les ambassadeurs envoyés dans ces régions, alors si inconnues à l'Europe, pour y étudier sans doute le commerce de la soie, qu'on payait au poids de l'or, portaient en présent à l'empereur de Chine, Hiouan-ti, des dents d'éléphant, des cornes de rhinocéros, des écailles de tortue. Ils avaient pénétré dans le pays, ainsi que le font remarquer les historiens chinois, par la frontière méridionale, et non pas par la route ordinaire de l'Asie centrale, ce qui s'explique, puisque cette route se trouvait alors au pouvoir des Parthes, et que les envoyés de Rome, pour être rendus auprès de l'empereur de Chine en 166 avaient dû partir avant la conclusion de la paix (1).

Cette paix signée, Verus revint à Rome, où les deux empereurs célébrèrent leur victoire par un triomphe et des jeux solennels, auxquels ils assistèrent en costume de triomphateurs (2). Le sénat, dans son enthousiasme, leur vota par acclamations les titres de *Pères de la patrie* : ils avaient déjà ceux de *Parthiques*, d'*Arméniaques* et de *Médiques*. Il y avait même eu à ce sujet combat de générosité entre les deux frères, l'un ne voulant pas de ces titres si son collègue ne les acceptait pas, l'autre refusant de porter de glorieux surnoms dus à des succès obtenus en Orient tandis qu'il était à Rome. Fronton, qui ne put assister à la séance où eut lieu le débat, lut ensuite le discours prononcé à cette occasion par Marc-Aurèle et les lettres de Verus.

(1) Voy. Gaubil, *Hist. abr. de l'Astron. chin.* dans les *Observ. mathem., astronom.*, etc., du P. Souciet, t. II, p. 118. — Klaproth. *Tabl. histor. de l'Asie*, p. 69. — *Hist. des Relations polit. de la Chine avec les puissances occidentales*, par G. Pauthier, p. 17-20. — M. Letronne doute que les Européens qui pénétrèrent en Chine à cette époque, aient été envoyés par Marc-Aurèle : « Ces ambassadeurs, dit-il, étaient, selon toute apparence, des marchands qui voulaient se donner du relief (*Mémoire où l'on discute la réalité d'une mission arienne exécutée dans l'Inde sous le règne de l'empereur Constance*, Mém. de l'Acad. des Inscr. et Belles-Lettres, nouvelle série, t. X, p. 227). »

(2) Le triomphe des deux empereurs à l'occasion de la guerre Parthique a été cité par les historiens comme l'un des plus magnifiques qu'on eût encore offerts aux yeux des Romains. Pour la première fois deux empereurs, montés sur le même char, avaient avec eux leurs enfants, qu'ils présentaient au peuple comme un gage de long avenir. Commode et Annius Verus, fils de Marc-Aurèle, furent créés césars à cette occasion, et la date précise de cette nomination, qui nous a été conservée par Lampride dans sa *Vie de Commode* (c. XII), nous donne par conséquent celle du triomphe parthique des deux empereurs. Cette date est indiquée au 4 des ides d'octobre, sous le consulat de Q. Servilius Pudens et de L. Fufidius Pollion, c'est-à-dire en l'an de J.-C. 166 (de Rome 919). D'autre part, une inscription de la même année, datée du 10 des kalendes de septembre (Gruter, MIX, 12), donne déjà aux deux frères le titre de *Médiques*, qui leur fut conféré par le sénat à l'occasion du triomphe. Il est à présumer, d'après cela, que la séance dans laquelle cette appellation honorifique fut offerte et acceptée précéda de quelques semaines le jour où les deux frères montèrent au Capitole.

Il les loue avec cette emphase de rhéteur qui gâte la plupart de ses lettres : « Lequel louer davantage, dit-il, ou celui qui demandait, ou celui auquel on demandait ? D'un côté Antonin ayant le commandement, mais soumis, et de l'autre, toi, Lucius, gardant ta déférence, mais impérieux à force d'amour. C'est sous tes auspices et par tes armes que Dausara, Nicéphore et Artaxarte ont été pris (1) ; mais cette forteresse inexpugnable placée dans le cœur de ton frère, quelles autres forces que celles de ton éloquence l'ont assaillie au point d'amener ce frère à lui faire accepter le nom d'*Arméniaque*, qu'il avait refusé (2) ? » Le refus de Marc-Aurèle était sincère : nous en avons la preuve, puisqu'il quitta bientôt des titres auxquels il ne se reconnaissait pas de droits. Quant à Lucius Verus, nous savons pertinemment qu'il n'était pas toujours modeste, témoin cette lettre où il explique naïvement à Fronton, qui devait être l'historiographe de la guerre Parthique, les meilleurs moyens de le mettre en relief auprès de la postérité : « Tu connaîtras les événements de la guerre, lui dit-il, par les lettres que m'ont écrites les chefs chargés de la conduite de chaque affaire. Notre Sallustius t'en donnera des copies. Pour moi, afin que tu puisses te rendre compte de mes plans, je t'enverrai mes lettres, où l'ordre à suivre en toutes choses est tracé. Si tu désires aussi quelques dessins (*picturas*), tu pourras les recevoir de Fulvianus ; mais pour te mettre encore plus les faits sous les yeux, j'ai mandé à Cassius Avidius et à Martius Verus de m'écrire quelques mémoires que je t'enverrai, et qui te donneront l'intelligence des mœurs et de la richesse du pays. Si tu veux aussi que je te rédige quelques notes, dis-moi dans quelle forme tu les désire, et je les écrirai, car je suis prêt à tout pour obtenir que mes actions te doivent leur célébrité. Ne néglige pas non plus mes discours au sénat ou mes allocutions à l'armée. Je t'enverrai encore mes conférences avec les barbares. Tous ces matériaux te seront d'un grand usage. Puis, il est une chose que l'élève aurait mauvaise grâce à vouloir démontrer au maître, mais sur laquelle cependant j'appelle ton attention. In-

(1) Ces trois villes furent prises par Statius Priscus. Cf. Capitolin, c. IX. Leur conquête date de l'année 916 de Rome, et valut aux deux empereurs la seconde acclamation impériale. La première leur avait été décernée lors de leur avénement, la troisième date de 918, ainsi que nous l'apprennent les monnaies, et fut accordée aux deux frères en conséquence de la prise de Ctésiphon par Avidius Cassius. On leur décerna la quatrième après l'envahissement de la Médie, qui eut pour conséquence le traité de paix avec Vologèse, en 919. Les deux princes se trouvaient donc *imperatores* pour la quatrième fois lors de leur triomphe, qui eut lieu la même année, ainsi que le prouvent les médailles frappées à l'occasion de cette solennité, où on lit : TR. POT. XX. IMP. IIII. COS. II. sur la médaille de Marc-Aurèle, et : TR. POT. VI. IMP. IIII. COS. II. sur la médaille consacrée à L. Vérus. Voy. les observations présentées sur ces deux médailles par l'abbé Belley dans l'*Hist. de l'Acad. des Inscr. et Belles-Lettres*, t. XXV, 82-98.

(2) *Lettres de Marc-Aurèle et de Fronton*, édit. et trad. par Armand Cassan, t. II, p. 178-181.

siste longtemps sur les causes et l'origine de la guerre et même sur les désastres éprouvés en mon absence : je crois surtout qu'il est nécessaire de faire ressortir toute la supériorité des Parthes avant mon arrivée, afin que nos opérations apparaissent dans toute leur grandeur (1). » Malgré ces épanchements d'une vanité qui voulait rapporter tout à elle, la lettre de Verus est intéressante pour l'histoire d'une longue campagne sur laquelle nous avions si peu de documents. Elle confirme par l'aveu même du prince ce fait que les deux généraux Avidius Cassius et Martius Verus avaient eu la conduite d'expéditions sur lesquelles seuls ils pouvaient donner des renseignements authentiques ; puis elle prouve que dans leurs guerres lointaines les Romains recueillaient avec soin les matériaux qui pouvaient les éclairer sur les mœurs et les productions des pays parcourus par leurs armées. Si l'histoire de la guerre parthique écrite par Fronton nous était parvenue, nous y trouverions probablement, au milieu de ses déclamations oratoires, plus d'un enseignement précieux (2), et nous y verrions peut-être la confirmation de ce que nous apprennent les historiens de la Chine sur les relations qui s'étaient établies à cette époque entre l'Asie orientale et l'empire romain.

L'histoire qui nous a mesuré d'une main si avare les documents relatifs à la guerre des Parthes sous Marc-Aurèle est muette sur cette autre expédition de Bretagne pour laquelle nous avons vu partir le légat propréteur Calpurnius Agricola. Que les troubles de cette province aient été occasionnés par un mouvement des troupes en faveur de Statius Priscus, ou que les Bretons se soient révoltés, ce qui paraît moins probable, il n'en est pas moins vrai que sous le règne de Marc-Aurèle la puissance romaine ne fit aucun progrès en Bretagne, et semble au contraire avoir perdu du terrain. L'un des légats d'Antonin, Lollius Urbicus, s'avançant à quatre-vingts milles au nord de la muraille construite par les ordres d'Adrien pour servir de frontière à la province, avait élevé un second rempart, entre le Frith of Forth et la Clyde, là où l'Écosse méridionale se trouve comme coupée par les golfes qui à l'embouchure de ces deux fleuves la pénètrent profondément. Or, cette seconde muraille ne put longtemps servir de défense contre les terribles enfants des brouillards qui, de l'embouchure du Tay au lac d'Argyle, couraient aux armes dès qu'il s'agissait d'assaillir l'ennemi commun. Le manque complet d'inscriptions rappelant le nom de Marc-Aurèle en Écosse semble nous indiquer que dès la mort d'Antonin les corps légionnaires y étaient en petit nombre et que l'aigle romaine n'a jamais trouvé où abriter son aire sur le sol de la Calédonie. Ce qu'il y a de certain, c'est qu'une inscription où le nom de Calpurnius Agricola se trouve mentionné a été exhumée sur l'emplacement du rempart d'Adrien dans le Northumberland (1). Ce monument épigraphique prouve qu'Agricola, qui a dû arriver en Bretagne vers l'an 915 de Rome, c'est-à-dire dès les premiers temps de l'avénement des deux frères, y était encore après la mort de L. Verus, arrivée en 922, puisque le légat y est appelé LEGATVS AVG*usti*, légat d'auguste, et non pas LEGATVS AVGG., légat des deux augustes, ce qui n'aurait pas manqué d'être gravé sur le marbre, si le collègue de Marc-Aurèle avait alors vécu. A peine si nous trouvons la Bretagne nommée encore une ou deux fois vers cette époque. Dion Cassius nous apprend que le satrape Tiridate, qui avait soulevé toute l'Arménie et combattu Martius Verus, légat de Cappadoce, ayant été fait prisonnier, fut exilé par Marc-Aurèle chez les Bretons, puis que les Iazyges, qui habitaient vers les embouchures du Danube, ayant fait alliance avec le même empereur lui fournirent pour le recrutement des armées romaines huit mille cavaliers, dont cinq mille cinq cents furent également envoyés en Bretagne (2). Telles sont les faibles lueurs qui viennent éclairer l'histoire de cette province pendant les vingt années du règne de Marc-Aurèle. Une guerre ou une révolte qui exigea la nomination d'un nouveau légat au commencement de ce règne, et vers la fin l'envoi de renforts qui semble annoncer la continuation d'un état de troubles, voilà tout ce qui reste des annales bretonnes dans l'espace de près d'un quart de siècle.

Lors du retour de Verus, un danger plus grand que celui qui avait pu résulter d'une guerre d'Orient ou d'une révolte en Bretagne menaçait l'Italie. Une ligue s'était formée parmi les nombreuses tribus habitant au nord de l'empire, depuis les sources du Danube jusqu'aux frontières d'Illyrie. Marcomans, Alains, Iazyges, Quades, Sarmates et beaucoup d'autres peuples encore avaient fait irruption sur le territoire de l'empire, et déjà pendant la guerre parthique on avait pu difficilement les contenir. A peine les deux empereurs furent-ils réunis,

(1) *Lettres de Marc-Aurèle et de Fronton* ; éd. et trad. d'A. Cassan, t. II, p. 200-202.

(2) Si nous n'avons pas l'histoire de la guerre des Parthes par Fronton, nous savons du moins qu'un grand nombre d'auteurs contemporains s'empressèrent de décrire les événements de cette longue campagne et que les inexactitudes commises à cette occasion furent la cause du traité que Lucien crut devoir composer sur la manière d'écrire l'histoire, Πῶς δεῖ ἱστορίαν συγγράφειν. Les noms de Calpurnianus de Pompeiopolis, de Callimorphe, médecin d'une légion, d'Antiochianus, de Demetrius de Sagalessus, d'Asinius Quadratus sont parvenus jusqu'à nous.

(1) DEÆ SVRIÆ SUB CALPURNIO AGRICOLA LEG. AUG. PR. PR. A. LICINIUS CLEMENS PRÆF... III.. A.. IOR. Inscr. trouvée à Littlechester, dans le Northumberland. Elle a été publiée par Camden, 1070 ; — Gruter, 86, 7 ; — Donati, 60 3. — Horsley, p. 192, n° 22, LIII ; — Newton, *Excerpt. de Brit.*, n° 91 ; — Hodyson, part. II, vol. 3, p. 137 ; — Henzen, 3e vol. de l'Orelli, n° 5961.

(2) Dion Cassius, l. LXXI, 14 et 16.

qu'ils durent penser à marcher en personne et à pousser la guerre avec vigueur contre ces pépinières de barbares, dont Rome surveillait avec terreur les mouvements, prévoyant déjà peut-être que de là lui viendrait sa ruine. Malgré l'éclat du récent triomphe, les circonstances étaient tristes : les secours prodigués par l'empereur à l'Italie n'avaient pu remédier complétement à la disette, fléau qui semble avoir duré plusieurs années, et l'armée de Verus avait rapporté d'Orient la peste, qui se répandit bientôt, à la suite des légions, dans toutes les provinces de l'empire. Pour rassurer les esprits et inspirer la confiance, Marc-Aurèle, oubliant cette philosophie élevée sur laquelle il devait écrire chez les Quades de si belles pages, eut recours à tout l'arsenal des superstitions païennes. Des sacrifices expiatoires furent offerts à tous les dieux du Panthéon romain. On célébra pendant sept jours les fêtes du lectisterne; on fit appel à tous les rites étrangers; et qui sait si les préventions conçues par un prince naturellement bienveillant contre cette admirable religion chrétienne, dont il aurait dû comprendre et aimer la divine morale, ne vient pas du refus qu'il éprouva de la part des chrétiens de s'unir aux vaines cérémonies que lui dictait sa politique! Mais nous aurons à revenir sur cette étrange aberration qui porta un prince chrétien par le cœur à persécuter le christianisme. Disons d'abord que, malgré les lectisternes et les sacrifices expiatoires, le terrible fléau fit de si grands ravages que tous les chars de la ville étaient employés au transport des cadavres. Les deux empereurs firent à cette occasion des lois sévères sur les inhumations et les lieux où l'on pourrait élever des tombeaux; ils ordonnèrent que les citoyens pauvres fussent inhumés aux frais de l'État, puis ils partirent pour l'armée de Germanie.

Cette guerre du nord que commençaient les deux frères devait se continuer avec des succès différents pendant tout le règne de Marc-Aurèle, dont la résidence se trouva dès lors plus souvent fixée dans la Pannonie que dans la capitale de l'empire (1). Malheureusement les quelques détails qui nous ont été conservés par les historiens sont si confus, si complétement privés de tout ordre et de toutes dates, qu'on ne saurait en tirer aucune narration suivie. Les médailles sont dans ce cas notre guide le plus sûr. En rapprochant le chiffre de la puissance tribunitienne, qui donne la date du règne, du chiffre des acclamations impériales, qui ne change qu'à la suite d'une victoire, on obtient quelques lueurs sur la conduite de la guerre et les diverses phases de la lutte; mais on comprendra facilement combien de tels documents sont secs et incomplets. Lucius Verus était revenu à Rome dès l'année 919; mais son troisième consulat, qu'il prit aux kalendes de janvier de l'année suivante, 920 (de J.-C. 167), indique que le départ des empereurs n'eut lieu que postérieurement à cette investiture. Il est même probable qu'il fut remis jusqu'à ce que la belle saison permît d'ouvrir la campagne. Effrayés des grands préparatifs que les Romains avaient faits pour porter la guerre dans le nord, et voyant les deux empereurs réunis pour les combattre, les barbares sentirent se calmer l'ardeur qui les avait tous réunis contre l'aigle romaine. La discorde se mit entre eux, et Marc-Aurèle était à peine arrivé à Aquilée avec son collègue, que les chefs principaux de la ligue se retirèrent avec leurs troupes au delà du Danube, d'où ils firent demander la paix, mettant à mort les conseillers qui les avaient encouragés à la guerre. La réaction était alors si complète que les Quades, qui avaient perdu leur roi, déclarèrent ne vouloir en recevoir un autre que de la main des deux empereurs. Capitolin ajoute à ces détails que L. Verus, entraîné par son amour du plaisir, voulait après ce succès retourner à Rome, et que Marc-Aurèle n'y consentit pas (1). Il paraît cependant bien certain que les deux princes retournèrent dans leur capitale après la conclusion de cette paix ou pour mieux dire de cette trêve. Non-seulement nous en avons pour preuve des médailles datées de cette même année 920, et qui offrent le type de la Fortune avec l'exergue de *Fortuna redux*, médailles que l'on frappait ordinairement pour célébrer le retour des empereurs; mais nous avons un texte d'Ulpien dans lequel il cite un discours de Marc-Aurèle prononcé à Rome dans le camp des prétoriens, au 8 des ides de janvier, sous le consulat de Paulus et d'Apronianus, c'est-à-dire dans les premiers jours de l'année 921 (2). Ce témoignage permettrait difficilement de douter que les deux princes ne fussent revenus à Rome aussitôt après la pacification apparente des provinces du nord de l'empire.

Cependant Sarmates, Daces, Quades, Marcomans, Victovales n'ont fait qu'une courte halte dans leur campagne contre la puissance romaine. Les hostilités recommencent bientôt, et dans le courant de l'année 922 (de J.-C. 169) les deux empereurs quittent de nouveau la ville pour aller passer l'hiver à Aquilée, où ils comptaient rassembler toutes les forces dont ils disposaient, afin d'être en mesure de pousser avec vigueur les opérations de la guerre au printemps de l'année suivante. Mais la concentration des troupes développa avec une nouvelle intensité les germes de peste rapportés d'Orient par l'armée de Verus. Le célèbre Gallien fut appelé pour arrêter, s'il était possible,

(1) Eutrope considère la guerre des Marcomans comme l'une des plus grandes qui aient été soutenues par l'empire romain; à ce point qu'elle fut comparable, dit-il, aux guerres puniques (l. VIII, c. 12).

(1) Capitol, *Vie de Marc-Aurèle*, c. XIV.

(2) *Jus civile antejust*, Ang. Mai, *De excusat. Tutorum*, p. 68.

les progrès du mal; ce fut en vain. Tout l'art de la médecine semblait inutile. Le fléau redoublait ses ravages, et les empereurs résolurent de reprendre au milieu de l'hiver la route d'Italie. Ils voyageaient dans la même litière, et s'approchaient de la ville d'Altinum, dans la Vénétie, lorsque Verus, frappé d'apoplexie, mourut subitement.

Marc-Aurèle accompagna jusqu'à Rome le corps de son collègue, et le fit déposer dans le mausolée élevé par Adrien à la famille impériale. En remerciant le sénat d'avoir décrété l'apothéose de Verus, il laissa entendre, à ce que nous dit Jules Capitolin, que les victoires remportées sur les Parthes, victoires dont on avait fait honneur à son frère adoptif, n'avaient été dues qu'à ses propres conseils, et qu'il allait enfin commencer à gouverner l'État sans voir ses plans entravés par un collègue qui ne l'avait guère aidé jusque alors (1). C'était là, il faut l'avouer, une étrange manière de justifier auprès des sénateurs l'admission de Verus au rang des dieux. On peut concevoir, du reste, que Marc-Aurèle ait cédé à son amour pour la vérité, et peut-être à un sentiment d'orgueil, en réclamant pour lui la plus grande part de ce qui s'était accompli jusque alors à la gloire de l'empire. On ne concevrait pas un reproche bien autrement grave qui lui a été adressé par Dion Cassius. Cet historien paraît croire que la mort de Verus n'a pas été naturelle, et que Marc-Aurèle a prévenu par un si triste attentat les mauvais desseins que ce prince tramait contre lui (2). Tout dans la vie du monarque philosophe repousse une telle accusation, et l'on peut dire, avec Capitolin, qu'aucun souverain n'est à l'abri de la calomnie, puisqu'on a voulu entacher la mémoire de Marc-Aurèle (3).

Cependant, la guerre des Marcomans avait continué, sous le commandement des généraux qui étaient restés en Pannonie à la tête des légions. Marc-Aurèle quitta Rome une troisième fois, dans le courant de l'année 922, ainsi que le prouvent les médailles frappées alors et qui portent pour légende *profectio Augusti* (4). Il allait reprendre la conduite d'une expédition qui demandait toute sa sagesse et tout son courage, en même temps qu'il cherchait à adoucir par l'accomplissement de ses devoirs le chagrin qu'il venait d'éprouver; car Marc-Aurèle était un père tendre, ainsi que le prouvent plusieurs passages de sa correspondance (5), et son séjour
en Italie avait été marqué par une perte cruelle.
Annius Verus, son plus jeune fils, donnant déjà de
grandes espérances, lui avait été enlevé pa..
l'impéritie des médecins, qu'il eut le courage de
consoler lui-même en voyant combien
étaient affectés de la responsabilité qui
sur eux. Des médailles, des statues vo..
l'occasion de cette mort nous ont conserv..
traits du jeune Annius, qui, comme son
Commode, offre une grande ressemblance
Marc-Aurèle, ce que Fronton ne
à défaut des monuments, lorsqu..
royal élève, dans son style affecté: « ..
petits enfants, et nul spectacle n'aura
doux pour moi, car ils te ressemblent
de visage que rien n'est plus ressen..
cette ressemblance, *tam simili fa..*
nihil sit hoc simili similius.
dédommagé de mon voyage à ..
chemin glissant, de ces rudes m..
voyais doublé pour ainsi dire, et
plais à la fois à ma droite et à
reste j'ai trouvé à ces chers p..
dieux, un bon teint, une voix f..
du pain bien blanc, comme il con..
roi, l'autre du pain bis, o..
fils d'un philosophe. Je p..
conservent le semeur et les
gardent avec soin la moisson
si ressemblants. J'ai
voix si douces, et dans ce
croyais reconnaître déjà le s..
monieux de ta voix d'orateur ..

Les deux enfants dont Fr..
cette tendresse de cœur et
langage étaient Commode et ..
jumeau, qui mourut à l'âge de qu..
mode, plus encore qu'Annius Ve..
au meilleur des empereurs, et ..
gretter cette conformité de vis..
mieux, quand on sait quelle ..
de Faustine, croire, avec qu..
temps, qu'il était le fils d'..
Marc-Aurèle semblerait moin..
indigne successeur, dont il n..
cruels instincts. L'empereur ..
mais les temps étaient mauv..
des classes aristocratiques a..
complète depuis que, décimée..
sécution des premiers césars, ..
son salut dans l'obéissance et ..
meilleurs princes s'accoutume..
mendier leurs faveurs. Ils a..
tiers de leurs personnes ceux
avec eux les formes les plus ..

(1) *Vie de Marc-Aurèle*, c. XX.
(2) L. LXXI, § 2.
(3) *Vie de Marc-Aurèle*, c. XV.
(4) *Voy.* Eckhel, *D. N. V.*, t. VII, p. 58.
(5) César à Fronton : « Par la volonté des dieux, nous croyons retrouver quelque espérance de salut. Les plus fâcheux symptômes ont disparu ; les accès de fièvre ont cessé : il reste pourtant encore quelque maigreur et un peu de toux. Tu devines bien que je te parle ici de notre chère petite Faustina, qui nous a donné une vive inquiétude » (*Lettres inédites de Marc-Aurèle et de Fronton*, éd. A. Cassan, t. I, p. 258-259). Peu de temps après avoir écrit cette lettre, où il parle si t..
Marc-Aurèle la perdit. On a retro..
drien son inscription funéraire, ..
FAVSTINA. M. AVRELII CAESARIS
NIS. P. P. NEPTIS (*Voy.* Mab..
p. 363, et Orel., n° 872).
(1) *Lettres de Fronton et de Mar..*
t. II, p. 52-54.

vinrent trop tard qu'on ne s'appuie que sur ce qui résiste. Que dire de ce précepteur qui fit bruler dans la fournaise du bain destiné à Commode une peau de mouton, afin que l'odeur fît croire à ce cruel enfant qu'on y avait jeté l'étuviste dont il avait ordonné le supplice, pour le punir de ce que le bain n'était pas assez chaud (1). Commode avait alors douze ans : Marc-Aurèle était absent, occupé de cette guerre des Marcomans pour laquelle nous venons de le voir partir. C'est là son excuse, s'il peut y en avoir une au mauvais choix des maîtres auxquels un père confie l'éducation de son fils.

Quelles étaient les forces militaires dont disposait l'empereur à son arrivée sur le théâtre de la guerre? L'histoire n'en dit rien; mais là encore l'épigraphie vient à son secours et peut combler quelques lacunes. Des trente légions qui composaient la force principale de l'empire et devaient en assurer les frontières, depuis les forêts ou les marécages de la Calédonie jusqu'à la Perse, à peine soumise, en Asie, et jusqu'aux sables du grand désert, en Afrique, nous en trouvons près de la moitié dont la présence au nord de l'Europe pendant le règne de Marc-Aurèle constate une part active dans les pénibles campagnes de ce prince. Parmi ces légions deux furent créées sous son règne, la seconde légion, surnommée *Italica*, et la troisième, à laquelle on avait donné la même appellation, probablement parce qu'elles avaient été toutes deux levées en Italie pour les besoins de la guerre. L'une était en Norique, l'autre en Rhétie, au temps de Dion Cassius (2). C'est probablement de la première légion *adjutrix* que parle Capitolin lorsqu'il nous dit que, sous Marc-Aurèle, Pertinax chargé du commandement de la première légion, délivra la Rhétie et la Norique des ennemis de l'empire (3). Il y a tout lieu de croire en effet que la première *adjutrix* faisait alors partie de l'armée du nord, puisque nous apprenons par une inscription gravée en l'honneur du consul Cesonius Macer Rufinianus qu'étant tribun de cette légion, il reçut de Marc-Aurèle des récompenses militaires (4). Ces distinctions ne peuvent avoir été méritées par l'officier qui les obtint que dans les guerres dont il s'agit, et qui furent seules dirigées par Marc-Aurèle : s'il s'agissait des guerres parthiques, les récompenses auraient été données par L. Verus. Dion place en effet de son temps la première légion *adjutrix* dans la Pannonie inférieure, où un grand nombre d'inscriptions trouvées parmi les ruines romaines éparses dans le pays prouvent sa longue résidence (5). La quatrième légion, qui portait les surnoms de *Flavia felix*, se trouvait aussi dans ces provinces septentrionales, attaquées sur tant de points par les barbares. Une inscription donnée par Steiner et trouvée sur les bords du Rhin rappelle un de ses soldats qui prit part à l'expédition contre les Germains (1), et un autre monument épigraphique cite encore un membre de la légion deux fois récompensé par l'empereur Marc-Antonin dans la guerre qu'il fit en Germanie (2). La cinquième légion, surnommée *Macedonica*, et qui contribua sous Trajan à la soumission de la Dacie, avait continué d'occuper cette nouvelle conquête, de telle sorte que nous pouvons très-probablement la compter au nombre des troupes que Marc-Aurèle avait alors à sa disposition (3). Il en est de même de la huitième légion, *Augusta* : on a trouvé dans le Wurtemberg plusieurs monuments qui prouvent la résidence de cette légion dans le pays jusqu'au règne de Commode (4); elle y était donc sous Marc-Aurèle. La dixième légion *Gemina*, après avoir résidé tour à tour en Espagne et dans la Germanie inférieure, se trouvait dans la Pannonie supérieure sous le règne d'Atonin le Pieux, ainsi que nous l'apprend Ptolémée, d'accord en cela avec l'itinéraire d'Antonin, qui lui donne pour garnison la ville de Vindobona (5). Une inscription rapportée par Gruter prouve qu'elle y était encore au temps de Septime Sévère (6). Ces deux termes extrêmes nous donnent donc pour la dixième, *Gemina*, comme pour la huitème, *Augusta*, la preuve qu'elle s'était trouvée sous Marc-Aurèle au fort de l'action. La onzième légion, *Claudia*, est encore une de celles qui, sans fournir de monuments précis pour l'époque dont nous nous occupons, a cependant de grandes chances en sa

(1) Lampride, *Vie de Commode*, c. I.

(2) L. LV, § 24.

(3) J. Capitolin, *Vie de Pertinax*, c. 2.

(4) C. CAESONIO. C. F. QVIR. MACRO RVFINIANO CONSULARI.... TRIB. LEG. I. ADIUTRIC. DONATO DONIS MILITARIB. A. DIVO. MARCO (Grut., p. 381, 1).

(5) Voy. Borghesi, *Annali dell' Inst.*, 1839, p. 141.

(1) D. M. AVRL VITALI. MIL. LEG. IIII. FL. STIP. VII. VIXIT AN. XXV. AGENS EXPEDITIONE GERMANIÆ (Codex Inscriptionum Romanarum Rheni, Bearbeitet von Steiner, n° 177).

(2) L. PETRONIO L. F. PVB. SABINO.... DONIS DON. AB. IMP. MARCO ANTONINO. IN. BELLO GERM. BIS. HASTA PVRA ET CORONIS VALLARI ET MVRALI (Murat., p. 730, 1).

(3) M. Borghesi a prouvé dans son mémoire sur Salvius Liberalis que la cinquième légion, *Macedonica*, après avoir assisté au siége de Jérusalem, fut envoyée par Titus pour garder la Mœsie, d'où, suivant Dion (l. LV, ch. 23), elle passa dans la Dacie. Elle y était commandée par Pompeus Falco dans une des guerres daciques de Trajan, et ce chef y obtint les récompenses militaires (*voy.* le *Mém. sur Burbuleius*, Borghesi, p. 24). L'itinéraire d'Antonin la place dans la Mœsie inférieure, fait confirmé par deux inscriptions de Gruter (p. CCCCLXXXI, I, et CCCCXC, 2,)

(4) *Voy.* le *Wurtembergische Jahrbücher*, 1838, I, p. 13, 39, 43, 44, 48, 30, 84, 93 — Cf. Steiner, Cod. Inscr. Rom. Rheni, nos 19, 27, 63, 86, 91, 128, 153, 168, 247, 264, 272, 317, 339, 375, 386, 619, 627, 753. — Cette légion reçut sous le fils de Marc-Aurèle le nom de *Pia*, *fidelis*, *constans*, *Commoda*, ainsi que nous l'apprend l'*Inscr.* de Fabretti, p. 668, n° 517.

(5) Ptol. II, c. 18.

(6) On a trouvé à Vienne, en Autriche une inscription consacrée à Jupiter Sérapis pour en obtenir la santé de Septime Sévère et de son fils Caracalla, sous l'invocation de L. QVIRINALIS MAXIMVS TRIB. MIL. LEG. X. GEM. (Gruter, p. XXII, 7). — Cf. une autre inscr. du même recueil, p. LXXIV, 6, qui prouve qu'en l'an de Rome 1002 (de J.-C. 249), sous le règne de Philippe, la dixième légion *Gemina* était encore à Vienne.

faveur quand on veut faire le recensement des corps militaires composant l'armée de Germanie. Elle s'était distinguée dans ces contrées sous Domitien, et une inscription d'Orelli nous l'y montre encore sous Commode (1). Quant à la douzième légion, *Fulminata*, que Marc-Aurèle avait appelée de Cappadoce pour lui faire prendre part à son expédition contre les Quades, nous aurons l'occasion d'y revenir tout à l'heure, à propos d'un des événements de la guerre sur lequel elle aurait eu une grande influence, d'après Xiphilin, l'abréviateur de Dion Cassius. Vient ensuite la treizième légion *Gemina*, qui, après avoir pris part, en Italie, aux guerres civiles dont fut suivie la mort de Néron, occupa la Pannonie. Trajan la conduisit en Dacie (2), où elle paraît être restée jusqu'au temps de Gallien, ayant évidemment sa part d'action dans tous les mouvements militaires opérés sur les rives du Danube. La Pannonie supérieure se trouvait au temps des Antonins occupée par la quatorzième légion, *Gemina Martia Victrix*, dont un légat, nommé L. Urinatius Quintianus, y obtint des récompenses militaires sous le règne du fils de Marc-Aurèle (3). Nous n'avons plus à mentionner que la vingt-deuxième légion, *Primigenia*, qui se trouvait en Germanie, où une quantité d'inscriptions prouveraient son séjour depuis l'an de Rome 931 jusqu'à 985 (4), quand même Spartien ne nous dirait pas qu'elle y était sous Marc-Aurèle, commandée par Didius Julianus (5), puis la trentième légion, *Ulpia Victrix*, dont les inscriptions nous indiquent la résidence sur les bords du Rhin pour l'époque qui nous occupe (6).

A ces légions, qui formaient un ensemble de près de quatre-vingt mille hommes, il faut joindre les troupes auxiliaires, qui devaient doubler ce nombre; car à chaque légion, composée de six mille soldats, nous trouvons joint, en général, un nombre à peu près égal d'auxiliaires, de telle sorte que toute légion soutenue par des cohortes faisant partie des *auxilia* peut être regardée comme un petit corps d'armée, dont l'effectif montait à environ douze mille combattants.

Un diplôme de congé militaire accordé par Marc-Aurèle aux troupes auxiliaires qui se trouvaient en Pannonie après les premiers succès qui signalèrent les commencements de la guerre, d'autres diplomes, datés du règne d'Antonin, et les inscriptions éparses sur le sol nous font connaître une partie des cohortes et des *alæ*, ou corps de cavalerie appelés à la défense de la frontière du nord (1). On y constate la politique suivie constamment par Rome, qui, après avoir soumis les plus belles contrées du monde alors connu, opposait les unes aux autres les forces qu'elle empruntait aux nations subjuguées, de la même manière que quelques États modernes, composés de nationalités différentes, envoient les Italiens en Allemagne, les Hongrois en Vénétie, les Tartares en Livonie ou les Finlandais en Crimée.

Nous avons déjà dit combien peu nous connaissons l'ordre des événements qui se passèrent en Allemagne pendant plusieurs années. La guerre se poursuivit avec des chances diverses, et plus d'une fois les Marcomans virent fuir les Romains. Une fois même ils les poursuivirent jusque dans Aquilée, qui eût été prise sans le courage et l'habileté déployés par la garnison. L'armée romaine se trouvait alors affaiblie et découragée : affaiblie par cette peste d'Orient qui n'avait cessé d'exercer ses ravages depuis la fin de la guerre parthique; découragée par l'insuccès. C'est alors probablement que Marc-Aurèle créa deux légions nouvelles, la seconde et la troisième *italiques*, qui auraient été composées d'éléments bien hétérogènes, s'il faut croire les historiens lorsqu'ils nous disent qu'on fut obligé d'enrôler des gardes de police, des gladiateurs, des exilés et jusqu'à des esclaves. L'épuisement du trésor public, occasionné probablement par les distributions gratuites qu'avait amenées une longue disette, força l'empereur à des sacrifices personnels qu'il consentit sans regret. Il donna l'ordre de vendre aux enchères, dans le Forum de Trajan, les ornements impériaux, les coupes d'or ou de cristal, les vases murrhins, les vêtements de soie, les joyaux qu'il avait trouvés dans le trésor particulier d'Adrien. Cette vente dura deux mois, dit Jules Capitolin, et remplit de nouveau le trésor. Désormais Marc-Aurèle pouvait reprendre l'offensive : il en était temps. Les Germains qui habitaient les bords du Rhin s'étaient joints aux riverains du Danube; toutes les dissensions, si fréquentes entre ces petits États barbares, étaient oubliées. Jamais peut-être la résistance de ces peuplades à la bravoure et à la

(1) Neuf inscriptions sur marbre et plusieurs terres cuites recueillies par Steiner, dans ses inscriptions rhénanes, prouvent un long séjour de la onzième légion, *Claudia*, dans ces contrées. Aucun de ces monuments épigraphiques ne porte de date consulaire. Cependant un d'eux, où l'on lit M. APRONIVS M. F. VAVIVS. SEG...... M. S. M. AV. CO. AVG. MILES. LEG. C. P. F. paraît à M. Borghesi devoir être expliqué ainsi : M. Apronius, etc., *qui militavit sub marco avrelio COmodo AVgusto* (voy. Borghesi, *Iscrizioni del Reno*, Ann. dell' Istit. di Archeol., 1839, p. 156-186).

(2) Voy. Gruter, 339, 1.

(3) Voy. Grut. MXXXIX, et Maffei, *Mus. Veron*, p. CXIII, M.

(4) Voy. Steiner, Cod. Inscr. Rom. Rhenl. La vingt-deuxième légion avait son quartier général à Mayence, où ont été trouvées un grand nombre d'inscriptions qui la relatent.

(5) Spartien, *Vie de Didius Julianus*, C. I.

(6) Voy. Steiner l. l. qui a recueilli vingt-six inscriptions, parmi lesquelles celles qui sont de date certaine sont de l'an 936 à 992 ; la plus grande partie de ces monuments a été trouvée dans la province de Clèves et à Cologne.

(1) Voy. Steiner. *Codex Inscr. Rom. Rheni*, passim. — *Dacien aus den Ueberresten des Klassischen Alterthums*, par le D. Neigebaur. — Voy. encore le Diplôme militaire inséré sous le n° XXIII des *Diplomi Imperiali* de Cardinali ; les diplômes IX, X, XI et XII publiés par Arneth, Vienne, 1843; et celui qui a été publié par M. Henzen : *Diplomi militari degl' Imperatori Trajano ed Antonino Pio*, *Roma*, 1835, in-4°, p. 11 et suiv.

discipline des Romains n'avait été plus opiniâtre. On trouvait des femmes tout armées parmi les morts tombés sur le champ de bataille; l'hiver même ne pouvait arrêter l'ardeur des deux partis. Dion Cassius nous a laissé le récit d'une sanglante action entre les Romains et les Iazyges, dont la scène fut le lit glacé du Danube. Habitués à leurs rudes saisons, les troupes barbares supposaient que les Romains ne sauraient résister sur cette surface polie, où chaque mouvement imprévu exposait à une chute. Aussi leur attaque avait-elle encore été plus impétueuse que de coutume. Ils se croyaient sûrs de la victoire, et l'auraient remportée complète en effet si les légionnaires n'eussent eu l'idée de poser sur la glace leur bouclier. Appuyant le pied sur cette surface solide, ils ne craignaient plus de s'attacher à l'ennemi, de l'attirer à eux, de le renverser, sauf à tomber avec lui; car ils étaient bien armés, et dans ce combat corps à corps ils reprirent leur supériorité habituelle. Les Iazyges furent vaincus, après avoir éprouvé de grandes pertes (1). Pertinax, légat de la première légion *adjutrix*, Pompeianus, auquel Marc-Aurèle avait donné en mariage sa fille Lucile, veuve de L. Verus, reprirent plusieurs des provinces danubiennes. L'empereur donnait l'exemple de la longanimité, de la persistance et de ce froid courage qui consiste plus encore à braver les rigueurs du climat ou les ennuis d'une longue campagne qu'à défier les périls du combat. Juste avec les soldats, il les récompensait quand ils l'avaient mérité, mais n'accordait rien à leurs exigences. Nous avons plusieurs exemples sous le règne de Marc-Aurèle d'une récompense nouvelle accordée par ce prince aux consulaires ayant obtenu les succès qui à une époque antérieure leur aurait valu les ornements du triomphe, *ornamenta triomphalia*. Ce sont des décrets du sénat par lesquels ce corps de l'État, sur la proposition de l'empereur, vote une ou plusieurs statues dans le Forum de Trajan ou dans quelqu'un des temples de Rome au chef qui s'est distingué par sa conduite ou qui est mort sur le champ de bataille. Ainsi, Dion nous apprend que Vindex, préfet du prétoire, ayant succombé dans un combat où les Marcomans furent vainqueurs, l'empereur lui fit ériger trois statues; et une inscription en l'honneur de Bassæus Rufus, qui avait succédé à Vindex comme préfet prétorien, nous fait connaître qu'en récompense de sa conduite dans la guerre contre les Germains et les Sarmates le sénat lui a également décrété, par l'ordre de Marc-Aurèle, trois statues, l'une, dorée, au Forum de Trajan, l'autre, avec la toge, dans le temple d'Antonin, la troisième, avec la cuirasse, dans le temple de Mars Vengeur (2). Il ne faut pas supposer toutefois que Marc-Aurèle soit l'auteur du changement qui remplaça par l'érection d'une ou plusieurs statues la haute récompense qui consistait à accorder à un général les ornements du triomphe. Les derniers exemples des *ornamenta triomphalia* que peut offrir l'épigraphie datent du règne de Trajan. On pourrait supposer, il est vrai, que le manque d'expéditions militaires pendant les longs règnes d'Adrien et d'Antonin le pieux, qui ne reçurent chacun qu'une fois la salutation impériale par laquelle les légions romaines célébraient leurs victoires en les rapportant à la personne de l'empereur, est la cause pour laquelle les monuments épigraphiques datés de ces règnes pacifiques ne font pas mention de la haute récompense instituée pour les généraux vainqueurs, alors que les empereurs seuls avaient le droit de monter en triomphateurs au capitole. Toutefois, il paraît plus naturel, ainsi que l'avait déjà fait Boulenger et que Borghesi le confirme, d'attribuer la suppression des ornements triomphaux comme récompense spéciale des généraux à l'usage qui en fut accordé généralement à tous les consuls. Restera maintenant à déterminer quelle fut l'époque où, ainsi que le dit Asconius, la toge brodée de palmes était devenue le vêtement du consul pendant la paix comme celui du triomphateur après la victoire (1). Ce qu'il y a de certain à cet égard, c'est que du temps de Juvénal, et par conséquent au plus tard sous Adrien, ainsi que nous le voyons par la dixième satire du poëte, les consuls avaient déjà la *toga picta*, la couronne d'or et le sceptre surmonté de l'aigle éployée, pour présider aux jeux du cirque (2). C'étaient bien là les insignes qui n'avaient longtemps été pris qu'à l'heure du triomphe, et il est probable qu'en les accordant ainsi à la grande magistrature curule les empereurs les remplacèrent par d'autres récompenses, purement militaires, telles qu'étaient la *statua armata* ou *loricata* dont nous voyons plusieurs exemples dans les inscriptions du règne de Marc-Aurèle.

A peine la guerre des Iazyges était-elle terminée par la bataille livrée sur le lit glacé du Danube, que l'empereur entreprit une autre expédition contre les Quades, dans laquelle, ainsi que le veut Xiphilin, les Romains furent visiblement protégés par la grâce divine. On était alors en l'an de J.-C. 174 (de Rome 927); les chaleurs de l'été avaient rapidement succédé à un long hiver, et les Romains, engagés dans l'intérieur du pays, se trouvaient acculés, après des marches fatigantes, dans une impasse où ils se virent tout à coup enveloppés par l'armée ennemie tout entière. Accablés de chaleur, dévorés par la soif et brûlés par le soleil, les soldats romains recevaient, sans avoir la force de les rendre, les coups de l'ennemi, et ils auraient péri

(1) Dion Cassius, l. LXXI, p. 7.

(2) *Voy.* Kellermann, *Vigiles*, n° 42, et Borghesi, *Iscrizionidi Fuligno*, Ann. de l'Instit. Archéol., 1846, p. 347.

(1) Iste habitus (palmata vestis) ut in pace consulis est, sic in victoria triumphantis (Ascon., *De Crat. est. post consul.*)

(2) *Voy.* Juvénal, Sat. X, 36-43.

jusqu'au dernier si on n'eût vu tout à coup les nuées s'assembler, se condenser et verser sur les légions une pluie abondante. Tandis que les soldats, rafraîchis par la bienfaisante ondée, tendent leurs boucliers et leurs casques pour recevoir l'eau du ciel et apaiser leur soif ardente, les ennemis les attaquent avec une nouvelle fureur, et le danger eût été plus pressant que jamais si la foudre et la grêle tombant sur les Quades ne les eussent mis en complète déroute, de telle sorte que l'orage, qui rafraîchissait les Romains et leur donnait une vigueur nouvelle, brûlait leurs ennemis des feux du ciel et les forçait à fuir ou à se réfugier humbles, et désarmés, dans le camp des légionnaires. Cette victoire valut à l'empereur la soumission partielle du pays et sa septième salutation impériale. Tel est le récit de Dion Cassius, qui attribue le prodige à un magicien de l'Égypte attaché à l'armée de Marc-Aurèle, et dont les puissantes incantations surent évoquer l'eau et la foudre par l'intervention des dieux de l'Olympe. En effet, la colonne Antonine représente, dans cette longue histoire des campagnes de l'empereur qui s'y déroule sculptée sur le marbre, un Jupiter *Pluvius*, gigantesque figure dont les bras étendus, les cheveux et la barbe ruissellent d'une eau que les Romains s'empressent de recueillir, tandis que les barbares sont frappés et renversés par le tonnerre. Quant à Xiphilin, l'abréviateur de Dion, il attribue le miracle aux prières des chrétiens dont se trouvait composée une légion tout entière venue de Mélitène en Asie, et qui, en récompense du secours céleste qu'elle avait imploré pour l'armée romaine, reçut de Marc-Aurèle le surnom de fulminante (κεραυνοβόλος) (1). Il ne peut s'agir ici que de la douzième légion, qui après avoir pris part au siége de Jérusalem sous Vespasien avait été envoyee en garnison à Mélitène, sur les bords de l'Euphrate, où elle resta longtemps et d'où elle ne fut probablement rappelée que momentanément en Europe, si elle le fut, pour les besoins de la guerre du Danube (2). Mais en tous cas, et bien que le récit de Xiphilin ait été célébré par saint Apollinaire, par Tertullien, par Eusèbe, par saint Jérôme, par saint Grégoire, par la chronique d'Alexandrie et par tous ceux qui depuis ont suivi ces autorités ecclésiastiques, il faut bien reconnaître que le danger couru par l'armée romaine chez les Quades et la manière dont elle en fut délivrée n'ont eu aucune influence sur le surnom donné à la douzième légion. Déjà une inscription rapportée par Gruter nous avait prouvé que dès le temps de Nerva ce corps militaire portait l'appellation auquel Xiphilin donne une origine si miraculeuse (1). Depuis lors on a trouvé gravé sur le piédestal de la statue de Memnon en Égypte le nom d'un centurion de cette même légion (2), et une autre inscription trouvée dans la même contrée nous cite un *Aulus Instuleius Tenax primipilaris leg. XII Fulminatæ* (3). Ce dernier monument épigraphique est daté de la onzième année du règne de Néron, au XVI des kalendes d'avril; nous acquérons donc ainsi la preuve qu'un siècle avant le règne de Marc-Aurèle la douzième légion était déjà en possession du surnom de *Fulminata*, et non pas de *Fulminatrix*, ainsi qu'on avait expliqué les abréviations avant d'avoir rencontré le mot écrit tout entier. Ce dernier fait a été confirmé par la récente découverte, à Tarquinies, d'une base de statue consacrée à P. Tullius Varron, consul qui vécut au temps de Trajan, et qui s'intitule légat de la douzième légion *Fulminata* : LEGATUS LEGIONIS XII FULMINATÆ (4).

Traités faits et rompus, paix partielles, nouvelles attaques occupaient et retenaient Marc-Aurèle dans la Pannonie, lorsqu'il apprit tout à coup qu'un chef habile, dans lequel il avait eu la plus grande confiance pour la conduite des affaires d'Orient, venait de prendre le titre d'auguste et de faire soulever toutes les provinces de son gouvernement. Ce chef était Avidius Cassius, descendant du meurtrier de César, et dont les vieilles traditions républicaines n'avaient pas résisté à l'attrait du rang suprême (5). C'était du reste un général habile, et nous avons vu que les victoires parthiques qui avaient signalé le commencement du règne de Marc-Aurèle lui étaient dues en partie : « Le tribun envoyé ici, « lui écrivait alors Fronton, vient d'apporter « les lettres couronnées de lauriers, et il a « été partout le panégyriste empressé de tes « opérations, de ton habileté, de ta vigilance. « J'ai obtenu de lui les récits les plus intéres-

(1) Voy. Dion, L. LXXI, § 8-11.

(2) Voy. sur les exploits de la douzième légion au siége de Jérusalem, ainsi que sur son envoi à Mélitène, Joseph., *Bell. Jud.*, VII, 1, 3. Une monnaie frappée sous Adrien à Césarée de Cappadoce et une autre monnaie, frappée à Ancyre sous Antonin le Pieux, mentionnent toutes deux la douzième légion, et nous apprennent ainsi que pendant le règne de ces princes, elle n'avait pas quitté l'Asie (Sestini, *Lettere*, etc., VI, 71, 78). Ce serait donc sous le règne de Marc-Aurèle que ce prince aurait appelé à la défense des frontières du nord une des légions destinées à protéger l'Orient, alors pacifié, et cette légion serait retournée plus tard dans son ancienne garnison, où nous la retrouvons sous Alexandre Sévère (Dion Cassius, LV, 23). M. Grotefond va jusqu'à ne pas admettre le témoignage de Xiphilin sur la présence en Pannonie de la légion *Fulminata*, et suppose qu'elle n'avait pas quitté l'Asie. Le récit de l'abréviateur de Dion ne serait d'après lui qu'une fable (voy. *Geschichte der einzelnen röm. Legionen in der Kaiserzeit*, dans *Pauly's Realencycl.*, IV, 868-901).

(1) Q. PETRONIVS. C. F. PVB. MODESTVS *primi pilus.* LEG. XII. FVLM. Voy. Grut., CXCIII, 3. Cf. Kellermann, *Vig. Rom. Lat*, p. 36.

(2) Letronne, *Statue de Memnon*, 149.

(3) Hamilton, *Ægypt.*, p. 173. — Letronne, l. c. p. 118.

(4) Kellermann, *Vig.*, n° 243, et *Bull. de l'Inst. Archeol.*, 1830, p. 198.

(5) C'est Vulcatius Gallicanus qui fait d'Avidius Cassius un descendant du complice de Brutus. Dion Cassius, au lieu de le rattacher ainsi à l'une des plus anciennes familles de Rome, dit qu'il était né en Syrie, où il avait eu pour père un certain Héliodore, qui d'habile rhéteur était devenu préfet de l'Égypte (L. LXXI, § 22).

« sants de tes marches, de ta fermeté dans le « commandement, de la discipline rétablie « sur l'ancien pied, de ta valeur dans l'action, « de la sûreté et de la promptitude de ton coup « d'œil (1) ». Ces brillantes qualités cachaient-elles déjà, au commencement du règne de Marc-Aurèle, l'ambition du pouvoir à tout prix? On serait tenté de le croire en lisant dans Vulcatius Gallicanus une lettre de Verus par laquelle il engage son collègue à ne pas laisser à la tête des armées un homme dont les desseins secrets peuvent être dangereux pour la paix publique ou pour la famille de l'empereur. Marc-Aurèle, dans sa réponse, donne une nouvelle preuve de ce renoncement aux intérêts personnels, de ce détachement des affections les plus légitimes que se proposait le stoïcisme épuré par la doctrine d'Épictète, comme le but final de la philosophie. « J'ai lu, dit-il, la lettre par laquelle « vous me manifestez des craintes qui ne sauraient convenir à un empereur ni à un gouvernement tel que le nôtre. Si les dieux destinent « l'empire à Cassius, nous ne pouvons nous opposer à leur volonté : jamais prince, ainsi « que le disait votre aïeul, n'a fait périr son « successeur. Si son règne n'est pas écrit dans « le ciel, les tentatives qu'il pourrait faire seraient sa perte... Pourquoi nous priver, sur de « simples soupçons, d'un excellent général nécessaire à la république. Sa mort, dites-vous, assurerait la sécurité de mes enfants : ah! périssent les enfants de Marc-Aurèle si Cassius « mérite plus qu'eux d'être aimé, si plus qu'eux « il doit faire le bonheur du peuple (2). » Non-seulement l'empereur repoussait ainsi les soupçons de Verus, mais après la guerre Parthique, il confia à Avidius Cassius le commandement supérieur des forces romaines en Orient, en lui conservant la légation de Syrie, poste dans lequel ce général se montra pendant plusieurs années dévoué aux intérêts de l'empire et fidèle à la personne de l'empereur. Une révolte qui avait éclaté en Égypte fut apaisée par lui (3), et Dion nous apprend qu'il avait guidé jusque dans l'Arabie l'aigle des légions romaines. Dut-il à la fatale inspiration de Faustine, comme le pense Dion Cassius, le projet de s'emparer du trône, ou la fausse nouvelle de la mort de Marc-Aurèle lui inspira-t-elle l'ambition de se porter héritier de l'empire? Le fait est qu'il fut acclamé par les légions qu'il commandait et soutenu dans sa révolte par une partie des provinces orientales. Marc-Aurèle a sincèrement voulu le bonheur de ses sujets; mais a-t-il toujours réalisé les conceptions de sa philosophie? il est permis d'en douter. Les agents qu'il employa ne se sont pas toujours montrés dignes de le comprendre. Son indulgence même pour les coupables et sa répugnance à sévir ont laissé trop longtemps à la tête des provinces des chefs avides, qui les traitaient en pays conquis. Il serait injuste sans doute de s'en rapporter aux appréciations d'un rival; cependant, les historiens nous représentent Avidius Cassius comme un homme qui tout en combattant Marc-Aurèle n'avait jamais parlé de lui qu'avec justice et modération; or il disait de l'empereur : « Marc-Aurèle est sans doute un homme de bien; mais pour faire louer sa clémence il accorde l'impunité à ceux dont il blâme la conduite. Où est Caton? Où sont les vertus de nos ancêtres? Elles ont disparu depuis longtemps, et on ne songe guère à les faire revivre. Marc-Aurèle fait son métier de philosophe, disserte sur la clémence, sur la nature de l'âme, sur le juste et l'injuste; mais que sent-il pour la patrie? Que dire de ceux qu'il envoie gouverner les provinces? Faut-il les appeler proconsuls et gouverneurs, ces hommes qui croient que de tels postes leur sont confiés par le sénat ou l'empereur pour qu'ils y vivent dans la débauche et s'y gorgent de richesses? On connaît le préfet du prétoire de notre empereur philosophe : c'était un mendiant trois jours avant sa nomination; tout à coup il fut riche. Comment, je le demande, si ce n'est en dévorant les provinces et l'État (1)? » Tout en faisant la part de l'exagération dans ces récriminations inspirées sans doute par le désir de justifier son usurpation, on ne peut admettre que Cassius ait entièrement calomnié le gouvernement de Marc-Aurèle. La profonde corruption des classes élevées demandait plus de sévérité que de clémence, et les guerres ou les rébellions qui occupèrent constamment le règne du meilleur des Antonins indiquent un malaise dont il faut chercher la cause dans son entourage. Jamais en effet il n'eut la force d'en réprimer les funestes penchants, à ce point qu'il devait faire rendre les honneurs divins à une épouse qui déshonorait son nom et laisser pour successeur le plus cruel des tyrans.

La nouvelle de la révolte d'Avidius Cassius

(1) *Frontonis Epistolæ ad amicos*, éd. Cassan, t. II, p. 262-265.

(2) Vulcat. Gallic., *Vie d'Avid. Cassius*, c. II.

(3) Une partie de la population nomade de l'Égypte avait été soulevée, à ce que nous apprend Dion, par les efforts d'un prêtre du pays et d'un autre chef, nommé Isidore. Ayant revêtu des habits de femme, ils s'étaient introduits auprès d'un centurion romain, sous prétexte de traiter de la rançon de quelques prisonniers, avaient tué cet officier et dévoré ses entrailles dans un horrible festin où ils s'étaient engagés à combattre Rome par les serments les plus solennels. Isidore avait un grand talent militaire; il remporta de grands avantages sur les Romains, et était sur le point de s'emparer d'Alexandrie lorsque Cassius vint de Syrie s'opposer à ses progrès. Il n'osa tout d'abord hasarder le combat contre des ennemis nombreux et dont le désespoir doublait le courage; mais il sut, par d'habiles intrigues, jeter parmi eux la division et ruiner en peu de temps cette ligue formidable (Dion, l. LXXI, § 4). La place assignée au récit de la révolte des Bucoles (c'est ainsi qu'on appelait ces hordes de pasteurs) par Capitolin et Dion Cassius a engagé Tillemont à assigner à cet événement la date de l'an de J.-C. 170, de Rome 923), alors que Marc-Aurèle venait de retourner en Allemagne, après avoir accompagné à Rome le corps de L. Verus (Tillemont, *Hist. des Emp.*, t. II, p. 366).

(1) Vulcat. Gallican., *Vie d'Avid. Cassius*, c. XIII.

avait causé à Rome les plus vives inquiétudes. Marc-Aurèle était au fond de la Pannonie : on craignait la prompte arrivée d'un prétendant connu par sa sévérité, et les sénateurs se voyaient déjà proscrivant, à regret sans doute, mais conformément à leurs habitudes, le prince déchu pour acclamer le vainqueur. L'épée d'un légionnaire leur épargna cette nécessité, à laquelle on était toujours sûr de les voir obéir. Avidius, qui après avoir soumis l'Égypte, la Syrie et une partie de l'Asie antérieure, avait trouvé de la résistance dans la Cappadoce, commandée par Martius Verus, et dans la Bithynie, qui avait pour légat Claude Albin, fut tué par un centurion de sa propre armée, et sa mort mit fin à la révolte. Marc-Aurèle de retour à Rome n'aurait eu qu'à punir ceux qui s'étaient laissé détourner de leur devoir, si son cœur, alors comme toujours, ne lui avait conseillé la clémence. Déjà, dans la proclamation qu'il avait adressée à ses soldats, il avait amèrement déploré la nécessité de soutenir une guerre civile et de tourner ses armes contre son peuple. Sa plus grande crainte était, disait-il, que Cassius, soit honte ou remords, mît fin à sa vie ou ne tombât sous les coups de quelque sujet loyal. Son plus grand désir, c'était d'accorder un pardon absolu, et ce qu'il disait là était le fond de sa pensée. Quand on lui apporta la tête de Cassius, il rejeta avec horreur la sanglante offrande, et refusa d'admettre les meurtriers en sa présence : « Qu'on ne verse pas de sang, écrivait-il au sénat à l'occasion du procès intenté aux complices d'Avidius ; que les déportés soient rappelés ; que ceux dont les biens ont été confisqués les recouvrent. Plût aux dieux que je pusse rappeler aussi ceux qui sont dans le tombeau : rien n'est moins digne d'un souverain que de venger ses injures personnelles. Vous accorderez donc un plein pardon aux fils d'Avidius Cassius, à son gendre, à sa femme. Et pourquoi parler de pardon ? ils ne sont pas criminels. Qu'ils vivent en sécurité, dans la tranquille possession de leur patrimoine ; qu'ils soient riches et libres d'aller où ils voudront : qu'ils portent en tout pays des témoignages de ma bonté, des preuves de la vôtre. Mais pardonner aux femmes ou aux enfants de ceux que la mort a frappés, Pères conscrits, est-ce là de la clemence ? Je demande encore que les complices d'Avidius qui appartiendraient à l'ordre du sénat ou des chevaliers soient à l'abri de la mort, de la confiscation, de la crainte, de la haine, de l'injure. Ménagez cette gloire à mon règne qu'à l'occasion d'une révolte où il s'agissait du trône, la mort n'ait frappé les rebelles que sur le champ de bataille (1). » Marc-Aurèle fut obéi dans son désir de clémence, et l'on rapporte que Martius Verus, qui se trouvait en Syrie, ayant pris possession de toute la correspondance de Cassius, la jeta au feu en disant qu'il croyait répondre ainsi au vœu de l'empereur. D'autres prétendent que ce fut Marc-Aurèle qui brûla ces lettres sans les ouvrir (1).

Tertullien a remarqué que pas un chrétien n'avait pris part à la révolte de Cassius. « Car, dit-il à ce propos, un chrétien n'est l'ennemi de personne et moins encore de son souverain : sachant que c'est de Dieu qu'il tient sa puissance, il se croit obligé de l'aimer, de l'honorer, de souhaiter sa conservation et celle de l'État (2). » Comment se fait-il donc que Marc Aurèle, si indulgent pour des coupables, se soit montré si implacable pour ces chrétiens, auxquels il aurait dû tendre la main comme à des frères, en retrouvant dans leur morale divine des préceptes plus sublimes encore que ceux de la plus pure morale du stoïcisme ? La seule explication possible à ce contraste est l'inquiétude que faisait naître dans l'esprit des chefs de l'empire la diffusion rapide du christianisme, diffusion dont les fouilles continuées depuis quelques années dans les catacombes confirment l'action sur la société romaine, bien que cette action ait été niée ou affaiblie par ceux qui croyaient à l'exagération des écrivains ecclésiastiques, avant que les monuments ne se fussent montrés d'accord avec eux. C'est à l'époque même dont nous nous occupons, c'est-à-dire au siècle des Antonins, que l'auteur de l'épître à Diognète parle du culte des chrétiens comme répandu dans le monde (3) ; que saint Justin affirme qu'il n'y a pas un coin de la terre, même chez les peuples barbares, où l'on ne prie au nom de Jésus-Christ mort sur la croix (4) ; que saint Irenée croit à l'expansion de l'Église sur toute la terre (5) ; que Tertullien dit : « Nous ne sommes que d'hier, et déjà nous peuplons votre empire, vos villes, vos armées (6)... » : paroles inspirées sans doute par le pressentiment d'un avenir prochain, et qu'il ne faut peut-être pas prendre à la lettre, mais qui prouvent toutefois l'élan des populations vers une lumière plus pure que celle dont les reflets douteux éclairaient à peine le monde païen. D'ailleurs, et dès les premières années du second siècle, Pline n'écrit-il pas à Trajan, en le consultant sur les procès que l'on fait aux chrétiens : « L'affaire m'a paru digne de vos réflexions, par la multitude de ceux qui sont enveloppés dans ce péril : car un très-grand nombre de personnes de tout âge, de tout ordre, de tout sexe sont et seront tous les jours impliqués dans cette accusation (7). »

Nous avons trouvé des preuves nouvelles de cette vaillante aspiration depuis que les cryptes du cimetière de Saint-Calixte, ouvertes sous la direction habile du chevalier de Rossi, ont donné accès aux parties les plus anciennes de la Rome

(1) Vulcatius Gallicanus, *Vie d'Avid. Cassius*, c XII.

(1) Voy. Dion, l. LXXI, c 29. — Amm. Marc., L. XXI.
(2) Tertull, *Ad Scap.*, c III, ap. 35.
(3) Ch. VI. Œuvres de saint Justin, éd. Otto, t. II, p. 408.
(4) *Dial. cr. Tryph.*, § 17, t. II, p. 38, sqq
(5) *Advers Hæres*, III, 4, 2.
(6) *Apolog.*, ch XXXVII.
(7) *Epist.*, l. X, lettre 97.

souterraine. Le style des peintures et de l'ornementation, le choix des matériaux, les inscriptions, la paléographie ont guidé le savant archéologue par les soins duquel s'est opérée cette résurrection historique (1). Il a pu assigner ainsi un ordre chronologique aux galeries sans nombre où les chrétiens plaçaient leurs morts sous l'invocation des martyrs, et démontrer la diffusion de la foi à Rome vers la fin du second siècle de notre ère. Quelques historiens modernes supposent trop facilement que les empereurs qui se sont trouvés en face du christianisme naissant n'eurent que du dédain pour les dogmes nouveaux. Sans doute la religion païenne ne se crut pas d'abord sérieusement menacée, et le pouvoir s'alarmait peu d'un mouvement qui n'agitait encore les esprits que dans les classes infimes de la société. Cependant l'antagonisme se révéla plus promptement qu'on ne le suppose. Rome n'avait jamais eu la tolérance qu'on lui a souvent prêtée pour ce qu'elle appelait les superstitions étrangères. Elle admit les dieux des nations vaincues au droit de cité; mais il fallait que ces dieux, satisfaits d'occuper une petite place dans le Panthéon romain, se contentassent d'encens et de prières. Toute tendance religieuse qui se montrait exclusive et ne s'inscrivait pas ouvertement pour prendre rang dans le polythéisme de l'État était poursuivie par toutes les rigueurs de la loi romaine.

Déjà, au temps de la république, le consul Posthumius disait au sénat : « Combien de fois, au temps de nos pères et de nos aïeux, les magistrats n'ont-ils pas été chargés d'interdire les cultes étrangers, de chasser les prêtres ou les devins, de brûler les livres prophétiques, d'abolir tout rit, tout sacrifice qui s'écartait de la discipline romaine (2)! » C'est ainsi que sous le règne de Claude les Juifs étaient chassés de Rome (3), que dans la Bretagne et dans les Gaules le druidisme fut persécuté par cet empereur, alors que sous tout autre rapport il se montrait si favorable aux Gaulois. Les druides en effet, caste sacerdotale et politique, voulaient commander non-seulement à la foi mais aux actes : ils se regardaient comme les interprètes de la loi divine, et imposaient en son nom la loi humaine à leurs sectateurs. Les Romains abattirent leurs autels, abolirent leur culte, les poursuivirent le fer à la main jusque dans les forêts de la Bretagne et les îles sauvages de la mer d'Irlande (4). Les noms de Claude et de la Bretagne nous ramènent à l'une des premières chrétiennes qui aient excité les soupçons d'un gouvernement jaloux. Tacite nous apprend que Pomponia Græcina, matrone de haute naissance, femme d'Aulus Plautius, qui sous Claude avait mérité l'ovation comme conquérant de la Bretagne, fut accusée pendant le règne de Néron de se livrer à des superstitions étrangères, *superstitionis externæ rea*. Le jugement de l'affaire fut remis entre les mains du mari, qui après avoir, selon l'ancienne coutume, instruit en présence des parents ce procès, d'où dépendait, ajoute Tacite, l'honneur et la vie de sa femme, la déclara innocente. Depuis cette époque elle vécut dans la retraite; pendant quarante ans elle ne porta que des habits de deuil, et s'éloigna des plaisirs, quoiqu'elle fût recherchée et honorée (1). Cette vie d'abnégation, cette solitude volontaire au milieu de la capitale du monde, cet abandon de toute vanité dans les soins de sa personne ont fait supposer que Græcina était chrétienne (2), convertie sans doute par quelqu'une de ces esclaves d'Orient qui avaient entendu la parole des apôtres et s'étaient pénétrées de cette religion d'amour et de charité dont la morale parle si haut au cœur tendre et dévoué de la femme.

Dès le temps de Domitien nous savons par Eusèbe qu'une idée vague des dogmes du christianisme et du judaïsme, alors confondus par les Romains, préoccupait le chef de l'État (3). Ce règne glorieux qu'on attendait, cet avénement d'un Messie qui devait régner sur la Jérusalem éternelle, faisait craindre que les nouveaux prosélytes ne cherchassent un changement de dynastie; et cependant le successeur de saint Pierre pouvait alors répondre avec vérité que son royaume n'était pas de ce monde. Sous Trajan les mêmes appréhensions se renouvelèrent (4). Les confréries, les sociétés secrètes étaient surveillées avec soin ou dissoutes; le refus de sacrifier à l'empereur semblait confirmer ces aspirations vers un changement de pouvoir contre lequel protestait encore saint Justin au temps des Antonins : « Si vous entendez dire que nous attendons un royaume, écrit-il, et que vous supposiez qu'il s'agit d'un royaume terrestre, vous êtes dans l'erreur : nous n'attendons que le royaume de Dieu (5). »

Cependant, chaque jour la prédication ou l'exemple faisaient des prosélytes au nom du Christ. Cette morale, si consolante pour les misères de la vie, qui pénétrait tout d'abord dans la partie souffrante de la société, puis remontait jusque dans les classes élevées, a eu, nous le croyons, une influence marquée sur les princes, alors même qu'ils redoutaient le christianisme et le combattaient par la violence. Des maximes étranges pour le monde ancien circulaient de toutes parts : l'esclavage n'était plus de droit commun; la pauvreté était mise en relief; l'égalité, principe inconnu jusque alors, se trouvait proclamé par la religion nouvelle. Il a dû se passer

(1) Voy. ma lettre à M. J. de Witte sur les fouilles dans les catacombes de Rome, *Athenæum français*, 1854, p. [illegible].

(2) Tite-Live, L. XXXIX, 16.

(3) Suétone, *Vie de Claude*, c. XXX.

(4) Tacite, *Ann.*, l. XIV, 29 et suiv.

(1) Tacite, *Annal.*, l. XIII, 32.

(2) Cf. Baronius (Ann. Eccl., ad annum III Neronis). De Sanctis, *Del Sepolcro dei Plauzi*; Ravenne, 1784, p. 6.

(3) Eusèbe, *Hist. Eccl.*, III, 20.

(4) Id., *ibid.*, III, 32.

(5) *Apolog.*, I, § 11. Vol. I, p. 188, éd. Otto.

à cette époque un fait analogue à celui que nous avons vu de nos jours. On croyait à une expansion de théories sociales dangereuses pour le salut de l'État, subversives de tout ce qui avait existé jusque alors. On était décidé à les repousser à tout prix; mais on comprenait qu'il fallait faire quelque chose pour ces classes jusque alors déshéritées, chez lesquelles se développait rapidement l'espoir d'un meilleur avenir. On ne pouvait croire à l'abnégation qui ne leur faisait espérer cet avenir que dans une patrie céleste. On les prenait pour des mécontents, et sans se l'avouer on comptait avec eux. De là ces maximes plus humaines, cet adoucissement dans les mœurs publiques, cette législation moins rude qui signalent l'avénement du second siècle. La philosophie du portique, répudiant ce qu'elle avait d'austère et de personnel, en arrivait sous Marc-Aurèle jusqu'à une charité presque chrétienne. Les chrétiens eux-mêmes semblent avoir eu conscience du bien qu'ils faisaient à la société païenne par laquelle ils étaient persécutés avec tant d'aveuglement : « Nous pourrions, dit saint Justin, s'adressant à Antonin et à Marc-Aurèle, vous citer beaucoup de personnes parmi les vôtres qui ont renoncé à leurs violences et à leur tyrannie depuis qu'elles ont pu connaître toute la patience et la force d'âme des chrétiens dont elles se sont trouvées rapprochées par le hasard ou des relations d'affaires (1). »

Malheureusement Marc-Aurèle, dont les écrits offrent des préceptes moraux qu'on croirait inspirés par un esprit évangélique, ne vit jamais dans le christianisme que la doctrine d'une secte opiniâtre qui rêvait le renversement de l'État. Ce reproche d'opiniâtreté est l'un de ceux que l'on rencontre le plus fréquemment formulé par les païens contre les prosélytes de la foi chrétienne. Pline, dans sa lettre à Trajan, insiste pour punir leur obstination inflexible, *pervicaciam certe et inflexibilem obstinationem debere puniri* (2). Marc-Aurèle dit, dans ses Pensées, qu'il faut savoir braver la mort avec gravité et réflexion, mais non pas par pure opiniâtreté, comme les chrétiens (3). Tertullien fait plus d'une fois allusion à ce reproche contre lequel il défend ses frères (4). Il semble que les polythéistes n'ayant plus de conviction n'aient pu l'accepter chez les autres. Il fallait, à leur avis, une mauvaise volonté bien persistante pour refuser la place qu'on aurait offerte au vrai Dieu dans ce Panthéon républicain où l'on admettait toutes les idoles. L'empereur, qui avait horreur du sang versé et ne voulut assister aux combats du cirque qu'après avoir fait donner aux gladiateurs des armes émoussées (5), était du moins loin des provinces où ses lieutenants égorgèrent de saints martyrs. A Lyon, Pothin, le chef de l'Église gauloise, Sanctus, Maturus, Attale de Pergame, Blandine, bien d'autres encore confessèrent la foi du Christ au milieu des tortures et furent déchirés par des animaux féroces : les chrétiens qui étaient citoyens romains eurent, par privilége, la tête tranchée. Pourquoi faut-il que les passions religieuses ou politiques aient de si terribles entraînements et que les meilleurs princes soient souvent séparés de la vérité par des intermédiaires intéressés à la leur cacher! Si Marc-Aurèle ne s'était pas laissé tromper par les hommes qui accomplissaient tant d'horreurs loin de ses yeux, il n'aurait pas à répondre de leurs actes devant la postérité.

(1) *Apol.*, § 26, p. 178, t. I, éd. Otto.
(2) L. X, 97.
(3) *Pensées*, l. XI, 3.
(4) *De Spectac.*, c. 1; *Ad Nation.*, 1, 17, 18; *De Patient.*, c. 2.
(5) Dion, l. LXXI, c. 29.

L'empereur, après la mort d'Avidius Cassius, voulut apaiser par sa présence les derniers troubles de l'Orient, et parcourir ces belles provinces, qu'il ne connaissait pas encore. Une lettre qui nous a été conservée par Philostrate semble d'ailleurs indiquer que dans les périls de la guerre du nord Marc-Aurèle avait formé le vœu d'aller se présenter à l'initiation des mystères d'Éleusis (1). Son esprit élevé ne pouvait trouver aucune satisfaction dans le polythéisme romain. Ses aspirations allaient plus haut : « Servons Dieu et faisons du bien aux hommes », disait-il; et cette maxime l'amenait bien près du christianisme, qu'il avait si cruellement méconnu. Combien de fois, sous le ciel brumeux de l'Allemagne, alors que retiré dans sa tente il confiait à ses tablettes les pensées qu'il a datées du pays des Quades ou de Carnuntum, combien de fois, contemplant ce monde païen qui s'écroulait autour de lui, voyant que les temps du vieil olympe étaient finis, et que l'humanité, revenue de son ivresse, n'éprouvait qu'angoisses et incertitudes, se sera-t-il demandé avec amertume quelles étaient donc les vues de la Providence : « Quelle est la nature de l'univers, dit-il, quelle est la mienne? Que sont les rapports de celle-ci avec l'autre, et quelle partie est-elle du Tout, et de quel Tout (2)! » Fatigué de chercher ainsi la vérité, qui se dérobait à lui, il se sentait pris souvent d'une sorte de découragement, d'une lassitude d'esprit, et s'écriait alors, comme le roi-prophète : « Mon âme, pourquoi êtes-vous triste et pourquoi me troublez-vous? »

Marc-Aurèle était d'abord revenu à Rome, où il éleva Commode à la puissance tribunitienne, l'associant ainsi au gouvernement de l'empire; puis il partit pour l'Orient, emmenant avec lui sa femme et son fils. Faustine mourut au pied du Taurus, dans un bourg nommé Halala, où son mari fonda plus tard en son honneur une colonie, qu'on appela Faustinopolis. Dion hésite entre deux traditions, dont l'une attribue la mort de l'impératrice à un accès de goutte, tandis que, d'après l'autre, elle aurait mis elle-même fin à ses jours, dans la crainte qu'on ne découvrît la

(1) Philost., *De Vit. Sophist.*, l. II, § 12.
(2) *Pensées de Marc-Aurèle*, l. II, 9.

part qu'elle avait prise à la révolte de Cassius (1). Marc-Aurèle, comme dernière preuve d'affection, la fit mettre au nombre des déesses dans ce Panthéon auquel, du reste, il ne croyait plus. Un des bas-reliefs de l'arc qui lui a été consacré, qu'on voit encore dans l'escalier du palais des conservateurs au Capitole, représente Faustine enlevée au ciel par une Renommée, tandis que l'empereur la suit d'un regard plein d'amour. En voyant l'image charmante de cette princesse dans ses bustes et ses statues, on se demande s'il faut pardonner l'excès de tendresse qui voila aux yeux de Marc-Aurèle l'indigne conduite de la fille d'Antonin, dont les honteuses passions cherchaient pâture parmi les matelots et les gladiateurs : faiblesse aveugle pour ceux qu'il aimait, faiblesse coupable puisqu'elle devait laisser l'empire aux mains d'un tyran, alors que les impénétrables décrets de la Providence confiaient à une autorité sans contrôle le sort de tant de provinces.

Tous les peuples qui avaient acclamé Cassius furent traités par Marc-Aurèle avec la plus grande indulgence. Les habitants d'Antioche seuls furent soumis à quelques mesures de rigueur. L'empereur leur interdit d'abord les réunions publiques et les spectacles; mais il ne tarda pas à les comprendre dans l'amnistie générale qu'il avait accordée. L'Égypte, qu'il visita ensuite, et où Cassius avait eu de nombreux partisans, n'aurait pu croire qu'elle recevait un souverain dont elle avait trahi la cause : il visita ses temples, ses écoles, et se montra plein de respect pour les uns, d'estime pour les autres. Les souverains de l'Orient s'empressèrent de lui envoyer des ambassadeurs, et renouvelèrent avec lui les traités qui leur garantissaient l'amitié du peuple romain. A Smyrne il désira entendre le sophiste Aristide, qui ne consentit à parler devant l'empereur qu'à la condition qu'il serait entouré de ses amis et qu'ils auraient la liberté d'applaudir. Acceptant la condition du vaniteux rhéteur, dont il admira du reste l'éloquence, Marc-Aurèle ne voulut avoir d'autre privilége que de donner le premier le signal des applaudissements (2). A Athènes, où il fonda quelques chaires publiques pour les sciences et les lettres, il accomplit son vœu, et se fit initier aux mystères de Cérès. Il pénétra seul, dit-on, dans le lieu le plus secret; avide de trouver quelque satisfaction à ses doutes et de savoir si sous les symboles et les allégories de ces rites mystérieux se cachait la vérité.

Ce n'était pas là qu'il pouvait la rencontrer, et la déesse, peu reconnaissante pour son nouvel adepte, ne le protégea même pas au retour. Son vaisseau fut battu de la tempête, et n'aborda à Brindes qu'avec peine (3). En posant le pied sur

(1) L. LXXI, 29.

(2) Philostr., *De Vit. Sophist.*, l. II, § 2.

(3) J. Capit., *Ant. Philos.*, c. XXVII. Ce retour aventureux fit frapper une médaille datée de cette année, et

cette terre d'Italie où les soldats redevenaient citoyens, il leur fit quitter leurs armes et prendre la toge. A Rome il triompha avec son fils, auquel il donna le consulat. Il prit aussi à cette occasion le titre d'*imperator*, pour la huitième fois, probablement à la suite de quelque avantage obtenu dans le nord par ses généraux, puisque lui-même n'avait eu en Orient aucune occasion de combattre (1). On peut remarquer à ce propos que la guerre ne fut pour ainsi dire jamais interrompue, sous le règne de Marc-Aurèle, dans les provinces danubiennes, et c'est probablement à cette nécessité d'y entretenir constamment de nombreuses armées qu'est dû un changement dans leur organisation dont l'épigraphie nous donne connaissance. Jusqu'à l'avénement de ce prince, la Dacie fut une province prétorienne, c'est-à-dire que le gouvernement en fut confié par les empereurs à des hommes ayant exercé la préture et qui n'étaient pas encore parvenus au consulat. Ainsi nous voyons, vers la fin du règne d'Antonin, Statius Priscus, légat en Dacie, prendre sur les inscriptions le titre de consul désigné (2), et l'année même où Marc-Aurèle monte sur le trône (en l'an de Rome 914, de J.-C. 161) la Dacie est encore confiée à un préteur, P. Furius Saturninus, désigné consul pour l'année suivante (3); puis, quelques années plus tard, immédiatement après la mort de L. Verus, la légation de Dacie est devenue consulaire : ainsi M. Claudius Fronton s'intitule, sur un marbre trouvé en Hongrie, consul et légat de l'empereur dans les trois Dacies et la Mœsie supérieure (4). Ce changement opéré dans l'administration de la Dacie explique et justifie une phrase de Jules Capitolin par laquelle il exprime la nécessité où Marc-Aurèle s'est trouvé, par suite des guerres qui éclatèrent sous son règne, de donner à des consulaires le gouvernement de provinces qui avaient été confiées jusque là à des personnages d'un rang moins élevé (5). Nous voyons aussi qu'au lieu d'un simple procurateur qui administrait auparavant la Rhétie et la Norique, il y envoya Pertinax, alors qu'il avait déjà été préteur (6). Ajoutons que c'est encore l'inscription de M. Cl. Fronton citée tout à l'heure qui nous donne pour la première fois connaissance de trois Dacies, tandis que jusqu'alors cette province, comme la Mœsie, la Pan-

dont le revers représente une nef avec de nombreux rameurs. Elle porte pour exergue FELICITATI AVGVSTI. Voy. Eckhel, *D. N. V.*, t. VII, p. 64.

(1) Les médailles frappées dans cette même année à l'occasion du triomphe de Marc-Aurèle indiquent qu'il triompha des Germains et des Sarmates. Elles portent au revers des trophées d'armes et pour exergues DE GERM. ou DE SARM. Cf. Eckhel, l. c.

(2) Orelli, 2821; *Bull. de l'Inst. Archéol.*, 1848, p. 162.

(3) Maffei, *Mus. Veron.*, p. 249; cf. *Bull. Archéol.*, l. c.

(4) Bull. du baron de Férussac, 1824, sect. VII, p. 299. — Mai, *Préface des lettres de Fronton*, p. XXII. Cf. Borghesi, *Lettre à Henzen sur un diplôme militaire du règne d'Antonin le Pieux*.

(5) *Vie de Marc-Aurèle*, c. 22.

(6) Cf. Borghesi, l. c.

nonie, la Germanie, semble avoir eu deux subdivisions seulement, la Dacie supérieure et la Dacie inférieure (1). On pourait donc supposer que ce sont les evénements qui s'accomplissaient alors dans ces contrées auxquels est due cette transformation. Cependant, il est possible, d'après quelques traces de lettres restées sur un diplôme de congé militaire, qu'il faille en avancer l'époque de quelques années, et la placer sous le règne d'Antonin (2). Il avait probablement ajouté à la province quelques territoires qui déterminèrent ce remaniement et cette division nouvelle, ainsi qu'on peut le conjecturer d'après quelques mots de Capitolin, indiquant que les généraux de cet empereur avaient eu à combattre les habitants de la Dacie : *Germanos et Dacos contendit per prxsides ac legatos* (3).

Marc-Aurèle resta à Rome pendant toute l'année 177 et la première moitié de l'année 178. En l'honneur de Faustine, il y institua de nouveaux secours alimentaires pour de jeunes filles, qui prirent le nom de *puellæ Faustinianæ*. Un elégant bas-relief appartenant au musée de la villa Albani, représentant de jeunes filles qui se pressent autour de Faustine versant du blé dans les plis du vêtement que lui tend l'une d'elles, a été revendiqué par M. Henzen comme appartenant à cette fondation, bien que Zoega voulût le rapporter à la mère de *Faustina junior*, femme d'Antonin le Pieux (4). Ce fut aussi vers cette époque que Commode épousa Crispina, fille de Bruttius Præsens. Les médailles nous apprennent que de grandes largesses furent faites au peuple à cette occasion (5) : l'empereur fit brûler sur le Forum les titres des dettes arriérées envers l'État, puis il envoya à Smyrne, qui venait d'être détruite par un tremblement de terre, les sommes nécessaires pour reconstruire dans son ancienne magnificence cette belle capitale de l'Ionie. Sans doute la crise financière qu'avait amenée la guerre et la disette au commencement du règne de Marc-Aurèle avait cessé par la bonne administration du prince, qui avait de nouveau rempli son trésor.

Deux frères connus par leurs grandes qualités, leurs richesses, leur attachement réciproque et plus tard par leurs malheurs, les Quintiiius, dont la magnifique ville forme encore une des ruines les plus imposantes de la campagne de Rome (6), se trouvaient alors en partie chargés de la conduite de la guerre du nord. Pertinax, qui depuis sa légation de la Rhetie et de la Norique, avait été appelé au consulat, en était sorti pour devenir légat des trois Dacies et continuer la lutte contre les barbares. Ces chefs militaires désirèrent la présence de Marc Aurèle, et, rappelé par eux sur le théâtre de la guerre, il quitta Rome, qu'il ne devait plus revoir, le 5 août de l'année 178 de notre ère. Dion nous a donné dans son récit la preuve du soin avec lequel l'empereur, au milieu de ses doutes, cherchait à frapper les Romains par l'observation minutieuse de rites païens, auxquels son esprit élevé n'avait aucune confiance. Une pique prise au temple de Mars fut trempée dans le sang et lancée par le prince, selon l'ancienne coutume, dans la direction du pays où il allait combattre (1). Ce qui devait l'encourager plus que cette vaine cérémonie, au milieu des dangers qu'il allait courir, c'était le sentiment de sa conscience et la certitude d'avoir voulu sincèrement le bien qu'il n'avait pas toujours fait, d'avoir amèrement déploré les maux qu'il n'avait pu empêcher.

Une dernière victoire lui valut le titre d'*imperator*, pour la dixième fois (2). La ligue des barbares semblait rompue et la guerre touchait à sa fin, lorsque, près de Vienne ou de Sirmium (les historiens varient sur ce point), il fut atteint d'une maladie dangereuse, probablement de la peste. Elle n'avait pas cessé d'exercer ses ravages dans ces contrées, et s'y conserva quelques années encore, ainsi que le prouve une inscription trouvée à Bauerkirchen, sur les frontières de la Bavière et de l'Autriche, datée de l'an 182 de notre ère, c'est-à-dire postérieure de deux ans à la mort de Marc-Aurèle, et constatant l'extinction de toute une famille par suite de ce terrible fléau (3). Dion, qui ne parle pas de peste, pense que la maladie eût épargné l'empereur, mais que les médecins, gagnés par Commode, lui donnerent du poison. Sans accuser de parricide l'indigne fils de Marc-Aurèle, Capitolin rapporte qu'appelé près de son père mourant, il ne témoigna d'autre desir que celui d'échapper par une prompte retraite au danger de la contagion. Ce fut alors peut-être que les yeux de Marc-Aurèle s'ouvrirent à la vérité, et qu'entrevoyant le sort préparé au monde romain par son aveugle tendresse, il répondit à ses amis lui demandant à qui il confiait son fils : « A vous, s'il en est digne ! » Puis, s'enveloppant la tête comme pour dormir de ce manteau de philosophe qu'il avait préféré toute sa vie à la pourpre impériale, il ne pensa plus qu'à mourir avec calme, voyant approcher sans frayeur la crise suprême. Sans doute il se rappelait ces belles paroles que lui avait inspirées le stoïcisme épuré dont il avait fait profession : « L'homme doit vivre selon la nature pendant le peu de jours qui lui sont donnés sur la terre, et quand le moment de la retraite est venu, se soumettre avec douceur, comme une olive mûre, qui en tombant benit l'arbre qui l'a produite, et rend

(1) Voy. *Dacia superior* dans une inscr. donnée par Henzen, 3e vol. d'Orelli, n. 5280, et *Dacia inferior* dans le diplôme VII d'Arneth, daté du règne d'Adrien.

(2) Cf. Borghesi, l. c. *Lapide Gruteruina*, p. 21, dans les Actes de l'Acad. de Turin, t. XXXVIII.

(3) *Vie d'Ant. le Pieux*, c. V.

(4) Cf. Henzen, *Tab. alim. Bæbian*, Ann. de l'Inst. Arch., 1845, p. 20, et Zoega, *Bassirilievi*, t. I, p. 154 et suiv.

(5) Cf. Eckhel, *D. N. V.*, t. VII, p. 64.

(6) Voy. Canina, *Via Appia*, t. I, p. 133 et suiv.

(1) L. LXXI, c. 33.

(2) Dion, l. c., et les médailles.

(3) Voy. Henzen, 3e vol. de l'Orelli, no 5489.

grâce au rameau qui l'a portée. » On était au 17 mars de l'an de notre ère 180 (de Rome 933). Marc-Aurèle avait été empereur dix-neuf ans, et depuis trente-trois ans, associé par son père adoptif à l'empire, il exerçait la puissance tribunitienne. Sa mort fut pleurée dans le monde romain tout entier; le siècle des bons Antonins venait de finir avec lui. A. Noël des Vergers.

Dion Cassius, l. LXXI. — Capitolin, *Vie de Marc-Antonin et de L. Verus.* — Vulcatius Gallicanus, *Vie d'Avidius Cassius.* — Tillemont, *Hist. des Empereurs*, t. II. — Eckhel, *D. N. V.*, t. VII. — Mai, *Correspondance de Fronton et de Marc-Aurèle.* — *Pensées de Marc-Aurèle.* — Aurelius Victor, *De Cæsar.* et *Hist. Rom.* — Westemberg, *D. Marcus, seu dissert. ad constit. M. Aurelii Antonini*; Lugd. Bat., 1736. — Ripault, *Hist. Philos. de l'emp. Marc-Antonin*; Paris, 1820, 5 vol. — *Étude sur Marc-Aurèle*, par de Suckau; Paris, 1857. Les recueils épigraphiques, passim.

MARCEAU (*François-Séverin* Desgraviers), général français, né à Chartres, le 1er mars 1769, tué à Altenkirchen, le 20 septembre 1796. Son père était procureur au bailliage de Chartres. Le 2 décembre 1785 Marceau s'engagea dans le régiment d'Angoulême (infanterie), où il ne tarda pas à parvenir au grade de sergent. Le 14 juillet 1789 il était en congé à Paris; et sous les ordres d'un officier de fortune du régiment de la Reine (infanterie), Elie, il marcha à l'attaque de la Bastille. Ce furent ses premières armes. Le 12 juillet 1792 Marceau fut nommé, à Chartres, commandant du 2e bataillon des volontaires nationaux d'Eure-et-Loir; il se trouvait à Verdun lorsque les Prussiens vinrent faire le siége de cette ville. Dans le conseil de guerre présidé par de Beaurepaire, Marceau se prononça avec une mâle énergie pour la résistance. On sait ce qu'il advint : l'héroïque suicide de Beaurepaire et la reddition de la ville. Ce fut Marceau, comme le plus jeune des officiers supérieurs, qui reçut la pénible mission de porter au camp ennemi le traité d'acceptation.

Adjudant-major le 1er décembre 1792, lieutenant-colonel le 25 mars 1793, Marceau entra, en qualité de lieutenant en premier, aux cuirassiers légers de la légion germanique, et fut envoyé en Vendée. Il était à Saumur lorsque cette ville fut attaquée par les royalistes. Les troupes républicaines fuyaient en désordre; et le représentant du peuple, Bourbotte, dont le cheval venait d'être abattu par un boulet, allait tomber aux mains des Vendéens, quand Marceau, mettant pied à terre, lui offrit le sien, en lui disant : « J'aime mieux être pris ou tué que de voir un représentant du peuple tomber entre les mains de ces brigands. » Cet acte fixa sur Marceau les regards de la Convention; et quelques mois après il était général de division, à vingt-quatre ans. Nous le retrouvons bientôt au siége du Mans, où il sauve la vie à une jeune Vendéenne; et aussi humain que brave, il se jette au milieu de ses soldats pour arrêter l'effusion du sang. Bientôt, dénoncé au comité de salut public, il se vit obligé de remettre son commandement au général Turreau, et de se rendre à l'armée des Ardennes. Au mois de septembre 1794 il remporta à la tête de l'avant-garde un avantage signalé sur les Autrichiens. A la bataille de Fleurus il commandait l'aile droite, et de deux chevaux qu'il monta pendant l'action l'un fut tué, et l'autre blessé. Le 23 octobre 1794 il entrait à Coblentz. En 1795 Marceau commandait l'arrière-garde de l'armée sur la rive du Rhin. Il était chargé de brûler le pont de bateaux; mais le capitaine du génie, Souhait, auquel Marceau avait transmis cet ordre, l'exécuta trop précipitamment, et une partie de l'arrière-garde fut compromise. Marceau, au désespoir, arme un de ses pistolets pour se tuer, lorsque Kleber arrive, relève son courage, et tous deux parviennent à conjurer le péril qui menaçait l'armée. En 1796 le commandement de la première division de l'armée de Sambre et Meuse, forte de 12,784 hommes de toutes armes, fut remis à Marceau. Chargé de protéger la retraite de l'armée française à Altenkirchen, il résolut de faire tête aux Autrichiens. Des chasseurs tyroliens tiraillaient dans un bois; Marceau, voulant reconnaître le terrain, s'avance avec le capitaine Souhait et deux ordonnances. Il portait le dolman du 11e de chasseurs, sans écharpe, et sur son chapeau flottait une partie du panache coupé par une balle à l'affaire de Limbourg. Un hussard de Kayser, pour attirer son attention, se met à faire caracoler son cheval devant lui. Marceau s'arrête, et du doigt montre ce hussard au capitaine Souhait, tandis qu'un chasseur tyrolien caché derrière un arbre l'ajuste; la balle effleurant le capitaine va frapper Marceau au bras gauche, le traverse et se loge dans le corps au-dessus de la dernière côte. Marceau fut transporté à Altenkirchen; et comme les Autrichiens allaient occuper la ville, le général Jourdan écrivit au général Haddick pour le lui recommander. Il mourut vers les six heures du matin, à l'âge de vingt-six ans et demi. Son corps fut envoyé à l'armée de Sambre et Meuse, escorté par un détachement de hussards de Barco. Les généraux Kray, Neu, Sechtern furent avec 2,000 hommes au-devant du convoi, et l'accompagnèrent jusqu'à la tête du pont de Neuwied. Il fut inhumé dans le camp retranché de Coblentz. L'armée lui éleva un monument en forme de pyramide sur le Pétersberg, près de l'embouchure de la Moselle dans le Rhin. Plus tard, en 1817, ce monument fut transporté dans la gorge du fort François, au pied d'une hauteur boisée, où on le voit actuellement.

De sa personne, Marceau était grand, bien fait, l'air rude, mais noble et fier; son teint était pâle, ses cheveux châtain foncé, sa moustache rousse. En marchant il se dandinait un peu.

Sa ville natale, Chartres, lui avait élevé un monument sur une de ses places. Le 21 septembre 1851 elle lui a élevé sur la place des Épars une statue en bronze, œuvre admirable du sculpteur Préault. Elle possède en outre dans son musée la belle toile de Bouchot : *Les Funérailles de Marceau.* Bosselet.

Marceau, 1851, in-8°.—*Kleber et Marceau*, par Claude Desprez ; Paris, 1857, in-12.

MARCEL ou **MARCEAU** (*Saint*), évêque de Paris, né dans cette ville, dans le quatrième siècle, mort vers 405. Membre d'une famille obscure, il fut adopté par Prudence, évêque de Paris, qui lui fit donner une éducation chrétienne, lui conféra les ordres, l'admit, fort jeune encore, dans son clergé, et à sa mort le désigna pour son successeur. Ce vœu fut rempli. Marcel, d'après tous les hagiographes, semble avoir mérité cette distinction par ses vertus, mais il est surtout célèbre par les miracles qu'on lui attribue. On rapporte que « sous-diacre, se trouvant un jour dans une forge, il souleva une barre de fer rouge sans se brûler et en dit le poids au maître qui l'avait engagé à la prendre pour éprouver sa simplicité. » « Pendant qu'il était évêque, raconte encore le père Dubois, d'après une légende consacrée, mourut une demoiselle noble, qui s'était livrée, sans pudeur, aux désordres les plus honteux. On l'enterra cependant en terre sainte. Mais aussitôt un affreux dragon, d'une grandeur prodigieuse, vint au cimetière, se jeta sur le corps de la défunte, et par ses ravages jeta la désolation dans la ville. Instruit de l'événement, Marcel courut au monstre, lui donna deux coups de crosse sur la tête, puis lui ayant passé son étole autour du cou, le conduisit hors de Paris, et lui ordonna d'aller se jeter à la mer, ce qu il fit incontinent. » Cette naïve légende a été diversement commentée : quelques érudits ont expliqué le dragon sortant d'un cimetière et se jetant dans la mer par les maladies que produisaient à Paris les immondices et les cadavres mal enterrés que saint Marcel fit transporter hors de la ville ou jeter dans la Seine. Quoi qu'il en soit, le miracle du saint évêque a inspiré nombre de peintres et de statuaires : son nom, demeuré en grande vénération à Paris, a été donné à un des principaux faubourgs de cette capitale, dans lequel se trouvait une église sous le même vocable. On en a récemment consacré une nouvelle, mais sur un autre emplacement. La fête de saint Marcel est célébrée le 3 novembre.

A. L.

Surius, *Acta Sanctorum*. — Le P Dubois, *Hist. de l'Église de Paris*. — Baillet, *Vies des Saints*, t. III (3 novembre). — Dulaure, *Hist. de Paris*. — L'abbé de Romagne, *Dict. hist. des Miracles*.

MARCEL (*Saint*), évêque d'Ancyre, né vers 300, mort en 374. Il assista au concile de Nicée (325), où il combattit fortement les ariens; à celui de Tyr (335), ou il s'opposa à la condamnation de saint Athanase, patriarche d'Alexandrie, et à celle de Maxime III, patriarche de Jerusalem (335), où il s'opposa à ce qu'Arius fût admis à la communion. En 336, les schismatiques se trouvant en majorité dans le concile tenu à Constantinople, Marcel fût dépose. Retabli sur son siége après la mort de Constantin (22 mai 337), il en fut chassé de nouveau, et se réfugia en Occident, où il fut absous dans les conciles de Rome et de Sardique (347). Il revint à Ancyre, mais l'intrus Basile, qui avait été mis en sa place, refusa de la lui rendre. Marcel, déjà fort âgé, se retira dans un monastère, et y mourut ignoré. Saint Jérôme assure qu'il avait composé plusieurs volumes, principalement contre les ariens. Il ne nous reste de ses ouvrages qu'une *lettre*, qu'il écrivit au pape Jules Ier, contenant une exposition de sa doctrine, rapportée par saint Épiphane ; — deux *Confessions de foi*, données par ses disciples, et quelques passages, rapportés par Eusèbe, de son livre contre Aster, intitulé : *De la Sujétion de Notre-Seigneur Jésus-Christ.* D'après ces fragments, selon Eusèbe, Acace, Apollinaire et quelques autres pères qui ont écrit contre lui, Marcel était un grand parleur, mais il manquait de bon sens et de science. On a du reste été fort partagé, même de son vivant, sur sa catholicité. Si l'on s'en tient à ses *Confessions de foi*, on le trouve orthodoxe, mais si l'on analyse les fragments de son livre contre Aster, sa doctrine, fort embrouillée d'ailleurs, se rapproche du sabellianisme. Photin, condamné comme hérésiarque, avait été son diacre et son disciple, et une secte qui refusait de reconnaître les trois hypostases prit le nom de *marcelliens* (marcelliani). Il est difficile de juger de l'orthodoxie de Marcel d'Ancyre d'après quelques passages pris çà et là dans ses œuvres et qu'une lecture complète pourrait expliquer. S'il en était autrement, pourquoi cette qualification de *saint*, que tous les écrivains religieux lui accordent ? A. L.

Saint Athanase, *Apoll.*, 2. — Saint Basile, *Epist.*, 111. — Théodoret, *Hist. Eccl.*, liv. II. — Socrate, *Hist. Eccl.*, liv. I. — Sozomène, *Hist. Eccl.*, liv. II et III. — Hermant, *Vie de saint Athanase*. — Du Pin, *Biblioth ecclesiastique*, t. II, p. 79.

MARCEL Ier (Saint), trentième pape, né à Rome, mort dans la même ville, le 16 janvier 310. Après une vacance de trois ans trois mois et vingt-six jours, il succéda sur le saint-siége à Marcellin, avec lequel quelques hagiographes l'ont confondu à tort. Marcel Ier appartenait à la famille romaine des Savelli, et s'il gouverna peu de temps, il sut rendre de grands services à l'Église. C'est ainsi que, malgré la persécution, il créa vingt paroisses (titulaires) dans Rome, ordonna vingt-et-un évêques, vingt-cinq prêtres et deux diacres. Suivant Novaès, « l'empereur Maxence lui ordonna de sacrifier aux idoles et de renoncer au titre d'évêque. Sur son refus, il réduisit le saint prélat au métier de palefrenier. Après dix mois de cette triste condition, il reçut le martyre ». Rien ne confirme cette relation ; car Marcel, d'abord enterré publiquement dans le cimetière de Priscille, fut transféré dans l'église de Saint-Marcel, qu'il avait bâtie, et le saint-siége ne demeura vacant que vingt jours. Saint Eusèbe de Cazano y monta paisiblement. Fleury écrit : « Le pape Marcel mourut après avoir tenu le saint-siege un an et près de huit mois. Il avait été odieux à plusieurs, parce qu'il voulait obliger ceux qui étaient *tombés* pendant la persécution à faire pénitence de leur crime, et la division en vint jusqu'à la sédition et au meurtre. » Cette citation peut faire supposer l'assassinat, mais non la persécution et le martyre.

On a attribué à Marcel Ier une lettre aux évêques d'Antioche dans laquelle il aurait déclaré que l'Église romaine devait s'appeler *primatiale* et être reconnue comme la tête de toutes les autres; mais, au rapport de Novaès, cette missive ainsi qu'une seconde, adressée à l'empereur Maxence, doivent être considérées comme supposées. A. L.

Fleury, *Hist. Ecclés.*, t. II, 873. — Novaès, *Elementi della Storia de' sommi Pontefici*. — Tillemont, *Vies des Saints*. — Artaud de Montor, *Hist. des souverains Pontifes romains*, t. I, p. 140.

MARCEL II, deux cent vingt-sixième pape suivant Artaud de Montor (1), né le 6 mai 1501, à Monte-Sano, près de Lorette, mort le 1er mai 1555. Il était fils de Ricardo Cervini de' Spannochi, receveur général du saint-siége à Fano. Quoique très-faible de tempérament, il se livra à l'étude avec ardeur, et devint habile dans les langues anciennes : il aimait les arts, et sculptait avec goût. Il prit la carrière ecclésiastique sous la protection de Clément VII. Paul III fit de lui son ami, le chargea de diverses missions en France, en Allemagne, à Madrid, le créa cardinal-prêtre de Sainte-Croix, le 18 décembre 1539, évêque de Reggio, et lui confia la présidence du concile de Trente en 1545. A la mort de Jules III (23 mars 1555), Marcel II fut élu pape à l'unanimité et consacré le 10 avril suivant. Il montrait un zèle ardent pour la réformation de l'Église (2). Il avait déclaré qu'il ne voulait plus que les ecclésiastiques à charge d'âmes pussent être employés à des occupations publiques; aussi avait-il le dessein de ne confier qu'à des laïques l'administration des affaires de l'État, lorsque la mort le frappa subitement, n'ayant gouverné que vingt-et-un jours. On accusa un chirurgien d'avoir empoisonné une plaie que le pontife s'était faite à la jambe en tombant de cheval; mais l'autopsie prouva que Marcel II avait succombé à une attaque d'apoplexie. Paul IV lui succéda. A. L.

Pierre Polidori, *Vita Marcelli, pont. max.* — Genebrard, *Chronic.* — Novaès, *Della Storia de' sommi Pontefici*, etc.; lib. IV. — Panvini, *Epitome Pontificum Romanorum usque ad Paulum IV*. — Richard et Girand, *Bibliothèque Sacrée*. — Artaud de Montor, *Hist. des souverains Pontifes romains*, t. IX. — Arch. Bower, *The History of the Popes*. — Comte A. de Beaufort, *Hist. des Papes depuis saint Pierre jusqu'à nos jours*; Paris, 1841, 4 vol. in-8°.

MARCEL (*Étienne*), célèbre prévôt des marchands de la ville de Paris, tué le 31 juillet 1358. Sa courte carrière a laissé dans l'histoire de France une trace ineffaçable. On ignore la date de sa naissance. Dans les documents latins il porte le nom de *Stephanus Marcelli*, c'est-à-dire Etienne fils de Marcel. Sa famille occupait une place considérable dans la corporation des drapiers. On trouve dans les annales de la commune un Jacques Marcel, mort en 1320, peut-être l'aïeul d'Étienne, et un Garnier Marcel, échevin de Paris, fils de Jacques et probablement père du célèbre prévôt. Étienne Marcel paraît pour la première fois dans l'histoire comme prévôt des marchands et membre des états généraux de 1355. On ne sait rien de sa vie privée. Il prit sa femme dans la famille des Essarts et eut de ce mariage six enfants. Il avait trois frères, Guillaume, Jean et Gilles. Ce dernier seul se mêla activement de politique, et partagea la ruine de son frère.

Le grand rôle politique d'Étienne Marcel commença en 1356, après la bataille de Poitiers, où le roi Jean II fut fait prisonnier. Le fils aîné du roi, Charles, dauphin et duc de Normandie, arriva à Paris le 29 septembre, dix jours après la bataille, et prit possession du gouvernement comme lieutenant du roi. Il comprit la nécessité de recourir immédiatement aux états généraux. Les députés des trois ordres, qui ne devaient se réunir qu'à la fin de novembre, furent convoqués sur-le-champ, ceux de la langue d'oil à Paris, ceux de la langue d'oc à Toulouse. L'assemblée des députés de la langue d'oil comptant plus de huit cents membres, dont la moitié au moins appartenait au tiers état, ouvrit ses séances le lundi 17 octobre, dans la chambre du parlement, en présence du duc Charles. « Jamais, dit le procès-verbal, on n'en avoit vu de si nombreuse, ni composée de gens si sages. » Pierre de La Forêt prononça un discours sur les mesures qu'on devait prendre pour délivrer le roi et continuer la guerre, et sur les subsides qui étaient nécessaires dans les circonstances présentes. L'archevêque de Reims, Jean de Craon, pour les gens d'église, le duc de Bretagne pour les nobles, le prévôt Marcel pour les bourgeois, répondirent « qu'ils feroient ce que pourroient aux fins susdites, » et demandèrent un délai pour délibérer à loisir. Puis les états jugèrent à propos, à cause du grand nombre de députés, de choisir dans chaque ordre plusieurs commissaires à qui ils donnèrent le pouvoir de régler tout ce qu'ils croiraient convenable. Les commissaires, qui étaient au nombre de quatre-vingts, se réunirent probablement sans distinction d'ordres, et forcèrent les gens du conseil du roi, que le duc de Normandie avait envoyés au milieu d'eux, à se retirer. Le tiers, auquel le clergé était disposé à s'associer, domina dans cette assemblée, dont deux hommes étroitement unis, Robert Lecoq et Étienne Marcel, dirigèrent les délibérations.

R. Lecoq était né à Mont-Didier, d'une famille considérée dans la bourgeoisie; son père était bailli de Rouen. Après avoir été avocat du roi au parlement de Paris, puis maître des requêtes,

(1) Deux cent dix-neuvième pape selon les auteurs de l'*Art de vérifier les dates*, qui le font naître à Monte-Pulciano.

(2) Marcel II était tellement ennemi du népotisme qu'il ne voulut pas même permettre à son frère Alessandro et à ses neveux Richard et Herennius de demeurer à Rome. (Novaès, VII, p. 99.)

Robert Lecoq entra dans les ordres, et devint précenteur (celui qui le premier entonne le chant) du chapitre d'Amiens. En 1351 il fut nommé évêque d'Amiens, et c'est avec ce titre qu'il figura aux états généraux. Il possédait une profonde connaissance des lois et des affaires, et avait été employé par le roi dans plusieurs négociations (1).

Marcel, prévôt des marchands, était l'homme le plus considérable de la bourgeoisie. Décidé à intervenir vigoureusement dans les affaires publiques, il s'occupa d'abord de mettre Paris à l'abri du danger. Il exerça le peuple aux armes, dont l'usage lui avait été rendu par l'édit de décembre 1355, et fit exécuter d'immenses travaux de fortification (2). Il se trouva bientôt à la tête de vingt mille hommes. Tels furent les deux hommes éminents qui eurent une influence décisive sur la commission des quatre-vingts. Après quelques jours de conférences, les quatre-vingts prirent des décisions, qui furent approuvées successivement par chacun des trois ordres et par les états réunis, « tous ensemble et sans nul contredit ». Ces décisions, quoiqu'elles n'exprimassent que des vœux, étaient menaçantes pour l'autorité royale. On était convenu de requérir le duc de Normandie de priver de tous offices sept des principaux officiers de la couronne, entre autres le chancelier, Pierre de La Forêt, archevêque de Rouen ; de les faire prendre et emprisonner, de saisir leurs biens, de nommer dans l'assemblée une commission pour informer contre eux, d'écrire au pape pour obtenir la permission de procéder contre l'archevêque, et de délivrer le roi de Navarre. Les députés devaient en outre enjoindre au dauphin « qu'il se voulût gouverner du tout par certains conseillers qu'ils lui bailleroient des trois états, quatre prélats, douze nobles et douze bourgeois (1), lesquels conseillers auroient puissance de tout faire et ordonner au royaume, ainsi comme le roi, tant de mettre et ôter officiers comme tant d'autres choses ». De plus, ils demandaient le retablissement des anciennes libertés féodales et communales, comme au temps de Philippe le Bel. A ces conditions, les états accordaient en aide, pour une année, un décime et demi (15 p. 100) sur tous les revenus des trois ordres. Les roturiers devaient en outre fournir un homme armé par cent feux. Devant cette pétition redoutable, qui n'allait pas à moins qu'à transférer le gouvernement à un conseil législatif tiré des états, le duc de Normandie tâcha de gagner du temps. Le 2 novembre il fit venir les principaux députés, et les invita à retourner chacun en son lieu parce qu'il se rendait lui-même en Lorraine auprès de l'empereur, « qui se voulait entremettre pour la delivrance du roi ». Les députes protestèrent en vain, et durent se séparer. Mais si le duc avait évité les réformes, il n'avait pas obtenu d'argent. Il essaya de s'en procurer en falsifiant la monnaie ; Marcel s'opposa à la circulation de « cette foible monnoie ». Sommé par le duc de cesser son empêchement, il répondit en mettant toutes les corporations sous les armes (19 janvier 1357). « Le duc de Normandie fut tellement effrayé, qu'il engagea ses principaux conseillers à s'éloigner ou à se cacher, rappela Marcel le lendemain de grand matin au palais, et lui déclara qu'il consentait que « ladite monnoie » n'eût pas cours et que les députés des trois ordres s'assemblassent quand bon leur semblerait, que de plus il « boutoit » hors de son conseil les sept grands officiers dénoncés par les états, et les ferait prendre et mettre en justice s'il les pouvait trouver (20 janvier 1557). « Desquelles choses ledit prévôt requit lettres qui lui furent octroyées (2) ! »

Le 3 février 1357, les états s'assemblèrent de nouveau, moins nombreux, il est vrai, que précédemment, mais ayant gagné en énergie ce qu'ils avaient perdu en nombre. « Ils rapportaient de leurs provinces des doléances conformes

(1) On le voit représenter le roi au traité conclu, le 27 octobre 1351, à Villeneuve-lez-Avignon, avec Amédée VI, comte de Savoie. En 1353, il fut au nombre des cinq commissaires chargés de recevoir l'hommage lige de la comtesse de Hainaut pour sa terre d'Ostrevent. En 1354 il eut mission du roi Jean de traiter à Mantes, avec Charles de Navarre, après le meurtre du connétable d'Espagne. Cette importante négociation, où les autres commissaires étaient des princes du sang, eut beaucoup d'influence sur la suite des affaires. « C'est dans le séjour qu'il fit à Mantes, dit M. Perrens, qu'il prit pour la personne du roi de Navarre un goût qu'expliquent l'intelligence déliée, l'esprit cultivé et les séduisantes qualités de ce prince. Le commerce qu'il avait depuis longtemps avec Jean, ses fils et ses frères, ne lui laissait point d'illusions sur ce qu'il était permis d'attendre de ces têtes folles, qui n'avaient d'autre but que les plaisirs et les fêtes, d'autres moyens que la violence ou la perfidie. Quelle ne fut pas sa surprise en trouvant dans un prince que la cour poursuivait de sa haine le plus aimable des hommes, et, selon toute apparence, le plus capable de supporter le poids du gouvernement ! »

(2) Sur la rive gauche de la Seine il se contenta de réparer et de reculer en certains endroits l'enceinte de Philippe-Auguste. Sur la rive droite, où la population se portait de préférence, il ordonna qu'on construisît une muraille flanquée de tours. « Cette muraille, partant de la porte Barbette, sur le quai des Ormes, passait par l'Arsenal, les rues Saint-Antoine, du Temple, Saint-Martin, Saint-Denis Montmartre, des Fossés-Montmartre, la place des Victoires, l'hôtel de Toulouse (la Banque actuelle), le jardin du Palais-Royal, la rue Richelieu, et arrivait à la porte Saint-Honoré par la rue de ce nom, et jusqu'au bord de la Seine. Sur les deux rives du fleuve des bastilles furent construites pour protéger les portes, et l'on fortifia d'un fossé l'île Saint Louis, qu'on appelait en ce temps-là l'île Notre-Dame, afin qu'elle pût, dans le besoin, devenir un lieu de refuge pour les habitants de Paris. Sur les murs furent établies sept cent cinquante guérites en bois, solidement attachées aux créneaux par de forts crochets en fer. Des chaînes furent forgées pour fermer la Seine et barricader les rues pendant la nuit. » (Perrens, *Étienne Marcel*, p. 81.) Ces constructions, activement poussées sous Étienne Marcel, ne s'achevèrent que sous la régence du duc de Normandie, auquel on en rapporte tout l'honneur. Étienne Marcel acquit en 1357, pour le compte de la commune, une maison (hôtel au dauphin, maison aux piliers) sur l'emplacement de laquelle a été construit l'hôtel de ville actuel.

(1) Un peu plus tard ces nombres furent changés. Le conseil se composa de onze prélats, six nobles, et dix-sept bourgeois. Les noms de ces conseillers ont été publiés par M. Douet d'Arcq dans la *Bibliothèque de l'École des Chartes*, t. II, p. 360 et suiv.

(2) Henri Martin, *Histoire de France*, t. V, p. 169.

au rapport de la commission des quatre-vingts, qui leur fut présenté par Marcel et Lecoq. En leur nom, l'évêque de Laon accorda au dauphin trente mille hommes et l'argent nécessaire pour les solder; mais il demanda en retour : 1° le renvoi de vingt-deux de ses ministres et officiers; 2° la faculté pour les états de s'assembler deux fois l'an, sans convocation; 3° la création d'un conseil de trente-six réformateurs généraux, élus par les états, « pour ordonner les besognes du royaume; et devoient obéir tous prélats, tous seigneurs, toutes communautés des cités et bonnes villes, à tout ce qu'ils feroient et ordonneroient; » 4° l'envoi dans les provinces de commissaires extraordinaires, chargés de pleins pouvoirs pour assembler les états provinciaux, punir, réformer, récompenser tous les agents du gouvernement, etc. « Le dauphin consentit à ces demandes; et, en conséquence, il publia une grande ordonnance de réformation qui confirmait celle du 28 décembre 1355, et qui fut lue et publiée en parlement, pour lui donner un caractère législatif. Par cette ordonnance mémorable, il renonçait à toute imposition non votée par les états, s'engageait à ne rien détourner du trésor, à laisser lever et employer l'argent des impôts *par bonnes gens sages ordonnées par les trois états*, à réformer les abus de pouvoir de ses officiers, à rendre la justice impartiale et prompte, à ne plus vendre les offices de judicature, à ne pas altérer les monnaies, qui seraient faites dorénavant conformes au modèle donné par le prévôt des marchands de Paris. Il interdit encore le droit de prise, les emprunts forcés, les guerres privées, les jugements par commissions, l'aliénation des domaines de la couronne; il autorisa la résistance à main armée à toute entreprise illégale, à toute guerre entre les seigneurs, déclara les membres des états inviolables, enfin ordonna l'armement de toutes gens selon leur état.

Le conseil des trente-six commença par séparer entièrement les attributions de la chambre des comptes et du parlement, et renouveler les membres de ces deux cours; il destitua tous les officiers de justice et de finance, receveurs, châtelains, sergents d'armes, notaires, etc.; exila presque tous les conseillers royaux, s'empara des coins de la monnaie, créa la cour des aides, destinée à régulariser l'assiette des impôts, et à laquelle fut attribuée depuis une juridiction contentieuse en matière de finances. C'était l'évêque de Laon qui dirigeait tous ces changements, et le dauphin n'avait plus d'autre pouvoir que de promulguer les ordonnances, qui portaient : *De l'avis de notre grand conseil des états et des hommes des bonnes villes* (1). »

Telle fut cette grande tentative de réforme politique qui, si elle eût pu durer, aurait fondé la liberté en France sur des bases aussi solides et plus larges qu'en Angleterre. Mais les deux meneurs de l'entreprise rencontrèrent dans l'apathie des provinces, dans l'inintelligence et le mauvais vouloir de la noblesse, enfin dans la faiblesse du clergé, des obstacles insurmontables. Ils n'évitèrent pas non plus les erreurs graves, et ils succombèrent sous le poids de leurs fautes presque autant que sous les difficultés de leur tentative. Le roi Jean, quoique prisonnier des Anglais, essaya d'intervenir en faveur de l'autorité royale, et envoya une défense de rien exécuter de ce qui avait été convenu avec les états. La défense du roi fut criée dans la ville le 6 avril. « Le peuple, dit Froissart, s'émut de terrible façon, et commença de crier que c'étoit fausseté et trahison d'empêcher l'assemblée des états et la levée du subside. » Marcel et Robert Lecoq allèrent trouver le duc Charles, et lui adressèrent de si vives représentations qu'il révoqua les défenses royales. Mais les provinces ne suivaient pas le mouvement de Paris; elles avaient absolument besoin de défenseurs contre les armées de bandits qui les dévastaient, et répugnaient à amoindrir l'autorité royale, qui était leur dernière ressource. Le duc de Normandie profita de ce sentiment pour miner l'autorité des trente-six, puis, au mois d'août 1357, il manda le prévôt Marcel, les échevins Charles Toussac et Jean de l'Isle, et Gilles Marcel, frère du prévôt, tous quatre membres des trente-six et principaux administrateurs de Paris, leur déclara qu'il entendait gouverner désormais par lui-même, et leur défendit de se mêler davantage du gouvernement du royaume. Les trente-six ne résistèrent point, et Lecoq retourna dans son évêché. Marcel resta chef de la démocratie parisienne. Il semble que dès lors, désespérant de la branche royale des Valois, il songea à une autre branche de la maison de France. Le prétendant était trouvé, c'était Charles de Navarre, dit le Mauvais, prisonnier depuis quelques années et détenu au château d'Aileux en Palluel (dans le Cambrésis). Cependant, après avoir en vain quêté des aides de ville en ville, le duc de Normandie fut obligé de revenir à Paris, et de consentir encore à la convocation des états. L'assemblée se réunit le 7 novembre. Bientôt la délivrance du roi de Navarre, exécutée d'après une délibération entre Marcel et ses échevins, l'évêque de Laon, le sire de Picquigny et plusieurs députés, mit la discorde dans les états; plusieurs des députés des bonnes villes, de celles de Bourgogne et de Champagne entre autres, sortirent de Paris, craignant qu'on ne les forçât d'approuver le coup de main que l'on venait d'exécuter. Quant aux chefs du parti populaire, après avoir fait accorder à Charles le Mauvais une partie des choses qu'il réclamait, ils firent renvoyer pour le reste la discussion à une autre session des états; puis l'assemblée, n'étant plus en nombre et ne pouvant s'accorder, s'ajourna au 13 janvier.

La session de 1358 s'ouvrit au jour fixé; mais presque aucun noble ne se trouvait à l'as-

(1) Théophile Lavallee, *Histoire des Français*, t. II.

semblée; quelques gens d'église à peine y étaient venus; enfin, la désunion régnait entre les membres présents. Ils discutèrent jusqu'au 25 janvier, sans pouvoir se mettre d'accord; et la seule mesure qu'ils prirent fut une mesure funeste : ils ordonnèrent provisoirement, pour remédier à la détresse du gouvernement, la fabrication d'une *faible* monnaie, c'est-à-dire d'une monnaie dont on taillait jusqu'à onze livres cinq sous dans un marc d'argent. L'assemblée, suspendue après ce décret, ne reprit ses séances que le 11 février. Le clergé et le tiers état y étaient seuls représentés; on n'y voyait aucun député de la noblesse. Peu de jours après, le 22 février, Marcel et les bourgeois, poussés à bout par la mauvaise foi et la conduite perfide du dauphin, « jugèrent à propos, dit le continuateur de Nangis, que quelques-uns de ses conseillers fussent enlevés du milieu de ce monde ». Marcel convoquant les gens des métiers, qui avaient pour signe de ralliement des chaperons rouges et bleus (1), origine de la cocarde, envahit le palais avec trois mille hommes, et fit tuer sous les yeux du duc ses deux principaux ministres, le seigneur de Conflans, maréchal de Champagne, et Robert de Clermont, maréchal de Normandie. Charles, terrifié, ratifia tout ce qui s'était passé, implora l'amitié des gens de Paris, et mit sur sa tête le chaperon rouge et bleu.

Le lendemain, Marcel convoqua au couvent des Augustins une grande assemblée de bourgeois, auxquels se réunirent ceux d'entre les députés des villes qui se trouvaient encore à Paris. Ceux-ci y furent requis d'approuver l'événement de la veille et d'entretenir « bonne union avec ceux de Paris, laquelle avoit été précédemment promise et jurée ». Ils répondirent qu'ils approuvaient tout ce qui avait été fait. Marcel envoya aussi des lettres closes aux bonnes villes pour leur demander de garder féale union avec ceux de Paris, et d'adopter le chaperon rouge et bleu. Amiens, Rouen, Beauvais, Laon, Senlis, prirent le chaperon; mais le mouvement de la bourgeoisie n'eut pas la majorité qui pouvait le faire réussir. Plusieurs villes cessèrent tous rapports avec les états. Au sein des états mêmes une grande scission eut lieu. La jalousie, excitée dans les provinces par la domination des bourgeois de Paris, en fut en partie la cause. Les états provinciaux de Champagne et de Vermandois protestèrent contre cette domination; et le duc de Normandie, qui de l'avis des états avait pris le titre de régent, se hâtant de profiter d'une circonstance qui pouvait être favorable au rétablissement de l'autorité royale, quitta la capitale et transféra à Compiègne l'assemblée des états généraux, qui avait été convoquée à Paris pour le 1er mai. Marcel, par une lettre du 16 avril, somma en vain le régent de revenir à Paris sous peine de déchéance. La guerre existait de fait entre la démocratie parisienne et l'autorité royale, que soutenaient les provinces. Un terrible épisode compliqua encore la situation. Les paysans, effroyablement maltraités par leurs seigneurs, qui avaient de grosses rançons à payer aux Anglais, et par les bandes qui depuis la trêve s'étaient abattues sur les campagnes, se soulevèrent vers la fin de mai 1358. Cette révolte, appelée la *Jacquerie*, embrasa tout le pays compris entre la Seine, l'embouchure de la Somme et l'Yonne. Des milliers de paysans se jetèrent sur les châteaux, qu'ils incendièrent, et sur les nobles, qu'ils massacrèrent impitoyablement. Marcel ne pouvait se refuser à profiter d'une pareille diversion. Il tenta de diriger et de modérer la Jacquerie. Il envoya aux paysans insurgés des renforts, et en même temps il fit publier que « sur peine de perdre la tête, nul, s'il n'étoit ennemi de la bonne ville de Paris, ne tuât femmes, ni enfants de gentilshommes, ni ne pillât, ardît (brûlât), ni abattît maisons qu'ils eussent ». Dans les premiers jours de juin, neuf ou dix mille Jacques et quelques centaines de Parisiens, conduits par l'épicier Pierre Gilles, occupèrent Meaux, dont la bourgeoisie leur ouvrit les portes, et se précipitèrent contre le Marché (situé dans une île de la Marne et entouré de fortes murailles), où s'étaient réfugiées la duchesse d'Orléans, la duchesse de Normandie et plus de trois cents nobles dames et damoiselles, « de peur d'être violées et par après meurtries par ces méchantes gens », dit Froissart. Les assaillants furent repoussés avec une perte énorme le 9 juin. Cet échec fut le signal de la défaite totale des Jacques, qui furent exterminés avec une cruauté pire que celle que les paysans avaient montrée. La destruction des Jacques était un avertissement pour les Parisiens. Marcel, n'espérant plus rien des campagnes, chercha du secours là où seulement il pouvait en trouver, auprès du roi de Navarre. Le 14 juin Charles de Navarre fut proclamé capitaine de Paris, et le prévôt des marchands écrivit aux bonnes villes pour le faire reconnaître comme capitaine universel du royaume de France. Mais le roi de Navarre n'avait guère pour soldats que des bandits justement redoutés de la population, et plus capables de piller Paris que de le défendre. Les bourgeois de Paris refusèrent d'admettre dans leurs murs ces bandits, ces *Anglois* comme ils les appelaient, et commencèrent à penser qu'il vaudrait mieux s'entendre avec le régent. Marcel et Lecoq, qui étaient d'avis de pousser la résistance à l'extrême, virent leur popularité décroître et disparaître. Dans la haute bourgeoisie un parti, à la tête duquel se plaça Jean Maillart, compère de Marcel et jusqu'alors un de ses principaux adhérents, poussa au rétablissement de l'autorité royale. Malgré les soins du prévôt, qui veillait à l'approvision-

(1) Dans les premiers jours de janvier 1358, il imagina de donner à ses partisans pour signe de ralliement un chaperon mi-parti rouge et pers (bleu foncé), c'est-à-dire aux couleurs de la ville de Paris. Sur les agrafes du chaperon étaient gravés ces mots : *En signe d'alience de vivre et morir avec le prevost contre toutes personnes.*

neinent de Paris, les vivres étaient devenus très-chers. Les bourgeois se plaignaient de ce qu'ils avaient donné et donnaient beaucoup d'argent au roi de Navarre, qui ne les garantissait en aucune façon des bandits qui affamaient la ville. D'autre part, le régent était à Charenton avec 3,000 lances, et empêchait les arrivages par la Seine. Les bourgeois forcèrent Marcel et les echevins d'écrire au régent (28 juillet) pour l'inviter à revenir et à s'unir aux Parisiens contre les Navarrois et les *Anglois*. Le régent répondit qu'il ne rentrerait pas dans Paris tant que le meurtrier des maréchaux serait en vie. La lettre fut remise à Marcel lui-même. Le prévôt, Lecoq et leurs adhérents les plus compromis « virent, dit Froissart, que mieux leur valoit occire qu'être occis ». Ils résolurent de livrer Paris au roi de Navarre. La nuit du 31 juillet au 1er août fut fixée pour l'exécution de ce projet, qui offrait de grandes difficultés, car Marcel n'avait pas les clefs des portes qu'il devait livrer, et il était sévèrement surveillé par Maillart. Le prévôt, accompagné d'une soixantaine de partisans, se rendit dans la soirée du 31 à la bastide ou bastille Saint-Denis, et ordonna d'en remettre les clefs à Josseran de Mâcon, trésorier du roi de Navarre. Jehan Maillart, qui était de garde, s'y opposa, et non content de l'avoir empêché, il courut vers les halles pour soulever le peuple. Le prévôt, de son côté, se dirigea vers la bastide de la porte Saint-Antoine, et chemin faisant il se saisit des portes situées entre ces deux bastides; mais, arrivé à la porte Saint-Antoine, il trouva de la résistance auprès des gardiens, qui refusèrent leurs clefs. Il était en pourparler avec eux lorsque arrivèrent Maillart, un chevalier nommé Pépin des Essarts et une troupe de gens armés. Maillart, leur désignant le prévôt s'écria : « A la mort! à la mort tout homme de son côté, car ils sont traîtres! » « Lors eut grand hutin et fort, et volontiers eût fui le prévôt; mais il fut si hâté qu'il ne put, car Jehan Maillart le férit d'une hache sur la tête, et l'abattit à terre, et ne se partit de lui tant qu'il l'eût occis, quoique ce fût son compère (Froissart). » Les compagnons de Marcel furent massacrés ou faits prisonniers. La nuit même ou les jours suivants les vainqueurs firent mettre à mort les principaux partisans du prévôt, son frère Gilles Marcel, clerc de la marchandise, Philippe Giffart, l'échevin Jean de l'Isle, Charles Toussac, Josseran de Mâcon, Pierre Gilles. Les cadavres de Marcel, de Giffart, de Jean de l'Isle furent traînés par les rues et étalés nus devant l'église de Sainte-Catherine (rue Saint-Antoine), où avaient été transportés les corps des maréchaux de Champagne et de Normandie. Le 3 août le régent, accompagné de Jehan Maillart, rentra dans Paris, et il ne resta bientôt plus que le souvenir de cette grande tentative de réforme politique (1).

Ce souvenir est impérissable. « Marcel, dit M. Henri Martin, reste la plus grande figure du quatorzième siècle. Marcel ne mourut pas tout entier, il n'échoua même pas entièrement : les grands coups qu'il avait portés à la monarchie féodale laissèrent de profondes traces; le régime qu'il avait mutilé ne fut pas complétement restauré, et Charles V lui-même, puis d'autres rois encore, exécutèrent de leurs mains royales une partie de l'œuvre du démocrate dont ils proscrivaient la mémoire. » Sismondi s'exprime aussi avec admiration sur les deux hommes éminents qui imposèrent l'ordonnance de 1357. « Cette charte mémorable, dit-il, fait connaître l'étendue des abus qui causaient les plaintes du peuple, et la loyauté des chefs opposés à la couronne qui obtenaient par leur fermeté des réformes aussi avantageuses. A en juger par ce résumé de toutes leurs demandes, ce n'étaient point des esprits inquiets, jaloux, turbulents; ce n'étaient point des traîtres que l'évêque de Laon et le prévôt des marchands, encore que tous les historiens de la monarchie se soient efforcés de les noircir comme tels; c'étaient au contraire des hommes animés du désir du bien et de l'amour du peuple, qui, voyant le désordre épouvantable où tombait l'État, les voleries universelles, l'incapacité et l'incurie des chefs, tentèrent de sauver la France en dépit des princes français. S'ils usèrent quelquefois de violence, il faut leur pardonner l'emploi des moyens illégaux, dans un temps où les amis de la France n'avaient aucun moyen légal de faire le bien. Si à leur tour le pouvoir les enivra, il faut voir dans leur exemple même une preuve de plus de la rectitude de leurs principes; car c'étaient eux qui les premiers avaient dit qu'il n'y a de salut pour aucun peuple tant qu'il reste soumis au pouvoir absolu, quelles que soient les personnes qui en sont investies. » [Le Bas, *Diction. historique de la France*, avec additions.]

Procès-verbaux des états de 1355-58, dans le *Recueil des états généraux*, t. VIII. — Froissart, *Chronique*. — *Chronique du religieux de Saint-Denis*. — Continuateur de Nangis. — Secousse, *Mémoires pour servir à l'histoire des troubles qui s'élevèrent en France et surtout à Paris, après la bataille de Poitiers*, t. XVI du *Recueil de l'Acad. des Inscriptions*, *Mémoires pour servir à l'histoire de Charles II, roi de Navarre*. — Kervyn de Lettenhove, dans les *Bulletins de l'Académie royale de Belgique*, t. XX, n° 9. — Lacabane, *Dissert. sur la mort d'Étienne Marcel*, dans la *Bibliothèque de l'École des Chartes*, n° 1er. — Dulaure, *Histoire de Paris*, t. II. — Naudet, *Conjuration d'Étienne Marcel contre l'autorité royale*. — Jules Quicherat, *Étienne Marcel*; dans le *Plutarque français*. — Sismondi, *Histoire des Français*, t. X. — Augustin Thierry, *Essai sur l'histoire du tiers état*. — Henri Martin, *Histoire de France*, t. V. — Perrens, *Étienne Marcel et le gouvernement de la bourgeoisie au quatorzième siècle*; Paris, 1860, in-8°.

MARCEL (*Guillaume*), chronologiste français, né en 1647, à Toulouse, mort le 27 décembre

(1) Six bourgeois de Laon, les premiers de la ville, amis et conseillers de Robert Lecoq, furent mis à mort. L'évêque, averti à temps, se réfugia à Melun, auprès du roi de Navarre, qui lui donna plus tard l'évêché de Calahorra. Il y mourut, en 1368. (*Gallia Christiana*, t. IX, p. 548.) Le P. Anselme, *Histoire généalogique de la Maison de France*, t. II. — Douet d'Arcq, *Bibl. de l'École des Chartes*, t. II, p. 362 et suiv.

1708, à Arles. Issu d'une famille ancienne, qui était entrée dès 1225 dans le capitoulat, il étudia le droit à Toulouse, et, après y avoir été reçu avocat, il vint à Paris, où il occupa quelque temps l'emploi de sous-bibliothécaire à l'abbaye de Saint-Victor. Nommé ensuite avocat au conseil, il suivit l'ambassadeur Girardin à Constantinople, et fut chargé, en 1677, de défendre les intérêts français près du dey d'Alger; il contribua beaucoup au traité de paix conclu dans la même année avec les États Barbaresques. En récompense de ses services, il obtint la place de commissaire des classes de la marine à Arles. Ce fut là qu'il mourut, d'une attaque d'apoplexie, à l'âge de soixante-et-un ans. Marcel a composé un grand nombre d'ouvrages, dont il a laissé un catalogue en tête des *Tablettes chronologiques;* mais la plupart n'ont pas vu le jour, ce qui est d'autant plus regrettable que leur auteur joignait à une mémoire merveilleuse un esprit sûr et méthodique. D'après le *Journal des Savants,* il dictait en même temps à dix personnes en six ou sept langues différentes et sur des matières sérieuses; il faisait faire l'exercice à un bataillon dans toutes les évolutions militaires, nommant tous les soldats par le nom qu'ils avaient pris en défilant une fois devant lui, et il se tirait heureusement, sans autre secours que celui de la mémoire, d'une règle d'arithmétique, fût-elle de trente figures. Les principaux écrits de Marcel sont: *Tablettes chronologiques pour servir à l'histoire de l'Eglise;* Paris, 1682, in-8°; ibid., 1687, 1690, 1714, 1729, in-12; trad. en espagnol par Bary; Mexico, 1721, in-8°. « C'est un ouvrage estimé, dit Feller, et dont on ferait le meilleur livre élémentaire d'histoire ecclésiastique, en lui donnant un peu plus de développement et d'étendue. » On y trouve à volonté les conciles ou synchronismes de chaque siècle, suivant qu'on ouvre le volume à droite ou à gauche; — *Tablettes chronologiques depuis la naissance de J.-C. pour l'histoire profane;* Paris, 1682; ce livre, tout gravé, et n'ayant que la dimension d'un jeu de cartes, est un petit chef-d'œuvre qu'on n'a point encore surpassé; — *Histoire de l'Origine et du Progrès de la Monarchie françoise;* Paris, 1683-1686, 4 vol. in-12, pl. C'est moins une histoire qu'un tableau chronologique des événements les plus importants jusqu'en 1600; les faits n'y sont pas moins exacts que dans l'ouvrage du président Hénault, et appuyés sur les écrivains originaux et les actes les plus authentiques. L'auteur traite dans le tome Ier de tout ce qui concerne la Gaule et ses peuples, partie qui est pleine de recherches; dans le tome II, de l'origine des Francs, et dans les tomes III et IV, de l'histoire de France, qu'il a divisée par siècles, à la fin desquels il a ajouté les citations et les passages qui en font un ensemble de preuves très-intéressantes. Parmi ses ouvrages manuscrits, Marcel a laissé : *Promptuarium ecclesiasticum et civile metropolitanæ Galliarum, id est Arelatis;* in-fol.; — *Tablettes cosmographiques;* — *Mundus arithmeticus,* ouvrage qui comprend trois traités, entre autres *Ordo censendi populos,* et *Citatæ per aera decursiones :* ce dernier traité des signaux aériens; la femme et les amis de l'auteur avaient seuls la clef de cette correspondance, dont l'invention paraît s'être perdue; — *Traité de plusieurs notes,* qui se réduisent à cinq figures, et peuvent représenter plus vivement que les lettres ordinaires toutes les pensées, même les plus abstraites. P. L—Y.

Biogr. Toulousaine, II. — Feller, *Dict. Histor.* — Durand et Martène, *Voy. litter. de deux benedictins,* 281. — *Journ. des Savants,* 1678. — *Republique des Lettres,* sept 1686. — *Journal de Leipzig,* 1688. — Lenglet, *Methode Histor.,* II et IV. — Lelong, *Biblioth. Hist.*

MARCEL (*Guillaume*), littérateur français, né vers 1612, mort le 10 avril 1702, à Basly (diocèse de Bayeux). Le nom véritable de sa famille était Maquerel. Admis chez les pères de l'Oratoire, il professa la rhétorique à Rouen et l'éloquence au collége des Grassins à Paris. En 1664, il fut principal du collége de Bayeux. En 1671, il se retira dans la cure de Basly, qu'il avait obtenue en 1646, et y passa le reste de ses jours. Il était membre de l'Académie de Caen. Ce fut par ses conseils que Brébeuf, son ami, entreprit la traduction de *La Pharsale.* Parmi ses nombreux écrits, on remarque des discours et des poésies en latin et en français, des traités de controverse, etc. P. L.

Moréri, *Dict. Histor.* (édit. de 1759).

MARCEL (*Jean-Joseph*), orientaliste français, né le 24 novembre 1776, à Paris, où il est mort, le 11 mars 1854. Petit-neveu de Guillaume Marcel, le savant chronologiste, il resta dès l'âge de douze ans sous la direction de sa mère, qui lui fit donner une bonne éducation. Il étudiait les langues orientales lorsqu'en 1793 il fut désigné par Monge pour diriger la fabrique de salpêtre établie au cloître Saint-Benoît. Quelques mois plus tard, le 1er pluviôse an III, il fut attaché en qualité de sténographe à l'École Normale, et s'occupa de recueillir les leçons des illustres professeurs de cet établissement; cette publication prit le titre de *Journal des Écoles Normales* (Paris, 9 vol. in-8°). Associé l'année suivante par Suard et Lacretelle à la rédaction du journal *Les Nouvelles politiques,* il fut atteint comme eux par la proscription de fructidor, et obligé de se cacher, il reprit dans sa retraite l'étude des langues orientales. En 1798 il fit partie de la commission scientifique de l'expédition d'Égypte sur la désignation de Langlès, son ancien maître, et fut ensuite chargé d'organiser et de diriger l'imprimerie nationale qui devait suivre l'armée. De cette imprimerie, pour laquelle il forma lui-même des ouvriers et grava des caractères qui manquaient, sortirent *Le Courrier de l'Égypte* et *La Décade égyptienne* (1), les

(1) Il dirigea la publication de ces deux journaux con-

Rapports de l'Institut d'Égypte, ainsi que les bulletins et proclamations en langues arabe, turque et grecque. Ces fonctions n'empêchèrent pas Marcel de se livrer à d'actives investigations sur l'archéologie et l'histoire de l'Orient. Un nombre considérable de manuscrits hébreux, arabes, coptes, éthiopiens et autres, plus de deux cents empreintes d'inscriptions inédites, entre autres celle de Rosette, trois mille médailles, une collection de pierres gravées et d'antiquités, tels furent les fruits de ses recherches. En même temps il rédigeait des ouvrages élémentaires destinés à faciliter l'étude de l'arabe. Aussi fut-il admis parmi les membres de l'Institut d'Égypte quelques mois avant la retraite de l'armée. Revenu en France à la fin de 1801, il fut choisi pour être l'un des rédacteurs de la *Description de l'Égypte*, et en 1802 le premier consul lui confia la direction de l'imprimerie nationale, qu'il conserva durant tout l'empire. Par ses soins, cet établissement non-seulement cessa d'être une charge pour le budget, mais présenta des bénéfices qui permirent de lui donner, sans dépense pour l'État, d'importants accroissements (1). Mis à la retraite le 1er janvier 1815, Marcel, le 20 mars suivant, reprit de vive force possession de l'imprimerie; au second retour des Bourbons, il fut décrété d'arrestation, et se cacha pendant quelque temps. Rendu à la vie privée, il se consacra tout entier à ses travaux de prédilection. De 1817 à 1820, il suppléa Audran dans le cours de langue hébraïque au Collége de France. Un des fondateurs de la Société Asiatique de Paris, il fut aussi membre de celle de Calcutta et de la Société Orientale. « Son érudition était immense, dit M. Taillefer. Sans être étranger aux sciences exactes et aux sciences naturelles, il possédait surtout parfaitement ces connaissances variées qui font le littérateur et le linguiste. Les langues sémitiques, qu'il avait surtout approfondies, ainsi que la langue persane, n'étaient point les seules dont il se fût occupé; un certain nombre de langues vivantes européennes lui étaient familières, et un grand nombre d'idiomes divers avaient été étudiés par lui dans leurs éléments. » Les suites de l'ophthalmie d'Égypte et l'excès du travail avaient extrêmement affaibli la vue de ce savant; et dans les dernières années de sa vie la cécité était venue se joindre à une extrême surdité. Il laissa une bibliothèque riche d'environ 20,000 volumes et de 3,000 manuscrits orientaux.

jointement avec Desgenettes, et il inséra dans le second, qui était un recueil littéraire, beaucoup d'articles sur l'histoire et la poésie des pays orientaux.

(1) L'imprimerie impériale réorganisée put satisfaire à toutes les exigences. On cite certains travaux qui furent accomplis avec une célérité merveilleuse : tels sont les comptes des sept ministres, gros in-4°, rempli de chiffres et de tableaux, composé et tiré en une nuit, et la *Notice descriptive de l'Angleterre, de l'Écosse et de l'Irlande*, dont les 3 vol. in-8° furent exécutés en trois jours, avec les cartes géographiques. « En 1805, raconte M. Belin, lors de la visite que Pie VII fit à l'imprimerie impériale, Marcel, qui, en sa qualité de directeur, reçut le souverain pontife, fit imprimer, en sa présence, l'*Oraison dominicale* en cent cinquante langues. Chacune des presses tirait au fur et à mesure, devant le saint-père, une feuille séparée de cette belle polyglotte, composée dans les caractères particuliers à chaque idiome; et Pie VII, en passant devant chaque imprimeur, recevait des mains de celui-ci une bonne feuille de ce travail remarquable. Quand il fut arrivé à la dernière presse, le tirage du livre était terminé; en passant devant l'atelier de reliure, le volume fut relié presque instantanément par un procédé particulier. »

On a de Marcel : *Alphabet arabe, turk et persan; exercices de lecture d'arabe littéral*; Alexandrie, an VI (1798), in-4°; — *Vocabulaire Français-Arabe contenant les mots d'un usage journalier*; Le Caire, 1799, in-8°; l'arabe y est imprimé en caractères latins; — une édition arabe française des *Fables* de Loqman; Le Caire, 1799, in-4°, accompagnée d'une dissertation et de notes; dans la seconde édition, Paris, 1803, il ajouta quatre fables inédites; — *Mélanges de Littérature orientale*; Le Caire, 1799, in-4°; — *Grammaire Arabe vulgaire*; les vingt-et-une premières feuilles avaient été tirées lorsque les événements qui amenèrent l'évacuation de l'Égypte interrompirent l'impression de cet ouvrage; — *Chrestomathia Hebraica*; Paris, 1802, in-8°; — deux éditions de *Jonas*, l'une en syriaque, l'autre en éthiopien; 1802, in-18; — *Chrestomathia Chaldaica*; Paris, 1803, in-8°; — *Notice sur Djami, célèbre fabuliste persan*, insérée dans *le Moniteur*, en 1804; — *Alphabet Irlandais, précédé d'une notice*; Paris, 1804, in-8°; — *Oratio dominica CL linguis versa*; Paris, 1805, gr. in-4° : c'est l'édition qui fut exécutée pour être présentée au pape Pie VII; on lui reproche d'avoir été faite avec une trop grande précipitation; — *Table alphabétique et raisonnée des matières contenues dans le Code civil*; Paris, 1807, in-8° et in-4°; — *Alphabet Russe, précédé d'une notice*; Paris, 1814; — *Leçons des langues bibliques*; Paris, 1819; — *Paléographie Arabe*; Paris, 1828, in-fol.; — *Les dix Soirées malheureuses*; Paris, 1828, 3 vol. in-12 : contes formant la première partie d'un manuscrit du chéick El Modhy, avec qui Marcel avait été lié en Égypte; — *Specimen Armenum*; Paris, 1829, in-8°; — *Vocabulaire Français-Arabe du dialecte vulgaire d'Alger, de Tunis et de Maroc*; Paris, 1830, in-16; réimpr. la même année, cet ouvrage, complétement remanié, reparut en 1837, in-8°; l'auteur en préparait, lorsque la mort est venue l'atteindre, une édition fort augmentée, en 2 vol. in-4°, sous le titre : *Dictionnaire Arabe-Français des dialectes vulgaires africains*; — *Histoire scientifique et militaire de l'Expédition française en Égypte* (avec M. Louis Reybaud); Paris, 1830-1836, 10 vol. in-8°; outre la part qu'il a prise à la rédaction de ce recueil, il en a spécialement surveillé la géographie, la technologie et l'orthographe orientale; — *Domine salvum* (polyglotte); Paris, 1831; — *Mélanges Orien-*

taux; Paris, 1833, in-8°; — *Annuaire Algérien pour* 1842; Paris, 1841; — *Tableau général des Monnaies ayant cours en Algérie;* Paris, 1844, in-4° de 80 pag.; — *Histoire de l'Égypte depuis la conquête des Arabes jusqu'à l'expédition française;* Paris, 2e édit., 1844, in-8°; réimpression augmentée d'un livre écrit pour l'*Histoire de l'Expédition d'Égypte,* et qui fait partie de la collection de l'*Univers pittoresque;* — *Histoire de Tunis;* Paris, 1851, in-8°; dans cette dernière collection. On a encore de Marcel plusieurs mémoires insérés dans la *Description de l'Égypte,* et il a laissé parmi ses manuscrits la traduction de la géographie arabe d'El Baqouy, celle du grand ouvrage historique d'El Soyouty et une polyglotte portant le titre d'*Orbis christianus, signum crucis D linguis versum exhibens.*

P. L.

Belin, *Notice sur J.-J. Marcel;* dans le *Journal Asiatique,* 1854. — Taillefer, *Notice hist. et biogr. sur J.-J. Marcel;* dans la *Revue de l'Orient,* oct. 1854. — *Galerie des Notabilités contemp.* — *Biogr. univ. et portat. des Contemp.* — G. Sarrut et Saint-Edme, *Biogr. des Hommes du Jour.*

MARCELLA, dame romaine, morte vers 410, à Rome. Elle resta veuve après sept mois de mariage, et se retira entièrement du monde, dans une maison de jeune filles chrétiennes, qu'elle avait fondée. Elle donnait tout son temps à la méditation et à l'Écriture. Saint Jérôme, qui la vit en 382, parle d'elle avec de grands éloges. Elle s'opposa à la secte des origénistes, et fut cause, dit-on, de leur condamnation. P.

S. Jérôme, *Epist.* VIII.

MARCELLIN (Saint), vingt-neuvième pape, né à Rome, mort le 24 octobre 304. Fils de Projectus, riche citoyen romain qui s'était converti à la foi chrétienne, Marcellin, élu le 30 juin 296, pour succéder à saint Caius dans le gouvernement de l'Église latine, vit son pontificat ensanglanté par une des plus terribles persécutions que les disciples de Jésus eurent à endurer. Les empereurs Dioclétien, Maximien, Galerius et Maximin rendirent successivement de cruels édits contre les novateurs. A partir de l'an 298, les églises furent abattues dans presque toutes les provinces de l'empire; on brûla les livres saints et on ne laissa aux chrétiens qu'un choix : le martyre ou l'apostasie. Pétilius et les donatistes accusent Marcellin d'avoir, succombant à la crainte, sacrifié aux idoles. Ils prétendent que le pontife, reconnaissant sa faute, se présenta en suppliant devant un concile de trois cents évêques assemblés à Sinuesse. Là, le coupable aurait confessé son erreur et demandé en pleurant qu'on lui imposât la peine qu'il avait encourue. Le concile aurait répondu : « Donne ta sentence toi-même; le premier siége ne peut être jugé que par lui-même. » Il est avéré que les actes du concile de Sinuesse n'ont été fabriqués que longtemps après la date qui lui est assignée. Saint Augustin regarde Petilius comme l'auteur de cette fable, et ajoute (1). « On appelle Marcellin scélérat, sacrilége; moi je le déclare innocent. Il n'est pas nécessaire que je me fatigue pour prouver sa défense; car Petilius ne se hasarde pas à prouver son accusation. » Schelstrat, Roccaberti, Pierre de Marca, dom Pierre Constant, Papebrock, Noël Alexandre, Pagi, Aguirre, Sangallo, Lamberti et bien d'autres écrivains ecclésiastiques ont partagé l'opinion de saint Augustin et proclamé le courage et la foi de Marcellin. D'après ces autorités, il est étrange que l'apostasie de Marcellin soit conservée dans le *Bréviaire romain ;* mais Baronius dit à ce sujet que « l'Église romaine n'a pas l'habitude de lire et de faire lire les Actes des Saints, comme s'ils étaient un Évangile. » C'est le cas de répéter avec saint Paul (2) : « Omnia autem probate: quod bonum est, tenete. »

A. L.

Novaès, *Elementi della Storia d. sommi Pontefici,* etc. (Rome, 1821, 16 vol. in-12), t. I, p. 97,98. — Cesarotti, *I primi Pontefici,* p. 64. — Baronius, *Annales Eccles., ad annum* 302, n° 104. — Xavier de Marco *Difesa di alcuni Pontefici accusati di errore,* cap. XII p. 140. — Platina, *Vitæ Pontif. Rom.* — Ciaconi, *Vitæ Pontif.* — Artaud de Montor, *Hist. des souverains Pontifes romains,* t. I, p. 135-139.

MARCELLIN OU MARCELLIEN (Μαρκελλιανός), général romain, qui se créa une souveraineté indépendante en Illyrie, assassiné en 468 après J.-C. Ami du patrice Aétius, qui fut tué par l'ordre de Valentinien III, et craignant d'avoir le même sort, il rassembla une troupe de soldats, et s'empara de la Dalmatie et d'une partie de l'Illyrie. Pendant les troubles qui suivirent l'assassinat de Valentinien, et peut-être même sous le règne d'Avitus, quelques jeunes nobles formèrent le projet d'élever Marcellin à l'empire. Cette entreprise échoua. Il semble que Marcellin reconnut l'autorité de Majorien et qu'il en reçut le titre de patrice d'Occident. Il conduisit au secours de l'empereur un corps qui fut porté en Sicile pour défendre l'île contre l'invasion des Vandales. Mais Ricimer, jaloux de lui, engagea ses soldats à l'abandonner. Marcellin, craignant pour sa vie, abandonna la Sicile, et retourna en Illyrie, probablement en 461 ou 462, après la mort de Majorien. Il aurait attaqué l'empire d'Occident, alors gouverné par Sévère, s'il n'eût été retenu par la médiation de Léon, empereur d'Orient. Il alla reprendre sa position en Sicile en 464, et en 466 il chassa les Vandales de la Sardaigne. Vers le temps de l'expédition de Basilicus contre Carthage, en 468, Marcellin agissait avec les Romains contre les Vandales lorsqu'il fut assassiné par ses alliés. Genseric, qui le regardait comme son plus formidable ennemi, s'écria en apprenant ce meurtre : « Que les Romains s'étaient coupé la main droite avec la main gauche ». Marcellin était païen, et adonné aux superstitions du temps; il avait même une grande réputation de devin. Il était d'ailleurs

(1) *De unic. Baptis.,* cap. XVI.
(2) *Ep. aux Thessaloniens,* I, 5, V, 21.

éminent comme homme d'État et militaire; il établit et maintint son pouvoir sans commettre aucun crime. Marcellin était l'oncle de l'empereur Julien Nepos. Y.

Procope, *De Bello Vandalico*, I, 6. — Priscus, dans les *Excerpta de legationibus gentium ad Romanos*, c. XIV. *Ex. de leg. Romanorum ad Gentes*, c. X. — Idace, *Chronicon*. — Marcellin, *Chron.* — Gibbon, *History of Decline and Fall of Roman Empire*. c. XXXVI. — Tillemont, *Histoire des Empereurs*, vol. VI.

MARCELLIN (Le comte), MARCELLINUS COMES, chroniqueur latin, né en Illyrie, vivait vers le commencement du sixième siècle après J.-C. Il écrivit un traité en quatre livres, intitulé: *Libri de temporum qualitatibus et positionibus locorum*. Cassiodore fait un grand éloge de cet ouvrage, qui est aujourd'hui perdu. Le comte Marcellin composa aussi une courte chronique, qui commence au consulat d'Ausone et Olybrius ou à l'avénement de Théodose le Grand, en 397, et s'étend jusqu'à l'avénement de Justin Ier. A cette chronique, telle qu'elle a été publiée dans l'édition princeps par Sconbovius, un autre écrivain ajouta une continuation, qui va jusqu'au consulat de Justinien le Grand, en 534. Cette seconde partie est contenue dans l'édition de Marcellin par Sirmond; Paris, 1619, in-8°. Y.

Fabricius, *Bibliotheca Latina*, vol. II, p. 616.

MARCELLIN. *Voy.* AMMIEN MARCELLIN.

MARCELLINE (Sainte), sœur aînée de saint Ambroise, née en Gaule, morte vers 400. Fille d'Ambroise, préfet des Gaules, elle suivit sa mère à Rome, et fut chargée de l'éducation de ses jeunes frères, Ambroise et Satyre. Dès sa plus tendre jeunesse, elle avait résolu de garder la virginité; en 352, elle reçut le voile des mains du pape Libère, qui en cette occasion lui fit un discours que saint Ambroise a reproduit dans le livre III du traité *Des Vierges*. Elle mena depuis une vie très-austère, et continua de vivre à Rome dans sa famille; lorsque son frère devint archevêque de Milan, elle alla le visiter de temps en temps. On ignore l'époque précise de sa mort. L'Église latine célèbre sa fête le 17 juillet. P.

S. Ambroise, *De Virginibus Epist.*, 14, 44, 80. — Paulin, *Vita Ambrosii*. — Hermant, *Vie de S. Ambroise*.

MARCELLIS (*Otho*), peintre hollandais, né en 1613, mort à Amsterdam, en 1673. Il apprit son art dans sa patrie, puis vint à Paris, où il resta longtemps au service de la reine mère. De la cour de France il passa à celle de Toscane, où il fit plusieurs tableaux. Il visita ensuite Naples et Rome. Là il s'adonna à l'histoire naturelle, et, passant beaucoup de temps à chercher des insectes rares et des reptiles qu'il reproduisait ensuite sur la toile, les peintres ses amis le surnommèrent *le furet*. Ses ouvrages plurent infiniment; et comme il était fécond, il gagna beaucoup. Suffisamment riche, il revint se marier à Amsterdam, où il se fixa. Il s'y créa un espèce de jardin zoologique, où, parmi les plus belles fleurs, il nourrissait des couleuvres, des araignées, des chenilles, des papillons, etc., d'espèces curieuses. Ses tableaux, fort estimés du reste, ne sortirent plus du genre qu'il avait adopté. A. DE L.

Descamps, *La Vie des Peintres hollandais*, etc., t. II, p. 35.

MARCELLO (*Nicolas*), soixante-dixième doge de Venise, né en 1397, mort le 1er décembre 1474. Il était procurateur de Saint-Marc lorsqu'il fut élu au dogat, à la mort de Nicolas Trono (28 juillet 1473). L'année suivante, au printemps, le sultan Mahomet II fit entrer en Albanie trente mille hommes sous les ordres de Soliman-Pacha, qui assiégea Scutari. Marcello, trop âgé pour conduire une armée, envoya au secours de la place Pietro Mocenigo. Cet habile général attaqua les Turcs avec tant de vigueur que Soliman-Pacha dut se retirer dès le mois d'août. Ce fut le vainqueur de Scutari qui succéda à Nicolas Marcello. A. DE L.

Marino Sanuto, *Vite de' Duchi*. — Verdizotti, *Fatti dei Veneti al 1504*. — Daru, *Hist. de Venise*.

MARCELLO (*Pierre*), biographe italien, vivait à Venise à la fin du quinzième et au commencement du seizième siècle. Il est auteur d'un ouvrage intitulé : *De Vita principum et Gestis Venetorum, a primo Paulatio Anafesto usque ad obitum Augustini Barbadici*, publié avec une continuation écrite par Girelli, Venise, 1554, in-8°; Francfort, 1574, in-8°; et dans le *Chronicon Chronicorum* de Gruter, t. I; une tradution italienne en fut donnée par L. Domenichi, Venise, 1558, in-8°. O.

Fabricius, *Bibliotheca mediæ et infimæ Latinitatis*. — Vossius, *De Historicis latinis*.

MARCELLO (*Benedetto*), poëte et célèbre musicien, né à Venise, le 24 juillet 1686, mort à Brescia, le 24 juillet 1737. Marcello reçut une brillante et solide éducation, que son père dirigea lui-même; il manifesta de bonne heure un goût prononcé pour les lettres et les arts; la musique surtout avait pour lui un attrait particulier, et quoiqu'il éprouvât une certaine répugnance à s'astreindre à l'étude du mécanisme des instruments et des règles de la composition, il ne s'y adonna pas moins avec une ardeur telle que son père, craignant pour sa santé, l'emmena avec lui à la campagne, en lui ôtant tout moyen de s'occuper de son art de prédilection. Marcello était alors dans sa vingtième année; entraîné par un penchant irrésistible et trompant la surveillance de son père, il se procura du papier de musique et écrivit une messe dans laquelle son génie se révélait déjà d'une manière remarquable. A partir de ce moment, on le laissa libre de se livrer à son goût. Quelque temps après, ayant perdu son père, il revint à Venise, où il fit partie d'une société d'amateurs de musique qui s'était formée au *Casino de' Nobili*. Ce fut là qu'il fit entendre ses premières compositions; mais, malgré le succès qu'elles obtinrent, Marcello sentit qu'il avait encore beaucoup à apprendre, et, voulant se fortifier, il s'adressa à Gasparini, sous la direction duquel il fit alors de sérieures études de contrepoint.

Appelé par sa naissance aux affaires publiques, Marcello ne négligea pas les devoirs de sa position sociale. A l'âge de vingt-cinq ans il avait été reçu avocat; il entra ensuite dans la magistrature, et fut nommé membre du conseil des quarante. En 1730 il alla remplir les fonctions de provéditeur à Pola; mais, l'air insalubre de cette ville ayant altéré sa santé, il revint à Venise en 1738. Peu de temps après, le gouvernement, sur sa demande, l'envoya à Brescia en qualité de camerlingue. Marcello avait espéré que le climat de Brescia lui serait favorable; il n'en fut rien, et le 24 juillet 1739 il terminait, à l'âge de cinquante-trois ans, une existence partagée entre les affaires publiques et la culture de la poésie, de la littérature et de la musique.

Marcello s'est acquis une juste célébrité comme poëte, comme écrivain et comme musicien; mais son plus beau titre à la postérité est la musique des cinquante psaumes de David, qu'il composa sur une paraphrase en vers italiens de Gérome Ascagne Giustiniani. L'élévation du style, l'originalité et la hardiesse des idées, la variété des formes mélodiques et harmoniques font de cet ouvrage l'une des plus belles productions de l'art à cette époque. Ces psaumes sont écrits pour une, deux, trois et quatre voix, avec une basse chiffrée pour l'accompagnement de l'orgue ou du clavecin, et quelques-uns avec violoncelle obligé ou deux violes; les vingt-cinq premiers furent publiés sous le titre de : *Estro Poetico-Armonico. Parafrasi sopra li primi vinticinque salmi. Poesia Girolamo Ascanio Giustiniani, Musica di Benedetto Marcello, de patrizi veneti. In Venezia, appresso Domenico Lovisa*, 1724, 4 vol. in-fol. Les vingt-cinq autres psaumes parurent chez le même éditeur, en 1726 et 1727, sous le titre de : *Estro Poetico-Armonico, Parafrasi sopra i secondi vinticinque salmi, etc.*, 4 vol. in-fol. Il existe plusieurs editions de ce grand et bel ouvrage; nous citerons entre autres celle qui fut publiée à Venise, de 1803 à 1808, 8 vol in-fol., avec le portrait de Marcello, la préface de la première édition, des lettres relatives à l'ouvrage par Giustiniani, Marcello, Gasparini, etc., la vie de Marcello par Fr. Fontana, qui avait paru en 1782, dans les *Vitæ Italorum*, etc., de Fabroni; on trouve aussi dans cette édition le catalogue des ouvrages de Marcello. Les autres publications de Marcello sont : *Concerti a cinque instrumenti*, op. 1; Venise, 1701; — *Sonate da Cembalo*, op. 2, ibid.;— *Sonata a cinque, flauto solo col basso continuo*; ibid., 1712; — *Canzoni madrigalesche, ed arie per camera a due, a tre, a quattro voci, di Benedetto Marcello, nobile veneto, academico Filarmonico, ed Arcade, opera quarta*; Bologne, 1717; — *Calisto in Orsa, pastorale a cinque voci ad uso di scena*; Venise, 1725. Le poëme et la musique sont de Marcello; le poëme seul a été imprimé; — *La Fede riconosciuta, dramma per musica, rappresentato nel teatro di Piazza di Vicenza*, 1702 : cette pièce, dont le poème et la musique étaient de Marcello, reparut sur la scène en 1729, sous le titre de *La Comedia di Dorinda*; la musique n'a pas été publiée; — *Guidetta, oratorio per musica*; Venise, 1710; — *Il Teatro alla modo, o sia metodo sicuro e facile per ben comporre ed eseguire le opere italiane in musica*, etc.; in-8°, sans date : cet opuscule satirique ne porte pas de nom d'auteur; il en existe plusieurs éditions; la date de la première paraît devoir être fixée à l'année 1720; — *Lettera familiare d'un Academico Filarmonico ed Arcade, discorsiva sopra un libro di duetti, terzetti e madrigali a più voci, stampato in Venezia da Antonio Bartoli*, 1705 : cet opuscule, que Forkel cite comme ayant été imprimé, paraît cependant être resté inédit. Marcello a publié en outre des recueils de vers, des sonnets, des drames et des poëmes burlesques. Son poëme d'opéra, *Arato in Sparta*, fut mis en musique par Ruggieri et présenté, en 1709, sur le théâtre de Sant'-Angelo, à Venise. Il a laissé en manuscrit les ouvrages suivants : *Teoria Musicale, ordinata alla moderna pratica. Si tratta de' principi fondamentali del canto, e suono, in particolare d'organo, di gravicembalo, e del comporre. Opera utilissima tanto agli studenti quanto a' marestri per il buon metodo d'insegnare*; — *Alcuni avvertimenti al Veneto Giovanetto Patrizio, di Benedetto Marcello, per istruzione del nipote di lui Lorenzo Alessandro*; — *Cassandra*, cantate à une voix, et *Timoteo*, cantate à deux voix : ces deux ouvrages ont eu une grande célébrité; — *Serenata da cantarsi alla corte di Vienna il primo d'ottobre* 1725 : la poésie et la musique sont de Marcello; — Deux madrigaux à quatre voix : cette œuvre bouffonne est une plaisanterie dirigée contre les castrats sopranistes et altistes; — *Littera scritta dal signor Carlo Antonio Benatti alla signora Vittoria Tesi, posta in musica dal Marcello*; — *Gioas*, oratorio, pour quatre voix et instruments; — *Psiche*, cantate à deux voix avec instruments; — Vingt-six *Cantates* pour voix de soprano, de contralto, de tenor ou de basse, avec instruments; — Vingt-sept *Duos* avec basse continue; — Des *Cantates* pour voix de soprano ou de contralto, avec accompagnement de clavecin; — Une *Messe* à quatre voix et orchestre; — Un *Miserere*, pour deux ténors et basse; — *Lamentations de Jeremie*; — *Tantum ergo*, à six voix, en canon; — *In omnem terram*, idem; — *Salve, Regina*, à sept voix, en canon.

Dieudonné Denne-Baron.

Mattheson, *Critica Musica*. — *Notice sur la vie et les ouvrages de Marcello*, insérée dans le 10e volume des *Memorie per servire alla Storia Letteraria*. — Burney, *A general History of Music*. — *Notice sur Marcello*, par Fontana, insérée dans le IXe volume des *Vitæ Italorum*, etc., de Fabroni. — Gerber, *Histo-*

rich's Biographisches-Lexikon der Tonkünstler. — Fétis, Biog. univ. des Music.

MARCELLUS (*M. Claudius*), un des plus célèbres généraux romains, né vers 268 avant J.-C., mort en 208. Il appartenait à la plus illustre famille plébéienne de la *gens Claudia*. Plutarque prétend qu'il porta le premier le surnom de *Marcellus* ; mais c'est certainement une erreur, puisqu'on trouve un M. Claudius Marcellus consul en 331 avant J.-C. Nous ne savons presque rien sur la première partie de sa vie. Ce général, qui porta dans toutes ses actions l'impétuosité de la jeunesse, n'acquit cependant une grande notoriété que dans un âge déjà avancé. Plutarque, qui en a écrit la vie, le met en parallèle avec Pelopidas. D'après ce biographe, il aimait avec passion les lettres grecques et l'éloquence; mais les travaux militaires qui remplirent sa jeunesse l'empêchèrent de s'y appliquer autant qu'il l'aurait voulu. « Il n'y avait pas, ajoute Plutarque, de genre de combat auquel il ne fût exercé et où il ne se distinguât; mais c'était surtout dans les combats singuliers qu'il se montrait supérieur à lui-même. Aussi ne refusa-t-il jamais aucun défi, et il tua tous ceux qui le provoquèrent. En Sicile, son frère Otacilius se trouvant dans un grand danger, il le couvrit de son bouclier, tua de sa main tous ceux qui se jetaient sur lui, et le sauva. Ces traits de valeur lui méritèrent dans sa jeunesse, de la part des généraux, des couronnes et des récompenses. Devenu de jour en jour plus célèbre, il fut nommé par le peuple à l'édilité curule et par les prêtres à la dignité d'augure. » Pendant son édilité, vers 226, il intenta une accusation à son collègue C. Scautilius Capitolinus, coupable d'un grossier outrage à l'égard de son fils Marcus. Scautilius fut condamné à une amende, que Marcellus employa à l'achat de vases sacrés.

Marcellus obtint son premier consulat en 222. La guerre avec les Gaulois, qui quelques années auparavant avait excité tant de craintes à Rome, tirait vers sa fin. Les Boiens s'étaient déjà soumis; les Insubriens, terrifiés par les défaites qu'ils avaient essuyées l'année précédente, demandaient la paix. Leurs ouvertures furent rejetées à l'instigation de Marcellus et de son collègue, Cn. Cornelius Scipion. Les Gaulois, quoique renforcés par 30,000 Gesates d'au delà des Alpes, ne purent pas empêcher les consuls d'envahir la plaine du Pô et de mettre le siége devant Acerres. Ils tentèrent alors une diversion, et envoyèrent au delà du Pô 10,000 des leurs qui mirent le siége devant Clastidium. Marcellus, avec une forte division de cavalerie et un petit corps d'infanterie, se porta contre le détachement gaulois, et le détruisit. Il tua de sa propre main leur roi, Viridomare, et remporta des dépouilles opimes. Romulus, le dictateur Cossus et lui furent les seuls qui eurent cette gloire. Le succès de cette campagne eut pour résultat de mettre l'Italie à l'abri des invasions de la Gaule et d'établir à Plaisance et à Crémone des colonies romaines, comme postes avancés. Le triomphe fut décerné à Marcellus. Nommé préteur en 216, lorsque les succès d'Annibal mettaient en danger l'existence de Rome, il fut destiné à commander en Sicile; mais avant son départ, tandis qu'il préparait une flotte à Ostie, il reçut la nouvelle de la bataille de Cannes, et un ordre qui le rappelait à Rome. Le sénat lui confia les débris des légions romaines et la fortune de la république. Sa confiance ne fut pas trompée. Marcellus empêcha les Carthaginois victorieux de s'emparer de Nola. Il fut le premier qui obtint quelque avantage sur Annibal, et montra à ses concitoyens qu'il n'était pas invincible. Fabius fut sans doute le bouclier de Rome; mais Marcellus en fut l'épée. Lorsque les Carthaginois eurent été éloignés de Rome et réduits à la défensive, les affaires de la Sicile, où la politique et les armes de Carthage avaient prévalu, fixèrent l'attention de la république, qui en arrêta la conquête définitive. C'est Marcellus, consul pour la troisième fois (1) (214), qui fut chargé de cette importante mission. Pour soumettre plus facilement le pays, il résolut de s'emparer d'abord de Syracuse, qu'il attaqua par terre et par mer. Mais la ville était défendue par Archimède, qui déjoua tous ses efforts, détruisit ses machines de guerre et le força de convertir le siége en blocus. Il fallut trois années et toute la persévérance des Romains et de leur chef pour triompher de l'opiniâtre courage des Syracusains et du génie d'Archimède : encore, ce fut par surprise, en profitant d'une nuit pendant laquelle les habitants célébraient la fête de Diane, que les remparts furent escaladés et la ville prise d'assaut, en 212. Malgré les ordres du vainqueur, Archimède fut tué par des soldats, qui ne le reconnurent pas. Marcellus, si on en croit Plutarque, pleura sa mort et lui fit de magnifiques funérailles; il pleura aussi sur les malheurs de Syracuse, consola les vaincus et régla les affaires de la Sicile avec un désintéressement dont les Siciliens perpétuèrent le souvenir, en établissant des fêtes appelées *Marcellea*. Syracuse, cependant, fut dépouillée de ses statues, de ses tableaux, qui servirent à décorer les places et les monuments de Rome. Ainsi le goût des beaux-arts et l'élégance des Grecs s'introduisirent dans Rome et altérèrent l'austérité des mœurs. Nommé consul pour la quatrième fois, en 210, et rappelé de Sicile, Marcellus fut de nouveau chargé de continuer la guerre contre Annibal. Il la poussa avec la plus énergique vigueur. Plusieurs villes considérables des Samnites, qui s'étaient révoltées, furent reprises, et 3,000 soldats d'Annibal, préposés à leur garde, faits prisonniers. Quelque temps après, Marcellus, conservé dans

(1) Marcellus avait été élu consul pour la seconde fois en 215; mais le sénat, qui ne voulait pas que deux plébéiens fussent consuls en même temps, cassa l'élection, sous prétexte que les augures étaient défavorables.

son commandement avec le titre de proconsul, éprouva un échec; mais le lendemain même il eut sa revanche, et força Annibal de battre en retraite. Cette dernière victoire ne l'empêcha pas d'être accusé d'avoir compromis par un revers le sort de l'Italie; mais ses concitoyens lui prouvèrent leur estime et leur confiance en l'élevant pour la cinquième fois au consulat, en 208. Il reprit aussitôt la route de l'Italie méridionale, qui était le théâtre de la guerre. Là, entre Venouse et Bantia, s'étant imprudemment éloigné de son camp pour une reconnaissance, il fut tué dans une embuscade, à l'âge de soixante ans. Annibal lui rendit les derniers devoirs, recueillit ses cendres, et les envoya à son fils dans une urne d'argent.

Les traits de Marcellus, tels que nous les ont transmis les historiens romains et Plutarque, sont ceux d'un général brillant et aimable, clément pour les vaincus, et aimant les lettres quoique n'ayant pas eu le temps de les étudier. Ce portrait est probablement flatté. Sans parler du plus sérieux historien des guerres puniques, de Polybe, qui nie expressément les prétendues victoires de Marcellus sur Annibal, Tite-Live, si partial pour le général romain, n'a pu omettre certains faits qui ne s'accordent guère avec la peinture de Plutarque. Il débuta en Sicile par faire massacrer deux mille déserteurs romains, terrible exemple de sévérité qui poussa les Syracusains à une résistance désespérée. Le massacre des habitants d'Ennoc, s'il ne se fit pas par ses ordres, obtint du moins son adhésion. Son administration, dont Plutarque vante les douceurs, parut telle aux Siciliens que leurs députés déclarèrent au sénat qu'il vaudrait mieux pour leur île être engloutie par la mer ou couverte par les laves de l'Etna que de rester plus longtemps sous la main de Marcellus. Il fallait bien que cette plainte eût quelque fondement, puisque le sénat y fit droit en rappelant le redoutable proconsul. Il semble donc que Marcellus ne possédait pas plus les qualités brillantes qui ornent le mérite supérieur des deux Scipion, que la prudence nécessaire à un grand général. [DEHÈQUE dans l'*Encycl. des G. du M.*, avec additions.]

Plutarque, *Marcellus*. — Polybe, II, 34, 35, 36; VIII, 3, 5-9, 37; IX, 10; X, 32; XV, 11. — Tite-Live, XXII, 35, 57, XXIII, 14-17, 19, 24, 25, 30-32, 39, 41, 46; XXIV, 27-32; 33, 34, 35-39; XXV, 23-31, 40, 41, XXVI, 22, 26, 29-32, 38; XXVII, 1 5, 21-23, 25-28. — Valère Maxime, I, 6; III, 2, 8 — Eutrope, III, 6. — Florus, II, 3. — Aurelius Victor, *De Vir. illust.*, 45. — Orose, IV, 13. — Appien, *Annib.*, 27-50. — Zonaras, IX, 4, 7, 9. — Tzetzès, II, 35. — Cicéron, *Brut.*, 3; *in Verrem*, II, 21, 63. — Smith, *Dictionary of Greek and Roman Biography*. — Visconti, *Iconographie romaine*, 1, 4.

MARCELLUS (*M. Claudius*), homme d'État romain et ami de Cicéron, mort en 46 avant J.-C. Il descendait probablement du précédent, quoique sa parenté avec le conquérant de Syracuse ne puisse pas être établie d'une manière certaine. Dès sa jeunesse il fut uni à Cicéron par une étroite amitié, et leurs vues politiques coïncidèrent presque toujours. Édile curule en 56, il défendit Milon contre l'accusation de violence qui lui avait été intentée par Clodius, et lorsque celui-ci eut été tué par l'ordre de Milon, Marcellus fut encore un des plus zélés défenseurs du meurtrier. Il obtint le consulat pour l'année 51, grâce à l'influence de Pompée, dont il favorisait la politique. Pendant sa magistrature, il poussa aux mesures extrêmes contre César. Son zèle se déploya quelquefois d'une manière peu raisonnable, comme, par exemple, lorsqu'il fit battre de verges un citoyen de Côme pour montrer qu'il ne faisait aucun cas du droit de cité romaine que César avait conféré à cette ville. Cependant il se calma un peu en voyant que sa proposition de destituer immédiatement César était combattue par son collègue Sulpicius et faiblement soutenue par Pompée; il se contenta de faire décider par le sénat, le 30 septembre 51, que la destitution de César serait discutée le 1er mars de l'année suivante. A mesure que la crise approchait, Marcellus devenait plus prudent. Il s'entremit en 50 entre les deux partis, pour éviter une rupture. Quand elle eut éclaté, en 49, il suivit Pompée en Épire, et resta attaché à une cause dont la ruine lui semblait inévitable. Après la bataille de Pharsale, abandonnant toute pensée de poursuivre la lutte, il se retira à Mitylène, et se donna tout entier à l'étude de l'éloquence et de la philosophie. César ne le troublait point dans cet honorable exil, et Marcellus ne se souciait pas d'acheter son retour par un appel à la clémence du vainqueur. Ses amis et surtout Cicéron le pressaient vainement de faire cette démarche. Enfin, son cousin C. Marcellus, dans une séance du sénat, se jeta aux pieds de César et implora la grâce de l'exilé. Tous les sénateurs se joignirent à ses instances, et César, cédant à cette démonstration, déclara qu'il pardonnait à Marcellus et qu'il le rétablissait dans ses honneurs. Cicéron se hâta de transmettre cette bonne nouvelle à son ami. Sa lettre est perdue; mais on a la réponse de Marcellus, qui est singulièrement froide. Il ne s'embarqua pas moins immédiatement pour l'Italie. Il toucha au Pirée, et eut une entrevue avec son ancien collègue Sulpicius, alors consul en Grèce. Il devait repartir le lendemain lorsqu'un de ses compagnons, P. Magius Chilo, l'assassina. Le meurtrier se tua lui-même après. La mort de Marcellus fut évidemment causée par une haine particulière; cependant quelques personnes l'attribuèrent à César. Sulpicius prit soin de ses funérailles, et fit porter son corps dans l'enceinte de l'Académie, où la ville d'Athènes lui éleva un tombeau. Comme homme d'État, Marcellus semble, malgré les éloges de Cicéron, n'avoir eu qu'un mérite ordinaire; comme orateur, il était plus distingué, et ne le cédait guère, dit-on, qu'à son ami lui-même. On trouve parmi les *Discours* de Cicéron une harangue dans laquelle il remercie le dictateur d'avoir rappelé le plus cher de ses amis. Ce discours *Pro M. Marcello*, qui a passé longtemps pour un des chefs-d'œuvre de Cicéron, lui a été contesté pour des raisons plus ou moins fondées, et l'on pense généralement aujourd'hui qu'il n'est pas du grand orateur. Y.

Cicéron, *Ad Atticum*, IV, 3; V, 11; VIII, 3; XIII, 10-22; *Ad Fam.*, IV, 4, 7,-12; VI, 6; VIII, 13; *Brutus*, 71. — Asconius, *Ad Scaur.*, p. 20, édit. Orelli, *Ad Milon.*, p. 35, 40, 41; Celius, *Ad Famil* VIII, 1, 8, 10, 13. — Appien, *Bel. Civ.*, II, 26. — Suetone, *Cæs*, 28, 29. — César, *Bel. Gal.*, VIII, 53; *Bel. Civ.*, I, 2. — Dion Cassius, XL, 58, 60. — Orelli, *Onomasticon Tullianum*, p. 157, 158. — Drumann; *Gesch. Roms*, vol. II, p. 393. — Passow, dans le *Zeitschrift für Alterthumswissenschaft*, de Zimmermann, 1835

MARCELLUS (*Claudius*), cousin du précédent, mort en 41 avant J.-C. Comme son cousin, il fut dès sa jeunesse l'ami de Cicéron, et plus tard, quoique allié à la famille de César par son mariage avec Octavie, il suivit le parti de Pompée. Élu consul aux comices de 51 pour l'année suivante, il succéda à son cousin dans cette charge, et montra la même animosité contre César; mais il rencontra une ferme opposition dans son collègue, L. Æmilius Paulus, et dans le tribun Curion. Le 1er mars 50, il porta devant le sénat la question si on retirerait à César son autorité; mais Curion arrêta la discussion en vertu de son pouvoir de tribun; la maladie de Pompée et les élections consulaires empêchèrent le sénat de prendre un parti décisif. Marcellus obtint seulement de cette assemblée un décret qui retirait à César deux de ses légions sous prétexte d'une expédition contre les Parthes. Ces deux légions furent retenues à Capoue, en prévision d'une rupture prochaine. Le bruit se répandit en effet que César marchait sur Rome à la tête de quatre légions. A cette nouvelle Marcellus proposa de mettre immédiatement Pompée a la tête de toutes les forces de l'Italie. N'ayant pas obtenu du sénat une mesure aussi extrême, il prit soin d'investir Pompée d'une pleine autorité. Cette fermeté avant la lutte ne se soutint pas longtemps. Marcellus pressa son ami Cicéron de ne pas quitter l'Italie, et malgré l'exemple de la majorité de ses collègues, qui suivit Pompée en Épire, il prit le parti de rester. Sa conduite lui mérita un prompt pardon de César, et peu après on le voit, par son mariage avec Octavie, en faveur auprès du dictateur. On ignore la date exacte de sa mort; mais on pense qu'il mourut en 41 avant J.-C., puisque sa femme était enceinte de lui, lorsqu'elle fut fiancée à Antoine, en 40.

Cicéron, *Ad Famil.*, IV, 4, 7, 11; *Ad Attic.*, X, 15; XV, 12, *Pro Marcello*, 4, 11; *Philip.*, III, 6. — César, *Bel. Gal.*, VIII, 54, 55. — Dion Cassius, XL, 59-64; XLVIII, 31. — *Bel. Civ.*, II, 27-31 —Plutarque, *Pompeius*, 58-59.

MARCELLUS (*M.-Claudius*), fils du précédent et d'Octavie, sœur d'Auguste, né en 43 avant J.-C., mort en 23. Son éducation fut surveillée avec un grand soin par sa mère, femme d'une intelligence supérieure et de la plus haute vertu. Ses manières aimables et les belles espérances qu'il donnait lui gagnèrent le cœur de son oncle et la faveur du peuple. Dès l'année 39 l'on convint de son mariage avec la fille de Sextus Pompée, comme une des conditions de paix entre le parti de Pompée et celui d'Octavie. Ce mariage n'eut jamais lieu. Auguste, à son retour d'Égypte, en 29, distribua au nom du jeune Marcellus un *congiarium* (don d'argent) aux enfants du peuple. En 25 il présida avec Tibère aux jeux et spectacles que donna Auguste pour l'inauguration de sa nouvelle colonie d'Émerita, en Espagne. Ce fut probablement dans cette même année qu'Auguste l'adopta pour son fils et lui donna en mariage sa fille Julie. Il le fit entrer en même temps au sénat avec le rang prétorien, et lui accorda une dispense pour solliciter le consulat dix ans avant l'âge légal. En 24, Marcellus obtint l'édilité curule pour l'année suivante. Il signala sa magistrature par des jeux d'une extrême magnificence. Mais à peine ces fêtes, auxquelles Auguste et Octavie avaient concouru avec une sorte de tendre rivalité, étaient-elles terminées que le jeune édile se sentit atteint du mal qui l'enleva quelques jours après à Baies, malgré les soins du célèbre médecin Antonius Musa. Sa mort fut un deuil public. Elle venait si à propos pour Livie, que l'on accusa cette femme ambitieuse de l'avoir hâtée. La douleur d'Octavie et d'Auguste fut extrême. D'après Sénèque, Octavie se tint plusieurs mois enfermée dans un appartement qu'elle avait fait tendre de noir, et ne permit pas que l'on prononçât devant elle le nom de Marcellus. Auguste fit faire à son fils adoptif de magnifiques obsèques et prononça lui-même une oraison funèbre. Plus tard, en 14, il dédia sous son nom un théâtre près du *Forum Olitorium*, superbe édifice dont on voit encore les restes. Mais le monument le plus durable de la mémoire de Marcellus est un admirable et touchant passage du sixième livre de l'*Énéide*. Anchise, au milieu des ombres des héros dans les Champs-Élysées, aperçoit l'ombre d'un jeune homme auquel le temps seul a manqué pour devenir lui aussi un des glorieux défenseurs de la patrie, et il lui adresse la noble apostrophe qui se termine par ces vers :

Heu! miserande puer! si qua fata aspera rumpas,
Tu Marcellus eris. Y.

Dion Cassius, XLVIII, 38; LIII 26.-28, 31, 32. — Velleius Paterculus, II, 93. — Plutarque, *Marcellus*, 30. — Suétone, *Octav.*, 63. — Tacite, *Annales*, I, 3; II, 41; *Hist.*, I, 15.—Properce, III, 19. — Pline, *Hist. Nat.*, XIX, 1. — Virgile, *Æn.*, VI, 850 886. — Servius, *Ad Virg.* — Donat, *Vita Virgilii*. — Sénèque, *Consol. ad Marciam*, II.

MARCELLUS SIDÉTÈS, écrivain médical, né à Side, en Pamphylie, vécut sous les règnes d'Adrien et d'Antonin le Pieux (117-161 après J.-C.). Il composa un long poeme médical en vers hexamètres grecs, comprenant quarante-deux livres. Cet ouvrage fut si estimé que le gouvernement en fit faire des copies pour les bibliothèques publiques de Rome. Il ne reste du poëme de Marcellus Sidétès que deux fragments, l'un sur le *Lycanthrope* (Περὶ Λυκανθρώπου), l'autre sur les *Remèdes tirés des poissons* (Ἰατρικὰ περὶ Ἰχθύων). Ce dernier fragment, qui contient une centaine de vers, fut publié pour la première fois par Frédéric Morel, Paris, 1591, in-8°; on le trouve dans le premier volume de Fabricius. Le premier fragment a été conservé, mais en prose, dans le traité médical d'Aétius. La meilleure édition des *Fragments* de Marcellus Sidétès se trouve dans le volume des *Poetæ bucolici et didactici* publié dans la Bibliothèque grecque de A. F. Didot. Y.

Suidas, au mot Μάρκελλος. — Eudocia, *Violarium*. — Villoison, *Anecdota Græca*, vol I, p. 299. — Aetius, II, 2. — Paul d'Égine, III, 16. — Fabricius, *Bibliotheca Græca*, t. I, p 14; t. XIII, p. 515. — Boettiger, memoire inséré dans la *Geschichte der Medicin*, t. II, p. 1-72. — B. Therlacius, *Marcellus Sidetes medicus idemque poeta*; Copenhague, 1819, in-4°. — Kuehn, *Programmata V de Marcello Sideta*; Leipzig, 1834-1835, in-4°.

MARCELLUS (*Ulpius*), jurisconsulte romain, vivait au deuxième siècle de notre ère. Il fut un des conseillers de l'empereur Antonin le Pieux; on suppose qu'il garda cet emploi sous Marc-Aurèle, auquel il ne paraît pas avoir survécu (1). Les ouvrages juridiques de Marcellus, qui appartenait à l'école des proculéiens, obtinrent une grande autorité; cent cinquante-neuf extraits en ont été donnés dans les Pandectes. Les titres de ces écrits, plus tard en partie commentés par Ulpien et Scævola, sont : *Libri XXXI Digestorum; Libri VI ad legem Juliam; — De Officio Præsidis; — Libri II Publicorum; — De Officio consulis; — Notæ ad libros Digestorum Juliani; — Notæ ad Pomponii librum singul. Regularum.* E. G.

Meynard Tydeman, *De Marcelli Vita*; Utrecht, 1762, in 4°, et dans le *Thesaurus novus* d'Oelrichs. — J. Th. Seger, *Ulpius Marcellus*; Leipzig, 1768, in-4°. — Walch, *De Ætate U. Marcelli*; dans ses *Opuscula*.

MARCELLUS EMPIRICUS, médecin latin, né à Bordeaux, vivait vers la fin du quatrième siècle après J.-C. On prétend qu'il fut maître des offices sous Théodose le Grand (379-395), et qu'il perdit cette place sous Arcadius. Il était chrétien; mais il n'est pas sûr qu'il fut médecin, quoiqu'on l'appelle quelquefois *archiater*. Il est l'auteur d'un ouvrage pharmaceutique intitulé : *De Medicamentis empiricis physicis ac rationalibus*. Il dit dans sa préface qu'il l'a compilé pour ses enfants. C'est un recueil de recettes magiques et absurdes, comme on pouvait s'y attendre d'après la déclaration de l'auteur, qui, dit-il, a indiqué non-seulement les remèdes approuvés par les médecins, mais aussi ceux qui sont recommandés par les campagnards et les gens du peuple (*agrestes et plebeii*). Ce traité, publié pour la première fois à Bâle, 1536, in-fol., a été inséré dans les collections d'auteurs médicaux publiés par Alde, Venise, 1547, et Henri Estienne, Paris, 1567. Y.

(1) On l'a confondu très-souvent à tort avec Ulpius Marcellus, qui, gouverneur de la Bretagne sous Commode, était detesté par cet empereur, à cause de sa bravoure et de ses vertus.

Sprengel, *Histoire de la Médecine*, vol II. — Choulant, *Handb. der Bücherkunde für die Aeltere Medicin*.

MARCELLUS CUMANUS, médecin italien, né à Cumes, vers le milieu du quinzième siècle. Il servit en qualité de chirurgien dans l'armée que les Vénitiens opposèrent à Charles VIII, roi de France, et assista en 1495 au siége de Novare. Les notes écrites par lui sur les marges d'un exemplaire de la *Chirurgia* d'Argelata furent publiées par Welsch dans sa *Sylloge Curationum medicinalium*, Ulm, 1668, et ensuite par Heusler dans sa *Geschichte der Lustseuche*. Les observations de Marcellus établissent que les accidents syphilitiques, fort communs à son époque, étaient connus avant l'expédition de Charles VIII, et qu'ils n'avaient aucun rapport avec ce qu'on appelait alors le *mal français*. O.

Éloy, *Dictionnaire de la Médecine*.

MARCELLUS (*Donato*), médecin italien, né à Mantoue, vivait au seizième siècle. Il exerça avec succès l'art de guérir dans sa ville natale, et devint secrétaire intime et conseiller de Vincent duc Gonzague et prince de Mantoue. On a de lui : *De Historia Medica mirabili*; Mantoue, 1586, in-4°; Venise, 1588 et 1599, in-4°; Francfort, 1613, in-4°, et 1664, in-8° : l'auteur y reproche une grande ignorance aux médecins de son temps; son livre contient de nombreuses observations pleines d'intérêt pour l'histoire de la science; — *De radice purgante seu mechoanace*; Mantoue, 1568, in-4°; traduit en français, Lyon, 1582, in-8°; — *De Variolis et morbillis*; Mantoue, 1569 et 1597, in-4°. O.

Linden, *De Scriptoribus Medicis*. — Kestner, *Medicinisches Gelehrten-Lexikon*.

MARCELLUS (*Louis-Marie-Auguste* DEMARTIN DU TYRAC, comte DE), homme politique français, né le 2 février 1776, au château de Marcellus (Guienne), où il est mort, le 29 décembre 1841. Il fut, encore enfant, nommé chevalier de Malte. Après la mort de sa mère, qui périt en 1794, sur l'échafaud révolutionnaire à Bordeaux, il fut condamné à rester en prison jusqu'à la paix, et déporté en Espagne à la suite du coup d'État de fructidor (septembre 1797). Il rentra néanmoins en France peu de temps après, et vécut dans la retraite jusqu'au 12 mars 1814, époque à laquelle il alla rejoindre à Bordeaux le duc d'Angoulême, qui le nomma membre de son conseil. En 1815, il se trouvait dans la même ville, auprès de madame la duchesse d'Angoulême. Envoyé au mois d'août à la chambre des députés par le département de la Gironde, il siégea avec la majorité royaliste, et participa à toutes les mesures qu'elle adopta. Constamment réélu, il continua de professer les mêmes opinions. En 1816 il présenta un rapport sur la proposition tendant à supprimer toutes les pensions dont jouissaient les prêtres mariés et ceux qui avaient abandonné le sacerdoce, et demanda l'adoption des enfants du marquis Louis de La Rochejaquelein, ainsi que la restitution des biens non vendus appartenant à l'ordre de Malte. En 1817 il combattit l'admission de tous les Français âgés de trente ans et payant 300 fr. de cens à concourir aux élections parlementaires, et proposa de diminuer la taxe sur le sel; il s'abstint de voter pour la peine de mort dans la répression des délits, et il défendit avec chaleur l'inviolabilité des biens ecclésiastiques; enfin, lorsqu'il s'agit d'un nouveau concordat il crut de son devoir, en sa qualité de membre de la commission chargée du rapport, d'écrire au pape Pie VII pour lui demander d'éclairer sa conscience. Pendant quelques années il s'associa à la politique de la minorité, et prit part aux discussions, surtout pour défendre les intérêts de la religion quand ils lui parurent menacés. Le 23 novembre 1823 il fut élevé au rang de pair de France. Après la révolution de juillet 1830, il refusa de prêter serment à la nouvelle dynastie, et se retira au château de Marcellus, où il partagea ses loisirs entre les belles-lettres et de bonnes œuvres, dont le souvenir vit encore dans le cœur de ses concitoyens. On a de lui : *Vie de M. de Bonnefond;* Bordeaux, in-12, 1810; — *Conseils d'un ami à un jeune homme studieux;* Paris, 1825, in-8°; — *Odes sacrées, idylles et poésies diverses;* Paris, 1825, in-18; — *Voyage dans les Hautes-Pyrénées*, dédié au duc de Bordeaux (en prose et en vers); Paris, 1826, in-8°; — *Odes sacrées, tirées des quinze psaumes graduels paraphrases en vers français;* Paris, 1827, in-18; — *Cantates sacrées, tirées de l'Ancien et du Nouveau Testament;* Paris, 1820, in-8°; — *Épîtres et vers sur l'Italie*, 1 vol. in-18, 1835; — *Cantique des Cantiques* (en vers), 1 vol. in-12; — *Vêpres et complies* (id.), 1 vol. in-12; in-18; Lyon, 1838; — *Bucoliques de Virgile*, traduites en vers; Paris, 1840; — plusieurs *Discours* imprimés à part et prononcés à la chambre des députés et à la chambre des Pairs.

Biogr. nouv. des Contemp. — *Lubis, Histoire de la Restauration.* — *Doc. partic.*

MARCELLUS (*Marie-Louis-Jean-André-Charles* DEMARTIN DU TYRAC, comte DE), diplomate et écrivain français, fils aîné du précédent, né le 19 janvier 1795, au château de Marcellus. Il venait d'achever sous les auspices de son père son éducation, commencée à Versailles et dans un collège de province, lorsque l'invasion étrangère amena la chute de l'empire. Dès le 12 mars 1814 il alla spontanément grossir les rangs des volontaires royaux qui formèrent à Bordeaux la garde du duc d'Angoulême. Arrivé à Paris, il entra dans les chevau-légers de la maison du roi. Après être resté à l'écart pendant les Cent Jours, il accompagna le gouverneur de la Corse en qualité d'aide de camp; l'année suivante il fit partie de la députation chargée, au nom de cette île, de complimenter Louis XVIII sur son retour; il fut admis dans le service diplomatique sur la présentation du prince de Talleyrand : d'abord secrétaire d'ambassade à Constantinople (13 septembre 1815), il reçut l'ordre en 1820 de visiter les échelles du Levant ainsi que les établissements religieux de la Palestine. Ce fut dans le cours de cette mission qu'il enleva de Milo (25 mai 1820) la *Vénus victorieuse*, dite *Vénus de Milo*, un des chefs-d'œuvre de la statuaire antique; il la remit à M. de Rivière, ambassadeur français; celui-ci la fit transporter à Paris, et l'offrit en 1821 au roi, qui en fit don à la France. Après avoir assisté au couronnement de Georges IV, roi d'Angleterre, M. de Marcellus continua de résider à Londres, où Châteaubriand l'avait choisi pour premier secrétaire d'ambassade (1821). Après le départ de ce dernier, il fut nommé chargé d'affaires auprès du gouvernement dont Canning prenait la direction (5 septembre 1822). Envoyé en mission extraordinaire à Madrid (1824), il en revint avec le traité portant reconnaissance des trente-deux millions de la dette espagnole. De 1826 à 1829, il représenta la France auprès du chef de la quatrième branche de la maison de Bourbon, le duc de Lucques. Sous le ministère de M. de Polignac, il fut nommé sous-sécrétaire d'État des affaires étrangères; mais, prévoyant que l'aveuglement de ce nouveau ministère ne pouvait que compromettre la cause à laquelle il s'était dévoué, il s'empressa de décliner ces fonctions, dans lesquelles il n'eut point de successeur. Rentré dans la vie privée après la révolution de Juillet, il s'abstint, à la mort de son père (1841), de réclamer le siége héréditaire, auquel la nouvelle constitution de la pairie lui donnait droit, et se consacra uniquement aux lettres, dont ses voyages en Orient et la société intime de Châteaubriand lui avaient inspiré le goût. Officier de la Légion d'Honneur depuis 1829, il a reçu, en 1850, du roi de Grèce le cordon de grand-commandeur de l'ordre du Sauveur. Critique plein de goût, helléniste savant, M. de Marcellus a conservé l'habitude de bien écrire, et jusque dans ses esquisses de voyage il a su répandre le charme de la poésie. On a de lui : *Souvenirs de l'Orient;* Paris, 1839, 2 vol. in-8°, avec carte et grav.; 2e édit., 1853, in-18. A part le mérite des descriptions et du style, on trouve dans cet ouvrage le récit adopté et recommandé par l'université de la découverte et de l'enlèvement de la *Vénus de Milo*, le tableau de nos priviléges et de nos possessions en Palestine et l'exposé des négociations diplomatiques concernant les Saints Lieux; — *Vingt jours en Sicile;* Paris, 1841, in-8°; — *Épisodes littéraires en Orient;* Paris, 1851, 2 vol. in-8°; — *Chants du Peuple en Grèce;* Paris, 1851, 2 vol. in-8° : collection importante, classée par ordre de matières et de chronologie, avec le texte grec en regard; — *Les Dionysiaques, épopée en XLVIII chants, texte grec et français, rétablie, traduite et commentée, précédée d'une introduction, suivie de notes géographiques et mythologi-*

du poëme de Marcellus Sidétès que deux fragments, l'un sur le *Lycanthrope* (Περὶ Λυκανθρώπου), l'autre sur les *Remèdes tirés des poissons* (Ἰατρικὰ περὶ Ἰχθύων). Ce dernier fragment, qui contient une centaine de vers, fut publié pour la première fois par Frédéric Morel, Paris, 1591, in-8°; on le trouve dans le premier volume de Fabricius. Le premier fragment a été conservé, mais en prose, dans le traité médical d'Aétius. La meilleure édition des *Fragments* de Marcellus Sidétès se trouve dans le volume des *Poetæ bucolici et didactici* publié dans la Bibliothèque grecque de A. F. Didot. Y.

Suidas, au mot Μάρκελλος. — Eudocia, *Violarium*. — Villoison, *Anecdota Græca*, vol I, p. 299. — Aetius, II, 2. — Paul d'Égine, III, 16. — Fabricius, *Bibliotheca Græca*, t. I, p. 14; t. XIII, p. 518. — Boettiger, mémoire inséré dans la *Geschichte der Medicin*, t. II, p. 1-72. — B. Therlacius, *Marcellus Sidetes medicus idemque poeta*; Copenhague, 1819, in-4°. — Kuehn, *Programmata V de Marcello Sideta*; Leipzig, 1834-1835, in-4°.

MARCELLUS (*Ulpius*), jurisconsulte romain, vivait au deuxième siècle de notre ère. Il fut un des conseillers de l'empereur Antonin le Pieux; on suppose qu'il garda cet emploi sous Marc-Aurèle, auquel il ne paraît pas avoir survécu (1). Les ouvrages juridiques de Marcellus, qui appartenait à l'école des proculéiens, obtinrent une grande autorité; cent cinquante-neuf extraits en ont été donnés dans les Pandectes. Les titres de ces écrits, plus tard en partie commentés par Ulpien et Scævola, sont : *Libri XXXI Digestorum; Libri VI ad legem Juliam; — De Officio Præsidis; — Libri II Publicorum; — De Officio consulis; — Notæ ad libros Digestorum Juliani; — Notæ ad Pomponii librum singul. Regularum*. E. G.

Meynard Tydeman, *De Marcelli Vita*; Utrecht, 1762, in-4°, et dans le *Thesaurus novus* d'Oelrichs. — J. Th. Seger, *Ulpius Marcellus*; Leipzig, 1768, in-4°. — Walch, *De Ætate U. Marcelli*; dans ses *Opuscula*.

MARCELLUS EMPIRICUS, médecin latin, né à Bordeaux, vivait vers la fin du quatrième siècle après J.-C. On prétend qu'il fut maître des offices sous Théodose le Grand (379-395), et qu'il perdit cette place sous Arcadius. Il était chrétien; mais il n'est pas sûr qu'il fut médecin, quoiqu'on l'appelle quelquefois *archiater*. Il est l'auteur d'un ouvrage pharmaceutique intitulé : *De Medicamentis empiricis physicis ac rationalibus*. Il dit dans sa préface qu'il l'a compilé pour ses enfants. C'est un recueil de recettes magiques et absurdes, comme on pouvait s'y attendre d'après la déclaration de l'auteur, qui, dit-il, a indiqué non-seulement les remèdes approuvés par les médecins, mais aussi ceux qui sont recommandés par les campagnards et les gens du peuple (*agrestes et plebeii*). Ce traité, publié pour la première fois à Bâle, 1536, in-fol., a été inséré dans les collections d'auteurs médicaux publiés par Alde, Venise, 1547, et Henri Estienne, Paris, 1567. Y.

Sprengel, *Histoire de la Médecine*, vol II. — Choulant, *Handb. der Bücherkunde für die Aeltere Medicin*.

MARCELLUS CUMANUS, médecin italien, né à Cumes, vers le milieu du quinzième siècle. Il servit en qualité de chirurgien dans l'armée que les Vénitiens opposèrent à Charles VIII, roi de France, et assista en 1495 au siége de Novare. Les notes écrites par lui sur les marges d'un exemplaire de la *Chirurgia* d'Argelata furent publiées par Welsch dans sa *Sylloge Curationum medicinalium*, Ulm, 1668, et ensuite par Heusler dans sa *Geschichte der Lustseuche*. Les observations de Marcellus établissent que les accidents syphilitiques, fort communs à son époque, étaient connus avant l'expédition de Charles VIII, et qu'ils n'avaient aucun rapport avec ce qu'on appelait alors le *mal français*. O.

Éloy, *Dictionnaire de la Médecine*.

MARCELLUS (*Donato*), médecin italien, né à Mantoue, vivait au seizième siècle. Il exerça avec succès l'art de guérir dans sa ville natale, et devint secrétaire intime et conseiller de Vincent duc Gonzague et prince de Mantoue. On a de lui : *De Historia Medica mirabili*; Mantoue, 1586, in-4°; Venise, 1588 et 1599, in-4°; Francfort, 1613, in-4°, et 1664, in-8° : l'auteur y reproche une grande ignorance aux médecins de son temps; son livre contient de nombreuses observations pleines d'intérêt pour l'histoire de la science; — *De radice purgante seu mechoanace*; Mantoue, 1568, in-4°; traduit en français, Lyon, 1582, in-8°; — *De Variolis et morbillis*; Mantoue, 1569 et 1597, in-4°. O.

Linden, *De Scriptoribus Medicis*. — Kestner, *Medicinisches Gelehrten-Lexikon*.

MARCELLUS (*Louis-Marie-Auguste* DEMARTIN DU TYRAC, comte DE), homme politique français, né le 2 février 1776, au château de Marcellus (Guienne), où il est mort, le 29 décembre 1841. Il fut, encore enfant, nommé chevalier de Malte. Après la mort de sa mère, qui périt en 1794, sur l'échafaud révolutionnaire à Bordeaux, il fut condamné à rester en prison jusqu'à la paix, et déporté en Espagne à la suite du coup d'État de fructidor (septembre 1797). Il rentra néanmoins en France peu de temps après, et vécut dans la retraite jusqu'au 12 mars 1814, époque à laquelle il alla rejoindre à Bordeaux le duc d'Angoulême, qui le nomma membre de son conseil. En 1815, il se trouvait dans la même ville, auprès de madame la duchesse d'Angoulême. Envoyé au mois d'août à la chambre des députés par le département de la Gironde, il siégea avec la majorité royaliste, et participa à toutes les mesures qu'elle adopta. Constamment réélu, il continua de professer les mêmes opinions. En 1816 il présenta un rapport sur la proposition tendant à supprimer toutes les pensions dont jouissaient les prêtres mariés et ceux qui avaient abandonné le sacerdoce, et demanda l'adoption des enfants du marquis Louis de La Rochejaquelein,

(1) On l'a confondu très-souvent à tort avec Ulpius Marcellus, qui, gouverneur de la Bretagne sous Commode, était detesté par cet empereur, à cause de sa bravoure et de ses vertus.

ainsi que la restitution des biens non vendus appartenant à l'ordre de Malte. En 1817 il combattit l'admission de tous les Français âgés de trente ans et payant 300 fr. de cens à concourir aux élections parlementaires, et proposa de diminuer la taxe sur le sel; il s'abstint de voter pour la peine de mort dans la répression des délits, et il défendit avec chaleur l'inviolabilité des biens ecclésiastiques; enfin, lorsqu'il s'agit d'un nouveau concordat il crut de son devoir, en sa qualité de membre de la commission chargée du rapport, d'écrire au pape Pie VII pour lui demander d'éclairer sa conscience. Pendant quelques années il s'associa à la politique de la minorité, et prit part aux discussions, surtout pour défendre les intérêts de la religion quand ils lui parurent menacés. Le 23 novembre 1823 il fut élevé au rang de pair de France. Après la révolution de juillet 1830, il refusa de prêter serment à la nouvelle dynastie, et se retira au château de Marcellus, où il partagea ses loisirs entre les belles-lettres et de bonnes œuvres, dont le souvenir vit encore dans le cœur de ses concitoyens. On a de lui : *Vie de M. de Bonnefond*; Bordeaux, in-12, 1810; — *Conseils d'un ami à un jeune homme studieux*; Paris, 1825, in-8°; — *Odes sacrées, idylles et poésies diverses*; Paris, 1825, in-18; — *Voyage dans les Hautes-Pyrénées*, dédié au duc de Bordeaux (en prose et en vers); Paris, 1826, in-8°; — *Odes sacrées, tirées des quinze psaumes graduels paraphrasés en vers français*; Paris, 1827, in-18; — *Cantates sacrées, tirées de l'Ancien et du Nouveau Testament*; Paris, 1820, in-8°; — *Épitres et vers sur l'Italie*, 1 vol. in-18, 1835; — *Cantique des Cantiques* (en vers), 1 vol. in-12; — *Vêpres et complies* (id.), 1 vol. in-12; in-18; Lyon, 1838; — *Bucoliques de Virgile*, traduites en vers; Paris, 1840; — plusieurs *Discours* imprimés à part et prononcés à la chambre des députés et à la chambre des Pairs.

Biogr. nouv. des Contemp. — Lubis, *Histoire de la Restauration*. — *Doc. partic.*

* **MARCELLUS** (*Marie-Louis-Jean-André-Charles* DEMARTIN DU TIRAC, comte DE), diplomate et écrivain français, fils aîné du précédent, né le 19 janvier 1795, au château de Marcellus. Il venait d'achever sous les auspices de son père son éducation, commencée à Versailles et dans un collège de province, lorsque l'invasion étrangère amena la chute de l'empire. Dès le 12 mars 1814 il alla spontanément grossir les rangs des volontaires royaux qui formèrent à Bordeaux la garde du duc d'Angoulême. Arrivé à Paris, il entra dans les chevau-légers de la maison du roi. Après être resté à l'écart pendant les Cent Jours, il accompagna le gouverneur de la Corse en qualité d'aide de camp; l'année suivante il fit partie de la députation chargée, au nom de cette île, de complimenter Louis XVIII sur son retour; il fut admis dans le service diplomatique sur la présentation du prince de Talleyrand : d'abord secrétaire d'ambassade à Constantinople (13 septembre 1815), il reçut l'ordre en 1820 de visiter les échelles du Levant ainsi que les établissements religieux de la Palestine. Ce fut dans le cours de cette mission qu'il enleva de Milo (25 mai 1820) la *Vénus victorieuse*, dite *Vénus de Milo*, un des chefs-d'œuvre de la statuaire antique; il la remit à M. de Rivière, ambassadeur français; celui-ci la fit transporter à Paris, et l'offrit en 1821 au roi, qui en fit don à la France. Après avoir assisté au couronnement de George IV, roi d'Angleterre, M. de Marcellus continua de résider à Londres, où Châteaubriand l'avait choisi pour premier secrétaire d'ambassade (1821). Après le départ de ce dernier, il fut nommé chargé d'affaires auprès du gouvernement dont Canning prenait la direction (5 septembre 1822). Envoyé en mission extraordinaire à Madrid (1824), il en revint avec le traité portant reconnaissance des trente-deux millions de la dette espagnole. De 1826 à 1829, il représenta la France auprès du chef de la quatrième branche de la maison de Bourbon, le duc de Lucques. Sous le ministère de M. de Polignac, il fut nommé sous-secrétaire d'État des affaires étrangères; mais, prévoyant que l'aveuglement de ce nouveau ministère ne pouvait que compromettre la cause à laquelle il s'était dévoué, il s'empressa de décliner ces fonctions, dans lesquelles il n'eut point de successeur. Rentré dans la vie privée après la révolution de Juillet, il s'abstint, à la mort de son père (1841), de réclamer le siége héréditaire, auquel la nouvelle constitution de la pairie lui donnait droit, et se consacra uniquement aux lettres, dont ses voyages en Orient et la société intime de Châteaubriand lui avaient inspiré le goût. Officier de la Légion d'Honneur depuis 1820, il a reçu, en 1850, du roi de Grèce le cordon de grand-commandeur de l'ordre du Sauveur. Critique plein de goût, helléniste savant, M. de Marcellus a conservé l'habitude de bien écrire, et jusque dans ses esquisses de voyage il a su répandre le charme de la poésie. On a de lui : *Souvenirs de l'Orient*; Paris, 1839, 2 vol. in-8°, avec carte et grav.; 2e édit., 1853, in-18. A part le mérite des descriptions et du style, on trouve dans cet ouvrage le récit adopté et recommandé par l'université de la découverte et de l'enlèvement de la *Vénus de Milo*, le tableau de nos priviléges et de nos possessions en Palestine et l'exposé des négociations diplomatiques concernant les Saints Lieux; — *Vingt jours en Sicile*; Paris, 1841, in-8°; — *Épisodes littéraires en Orient*; Paris, 1851, 2 vol. in-8°; — *Chants du Peuple en Grèce*; Paris, 1851, 2 vol. in-8° : collection importante, classée par ordre de matières et de chronologie, avec le texte grec en regard; — *Les Dionysiaques, épopée en XLVIII chants, texte grec et français, rétablie, traduite et commentée, précédée d'une introduction, suivie de notes géographiques et mythologi-*

ques; Paris, 1855, gr. in-4°. Cette œuvre du poëte Nonnos, qui n'avait jamais été complétement traduite en aucune langue moderne, fait partie de la *Bibliothèque Grecque* de F. Didot; le texte français a été réimprimé à part sous ce titre: *Bacchus, ou les Dionysiaques de Nonnos;* Paris, 1856, 6 vol. in-32; — *Souvenirs diplomatiques; Correspondance intime de M. de Châteaubriand;* sur la *politique* de 1822 et 1823; Paris, 1858, in-8°; — *Châteaubriand et son temps;* Paris, 1859, in-8°. Ces deux ouvrages s'enchaînent pour ainsi dire. Le premier contient la correspondance confidentielle de Châteaubriand pendant qu'il occupait le ministère des affaires étrangères; « il jette un jour complet sur cette époque », a dit M. de Lamartine. M. de Marcellus a enfin écrit de nombreux articles sur la politique et la littérature dans le *Journal des Débats*, *L'Assemblée nationale*, *L'Union*, la *Revue contemporaine*, *Le Correspondant*, *L'Athenæum*, etc. Sa place est marquée à l'Académie Française.

Docum. particuliers.

MARCENAY DE GHUY (*Antoine* DE), peintre-graveur français, né en 1724, à Arnay-le-Duc, où son père était subdélégué de l'intendance de Bourgogne, mort à Paris, au mois d'avril 1811. Il commença par cultiver, avec ardeur, la peinture sans autres guides que les œuvres des anciens maîtres. L'école flamande et Rembrandt, en particulier, fixèrent son attention. Les premières productions qu'il mit au jour furent accueillies par des critiques malveillantes, auxquelles il répondit par une dissertation sur la gravure, qui parut, anonyme, dans *Le Mercure* d'avril 1756. Un des collaborateurs de l'*Encyclopédie*, trouvant cet écrit à sa convenance, se l'appropria sans façon, et le reproduisit, presque textuellement, au mot *Graveur*. Marcenay dévoila le larcin dans une lettre qu'il fit insérer dans *L'Année littéraire* de 1759, et donna sous son nom un seconde édition de son opuscule (1). Marcenay n'est pas aussi connu qu'une foule d'autres graveurs, moins habiles que lui.

Malgré sa prédilection marquée pour l'école flamande, il possédait à un trop haut degré le sentiment du beau pour être exclusif. Aussi nous le voyons reproduire, tour à tour, des toiles de Rembrandt et du Tintoret, de Van-Dyck et de Greuze, de Teniers et de Poussin, de Lebrun et de Vernet. Son œuvre est plus remarquable par le choix et l'exécution que par le nombre des pièces; il en comprend soixante-cinq principales. En 1764, cet œuvre formait déjà une suite de 22 planches, parmi lesquelles se trouvent, entre plusieurs autres, les gravures du *Vieillard à la barbe blanche*, de *Tobie recouvrant la vue*, du *Testament d'Eudamidas*, de *L'Amour fixé*, des *Portraits* de *Rembrandt*, du *Tintoret*, de *Henri IV* et de *Sully*, qui ont établi sa réputation. Marcenay n'a point laissé de nom comme peintre; néanmoins son admission dans l'académie de Saint-Luc à Rome prouve qu'il avait cultivé cette partie des beaux-arts avec quelque succès.

J.-P. Abel JEANDET (de Verdun).

Courtépée, *Description de Bourgogne*, t. IV, p. 40, art. *Arnay-le-Duc*. — Basan, *Dict. des Graveurs*, 1789. — Le Blanc, *Manuel de l'Amateur d'Estampes*.

(1) *Idée de la Gravure. Lettre sur l'Encyclopédie, au mot Graveur*, et *Catalogue raisonné des planches de l'Œuvre de M. de Marcenay de Ghuy*; Paris, 1764, in-4°.

MARCET (*Alexandre*), physicien suisse, né en 1770, à Genève, mort le 19 octobre 1822, à Londres. Il comptait parmi les membres de sa famille un littérateur distingué, *Isaac-Ami* MARCET, mort en 1762, et qui inséra de nombreux articles dans le *Journal Helvétique*. Fils d'un riche marchand, qui le destinait au commerce, il obtint, après deux années d'apprentissage, la liberté de suivre son penchant pour l'étude des sciences. Les troubles politiques qui agitèrent la république de Genève entravèrent sa résolution, et compromirent même sa sûreté personnelle. Le parti démocratique, auquel il s'était montré hostile, le fit condamner en 1794 à une année d'arrêt, peine qui fut commuée en cinq ans de bannissement. Ce fut alors qu'il se décida à embrasser la carrière médicale. Il se rendit à l'université d'Édimbourg, qui le reçut docteur en 1797, et alla s'établir à Londres, où, grâce à ses opinions politiques, il fut nommé médecin du dispensaire de Flensburg. En 1800, un acte spécial du parlement lui accorda des lettres de naturalisation. Attaché au service de l'hôpital de Guy, où il fut chargé d'enseigner la chimie, il devint inspecteur de l'hôpital militaire de Portsmouth, et courut de grands dangers en traitant l'épidémie dont furent frappées les troupes qui avaient fait partie de l'expédition de Walcheren. La mort de son beau-père l'ayant mis en possession d'une fortune considérable, Marcet résigna ses fonctions pour se consacrer tout entier à la chimie expérimentale. En 1815, il alla passer quelques années à Genève, y siégea au conseil représentatif et ouvrit avec son collègue, M. de La Rive, un cours de chimie à l'université. De retour en 1821 à Londres, il y mourut, l'année suivante, d'une gastrite causée par suite d'une goutte répercutée. On a de lui : *Essay on the chemical history and treatment of calculous disorders;* Londres, 1817, in-8°; trad. en français par Riffault, Paris, 1823, in-8°; il doit principalement sa célébrité à cet ouvrage, qui, sous le rapport chimique et médical, est pourtant inférieur à celui de Prout; — de nombreux mémoires anglais, insérés de 1799 à 1822 dans *Philosophical Transactions*, *London Medical and physical Journal*, *Medico-Chirurgical Transactions*, etc. On cite parmi les meilleurs ceux qui traitent de la nature du chyle et du chyme, la température de la mer, et l'usage du stramonium.

Sa femme, Mlle Haldimand, née vers 1785, à Genève, s'est fait connaître par des ouvrages estimés. « C'est la seule femme, a dit J.-B. Say, qui ait écrit sur l'économie politique, et elle s'y est montrée supérieure à beaucoup d'hommes. » C'était la fille unique d'un riche négociant suisse établi à Londres. Ses principaux écrits sont : *Conversations sur la Chimie, traduites de l'anglais sur la dernière édition;* Genève, 1809, 3 vol. in-12; il a été fait de ce livre, souvent réimprimé, deux autres traductions, l'une par M. Payen : *La Chimie enseignée en XXVI leçons*, Paris, 1825; 4e édition, 1827, in-12; l'autre : *Entretiens sur la Chimie*, Paris, 1826, in-12, avec 15 pl.; — *Conversations on political Economy, in which the elements of that science are familiarly explained;* Londres, 1817, in-8°; traduites en français par G. Prevost, neveu de l'auteur : le savant Mac-Culloch regarde encore ce livre comme la meilleure introduction à l'étude de l'économie politique, malgré les écrits plus récents et si populaires de miss Martineau; — *Conversations on natural Philosophy;* Londres, 1820, in-8°; traduit en français la même année, et contrefait en 1825 sous le titre : *La Physique des gens du monde;* — *Conversations on vegetal Physiology;* Londres, 1830, 2 vol. in-8°, trad. en français. P. L—Y.

Biogr. Méd. — *Dict. de l'Économie politique*, II. — Rose. *New Biograph. Dictionary.*

MARCH (*Ausias*), poëte espagnol, né à Valence, à la fin du quatorzième siècle, et mort en 1460. Comme Pétrarque, il a dû toute sa réputation à une belle, et, comme le poëte italien, ce fut un vendredi saint, à l'église, qu'il aperçut sa maîtresse pour la première fois; peut-être ce détail est-il une fiction plutôt qu'un fait réel. Thérèse de Momboy fut moins fidèle que Laure; mais elle fournit de même au poëte, qui était auprès d'elle, l'occasion de la chanter vivante et morte. Les vers de March lui assignent un rang distingué parmi les écrivains du moyen âge; il est grave, simple et sans affectation; il y a chez lui de la tendresse et de la vérité; ses expressions offrent de la fraîcheur et de la grâce; il imite souvent Pétrarque, et parfois il ne le cède en rien au célèbre auteur des *Canzoni*. Ses œuvres se composent de *cants* de 5 à 10 stances, terminés par un envoi appelé *tornada*. On compte 116 de ces petites compositions; 93 roulent sur l'amour, 8 sur la mort, 14 sont morales et didactiques, une seule appartient à la dévotion. La première édition des *Obres* de March parut à Barcelone, en 1543, in-4°; elle est très-rare. Quoique réimprimée dans la même ville en 1545 et à Valladolid en 1555, l'édition de 1560 est fort loin d'être commune. Avant que les écrits de March n'eussent été publiés d'une façon complète dans le texte original, il avait paru une traduction espagnole d'une portion d'entre eux par Balthasar de Romani. Cette version fut imprimée deux fois à Valence dans le cours d'une même année (1539); une de ces éditions est en caractères gothiques, l'autre en caractères romains; elles sont très-rares, et l'une d'elles a été payée 320 fr. en 1844 à la vente des livres de Charles Nodier. Elles donnent le texte limousin avec la version espagnole faite ligne pour ligne et d'un bien faible mérite poétique. Une traduction plus élégante, mais peu fidèle, est due à Jorge de Montmayor; elle parut à Saragosse en 1562, et fut réimprimée à Madrid en 1579; elle ne contient d'ailleurs que *Los Canticos de Amor*, et elle se borne à en donner une partie. Vincent Marmer s'occupa, vers 1620, à mettre en vers latins les œuvres de March; ce travail est resté inédit. Il ne faut pas s'étonner de la vogue qu'ont eue en Espagne les poésies de Ausias March; on y trouve l'union, faite pour plaire dans la Péninsule, d'un amour ardent, mais contenu dans la limite du devoir, et d'un sentiment religieux exalté. G. B.

Rodriguez, *Bibliotheca Valentina*, p. 68. — Ximenez, *Ecritores del regno de Valencia*, p. 42. — Velasquez, *Origenes de la Poesia Castellana*, p. 54. — Antonio, *Bibliotheca Hispana*, t. II, p. 156. — Sismondi, *Littérature du midi de l'Europe*, t. I, p. 237. — Ticknor, *Hist. of Spanish Literature*, t. I, p. 232.

MARCH (*Esteban*), peintre espagnol, surnommé *des Batailles*, né à Valence, vers 1595, mort dans la même ville, en 1660. Il était élève de Pedro Orrente, qui lui donna le style de l'école vénitienne. March se plaisait à retracer des combats et des joûtes chevaleresques. Pour se mettre en verve, il avait à sa solde un orchestre complet de tambours et de trompettes; il s'armait de pied en cap, s'exaltait au son d'une musique guerrière, défonçait, l'épée à la main, les murailles de son atelier, et peignait ensuite ce que lui inspirait son imagination exaltée. Les amateurs font un grand cas de ses tableaux. La facilité de son pinceau, son coloris, frais, vrai et vigoureux, font le principal mérite de ses œuvres. Ses atmosphères aussi sont bien traitées. Valence et Madrid possédaient ses meilleures productions. Il eut peu d'élèves; mais il fit d'excellents artistes de son fils Miguel March, de Senen-Vila et de Juan de Conchillos.

A. de L.

Raphael Mengs, *Obras* (Madrid, 1780). — Philippe de Guevarra, *Los Comentarios de la Pintura;* Madrid, 1788. — Cean Bermudes, *Diccionario historico de los mas illustres Professores de las bellas-artes in España.* — Don Mariano-Lopez Aguado, *El real Museo;* Madrid, 1835.

MARCH (*Miguel*), peintre espagnol, fils et élève du précédent, né à Valence, en 1633, mort dans la même ville, en 1670. Il partit pour Rome en 1660, et revint au bout de trois années dans sa patrie, où, ne pouvant égaler son père dans la spécialité des batailles, il peignit avec facilité et correction quelques grands tableaux de religion, parmi lesquels on distingue deux sujets empruntés à l'*Histoire de saint François* pour les Capucins de Valence, un *Calvaire* pour Saint-Michel et une suite de huit *Stations de la Passion* à l'église de Carcaxente. A. DE L.

Raphael Mengs, *Obras*. — Quilliet, *Dict. des Peintres espagnols*.

MARCHAIS (Le chevalier *Renaud* DES), navigateur français, mort vers 1728. Il entra fort jeune dans la marine militaire. En 1704 il était enseigne, et fit un voyage en Guinée et à Cayenne, dont il a laissé une relation manuscrite. Il demeura quelques années comme capitaine au service de la Compagnie française des Indes et visita toutes les parties du monde. Parti du Havre le 6 août 1724, sur la frégate *L'Expédition*, il atterrit à divers points des côtes de Sénégambie et de Guinée. Il y prit un chargement de nègres, qu'il conduisit à Cayenne. Mais la traversée fut fort pénible; elle dura du 5 mai au 26 août 1725 Des Marchais fut obligé de relâcher à l'île du Prince. Son équipage et son chargement souffrirent beaucoup du scorbut, de la chaleur et des fièvres. Après avoir séjourné quelque temps à Cayenne, Des Marchais revint en France en 1726. Les fatigues qu'il avait éprouvées dans ses nombreux voyages abrégèrent ses jours. Il laissa ses relations et ses dessins au P. Labat, qui les a publiés sous le titre de *Voyage du chevalier Des Marchais en Guinée, îles voisines, et à Cayenne, fait en* 1724, 1725 *et* 1726, *contenant une description très-exacte du pays et du commerce qui s'y fait*; Paris, 1730, et Amsterdam, 1731, 4 vol. in-12, avec cartes de d'Anville et figures gravées d'après les dessins de Des Marchais. On trouve dans cet ouvrage une description très-détaillée de la côte occidentale d'Afrique, depuis Sierra-Leone jusqu'à la rivière des Camerones, l'histoire naturelle de cette contrée, les noms des différentes nations qui y sont répandues, leurs mœurs, leurs religions, etc. Vient ensuite une relation du séjour de Des Marchais à Cayenne : elle contient également des documents intéressants. Le père Labat l'a completée en y joignant les voyages des peres Béchamel et Grillet. A. DE LACAZE.

Moréri, *Grand Dict. Historique*, VI. — Prévost, *Histoire des Voyages*, n° 39, 783. — Lelong, *Bibliothèque Historique de la France*. — Querard, *La France Littéraire*.

MARCHAIS (*André-Louis-Augustin*), homme politique français, né à Paris, le 11 octobre 1800, mort à Constantinople, en septembre 1857. Fils d'un chirurgien qui lui laissa une fortune considérable et orphelin à l'âge de quinze ans, il fit ses études au lycée Bonaparte et à l'École de Médecine, et devint prosecteur de Béclard. Lié avec les chefs de l'opposition, il prit part à la conspiration militaire du 19 août 1819, s'affilia à la charbonnerie en 1821, et devint secrétaire de la vente suprême. Membre du comité grec de 1824, il fonda, trois ans plus tard, la société *Aide-toi, le ciel t'aidera*, qui reunit dans une action commune les membres de toutes les oppositions et eut une grande part à la révolution de juillet 1830. Il fut même compris, le 28 juillet, dans un ordre d'arrestation donné par le maréchal Marmont. Il s'occupa ensuite d'organiser une expédition révolutionnaire contre l'Espagne. Le gouvernement arrêta cette expédition, qu'il avait d'abord laissée se préparer. Marchais devint rédacteur en chef de la *Revue républicaine*; il fit partie du comité polonais, et figura parmi les fondateurs de la société secrète *Le Monde* et d'une foule d'autres sociétés républicaines pour la liberté de la presse, la liberté individuelle, etc. Impliqué dans le procès d'avril 1834, il se livra ensuite à l'industrie, et s'établit à Rouen, en 1836. Cinq ans après il dut liquider; il fonda alors dans cette ville un *Club de la Réforme*, qui eut une certaine influence sur les événements de 1848 dans le département de la Seine-Inférieure. Après le 24 février 1848, Marchais entra comme chef de cabinet auprès de M. Goudchaux, ministre des finances. Le 3 mars il fut envoyé en qualité de commissaire extraordinaire dans le département d'Indre-et-Loire, titre qu'il échangea contre celui de préfet au mois de juin. Il sut s'y maintenir jusqu'à la fin du mois d'octobre 1848. En 1851 il était rentré dans l'industrie, et s'occupait d'éclairage au gaz. Arrêté au mois d'octobre 1853 et impliqué dans le procès de la *Marianne*, il fut condamné en 1854 à trois ans de prison et 1,000 fr. d'amende. Rendu bientôt à la liberté, il s'embarqua en 1857 pour l'Orient, et mourut d'une chute qu'il fit sur le vaisseau *L'Euphrate*. L. L—T.

W. Duckett, dans *Dict. de la Convers.* — Vapereau, *Dict. univ. des Contemp.*

MARCHAL (*François-Joseph-Ferdinand*), littérateur belge, né à Bruxelles, le 9 décembre 1780, mort à Schaerbeck, le 22 avril 1858. Sa famille était originaire de Lorraine. Un de ses ancêtres, Nicolas Marchal, avait construit les fortifications de la ville de Nancy, que Vauban considérait comme un chef-d'œuvre. Nicolas Marchal, son fils, né le 2 août 1605, fut anobli par lettres patentes du duc Charles IV de Lorraine, datées de Mirecourt du 10 janvier 1634, en récompense des services rendus par son père. En 1799, le bibliographe La Serna Santander associa le jeune Marchal à la rédaction du *Catalogue de la bibliothèque de l'École centrale du département de la Dyle*, dont un double, écrit de la main de Marchal, sert encore aujourd'hui, à la bibliothèque royale de Belgique, pour le fonds de la ville de Bruxelles. Pendant la réunion de son pays à la France, Marchal occupa diverses places administratives en Illyrie, et plus tard, en 1827, il fut employé aux anciennes archives de l'État à Bruxelles. Devenu en 1830 conservateur des manuscrits de la bibliothèque de Bourgogne, il obtint sa retraite en 1856. Il était membre de l'Académie royale de Belgique. Ses principaux ouvrages sont : *Catalogue des manuscrits de la bibliothèque des ducs de Bourgogne*; Bruxelles, 1842, 3 vol. pet. in-fol. ; — *Histoire politique du règne de l'empereur Charles-Quint, avec un résumé des événements précurseurs, depuis le mariage de Maximilien d'Autriche et de Marie de Bourgogne*; Bruxelles, 1856-1857, in-8°. Il a inséré en 1819 dans le *Mercure belge* (tom. VI et VII) un travail intéressant intitulé : *Du Celtique : mémoire sur l'ancienneté des deux langues nationales de la Belgique, et sur leur démarcation territoriale actuelle, qui est antérieure à la domination romaine*; des *notices* dans les *Mémoires* et *Bulletins de l'Académie royale de Belgique*. E. R.

Alvin, *Notice sur F.-J.-F. Marchal*; Bruxelles, 1859, in-18.

MARCHAL (*de Lunéville*) (*Charles-Léopold-Jean-Baptiste*), publiciste français, né à Lunéville, le 24 juin 1801. D'abord avocat, il devint ensuite président du tribunal de Saint-Louis du Sénégal. Beaucoup de désordres et de dilapidations se commettaient alors dans cette colonie. L'avocat général Auger les signala, et commença des poursuites contre deux employés supérieurs, accusés de vendre la poudre de l'État et de falsifier le vin destiné aux hôpitaux. Le gouverneur suspendit l'avocat général de ses fonctions. M. Marchal éleva la voix à son tour, et fut l'objet d'une semblable injustice. Le navire que montait l'avocat général Auger pour revenir en France périt corps et biens, le 3 octobre 1831, et M. Marchal ne put aborder à Marseille qu'après une traversée pleine de dangers et de privations. Cet événement passa inaperçu en France, et le journal *Le National* fut seul à protester. En 1854, M. Marchal publia un *Voyage scientifique au Sénégal*; et fit paraître dans *L'Illustration* une série d'articles qui sont le résumé d'un voyage en Chine par la Russie et la Sibérie. En 1856-1857 il indiqua dans le journal *La Phrénologie* les moyens de créer une langue universelle par la phrénologie; ces articles furent reproduits dans beaucoup de recueils. En 1858-1859, il a publié dans le journal *L'Industrie*, l'*Histoire de la télégraphie électrique*. On lui doit encore une *Histoire de Lunéville*, 1829, et un ouvrage intitulé : *Mélodies universelles* (1856), qui reproduit les chants des principaux peuples, — un *Mémoire sur Singan-fou*; Paris, 1853; *Mémoire sur les Paratonnerres de la Chine* (1857); — de nombreux articles dans *Revue des Deux Mondes* et dans le *Journal de la Marine et des Colonies*. B. D'O.

Documents particuliers.

MARCHAL [*de Calvi*] (*N....*), médecin français, né à Calvi (Corse), en 1811. Reçu docteur en 1837, il commença à se faire connaître en 1843, en plaidant lui-même sa cause dans un procès que lui intenta Gannal en contrefaçon au sujet des embaumements. Agrégé à la Faculté de Médecine et professeur au Val-de-Grâce, il a publié : *Précis d'Histoire naturelle*; 1841, 2 vol. in-8°; — *Physiologie de l'Homme, à l'usage des gens du monde*; 1841, in-8°; — *Du Sentiment et de l'Intelligence chez les Femmes*; 1841; — *De la Prosopalgie traumatique*; 1844, in-8°; — *La Question du cancer devant l'Académie de Médecine* (mémoire); 1855; — *Discours sur l'organisation du crédit en général, et en particulier du crédit foncier*; 1848; — *De l'Émancipation du Prolétariat*; 1848; — de nombreux articles, dans la *Revue Chirurgicale*, dans les *Annales de la Chirurgie française et étrangère*, etc. A. H—T.

Vapereau, *Dict. des Contemp.* — Sachaile, *Les Médecins de Paris.*

MARCHAND (*Louis*), organiste français, né à Lyon, le 2 février 1669, et mort à Paris, le 17 février 1732. Élève de son père, Jean Marchand, qui exerçait la profession de maître de musique, il vint chercher fortune à Paris, après s'être essayé dans quelques églises de province. Jeune, sans appui, sans ressources, il dut à un heureux hasard de se trouver un jour de grande fête dans la chapelle des jésuites du collége Louis-le-Grand, au moment où l'on attendait vainement l'organiste. L'office était commencé; les orgues étaient restées muettes au *Kyrie*; Marchand saisit l'occasion, et, grimpant les degrés de l'escalier, s'installa au clavier, et improvisa aussitôt le premier verset du *Gloria*. Il avait déjà une brillante exécution, du nerf, de la fougue, et surtout un aplomb imperturbable. Sa témérité fit sa fortune. Les révérends pères, charmés du talent du jeune artiste, lui donnèrent la place, et en quelques années Marchand se fit une réputation, qui lui valut cinq ou six orgues à desservir à la fois, la charge d'organiste de la chapelle du roi, à Versailles, et le cordon de Saint-Michel. Malheureusement son inconduite et une aventure scandaleuse avec une demoiselle de qualité l'obligèrent, en 1717, de quitter momentanément la France. Il se rendit à Dresde, où il se fit entendre devant le roi de Pologne. Marpurg rapporte qu'un soir, au concert du roi, Marchand, après avoir improvisé sur un air de Lully plusieurs variations qu'on avait fort applaudies, fut remplacé au clavecin par un artiste qu'il ne connaissait pas. Celui-ci, reprenant de mémoire l'air et les variations que Marchand avait exécutés, en ajouta d'autres, plus surprenantes de difficultés et de complications, et présenta à son rival un thème noté au crayon, séance tenante, en l'invitant amicalement à une sorte de défi sur l'orgue. Marchand, effrayé de ce qu'il venait d'entendre et apprenant qu'il avait affaire au fameux J.-Sébastien Bach, eut soin, en homme prudent, de se trouver à vingt lieues de Dresde le jour indiqué pour le duel. En effet, malgré l'éclat et l'adresse de son exécution, malgré son habileté à tirer parti des ressources de l'instrument, Marchand n'avait qu'une faible connaissance du style fugué, et il avait compris qu'il lui était impossible de lutter avec le grand artiste. A son retour à Paris, sa réputation s'accrut à tel point qu'il ne pouvait suffire à ses nombreux élèves, quoiqu'il fît payer un louis chaque leçon. Son inconduite, ses fantaisies ruineuses finirent par tarir une aussi belle veine, et à l'âge de soixante-trois ans il termina dans la misère une carrière toute consacrée aux jouissances et à la gloire du moment, sans avoir pensé un instant à la postérité. Les œuvres qu'il a fait graver sont en très-petit nombre; elles se composent d'un *Livre de Pièces de clavecin*, Paris, 1705; — de deux autres *Livres de Pièces* pour le même instrument, dédiés au roi, 1718; — de *douze sonates pour flûte traversière et basse continue;* et d'un *livre de pièces d'orgue*. Le style de Marchand n'a rien de distingué; son harmonie est souvent incorrecte, et l'on ne conçoit pas qu'on ait pu comparer cet artiste à François Couperin, surnommé *le Grand*, le seul organiste français de son temps qui se soit élevé à la hauteur de son rôle. Marchand a laissé la musique de *Pyrame et Thisbé*, opéra qui n'a pas été représenté. D. DENNE-BARON.

Choron et Fayolle, *Dict. hist. des Musiciens.* — Gerber, *Historisch-Biographisches-Lexikon der Tonkünstler*, etc. — Fétis, *Biogr. univ. des Musiciens.*

MARCHAND (*Prosper*), savant bibliographe français, né vers 1675, à Guise (Picardie), mort le 14 juin 1756, à Amsterdam. Après avoir reçu à Paris une bonne éducation, il entra chez un libraire afin d'y apprendre le commerce, fut admis en 1698 dans cette corporation, et ouvrit lui-même, dans la rue Saint-Jacques, une boutique portant l'enseigne du *Phénix* et qui ne tarda pas à servir de rendez-vous aux bibliophiles les plus instruits de la capitale. Mettant à profit ses études littéraires et sa passion des livres, il entretint une correspondance réglée avec plusieurs savants, et fournit à Jacques Bernard, qui continuait alors les *Nouvelles de la République des Lettres*, un grand nombre de faits curieux et d'anecdotes, en même temps qu'il formait, pour son usage, des répertoires qui par la suite lui furent très-utiles. Se trouvant gêné dans la pratique de la religion protestante, qu'il avait embrassée et pour laquelle il était fort zélé, il passa en 1711 en Hollande; il s'établit à Amsterdam, et y continua la librairie. « Mais, dégoûté de ce négoce, dit Allamand, par le peu de bonne foi qu'il avait trouvé chez les autres libraires, ses confrères, il le quitta pour se livrer uniquement à l'étude. La connaissance des livres et de leurs auteurs fit toujours son occupation favorite, et il s'y distingua si fort que de tous côtés les libraires venaient le consulter sur les livres qu'ils se proposaient de mettre sous presse, et ils se félicitaient quand ils pouvaient obtenir de lui qu'ils s'imprimassent sous sa direction.... Ayant toujours mené une vie frugale, il n'avait jamais pensé à amasser du bien; content du nécessaire, et qui se bornait à peu de chose pour lui, il avait employé en livres tout le superflu de son argent. Le peu qui lui en est resté il l'a légue a une société fondée à La Haye pour pourvoir a l'éducation et à l'instruction d'un certain nombre de pauvres; et quant à sa bibliothèque, il en a fait présent par testament à l'université de Leyde, de même que de tous ses manuscrits. » Sur la fin de sa vie, la paralysie le priva de l'usage de la main droite. On a de lui : les *Catalogues* des bibliothèques des frères Bigot (Paris, 1706, in-12), de Jean Giraud (1707, in-8°) et de Joachim Faultrier (1709, in-8°); ce dernier est précédé d'un *Epitome systematis bibliographici*, dans lequel Marchand développa sa méthode de classer les livres; il les rangeait en trois grandes catégories : la science humaine ou philosophie, la science divine ou théologie, et la science des événements ou histoire. Si l'on n'a point adopté son système, il faut reconnaître que la bibliographie, assez négligee jusque alors, lui est redevable d'améliorations importantes; — *Histoire critique de l'anti-Cotton, satire composée par César de Plaix, avocat;* impr. à la suite de l'*Histoire admirable de don Inigo de Guipuscoa;* La Haye, 1738, 2 vol. in-12; — *Histoire de la Bible de Sixte Quint, avec des remarques pour connoître la véritable édition de* 1590; dans le t. IV des *Amœnitates litterariæ* de Schelhorn; — *Histoire de l'Origine et des premiers progrès de l'Imprimerie;* La Haye, 1740, in-4° : « ouvrage aujourd'hui peu recherché, dit Brunet, mais qui a été pendant longtemps la meilleure histoire de l'imprimerie que l'on eût. » Marchand en préparait une nouvelle édition « considérablement changée et augmentée »; il légua en mourant le soin de la publier à son ami Allamand, qui recula devant la tâche de coordonner une foule innombrable de matériaux. L'abbé Mercier de Saint-Léger, qui dès 1775 avait donné un *Supplement* curieux à l'ouvrage, se fit remettre en 1786 le manuscrit de Marchand, et se mit en devoir de le faire paraître; la révolution qui éclata mit obstacle à son projet; — *Dictionnaire Historique, ou mémoires critiques et littéraires concernant la vie et les ouvrages de divers personnages distingués, particulièrement dans la république des lettres;* La Haye, 1758-1759, 2 tom. en 1 vol. in-fol., publié par les soins de J.-N.-Séb. Allamand. L'éditeur raconte dans l'avertissement la stupéfaction qu'il éprouva à la vue du manuscrit de cet ouvrage. « Je frémis, dit-il, en le voyant; les oracles de la Sibylle, dispersés et confondus dans son antre, s'offrirent d'abord à ma mémoire. Marchand, accoutumé à tirer parti de tout, avait pris l'habitude de faire usage des plus petits chiffons de papier; tout son ouvrage en était farci, et, pour une demi-feuille écrite de suite, il y avait vingt petits lambeaux décousus, qui se rapportaient les uns aux autres par un nombre prodigieux de renvois accumulés les uns sur les autres. » Le soin de mettre cet immense travail en ordre coûta plusieurs années à Allamand. Ce dictionnaire, qui fait suite à celui de Bayle, renferme beaucoup de faits intéressants; mais il y a trop de détails inutiles; le style en est incorrect, et l'on y a relevé un grand nombre d'erreurs et de fautes d'impression. En outre on doit à Marchand de bonnes éditions d'ouvrages utiles qu'il a accompagnés de notes, de préfaces ou de remarques; nous citerons : *Cymbalum Mundi*, de Bonaventure des Périers, Amst., 1711, in-12; précédé d'une *Lettre critique* contenant l'histoire, l'analyse et l'apologie de ce livre; — *Lettres choisies de Bayle*, avec des remarques; Rotterdam, 1714, 3 vol. in-12 : bonne édition, qui n'a pas été remplacée par celle de Desmaizeaux; — *Dictionnaire Historique de Bayle*, avec notes; Rotterdam, 1720, 4 vol. in-fol. : cette édition est la plus belle et la plus estimée; — *Voyages de Chardin;* Amst., 1735, 4 vol. in-4°; — *Histoire des Révolutions de Hongrie*, de l'abbé Brenner; La Haye, 1739, 2 vol. in-4°, ou 6 vol. in-12; — *Œuvres de Brantôme* (annotées avec Le Duchat); ibid., 1740, 15 vol. in-12; — *Œuvres de Villon*, avec notes; La Haye, 1742, in-8°; — *Lettres, mémoires et négociations du comte d'Estrades, de* 1663 *à* 1677; Londres (La Haye), 1743, 9 vol. in-12 : la première édition qui en avait paru était incomplète; — *Mémoires du comte de Guiche concernant les Provinces-Unies;* Londres, 1744, in-12, servant de supplément à ceux de MM. d'Estrades et Du Maurier; — *Direction pour la conscience d'un roi*, de Fénelon, avec un avertissement; La Haye, 1747, in-8° et in-12, édit. faite sur une copie défectueuse; — *Histoire de Fénelon;* La Haye, 1747, in-8°. Marchand a coopéré au *Chef-d'œuvre inconnu* de Saint-Hyacinthe, et fourni des notes à une édition de la *Satyre Ménippée;* il a été enfin l'un des collaborateurs du *Journal Littéraire;* La Haye, 1713-1737, 24 vol. in-12. P. L—y.

Allamand, *Préface* du *Dict. Hist.* — Brunet, *Man. de l'Amat. de Livres* — Michault, *Mélanges philolog.*, I. — Peignot, *Dict Bibliologique.* — Haag frères, *La France Protestante*, VII.

MARCHAND (*Jean-Henri*), littérateur français, mort vers 1785, à Paris. Après avoir pratiqué le barreau, il obtint une place de censeur. Cultivant la littérature par goût et comme un amusement, il se fit connaître par plusieurs petits ouvrages en vers et en prose, écrits d'un style petillant d'esprit et de gaîté. Nous citerons de lui : *Requête du curé de Fontenoy au roi;* 1745, in-4° : facétie attribuée quelquefois au poëte Roy, et dans laquelle on se moque agréablement de la sécheresse de l'ode de Voltaire sur la bataille de Fontenoy; on y fait dire au curé :

Un fameux monsieur de Voltaire
M'a fait surtout les plus grands torts
En donnant l'extrait mortuaire
De tous les seigneurs qui sont morts.

Ce badinage donna lieu à quelques autres pièces du même genre; — *Requête des sous-fermiers du domaine pour le contrôle des billets de confession;* 1752, in-12; — *Mémoire pour M. de Beaumanoir au sujet du pain bénit;* 1756, in-8°; réimpr. dans *Les Causes amusantes;* — *La Noblesse commerçable ou ubiquiste;* Amsterdam (Paris), 1756, in-12; — *Le Tremblement de terre de Lisbonne, tragédie, par M. André, perruquier;* 1756, in-12 : attribuée à Marchand par l'auteur du *Dict. des Anonymes*, cette pièce est due, suivant l'abbé de La Porte, à la collaboration de Meyzieu et de Ducoin; c'est une des plus amusantes facéties littéraires du dernier siècle; — *L'Encyclopédie perruquière, ouvrage curieux, à l'usage de toutes sortes de têtes;* Paris, 1757, in-12; publiée sous le nom de *Beaumont, coiffeur des Quinze-Vingts;* Grosley s'est trompé en la donnant au comte de Caylus; — *Mon radotage et celui des autres, recueillis par un invalide retiré du monde;* Bagatelle (Paris), 1759, in-12; — *L'Esprit et la Chose;* Paris, 1760, in-12; — *Essai de l'éloge historique de Stanislas, roi de Pologne;* Paris, 1766, in-4° et in-8°; — *Hilaire, par un métaphysicien;* Paris, 1767, in-12 : c'est une parodie de Bélisaire! que Marmontel venait de mettre au jour; — *Les Délassements champêtres;* 1768, 2 vol. in-12; — *Les Panaches, ou les coiffures à la mode;* 1769, in-12, et 1778, in-8°; — *Testament politique de M. de V.* (Voltaire); Paris, 1770, in-8°. Voltaire fut tellement blessé de cette brochure qu'il l'appela un *odieux libelle;* — *Mémoires de l'éléphant, écrits sous sa dictée et trad. de l'indien par un Suisse;* 1771, in-8°; — *Les Caprices de la fortune* (avec Nougaret); Paris, 1772, in-12; — *Histoire du prince Mentzikoff;* — *Les Vues simples d'un bonhomme;* Paris, 1776, in-8°; — quatre recueils de mélanges en prose et en vers sous les titres suivants : *Les Giboulées de l'hiver* (1781), *Les Fruits de l'automne* (1781), *Les Moissons de l'été* (1782), et *Les Fleurs du Printemps* (1784); Paris, 4 vol. in-8°. Marchand a enfin eu part au *Radoteur* de Cerfvol et de Nougaret, 1776, 4 vol. in-8°. P. L.

Barbier, *Dict. des anonymes.* — Grimm, *Corresp. littér.* — Desessarts, *Les Trois Siècles Littér.*

MARCHAND (*Étienne*), navigateur français, né le 13 juillet 1755, à l'île de La Grenade, mort à l'île de France, le 15 mai 1793, avait déjà fait plusieurs voyages sur des bâtiments de commerce, lorsque, revenant du Bengale, en 1788, il rencontra dans la rade de Sainte-Hélène le capitaine Portlock, de qui il obtint des renseignements importants sur le commerce de la côte nord ouest de l'Amérique, et sur les avantages qu'on en retirerait en combinant la traite des pelleteries avec une relâche en

Chine, où ces marchandises étaient garanties d'un placement certain et où une cargaison de retour était assurée. A son arrivée à Marseille, Marchand communiqua ces renseignements à ses armateurs, MM. Baux, qui n'hésitèrent pas à tenter les hasards d'une expédition. Afin d'en assurer le succès, ils firent construire un navire en état de résister aux mers rudes qui baignent les côtes de l'Amérique occidentale du Nord et aux mers chaudes qu'il lui faudrait préalablement traverser, et ils le pourvurent de tout ce qui était nécessaire pour maintenir la santé des équipages pendant une longue navigation. Ce navire, qu'ils nommèrent *Le Solide*, partit de Marseille le 14 décembre 1790. Parvenu le 1er avril 1791 en vue de la Terre des États, il la doubla par l'est, et contourna en vingt jours la Terre de Feu. Forcé par l'altération des eaux dont il était approvisionné de chercher un point de relâche où il pût les remplacer, Marchand se dirigea vers les Marquises, et le 12 juin il se trouva en vue de La Madalena (*Otahi-hoa*), la plus méridionale du groupe. Les observations auxquelles Marchand et l'un de ses seconds, le capitaine Chanal, s'étaient livrés pendant cette traversée avaient été si précises et si exactes qu'ils avaient pu atterrir à La Madalena sans prendre connaissance d'aucune autre terre et seulement en déduisant de l'emploi constant des observations astronomiques la certitude de leur navigation au milieu d'une mer où les courants agissent dans des directions contraires et produisent des effets qui déjouent tous les calculs. Après avoir franchi le même jour (12 juin) la pointe sud de l'île San-Pedro (*Motané* des indigènes), il pénétra le surlendemain dans la baie de Madre-de-Dios de l'île Christina (*Tao-Wati* de Krusenstern), où, vers le coucher du soleil, le temps étant très-clair, il aperçut à l'horizon une tache fixe présentant l'aspect du sommet d'un pic élevé qui restait, par rapport à la baie, à l'ouest-nord-ouest et nord-ouest-quart-ouest du globe. Le lendemain, à la même heure, l'atmosphère étant encore parfaitement diaphane, cette tache fut de nouveau relevée dans la même direction que la veille, et cette double observation amena Marchand à conclure que cette tache n'était autre chose qu'une terre; or, comme aucune carte ni aucun voyageur n'en indiquait dans cette direction, ce ne pouvait être qu'une terre inconnue. Ses conjectures étaient fondées. Le 21 juin il découvrit dans le nord-ouest, à 7° lat. sud, une terre haute, (*Oua-Poua*) que les officiers du *Solide* saluèrent du nom de leur commandant. Dans la matinée du 23, on découvrit, au nord de la précédente, une île qui fut nommée *Baux*, du nom des armateurs; c'était la principale du groupe des Marquises, la riante *Nouka-Hiva*.

Comme la saison avançait, et qu'il n'était pas prudent de s'engager dans des découvertes qui, en portant le navire sous le vent de sa route, auraient prolongé sa navigation au préjudice de sa mission commerciale, Marchand n'atterrit pas à l'île *Baux*, pas plus qu'aux îlots des *Deux-Frères*, qu'il découvrit à la distance de trois à quatre lieues du nord-nord-ouest; il n'aborda pas davantage aux îles *Masse* et *Chanal* (*Hidou* et *Fatouhou*), dont il se borna à déterminer la position par rapport aux deux îles précédemment indiquées. Il donna le nom d'*Iles de la Révolution* au groupe de ses découvertes, groupe qui doit être réuni à celui des Marquises (*Mottonaily* des naturels), pour ne former qu'un seul et même archipel comprenant dix îles principales, qu'on peut considérer comme les sommités d'une chaîne de montagnes s'élevant, sous les eaux, sur une ligne d'environ soixante lieues du sud-sud-est au nord-nord-ouest.

Contrarié par les vents, *Le Solide* n'atteignit que le 7 août le cap del Engano, et les calmes survenus alors ne lui permirent de jeter l'ancre que le 12 dans la baie de Tchinkitané (*Guadalupa* des Espagnols, *Norfolk-bay* de Dixon). Au bout de neuf jours, employés à échanger contre des pelleteries les marchandises qu'il avait apportées de France, Marchand remit à la voile, et se dirigeant au sud-est pour reconnaître les îles de la reine Charlotte, découvertes en 1786 par La Pérouse, il se trouva le 23 août devant la baie des Manteaux, et le détroit ou canal de Cox, qu'il traversa de l'est à l'ouest, et où il eut avec les naturels des relations qui lui permirent de faire connaître leurs mœurs, les productions du pays et trois bons ports de la côte. Il avait continué sa route vers Berkley-Sound, et il n'en était plus éloigné que de quatre lieues lorsqu'il aperçut à l'avant du *Solide* un trois-mâts qui faisait route au sud-sud-est, afin, très-vraisemblablement, de visiter les parties méridionales de la côte. Marchand, craignant d'être devancé dans ces parages, comme il l'avait déjà été dans les parties les plus septentrionales, se décida à se diriger au plus tôt vers la Chine avant que la concurrence des vendeurs de pelleteries en eût fait descendre le prix au-dessous de leur valeur commerciale. Faisant route en conséquence vers les îles Sandwich, il y parvint le 4 octobre, ne s'y arrêta que le temps de prendre des vivres frais, et poursuivit vers Macao. La déception qui l'y attendait dut lui faire regretter d'avoir sacrifié ses découvertes incertaines aux intérêts commerciaux de son expédition. Le gouvernement chinois venait de prohiber, sous les peines les plus sévères, l'introduction de toute espece de fourrure dans les ports du midi de l'empire, celle surtout des peaux de loutre, qui formaient plus des cinq seizièmes de sa cargaison; et d'ailleurs les correspondants près desquels il s'enquit si cette prohibition pouvait être levée ou éludée, lui répondirent négativement, en ajoutant que depuis 1788 le prix des pelleteries était presque nul sur les marchés de la Chine, qui en étaient abondamment pourvus. Force lui fut alors de revenir en Europe. Libre désormais de toute entrave commerciale, il put, pendant la traversée, s'occuper de travaux hydrographiques. Chemin faisant, il rectifia les cartes de la mer de Chine, et en leva une nouvelle des îles situées entre les détroits de Banca et de Billiton. Arrivé à l'île de France, le 30 janvier 1792, *Le Solide* en partit le 18 avril, toucha à l'île de La Réunion, et le 14 août il jeta l'ancre sur la rade de Toulon, après une navigation de vingt mois, employée à faire le tour du globe en prenant sa route par le cap Horn et en revenant par la Chine. Quelque temps après, Marchand fut élu chef de bataillon de la garde nationale de Marseille; mais, presque aussitôt, ayant obtenu le commandement d'un navire en destination pour l'île de France, il y mourut, laissant une réputation de bravoure et de loyauté unies à des talents agréables et à une fermeté de caractère qui n'excluait ni la bonté ni la douceur, de telle sorte que l'ensemble de ses qualités en faisait un des hommes les plus propres au commandement.

Exécutés au moment où la France, déchirée par ses divisions intestines, n'avait pas une pensée pour ceux de ses enfants qui s'exposaient dans l'intérêt du progrès des sciences à des périls lointains, les importants travaux de Marchand et de ses compagnons seraient peut-être restés méconnus si Fleurieu (*voy.* ce nom) ne les avait rassemblés, et n'avait ainsi comblé une lacune qu'on eût regrettée dans l'histoire de la navigation. Il était d'autant plus intéressant de faire connaître le voyage de Marchand, qu'indépendamment d'une découverte assez importante dans le Grand-Océan, il renferme plusieurs détails nouveaux sur une partie de l'Amérique occidentale du Nord, encore imparfaitement connue, et un grand nombre d'observations d'astronomie et d'histoire naturelle, toutes choses qui étaient bien propres à éveiller l'intérêt, puisque, parmi les Français, Bougainville avait seul devancé Marchand. On ne saurait en effet donner le nom de voyages de circomnavigation aux entreprises de Le Gentil, de La Barbanais et de Pagès, exécutées en plus grande partie par terre.

P. Levot.

Voyage de Marchand, publié par Fleurieu.

Marchand (*Jean-Gabriel*, comte), général et pair de France, né le 10 décembre 1765, à l'Albenc, près Saint-Marcellin, mort en novembre 1851, à Saint-Ismier (Isère). Avant la révolution il était avocat au parlement de Grenoble, et fut l'ami de Barnave, dont il épousa la cousine germaine. Élu en 1791 capitaine par les volontaires du 4e bataillon de l'Isère, il fit jusqu'à l'an IX toutes les campagnes de la république aux armées d'Italie et du Rhin. Son intrépidité à Loano lui valut le grade de chef de bataillon (1795). Après avoir repoussé l'ennemi au combat de la Madona de la Corona, où il reçut un coup de feu en pleine poitrine, il fut fait prisonnier en 1797. Bonaparte, instruit de la conduite qu'il avait tenue, le nomma colonel, et obtint qu'il fût échangé sur-le-champ. Il servit à Rome sous les ordres de Gouvion-Saint-Cyr, subit une disgrâce passagère, et assista à la bataille de Novi comme aide de camp du général Joubert. Envoyé à l'armée du Rhin avec le titre de général de brigade, il rejoignit en 1805 la division Dupont, et prit aux combats d'Haslach et d'Albec une brillante part; aussi, le 31 décembre 1805, fut-il promu au grade de général de division. En cette qualité il assista aux batailles d'Iéna et de Friedland ainsi qu'à la prise de Magdebourg, et passa à l'armée d'Espagne (1808) avec le 6e corps, dont les principales opérations furent la bataille de Burgos, qui détruisit l'armée espagnole, la poursuite des Anglais dans le royaume de Léon, l'occupation de la Galice, les siéges de Ciudad-Rodrigo et d'Almeida, et le blocus des lignes de Torres-Vedras. A Busaco, il combattit avec acharnement, et renouvela à plusieurs reprises des attaques que la disproportion de ses forces rendit infructueuses. Appelé, le 21 mars 1812, aux fonctions de chef de l'état-major général de l'aile droite de la grande armée, Marchand fut mis quelques mois après à la tête d'une division wurtembergeoise, et coopéra à la Moskowa à la prise de la grande redoute. Lorsque la retraite fut commencée, il fit presque constamment partie de l'arrière-garde. En janvier 1814 il se rendit dans le département de l'Isère pour y organiser une levée en masse, chassa les Autrichiens de Chambéry, et les tint bloqués pendant un mois dans Genève; forcé par la retraite d'Augereau d'évacuer la Savoie, il se fortifia dans la vallée de l'Isère. L'abdication de l'empereur mit un terme aux hostilités. Confirmé par Louis XVIII dans le commandement de la 7e division militaire, il en était encore revêtu en 1815 lorsque Napoléon débarqua à Cannes. Dès qu'il eut appris cette nouvelle, le général Marchand concentra ses troupes, et modifiant, à cause de l'hésitation de ses soldats, le projet qu'il avait d'abord de se porter au-devant de l'empereur, il mit la ville en état de défense, et rédigea une proclamation, où il disait : « Si vous vous laissiez aller à des conseils perfides, tous les malheurs viendraient fondre sur nous. La France serait encore envahie par les armées étrangères, vos parents pillés, vos villages ravagés, et nos ennemis se partageraient notre pays. » Ses efforts furent inutiles. La défection du 7e de ligne, commandé par La Bédoyère, augmenta les mauvaises dispositions des troupes. A peine Napoléon se présenta-t-il aux portes de Grenoble qu'elles tombèrent devant lui. Les ordres du général furent méconnus, et lorsqu'il sortit de la ville, il se trouva presque seul. Après avoir refusé de combattre sous les drapeaux de l'empereur, il fut rétabli dans le commandement de sa division et désigné pour présider le collége électoral du département du Mont-Blanc. Malgré l'énergie avec laquelle il s'était opposé à la marche de Napoléon, le général Marchand vit sa conduite vivement incriminée, et à la suite d'une instruction longue et minutieuse, il comparut, le 25 juin 1816, devant le conseil de guerre séant à Besançon et présidé par le général Villatte. On l'accusait « d'avoir défendu de faire feu sur les troupes de Bonaparte, lorsque ce dernier était entré à main armée dans la 7ᵉ division militaire; de n'avoir pris aucune mesure propre à arrêter ses progrès; d'avoir agi dans cette circonstance avec une faiblesse coupable ». Sur les conclusions du rapporteur, Marchand fut acquitté à l'unanimité sur le premier chef d'accusation, et à la majorité sur les deux autres chefs. Mis en disponibilité, puis en retraite, il fut relevé de cette position après la révolution de Juillet, et de nouveau mis à la retraite le 11 juin 1832. L'ordonnance du 3 octobre 1837 le nomma pair de France. Le général Marchand avait été créé comte de l'empire le 19 mars 1808, et compris l'année suivante dans la distribution des domaines du Hanovre pour une rente annuelle de 20,000 fr. Son nom est inscrit sur l'arc de triomphe de l'Étoile. P. L.

Biogr. nouv. des Contemp. — G. Sarrut et Saint-Edme, *Biogr. des Hommes du Jour*, II, 2ᵉ part.

* **MARCHAND** (*Louis-Joseph-Narcisse*, comte), premier valet de chambre et l'un des trois exécuteurs du testament de Napoléon Iᵉʳ, né à Paris, le 28 mars 1791. Il entra dans la maison de l'empereur en 1811, peu de temps après la naissance du roi de Rome. Quand le malheur et la défection faisaient disparaître les courtisans, Marchand s'empressa de partager avec Napoléon Iᵉʳ les douleurs et les ennuis de l'exil. Il est à côté de l'empereur à l'île d'Elbe, et on le retrouve encore auprès de l'illustre captif à Sainte-Hélène. Marchand, témoin des souffrances du grand homme, cherchait, sinon à guérir une douleur irrémédiable, du moins à soulager, par des distractions, par des occupations, cette forte et vivace intelligence réduite à l'oisiveté, condamnée à se dévorer lentement elle-même. « Les conversations, des lectures, les dictées étaient, disait l'empereur, des fleurs jetées sur le chemin qui le conduisait au tombeau; » les provoquer, les solliciter étaient autant de moyens de l'arracher à ses pensées solitaires, et d'abréger ces longues et mortelles heures de la captivité et de l'exil. Marchand était associé à ces délassements littéraires. Le *Précis des Guerres de Jules César* fut écrit tout entier par lui sous la dictée de Napoléon, ainsi que divers autres fragments qu'il a publiés en 1836. A son lit de mort, Napoléon décora Marchand du titre de comte, et le fit dépositaire de son testament et des codicilles qui y étaient annexés, témoignant ainsi, par cet acte de sa dernière volonté, en quelle estime il avait ce fidèle compagnon de ses années d'infortune. Il lui avait imposé aussi le devoir d'épouser la fille d'un des généraux de l'empire; ce devoir Marchand le remplit en 1823, en se mariant à la fille du brave général Brayer. Après la mort de Napoléon, Marchand retourna à Paris, et en 1830 il vint se fixer à Strasbourg, auprès de son beau-père, qui y commandait la cinquième division militaire. Marchand avait encore à remplir une sainte mission de la part du captif de Sainte-Hélène : il devait remettre au roi de Rome, devenu duc de Reichstadt, à sa majorité, divers objets que lui avait destinés son père. Les démarches qu'il fit auprès de la cour d'Autriche furent vaines. Marchand ne put donc remplir sa mission; après la mort du duc de Reichstadt, il transmit au mandataire de Madame mère, le duc de Padoue, les objets que le jeune prince n'avait pu recevoir. Une consolation était réservée à Marchand, celle de revoir les lieux où souffrit et mourut l'empereur. En 1840, lorsque, sous le commandement du prince de Joinville, une frégate fut envoyée à l'île Sainte-Hélène pour rapporter en France les cendres de Napoléon, Marchand fut désigné comme l'un des commissaires. Il avait suivi, en 1821, le cercueil escorté par la garde anglaise, depuis la maison où était mort l'empereur, jusqu'au tombeau de Longwood; il devait et il voulut suivre aussi le cercueil rendu à la France jusqu'au lieu de sépulture à l'hôtel des Invalides. A son retour de Sainte-Hélène, Marchand reçut la croix de la Légion d'Honneur, récompense bien méritée par une vie toute de dévouement. Lorsque l'empire fut rétabli en 1852, Marchand sollicita une audience de Napoléon III, et lui soumit l'article 32 des instructions qui lui avaient été dictées par Napoléon Iᵉʳ; cet article est ainsi conçu : « Si un retour de fortune ramenait mon fils sur le trône, il est du devoir des exécuteurs testamentaires de lui mettre sous les yeux tout ce que je dois à mes vieux officiers et soldats et à mes fidèles serviteurs. » Les légataires du testament n'avaient point reçu l'intégralité de leurs legs, ceux des codicilles n'avaient rien reçu. Napoléon III accueillit favorablement cette demande, et le 6 mai 1855 un décret impérial fit exécuter les dernières volontés de Napoléon Iᵉʳ.

G. S—nn.

Documents particuliers.

MARCHAND, bouffon de Henri IV. *Voy.* GUILLAUME (maître).

MARCHANGY (*Louis-Antoine-François* DE), magistrat et littérateur français, né à Clamecy (Nivernais), le 28 août 1782, mort à Paris, le 2 février 1826. Fils d'un huissier de sa ville natale, il reçut une bonne éducation, et mérita d'être envoyé comme boursier du département de la Nièvre à l'école de législation de Paris. Nommé en 1804 juge suppléant au tribunal de première instance de la Seine, il devint en 1810 substitut du procureur impérial près le même tribunal. En juillet 1815, il remplit les fonctions de procureur du roi par intérim, et passa en qualité d'avocat général à la cour royale de

Paris. En 1818 le comte d'Artois l'appela à son conseil, et en 1822 Marchangy devint avocat général à la cour de cassation. Il s'acquit une grande réputation dans le ministère public par une véritable éloquence, une certaine pureté d'élocution, un raisonnement serré, une logique passionnée et sans pitié. On cite surtout ses réquisitoires dans les affaires de Vigier; de la *Biographie universelle*, en 1811; de Revel, mari outragé; du testament du prince d'Hénin; des héritiers du maréchal Lannes, en 1816; de Fiévée, en 1818; de Bergasse, en 1821; de Féret, rédacteur de l'*Homme gris* et du *Père Michel;* des quatre sergents de La Rochelle; des *Chansons* de Béranger, en 1821, etc. Ses occupations judiciaires ne l'empêchèrent pas de s'occuper toute sa vie de littérature. En 1823 le grand collége du département du Nord le nomma député; mais son admission souleva des difficultés, et il fut repoussé. Réélu presque aussitôt par le même collége, il prit cette fois séance; mais il ne trouva pas l'occasion de briller à la chambre. Élu à la session suivante par le collége d'Altkirch (Haut-Rhin), son élection fut encore annulée. Un refroidissement l'emporta à la suite de la cérémonie commémorative du 21 janvier. On a de lui: *Le Bonheur*, poëme en quatre chants; Paris, 1804, in-8°; — *Le Siége de Dantzig en* 1813; Paris, 1814, in-8°; — *La Gaule poétique, ou l'histoire de France considérée dans ses rapports avec la poésie, l'éloquence et les beaux-arts;* Paris, 1813-1817, 8 vol. in-8°; 5e édit., 1834-1835, 8 vol. in-8°: c'est une suite de récits curieux et attachants, mais quelquefois déclamatoires, tirés des premiers temps de l'histoire de la France, à peine reliés entre eux, et réunis dans le but de procurer aux artistes et aux poëtes des sujets de composition relatifs à l'histoire nationale; — *Mémoires historiques pour l'ordre souverain de Saint-Jean de Jérusalem, etc.*; Paris, 1816, in-8°; — *Tristan le voyageur, ou la France au quatorzième siècle;* Paris, 1825-1826, 6 vol. in-8°. Il laissa inédits un poëme *Sur l'Immortalité de l'âme*, des *Mémoires sur la Révolution française;* un *Voyage en Suisse;* un *Commentaire sur les cinq Codes* et un *Commentaire sur la Charte.* J. V.

Biogr. univ. et port. des Contemp. — *Nécrologie*, dans *Le Moniteur*, 1826, p. 147. — J. de Marnier, *Discours sur la tombe de M. de Marchangy.* — Joncières, dans le *Dict. de la Convers.*

MARCHANT (*Jean* Le), poëte français, du treizième siècle. Nous ignorons le lieu de sa naissance comme le temps de sa mort. Ce que nous savons, c'est qu'il fut pourvu par saint Louis d'une prébende à Péronne. Sa grande piété pour Notre-Dame de Chartres le porta à traduire en vers, du latin, le *Livre des Miracles de Notre-Dame de Chartres*, dont le recueil original n'est pas connu, non plus que l'auteur du poëme latin. La traduction de Jean Le Marchant comprend six mille quatre cents vers environ. Le manuscrit qui la contient est de la fin du treizième siècle ou des premières années du quatorzième. Ce manuscrit appartenait autrefois aux archives du chapitre de Chartres; aujourd'hui il se trouve à Chartres, dans la bibliothèque communale. Le poëme est écrit sur parchemin; quelques dates se référant à l'incendie de l'église de Chartres portent des traces évidentes d'altération. « Jean Le Marchant, a écrit M. G. Duplessis, n'était pas un grand poëte; mais à la naïveté qui distingue éminemment les écrivains de son époque il joignait une certaine facilité de style qui n'est pas indigne d'être remarquée. Le sentiment de piété profonde qui l'animait lui a suggéré plus d'une fois d'heureuses inspirations, qui deviennent par moments de la vraie poésie, de cette poésie facile à reconnaître, parce qu'elle se manifeste toujours par la plus parfaite harmonie entre la pensée et l'expression. » La traduction est de 1262. Nous ne savons ce qui a pu autoriser D. Liron à qualifier le poëte de « maître », encore moins de « docteur ». Le *Livre des Miracles* a été publié pour la première fois par M. G. Duplessis, avec gravures, préface et glossaire. Cette édition contient en outre un *calendrier historial de la très-sainte Vierge*, qui est fort curieux. D. DE BOISTHIBAULT (de Chartres).

D. Liron, *Bibl. gén.*, p. 111. — Doyen, *Hist. de la Ville de Chartres*, t. II, p. 386.

MARCHANT (*Nicolas*), botaniste français, mort à Paris, en 1678. Il se fit recevoir docteur en médecine à Padoue. De retour en France, il s'appliqua surtout à la botanique. Le duc Gaston d'Orléans le nomma son premier botaniste, et lui fit obtenir la direction du Jardin royal. Marchant enrichit cet établissement d'un grand nombre de plantes étrangères. Il fut l'un des membres fondateurs de l'Académie des Sciences (1666). On a de lui: *Description des Plantes données par l'Académie;* Paris, 1676, in-4°. Il a laissé en manuscrit le catalogue des plantes qu'offre la banlieue de Paris à dix lieues à la ronde, et une flore du Havre à Dunkerque (1642). Son fils lui a consacré la *marchantia*, genre de la famille des hépatiques.

Son fils, *Jean* MARCHANT, mort en 1738, s'adonna aussi à la botanique, et fut reçu membre de l'Académie des Sciences en 1678. Il a publié de nombreux *Mémoires* dans le recueil de cette compagnie, entre autres une *Dissertation sur la préférence que nous devons attacher aux plantes de notre pays, par-dessus les plantes étrangères* (1701). Dans cette dissertation, l'auteur prouve que l'*yquetaia*, plante du Brésil, qui sert de correctif au séné du Levant (*colutea orientalis*), n'est que la *grande scrophulaire aquatique*, aussi appelée *bétoine aquatique* (*scrophularia* ou *betonia aquatica* (Linn.) (1). L—z—e.

(1) Voy. Hoefer. *Diction. de Botanique;* F. Didot, 1850.

Éloi, *Dict. de la Médec.* — *Dict. Hist.* (1822). — *Recueils de l'Académie des Sciences* de 1666 à 1735. — Seguier, *Bibliot. Botan.*

MARCHANT (*François*), littérateur français, né vers 1761, à Cambrai, où il est mort, le 27 décembre 1793. Il se destinait à l'état ecclésiastique; la révolution l'ayant laissé sans ressources, il chercha à tirer parti de sa plume; et comme il avait quelque originalité dans l'esprit et surtout beaucoup de mauvaise humeur, il prit le parti triomphant pour but de ses attaques. Il vécut dans la misère et mourut dans l'oubli, n'ayant pas même réussi, malgré le succès de ses satires, à acquérir assez d'importance pour être persécuté. Il était membre des Académies d'Angers et des Arcades de Rome. On a de lui : *Fénelon*, poëme en un chant; 1787, in-8°; — *La Chronique du Manége;* Paris, 1790, in-8° : journal en prose et en vers, dont il parut une vingtaine de numéros; on y trouve *Les Amours de dom Gerle*, tragédie en vers *patriotiques;* — *Les Sabats jacobites;* Paris, 1791-1792, 3 vol. in-8°, fig.; recueil satirique, paraissant deux fois par semaine; — *La Jacobinéide*, poëme héroï-comique; Paris, 1792, in-8°; il y a douze chants; — *La Constitution en vaudevilles, suivie des Droits de l'homme et de la femme;* Paris, 1792, in-32, et 1821, in-8°; — *Folies nationales;* Paris, 1792, in-8°; — *Les Bienfaits de l'Assemblée nationale, ou les entretiens de la mère Saumon, doyenne de la Halle;* Paris, 1792, in-8°; — *L'A B C national, dédié aux républicains par un royaliste;* 1793, en 4 part in-8°. La collection de ces quatre derniers pamphlets, fort recherchée des curieux, a été réimpr. en 4 vol. in-32. Marchant a aussi écrit quelques opéras comiques imités de l'italien.

P. L.

Biogr. nouv. des Contemp. — Quérard, *La France Littér.*

MARCHANT (*Nicolas-Damas*, baron), antiquaire français, né le 11 décembre 1767, à Pierrepont (Lorraine), mort le 1er juillet 1833, à Metz. Fils d'un médecin, il embrassa la même carrière, et fit dans le cours de ses études professionnelles de si grands progrès qu'à dix-sept ans il était jugé digne de recevoir le diplôme de docteur à l'université de Nancy (1784). En 1788 il entra dans les hôpitaux militaires, prit part à la campagne de 1792 en Belgique, et fut attaché, l'année suivante, au service de l'hôpital de Metz, dont son père était médecin en chef. Sa pratique était fort prudente, et il avait étudié avec un tel soin les signes fournis par le pouls qu'on l'avait surnommé le *médecin sphygmique*. Partisan modéré des principes de la révolution, il siégea dans les premiers conseils municipaux de sa ville natale, contribua à la formation des bataillons de volontaires de la Moselle, et déploya beaucoup de courage et de sang-froid durant les troubles qui marquèrent l'époque de la terreur. Nommé maire de Metz en 1806, il dota cette ville de nombreux établissements et reçut, en récompense de ses services, le titre de baron et la croix d'officier de la Légion d'Honneur (15 août 1810). Il devint en 1820 conseiller de préfecture, et après 1830 sous-préfet de l'arrondissement de Briey. Marchant était membre de l'Académie de Metz et correspondant de l'Académie de Médecine. On a de lui : *Mélanges de Numismatique et d'Histoire, ou correspondance sur les médailles et monnaies des empereurs d'Orient, des princes croisés d'Asie, des barons français établis dans la Grèce, des premiers califes de Damas*, etc.; Metz, 1818-1828, in-8°, pl. C'est un recueil de vingt-sept lettres, qui presque toutes ont pour objet la numismatique byzantine; on en a fait une édition nouvelle, sous le titre : *Lettres du baron Marchant sur la numismatique et l'histoire;* Paris, 1850-1851, in-8° fig.; cette édition, augmentée de fragments inédits de l'auteur, a reçu des annotations de MM. de Saulcy, Lenormant, de La Saussaye, Longpérier, Maury, etc. On doit encore à Marchant plusieurs brochures et un grand nombre d'articles insérés dans les journaux de la Moselle.

P. L.

Ch. Bosquet, *Notice sur le baron Marchant;* Metz, 1834, in-8°. — *Notice* dans la réimp. des *Mélanges*. — Bégin, *Biogr. de la Moselle*, III. — Renauldin, *Les Médecins numismatistes.*

MARCHANT DE BEAUMONT (*François-Marie*), littérateur français, né en 1769, à Paris, mort le 15 août 1832. On a de lui : *Le Conducteur de l'étranger à Paris;* 1811, in-18; souvent réimprimé; — *Beautés de l'histoire de la Hollande et des Pays-Bas;* Paris, 1817, 1823, in-12; — *Beautés de l'histoire de la Chine, du Japon et des Tartares;* Paris, 1818, 1825, 2 vol. in-12; — *Beautés de l'histoire de la Perse depuis Cyrus;* Paris, 1822, 1825, 2 vol. in-12; — *Itinéraire des curieux dans le cimetière du Père-La-Chaise;* Paris, 1825, in-18, etc.

J. V.

Quérard, *La France Littéraire.*

MARCHANTIUS. *Voy.* LE MARCHANT.

MARCHE (LA). *Voy.* LA MARCHE.

MARCHEGAY (*Paul-Alexandre*), archéologue français, né à Saint-Germain-de-Prinçay (Vendée), le 10 juillet 1812. Fils de Marchegay de Lousigny, député de la Vendée, il étudia le droit à Paris, et devint pensionnaire de l'École des Chartes. D'abord attaché au travaux historiques de la Bibliothèque royale, il fut nommé, en 1841, archiviste du département de Maine-et-Loire, fonctions dont il se démit à la fin de 1853. Il a fait paraître : *Archives d'Anjou, recueil de documents et mémoires inédits sur cette province;* Angers, 1843-1853, 2 vol. in-8°, ouvrage auquel l'Académie des Inscriptions a accordé une médaille d'or et un rappel de médaille; — *Testament de Samuel Majou et de Marguerite Desmé*, 12 janvier 1696; Angers, 1854, gr. in-8°, imprimé à 200 exemplaires numérotés. Samuel Majou et Marguerite Desmé,

i98, etc., in-4°; Strasbourg, 1487, in-4°; 510 et 1521. O.

, *Biblioth. Biblica.* — Oudin, *Scriptores eccle-* t. III.

CHETTI (*Marco*), dit *Marco da Faenza,* de l'école bolonaise, né à Faenza, au icement du seizième siècle, mort en fut élève de Jacopino Bertucci, et con- iin de Vasari, qui a dit de lui : « De tous tres romagnols, Marco da Faenza est le le le plus expérimenté; sa touche est e hardiesse, de feu et d'audace. Personne is ne serait capable de lutter contre lui genre des *grotesques.* » Si Marchetti des *grotesques* ou arabesques, ce fut pour encadrer de petits sujets pleins de et d'élégance et dont les uns sont des- rec une rare perfection; tel est par le *Massacre des Innocents* au Vatican, peint aussi des sibylles à la voûte de s salles de la bibliothèque.
iissé peu de peintures à l'huile dans sa ù l'on voit cependant au Palazzo del Com- n meilleur tableau, le *Repas de Jésus- chez le pharisien;* mais une voûte qu'il à fresque dans l'une des rues de Faenza parable aux plus charmantes produc- siècle d'Auguste. Tout dans cet assem- guirlandes, de figures et de monstres la mythologie et l'érudition antique, jue dans des temps postérieurs on n'a qu'à produire des représentations bi- imaginant que l'on pouvait tout oser genre de peinture. A Rome, Marchetti à Sabattini dans les travaux que lui mmandés Grégoire XIII, et à Florence itta avec talent de ceux dont il avait été par le grand-duc Côme Ier pour le *cor-* palazzo Vecchio. E. B—n.

Vite — Baglione, *Vite de' Pittori, Scultori,* *del 1572 al 1642.* — Lanzi, *Storia della Pit-* 'icozzi, *Dizionario.* — Pistolesi, *Descrizione di* Fantozzi, *Guida di Firenze.*

CHETTI (*Alessandro*), érudit italien, mars 1633, au château de Pontormo), où il est mort, le 6 septembre 1714. e dix ans, il perdit son père, et eut pour ur un savant ecclésiastique nommé ni. La lecture assidue qu'il faisait des taliens lui inspira de bonne heure le vers; dès sa quatorzième année il plusieurs petites pièces fort remarqua- l'un de ses sonnets fut inséré par Cres- dans l'*Istoria della Volgar Poesia,* 'ouvrage le plus parfait, dit-il, qu'il eût u. Son frère aîné, Antonio, qui avait la carrière du négoce, afin de relever de la famille, l'envoya à Florence pour s cours de droit; mais il se dégoûta le cette étude, et se rendit à Pise, où quatre ans il s'appliqua à la philosophie. le voir ses maîtres, Marsigli et Maffei, l'autorité d'Aristote, même dans certains cas contredits par l'expérience, il les abandonna pour s'attacher à Borelli, qui venait d'être appelé à Pise. Le célèbre professeur le prit en amitié, et Marchetti, s'étant entièrement placé sous sa conduite, fit bientôt des progrès marqués en médecine, en géométrie et en ma- thématiques, sans négliger toutefois la poésie, qui avait pour lui un attrait particulier. Reçu docteur à Pise, il gagna les bonnes grâces du grand-duc Ferdinand II, qui lui donna une chaire de logique (1658), puis une chaire de philosophie (1659). Pendant vingt ans il enseigna avec une grande liberté d'opinion, ne se lassant point de dire qu'il estimait beaucoup Aristote et les anciens philosophes, mais qu'il préférait à l'autorité de leurs écrits celle de la raison et de l'expérience. A la mort de Borelli (1679), il fut choisi par Cosme III pour lui succéder dans la chaire de ma- thématiques, poste dans lequel il forma plusieurs bons élèves, tels que Lorenzo Bellini et Fran- cesco Spoletti. Il mourut à quatre-vingt-deux ans, d'une attaque d'apoplexie. Il était membre de l'Académie de la Crusca. Comme savant, les ouvrages qu'il a écrits sur les mathématiques et la physique, fort estimés de son temps, ont été à peu près tous surpassés. C'est plutôt comme écrivain qu'il a laissé une renommée durable : ses traductions, celle du poëme de Lucrèce entre autres, sont regardées en Italie comme des mo- dèles d'élégance, d'exactitude et de bon goût. Nous citerons de Marchetti : *Exercitationes Mechanicæ;* Pise, 1669, in-4°, — *De Resistentia Solidorum;* Florence, 1669, in-4° : quelques sa- vants le trouvèrent, dit-on, si parfait qu'ils attri- buèrent ce traité à Borelli; — *Fundamenta universæ scientiæ de motu uniformiter accele- rato, a Galileo jacta, evidentibus demonstra- tionibus stabilita;* Pise, 1672, in-4°; — *Pro- blemata VI resoluta;* Pise, 1675, in-12; — *Problematum VII geometrica ac trigonome- trica Resolutio;* Pise, 1675, in-12; c'est une so- lution nouvelle des problèmes précédents; — *Della Natura delle Comete;* Florence, 1684, in-4°; — *Saggio delle Rime eroiche, morali e sacre;* Florence, 1704, in-4°; ce livre ne con- tient qu'une partie des poésies de Marchetti; on en a donné une édition augmentée, sous ce titre : *Vita e Poesie d'Alessandro Marchetti;* Venise, 1755, in-4°; — *Anacreonte tradotto in rime Toscane;* Lucques, 1707, in-4°; Londres, 1803, in-8°; l'édition primitive est fort rare, parce qu'elle a été supprimée par l'inquisition; — *Di Tito Lucrezio Caro, Della Natura delle Cose, libri tradotti;* Londres, 1717, in-8° : cette édi- tion, qui est la plus ancienne, a été réimprimée à Amsterdam (Paris), 1754, 2 vol. in-8°, et à Lon- dres, 1779, in-4°. Marchetti a encore laissé en manuscrit : *Rime Toscane di vario genere;* — *Lettere scientifiche;* — la traduction en vers rimés des quatre premiers livres de *l'Énéide,* dont on a publié des extraits dans le *Giornale de' Letterati d'Italia* (t. XXI); — le début d'un poëme destiné à combattre le système de Lucrèce. P.

Vita d'Aless. Marchetti, en tête de l'édit. de ses *Poésies*; Venise, 1755, in-4°. — Fabroni, *Vita Italorum*, II. — *Giornale de' Letterati*, XXI. — Zaccaria, *Biblioth. Pistoriensis*, 320-326. — Niceron, *Mémoires*, VI. — Eloy, *Dict. de la Médecine*. — Tiraboschi, *Storia della Letter. Italiana*, VIII, 368. — Negri, *Fiorentini Scrittori*.

MARCHETTI (*François*), archéologue français, né à Marseille, mort dans la même ville, en 1688. Il fit ses études au collége des Oratoriens de sa ville natale, entra dans leur ordre en 1630, et y remplit plusieurs emplois importants. On a de lui : *Paraphrase sur les Épîtres de saint Pierre*; 1639; — *La Vie de messire Jean-Baptiste Gault, évêque de Marseille*; Paris, 1650, in-4°; — *Vie de François Galaup de Chastueil, solitaire du Mont-Liban*; Aix, 1658, in-8°; Paris, 1666, in-12 : cette biographie a été revue par Antoine Arnauld ; elle est rare, un incendie ayant détruit la plus grande partie des exemplaires ; — *Discours sur le négoce des gentilshommes de Marseille et sur la qualité de nobles marchands, qu'ils portaient il y a cent ans*; Marseille, 1671, in-4°. C'est une requête au roi en faveur des nobles qui faisaient le commerce; — *Explications des usages et coutumes des Marseillais*, etc.; Marseille, 1685; — *Traité sur la Messe avec l'explication de ses cérémonies*; Marseille, s. d.; — et quelques panégyriques, odes, etc., en latin ou en français. A. L.

Bougerel, *Bibliothèque mss. des Auteurs de l'Oratoire*. — Moréri, *Le Grand Dictionnaire Hist.* — *Hist. des hommes illustres de la Provence*.

MARCHETTI (*Giovanni*), écrivain ecclésiastique italien, né en 1753, à Empoli (Toscane), où il est mort, le 15 novembre 1829. Sa famille était pauvre. Après avoir passé quelque temps chez un procureur, il vint à Rome, et reçut en 1777 l'ordination sacerdotale. L'emploi de secrétaire du duc Mattei l'ayant mis à l'abri du besoin, il se mit à écrire, et consacra sa plume à la défense des droits du saint-siége. Ses ouvrages, qui le firent connaître comme un écrivain brillant et nourri de fortes études, attirèrent l'attention du pape Pie VI, qui lui accorda une pension et l'investit de différentes charges, celles entre autres d'examinateur du clergé et de président de la maison de Jésus; il lui donna en outre un logement au collége romain. Marchetti était encore chargé de pourvoir aux nombreux bénéfices dont disposait la famille Colonna. La politique lui fit essuyer de nombreuses vicissitudes. Arrêté en 1798, lorsque la république eut été proclamée à Rome, il fut banni à perpétuité. En 1799, on le conduisit à Florence, où il subit un emprisonnement d'un mois. De retour à Rome (1800), il ouvrit une académie de théologie. Dès que l'excommunication de l'empereur Napoléon par Pie VII fut connue (1809) Marchetti et le cardinal Mattei, accusés d'avoir poussé le pape à ce violent parti, furent enfermés au château Saint-Ange; le premier, après avoir été exilé quelques mois à l'île d'Elbe, obtint la permission d'habiter sa ville natale. Les événements de 1814 le ramenèrent à Rome. On lui confia alors l'éducation du fils du roi d'Étrurie, le prince Charles-Louis de Bourbon, dont il fit valoir les droits auprès du congrès de Vienne. Nommé vicaire de Rimini en 1822, il devint en 1826 secrétaire de la congrégation des évêques, titre qui d'habitude n'est accordé qu'à des cardinaux. On a de lui de nombreux ouvrages, qui ont été traduits en plusieurs langues et souvent réimprimés; nous citerons : *Saggio critico sopra la Storia ecclesiastica di Fleury*; Rome, 1780, in-12; — *Critica della Storia Ecclesiastica e de' discorsi di Fleury*; Bologne, 1782, 2 vol. in-8°; trad. en français (1802), en allemand et en espagnol; une *Défense* de cet ouvrage a paru en 1794 à Rome; — *Esercitazioni Cipriániche circa il battesimo degli eretici*; Rome, 1787, in-8°, trad. du grec; — *Del concilio di Sardica*; Rome, 1785, in-8°; réimpr. sous le titre : *L'Autorità suprema del romano pontefice*; ibid., 1789; — *Il Cristianesimo dimostrabile sopra i suoi libri*; Rome, 1795, in-8°; — *Trattenimenti di famiglia sulla storia della religione con le sue prove*; Rome, 1800, 2 vol. in-8°; — *La Providenza*; Rome, 1797, in-12; — *Metamorfosi vedute da Basilide l'eremita sul terminare del secolo XVIII* (anonyme); Florence, 1799, in-8°; — *Del giuramento detto civico*; Prato, 1799, in-8°; — *Il si ed il no, parallelo delle dottrine e regole ecclesiastiche*; Rome, 1801, in-8°; — *Lezioni sacre dall' ingresso del popolo di Dio in Cananea fino alla schiavitù di Babilonia*; Rome, 1803-1808, 12 vol. in-8° fig.; — *Del tifo costituzionale*; Imola, 1823, in-8°, avec un supplément publié la même année; — *Della Chiesa, quanto allo stato politico della città*; Rome, 1817-1818, 3 vol. in-8°; Rimini, 1824; — *La Vita razionale dell' Uomo*; Rome, 1828, in-8°. Marchetti a inséré beaucoup d'articles dans le *Giornale Ecclesiastico* de Rome de 1788 à 1798. P.

Memorie di Religione, V.

MARCHETTIS (*Pietro* DE'), médecin italien, né en 1593, à Padoue, où il est mort, le 16 avril 1673. Il ne quitta point sa ville natale, où il enseigna d'abord la chirurgie, puis l'anatomie; il réunit en 1661 ces deux chaires. Il avait le titre de chevalier de Saint-Marc. Les ouvrages de chirurgie qu'il a laissés sont encore consultés aujourd'hui; on remarque : *Sylloge Observationum medico-chirurgicarum rariorum*; Padoue, 1664, 1685, in-8°; Amsterdam, 1665, 1675; Londres, 1729; Naples, 1772; trad. en allemand, Nuremberg, 1673, in-8° : recueil de cinquante-trois observations, avec trois traités sur la fistule à l'anus, les ulcères de l'anus et de l'urètre, et le *Spina ventosa*; — *Tendinis flexoris pollicis abequ- evulsi Observatio*; Padoue, 1658, in-4°.

Son fils, *Domenico*, né en 1626, à Padoue, où il est mort, en 1688, publia, entre autres ouvrages :

qui dans cet acte parlent d'un manière touchante des persécutions dont ils furent l'objet comme protestants, à la suite de la révocation de l'édit de Nantes, étaient à la fois les aïeux du célèbre général vendéen Bonchamp et ceux de M. Marchegay; — (avec Salmon) *Recueil des Chroniques d'Anjou;* Paris, 1855-1856, 2 vol. in-8° : publication de la Société de l'Histoire de France; — *Cartulaire du Ronceray d'Angers, précédé d'une notice sur cette abbaye;* Angers, in-8°; — *Cartulaire des sires de Rays. Notice, tables analytique et alphabétique, choix de documents, liste des sires de Rays;* Nantes, 1857, in-8°; — *Notices et Documents historiques;* Angers, 1857, in-8°.

E. R.

Journal de la Librairie. — Documents particuliers.

MARCHENA (*José*), homme politique et littérateur espagnol, né à Utrera (Andalousie), en 1768, mort en janvier 1821. Il fit de bonnes études dans sa patrie, mais ne voulut point accepter l'état ecclésiastique, auquel le destinait sa famille. Ses lectures philosophiques et quelques écrits libéraux qu'il répandit clandestinement le firent poursuivre par l'inquisition. Il se réfugia en France, où Marat l'accueillit d'abord, et lui confia une partie de la rédaction de son *Ami du Peuple.* Marchena ne tarda pas à rompre avec un pareil patron, et, sous les auspices de Brissot, se rallia à la faction girondine, qu'il suivit à Caen, après le 31 mai. Lors de la dispersion des fédéralistes, il s'enfuit dans le midi, et fut arrêté à Moulins, d'où il fut ramené sur Paris avec le représentant Duchatel et Riouffe, auteur des *Mémoires d'un Détenu.* « Je n'ai point vu, dit ce dernier, en parlant de Marchena, une âme plus ardente et plus énergique. Son sort fut de toujours chérir la liberté et d'être toujours persécuté pour elle. » Lorsque Danton, Camille Desmoulins et leurs amis furent guillotinés, Marchena écrivit à Robespierre : « Tyran, tu m'as oublié! » Robespierre ne crut pas une tête de plus utile à l'accomplissement de ses projets; aussi, après le 9 thermidor, Marchena, rendu à la liberté, put-il être employé dans les bureaux du comité de salut public et à la rédaction de *L'Ami des Lois,* que dirigeait Poultier (*voy.* ce nom). Le parti thermidorien s'étant divisé en deux factions, Marchena fut classé parmi les réactionnaires. Il rédigea des pamphlets contre Tallien, Legendre, Freron, etc., qui, fatigués de ses attaques réitérées, le dénoncèrent, à l'époque du 13 vendémiaire (5 octobre 1795), comme royaliste. Cette accusation n'eut pas de suite immédiate; mais en juin 1797 Marchena fut, en vertu de la loi du 21 floréal, expulsé de France. Arrivé en Suisse, il protesta et écrivit au Corps législatif et au Conseil des Cinq Cents « que jouissant depuis plus de cinq ans des droits de citoyen, la loi du 21 floréal ne pouvait lui être appliquée ». Le Corps législatif, alors opposé au Directoire, fit droit à sa réclamation. Rentré en France, le général Moreau le choisit pour secrétaire, et l'emmena à l'armée du Rhin (1801). Marchena publia à Bâle un opuscule fort libre, qui lui attira les reproches de son général. Pour se disculper il affirma qu'il n'avait fait que traduire un fragment du *Satiricon* de Pétrone, trouvé dans la bibliothèque de l'abbaye de Saint-Gall, et il en exhiba un texte. Plusieurs savants se laissèrent tromper, et acceptèrent cette interpolation. Marchena, encouragé par cette fraude, prétendit ensuite avoir découvert dans les ruines d'Herculanum un papyrus reproduisant quarante vers érotiques de Catulle; mais Eischtædt, célèbre professeur à Iéna, démasqua le faussaire. Cette leçon profita à Marchena : il employa son étonnante facilité philologique à des travaux plus sérieux. C'est alors qu'il apprit l'allemand en quelques semaines, et fit une statistique de l'Allemagne qui est restée estimée. Marchena accompagna Moreau dans sa mauvaise fortune jusqu'en 1808. Il rentra en Espagne à la suite de Murat, et fut arrêté à Madrid par ordre de l'Inquisition : le grand-duc de Berg dut employer la force pour le faire mettre en liberté. Depuis, Marchena fut attaché au ministère de l'intérieur du roi Joseph et nommé chef des archives. En 1813, il suivit les Français dans leur retraite, et habita successivement Nîmes, Montpellier et Bordeaux. Il rentra dans sa patrie en 1820; mais, considéré par ses concitoyens comme un *afrancesado* (partisan des Français), il ne trouva aucun emploi, et mourut dans la misère. On a de lui : *Réflexions sur les fugitifs français;* Paris, 1795, in-8°; — *Le Spectateur français* (avec Valmalette); 1796, in-8°; — *Essai de Théologie;* Paris, 1797, in-8° : ouvrage réfuté par J.-F. Heckel; — *Fragmentum Petronii ex bibliothecæ Sancti-Galli antiquissimo manuscripto excerptum, nunc primum in lucem editum,* etc.; Bâle, 1800, in-8°; — *Description des provinces basques;* dans les *Annales des Voyages;* — *Leçons de Philosophie morale et d'éloquence;* Bordeaux, 1820, 2 vol. in-8°; c'est un recueil des meilleurs morceaux de la littérature espagnole; — *Coup d'œil sur la force, l'opulence et la population de la Grande-Bretagne,* trad. de l'anglais d'après Clarke, Tucker et Hume; Paris, 1802, in-8°; — Marchena a traduit en espagnol : *Emile,* de Jean-Jacques Rousseau; Bordeaux, 1817, 3 vol. in-12; — *Lettres persanes* de Montesquieu; Nîmes, 1818, in-8°, et Toulouse, 1821, in-12; — les *Contes* de Voltaire; Bordeaux, 1819, 3 vol. in 12; — *Manuel des Inquisiteurs à l'usage de l'inquisition d'Espagne et de Portugal,* par l'abbé Morellet; Montpellier, 1819, in-8°; — *L'Europe après le congrès d'Aix-la-Chapelle,* par de Pradt; Montpellier, 1820, in-12; — *De la Liberté religieuse,* par Benoît; Montpellier, in-8°; — *Julie, ou la Nouvelle Héloïse,* par J.-J. Rousseau; Toulouse, 1831, 4 vol. in-12. Il a laissé en manuscrit une trad. espagnole de l'*Essai sur les Mœurs* et du *Siècle* *de Louis XIV*, et une *Notice* sur le poëte Mellendes Valdès. H. LESUEUR.

Le Moniteur universel, an II (1793), n° 28; an III, n° 229; an IV, n° 1; an V, n° 260 et 270. — Thiers, *Hist. de la Révolution française*, t. III et IV. — A. de Lamartine, *Histoire des Girondins*, t. II et III. — *Dict. Hist.* (1822).

MARCHESI (*Giuseppe*), dit *il Sansone*, peintre de l'école bolonaise, né à Bologne, en 1699, mort en 1771. Il fut successivement élève de Marcantonio Franceschini et d'Aureliano Milani, et empruntant à chacun de ces maîtres leurs qualités principales il sut se former un style en quelque sorte original, mais qui malheureusement est parfois outré dans les nus, défaut dont on ne peut accuser ses modèles; son coloris est excellent et sa perspective irréprochable. Il a peint avec un égal talent à fresque et à l'huile. Son principal ouvrage dans le premier genre est la *Nativité de la Vierge*, coupole plate de l'église de la Madonna di Galliera de Bologne. Il a coopéré aussi à la décoration de la voûte de la chapelle du Rosaire à Saint-Dominique. Parmi ses tableaux, à Bologne, on remarque *Le Prophète Élie*, à Santo-Martino-Maggiore, le *Saint Ambroise refusant l'entrée du temple à Théodose*, à la cathédrale; mais surtout le *Martyre de sainte Prisque*, de la cathédrale de Rimini, heureuse imitation de la *Sainte Agnès* du Dominiquin. Il fut membre de l'Académie Clémentine. E. B—N.

Orelli, *Memorie*. — Zanotti, *Storia dell' Accademia Clementina*. — Lanzi, *Storia della Pittura*. — Orlandi, *Abbecedario*. — Ticozzi, *Dizionario*. — Gualandi, *Memorie originali di Belle-Arti* et *Tre Giorni in Bologna*.

MARCHESI ou **MARCHESINI** (*Luigi*), chanteur italien, né à Milan, en 1741, mort à Bologne, en 1826. Fils d'un trompettiste, il se livra d'abord à l'étude du cor; mais, jaloux des hommages que l'on rendait alors aux sopranistes, il se rendit à Bergame, où il se soumit à la castration. Après avoir reçu des leçons de Fioroni, de Caironi et d'Albuzzi, il fut admis parmi les élèves de la cathédrale. En 1774, il vint à Rome, où il débuta dans un rôle de femme. L'année suivante, il parut à Milan dans des rôles secondaires; en 1779 il joua à Florence dans le *Castore e Polluce* de Bianchi et dans l'*Achille in Sciro* de Sarti. Ce dernier ouvrage lui acquit une réputation extraordinaire. Il reparut à Milan, joua ensuite sur les principaux théâtres d'Italie, puis à Vienne, à Berlin, à Saint-Pétersbourg et à Londres, où il resta deux ans. Retiré du théâtre en 1790, il se fixa en Italie, où il vécut riche et honoré. « L'excellence de sa méthode de chant, dit M. Adrien de La Fage, a été si connue et si admirée que tout ce que l'on pourrait dire à ce sujet ne saurait exprimer les sensations qu'il faisait éprouver. Crescentini a pu seul donner une idée de la pureté de son expression, du bon goût de ses agréments, de la netteté de sa voix. Marchesi était de plus excellent acteur, talent bien rare dans les bons chanteurs et que, seul parmi les castrats, il a su porter à la perfection. » J. V.

Adrien de La Fage, *Nécrologie*; dans la *Revue Encyclopédique*, 1826, p. 816-818. — Fayolle, *Dict. des Musiciens*. — Fétis, *Biogr. univ. des Musiciens*.

MARCHESI (*Pompeo*, chevalier), sculpteur italien, né en 1790, mort à Milan, le 6 février 1858. Les conseils de Canova, sous lequel il travailla, l'étude de la nature et de l'antique mûrirent son talent brillant. Il devint professeur de l'Académie des Beaux-Arts de Milan. Les premiers travaux qui lui valurent du renom furent les bas-reliefs de la voûte du Simplon, une *Terpsichore*, une très-belle *Vénus-Uranie*, et une statue colossale de *Saint Ambroise*. Ensuite il exécuta un grand nombre de statues et de bustes, entre autres la statue colossale du roi *Charles-Emmanuel III* qui se voit à Novare, les statues de *Volta*, à Côme, de *Beccaria* et de *Bellini*, le buste du professeur *Zuccala* pour l'Athénée de Bergame, et un monument à la mémoire de *Mme Malibran*. A la demande de trois riches habitants de Francfort, il fit en marbre une statue de *Gœthe* pour la bibliothèque de cette ville : le grand poëte allemand, vêtu à l'antique et assis dans un fauteuil, y est représenté dans l'attitude de la méditation, tenant d'une main un album, de l'autre un crayon. Marchesi sculpta deux statues de l'empereur d'Autriche *François Ier* : la première, exécutée avec Manfredoni, pour les états de Styrie, se trouve à Grætz; la seconde, exécutée par lui seul, est au château de Vienne. Marchesi fit encore pour le roi de Sardaigne une statue en marbre de *Philibert-Emmanuel de Savoie*, et contribua à la décoration de la façade du château de Milan par douze figures de grands capitaines italiens. En même temps une foule de bustes historiques et des groupes de genre sortaient de son atelier. Il consacra plusieurs années à l'exécution d'un groupe colossal en marbre qui orne depuis 1852 la cathédrale de Milan, et qui représente *La Bonne Mère*, *ou la fête du vendredi saint* : c'est une *Mater dolorosa* tenant le corps du Christ sur son sein. L. L—T.

Convers.-Lexikon. — *Dict. de la Convers.* — Vapereau, *Dict. univ. des Contemp.*

MARCHESI. *Voy.* COTIGNOLA.

MARCHESINI (*Jean*), humaniste italien, vivait à Reggio au quinzième siècle. Entré dans l'ordre des Minorites, il termina en 1466 un ouvrage destiné à remédier à l'ignorance des moines; c'était un dictionnaire latin, où chaque mot, surtout ceux qui se trouvent dans la Bible, était longuement expliqué. Ce livre, intitulé *Mammothreptus* (1), et plus tard, par corruption, *Mammotrectus*, eut au quinzième et au seizième siècle plus de dix-huit éditions, dans lesquelles on a réuni quelques opuscules grammaticaux et exégétiques de Marchesini; la première est de Mayence, 1470, in-fol.; puis Venise, 1476, 1478,

(1) *Mammothreptus, puer qui diu sugit, quod non decet.*

Anatomia, cui Responsiones ad Riolanum in ipsius Animadversionibus contra Veslingium additæ sunt; Padoue, 1652, 1654, in-4°; Harderwick, 1656, et Leyde, 1688, in-12. « Ce qu'il y a de plus remarquable dans ses écrits, dit la *Biographie Médicale*, ce sont les détails dans lesquels il entre sur la sympathie qui existe entre l'estomac et le cerveau, et qu'il attribue aux nerfs pneumo-gastriques, désignés aussi sous le nom de sixième paire. » P.

Éloy, *Dict. de la Méd.* — Haller, *Biblioth. Anatomica.* — Papadopoli, *Hist. Gymnasii Patav.*, I. — *Biogr. Méd.*

MARCHETTO, surnommé *de Padoue*, parce qu'il était né dans cette ville, savant musicographe, vivait dans la seconde moitié du treizième siècle et dans les premières années du quatorzième. On a de lui deux ouvrages qui sont des monuments pleins d'intérêt pour l'histoire de l'art musical. Le premier, ayant pour titre *Lucidarium Musicæ planæ*, qu'il termina à Vérone, en 1274, se compose de seize petits traités, subdivisés eux-mêmes en un certain nombre de chapitres. Cet ouvrage, plus spéculatif que pratique, est relatif aux sons et à leur division, aux consonnances, aux dissonnances et à leurs proportions, aux tons, aux poses considérées dans la musique plane, c'est-à-dire non mesurée. Les deuxième, cinquième et huitième traités contiennent des exemples de successions harmoniques tellement hardies pour le temps, que Marchetto lui-même ne songe pas à en proposer l'emploi. Ces exemples d'harmonie chromatique semblaient devoir créer immédiatement une nouvelle tonalité ; mais de semblables innovations étaient trop prématurées : elles furent mal comprises et restèrent encore sans signification jusqu'à la fin du seizième siècle. Le second ouvrage de Marchetto est intitulé *Pomerium Musicæ mensuratæ* ; il est entièrement consacré à la musique mesurée telle qu'elle est exposée par Francon de Cologne. Comme le *Lucidarium*, il est divisé en traités, dont les paragraphes forment autant de chapitres. On y trouve des éclaircissements non-seulement sur quelques points difficultueux de la notation de Francon, mais aussi sur d'autres difficultés que présentent les modifications successivement introduites dans la notation jusqu'au commencement du quatorzième siècle. Le *Lucidarium* et le *Pomerium*, dont il existe des manuscrits à la bibliothèque Ambroisienne de Milan et à celle du Vatican, ont été publiés par Gerbert dans le troisième volume de ses *Scriptores ecclesiastici de Musica sacra*.

Dieudonné DENNE-BARON.

Burney, *A general History of Music*. — Muratori, *Antiquit. Ital. medii ævi*, t. III. — Choron et Fayolle, *Dictionnaire historique des Musiciens*. — Fétis, *Biographie universelle des Musiciens*. — De Coussemaker, *Histoire de l'Harmonie au moyen âge*; Paris, 1852.

MARCHI (*François*), ingénieur italien, né à Bologne, vers 1506; on ne connaît exactement ni la date de sa naissance ni celle de sa mort. S'appliquant de bonne heure à l'architecture, il servit, comme ingénieur, Alexandre de Médicis, premier duc de Florence; après la mort de ce prince, il fut attaché à Pierre-Paul-Louis Farnèse, duc de Parme. Le pape Paul III l'employa également. En 1552, Marchi se rendit en Flandre avec Marguerite, sœur de Philippe II, et servit pendant trente-deux ans comme ingénieur militaire. Sa vie n'est d'ailleurs connue que par des renseignements bien incomplets, disséminés dans ses écrits, et qui ne sont pas exempts de difficultés, lesquelles semblent le résultat de fautes d'impression. En 1599, il fit imprimer à Brescia, in-folio, un traité *Della Architectura militare*, devenu tellement rare que Tiraboschi resta longtemps sans en avoir vu un seul exemplaire. Cet ouvrage important demeura dans l'oubli, et ce ne fut qu'au commencement du siècle dernier qu'un moine, le père Corazza, entreprit d'en faire ressortir le mérite. Le marquis Maffei, s'occupant ensuite du même sujet, voulut montrer que les principales découvertes attribuées à Vauban se trouvaient dans les écrits de l'ingénieur bolonais. Une polémique assez vive, à laquelle prirent part des moines et des officiers, eut lieu à cet égard, sans résultat réel. On alla jusqu'à prétendre que Vauban s'était attaché à détruire autant qu'il dépendait de lui tous les exemplaires de l'ouvrage de Marchi; c'est une accusation dénuée de tout fondement. Le fait est qu'il y a dans l'*Architecture militaire* le germe d'idées qui ont été imitées et perfectionnées par des ingénieurs de diverses nations, lesquels n'avaient peut-être jamais lu l'ouvrage en question; mais les mêmes pensées se présentent naturellement aux hommes studieux qui méditent sur un objet identique. Devenu introuvable, l'*Architettura militare* fut l'objet d'une réimpression faite à Rome, 1810, 5 vol. in-folio, avec beaucoup de luxe, et *illustrata da Luigi Marini*. Les deux derniers volumes contiennent les planches. Marchi est auteur de quelques autres ouvrages, tels qu'une *Relation des fêtes célébrées lors du mariage d'Alexandre Farnèse avec Marie de Portugal*; mais de tous ses travaux le plus important se conserve en manuscrit à Florence : c'est un traité complet d'architecture civile et militaire; il est précédé de considérations empreintes d'un caractère élevé de grandeur, et comprend tout ce qui se rapporte aux constructions, à la science de l'ingénieur, aux canaux, à la balistique. On y rencontre des observations physiques qui montrent sur combien d'objets différents se portait l'intelligence active de cet ingénieur. Il n'a été publié que quelques fragments de cet ouvrage, demeuré inachevé. G. B.

Fantuzzi, *Scrittori Bolognesi*, t. V, p. 218. — Marini, *Vita di F. Marchi*; Roma, 1810, in-4°. — Venturi, *Memorie intorno alla vita e alle opere del capitano Fr. Marchi*; Milano, 1816, in 4°. — Libri, *Histoire des Sciences mathématiques en Italie*, t. IV, p. 161. — Ginguené, *Histoire de la Littérature italienne*, t. VII. — Tiraboschi, *Storia della Letter. italiana*, XI, p. 404.

MARCHIALI. *Voy*. MASQUE DE FER.

MARCHIN (*Jean-Gaspard-Ferdinand*, comte DE), général belge, mort en 1673, à Spa. Il appartenait à une famille de bonne noblesse originaire du pays de Liége. Ce fut avec Condé (alors duc d'Enghien) qu'il fit ses premières armes contre les Impériaux; il était colonel général des chevau-légers liégeois, et devint en 1645 maréchal de camp. Admis au service de France, il combattit en Flandre et en Catalogne; en 1648 il commanda l'armée française qui occupait cette province, fit tout ce qu'il put pour arrêter les progrès des Espagnols, qui lui étaient supérieurs en nombre, et ne réussit qu'à sauver Barcelone. Arrêté par l'ordre du duc de Mercœur, il subit une détention de treize mois et fut ensuite remis à la tête des troupes en Catalogne (1651); mais il abandonna bientôt son commandement pour suivre de nouveau le parti de Condé, et emmena avec lui trois mille hommes qu'il conduisit par les frontières d'Espagne jusqu'en Guienne. Cette désertion fit perdre pour toujours la Catalogne à la France. Nommé en 1653 capitaine général au service d'Espagne, Marchin se distingua au siége d'Arras. Profitant d'une mésintelligence survenue entre Marchin et Condé, le cardinal Mazarin chargea le comte de Rochefort de faire au premier les offres les plus avantageuses : on lui promettait le bâton de maréchal, le cordon bleu, un gouvernement de province et cent mille écus d'argent comptant; Marchin en exigeait deux cent mille et le commandement d'une armée. La négociation fut rompue. Marchin s'attacha à Charles II, roi d'Angleterre, alors réfugié dans les Pays-Bas, qui le plaça auprès des ducs d'York et de Glocester, avec lesquels il fit dans l'armée espagnole les campagnes de 1657 et de 1658 : Charles II lui donna l'ordre de la Jarretière. N'ayant pas été compris dans l'amnistie accordée à Condé par le traité des Pyrénées, Marchin continua de porter les armes contre la France; après avoir pris une part insignifiante à la guerre de 1667, il fut surpris dans celle de 1672 par le maréchal de Créquy, perdit deux mille hommes, et s'enferma dans Bruges. Disgracié par la régence des Pays-Bas, il se retira dans sa terre de Modane, près de Huy. Il avait été créé comte du Saint-Empire en 1658.

P. L.

Le Vassor, *Hist. de Louis XIII*. — Retz, Mongiat, Rochefort, *Mémoires*. — Becdelièvre-Hamal, *Biogr. Liégeoise*, II, 253-261.

MARCHIN (*Ferdinand*, comte DE), maréchal de France, fils du précédent, né en février 1656, mort le 7 septembre 1706, à Turin. N'étant encore âgé que de dix-sept ans, il vint en France après la mort de son père, et obtint une lieutenance dans les gendarmes de Flandre. Au bout de quelques campagnes, il devint brigadier de cavalerie (1688), commanda, en 1689, la gendarmerie à l'armée d'Allemagne, et fut blessé à la bataille de Fleurus. Maréchal de camp en 1693 il servit à Nerwinde et à la prise de Charleroi, et passa en 1695 en Italie. Il avait alors la charge de directeur général de la cavalerie. Dans la guerre de la succession d'Espagne, il fut employé tour à tour comme capitaine et comme négociateur. Ayant été fait lieutenant général en juin 1701, il se rendit la même année à Madrid en qualité d'ambassadeur extraordinaire. Philippe V voulut lui donner la grandesse; mais Marchin refusa cet honneur. « Étant absolument nécessaire, écrivait il à ce sujet à Louis XIV, que l'ambassadeur de V. M. en Espagne ait un crédit sans bornes auprès du roi son petit-fils, il est aussi absolument nécessaire qu'il n'en reçoive jamais rien, sans excepter ni biens, ni honneurs, ni dignités, parce que c'est un des principaux moyens pour faire recevoir au conseil du roi catholique toutes les propositions qui viendront de la part de V. M. » Marchin accompagna Philippe V à Naples, et se trouva en 1702 au combat de Luzzara, où il eut deux chevaux tués sous lui. Rappelé en France, sur la fin de la même année, il fut nommé gouverneur d'Aire en Artois, et contribua beaucoup, sous les ordres du duc de Bourgogne, au gain de la bataille de Spire (15 novembre 1703). Il passa ensuite le Rhin, et alla joindre l'électeur de Bavière avec un convoi considérable. Ce prince lui remit les lettres du roi en date du 8 octobre 1703, qui l'élevaient à la dignité de maréchal de France. Marchin, qui remplaçait Villars et qui devait agir de concert avec Villeroi et Tallard, prit le commandement de l'armée, et termina heureusement la campagne par la prise d'Augsbourg. En 1704 il remporta quelques avantages sur les Impériaux. Mais la présomption de l'électeur l'ayant entraîné sur la gauche du Danube, il abandonna malgré lui la forte position qu'il occupait à Lavingen, et se mit en bataille dans la plaine de Hochstedt (13 août 1704). Par une ordonnance bizarre, Marchin et Tallard, quoique rangés sur un seul front, commandaient deux armées séparées; ce fut ce qui les perdit. Le premier, qui était à l'aile gauche, soutint vigoureusement l'attaque du prince Eugène; mais, après l'attaque des Bavarois et la prise de Tallard, il ne lui restait plus qu'à réunir les débris de l'armée, qui avait perdu huit mille hommes et cent pièces de canon. Sous la protection de Villeroi, qui s'était avancé à sa rencontre, il opéra sa retraite en assez bon ordre et fut forcé d'évacuer toute l'Allemagne. Après avoir été pourvu du gouvernement de Valenciennes, il fut envoyé en 1705 sur le Rhin, et opéra sa jonction avec Villars pour défendre l'Alsace contre le prince de Bade. De là il passa en Flandre, où le roi lui avait donné l'ordre d'amener à Villeroi un puissant secours de dix-huit bataillons et de quarante escadrons. Villeroi, ne tenant aucun compte de l'avis que lui donna le ministre Chamillart d'attendre Marchin, se crut assez fort pour lutter seul contre Marlborough, et perdit la bataille de Ramillies (23 mai 1706). Deux mois plus tard, Marchin fut adjoint à La Feuillade pour servir en Italie sous les ordres du duc d'Orléans. Lors de la prise des lignes de Turin par le prince Eugène (7 septembre), il reçut un coup de feu à la cuisse; transporté à Turin, il expira au bout de quelques heures, en disant à l'ambassadeur d'Angleterre : « Croyez au moins, monsieur, que ç'a été contre mon avis que nous avons attendu dans nos lignes. » Contrairement à l'opinion des historiens du temps, qui s'attachent à disculper le duc d'Orléans, cette protestation de Marchin a été acceptée pour vraie et corroborée de preuves par Napoléon dans les *Mémoires* publiés par le général Montholon. Saint-Simon a tracé le portrait du maréchal sous des couleurs fort rembrunies. « C'était, dit-il, un extrêmement petit homme, grand parleur, plus grand courtisan, ou plutôt grand valet, tout occupé de sa fortune, sans toutefois être malhonnête homme, dévot à la flamande, plutôt bas et complimenteur à l'excès que poli, esprit futile, léger, de peu de fond, de peu de jugement, de capacité, dont tout l'art allait à plaire. » Marchin ne s'était point marié. On a publié sous son nom : *Campagne d'Allemagne en* 1704; Amsterdam, 1742, 3 vol. in-12. P. L.

Feuquières, Villars, Saint-Simon, *Mémoires*. — Le P. Anselme, *Hist. des Grands-Officiers de la Couronne*. — Pinard, *Chronol. militaire*. — De Courcelles, *Dict. des Généraux français*.

MARCHINO DI GUIDO. *Voy.* BANDINELLI (*Marco*).

MARCHIONE *d'Arezzo*, l'un des plus anciens sculpteurs et architectes italiens du moyen âge dont le nom soit parvenu jusqu'à nous. Il vivait au commencement du treizième siècle. En 1207, par ordre d'Innocent III, il restaura et suréleva, à Rome, la tour de' Conti, qui avait été fondée en 858 par un autre pape de la famille Conti, Nicolas Ier. Il avait construit pour le même pontife dans le Borgo-Vecchio l'ancien *hôpital* et *l'église de* Santo-Spirito-in-Sassia, qui furent démolis et rebâtis au seizième siècle. Il avait aussi donné les dessins d'une chapelle de Sainte-Marie Majeure, qui fut reconstruite sous Sixte Quint. Une de ses œuvres les plus remarquables fut le *tombeau du pape Honorius III*, dont, dit Vasari, il dessina et sculpta les ornements avec un art qui était alors inconnu en Italie. L'édifice le plus important que nous connaissions de Marchione d'Arezzo se trouve encore dans sa ville natale; c'est l'église de *Santa-Maria-della-Pieve*, dont la façade est composée de trois ordres de colonnes grosses, sveltes, torses, isolées ou groupées, dont les chapiteaux offrent, au milieu des figures les plus bizarres, des monstres les plus étranges, quelques traces de l'approche de la renaissance de la sculpture. L'ensemble de cette façade, malgré sa singularité, dénote un progrès réel et des efforts consciencieux. Au-dessus de la porte de l'église, Marchione a sculpté en demi-relief Dieu le père entouré d'anges et les douze mois de l'année; il y a gravé son nom et la date de 1216. Vasari indique encore parmi les ouvrages de cet artiste une porte de la cathédrale de Bologne, enrichie de nombreuses figures d'hommes et d'animaux et des douze signes du zodiaque; mais cette porte a disparu avec l'édifice lui-même, reconstruit au commencement du dix-septième siècle.
E. B—N.

Vasari, *Vite*. — Cicognara, *Storia della Scoltura*. — Ticozzi, *Dizionario*. — Pistolesi, *Discrizione di Roma*. — O. Brizzi, *Guida d'Arezzo*.

MARCHMONT (*Hugh* HUME-CAMPBELL, comte DE), homme politique anglais, né en 1708, mort le 10 janvier 1794, dans le Hertfordshire. Petit-fils de sir Patrick Hume, qui fut élevé à la pairie par Guillaume III pour les services qu'il avait rendus à la cause nationale, il fit ses études à l'université d'Utrecht. De 1734 à 1740, il représenta la ville de Berwick à la chambre des communes, et prit, en 1740, la place de son père dans la chambre haute. Durant cette période, il se distingua parmi les membres de l'opposition et fut lié d'une étroite amitié avec lord Bolingbroke. Nommé commissaire, puis garde des sceaux d'Écosse (1764), il continua de combattre les mesures du gouvernement; aussi en 1784 ne fut-il pas compris dans la liste des pairs représentatifs d'Écosse. On doit à lord Marchmont l'idée de la publication des *Records of the Parliament*, ouvrage si utile pour l'histoire des assemblées anglaises. K.

Chalmers, *General Biograph. Dictionary*, XXI.

MARCI DE KRONLAND. *Voy.* KRONLAND.

MARCIANUS (*Ælius*), jurisconsulte romain, vivait sous le règne de Caracalla et d'Alexandre Sévère, dont deux rescrits lui sont adressés. Au Digeste se trouvent deux cent soixante-quinze fragments de ses écrits, dont voici les titres : *De appellationibus; Libri XVI Institutionum; Regularum Libri V; Libri II publicorum; De delatoribus; Ad hypothecariam formulam; Ad senatus consultum Turpillianum; Notæ ad Papiniani libros de adulteriis.* O.

Œlrichs, *De Vita Ælii Marciani*. — Smith, *Dict. of Greek and Roman Biography*.

MARCIEN (*Marcianus*), empereur d'Orient de 450 à 457 après J.-C. Il naquit en Illyrie ou en Thrace, vers 391, dans une famille obscure. Son père avait servi dans les armées impériales; lui-même embrassa de bonne heure la profession militaire. Son avancement fut lent, puisqu'en 421, à l'âge de trente ans, il n'était encore que simple soldat. Dans la guerre de Perse (421-422), il se fit remarquer du général Ardaburius; ce fut le commencement de sa fortune militaire. Attaché à Ardaburius, puis à son fils Aspar, comme secrétaire et capitaine des gardes, il trouva moyen de montrer ses talents militaires. En 431, il suivit Aspar dans sa funeste expédition contre Genseric, roi des Vandales, et tomba au pouvoir des ennemis. Genseric lui rendit la liberté, soit par estime pour lui, soit à cause de services que l'histoire ne rapporte pas. Dans les dix-neuf années suivantes, il n'est pas fait mention de Marcien, qui continua sans doute de servir avec distinction et qui s'éleva au rang de sénateur et de tribun militaire. Il semblait avoir atteint le terme de son ambition, lorsque Pulchérie, qui venait de succéder à son frère Théodose II sur le trône d'Orient, songea à l'épouser. Cette princesse avait fait vœu de virginité, et, âgée de cinquante-deux ans, elle ne voulait pas manquer à cette obligation religieuse; mais elle avait besoin d'un homme de sens et de fermeté qui l'aidât à rétablir l'honneur de l'empire sans apporter aucun trouble dans sa vie privée. Marcien, âgé de cinquante-huit ans, resté veuf avec une fille unique, estimé pour son honnêteté et ses talents militaires, lui parut un choix convenable. Elle exigea de lui le serment qu'il respecterait son vœu de chasteté, ce que le vieux tribun ne fit aucune difficulté de promettre; elle déclara ensuite publiquement son mariage, qui fut généralement approuvé. Le couronnement de Marcien eut lieu le 24 août 450, et la cérémonie nuptiale suivit de près. L'empereur d'Occident Valentinien III, dont on ne demanda le consentement que lorsque tout était accompli, s'empressa de le donner. Un formidable danger menaçait le monde romain tout entier, et ce n'était pas le moment pour les deux empires de se livrer à des dissensions intestines. Attila, campé au nord du Danube, pouvait à son gré pousser ses hordes sur l'Orient ou sur l'Occident. Dès qu'il eut appris l'avénement de Marcien, il lui envoya des ambassadeurs qui réclamèrent impérieusement le tribut que Théodose II s'était engagé à payer aux rois des Huns. Marcien répondit qu'il avait pour Attila du fer, et non de l'or. Cependant il envoya Apollonius au camp des Huns avec mission de négocier la continuation de la paix, et de porter des présents aux barbares en spécifiant expressément que c'étaient des présents et non des tributs. Attila refusa de recevoir l'envoyé, et demanda les présents. Apollonius répondit qu'il n'avait que deux moyens de les obtenir : c'était, ou de les recevoir comme des présents, en lui donnant audience, ou de les lui arracher avec la vie. Attila, étonné de cette hardiesse, laissa partir l'ambassadeur, mais jura de se venger. Cependant la fermeté de Marcien lui donna à réfléchir, et il crut plus prudent de se tourner contre l'Occident, où régnait le faible Valentinien III. Tandis que le torrent de l'invasion s'écoulait vers la Gaule, en 451, Marcien s'occupait de pacifier les disputes religieuses de son empire et rassemblait un concile à Chalcédoine, où les doctrines des eutychiens furent condamnées. L'année suivante Ardaburius, fils d'Aspar et chef de l'armée d'Orient (*dux Orientis*), défit les Arabes près de Damas, et les força de demander la paix. Maximin eut un succès semblable contre les Blemmyens, qui avaient envahi la haute Égypte. Marcien envoya en même temps une forte armée sur les frontières de l'empire d'Occident, pour secourir Valentinien et protéger ses propres États contre l'invasion des Huns; enfin, il s'occupa incessamment de la prospérité de ses sujets, qui avaient cruellement souffert sous ses prédécesseurs. La mort d'Attila, en 453, lui enleva un juste sujet d'inquiétude, et la dissolution presque immédiate de l'empire hunnique lui fournit une occasion de repeupler les provinces que ces barbares avaient dévastées sous le règne de Théodose. Suivant la vieille politique romaine de placer les barbares sur les frontières de l'empire, il établit les Ostrogoths en Pannonie, les Sarmates et les Hérules en Illyrie, les Alains et les Huns sous Hernac, le plus jeune fils d'Attila, dans la Scythie et la basse Mésie.

Pulchérie mourut en 454. Marcien lui survécut de trois ans. Au milieu des catastrophes qui précipitèrent la ruine de l'empire d'Occident (meurtre de Valentinien, usurpation de Maximin, prise et pillage de Rome par Genseric), Marcien maintint la tranquillité dans ses États, et força les Perses à renoncer à de nouvelles hostilités contre l'empire. Il tomba malade au commencement de 457, et mourut le 26 juin suivant. Marcien fut un des meilleurs princes byzantins. Sa mémoire est honorée dans l'Église grecque, qui célèbre sa fête avec celle de Pulchérie. Il fit les plus louables efforts pour réformer la vénalité et la corruption des fonctionnaires et des avocats. Ses règlements à ce sujet, insérés dans le *Code Théodosien*, témoignent de sa sagesse et de sa fermeté. L. J.

Évagre, II, 12. — Théophane, p. 86, etc. — Theodorus Lector, I, 28 — Nicephore Calliste, XV, 1-4. — Priscus, dans les *Excerpta Legationum*. — Zonaras, vol. I, p. 45, etc. — Cedrenus, p. 343, etc. — Procope, *Vand.*, I, 4. — Malela, p. 21, 27. — Codinus, p. 35, 60, 61. — Glycas, p. 262. — Joel, p. 171. — Gibbon, *History of Decline and Fall of Roman Empire*. — Le Beau, *Hist. du Bas-Empire* (édit. de Saint-Martin), t. VI.

MARCIEN *d'Héraclée* (dans le Pont), géographe grec d'une époque incertaine. Il vivait après Ptolémée, qu'il cite souvent, et avant Étienne de Byzance, qui en plusieurs endroits se réfère à son autorité. S'il est le même que le Marcien mentionné par Synosius et Socrate, il a dû vivre au commencement du cinquième siècle après J.-C. On a de lui : Περίπλους τῆς ἔξω θαλάσσης ἑῴου τε καὶ ἑσπερίου καὶ τῶν ἐν αὐτῇ μεγίστων νήσων (*Périple de la Mer extérieure, orientale et occidentale et des plus grandes îles qu'elle renferme*). Marcien emploie le terme de *Mer extérieure* par opposition à celui de Méditerranée, et il ne parle pas de cette dernière mer, qui avait été suffisamment décrite par Artémidore. Son ouvrage comprenait deux livres; le premier, consacré aux mers de l'Orient et du Sud, nous est parvenu en entier; le second, qui traitait des mers de l'Occident et du Nord, s'est perdu, à l'exception des trois derniers chapitres sur l'Afrique et du chapitre tronqué sur la distance de Rome aux principales villes du monde. Marcien composa aussi un abrégé en onze livres du *Périple* d'Artémidore d'Éphèse. Il ne reste de cet *Epitome* que l'introduction et le *Périple*

seau. Quelques critiques ont douté qu'un homme aussi instruit que Marcion ait rempli un pareil emploi; mais rien ne prouve que sa science ait été bien grande. Il paraît qu'il s'attacha d'abord aux doctrines des stoïciens, et quoique son père fût évêque (probablement de Sinope), il ne se convertit au christianisme qu'après un long examen. Il garda quelque chose de ses anciennes opinions, ou s'abandonna à des nouveautés hétérodoxes qui le firent excommunier. Cet événement changea le cours de sa vie. Épiphane, qui prétend que Marcion fut chassé de l'Église pour avoir séduit une jeune fille, ajoute qu'il s'efforça de rentrer dans la communion chrétienne et affecta de grands sentiments de pénitence. Mais son père, qui l'avait excommunié, refusa de lui rouvrir les portes de l'église. Marcion se rendit alors à Rome, où il arriva en 142 suivant Tillemont, mais plus vraisemblablement en 138, puisque saint Justin parle du séjour de Marcion à Rome dans son *Apologie*, qui date de 139. Suivant saint Épiphane, le premier soin de Marcion en arrivant à Rome fut de demander à rentrer dans l'Église; il essuya un refus. Saint Épiphane ajoute qu'il avait prétendu remplacer le pape Hygin, qui venait de mourir, et que son ambition désappointée l'avait jeté dans la secte des gnostiques. Ces doctrines orientales étaient alors propagées par un Syrien nommé Cerdon. Marcion s'attacha à l'hérésiarque, et annonça aux chrétiens qu'il causerait parmi eux un schisme perpétuel. Ce récit de saint Épiphane ne s'accorde pas avec la version, plus authentique, de Tertullien. D'après celui-ci Marcion fut reçu dans la communion de l'Église romaine, et professa des opinions orthodoxes sous le pontificat d'Éleuthère; mais sa curiosité incessante le jeta dans des recherches dangereuses et des controverses contraires à la foi. Averti à diverses reprises, il finit par être retranché complétement de l'Église (*in perpetuum discidium relegatus*). Il continua ses prédications, sans renoncer à l'espoir de se réconcilier avec l'Église catholique. Les ministres de cette Église finirent par y consentir, à condition qu'il ramènerait avec lui ses disciples dans le sein de l'orthodoxie. Marcion y consentit; mais la mort l'empêcha de remplir cette condition préalable. Ses disciples étaient alors peu nombreux, et ne professaient pas encore toutes les opinions qui caractérisèrent plus tard la secte des marcionites. Le point fondamental de l'hérésie de Marcion était l'opposition supposée irréconciliable entre le Créateur et le Dieu des chrétiens, entre les deux systèmes religieux, l'ancienne Loi et l'Évangile. Son système théologique n'est pas parfaitement connu. Saint Épiphane l'accuse d'admettre trois premiers principes, l'un, le suprême, l'ineffable et l'invisible, que Marcion appelle le bon; le second, le Dieu visible, le Créateur; le troisième, le Diable ou peut-être la matière, source du mal. Suivant Théodoret il admettait quatre existences incréées, le Dieu bon, le Créateur, la matière et le mal qui gouverne la matière, c'est-à-dire apparemment le Diable. Il est établi que Marcion admettait l'éternité de la matière; il reste douteux si le Créateur était pour lui un premier principe ou à un degré quelconque une émanation, une dérivation de Dieu bon. Dans les deux cas il établit entre ces deux principes une opposition formelle. Il arriva à cette conclusion parce qu'il n'aperçut pas dans l'Ancien Testament l'amour, la charité qui sont manifestés dans l'Évangile du Christ. Il fit donc du Créateur, du Dieu de l'Ancien Testament, l'auteur des maux « *malorum factorem* », entendant par là non le mal moral, mais la souffrance. La vieille dispensation (distribution des récompenses) fut suivant lui donnée au Créateur, qui choisit les Juifs comme son peuple et leur promit un Messie. Jésus n'est pas ce Messie, mais le Fils du Dieu invisible et ineffable, et il a paru sur la terre sous la forme d'un homme, peut-être d'un pur fantôme, pour délivrer les âmes et renverser la domination du Créateur. Marcion supposait de plus que quand Jésus descendit dans l'enfer, il délivra non ceux que l'Ancien Testament regardait comme des saints, tels que Abel, Enoch, Noé, Abraham, Moïse, David, etc., mais plutôt ceux qui avaient désobéi au Créateur ou l'avaient rejeté : tels que Caïn, Esaü, Korah, Dathan et Abiram. Les autres doctrines de Marcion étaient des conséquences de ces principes. Il condamnait le mariage et n'admettait pas au baptême les gens mariés; son motif était qu'il ne faut pas propager une race destinée à la cruelle domination du Créateur. Ses sectateurs, persuadés que ce monde est la proie du mal, couraient au devant du martyre, qui les affranchissait de la vie. Ils niaient la résurrection du corps, et, malgré l'assertion de saint Épiphane, on doute qu'ils crussent à la transmigration. Ils renouvelaient le baptême plusieurs fois, comme si les péchés de la vie de chaque jour eussent diminué l'efficacité de ce sacrement; mais cette coutume, dont Tertullien ne parle pas, s'introduisit probablement après la mort de Marcion. Les femmes étaient admises à baptiser les personnes de leur sexe, et les catéchumènes assistaient à la célébration des mystères. Pour faire concorder les saintes Écritures avec ses vues, Marcion dut rejeter une grande partie du Nouveau Testament. Il regardait l'Ancien Testament comme une révélation du Créateur aux Juifs, son peuple, non-seulement différente du christianisme, mais contraire à cette religion. Il ne reconnaissait qu'un seul Évangile: c'était une révision mutilée de l'Évangile de saint Luc, rejetant la plus grande partie des quatre premiers chapitres, et commençant son Évangile par ces mots : « Dans la quinzième année du règne de Tibère César, Dieu vint à Capernaum, ville de Galilée, et parla sur le sabbath. » Marcion omettait dans les discours de Jésus tous les passages où il reconnaît le Créateur comme son père. Il admettait les *Epîtres* suivantes de saint Paul : *aux Romains ; Ire et IIe aux Corinthiens, aux Galates, aux Éphésiens, aux Philippiens, aux Colossiens, Ire et IIe aux Thessaloniens, à Philémon ;* il reconnaissait aussi certaines parties d'une épître supposée de saint Paul aux Laodicéens; mais toutes les *Épîtres* qu'il admettait étaient mutilées et interpolées. Outre cet Évangile ainsi arrangé, Marcion compila un ouvrage intitulé *Antithesis ;* c'était une collection de passages de l'Ancien et du Nouveau Testament qu'il trouvait contradictoires. Au fond le système de Marcion est le même que le manichéisme, c'est une tentative pour expliquer l'origine du mal. Marcion, comme plus tard Manès, crut résoudre ce problème en supposant deux premiers principes; mais entre les deux hérésiarques il y a cette différence essentielle que Marcion tira son système des saintes Écritures interprétées avec une subtilité audacieuse, tandis que le manichéisme, conçu en dehors des traditions et des dogmes chrétiens, est une dérivation du parsisme. Quant aux rapports, assez nombreux, du marcionisme avec le gnosticisme, *voy.* VALENTIN. L. JOUBERT.

Tertullien, *Contra Marcionem*, libri V; *De Præscriptione Hæreticorum.* — Saint Justin, *Apologia.* — Saint Irénée, *Adversus Hæres.* — Clément d'Alexandrie, *Stromata*, III, 3. — Saint Épiphane, *Panarium.* — Ittigius, *De Hæresiarchis*, sect. II, c. 7. — Cave, *Historia Literaria*, vol I, p. 34 édit. d'Oxford, 1740. — Tillemont, *Mémoires ecclésiastiques*, vol II, p 268. — Beausobre, *Histoire du Manichéisme*, liv. IV, c. V VIII — Lardner, *History of Heretics*, II, c. x. — Neander, *Kirchengeschichte*, vol. II. — Bayle, *Dictionnaire Historique et critique*, article *Marcionites.* — *Dictionnaire des Sciences philosophiques.*

MARCIUS, devin italien, dont les vers prophétiques (*Carmina Marciana*) furent découverts pour la première fois par M. Atilius, préteur en 213 avant J.-C Ils étaient écrits en latin. Tite Live nous en a donné deux extraits, dont l'un contient une prophétie de la défaite des Romains à Cannes, et dont le second prescrit l'institution de jeux apollinaires (*ludi Apollinares*). Les prophéties marciennes furent conservées dans le Capitole avec les livres sibyllins et confiées à la garde des mêmes officiers. Tite Live, Macrobe et Pline ne parlent que d'un seul devin du nom de Marcius; mais Cicéron et Servius mentionnent deux frères, les Marcius (Marcii). Il serait inutile de chercher à éclaircir cette difficulté et de vouloir fixer la date d'un personnage, ou de deux personnages dont l'existence est douteuse. Des érudits modernes ont essayé de rétablir la forme métrique des prophéties conservées par Tite Live. Y.

Tite Live, XXV, 12. — Macrobe, *Satire*, I, 17. — Servius, *Ad Virgil. Æn.*, VI, 72. — Pline, *Hist. Nat*, VII, 33. — Cicéron, *De Divin.*, I, 40; II, 55. — Hartung, *Die Religion der Römer*, vol. I, p. 129. — Göttling, *Geschichte der Römisch. Staatsverfassung*, p. 263. — Niebuhr, *Histoire Romaine*, t. II (trad. de Golbéry). — Hermann, *Elementa Doctrinæ metricæ*, III, 9. — Duntzer et Lersch, *De Versu Saturnino.*

MARCK (LA). *Voy.* LA MARCK.

MARCO BENEVENTANO, astronome italien, né à Bénévent, dans la seconde moitié du quinzième siècle, mort vers le milieu du seizième. Entré dans l'ordre des Célestins, il devint abbé du couvent de cet ordre à Bénévent, fut nommé en 1525 pénitencier à la basilique du Vatican et publia : *Ptolemæi Geographia ;* Rome, 1507 et 1508, in-fol.; avec un planisphère disposé par Jean Ruysch, et six cartes modernes; quelques erreurs échappées à Marco furent signalées avec beaucoup d'aigreur par Sylvanus, dans son édition de Ptolémée parue en 1511; — *Tractatus de Motu octavæ Sphæræ ;* cet ouvrage ayant été attaqué par Pighi, Marco le défendit par deux écrits publiés à Bénévent en 1521 : *Apologeticum Opusculum adversus ineptias cacostrologi anonymi* et *Novum Opusculum in cacostrologum referentem ad eclipticam immobilem abacum Alphonsinum.* O.

Toppi, *Bibliotheca Napolitana.* — Ughelli, *Italia sacra.* — Nicastro, *Pinacotheca Beneventana.* — *Biografia degli Uomini illustri del regno di Napoli*, t. II.

MARCO CALABRESE, plus connu sous ce surnom que sous son véritable nom, de *Cardisco*, peintre de l'école napolitaine, né en Calabre, vivait de 1508 à 1541. On croit qu'il fut élève de Polydore de Caravage. Il passa toute sa vie à Naples, où il peignit avec un grand succès l'histoire et le portrait. Ses deux tableaux du musée de Naples, une *Piété* et une *Descente de Croix*, montrent qu'il avait un coloris brillant et un style soutenu. Vasari donne de grands éloges à une *Dispute de saint Augustin* qu'il avait peinte pour l'église d'Aversa; malheureusement on ignore ce que ce tableau est devenu.

Marco eut pour élève le Napolitain Giovanni-Filippo Crescione. E. B—N.

Orlandi, *Abbecedario.* — Vasari, *Vite.* — Lanzi, *Storia della Pittura.* — Dominici, *Vite de' Pittori Napolitani.*

MARCO DA FORLI. *Voy.* PALMEGIANI.

MARCO DA FAENZA. *Voy* MARCHETTI (*M.*).

MARCO-POLO. *Voy.* POLO.

MARCOLINI (*François*), imprimeur italien, né à Forli, au commencement du seizième siècle et qui n'est guère connu que comme rédacteur d'un ouvrage curieux et fort recherché des bibliophiles; c'est un in-folio de 207 pages, dédié au duc de Ferrare, ayant pour titre : *Le ingeniose Sorti intitulate* Giardino de pensiari; il fut imprimé à Venise en 1540; et cette édition, devenue très-rare, s'est payée 300 fr. et plus dans des ventes publiques faites à Paris. Marcolini, chez lequel elle se vendait, n'y mit guère du sien : les vers sont de L. Dolce; les nombreuses figures sur bois qui les accompagnent sont dues à un artiste fort habile, J Porta Gurlagnino. Une seconde édition, avec la date de 1550, est moins estimée, et on ne recherche nullement une réimpression donnée à Venise en 1784 et dans laquelle des gravures en taille-douce ont remplacé les anciennes figures sur bois. Quant à l'ouvrage lui-même, il appartient à un genre de productions qui a joui d'une grande fa-

du Pont, de la Bithynie et de la Paphlagonie. L'auteur n'a pas donné un simple abrégé d'Artémidore; il a fait usage d'autres géographes, parmi lesquels il mentionne Timosthène de Rhodes, Ératosthène, Pythéas de Marseille, Isidore de Charax, le pilote Sosander, Simmias, Apellas de Cyrène, Euthymène de Marseille, Philéas d'Athènes, Androsthène de Thasos, Cléon de Sicile, Eudoxe de Rhodes, Hannon de Carthage, Scylax de Caryanda et Botthaeus; mais ses trois principales autorités sont Artémidore, Strabon, et Menippe de Pergame, duquel il donna aussi une édition avec additions et corrections (*voy.* MÉNIPPE). Les écrits qui nous restent de Marcien furent publiés pour la première fois par Hœschel; Augsbourg, 1600, in-8°. Ils furent réimprimés par Morel, Paris, 1606, in-8°, et insérés dans les *Geographi Græci minores* d'Hudson; Oxford, 1698, t. I. M. E. Miller les a donnés plus correctement : *Périple de Marcien d'Héraclée, Epitome d'Artémidore, Isidore de Charax, etc., ou Supplément aux dernières éditions des Petits Géographes, d'après un manuscrit grec de la Bibliothèque royale, avec une carte*; Paris, 1839, gr. in-8°; ils ont été publiés séparément par F.-G. Hoffmann, sous ce titre : *Marciani Periplus. Menippi Peripli Fragmentum quod Artemidori nomine ferebatur. Peripli qui Stadiasmus magni Maris inscribi solet Fragmentum, græce et latine*; Leipzig, 1841, in-8°. Y.

Fabricius, *Bibl. Græca*, vol IV, p. 613. — Dodwell, *De Ætate et Scriptis Marciani*; dans les *Geographi* d'Hudson. — Ukert, *Geographie der Griechen und Römer*, vol. I, part I, p. 236. — Forbiger, *Handbuch der alten Geographie*, vol. I, p. 448.

MARCIEN, *Voy.* MARTIANUS et ZÉNON.

MARCIEU et DE BOUTIÈRES (DE), noms d'une ancienne famille du Dauphiné qui compte parmi ses principaux membres le chevalier de Boutières, parent et compagnon d'armes de Bayard, et qui contribua au gain de la bataille de Cerisoles.

Guy-Balthazar, marquis DE MARCIEU et DE BOUTIÈRES, gouverneur du Graisivaudan, qui se distingua dans les guerres d'Italie.

Pierre-Aimé, comte DE MARCIEU, fils du précédent, général et diplomate français, né en 1686, mort en 1778. Il reçut une bonne éducation, et parlait facilement l'espagnol, l'italien et l'allemand. Le regent Philippe d'Orléans l'employa souvent pour des missions diplomatiques secrètes. Entré comme officier en 1700 dans le régiment de la Couronne, Marcieu en sortit en 1719 pour prendre le commandement du régiment des Vaisseaux. A l'époque de la disgrâce du cardinal Alberoni (*voy.* cet article), Marcieu fut chargé de recevoir le ministre disgracié, et ne le quitta qu'en Provence, où il le fit partir pour Gênes (1720). Il combattit vaillamment en plusieurs occasions, et comptait neuf blessures lorsqu'en 1721 il fut nommé brigadier; en 1734, il devint maréchal de camp et inspecteur général d'infanterie, le 20 février 1743 lieutenant général, et le 1er aout suivant gouverneur de Grenoble et du Graisivaudan, enfin grand'-croix de Saint-Louis en 1755. La même année il commanda un corps d'armée sous les ordres de l'infant don Felipe d'Espagne. Marcieu, tout dévoué à la cour, se montra constamment l'ennemi des protestants et l'adversaire du parlement de Grenoble. Quoique toujours comblé des faveurs de la cour, en mourant, à quatre-vingt-treize ans, il réclamait du roi Louis XVI « deux cent nonante six mille livres, mangées pour le service de Sa Majesté son prédécesseur ». On ne voit pas qu'il ait été fait droit à cette réclamation; mais son second fils (*Pierre-Aimé*) lui succéda dans ses charges, l'aîné étant mort avant son père.

MARCIEU (*Guy-Balthazar-Émé*, marquis DE), général français, fils du précédent, était né en 1721, et mourut dans son château de Touvet, près Grenoble, en 1753. Le 22 décembre 1731 il entra comme enseigne dans le régiment de Royal-Vaisseaux, fit les campagnes d'Allemagne de 1733, 1734, passa guidon dans les gendarmes de la garde du roi (29 octobre 1739) et se distingua à la bataille de Fontenoy, gagnée sur les Anglais et les Hollandais (11 mai 1745). Il était alors mestre-de-camp. Brigadier de cavalerie (1er mai 1746), il fit la campagne de Flandre sous Maurice de Saxe, et assista à la bataille de Raucoux, remportée, sur les alliés commandés par le prince Charles de Lorraine (11 octobre 1746); en 1747 il combattit à Lantosca et à Castel-Doppio, sous le maréchal de Bellegarde. Le 18 mai 1748, promu maréchal de camp, il fut délégué auprès de l'infant don Felippe d'Espagne pour surveiller en Provence et en Dauphiné le passage des troupes espagnoles qui évacuaient l'Italie. Le marquis de Marcieu était encore dans la fleur de l'âge lorsqu'il mourut de la petite vérole.

MARCIEU et DE BOUTIÈRES (*Pierre-Aimé*, marquis DE), général français, frère du précédent, né en 1728, mort le 19 avril 1804. Il entra dans l'ordre de Malte le 27 novembre 1739, et dès juin 1740, c'est-à-dire à peine âgé de douze ans, était cornette dans le régiment de Bouchefolière (cavalerie). Il fit les campagnes de Bohême, d'Allemagne et de Flandre. Capitaine dans Royal-Pologne (cavalerie), le 26 août 1743, il fut nommé gouverneur de Valence et, le 3 avril 1747, colonel du regiment des Landes (infanterie) : il avait dix-neuf ans. Le 19 juillet suivant, il attaqua les redoutes du col de l'Assiette; mais il fut repoussé et reçut plusieurs graves blessures. Le 1er janvier 1748, il fut élevé au grade de mestre-de-camp. Il rejoignit le maréchal Maurice de Saxe devant Mons, participa à la prise de Maëstricht (7 mai), et le 20 octobre 1750, outre une pension de 2.000 livres, fut appelé au gouvernement de Grenoble et du Graisivaudan. Il se distingua à Hastembeck, en Hanovre, en Hesse. Brigadier (10 février 1759), maréchal-de-camp (8 mai 1761), lieutenant général (1er mars 1780), commandant du Dauphiné (29 août 1783), comman-

deur de Saint-Louis (1er août 1787), il avait redressé les frontières de France entre la Savoie et la Suisse. Il eut à lutter contre le parlement de Grenoble, qui le força à donner sa démission. Incarcéré durant la terreur, il fut mis en liberté après le 9 thermidor, et mourut dans la retraite.

MARCIEU (*Nicolas-Gabriel-Emé*, marquis DE), général français, fils du précédent, né le 11 octobre 1761, mort à Paris, le 22 avril 1830. Il entra, le 14 avril 1777, dans les dragons de Monsieur. Il était major du régiment Royal-Champagne (cavalerie) lorsqu'il émigra. De 1792 à 1794, il servit contre la France sous les ordres du maréchal de Broglie, dont il était aide de camp. Les Bourbons le firent maréchal de camp (2 octobre 1816). Il rêvait le rétablissement de l'ordre de Malte; mais il mourut sans qu'aucun gouvernement ait voulu accueillir ses projets. Un de ses fils fut tué dans les rangs bavarois, à la bataille de Hanau, gagnée par les Français (30 octobre 1813). A. D'E—P—C.

De Courcelles, *Dict. hist des Généraux français.*

MARCILE (*Théodore*), savant érudit hollandais, né à Arnheim, le 21 avril 1548, mort le 12 avril 1617. Elevé par son père, échevin d'Arnheim, il étudia les belles-lettres et le droit à Louvain, et enseigna ensuite les belles-lettres d'abord à Toulouse, et depuis 1578 dans divers colléges de l'université de Paris; en 1602 il remplaça Jean Passerat dans la chaire de langue latine au Collége royal (1). On a de lui une édition de *Martial;* Paris, 1584 et 1601, in-8°; Lyon, 1593, in-8°; — *De Laudibus Galliæ;* Paris, 1584, in-8°; — *Lusus poeticus de Nemine;* Paris, 1586, et à la suite du *Nihil* de Passerat; — *Aurea Pythagoreorum Carmina, græce et latine, cum commentariis;* Paris, 1585, in-12, et 1605, in-8°; — *Orationes;* Paris, 1586, in-8° : les cinq dernières ont trait au style propre à la langue latine; — *Historia Strenarum;* Paris, 1599 et 1603, in-8°; — *Strena venatrix, ecloga;* Paris, 1600 et 1606, in-8°; — *Legis XII Tabularum Collecta et interpretamentum;* Paris, 1600 et 1603, in-8°; — une édition de Perse; Paris, 1601 et 1613, in-4°; — *Series nova Proprii et accidentis logici, contra Porphyrium;* Paris, 1601, in-8° : cet écrit fut attaqué par Béhot, auquel Marcile répondit par son *Diludium;* Paris, 1601, in-8°; — une édition de Lucien; Paris, 1615, in-fol.; — *Commentaria in Catullum, Tibullum et Propertium*, dans les éditions de ces poëtes, publiées à Paris, 1604, et Utrecht, 1680, in-8°; — *Notæ in A. Gellii* Noctes Atticas, dans l'édition donnée à Genève, 1609, in-8°. O.

P. Valens, *Marcilii Elogium;* Paris, 1620, in-4°. — Niceron, *Memoires*, t. XXVII. — Goujet, *Memoires sur le Collége royal de France*, t. II, p. 377. — Paquot, *Memoires*, t. I, p. 370.

MARCILLAC (*Pierre-Louis-Auguste* DE CRUSY, marquis DE), officier et littérateur français, né à Vauban (Bourgogne), le 9 février 1769, mort à Paris, le 23 décembre 1824. Élevé à l'École militaire de Paris, il entra lieutenant dans le régiment de Picardie-cavalerie, dont il devint colonel en 1787. Il émigra à la révolution, et fut chargé par les princes, en 1792, de négocier un emprunt de deux millions en Hollande, mission qu'il mena à bonne fin. Il fit la campagne de 1792 comme aide de camp de son oncle, de La Queuille, et celle de 1793 à l'armée du prince de Saxe-Cobourg. Après la prise de Valenciennes, il passa en Espagne, où il servit dans la légion du marquis de Saint-Simon et dans l'état-major du général Ventura. En 1795 il alla en Angleterre, se mit en relation avec Bourmont, Georges Cadoudal, Frotté et autres agents royalistes, et se trouva mêlé à une foule d'intrigues de son parti. La Russie s'étant unie à la coalition contre la France, il se rendit à l'armée de Souvarof. Rentré dans son pays, il se rallia à l'empire, et accepta en 1812 la sous-préfecture de Villefranche (Aveyron). A l'approche des Anglais, en 1814, il se déclara contre l'autorité impériale. A la seconde restauration, le duc d'Angoulême lui donna la préfecture de l'Aveyron; mais Louis XVIII ne ratifia pas cette nomination. Venu à Paris en 1816, Marcillac obtint la présidence du premier conseil de guerre, et y montra une sévérité déplorable. Entré dans l'opposition royaliste, il collabora à *La Quotidienne.* Quand l'expédition d'Espagne fut résolue, il présenta deux plans de campagne, et entra en qualité de colonel d'état-major dans le corps d'armée du maréchal Moncey. De retour à Paris, il fut emporté par une fluxion de poitrine. On a de lui : *Nouveau Voyage en Espagne;* Paris, 1805, in-8°; — *Aperçus sur la Biscaye, les Asturies et la Galice, et Précis de la défense des frontières de Guipuscoa et de la Navarre;* Paris, 1806, in-8°; — *Histoire de la Guerre entre la France et l'Espagne pendant les années* 1793, 1794 et 1795; Paris, 1808, in-8°; — *Histoire de la Guerre d'Espagne en 1823, campagne de Catalogne;* Paris, 1824, in-8°; — *Souvenirs de l'émigration, à l'usage de l'époque actuelle;* Paris, 1825, in-8°. J. V.

Biogr. univ. et portat. des Contemp. — Quérard, *La France Littér.*

MARCION (Μαρκίων), célèbre hérétique, fondateur de la secte des *Marcionites*, vivait dans le deuxième siècle après J.-C. Il était né à Sinope, dans le Pont. D'après Tertullien, il exerça la profession de pilote ou de conducteur de vais-

(1) « C'était, dit Pierre Valens, un petit homme d'une physionomie spirituelle, d'un tempérament robuste, et si attaché à l'étude, qu'il fut dix ans entiers sans sortir du collége du Plessis, où il enseignait. Il avait tout lu, et fait des remarques sur presque tous les ouvrages qu'il avait lus, et était si avare de son temps, que même en mangeant il avait toujours les yeux fixés sur quelque livre. Jamais on n'a pu le surprendre oisif : les dimanches et les fêtes il ne lisait que les Pères grecs ou latins. Il aimait si tendrement les pauvres que, pendant ses maladies même, il voulait qu'on les laissât venir auprès de son lit, pour avoir la satisfaction de pourvoir lui-même à leurs besoins. »

veur pendant près de trois siècles. Une série de questions à chacune desquelles correspondent plusieurs réponses très-diverses que le hasard détermine, et dont l'à-propos ou l'inattendu amène parfois des rencontres piquantes, tel est le caractère de ces livres. Marcolini avait été devancé par Lorenzo Spirito et par Sigismondo Fanti ; il eut l'idée de remplacer par des cartes les dés dont celui-ci avait fait usage dans les combinaisons de son *Triompho di Fortuna;* Venise, 1527. Comme typographe, Marcolini imprima un certain nombre d'ouvrages qui ne jouissent pas d'une grande réputation dans le monde bibliographique; un littérateur italien, Gaetano Zaccaria, a cependant pris la peine d'en dresser un *Catalogo ragionato*, qui a été publié en 1850, à Fermo, avec des additions de R. de Minicis.

G. B.

Singer, *Researches into the history of playing cards*, p. 68. — Jackson, *On wood engraving*, p. 444. — Soltzman, *Serapeum*, 1850, p. 65. — *Bulletin du Bibliophile*, 1844, p. 10 82. — Friedlander, *Fr. Marcolini und sein Buch : le Ingeniose Sorti ;* Berlin, 1843.

MARCONNAY (*Louis-Olivier* DE), littérateur d'origine française, né le 8 novembre 1733, à Berlin, où il est mort, le 28 juin 1800. Descendant d'une famille protestante originaire du Poitou et réfugiée en Allemagne, il étudia le droit à Francfort-sur-l'Oder, et fut appelé à Berlin en qualité de conseiller de justice. Il devint en 1763 conseiller de légation, et remplit diverses fonctions dans l'administration politique. A l'époque de sa mort il était inspecteur des écoles françaises en Prusse. Ses principaux ouvrages français sont : *Lettres d'un ami de Leyde à un ami d'Amsterdam sur divers événements ou questions politiques;* Berlin, 1757-1760, 3 vol. in-8° ; — *Lettres d'un voyageur actuellement à Dantzig, à un ami de Stralsund sur la guerre qui vient de s'allumer dans l'Empire;* Berlin, 1756, in-8°; — *Remercîment de Candide à M. de Voltaire;* Amsterdam, 1760, in-8°. Marconnay a pris part à la rédaction de la *Bibliothèque Germanique* de Formey et à la *Gazette Littéraire* de Francheville; il a aussi traduit de l'allemand en français la plupart des écrits dont la guerre de Sept Ans fut l'objet.

K.

Nicolai, *Beschr. von Berlin und Potsdam*, III. — *Allgem. deutsche Bibliothek*, 1800. — Meusel, *Lexikon*.

MARCONVILLE ou **MARCOUVILLE** (*Jean* DE), littérateur français, né vers 1540, dans le Perche. Il était gentilhomme et seigneur de Montgoubert. On n'a presque aucun renseignement sur sa vie. Il s'appliqua avec ardeur à l'étude, passa plusieurs années à Paris, et entretint des relations d'amitié avec les lettrés de son temps, Belleforest et André Thevet entre autres. L'époque de sa mort n'est pas connue; on sait seulement qu'il vivait encore en 1574. On a de lui : *La manière de bien policer la république chrétienne, contenant l'état et office des magistrats*, etc.; Paris, 1562 ; Rouen, 1582, in-8° ; — *Traité contenant l'origine des temples des Juifs, Chrétiens et Gentils, et la fin calamiteuse de ceux qui les ont ruinés;* Paris, 1563, in-8°; une deuxième édition de ce petit livre, qui contient beaucoup d'intéressants détails, parut la même année ; — *Traité enseignant d'où procède la diversité des opinions de l'homme;* Paris, 1563, in-8° ; — *Excellent opuscule de Plutarque : De la tardive vengeance des Dieux;* Paris, 1563, in-8°, trad. sur la version latine de Pirckheymer; — *Recueil mémorable d'aucuns cas merveilleux advenus de nos ans et d'aucunes choses estranges et monstrueuses advenues ès siècles passés;* Paris, 1563, pet. in 8°. On trouve dans le chap. III de curieux renseignements sur les famines qui désolèrent la France pendant le seizième siècle; — *Traité de la bonté et mauvaistié des femmes;* Paris, 1564, 1566, 1571, pet. in-8° ; — *Traité de l'heur et malheur du mariage;* Paris, 1571, pet. in 8°. On a fait plusieurs réimpressions de ces deux traités, qui sont recherchés pour leur singularité; les meilleures sont celles de Lyon, 1573, 1577, 2 tom. en 1 vol. in-16; — *Chrétien avertissement aux refroidis et écartés de la vraie et ancienne Église catholique;* Paris, 1571, in-8°; l'auteur, en se montrant fort attaché à la religion catholique, n'approuve pas les violences exercées contre les réformés ; — *Traité de la bonne et mauvaise Langue;* Paris, 1573, in-8°; — *De la dignité et utilité du sel et de la grande cherté et presque famine d'icelui en l'an présent;* Paris, 1574, in-8°. Marconville est encore l'auteur du tome VI des *Histoires prodigieuses;* Paris, 1598, in-16.

P. L.

Brunet, *Man. du Libraire*. — Lelong, *Biblioth. Hist.*

MARCORENGO. *Voy.* GREGORY.

MARCUARD (*Robert-Samuel*), dessinateur et graveur anglais, né en 1751, mort en 1792. Il fut élève de François Bartolozzi, et grava un certain nombre de planches, la plupart ovales, au burin et au pointillé. Ses principales productions sont : *Diane et ses nymphes*, *Vénus et l'Amour*, *L'Innocence* et *L'Amour entraînant la Beauté*, d'après Angelica Kaufmann; — *Psyché endormie*, d'après W. Hamilton; — *Céphale et Procris*, d'après Cipriani; — *Henry et Emma*, d'après Stothard ; — le *Portrait de Bartolozzi*, d'après J. Reynolds. Il a gravé d'après ses propres dessins *Les Plaisirs de l'Été*, *La Mort du major Pierson à Jersey* (1781), *The studious Fair* et *La Surprise du bain* (1787).

K.

Ch. Le Blanc, *Man. de l'Amateur d'Estampes*.

MARCUCCI ou **MARCUZZI** (*Agostino*), peintre de l'école bolonaise, né à Sienne, vivait au commencement du dix-septième siècle. Il passa toute sa vie et peignit presque tous ses tableaux à Bologne, sa patrie adoptive. Élève de Louis Carrache, il ouvrit avec Facini une Académie opposée à celle de son maître. La nouvelle école ne manqua ni d'élèves ni de travaux. Marcucci jouit d'une brillante réputation. On voit de lui à Sienne une belle *Procession*; mais son œuvre la plus célèbre était la *Mort de la Vierge* à Santa-Maria-della-Concezione de Bologne. E. B—N.

Malvasia, *Felsina pittrice*. — Lanzi, *Storia*.

MARCULFE, juriste franc, né vers la fin du sixième siècle, dans le diocèse de Paris, mort après 660. On ne sait rien sur sa vie, si ce n'est qu'il était moine et qu'il entreprit à l'âge de soixante-dix ans, sur la demande de l'évêque de Paris, Landry, de composer un recueil de *Formules*, ou modèles d'actes, se rapportant aux relations principales établies entre les hommes par le droit public ou privé. Ce recueil, le second du genre qui fut fait à cette époque, est divisé en deux livres, dont le premier contient quarante formules et le second cinquante-deux; c'est une des principales sources à consulter sur les institutions publiques et privées de la fin des temps mérovingiens. En effet les lois nationales des peuples germains étant très-incomplètes, la plupart des rapports juridiques se réglaient d'après la coutume, qui était formée d'un mélange des droits romain, canonique et germanique, et c'est cette coutume que les *Formules* de Marculfe nous font connaître. Ce recueil, qui devint d'un usage très-fréquent, fut publié avec des notes par Bignon, Paris, 1613, et 1665, in-4°, et réimprimé depuis dans la *Capitularia* de Baluze, dans les *Barbarorum Leges* de Canciani, dans la *Bibliotheca Patrum*, et dans le *Corpus Juris Germanici* de Walter; un autre texte, où à divers endroits se trouvent intercalées des formules rédigées aux huitième et neuvième siècles, a été publié dans le *Codex Legum antiquarum* de Lindenbrog; enfin, la meilleure édition critique des *Formulæ* a été donnée par M. de Rozière, dans son *recueil général d'anciennes formules*; Paris, 1860, 2 vol., in-8°. E. G.

Eichhorn, *Deutsche Staats und Rechts geschichte*, t. I. — Schaeffner, *Franzœsische Rechts-geschichte*. — Lebeuf, *Histoire de la Ville et du Diocèse de Paris*, t. XII.

MARCUS (1) **GRÆCUS**, pyrotechnicien, alchimiste, probablement grec, dont il est difficile de déterminer l'epoque et sur la vie duquel on ne sait absolument rien. Il est probable qu'il vivait vers le dixième siècle (2); car il fut antérieur au médecin arabe Joan. Mesué (vivant dans le onzième siècle), qui le cite. La Bibliothèque impériale possède deux exemplaires d'un petit traité intitulé: *Liber ignium ad comburendos hostes, auctore Marco Græco*. Ces exemplaires sont cotés 7156 et 7158, et paraissent être l'un du quatorzième siècle, l'autre du quinzième. Le premier est renfermé dans un manuscrit intitulé : *Varii Tractatus de Alchimia*; le *Liber Ignium* s'y trouve au fol. 69 (3). C'est là qu'on trouve pour la première fois la description exacte de la poudre à canon, la distillation de l'eau-de-vie et de l'essence de térébenthine, appelées *eaux ardentes* et entrant dans la composition du feu grégeois. L'auteur indique plusieurs moyens de combattre l'ennemi à distance. Il conseille entre autres de « réduire en poudre, dans un mortier de marbre, une livre de soufre avec deux livres de charbon de vigne et six livres de salpêtre (1); de verser une certaine quantité de cette poudre *dans une enveloppe longue, étroite et bien foulée* et fermée aux deux bouts avec un fil de fer. Il ajoute qu'en y mettant le feu, on la fait voler en l'air (*tunica ad volandum*) (2). « L'enveloppe, au contraire, continue l'auteur, avec laquelle on veut imiter le tonnerre doit être courte et épaisse, à moitié pleine et fortement liée avec une ficelle (3). » Il faut pratiquer dans l'une et l'autre enveloppe une petite ouverture, afin que l'on puisse y porter la main. Marcus Græcus donne ensuite la recette et l'emploi d'une série de mélanges combustibles, ou de feux qu'il prétend inextinguibles ou, du moins, ne pouvoir être éteints ou étouffés que par le vinaigre, l'urine pourrie ou le sable. Voici une de ces compositions: « Huile de pétrole une livre; moelle de *canna ferula*, six livres; graisse de bélier liquéfiée, une livre; huile de térébenthine, quantité indéterminée. On trempe dans ce mélange des flèches à quatre têtes, qu'on lance allumées dans le camp ennemi. L'eau qu'on y projetterait ne ferait qu'augmenter la flamme ». Une autre manière d'incendier un pays est celle-ci : « Prenez : poix liquide, huile d'œuf, et chaux non éteinte, de chacune un tiers; triturez jusqu'à ce qu'il en résulte un magma épais, frottez avec ce mélange, au temps de la canicule, les pierres, les arbres, les herbes, et les pluies d'automne détermineront une combustion générale. » Marcus dit aussi que son feu volant (*ignis volatilis in aere*) doit être composé de la manière suivante: « une partie colophane, une partie soufre, deux parties salpêtre : dissolvez ce mélange pulvérisé dans de l'huile de lin ou de lamium, ce qui vaut mieux. On place ensuite cette composition dans un jonc ou bâton creux (*in canna* (4) *vel ligno excavo reponatur et accendatur*), et on y met le feu. Aussitôt il s'en vole vers le but que l'on veut désigner pour mettre tout en feu ».

C'est Marcus Græcus qui fait le premier connaître d'une manière détaillée la composition du feu grégeois. Voici le récit qu'il en donne : Prenez du soufre pur, du tartre, de la sarcocolle, de la poix,

(1) Quelques auteurs ont écrit ce nom *Malchus*.

(2) Hoefer, *Hist. de la Chimie*, t. I.

(3) On trouve in *extenso* la reproduction de ce curieux manuscrit dans l'*Appendice* au premier vol. de l'*Hist. de la Chimie* de M. F. Hoefer; Paris, 1842, 2 vol. in-8°.

(1) La poudre de guerre n'est pas composée d'autres éléments, seulement les quantités ont été modifiées : salpêtre 75 pour 100, charbon 12 1/2, soufre 12 1/2.

(2) C'est notre *fusée*.

(3) C'est exactement le *petard*.

(4) « Ce tube creux n'est autre chose qu'une espèce de canon à fusil; car le nom de *canon* vient évidemment lui-même du mot *canna*. » (F. Hoefer, *Hist. de la Chimie*, t. I, p. 28.)

du salpêtre fondu, de l'huile de pétrole et de l'huile de gemme; faites bien bouillir tout cela ensemble; trempez-y ensuite de l'étoupe et mettez-y le feu; il se communiquera à toutes choses, et ne pourra être éteint qu'avec de l'urine, du vinaigre ou du sable. » — Marcus avait aussi imaginé une espèce de brûlot qu'il décrit en détail (1). Mais ce n'est pas par cette invention que Marcus a mérité de passer à la postérité. Il est plus sérieux lorsqu'il donne en termes très-clairs (2) la préparation de son *aqua ardens* (eau-de-vie). Plus loin il décrit la distillation de l'essence de térébenthine, qu'il appelle également *aqua ardens* : « ce qui fait penser, observe M. F. Hoefer avec raison, que toutes les huiles essentielles portaient primitivement, ainsi que l'alcool, le nom d'*eaux ardentes* ». Ainsi, d'après ce que nous avons dit, la découverte de la poudre, que l'on attribue vulgairement à Berthold Schwartz, est bien antérieure à ce moine, qui probablement n'a fait qu'expérimenter sur les recettes de Marcus Græcus. A. DE L.

Manuscrits de la Bibliothèque impériale, nos 7156 et 7158 (quatorzième siècle). — F. Hoefer, *Hist. de la Chimie*, t. Ier, p. 284-289.

MARCUZZI (*Sebastiano*), auteur religieux italien, né le 20 septembre 1725, à Trévise, où il est mort, le 19 février 1790. Après avoir exercé la profession de son père, qui était un excellent organiste, il se livra à l'étude des belles-lettres et des langues savantes, sans négliger celle des arts agréables. Sous le nom de Retillo Elimio, il écrivit plusieurs petits *poëmes* en latin et en italien, qui furent insérés dans différents recueils. En 1757 il devint chapelain de la collégiale de Cividad, où il fut chargé aussi de tenir l'orgue, et fut rappelé du Frioul à Trévise pour y occuper la chaire de droit canon. Ses principaux écrits sont: *Dissertatio in Matthæi XIX*, 9: *Quicunque dimiserit*, etc.; Trévise, 1752, in-4°; — *Sopra i miracoli*; Trévise, 1761; — *Riflessioni e pratiche per le differenti feste e tempi dell' anno*; Castelfranco, 1762, traduits du français; — *Discorso sopra la Passione di N.-S.*; Trévise, 1763; l'auteur y a ajouté des considérations sur l'éloquence de la chaire; — *Hier. Henrici Beltramini-Miazzi, episcopi Feltrensis, elogium*; Trévise, 1779; réimpr. en italien à Venise, en 1780. P.

Gamba, *Galeria dei Letterati nel secolo XVIII*.

MARCY (*William-Larned*), homme d'État américain, né le 12 décembre 1786, dans l'État de Massachusetts, mort le 4 juillet 1857. Il était fils d'un *farmer*, ou petit propriétaire de campagne, et après avoir terminé ses études à l'université de Brown (Rhode-Island), il fut quelque temps professeur dans une école à Newport. De là il se rendit à New-York pour étudier le droit. Lors de la guerre de 1812, il servit comme lieutenant dans un corps de volontaires. La paix rétablie, il prit une part très-active aux discussions politiques du temps. Il fut nommé successivement à des fonctions judiciaires et administratives à Troy et Albany. Élu sénateur au congrès en 1831, l'année suivante il donna sa démission pour accepter le poste de gouverneur de l'état de New-York. Il fut réélu en 1834 et 1836; mais le parti whig fit échouer sa quatrième candidature. En 1845, il fut chargé, comme *commissioner of claims*, de déterminer les réclamations d'argent à faire au Mexique; ce fut pour lui l'occasion d'approfondir le droit international, étude qui plus tard fut sa spécialité et un de ses titres de distinction. Le président Polk le choisit pour ministre de la guerre, dans la prévision d'hostilités avec le Mexique. Marcy en dirigea l'administration avec autant de vigueur que d'habileté. Comme en temps ordinaire l'armée régulière des États-Unis est au plus de 10,000 hommes, c'était une œuvre difficile que d'organiser des corps de volontaires, d'envoyer à des centaines de lieues un vaste matériel de guerre, de régler et de diriger de Washington les opérations des généraux. Il se démit en 1849, à l'avénement du général Taylor comme président. En 1852 il fut un des candidats démocratiques à la présidence. Le général Franklin Pierce, ayant été nommé à une grande majorité, confia à Marcy le principal poste du cabinet, les affaires étrangères (*secretary of State*), qu'il occupa de 1853 à 1857. C'est sur cette partie de sa carrière que repose surtout sa grande réputation comme homme d'État. La série des lettres ou des mémoires qui émanèrent de sa plume formerait, dans l'opinion des Américains, un traité complet de droit international. Ces documents sont assez nombreux, et ont été publiés. Nous mentionnerons seulement les plus importants; tels sont : le mémoire qui expose les négociations relatives à l'abolition des droits du Sund; le mémoire sur le différend avec l'Angleterre relativement aux pêcheries sur les côtes de l'Atlantique et à Terre-Neuve; les documents où l'auteur fait connaître son attitude ferme et habile dans l'affaire des enrôlements anglais à l'époque de la

(1) « Prenez, dit-il, de la sandaraque pure une livre, du sel ammoniac dissous même quantité; faites de cela une pâte que vous chaufferez dans un vase de terre verni et luté soigneusement avec du lut de *sagesse*, jusqu'à ce que la matière ait acquis la consistance du beurre. Vous y ajouterez quatre livres de poix liquide. On évite, à cause du danger d'explosion, de faire cette opération dans l'intérieur d'une maison. Si l'on veut opérer sur mer, on prendra une outre en peau de chèvre, dans laquelle on mettra deux livres de la composition que nous venons de décrire si l'ennemi est à proximité; on en mettra davantage s'il est à une plus grande distance. On attachera cette outre à une broche de fer dont toute la partie inférieure sera elle-même enduite d'une matière huileuse; enfin, on placera sous cette outre une planche de bois proportionnée à l'épaisseur de la broche, et on y mettra le feu. Alors l'huile s'allumera, se répandra sur la planche, découlera sur les eaux, et l'appareil marchant toujours mettra en combustion tout ce qu'il rencontrera. »

(2) « Prenez un quart de vin de couleur foncée, épais, et vieux; ajoutez deux onces de soufre pulvérisé, deux litres de tartre provenant de bon vin blanc, deux onces de sel commun, mettez le tout dans une cucurbite bien plombée et lutée, et après y avoir apposé un alambic vous distillerez une eau ardente, qu'il vous faudra conserver dans un vase de verre bien fermé. »

guerre d'Orient; dans la question de l'Amérique centrale, à l'occasion des entreprises de Walker; dans les négociations au sujet de l'acquisition de Cuba, que désiraient accomplir les États-Unis. Mais le plus remarquable de ces documents contient sa déclaration relative au droit maritime international, qui établit sur les bases les plus larges l'indépendance de la navigation commerciale en temps de guerre. Marcy sortit du cabinet en même temps que les autres ministres, à l'avénement de M. Buchanan à la présidence (mars 1857). Quatre mois après, il fut frappé d'apoplexie, et mourut presque subitement aux eaux de Ballston. Marcy était un homme très-simple de manières. Sa haute capacité se révélait surtout dans la conduite des affaires. On a de lui un assez grand nombre de discours et de productions politiques; on s'occupe à les recueillir pour les publier avec une biographie étendue. J. CHANUT.

Documents particuliers. — Men of the Time.

MARDASCH (*Asad ed Daulah Abou Ali Saleh* IBN-), fondateur de la dynastie arabe des Mardaschides, né à Aïntab sur l'Euphrate, vers 970, mort le 8 juin 1029, à Okhawanah, près de Tibériade, sur le Jourdain. Il convint, avec deux autres chefs de tribu arabes, du partage de la Syrie entière, qu'ils devaient arracher aux Fatimites. Après avoir, le 13 novembre, surpris la ville d'Alep, il alla soumettre tout le reste de la Syrie, jusqu'aux confins de l'Irak, ne rencontrant de résistance sérieuse que devant Baalbek, qu'il mit à sac. En 1026, il incorpora à ses États la ville et le territoire de Damas, occupés jusque alors par un de ses confédérés, Sinan ben-Aligan le Kalbite. Le khalife Dhaher envoya en Syrie une nombreuse armée, sous le commandement de son meilleur général, Anouschtighin al Dezbéry. Ibn-Mardasch ayant promptement appelé à son secours son confédéré Hassan ben-Moufarreh ben-Alhawadj, de la tribu arabe des Thaï, auquel dans le partage commun était échue la Palestine, engagea contre les Égyptiens une bataille, dans laquelle il succomba lui-même avec un de ses fils, tandis que Hassan eut de la peine à s'échapper. Ibn-Mardasch laissa deux fils, qui lui succédèrent. Ch. R.

Ibn-Khallikan, *Biogr. Diction.* — Kemal ed Din, *Histoire d'Alep.* — Ibn-Schohn'u, *Histoire d'Alep.* — *Selecta ex Historia Halebi*, éd. Freytag. — *Comptes rendus* de l'Acad. imp. de Vienne.

MARDAVIDJ (*Aboul-Hedjadj Mohammed*), fondateur de la dynastie des Dailémides ou Zaïarides, né vers 880, mort en 935, à Ispahan. Descendant d'une ancienne famille arabe de Hira, qui s'était établie dans le Ghilan, il conçut la pensée de fonder une nouvelle dynastie persane sur les ruines du khalifat, et de rétablir l'ancienne religion mage, dont il était le sectateur secret. Après avoir d'abord travaillé à l'anéantissement des deux dynasties musulmanes de la Perse septentrionale, des Alides dans le Tabaristan, et des Kiyanides dans le Ghilan, il se mit ensuite à abattre les autres chefs persans, ses rivaux, Macar, fils de Kâki, et Asfar, fils de Chiroui̇eh, qu'il avait précédemment aidés contre les souverains musulmans. Étant ainsi devenu, en 928, maître de toutes les provinces de la mer Caspienne, il prit les villes de l'Adzerbéidjan, Réi, Hamadan, Deinawer et Kinkawer, de 928 à 930, en faisant partout un effroyable carnage parmi les habitants musulmans. Après avoir enfin pris, en 930, Ispahan, Kom et Cachan, dans l'Irak Adjemi, il força le khalife Moctader de lui donner l'investiture de tous les pays conquis. Ayant appelé auprès de lui du Ghilan, où il vivait comme agriculteur, son frère Wachméghyr, il le chargea de continuer ses conquêtes dans le nord, tandis qu'il marchait lui-même contre Bagdad. Mais les progrès de la nouvelle dynastie des Bouïdes, qui avaient déjà conquis le Farsistan et surpris même, en 931, Ispahan, résidence de Mardavidj, arrêtèrent les conquêtes de ce dernier. A peine avait-il repris sur les Bouïdes sa capitale, qu'il fut assassiné par des mercenaires turcs, qui faisaient partie de sa garde. Les instigateurs de cet acte de vengeance, à la fois privée et politique, furent Yahkam et Touzoun, qui devinrent ensuite, tous deux, émirs al omrah du khalife, délivré ainsi de son plus terrible adversaire. En signe de ses projets politiques, Mardavidj avait, dans l'intérieur de son palais, adopté entièrement l'étiquette des anciens rois persans. Ses successeurs furent les patrons les plus fervents de la littérature persane, alors naissante. RUMELIN.

Mirkhond, *Histoire des Bouïdes.* — Diez, *Buch des Kabus et Geschichte der Dilemiden.*

MARDOCHÉE (*Japhe*, ou *le Beau*), savant rabbin, mort à Prague, en 1611. Fils d'Abraham de Prague, il devint prince des synagogues de Posnanie, de Lublin, de Cremnitz et de Prague. On a de lui: *Lebusch Malchut* (Le Vêtement royal); ce traité est divisé en dix livres: 1° *L'Habit d'Hyacinthe*, sur les bénédictions et les prières; 2° *L'Habit blanc*, sur les fêtes; 3° *La Couronne d'Or*, sur les choses permises et défendues; 4° *Le Manteau de Lin et d'écarlate*, sur le mariage; 5° *L'Habit de la ville de Suze*, sur la vie civile; 6° *L'Habit de Lumière*, sur les interprètes de la loi; 7° *L'Habit de réjouissance*, sur les cérémonies de mariage et de circoncision; 8° *L'Habit de l'angle précieux*, commentaire sur le *Moreh Nevokim* de Maimonide; 9° *L'Habit de magnificence*, ou exposition de l'astronomie; 10° *L'Habit de pierre précieuse*, explication du *Commentaire cabbalistique sur les cinq livres de la loi* de Manassès de Recanati. Les cinq premiers de ces livres ont paru ensemble; Cracovie, 1594-1599, 4 vol. in-fol.; Prague, 1609, 1623, 1688 et 1701; Venise, 1622, in-fol.; le sixième fut imprimé à Prague, 1604, in-fol.; les trois derniers ont paru à Lublin, 1595, in-fol; le septième est inédit. O.

Wolf, *Bibl. Hebraica*. — Buxtorf, *Bibl. Rabbinica*. — Basnage, *Histoire des Juifs*.

MARDOCHÉE ou **MORDECHAÏ**, nom porté par un grand nombre de rabbins, sur lesquels on peut consulter les *Bibliothèques* de Wolf et de Bartoloni. Les principaux d'entre eux sont :

MARDOCHÉE (*Isaac-Nathan*), rabbin italien, mort à Rome, vers le milieu du onzième siècle. Il a écrit : *Concordantiæ hebraicæ*; Bâle, 1581, in-fol.; Cracovie, 1584, in-4°, avec une traduction allemande; Rome, 1622, in-fol., avec additions de Mario de Calasio; Londres, 1747-1749, 4 vol. in-fol.; une traduction latine parut à Bâle, 1556.

MARDOCHÉE-BEN-HILLEL, rabbin autrichien, mort à Nuremberg, en 1310. Après avoir suivi les leçons d'Alphesius, de Moïse, de Cotzi et de Meier ben-Baruch, il s'établit à Nuremberg, où il fut exécuté, selon les uns pour avoir insulté publiquement la religion chrétienne, selon les autres pour s'être livré ouvertement à des pratiques cabbalistiques. On a de lui : *Mardochaï magnus*, commentaire sur le *Compendium talmudicum* d'Alphesius; Riva, 1559, in-4°; Cracovie, 1598, in-fol., et plusieurs fois avec l'ouvrage d'Alphesius; un extrait en fut donné par Banz; Crémone, 1557, in-fol.; — *De Ritibus mactationis*; Venise, in-8°. E. G.

Würfel, *Historische Nachricht von der Judengemeinde in Nürnberg*.

MARDOCHÉE BEN-NISAM, rabbin polonais, vivait à Crosni-Ostro en Gallicie, dans la seconde moitié du dix-septième siècle. On a de lui : *Dod Mardochaï* (L'Ami de Mardochée); Hambourg, 1714 et 1721, in-4°, avec une traduction latine de Wolf. Ce livre, écrit en 1699, à la demande de J. Trigland (*voy.* ce nom), contient l'exposé des doctrines des juifs Caraïtes, secte à laquelle Mardochée appartenait; un abrégé en a été donné dans l'*Israélite français* de 1817. O.

Bossy, *Dissertations critiques*. — Wolf, *Bibl. Hebraica*.

MARDOCHÉE. *Voy.* AQUIN (*Phil.* D') et AMAN.

MARDONIUS (Μαρδόνιος), général perse, tué en 479 avant J.-C. Il était fils de Gobryas. Il fut un des sept nobles qui tuèrent Smerdis le mage, en 521. Darius, devenu roi par suite de la mort de Smerdis, traita toujours Mardonius avec distinction, et, en 493, il lui donna en mariage sa fille Artazostra. Peu après, au printemps de 492, Mardonius remplaça Artapherne dans le commandement de l'armée d'Ionie avec ordre d'achever la soumission de ce pays et de punir Érétrie et Athènes de l'appui qu'elles avaient donné aux rebelles. Sa mission ne se bornait pas à cet objet; il devait encore tenter la conquête de toute la Grèce. Dans les villes ioniennes, il déposa les tyrans établis par Artapherne, et leur substitua des démocraties, conduite peu conforme à la politique ordinaire des satrapes. Il passa ensuite l'Hellespont, et tandis que sa flotte allait conquérir Thasos, il s'avança à travers la Thrace et la Macédoine, soumettant sur son chemin les tribus qui ne reconnaissaient pas encore la souveraineté de la Perse. Mais une violente tempête assaillit sa flotte près du mont Athos, et lui coûta, dit-on, trois cents vaisseaux et vingt mille hommes. En Macédoine les Brygiens attaquèrent son armée pendant la nuit, et en tuèrent une partie. Ces deux désastres affaiblirent tellement ses forces qu'il se décida à la retraite. Darius, mécontent, lui retira son commandement et le remplaça par Datis et Artapherne, qui perdirent la bataille de Marathon, en 490. Ce double échec n'enleva pas aux Perses l'espoir de conquérir la Grèce, et à l'avénement de Xerxès Mardonius, qui était très en faveur auprès du jeune prince, lui conseilla de reprendre avec un plus grand déploiement de forces les projets de son père. Dans la grande expédition qui envahit la Grèce au printemps de 480, il eut un des premiers commandements. Après la bataille de Salamine, il persuada à Xerxès de retourner en Asie en le laissant lui-même en Grèce avec trois cent mille hommes. Il hiverna en Thessalie, et avant de reprendre les opérations militaires il envoya consulter plusieurs oracles grecs. Hérodote avoue qu'il ignore quelles furent leurs réponses. Il paraît qu'elles ne furent pas satisfaisantes, puisque le général perse, doutant du succès, essaya de détacher les Athéniens de la confédération hellénique. Il leur envoya Alexandre Ier, roi de Macédoine, qui était leur hôte (πρόξενος) avec des propositions avantageuses. Informé qu'elles avaient été rejetées, il rentra dans l'Attique, dont les habitants s'étaient une seconde fois réfugiés à Salamine. Il leur fit porter par Murychides, Grec de l'Hellespont, les mêmes propositions qu'Alexandre leur avait transmises, et essuya encore un refus. Alors, lui qui s'était jusque là abstenu de causer aucun dommage à la ville abandonnée, il la détruisit de fond en comble. Il évacua ensuite l'Attique, peu favorable aux mouvements de la cavalerie, qui composait sa principale force, et se retira vers la Béotie, en faisant une pointe sur Mégare pour y surprendre un corps avancé de mille Spartiates. De la plaine mégarienne, limite extrême de l'invasion perse à l'occident, il se dirigea vers l'est, franchit le mont Parnès, descendit en Béotie, et s'établit dans une forte position sur la rive méridionale de l'Asopus. Les Grecs arrivèrent peu après à Érythrée, et campèrent sur les pentes du Cithéron. Mardonius attendait avec impatience qu'ils descendissent dans la plaine, et pour les décider à ce mouvement, il les fit attaquer par sa cavalerie. Les Grecs, quoique vainqueurs dans cet engagement, décampèrent et se portèrent plus à l'ouest vers Platée. Mardonius les suivit. Les deux armées étaient établies sur les rives opposées d'un petit affluent de l'Asopus. Dix jours se passèrent ainsi. Mardonius persista dans son projet d'attaquer les Grecs, malgré les sinistres avertissements des augures et le conseil d'Artabaze, qui lui recommandait de revenir à Thèbes

guerre d'Orient; dans la question de l'Amérique centrale, à l'occasion des entreprises de Walker; dans les négociations au sujet de l'acquisition de Cuba, que désiraient accomplir les États-Unis. Mais le plus remarquable de ces documents contient sa déclaration relative au droit maritime international, qui établit sur les bases les plus larges l'indépendance de la navigation commerciale en temps de guerre. Marcy sortit du cabinet en même temps que les autres ministres, à l'avénement de M. Buchanan à la présidence (mars 1857). Quatre mois après, il fut frappé d'apoplexie, et mourut presque subitement aux eaux de Ballston. Marcy était un homme très-simple de manières. Sa haute capacité se révélait surtout dans la conduite des affaires. On a de lui un assez grand nombre de discours et de productions politiques; on s'occupe à les recueillir pour les publier avec une biographie étendue. J. CHANUT.

Documents particuliers. — Men of the Time.

MARDASCH (*Asad ed Daulah Abou Ali Saleh* IBN-), fondateur de la dynastie arabe des Mardaschides, né à Aïntab sur l'Euphrate, vers 970, mort le 8 juin 1029, à Okhawanah, près de Tibériade, sur le Jourdain. Il convint, avec deux autres chefs de tribu arabes, du partage de la Syrie entière, qu'ils devaient arracher aux Fatimites. Après avoir, le 13 novembre, surpris la ville d'Alep, il alla soumettre tout le reste de la Syrie, jusqu'aux confins de l'Irak, ne rencontrant de résistance sérieuse que devant Baalbek, qu'il mit à sac. En 1026, il incorpora à ses États la ville et le territoire de Damas, occupés jusque alors par un de ses confédérés, Sinan ben-Aligan le Kalbite. Le khalife Dhaher envoya en Syrie une nombreuse armée, sous le commandement de son meilleur général, Anouschtighin al Dezbéry. Ibn-Mardasch ayant promptement appelé à son secours son confédéré Hassan ben-Moufarreh ben-Alhawadj, de la tribu arabe des Thai, auquel dans le partage commun était échue la Palestine, engagea contre les Égyptiens une bataille, dans laquelle il succomba lui-même avec un de ses fils, tandis que Hassan eut de la peine à s'échapper. Ibn-Mardasch laissa deux fils, qui lui succédèrent. Ch. R.

Ibn-Khallikan, *Biogr. Diction.* — Kemal ed Din, *Histoire d'Alep*. — Ibn-Schohn'u, *Histoire d'Alep*. — *Selecta ex Historia Halebi*, éd. Freytag. — *Comptes rendus* de l'Acad. imp. de Vienne.

MARDAVIDJ (*Aboul-Hedjadj Mohammed*), fondateur de la dynastie des Dailemides ou Zaïarides, né vers 880, mort en 935, à Ispahan. Descendant d'une ancienne famille arabe de Hira, qui s'était établie dans le Ghilan, il conçut la pensée de fonder une nouvelle dynastie persane sur les ruines du khalifat, et de rétablir l'ancienne religion mage, dont il était le sectateur secret. Après avoir d'abord travaillé à l'anéantissement des deux dynasties musulmanes de la Perse septentrionale, des Alides dans le Tabaristan, et des Kiyanides dans le Ghilan, il se mit ensuite à abattre les autres chefs persans, ses rivaux, Macar, fils de Kâki, et Asfar, fils de Chiroueh, qu'il avait précédemment aidés contre les souverains musulmans. Étant ainsi devenu, en 928, maître de toutes les provinces de la mer Caspienne, il prit les villes de l'Adzerbéidjan, Réi, Hamadan, Deinawer et Kinkawer, de 928 à 930, en faisant partout un effroyable carnage parmi les habitants musulmans. Après avoir enfin pris, en 930, Ispahan, Kom et Cachan, dans l'Irak Adjemi, il força le khalife Moctader de lui donner l'investiture de tous les pays conquis. Ayant appelé auprès de lui du Ghilan, où il vivait comme agriculteur, son frère Wachméghyr, il le chargea de continuer ses conquêtes dans le nord, tandis qu'il marchait lui-même contre Bagdad. Mais les progrès de la nouvelle dynastie des Bouïdes, qui avaient déjà conquis le Farsistan et surpris même, en 931, Ispahan, résidence de Mardavidj, arrêtèrent les conquêtes de ce dernier. A peine avait-il repris sur les Bouïdes sa capitale, qu'il fut assassiné par des mercenaires turcs, qui faisaient partie de sa garde. Les instigateurs de cet acte de vengeance, à la fois privée et politique, furent Yahkam et Touzoun, qui devinrent ensuite, tous deux, émirs al omrah du khalife, délivré ainsi de son plus terrible adversaire. En signe de ses projets politiques, Mardavidj avait, dans l'intérieur de son palais, adopté entièrement l'étiquette des anciens rois persans. Ses successeurs furent les patrons les plus fervents de la littérature persane, alors naissante. RUMELIN.

Mirkhond, *Histoire des Bouïdes*. — Diez, *Buch des Kabus* et *Geschichte der Dilemiden*.

MARDOCHÉE (*Japhe*, ou *le Beau*), savant rabbin, mort à Prague, en 1611. Fils d'Abraham de Prague, il devint prince des synagogues de Posnanie, de Lublin, de Cremnitz et de Prague. On a de lui: *Lebusch Malchut* (Le Vêtement royal); ce traité est divisé en dix livres: 1° *L'Habit d'Hyacinthe*, sur les bénédictions et les prières; 2° *L'Habit blanc*, sur les fêtes; 3° *La Couronne d'Or*, sur les choses permises et défendues; 4° *Le Manteau de Lin et d'écarlate*, sur le mariage; 5° *L'Habit de la ville de Suze*, sur la vie civile; 6° *L'Habit de Lumière*, sur les interprètes de la loi; 7° *L'Habit de réjouissance*, sur les discours à tenir aux cérémonies de mariage et de circoncision; 8° *L'Habit de l'angle précieux*, commentaire sur le *Moreh Nevokim* de Maimonide; 9° *L'Habit de magnificence*, ou exposition de l'astronomie; 10° *L'Habit de pierre précieuse*, explication du *Commentaire cabbalistique sur les cinq livres de la loi* de Manassès de Recanati. Les cinq premiers de ces livres ont paru ensemble; Cracovie, 1594-1599, 4 vol. in-fol.; Prague, 1609, 1623, 1688 et 1701; Venise, 1622, in-fol.; le sixième fut imprimé à Prague, 1604, in-fol.; les trois derniers ont paru à Lublin, 1595, in-fol; le septième est inédit. O.

Wolf, *Bibl. Hebraica*. — Buxtorf, *Bibl. Rabbinica*. — Basnage, *Histoire des Juifs*.

MARDOCHÉE ou **MORDECHAÏ**, nom porté par un grand nombre de rabbins, sur lesquels on peut consulter les *Bibliothèques* de Wolf et de Bartoloni. Les principaux d'entre eux sont :

MARDOCHÉE (*Isaac-Nathan*), rabbin italien, mort à Rome, vers le milieu du onzième siècle. Il a écrit : *Concordantiæ hebraicæ*; Bâle, 1581, in-fol.; Cracovie, 1584, in-4°, avec une traduction allemande; Rome, 1622, in-fol., avec additions de Mario de Calasio; Londres, 1747-1749, 4 vol. in-fol.; une traduction latine parut à Bâle, 1556.

MARDOCHÉE-BEN-HILLEL, rabbin autrichien, mort à Nuremberg, en 1310. Après avoir suivi les leçons d'Alphesius, de Moïse, de Cotzi et de Meier ben-Baruch, il s'établit à Nuremberg, où il fut exécuté, selon les uns pour avoir insulté publiquement la religion chrétienne, selon les autres pour s'être livré ouvertement à des pratiques cabbalistiques. On a de lui : *Mardochai magnus*, commentaire sur le *Compendium talmudicum* d'Alphesius; Riva, 1559, in-4°; Cracovie, 1598, in-fol., et plusieurs fois avec l'ouvrage d'Alphesius; un extrait en fut donné par Banz; Crémone, 1557, in-fol.; — *De Ritibus mactationis*; Venise, in-8°. E. G.

Würfel, *Historische Nachricht von der Judengemeinde in Nürnberg*.

MARDOCHÉE BEN-NISAN, rabbin polonais, vivait à Crosni-Ostro en Gallicie, dans la seconde moitié du dix-septième siècle. On a de lui : *Dod Mardochai* (L'Ami de Mardochée); Hambourg, 1714 et 1721, in-4°, avec une traduction latine de Wolf. Ce livre, écrit en 1699, à la demande de J. Trigland (*voy.* ce nom), contient l'exposé des doctrines des juifs Caraïtes, secte à laquelle Mardochée appartenait; un abrégé en a été donné dans l'*Israélite français* de 1817. O.

Boissy, *Dissertations critiques*. — Wolf, *Bibl. Hebraica*.

MARDOCHÉE. *Voy.* AQUIN (*Phil.* D') et AMAN.

MARDONIUS (Μαρδόνιος), général perse, tué en 479 avant J.-C. Il était fils de Gobryas. Il fut un des sept nobles qui tuèrent Smerdis le mage, en 521. Darius, devenu roi par suite de la mort de Smerdis, traita toujours Mardonius avec distinction, et, en 493, il lui donna en mariage sa fille Artazostra. Peu après, au printemps de 492, Mardonius remplaça Artapherne dans le commandement de l'armée d'Ionie avec ordre d'achever la soumission de ce pays et de punir Érétrie et Athènes de l'appui qu'elles avaient donné aux rebelles. Sa mission ne se bornait pas à cet objet; il devait encore tenter la conquête de toute la Grèce. Dans les villes ioniennes, il déposa les tyrans établis par Artapherne, et leur substitua des démocraties, conduite peu conforme à la politique ordinaire des satrapes. Il passa ensuite l'Hellespont, et tandis que sa flotte allait conquérir Thasos, il s'avança à travers la Thrace et la Macédoine, soumettant sur son chemin les tribus qui ne reconnaissaient pas encore la souveraineté de la Perse. Mais une violente tempête assaillit sa flotte près du mont Athos, et lui coûta, dit-on, trois cents vaisseaux et vingt mille hommes. En Macédoine les Brygiens attaquèrent son armée pendant la nuit, et en tuèrent une partie. Ces deux désastres affaiblirent tellement ses forces qu'il se décida à la retraite. Darius, mécontent, lui retira son commandement et le remplaça par Datis et Artapherne, qui perdirent la bataille de Marathon, en 490. Ce double échec n'enleva pas aux Perses l'espoir de conquérir la Grèce, et à l'avénement de Xerxès Mardonius, qui était très en faveur auprès du jeune prince, lui conseilla de reprendre avec un plus grand déploiement de forces les projets de son père. Dans la grande expédition qui envahit la Grèce au printemps de 480, il eut un des premiers commandements. Après la bataille de Salamine, il persuada à Xerxès de retourner en Asie en le laissant lui-même en Grèce avec trois cent mille hommes. Il hiverna en Thessalie, et avant de reprendre les opérations militaires il envoya consulter plusieurs oracles grecs. Hérodote avoue qu'il ignore quelles furent leurs réponses. Il paraît qu'elles ne furent pas satisfaisantes, puisque le général perse, doutant du succès, essaya de détacher les Athéniens de la confédération hellénique. Il leur envoya Alexandre Ier, roi de Macédoine, qui était leur hôte (πρόξενος) avec des propositions avantageuses. Informé qu'elles avaient été rejetées, il rentra dans l'Attique, dont les habitants s'étaient une seconde fois réfugiés à Salamine. Il leur fit porter par Murychides, Grec de l'Hellespont, les mêmes propositions qu'Alexandre leur avait transmises, et essuya encore un refus. Alors, lui qui s'était jusque là abstenu de causer aucun dommage à la ville abandonnée, il la détruisit de fond en comble. Il évacua ensuite l'Attique, peu favorable aux mouvements de la cavalerie, qui composait sa principale force, et se retira vers la Béotie, en faisant une pointe sur Mégare pour y surprendre un corps avancé de mille Spartiates. De la plaine mégarienne, limite extrême de l'invasion perse à l'occident, il se dirigea vers l'est, franchit le mont Parnès, descendit en Béotie, et s'établit dans une forte position sur la rive méridionale de l'Asopus. Les Grecs arrivèrent peu après à Érythrée, et campèrent sur les pentes du Cithéron. Mardonius attendait avec impatience qu'ils descendissent dans la plaine, et pour les décider à ce mouvement, il les fit attaquer par sa cavalerie. Les Grecs, quoique vainqueurs dans cet engagement, décampèrent et se portèrent plus à l'ouest vers Platée. Mardonius les suivit. Les deux armées étaient établies sur les rives opposées d'un petit affluent de l'Asopus. Dix jours se passèrent ainsi. Mardonius persista dans son projet d'attaquer les Grecs, malgré les sinistres avertissements des augures et le conseil d'Artabaze, qui lui recommandait de revenir à Thèbes

guerre d'Orient; dans la question de l'Amérique centrale, à l'occasion des entreprises de Walker; dans les négociations au sujet de l'acquisition de Cuba, que désiraient accomplir les États-Unis. Mais le plus remarquable de ces documents contient sa déclaration relative au droit maritime international, qui établit sur les bases les plus larges l'indépendance de la navigation commerciale en temps de guerre. Marcy sortit du cabinet en même temps que les autres ministres, à l'avénement de M. Buchanan à la présidence (mars 1857). Quatre mois après, il fut frappé d'apoplexie, et mourut presque subitement aux eaux de Ballston. Marcy était un homme très-simple de manières. Sa haute capacité se révélait surtout dans la conduite des affaires. On a de lui un assez grand nombre de discours et de productions politiques; on s'occupe à les recueillir pour les publier avec une biographie étendue. J. CHANUT.

Documents particuliers. — *Men of the Time.*

MARDASCH (*Asad ed Daulah Abou Ali Saleh* IBN-), fondateur de la dynastie arabe des Mardaschides, né à Aïntab sur l'Euphrate, vers 970, mort le 8 juin 1029, à Okhawanah, près de Tibériade, sur le Jourdain. Il convint, avec deux autres chefs de tribu arabes, du partage de la Syrie entière, qu'ils devaient arracher aux Fatimites. Après avoir, le 13 novembre, surpris la ville d'Alep, il alla soumettre tout le reste de la Syrie, jusqu'aux confins de l'Irak, ne rencontrant de résistance sérieuse que devant Baalbek, qu'il mit à sac. En 1026, il incorpora à ses États la ville et le territoire de Damas, occupés jusque alors par un de ses confédérés, Sinan ben-Aligan le Kalbite. Le khalife Dhaher envoya en Syrie une nombreuse armée, sous le commandement de son meilleur général, Anouschtighin al Dezbéry. Ibn-Mardasch ayant promptement appelé à son secours son confédéré Hassan ben-Moufarreh ben-Alhawadj, de la tribu arabe des Thaï, auquel dans le partage commun était échue la Palestine, engagea contre les Égyptiens une bataille, dans laquelle il succomba lui-même avec un de ses fils, tandis que Hassan eut de la peine à s'échapper. Ibn-Mardasch laissa deux fils, qui lui succédèrent. Ch. R.

Ibn-Khallikan, *Biogr. Diction.* — Kemal ed Din, *Histoire d'Alep.* — Ibn-Schochn'a, *Histoire d'Alep.* — *Selecta ex Historia Halebi*, éd. Freytag. — *Comptes rendus* de l'Acad. imp. de Vienne.

MARDAVIDJ (*Aboul-Hedjadj Mohammed*), fondateur de la dynastie des Dailemides ou Zaïarides, né vers 880, mort en 935, à Ispahan. Descendant d'une ancienne famille arabe de Hira, qui s'était établie dans le Ghilan, il conçut la pensée de fonder une nouvelle dynastie persane sur les ruines du khalifat, et de rétablir l'ancienne religion mage, dont il était le sectateur secret. Après avoir d'abord travaillé à l'anéantissement des deux dynasties musulmanes de la Perse septentrionale, des Alides dans le Tabaristan, et des Kiyanides dans le Ghilan, il se mit ensuite à abattre les autres chefs persans, ses rivaux, Macar, fils de Kâki, et Asfar, fils de Chirouïeh, qu'il avait précédemment aidés contre les souverains musulmans. Étant ainsi devenu, en 928, maître de toutes les provinces de la mer Caspienne, il prit les villes de l'Adzerbéidjan, Réi, Hamadan, Deinawer et Kinkawer, de 928 à 930, en faisant partout un effroyable carnage parmi les habitants musulmans. Après avoir enfin pris, en 930, Ispahan, Kom et Cachan, dans l'Irak Adjemi, il força le khalife Moctader de lui donner l'investiture de tous les pays conquis. Ayant appelé auprès de lui du Ghilan, où il vivait comme agriculteur, son frère Wachméghyr, il le chargea de continuer ses conquêtes dans le nord, tandis qu'il marchait lui-même contre Bagdad. Mais les progrès de la nouvelle dynastie des Bouïdes, qui avaient déjà conquis le Farsistan et surpris même, en 931, Ispahan, résidence de Mardavidj, arrêtèrent les conquêtes de ce dernier. A peine avait-il repris sur les Bouïdes sa capitale, qu'il fut assassiné par des mercenaires turcs, qui faisaient partie de sa garde. Les instigateurs de cet acte de vengeance, à la fois privée et politique, furent Yahkam et Touzoun, qui devinrent ensuite, tous deux, émirs al omrah du khalife, délivré ainsi de son plus terrible adversaire. En signe de ses projets politiques, Mardavidj avait, dans l'intérieur de son palais, adopté entièrement l'étiquette des anciens rois persans. Ses successeurs furent les patrons les plus fervents de la littérature persane, alors naissante. RUMELIN.

Mirkhond, *Histoire des Bouides.* — Diez, *Buch des Kabus* et *Geschichte der Dilemiden.*

MARDOCHÉE (*Japhe*, ou *le Beau*), savant rabbin, mort à Prague, en 1611. Fils d'Abraham de Prague, il devint prince des synagogues de Posnanie, de Lublin, de Cremnitz et de Prague. On a de lui : *Lebusch Malchut* (Le Vêtement royal); ce traité est divisé en dix livres : 1° *L'Habit d'Hyacinthe*, sur les bénédictions et les prières; 2° *L'Habit blanc*, sur les fêtes; 3° *La Couronne d'Or*, sur les choses permises et défendues; 4° *Le Manteau de Lin et d'écarlate*, sur le mariage; 5° *L'Habit de la ville de Suze*, sur la vie civile; 6° *L'Habit de Lumière*, sur les interprètes de la loi; 7° *L'Habit de réjouissance*, sur les discours à tenir aux cérémonies de mariage et de circoncision; 8° *L'Habit de l'angle précieux*, commentaire sur le *Moreh Nevokim* de Maïmonide; 9° *L'Habit de magnificence*, ou exposition de l'astronomie; 10° *L'Habit de pierre précieuse*, explication du *Commentaire cabbalistique sur les cinq livres de la loi* de Manassès de Recanati. Les cinq premiers de ces livres ont paru ensemble; Cracovie, 1594-1599, 4 vol. in-fol.; Prague, 1609, 1623, 1688 et 1701; Venise, 1622, in-fol.; le sixième fut imprimé à Prague, 1604, in-fol.; les trois derniers ont paru à Lublin, 1595, in-fol; le septième est inédit. O.

Wolf, *Bibl. Hebraica.* — Buxtorf, *Bibl. Rabbinica.* — Basnage, *Histoire des Juifs.*

MARDOCHÉE ou **MORDECHAÏ**, nom porté par un grand nombre de rabbins, sur lesquels on peut consulter les *Bibliothèques* de Wolf et de Bartoloni. Les principaux d'entre eux sont :

MARDOCHÉE (*Isaac-Nathan*), rabbin italien, mort à Rome, vers le milieu du onzième siècle. Il a écrit : *Concordantiæ hebraicæ*; Bâle, 1581, in-fol.; Cracovie, 1584, in-4°, avec une traduction allemande; Rome, 1622, in-fol., avec additions de Mario de Calasio; Londres, 1747-1749, 4 vol. in-fol.; une traduction latine parut à Bâle, 1556.

MARDOCHÉE-BEN-HILLEL, rabbin autrichien, mort à Nuremberg, en 1310. Après avoir suivi les leçons d'Alphesius, de Moïse, de Cotzi et de Meier ben-Baruch, il s'établit à Nuremberg, où il fut exécuté, selon les uns pour avoir insulté publiquement la religion chrétienne, selon les autres pour s'être livré ouvertement à des pratiques cabbalistiques. On a de lui : *Mardochaï magnus*, commentaire sur le *Compendium talmudicum* d'Alphesius; Riva, 1559, in-4°; Cracovie, 1598, in-fol., et plusieurs fois avec l'ouvrage d'Alphesius; un extrait en fut donné par Banz; Crémone, 1557, in-fol.; — *De Ritibus mactationis*; Venise, in-8°. E. G.

Würfel, *Historische Nachricht von der Judengemeinde in Nürnberg.*

MARDOCHÉE BEN-NISAN, rabbin polonais, vivait à Crosni-Ostro en Gallicie, dans la seconde moitié du dix-septième siècle. On a de lui : *Dod Mardochaï* (L'Ami de Mardochée); Hambourg, 1714 et 1721, in-4°, avec une traduction latine de Wolf. Ce livre, écrit en 1699, à la demande de J. Trigland (*voy.* ce nom), contient l'exposé des doctrines des juifs Caraïtes, secte à laquelle Mardochée appartenait; un abrégé en a été donné dans l'*Israélite français* de 1817. O.

Bossy, *Dissertations critiques.* — Wolf, *Bibl. Hebraica.*

MARDOCHÉE. *Voy.* AQUIN (*Phil.* D') et AMAN.

MARDONIUS (Μαρδόνιος), général perse, tué en 479 avant J.-C. Il était fils de Gobryas. Il fut un des sept nobles qui tuèrent Smerdis le mage, en 521. Darius, devenu roi par suite de la mort de Smerdis, traita toujours Mardonius avec distinction, et, en 493, il lui donna en mariage sa fille Artazostra. Peu après, au printemps de 492, Mardonius remplaça Artapherne dans le commandement de l'armée d'Ionie avec ordre d'achever la soumission de ce pays et de punir Érétrie et Athènes de l'appui qu'elles avaient donné aux rebelles. Sa mission ne se bornait pas à cet objet; il devait encore tenter la conquête de toute la Grèce. Dans les villes ioniennes, il déposa les tyrans établis par Artapherne, et leur substitua des démocraties, conduite peu conforme à la politique ordinaire des satrapes. Il passa ensuite l'Hellespont, et tandis que sa flotte allait conquérir Thasos, il s'avança à travers la Thrace et la Macédoine, soumettant sur son chemin les tribus qui ne reconnaissaient pas encore la souveraineté de la Perse. Mais une violente tempête assaillit sa flotte près du mont Athos, et lui coûta, dit-on, trois cents vaisseaux et vingt mille hommes. En Macédoine les Brygiens attaquèrent son armée pendant la nuit, et en tuèrent une partie. Ces deux désastres affaiblirent tellement ses forces qu'il se décida à la retraite. Darius, mécontent, lui retira son commandement et le remplaça par Datis et Artapherne, qui perdirent la bataille de Marathon, en 490. Ce double échec n'enleva pas aux Perses l'espoir de conquérir la Grèce, et à l'avénement de Xerxès Mardonius, qui était très en faveur auprès du jeune prince, lui conseilla de reprendre avec un plus grand déploiement de forces les projets de son père. Dans la grande expédition qui envahit la Grèce au printemps de 480, il eut un des premiers commandements. Après la bataille de Salamine, il persuada à Xerxès de retourner en Asie en le laissant lui-même en Grèce avec trois cent mille hommes. Il hiverna en Thessalie, et avant de reprendre les opérations militaires il envoya consulter plusieurs oracles grecs. Hérodote avoue qu'il ignore quelles furent leurs réponses. Il paraît qu'elles ne furent pas satisfaisantes, puisque le général perse, doutant du succès, essaya de détacher les Athéniens de la confédération hellénique. Il leur envoya Alexandre Ier, roi de Macédoine, qui était leur hôte (πρόξενος) avec des propositions avantageuses. Informé qu'elles avaient été rejetées, il rentra dans l'Attique, dont les habitants s'étaient une seconde fois réfugiés à Salamine. Il leur fit porter par Murychides, Grec de l'Hellespont, les mêmes propositions qu'Alexandre leur avait transmises, et essuya encore un refus. Alors, lui qui s'était jusque là abstenu de causer aucun dommage à la ville abandonnée, il la détruisit de fond en comble. Il évacua ensuite l'Attique, peu favorable aux mouvements de la cavalerie, qui composait sa principale force, et se retira vers la Béotie, en faisant une pointe sur Mégare pour y surprendre un corps avancé de mille Spartiates. De la plaine mégarienne, limite extrême de l'invasion perse à l'occident, il se dirigea vers l'est, franchit le mont Parnès, descendit en Béotie, et s'établit dans une forte position sur la rive méridionale de l'Asopus. Les Grecs arrivèrent peu après à Érythrée, et campèrent sur les pentes du Cithéron. Mardonius attendait avec impatience qu'ils descendissent dans la plaine, et pour les décider à ce mouvement, il les fit attaquer par sa cavalerie. Les Grecs, quoique vainqueurs dans cet engagement, décampèrent et se portèrent plus à l'ouest vers Platée. Mardonius les suivit. Les deux armées étaient établies sur les rives opposées d'un petit affluent de l'Asopus. Dix jours se passèrent ainsi. Mardonius persista dans son projet d'attaquer les Grecs, malgré les sinistres avertissements des augures et le conseil d'Artabaze, qui lui recommandait de revenir à Thèbes et d'attendre que la désunion se mît dans l'armée alliée; il se détermina à un engagement immédiat à la vue d'un nouveau mouvement des Grecs vers Platée. Cette manœuvre s'exécuta avec une confusion dont il essaya de profiter; il chargea lui-même l'ennemi avec mille hommes d'élite, et fut suivi du gros de ses forces. Les hoplites spartiates soutinrent le choc avec leur fermeté ordinaire, et le général perse, en essayant de forcer leur ligne, tomba frappé d'un coup mortel par un nommé Arimneste. Sa mort devint le signal de la déroute générale des barbares. Y.

Hérodote, VI, 43-45, 94; VII, 5, 9, 82; VIII, 100, etc., 113, etc., 133-144; IX, 1-4, 12-15, 38 65. — Plutarque, *Aristeides*, 10-19. — Diodore, XI, 1, 28-31. — Justin, II, 13, 14. — Strabon, IX, p. 412. — Cornelius Nepos, *Pausanias*, I. — Grote, *History of Greece*, t. III, IV.

MARE (*Pierre-Bernard* LA), littérateur français, né en 1753, à Barfleur (Normandie), mort à Bucharest, le 16 avril 1809. Envoyé, en 1792, aux îles du Vent en qualité de commissaire civil, il devint plus tard secrétaire général du ministère des relations extérieures, puis secrétaire d'ambassade à Constantinople, enfin consul à Varna. Employé d'abord par Letourneur à ses traductions, il a fait passer dans la langue française une foule d'histoires, de voyages, de romans et d'ouvrages politiques. On a en outre de lui : *Almanach des Prosateurs, ou recueil de pièces fugitives en prose;* 1801-1803, 3 vol. in-12; les cinq autres volumes de ce recueil ne sont pas de lui. J. V.

Chaudon et Delandine, *Dict. univ. Hist., Crit. et Bibliogr.* — Quérard, *La France Littér.*

MARE (LA). *Voy.* LA MARE.

MAREC (*Pierre*), homme politique français, né à Brest, le 31 mars 1759, mort à Paris, le 23 janvier 1828. Il était commis au contrôle de la marine, à Brest, lorsque la révolution éclata. Élu, le 7 mars 1790, substitut du procureur de la commune, il fut nommé, en 1791, député suppléant à la Convention, où il fut bientôt appelé à siéger. Lors du procès de Louis XVI il vota pour l'appel au peuple, puis pour le bannissement perpétuel de ce prince après la paix. Il fit partie du comité des finances et de celui des colonies et de la marine; il s'y distingua par des propositions pratiques qui attestent savoir et intelligence, surtout dans les questions commerciales. Après le 9 thermidor, il passa au comité de salut public, et fit adopter quelques mesures de clémence. Déjà il avait contribué à la mise en liberté du prince de Conti, des duchesses de Bourbon, d'Orléans et d'autres royalistes. Le 1er prairial il seconda vainement les efforts de Féraud (*voy.* ce nom) pour défendre l'inviolabilité de la représentation nationale, et le lendemain il demanda la mise en arrestation de Laignelot, qu'il accusait d'avoir quitté son poste pour se mêler aux émeutiers. Il appuya depuis toutes les mesures contrerévolutionnaires. Dans la séance du 3 brumaire an IV, il s'opposa à l'application d'un nouveau *maximum*. Appelé au Conseil des Cinq Cents peu de jours après, il continua à s'occuper des réformes à apporter dans le recrutement maritime. Sous l'empire, Marec fut nommé inspecteur du port de Gênes, qu'il remit aux étrangers en qualité de commissaire du gouvernement provisoire, par suite de la convention du 23 avril 1814. En avril 1815, Napoléon l'appela aux fonctions d'inspecteur du port de Bordeaux; mais Marec ne se rendit pas à son poste. Il fut mis à la retraite par Louis XVIII (1818), qui lui conféra la croix de Saint-Louis en 1820.

Son fils, *Théophile-Marie-Finisterre* MAREC, né à Quimper, le 27 février 1792, mort à Paris, le 6 août 1851, entra, le 22 juin 1812, dans les bureaux de la marine, et devint successivement chef du bureau de la police et de la navigation, sous-directeur du personnel, maître des requêtes. En 1848 il fut nommé directeur du personnel de la marine. Le travail et une certaine exaltation politique altérèrent sa santé. Il dut donner sa démission, le 9 août 1848. On a de lui : *Questions concernant la pêche de la morue;* Paris, 1831, in-4°, avec carte; — *Sur la pêche de la baleine;* Paris, 1842, in-4°; — *Sur la fixation des limites entre la pêche fluviale et la pêche maritime*, dans les *Annales maritimes et commerciales* de 1837, t. LXIII; — *Résultat d'une mission de Marec en Angleterre, pour y recueillir des renseignements sur l'état de la législation britannique touchant la répression des actes d'indiscipline et des délits et crimes commis à bord des navires de commerce*, dans les *Annales maritimes* de 1837; Paris, 1837, in-8°; — *Sur la répression de l'indiscipline dans la marine marchande*, etc.; Paris, 1840, in-8°; — et quelques autres mémoires sur des questions qui se rattachent à la marine. H. L.

Archives de la marine. — Arnault, Jay, Jouy et Norvins, *Biographie des Contemporains.* — *Petite Biographie Conventionnelle* (1815). — *Le Moniteur universel*, 1792, n° 301; 1793, n°s 2 à 358; an IV, n°s 7, 19, 36, 153, 217. — A. Danican, *Les Brigands dévoilés*, p. 111. — Thiers, *Hist. de la Révolution française*, t. VII, p. 100.

MARÉCHAL (*Georges*), célèbre chirurgien français, né à Calais, le 7 avril 1658, mort au château de Bièvre, le 13 décembre 1736. Fils d'un officier dans un régiment étranger au service de France, il vint fort jeune à Paris pour apprendre la chirurgie, et se mit sous la conduite d'un chirurgien appelé Le Breton. Il s'appliqua d'abord à l'anatomie, et par son assiduité soutenue à l'hôpital de La Charité s'attira l'estime de Morel, chirurgien en chef et de Roger, gagnant-maîtrise, qui, après l'avoir fait agréer pour son successeur, lui fit épouser sa sœur, en 1684, et le fixa ainsi dans la capitale. Reçu maître en chirurgie en 1688 avant que le terme de sa maîtrise fût entièrement expiré, Maréchal devint peu de temps après chirurgien en chef de l'hôpital de La Charité. Il excella surtout dans l'opération de la taille au grand appareil, qu'il a rendue plus simple et plus sûre. Nous citerons parmi les personnes qu'il opéra l'auteur dramatique Palaprat, qui parle de Maréchal avec la plus vive reconnaissance dans le discours qu'il a mis à la tête de la comédie des *Empiriques*, par Brueys. Sa réputation le fit, en 1696, appeler en consultation au sujet d'un abcès considérable que Louis XIV avait à la nuque. Ayant examiné la maladie du roi, Maréchal, n'osant point donner son avis tout haut, fit signe de la main qu'il convenait de faire une incision cruciale, et revint à Paris sur-le-champ. Félix, premier chirurgien, fit l'opération, et Maréchal ne se représenta à Versailles que sur les ordres du roi. Mais désormais il se trouva sur la voie des honneurs. La mort de Félix, arrivée en 1703, le fit désigner pour premier chirurgien du roi; trois ans après il obtint une charge de maître d'hôtel, et en 1707 Louis XIV lui fit expédier des lettres de noblesse. Louis XV continua à Maréchal la bienveillance dont son bisaïeul l'avait honoré. Voulant jouir un peu plus de la vie tranquille, cet habile chirurgien s'associa, en 1719, La Peyronie, nommé chirurgien du roi en survivance, et, animés du même esprit, tous deux concertèrent les moyens de faire des élèves dans la capitale et de réformer les abus dans les provinces : c'est à leurs soins qu'on dut l'édit de 1723, qui renfermait les dispositions les plus sages pour établir une police générale dans la chirurgie du royaume. La même année que cet édit parut, Louis XV fit Maréchal chevalier de l'ordre de Saint-Michel. Retiré dans le château de Bièvre, qu'il avait acquis en 1711, le premier chirurgien du roi y employa ses dernières années au soulagement des pauvres paysans, dont il se montra toujours le père, le chirurgien, le conseil et l'appui. Maréchal a laissé des observations répandues en différents ouvrages; on en trouve dans les *Opérations* de Dionis, sur les bons effets des trépans multipliés, dans le traité *De la Cataracte* par Brisseau, sur la cataracte et le glaucôme de l'humeur vitrée, dans les *Opérations* de Garengeot, sur différents sujets; dans les *Mercure* de France, plusieurs observations dont on lui avait demandé le détail, entre autres, une sur l'extraction d'un corps solide, très-gros, formé dans les intestins et tiré du rectum ; il en a donné à l'Académie plusieurs sur les plaies de la tête, et en laissa dans ses papiers quelques-unes, dont une, fort singulière, fait le détail d'un dépôt sous l'omoplate qu'il attaqua avec succès, en trépanant cet os. C'est au zèle et aux soins réunis de Maréchal et de La Peyronie que l'Académie royale de Chirurgie dut, en 1731, sa première organisation. Le duc de Saint-Simon fait, dans ses *Mémoires*, beaucoup d'éloges de la noblesse et de la loyauté du caractère de Maréchal.

H. Fisquet (de Montpellier).

Éloi, *Dictionn. histor. de la Médecine.* — *Mémoires de l'Académie royale de Chirurgie.* — Moréri, *Dict. Historique.* — *Biogr. Méd.*

MARÉCHAL DE BIÈVRE. *Voy.* Bièvre.

MARÉCHAL (*Bernard*), érudit français, né en 1705, à Rethel, mort le 19 juillet 1770, à Metz. Après avoir fait de bonnes études dans sa ville natale, il entra dans la congrégation des bénédictins de Saint-Maur, et prononça ses vœux en 1721, à l'abbaye de Saint-Airy de Verdun. En 1755 il devint prieur de Beaulieu en Argonne. Persuadé qu'une érudition moins partagée donne plus de profondeur et de solidité à l'esprit, il se renferma dans l'étude de l'Écriture et des Pères de l'Église, et publia le fruit de ses savantes recherches sous le titre : *Concordance des saints Pères de l'Église, grecs et latins, où l'on se propose de montrer leurs sentiments sur le dogme, la morale et la discipline*, etc.; Paris, 1739, 2 vol. in-4°; trad. en latin, Strasbourg, 1769, 2 vol. in-fol. L'ouvrage, dont le plan est bon et bien suivi, renferme les Pères des trois premiers siècles. On arrêta la vente jusqu'à ce que l'auteur se fut expliqué sur la soumission qu'on exigea de lui à la bulle *Unigenitus*, et sur plusieurs points de doctrine. Dom Maréchal se soumit dans une *Lettre*, datée de Novi, et publiée en 1740 à Paris, in-4°. On fit des cartons en conséquence, et l'ouvrage parut; mais aucun libraire n'ayant voulu se charger de la suite, les tomes III et IV restèront manuscrits. P. L.

Calmet, *Biblioth. Lorraine*, 631. — François, *Bibl. de l'ordre de Saint-Benoît*, II, 367. — Le Long, *Hist. de Laon*, 484. — *Nouvelles ecclésiastiques*, 22 mai 1741. — Boulliot, *Biogr. Ardennaise*, II, 188.

MARÉCHAL (*Pierre-Sylvain*), littérateur français, né le 15 août 1750, à Paris, mort le 18 janvier 1803, à Montrouge, près Paris. Après avoir achevé ses études, il obtint de son père, qui le destinait au commerce, la permission de suivre les cours de droit, et fut reçu avocat au parlement. En prenant cette résolution, que semblait lui interdire une difficulté de parler des plus fatigantes, il n'avait eu d'autre but que de posséder un titre honorable; en effet il renonça au barreau dès que l'accès lui en eut été ouvert, et, continuant de vivre au sein de sa famille, il s'abandonna à son goût pour les lettres. Doué d'une grande facilité, et d'une imagination dont le bon sens ne modérait pas les écarts, il chercha par tous les moyens, même par le scandale, une réputation qu'il n'a méritée dans aucun genre. Selon le goût du temps, il débuta par quelques essais poétiques qui lui valurent un emploi de sous-bibliothécaire au collége Mazarin. Après avoir imité Théocrite, le *berger Sylvain* (nom sous lequel il signa ses premiers ouvrages) prit Lucrèce pour modèle, et publia les fragments d'un poëme *moral*, dont l'existence ou plutôt la négation de Dieu était le sujet. Cet accès d'incrédulité philosophique n'ayant point éveillé la curiosité autour du nom de l'auteur, il s'attaqua à la Bible, et réussit à parodier si crûment le style des prophètes qu'il attira l'attention de ses supérieurs, qui le privèrent de sa modeste place (1784). Obligé pour vivre, de se mettre aux gages des libraires, il ne garda plus aucune retenue dans ses écrits. L'un d'eux, l'*Almanach des honnêtes gens*, dénoncé en 1788 au parlement et condamné au feu, le fit enfermer pendant quatre mois à Saint-Lazare; il avait dans le calendrier substitué aux noms des saints ceux des personnages célèbres, à n'importe quel titre; ainsi Jésus-Christ s'y trouvait à côté de Ninon. Plus tard, sur l'invitation de l'astronome Lalande, qui faisait profession d'athéisme, il écrivit un code à l'usage d'une société d'hommes sans Dieu et un *Dictionnaire des Athées*. Cette singulière compilation attacha au nom de Maréchal une réputation de mauvais aloi qu'il n'avait peut-être pas méritée, s'il faut en juger par ce passage d'un de ses précédents ouvrages : « Nous ne pouvons nous passer de religion; c'est un frein pour le méchant timide, si ce n'en est un pour le scélérat déterminé; c'est un besoin pour les imaginations tendres et une jouissance pour les âmes douces; c'est la lisière des passions encore jeunes et le bâton des vieillards; c'est la consolation et le refuge des infortunés. La religion est le trésor du pauvre et le salaire des citoyens envers qui la société s'acquitte mal. » L'amour du paradoxe l'entraîna aussi loin que le P. Hardouin, qui au dix-septième siècle avait accusé les chefs de Port-Royal d'être des athées déguisés; il ne craignit pas d'être couvert de ridicule en inscrivant sur son catalogue les noms de saint Justin, saint Chrysostome, saint Augustin, Pascal, Bellarmin, Bossuet, Fénelon, La Bruyère, Leibniz, etc. La dernière des excentricités littéraires de Maréchal fut un projet de loi portant défense d'apprendre à lire aux femmes. Sous le directoire, il s'était retiré à Montrouge, afin, disait-il, de jouir du soleil plus à son aise; ce fut là qu'il succomba, à l'âge de cinquante-trois ans, à la maladie qui le consumait depuis longtemps. La veille de sa mort, il dictait encore des vers. Quelques moments avant d'expirer, il dit à ceux qui l'entouraient : « Mes amis, la nuit est venue pour moi ».

Maréchal était extrêmement laborieux; il travaillait jusqu'à quinze heures par jour. Il joignait beaucoup d'esprit aux connaissances les plus variées, et il eût été à souhaiter pour lui qu'il fît un meilleur usage de l'érudition que ses critiques mêmes lui reconnaissaient. Dans son intérieur il était bon, modeste, affectueux et aimait à s'entourer de gens instruits. Dès le commencement de la révolution, il avait adopté avec chaleur les principes d'une sage liberté. Il porta l'illusion jusqu'à croire qu'un si grand mouvement politique ne devait amener autre chose que le règne de la raison et de la vertu; mais cette illusion dura peu, et il fut un des premiers à dénoncer à l'indignation publique les massacres de Septembre. Parmi les nombreux ouvrages de Maréchal nous citerons: *Bergeries*; Paris, 1770, in-12; — *Essais de poésies légères, suivies d'un songe*; Genève, 1775, in-8°; — *Bibliothèque des Amants, odes érotiques, par Sylvain M****; Paris, 1777, 1786, in-12; — *Le Livre de tous les âges, ou le Pibrac moderne*; 1779, in-12, réimpr. sous le titre de *Recueil des poëtes moralistes français*; Paris, 1784, 2 vol. in-18; — *Fragments d'un poëme moral sur Dieu, ou le Nouveau Lucrèce*; 1781, in-8°; autre édit. : *Le Lucrèce français*; Paris, an VI (1798), in-8°; on retrouve quelques fragments de cet ouvrage dans le t. III des *Chefs-d'œuvre de poésies philosophiques du dix-huitième siècle*, avec différentes autres pièces de l'auteur, parmi lesquelles on doit distinguer *L'Enfance*, poëme; — *L'Age d'Or, recueil de contes pastoraux par le berger Sylvain*; Mytilène (Paris), 1782, in-12; — *Mélanges tirés d'un petit portefeuille*; Avignon et Paris, 1782, in-12; — *Les Litanies de la Providence commentées*; 1783, in-8°; — *Livre échappé au déluge, ou psaumes nouvellement découverts, composés dans la langue primitive par S. Arlamech, de la famille patriarcale de Noé, translatés en français par P. Lahceram, Parisipolitain*; Sirap (Paris), 1784, in-16 de 99 p.; trad. en allemand par C. d'Eckartshausen; Munich, 1786, in-12; — *La Belle Captive*; 1786, in-16; — *Dictionnaire d'amour, par le berger Sylvain*; Paris, 1788, in-8°. et 1789, in-16; — *Apologues modernes, à l'usage du Dauphin*; Bruxelles, 1788, in-8°; — *Almanach des honnêtes gens*; an Ier du règne de la Raison (1788), in-4° d'une feuille; réimpr. dans le t. Ier des *Chefs-d'œuvre littéraires du dix-huitième siècle* et sous les titres suivants : *Dictionnaire des honnêtes gens*; 1791, in-8°; et *Almanach des honnêtes gens, contenant des prophéties, des anecdotes*, etc., 1793, in-16; — *Dieu et les prêtres, fragment d'un poëme philosophique*; 1790, in-8°; — *Nouvelle Legende dorée, ou dictionnaire des saints, mis au jour par S. M.*; Rome, rue des Pêcheurs (Paris, 1790), 2 part. in-12; — *Anecdotes peu connues sur les journees des 10 août, 2 et 3 septembre 1792*; Paris, 1793, in-16; — *Almanach des gens de bien*; 1793, in-12, contenant l'arrivée de Carrier aux enfers, deux dialogues des morts et des prédictions: ce petit livre, qui fait suite à l'*Almanach des honnêtes gens*, a encore paru pour les années 1795 et 1796; — *Almanach républicain, pour servir à l'instruction publique*; Paris, 1793, in-16; — *Étrennes de la Republique française, edit. revue et corrigée*, 1793, in-8°; — *Le Jugement dernier des Rois, prophétie en un acte et en prose*; Paris, an II (1794), in-8°; on lui doit encore trois autres pièces, qui ont été mises en musique par Grétry: *La Rosière républicaine*, *Denys le Tyran maître d'école*, et *Diogène et Alexandre*; 1794; — *La Fête de la Raison, opéra en un acte*; Paris, 1794, in-8°; — *Recueil d'hymnes, stances et* *discours en l'honneur de la déesse de la Raison*; 1795; — *Tableau historique des événements révolutionnaires, depuis la fondation de la République*; Paris, 1795, in-18; — *Décades du cultivateur, ou précis historique des événements révolutionnaires; cours de Morale naturelle pour chaque mois de l'année*; Paris, 179.., 2 vol. in-18; — *Culte et loi des hommes sans Dieu*; 1798, in-12 de 64 p.; — *Pensées libres sur les Prêtres de tous les siècles et de tous les pays*; Paris, 1798, in-8°; — *Chansons anacréontiques*, 1798; — *Voyages de Pythagore en Égypte, dans la Chaldée, dans l'Inde, en Crète, à Sparte, etc., suivis de ses lois politiques et morales*; Paris, 1799, 6 vol. in-8°; cet ouvrage, le plus important qu'ait écrit Maréchal, et qui aurait dû lui faire une réputation durable, est rempli de recherches curieuses et savantes; mais il est loin d'approcher du *Voyage du jeune Anacharsis*, auquel Lalande l'a comparé, et il lui est de beaucoup inférieur sous le rapport de l'érudition et du style; — *La Femme abbé*; Paris, 1800, in-12; — *Dictionnaire des Athées anciens et modernes, par Sylvain M....l*; Paris, 1800, in-8°; réimpr. à Bruxelles; l'astronome Lalande, qui avait eu part à ce livre, y a ajouté en 1805 deux suppléments, devenus rares. Le gouvernement empêcha la circulation du *Dictionnaire*, et défendit aux journaux d'en rendre compte; — *Histoire universelle en style lapidaire*; Paris, 1800, gr. in-8° : l'auteur s'attache à prouver que les fastes des peuples ne doivent être qu'une suite d'inscriptions; — *Pour et contre la Bible*; Jérusalem (Paris), 1801, in-8°; — *Projet de loi portant défense aux femmes d'apprendre à lire, par S. M.*; Paris, 1801, in-8° : deux réponses ont été faites à cet écrit impertinent, l'une par Mme Gacon-Dufour, qui demandait que l'auteur, atteint de folie, fût envoyé dans une maison de santé, où il serait traité aux frais de ses partisans; l'autre par Mme Clément; — *Histoire de Russie réduite aux seuls faits importants*; Londres et Paris, 1802, in-8°; — *De la Vertu, précédé d'une Notice sur la vie de l'auteur*; Paris, 1807, in-8°, fig. Outre ces nombreux écrits, Maréchal a rédigé le texte de plusieurs ouvrages à figures, tels que *Antiquités d'Herculanum* de F.-A. David (1780-1803, 12 vol. in-4°); — *Costumes civils actuels de tous les peuples connus*, de Grasset de Saint-Sauveur (1784-1787, 4 vol. in-4°), *Le Panthéon, ou les Figures de la fable*, de Le Barbier (1787), *Mémorial pittoresque de la France* (1786-1788), *Actions célèbres des grands hommes de toutes les nations*, de Moithey (1786-1788, in-4°), *Paris et la Province*, de Sergent (1787), *Histoire de la Grèce*, de Mixelle (1787-1789, in-4°), *Muséum de Florence* de F.-A. David (1787-1803, 8 vol. in-4°), etc. Enfin, il a fourni des articles aux *Révolutions de Paris* de Prudhomme, et on lui attribue *La Renaissance de la religion en France*, poëme en quatre chants; 1801, in-18. P. L—Y.

Mme Gacon-Dufour, *Notice sur S. Maréchal*, en tête du livre intitulé. *De la Vertu*; 1807, in-8°. — Lalande, *Notice sur le même*; Paris, 1806, in-8°. — *Biogr. univ. des Contemp.* — *Biogr. nouv. des Contemp.* — Quérard, *La France Littér.*

* MARÉCHAL (*Laurent-Charles*), peintre français, né à Metz, à la fin du siècle dernier. Ses parents, qui étaient pauvres, lui firent d'abord apprendre l'état de sellier; mais son goût pour le dessin l'engagea à venir à Paris, où il parvint à entrer dans l'atelier de Regnault. En 1825 il retourna à Metz, où il exposa l'année suivante un tableau de *Job*, qui lui valut une médaille d'argent. Passé maître à son tour, il forma à Metz une école, qui a déjà remporté plus d'un succès, et sous son influence les arts du dessin prirent un certain développement dans cette ville. En 1831 Louis-Philippe étant venu visiter Metz, M. Maréchal lui présenta un tableau de genre représentant *La Prière*, que le roi accueillit favorablement. Bientôt, M. Maréchal chercha dans le pastel un procédé plus expéditif, et il réussit, suivant l'expression de M. About, à élever le pastel à la puissance de l'huile. « Le pastel, ajoute ce critique, atteint sous le doigt de M. Maréchal à des vigueurs incroyables, et vaut les plus robustes peintures. » M. Maréchal a prouvé en effet que le pastel, condamné jusqu'alors à une sorte de coquetterie efféminée, pouvait atteindre à la force, à l'éclat, à l'expression des sentiments élevés, à l'interprétation poétique de la nature. Plus tard, il créa dans sa ville natale une industrie nouvelle, en établissant un atelier de verrières. Les vitraux qu'il exécuta pour la cathédrale de Metz, pour les églises Saint-Vincent de Paul et Sainte-Clotilde à Paris, pour le palais de l'Industrie de la même ville (1), pour les églises de Troyes, Cambrai, Limoges, et d'une foule d'autres endroits lui acquirent une réputation méritée. Ceux qu'il exposa à Londres en 1851 lui valurent une médaille de première classe. Ses pastels lui ont fait avoir une médaille de troisième classe à l'exposition de Paris de 1840, une médaille de deuxième classe en 1841, une médaille de première classe en 1842 et en 1855, lors de l'exposition universelle. Chevalier de la Légion d'Honneur le 14 février 1846, il a été nommé officier du même ordre le 14 novembre 1855. Il a exposé, en 1835 : *Les Lessi-*

(1) Ces deux grandes verrières, placées aux extrémités de la nef du palais, forment des demi-cercles et n'ont pas moins chacune de quarante mètres d'ouverture. Celle de l'est représente la France assise sur un trône d'or conviant les nations étrangères aux luttes industrielles; l'Art et la Science sont assis à ses pieds; un Berger et un Forgeron, personnifiant l'Orient et l'Occident, complètent la composition. La verrière de l'ouest représente l'Équité présidant à l'accroissement des échanges, tenant d'une main des balances et de l'autre le cachet dont chaque producteur doit frapper son œuvre; l'Art et la Science se retrouvent à ses pieds, ainsi que le Berger et le Forgeron aux deux extrémités, et les figures allégoriques de l'Angleterre, de l'Inde, de la Chine, de la France, de l'Italie et de l'Arabie.

veuses; — *Le Ravin*; — *La Moisson*; — deux portraits, pastels; — en 1840 : *Les Sœurs de misère* et *Les Bûcherons hongrois*, pastels; — en 1841. un *Petit Gitano*; — un *Petit Étudiant*; — deux *Têtes d'étude*, pastels; — *Masaccio, enfant*, et *Le vieux Hoffe de Pfeifer*, peintures sur verre; — en 1842 : *Les Adeptes*; — *Loisir*, — *Détresse*, pastels; — *Apothéose de sainte Catherine*, fragment d'une vitre destinée à la cathédrale de Metz; — en 1845 : *La Grappe*, pastel; — *Hérodiade*, peinture sur verre, fragment d'une vitrine de Saint-Vincent de Paul; — en 1853 : *Le Légiste*, pastel; — *Sainte Valère* et *Sainte Clotilde*, vitraux du chœur de l'église Sainte-Clotilde; — en 1855 : *Galilée à Velletri*; — *Le Pâtre*; — *L'Étudiant*, pastels; — en 1857 : *Colomb ramené du nouveau monde*, pastel acheté par le prince Napoléon.

Parmi les élèves de M. Maréchal, on compte son fils, *M. Charles-Raphael* Maréchal, né à Metz, en 1830, dont on remarqua au salon de 1853 plusieurs belles compositions au fusain, intitulées : *Le Simoun*; *La Halte du soir*, *Les Naufragés*, qui lui méritèrent une médaille de 2e classe. La même année le gouvernement lui accorda la faculté de voyager aux frais de l'État en Allemagne, en Italie et en Espagne. L. L—t.

Livrets des expositions, 1835-1857. — *Journal des Débats*, 19 mars, 16 mai, 24 novembre 1855, et 10 juillet 1857. — *Moniteur*, 7 avril, 23 novembre 1855, et 11 juillet 1857. — Vapereau *Dict. univ. des Contemp.*

MARELIUS (*Nils*), géographe suédois, né en août 1706, mort en octobre 1791. Il consacra sa vie à l'exploration géographique des pays scandinaves, qu'il parcourut plusieurs fois dans tous les sens. Nommé membre de l'Académie des Sciences de Stockholm, il publia plusieurs dissertations dans les *Mémoires* de cette société; il fit aussi paraître plusieurs cartes géographiques d'une grande exactitude. O.

Lüdecke, *Allgemeines schwedisches Gelehrsamkeits-Archiv*, t. IV. — Gezelius, *Biografisk-Lexikon*.

MARENCO (*Vincenzo*), poëte italien, né le 28 décembre 1752, à Dogliani, près Mondovi, mort en 1813, à Turin. Docteur en droit à vingt ans, il entra dans les bureaux de l'avocat général, et se fit connaître par quelques productions poétiques, en italien et en latin, où la grâce était unie au sentiment. Après 1792 il passa dans l'administration de la guerre, et remplit les fonctions de directeur des hôpitaux militaires. Appelé à la direction du Lycée en 1806, il fut nommé en 1807 professeur d'éloquence latine à l'université de Turin. L'année suivante, il fut attaché à l'éducation des pages du vice-roi d'Italie. Marenco fit partie de plusieurs académies italiennes. Ses principaux écrits sont : *La Patria, poemetto*; Turin, 1783; — *Lettere Arcadiche, in versi sciolti*; Turin, 1784; — *Meneceo, tragedia*; Turin, 1790, dans la collection du *Teatro popolare*; — *De Pthisi, poema lib. II*; Turin, 1791, in-8°, où il a pris pour modèle le poëme de Fracastor sur la syphilis; — *Osiris, sive De Legum Origine, poema lib. III*; Turin, 1797, in-8°; — *La Giornata di Marengo*, poëme inséré dans le recueil de l'Académie royale de Turin; — *In Mariæ Aloysiæ Augustæ Puerperium carmen epicum*; Turin, 1811, in-4°; — *Rodi Salvata, ossia l'Amedeide*; Carmagnola, 1833, in-8°, épopée continuée, depuis le XIe chant, par Giuseppe Tarletti. Marenco a laissé plusieurs poëmes manuscrits ainsi qu'une Histoire (en latin) des vicissitudes de la maison de Savoie. P.

Tipaldo, *Biogr. degli Italiani illustri*, V.

MARES (*Jean* des). *Voy.* Desmarets.

MARESCALCHI (*Ferdinand*), homme d'État italien, né à Bologne, en 1764, mort à Modène, le 22 juin 1816. Issu d'une grande famille, il reçut une bonne éducation, fit son droit à l'université de sa ville natale, embrassa la carrière de la magistrature, et devint sénateur. A l'époque de la révolution, il se déclara en faveur des idées nouvelles, et se mit à la tête du parti français. Bonaparte le remarqua et lui témoigna beaucoup d'estime. A la formation de la république Cispadane, Marescalchi fit partie du directoire exécutif. Envoyé en 1799 comme ministre plénipotentiaire de la république cisalpine à Vienne, l'empereur d'Autriche refusa de le recevoir. A son retour, il fut élu membre du directoire de cette république, et il en était le président lorsque Souvarof entra en Italie avec une armée austro-russe. Marescalchi dut se réfugier alors en France. Il retourna dans son pays après la victoire de Marengo. Membre de la Consulta de Lyon en 1801, il employa toute son influence à faire choisir le premier consul Bonaparte comme président de la république italienne. En 1803 il signa à Paris, avec le cardinal Caprara, le concordat entre cette république et la cour de Rome. Après la création du royaume d'Italie, Marescalchi vint résider à Paris, comme ministre des relations extérieures de ce royaume, et fut créé comte par l'empereur-roi. Il occupa cet emploi jusqu'à l'abdication de Napoléon en 1814. L'impératrice Marie-Louise lui confia l'administration des duchés de Parme, Plaisance et Guastalla, avec le titre de gouverneur; il ne garda pas longtemps ces fonctions, et fut envoyé comme ministre plenipotentiaire par l'empereur d'Autriche à la cour de Modène.

Marescalchi aimait et cultivait les lettres, et montra toujours beaucoup de modération. On trouva dans ses papiers une *Histoire de la Consulta de Lyon*; des *Considérations sur les rapports de la France avec les autres puissances de l'Europe*; un *Commentaire sur Plutarque*; une traduction de *La Comédienne* d'Andrieux en italien. Il avait publié des sonnets et des *Canzoni*. J. V.

Biogr. univ. et portat. des Contemp. — Arnault, Jay, Jouy et Norvins, *Biogr. nouv. des Contemp.*

MARESCALCO (*Pietro*), dit *la Spada*, peintre de l'école vénitienne, né à Feltre, vivait vers 1500. Chez les religieuses degli Angeli, de sa ville natale, est un de ses tableaux signé *Pe-*

trus Marescalcus P. C'est une *Madone entre deux anges*, figures grandioses, bien dessinées et qui méritent à leur auteur un rang honorable dans l'histoire de l'art. Au musée de Dresde, *La tête de saint Jean présentée par Salomé à Hérode et à Hérodiade* est aussi un bon tableau de ce maître. Le même musée possède une *Reine de Saba devant Salomon*, attribuée à un certain Marescalco qui paraît n'être ni Pietro ni Giovanni Buonconsigli. E. B—n.

Lanzi, *Storia della Pittura*. — *Guida di Feltro*. — Catalogue de Dresde.

MARESCALCO (Il) *Voy*. Buonconsigli.

MARESCHAL (*Louis-Nicolas*), érudit français, né à Plancoët, le 27 juin 1737, mort à Saint-Malo, en 1781. Fils d'un médecin, il embrassa la profession de son père, et s'y distingua. Il connaissait à fond la physique, la mécanique et l'histoire naturelle. On a de lui : *Le Magnétisme animal; Mesmer, ou les Sots*, *ouvrage posthume d'une fausse digestion*, de *Pierre Bouline*; Jersey, 1782 (très-rare); — quelques *poésies*.

Mareschal (*Marie-Auguste*), frère du précédent, né à Plancoët, en décembre 1739, mort à Lamballe, le 30 mai 1811, était employé dans la régie des tabacs lorsque éclata la révolution. Il en accepta les principes, et devint directeur du directoire du district de Lamballe, puis commissaire du pouvoir exécutif. On a de lui : *L'Armorique littéraire, ou notices* (au nombre de cent-trois) *sur les hommes de la ci-devant province de Bretagne qui se sont fait connaître par quelques écrits*, etc.; Lamballe, an III (1795), in-12; — des *poésies*; — quelques pièces, entre autres *Le Petit-Maître en province*, pour la Comédie-Italienne.

Mareschal (*Louis-Auguste*), fils du précédent et archiviste des Côtes-du-Nord, est connu par *Les Animaux parlants*, poëme, trad. de l'italien de Casti et par quelques autres productions littéraires. L

Querard, *La France Littéraire*. — P. Levot, *Biog. Bretonne*.

MARESCHAL (*Jules*), littérateur français, né à Paris, en janvier 1793. Fils d'un receveur des finances, il suivit le barreau pendant quelque temps. Quelques écrits politiques et des articles dans plusieurs feuilles royalistes attirèrent sur lui l'attention de M. de La Rochefoucauld, qui, étant chargé de la direction générale des beaux-arts, l'appela d'abord dans les bureaux comme sous-chef, le nomma ensuite premier inspecteur et enfin chef de division sous-directeur. A la révolution de 1830, M. Mareschal, ayant quitté ses fonctions, se voua à l'exécution de plusieurs entreprises d'utilité publique, telles que la colonisation des landes de Bordeaux, la filtration des eaux publiques de Paris, etc. Il cultivait en même temps les lettres, et nous avons de lui : *Considérations sur l'état moral et politique de la France*; 1815, in-8°; — *Essai sur les Factions*; 1822, in-8°; — *Mémoire sur les landes du littoral du golfe de Gascogne*; 1842, in-8°; — *Souvenirs d'Allemagne*; 1842, in-4°; — *Un Régent*; 1843, 2 vol. in-4°; — *Wasta, ou la charte des femmes, chronique de Bohême*; 1844, in-12; — *Mathilde de Haremberg, légende allemande du douzième siècle*; 1847, in-16; — *L'Étoile du Salut, allégorie* (en vers); 1848, in-8°; — *Des chemins de fer considérés au point de vue social*; 1854, gr. in-8°; — *Marseille et Bayonne, leur avenir et celui du midi au point de vue du réseau pyrénéen*; 1856, in-8°. G. de F.

Journal des Beaux-Arts, 20 novembre 1841.

MARESCOT (*Armand-Samuel*, marquis de), général français, né à Tours, le 1er mars 1758, mort au château de Chaslay, près Montoire (Loir-et-Cher), le 5 novembre 1832. Il fut élevé au collége de La Flèche, puis à l'École Militaire de Paris, entra ensuite dans le corps royal du génie, et fut nommé capitaine de cette arme, le 1er avril 1791. Il servit en cette qualité à l'armée du nord, contribua à mettre Lille en état de défense, et se distingua pendant toute la durée du siége mémorable que soutint alors cette place. Les troupes françaises s'étant portées sur la Belgique, le capitaine Marescot, que la Convention avait refusé d'adjoindre à l'armée du nord, suivit néanmoins le général Champmorin, son ami, et remplit au siége d'Anvers, sous le titre apparent d'aide de camp, les fonctions d'officier du génie. La perte de la bataille de Nerwinde, en 1793, le ramena, avec l'armée, sur la frontière du nord. Il refusa d'imiter Dumouriez dans sa défection, rentra dans Lille, et parmi les travaux de défense qu'il y fit alors exécuter on cite la ligne de la Deule et du canal de Lille à Douai, et un camp retranché sous la première de ces places pour un corps de 15 à 18,000 hommes. Dénoncé ensuite par le club révolutionnaire de Lille, il fut appelé à Paris; mais, bientôt justifié, il fut envoyé au siége de Toulon avec le grade de chef de bataillon. Il contribua à la reddition de la place en faisant construire une forte ligne de circonvallation qui rendit impossibles les sorties de la garnison anglaise. Après le siége, Bonaparte, que les représentants-commissaires de la Convention avaient nommé commandant de la ville, donna au chef de bataillon du génie l'ordre illégal d'apporter chez lui tous les papiers, plans, cartes et mémoires de la place. Marescot, ne voulant ni manquer à son devoir ni faire naître une altercation stérile, rédigea lui-même un mémoire sur la ville de Toulon, et le remit à Bonaparte.

Rappelé, en 1794, sur les frontières du nord, il fut chargé de mettre Maubeuge en état de défense, et peu de temps après on lui confia la direction du siége de Charleroi, qu'il poussa avec zèle jusqu'au moment où les généraux Desjardins et Charbonnier furent forcés de battre en retraite (3 juin 1794). Ce siége fut repris le 18 par Jourdan ; mais, à la suite d'une discussion entre les généraux et les commissaires de la Convention, Saint-Just, qui reprochait à Marescot la régularité trop lente de l'attaque, ordonna à Jourdan de l'arrêter et de le faire fusiller avec les généraux Hatry et Bollemont. Jourdan refusa d'exécuter cet ordre, et Marescot contribua bientôt après, en poussant ses opérations avec plus de vigueur, au gain de la bataille de Fleurus (26 juin). Cette victoire permit à l'armée de Sambre et Meuse de se porter simultanément sur Landrecies, Le Quesnoy, Valenciennes et Condé, les seules places fortes qui fussent au pouvoir des alliés. Landrecies fut emporté grâce à l'heureuse audace de Marescot, qui fit supprimer la 1re parallèle et porta la seconde sous les murs mêmes de la place, évitant ainsi les boulets ennemis qui passaient au-dessus des assiégeants. Ce succès lui valut le grade de chef de brigade, qui lui fut conféré le 1er thermidor (19 juillet). Un mois plus tard, la capitulation du Quesnoy lui mérita le grade de général de brigade. Valenciennes et Condé se rendirent peu après, et l'armée de Sambre et Meuse mit le siége devant Maëstricht. La place capitula le 13 brumaire an III (3 novembre 1794), et le 18 (novembre) Marescot reçut sa promotion au grade de général de division. Porté sur la liste des émigrés vers cette époque, il en fut rayé par Carnot, et envoyé à l'armée des Pyrénées-Orientales, où il fit démolir les forticafions de Fontarabie, et fut nommé commandant des pays conquis. Parti ensuite pour l'Allemagne, il y défendit, avec beaucoup de talent, la place de Landau et le fort de Kehl. Lors du remplacement de plusieurs membres du Directoire, qui eut lieu en juin 1799, Marescot fut présenté par le parti modéré comme le candidat opposé au général Moulins.

Marescot commandait en chef le génie à Mayence au moment de la révolution du 18 brumaire. Le premier consul le nomma, le 5 janvier 1800, premier inspecteur général de son arme, ce qui lui donna en 1804 le rang de grand-officier de l'empire. Il accompagna ensuite Bonaparte en Italie, et fut chargé d'examiner si le passage du grand Saint-Bernard était praticable. Après la victoire de Marengo, il vint à Paris présider le comité des fortifications. Le premier consul, qui préparait alors l'expédition d'Angleterre, le chargea de l'inspection des côtes depuis Rochefort jusqu'à l'île de Walcheren, et le nomma commandant général du corps du génie dans les divers camps du littoral, depuis Montreuil jusqu'à Dunkerque. L'année suivante, Marescot fit avec distinction la campagne d'Allemagne, et assista à la bataille d'Austerlitz. Chargé en 1808 d'inspecter les places des Pyrénées et celles de la Péninsule occupées par les troupes françaises, il se trouvait de passage au corps d'armée du général Dupont lors de l'affaire de Baylen. A raison de ses anciennes relations avec le général Castraños, il consentit, non sans peine, à accompagner comme conseil le négociateur de la honteuse capitulation qui fut signée par Dupont. Quoiqu'il n'en eût pas été signataire, il fut arrêté et destitué à son retour en France, subit une détention de trois ans, et fut ensuite exilé à Tours. Le 8 avril 1814, le gouvernement provisoire le réintégra dans son grade de premier inspecteur général du génie ; le comte d'Artois le nomma ensuite commissaire du roi dans la 20e division militaire, et Louis XVIII le rétablit dans tous ses titres et dignités. Pendant les Cent Jours, Marescot accepta les fonctions d'inspecteur dans l'Argone et dans les Vosges, fut mis à la retraite sous la seconde restauration avec une pension de 12,000 livres, et entra à la chambre des pairs, le 5 mars 1819. Il reçut plus tard le titre de marquis ; en 1831, il refusa de faire partie du cadre de réserve, et conserva jusqu'à sa mort sa position de retraite.

On a de lui : *Relation des principaux Siéges faits ou soutenus en Europe par les armées françaises depuis 1792* ; Paris, 1806, in-4° ; — *Mémoires sur l'emploi des bouches à feu pour lancer les grenades en grande quantité* (collection de l'Institut, classe des Sciences physiques et mathématiques, t. II, 1799) ; — *Memoires sur la fortification souterraine* (Journal de l'École Polytechnique, tome IV, 1802). [Le Bas, *Dict. encyclop. de la France*, avec addit.]

Heyns, *Fastes de la Légion d'Honneur*. — De Courcelles, *Dict. hist. des Généraux français*.

MARESIUS. *Voy.* Desmarets.

MARESTIER (*Jean-Baptiste*), ingénieur français, né à Saint-Servan, vers 1780, mort à Brest, le 22 mars 1832. Admis à l'École Polytechnique en 1800, il en sortit en 1802 pour entrer dans le corps du génie maritime. Sous l'empire, il rendit des services dans les ports de Gênes et de Livourne, et après les événements de 1814 il fut attaché au port de Toulon. Envoyé à Bayonne pour réorganiser le service des constructions navales, il y resta jusqu'en 1818, et y construisit sur ses propres plans de nombreux bâtiments de charge dont la marine se trouvait dépourvue. Il avait demandé à passer au port de Lorient lorsque le gouvernement le chargea d'aller étudier en Amérique et en Angleterre les résultats obtenus par la navigation à vapeur. Dans un voyage de deux années, il visita les chantiers des États-Unis et de la Grande-Bretagne, recueillant des renseignements curieux, et à son retour il exposa d'une manière précise les avantages que pouvait procurer le nouveau système de navigation. Chargé de faire l'application des principes qu'il avait émis dans son ouvrage, il construisit le premier bâtiment à vapeur et le premier appareil à basse pression que la marine militaire française ait possédé ; avant lui il n'avait été construit en France que des bateaux destinés à la navigation fluviale.

Des accidents ayant jeté de l'inquiétude dans les esprits pour la sécurité que pouvait offrir le nouveau moteur, Marestier chercha à calmer cette inquiétude en donnant l'explication des causes des explosions. Successivement membre de la commission consultative et du conseil des travaux de la marine à sa fondation, il avait été envoyé à Brest avec une mission extraordinaire lorsque la mort l'enleva. On a de lui : *Mémoire sur les bateaux à vapeur des États-Unis d'Amérique, avec un appendice sur diverses machines relatives à la marine, précédé du Rapport fait à l'Institut sur ce mémoire par MM. Sané, Biot, Poisson et Charles Dupin*; Paris, 1824, in-4° et atlas; — *Sur les explosions de machines à vapeur et les précautions à prendre pour les prévenir*; Paris, 1828, in-8°. J. V.

Henrion, *Ann. Biographique*. — Levot, *Biogr. Bretonne*. — Querard, *La France Littéraire*. — *Revue Encyclop.*, XIX, p. 263 ; tome XXIV, p. 305.

MARET (*Jean-Philibert*), chirurgien français, né le 8 novembre 1705, à Dijon (Côte-d'Or), mort le 4 octobre 1780. Il commença ses études scientifiques dans sa ville natale sous son père Adrien Maret, maître en chirurgie ; il les continua auprès de son oncle, qui exerçait la médecine à Rome, puis il alla se perfectionner à Paris, et revint enfin dans sa ville natale. Pendant près de quarante ans, il communiqua à l'Académie des Sciences et Arts de Dijon une foule d'observations et de mémoires sur différents points de chirurgie, de médecine et de physiologie. Maret ne fut pas seulement un chirurgien habile, ce fut encore un homme de bien et de cœur : à l'âge de trente-et-un ans, il se condamna volontairement au célibat pour tenir lieu de père à huit jeunes orphelins que la mort de son frère aîné et d'un de ses beaux-frères laissait dans un état voisin de la misère. Ses principaux écrits sont : *Observations sur l'efficacité de l'Alcali volatil dans la morsure de la vipère* ; — *Dissertation sur les avantages de différer l'extraction de la pierre dans l'opération de la lithotomie* (1761); dans ce mémoire, qui a été attribué à Hugues Maret, l'auteur met fin aux dissidences qui existaient alors entre les lithotomistes, en déterminant les cas où il faut opérer en deux temps ; — *Description d'un hermaphrodite d'une conformation extrêmement curieuse*; — *De l'efficacité du lavement de tabac dans les hernies et dans l'ileus*; — *Exposé d'un procédé très-simple* (la position du moignon) *pour éviter la dénudation et la saillie de l'os après l'amputation de la cuisse* (1768); — *Mémoire sur le Thymus*; — *Mémoire ayant pour objet de déterminer lequel des sens de l'homme s'éteint le dernier au moment de la mort*, etc. Quelques-uns de ces mémoires ont été imprimés dans le recueil de l'académie de Dijon; mais le plus grand nombre est resté inédit.

J.-P. Abel Jeandet.

Mém. de l'Académ. de Dijon, t. I et II. — Maret, *Éloge de J.-P. Maret, maître en chirurgie*, Dijon, 1781, in-8°.

MARET (*Hugues*), savant médecin français, fils de Hugues Maret, chirurgien major de l'hôpital de Dijon, naquit le 6 octobre 1726, à Dijon, et y mourut le 11 juin 1786 (1). Issu d'une famille de médecins, il débuta par l'étude de la chirurgie sous son oncle Jean-Philibert Maret, qui lui tint lieu de son père, qu'une mort prématurée lui avait enlevé. Reçu docteur à Montpellier, au mois d'août 1749, il passa trois années à Paris avant de rentrer dans sa ville natale, où il acquit bientôt la réputation d'un praticien habile. Dès 1727 Voltaire avait signalé les avantages de l'inoculation de la petite vérole, déjà usitée en Angleterre. Plus de vingt ans après, les médecins français étaient encore divisés à cet égard quand Maret se déclara en faveur de cette innovation, qu'il propagea en Bourgogne par ses écrits et son exemple. Il alla, en 1757, l'étudier à Genève, et il la pratiqua sur ses propres enfants. Médecin de l'hôpital général de Dijon, secrétaire perpétuel de l'Académie de la même ville (1764), correspondant de l'Académie des Sciences, Maret a laissé un grand nombre d'écrits, dont les principaux sont : *Mémoires sur l'Inoculation*; 1756, 1759 et 1760 (ibid.); — *Mémoire sur les moyens à employer pour s'opposer aux ravages de la variole*; Paris, 1780, in-8°; — *Mémoire sur la possibilité de prévenir le retour des maladies épidémiques*; Paris, 1772; — *Elements de Chimie théorique et pratique, rédigés dans un nouvel ordre*, etc., *pour servir aux cours publics de l'Académie de Dijon*; 1777-1778, 3 vol. in-12 : en collaboration avec Guyton de Morveau et Durande; — *Discours sur l'utilité de la chimie en médecine*: 1781 (*Mém. de l'Acad. de Dijon*); — *Analyse des eaux de Sainte-Reine* (1782) : ce travail a été couronné en 1784 ; — *Discours sur les avantages de la méridienne* (1762) (*Mém. de l'Académ. de Dijon*, 1774); — *Mémoire sur la manière d'agir des bains d'eau douce et d'eau de mer, et sur leur usage*, qui a remporté le prix de l'Académie de Bordeaux en 1767 ; Paris et Bordeaux, 1769, in-8°; — *Histoire météorologique et nosologique des années* 1762, 1777, 1782 à 1785 (*Mém. de l'Acad. de Dijon*); — *Description topographique, physique et médicale de la ville de Dijon*, 1780 (ibid.); — *Mémoire sur l'abus des enterrements dans les églises et dans l'enceinte des villes*; Paris et Dijon, 1773; — *Avis sur les précautions à prendre dans le cas où les circonstances obligeraient à faire des exhumations de cadavres*; Dijon, 1783, in-8°; — *Histoire de l'Académie de Dijon*, 1769 et 1774, tomes I et II de ses *Mémoires*. Maret

(1) Girault, *Essais sur Dijon*, et d'après lui les auteurs de la *Galerie Bourguignonne* (1860) ont fixé, par erreur, cette mort à l'année 1788.

a fait précéder l'histoire de cette société savante d'un aperçu intéressant sur les travaux des hommes qui ont illustré la Bourgogne depuis le regne de Philippe le Bon; — *Mémoire dans lequel on cherche à déterminer quelle influence les mœurs des Français ont eue sur leur santé;* Amiens, 1772, in-12; — *Éloge historique de M. Rameau, compositeur de la musique du cabinet du roi;* Dijon, 1766, in-8°; — *Éloge de M. Legouz de Gerland, ancien grand-bailly du Dijonnais*, etc.; 1774; — *Nécrologe des Hommes célèbres de France;* 1775, in-12; —*Éloge de M. Maret, maître en chirurgie*, etc.; Dijon, 1781, in-8°, etc. Maret eut la faiblesse de chercher à excuser l'Académie de Dijon de l'acte d'impartialité dont elle fit preuve en décernant une couronne au discours de J.-J. Rousseau sur la question de savoir *Si les sciences et les arts ont contribué à épurer les mœurs* (9 juillet 1750). La fin du docteur Maret fut digne de sa vie : il mourut au champ d'honneur, qui selon nous n'est pas celui où l'on donne la mort à ses semblables, mais celui où on leur sauve la vie. Depuis l'année 1760, il n'avait cessé de diriger le traitement des nombreuses épidémies qui sévirent en Bourgogne. C'est en luttant, avec succès, contre un de ces fléaux qu'il en devint la victime, à l'âge de cinquante-neuf ans. Le docteur Maret fut le père du comte Maret, conseiller d'État, sous le premier empire duc de Bassano.

J.-P. Abel Jeandet.

Mémoires de l'Académie de Dijon. — *Regist. de l'état civil de Dijon.* — Le Febure de S.-Ildefont, *État de la Medecine en Europe*, 1776, p. 348. — Vicq-d'Azyr, *Éloge de M. Maret*, lu à la Société royale de Médecine, 1787, in-4°; — C.-X. Girault, *Essais histor. et biograph. sur Dijon*, p. 99, etc., *Lettres inédites... adressées a l'Academ. de Dijon*, etc., p. 35, 65 et 102. — Dezeimeris, *Diction. Histor. de la Médecine*, t. III, 2e part. — *Biographie Medicale* (*Encycloped. des Scienc. Médic.*, t. II, p. 507.)

Maret (*Hugues-Bernard*), duc de Bassano, publiciste et homme d'État français, fils du précédent, né à Dijon, le 1er mars 1763, mort à Paris, en 1839, le 13 mai. Il avait reçu de son père une instruction solide et une éducation distinguée. Vers 1788, Hugues-Bernard se rendit à Paris pour y acheter la charge d'avocat au conseil du roi; mais la réunion des états généraux, l'imminence des changements politiques qui semblaient devoir en découler, le désir instinctif de participer au mouvement général des esprits modifièrent les résolutions du jeune homme. Il suivait assidûment les séances de l'Assemblée constituante, lorsqu'un jour il conçut, avec Méjean l'aîné, l'idée de publier le *Bulletin de l'Assemblée*. Doué d'une excellente mémoire et s'aidant d'abréviations heureuses, Maret put reproduire fidèlement les discussions de la tribune. Il s'acquit un renom d'exactitude. Aussi Panckoucke, ayant arrêté le plan du *Moniteur universel*, proposa-t-il à Maret de ne plus continuer son *Bulletin* et d'exécuter le même travail, avec plus d'extension, dans la feuille nouvellement fondée. C'est de la sorte que commença *Le Moniteur*, devenu peu après, communément avec son rédacteur, l'organe officiel du pouvoir; tel est le point du départ de la fortune politique de Maret. Beaucoup d'orateurs lui firent la cour; mais il eut l'excellent esprit de ne pencher la balance d'aucun côté et de rester impartial; car dans l'impartialité résidait sa force et son avenir. Jusqu'au 17 juillet 1791, il fit partie de la Société des Amis de la Constitution (devenue plus tard celle des Jacobins), où siégeaient alors les patriotes de l'Assemblée constituante; mais après les événements du Champ de Mars il s'en retira avec la plupart d'entre eux, restés partisans de la monarchie constitutionnelle, et concourut à fonder le club des Feuillants. Néanmoins Lebrun, étant devenu au 10 août ministre des relations extérieures, offrit à Maret une place de chef de division, qu'il accepta. Le conseil exécutif, épouvanté du rappel subit du comte Gower Sutherland, ambassadeur d'Angleterre à Paris, et du renvoi de l'ambassadeur français M. de Chauvelin, décida qu'un envoyé extraordinaire partirait immédiatement pour Londres, et Lebrun chargea Maret, l'homme de ses bureaux qui lui inspirait le plus de confiance, de tenter d'obtenir de lord Grenville, si non des conditions d'amitié, au moins le privilége de la neutralité. Parti en poste pour Londres, Maret eut avec Pitt une conférence dont il augura quelques espérances (lettre de Maret au ministre Lebrun en date du 2 décembre 1792); mais Grenville fut intraitable, et le plénipotentiaire dut prendre ses passe-ports et revenir à Paris. Cette négociation, qu'il avait conduite avec autant de fermeté que de mesure, ne le garantit point des secousses brutales de la terreur. Bientôt il perdit sa place, et reprit au *Moniteur* une coopération plus active; mais, par une inconséquence comme on en voyait tant alors, le ministre qui avait destitué Maret le nomma, au mois de juillet 1793, ambassadeur à Naples. De Semonville venait de recevoir la mission de représenter la république française à Constantinople; il s'entendit avec Maret pour traverser ensemble l'Italie; mais en passant par le village de Notave (Grisons) tous deux furent arrêtés par les Autrichiens. On les conduisit au fort Saint-Georges de Mantoue. Transférés ensuite à Brunn, en Moravie, leur detention dura trente mois. Pendant une aussi longue captivité, Maret fut redevable aux belles-lettres des seules distractions qu'aient eues ses ennuis. Il s'occupa de traductions, composa des pièces de théâtre, demeurées toutes inédites, et supporta courageusement son sort jusqu'au jour où, grâce à la motion de Treilhard, approuvée par la Convention nationale, l'Autriche accepta la fille de Louis XVI en échange des deux ambassadeurs retenus prisonniers. Rentré dans sa patrie, Maret fut l'objet d'une ovation touchante au sein du Conseil des Cinq Cents, où il se rendit, le 12 janvier 1796. On pensait qu'une haute position serait la récompense immédiate des souffrances qu'il avait éprouvées pour la république; mais quelques puissants personnages lui tenaient rancune de son divorce avec les jacobins, et il demeura pendant dix-huit mois sans emploi. Cet intervalle tourna au profit des lettres; Maret redevint journaliste; il acheva aussi deux ou trois comédies qu'il n'avait qu'ébauchées, en fit plusieurs lectures, et s'occupa de leur représentation aux Français. Sans les difficultés, sans les mises en demeure qu'il subit, comme tant d'autres, nous aurions sans doute un auteur dramatique de plus.

Au mois de juin 1797, le vice-amiral Pléville-le-Pelley et Letourneur, membre sortant du Directoire, ayant été chargés d'aller débattre à Lille, avec lord Malmesbury, les conditions de la paix, on eut l'idée de leur adjoindre Maret. Une révolution soudaine, celle du 18 fructidor, ayant bouleversé le personnel gouvernemental, Maret, retombé dans l'inactivité, ressaisit de nouveau sa plume. Malheureusement, elle ne lui rapportait alors presque rien. Il se trouvait même à bout de ses ressources, lorsqu'en 1798 le grand conseil de la République Cisalpine lui donna des biens nationaux pour une valeur de 150,000 fr., en indemnité des pertes essuyées par lui à l'époque de sa détention. Dès que Bonaparte fut revenu d'Égypte, on lui présenta Maret, qu'il accueillit comme une ancienne connaissance, se rappelant très-bien avoir été son co-locataire, son commensal en 1790-1791, dans le petit hôtel garni de *l'Union* (rue Saint-Thomas du Louvre), où Maret tenait le bureau de rédaction du *Bulletin de l'Assemblée*.

Ici commence la destinée politique de Maret. Désormais Napoléon l'absorbera tout entier. Il fera de lui ce qu'il a fait de Daru, de Lacépède, de Degerando, de Rœderer, de Cambacérès, de Champagny, de Ségur et de tant d'autres, dont les aptitudes et les inclinations littéraires sont venues se fondre forcément dans les rouages d'une immense machine, appelée le consulat, et bientôt remplacée par l'empire. Secrétaire officieux de Bonaparte avant le 18 brumaire et pendant les heures de crise qui ont marqué cette époque, il fut nommé immédiatement après secrétaire général des consuls, et bientôt secrétaire d'État, véritable ministère, auquel aboutissaient tous les secrets de la politique et duquel émanaient les pièces officielles, les instructions à l'adresse des puissances étrangères ou relatives à l'administration de la république française. Jusqu'en 1802, Maret dut partager avec Bourrienne les confidences intimes de Bonaparte; mais Bourrienne ayant été disgracié, Maret cumula les fonctions de la secrétairerie d'État avec celles de chef de cabinet, dont Meneval n'eut longtemps que la suppléance. A Maret était confié le registre secret sur lequel Napoléon consignait toutes les notes qu'il pouvait recueillir sur les hommes de l'époque, ainsi que le journal de ses décisions. Il servait d'intermédiaire habituel entre la volonté stéréotypée du souverain et la forme adoucie sous laquelle on la présentait aux cours étrangères. Les principaux articles politiques insérés au *Moniteur*, au *Journal de Francfort*, à *la Gazette française* de Wilna ou à telle autre feuille que Napoléon rencontrait sur sa route à travers l'Europe, émanaient de la main du secrétaire d'État, qui obtint le titre de ministre en 1804. Presque partout Napoléon l'avait avec lui. Maret l'accompagna dans son voyage triomphal en Belgique en 1803, dans la campagne de 1806 en Allemagne; il concourut aux traités de Vienne et de Presbourg; il fit la campagne de 1807 en Pologne; il assista aux conférences de Tilsitt, d'Erfurt et de Bayonne, dans celle de 1809 en Pologne; il se trouvait à Vienne en 1809, en Belgique et sur les bords du Rhin en 1810. Lorsque l'empereur eut résolu l'expédition de Russie, Maret, qui tenait alors le portefeuille des affaires étrangères qui lui avait été remis en avril 1811, fut chargé de négocier avec la Prusse et avec l'Autriche une alliance offensive et défensive, signée à Paris le 24 février et le 14 mars 1812. Peu après, il alla rejoindre l'armée. L'empereur le chargea d'assembler, de concilier les divers éléments d'organisation qui existaient en Pologne, pour en faire une puissance si c'était possible; puis il suivit l'empereur à Moscou, et déploya pendant la retraite la plus grande énergie. Le 9 janvier 1813, ce fut Maret qui, après avoir rédigé l'organisation des cohortes et celle d'une garde nationale destinée à la défense des places fortes, prépara un sénatus-consulte pour la levée de trois cent cinquante mille hommes. Il empiétait sur les attributions du ministre de la guerre; mais l'empereur le voulait ainsi, certain des convictions et des raisonnements de Maret, qui ne voyait le salut de la France que dans un effort suprême et dans le concours de toutes les volontés vers les solutions sanglantes, malheureusement alors nécessaires, qu'entraînent les champs de bataille. Tant de services rendus, tant d'abnégation personnelle et de lourds travaux furent récompensés d'une manière honorable. Maret fut compris dans les premières promotions de grands-officiers et de grands-aigles de la Légion d'Honneur; il reçut le titre de *duc de Bassano*, avec dotation; l'empereur lui donna, en outre un hôtel à Paris, un vaste domaine pour qu'il pût s'y reposer de ses fatigues; il fit plus encore, il lui témoigna, chose rare dans une nature si passionnée, la plus grande confiance et une égalité d'humeur presque constante. On avait paru étonné qu'en novembre 1813 l'empereur eût replacé le duc de Bassano à la secrétairerie d'État et lui eût retiré le portefeuille des relations extérieures pour le donner au duc de Vicence; mais Maret n'en demeura pas moins le confident intime de son maître, l'organe de ses pensées secrètes. Napoléon comptait bien plus sur la générosité d'Alexandre que sur les liens de famille de l'Autriche; le duc de Bassano avait épuisé auprès du cabinet de Vienne tous les moyens en son pouvoir, et Caulaincourt, qu'Alexandre aimait, semblait l'homme de la position, le négociateur naturel entre ces deux empereurs.

Maret accompagna, comme toujours, Napoléon dans la campagne de France et ne se sépara de lui qu'à Fontainebleau. Rentré aux Tuileries le 20 mars 1815, le duc de Bassano fut un des grands-officiers de l'empire que Napoléon rappela pour leur confier les destinées du pays. Il reprit ses fonctions de ministre secrétaire d'État, fut créé pair le 2 juin et accompagna l'empereur dans les plaines de Waterloo. Après le retour de Louis XVIII il se trouva compris dans l'article 2 de l'ordonnance du 24 juillet 1815. On toléra néanmoins sa présence à Paris, jusqu'à la décision des chambres qui l'exilèrent. Parti pour Lintz, Maret n'y demeura que peu de temps, et se retira dans la ville de Gratz, où il ne parut occupé que des soins de sa famille et d'œuvres littéraires auxquelles il a toujours été redevable des plus douces comme des plus fructueuses récréations. C'est à ses goûts pour les travaux littéraires qu'il avait, en 1803, dû son élection à la classe de l'Institut devenue depuis Académie Française. Il en fut exclu en 1816, et replacé en 1832 dans l'Académie des Sciences morales et politiques. Quand la restauration se fut décidée à rouvrir les portes de la France aux illustres proscrits qu'elle tenait éloignés, le duc de Bassano revint à Paris (1820), où il vécut, ainsi qu'il vivait en exil, retiré au milieu des siens. Après 1830, Louis-Philippe, ayant besoin de s'étayer de quelques grands noms de l'empire, appela le duc de Bassano à la pairie en 1831, et lui confia (en novembre 1834) la présidence du conseil et le portefeuille de l'intérieur, qu'il ne conserva que peu de jours.

L'œuvre capitale de Maret, celle dont il doit compte à la postérité et que la postérité jugera sans doute d'une manière favorable, existe aux archives de l'empire (ancienne secrétairerie d'État) et aux archives du ministère des affaires étangères. On y voit, heure par heure, les témoignages de l'étonnante activité d'esprit qui le caractérisait. Quant à son œuvre fantaisiste (sa correspondance, ses essais littéraires, ses notes), elle est conservée avec un religieux respect par sa famille, et nous sommes persuadé qu'on en ferait trois ou quatre volumes dignes du plus haut intérêt. Il ne sortit qu'une fois de cet incognito, pour réfuter des accusations et des erreurs malveillantes échappées à la plume de Bourrienne. Mme Oilleaux-Desormeaux (Charlotte de Sor) a publié : *Le duc de Bassano : Souvenirs intimes de la Révolution et de l'Empire;* Paris, 1833, 2 tomes en 1 vol. in-8°. C'est un livre sans portée, une spéculation de librairie, à laquelle ni la famille ni les amis de Maret n'ont pu prendre la moindre part.

Le fils aîné du duc de Bassano, *Napoléon-Joseph-Hugues*, né à Paris, en 1803, suivit la carrière de la diplomatie; secrétaire d'ambassade à Bruxelles lors de la révolution de février, il fut accrédité en 1849 comme ministre auprès du grand-duc de Bade et en 1851 auprès du roi des Belges. Il est depuis le 31 décembre 1852 sénateur et grand-chambellan du palais. Son frère puîné, le marquis Eugène de Bassano, a publié : *Projet de colonisation de l'Algérie par l'association;* 1848, in 8°. Emile BÉGIN.

Documents particuliers inédits. — Las Casas, *Mémorial de Sainte Hélène.* — *Galerie hist. des Contemporains*, Bruxelles, 1819, t. VI. — *Mémoires du duc de Rovigo.*

MARETTO *da Brescia. Voy.* BUONVICINO.

MARETZ (*Josse* DES), latiniste belge, né à Anvers, en 1612, mort à Maubeuge, le 13 décembre 1637. Il entra dans la Société de Jésus en 1612, professa longtemps les littératures grecque et latine, fut supérieur du séminaire de Notre-Dame à Mons, et mourut recteur du collége de Maubeuge. On a de lui : *Commentarius in Horatium repurgatum ab omni obscœnitate, in gratiam juventutis ;* Douai, 1636, in-12 ; une seconde édition parut expurgée et commentée, sous le titre de : — *Horatius in usu, seu Horationæ phrasis puritas, copia, elegantia, oculis et manibus subjecta, in legentium et scribentium usum*, etc ; Cologne, 1648, in-16. Suivant Paquot, les notes de Maretz « sont courtes, savantes, aisées, judicieuses et ne renferment rien d'inutile. Sa table méthodique des termes et des phrases d'Horace est d'un grand secours pour le lecteur ». Des Maretz a laissé en manuscrit *Onomasticon, quo vocabula, a latinis hactenus usurpata, explicantur.* L—z—E.

Alegambe, *Bibliotheca Scriptorum Societatis Jesu*, p. 281. — Paquot, *Mémoires pour servir à l'histoire des Pays-Bas*, t. XIII, p. 136.

* **MAREY-MONGE** (*Guillaume-Stanislas*), général français, né à Nuits (Côte-d'Or), le 17 février 1796. Son père, Nicolas Marey, qui siégea à la Convention, avait épousé une fille de l'illustre Monge, dont il eut six fils et une fille. Destiné à la carrière des armes, l'aîné entra à l'École Polytechnique en 1814, et prit part à la défense de Paris en 1815. L'école fut licenciée en 1816; mais l'année suivante les anciens élèves furent admis aux examens, et le 17 octobre 1817 M. Marey-Monge entra comme élève sous-lieutenant à l'école d'application de l'artillerie et du génie. Il sortit le premier de cette école, le 16 janvier 1819. Lieutenant en premier en 1824, capitaine adjudant major en 1826, il rédigea sur diverses branches de l'artillerie des mémoires qui le firent avantageusement connaître. Attaché en 1830 à l'état-major du général La Hitte, qui commandait l'artillerie de l'expédition contre Alger, il se trouva aux combats de Sidi-Ferruch, de Staoueli, à l'attaque des forts de l'Empereur et de Bab-Azoun, ainsi qu'à la première expédition de Blidah. Quand le maréchal Clausel voulut organiser des corps indigènes, il chargea

M. Marey de former deux escadrons de chasseurs algériens, et le nomma chef d'escadron de cavalerie, le 21 octobre 1830. M. Marey fit partie des expéditions dirigées sur Médéah par le maréchal Clausel en 1830 et par le général Berthezène en 1831. Les chasseurs algériens prirent encore une part importante aux combats qui suivirent. A la fin de l'année, ils furent incorporés au 1er régiment de chasseurs d'Afrique. Le commandant Marey se distingua à Bouffarick en prenant lui-même un drapeau. En 1833 et 1834, il adressa au ministre de la guerre deux mémoires qui lui méritèrent les félicitations du maréchal Soult; il y proposait la création de spahis réguliers et auxiliaires et l'institution d'officiers français chargés de la direction des tribus indigènes. Nommé lieutenant-colonel en 1834, il fut chargé de l'organisation des spahis d'Alger. Il reçut la même année le commandement politique, militaire et administratif des tribus dépendantes d'Alger, avec le titre d'agha. Les spahis firent un service très-actif pour la tranquillité des tribus : on en créa a Oran et à Bone.

M. Marey prit une part importante aux opérations militaires de la division d'Alger. Il dirigea un grand nombre d'expéditions, fut blessé, et devint colonel le 31 mars 1837. Il quitta ses fonctions d'agha le mois suivant. En 1839 il rentra en France, et obtint le commandement du 1er régiment de cuirassiers. Il publia sur les armes blanches un mémoire qu'il envoya au ministre avec un grand nombre de modeles. En 1841, il retourna en Algérie avec le commandement du 2e régiment de chasseurs d'Afrique. Pendant dix-huit mois, à la tête de la cavalerie des colonnes dont il faisait partie, il se distingua dans de nombreuses expéditions. Le 9 avril 1843, il fut promu maréchal de camp. Après une courte mission à Tunis, il prit le commandement de la subdivision de Médeah, position qu'il conserva jusqu'en 1848. Pendant ce temps il dirigea un grand nombre d'opérations dans les montagnes du Dira, du Jurjura et surtout dans le désert : en 1844, il alla jusqu'à quatre cents kilomètres au sud de la côte pour soumettre et organiser les oasis de Laghouat et des environs. L'année suivante la plupart des chefs du Tell firent defection; le kalifa de Laghouat resta fidèle, et contribua à la defaite d'Abd-el-Kader. Le général Marey-Monge avait proposé au gouverneur général, qui l'approuva, l'organisation de corps d'infanterie montés sur des chameaux, organisation dont le commandant Carbuccia fut chargé. A la suite de la révolution de fevrier 1848, M. Marey entreprit une expédition d'un mois contre des tribus qui s'étaient révoltées en apprenant cet événement. Quand le général Changarnier, gouverneur général de l'Algérie, élu représentant, quitta Alger, M. Marey-Monge fut, par décret du 12 juin 1848, nommé général de division et gouverneur général de l'Algérie par intérim. Il resta dans cette position jusqu'au 22 septembre, maintint l'ordre parmi les Européens et calma par trois expéditions l'effervescence des Arabes. De retour à Paris, M. Marey-Monge reçut le commandement de la cinquième division de l'armée des Alpes, division avec laquelle il se rendit de Dijon à Bourges, pendant le procès des accusés du 15 mai devant la haute cour, puis à Mâcon, à Chalons, où des troubles avaient éclaté, et dans le Haut-Rhin. Après le licenciement de l'armée des Alpes, il passa, en 1850, au commandement de la treizième division militaire, dont le quartier général était à Clermont-Ferrand. L'année suivante, il prit à Metz le commandement de la troisième division militaire, devenue plus tard la cinquième. Autorisé en 1840, avec toute sa famille a joindre le nom de Monge à celui de Marey, il a depuis l'empire fait revivre en lui le titre de comte de Peluse, que son aïeul maternel avait reçu de Napoléon. On a de lui : *Notes sur la regence d'Alger; Aperçu de l'histoire de la régence d'Alger depuis la conquête jusqu'en* 1834; 1834; — *Mémoire sur les armes blanches;* Strasbourg, 1841, in-8°; — *Poésies d'Abd-el-Kader; ses règlements militaires;* Paris, 1848, in-8°.

Un de ses frères, *Edmond* Marey-Monge, ancien élève de l'École Polytechnique, a fait en 1847 un travail important sur l'aérostation; un autre, *Ernest* Marey-Monge, né en 1809, servit quelque temps dans l'artillerie, et mourut à Nuits, en 1852; un troisième, *Alfred* Marey-Monge, né en 1814, mourut dans le naufrage du *Papin*, le 7 décembre 1845 : élève consul chargé de la gestion provisoire du consulat de France à Belgrade, puis du consulat à La Corogne, il avait été nommé consul général à Mogador en juin 1845; il périt en se rendant à son poste. Un quatrième frère, *Ferdinand* Marey-Monge, s'est occupé de politique, d'économie sociale, de philosophie, d'agriculture et notamment de viticulture. Le plus jeune, *Alphonse* Marey-Monge, a fait partie des deux missions qui allèrent en Chine en 1844 et en 1847. L. L—T.

Sarrut et Saint-Edme, *Biogr. des Hommes du Jour*, tome IV, 2e partie, p. 132. – Birague, *Annuaire Biogr. et Histor.*, 1844, 1re partie, p. 103. – *Musée Biographique*, tome Ier, p. 113. – *Archives Biogr. et nécrol.*, 32e volume.

MAREZOLL (*Auguste-Louis-Théodore*), jurisconsulte allemand, né à Gœttingue, le 13 février 1794. Fils de Jean-Gottlob Marezoll, prédicateur renommé, il se fit en 1815 recevoir docteur en droit à Gœttingue, et enseigna depuis 1817 la jurisprudence à Giessen et depuis 1837 à Leipzig. On a de lui : *De ordine Institutionum;* Gœttingue, 1815, in-4° : couronné par l'université de cette ville; — *Fragmentum legis romanæ in aversa tabulæ Heracleensis parte, commentario illustratum;* Gœttingue, 1816, in-8°; — *Lehrbuch des Naturrechts* (Manuel du Droit naturel); Giessen, 1818, in-8°; — *Ueber die bürgerliche Ehre* (Sur l'Honneur civil); Giessen, 1824, in-8°; — *Lehrbuch der Institutionen des römischen Rechts* (Traité du

Droit privé des Romains); Leipzig, 1839, 1841, et 1847, in-8°; traduit en français par M. Pellat; Paris, 1857, in-8°; — *Das gemeine deutsche Criminalrecht* (Le Droit pénal commun de l'Allemagne); Leipzig, 1841 et 1847, in-8°; — *Bemerkungen, Zweifel und Vermuthungen über einzelne Fragen aus dem römischen Civilrechte* (Remarques, Doutes et Conjectures sur diverses questions du Droit civil romain); dans le *Magazin* de Grolman et de Lohr; — plusieurs *Mémoires* sur diverses matières juridiques; dans la *Zeitschrift für Civilrecht und Processe*, que Mazeroll publia avec Linde et Schroeter. O.

Conversations-Lexikon.

MARGARIT ou **MARGUERIT** (*Juan* DE), cardinal espagnol, né vers 1415, à Girone, mort le 21 novembre 1484, à Rome. Il appartenait à une ancienne et illustre maison de Catalogne; l'un de ses ancêtres, Bérenger, se signala par sa valeur au siége de Tyr, qu'il parvint, en 1188, à faire lever au sultan Saladin. Il était docteur en théologie et chanoine de Girone, lorsqu'en 1453 il fut élevé au siége épiscopal d'Elne. Le roi d'Aragon, Alfonse V, le chargea de traiter plusieurs affaires considérables à Naples, et son successeur, Jean II, l'envoya en ambassade auprès du pape Pie II. Transféré à Girone en 1461, Margarit devint chancelier, et ménagea, en cette qualité, la paix entre Sixte IV et le roi de Naples, Ferdinand Ier. Tant de services rendus au saint-siége lui firent accorder la pourpre à la fin de 1483. On a de lui: *Paralipomenon Hispaniæ;* Grenade, 1545, in-4°; cet ouvrage, qui s'étend jusqu'au règne de l'empereur Théodose le Grand, a été réimprimé dans l'*Hispania illustrata* d'André Schott; Francfort, 1603, t. Ier, in-fol. P.

MARGARIT (*Pedro* DE), petit-neveu du précédent, fut élevé à la cour de Ferdinand V, qui lui fit une pension considérable. En 1492 il s'embarqua pour les Indes, sur la flotte de Christophe Colomb; ce fut lui qui découvrit et donna son nom à l'archipel des *Iles Marguerites*. Quelques auteurs prétendent que ce nom fut donné à ces îles à cause des perles qu'on trouve sur les côtes. P.

Zurita, *Annales*, lib. XVI. — Diago et Roig, *Liste des Évêques de Girone*. — Aubery, *Hist. des Cardinaux*. — Bosc, *Titres d'Honneur de Catalogne*.

MARGARIT (*Jose* DE), marquis D'AGUILAR, général d'origine espagnole, né en 1602, mort en 1685. Lors du soulèvement de la Catalogne en 1640, il concourut activement aux premiers succès des insurgés, fit beaucoup de mal aux Espagnols, et servit au siége de Tarragone. La province s'étant donnée à la France, il fut depêché auprès de Louis XIII, qui l'accueillit favorablement et le nomma gouverneur. En cette qualité, il empêcha le marquis de Pouar de porter secours à la ville de Perpignan, fut nommé maréchal de camp (1642), reprit possession de la vallée d'Aran au cœur de l'hiver (1643), commanda à Barcelone, et maintint cette place au pouvoir des Français malgré les défaites de d'Harcourt et de Condé. Ce fut lui qui se chargea en 1650 d'arrêter Marchin, devenu suspect au cardinal Mazarin, et de le conduire à Perpignan. Sa fermeté ainsi que les nombreux sacrifices personnels qu'il ne cessait de faire à la cause française lui valurent en 1651 le grade de lieutenant général. Cependant dès cette époque tout espoir était perdu pour les Français d'occuper plus longtemps la Catalogne. Privé de secours et réduit à une garnison déjà affaiblie par de perpétuels combats, Margarit n'hésita pas à défendre Barcelone jusqu'à la dernière extrémité. La peste éclata dans la ville, et enleva en peu de temps dix mille personnes. Bloqué par mer et par terre, le gouverneur soutint pendant quinze mois l'effort des Espagnols, et leur fit perdre par cette résistance opiniâtre plus de quarante mille soldats. Il est vrai qu'il ne s'épargna en cette circonstance ni de sa personne ni de son bien: il vendit sa vaisselle et ses meubles, et hypothéqua tout ce qu'il possédait pour garantir aux assiégés un emprunt de sept cent mille livres. Après avoir été forcé par la famine de sortir de la place (1652), il se sauva sur une chaloupe, traversa la flotte espagnole, et se retira sain et sauf à Perpignan. Il fut seul excepté de l'amnistie accordée aux Catalans, et vit toutes ses terres confisquées et ses châteaux dégradés. Il passa au service de France, et fut employé en qualité de lieutenant général jusqu'à la paix des Pyrénées. L'un de ses fils, *Jean*, hérita de ses titres, servit quelque temps en France, et mourut en 1701, à Perpignan. P.

Moreri, *Grand Dict. Hist.* — Courcelles (De), *Dict. des Généraux français*.

MARGARIT (*M.-L.*). *Voy.* AGUILAR.

MARGARITA (*Antonio*). *Voy.* ANTONIO.

MARGARITONE, architecte, sculpteur et peintre de l'école florentine, né à Arezzo, vers 1236, mort vers 1313. Disciple de l'école byzantine, il modifia sa manière lorsqu'il eut vu les ouvrages de Niccolo Pisano et d'Arnolfo di Lapo, et s'engagea dans une meilleure voie, ainsi que l'atteste le *tombeau du pape Grégoire X*, qu'il composa pour la cathédrale d'Arezzo; il unit dans ce monument la peinture à la sculpture en y peignant sur marbre le portrait du pape, médaillon aujourd'hui perdu. On trouve dans le *tombeau de Grégoire X* une belle simplicité; des draperies pauvres, mais assez vraies; des formes moins barbares, des mouvements moins exagérés, des poses moins conventionnelles que dans les autres sculptures de ce temps; mais aussi peu d'efforts pour se rapprocher de la nature. Se fiant à son génie, et riche de connaissances théoriques et pratiques, Margaritone ne craignit point d'accepter la direction de plusieurs édifices importants, tels que le palais des gouverneurs d'Ancone, qui fut commencé en 1270, et au-dessus des fenêtres duquel il avait sculpté huit sujets tirés de l'Ancien Testament. Dans la même ville, il donna le dessin de la façade de l'église de Saint-Cyriaque. Dans sa ville natale, il continua en 1275 la cathédrale commencée en 1218 par Jacopo.

Margaritone sculpta plus souvent le bois que le marbre. Il peignit sur cuivre et sur bois, à la détrempe et à fresque. Il eut le talent de rendre les couleurs plus durables, et inventa un procédé employé souvent depuis pour rendre les panneaux moins sujets à se fendre. Il étendait sur ceux-ci une toile fixée par une colle très-forte extraite de rognures de parchemin, et la revêtait de plâtre couvert d'un fond d'or. Il modelait aussi en plâtre des auréoles, des diadèmes et autres ornements, et il trouva, dit Vasari, l'art de faire sur des vases l'application de l'or en feuilles et de le brunir. Il avait peint pour Arezzo plusieurs crucifix ; il en envoya un grand à l'illustre gibelin Farinata degli Uberti à Florence, ou il est encore, dans l'église Santa-Croce. Ces peintures sont bien inférieures à celles de son contemporain Cimabué, dont on prétend que la renommée lui causa une jalousie qui abrégea ses jours. Il avait fait pour le couvent de Sorgiano un *Saint François*, signé : *Margaritus de Aritio me* (fecit) ; c'est sans doute ce tableau qui est passe au musée de Sienne. Dans l'église Saint-Bernardin de Pérouse, on lui attribue un tableau représentant *Le Père éternel, des Anges, la Vierge et saint Jean*, peinture barbare, portant la date de 1272 et curieuse pour l'histoire de l'art.

Margaritone fut en grande faveur auprès du pape Urbain IV, qui occupa le trône pontifical de 1261 à 1265, et par ordre duquel il exécuta des fresques au portique de l'ancienne basilique de Saint-Pierre. Il avait décoré également de fresques Saint-Clément d'Arezzo, église déjà détruite au temps de Vasari. On ne trouve pas non plus de traces de ses peintures à Saint-Dominique de la même ville; mais dans celle de Santo-Francesco on croit pouvoir lui attribuer une très-ancienne madone à fresque.

Mort à soixante-dix-sept ans, Margaritone fut enterré dans l'ancienne cathédrale d'Arezzo; mais son mausolée a disparu. Vasari nous a conservé son épitaphe :

Hic jacet ille bonus pictura Margaritonus
Cui requiem Dominus tradat ubique pius.

E. B—N.

Vasari, *Vite*. — Orlandi, *Abbecedario*. — Baldinucci, *Notizie*. — Lanzi, *Storia della Pittura*. —Ticozzi *Dizionario*. —Rondinelli, *Descrizione d'Arezzo*. — O. Brizzi, *Guida d'Arezzo*. — Cicognara, *Storia della Scultura*. — Fantozzi, *Guida di Firenze*. — Gambini, *Guida di Perugia*. — *Catalogue du musée de Sienne*. — — Maggiore, *Pitture, Sculture e Architetture della città d'Ancona*.

MARGERET (*Jacques*), voyageur français, natif de Bourgogne (1), vivait à la fin du seizième et au commmencement du dix-septième siècle. Il prit part pendant la Ligue à la défense de la ville de Saint-Jean-de-Losne, qui tenait pour le roi de Navarre ; voyant, en 1595, la cause de Henri IV triompher définitivement, il quitta les bords de la Saône pour chercher au loin de nouveaux dangers. Il prit d'abord du service auprès du prince de Transylvanie et de l'empereur, fort occupés à repousser les Turcs, qui menaçaient l'Europe. Il servit ensuite en Pologne comme capitaine d'infanterie ; puis en 1600, sur les instances de l'ambassadeur Vlasief, il passa en Russie, et reçut du tsar Boris Godounoff le commandement d'une compagnie de cavalerie.

Boris avait succédé au faible tsar Fédor Ivanovitch, fils d'Ivan le Terrible, dont il avait été le ministre. Démétrius, le véritable tsarévitch, était mort sept années auparavant, dans un accès d'épilepsie. Les uns assuraient qu'il avait été égorgé par ordre de Boris, capable de tous les crimes, pour se frayer le chemin du trône ; cette opinion s'accrédita d'autant plus que Boris était détesté des boyards et du peuple.

En 1604 un aventurier habile, qui se donnait pour le tsarévitch Démétrius, obtint des subsides du roi de Pologne et des Lithuaniens, et envahit la Russie ; il éprouva d'abord de grands revers ; mais en 1605, à la bataille de Dobrynitchi, il remporta une victoire signalée, et quelque temps après, à la mort de Boris, il parvint à attirer les troupes moscovites sous ses drapeaux et à se faire proclamer tsar. Devenu empereur, Démétrius donna à Margeret le commandement de la première compagnie de ses gardes du corps, composée de cent archers et de deux cents hallebardiers, tous étrangers. En s'entretenant avec son capitaine des gardes, le tzar lui parlait souvent de la France et de son roi, et se comparait volontiers à Henri IV, qui comme lui, di-

(1) Le président de Thou l'appelle Jacques Margeret de Franche-Comté ; Courtépée cite la famille Margeret au nombre des plus anciennes de la ville d'Auxonne (*). Girault, dans sa *Notice sur les aïeux de Bossuet* (**), donne, d'après les registres de l'état civil déposés aux archives de cette ville, deux actes de baptême, l'un du 28 mai 1590, l'autre du 22 juillet 1597, d'enfants nés du mariage d'André Bossuet et de Marguerite Margeret, sa femme. Aux archives de la Côte-d'Or, à l'inventaire Pincédé, on trouve, à la date de 1578, l'extrait de l'acte de mariage d'un Jean Margeret avec Guillemette de La Gastine ; en 1571, l'enregistrement de la nomination de conseiller à la chambre des comptes de Dijon d'un Chrestien Margeret, et en 1580 l'enregistrement de l'office des greniers à sel d'Auxonne et de Mirebeau au profit du sieur Claude Margeret. Enfin on lit au Dépôt des notaires de Dijon : « Le dernier novembre 1563 est une rente créée en faveur d'honorable Pierre Margeret, marchand de Dijon ; est jointe une requeste de l'an 1607, de Jacquot ou Jacques Margeret, escuyer pour avoir compulsion du dit acte. » Cette dernière mention doit faire disparaître toute espèce d'incertitude ; car c'est en 1607 que le capitaine Margeret est revenu de Russie, ruiné par la chute de Démétrius, et aussitôt après son arrivée en France il a dû se rendre en Bourgogne pour revoir sa famille et mettre ordre à ses affaires. Il n'est pas extraordinaire que de Thou le désigne comme Francomtois, puisque sa famille était du comté d'Auxonne, situé entre le duché de Bourgogne et la Franche-Comté.

(*) Courtépée, nouv. édit., tom. II, p. 426.
(**) Girault, *Notice sur les aïeux de Bossuet*, p. 8 et 9.

sait-il, avait reconquis son trône. Mais Démétrius était loin de posséder les vues politiques de ce prince. Par la faveur qu'il accordait aux étrangers et aux jésuites, et surtout par son mariage avec une Polonaise catholique, cette haine n'eut plus de bornes, et sa perte fut décidée. Le 27 mai 1606 éclata une révolution terrible, fomentée par le kniaz Chouiski; les soldats étrangers de garde au Kremlin furent massacrés et Chouiski proclamé tzar. De Thou, rapportant les détails de cette sanglante journée, dit : « Margeret était malade, ainsi qu'il me l'a lui-même raconté, et bien lui en prit (1). » Échappé comme par miracle à la mort, Margeret continua de résider à Moscou jusqu'au mois d'août, et le 16 septembre il s'embarqua, à Arkangel, pour la France, après en avoir obtenu, non sans peine, l'autorisation, car le nouveau tsar avait désiré l'attacher à sa personne. Arrivé à Paris, il se fit présenter au roi, qui le reçut avec bonté et l'engagea à écrire la relation de son séjour en Russie. De Paris il se rendit en Bourgogne, comme l'indique la mention du Dépôt des notaires de Dijon de 1607. Bien qu'il n'eût pas à se féliciter de la fin de son séjour en Russie, nous le retrouvons cependant en 1609 au service du second de ces imposteurs (2) qui réclamaient l'héritage de Fédor Ivanovitch; mais il abandonna bientôt cet aventurier pour entrer dans l'armée de Sigismond III, roi de Pologne, qui soutenait les prétentions de son fils Wladislas, appelé au trône des tsars par les principaux habitants de Moscou. Margeret se distingua à la bataille de Klouchino et à la prise de Moscou. Le 19 mars 1611, les troupes du prince Démétrius Pojarski, enflammées par les prédications du patriarche Hermogène, se soulèvent, le sang coule dans les rues de Moscou; sept mille soldats polonais enfermés dans Kitaï Gorod (3) vont être massacrés, lorsque Margeret, avec une seule compagnie de cent mousquetaires, repousse les Russes, et, relevant le courage de ses compagnons d'armes, force Pojarski à abandonner la ville. Les Polonais durent à ce succès de se maintenir une année encore à Moscou.

En récompense de cette brillante conduite, Margeret fut rappelé à la cour de Pologne avec le titre de conseiller du roi; mais, renonçant bientôt aux loisirs d'une vie tranquille, il se rendit en 1612 à Hambourg, d'où il adressa une lettre aux boyards pour demander à rentrer dans l'armée russe : cette proposition ne fut pas agréée. En effet sa dernière campagne dans l'armée de Sigismond n'était pas de nature à inspirer de la confiance à Démétrius Pojarski : ce prince ne pouvait avoir oublié la journée du 19 mars 1611, et les instances de Margeret, plusieurs fois renouvelées, furent constamment repoussées. Ici disparaissent les traces de Jacques Margeret, et nous ignorons quel genre de mort fut réservé à ce hardi capitaine.

(1) Thuan. *Hist.*, lib. CXXXV.

(2) Celui que les Russes désignent sous le nom de *bandit de Touchino* ou de *bandit de Kalouga*.

(3) Place de Moscou.

La relation du capitaine Margeret retrace fidèlement l'histoire des événements qui se passèrent en Russie de 1590 à 1606, écrite d'une manière attachante; on y reconnaît l'œuvre d'un homme d'action, qui ne dit que ce qu'il a vu ou entendu. Sans viser à l'effet, son récit a l'accent de la vérité, et eut un grand succès. Cette relation, intitulée : *Estat de l'empire de Russie, et grande duché de Moscovie, avec ce qui s'y est passé de plus mémorable et tragique, pendant le règne de quatre empereurs : à sçavoir depuis l'an* 1590, *iusques en l'an* 1606 *en septembre*, parut pour la première fois à Paris en 1607, in-8°; 2e édit., ibid., 1668; reproduite en 1821, par Jules Klaproth, aux frais d'un prince Gagarin, qui n'en a laissé tirer que 100 exemplaires. Enfin, en 1855, M. Potier en a fait une nouvelle édition, précédée d'une *Notice biographique et bibliographique sur le capitaine Margeret* par l'auteur de cet article. M. Oustrialoff en a donné une traduction en langue russe, dans un livre intitulé *Skazaniia O' Lje Dimitrii* (Traditions concernant les faux Démétrius); Saint-Pétersbourg (1837).

Henri Chevreul.

G. Delessert, dans l'*Athenæum français*, août 1854.

MARGGRAF (*Georges*), naturaliste et voyageur allemand, né à Liebstadt, le 20 septembre 1610, mort en 1644, sur la côte de Guinée. Son goût marqué pour les voyages lui fit quitter la maison paternelle dès l'âge de dix-sept ans; il parcourut diverses contrées de l'Europe, s'instruisant dans les mathématiques, la médecine et les sciences naturelles. En 1638 il accompagna au Brésil Pison, médecin du comte Maurice de Nassau, gouverneur de la partie hollandaise de ce pays. Avec les moyens que lui fournit libéralement le comte, il parcourut les contrées voisines de la mer depuis Rio-Grande jusqu'au midi de Fernambouc. Il alla ensuite explorer les côtes de la Guinée, dont le climat insalubre causa sa mort. Ses papiers et notes ainsi que celles de Pison furent remis au célèbre géographe Jean de Laet, qui les publia sous le titre de : *G. Pisonis De Medicina Brasiliensi Libri IV; G. Marggravi Historiæ Rerum naturalium Brasiliæ Libri VIII*; Amsterdam, 1648, in-fol., avec beaucoup de figures sur bois; les renseignements fort exacts fournis par Marggraff ont beaucoup contribué à faire connaître les animaux et les végetaux de l'Amérique du Sud; jusqu'au *Voyage* du prince de Neuwied aucun ouvrage ne donnait sur ce pays des détails aussi complets. Laet publia aussi dans le même volume un *Tractatus topographicus et meteorologicus Brasiliæ* de Marggraf, réimprimé à Amsterdam, 1668, in-fol. Plus tard Pison (*voy.* ce nom) fondit le travail de Marggraf avec le sien, et le republia en 1658. O.

Witte, *Diarium Biographicum*. — *Biogr. Médicale*.

[MAR]GGRAF (*André-Sigismond*), célèbre [chimist]e allemand, né à Berlin, le 9 mars 1709, [mort d]ans la même ville, le 7 août 1780. Fils [d'un p]harmacien, il reçut les premières notions [de la] science dans la maison paternelle. Il fut [ensuite] placé comme préparateur auprès du pro[fesseur] de chimie Neumann, dont les cours atti[raient] alors à Berlin un grand nombre d'élèves. [Marggr]af alla perfectionner ses connaissances [aux éc]oles de Francfort et de Strasbourg; à [Halle] il étudia la médecine, et à Freyberg la [métallu]rgie. A son retour, il fut nommé, à l'âge [de vingt]-neuf ans, membre de l'Académie royale [de Ber]lin, et en 1762 directeur de la classe de [physiq]ue. L'Académie des Sciences de Paris le [nomma], quelque temps après, associé étranger. [Dès lo]rs Marggraf se consacra à l'étude de la [chimie], science à laquelle il fit faire un grand [pas]. L'Allemagne doit avec raison, dit M. F. [Hoefer], compter Marggraf au nombre des plus [grands] chimistes du dix-huitième siècle. Expé[rimen]tateur ingénieux, prudent dans ses vues [spécul]atives, d'une logique sévère dans ses dé[duction]s, le célèbre chimiste de Berlin peut à [bon ti]tre revendiquer la gloire d'avoir un des [premie]rs introduit dans la science l'emploi du [micros]cope et la voie humide dans l'analyse des [matière]s organiques. N'y eût il que la découverte [du suc]re de betterave, elle seule suffirait pour [placer] Marggraf au nombre des chimistes qui [ont le p]lus mérité de l'humanité, de la science et [de l'ind]ustrie. » Nous ajouterons que la France, [en part]iculier, lui doit une grande reconnaissance; [car il a] provoqué dans ce pays une source de ri[chesse q]ui le rend presque indépendant désormais [de toute] puissance maritime. Les travaux de ce [grand c]himiste, auquel la postérité n'a peut-être [pas enc]ore entièrement rendu justice, se trou[vent p]resque tous insérés dans les *Mémoires [de l'Ac]adémie des Sciences et Belles-Lettres [de Berl]in*. Rassemblant ses mémoires épars, il en [fit un r]ecueil qui fut publié en allemand, et si[multan]ément en français par Demachy, sous le [titre] : *Opuscules Chimiques*, Paris, 1762, in-8° (1).

[Nous] allons jeter un coup d'œil rapide sur les [princip]aux travaux de Marggraf : *Expériences [chimiq]ues faites dans le dessein d'obtenir [un vér]itable sucre de diverses plantes qui [croisse]nt dans nos contrées*; dissertation in[sérée d]ans les *Mémoires de l'Académie de [Berlin]* (1745). « L'importance de cette disser[tation], dit M. Hoefer, ne devait être appréciée que [beauco]up plus tard. Marggraf constate que par [l'évapo]ration on peut obtenir du sucre de cer[taines p]lantes. Il établit, avec une grande sagacité, [que pa]rmi les plantes indigènes les plus riches [en suc]re, il faut placer en première ligne la [bettera]ve (*beta*) et la carotte (*daucus*); que le sucre qui s'y trouve est parfaitement semblable à celui de la canne (*saccharum*); que ce sucre existe tout formé dans les plantes; que le moyen le plus simple de l'en extraire consiste à dessécher les racines, et à les faire bouillir dans de l'esprit-de-vin, qui se charge du sucre et le laisse déposer, sous forme cristalline, par le refroidissement. L'auteur remarque que la carotte se prête assez difficilement à l'extraction du sucre, à cause d'une matière glutineuse (acide pectique) qui entrave la cristallisation du sucre; qu'il faut apporter beaucoup de soin au râpage et à l'expression du sucre et que ce sont les mois d'octobre et de novembre qui sont les plus propices pour obtenir le plus grand rendement, parce que en se métamorphosant en matière ligneuse la matière sacchareuse et l'amidon disparaissent à mesure que la végétation se développe. Marggraf signale la bette blanche (*beta saccharina*) comme contenant le plus de principes sucrés, et indique les solutions d'eau de chaux vive comme le meilleur moyen de dépuration (1); — *Sur les rapports du phosphore solide avec les métaux et les demi-métaux;* dans les *Miscellan. Berolinens.*, ann. 1740, t. VI, p. 54-64. Ce mémoire contient la découverte de l'*acide phosphorique*. En décrivant les combinaisons (*phosphures*) que le phosphore est susceptible de former avec les métaux, Marggraf remarqua le premier que l'or et l'argent ne donnent pas de véritables composés avec le phosphore. Il prépara l'acide phosphorique (qu'il appelle *fleurs de phosphore*) en brûlant le phosphore à l'air. Il ajoute « que ce produit, pesé encore chaud, augmente sensiblement de poids ». — « S'il avait observé, ajoute ici M. Hoefer, la cause de cette augmentation de poids du phosphore brûlé dans l'air, il aurait été bien près de la découverte de l'oxygène. » — *Exposition de quelques méthodes nouvelles au moyen desquelles on peut faire plus aisément le phosphore solide d'urine;* dans les *Miscell. Berolinen.*, ann. 1743, t. VII, p. 324-335. Kunckel, Brand et Boyle avaient les premiers extrait le phosphore de l'urine; mais il restait à déterminer dans quel état il existait et quel est le meilleur procédé d'extraction. Marggraf prouva que le phosphore existe dans l'urine à l'état de sel (*phosphate*) cristallisable; que lorsque ce sel a été préalablement séparé d'une masse d'urine, ce qui reste « n'est guère

(1) [Ce] recueil, traduit par Formey, contient vingt-sept [dissertat]ions, dont quinze traduites du latin et douze de [l'alleman]d.

(1) « D'après ce que nous avons dit, ajoute Marggraf en se résumant, il est facile de voir quels avantages économiques on pourrait tirer de ces expériences; il me suffira d'en indiquer un seul, qui est même le moindre. Le pauvre paysan, au lieu d'un sucre cher et d'un mauvais sirop, pourrait se servir de notre sucre des plantes, pourvu qu'à l'aide de certaines machines il exprimât le suc des plantes, qu'il le dépurât en quelque façon et qu'il le fît épaissir jusqu'à la consistance de sirop. Le suc épaissi serait assurément plus pur que le sirop ordinaire et noirâtre du sucre, etc. » — « Ceci, ajoute M. Hoefer, fut écrit en 1745 avant l'empire de Napoléon et le blocus continental, sans lequel la découverte de Marggraf serait peut-être restée dans l'oubli. » (*Hist. de la Chimie*, t. II, 3e époque, p. 419.)

propre à la production du phosphore. » Il préparait son phosphore d'urine en soumettant à la distillation, en des vases parfaitement clos, un mélange de sel d'urine fixe (phosphate de soude et ammoniaco-magnésien), de sable et de suie. « J'étois, dit-il, dans l'idée que le sable délié (acide silicique) s'unit avec la partie terrestre du sel d'urine fixe et en dégage l'acide (phosphorique) ». « Il ignorait, fait remarquer judicieusement M. Hoefer, le rôle que jouait ici le charbon ou la suie qu'il avait employés. » Marggraf (1) explique la présence du phosphore dans les urines par l'existence de cette substance dans tous les végétaux qui servent à la nourriture de l'homme et des animaux. Il en obtint du phosphore par la torréfaction même de la graine de moutarde (*sinapis*); mais la petite quantité de phosphore qu'on retire des substances végétales a fait abandonner ce moyen pour l'extraction de ce corps; — *Expériences sur la manière de tirer le zinc de sa mine;* dans les *Mémoires de l'Acad. de Berlin*, ann. 1746, p. 49, 57 : l'auteur y insiste sur l'extraction du zinc de son minerai (*calamine*) par la sublimation; — *Examen chimique d'un sel d'urine fort remarquable qui contient de l'acide de phosphore;* dans les *Mémoires de l'Académie de Berlin*, ann. 1746, p. 87-107. Ce sel n'est autre que le phosphate d'ammoniaque. L'auteur termine en faisant observer que « l'urine d'été, saison où les hommes mangent plus de végétaux, fournit toujours une plus grande quantité de ce sel que l'urine d'hiver. » Combien de sagacité ne fallait-il pas, il y a plus d'un siècle, pour faire de pareilles observations! — *Manière aisée de dissoudre l'argent et le mercure dans les acides des métaux;* dans les *Mémoires de l'Académie des Sciences de Berlin*, ann. 1747, p. 49-57. Marggraf constate que les acides des végétaux, dont le plus puissant est le vinaigre distillé, dissolvent quelques métaux; mais que l'or, l'argent et le mercure résistent à l'action de ces dissolvants. Cependant il annonce que les oxydes d'argent et de mercure ne sont pas dans les mêmes conditions et déposent de beaux cristaux lorsqu'ils sont traités à chaud, par un agent dissolvant, vinaigre, jus de citron, vin du Rhin, etc.; — *Sur l'action des acides des végétaux sur l'étain et sur l'arsenic qui s'y trouve caché;* dans les *Mémoires de l'Académie des Sciences de Berlin*, ann. 1747, p. 33-46. L'auteur s'attache, dans cet intéressant mémoire, à démontrer que l'étain est susceptible d'être attaqué par les acides végétaux et qu'il contient toujours une quantité appréciable d'arsenic. C'est à la présence de l'arsenic qu'il attribue la fragilité de l'étain. Il indique un procédé pour séparer l'étain de l'arsenic par un mélange de seize parties d'eau-forte (acide nitrique) contre une de sel ammoniaque; — *Moyen de faire de l'argent corné* (chlorure d'argent) *sans perte;* dans les *Mém. de l'Académie des Sciences de Berlin*, ann. 1749, p. 16-26. Ce procédé consiste à dissoudre l'argent corné par l'esprit de sel ammoniaque en ajoutant à cette solution six parties de mercure. On sépare le mercure par la distillation, et l'argent reste pur; — *Observations sur l'huile que l'on peut exprimer des fourmis, avec quelques essais sur l'acide des mêmes insectes;* dans les *Mémoires de l'Acad. des Sciences de Berlin*, ann. 1749, p. 38-46. La découverte de l'acide formique datait d'une époque reculée : déjà Jérôme Targus, Lungham, Hierne, J. Wray et d'autres observateurs avaient observé que les fourmis rougissaient les couleurs bleues végétales humides (fleurs de chicorée, de bourrache, etc.) avec lesquelles on les met en contact, et que ces insectes soumis à la distillation, seuls ou humectés d'eau, donnaient un esprit très-acide; mais Marggraf obtint le premier l'acide formique pur et une huile d'un brun rougeâtre, que, du reste, son ardeur rend impropre à aucun emploi; — *Sur la pierre de Bologne* (1) *et sur différentes pierres;* dans les *Mém. de l'Acad. des Sciences de Berlin*, ann. 1749, p. 56-71, et ann. 1750, p. 144-165. Dans ces deux dissertations l'aut décrivit le premier la composition du gypse ou de la pierre à plâtre et jusqu'à un certain point celle du spath pesant. Il explique ensuite l'existence des couches de pierres séléniteuses ou spéculaires (sulfate de chaux) par les dépôts que forment les eaux saturées de chaux et de tartre vitriolé. « Le temps, dit-il, peut opérer des merveilles que nous ne pouvons obtenir dans nos laboratoires »; — *Expériences sur la régénération de l'alun;* dans les *Mém. de l'Acad. de Berlin*, ann. 1754, p. 31-41. Marggraf y démontre que l'alun est un composé d'acide vitriolique, d'argile et de potasse ou d'ammoniaque; — *Expériences faites sur la terre d'alun* (argile); dans les *Mém. de l'Acad. des Sciences de Berlin*, ann. 1754, p. 41-51. Ce mémoire a pour but de prouver que la terre d'alun n'est point une terre calcaire, comme le prétendait Stahl, et qu'elle est insoluble dans les acides. C'est dans ce mémoire que Marggraf déclare qu'en calcinant un mélange de sable, de terre d'alun, de stéatite (magnésie) et de sélénite, on obtient une masse blanche, compacte et faisant feu battue par l'acier. « Cette masse n'était, dit M. Hoefer, autre que la porcelaine »; — *Examen chimique de l'eau*, dans les *Mém. de l'Acad. des Sciences de Berlin*, ann. 1751, p. 131-158. C'est une analyse à la fois qualitative et quantitative des sels calcaires et alcalins contenus dans les eaux de puits, de sources, de rivières, etc. Il expose pourquoi les eaux dites *dures* ou séléniteuses sont impropres

(1) Pott avait déjà constaté l'existence du phosphore dans la plus grande partie des graminées.

(1) *Lapis solaris* (pierre solaire), découverte par Vincente Casciorolo de Bologne, vers 1630, et dans laquelle Scipione Bagatelli « semblait voir le soleil, symbole de l'or ». C'est simplement du sulfate de baryte, qui par la calcination se transforme en sulfure de baryum pyrophorique.

à la cuisson des légumes : « c'est qu'en cuisant un peu de terre se sépare toujours de ces eaux et va s'attacher à la surface de ces légumes, ce qui forme une espèce de pétrification » ; — *Sur l'eau distillée*; dans les *Mém. de l'Acad. de Berlin*, ann. 1756, p. 20-31. Marggraf voulut s'assurer si l'eau distillée peut former un dépôt. A cet effet il attacha un flacon d'eau aux ailes d'un moulin à vent durant huit jours : son expérience ne donna pas de résultat certain; — *Sur la meilleure manière de séparer la substance alcaline du sel commun*; Paris, 1762, in-8°. C'est dans cette dissertation que se trouve exposée la découverte de la *soude*, qui est pour la première fois nettement distinguée de la potasse. Marggraf démontre que le sel commun est composé d'acide muriatique et d'un alcali particulier (muriatique) qu'il nomma *alcali fixe minéral*. Cette découverte est une des plus importantes du siècle dernier; — *Expériences sur le lapis lazuli*; Paris, 1762, in-8°. L'auteur prouve que le lapis lazuli ne doit pas sa couleur bleue au cuivre, dont il ne contient d'ailleurs aucune trace; — *Musc artificiel*; dans les *Mém. de l'Acad. de Berlin*, ann. 1759, p. 32. Marggraf découvrit, par hasard, qu'en traitant l'huile essentielle de succin (ambre jaune) par l'acide nitrique concentré on obtenait une résine jaune, qui a l'odeur du musc le plus fort. Marggraf trouva encore la présence du fer dans la lessive du sel alcalin calciné avec du sang (cyano-ferrure de potassium). Ce réactif lui donna du bleu dit *de Prusse*, non-seulement avec des eaux martiales, mais avec des macérations aqueuses de pierres urinaires, d'os de brebis et de crânes humains. Il prouva en outre que le platine augmente de poids et s'oxide à sa surface quand on le tient dans un feu violent de forge au contact de l'air.

Marggraf joignait l'originalité à la fécondité. Ses travaux sont aussi nombreux que remarquables tant sous le point de vue de l'intérêt scientifique que sous celui de l'utilité générale. Aux mémoires que nous venons d'analyser il faut ajouter ceux-ci : *Sur le spath fluor*; *Sur le bois de cèdre*; *Sur la purification du camphre au moyen de la chaux*; *Sur une laque rouge*; *Sur un alliage de bismuth, d'étain et de plomb fusible dans l'eau bouillante*; *Sur le manganèse*; *Sur les fleurs et graines du tilleul*, dont il avait extrait une huile grasse; *Sur les calculs urinaires*; *Sur la topaze saxonne*; *Sur la magnésie*; *Sur le pourpre d'or*; *Sur l'extraction du cuivre*; *Sur les mines de cobalt*, et d'autres dissertations d'un intérêt moins saillant. A. de L.

Mémoires de l'Académie des Sciences de Berlin, ann. 1746 à 1781. — *Hist. de l'Académie des Sciences de Paris*, ann. 1782. — Ferd. Hoefer, *Histoire de la Chimie*, t. II, p. 414-428.

MARGON (*Guillaume* Plantavit de La Pause, abbé de), littérateur français, né vers 1685, dans le diocèse de Béziers, mort en 1760. Il appartenait à une famille noble et ancienne, dont une branche s'était convertie à la religion réformée. Arrivé de bonne heure à Paris, il se fit connaître par quelques écrits, où se révélait le funeste penchant de son esprit à la satire et à la méchanceté. Comme il prétendait à la fortune non moins qu'à la célébrité, il se rangea tout d'abord du côté des jésuites, et dirigea contre le jansénisme des attaques violentes. Le P. Tournemine le traita sévèrement dans le *Journal de Trévoux*. Aussitôt l'abbé de Margon, qui ne pouvait supporter la critique de ses ouvrages, se tourna contre ses alliés, et lança contre eux plusieurs pamphlets. Il ne s'en tint pas là : naturellement porté à exagérer le mal et à amoindrir le bien, il poursuivit de ses propos et de ses invectives des personnages influents, qui se vengèrent de lui en le faisant reléguer en 1743 aux îles de Lérins. Lorsque ces îles tombèrent aux mains des Autrichiens (1746), il fut transféré au château d'If, puis rendu à la liberté, à la condition de se retirer dans un monastère de bernardins. Il mourut dans un âge avancé, détesté de tous ceux qui l'avaient approché. « On le reconnaissait dès les premiers instants, dit un biographe, comme un homme caustique, frondeur, bouillant, faux, tracassier, et toujours prêt à brouiller les personnes les plus unies, si leur désunion pouvait l'amuser un moment. On rapporte qu'ayant reçu une gratification de trente mille livres, il imagina de la manger dans un souper singulier; il en fit la disposition, Pétrone à la main, et exécuta avec toute la régularité possible le repas de Trimalcion. On surmonta toutes les difficultés à force de dépenses. Le régent eut la curiosité d'aller surprendre les acteurs, et il avoua qu'il n'avait rien vu de si origial. »

On a de l'abbé de Margon : *Lettre de M*** au sujet du livre intitulé :* De l'action de Dieu sur les créatures (par Laurent Boursier); Paris, 1714, in-12; selon lui, ce livre renfermerait le plan d'une vaste conspiration contre l'État et d'une ligue contre toutes les religions; — *Le Jansénisme démasqué dans une réfutation complète du livre* De l'action de Dieu; Paris, 1715, in-12 : il y prétend que les jansénistes ne sont autre chose que des spinosistes déguisés; — *Réponse et lettres au P. Tournemine, où l'on trouvera une idée de la politique et des intrigues des jésuites*; Paris, 1716, in-12; la critique du P. Tournemine avait été insérée dans les *Mémoires de Trévoux*, sept. 1715; — *Lettres de Fitz-Moritz sur les affaires du temps, traduites de l'anglais par de Garnesay*; Rotterdam (Rouen et Paris), 1718, in-12. Cet ouvrage fut composé par l'abbé de Margon, qui suivit en cela les ordres du duc d'Orléans. On y suppose deux entretiens entre Fitz-Moritz et différentes personnes sur la succession à la couronne de France, au cas que Louis XV mourût. Tout l'avantage de la dispute est pour le régent; — *Première séance des états calotins, contenant l'oraison funèbre de Torsac*; Paris, 1724, in-4°;

[illegible] *Académie Française*. Le [illegible] a publié [illegible] quelques brevets de la calotte, [illegible] dans les *Mémoires pour servir à l'histoire de la Calotte*; Moropolis, 1740, 4 vol. in-16; — *Mémoires du duc de Villars*, La Haye, 1734, 3 vol. in-12; — *Mémoires du maréchal de Berwick*; Londres (Rouen), 1737, 1758, 2 vol. in-12; c'est une compilation sans intérêt, que les véritables *Mémoires*, publiés en 1778 par le duc de Fitz James, ont fait oublier; — *Mémoires de Tourville, vice amiral de France*; Amsterdam, 1742, 1 vol. in-12. P. L—Y.

Chaudon et Delandine, *Dict. universel*, XI. — Desessarts, *Les Trois Siècles littér.*

MARGUERIE (*Jean-Jacques* DE), mathématicien français, né le 12 avril 1742, à Mondeville, près Caen, mort en juillet 1779, en mer. Il fit ses études au collége de Caen, et y montra une telle aptitude pour les mathématiques qu'en peu de temps il fut en état de résoudre des problèmes très-difficiles. A Paris, où il vint fort jeune, il se lia avec le géomètre Fontaine, accepta un logement chez lui, et rédigea, avec ses conseils, plusieurs mémoires qui furent remarqués par l'Académie des Sciences. Lagrange avait conçu de lui une haute opinion, et lui écrivait en 1774 : « Je vois avec la plus grande satisfaction que vous avez hérité du génie de feu M. Fontaine, et je vous crois destiné à réparer la perte que les sciences ont faite par la mort prématurée de ce grand géomètre. » Sur la recommandation du comte de Roquefeuil, Marguerie obtint une pension de [illegible] livres et un brevet de garde de marine (1768). Après plusieurs campagnes de mer, qui n'interrompirent pas le cours de ses recherches, il assista au combat d'Ouessant (27 juillet 1778) et à celui de La Grenade (6 juillet 1779). Atteint mortellement d'un boulet dans [illegible], il ne survécut que quelques [illegible] à sa blessure. Il venait d'être promu [illegible] de vaisseau. Marguerie avait été [illegible] Académie royale de Marine [illegible]

[illegible]

MARGUERITE [illegible]

[illegible]

[illegible] Olibrius, l'a[illegible] et voulut en faire [illegible] pondit qu'elle n'a[illegible] J.-C. Olibrius, fu[illegible] après l'avoir fait d[illegible] démon lui apparut [illegible] dragon; mais Mar[illegible] croix, le monstre [illegible] fut alors remplie [illegible] plaies de la sainte [illegible] cruel Olibrius, p[illegible] soumit à de nou[illegible] faire trancher la t[illegible] l'on n'a rien d'a[illegible] Ce qu'on relate d[illegible] tures n'a pas plus [illegible] sa vie. Son nom [illegible] taux l'appellent [illegible] taux *Jemme* ou [illegible] n'apparaît qu'au [illegible] cette sainte le 20 [illegible]

Siméon le Métaph[illegible] *des Saints*, 20 jui[illegible] *Sacrée*.

MARGUERITE [illegible] *Maultasche* ou [illegible] duchesse de C[illegible] née vers 1310, [illegible] était fille aînée [illegible] sa seconde femm[illegible] benhagen. Ma[illegible] mariée fort jeun[illegible] de Bohême. Apr[illegible] 1335), qui ne [illegible] voulut se mettr[illegible] mais elle trouva [illegible] l'empereur Lou[illegible] diquant sa suz[illegible] du 2 mai 1335 [illegible] et à Othon, duc[illegible] perrite et son [illegible] tenir leurs droit[illegible] bourg, dit le [illegible] duc Henri de [illegible] et de Pologne [illegible] faire la conquête [illegible] de même de la Ca[illegible] 14 octobre 1336 [illegible] partie de cette pr[illegible] de Styrie. L'[illegible] dant vint dispute[illegible] c'était Jean, fils [illegible] Nuremberg, et de [illegible] Carinthie, et arrière[illegible] [illegible] IV, duc de [illegible]

[illegible]

fit plus : il maria Marguerite Maultasche à son fils Louis, dit *l'ancien*, margrave de Brandebourg; le mariage se fit à Méranie, le 10 février 1342. L'empereur y ajouta le don de la Carinthie; mais Albert d'Autriche et ses neveux Frédéric et Léopold surent si bien la défendre que Marguerite n'y put rentrer. Cette princesse eut alors une consolation, qui lui fit gagner complétement son procès contre son premier mari; elle accoucha d'un fils (Maynard V.).

Marguerite eut encore de nombreuses épreuves à subir. Un meunier, Hundeloff, se prétendant le dernier margrave de la famille ascanienne, vint, sous le nom de Valdemar, expulser Louis l'ancien de ses États. Une longue guerre s'en suivit; toute l'Allemagne y prit part. Louis troqua avec son frère, en 1354, son margraviat contesté, contre la haute Bavière, et mourut en 1362. Son fils Maynard V lui succéda paisiblement, mais il mourut bientôt (13 janvier 1363), après avoir bu, au retour d'une chasse, un verre d'eau froide que sa mère lui donna; des bruits d'empoisonnement se répandirent a cette occasion. Marguerite Maultasche, survivant à son époux et à son fils, reprit donc le gouvernement du Tyrol. Par son testament, elle laissa ses propriétés à sa bru Marguerite d'Autriche, et c'est ainsi que le Tyrol et la Carinthie furent joints définitivement aux propriétes de la maison d'Autriche.

A. d'E—P—C.

Fugger, *Spiegel der Ehren*. — Megiserus, *Chron. von Karnthen*. — Sedler, *Universal-Lexikon*.

I. MARGUERITE souveraines.

MARGUERITE-THÉRÈSE D'ESPAGNE, impératrice d'Allemagne, née le 12 juillet 1651, morte le 11 mars 1673. Sœur du roi Charles II, elle était fille de Philippe IV, roi d'Espagne, et de Marie-Anne d'Autriche. En 1666 on la maria avec l'empereur Léopold Ier. Elle eut une fille, Marie-Antoinette, qui fut mariée à l'électeur de Bavière Maximilien-Emmanuel, et mourut en 1693, laissant un fils unique. Léopold, pour empêcher que sa fille ne portât dans une autre famille ses droits à la succession d'Espagne, l'avait forcée à les abandonner par renonciation. D'autre part, Marie-Therèse, femme de Louis XIV et sœur aînée de Marguerite-Thérèse, ayant fait une semblable renonciation, Léopold revendiquait la succession espagnole, et comme seul descendant en ligne masculine de la maison d'Autriche, et comme petit-fils, par sa mère, du roi d'Espagne Philippe III. Mais ces combinaisons furent sans cesse dérangées, et le jeune prince de Bavière fut même reconnu par un traité héritier de la couronne d'Espagne. Sa mort (1699) laissa pendante la contestation entre les maisons d'Autriche et de Bourbon. Le nom de Marguerite joua dans ces débats un rôle important; à ce titre elle occupe une place considérable dans l'histoire de la succession d'Espagne. Il existe plusieurs portraits de cette princesse par Velasquez; le plus beau, où elle est représentée enfant, est à la galerie royale de Madrid.

K.

Rosseeuw Saint-Hilaire, *Histoire d'Espagne*.

MARGUERITE DE FRANCE, reine d'Angleterre, puis de Hongrie, née en 1158, morte en 1196, à Acre, en Palestine. Fille du roi Louis VII et de Constance de Castille, sa seconde femme, elle fut promise dès 1158, six mois après sa naissance, à Henri au Court Mantel, fils aîné de Henri II, qui l'emmena à la cour d'Angleterre. Le 2 novembre 1160, ce roi, mécontent du troisième mariage de Louis VII, avec Alix de Champagne, s'empressa d'unir ces deux enfants à Neubourg, au lieu d'attendre qu'ils fussent nubiles, et se fit aussitôt livrer par les templiers, à qui il avait été remis en garde, le Vexin normand, qui formait la dot de Marguerite. Cette union précipitée faillit allumer la guerre entre les deux puissants voisins. Louis VII, accusant les templiers d'avoir trahi sa confiance, les expulsa de son royaume, tandis que Henri les reçut avec bonneur dans le sien. Des préparatifs furent faits de chaque côté; mais en 1161 on convint d'une trêve, qui, sans remédier à rien, laissa chaque chose dans l'état où elle se trouvait. En 1172 Marguerite fut couronnée à Winchester, par l'archevêque de Rouen, et reconnue reine, quoique son beau-père n'eût pas quitté le trône et y eût seulement associé son fils. Elle eut une destinée malheureuse. Pendant la révolte de son époux contre Henri II, elle tomba entre les mains de ce dernier, qui la tint assez longtemps dans une sorte de captivité. Après la mort d'Henri au Court Mantel (1183), elle obtint, à la place de son douaire, qui ne fut pas restitué, une pension en argent, et prit en 1185 une seconde alliance avec Bela III, roi de Hongrie. Devenue veuve en 1196, elle partit pour la Terre Sainte avec un grand nombre de chevaliers, et mourut à Acre, huit jours après son arrivée. Elle ne laissa pas d'enfants.

P. L.

Rigord, Roger de Hoveden, Guillaume le Breton, *Chroniques*. — Anselme (le P.), *Maison royale de France*, I.

MARGUERITE DE FRANCE, reine d'Angleterre, morte en 1317. Elle était fille de Philippe III et de Marie de Brabant, sa seconde femme. Son mariage, négocié par Amédée V, comte de Savoie, mit fin aux longues guerres qui avaient désolé la France; il amena le traité de Montreuil sur mer (1199), qui restitua à la France la plus grande partie des provinces que les Plantagenets avaient possédé dans le midi. Cette princesse, conduite en Angleterre par Robert, duc de Bourgogne, épousa, le 12 septembre 1299, Édouard Ier à Cantorbéry. En 1308 elle se rendit à Boulogne pour y recevoir sa nièce Isabelle, promise au prince de Galles, qui venait de succéder à son père, et dont le mariage fut alors célébré dans cette ville.

P. L.

Anselme, *Maison royale de France*, I.

MARGUERITE (Sainte), reine d'Écosse, née en 1046, morte le 16 novembre 1093. Petite-nièce d'Édouard le Confesseur, roi d'Angleterre, et fille d'Édouard, qui fut chassé par Canut et mourut en exil en Hongrie, elle fut ramenée dans son pays avec son frère Edgard et sa sœur Christine. L'invasion de Guillaumme le Conquérant l'ayant obligée de nouveau à chercher son salut dans la fuite, elle se rendit en Écosse, et fut bien accueillie par Malcolm III, qui l'épousa, en 1070. Elle ne se servit de l'ascendant qu'elle eut sur son époux que pour faire fleurir la justice et la religion; elle contribua à la fondation des évêchés de Murray et de Cathness et à la publication des lois somptuaires. Le roi d'Écosse ayant été tué, en 1093, avec son fils Édouard, au siége du château d'Alnwich, dans le Northumberland, elle fut tellement affligée de cette perte qu'elle mourut de douleur, dans la même année. Marguerite a été canonisée en 1251, par le pape Innocent IV. On célèbre sa fête le 10 juin. P. L.

Thierry, *Vie de sainte Marguerite*; dans les Bollandistes. — Ælred (Saint), *Vita sanctæ Margaritæ*. — Baillet, *Vies des Saints*. — Richard et Giraud, *Biblioth. Sacrée*.

MARGUERITE D'AUTRICHE, reine d'Espagne, née le 25 décembre 1584, morte le 13 octobre 1611. Fille de l'archiduc Charles d'Autriche et de Marie de Bavière, elle épousa le fils de Philippe II, roi d'Espagne, qui monta en 1598 sur le trône sous le nom de Philippe III. La cérémonie des épousailles fut faite à Ferrare, par le pape Clément VIII. Cette princesse vécut complétement à l'écart des affaires publiques, s'adonna aux œuvres de pieté et fonda plusieurs établissements religieux. Elle eut, entre autres enfants, Anne d'Autriche, reine de France, et Philippe IV, roi d'Espagne. P. L.

Hilarion de Coste, *Éloges des Dames illustres*, II, 399.

MARGUERITE DE PROVENCE, reine de France, née en 1221, morte le 21 décembre 1295, près Paris. Fille aînée de Raymond-Berenger IV, comte de Provence, et de Béatrix de Savoie, elle fut mariée, le 27 mai 1234, à Louis IX. Ses trois sœurs portèrent aussi la couronne : Éléonore épousa Henri III, roi d'Angleterre; Sancie, Robert de Cornouailles, qui fut elu roi des Romains; et Béatrix, Charles d'Anjou, roi de Naples et de Sicile. Blanche de Castille avait fait demander pour son fils la main de Marguerite, qui n'était encore qu'une enfant, mais qui, au dire des chroniqueurs, promettait « d'être belle de visage, plus belle de foi, et elevée dans les bonnes mœurs et la crainte du Seigneur ». Comme le comte de Provence n'avait point d'enfant mâle, peut-être la régente, en préparant ce mariage, avait-elle pour la couronne de France des projets d'agrandissement. Les jeunes époux étant parents au quatrième degré, le pape Grégoire IX leur accorda une dispense en date du 2 janvier 1234. Gonthier, archevêque de Sens, et Jean, comte de Nesle, allèrent chercher en Provence la jeune fiancée, et la ramenèrent à Sens, où fut célébré le mariage, qui toutefois ne fut consommé que quelques années après. Par le contrat, qui fut signé le même jour, la dot de dix mille marcs promise à Marguerite fut assurée sur la ville du Mans. Le jeune roi prit alors pour devise une bague entrelacée d'une guirlande de *lis* et de *marguerites*, par allusion à son nom et à celui de sa fiancée, et surmontée d'un saphir où autour de l'image d'un crucifix avaient été gravés ces mots : « Hors cet anel pourrions trouver amour. »

Élevée à la cour la plus polie et la plus lettrée de l'Europe, Marguerite se montra par ses vertus la digne épouse du saint roi auquel elle était unie. Ce n'est pas qu'elle n'eût en partage autant d'esprit que de grandeur d'âme; elle était « loyale et fine, » dit un ancien auteur; mais elle ne manifesta guère d'autre ambition que celle de mériter l'estime et la tendresse de Louis par un entier dévouement à ses volontés. Cette union eût été des plus heureuses sans l'étrange jalousie de la reine mère. Marguerite, dont la douceur et la timidité cachaient une âme courageuse, eut beaucoup à souffrir du caractère impérieux de Blanche de Castille, qui tant qu'elle vécut gouverna le royaume et la famille royale. Joinville raconte à ce sujet plusieurs anecdotes. « La reine Blanche, dit-il, ne vouloit souffrir à son pouvoir que son fils fust en la compagnie de sa femme, sinon le soir quand il alloit coucher avec elle. Les hostels où il plaisoit mieux au roi et à la reine à demeurer, c'estoit à Pontoise, pour ce que la chambre du roi estoit dessus et la chambre de la reine dessous; et avoient ainsi accordé leur besogne qu'ils tenoient leur parlement en un escalier à vis, qui descendoit de l'une chambre en l'autre. Et avoient ordonné que quand les huissiers voyoient venir la reine Blanche en la chambre du roi son fils, ils battoient les portes de leurs verges, et le roi s'en venoit courant en sa chambre, pour que sa mère l'y trouvast. Une fois estoit le roi auprès de la reine sa femme, et estoit en trop grand péril de mort pour ce qu'elle estoit blessée d'un enfant qu'elle avoit eu. Là vint la reine Blanche, et prit son fils par la main, et lui dit : Venez-vous-en, vous ne faites rien ici. Quand la reine Marguerite vit que la mère emmenoit le roi, elle s'écria : Hélas! vous ne me laisserez voir mon seigneur ni morte ni vive! »

Moins politique et plus pieuse que la reine mère, Marguerite ne vit pas avec autant de terreur que celle-ci le départ de Louis IX pour la croisade, où elle eut même le courage de le suivre (1248). Pendant l'expédition de Mansourah, elle resta à Damiette avec les comtesses de Poitiers et d'Anjou. Lorsqu'elle apprit que le roi venait d'être fait prisonnier, elle était enceinte; craignant plus que la mort de tomber entre les mains des Sarrasins, elle s'agenouilla devant un vieux chevalier, et lui adressa cette héroïque prière : « Je vous demande par la foi que vous m'avez baillée que si les Sarrasins prennent cette ville, vous me coupiez la tête avant qu'ils me prennent. » La réponse du chevalier n'est pas moins belle dans sa simplicité : « Soyez certaine que je le ferai volontiers, car je l'avois bien pensé que je vous occirois avant qu'ils vous eussent prise. » Le fils que trois jours après la reine mit au monde reçut le surnom de Tristan, à cause des tristes circonstances dans lesquelles il était né. A peine était-elle délivrée qu'elle apprit que la garnison, composée de Pisans et de Génois, voulait rendre la ville aux infidèles; elle fit venir autour de son lit les principaux officiers, et, relevant leur courage, les fit renoncer à une résolution qui devait amener la ruine des croisés. Elle n'obtint d'eux, il est vrai, cette concession qu'en les prenant à la solde du roi et en leur distribuant des vivres à ses frais.

Damiette étant devenue partie de la rançon de Louis IX, la reine s'embarqua sur les galères (6 mai 1250), et se rendit à Saint-Jean-d'Acre. Malgré les souffrances qu'elle avait éprouvées, elle montra une constance égale à celle de Louis en partageant avec lui les fatigues d'un séjour de quatre années en Syrie. Ce fut en février 1254 que lui parvint la nouvelle de la mort de sa belle-mère. On pense bien qu'elle en fut médiocrement affligée. « Madame Marie de Vertus, rapporte Joinville, me vint dire que la reine menoit moult grand deuil, et me pria que j'allasse vers elle pour la reconforter. Et quand je vins là, je trouvai qu'elle pleuroit, et je lui dis que vrai dit celui qui dit que l'on ne doit femme croire; car c'estoit la femme que plus vous haissiez, et vous en menez tel deuil. Et elle me dit que ce n'estoit pas pour elle qu'elle pleuroit, mais pour le mesaise que le roi avoit du deuil qu'il menoit, et pour sa fille, qui estoit demeurée en la garde des hommes. » Le 24 avril suivant, Louis mit à la voile pour retourner dans son royaume. Durant la traversée, qui fut longue et pénible, Marguerite ne perdit pas courage; elle avait de tels scrupules en matière d'obéissance conjugale qu'apprehendant de rien faire, même un vœu, sans la permission de son mari, elle se contenta, dans un moment de danger, de promettre à saint Nicolas une nef d'argent du poids de cinq marcs et qu'elle pria Joinville de lui servir de caution auprès du saint. Après la mort de Blanche de Castille, Marguerite devint le conseil secret de Louis IX, et elle eut assez d'influence sur son esprit pour l'empêcher, en 1255, d'abdiquer la couronne et de revêtir l'habit des dominicains. Pourtant elle ne prit jamais aucune part ostensible au gouvernement. Sévère dans ses mœurs et vivant sur le trône avec la même austérité qu'elle eût pu le faire dans un cloître, elle était sans cesse occupée de pratiques de dévotion (1). Lorsque Louis IX partit pour Tunis, elle ne l'accompagna point comme la première fois et ne fut revêtue d'aucune fonction publique.

Après la mort du roi (1270), Marguerite se retira dans une résidence qu'elle avait fait élever dans le faubourg Saint-Marcel, qui se trouvait à cette époque hors des murs de Paris. Toutefois elle ne se condamna pas à une retraite absolue; on la voyait souvent à la cour, où elle était toujours accueillie avec respect. Mais, comme autrefois, elle n'y tint qu'une place secondaire, et son crédit était nul, même auprès de ses fils. Les actes de piété et les fondations d'établissements religieux n'occupèrent pas exclusivement son long veuvage. Très-attachée à ses intérêts, elle manifesta une certaine âpreté dans ses prétentions sur la Provence, dont s'était emparé Charles d'Anjou, au nom de sa femme Béatrix. Malgré toute la déférence qu'elle avait pour saint Louis, qui avait consenti à cette prise de possession, elle ne renonça jamais à obtenir satisfaction de ses droits. Dans ce but, elle exigea en secret de son fils Philippe le serment qu'à la mort de Louis IX, et jusqu'à ce qu'il eût atteint l'âge de trente ans, il ne se conduirait que par les avis de sa mère et qu'il n'embrasserait point contre elle les intérêts de Charles d'Anjou. Il fallut une bulle du pape Urbain IV pour relever le prince royal de ce serment. Profitant des circonstances critiques où se trouvait en 1278 Charles d'Anjou en Italie, elle réclama, d'accord avec sa sœur Éléonore, le partage de la Provence, et sollicita l'appui d'Édouard Ier, roi d'Angleterre, et de Rodolphe, roi des Romains. Dans les longues contestations où elle s'engagea, elle fut abandonnée de tous ceux à qui elle s'adressa, même du pape. Après avoir épuisé les voies légales, elle résolut en 1281 de recourir aux armes, et convoqua à Mâcon une assemblée des barons qui lui avaient montré le plus d'attachement; ils lui promirent tous de l'aider « de corps, d'avoir et de terre ». Cette levée de boucliers n'eut pas lieu, grâce à la médiation du pape Martin IV, qui prolongea autant que possible les négociations et décida en 1284 que la Provence demeurerait à Charles d'Anjou « sauf à la reine Marguerite à faire apparoir de son droit à l'empereur et à continuer sa poursuite, si elle avisoit bon être ».

Quand Philippe le Bel monta sur le trône, Marguerite se retira tout à fait de la cour, et passa les dernières années de sa vie avec sa fille Blanche, veuve du prince de Castille, au couvent des religieuses cordelières, qu'elle avait fondé. « Quoi-

(1) « Lorsque l'on assistoit à la messe, il étoit d'usage d'aller à l'offrande, et ceux qui y alloient se donnoient le baiser de paix. La reine, qui y alloit sans les distinctions qui pouvoient l'accompagner, et comme mêlée dans la foule, se trouva un jour à côté d'une femme qu'elle baisa, suivant l'usage, et il fut reconnu que cette femme, dont les habits annonçoient un rang distingué, n'étoit qu'une femme publique. Ce fut pour éviter une pareille erreur et en garantir non-seulement la reine, mais aussi toutes les honnêtes femmes qui y étoient exposées, que saint Louis fit le règlement qui défendoit l'or et l'argent aux femmes débauchées. » (Dreux du Radier, *Mem. histor. sur les Reines et Régentes de France*, III, 21.)

qu'elle prît peu de part aux affaires publiques, dit Sismondi, sa longue vie avait beaucoup contribué à entretenir entre les deux familles royales de France et d'Angleterre des habitudes de parenté et d'affection, plus respectées que ces liens ne le sont généralement entre les princes. » P. L—Y.

Joinville, *Mémoires* (édit. 1859). — Guillaume de Nangis, *Vie de saint Louis*. — Filleau de La Chaise, *Vie de saint Louis*. — Mathieu Paris, *Historia Angliæ*. — *Chronique de Saint-Denis*. — Rymer, *Acta publica*. — Henault, *Abrégé chronologique*. — Gaufridi, *Hist. de Provence*. — Dreux du Radier, *Mémoires hist. sur les Reines et Régentes de France*, III. — Leroux de Lincy, *Les Femmes de l'ancienne France*. — Sismondi, *Hist. des Français*, VII, VIII.

MARGUERITE D'ÉCOSSE, dauphine de France, fille de Jacques Ier, née en 1424, morte à Châlons, en 1445. Fiancée à l'âge de trois ans au dauphin de France depuis Louis XI, qui n'en avait que cinq, elle fut amenée de bonne heure à la cour de France, où devait se faire son éducation. Elle avait alors douze ans à peine; mais on obtint une dispense, et le mariage fut célébré à Tours, le 24 juin 1436, en dépit du roi d'Angleterre, qui avait vainement essayé de s'y opposer. En grandissant, Marguerite se montra de plus en plus aimable, douce, agréable à tous. Le roi et la reine l'aimaient tendrement; mais le dauphin n'avait pour elle qu'indifférence et froideur. Elle passait les jours et les nuits à faire des lais, des ballades, et toutes sortes de poésies; dans l'espoir d'être mieux accueillie en France, elle avait étudié dès sa jeunesse la langue et la littérature de sa patrie d'adoption, et l'anecdote suivante que nous a transmise Jean Bouchet, chroniqueur angevin, montre quel était son enthousiasme pour la poésie : « Elle aymoit fort, dit le chroniqueur, les orateurs de la langue vulgaire, et entre autres maistre Alain Chartier, qui est le père d'éloquence françoise : un jour ainsi qu'elle passoit une salle où le dit maistre Alain s'estoit endormi sur un banc, comme il dormoit le fut baiser, devant toute la compagnie; dont celuy qui la menoit fut envieux, et luy dit : « Madame, je suis esbahy comme avés baisé cet homme, qui est si laid ! » car à la vérité il n avoit pas beau visage. Et elle fit response : « Je n'ay pas baisé l'homme, mais la précieuse bouche de laquelle sont sortis tant de bons mots et de vertueuses paroles. » Un gentilhomme de la cour, Jamet du Tillet, étant entré par hasard un soir dans la chambre de la dauphine, la trouva assise sur son lit, entourée de ses dames, et devisant avec elles sans lumière, comme c'était assez sa coutume. Or, ce soir-là le sire d'Estouteville se trouvait dans la chambre de la dauphine; il n'en fallut pas davantage pour éveiller les soupçons de Jamet du Tillet, qui ne put s'empêcher de dire auknaître d'hôtel que c'était *grande paillardise* à lui et aux autres officiers de laisser ainsi la chambre d'une grande dame sans torches allumées à une pareille heure de la nuit, et se mit à tenir sur Marguerite les propos les plus déshonorants. Il finit par animer contre elle le dauphin, son mari, qui, dit-on, la traita assez rudement. Quoi qu'il en soit, la jeune dauphine sembla dès lors en proie à un profond chagrin, et bientôt, atteinte d'une pleurésie, l'agitation de son esprit rendit mortelle une maladie qu'en tout autre temps on eût facilement guérie. Dans son délire, la triste jeune femme révéla, s'en sans douter, la cause de son mal. « Ah! Jamet, Jamet, l'entendit-on dire plusieurs fois, vous en êtes venu à votre intention; si je meurs, c'est par vous, et par les bonnes paroles que vous avez dites de moi sans cause ni raison. » D'autres fois, elle se frappait la poitrine, en disant : « Sur mon Dieu, sur mon baptême, je n'ai pas mérité cela; jamais je n'eus un tort envers monseigneur le dauphin. » Elle expira à l'âge de vingt-et-un ans, après douze ans de mariage. Jamet prétendit qu'elle mangeait du fruit vert et buvait du vinaigre pour n'avoir point d'enfants. Les dernières paroles de Marguerite étaient si publiques à la cour que le roi ordonna contre Jamet une enquête, qui ne put rien établir de précis. Néanmoins il y a tout lieu de croire que la douleur que firent éprouver à Marguerite les médisances de Jamet et les soupçons du dauphin hâtèrent de beaucoup sa mort. Ses dernières paroles, qui expliquent suffisamment l'état de son âme, furent : « Fi de la vie, qu'on ne m'en parle plus! » [LE BAS, *Dictionnaire encyclopédique de la France*, avec additions.]

Sismondi *Histoire des Français*. — Le Roux de Lincy, *Les Femmes célèbres de l'ancienne France*. — De Barante, *Histoire des Ducs de Bourgogne*. — Jean Bouchet, *Annales d'Aquitaine*; Poitiers, 1644, in-4° — Dreux du Radier, *Mémoires sur les Reines et Régentes*, t. III. Duclos, *Histoire de Louis XI*, t. IV. — *Informations faites sur la mort de la Dauphine : Pièces de l'Histoire de Louis XI*.

MARGUERITE DE BOURGOGNE, reine de Navarre, morte en avril 1315, était fille de Robert II, duc de Bourgogne, et d'Agnès, cinquième fille de saint Louis. Très-jeune encore, elle fut fiancée à Louis, fils aîné de Philippe IV, en 1299, et mariée en 1305. Elle était belle, spirituelle, aimant le plaisir. Philippe et Charles, les deux frères de Louis, avaient épousé, en 1306, Jeanne et Blanche, filles d'Othon IV, comte palatin de Bourgogne. A côté des sombres légistes conseillers du roi, les trois princes et les jeunes princesses formaient une cour brillante, aimant le luxe et les fêtes, malgré les édits somptuaires de Philippe le Bel; et les intrigues, la corruption de cette époque ne sont que trop révélées par les nombreux procès de péculat, de magie, d'adultère. Le diable, disait-on, avait livré à un moine les trois belles-filles du roi; au printemps de 1314, elles furent dénoncées et arrêtées. Marguerite et Blanche furent enfermées au château des Andelis; Jeanne au château de Dourdan. Elles étaient accusées d'adultère; deux gentilshommes normands, attachés au service des princesses, Philippe et Gauthier d'Aulnay, étaient les amants de Marguerite et de Blanche. Le roi les fit également arrêter et ne leur permit pas de défendre leur innocence par le gage de bataille; ils avouèrent dans les tortures qu'ils avaient péché maintes fois, même pendant les plus saints jours, et ils furent condamnés comme coupables de lèse-majesté. Leur supplice fut horrible. Conduits à Pontoise, sur la place du Martroy, ils furent mutilés, écorchés vifs et décapités après de longues tortures, le vendredi après le dimanche de la Quasimodo (1) (avril 1314). Un frère prêcheur, accusé d'avoir donné des philtres amoureux aux princesses, fut livré à la justice ecclésiastique; un huissier du palais, peut-être complice de ces désordres, puis beaucoup de gens, nobles et roturiers, hommes et femmes, soupçonnés d'avoir favorisé ou connu le crime, sans le révéler, furent torturés, cousus dans des sacs, jetés à la rivière, ou mis secrètement à mort. La stupeur était universelle; n'était-ce pas la vengeance de Dieu? Jacques de Molai, sur son bûcher, ne venait-il de maudire solennellement son bourreau, Philippe, et toute sa race? Jeanne de Bourgogne, traduite devant un parlement où assistaient les comtes de Poitiers et d'Évreux, fut déclarée innocente; peut-être n'était-elle pas coupable? Peut-être craignait-on de rendre le comté de Bourgogne, qu'elle avait apporté en dot à Philippe?

Marguerite et Blanche gémissaient dans les prisons basses et humides du château des Andelis, Marguerite surtout, qui souffrait beaucoup du froid, pendant l'hiver de 1314 Au commencement du nouveau règne, en 1315, elles furent transférées au Château Gaillard, Louis X, qui voulait se remarier, ordonna la mort de Marguerite; elle fut étouffée entre deux matelas, ou, suivant une autre tradition, etranglée, soit avec ses cheveux, soit avec une serviette. Son corps fut inhumé dans l'eglise des Cordeliers de Vernon (avril 1315). Louis put alors épouser Clémence de Hongrie. Sa belle-sœur Blanche resta prisonniere au Château-Gaillard, et fut accusée de continuer ses anciens debordements, tandis qu'elle était probablement la victime des plus odieux traitements. A l'avénement de Charles IV, son mari, elle fut interrogee par l'évêque de Paris; la comtesse Mahaut, sa mère, pour la sauver, déclara faussement qu'elle avait eté la marraine du roi; et le pape, sous prétexte d'alliance et de parenté, prononça la cassation du mariage. Transférée au château de Gravrai en Normandie, elle prit ensuite le voile à l'abbaye de Maubuisson, où elle mourut, en 1328.

Ces sinistres evenements ont sans doute donné naissance a la lugubre légende de la Tour de Nesle, et de cette reine de France qui y attirait les jeunes gens, et les faisait ensuite précipiter dans la Seine (Brantôme. *Dames galantes*); mais la tradition appliquait ces tristes souvenirs, soit à Jeanne, femme de Philippe IV, soit à Marguerite, soit à Blanche, sans qu'aucun auteur contemporain ait fait la moindre allusion à ce qu'elle raconte; il en est de même du récit de Robert Gaguin, qui rapporte que Jean Buridan (*voy.* ce nom), le savant docteur nominaliste, avait échappé dans sa jeunesse à ce péril; les dates semblent s'opposer à tout rapprochement entre Buridan et les princesses.

Marguerite de Bourgogne avait eu de son mariage avec Louis, roi de Navarre, une fille, Jeanne, née en 1312, qui fut exclue du trône, en vertu de la fameuse loi salique, épousa, en 1317, Philippe d'Évreux, devint reine de Navarre en 1328, fut mère de Charles le Mauvais, et mourut le 8 octobre 1349, à Conflans, près Paris; elle fut inhumée à Saint-Denis.

L. GRÉGOIRE.

Continuateur de Guillaume de Nangis, édit. de Gérand — *Chronique métrique* de Godefroy de Paris. — Bayle, art. BURIDAN. — Le Roux de Lincy, *Les Femmes célèbres de l'ancienne France*. 1848.

MARGUERITE D'ANGOULÊME, duchesse d'Alençon, reine de Navarre, sœur de François Ier, fille de Charles d'Orléans, comte d'Angoulême, et de Louise de Savoie, naquit à Angoulême, le 11 avril 1492, et mourut à Odos en Bigorre, le 21 décembre 1549. Elle était âgée de moins de quatre ans lorsqu'elle perdit son père, le 1er janvier 1496. Elle reçut près de sa mère une forte et sévère éducation. A la connaissance familière de l'espagnol, de l'italien, du latin, elle joignit plus tard un peu de grec et d'hébreu. Brantôme l'appelle avec raison « une princesse de très-grand esprit et fort habile tant de son naturel que de son acquisitif ». Cet acquisitif, qui s'accrut sans cesse, ne porta aucune atteinte à l'aimable vivacité de son esprit. Mais c'est encore moins l'esprit que l'on admire en elle que l'excellence du cœur, la largeur de l'intelligence, la générosité du caractère. A une époque de corruption tout à la fois grossière et raffinée, au milieu de préjugés étroits et de passions féroces elle resta constamment honnête et humaine. A l'âge de douze ans elle parut à la cour à côté de son frère, plus jeune de deux ans et héritier de la couronne de France. Sa naissance presque royale, sa beauté, son mérite la destinaient aux plus hautes alliances. Henri VII, roi d'Angleterre, la demanda pour un de ses fils. Il fut aussi question de la marier à Charles d'Autriche (depuis Charles Quint). Des considérations politiques firent échouer ces deux projets, et Louis XII, pour des convenances de famille, lui fit épouser Charles III, duc d'Alençon, peu digne d'elle, et qu'elle n'aimait pas. Le mariage se célébra à Blois, le 1er décembre 1509. Son frère succéda à Louis XI, le 1er janvier 1515. Dès lors elle fut qualifiée de madame Marguerite de France, ou de Valois, ou d'Angoulême, titres auxquels elle ajouta celui de duchesse de Berry, que son frère lui donna en 1517. Dans cette première partie, si brillante, du règne de François, elle vécut le plus souvent auprès de son frère, qu'elle aimait avec une tendresse

(1) Apud Pontizaram, die Veneris post Quasimodo, confessi sunt hoc scelus, et in communi platea Martrei, cæsis capitibus ad commune patibulum tracti. (*Cont.* Guill. de Nangis.)

qui allait jusqu'au culte. Si l'on en croit Brantôme, historien un peu léger, le roi la consultait dans toutes les affaires importantes. « Son discours, dit-il, étoit tel, que les ambassadeurs qui parloient à elle en estoient grandement ravis, et en faisoient de grands rapports à ceux de leur nation, à leur retour, dont sur ce elle en soulageoit le roy son frère, car ils l'alloient toujours trouver, après avoir fait leur principale ambassade; et bien souvent, lorsqu'il avoit de grandes affaires, les remettoit à elle, en attendant sa définition et totale résolution. Elle les sçavoit fort bien entretenir et contenter de beaux discours, comme elle y estoit fort opulente et fort habile à tirer les vers du nez d'eulx : d'ond le roi disoit souvent qu'elle lui assistoit bien et le deschargeoit beaucoup par l'industrie de son gentil esprit et par douleeur. » Elle usait surtout de son crédit pour protéger les poëtes (*voy.* Marot) et les savants qui aimoient « les bonnes lettres et le Christ ». Chrétienne convaincue et même fervente, elle éprouvait un profond dégoût pour la superstition du moyen âge et pour les moines qui exploitaient la crédulité populaire. Aussi elle accueillit avec une curiosité pleine de sympathie ces idées de réforme dont Érasme et Lefèvre d'Étaples s'étaient faits les promoteurs avant les bruyantes prédications de Luther. Le roi, placé sous l'influence de sa sœur, et curieux lui-même de toute belle culture intellectuelle, ne se montra pas hostile à ce mouvement. Lorsque l'explosion de la réforme à Wittemberg eut donné l'éveil à la Sorbonne et au parlement, il protégea encore Lefèvre d'Étaples. On put croire un moment que le parti novateur allait entraîner le roi de France. Marguerite, pleine d'espoir, écrivait à Briçonnet, évêque de Meaux, son directeur de conscience : « Le roi et Madame (Louise de Savoie) sont plus que jamais affectionnés à la réformation de l'Église et délibérés de donner à connoître que la verité de Dieu n'est point hérésie » (décembre 1521). (1) François Ier n'avait point conçu une telle entreprise, qui d'ailleurs aurait été au-dessus de ses forces. Engagé bientôt après dans une lutte contre Charles Quint, il dut ménager le clergé. Enfin le désastre de Pavie acheva d'enlever aux protestants leur chance de succès auprès de la cour de France.

Tandis que François Ier prisonnier recevait de sa sœur le livre chéri des réformés, les *Epîtres* de saint Paul, Louise de Savoie achetait l'alliance du pape en organisant la persécution contre les hérétiques. Les premiers bûchers s'allumèrent en août 1525. Marot et Louis Berquin furent arrêtés. Marguerite n'assista point à cette cruelle répression. Veuve depuis quelques mois du duc d'Alençon, un des fuyards de Pavie, lorsqu'elle fut désignée pour aller trouver son frère en Espagne (août 1525) et travailler à sa délivrance, elle partit aussitôt tout à son dévouement pour son frère, qu'elle considérait comme « celui seul que Dieu lui a laissé en ce monde, père, frère et mari ». Elle lui écrivait : « Quoi que ce puisse être, jusques à mettre au vent la cendre de mes os pour vous faire service, rien ne me sera ni étrange, ni difficile, ni pénible, mais consolation, repos et honneur » (1). Marguerite s'embarqua à Aigues-Mortes, descendit à Barcelone et arriva à Madrid, où sa présence ranima le courage de son frère. « François Ier, d'après Brantôme, disait souvent que sans elle il estoit mort, dont il lui avoit ceste obligation qu'il reconnoistroit à jamais et l'en aimeroit. » Elle réussit moins auprès de Charles Quint, qui la traita avec prévenance, mais sans rien rabattre de ses prétentions. Ces négociations inutiles se poursuivirent à Tolède pendant tout le mois d'octobre. Enfin, François, impatient, fit repartir sa sœur au mois de novembre (2). Après la mise en liberté du roi, en 1526, Marguerite usa de son influence sur lui pour arrêter la persécution des protestants. Elle épousa, au mois de janvier 1527, Henri d'Albret, roi de Navarre, mais roi presque sans États. Il semble que ce mariage avec un prince beaucoup plus jeune qu'elle fut encore un sacrifice à la politique de son frère. Dès lors elle résida moins constamment à la cour, et son intervention en faveur des réformés en fut moins efficace. Elle ne put empêcher que le parlement fît brûler Berquin (17 avril 1529). « Les moines l'attaquaient elle-même en chaire et partout. L'un disait que la sœur du roi était hérétique, mais que mon-

(1) On conserve à la Bibliothèque impériale (n° 337) la correspondance manuscrite de Briçonnet et de Marguerite. Les auteurs de *La France Protestante* prétendent que c'est « un des plus étranges monuments des aberrations où tombe l'esprit humain quand il veut se soustraire à l'empire de la raison. » Ils ajoutent « que tout ce que le mysticisme a jamais imaginé de plus absurde s'y trouve exposé dans le style le plus alambiqué ». Ils offrent deux échantillons en effet fort bizarres, l'un de Briçonnet, l'autre de Marguerite; mais toute la correspondance n'est pas sur ce ton.

(1) Les lettres de Marguerite contiennent des expressions passionnées, qui ont donné lieu à une triste supposition. M. Michelet (*Réforme*, p. 175) est allé jusqu'à prétendre que Marguerite avait eu à repousser une tentative incestueuse de la part de son frère. M. Henri Martin écrit avec un peu plus de réserve. « Il est impossible de ne pas dire un mot ici du triste mystère qui a jeté de grandes ombres sur la mémoire de Marguerite. Élevée dans un milieu où tout surexcitait le cœur et l'imagination sans régler l'âme, Marguerite n'avait reçu de sa mère que les exemples de la passion sans frein. Elle s'était laissé envahir, de très-bonne heure et à son insu, par un sentiment étrange et funeste. Elle avait aimé son jeune frère avec une tendresse si exclusive, si ardente, qu'elle avait cessé de l'aimer comme un frère; fatale passion qui fut le secret de son indifférence non-seulement pour un mari peu digne d'amour ou même d'estime, mais pour les hommages des plus brillants cavaliers de la cour, et qui, dans cette âme naturellement honnête autant que tendre, resta un malheur et ne devint pas un crime. Il ne tint pas à François Ier à un certain moment de l'hiver de 1521 à 1522.... S'il y eut, du frère ou de la sœur, un coupable d'intention, ce ne fut certainement pas Marguerite » (*Histoire de France*, t. VIII, p. 83.)

(2) Marguerite n'emporta point, comme l'a dit Martin du Bellai, l'acte d'abdication de François Ier; si le roi avait eu l'idée de remettre cet acte à sa sœur, il y renonça, et l'abdication ne fut qu'une velléité.

sieur de Montmorency, son grand ennemi, saurait bien l'empêcher de faire apostasier le roi; un autre, qu'il faudrait mettre la sœur du roi en un sac et la jeter en Seine (1532). Marguerite répondit en employant le confesseur même du roi, Guillaume Petit ou Parvi, évêque de Senlis, à traduire en français les *Heures* allégées de tout ce qu'on arguait de superstition et en publiant un livre de poésies religieuses qu'elle avait composé, *Le Miroir de l'Ame pécheresse*, où elle avait gardé un silence calculé sur le mérite des œuvres, l'invocation des saints, le purgatoire. Beda (syndic de la faculté de théologie) fit condamner le livre de Marguerite par la Sorbonne, et poussa le principal du collége de Navarre à faire jouer par ses écoliers une moralité en drame allégorique où une femme quittait sa quenouille pour un Évangile traduit en français que lui présentait une furie. » (1) François Ier ne pouvait tolérer un pareil scandale. Il envoya Beda au mont Saint-Michel, où il mourut prisonnier, en 1537. Le principal et les écoliers du collége de Navarre ne furent épargnés qu'à la prière de Marguerite. Un fâcheux incident rendit bientôt inutile la bonne volonté de cette princesse et du roi lui-même. Le 19 octobre 1534, on lut affichés sur les murs de Paris de sanglants placards contre la foi catholique. Cette provocation insensée souleva un terrible orage devant lequel Marguerite dut céder. « Le connétable de Montmorency, en sa plus grande faveur, dit Brantôme, discourant de ce faict, un jour avec le roy, ne fit difficulté ni scrupule de lui dire que s'il vouloit bien exterminer les hérétiques de son royaume, il falloit commencer à sa cour et à ses plus proches, lui nommant la reyne sa sœur, à quoi le roi respondit : Ne parlons pas de celle-là, elle m'aime trop; elle ne croira jamais que ce que je croiray, et ne prendra jamais de religion qui préjudicie à mon Estat. » En effet, Marguerite se montra dès lors plus réservée. Suivant Théodore de Bèze, « elle commença de se porter tout autrement, se ployant aux idolastries, non qu'elle approuvast telles superstitions en son cueur, mais d'autant que Ruffi (Gérard Roussel, confesseur de la reine de Navarre) et autres semblables lui persuadoient que c'estoient choses indifférentes ». Moins fervente pour la réforme, Marguerite n'en fut pas moins généreuse pour les réformateurs. Elle offrit aux plus compromis un asile dans ses États de Béarn. Là encore elle eut à vaincre des obstacles, dont le plus grave fut la mauvaise humeur de son mari. Henri d'Albret, pour ce motif de religion et peut-être pour d'autres, « la traitoit très-mal, et eust encore fait pis, sans le roy François, son frère, qui parla bien à luy, le rudoya fort et le menaça pour honorer sa femme et sa sœur, veu le rang qu'elle tenoit ». Un jour, averti qu'on faisait la prêche dans la chambre de Marguerite, « il y entra, résolu de chastier le ministre, et trouvant que l'on l'avoit fait sauver, les ruines de sa colère tombèrent sur sa femme, qui en reçut un soufflet, lui disant : Madame, vous en voulez trop savoir! et en donna aussitôt advis au roy François ». Marguerite ramena cependant son mari à des sentiments moins rudes, et la petite cour de Nérac continua d'être l'asile des religionnaires. On y joua des pièces de la composition de la reine, et dans lesquelles le papisme n'était pas ménagé. Un des amusements favoris de Marguerite dans cette dernière période de sa vie fut la composition de *Nouvelles* dans le genre de Boccace; elle les écrivait ou les dictait dans sa litière, en voyage. Quand elle en eut rédigé un certain nombre, elle songea à en former un recueil comme le *Décaméron;* mais la mort l'empêcha de terminer son œuvre, qui est restée à l'état d'*Heptaméron*, c'est-à-dire qui ne dépasse pas sept journées. L'auteur suppose que plusieurs personnes qui revenaient des bains de Cauterets furent arrêtées par une crue du Gave. En attendant que l'on construise un pont, ce qui doit prendre dix jours, la compagnie, tant d'hommes que de femmes, cherche un moyen innocent de se désennuyer. Il est convenu que chaque jour on se réunira entre la messe et les vêpres, et qu'on racontera à tour de rôle quelque histoire vraie, capable d'inspirer de bons sentiments et de faire faire de sages réflexions. « Et s'il vous plaist, dit une des dames, que tous les jours, depuis midy jusques à quatre heures, nous allions dedans ce beau pré, le long de la rivière du Gave, où les arbres sont si foeillez que le soleil ne sçauroit percer l'ombre ni eschauffer la frescheur; là assiz à nos aises, dira chascun quelque histoire qu'il aura veue ou bien oy dire à quelque homme digne de foy. Au bout de dix jours aurons parachevé la centaine, et si Dieu faict que nostre labeur soit trouvé digne des oeilz des seigneurs et dames dessus nommez (François Ier, le dauphin, la dauphine), nous leur en ferons présent au retour de ce voiage, en lieu d'ymaiges ou de patenostres, estant asseurée qu'ilz auront ce présent ici plus agréable. » Les récits qui se font dans cette société, qui représente la meilleure compagnie du temps, ne sont pas toujours édifiants quoiqu'ils aient la prétention d'être toujours moraux. La grossièreté monacale, qui en fait trop souvent les frais, y est peinte de couleurs peu délicates. Les personnages de la cour n'ont guère plus de retenue dans leurs paroles et dans leurs actions; enfin, on y trouve quelques passages dont il faut dire avec la plus sage de la compagnie, dame Oisille, « le compte est ord et salle ». Mais en général l'*Heptaméron* n'est ni aussi licencieux ni aussi amusant qu'on l'a dit. Littérairement il n'a pas grande valeur. Marguerite avait peu d'imagination, comme on s'en aperçoit à ses vers, dont elle a fait un grand nombre et qui ne s'élèvent pas au-dessus du médiocre. Sa prose vaut mieux : si elle n'est pas

(1) Henri Martin, *Histoire de France*, t. VIII, p. 181.

originale, elle ne manque pas d'agrément. Ces *Nouvelles*, qui se rapportaient souvent à des personnages contemporains, circulaient à la cour, et y entretenaient la réputation d'esprit de la reine de Navarre; elle-même y venait parfois, toujours bien accueillie de son frère. Leur amitié n'avait point souffert de diminution, du moins de la part de Marguerite. Cette princesse un peu plus âgée que son frère lui survécut de deux ans. Avant sa mort, au rapport de Florimond de Roemond, « elle reconnut sa faute et se retira du précipice où elle estoit quasi tombée, reprenant sa première piété et dévotion catholique, avec protestation jusqu'à sa mort qu'elle ne s'en estoit jamais séparée, et que ce qu'elle avoit fait pour eux (les réformés) procédoit plutost de compassion que d'aulcune mauvaise volonté qu'elle eust à l'ancienne religion de ses pères ». Cette déclaration, en admettant qu'elle ait été fidèlement rapportée, n'enlève rien au mérite de la protection que Marguerite accorda aux protestants persécutés. La reine préservant des flammes les sectateurs des doctrines qui n'étaient pas les siennes paraît bien plus généreuse que si elle eût défendu des coreligionnaires; Bayle l'a très-bien montré dans une page pleine de sens et d'éloquence.

La reine de Navarre laissa une fille unique, Jeanne d'Albret, qui fut la mère d'Henri IV. Sur la beauté de Marguerite, dont les poëtes contemporains ont fait un éloge excessif, sur son noble caractère, que l'on ne peut trop louer, citons un passage de M. Sainte-Beuve (*Causeries du lundi*, t. VII, p. 350). « Son portrait (qui est en tête de l'édition de M. Leroux de Lincy) rabattra l'idée exagérée qu'on se pourrait faire de sa beauté si l'on prenait à la lettre les éloges du temps. Marguerite ressemble beaucoup à son frère. Elle a le nez légèrement aquilin et très-long, l'œil long, doux et fin, la bouche également longue, fine et souriante. L'expression de sa physionomie, c'est la finesse sur un fond de bonté.... Marot en la louant insiste particulièrement sur son caractère de douceur, qui efface la beauté des plus belles, sur son regard chaste, et ce rond parler, sans fard, sans artifice. Elle était sincère, « joyeuse et qui rioit volontiers », amie d'une gaiété honnête; et quand elle voulait dire un mot plaisant trop risqué en français, elle s'aidait au besoin de l'italien ou de l'espagnol. Hors de là, pleine de religion, de moralité et de bons enseignements, et justifiant l'éloge magnifique que lui a donné Érasme (1) ».

Les poésies de Marguerite, recueillies par son valet de chambre Simon de La Haye, connu sous le nom latinisé de *Sylvius*, parurent sous le titre de *Marguerites de la Marguerite des princesses, très-illustre Royne de Navarre*; Lyon, 1547, 2 part. in-8°; réimprimées à Lyon, 1549, 2 vol. in-16; Paris, 1552, 1554, 2 vol. in-16 (1). Ce recueil contient : *Le Miroir de l'Ame pécheresse*, poëme déjà publié sous ce titre : *Le Miroir de l'Ame pécheresse, auquel elle recongnoist ses faultes et pechez, aussi ses grâces et bénéfices a elle faictez par Jésus-Christ son espoux. La Marguerite très-noble et précieuse s'est proposée à ceulx qui de bon cueur la cerchoient*; Alençon, 1541, in-4°; Paris, 1533, in-8°; Lyon, 1548; Genève, 1539, in-8° (2); — *Discord de l'Esprit et de la Chair; Oraison de l'Ame fidèle; Oraison à Jésus-Christ*; — *Quatre comédies ou pièces dramatiques dans le genre des mystères : La Nativité de Jésus-Christ; L'Adoration des trois Rois; La Comédie des Innocents; La Comédie du Désert*; — *Le Triomphe de l'Agneau*, poëme ascétique; — *Complainte pour un prisonnier*; — *Chansons spirituelles* : au nombre de trente-deux et de plus un sonnet et un rondeau; une des chansons a pour objet la maladie de François Ier pendant sa captivité; une autre, la mort de ce roi; les autres sont des cantiques religieux et moraux; — *L'Histoire des Satyres et Nymphes de Diane*; cette histoire, imitée de la sixième églogue de Sannazar et que la reine de Navarre avait composée pour sa nièce, Marguerite de Savoie, parut d'abord sous le titre de la *Fable du faux Cuyder, contenant l'histoire des Nymphes de Diane transmuées en saules, faicte par une notable dame de la cour, envoyée à Madame Marguerite, fille unique du roy de France*; Paris, 1543, 1547, in-8°. Quatre *Epistres* adressées au roy François, son frère, et une cinquième, *au roy de Navarre, malade*; — *Les quatre Dames et les quatre Gentilshommes*; — *Deux filles, Deux mariées, la vieille, le vieillard et les quatre hommes*, comédie; — *Farce de Trop, Prou, Peu, Moins*; — *La Coche, ou le débat d'amour*. — Diverses poésies qui terminent la 2e part. du volume. Outre les poésies contenues dans les *Marguerites de la Marguerite*, on a de la reine de Navarre : *Dialogue en forme de vision nocturne*, etc., imprimé avec *Le Miroir de l'Ame pécheresse*; Alençon, 1533; —

(1) Érasme lui écrivait : « Il y a longtemps que j'ai admiré et aimé en vous tant de dons éminents de Dieu, une prudence digne même d'un philosophe, la chasteté, la modération, la piété, une force d'âme invincible, et un merveilleux mépris de toutes les choses périssables. Et qui ne considérerait avec admiration dans la sœur d'un si grand roi des qualités qu'on a peine à trouver même chez les prêtres et chez les moines ! »

(1) On peut consulter sur les *Marguerites de la Marguerite*, Violet Leduc, t. I, p. 183-190, et du Roure, *Analecta biblion.*, t. I, p. 382. L'édition de 1547 ne cesse d'augmenter de valeur; elle se payait de 60 à 100 francs il y a une vingtaine d'années, dans les ventes publiques (exemplaires reliés en maroquin); elle s'éleva ensuite à 200 fr. et au delà, à la vente Renouard; en 1854, elle est arrivée à 685 francs. Dans la réimpression de 1549, quelques pièces ont été retranchées.

(2) *Le Miroir de l'Ame pécheresse* a été traduit en anglais par la reine Élisabeth : *A godly Meditacyon of the Christen Sowle... compyled in french by Lady Margaret, Quene of Navarre; and aptely translated into englysh by the ryght vertuose Lady Elyzabeth, daughter to our late soverayne Kyng Henry the VIII. Imprinted in the yeare of our Lorde*, 1548, *in apryll*; (Londres), pet. in-8°.

Deux *Epistres familières* à la suite d'un autre édition du *Miroir*; Paris, 1583; — *Éclogue*; 1552, in-4°; — *Le Miroir de Jésus-Christ crucifié*, publié par le frère Olivier, sous le titre de *L'Art et usage du souverain Mirouer du du Chrestien, composé par excellente princesse Madame Marguerite de France, royne de Navarre*; Paris, 1556, in-8°; — Quelques pièces de vers dans les *Poésies* de François Ier, publiées par A. Champollion; — deux farces, *Le Malade, L'Inquisiteur*, publiées par M. Leroux de Lincy, dans son édition de l'*Heptaméron*. Les *Nouvelles* de la reine de Navarre parurent pour la première fois, sans nom d'auteur, sous ce titre : *Histoire des Amans fortunez dédiés à l'illustre princesse madame Marguerite de Bourbon, duchesse de Nivernois*, par Pierre Boaistuau, dit Launay; Paris, 1558, in-4°; cette édition ne contient que 67 *Nouvelles*, et le texte en a été remanié par Boaistuau. La seconde édition est intitulée; *L'Heptaméron des Nouvelles de très-illustre et très-excellente princesse Marguerite de Valois, Royne de Navarre, remis en son vray ordre...... dedié à Jeanne de Foix* (d'Albret) *royne de Navarre*, par Claude Gruget; Paris, 1559, in-4°; 1560, in-4°; 1560, 1561, in-16; Lyon, 1561, in-16; Paris, 1567, in-16; Lyon, 1572, in-16; Paris, 1574, in-16; 1576, 1578, in-4°; Lyon, 1578, in-16; Paris, 1581, in-16; Rouen, 1598, in-12; Paris, 1609, in-16; Hollande, 1698, 2 vol. in-12. Toutes ces éditions reproduisent plus ou moins exactement le texte de Boaistuau et de Gruget, lequel est un remaniement du texte original. Un texte rajeuni et défiguré parut sous ce titre : *Contes et Nouvelles de Marguerite de Valois, reine de Navarre, mis en beau langage*; Amsterdam, 1698, 2 vol. pet. in-8°; 1700, in-8°; 1708, 2 vol. in-8°; La Haye (Chartres), 1743, 2 vol. in-12; Londres, 1744, 2 vol. in-12; Berne, 1780-1781, 3 vol. in-8°; Paris, 1784, 8 vol. in-18; 1807, 8 vol. in-18; 1828, 5 vol. in-32. M. P.-L. Jacob revint au texte de Gruget, dans son édition de Paris, 1841, gr. in-8° (dans le *Pantheon litteraire*); ibid., 1841, in-12. Enfin la première édition, conforme au texte original, a été donnée par M. Leroux de Lincy; Paris, 1853, 3 vol. in-8°. Cette édition, excellente pour le texte et le commentaire historique, a servi de base à la nouvelle édition de P.-L. Jacob; Paris, 1858, gr. in-16 (1). Des *Letres de Marguerite d'Angoulême, reine de Navarre*, ont été publiées par M. Génin; Paris, 1841, in-8°; le même éditeur a donné *Nouvelles Lettres de la reine de Navarre au roi François Ier*; Paris, 1842, in-8° (1).

L. J.

Brantome, *Vies des Dames illustres*. — Scévole et Louis Sainte-Marthe, *Histoire générale de la Maison de France*, t. I. — Theodore de Bèze, *Histoire des Eglises réformées*. — Florimond Roémond, *Histoire de l'Herésie*. — Olhagaray, *Histoire de Foix, Béarn et Navarre*. — A. Champollion, *Captivité de François Ier*. — Sismondi, *Histoire des Français*, t. XVI. — Henri Martin, *Histoire de France*, t. VIII. — Michelet, *Réforme*. — Bayle, *Dictionnaire Historique et critique*, à l'article *Navarre*. — La Croix du Maine, *Bibliothèque françoise*, édit. de 1772, art. *Marguerite*. — Parfaict, *Histoire du Theâtre français*, t. III, p. 59. — Goujet, *Histoire de la Poésie françoise*, t. XI, p. 404. — Violet-Leduc, *Bibliothèque Poetique*, t. I, p. 166. — Leroux de Lincy, *Notice* en tête de son édition. — Eusèbe Castaigne, *Notice biographique et littéraire sur Marguerite de Navarre*, dans l'*Annuaire de la Charente* pour 1837. — P.-L. Jacob, *Notice* en tête de son édition de 1858 (2). — Miss Freer, *Life of Marguerite, queen of Navarre*, 1855, 2 vol. in-8°. MM. Haag, *La France Protestante*.

MARGUERITE DE FRANCE, reine de Navarre, première femme de Henri IV et fille de Henri II et de Catherine de Médicis, née à Saint-Germain-en-Laye, le 14 mai 1553, morte à Paris, le 27 mars 1615. Elle passa ses premières années dans le château de Saint-Germain avec ses deux sœurs et Marie Stuart. Elle raconte que lorsque la cour inclinait vers le protestantisme, elle, tout enfant, résista à cette malheureuse *huguenoterie*. Pendant les troubles qui suivirent le colloque de Poissy et la mort de François II, la reine, sa mère, l'envoya au château d'Amboise avec son jeune frère, le duc d'Alençon; elle y resta jusqu'en 1564. A cette époque elle revint près de sa mère, et son esprit se développa vite dans cette cour élégante et dissipée. Elle avait reçu une forte éducation comme tous les princes de sa maison, et parlait facilement latin. Elle était, suivant le témoignage des contemporains, d'une beauté ravissante. Elle avait les cheveux noirs, « un beau visage blanc, qui ressembloit au ciel dans sa plus grande et blanche sérénité », une très-belle et riche taille, une démarche noble et gracieuse, « moitié altière et moitié douce ». Elle s'entendait très-bien à choisir ses parures, et donnait le ton à la cour. Cette brillante période de sa jeunesse se passa au milieu de guerres civiles sans cesse renaissantes. Lorsque Charles IX songea à rapprocher les catholiques et les protestants, il résolut de marier sa sœur Marguerite ou Margot, comme il l'appelait familièrement, avec Henri de Navarre. La princesse, qui, dit-on, avait alors pour amant le duc de Guise, et qui de plus était bonne catholique, voyait cette union avec répugnance; mais Char-

(1) Les bibliophiles recherchent avec empressement les anciennes éditions de l'*Heptaméron*, dont la valeur est fort augmentee, on a paye l'édition de 1558 351 francs, vente Walckenaër, et celle de 1559 s'est élevée a 321 et 600 francs, ventes Armand Bertin et de Bure. Ajoutons qu'il existe une dissertation sur l'Heptaméron par L. J. Hubeaud, Marseille, 1850, in 8°; et nous en connaissons deux traductions anglaises, l'une publiée à Londres en 1654, l'autre comprise dans une collection recente, la *Standard Library* du libraire H.-G. Bohn.

(1) Les *Lettres* mises au jour par M. Génin ont été le sujet d'un article de M. Littré dans la *Revue des Deux Mondes*, 1er juin 1842, et d'un autre dans le *Foreign Quarterly Review*, n° 59.

(2) La vie de Marguerite a été le prétexte de deux romans publiés en 1696 tous deux détestables et sans fondement historique; l'un par mademoiselle de La Force est intitule : *Histoire de Marguerite de Valois*; l'autre, par Baudot de Juilly, porte le titre de : *Histoire secrète du connetable de Bourbon*.

les IX insista si durement, qu'il fallut céder, et le mariage eut lieu le 18 août 1572. Cette cérémonie avait attiré à Paris tous les chefs du parti protestant. Ce fut alors que Catherine de Médicis, Charles IX et le duc d'Anjou (depuis Henri III) se décidèrent à un acte dont la pensée avait souvent traversé leur esprit, mais qu'ils avaient toujours remis, faute d'occasion favorable. Trouvant sous leur main tous les principaux protestants, ils ne résistèrent point à la tentation de les détruire d'un coup. Marguerite ne fut pas avertie du projet de massacre; elle ne s'en douta que quelques heures avant l'exécution. Sa mère, pour calmer la défiance des protestants, voulut qu'elle passât la nuit avec le prince dont les amis et les serviteurs allaient être égorgés. Marguerite a raconté dans ses *Mémoires* cette nuit sinistre (23-24 août) et l'horrible matinée qui suivit. Vaguement prévenue par une de ses sœurs qu'un danger la menaçait, elle ne ferma l'œil, non plus que son mari. Au point du jour Henri, ne pouvant résister à son inquiétude, se leva. « Moy voyant qu'il estoit jour, estimant que le danger que ma sœur m'avoit dit fust passé, vaincue du sommeil, je dis à ma nourrice qu'elle fermast la porte pour pouvoir dormir à mon aise. Une heure après, comme j'estois le plus endormie, voicy un homme frappant des pieds et des mains à la porte, et criant : « Navarre! Navarre! » Ma nourrice, pensant que ce fust le Roy mon mari, court vistement à la porte; ce fust un gentilhomme nommé M. de Tejan (ou Leran), qui avoit un coup d'épée dans le coude et un coup de hallebarde dans le bras, et estoit encores poursuivy de quatre archers, qui entrèrent tous après luy en ma chambre. Luy, se voulant garantir, se jeta dessus mon lit. Moy, sentant ces hommes qui me tenoient, je me jette à la ruelle, et luy après moy, me tenant toujours à travers du corps. Je ne connoissois point cet homme, et ne sçavois s'il venoit là pour m'offenser, ou si les archers en vouloient à luy ou à moy. Nous crions tous deux et estions aussi effrayez l'un que l'autre. Enfin, Dieu voulut que M. de Nançay, capitaine des gardes, y vinst, qui me trouvant en cet estat-là, encore qu'il y eust de la compassion, ne se put tenir de rire, et se courrouça fort aux archers de cette indiscrétion, les fit sortir, et me donna la vie de ce pauvre homme qui me tenoit, lequel je fis coucher et panser dans mon cabinet jusques à temps qu'il fust du tout guery. Et changeant de chemise, parce qu'il m'avait toute couverte de sang, M. de Nançay me conta ce qui se passoit, et m'asseura que le roy mon mary estoit dans la chambre du roi, et qu'il n'auroit nul mal. Et me faisant jetter un manteau de nuit sur moy, il m'emmena dans la chambre de ma sœur madame de Lorraine, où j'arrivay plus morte que vive; et entrant dans l'antichambre, de laquelle les portes estoient ouvertes, un gentilhomme nommé Bourse, se sauvant des archers qui le poursuivoient, fust percé d'un coup de hallebarde à trois pas de moy. Je tombay de l'austre costé, presque évanouie, entre les bras de M. de Nançay, et pensois que ce coup nous eust percez tous deux. Et estant quelque peu remise, j'entray en la petite chambre où couchoit ma sœur. Comme j'étois là, M. de Miosans, premier gentilhomme du roi mon mary, et Armagnac, son premier vallet de chambre, m'y viendrent trouver pour me prier de leur sauver la vie. Je m'allay jetter à genoux devant le roi et la reyne ma mère pour les leur demander; ce qu'enfin ils m'accordèrent. » Catherine de Médicis, qui ne voulait pas se livrer aux Guise, leur ménagea des rivaux en épargnant Henri de Navarre et Condé; mais elle n'aurait pas été mécontente de rompre une union qui depuis la Saint-Barthélemy n'avait plus de but; elle demanda à Marguerite si le mariage avait été consommé : « me disant, écrit celle-ci, qui s'attribue une ingénuité peu en rapport avec sa réputation, que si cela n'estoit, elle avoit moyen de me démarier. Je la suppliay de croire que je ne me connoissois pas en ce qu'elle me demandoit, mais quoy que ce fust, puisqu'elle m'y avoit mise, j'y voulois demeurer, me doutant bien que ce qu'on vouloit m'en séparer estoit pour luy faire un mauvais tour ».

Dans tout cela Marguerite fit preuve d'humanité et de dévouement à son mari. Mais l'union contractée sous de si tristes auspices ne devait pas être heureuse. Henri n était pas fidèle à sa femme, celle-ci ne se piqua pas de plus de fidélité. La politique les tint quelque temps réunis. Le frère de Marguerite, le duc d'Alençon, qu'elle aimait tendrement, avait des intérêts communs avec le roi de Navarre. Tous deux, retenus prisonniers comme auteurs d'un complot qui coûta la vie à La Mole et Coconnas (1574), craignaient pour leur vie. Marguerite chercha à les faire échapper, et n'y réussit pas. Les mêmes intérêts politiques, mêlés d'intrigues amoureuses, continuèrent sous Henri III. Marguerite avait eu beaucoup à se plaindre de Du Guast, favori de ce prince. En 1575 Du Guast parla si haut des galanteries de la reine de Navarre avec Bussy-d'Amboise, qu'il attira à Marguerite des reproches de la part de sa mère, de son frère et de son mari. Quelque temps après, Du Guast fut assassiné par le baron de Vitteaux, qui trouva un asile auprès du duc d'Alençon, redevenu libre, et l'on ne douta pas que Marguerite ne fût l'instigatrice du meurtre. En février 1576, Henri s'échappa de Saint-Germain, et se retira en Guyenne On raconte qu'après avoir passé la Loire, il s'écria : « J'ai laissé à Paris la messe et ma femme; pour la messe j'essayerai de m'en passer; mais ma femme, je la veux ravoir. » Cependant il ne l'eut pas de si tôt. Elle fut d'abord retenue comme prisonnière, et s'occupa ensuite d'un projet, qui devait être peu agréable à son mari. Elle détacha le duc d'Alençon du parti protestant, et le ramena à la cour (novembre 1576). Quand elle eut reconcilié les deux frères, elle fit un voyage (1577) en Flandre, en Hainaut et dans le pays de Liége, sous prétexte d'aller prendre les eaux de Spa, mais en réalité pour gagner des partisans au duc d'Alençon dans le projet d'enlever les Pays-Bas à l'Espagne. Au retour de cette excursion, où elle avait été magnifiquement accueillie par les gouverneurs espagnols, elle trouva les affaires brouillées à la cour. Le duc d'Alençon et son favori Bussy étaient continuellement aux prises avec les favoris de Henri III. Ce prince fit arrêter son frère dans la nuit du 4 février. Marguerite arriva jusqu'au prisonnier; elle raconte pathétiquement cette entrevue. D'Alençon lui ayant déclaré qu'il était prêt à tout supporter pourvu qu'elle voulût l'assister de sa présence, elle ajoute : « Ces paroles au lieu d'arrester mes larmes me pensèrent faire verser toute l'humeur de ma vie. Je lui réponds en sanglotant que ma vie et ma fortune estoient attachées à la sienne; qu'il n'estoit en la puissance que de Dieu seul d'empescher que je l'assistasse en quelque condition qu'il pust estre; que si on l'emmenoit de là, et que l'on ne me permit d'estre avec luy, je me tuerois en sa présence. » Elle parvint à faire évader son frère dans la nuit du 14 février. La crainte d'une nouvelle guerre civile engagea Henri III à se rapprocher du roi de Navarre, et, comme moyen de conciliation, Catherine lui ramena sa femme (août 1578). Les deux époux restèrent réunis pendant près de quatre ans dans cette petite cour de Nérac qui suivant d'Aubigné ne « s'estimoit pas moins que l'autre ». Ils s'accordèrent réciproquement une indulgence dont ils avaient grand besoin l'un et l'autre. En 1582 elle fit un voyage à Paris, et par son intrigante activité elle mécontenta Henri III, qui, en présence de toute la cour, lui dit mille injures et lui nomma tous les galants qu'elle avait eus depuis son mariage et ceux qui etaient actuellement en sa faveur. Le roi finit sa querelle en lui ordonnant de sortir de Paris (1) (août 1583). A cet outrage public, il en ajouta un second, plus offensant encore : Il fit arrêter Marguerite et ses principaux domestiques, « qu'il interrogea luimême sur les déportements de sa sœur, même sur l'enfant qu'il étoit bruit qu'elle avoit eu depuis sa venue en cour ». Henri III n'ayant rien découvert les remit tous en liberté; mais après cet odieux éclat le roi de Navarre ne pouvait reprendre sa femme. Des négociations ouvertes à ce sujet entre les deux rois n'eurent pas de résultats. Marguerite reparut à Nérac, quitta bientôt son mari, et mena une vie d'aventurière. Après avoir promené dans plusieurs villes son faste et ses dérèglements, elle fut arrêtée au Carlat, en Auvergne, par l'ordre de son mari et transférée au château d'Usson, sous la garde du marquis de Canillac. Elle séduisit son geôlier, et devint maîtresse d'un château qui, fortifié par Louis XI, était à l'épreuve d'un long siége. Dans cette arche de salut, comme elle l'appelait et où elle passa dix-huit ans (1587-1605), il semble qu'elle s'abandonna librement à son humeur galante. Mais les détails scandaleux qui nous ont été transmis à ce sujet nous viennent de ses ennemis, et doivent être accueillis avec une extrême défiance. Les lettres avaient leur part dans cette vie frivole et peut-être licencieuse. Un jour Brantôme, qui voulait la faire figurer dans sa galerie des *Dames illustres*, lui écrivit (1593) pour lui demander des renseignements; il lui adressait en même temps un éloge, où elle était peinte sous les couleurs les plus flatteuses. Marguerite, pour compléter ce récit, se mit à rédiger ses mémoires. Écrits à la hâte, quelquefois recherchés, plus souvent négligés, ils sont en somme d'une lecture très-agréable. Le langage en a peu vieilli, et les tournures archaïques que l'on y remarque leur donnent une grâce de plus. Cet ouvrage est le produit le plus élégant de la prose française au seizième siècle. On y distingue surtout une réserve de plume qui étonne lorsqu'on songe à la vie de cette princesse et aux libertés de propos que s'était permises une autre Marguerite de Navarre, bien plus honnête. Elle n'y avoue rien de ses nombreuses amours. A peine laisse-t-elle entrevoir sa passion pour Bussy d'Amboise. « On y trouve, dit Bayle, beaucoup de péchés d'omission; mais pouvait-on espérer que la reine Marguerite y avouerait des choses qui eussent pu la flétrir? On réserve ces aveux pour le tribunal de la confession; on ne les destine pas à l'histoire. »

L'histoire elle-même n'a rien à voir dans ces faiblesses vulgaires, désormais sans influence sur les affaires publiques. Depuis 1587 la reine Marguerite n'était qu'une personne privée; car la pensée du divorce était dès lors arrêtée dans l'esprit de Henri de Navarre. Quand il fut paisible possesseur du trône de France, il songea à un nouveau mariage. Marguerite, dont la conduite dans cette transaction délicate fut honorable, se refusa au divorce tant qu'elle craignit de voir Gabrielle d'Estrées prendre sa place sur le trône. Après la mort de « cette décriée bagasse » elle céda, et la dissolution du mariage pour vices canoniques fut prononcée, le 17 décembre 1599. Marguerite revint à Paris en 1605, et fut bien accueillie de Henri IV et des Parisiens. Elle se fit bâtir un palais dans la rue de Seine. Dans cette somptueuse résidence, elle parut le dernier représentant de l'élégante cour des Valois, représentant un peu suranné. « Ces dix-huit années de confinement, dit M. Sainte-Beuve, lui avaient donné des singularités et même des manies; elles éclatèrent alors au grand jour. Elle eut encore des aventures galantes et sanglantes : un écuyer qu'elle aimait fut tué près de son carrosse par un domestique jaloux, et le poëte Maynard, jeune disciple de Malherbe, et l'un des beaux-esprits de Marguerite, fit là-dessus des stances et complaintes. Pendant le même temps Marguerite

(1) *Lettre du baron de Busbec, ambassadeur de Rodolphe II*, citée dans Sismondi, t. XX, p. 69.

avait des pensées sincères et plus que des accès de dévotion. A côté de Maynard pour secrétaire, elle avait Vincent de Paul, jeune alors, pour son aumônier. Elle dotait et fondait des couvents, tout en payant des gens de savoir pour l'entretenir de philosophie et des musiciens pour l'amuser pendant les offices divins ou dans les heures plus profanes. Elle faisait force aumônes et libéralités, et ne payait pas ses dettes. Ce n'était point précisément le bon sens qui présidait à sa vie. Au milieu de cela elle était aimée. »

« Le 27 du mois de mars (1615), dit un contemporain (Pontchartrain), mourut à Paris la reine Marguerite, le seul reste de la race de Valois, princesse pleine de bonté et de bonnes intentions au bien et au repos de l'État, qui ne faisoit mal qu'à elle-même. Elle fut grandement regrettée. » Son corps fut inhumé à Saint-Denis; mais son cœur fut déposé au couvent des Filles-du-Sacré-Cœur, qu'elle avait fondé. Ce fut aussi elle qui fit élever le couvent des Petits-Augustins, sur l'emplacement duquel se voit aujourd'hui l'École des Beaux-Arts. Lorsqu'en 1820 ce couvent fut démoli, on y trouva et on transporta à la bibliothèque du Roi une plaque en marbre noir, qu'on y voit encore aujourd'hui, et sur laquelle on lit, gravée en lettres d'or, une épitaphe de Marguerite, composée, dit-on, par elle-même. On voit aussi à la même bibliothèque, en autographe de sa propre main, un écrit sur *le néant des grandeurs*, lequel semble indiquer que, comme l'autre Marguerite, celle-ci, entourée de plaisirs et de grandeurs, reconnut de bonne heure, au milieu de sa vie dissipée, le néant des joies humaines. On a, en outre, de cette princesse des *Poesies* agréables. Les *Memoires* de Marguerite furent publiés pour la première fois par Auger de Mauléon; Paris, 1648, in-8°. Jean Godefroy en donna une édition plus soignée, d'après laquelle ont été faites les éditions postérieures y compris celle de Michaud et Poujoulat dans leur collection de *Mémoires*, jusqu'a celle de M. Guessard, la première exacte et correcte; Paris, 1847, in-8°. La derniere édition a paru dans la Bibliothèque elzévirienne. L. J.

Brantôme, *Dames illustres*. — J. Corbin, *La Royne Marguerite, ou sont decrites les vertus de cette princesse*; Paris, 1605, in-8° — *Heureux Retour de la Reyne Marguerite de Valois*; Paris, 1606, in-8°. — *Discours sur le trepas de la reine Marguerite de Valois, contenant l'abregé de sa vie*; Paris, 1615, in-8°. — *Divorce satyrique, ou les amours de la reine Marguerite*; Cologne, 1663, in-12. — Mongez, *Histoire de la reine Marguerite de Valois, premiere femme du roi Henri IV*; Paris, 1777, in-8°. — *Correspondance d'Henri IV*. — Mezeray, *Hist. de France*, t. III; *Abregé chronologique*, t. V et VI. — Bayle, *Dict. hist. et crit.* — Sainte-Beuve, *Causeries du lundi*, t. VI.

MARGUERITE, reine de Norvège, de Danemark et de Suède, née à Copenhague, en 1353, morte à Flensbourg, le 28 octobre 1412. Fille de Valdemar III, roi de Danemark et d'Hedwige de Sleswig, elle se fit remarquer dès son enfance par une intelligence et une énergie rares, ce qui faisait dire à son père qu'elle n'était nee femme que par une erreur de la nature. A l'âge de huit ans elle fut fiancée à Haquin VIII, roi de Norvège: le père de ce prince, Magnus, roi de Suède, espérait obtenir par ce mariage l'aide de Valdemar contre l'oligarchie, qui le tenait dans une dure dépendance. Mais Magnus ayant de plus cédé au Danemark le royaume de Scanie, le sénat de Suède le força à rompre toute relation avec Valdemar et à demander en mariage pour Haquin Élisabeth, sœur de Henri de Fer, comte de Holstein. Cette princesse s'embarqua en décembre 1362 pour la Suède; mais jetée par une tempête sur les côtes de Scanie, elle fut livrée par l'archevêque de ce pays à Valdemar, qui la retint prisonnière. Cette circonstance, jointe à l'issue malheureuse qu'avait eue pour la Suède la guerre avec le Danemark, amena bientôt un rapprochement entre les deux couronnes, et le 9 avril 1363 le mariage de Haquin et de Marguerite fut solennellement célébré à Copenhague, ce qui excita en Suède une irritation générale contre Magnus et son fils; ils furent bientôt après déclarés déchus du trône, qui fut donné à Albert de Mecklembourg. Marguerite suivit son mari en Norvège, et mit au monde en 1371 un fils qui reçut le nom d'Olof; elle alla le présenter, en 1376, après la mort de Valdemar, à l'élection au trône de Danemark. Le concurrent du jeune prince était Albert de Mecklembourg, fils d'Ingeburge, sœur aînée de Marguerite. Celle-ci sut habilement profiter de l'irritation du sentiment national contre plusieurs mesures prises par le père d'Albert, le duc Henri, qui croyait déjà la couronne assurée à son fils, d'autant plus qu'il était appuyé par son parent, le roi de Suède. De plus, elle promit à beaucoup de membres du sénat d'importantes faveurs, et obtint ainsi que son fils fût declaré roi de Danemark et qu'elle eût la régence de ce prince mineur (1). La mort du duc Henri et de son gendre, Henri de Holstein, la dispensa de soutenir les droits d'Olof par les armes, comme elle s'y était déjà préparée, en concluant une ligue avec les ducs de Poméranie et de Saxe-Lauenbourg. Appelée en 1380, après la mort d'Haquin, à gouverner aussi la Norvège, elle imprima à l'administration des deux pays une marche plus régulière. Après avoir repoussé en 1384 l'armée d'Albert de Suède, qui avait fait invasion dans le Halland, elle alla, en avril de cette même année, à Stralsund, pour s'entendre avec les villes hanséatiques au sujet de la répression de la piraterie, exercée à cette époque encore par la plus grande partie de la noblesse danoise. Mais les ressources de la couronne étaient alors si diminuées, que Marguerite ne put s'engager à fournir pour elle-même que deux vaisseaux; sept autres furent promis par divers

(1) Dans la capitulation jurée par Olof, il n'est pas encore fait mention de la preponderance du sénat, qui existait déjà de fait. On apprend par cet acte que le servage n'était pas encore alors etabli légalement en Danemark.

membres du sénat. On se sépara sans s'être accordé, parce que les villes demandaient à garder les châteaux forts conquis sur les pirates, jusqu'à entière indemnisation de leurs pertes. Malgré ce commencement de mésintelligence, Marguerite sut, l'année suivante, obtenir des villes hanséatiques la remise de la Scanie, que Valdemar leur avait donnée en gage pour quinze ans, alors écoulés (1) : et elle fit rétablir par la force l'autorité royale dans ce pays, dont les habitants étaient irrités de ce que la reine avait maintenu les baillis allemands. En 1386 un arrangement, négocié par Marguerite avec son adresse habituelle, intervint entre le Danemark et le Holstein au sujet du Slesvig, qui fut déclaré fief héréditaire, devant à la couronne de Danemark des services en hommes et en argent. Ayant ainsi réussi à régler heureusement les affaires extérieures, Marguerite donna toute son attention a rétablir à l'intérieur l'autorité royale dans son ancien éclat ; elle parcourut tout le pays, destitua les baillis prévaricateurs, et bientôt, nous apprend la Chronique de Lubeck, la cour, où longtemps on n'avait pas eu les moyens de donner un festin, fut amplement pourvue de tout. Ces succès continus de la reine inspirèrent de la crainte aux pirates danois, qui conclurent avec elle et avec la Hanse une paix pour quatre ans (2). C'est au milieu de ces prospérités qu'Olof, le dernier descendant mâle de la célèbre famille des Folkunges, mourut subitement, à l'âge de dix-sept ans, le 3 août 1387.

Peu de jours après, l'assemblée générale de Scanie remit le gouvernement entre les mains de Marguerite ; les autres provinces en firent bientôt autant. En février 1388 elle se rendit en Norvège, où le sénat l'appela également à la régence ; lorsqu'il s'agit de désigner qui lui succéderait, elle sut, sans en marquer le désir, faire écarter son neveu Albert de Mecklembourg et réunir les suffrages sur Éric de Poméranie, qui, âgé de six ans, était fils de Marie, fille d'Ingeburge, sœur de Marguerite. Cette princesse se mit dès lors à l'œuvre pour exécuter son projet, nourri de longue date, de placer également la Suède sous sa domination. Depuis la mort du tout-puissant drost Bo-Ionsson, le roi Albert avait commencé à secouer le joug pesant de l'aristocratie. Marguerite profita du mécontentement qu'il avait ainsi excité chez les nobles, et obtint, en mars 1388, une déclaration de douze membres du sénat qui lui conférait la couronne. L'année suivante elle fit invasion en Suède, et assiégea la forteresse d'Axelwald. Albert accourut avec une armée, qu'il venait de lever en Allemagne ; le 24 février il joignit les troupes de Marguerite à Leaby, près de Falköping, et les attaqua à l'improviste avant que les siens ne fussent convenablement rangés en bataille. Ayant enfoncé une partie de la cavalerie ennemie, il la poursuivit, et s'engagea dans des marécages d'où il ne put se retirer. Fait prisonnier ainsi que son fils Éric, il fut amené devant Marguerite, qui, pour se venger des insultes qu'il lui avait fait subir (1), le fit d'abord habiller en bouffon et ensuite mettre à la torture, pour qu'il signât l'abandon des forts d'Axelwald et de Rummelbourg, ce qu'il fit. Il fut ensuite transporté à la tour de Lindholm, où il resta sept ans dans les fers. Après s'être ménagé par de grandes largesses le concours des prélats, Marguerite s'avança rapidement sur Stockholm, dont elle commença le siége en 1391. La ville, défendue par des soldats allemands, qui traitaient les habitants nationaux avec une cruelle barbarie, fut secourue par les ducs de Mecklembourg ; sous leurs auspices, il se fonda à Rostock et à Wismar une société de corsaires, qui, chargée d'approvisionner Stockholm, s'appelèrent les *frères des victuailles*, nom qui se changea bientôt en celui de *vitaliens*. Fidèles à leur devise : « Amis de Dieu, ennemis de tout le monde, » ils portèrent la dévastation sur les côtes du Danemark et de la Norvège, pillèrent Bergen, et s'emparèrent de tout le Gothland. La marine royale danoise étant depuis longtemps détruite, Marguerite fut obligée de louer en Angleterre trois vaisseaux de guerre, pour arrêter leurs invasions. Les villes hanséatiques, dont le commerce souffrait beaucoup, depuis que les vitaliens couraient la mer, s'entremirent pour amener la paix. Jean de Mecklembourg-Stargard, qui avait en vain essayé en 1391 de débloquer Stockholm, vint en septembre 1393 à Skanör avec les députés de la Hanse, pour traiter avec Marguerite. La reine n'ayant pas consenti à mettre Albert en liberté avant que l'accord ne fût terminé, les négociations furent rompues. Les Danois pressèrent le siége de Stockholm, prête à se rendre à cause de la famine ; mais au milieu de l'hiver 1394 les Vitaliens parvinrent à y introduire plusieurs vaisseaux chargés de grain. En août des envoyés de la Hanse, suivis d'une nombreuse flotte, vinrent à Helsingborg demander de nouveau à Marguerite l'élargissement d'Albert ; mais une lutte sanglante entre les matelots allemands et les Danois fit échouer une seconde fois les pourparlers. Ce ne fut qu'en juillet 1395 que Marguerite céda enfin, et rendit la liberté à Albert et à son fils, sous la condition qu'après une trêve de trois ans il se reconstituerait prisonnier, ou payerait une rançon de 60,000 marcs d'argent, ou enfin qu'il ferait rendre Stockholm à la reine ;

(1) Dans l'acte fait à cette occasion Olof est qualifié de *véritable héritier de Suède*.

(2) La convention est signée des noms des premières familles du Danemark, qui alors ne rougissaient nullement du métier d'écumeurs de mer.

(1) Il l'avait traitée de *roi sans culottes*, de *servante des moines*, et lui avait envoyé une pierre pour aiguiser ses aiguilles ; Marguerite la fit mettre dans son tombeau ; mais les Suédois l'en retirèrent et l'emportèrent chez eux, en 1668.

les prélats des trois royaumes scandinaves, l'ordre teutonique et la Hanse se portèrent garants de cette transaction.

La tranquillité rétablie, Marguerite travailla à faire donner la couronne de Danemark et celle de Suède à son petit-neveu Éric, qu'elle avait fait élever sous ses yeux, et elle sut aplanir les difficultés qui s'y opposaient. Les diètes de ces deux royaumes décidèrent, comme l'avait déjà fait celle de Norvège, que, parvenu à sa majorité, c'est-à-dire à l'âge de dix-huit ans, Éric serait appelé à gouverner seul. En juillet 1396, à l'occasion de la proclamation d'Éric comme roi de Suède, Marguerite fit consentir la noblesse du pays à ce que tous les biens qui depuis trente ans avaient été enlevés, sans titre, à la couronne, fussent restitues, et qu'il fût permis au pouvoir royal de faire raser les nombreux châteaux forts construits dans le même espace de temps. Ces concessions, obtenues par le talent de persuasion de la reine, étaient bien plus importantes que celles qu'Albert avait en vain essayé d'arracher de vive force. Un accord analogue fut conclu avec la diète danoise. En mai 1397 Marguerite fit procéder à Calmar à la cérémonie du couronnement d'Éric. Un mois après les fêtes magnifiques données à cette occasion, le jour de Sainte-Marguerite, la reine fit approuver par dix-sept grands, appartenant aux sénats des trois royaumes, le fameux acte de l'*Union de Calmar*. Il y fut stipulé que les trois États seraient dorénavant gouvernés par un seul et même roi, élu parmi les fils du dernier souverain ou, à leur défaut, parmi les plus aptes à porter la couronne : « une alliance offensive et défensive existe entre les trois royaumes, dont chacun garde ses lois et coutumes; quiconque sera banni dans l'un des États, le sera aussi dans les deux autres; enfin, les traités conclus par le roi avec les princes étrangers seront obligatoires pour les trois États, pourvu qu'il ait pris l'avis du sénat du royaume dans lequel il réside actuellement, ou qu'il ait consulté les députés des trois sénats. » C'est à celà à peu près que se bornent les articles de cet acte, qui, contre la prévision de Marguerite, eut pour les États scandinaves des résultats si désastreux. On a souvent blâmé Marguerite d'avoir réglé d'une manière si incomplète les nouveaux rapports établis entre les trois royaumes. « Cependant, elle agit très-sagement, dit Dahlmann dans son *Histoire du Danemark*, en ne prenant des dispositions que sur ce qui était indispensable à fixer, et en laissant les relations se développer librement dans l'avenir et les intérêts se fondre ensemble naturellement. Trois choses s'opposaient au succès de l'*Union* : l'étendue des royaumes; l'ancienne jalousie des peuples, et avant tout la part au gouvernement accordée aux trois sénats, dont l'intérêt était d'empêcher que les trois pays ne vinssent à former un seul État. Quant à la différence des idiomes, elle n'aurait pas formé obstacle. Tout dépendait de la capacité du premier roi de l'*Union*; la résistance commune que les trois pays avaient à faire à l'ennemi extérieur, qui les menaçait également, c'est-à-dire la Hanse, aurait fait naître un sentiment national très-prononcé. » Mais Marguerite eut la douleur de voir son œuvre, conçue dans le noble but d'établir la concorde entre peuples de même race, servir abusivement à satisfaire les intérêts les plus mesquins. Dans les premières années tout alla encore bien. Albert de Mecklembourg, pour réunir la somme énorme de sa rançon, vendit le Gothland à l'ordre Teutonique, qui mit fin à la piraterie des vitaliens; mais comme il n'arriva pas à rassembler à l'époque fixée les 60,000 marcs qu'il avait à payer à Marguerite, les villes hanséatiques remirent, en 1398, Stockholm, qui avait été confié à leur garde, entre les mains de Marguerite.

Déjà un an auparavant Marguerite avait cessé de s'intituler reine, et avait remis le gouvernement à Éric, devenu majeur, tout en continuant à diriger de fait presque toutes les affaires. En 1399 elle envoya une armée contre les Russes, qui étaient venus dévaster le nord de la Norvège; à cette occasion elle soumit à sa domination la Laponie et une partie de la Finlande. Cinq ans après, à la mort de Gerhard, comte de Holstein, elle vit son aide invoquée par Élisabeth, la veuve du comte, dont les enfants, encore en bas-âge, étaient sur le point d'être dépossédés par leur oncle Henri, auparavant évêque d'Osnabruck. Marguerite, enchantée de pouvoir s'immiscer dans les affaires du Slesvig, montra le plus grand empressement à défendre les jeunes comtes, avança de l'argent pour le succès de leur cause, en ayant soin de se faire remettre en gage plusieurs places importantes. En revanche Élisabeth plaça le duché de Slesvig entièrement sous la sauvegarde d'Éric et de Marguerite; mais elle s'aperçut bientôt des visées secrètes de la reine, qui allaient à replacer le duché sous la dépendance du Danemark (1). Les seigneurs, chargés avec Élisabeth de la tutelle de ses enfants, avaient commis de nombreux excès et illégalités, dont Marguerite déclara la comtesse responsable, et le sénat danois condamna Élisabeth à remettre entre les mains d'Éric plusieurs nouvelles places, entre autres Flensbourg. Les choses s'envenimèrent tellement, que la guerre fut déclarée en 1410 entre les deux États. Éric pénétra en Frise; mais il y fut battu par Henri, auquel Élisabeth avait remis la tutelle de ses enfants. Peu de temps après, Éric, aussi jaloux qu'incapable, fit décapiter Abraham Brodersson, sous le prétexte qu'il n'avait pas su s'emparer du château de Sonderbourg, mais en réalité à cause de ses grandes

(1) En 1396, lors du renouvellement de l'hommage prêté par les comtes de Holstein, Marguerite avait avec intention fait omettre l'emploi du gonfanon, symbole usité lorsque les droits régaliens étaient conférés au vassal. Le différend qui s'éleva en 1404 ne fut accordé qu'en 1435; mais la question principale resta indécise, elle l'est encore aujourd'hui.

possessions en Suède, et surtout parce qu'il jouissait de toute la faveur de Marguerite. C'est ainsi qu'il reconnaissait le dévouement désintéressé qu'elle lui avait constamment montré. Bien qu'affectée de cette mort au plus haut point, Marguerite continua de veiller à l'accroissement de la puissance d'Éric. En mars 1411 ce dernier avait conclu une trêve avec les comtes de Holstein, à l'expiration de laquelle la question de l'hérédité du fief de Slesvig devait être résolue par des arbitres selon le droit danois, peu favorable à l'hérédité des fiefs; dans le cas où l'on ne pourrait pas s'entendre, la décision devait être rendue par l'empereur Sigismond, le parent et l'ami d'Éric. En octobre 1412, on convint de traiter l'affaire à la Saint-Jean de l'année suivante. Peu de jours après, Marguerite se rendit à Flensbourg, pour y négocier les bases d'un accord avec la comtesse Élisabeth; ne l'ayant pas rencontrée, elle se rembarqua, mais elle mourut subitement avant d'avoir quitté le port. La postérité a ratifié l'admiration que la fermeté et l'habileté de cette femme pour le maniement des affaires, sa sollicitude pour le bien de ses peuples, inspirait à ses contemporains : c'est avec raison qu'elle fut appelée la *Sémiramis du Nord*. On ne saurait lui faire un reproche de ce qu'Éric perdit par ses fautes les trois couronnes qu'elle avait réunies sur sa tête. E. G.

Chronique de Lubeck. — Corner, *Chronicon*. — Olaus Petri, *Chronicon*. — Joh. Magnus, *Gothorum Historia*. — *Mecklenburgische Reimchronik*. — *Annales Danici* (dans le t. VI des *Scriptores* de Langebeck). — Hvitfeld, *Danmarks riges Krønike*. — Detmar, *Chronicon*. — Suhm, *Historie af Danmark*.

MARGUERITE D'ANJOU, reine d'Angleterre, née à Pont-à-Mousson, en Lorraine, le 23 ou le 25 (1) mars 1429, morte au château de Dampierre, près Saumur, en Anjou, le 25 août 1482. Elle était fille de René d'Anjou, duc de Lorraine, roi de Naples, et d'Isabelle de Lorraine. Marguerite n'avait que deux ans lorsque son père devint prisonnier à la bataille de Bullégneville. Dès son enfance, elle fut destinée à plusieurs époux. Elle fut d'abord promise au jeune roi d'Angleterre Henri VI; mais ce projet, conçu par le duc de Bourgogne et René d'Anjou, n'obtint point l'approbation de Charles VII. Le comte de Saint-Pol puis le comte de Nevers briguèrent ensuite, mais inutilement, la main de la jeune héritière. En 1444 le premier de ces projets d'union fut repris, sous l'influence de nouvelles conjonctures politiques. A cette époque le roi d'Angleterre, Henri VI, venait d'atteindre sa vingt-troisième année. Il était d'un esprit borné, d'un caractère faible, timide, débonnaire, et plus propre, selon l'expression de ses partisans même, à jouer le personnage d'un moine que celui d'un roi. L'Angleterre, depuis la mort d'Henri V, avait été sans cesse troublée à

(1) Le 28 selon le père Anselme, le 24 d'après le livre d'heures de son père, le Roi René (ms. 1156, à la Biblioth. imp.).

l'intérieur. En France, depuis la venue de la Pucelle, les succès pour l'Angleterre avaient fait place aux revers. Sous les auspices du cardinal de Winchester ou de Beaufort, William de La Pole, comte de Suffolk, se rendit à Tours, en avril 1444, auprès de Charles VII. Cette ambassade extraordinaire avait pour but de conclure entre les deux puissances une trêve, préliminaire de la paix. Le mariage de Marguerite avec le jeune roi Henri devait être le garant de cette alliance. Charles VII consentit à cette union. Peu de temps après, Suffolk revint en France, muni de la ratification et des pleins pouvoirs d'Henri VI. Au printemps (1) de 1445, l'ambassadeur épousa par procuration Marguerite d'Anjou, au nom de son maître. La cérémonie eut lieu à Nancy, en présence des deux cours de France et de Lorraine, de l'ambassade anglaise et d'un grand concours de nobles témoins; elle fut suivie de fêtes, qui se prolongèrent pendant huit jours (2). Le 16 mars Marguerite d'Anjou, par ordre de Charles VII, fut reçue avec les honneurs royaux à Notre-Dame de Paris. Le 18 elle était à Pontoise, se dirigeant sur Rouen, avec sa suite. Le 9 avril, après une traversée des plus pénibles, elle débarqua à Porchester. Malade au milieu d'une pluie torrentielle, elle marchait sur des tapis inondés, que les habitants avaient étendus sur son passage. Le mariage définitif de Henri VI et de Marguerite d'Anjou eut lieu dans l'abbaye de Tichfield, le 22 avril 1445. Elle fit le 28 mai son entrée solennelle dans Londres, et fut couronnée le 30 à l'abbaye de Westminster.

René d'Anjou, roi de Naples, Sicile et Jérusalem, ne possédait pas un pouce de terrain dans aucun de ces trois royaumes. Sa fille Marguerite n'eut pour dot que des droits très-éventuels sur les îles de Majorque et de Minorque. Un article secret du traité d'alliance passé entre Suffolk et le roi de France restitua au beau-père de Henri VI les provinces d'Anjou et du Maine, qui appartenaient à René, mais qui étaient encore placées sous la domination anglaise. Cependant Marguerite donnait aux deux pays un bien suprême, la paix. Sa beauté, sa bonne grâce, les qualités de son cœur et de son esprit lui concilièrent les faveurs de la multitude. Quant au jeune Henri VI, elle le subjugua d'un ascendant irrésistible et devint la véritable souveraine du royaume. Le duc de Glocester, oncle

(1) Pour cette date controversée, nous suivons le témoignage consigné parmi les *preuves* de D. Calmet, 1728, t. 3, colonne dclx.

(2) Au nombre des hôtes distingués qui prirent part à cette solennité, il convient de mentionner spécialement Pierre de Brézé, seigneur de La Varenne. Ce gentilhomme commençait à exercer dans les conseils des Charles VII une influence prépondérante. Il fut un des principaux auteurs de ce mariage. Depuis cette époque il demeura auprès du roi de France l'appui de la reine d'Angleterre, et devait plus tard témoigner son attachement à l'infortunée Marguerite par une conduite digne des temps chevaleresques.

du roi, s'était montré très-opposé à l'alliance française ainsi qu'au mariage d'Henri VI. De son côté, Marguerite, dominée par ses ressentiments, saisit toutes les occasions d'humilier le duc, en même temps qu'elle prodigua les témoignages de sa confiance au cardinal de Beaufort et au marquis de Suffolk, ennemis de Glocester. Le 10 février 1447, un parlement royal fut convoqué à Bury-Saint-Edmond, dans le comté de Suffolk; le roi et la reine s'y trouvaient, entourés de troupes commandées par le comte (devenu marquis) de Suffolk. Dans la première séance on vota diverses allocations en faveur de la reine. Le lendemain, par ordre du roi, le duc de Glocester fut arrêté, comme prévenu de haute trahison, et, peu de temps après, on le trouva mort dans sa prison (1).

Henri VI avait fondé le collége d'Eton. La reine, à son exemple, institua en l'université de Cambridge le *Queen's College*, placé sous l'invocation de sainte Marguerite, patrone de la littérature, et de saint Bernard. Elle établit aussi des manufactures de laine et de soie, et tenta de diriger les forces du peuple anglais vers l'agriculture et l'industrie; malheureusement le moment n'était point venu pour faire fructifier ces heureuses innovations. La guerre contre la France se ralluma en 1449. L'Angleterre était alors épuisée d'hommes et d'argent, par suite de ses conquêtes précédentes. Charles VII dans le cours d'une année reconquit la Normandie. L'année suivante il en fit autant de la Guyenne. En 1453 les Anglais avaient perdu tout ce qu'avait gagné Henri V. Calais était le seul point qui leur restât en France. L'esprit de parti ne manqua pas d'attribuer ces échecs à l'ascendant de la reine. Le marquis de Suffolk, qui avait succédé au cardinal de Beaufort, devint bientôt le point de mire des attaques du parti du duc d'York, envoyé comme lord-lieutenant en Irlande. Les principaux auxiliaires du duc étaient Richard Néville, comte de Salisbury, frère de la duchesse d'York, et le fils de Néville, si célèbre depuis sous le nom de comte de Warwick. Suffolk, poursuivi par des menées sourdes, somma ses ennemis en plein parlement de formuler leurs griefs. Mais la chambre des communes, acquise au parti national, lui était hostile : Suffolk fut décrété d'arrestation. En vain Henri VI voulut-il épargner au favori un sort plus funeste en le condamnant à cinq ans d'exil. Suffolk fut enfermé à la tour de Londres, d'où il essaya de s'échapper. Arrêté par la populace, il fut mis à mort, sur la plage de Douvres, après un simulacre de procès, dans les premiers jours de mai 1450. John Cade souleva la population du comté de Kent, et marcha sur Londres. Henri VI, accompagné de la reine, marcha à la rencontre des rebelles, qui étaient parvenus jusqu'à Blackheath; à la vue des troupes royales, fortes de quinze mille hommes, ils se mirent à la débandade. Le roi, au lieu de poursuivre les fuyards, s'arrêta et revint à Londres, après avoir remis le commandement à un de ses lieutenants. A cette nouvelle, les insurgés reprirent courage. Ils ralliérent leur chef, qui tailla en pièces les troupes royales et reparut à Blackheath en vainqueur. Le roi, au lieu de monter à cheval, envoya vers John Cade des parlementaires, qui furent accueillis sans honneurs : l'Irlandais répondit dédaigneusement qu'il ne traiterait qu'avec le roi en personne. Henri VI et la reine s'enfuirent au château de Kenilworth, au moment où Cade entra à Londres. Le règne de cet aventurier fut marqué par des désordres. Bientôt cependant l'archevêque de Cantorbéry et l'évêque de Winchester, entourés de forces suffisantes, parvinrent à rétablir l'autorité royale, et dissipèrent la ligue des insurgés. Une amnistie générale, dont était excepté le chef de la révolte, fut proclamée. John Cade s'enfuit; mais sa tête ayant été mise à prix, il fut tué par un *sheriff* de Kent, à Heyfield. Henri VI et Marguerite d'Anjou rentrèrent à Londres, le 10 juillet 1450.

Peu de temps après, le duc Richard, enhardi par les progrès de son parti, quitta sans autorisation son poste et se rendit à la cour, accompagné d'une escorte formidable. Le duc de Somerset, chassé de France par l'insuccès de ses armes, arriva en même temps auprès de la reine, et prit dans le gouvernement la position que Beaufort et Suffolk avaient occupée. Deux redoutables champions entrèrent en lice. Dans une assemblée tenue à Temple-Gardens, le comte de Warwick et le duc de Somerset se trouvèrent en présence. Les membres de cette assemblée furent appelés à se déclarer pour l'une ou pour l'autre faction. Pendant qu'on allait aux voix, Somerset effeuillait une rose rouge; le comte de Warwick portait une rose blanche. La reine se para de la rose rouge. Les soldats des deux camps ornèrent leurs tuniques de guerre les uns d'une cocarde en papier rouge, les autres en papier blanc. Telle fut, dit-on, l'origine de la guerre des *deux roses*.

Dans cet état des esprits, Marguerite conseilla au roi d'agir vigoureusement. Une rencontre eut lieu, le 16 février 1452, dans le comté de Kent. Mais avant de faire couler le sang le débonnaire Henri fit appel au duc d'York. Celui-ci protesta qu'il n'avait levé sa bannière que contre Somerset, ennemi de la cause royale, et obtint l'arrestation de ce dernier. Richard congédia ses forces, et se rendit auprès du roi à une nouvelle conférence. Dans l'intervalle, la reine, à l'insu de son époux, avait eu l'imprudence de faire relâcher le captif, et Somerset assista, caché derrière une tapisserie, à l'entrevue du duc d'York et du

(1) Les ennemis de la reine l'accusèrent plus tard de cette mort inattendue. Humphrey de Glocester était après le roi héritier présomptif de la couronne; il avait fait alliance avec Richard, duc d'York, représentant d'une branche royale, qui avait été privée du trône par l'usurpation d'Henri IV (*de Lancastre*), aïeul de Henri VI. Ainsi commençait à se dessiner la redoutable et si fameuse rivalité des maisons d'York et de Lancastre.

roi. Dans ce colloque, Richard s'éleva contre son adversaire avec véhémence. Aussitôt Somerset, sortant brusquement de sa cachette, accusa Richard de vouloir usurper la couronne. Le duc répliqua en reprochant à Somerset la perte de la Normandie et au roi d'avoir manqué à sa parole de prince, en relâchant Somerset. Henri, interdit à cette scène imprévue, quitta la tente. Le duc d'York fut mis au secret par ordre de la reine et contraint, le 10 mars suivant, de renouveler solennellement son serment de fidélité dans la cathédrale de Saint-Paul. Rendu alors à la liberté, il alla s'enfermer à son château de Wigmore, où déjà son fils, le comte de March, avait réuni des forces considérables.

En 1453 Marguerite envoya Talbot avec des troupes en Guyenne, pour tenter de recouvrer cette province au profit de l'Angleterre; mais ce vaillant capitaine périt à la bataille de Castillon, à l'âge de quatre-vingts ans : la victoire lui échappa en même temps que la vie, et la Guyenne rentra définitivement sous la domination de la France. Marguerite, rudement éprouvée dans ses diverses affections, venait de perdre sa mère, Isabelle de Lorraine. Au mois de septembre suivant, Henri VI, petit-fils de Charles VI, par Catherine de France, sa mère, fut atteint d'aliénation mentale, comme l'avait été son aïeul maternel. Dans cette circonstance, Marguerite se considérait comme appelée naturellement à suppléer son époux. Elle était alors enceinte, et mit au monde, le 13 octobre, un fils, qui reçut le nom d'Édouard et le titre de prince de Galles. Marguerite voulait faire légaliser son pouvoir par un acte du parlement; mais cette assemblée nomma Richard, duc d'York, *protecteur du roi*, et le chargea du gouvernement intérimaire du royaume. L'un des premiers actes du protecteur fut de faire arrêter le duc de Somerset dans la chambre même de la reine; et il le destitua du poste de capitaine de Calais, en s'adjugeant à lui-même l'exercice de cette charge importante.

Au mois de novembre suivant, Henri VI recouvra la raison. Faible encore et comme éveillé d'une longue léthargie, il fut conduit à la chambre des lords, y prononça la dissolution du parlement et rétablit le duc de Somerset dans toutes ses charges. Ce triomphe de la reine, toutefois, ne fut point de longue durée. Le 23 mai 1454, l'armée royale, commandée par Henri VI et celle du duc d'York, sous les ordres de Richard et de son fils, se rencontrèrent à Saint-Albans. Le duc de Somerset y périt en combattant. Henri VI, blessé d'une flèche au commencement de l'action, tomba au pouvoir du vainqueur. Le lendemain 24, le duc d'York fit son entrée triomphale à Londres, accompagné du faible roi.

La reine apprit, à Greenwich, l'issue de cette funeste journée. Henri étant retombé malade, le parlement déclara de nouveau, par acte du 4 juillet 1454, le duc d'York protecteur du royaume. Richard rendit à la reine la garde du roi, et lui enjoignit de se confiner, avec son époux et son fils, au château de Hertford. La reine obéit d'abord; mais elle ne tarda pas à revenir à Greenwich près de Londres. Là, partagée, en apparence, entre les soins qu'exigeait la santé du roi et l'éducation du jeune prince, elle rallia autour d'elle ses partisans, se préparant dans l'ombre à une lutte nouvelle. Le 24 février 1456, en l'absence du duc d'York et de ses principaux amis, Henri VI apparaît dans la chambre des lords; il déclare que, grâce à Dieu, le royaume n'avait plus besoin de protecteur, et demande avec calme à être réintégré dans le plein exercice du pouvoir royal. Marguerite fit nommer premier ministre Jean de Beaufort, fils et héritier d'Edmond, duc de Somerset. Puis elle conduisit le roi et le prince de Galles dans les contrées du centre; elle demeura quelque temps à Coventry, où elle laissa des souvenirs durables. Ce voyage, grâce à la séduction de la reine, à l'ascendant de sa beauté et de ses talents, excita l'enthousiasme des populations.

Cependant la France et l'Écosse profitèrent des dissensions de l'Angleterre pour l'attaquer à leur tour. Dans ce péril extrême, Marguerite tenta de rapprocher les factions ennemies. Par ses soins, les chefs des deux roses furent convoqués à Londres en une sorte de congrès. A la suite de leurs explications, l'archevêque de Cantorbéry et d'autres prélats intervinrent comme médiateurs. Des indemnités ou réparations furent respectivement accordées; tous reconnurent les droits d'Henri et de son fils. Enfin, le 27 mars 1458 (jour de l'Annonciation), la réconciliation générale fut solennellement célébrée, dans l'église de Saint-Paul, où le roi et la reine s'étaient rendus en grand appareil. Suivie d'un long cortége, la reine donnait la main au duc d'York; tous les autres membres de l'assemblée avaient été groupés deux à deux : un champion de la rose rouge et un champion de la rose blanche. En dépit de ces démonstrations, la guerre intestine ne tarda pas à se rallumer. Le duc d'York afficha hautement ses prétentions à la couronne. Marguerite, irritée, dirigea de sa personne les deux rencontres armées de Bloreheath et de Ludlow, qui marquèrent l'année 1459. Battue dans la première, elle eut l'avantage dans la seconde, et dispersa les princes de la maison d'York. Le 9 juillet 1460, le comte de Warwick prit une éclatante revanche à Southampton : Henri VI fut fait prisonnier. Marguerite, obligée de fuir avec son fils, parvint, à travers mille périls, jusqu'au château de Harlech, dans le nord du pays de Galles. L'infortuné roi, encore une fois au pouvoir de ses ennemis, fut contraint de convoquer un parlement yorkiste ou hostile à la cause royale, et consentit même à reconnaître le duc d'York pour son successeur, à l'exclusion du prince de Galles.

Vers les derniers jours de décembre, la reine

reparut, à la tête de dix-huit mille hommes, qu'elle avait recrutés en Écosse et dans les provinces lancastriennes; elle força le duc d'York à accepter la bataille qu'elle lui offrit à Wakefield. Par une manœuvre habile, Marguerite fit tomber l'armée ennemie dans un piége; le duc d'York et son beau-frère, le comte de Salisbury, furent pris et décapités. Un nouveau succès, remporté par ses armes aux portes de Londres, rendit à la reine son époux et son fils.

Les habitants de Londres hésitaient entre les deux partis, dont les forces s'équilibraient en ce moment. Marguerite, irritée contre les citoyens de cette ville, permit à ses troupes de commettre des actes de pillage. Londres se déclara pour la rose blanche, ferma à Marguerite les portes de la cité, et y fit entrer le lendemain Édouard, comte de March, à la tête de quarante mille hommes, accompagné du comte de Warwick. Le 4 mars 1461, Édouard, comte de March et duc d'York, descendant d'Édouard III dans les lignes masculine et féminine fut proclamé, à Londres, roi d'Angleterre, sous le nom d'Édouard IV.

Marguerite grandit avec l'adversité. Quelques jours lui suffirent pour rallier dans le nord une armée de soixante mille hommes. Après un premier engagement indécis, à Ferry-Bridge, une bataille décisive eut lieu, le 28 mars 1461, dans les plaines de Towton, entre les forces réunies des factions d'York et de Lancastre. Édouard IV s'y trouvait en personne. Quarante mille Lancastriens versèrent leur sang pour la rose rouge et furent tués sur le champ de bataille. La rose blanche triompha. Marguerite, accompagnée de son epoux et de son fils, se réfugia en Écosse. Le 8 avril 1462, elle débarqua sur les côtes de Bretagne. Henri VI et Charles VII n'avaient cessé d'entretenir des intelligences amicales : un traité d'alliance avait été sur le point de se conclure de part et d'autre en 1458. Au moment où Louis XI monta sur le trône, le duc de Somerset, envoyé secrètement par Marguerite, se trouvait en France, chargé d'instructions diplomatiques. Louis XI commença par le faire arrêter. Sans se laisser intimider par cet acte hostile, Marguerite résolut de se rendre elle-même auprès du redoutable monarque. L'habile princesse lui présenta la question sous un nouveau jour, et fut comblée de prévenances. Le roi lui prêta vingt mille écus hypothéques sur la place de Calais, avec l'espoir de perdre le prêt pour le gage, et autorisa Pierre de Brézé à s'engager, en faveur de Marguerite, dans une entreprise militaire dont l'insuccès semblait prévu. Au mois d'octobre 1462, la reine débarqua sur les côtes de Northumberland, accompagnee de Pierre de Brézé, sénéchal de Normandie et d'une flottille de guerre, portant deux mille combattants. Mais l'escadrille, repoussée devant Tynemouth par les Yorkistes, fut obligée de se replier sur Holy-Island.

Les munitions tombèrent au pouvoir des ennemis, et l'équipage fut taillé en pièces ou dispersé. Bravant les plus grands périls, Marguerite parvint, dans un frêle esquif, à gagner l'Écosse en compagnie de son fils et du sénéchal. Au printemps de 1463, elle tenta de nouveau le sort des armes, et perdit successivement les deux combats d'Hedgely-Moor et d'Hexham. Séparée de son mari, qui avait fui avec les débris de ses troupes, Marguerite errait, toujours accompagnée de Brézé, entraînant son fils dans l'intérieur de l'Écosse. Dans la forêt d'Hexham-Levels, située à deux milles environ d'Hexham, ils rencontrèrent une bande de brigands qui les dévalisèrent. La reine, portant le prince de Galles, eut le bonheur d'échapper à leurs mains, au milieu d'une rixe qui s'éleva parmi les bandits au sujet de leur butin. Cachée dans un hallier, elle en sortit à la nuit pour gagner un refuge. Au moment où, à la clarté de la lune, elle cherchait sa route, un nouveau brigand se présente devant elle. La reine marche droit à l'inconnu, et lui présentant son fils : « Mon ami, lui dit-elle; sauve le fils de ton roi! » Cet acte de sang-froid les sauva en effet tous deux. Ce bandit se trouvait être un gentilhomme lancastrien, réduit à cet état par la guerre civile et les désastres qu'il avait subis pour la cause de la rose rouge. Jetant aux pieds de Marguerite son épée, il conduisit la reine et son fils à la cave d'Hexham ou de Blackhill, que la tradition désigne encore, dans le pays, sous le nom de *souterrain de la reine Marguerite* (Queen's Margaret cave).

Brisée mais non vaincue par tant de désastres, Marguerite repassa de nouveau la mer. Le roi Henri, après la bataille d'Hexham, errait aussi d'asile en asile, dans les provinces du nord, et s'arrêtait chez des gentilshommes dévoués à sa cause. Vers le mois d'août 1463, Marguerite débarqua au port de Lécluse. Après avoir traversé les États du duc de Bourgogne, elle vint trouver, chez son père, un refuge au château de Queurs en Barrois. Elle y demeura environ sept années, partageant son temps entre l'éducation de son fils et les négociations politiques, qu'elle entretenait avec les cours de France, de Portugal en vue de la restauration de sa dynastie.

Marguerite put croire, vers 1468, à un retour favorable du sort. Warwick, surnommé, dans l'histoire d'Angleterre, *le faiseur de rois*, résolut de replacer Henri VI sur le trône. Louis XI en seconda les desseins, en lui prêtant un puissant appui. Le 15 juillet 1470, Édouard, prince de Galles, âgé de dix-sept ans, sous les auspices du roi de France et de sa mère Marguerite d'Anjou, épousait, à Angers, Anne de Warwick, fille du comte de ce nom, jadis l'ennemi mortel de Marguerite et de la rose rouge. Aussitôt le comte de Warwick regagna l'Angleterre, et peu de jours après Henri VI fut rétabli dans la possession de sa couronne.

Marguerite, à son tour, accompagnée du prince

et de la princesse de Galles, mit à la voile le 24 mars. Arrêtée par des vents contraires, elle ne put toucher le rivage anglais que le 13 avril. Ce même jour eut lieu la bataille de Barnet, dans laquelle Warwick, vaincu, fut mis à mort. Henri VI y perdit une dernière fois la couronne et sa liberté. Marguerite reprit les armes, et fut définitivement vaincue, le 4 mai 1471, à Tewkesbury. Le prince de Galles, conduit devant Édouard IV, périt inhumainement par ordre de ce roi. Le 22 du même mois, Marguerite d'Anjou, captive, entrait à Londres, accompagnée de sa belle-fille Anne de Warwick. Marguerite subit ainsi quatre ans de captivité.

Louis XI négocia la délivrance de Marguerite auprès du roi d'Angleterre, en ne négligeant point son propre intérêt. Il exigea qu'elle renonçât à son droit dans la succession du roi René son père, dont une partie revint par là au roi de France. Il paya ainsi la rançon de cette princesse, et s'obligea de lui servir une pension viagère de cinq mille livres tournois. Marguerite d'Anjou débarqua à Dieppe au mois de janvier 1476. En recouvrant la liberté, elle dut renoncer à tous ses droits et prétentions quelconques, tant sur la couronne d'Angleterre que sur ses domaines paternels. L'infortunée princesse signa cette double abdication dans un acte où son nom n'était accompagné d'aucun titre, et qui commence ainsi : *Moi, Marguerite, jadis mariée en Angleterre*, etc. (1). Marguerite avait perdu plus que ses droits, elle avait perdu son époux et son fils. René d'Anjou, le dernier débris de sa famille et sa dernière affection, mourut à ses côtés, le 10 juillet 1480, au château de Reculée, en Anjou. C'est là que le père et la fille avaient trouvé, sur la fin de leurs jours, un commun asile. Après la mort du père, un gentilhomme fidèle, nommé François de Vignoles, recueillit dans son château de Dampierre, en Anjou, la fille de son prince. Marguerite, la veuve orpheline, y traîna, deux années encore, une existence désolee (2). A. V.—V.

Documents manuscrits. — Michel Baudier, *Histoire des signalées Calamités de Marguerite d'Anjou, où se voyent les inconstances de la Fortune*, etc (1). Mss. Saint-Germain-des-Prés; français n° 1178, Bibliothèque impériale. — *Le Temple de Boccace, ou consolation adressée à une reine d'Angleterre désolée*, par G Chastelain (de 1463 à 1475). Mss. français, Bibl. imp., n°s 7427, 7385. Bibl. de l'Arsenal, *Histoire*, n° 663. — État de la maison de la reine d'Angleterre en 1444. Bibl. imp. supplément français, n° 2340, page 697. — Registre des délibérations capitulaires de Notre-Dame de Paris en 1445. Direction générale des archives, L, n° 416, fol. 699. — Comptes de René d'Anjou en 1447, archives PP, 1339, fol. — Recueil de pièces diplomatiques, *Angleterre*, ms. de la Bibl. imp. Baluze, 9037, 7. — *Wardrobe Book of Queen Margaret of Anjou* (1452-1453), compte inédit conservé à Londres parmi les archives du duché de Lancastre. — *Collection de Lorraine*, Bibl. imp., t. XXVI. — Gaignières, ms. 772, 2, fol. 500. — Gaignières, titres scellés *Angleterre*, t. VI, etc. — *Marguerite d'Anjou, ou la vertu triomphante*, par Maximilien Wald, janvier 1707, in-12, ms. de la bibliot. de l'Arsenal, *Histoire*, n° 662.

Imprimes. — Philippe Foresti de Bergame, *De Claris Mulieribus*, 1497, in-fol., Milan. — Michel Baudier, *History of the Calamities of Margaret of Anjou, queen of England*; London, 1737, in-8°. — L'abbé Prévost, *Histoire de Marguerite d'Anjou* (2); Amsterdam, 1740, 2 vol. in-12. — Strickland (Miss Agnès), *Lives of the Queens of England*; 2e édit., 1844, in-8°, t. III, 178 à 306 (3). — *Marguerite d'Anjou*, trad. de miss Strickland; Paris, 1850, in-12. — *Marguerite d'Anjou-Lorraine*, par Louis Lallemend; Nancy, 1855, in-8°. — *Histoire de Marguerite d'Anjou, reine d'Angleterre*, par J.-J. Roy, Tours, 1857, in-8°. — *Breknoke computus, or accounts of the clerck of the comptroller of Margaret's house*, publié en Angleterre, vers 1845, par G. C. Tomlinson, pour la *Dugdale Society*. — Rymer, *Fœdera*, X et suiv. — *Documents inedits*, in 4° : *Lettres des rois et reines*, etc., publiées par Champollion-Figeac, 1847, t. II, p 493, 498. — *Chroniques* de Cousinot, 1859, in-16. — *Jean Chartier*, 1859, in-16. — *Chroniques* de Châtelain, p. 1, 8, 11, 36. — Villeneuve de Bargemont, *Histoire de René d'Anjou*, 1825, in-8°, t. II. — Michael Drayton (poëte anglais du seizième siècle), *The Miseries of Margaret of Anjou* 1627.

(1) L'acte original est conçu en latin : *Ego Margareta, olim in regno Angliæ maritata*, etc. (Rymer, *Fœdera*, t. XII, p. 21.)

(2) Pour le portrait de Marguerite d'Anjou, les amateurs d'iconographie pourront recourir aux sources ci-après indiquées : *Miniatures peintes par un habile artiste*, vers 1440, dans un riche manuscrit offert par Talbot à la reine d'Angleterre. (British Museum, ms. royal 15 E VI). La reine y est plusieurs fois representée, ainsi qu'Henri VI : L'une de ces représentations a eté reproduite en couleurs dans Shaw, *Dresses*, etc., *of the Middle Ages*, London, 1843, grand in-8°, tome II. — Effigie peinte sur vitre vers 1482, dans la *Chapelle de Sainte-Marie de Pitié* à Londres (voyez A. E. Wood, *Letters of royal and illustrious Ladies*, etc.; Londres, 1846, in-8°, t. I, p. 99). — Représentée (après sa mort) sur les vitraux de l'église des cordeliers d'Angers; gravée dans les *Monuments de la Monarchie française*, tome III, planche LXIII, figure 2. — Représentée vers le même temps sur une tapisserie qui subsiste en Angleterre, à Coventry. Reproduite en couleurs dans *Shaw*, ci-dessus cité. Voir enfin le *Recueil des Rois et Reines d'Angleterre*, estampe d'une feuille photographiée (la figure n° 26), publiée en 1858 par de la Rue.

II. MARGUERITE *princesses.*

MARGUERITE D'ALSACE, comtesse de Flandre et de Hainaut, morte le 15 novembre 1194, à Bruges. Fille de Thierry, comte d'Alsace, elle était veuve de Raoul II, comte de Vermandois, lorsqu'elle épousa en 1169 Baudouin V, comte de Hainaut. A la mort de son frère Philippe, qui décéda sans postérité (1191), elle se mit en possession de la Flandre, dont elle avait déjà reçu l'hommage en 1177, dans une grande assemblée tenue à Lille. Mais les compétiteurs de ce riche domaine ne manquaient pas : d'abord la veuve même de Philippe, puis Henri, duc de Brabant, et le roi Philippe-Auguste. Les deux premiers furent facilement écartés. Quant au roi de France, qui réclama l'Artois, puis la Flandre entière, comme la dot d'Isabelle, sa femme, il menaça Baudouin d'une invasion armée; la

(1) L'on trouvera une notice étendue, avec extraits, sur cet ouvrage et sur l'auteur, dans l'*Histoire de la Vie et de l'Administration du cardinal de Ximenès*, par Michel Baudier, édition publiée et annotée par M. Edmond Baudier, Paris, 1855, in-8°, pages 98 à 138. L'ouvrage de Michel Baudier, traduit en anglais et imprimé à Londres, en 1737, a servi de modèle et de guide à tous ceux qui l'ont suivi.

(2) Cet ouvrage est une compilation du précédent, augmentée de fictions romanesques.

(3) Notice très remarquable et peut-être la meilleure de toutes, malgré l'imperfection de la partie française.

ferme attitude des Flamands lui fit changer de résolution, et il admit le comte à lui rendre hommage. Il est vrai que ce dernier s'engagea de plus à payer à la couronne une somme de cinq mille marcs d'argent. Marguerite mourut un an avant son époux, lui laissant sept enfants, dont l'aîné, Baudouin IX, devint empereur de Constantinople. P. L.

MARGUERITE DE CONSTANTINOPLE, dite *la Noire*, comtesse de Flandre et de Hainaut, petite-fille de la précédente, née en 1202, à Bruges, morte le 10 février 1280. Elle était fille de Baudouin, empereur de Constantinople, et de Marie de Champagne, et succéda en 1244 à sa sœur aînée, Jeanne, qui avait successivement exercé le pouvoir avec Ferrand de Portugal, puis avec Thomas de Savoie, ses deux maris. Marguerite avait épousé, à l'âge de onze ans, en 1213, son tuteur, Bouchard d'Avesnes, archidiacre de Laon et chanoine de Saint-Pierre de Lille. Ce mariage, qui fut dissous, devint pour la Flandre une source funeste d'embarras et de querelles intestines; deux enfants en sortirent, Jean et Baudouin d'Avesnes, dont la naissance équivoque fut déclarée illégitime par le pape Grégoire IX et légitime par un autre pape, Innocent IV. Leur mère épousa en secondes noces, en 1218, Guillaume de Dampierre, et en eut trois fils et deux filles; elle était veuve depuis trois ans lorsqu'elle devint comtesse (1244). L'un de ses premiers soins fut de se rendre à Paris pour faire hommage de la Flandre au roi Louis IX. Ce prince ayant exigé qu'elle comprît dans cet acte Rupelmonde et le pays de Waës, elle ne voulut pas y consentir, et alla trouver, en 1245, l'empereur Frédéric II, qui lui accorda l'investiture. La querelle suscitée par les d'Avesnes aux Dampierre, c'est-à-dire par les fils du premier lit à ceux du second, dura dix années. Bien que la succession de leur mère eût été réglée entre eux par décision de saint Louis et du légat Odon, choisis comme arbitres (1246), les d'Avesnes réclamèrent, sous un futile prétexte, tous les pays flamands qui relevaient de l'empire, et s'en firent donner l'investiture par l'évêque de Liége. Marguerite réussit une première fois à les désarmer moyennant une somme de soixante mille écus d'or (1248). Le roi des Romains, Guillaume, étant intervenu en faveur de Jean d'Avesnes, son beau-frère, et lui ayant adjugé, dans la diète tenue à Ratisbonne (1252), tout ce qu'il avait convoité, la comtesse trouva contre un si puissant adversaire un allié non moins puissant en la personne de Charles d'Anjou, à qui elle fit donation du Hainaut, une des provinces en litige. Sur ces entrefaites la guerre s'était rallumée : le frère de Guillaume, Florent, avait envahi la Flandre et battu à Walcheren Gui et Jean de Dampierre, qu'il emmena en captivité (1253). Sur les pressantes sollicitations de Marguerite, Charles d'Anjou leva une armée de cinquante mille hommes, et s'empara de plusieurs villes; il allait livrer bataille aux Allemands lorsque les grands vassaux qui l'accompagnaient le décidèrent à rentrer en France après avoir conclu une trêve (1254). La mort inattendue de Guillaume, en affaiblissant le parti des d'Avesnes, qui jusqu'alors avaient été victorieux, les disposa à rechercher la paix. Saint Louis, au jugement duquel ils s'en remirent encore, se contenta de rappeler les dispositions qu'il avait déjà prises en 1246 : on les ratifia dans le traité de Péronne (1256); Charles d'Anjou renonça moyennant une somme de 160,000 livres au comté de Hainaut, qui passa aux d'Avesnes, tandis que les Dampierre obtenaient celui de Flandre. Dans la même année, Marguerite eut recours à la médiation du même monarque pour terminer son différend avec les comtes de Hollande, qui furent mis en possession de la mouvance de Zéelande. Elle eut pour successeur son fils puîné, Gui de Dampierre. « La comtesse Marguerite, dit le chroniqueur Iperius, était douée de quatre éminentes qualités : car 1° elle surpassait en noblesse toutes les dames les plus nobles de France; 2° elle était extrêmement riche, non-seulement en domaines, mais en meubles, en joyaux et en argent; 3° ce qui n'est pas ordinaire aux femmes, elle était très-libérale et très-somptueuse, tant dans ses largesses que dans ses repas et toute sa manière de vivre, de sorte qu'elle tenait l'état plutôt d'une reine que d'une comtesse. » La quatrième qualité est passée sous silence. P. L.

Kluit, *Historia critica comitatus Hollandiæ*, I, 2e partie. — *Inventaire des Chartes de Hainaut*. — D. Martene, *Thesaurus Anecdotorum*, I. — Le Mire, *Opera Diplomatica*, I. — Mieris, *Codex Diplomaticus*. — Oudegherst, *Chronique de Flandre*. — Meier, *Annales Flandriæ*.

MARGUERITE DE FLANDRE, comtesse de Flandre et duchesse de Bourgogne, née en avril 1350, morte le 16 mars 1405, à Arras. Elle était la fille unique de Louis II de Male et de Marguerite de Brabant. Fiancée à sept ans, à Philippe de Rouvre, duc de Bourgogne, qui en avait onze (1357), et mariée en 1361, elle devint veuve quelques mois plus tard. Sa position d'unique héritière d'un des grands fiefs de France la fit rechercher par Édouard III, roi d'Angleterre, qui travailla cinq ans pour obtenir en faveur de son fils Edmond, duc de Cambridge, la main de Marguerite; mais Charles V, roi de France, usa de son crédit sur le pape pour lui faire refuser une dispense de parenté, que l'Église accordait toujours aux princes; il réservait cette riche alliance à son frère Philippe, déjà duc de Bourgogne. Afin de vaincre les répugnances du comte de Flandre, qui, d'accord en cela avec ses sujets, redoutait l'influence française, il s'engagea, par le traité de Gand, à lui rendre Lille, Douai, Béthune, Orchies et d'autres places, et lui compta deux cent mille écus d'or. Le mariage de Philippe avec Marguerite, accordé à ces conditions onéreuses, fut célébré à Gand, le 19 juin 1369, avec une extrême magnificence. En 1384 Marguerite succéda à son père dans les comtés de Flandre, d'Artois, de Rethel et de Nevers, et elle contribua beaucoup, l'année suivante, à ménager la paix entre les Gantois rebelles et la France. Lorsque le roi Charles VI tomba en démence, elle favorisa les ambitieuses visées de son mari, et l'aida à s'emparer du gouvernement. « La duchesse de Bourgogne, dit Froissart, qui étoit une crueuse et haute dame, se tenoit à Paris, de lez la reine de France, et en avoit la souveraine administration; ni nul ni nulle parloit à la reine, fors par le moyen d'elle. » Elle haïssait mortellement la duchesse d'Orléans, et, loin de savoir mauvais gré à Pierre de Craon d'avoir tenté d'assassiner le connétable de Clisson, elle le logeait en son hôtel, « le confortoit, l'aidoit et conseilloit tant qu'elle pouvoit ». Après la mort du duc Philippe, arrivée en 1404, elle renonça à sa succession, ajoutant même à cet acte humiliant la cérémonie plus humiliante encore de déposer sur le cercueil du défunt sa ceinture, sa bourse et son trousseau de clefs, signes de la communauté de biens. Elle mourut presque subitement l'année d'après, et fut inhumée à Saint-Pierre de Lille. P. L.

Froissart, *Chroniques*. — *Religieux de Saint-Denis*. — Juvénal des Ursins, *Chronique*. — Meier, *Annales Flandriæ*. — Barante, *Hist. des Ducs de Bourgogne*.

MARGUERITE D'YORK, duchesse de Bourgogne, morte en 1503, à Malines. Elle était fille de Richard, duc d'York, descendant d'Édouard III, roi d'Angleterre. Deux de ses frères, Édouard IV et Richard III, montèrent sur le trône d'Angleterre. Elle devint, le 2 juillet 1468, la troisième femme de Charles le Téméraire, duc de Bourgogne, qui depuis plusieurs années souhaitait de resserrer ses liens d'amitié avec les Anglais; le mariage fut célébré à Bruges, avec toute la splendeur que la maison de Bourgogne apportait à ses fêtes. Après la mort de son mari (1477), Marguerite, qui haïssait Louis XI, travailla de tout son pouvoir à lui chercher des ennemis; elle avait conservé beaucoup d'influence sur Maximilien et Marie, qui montraient de l'empressement à suivre ses conseils. Quant à Édouard IV, il se déroba toujours aux pressantes sollicitations de sa sœur, et ne lui donna point d'assistance efficace contre la France. Marguerite, pour tenter un dernier effort, conduisit en juin 1480 une ambassade solennelle à Londres. Après avoir échoué encore une fois, elle revint habiter la Flandre, où sa libéralité la rendit populaire. Henri VII, qui avait remplacé sur le trône d'Angleterre la famille d'York, s'y était affermi en épousant la nièce de Marguerite. Les fâcheuses affaires que lui suscita cette dernière princesse lui firent donner le surnom de *Junon*. Ce fut elle qui fomenta la rébellion d'un fils naturel d'Édouard IV, Perkins Warbeck, qu'elle avait élevé. P. L.

Barante, *Hist. des Ducs de Bourgogne*. — *Art de vérifier les dates*.

MARGUERITE D'AUTRICHE, gouvernante des Pays-Bas, née à Bruxelles, le 10 janvier 1480, morte à Malines, le 1er décembre 1530. Fille de Maximilien d'Autriche et de Marie de Bourgogne, elle fut fiancée à l'âge de deux ans au dauphin Charles, fils de Louis XI. Conduite à la cour de France, elle y fut élevée par madame de Secret. En 1493 Charles VIII, arrivé au trône, s'étant décidé à épouser Anne de Bretagne, renvoya Marguerite à son père, qui la maria, en 1497, à l'infant Jean de Castille. Le vaisseau sur lequel elle s'était embarquée à Flessingue pour l'Espagne fut pendant la traversée assailli par une violente tempête; ce fut pendant ce danger que Marguerite écrivit sur une tablette de cire cette célèbre épitaphe :

> Cy gist Margot, la gente demoiselle
> Qu'eut deux maris et si mourut pucelle (1).

Arrivée en Espagne, elle eut quelques mois après la douleur de perdre son mari et l'enfant qu'elle avait eu de lui. En 1501 elle fut donnée en mariage à Philibert le Beau, duc de Savoie, qui mourut trois ans après. Restée sans enfants, elle se retira en Allemagne, auprès de son père. La mort de son frère, Philippe le Beau, roi de Castille, vint renouveler son chagrin; tous ces malheurs, qui se suivaient si rapidement, donnèrent à son caractère une teinte de mélancolie, qui se retrouve dans les pièces de poésie qui nous restent d'elle (2). En 1507 l'empereur Maximilien, son père, la chargea de prendre en main le gouvernement des Pays-Bas, lui confiant en même temps l'éducation de son petit-fils Charles, qui devint plus tard l'empereur Charles Quint. L'année suivante elle alla conclure à Cambrai, avec les envoyés des principaux souverains de l'Europe, la fameuse ligue dirigée contre la république de Venise. Elle eut principalement à traiter avec l'ambassadeur français, le cardinal d'Amboise, réputé le plus habile diplomate du temps, mais auquel elle sut très-bien tenir tête (3).

Marguerite s'occupa ensuite activement à mettre fin aux dévastations que Charles de Gueldre commettait depuis longtemps dans les Pays-Bas; sa correspondance avec Maximilien atteste avec quelle attention, quelle habileté elle sut ordonner les opérations militaires dirigées contre Charles. Mais elle ne voulut pas le faire excommunier, ainsi que le pape, « qui lui por-

(1) Dans un de ses *Dialogues des Morts*, Fontenelle fait soutenir à Marguerite que cette action décèle plus de courage que la mort de Caton et celle de l'empereur Adrien.

(2) C'est alors qu'elle adopta cette fameuse devise : *Fortune infortune fort une*, dont le sens, après toutes les discussions qu'on a soulevées à ce sujet, doit être entendu ainsi : *Fortuna infortunat fortiter unam*.

(3) Voilà ce qu'elle écrivait au sujet de ses négociations avec le cardinal : « Ce n'a été sans avoir souvent mal à la teste, et nous sommes monsieur le légat et moi cuidié prendre au poil. Touttes fois a la parfin nous nous sommes reconciliés et faits amis ensemble le mieux que a esté possible. »

tait une singulière affection et parlait d'elle en termes plus honorables que d'aucune princesse qui fût dans la chrétienté, » le lui avait offert. Après avoir conclu, en 1513, une trêve avec Charles, elle repoussa victorieusement les attaques du duc Georges de Saxe contre la Hollande, et obligea ce prince à renoncer, en 1515, à ses prétentions sur la Frise. Quelque temps après il fut question d'un mariage entre elle et Louis XII, l'ancien compagnon de ses jeux d'enfant pendant son séjour en France; mais il n'y fut pas donné suite, très-probablement par le refus de Marguerite, qui avait déjà dit, en 1506, lorsqu'on voulait lui faire épouser Henri VII d'Angleterre, « que par trois fois ils ont contracté d'elle, dont elle s'est fort mal trouvée ». Quoique fort occupée par les affaires politiques, elle n'en veillait pas moins avec une tendre sollicitude sur l'éducation de son neveu Charles et des quatre filles de Philippe le Beau, qui avaient aussi été commises à ses soins. Charles, devenu majeur en 1515, reconnut d'abord très-mal l'affection de sa tante; poussé par de Chièvres, son précepteur, il lui enleva toute part active au gouvernement. Accusée d'avarice, elle lui remit un état des sacrifices faits par elle, de ses propres deniers, pendant son administration. Malgré cela, malgré les représentations de Maximilien, Charles ne donna à Marguerite que voix consultative dans le conseil de régence qu'il établit pour les Pays-Bas en 1516, à son départ pour l'Espagne ; mais en 1518 il lui rendit la signature de tous les actes, la garde du signet des finances et la collation à tous les offices. Elle reconnut cette justice, qui lui était rendue, en s'entremêlant l'année suivante avec la plus grande ardeur dans les négociations qui préparèrent l'élection de Charles à l'Empire, d'abord très-problématique. « Pour se faire une idée de l'activité, du talent politique avec lesquels Marguerite combattit tant d'obstacles, dit M. Leglay, il faut lire sa correspondance avec le comte palatin Frédéric, avec Maximilien de Berghes, Henri de Nassau, le secrétaire Marnix, les cardinaux de Sion et de Gurce, etc. ; il faut aussi jeter un coup d'œil sur les comptes financiers, les mandements et quittances, qui constatent les sommes énormes dépensées en présents, gratifications, pensions, salaires pour les serviteurs grands et petits, qui contribuèrent à faire prévaloir l'élection de Charles. Les archevêques de Cologne, de Mayence et de Trèves reçurent, pour eux et leurs conseillers, près de cinq cent mille florins d'or. Rien n'est plus curieux et plus naïf que ces états de dépenses où figurent des sommes pour les parents, amis et valets des principaux négociateurs. Certes quand on a pris connaissance de tous ces titres et renseignements, on est fort disposé à attribuer à Marguerite la plus belle part dans une élection si contestée, et qui eut de si grands résultats. Charles appréciait bien du reste ce que sa tante faisait pour lui. »

En 1525 Marguerite usa du crédit qu'elle avait sur Charles pour faire rendre la liberté à François Ier ; après une trêve de six mois conclue par elle et Louise de Savoie, régente de France, elle travailla activement à la conclusion de la paix. Mais les hostilités ayant recommencé bientôt après, elle se vit pressée d'un côté par Charles, qui lui reprochait de ne pas faire rentrer assez activement les subsides, tandis qu'elle était d'un autre côté embarrassée sur les mesures à prendre contre l'extension de l'hérésie. « Sa conduite envers les religionnaires, dit encore M. Leglay, fut aussi sage et modérée qu'on pouvait l'espérer à une époque où l'irritation devait être grande contre des sectaires, qui venaient ajouter des troubles intérieurs aux malheurs de la guerre étrangère. » En 1529 elle alla s'aboucher à Cambrai avec Louise de Savoie pour rétablir la concorde entre Charles Quint et François Ier. Le traité connu sous le nom de *la Paix des Dames*, résultat de leurs négociations, se trouva tourné tout à l'avantage de l'empereur. Ce fut là le dernier acte important de la vie de Marguerite. Avant d'avoir pu réaliser son projet de se retirer dans le couvent des Annonciades, fondé par elle près de Bruges, elle mourut à la suite d'une plaie venue au pied par un éclat de verre.

Pendant toute sa vie Marguerite ne cessa d'encourager les lettres et les arts ; les écrivains les plus distingués de la Belgique, Jean Molinet, Jean Le Maire, Remi du Puys étaient ses bibliothécaires et ses historiographes ; ce fut sur sa demande que le célèbre Érasme reçut une pension d'abord de Philippe le Beau et ensuite de Charles Quint. Elle écrivit elle-même en français un grand nombre de pièces de poésie; trois volumes de chansons composées par elle se trouvaient à la bibliothèque de Bourgogne ; ils furent enlevés en 1794 par les Français, et on ne sait pas ce qu'ils sont devenus. Elle avait rassemblé dans son hôtel de Malines une riche bibliothèque ainsi que des collections d'objets d'arts de toutes espèces. C'est à elle enfin que nous devons l'église de Brou, cette merveille d'architecture et de statuaire, pour laquelle elle dépensa deux millions deux cent mille francs, équivalant à vingt millions d'aujourd'hui.

« Dans sa vie privée, dit M. Leglay, nous la voyons fille soumise et dévouée jusqu'au sacrifice : rien ne lui coûte lorsqu'il s'agit de servir les intérêts ou l'honneur de son père, si souvent compromis. Sœur tendre et affectionnée, elle adopte les enfants de son frère, et fait pour eux tout ce qu'on pourrait attendre de la meilleure des mères. La vie publique de Marguerite a été partagée entre les soins administratifs et les négociations diplomatiques. Dans l'une comme dans l'autre de ces carrières elle a fait constamment preuve de sagesse, de prudence et d'énergie. Le comté de Bourgogne et les provinces des Pays-Bas n'ont jamais été gouvernés avec plus d'habileté et de mansuétude. »

On a souvent accusé Marguerite d'avoir montré contre la France une haine implacable, à cause de la rupture de son mariage avec Charles VIII. Sa correspondance établit au contraire que c'est presque toujours sur ses instances et par ses soins que les accommodements se négocient entre son père ou son neveu et les rois de France; dans sa dernière lettre, écrite la veille de sa mort, elle recommande à Charles Quint de toujours conserver la paix avec la France.

La *Correspondance* de Marguerite avec son père a été publiée par M. Leglay, qui y ajoint une *Notice* très-complète sur cette princesse (Paris, 1839, 2 vol. in-8°). O.

Cornelius Graphæus, *Fata Margaritæ archiducissæ* (dans les *Notices et Extraits des Manuscrits de Bourgogne* de M. de Reiffenberg). — Le P. Rousselet, *Histoire de l'Église de Brou*. — Munch, *Leben Margarethas* (Stuttgard, 1833, in-8°) — Altmeyer, *Vie de Marguerite d'Autriche* (dans la *Revue belge*, année 1839). — Willems, *Het Leven van Margareta van Oostenrgk* (dans le *Belgisch Museum*).

MARGUERITE DE FRANCE, duchesse de Savoie, née le 5 juin 1523, à Saint-Germain-en-Laye, morte le 14 septembre 1574, à Turin. Elle était fille du roi François Ier et de Claude de France, et sœur de Henri II et de Madeleine, femme de Jacques V, roi d'Écosse. Dès son jeune âge elle acquit une connaissance assez étendue des lettres grecques et latines. Son savoir, sa prudence et sa libéralité lui acquirent beaucoup de réputation, et les poëtes les plus célèbres de son temps, qu'elle combla de bienfaits, chantèrent à l'envi ses louanges. Le nom de Marguerite se retrouve, cité avec respect, dans les vers de Ronsard, de Du Bellay, de Jodelle, de Dorat et de Belleau. Quoiqu'elle fût belle et fort courtisée, elle se renferma dans la solitude et ne rechercha, à la cour licencieuse de son père, d'autre renom que celui d'une femme aussi vertueuse que savante. En 1539, après la mort de l'impératrice Isabelle de Portugal, il fut question d'offrir à Charles Quint la main de Marguerite; mais, par suite des prétentions de ce dernier, ce projet, dont la conduite avait été confiée à M. de Brissac, échoua. Cette princesse était déjà une vieille fille lorsque les nécessités de la politique la firent accorder à Philibert-Emmanuel, duc de Savoie (27 juin 1559); elle apportait en dot à son époux les prétendus droits de la France sur le Piémont. Des fêtes splendides, des tournois, des réjouissances de tous genres solennisèrent ces fiançailles, célébrées en même temps que celles d'Isabelle, fille de Henri II, avec don Carlos, fils de Philippe II, roi d'Espagne. Le mariage eut lieu dans des circonstances assez tristes : il se fit sans cérémonie, dans la chapelle du Louvre, le 9 juillet suivant, tandis que le roi Henri II, blessé à mort, était à l'agonie. Ses nouveaux sujets n'eurent qu'à se louer du concours que Marguerite apporta au gouvernement de la Savoie; ils lui donnèrent le surnom de *mère du peuple*. En 1574, elle accueillit avec beaucoup d'affection son neveu Henri III, qui revenait de Pologne, et l'exhorta vivement, comme elle l'avait déjà fait avec d'autres souverains, à rendre la paix à la France. On dit qu'en cette occasion elle mit tant d'ardeur à bien traiter ce prince et les gens de sa suite qu'elle contracta une pleurésie, dont elle mourut en quelques jours. Elle ne donna à son mari qu'un fils, Charles-Emmanuel Ier. Les pièces de vers dont sa mort a été le sujet ont formé un recueil publié à Turin, 1575, in-8°. P. L.

Guichenon, *Hist. de Savoie*. — Brantôme, *Dames illustres*. — Louis Jacob, *Bibliotheca Fœminea*. — Monod, *Alliances de France et de Savoie*. — Jean Tonso, dans la *Vie d'Emmanuel-Philibert*. — Mézeray, *Hist. de France*.

MARGUERITE D'AUTRICHE, duchesse de Parme, gouvernante des Pays-Bas, née à Bruxelles, en 1522, morte à Ortonna, en 1586. Fille naturelle de l'empereur Charles Quint et de Marguerite van Gheenst, noble demoiselle flamande, elle fut élevée par Marguerite d'Autriche et ensuite par Marie reine de Hongrie. Après avoir été mariée, en 1533, à Alexandre, duc de Florence, qui fut tué en 1537, elle épousa Octave Farnèse, alors âgé seulement de douze ans et depuis duc de Parme et de Plaisance. La disproportion d'âge et le caractère impérieux de Marguerite empêchèrent les deux époux d'être jamais très-attachés l'un à l'autre. En juin 1559 Marguerite fut chargée du gouvernement des Pays-Bas par Philippe II, qui les quittait pour se rendre en Espagne. Selon l'ordre du roi, elle devait, dans les affaires importantes, avant de les porter devant le conseil d'État, prendre l'avis du comte de Berlaymont, président du conseil des finances, de Viglius, président du conseil privé, et enfin du fameux diplomate Granvelle, alors évêque d'Arras. Une des premières mesures de la régente fut de licencier, sans l'autorisation formelle de Philippe, les soldats espagnols qui, restés dans le pays depuis la paix, contrairement aux franchises, auraient fini par leurs excès par causer un soulèvement. Mais l'irritation recommença lors de la promulgation de la bulle, qui portait le nombre des évêchés de quatre à dix-sept; le peuple croyait que cette innovation devait servir à préparer l'établissement de l'inquisition, avec des attributions aussi étendues qu'en Espagne; les nobles étaient exaspérés, parce que les nouveaux évêques, dont la nomination dépendait du roi, devaient aux états occuper la place réservée jusqu'ici aux abbés, élus généralement parmi l'aristocratie; de plus on avait attribué aux évêques, pour leur entretien, une grande part des revenus des plus riches couvents qui étaient devenus l'apanage d'un certain nombre de familles. Cette mesure rencontra tant d'opposition qu'elle ne put être exécutée qu'en partie. Le mécontentement alla croissant, lorsque Granvelle, promu cardinal, obtint la direction du gouvernement. Ce furent surtout le prince d'Orange et le comte d'Egmont qui, n'étant plus consultés que pour les affaires de peu d'importance, contribuèrent à rendre Granvelle odieux à la nation; aussi Marguerite n'osa-t-elle pas, en 1562, envoyer, comme le voulaient Philippe et le cardinal, des troupes au secours des catholiques de France en guerre avec les huguenots; elle se borna à faire remettre cinquante mille couronnes au roi de France. En 1563 d'Egmont parvint à lui faire partager l'antipathie universelle contre le cardinal, dont elle obtint le renvoi, en mars 1564. En lui témoignant la plus grande déférence extérieure, les nobles gagnèrent peu à peu beaucoup d'ascendant sur Marguerite; ils espéraient la rendre favorable à leur projet de concentrer toutes les affaires dans les mains du conseil d'État, où ils dominaient, afin de pouvoir alors rétablir leurs fortunes dissipées dans des dépenses fastueuses, en trafiquant des emplois publics et des décisions de la justice.

Le départ de Granvelle n'avait pas rendu la situation meilleure; le déficit annuel montait à six cent mille florins; l'exécution des édits de religion, bien que faite avec ménagement, puisque dans toute l'année 1564 il n'y eut que dix-sept personnes mises à mort pour cause d'hérésie, exaspérait les sectaires, très-nombreux dans les Pays-Bas, et une rébellion prochaine était à prévoir. Marguerite alors envoya d'Egmont à Madrid, pour exposer au roi la nécessité d'adoucir les édits et de réorganiser les conseils; mais Philippe ne voulut consentir à aucune modification de son système de compression. Marguerite le supplia de venir lui-même maintenir l'ordre sérieusement menacé; pour toute réponse le roi lui adressa, le 17 octobre 1565, cette fameuse lettre datée du bois de Ségovie, où il déclara sa volonté immuable de laisser cours libre aux rigueurs prononcées contre les hérétiques et de refuser la convocation des états généraux, demandée avec instance par la nation tout entière. La publication de ces ordres implacables fit lancer contre le gouvernement des milliers de pamphlets. Une revolte paraissait imminente, d'autant plus que le pain était de la plus grande cherté. Le fameux *Compromis des nobles*, protestation énergique contre l'introduction de l'inquisition espagnole, rédigé en novembre 1565 par une vingtaine de jeunes seigneurs, se couvrait de signatures. Marguerite se vit obligée de reprendre la politique rigoureuse qu'elle avait blâmée chez Granvelle; les grands seigneurs, auxquels elle avait accordé toute sa confiance, se refusèrent de l'aider à calmer l'irritation causée par la lettre du roi. Tout en s'apprêtant à combattre toute insurrection, elle pressa Philippe de faire des concessions, faisant valoir le manque d'argent pour payer les troupes, et d'officiers pour les commander. Le 5 avril 1566 elle reçut et traita avec affabilité une députation, composée de deux cents nobles confédérés, qui venaient lui exposer les griefs de la nation (1). Leur ayant promis que jusqu'à la décision du roi les juges useraient de la plus grande indulgence dans l'application des peines contre les hérétiques, elle envoya en Espagne le baron de Montigny et le marquis de Berghes présenter à Philippe les réformes demandées par la ligue des nobles.

La conduite de la régente faisait croire que la liberté de conscience allait être proclamée; la réforme fit des progrès rapides, et les sectaires s'enhardirent au printemps de 1566 jusqu'à tenir des prêches publics dans un grand nombre de villes. Marguerite, se voyant hors d'état de résister à l'envahissement des réformés, se plaignit amèrement à Philippe « qu'après tant de sollicitations pressantes, on l'ait ainsi laissée sans aide et sans ordre, de manière que dans tout ce qu'elle fait elle doit aller en tâtonnant et au hasard ».

Sur ces entrefaites, les confédérés armaient ouvertement et se mettaient en relation avec les huguenots de France et les luthériens d'Allemagne. Enfin, en juillet 1566, Philippe se decida à faire quelques concessions minimes, qui furent reçues avec mépris. Les prédications violentes des missionnaires calvinistes et autres amenèrent enfin une explosion. La populace se mit à saccager et à piller avec une rage indicible tous les édifices qui avaient quelque rapport avec la religion catholique, églises, monastères, chapelles et jusqu'aux hôpitaux; cette œuvre de destruction, qui fit périr un nombre inappréciable de chefs-d'œuvre de l'art, ainsi que beaucoup de manuscrits précieux, dura du 14 août jusqu'à la fin de ce mois. Marguerite se vit forcée d'accorder une amnistie complète aux nobles confédérés et de permettre aux sectaires de tenir des réunions publiques; en retour, les seigneurs s'empressèrent de faire partout rétablir l'ordre. Mais dès que la tranquillité fut un peu rétablie, Marguerite s'attacha, avec une ardeur infatigable, à venger les outrages faits à l'autorité. Sans annuler les concessions accordées aux réformés, elle les rendit illusoires par toute espèce de restriction; ayant fait lever de nouvelles troupes en Allemagne, elle réprima avec energie les excès des sectaires. Les confédérés s'etant mis en rébellion ouverte, elle fit disperser, au commencement de 1567, leurs deux petites armées. Valenciennes, qui n'avait pas voulu recevoir de garnison, fut bombardée et forcée de capituler; dans le courant de l'année, elle étouffa la révolte dans tout le pays, même en Hollande. Les sectaires furent de nou-

(1) Brederode, un de leurs chefs, prétendit que la duchesse, d'abord intimidée par leur nombre, s'était promptement remise, sur l'observation de Berlaymont « que ce n'était qu'un tas de gueux ». De là le nom de gueux donné à tout le parti opposé à la tyrannie de Philippe.

echerchés avec une grande sévérité : la ce, qui les avait secondés lors du sac des , se mit à les traquer avec outrance. Marguerite apprit que, bien que l'auto- roi fût entièrement assurée, Philippe ersistait pas moins à envoyer dans les las le duc d'Albe à la tête d'une armée, elle outrée et le pria d'accepter sa démission. n'avez eu aucun égard pour mes désirs ma réputation, lui écrivit-elle le 5 avril par les restrictions que vous avez apportées autorité, vous m'avez empêchée de régler ires du pays aussi parfaitement que je désiré ; à présent que Votre Majesté voit ires en un bon état, elle en veut donner ur a d'autres, tandis que, moi seule, j'ai fatigues et les dangers. Mais au lieu de r ainsi le restant de mes jours, comme j'ai ine ma santé, je suis résolue de me re- our me consacrer entièrement, dans une sible, au service de Dieu. »

qu'à l'arrivée du duc d'Albe Marguerite se rçue que, bien que le titre de régente lui conservé, elle n'exerçait plus d'autorité elle se démit définitivement de sa dignité, Bruxelles dans les derniers jours de 1567, ejoindre son époux en Italie. Gratifiée par une pension de vingt mille écus, elle ne plus sur le théâtre de la politique. En le eut la joie de voir son fils aîné, le célè- xandre Farnèse, appelé au gouvernement s-Bas. « Dans ses manières, dans son air, démarche, dit M. Prescott (*Histoire du de Philippe II*, t. II), Marguerite res- t beaucoup à sa tante Marie de Hongrie, elle, Marguerite aimait passionnément se a courre, et elle se livrait à cet exer- ec une intrépidité qui eût effrayé le plus hasseur. Elle n'avait guère cette douceur le qui est le propre de son sexe; mais montrait singulièrement virile dans toute luite, de sorte que, pour rendre les ex- ns grossières de l'historien Strada, elle t, dans ses habits de femme, un homme ns; pour ajouter à l'illusion, la nature lui onne quelques poils au visage. Sous cet Marguerite n'était pas dépourvue des qui font l'ornement de la femme. Son e était bon ; mais elle prenait trop les des autres, et plus qu'à ses propres in- ns, on peut rapporter à cette influence s qui lui sont le plus reprochés. Elle jugement excellent, une compréhension e. Elle s'accommodait avec une grande se aux exigences de sa position, et mon- ans sa conduite des affaires une rare , acquise peut-être à l'école des politi- aliens. » Un grand nombre de lettres de rite se trouvent dans la *Correspondance lippe II*, qui, publiée par M. Gachard, es, 1854, 2 volumes in-4°, forme une rces les plus importantes à consulter pour l'histoire de cette période.

E. G.

Strada, *De Bello gallico*. — Hopper, *Recueil et Mémorial des troubles des Pays-Bas*. — Meterus, *Histoire des Pays-Bas*. — *Papiers d'État de Granvelle*. — Groen van Prinsterer, *Archives de la Maison d'Orange*. — Gachard, *Correspondance de Guillaume le Taciturne*. — Van der Vynckt, *Troubles des Pays-Bas*. — Brandt, *Reformation dans les Pays-Bas*. — Burgundius, *Historia Belgica*. — *Vita Viglii*. — Van der Haer, *De initiis tumultuum belgicorum*. — Schiller, *Geschichte des Abfalls der Niederlande*. — Th. Juste, *Histoire de la révolution des Pays-Bas sous Philippe II* (Bruxelles, 1856, 2 vol.). — Prescott, *Histoire du Règne de Philippe II*.

MARGUERITE *de Duyn*, en Savoie, ou *d'Oin*, en Lyonnais, prieure de la chartreuse de Poletin, morte dans les dernières années du treizième siècle ou les premières du quatorzième. On n'a sur sa vie que des renseignements incertains, sinon discordants. Les écrits qu'elle a laissés sont intitulés : *Pagina Meditationum ;* — *Speculum seu Visio S. Margaretæ, priorissæ Pelotensis*, titre latin d'un ouvrage français. Mentionnons, en outre, des lettres et des prophéties. Ces ouvrages existent manuscrits à la bibliothèque de Grenoble. B. H.

Hist. Littér. de la France, t. XX, p. 305. — Pernetti, *Lyonn. dignes de mém.*, t. I, p. 142.

MARGUERITE D'YORK. *Voy.* BEAUFORT.

MARGUERITTES (*Jean-Antoine* TEISSIER, baron DE), littérateur et homme politique français, né à Nîmes, le 30 juillet 1744, guillotiné à Paris, le 1er prairial an II (20 mai 1794). La noblesse de sa famille était peu ancienne ; mais son père, qui avait acheté une charge de secrétaire du roi, lui laissa une fortune considérable. En 1789 J.-A. de Marguerittes était maire de Nîmes ; il fut député par la noblesse du Languedoc à l'Assemblée constituante. Il s'y montra opposé aux tendances révolutionnaires. De retour dans son pays, il toléra qu'on lui fît une ovation dans laquelle un grand nombre de gardes nationaux eurent l'imprudence d'arborer la cocarde blanche, alors prohibée. Des rixes sanglantes suivirent cette démonstration. Marguerittes, sur la proposition de Charles de Lameth (13 mai 1790), fut cité à la barre de l'Assemblée nationale pour rendre compte de sa conduite. La majorité se déclara satisfaite des explications de Marguerittes, mais son collègue, le montagnard Vouland, l'accusa de nouveau (27 octobre 1790) de fomenter des troubles entre les catholiques et les protestants. Cette attaque n'eut pas de suites immédiates ; néanmoins elle causa la perte de Marguerittes. A l'expiration de son mandat, Marguerittes fonda à Lagny-sur-Marne une fabrique de blanc de céruse. Vouland et Héron l'y firent arrêter, le 7 frimaire an II (27 novembre 1793). Traduit devant le tribunal révolutionnaire, le baron de Marguerittes fut condamné à mort avec Boyer-Brun, journaliste de Nîmes, et Des Combiers, page du roi, comme « convaincus de conspirations contre le peuple, signalées notamment à Nîmes et à Arles, tendant à allumer la guerre civile par les armes du fanatisme, par des écrits et imprimés contre-révolutionnaires, par suite desquels des assassins, portant la cocarde blanche et des drapeaux blancs, ont donné la mort à un grand nombre de patriotes. » Margueritte était membre des académies de Béziers, Lyon, Montauban et de Nîmes. On a de lui : *La Révolution de Portugal*, tragédie; 1775, in-8°; — *Discours sur l'avénement du roi Louis XVI à la couronne;* Amsterdam, 1775, in-8°; — *Instruction sur l'éducation des vers à soie;* — *Opuscules sur l'amphithéâtre de Nîmes*; — *Clémentine, ou l'ascendant de la vertu*, drame en cinq actes; et plusieurs brochures politiques aujourd'hui sans intérêt. R—R et L—Z—E.

Documents inédits. — *Moniteur général*, ann. 1789-1793.

MARGUNIO (*Maxime*), théologien et poëte grec moderne, né à Candie, dans l'île de ce nom, vers 1523, mort dans sa ville natale, en 1602. Fils d'un marchand, il se rendit à Venise avec son frère en 1547. Il alla ensuite étudier à l'université de Padoue; mais sa qualité de schismatique l'empêcha de recevoir le grade de docteur. De retour à Venise et ayant hérité de la fortune de son père, il ouvrit une imprimerie grecque d'où sortirent beaucoup d'ouvrages. L'incendie qui consuma la célèbre bibliothèque de Saint-Antoine, en 1575, détruisit aussi l'établissement de Margunio et le réduisit lui-même à une extrême pauvreté. Il retourna en Grèce, et s'y fit moine. A cette occasion il changea son premier nom de *Manuel* contre celui de *Maxime*. Il s'occupa de théologie, et, dans le dessein de réconcilier l'Église grecque avec la latine, il écrivit sur la procession du Saint-Esprit des livres où il fit de vains efforts pour satisfaire les deux partis. Il porta ces ouvrages à Rome, et en attendant qu'ils fussent examinés, il reçut du pape Grégoire XIII le titre d'évêque de Cithère et une pension, vers 1585. L'examen, confié aux cardinaux Santorio, Laureo, Valerio se prolongea jusqu'au temps de Sixte Quint, et ne fut pas favorable à Margunio. On lui prescrivit sous peine de prison de faire une profession de foi orthodoxe devant les inquisiteurs. Plutôt que de comparaître devant ce redoutable tribunal, Margunio s'enfuit, et revint en Grèce. Le reste de sa vie se passa, soit à Constantinople, soit dans son évêché, soit même en Italie; car on le retrouve à Venise et à Padoue en 1590, 1591, 1592, 1601.

Outre divers traités ecclésiastiques, Margunio a laissé des *Hymnes anacréontiques*, publiés par David Hœschel; Augsbourg, 1592, 1601, in-8°. Plusieurs de ses poésies grecques ont été publiées dans le *Corpus Poetarum Græcorum*; Genève, 1606, 1614, 2 vol. in-fol. Conrad Ritterhusius publia les *Hymnes* avec une traduction latine, 1601, in-8°. Y.

Lami, *Deliciæ Eruditorum*; Florence, 1739. — Papadopoli, *Historia Gymnasii Patavini*. — Moreri, *Grand Dictionnaire Historique*.

MARHEINEKE (*Philippe-Conrad*), célèbre théologien protestant allemand, né à Hildeshein en 1780. Depuis 1806 il enseigna la théolog successivement à Erlangen, à Heidelberg et Berlin; il fut nommé en 1811 prédicateur l'église de La Trinité à Berlin. On a de lui *Predigten* (Sermons), 4 vol., parus de 1805 1818 à Gœttingue, Erlangen et Berlin; — *Christliche Symbolik* (Symbolique chrétienne); Heidelberg, 1810-1814, 3 vol.; — *Geschichte de deutschen Reformation* (Histoire de la Réform en Allemagne); Berlin, 1816, et 1831-183 4 vol. in-8°; — *Grundlehren der christliche Dogmatik* (Principes de la Dogmatique chrétienne); Berlin, 1819 et 1827; — *Institutione Symbolicæ;* Berlin, 1830; — plusieurs brochures contre Möhler, Bruno Bauer, Görres, etc. — Marheineke a publié parmi les *Œuvres* d Hegel, son maître et ami, la *Philosophie de Religion*. O.

Convers.-Lex.

MARI (*Alessandro*), peintre de l'école piémontaise, né à Turin, en 1650, mort à Madrid en 1707. Dans sa jeunesse, il s'était adonné à l poésie; plus tard il apprit la peinture, sous Domenico Piola, Liberi et Lorenzo Pasinelli. Il pass quelques années à Milan, où il se fit une certain réputation en contrefaisant des tableaux de maîtres, et en composant d'ingénieuses allégories. E Espagne, il fut employé par le roi Philippe V il y passa le reste de sa vie. Les ouvrages qu peuvent lui être attribués avec certitude son assez rares, et nous ne pouvons guère citer d lui que *Le Christ avec saint Sébastien et sain Roch*, à Parme et *Un Trait de saint Philipp Benizzi*, à Bologne. E. B—N.

Orlandi. — Lanzi. — Ticozzi. — Bartolozzi, *Guida d Parma*. — *Guida di Bologna*.

MARIA (*Francesco* DI), peintre de l'écol napolitaine, né à Naples, en 1623, mort en 1690 Il fut un des meilleurs élèves du Dominiquin, e s'est surtout montré tel dans ses peintures tirée de l'histoire de saint Laurent aux Conventuel de Naples. Luca Giordano disait de lui « qu'e s'épuisant à faire des os et des muscles, il par venait à produire des figures belles et vraies mais insipides. » Ce jugement est sévère; on n peut l'accepter sans réserve lorsqu'on sait qu'u portrait de Maria, exposé à Rome auprès de portraits de Rubens et de van Dyck, fut préfér par le Poussin, par Pierre de Cortone et Andrea Sacchi. E. B—N.

Dominici, *Vite de Pittori Napoletani*.

MARIA Ire (*Françoise-Élisabeth*), reine de Portugal, née à Lisbonne, le 17 décembre 1734, morte à Rio-Janeiro, le 20 mars 1816. Fille aînée de Joseph Ier et de Marie-Anne-Victoire d'Espagne, elle épousa, le 6 juin 1760, son oncle dom Pedro. Douce, bonne, instruite, mais craintive et superstitieuse, cette princesse ne paraissait pas propre à dominer les partis. Pour assurer le succès des réformes qu'il avait opérées dans l'État, Pombal poussait le roi à faire passer sa couronne, après sa mort, sur la tête du fils aîné de la princesse Maria, avec le consentement de celle-ci. Le roi se croyait sûr d'obtenir ce consentement; la reine, ambitieuse et hautaine, était plus à craindre : elle connut le projet du roi, par l'indiscrétion de Joseph de Scabra, secrétaire d'État, et fit promettre à dona Maria de ne signer aucun papier sans l'avoir consultée. Dona Maria refusa en effet de souscrire l'acte de sa renonciation au trône que le roi lui présenta, et Pombal dut abandonner ses plans. Scabra fut disgracié et exilé en Afrique. Le 24 février 1777, dona Maria succéda à son père, qui venait de mourir; une attaque de rougeole retarda sa proclamation. Son mari prit le nom de Pedro III. Le ministre Pombal fut renvoyé, mais il reçut bientôt une pension et une commanderie. La reine rendit la liberté à tous les prisonniers politiques, même a trois personnages impliqués dans l'attentat commis en 1758 sur la personne du roi Joseph, son père. Elle rappela tous les exilés, a l'exception des Jésuites, et encore ceux qui revinrent purent se retirer librement au monastère de Belem. Bientôt les ennemis de Pombal demandèrent sa mise en accusation, et il échappa avec peine à une condamnation. La mort de la reine douairière fit éclater dans le ministère des dissensions qui durèrent jusqu'à la mort de dom Pedro, arrivée le 25 mai 1786. Ce prince contrariait souvent la reine; cependant elle lui prodigua les plus tendres soins dans sa dernière maladie. Lorsqu'elle l'eut perdu, sa santé s'altéra; elle parut disposée à la retraite, finit par refuser de s'occuper d'affaires, et ne voulut plus voir que son confesseur et le duc de Lafoens. Au commencement de son règne, des conventions importantes avaient été conclues; en 1777 et 1778 un nouvel arrangement fixa la ligne de séparation des possessions espagnoles et portugaises dans l'Amérique du Sud; en 1780 une alliance commerciale fut établie entre Maria Ire et Catherine II. La même année l'Académie de Lisbonne fut créée par l'influence du duc de Lafoens. Des sommes énormes étaient aussi dépensées pour des couvents inutiles; mais le Mondenego fut canalisé et un décret de 1794 décida l'ouverture d'une route de Lisbonne à Coimbre et à Porto. « La reine, disait alors un voyageur, est une femme vraiment digne d'estime et de respect, mais elle n'a pas les qualités qui constituent une grande reine. Personne n'est plus humain, plus charitable et plus sensible qu'elle; mais ces bonnes qualités sont gâtées par une dévotion excessive et mal entendue. Son confesseur, qui a sur elle un ascendant illimité, lui fait employer à des actes de pénitence un temps qu'elle pourrait consacrer plus utilement au bonheur de ses peuples, sans nuire au salut de son âme. » Des terreurs religieuses finirent par troubler son esprit. Elle s'éloigna de Lisbonne, laissant l'administration du pays à son fils aîné, le prince de Brésil, Joseph-François-Xavier. Elle tomba dès lors dans une mélancolie profonde, qui augmenta encore après la mort de l'infant dom Joseph, enlevé par la petite vérole, le 5 septembre 1788. Le second fils de Maria Ire, l'infant Jean, succéda à son frère comme régent (*voy.* JOAO VI). En 1791 la reine fut menacée d'hydropisie; son état s'aggrava, et au commencement de l'année suivante sa raison s'altéra au point que l'infant dom Jean, qui avait jusque alors laissé les ministres gouverner, déclara, par un édit du 10 février, qu'il signerait dorénavant tous les actes du pouvoir, au nom de la reine. On appela le docteur Willis, qui avait obtenu quelques succès en traitant le roi d'Angleterre Georges III; mais ce docteur jugea la maladie de dona Maria incurable. Cette reine n'eut plus depuis que de rares moments de lucidité. A l'approche de l'armée française, sous les ordres de Junot, le régent fit embarquer sa mère avec lui et sa famille, le 27 novembre 1807, pour le Brésil, ou elle mourut, neuf ans plus tard. Ses restes ont été rapportés à Lisbonne. Outre ses deux fils, elle avait eu une fille, Marie, qui épousa don Gabriel, infant d'Espagne. J. V.

I.-M. de Souza Monteiro, *Historia de Portugal desde o reinado da Senhora dona Maria I ate a convençao d'Evora Monte*; Lisbonne, 1838, 2 vol. in-12. — Ferd. Denis, *Portugal*, dans l'*Univers pittoresque*. — *Biogr. univ. et portat. des Contemp.*

MARIA II DA GLORIA (*Jeanne-Charlotte-Léopoldine-Isidore-da-Cruz-Françoise-Xavier-da-Paula-Micuela-Gabriella-Rafaela-Louise-Gonzaga* dona, reine de Portugal, née à Rio-Janeiro (Brésil), le 4 avril 1819, morte à Lisbonne, le 15 novembre 1853. Fille de l'empereur du Brésil dom Pedro Ier (*voy.* ce nom) et de sa première femme, l'archiduchesse Léopoldine d'Autriche, elle était encore au Brésil avec son père lorsque mourut, à Lisbonne, son grand-père, Jean VI (*voy.* ce nom), roi de Portugal, le 10 mars 1826. Dès le 6 mars Jean VI avait nommé une régence qui devait pourvoir à l'administration du royaume jusqu'à ce que celui à qui appartenait la couronne eût fait connaître sa volonté. Après la mort du roi, et conformément à la charte, l'infante Isabelle-Marie (*voy.* ce nom) fut nommée régente, et le général Saldanha fut placé à la tête du ministère. Dom Pedro, en apprenant la mort de son père, accorda, le 23 avril 1826, une charte nouvelle au Portugal, et déclara renoncer à ses droits sur ce royaume en faveur de sa fille dona Maria. La même année la reine perdit sa mère. Le 3 juillet 1827, dom Pedro rendit un décret qui conférait la régence à son frère dom Miguel (*voy.* ce nom). Le 29 octobre suivant dona Maria fut fiancée à son oncle dom Miguel, alors à Vienne. Le 22 février 1828, dom Miguel, portant le titre d'infant, rentra à Lisbonne. Le 15 avril un mouvement populaire l'éleva au trône, et, oubliant le serment qu'il avait prêté comme régent, il accepta, le 30 juin, la couronne royale que lui offrit une assemblée de cortès convoquée par lui. L'infante Isabelle-Marie s'était démise de ses fonctions le 23 juin. Des mouvements de la reine en faveur de dona Maria avaient éclaté à Porto et à Coïmbre, sous la direction de Saldanha et de Pizarro; mais l'ensemble manqua à ces mouvements, et les partisans du gouvernement constitutionnel durent émigrer. Le 5 juillet dona Maria était partie de Rio-Janeiro pour venir achever son éducation à Vienne; mais, en présence des événements qui se passaient en Portugal, elle débarqua en Angleterre, où elle fut reçue avec le rang de reine, le 24 septembre. Un parti de constitutionnels s'était formé aux Açores; une expédition d'émigrés ne put parvenir à les rejoindre au mois de janvier 1829. A la fin de juin, la reine nomma le comte de Villaflor capitaine général des troupes réunies à Terceire. Le 15 du même mois l'empereur dom Pedro avait nommé à sa fille un conseil de régence présidé par le marquis de Palmella et destiné à faire prévaloir les droits de la jeune reine. Le 11 août le comte de Villaflor obtint un avantage contre une expédition envoyée par dom Miguel, et le 3 mars 1830 la régence, réduite à deux membres, s'était constituée aux Açores. Le 30 août 1830, la reine partit pour le Brésil avec la princesse Claire-Amélie de Leuchtemberg, qui allait épouser l'empereur dom Pedro; elles arrivèrent à Rio-Janeiro le 16 octobre. Les événements de juillet 1830 changèrent la face des affaires en Europe. D'injustes condamnations rendues contre des Français avaient amené l'amiral Roussin dans les eaux du Tage, et dom Miguel avait dû céder devant les forces de la France. La régence de Terceire s'était emparée de Pico et de Saint-Georges.

Obligé d'abdiquer la couronne du Brésil en faveur de son fils, dom Pedro II, le 7 avril 1831, dom Pedro Ier, prenant le titre de duc de Bragance, revint en Angleterre, puis se rendit en France, avec sa fille, et habita Paris et le château de Meudon; c'est là qu'il prit la résolution de rendre le trône de Portugal à sa fille. Le 10 février 1832 il partit de Belle-Isle pour rejoindre les forces de Terceire. Le 22 il arriva à San-Miguel; le 3 mars la régence lui remit l'autorité. Le 7 juillet il put débarquer sur les côtes de Portugal; mais, enfermé dans Porto, il dut subir un long siége. Enfin l'amiral Napier détruisit la flotte de dom Miguel, le 5 juillet 1833; le maréchal Saldanha gagna la bataille d'Almoster, et le comte de Villaflor poursuivit ses succès jusqu'à Lisbonne, où il parvint le 24 juillet. Le 23 septembre, dona Maria, arrivée à Lisbonne, commença son règne, sous la tutelle de son père.

Dona Maria II avait été solennellement reconnue par l'Espagne, la France et l'Angleterre. Les conventions du traité de la quadruple alliance conclu à Londres, le 22 avril 1834, procurèrent à l'armée constitutionnelle l'assistance d'un corps auxiliaire espagnol commandé par le général Rodil. Dom Miguel, d'abord refoulé à Coïmbre, puis forcé dans ses dernières positions, à Santarem, fut obligé, le 26 mai, de souscrire à la capitulation d'Evora, par laquelle il s'engageait à quitter le pays avec le prétendant d'Espagne don Carlos. Les cortès, que dom Pedro s'était empressé de convoquer, en rétablissant la charte de 1826, confirmèrent ce prince, le 17 août, dans la régence du royaume. Il détruisit les priviléges de la compagnie des vins du Douro, et supprima les congrégations religieuses, dont les biens furent en partie vendus pour suppléer à la pénurie du trésor. Six jours avant la mort de dom Pedro, le 18 septembre 1834, les cortès déclarèrent dona Maria majeure, et lui remirent le plein exercice de la souveraineté. La jeune reine s'occupa aussitôt du choix d'un époux, et accorda sa main au prince Charles-Auguste-Eugène-Napoléon de Leuchtemberg, qu'elle épousa à Lisbonne, le 27 janvier 1835. Dom Augusto, prince de Portugal, titre que prit le mari de la reine dona Maria, était arrivé à se faire aimer, lorsqu'une esquinancie l'enleva, le 28 mars 1835. Le 9 avril 1836, dona Maria, épousa, en secondes noces, le duc Ferdinand de Saxe-Cobourg-Kohary, lequel, à la naissance d'un prince héritier du trône, reçut le titre de roi, sous le nom de Ferdinand II.

Le règne de dona Maria fut très-agité. Son père lui avait donné pour conseil un ministère dont le duc de Palmella et le comte de Villaflor, devenu duc de Terceire, étaient les chefs; mais la jeune reine ne put s'accorder avec ses ministres, et le maréchal Saldanha, qui s'était mis à la tête des libéraux, devint, le 27 mars 1835, le chef d'une combinaison ministérielle qui dura peu. L'irritation soulevée dans le parti démocratique prit un caractère menaçant. Le refus des cortès d'adhérer à la nomination du roi comme généralissime de l'armée portugaise détermina deux fois leur dissolution. Enfin, le 9 septembre 1836, un mouvement éclata. Les troupes passèrent du côté de l'insurrection, et la reine dut congédier son ministère et accepter la constitution de 1822. Une tentative de contre-révolution, dirigée par les chefs de l'aristocratie, échoua le 4 novembre. Le gouvernement fut dès lors dominé par l'influence de la garde nationale de Lisbonne et des sociétés populaires. Les chartistes organisèrent en vain, dans le nord, sous la conduite de Saldanha et du duc de Terceire, des forces qui menacèrent la capitale; ils furent obligés de battre en retraite et de capituler, le 20 septembre 1837. Au milieu de ces troubles, les cortès, assemblées extraordinairement pour refondre la constitution, surent garder une certaine modération. En maintenant les bases démocratiques de la constitution de 1822, elles conservèrent à la reine son *veto* absolu. Dona Maria dut prêter serment à la nouvelle charte, le 4 avril 1838. Des écarts violents des exaltés et des complications extérieures amenèrent la chute du parti ultra-libéral. L'Angleterre exigeait une exécution rigoureuse du traité sur la traite des noirs. Les cortès s'exaltèrent, et, pour éviter la guerre, il fallut prononcer leur dissolution, le 25 février 1840. Les élections furent favorables aux pédristes ou partisans du régime aristocratique, et un changement de cabinet ramena l'accord avec l'Angleterre, qui bientôt après prêta sa médiation au gouvernement portugais, lorsque la question de la navigation du Douro devint à son tour un sujet de difficultés avec l'Espagne. La réconciliation du saint-siége avec la cour de Lisbonne et la reconnaissance du gouvernement de la reine de Portugal par les cabinets du Nord, en 1841, fortifièrent la position de dona Maria. A la suite de plusieurs insurrections à Porto et dans d'autres villes, un mouvement décisif, secondé par la troupe, réussit à Lisbonne, et se termina, le 10 février 1842, par la restauration de la charte de 1826. Un nouveau cabinet fut organisé, sous la direction du duc de Terceire et de Costa Cabral; mais le premier ne tarda pas à échanger le ministère contre le commandement supérieur des troupes réunies à Lisbonne. Dans l'été il reprit le portefeuille de la guerre et la présidence du conseil. Une émeute, survenue à Porto en janvier 1843, à propos d'une augmentation d'impôt, fut promptement réprimée. Une insurrection militaire, qui éclata au mois de février 1844, dans la place forte d'Almeida, causa de plus graves embarras. Au mois de mai Costa Cabral, créé plus tard comte de Thomar, fut placé à la tête du cabinet. On se plaignit de la confiance que la reine accorda aux deux frères Costa et Silva Cabral, et de leur politique violente et inconstitutionnelle.

Dans l'été de 1846, il éclata une révolte que la reine ne put comprimer. Dona Maria fit des concessions, et rappela le duc de Palmella aux affaires; mais la tranquillité n'était pas rétablie quand la reine rappela les chartistes au ministère, Saldanha à sa tête, le 6 octobre. Le parti démocratique organisa la résistance à Porto, sous la direction de Sa da Bandeira, de Passos, de Bomfin et du comte das Antas. Les miguelistes s'agitèrent, et lancèrent des *guerillas* sous la conduite de Mac Donnell. Le maréchal Saldanha, à la tête des troupes royales, remporta quelques avantages, notamment à Torres Vedras, le 22 décembre 1846; mais il ne put s'emparer de Porto. Le mouvement démocratique fit de nouveaux progrès et gagna les Açores au printemps de 1847. Les puissances alliées étant convenues d'une intervention, le colonel anglais Wylde somma la junte insurrectionnelle de Porto de se dissoudre, promettant, au nom de la reine, une amnistie générale, le retrait de tous les décrets contraires à la constitution et la convocation des cortès. La junte refusa ces propositions. En mai 1847, l'Angleterre envoya une escadre sur la côte, en même temps que l'Espagne faisait entrer un corps d'armée en Portugal. Porto tomba au pouvoir des Espagnols à la fin de juin. Les cortès ne furent convoquées qu'à la fin d'août, et il se constitua alors un ministère neutre, qui, en décembre, fut remplacé par un ministère chartiste présidé par Saldanha.

En juin 1849, dona Maria rappela Cabral à la tête du ministère. L'Angleterre et les États-Unis menacèrent encore le Portugal au sujet de réclamations pécuniaires. Costa Cabral continuait son système de violences et d'illégalités. En avril 1851, Saldanha profita du mécontentement général pour tenter une insurrection militaire, qui sembla d'abord ne pas réussir et qui pourtant mit fin sans effusion de sang au pouvoir de Costa Cabral, parce que la ville de Porto et le parti démocratique s'y rallièrent. Le comte de Thomar donna sa démission et s'enfuit, en mai 1851. La reine fit en vain appel au dévouement du duc de Terceire. La défection de l'armée mit le pouvoir aux mains de Saldanha, qui entra le 15 mai en triomphe à Lisbonne. Les chambres furent dissoutes; de nouvelles cortès furent appelées à réviser la constitution et une loi électorale démocratique fut promulguée; mais Saldanha essaya bientôt de revenir en arrière : il voulut modifier la loi des élections, ce qui provoqua une crise ministérielle, à la suite de laquelle les progressistes cédèrent la place aux conservateurs dans le cabinet. Les élections nouvelles ne furent pas favorables à cette combinaison. Les cortès se réunirent en janvier 1852; à la fin de mars, Saldanha offrit sa démission : la reine refusa de la recevoir; les cortès furent ajournées; à leur nouvelle réunion, rien n'était changé. Le 9 juillet on vota un acte additionnel à la constitution, en vertu duquel on fixa les questions de la régence, des élections, du vote annuel de l'impôt, du régime communal, etc., en même temps que la peine de mort était abolie en matière politique. Le 23 les cortès rejetèrent un décret tendant à capitaliser et à amortir la dette arriérée. Le gouvernement prononça la dissolution des cortès, et déclara dans un manifeste qu'il exécuterait lui-même les mesures qui avaient échoué devant les chambres. Un décret du 18 décembre 1852 transforma alors toute la dette portugaise en trois pour cent. Le parti de dom Miguel se remuait encore, mais d'une manière stérile. Cependant le Portugal était loin d'être tranquille, lorsque la reine mourut, à la suite d'une couche laborieuse. Le roi Ferdinand prit alors la régence au nom de son fils mineur, dom Pedro V (*voy.* ce nom), qui, arrivé à sa majorité le 16 septembre 1855, règne aujourd'hui sur le Portugal.

Un journal anglais dit de dona Maria : « Sa vie publique ne s'élève pas au-dessus du commun, aucune qualité brillante ne la distinguait; mais elle possédait à un éminent degré les modestes et douces vertus domestiques. Bonne épouse, tendre mère, excellente maîtresse pour tous ceux qui la servaient, elle était chérie de tous ceux qui la connaissaient. » Elle avait eu cinq fils et deux filles de son mari, savoir : don Pedro V de Alcantara, né le 16 septembre 1837; Louis-Philippe-Marie-Ferdinand, duc de Porto, né le

31 octobre 1838; Jean-Marie-Ferdinand, duc de Beja, né le 16 mars 1842; Ferdinand-Marie-Louis, né le 23 juillet 1846; Auguste-Marie-Ferdinand, né le 4 novembre 1847; Marie-Anne-Fernande-Léopoldine, née le 21 juillet 1843, et Antoinette-Marie-Fernande, née le 17 février 1845. L. Louvet.

Revista historica de Portugal desde a morte de dom Joao VI ate o fallecimento do imperado don Pedro, Coïmbre, 1840, in-8°. — J.-L. Freire de Carvalho, *Memorias com o titulo de annaes para a historia do tempo que durou a usurpaçao de dom Miguel*; Lisbonne, 1831-1843, 4 vol. in-8°. — F. Denis, *Portugal*; dans l'*Univers Pittoresque*. — *Encyclop. des Gens du Monde*. — *Dictionnaire de la Conversation*. — *Moniteur*, 1826-1853. — *Morning-Herald*, 23 novembre 1853.

MARIA (*Henri-Antoine* de La Fite), réformateur religieux, né en 1679, mort en 1727. Né d'une famille noble et protestante, originaire d'Italie, il se convertit au christianisme, entra dans l'ordre de Saint-Benoît, et devint abbé du monastère de Saint-Polycarpe, près d'Aleth (1705). Il trouva ce couvent dans le plus affreux désordre : il dit lui-même « que ses religieux n'avaient rien de leur état; qu'ils étaient des buveurs et des joueurs ». Il essaya de rétablir les anciens règlements; mais ses subordonnés quittèrent le monastère, et il mourut bientôt après, à quarante-huit ans.

Son frère, mort en 1747, qui habitait aussi le couvent de Saint-Polycarpe, prit parti pour les appelants de la bulle *Unigenitus*, et apporta une telle véhémence dans ces discussions qu'en 1741 on fit défense de recevoir à Saint-Polycarpe aucun novice. Il n'y resta que trois moines, dont le dernier, dom Pierre, fut assassiné, le 9 avril 1773. On ne put connaître les meurtriers, et cette célèbre abbaye passa aux lazaristes.

Reynaud, *Hist. de la célèbre Abbaye de Saint-Polycarpe*. — Dom Labat, *Hist. de l'Abb. de Saint-Polycarpe*. — Dom Vaissette, *Hist. gén. du Languedoc*, t. I, p. 435.

MARIALES (*Xantes*), théologien italien, né à Venise, vers 1580, mort à la fin d'avril 1660. Il appartenait à la famille patricienne des Pinardi, dont il quitta le nom lorsqu'il se fit jacobin. Nommé lecteur à Padoue, et ensuite préfet des études, il remplit ces fonctions jusqu'en 1624, époque où il se retira pour ne plus s'occuper que de controverse et de politique. Son zèle pour la cour de Rome et sa haine pour la France le firent chasser deux fois de sa patrie; il dut se retirer à Bologne et à Ferrare. Il obtint cependant son rappel, et mourut à l'âge de quatre-vingts ans. On a de lui : *Controversiæ ad universam Summam Theologiæ S. Thomæ Aquinatis*; Venise, 1624, in-fol.; — *Bibliotheca Interpretum ad universam Summam Theologiæ D. Thomæ*; Venise, 1660, in-4°; — *Amplissimum Artium Scientiarumque omnium Amphitheatrum*; Bologne, 1658, in-fol.; — *Quali Presagimenti possono haversi delle presenti sconvolte dell' Austria, e della Spagna e da i progressi de gl' eretici, e de' Francesi*; Cologne, 1643, in-4°. Mariales s'est caché ici sous le pseudonyme de *Pietro-Paulo Torelli*; il y déclame violemment contre la France, sous le prétexte de répondre au livre intitulé : *Il Zimbello, overo l'Italia schernita San-Marino* (1641, in-16); — *Stravaganze nuovamente seguite nel cristianissimo regno di Francia*; Cologne, 1646, in-4°. Cet ouvrage, signé *Pietro-Paolo Torelli*, attaque les libertés de l'Église gallicane; — *Enormità inaudita nuovamente uscite in luce nel cristianissimo regno di Francia, contrà il decoro della Sede apostolica Romana in due libri intitolati; l'uno :* Dell' arrogante Potesta de' Papi in difesa della Chiesa gallicana; *l'altro* Del Diritto della Regalia; Francfort, 1649, in-4°. A. L.

Le P. J. Échard, *Scriptores ordinis Prædicatorum*, t. II, p. 600. — Nicéron, *Mémoires pour servir à l'hist. des Hommes illustres*, t. XLIII, p. 290-295.

MARIALVA (Dom *João* Coutinho, comte de), capitaine portugais, tué à Arzile, le 24 août 1471. Il descendait des comtes de Léomil, et perdit un de ses frères et son père, Gonçalo Coutinho, devant Tanger (1460). Lui-même assistait à cette malheureuse expédition, et put difficilement regagner le camp du roi de Portugal, Alfonso V, resté à Alcacer. Il prit part à plusieurs autres campagnes contre les Maures; mais le grand courage qu'il déploya en différentes affaires ne put empêcher les Portugais d'être réduits à l'état défensif. En 1471, Alfonso V, apprenant que le roi de Fez était en guerre avec le saïd d'Arzile, résolut de profiter de cette circonstance pour s'emparer de cette dernière ville. Il partit avec deux cents navires portant vingt mille combattants. Marialva commandait l'avant-garde, et réussit à débarquer après un rude combat. Déjà les Maures avaient arboré le pavillon blanc et dégarni leurs murailles, lorsque, pendant que l'on discutait les conditions de la capitulation, la soldatesque portugaise, dans l'espoir d'un riche butin, envahit la ville. Les Arziliens, quoique surpris, opposèrent une résistance désespérée. Marialva fut tué dans la lutte. Alfonse V lui fit rendre de grands honneurs.

Son frère, dom *Francisco* Coutinho, comte de Marialva, né en 1450, mort en 1529, lui succéda dans ses charges et propriétés. Il épousa Béatrix de Loulé, qui augmenta de beaucoup sa fortune, déjà considérable, et servit avec distinction dans les guerres que le Portugal eut à soutenir contre Ferdinand V et Isabelle la Catholique, rois d'Espagne. Il ne laissa qu'une fille unique, dona *Guiomar* Coutinho, qui, après quelques intrigues avec le marquis de Lancaster, bâtard du roi João II, épousa l'infant dom Ferdinand, troisième fils du roi Manoel. Guiomar et Ferdinand moururent jeunes et sans postérité. En eux s'éteignit la branche directe des Marialva, et leurs immenses biens passèrent aux comtes de Castanheda. A. de L.

Retratos e Elogios dos Varoes e donas que illustreram a nação Portugueza. — Barbosa Machado, *Bibliotheca*

Lusitana. — *Relação da descendencia de D. Gonçalo Coutinho, conde de Marialva*, etc. (Lisbonne, 1607.

MARIALVA Y MENEZÈS, comte DE CASTANHEDE (*Antonio-Luiz*, marquis DE), général et homme d'État portugais, de la famille des précédents, né vers 1627, mort en 1669. Il était en 1657 conseiller d'État du roi Affonso VI. L'année suivante (20 novembre 1658), nommé gouverneur de l'Alentejo, par la reine régente Luiza de Guzman, avec deux mille hommes d'infanterie et huit cents cavaliers seulement, il chassa les Castillans de sa province, débloqua Elvas (13 janvier 1659); et quoique l'ennemi, commandé par le célèbre don Luiz de Haro, fût triple en nombre et retranché fortement, Menezès remporta une victoire complète et poursuivit les Espagnols jusqu'à Badajoz. En décembre 1659, il fut nommé plénipotentiaire pour traiter de la paix avec la France et l'Espagne; mais il refusa d'accepter les conditions du traité signé par ces puissances à Saint-Jean-de-Luz; ce refus le rendit très-populaire dans son pays; il fut nommé marquis des Marialva, gouverneur de l'Estramadure et lieutenant général des armées du royaume. Mais bientôt des jaloux lui enlevèrent la faveur de la reine, et sous le ministère du comte d'Alougia, il dut se contenter d'un rôle secondaire. Il le remplit avec loyauté, reprit son commandement militaire, et s'il laissa réduire Jurémana par les Espagnols, il leur enleva, le 17 juin 1664, Valence d'Alcantara. Plus tard, aidé de l'habile et brave maréchal Schomberg, que la France avait prêté au Portugal, Marialva gagna sur les Espagnols la bataille de Montès-Claros (1665). Ce fait d'armes amena la paix qui fut conclue avec l'Espagne en 1668, paix qui garantit l'indépendance du Portugal. Marialva eut la gloire d'être un des signataires de ce traité. A. DE L.

Laclede, *Hist. du Portugal*. — Barbosa Machado, *Bibliotheca Lusitana*. — Ferd. Denis, *Portugal*; dans *l'Univers pittoresque*.

MARIAMNE (en hébreu *Miriam*, [elevée, exhaussée]), reine de Judée, mise à mort en 28 avant J.-C. Elle était petite-fille d'Hircan II, dernier roi de la ligne asmonéenne, et épousa Hérode le Grand, que le sénat romain venait de reconnaître pour seul roi de Judée (40 av. J.-C.). « Cette princesse, suivant Josèphe, était d'une beauté ravissante, mais d'un caractère ambitieux. » Elle aimait peu son mari, qui l'idolâtrait, et ne cessa de soulever contre lui des séditions avec l'aide de sa mère Alexandra et de son frère Aristobule. Elle avait, du reste, pour ennemies acharnées Cypris, mère d'Hérode, et Salome, sœur de ce monarque, qui réussirent à exciter la jalousie du roi à un tel degré, qu'Hérode, en partant pour Rhodes se soumettre à Octave, donna ordre que Mariamne fût mise à mort s'il perdait la vie; il ne voulait pas qu'elle passât dans le lit d'un rival. L'officier auquel il donna cet ordre le trahit, et prévint la reine. Hérode, convaincu que des relations coupables avaient dirigé la conduite de son confident, le fit mettre à mort ainsi que la reine. Il fit ensuite tuer les deux fils qui lui restaient de Mariamne, *Alexandre* et *Aristobule*. Il eut un tel regret de cette série de crimes qu'il en perdit la raison, et donnait souvent l'ordre d'aller chercher la reine pour la consoler de ses chagrins. Mariamne avait eu, outre Alexandre et Aristobule, un fils nommé *Herode*, mort jeune, et deux filles, dont on ignore la destinée. Mariamne est le sujet d'une des tragédies de Voltaire.

Plus tard, Hérode épousa une autre MARIAMNE, fille du grand-sacrificateur Simon. Cette reine ne fut guère plus heureuse que sa devancière. Accusée aussi de conspiration, elle fut exilée, et mourut dans la douleur et la misère. Elle laissa un fils, Hérode-Philippe (*voy.* ce nom). L—z—E.

Josèphe, *Antiquit. Jud.*, XIV-XVII. — Schlipal, *Diss. de Herode Magno*; Wittemberg, 1711, in-4°. — Schlosser, *Geschichte der Familie des Herodes*, etc.; Leipzig, 1818, in-8°. — Prudhomme père, *Biographie des Femmes célèbres*, 1830.

MARIANA (*Jean*), célèbre historien et théologien espagnol, né à Talavera, en 1536, mort à Tolède, le 6 février 1623. C'était un enfant trouvé. On n'a point de détails sur sa première jeunesse. Il étudiait à l'académie de Alcala, lorsque les jésuites, frappés de ses dispositions extraordinaires, l'attirèrent dans leur société, en 1554. Il acheva ses études à l'âge de vingt-quatre ans, et alla aussitôt après remplir la place la plus importante, celle de professeur de théologie, dans le grand collége que les membres de son ordre venaient de fonder à Rome, et sur lequel ils comptaient pour consolider leur influence. Ses supérieurs l'envoyèrent dans le même but en Sicile en 1565, puis à Paris, où, devant un nombreux auditoire, il expliqua les ouvrages et les doctrines de saint Thomas d'Aquin. Mais le climat de la France ne convenait pas à sa santé, et en 1574, après treize ans d'enseignement dans divers pays, il retourna en Espagne, s'établit dans une maison de son ordre à Tolède, qu'il ne quitta guère durant les quarante-neuf dernières années de sa vie. Cette longue période, toute remplie de travaux littéraires, ne fut pas tranquille. La Bible polyglotte (*Plantina Regia* ou *Philippina Polyglotta*), publiée par Arias Montano à Anvers (1569-1572), et d'abord reçue avec beaucoup de faveur, déplut aux jésuites, qui la dénoncèrent à l'inquisition. Il en résulta une controverse si violente que Philippe II, qui avait lui-même demandé cette édition, crut nécessaire de faire examiner l'ouvrage dénoncé. Les jésuites obtinrent que Mariana serait un des principaux théologiens chargés de l'enquête. Grâce à son éloquence et à son autorité, ils se croyaient sûrs du triomphe. Mais Mariana ne poussait pas le dévouement à son ordre jusqu'à décider contre sa conscience, et il prononça en faveur de Montano. Cette preuve d'indépendance, s'ajoutant à ce fait que dans l'arrangement de l'*Index Ex-*

purgatorius de 1584, il n'avait pas suivi les instructions de ses supérieurs, lui attira de nombreuses contrariétés. En 1599, il publia un livre qui eut de fâcheux résultats pour sa tranquillité et sa réputation; ce fut son fameux traité *Sur la Royauté* (*De Rege et Regis Institutione Libri tres*), dédié à Philippe III. Cet ouvrage était écrit avec beaucoup de liberté, et allait même jusqu'à prétendre que dans certains cas il est légitime de mettre un roi à mort. Le sixième chapitre du Ier livre est consacré à l'examen de cette question · Est-il permis de se défaire d'un tyran? et il la résout affirmativement. Mariana entre en matière par le récit de l'assassinat de Henri III, et rapporte les diverses opinions auxquelles a donné lieu l'acte de Jacques Clément, et l'on voit clairement qu'il se range du côté des approbateurs. De ce fait particulier il passe à la théorie générale, qu'il fonde sur ce principe que le pouvoir royal est une délégation de l'ensemble de la nation, que cette délégation a été faite à de certaines conditions, et qu'en la faisant le peuple s'est réservé le droit supérieur de demander des comptes aux rois et de les révoquer s'il y a lieu (1). De ce principe que la souveraineté réside essentiellement dans le peuple il tire les conséquences suivantes : 1° d'après les théologiens et les philosophes, chaque particulier a le droit de tuer un prince qui s'est saisi de la souveraineté de vive force et sans le consentement public de la nation (*perimi a quocunque, vita et principatu spoliari posse*); 2° si un prince créé légitimement ou successeur légitime de ses ancêtres renverse la religion et les lois publiques, et s'il refuse de déférer aux remontrances de la nation, il faut s'en défaire par les moyens les plus sûrs; 3° le moyen le plus sûr est de convoquer les états et de faire prononcer sa déchéance par cette assemblée, et s'il résiste, de le déclarer ennemi public; 4° l'assemblée a le droit de punir de mort le prince déclaré ennemi public, et tout particulier a le droit de le tuer (2); 5° s'il est impossible de convoquer les états et que cependant la volonté du peuple soit que le tyran périsse, un particulier n'est pas coupable de satisfaire au vœu public (*qui votis publicis favens eum perimere tentavit haudquaquam inique eum fecisse existimabo*). Mariana apporte cependant une restriction à ce droit terrible; il déclare que le jugement d'un particulier ou de plusieurs ne suffit pas; qu'il faut que la voix du peuple soit publiquement exprimée, et qu'il faut aussi prendre conseil d'hommes savants et graves (1). Après avoir établi la légitimité du régicide dans dans certaines circonstances, Mariana examine les moyens d'accomplir cet acte. Une guerre ouverte contre l'ennemi de la nation est plus noble et plus vaillante; mais des embûches habilement tendues, une exécution à petit bruit sont plus sûres et offrent moins de dangers pour le public et le particulier (2). Tout est donc permis contre le tyran, depuis la guerre ouverte jusqu'aux embûches secrètes. Quant aux hommes qui se dévouent ainsi au salut de l'État, s'ils échappent, ils sont toute leur vie honorés comme de grands héros; s'ils échouent, ils tombent victimes chères aux dieux, chères aux hommes, illustrés à jamais par leur noble tentative (3). On s'est demandé comment un catholique, sujet d'un roi absolu, a pu exposer une pareille théorie. Quelques écrivains modernes pensent qu'il obéissait aux instructions de sa compagnie, qui voulait effrayer les rois pour les dominer; mais cette supposition ne paraît pas fondée. Mariana n'était ni un esprit servile ni un fanatique, et nous avons vu qu'il ne professait point pour son ordre un dévouement aveugle; c'était un logicien qui partant d'un principe en déduisait les conséquences avec la rigueur d'un philosophe scolastique et la subtilité d'un casuiste.

« Comme les doctrines de Mariana sont très-pernicieuses au bien public, dit Bayle, il vaudrait mieux qu'il eût raisonné inconséquemment, que de suivre en bon dialecticien les conséquences de son principe. » Mais l'argumentation même de Mariana est

(1) A republica, unde ortum habet regia potestas, rebus exigentibus regem in jus vocari posse, et si sanitatem respuat principatu spoliari, neque ita in principem jura potestatis transtulit, ut non sibi majorem reservavit potestatem. (Mariana, *De Rege et Regis Institutione*, I, 6.)

(2) Principem publicum hostem declaratum ferro perimere, eademque facultas esto cuicunque privato qui spe impunitatis abjecta, neglecta salute, in conatum juvandi rempublicam ingredi voluerit (*ibid.*).

(1) Neque enim id in cujusquam privati arbitrio ponimus, non in multorum; nisi publica vox populi adsit; viri eruditi et graves in consilium adhibeantur (*ibid.*)

(2) Est quidem majoris virtutis et animi simultatem aperte exercere, palam in hostem reipublicæ irruere; sed non minoris prudentiæ fraudi et insidiis locum captare, quo sine motu contingat minori certe periculo publico atque privato (*ibid.*).

(3) « Aut in apertam vim prorumpitur seditione facta, armisque publice sumptis... aut majori cautione, fraude et ex insidiis pereunt, uno aut paucis in ejus caput occulte conjuratis, suoque periculo reipublicæ incolumitatem redimere satagentibus. Quod si evaserint instar magnorum heroum in omni vita suspiciuntur; si secus accidat, grata superis, grata hominibus hostia cadunt, nobili conatu ad omnem posteritatis memoriam illustrati. Itaque aperta vi et armis posse occidi tyrannum, sive impetu in regiam facto, sive commissa pugna in confesso est; sed et dolo et atque insidiis exceptum. » A cette décision Mariana ajoute une subtilité, dont nous empruntons l'analyse à Bayle. « Encore qu'il ne semble pas y avoir de différence entre un assassin qui tue d'un coup de couteau et un homme qui empoisonne, néanmoins parce que le christianisme a abrogé les lois des Athéniens qui ordonnoient aux coupables d'avaler un breuvage empoisonné, Mariana n'approuve point que l'on se défasse d'un tyran par le moyen d'un poison, mêlé dans les aliments; il veut que si l'on recourt au poison, on l'applique ou aux habits ou à la selle du cheval. « Ergo me auctore neque noxium medicamentum hosti detur neque lethale venenum in cibo et potu temperetur in ejus perniciem. Hoc tamen temperamento uti, in hac quidem disputatione licebit, si non ipse qui perimitur haurire venenum cogitur, quo intimis medullis concepto pereat : sed exterius ab alio adhibeatur nihil adjuvante eo qui perimendus est; nimirum cum tanta vis est veneni, ut sella eo aut veste delibuta vim interficiendi habeat. » (*ibid.*).

loin d'être solide. En admettant avec lui que la souveraineté réside essentiellement dans l'ensemble de la nation, il est impossible d'en conclure que dans un cas donné un simple particulier a droit de s'ériger de sa propre autorité en juge et en bourreau, et de frapper le premier magistrat d'une nation. Une pareille conséquence est également contraire au droit social et à la morale chrétienne; mais si elle nous paraît avec raison dangereuse et coupable, on n'en jugeait point ainsi au seizième siecle, dans les pays les plus catholiques. L'assassinat de Guillaume d'Orange par Balthasar Gérard et celui d'Henri III par Jacques Clément furent généralement approuvés en Espagne et en Italie. En posant ce principe que l'on peut légitimement tuer un mauvais prince, Mariana ne disait rien de neuf et de choquant pour ses compatriotes. Son livre ne causa donc aucun scandale en Espagne. Les censeurs l'approuvèrent et le gouvernement contribua, dit-on, à le répandre. En France ce fut différent. Dans un pays où Henri III venait d'être assassiné, où Henri IV devait éprouver le même sort, l'apologiste de Jacques Clément ne pouvait paraître innocent. La Sorbonne et le parlement informèrent contre son livre; les jésuites par leur influence sur Henri IV empêchèrent qu'il ne fût condamné judiciairement, ou plutôt ils prirent les devants. La congrégation provinciale de France se décida à condamner Mariana : le général Aquaviva approuva la condamnation du livre jusqu'à ce qu'il fût corrigé, et interdit par décret à tout jésuite de « publier, d'enseigner ou de conseiller en particulier à qui que ce fût rien qui tendît à la perte des princes. »

M. Henri Martin remarque que « la condamnation du livre de Mariana coûta d'autant moins à Aquaviva, que l'auteur avait été le chef de l'opposition contre ce général en Espagne ». (*Histoire de France*, t. X, p. 534). Ce fut seulement après l'assassinat de ce prince par Ravaillac que le parlement condamna au feu le traité *De la Royauté*, par arrêt du 8 juin 1610. Les jésuites surent très-mauvais gré à Mariana de cet esclandre (1). Déjà mal avec ses confrères, il eut le malheur de se brouiller avec l'inquisition et le gouvernement. En 1609 il publia, non en Espagne, mais à Cologne, sept traités latins sur divers objets de théologie et de critique, tels que le théâtre espagnol, la chronologie arabe, l'année et le jour de la naissance du Sauveur. La plupart de ces traités n'étaient pas de nature à provoquer la colère de l'autorité; mais l'essai *Sur la Mortalité et l'Immortalité* rentrait dans le domaine de la censure théologique. L'essai *Sur les Monnaies du royaume* parut coupable, parce que l'auteur s'élevait avec une honnête indignation contre les falsifications de monnaies opérées par le ministre favori, le duc de Lerme. Les deux ouvrages furent soumis à l'examen de l'inquisition, qui, sans égard pour l'âge avancé de Mariana, le condamna d'abord à la prison, dans le couvent de Saint-François à Madrid, puis à l'amende honorable, et plaça ses deux traités dans l'*Index expurgatorius*. Philippe III ordonna la destruction du volume qui les renfermait. Ce traitement fut d'autant plus sévère que l'on trouva dans ses papiers un traité sur les *Erreurs du gouvernement de la Société de Jésus*. Ce curieux essai, écrit avec beaucoup de liberté, ne pouvait pas le réconcilier avec son ordre (1); mais Mariana ne se laissa pas abattre par les persécutions, et il poursuivit ses travaux littéraires jusqu'à sa mort, arrivée à l'âge de quatre-vingt-sept ans. Le grand travail de sa vie fut son *Histoire d'Espagne*. Dans les contrées étrangères où il avait longtemps vécu, il avait trouvé que les anciennes annales de son pays étaient peu connues même des hommes instruits. Blessé de cette ignorance, Mariana entreprit de prouver par un récit développé que l'histoire d'Espagne, depuis les temps anciens jusqu'à Charles Quint, n'était pas moins digne d'être connue que l'histoire du même pays depuis cette époque. Il écrivit son ouvrage en latin, afin que toute la chrétienté pût le lire, et en 1592 il en publia les vingt premiers livres. Mais avant même d'avoir fait paraître les dix derniers, il eut l'idée de traduire son ouvrage dans le pur dialecte castillan. Cette traduction, qui a toute la valeur d'une œuvre originale, est regardée avec raison comme le plus beau monument de l'histoire espagnole.

La *Historia de España* commence par l'établissement en Espagne de Tubal, fils de Japhet, et va jusqu'à la mort de Ferdinand le Catholique et l'avénement de Charles Quint; Mariana y ajouta plus tard un court abrégé qui conduit le récit jusqu'à l'avénement de Philippe IV, en 1621. Ce grand ouvrage laisse beaucoup à désirer pour la critique. Mariana a suivi trop fidèlement Ocampo et Garibay, deux crédules compilateurs d'anciennes fables. Il convient franchement qu'il a mieux aimé recevoir les traditions accréditées que de les révoquer en doute sans raisons suffisantes; mais son admirable talent de narration racheta ce défaut. Mariana est de

(1) Sur la controverse à laquelle donna lieu le traité *De Rege*, cons. le P. Coton, *Lettre déclaratoire de la doctrine des Jésuites*. Un écrivain réfuta cette *Lettre* par un livre intitulé *L'Anti-Coton*, auquel il fut répondu par le P. Coton (*Réponse apologétique à L'Anti-Coton*) et par Jean-Becanus (*Confutatio Anti-Cotoni*). — Cons. aussi Mich. Roussel, *Anti-Mariana*, Rouen, 1610, in-8°; Antoine Leclerc, *Défense des Puissances de la terre*, Paris, 1610, in-8°; Buchholz, *Juan de Mariana, oder Entwickelungsgeschichte eines Jesuiten*, Berlin, 1804, in-8°; Leutbecher, *Der berühmte Jesuit Juan Mariana über den König und dessen Erziehung*, Erlangen, 1830, in-8°.

(1) Les copies de cet Essai se multiplièrent d'une manière si alarmante que l'année après la mort de l'auteur, le général des Jésuites, Vitaleschi, enjoignit par une circulaire datée de Rome, le 29 juillet 1624, que les papiers de ce genre fussent brûlés. Cette curieuse circulaire fut trouvée dans les archives des Jésuites de Valence lors de leur soudaine expulsion des domaines de l'Espagne, en 1767.

tous les modernes celui qui rappelle le plus exactement Tite-Live. Sa latinité est grave, élégante, animée; mais son style espagnol est particulièrement remarquable. Noble, pur, riche sans diffusion, il unit, avec le plus rare bonheur, la vivacité pittoresque des chroniqueurs à la dignité de l'histoire. Des critiques espagnols lui reprochent trop d'archaismes dans l'expression. Saavedra a dit spirituellement : « Tandis que les autres teignent leur barbe pour paraître jeune, Mariana s'est teint la sienne pour paraître vieux. »

On a de Mariana : *Historiæ de Rebus Hispaniæ Libri XX;* Tolède, 1592, in-fol.; cette première édition ne contient que vingt livres; l'ouvrage entier avec un *appendix* parut à Mayence, 1605, in-4°. La première partie de la version parut à Tolède, 1601, in-fol.; l'édition plus complète de Madrid, 1608, 2 vol. in-fol., fut encore perfectionnée et augmentée dans les éditions subséquentes jusqu'en 1623. La meilleure édition est la quatorzième, publiée par Ibarra; Madrid, 1780, in-fol. (1). On cite aussi celle de Valence, 1783-96, 9 vol. in-8°. Cette édition s'arrête comme l'original au règne de Ferdinand le Catholique (1515-1516). On a publié depuis à Madrid la continuation de Mariana par Minana, traduite du latin par Romero, 1804, in-fol. L'histoire de Mariana, continuée jusqu'à la mort de Charles III, 1708, par Sabau y Blanco, 1817-1822, 20 vol. in-4°; une autre continuation par le même jusqu'en 1808, 9 vol. in-8°; — *De Rege et Regis Institutione Libri III;* Tolède, 1599, in-4°; réimprimé chez Wechel, Francfort, 1611, in-4°; — *De Ponderibus et Mensuris;* Tolède, 1599, in-4°; Francfort, 1611, in-4°; — *Tractatus septem, tum theologici tum historici : De adventu Beati Jacobi apostoli in Hispaniam ; De editione Vulgata SS. Bibliorum; De Spectaculis ; De Monetæ Mutatione; De die et anno mortis Christi ; De annis Arabum cum nostris annis comparatis; De Morte et Immortalitate lib. III;* Cologne, 1609, in-fol.; — *Scholia brevia in Vetus ac Novum Testamentum;* Anvers, Paris, 1620 (2). Il publia pour la première fois avec un commentaire : *Lucæ Tudensis episcopi De altera Vita, fideique controversis adversus Albigensium libr. III,* dans la *Biblioth. Vet. PP.*, t. III, et à part; Ingolstadt, 1612, in-4°. S. Isidorus, *Contra Judæos; ejusdem Prœmia III in libros Veteris ac Novi Testamenti; ejusdem, Synonymorum Libri II*, dans l'édition des *œuvres* de saint Isidore; Madrid, 1596; — *Discursus de Erroribus qui in forma Gubernationis Societatis Jesu occurrunt* (1); Bordeaux, 1625, in-8°, et réimprimé par l'ordre de Charles III lors de la suppression de l'ordre des Jésuites. L'*Index Expurgatorius* de 1667 le défend sévèrement, mais sans spécifier s'il est manuscrit ou imprimé, ni quel en est l'auteur. L'*Index* de 1790 maintient la prohibition dans toute sa rigueur. Nicolas Antonio cite plusieurs ouvrages inédits de Mariana; mais il paraît qu'il en existait un plus grand nombre dans la bibliothèque des jésuites à Tolède. L. Joubert.

Nicolas Antonio, *Bibliotheca Hispana nova.* — Saavedra, *Respublica Literaria;* Madrid, 1789, p. 44. — Tamayo de Vargas, *Vida del P. Juan Mariana.* — Allegambe, *Bibliotheca Scriptorum Societatis Jesu.* — Mondejar, *Advertencias a Mariana; Juicio y Noticia de los historiadores de España.* — Andrade, *Vida de Mariana.* — Acosta, *Vida de Mariana.* — André Schott, *Hispania illustrata.* — Bayle, *Dictionnaire Historique.* — Prosper Marchand, *Dictionnaire.* — Freher, *Theatrum Virorum clarorum*, P. I, p. 347. — Woltmann, *Geschichte und Politik*, 1801, I, 263; II. — Sismondi, *Littérature du midi de l'Europe*, t. IV, p. 100. — Bouterweck, *Histoire de la Littérature espagnole*, trad. franç., 1812, t. II, p. 109. — Ticknor, *History of Spanish Literature*, t. III, p. 163 — Ranke, *Kritik neuerer Geschichtschreiber.*

MARIANI (*Camillo*), sculpteur et peintre de l'école de Sienne, né à Vicence, en 1565, mort en 1611. Après avoir, dans sa jeunesse, fait de jolis tableaux de chevalet, il se fit connaître dans sa patrie par quelques sculptures du théâtre olympique de Palladio. Il passa ensuite à Rome, où il exécuta, dans la chapelle Pauline de Sainte-Marie-Majeure une statue de *Saint Jean évangéliste*, un bas-relief du tombeau de Clément VIII, représentant *La Prise de Strigonia*, enfin les modèles des *Anges* de l'autel, qui furent coulés en bronze. On voit encore de lui à Rome un *Prophète*, à Saint-Jean de Latran; *L'Adoration des Mages*, bas-relief à Sainte-Pudentienne; *La Religion*, à la Minerva, sur le tombeau des parents de Clément VIII. Il a aussi exécuté de nombreux travaux en stuc, tels que huit statues colossales et plusieurs autres figures à Santo-Bernardo alle Terme, et *La Prudence* et *L'Espérance*, autres figures colossales à Saint-Pierre. Il fut aidé quelquefois par son élève le Florentin Francesco Mocchi. E. B—n.

Baldinucci, *Notizie.* — Cicognara, *Storia della Scultura.* — Ticozzi, *Dizionario.* — G. B. Berti, *Guida per Vicenza.* — Pistolesi, *Descrizione di Roma.* — Baglione, *Vite.*

MARIANI (*Giovanni-Maria*), peintre de

(1) L'*Histoire* de Mariana fut attaquée de son vivant par Pedro Mantuano, dans des *Advertencias a la Historia de Mariana*. Tamayo Vargas publia *La Defensa de Mariana.*

(2) Richard Simon juge ainsi ce travail. « Les scholies ou notes de Mariana sur le Vieux Testament peuvent aussi être très-utiles pour l'intelligence du sens littéral de l'Ecriture, parce qu'il s'est applique principalement à trouver la signification propre des mots hebreux.... Il est vrai que la connoissance qu'il avoit des langues grecque et hebraique n'etoit que mediocre; mais la pénétration de son esprit et sa grande application supléent en quelque façon à ce manquement. Il choisit d'ordinaire le meilleur sens, et il n'est pas même ennuyeux dans les différentes interprétations qu'il rapporte. » (*Histoire critique du Vieux Testament*, III, 12.)

(1) L'original est espagnol : *Del Gobierno de la Compana de Jesus.* L'evêque d'Osma, chargé de l'examen des papiers de Mariana, le communiqua à ses amis, qui en prirent copie. La première edition est non-seulement en espagnol, mais aussi en latin, en français et en italien. On rapporte que le jesuite Fioravanti, confesseur d'Urbain VIII, le lut, et s'écria *Heu! Heu! actum est de nobis jesuitis, quando nimis vera sunt quæ liber hic cantat.*

l'école génoise, né à Ascoli, vivait en 1650. Compagnon de Valerio Castelli dans ses travaux d'ornementation, il fut aussi bon peintre de figures, et à Rome, dans l'oratoire de Santo-Giacomo, il peignit *le Baptême* du saint, tableau qui ne le cède en rien à aucun de ceux dont il est entouré. Il travailla aussi à Florence, où l'on voit dans la galerie publique *L'Enlèvement des Sabines*, bon tableau dont il fit une répétition plus grande pour la famille Brignole. *Le Massacre des Innocents*, qui est à Gênes, passe pour son chef-d'œuvre; c'est un ouvrage varié, bien etudié et plein d'harmonie. Il fut le maître de G.-B. Merano. E. B—N.

Orlandi — Lanzi. — Ticozzi. — Soprani, *Vite de' Pittori, Scultori ed Architetti Genovesi.*

MARIANUS (Μαριανός), poëte grec, vivait dans le cinquième siècle après J.-C. Il était fils de Marsus, avocat et procurateur romain, qui s'établit a Eleutheropolis en Palestine. Il vivait sous le règne d'Anastase, et écrivit des *Paraphrases* (μεταφράσεις), en vers iambiques de plusieurs auteurs grecs, tels que Théocrite, Apollonius (*Argonautica*), Callimaque (*Hecale*, *Hymnes*, Αἴτια, *Épigrammes*), Nicandre (*Theriaca*) et plusieurs autres. On trouve dans l'*Anthologie grecque* cinq épigrammes attribuées à Marianus Scholasticus, peut-être le même que l'auteur des *Paraphrases*. Quatre de ces épigrammes sont des descriptions du bois et des bains d'Eros, dans la banlieue d'Amasie, dans le Pont. Y.

Suidas, au mot Μαριανός. — Brunck, *Anal.*, vol. II, p. 511 — Jacobs, *Anth. Græca*, vol. III, p. 211 ; vol XIII, p. 915.

MARIANUS *Scotus*, chroniqueur écossais ou irlandais, né en 1028, mort en 1086, à Mayence. Il était parent de Bède le Vénérable, si l'on en croit Matthieu de Westminster. En 1052 il quitta son pays, vint en Allemagne, et prit à Cologne l'habit monastique, dans l'ordre de Saint-Benoît (1058). L'année suivante il s'enferma dans l'abbaye de Fulde, où il reçut la prêtrise, et n'en sortit qu'au bout de dix ans (1069), pour se rendre a Mayence. Il enseigna dans cette ville, ainsi qu'à Ratisbonne, les mathémathiques et la littérature sacrée. Ses contemporains ont parlé de lui avec de grands éloges : il n'était pas moins remarquable par son érudition en histoire et en théologie que par la régularité de ses mœurs, qui lui valut la réputation d'un saint. Marianus a laissé une chronique universelle, imprimée sous ce titre : *Mariani Scoti Chronicon universale, a creatione mundi libri III per ætates VI usque ad annum Christi* 1083. Cet ouvrage, pour lequel Cassiodore a servi de guide, et qui fut augmenté par l'auteur des chroniques de Wurtzbourg et d'Hildesheim, mérite encore d'être consulté; toutefois, il y a dans les derniers siècles plus d'exactitude que dans la partie ancienne. Le premier livre est *acéphale*, c'est-à-dire que le commencement, qui contenait sept chapitres, manque. En rendant compte de la création, Marianus en fixe l'époque précise au 15 des calendes d'avril (18 mars), et compte depuis ce jour au mois de mars an 42 d'Octavien (César-Auguste), à la fin duquel est né Jésus-Christ, un laps de 4,192 années, soit 230 de plus que ne porte le calcul des Hébreux, adopté par Bède et par Herman. On trouve dans cette chronique le plus ancien témoignage en faveur de l'existence de la papesse Jeanne; mais Léon Allatius a fait observer que le passage où il en est question manque dans les premiers manuscrits connus. Quant à d'autres traditions dont la fausseté est aujourd'hui avérée, entre autres celle du mouchoir jeté à Jésus par sainte Véronique, on ne peut les lui reprocher, puisqu'il reconnaît lui-même les avoir empruntées à des chroniqueurs plus anciens. Le *Chronicon universale* a été continué jusqu'en 1200 par Dodechin, abbé de Saint-Désibode (diocèse de Trèves), publié à Bâle, 1559, in-fol., par Jean Hérold, et inséré dans la collection des historiens d'Allemagne (t. Ier) de Pistorius; Francfort, 1613, in-fol. On doit encore à Marianus plusieurs ouvrages inédits, qui sont en partie dans la bibliothèque de Ratisbonne : *Concordia Evangelistarum*; — *De universali Computo*; — *Emendationes Dyonisii*; — *De magno Cyclo Paschali*; — *Algorithmus*; — *Breviarium in Lucam*; — *Notitia utriusque imperii*, etc. K.

C.-B. Hausen, *De antiquissimo codice Chronici Mariani Scoti*; Francfort-sur-l'Oder, 1782, in-8°. — Ware, *De Scriptor. Hiberniæ*. — Sigebert, *De Viris illustr.*, c 159. — Trithemius, *De Scriptor. eccles. Britanniæ centuriæ XIV*. — Vossius, *De Hist. lat.*, liv. 2. — Dempster, *Historia eccles. Scot.*, liv. 9. — Fabricius, *Biblioth. mediæ et infimæ Latinitatis*, V.

MARIANUS *Florentinus*, chroniqueur italien, né vers 1430, à Florence, où il est mort, en 1523. Il appartenait à l'ordre de Saint François, et composa, entre autres, une chronique de son ordre, conservée à Rome et qui se termine à l'an 1486. K.

Michel Poccianti, *Catal. Script. Florent.* — J. Niger, *Florent. Script. Historia.*

MAR IBAS GADINA ou **KATINA**, historien arménien, né en Syrie, vivait entre 150 et 100 avant J.-C. Ayant pour nom véritable Ibas, précédé du titre honorifique *Mar* (ou sire), il semble avoir reçu le surnom de Gadina, qui en syriaque signifie *le Subtil*, quoique d'autres historiens y voient l'indication de son lieu de naissance. Il vivait à Nisibe, à la cour du roi d'Arménie Valarsace Ier, qui l'envoya auprès de son frère, le roi des Parthes, Mithridate Ier, à Ninive, pour y faire des recherches sur l'ancienne histoire d'Arménie. Il y trouva un volume important, qui avait été écrit en chaldéen, et traduit en grec par ordre d'Alexandre le Grand. C'était une histoire universelle, commençant avec le déluge et avec les trois fils de Noe, qui y sont appelés Zerouan, Titan et Apétosthé, ou Japet. Mar Ibas en fit un extrait, qui relatait en syriaque les faits de l'histoire de l'Arménie jusqu'à Alexandre le

Grand. Cet ouvrage est perdu, ainsi que la continuation de l'histoire d'Arménie, jusqu'en 120, que Mar Ibas, faute de documents écrits, qui, selon Moïse de Khorène, avaient été détruits dans les diverses invasions, semble avoir rédigée sur les ballades et légendes populaires transmises de bouche en bouche. On dit que le roi Valarsace organisa le culte arménien, mélange de magisme, de sabéisme et de mosaïsme, sur les indications fournies dans la chronique de Mar Ibas. Quant à celle-ci, Moïse de Khorène en a encore profité, ainsi que quelques historiens arméniens plus récents, tels que le patriarche Jean VI et autres. Ch. R.

Moïse de Khorène, *Histoire d'Arménie*. — Jean VI, le Catholicos, *Histoire d'Arménie*. — La Croze, *Histoire des Croisades*. — Saint-Martin, *Mémoires sur l'histoire politique et littéraire de l'Arménie*. — Vakhtang, *Chronique Géorgienne*, éditée par Brosset.

MARICOURT (*René* DE), baron DE MONCY, théreuticographe français, né vers 1580, mort après 1632. Il était gentilhomme de la chambre de Louis XIII, et dédia à ce prince un *Traité de la Chasse du Lièvre et du Chevreuil*; la Bibliothèque impériale en possède un beau manuscrit (nº 7099. 2). Un juge compétent (M. J. Pichon) a signalé ce travail comme « peu profond, mais assez bien fait ». Des détails sur des usages de vénerie, sur le costume convenable au chasseur, sur les marques des chevaux, etc., donnent quelque prix à ce volume. G. B.

P. Paris, *Manuscrits français de la Bibliothèque du Roi*, V, 221.

I. MARIE saintes.

MARIE ou **MIRIAM** (1), sœur de Moïse, naquit en Égypte, vers l'an du monde 2424 (avant J.-C. 1576). Elle était fille d'Amram et de Jacobed, tous deux de la tribu de Lévi. Le roi d'Égypte Pharaon, effrayé de la fécondité des Israélites, ayant ordonné la mort de tous les enfants mâles hébreux, Amran se vit forcé de se défaire de son fils, alors âgé de trois mois : il le fit exposer sur le Nil, dans une espèce de petite nacelle de jonc, enduite de bitume et de poix. Marie fut placée en sentinelle pour voir ce qui en arriverait. En ce même temps la fille de Pharaon vint au fleuve pour s'y baigner, et ayant aperçu ce berceau arrêté dans les roseaux, elle envoya une de ses filles (esclaves), qui le lui apporta : elle l'ouvrit, et trouvant dedans ce petit enfant, qui criait, elle fut touchée de compassion, et elle dit : « C'est un enfant des Hébreux. » Marie s'étant approchée lui dit : « Vous plaît-il que je vous aille quérir une femme des Hébreux qui puisse nourrir ce petit enfant? » La princesse répondit : « Allez. » Marie s'en alla donc, et fit venir sa mère Jacobed, qui de la sorte nourrit son fils. Selon saint Grégoire de Nysse et saint Ambroise, Marie demeura vierge ; mais Josèphe dit, et cela est probable, qu'elle épousa Hur, de la tribu de Juda, dont elle n'eut point d'enfants (1). Après la sortie d'Égypte et le passage de la mer Rouge, « Marie la prophétesse (*Exode*, chap. XV) prit un tambour à sa main, et vint au devant de ses frères : toutes les femmes marchaient après elle, formant des chœurs de musique; et Marie chantait la première en disant : — Chantons des hymnes au Seigneur, parce qu'il a précipité dans la mer le cheval et le cavalier. » On retrouve Marie, l'année qui suit, à la quatorzième station, celle d'Hazoroth. « Elle parla avec son frère Aaron contre Moïse, à cause de sa femme Séphora, qui était Éthiopienne; et ils dirent : — Le Seigneur n'a-t-il parlé que par le seul Moïse? Ne nous a-t-il pas parlé comme à lui? — Le Seigneur descendit, et répondit qu'il ne parlait bouche à bouche qu'avec le seul Moïse, et Marie fut immédiatement couverte d'une lèpre blanche comme neige. Sur la prière d'Aaron, Moïse cria au Seigneur : — Mon Dieu, guérissez-la! — Le Seigneur répondit : — Qu'elle soit chassée du camp pendant sept jours, et après on la fera revenir. » Il en fut ainsi. Marie revint après ce délai complétement guérie. Elle suivit l'émigration israélite jusqu'au campement de Gadès, dans le désert de Sin, où elle mourut, le premier mois de la quarantième année de la sortie d'Égypte. A. L.

Exode, chap. II et XV. — *Nombres*, chap. XII et XV. — Josèphe, *Antiq.*, lib. IV, cap. IV, p. 109. — L'abbé de Romagne, *Dict. des Miracles*. — M. Paul de Bourgoing, *Revue Orientale et Américaine* (*Le nom de Marie*), nº 11, août 1859.

MARIE DE BÉTHANIE (2) (Sainte), vivait à la même époque que le Christ. Sœur de Lazare et de Marthe, elle fut assez heureuse pour être affectionnée de Jésus, qui visitait souvent leur maison. Un jour elle se tenait tranquillement aux pieds de Jésus, tandis que Marthe s'empressait de le servir : Marthe se plaignit de l'inaction de Marie, et dit : « Seigneur, ne considérez-vous point que ma sœur me laisse servir seule? Dites-lui donc qu'elle m'aide! » Jésus lui répondit : « *Une seule chose est nécessaire : Marie a choisi la meilleure part, qui ne lui sera point ôtée.* » Quelque temps après, Lazare étant tombé malade, ses sœurs en avertirent Jésus, qui ne put arriver à Béthanie qu'après la mort de Lazare. « Oh! s'écriait Marie, Seigneur, si vous eussiez été ici, mon frère ne serait pas mort? » Jésus à sa prière ressuscita Lazare. Le Christ se

(1) « C'est à notre connaissance, dit le baron Paul de Bourgoing, la première femme qui ait porté le nom de *Marie*. De très-nombreuses étymologies hébraïques ont été proposées pour ce nom. Le bénédictin dom Augustin Calmet en donne six distinctes : il fait provenir Marie tantôt de *Mirum* (élevé, exhaussé), tantôt du mot *Marar* (amertume), et *Jam* (la mer, amertume de la mer), puis de *Mara*, mot syriaque qu'il traduit par *maîtresse* ou *reine de la mer*; puis de *mor* (myrrhe ou ambre de la mer). Il explique finalement *mara* par *rebellion*. » Mentionnons aussi la version de saint Jérôme, qui traduit le nom de Marie par *La lumineuse, celle qui éclaire, d'où étoile de la mer*.

(1) Cet Hur, avec son beau-frère Aaron, soutenait sur la montagne de Raphidim les mains de Moïse pendant que Josué combattait les Amalécites.

(2) Bourgade près de Jérusalem, à deux milles de la montagne des Oliviers.

Béthanie que six jours avant la Pâque. le lépreux (ou le pharisien) l'ayant in- souper. Marthe servit encore, et Marie sur la tête du Christ une livre de par- nard (essence de lavande), dont remplit toute la maison, puis elle essuya de Jésus avec sa riche chevelure. Ju- iriote murmura de cette prodigalité. Jé- la défense de Marie, et dit que par cette lle avait symbolisé sa mort prochaine. » it au nombre des saintes femmes qui ac- nèrent le Christ au tombeau. On l'a con- nfondue à tort avec Marie-Madeleine. La rie de Béthanie est célébrée le 29 juil- A. L.

X, 40-42 S. Jean, XI. — Fleury, Nouv. Opusc. — I, Brev Sanct. - Godescard, Vies des princi- nts. — Richard et Giraud, Bibliothèque Sacrée.

E-MADELEINE (Sainte), fille de Joachim ie, était sœur de la vierge Marie, femme de et mère du Christ : elle avait épousé Cléo- Alphée, dont elle eut saint Jacques le mi- int Simon, saint Jude et un quatrième fils, Joseph. Marie-Madeleine accepta volon- nouvelles doctrines professées par son qu'elle accompagna dans ses voyages. présente à son supplice sur le Calvaire, au pied de la croix, et présida à son ssement. Marie-Madeleine fut une des auxquelles le Christ apparut lors de sa tion, et ce fut elle qui en porta la nou- Apôtres réunis chez sainte Marie de Bé- On ignore le reste de sa vie. Les Grecs mémoire le 8 avril. Le martyrologe ro- arque la fête de cette sainte au 9 avril. ses reliques, les Grecs les croient dans ise de la sainte Vierge, bâtie à Constan- par Justin II; les Latins les supposent à rès de Rome, où ils font un service le D'autres hagiographes prétendent que de la sainte est dans une petite ville de e appelée Les Trois-Maries et située entre e et la mer. A. L.

, XVI. 9-10. et S. Jean, XX, 10. — Les Actes des — Richard et Giraud, Bibliothèque Sacrée.

E, mère de Jean-Marc, disciple des que beaucoup d'auteurs ecclésiastiques ttre l'évangéliste saint Marc. Elle vivait 33 du Christ, et ce fut dans sa maison Apôtres et leurs disciples se retirèrent ascension. Ce fut encore dans sa demeure ivant les *Actes des Apôtres*, l'Esprit- scendit sur les soixante-douze néophy- inés à propager la foi chrétienne dans . Ils reçurent alors le don de parler s langues. Ce miracle, accompli le cin- ne jour après Pâques, est célébré dans n chrétienne sous le nom de *Pentecôte*). A. L.

bomassin, *Traité des Fêtes*. — Tillemont, *Hist. tique*, t. I.

IE L'ÉGYPTIENNE (Sainte), née en orte en 431. Elle quitta son père et sa mère dès l'âge de douze ans, s'enfuit à Alexandrie, où elle mena durant cinq années une vie déréglée. Elle s'embarqua ensuite pour Jérusalem avec une troupe de pèlerins « dans le dessein de corrompre tous les jeunes gens du vaisseau. Elle n'y réussit que trop, et se livra avec eux aux derniers excès de la débauche (1). Arrivée à Jérusalem, elle y continua sa vie déréglée jusqu'au jour de l'Exaltation de la croix. » S'étant mêlée dans la foule pour entrer dans l'église, elle se sentit repoussée trois fois sans pouvoir y entrer : frappée d'un tel obstacle, elle résolut de changer de vie et d'expier ses désordres par la pénitence. Elle traversa le Jourdain, et se retira dans la solitude qui est au delà de ce fleuve. Elle y rencontra un moine, célèbre par sa vie austère, Zosime, qui durant quarante-sept ans vint chaque année, avec quelques-uns de ses disciples, lui apporter des consolations. « Un jeudi-saint Zosime se rendit sur le bord du Jourdain; la sainte était de l'autre côté du fleuve : elle fit le signe de la croix, et marcha sur les eaux, comme elle l'aurait pu faire sur la terre. L'année suivante Zosime chercha la sainte, et la trouva morte; il l'enterra dans une fosse profonde creusée par un lion que Dieu avait envoyé pour ce travail. » Il est inutile de dire que plusieurs critiques mettent en doute les actes de Marie l'Égyptienne; cependant l'Église l'honore le 1er mars. A. L.

Godescard, *Vies des principaux Saints*. — Baillet, *Vies des Saints*, t. III. — Les Bollandistes, IVe et Ve siècle. — Prudhomme père, *Biogr. des Femmes célèbres*. — L'abbé de Romagne, *Dict. historique des Miracles*.

MARIE D'OIGNIES (Sainte), née à Nivelle (Brabant), en 1177, morte le 23 juin 1213. Mariée dès l'âge de quatorze ans, elle abandonna la couche conjugale pour se consacrer à la pénitence et au service des lépreux. « Une conduite si peu commune, dit le cardinal Jacques de Vitry, la rendit le but des railleries publiques; mais sa sobriété, ses extases et ses pèlerinages pieds nuds à la chapelle de Notre-Dame d'Oignies, ramenèrent sur elle l'estime générale. » Dieu prit plaisir à la combler de grâces jusqu'à sa mort, arrivée à l'âge d'environ trente-six ans.

« Quoique, ajoutent Richard et Girand, on n'ait point encore travaillé à sa canonisation et que son culte ne soit point public, il est toléré pour le 23 juin. » La vie de sainte Marie d'Oignies a été écrite en deux livres par le cardinal Jacques de Vitry, qui n'avait pas cessé d'être son directeur; elle se trouve dans les *Acta Sanctorum* de Surius. A. L.

Baillet, *Vies des Saints*, t. II, 23 juin. — Richard et Giraud, *Bibliothèque Sacrée*.

MARIE-MADELEINE *Voy.* MADELEINE.

II. MARIE *souveraines*.

A. MARIE d'Allemagne.

MARIE-THÉRÈSE D'AUTRICHE (*Wal-*

(1) Richard et Giraud, *Bibliothèque Sacrée*.

purge-Amélie-Christine), impératrice d'Allemagne, reine de Hongrie et de Bohême, née le 13 mai 1717, morte le 29 novembre 1780. Fille aînée de l'empereur Charles VI et d'Élisabeth-Christine de Brunswick-Wolfenbuttel, elle épousa, en 1736, François-Étienne, duc de Lorraine (devenu grand-duc de Toscane l'année suivante). Dès 1713 l'empereur son père, n'ayant qu'un fils, l'archiduc Léopold, qui n'était pas destiné à vivre, avait solennellement réglé sa succession dans un acte public (la *pragmatique sanction*) qui eut un long retentissement en Europe, et dont toute la portée se trouvait dans cette clause principale « qu'à défaut de mâles de la lignée de l'empereur, ses filles lui succéderaient préférablement à celles de l'empereur Joseph Ier, son frère ». Pour plus de sûreté, le testateur impérial dans la suite fit revêtir cet acte de la garantie de presque toutes les puissances, en particulier de celle des maris de ses nièces, les princes électeurs de Bavière et de Saxe. La mort du jeune archiduc survint après ce testament. Marie-Thérèse fut reconnue héritière des États de la maison d'Autriche en vertu d'un acte authentique, reconnu de tous et confirmatif de son droit naturel. Cet acte fut promulgué à Vienne le 6 décembre 1724. La mort de l'empereur son père, en 1740, prouva à la jeune princesse qu'il lui fallait un droit nouveau, celui de la guerre, pour être mise en possession de ses États héréditaires.

La maison d'Habsbourg-Autriche s'éteignait dans la personne de Charles VI; le règlement qu'il avait fait de sa succession ne devait arrêter personne : après vingt-sept ans, la pragmatique fut considérée par tous les intéressés comme non avenue. C'était surtout l'héritage de la maison d'Autriche qui devait exciter l'ambition de tous les compétiteurs : il s'agissait de la Hongrie et de la Bohême, de la Souabe autrichienne, de la haute et basse Autriche, de la Styrie, de la Carinthie, de la Carniole, des Pays-Bas, des quatre villes forestières du Brisgau, du Frioul, du Tyrol, du Milanais, du Mantouan, des duchés de Parme et de Plaisance. Les prétendants furent nombreux, et se mirent rapidement sur les rangs. Tous se prévalurent des droits des princesses autrichiennes, leurs mères ou femmes. L'électeur de Bavière, Charles-Albert, invoquait un testament de l'empereur Ferdinand Ier, frère de Charles Quint. L'électeur de Saxe, roi de Pologne, venait ensuite : il s'appuyait sur des droits plus récents et plus respectables, ceux de sa femme même, fille aînée de l'empereur Joseph Ier, frère aîné de Charles VI. Quant au roi d'Espagne, il élevait ses prétentions sur tous les États de la maison d'Autriche, et les appuyait sur ce qui il descendait par les femmes de la fille de l'empereur Maximilien II. La France avait bien aussi des droits à faire valoir, puisque Louis XV descendait de la branche aînée masculine d'Autriche, par la femme de Louis XIII et par celle de Louis XIV; mais le rôle d'arbitre lui convenait mieux présentement. Eût-elle d'ailleurs voulu adopter une politique différente, elle ne l'aurait pu qu'en combattant l'Europe entière.

Cette succession si convoitée agita le monde : on publia des mémoires sur la question; on la plaida sous toutes les formes. « On s'attendait, dit Voltaire, à une guerre universelle; mais ce qui confondit la politique humaine, c'est que l'orage commença d'un côté où personne n'avait tourné les yeux. » Il s'agit de la Prusse, érigée en royaume en 1701, par l'empereur Léopold, qui usa en cette occasion du droit que s'étaient toujours attribué les empereurs d'Allemagne de créer des rois et qui ne savait pas qu'il travaillait ainsi contre sa propre maison. Profitant des forces et des trésors accumulés par son père, le roi de Prusse régnant, Frédéric II (*voy.* ce nom) n'eut rien de plus pressé que de tirer parti de la confusion générale produite par la question de la succession autrichienne. Il réclama quatre duchés en Silésie, et deux mois après la mort de l'empereur Charles VI il entrait avec une armée dans cette province. La Bavière invoquait l'appui de la France, et lui demandait de lui faire obtenir au moins un partage de la succession en litige. Cependant, Marie-Thérèse se mit d'abord en possession des domaines laissés par son père. Le 7 novembre 1740, elle reçut à Vienne les hommages des États d'Autriche. Les provinces italiennes, puis la Bohême et la Hongrie lui firent prêter serment par leurs députés; elle-même jura en sa qualité de reine de Hongrie, dans les termes dont s'était servi le roi André II, en 1222, et gagna par là toute la sympathie des Hongrois. « Si moi ou quelques-uns de mes successeurs (telle était la formule du serment), en quelque temps que ce soit, veut enfreindre vos privilèges, qu'il vous soit permis, en vertu de cette promesse, à vous et à vos descendants, de vous défendre, sans pouvoir être traités de rebelles. » En se conduisant de la sorte, Marie-Thérèse manifestait une grande habileté : elle changeait en affection, en adoration, l'éloignement de ce peuple, qui depuis deux cents ans portait impatiemment le joug de l'Autriche. Les Hongrois embrassèrent avec enthousiasme le parti de Marie-Thérèse. Cette princesse ne fut cependant couronnée à Presbourg que quelques mois plus tard, le 24 juin 1741. Son premier soin fut d'assurer au grand-duc de Toscane, son époux et son protecteur naturel, le partage de toutes ses couronnes sous le nom de co-régent, tout en se réservant à elle-même ses droits de souveraineté, tels qu'ils résultaient de la pragmatique sanction; elle pensait ainsi ouvrir au grand-duc de Toscane une voie vers l'empire; mais Charles VI n'avait laissé que des finances épuisées, et les troupes de Marie-Thérèse étaient disséminées dans ses États. C'est alors que le roi de Prusse demanda qu'elle lui cédât la basse Silésie, moyennant quoi il lui garantissait tout le reste et mettait à sa disposition son crédit, ses armes et cinq millions de livres. Marie-Thérèse n'écouta pas cette proposition, que la prudence eût dû peut-être lui faire accepter. « Mais, dit encore Voltaire, le sang de tant d'empereurs qui coulait dans les veines de cette princesse ne lui laissa pas seulement l'idée de démembrer son patrimoine ; elle était impuissante et intrépide. » Le roi de Prusse apprécia avec justesse la situation : il comprit qu'il avait à combattre un grand nom, plutôt qu'une grande puissance ; il comprit encore que l'état où se trouvait l'Europe ne pouvait manquer de lui procurer des alliés ; il s'empara en conséquence de presque toute la Silésie. Le général Neuperg vint avec environ vingt-quatre mille Autrichiens au secours de cette province, et força le roi de Prusse à se mettre en bataille à Molwitz. Frédéric l'emporta ; mais la victoire lui coûta cher et fut sanglante ; toutefois elle entraîna la conquête de la Silésie.

Toute une coalition se mit alors en mouvement. Le roi de Prusse, que l'on croyait déjà d'accord avec la France, la vit alors seulement entrer dans ses intérêts, par le puissant concours qu'elle prêta à l'électeur de Bavière, Charles-Albert. Une armée française, conduite par le comte de Saxe, s'enfonça en Bohême, s'empara de Prague, où elle fit ou laissa déclarer roi l'électeur de Bavière : ce prince fut élu empereur à Francfort, sous le nom de Charles VII, le 4 janvier 1742. Les autres puissances tenaient une conduite sinon hostile, au moins équivoque. Le roi d'Angleterre, qui avait levé vingt-cinq mille hommes pour secourir Marie-Thérèse, craignant pour ses États de Hanovre, dut abandonner la cause de cette princesse et signer un traité de neutralité. Vienne, mal fortifiée, pouvait à peine résister ; pendant que l'électeur de Bavière s'avançait en Autriche, Marie-Thérèse était sortie de sa capitale, qui ne fut cependant pas attaquée, tandis que, comme on vient de le voir, on avait fait la faute de marcher sur Prague. Dans cette situation, presque désespérée, attaquée de tous côtés, Marie-Thérèse ne se découragea point ; elle se réfugia en Hongrie, assembla les ordres de l'État à Presbourg, leur présenta son fils aîné, encore au berceau, et réclama leur appui. Abandonnée de ses amis, persécutée par ses ennemis, elle n'avait de ressource, disait-elle, qu'en leur fidélité, leur courage et leur constance. « Je mets en vos mains, ajoutait-elle, la fille et le fils de vos rois, qui attendent de vous leur salut. » — « Mourons pour notre roi Marie-Thérèse » (*Moriamur pro rege nostro Maria-Theresia !*), s'écrièrent tout attendris ces représentants d'un peuple si maltraité par le père et les aïeux de celle qui venait se jeter ainsi entre leurs bras. Ils versaient des larmes en faisant serment de la défendre. Elle seule retint les siennes ; mais retirée ensuite avec les femmes qui la servaient, elle s'abandonna à toute sa douleur. Elle était enceinte, et tout récemment elle avait écrit à la duchesse de Lorraine : « J'ignore encore s'il me restera une ville pour y faire mes couches. » Sa fermeté la sauva. Pendant qu'elle excitait et ranimait le zèle des Hongrois, elle intéressait de nouveau en sa faveur l'Angleterre et la Hollande, qui lui fournissaient des subsides ; le peuple anglais en particulier s'agitait pour elle. On proposa, on ouvrit des souscriptions pour le soutien de sa cause.

La veuve de ce Marlborough qui avait combattu pour le père de Marie-Thérèse donna l'exemple ; elle offrit quarante mille livres sterling, et les autres dames de Londres cent mille livres. Mais la reine de Hongrie refusa cette offre sympathique ; elle ne voulait de secours que de la nation consultée. En même temps elle ne négligeait rien ailleurs : elle négociait dans l'Empire et avec le roi de Sardaigne, pendant qu'elle tirait des soldats de ses provinces. Quinze mille nobles hongrois prirent les armes. Des bords de la Drave et de la Save accourent des peuples inconnus, des Pandours, des Croates, des Talpaches pour défendre la cause de la reine de Hongrie. Le comte de Kevenhuller, qui les commande, couvre l'Autriche et s'avance jusqu'en Bavière. Le prince Charles de Lorraine, frère du grand-duc François, soutient au centre de la Bohême une vigoureuse guerre défensive ; les troupes ennemies se trouvant disséminées et dépourvues de cavalerie, la reine de Hongrie put reprendre le territoire perdu, et la guerre fut reportée du Danube au Rhin.

La France ou plutôt le cardinal de Fleury regrettait de s'être laissé entraîner à une campagne stérile. Marie-Thérèse publia les lettres dans lesquelles le ministre manifestait ses regrets. Un revirement inattendu changea la face des choses ; le roi de Prusse, qui avait traité secrètement avec Marie-Thérèse, abandonna la ligue moyennant la cession de la Silésie et du comté de Glatz. La Pologne et la Saxe suivirent l'exemple de la Prusse. Le roi de Sardaigne, duc de Savoie, craignait, il est vrai, dans la maison d'Autriche la souveraine du Milanais et de la Toscane ; il prévoyait bien qu'elle pourrait un jour lui ravir les terres qu'il tenait des traités de 1737 et 1738 ; mais « il craignait encore davantage, comme le fait remarquer l'auteur du *Précis du siècle de Louis XV*, de se voir pressé par la France et par un prince de la maison de Bourbon, tandis qu'il voyait un autre prince de cette maison maître de Naples et de Sicile ». Il était donc un auxiliaire obligé de la reine de Hongrie : il s'unit avec elle dès le commencement de 1742, sans s'accorder dans le fond, et en septembre 1743 il obtint le duché de Plaisance et des territoires détachés du Milanais ; ils faisaient cause commune contre le péril présent. Telle était l'attitude des puissances intéressées dans le conflit entre la Prusse et l'Autriche.

Depuis que Frédéric II s'était détaché de la coalition, on en était venu à la conclusion d'un traité de paix à Berlin (28 juillet 1742). Ce traité ne rendit pas la paix au reste de l'Europe. Soutenue par l'Angleterre, la Hollande et la Savoie, Marie-Thérèse continua avec succès les hostilités contre la France et Charles VII; elle leur enleva leurs campements en Allemagne. Le nouvel empereur n'eut bientôt plus que Francfort. A quelques lieues de là se donnait une bataille, celle de Dettingen (1743), qui décidait de son sort. Une armée de cinquante mille hommes, composée d'Anglais, de Hanovriens et d'Autrichiens, y battit les Français auxiliaires de l'empereur et commandés par le maréchal de Noailles. La cause de l'empereur était minée. Cependant le roi de France tenta en personne de la relever, en attaquant les Pays-Bas autrichiens. En même temps il négocia une nouvelle alliance avec ce même roi de Prusse qui venait de traiter avec Marie-Thérèse. Frédéric II, voyant avec inquiétude les progrès de l'Autriche, accepta les avances de Louis XV, et le 22 mai 1744 un *traité d'union confédérale* fut conclu entre la France, l'empereur, le roi de Prusse, le roi de Suède et l'électeur palatin.

« La querelle de la succession autrichienne était tous les jours plus vive, la destinée de l'empereur plus incertaine, les intérêts plus compliqués, les succès plus balancés. » A ce rapide résumé de l'état des choses d'alors, Voltaire ajoute avec raison que cette guerre enrichissait l'Allemagne en la dévastant; que l'argent de la France et de l'Angleterre, répandu avec profusion, demeurait entre les mains des Allemands, et conséquemment que le pays tout entier devenait plus opulent. Cependant l'*union confédérale* une fois conclue, le roi de Prusse, prétextant que les progrès de l'Autriche étaient un danger pour l'indépendance du reste de l'Allemagne, envahit avec soixante-dix mille hommes la Bohême et prit (2 sept. 1744) Prague après quelques jours de siége; mais, menacé aussitôt par les quatre-vingt mille hommes du prince Charles de Lorraine, il se replia sur la Silésie. Cependant le roi de France s'avançait en Allemagne, et pénétrait dans le Brisgau. Tout annonçait que la grande querelle de la succession autrichienne allait se résoudre en faveur de l'empereur Charles VII, quand sa mort (20 janvier 1745) et la défaite des Bavarois à Pfaffenhofen relevèrent de nouveau la cause de Marie-Thérèse. Le fils de Charles VII, âgé de dix-sept ans seulement, mal secouru et se secourant mal lui-même, recourut à la reine de Hongrie, renonça à l'alliance de la France, et fit la paix; l'union de Francfort fut dissoute. Marie-Thérèse mit à profit cette halte ménagée par les circonstances; elle rentra en possession de ses États paternels, et parvint à faire élire empereur son mari, le grand-duc de Toscane, qui fut couronné sous le nom de François Ier (septembre 1745). Le roi de Prusse protesta, mais l'élection fut maintenue. Marie-Thérèse, désormais impératrice, assista à Francfort au couronnement du nouvel empereur. Elle fut témoin de la cérémonie de l'entrée. « Elle fut la première à crier *vivat*, et tout le peuple lui répondit par des acclamations de joie et de tendresse. Ce fut le plus beau jour de sa vie. Elle alla voir ensuite son armée, rangée en bataille auprès de Heidelberg, au nombre de soixante mille hommes. L'empereur son époux la reçut l'épée à la main, à la tête de l'armée; elle passa entre les lignes, saluant tout le monde, dîna sous une tente et fit distribuer un florin à chaque soldat. » (Voltaire). La guerre continuait néanmoins avec la Prusse, et Marie-Thérèse, dont la destinée était, il semble, de voir toujours quelque disgrâce balancer ses succès, perdait une bataille près de la source de l'Elbe, au moment même où se faisaient les préparatifs du couronnement de l'empereur. Cependant le roi de Prusse, à qui le gouvernement français inspirait peu de confiance, se rapprocha de l'Angleterre, et après de nouveaux succès il négocia en vainqueur avec l'Autriche; le 25 décembre 1745 la paix fut conclue, sur les bases du traité de Berlin.

La Silésie et le comté de Glatz restèrent définitivement à Frédéric, et la seconde guerre de Silésie eut pour résultat la perte de cette province (enjeu de ces longues hostilités) pour l'Autriche, qui en revanche gagnait la couronne impériale. Seule la France persista; Louis XV continuait d'être victorieux dans les Pays-Bas, dont il achevait la conquête : toutefois il offrait la paix; elle devint bientôt une nécessité impérieuse : vainqueurs et vaincus, tous souffraient. Enfin, le traité d'Aix-la-Chapelle fut conclu (octobre 1748), et Marie-Thérèse put songer à réparer les maux de la guerre. Elle mit dignement à profit cette trêve apportée aux ambitions des souverains. « L'Europe entière, dit encore Voltaire, ne vit guère luire de plus beaux jours que depuis la paix d'Aix-la-Chapelle, en 1748, jusque vers l'an 1755. » Marie-Thérèse en particulier entra vivement dans cette voie : l'agriculture fut encouragée, le commerce ranimé. On ouvrit aux échanges internationaux les ports autrichiens, Trieste, Fiume; les canaux des Pays-Bas y laissèrent entrer les produits des deux hémisphères; on fit construire de nombreuses voies de communication; Vienne reçut des embellissements; l'industrie prit un rapide essor, grâce à l'introduction de branches nouvelles de fabrication; des manufactures de draps, de porcelaine, d'étoffes de soie, s'élevèrent. L'impératrice ne s'en tint pas à ces avantages matériels, toujours insuffisants. Elle fonda des colléges (le *collegium Theresianum*, entre autres), des écoles spéciales d'architecture, de dessin, érigea des observatoires (ceux de Vienne, de Tirnau, de Gratz), et appela un médecin célèbre et qui eut beaucoup d'influence depuis, Van Swieten, à imprimer aux études médicales une plus efficace direction. Les vieux soldats qui avaient versé leur sang pour elle, les veuves d'officiers, les demoiselles nobles, excitèrent aussi la sollicitude de l'impératrice; des hôpitaux, des asyles spéciaux furent fondés. Prévoyant bien qu'avec des voisins ambitieux, tels que le roi de Prusse, et dans l'état présent de l'Europe, la paix ne serait point d'une longue durée, elle exerça son armée en vue de cet avenir, trop prochain, et fonda à Vienne, à Neustadt des académies militaires destinées à aguerrir ceux qui devaient diriger ses troupes. Le traité d'Aix-la-Chapelle ne pouvait satisfaire personne : l'Autriche ne devait pas se consoler facilement de la perte de la Silésie; l'Angleterre songeait à l'empire des mers. La guerre de 1755, qui éclata entre cette dernière puissance et la France, réveilla toutes les ambitions. Marie-Thérèse conçut le hardi dessein de défaire par le gouvernement français lui-même l'œuvre d'Henri IV et de Richelieu, en s'alliant avec lui. Des intrigues de cour amenèrent ce résultat dirigé surtout contre le roi de Prusse. Le prince de Kaunitz fut l'instrument de cette négociation. « Le cabinet d'Autriche, dit Heeren, fit proposer à la cour de France de concourir au renversement du roi de Prusse et de partager ensuite, entre les deux monarchies, la domination de l'Europe. » L'abbé, depuis cardinal, de Bernis fut le négociateur et l'un des signataires de ce traité, en date du 1er mai 1756, qui consacrait l'acceptation par la cour de Versailles de ces propositions singulières et qui ne fut conclu que sur les instances de madame de Pompadour, séduite par les artifices du négociateur autrichien et flattée d'être traitée de *chère amie* dans un billet de l'impératrice Marie-Thérèse.

La Saxe et la Russie accédèrent à ce traité, qui faisait espérer à Marie-Thérèse que l'issue d'une guerre nouvelle lui rendrait la Silésie. Instruit du secret de la coalition, spécialement dirigée contre lui, Frédéric II prit seul la résolution de prévenir les membres de cette ligue : il fondit sur la Saxe avec soixante mille hommes (30 août 1756). Ce fut le signal de cette longue guerre dite de *Sept Ans*, toute à la gloire de la monarchie prussienne. Frédéric II entra dans Dresde sans coup férir, investit les Saxons réfugiés dans le camp de Pirna, et pénétra en Bohême. Vainqueur à Lowositz, il fit capituler et incorpora dans son armée les Saxons. L'Empire germanique et la Suède prirent fait et cause pour Marie-Thérèse, qui conclut avec la France deux nouveaux traités (1757-1758), et obtint de cette puissance un engagement d'hommes et de subsides. Frédéric remporta, il est vrai, de nouveaux succès en Bohême, où il vainquit Charles de Lorraine; mais les troupes de Marie-Thérèse eurent une éclatante revanche à Kollin (18 juin 1757). D'autres journées fameuses signalèrent cette longue et sanglante reprise des hostilités : Rosbach (5 novembre 1757), si funeste aux armées françaises; Leuthen, qui rendit à Frédéric la Silésie (5 décembre même année); Zorndorf, marquée par sa défaite (25 août 1758); Kunersdorf, également favorable à la cause de Marie-Thérèse (12 août 1759); Torgau, à la suite de laquelle le roi de Prusse occupa la Saxe, puis les victoires du duc de Brunswick, allié du roi de Prusse; les progrès de l'Angleterre dans les Deux-Indes.

Dans l'intervalle, la mort de l'impératrice de Russie donna dans la personne de Pierre III, son successeur, un nouvel allié à Frédéric. La Suède se rallia également à la cause du roi de Prusse (22 mai 1762). L'Europe presque entière était en armes; de nouvelles victoires de Frédéric; la prise de Schweidnitz (octobre 1762); enfin, la lassitude ou plutôt l'épuisement général amenèrent un besoin général de pacification. Marie-Thérèse ne pouvait plus rien espérer de la guerre; renonçant enfin à toutes ses prétentions sur la Silésie, elle put facilement négocier. La paix de Hubertsbourg fut conclue (15 février 1763); les deux puissances, la Prusse et l'Autriche, renoncèrent à toute nouvelle prétention sur leurs États respectifs, c'est-à-dire que l'Autriche perdait et que la Prusse gardait la Silésie. Tel fut pour ces deux couronnes le résultat définitif de la guerre. En revanche, Marie-Thérèse obtint de Frédéric la promesse qu'il voterait pour l'élection de l'archiduc Joseph, son fils, à la couronne impériale. Élu roi des Romains (mars 1764), ce prince devint empereur en août 1764, par la mort de son père François Ier. Marie-Thérèse pleura longtemps et sincèrement l'empereur son époux. L'histoire a enregistré les touchantes manifestations de ce deuil de Marie-Thérèse; chaque mois, dit-on, elle descendait dans les caveaux qui récèlent les sépultures impériales, pour y verser des larmes. Elle institua à Inspruck un chapitre spécial de chanoinesses qu'elle chargea de prier pour le repos de l'âme de l'empereur défunt.

Ces regrets ne firent point perdre de vue à l'impératrice ses devoirs de souveraine à l'intérieur ni les soins de la politique extérieure. La Russie menaçait la Porte : l'Autriche déclara qu'elle défendrait cette dernière puissance, du jour où les troupes russes franchiraient le Danube. Dès 1771 Marie-Thérèse avait conclu avec la Turquie, en vue de cette éventualité, une convention, qui demeura stérile en présence de la perspective d'un agrandissement assez inattendu. Après avoir fait de la Pologne une puissance vassale, Catherine II songea à l'incorporer en partie à son vaste empire. Pour arriver à cet acte de spoliation, elle avait besoin de complices; elle les trouva dans Frédéric le Grand d'abord, puis dans Marie-Thérèse : cette complicité, que l'histoire a flétrie, est une tache dans le règne glorieux de cette impératrice. Se voilant à elle-même les motifs vrais de sa participation au partage de la Pologne, Marie-Thérèse y accéda (1772), sous ce prétexte spécieux que la Pologne était « une ancienne appartenance de ses royaumes de Hongrie et de Bohême ». La *dévote cousine*, comme l'appelait son voisin de Prusse, prit sa part, et elle fut belle, de ce royaume, devenu d'autant plus facilement la proie de l'étranger, qu'il avait presque toujours été déchiré à l'intérieur. Ce qui atténue la participation de Marie-Thérèse à cette flagrante atteinte au droit des nations, c'est qu'elle n'en fut point l'instigatrice, comme en témoigne l'original même de la convention secrète, conclue le 17 février 1772, entre les deux autres puissances co-partageantes.

Une dernière guerre de succession signala la fin du règne de Marie-Thérèse. La branche électorale de Bavière s'étant éteinte dans la personne de Maximilien-Joseph (30 décembre 1777), l'Autriche conclut avec l'électeur palatin Charles-Théodore, héritier naturel de ce prince, un traité de partage signé à Vienne, le 3 janvier 1778, et aussitôt après elle fit occuper la basse Bavière. Ce partage renversait le système politique édifié à coups de victoires par le roi de Prusse. Il prit donc les armes, cette fois avec toutes les apparences du bon droit. Mais l'impératrice Marie-Thérèse était avancée en âge. Frédéric II n'avait plus l'audace des premières années de son règne; la France et la Russie s'interposèrent, et la paix de Teschen (13 mai 1779), consacrant cette autre et dernière prétention de l'Autriche, mit fin à des hostilités auxquelles les conseils imprudents de Joseph II avaient entraîné Marie-Thérèse, qui mourut bientôt après avec le glorieux titre de *mère de la patrie*, que lui décernèrent ses sujets reconnaissants. « Je me reproche, disait-elle, le temps que je donne à mon sommeil, c'est autant de dérobé à mes peuples. »

Le roi de Prusse, son plus constant adversaire, rendait lui-même hommage au caractère élevé de Marie-Thérèse. « J'ai donné, écrivait-il à D'Alembert, des larmes bien sincères à sa mort; elle a fait honneur à son sexe et au trône; je lui ai fait la guerre, et je n'ai jamais été son ennemi. »

Sa bienfaisance, naturelle à son rang, prenait sa source dans son cœur. On en a cité de nombreux exemples. La première partie de son règne fut irréprochable; elle s'y montra aussi magnanime que ferme durant l'adversité, et si sa politique des dernières années mérite parfois d'être blâmée, peut-être en faut-il rejeter la faute sur ceux qui l'entouraient, son fils Joseph le premier, dont les conseils, entre autres, déterminèrent sa mère à entreprendre la dernière guerre de la succession de Bavière. Marie-Thérèse avait été douée d'une beauté remarquable. Elle laissa dix enfants, quatre fils et six filles. Hn. — R.

Rautenstrauch, *Biographie der Kaiserin Maria-Theresia*; Vienne, 1780, in-8°. — Richter, *Lebens und Staatsgesch. Mariæ-Theresiæ*, 1743-1745; 3 vol. in-8°. — *Ann. du règne de Marie-Thérèse*; Paris, 1778, in-12. — Seyfart, *Kurzgefasste Lebens und Regierungsgesch. der Kaiserin Maria-Theresia*; Leipzig, 1781, in-8°. — Sabatier de Castres, *Abrégé de la vie de Marie-Thérèse*. — Castillon, *Précis de la vie de Marie-Thérèse*. — Duller, *Maria-Theresia und ihre Zeit*; 1843-1844, 2 vol. in-8°. — Renner, *Maria-Theresia und Friedrich der Grosse*; Glogau, 1831. — Napoléon, *Mém.*, V. — Wolf, *Oestreich unter Maria Theresia* (Vienne, 1855). — Lotheisen, *Oestreich unter Maria Theresia* (1860).

B. MARIE d'Angleterre.

MARIE I TUDOR, reine d'Angleterre, née le 18 février 1516, à Greenwich, morte le 17 novembre 1558, à Londres. Fille d'Henri VIII et de sa première femme, Catherine d'Aragon, elle survécut à tous les enfants issus de ce mariage. Pour ce motif, selon Burnet, et aussi parce que son père avait perdu l'espoir d'avoir d'autres rejetons, elle reçut en 1518 le titre de princesse de Galles, et fut envoyée à Ludlow pour y tenir sa cour. En même temps le roi préparait pour elle divers projets d'alliance, qui échouèrent les uns après les autres : après l'avoir promise par traité au fils aîné de François Ier (1518), il l'offrit à l'empereur Charles Quint (1522), qui déclina cet honneur, puis au roi d'Écosse (1524); enfin, il convint de la donner soit au roi de France lui-même, soit à son second fils, Henri, duc d'Orléans (1527). Mais avant que ces dernières négociations, conduites par le cardinal de Wolsey, eussent été terminées, il rendit publique sa volonté de divorcer avec Catherine d'Aragon; trois ans plus tard un jugement prononça l'illégitimité de la naissance de sa fille, ce qui suspendit pour quelque temps toute idée de mariage. Dès sa plus tendre enfance, Marie dut aux conseils de la reine sa mère et de la comtesse de Salisbury une éducation toute religieuse; on ne négligea point toutefois de cultiver son esprit : elle apprit l'histoire, les belles-lettres, et eut même pour professeur de langue latine le savant Louis Vivès. Après la répudiation de sa mère, elle fut séparée d'elle, et ne la revit plus. Renvoyée de la cour parce qu'elle ne put plier son orgueil à donner à Élisabeth, sa sœur consanguine, le titre de princesse, qu'on lui avait ôté à elle-même, confinée successivement dans plusieurs maisons de campagne, où elle manquait à peu près de tout, elle n'ignorait aucun des outrages dont sa mère avait été accablée, et son ressentiment était chaque jour rendu plus amer par la jalousie d'Anne Boulen et par les caprices d'un père despotique. Charles Quint, qui était son cousin germain, avait deux fois tenté de l'arracher à cet abandon en s'occupant secrètement de la marier soit à Jacques V, roi d'Écosse, soit au prince Henri de France.

Le supplice d'Anne Boulen, à qui Marie attribuait ses malheurs, la remplit de joie. Aussitôt qu'elle en connut la nouvelle, elle s'adressa au favori d'Henri VIII, Cromwell, en le suppliant « d'être son défenseur pour lui obtenir la faveur du roi » (mai 1536). Une députation, choisie dans le conseil privé, vint alors la requérir de souscrire à certains articles de foi. Comme elle s'y refusait, Cromwell lui écrivit en termes des plus durs; il l'appelait « une femme endurcie et opiniâtre, qui méritait d'être punie de sa méchanceté par le dernier degré du malheur »; ajoutant que « si elle ne se soumettait pas, il la tiendrait pour la personne la plus ingrate, la plus dénaturée et la plus obstinée envers Dieu et son père ». Intimidée ou mieux conseillée, elle consentit à la fin à reconnaître qu'il était de son devoir de se conformer aux décisions du roi; que le roi était le chef de l'Église établie par lui, que la suprématie de l'évêque de Rome n'était qu'une usurpation, et que le mariage entre son père et sa mère avait été, de par les lois divines et humaines, incestueux et illégal (*incestuous and unlawful*) (1). C'était confesser implicitement sa propre bâtardise, contre laquelle la reine Catherine avait protesté jusqu'au dernier soupir. Mais elle refusa avec indignation de pousser l'obéissance jusqu'à déclarer le nom des amis qui l'avaient soutenue de leurs conseils. Henri se réconcilia alors avec sa fille, et lui donna un état de maison plus convenable. Ce fut tout; car on l'exclut, à différentes reprises, du droit de succéder au trône. En lui rendant quelque faveur auprès de lui, le roi lui chercha de nouveau un époux, et entreprit sans succès de l'unir à don Louis, infant de Portugal (1538) et à Guillaume, fils du duc de Clèves (1539). La position équivoque de Marie était sans cesse un obstacle à l'accomplissement de ces sortes de projets. L'ordre de succession, tant de fois changé par le caprice royal, fut enfin réglé d'une manière définitive par l'acte de 1544, qui reconnut les deux filles d'Henri VIII aptes à succéder, à défaut de postérité, au prince Édouard.

L'adhésion de Marie aux réformes religieuses de son père avait été un acte de soumission filiale, dicté par l'intérêt ou la peur; sa conversion n'était pas sincère, et lorsque l'avénement d'Édouard VI, son frère, lui permit de jouir d'une liberté plus grande, elle fit bien voir combien elle était éloignée de renoncer à un seul des principes ou des usages du catholicisme. Elle blâma tous les changements destinés à compléter l'œuvre de la réformation, et n'épargna aux ministres aucune occasion de leur en témoigner son vif déplaisir. Mise en demeure de se conformer aux dispositions du statut sur l'uniformité du culte (juin 1549), elle répondit qu'elle ne croyait pas qu'il pût engager sa conscience, et en appela à la protection de l'empereur, son cousin. La politique l'emporta sur le fanatisme, et on lui accorda, quoique à regret, la faveur qu'elle réclamait de se faire dire la messe selon les anciens rites. Au bout de quelques mois, les persécutions recommencèrent. Continuellement tourmentée par le conseil, qui voulait dompter toute résistance, et par le jeune roi, en sa qualité de chef de l'Église anglicane, Marie tenta de prendre la fuite; mais cette tentative fut découverte et empêchée (août 1550). Elle consentit alors à se présenter en personne devant les lords du conseil; l'entrevue n'amena qu'un mécontentement réciproque (mars 1551). L'empereur, venant fort à propos à son secours, menaça de la guerre si on refusait à cette princesse la liberté de conscience. Le conseil céda encore une fois, et députa Cranmer et deux évêques afin de vaincre les scrupules d'Édouard VI à l'aide de ce sophisme théologique : « Bien que ce soit un péché de permettre le péché, il peut cependant être permis de le tolérer et de fermer les yeux pour quelque temps, pourvu que ce délai soit aussi court que possible. » Édouard se soumit en fondant en larmes et plaignit l'aveugle obstination de sa sœur, qu'on ne lui laissait pas réprimer en usant des rigueurs de la loi. Pendant que, pour gagner du temps, on dépêchait le docteur Wolton à Charles Quint, un des chapelains de Marie, Mallet, fut emprisonné à la Tour, avec trois des officiers de sa maison; puis le chancelier se rendit auprès d'elle, dans le comté d'Essex, et la somma une dernière fois d'obéir. Elle refusa avec beaucoup de fermeté. « Je mettrai ma tête sur l'échafaud, s'écria-t-elle, et je subirai la mort plutôt que de changer de rituel! Si mes chapelains ne disent pas la messe, je n'en entendrai pas : ils peuvent en cela faire ce qui leur plaira; mais le nouveau service ne sera point accompli dans ma maison, ou je cesserai d'y résider. » On n'osa pousser l'insistance plus loin.

Il est probable que Marie continua d'entendre la messe, mais plus secrètement. Son attachement à la foi catholique faillit encore une fois lui coûter cher. Prenant exemple sur son père, le roi Édouard, qui frissonnait à la seule pensée de « replonger la nation dans les ténèbres de l'erreur », crut mettre obstacle à un « mal aussi horrible » en changeant l'ordre de succession; d'après les suggestions de l'ambitieux Northumberland, qui ne flattaient que trop sa propre bigoterie, il écarta du trône, par son testament, Marie aussi bien qu'Élisabeth, entachées l'une et l'autre du prétendu vice d'illégitimité, et laissa la couronne à la postérité de sa tante, Marie d'Angleterre, reine douairière de France et duchesse de Suffolk. Un mois après, il rendit le dernier soupir (6 juillet 1553). Marie, attirée à Londres par ordre du conseil, allait tomber dans le piége qu'on lui tendait pour s'emparer de sa personne, lorsqu'un avis secret de la mort du roi lui fit rebrousser chemin précipitamment. Elle se retira dans le comté de Suffolk, prête à passer en Flandre s'il lui était impossible de soutenir ses droits au trône. Bien peu de gens pourtant en contestaient la validité; on les regardait comme aussi conformes aux lois et aussi parlementaires qu'ils étaient justes et naturels. La vénération universelle dont on entourait la mémoire d'Henri VIII,

(1) Cf. la confession de Marie (*Confession of me the lady Mary*), insérée par Burnet dans son *Histoire de la Réforme*, d'après l'original écrit en entier de la main de cette princesse.

d'un traité de paix à Berlin (28 juillet 1742). Ce traité ne rendit pas la paix au reste de l'Europe. Soutenue par l'Angleterre, la Hollande et la Savoie, Marie-Thérèse continua avec succès les hostilités contre la France et Charles VII; elle leur enleva leurs campements en Allemagne. Le nouvel empereur n'eut bientôt plus que Francfort. A quelques lieues de là se donnait une bataille, celle de Dettingen (1743), qui décidait de son sort. Une armée de cinquante mille hommes, composée d'Anglais, de Hanovriens et d'Autrichiens, y battit les Français auxiliaires de l'empereur et commandés par le maréchal de Noailles. La cause de l'empereur était ruinée. Cependant le roi de France tenta en personne de la relever, en attaquant les Pays-Bas autrichiens. En même temps il négocia une nouvelle alliance avec ce même roi de Prusse qui venait de traiter avec Marie-Thérèse. Frédéric II, voyant avec inquiétude les progrès de l'Autriche, accepta les avances de Louis XV, et le 22 mai 1744 un *traité d'union confédérale* fut conclu entre la France, l'empereur, le roi de Prusse, le roi de Suède et l'électeur palatin.

« La querelle de la succession autrichienne était tous les jours plus vive, la destinée de l'empereur plus incertaine, les intérêts plus compliqués, les succès plus balancés. » A ce rapide résumé de l'état des choses d'alors, Voltaire ajoute avec raison que cette guerre enrichissait l'Allemagne en la dévastant; que l'argent de la France et de l'Angleterre, répandu avec profusion, demeurait entre les mains des Allemands, et conséquemment que le pays tout entier devenait plus opulent. Cependant l'*union confédérale* une fois conclue, le roi de Prusse, prétextant que les progrès de l'Autriche étaient un danger pour l'indépendance du reste de l'Allemagne, envahit avec soixante-dix mille hommes la Bohême et prit (2 sept. 1744) Prague après quelques jours de siége; mais, menacé aussitôt par les quatre-vingt mille hommes du prince Charles de Lorraine, il se replia sur la Silésie. Cependant le roi de France s'avançait en Allemagne, et pénétrait dans le Brisgau. Tout annonçait que la grande querelle de la succession autrichienne allait se résoudre en faveur de l'empereur Charles VII, quand sa mort (20 janvier 1745) et la défaite des Bavarois à Pfaffenhofen relevèrent de nouveau la cause de Marie-Thérèse. Le fils de Charles VII, âgé de dix-sept ans seulement, mal secouru et se secourant mal lui-même, recourut à la reine de Hongrie, renonça à l'alliance de la France, et fit la paix; l'union de Francfort fut dissoute. Marie-Thérèse mit à profit cette halte ménagée par les circonstances; elle rentra en possession de ses États paternels, et parvint à faire élire empereur son mari, le grand-duc de Toscane, qui fut couronné sous le nom de François Ier (septembre 1745). Le roi de Prusse protesta, mais l'élection fut maintenue. Marie-Thérèse, désormais impératrice, assista à Francfort au couronnement du nouvel empereur. Elle fut témoin de la cérémonie de l'entrée. « Elle fut la première à crier *vivat*, et tout le peuple lui répondit par des acclamations de joie et de tendresse. Ce fut le plus beau jour de sa vie. Elle alla voir ensuite son armée, rangée en bataille auprès de Heidelberg, au nombre de soixante mille hommes. L'empereur son époux la reçut l'épée à la main, à la tête de l'armée; elle passa entre les lignes, saluant tout le monde, dîna sous une tente et fit distribuer un florin à chaque soldat. » (Voltaire). La guerre continuait néanmoins avec la Prusse, et Marie-Thérèse, dont la destinée était, il semble, de voir toujours quelque disgrâce balancer ses succès, perdait une bataille près de la source de l'Elbe, au moment même où se faisaient les préparatifs du couronnement de l'empereur. Cependant le roi de Prusse, à qui le gouvernement français inspirait peu de confiance, se rapprocha de l'Angleterre, et après de nouveaux succès il négocia en vainqueur avec l'Autriche; le 25 décembre 1745 la paix fut conclue, sur les bases du traité de Berlin.

La Silésie et le comté de Glatz restèrent définitivement à Frédéric, et la seconde guerre de Silesie eut pour résultat la perte de cette province (enjeu de ces longues hostilités) pour l'Autriche, qui en revanche gagnait la couronne impériale. Seule la France persista; Louis XV continuait d'être victorieux dans les Pays-Bas, dont il achevait la conquête : toutefois il offrait la paix; elle devint bientôt une nécessité impérieuse : vainqueurs et vaincus, tous souffraient. Enfin, le traité d'Aix-la-Chapelle fut conclu (octobre 1748), et Marie-Thérèse put songer à réparer les maux de la guerre. Elle mit dignement à profit cette trêve apportée aux ambitions des souverains. « L'Europe entière, dit encore Voltaire, ne vit guère luire de plus beaux jours que depuis la paix d'Aix-la-Chapelle, en 1748, jusque vers l'an 1755. » Marie-Thérèse en particulier entra vivement dans cette voie : l'agriculture fut encouragée, le commerce ranimé. On ouvrit aux échanges internationaux les ports autrichiens, Trieste, Fiume; les canaux des Pays-Bas y laissèrent entrer les produits des deux hémisphères; on fit construire de nombreuses voies de communication; Vienne reçut des embellissements; l'industrie prit un rapide essor, grâce à l'introduction de branches nouvelles de fabrication; des manufactures de draps, de porcelaine, d'étoffes de soie, s'élevèrent. L'impératrice ne s'en tint pas à ces avantages matériels, toujours insuffisants. Elle fonda des colléges (le *collegium Theresianum*, entre autres), des écoles spéciales d'architecture, de dessin, érigea des observatoires (ceux de Vienne, de Tirnau, de Gratz), et appela un médecin célèbre et qui eut beaucoup d'influence depuis, Van Swieten, à imprimer aux études médicales une plus efficace direction. Les vieux soldats qui avaient versé leur sang pour elle, les veuves d'officiers, les demoiselles nobles, excitèrent aussi la sollicitude de l'impératrice; des hôpitaux, des asyles spéciaux furent fondés. Prévoyant bien qu'avec des voisins ambitieux, tels que le roi de Prusse, et dans l'état présent de l'Europe, la paix ne serait point d'une longue durée, elle exerça son armée en vue de cet avenir, trop prochain, et fonda à Vienne, à Neustadt des académies militaires destinées à aguerrir ceux qui devaient diriger ses troupes. Le traité d'Aix-la-Chapelle ne pouvait satisfaire personne : l'Autriche ne devait pas se consoler facilement de la perte de la Silésie; l'Angleterre songeait à l'empire des mers. La guerre de 1755, qui éclata entre cette dernière puissance et la France, réveilla toutes les ambitions. Marie-Thérèse conçut le hardi dessein de défaire par le gouvernement français lui-même l'œuvre d'Henri IV et de Richelieu, en s'alliant avec lui. Des intrigues de cour amenèrent ce résultat dirigé surtout contre le roi de Prusse. Le prince de Kaunitz fut l'instrument de cette négociation. « Le cabinet d'Autriche, dit Heeren, fit proposer à la cour de France de concourir au renversement du roi de Prusse et de partager ensuite, entre les deux monarchies, la domination de l'Europe. » L'abbé, depuis cardinal, de Bernis fut le négociateur et l'un des signataires de ce traité, en date du 1er mai 1756, qui consacrait l'acceptation par la cour de Versailles de ces propositions singulières et qui ne fut conclu que sur les instances de madame de Pompadour, séduite par les artifices du négociateur autrichien et flattée d'être traitée de *chère amie* dans un billet de l'impératrice Marie-Thérèse.

La Saxe et la Russie accédèrent à ce traité, qui faisait espérer a Marie-Thérèse que l'issue d'une guerre nouvelle lui rendrait la Silésie. Instruit du secret de la coalition, spécialement dirigée contre lui, Frederic II prit seul la résolution de prévenir les membres de cette ligue : il fondit sur la Saxe avec soixante mille hommes (30 août 1756). Ce fut le signal de cette longue guerre dite de *Sept Ans*, toute à la gloire de la monarchie prussienne. Fréderic II entra dans Dresde sans coup férir, investit les Saxons réfugiés dans le camp de Pirna, et pénétra en Bohême. Vainqueur à Lowositz, il fit capituler et incorpora dans son armée les Saxons. L'Empire germanique et la Suède prirent fait et cause pour Marie-Thérèse, qui conclut avec la France deux nouveaux traités (1757-1758), et obtint de cette puissance un engagement d'hommes et de subsides. Frederic remporta, il est vrai, de nouveaux succès en Bohême, où il vainquit Charles de Lorraine; mais les troupes de Marie-Thérèse eurent une éclatante revanche à Kollin (18 juin 1757) D'autres journées fameuses signalèrent cette longue et sanglante reprise des hostilités : Rosbach (5 novembre 1757), si funeste aux armees françaises; Leuthen, qui rendit à Frédéric la Silésie (5 décembre même année); Zorndorf, marquée par sa défaite (25 août 1758); Kunersdorf, également favorable à la cause de Marie-Thérèse (12 août 1759); Torgau, à la suite de laquelle le roi de Prusse occupa la Saxe, puis les victoires du duc de Brunswick, allié du roi de Prusse; les progrès de l'Angleterre dans les Deux-Indes.

Dans l'intervalle, la mort de l'impératrice de Russie donna dans la personne de Pierre III, son successeur, un nouvel allié à Frédéric. La Suède se rallia également à la cause du roi de Prusse (22 mai 1762). L'Europe presque entière était en armes; de nouvelles victoires de Frédéric; la prise de Schweidnitz (octobre 1762); enfin, la lassitude ou plutôt l'épuisement général amenèrent un besoin général de pacification. Marie-Thérèse ne pouvait plus rien espérer de la guerre; renonçant enfin à toutes ses prétentions sur la Silésie, elle put facilement négocier. La paix de Hubertsbourg fut conclue (15 février 1763); les deux puissances, la Prusse et l'Autriche, renoncèrent à toute nouvelle prétention sur leurs États respectifs, c'est-à-dire que l'Autriche perdait et que la Prusse gardait la Silésie. Tel fut pour ces deux couronnes le résultat définitif de la guerre. En revanche, Marie-Thérèse obtint de Frédéric la promesse qu'il voterait pour l'élection de l'archiduc Joseph, son fils, à la couronne impériale. Élu roi des Romains (mars 1764), ce prince devint empereur en août 1764, par la mort de son père François Ier. Marie-Thérèse pleura longtemps et sincèrement l'empereur son époux. L'histoire a enregistré les touchantes manifestations de ce deuil de Marie-Thérèse ; chaque mois, dit-on, elle descendait dans les caveaux qui récèlent les sépultures impériales, pour y verser des larmes. Elle institua à Inspruck un chapitre spécial de chanoinesses qu'elle chargea de prier pour le repos de l'âme de l'empereur défunt.

Ces regrets ne firent point perdre de vue à l'impératrice ses devoirs de souveraine à l'intérieur ni les soins de la politique extérieure. La Russie menaçait la Porte : l'Autriche déclara qu'elle défendrait cette dernière puissance, du jour ou les troupes russes franchiraient le Danube. Dès 1771 Marie-Thérèse avait conclu avec la Turquie, en vue de cette éventualité, une convention, qui demeura stérile en présence de la perspective d'un agrandissement assez inattendu. Après avoir fait de la Pologne une puissance vassale, Catherine II songea à l'incorporer en partie à son vaste empire. Pour arriver à cet acte de spoliation, elle avait besoin de complices; elle les trouva dans Frédéric le Grand d'abord, puis dans Marie-Thérèse : cette complicité, que l'histoire a flétrie, est une tache dans le règne glorieux de cette impératrice. Se voilant à elle-même les motifs vrais de sa participation au partage de la Pologne, Marie-Thérèse y accéda (1772), sous ce prétexte spécieux que la Pologne était « une ancienne appartenance de ses royaumes de Hongrie et de Bohême ». La *dévote cousine*, comme l'appelait son voisin de Prusse, prit sa part, et elle fut belle, de ce royaume, devenu d'autant plus facilement la proie de l'étranger, qu'il avait presque toujours été déchiré à l'intérieur. Ce qui atténue la participation de Marie-Thérèse à cette flagrante atteinte au droit des nations, c'est qu'elle n'en fut point l'instigratrice, comme en témoigne l'original même de la convention secrète, conclue le 17 février 1772, entre les deux autres puissances co-partageantes.

Une dernière guerre de succession signala la fin du règne de Marie-Thérèse. La branche électorale de Bavière s'étant éteinte dans la personne de Maximilien-Joseph (30 décembre 1777), l'Autriche conclut avec l'électeur palatin Charles-Théodore, héritier naturel de ce prince, un traité de partage signé à Vienne, le 3 janvier 1778, et aussitôt après elle fit occuper la basse Bavière. Ce partage renversait le système politique édifié à coups de victoires par le roi de Prusse. Il prit donc les armes, cette fois avec toutes les apparences du bon droit. Mais l'impératrice Marie-Thérèse était avancée en âge. Frédéric II n'avait plus l'audace des premières années de son règne; la France et la Russie s'interposèrent, et la paix de Teschen (13 mai 1779), consacrant cette autre et dernière prétention de l'Autriche, mit fin à des hostilités auxquelles les conseils imprudents de Joseph II avaient entraîné Marie-Thérèse, qui mourut bientôt après avec le glorieux titre de *mère de la patrie*, que lui décernèrent ses sujets reconnaissants. « Je me reproche, disait-elle, le temps que je donne à mon sommeil, c'est autant de dérobé à mes peuples. »

Le roi de Prusse, son plus constant adversaire, rendait lui-même hommage au caractère élevé de Marie-Thérèse. « J'ai donné, écrivait-il à D'Alembert, des larmes bien sincères à sa mort; elle a fait honneur à son sexe et au trône; je lui ai fait la guerre, et je n'ai jamais été son ennemi. »

Sa bienfaisance, naturelle à son rang, prenait sa source dans son cœur. On en a cité de nombreux exemples. La première partie de son règne fut irréprochable; elle s'y montra aussi magnanime que ferme durant l'adversité, et si sa politique des dernières années mérite parfois d'être blâmée, peut-être en faut-il rejeter la faute sur ceux qui l'entouraient, son fils Joseph le premier, dont les conseils, entre autres, déterminèrent sa mère à entreprendre la dernière guerre de la succession de Bavière Marie-Thérèse avait été douée d'une beauté remarquable. Elle laissa dix enfants, quatre fils et six filles. Hn. — R.

Rautenstrauch, *Biographie der Kaiserin Maria-Theresia*; Vienne, 1780, in-8°. — Richter, *Lebens und Staatsgesch. Mariæ-Theresiæ*, 1743-1745; 3 vol. in-8°. — *Ann. du règne de Marie-Thérèse*; Paris, 1775, in-12. — Seyfart, *Kurzgefasste Lebens und Regierungsgesch. der Kaiserin Maria-Theresia*; Leipzig, 1781, in-8°. — Sabatier de Castres, *Abrégé de la vie de Marie-Thérèse*. — Castillon, *Précis de la vie de Marie-Thérèse* — Duller, *Maria-Theresia und ihre Zeit*; 1843-1844, 2 vol. in-8°. — Renner, *Maria-Theresia und Friedrich der Grosse*; Glogau, 1831. — Napoléon, *Mém.*, V. — Wolf, *Oestreich unter Maria Theresia* (Vienne, 1855). — Lotheisen, *Oestreich unter Maria Theresia* (1860).

B. Marie d'Angleterre.

MARIE I TUDOR, reine d'Angleterre, née le 18 février 1516, à Greenwich, morte le 17 novembre 1558, à Londres. Fille d'Henri VIII et de sa première femme, Catherine d'Aragon, elle survécut à tous les enfants issus de ce mariage. Pour ce motif, selon Burnet, et aussi parce que son père avait perdu l'espoir d'avoir d'autres rejetons, elle reçut en 1518 le titre de princesse de Galles, et fut envoyée à Ludlow pour y tenir sa cour. En même temps le roi préparait pour elle divers projets d'alliance, qui échouèrent les uns après les autres : après l'avoir promise par traité au fils aîné de François Ier (1518), il l'offrit à l'empereur Charles Quint (1522), qui déclina cet honneur, puis au roi d'Écosse (1524); enfin, il convint de la donner soit au roi de France lui-même, soit à son second fils, Henri, duc d'Orléans (1527). Mais avant que ces dernières négociations, conduites par le cardinal de Wolsey, eussent été terminées, il rendit publique sa volonté de divorcer avec Catherine d'Aragon; trois ans plus tard un jugement prononça l'illégitimité de la naissance de sa fille, ce qui suspendit pour quelque temps toute idée de mariage. Dès sa plus tendre enfance, Marie dut aux conseils de la reine sa mère et de la comtesse de Salisbury une éducation toute religieuse; on ne négligea point toutefois de cultiver son esprit : elle apprit l'histoire, les belles-lettres, et eut même pour professeur de langue latine le savant Louis Vivès. Après la répudiation de sa mère, elle fut séparée d'elle, et ne la revit plus. Renvoyée de la cour parce qu'elle ne put plier son orgueil à donner à Élisabeth, sa sœur consanguine, le titre de princesse, qu'on lui avait ôté à elle-même, confinée successivement dans plusieurs maisons de campagne, où elle manquait à peu près de tout, elle n'ignorait aucun des outrages dont sa mère avait été accablée, et son ressentiment était chaque jour rendu plus amer par la jalousie d'Anne Boulen et par les caprices d'un père despotique. Charles Quint, qui était son cousin germain, avait deux fois tenté de l'arracher à cet abandon en s'occupant secrètement de la marier soit à Jacques V, roi d'Écosse, soit au prince Henri de France.

Le supplice d'Anne Boulen, à qui Marie attribuait ses malheurs, la remplit de joie. Aussitôt qu'elle en connut la nouvelle, elle s'adressa au favori d'Henri VIII, Cromwell, en le suppliant « d'être son défenseur pour lui obtenir la faveur du roi » (mai 1536). Une députation, choisie dans le conseil privé, vint alors la requérir de souscrire à certains articles de foi. Comme elle s'y refusait, Cromwell lui écrivit en termes des plus durs; il l'appelait « une femme endurcie et opiniâtre, qui méritait d'être punie de sa méchanceté par le dernier degré du malheur »; ajoutant que « si elle ne se soumettait pas, il la tiendrait pour la personne la plus ingrate, la plus dénaturée et la plus obstinée envers Dieu et son père ». Intimidée ou mieux conseillée, elle consentit à la fin à reconnaître qu'il était de son devoir de se conformer aux décisions du roi; que le roi était le chef de l'Église établie par lui, que la suprématie de l'évêque de Rome n'était qu'une usurpation, et que le mariage entre son père et sa mère avait été, de par les lois divines et humaines, incestueux et illégal (*incestuous and unlawful*) (1). C'était confesser implicitement sa propre bâtardise, contre laquelle la reine Catherine avait protesté jusqu'au dernier soupir. Mais elle refusa avec indignation de pousser l'obéissance jusqu'à déclarer le nom des amis qui l'avaient soutenue de leurs conseils. Henri se réconcilia alors avec sa fille, et lui donna un état de maison plus convenable. Ce fut tout; car on l'exclut, à différentes reprises, du droit de succéder au trône. En lui rendant quelque faveur auprès de lui, le roi lui chercha de nouveau un époux, et entreprit sans succès de l'unir à don Louis, infant de Portugal (1538) et à Guillaume, fils du duc de Clèves (1539). La position équivoque de Marie était sans cesse un obstacle à l'accomplissement de ces sortes de projets. L'ordre de succession, tant de fois changé par le caprice royal, fut enfin réglé d'une manière définitive par l'acte de 1544, qui reconnut les deux filles d'Henri VIII aptes à succéder, à défaut de postérité, au prince Édouard.

L'adhésion de Marie aux réformes religieuses de son père avait été un acte de soumission filiale, dicté par l'intérêt ou la peur; sa conversion n'était pas sincère, et lorsque l'avénement d'Édouard VI, son frère, lui permit de jouir d'une liberté plus grande, elle fit bien voir combien elle était éloignée de renoncer à un seul des principes ou des usages du catholicisme. Elle blâma tous les changements destinés à compléter l'œuvre de la réformation, et n'épargna aux ministres aucune occasion de leur en témoigner son vif déplaisir. Mise en demeure de se conformer aux dispositions du statut sur l'uniformité du culte (juin 1549), elle répondit qu'elle ne croyait pas qu'il pût engager sa conscience, et en appela à la protection de l'empereur, son cousin. La politique l'emporta sur le fanatisme, et on lui accorda, quoique à regret, la faveur qu'elle réclamait de se faire dire la messe selon les anciens rites. Au bout de quelques mois, les persécutions recommencèrent. Continuellement tourmentée par le conseil, qui voulait dompter toute résistance, et par le jeune roi, en sa qualité de chef de l'Église anglicane, Marie tenta de prendre la fuite; mais cette tentative fut découverte et empêchée (août 1550). Elle consentit alors à se présenter en personne devant les lords du conseil; l'entrevue n'amena qu'un mécontentement réciproque (mars 1551). L'empereur, venant fort à propos à son secours, menaça de la guerre si on refusait à cette princesse la liberté de conscience. Le conseil céda encore une fois, et députa Cranmer et deux évêques afin de vaincre les scrupules d'Édouard VI à l'aide de ce sophisme théologique : « Bien que ce soit un péché de permettre le péché, il peut cependant être permis de le tolérer et de fermer les yeux pour quelque temps, pourvu que ce délai soit aussi court que possible. » Édouard se soumit en fondant en larmes et plaignit l'aveugle obstination de sa sœur, qu'on ne lui laissait pas réprimer en usant des rigueurs de la loi. Pendant que, pour gagner du temps, on dépêchait le docteur Wolton à Charles Quint, un des chapelains de Marie, Mallet, fut emprisonné à la Tour, avec trois des officiers de sa maison; puis le chancelier se rendit auprès d'elle, dans le comté d'Essex, et la somma une dernière fois d'obéir. Elle refusa avec beaucoup de fermeté. « Je mettrai ma tête sur l'échafaud, s'écria-t-elle, et je subirai la mort plutôt que de changer de rituel! Si mes chapelains ne disent pas la messe, je n'en entendrai pas : ils peuvent en cela faire ce qui leur plaira; mais le nouveau service ne sera point accompli dans ma maison, ou je cesserai d'y résider. » On n'osa pousser l'insistance plus loin.

Il est probable que Marie continua d'entendre la messe, mais plus secrètement. Son attachement à la foi catholique faillit encore une fois lui coûter cher. Prenant exemple sur son père, le roi Édouard, qui frissonnait à la seule pensée de « replonger la nation dans les ténèbres de l'erreur », crut mettre obstacle à un « mal aussi horrible » en changeant l'ordre de succession; d'après les suggestions de l'ambitieux Northumberland, qui ne flattaient que trop sa propre bigoterie, il écarta du trône, par son testament, Marie aussi bien qu'Élisabeth, entachées l'une et l'autre du prétendu vice d'illégitimité, et laissa la couronne à la postérité de sa tante, Marie d'Angleterre, reine douairière de France et duchesse de Suffolk. Un mois après, il rendit le dernier soupir (6 juillet 1553). Marie, attirée à Londres par ordre du conseil, allait tomber dans le piége qu'on lui tendait pour s'emparer de sa personne, lorsqu'un avis secret de la mort du roi lui fit rebrousser chemin précipitamment. Elle se retira dans le comté de Suffolk, prête à passer en Flandre s'il lui était impossible de soutenir ses droits au trône. Bien peu de gens pourtant en contestaient la validité; on les regardait comme aussi conformes aux lois et aussi parlementaires qu'ils étaient justes et naturels. La vénération universelle dont on entourait la mémoire d'Henri VIII,

(1) Cf. la confession de Marie (*Confession of me the lady Mary*), insérée par Burnet dans son *Histoire de la Réforme*, d'après l'original écrit en entier de la main de cette princesse.

et aussi la haine que les Dudley s'étaient attirée, rangea toute la nation dans le parti de Marie. Le règne de Jane Grey (*voy.* ce nom) fut des plus éphémères : au bout de quelques jours, ses rares défenseurs se dispersèrent, et Northumberland, l'âme et le chef de cette révolution avortée, s'empressa de proclamer Marie avec toutes les marques d'une véritable satisfaction.

Voulant se concilier par un acte de clémence l'amour de la nation, la nouvelle reine pardonna à la plupart des ministres; Northumberland et deux autres payèrent seuls de leur tête le criminel attentat qu'ils avaient préparé. Jane Grey elle-même, quoique condamnée à mort, dut à son extrême jeunesse la grâce de ne pas subir sa peine. En outre, une amnistie générale fut publiée. Cette conduite modérée n'ôtait pas au peuple les inquiétudes violentes dont il était agité au sujet de la religion. « Marie, dit Hume, avait été élevée sous les yeux de sa mère; elle s'était pénétrée, à son exemple, de l'attachement le plus fort pour la communion romaine; il en résultait la plus grande antipathie pour les nouvelles opinions; elle les accusait d'être la source de tous les malheurs de sa famille. Son caractère, naturellement aigre et opiniâtre, était encore irrité par les contradictions et les infortunes qu'elle avait souffertes Elle réunissait toutes les dispositions qui pouvaient former une dévote superstitieuse. » En effet, le zèle de Marie ne fut pas longtemps sans se déployer comme on l'avait prévu. Elle rétablit dans leurs évêchés six prélats dépossédés, entre autres Gardiner, qui devint son premier ministre; elle fit célébrer, suivant l'ancien rite, la cérémonie de son couronnement (1er octobre 1553); elle imposa silence, de sa propre autorité, à tous les prédicants qui n'auraient pas une permission spéciale; l'archevêque d'York et trois évêques, bientôt suivis de Cranmer et de Latimer, furent mis en prison. En même temps, n'osant compter sur la fidélité d'aucun de ses amis, elle s'adressait au prince qui lui avait toujours témoigné de l'affection, à Charles Quint, et sollicitait ses avis sur le choix d'un époux et le rétablissement de l'ancien culte : c'était aller au-devant d'une réponse certaine. L'empereur, après avoir désigné deux seigneurs anglais d'origine royale, le cardinal Pole, un vieillard, et Courtenay, un débauché, proposa son fils aîné, Philippe, qui fut accepté; sur la question religieuse, il conseilla de procéder avec précaution, et de ne rien précipiter avant d'avoir obtenu le concours du parlement.

Les deux chambres se montrèrent fort dociles à la volonté de la reine. Un des premiers actes fut de ratifier le mariage de Henri avec Catherine d'Aragon, ce qui équivalait implicitement à prononcer l'illégitimité de la princesse Élisabeth. Le plus important, rédigé avec beaucoup d'habileté, et qui passa sans obstacle, rapportait les neuf statuts rendus sous le dernier règne et replaçait la religion dans l'état où elle se trouvait à l'avénement d'Édouard VI. La liturgie réformée, la communion sous les deux espèces, le mariage des prêtres, la suppression de certaines fêtes, la nomination des évêques par lettres patentes, le règlement de la juridiction ecclésiastique, la prière commune, tout l'édifice que la persévérance de Cranmer avait élevé en quelques années, fut détruit d'un seul coup (octobre 1553). Un simple bill remit l'ancien culte en vigueur. Aussitôt les églises furent rendues aux catholiques; partout on célébra la messe; un grand nombre d'ecclésiastiques furent déposés, et les disputes théologiques recommencèrent avec plus d'ardeur que jamais. Un changement si violent et si soudain dans la religion mécontenta beaucoup les protestants, tandis que l'union prochaine de Marie avec un prince espagnol faisait craindre au peuple entier qu'il ne lui en coûtât ses libertés et son indépendance. Des ambitieux, qui tenaient secrètement pour Élisabeth, saisirent l'occasion d'en appeler au sort des armes : un seul, sir Thomas Wyat, fit preuve d'énergie; avec plusieurs milliers d'hommes du comté de Kent, des chevaux et du canon, il remporta quelques avantages, marcha sur Londres, et y fut pris à la suite d'un sanglant combat (8 février 1554). Autant elle avait déployé de fermeté pendant la lutte, autant la reine fut sévère dans le châtiment. Jane Grey et son mari, déjà condamnés à mort, furent exécutés, ainsi que le duc de Suffolk et son frère, et Thomas Wyat. On pendit une soixantaine de rebelles (1). Le 25 juillet 1554, Marie épousa à Winchester le fils de Charles Quint. Depuis la nuit du 30 octobre, où, dans son oratoire, à genoux devant l'autel, après avoir récité l'hymne *Veni, Creator*, elle avait engagé sa foi à don Philippe en présence de l'ambassadeur d'Espagne, elle tournait vers lui toutes ses pensées. Ayant vécu de longues années dans une sorte de retraite assez austère, et sans espoir de quitter le célibat, « l'image d'un autre état l'avait enflammée pour le jeune époux qu'elle n'avait jamais vu; elle attendait si impatiemment la conclusion de son mariage que le moindre obstacle était pour elle une source d'inquiétudes et de chagrins. Elle ne pouvait cacher son dépit de ce qu'en apportant à Philippe un royaume en dot, il l'avait cependant négligée jusqu'à ne pas lui écrire une seule fois. Elle se fit encore de nouveaux sujets d'alarmes en réfléchissant que sa personne, flétrie par le temps et par la maladie, inspirerait peut-être du dégoût pour elle. »

Le mariage conclu, Marie fit éclater sa passion en toute liberté; « la plus courte absence de cet époux adoré devint un supplice pour la reine; et lorsqu'il disait un mot obligeant à une femme, elle ne pouvait cacher les marques

(1) Les autres prisonniers, au nombre de quatre cents, furent conduits au palais la corde au cou. Marie parut au balcon, leur fit grâce, et les renvoya chez eux.

de sa jalousie et de son ressentiment (1) ». A quelque temps de là elle crut être enceinte, et elle fit faire par tout le royaume des prières publiques et de grandes réjouissances; mais il se trouva que cette prétendue grossesse n'était qu'un commencement d'hydropisie.

Un nouveau parlement, convoqué en novembre 1554, consomma l'œuvre interrompue de la restauration religieuse. Après avoir cassé l'acte de condamnation du cardinal Pole, qui arriva bientôt à Londres comme légat du pape, il manifesta ses regrets, dans une adresse, de s'être séparé du siége apostolique. L'absolution fut donnée au royaume; on abolit toutes les censures, et l'Angleterre rentra dans le giron de l'Église (2). Toutefois, quoique l'autorité pontificale eût été rétablie, ainsi que la juridiction ecclésiastique, quoique la constitution religieuse fût redevenue la même qu'à l'avénement d'Henri VIII, les possessions du clergé, base importante de son autorité, furent irrévocablement perdues pour lui.

Peu satisfaite du triomphe qu'elle venait de remporter, Marie voulut forcer le domaine des consciences; impuissante à convertir les protestants, elle les livra à toute la rigueur des lois. Contrairement aux sages discours du cardinal Pole, le principe de l'intolerance, dont Gardiner se fit l'avocat, prévalut dans le conseil. Bientôt l'Angleterre devint le théâtre des scènes les plus horribles. La férocité barbare des bourreaux ne fit qu'augmenter la courageuse patience des victimes. Cette *terreur* religieuse ne servit qu'à rendre les persécutés plus opiniâtres dans leur doctrine et à multiplier le nombre de leurs prosélytes. « Consolons-nous, mon frère, disait Latimer à Ridley sur le bûcher; nous allumerons aujourd'hui une torche en Angleterre qui, s'il plaît à Dieu, ne s'éteindra jamais. »

La persécution dura quatre ans entiers par le fer et la flamme. Depuis le 4 février 1555, où le chanoine John Rogers fut brûlé à Smithfield, jusqu'au 10 novembre 1558, date du dernier *auto-da-fé* qui consuma trois hommes et deux femmes à Colchester, les historiens protestants ont calculé qu'environ deux cent quatre-vingts personnes furent condamnées à mort pour crime d'hérésie. D'un autre côté, les écrivains catholiques, mettant le lecteur en garde contre l'exagération d'hommes entraînés par l'enthousiasme, prétendent qu'on doit rayer du catalogue des martyrs les noms de ceux qui furent condamnés pour félonie ou trahison, ou qui moururent paisiblement dans leur lit, ou qui auraient été envoyés à l'échafaud par les prélats réformés eux-mêmes, si la chose eût été en leur pouvoir. « Ces réductions au reste, ajoute Lingard, ne diminuent rien de l'atrocité et de l'infamie de la mesure. Après avoir fait la part de toutes les exagérations, on trouvera encore que, dans l'espace de quatre années, plus de deux cents personnes ont péri dans les flammes pour opinion religieuse; énormité dont la contemplation doit frapper d'horreur les esprits les plus prévenus. » Parmi les plus illustres victimes, nous citerons les évêques Hooper, Ferrar, Ridley, Latimer, et l'archevêque Cranmer. L'article sur lequel presque tous les réformés se firent condamner était le refus d'acquiescer à la présence réelle. Bientôt Gardiner, craignant de rester seul chargé de l'horreur de tant d'exécutions, s'en débarrassa sur d'autres ministres. L'évêque de Londres, Bonner, présida à sa place le sanglant tribunal; il se fit l'ardent instigateur de ces atrocités qui, bien loin d'extirper l'hérésie dans sa racine, n'eurent d'autre effet certain que celui de dégoûter à jamais la nation du culte catholique. On ne s'en tint pas à la violence, on organisa la délation et l'espionnage « afin d'observer et de découvrir ceux qui ne seraient pas convenablement à l'église »; on défendit la lecture des livres hérétiques en déclarant que « quiconque, les ayant en sa possession, ne les brûlerait pas sans les lire, ou qui les montrerait à d'autres, serait jugé rebelle et exécuté prévôtalement »; on composa une commission inquisitoriale chargée, entre autres attributions, de faire le procès « à toute personne qui n'entendrait pas la messe, qui n'irait pas à la procession, ou qui ne prendrait ni pain bénit ni eau bénite »; enfin on enjoignit aux magistrats de « faire mettre à la question tous les obstinés qui refuseraient d'avouer leurs fautes ». De temps à autre les conseils de la douceur semblaient l'emporter : on vit une fois tous les prisonniers acquittés sous la condition de prêter serment de fidélité à Dieu et à la reine. Mais ces intervalles étaient courts; l'esprit d'intolérance ne tardait pas à rallumer la persécution, qui, comme nous l'avons dit, se prolongea jusqu'à la fin du règne. Si quelque chose pouvait, sans l'excuser, en atténuer l'horreur, ce fut le fanatisme de certains dévots protestants qui ne cessèrent de diffamer la reine, d'insulter les prêtres, et de fomenter la discorde, la sédition même.

La guerre que Charles Quint soutenait contre la France força Philippe à quitter la reine et l'Angleterre (septembre 1555); mais il jouissait d'une telle influence sur le gouvernement que pendant son absence on ne prit aucune mesure avant d'avoir obtenu son agrément. Quant à Marie, ayant renoncé à l'espoir d'être mère, privée de son époux, se sentant haïe du peuple, elle tomba dans une mélancolie profonde, d'où le soin de la religion put seul l'arracher. La dignité de la couronne, elle en faisait bon marché, s'écriant en plein conseil « qu'elle tenait plus à son âme qu'à dix royaumes comme l'Angleterre ». Aussi, mettant d'accord ses scrupules

(1) Hume, *Hist. of England*, Tudor, ch. XIII.

(2) Jules III s'écria, quand il fut instruit de ce qui s'était passé, que ce bonheur était sans exemple de recevoir des remercîments des Anglais pour leur avoir accordé ce qu'il devrait les remercier d'avoir reçu.

avec les ordres secrets qu'elle recevait du pape Paul IV, elle restitua à l'Église les dixièmes et premiers fruits, les rectoreries, les bénéfices particuliers, enfin toutes les propriétés ecclésiastiques qui depuis les derniers règnes étaient réunies au domaine royal, et qui formaient un revenu d'environ 60,000 liv. st., et elle rétablit quelques-uns des anciens ordres monastiques (décembre 1555). L'année suivante elle eut à réprimer diverses tentatives de soulèvement, que la France avait encouragées; elle y retrouva le nom d'Élisabeth, une bâtarde et une rivale à ses yeux. Sans laisser rien paraître des soupçons et de la jalousie qu'elle nourrissait contre sa sœur, elle mit une certaine ostentation à lui faire bon accueil et à la traiter plutôt en amie qu'en souveraine irritée. Au mois de mars 1557, Philippe II, qui avait succédé à son père sur le trône d'Espagne, vint revoir Marie, et n'eut point de peine à l'entraîner dans ses projets contre la France. Trois mois après, elle déclarait la guerre à Henri II. Comme les revenus étaient bornés, elle leva de nouveaux impôts, qui lui permirent d'équiper une flotte et d'envoyer en Flandre sept mille hommes sous les ordres de lord Pembroke. Fatale intervention, qui eut pour principale conséquence la prise de Calais par le duc de Guise (7 janvier 1558). Cette nouvelle causa une vive émotion parmi la nation anglaise, qui perdait avec cette ville la dernière de ses possessions continentales. Pour la reine ce fut un coup de poignard, et l'on peut juger de sa douleur par la déclaration qu'elle fit sur son lit de mort que « si l'on ouvrait son cœur, on y trouverait le mot *Calais* profondément gravé ». Elle profita néanmoins du réveil de l'esprit public pour tenter de prendre une revanche éclatante sur la France; un nouveau corps de troupes alla grossir en Flandre l'armée espagnole, et la flotte opéra sur Brest une ridicule démonstration. Bientôt des conférences s'ouvrirent à Cambrai entre les puissances belligérantes, et au milieu des préliminaires de la paix qu'on allait signer, Marie mourut (17 novembre 1558). Elle avait quarante-deux ans et son règne en avait duré moins de six. L'hydropisie dont elle était atteinte avait augmenté rapidement; l'abattement de son âme ajoutait encore à ses maux : la certitude d'être haie, la crainte du danger où la religion catholique serait exposée sous Élisabeth, l'amer regret de lui laisser le trône, l'abandon de son époux étaient autant d'objets douloureux auxquels elle était en proie. Ses forces y succombèrent; attaquée d'une fièvre lente, elle se vit jour à jour, pendant plus de quatre mois, envahie par la mort. « Cette princesse, dit Hume, avait peu de qualités aimables ou estimables, et sa personne était dignement assortie à son caractère : entêtée, superstitieuse, violente, cruelle, maligne, vindicative, tyrannique, tous ses penchants et toutes ses actions portaient l'empreinte de son mauvais esprit. Au milieu de tous les vices qui composaient la trempe de son âme, à peine peut-on trouver quelque vertu, si ce n'est la sincérité. » On peut ajouter, à l'avantage de Marie, qu'elle montra en mainte circonstance du courage et de la résolution, qu'elle était libérale, fort dévouée à ses amis, et que son caractère moral était sans reproche. Paul Louisy.

Narratio historica vicissitudinis rerum quæ a. 1553 in regno Britanniæ sub Maria acciderunt; s. l., 1553, in-8°. — *Memoirs of queen Mary's days*; Londres, 1681, in-fol. — *History of the life, bloody reign and death of queen Mary*; ibid., 1682, in-12. — Abbadie, *Panégyrique de Marie, reine d'Angleterre*; Genève, 1695. — Luca Contile, *Istoria delle cose occorse nel regno d'Inghilterra dopo la morte d'Odoardo VI*; Venise, 1558, in-4°. — Strype, *Memoirs*, II et III. — Burnet, *Hist. of the Reformation*, 2e partie. — *Journal d'Édouard VI*. — Fox, *Hist. of the Acts and monuments of the Church*. — Holinshed, *Chronicles of England*, 1577, 2 vol. in-fol. — Heylin, *Hist. of the Reformation of the Church in England*; Londres, 1661, in-fol. — Godwin, *Rerum Anglicarum Henrico VIII, Eduardo VI et Maria regnantibus Annales*; Londres, 1616, in-fol. — Rymer, *Acta diplomatica*, XVI. — Quirini, *Poli Epistolæ*. — G. Seligmann, *Dissert. de Maria I, regina Angliæ*; Leipzig, 1713, in-4°. — Lodge, *Illustrations of biography*; 1791, 3 vol. in-4°. — C.-D. Voss, *Historische Gemælde*, IV. — Sh. Turner, *History of the Reigns of Edward VI, Mary and Elisabeth*; Londres, 1829, in-4°. — *Ambassades de MM. de Noailles en Angleterre*; 1763, 5 vol. in-12. — Griffet, *Nouveaux Éclaircissem. sur l'hist de Marie, reine d'Angleterre*; Paris, 1766, in-12. — Fr. Madden, *Household Book of the queen Mary*; Lond., 1830, in-8° — *Archæologia*, XVIII. — Hume, Smollett, Lingard, *Hist. of England*.

MARIE-BÉATRIX-ÉLÉONORE D'ESTE, reine d'Angleterre, femme de Jacques II, née le 5 octobre 1658, morte le 7 mai 1718, à Saint-Germain-en-Laye. Fille d'Alfonse IV, duc de Modène, et de Marie-Laure Mancini, nièce du cardinal Mazarin, elle devint orpheline de bonne heure, et fut élevée à la cour de son frère François II. Fiancée par procuration au duc d'York, qui venait de perdre Anne Hyde, sa première femme, elle traversa la France, passa quelques jours à Paris, où elle fut logée à l'Arsenal, et se maria à Londres, le 1er décembre 1673. Plus jeune que son époux de vingt ans, elle était belle, imposante, fière, pleine d'esprit; elle ne tarda pas à prendre à la cour de Charles II la place qui était due à son rang élevé et à sa réputation sans tache. Jacques avait pour elle autant d'affection que d'estime, et lorsqu'en 1685 il monta sur le trône, il n'eut pas grande violence à se faire pour lui promettre d'exécuter ce qu'elle souhaitait ardemment, la restauration du culte catholique. Déjà, à cette époque, elle s'était mise entre les mains de la cabale jésuitique, et se montrait violente dans ses paroles. Peut-être l'inconstance du roi l'avait-elle poussée dans le parti extrême. Elle souffrit beaucoup de la faveur si peu méritée de Catherine Sedley, et n'essaya pas même de cacher aux yeux du monde l'indignation qu'elle en ressentait; un jour elle apostropha le roi avec véhémence. « Laissez-moi partir, lui dit-elle; vous avez fait de votre maîtresse une comtesse, faites-en une reine, posez une couronne sur sa tête. » Le roi, effrayé d'un tel désespoir, se hâta de congédier la favorite. Après avoir eu quatre enfants, morts en bas âge, Marie accoucha, au bout de cinq ans d'intervalle, d'un fils, qui reçut le titre de prince de Galles (10 juin 1688). Cet événement privait de leurs droits à la couronne les princesses Marie et Anne, issues d'un premier lit; salué avec joie par les catholiques, il fut reçu avec méfiance par la majorité de la nation, qui s'obstina à n'y voir qu'une fraude pieuse, organisée par Jacques II de concert avec les jésuites.

Bientôt la guerre civile éclata. En apprenant l'arrivée du prince d'Orange, le roi ne songea plus qu'à fuir. Il fit appeler le comte de Lauzun, qui dans ce moment se trouvait à Londres, et lui confia le soin de conduire sa femme et son fils en France. Lauzun accepta avec empressement un moyen de rentrer en grâce auprès de son maître. Assisté d'un de ses amis, nommé Saint-Victor, il descendit la Tamise jusqu'à Lambeth, où une voiture attendait (9 décembre 1688). Mais il s'écoula quelque temps avant qu'on eût attelé. « La nuit était obscure, dit Macaulay, la pluie tombait, le vent sifflait. Marie, craignant d'être reconnue, ne voulut pas entrer dans l'auberge et resta en dehors avec son enfant, accroupie contre la tour de l'église pour se mettre à l'abri de la tempête et se mourant de peur chaque fois que le garçon d'écurie passait près d'elle avec sa lanterne. Fort heureusement l'enfant se portait bien et ne poussa pas un seul cri. » A Gravesend la reine s'embarqua sur un yacht, traversa sans être reconnue un grand nombre de bâtiments hollandais, et débarqua le 21 décembre à Calais. L'accueil que lui fit Louis XIV fut plein de magnificence et de courtoisie : il se conduisit à son égard en roi et en gentilhomme. Après lui avoir envoyé des voitures et une escorte, il alla au-devant d'elle jusqu'à Chatou, suivi de sa famille, de sa maison militaire et de toute la cour. « Je vous rends, madame, lui dit-il, un triste service; mais j'espère vous en rendre bientôt de plus grands et de plus heureux. » Il l'installa lui-même au château de Saint-Germain, qui avait été somptueusement meublé, et donna des ordres pour qu'elle reçût les mêmes marques de respect qu'on aurait rendues à la reine de France; il fut défendu aux princes du sang de s'asseoir en sa présence. Enfin elle toucha sur la cassette royale une pension annuelle de six cent mille livres. « Sa vie, rapporte Saint-Simon, depuis qu'elle fut en France, n'a été qu'une suite de malheurs, qu'elle a héroïquement portés jusqu'à la fin, dans l'oblation à Dieu, le détachement, la pénitence, la prière, les bonnes œuvres continuelles et toutes les vertus qui consomment les saints. Parmi la plus grande sensibilité, beaucoup d'esprit et de hauteur naturelle, qu'elle sut humilier constamment, avec le plus grand air du monde, le plus majestueux, le plus imposant, avec cela doux et modeste. » Si la cour de France n'éprouvait que du mépris pour Jacques II, en revanche elle portait sur Marie le jugement le plus favorable, respectait son courage et son affection maternelle, et plaignait ses malheurs. Dans les derniers temps de la vie de son mari, qui mourut le 16 septembre 1701, elle eut lieu de craindre que Louis XIV ne donnât point au prince de Galles le titre de roi d'Angleterre. Ses instances et ses supplications près de Mme de Maintenon réussirent à faire changer la détermination du roi, qui, dans sa dernière visite à Jacques II mourant, fit connaître qu'il reconnaissait à son fils le titre de roi, sous le nom de Jacques III. Cette malheureuse princesse, déjà témoin des efforts inutilement tentés pour rétablir son mari sur le trône, vécut assez pour voir son fils échouer dans la même entreprise. Elle mourut après une courte maladie, et fut inhumée à l'église Sainte-Marie de Chaillot.

P. L—Y.

Clarke, *Life of James II*. — D'Orléans (Le P.), *Révolutions d'Angleterre*, XI. — Clarendon, *Diary*. — Burnet, *History of his own times*. — Mlle de Montpensier, Saint Simon, *Mémoires*. — Dangeau. *Journal*. — La Bruyère, *Caractères* — Mme de Sévigné, *Lettres*. — Voltaire, *Siècle de Louis XIV*. — Macaulay, *Hist. of England*.

MARIE II, reine d'Angleterre, femme de Guillaume III, fille de Jacques II et d'Anne Hyde, née au palais de Saint-James, le 30 avril 1662, morte dans son palais de Kensington, le 28 décembre 1694 (vieux style). Quoique son père fût catholique, elle fut élevée dans la religion anglicane, et épousa son cousin germain Guillaume, prince d'Orange, stathouder de Hollande et chef de la cause protestante sur le continent. Le mariage eut lieu en novembre 1677. La princesse suivit peu après Guillaume en Hollande. Cette union ne semblait pas d'abord promettre beaucoup de bonheur aux deux époux. « Il paraissait peu probable, dit Macaulay, qu'une affection profonde pût jamais s'établir entre une fille de seize ans, belle, bonne, et naturellement intelligente, mais ignorante et simple, et un homme froid et compassé, qui ne s'occupait que de chasse ou d'affaires publiques, et qui, à peine dans sa vingt-huitième année, était en réalité, par suite de sa mauvaise santé, plus âgé que son beau-père. Pendant quelque temps, Guillaume se montra un mari négligent, et se laissa captiver par d'autres femmes... Marie supporta ses chagrins avec une douceur et une patience qui lui gagnèrent graduellement l'estime et la reconnaissance de Guillaume. » Une cause de froideur subsistait encore dans l'esprit du prince, il craignait que sa femme, appelée par sa naissance à régner en Angleterre, ne lui réservât dans le gouvernement une place secondaire. Mais, grâce à l'intervention de Burnet, ce dernier obstacle disparut. Marie déclara spontanément qu'en montant sur le trône, elle ferait conférer à Guillaume non-seulement le titre de roi, mais l'administration du royaume. « Je vous jure, ajouta-t-elle, que vous serez toujours le maître; je ne vous demande qu'une chose en retour, c'est que de même que j'observerai le précepte qui commande à la femme d'obéir à son mari, de même vous suivrez celui qui ordonne au mari d'aimer sa femme. » Dès lors l'union la plus parfaite ne cessa de régner entre Guillaume et Marie, et ce fait n'est pas indifférent à l'histoire, car le sort de l'Angleterre en dépendait. C'était l'époque où le roi Jacques II mettait sa couronne en danger par ses entreprises contre la religion et les libertés de son royaume. Une coalition nationale, où entrèrent des hommes de tous les partis, se forma contre lui et s'adressa au prince d'Orange comme à un chef. Si dans cette circonstance Marie n'avait pas été d'accord avec Guillaume, la coalition aurait été promptement dissoute. Il n'en fut pas ainsi. La princesse, plus pénétrée de ses devoirs d'épouse et de future reine que de ses devoirs de fille, adhéra à toutes les démarches publiques ou secrètes qui préludèrent à la révolution de 1688. Quand cette révolution se fut accomplie (décembre 1688) et qu'il s'agit de remplacer Jacques II fugitif, un parti considérable, qui avait pour chef Danby, proposa de placer la princesse sur le trône et d'accorder à Guillaume le titre de roi tant qu'elle vivrait, avec telle part de pouvoir qu'elle jugerait convenable de lui conférer. Guillaume repoussa cet arrangement, auquel d'ailleurs Marie ne se serait pas prêtée, et le parlement décida (11 février 1689) que Guillaume et Marie seraient déclarés roi et reine d'Angleterre; que la couronne leur appartiendrait en commun pendant leur vie, et serait reversible au dernier survivant; mais que pendant sa vie le prince dirigerait seul l'administration. La reine Marie arriva de Hollande le 12 février, et fut reçue avec de grandes démonstrations d'enthousiasme; mais l'on trouva qu'elle montrait bien de la joie en entrant dans le palais d'où elle avait indirectement contribué à chasser son père (1). Dans cette royauté unie de Guillaume et Marie, la reine n'eut que le second rôle, mais en se mêlant peu des affaires publiques et seulement lorsque l'absence de son mari l'y contraignait, elle ne fut pas moins un auxiliaire utile et même indispensable de Guillaume. Elle avait les qualités qui manquaient à ce génie sévère et chagrin. Elle était Anglaise de goûts et de sentiments aussi bien que de naissance. Sa beauté, son port majestueux, l'aimable vivacité et la grâce de ses manières rattachaient à la nouvelle dynastie ceux qu'éloignait la froideur du roi. Sa position lui imposa de pénibles devoirs, que les écrivains du parti des Stuarts lui ont durement reproché d'avoir remplis. Chargée du gouvernement tandis que Guillaume réprimait la révolte de l'Irlande (1690), elle dut signer l'ordre d'arrêter son oncle Clarendon et d'autres jacobites de marque. Dans d'autres circonstances analogues, elle prit des mesures de précaution qui déplurent naturellement aux amis du roi déchu, mais qu'une haine aveugle a pu seule transformer en cruelles persécutions. La douceur était au contraire son trait caractéristique; mais cette douceur n'excluait pas la fermeté, surtout lorsque la sûreté de Guillaume était intéressée. Ainsi elle n'hésita pas à rompre avec sa sœur Anne, qui, sous l'influence de Marlborough, était devenue pour le nouveau gouvernement un embarras et même un danger. Au mois de décembre 1694 elle tomba malade, et l'on reconnut bientôt qu'elle était atteinte d'une petite-vérole maligne. « Elle reçut, dit Macaulay, la nouvelle de son danger avec une véritable grandeur d'âme. Elle ordonna que chaque dame de la chambre, chaque fille d'honneur et même chaque femme de service, qui n'avait pas eu cette maladie, quittât sur-le-champ Kensington-House. Elle s'enferma quelques moments dans son cabinet, brûla quelques papiers, arrangea les autres, et attendit son sort avec calme. » Avant que sa situation fût désespérée, elle se réconcilia avec Anne. Les deux sœurs échangèrent des messages bienveillants, mais elles ne se virent pas. Quand tout espoir fut perdu, Guillaume montra un désespoir étonnant chez un homme si calme, que n'avait jamais troublé la bonne ni la mauvaise fortune; et il tomba dans des convulsions qui firent craindre pour sa raison et sa vie.

(1) Macaulay raconte ainsi cet incident, que les ennemis de la nouvelle dynastie ne manquèrent pas d'exagérer. « Quelque tristesse, dit-il, ou du moins de la gravité eût été convenable chez une jeune femme placée, par une destinée aussi lamentable et aussi terrible que celle qui plana sur les familles fabuleuses de Labdacus et de Pélops, dans une situation qui ne lui permettait pas, sans violer ses devoirs envers son Dieu, envers son mari et son pays, de refuser de s'asseoir sur un trône dont son père venait d'être précipité. Néanmoins Marie parut non-seulement joyeuse, mais d'une gaieté folle. A son entrée à Whitehall, elle montra, assurait-on, un plaisir enfantin de se voir maîtresse d'une si belle maison, courut de chambre en chambre, fureta dans les cabinets, examina le couvre-pied du lit de parade, sans avoir l'air de se rappeler par qui ces splendides appartements étaient habités naguère. Burnet même, qui jusqu'alors l'avait regardée comme un ange sous forme humaine, ne put s'empêcher de la blâmer. Son étonnement fut d'autant plus grand qu'en la quittant à La Haye il l'avait laissée extrêmement abattue, quoique convaincue qu'elle suivait la ligne du devoir. Plus tard, elle expliqua sa conduite à Burnet comme à son directeur spirituel. A ce qu'il paraît, Guillaume lui avait écrit que les hommes qui cherchaient à séparer leurs intérêts communs continuaient leurs intrigues, qu'ils prétendaient encore qu'elle se croyait lésée, ajoutant que si elle paraissait triste, ces bruits prendraient de la consistance. Il l'engageait donc à montrer un visage satisfait. Son cœur était loin d'être joyeux, disait-elle, mais elle avait fait de son mieux; et comme elle craignait de ne pouvoir soutenir un rôle qui s'accordait si peu avec ses sentiments, elle l'avait exagéré. Quoi qu'il en soit, sa conduite devint le sujet d'une foule de satires grossières en prose et en vers, et l'abaissa dans l'estime d'hommes dont elle appréciait la bonne opinion. »

Quoi qu'en aient dit les jacobites, on n'a aucun motif de douter de la sincérité de ses regrets, car il avait trouvé dans cette jeune et belle femme un dévouement sans bornes, et la plus tendre, la plus inaltérable affection. « J'étais le plus heureux des hommes, dit-il à Burnet, et maintenant je suis le plus misérable. Elle n'avait pas de défaut, aucun ; vous la connaissiez bien, mais vous ne pouvez pas savoir, personne, excepté moi, ne peut savoir combien elle était bonne. » Marie fut ensevelie dans l'abbaye de Westminster. Guillaume éleva à sa mémoire un monument plus noble que le plus magnifique tombeau, ce fut l'hôtel des marins invalides à Greenwich. Marie en avait conçu le projet ; Guillaume l'exécuta, et dans l'inscription placée autour de la frise il voulut que tout l'honneur en fût attribué à la jeune reine. Z.

Burnet, *Essay upon the life of the queen Mary*. — Tenison, *Funeral Sermon*. — Evelyn, *Diary*. — Macaulay, *The History of England from the accession of James the second*

C. Marie d'Écosse.

MARIE DE LORRAINE, reine d'Écosse, née le 22 novembre 1515, morte le 10 juin 1560, à Édimbourg. Elle était l'aînée des douze enfants de Claude de Lorraine, duc de Guise, et d'Antoinette de Bourbon. Le 4 août 1534, elle fut mariée à Louis II d'Orléans, duc de Longueville, qui la laissa veuve à vingt ans. Renonçant dès lors au monde, elle se retira à la campagne, et refusa même d'épouser Henri VIII, roi d'Angleterre. Jacques V, roi d'Écosse, ayant perdu en 1537 sa femme, Madeleine de France, s'empressa de se rendre aux vœux du clergé, qui le pressait de se remarier au plus tôt. « Il envoya, dit Buchanan, le cardinal David Beatoun et Robert Maxwell comme ambassadeurs en France, pour y demander la main de Marie de Guise ; car, prévoyant déjà la mort de sa femme, il avait d'avance jeté les yeux sur elle pour la remplacer. » Marie répugnait à contracter cette union ; il fallut l'ordre exprès de François Ier pour l'y décider, et, après d'assez longues hésitations, elle partit pour l'Écosse. Ses noces avec Jacques V furent célébrées le 9 mai 1538. Après la mort de ce prince (14 décembre 1542), elle fut déclarée régente du royaume au nom de sa fille, Marie Stuart, née sept jours auparavant, et qui devint si célèbre par sa beauté et ses malheurs. Son premier soin fut de chercher dans la France un appui contre l'Angleterre, mettant en cela ses intérêts d'accord avec les sentiments des Écossais et les intrigues de sa propre famille. La mort du cardinal Beatoun, son principal ministre, fit passer entre ses mains la direction du parti catholique (1546) ; sous le prétexte de protéger la religion et l'indépendance nationale, elle profita de l'accroissement d'influence que lui avait donné la guerre qui venait d'éclater avec les Anglais pour se refuser à l'exécution du traité du 12 mars 1543, par lequel sa fille avait été promise en mariage au fils d'Henri VIII. En 1548, elle l'envoya à la cour de France (voy. MARIE STUART). Quoique le parti de la réforme eût fait de rapides progrès et comptât parmi ses chefs jusqu'à des princes du sang royal, elle disposait encore de forces nombreuses, et parvint, grâce aux secours que lui envoyèrent ses frères, à maintenir son autorité. En 1559, pressée par l'évêque d'Amiens, Nicolas de Pellevé, que la France lui avait envoyé avec quelques docteurs de Sorbonne, elle supprima tout à coup la tolérance religieuse, à laquelle elle avait jusqu'alors consenti, et fit traduire en jugement tous les ministres de la communion nouvelle. Aussitôt un soulèvement général éclata, dont le comte d'Argyle et le duc de Châtellerault donnèrent l'exemple. Beaucoup de villes, entre autres Édimbourg, ouvrirent leurs portes aux protestants, qui saccagèrent sur leur passage les églises et les monastères. Ce fut alors que, sur la proposition du fameux réformateur Knox, l'assemblée des pairs et barons du royaume proclama le droit à l'insurrection contre la tyrannie et dépouilla, à l'unanimité, Marie de Guise de la régence d'Écosse (21 octobre 1559). Cependant cette princesse s'était retirée à Leith, au milieu d'un corps auxiliaire de Français ; bientôt le sort des armes se déclara en sa faveur : les milices protestantes se dissipèrent, et elle rentra dans Édimbourg. Quelques mois plus tard, elle se vit attaquée par une armée anglaise, qu'Élisabeth avait envoyée en aide aux réformés, et mourut pendant le siége.

On serait injuste en jugeant uniquement cette princesse d'après la conduite qu'elle tint pendant sa régence. Cette conduite lui fut inspirée, dictée même par ses parents, qui, après l'avoir compromise, ne lui donnèrent qu'un faible concours. L'historien de Thou, auquel on peut s'en rapporter, a laissé le portrait suivant de Marie de Lorraine : « Cette princesse, dit-il, était ennemie des conseils violents et avait toujours été d'avis qu'il fallait retenir les Écossais dans l'obéissance plutôt par un gouvernement doux et modéré que par les menaces de la sévérité. Elle avait même écrit aux princes lorrains, ses frères, que le seul moyen de conserver l'ancienne religion était de laisser au peuple une entière liberté de conscience. Elle avait le génie élevé et un grand amour de la justice. Étant obligée de se conduire par la volonté d'autrui et n'ayant qu'une autorité empruntée de la cour de France, dont elle recevait les ordres, il arrivait de là que souvent elle ne pouvait tenir sa parole et que sa conduite paraissait se démentir. » P. L—Y.

De Thou, *Historia sui temporis*. — Buchanan, *Rerum Scoticarum Historia*. — Robertson, *History of Scotland*. — Anselme, *Hist. général*. — Mignet, *Hist. de Marie Stuart*, I.

MARIE STUART, reine d'Écosse, née à Linlithgow, le 5 décembre 1542, exécutée le 18 février 1587. Elle était fille de Jacques V, roi d'Écosse, et de Marie de Lorraine, fille aînée du premier duc de Guise. Son père mourut quelques jours après sa naissance. Reine dès le berceau, dès lors aussi commencèrent ses malheurs. « Estant aux mamelles tettant, dit Brantôme, les Anglois vinrent assaillir l'Escosse, et fallut que sa mère l'allast cachant, pour crainte de cette furie, de terre en terre d'Escosse. » Déjà deux partis se disputaient cet enfant. Henri VIII, demandant la main de Marie pour son fils Édouard, exigeait qu'elle lui fût remise jusqu'à sa nubilité, et de cette alliance, qu'il prétendait imposer par la force des armes, voulait faire le gage de l'union protestante des deux pays. Sa mère, Lorraine et catholique, poussait à l'alliance française, et pour affermir la couronne sur ce front d'enfant, fit décider par les états du royaume (5 février 1548) que la reine serait envoyée dans ce pays, le plus ancien et le plus fidèle allié de l'Écosse, pour y être élevée et fiancée au jeune dauphin, fils de Henri II. Le 13 août suivant, quatre galères françaises entraient dans le port de Brest et débarquaient la jeune princesse, dont les grâces et l'intelligence précoce gagnaient déjà tous les cœurs. Accueillie avec enthousiasme à Saint-Germain par une cour galante et voluptueuse, elle fut placée dans un couvent où les filles de la première noblesse recevaient une éducation qui n'avait rien de monastique. Là, elle apprit la musique, la danse, l'italien, le latin et l'art de versifier. Brantôme, qui l'avait vue à cette époque, atteste « qu'estant en l'aage de treize à quatorze ans, elle desclama devant le roy Henry, la reyne et toute la cour, publiquement en la salle du Louvre, une oraison en latin qu'elle avoit faicte, soubtenant et deffendant, contre l'opinion commune, qu'il estoit bien séant aux femmes de sçavoir les lettres et arts libéraux (1). » — « Venant sur les quinze ans, ajoute le même auteur, sa beauté commença à paroistre comme la lumière en plein midy. » Ronsard, Dubellay et le grave chancelier de L'Hospital lui-même nous ont laissé des témoignages de la séduction irrésistible qu'elle exerçait partout autour d'elle. D'un esprit vif et ouvert, d'un caractère insinuant et aimable, elle était l'ornement de la cour, dont elle faisait les délices. Le cardinal de Lorraine annonçait en ces termes à sa sœur l'ascendant qu'elle avait su y prendre : « Bien vous assureré-je, Madame, que n'est rien plus beau ne plus honneste que la Royne vostre fille : elle gouverne le Roy et la Royne. » — « Nostre petite reinette escossoise n'a qu'à sourire, disait Catherine de Médicis, pour faire tourner toutes les testes françoises. » Les étrangers eux-mêmes rendaient hommage à cette jeune merveille, et l'enthousiasme qu'elle excitait se faisait jour jusque dans les dépêches diplomatiques (2).

(1) M. Anatole de Montaiglon a publié pour le Warton Club *Latin Themes of Mary Stuart*; London, 1855, pet. in-8°. C'est une espèce de cahier de corrigés composé de lettres latines adressées par la jeune princesse à divers personnages, tels que Élisabeth de France, sa belle-sœur, François, dauphin, son futur époux, etc.

(2) Le Vénitien Jean Capello s'exprime ainsi sur son compte en 1554 : « La regina di Scozia è bellissima e di maniera tale costumata che porge maraviglia a chiunque considera le qualità sue. » Tommaseo, *Relations des Ambassadeurs vénitiens*, t. I, p. 374.

Le 24 avril 1558, son mariage avec le dauphin, depuis François II, fut célébré avec pompe dans l'église de Notre-Dame de Paris. Henri II voulut qu'à leurs titres de *roi-dauphin* et *reine-dauphine*, ils ajoutassent ceux de *roi et reine d'Angleterre et d'Irlande*, grave imprudence qui, en impliquant la négation des droits d'Élisabeth, engageait une lutte redoutable entre cette princesse, parvenue au trône de la Grande-Bretagne en novembre 1558, et celle que l'on posait ainsi comme seule héritière légitime de cette couronne (1). « Puis, venant ce grand roy Henry à mourir, vindrent à estre roy et reyne de France, roy et reyne de deux grands royaumes. Heureux et très-heureux tous deux, si le roy, son mary, ne fust été emporté par la mort, ny elle, par conséquent, restée vefve au beau avril de ses plus beaux ans, et n'ayant jouy ensemble de leur amour, plaisir et félicité, que quelque quatre années. » (Brantôme.)

Veuve à dix-huit ans (1560), et mal vue de Catherine de Médicis, qui haïssait les Guise, ses oncles, Marie résolut de retourner dans son royaume, malgré les menaces d'Élisabeth, qui n'avait pu obtenir d'elle la ratification du traité d'Édimbourg, conclu l'année précédente par des négociateurs anglais et écossais, et notamment de l'article où il était dit qu'elle renonçait pour toujours aux royaumes d'Angleterre et d'Irlande. Elle s'embarqua à Calais, le 15 août 1561. Nous laissons encore parler Brantôme, témoin oculaire : « S'estant élevé un petit vent frais, on commença à faire voile, et la chiourme à se reposer. Elle, sans songer à autre action, s'appuye les deux bras sur la pouppe de la galère du costé du timon, et se mist à fondre en grosses larmes, jettant toujours ses beaux yeux sur le port, et répétant sans cesse : — Adieu, France! adieu, France! — Et lui dura cet exercice debout près de cinq heures, jusques qu'il commença à faire nuict, qu'on lui demanda si elle ne se vouloit point oster de là et soupper un peu (2). » Elle échappa à la croisière anglaise, grâce à un brouillard qui s'éleva le lendemain, et que l'ingrat Brantôme dénonce comme un digne emblème de ce royaume d'Écosse, *brouillé, brouillon et malplaisant*.

C'est ainsi que Marie rentrait, à l'âge de dix-huit ans, dans ce pays qu'elle avait quitté encore

(1) Marie Stuart était petite-fille de Marguerite d'Angleterre, sœur de Henri VIII. Élisabeth, fille de ce dernier et d'Anne de Boleyn, était considérée comme frappée d'une double incapacité par sa naissance et par sa religion.

(2) Les vers « *Adieu, plaisant pays de France*, etc. » attribués si souvent à Marie Stuart, jusque dans la *Biographie universelle* et dans l'*Histoire* toute récente de M. Dargaud, sont du journaliste de Querlon, qui s'en est reconnu l'auteur dans une lettre à l'abbé de Saint-Léger. On nous permettra d'ajouter ici que cette rectification avait été consignée par nous en 1842 dans l'*Encyclopédie des Gens du Monde*, bien avant que M. Édouard Fournier n'en eût fait l'objet d'un chapitre de son livre : *L'Esprit dans l'histoire*, 1857.

enfant. Elle allait y rencontrer de grands changements, auxquels elle était peu préparée. Une révolution religieuse y avait substitué à la prédominance de la religion catholique, qui avait jeté de profondes racines dans ce jeune cœur, celle du culte presbytérien, qui répugnait à sa conscience comme à tous ses instincts. Elle arrivait donc, ainsi que le dit Robertson, étrangère à ses sujets, sans expérience, sans alliés, et presque sans un ami. Et pourtant la puissance de séduction qui l'accompagnait partout sembla d'abord suffire à conjurer les périls de la situation. Ce fut le 15 août qu'elle débarqua à Leith. De là elle se rendit à Édimbourg, au milieu de la joie un peu grossière, mais franche, de ses nouveaux sujets. « Que Dieu protège cette douce figure! » s'écriait-on sur son passage, quand elle se rendit processionnellement au parlement. Un de ses premiers soins fut de publier une proclamation, où elle promettait de maintenir le protestantisme en Écosse tel qu'il existait avant son arrivée. Mais, en supposant que cette promesse fût sincère, elle ne devait pas trouver pour elle-même cette tolérance qu'elle faisait espérer aux autres. Bientôt le farouche apôtre de la réforme en Écosse, Knox (*voy.* ce nom), déchaîna contre elle le fanatisme de ses sectaires. Le culte de la reine fut traité d'idolâtrie, et quand elle voulut faire célébrer la messe dans son palais, ses prêtres furent attaqués, et le service divin interrompu. L'élégance même de ses manières et de ses goûts révoltait l'austérité calviniste; les passe-temps les plus innocents devenaient à leurs yeux des legèretés coupables. On faisait un crime à cette reine de vingt ans des témérités de ses adorateurs, qu'elle encourageait, disait-on, par sa coquetterie, et l'on commentait malignement l'aventure de ce jeune Français, Chastellard, condamné à mort pour avoir été surpris en récidive, caché dans la chambre à coucher de Marie.

D'un autre côté, la noblesse écossaise, ombrageuse et jalouse, sans connaître toute l'étendue des obligations que l'on avait fait contracter à sa jeune reine (1), commençait à sentir que le protectorat de la France, si complétement adopté par la régente Marie de Lorraine, ne les défendait contre l'Angleterre que pour les livrer à une autre influence. Ces bras de fer frémissaient sous la main délicate qui les contenait à peine et qui allait bientôt sentir leur rude étreinte.

Les embarras du présent et les dangers de l'avenir firent sentir à Marie le besoin de se donner un protecteur et un époux. Élisabeth, tout en refusant pour elle-même les partis qu'on lui offrait, avait la prétention de dicter à sa jeune parente les conditions qui devaient déterminer son choix. Elle lui conseillait de le porter sur un seigneur anglais de préférence à un prince étranger, et elle allait même, dans quelque arrière-pensée peu bienveillante, jusqu'à lui désigner son favori Leicester (*voy.* ce nom). Marie ne prit de ses conseils que ce qui lui convenait. Elle avait distingué le beau Darnley, jeune homme de dix-huit ans, catholique, fils du comte de Lennox, et dont la mère était, après elle-même, la plus proche héritière du trône d'Angleterre (1). En vain Élisabeth, qui ne visait qu'à opposer un prétendant à un autre et à tout tenir en suspens, feignit de s'opposer à ce projet d'union. En vain l'aristocratie écossaise et le parti protestant, ligués sous le nom de *Lords de la Congrégation*, prirent les armes, excités par le fanatique Knox et par l'ambitieux comte de Murray, frère naturel de Marie, qui l'avait habilement dirigée depuis son retour de France, mais dont ce mariage faisait un ennemi. Chez elle, la passion s'irritait par les obstacles. Marie marche à la tête de son armée contre les rebelles, les dissipe, et, victorieuse, conduit Darnley à l'autel (29 juillet 1565). Mais cette union, fruit d'une inclination passagère, et conquise, pour ainsi dire, à la pointe de l'épée, ne devait pas être heureuse. Darnley, non content du titre de roi, voulut obtenir ce qu'on appelait en Écosse la *couronne matrimoniale*, c'est-à-dire l'égalité complète du pouvoir souverain : sur le refus de Marie, il s'oublia jusqu'à l'insulter en public, et, cessant de se contraindre, la fit rougir de son choix par les violences et les débauches auxquelles il se livra. Vers la même époque, elle amassait sur sa tête d'autres orages, en accédant à la grande ligue catholique formée entre la France, l'Espagne et l'empereur pour la destruction du protestantisme en Europe. Le parti calviniste conspirait pour ressaisir son influence politique, Darnley pour satisfaire son dépit et une absurde jalousie. Ces deux complots s'unirent par un serment et par un but communs.

Marie avait alors auprès d'elle comme secrétaire un Italien, nommé David Rizzio, « homme assez âgé, laid, morne et mal plaisant, » dit un contemporain (2), mais qui avait su se rendre agréable à sa maîtresse par son talent pour la musique,

(1) Le 4 avril 1558, elle avait souscrit à Fontainebleau un acte secret, renfermant, pour le cas où elle mourrait sans enfants, donation pure et simple de l'Écosse aux rois de France, « en considération des services que ces rois avaient rendus de tous temps à l'Écosse, en la défendant contre les Anglais, ses ennemis anciens et invétérés, et surtout des secours que lui avait accordés le roi Henri II, en la soutenant à ses frais pendant le jeune âge de sa reine ».

(1) Sa mère était fille de Marguerite d'Angleterre, qui, après la mort de Jacques IV, avait épousé le comte Archibald Douglas d'Angus. Nous avons dit que Marie était petite-fille de la même princesse.

(2) Adam Blackwood, *Martyre de Marie Stuart*, dans Jebb, t. II, p. 202. L'Écossais G. Conæus, dans sa *Vie de Marie Stuart*, publiée en Italie au commencement du siècle suivant, s'exprime sur ce point d'une manière non moins catégorique : « Erat autem Riccius.. ... *senex quidem et corpore deformis*, sed, oh eximiam fidem et prudentiam, Mariæ percarus, adeoque a secretis. » Cependant il résulterait d'une dépêche au duc de Toscane, insérée dans Labanoff, t. VII, p. 86, que Rizzio, âgé d'environ vingt-huit ans lors de son arrivée en Écosse, n'en avait guère que trente-deux au moment de sa mort.

et nécessaire par l'impossibilité où elle était de confier à d'autres sa correspondance française, italienne et espagnole. Les ennemis de la reine ajoutaient qu'il était pensionnaire de Rome et agent du parti catholique auprès d'elle, ce qui était probable, et de plus son amant, ce qui paraît absurde. Toutefois on avait su rendre suspects aux yeux de Darnley les fréquents rapports que son emploi confidentiel amenait entre lui et sa royale maîtresse. Le meurtre était un moyen fort usité en Écosse pour se débarrasser des favoris qui déplaisaient à la nation. Mais ici, par un raffinement de cruauté et par une aggravation d'outrage, sur les instances de Darnley, qui était présent, il fut commis, pour ainsi dire, sous les yeux de la reine, alors grosse de six mois. Un moment même, les épées et les pistolets des conjurés furent dirigés sur elle, tandis qu'elle s'efforçait de protéger contre leurs violences le pauvre et tremblant Italien, qui se cramponnait aux plis de sa robe, en criant : « *Giustizia, giustizia!* Sauve ma vie, madame, sauve ma vie! » Darnley l'en détacha de ses propres mains, et retint la reine, en l'assurant qu'il ne serait fait aucun mal à son serviteur, qu'on traînait pendant ce temps dans une salle voisine, où il était percé de cinquante-six coups de dague ou de poignard.

Marie avait été blessée trop profondément comme femme et comme reine. « Adieu les larmes! s'était-elle écriée dans le premier moment. C'est à la vengeance qu'il faut songer désormais. » La suite ne répondit que trop à cette menace. D'abord prisonnière dans son palais, elle sut, en dissimulant, amener le faible Darnley à dénoncer ses complices et à fuir avec elle à Dunbar. De là elle rallie son parti, fait à son tour trembler les rebelles, et reconquiert encore une fois son autorité. Ce fut aussi à Dunbar qu'elle donna naissance à cet enfant, vrai fils de Darnley, pauvre de cœur et d'esprit comme son père, qui s'appela depuis Jacques Ier (*voy.* ce nom).

Cependant les complices de Darnley, trahis par lui, ne se firent pas scrupule de le dénoncer à leur tour, et mirent sous les yeux de la reine, qui voulait douter encore de sa participation, le pacte du crime (*bond*), où sa signature figurait en tête de toutes les autres. C'est alors que paraît sur la scène un personnage qu'on peut appeler le mauvais génie de Marie, le comte Bothwell, amiral héréditaire d'Écosse, longtemps exilé, puis mêlé aux troubles de ces derniers temps; du reste débauché, sans principes, faisant aussi peu de cas de la vie d'un homme que de l'honneur d'une femme; mais brave, et, comme le prouvaient plusieurs aventures galantes en assez haut lieu, susceptible d'exercer sur le sexe le plus faible la séduction de l'énergie et du courage. D'ailleurs, dans l'affaire de Rizzio, il avait pris le parti de la reine, abandonnée de presque tous les siens; tout récemment chargé de pacifier les *borders*, il venait de remplir cette mission importante avec sa bravoure accoutumée.

Marie avait été visiter ce fidèle serviteur, blessé, à son château de L'Hermitage. Bothwell, à peine rétabli, courut remercier sa jeune et belle souveraine, qui venait d'échapper elle-même à une grave maladie. L'intrigue exploita ces germes d'inclination naissante. Murray et Lethington, ambitieux qu'on retrouve au fond de toutes les intrigues et à côté de tous les crimes de cette époque, étaient les meneurs de cette nouvelle machination. L'amour et la vanité d'une part, là reconnaissance et le ressentiment de l'autre sont adroitement mis en jeu : on pousse ces deux êtres l'un vers l'autre, afin de les perdre tous deux. Dans une conférence secrète tenue à Craigmillar, on propose à Marie le divorce et l'exil de Darnley. Alla-t-on plus loin? Lui parla-t-on de la débarrasser de lui, et, dans tous les cas, comprit-elle qu'il s'agissait d'un meurtre? Ce point délicat reste encore obscur. Ce qu'il y a de certain, c'est qu'elle parut tout à coup se réconcilier avec son époux, qui se disposait à s'éloigner de l'Écosse, quoique malade de la petite-vérole. Elle le ramena de Glasgow à Édimbourg, et l'établit dans une maison isolée *extra muros*, tandis qu'elle-même continuait à habiter Holy-Rood. Dans la soirée du 9 février 1567, comme elle venait de le quitter, après des témoignages de tendresse mutuelle, pour assister aux noces de deux de ses serviteurs, une explosion terrible se fit entendre, et le lendemain l'on trouva près des décombres les cadavres de Darnley et de son page. Un cri de réprobation s'éleva aussitôt contre Bothwell : mille circonstances le désignaient comme l'auteur du meurtre. Toutefois, après une proclamation pour la découverte et l'arrestation des assassins, et sur l'accusation formelle portée contre Bothwell par le comte de Lennox, père de la victime, une procédure dérisoire et précipitée eut lieu, à la suite de laquelle celui-ci fut déclaré non coupable. Marie, aveuglée par la passion, semble prendre plaisir à braver l'indignation générale, et choisit ce moment pour lui accorder de nouvelles faveurs. « Peu m'importe, l'entend-on s'écrier un jour, que je perde pour lui France, Écosse et Angleterre! Plutôt que de le quitter, j'irai avec lui jusqu'au bout du monde en jupon blanc! » Les avertissements de ses amis, la joie maligne de ses ennemis, qui la voient se perdre, la conscience publique, qui se soulève de toutes parts, rien ne saurait l'arrêter. Bothwell, qui était marié, fait prononcer en quelques jours le divorce avec sa femme, et le 15 mai 1567, après un simulacre d'enlèvement par celui-ci et de pardon public de la part de Marie, la veuve de Darnley, trois mois après la mort de son mari, donne publiquement sa main à celui que tout le monde désignait comme le meurtrier (1).

(1) On annonçait à un Anglais qu'il allait paraître une justification complète de Marie Stuart : « Y prouve-t-on

Le châtiment suivit de près la faute. Dès les premiers jours du mariage, la malheureuse Marie était surprise en larmes par l'ambassadeur de France, et Melvil l'entendait s'écrier : « Donnez-moi un couteau, que je me tue ! » Le farouche Bothwell avait reparu tout entier. Bientôt il fallut se défendre contre une nouvelle confédération formée contre elle et son indigne époux et grossie cette fois par le mécontentement public. Assiégés dans le château de Borthwick, poursuivis à Dunbar, Marie et Bothwell, qui n'avaient pu réunir plus de 2,000 hommes, les virent se débander devant l'armée ennemie à Carberry-hill. Après avoir dit un dernier adieu à l'objet de sa courte et malheureuse passion, Marie est ramenée à Édimbourg, non plus en reine, mais en prisonnière, puis renfermée au château de Loch Leven, où on lui fait signer de force l'abdication de ses droits en faveur de son fils et la régence pour Murray. Son évasion, dont les détails romanesques sont si connus, grâce à *L'Abbé*, de Walter Scott, ne devait amener pour elle qu'un changement de prison. Un moment elle se vit entourée d'amis fidèles, et sembla retrouver le prestige de la puissance et de la séduction ; mais battue à Langsyde (13 mai 1568), elle prit la résolution fatale de se réfugier en Angleterre, ne pouvant se persuader que là était sa plus mortelle ennemie. Élisabeth, feignant de prendre son offre de justification amiable pour une soumission à la juridiction anglaise, au lieu de lui accorder l'entrevue qu'elle sollicita jusqu'à sa mort, et qu'elle n'obtint jamais, se donna le plaisir de la faire comparaître en accusée devant une commission hostile ou rebelle; puis, au moment où des pièces produites contre elle provoquaient des doutes qui ne sont pas encore éclaircis aujourd'hui, elle rompit tout à coup les conférences, et, tout en déclarant que les preuves ne paraissaient pas suffisantes, renvoya les accusateurs avec des présents, et infligea à l'accusée, qui n'était pas sa justiciable, une captivité qui devait durer dix-neuf ans (1568). Les plus touchants appels, de la part de Marie, à la justice, à la pitié même de sa rivale restèrent sans réponse (1).

Alors commença en faveur de la prisonnière cette série de tentatives diverses, qui toutes vinrent échouer devant l'énergie d'Élisabeth et devant l'habileté de ses ministres : soulèvement des provinces catholiques du nord, projets de mariage avec la reine d'Écosse, émissaires de cette milice infatigable et dévouée que, du fond des séminaires du continent, Rome lançait contre la Jezabel du Septentrion, ligue du pape et du roi d'Espagne, négociations diplomatiques (2), hostilités flagrantes, tout fut mis en usage. Un dernier complot, celui de Babington (1586), fut enfin l'occasion ou plutôt le prétexte dont on se servit pour frapper le grand coup médité depuis longtemps. Il fut facile de prouver que le meurtre d'Élisabeth entrait dans le plan des conjurés; mais on n'a pas convaincu Marie de mensonge, alors qu'elle déclarait « avoir cherché à procurer sa liberté par tous moyens, fors de consentir à attenter à la vie de la reine ».

Du reste, ce crime, disons-le, non à la décharge d'Élisabeth, mais à la honte du cœur humain, était dès longtemps réclamé avec une insistance barbare, surtout depuis la Saint-Barthélemy (3), par les conseillers de la reine d'Angleterre, par le parlement et par le peuple ; et il n'avait pas tenu à celle-ci de l'avancer, soit en livrant Marie au régent d'Écosse, soit en faisant sentir à ses geôliers, en termes non équivoques, qu'on lui rendrait service en la débarrassant d'elle. Condamnée sans l'appui de ces

qu'elle n'a pas épousé Bothwell? répondit-il. « Il y a là en effet une action qu'on ne peut ni détruire ni justifier. Mais le doute est permis pour tout le reste. Aux dépositions de Paris et aux lettres à Bothwell, dont M. Mignet a tiré des conclusions accablantes contre Marie Stuart (t. I, p. 290 et 427), mais *dont on ne produit point les originaux*, les partisans de la reine d'Écosse peuvent opposer un document authentique et que M. Mignet ne connaissait pas. Nous ne parlons pas de la déclaration solennelle faite par Bothwell à son lit de mort, d'après laquelle il aurait juré sur son salut « que Marie n'avait jamais eu connaissance de la mort du roi, et qu'elle n'y avait jamais consenti ». Teulet, p. 246); mais de la lettre autographe du 6 novembre 1578, où la comtesse de Lennox, la propre mère de Darnley, écrit à la prétendue meurtrière de son fils sur le ton le plus affectueux, et lui parle « *du jour qui s'est fait sur la perfidie de leurs ennemis communs* », *The treachery of your traitors is better known than before*. Cette lettre, retrouvée au *State paper Office* par miss Agnès Strickland, qui en a donné le *fac simile* à la fin du 5e vol. de son ouvrage intitulé : *Lives of the Queens of Scotland*, acquiert une force nouvelle lorsqu'on la rapproche d'une autre lettre, que Marie Stuart écrivait à l'archevêque de Glasgow, le 2 mai 1578, en lui annonçant la mort de la comtesse de Lennox. « Cette bonne dame s'était, grâce à Dieu, fort bien reconnue envers moi depuis cinq ou six ans que nous avons eu intelligence ensemble, et m'a avoué par lettres écrites de sa main, que je garde, le tort qu'elle m'avoit fait en ses injustes poursuites, dressées, comme elle me l'a fait entendre, par son consentement, pour avoir été mal informée, mais principalement par exprès commandement de la dite reine d'Angleterre et persuasion de son conseil, qui avoient toujours empêché notre appointement, lorsqu'avant connu mon innocence elle vouloit se désister de me poursuivre, jusqu'à refuser pleinement d'avouer ce qu'ils faisoient contre moi sous son nom. » (Labanoff, *Recueil*, t. V, p. 31).

(1) « Je suis venue de mon gré me mettre entre vos mains, pour être perpétuellement jointe avec vous d'un lien indissoluble d'obligation, comme je la suis en consanguinité. Je ne fuyois devant vous, ains vous suis venue chercher, vous voulant devoir plus qu'à tous princes chrétiens. Ne retenez donc par force et en ennemie celle qui vous est venue en amie et de bon gré. » Lettre publiée dans les *Petits Mémoires de Condé*, t. II, p. 744.

(2) Les négociations avec l'Espagne ont été résumées par M. Mignet, d'après les *Archives* de Simancas ; et les relations entre la France, l'Angleterre et l'Écosse par M. Chéruel dans son intéressant ouvrage *Marie Stuart et Catherine de Médicis*; 1858, in-8° On y voit avec quelle mollesse fut défendue par Henri III la veuve de François II mollesse dont rougissaient les ambassadeurs français eux-mêmes, Castelnau et Châteauneuf.

(3) C'est alors que fut professée hautement, dans le conseil privé d'Élisabeth, la maxime : *Mors Mariæ, vita Elisabethæ*, et que l'évêque de Londres écrivit à lord Burghley une lettre qui se terminait par cette touchante apostille : *Articles pour la sûreté de notre reine et du royaume, s'il plaît à Dieu* : 1° COUPER LE COL A LA REINE D'ÉCOSSE, etc. (Ellis, *Letters illustrative of the English history* ; dans *Edinburgh Review*, n° 91, p. 107).

formes protectrices que la loi anglaise accorde au moindre des accusés, une femme, une parente, une reine monta sur l'échafaud dressé par son implacable ennemie; et celle-ci, à défaut de la pitié que devaient lui inspirer tant de malheurs, ne trouva pas dans sa haute politique une objection contre cette tête royale jetée en exemple à l'Angleterre et à l'Europe!

Le courage, la résignation que Marie déploya dans ces jours d'épreuve, sa mort sublime et vraiment chrétienne (18 février 1587), dont il faut lire les détails dans Brantôme et dans les relations contemporaines, peuvent, aux yeux les plus sévères, passer pour une expiation suffisante des erreurs de sa vie. L'inflexible histoire a dû dire ses fautes; la poésie n'a vu que ses malheurs (*voy.* ALFIERI, LEBRUN, MONTCHRESTIEN, SCHILLER), et toujours un intérêt mélancolique et tendre s'attachera à cette gracieuse physionomie, qui n'a pu traverser une époque de sang et de violence sans que quelques taches ne rejaillissent sur elle, mais qui se présente aux regards de la postérité sous la triple égide de la beauté, de l'esprit et du malheur. RATHERY.

Nous pourrions remplir plusieurs colonnes de la simple énumération des ouvrages dont Marie Stuart est l'objet principal ou accessoire. Les plus importants sont : Tytler (P. F.), *History of Scotland*, 1828-1842, 8 vol. in-8°. — Mignet, *Histoire de Marie Stuart*, 2e édition, Paris, 1854, 2 vol. in 12. — Labanoff, *Recueil des Lettres de Marie Stuart*; Londres et Paris, 1844, 7 vol. in-8°, auxquels il faut ajouter, outre le volume supplémentaire, donné par M. Teulet, Paris, F. Didot, 1860, in-8°, les *Pièces et Documents relatifs au comte de Bothwell*, et la *Notice sur la collection des portraits de Marie Stuart appartenant au prince Labanoff*, publiées par lui-même; Saint-Pétersbourg, 1856, 2 fascicules in-8°. — Miss Strickland, *Lives of the queens of Scotland*; Édimbourg, 1854, 1859, 8 vol. in-8°; les tomes III a VII sont consacrés a Marie Stuart.

Ont encore écrit la vie de Marie Stuart, en Angleterre : Chalmers, 1818, 2 vol. in 4°, et 1822, 2 vol. in-8° ; — Miss Benger, 1823, 2 vol. in-8°, — Bell, 1831, 2 vol. in-12; — Stanhope (L.) F. Buckingham, 1844, 2 vol. in 8°; — Ryan (M. J.), 1857, in-8°. — En France : de Marsy, 1742-1743, 3 vol. in-12 ; — Dargaud, 2e edit., 1859, in-12. — En Allemagne : Gentz, Brunswick, 1799, in-12; — Schuetz, Mayence, 1839, in 8°. Citons encore les histoires de Robertson, de Hume, de Lingard, les collections de S. Jebb, Londres, 1725, 2 vol. in-fol., Anderson, Londres, 1729, 4 vol. in-4°. — Keith, *History of the affairs of Church and State in Scotland*; Édimbourg, 1734, in-fol.

D. MARIE d'Espagne.

MARIE-ANNE D'AUTRICHE, reine d'Espagne, née en 1634, morte le 16 mai 1696. Fille de l'empereur Ferdinand III et de Marie-Anne d'Autriche, infante d'Espagne, elle eut pour frère l'empereur Léopold Ier. Unie à l'infant Philippe-Balthasar (1648), qui mourut avant la consommation du mariage, elle contracta, le 8 novembre 1649, une seconde alliance avec Philippe IV, roi d'Espagne, père de celui qu'elle avait fiancé. Ce prince s'était remarié à l'âge de quarante-quatre ans, pour resserrer les liens entre les deux branches de la maison d'Autriche. En mourant, il confia à la reine la tutelle de son fils Charles II et le gouvernement de l'État. Marie-Anne, qui était d'un esprit étroit, opiniâtre, et fort dévouée à l'Allemagne, s'empressa de mettre à la tête du conseil de régence, d'où elle avait fait exclure don Juan d'Autriche, son propre confesseur, le P. Nithard (*voy.* ce nom). Ce choix fut loin de lui faire honneur. « Tout empira, dit le continuateur de Mariana, sous ce ministre, dont l'arrogance et l'orgueilleuse incapacité soulevèrent les grands contre lui. » Don Juan d'Autriche en débarrassa l'Espagne en 1669. L'année précédente la régente avait reconnu l'indépendance du Portugal, contre lequel elle avait continué une guerre désastreuse; mais le traité d'Aix-la-Chapelle lui avait restitué la Franche-Comté, conquise en quelques semaines par Louis XIV. Don Juan se montra modéré dans son triomphe; quand il aurait pu s'emparer de la direction des affaires, il se contenta de la vice-royauté d'Aragon et de Catalogne. Forcée d'éloigner le P. Nithard, Marie-Anne lui rendit cette disgrâce la plus douce possible, et l'envoya à Rome en qualité d'ambassadeur extraordinaire. Elle ne tarda pas à remplacer ce favori par un gentilhomme, Fernand de Valenzuela, exclu jadis de la maison du duc de l'Infantado, où il avait été simple page; il fut élevé à la grandesse, et prit un tel ascendant sur l'esprit de la régente, qu'il conserva le pouvoir jusqu'à la majorité du roi, qui fut déclarée en 1675. L'arrivée de don Juan au ministère fut pour la reine mère le signal de la retraite. Elle vit son amant arraché de l'Escurial et déporté aux îles Philippines, et ne prit plus qu'une part indirecte aux événements politiques. Mais l'action qu'elle exerça sur son déplorable fils, pour être cachée à tous les yeux, n'en fut pas moins funeste. Après s'être opposée à son mariage avec Marie-Louise d'Orléans, elle chercha par tous les moyens à ruiner le crédit de cette princesse; elle la calomnia auprès du roi, elle grossit ses fautes à plaisir, et le roi ne se montra que trop docile à ces suggestions d'une haine aveugle. Si elle ne fut pas coupable de la mort subite de sa bru, du moins elle s'en réjouit comme d'un triomphe pour la cause de l'Autriche, et elle se hâta de le rendre complet en préparant le second mariage de Charles II avec Marie de Neubourg. Six ans plus tard, elle mourut, d'un cancer. P. L.

W. Coxe, *L'Espagne sous les Bourbons*, I — Ortiz, *Historia de España*, VI. — Montglat, *Mémoires*, II. — Ch. Romey, *Hist. d'Espagne*.

MARIE-LOUISE D'ORLÉANS, reine d'Espagne, née le 27 mars 1662, à Paris, morte le 12 février 1689, au palais de l'Escurial. Elle était fille de Philippe, duc d'Orléans, frère de Louis XIV, et d'Henriette d'Angleterre, sa première femme. La mort soudaine de sa mère fit croire à un empoisonnement. A l'âge de quinze ans elle faillit devenir victime d'un accident qui aurait pu aussi donner lieu à des soupçons. « La jeune Mademoiselle, raconte Mme de Sévigné, a la fièvre quarte. Elle fut l'autre jour aux Carmelites de la rue du Bouloy, pour leur demander un

e. Elle n'avait ni gouvernante ni sous-'nante. On lui donna un breuvage qui la fit ›up vomir; cela fit grand bruit. La prin-ne voulut point dire qui lui avait donné ıède. » Le roi, quand il le sut, entra dans ›lente colère, et appela les carmelites des *sonneuses*. Grâce à d'énergiques re-, la jeune princesse se rétablit prompte-et devint une des plus belles personnes de '. Elle y vit le dauphin, et s'éprit pour lui vive passion, qui fut payée de retour. Aussi ›oiselle, témoin de cette mutuelle incli-, avait-elle dit au duc d'Orléans : « Ne pas si souvent votre fille à la cour, elle 'op malheureuse ailleurs. » Des motifs po-s dictèrent son mariage avec Charles II, Espagne. Cette nouvelle la jeta dans un désespoir; elle courut implorer Louis XIV, meura inflexible. « Que pourrais-je faire s pour ma fille? lui dit-il. — Ah! s'écria esse, vous pourriez faire quelque chose s pour votre nièce! » Voyant approcher de son départ, elle se jeta aux pieds du mme il entrait à la chapelle; il l'écarta de a, en disant sur un ton de froide raillerie : erait une belle chose que la reine catho-empêchât le roi très-chrétien d'aller à la » Les dernières paroles qu'il lui adressa, 'elle prit congé de lui (20 septembre 1679), ›cées en présence de Marguerite-Louise ıns, qui avait, en 1675, abandonné son Cosme III, grand-duc de Toscane, ne mar-pas une plus grande émotion. « Madame, en l'embrassant, je souhaite de vous dire pour jamais; ce serait le plus grand mal-qui vous pût arriver que de revoir la '. » Marie-Louise partit, le cœur brisé, ant pour confidente de sa douleur que la se d'Harcourt, femme d'un esprit faible s d'état de la bien conduire. Elle rencon-arles II à Burgos, où son mariage fut sans aucune pompe (18 novembre A Madrid, en réjouissance de cette e, on ordonna un *auto-da-fé*, où vingt-ersonnes furent livrées au feu et soixante à diverses peines corporelles.

s une cour où le nom français était détesté, rince maladif et aussi méprisable d'esprit caractère, Marie-Louise ne pouvait mener vie d'isolement et de souffrance. Si elle iais « heureuse », comme elle l'écrivit à XIV, ce moment de bonheur eut la durée onge, d'où la tira la haine perfidement ve de sa belle-mère. Le palais de l'Escu-rint pour elle une prison. Ses fautes, qui celles d'une jeunesse inexpérimentée, on reprocha comme des crimes. Le 10 fé-689, après avoir avalé une tasse de lait ou ›olat glacé, elle fut prise de vomissements ne put soulager, et expira le surlende-sa mère Henriette était morte au même à la suite des mêmes accidents. Tous les contemporains attribuèrent cette mort soudaine au poison, bien que « ce mot eût été défendu à Versailles et par toute la France ». Quant aux auteurs du crime, les uns le rejetèrent sur les agents de l'Autriche, les autres sur ceux de la reine mère. « Le roi d'Espagne, dit Mme de La Fayette, aimait passionnément la reine; mais elle avait conservé pour sa patrie un amour trop violent pour une personne d'esprit. Le conseil d'Espagne, qui voyait qu'elle gouvernait son mari et qu'apparemment, si elle ne le mettait pas dans les intérêts de la France, tout au moins l'empêcherait-elle d'être dans des intérêts contraires; ce conseil, dis-je, ne pouvant souffrir cet empire, prévint par le poison l'alliance qui paraissait devoir se faire. » Saint-Simon, plus explicite, accuse du crime la cour de Vienne, dont le comte de Mansfeld et la comtesse de Soissons auraient été les instruments. « Il faisait chaud, dit-il; le lait est rare à Madrid, la reine en désira, et la comtesse lui en vanta d'excellent qu'elle promit de lui apporter à la glace. On prétend qu'il fut préparé chez le comte de Mansfeld. La comtesse de Soissons l'apporta à la reine, qui l'avala et qui mourut peu de temps après, comme Madame, sa mère. Elle revint chez elle, où ses paquets étaient faits, et s'enfuit en Allemagne. Dès que la reine se trouva mal, on sut ce qu'elle avait pris et de quelle main; le roi d'Espagne envoya chez la comtesse de Soissons, qui ne se trouva plus; il fit courir après de tous côtés, mais elle avait si bien pris ses mesures qu'elle échappa. Mansfeld fut rappelé à Vienne, où il eut à son retour le premier emploi de cette cour. » Marie-Louise, à ce qu'on prétend, avait toujours eu quelque soupçon de ce genre de mort; elle avait communiqué souvent ses appréhensions au duc d'Orléans, qui lui envoya trop tard du contre-poison.

P. L—Y.

Mme d'Aulnay, *Mémoires de la Cour d'Espagne*. — Saint-Simon, *Mémoires*. — Mme de La Fayette, *Mémoires de la Cour de France*. — Mlle de Montpensier, *Mémoires*. — Mme de Sévigné, *Lettres*. — Voltaire, *Siècle de Louis XIV*. — Ch. Romey, *Hist. d'Espagne*.

MARIE-ANNE DE BAVIÈRE-NEUBOURG, reine d'Espagne, née le 28 octobre 1667, morte le 16 juillet 1740, à Bayonne. Elle était le quatorzième des dix-sept enfants de Philippe-Guillaume, duc de Bavière-Neubourg, puis électeur palatin, et d'Élisabeth-Amélie de Hesse-Darmstadt, sa seconde femme. Il y avait à peine un an que Marie-Louise d'Orléans avait succombé à une mort mystérieuse lorsque les intrigues de l'Autriche réussirent à donner pour femme au débile Charles II, dont la succession était convoitée par toute l'Europe, une princesse de la famille de Bavière, la propre sœur de l'impératrice, Marie-Anne de Neubourg, alors âgée de vingt-trois ans. Le mariage fut célébré le 4 mai 1690. Marie-Anne n'eut point de peine à placer son mari sous une entière dépendance. Tous ses efforts pour l'amener à disposer du trône en faveur de Léopol[illegible] 'urent vains toutefois. Elle s'était rendue odieuse aux Espagnols, qui haïssaient encore bien davantage deux de ses conseillers habituels, son confesseur allemand et sa favorite, la comtesse de Berleps. Elle acheva de provoquer au dernier point l'aversion nationale en essayant de se servir d'un régiment autrichien débarqué en Catalogne pour faire prévaloir les intérêts de son beau-frère. Voyant la santé du roi décliner de jour en jour, elle prêta l'oreille à de vagues propositions que lui fit tenir l'ambassadeur de France, le marquis d'Harcourt, et se flatta de l'espoir prochain de devenir dauphine. Charles, qui eut avis de ces sourdes menées, se cacha d'elle, et ne l'écouta plus; il lui déroba surtout avec soin la connaissance du testament qu'à son lit de mort il signa en faveur du duc d'Anjou. Après la mort du roi (1er novembre 1700), Marie-Anne se retira d'abord à Tolède, puis à Bayonne, où elle résida jusqu'à l'époque de sa mort. P. L.

Ch. Romey, *Hist. d'Espagne*. — Sedler, *Universal Lexikon*.

MARIE-LOUISE-GABRIELLE DE SAVOIE, reine d'Espagne, née le 17 septembre 1688, à Turin, morte le 14 février 1714, à Madrid. Elle était fille de Victor-Amédée II, duc de Savoie, et d'Anne-Marie d'Orléans, et fut élevée, comme sa sœur aînée, la duchesse de Bourgogne, par la comtesse Dunoyer. Dès l'âge de treize ans, elle devint la première femme du duc d'Anjou, qui depuis un an à peine venait de succéder, sous le nom de Philippe V, à Charles II, roi d'Espagne. Cette alliance, préparée de longue main par Louis XIV, et qui assurait au duc de Savoie des avantages considérables, fut célébrée à Turin, le 11 septembre 1701. Marie-Louise rencontra son mari à Barcelone. On lui donna pour *camerera mayor*, ou plutôt pour confidente et conseillère destinée à la maintenir dans les intérêts de la France, la duchesse de Bracciano, plus connue sous le nom de princesse des Ursins (*voy.* ce nom); cette femme s'empara aisément de son esprit, et par elle gouverna le roi et l'Espagne. Lorsqu'en 1706, au milieu des circonstances critiques où il se trouvait placé, Philippe V la nomma régente, il lui adjoignit la favorite, sachant sa femme trop capricieuse et d'humeur trop légère pour supporter seule le poids d'une si lourde responsabilité. Cependant elle déploya beaucoup d'énergie pour soutenir la guerre contre les alliés, qui l'avaient réduite deux fois à sortir de Madrid; plutôt que de descendre du trône, elle était résolue à passer dans les Indes; on la vit stimuler le zèle des provinces, recueillir des dons volontaires et engager tous ses diamants pour garantir un emprunt. Elle mourut à vingt-six ans, l'âge qu'avait sa sœur, la duchesse de Bourgogne; des humeurs froides d'une dangereuse espèce avaient ruiné sa santé. Elle se fit aimer de ses sujets par le soin qu'elle prenait de leur plaire et par une intrépidité au-dessus de son sexe; elle était bonne et bienfaisante, et on ne pouvait lui reprocher que son aveugle amitié pour la princesse des Ursins. Elle eut trois enfants, dont deux, Louis et Ferdinand, montèrent sur le trône d'Espagne. P. L—y.

Berwick, Tessé, Noailles, Saint-Simon, *Mémoires*. — Mme des Ursins, *Corresp.* — Costa, *Mém. hist. de la maison de Savoie*. — Rosseuw Saint-Hilaire, *Hist. d'Espagne*.

MARIE-LOUISE-THÉRÈSE ou plutôt **LOUISE-MARIE-THÉRÈSE DE PARME**, reine d'Espagne, née le 9 décembre 1754, à Parme, morte le 4 janvier 1819, à Rome. Elle était fille de don Philippe, duc de Parme, et de Louise-Élisabeth de France, fille de Louis XV. A l'âge de onze ans elle fut mariée au prince des Asturies, depuis Charles IV (4 septembre 1765), et fut couronnée reine en 1789. Son caractère altier se fit jour de bonne heure. Dans l'année même où fut signée son alliance avec l'héritier de la monarchie espagnole, elle prétendit aux honneurs attachés à ce nouveau titre. « Je vous apprendrai à avoir les égards que vous me devez, dit-elle un jour à son frère Ferdinand; car enfin je serai reine d'Espagne, et vous ne serez jamais qu'un petit duc de Parme. — En ce cas, répliqua l'infant en joignant le geste à la parole, le petit duc de Parme aura l'honneur de donner un soufflet à la reine d'Espagne. » Amenée bientôt à la cour de Charles III, qui l'aimait tendrement, elle fut soumise à une surveillance sévère, que justifiaient la vivacité de son esprit et l'entraînement naturel à la jeunesse. On éloigna d'elle des dames dont la conduite pouvait lui offrir des exemples funestes, ainsi que plusieurs jeunes seigneurs, entre autres le duc de Lancastre. Après la mort de Charles III (décembre 1788), Marie-Louise fut moins respectée, et la malignité ne lui épargna aucun des bruits outrageants pour son honneur. Mais à cette époque elle avait effacé du cœur de son époux toute impression défavorable, et elle le gouvernait à un tel point que ce prince en montant sur le trône lui abandonna complétement la direction des affaires. Elle n'usa de son pouvoir que pour épuiser par ses fastueuses prodigalités les trésors de l'État; deux ministres, qui avaient osé lui refuser les sommes qu'elle exigeait, le marquis de La Stormazas et Caballero, furent destitués. Ce fut elle qui fit donner à Manoel Godoy la place du comte d'Aranda (1792); au lieu d'un amant docile à ses volontés, elle trouva un maître, et les relations intimes qu'elle ne cessa d'entretenir avec lui devinrent pour elle une cause incessante d'humiliations et d'amers regrets. L'orgueil, l'ingratitude et surtout les infidélités du favori la portèrent souvent à des scènes de violence qui produisaient des ruptures momentanées suivies d'un prompt raccommodement. Jamais la reine n'eut la force de briser sa créature; jamais l'épouse coupable n'osa complétement dessiller les yeux du roi, maintenue qu'elle était dans l'esclavage du perfide ministre, qui la menaçait impudemment de mettre toute la vérité au jour. Aussi, loin de s'opposer à l'élévation de Godoy, elle fut forcée, malgré elle, d'y concourir. Après l'avoir rappelé au pouvoir en 1798, elle décida Charles IV à lui donner la main de Marie-Thérèse de Bourbon, jeune infante issue d'un mariage secret de l'infant don Louis, oncle du roi. Peut-être eut-elle l'espoir, au moyen de cette illustre alliance, de le ramener à elle et de mettre un terme au cours de ses scandaleuses galanteries. Devenue l'objet de l'animadversion publique, elle fut plus d'une fois exposée aux outrages et aux malédictions du peuple. Dans ses rapports avec le gouvernement espagnol, Napoléon n'oublia pas de ménager cette princesse; il lui envoya de riches présents, et les ambassadeurs français lui firent, d'après ses ordres, la cour la plus assidue. Cependant la reine ne joua qu'un rôle secondaire dans les événements qui amenèrent l'occupation de l'Espagne. Elle paraissait alors bien plus émue des périls qui menaçaient la vie de Godoy que de la perte d'un trône. S'il faut en croire le *Mémorial de Sainte-Hélène*, elle combattit, dans l'entrevue de Bayonne avec Napoléon, la validité des prétentions de son fils à la couronne d'Espagne, et alla jusqu'à s'accuser d'un crime pour dénier la légitimité de Ferdinand et pour détruire des droits que, dit-elle en présence de Charles IV, il ne pouvait tenir que d'elle seule. Ce fut ainsi qu'elle se sépara de son fils. Elle ne devait plus le revoir : conduite d'abord à Fontainebleau avec le roi d'Espagne, puis à Marseille, elle le suivit à Rome, où elle résida jusqu'à l'époque de sa mort. P.

Toreno, *Revolucion de España*. — Paquis, *Hist. d'Espagne*. — Lavallée et Guéroult, *L'Espagne*, dans l'*Univers pittoresque*. — Jay, Jouy et de Norvins, *Biogr. nouv. des Contemp.* — Rabbe, *Biogr. univ des Contemp.* — *Mémorial de Sainte-Hélène*. — Thiers, *Hist. du Consulat et de l'Empire*.

MARIE-CHRISTINE DE BOURBON, reine douairière d'Espagne, née à Naples, le 27 avril 1806. Fille de François Ier, roi des Deux-Siciles et de sa seconde femme, Marie-Isabelle, infante d'Espagne, fille de Charles IV, elle montra de bonne heure un esprit vif et enjoué et du talent dans la peinture. Un goût prononcé pour la chasse et les exercices du corps contribua à lui assurer une forte santé. Sa sœur aînée, dona Carlotta, mariée à l'infant d'Espagne, don François de Paule, réussit à la faire choisir pour épouse par le roi Ferdinand VII, veuf de sa troisième femme. Leur mariage fut célébré avec pompe à Madrid, le 11 décembre 1829. « L'année 1830 s'ouvrit au milieu des réjouissances, dit M. Charles Didier ; la vieille étiquette roide et fardée des Espagnes avait déridé son front morose, à l'avénement d'une reine jeune, belle, avide de fêtes, peu scrupuleuse et peu formaliste en matière de plaisir. Si longtemps close et muette, la cour de Madrid avait rompu son silence funèbre; le palais s'était rouvert aux dissipations mondaines, et la nouvelle idole couronnée de fleurs en avait chassé les ombres sanglantes. C'était tous les jours de nouvelles recherches, tous les jours de nouveaux délires... On ne croyait inaugurer qu'une reine, on inaugurait une révolution. » Ferdinand fut ravi de sa jeune épouse. Elle acquit bien vite un grand ascendant sur lui, et ce fut comme une guerre d'influence à la cour d'Espagne entre la jeune reine unie à sa sœur dona Carlotta, et la femme de Don Carlos unie à sa sœur, la duchesse de Beïra. Marie-Christine devint enceinte, et obtint du roi, le 29 mars 1830, une loi qui rétablissait la pragmatique *siete partidas*, en vertu de laquelle, faute de fils légitimes, la couronne d'Espagne devait passer aux filles du roi et à leurs représentants. Le 10 octobre 1830, Marie-Christine accoucha d'une fille. Le 30 janvier 1832, elle donna le jour à une seconde princesse. Un instant, pendant la maladie du roi, son influence parut fléchir sous l'influence du ministre Calomarde (*voy.* ce nom), et la pragmatique qui assurait le trône à sa fille fut retirée; mais dona Carlotta rétablit les affaires de sa sœur, et Marie-Christine fut investie du gouvernement, le 4 octobre 1832, par son époux, qui voulut lui donner par là une marque publique de confiance. La reine travailla dès lors à s'attacher le parti libéral, qu'elle avait déjà servi de tout son pouvoir. Une amnistie presque générale fut proclamée, et d'autres mesures conçues dans un esprit de progrès rendirent quelque espérance à la nation espagnole. Après avoir momentanément repris la direction des affaires, le 4 janvier 1833, Ferdinand, à la suite de nouvelles crises, expira le 29 septembre, laissant le trône à Isabelle II (*voy.* ce nom), sous la régence de Marie-Christine. Celle-ci était assistée d'un conseil nommé par le testament du roi, et que présidait Zea Bermudez.

La guerre civile, excitée par les partisans de don Carlos, éclata presque aussitôt dans les provinces basques; de sanglants excès des libéraux de Madrid répondirent aux mouvements séditieux des carlistes. Le 16 janvier 1834 Zéa Bermudez dut céder la place à M. Martinez de La Rosa (*voy.* ce nom), qui s'appliqua à faire entrer l'Espagne dans la voie constitutionnelle. La reine régente y prêta sincèrement la main. Le 10 avril, un *estatuto real* régla la nouvelle organisation de la représentation nationale en cortès. Le 22 un traité, dit de la quadruple alliance, fut signé à Londres entre la France, l'Angleterre, le Portugal et l'Espagne, traité qui garantissait l'existence des deux monarchies constitutionnelles de la péninsule. Le 24 juillet, Marie-Christine ouvrit en personne, au palais de Buen-Retiro, la nouvelle assemblée législative. Le libéralisme modéré de M. Martinez de La Rosa ne put satisfaire le parti exalté, qui grandissait tous les jours. Le comte de Toreno, chargé du portefeuille des finances, ne put parvenir à remédier à la détresse du pays; l'insurrection carliste s'étendait. M. Martinez de La Rosa quitta le ministère, et son collègue s'adjoignit le financier Mendizabal, qui avait acquis une grande réputation d'habileté dans des spéculations commerciales. Fort de l'appui des juntes, qui dans les provinces de l'est s'étaient soulevées contre le gouvernement, Mendizabal se débarrassa du comte de Toreno; mais il ne remplit aucune des espérances qu'il avait fait concevoir. Le 13 mai 1836, il céda la place à M. Isturiz (*voy.* ce nom). Celui-ci, à son tour, mécontenta les exaltés par la timidité de ses réformes et par son penchant pour la France, dont il fut accusé de provoquer l'intervention. Dans la nuit du 13 août éclata l'insurrection militaire de la Granja. Marie-Christine, par son courage et sa dignité, sut imposer aux soldats qui avaient forcé sa demeure; mais elle dut céder à leurs instances et venir résider à Madrid, où elle autorisa la formation d'un nouveau cabinet, sous la présidence de Calatrava, et la convocation des cortès d'après la constitution de 1812. Confirmée dans la régence par les cortès, elle prêta serment, le 18 juin 1837, à la nouvelle constitution. Bientôt les carlistes, qui s'étaient emparés de Ségovie, menacèrent Madrid; mais dès le 12 août la capitale fut rassurée par l'arrivée du général Espartero (*voy.* ce nom), qui, après avoir repoussé les bandes insurgées, prêta le secours de son influence à la régente pour amener la chute du ministère Calatrava, dans lequel Mendizabal avait repris sa place. Plusieurs combinaisons ministérielles se succédèrent alors dans le parti modéré, plus conforme aux inclinations de Marie-Christine et favorable à l'influence française, d'abord sous la présidence d'Azara, puis du comte Ofalia, le 16 décembre 1837, du duc de Frias, le 7 septembre 1838, et de Perez de Castro, le 10 décembre de la même année. Tous ces cabinets échouèrent contre l'opposition du parti exalté ou progressiste, et plusieurs fois le sang coula dans les rues de Madrid. La régente elle-même n'était plus épargnée. De profondes mésintelligences survenues entre elle et sa sœur, dona Carlotta, avide de pouvoir, contribuèrent à affaiblir la popularité de Marie-Christine. On l'accusait d'avarice, et l'on parlait vaguement d'un mariage secret qu'elle avait contracté avec un de ses chambellans. Sa politique n'avait rien de bien arrêté et elle suivait l'impulsion des ministres que les événements lui donnaient. Sous le ministère de Zea Bermudez, elle avait publié un manifeste absolutiste, dans lequel elle annonçait l'intention de suivre les errements de Ferdinand VII, et sous Martinez de la Rosa elle accorda le statut royal. Sous Toreno, elle avait mis hors la loi les juntes des provinces rebelles, et elle les avait reconnues sous Isturiz; enfin, après avoir réclamé l'intervention française pour abolir le régime qui avait proclamé la constitution de 1812, elle prêta serment à cette constitution comme elle jura encore celle de 1837; dans toute sa conduite elle s'abandonnait au souffle du moment, sachant susciter sous main des difficultés aux plans des ministres qui lui déplaisaient, mais n'oubliant jamais les plaisirs ni ses affaires privées.

La convention de Bergara, conclue, le 31 août 1839, entre Espartero et Maroto (*voy.* ce nom), un des principaux lieutenants du prétendant, permit enfin d'assigner un terme à la guerre civile. L'année suivante la loi des *ayuntamientos*, par laquelle on espérait vaincre l'insoumission des autorités municipales en limitant leur pouvoir, fut présentée aux cortès, qui l'adoptèrent. Néanmoins, cette loi souleva une telle résistance qu'il parut impossible de la faire exécuter. La régente entreprit un voyage dans les provinces de l'est avec la jeune reine, qui devait prendre pour sa santé les eaux de Caldas en Catalogne. Des démonstrations hostiles eurent lieu contre les ministres qui l'accompagnaient. Une insurrection éclata à Barcelone et fit de nombreuses victimes. Marie-Christine s'adressa à Espartero, qu'elle avait élevé aux plus hautes dignités militaires, et créé comte de Lucena et duc de la Victoire. Le général désapprouvait la loi des *ayuntamientos*; et lorsque la municipalité de Madrid se fut déclarée contre cette loi, Espartero se mit ouvertement du côté de l'insurrection. Ainsi délaissée et sans appui, Marie-Christine donna, le 16 septembre 1840, plein pouvoir au général Espartero pour former un ministère. Le général vint la rejoindre avec les collègues de son choix à Valence, où elle se trouvait. Il lui posa pour condition le retrait de la loi des *ayuntamientos*, la dissolution des cortès et l'éloignement d'une partie de son entourage; elle ne voulut pas garder l'apparence du pouvoir à ce prix, et abdiqua la régence, le 12 octobre. Remettant la direction des affaires et les intérêts de ses filles entre les mains des nouveaux ministres, elle s'embarqua pour le midi de la France. Les cortès nommèrent Espartero régent du royaume, et allèrent jusqu'à ôter à la reine mère la tutelle de ses deux filles; l'infant don François de Paule espérait obtenir cette charge, qui fut confiée au président du sénat, Arguelles. Marie-Christine protesta énergiquement contre cet acte; on ne s'arrêta pas à sa réclamation, et on lui accorda seulement un modeste revenu. Après un court séjour à Rome, Marie-Christine fit une visite à ses parents à Naples, et vint se fixer à Paris, où le roi Louis-Philippe lui ménageait l'accueil le plus affectueux. Le Palais-Royal avait été mis à sa disposition. En 1842, elle loua le château de la Malmaison, qu'elle acquit plus tard.

Dans son manifeste, daté de Marseille, le 8 novembre 1840, Marie-Christine avait adressé aux Espagnols des adieux dans lesquels elle ne cachait pas ses regrets. Au mois d'octobre 1841, le général O'Donnell, qui commandait à Pampelune, donna le signal d'une *pronunciamento* militaire en faveur de l'ex-régente; cette insurrection échoua, ainsi qu'une tentative contre le palais de Madrid pour enlever la jeune reine et sa sœur. Le général Diego de Léon (*voy.* ce nom) paya de sa vie cette fatale entreprise. O'Donnell, plus heureux, réussit à rentrer en France. L'allocation que l'Espagne faisait à la reine mère fut supprimée, et sa correspondance avec ses filles fut plus étroitement surveillée.

Marie-Christine était venue en France avec une immense fortune, qui s'était accrue de celle de Ferdinand VII, dont elle avait hérité. Elle l'avait augmentée par d'heureuses spéculations, et sut encore la faire valoir dans son exil. Elle était accompagnée d'un ancien garde du corps du roi, M. Fernando Munoz, qu'elle avait créé son chambellan, avec qui elle passait pour avoir contracté un mariage secret en 1833, et dont elle avait plusieurs enfants. Ces faits étaient demeurés enveloppés de mystère jusqu'au moment où Espartero les fit connaître aux cortès, dans le but de faire enlever la tutelle des princesses à la reine, leur mère. En 1843, une insurrection, dirigée par Narvaez, amena la chute d'Espartero, et la jeune reine Isabelle fut proclamée majeure. Marie-Christine retourna à Madrid, où elle reprit de l'influence. Au mois d'avril 1845, elle obtint de sa fille l'autorisation de se marier publiquement avec Don Fernando Munoz, créé duc de Rianzares. Intimement liée avec la cour de France, elle trahit la politique anglaise dans la question des mariages de ses filles, et en même temps qu'elle unissait la reine Isabelle à l'infant Don Francisco, fils aîné de l'infant don François de Paule et de dona Carlotta, elle donnait l'infante Marie-Louise au duc de Montpensier. Ces deux mariages eurent lieu en 1846. Ils rapprochèrent plus intimement les cours de France et d'Espagne, mais faillirent amener une rupture avec l'Angleterre. La révolution de février 1848 mit fin à ces appréhensions. Marie-Christine n'en resta pas moins l'âme de la réaction en Espagne, et elle fut accusée de soutenir de son pouvoir les ministres qui voulaient arrêter la marche de la révolution. En 1853 elle prêta sans doute les mains à la formation du cabinet presidé par le comte de San-Luis, qui essaya d'abolir la constitution; mais cette deplorable tentative amena la coalition de tous les partis et la révolution de juillet 1854, suscitée par le général O'Donnell. Marie-Christine se vit fortement menacée : on voulait la garder à vue. Espartero prit l'engagement qu'elle ne sortirait pas de Madrid. Enfin, on la laissa partir pour le Portugal; mais on ne paya plus sa pension, et le séquestre fut mis sur ses biens en Espagne. Elle revint en France, et de Bordeaux elle écrivit à sa fille une lettre politique sur les événements qui venaient de s'accomplir dans son pays. Au mois de novembre elle revint à Paris, où l'année suivante elle maria une de ses filles, Marie de Vistalegre, au prince Ladislas Czartoryski.

Pendant ce temps de violents orages s'élevèrent contre elle aux cortès : on blâma les ministres de l'avoir laissée partir; ceux-ci parvinrent à calmer l'effervescence, et dès 1856 le séquestre des biens de l'ancienne reine régente fut levé. La même année, Marie-Christine se rendit à Rome, après avoir visité Florence et Bologne. Parfaitement accueillie partout, elle eut en 1857 le bonheur d'apprendre qu'on aurait désiré son retour à Madrid pour empêcher la reine de donner suite au projet qu'on lui supposait de rappeler les princes de la maison de don Carlos. L. LOUVET.

Ch. Didier, *De l'Espagne depuis 1830*, dans la *Revue des Deux Mondes* du 15 décembre 1838. — Ch. Vogel, dans l'*Encyclop. des Gens du Monde*. — *Conversations-Lexikon*.

MARIE-LOUISE-JOSÉPHINE, infante d'Espagne, reine d'Étrurie, née à Madrid, le 6 juillet 1782, morte à Lucques, le 13 mars 1824. Troisième fille du roi d'Espagne Charles IV et de Louise-Marie, infante de Parme, elle était encore bien jeune lorsque l'infant don Louis de Bourbon, fils aîné de Ferdinand, duc de Parme, vint à Madrid pour demander la main de l'infante Marie-Amélie. Marie-Louise, plus enjouée que sa sœur, plut davantage au prince, qui chargea Godoï d'être l'interprète de ses sentiments auprès du roi. La princesse Marie-Louise fut accordée à l'infant, et resta en Espagne jusqu'au moment où son époux fut appelé à régner en Toscane, érigée pour lui en royaume d'Étrurie après la paix de Lunéville, en 1801. Son bonheur ne dura pas longtemps : don Louis, atteint d'une maladie cérébrale, traîna une vie languissante jusqu'au 27 mai 1803, date de sa mort.

Marie-Louise eut deux enfants, un prince et une princesse. Son fils, Charles-Louis, monta sur le trône sous le nom de Louis II. Le temps de son deuil expiré, elle s'abandonna à son goût pour le faste et le plaisir : sa cour devint une des plus brillantes de l'Europe. Elle avait hérité de la passion de son père pour la chasse, et courait souvent à cheval en habit d'amazone; elle étalait en outre une grande magnificence dans les bals et les fêtes qu'elle donnait dans sa capitale. Comme les revenus du petit royaume d'Étrurie n'auraient pu suffire à tant de dépenses, on croit que la reine d'Espagne y suppléa plus d'une fois. Marie-Louise jouissait ainsi tranquillement de la vie, quand on vint lui annoncer qu'elle avait cessé de régner. Elle implora en vain la protection de son père et la générosité de Napoléon. Il lui fallut quitter Florence, le 10 décembre 1807. Napoléon avait réuni l'Étrurie à son empire, dont elle formait les départements de l'Arno, de la Méditerranée et de l'Ombrone. Marie-Louise était à peine rentrée en Espagne qu'elle vit l'insurrection d'Aranjuez faire passer la couronne de Charles IV sur la tête de Ferdinand VII, le 18 mars 1808. Bientôt Charles IV, qui était venu implorer Napoléon, fut conduit à Fontainebleau, et Ferdinand VII envoyé à Valençay. La reine d'Étrurie suivit son père dans son exil en France. La chute de l'empire paraissait devoir ramener la restauration de toutes les légitimités. Marie-Louise fit valoir au congrès de Vienne ses droits sur les États de Parme, Plaisance et Guastalla; sa réclamation ne fut pas écoutée. En 1815 elle renouvela sa demande, que l'Espagne appuya; mais l'Autriche demanda et obtint ces États pour l'archiduchesse Marie-Louise ex-impératrice des Français. En dédommagement, l'ex-reine d'Étrurie obtint pour elle et ses enfants la principauté de Lucques avec reversion des États de Parme. Elle prit possession du duché de Lucques en 1817, et l'administra avec plus de sagesse. Elle a écrit en italien des mémoires, qui font connaître les persécutions qu'elle avait éprouvées pendant son exil en France. Ils ont été traduits en français par Lemierre d'Argy, sous ce titre : *Mémoires de la reine d'Étrurie, écrits par elle-même;* Paris, 1814, in-8°. J. V.

Mémoires de la reine d'Étrurie. — *Biogr. univ. et portat. des Contemp.*

E. MARIE reines de France.

MARIE DE BRABANT, reine de France, morte le 10 janvier 1321. Elle était fille aînée de Henri III, duc de Brabant, et d'Alix de Bourgogne. Son père, ami de Thibaut de Champagne, favorisait aussi les poëtes, et a même laissé quelques poésies; aussi la jeune Marie reçut-elle une education toute littéraire, et le celèbre Adenez, le roi des ménestrels, son compatriote et son protégé, la suivit en France, et devait lui rester toujours attaché. Après la mort de sa première femme, Isabelle d'Aragon, Philippe III épousa Marie de Brabant, le 20 juin 1275; elle fut sacrée dans la Sainte-Chapelle, et les *Grandes Chroniques de Saint-Denis* (t. V, p. 39) ont raconté avec des détails curieux les réjouissances de toutes sortes dont Paris fut le théâtre à cette occasion. « Elle etoit, dit un chroniqueur, excellente en sagesse et en beauté; le roi l'aimoit avec une tendre affection. Alors, Pierre de La Brosse, chambellan du roi, que chacun honoroit par-dessus tous à cause de la grande familiarité qu'il avoit auprès de son seigneur, commença, dit-on, à s'affliger de l'amour du roi pour la reine. Il craignoit qu'elle ne lui enlevât la faveur royale, et dès lors il chercha comment il pourroit perdre la reine. » (Guill. de Nangis). La Brosse était petit-fils d'un seigneur de Touraine, et fils d'un Pierre de La Brosse, chambellan de chambre de saint Louis; lui-même, nommé châtelain de Nogent-le-Roi en 1264, devint chambellan en 1266; sous Philippe III sa faveur fut à son comble; le roi lui avait donné les domaines de Langeois, Châtillon-sur-Indre, Danville, etc.; tous, barons et prelats, lui faisaient de riches présents; il était de tous les conseils, et Philippe ne decidait rien que par lui. En 1276, Louis, l'aîné des quatre fils du roi, mourut presque subitement; on fit courir le bruit qu'il avait ete empoisonné. La rumeur publique accusait Marie et ses femmes, qui, dit-on, n'eussent osé sortir du Louvre pour aller à Notre-Dame. Était-ce La Brosse qui avait commis le crime, et qui repandait ces accusations contre la reine? Vint-il trouver le roi, pour lui déclarer qu'elle était coupable, et « autant en feroit, si elle pouvoit, aux autres enfants du premier lit, afin que la couronne vînt aux enfants de son corps? » C'est ce qu'il est difficile de décider. Toujours est-il que la cour de France était tout émue, et que le faible Philippe ne savait comment éclaircir ce mystère. Suivant certains récits, Marie aurait été incarcérée, et Jean, duc de Brabant, son frère, déguisé en cordelier, aurait lui-même interrogé sa sœur dans sa prison; puis, convaincu de son innocence, aurait défié quiconque oserait soutenir l'accusation contre elle. Suivant d'autres, Philippe envoya consulter diverses personnes, à qui le ciel révélait la vérité, et surtout une béguine de Nivelle, en Brabant, Isabelle de Sparbeke, qui finit par répondre : « Dites au roi de ne pas croire les mauvaises paroles qu'on lui dit contre sa femme; car elle est bonne et loyale envers lui et envers tous les siens. »

Deux partis se divisaient la cour de France, celui du chambellan et celui des grands, pleins de dégoût et d'indignation de voir le favori exercer tant de puissance sur le roi et sur le royaume. Le comte d'Artois, Jean de Brabant, qui avait épousé Marguerite, fille de saint Louis, et le duc de Bourgogne ne cessèrent de poursuivre la perte de Pierre de La Brosse. Au printemps de 1278, des lettres, vraies ou supposées, furent mystérieusement remises au roi; après les avoir fait lire aux princes, ses parents, il revint de Melun à Paris, manda La Brosse, jusque alors tout puissant, au château de Vincennes, ordonna de l'arrêter et de le conduire prisonnier à Janville. Bientôt une commission de hauts barons, ses ennemis, les ducs de Bourgogne et de Brabant, le comte d'Artois, se réunit à Paris; il fut jugé, condamné à mort et pendu au gibet de Montfauçon; « il fut livré au bourreau un matin au soleil levant (30 juin 1278), laquelle chose fut moult plaisante aux barons de France » (Guillaume de Nangis). Ses juges et beaucoup de nobles seigneurs assistaient au supplice du favori; mais la foule du peuple était émue de surprise et de pitié; « sa mort, dont la cause demeura inconnue du vulgaire, fut le sujet de beaucoup d'étonnement et de murmures » (*id.*). ses parents, toutes ses créatures avaient partagé sa disgrâce; n'était-il pas victime d'une réaction féodale? L'opinion populaire lui est restée favorable :

> Contre la volonte le roi,
> Fut-il pendu, si com' je croi.
> . . . . Il fut desfait
> Plus par envie que par fait,

dit la chronique métrique de Saint-Magloire. Le beau-frère de La Brosse, l'évêque de Bayeux, Pierre de Benais, s'était enfui à Rome; le pape Nicolas III le defendit contre les barons, [illegible] réclamaient, pour le punir; il refusa de le [illegible] der, malgre les instances du roi; et il écr[illegible] ce sujet deux lettres curieuses à Philippe et [illegible] reine. Tout en declarant impossible le crime [illegible] était accusée Marie de Brabant, il e[illegible] roi à ne pas éclaircir davan[illegible] affaire. Dante, le grand p[illegible] semble partager les doutes du pontife, et se fait l'écho vengeur des traditions populaires : « Je vis cette âme séparée de son corps par astuce et par envie, comme elle le disait, et non pour ses crimes : je veux dire Pierre de La Brosse ; donc, pendant qu'elle est encore sur terre, que la princesse de Brabant se mette en garde, afin de n'être pas un jour dans le troupeau de douleur. » (*Purgatoire*, chant VI).

Cependant il est difficile de croire à la culpabilité de Marie ; seulement elle laissa agir les barons, qui se servirent de son nom pour perdre un ministre qui leur était odieux. Marie n'avait cessé de se recommander par la douceur de ses mœurs, par sa piété, par la protection intelligente qu'elle accordait aux poëtes. C'est par son ordre qu'Adenez mit en rimes le roman de *Cleomadès ;* dans son poëme, plus célèbre, de *Berte aux grains pies*, qu'elle lui inspira également, il semble faire allusion au triomphe de la reine « sur les faux serviteurs qui l'avoient voulu honnir ». En 1280, le douaire de Marie fut fixé à 10 000 livres tournois ; après la mort de Philippe III, en 1285, elle se retira du monde, et ne s'occupa plus que de fondations pieuses ; seulement elle reparaît en 1294 dans les négociations entamées avec Edmond, frère d'Édouard Ier ; elle se joint à la reine Jeanne et à sa mère, Blanche d'Artois, pour rétablir la paix avec le roi d'Angleterre, qui demandait la main de sa fille, Marguerite. Elle fut enterrée au couvent des Cordeliers de Paris, et son cœur déposé aux Jacobins. Elle fut la mère de *Louis*, comte d'Évreux, de Marguerite, mariée à Édouard Ier, roi d'Angleterre, et de *Blanche*, mariée à Rodolphe d'Autriche, fils aîné de l'empereur Albert Ier (1).

L. GRÉGOIRE.

Grandes Chroniques de France ou de Saint Denis (édit. P. Paris). — Guillaume de Nangis (éd. Géraud), I. — *Bulletin de la Société de l'Histoire de France*, 1844, p. [illegible] — *La Complainte et le Jeu Pierre de La Broce*, publiée par A. Jubinal ; Paris, 1835, in 8°. — *Hist. littéraire de la France*, XX. — *Chronique métrique de Saint-Magloire*.

MARIE DE LUXEMBOURG, reine de France, morte en avril 1324, était fille de Henri VII, empereur d'Allemagne, et sœur de Jean de Bohême ; elle épousa, le 21 septembre 1322, Charles IV, roi de France, après son divorce avec Blanche de Bourgogne ; le pape avait accordé les dispenses nécessaires, car ils étaient cousins issus de germains. Ce mariage devait contribuer à attacher les Luxembourg à la France, et augmenter l'influence des Capétiens sur les provinces entre Meuse et Rhin et même sur l'Allemagne ; mais, à la suite d'un voyage, fait avec le roi dans le midi (1323-1324), Marie mourut à Issoudun, des suites d'un accouchement avant terme.

L. G.

Continuation de la Chronique de Guillaume de Nangis.

MARIE D'ANJOU, reine de France, née le 14 octobre (1) 1404, morte le 29 novembre 1463. Fille de Louis II, duc d'Anjou, roi de Sicile, et d'Yolande d'Aragon, elle fut accordée, le 18 décembre 1413, au comte de Ponthieu, depuis Charles VII. Lors de l'invasion des Bourguignons à Paris, dans la nuit du 30 mai 1418, elle se réfugia secrètement à l'hôtel de Bourbon, où elle demeura pendant plusieurs mois, dans une sorte de captivité. Marie n'avait reçu du ciel aucun don brillant ; la médiocrité paraît avoir été son lot sous le rapport physique (2), aussi bien qu'au point de vue des facultés intellectuelles. Aussi Charles VII ne lui accorda jamais qu'une tendresse en quelque sorte obligée, un attachement dicté par le devoir et cimenté par l'habitude. Au reste, il lui témoignait toujours les égards qui lui étaient dus et la sollicitude la plus vive. L'histoire peut ajouter qu'une postérité nombreuse fut le fruit de cette union.

Charles VII, dans les nombreux déplacements de son existence, avait coutume d'assigner à la reine et à sa famille un logis situé, non pas dans le lieu même qu'il habitait, mais à une courte distance. Marie d'Anjou suivit ainsi le roi dans sa mouvante destinée. Elle vécut obscure, retirée, séjournant volontiers dans quelques résidences de prédilection, telles que la ville de Chinon et surtout celle de Tours. Elle avait sa liste civile à part, ou son *argentier*. Sa cour, à partir de 1444 environ, prit un développement considérable. Sa maison, divisée en six offices, commandés chacun par un grand-officier, était modelée sur celle du roi, et rivalisait avec les plus puissantes parmi les maisons souveraines. On lui doit la fondation de l'hôtel-Dieu de Bourges. Elle se complut d'abord dans la lecture des romans de chevalerie, puis des romans moralisés, afin dans les *romans de dévotion*, ou compositions édifiantes écrites en langue vulgaire. Tel est le livre intitulé *Les douze Périls d'Enfer*, qui subsiste encore aujourd'hui, et qui lui fut dédié par l'auteur ou traducteur Robert Blondel. Marie d'Anjou, depuis son enfance, accomplit un très-grand nombre de pèlerinages, sorte d'exercices pieux dans lequel la mode et le goût d'épisodes très-mondains n'avaient pas moins de part que l'esprit religieux. L'âge ne refroidit point chez la reine le zèle qu'elle portait à ce genre de voyages. En 1463, deux ans après la mort de son époux, elle envoya l'un de ses chevaliers auprès de Philippe le Bon, duc de

(1) Dans un sceau, elle est représentée debout, un sceptre à la main. Voir, dans l'*Univers pittoresque* de M. F. Didot, les planches du *Dict. Hist. de la France*, t. II, pl. 2[illegible].

(1) D'après le ms. 1156 A, *Livre d'Heures* de René d'Anjou, frère de Marie.

(2) On en peut juger ainsi, sans calomnier cette princesse, d'après un excellent portrait du temps, peint sur bois, qui en 1731 appartenait à l'académicien Morcau de Mautour. Ce portrait a été gravé dans les *Monuments de la Monarchie française*, tome III, planche 64, n° 6. La statue de Marie d'Anjou avait été placée sur son tombeau à Saint-Denis (voy. Guilhermy, *Monographie de Saint-Denis*, in-16, page 290, n° 94).

Bourgogne. Depuis longtemps ce duc avait promis d'entreprendre une espèce de croisade nouvelle en Orient. La reine lui fit dire que, dans les dernières années de Charles VII, un *saint homme* était venu auprès du roi et lui avait conseillé une entreprise analogue. Pour réparer la négligence de son époux à cet égard, la reine douairière annonçait au duc qu'elle était disposée à accomplir personnellement ce grand pèlerinage. Le duc accueillit avec respect le message de la reine, et lui répondit par des paroles qui comblèrent de joie cette princesse. Mais elle tomba malade peu de temps après, et ne put accomplir ce dernier vœu. Elle mourut dans l'abbaye de Châtelliers, en Poitou. A. V.—V.

Documents manuscrits, à la Direction générale des Archives. — Anselme — *Religieux de Saint-Denis*. — *Chroniques de Berry*, Chartier, Chastelain, Cousinot, Monstrelet, Olivier de La Marche. — Le Roux de Lincy, *Femmes célèbres*. I. — D. Morice, *Histoire de Bretagne*. — D. Vaissète, *Hist du Languedoc*. — *Mémoires de la Société des Antiquaires de France*, t. XI, 373. — Redet, *Catalogue de D. Fontenau*, p. 356, etc. — Leber, son *Catalogue*, t. III, n° 5701. — Quicherat, *Procès de la Pucelle*. — Vallet de Viriville, *Biblioth. de l'École des Chartes*, VIII, p. 136 et suiv.; — *Mémoires de la Société des Antiquaires de Normandie*, XIX. — *Agnès Sorel*, p. 23.

MARIE D'ANGLETERRE, reine de France, née en 1497, morte le 23 juin 1534, à Londres. Elle était fille d'Henri VII, roi d'Angleterre, et d'Élisabeth d'York. Belle, vive, spirituelle et sensible, elle avait de bonne heure disposé de son cœur et s'était éprise d'un jeune gentilhomme, Charles Brandon, condisciple et favori d'Henri VIII. Ce prince se plut à favoriser cette inclination mutuelle, et pour rendre Brandon plus digne de l'alliance qu'il lui réservait il le créa duc de Suffolk. Quelques mois après, Louis XII, roi de France, conclut avec lui un traité de paix; et comme il était veuf d'Anne de Bretagne, son mariage avec la princesse Marie en devint la principale condition; en outre, il offrit de constituer lui-même la dot de l'épouse, qu'il fixa à quatre cent mille écus. Henri VIII se rendit avec empressement à de telles propositions. Marie fut reçue à Boulogne par le brillant comte d'Angoulême, depuis François Ier, et par l'élite de la noblesse. Elle fut mariée à Abbeville, le 9 octobre 1514. Louis, âgé de cinquante-trois ans, était déjà usé de fatigues, goutteux et valétudinaire. « Aussi disoit-on pour lors, dit Branthome, quand il l'épousa, qu'il avoit pris une jeune guilledrine qui bientôt le meneroit en paradis tout droit. » Dans un autre passage il explique comment le roi sollicita cette union si disproportionnée, « quasi comme par contrainte, se sacrifiant pour son royaume pour acheter la paix et l'alliance du roi d'Angleterre, et qu'il pût mourir paisible roi de France, et sans la laisser en trouble ». La jeune reine, vive et légère, parut pour quelque temps oublier l'amoureux Suffolk, qui avait obtenu de résider à la cour avec le titre d'ambassadeur d'Angleterre. Le comte d'Angoulême se montrait fort assidu auprès d'elle; les choses allèrent même assez loin pour que des amis dévoués l'avertissent du danger que sa galanterie pourrait faire courir à sa politique (1). Dès lors elle fut surveillée avec soin, et l'on prit toutes sortes d'attentions pour que rien n'échappât de sa conduite. La princesse Claude ne la quittait point le jour, et la baronne d'Aumont passait la nuit avec elle. Tout ce manége d'espionnage et de coquetterie se passait à l'insu de Louis XII. Quoiqu'il fût extrêmement affaibli, le bon roi, oubliant une de ses maximes favorites que l'amour est le roi des jeunes gens et le tyran des vieillards, affecta de montrer une vigueur qu'il n'avait plus. Il voulut, selon l'expression de Fleuranges, « faire du gentil compagnon » avec sa jeune femme. Pour lui plaire, il changea sa façon de vivre et introduisit à sa cour, jusque là sérieuse, les jeux, les danses et les concerts. Il n'est donc pas inexact de dire que ce mariage causa la mort du roi (1er janvier 1515). Trois mois plus tard, le 31 mars, Marie, revenant à ses anciennes amours, épousa en secret à Paris le duc de Suffolk, et dès que son deuil le lui permit elle fit célébrer publiquement cette nouvelle union en Angleterre. Henri VIII ne manifesta aucun mécontentement; il conclut un traité de paix et d'alliance avec François Ier, qui lui paya soixante mille écus sur les trois cent mille encore dus pour la dot de Marie, et continua ses bonnes grâces à son favori. La duchesse de Suffolk mourut à l'âge de trente-sept ans et eut de son second mariage deux filles, dont l'aînée donna naissance à l'infortunée Jane Grey (2). P. L—y.

Godwin, *History of England*. — Anna Everett-Green, *Lives of the royal Princesses of England* (London, 1854, in-8°), tome V. — Branthome, *Dames galantes* et *Dames illustres*. — Mézeray, *Histoire de France*. — Le Laboureur, *Vie du chevalier Bayard*. — Anselme, *Maison royale de France*. — Fleuranges, *Hist. des Choses memorables*.

MARIE DE MÉDICIS, reine de France, née le 26 avril 1573, à Florence, morte le 3 juillet

(1) Grignaux, ancien garde d'honneur d'Anne de Bretagne, ayant appris qu'il se rendait chez la reine, lui dit brusquement. « Donnez-vous bien de garde, monseigneur! Pâques-Dieu! vous jouez à vous donner un maître; il ne faut qu'un accident pour que vous restiez comte d'Angoulême toute votre vie. » Sa mère, voyant qu'il continuait ses amours, « l'en réprima et tança si bien qu'il n'y retourna plus ».

(2) Il existe divers portraits de la belle Marie Tudor, qui méritent d'être signalés; 1° portrait peint en 1514, dans le manuscrit 1251, supplément français de la Bibliothèque impériale de Paris. *Voy.* Green, *Lives*, etc. (cité aux sources bibliographiques ci-dessus), t. V, p. 70; 2° autre effigie, du même temps, peinte dans un manuscrit présenté à la reine par l'université de Paris; même Bibliothèque, ancien fonds français du roi, n° 9713. 3° peinte en 1515 avec Suffolk, tableau précieux (conservé en Angleterre?), gravé dans Green, au frontispice du tome V. Le portrait de Marie comme reine de France a été gravé dans la suite d'estampes qui accompagne les grandes éditions in-folio et in-4° de Mézeray. Elle l'a été aussi dans *Les Femmes célèbres* de Lanté. On cite encore une ancienne tapisserie représentant l'histoire de Marie et de Charles Brandon (voy Green, *ibid.*, p. 165, note 2). V. V.

1642, à Cologne. Elle était fille de François Ier, grand-duc de Toscane, et de Jeanne, archiduchesse d'Autriche. Ce fut sa tante, Christine de Lorraine, femme du grand-duc Ferdinand Ier, qui l'éleva. Son éducation ne se distingua en rien de celle des femmes de son temps; elle avait l'esprit délicat, mais moins étendu qu'elle ne le croyait, et montra de bonne heure plus de présomption que de capacité et d'entêtement que de mérite. Fort attachée à ses propres volontés, elle se laissait aisément conduire par d'obscurs confidents, et, avec le goût des intrigues, elle en était souvent la victime. Enfin, on lui reprochait d'être hautaine, défiante, paresseuse et vindicative, amie du faste et de la dépense. Quelque temps avant la dissolution de son mariage avec Marguerite de Valois, Henri IV, passant en revue les princesses à marier, avait dit à Sully : « Le duc de Florence a une nièce que l'on dit être assez belle; mais elle est de la maison de la reine Catherine, qui a fait bien du mal à la France et plus encore à moi en particulier. J'appréhende cette alliance pour moi, pour les miens, pour l'État. » Elle se réalisa pourtant. Sillery et d'Alincourt en furent les négociateurs. Après avoir beaucoup marchandé, on arrêta de part et d'autre la dot à 600,000 écus (le roi en avait demandé plus du double). Le mariage fut célébré par procuration à Florence, avec une magnificence inouïe (5 octobre 1600). Le 17, Marie s'embarqua à Livourne avec dix-sept galères appartenant à la Toscane, au pape et à Malte, et n'ayant pas moins de sept mille hommes à sa suite. Son arrivée en France ressembla à une invasion d'Italiens. La galère qu'elle montait, *La Générale*, était tout incrustée de pierreries en dedans comme au dehors. Depuis Marseille, ce fut une marche triomphale. A Lyon elle fut forcée d'attendre le roi, empêché par la guerre qu'il soutenait contre la Savoie. Impatient de voir sa femme, il arriva en poste, le 9 décembre, un peu avant minuit, et se morfondit une grosse heure aux portes de la ville, qui étaient fermées. Il entra botté et armé dans la chambre de la reine; celle-ci s'étant jetée à ses pieds, il la releva, l'embrassa et dit gaîment « qu'étant venu à cheval, et sans apporter son lit, il la priait de lui prêter moitié du sien ». Le lendemain il était très-sérieux, et témoigna, assure-t-on, du mécontentement sous plus d'un rapport. Aussi dès que la négociation du traité de paix avec la Savoie eut été terminée il alla au plus vite se consoler dans les bras de sa maîtresse, la marquise de Verneuil (janvier 1601). Marie était alors tout autre que son portrait, qui avait séduit le roi, et qui datait de dix années. Elle était grande, grosse, avec des yeux ronds et fixes, l'air revêche, et mal habillée. A peine savait-elle quelques mots de français. « Elle n'avait rien de caressant dans les manières, aucune gaieté dans l'esprit; elle n'avait point de goût pour le roi, elle ne se proposait point de l'amuser ou de lui plaire; son humeur était acariâtre et obstinée; toute son éducation avait été espagnole, et dans l'époux qui lui paraissait vieux et désagréable elle soupçonnait encore l'hérétique relaps (1). » Enfin, ce qui dut déplaire à Henri, plus encore que tous ces défauts, ce fut de voir autour d'elle ce cortége de *sigisbés* ou de galants, où l'on distinguait, entre les plus favorisés, les deux Orsini et Concini, qui semblaient à eux trois « faire l'histoire muette de ce cœur de vingt-sept ans ».

La mésintelligence éclata bientôt entre les deux époux. Dès son arrivée à Paris la première personne que vit Marie fut la marquise de Verneuil. Selon le bon plaisir du roi, elle eut un appartement au Louvre à côté de la reine. « Chacun, ne lui voulant déplaire, allait la visiter. Elles étaient logées si près l'une de l'autre que l'on ne s'en pouvait cacher, et c'était une brouillerie perpétuelle (2). » Aux ennemis qu'elle avait dans les maîtresses du roi, Marie ajoutait ses propres défauts, qui éloignaient sans cesse d'elle un époux dont les penchants volages n'étaient que trop connus. On rapporte que Henri fut quelquefois obligé de se lever dans la nuit pour se soustraire aux reproches et à la mauvaise humeur de sa femme. On ne les voyait jamais huit jours sans querelle. Lorsqu'elle boudait, elle devenait intraitable pendant des mois entiers. Elle lui sauta un jour au visage et l'égratigna. « Une fois entre autres la colère la poussa jusqu'à lever le bras, que le duc de Sully rabattit avec moins de respect qu'il n'eût désiré, et si rudement qu'elle disait qu'il l'avait frappée, quoiqu'elle se louât de son procédé, reconnaissant que sa prévoyance n'avait pas été inutile (3). » Henri n'avait, lui, aucune rancune; il faisait toujours les premiers pas, et, dans la joie de la réconciliation, il disait volontiers que si Marie n'eût pas été sa femme, il eût donné tout son bien pour l'avoir pour maîtresse (4). Son admirable fécondité sauva la reine des dangers d'un divorce. Entourée de ses enfants, elle se sentit plus forte; elle eut aussi un parti, et, sans prendre d'influence sur la direction des affaires, elle mêla ses mille intrigues à la poli-

(1) Sismondi, *Hist. des Français*, XXII, 69.

(2) *Hist. des amours de Henri IV*; dans les *Archives curieuses*, XIV.

(3) Richelieu, *Hist. de la mère et du fils*.

(4) Ce n'était là qu'un vain propos, et ses confidences à Sully montrent qu'il avait de *la Florentine* une opinion plus vraie. « Mme de Verneuil, disait-il, est d'agréable compagnie quand elle veut; elle a de plaisantes rencontres, et toujours quelque bon mot pour me faire rire, ce que je ne trouve pas chez moi, ne recevant de ma femme ni compagnie, ni réjouissance, ni consolation; ne pouvant ou ne voulant se rendre complaisante ou de douce conversation, ni s'accommoder en aucunes façons à mes humeurs et complexions. Elle fait une mine si froide et si dédaigneuse lorsque, arrivant de dehors, je viens pour l'embrasser et rire avec elle, que je suis contraint de la quitter là de dépit et de m'en aller chercher quelque récréation ailleurs. » Sully, *Économies royales*, V, 143.

tique. Déjà en 1603 ses importunités avaient arraché au roi l'ordonnance du rétablissement des Jésuites. Elle accueillit les mécontents, les vieux ligueurs, recruta jusque dans le conseil des amis à l'Espagne et ne cessa de préconiser cette alliance. Entièrement subjuguée par Leonora Galigaï et Concini, qui avaient soin d'attiser sa jalousie et son humeur grondeuse, elle puisait dans les déplorables galanteries d'un roi presque sexagénaire de continuels motifs de plainte ou de révolte. En 1609 on lui persuada que son mari voulait l'empoisonner : elle le crut si bien qu'elle ne voulut plus dîner avec lui, mangeant chez elle ce que Leonora apprêtait et refusant les mets de son goût qu'Henri lui envoyait de sa table.

La folle passion du roi pour Mlle de Montmorenci vint ajouter aux alarmes de la reine. Marie, voulant rendre impossible le scandaleux divorce qu'elle redoutait, obtint d'être nommée régente (20 mars 1610), pendant la guerre qui se préparait; son autorité, il est vrai, se réduisait presque à rien, puisqu'elle n'avait qu'une voix à l'égal des quinze membres du conseil et que les décisions devaient être prises à la simple majorité des suffrages. Là ne se bornaient point encore ses vœux : elle voulait être sacrée. Vaine et fastueuse, elle tenait beaucoup à une cérémonie que le roi, qui craignait une si grosse dépense, avait ajournée sous divers prétextes. « Ah, maudit sacre! disait il à Sully, tu seras cause de ma mort! Car, pour ne vous en rien celer, l'on m'a dit que je devais être tué à la première grande magnificence que je ferais, et que je mourrais dans un carrosse, et c'est ce qui me rend si peureux. » Le 13 mai 1610, Marie fut sacrée à Saint-Denis par le cardinal de Joyeuse, et l'on observa « son doux et grave déportement, et son visage merveilleusement joyeux, gai et content ». Le lendemain, 14 mai, Henri IV fut assassiné par Ravaillac. Les discordes de la maison royale avaient eu un tel éclat qu'on alla jusqu'à soupçonner la reine de n'avoir pas été étrangère à cette catastrophe. Cette complicité n'a jamais été prouvée. On ne saurait en accuser ni peut-être en absoudre complétement une princesse qui ne fut pas, selon l'expression du président Hénault, « assez surprise ni assez affligée de la mort funeste d'un de nos plus grands rois ».

Grâce à la promptitude du duc d'Épernon, deux heures après le meurtre du roi, toutes les precautions étaient assurées contre une surprise de parti, et le règne de Louis XIII commençait. Dans la soirée, Marie, qui avait bien vite recouvré sa présence d'esprit, obtint la régence du royaume *selon les lois*, quand aucune loi n'existait sur ce sujet. Frappant sur son épée, d'Épernon avait dit au parlement assemblé : « Elle est encore au fourreau; mais, si la reine n'est déclarée régente à l'instant, il y aura carnage ce soir. » Le lendemain un lit de justice consacra d'une façon plus solennelle ce nouveau titre, que l'audace de ses amis avait donné à la reine. La ville ne remua point; l'obéissance fut universelle; de toutes parts arrivèrent des protestations de fidélité. Toute l'autorité tomba aux mains des ennemis du feu roi; quelques moments suffirent à renverser des projets longuement médités et à inaugurer une politique entièrement nouvelle. « La terrible instabilité du gouvernement monarchique éclata à la mort d'Henri IV. Ce qui succède, c'est l'envers de ce qu'il a voulu : la France retournée comme un gant (1). » Aussi dès que la terreur fut passée et qu'on vit les maîtres ceux-là même qu'on avait tenus à l'écart et avec eux tout le parti espagnol, on ne put s'empêcher de douter si ceux qui recueillaient les fruits du crime n'en avaient pas été les auteurs. Quoiqu'elle ne les aimât point, la reine, prudemment avertie, ne renvoya aucun des ministres; elle fit bon visage à Sully, qu'elle déclara tout haut « un utile et bon serviteur ». En secret elle conférait de tout avec un conseil où étaient admis Concini, le nonce du pape, l'ambassadeur d'Espagne, d'Épernon et le P. Cotton. D'abord occupée de maintenir le royaume en paix, elle accorda beaucoup de temps aux affaires, travaillant tous les jours avec les ministres et donnant des audiences matin et soir. Mais chez elle l'intelligence n'était pas à la hauteur de l'ambition. Capricieuse, inconsidérée, facile à dominer, elle laissa flotter les rênes de l'État, et il ne manqua pas à ses côtés de favoris pour s'en emparer. Toute sa vie elle fut le jouet d'amis indignes ou de serviteurs égoïstes. Le premier acte qui témoigna de sa faiblesse fut le congé de Sully (16 janvier 1611). Lui parti, elle dissipa en folles prodigalités le trésor national amassé à la Bastille, achetant par des largesses ou des honneurs ceux des grands qui montraient quelque velléité bien jouée de résistance. Guise obtint 200,000 écus et la main de Mlle de Montpensier, la plus riche héritière de France; Condé, 100,000 livres de rente; ainsi des autres. Quant à Concini, qui « visiblement succédait à Henri IV, » il demanda et prit tout ce qu'il voulut. Au dehors, Marie se contenta d'aider le prince de Brandebourg et de Neubourg à prendre possession de Juliers et de faire respecter Genève au duc de Savoie. Le double mariage espagnol, son vœu le plus cher, elle l'accomplit en 1612 : Louis XIII devint le fiancé d'Anne d'Autriche, et l'infant Philippe celui d'Élisabeth de France. Cette alliance jeta l'alarme chez les protestants et servit aux princes de prétexte pour exciter de nouveaux désordres.

La régence de Marie de Médicis dura quatre ans. Quoique cette période soit une des plus fertiles en intrigues de toutes espèces, on n'y

(1) Michelet, *Henri IV et Richelieu*, [illegible].

peut signaler aucun fait considérable. Une reine changeante, fausse, passionnée, des favoris obscurs et insolents, de vieux ministres sans talent comme sans influence, une cour tumultueuse, galante, affamée d'argent, le peuple accablé d'impôts, les huguenots inquiets et en armes, voilà le tableau que nous offre cette époque troublée par tant de cabales, de rivalités et de mauvaises passions. En cherchant à maintenir la paix, Marie avait laissé dépérir le pouvoir entre ses mains; elle pleura de rage en apprenant le meurtre du baron de Luz et de son fils; mais, impuissante à punir le meurtrier, qui était de la maison de Guise, elle le combla de faveurs. Son insigne faiblesse avait exalté l'audace des grands, qui se croyaient maîtres dans leurs provinces. Elle était si peu obéie que le duc de Rohan garda, malgré elle, Saint-Jean d'Angély et que le duc de Nevers s'empara à main armée de Mezières : on rétrogradait à grands pas vers les temps de la féodalité. Enfin le parti des princes entraîna presque toute la noblesse, et Condé, son chef, publia un manifeste où, après s'être répandu en récriminations assez vagues, il réclamait la convocation des états généraux et la suspension des mariages conclus avec l'Espagne. La reine crut devoir justifier ses actes, et elle le fit avec beaucoup d'habileté; mais en même temps elle entama des pourparlers qui aboutirent au déplorable traité de Sainte Menehould (15 mai 1614). Non-seulement elle fit droit aux demandes de Condé, mais elle donna Mezières à Nevers et la Bretagne à Vendôme, et compta 150,000 écus à Condé, 300,000 livres à Mayenne et 100,000 à Longueville. « En cette paix, dit Richelieu, les ennemis du roi ayant obtenu pardon, sans réparer leur faute, et reçu des bienfaits, sinon à cause, du moins à l'occasion du mal qu'ils avaient fait, et de peur qu'ils n'en fissent davantage, tant s'en faut qu'ils perdissent la mauvaise volonté qu'ils avaient au service du roi, qu'ils s'y affermirent davantage par l'impunité avec laquelle ils voyaient qu'ils la pouvaient exécuter. » L'argent remis et les places livrées, les princes persistèrent dans leur hostilité. La reine alors, malgré les supplications de Concini et de sa femme, marcha contre eux avec son fils et quelques milliers de soldats (juillet 1614). Cet acte de vigueur suffit à dissiper les rebelles.

Louis XIII, déclaré majeur, laissa à sa mère l'administration du royaume (20 octobre 1614). Les états généraux s'étaient assemblés; mais au bout de cinq mois de discussions vaines on les renvoya, humiliés de n'avoir rien fait et leurrés de promesses que l'on s'empressa d'oublier (24 mars 1615). Condé fit entendre de nouvelles plaintes et donna des gages aux parti réformé. La guerre civile se ralluma. La reine cette fois, conseillée par les ducs d'Épernon et de Guise, eut recours à la force, déclara Condé et ses adhérents criminels de lèse-majesté, et traversa la France, au milieu d'une petite armée, pour aller conclure à Bordeaux la double alliance espagnole (18 octobre 1615). Bien que la révolte eût gagné les provinces et que Rohan eût soulevé ses coreligionnaires, on se borna à de légères escarmouches; bientôt la reine et Condé saisirent la première occasion de faire la paix. A peine les négociations furent-elles ouvertes à Loudun que l'on remarqua l'empressement des grands à se ranger parmi les rebelles, non pour combattre, mais pour partager avec eux les bénéfices de la désobéissance. Chacun eut lieu d'être satisfait. La reine céda sur tous les points : elle prodigua, en gratifications pécuniaires, plus de six millions, congédia Sillery et d'Épernon, et mit Condé à la tête du conseil (3 mai 1616). Quatre mois plus tard, elle le faisait arrêter au Louvre. De tous côtés la faction des princes recommença les hostilités; trois armées royales entrèrent en campagne, et la lutte, vivement engagée, ne cessa qu'à la nouvelle du meurtre de Concini (24 avril 1617).

La reine mère comprit qu'elle-même était frappée par les balles qui tuaient son confident. Son pouvoir était fini : un nouveau favori, Luynes (*voy.* ce nom), allait régner en maître, et son premier soin fut de séparer la mère et le fils. Retenue prisonnière dans sa chambre, plusieurs fois elle fit supplier Louis XIII de la recevoir. Incapable de supporter les reproches de celle qu'il venait d'outrager si cruellement, le roi refusa, sous prétexte d'affaires, de voir sa mère, et lui fit faire cette sèche réponse : « Qu'elle trouverait toujours en lui les sentiments d'un bon fils; mais que Dieu l'ayant fait roi, il voulait gouverner lui-même son royaume. » Humiliée de la position qu'elle occupait désormais au milieu de cette cour qui l'avait vue toute puissante, Marie obtint la permission de se retirer à Blois (3 mai 1617). Elle y fut traitée comme une captive, assiégée d'espions et provoquée par toutes sortes d'outrages. On éloigna d'elle ses amis; on intercepta sa correspondance; on se donna mille peines afin de la mêler à quelque crime d'État. On lui arracha des soumissions flétrissantes. Le roi ne prit pas même la peine de la consulter sur la demande en mariage de la princesse Christine, sa sœur. Deux ans après, le 22 février 1619, d'Épernon, son fidèle partisan, l'aida à se sauver de Blois par une fenêtre du château, et la conduisit à Angoulême. D'abord Louis XIII, d'après les suggestions de Luynes, feignit de croire à un enlèvement de vive force et envoya des troupes contre le prétendu ravisseur, auquel on prit les villes d'Uzerches et de Boulogne sur mer; puis il lui pardonna et accorda à sa mère, par la convention signée à Angoulême, le droit de disposer de sa maison et d'aller où bon lui semblerait, le gouvernement d'Anjou, une garde d'honneur, tous ses revenus

Bourgogne. Depuis longtemps ce duc avait promis d'entreprendre une espèce de croisade nouvelle en Orient. La reine lui fit dire que, dans les dernières années de Charles VII, un *saint homme* était venu auprès du roi et lui avait conseillé une entreprise analogue. Pour réparer la négligence de son époux à cet égard, la reine douairière annonçait au duc qu'elle était disposée a accomplir personnellement ce grand pèlerinage. Le duc accueillit avec respect le message de la reine, et lui répondit par des paroles qui comblèrent de joie cette princesse. Mais elle tomba malade peu de temps après, et ne put accomplir ce dernier vœu. Elle mourut dans l'abbaye de Châteilliers, en Poitou. A. V.—V.

Documents manuscrits, à la Direction générale des Archives. — Anselme — *Religieux de Saint-Denis*. — *Chroniques de Berry*, Chartier, Chastelain, Cousinot, Monstrelet, Olivier de La Marche. — Le Roux de Lincy, *Femmes célèbres*. I. — D. Morice, *Histoire de Bretagne*. — D. Vaissète, *Hist du Languedoc*. — *Mémoires de la Société des Antiquaires de France*, t. XI, 373. — Redet, *Catalogue de D. Fontenau*, p. 364, etc. — Leber, son *Catalogue*, t. III, n° 5701. — Quicherat, *Procès de la Pucelle*. — Vallet de Viriville, *Biblioth. de l'École des Chartes*, VIII, p. 186 et suiv. ; — *Mémoires de la Société des Antiquaires de Normandie*, XIX. — *Agnès Sorel*, p. 23.

MARIE D'ANGLETERRE, reine de France, née en 1497, morte le 23 juin 1534, à Londres. Elle était fille d'Henri VII, roi d'Angleterre, et d'Elisabeth d'York. Belle, vive, spirituelle et sensible, elle avait de bonne heure disposé de son cœur et s'était éprise d'un jeune gentilhomme, Charles Brandon, condisciple et favori d'Henri VIII. Ce prince se plut à favoriser cette inclination mutuelle, et pour rendre Brandon plus digne de l'alliance qu'il lui réservait il le créa duc de Suffolk. Quelques mois après, Louis XII, roi de France, conclut avec lui un traité de paix; et comme il était veuf d'Anne de Bretagne, son mariage avec la princesse Marie en devint la principale condition; en outre, il offrit de constituer lui-même la dot de l'épouse, qu'il fixa à quatre cent mille écus. Henri VIII se rendit avec empressement à de telles propositions. Marie fut reçue à Boulogne par le brillant comte d'Angoulême, depuis François Ier, et par l'élite de la noblesse. Elle fut mariée à Abbeville, le 9 octobre 1514. Louis, âgé de cinquante-trois ans, était déjà usé de fatigues, goutteux et valétudinaire. « Aussi disoit-on pour lors, dit Branthome, quand il l'épousa, qu'il avoit pris une jeune guilledrine qui bientôt le meneroit en paradis tout droit. » Dans un autre passage il explique comment le roi sollicita cette union si disproportionnée, « quasi comme par contrainte, se sacrifiant pour son royaume pour acheter la paix et l'alliance du roi d'Angleterre, et qu'il pût mourir paisible roi de France, et sans la laisser en trouble ». La jeune reine, vive et légère, parut pour quelque temps oublier l'amoureux Suffolk, qui avait obtenu de résider à la cour avec le titre d'ambassadeur d'Angleterre. Le comte d'Angoulême se montrait fort assidu auprès d'elle; les choses allèrent même assez loin pour que des amis dévoués l'avertissent du danger que sa galanterie pourrait faire courir à sa politique (1). Dès lors elle fut surveillée avec soin, et l'on prit toutes sortes d'attentions pour que rien n'échappât de sa conduite. La princesse Claude ne la quittait point le jour, et la baronne d'Aumont passait la nuit avec elle. Tout ce manége d'espionnage et de coquetterie se passait à l'insu de Louis XII. Quoiqu'il fût extrêmement affaibli, le bon roi, oubliant une de ses maximes favorites que l'amour est le roi des jeunes gens et le tyran des vieillards, affecta de montrer une vigueur qu'il n'avait plus. Il voulut, selon l'expression de Fleuranges, « faire du gentil compagnon » avec sa jeune femme. Pour lui plaire, il changea sa façon de vivre et introduisit à sa cour, jusque là sérieuse, les jeux, les danses et les concerts. Il n'est donc pas inexact de dire que ce mariage causa la mort du roi (1er janvier 1515). Trois mois plus tard, le 31 mars, Marie, revenant à ses anciennes amours, épousa en secret à Paris le duc de Suffolk, et dès que son deuil le lui permit elle fit célébrer publiquement cette nouvelle union en Angleterre. Henri VIII ne manifesta aucun mécontentement; il conclut un traité de paix et d'alliance avec François Ier, qui lui paya soixante mille écus sur les trois cent mille encore dus pour la dot de Marie, et continua ses bonnes grâces à son favori. La duchesse de Suffolk mourut à l'âge de trente-sept ans et eut de son second mariage deux filles, dont l'aînée donna naissance à l'infortunée Jane Grey (2). P. L—Y.

Godwin, *History of England*. — Anna Everett-Green, *Lives of the royal Princesses of England* (London, 1854, in-8°), tome V — Branthome, *Dames galantes* et *Dames illustres*. — Mézeray, *Histoire de France*. — Le Laboureur, *Vie du chevalier Bayard*. — Anselme, *Maison royale de France*. — Fleuranges, *Hist. des Choses mémorables*.

MARIE DE MÉDICIS, reine de France, née le 26 avril 1573, à Florence, morte le 3 juillet

(1) Grignaux, ancien garde d'honneur d'Anne de Bretagne, ayant appris qu'il se rendait chez la reine, lui dit brusquement. « Donnez-vous bien de garde, monseigneur! Pâques-Dieu! vous jouez à vous donner un maître; il ne faut qu'un accident pour que vous restiez comte d'Angoulême toute votre vie. » Sa mère, voyant qu'il continuait ses amours, « l'en réprimanda et tança si bien qu'il n'y retourna plus ».

(2) Il existe divers portraits de la belle Marie Tudor, qui méritent d'être signalés; 1° portrait peint en 1514, dans le manuscrit 1251, supplément français de la Bibliothèque impériale de Paris. *Voy.* Green, *Lives*, etc. (cité aux sources bibliographiques ci-dessus), t. V, p. 70; 2° autre effigie, du même temps, peinte dans un manuscrit présenté à la reine par l'université de Paris; même Bibliothèque, ancien fonds français du roi, n° 9715. 3° peinte en 1515 avec Suffolk, tableau précieux (conservé en Angleterre?), gravé dans Green, au frontispice du tome V. Le portrait de Marie comme reine de France a été gravé dans la suite d'estampes qui accompagne les grandes éditions in-folio et in-4° de Mézeray. Elle l'a été aussi dans *Les Femmes célèbres* de Lanté. On cite encore une ancienne tapisserie représentant l'histoire de Marie et de Charles Brandon (voy. Green, *ibid.*, p. 106, note 2). V. V.

1642, à Cologne. Elle était fille de François Ier, grand-duc de Toscane, et de Jeanne, archiduchesse d'Autriche. Ce fut sa tante, Christine de Lorraine, femme du grand-duc Ferdinand Ier, qui l'éleva. Son éducation ne se distingua en rien de celle des femmes de son temps; elle avait l'esprit délicat, mais moins étendu qu'elle ne le croyait, et montra de bonne heure plus de présomption que de capacité et d'entêtement que de mérite. Fort attachée à ses propres volontés, elle se laissait aisément conduire par d'obscurs confidents, et, avec le goût des intrigues, elle en était souvent la victime. Enfin, on lui reprochait d'être hautaine, défiante, paresseuse et vindicative, amie du faste et de la dépense. Quelque temps avant la dissolution de son mariage avec Marguerite de Valois, Henri IV, passant en revue les princesses à marier, avait dit à Sully : « Le duc de Florence a une nièce que l'on dit être assez belle; mais elle est de la maison de la reine Catherine, qui a fait bien du mal à la France et plus encore à moi en particulier. J'appréhende cette alliance pour moi, pour les miens, pour l'État. » Elle se réalisa pourtant. Sillery et d'Alincourt en furent les négociateurs. Après avoir beaucoup marchandé, on arrêta de part et d'autre la dot à 600,000 écus (le roi en avait demandé plus du double) Le mariage fut célébré par procuration à Florence, avec une magnificence inouïe (5 octobre 1600). Le 17, Marie s'embarqua à Livourne avec dix-sept galères appartenant à la Toscane, au pape et à Malte, et n'ayant pas moins de sept mille hommes à sa suite. Son arrivée en France ressembla à une invasion d'Italiens. La galère qu'elle montait, *La Générale*, était tout incrustée de pierreries en dedans comme au dehors. Depuis Marseille, ce fut une marche triomphale. A Lyon elle fut forcée d'attendre le roi, empêché par la guerre qu'il soutenait contre la Savoie. Impatient de voir sa femme, il arriva en poste, le 9 décembre, un peu avant minuit, et se morfondit une grosse heure aux portes de la ville, qui étaient fermées. Il entra botté et armé dans la chambre de la reine; celle-ci s'étant jetée à ses pieds, il la releva, l'embrassa et dit gaîment « qu'étant venu à cheval, et sans apporter son lit, il la priait de lui prêter moitié du sien ». Le lendemain il était très-sérieux, et témoigna, assure-t-on, du mécontentement sous plus d'un rapport. Aussi dès que la négociation du traité de paix avec la Savoie eut été terminée il alla au plus vite se consoler dans les bras de sa maîtresse, la marquise de Verneuil (janvier 1601). Marie était alors tout autre que son portrait, qui avait séduit le roi, et qui datait de dix années. Elle était grande, grosse, avec des yeux ronds et fixes, l'air revêche, et mal habillée. A peine savait-elle quelques mots de français. « Elle n'avait rien de caressant dans les manières, aucune gaieté dans l'esprit; elle n'avait point de goût pour le roi, elle ne se proposait point de l'amuser ou de lui plaire; son humeur était acariâtre et obstinée; toute son éducation avait été espagnole, et dans l'époux qui lui paraissait vieux et désagréable elle soupçonnait encore l'hérétique relaps (1). » Enfin, ce qui dut déplaire à Henri, plus encore que tous ces défauts, ce fut de voir autour d'elle ce cortége de *sigisbés* ou de galants, où l'on distinguait, entre les plus favorisés, les deux Orsini et Concini, qui semblaient à eux trois « faire l'histoire muette de ce cœur de vingt-sept ans ».

La mésintelligence éclata bientôt entre les deux époux. Dès son arrivée à Paris la première personne que vit Marie fut la marquise de Verneuil. Selon le bon plaisir du roi, elle eut un appartement au Louvre à côté de la reine. « Chacun, ne lui voulant déplaire, allait la visiter. Elles étaient logées si près l'une de l'autre que l'on ne s'en pouvait cacher, et c'était une brouillerie perpétuelle (2). » Aux ennemis qu'elle avait dans les maîtresses du roi, Marie ajoutait ses propres défauts, qui éloignaient sans cesse d'elle un époux dont les penchants volages n'étaient que trop connus. On rapporte que Henri fut quelquefois obligé de se lever dans la nuit pour se soustraire aux reproches et à la mauvaise humeur de sa femme. On ne les voyait jamais huit jours sans querelle. Lorsqu'elle boudait, elle devenait intraitable pendant des mois entiers. Elle lui sauta un jour au visage et l'égratigna. « Une fois entre autres la colère la poussa jusqu'à lever le bras, que le duc de Sully rabattit avec moins de respect qu'il n'eût désiré, et si rudement qu'elle disait qu'il l'avait frappée, quoiqu'elle se louât de son procédé, reconnaissant que sa prévoyance n'avait pas été inutile (3). » Henri n'avait, lui, aucune rancune; il faisait toujours les premiers pas, et, dans la joie de la réconciliation, il disait volontiers que si Marie n'eût pas été sa femme, il eût donné tout son bien pour l'avoir pour maîtresse (4). Son admirable fécondité sauva la reine des dangers d'un divorce. Entourée de ses enfants, elle se sentit plus forte; elle eut aussi un parti, et, sans prendre d'influence sur la direction des affaires, elle mêla ses mille intrigues à la poli-

(1) Sismondi, *Hist. des Français*, XXII, 60.

(2) *Hist. des amours de Henri IV*; dans les *Archives curieuses*, XIV.

(3) Richelieu, *Hist. de la mère et du fils*.

(4) Ce n'était là qu'un vain propos, et ses confidences à Sully montrent qu'il avait de *la Florentine* une opinion plus vraie. « Mme de Verneuil, disait-il, est d'agréable compagnie quand elle veut; elle a de plaisantes rencontres, et toujours quelque bon mot pour me faire rire, ce que je ne trouve pas chez moi, ne recevant de ma femme ni compagnie, ni réjouissance, ni consolation; ne pouvant ou ne voulant se rendre complaisante ou de douce conversation, ni s'accommoder en aucunes façons à mes humeurs et complexions. Elle fait une mine si froide et si dédaigneuse lorsque, arrivant de dehors, je viens pour l'embrasser et rire avec elle, que je suis contraint de la quitter là de dépit et de m'en aller chercher quelque récréation ailleurs. » Sully, *Économies royales*, V, 158.

tique. Déjà en 1603 ses importunités avaient arraché au roi l'ordonnance du rétablissement des Jésuites. Elle accueillit les mécontents, les vieux ligueurs, recruta jusque dans le conseil des amis à l'Espagne et ne cessa de préconiser cette alliance. Entièrement subjuguée par Leonora Galigaï et Concini, qui avaient soin d'attiser sa jalousie et son humeur grondeuse, elle puisait dans les déplorables galanteries d'un roi presque sexagénaire de continuels motifs de plainte ou de révolte. En 1609 on lui persuada que son mari voulait l'empoisonner : elle le crut si bien qu'elle ne voulut plus dîner avec lui, mangeant chez elle ce que Leonora apprêtait et refusant les mets de son goût qu'Henri lui envoyait de sa table.

La folle passion du roi pour Mlle de Montmorenci vint ajouter aux alarmes de la reine. Marie, voulant rendre impossible le scandaleux divorce qu'elle redoutait, obtint d'être nommée régente (20 mars 1610), pendant la guerre qui se préparait; son autorité, il est vrai, se réduisait presque à rien, puisqu'elle n'avait qu'une voix à l'égal des quinze membres du conseil et que les décisions devaient être prises à la simple majorité des suffrages. Là ne se bornaient point encore ses vœux : elle voulait être sacrée. Vaine et fastueuse, elle tenait beaucoup à une cérémonie que le roi, qui craignait une si grosse dépense, avait ajournée sous divers prétextes. « Ah, maudit sacre! disait il à Sully, tu seras cause de ma mort! Car, pour ne vous en rien celer, l'on m'a dit que je devais être tué à la première grande magnificence que je ferais, et que je mourrais dans un carrosse, et c'est ce qui me rend si peureux. » Le 13 mai 1610, Marie fut sacrée à Saint-Denis par le cardinal de Joyeuse, et l'on observa « son doux et grave déportement, et son visage merveilleusement joyeux, gai et content ». Le lendemain, 14 mai, Henri IV fut assassiné par Ravaillac. Les discordes de la maison royale avaient eu un tel éclat qu'on alla jusqu'à soupçonner la reine de n'avoir pas été étrangère à cette catastrophe. Cette complicité n'a jamais été prouvée. On ne saurait en accuser ni peut-être en absoudre complétement une princesse qui ne fut pas, selon l'expression du président Hénault, « assez surprise ni assez affligée de la mort funeste d'un de nos plus grands rois ».

Grâce à la promptitude du duc d'Épernon, deux heures après le meurtre du roi, toutes les précautions étaient assurées contre une surprise de parti, et le règne de Louis XIII commençait. Dans la soirée, Marie, qui avait bien vite recouvré sa présence d'esprit, obtint la régence du royaume *selon les lois*, quand aucune loi n'existait sur ce sujet. Frappant sur son épée, d'Épernon avait dit au parlement assemblé : « Elle est encore au fourreau; mais, si la reine n'est déclarée régente à l'instant, il y aura carnage ce soir. » Le lendemain un lit de justice consacra d'une façon plus solennelle ce nouveau titre, que l'audace de ses amis avait donné à la reine. La ville ne remua point; l'obéissance fut universelle; de toutes parts arrivèrent des protestations de fidélité. Toute l'autorité tomba aux mains des ennemis du feu roi; quelques moments suffirent à renverser des projets longuement médités et à inaugurer une politique entièrement nouvelle. « La terrible instabilité du gouvernement monarchique éclata à la mort d'Henri IV. Ce qui succède, c'est l'envers de ce qu'il a voulu : la France retournée comme un gant (1). » Aussi dès que la terreur fut passée et qu'on vit les maîtres ceux-là même qu'on avait tenus à l'écart et avec eux tout le parti espagnol, on ne put s'empêcher de douter si ceux qui recueillaient les fruits du crime n'en avaient pas été les auteurs. Quoiqu'elle ne les aimât point, la reine, prudemment avertie, ne renvoya aucun des ministres; elle fit bon visage à Sully, qu'elle déclara tout haut « un utile et bon serviteur ». En secret elle conférait de tout avec un conseil où étaient admis Concini, le nonce du pape, l'ambassadeur d'Espagne, d'Épernon et le P. Cotton. D'abord occupée de maintenir le royaume en paix, elle accorda beaucoup de temps aux affaires, travaillant tous les jours avec les ministres et donnant des audiences matin et soir. Mais chez elle l'intelligence n'était pas à la hauteur de l'ambition. Capricieuse, inconsidérée, facile à dominer, elle laissa flotter les rênes de l'État, et il ne manqua pas à ses côtés de favoris pour s'en emparer. Toute sa vie elle fut le jouet d'amis indignes ou de serviteurs égoïstes. Le premier acte qui témoigna de sa faiblesse fut le congé de Sully (16 janvier 1611). Lui parti, elle dissipa en folles prodigalités le trésor national amassé à la Bastille, achetant par des largesses ou des honneurs ceux des grands qui montraient quelque velléité bien jouée de résistance. Guise obtint 200,000 écus et la main de Mlle de Montpensier, la plus riche héritière de France; Condé, 100,000 livres de rente; ainsi des autres. Quant à Concini, qui « visiblement succédait à Henri IV, » il demanda et prit tout ce qu'il voulut. Au dehors, Marie se contenta d'aider le prince de Brandebourg et de Neubourg à prendre possession de Juliers et de faire respecter Genève au duc de Savoie. Le double mariage espagnol, son vœu le plus cher, elle l'accomplit en 1612 : Louis XIII devint le fiancé d'Anne d'Autriche, et l'infant Philippe celui d'Élisabeth de France. Cette alliance jeta l'alarme chez les protestants et servit aux princes de prétexte pour exciter de nouveaux désordres.

La régence de Marie de Médicis dura quatre ans. Quoique cette période soit une des plus fertiles en intrigues de toutes espèces, on n'y

(1) Michelet, *Henri IV et Richelieu*, 198.

peut signaler aucun fait considérable. Une reine changeante, fausse, passionnée, des favoris obscurs et insolents, de vieux ministres sans talent comme sans influence, une cour tumultueuse, galante, affamée d'argent, le peuple accablé d'impôts, les huguenots inquiets et en armes, voilà le tableau que nous offre cette époque troublée par tant de cabales, de rivalités et de mauvaises passions. En cherchant à maintenir la paix, Marie avait laissé dépérir le pouvoir entre ses mains; elle pleura de rage en apprenant le meurtre du baron de Luz et de son fils; mais, impuissante à punir le meurtrier, qui était de la maison de Guise, elle le combla de faveurs. Son insigne faiblesse avait exalté l'audace des grands, qui se croyaient maîtres dans leurs provinces. Elle était si peu obéie que le duc de Rohan garda, malgré elle, Saint-Jean d'Angély et que le duc de Nevers s'empara à main armée de Mezières : on rétrogradait à grands pas vers les temps de la feodalité. Enfin le parti des princes entraîna presque toute la noblesse, et Condé, son chef, publia un manifeste ou, après s'être répandu en recriminations assez vagues, il réclamait la convocation des états généraux et la suspension des mariages conclus avec l'Espagne. La reine crut devoir justifier ses actes, et elle le fit avec beaucoup d'habileté; mais en même temps elle entama des pourparlers qui aboutirent au déplorable traité de Sainte Menehould (15 mai 1614). Non-seulement elle fit droit aux demandes de Condé, mais elle donna Mezières à Nevers et la Bretagne à Vendôme, et compta 150,000 écus à Condé, 300,000 livres à Mayenne et 100,000 à Longueville. « En cette paix, dit Richelieu, les ennemis du roi ayant obtenu pardon, sans reparer leur faute, et reçu des bienfaits, sinon à cause, du moins à l'occasion du mal qu'ils avaient fait, et de peur qu'ils n'en fissent davantage, tant s'en faut qu'ils perdissent la mauvaise volonté qu'ils avaient au service du roi, qu'ils s'y affermirent davantage par l'impunité avec laquelle ils voyaient qu'ils la pouvaient exécuter. » L'argent remis et les places livrées, les princes persistèrent dans leur hostilité. La reine alors, malgré les supplications de Concini et de sa femme, marcha contre eux avec son fils et quelques milliers de soldats (juillet 1614). Cet acte de vigueur suffit à dissiper les rebelles.

Louis XIII, déclaré majeur, laissa à sa mère l'administration du royaume (20 octobre 1614). Les états généraux s'étaient assemblés; mais au bout de cinq mois de discussions vaines on les renvoya, humiliés de n'avoir rien fait et leurrés de promesses que l'on s'empressa d'oublier (24 mars 1615). Condé fit entendre de nouvelles plaintes et donna des gages au parti réformé. La guerre civile se ralluma. La reine cette fois, conseillée par les ducs d'Épernon et de Guise, eut recours à la force, déclara Condé et ses adhérents criminels de lèse-majesté, et traversa la France, au milieu d'une petite armée, pour aller conclure à Bordeaux la double alliance espagnole (18 octobre 1615). Bien que la révolte eût gagné les provinces et que Rohan eût soulevé ses coreligionnaires, on se borna à de légères escarmouches; bientôt la reine et Condé saisirent la première occasion de faire la paix. A peine les négociations furent-elles ouvertes à Loudun que l'on remarqua l'empressement des grands à se ranger parmi les rebelles, non pour combattre, mais pour partager avec eux les bénéfices de la désobéissance. Chacun eut lieu d'être satisfait. La reine céda sur tous les points : elle prodigua, en gratifications pécuniaires, plus de six millions, congédia Sillery et d'Épernon, et mit Condé à la tête du conseil (3 mai 1616). Quatre mois plus tard, elle le faisait arrêter au Louvre. De tous côtés la faction des princes recommença les hostilités; trois armées royales entrèrent en campagne, et la lutte, vivement engagée, ne cessa qu'à la nouvelle du meurtre de Concini (24 avril 1617).

La reine mère comprit qu'elle-même était frappée par les balles qui tuaient son confident. Son pouvoir était fini : un nouveau favori, Luynes (*voy.* ce nom), allait régner en maître, et son premier soin fut de séparer la mère et le fils. Retenue prisonnière dans sa chambre, plusieurs fois elle fit supplier Louis XIII de la recevoir. Incapable de supporter les reproches de celle qu'il venait d'outrager si cruellement, le roi refusa, sous prétexte d'affaires, de voir sa mère, et lui fit faire cette sèche réponse : « Qu'elle trouverait toujours en lui les sentiments d'un bon fils; mais que Dieu l'ayant fait roi, il voulait gouverner lui-même son royaume. » Humiliée de la position qu'elle occupait désormais au milieu de cette cour qui l'avait vue toute puissante, Marie obtint la permission de se retirer à Blois (3 mai 1617). Elle y fut traitée comme une captive, assiégée d'espions et provoquée par toutes sortes d'outrages. On éloigna d'elle ses amis; on intercepta sa correspondance; on se donna mille peines afin de la mêler à quelque crime d'État. On lui arracha des soumissions flétrissantes. Le roi ne prit pas même la peine de la consulter sur la demande en mariage de la princesse Christine, sa sœur. Deux ans après, le 22 février 1619, d'Épernon, son fidèle partisan, l'aida à se sauver de Blois par une fenêtre du château, et la conduisit à Angoulême. D'abord Louis XIII, d'après les suggestions de Luynes, feignit de croire à un enlèvement de vive force et envoya des troupes contre le prétendu ravisseur, auquel on prit les villes d'Uzerches et de Boulogne sur mer; puis il lui pardonna et accorda à sa mère, par la convention signée à Angoulême, le droit de disposer de sa maison et d'aller où bon lui semblerait, le gouvernement d'Anjou, une garde d'honneur, tous ses revenus et 600,000 livres pour payer ses dettes. Les conditions de cette paix ne tardèrent pas à être violées de part et d'autre, et ce fut à Angers que la noblesse, irritée contre Luynes, vint chercher le signal d'une rébellion générale. Dans cette campagne, qui dura un mois, les mécontents, attaqués de toutes parts, n'osèrent ou ne purent faire résistance. Le roi ne rencontra sur son chemin que peuples fidèles et villes ouvertes; il s'avança de sa personne jusqu'aux portes d'Angers, et s'empara, à la suite d'un léger combat, du Pont de Cé (7 août 1620). Marie obtint pourtant l'oubli du passé, et eut une entrevue pleine de larmes et de caresses avec Louis XIII, qui déclara que tout ce qu'avaient fait sa mère et ceux qui s'étaient joints à elle n'avait eu d'autre but que le bien de son service et de son État. « Une escarmouche de moins de deux heures, dit Du Plessis-Mornay, avait dissipé le plus grand parti qui eût été en France depuis plusieurs siècles et avec peu d'apparence de le pouvoir rallier. »

La mort prématurée du connétable de Luynes fit cesser la persécution qu'essuyait Marie, et qui avait eu ce consolant effet de lui rendre l'amour du peuple (1621). En dépit des brigues de Condé, elle reprit sa place à la tête du conseil, et étonna, par la prudence, l'adresse et la fermeté qu'elle déploya dans ces temps difficiles, ceux qui se souvenaient de la régence. Cet esprit de conduite, elle le devait encore à un favori à l'aide duquel elle s'était flattée de gouverner. Concini lui avait communiqué ses petitesses; Richelieu l'anima de sa puissante intelligence. Aussi, travaillant avec ardeur à sa fortune, elle lui fit donner le chapeau de cardinal (1622), et le fit entrer au conseil en qualité de ministre d'État (1624). Elle s'aperçut bientôt qu'elle s'était donné un maître, qui se contentait de sauver avec elle les apparences, et elle n'eut plus qu'une volonté, le détruire dans l'esprit du roi. Son attachement croissant pour le P. de Bérulle, son confesseur, témoignait en même temps qu'avec l'âge la dévotion remplaçait chez elle la galanterie. Nommée régente en l'absence de son fils, qui se rendait à l'armée d'Italie (1629), elle s'unit à Anne d'Autriche, à Gaston d'Orléans, qu'elle comblait de préférences, aux nombreux mécontents, et arracha à Louis XIII, dès qu'il fut de retour, la promesse de congédier un ministre qui lui était devenu odieux. Assurée de la victoire, elle la perdit par son impatience, et fut la première victime du brusque dénoûment de cette intrigue politique, connu sous le nom de *journee des dupes* (12 novembre 1630). Marie persévéra dans sa haine; elle chassa de sa maison tous les parents et toutes les créatures du cardinal; elle consentit à le revoir afin d'éclater contre lui en plaintes amères. « Je me donnerais plutôt au diable, s'écriait-elle, que de ne me pas venger de cet homme-là! » Cette lutte, en divisant la cour, entravait toute la marche des affaires. Il ne pouvait en sortir que la guerre civile ou une rupture complète. D'après le conseil de Richelieu, Louis XIII partit pour Compiègne (17 février 1631), et après quelques jours passés là, il s'en retourna en secret, laissant Marie prisonnière sous la garde du maréchal d'Estrées. Puis, dans une lettre qui avait le mérite de la franchise, il écrivit aux parlements que « de méchants esprits avoient aigri sa mère contre le cardinal, qu'il avoit fait tout son possible pour l'adoucir, que le cardinal de son côté n'y avoit rien épargné; que, ne pouvant consentir à laisser un tel serviteur s'éloigner de sa personne, il avoit été contraint, après une longue patience, de se séparer pour quelque temps de sa mère, espérant que la bonté de son naturel la ramèneroit bientôt ». Ce dernier espoir ne se réalisa pas. Aveuglée par ses préjugés et par son ambition, Marie de Médicis s'entêta à demander le renvoi de Richelieu et à ne pas quitter Compiègne; on lui offrit le gouvernement d'Anjou, des pensions, des châteaux; c'était le pouvoir qu'elle voulait. On rappela d'Estrées, afin de la laisser d'elle-même courir à sa perte. Cinq mois d'une position qui ne changeait pas lassèrent sa constance : elle s'échappa dans la soirée du 18 juillet 1630, traversa la frontière des Pays-Bas, et fut reçue à Avesnes avec les honneurs dus à son rang. Elle ne devait plus revoir la France. « Certes, dit un historien c'est quelque chose de grave, dans l'ordre de la morale commune, que d'amener un homme, fût-ce même un roi, à briser les liens de la nature, à bannir loin de lui sa mère, à pourchasser son frère jusque vers l'exil, à proclamer publiquement la folie et la honte de sa famille... Richelieu voulait, il est vrai, se conserver la direction des affaires; mais à son plus grand risque, puisque c'était pour suivre un système contrarié par ceux à qui retomberait le pouvoir si le roi venait à mourir, comme il avait failli naguère arriver. Chez la reine mère il y avait évidemment une vue de gouvernement et d'alliances étrangères entièrement contraire au but que le cardinal s'était proposé et qu'avait accepté le roi. Depuis que cette tendance s'était manifestée, le ministre avait toujours trouvé la reine mère comme un obstacle ou un embarras dans ses projets et dans ses entreprises (1). »

Après s'être arrêtée à Mons, Marie de Médicis se rendit à Bruxelles, où le duc d'Orléans ne tarda pas à la rejoindre. Là, sous la direction du P. Chanteloube et de Saint-Germain, entourée d'intrigants et de pamphlétaires, elle ne cessait de se mêler à toutes les affaires qui pouvaient contrarier et le cardinal et son propre fils. Elle inondait la France de brochures diffamatoires et la remplissait de ses éternelles doléances, s'adressant tantôt aux parlements, tan-

(1) Bazin, *Hist. de France sous Louis XIII*, III, 180-182.

tôt à la noblesse, un jour humble jusqu'à l'abnégation, un autre jour hautaine et courroucée, fomentant la guerre civile, recrutant des partisans à sa cause, quels qu'ils fussent, et surtout des ennemis à Richelieu. Dans l'amertume de l'ambition déçue, elle eût sacrifié la France au plaisir de se venger. En même temps qu'elle redoublait d'instances pour rentrer à la cour, elle poussait Montmorenci à la révolte, elle tentait un enlèvement sur la nièce de Richelieu, elle se brouillait avec Gaston, qui l'abandonna, et son nom se retrouvait dans les aveux de traîtres et d'assassins du cardinal. Louis XIII fermait l'oreille aux prières comme aux menaces de sa mère, et avec d'autant plus d'indifférence qu'il n'avait jamais eu pour elle ni tendresse ni respect. « D'une chose puis-je vous assurer, lui avait dit jadis Henri IV, c'est qu'étant de l'humeur que je vous connais, et prévoyant celle de votre fils, vous entière, pour ne pas dire têtue, Madame, et lui opiniâtre, vous aurez assurément maille à partir ensemble. »

Fatiguée d'avoir traîné sept ans de sa vie dans l'exil, refusant obstinément de se retirer à Florence, comme on l'y engageait, Marie quitta en secret les Pays-Bas (10 août 1638), où Philippe IV lui accordait un traitement magnifique, et se mit sous la protection du prince d'Orange. Au bout de quelques mois, les Hollandais, qui n'entendaient point se brouiller à cause d'elle avec la France et encore moins la traiter à leurs frais comme une puissante reine, la prièrent d'abréger son séjour parmi eux. Marie passa en Angleterre. Son gendre Charles Ier, dont sa présence venait accroître les embarras, lui attribua aussitôt une pension de cent livres sterling par jour, et entreprit même de la réconcilier avec Louis XIII. Celui-ci s'en rapporta de l'opportunité de cette mesure aux membres du conseil, qui déclarèrent, d'une voix unanime, « que le roi ne pouvait prendre aucune résolution sur ce qui regardait sa mère avant que l'établissement d'une bonne paix l'eût mis dans le cas de moins soupçonner les intentions de cette princesse, dont on savait les liaisons avec les ennemis de l'État ».

Malgré cette nouvelle sentence d'exil, dont « les meilleures raisons, avait dit l'un des conseillers, ne peuvent être données qu'à l'oreille du maître, » Marie de Médicis ne se lassa pas de faire des offres de soumission à Richelieu et des vœux pour ceux qui voulaient le renverser. La haine du papisme la chassa de Londres (22 août 1641); mais, abandonnée par l'Espagne qui lui ferma les Pays-Bas, repoussée par la Hollande, elle ne trouva de pays ouvert que l'électorat de Cologne (12 octobre 1641). Dans ce dernier asile, elle continua jusqu'au dernier moment ses intrigues et ses supplications. Déjà atteinte d'une sorte d'hydropisie, elle tomba, vers la fin de juin 1642, dans une fièvre continue accompagnée d'une soif ardente; la gangrène, qui se déclara aux jambes, l'emporta rapidement. Elle termina sa misérable vie dans des sentiments de résignation et de piété, à l'âge de soixante-neuf ans. Son corps, ayant été apporté en France, fut inhumé dans l'église de Saint-Denis. Dans moins d'une année disparurent la mère et le fils, ainsi que celui qui avait exercé sur leur destinée une si fatale influence. Marie de Médicis, comme tous les membres de sa famille, protégea les lettres et surtout les beaux-arts, qu'elle cultivait elle-même. Elle accorda des pensions au cavalier Marin et à Malherbe, et honora d'une distinction particulière les peintres Philippe de Champaigne, et Rubens, qui a éternisé la mémoire de son règne par une suite de tableaux allégoriques placés au musée du Louvre. C'est à elle qu'on doit l'aqueduc d'Arcueil, le Cours la Reine aux Champs-Élysées, et le palais du Luxembourg, commencé en 1616, sur le plan du palais Pitti à Florence.

Paul Louisy.

L'Estoile, *Journal*. — Sully, *Economies royales*. — Richelieu, Bassompierre, Pontchartrain, Fontenay-Mareuil, d'Estrees, Duplessis-Mornay, Rohan, Pontis, Brienne, La Valette, *Mémoires*. — *Histoire de la mère et du fils*. — *Le Mercure français*. — Fr. de Meuantes, *Prosopopée hist., ou tableau sacré des vertus de la reine regente Marie de Medicis*; Paris, 1612, in-8°. — P. de Boissat, *Histoire généalogique de la maison de Medicis*; Lyon, 1613, in-8°. — Fl. du Ruau, *Tableau de la regence de Marie de Médicis*; Poitiers, 1615, in-8°. — J.-B. Mathieu, *Éloge historial de Marie de Medicis*; Paris, 1626, in 8°. — J.-C. Frey, *Mariæ Medicis Elogia*; Paris, 1628, in-8°. — J.-B. Legrain, *Décade contenant l'histoire de Louis XIII depuis 1610 jusqu'en 1617*; Paris, 1619, in-fol. — Le Vassor, Griffet, Malingre, *Histoire de Louis XIII*. — Tallemant des Reaux, *Historiettes*, I. — Saint-Germain, *Diverses pièces pour la defense de la reine mère*; Anvers, 1637, 3 vol. in-8°, et *Les deux faces de la vie et de la mort de Marie de Médicis*; ibid., 1643, in-4°. — *Pièces curieuses en suite de celles du sieur de Saint-Germain*; Anvers, 1644, 2 vol. in-fol. — C.-B. Morisot, *Peruviana*; Dijon, 1643, in-4°. — Fr. Favre, *Oraison funèbre de la reine mere*; Paris, 1666, in-4°. — Poirson, *Histoire de Henri IV*, II. — Bazin, *Histoire de France sous Louis XIII*. — H. Martin, *Histoire de France*. — Sismondi, *Histoire des Français*, XXII et XXIII. — Capefigue, *Richelieu, Mazarin et la Fronde*. — Michelet, *Henri IV et Richelieu*. — Dreux du Radier, *Mémoires historiques des Reines et Regentes de France*, V. — Mme Thiroux d'Arconville, *Vie de Marie de Médicis*; Paris, 1774, 3 vol. in-8°. — Pardoe (Miss), *The Life of Marie de Medicis*; Londres, 2e édit., 1852, 3 vol. in-8°.

MARIE-THÉRÈSE D'AUTRICHE, reine de France, née le 10 septembre 1638, au palais de l'Escurial, morte le 30 juillet 1683, à Versailles. Elle était fille de Philippe IV, roi d'Espagne, et de sa première femme, Élisabeth de France, sœur de Louis XIII, et fut tenue sur les fonts de baptême par François, duc de Modène, et Isabelle de Savoie. « On la regardait en Espagne, dit Bossuet, non pas comme une infante, mais comme un infant... Dans cette vue on approcha d'elle tout ce que l'Espagne avait de plus vertueux et de plus habile. Elle se vit, pour ainsi parler, dès son enfance toute environnée de vertu; et on voyait paraître en cette jeune princesse plus de belles qualités qu'elle n'attendait de couronnes. » A vingt ans, elle était petite, mais bien faite; elle avait le visage long, les joues un peu grosses, les yeux bleus et les cheveux d'un blond argenté, le teint d'une blancheur éclatante, un embonpoint ménagé. Elle ressemblait beaucoup à sa tante Anne d'Autriche, et avec plus de vivacité dans la physionomie elle aurait pu passer pour une belle personne. La bonté faisait le fond de son caractère, et la modestie la règle de sa conduite; elle ne manquait pas de justesse et de solidité dans l'esprit. Le mariage de Louis XIV avec cette princesse, qui fut, comme on sait, le triomphe de Mazarin, inaugura en France une politique toute nouvelle. Philippe IV, malgré les instances d'Anne d'Autriche, en retardait la conclusion lorsqu'il se décida brusquement, par suite d'une comédie assez peu loyale. Feignant de renoncer à l'alliance espagnole, Mazarin avait demandé pour le roi la main de Marguerite de Savoie. L'entrevue des futurs époux eut lieu à Lyon, et tout paraissait terminé. Ce fut alors que le comte de Pimentel reçut l'ordre d'offrir à la reine mère la paix et l'infante. On congédia sans cérémonie la princesse Marguerite, à qui le roi promit par écrit de revenir s'il n'épousait pas l'Espagnole. Puis on procéda à la difficile négociation du traité des Pyrenées; le premier article fut le mariage de l'infante avec Louis XIV, à la condition par la première de renoncer à la couronne d'Espagne. Le 18 octobre 1659, le duc de Grammont, envoyé à ce sujet à Madrid, s'était adressé à Philippe IV et à sa fille en ces termes : « Sire, le roi mon maître vous accorde la paix, et à vous, Madame, Sa Majesté vous offre son cœur et sa couronne. » La saison rigoureuse et la santé faible du roi d'Espagne firent remettre les cérémonies du mariage au printemps de 1660. Après la rencontre des deux cours, qui eut lieu dans l'île des Faisans, selon les règles de l'étiquette espagnole, Louis XIV et l'infante firent à Saint-Jean de Luz « une entrée magnifique et qui sentait le *Cyrus* à pleine bouche ». L'evêque de Bayonne les maria le 9 juin. Ils s'arrêtèrent deux mois à Vincennes, et entrèrent le 26 août à Paris par la porte Saint-Antoine, qui prit dès lors le nom de barrière du Trône. On peut lire dans les auteurs du temps le détail des magnificences inouïes qui signalèrent cette journée.

Lorsque le roi partit pour la campagne de Hollande (1672), il confia la régence à Marie-Thérèse. Ce fut à peu près le seul événement de sa vie. Sans ambition et sans prétention au gouvernement, dont elle ne se mêla jamais; ennemie du faste et des intrigues, elle s'absorba tout entière dans le double soin de servir Dieu et de plaire au roi. Elle eut toutes les vertus, hormis celles de son état. C'était une sainte; mais, comme on a dit, il fallait une femme à Louis XIV. Au bout d'un an à peine, il la delaissa pour reprendre le cours de ses galanteries. Lorsqu'il s'éprit de Mlle de La Vallière, la reine, instruite par M. de Vardes, se plaignit, et, ne se voyant pas écoutée, elle fit quelque éclat; on lui imposa silence. Forcée de dévorer ses larmes et sa jalousie, elle s'adonna plus que jamais aux pratiques de la religion. Chaque liaison du roi était pour ce cœur tendre et dévoué une blessure nouvelle. On chercha à lui en imposer sur la faveur de Mme de Montespan; elle s'abusa jusqu'au moment où Louis, qui n'avait plus de respect à garder, fit venir à la cour deux des enfants qu'il avait eus de sa maîtresse. La reine, à qui ils furent présentés, se contenta de dire en les caressant : « Mme de Richelieu me disait toujours qu'elle répondait de tout ce qui se passait. Voilà les fruits de ce cautionnement. » A quoi Mlle de Montpensier ajoute : « L'on trouva cela fort plaisant. La reine disait souvent de ces plaisanteries. Si elle avait eté aussi à la mode que Mme la Dauphine le fut d'abord, on en aurait fait plus de cas, et on lui aurait trouvé de l'esprit. » Le renvoi de Mme de Montespan ne mit pas un terme aux chagrins de la reine : elle vit encore son mari engagé avec Mlle de Fontanges, Mlle de Ludre, Mme de Soubise et dans des rapports d'amitié avec Mme de Maintenon. Presque toutes les femmes plaisaient à Louis XIV, excepté la sienne. L'amour exclusif de Marie-Thérèse pour le roi fut la grande, l'unique affaire de sa vie. Elle etait, selon l'expression de Bossuet, unie à ses volontés par une éternelle complaisance. Mais telle était sa timidité qu'elle n'osait lui parler, ni s'exposer au tête à tête avec lui. « La reine, dit la duchesse d'Orleans, avait une telle passion pour le roi qu'elle cherchait à lire dans ses yeux tout ce qui pouvait lui faire plaisir; pourvu qu'il la regardât avec amitié, elle était gaie toute la journée. » En 1683 elle accompagna son mari dans un voyage en Bourgogne et en Alsace, apportant une complaisance inépuisable à visiter avec lui toutes les fortifications sans se plaindre du chaud ni de la fatigue. Louis la voyait plus souvent. Comme elle attribuait cet heureux changement à Mme de Maintenon, elle alla jusqu'à lui rendre toutes les marques de considération qu'elle put imaginer. A peine de retour, elle tomba malade, fut saignée mal à propos, et mourut d'un abcès qui s'était declaré à l'aisselle (1). « La mort de la reine, dit Mme de Caylus, ne donna à la cour qu'un spectacle touchant : le roi fut plus attendri qu'affligé. « Voilà, s'écria-t-il, le premier chagrin qu'elle m'ait donné ! » C'était le plus bel éloge qu'il pût faire de l'épouse qu'il avait si indignement trahie, en même temps que la plus

(1) La duchesse d'Orléans, aveuglée par la haine qu'elle portait à Mme de Maintenon, ne fait pas de difficulté d'accuser le médecin Fagon de la mort de Marie-Thérèse et d'en faire le complice de la favorite. « On peut bien dire, ajoute-t-elle, que tout le bonheur de la France est mort avec elle. Le vieux méchant diable de Fagon l'avait fait à dessein, afin d'assurer par là la fortune de la vieille guenippe. »

forte condamnation de sa propre conduite. Quant à la pauvre reine, elle ne pouvait lui rendre un semblable témoignage : elle avait succombé moins à un mal fortuit qu'au poids de ses chagrins et à l'effort qu'elle fit toute sa vie pour les dissimuler. Des six enfants qu'elle eut, cinq moururent en bas âge, et un seul, l'aîné, *Louis*, lui survécut. Bossuet et Fléchier prononcèrent chacun dans la même année l'oraison funèbre de la reine Marie-Thérèse. P. L—y.

Mme de Motteville, Mme de Caylus, Mlle de Montpensier, Montreuil, Saint-Simon, La Fare, *Mémoires*. — Mme de Sévigné, *Lettres*. — Orléans (Duch. d'), *Correspondance*. — Loret, *Muse historique*. — Lemaire, *Paris ancien et nouveau*, III. — Rebouiet, *Histoire du Règne de Louis XIV*. — Dreux du Radier, *Mémoires historiques sur les Reines et Régentes de France*, VI. — Bossuet, Fléchier, *Oraison Funèbre de la reine Marie-Thérèse*. — Noël, *Les Reines de France nées espagnoles*, 1858.

MARIE LESZCINSKA (*Catherine-Sophie-Félicité*), reine de France, née le 23 juin 1703, morte le 24 juin 1768, à Versailles. Elle était fille de Stanislas Leszcinski, roi de Pologne, puis duc de Lorraine, et de Catherine Opalinska. Le malheur la visita dès le berceau. Peu de jours après son élévation au trône de Pologne, Stanislas, se voyant attaqué par le roi détrôné Auguste, envoya sa famille en Posnanie sous la garde d'une troupe fidèle. Dans cette fuite, sa seconde fille, Marie, fut abandonnée ou peut-être arrachée à la nourrice qui la portait; après avoir été perdue quelque temps, on la retrouva par hasard dans l'auge d'une écurie de village. Rétabli sur le trône, dont il fut bientôt chassé de nouveau, Stanislas, ne pouvant plus rester en Allemagne, où sa tête était mise à prix par un décret de la diète polonaise, se réfugia avec sa femme et ses enfants en Suède, puis en Turquie, et enfin en France (1719). Il se fixa en Alsace, près de Wissembourg, vivant, avec une extrême simplicité, d'une petite pension dont les quartiers ne lui étaient pas régulièrement servis, et s'occupant surtout de l'éducation de sa fille Marie. La jeune princesse, qui montrait d'heureuses dispositions pour l'étude, possédait plusieurs langues, entre autres le latin, et cultivait avec goût le dessin et la musique; elle joignait à une instruction solide le charme des plus touchantes vertus. Sa personne était plus agréable que belle, sa taille petite, mais pleine de grâce, son esprit élevé et fin, son caractère doux et sérieux. Stanislas, qui ne songeait plus à lui trouver un époux dans le rang d'où il était descendu, avait entamé, avec l'approbation du régent, une négociation secrète pour la marier au duc de Bourbon. Elle était réservée à une fortune plus haute. Une intrigue de cour la fit passer tout à coup de l'obscurité, de la pauvreté même, à l'éclat du trône (*voy.* Louis XV). Un matin, son père, entrant dans la chambre où elle se tenait avec sa mère, lui dit, sans autre explication : « Mettons-nous à genoux, et remercions Dieu. — Mon père, vous êtes rappelé au trône de Pologne! s'écria Marie. — Ah, ma fille! le ciel nous est bien plus favorable; vous êtes reine de France. » Et il lui montra la lettre dans laquelle le duc de Bourbon demandait pour Louis XV la main de Marie. La demande en forme fut faite à Strasbourg, et le mariage célébré à Fontainebleau, le 5 septembre 1725.

La jeune reine avait sept ans de plus que son époux. Uniquement occupée du soin de lui plaire, elle passa plusieurs années au sein d'une félicité parfaite. Louis, qui était fort timide, s'était livré tout entier au charme d'une première affection. Entendait-il vanter devant lui la beauté d'une dame, il se contentait de dire : « Est-elle plus belle que la reine? » Mais plus tard elle ne sut pas le retenir : Peu à peu il s'éloigna d'elle; il lui retira sa confiance et son amour, et, se dérobant à une influence qui ne pouvait être que bienfaisante, il préféra subir le joug de maîtresses avides et impérieuses, qui jetèrent son nom et son règne aux gémonies de l'histoire. La faveur publique de Mme de Châteauroux, qui succédait à ses sœurs, Mmes de Mailly et de Vintimille, abreuva la reine de douleurs et d'humiliation. Les courtisans poussèrent envers elle l'insolence jusqu'à lui appliquer, par leurs regards, ce vers de *Britannicus :*

> Que tardez-vous, seigneur, à la répudier?

un jour qu'avec le roi elle assistait à la représentation du chef-d'œuvre de Racine. Dès ce moment elle resta comme étrangère dans le palais où elle était souveraine. Quoiqu'elle souffrît, elle avait l'âme fière, et on l'entendait rarement donner cours à ses justes plaintes. Elle traitait même avec indulgence Mme de Pompadour, introduite par ordre du roi parmi ses dames de compagnie (1). Éloignée des affaires d'État comme de l'amour du roi, elle chercha des consolations dans une religion douce et éclairée, dans la protection des lettres, quand par hasard les écrivains s'adressaient à elle; dans les soins de la

(1) Le frère de la favorite, Marigny, avait été nommé directeur général des bâtiments et des jardins, et souvent il envoyait à la reine une corbeille de fruits ou de fleurs, que Mme de Pompadour offrait elle-même, autorisée par sa charge. Un matin la marquise arrive, et jamais sa beauté ne fut plus éclatante. La reine en fut frappée; elle en ressentit une vive souffrance, et, pour exhaler son dépit, se mit à louer la favorite avec exagération, détaillant ses bras, son cou, ses yeux, les contours de son visage, admirant la grâce avec laquelle elle portait cette corbeille qu'elle lui laissait impitoyablement sur les bras, semblant, en un mot, s'occuper d'une œuvre d'art et non d'une personne vivante et pensante. L'embarras de la marquise était grand, quand la reine y vint mettre le comble en la priant de chanter. « Que j'entende à mon tour, dit-elle, cette voix dont toute la cour a été charmée au spectacle des petits appartements. » La marquise déclina d'abord en rougissant l'honneur que lui faisait la reine; mais celle-ci lui ayant ordonné de chanter, elle fit entendre de sa voix la plus sonore et la plus triomphante le grand air d'*Armide :*

> Enfin, il est en ma puissance...

et ce fut au tour de la reine de changer de couleur, en se voyant bravée par une rivale qu'elle-même avait poussée à cet excès d'insolence. Ce trait fut une exception dans la vie de Marie; ceux qui vécurent près d'elle la virent constamment pleine de douceur et de bonté. (Le Bas, *Dict. encyclop. de la France.*)

maternité, si restreints pour une reine; enfin, dans l'exercice de la charité. Elle se fit une société particulière qu'elle appelait ses « honnêtes gens », de laquelle faisaient partie le duc et le cardinal de Luynes, le président Hénault et l'académicien Moncrif, son lecteur ordinaire et le dispensateur de ses aumônes. C'est dans cette société qu'ont été recueillis une foule de mots profonds ou charmants de cette princesse, parmi lesquels nous choisirons ceux-ci : « Nous ne serions pas grands sans les petits; nous ne devons l'être que pour eux. — Tirer vanité de son rang, c'est avertir qu'on est au-dessous. — La miséricorde des rois est de rendre la justice, et la justice des rois est d'exercer la miséricorde. — Les bons rois sont esclaves, et leurs peuples sont libres. — Le contentement voyage rarement avec la fortune, mais il suit la vertu jusque dans le malheur. — Les trésors de l'État ne sont pas nos trésors; il ne nous est pas permis de divertir en largesses arbitraires des sommes exigées par deniers du pauvre et de l'artisan. — Il vaut mieux écouter ceux qui nous crient de loin: Soulagez notre misère, que ceux qui nous disent à l'oreille : Augmentez notre fortune. » — On voit que même sur le trône Marie avait conservé toute sa modestie et sa simplicité. Elle avait eu de Louis XV dix enfants; elle eut le malheur d'en voir mourir trois en bas âge et trois autres à vingt-quatre, trente-deux et trente-six ans : il n'y eut que quatre de ses filles qui lui survécurent; la seconde femme du dauphin, Marie-Josèphe de Saxe, à qui elle avait voué une affection maternelle, s'éteignit sous ses yeux; son père enfin devint victime d'un affreux accident. Elle ne put supporter ces pertes réitérées, que lui rendaient plus douloureuses encore l'égoïsme et l'éloignement de son époux, et elle succomba à une maladie de langueur, à l'âge de soixante-cinq ans. Le roi, que la mort effrayait, laissa voir à cette nouvelle une émotion dont on ne le croyait pas susceptible. Il pleura, et parut un instant renoncer aux débauches qui déshonoraient sa vieillesse : l'année suivante, il présentait Mlle du Barry à la cour. P. L—y.

Voltaire, *Siècle de Louis XV*. — D'Argenson, Mme du Hausset, *Mémoires*. — Proyart, *Vie de Marie Leszczinska*.

MARIE-ANTOINETTE DE LORRAINE (*Josèphe-Jeanne*), reine de France, née à Vienne, le 2 novembre 1755, guillotinée à Paris, le 16 octobre 1793. Elle était la plus jeune fille de l'empereur d'Autriche François Ier et de Marie-Thérèse, la grande reine de Hongrie et de Bohême. Elle avait à peine quatorze ans lorsque le duc de Choiseul, ministre de Louis XV, fit demander sa main pour le dauphin de France (depuis Louis XVI). L'impératrice désira alors que la jeune princesse se perfectionnât dans la langue française; elle fit demander au cabinet de Versailles un ecclésiastique instruit, qui pût mettre l'archiduchesse au fait des mœurs et des usages français; le duc de Choiseul lui envoya l'abbé de Vermond, qui prit sur son élève un empire devenu fatal plus tard. Marie-Thérèse ne négligea rien pour donner à la France une reine accomplie : elle entoura sa fille de maîtres français, et surveilla les moindres détails de son éducation, commencée entre Métastase et le vieux Gluck. Marie-Antoinette fut amenée en France en 1770; elle entra par Strasbourg, passa par Nancy, Châlons, Soissons, Reims. Des fêtes continuelles lui furent offertes jusqu'à Compiègne, où le roi Louis XV et le dauphin vinrent la recevoir, et deux jours après la bénédiction nuptiale fut prononcée dans la chapelle royale de Versailles. La dauphine fut froidement accueillie à la cour; les filles du roi, mesdames Adélaïde, Victoire et Sophie, se montrèrent peu gracieuses pour elle. Un parti puissant avait vu avec peine et son mariage et le changement opéré par le duc de Choiseul dans la politique de la France, jusqu'alors antagoniste constante de l'Autriche, ce qui explique pourquoi le public se montra de suite fort rigoureux pour Marie-Antoinette, quoique simple, bonne, aimable. D'un autre côté, Mme du Barry craignait pour sa faveur. En effet, le vieux roi avait reçu sa bru avec une grande bienveillance. Il ordonna des fêtes, auxquelles il voulut que l'on consacrât vingt millions malgré la pauvreté du trésor : elles eurent lieu simultanément à Versailles et à Paris. Celles qui furent données dans cette dernière ville eurent une issue funeste : l'échafaudage d'un feu d'artifice tiré sur la place Louis XV s'enflamma; des chevaux s'effrayèrent, et, sillonnant la foule, firent de nombreuses victimes. Les fuyards se précipitèrent dans la Seine ou dans les fossés des Tuileries. Cent trente deux cadavres et environ douze cents blessés jetèrent un deuil général sur cette fête, et semblèrent d'un sinistre augure pour ceux qui en étaient l'occasion.

Marie-Antoinette, jeune, habituée à la simplicité qui régnait à la cour d'Autriche, ne put voir sans étonnement, en arrivant à Versailles, l'étiquette fatigante d'une cour qui depuis Louis XIV n'avait rien perdu de ses usages puérils et minutieux. Elle ne s'y soumit qu'en plaisantant, chercha tous les moyens de les éluder, et se fit ainsi de nombreux ennemis parmi les familles puissantes, qui devaient à ces usages des prérogatives, des droits de préséance auxquels elles tenaient comme à un patrimoine. Une grande liberté régnait autour d'elle; on ne manqua pas d'en tirer les conséquences les plus odieuses, et peu d'années suffirent pour exciter contre cette princesse, d'ailleurs, il faut le dire, fort mal environnée, les préventions générales. Des libelles obscurs l'accusèrent de faire succéder les intrigues aux intrigues; mais l'histoire doit rejeter ces imputations, dont aucune n'a jamais été prouvée. « On pouvait, dit M. de Lamartine, l'accuser de tendresse, de dépravation jamais. Belle, jeune et adorée, si son cœur ne resta pas insensible, ses sentiments du moins n'éclatèrent jamais en scandale. »

Louis XV mourut le 10 mai 1774, et l'aîné de ses petits-fils lui succéda. Devenue reine, Marie-Antoinette conserva la légèreté de la dauphine, et dès le jour des révérences de deuil elle fut accusée d'avoir ri de la *triste figure* des douairières Mmes de Marsan et de Noailles (1). Le lendemain une chanson courut Versailles, commençant ainsi :

> Petite reine de vingt ans,
> Qui traitez si mal les gens,
> Vous repasserez la barrière, etc.

et le parti *anti-autrichien* se plaignit avec si peu de retenue, qu'elle crut devoir en demander justice. La reine s'efforça de couvrir par des bienfaits les injures lancées contre elle. A l'avénement d'un monarque le peuple était dans l'usage de payer un droit connu sous le nom de *ceinture de la reine :* elle ne voulut point profiter de cette prérogative, et en fit la remise aux contribuables : cette générosité lui valut le quatrain suivant :

> Vous renoncez, aimable souveraine,
> Au plus beau de vos revenus,
> Mais que vous servirait la ceinture de reine?
> Vous avez celle de Vénus.

Dans le cruel hiver de 1788, on la vit visiter les quartiers les plus misérables et faire elle-même de nombreuses aumônes. Elle envoya au lieutenant de police cinq cents louis de sa cassette pour soulager les indigents; « jamais dépense, disait-elle, ne m'a été plus agréable ». Les Parisiens reconnaissants se plurent à lui élever, rue Saint-Honoré, une pyramide de neige où étaient représentés son portrait et celui de Louis XVI. Au-dessous on lisait ces vers :

> Reine dont la bonté surpasse les appas,
> Près d'un roi bienfaisant occupe ici la place.
> Si ce monument frêle est de neige ou de glace,
> Nos cœurs pour toi ne le sont pas.

Ces sentiments devaient bientôt changer : des calomnies sourdes, mais incessantes, venues de haut, pénétraient dans les basses classes de la société. Le comte de Provence (depuis Louis XVIII), le prince de Condé et le duc d'Orléans aimaient peu la reine; elle le savait, et s'efforça de les froisser autant qu'il fut en son pouvoir et au point qu'elle écrivit à Mme de Cossé, à laquelle elle avait demandé un bal à l'occasion de la présence à Paris de l'archiduc Maximilien : « Si les princes viennent à votre bal, ni moi ni mon frère ne nous y trouverons. Si vous voulez nous avoir, dépriez-les. » Mme de Cossé envoya la lettre aux princes (2). On comprend qu'ils en conservèrent un vif ressentiment, et durent contribuer à attaquer la réputation de l'imprudente reine. Bientôt après Marie-Antoinette se prit d'une vive amitié pour la princesse de Lamballe, et demanda qu'on rétablît en sa faveur la place de surintendante de la maison de la reine. Le roi résista longtemps, alléguant les plans d'économie de Turgot. « Enfin, cette place, inutile et dès longtemps supprimée, fut rétablie, » dit M. Droz (1). Elle devint doublement onéreuse : il fallut en payer les émoluments et consoler par des faveurs les femmes dont les emplois perdaient de leur éclat. Il y eut presqu'un soulèvement à la cour. Mme de Cossé quittait sa charge de dame d'atours; la comtesse de Noailles, déjà mal disposée contre la reine, cessait d'être dame d'honneur, charge aussi honorable que lucrative; la princesse de Chimay et la comtesse de Mailly, nommées en leur place, refusèrent de prêter serment, ne voulant point dépendre de la princesse de Lamballe. Les ennemis de la reine en devinrent plus nombreux, et le public murmura des prodigalités de la cour. En même temps Marie-Antoinette, par une honnête mais imprudente sévérité, témoignait son éloignement et sa défaveur aux femmes de l'ancienne cour de Louis XV signalées par le désordre de leur conduite. Elle refusait de recevoir la princesse de Monaco, en dépit de son nom et du nom de son amant, le prince de Condé, déclarant hautement, rapporte Mme Campan, « ne point vouloir recevoir les femmes séparées de leurs maris ». Aussi quel ressentiment parmi toutes ces femmes décriées dont l'amour-propre était si cruellement blessé. Plus que toute autre chose, ce fut leur bavardage haineux qui grossit et noircit la futilité de la reine, qui donna à sa jeunesse, à son amour du plaisir, à ses étourderies les apparences les plus coupables, et qui plus tard la conduisit à l'échafaud. L'affaire du collier (1785), où une intrigante éhontée (*voy.* La Motte de Valois) dupa un cardinal imbécile et libertin (*voyez* Rohan), fut habilement exploitée par les ennemis de la reine. Ce scandaleux procès, dans lequel le nom de Marie-Antoinette fut fâcheusement compromis, acheva, malgré son innocence, de la déconsidérer aux yeux d'une grande partie du public. Le jugement du parlement, en frappant la femme La Motte de Valois pour escroquerie et faux, ne prononça pas même un blâme contre le cardinal de Rohan, grand-aumônier de France, dupe évidemment et non complice de l'escroquerie, mais qui avait eu le tort grave de croire que la reine consentait à accueillir son intervention dans l'achat clandestin d'une parure, et qu'elle acceptait une entrevue secrète avec lui; c'était déclarer en quelque sorte que le prélat avait pu être trompé sans invraisemblance. La reine pleura beaucoup en apprenant cet arrêt; car elle comprit que son honneur en était rudement atteint. Dès lors Marie-Antoinette devint le but de toutes les clameurs. On rappelait les fêtes splendides du petit Trianon que la reine donnait à ses intimes. Ceux qui n'y avaient pas été invités, et ils étaient nombreux, qualifièrent ces réunions d'*orgies monstrueuses.*

(1) Elle avait surnommé cette dernière *Madame l'Étiquette.*

(2) *Portefeuille d'un talon rouge*; Paris, 1788.

(1) *Histoire de Louis XVI*, t. I, p. 226.

Le goût de la reine pour les travestissements vint encore prêter à la malveillance. Elle aimait les bals de l'Opéra, où elle se rendait incognito. Louis XVI, dont les habitudes étaient fort régulières, se retirait chaque soir à la même heure : un soir, Marie-Antoinette, qui projetait une sortie nocturne, avança furtivement l'aiguille de la pendule. On aurait dû croire que cette espièglerie, dont sa société intime fut seule témoin, resterait secrète : le lendemain toute la cour en médisait. Une autre fois, alors qu'elle allait encore à l'Opéra avec une seule dame, la voiture cassa, et ce fut dans un fiacre qu'elle acheva sa course. Elle trouva la chose plaisante, mais il n'en fut pas de même du public, qui s'il pardonne aux autres femmes ne pardonne rien aux reines : vingt histoires scandaleuses furent débitées sur cet incident.

On sait que dans les premières années de son mariage, Louis XVI témoignait beaucoup de froideur à sa femme. Vers 1777 leurs relations changèrent : la reine lui inspira amour et confiance; et si jusque alors elle était demeurée étrangère à la politique, elle commença, surtout après la naissance du dauphin (1781), à prendre de l'influence sur les affaires. C'est par elle que Loménie de Brienne arriva au ministère, et on lui avait attribué quelque part à la nomination de Calonne, patronné par des personnes de son intimité. Ces choix n'étaient pas heureux ; on la rendit responsable des fautes de ces deux ministres : on l'accusait de s'être entendue avec le contrôleur général de Calonne pour faire passer des sommes énormes à son frère, l'empereur Joseph II. On lui reprochait avec plus de raison la fortune subite de Mme de Polignac et de sa famille, et sa prodigalité pour l'acquisition de riches bijoux, d'objets de luxe ou la satisfaction de caprices onéreux. En un mot, elle fut aux yeux du peuple la principale cause de la dilapidation des finances de l'État, qui pourtant étaient déjà délabrées sous le règne précédent.

La dette publique augmentant de jour en jour, on proposa, comme dernière ressource, la convocation des notables, et l'annee suivante celle des états généraux. Marie-Antoinette, qui prévoyait le blâme que cette assemblée pourrait formuler sur sa conduite, s'opposa à cette mesure de tout son pouvoir. Cette opposition augmenta encore les griefs que la nation avait contre elle, et les premières réunions des notables n'hésitèrent pas à la déclarer la cause du dérangement des finances. Plus tard on prétendait, non sans quelques motifs plausibles, qu'elle et son conseil avaient provoqué les mesures prises contre l'Assemblée nationale en juillet 1789. On disait aussi l'avoir vue se promener avec Mme de Polignac à l'Orangerie, flattant les officiers et les soldats et leur faisant distribuer des rafraîchissements. Entourée des plus violents ennemis de la révolution, la reine usait de tout l'ascendant qu'elle avait su prendre sur Louis XVI pour l'empêcher de s'y rallier franchement. Douée de plus d'esprit, de plus d'énergie que lui, elle n'employa sa supériorité qu'à inspirer au faible monarque confiance dans de funestes conseils. Elle fut à la fois le charme de ses malheurs et le génie de sa perte. Élevée dans une cour despotique, elle ne comprenait pas qu'un souverain consentît à soumettre ses actions à un contrôle public. Habituée à voir sa mère gouverner seule, elle ne put se résigner à n'être que la femme d'un roi constitutionnel. Aussi prit-elle une part des plus importantes dans les décisions du roi et de ses ministres. Le peuple le savait, et lui laissa la responsabilité du rôle qu'elle avait cherché. *L'Autrichienne* ou *Mme Veto*, (1) (c'étaient les noms sous lesquels on la désignait), devint l'objet de l'exécration générale. On lui attribuait la misère générale et jusqu'à la famine. Sa présence au malencontreux repas des gardes du corps de Versailles (1er octobre 1789), où le toast *à la nation* fut refusé, où la cocarde tricolore fut foulée aux pieds (2), acheva d'exaspérer la populace. Des cris de mort retentirent de toutes parts, et nul doute que le but principal des mouvements des 5 et 6 octobre était de sacrifier la reine à la haine publique. Des forcenés se dirigèrent vers l'appartement de la reine encore endormie (c'était le 6 à six heures du matin) en se répandant en injures atroces contre elle : une de ses femmes, entendant le tumulte et un coup de feu, courut la réveiller. La sœur de Mme Campan, alors de service,

(1) Ce mot veto (je m'oppose) s'entend dans le langage politique de l'acte solennel d'opposition par lequel un pouvoir constitue refuse sa sanction à une mesure émanée d'un pouvoir inférieur, et par là en paralyse l'effet. Louis XVI eut ce droit, et l'employa souvent contre les mesures libérales votées par l'Assemblée nationale. Le peuple, qui savait l'influence que Marie-Antoinette exerçait sur son époux, la rendit responsable de l'opposition du roi, et lui donna le nom de *Mme Veto*; c'est sous ce nom qu'elle est désignée dans la fameuse chanson intitulée : *la Carmagnole* :

Mme Veto avait promis
De faire egorger tout Paris, etc.

(2) « La reine, rapporte Mme Campan, avait refusé de paraître à cette fête. Elle me dit « que dans les circonstances où l'on se trouvait cette démarche pourrait être plus nuisible qu'utile, que le roi ni elle ne devaient avoir part à une telle fête. Elle m'ordonna de m'y rendre, et me recommanda de tout observer, afin de lui en faire un fidèle récit ». Elle annonça qu'elle allait se coucher. Quel fut mon étonnement de voir entrer dans la salle le roi, la reine et le dauphin! C'était M. de Luxembourg qui avait opéré ce changement dans la résolution que la reine avait prise. » M. de Ferrières dit que « la reine prit le dauphin dans ses bras et fit avec lui le tour de la table, au milieu des acclamations générales. Les gardes du corps, les officiers du régiment de Flandre, l'épée à la main, portèrent la santé du roi, de la reine et de M. le dauphin. L'orchestre jouait *O Richard! ô mon roi!* La cocarde blanche ne fut arborée qu'après leur départ. Cependant le lendemain des femmes et des demoiselles attachées à la reine s'établirent dans les galeries du château, distribuant des cocardes blanches. — Conservez-la bien, disaient-elles à ceux qu'elles en décoraient; c'est la seule bonne. — Les dames exigeaient du nouveau chevalier le serment de fidélité. Il obtenait la faveur de leur baiser la main. » Il est impossible que la reine n'ait pas eu connaissance de faits qui se passaient sous ses yeux, et comment eut-elle l'imprudence de laisser ainsi provoquer des gens déjà si irrités?

vola vers l'endroit d'où partait le bruit. « Elle ouvrit la porte de l'antichambre, et vit un garde du corps, Tardivet du Repaire, tenant son fusil à travers la porte à demi enfoncée et assailli par une multitude qui lui portait des coups; son visage était déjà couvert de sang; il se retourna, et lui cria : « Madame, sauvez la reine : on vient pour l'assassiner! » Elle ferma soudain la porte sur cette malheureuse victime de son devoir, poussa les verroux des pièces suivantes, et cria à la reine : « Sortez du lit, madame, ne vous habillez pas, sauvez-vous chez le roi! » La reine, épouvantée, se jette hors du lit; on lui passe un jupon, sans le nouer; cette dame et sa compagne la conduisent vers l'Œil-de-bœuf; une porte du cabinet de toilette de la reine qui tenait à cette pièce n'était jamais fermée que de son côté. Elle se trouva fermée de l'autre! moment affreux! On frappe à coups redoublés : un domestique d'un valet de chambre vint ouvrir; la reine entre dans la chambre de Louis XVI, et ne l'y trouve pas. Alarmé pour les jours de son épouse, le roi était descendu par les escaliers et les corridors situés sous l'Œil-de-bœuf et qui le conduisaient habituellement chez la reine. Il entre chez Sa Majesté, et n'y trouve que des gardes du corps qui s'y étaient réfugiés. La reine avait trouvé chez le roi ses enfants, que madame de Tourzel avait amenés. Quelques minutes après, la famille royale se trouva réunie : cette entrevue fut attendrissante! » — Mme Campan ajoute : « Il n'est pas vrai que les brigands aient pénétré dans la chambre de la reine et percé de coups ses matelas ; les gardes du corps réfugiés furent les seuls qui entrèrent dans cette chambre; et si la foule y eut pénétré, ils auraient été massacrés Les brigands s'arrêtèrent dans les antichambres, où les valets de pied et les officiers de service, sachant que la reine n'était plus chez elle, les en prévinrent avec un accent de vérité auquel on ne se méprend jamais. A l'instant cette criminelle horde se précipita vers l'Œil-de-bœuf, espérant sans doute la ressaisir à son passage. »

C'est ainsi que Marie-Antoinette échappa cette fois au danger le plus imminent; car les émeutiers en voulaient à sa vie. Dans la matinée, une partie des meurtriers s'étant dispersée devant les gardes nationaux amenés de Paris par leur général La Fayette, le roi et la reine entre leurs deux enfants se montrèrent sur le balcon. Le roi promit tout ce qui pourrait soulager son peuple, et La Fayette baisa la main de la reine aux applaudissements de la foule. Amené à Paris avec le roi, elle vit commencer pour elle cette longue suite d'angoisses qui ne cessèrent qu'avec sa vie. Vainement chercha-t-elle à regagner sa popularité; vainement dégagea-t-elle les effets des indigents déposés au Mont-de-Piété; vainement se montra-t-elle souvent au peuple, visita les grandes manufactures, les Gobelins, les Enfants-Trouvés, la populace recevait ses dons et lui lançait des injures. Elle attribuait cette haine implacable à des agents soudoyés qui agitaient les basses classes; elle redoutait singulièrement Pitt, auprès duquel elle entretenait un agent. Elle disait à madame Campan : « Je ne prononce pas le nom de Pitt que la *petite mort* (le frisson) ne me vienne sur le dos. Cet homme est l'ennemi mortel de la France; il prend une cruelle revanche de l'impolitique appui que le cabinet de Versailles a donné aux insurgés américains. Il veut par notre destruction garantir à jamais la puissance maritime de son pays..... Pitt a servi la révolution dès les premiers troubles; il la servira peut-être jusqu'à son anéantissement! Toutes les fois que Pitt s'est prononcé sur la nécessité de maintenir en France une monarchie, il a gardé le plus absolu silence sur ce qui concerne le monarque. Le résultat de ses entretiens n'a rien que de sinistre! » La reine allait plus loin : « Deux fois, entre le 14 juillet 1789 et le 6 octobre de la même année, rapporte encore Mme Campan, la reine m'empêcha de faire de petits voyages, me disant : « N'allez pas tel jour à Paris : *les Anglais ont versé de l'or;* nous aurons du bruit (1)! » Et ailleurs : « La reine me dit de rester à Versailles, qu'il y aurait sûrement du bruit le lendemain, parce qu'elle savait qu'on avait semé beaucoup d'écus dans les faubourgs. » Aussi Marie Antoinette, plus clairvoyante que Louis XVI et convaincue de l'inimitié du peuple, ne vit-elle de salut pour la famille royale que dans une fuite à l'étranger (2). C'était sa pensée de chaque heure, et cette pensée n'avait rien de coupable si on considère que, comme épouse et comme mère, elle devait préférer la conservation des êtres qu'elle chérissait aux débris d'une couronne dont chaque jour lui enlevait un morceau. Dès le mois de novembre 1790, son frère Léopold II et la reine Caroline de Naples l'avaient pressée de prendre cette résolution. Louis XVI avait consenti à l'émigration de sa femme et de ses enfants, mais lui-même refusait de les suivre. Il répondait que Jacques II avait perdu sa couronne pour avoir quitté son royaume. Marie-Antoinette ne voulait à aucun prix se séparer du roi, et ce seul fait dément bien des calomnies; mais elle le conjurait de se mettre à la tête de son armée et de rétablir ses prérogatives. Louis répondait encore que Charles Ier d'Angleterre avait été décapité pour avoir fait la guerre à son parlement et à ses peuples. Sortir de France et se jeter dans les bras de l'armée lui répugnaient

(1) *Mémoires de Mme Campan*, t. III, p. 96; et Dulaure, *Esquisses historiques de la Révolution française*, t. I, p. 234-238.

(2) Il ne fut d'abord question que de se retirer à Metz, et de là, avec le concours des forces offertes par les souverains étrangers, opérer une restauration. Ce projet fut évente. Le comte d'Estaing écrivit à ce sujet une lettre fort curieuse, que notre cadre ne nous permet pas de reproduire. Il signalait la fuite du roi comme le signal de la guerre civile et de tous les maux qui ont longtemps affligé la France. Cette lettre, adressée particulièrement à la reine, prouve la haute influence politique qu'elle exerçait alors.

Le goût de la reine pour les travestissements vint encore prêter à la malveillance. Elle aimait les bals de l'Opéra, où elle se rendait incognito. Louis XVI, dont les habitudes étaient fort régulières, se retirait chaque soir à la même heure : un soir, Marie-Antoinette, qui projetait une sortie nocturne, avança furtivement l'aiguille de la pendule. On aurait dû croire que cette espièglerie, dont sa société intime fut seule témoin, resterait secrète : le lendemain toute la cour en médisait. Une autre fois, alors qu'elle allait encore à l'Opéra avec une seule dame, la voiture cassa, et ce fut dans un fiacre qu'elle acheva sa course. Elle trouva la chose plaisante, mais il n'en fut pas de même du public, qui s'il pardonne aux autres femmes ne pardonne rien aux reines : vingt histoires scandaleuses furent débitées sur cet incident.

On sait que dans les premières années de son mariage, Louis XVI témoignait beaucoup de froideur à sa femme. Vers 1777 leurs relations changèrent : la reine lui inspira amour et confiance; et si jusque alors elle était demeurée étrangère à la politique, elle commença, surtout après la naissance du dauphin (1781), à prendre de l'influence sur les affaires. C'est par elle que Loménie de Brienne arriva au ministère, et on lui avait attribué quelque part à la nomination de Calonne, patronné par des personnes de son intimité. Ces choix n'étaient pas heureux ; on la rendit responsable des fautes de ces deux ministres : on l'accusait de s'être entendue avec le contrôleur général de Calonne pour faire passer des sommes énormes à son frère, l'empereur Joseph II. On lui reprochait avec plus de raison la fortune subite de Mme de Polignac et de sa famille, et sa prodigalité pour l'acquisition de riches bijoux, d'objets de luxe ou la satisfaction de caprices onéreux. En un mot, elle fut aux yeux du peuple la principale cause de la dilapidation des finances de l'État, qui pourtant étaient déjà délabrées sous le règne précédent.

La dette publique augmentant de jour en jour, on proposa, comme dernière ressource, la convocation des notables, et l'année suivante celle des états généraux. Marie-Antoinette, qui prévoyait le blâme que cette assemblée pourrait formuler sur sa conduite, s'opposa à cette mesure de tout son pouvoir. Cette opposition augmenta encore les griefs que la nation avait contre elle, et les premières réunions des notables n'hésitèrent pas à la déclarer la cause du dérangement des finances. Plus tard on prétendait, non sans quelques motifs plausibles, qu'elle et son conseil avaient provoqué les mesures prises contre l'Assemblée nationale en juillet 1789. On disait aussi l'avoir vue se promener avec Mme de Polignac à l'Orangerie, flattant les officiers et les soldats et leur faisant distribuer des rafraîchissements. Entourée des plus violents ennemis de la révolution, la reine usait de tout l'ascendant qu'elle avait su prendre sur Louis XVI pour l'empêcher de s'y rallier franchement. Douée de plus d'esprit, de plus d'énergie que lui, elle n'employa sa supériorité qu'à inspirer au faible monarque confiance dans de funestes conseils. Elle fut à la fois le charme de ses malheurs et le génie de sa perte. Élevée dans une cour despotique, elle ne comprenait pas qu'un souverain consentît à soumettre ses actions à un contrôle public. Habituée à voir sa mère gouverner seule, elle ne put se résigner à n'être que la femme d'un roi constitutionnel. Aussi prit-elle une part des plus importantes dans les décisions du roi et de ses ministres. Le peuple le savait, et lui laissa la responsabilité du rôle qu'elle avait cherché. *L'Autrichienne* ou *Mme Veto*, (1) (c'étaient les noms sous lesquels on la désignait), devint l'objet de l'exécration générale. On lui attribuait la misère générale et jusqu'à la famine. Sa présence au malencontreux repas des gardes du corps de Versailles (1er octobre 1789), où le toast *à la nation* fut refusé, où la cocarde tricolore fut foulée aux pieds (2), acheva d'exaspérer la populace. Des cris de mort retentirent de toutes parts, et nul doute que le but principal des mouvements des 5 et 6 octobre était de sacrifier la reine à la haine publique. Des forcenés se dirigèrent vers l'appartement de la reine encore endormie (c'était le 6 à six heures du matin) en se répandant en injures atroces contre elle : une de ses femmes, entendant le tumulte et un coup de feu, courut la réveiller. La sœur de Mme Campan, alors de service,

(1) Ce mot *veto* (je m'oppose) s'entend dans le langage politique de l'acte solennel d'opposition par lequel un pouvoir constitué refuse sa sanction à une mesure émanée d'un pouvoir inférieur, et par là en paralyse l'effet. Louis XVI eut ce droit, et l'employa souvent contre les mesures libérales votées par l'Assemblée nationale. Le peuple, qui savait l'influence que Marie-Antoinette exerçait sur son époux, la rendit responsable de l'opposition du roi, et lui donna le nom de *Mme Veto*; c'est sous ce nom qu'elle est désignée dans la fameuse chanson intitulée : *la Carmagnole* :

Mme Veto avait promis
De faire égorger tout Paris, etc.

(2) « La reine, rapporte Mme Campan, avait refusé de paraître à cette fête. Elle me dit « que dans les circonstances où l'on se trouvait cette démarche pourrait être plus nuisible qu'utile, que le roi ni elle ne devaient avoir part à une telle fête. Elle m'ordonna de m'y rendre, et me recommanda de tout observer, afin de lui en faire un fidèle récit ». Elle annonça qu'elle allait se coucher. Quel fut mon étonnement de voir entrer dans la salle le roi, la reine et le dauphin ! C'était M. de Luxembourg qui avait opéré ce changement dans la résolution que la reine avait prise. » M. de Ferrières dit que « la reine prit le dauphin dans ses bras et fit avec lui le tour de la table, au milieu des acclamations générales. Les gardes du corps, les officiers du régiment de Flandre, l'épée à la main, portèrent la santé du roi, de la reine et de M. le dauphin. L'orchestre jouait *O Richard ! ô mon roi!* La cocarde blanche ne fut arborée qu'après leur départ. Cependant le lendemain des femmes et des demoiselles attachées à la reine s'établirent dans les galeries du château, distribuant des cocardes blanches. — Conservez-la bien, disaient-elles à ceux qu'elles en décoraient ; c'est la seule bonne. — Les dames exigeaient du nouveau chevalier le serment de fidélité. Il obtenait la faveur de leur baiser la main. » Il est impossible que la reine n'ait pas eu connaissance de faits qui se passaient sous ses yeux, et comment eût-elle l'imprudence de laisser ainsi provoquer des gens déjà si irrités?

vola vers l'endroit d'où partait le bruit. « Elle ouvrit la porte de l'antichambre, et vit un garde du corps, Tardivet du Repaire, tenant son fusil à travers la porte à demi enfoncée et assailli par une multitude qui lui portait des coups; son visage était déjà couvert de sang; il se retourna, et lui cria : « Madame, sauvez la reine : on vient pour l'assassiner ! » Elle ferma soudain la porte sur cette malheureuse victime de son devoir, poussa les verroux des pièces suivantes, et cria à la reine : « Sortez du lit, madame, ne vous habillez pas, sauvez-vous chez le roi ! » La reine, épouvantée, se jette hors du lit; on lui passe un jupon, sans le nouer; cette dame et sa compagne la conduisent vers l'Œil-de-bœuf; une porte du cabinet de toilette de la reine qui tenait à cette pièce n'était jamais fermée que de son côté. Elle se trouva fermée de l'autre ! moment affreux ! On frappe à coups redoublés : un domestique d'un valet de chambre vint ouvrir; la reine entre dans la chambre de Louis XVI, et ne l'y trouve pas. Alarmé pour les jours de son épouse, le roi était descendu par les escaliers et les corridors situés sous l'Œil-de-bœuf et qui le conduisaient habituellement chez la reine. Il entre chez Sa Majesté, et n'y trouve que des gardes du corps qui s'y étaient réfugiés. La reine avait trouvé chez le roi ses enfants, que madame de Tourzel avait amenés. Quelques minutes après, la famille royale se trouva réunie : cette entrevue fut attendrissante ! » — Mme Campan ajoute : « Il n'est pas vrai que les brigands aient pénétré dans la chambre de la reine et percé de coups ses matelas; les gardes du corps réfugiés furent les seuls qui entrèrent dans cette chambre; et si la foule y eut pénétré, ils auraient été massacrés. Les brigands s'arrêtèrent dans les antichambres, où les valets de pied et les officiers de service, sachant que la reine n'était plus chez elle, les en prévinrent avec un accent de vérité auquel on ne se méprend jamais. A l'instant cette criminelle horde se précipita vers l'Œil-de-bœuf, espérant sans doute la ressaisir à son passage. »

C'est ainsi que Marie-Antoinette échappa cette fois au danger le plus imminent; car les émeutiers en voulaient à sa vie. Dans la matinée, une partie des meurtriers s'étant dispersée devant les gardes nationaux amenés de Paris par leur général La Fayette, le roi et la reine entre leurs deux enfants se montrèrent sur le balcon. Le roi promit tout ce qui pourrait soulager son peuple, et La Fayette baisa la main de la reine aux applaudissements de la foule. Amené à Paris avec le roi, elle vit commencer pour elle cette longue suite d'angoisses qui ne cessèrent qu'avec sa vie. Vainement chercha-t-elle à regagner sa popularité; vainement dégagea-t-elle les effets des indigents deposés au Mont-de-Piété; vainement se montra-t-elle souvent au peuple, visita les grandes manufactures, les Gobelins, les Enfants-Trouvés, la populace recevait ses dons et lui lançait des injures. Elle attribuait cette haine implacable à des agents soudoyés qui agitaient les basses classes; elle redoutait singulièrement Pitt, auprès duquel elle entretenait un agent. Elle disait à madame Campan : « Je ne prononce pas le nom de Pitt que la *petite mort* (le frisson) ne me vienne sur le dos. Cet homme est l'ennemi mortel de la France; il prend une cruelle revanche de l'impolitique appui que le cabinet de Versailles a donné aux insurgés américains. Il veut par notre destruction garantir à jamais la puissance maritime de son pays..... Pitt a servi la révolution dès les premiers troubles; il la servira peut-être jusqu'à son anéantissement ! Toutes les fois que Pitt s'est prononcé sur la nécessité de maintenir en France une monarchie, il a gardé le plus absolu silence sur ce qui concerne le monarque. Le résultat de ses entretiens n'a rien que de sinistre ! » La reine allait plus loin : « Deux fois, entre le 14 juillet 1789 et le 6 octobre de la même année, rapporte encore Mme Campan, la reine m'empêcha de faire de petits voyages, me disant : « N'allez pas tel jour à Paris : *les Anglais ont versé de l'or;* nous aurons du bruit (1) ! » Et ailleurs : « La reine me dit de rester à Versailles, qu'il y aurait sûrement du bruit le lendemain, parce qu'elle savait qu'on avait semé beaucoup d'écus dans les faubourgs. » Aussi Marie Antoinette, plus clairvoyante que Louis XVI et convaincue de l'inimitié du peuple, ne vit-elle de salut pour la famille royale que dans une fuite à l'étranger (2). C'était sa pensée de chaque heure, et cette pensée n'avait rien de coupable si on considère que, comme épouse et comme mère, elle devait préférer la conservation des êtres qu'elle chérissait aux débris d'une couronne dont chaque jour lui enlevait un morceau. Dès le mois de novembre 1790, son frère Léopold II et la reine Caroline de Naples l'avaient pressée de prendre cette résolution. Louis XVI avait consenti à l'émigration de sa femme et de ses enfants, mais lui-même refusait de les suivre. Il répondait que Jacques II avait perdu sa couronne pour avoir quitté son royaume. Marie-Antoinette ne voulait à aucun prix se séparer du roi, et ce seul fait dément bien des calomnies; mais elle le conjurait de se mettre à la tête de son armée et de rétablir ses prérogatives. Louis répondait encore que Charles Ier d'Angleterre avait été décapité pour avoir fait la guerre à son parlement et à ses peuples. Sortir de France et se jeter dans les bras de l'armée lui répugnaient

(1) *Mémoires de Mme Campan*, t. III, p. 96; et Dulaure, *Esquisses historiques de la Révolution française*, t. I, p. 236-568.

(2) Il ne fut d'abord question que de se retirer à Metz, et de là, avec le concours des forces offertes par les souverains étrangers, opérer une restauration. Ce projet fut éventé. Le comte d'Estaing écrivit à ce sujet une lettre fort curieuse, que notre cadre ne nous permet pas de reproduire. Il signalait la fuite du roi comme le signal de la guerre civile et de tous les maux qui ont longtemps affligé la France. Cette lettre, adressée particulièrement à la reine, prouve la haute influence politique qu'elle exerçait alors.

également. Cependant le péril augmentait sans cesse; la fuite, facile à Versailles, devint presque impossible à Paris, où La Fayette faisait surveiller le roi comme un prisonnier.

La reine, renfermée dans son palais des Tuileries, ne pouvait mettre la tête à la fenêtre sans entendre des vociférations menaçantes. Chaque bruit de la ville lui faisait craindre une insurrection. Ses journées étaient mornes, ses nuits sans sommeil. Sa cour était vide : l'émigration, qu'elle avait provoquée, lui avait enlevé presque tous ses intimes. Elle détestait les nouveaux ministres imposés par La Fayette, et ce général lui-même ne lui apparaissait que comme un geôlier; ses serviteurs étaient ses espions : il fallait les tromper pour se concerter avec le peu d'amis qui lui restaient. C'était la nuit et dans les combles du château qu'elle les recevait; ces réunions ressemblaient assez à des conspirations, et le public les acceptait pour telles. Elle assiégeait le roi de ses craintes; enfin, la position devint intolérable, et Louis, dont le seul héroïsme était la patience, n'hésita plus, lorsque, le 18 avril 1791, ayant voulu se rendre à Saint-Cloud pour y passer quelques jours, il vit sa voiture arrêtée par le peuple, qui lui refusait passage. La fuite fut résolue. La reine s'y était depuis longtemps préparée. Dès le mois de mai elle avait fait parvenir à Bruxelles des trousseaux complets pour ses enfants. Elle fit passer son nécessaire de voyage à l'archiduchesse Christine, sa sœur, gouvernante des Pays-Bas, sous prétexte de lui faire un présent; ses diamants et ses bijoux furent confiés à Léonard, son coiffeur, qui partit avant elle avec le duc de Choiseul. Le départ s'accomplit dans la nuit du 20 au 21 juin (1).

Après l'arrestation de la famille royale à Varennes, lorsque le détachement que commandaient MM. de Choiseul et de Goguelat, fut arrêté dans cette ville, la reine insista un moment auprès du roi pour qu'il autorisât cette troupe à forcer le passage. Louis XVI, à qui toute effusion de sang répugnait, refusa positivement. La famille royale était dans la boutique de l'épicier Sausse, procureur syndic de la commune de Varennes, qui hésitait à laisser partir le roi au risque de se compromettre lui-même. Il consultait sa femme du regard. La reine s'aperçut de cette hésitation, et espérant trouver plus d'accès dans le cœur de Mme Sausse elle s'écria : « Vous êtes mère, madame, vous êtes femme! Le sort d'une femme et d'une mère est entre vos mains! Songez à ce que je dois éprouver pour ces enfants, pour mon mari? D'un mot je vous les devrai! La reine de France vous devra plus que son royaume, plus que la vie! — Madame, répondit sèchement l'épicière, je voudrais vous être utile. Vous pensez au roi, moi je pense à M. Sausse. Une femme doit penser à son mari!... — La reine cessa de supplier, et monta avec sa belle-sœur et ses enfants

(1) (Voir pour les détails les art. Louis XVI et Drouet, Sausse).

à l'étage supérieur. Le roi cependant espérait encore que Bouillé, alors à Dun, viendrait assez à temps le dégager avant l'arrivée de forces sérieuses. Il n'en fut rien, et le général ne put arriver qu'une heure après le départ du roi. Une nuit d'angoisses s'écoula : la reine souffrit plus que tous : « Ses passions de femme, de mère, de reine; l'indignation, la terreur, l'espérance, le désespoir, se livrèrent un tel assaut dans son âme, que ses cheveux, blonds la veille, furent blancs le lendemain (1). » Elle se résigna pourtant, et le spectacle de cette résignation fut grand sans doute, car Barnave, envoyé à Varennes, comme commissaire de l'Assemblé constituante, avec Pétion et de Latour-Maubourg, pour veiller à la sûreté du retour de Louis XVI, ne s'exprimait plus depuis cette époque qu'avec admiration sur la dignité ferme de cette princesse, « qu'il s'accusait d'avoir trop longtemps méconnue (*voy.* Barnave). » Rentrée au château des Tuileries, la reine y fut séparée du roi, jusqu'à ce que tous deux eussent donné les éclaircissements qui leur étaient demandés par l'Assemblée au sujet de leur voyage. Au mois de mai 1792, la reine fut de nouveau signalée dans les journaux et dans des libelles incendiaires comme dirigeant un prétendu comité autrichien. Ce comité, dont on effrayait, avec tant de perfidie, une multitude déjà remplie des plus folles terreurs, n'était autre que le cercle qui se rassemblait tous les jours chez la reine, et qu'on avait qualifié d'*autrichien*, parce que le comte de Mercy-Argenteau, ambassadeur de la cour de Vienne, y assistait régulièrement. Certes il serait absurde de dire que dans ces réunions on approuvait les principes et les résultats d'une révolution qui blessait tant d'intérêts; mais il ne serait ni plus vrai ni plus juste de prétendre que ce cercle, ouvert à tous les yeux, fût un foyer de conspiration.

Pendant l'insurrection du 20 juin 1792, Mme Elisabeth, qui aimait tendrement son frère et qui, seule de la famille royale, avait pu arriver jusqu'à lui, le suivait de fenêtre en fenêtre pour partager ses dangers. Le peuple en la voyant la prit pour la reine, et les cris : « Voilà l'Autrichienne! A bas l'Autrichienne! » retentirent d'une manière effrayante. Les grenadiers nationaux qui avaient entouré la princesse voulaient détromper le peuple. « Laissez-le, dit cette sœur généreuse, laissez-le dans son erreur, et sauvez la reine! » Cependant Marie-Antoinette s'était réfugiée avec ses enfants dans la salle du conseil. Elle voulait à tout prix rejoindre le roi; on parvint à l'en dissuader. Rangée derrière la table du conseil avec quelques grenadiers, elle vit, pleine d'effroi, défiler la multitude exaspérée. A ses côtés sa fille versait des larmes, et son jeune fils regardait avec étonnement ces masses armées et désordonnées qui se succédaient les unes aux autres.

(1) Lamartine, *Hist. des Girondins*, liv. II.

On lui avait présenté un bonnet rouge, que la reine lui avait placé sur la tête. Santerre, placé de ce côté, recommandait au peuple le respect et rassurait la princesse : il lui répétait le mot accoutumé et malheureusement inutile : « On vous trompe, madame, on vous trompe ! » Puis, voyant le jeune prince qui étouffait sous le bonnet rouge, il le délivra de cette ridicule coiffure (1). Lorsqu'à sept heures du soir la foule se fut écoulée, la reine parcourant le château avec quelques députés accourus auprès du roi, leur montrait les portes enfoncées, les meubles brisés, et s'exprimait avec douleur sur tant d'outrages. Merlin de Thionville (*voy.* ce nom), l'un des plus ardents républicains, était présent; la reine aperçut des larmes dans ses yeux. « Vous pleurez, lui dit-elle, de voir le roi et sa famille traités si cruellement par un peuple qu'il a toujours voulu rendre heureux? — Il est vrai, Madame, je pleure sur les malheurs d'une femme, belle, sensible et mère de famille; mais ne vous y méprenez point, il n'y a pas une de mes larmes pour le roi, ni pour la reine : je hais les rois et les reines.... (2) » La journée du lendemain semblait annoncer de nouveaux désastres. Cette fois la reine ne voulut entendre aucun conseil prudent : « Ma place est à côté du roi, répétait-elle; ma sœur ne doit pas être la seule à lui servir de rempart! » Eh quoi! maman, disait le dauphin, est-ce qu'hier n'est pas encore fini? — — Malheureux enfant, lui répondit la triste mère en le serrant dans ses bras : hier ne doit jamais finir pour nous (3)! »

Lors du 10 août, ce fut Marie-Antoinette qui, toujours courageuse, prépara avec l'infortuné Mandat et les commandants des Suisses, MM. de Maillardoz et de Salis, la défense du château. Elle contribua à arracher à Pétion l'ordre de repousser la force par la force, et à sept heures du matin elle décida le roi, qui avait passé une partie de la nuit en prières, à passer en revue les défenseurs du château, surtout la garde nationale. « Sire, lui dit la reine avec énergie, c'est le moment de vous montrer! » — On assure même, ajoute Thiers, qu'arrachant un pistolet à la ceinture du vieux d'Affry, elle le présenta vivement au roi. Les yeux de la princesse étaient rouges de larmes; mais son front semblait relevé, sa narine était gonflée par la colère et la fierté; jamais elle n'avait peut-être été si belle : aussi inspira-t-elle un dévouement enthousiaste à ceux qui la virent, et, pour la dernière fois, les cris de « Vive la reine! » ébranlèrent les voûtes des Tuileries. L'assassinat de Mandat, les tergiversations de Louis XVI, les ordres et contre-ordres donnés aux troupes, qui plus tard se firent massacrer inutilement, rendaient l'envahissement du château imminent. Lorsque le procureur syndic de la commune (*voy.* Rœderer) vit le désordre de la défense, il conseilla au roi de se retirer avec sa famille au sein de l'assemblée. La reine s'opposa vivement à ce projet. « Madame, s'écria Rœderer, vous exposez la vie de votre époux et celle de vos enfants! Songez à la responsabilité dont vous vous chargez! » L'altercation fut assez vive; enfin le roi, d'un air résigné, prononça le mot décisif : « Partons! » — Monsieur, dit la reine à Rœderer, vous répondez de la vie du roi et de mes enfants! — Madame, répliqua le procureur syndic, je réponds de mourir à leurs côtés, mais je ne promets rien de plus. »

Les événements qui suivirent ayant été relatés dans l'art. Louis XVI, il est inutile de les reproduire ici. Écrouée le 13 août au Temple avec sa famille, la reine fut séparée quelques jours après de Mme de Lamballe et de plusieurs autres dames qui l'avaient accompagnée. Dans les premiers temps de sa captivité, la famille royale fut traitée, pour la vie domestique, d'une manière convenable. Plus tard, ses dépenses furent successivement réduites, surtout après la mort du roi; et les choses en vinrent au point que la fille des Césars dut passer quelquefois les nuits avec sa belle-sœur pour raccommoder ses vêtements et ceux des êtres qui leur étaient si chers. Les insultes ne lui furent point épargnées, et de plus cruelles épreuves lui étaient réservées. Le 3 septembre une troupe de cannibales vinrent présenter la tête de la princesse de Lamballe sous les fenêtres des captifs, et demandèrent leur présence à la fenêtre. Ils y allaient lorsque le municipal Mennessier se jette au-devant d'eux, tire les rideaux et repousse la reine. Le roi demande : le motif de ce mouvement : « Eh bien, dit un des geôliers, c'est la tête de la Lamballe qu'on veut vous montrer! » Marie-Antoinette ne poussa pas un cri; elle ne s'évanouit pas; muette d'horreur, elle demeura debout, pétrifiée. Elle n'entendit plus les vociférations de la populace; elle ne vit même plus ses enfants. De tout le jour elle n'eut ni une parole ni un regard; mais il lui semblait souvent voir cette jolie tête blonde et sanglante la regarder derrière les rideaux. Un autre coup, non moins sensible, vint encore l'accabler : il fut décidé que les deux époux seraient séparés. Ils ne se revirent plus que la veille du supplice du roi (20 janvier 1793) (*voy.* Louis XVI). Dès le 6 décembre 1792 Bourbotte avait proposé à la Convention nationale de décréter Marie-Antoinette d'accusation et de joindre sa cause à celle de Louis; mais cette proposition n'eut pas de suite. Le 4 janvier 1793, des habitants de la ville de Mâcon demandèrent à la Convention que la reine fût mise en jugement, et peu de jours après la ville de Laval envoya une adresse dans le même but. Les 27 mars et 10 avril suivants Ro-

(1) Thiers, *Hist. de la Révolution française*, liv. VI.

(2) Mme Campan, t. II, p. 125.

(3) Quelque temps après, le 20 juin, la reine laissait échapper ces paroles : « Ils m'assassineront! que deviendront nos pauvres enfants! » Et elle fondait en larmes. Mme Campan voulut lui donner une potion antispasmodique : la reine la refusa en disant « que les maladies de nerfs étaient les maladies des femmes heureuses ».

bespierre proposa le renvoi au tribunal révolutionnaire; mais cette proposition fut ajournée. Le 3 juillet le comité de sûreté générale arrête « que le fils de Capet sera séparé de sa mère ». Marie-Antoinette courut au lit de son fils, le saisit dans ses bras, et durant une heure le disputa aux municipaux : « Tuez-moi donc d'abord! » s'écriait-elle. Enfin les municipaux menacèrent d'employer la force, au besoin même de tuer l'enfant! A cette menace la pauvre mère n'eut plus de forces, et le dauphin fut confié au cordonnier Simon.

Avant cette époque, diverses tentatives d'évasion avaient été tentées en faveur de la royale prisonnière. Par l'intermédiaire du municipal Michonis et de Turgy, ex-officier de la bouche de l'ancienne cour, qui avait trouvé moyen de s'introduire au Temple, elle entretenait des correspondances au dehors. M. de Jarjayes, maréchal de camp, et Toulan, libraire, devenu membre de la municipalité, essayèrent les premiers de faire évader la reine. Tout promettait la réussite lorsque la dénonciation d'une femme Tison fit manquer l'entreprise, que Toulan paya plus tard de sa tête. Un second libérateur se présenta dans le baron de Batz, qui s'introduisit dans le Temple à la tête d'une patrouille d'hommes dévoués; un fatal hasard et les soupçons du cordonnier Simon firent encore avorter ce projet.

Le 1er août la Convention, sur un rapport de Barrère et sur la proposition formelle de Billaud-Varennes, décréta enfin la traduction de Marie-Antoinette au tribunal révolutionnaire et sa translation à la Conciergerie (1). La reine embrassa sa fille, l'exhorta au courage, lui recommanda d'obéir à sa tante comme à une seconde mère; elle se jeta ensuite dans les bras de Mme Élisabeth, puis descendit d'un pas ferme. En sortant de la tour, elle se frappa la tête au guichet. On lui demanda si elle s'était fait du mal. « Oh non, répondit-elle, rien à présent ne peut plus me faire du mal! » A la Conciergerie elle fut renfermée dans une chambre donnant sur la cour des femmes. Deux gendarmes, dans une première pièce, fermée seulement par un paravent, ne cessèrent de la surveiller constamment. Elle retrouva là le généreux Michonis, qui introduisit près d'elle le chevalier de Rougeville déguisé en maçon; celui-ci laissa tomber un œillet renfermant un billet par lequel il prévenait la reine qu'on cherchait les moyens de la sauver; mais la réponse de la reine fut saisie par un gendarme; Michonis fut guillotiné et Marie-Antoinette soumise à une surveillance plus étroite. L'infatigable de Batz essaya aussi plusieurs fois de lui faire parvenir des travestissements sous lesquels elle aurait pu s'enfuir; chaque fois ils furent saisis. Tout espoir fut donc perdu, et le 14 octobre 1793 la reine comparut devant le tribunal révolutionnaire présidé par Hermann. Elle avait accepté comme défenseurs officieux Tronçon-Ducoudray et Chauveau-Lagarde. L'accusation était soutenue par Fouquier-Tinville. Le premier témoin qui déposa contre elle fut Lecointre (de Versailles). A celui-ci en succédèrent deux autres, fort insignifiants. Hébert (*le père Duchêne*) fut appelé le quatrième. Sa déposition était un tissu de faits controuvés ou sans importance, retraçant les calomnies qu'il avait débitées dans son ignoble pamphlet. Ce misérable termina par ces mots, que nous retraçons fidèlement malgré tout le dégoût qu'ils nous inspirent. « Enfin le jeune Capet, dont la constitution physique dépérissait chaque jour, fut surpris par Simon dans des pollutions indécentes et funestes pour son tempérament; celui-ci lui ayant demandé qui lui avait appris ce manége criminel, il répondit que c'était à sa mère et à sa tante qu'il était redevable de cette funeste habitude. En effet, citoyens jurés, de la déclaration que le jeune Capet a faite en présence du maire de Paris (Pache) et du procureur de la commune (Chaumette), il résulte que ces deux femmes faisaient souvent coucher cet enfant entre elles deux, et que là il se passait des traits de la débauche la plus effrénée, qu'il n'y a pas même à douter, par ce qu'a dit le jeune Capet, qu'il n'y ait eu un acte incestueux entre la mère et le fils. » Hébert avait cru avilir la malheureuse reine; il ne lui procura qu'un triomphe. Hermann et Fouquier-Tinville lui-même frémirent de dégoût, et ne relevèrent pas cette odieuse accusation; mais un juré plus stupide ou plus féroce que ses collègues fit observer que Marie-Antoinette gardait le silence, et exigea que la question lui fût posée. « Si je n'ai pas répondu, s'écria la reine avec une expression sublime d'indignation, si je n'ai pas répondu, c'est que la nature se refuse à répondre à une pareille inculpation faite contre une mère! » Puis, se tournant vers l'auditoire « : J'en appelle à toutes les mères qui peuvent se trouver ici! » Des marques non équivoques de sympathie s'élevèrent parmi les assistants, même parmi ces femmes appelées justement *furies de la guillotine*.

Pendant le cours des débats, qui durèrent deux jours, Marie-Antoinette répondit toujours avec facilité et sang-froid. Elle insista sur ce que personne n'avait articulé contre elle un fait positif, et ajouta : « Je termine en observant que je n'étais que la femme de Louis XVI et qu'il fallait bien que je me conformasse à ses volontés. » Le président posa alors aux jurés les questions suivantes :

1° Est-il constant qu'il ait existé des manœuvres et intelligences avec les puissances étrangères et autres ennemis extérieurs de la république; lesdites manœuvres et intelligences tendant à leur fournir des secours en argent et leur donner l'entrée du territoire français, et à y faciliter le progrès de leurs armes?

2° Marie-Antoinette d'Autriche, veuve de Louis

(1) Le décret est ainsi conçu : « Marie-Antoinette est envoyée au tribunal révolutionnaire; elle sera transportée sur-le-champ à la Conciergerie. »

Capet, est-elle convaincue d'avoir coopéré à ces manœuvres, et d'avoir entretenu ces intelligences?

3° Est-il constant qu'il a existé un complot et conspiration tendant à allumer la guerre civile dans l'intérieur de la république?

4° Marie-Antoinette d'Autriche, veuve de Louis Capet, est-elle convaincue d'avoir participé à ce complot et à cette conspiration?

Les jurés répondirent affirmativement sur toutes ces questions, et le président prononça le jugement qui condamnait l'accusée à la peine de mort (16 octobre, quatre heures du matin). Marie-Antoinette entendit prononcer son arrêt sans laisser paraître aucune marque d'abattement, et sortit de la salle d'audience d'un pas ferme et sans adresser une seule parole aux juges ni au public. Reconduite à la Conciergerie, on la déposa dans la cellule des condamnés. Elle écrivit à sa belle-sœur Élisabeth cette lettre admirable par l'élévation des sentiments et la simplicité d'expressions que l'on retrouva vingt-deux ans plus tard chez le conventionnel Courtois. Ce monument d'une reine martyre est ce qu'on peut publier de plus persuasif en faveur de Marie-Antoinette. Rentrée à la prison, la reine se jeta ensuite sur son lit. Ses forces physiques, abattues par une perte de sang continuelle, ne secondaient plus son courage. A sept heures elle revêtit un déshabillé de piqué blanc, prit une tasse de chocolat, et coupa elle-même ses cheveux. Elle refusa le ministère de Girard, vicaire métropolitain et ancien curé de Saint-Landry, prêtre constitutionnel, qu'on lui avait envoyé, et lorsqu'il lui dit « qu'elle devait offrir sa vie à Dieu en expiation de ses crimes », elle s'écria « Dites de mes fautes, mais de mes crimes jamais! »

Nous extrayons d'un ouvrage du temps le récit des derniers moments de Marie-Antoinette. « A cinq heures le rappel a été battu dans toutes les sections; à sept heures, toute la force armée était sur pied; des canons ont été placés aux extrémités des ponts, places et carrefours, depuis le palais jusqu'à la place de la Révolution; à dix heures, de nombreuses patrouilles circulaient dans les rues; à onze heures, Marie-Antoinette, en déshabillé de piqué blanc, a été conduite au supplice de la même manière que les autres criminels, accompagnée par un prêtre constitutionnel, vêtu en laïque, et escortée par de nombreux détachements de gendarmerie à pied et à cheval. Le long de la route, elle paraissait voir avec indifférence la force armée, qui, au nombre de plus de 30,000 hommes, formait une double haie dans les rues où elle a passé. On n'apercevait sur son visage ni abattement ni fierté, et elle paraissait insensible aux cris de *Vive la république! A bas la tyrannie!* qu'elle n'a cessé d'entendre sur son passage; elle parlait peu au confesseur; les flammes tricolores occupaient son attention dans les rues du Roule et Saint-Honoré; elle remarquait aussi les inscriptions placées aux frontispices des maisons. Arrivée à la place de la Révolution, ses regards se sont tournés du côté du Jardin National (les Tuileries); on apercevait alors sur son visage les signes d'une vive émotion; elle est montée ensuite sur l'échafaud avec assez de courage; à midi un quart, sa tête est tombée, et l'exécuteur l'a montrée au peuple, au milieu des cris longtemps prolongés de *Vive la république*(1)! »

Ainsi succomba, sous les rancunes d'une multitude aveuglée, cette reine qui comme femme et mère semblait créée pour faire le bonheur de sa famille et l'ornement de la plus belle cour de l'Europe. Le meurtre de Marie-Antoinette doit être sévèrement jugé : inutile pour la cause de la liberté, il fut une tache sanglante pour la nation. Mais ceux qui le provoquèrent y virent un moyen de conserver la hideuse popularité dont ils jouissaient dans les classes les plus ignorantes de la société. N'oublions pas qu'à cette époque, de triste mémoire, à Paris, comme autrefois à Rome, la populace enfiévrée demandait chaque jour : *Du pain et des spectacles!* et quels spectacles, grand Dieu!.... Plus la victime était auguste, plus l'atroce curiosité de la foule était émue et satisfaite.

Le corps de Marie-Antoinette fut transporté au cimetière de La Madeleine et mis auprès de la même fosse où, neuf mois auparavant, sous une couche de chaux, avait été enterré le corps de Louis XVI. Devenu propriété nationale, ce cimetière fut acheté par M. Descloseaux, qui fit planter quelques saules à l'endroit où reposaient les tristes dépouilles du couple royal. On les transféra dans les caveaux de Saint-Denis en 1815, et un monument expiatoire fut élevé dans le cimetière de La Madeleine, sur le lieu même de la première sépulture.

« Marie-Antoinette, dit madame Vigée-Lebrun, dans ses *Souvenirs*, était grande, admirablement bien faite, assez grosse sans l'être trop. Ses bras étaient superbes. Ses mains petites, parfaites de formes, et ses pieds charmants. Elle était la femme de France qui marchait le mieux; portant la tête fort élégamment avec une majesté qui faisait reconnaître la souveraine au milieu de toute sa cour, sans pourtant que cette majesté nuisît en rien à tout ce que son aspect avait de doux et de bienveillant : il est très-difficile de donner une idée de tant de grâces et de noblesse réunies. Ses traits n'étaient pas réguliers; elle tenait de sa famille cet ovale long et étroit qui lui est particulier. Elle n'avait point de grands yeux; leur couleur était presque bleue; son regard était spirituel et doux, son nez fin et joli, sa bouche pas trop grande, quoique les lèvres fussent un peu fortes. Mais ce qu'il y avait de plus remarquable dans son visage, c'était l'éclat de son teint; je n'en ai jamais vu d'aussi brillant; brillant est le mot, car sa

(1) *Journal du Tribunal révolutionnaire*, cité dans l'*Histoire parlementaire de la Révolution*, t. XXIX, p. 409 et suiv.

peau était si transparente qu'elle ne prenait pas d'ombre. Lors du dernier voyage que je fis à Fontainebleau, je vis la reine dans la plus grande parure, couverte de dimants; et comme un magnifique soleil l'éclairait, elle me parut vraiment éblouissante. Sa tête élevée sur son beau cou grec, lui donnait en marchant un air si imposant, si majestueux, que l'on croyait voir une déesse au milieu de ses nymphes. Je me permis de témoigner à Sa Majesté l'impression que j'avais reçue et combien l'élévation de sa tête ajoutait à la noblesse de son aspect. Elle me répondit d'un ton de plaisanterie: « Si je n'étais pas reine, on dirait que j'ai l'air insolent, n'est-il pas vrai? »

Parmi les nombreux portraits qu'on a de Marie-Antoinette, on cite surtout celui de Mme Vigée-Lebrun; mais c'est celui du Suédois Rossline qui a le mérite de la plus grande ressemblance.

Marie-Antoinette avait eu quatre enfants: *Marie-Thérèse-Charlotte*, *madame royale*, née le 19 décembre 1778, mariée le 10 juin 1799, à son cousin Louis-Antoine de Bourbon, duc d'Angoulême (*voy.* ce nom), puis dauphin de France, mort le 19 octobre 1851; 2° *Louis-Joseph-Xavier-François*, premier dauphin, né en 1781, mort en 1789; 3° *Louis XVII* (*voy.* ce nom), né en 1785; 4° *Sophie-Hélène-Béatrix*, née en 1786, morte l'année suivante. A. DE L.

Mme Campan, *Mémoires sur la Vie privée de Marie-Antoinette*; Paris, 1826. — Weber, *Memoires concernant Marie-Antoinette*; Paris, 1822. — Hardy, *Journal*, etc. ((Bibl. impériale, manuscrits S. F. n° 2886). — Lafont d'Aussonne, *Mém. secrets et universels des malheurs et de la mort de la reine de France*; Paris, 1824. — Mme Guénard, *Mém. historiques de la princesse de Lamballe*. — Le prince de Montbarey, *Mém; autographes*; Paris, 1826, t. II. — Le prince de Ligne, *Mém.*; 1840. — *Maximes et Pensées de Louis XVI et d'Antoinette*; Hambourg, 1801. — Le duc de Choiseul, *Mém.*; Paris, 1790. — *Portefeuille d'un talon rouge, contenant des anecdotes galantes et secrètes de la cour de France*; Paris, 1789. — Mme Vigée-Lebrun, *Souvenirs*; Paris, 1835. — Soulavie, *Mem. historiques*. — Thiers, *Hist. de la Révolution française*, t. I-IV. — A. de Lamartine, *Hist. des Girondins*, t. I-IV. — L'abbé Baudeaux, *Chronique secrète de Paris sous Louis XVI*; dans la *Revue rétrospective*, 1re série, vol. III. — L'abbé Georgel, *Mem. pour servir à l'hist. des événements de la fin du dix-huitième siecle*; Paris, 1817. — Edmond et Jules de Goncourt, *Hist. de Marie-Antoinette*; Paris, Didot, 1859, in-8°. — *Mém. de Madame, duchesse d'Angoulême*. — Dulaure, *Esquisses de la Révolution française*, t. I et II. — Cléry, *Memoires*.

MARIE-LOUISE (*Léopoldine-Françoise-Thérèse-Joséphine-Lucie*), archiduchesse d'Autriche, impératrice des Français, puis duchesse de Parme, Plaisance et Guastalla, née à Vienne, le 12 décembre 1791, morte dans la même ville, le 18 décembre 1847. Fille aînée de François Ier, empereur d'Autriche, et de Marie-Thérèse de Naples, elle montra dès son enfance beaucoup de douceur dans le caractère, apprit avec facilité les langues étrangères, l'anglais, l'italien, le français, le dessin et la musique. Elle avait été élevée, on le conçoit, dans la haine de la France et de l'homme extraordinaire qui gouvernait ce pays. Plus tard, Marie-Louise raconta au baron Meneval que dans son enfance ses jeux habituels, avec ses frères et sœurs, consistaient à ranger en ligne une troupe de petites statuettes, en bois ou en cire, qui représentaient l'armée française, à la tête de laquelle ils avaient soin de mettre la figure la plus noire et la plus rébarbative: cette figure, c'était Napoléon; elle était lardée de coups d'épingle et battue à outrance. C'est ainsi que Marie-Louise préludait à son mariage avec le vainqueur d'Austerlitz. Lorsqu'en 1809 l'armée française commença le bombardement de la capitale de l'Autriche, Napoléon apprit que l'archiduchesse Marie-Louise, malade de la petite vérole, n'avait pu suivre ses parents hors de la ville; il ordonna de changer la direction des batteries pour épargner le palais où elle se trouvait. Bientôt l'empereur d'Autriche se vit réduit à solliciter la paix. Napoléon, dont l'union avec Joséphine était demeurée stérile, avait fait rompre son mariage par le divorce. L'archiduchesse, avec ses dix-huit ans, une taille élevée, une fraîcheur éblouissante, séduisit le vainqueur de la maison d'Autriche: il demanda sa main. L'orgueil des représentants des anciens Césars dut plier devant les circonstances, et le maréchal Berthier fut chargé de [illegible]gocier ce mariage. L'empereur d'Autriche y [illegible] son [illegible]sentement. Napoléon se montra m[illegible] plusieurs villes, restitua des territ[illegible] vouloir relever la gloire de [illegible] dont il recherchait l'[illegible]nce. [illegible] mariée par procuration [illegible] des Français le 11 mars 1810; l'archidu[illegible] représ[illegible] l'époux à cette cérémonie. [illegible]rie-Lo[illegible] sa famille le 13 mars, après trois jours [illegible] fit son entrée à Strasbourg le 24, et se trou[illegible] réunie à Napoléon le 28, à quelq[illegible] Soissons. Quoique l'empereur eût r[illegible] le cérémonial de sa première ent[illegible] avec sa nouvelle épouse, il ne put résister à son impatience, et s'élança, suivi d'un seul officier, au-devant de la jeune impératrice. Le mariage civil eut lieu le 1er avril à Saint-Cloud, et le lendemain le cardinal Fesch célébra le mariage [illegible]gieux dans la grande galerie du Louvre. Les nouveaux époux firent un court séjour à [illegible]piègne, visitèrent la Belgique, et à leur [illegible] les fêtes recommencèrent; elles furent [illegible]lantes, mais attristées par l'incendie qui [illegible] le 2 juillet, l'hôtel du prince de Schwartzenberg, ambassadeur d'Autriche, au milieu d'un bal donné à cette occasion. L'empereur enleva, dit-on, lui-même l'impératrice de la salle embrasée. Si l'on en croit le *Mémorial de Sainte-Hélène*, Napoléon avait demandé confidentiellement à Marie-Louise quelles instructions elle avait reçues de ses parents relativement à sa conduite envers lui: « D'être à vous tout à fait, et de vous obéir en toutes choses, » fut sa réponse. — « Les premiers temps de ce mariage furent assez heureux, dit Mme de Brady: l'empereur, très-amoureux, négligeait tout pour sa nouvelle épouse; l'impé-

toujours réservée, fut d'abord sensible dre sentiment; mais les mœurs fran- étaient point faites pour lui plaire, et ira bientôt a ceux qui l'entouraient et à ı entière l'indifférence qu'elle-même res- Marie-Louise avait le goût de la lecture, beau talent de piano, des habitudes de e et d'économie; mais dans la conver- ı réserve allait jusqu'à la froideur, et t un air constamment ennuyé. Elle ne faire oublier Joséphine. Napoléon en- arie-Louise d'une étiquette pleine de e : il avait dit qu'il ne voulait point mme pût se vanter d'être demeuré deux seul avec l'impératrice. L'empereur ısi sa famille en immolant la vanité des ı princesses aux priviléges de sa femme. » mars 1811, Marie-Louise mit au jour, ı couches laborieuses, un fils que Napo- iit nommé *roi de Rome*. L'empereur beaucoup d'affection et de tendresse pour Marie-Louise semblait beaucoup plus u mois de mai 1812, elle accompagna ı à Dresde. L'empereur déploya dans e une magnificence extraordinaire. Tous erains de l'Allemagne s'étaient réunis à où Napoléon avait fait venir Talma et eurs acteurs de Paris : ce n'était que le chasse, concerts, bals, etc. Marie- n eut tous les honneurs, ce qui blessa a belle-mère, la troisieme épouse de Ier. Bientôt Napoléon partit pour sa mal- campagne de Russie. Marie-Louise alla inze jours à Prague, et revint à Paris. La tion du général Malet fut réprimée sans ératrice ait eu à faire preuve de courage idence. Les désastres de Russie, accom- e revers en Espagne, ramenèrent Napo- rance, le 20 décembre 1812. L'empereur I. de Narbonne à Vienne dans l'espoir de n beau-père dans la politique française; e ne tarda pas à proclamer sa défec- 5 avril 1813, Napoléon rejoignit l'armée . Il avait nommé Marie-Louise impéra- nte et lui avait adjoint un conseil. D'après et, Marie-Louise, que les affaires sé- amusaient guère, et qui par-dessus tout extrême défiance d'elle-même, adop- ours l'avis des membres du conseil; elle it jamais rien, et en affaires d'adminis- 'avait d'autre opinion que celle qui lui pirée par les personnes qu'elle savait lépositaires de la confiance de l'empe- armées coalisées ayant passé les fron- la France, Napoleon revint à Paris en e 1813 : le 23 janvier 1814, il convo- officiers de la garde nationale de la ca- Tuileries, et leur dit : « Messieurs, je confiance; je vais combattre l'ennemi; au courage de la garde nationale ce que lus cher, l'impératrice et mon fils. » amations accueillirent ces paroles. Le lendemain, Napoléon partit, laissant à Paris ses frères Joseph, Louis et Jérôme; l'impératrice était investie de la régence. Le 28 janvier Joseph fut nommé lieutenant géneral de l'empereur par un décret signé à Saint-Dizier. Le 28 mars, l'ennemi approchant de Paris, Marie-Louise assembla son conseil. Les frères de l'empereur voulaient que l'impératrice se retirât avec son fils sur la Loire. La majorité du conseil fut d'avis que l'impératrice devait rester. On ne s'arrêta pas à cet avis. Napoléon avait écrit : « J'aimerais mieux savoir ma femme et mon fils tous deux au fond de la Seine que dans les mains de l'ennemi. » Joseph pressa le départ de l'impératrice; ses instructions étaient formelles; il ignorait que Napoléon se rapprochait de la capitale. Marie-Louise résista d'abord, mais avec peu d'énergie, aux ordres que lui fit donner Cambacérès de quitter Paris; elle ne paraissait chercher qu'à gagner du temps : la menace de la faire enlever suffit enfin pour la décider à partir le 29, à midi. Elle se dirigea sur Tours par Chartres et Vendôme, où elle reçut enfin des nouvelles de l'armée et de l'empereur. De là elle partit pour Blois, où elle arriva le 2 avril au soir. Le lendemain, tous les ministres se trouvèrent réunis auprès d'elle; un premier conseil fut tenu sans résultat. Les princes Joseph et Jérôme Napoléon tentèrent de se rapprocher du théâtre des événements; ils durent rentrer à Blois le 5. Enfin, le 8, les deux princes voulurent enlever Marie-Louise, faire sauter les ponts de la Loire, se jeter avec l'impératrice et le roi de Rome dans le Berry, et de là, suivant les circonstances, dans l'Auvergne ou le Limousin. L'impératrice opposa une vive résistance au projet de ses deux beaux-frères. « Est-ce un ordre de l'empereur? demanda Marie-Louise. — Non, répondirent les deux princes en lui exposant leur plan. — Alors, je resterai, » reprit Marie-Louise; et elle demanda aussitôt si elle pouvait compter sur l'obéissance des troupes qui l'avaient suivie. Le général Caffarelli lui ayant répondu que sa garde s'opposerait à tout acte de violence qu'on voudrait exercer contre elle, Joseph et Jérôme durent abandonner le projet qu'ils avaient conçu.

Pendant ce temps Napoléon avait dû abdiquer. Marie-Louise se rendit à Orléans, avec son fils, décidée à rejoindre l'empereur François, son père; elle s'était laissé persuader que sa santé ne s'accommoderait pas du climat de l'île d'Elbe que l'on venait d'assigner pour souveraineté à Napoléon. Le surlendemain de son arrivée à Orléans, Marie-Louise, accompagnée du prince Esterhazy, s'achemina vers Rambouillet, sous l'escorte de quelques cosaques commandés par le comte Paul Schouvalof, chargé de l'empêcher de rejoindre Napoléon, qui l'attendait à Fontainebleau. Son sort avait été décidé par le traité du 11. Elle conservait son titre et son rang de majesté impériale pour en jouir pendant sa vie; les duchés de Parme, de Plaisance et de Guastalla lui étaient donnés en toute souveraineté et propriété, et devaient passer à son fils et à ses descendants en ligne directe (disposition qui fut bientôt abrogée). L'empereur François Ier vint voir Marie-Louise à Rambouillet. On dit que ce prince s'étant avancé pour l'embrasser, ce fut son fils que; par un mouvement rapide, elle offrit à ses premières caresses, sans proférer une seule parole. L'empereur parut ému; mais la politique est inexorable. Les souverains alliés vinrent à leur tour rendre visite à l'impératrice; qui partit pour Vienne le 25 avril. Elle arriva le 21 mai à Schœnbrunn. Les Autrichiens célébrèrent son retour comme un triomphe, et la princesse n'y parut pas indifférente. Elle protesta pourtant, le 19 février 1815, par un acte adressé au congrès de Vienne contre la restauration des Bourbons en France, et réclama le trône de ce pays en faveur de son fils. Lorsque Napoléon fut revenu de l'île d'Elbe, on la fit garder à vue dans son palais, et on la sépara de son fils, qu'elle ne devait plus revoir qu'au moment suprême de la mort. Après le départ de Napoléon pour Sainte-Hélène, Marie-Louise, insensible à cette haute infortune, se rendit aux eaux d'Aix en Savoie, accompagnée de la vicomtesse de Brignole. Elle ne prit aucun soin de dissimuler l'attachement qu'elle avait conçu bien vite pour le comte de Neipperg (*voy.* ce nom), son cavalier d'honneur, à qui elle paraît avoir donné plus tard le titre d'époux, par suite d'un mariage secret contracté après la mort de Napoléon. En 1815, un traité signé à Paris laissa à l'archiduchesse Marie-Louise les duchés de Parme, Plaisance et Guastalla; mais l'héritage en fut retiré à son fils pour passer à l'infante d'Espagne, Marie-Louise (*voy.* ce nom), ancienne reine d'Étrurie, dépossédée par Napoléon, puis créée duchesse de Lucques, et qui devait le laisser à son propre fils, Charles-Louis. On ne se contenta pas d'ôter cette petite souveraineté au fils de l'empereur : une patente du 18 juillet 1818 lui retira son nom de Napoléon, et le créa duc de Reichstadt. Marie-Louise, laissant son fils à Vienne, alla prendre possession de ses trois duchés, en compagnie du comte de Neipperg, devenu son principal ministre. En 1822, elle assista au congrès de Verone, en qualité de duchesse de Parme. « L'inconstance, les impatiences, la brusquerie de Napoléon lui avaient sans doute, dit Mme de Brady, aliéné l'esprit de sa femme; elle ne l'aimait déjà plus quand les alliés les séparèrent. Le comte de Neipperg avait perdu un œil à la guerre, ce qui ne l'empêchait pas d'être beau, spirituel, aimable. On ne saurait pourtant justifier l'empressement que mit Marie-Louise à le traiter en époux lorsque Napoléon vivait encore, non plus que l'insouciance pour son fils et le peu de larmes qu'elle lui donna lorsqu'il mourut, le 22 juillet 1832, à Schœnbrunn, où elle était depuis un mois. » Elle avait perdu en 1829 le comte de Neipperg. Plusieurs enfants étaient nés de leur mariage morganatique. Quand, en 1831, l'agitation révolutionnaire se répandit en Italie, depuis Reggio jusqu'à Parme, Marie-Louise se retira à Plaisance, et attendit qu'un corps d'armée autrichien eût rétabli son pouvoir dans les duchés. Son gouvernement, tout dévoué à l'Autriche, ne manquait pas pourtant d'une certaine modération; mais il était aussi arriéré que tous les autres gouvernements de l'Italie, et négligeait surtout de répandre l'instruction dans les masses. Lorsque, en 1847, le mouvement révolutionnaire gagna Parme, la duchesse voyageait en Allemagne. Des troubles y éclatèrent, et elle ne rentra plus dans ses États.

Napoléon avait ignoré jusqu'à sa mort la conduite de sa femme. « Soyez bien persuadés, disait-il, quelque temps avant de mourir à ceux qui partageaient volontairement sa captivité, que si l'impératrice ne fait aucun grand effort pour alléger mes maux, c'est qu'on la tient environnée d'espions, qui l'empêchent de rien savoir de tout ce qu'on me fait souffrir; car Marie-Louise est la vertu même. » Douce erreur, qui rendit la fin du héros moins cruelle. Ses dernières pensées furent encore pour la France, pour sa femme et pour son fils. Il se plut toujours à faire l'éloge de Marie-Louise. « J'ai été occupé en ma vie, disait-il à Sainte-Hélène, de deux femmes bien différentes : l'une (Joséphine) était l'art et les grâces; l'autre (Marie-Louise), l'innocence et la simple nature. » M. de Lamartine a fait d'elle ce portrait : « C'était une belle fille du Tyrol, les yeux bleus, les cheveux blonds, le visage nuancé de la blancheur de ses neiges et des roses de ses vallées, la taille souple et svelte, l'attitude affaissée et langoureuse de ces Germaines qui semblent avoir besoin de s'appuyer sur le cœur d'un homme...; les lèvres un peu fortes, la poitrine pleine de soupirs et de fécondité, les bras longs, blancs, admirablement sculptés et retombant avec une gracieuse langueur,... nature simple, touchante, renfermée en soi-même, muette au dehors, pleine d'échos au dedans, faite pour l'amour domestique dans une destinée obscure. »

M. Barthélemy de Las Cases possède un portrait du roi de Rome peint par Marie-Louise sous la direction d'Isabey. L. Louvet.

Baron de Meneval, *Napoléon et Marie-Louise, souvenirs historiques.* — De Bausset, *Mémoires anecdotiques sur l'intérieur du palais et sur quelques événements de l'empire depuis 1805 jusqu'au 1er mai 1814, pour servir à l'hist. de Napoléon.* — Las Cases, *Mémorial de Sainte-Hélène.* — De Lamartine, *Histoire de la Restauration.* — Châteaubriand, *Mém. d'outre-tombe.* — Sarrut et Saint-Edme, *Biogr. des Hommes du Jour*, tome III, 2e partie, p. 186. — Mme de Brady, dans l'*Encyclop. des Gens du Monde.* — *Biogr. univ. et portat. des Contemp.*

* MARIE-AMÉLIE DE BOURBON, reine des Français, née à Caserte, le 26 avril 1782. Fille de Ferdinand IV, roi des Deux-Siciles, et de Marie-Caroline, archiduchesse d'Autriche, elle reçut sous la direction de Mme d'Ambrosio une éducation distinguée, et se fit remarquer de bonne heure

par une douce piété. « Nous étions trois sœurs, dit un jour la veuve de Charles-Félix, roi de Sardaigne à l'archevêque de Bordeaux, M. Donnet, que dans notre jeunesse on désignait sous les noms de la *bella*, la *dotta*, et la *santa*. Cette dernière était Marie-Amélie. » Elle suivit sa mère à Palerme lors de la conquête de Naples par les Français en 1798, alla ensuite passer deux ans à Vienne, et ne revit son pays qu'en 1802. Obligée bientôt de retourner en Sicile, elle y connut, en 1808, le duc d'Orleans, banni aussi de sa patrie. Elle épousa ce prince à Palerme, le 25 novembre 1809. « Ce mariage fut d'ailleurs de part et d'autre un mariage d'inclination, dit un biographe, et la constante félicité n'en put être troublée par les vicissitudes politiques. Il donna naissance à une nombreuse lignée de princes et princesses, qui durent en partie aux soins éclairés de leur mère l'éducation sage et libérale qui avait fait de la famille d'Orléans le modèle des maisons princières de l'Europe. » Elle était déjà mère lorsque la chute de l'empire lui permit de venir en France. Arrivée au mois de septembre 1814, elle y accoucha d'un fils, et n'y fit qu'un court séjour. Au mois de mars 1815, elle se rendit avec ses enfants en Angleterre, d'où elle ne revint à Paris qu'au commencement de 1817. Quand Louis-Philippe monta sur le trône, après la révolution de juillet 1830, Marie-Amélie ne chercha à exercer aucune influence en politique : elle ne voyait dans son élevation qu'un moyen d'élargir le cadre d'activité de sa charité. Les partis les plus hostiles durent respecter en elle l'épouse irréprochable, la mère tendre et dévouée, la femme compatissante. Elle eut la joie de marier ses enfants; mais la mort lui ravit, en 1839, la princesse Marie, qui occupait un rang distingué parmi les artistes, et en 1842 elle vit expirer dans ses bras, à la suite d'un cruel accident, l'aîné de ses fils, le duc d'Orleans, prince justement populaire, sur qui reposait l'avenir de la dynastie. Le 24 février 1848, la reine donna l'exemple d'une attitude courageuse et digne; elle partagea noblement les dangers de la fuite du roi Louis-Philippe, qu'elle suivit en Normandie et accompagna en Angleterre. Grande, simple et résignée dans ce nouvel exil, elle était pieusement agenouillée auprès du lit sur lequel l'homme dont elle avait été pendant quarante ans la compagne fidèle et dévouée rendit le dernier soupir, en 1850. Elle continua de résider à Claremont, et désira sans doute un rapprochement de sa famille avec le dernier représentant de la branche aînée de sa maison, rapprochement que voulaient plusieurs hommes politiques importants des deux partis, mais qui ne pouvait guère aboutir à une réconciliation véritable en présence des principes trop opposés que professent les deux branches. Marie-Amélie eut encore la douleur de voir mourir sa fille Louise, reine des Belges, et ses deux belles-filles, les duchesses de Nemours et d'Orléans, ainsi que plusieurs de ses petits-enfants. Elle a fait plusieurs voyages sur le continent, en Belgique, en Allemagne, en Italie et en Espagne. De ses enfants il lui reste le duc de Nemours, le prince de Joinville, le duc d'Aumale, le duc de Montpensier et la princesse Clémentine, mariée au prince de Saxe-Cobourg-Kohary (*voy.* tous ces noms). Un grand nombre de petits-enfants consolent la vieillesse d'une reine aussi éprouvée que respectée. L. L—T.

Dict. de la Conversation. — Vapereau, *Dict. univ. des Contemp.*

F. MARIE de Hongrie.

MARIE, reine de Hongrie, née en 1370, morte à Bade, le 17 mai 1395. Fille de Louis d'Anjou, roi de Hongrie et de Pologne et d'Élisabeth, princesse de Bosnie, elle fut fiancée à l'âge d'un an à Sigismond de Luxembourg, margrave de Brandebourg et depuis empereur, qui n'en avait que trois. En 1382, à la mort de son père, elle fut reconnue unanimement *roi* de Hongrie, d'où lui est venu le surnom de *Marie-Roi*, tandis que sa sœur Hedwige recevait la couronne de Pologne. La régence de Hongrie fut conférée à Élisabeth, mère de Marie; cette femme, d'un caractère artificieux; aimant à dominer par l'intrigue, donna toute sa confiance au palatin Gara, qui de son côté avait une ambition demesurée et persécutait avec acharnement ceux qui s'opposaient à ses desseins. Il commença par humilier la famille de Horwathi, qui, devenue très-puissante sous Louis, occupait par plusieurs de ses membres les emplois les plus élevés; les Horwathi, menacés, se liguèrent avec Étienne Laczkowich, ban de Dalmatie. Immédiatement Gara fit ôter à Étienne la dignité de ban; une première tentative de révolte excitée en Dalmatie contre le gouvernement d'Élisabeth fut promptement réprimée. Alors Paul Horwathi, évêque d'Agram, prétextant l'accomplissement d'un vœu qui l'appelait à Rome, se rendit en Italie, et alla trouver le roi de Naples, Charles le Petit; au nom de plusieurs magnats, ennemis de Gara, il engagea Charles à venir s'emparer de la couronne de Hongrie. Le roi, qui, élevé sur le trône par Louis, avait juré de ne jamais rien entreprendre contre Marie, n'accepta pas moins l'offre des rebelles, s'embarqua en septembre 1385, malgré l'avis de sa femme, avec quelques troupes, et se rendit à Agram, où ses partisans vinrent se réunir autour de lui. Il annonça d'abord qu'il ne voulait pas déposséder Marie, mais seulement rétablir la paix dans le royaume. Élisabeth, après avoir fait à la hâte célébrer le mariage de sa fille avec Sigismond, qui alla immédiatement après rassembler une armée en Bohême, ne s'opposa pas par les armes à l'entrée de Charles à Bude; elle alla même avec Marie à sa rencontre, le traitant comme un ami. Lorsque bientôt après Charles, ayant convoqué une partie des membres de la diète, eut fait prononcer la déchéance de Marie et sa propre élection au trône, Élisabeth, femme des plus dissimulées, ordonna à sa fille de ne pas protester contre cette violence; elles allèrent même assister toutes deux au couronnement de Charles à Stuhlweissembourg.

Quelques jours après, Élisabeth et Gara, sans en prévenir Marie, ourdirent un complot contre l'usurpateur, et le firent blesser à mort par Forgais, échanson de la reine mère. A cette nouvelle, Angelo, commandant des soldats italiens de Charles, prit la fuite, ce qui obligea Ladislav Horwathi, ban de Croatie, à quitter la ville. Croyant la tranquillité rétablie après la mort de Charles, qui eut lieu deux semaines après, Élisabeth conduisit la jeune reine en Croatie, pour y rétablir l'ordre. Mais l'escorte royale fut surprise à Diakovar par les troupes de Ladislav Horwathi; Gara fut tué après s'être défendu en héros; Élisabeth, faite prisonnière, fut noyée la nuit suivante; Marie fut conduite à Novigrad, où elle fut gardée étroitement. Sigismond accourut aussitôt en Hongrie avec une armée considérable; afin qu'il pût prendre des mesures énergiques pour la délivrance de la reine, les habitants l'appelèrent à partager avec elle le trône. Il marcha rapidement sur la Dalmatie, le foyer de l'insurrection; les rebelles songèrent alors à envoyer Marie à Naples pour la livrer à la vengeance de la veuve de Charles; mais la république de Venise envoya des troupes contre Jean Horwathi, prieur d'Aurona, le geôlier de la reine, et l'obligea à lui rendre la liberté, en juillet 1387. Lorsque Marie eut rejoint son époux, elle renonça formellement en faveur de lui à tous ses droits au gouvernement du pays. Pendant les années suivantes, Sigismond s'attacha à réduire les rebelles; les uns, comme Ladislav Horwathi, furent pris et exécutés; les autres résistèrent avec succès aux attaques du roi, qui, malgré tous ses efforts, ne sut récupérer ni le pays de Raszia, ni les villes maritimes de la Dalmatie, qui se placèrent sous la domination du duc de Bosnie. A cet échec se joignit la perte de la Gallicie, dont Hedwige, sœur de Marie, s'empara en 1390; en revanche Sigismond vainquit deux ans après Étienne, prince de Moldavie, et le força à payer de nouveau un tribut à la Hongrie. Les autres événements du règne trouveront leur place à l'article *Sigismond;* car Marie abandonna entièrement à ce prince la direction des affaires; les seuls documents qui depuis 1387 portent son nom sont des donations aux églises, à ses compagnons de captivité ou à ceux qui lui témoignèrent de l'intérêt pendant son malheur. Elle mourut très-jeune, universellement regrettée, à cause de sa douceur, de sa charité et de ses autres vertus. Sigismond, quoique ayant un cœur des plus volages, surtout à l'endroit des femmes, ne l'oublia jamais et ne put jamais parler d'elle sans être ému. O.

Laurentius de Monacis, *Chronicon*. — *Das Leben der Kröniginn Maria von Ungarn* (dans le *Taschenbuch* de Hormayr, année 1820). — Mailath, *Geschichte der Magyaren*.

MARIE D'AUTRICHE, reine de Hongrie et gouvernante des Pays-Bas, née à Bruxelles, le 17 septembre 1501, morte à Cigales, le 18 décembre 1558. Fille de Philippe le Beau, roi d'Espagne et de Jeanne la Folle, elle épousa, en 1523, Louis II, roi de Hongrie. Ce prince ayant été tué en 1526, à la bataille de Mohacz, elle se retira précipitamment à Vienne, fuyant devant l'armée turque. Appelée en 1531 par son frère Charles Quint à gouverner les Pays-Bas, elle s'en acquitta pendant vingt-quatre ans avec une grande intelligence des affaires et avec une fermeté rare chez une femme. Elle eut d'abord à mettre en pratique la nouvelle organisation politique et administrative que l'empereur Charles Quint venait d'y établir. En 1536, pour soutenir l'invasion tentée en Provence par son frère, Marie envoya une armée considérable en Picardie, ce qui empêcha François Ier, forcé d'aller secourir Péronne menacé, de poursuivre les troupes exténuées de l'empereur. En vue de cette expédition, Marie avait obtenu des états un subside de douze cent mille florins, dont le tiers devait être payé par la province de Flandre. Se fondant sur leurs priviléges incontestables, les Gantois refusèrent de payer leur part de cette taxe. Lorsque sur ce refus la régente eut fait arrêter tous leurs concitoyens qu'on avait pu découvrir dans les autres villes des Pays-Bas, les Gantois députèrent auprès d'elle leur syndic Blommius, qui obtint le renvoi de l'affaire devant l'empereur, alors en Espagne. Charles fit juger le différend par le conseil de Malines, qui donna tort aux Gantois; mais lorsque Marie voulut faire exécuter l'arrêt, ils se mirent en rébellion ouverte, ce qui leur valut, en 1540, à l'arrivée de Charles, la perte de leurs franchises et d'énormes amendes.

La guerre entre l'empereur et François Ier, que Marie avait beaucoup contribué à faire cesser en 1538, s'étant rallumée, la régente ne put pas s'opposer en 1542 aux dévastations commises dans le Brabant par van Rossem, maréchal de Gueldre, ni arrêter les succès du duc d'Orléans dans le Luxembourg. Lorsque le duc eut étourdiment licencié son armée en septembre, elle parvint à reprendre les forteresses de Montmédy et de Luxembourg; mais cette dernière ville fut de nouveau emportée par les Français l'année d'après; de plus, ils obtinrent sur les troupes de Marie de nombreux avantages, qui ne cessèrent qu'à l'automne après l'arrivée de Charles. En 1544 Marie fit renforcer par les milices des Pays-Bas l'armée de Henri VIII, qui obligea François Ier à signer le traité de Crépy. Sur la demande de Charles Quint, Marie se rendit deux fois de suite à Augsbourg, en septembre 1550 et en janvier 1551, pour y faire prédominer, dans le conseil de famille de la maison de Habsbourg, les projets de partage mis en avant par

Charles, ce qui ne fut empêché que par la rébellion de Maurice de Saxe. En 1552 Henri II, roi de France, s'étant avancé sur le Rhin, après s'être emparé des Trois-Évêchés, Marie fit faire par van Rossem une forte diversion en Champagne; et elle envoya dans l'automne de la même année de nombreuses troupes rejoindre l'armée avec laquelle Charles entreprit le siége de Metz. « En 1555, à l'abdication de Charles Quint, dit M. Mignet, la reine de Hongrie se démit publiquement de l'administration des dix-sept provinces, qu'elle avait exercée avec non moins d'habileté que d'éclat durant vingt-quatre années. Aucune prière n'avait pu la décider à la conserver. Cette femme d'un grand cœur, d'un esprit haut et ferme, malade comme Charles Quint et fatiguée de l'autorité comme lui, voulait passer dans le repos et dans la prière le reste des jours qu'elle avait encore à vivre. Décidée à suivre en Espagne le frère qu'elle aimait par-dessus tout, elle prit congé des peuples de la Belgique en priant leurs députés d'avoir pour agréables ses services passés, en les remerciant de leur zélé concours, en leur recommandant de déférer aux conseils de leur ancien souverain, d'être docilement attachés à leur prince nouveau et leur souhaitant les plus grandes prospérités. »

Partie pour l'Espagne avec l'empereur et sa sœur Éléonore, depuis plusieurs années son inséparable compagne, Marie alla se fixer à Cigales. En 1558, sur les pressantes invitations de son frère, elle se disposait à aller reprendre le gouvernement des Pays-Bas, lorsque survint la mort de Charles Quint, qu'elle suivit bientôt au tombeau. « Pénétrante, résolue, altière, infatigable, dit encore M. Mignet, elle était propre à l'administration et même à la guerre, pleine de ressources dans les difficultés; portait dans les périls une pensée ferme et un mâle courage, et ne se laissait ni surprendre ni abattre par les événements. » Ajoutons encore que Marie, comme son grand-père Maximilien Ier, aimait passionnément la chasse à courre. O.

Brantôme, *Dames illustres*. — Fugger, *Ehren-Spiegel*. — Du Bellay, *Mémoires*. — Lanz, *Correspondenz Carls V*. — Beaucaire, *Rerum Gallicarum Commentaria*. — De Thou, *Histoire*.

G. MARIE de Portugal.

MARIE DE SAVOIE-NEMOURS (*Françoise-Elisabeth*), reine de Portugal, née le 21 juin 1646, morte le 27 décembre 1683, à Palhava. Elle était la seconde des deux filles de Charles-Amédée de Savoie, duc de Nemours, et d'Élisabeth de Vendôme. Elle portait avant son mariage le nom de *Mlle d'Aumale*. Après avoir épousé par procuration Alfonse VI, roi de Portugal (27 juin 1666), prince idiot et débauché, dont Mme de Montpensier avait refusé la main, Marie s'embarqua sur la flotte du duc de Beaufort, son oncle, qui la débarqua, le 2 août suivant, à Lisbonne. Cette union si mal assortie était l'œuvre de Louis XIV, qui désirait resserrer son alliance avec le Portugal; elle ne tarda pas à porter les fruits qu'on en devait attendre. La jeune reine avait un esprit fin, de la résolution, de l'énergie; à peine eut-elle vu son époux qu'elle résolut de se séparer de lui. De concert avec son beau-frère, l'infant Pierre, elle complota la perte d'Alfonse, souleva le peuple contre lui, et le força de résigner le pouvoir (2 avril 1667). Le roi déchu fut exilé à Terceira. Pierre s'empara de la régence, et le mariage d'Alfonse ayant été déclaré nul, le 28 mars 1668, pour cause d'impuissance, il épousa Marie, dont la beauté remarquable et les éminentes qualités exercèrent toujours sur lui une haute influence. Marie ne laissa qu'une fille, qui mourut en 1690, après avoir été promise au duc de Savoie. K.

Orléans (Le P. d'), *Vie de Marie de Savoie et de l'infante Isabelle, sa fille*; Paris, 1696, in 12. — Southwel, *Relation de la Cour de Portugal sous don Pèdre*. — Leclède, *Hist. de Portugal*. — Amelot de La Houssaye, *Mémoires hist.* — Mlle de Montpensier, *Memoires*. — F. Denis, *Portugal*, dans l'*Univers Pittoresque*.

H. MARIE de Sardaigne.

MARIE-CLOTILDE DE FRANCE (*Adélaide-Xavière*), reine de Sardaigne, née le 23 septembre 1759, à Versailles, morte le 7 mars 1802, à Naples. Fille de Louis, dauphin, et de Marie-Josèphe de Saxe, petite-fille de Louis XV et sœur de Louis XVI, elle fut élevée par la comtesse de Marsan, et contracta de bonne heure l'habitude des pratiques de la religion. Quoiqu'elle fût d'humeur enjouée et douée de beaucoup de grâces, elle aurait volontiers pris, comme sa tante Louise, le parti de la retraite, si son mariage avec le prince de Piémont, fils aîné du roi de Sardaigne, n'avait pas été arrêté. La cérémonie eut lieu, par procureur, à Versailles, le 27 août 1775. A la cour de Turin, elle conserva les façons simples de vivre qu'elle avait en France. Sur les marches d'un trône, elle s'astreignit véritablement à cette règle religieuse qu'elle aurait voulu embrasser dans toute sa rigueur, et on la vit, fuyant les plaisirs que semblait lui imposer son rang, se livrer sans réserve à des œuvres de dévotion et de piété. Plusieurs associations charitables se formèrent sous son patronage. Frappée d'une manière terrible par la mort tragique de Louis XVI et de Mme Élisabeth, qu'elle aimait tendrement, elle ne s'habilla plus, à partir de ce moment, qu'avec une extrême simplicité. Son avénement au trône, où, sous le nom de Charles-Emmanuel IV, son mari monta, le 16 octobre 1796, ne changea rien à ses habitudes sévères. Le Directoire ayant, en décembre 1798, déclaré la guerre à la Sardaigne, elle quitta le Piémont avec le roi, passa en Toscane, et s'embarqua en 1799 pour l'île de Sardaigne. Après y avoir demeuré six mois, elle suivit son mari sur le continent, et tous deux errèrent en Italie pendant quelques années, chassés de ville en ville par les armes françaises. Marie-Clotilde mourut à Naples, dans de grands sentiments de piété. Le pape Pie VII,

noncer la déchéance de Marie et sa propre élection au trône, Élisabeth, femme des plus dissimulées, ordonna à sa fille de ne pas protester contre cette violence; elles allèrent même assister toutes deux au couronnement de Charles à Stuhlweissembourg.

Quelques jours après, Élisabeth et Gara, sans en prévenir Marie, ourdirent un complot contre l'usurpateur, et le firent blesser à mort par Forgais, échanson de la reine mère. A cette nouvelle, Angelo, commandant des soldats italiens de Charles, prit la fuite, ce qui obligea Ladislav Horwathi, ban de Croatie, à quitter la ville. Croyant la tranquillité rétablie après la mort de Charles, qui eut lieu deux semaines après, Élisabeth conduisit la jeune reine en Croatie, pour y rétablir l'ordre. Mais l'escorte royale fut surprise à Diakovar par les troupes de Ladislav Horwathi; Gara fut tué après s'être défendu en héros; Élisabeth, faite prisonnière, fut noyée la nuit suivante; Marie fut conduite à Novigrad, où elle fut gardée étroitement. Sigismond accourut aussitôt en Hongrie avec une armée considérable; afin qu'il pût prendre des mesures énergiques pour la délivrance de la reine, les habitants l'appelèrent à partager avec elle le trône. Il marcha rapidement sur la Dalmatie, le foyer de l'insurrection; les rebelles songèrent alors à envoyer Marie à Naples pour la livrer à la vengeance de la veuve de Charles; mais la république de Venise envoya des troupes contre Jean Horwathi, prieur d'Aurona, le geôlier de la reine, et l'obligea à lui rendre la liberté, en juillet 1387. Lorsque Marie eut rejoint son époux, elle renonça formellement en faveur de lui à tous ses droits au gouvernement du pays. Pendant les années suivantes, Sigismond s'attacha à réduire les rebelles; les uns, comme Ladislav Horwathi, furent pris et exécutés; les autres résistèrent avec succès aux attaques du roi, qui, malgré tous ses efforts, ne sut récupérer ni le pays de Raszia, ni les villes maritimes de la Dalmatie, qui se placèrent sous la domination du duc de Bosnie. A cet échec se joignit la perte de la Gallicie, dont Hedwige, sœur de Marie, s'empara en 1390; en revanche Sigismond vainquit deux ans après Étienne, prince de Moldavie, et le força à payer de nouveau un tribut à la Hongrie. Les autres événements du règne trouveront leur place à l'article *Sigismond;* car Marie abandonna entièrement à ce prince la direction des affaires; les seuls documents qui depuis 1387 portent son nom sont des donations aux églises, à ses compagnons de captivité ou à ceux qui lui témoignèrent de l'intérêt pendant son malheur. Elle mourut très-jeune, universellement regrettée, à cause de sa douceur, de sa charité et de ses autres vertus. Sigismond, quoique ayant un cœur des plus volages, surtout à l'endroit des femmes, ne l'oublia jamais et ne put jamais parler d'elle sans être ému. O.

Laurentius de Monacis, *Chronicon.* — *Das Leben der Königinn Maria von Ungarn*, dans le *Taschenbuch* de Hormayr, année 1820). — Mailath, *Geschichte Magyaren.*

MARIE D'AUTRICHE, reine de Hongri gouvernante des Pays-Bas, née à Bruxelles 17 septembre 1501, morte à Cigales, le 18 cembre 1558. Fille de Philippe le Beau, roi d pagne et de Jeanne la Folle, elle épousa, en 1 Louis II, roi de Hongrie. Ce prince ayant tué en 1526, à la bataille de Mohacz, elle se tira précipitamment à Vienne, fuyant de l'armée turque. Appelée en 1531 par son f Charles Quint à gouverner les Pays-Bas, s'en acquitta pendant vingt-quatre ans avec grande intelligence des affaires et avec une meté rare chez une femme. Elle eut d'abo mettre en pratique la nouvelle organisation litique et administrative que l'empereur Ch Quint venait d'y établir. En 1536, pour sou l'invasion tentée en Provence par son fr Marie envoya une armée considérable en Pi die, ce qui empêcha François Ier, forcé d' secourir Péronne menacé, de poursuivre troupes exténuées de l'empereur. En vue de c expédition, Marie avait obtenu des états un s side de douze cent mille florins, dont le t devait être payé par la province de Flandre fondant sur leurs priviléges incontestables, Gantois refusèrent de payer leur part de c taxe. Lorsque sur ce refus la régente eut fait rêter tous leurs concitoyens qu'on avait pu couvrir dans les autres villes des Pays-Bas, Gantois députèrent auprès d'elle leur sy Blommius, qui obtint le renvoi de l'affaire de l'empereur, alors en Espagne. Charles fit jug différend par le conseil de Malines, qui donna aux Gantois; mais lorsque Marie voulut f exécuter l'arrêt, ils se mirent en rébellion verte, ce qui leur valut, en 1540, à l'arrivée Charles, la perte de leurs franchises et d'énor amendes.

La guerre entre l'empereur et François que Marie avait beaucoup contribué à faire ces en 1538, s'étant rallumée, la régente ne put s'opposer en 1542 aux dévastations commi dans le Brabant par van Rossem, maréchal Gueldre, ni arrêter les succès du duc d'Orlé dans le Luxembourg. Lorsque le duc eut élo dument licencié son armée en septembre, parvint à reprendre les forteresses de Montm et de Luxembourg; mais cette dernière ville de nouveau emportée par les Français l'an d'après; de plus, ils obtinrent sur les trou de Marie de nombreux avantages, qui ne c sèrent qu'à l'automne après l'arrivée de Charl En 1544 Marie fit renforcer par les milices d Pays-Bas l'armée de Henri VIII, qui oblig François Ier à signer le traité de Crépy. Sur demande de Charles Quint, Marie se rendit de fois de suite a Augsbourg, en septembre 15 et en janvier 1551, pour y faire prédomin dans le conseil de famille de la maison de Hal bourg, les projets de partage mis en avant p

Charles, ce qui ne fut empêché que par la rébellion de Maurice de Saxe. En 1552 Henri II, roi de France, s'étant avancé sur le Rhin, après s'être emparé des Trois-Évêchés, Marie fit faire par van Rossem une forte diversion en Champagne; et elle envoya dans l'automne de la même année de nombreuses troupes rejoindre l'armée avec laquelle Charles entreprit le siége de Metz. « En 1555, à l'abdication de Charles Quint, dit M. Mignet, la reine de Hongrie se démit publiquement de l'administration des dix-sept provinces, qu'elle avait exercée avec non moins d'habileté que d'éclat durant vingt-quatre années. Aucune prière n'avait pu la décider à la conserver. Cette femme d'un grand cœur, d'un esprit haut et ferme, malade comme Charles Quint et fatiguée de l'autorité comme lui, voulait passer dans le repos et dans la prière le reste des jours qu'elle avait encore à vivre. Décidée à suivre en Espagne le frère qu'elle aimait par-dessus tout, elle prit congé des peuples de la Belgique en priant leurs députés d'avoir pour agréables ses services passés, en les remerciant de leur zélé concours, en leur recommandant de déférer aux conseils de leur ancien souverain, d'être docilement attachés à leur prince nouveau et leur souhaitant les plus grandes prospérités. »

Partie pour l'Espagne avec l'empereur et sa sœur Éléonore, depuis plusieurs années son inséparable compagne, Marie alla se fixer à Cigales. En 1558, sur les pressantes invitations de son frère, elle se disposait à aller reprendre le gouvernement des Pays-Bas, lorsque survint la mort de Charles Quint, qu'elle suivit bientôt au tombeau. « Pénetrante, résolue, altière, infatigable, dit encore M. Mignet, elle était propre à l'administration et même à la guerre, pleine de ressources dans les difficultés; portait dans les périls une pensée ferme et un mâle courage, et ne se laissait ni surprendre ni abattre par les événements. » Ajoutons encore que Marie, comme son grand-père Maximilien Ier, aimait passionnément la chasse à courre. O.

Brantôme, *Dames illustres*. — Fugger, *Ehren-Spiegel*. — Du Bellay, *Mémoires*. — Lanz, *Correspondenz Carls V*. — Beaucaire, *Rerum Gallicarum Commentaria*. — De Thou, *Histoire*.

G. MARIE de Portugal.

MARIE DE SAVOIE-NEMOURS (*Françoise-Élisabeth*), reine de Portugal, née le 21 juin 1646, morte le 27 décembre 1683, à Palhava. Elle était la seconde des deux filles de Charles-Amédée de Savoie, duc de Nemours, et d'Élisabeth de Vendôme. Elle portait avant son mariage le nom de *Mlle d'Aumale*. Après avoir épousé par procuration Alfonse VI, roi de Portugal (27 juin 1666), prince idiot et débauché, dont Mme de Montpensier avait refusé la main, Marie s'embarqua sur la flotte du duc de Beaufort, son oncle, qui la débarqua, le 2 août suivant, à Lisbonne. Cette union si mal assortie était l'œuvre de Louis XIV, qui désirait resserrer son alliance avec le Portugal; elle ne tarda pas à porter les fruits qu'on en devait attendre. La jeune reine avait un esprit fin, de la résolution, de l'énergie; à peine eut-elle vu son époux qu'elle résolut de se séparer de lui. De concert avec son beau-frère, l'infant Pierre, elle complota la perte d'Alfonse, souleva le peuple contre lui, et le força de résigner le pouvoir (2 avril 1667). Le roi déchu fut exilé à Terceira. Pierre s'empara de la régence, et le mariage d'Alfonse ayant été déclaré nul, le 28 mars 1668, pour cause d'impuissance, il épousa Marie, dont la beauté remarquable et les éminentes qualités exercèrent toujours sur lui une haute influence. Marie ne laissa qu'une fille, qui mourut en 1690, après avoir été promise au duc de Savoie. K.

Orléans (Le P. d'), *Vie de Marie de Savoie et de l'infante Isabelle, sa fille*; Paris, 1696, in 12. — Southwel, *Relation de la Cour de Portugal sous don Pèdre*. — Laclède, *Hist. de Portugal*. — Amelot de La Houssaye, *Mémoires hist.* — Mlle de Montpensier, *Mémoires*. — F. Denis, *Portugal*, dans l'*Univers Pittoresque*.

H. MARIE de Sardaigne.

MARIE-CLOTILDE DE FRANCE (*Adélaïde-Xavière*), reine de Sardaigne, née le 23 septembre 1759, à Versailles, morte le 7 mars 1802, à Naples. Fille de Louis, dauphin, et de Marie-Josèphe de Saxe, petite-fille de Louis XV et sœur de Louis XVI, elle fut élevée par la comtesse de Marsan, et contracta de bonne heure l'habitude des pratiques de la religion. Quoiqu'elle fût d'humeur enjouée et douée de beaucoup de grâces, elle aurait volontiers pris, comme sa tante Louise, le parti de la retraite, si son mariage avec le prince de Piémont, fils aîné du roi de Sardaigne, n'avait pas été arrêté. La cérémonie eut lieu, par procureur, à Versailles, le 27 août 1775. A la cour de Turin, elle conserva les façons simples de vivre qu'elle avait en France. Sur les marches d'un trône, elle s'astreignit véritablement à cette règle religieuse qu'elle aurait voulu embrasser dans toute sa rigueur, et on la vit, fuyant les plaisirs que semblait lui imposer son rang, se livrer sans réserve à des œuvres de dévotion et de piété. Plusieurs associations charitables se formèrent sous son patronage. Frappée d'une manière terrible par la mort tragique de Louis XVI et de Mme Élisabeth, qu'elle aimait tendrement, elle ne s'habilla plus, à partir de ce moment, qu'avec une extrême simplicité. Son avénement au trône, où, sous le nom de Charles-Emmanuel IV, son mari monta, le 16 octobre 1796, ne changea rien à ses habitudes sévères. Le Directoire ayant, en décembre 1798, déclaré la guerre à la Sardaigne, elle quitta le Piémont avec le roi, passa en Toscane, et s'embarqua en 1799 pour l'île de Sardaigne. Après y avoir demeuré six mois, elle suivit son mari sur le continent, et tous deux errèrent en Italie pendant quelques années, chassés de ville en ville par les armes françaises. Marie-Clotilde mourut à Naples, dans de grands sentiments de piété. Le pape Pie VII, qui avait été témoin de ses œuvres et de ses vertus, la déclara *vénérable*, par décret du 10 avril 1808. On attribua sa stérilité à l'extrême embonpoint dont elle était chargée. P. L.

Botiglia (Abbé), *Eloge hist. de la servante de Dieu Marie-Clotilde, reine de Sardaigne, trad. sur les mémoires italiens publiés a Turin en 1804*; Paris, 1806, in-12. — *Eloge hist. de Marie-Clotilde, avec des notes et des pièces inédites*; Paris, 1814, in-8°.

MARIE-THÉRÈSE D'AUTRICHE (*Jeanne-Joséphine*), reine de Sardaigne, née à Milan, le 31 octobre 1773, morte à Gênes, le 29 mars 1832. Fille de l'archiduc Ferdinand de Lorraine, frère de Joseph II, empereur d'Autriche, et de Béatrix d'Este, fille du duc de Modène, elle fut fiancée, à l'âge de seize ans, au duc d'Aoste, fils cadet de Victor-Amédée III, roi de Sardaigne. Le mariage eut lieu à Novare, le 25 avril 1789. En 1798 les Français entrèrent en Piémont, et la famille royale dut se réfugier d'abord en Toscane, puis en Sardaigne. C'est là qu'elle devint reine, en 1802, par l'abdication de Charles-Emmanuel IV. Le duc d'Aoste prit alors le nom de Victor-Emmanuel Ier; mais il ne put entrer en possession de ses États de terre ferme qu'après la chute de l'empire français. Marie-Thérèse n'arriva à Turin qu'au mois de septembre 1816, un an après son mari. Elle fut reçue avec enthousiasme, mais ne tarda pas à exciter le mécontentement par son antipathie pour tout ce qui rappelait l'administration française. En 1821, une révolution éclata dans le Piémont, et une constitution calquée sur celle des cortès d'Espagne fut proclamée. Victor-Emmanuel, qui avait peu de goût pour le gouvernement constitutionnel, abdiqua, le 13 mars 1821, en faveur de son frère Charles-Félix. Pendant les troubles, Marie-Thérèse avait suivi son mari à Nice; elle vint ensuite habiter avec lui le château de Moncalier, près de Turin. Victor-Emmanuel mourut le 10 janvier 1824, sans laisser d'enfants mâles. Sa veuve se retira à Gênes, où elle acheta le palais Doria-Tarsi. Elle se mit à la tête d'un parti qui essaya d'arracher au roi son beau-frère un testament par lequel le trône de Sardaigne aurait passé au duc de Modène, époux de la fille aînée de Victor-Emmanuel, *Marie-Béatrix*. Charles-Félix résista énergiquement, et maintint les droits de Charles-Albert, prince de Carignan. Marie-Thérèse ne reparut à Turin qu'en 1831, à l'occasion du mariage de sa fille *Marie-Anne* avec le roi de Hongrie Ferdinand, depuis empereur d'Autriche. Une autre de ses filles, *Marie-Ferdinande*, sœur jumelle de la précédente, devint duchesse de Lucques; une quatrième, Marie-Christine, fut reine de Naples. Marie-Thérèse mourut presque subitement, dans son palais de Gênes. J. V.

Henrion, *Annuaire biographique*.

I. MARIE de Suède.

MARIE-ÉLÉONORE, reine de Suède, née vers le commencement du dix-septième siècle, morte en 1655. Fille de Jean Sigismond, électeur de Brandebourg, elle fut mariée en 1620, à Gustave-Adolphe, roi de Suède, qu'elle suivit en Allemagne, lorsqu'il y porta la guerre. Inconsolable de la mort de son époux, elle conserva longtemps auprès d'elle dans une boîte d'or le cœur de Gustave, jusqu'à ce que le clergé lui eut fait à ce sujet de sévères remontrances. Elle institua alors un ordre, ayant pour emblème un cœur couronné à côté d'un cercueil. S'étant établie à Nyköping, elle fit tendre son appartement de drap noir et condamner les fenêtres; les chambres n'étaient éclairées que par des bougies. La reine passa plusieurs années dans cet appartement dans les larmes. Ayant autrefois montré peu de tendresse pour sa fille Christine, elle la retint alors auprès d'elle, recherchant sur le visage de l'enfant les traits de son époux. Mais elle se vit enlever en 1636 l'éducation de Christine, qui fut confiée à Catherine, sœur de Gustave. Cette mesure ordonnée par le sénat, qui, suivant la dernière volonté du roi, s'était déjà opposé à toute immixtion de Marie-Éléonore dans le gouvernement, jointe aux représentations qu'on lui fit sur ses dépenses excessives, l'exaspéra contre les Suédois. Par suite des intelligences qu'elle entretenait avec la cour de Copenhague, elle quitta en 1640, sous un déguisement, son château de Gripsholm, et se rendit en Danemark. Le chancelier Oxenstjerna lui fit retirer son apanage; mais lorsqu'elle vint trois ans après se fixer en Prusse, il lui constitua une pension de 30,000 thalers. Rentrée en Suède à la majorité de Christine, elle y passa le reste de sa vie, en assez mauvaise intelligence avec sa fille, dont la conversion au catholicisme la fit mourir de chagrin, peu de jours après qu'elle en eut reçu la nouvelle. O.

Biographisk-Lexikon. — Fryxell, *Essais sur l'histoire de Suède*, tome VI. — Geyer, *Histoire de Suède*.

MARIE-CAROLINE, reine de Naples. *Voy.* CAROLINE.

III. MARIE non souveraines.

MARIE, duchesse de Bourgogne, fille unique de Charles le Téméraire et d'Isabelle de Bourbon, née à Bruxelles, le 13 février 1457, morte à Bruges, le 27 mars 1482. Elle eut pour parrain le dauphin de France (depuis Louis XI), alors réfugié dans les États du duc de Bourgogne. Dès son enfance elle se trouva l'héritière désignée de la plus riche et d'une des plus puissantes principautés de l'Europe, et avant qu'elle fût nubile il se présenta plusieurs prétendants à sa main. Maximilien d'Autriche, fils de l'empereur Frédéric III, le duc de Guyenne, frère de Louis XI, Nicolas de Calabre, petit-fils du roi René d'Anjou, étaient au premier rang. Charles tâcha de faire tourner cet empressement au profit de sa politique, et donna des espérances aux trois prétendants. Mais après la mort du duc de Guyenne, alarmé de la puissance croissante de Louis XI, et voulant s'attacher la maison d'Anjou, il se décida en faveur de Nicolas de Calabre, et permit que sa fille Marie et le petit-fils de René échangeassent une promesse de mariage à Mons, le 13 juin 1473. Deux mois après le duc Nicolas mourut subitement (13 août). On accusa de sa mort Louis XI, bien que ce ne fût pas lui qui en profita. Charles, qui voulait obtenir de l'empereur le titre de roi, promettait Marie à Frédéric pour son fils Maximilien. Des deux côtés on n'était pas sincère. Frédéric ne se souciait pas d'un vassal si puissant; Charles ne voulait pas d'un gendre qui d'un jour à l'autre pouvait devenir son suzerain. « Il vaudrait autant me faire cordelier », disait-il à ses intimes. Le mariage était encore à l'état de projet lorsque le duc de Bourgogne périt devant Nancy, en janvier 1477. Cet événement plaça la jeune duchesse dans la position la plus difficile; seule au milieu de la population flamande prête à s'insurger, et en présence des redoutables prétentions du roi de France. A la première nouvelle de la mort de Charles, Louis XI ordonna à M. de Craon d'occuper le duché et la comté de Bourgogne. Il lui écrivit le 9 janvier : « Remontrez à ceux du pays que je les veux mieux traiter et garder que nuls de mon royaume, et qu'au regard de ma filleule, j'ai intention de parachever le mariage que j'ai fait déjà traiter de M. le dauphin et d'elle. » Le même jour il dépêcha le bâtard de Bourbon, amiral de France, et le sire de Comines en Picardie et en Artois pour requérir la soumission des pays du feu duc. Marie protesta vainement contre cette spoliation (24 janvier). Tout était déjà réglé dans le duché de Bourgogne selon la volonté du roi, quand arriva la lettre de la duchesse. Mais les Flamands n'étaient pas disposés à se donner à la France; et ils étaient fort mal intentionnés pour Marie, qu'ils accusaient d'être Française. Menacée dans ses États par l'ambition de Louis XI, mise en péril par la violence de la population de Bruges, Marie essaya de gagner le roi de France, alors à Péronne, par d'importantes concessions. Elle lui envoya une députation composée du chancelier Hugonet, du sire d'Himbercourt et de quelques autres. Les ambassadeurs consentirent, au nom de leur souveraine, à restituer au roi toutes les seigneuries ou domaines acquis par les traités d'Arras, Conflans, et Péronne, et de lui faire hommage pour la Bourgogne, l'Artois et la Flandre. Le roi répondit qu'il ne voulait point dépouiller sa filleule, qu'il désirait la marier avec son fils le dauphin; qu'il allait réunir à la couronne les seigneuries qui y étaient réversibles, et se saisir du reste des États de la duchesse pour les lui conserver. Il obtint aussi des députés la remise de la ville d'Arras. Quand les ambassadeurs rapportèrent aux Gantois, irrités contre la France, la proposition d'un mariage entre Marie et le dauphin, ils furent mal accueillis; cependant les états de Flandre et de Brabant crurent prudent d'envoyer à Louis XI une députation pour traiter de la paix. Les nouveaux ambassadeurs se portèrent garants de la bonne volonté de la duchesse, qui, disaient-ils, se conduisait en tout par leurs conseils. Louis XI, qui n'avait pas trouvé Hugonet et d'Himbercourt assez flexibles, commit à leur égard le plus odieux abus de confiance. Il révéla aux députés des états, en leur remettant une dépêche de la duchesse, que Marie, tout en ayant l'air de se laisser conduire par les états, suivait les avis d'un conseil privé où siégeaient Hugonet et Himbercourt. Les députés, exaspérés, retournèrent à Gand, et produisirent la dépêche qui, en montrant la duplicité de Marie, acheva de lui ôter tout crédit sur le peuple. Hugonet et Himbercourt furent arrêtés, jugés par une commission, et condamnés à mort, comme coupables d'avoir livré Arras au roi et coopéré à la violation des franchises de Gand sous le duc Charles. Marie essaya vainement de leur sauver la vie. « Seule, en habit de deuil, un simple couvre-chef sur la tête, elle alla à l'hôtel de ville demander la grâce des deux victimes; les juges eux-mêmes tremblaient; elle n'obtint rien. Elle courut au marché du Vendredi, où le peuple se tenait en armes; elle monta au balcon de l'Hoog-Huys, et là, les yeux en pleurs, les cheveux épars, elle supplia le peuple d'avoir pitié de ses serviteurs et de les lui rendre. Ceux qui la voyaient de plus près s'attendrirent. Beaucoup de voix crièrent « que son plaisir fût fait, qu'ils ne mourussent point! » Mais des cris contraires éclatèrent dans les profondeurs de la foule. Un moment, les piques se baissèrent de part et d'autre. Le parti de la clémence se sentit le plus faible; il céda (31 mars 1477). L'héritière de Bourgogne rentra dans son palais, le cœur plein d'une haine inextinguible contre le roi, dont la perfidie avait attiré sur elle ce coup affreux. Tout espoir d'alliance fut perdu sans retour. Trois jours après, les deux ministres furent décapités, sur le marché du Vendredi (3 avril) (1). »

Ce terrible événement fit comprendre à Marie qu'elle ne pouvait se passer plus longtemps d'un protecteur; et comme elle détestait justement Louis XI, comme de plus le dauphin était un enfant de huit ans, chétif et mal portant, elle se décida à prendre pour mari Maximilien, qui paraissait le plus capable de défendre son héritage contre le roi de France. L'union fut déclarée le 16 avril, et les fiançailles eurent lieu par procuration le 21 avril. Quatre mois s'écoulèrent avant que le prince autrichien vînt rejoindre sa fiancée; mais dans l'intervalle Louis ne trouva aucun moyen de rompre ce mariage, qui se célébra à Gand, le 18 août, le lendemain de l'arrivée de Maximilien. A leur première entrevue les deux époux n'avaient pu se parler que par interprète, car Marie n'entendait pas l'allemand et Maximilien ne savait pas le français. « Mais il était de noble contenance et d'aimable physionomie, dit M. de Barante;

(1) Comines a dramatisé son récit en supposant que l'échafaud était dressé lors de l'intervention de la duchesse et que les têtes d'Hugonet et d'Himbercourt tombèrent devant elle, ce qui n'est pas exact. *Voy.* Henri Martin, *Histoire de France*, t. VII, p. 127.

elle voyait en lui le protecteur qui venait finir ses malheurs et dissiper ses cruelles alarmes. Elle aussi était remplie de jeunesse et de bonne grâce. Ils se plurent tout d'abord et bientôt n'eurent pas besoin d'interprète pour s'entendre. » Maximilien, brave et actif, mais sans alliés, sans argent, ne fut que d'un faible secours aux Flamands et à leur souveraine; d'autre part Louis XI trouva dans les provinces de Bourgogne et d'Artois plus de résistance qu'il n'avait pensé. De sorte que la guerre se poursuivit pendant quatre ans avec des intervalles de trêves, toujours mal observées, et sans succès décisifs d'aucun côté, car la bataille de Guinegate n'eut pas de suites, mais fut plutôt à l'avantage des Français. Les Flamands, dont le commerce souffrait beaucoup, soupiraient après la paix, lorsque la mort prématurée de leur duchesse en facilita la conclusion. « La duchesse Marie, après s'être relevée de sa troisième couche, avait fait avec son mari un voyage en Hainaut. Elle avait été reçue en grande solennité; de là, à Valenciennes, où les Français étaient venus se montrer durant son séjour; de sorte qu'elle avait pu voir de ses yeux les flammes qu'ils avaient allumées dans les campagnes. Puis elle avait quitté ce triste pays de guerre et de ravages, et elle était revenue avec toute sa cour dans la riche ville de Bruges. Dans les commencements de février, elle voulut un jour se donner le divertissement de la chasse à l'oiseau, et sortit avec sa suite pour voler au héron. Pendant qu'elle suivait la chasse, sa haquenée voulut passer par-dessus un tronc d'arbre abattu, les sangles se rompirent, la selle tourna, et madame Marie tomba avec rudesse sur ce bois. On la rapporta blessée dangereusement; mais on ne croyait pas que sa vie fût en péril. Pour ne pas inquiéter son mari, ou par pudeur, dit-on, elle ne laissa pas les médecins panser la profonde blessure qu'elle s'était faite. Le mal s'envenima; la duchesse devint de plus en plus malade, et trois semaines depuis sa chute, elle mourut, à l'âge de vingt-cinq ans, après une vie si courte et agitée par tant de malheurs que ne méritaient point sa douceur et son innocence. » (Barante). — Marie avait eu trois enfants : *Philippe*, né en 1478; *Marguerite*, née en 1480; *François*, né au mois de novembre 1481 et mort peu après sa naissance. Philippe fut le père de Charles Quint. Marie fut ensevelie à Bruges, dans un magnifique mausolée, près du tombeau de son père. Louis XV, visitant ce monument après la prise de Bruges, dit : « Voici le berceau de toutes nos guerres. » En effet ce mariage, que Louis XI aurait pu réaliser pour son fils et que sa politique violente et tortueuse lui fit manquer, fonda la grandeur de la maison d'Autriche et excita entre elle et la maison de France une rivalité dont les conséquences ont plus d'une fois troublé l'Europe, et qui a eu pour résultat d'enlever successivement aux descendants de Maximilien toutes les parties de l'héritage de Marie de Bourgogne. L. J.

Philippe de Comines, *Mémoires*, édit. de Mlle Dupont. — Molinet, *Chronique*. — Gaillard, *Histoire de Marie de Bourgogne*. — Barante, *Histoire des Ducs de Bourgogne*, t. XI, XII. — Muench, *Maria von Burgund*; Leipzig, 1832, 2 vol. in-8°. — Voort, *Maria van Bourgogne*; Bruxelles, 1847, in-8°.

MARIE DE L'INCARNATION (nom de religion), est, par sa famille, GUYARD, femme MARTIN, missionnaire française, née à Tours, le 18 octobre 1599, morte à Québec, le 30 avril 1672. Fille et femme de négociants en soie, elle demeura veuve à dix-neuf ans, et fit profession en 1631 chez les Ursulines de Tours. Elle avait alors un fils, qui s'est fait remarquer parmi les bénédictins de la congrégation de Saint-Maur, sous le nom de dom *Claude Martin*. Marie demanda à passer au Canada, pour contribuer à la conversion des filles sauvages, et s'embarqua pour Québec, le 3 avril 1639. Bien accueillie par les colons, elle y fonda un couvent de son ordre, et réussit à faire un grand nombre de néophytes, malgré les obstacles qu'y apportaient les guerres continuelles contre les Anglais et leurs alliés indiens. Ayant appris plusieurs dialectes des indigènes, elle ne craignit pas de faire, souvent seule, de longs trajets, au milieu des prairies et des forêts de l'Amérique du Nord pour répandre parmi les tribus iroquoises la parole évangélique. On a d'elle : des *Lettres curieuses* contenant la plus grande partie des événements dont elle fut témoin au Canada durant sa longue station; Paris, 1677 et 1681, in-4°; — *Retraite, avec une exposition succincte du Cantique des Cantiques*; Paris, 1682, in-12; — *L'École Chrétienne, ou explication familière des mystères de la foi*; Paris, 1684, in-12. Ces ouvrages furent publiés par dom Claude Martin, qui a publié aussi une *Vie de sa mère*, écrite par elle-même; Paris, 1677, in-4°. A. L.

Le P. Charlevoix, *Vie de la B. mère Marie de l'Incarnation*; Paris, 1724, in-12. — Richard et Giraud, *Biblioth. Sacrée*.

MARIE D'ORLÉANS (*Marie-Christine-Caroline-Adélaïde-Françoise-Léopoldine*, Mlle DE VALOIS), duchesse DE WURTEMBERG, princesse et artiste française, née à Palerme, le 12 avril 1813, morte à Pise, le 6 janvier 1839. Fille cadette du roi Louis-Philippe et de la reine Marie-Amélie des Deux-Siciles, elle reçut des leçons de dessin d'Ary Scheffer, et se voua surtout à la sculpture. Le 17 octobre 1837, elle épousa le duc Alexandre de Wurtemberg, et le 30 juillet 1838 elle accoucha d'un prince qui reçut les noms de *Philippe-Alexandre-Marie-Ernest*. Une maladie de poitrine s'étant développée à la suite de ses couches, elle partit pour l'Italie, où elle mourut. Elle avait porté dans la culture des arts une grande supériorité d'esprit. « Douée des plus nobles qualités, a dit un publiciste, elle avait longtemps fait l'orgueil et la joie de sa famille. Devenue populaire par le talent, elle était restée aimable par le cœur. » Sa *Jeanne d'Arc*, belle statue en marbre blanc, placée au musée de Versailles, obtint tous les suffrages. De nombreuses copies en ont été faites, et elle a été reproduite sous forme de statuette. On lui doit également le dessin du vitrail en trois compartiments qui décore la chapelle de Saint-Saturnin au château de Fontainebleau, et qui représente *Saint Philippe et sainte Amélie au milieu d'un chœur d'anges*. Elle avait sculpté sans destination précise un modèle d'ange, dont on orna plus tard le tombeau de son malheureux frère, le duc d'Orléans, à la chapelle Saint-Ferdinand. La famille d'Orléans conserve en outre de la princesse Marie une *péri*, des bustes, des statuettes, des esquisses, qui prouvent qu'elle était véritablement artiste. Nature délicate et réservée, esprit charmant et pur, elle passa sa vie dans une retraite studieuse, uniquement occupée de son art. Une loi de 1856 a accordé 200,000 fr. à son héritier. L. L—T.

Journal des Débats, 9 janvier 1839. — *Encyclop. des Gens du Monde*. — *Dict. de la Convers.*

MARIE-ANNE-CHRISTINE-VICTOIRE DE BAVIÈRE, dauphine, née le 28 novembre 1660, à Munich, morte le 20 avril 1690, à Versailles. Fille de Ferdinand, électeur de Bavière, et de Henriette-Adélaïde de Savoie, elle épousa Louis, dauphin de France, le 7 mars 1680, à Châlons-sur-Marne. Ce mariage donna lieu à des fêtes qui durèrent deux mois et qui furent d'une magnificence sans égale. Marie n'était pas belle. « Sauvez le premier coup d'œil, avait dit au roi l'envoyé Sanguin, qu'il avait chargé de la voir, et elle vous paraîtra agréable. » D'après Mme de Caylus, elle était non-seulement laide, mais choquante. Son mari l'aima, et peut-être n'aurait-il aimé qu'elle si la mauvaise humeur et l'ennui qu'elle lui causa ne l'avaient forcé à chercher des consolations et des amusements ailleurs. Elle ne se donna jamais la peine d'apprendre complétement le français, et faisait ses délices de la compagnie d'une suivante allemande, nommée Bessola, à qui elle portait une affection jalouse et passionnée. On lui donna pour dame d'honneur la duchesse de Richelieu, et pour dames d'atour la maréchale de Rochefort et Mme de Maintenon. Cette dernière, que l'on avait placée là pour la soustraire aux caprices de Mme de Montespan, se rendit utile à la dauphine en peignant d'une main légère sa longue et épaisse chevelure. « Vous ne sauriez croire, disait-elle souvent depuis, combien le talent de bien peigner une tête a contribué à mon élévation. » La dauphine, qui, avec de l'instruction et de bonnes qualités, aurait pu tenir à la cour le premier rang, resta volontairement à l'écart; rebuté des efforts inutiles qu'il avait faits pour la rapprocher de lui, le roi la laissa dans la solitude où elle voulait être, et toute la cour l'abandonna avec lui. Les ravages des armées françaises en Allemagne lui causèrent beaucoup de chagrin. Sa santé, qui avait toujours été mauvaise, alla en déclinant jusqu'au moment où l'enfantement de son dernier fils, le duc de Berry, la conduisit au tombeau. Près de mourir, elle embrassa le nouveau-né en disant : « C'est de bon cœur, quoique tu me coûtes bien cher! » Mme de Caylus attribue sa mort à une autre cause. « Elle passait sa vie, dit-elle, renfermée dans de petits cabinets derrière son appartement, sans vue et sans air; ce qui, joint à son humeur naturellement mélancolique, lui donna des vapeurs. Ces vapeurs, prises pour des maladies affectives, lui firent faire des remèdes violents, et enfin ces remèdes, beaucoup plus que ses maux, lui causèrent la mort, après qu'elle nous eut donné trois princes. » Quand on lui contestait ses souffrances, elle répondait spirituellement : « Il faudra que je meure pour me justifier. » P. L.

Mme de Caylus, *Souvenirs*. — Voltaire, *Siècle de Louis XIV*. — Mme de Maintenon, *Lettres*.

MARIE-ADÉLAÏDE DE SAVOIE, duchesse de Bourgogne, puis dauphine, née le 5 décembre 1685, à Turin, morte le 12 février 1712, à Versailles. Elle était fille aînée de Victor-Amédée II, duc de Savoie, et d'Anne-Marie d'Orléans, et sœur de Marie-Louise, qui épousa Philippe V, roi d'Espagne. Elle eut pour gouvernante la spirituelle comtesse Dunoyer. La conclusion de son mariage avec le duc de Bourgogne, tenue d'abord secrète, eut pour effet de rompre la ligue de l'Europe contre la France en en détachant la maison de Savoie. Elle avait onze ans lorsque Dangeau l'amena à la cour; c'était alors une petite fille espiègle, qui avait de grands yeux, le regard fier, la physionomie très-mobile. « Elle était douée d'infiniment d'esprit et d'adresse, dit Sismondi, et avait été élevée par sa mère, fille du duc d'Orléans, comme si elle ne dût avoir d'autre but dans la vie que de plaire au roi et à la cour de France. » Le 7 décembre 1697, le mariage fut célébré avec une somptuosité qui dépassait tout ce que Versailles avait vu jusque alors. La jeune duchesse passa quelque temps à Saint-Cyr pour achever son éducation. Louis XIV l'aima autant qu'il savait aimer; il la préféra même à son petit-fils, dont la rigidité de principes lui imposait. Elle devint toute la joie de sa vieillesse; il lui permettait tout. Sa hardiesse et sa familiarité, auxquelles on ne l'avait point accoutumé, le ravissaient d'aise. Elle l'amusait, lui qui n'était plus *amusable*. Elle fut aussi l'enfant gâtée de Mme de Maintenon, qu'elle appelait sa tante. Bientôt la cour ne vit et ne rechercha qu'elle. Si le duc de Bourgogne offrait le modèle des plus austères vertus, la duchesse ne prenait aucun soin de l'imiter. Avide de plaisirs, elle aimait la parure, le bal, la table, la chasse, et le jeu surtout, le gros jeu, auquel elle passait des nuits; ses coquetteries imprudentes avaient donné des gages à plusieurs gentilshommes, à Nangis et à Maulevrier entre autres. « Sa conversation, dit Duclos, était vive et animée, et il lui échappait des réflexions d'un grand sens. » Elle disait un jour à Mme de Maintenon, en présence de Louis XIV : « Savez-vous, ma tante, pourquoi les reines d'Angleterre gouvernent mieux que les rois? C'est que les hommes gouvernent sous le règne des femmes, et les femmes sous celui des hommes. » Sa vivacité l'emportait quelquefois trop loin; mais elle saisissait bien les moments. Remarquant que le roi était importuné de la dévotion du duc de Bourgogne, son époux : « Je désirerais, disait-elle, de mourir avant mon mari et de revenir ensuite pour le trouver marié avec une sœur grise ou une tourière de Sainte-Marie. » Le même historien ajoute qu'admise dans la plupart des secrets de la politique, elle instruisait son père de tout ce qui pouvait l'intéresser. Cette faute grave, que révéla l'examen des papiers de la duchesse, affecta sensiblement Louis XIV, qui ne put s'empêcher de dire à Mme de Maintenon : « La petite coquine nous trompait. » La duchesse de Bourgogne succomba en fort peu de temps à une épidémie qui faisait alors beaucoup de ravages, la rougeole pourprée, et qui emporta, six jours plus tard, son mari. Elle avait vingt-six ans, et avait porté le titre de dauphine pendant dix mois. Si elle eût survécu à son mari, il est probable que le vieux roi lui aurait dans son testament décerné la régence. Voici quelques passages du portrait que Saint-Simon a tracé d'elle : « Quant à la figure, elle étoit régulièrement laide. Les joues pendantes, le front avancé, le nez qui ne disoit rien, de grosses lèvres tombantes, des cheveux et des sourcils châtains bruns, fort bien plantés, des yeux les plus parlants et les plus beaux du monde, le plus beau teint et la plus belle peau, le cou long avec un soupçon de goître qui ne lui seyoit point mal, un port de tête galant, gracieux, majestueux, et le regard de même; le sourire le plus expressif, une taille longue, ronde même, aisée, parfaitement coupée; une marche de déesse sur les nues; elle plaisoit au dernier point.... En public, sérieuse, mesurée; respectueuse avec le roi, et en timide bienséance avec Mme de Maintenon. En particulier, causant, voltigeant autour d'eux; tantôt penchée sur le bras du fauteuil de l'un ou de l'autre, tantôt se jouant sur leurs genoux, elle leur sautoit au cou, les embrassoit, les baisoit, les caressoit, les chiffonnoit. Admise à tout, à la réception des courriers qui apportoient les nouvelles les plus intéressantes, entrant chez le roi à toute heure, même pendant le conseil. Utile et fatale aux ministres mêmes, mais toujours portée à obliger, à servir, à excuser, à bien faire, à moins qu'elle ne fût violemment poussée contre quelqu'un, comme elle le fut contre Pontchartrain et Chamillart. »

Un des enfants que Marie eut de son mari fut le roi Louis XV. P. L—Y.

Saint-Simon, *Memoires*. — Dangeau, *Journal*. — Duclos, *Mémoires secrets*. — Mme de Maintenon, *Lettres*.

MARIE-JOSÈPHE DE SAXE, dauphine, née le 4 novembre 1731, à Dresde, morte le 13 mars 1767, à Versailles. Fille d'Auguste III, électeur de Saxe et roi de Pologne, et de Marie-Josèphe, archiduchesse d'Autriche, elle fut mariée à seize ans à Louis, dauphin de France (9 février 1747). Elle était agréable de figure et avait de la grâce, un grand désir de plaire, une instruction soignée, une imagination douce et vive à la fois. Elle mit beaucoup de délicatesse dans son rapport avec Marie Leszcinska, dont son aïeul avait détrôné le père. Elle devait dans les cérémonies du mariage porter en bracelet le portrait de son père. La reine, qui ne doutait point que ce ne fût celui d'Auguste III, demanda à le voir, et ne fut pas peu émue en reconnaissant les traits de Stanislas. « Voyez, ma mère, lui dit la dauphine, comme il est ressemblant! » La plus douce intimité régna dès lors entre les deux princesses, et plus d'une fois elles formèrent des projets pour ramener Louis XV à une conduite plus digne de lui. Bien qu'elle ne jouît d'aucun crédit à la cour, elle sut se faire respecter par ses vertus. Le roi, qui la savait modeste autant que discrète, la chargeait de consoler sa femme et d'adoucir les caprices de ses altières filles; il avait pris même avec elle certaines habitudes pieuses qui donnaient des espérances prochaines sur sa conversion. Elle était fort attachée à son mari; après l'avoir perdu (1765), elle traîna une existence languissante, et mourut d'une affection de poitrine. Elle fut enterrée à Sens, près de son mari. On sait qu'elle eut pour fils les trois derniers rois de la branche aînée des Bourbons. P. L.

Soulavie, *Mémoires de Richelieu*. — Montbarey, *Mémoires*. — *Mercure historique*. — Proyart (L'abbé), sa *Vie*, à la suite de celle du dauphin.

MARIE-THÉRÈSE DE FRANCE. *Voy.* ANGOULÊME (Duch. D').

IV. MARIE poëtes, artistes, etc.

MARIE DE FRANCE, femme poëte française, née à Compiègne, vivait dans le treizième siècle. La plupart de nos trouvères se sont cachés sous le voile de l'anonyme ou dans les replis de l'acrostiche. Quelques-uns se sont contentés d'inscrire un prénom dans le texte de leurs compositions. Leur modestie nous a dérobé ainsi la connaissance des détails concernant leur personne et leurs œuvres, et ce n'est qu'au prix de longues et pénibles recherches qu'on peut acquérir quelques notions sur le temps et le pays où ils florissaient, et sur les protecteurs dont ils recevaient des encouragements. Plus heureux que leurs émules de nos contrées septentrionales, les troubadours ont eu leurs biographes, et c'est par cet utile et précieux intermédiaire que nous sont parvenus une foule de faits importants pour notre histoire littéraire. La littérature provençale compte plusieurs femmes au nombre de ses poëtes, et presque toutes appartiennent aux plus nobles familles, telles que la comtesse de Provence (1), Marie de Ventadour (2), la comtesse de Die (3), la dame de Castelloze (4), Germonde, dame de Montpellier (5), et bien d'autres. Au milieu de cette foule de troubadours et de trouvères qui imprimèrent un cachet si poétique au treizième siècle, la France septentrionale vit briller une seule femme, la première de son sexe dont nous possédons les écrits. Connue sous le nom de Marie qu'elle se donne, elle croit cependant devoir y ajouter celui de sa patrie :

> Marie ai nun, si sui de France (6);

Mais là se bornent les details qui la concernent ; il a fallu qu'un poete satirique se chargeât de nous apprendre qu'elle etait nee en Picardie :

> Femme ne pense mal, ne nonne ne beguine,
> Ne que fait le renart qui happe la geline,
> Si com le raconte MARIE DE COMPIEGNE (7).

Quant à la cause de son séjour en Angleterre, à ce qui touche sa personne, son rang, sa vie privee, elle n'en dit pas un mot. Marie, aussi bien que Wace, Benoît de Saint-Maure, Denis Pyrame, Guernes de Pont Saint-Maxence, fut sans doute attirée à la cour des rois anglo-normands par la protection et les encouragements que les successeurs de Guillaume le Conquérant accordaient aux trouvères, et qu'on leur refusait en France depuis les mesures de rigueur prises contre les jongleurs par Philippe-Auguste et renouvelées sous le règne de saint Louis. On en est de même reduit aux conjectures sur les personnages auxquels notre poëte fait hommage de ses vers. L'épilogue des fables de Marie renferme une dedicace au comte Guillaume (8). L'abbé de La Rue, dans ses preoccupations anglo-normandes, veut que ce soit Guillaume Longue-Épée, fils naturel du roi Henri II et de la belle Rosemonde (9), Roquefort partage cette opinion (10); Robert pretend que c'est Guillaume d'Ypres (11). Legrand d'Aussy pense que ce comte est Guillaume de Dampierre, et il pourrait bien avoir raison, si l'on en croit le témoignage de l'auteur de la branche du *Couronnement de Renart*. Ce trouvère dédie son poeme au vaillant Guillaume, comte de Flandre, pour offrir un modele d'honneur à sa famille. Dans leur rage de ne pouvoir obtenir accès auprès du comte, la Médisance, l'Envie, l'Orgueil firent tant qu'ils parvinrent à le tuer en trahison dans un tournoi. « Ah ! comte Guillaume, s'écrie le trouvère, vous n'étiez avide que d'honneur, et l'on vous regardait avec raison comme seigneur légitime : il ne faut pas s'étonner si le marquis de Namur vous ressemble, car jamais il n'eut recours à la renardie (fausseté) » (1). — « Et voilà, continue le trouvère, pourquoi j'ai pris pour sujet de mon prologue l'éloge du comte Guillaume, à l'exemple de Marie, qui traduisit pour lui les fables d'Izopet » (2). Ici le doute n'est guère possible ; c'est bien du comte Guillaume de Dampierre II, tué en 1251, dans un tournoi à Trasegnies, que le trouvère parle. Un autre contemporain de Marie, qui vivait aussi à la cour des rois anglo-normands, Denis Pyrame, auteur de l'agréable roman de Partonopeus, comte de Blois, va nous donner à son tour quelques détails sur les productions de notre poëte. « Ses lais, dit-il, lui ont valu de grands éloges de la part des nobles personnages de la cour; ils se les font souvent lire ou raconter (3). Les dames elles-mêmes y prennent grand plaisir, et les trouvent fort à leur gré. On comprend le goût des dames pour un genre de poésie consacré à célébrer leurs louanges. » La postérité a sanctionné ces éloges. Le lai des *Deux Amants*, touchante aventure, dont le fond paraît emprunté à l'histoire ecclésiastique de Normandie, est cité dans le roman de *Giron le Courtois ;* ce lai était aussi connu des troubadours, ainsi qu'il résulte d'un passage du *Roman de Jaufre*, et le lai *du Frêne* semble avoir servi de type à l'intéressante nouvelle de *Grisélidis*, comme celui *du Laüstic* ou *du Rossignol* a fourni les éléments du joli conte de l'*Oiseau bleu*, par Perrault.

Marie attache ses lecteurs par le fond de ses récits, empreints d'une douce sensibilité, rare chez les trouvères, par l'intérêt, par la grâce qu'elle sait y répandre, par son style, simple et naïf. Sa narration, toujours claire et concise, ne laisse rien échapper d'essentiel dans les descriptions ou dans ses portraits. Elle nous peint avec beaucoup de grâce la fée qui vient délivrer l'infortuné Lanval. Cette fée était d'une beauté surnaturelle et presque divine, et montait un cheval blanc si bien fait, si souple, si bien dressé, qu'on ne vit jamais sous les cieux un si rare animal. L'équipage et les harnais étaient si richement ornés qu'aucun souverain du monde n'aurait pu s'en procurer un pareil sans engager et même sans vendre sa terre. Un vêtement du plus grand prix laissait apercevoir l'élégance et

(1) Raynouard, *Choix des Poesies originales des troubadours*, t. V, p. 123.

(2) *Ibid.*, t. V, p. 257.

(3) *Ibid.*, t. III, p. 22-26, et t. V, p. 123.

(4) *Ib.*, t. III, p. 368-372, et t. V, p. 111.

(5) *Ib.*, t. IV, p. 319 387; t. V, p. 165.

(6) Roquefort, *Poesies de Marie de France*, t. II, p. 401.

(7) Jehan Dupain, l'Évangile des Femmes, *Jongleurs et Trouvères*, publié par A. Jubinal, p. 26.

(8) Par amur le cumte Willyaume,
Le plus vaillant de cest royaume,
M'entremis de cest livre feire
Et de l'angleis en roman treire.

Roquefort, *Poesies de Marie de France*, t. II, p. 401.

(9) *Essais historiques sur les Bardes, les Jongleurs et les Trouveres*, t. III, p. 71.

(10) *Poesies de Marie de France*, t. I, p. 20.

(11) *Fables inedites des douzieme, treizième et quatorzième siècles*, t. I, p. cliv.

(1) Ces dernières lignes font sans doute allusion à la longue querelle entre Guillaume et Jean et Baudouin d'Avesnes, ses frères utérins et ses compétiteurs au titre de comte de Flandre. Voir *Histoire du Hainaut* par J. de Guise, liv. XX, t. XV, p. 21, 23 et passim. Le chroniqueur raconte le meurtre du comte Guillaume de Dampierre au chap. CXXXII du même livre.

(2) *Roman du Renart*, t. IV, v. 3884 et 3886.

(3) *Roman de Tristan*, 2 vol. pet. in-8° ; Londres et Paris, 1835, t. I, p. cviii.

la noblesse de la taille élevée de cette charmante personne. Qui pourrait décrire la finesse de sa peau, la blancheur de son teint, qui surpassait celle de la neige sur les arbres ; ses yeux bleus, ses lèvres vermeilles, ses sourcils bruns et sa chevelure blonde et bouclée ? Revêtue d'un manteau de pourpre grise, qui flottait sur ses épaules, elle portait un épervier sur le poing et était suivie d'un lévrier. Il n'y avait dans la ville ni petit ni grand, ni jeune ni vieux qui n'accourût sur son passage, et tous ceux qui la voyaient étaient embrasés d'amour (1).

Les lais composés par Marie, au nombre de quinze, sont de petits poëmes en vers de huit syllabes, rimant deux à deux comme les grands romans du cycle d'Artus et faits pour être chantés avec accompagnement de harpe et de vielle :

De cest conte k'oï avez
Fu Gugemer le lai trovez,
Qu'hum dist en harpe e en rote,
Boine en est à oïr la note (2).

Les lais d'Audefroy le Bâtard sont de véritables romances, que l'on mettait aussi en musique (3). Le sujet des lais est emprunté au cycle d'Artus ; ce sont pour ainsi dire de simples épisodes dans lesquels sont racontées les prouesses de chevaliers bretons (4). Ces lais sont intéressants, et se font remarquer par un heureux emploi du merveilleux. C'est ainsi qu'on y voit figurer les fées de l'île de Sein, de la forêt de Brecheliant, et l'enchanteur Merlin, si célèbre chez les peuples de l'une et l'autre Bretagne. Marie ne s'en élève pas moins contre ceux qui prétendent que les lais sont des récits de pure imagination, et dit qu'elle a puisé les siens dans les aventures qui ont été chantées en Bretagne et ailleurs, et dont les textes originaux sont conservés à Carlion, ville du Glamorgan, au pays de Galles, imitant en cela les trouvères, qui affirmaient que les textes des chansons de gestes étaient déposés dans les archives de l'abbaye de Saint-Denis. Les motifs qui ont porté Marie à écrire sont on ne peut plus louables. « L'homme qui veut se garder des vices, dit-elle, doit s'appliquer à l'étude, s'instruire et entreprendre des ouvrages de longue haleine. Pour cette raison je me sentais disposée à composer quelque histoire utile et à traduire du latin en roman ; mais bientôt je compris que ce genre de travail me ferait peu d'honneur, à cause du grand nombre de ceux qui s'y sont appliqués. Je me déterminai donc à m'occuper des lais que j'avais entendu raconter, persuadée qu'on les avait faits pour conserver la mémoire de ces récits. Je ne veux par les laisser dans l'oubli ; je les ai rimés, en ai composé de petits poëmes. C'est en votre honneur, noble et puissant roi (Henri III), que je les ai rassemblés, et la reconnaissance me fait un devoir de vous en faire hommage (1). Je vous raconterai assez rapidement les aventures réelles dont les Bretons ont fait leurs lais (2). » Notre trouvère montre une grande affection pour ses ouvrages, et craint de les voir déprécier. Elle traite fort rudement les critiques et les envieux, qui, entendant faire l'éloge d'une personne de mérite, s'empressent d'en dire du mal et font leurs efforts pour ternir sa réputation, imitant en cela la coutume du mauvais chien, lâche et hargneux, qui mord les gens en traître. « Quoi qu'il en soit, je ne renoncerai point à mon travail. Si les bavards ou les médisants veulent m'en blâmer, peu m'importe : c'est leur métier de dire du mal. » Jalouse de sa renommée, c'est pour laisser un souvenir d'elle que Marie se nomme ; car il pourrait bien arriver que d'autres trouvères eussent le dessein de s'emparer de son ouvrage ; et elle veut empêcher qu'un autre ne se l'attribue. Elle ajoute : « Celui qui s'oublie a tort » (3). De trop fréquents exemples prouvent combien les craintes de Marie étaient fondées. Les plagiaires étaient déjà très-communs au treizième siècle. Wace, Denis Pyrame, Brunetto Latini et une foule d'autres poëtes et prosateurs ont été victimes de ces forbans littéraires. Marie s'est chargée de mettre en roman, sous le titre d'*Izopet*, un recueil de fables que le roi Henri Ier, surnommé Beau Clerc, avait traduites en anglais. Ces fables sont au nombre de cent trois ; trente-et-une seulement appartiennent à Ésope, et la plupart des autres à un auteur latin du nom de Romulus. Les grâces, la clarté, la naïveté de style de Marie se reproduisent dans cette traduction, écrite dans le même mètre que les lais, le seul que Marie ait employé. Notre poete semble avoir terminé sa carrière littéraire par l'espèce de légende que Roquefort a publiée sous le titre de *Purgatoire de saint Patrice*. Elle y raconte les aventures merveilleuses d'un chevalier irlandais nommé Owen, qui en expiation de ses péchés descend dans cette caverne, objet de tant de superstitions. Là il est témoin des tourments que souffrent les pécheurs et du bonheur qu'y goûtent les justes dans le paradis. Il y a loin sans doute de cette légende aux poëmes de Virgile et de Dante ; mais elle présente un certain intérêt, surtout en raison de l'époque de sa composition.

P. CHABAILLE.

Cl. Fauchet, *Recueil de l'Origine de la Langue et Poesie françoises*. — Estienne Pasquier, *Recherches de la France*. — L'abbe de La Rue, *Essais historiques sur les Bardes, les Jongleurs et les Trouveres*. — Legrand d'Aussy.

(1) Roquefort, *Poésies de Marie de France*, t. I, p. 255.

(2) *Poésies de Marie de France*, t. I, p. 112.

(3) Ils ne ressemblent en rien aux lais dont Eustache Deschamps trace les règles au quatorzième siècle, dans son *Art de Dictier*, ni aux lais simples ou renforcés cités dans l'*Art de Science et Rhetorique*, par Henri de Croy. Voir *Poesies gothiques françoises* ; Paris, Silvestre, 1830-1832.

(4) Le lai du Chèvre-feuille, par exemple, est tiré du *Roman de Tristan*.

(1) Prologue des lais, Roq., t. I, p. 42, 46.

(2) Roq., I, 50.

(3) Oiez, segneurs, ke dit Marie
Ki en son tens pas ne s'ublie.
Lai de Gugemer, Debut. Roquefort, t. I, p. 48.

Fabliaux. — De Roquefort, *Poésies de Marie de France*. — Robert, *Fables inédites des douzième, treizième et quatorzième siècles*. — L'*Histoire Littéraire de la France*, t. XIX, etc.

MARIE (*Pierre*), auteur ascétique français, né en 1589, à Rouen, mort en 1645, à Bourges. Admis en 1616 dans la Compagnie de Jésus, il passa toute sa vie dans le ministère de la chaire. On a de lui deux ouvrages, qui ont passé par un grand nombre d'éditions : *La sainte Solitude, ou les entretiens solitaires de l'âme*; Douai, 1636, in-16; 5me édit., Paris, 1675; traduit en 1657 en flamand; — *La Science du Crucifix, en forme de méditations*; Paris, 1642, in-12; la dernière édit. est de Lyon, 1828. Le P. Grou y a donné une suite, en 1789. K.

De Backer frères, *Biblioth. des Écrivains de la Comp. de Jésus*.

MARIE-MADELEINE DE LA TRINITÉ (*Madeleine* MARTIN, en religion), fondatrice d'un ordre religieux, née le 3 juin 1616, à Aix en Provence, morte le 20 février 1678, à Avignon. Fille d'un soldat, elle prit à quinze ans la résolution de ne jamais s'engager dans le mariage, et se mit sous la direction d'un capucin, le P. Yvan, qui composa pour elle un livre intitulé *Conduite à la perfection chrétienne*. Avec le concours de ce moine, elle fonda en 1632 l'*ordre de la Miséricorde*, destiné à recevoir sans dot les filles de qualité. L'institut naissant, dont la première maison s'éleva en 1637 à Aix, eut des commencements difficiles : entravé par le mauvais vouloir de l'archevêque d'Aix, il fut approuvé par celui d'Avignon et soutenu par les jésuites. Marie-Madeleine, assurée de la protection de la reine Anne d'Autriche, vint à la cour, et se mêla, dit-on, d'y prédire certains événements, tels que la paix des Pyrénées. Elle allait partir pour Rome lorsqu'elle mourut, d'hydropisie. L'ordre des religieuses de Notre-Dame de la Miséricorde, approuvé en 1642 par le pape Urbain VIII, suivait la règle de Saint-Augustin et devint florissant en peu d'années. K.

Gilles Gondon, *Vie du P. Yvan*. — Le P. Grozet, *Vie de la mère Marie-Madeleine de la Trinité*; Lyon, [illegible], in-8°. — Le P. Alex. Piny, *Vie de la même*; Lyon, [illegible], in-4°.

MARIE (*Joseph-François*), ecclésiastique et savant français, né le 25 novembre 1738, à Rhodez, mort le 24 ou le 25 février 1801, à Memel (Prusse). Après avoir embrassé à Paris l'état ecclésiastique, il fut reçu dans la maison et société de Sorbonne, et occupa la chaire de philosophie au collége du Plessis. En 1762 il succéda à l'astronome La Caille dans ses doubles fonctions de censeur royal et de professeur de mathématiques au collége Mazarin. Il devint en 1782, avec l'abbé Guénée, son ami, sous-précepteur des fils du comte d'Artois, et obtint, en 1783, l'abbaye de Saint-Amand de Boisse, au diocèse d'Angoulême. Son emploi et ses liaisons l'ayant placé dans le parti contraire à la révolution, il quitta la France, et suivit le comte de Provence dans ses différents voyages; il vécut dans l'intimité de la famille royale à Mittau, et devait la rejoindre à Varsovie, où elle s'était rendue, lorsqu'il fut trouvé mort dans son lit, un couteau enfoncé dans le cœur. Cet événement eut beaucoup d'éclat; on l'attribua en général à un subit accès de démence, qui aurait saisi l'abbé, dont un frère, atteint de folie, s'était tué de la même manière avant la révolution. Il a beaucoup aidé Godescard dans les *Vies des Pères, des Martyrs et des principaux Saints*, trad. d'Alban Butler; Paris, 1764 et ann. suiv., 12 vol. in-8°; et on lui doit la réimpression de trois ouvrages de La Caille : *Tables de Logarithmes*; Paris, 1768, 1781, 1791, 1799, in-12, avec des explications; — *Leçons élémentaires de Mathématiques*; Paris, 1770, 1778, in-8°; et *Traité de Mécanique*; Paris, 1774, in-4°, fig., avec des additions nombreuses. Il s'était occupé d'une traduction des *Lettres* d'Euler à une princesse d'Allemagne; mais il renonça à la terminer quand il vit paraître celle de Condorcet. On trouve plusieurs lettres de l'abbé Marie dans les *Mémoires* que Châteaubriand a publiés sur le duc de Berry. P. L.

Desessarts, *Siècles Littér.*, VII (suppl.). — Lalande, *Bibl. Astron.*

* **MARIE** (*Alexandre-Thomas*), avocat et homme politique français, né à Auxerre (Yonne), le 15 février 1795. Ses études achevées au collége de sa ville natale, il vint faire son droit à Paris, où il obtint la licence, en 1819. Bientôt il prêta son appui à des accusés de la cour d'assises. S'étant présenté au concours pour une chaire de suppléant vacante à l'école de droit, il échoua, peut-être à cause de ses opinions; mais il obtint du moins un diplôme de docteur. Partagé d'abord entre les luttes du barreau et les travaux de cabinet, il rédigea des mémoires et consultations remarquables, en même temps qu'il écrivait pour *Le Courrier des Tribunaux* des articles sur la philosophie du droit. Placé aux premiers rangs du barreau après la révolution de Juillet, il rédigea deux consultations remarquables, l'une relative au serment que l'on voulait exiger des décorés de Juillet, l'autre concernant la révision du jugement du maréchal Ney. Il défendit, devant la cour d'assises, Pénard, accusé compris dans la conspiration dite du pont des Arts; puis Hercule des Roches, qui avait écrit dans *La Tribune* que le gouvernement de Louis-Philippe n'était qu'un fait. A la suite des événements de juin 1832, il signa la consultation du barreau de Paris contre l'illégalité de l'état de siége, et fit acquitter, par le conseil de guerre, Pepin, accusé, étant capitaine de la garde nationale, d'avoir fait tirer sur cette troupe. Un arrêt de la cour de cassation ayant renvoyé les accusés de juin devant la cour d'assises, Me Marie y défendit Jeanne, qui avouait s'être battu à la barricade du cloître Saint-Méry, et fut assez heureux pour le faire acquitter. L'année suivante il

plaida pour Cabet, député et auteur d'une *Histoire de la Révolution de 1830*, qui signalait la royauté du 7 août comme « le résultat d'une usurpation frauduleuse dans son origine ». Un verdict du jury rendit Cabet à ses fonctions législatives. Peu de temps après, Mᵉ Marie soutint une plainte en coalition contre les commissionnaires de roulage de Paris. Dans le procès de Fieschi, il défendit devant la cour des pairs Pepin, qu'il ne put pourtant soustraire à une condamnation capitale. Membre du conseil de l'ordre des avocats, il fut élu bâtonnier en 1841 et 1842. Aux élections de 1842, le cinquième arrondissement de Paris le choisit pour député; il se plaça dans les rangs de l'opposition, et fut réélu en 1846. Au banquet réformiste d'Orléans, le 29 septembre 1847, il but « A l'amélioration de la classe ouvrière! Aux travailleurs! A ces hommes toujours oubliés, toujours fidèles aux intérêts de la patrie, toujours prêts à mourir pour sa cause, soit qu'il s'agisse de la défendre contre l'étranger, soit qu'il s'agisse de conserver au dedans nos institutions menacées! » Dans la discussion de l'adresse, en janvier 1848, il crut devoir défendre le parti radical, « qui, disait-il, avait été calomnié à l'occasion de cérémonies politiques ». Le 24 février, il se leva le premier, à la chambre des députés, pour déclarer illégale la régence de la duchesse d'Orléans proposée, et mit en avant la proclamation d'un gouvernement provisoire, proposition qui, soutenue par MM. Ledru-Rolin, de Lamartine et d'autres, fut acclamée par le peuple qui avait envahi la salle. M. Marie fit partie de ce gouvernement provisoire, qui alla se constituer à l'hôtel de ville. Chargé en même temps du ministère des travaux publics, il organisa les ateliers nationaux, dans lesquels on espérait enrégimenter les ouvriers sans travail et les maintenir sous les drapeaux de l'ordre. Il accepta toutes les mesures adoptées par le gouvernement provisoire, à la partie modérée duquel il appartenait. Aux élections générales pour l'Assemblée constituante, il fut nommé le premier dans le département de l'Yonne, et le sixième dans le département de la Seine, pour lequel il opta. Accueilli avec faveur par cette assemblée, qui le maintint dans la commission du pouvoir exécutif, il dut donner sa démission lorsque l'insurrection de juin éclata et que l'assemblée confia le pouvoir au général Cavaignac. Après la victoire, le chef du pouvoir exécutif ayant appelé au ministère de l'intérieur M. Sénart, président de l'Assemblée, M. Marie lui succéda dans ces dernières fonctions, et le 15 juillet il passa lui-même au ministère de la justice, qu'il occupa jusqu'au 20 décembre 1848 : il avait pris ce portefeuille des mains de Bethmont, et le céda à M. Odilon Barrot. Il reprit sa place à l'Assemblée constituante, où il comptait parmi les membres du parti républicain modéré. Il avait appuyé les demandes de poursuites contre MM. Louis Blanc et Caussidière, et renonçant à ce qu'il appelait « des idées plus chevaleresques que réelles », il avait repoussé avec la droite l'abolition de la peine de mort, l'impôt progressif, l'amendement Grévy pour la nomination à la présidence de la république par l'Assemblée nationale, les bons hypothécaires garantis par l'État, le droit au travail, etc. Il appuya d'abord l'expédition française à Rome; mais après l'élection du 10 décembre il se rallia au parti démocratique, blâma le siége de Rome, et combattit la politique présidentielle, sans aller toutefois jusqu'à la mise en accusation du président de la république et de son ministère. Non réélu à l'Assemblée législative, M. Marie se fit réinscrire au barreau de Paris, et n'a cessé depuis de faire partie du conseil de l'ordre. On l'a entendu plaider en 1854 pour M. Véron contre des actionnaires du *Constitutionnel*, mécontents de la manière dont ce journal avait été vendu, et en 1857 pour l'éditeur des *Mémoires* du maréchal Marmont, accusé de diffamation contre Eugène de Beauharnais par les héritiers de ce prince. On doit à M. Marie une lettre d'introduction et un opuscule sur la question de la patente des avocats placés en tête du *Code des Avocats* de MM. Cauvain et Franque, 1841, in-18; enfin, il a fourni des articles à la *Revue municipale*, à l'*Encyclopédie du Droit* et à la *Gazette des Tribunaux*. L. L—T.

Sarrut et Saint-Edme, *Biogr. des Hommes du Jour*, tome Iᵉʳ, 2ᵉ partie, p. 278. — *Biographie statistique de la Chambre des Députés*. — Le Saulnier, *Biogr. des 900 Députés à l'Ass. nat.* — *Biogr. des 900 Repres. à la constituante*. — *Moniteur*, 1848-1849.

MARIE D'AGREDA. *Voy.* AGREDA.

MARIE ALACOQUE. *Voy.* ALACOQUE.

MARIETA (*Jean*), biographe espagnol, né à Tarragone, vers le milieu du seizième siècle, mort à Madrid, en 1611. En 1581 il fit profession chez les dominicains. On a de lui : *Historia ecclesiastica de todos los Santos de España;* Concha, 1596, in-fol.; — *Catalogo de todos los Arçobispos de la santa Iglesia de Toledo;* Madrid, 1600, in-4°; — *Vida del P. Luis de Grenada;* Madrid, 1604; — *Vida de S. Raymundo;* — *Catalogo de algunos Prelados de la orden de Predicadores;* Madrid, 1605, in-4°; etc. O.

Antonio, *Bibl. Hispana*. — Échard, *Scriptores Ordinis Prædicatorum*.

MARIETTE (*Pierre*), libraire et marchand d'estampes, le plus anciennement connu des membres d'une famille parisienne distinguée par son goût et ses connaissances artistiques, mort le 18 décembre 1657. Bien qu'on lui donne souvent la qualité de graveur, il nous a été impossible de rencontrer une seule estampe qu'on lui pût sûrement attribuer. Il n'en figure aucune dans le catalogue de Pierre-Jean Mariette, et les manuscrits de cet illustre amateur ne contiennent qu'une note sur son père Jean, note dans laquelle Pierre Mariette est seulement cité comme amateur et collectionneur d'estampes. On trouve souvent en effet de belles estampes portant la signature autographe et bien authentique de *P. Mariette*, suivie d'une date postérieure à 1657 (1). En outre, il suffit de feuilleter les œuvres des artistes français du dix-septième siècle pour y voir des gravures publiées par *Pierre Mariette, à l'enseigne de l'Espérance*, et d'autres par *P. Mariette le fils, aux Colonnes d'Hercule*; cette dernière enseigne fut celle de Jean Mariette et de son fils Pierre-Jean. Nous devons conclure de là que les biographes ont fait de deux Pierre Mariette, le père et le fils, une seule et même personne. Quoi qu'il en soit, Pierre Mariette était un grand connaisseur en objets d'art; il en faisait un commerce considérable, et il fut le premier auteur de cette collection qui devint si célèbre entre les mains de son arrière-petit-fils. Il avait épousé la veuve de J.-B. Langlois, dit *Ciartres* ou *Chartres* (du nom de sa ville natale), célèbres éditeur d'estampes (2). H. H—n.

Chronologie historique de MM. les Curés de Saint-Benoît; Paris, 1752. — *Abecedario de Mariette*, dans les *Archives de l'Art français*. — Huber et Rost, *Manuel du Curieux et de l'Amateur d'Estampes*. — *Catalogue de feu M. Mariette*, rédigé par Basan, 1775.

MARIETTE (*Jean*), graveur et imprimeur-libraire, probablement petit-fils du précédent, né à Paris, en 1660, mort le 20 septembre 1742. Il étudia la peinture sous la direction de son beau-frère, J.-B. Corneille, l'un des artistes estimables de son temps. Ce fut d'après les conseils de Le Brun qu'il s'adonna entièrement à la gravure. Son œuvre se compose de huit cent soixante pièces. Il a gravé avec plus d'habileté que de bon goût d'après Dominiquin, Poussin, Le Brun, Corneille, etc.; d'après ses propres dessins, il a principalement exécuté des vignettes, frontispices, portraits, ornements pour les livres qu'il éditait. Faisant un commerce considérable d'estampes, il était en relations suivies avec les artistes et les amateurs de son temps. On lui doit le frontispice du *Dictionnaire de l'Académie française*, 1re édition (1694). Le portrait de J. Mariette a été gravé en 1747 par Daullé d'après J. Pesne. H. H—n.

P.-J. Mariette, *Manuscrits*, dans les *Archives de l'Art français*. — *Catalogue du Cabinet de Mariette*, par Basan. — Huber et Rost, *Manuel du Curieux*.

MARIETTE (*Pierre-Jean*), célèbre amateur d'art français, fils du précédent, né à Paris, le 7 mai 1694, mort le 10 septembre 1774, dans la même ville. Destiné au commerce qu'exerçait son père, entouré dès son enfance des collections rassemblées par sa famille, en contact journalier avec les artistes et les amateurs les plus célèbres de l'Europe, il se sentit naturellement entraîné vers l'étude des beaux-arts; il n'en fit par moins des études classiques très-complètes au collége des Jésuites, où il eut Voltaire pour condisciple. En 1717 il parcourut les Pays-Bas et l'Allemagne, autant dans l'intention de perfectionner son éducation que pour les besoins de son négoce. Le prince Eugène, retiré à cette époque à Vienne, où il consacrait aux arts les loisirs que lui faisaient la politique et la guerre, apprécia à leur juste valeur l'étendue des connaissances de Mariette, et lui confia le classement de ses riches collections (1). Malgré le désir du prince, qui aurait voulu le garder auprès de lui, Mariette partit pour l'Italie, et visita Venise, Bologne, Florence, Rome, etc.; dans chacune de ces villes, il se lia d'amitié avec tous ceux qui s'occupaient d'art. Ces relations ne demeurèrent pas stériles: elles donnèrent lieu à un commerce de lettres qui se continua jusqu'à la mort de Mariette. Il faut voir dans les *Lettere pittorice* de Bottari tout ce que ces correspondances renferment de renseignements précieux sur les arts. De retour à Paris, recherché, écouté des curieux et des artistes les plus distingués, Mariette devint l'hôte assidu du célèbre P. Crozat le jeune. Tantôt dans cette retraite de Montmorency illustrée par le pinceau de Watteau (2), tantôt dans cet hôtel (3) où Ch. Lafosse, le sculpteur Legros, la Rosalba, Watteau, reçurent une si généreuse hospitalité, Crozat s'entourait d'un cercle d'amis

(1) Un autre Mariette a signé aussi des estampes de son nom Claude-Augustin; il était sans doute fils de Pierre.

(2) La *Chronologie historique de MM. les Curés de Saint-Benoît* (par l'abbé Bruté) fait mourir ce personnage en 1657, laissant plusieurs enfants, parmi lesquels on cite seulement *Denis*, libraire, mort en 1661, et *Jean*, qui vient ci-après, mort en 1742, à l'âge de quatre-vingt-deux ans. Cette dernière indication, assurément erronée puisqu'elle ferait naître *Jean* en 1660, trois ans après la mort de son père, laisse supposer que l'auteur a dans sa [illegible] une génération entière. Il nous a semblé d'autant plus intéressant de faire ces observations à propos d'un nom cher à tous les amateurs d'estampes et de dessins, que les erreurs sont nombreuses et faciles quand il s'agit des artistes du dix-septième siècle. M. Dumesnil, dans son intéressant ouvrage sur Mariette (*Histoire des plus célèbres Amateurs français*) n'a pas relevé les erreurs de la *Chronologie historique*. Joubert (*Manuel de l'Amateur*) a mis sous le nom de Pierre Mariette tout ce qu'il aurait dû dire de Jean; et M. Charles Le Blanc (*Manuel de l'Amateur d'Estampes*) suppose que Jean Mariette est l'aïeul de Pierre-Jean Mariette; il le fait vivre cent deux ans, et lui donne pour fils un Pierre Mariette qui aurait gravé d'après Watteau une douzaine de pièces. Nous avons vu au cabinet des estampes quelques-unes des gravures qu'il décrit; elles nous ont paru marquées seulement du monogramme P M. Nul doute, si ces pièces étaient dues au burin de son grand-père, que les manuscrits de Mariette ou son catalogue en feraient mention.

(1) A la mort du prince Eugène, ses collections passèrent aux mains de l'empereur Charles VI, et formèrent le fonds du cabinet impérial de Vienne. Bartsch, conservateur de ce cabinet, eut donc à sa disposition le résultat du travail de Mariette pendant les deux années qu'il passa à Vienne, et il en usa largement pour la rédaction de son grand ouvrage *Le Peintre Graveur*.

(2) Voir l'estampe connue sous le nom de *La Perspective*, gravée par Crespy d'après le tableau de Watteau, et *Vue du Jardin de M. Crozat à Montmorency*, gravée par le comte de Caylus, d'après un dessin de Watteau.

(3) Situé rue Richelieu, et s'étendant sur les terrains compris actuellement entre cette rue, le boulevard des Italiens, les rues Grétry et Marivaux. Cet hôtel magnifique appartint après Crozat à son neveu le marquis du Châtel, puis successivement aux gendres de celui-ci, les ducs de Gontaut-Biron et de Choiseul-Stainville, dont il porta les noms. On en trouve une intéressante description, attribuée à Mariette lui-même, dans la *Description de Paris* de Germain Brice (édit. de 1752).

qui, selon l'expression du temps, partageaient sa passion pour la curiosité. De ces réunions sortit l'idée de l'importante publication connue sous le nom de *Cabinet Crozat*.

En 1733, Mariette avait été nommé membre de l'Académie de Dessin de Florence. L'Académie royale de Peinture le reçut associé libre, le 19 décembre 1750, et membre amateur le 31 décembre 1767. Dans l'*Almanach royal* de 1753, nous le trouvons au nombre des contrôleurs généraux de la grande chancellerie; il avait acheté cette charge dans le courant de l'année précédente, en se retirant du commerce.

Mariette est resté le type du véritable amateur, de l'amateur sincère autant qu'éclairé. Jusqu'à sa dernière heure, jusqu'à ses quatre-vingts ans, et malgré les souffrances qui l'accablèrent à la fin de sa carrière, il se livra tout entier à ses occupations favorites, correspondant avec ses amis d'Italie, élucidant pour eux et avec eux toutes les questions d'art qui s'offraient à lui, enrichissant sans repos le domaine des arts du fruit de ses recherches. C'est ainsi qu'on le vit à plus de soixante-dix ans étudier la langue anglaise dans l'intention de traduire et de commenter les *Anecdotes of painting* de Walpole (1). « Bien qu'aimable et poli, Mariette n'ouvrait pas facilement son cabinet, et jaloux de l'espèce de monopole qu'il exerçait comme critique en fait d'art, il tenait à distance les faiseurs de catalogues et les demandeurs de renseignements (2) ». Il faut ajouter qu'il se proposait d'utiliser lui-même les documents artistiques de toutes sortes qu'il réunissait avec un zèle infatigable. Il avait le dessein d'écrire une histoire de la gravure, puis un ouvrage sur les œuvres littéraires de l'empereur Maximilien et sur Albert Dürer.

Mariette tenait de son père une collection déjà importante d'objets d'art; pendant sa longue carrière il ne négligea ni temps, ni peines, ni dépenses pour l'améliorer et la compléter. Il se faisait envoyer de tous pays et surtout d'Italie ce qui pouvait contribuer à enrichir son cabinet. Le prince Eugène lui-même ne dédaigna pas de s'occuper de ce soin. La vente Crozat, qu'il dirigea, fut pour Mariette une occasion d'acquérir un grand nombre de ces beaux dessins qui avaient fait la réputation des collections célèbres de Jabach (3), de J. Stella, de Girardon, de Piles, et de lord Somers. Il avait toujours nourri l'espoir qu'après lui son cabinet serait acheté par le roi : tous les efforts de MM. Bignon, garde de la Bibliothèque, et Joly, garde du cabinet des estampes, ne purent amener la réalisation de ce vœu. La plus belle collection de dessins et de gravures qui ait jamais existé, fruit du travail et des soins de trois générations d'amateurs éclairés fut dispersée au feu des enchères. Une première vente eut lieu au mois de février 1775; elle comprenait les doubles de la collection, des pièces de rebut et un reste d'estampes du fonds de commerce des Mariette. Le *Catalogue* de la seconde vente faite, à la fin de 1775, par les soins de Basan, forme un volume in-8° de 418 pages; il se divise en trois séries principales comprenant 1491 numéros. Les tableaux, au nombre de 25 seulement, les terres cuites, bronzes, etc., furent vendus 33,653 livres; les dessins, 166,075 liv.; les estampes en feuilles ou en recueils, les ouvrages sur les arts, 97,968 liv. Le produit total des deux ventes s'éleva à plus de 350,000 liv. Aujourd'hui une semblable collection aurait une valeur inappréciable (1). Beaucoup de dessins ayant appartenu à Mariette sont revenus peu à peu au musée du Louvre, où ils figurent avec honneur. Les manuscrits de Mariette seuls ne furent pas adjugés; après avoir appartenu au peintre expert Regnauld-Lalande, ils furent acquis par le cabinet des estampes de la Bibliothèque royale, et réunis en 10 vol. in-fol. Ces manuscrits se composent de notes écrites au fur et à mesure de lectures ou recueillies en vue de publications à venir, d'observations sur la vie et les travaux des artistes de tous les temps et de toutes les écoles, de remarques sur celles de leurs œuvres que possédait Mariette. Le cabinet des estampes est en outre propriétaire de l'exemplaire de l'*Abecedario pittorico* d'Orlandi (éd. de 1719) qui a appartenu au célèbre amateur. Ce volume, couvert de notes manuscrites, avait été retiré de sa vente à 51 liv. Le département des manuscrits de la Bibliothèque impériale possède, sous le n° 1846 du *Suppl. français*, un manuscrit en 3 vol. in-4°, de la main de Mariette, qui est la traduction qu'il fit dans sa vieillesse de la première édition

(1) A ce sujet il est curieux de citer une lettre à Bottari (août 1764), dans laquelle Mariette, parlant de cet ouvrage, s'élève contre la froideur de Walpole pour l'église de Saint-Pierre de Rome. « Et, dit il, à quel édifice croyez-vous qu'il donne la préférence sur Saint-Pierre ? A une église construite dans le goût gothique, et dont les murailles sont toutes nues ! » On voit par là, comme par son engoûment pour quelques uns des artistes ses contemporains, la Rosalba et Bouchardon, par exemple, que, malgré son goût si sûr et si elevé, Mariette a payé son tribut aux préjugés de son temps. M. Louis Dussieux a donné la traduction du passage de Walpole incriminé par Mariette dans *Les Artistes français à l'étranger*, xiii.

(2) Charles Blanc, *Le Trésor de la Curiosité*.

(3) JABACH (*Evrard*), né à Cologne, mort à Paris, en 1695, banquier et directeur de la Compagnie des Indes orientales, fut l'un des amateurs les plus célèbres du dix-septième siècle C'est à lui que notre musée impérial doit une partie de ses plus beaux tableaux et une quantité vraiment incroyable de dessins, plus de [illegible]. Dans un moment de détresse, Jabach, vendit au roi la plus grande partie des œuvres d'art qu'il avait recueillies. Voir sur *Jabach* un article de M. Clément de Ris, dans le *Moniteur* des 5 et 7 juillet [illegible].

(1) Qu'on en juge par ce détail : dans les dessins, 40 feuilles d'études et compositions de figures et d'architecture par Michel Ange furent vendues 818 livres; 2 dessins du Titien, 80 l.; 4 compositions et 5 beaux paysages du même, 62 l.; 60 têtes et caricatures dessinées à la plume par Léonard de Vinci, 240 l; 13 dessins d'Andrea del Sarto, 40 l. 19 s.; 5 feuilles d'études par Masaccio, ayant appartenu à Vasari, 15 l. 19 s. Dans les estampes : l'Œuvre de Nanteuil, 168 l.; celui de Masson, 516 l.; de Callot, 690 l.; de Perelle, 30 l., d'Abraham Bosse, 160 l.; de Watteau (plus de 300 pièces) 260 l.; etc.

des *Anecdotes of Painting* de Walpole. Tous ceux qui de notre temps ont publié quoi que ce soit sur les peintures ou les estampes anciennes pourraient seuls dire ce qu'ils ont puisé dans ces trésors d'inestimables renseignements.

Mariette a gravé, non sans talent, quelques petites planches d'après Perino del Vaga, le Guerchin, les Carrache, etc.; plusieurs ont été jointes à son catalogue. Quant à ses écrits imprimes, nous citerons : *Notice sur Léonard de Vinci*; Paris, 1730 : publiée sous forme de lettre à M. de Caylus et réimprimée avec corrections et additions dans le *Recueil des têtes en charge dessinées par Léonard de Vinci et gravées par le comte de C**** (Caylus); Paris, 1767; — *Notices* sur les peintres dont les ouvrages figurent dans *Le Cabinet Crozat ou Recueil d'estampes d'après les plus beaux dessins qui sont en France dans le cabinet du Roi, dans celui de M. le duc d'Orléans et dans d'autres cabinets... publié par les soins de M. Crozat*; Paris, 1729, 140 pl. in-fol.; réédité par Mariette en 1742, 2 vol. in-fol. L'importance de cet ouvrage est d'autant plus grande qu'il fit connaître beaucoup des peintures de la collection du roi, riche alors de plus de 2,000 tableaux et qui n'était pas accessible au public; — *Description abregée de l'église Saint-Pierre, à Rome*; Paris, 1738, in-12; — *Description sommaire des desseins* (sic) *des grands maîtres d'Italie, des Pays-Bas et de France, du cabinet de feu M. Crozat, avec des réflexions sur la manière de dessiner des principaux peintres*; Paris, P.-J. Mariette, 1741, in-8°; suivie de la description sommaire des pierres gravées du même cabinet. Ces pierres gravées venaient d'être achetées par le duc d'Orléans; — Description des tableaux de M. Boyer d'Aiguilles, dans la 2° édit. du *Recueil d'Estampes d'après les tableaux de M. Boyer d'Aiguilles*; Paris, 1744; — *Observations sur Michel-Ange Buonarotti*, dans la vie de cet artiste par Condovi; Florence, 1746, in-4°; —*Lettre au P. J. B. sur un recueil d'estampes* (d'après les peintures de Giovanni Mannozzi, dit Jean de Saint-Jean), publié depuis peu à Florence par le marquis de Gerini, lettre insérée dans le *Journal de Trévoux*, mars 1752; — *Lettre* (au comte de Caylus) *sur la fontaine de la rue de Grenelle*; 1746, in-4°; réimpr. dans la *Vie de Bouchardon* par le comte de Caylus, 1762, in-8°; — *Description de la statue de l'Amour de Bouchardon*, lettre insérée dans *Le Mercure* de mai 1750; — *Traité historique des Pierres gravées du Cabinet du Roi*; Paris, impr. de l'auteur, 1750, 2 vol. pet. in-fol. avec vignettes et frontispice, gravé par P. Soubeyran, d'après Bouchardon. Mariette, depuis son séjour à Vienne, s'était particulièrement occupé des pierres gravées; le traité qu'il fit répondait à un goût du moment. Il est à présumer d'ailleurs que ce n'était qu'une partie d'un plus grand travail, dont il avait rassemblé les matériaux, sur une histoire de la gravure en général; — *Description des travaux qui ont précédé et suivi la fonte de la statue équestre de Louis XV de Bouchardon, d'après les mémoires de Lempereur* (1); Paris, 1768, in-fol., imprimée à trente exempl., aux frais de la ville de Paris.— Suivant Heinecken (*Idée générale d'une Collection d'Estampes*), Mariette a donné la description des tableaux compris dans le recueil intitulé : *Raccolta di Stampe rappresentanti i quadri più scelti dei signori marchesi Gerini*; Florence, 1759, in-fol. (publication interrompue par la mort du marquis Gerini; mais on l'a tellement défigurée qu'il a été sur le point de la désavouer). Mariette a en outre donné ses soins à plusieurs publications qu'il a enrichies de notes, par exemple la *Description de Paris*, par Germain Brice; 1752; c'est le dernier ouvrage publié par Mariette comme libraire; —*L'Architecture françoise, ou recueil des plans des plus beaux édifices de France*, par Marot; 1727, 2 vol. in-fol. Nous avons dit que beaucoup de lettres de Mariette avaient été insérées dans les *Lettere pittorice* publiées par Bottari; Rome, 1754-1759, et Milan, 1825. Enfin, sous le titre d'*Abecedario de Mariette*, MM. de Chennevières et A. de Montaiglon publient dans les *Archives de l'Art français* la plus grande partie de ses manuscrits. Le portrait de Mariette a été gravé par Aug. de Saint-Aubin d'après Ch.-Nic. Cochin fils, en 1765. H H—N.

Dumesnil, *Hist. des plus célèbres Amateurs français*, 1858. — *Chronologie hist. de MM. les Curés de Saint-Benoît*. —*Catalogue du Cabinet Crozat*; 1741.— *Catalogue du Cabinet de Mariette*; 1775. — *Archives de l'Art français*.

MARIETTE (*François de Paule*), controversiste français, né le 31 mars 1684, à Orléans, mort le 15 avril 1767, à Paris. Quoique laïque, il se jeta dans les controverses les plus subtiles de la théologie, et prétendait analyser les sentiments les plus délicats de la piété; il s'embarrassa tellement dans ses éclaircissements sur la crainte servile et la confiance en Dieu, qu'il fut bientôt réduit à être seul de son avis. Désavoué par les principaux appelants, au parti desquels il se disait attaché, et qui l'accusaient de paradoxale témérité, il continua d'écrire sur chaque nouvelle question qui se présentait avec la même abondance et la même vivacité. A propos du jubilé de 1759, il s'écarta de plus en plus de la doctrine des théologiens et des décisions du concile de Trente. Enfin ses adversaires, n'ayant pu réussir à le ramener à l'orthodoxie ou à lui imposer silence, prirent le parti violent de dénoncer à la police ecclésiastique un livre qu'il faisait

(1) Lempereur, amateur et ami de Mariette, suivit les opérations de la fonte, en recueillit les détails, et fit dessiner toutes les parties de l'opération, pour donner une juste appréciation de ce qui s'était passé. (*Dict. des Artistes*; *Manuscrits du graveur Lempereur*, au Cabinet des estampes.)

imprimer secrètement à Orléans sur le ministère des clefs; toute l'édition fut saisie et brûlée, l'imprimeur interdit pendant trois mois (12 janvier 1763), et l'auteur, qui avait refusé de se rétracter, forcé de sortir de la maison de l'Oratoire, où il résidait encore. Ce fut à la suite de cette persécution qu'il vint habiter Paris. On lui reprochait, entre autres griefs, d'avoir soutenu que l'absolution du prêtre ne remet pas devant Dieu les péchés, et que ce pouvoir ne concerne nullement le péché en lui-même, ni la peine éternelle qui le suivrait, mais uniquement la peine temporelle. Ses principaux écrits sont : *Examen des Éclaircissements sur la crainte servile et la crainte filiale* (de l'abbé d'Ettemare); 1734, in-4°; — *Difficultés proposées aux théologiens défenseurs de la doctrine du* Traité de la Confiance chrétienne (de Fourquevaux); 1734, in-4°, suivies, en 1737, de *Nouvelles Difficultés*; l'auteur se trouva, dans la dispute qui s'engagea à propos de cet écrit, en opposition avec presque tous les appelants, d'Ettemare, Legros, Racine, Fourquevaux, qui publièrent des mémoires et des dissertations; — *Réflexions tirées des ouvrages d'Arnauld et de Nicole*; 1739, in-4°; — *Question importante*; 1754, in-12 : il s'agit des billets de confession exigés des jansénistes; — *Lettre d'un Curé à un de ses confrères* (Orléans), 1759, in-12 : cette *Lettre* et la *Réponse du Curé*, également du même auteur, traitaient la question du jubilé, et furent refutées par l'abbé Joubert et Massuau aîné; — *Exposition des principes qu'on doit tenir sur le ministère des clefs suivant la doctrine du concile de Trente*; (Orléans) 1763. C'est cet ouvrage, dont quelques feuilles étaient seulement imprimées, qui valut une condamnation à Mariette; — *Lettre d'un Laïque à un Laïque*; 1763, in 12. P. L.

Ch. Brainne, *Hommes illustres de l'Orléanais*, II, 48. — *Nouvelles ecclés.*, 1734, 1738, 1763.

*MARIETTE (*Auguste-Édouard*), archéologue français, né à Boulogne-sur-Mer, le 11 février 1821. Il était professeur de dessin au collége de sa ville natale, lorsqu'il publia, sous le titre de *Lettres à M. Bouillet sur l'article* BOULOGNE *de son Dictionnaire d'Histoire et de Géographie*, une dissertation sur les noms des villes anciennes dont Boulogne occupe l'emplacement; Paris, 1847, in-8°. Peu après, en 1848, il fut attaché au musée égyptien du Louvre, et sous la direction de M. de Rougé il se perfectionna dans la connaissance des hiéroglyphes. Chargé en 1850 d'une mission scientifique en Égypte, il découvrit à Saggarah, sur le versant de la chaîne libyque, et au milieu des nécropoles de l'ancienne Memphis, un temple du dieu Sérapis Ce temple, signalé par Pausanias, et qui du temps de Strabon était déjà en partie envahi par les sables du désert, promettait d'être une riche mine d'objets d'art. L'importance de cette découverte fut promptement reconnue par le gouvernement français, qui autorisa M. Mariette à prolonger son séjour en Égypte et lui fournit des allocations pour continuer ses fouilles. Le déblayement donna de très-beaux résultats, et fit retrouver de précieux produits de l'art gréco-égyptien conservés sous l'épaisse couche de sable. De retour en France en 1854, M. Mariette reçut la croix de la Légion d'Honneur et fut nommé conservateur adjoint du musée égyptien au Louvre. L'année suivante, il alla à Berlin avec mission d'étudier le musée égyptien de cette ville. Il accompagna en Égypte en 1858 le contre-amiral Clavaud, et reprit ses fouilles sur une plus grande échelle. Avec quinze cents ouvriers mis à sa disposition par le vice-roi d'Égypte, il a poursuivi ses investigations dans la vallée du Nil depuis l'ancienne Memphis jusqu'à Éléphantine. Son but est de déblayer successivement les temples d'Elfou, de Karnak, de Medinet-Abou, etc. Quatre temples ont déjà été débarrassés du sable et des débris qui les encombraient. M. Mariette est de retour en France; mais les travaux qu'il a organisés sont poursuivis par l'Institut égyptien, qui vient d'être fondé à Alexandrie. Outre la dissertation citée plus haut et des articles publiés dans la *Revue Archéologique* et dans le *Bulletin Archéologique* de l'*Athenæum français*, on a de M. Mariette : *Choix de monuments et de dessins découverts ou exécutés pendant le déblayement du sérapeum de Memphis*; 1856, in-4°; — *Mémoire sur la représentation du dieu Sérapis*; 1856, in-4°. J.

Revue des Deux Mondes, 15 septembre 1851. — *Journal des Débats*, 17 avril, 4 juin 1851. — *Moniteur*, 24 novembre 1854, 20 novembre 1859. — *Bulletin de l'Institut égyptien*, année 1859. — Vapereau, *Dictionnaire des Contemporains*.

MARIETTE (*Jacques-Christophe-Luc*), homme politique français, né en Normandie, en 1760, mort à Paris, en janvier 1821. Il était avocat à Rouen lors de la révolution, et en accepta les principes avec modération. Député de la Seine-Inférieure à la Convention nationale (septembre 1792) dans le procès de Louis XVI (janvier 1793), il vota pour l'appel au peuple, pour la détention et le bannissement à la paix. Durant la terreur il demeura muet dans les rangs des modérés. Ce ne fut qu'après le 9 thermidor qu'il fut chargé d'une mission dans le midi de la France. Cette mission, relative aux subsistances et au commerce, s'étendait de Bordeaux à Marseille. Mariette fut accusé d'avoir provoqué, ou du moins toléré, les réactions sanglantes accomplies contre les républicains dans les principales villes de Provence. Salicetti fut son antagoniste dans cette lutte parlementaire. Mariette en sortit vainqueur, fut élu secrétaire de l'Assemblée, membre du comité de sûreté générale et passa au Conseil des Cinq Cents, d'où il sortit en 1797. Il devint successivement juge au tribunal d'appel de Rouen (1800, prévôt des douanes d'Anvers (1811), et commissaire de police à Paris. Destitué en 1815, il mourut dans la retraite. Il a laissé quelques brochures sur ses missions dans le Languedoc et en Hollande. H. L.

Le Moniteur universel, an. 1799, nos 17 et 28; ans IV et V, passim. — *Petite Biographie des Conventionnels* (1815). — Arnault, Jay, Jouy et Norvins, *Biographie des Contemporains*.

MARIGNAN (*Giovanni-Giacomo* Medichino, marquis de), célèbre capitaine italien, né en 1497, à Milan, où il est mort, le 8 novembre 1555. Fils aîné d'un amodiateur des fermes ducales à Milan, il se glissa, grâce à une similitude de nom, dans la famille des Médicis de Florence, dont plus tard il emprunta même les armoiries. Il est probable que ce fut à la considération d'un de ses frères, Jean-Ange, élu pape sous le nom de Pie IV, que le grand-duc Cosme Ier reconnut les Medichino, ou Médicis, de Milan pour être sortis de la même souche que lui. Ayant embrassé fort jeune le métier des armes, il était capitaine lorsque François Sforce, dont il possédait la confiance, le chargea, avec un officier nommé Pozzino, d'assassiner Hector Visconti, son plus dangereux adversaire. Mais le meurtre ne fut pas plus tôt exécuté que le duc résolut d'en sacrifier les instruments : Pozzino fut tué, et Medichino, pour qui la mort de son complice était un avis pressant de mettre sa propre vie en sûreté, se rendit à Muzzo, sur le lac de Côme. En chemin il contrefit les lettres qui ordonnaient au gouverneur de cette place de lui en remettre le commandement, et réussit à s'y maintenir malgré les efforts du duc pour la reprendre. En 1525, la diversion armée qu'il dirigea sur Chiavenne rappela brusquement dans leur patrie tous les Grisons qui servaient dans l'armée française, et contribua ainsi à la défaite de François Ier devant Pavie. Après être entré dans la ligue des États italiens contre Charles Quint, il passa, en 1528, au service de ce prince, qui lui donna en échange de Muzzo la petite ville de Melegnano, ou Marignan, et le créa marquis. Dès lors, chargé des emplois militaires les plus considérables, il acquit la réputation d'un habile capitaine. En 1540 il concourut à réduire la ville de Gand, en fut nommé gouverneur, et y fit élever une citadelle. Mis en 1542 à la tête des troupes envoyées au secours du roi de Hongrie Ferdinand, il prit part aux campagnes du Danube contre les Turcs, et fut employé par la suite dans les guerres d'Allemagne, où il rendit d'utiles services à l'empereur. En 1552, il commanda l'infanterie au siége de Metz. Deux ans plus tard, il acquit en Italie une triste célébrité. Chargé par le grand-duc Cosme Ier de ramener dans le devoir la petite république de Sienne, qui s'était révoltée, il s'empara, malgré les efforts de Pierre Strozzi, de plusieurs châteaux et villages fortifiés. « Marignan, le bourreau de l'État de Sienne, dit Sismondi, est comptable envers la postérité de l'état de désolation où demeure encore aujourd'hui cette belle partie de l'Italie. Après qu'il en eut détruit la population, l'air s'y est corrompu; et les colons qu'on a cherché dès lors à y introduire y ont péri les uns après les autres. C'est ainsi que furent massacrés tous les habitants d'Ajuola, Turrita, Asinalunga, La Tolfa, Scopeto, La Chiocciola, et bien d'autres bourgs, alors florissants, qui pour la plupart sont aujourd'hui déserts. » Après un siége de huit mois, Marignan se rendit maître de Sienne, qu'il avait réduit à toutes les horreurs de la famine, et dont il ne respecta pas même la capitulation. Rappelé à Milan pour seconder le duc d'Albe de sa vieille expérience, il y tomba malade, et mourut, dit-on, du chagrin que lui avaient causé les sévères reproches de l'empereur au sujet du siége de Sienne. D'après l'historien de Thou, il avait autant d'esprit que de talent pour la guerre; mais sa fourberie, son avarice, et surtout sa cruauté ternirent l'éclat de ses exploits militaires. P.

Paul Jove, *Hist.* — De Thou, *Historia*, lib. XVI et XXIII. — Adriani, *Hist.*, lib. X. — Mascardi, *Elog. di Capitan. illustri.* — Brantôme, *Vies des Grands Capitaines*, IV. — M.-A. Missaglia, *Vita del marchese di Marignano*; Milan, 1605, in-4°. — Henri Dupuy, *Hist. Cisalpinæ.* — Sismondi, *Hist. des Républ. ital.*, XVI.

MARIGNIÉ (*Jean-Étienne-François* de), littérateur français, né à Sère (Languedoc), vers 1755, mort dans le même pays, vers 1832. Il vint fort jeune à Paris, où il fit représenter en 1782, au Théâtre-Français, une tragédie de *Zoraï, ou les insulaires de la Nouvelle-Zélande*, qui ne réussit pas. Il se trouvait à Genève lorsque de Saussure fit l'ascension du mont Blanc, et il célébra cet événement en vers. Revenu à Paris au commencement de la révolution, il défendit dans quelques écrits la municipalité de Montauban, traduite devant l'Assemblée constituante. Pendant le procès de Louis XVI il fit paraître une brochure intitulée : *Procès de Louis XVI en quatre mots*, pour défendre ce prince, et le 20 janvier 1793, veille de l'exécution, il demanda, par une lettre remise au président de la Convention, à être entendu à la barre. Il apportait une pétition dans laquelle il faisait ressortir les considérations de haute politique et d'intérêt personnel qui devaient faire revenir les membres de l'assemblée sur leur terrible décision. En même temps il cherchait à exciter la commisération parmi les spectateurs des tribunes. Vergniaud, qui lui avait fait répondre verbalement par un huissier qu'il l'appellerait avant la fin de la séance, la leva brusquement. Marignié s'élança vivement à la tribune, et eut avec le président une altercation inutile; l'assemblée s'était dispersée. Marignié se hâta de porter sa pétition chez un imprimeur, et la fit composer sous ce titre : *Pétition de grâce et de clémence pour Louis XVI*. Une perquisition eut lieu, et la brochure ne put paraître. Marignié, averti, se cacha, et parvint à sortir de France. Il séjourna d'abord en Suisse, puis en Allemagne, et passa en Angleterre, où il publia dans le *Journal général de l'Europe* des articles qu'il signa : *Un Français d'autrefois*. Il rentra en France en 1796; ses biens avaient été confisqués comme biens d'émigré, et il dut chercher ses moyens d'existence dans la traduction d'ouvrages anglais. Il essaya de ressusciter le *Journal général* de Fontenay; mais, craignant pour sa liberté, il y renonça au bout de quelques mois. Plus tard, il collabora au *Mercure*, et se chargea de la rédaction du *Publiciste* avec Suard. Fontanes lui procura les fonctions de secrétaire général de la questure du Corps législatif, et le nomma inspecteur général de l'université. Quand les alliés entrèrent à Paris, en 1814, Marignié adressa une lettre à l'empereur Alexandre pour protester contre la déclaration des souverains qui promettait de garantir la constitution que les Français se donneraient et chargeait le Sénat de la préparer. Au retour de Napoléon, il refusa le serment demandé aux fonctionnaires, et resta sans emploi. A la seconde restauration il prit sa retraite. Les événements de 1830 troublèrent sa raison, et il se retira dans son pays natal. On a de lui : *Vie de David Garrick;* Paris, 1810, in-12; — *Lettre à l'empereur de Russie sur le projet de nouvelle constitution;* Paris, 1814, in-8°; — *Bagnères vengée, ou la Fontaine d'Angoulême;* Bagnères, 1817, in-8°; — *Sur madame de Krudner, en réponse à un article du* Journal de Paris *sur cette dame et contre M. de Bonald;* Paris, 1817, in-8°; — *The king can do no wrong : Le roi ne peut jamais avoir tort; le roi ne peut mal faire;* Paris, 1819, in-8°; — *Le Paresseux, ou l'Homme de Lettres par paresse*, comédie en vers reçue au Théâtre-Français, mais non jouée; Paris, 1823, in-8°. Il avait donné des morceaux de poésie à différents recueils. J. V.

Arnault, Jay, Jouy et Norvins, *Biogr. nouv. des Contemp.* — *Biogr. des Hommes vivants.* — Quérard, *La France Littéraire.*

MARIGNY (*Enguerrand* DE), ministre français, mis à mort à Paris, le 30 avril 1315. Il était, avec son plus jeune frère Philippe, d'une famille de Normandie, appelée Le Portier; ils achetèrent la terre de Marigny, dont ils portèrent le nom. Tous deux étaient, comme Pierre Flotte, Nogaret, Plasian, au nombre de ces légistes conseillers intrépides de Philippe IV qui l'aidèrent, sans crainte et sans remords, dans son gouvernement avide et impitoyable, dans ses querelles avec Boniface VIII et dans le procès des Templiers. L'aîné, le plus célèbre, personnage gracieux, instruit, habile surtout, *gratiosus, cautus, sapiens et astutus*, avait gagné toute la confiance d'un roi avec qui il avait tant de points de ressemblance : « Il n'a point laissé d'acte, remarque Michelet; il semble qu'il n'ait écrit ni parlé; » et cependant il dirigeait les plus difficiles affaires de l'État; tout se faisait à sa volonté; il était plus qu'un maire du palais (*quasi vel plus quam alter major domus effectus*), comme un second roi de France, disent les contemporains. Philippe l'employait dans ses guerres contre les Flamands, comme dans ses négociations; il n'était pas étranger à la trahison qui retenait Guy de Dampierre prisonnier au Louvre. En 1300, en 1312, il allait en Angleterre avec le comte d'Évreux, pour réconcilier Édouard II avec ses barons, après le meurtre du favori Gaveston.

Le roi l'avait nommé chambellan, comte de Longueville, châtelain du Louvre, garde du trésor ou surintendant des finances, grand-maître de l'hôtel, enfin coadjuteur au gouvernement de tout le royaume; et, comme signe de sa puissance, il lui avait permis d'élever sa statue, au palais de la Cité, près de la sienne. C'était lui qui avait installé son maître au Temple, au moment de l'arrestation des Templiers; mais, par prudence sans doute, il avait laissé à son frère Philippe la tâche odieuse de les poursuivre. Ses ennemis l'accusèrent plus tard d'avoir voulu se ménager entre le roi et le pape, et d'avoir favorisé Clément V, lorsqu'il s'enfuit de Poitiers à Avignon. L'un de ses cousins, confesseur de Philippe IV, avait été nommé cardinal en 1305. Il a surtout pris part aux mesures financières de ce règne; on lui imputait l'altération des monnaies, et l'établissement de nouveaux impôts, de taxes sur les ventes, *pour laquelle chose il chut en haine et malveillance très-griève du populaire* (*Chroniques de Saint-Denis*).

Sa faveur dura tant que vécut Philippe le Bel; l'avénement de Louis X fut le signal d'une réaction générale contre le gouvernement des légistes, et Charles de Valois la dirigea. Ce prince, plein de présomption et de fol orgueil, détestait les conseillers de son frère, qui n'avaient pas laissé assez de place à son ambition; secondé par les barons, ennemis des légistes, il s'empare du pouvoir; Pierre de Latilli est privé du sceau royal et arrêté; Raoul de Presles, avocat principal au parlement, a le même sort. Mais son plus mortel ennemi était Enguerrand, qui plus d'une fois, même dans des procès particuliers, s'était déclaré son adversaire. Le trésor était vide; Charles l'avait probablement spolié; et cependant il accuse le ministre. Après plusieurs altercations violentes dans le conseil, il le fait arrêter au moment où il s'y présentait; Enguerrand est enfermé à la tour du Louvre, puis au Temple. Vainement il avait réclamé la protection d'Édouard II, qui écrivit en sa faveur à son beau-frère. Charles avait juré sa mort, et le poursuivit avec une haine furieuse.

On avait emprisonné beaucoup de ses amis et de ses agents : plusieurs furent mis à la question; mais personne ne l'accusa. Alors *Charles manda à tous, tant pauvres que riches, auxquels Enguerrand avoit fait tort, qu'ils vinssent en la cour du roi faire leurs plaintes, et qu'on leur feroit très-bon droit.* Le peuple applaudissait. Enguerrand avait excité bien des haines, et l'on put facilement dresser un acte d'accusation contre lui. Le samedi d'avant Pâques fleuries, en présence d'une assemblée de prélats et de barons, présidée par le roi au château de Vincennes, maître Jean d'Asnières fit un savant réquisitoire contre Enguerrand, lui reprochant d'avoir altéré les monnaies, pillé les deniers destinés à Clément V, saccagé les forêts royales, reçu de l'argent des bourgeois flamands pour trahir le roi Philippe, etc., etc. Enguerrand ne put être entendu, malgré ses instances et celles de son frère, l'archevêque de Sens; cependant Louis X ne pouvait se résoudre à frapper le confident de son père, et voulait seulement reléguer Marigny dans l'île de Chypre, jusqu'à ce qu'il lui plût de le rappeler. Alors Charles, pour perdre son ennemi, eut recours au grand moyen du quatorzième siècle, à la terrible accusation de sorcellerie. Il fit arrêter un certain sorcier, Jacques, dit Delor, sa femme *la boiteuse*, et son valet Paviot, qui, à l'instigation d'Enguerrand, de sa femme et de sa sœur, auraient *fabriqué certaines images de cire à la ressemblance du roi, du comte Charles et d'autres barons, afin de procurer par sortilége la délivrance d'Enguerrand*. L'on montra au roi des figures percées et sanglantes. Louis, effrayé, l'abandonna à Charles de Valois. Une nouvelle commission se réunit au bois de Vincennes; « là furent démontrés quelques-uns de ses forfaits, et les félonies et diableries faites par sa femme à son instigation; il fut condamné à être pendu. Le lendemain donc, devant grand' tourbe de gens, accourant de toutes parts à pied et à cheval, et de ce merveilleusement joyeux, celui Enguerrand, proche le Grand-Châtelet de Paris, fut mis en une charrette, disant et criant : Bonnes gens, pour Dieu, priez pour moi! — Et ainsi fut mené et pendu au gibet commun des larrons, à Montfaucon (30 avril 1315) (1). » Le sorcier s'était tué dans sa prison; sa femme fut brûlée, son valet pendu, sous son seigneur Enguerrand, *après que les voults eurent été montrés au peuple*. La dame de Marigny et sa sœur, d'abord étroitement emprisonnées au Temple, furent ensuite déclarées innocentes.

Enguerrand avait été la victime de la réaction féodale et de la vengeance de Charles de Valois : était-il autrement coupable? Rien ne le prouve; aussi *sa mort, dont beaucoup ne conçurent pas entièrement les causes, fut matière à grande admiration et stupeur*. Louis X se repentit bientôt de l'avoir lâchement abandonné, et par son testament il légua 10,000 livres à la veuve et aux enfants d'Enguerrand. En 1317, ses parents et ses amis détachèrent ses restes du gibet, et les ensevelirent dans le chœur des Chartreux de Paris; en 1325, Charles de Valois lui-même, frappé de paralysie, sembla reconnaître l'innocence de sa victime, fit distribuer des aumônes aux pauvres de Paris, à la condition de prier pour le seigneur Enguerrand et pour le seigneur Charles de Valois; car il avait voulu que le nom du malheureux ministre fût mis avant le sien; puis il fit, avant de mourir, transférer son corps des Chartreux à l'église collégiale d'Écouis, qu'il avait fondée, en ordonnant un service perpétuel pour le repos de son âme (*voir* son tombeau dans Millin, *Antiquités nationales*).

(1) Il n'avait pas fait élever ce gibet, comme on l'a souvent répété; les fourches patibulaires de Montfaucon existaient longtemps avant lui.

Son frère, Philippe de Marigny, semble avoir encore été plus dévoué à la politique de Philippe IV, et fut l'un de ses principaux instruments, serviles et cruels, dans la persécution des Templiers. Il fut d'abord évêque de Cambrai; puis, en 1310, le roi força Clément V à le nommer archevêque de Sens; quelques jours après (mai 1310), il réunissait un concile provincial à Paris, traduisait devant le tribunal les Templiers arrêtés dans la province, et malgré le pape, malgré la commission qu'il avait instituée, il en faisait brûler cinquante-quatre, après un procès inique. Au concile de Vienne (décembre 1311), il était l'un des trois prélats qui voulaient que l'on condamnât les Templiers sans les entendre. En 1314, on le retrouve encore dans la commission nommée pour juger le grand-maître et trois des dignitaires de l'ordre, et il s'attirait les reproches sanglants de Jacques de Molai. Sous Louis X, ses extorsions iniques et vexatoires, surtout dans les causes portées devant sa cour de justice à Sens, excitent un soulèvement des gens du peuple, que le roi est forcé de réprimer cruellement. Philippe de Marigny, assurément coupable, resta impuni dans son archevêché. L. Grégoire.

Grandes Chroniques de Saint-Denis. — *Continuateur de* Guillaume de Nangis. — Bernard Guidonis, *Vie de Clément V*, dans Baluze. — Dupuy, *De la Condamnation des Templiers*. — *Procès des Templiers*, publié par J. Michelet (doc. inédits).

MARIGNY (*Jacques* Carpentier de), littérateur français, né au village de Marigny, près Nevers, mort à Paris, en 1670. Le *Menagiana* dit qu'il était fils d'un marchand de fer; mais il paraît que c'est là une assertion erronée, et que son père était seigneur du village de ce nom. Ces deux opinions ne sont pas si contraires qu'elles pourraient le sembler d'abord, ou du moins on peut les expliquer jusqu'à un certain point, car le *Menagiana* reconnaît lui-même qu'il était vraiment noble, malgré la condition de son père, et d'autre part, l'auteur d'une réponse virulente à son poëme satirique du *Pain Bénit*, s'exprime en ces termes sur la naissance de Marigny :

> Tout Paris le connoît, mais non pas d'origine...
> Son aïeul Charpentier, fait sieur de Marigny,
> Débitoit le lacet, le dé, l'aiguille fine.

Il pourrait donc se faire qu'on eût simplement confondu son père avec son aïeul, ou même que son père, après s'être enrichi dans le commerce, comme le dit encore l'auteur de cette réponse, fût devenu seigneur de son village. Marigny embrassa l'état ecclésiastique, et fut pourvu de bonne heure d'un canonicat dont les revenus le mirent à son aise. Il voyagea, en pays étranger, et, revenu en France, s'attacha au cardinal de Retz et au prince de Condé, et prit une grande part dans les mouvements de la Fronde. Ce qu'il écrivit contre Mazarin forme une œuvre assez considérable. Il le harcèle surtout par des chansons pleines de verve satirique, qui lui firent une réputation spéciale et lui valurent une courte incarcération à la Bastille. Lorsqu'il en sortit, il suivit le prince de Condé en Flandre. Dans la deuxième Fronde, on trouve l'incorrigible Marigny à Bordeaux, dans la compagnie du prince de Conti, et, de retour à Paris, il entretient avec Pierre Lenet, dont on connait le rôle dans ces troubles civils, une correspondance toute confidentielle sur l'état des affaires publiques. Ces lettres, récemment publiées pour la première fois dans le *Cabinet historique* de M. Louis Paris, le révèlent sous un nouveau jour, et montrent qu'à côté du chansonnier et du pamphlétaire il y avait en lui un homme politique qui soignait les intérêts de son parti avec autant d'intelligence que d'activité.

L'humeur satirique de Marigny lui valut plus d'une fois de fâcheuses aventures. Le *Menagiana* parle des inimitiés qu'il s'attira, à Rome, avec un cardinal de la famille des Barberins; en Hollande, où il se trouvait en 1657, avec le prince d'Orange; en Suède, avec le chancelier Oxenstiern; à Francfort, avec Servien, plénipotentiaire de France au congrès de Munster. Les *Mémoires* de Mme de La Guette nous apprennent que le fils de cette dame voulait lui donner des coups de bâton pour avoir écrit contre une personne qu'il aimait. On ne s'en tint pas toujours à ces velléités : ainsi, il fut bâtonné à Bruxelles, comme il s'en plaint lui-même dans une de ses lettres, et encore à Marseille par M. de Beauvais. Je ne sais si c'est à l'une de ces deux aventures que se rapporte le trait suivant, raconté par le *Menagiana*. « Il se plaisoit fort à débiter des nouvelles extraordinaires et séditieuses devant beaucoup de monde qui s'assembloit autour de lui, ce qui lui attira dans la suite beaucoup de chagrins. Le baron de..., dont il avoit fait quelque raillerie, l'invita à s'aller promener avec lui dans un bois où il y avoit des cavaliers apostés qui lui donnèrent des coups de bâton. Ce mauvais traitement ne le fit point changer; au contraire, l'accès qu'il avoit à la cour et la protection de M. le Prince lui avoient donné une certaine hardiesse de dire librement ses sentiments, que les autres n'avoient pas. »

Marigny était un improvisateur plein de verve, qui excellait dans l'impromptu. Ses nombreux voyages lui avaient fait acquérir la connaissance de plusieurs langues étrangères, surtout de l'espagnol et de l'italien : « Il est bien fait, dit de lui Tallemant des Réaux; il parle facilement et n'ignore pas un des bons contes qui se font en toutes les trois langues; fait des vers passablement. Pour du jugement, il n'en a point. » Il divertissait la cour par ses mots libres et piquants, ne dédaignant pas quelquefois d'entrer en joûte avec L'Angeli, le fou du roi. Il faisait mille folies pour égayer le cardinal de Retz, son protecteur et c'est lui que Costar a en vue en cet endroit du 1er volume de ses lettres où il cite ce mot d'un galant homme : « Je joue la comédie pour l'amour de moi, et pour en être le spectateur. » La manière dont il raillait Bautru, renommé pour ses mensonges, donnera une idée de ses plaisanteries, qui n'étaient pas toujours de fort bon goût. Il disait qu'il était né d'une fausse couche, qu'il avait été baptisé avec du faux sel, qu'il ne logeait jamais que dans des faubourgs, qu'il passait toujours par de fausses portes, qu'il cherchait toujours les faux-fuyants et qu'il ne chantait jamais qu'en faux-bourdon. Il prenait ses libertés même avec le roi et la reine. L'auteur de la réponse à son poëme du *Pain Bénit*, dont nous avons déjà parlé, va compléter son portrait, dont il faut toutefois adoucir les teintes, trop rudes, si l'on veut s'en tenir à la vérité :

> Jamais écornifleur mieux que lui n'a seu boire.
> Du talent de rimeur se servant à propos,
> Sans qu'il lui coûte un sol il est de tous écots,...
> Traitant les grands seigneurs de pair à compagnon,
> Quoiqu'il n'ait que l'honneur d'être leur maquignon.
> Cuistre de Saint-Amant, il suivit son génie ;
> Le débauché fameux, illustre par ses vers,
> Sut former son esprit sur des talents divers.

Marigny était en effet un des grands amis de Saint-Amand, dont il partageait les *débauches*. Comme lui, c'était un gros homme, franc, débraillé, aimant la bonne chère et le plaisir. Aussi Saint-Amant l'a-t-il nommé dans *La Vigne*, en compagnie des autres buveurs, ses compères :

> Marigny, rond en toutes sortes,
> Qui parmy les brocs te transportes, etc.

Il ne faut pas le confondre avec Marigny-Mallenoi, dont parlent aussi Saint-Amant et Tallemant des Réaux.

Tels sont les principaux traits connus de la vie de Marigny. Il est à regretter que ceux qui se sont occupés de lui ne l'aient pas fait avec plus de méthode et de suite. L'absence de dates et d'enchaînement dans les fragments de biographie qu'ils nous en ont donnés jette beaucoup de confusion dans l'histoire de ce personnage, qui mériterait à divers titres d'être mieux connu.

On a de lui : *Recueil de Lettres en prose et en vers*, in-12, La Haye, 1655, et *épîtres aux religieuses de Wilse et de Maubeuge*; — Dans le *recueil* de Sercy, diverses pièces de sa façon; — *Le Pain Bénit*, in-12, 1673 : poëme satirique assez piquant et abondant en curieux détails de mœurs, dirigé contre les marguilliers de Saint-Paul, qui voulaient le forcer à rendre le pain bénit; — Suivant Gui-Patin (lettre I, p. 406), le fameux *Traité politique..., où il est prouvé, par l'exemple de Moïse et autres, que tuer un tyran n'est pas un crime*; Lyon, 1658, petit in-12. On peut voir aussi dans le recueil des *Mazarinades*, indépendamment de ses ballades et triolets, quelques traités de lui entre autres le fameux *Tarif du prix donton est convenu pour récompenser ceux qui délivreront la France du Mazarin*, pièce mi-sérieuse, mi-plaisante. Victor FOURNEL.

Menagiana. — *Œuvres* de Ménage, passim. — Tallemant des Réaux, t. VII. — *Mémoires de Retz.* — *Mémoires de Mme de La Guette* (édit. elzévir.), p. 185-6. — Somaize, *Dict. des Précieuses*, édit. Livet, t. I, p. 170, et t. II, p. 280-0. — C. Moreau, *Bibliographie des Mazarinades.* — Mailly, *Esprit de la Fronde.*

MARIGNY (*François* AUGIER DE), historien et orientaliste français, né vers 1690, mort à Paris, le 9 octobre 1762. Il prit la carrière ecclésiastique et obtint bientôt un canonicat. Sa vie fut modeste et studieuse. Il était assez versé dans les langues sémitiques, mais généralement ses ouvrages manquent de critique et de style. Il semble avoir beaucoup emprunté à Ockley, à d'Herbelot et surtout à l'*Art de vérifier les dates*. On a de lui : *Histoire du douzième siècle*; Paris, 1750, 5 vol. in-12; — *Histoire des Arabes sous le gouvernement des califes*; Paris, 1750, 4 vol. in-12; trad. en allemand par Lessing, Berlin, 1753, 3 vol. in-8°. Cet ouvrage contient l'histoire des khalifes depuis Mahomet (629) jusqu'à Mostazem (1258); — *Histoire des Révolutions de l'empire des Arabes*; Paris, 1750-1752, 4 vol. in-12. On trouve dans cet ouvrage l'histoire des sultans seldgioucides d'Iconium, depuis Solinan (1074) jusqu'à Gaiatheddin IV (1283); celle des souverains d'Alep et de Damas, depuis Noureddin (1145) jusqu'à Yousouf Malek (1258); celle des sultans d'Égypte, depuis Saladin (1174) jusqu'à Touman-Bey (1517); celle des sultans ottomans turcs, depuis Othman Ier (1299) jusqu'à Mustapha III (1757); celle des empereurs mogols, depuis Gengis-Kan (1176) jusqu'à Tamerlan (1405); celle des schahs de Perse, depuis Sophi Ier (1501) jusqu'à Thomas-Kouli-Khan Nadir (1736); et quelques autres histoires moins importantes. L—z—E.

Quérard, *La France Littéraire.* — *Dict. Biographique* (1834).

MARIGNY (*Abel-François* POISSON, marquis DE), directeur général des bâtiments, jardins, arts et manufactures du Roi, né à Paris, en 1727, mort dans la même ville, le 10 mai 1781. Frère cadet de Mme de Pompadour, il fut introduit à la cour en 1746, et reçut le titre de *marquis de Vandières*. A ce moment la favorite assurait sa puissance en s'entourant de créatures : elle avait fait nommer l'oncle de son mari, le financier Le Normand de Tournehem, à la place de directeur général et ordonnateur des bâtiments royaux (1745); Marigny fut designé à sa survivance en 1746 (1). C'était un moyen pour Mme de Pompadour de conserver la direction occulte des beaux-arts, vers lesquels d'ailleurs l'entraînait un goût très-vif. Marigny avait vingt ans; il possédait quelques notions de physique, de géométrie et d'architecture; sa sœur résolut de le mettre à même de remplir les fonctions qui lui étaient réservées et pour cela de l'envoyer en Italie prendre le goût des arts. Afin de lui former une compagnie qui concourût utilement à ce projet, elle jeta les yeux sur trois hommes déjà connus : Soufflot, dont les travaux à Lyon avaient été remarqués et qui avait parcouru l'Italie et l'Asie Mineure; Ch. Nic. Cochin, dessinateur et graveur spirituel; et l'abbé Le Blanc, littérateur et critique de goût. Le voyage dura deux ans, de décembre 1749 à septembre 1751 : il ne fut pas sans influence sur l'avenir des arts en France (1).

M. de Tournehem étant mort en novembre 1751, Marigny prit pleine possession de sa charge, et il sut se faire apprécier des artistes en leur distribuant, de la façon la plus judicieuse, les faveurs du roi. Malgré les embarras financiers suscités par les prodigalités de Louis XV et les nécessités de la désastreuse guerre de Sept Ans, les arts ne furent pas délaissés. Le prix donné jusque alors aux tableaux commandés par le roi fut augmenté; les acquisitions pour la manufacture des Gobelins devinrent plus nombreuses, « moins par le besoin qu'elle en avait que pour soutenir la peinture d'histoire, toujours prête à dégénérer en France »; les travaux du Louvre furent repris; on ouvrit le guichet entre la place du Carrousel et le quai en réservant deux passages nécessaires pour les piétons; en dépit des vives attaques dont elle était l'objet, l'institution si utile de Colbert, l'Académie de France à Rome, fut maintenue (2).

Ses compagnons de voyage avaient conservé sur Marigny une grande influence; il les nommait *ses yeux*, et ne prenait aucune mesure importante sans leurs conseils. Du reste, il ne fut pas ingrat à leur égard; Soufflot fut appelé au contrôle des bâtiments du roi et à la direction des

(1) Ces dates sout relevées dans l'*Almanach royal*. Le *Dictionnaire de l'Académie des Beaux-Arts* (fascicule I, p. 102), dans la liste qu'il donne de quatorze surintendants des beaux-arts, est en désaccord sur plusieurs points avec les *Almanachs* de 1746 à 1781 que nous avons consultés. De Tournehem et de Marigny le dictionnaire fait quatre personnages distincts. Nous citons : « L'Académie en a vu passer *quatorze* (surintendants) depuis Colbert jusqu'au comte d'Angivillers. Nous donnons cette liste, fort peu connue : Colbert (1672); Dormoy (1680); le marquis de Louvois (1684); de Villacerf (1691); Mansart (Jules-Hardouin) (1699); le duc d'Antin (1708); de Bellegardé (1708); Orry (1736); Lenormand (1746); *Tournehim* (sic) (1748); Vandière (1754); Marigny (1755); Terray (1773); d'Angivillers (1774). »

(1) Cochin en a publié la relation sous ce titre : *Voyage d'Italie, ou Recueil de notes sur les ouvrages de peinture et sculpture qu'on voit dans les principales villes d'Italie*; Paris, Ch. Ant. Jombert, 1758, 3 vol in-12.

(2) Il faut dire toutefois que pendant cinq années, de 1767 à 1772, Marigny refusa d'envoyer à Rome les lauréats du concours d'architecture. Cette mesure fut sans nul doute le résultat d'une querelle qui s'éleva entre l'Académie d'Architecture et le directeur général. « Le roi Louis XV avait nommé l'architecte Wailly membre de l'Académie. Profondément blessée dans ses droits et ses privilèges, celle-ci refuse d'ouvrir ses portes à un artiste de valeur, mais qu'elle n'a pas choisi. M. de Marigny insiste ; l'Académie résiste, et se voit punie de son indocilité aux puissances par un ordre de dissolution, révoqué, il est vrai, peu de temps après. » (*Dictionnaire de l'Académie des Beaux-Arts*, fascicule I, 98-103.)

Gobelins; il fut en outre chargé de construire l'église Sainte-Geneviève; l'abbé Le Blanc fut nommé historiographe des bâtiments royaux, et Cochin devint successivement chevalier de l'ordre de Saint-Michel, graveur du roi, garde des dessins du cabinet de S. M. et censeur royal; en le nommant enfin secrétaire de l'Académie de Peinture et Sculpture en remplacement de Lépicié, Marigny se réservait réellement la direction des affaires de l'Académie. Les amis du directeur général ne furent pas les seuls sur lesquels s'étendirent les faveurs royales. Sur sa proposition, Coustou fut chargé de nombreux travaux : le plus important fut le tombeau du dauphin, père de Louis XVI, qui est dans la cathédrale de Sens; Pierre et Pigalle reçurent le cordon de Saint-Michel; Carle Van Loo et Boucher furent l'un après l'autre nommés premiers peintres du roi. On donna à Joseph Vernet le grand travail de la représentation des ports de France (1).

Marigny, comme on le pense bien, fut lui-même comblé d'honneurs. Décoré du cordon bleu, comme secrétaire commandeur des ordres du roi en 1756 (2), il fut fait conseiller d'État d'épée en 1772. La mort de sa sœur n'enleva rien à la faveur dont il jouissait auprès du roi. En 1773 seulement, ayant éprouvé quelques dégoûts et désirant prendre du repos, il offrit sa démission : elle ne fut acceptée que six mois plus tard, sur ses nouvelles instances; encore garda-t-il ses titres et ses honneurs. Sa place fut réunie au contrôle général jusqu'à la disgrâce de l'abbé Terray, en 1774 ; elle fut seulement alors confiée à M. d'Angivillers.

Marigny avait hérité de la majeure partie des grands biens de Mme de Pompadour; il changea le nom de Marigny, qu'il portait depuis 1755, contre le nom d'une des terres qu'elle lui avait laissée (3). Voulant alors se marier à son gré « et pour son bonheur », il avait épousé la fille aînée de Mme Filleul, la *bonne amie* du célèbre financier Bouret. Son malheureux caractère le priva de tous les charmes de cette union. Il cherchait le repos et la tranquillité auprès d'une femme charmante; il n'y sut trouver que tourments et inquiétudes.

(1) On a publié dans les *Archives de l'Art français* (*Documents*, t. IV, 161, etc.) des pièces fort intéressantes relatives à cette commande faite à Vernet de quinze tableaux importants, qui lui furent payés 20,000 l. Au nombre de ces pièces se trouve « l'*Itinéraire* » dressé par M. de Marigny, puis deux lettres qu'il écrivit à Vernet, et qui témoignent de ses égards pour lui en même temps que de son goût éclairé.

(2) Les beaux esprits de Versailles avaient appelé Marigny *le marquis d'avant-hier*. Quand il reçut l'ordre du Saint-Esprit : « Voilà un poisson au bleu », dirent-ils encore.

(3) La terre de Ménars-le-Château, près Blois. Marigny était marquis de Vandières, de Marigny et de Ménars, comte de Monthiers, vicomte de Clignon, seigneur de Nozieux, Saint-Claude, Fleury, La Chapelle, Saint-Martin et autres lieux; conseiller d'État d'épée ordinaire, lieutenant général des provinces de Beauce et Orléanais, capitaine gouverneur du château royal de Blois, directeur et ordonnateur général des bâtiments, jardins, arts, académies et manufactures du roi.

Marigny en effet, a dit Marmontel, « avait un amour-propre inquiet, ombrageux, susceptible à l'excès de méfiance et de soupçon. Il lui arrivait de parler de lui avec une humilité feinte pour éprouver si l'on se plairait à l'entendre se dépriser, et alors pour peu qu'un sourire ou un mot équivoque eût échappé, la blessure était profonde et sans remède. Avec les qualités essentielles de l'honnête homme et quelques-unes de l'homme aimable, de l'esprit, assez de culture, un goût éclairé pour les arts, dont il avait fait une étude, et dans les mœurs une franchise, une probité rare, il pouvait être intéressant autant qu'il était aimable; mais en lui l'humeur gâtait tout... Il avait dans l'esprit certain ton de plaisanterie qui n'était pas assez fin ni d'assez bon goût, et dont il aimait à s'égayer; mais il ne fallait pas s'y jouer avec lui. Jamais railleur n'a moins souffert la raillerie ». Avec ce faux sans-façon qu'avait si bien discerné Marmontel, Marigny lui dit, lorsqu'il reçut le cordon bleu : « Le roi me décrasse. — Votre noblesse est dans l'âme, et vaut bien celle du sang », répondit Marmontel; et il se tira ainsi d'un mauvais pas.

Marigny mourut à Paris, dans son hôtel de la place des Victoires, le 10 mai 1781, après d'assez longues souffrances, à l'âge de cinquante-quatre ans. On fit après lui une vente d'objets d'art de sa collection, ayant pour la plupart appartenu à Mme de Pompadour. Le *Catalogue*, rédigé par F. Basan et Joullain (1781), est orné d'un frontispice de Cochin, gravé par Prévost, et de deux estampes, dues au burin de Mme de Pompadour.

Cochin a gravé en 1752 le portrait de Marigny sous le nom de marquis de Vandières; la planche, retouchée en 1757, porte celui de marquis de Marigny. Il y a un autre beau portrait de Marigny, gravé en 1761 par Wille, d'après Tocqué.

H. H—x.

Cochin, *Notice nécrologique*, dans le *Journal de Paris*, 1781, p. 614, reproduite en tête du *Catalogue* de la collection du marquis de Ménars, 1781, in-8°. — Marmontel, *Mémoires*. — *Archives de l'Art français*.

MARIGNY (*Gaspard-Augustin-René* BERNARD DE), chef vendéen, né à Luçon, en 1754, fusillé le 10 juillet 1794, à La Girardière, paroisse de Combrand (Basse-Vendée). Il était lieutenant de vaisseau au port de Rochefort, lorsque, au mois de février 1792, il émigra avec de Lescure, son parent et son ami. Arrivés à Paris, ils y restèrent l'un et l'autre, sur un ordre secret de Louis XVI, à qui ils donnèrent le 10 août des preuves de leur dévouement. Revenus dans le Poitou, ils y furent bientôt arrêtés et jetés dans les prisons de Bressuire, où Quétineau les oublia bénévolement lorsque, le 1er mai 1793, Henri de La Rochejacquelein le força d'évacuer cette ville. Ils se joignirent alors à l'armée royale, et Marigny, qui avait été attaché à la division des canonniers-matelots du port de Rochefort, fut spécialement chargé du commandement de l'artillerie. Cinq jours après, il concourut à la prise de Thouars. Une batterie, qu'il avait habilement disposée à l'attaque de Saumur, contribua efficacement (9 juin) à la capitulation de cette ville. A la bataille livrée le 13 août dans la plaine de Luçon, il commanda une partie de l'aile droite, qui, comme le centre, ne comprit ni n'exécuta les manœuvres, d'ailleurs fort inhabiles, du généralissime d'Elbée. Charette soutint seul le combat, et accusa Marigny de trahison. Après le passage de la Loire, suivi des affaires de Laval, de Dol et d'Antrain, où Marigny déploya un bouillant courage, il prit part à l'attaque du Mans, où, cédant à une panique inexplicable, il abandonna son artillerie. Cette faute, il la répara à Savenay, où il se battit avec une intrépidité qui tenait de la rage. Après le désastre de cette journée, il erra quelque temps sur les bords de la Loire, essayant, mais sans succès, d'y former le noyau d'une nouvelle armée. Enfin, au mois d'avril 1794, il rentra dans la Vendée, et parvint à y rassembler un corps auquel il donna le nom d'armée du centre ou du Poitou. De La Cerisaye, son quartier général, il dirigea des expéditions sur divers points, et s'empara même de Mortagne, que des forces supérieures le contraignirent néanmoins d'évacuer le lendemain. Il était à peine revenu de cette expédition qu'à la tête de cinquante hommes il engagea un combat contre l'avant-garde de la division de six mille hommes commandée par les généraux Amey et Friederichs, près de Clisson. Étourdis par cette irrésistible attaque, les deux généraux républicains perdirent douze cents hommes, nombre égal à celui des assaillants à la fin de l'action. C'est après cette brillante rencontre que Marigny se rendit au château de La Boulaye, près de Châtillon, où Charette et Stofflet lui avaient proposé une entrevue, à l'effet d'arrêter un plan d'opérations communes. Il y fut convenu que les trois chefs, bien qu'indépendants les uns aux autres, agiraient de concert jusqu'à ce que les républicains eussent été chassés de la rive gauche; qu'une décision prise par le conseil des armées serait obligatoire pour tous les chefs, quelle qu'elle fût, et que tout contrevenant serait puni de mort. Marigny signa cette convention. Elle concordait avec la décision prise à Bressuire, le 25 février précédent, décision qui avait exclu toute suprématie individuelle, et remis la direction de l'armée d'Anjou à un conseil dont chaque membre n'avait que sa voix. Mais Stofflet supportait avec peine cette limitation de son pouvoir; il le voulait absolu. Son entourage excitait son ambition, qui convoitait l'autorité sur tout le pays occupé par la grande armée et comprenant la portion du haut Poitou dans laquelle Marigny avait ses cantonnements. Les familiers de Stofflet fomentèrent sa jalousie contre Marigny, et de l'aigreur il passa bientôt à la haine. Quant à Charette, comme la circonscription où opérait Marigny ne touchait pas à la sienne, il n'y avait à redouter de sa part aucune rivalité du genre de celle que présageaient les prétentions de Stofflet. Ce dernier, cédant aux suggestions de ses officiers, acheva de les révéler en prenant officiellement le titre de général en chef de l'armée d'Anjou. A quelques jours de là (25 avril), les Vendéens subirent un échec. Dans un conseil tenu le lendemain, on demanda à Marigny qu'il résignât le commandement de son corps d'armée pour reprendre celui de l'artillerie. Furieux, il quitte le conseil, et court haranguer ses soldats, qui veulent en vain le retenir en lui garantissant sa sûreté personnelle. Il persiste et s'éloigne; ses soldats suivent son exemple. Le conseil s'assemble de nouveau, et sur le rapport de Charette qui conclut contre le fugitif à la peine de mort, elle est prononcée. Serré de près par Stofflet, Marigny tomba entre ses mains, et fut passé par les armes. Ce funèbre épisode souleva contre Stofflet une indignation qui amena la dispersion presque totale de la division de La Cerisaye et pesa par suite sur la marche des événements, désormais défavorables aux Vendéens. Marigny fut un des plus cruels chefs vendéens, et rarement ses prisonniers eurent la vie sauve. P. Levot.

Archives de la Marine. — Crétineau-Joly, *La Vendée militaire.* — Théod. Muret, *Histoire des Guerres de l'Ouest.*

MARILHAT (*Prosper*), peintre français, né en 1811, à Vertaizon (Puy-de-Dôme), mort en 1847, à Paris. Après avoir reçu une bonne éducation classique, il suivit son goût pour la peinture, et passa une année dans l'atelier de Camille Roqueplan. A vingt ans il avait déjà un talent assez remarquable pour être attaché comme peintre à une expédition scientifique conduite en Orient par un riche autrichien. Il rapporta de ce voyage, qui l'impressionna vivement, des études et des souvenirs nombreux, parmi lesquels nous rappellerons : *Place Ezbekieh au Caire* (1834); *Tombeau du scheick Abou-Mandour, près Rosette* (1837); *Environs de Beirouth* (1841); *Souvenirs des bords du Nil; Arabes Syriens en voyage;* une *Ville de d'Égypte au crépuscule; Vue prise à Tripoli de Syrie* (1844), enfin une *Vue de Balbek*, un de ses plus beaux paysages. Marilhat avait aussi visité l'Italie et l'Algérie, et ces contrées pittoresques lui inspirèrent des compositions pleines d'un charme mélancolique. Cet artiste occupe une des premières places parmi l'école des paysagistes modernes; ses tableaux se distinguent par l'heureux choix des sujets, une entente harmonieuse et un sentiment vrai de la couleur.

P. L—y.

Livrets des Salons.

MARILLAC (Maison de). Cette famille, dont le véritable nom paraît avoir été *Marlhac*, était originaire d'Auvergne. Elle a produit plusieurs personnages remarquables, parmi lesquels nous citerons les suivants :

MARILLAC (*Guillaume de*), seigneur *de Saint-Genest, de La Motte-Hermant et le Bicon*, né vers 1460, occupa divers emplois dans la maison du duc de Bourbon, notamment celui de contrôleur général des finances. En 1527 il fut commis par la duchesse d'Angoulême, mère de François Ier, pour visiter les comptes du connétable. Il laissa une nombreuse postérité. K.

Moréri, *Grand Dict. Hist.*

MARILLAC (*Gilbert* DE), fils aîné du précédent, fut secrétaire du connétable de Bourbon. Il a écrit une *Histoire de la Maison de Bourbon, entre autres la vie et les grandes actions du connétable Charles de Bourbon, jusques au mois de mars 1521, où commença sa révolte.* Antoine de Laval a inséré ce morceau dans ses *Œuvres;* 1605, in-4°. K.

Vigneul-Marville, *Mélanges d'Hist. et de Littér.*, II, 17.

MARILLAC (*Gabriel* DE), avocat au parlement de Paris, fils du précédent, mort le 23 avril 1551. Il signait son nom *Marlhac.* C'était, selon le témoignage de Loisel et de de Thou, un habile homme et d'une probité exemplaire. Il fut soupçonné d'avoir secrètement adhéré aux doctrines de la réforme.

Un de ses frères, *François* DE MARILLAC, exerça la même profession avec un certain éclat. Loisel, en le citant, rapporte qu'on faisait de lui beaucoup plus d'estime que de ses rivaux, « en ce qu'il estoit fort en la replique ». Il plaida pour Anne du Bourg et pour le prince de Condé (1560), et mourut dans un âge peu avancé. K.

De Thou, *Hist.*, lib. XXVI. — Loisel, *Dialogue des trois Avocats*, 520.— Régnier de La Planche, *Hist. de François II*, 38.

MARILLAC (*Charles* DE), diplomate français, frère des précédents, né en 1510, près de Riom, mort à Melun, le 2 décembre 1560. Reçu avocat au parlement de Paris, quelques discours un peu libres sur la réforme dans l'Église et ses liaisons avec plusieurs savants dont l'orthodoxie était fort suspecte, le firent soupçonner lui-même d'avoir du penchant pour les idées nouvelles. La crainte que ces soupçons ne le perdissent lui fit prendre le parti de suivre à Constantinople Jean de La Forêt, son cousin, que François Ier venait de nommer ambassadeur. Son génie pour les affaires s'y développa tellement que son parent étant venu à mourir, il lui succéda, quoique à peine âgé de trente ans. De retour en France après une absence de trois années, il fut nommé conseiller au parlement de Paris, et peu après ambassadeur en Angleterre, puis maître des requêtes et grand-maître de la maison du dauphin. Il venait de revenir à Paris lorsque Henri II l'envoya à la cour de Charles Quint. Il y demeura cinq ans, et soutint avec vigueur les intérêts de la France. Ses services furent récompensés par sa nomination à l'évêché de Vannes (1550). Transféré, le 24 mars 1557, à l'archevêché de Vienne, il fit gouverner l'une et l'autre de ces églises par son frère Bertrand, depuis évêque de Rennes. Marillac fut envoyé en 1556 à Gravelines pour traiter de la paix avec les Espagnols, puis à la diète convoquée à Augsbourg, le 25 février 1559. Il assista ensuite à l'assemblée des notables réunie à Fontainebleau et qui tint sa première séance le 21 août 1560; là, il prononça un discours plein d'éloquence, dans lequel il exposa le misérable état des finances du royaume, la ruine prochaine de la foi catholique, le besoin des réformes; il conclut enfin en demandant la convocation d'un concile national et ensuite des états généraux. Il est peu probable que ce discours, comme on l'a prétendu, ait indisposé les Guise contre Marillac; car le cardinal de Lorraine, dans la même séance, adopta presque entièrement la solution proposée par l'archevêque de Vienne. Il faut attribuer la disgrâce de Marillac à une lettre qu'il écrivit à Jacqueline de Longwic, duchesse de Montpensier et favorite de la reine mère, dans laquelle il lui rappelait qu'elle avait promis de faire chasser les Guise aussitôt qu'elle serait en possession des biens du connétable de Bourbon, et que le moment était venu d'agir, puisque les baronnies de Beaujolais et de Dombes avaient été rendues à la maison de Montpensier. Les maux de l'État, dont il était témoin, sans qu'il lui fût possible d'y porter remède, causèrent à Charles de Marillac une profonde mélancolie, qui le conduisit au tombeau, dans son abbaye de Saint Pierre de Melun. Ce prélat se plut toujours dans la compagnie des hommes illustres par leur science, sans distinction de religion. Buchanan et Henri Estienne eurent part à ses libéralités; le célèbre Charles du Moulin lui dédia un de ses plus beaux ouvrages, et le chancelier Michel de L'Hospital lui adressa l'une de ses épîtres latines. On a de Charles de Marillac des *Mémoires* manuscrits, que l'on trouve dans plusieurs bibliothèques publiques.

H. FISQUET (de Montpellier).

Gallia Christiana, I. — De Thou, *Hist. univ.*, III. — Chorier, *État politique du Dauphiné*, I — Charvet, *Hist. de l'Église de Vienne.* — Michel de L'Hospital, *Poésies latines*, trad. par de Nalèche. — Tresvaux, *L'Église de Bretagne.* — *France pontificale.*

MARILLAC (*Michel* DE), ministre français, neveu du précédent, né le 9 octobre 1563, à Paris, mort le 7 août 1632, à Châteaudun. Fils de Guillaume de Marillac, qui fut contrôleur général des finances et mourut en 1573, il abandonna, sur l'avis de son tuteur, le projet d'entrer dans un ordre monastique pour suivre la carrière judiciaire, et il fut successivement conseiller au parlement de Paris, maître des requêtes et conseiller d'État. Dans sa jeunesse, il s'était montré fort attaché au parti de la Ligue; pourtant il avait contribué à faire rendre l'arrêt qui excluait tout prince étranger de la couronne. Comme il était d'une dévotion excessive, il se fit donner un appartement dans l'avant-cour du couvent des Carmelites, au faubourg Saint-Jacques, afin de passer dans leur église quelques heures le jour et même la nuit. Il continua de prendre soin des affaires de la communauté, et ce fut même à cela qu'il dut la protection de la reine Marie de Médicis, qui y allait souvent. Recommandé au cardinal de Richelieu, il devint en 1624 un des directeurs des finances, et deux ans plus tard il succéda au chancelier d'Aligre comme garde des sceaux (1er juin 1626). Dans le mois suivant il fut commis avec un conseiller d'État « afin d'informer secrètement de plusieurs menées et factions très-importantes, décréter contre toutes personnes que besoin serait, et instruire leurs procès; pour, lesdits procès instruits, être par le roi pourvu de tels juges qu'il lui plairait choisir ». Le 2 décembre il ouvrit la première séance des états généraux, et fit, dans son discours, un éloge pompeux des vertus du roi, le comparant à la statue de Memnon, qui rendait de bons conseils lorsqu'elle était frappée par la lumière céleste, insistant sur la nécessité de punir le péculat et les rébellions, et annonçant de grandes diminutions dans les dépenses. Dans le lit de justice tenu par Louis XIII avant son départ pour l'Italie (15 janvier 1629), Marillac, s'associant de plus en plus au dessein de Richelieu, qui était de remettre partout sur pied l'autorité royale, présenta un long édit, ou plutôt un code tout entier, qu'il avait compilé avec soin d'après les cahiers des états généraux et des assemblées des notables, et qui atteignait par de sévères réformes la juridiction ecclésiastique, l'administration de la justice, le droit civil et criminel, et les revenus. Il attendait de ce travail une gloire pareille à celle dont l'ordonnance de Moulins avait doté la mémoire de Michel de l'Hospital. Mais il avait compté sans la résistance du parlement, qui, jaloux du pouvoir législatif attribué aux assemblées nationales, refusa avec opiniâtreté d'enregistrer l'édit, flétri par lui du sobriquet de *Code Michau*. Le cardinal n'aimait pas Marillac; il pressentait en lui le successeur que lui destinait la reine mere; aussi laissa-t-il couvrir de ridicule le garde des sceaux, dont le code, bon et utile en plusieurs parties, tomba bientôt dans l'oubli. Dès lors Marillac s'attacha davantage au parti de Marie de Médicis, blâma la guerre d'Italie, et se mêla aux intrigues contre le tout-puissant ministre. Un des principaux acteurs de la fameuse *journée des dupes* (11 novembre 1630), il fut disgrâcié au moment où il attendait tranquillement, à Versailles, que le roi l'envoyât chercher pour lui remettre toute l'autorité. Le lendemain il remit les sceaux à M. de La Ville aux Clercs, et fut conduit au château de Caen, d'où on le transféra à Lisieux, puis à Châteaudun. « C'était bien lui, dit Sismondi, que Richelieu regardait comme le représentant de la politique opposée à la sienne et l'âme du conseil de la reine mère; mais on ne pouvait fonder une accusation sur les opinions qu'il avait loyalement émises au conseil du roi, et son intégrité le tenait à l'abri de tout autre reproche. » Marillac ne fut point mis en jugement, mais il mourut en prison trois mois après le maréchal, son frère consanguin. A peine laissa-t-il assez de bien pour subvenir aux frais de ses funérailles.

On a de Michel Marillac quelques ouvrages: *Examen des remontrances et des conclusions des gens du roi sur le livre du cardinal de Bellarmin*, 1611, in-8°, attribué quelquefois à l'avocat général Servin; — une traduction anonyme de l'*Imitation de Jésus-Christ;* Paris, 1621, in-12; fréquemment réimprimée, et en dernier lieu par les soins de M. de Sacy (1854): cette version est une des plus fidèles que l'on connaisse; elle a été attribuée au jésuite Rosweyde, qui a signé la dédicace de l'édition de 1652, jusqu'à ce que M. Gence, en 1810, en restitua l'honneur à Marillac. L'édition de 1630, revue par ce dernier dans sa prison, contient de plus une dissertation où il prend parti pour Gerson; — *De l'érection des religieuses du Mont-Carmel en France;* 1622, 1627, in-8°; — une traduction assez faible des *Psaumes* en vers français; Paris, 1625, 1630, in-8°; — *Relation de la descente des Anglais dans l'île de Rhé;* Paris, 1628, in-8°. P. L—Y.

Richelieu, *Mémoires*. — Moréri, *Dict. Hist.*. — Bazin, *Hist. de France sous le règne de Louis XIII*, II et III. — Sismondi, *Hist des Français*, XXIII. — S. de Sacy, *Introd.* en tête de l'*Imitation*, 1854, in-12.

MARILLAC (*Louis* DE), maréchal de France, frère du précédent, né en juillet 1572 ou 1573, en Auvergne, décapité le 10 mai 1632, à Paris. Issu du second mariage de Guillaume de Marillac, il servit en diverses occasions le roi Henri IV, qui lui donna une compagnie de chevau-légers et le fit gentilhomme ordinaire de sa chambre. Il avait épousé une demoiselle italienne qui appartenait à une branche éloignée de la maison de Médicis, et cette alliance lui procura les bonnes grâces de la reine (1). Après avoir été envoyé en ambassade auprès des États de la haute Italie (1611), puis en Lorraine et en Allemagne (1616), il fut nommé commissaire général des armées (1617), aida de ses conseils le maréchal d'Ancre, et devint maréchal de camp à la suite de l'affaire du Pont-de-Cé (1620). Blessé au siége de Montauban, il se signala à celui de La Rochelle, où il contribua surtout à l'achèvement de la digue, et signa seul les articles rédigés pour la capitulation de la ville (29 octobre 1628). L'entrée de son frère au conseil lui avait donné de grandes espérances; par la faveur de la reine mère, il obtint une commission en Champagne, le gouvernement de Verdun et la lieutenance générale des Trois-Évêchés. De là date l'ac-

(1) « Il vécut dans la cour sur sa bonne mine, et sous le nom du beau Marillac, cherchant toutes occasions de faire paroître son adresse et sa belle taille en public, et de se rendre agréable au feu roi, qui pourtant le traita toujours d'homme de peu. » Après la mort d'Henri IV il crut « que sous le gouvernement des femmes les choses extérieures et les apparences des vertus conjointes aux petits soins, enjoleries, assiduités et complaisances lui donneroient tout ce qu'il n'avoit pu obtenir auparavant. » (Du Chastelet, *Observ. sur la vie et condamnation du mar. de Marillac.*)

croissement rapide de sa fortune et, comme dit un auteur contemporain, « le commencement de ses voleries ». Quant à ses talents militaires, les gens du métier n'en avaient qu'une mauvaise opinion : il avait le ton et la morgue du commandement; mais « l'expérience découvrit bientôt qu'il était beaucoup moins soldat et capitaine sur le terrain que sur le papier ». Dès le siége de La Rochelle, pendant lequel il eut le malheur d'être battu en plusieurs rencontres, il s'associa à la cabale ourdie par les amis de la reine mère contre Richelieu, et sut se rendre si nécessaire que, malgré ses intrigues, il obtint le bâton de maréchal de France au siége de Privas (1629). L'année suivante, il continua de travailler sourdement à la ruine du cardinal; il avait offert, dit-on, de le tuer de sa propre main; après avoir retardé autant qu'il put le départ pour l'Italie des troupes qu'il commandait en Champagne, il les retint auprès de Lyon, afin de les faire servir d'instrument aux projets de Marie de Médicis. Le complot ayant avorté par suite de la guérison inespérée du roi, Marillac passa les monts, et partagea le commandement avec les maréchaux de La Force et de Schomberg. La chute de son frère, après la *journée des dupes*, entraîna la sienne; il fut arrêté le 20 novembre 1630, au milieu de ses soldats, et transféré à Sainte-Menehould. « Tout le crime du maréchal, dit Bazin, avait été envers le cardinal de Richelieu; il était entré certainement dans les cabales formées contre le ministre, mais son frère, le garde des sceaux, y avait pris une plus grande part et s'en était trouvé quitte pour un exil. Toute son existence dépendait de la faveur royale; il l'avait obtenue par la reine mère; on la lui ôtait: il semblait qu'il ne restât plus d'intérêt à le poursuivre. Ce n'était donc qu'un ressentiment personnel qui pouvait demander qu'on joignît un châtiment à sa disgrâce. » Mis en jugement « à cause des malversations et concussions par lui commises dans sa charge de général d'armée en Champagne », Marillac fut privé du droit d'être jugé par les chambres du parlement assemblées. Le procès dura près de deux années; Laffemas commença l'instruction, qui se continua devant des commissions particulières à Verdun, puis Ruel, sous les yeux de Richelieu. Deux fois le parlement intervint pour rappeler à lui la cause; on ne tint nul compte de ses arrêts. Enfin, à la majorité d'une seule voix, le maréchal fut condamné à mort. Ni les sollicitations de ses parents, ni les menaces de Marie de Médicis ne purent vaincre la rigueur du roi, qui se montra inflexible. Quant à Richelieu, il avoue lui-même dans ses *Mémoires* que les torts reprochés à Marillac étaient alors communs à tous les généraux d'armée; mais, ajoute-t-il, « si la multitude des coupables fait qu'il n'est pas convenable de les punir tous, il y en a qui sont bons pour l'exemple ». Deux jours après la signature de l'arrêt, le maréchal, amené de Ruel à Paris, eut la tête tranchée, sur la place de Grève (10 mai 1632). On a prétendu que le parlement réhabilita sa mémoire après la mort du cardinal, qui avait mis un acharnement si cruel à le poursuivre; mais il est probable que l'arrêt dont il s'agit se bornait à protester contre la procédure inique, dont il avait été la victime. P. L—Y.

Du Chastelet, *Observ. sur la vie et la condamnation du maréchal de Marillac*; Paris, 1633, in-8°. — Anselme, *Hist. des Grands-Officiers de la Couronne*. — *L'Esprit bienheureux du maréchal de Marillac*. — *Véritable Récit de ce qui s'est passé à la mort de Louis de Marillac*; s. l., 1632, in-8°. — *Procès du maréchal de Marillac et son execution*; Paris, 1633, in-4°. — Puységur, *Mémoires*. — Richelieu, *Journal*, liv. XXI, XXII. — Bayle, *Dict. Hist. et crit.* — Bazin, *Hist. de France sous Louis XIII*, t. II et III.

MARILLAC (*Louise* DE). *Voy.* LEGRAS.

MARILLIER (*Clément-Pierre*), dessinateur français, né à Dijon, en 1740, mort dans les environs de Melun, le 11 août 1808. D'abord placé chez un peintre de Dijon, nommé Moriot, il se rendit en 1760 à Paris, où il suivit les leçons de Hallé. Afin de se créer des ressources, il se mit au service des libraires, et orna de ses jolis dessins un grand nombre de publications, telles que les œuvres de l'abbé Prévost, Lesage, Roucher, Baculard d'Arnaud, Sauvigny, Boufflers, et le *Recueil des Voyages en France et autres pays*, par Racine, Lafontaine, Regnard, etc.; Paris, 1808, 3 vol. in-18. L'œuvre de cet artiste, qui s'élève à plus de 600 pièces, se distingue par la variété des sujets et par l'esprit et le goût avec lesquels il a traité la plupart d'entre eux. On y remarque particulièrement les vignettes des *Œuvres* de Dorat, celle de la *Bible* de Defer, et les 56 feuilles des *Illustres Français* gravées par Ponce (1790, in-fol.), comprenant 500 portraits, tableaux ou bas-reliefs ornés d'allégories. Marillier s'était retiré dans une compagne voisine de Melun, où plusieurs attaques successives de paralysie terminèrent ses jours.

J.-P. Abel JEANDET (de Verdun).

J.-M. Fayolle, *Les quatre Saisons du Parnasse*, quatrième année, t. XVI. — Gabet, *Dict. des Artistes*. — Le Blanc, *Manuel de l'Amateur d'Estampes*.

MARIN ou **MARINUS** *de Tyr* (Μαρῖνος), géographe grec, vivait vers le milieu du second siècle de l'ère chrétienne. Il fut le prédécesseur immédiat de Ptolémée, qui le mit largement à contribution. On peut le regarder comme étant, après Ératosthène et Hipparque, le véritable fondateur de la géographie mathématique chez les anciens. Il eut le mérite essentiel de déterminer les positions laissées incertaines par les autres géographes, et tout en se trompant souvent, il fournit à ceux qui vinrent après lui le moyen de rectifier ses erreurs. Ses cartes, construites d'après une méthode nouvelle, effacèrent celles que l'on possédait. Pour arriver à une exactitude jusque là inconnue, il étudia avec grand soin les ouvrages de ses prédécesseurs et les journaux des voyageurs. Il semble qu'il usa de tous ces matériaux avec discernement. Il fit de nombreux changements dans la seconde édition de son ouvrage qu'il aurait encore perfectionné s'il n'en avait été empêché par une mort prématurée. Malheureusement sa géographie est perdue. « Nous ne la connaissons que par celle de Ptolémée, qui lui emprunta le fond de son plan, profita des riches matériaux qu'il avait recueillis de toutes parts, et n'eut guère pour but que de le rectifier en le complétant dans l'ensemble et dans les détails. En effet, Marin, combinant les résultats des observations astronomiques avec ceux que lui fournissait la comparaison de nombreux itinéraires, s'était proposé de mettre un terme à l'incertitude qui régnait sur la position des pays et des villes, en assignant à chaque localité ses degrés réels ou présumés de latitude et de longitude. Il avait joint à ses descriptions des cartes couvertes d'un réseau de parallèles et de méridiens, se coupant à angles droits, et sous lesquels venaient s'orienter réciproquement les lieux, d'après les distances et les directions. Mais la projection dont il s'était servi était extrêmement imparfaite, et la première chose que Ptolémée eut à faire fut de la réformer pour la mettre en accord avec la figure de la terre. Il lui fallut pour cela même entreprendre une révision générale des positions et des mesures données par son prédécesseur, et soumettre à un système de réduction les évaluations des distances, qu'il avait presque toujours exagérées sur la foi des voyageurs et des navigateurs (1). » L'exposé du système de Marin est inséparable du système de Ptolémée; c'est pour ce dernier article que nous réservons des détails qui feraient ici double emploi. Y.

Ukert, *Geographie der Griechen und Römer*, vol. I, part. I, p. 227, etc., par. II, p. 194, etc., 278. — Forbiger, *Handbuch der Alten Geographie*, vol. I, p. 363. Pour les autres ouvrages à consulter sur Marin, voir les sources de l'article PTOLÉMÉE. On peut aussi consulter, mais avec beaucoup de précaution, les *Recherches sur la Géographie systématique des Anciens*, ouvrage sans critique et plein d'hypothèses hasardées.

MARIN (Saints). L'Église honore plusieurs saints personnages de ce nom. Les principaux sont :

MARIN, centurion romain, décapité à Césarée (Palestine), vers la fin de l'année 261, par ordre d'un juge nommé Achæus. Sa fête est célébrée le 3 mars.

MARIN, surnommé *le Vieux*, né à Anazarbe, (Cilicie), décapité dans la même ville, en 290. Il fut une des premières victimes des édits de Dioclétien. Lisyas, gouverneur de la Cilicie, sachant qu'il professait le christianisme, l'invita à apostasier. Sur ses refus réitérés, il le fit fouetter, étendre sur le chevalet et enfin décapiter. Les Grecs et les Latins l'honorent le 8 août.

MARIN, célèbre anachorète dalmate, mort sur le mont Titano, près de Rimini, vers la fin du quatrième siècle. Il était architecte, et construisit le pont de Rimini. On ne sait par quelle raison il se décida à entrer dans les ordres, que Gaudence, évêque de Forli, lui conféra. Il se retira alors sur le mont Titano, s'y bâtit une cellule, et passa le reste de sa vie dans la contemplation et la prière. Les miracles qui s'opérèrent sur son tombeau amenèrent un grand nombre de visiteurs. Peu à peu des maisons s'élevèrent aux alentours, et devinrent le noyau de la petite république qui porte encore le nom de *San-Marino*. La fête du saint est célébrée le 4 septembre. A. L.

Eusèbe, *Hist. Eccl.*, ch. XV-XVII. — Bollandus, *Acta Sanctorum*, septembre, t. II, p. 215. — Baillet, *Vies des Saints*. — Melchior Delfico, *Memorie storiche della Repubblica di San-Marino* (Milan, 1804 in-4°).

MARIN (*Jacques*), en latin *Marinus*, humaniste belge, né à Weert (Gueldre), mort vers 1550. Il fut recteur du collége de Bois-le-Duc, et publia une syntaxe latine mêlée de vers et de prose, et intitulée : *Didascalicon;* Anvers, 1526, in-4°. Réimprimé, sous le titre de *Syntaxis Linguæ Latinæ*, Bois-le-Duc, 1542, in-4°, ce livre fut retouché par Jérôme van Verle, et reparut dans la même ville, 1555, in-4°. K.

Valère André, *Biblioth. Belgica*, 420.

MARIN, mécanicien français, natif de Lisieux, vivait au seizième siècle. Il fut l'inventeur des fusils à vent, dont les expériences furent faites en présence de Henri IV et de Ruzé, secrétaire d'État. « C'étoit, dit David Rivault, sieur de Flurance, son contemporain, un homme du plus rare jugement en toutes sortes d'inventions, de la plus artificieuse imagination, et de la plus subtile main à manier un outil de quel art que ce soit qui se trouve en Europe. Sans avoir appris d'aucun maître, il est excellent maître, rare statuaire, musicien et astronome; manie plus délicatement le fer et le cuivre qu'artisans que je sache. Le roi Louis XIII a de sa main une table d'acier poli, où Sa Majesté est représentée au naturel, sans gravure, moulure, ni peinture; seulement par le feu que ce subtil ingénieur y a donné par endroits plus ou moins, selon que la figure le désire, du clair, du brun, ou de l'obscur. Il en a un globe dans lequel sont rapportés le mouvement du Soleil, la Lune, et des étoiles. Il s'est inventé à lui-même une musique, par laquelle il met en une tablature, à lui seul connue, tous airs de chansons, et les joue après sur la viole accordant avec ceux qui sonnent les autres parties, sans qu'ils sachent rien de son artifice, ni qu'il entende aucune note de leur science. » Flurance Rivault vit le fusil de Marin en 1602, et en publia la description. [LE BAS, *Dict. encyclop. de France*.]

Flurance Rivault, *Éléments d'Artillerie*; Paris, 1608, in-8°. — *Lettre* de Leprince jeune dans le *Journal des Savants*, de mars 1770, p. 174.

MARIN (*François*), écrivain français. Il était cuisinier, et est connu par un ouvrage intitulé : *Les Dons de Comus, ou les délices de la table*, avec une *préface* des PP. Brumoy et Bougeant; Paris, 1739, in-12; — *Suite des* Dons de Comus; Paris, 1742, 3 vol. in-12. Ces

(1) Guigniaut, article PTOLÉMÉE dans l'*Encycl. des Gens du Monde*.

deux ouvrages furent réunis avec une préface de de Querlon; Paris, 1750, 3 vol. in-12.

L—z—E.

Dict. Hist. (1822) — Aimé André, *Dict. Biographique pittoresque*, etc. (1804).

MARIN (*Michel-Ange*), écrivain ascétique français, né le 23 décembre 1697, à Marseille, mort le 3 avril 1767, à Avignon. Issu d'une famille noble, originaire de Gênes, et qui se fixa en Provence vers le milieu du douzième siècle, il avait pour frère un commissaire général de la marine qui exerça les fonctions d'intendant à la Guadeloupe. Admis en 1714 chez les Minimes, il fut employé dans les écoles et dans les chaires, et remplit quatre fois la charge de provincial de son ordre. Il possédait bien les Pères, la théologie et l'histoire religieuse; un goût naturel l'entraînait vers les belles-lettres, et il montra autant de facilité à manier le vers qu'à composer des ouvrages de pure imagination. « Quel bonheur pour vous, lui disait M. de Brancas, archevêque d'Aix, que la religion vous ait mis dans son sein! Vous eussiez perverti le monde, et vous vous fussiez perverti par les romans. » Marchant sur les traces de Camus, évêque de Belley, il chercha dans ses histoires romanesques à ramener ses lecteurs à la vertu par les charmes de la fiction. Son style est un peu diffus, et quelquefois lâche et incorrect, sans être tout à fait dénué d'élégance. On a de lui : *Lei desastres de Barbacan, chin errant dins Avignoun;* Avignon, 1722, 1759, in-16; Aix, 1744; il ne reste de ses poésies d'autre morceau que ce poëme en dialecte provençal; — *Conduite spirituelle de la sœur Violet;* Avignon, 1740, in-12; — *Adélaïde de Witsbury, ou la Pieuse pensionnaire;* Avignon, 1744, in-12; réimpr. plusieurs fois dans le dernier siècle et dans le nôtre; — *La Parfaite Religieuse;* Avignon, 1752, in-12; Paris, 1827, in-12 (bonne édition); — *Virginie, ou la vierge chrétienne, histoire sicilienne;* Avignon, 1752, 2 vol. in-12; Lyon, 1828; un des romans les plus répandus de l'auteur; — *Vies des Pères des déserts d'Orient, avec leur doctrine spirituelle et leur discipline monastique;* Avignon, 1761-1764, 3 vol. in-4° ou 9 vol. in-12; nouv. édit.; Lyon, 1824, 9 vol. in-8°; édit. abrégée, Avignon, 1825, 3 vol. in-12. Cet ouvrage est beaucoup plus étendu que celui d'Arnauld d'Andilly; les faits historiques y sont discutés avec érudition. Clément XIII adressa à l'auteur, au sujet de ce travail, trois brefs remplis d'éloges, dont le dernier était destiné à l'encourager à recueillir en un seul corps d'ouvrage les actes des martyrs. Marin y travaillait à l'époque de sa mort; — *Le Baron de Van Hesden, ou la république des incrédules;* Toulouse, 1762, 5 vol. in-12; ce sont les preuves de la religion réduites en histoire, pour combattre les arguments des sceptiques; — *Agnès de Saint-Amour, ou la fervente novice;* Avignon, 1762, 2 vol. in-12; Marseille, 1829; — *Théodule, ou l'enfant de la bénédiction;* Avignon, 1762, in-12; ce petit livre a eu jusqu'à nos jours de nombreuses réimpressions; — *Farfalla, ou la comédienne convertie;* Avignon, 1762, in-12; — *Angélique;* Avignon, 1766, 2 vol. in-12; Marseille, 1830; — *La Marquise de Los Valientes, ou la Dame chrétienne;* Avignon, 1765, 2 vol. in-12; — *Lettres ascétiques et morales*, Avignon, 1769, 2 vol. in-12, ouvrage posthume, précédé de l'éloge historique de l'auteur.

P. L.

Chaudon, *Éloge hist. du P. M.-A. Marin* (avec le catalogue hist. et crit. de ses ouvrages); Avignon, 1768, in-12. — *Éloge hist. du P. Marin*, en tête des *Lettres ascétiques*. — Achard, *Dict. de la Provence*, I. — Barjavel, *Biogr. du Vaucluse*, II. — Richard et Giraud, *Biblioth. Sacrée*. — Quérard, *La France Littér.*

MARIN (*Louis*), latiniste français, mort à Paris, en 1738. Il fut professeur de belles-lettres aux colléges du Plessis et de Beauvais. Il a composé de nombreuses pièces latines, tant en vers qu'en prose. Il s'était proposé Horace pour modèle; mais il resta loin de son but. On a de lui : *Cartesius*, ode alcaïque, 1700; — *Ad Grenadum; de Pulchro*, 1722; — *Ad Boerinum, de Festivo*, 1723; — *Ad Culturium, de Laudativo*, 1726; — *De Hilaritate magistris in docendo necessaria;* 1728, in-12. Ses œuvres se trouvent dans les *Selecta Carmina Orationesque clariss. in Universitate Paris. Professorum.*

L—z—E.

Dictionnaire hist.

MARIN (*François-Louis-Claude*), littérateur français, né à La Ciotat (Provence), le 6 juin 1721, mort à Paris, le 7 juillet 1809. Enfant illégitime, il entra comme enfant de chœur à l'église paroissiale de sa ville natale, et y devint organiste. Il se prépara à l'état ecclésiastique, et vint vers 1742 à Paris, où il se chargea de l'éducation du marquis de Rosen. Plus tard il quitta le petit collet, et se fit recevoir avocat au parlement. Ses ouvrages lui valurent la place de censeur royal, et il fut adjoint à Crébillon, dont il prit la place en 1762. Il avait échoué au Théâtre-Français; il eut plus de succès en réfutant Jean-Jacques Rousseau. Au mois d'octobre 1763, Sartine ayant été chargé de la direction de la librairie, Marin en devint secrétaire général. Jamais cette administration ne fut plus sévère : les prisons se remplirent de colporteurs; ces mesures sévères ont été attribuées à Marin, qui était pourtant lié avec plusieurs philosophes. Renfermé pendant vingt-quatre heures à la Bastille pour avoir laissé passer quelques vers d'une tragédie de Dorat, il fut sur le point de perdre sa place pour avoir communiqué à Rebel et Francœur, directeurs de l'Opéra, le manuscrit d'une pièce, *Ésope à Cythère*, qui était une critique de l'Opéra et du Théâtre-Français. En 1768, Marin se vit supprimer une pension de deux mille livres parce qu'il avait approuvé avec éloge l'opéra comique des *Moissonneurs* de Favart, dont le sujet était emprunté à la Bible. Au mois d'août 1771, il obtint la direction de la *Gazette de France*, à la place de Suard et de l'abbé Arnaud, qui avaient déplu à Maupeou. Collet lui fut adjoint : il conserva la censure, mais quitta le secrétariat de la librairie. Plusieurs de ses articles devinrent des sujets de risée, et l'emphase de quelques-uns leur fit donner le nom de *marinades*. Il provoqua l'arrestation du porteur des *Nouvelles à la main*, et vit augmenter les quolibets. Ami de Goezman, il essaya de lui ménager une réconciliation avec Beaumarchais; mais il y mit tant de maladresse que Beaumarchais le prit à partie, et l'accabla dans ses mémoires. Le *Qu'es aco* qui termine le portrait satirique du gazetier par l'auteur du *Mariage de Figaro* lui resta comme un sobriquet. Après la mort de Louis XV, les agents de Maupeou ne restèrent pas en faveur : en 1774, Vergennes enleva la *Gazette de France* à Marin, et la donna à l'abbé Aubert; quelques jours après, Crébillon fils le remplaça à la censure. En 1778, Marin acheta la charge de lieutenant général de l'amirauté à La Ciotat, où il se retira. Voltaire avait en vain essayé de le faire entrer à l'Académie Française. Marin avait amassé une assez belle fortune, que la révolution lui ravit en partie. Il revint à Paris en 1794, et y resta jusqu'à sa mort, partageant ses soirées entre l'Opéra et le théâtre des Variétés. Il s'était marié, et n'eut qu'un fils, amateur de musique, qui épousa une fille de Grétry. Étourdi et dissipateur, ce jeune homme ne rendit pas sa femme heureuse, et il mourut peu de temps après son père, sans laisser de postérité. On a de Marin : *Dissertation sur la Fable*; Paris, 1745, in-4°; — *Traduction libre en vers de la sixième eglogue de Virgile*; Paris, 1748, in-8°; — *Pastorale pour la fête de la comtesse de Rosen*; Colmar, 1749, in-8°; — *L'Homme aimable, avec des réflexions et pensées, sur divers sujets*; Paris, 1751; Leipzig, 1752, in-12; — *Ce qu'on a dit, ce qu'on a voulu dire; Lettre à Mme Folio*; Paris, 1752, in-8° : brochure relative à la guerre musicale qui s'engagea à propos du *Devin de village* de J.-J. Rousseau; — *Histoire de Saladin, sultan d'Égypte et de Syrie*; La Haye et Paris, 1758, 1763, 2 vol. in-12; — *Carthon*, poëme d'Ossian, traduit de Macpherson par Mme ***; Londres (Paris), 1762, in-12 : avec la duchesse d'Aiguillon, mère du ministre; — *Lettre à Mme la princesse de Talmont sur un projet intéressant pour l'humanité*; Paris, 1763, in-8°; — *Lettre de l'homme civil à l'homme sauvage*; Amsterdam, 1763, in-12 : c'est une réponse à J.-J. Rousseau; — *Œuvres diverses*; Paris, 1765, in-8° : ce premier volume, qui n'a pas eu de suite, contient : *Julie, ou le triomphe de l'amitié*, comédie en trois actes et en prose, jouée avec succès en 1762; *La Fleur d'Agathon*, imitée de l'italien de J.-P. Martello; *Fréderic, ou l'île inconnue*, tragi-comédie en cinq actes et en vers, imitée de *Robinson*; *L'Amante ingénue*, comédie en un acte, tirée d'un conte moral de Mlle d'Uncy; et *L'Amant heureux par un mensonge*; — *Bibliothèque du Théâtre-Français, depuis son origine*, etc., avec plusieurs collaborateurs; Dresde (Paris), 1768, 3 vol. in-8° : ouvrage faussement attribué au duc de La Vallière; — *Mémoire sur l'ancienne ville de Taurentum en Provence; Histoire de la ville de La Ciotat; Mémoire sur le port de Marseille*; Avignon et Marseille, 1782, in-12; — *Notice sur la vie et les ouvrages de Ponthus de Thiard de Bissy*; 1786, in-8°. On doit encore à Marin un *Abrégé de la vie d'Abailard*, en tête de l'*Épître d'Héloïse à Abailard*, traduite de l'anglais de Pope en prose par la duchesse d'Aiguillon, dont Marin fut l'éditeur, 1758, 1765, et plusieurs mémoires et discours sur l'histoire, la poésie orientale, les Chinois, etc. Il a travaillé à l'*Année Littéraire* de Fréron et au *Journal de Paris*. Enfin il a été l'éditeur des *Œuvres du philosophe bienfaisant* (le roi Stanislas), 1763, et d'une réimpression des *Maximes d'État, ou testament politique du cardinal de Richelieu*, avec des notes et une préface, 1764.

J. V.

Biogr. nouv. des Contemp. — Biogr. univ. et portat. des Contemp. — Quérard, La France Littér.

MARINA, plus tard doña XARAMILLO et en mexicain *Malinche*, l'une des maîtresses de Fernand Cortès, née vers 1505, morte après 1530. Cette jeune Indienne joue un rôle important dans la conquête du Mexique. Elle était fille du puissant Tetcotzinco, cacique de Painalla dans la province mexicaine de Guazacualco. Malinche était fort jeune lorsqu'elle perdit son père. Sa mère Cimalt se remaria avec un chef indien, nommé Magueytlan, et de ce second mariage elle eut un fils auquel elle voulut assurer le légitime héritage de Malinche. Dans ce but elle la fit passer pour morte, en lui substituant le cadavre de l'enfant d'une de ses esclaves, et tandis qu'on célébrait avec solennité les obsèques de la fille du cacique Tetcotzinco, Cimalt et Magueytlan vendirent Malinche à des marchands de Xicalanco. Ceux-ci la revendirent à Hualley, cacique de Tabasco, qui, après sa défaite dans la plaine de Ceutla (25 mars 1519), en fit présent à Fernand Cortès avec dix-neuf autres belles jeunes filles. Malinche, alors au printemps de la vie, était, rapporte Camargo, « *hermosa como diosa* (belle comme une déesse). » Elle fut d'abord le partage d'un capitaine nommé Fernandez Porto Carrero, qui retourna bientôt en Espagne et la laissa à Chalchiuhcuecan, aujourd'hui La Vera-Cruz. Ce fut là qu'elle fixa l'attention de Cortès et qu'elle en fut aimée. Elle consentit à recevoir le baptême sous le nom de *Marina*, et devint pour l'illustre *conquistador* une maîtresse dévouée, une habile interprète, une active surveillante des projets de l'ennemi, une conseillère instruite de la politique et des mœurs du pays et, plus d'une fois, une ambassadrice éloquente et adroite. « Son esprit, dit

Bernal Diaz, qui l'avait connue, était prompt, vif, étendu, énergique et fertile en ressources. Elle tenait bien sa place au conseil ; dans les jours de bataille elle avait toute la force d'âme d'un homme, dans les négociations toute la finesse d'une femme. Outre la langue aztèque, Marina savait le maya, que l'on parle dans le Yucatan et à Tabasco. Elle apprit l'espagnol en peu de temps, et s'exprimait en cette langue avec une extrême facilité. Marina fut la providence de l'armée de Cortès et l'un des puissants instruments de la chute de Montezuma. »

A l'époque de l'expédition de Honduras (1524), lorsque l'armée espagnole traversa le Coatzacualco, Cortès manda tous les caciques du pays. Cimalt et son fils durent se présenter, et reconnaissant Malinche auprès du conquérant, ils se crurent perdus, et se jetèrent à genoux devant elle en demandant grâce. Malinche leur montra qu'elle était devenue la chrétienne Marina : elle les releva, les embrassa, et les renvoya chargés de présents. Ce généreux accueil les décida à embrasser le christianime et à aider Cortès de tout leur pouvoir. Après la mort de Cortès, Marina épousa don Juan de Xamarillo, officier renommé par ses talents militaires. Un poëte moderne, Moratin, a célébré Marina dans son poëme de *Las Naves de Cortès.*

Elle avait eu de Cortès un fils, *don Martin Cortès*, qui devint commandeur de Saint-Jacques de Compostelle et chevalier de Calatrava. En 1568, il fut accusé de rébellion et d'irréligion. Saisi par l'inquisition, il périt dans les tortures, et ses immenses biens furent confisqués. Alfred DE LACAZE.

Las Casas, *Hist. de las Indias*, lib. III, cap. CXX. — Camargo, *Hist. de Tlascala*. — Gomara, *Cronica*, cap. 25, 26. — Clavigero, *Storia del Messico*, t. III, p. 12-14. — Oviedo, *Hist. de las Indias*, lib. XXXIII, cap I. — Ixtlilxochitl, *Hist. Chichemeca*, cap. LXXIX. — Bernal Diaz, *Hist. de la Conquista*, etc., cap. XXXVII, XXXVIII. — William-H. Prescott, *Hist. de la Conquête du Mexique* (trad d'Amedée Pichot), t. I, lib. II, p 221-270.

MARINALI (*Orazio*), sculpteur italien, né à Vicence, ou, suivant Berti, à Bassano, florissait dans la seconde moitié du dix-septième siècle. Il passa presque toute sa vie à Vicence, où il avait ouvert une école. On y trouve ses principaux ouvrages, tels que quatorze statues à la façade et au pourtour de l'église d'Ara-Cœli; quatre statues au maître autel de Santa-Corona ; quatre *Vertus*, très-estimées, à Santa-Croce; deux *Atlantes* à la façade de l'église supprimée de Sainte-Barbe ; à la Madonna di Monte-Berico, plusieurs statues à la façade et une très-belle *Annonciation* à l'intérieur ; plusieurs statues au palais Vecchia ; au palais Sale, un beau groupe, *La Raison dominant les Sens*, etc. A Verone nous trouvons de Marinali une *Madone*, un beau *Saint Sébastien* et plusieurs autres statues. A Padoue une belle *Madone* de Marinali orne la petite église delle Dimesse. On voit par cette liste incomplète quelle fut la fécondité de cet artiste ; mais aussi il travailla souvent avec une telle rapidité que la plupart de ses ouvrages sont bien inférieurs à ceux, en petit nombre, qu'il avait exécutés avec soin et à loisir. Les sculptures de Marinali sont reconnaissables à un monogramme formé de deux initiales entrelacées.

L'ancien *Guide de Vicence* cite quatre statues du palais Chiericati dues au ciseau d'un certain *Angelo* MARINALI, qui peut-être fut le fils d'Orazio. E. B—N.

Descrizione delle Architetture, Pitture e Scolture di Vicenza; 1779. — G.-B. Berti, *Nuova Guida per Vicenza*; 1830. — Bennassuti, *Guida di Verona*. — P. Faccio, *Nuova Guida in Padova.*

MARINARI (*Onorio*), peintre de l'école florentine, né vers 1662, à Florence, mort en 1715. D'abord imitateur du Dolci, il agrandit sa manière, peut-être après avoir, comme le croit Orlandi, pris des leçons du Volterrano ; plus tard il sacrifia au goût de son temps, et tomba parfois dans le maniérisme. Il a laissé à Florence de nombreuses peintures à l'huile et à fresque. Parmi ces dernières, nous citerons *Jupiter et Danaé*, plafond du palais Capponi; parmi les premières : *Saint Jérôme ; Saint Maur guérissant des infirmes ; Jésus-Christ apparaissant à sainte Marie de' Pazzi ; L'Extase de saint Philippe disant la messe ; David vainqueur de Goliath* ; le *Portrait* du peintre ; *Sainte Agathe ; Les Noces de Cana* et *Saint Sébastien*. E. B— N.

Orlandi. — Lanzi. — Ticozzi. — Fantozzi, *Guida di Firenze.*

MARINAS (*Enrique*, surnommé DE LAS), né à Cadix, en 1620, mort à Rome, en 1680. Enfant trouvé, élevé par un peintre médiocre, il dut son nom à son habileté à reproduire les scènes maritimes. Il n'omettait aucun des menus détails du gréement d'un bâtiment, et savait rendre avec vérité la transparence des vagues, leurs cimes moutonnées, la vapeur humide qui s'élève de leur choc, sans négliger l'interposition de l'air entre ses premiers plans et l'horizon. Il gagna une fortune considérable, voyagea beaucoup, et se fixa à Rome. Ses tableaux signés sont rares et très-recherchés ; tous ceux qu'il a faits en Italie ont été attribués à des maîtres de ce pays.

A. DE L.

Cean Bermudez, *Diccionario historico de los mas illustres Professores de las Bellas Artes en España*. — Quilliet, *Dict. des Peintres espagnols.*

MARINE MNISZECH, femme de l'imposteur Dmitri, née en Pologne, dans la woïwodie de Sandomir, vers 1580, morte en 1613, dans le khanat d'Astrakan. Elle vivait à Sandomir, auprès de son père, woïwode de la province, lorsqu'un jeune aventurier, élevé parmi les cosaques zaporoviens parvint d'asile en asile auprès d'Adam Vichnevetsky, seigneur de Braguin et parent de Marine. Profitant de sa ressemblance avec un fils d'Ivan, Dmitri Ivanovitch, que le tzar Boris avait fait assassiner, il se fit passer dans une partie de la Pologne pour le seul tzar légitime, et fut envoyé à Sandomir, auprès de Mniszech, par Adam Vichnevetsky, devenu sa dupe ou son complice. Marine, séduite par la perspective du trône, se laissa fiancer au faux Dmitri, qui obtint ainsi l'appui des seigneurs et celui même du roi Sigismond. Les Cosaques zaporoviens et ceux du Don, irrités des supplices dont Boris avait puni leurs brigandages, appuyèrent l'usurpateur, qui ne tarda pas à pénétrer dans Moscou, où le peuple le proclama tzar. De nombreuses imprudences, des révélations fatales, la faveur toujours croissante des Polonais et des jésuites et l'incroyable legèreté d'Otrepief, qui, sur la foi d'un oracle, s'attendait à un règne de trente-six ans, fournirent des armes à ses adversaires, et le jour même où Marine, accompagnée d'une suite nombreuse de seigneurs et de prêtres, entrait dans Moscou pour y célébrer son mariage, éclata une émeute qui couta la vie au tzar et plaça sur le trône Vassili Schouisky, l'auteur et le chef de la conjuration. De nouveaux prétendants surgirent de toutes parts. Ivan Bolotnikof fit place à un jeune inconnu, André Nagui, sans talents et sans mœurs, qui prétendit que Domitri s'était échappé du carnage, et se fit passer pour l'époux de Marine. Après une assez longue guerre, il parvint à faire reculer l'armée ennemie jusqu'à Moscou, mit le siége devant cette ville, et réclama la mise en liberté de Mniszech, de sa fille Marine et des seigneurs polonais que Schouisky retenait prisonniers à Iaroslavl. Le tzar, pour ne pas irriter Sigismond, voulut les faire conduire en Pologne; deux officiers de Nagui surprirent l'escorte, et conduisirent à Touchino Mniszech et sa fille. Celle-ci, n'écoutant que son esprit de domination, consentit à donner sa main à un aventurier dont elle connaissait l'imposture; mais Sigismond, qui reclamait lui-même le trône pour son fils Vladislas, fit marcher son armée sur Moscou, et mit en fuite l'usurpateur. Marine, secondée par Sapiéha et Zaroutsky, soumit néanmoins la Russie presque entière, et put braver un instant Sigismond et les Polonais : « J'aimerais mieux manger le pain de la pitié, répondait-elle aux envoyés du roi, qui lui offraient des conditions favorables en échange de sa renonciation, plutôt que d'accepter le plus léger bienfait de celui qui vient m'enlever ma couronne. » Nagui fut assassiné quelque temps après à Kalouga, et Marine, tombée entre les mains des Russes, dut sa liberté au courage de Zaroutsky, qui proclama tzar son fils encore au berceau, et se sauva par les steppes dans la ville d'Astrakan. A l'approche de l'armée patriote, les habitants expulsèrent les aventuriers; Zaroutsky fut pris et supplicié à Moscou. Le fils de Marine, sacrifié à la sécurité du souverain, fut jugé et pendu à l'âge de trois ans. Sa mère, condannée à une captivité perpétuelle, périt, dit-on, par l'ordre du nouveau tzar. A. Huyot.

Esneaux et Chennechot, *Histoire de Russie*. — *Encyclopédie des G. du M.* — Niemcewicz, dans sa *Vie de Sigismond III*. — Mérimée, *Les faux Demetrius*.

MARINELLI (*Lucrèce*), femme poète italienne, née à Venise, en 1571, morte dans la même ville, le 9 octobre 1653. Restée veuve et sans enfants à un âge peu avancé, elle chercha un délassement dans la culture des lettres, et publia divers opuscules en prose et en vers; les principaux sont : *Della Nobiltà ed eccellenza delle Donne, e delli Diffetti e maneamenti degli Uomini*; Venise, 1608, in-4°, 1621, in-8°; — *Vita di Maria vergine*; Venise, 1617, in-8°; — *Dei Gesti heroici e della vita maravigliosa di S. Catherina di Siena*; Venise, 1624, in-4°; — *Le Vittorie di S. Francisco il serafico*; Padoue, 1642, in-4°. Z.

Tiraboschi, *Biblioteca Modenese*.

MARINEO (*Lucas*) (1), humaniste et historien italien, né à Bidino, en Sicile, vers 1460, mort après 1533. Après s'être appliqué à Palerme à la littérature grecque et latine, il se rendit à Rome, où il continua ses études sous la direction de Pomponius Lætus et de Sulpicius Verulanus. De retour à Palerme en 1481, il y enseigna les belles-lettres pendant cinq années; en 1486, cédant aux instances de Frédéric Henriquez, amirante de Castille, il alla professer à Salamanque la langue latine, la rhétorique et la poétique. C'est à lui et à Antoine Lebrixa que revient l'honneur d'avoir fait revivre en Espagne le goût des belles-lettres. Après avoir formé dans l'espace de douze ans un grand nombre de disciples distingués, il fut appelé à la cour, où il fut chargé de l'éducation des jeunes courtisans. Jouissant auprès de Ferdinand V de la plus grande considération, il fut nommé chapelain et historiographe de ce prince, qui lui conféra aussi de nombreux bénéfices. Charles Quint lui conserva l'emploi de chapelain royal, et lui donna en 1524 un canonicat à la cathédrale de Palerme. On ne connaît pas exactement la date de la mort de Marineo. On a de lui : *De Laudibus Hispaniæ*; in-fol., imprimé avant 1504; — *De Aragoniæ Regibus et eorum rebus gestis*; Saragosse, 1509, in-fol.; traduit en espagnol; Valence, 1524, in-fol., et en italien, Messine, 1590, in-4°; — *Epistolarum familiarium Libri XVII*; *Orationes*, *Carmina*; Valladolid, 1514, in-fol.; ce recueil, précieux pour l'histoire littéraire de l'époque, contient aussi une biographie de Marineo par Alphonse Seguritano; — *De Rebus Hispaniæ memorabilibus*; Alcala, 1530, in-fol. : Francfort, 1579; reproduit dans l'*Hispania illustrata* de Schon; traduit en espagnol par Jean de Molina, Alcala, 1530, in-fol. : ce n'est qu'à partir du douzième livre que cet ouvrage a quelque valeur; il est surtout instructif sur le règne de Ferdinand V. Marineo avait encore écrit plusieurs ouvrages restés manuscrits, entre autres : *De Fœminis Hispaniæ illustribus*. O.

Mongitore, *Bibliot. Sicula*, t. II, p. 16. — Antonio, *Biblioth. Hispan.* — Tiraboschi, *Storia della letteratura italiana*.

MARINGONÉ (*Louis-Joseph* Vionnet, vi-

(1) Il changea plus tard ce nom en celui de *Lucius*.

comte DE), général français, né en Franche-Comté, le 16 novembre 1769, mort à Paris, le 28 octobre 1831. Il entra au service en 1789, et, passant par tous les grades, il devint colonel des chasseurs à pied de la garde impériale et commandeur de la Légion d'Honneur (28 novembre 1813). Louis XVIII le nomma en 1814 maréchal de camp (26 avril) et chevalier de Saint-Louis (17 septembre). Maringoné refusa de servir durant les Cent Jours; aussi Louis XVIII à sa rentrée lui confia le commandement de Lyon. Il se trouva compromis dans les accusations de cruauté portées contre Canuel, lors de la répression des troubles qui éclatèrent dans le Dauphiné et le Lyonnais, et fut mis en demi-solde. En 1820 il fut appelé au commandement de Briançon. En janvier 1823 il commandait une brigade de l'armée française en Espagne, et s'empara de Puycerda et de Figuières. Ces faits d'armes, quoique peu meurtriers, lui valurent le grade de lieutenant général et la grand' croix de Saint-Ferdinand. Il fut chargé d'occuper militairement la Catalogne jusqu'au 16 octobre 1824. Depuis il n'eut plus aucun commandement. A. DE L.

De Courcelles, *Hist. biog. des Généraux français*. — Arnault, Jay, etc., *Biogr. des Contemp.* — *Archives de la Guerre*.

MARINI (*Pietro*), prédicateur italien, né vers la fin du quatorzième siècle, mort à Aix, en 1467. Ayant fait profession dans le couvent des Augustins d'Aix, il alla prêcher dans diverses villes de l'Italie, notamment à Padoue; en 1447 il fut appelé à l'évêché de Glandèves, et devint par la suite prédicateur et confesseur du roi René, qu'il accompagna dans la plupart de ses voyages. Les ouvrages de Marini sont restés inédits; il y en a pourtant un qui aurait mérité d'être imprimé: c'est un recueil de sermons prêchés par Marini, les uns à Padoue, les autres à Aix, et qui renferment des détails intéressants sur les mœurs de l'époque ainsi que d'autres particularités curieuses. Ils sont tous écrits en latin (1); le style en est moins barbare que celui des Barlette, Menot et Maillard, et il n'est jamais déparé par des expressions basses et bouffonnes, dont ces prédicateurs se servaient souvent. La morale enseignée par Marini est des plus sévères; tout en rapportant parfois des contes absurdes, auxquels tous ses contemporains croyaient, il s'élève d'autres fois contre les superstitions: ainsi, selon lui c'est à un phénomène tout naturel et non à un miracle, comme on l'admettait alors généralement, qu'il attribue la circonstance que la fontaine Saint-Jean pres d'Entrevaux ne donnait de l'eau que pendant les huit jours de l'octave de Saint-Jean. Le manuscrit des sermons de Marini appartenait en 1813 à M. Fauris de Saint-Vincens: il en a extrait

(1) Le premier sermon français qui fut prononcé en Provence fut l'oraison funèbre de Henri IV par Doni d'Attichi.

un certain nombre de traits cu
publiés dans une *Notice* inséré
gazin encyclopédique de Millin

Gallia Christiana. — Bouche, *H*
vence.

MARINI (*Marc*), savant héb
né à Brescia, vers 1541, mort d
en 1594. Entré de bonne heure
noines du Saint-Sauveur, il fut
par Grégoire XIII, pour extraire
rabbins tout ce qui pouvait inté
biblique. Il refusa plus tard plusie
lui offrit le pape, et se retira da
tale. On a de lui: *Grammatica Li*
Bâle, 1580, in-4°; — *Arca N*
saurus Linguæ Sanctæ novus;
2 vol. in-fol.: ouvrage rare (*Vo*
toria Lexicorum Hebræorum, p
notationes literales in Psalm
sione illustratos; Bologne, 174
in-4°, par les soins de Mingarelli,
de Marini.

Calmet, *Bibl. biblique*. — Tiraboschi,
ter. Italiana.

MARINI ou MARINO (*Jea*
poëte italien, né à Naples, le 18
mort dans la même ville, le 25 m
d'un jurisconsulte, il fut destiné à
rière, et « peut-être, dit Tira
mieux valu pour la poésie italienn
se fût réalisé; mais, comme beau
Marini tourna le dos à la jurisp
suivre les Muses. » Son père, indi
de la maison. Il trouva un asile
Bovino, puis chez le prince de Co
admirateurs de son talent naissant.
la police par une escapade de jeu
prudent de quitter Naples, et se r
où il trouva plusieurs protecteurs
Melchiore Crescenzi et le cardin
dini. Il suivit ce prélat à Ravenn
Dans cette ville il fit beaucoup de
ouvrages et plus encore par ses po
les poëtes ses confrères. La prem
l'occasion d'un sonnet de lui, compo
d'un poëme de Rafaello Rabbia su
d'Égypte. Marini avait confondu l
mée avec l'hydre de Lerne. Cette é
rement relevée par les uns, atté
autres, donna lieu à une série d'o
on trouvera la liste dans Crescim
drio. Cette polémique ne fut qu'u
paraison de la suivante. Marini, p
panégyrique du duc Charles-Emm
obtenu la croix de Saint-Mauric
zare et la place de secrétaire du
secrétaire, Gaspar Murtola, en té
jalousie, et tint sur le poëte de méc
Marini s'en vengea par un sonn
poëme de Murtola imprimé à Ve
sous le titre d'*Il Mondo creato*.

rieux, riposta par une satire sur la vie de Marini. Celui-ci lança quatre-vingt-un sonnets intitulés *Murtoléide* contre son rival, qui n'ayant opposé à cet ouvrage qu'une *Marinéide* en trente sonnets fut déclaré vaincu. Murtola eut alors recours à d'autres armes, et tira un coup d'arquebuse sur Marini. Le poète ne fut pas atteint; mais deux balles blessèrent dangereusement un de ses amis. Comme cet ami était un des favoris du duc, Murtola, mis en prison et condamné à mort, aurait été exécuté sans l'intervention de Marini, qui obtint sa grâce. Murtola ne garda aucune reconnaissance de ce procédé; il paraît, au contraire, qu'il accusa Marini de s'être moqué du duc dans un poëme burlesque intitulé *La Cuccagna*. Ce poëme remontait à la jeunesse de Marini; le duc n'en fut pas moins indigné des traits satiriques qu'on lui dénonçait, et il fit arrêter le poëte. Marini obtint sa liberté à la sollicitation du marquis Manso et du cardinal Ferdinand de Gonzague. Il partit alors pour la France. La reine Marguerite, qui l'avait invité à s'y rendre, venait de mourir (mars 1615); mais il trouva une protectrice zélée dans Marie de Médicis, qui lui donna une pension de 1,500 écus, portée peu après à 2,000. Il composa à Paris et dédia à Louis XIII son poëme d'*Adonis* (*Adone*), qui mit le comble à sa réputation. En 1622 il revint à Rome. Les cardinaux se disputèrent l'honneur de le recevoir, et l'académie des *Umoristi* l'élut pour son prince. Ses ennemis étaient réduits au silence. Tommaso Stigliani, qui dans son poëme héroïque intitulé *Il Mondo nuovo*, avait fait une description d'un *Uom marino* dans un style burlesquement imité de Marini, composa, mais n'osa pas publier du vivant de Marini, une critique de l'*Adone* sous le titre de l'*Occhiale*. L'apparition de cet ouvrage en 1627 fut le signal d'une attaque générale contre le malheureux critique. Marini, mort depuis deux ans, trouva de vaillants défenseurs dans Girolamo Aleandro, Niccola Villani, Scipione Errico, Agostino Lampugnani, Giovanni Capponi, Andrea Barbazza, le P. Angelico Aprosio et autres. Stigliani, assailli de toutes parts, n'osa pas répondre, et il sembla que la gloire de l'auteur de l'*Adone* était assurée; mais ce n'était qu'un engouement passager. Avec de grands défauts Marini n'avait aucune qualité de premier ordre. Il possédait, il est vrai, une imagination facile, mais cette faculté ne s'élevait point chez lui jusqu'à la véritable création poétique, et se bornait à saisir ou à supposer entre les objets les plus éloignés des analogies quelquefois fines, plus souvent spécieuses et presque toujours factices et de pure convention. Un style composé de jeux de pensées et de jeux de mots, d'expressions affectées et de métaphores extravagantes peut exciter la curiosité et amuser un moment; mais comme il ne convient à aucun sujet, il ne saurait avoir un succès durable. Marini en a fait l'expérience. Ce poëte, si applaudi de son temps, si célèbre en France sous le nom du *cavalier Marin*, et qui exerça une déplorable influence sur la poésie du temps de Louis XIII, n'est cité aujourd'hui que comme un exemple de mauvais goût. Son nom est resté connu, mais ses ouvrages ne se lisent plus; en voici les titres : *Rime de Giov. Batt. Marino*; Venise, 1602, 1605, 1608, in-16, et sous le titre de *La Lira, Rime del cavalier Marino*; Venise, 1629; ces poésies ont été plusieurs fois réimprimées; elles sont divisées en deux parties, dont la première contient : *Rime amorose, marittime, boschereccie, heroiche, lugubri, morali, sacre, varie*; le second comprend *Madrigali e Canzoni*; — *La Lira parte terza, divisa in amori, lodi, lagrime, divotioni e capricci*; Venise, 1614, in-16; — *La Galeria del cavalier Marino, distinta in pitture e sculture*; Venise, 1620, in-16; en deux parties : 1° *Favole, historie, ritratti, capricci*; 2° *Statue, rilievi, modelli, medaglie, capricci*; — *La Murtoleide, fischiate del cavalier Marino, con la Marineida, risate del Murtola*; Francfort, 1626, in-4°; — *Il padre Naso del Cavalier Marino, con le sue due prigionie, di Napoli et di Torino, con un sonetto sopra il Tebro, e tre canzoni, cioè Fede, Speranza e Carita dell' istesso*; Paris, 1626, in-24 : la première partie de ce recueil est un éloge burlesque du nez, en prose; la captivité de Naples est en vers burlesques; la captivité de Turin est en prose et sérieuse; — *L'Adone, poema del cavalier Marino, con gli argomenti del conte Fortuniano San-Vitale e l'allegorie de don Lorenzo Scoto*; Paris, 1623, in-fol. et in-16; Venise, 1623, in-4°; Amsterdam, 1651, 2 vol. in-16 (Elzevier); Amsterdam, 1678, 4 vol. in-32, avec les figures de Sébastien Leclerc. En tête de la première édition se trouve une *Lettre de M. Chapelain à M. Favereau portant son opinion sur le poëme d'Adonis du chevalier Marino*. Cette lettre est extrêmement louangeuse. Le huitième chant de l'*Adone* a été imité en français par Fréron et le comte d'Estouteville sous ce titre : *Les vrais Plaisirs, ou les amours de Vénus et d'Adonius*; Paphos (Paris), 1748; Amsterdam, 1755, in-12. Ginguené s'était proposé de réduire l'*Adone* à cinq chants, il n'en a publié que deux; — *La Sampogna del cavalier Marino, divisa in idillii favolosi e pastorali*; Paris, 1620, in-12; — *La Sferza, invettiva del cavalier Marino a quattro ministri dell' iniquità, con una lettera faceta del medesimo*; Paris, 1625, in-8°; — *Il Tempio, panegirico*; Lyon, 1615, in-12 : c'est un panégyrique de Marie de Médicis; — *Li Epitalamii*, etc.; Venise, 1616, 1628, in-16; — *Strage degli Innocenti*, etc.; Naples, in-8°; Rome, 1633, in-12; — *Lettere del cavalier Marino, gravi, argute, facete e piacevoli, con diverse poesie del medesimo*; Venise, 1627, in-8° ; — *Dicerie sacre*; Turin, 1614, in-12; Venise, 1626, in-12. L. J.

G.-B. Balacca, *Vita del cavalier Marino*; Milan, 1626, in-12. — F. Chiaro, *Vita del C. Marino*; Naples, in-8°. — Loredano, *Vita del Cav. Marino*; Venise, 1633, in-8°. — Fr. Ferrari, *Vita del C. Marino*, avec la *Strage degli Innocenti*; Venise, 1633, in-12. — G.-F. Camola, *Vita del C. Marino*, avec le même poëme; Rome, 1633, in-12. — Freschi, *Relazion della pompa funerale fatta dall' Accad. degli Humoristi di Roma per la morte del Cav. Marino, con l'orazione recitata in lode di lui da Giacomo Rocco*; Venise, 1626, in-12. — Pacichelli, *Vita di G.-B. Marino*; Rome, 1670, in-4°. — Toppi, *Biblioteca Napoletana*. — Nicéron, *Memoires pour servir à l'histoire des hommes illustres*, t. XXXII. — Tiraboschi, *Storia della Letteratera Italiana*, t. VIII, p. 336. — Crescimbeni, *Storia della Volgar Poesia*. — Quadrio, *Storia della Poesia*. — Baillet, *Jugements des Savants*, t. IV, p. 174. — Saint-Non, *Voyage pittoresque de Naples*, t. I. p. 139. — Lardner, *Lives of literary and scientific Men of Italy*, t. II, p. 174. — Ph. Chasles, *Revue des Deux Mondes*, 15 août 1840, et *Études sur l'Espagne et l'Italie*, p. 250-308 — Ginguené, *Histoire littéraire d'Italie*, continuée par Salfi, t. XIV. — Le Fèvre-Deumier, *Études biographiques et littéraires de quelques celébrites étrangères*; Paris, 1853.

MARINI (*Giovanni-Ambrogio*), romancier italien, né vers 1594, à Gênes, mort vers 1650. à Venise. On n'a presque aucun détail sur sa personne. Il était de famille patricienne, étudia la philosophie à Parme et embrassa l'état ecclésiastique. Il fut le premier écrivain de son pays qui retraça en prose les usages, les mœurs, les dangers et les exploits de l'ancienne chevalerie, immortalisés jusque alors par les poëmes de Dante, de l'Arioste et du Tasse. Ses romans obtinrent dès leur apparition une vogue prodigieuse, et excitèrent la verve des imitateurs, surtout en France. Par respect pour l'habit qu'il portait, il ne crut pas devoir y attacher son nom, réserve à laquelle il faut attribuer le silence que presque tous les biographes ont gardé sur lui. On a de Marini : *Il Caloandro fedele*; Venise, 1652, 2 vol. in-12; ibid., 1664, 4 vol. in-24; une des meilleures éditions est celle de Venise, 1726, 2 vol. in-8°. Ce roman célèbre fut publié en deux parties : la première sous le titre d'*Eudimiro creduto Uranio*, du nom d'un des principaux personnages; Brassicano, 1640; et la seconde, *Il Caloandro sconosciuto* (avec la première); Venise, 1641, in-8°. Dans l'une, l'auteur s'était déguisé sous le nom de Gian-Maria Indris Boemo; dans l'autre, sous celui de Dario Grisimani. C'est un ouvrage plein d'imagination, qui offre une intrigue développée avec art et des caractères assez habilement diversifiés. Thomas Corneille en a tiré le sujet de la tragédie de *Timocrate*, et La Calprenède, adoptant l'idée principale, l'a étendue dans l'histoire d'Alcamène, un des épisodes les plus attachants du roman de *Cléopâtre*. *Le Caloandre* a été traduit en français par Scudéry, qui n'en a donné qu'une partie; Paris, 1668, 3 vol. in-8°, et par M. de Caylus; Amsterdam, 1740, 3 vol. in-12. On en trouve une analyse intéressante dans la *Bibliothèque des Romans* (octobre 1779), et il en existe une imitation allemande par Vulpius; Berlin, 1794, 2 vol. in-8° ; — *Le Gare de' Desperati*; Milan, 1644, in-8°. Poinsinet, qui en inséra un extrait dans la *Bibliothèque des Romans* (mars 1779), apprécie de la sorte ce roman, dont le succès fut au moins égal à celui du précédent : « L'intrigue est marquée au coin du génie italien : elle est extrêmement compliquée; le canevas est un véritable *imbroglio*, où le trouble et l'embarras des personnages sont portés à leur comble, et qui enfin se dénoue artistement et de la manière la plus satisfaisante. L'accoutrement des personnages y rappelle les mascarades du fameux carnaval de Venise. » Ce roman a été traduit en français : *Les Désespérés*; Paris, 1682, 2 vol. in-12, et 1732, in-12. En 1786, Delandine, bibliothécaire de Lyon, a donné une édition de ces deux ouvrages : *Romans héroïques de Marini*; Lyon, 4 vol. in-12, avec un discours sur les romans de chevalerie; — *Il cras nunquam moriemur, cioè domani bisogna morire e siamo immortali*; Rome, 1646; Gênes, 1649, in-16; — *Il Caso non è caso*; Rome, 1650, in-16, traité ascétique; — *Scherzi di fortuna, istoria favoleggiata*; Rome, 1662, in-12, réimpr. depuis. P.

Giustiniani, *Scrittori Liguri*, 303. — Oldoino, *Athenæum Ligusticum*, 294. — Delandine, *Notice* en tête des *Romans heroïques*.

MARINI (*Giovanni-Filippo* DE), missionnaire génois, parent du précédent, né à Taggia, en 1608, mort au Japon, en 1677. Il fit profession chez les Jésuites en 1625, et après avoir occupé plusieurs emplois dans son ordre, fut envoyé prêcher la religion catholique dans le Tonking (1638). Il y resta quatorze années, et devint recteur du collége des Jésuites de Macao. Après un voyage à Rome et en Portugal, il retourna au Japon comme provincial, et mourut dans l'exercice de ses fonctions. On a de lui : *Delle Missioni de' padri della Comp. di Giesù nella provincia di Giappone, e particolarmente di quella di Tunchino*; Rome, 1663, in-4°, fig.; Venise, 1665, 2 vol. in-12; trad. en français par le père Nicolas Le Comte, célestin, sous ce titre : *Relation nouvelle et curieuse des royaumes de Tunquin et de Lao*, etc.; Paris, 1666, in-4°. Cet ouvrage contient des documents exacts et curieux sur le Tonking et le Laos. A. DE L.

Oldoino, *Athenæum Ligusticum*. — Mich. Giustiniani, *Scrittori Liguri*. — Sotwell, *Script. Soc. Jesu*.

MARINI (*Benedetto*), peintre de l'école romaine, né à Urbin, vivait dans la première moitié du dix-septième siècle. Élève de Claudio Ridolfi, il s'établit à Plaisance, où il se forma une manière qui tient à la fois de celle de Baroccio et des écoles vénitienne et lombarde. Son ouvrage le plus célèbre est la *Multiplication des pains*, immense tableau à l'huile, qu'il peignit en 1626, pour le réfectoire de Santo-Francesco-Grande de Plaisance. Cette peinture, composée, variée et exécutée avec un art admirable, est supérieure aux meilleurs ouvrages de son maître. E. B—s.

Lanzi, *Storia*. — *Guida di Piacenza*.

MARINI (*Gaetano-Luigi*), antiquaire italien, né le 10 décembre 1742, à Santo-Arcangelo (États-Romains), mort le 17 mai 1815, à Paris. Sa famille était originaire d'Urbin. Il fit de bonnes études au collège de Saint-Marin, puis au séminaire de Rimini, où il dut à Giovanni Bianchi ses grands progrès en grec et en philosophie. A Bologne, il étudia les mathématiques et les langues orientales; il s'appliqua aussi au droit des gens et à l'histoire naturelle. Dès qu'il eut été reçu docteur en droit (1764), il se rendit à Rome, embrassa l'état ecclésiastique, et suivit entièrement son goût pour les antiquités. En 1782, il succéda à l'abbé Zampini dans l'emploi de préfet des archives du saint-siége, à la garde desquelles il était adjoint depuis 1772. Dans la même année où un décret l'éloignait de Rome, il devint correspondant de l'Institut de France (1808). Lorsque, à la suite de l'occupation française, on transporta à Paris les archives du Vatican (1810), Marini reçut l'ordre de venir dans cette capitale, où il passa les dernières années de sa vie en chrétien plutôt qu'en savant. Il venait de vendre sa bibliothèque lorsqu'il succomba à une phthisie pulmonaire. On a de lui : *Degli Archiatri pontifici*; Rome, 1784, 2 vol. in-4°; c'est une refonte complète de l'ouvrage de Mandosio sur les premiers médecins des papes, ouvrage auquel Marini a ajouté plus de deux cents noms et qu'il a conduit jusqu'à Pie VI; — *Iscrizioni antiche delle ville e de' palazzi Albani*; ibid., 1785, in-4°, fig.; il y explique, avec une rare sagacité, cent onze inscriptions conservées dans les palais de la famille Albani, et la plupart inédites; — *Gli Atti e monumenti de' fratelli arvali scolpiti gia in tavole di marmo ed ora raccolti, diciferati e commentati*; ibid., 1795, 2 vol. in-4°, avec 67 pl. Ce recueil est une œuvre capitale, d'une science un peu exubérante; mais il est regardé comme classique dans cette branche de l'archéologie. Marini y explique environ mille monuments antiques, concernant les frères ruraux (*fratres arvales*), institués par Romulus, et sur lesquels on n'avait presque aucune notion; — *Papiri diplomatici descritti ed illustrati*; ibid., 1805, in-fol. avec 22 pl. Cet ouvrage contient les fragments épars de cent cinquante-sept actes sur papyrus, déchiffrés, mis en ordre et publiés avec de savants commentaires; le plus ancien est de l'an 444. Outre beaucoup de dissertations imprimées sur différents sujets, notamment sur les antiquités civiles et ecclésiastiques, Marini a laissé en manuscrit *Inscriptiones christianæ latinæ et græcæ ævi milliarii*, 4 vol. in-fol., au Vatican; recueil auquel il travailla pendant quarante ans, et qui renferme près de 9,000 inscriptions relatives aux dix premiers siècles de l'Église. P.

Coppi, *Notice sur la vie et les ouvrages de G. Marini*; dans les *Annales Encyclop.*, 1817, II. — Tipaldo, *Biogr. degli Italiani illustri*, IV.

MARINIANA, impératrice romaine, vivait dans le troisième siècle de l'ère chrétienne. L'histoire se tait sur cette princesse; mais il existe un grand nombre de médailles qui portent sur un côté une tête voilée avec les mots *Divæ Marinianæ*, et généralement sur le revers, *Consecratio*. Une de ces médailles porte la date de la quinzième année de la colonie de Wiminiacum, ce qui prouve qu'elle a été frappée en 254 après J.-C. Mariniana appartenait donc au règne de Valérien; mais on ignore si elle était la femme, la sœur ou la fille de cet empereur. Valérien fut marié au moins deux fois, puisque, d'après Trebellius Pollion, Gallien et Valérien jeune n'étaient que demi-frères; et comme la mère du premier se nommait Galliana, la mère du second a pu se nommer Mariniana. Ce sont là des conjectures. On ne peut rien affirmer sinon qu'elle était morte en 254, c'est-à-dire au moins quatre ans avant l'expédition de Perse. Ce fait suffit pour détruire l'hypothèse de Vaillant, qui prétend que Mariniana suivit Valérien en Asie et partagea sa captivité chez les Perses. Y.

Trebellius Pollion, *Valerianus Jun. ad. Salonic.*, c. 1. — Eckhel, *Doctrina Nummorum*, vol. VII, p. 388.

MARINIS (*Leonardo* DE'), prélat italien, né en 1509, dans l'île de Chio, mort le 11 juin 1573, à Alba. Issu d'une famille noble de Gênes, il était fils du marquis de Casal-Maggiore, et entra dans l'ordre de Saint-Dominique. Le pape Jules III, qui l'avait nommé en 1550 évêque de Laodicée, l'envoya en 1552 en qualité de nonce à la cour d'Espagne. L'ardeur avec laquelle il plaida les intérêts du saint-siége le força d'interrompre ses fonctions jusqu'à l'avénement de Philippe II, qui satisfit à ses demandes et le prit en telle estime qu'il lui fit donner l'archevêché de Lanciano (1562). Il parut avec éclat au concile de Trente, où le cardinal Hercule de Gonzague le chargea, dans la vingt-deuxième session, de dresser les articles relatifs au sacrifice de la messe. Employé comme légat auprès de l'empereur Maximilien II, pourvu ensuite de l'évêché d'Alba, il remplit, vers la fin de sa vie, une dernière ambassade en Espagne et en Portugal. Il fut l'un des trois évêques qui travaillèrent, par ordre du concile de Trente, à rédiger le bréviaire et le missel romains ainsi que le *Catechismus ad Parochos*; Rome, 1566, in-fol. En outre il donna leurs constitutions aux clercs réguliers de Saint-Paul connus sous le nom de Barnabites. P.

Quétif et Échard, *Script. ord. Prædicat.* — Ughelli, *Italia Sacra*.

MARINIS (*Gian-Battista* DE'), petit-neveu du précédent, né le 28 novembre 1597, à Rome, où il est mort, le 6 mai 1669. Après avoir rempli plusieurs emplois dans l'ordre des Dominicains, il devint secrétaire de la congrégation de l'Index, et publia en cette qualité le catalogue de tous les livres censurés depuis Clément VIII. La manière partiale dont il exerça ses fonctions lui attira de vifs reproches de la part de Théophile Rainaud, dans son ouvrage *De immunitate Cyriacorum*. En 1649 il devint général de son ordre. On a de lui un traité de la Conception de la Vierge, composé par ordre du pape Alexandre VII, et qui n'a pas vu le jour.

Son frère aîné, Marinis (*Domenico* de'), né en 1593, à Rome, mort le 20 juin 1669, à Avignon, fut aussi religieux dominicain. Il professa la théologie à Toulouse et à Paris, devint prieur du couvent de Sainte-Marie de la Minerve à Rome, et obtint en 1648 l'archevêché d'Avignon. Dans cette ville il fonda deux chaires pour son ordre, fit rebâtir le palais épiscopal, et légua par testament tous ses biens aux pauvres. On a de lui : *Commentaires sur la Somme de saint Thomas*; Lyon, 1663-1668, 3 vol. in-fol. P.

Script. ord. Prædic. — Richard et Giraud, *Bibl. Sacrée*. — *Dict. des Auteurs ecclésiast.*

MARINO (*Jean-Baptiste*), agent révolutionnaire français, né à Sceaux, en 1767, guillotiné à Paris, en avril 1794. Il était peintre en porcelaine lorsque éclata la révolution, et quittait souvent son atelier pour fréquenter les clubs. Sa véhémence lui fit une certaine réputation ; le 10 août 1792, il fut l'un des membres de la commune insurrectionnelle qui s'empara de l'hôtel de ville, et fit massacrer le commandant général Mandat. Marino montra beaucoup d'activité dans cette sanglante journée. Il devint ensuite administrateur de police, et en 1793 il présida la commission extraordinaire instituée à Lyon après la prise de cette ville. Plus libertin que cruel, il se fit chasser par Collot d'Herbois, et devint dès lors son ennemi implacable. A Paris il fut chargé de la police des prisons et de la surveillance de la morale publique. Il abusa des facilités que lui donnait sa place pour commettre de nombreux méfaits, et en avril 1794 Pons (de Verdun) le dénonça. Marino fut décrété d'accusation et envoyé devant le tribunal révolutionnaire, qui le condamna à la détention perpétuelle. Il était sous les verroux lorsque L'Admiral tenta d'assassiner Collot d'Herbois (23 mai 1794). Marino fut, on ne sait trop comment, déclaré complice de L'Admiral. Condamné à la peine des parricides pour attentat sur un des membres de la représentation nationale, il fut conduit à l'échafaud en chemise rouge. H. L.

Le Moniteur universel, ann. 1792-1794. — Thiers, *Histoire de la Révolution française*, t. IV. — A. de Lamartine, *Hist. des Girondins*, t. VI. — Mignet, *Abrégé de l'hist. de la révolution française*.

MARINONI (*Jean-Jacques* de), mathématicien italien, né en 1676, à Udine, mort le 10 janvier 1755, à Vienne. Son éducation, principalement tournée vers les sciences exactes, fut commencée à Udine, et se termina à l'université de Vienne, par le diplôme de docteur en philosophie. Appelé par l'empereur Léopold Ier à remplir l'office de mathématicien de [illegible] en 1706 le plan de la capitale [illegible] rons, qui fut gravé dans la même [illegible] 4 grandes feuilles. En 1714 il inventa un [illegible] ment propre à mesurer les surfaces et [illegible] pela *balance planimétrique*. En 1717 [illegible] tribua à l'établissement d'une aca[illegible] à la géométrie et aux sciences [illegible] fut nommé sous-directeur, puis [illegible] voyé en 1719 dans le Milanais pour [illegible] le plan cadastral, il consacra [illegible] travail, et le reprit en 1729 dans [illegible] tricts de la haute Italie. En 1730 il [illegible] Vienne, où, s'abandonnant sans réserve [illegible] goût pour l'astronomie, il éleva à ses [illegible] des plus beaux observatoires de l'[illegible] faire dans sa maison, et sous [illegible] tous les instruments qu'il y voulait [illegible] la proposition de Maupertuis, il fut reçu [illegible] membre de l'Académie des Sciences de [illegible] On a de lui : *De Astronomica domestica* [illegible] *cula et organico apparatu astr*[illegible] *lib. II*; Vienne, 1745, in-fol. « Un tr[illegible] trouve dans le récit de ces observations, [illegible] Formey, mérite d'être distingué. C'est que [illegible] le 14 et le 15 décembre 1741, il fit un *Tr*[illegible] *Observationum Astronomicarum* avec [illegible] grande exactitude et la plus parfaite [illegible] lité qu'il y ait jamais apportée, dans [illegible] où l'on s'attendait à voir l'ennemi mettre [illegible] devant la ville. Cela sent trop l'Archimède [illegible] ne pas lui en faire honneur. » — *De Re Ic*[illegible] *graphica*; ibid., 1751, in-fol. Il se pro[illegible] d'en donner un complément *De Re I*[illegible] *trica*, dont il a été imprimé quelques [illegible] Marinoni a laissé en manuscrit trente-six [illegible] d'observations astronomiques.

Strodtmann, *Neues gel. Europa*, IX, 106-117. — [illegible] mey, *Éloges des Académiciens de Berlin*, II, [illegible] Meusel, *Lexicon*, VIII.

MARINOS. *Voy.* Jona ben Ganach.

MARINUS, usurpateur romain, tué en [illegible] après J.-C. Simple centurion sous le [illegible] Philippe, il fut salué empereur par les [illegible] de l'armée de Mésie. Philippe envoya contre [illegible] un corps d'armée commandé par Dèce. A [illegible] proche de celui-ci les soldats tuèrent [illegible] et proclamèrent Dèce. Il existe une méd[illegible] bronze, frappée à Philippopolis en Thrace [illegible] portant pour légende ΘΕΩ. ΜΑΡΙΝΩ. Q[illegible] la médaille grecque citée par Goltzius, c[illegible] portant les noms de *P. Carvilius Marinus*, [illegible] est d'une authenticité très-douteuse. On a [illegible] contesté que la première médaille con[illegible] surpateur Marinus. [illegible]

Zonaras, XII, 19. — Zosime, I, 20. — Eckhel, *Doctrina Nummorum*, vol. VII, p. 278. — Tochon d'A[illegible] *Mémoire sur les Médailles de Marinus frappées à [Phi]lippopolis*; Paris, 1817, in-4°.

MARINUS (Μαρῖνος), philosophe néoplat[onicien], né à Flavia Neapolis, en Palestine, v[illegible] vers la fin du cinquième siècle après J.-C. [Dis]ciple et successeur de Proclus dans l'école [illegible]

compose des *Recherches philosophi-* *Commentaire sur le Philèbe*, qu'il ne pas faire double emploi avec celui s; un *Commentaire sur le Parmé-* *Vie de Proclus*. C'est le seul de ses qui soit venu jusqu'à nous. Il est in-*tus, ou du bonheur* (Πρόκλος, ἢ περὶ ς). « Outre les détails authentiques a conservés sur la personne du cé-eur, dit M. Egger, la forme même du e un intérêt particulier. De tous temps, ont aimé ces biographies louangeuses e dans une peinture, dans une œuvre e, l'idéal a une large part, où la figure nnage célèbre est présentée à l'ad-es hommes comme un type d'héroïsme ... Telle est la méthode de Jamblique *ie de Pythagore*, celle de Marinus ographie de Proclus. Après un préam-modestie revêt une forme assez ingé-analyse, définit et classe toutes les t l'assemblage formait, selon les Alexan-perfection du vrai philosophe, depuis s du corps jusqu'à la théurgie, ou d'imiter Dieu par des miracles; puis il mment son maître a parcouru tous ces où l'homme s'élève de la terre jus-, et il nous offre sa vie en modèle, idéal du bonheur produit par la vertu. aucun jugement sur les doctrines par-à Proclus, aucune exposition de ses pas même une liste de ses ouvrages.... ien soupçonner chez Marinus l'inten-trefaire certaines légendes chrétiennes, nt avec tant de complaisance les pré-es songes, les miracles dont est semée Proclus; il faut avouer du moins que cette intention ne se montre par une ion des chrétiens, qu'il y a même dans biographe une sorte de réserve et de ruse, bien différente du jargon em-ui caractérise le roman de Philostrate llus de Tyane. Marinus semble ne vou-me avouer qu'il y ait au monde une re-ienne. Ses dieux et les dieux de Proclus rs Apollon, Minerve, Esculape, etc., le l'ancienne Grèce; l'abstinence de es combats contre les plaisirs, son a chair, tout cela est du pur pythago-'a pas le moindre rapport avec l'É-n dirait que jamais la philosophie ne le contre la religion nouvelle, ou que, avant cessé, une société de païens le sa foi sereine et ferme dans les hènes et d'Alexandrie, auprès de ces se célébraient encore les vieux mys-s l'inspiration d'Orphée, commentee rophantes tels que Syrianus et Pro-*Vie de Proclus* fut publiée pour la pre-avec les *Pensées* de Marc-Aurèle, à 9, in-8°, et réimprimée avec le même Leyde, 1676, in-12; elle fut aussi ajoutée au commentaire de Proclus sur Platon, Hambourg, 1618, in-fol. La première edition séparée est celle de Fabricius avec de bons *Prolegomena;* Hambourg, 1700, in-4°. Une nouvelle édition par Boissonade; Leipzig, 1814, in-8°, contient un texte très-amélioré, et de savantes notes de l'éditeur, outre les *Prolegomena* de Fabricius. Le texte de Boissonade avec traduction latine a été inséré dans la *Bibliothèque grecque* de A.-F. Didot, à la suite de Diogène Laerce (t. XXXIV). On trouve dans l'*Anthologie grecque* (vol. III, p. 153, édit. de Jacobs) une épigramme de lui sur la vie de Proclus. Y.

Suidas, au mot Μαρῖνος. — Fabricius, *Prolegomena; Bibliotheca Græca*, édit. de Harles, t. IX, p. 370. — Vossius, *De Histor. Græcis*, p. 319, éd. Westermann. — Egger, dans le *Diction. des Sciences philosophiques*.

MARINUS (*Ignace-Corneille*), graveur flamand, né en 1627, mort en 1701, à Anvers. Il a travaillé dans cette dernière ville, et a gravé au burin beaucoup de planches, dont les plus estimées sont : *La Fuite en Égypte*, *Les Miracles de saint Ignace*, *Saint François-Xavier ressuscitant un mort*, d'après Rubens; — *L'Adoration des Bergers*, *Jésus devant Caïphe*, *Le Martyre de sainte Apolline*, d'après Jordaens; — *Le Paysan blessé*, d'après Brouwer. Il a donné *Le Romelpot*, d'après ses propres dessins. K.

Ch. Le Blanc, *Man. de l'Amat. d'Estampes*. — Huber et Rost, *Manuel de l'Amateur*.

MARIO. *Voy.* BALETTI (*Joseph*).

MARION (*Simon*), célèbre jurisconsulte français, né à Nevers, en 1540, mort à Paris, le 15 février 1605. Issu d'une honorable famille, qui possédait la seigneurie de Druy, dans le Nivernais, il fut d'abord avocat au parlement de Paris, où pendant trente-cinq ans il plaida avec un succès extraordinaire. « Marion a été, de notre temps, dit La Croix du Maine, une étoile reluisante en tout le parlement. » — Guy Coquille l'appelle le premier entre les avocats, et le cardinal du Perron, fort éloquent lui-même, le regardait comme l'homme le plus propre à porter l'éloquence française à sa perfection. Après la mort de Marion, ce cardinal voulut encore signaler son admiration pour lui en lui composant une pompeuse épitaphe. Les modernes sont loin d'avoir partagé cet enthousiasme, car un des plus judicieux critiques du siècle dernier prétend que les plaidoyers de Marion sont un monument de la barbarie de l'époque qui les a applaudis. Marion fut chargé par Henri III de régler les limites de l'Artois avec les députés de l'Espagne, et ce prince lui donna des lettres de noblesse. Il fut conseiller au parlement (1596), puis président de la seconde chambre des enquêtes et enfin avocat général. On a de lui : *Actiones forenses;* 1594, in-8°; — *Plaidoyers de feu M. Marion;* Paris, 1625, in-8°.

Sa fille unique, *Catherine*, née le 13 janvier 1573, morte le 28 février 1641, épousa en

et publia en cette qualité le catalogue de tous les livres censurés depuis Clément VIII. La manière partiale dont il exerça ses fonctions lui attira de vifs reproches de la part de Théophile Rainaud, dans son ouvrage *De immunitate Cyriacorum*. En 1649 il devint général de son ordre. On a de lui un traité de la Conception de la Vierge, composé par ordre du pape Alexandre VII, et qui n'a pas vu le jour.

Son frère aîné, MARINIS (*Domenico* DE), né en 1593, à Rome, mort le 20 juin 1669, à Avignon, fut aussi religieux dominicain. Il professa la théologie à Toulouse et à Paris, devint prieur du couvent de Sainte-Marie de la Minerve à Rome, et obtint en 1648 l'archevêché d'Avignon. Dans cette ville il fonda deux chaires pour son ordre, fit rebâtir le palais épiscopal, et légua par testament tous ses biens aux pauvres. On a de lui : *Commentaires sur la Somme de saint Thomas*; Lyon, 1663-1668, 3 vol. in-fol. P.

Script. ord. Prædic. — Richard et Giraud, *Bibl. Sacrée.* — *Dict. des Auteurs ecclésiast.*

MARINO (*Jean-Baptiste*), agent révolutionnaire français, né à Sceaux, en 1767, guillotiné à Paris, en avril 1794. Il était peintre en porcelaine lorsque éclata la révolution, et quittait souvent son atelier pour fréquenter les clubs. Sa véhémence lui fit une certaine réputation ; le 10 août 1792, il fut l'un des membres de la commune insurrectionnelle qui s'empara de l'hôtel de ville, et fit massacrer le commandant général Mandat. Marino montra beaucoup d'activité dans cette sanglante journée. Il devint ensuite administrateur de police, et en 1793 il présida la commission extraordinaire instituée à Lyon après la prise de cette ville. Plus libertin que cruel, il se fit chasser par Collot d'Herbois, et devint dès lors son ennemi implacable. A Paris il fut chargé de la police des prisons et de la surveillance de la morale publique. Il abusa des facilités que lui donnait sa place pour commettre de nombreux méfaits, et en avril 1794 Pons (de Verdun) le dénonça. Marino fut décrété d'accusation et envoyé devant le tribunal révolutionnaire, qui le condamna à la détention perpétuelle. Il était sous les verroux lorsque L'Admiral tenta d'assassiner Collot d'Herbois (23 mai 1794). Marino fut, on ne sait trop comment, déclaré complice de L'Admiral. Condamné à la peine des parricides pour attentat sur un des membres de la représentation nationale, il fut conduit à l'échafaud en chemise rouge. H. L.

Le Moniteur universel, ann. 1792-1794. — Thiers, *Histoire de la Révolution française*, t. IV. — A. de Lamartine, *Hist. des Girondins*, t. VI. — Mignet, *Abrégé de l'hist. de la revolution française.*

MARINONI (*Jean-Jacques* DE), mathématicien italien, né en 1676, à Udine, mort le 10 janvier 1755, à Vienne. Son éducation, principalement tournée vers les sciences exactes, fut commencée à Udine, et se termina à l'université de Vienne, par le diplôme de docteur en philosophie. Appelé par l'empereur Léopold Ier à remplir l'office de mathématicien de la cour, il traça en 1706 le plan de la capitale et de ses environs, qui fut gravé dans la même année en 4 grandes feuilles. En 1714 il inventa un instrument propre à mesurer les surfaces et qu'il appela *balance planimétrique*. En 1717 il contribua à l'établissement d'une académie destinée à la géométrie et aux sciences militaires, et en fut nommé sous-directeur, puis directeur. Envoyé en 1719 dans le Milanais pour en dresser le plan cadastral, il consacra trois années à ce travail, et le reprit en 1729 dans plusieurs districts de la haute Italie. En 1730 il se retira à Vienne, où, s'abandonnant sans réserve à son goût pour l'astronomie, il éleva à ses frais un des plus beaux observatoires de l'Europe, et fit faire dans sa maison, et sous ses yeux, presque tous les instruments qu'il y voulait placer. Sur la proposition de Maupertuis, il fut reçu en 1746 membre de l'Académie des Sciences de Berlin. On a de lui : *De Astronomica domestica specula et organico apparatu astronomico lib. II*; Vienne, 1745, in-fol. « Un trait qui se trouve dans le récit de ces observations, dit Formey, mérite d'être distingué. C'est que le 13, le 14 et le 15 décembre 1741, il fit un *Triduum Observationum Astronomicarum* avec la plus grande exactitude et la plus parfaite tranquillité qu'il y ait jamais apportée, dans un temps où l'on s'attendait à voir l'ennemi mettre le siége devant la ville. Cela sent trop l'Archimède pour ne pas lui en faire honneur. » — *De Re Ichnographica*; ibid., 1751, in-fol. Il se proposait d'en donner un complément *De Re Ichnometrica*, dont il a été imprimé quelques feuilles. Marinoni a laissé en manuscrit trente-six tomes d'observations astronomiques. K.

Strodtmann, *Neues gel. Europa*, IX, 106-117. — Formey, *Éloges des Académiciens de Berlin*, II, 269. — Meusel, *Lexicon*, VIII.

MARINOS. *Voy.* JONA BEN GANACH.

MARINUS, usurpateur romain, tué en 249 après J.-C. Simple centurion sous le règne de Philippe, il fut salué empereur par les soldats de l'armée de Mésie. Philippe envoya contre lui un corps d'armée commandé par Dèce. A l'approche de celui-ci les soldats tuèrent Marinus, et proclamèrent Dèce. Il existe une médaille en bronze, frappée à Philippopolis en Thrace, et portant pour légende ΘΕΩ. ΜΑΡΙΝΩ. Quant à la médaille grecque citée par Goltzius, comme portant les noms de *P. Carvilius Marinus*, elle est d'une authenticité très-douteuse. On a même contesté que la première médaille concernât l'usurpateur Marinus. Y.

Zonaras, XII, 19. — Zosime, I, 20. — Eckhel, *Doctrina Nummorum*, vol. VII, p. 378. — Tochon d'Annecy, *Mémoire sur les Médailles de Marinus frappées à Philippopolis*; Paris, 1817, in-4°.

MARINUS (Μαρῖνος), philosophe néoplatonicien, né à Flavia Neapolis, en Palestine, vivait vers la fin du cinquième siècle après J.-C. Disciple et successeur de Proclus dans l'école d'Athènes, il composa des *Recherches philosophiques*, un *Commentaire sur le Philèbe*, qu'il brûla pour ne pas faire double emploi avec celui de Proclus; un *Commentaire sur le Parménide*, une *Vie de Proclus*. C'est le seul de ses ouvrages qui soit venu jusqu'à nous. Il est intitulé *Proclus, ou du bonheur* (Πρόκλος, ἢ περὶ Εὐδαιμονίας). « Outre les détails authentiques qu'il nous a conservés sur la personne du célèbre penseur, dit M. Egger, la forme même du récit y offre un intérêt particulier. De tous temps, les Grecs ont aimé ces biographies louangeuses où, comme dans une peinture, dans une œuvre de statuaire, l'idéal a une large part, où la figure d'un personnage célèbre est présentée à l'admiration des hommes comme un type d'héroïsme et de vertu... Telle est la méthode de Jamblique dans sa *Vie de Pythagore*, celle de Marinus dans sa biographie de Proclus. Après un préambule où la modestie revêt une forme assez ingénieuse, il analyse, définit et classe toutes les vertus dont l'assemblage formait, selon les Alexandrins, la perfection du vrai philosophe, depuis les qualités du corps jusqu'à la théurgie, ou puissance d'imiter Dieu par des miracles; puis il montre comment son maître a parcouru tous ces degrés par où l'homme s'élève de la terre jusqu'au ciel, et il nous offre sa vie en modèle, comme un idéal du bonheur produit par la vertu. D'ailleurs, aucun jugement sur les doctrines particulières à Proclus, aucune exposition de ses doctrines, pas même une liste de ses ouvrages.... On peut bien soupçonner chez Marinus l'intention de contrefaire certaines légendes chrétiennes, en racontant avec tant de complaisance les prédictions, les songes, les miracles dont est semée la vie de Proclus; il faut avouer du moins que nulle part cette intention ne se montre par une seule mention des chrétiens, qu'il y a même dans le ton du biographe une sorte de réserve et de gravité pieuse, bien différente du jargon emphatique qui caractérise le roman de Philostrate sur Apollonius de Tyane. Marinus semble ne vouloir pas même avouer qu'il y ait au monde une religion chrétienne. Ses dieux et les dieux de Proclus sont toujours Apollon, Minerve, Esculape, etc., les dieux de l'ancienne Grèce; l'abstinence de Proclus, ses combats contre les plaisirs, son mépris de la chair, tout cela est du pur pythagorisme et n'a pas le moindre rapport avec l'Évangile. On dirait que jamais la philosophie ne s'est heurtée contre la religion nouvelle, ou que, toute lutte ayant cessé, une société de païens fidèles garde sa foi sereine et ferme dans les écoles d'Athènes et d'Alexandrie, auprès de ces temples où se célébraient encore les vieux mystères, sous l'inspiration d'Orphée, commentée par des hiérophantes tels que Syrianus et Proclus. » La *Vie de Proclus* fut publiée pour la première fois avec les *Pensées* de Marc-Aurèle, à Zurich, 1559, in-8°, et réimprimée avec le même ouvrage à Leyde, 1626, in-12; elle fut aussi ajoutée au commentaire de Proclus sur Platon, Hambourg, 1618, in-fol. La première édition séparée est celle de Fabricius avec de bons *Prolegomena*; Hambourg, 1700, in-4°. Une nouvelle édition par Boissonade; Leipzig, 1814, in-8°, contient un texte très-amélioré, et de savantes notes de l'éditeur, outre les *Prolegomena* de Fabricius. Le texte de Boissonade avec traduction latine a été inséré dans la *Bibliothèque grecque* de A.-F. Didot, à la suite de Diogène Laerce (t. XXXIV). On trouve dans l'*Anthologie grecque* (vol. III, p. 153, édit. de Jacobs) une épigramme de lui sur la vie de Proclus. Y.

Suidas, au mot Μαρῖνος. — Fabricius, *Prolegomena*; *Bibliotheca Græca*, édit. de Harles, t. IX, p. 370. — Vossius, *De Histor. Græcis*, p. 319, éd. Westermann. — Egger, dans le *Diction. des Sciences philosophiques*.

MARINUS (*Ignace-Corneille*), graveur flamand, né en 1627, mort en 1701, à Anvers. Il a travaillé dans cette dernière ville, et a gravé au burin beaucoup de planches, dont les plus estimées sont : *La Fuite en Égypte*, *Les Miracles de saint Ignace*, *Saint François-Xavier ressuscitant un mort*, d'après Rubens; — *L'Adoration des Bergers*, *Jésus devant Caïphe*, *Le Martyre de sainte Apolline*, d'après Jordaens; — *Le Paysan blessé*, d'après Brouwer. Il a donné *Le Romelpot*, d'après ses propres dessins. K.

Ch. Le Blanc, *Man. de l'Amat. d'Estampes*. — Huber et Rost, *Manuel de l'Amateur*.

MARIO. *Voy.* Baletti (*Joseph*).

MARION (*Simon*), célèbre jurisconsulte français, né à Nevers, en 1540, mort à Paris, le 15 février 1605. Issu d'une honorable famille, qui possédait la seigneurie de Druy, dans le Nivernais, il fut d'abord avocat au parlement de Paris, où pendant trente-cinq ans il plaida avec un succès extraordinaire. « Marion a été, de notre temps, dit La Croix du Maine, une étoile reluisante en tout le parlement. » — Guy Coquille l'appelle le premier entre les avocats, et le cardinal du Perron, fort éloquent lui-même, le regardait comme l'homme le plus propre à porter l'éloquence française à sa perfection. Après la mort de Marion, ce cardinal voulut encore signaler son admiration pour lui en lui composant une pompeuse épitaphe. Les modernes sont loin d'avoir partagé cet enthousiasme, car un des plus judicieux critiques du siècle dernier prétend que les plaidoyers de Marion sont un monument de la barbarie de l'époque qui les a applaudis. Marion fut chargé par Henri III de régler les limites de l'Artois avec les députés de l'Espagne, et ce prince lui donna des lettres de noblesse. Il fut conseiller au parlement (1590), puis président de la seconde chambre des enquêtes et enfin avocat général. On a de lui : *Actiones forenses*; 1594, in-8°; — *Plaidoyers de feu M. Marion*; Paris, 1625, in-8°.

Sa fille unique, *Catherine*, née le 13 janvier 1573, morte le 28 février 1641, épousa en

1585 Antoine Arnauld, et fit profession le 4 février 1629 dans le monastère de Port-Royal, entre les mains de sa fille Angélique, qui en était abbesse. H. Fisquet.

La Croix du Maine, *Biblioth. Française*. — Guy Coquille, *Œuvres*. — *Hist. gen. de Port-Royal*, II. — Moréri, *Dict. Hist.* — Sainte-Marie, *Recherches hist. sur Nevers.*

MARION (*Élie*), prophète des Cévennes, né en 1678, à Barre (Lozère), mort vers le milieu du dix-huitième siècle. Destiné par sa famille au barreau, il était depuis trois ans à Toulouse, chez un procureur, quand, poussé par un sentiment religieux exalté, il retourna, en octobre 1701, dans son pays, pour prendre part au mouvement qui s'y faisait déjà sentir. Bientôt après, pour nous servir de ses propres expressions, il plut à Dieu de lui délier la langue et de mettre sa parole en sa bouche, ce qui signifie qu'il se mit à prophétiser. Il joignit aussitôt une troupe de camisards, dont il ne tarda pas à devenir le chef. Le maréchal de Villars, qui acceptait avec empressement toutes les occasions de débarrasser le bas Languedoc des hommes influents du parti protestant, lui accorda, en novembre 1704, une capitulation, d'après laquelle il fut conduit hors du royaume. Après un court séjour à Genève et à Lausanne, Marion céda aux sollicitations de Flottard, et rentra en France avec quelques autres camisards. N'ayant pas réussi dans l'entreprise qu'il méditait, il obtint une nouvelle capitulation, et il retourna à Genève (août 1705). L'année suivante il passa en Angleterre. Il y rencontra deux de ses anciens amis, inspirés comme lui, Cavalier de Sauve, et Durand Fage d'Aubais. Ils prirent tous les trois la route de Londres; leur réputation les y avait précédés : un grand nombre de réfugiés accoururent au-devant d'eux. La sensation qu'ils produisirent fut profonde; et leur prétendue inspiration souleva une controverse fort vive. Accusés par les uns de fanatisme et par d'autres de fourberie, ils trouvèrent de zélés défenseurs dans des hommes recommandables par leurs talents, tels que le géomètre Fatio, le littérateur Daudé et le voyageur Misson. Pour mettre fin à des querelles religieuses qui menaçaient de troubler la tranquillité publique, le consistoire de l'Église française, sur la demande de l'évêque de Londres, examina l'affaire, et déclara, en janvier 1707, que « les mouvements de ces inspirés n'étaient que l'effet d'une habitude volontaire et indignes de la sagesse du Saint-Esprit ». Malgré cette condamnation officielle, ces prophètes des Cévennes jouirent de toute la liberté possible, tant qu'ils ne sortirent pas du champ des choses religieuses, et réussirent à gagner un grand nombre de partisans, qu'ils divisèrent en douze tribus, à l'instar du peuple d'Israel. Mais Marion ayant eu l'imprudence de déclamer avec trop de vivacité contre l'épiscopat et la royauté, le gouvernement se vit obligé, dans la crainte d'un dangereux réveil de l'esprit puritain, de les renvoyer tous d'Angleterre. Ils passèrent alors en Allemagne,
tèrent Halle, Halberstadt, Magdebourg, y
vèrent quelques adherents, mais sans y pro
la même emotion qu'à Lon s. Après
vivement préoccupé l'at p
soulevé d'ardentes discussions A
en Suisse, les prophètes des
par être si bien
obscurité couvre es de
et des autres inspirés qui
de lui : *Avertissemens prophé*
Marion, ou discours prononcés par
sous l'inspiration du Saint-Esprit et
lement reçus dans le temps qu'il
Londres, 1707, in-8°; traduit et publié
glais la même année; — *Cri d'Ala*
avertissement aux nations qui sor
Babylone; Londres, 1712, in-8° : œuvre
mune de Marion et de J. Allut, selon
— *Quand vous aurez saccagé, vous se*
cagés; Londres, 1714, in-8°; lettres
Allut, Marion, Fatio et Pourtalès;
latin par Fatio, 1740, in-8°; —
justice de Dieu sur la terre dans
niers jours; Londres, 1714, in-8° :
lective des quatre mêmes person
latin par Fatio, in-8°. Michel

Le Théâtre sacré des Cevennes; Londres, 1707, primé sous ce titre : *Les Prophetes protestants*; 1847, in-8°. — Court, *Hist. des Camisards*, I et *La Clef des Propheties de M. Marion et des au misards*; Londres, 1707, in-12. — MM. Haag, *La protest.* — L. Figuier, *Hist. du Merveilleux*, II.

MARION (*Simon-Antoine*), littérateur
çais, né le 11 juillet 1686, à Villeneuve (F
Comté), mort le 6 mars 1758, à Cambrai
d'un secrétaire au présidial de Salins, il e
l'état ecclésiastique, et vint en 1712 à
L'abbé d'Estrées, qui l'avait choisi pour
thécaire, le fit admettre à la Bibliothèque
puis dans les bureaux du conseil des
étrangères; un savant mémoire qu'il ré
la situation politique de la France vis-à-
Hollande lui valut une modique pension.
mort de son protecteur, à qui il avait voué
fection toute filiale, il obtint le prieuré d
et un canonicat à Cambrai. Associé de l'A
de Besançon, il légua à ce corps savant
collection de livres et de médailles qu'il a
mée. On lui doit la publication du
statuts synodaux du diocèse de
Paris, 1739, 2 part. in-4°, d'un *Pouillé*
Recueil de titres du même diocèse. Il
dans le *Journal de Verdun* (avril 175
Lettre critique sur l'*Histoire de Fran*
Velly, à laquelle ce dernier a répondu d
préface du t. III de son ouvrage, et il a
en manuscrit des *Mémoires pour servir*
bibliothèque séquanoise.

Un autre **Marion** (*Pierre-Xavier*),
jésuite, né en 1704, à Marseille, a fait
deux tragédies, *Cromwell* (1764), et *Abs*
(1770). P. L.

... de l'Acad. de Besançon, II. — Quérard, La ... Littér.

...RION-DUFRESNE (*Nicolas-Thomas*), navigateur français, né à Saint-Malo, le 22 décembre 1729, tué le 8 juin 1772, à Tacouri (Nouvelle-Zélande). Entré fort jeune dans la marine, ... trente ans il était lieutenant de frégate. En 1761, il transporta le P. Pingré à l'île Rodrigue, où cet astronome allait observer le passage de Vénus sur le disque du Soleil. Il était capitaine de brûlot puis quatre ans, lorsqu'en 1770 il fut chargé ... ramener à Taïti le jeune Aontourou, que Bougainville avait conduit en France l'année précédente. Ardent à saisir l'occasion de se distinguer ... des découvertes dans des mers imparfaitement connues, il offrit à l'administration coloniale de transporter gratuitement le Taïtien, à la condition qu'au bâtiment particulier qui lui appartenait on joignît une flûte du roi, et qu'on fit quelques avances pour l'aider dans le ...vement des dépenses de l'expédition, qu'il gar... à son compte exclusif. M. Poivre, accep... ces propositions, lui donna les instructions les plus étendues sur les terres qu'il aurait à chercher en naviguant au sud. Marion partit de l'île de France, le 18 avril 1771, sur *Le Mascarin*, qu'il commandait; il avait confié au chevalier du Clesmeur le second navire, *Le Marquis de Castries*. Aontourou étant mort de la petite vérole à Madagascar, où l'on avait relâché, Marion eut désormais un champ plus libre, et fit route au sud. Le 13 janvier 1772 il aperçut, vers le 46° de latitude sud, une terre enveloppée par les brumes, qu'il nomma *Terre d'Espérance*, et que, quatre ans plus tard, Cook nomma l'*Ile du Prince Édouard*. Au nord-est de cette île, il en découvrit une autre, qu'il nomma *La Caverne*. Craignant de trouver la mer embarrassée de glaces, il remonta vers le nord, et reconnut, le 21 janvier, deux îles qu'il nomma les *Iles Froides*. Le lendemain, *Le Marquis de Castries*, faisant route à l'est, signala par les 46° 30' de latitude sud une terre qui reçut le nom d'*Ile de la Prise de Possession*, auquel a plus tard été substitué celui de *Marion*. Dans le nord-est de cette île, Marion en vit une autre, qu'il nomma l'*Ile Aride*, et qui depuis a été nommée l'*Ile Crozet*. Le 4 avril il mouilla sur la côte septentrionale de la Nouvelle-Zélande. Bien accueilli par les insulaires, il y dressa des tentes, y établit ses malades, et fit réparer ses navires. Les meilleurs rapports continuèrent pendant deux mois avec les sauvages, qui décernèrent même à Marion le titre de grand-chef. Ce dernier oublia que Cook avait trouvé des anthropophages sur cette côte, et que Tasman avait laissé le nom de *Baie des Assassins* à la première découverte qu'il y avait faite. Le 8 juin, accompagné de deux officiers et de quatorze autres personnes, il se rendit à une seconde fête que lui avait offerte Tacouri, chef du plus grand des villages du pays. Le lendemain un matelot, couvert de blessures, apprit qu'il avait échappé seul aux embûches des insulaires. Peu après, on entendit les sauvages répéter ces sinistres paroles : *Tacouri maté Marion* (Tacouri a tué Marion), et ajouter que Marion était non-seulement mort, mais mangé. Du Clesmeur et Crozet, après avoir rembarqué les malades et les ouvriers, firent, le 14 juin, une première descente dans l'île Matonaco, où il y avait environ trois cents sauvages, en tuèrent cinquante, dont six chefs, culbutèrent le reste dans la mer, et mirent le feu au village. Dans une seconde descente, où l'on brûla le village de Tacouri, on aperçut de loin, hors de la portée du fusil, ce chef, qui fuyait, ayant sur les épaules le manteau de Marion. La chemise ensanglantée de cet infortuné fut retrouvée, ainsi que les restes à demi rôtis de plusieurs Français, avec la trace des dents des anthropophages. Le 14 juillet, les Français s'éloignèrent de ces lieux, qu'ils nommèrent la *Baie de la Trahison*. Du Clesmeur, désormais chef de l'expédition, ramena les deux navires à l'île de France, sans rapporter de ce long et funeste voyage les productions nouvelles dont Poivre avait voulu enrichir cette colonie. Rochon a écrit, d'après les journaux de Crozet, la relation de ce voyage : *Nouveau Voyage à la mer du Sud, commencé sous les ordres de Marion, achevé, après sa mort, sous ceux du chevalier du Clesmeur* (fig. et cartes); Paris, 1783, in-8°; 2° édit., ibid.; an VIII. P. LEVOT.

Relation du Voyage de Marion par Rochon — *Docum. inédits.*

MARION DU MERSAN (*Théophile*), antiquaire et auteur dramatique français, né le 4 janvier 1780, au château de Castelnau (Berry), mort le 13 avril 1849, à Paris. Sa famille, qui remonte au quatorzième siècle, est originaire des environs de Ploërmel, en Bretagne. Son père (1) ayant été ruiné par la révolution, il fit des études irrégulières; les privations auxquelles il fut exposé lui inspirèrent de bonne heure le goût d'une vie simple. En 1795, il entra, par la protection du savant Millin, au cabinet des médailles, et fut occupé, avec son collègue Mionnet, à classer cette collection par ordre chronologique et géographique. Lors de la première invasion, il sut préserver du pillage des alliés plusieurs objets d'art extrêmement précieux. Chevalier de la Légion d'Honneur depuis 1833, il fut nommé en 1842 conservateur-adjoint à la Bibliothèque royale (cab. des médailles). Parmi ses ouvrages d'archéologie, nous rappellerons : *Numismatique du Voyage du jeune Anacharsis* (avec Landon); Paris, 1818, 2 vol. in-8°; — *Tablettes numismatiques*; Paris, 1821, in-8°; — *Notice sur le Zodiaque de Dendera*; Paris, 1824,

(1) Il s'appelait Guillaume-François Marion du Mersan, et remplit les fonctions de commissaire général près le roi de Golconde et d'agent français dans le Dekkan. On a de lui quelques pièces de vers insérées dans l'*Almanach des Muses*, *Le Mercure* et autres journaux. Il mourut en 1801.

1825, in-12, pl.; — *Notice des monuments exposés dans le cabinet des médailles de la Bibliothèque du Roi*; Paris, 1825, in-8°, avec 42 pl.; il y a une édit. sans planches, qui a été réimprimée fort souvent; — *Empreintes polychromes, ou camées coloriés*; Paris, 1825, in-12; — *Description des médailles antiques de feu M. Allier de Hauteroche*; Paris, 1829, in-4° avec 16 pl. gravées, précédée d'une notice et accompagnée de notes archéologiques; — *Médailles inédites ou nouvellement expliquées*; Paris, 1833, in-8°, pl.; — *Explication des médailles de l'Iconographie de la Bibliothèque Latine-Française*; Paris, 1835, in-8°; — *Histoire du Cabinet des Médailles*; Paris, 1838, in-8°. Il appartenait à la Société Numismatique et à la Société des Antiquaires de Londres.

Dès l'enfance Du Mersan manifesta une vive passion pour l'art dramatique; à quatorze ans il composait de petite pièces, et les jouait avec ses frères et sœurs et ses amis. Lorsqu'il fut placé au Cabinet des Médailles, il ne renonça pas à ce qu'il regardait comme sa véritable vocation, et réussit dès le début à acquérir une certaine notoriété; l'une de ses premières œuvres, *L'Ange et le Diable*, jouée en 1799 sur une des scènes du boulevard, eut plus de cent représentations. Pendant cinquante ans il a obtenu des succès sur presque tous les théâtres de Paris et à peu près dans tous les genres, et, seul ou en société, il a écrit plus de trois cents pièces. « Sa fécondité, lit-on dans *La Littérature française*, n'a pas seule droit d'étonner : on remarque dans les pièces de M. Du Mersan une gaieté facile, une observation fine, des habitudes des différentes classes de la société, et parfois des mots profonds qu'on retient et qu'on répète comme des proverbes; on peut citer en exemple le vaudeville des *Saltimbanques*, qui a fait époque. » — Ses principales productions dramatiques sont : *M. Botte, ou le nouveau bourru bienfaisant*, comédie en quatre actes et en prose; Paris, an XI (1803), in-8°; — *Cadet Roussel beau-père*, deux actes (1810), imitation burlesque des *Deux Gendres* d'Étienne; — *L'Intrigue hussarde*, un acte (1811); — *Les Anglaises pour rire*, un acte (1814), avec Sewrin; — *Jocrisse, chef de brigands*, un acte (1815), avec Merle; — *La Fête d'un bourgeois de Paris*, comédie en trois actes (1816), avec Merle; — *L'Original de Pourceaugnac*, un acte (1816); — *Le Tyran peu délicat, ou l'enfant de cinq ans muet et courageux*, mélodrame burlesque en trois actes (1817); deux édit. en ont paru la même année; — *Les Arbitres, ou les querelles de village*, comm. en un acte et en vers (1819); — *Le Coin de rue*, *Les Cuisinières* et *Les Bonnes d'Enfants*, un acte (1820), avec Brazier; — *Le Soldat laboureur*, un acte (1821), avec Brazier et Francis; — *Le Méchant malgré lui*, com. en trois actes et en vers (1824), jouée au Théâtre-Français; — *Pauline, ou brusque et bonne*, com. en trois actes et en prose (1826), même théâtre; — *Le Protégé*, com. en trois actes et en prose (1826), avec G. Duval; — *La Mort de Molière*, drame en trois actes (1830); — *Victorine, ou la nuit porte conseil*, drame en cinq actes (1832), avec Gabriel et Dupeuty; — *Mme Gibou et Mme Pochet, ou le thé chez la ravaudeuse*, pièce grivoise en trois actes (1832), avec Dartois; — *Aurélie, ou les trois passions*, drame en quatre actes (1836); — *La Gamine de Paris*, trois actes (1836); — *Mélite, ou la première pièce de Corneille*, com. en un acte et en vers (1837), jouée à Rouen; — *Les Saltimbanques*, com.-parade en trois actes (1838), avec Varin; — *Toupinel, ou le peintre en bâtiment*, deux actes (1844); — *Le Fils d'une grande Dame*, trois actes (1846), avec Gabriel. Les collaborateurs habituels de Du Mersan ont été MM. Brazier, Dartois, Gabriel, Merle, Varin, Duval, etc.

Parmi ses écrits de littérature sérieuse ou légère, on remarque : *Les Folies de ce temps-là, ou le trente-troisième siècle*; Paris, 1801, in-12; — *Le Coup de fouet, ou revue de tous les théâtres*; Paris, an X (1802); 3e édit. augm., 1803, in-18. Cette satire anonyme attira de nombreuses tribulations à Du Mersan; non-seulement l'imprimeur reçut une bastonnade vigoureuse, mais on se ligua contre l'auteur, on cabala contre ses pièces, et on s'engagea à ne point travailler avec lui; — *Éloge historique de Pierre Puget*; Paris, 1807, in-8° : avec Duchesne aîné; — *Précis historique sur Enguerrand de Monstrelet et ses chroniques*; Paris, 1808, in-8°, couronné par la Société d'Émulation de Cambrai; — *Le Soldat laboureur*, roman; Paris, 1822, 3 vol. in-12; — *L'Homme à deux têtes*, roman; Paris, 1825, 4 vol. in-12, fig.; — *Nelly, ou l'orpheline américaine*, roman; Paris, 1825, 4 vol. in-12; — *Poésies diverses*; Paris, 1822, in-12; — *Dufavel, ou l'ouvrier lyonnais*, poëme; Paris, 1836, in-18; — *Le Monument de Molière*; Paris, 1843; — *Chansons nationales et populaires de la France, précédées d'une Histoire de la Chanson française*; Paris, 1845, in-32; — *Les Mémoires de Flore, artiste du théâtre des Variétés*; Paris, 1845, 3 vol. in-8°. Enfin on trouve des articles littéraires ou scientifiques de cet écrivain dans un grand nombre de recueils, tels que *Le Magasin encyclopédique*, la *Revue encyclopédique*, le *Bulletin des Sciences*, l'*Encyclopédie moderne*, *Le Cabinet de Lecture*, *Le Voleur*, la *Gazette des Théâtres*, *Le Monde dramatique*, *Les Cent et Un*, *Le Musée des familles*, la *Galerie dramatique*, etc. « Il est assez curieux de remarquer, lit-on dans l'*Encyclopédie des Gens du Monde*, que M. du Mersan, n'ayant eu de maître que lui-même, occupant une place qui l'obligeait à des travaux réguliers, satisfaisant le penchant qui l'a toujours entraîné vers le théâtre, ait acquis, même dans les arts, assez de talent pour avoir dessiné plusieurs planches d'histoire naturelle dans les *Éléments* de Millin, des médailles et des monuments pour *La Fronde* de M. Lechevalier et les *Monuments inédits* de Millin; enfin pour avoir gravé à l'eau-forte des médailles, publiées dans le *Magasin encyclopédique*, lithographié des planches pour ses dissertations archéologiques et pour ses pièces, et composé la musique d'airs et de romances souvent employés dans les vaudevilles. » P.

Le Biographe et le Nécrologe, 1834. — *Encycl. des G. du M.* — *Annuaire Dramat. belge*, 1844. — Quérard, *La France Littéraire*, II. — *Littér. franç. contemp.*

MARION DELORME. *Voy.* DELORME.

MARIOTTE (*Christophe* DE), magistrat français, né à Toulouse, le 21 octobre 1685, mort à Paris, le 4 mai 1758. Son père était secrétaire des états du Languedoc. Il fit ses études au collége du Plessis, à Paris, et fut reçu à l'âge de vingt ans membre du barreau de Toulouse. Si jeune encore, il fut chargé de prononcer les discours officiels devant le parlement de Toulouse, à l'occasion de la nomination du duc de Roquelaure comme commandant du Languedoc; plus tard, il remplit la même mission pour le fils du duc du Maine, nommé gouverneur en survivance de son père, et, en 1715, il prononça à Toulouse l'oraison funèbre de Louis XIV. Les discours qu'il prononça en ces occasions furent cités comme des modèles d'éloquence. Cultivant à la fois Thémis et les Muses, il mérita plusieurs prix aux Jeux Floraux. Parmi ses amis intimes brillaient Fontenelle, La Mothe-Houdart, Voltaire, etc. Il était premier président des trésoriers de France lorsqu'il perdit la vue; il mourut peu après, de la petite vérole. Ses écrits ne semblent pas avoir été recueillis. L—z—e.

Biographie Toulousaine.

MARIOTTE (*Edme*), célèbre physicien français du dix-septième siècle, mort le 12 mai 1684. On ignore la date et le lieu de sa naissance; on sait seulement qu'il résidait habituellement à Dijon, et qu'ayant reçu l'ordination, il obtint, pour prix de ses travaux, le prieuré de Saint-Martin-sous-Beaune. « On crut, dit à ce sujet Condorcet, que c'était avoir servi Dieu que de s'être rendu utile aux hommes, et qu'ainsi ce ne serait pas faire un usage profane des biens de l'Église que d'en récompenser les services rendus à l'humanité. » Mariotte fit partie de l'Académie des Sciences lors de la formation de ce corps, et cette distinction était bien due au plus actif fondateur de la physique expérimentale; car, comme le dit encore Condorcet, « c'est Mariotte qui le premier en France a porté dans la physique un esprit d'observation et de doute, et qui a inspiré ce scrupule, cette timidité si nécessaires à ceux qui interrogent la nature, et qui se chargent d'interpréter ses réponses. »

Il n'est pas facile de donner la bibliographie des ouvrages de Mariotte; car les éditions de quelques-unes ont disparu sans laisser de traces; heureusement que les œuvres complètes du savant physicien ont été publiées à Leyde en 1717, et réimprimées à La Haye en 1740 (2 vol. in-4°). Ce recueil renferme les pièces suivantes : *Traité de la Percussion; Discours sur les Plantes; Discours sur la nature de l'air; Discours sur le froid et le chaud; Traité des Couleurs; Traité du Mouvement des Eaux; Règles des Jets d'Eau; Nouvelle Découverte touchant la Vue; Traité du Nivellement; Traité du Mouvement des Pendules; Expériences sur les couleurs et la congélation de l'eau; Essai de Logique;* — *Traité de la Percussion, ou choc des corps, dans lequel les principales règles du mouvement sont expliquées et démontrées par leurs véritables causes.* Ce traité eut plusieurs éditions à Paris; la troisième date de 1679. « Les lois du choc des corps, dit Condorcet, avaient été trouvées par une métaphysique et par une application de l'analyse, nouvelles l'une et l'autre, et si subtiles que les démonstrations de ces lois ne pouvaient satisfaire que les grands mathématiciens. Mariotte chercha à les rendre, pour ainsi dire, populaires, en les appuyant sur des expériences. Pour les faire avec précision, il fallait donner à des corps une direction et une vitesse déterminées. Mariotte employa le mouvement circulaire des corps graves suspendus à un point. La théorie de ce mouvement, trouvée par Galilée, était encore peu connue; et il fallait pour l'appliquer avec succès à des expériences savoir vaincre ces petites difficultés de détail que les inventeurs négligent presque toujours d'éclaircir. Les résultats, les expériences de Mariotte furent exactement conformes aux lois que les géomètres avaient découvertes. »

Le *Traité de la Percussion* est divisé en deux parties. Dans la seconde, on trouve la singulière proposition que voici : *Un corps qui tombe dans l'air libre commence à tomber avec une vitesse déterminée, et qui n'est pas infiniment petite, c'est-à-dire qu'elle est telle qu'il y en peut avoir de moindres en différents degrés.* Après une argumentation assez vague et l'exposé d'expériences peu concluantes, Mariotte ajoute : « Galilée a fait quelques raisonnements assez vraisemblables pour prouver qu'au premier moment qu'un poids commence à tomber, sa vitesse est plus petite qu'aucune qu'on puisse déterminer; mais ces raisonnements sont fondés sur les divisions à l'infini, tant des vitesses que des espaces passés, et des temps des chutes, qui sont des raisonnements très-suspects, comme celui que les anciens faisaient pour prouver qu'Achille ne pourrait jamais attraper une tortue; mais on en démontre la fausseté par l'expérience et par d'autres raisonnements plus faciles à concevoir. Ainsi l'on objectera à Galilée les raisonnements ci-dessus (1), qui sont

(1) Voici la base de ces raisonnements : « Car il est impossible qu'un mouvement soit sans une vitesse déter-

faciles à concevoir, particulièrement celui de la balance (1), et qui sont beaucoup plus clairs que les siens, qu'il a fondés sur les divisions à l'infini, qui sont inconcevables, et sur de certaines règles de l'accélération de la vitesse des corps, qui sont douteuses; car on ne peut savoir si le corps tombant ne passe un petit espace, sans accélérer son premier mouvement, à cause qu'il faut du temps pour produire la plupart des effets naturels, comme il paraît lorsqu'on fait passer du papier au travers d'une grande flamme, avec une grande vitesse, sans qu'il s'allume; et par conséquent on doit préférer les raisonnements ci-dessus à ceux de Galilée. » (édition de Leyde, p. 80 et 81). Cette opinion de Mariotte et les principes sur lesquels il l'appuie nous montrent clairement qu'il n'avait pas une idée nette des quantités infinitésimales. Rappelons d'ailleurs que ce ne fut qu'en octobre 1684, après la mort de Mariotte, que parurent dans les *Acta Eruditorum Lipsiæ* la première notice de Leibniz sur le calcul différentiel.

De la Végétation des Plantes, lettre écrite à M. Lantin, conseiller au parlement de Bourgogne (Paris, 1676). Ce travail est divisé en trois parties, qui traitent : 1° des éléments ou principes des plantes; 2° de la végétation des plantes; 3° des causes des vertus des plantes. Au début de la première partie, p. 122 (2), on trouve cette remarquable hypothèse sur la lumière : « La lumière procède très-vraisemblablement d'un mouvement très-rapide et très-violent. » Et plus loin, page 127 : « Vous vous étonnerez peut-être, Monsieur, de ce que je ne fais pas entrer le feu dans la composition des plantes, puisque la plupart des philosophes, tant anciens que modernes, le mettent au nombre des éléments. Ma pensée est que le feu est composé des mêmes principes qui composent les matières enflammées. Ainsi un charbon allumé n'est différent d'un charbon éteint, que parce que quelques parties de son souffre, de son salpêtre, etc., sont fortement agitées, et que cette agitation leur donne la vertu de nous éclairer et de nous échauffer; ainsi la flamme d'une bougie n'est autre chose que de la fumée allumée, et cette fumée est composée des mêmes principes que dans la cire. D'où il est évident que le feu ne doit pas être pris pour un principe. »

minée, et qui n'est pas infiniment petite; c'est-à-dire, qu'elle est telle, qu'il y en peut avoir de moindres en différents degrés. »

(1) « ... On peut encore considérer une balance dont l'un des bras soit dix fois plus grand que l'autre; car si l'on met sur l'extrémité du petit bras un poids de dix livres, et sur l'autre extrémité un poids d'une livre et une once, ce dernier descendra un peu moins vite que s'il était libre; mais le poids de dix livres s'élèvera avec une vitesse dix fois moindre; d'où il s'ensuit que le commencement de celle du petit poids n'était pas de la même lenteur, et qu'il peut y avoir des vitesses encore moindres à l'infini, puisqu'on peut augmenter la proportion des bras de la balance à l'infini. »

(2) Cette indication et toutes celles qui suivent se rapportent à l'édition de Leyde.

De la nature de l'air (Paris, 1676). — Ce travail, rempli d'expériences absolument neuves, principalement faites au moyen du baromètre, est une des meilleures études de Mariotte. Il y établit la loi qui porte son nom, et qu'il énonce ainsi : *La condensation de l'air se fait selon la proportion des poids dont il est chargé* (1). « Il ne faut pas croire, dit Mariotte (p. 151), que l'air qui est proche de la surface de la terre, et

(1) Avec les progrès de la physique et de la chimie, la loi de Mariotte a pris cette forme plus générale : *La température restant la même, le volume d'une masse donnée d'un gaz quelconque est en raison inverse de la pression qu'elle supporte*. Le premier, Van Marum reconnut qu'on s'était trop empressé d'appliquer aux autres gaz la loi que Mariotte n'avait établie que pour l'air. Ayant placé dans un récipient où il comprimait de l'air deux éprouvettes renversées sur du mercure, l'une remplie d'air et l'autre de gaz ammoniac, il vit ce dernier diminuer de volume beaucoup plus vite que l'air, et quand l'air fut réduit au tiers de son volume à peu près, le gaz ammoniac se liquéfia et le mercure remplit l'éprouvette. En 1826, Œrstedt et Swendsen, tout en annonçant que la loi se vérifiait sensiblement pour l'air jusqu'à 8 atmosphères, établirent que le gaz acide sulfurique, qui se liquéfie facilement, se comprime de plus en plus, surtout quand il approche du moment de son passage à l'état liquide. La question en était là lorsque Dulong et Arago, dans leur grand travail sur la mesure de la tension de la vapeur d'eau, furent conduits à vérifier la loi de Mariotte pour l'air jusqu'à 27 atmosphères. L'appareil imaginé par Dulong avait été établi dans la tour du collège Henri IV, à Paris.

En répétant les expériences de Rudberg sur la dilatation des gaz par la chaleur, Gustave Magnus (savant physicien, né à Berlin, vers 1800) constata que la loi de dilatation égale des gaz n'est pas rigoureusement juste, et il pensa que les petites différences observées provenaient de ce que les gaz ne suivent pas tout à fait la loi de Mariotte. Enfin M. Despretz mit ce fait hors de doute en prouvant, par des expériences concluantes, que beaucoup de gaz autres que l'air s'écartent de la loi de Mariotte, et cela même à une distance assez grande de leur point de liquéfaction. Pour le gaz ammoniac, l'acide sulfureux, l'acide sulfhydrique, le cyanogène, la différence est sensible dès la seconde atmosphère de pression. Les expériences de M. Pouillet, où la pression a été poussée jusqu'à 100 atmosphères, ont confirmé ces résultats. Cependant, la loi de Mariotte semblait encore être vraie pour l'air et pour les gaz qui n'ont pu être liquéfiés (oxygène, azote, hydrogène, oxyde de carbone, bioxyde d'azote) : c'est alors que M. Regnault reconnut pour les hautes pressions un écart, écart trop faible pour qu'il ait pu être décelé par l'appareil de Dulong et Arago. Il résulte des expériences faites par M. Regnault au Collège de France, dans une tour carrée haute de 12 m. 5, que la compressibilité de l'air va en augmentant avec la pression. L'azote se comporte de la même manière; seulement l'accroissement dans la compressibilité est moins prononcé que pour l'air; d'où M. Regnault présume que la compressibilité de l'oxygène qui est mêlé à l'azote dans l'air doit croître plus rapidement que celle de l'air. A 0°, et sous des pressions un peu fortes, l'acide carbonique ne suit pas la loi de Mariotte, même approximativement. M. Regnault ajoute que les écarts de ces gaz doivent être moindres à une température plus élevée, comme il l'a constaté, du reste, pour l'acide carbonique à 100°. L'hydrogène n'obéit pas non plus à la loi de Mariotte; mais, au lieu d'augmenter, sa compressibilité diminue avec la pression : anomalie très-singulière sur laquelle les travaux de M. Despretz avaient déjà attiré l'attention des physiciens.

M. Regnault résume ainsi le résultat de ses recherches : « La loi de Mariotte peut être considérée comme une *loi-limite* qui n'est rigoureusement observée que lorsque les gaz sont infiniment dilatés, et dont ils s'écartent d'autant plus qu'on les observe dans un état de plus grande condensation. »

que nous respirons, ait son étendue naturelle; car, puisque celui qui est au-dessus est pesant, et qu'il a une vertu de ressort, celui qui est ici-bas étant chargé du poids de toute l'atmosphère, doit être beaucoup plus condensé que celui qui est le plus élevé, qui a la liberté entière de se dilater; et celui qui est entre les deux extrémités doit être moins condensé que celui qui touche la terre, et moins dilaté que celui qui en est le plus éloigné. On peut comprendre à peu près cette différence de condensation de l'air, par l'exemple de plusieurs éponges qu'on aurait entassées les unes sur les autres. Car il est évident que celles qui seraient tout en haut auraient leur étendue naturelle; que celles qui seraient immédiatement au-dessous seraient un peu moins dilatées; et que celles qui seraient au-dessous de toutes les autres, seraient très-serrées et condensées. Il est encore manifeste que si l'on ôtait toutes celles du dessus, celles du dessous reprendraient leur étendue naturelle par la vertu de ressort qu'elles ont, et que si on en ôtait seulement une partie, elles ne reprendraient qu'une partie de leur dilatation. La première question qu'on peut faire là-dessus est de savoir si l'air se condense davantage lorsqu'il est chargé d'un plus grands poids; il s'ensuit nécessairement que si l'air, qui est depuis la surface de la terre jusqu'à la plus grande hauteur où il se termine, devenait plus léger, sa partie la plus basse se dilaterait plus qu'elle n'est, et que s'il devenait plus pesant, cette même partie se condenserait davantage. Il faut donc conclure que la condensation qu'il a proche de la terre se fait selon une certaine proportion du poids de l'air supérieur dont il est pressé, et qu'en cet état il fait équilibre par son ressort précisément à tout le poids de l'air qu'il soutient. De là il s'ensuit que si on enferme dans un baromètre du mercure avec de l'air, et qu'on fasse l'expérience du vide, le mercure ne demeurera pas dans le tuyau à la hauteur qu'il était : car l'air qui y est enfermé avant l'expérience fait équilibre par son ressort au poids de toute l'atmosphère, c'est-à-dire de la colonne d'air de même largeur qui s'étend depuis la surface du mercure du vaisseau jusqu'au haut de l'atmosphère, et par conséquent le mercure qui est dans le tuyau ne trouvant rien qui lui fasse équilibre, il descendra; mais il ne descendra pas entièrement, car lorsqu'il descend, l'air enfermé dans le tuyau se dilate, et par conséquent son ressort n'est plus suffisant pour faire équilibre avec tout le poids de l'air supérieur. Il faut donc qu'une partie du mercure demeure dans le tuyau à une hauteur telle que l'air qui est renfermé étant dans une condensation qui lui donne une force de ressort capable de soutenir seulement une partie du poids de l'atmosphère, le mercure qui demeure dans le tuyau fasse équilibre avec le reste; et alors il se fera équilibre entre le poids de toute cette colonne d'air, et le poids de ce mercure resté joint avec la force du ressort de l'air enfermé. Or, si l'air se doit condenser à proportion des poids dont il est chargé, il faut nécessairement qu'ayant fait une expérience en laquelle le mercure demeure dans le tuyau à la hauteur de quatorze pouces, l'air qui est enfermé dans le reste du tuyau, soit alors dilaté deux fois plus qu'il n'était avant l'expérience; pourvu que dans le même temps les baromètres sans air élèvent leur mercure à vingt-huit pouces précisément.

« Pour savoir, ajoute-t-il, si cette conséquence était véritable, j'en fis l'expérience avec le sieur Hubin, qui est très-expert à faire des baromètres et des thermomètres de plusieurs sortes. Nous nous servîmes d'un tuyau de quarante pouces, que je fis emplir de mercure jusqu'à vingt-sept pouces et demi, afin qu'il y eût douze pouces et demi d'air, et qu'étant plongé d'un pouce dans le mercure du vaisseau, il y eût trente-neuf pouces de reste, pour contenir quatorze pouces de mercure et vingt-cinq pouces d'air dilaté au double. Je ne fus point trompé dans mon attente : car le bout du tuyau renversé étant plongé dans le mercure du vaisseau, celui du tuyau descendit, et après quelques balancements, il s'arrêta à quatorze pouces de hauteur; et par conséquent l'air enfermé, qui occupait alors vingt-cinq pouces, était dilaté au double de celui qu'on y avait enfermé, qui n'occupait que douze pouces et demi. Je lui fis faire encore une autre expérience, où il laissa vingt-quatre pouces d'air au-dessus du mercure, et il descendit jusqu'à sept pouces, conformément à cette hypothèse; car sept pouces de mercure faisant équilibre au quart du poids de l'atmosphère, les trois quarts qui restaient étaient soutenus par le ressort de l'air enfermé, dont l'étendue étant alors de trente-deux pouces, elle avait même raison à la première étendue de vingt-quatre pouces, que le poids entier de l'air aux trois quarts du même poids.

« Je fis faire encore quelques autres expériences semblables, laissant plus ou moins d'air dans le même tuyau, ou dans d'autres plus ou moins grands; et je trouvai toujours qu'après l'expérience faite la proportion de l'air dilaté, à l'étendue de celui qu'on avait laissé au haut du mercure avant l'expérience, était la même que celle de vingt-huit pouces de mercure, qui est le poids entier de l'atmosphère, à l'excès de vingt-huit pouces par-dessus la hauteur où il demeurait après l'expérience : ce qui fait connaître suffisamment qu'on peut prendre pour une règle certaine ou loi de la nature, que l'*air se condense à proportion des poids dont il est chargé.* »

Mariotte donne encore divers procédés de démonstration expérimentale, entre autres celui dont on se sert aujourd'hui, et sur lequel est basée la construction du manomètre à air comprimé. Dans le même traité, il établit la solubilité de l'air dans l'eau et dans plusieurs autres liquides. Enfin il cherche à déterminer la hauteur de l'atmosphère, qu'il évalue à environ vingt lieues.

Discours pour faire voir que le froid n'est qu'une privation ou une diminution de chaleur, et que la plupart des lieux souterrains sont plus chauds en été qu'en hiver (Paris, 1679). Ce titre détaillé indique suffisamment l'objet de ce *Discours*, qui n'est guère qu'un recueil d'observations thermométriques. — *Traité de la Nature des Couleurs;* Paris, 1686. On y lit, page 201 : « Le père Grimaldi dans un livre où il traite de la lumière et des couleurs, soutient que les rayons du soleil passant par un petit trou ne gardent pas une rectitude exacte, mais qu'ils souffrent une réfraction qu'il appelle diffraction; et pour le prouver il rapporte une expérience qu'il dit avoir faite avec un petit corps opaque mis à une certaine distance entre la petite ouverture et la surface plate qui reçoit la base du cône de lumière, dans laquelle expérience il dit que l'ombre entière et les pénombres causées par ce corps opaque étaient beaucoup plus grandes qu'elles n'eussent dû être si les rayons s'étendaient en lignes droites; il dit aussi qu'il y avoit des couleurs semblables à celles de l'arc-en-ciel, au-delà des pénombres; mais dans toutes les expériences que j'ai faites avec plusieurs personnes fort exactes, on n'a jamais rien aperçu de semblable. » La diffraction est aujourd'hui un fait acquis à la science. Le système de l'émission était impuissant à en rendre compte; par la théorie des ondulations, Fresnel est parvenu à établir géométriquement le phénomène. S'il a échappé aux observations de Mariotte, c'est peut-être que l'ouverture laissée à la lumière par l'expérimentateur était trop grande, ou bien que la lentille n'etait pas à assez court foyer. Car il y a loin des instruments de Mariotte à ceux de nos laboratoires actuels, et malgré ce que ses procédés ont toujours d'ingénieux, il arrive souvent que la précision manque à ses expériences, à cause de la grossièreté des appareils. Le même traité contient une critique des hypothèses de Descartes et de Newton sur la lumière. Il se termine par une théorie des arcs-en-ciel, des couronnes et des parhélies.

Traité du Mouvement des Eaux et des autres corps fluides; Paris, 1690. Ce traité, publié par La Hire après la mort de Mariotte, contient le résultat de nombreuses expériences faites à Chantilly et à l'observatoire de Paris. Il est divisé en cinq parties, subdivisées chacune en plusieurs discours. La première partie traite de plusieurs propriétés des corps fluides, de l'origine des fontaines, des causes des vents; la seconde, de l'équilibre des corps fluides par la pesanteur, de l'équilibre des corps fluides par le ressort, de l'équilibre des corps fluides par le choc; la troisième, des pouces et des lignes dont on mesure les eaux courantes et jaillissantes, de la mesure des eaux jaillissantes suivant les différentes hauteurs des réservoirs, de la mesure des eaux jaillissantes par des ajutoirs de différentes ouvertures, de la mesure des eaux courantes; la quatrième, de la hauteur des jets perpendiculaires, de la hauteur des jets obliques; et la cinquième, des tuyaux de conduite, de la résistance des solides, de la force des solides et de la force des tuyaux de conduite, de la distribution des eaux. Pour apprécier à leur juste valeur ces travaux de Mariotte, il faut se rappeler les immenses progrès faits depuis deux siècles par l'hydrodynamique.

Règles pour les Jets d'Eau. — Ces règles sont en partie tirées du traité précédent. Mariotte avait ajouté à cet extrait quelques remarques particulières qu'il avait faites dans le dessein de les présenter à Louvois. Cet extrait a été publié dans le *Recueil des ouvrages de physique et de mathématique de MM. de l'Académie des Sciences;* Paris, 1693, in-folio.

Nouvelle découverte touchant la vue. Ce sont trois lettres écrites en 1668 à Pecquet et à Perrault, et imprimées avec les réponses de ceux-ci dans un *Recueil de plusieurs Traites de Mathématique de l'Académie royale des Sciences;* Paris, 1679. Dans les lettres de Mariotte, on trouve plusieurs expériences curieuses, dont la plus célèbre est la suivante. On marque deux points noirs sur du papier blanc, à quelques centimètres de distance l'un de l'autre; puis, le papier étant très-rapproché de l'œil, on regarde le point de gauche avec l'œil droit, ce qui n'empêche pas de voir l'autre point; mais si l'on éloigne lentement le papier, le point de droite disparaît à une certaine distance pour reparaître bientôt si l'on continue à éloigner le papier; il en est de même si l'on regarde le point de droite avec l'œil gauche. La physiologie moderne explique ce phénomène par l'existence d'un *punctum cœcum*, d'un point insensible à l'action de la lumière, situé à l'insertion du nerf optique. Mais Mariotte eut le tort de conclure de cette observation et de quelques autres, que le principal organe de la vision est la choroïde et non la rétine. Les raisonnements de Pecquet et de Perrault ne purent le convaincre de son erreur.

Traite du Nivellement, avec la description de quelques niveaux nouvellement inventés. — Ce traité, d'abord publié séparément, parut ensuite dans le même recueil que l'opuscule précédent.

Traité du Mouvement des Pendules. C'est une lettre écrite de Dijon, le 1er février 1668, à Huygens. Elle a été imprimée pour la première fois dans l'édition de Leyde, d'après le manuscrit legue par Huygens à la bibliothèque de l'université de cette ville. Mariotte y donne des demonstrations originales des principes posés par Galilee.

Expériences touchant les couleurs et la congélation de l'eau (1672 et 1682). Cet opuscule est peu important.

Essai de Logique, contenant les principes

des sciences et la manière de s'en servir pour faire de bons raisonnements; Paris, 1678. Cet ouvrage fut publié sans nom d'auteur; mais on peut, sans aucun doute, le restituer à Mariotte; car il dit, dans son *Traité du Mouvement des Eaux*, page 384 : « ...... comme je l'ai enseigné dans l'*Essai de Logique* et dans le *Traité de la Nature de l'Air* : » Il suffit d'ailleurs de comparer cet écrit avec les autres ouvrages de Mariotte pour constater la parfaite conformité du style, des principes, des hypothèses et de la manière de raisonner.

Mariotte voit dans la logique l'art de découvrir des vérités et de les prouver. Son *Essai* est divisé en deux parties. La première partie est formée de propositions fondamentales destinées, les unes à servir de règles pour le raisonnement, les autres de principes certains pour établir les sciences, particulièrement la physique et la morale. « La seconde partie, dit l'auteur, a beaucoup de choses semblables à la logique ordinaire, et c'est proprement une méthode pour se bien conduire en la recherche et en la preuve de la vérité. » Mariotte s'occupe plus des règles de la morale que des formes du syllogisme. Il consacre un chapitre aux fausses apparences, et puise de bons exemples dans les illusions d'optique. Il termine par des remarques sur les sophismes. Malgré l'importance des travaux publiés depuis sur cette matière, l'*Essai de Logique* mériterait d'être réimprimé; il n'a pas vieilli. Suivant la juste appréciation de Condorcet, on peut regarder la *Logique* de Mariotte comme un exposé vrai de la méthode qu'il avait suivie dans ses recherches, et il est intéressant de pouvoir observer de si près la marche d'un des meilleurs esprits dont l'histoire des sciences fasse mention. E. MERLIEUX.

Mariotte, *Œuvres*; Leyde, 1717, 2 vol. in-4°. — Condorcet, *Éloges des Académiciens morts depuis 1666 jusqu'en 1699*. — Regnault, *Relation des expériences entreprises par ordre de M. le Ministre des travaux publics et sur la proposition de la commission centrale des machines à vapeur pour déterminer les principales lois et les données numériques qui entrent dans le calcul des machines à vapeur*. (*Mém. de l'Acad. des Sc.*, t. XXI, p. 21.)

MARITI (*Giovanni*), voyageur italien (1), né le 4 novembre 1736, à Florence, où il est mort, le 13 septembre 1806. Après avoir fait de bonnes études classiques, il suivit à Livourne son beau-père, qui lui fit apprendre l'histoire naturelle ainsi que les langues française et anglaise, et le plaça ensuite dans une maison de commerce. En 1760, à l'âge de vingt-quatre ans, il se rendit en Sicile, où la protection du prince de Biscari-Paterno lui permit de réunir une abondante collection des produits naturels de l'île, qu'il envoya au jardin des plantes de Florence. Quelques mois après, il alla s'établir à Acre, et y séjourna deux ans, en qualité d'agent d'un riche négociant anglais. En 1763, il passa dans l'île de Chypre. Le consul Turner, qui, outre la Grande-Bretagne, représentait encore l'empereur, la Hollande et la Toscane, l'associa à la surveillance de ces divers intérêts, avec le titre de vice-chancelier. Avant de retourner dans son pays, Mariti, qui avait résidé quatre années à Lornica, visita la Syrie, la Palestine et l'Égypte; et comme il possédait bien le turc et l'arabe, il ne lui fut pas difficile de prendre une exacte connaissance des mœurs, des ressources et de l'industrie des contrées qu'il parcourut. De retour en Toscane (1768), il mit la dernière main à la relation de ses voyages et s'occupa de les faire paraître. Cette publication le fit admettre à l'Académie Florentine ainsi que dans plusieurs autres sociétés d'Italie et lui valut, en 1771, un emploi dans les bureaux de la secrétairerie d'État. En 1784, il fut nommé capitaine du lazaret de Livourne. Appelé à Florence pour y exercer les fonctions d'archiviste du grand-duc (1791), il fit partie, pendant l'occupation française, de la municipalité de cette ville. On a de Mariti : *Viaggi per l'isola di Cipro e per la Soria e Palestina, fatti dell' anno 1760-1768*; Lucques, 1769-1776, 9 vol. gr. in-8°, fig.; trad. en allemand par Hase, Altembourg, 1779, t. I-IV, in-8°; en suédois, 1790; en français, Paris, 1791, t. I-II, in-8°. Des deux parties de cet ouvrage, celle qui contient la relation des voyages est la plus intéressante; l'auteur décrit avec soin les mœurs des différents peuples qu'il a visités, notamment celles des Druses, parmi lesquels il a vécu quelque temps. Pinkerton faisait un cas particulier de la description de l'île de Chypre, la plus complète qui existât de son temps. Quant à la seconde partie, qui concerne l'histoire du royaume de Jérusalem dans le moyen âge, c'est un récit prolixe et confus d'événements souvent rapportés d'après des autorités suspectes; — *Cronologia dei re latini in Gerusalemme*; 1770; — *Istoria della Guerra accesa nella Soria l'anno 1771 dalle armi d'Ali-Bey dell' Egitto*; Florence, 1772, in-8°; — *Trattato sul vin di Cipro*; Florence, 1772, in-8° : après avoir amplement traité ce sujet dans la relation de son voyage, il y ajouta des faits nouveaux et intéressants sur la préparation et le commerce du vin de Chypre; — *Della Coltivazione della Robbia e dei suoi usi*; s. l. n. d. (Florence, 1776); — *Storia del Tempio della Resurrezione ossia Chiesa del Santo-Sepolcro*; Livourne, 1784, in-8° : il écrivit ce livre afin de redresser les erreurs de ses devanciers et les traditions inexactes qu'on avait transmises sur les saints lieux; — *Storia di Faccardino, grand' Emir dei Drusi*; Livourne, 1787, pet. in-8°; trad. en allemand, avec des notes, Gotha, 1790, in-8°; — *Memorie storiche del popolo degli Assassini o del Vecchio della Montagna, loro capo e signore*;

(1) Presque tous les auteurs qui ont parlé de Mariti, entre autres Châteaubriand dans l'*Itinéraire à Jérusalem*, ont prétendu qu'il avait embrassé l'état ecclésiastique et ont fait de lui un abbé. Cette méprise est d'autant plus singulière que Mariti s'est marié deux fois, qu'il a eu plusieurs enfants, et que dans tous ses ouvrages il a fait précéder son nom du titre de *capitaine*.

Livourne, 1787; — *Viaggio a Gerusalemme per le coste della Soria;* Livourne, 1787, 2 part. pet. in-8°; — *Storia dello stato presente della città di Gerusalemme;* Livourne, 1790, 2 vol. in-8°, avec un plan de la ville, qui, d'après Eyriès, ne mérite aucune confiance; — *Odeporico ossia Itinerario nelle colline di Pisa;* Florence, 1797-1799, t. I-II, in-8° : cet ouvrage, rédigé sous forme de lettres, renferme beaucoup de détails sur les diverses méthodes de culture, les améliorations à introduire, les plantes, la formation des terrains, etc.; la suite devait avoir encore 7 vol., et le manuscrit en fut déposé par l'auteur à la bibliothèque Ricciardini à Florence. Il a fourni en outre plusieurs dissertations aux recueils des différentes académies qui le comptaient dans leurs rangs. P. .

Atti dell' Academia dei Georgofili, V — *La Gazzetta Toscana*, sept. 1806. — Tipaldo, *Biogr. degli Italiani illustri*, VI, 331-338. — Brunet, *Man. de l'Amat. de Livres.* — Rotermund, *Suppl. à Jöcher*.

MARITZ (*Jean*), célèbre fondeur français, né à Berne, en 1711, mort le 16 mai 1790, dans une terre qu'il possédait près de Lyon. Il quitta son pays, parcourut la Hollande, l'Allemagne, et vint enfin en France, où il se fit naturaliser, et obtint la direction de la fonderie de Lyon. Il y fit, vers 1740, la première application d'une machine qu'il avait inventée pour forer les canons, et on lui accorda, en 1744, pour cette invention une pension de 2,000 francs. Il passa bientôt après à la direction de la fonderie de Strasbourg, puis à celle de Douay, fut nommé ensuite inspecteur général des fontes de l'artillerie de terre et de mer, et reçut en 1758 des lettres de noblesse et le cordon de Saint-Michel. Ayant plus tard obtenu la permission de se rendre en Espagne, il y fit construire les belles fonderies de Séville et de Barcelone, reçut pour récompense de ses services le grade de maréchal de camp, revint en France, refusa les offres qui lui furent faites, en 1766, de la part de Catherine II pour aller en Russie, et obtint en 1768 une nouvelle pension de 12,000 fr. « Maritz est le premier, dit Monge, qui ait imaginé de placer les canons horizontalement, et de les faire tourner eux-mêmes, au lieu de faire tourner les forets. Par ce procédé, il est bien facile de percer le canon suivant son axe. » Avant lui, on coulait les canons creux, au moyen d'un noyau de fer recouvert d'argile qui ne donnait pas toujours un résultat parfait. Maritz imagina de couler le canon plein et de le forer ensuite. [Le Bas, *Dict. encycl. de la France*].

Monge, *Description de l'art de fabriquer les canons.* — *Encyclopédie méthodique, Arts et métiers*, tome 1er, p. 346.

MARIUS (*Caius*), un des plus grands généraux romains, né à Cereatæ, près d'Arpinum, en 157 avant J.-C., mort en 86. Son père se nommait C. Marius et sa mère Fulcinia. Sa famille, suivant le témoignage presque général des anciens, était dans la plus humble position. Ses
parents et lui-même, dit-on, étaient clients de
famille plébéienne des Herennius. Si l'on en cr
une tradition peu certaine, il fut réduit, avant
entrée au service militaire, à travailler la ter
Ces récits doivent être exagérés. La famille
Marius était obscure; mais elle était mo
pauvre qu'on ne le prétend. Depuis ses déb
dans la vie publique, il ne manqua jamais d
gent, et cette aisance ne pouvait guère lui ve
que de ses parents. Il faut tenir compte
de l'assertion de Velleius Paterculus
naître d'une famille équestre (*natus equest
loco*) (1). Quoi qu'il en soit, Marius ne reçut
cune éducation. A cette époque presque to
l'aristocratie romaine inclinait vers les lettr
les arts et l'élégante civilisation des Grecs.
mouvement, qui eut pour principaux représ
tants les Scipion, rencontra une opiniâtre
tance dans Caton l'ancien et dans d'aut
tisans des vieilles mœurs romaines. Le pèr
Marius fut sans doute un de ceux-ci, car il
voulut pas que son fils apprît le c ni
allât à Rome se former aux nouvelles
Marius grandit donc avec les rudes qualités
caractérisaient les vieux Sabins. Mais ces
lités vigoureuses, et que ne comportait pas
de la société, devaient dégénérer prompt
défauts. Le patriotisme devint de l'amb
fermeté de caractère se changea en
son intégrité personnelle le condu a
lent mépris de ses contemporains. Avec sa
desse naturelle, Marius aurait eu grand bes
de cette culture intellectuelle qui lui ma
tout à fait. Plutarque a dit avec raison : «
avait pu persuader à Marius de sacrif
Grâces et aux Muses grecques, il n'eût pa
ronné par une indigne fin tant d'éclatantes
tions civiles et militaires. »

Marius fit ses premières armes en Espagne.
assista au siége de Numance en 134. Il
tant de courage, il se soumit si volontiers
sévère discipline introduite par Scipion Émili
que ce grand capitaine le distingua et l'admi
sa table. Un jour qu'on lui demandait
rait lui succéder : « Celui-ci peut-être, »
en frappant sur l'épaule de Marius. Un
jeune homme servait dans la même armée a
une égale distinction, c'était le Numide Jug
que Marius devait plus tard combattre et
cre. Pendant les quinze années suivantes, on
tend plus parler de lui. Il continua sans d
de servir, et s'éleva par son mérite au gr
tribun militaire. En 119 il fut élu trib
peuple. Il eut pour protecteur dans sa
ture Cæcilius Metellus. Quoique son par

(1) Comme ce passage de Velleius est en contradic
avec les meilleurs autorités, on a proposé de le corri
et de lire *agresti* au lieu d'*equestri*. Cette correc
est d'autant plus arbitraire que le témoignage de V
leius semble confirmé par Diodore de Sicile, qui prét
que Marius passait pour avoir été publicain. A c
époque les publicains étaient choisis dans l'ordre éque
tre (Diodore, l. XXXIV, p. 38, t. II, p. 549, édit. Didi

's de l'aristocratie, il montra immédia- qu'il n'était pas disposé à favoriser le tricien. Il proposa une loi qui avait pour ssurer la liberté des élections. Nous nnaissons pas les clauses, qui parais- voir eu rien d'agressif. Quatre ans seu- s'étaient écoulés depuis la mort de chus. Le parti aristocratique, fier de ctoire et maître de l'État, ne voulait er la moindre atteinte à son pouvoir. , sur la proposition du consul L. Cotta, Marius de comparaître et de rendre de sa conduite. On pensait l'intimider; présenta avec hauteur, et menaça Cotta yer en prison s'il persistait dans sa dé- otta, étonné de cette hardiesse, demanda son collègue Metellus; et comme ce dhérait à la proposition, Marius ordonna tement de l'arrêter et de le conduire en Le consul implora vainement l'interven- autres tribuns et du sénat. Le parti tique céda, et les sénateurs revinrent décision. Le tribun, inflexible pour les n'était pas disposé à céder aux vœux ples quand ces vœux étaient déraison- l se déclara contre les distributions de ntretenaient le peuple dans la paresse nce. Sa conduite montra que s'il ne flat- es caprices du peuple, il savait servir rêts. Aussi le parti aristocratique s'op- sormais à son avancement. Il ne put i l'édilité curule ni l'édilité plébéienne, avec beaucoup de peine qu'il parvint à élire préteur; encore l'accusa-t-on de l n'échappa à une condamnation que le les juges se partagèrent. Sa préture ement en 115) n'a pas laissé de traces histoire. Plutarque assure, ce qui est blable, qu'il ne se distingua pas dans gistrature. Marius se fit remarquer au comme propréteur dans l'Espagne ulté- délivra cette province des brigands qui aient. Il avait alors quarante-trois ou -quatre ans, et nul doute qu'il n'aspirât at; mais il sentait que le moment n'était re venu. Les nobles, profitant de la qui s'était produite à la mort de Caius , s'étaient jetés dans tous les excès de e, de la vénalité et de la corruption. Il de prévoir qu'une réaction en sens approchait. Marius l'attendit. Il gagnait jour en popularité, par l'énergie bien e son caractère et sa manière de vivre qui contrastait avec le luxe des grands. même temps il épousa Julia, sœur de César, père du grand César. Cette al- ec une des plus illustres maisons patri- e rehaussa encore aux yeux du peuple. suivit en Afrique, comme lieutenant, le . Cæcilius Metellus, qui l'avait assisté pétition du tribunat. Métellus était e réduire Jugurtha. Marius lui fut très- utile dans cette rude guerre, et il gagnait le cœur des soldats en partageant leurs travaux et leur nourriture. Toutes les lettres qui partaient de l'armée allaient entretenir ses compatriotes de ses qualités militaires. Sa popularité était très-grande; il vit que le moment d'atteindre l'objet de son ambition était venu. Il sollicita de Metellus un congé pour aller demander le consulat. Metellus, d'une grande famille, trouva la prétention exorbitante, et essaya de dissuader son lieutenant de ce projet en lui présageant un échec certain; puis il se rejeta sur les exigences du service, qui l'empêchaient d'accorder le congé demandé; enfin, poussé à bout par les instances de Marius, il s'écria : « Vous n'avez pas besoin de vous presser, attendez pour demander le consulat que mon fils soit en âge d'être votre collègue. » Ce fils était un jeune homme qui ne devait avoir l'âge légal que dans une vingtaine d'années. Marius n'oublia pas ce sarcasme. Il montra aussitôt sa colère en accusant Metellus de prolonger la guerre à dessein. Le consul, fatigué de ces plaintes et de leur effet sur les soldats, lui permit de partir. Suivant Plutarque il ne restait que douze jours jusqu'à l'élection des consuls. Marius, favorisé par le vent, arriva à temps. Il fut accueilli avec enthousiasme et nommé sans opposition (107). Il avait alors cinquante ans. Il obtint en même temps la province de Numidie, avec mission de terminer la guerre contre Jugurtha. Le vieux capitaine arrivait au pouvoir plein de colère et de mépris contre les nobles, et déterminé à les abaisser; mais il avait d'abord besoin des soldats. Ses premières mesures eurent pour objet d'introduire l'élément populaire dans l'armée. Jusqu'à lui les prolétaires avaient été exclus de la légion; il les y fit entrer. Il enrôla des artisans, des mendiants, des vagabonds, ne demandant que des hommes jeunes et robustes, et certain d'en faire de bons soldats par une discipline inflexible. « Partout, dit M. Mérimée, depuis la tactique jusqu'aux derniers détails de l'équipement du soldat, sa vieille expérience trouva d'utiles améliorations à introduire (1). »

Metellus n'attendit pas l'arrivée de son successeur; il laissa le commandement de l'armée de Numidie à un de ses lieutenants, P. Rutilius, qui le remit à Marius. Celui-ci en fit le plus vigoureux usage. Cependant il ne termina pas la guerre dans cette campagne (*voy.* Jugurtha). Au commencement de l'année suivante (106), Bocchus, allié de Jugurtha, consentit, pour obtenir la paix, à le livrer aux Romains. Marius chargea son questeur L. Sylla d'aller recevoir du roi de Mauritanie ce captif redoutable, fournissant ainsi au futur

(1) « Les changements introduits par Marius consistèrent principalement à donner à tous les légionnaires un armement uniforme, et à substituer dans les manœuvres la division en cohortes à la division en manipules. Bien que les noms de *hastati*, *principes* et *triarii* aient subsisté longtemps après lui, il est évident que toute la légion se composa désormais d'infanterie pesamment armée. »

destructeur de sa famille et de son parti la première occasion de se distinguer. Les ennemis du consul réclamèrent pour le questeur la gloire d'avoir pris Jugurtha, et Sylla fit représenter sur un anneau la capture du roi des Numides. Marius, qui était d'un naturel jaloux, ne lui pardonna pas de porter constamment cet anneau.

Marius passa encore près de deux ans en Afrique, occupé à organiser sa conquête. Il fut rappelé en Italie par l'annonce du plus grand danger que Rome eût couru depuis Annibal. Des masses de barbares comme celles qui renversèrent plus tard l'empire romain s'étaient accumulées sur le versant septentrional des Alpes et menaçaient de les franchir. Parmi ces barbares les deux principales nations étaient les Cimbres et les Teutons, appartenant probablement à la race celtique (branche cymrique et branche gauloise), puis venaient les Ambrones (peut-être des Liguriens) et quelques tribus helvétiennes, entre autres les Tiguriniens. Ces hordes comptaient, dit-on, outre les femmes et les enfants, trois cent mille combattants. Ce chiffre approximatif n'est pas invraisemblable. Pendant plusieurs années aucune armée romaine ne tint contre cette multitude. Les Cimbres parurent pour la première fois dans la Norique en 113, descendirent de là dans l'Illyrie, et défirent Cn. Papirius Carbon. Au lieu de profiter de leur victoire pour envahir l'Italie, ils se dirigèrent vers l'ouest à travers la Suisse, où ils recueillirent les Tiguriniens et les Ambrones. On ne sait ni où ni quand ils firent leur jonction avec les Teutons; mais pendant les années suivantes les barbares réunis dévastèrent la Gaule sans que les Romains pussent protéger leurs possessions d'au delà des Alpes. En 109 le consul M. Junius Silanus fut défait par les Cimbres; en 107 les Tiguriniens taillèrent en pièces l'armée du collègue de Marius, du consul L. Cassius Longinus, qui périt dans le combat. Peu après M. Aurelius Scaurus éprouva aussi une défaite, et tomba aux mains des barbares. Enfin en 105 les Romains essuyèrent un désastre comparable à ceux d'Allia et de Cannes : deux armées, commandées par le consul Cn. Mallius Maximus et le proconsul Cn. Servilius Cæpion, et comprenant quatre-vingt mille hommes, furent complétement anéanties par les barbares; deux hommes, dit-on, seulement échappèrent au carnage. A cette nouvelle tous les regards se tournèrent vers Marius, encore en Afrique, et on l'élut consul à l'unanimité. Il fit une entrée triomphale à Rome, le 1er janvier 104, premier jour de son second consulat. On remarque que ce même jour il donna une preuve d'arrogance en entrant dans le sénat avec sa robe de triomphateur. Cependant le danger qui avait rallié à son nom les voix de tous les partis s'était éloigné. Le torrent de l'invasion se détournait encore une fois de l'Italie, et s'écoulait vers le sud-ouest en Espagne. Marius profita de ce répit pour former ses troupes. Quoiqu'il les soumît à une dure discipline et à de rudes travaux, il s'en fit aimer, parce qu'il partageait toutes leurs fatigues et n'épargnait pas plus les officiers que les soldats. Il fut encore élu consul sans contestation pour 103; mais l'année suivante, comme l'ennemi n'apparaissait pas, les services du général plébéien ne parurent plus indispensables, et plusieurs patriciens se mirent sur les rangs pour le consulat. Il fallut que Marius vînt à Rome et gagnât le plus populaire des tribuns, Saturninus. Grâce à cet appui, il fut élu consul pour la quatrième fois : circonstance heureuse pour les Romains, car les barbares reparurent en 102 sur les frontières de la république. Marius s'était d'abord établi sur le Rhône, et pour faciliter l'approvisionnement de son camp et occuper ses soldats, il leur avait fait creuser un canal qui permettait aux vaisseaux d'éviter les bouches ensablées du fleuve. A l'approche des barbares, il se porta un peu plus au nord, et s'établit au confluent du Rhône et de l'Isère. La horde d'invasion s'était divisée en deux. Les Cimbres suivirent le revers des Alpes, et traversèrent ces montagnes au défilé de Tridentum (*Trente* dans le Tyrol). Les Teutons et les Ambrones marchèrent directement contre Marius, qui, craignant pour ses soldats le premier effet de l'étrange et sauvage apparence des barbares, resta dans son camp. Les Teutons l'y attaquèrent, mais ils furent repoussés; alors ils descendirent vers le midi, avec l'intention de pénétrer en Italie par les Alpes Maritimes. Ils étaient si nombreux qu'ils mirent, dit-on, six jours à défiler devant le camp romain. Marius les laissa passer, puis il les suivit de près jusque dans le voisinage d'Aquæ Sextiæ (*Aix*). Les parties belligérantes s'observèrent deux ou trois jours; enfin elles en vinrent à une action décisive. La bataille fut vaillamment disputée; mais les barbares plièrent, et, brusquement assaillis par trois mille hommes que Marius avait placés en embuscade, ils furent mis en déroute. Les Romains en firent un grand carnage. Quelques historiens parlent de deux cent mille morts et de quatre-vingt mille prisonniers; Velleius porte le nombre des morts à cent cinquante mille et d'autres le réduisent à cent mille. Cette bataille ne détruisit pas seulement une armée, elle anéantit un peuple. Immédiatement après la victoire, lorsque Marius s'apprêtait à mettre le feu à un tas d'armes brisées et rassemblées comme une offrande aux dieux, des courriers arrivant de Rome lui annoncèrent qu'il venait d'être élu consul pour la cinquième fois.

Cependant les Cimbres avaient pénétré en Italie. Le collègue de Marius, Q. Lutatius Catulus, désespérant de défendre les passes du Tyrol, prit une forte position sur l'Adige. La terreur de son armée l'obligea de se retirer au delà du Pô et d'abandonner cette riche vallée aux ravages des barbares. Marius fut rappelé à Rome. On lui offrit le triomphe, qu'il refusa tant que les s seraient en Italie. Il alla rejoindre Ca- qui commandait comme proconsul en es deux armées reunies atteignirent les s pres de Vercellæ (*Vercelli*), le 30 Les Cimbres eurent le même sort que les s; ils furent défaits et complétement de- *rov*. CATULUS).

triomphe magnifique célebra ces deux s. Le peuple appela Marius le troisième ur de Rome. On fit des libations en m comme en l'honneur de Bacchus et iter. Lui-même, enivré de ses victoires, lonna aux vices qu'il avait contenus jus- et qui, en se développant d'une manière flétrirent sa gloire. Bien qu'il n'eût ni les politiques ni les qualites extérieures in- ables à un chef de parti, qu'il manquât ence et même de sang-froid au milieu des rs de la place publique, il voulut être le r homme d'Etat de Rome, comme il en premier capitaine, et sollicita un sixième it. Il ne l'obtint qu'en prodiguant l'argent yant recours à deux demagogues de la pèce, Saturninus et Glaucia, qui sollici- un le tribunat, l'autre la preture. Satur- t Glaucia furent aussi élus. Le premier pas hésité a faire assassiner un candidat A. Nonius. Une administration qui débu- si (100 avant J.-C.) promettait à Rome ode de troubles et de meurtres. Deux questions etaient alors en suspens, celle i agraire et celle du droit de cité reclamé alliés. Les Gracques avaient péri en t de résoudre la première, et avaient à uché à la seconde. Saturninus annonça prenait les projets des Gracques; mais il bord avec reserve. Il investit par un plé- Marius du pouvoir de faire trois citoyens dans chaque colonie jouissant du droit um. Glaucia, dans une loi contre les con- naires, introduisit une disposition spé- ur accorder le droit de cité romaine à tin qui convaincrait de malversation un at de la republique Enhardi par le suc- es premieres mesures, le tribun proposa pour l'etablissement de colonies latines, dire composees d'Italiotes avec le droit num, dans les pays reconquis sur les . Cette loi passa après une émeute où s soldats de Marius, licenciés mais restés leur chef, chasserent du Forum les sé- et le peuple. Marius joua dans ces menées ses un rôle odieux et imprévoyant. Il qu'il n'eut d'autre objet que de satisfaire sa contre Metellus Saturninus avait ajouté une clause portant que tout sénateur qui nq jours ne jurerait pas obeissance à la it exclu du senat et condamné a une de vingt talents. Marius declara dans le il ne jurerait pas la loi; ses collègues et firent la même declaration. Quand le vit amener les senateurs de prêter le ser- ment, le consul, à leur grand étonnement, jura aussitôt, et exhorta les autres à en faire autant. Metellus refusa, et, ne pouvant ou ne voulant pas payer l'amende, il s'exila. L'audace de Saturninus ne connaissait plus de bornes. Jusque-là instrument plus ou moins docile de Marius, il aspirait maintenant au premier rôle. Il se fit proroger dans le tribunat, et, prévoyant que C. Memmius, un de ses adversaires, serait nommé consul, il le fit egorger. Cet assassinat excita parmi le peuple une telle indignation que Saturninus et Glaucia s'enfermèrent dans le Capitole avec leur bande de sicaires. Le sénat ordonna à Marius de s'emparer des rebelles, et l'investit de pouvoirs extraordinaires par un decret usité dans les dangers publics (*videret ne quid res publica detrimenti caperet*). Marius accepta à contre-cœur, et conduisit le siege mollement, jusqu'à ce que le peuple se mêlant aux soldats força les assiegés a se rendre. Marius, qui leur avait promis la vie sauve, ne put empêcher la foule de les massacrer. Ces événements portèrent un coup terrible à sa popularite. Les sénateurs, les plebeiens, les Italiotes avaient egalement à se plaindre de lui. Il n'osa pas solliciter la dignité de censeur, et à sa sortie de charge il quitta Rome (99) pour n'être pas témoin du retour de Metellus, rappele d'exil. Il se rendit en Cappadoce et en Galatie, sous pretexte d'accomplir des vœux à la grande deesse, mais dans le dessein d'exciter quelque nouvelle guerre. Il espérait regagner par des victoires l'influence que sa déplorable politique lui avait fait perdre. Dans cette intention il alla à la cour de Mithridate, et, par sa hauteur, il tâcha de pousser ce prince a une rupture avec les Romains. En son absence il fut élu augure. A son retour il se bâtit une maison sur le Forum pour être plus près du peuple; mais sa popularite ne revenait pas Il ne réussit pas mieux dans ses projets belliqueux. Son ancien lieutenant Sylla apaisa les troubles naissants de l'Asie (92). Frustre dans son espoir, Marius en conçut d'autant plus de chagrin, qu'il voyait grandir le credit de Sylla. Quand Bocchus plaça dans le Capitole des figures dorees représentant l'extradition de Jugurtha entre les mains de Sylla, Marius, exaspéré, résolut de renverser ces images. Sylla se disposait à les defendre, et la guerre civile etait imminente, lorsque la guerre sociale (soulèvement des alliés, italiotes, Marses, Samnites) en éclatant les força de suspendre leurs querelles. Tous deux eurent des commandements importants dans cette lutte, qui mit en danger l'existence de Rome. Marius, malgré le poids de l'âge, n'y fut pas inférieur à lui-même. Cependant ses ennemis l'accusèrent de lenteur, et opposèrent à ses temporisations l'activité et l'audace de Sylla. Il servit d'abord comme légat du consul P. Rutilius Lupus. Après la défaite et la mort du consul sur les bords du Liris (11 mai 90), bientôt suivies du desastre de T. Cæpion, il eut le commandement supérieur de l'armée du nord. « Marius, en présence de la principale armée des Marses (commandée par Pompædius Silon), se tenait prudemment renfermé dans ses lignes, s'efforçant de rétablir le moral de ses troupes, fort ébranlé par deux défaites successives. Pompædius, de son côté, redoutant le vainqueur des Cimbres, n'osait l'attaquer dans les fortes positions qu'il occupait; de part et d'autre on évitait avec soin d'en venir à une action générale... Quelquefois Pompædius essayait de l'attirer au combat lorsqu'il se croyait le plus fort. « Si tu es un si grand capitaine, faisait-il dire à Marius par son hérault, pourquoi refuses-tu la bataille? » — « Et toi, répondait le Romain, toi qui te dis si habile, force-moi donc à combattre. » Une fausse manœuvre des Marses, ou peut-être l'absence momentanée de Pompædius offrit enfin à Marius l'occasion qu'il avait attendue avec tant de patience : attaquant l'ennemi à l'improviste, il le mit en déroute dans une action fort vive, où périt un des chefs de la ligue, Herius Asinius, préteur des Marrucins. Les Marses, dans le plus grand désordre, furent rejetés sur les montagnes du Samnium, où ils trouvèrent pour les achever la division de L. Sylla, qui probablement dirigeait alors l'extrême gauche de l'armée du midi. Tout l'honneur de la journée fut pour Sylla, qui, tombant sur un ennemi déja vaincu, lui tua six mille hommes et fit un butin considérable. On ne tint point compte à Marius de ses sages lenteurs, ni des difficultés qu'il avait eues à réorganiser les armées battues de ses collègues en présence d'un ennemi victorieux. Il semblait que ce fût le destin de Sylla de recueillir le fruit des travaux de Marius (1). » Cette victoire ne termina pas la guerre. Marius livra une nouvelle bataille, n'obtint qu'un demi-succès, et, prétextant sa mauvaise santé, il se démit du commandement. Les succès de la campagne suivante (an 89) et d'habiles concessions ramenèrent à l'obéissance tous les alliés, excepté les Samnites et les Lucaniens. Une trêve tacite suivit. La république avait besoin de recueillir ses forces contre Mithridate. Marius désirait ardemment être chargé de conduire cette expédition lointaine. Pour montrer qu'il était encore en état de supporter les fatigues, il se rendait tous les jours au Champ de Mars, et se livrait à des exercices comme un jeune homme. « En faisant cela, dit Plutarque, il plaisait à quelques-uns qui se pressaient pour voir ses exercices et ses luttes; mais les plus sages se plaignaient de le voir courir ainsi après les profits et les honneurs; ils avaient pitié d'un homme qui, parti de si bas et élevé à ce comble de fortune et de grandeur, ne savait pas mettre de bornes à sa prospérité et jouir en paix de ses richesses et de sa gloire, mais qui, comme s'il eût eu besoin de tout, voulait, après tant de triomphes, aller dans la Cappadoce et le Pont-Euxin combattre Archélaüs et Néoptolème, satrapes de Mithridate. » Cette conduite si peu digne d'un vieux général n'obtint aucun succès, et Sylla fut nommé consul et commandant de l'armée contre Mithridate. Marius eut alors recours à l'émeute. Le tribun Sulpicius, sa créature, proposa de répartir dans les trente-cinq tribus anciennes les Italiotes auxquels la loi Julia avait conféré le droit de cité. Cette rogation faisait passer toute l'influence politique dans les mains des nouveaux citoyens. En l'absence de la partie la plus énergique des anciens citoyens, retenus aux armées, elle aurait été adoptée, si les consuls n'eussent retardé indéfiniment le vote. Sulpicius, furieux, envahit le Forum avec une troupe de sicaires, et le poignard à la main arrache à Sylla l'autorisation de mettre aux voix sa rogation qui fut adoptée. D'autres rogations, toutes favorables aux Italiotes passèrent ensuite, et les nouveaux citoyens, qui formaient la majorité, retirèrent à Sylla la conduite de la guerre contre Mithridate, et l'adjugèrent à Marius (an 88). Sylla ne se laissa pas enlever le pouvoir. Il avait déja quitté Rome, et s'était rendu à Nola au milieu de son armée, qui lui était dévouée. Quand deux tribuns militaires vinrent au nom de Marius prendre le commandement des troupes, il les fit tuer par ses soldats, et marcha sur Rome. C'était la premiere fois qu'un général osait tourner ses armes contre la ville sacrée. Marius ne s'était pas attendu à cet excès d'audace : il n'avait pas de soldats, et ne put opposer aux légions de son adversaire qu'une multitude mal armée. En vain promit-il la liberté aux esclaves qui se déclareraient pour lui. Il fut réduit à s'enfuir avec son fils, Sulpicius et les plus compromis de ses partisans. Leurs têtes furent mises à prix. Marius et son fils se séparèrent, et le dernier gagna l'Afrique en sûreté. Le vieux général avec son beau-fils Granius s'embarqua, et fit voile vers le sud le long des côtes, exposé aux plus grands dangers et aux plus rudes privations. Le mauvais temps le força de prendre terre près de Circeii avec ses compagnons. Ils errèrent de côté et d'autre sans but certain. Sur le soir ils rencontrèrent des pâtres qui n'eurent rien à leur donner, mais qui, ayant reconnu Marius, l'avertirent de s'éloigner promptement, parce qu'ils venaient de voir passer plusieurs cavaliers qui le cherchaient. Privé de toute ressource, affecté surtout de voir ceux qui l'accompagnaient près de mourir de faim, il quitta le grand chemin et se jeta dans un bois épais, où il passa la nuit. Le lendemain il se remit en route le long de la mer, encourageant les gens de sa suite et leur racontant un présage qui lui avait promis un septième consulat. « Un jour, leur dit-il, dans son enfance, pendant qu'il vivait à la campagne, il était tombé dans sa robe le nid d'un aigle, qui contenait sept aiglons. Ses parents, surpris de cette singularité, consultèrent les devins, qui leur répondirent que cet enfant deviendrait un des hommes les plus

(1) Mérimée, *Études sur l'histoire romaine, Guerre sociale*, in-8°, p. 170.

et obtiendrait sept fois la première
le la république. » A vingt stades de
es ils aperçurent une troupe de cava-
i venaient à eux, et n'eurent que le
e gagner à la hâte deux petits vais-
archands Les cavaliers crièrent aux
de leur livrer Marius ou de le jeter à la
ix-ci s'y refusèrent, mais, craignant de
: redoutable proscrit, ils le déposèrent à
hure du Liris. Marius, seul au milieu des
ue forme le fleuve, parvint avec beau-
peine à la hutte d'un paysan, qui le
un fossé et le couvrit de roseaux. En-
e bruit de ceux qui le poursuivaient, il
cachette, se dépouilla de ses habits,
ça dans le marais. Il y fut bientôt dé-
On l'en retira nu, couvert de fange, et
duisit une corde au cou à Minturnes,
remit aux autorités. Les officiers mu-
le déposèrent dans la maison d'une
mmé Fannia, qui avait eu à se plaindre
après une longue délibération ils réso-
'obéir au décret du sénat; mais aucun
e voulut se charger de l'exécution. Enfin
er gaulois ou cimbre s'offrit pour l'hor-
sion, et entra l'épée à la main dans la
où était enfermé Marius. L'endroit était
t le cavalier crut voir sortir des flammes
le Marius, et entendit dans l'ombre une
ible prononcer ces mots : « Oses-tu tuer
rius? » Le barbare, épouvanté, jeta son
'élança hors de la maison en criant :
uis pas tuer Caius Marius. »
dent produisit une réaction dans l'esprit
ants de Minturnes. Ils comprirent quelle
e ce serait de faire périr l'homme qui
vé Rome et l'Italie. Ils équipèrent à la
vaisseau, le chargèrent de toutes les
nécessaires pour un long voyage, et
nt Marius à bord en lui souhaitant une
uite. De Minturnes le vent le porta à l'île
(*Ischia*), où il trouva Granius et le
s amis. De là il fit voile pour l'Afrique,
gnit après une navigation dangereuse.
a à Carthage; il avait à peine touché
n licteur vint de la part du gouverneur
extilius, lui enjoindre de quitter immé-
la place sous peine de voir exécuter
le décret de proscription. Cet ordre ac-
us d'une tristesse si grande qu'il n'eut
rce de répondre, et qu'il garda long-
silence en jetant sur l'officier des re-
uches. Le licteur lui ayant enfin de-
qu'il le chargeait de dire au gouver-
Dis-lui, répondit Marius en poussant
d soupir, que tu as vu Marius fugitif
s ruines de Carthage. » Il fut bientôt
son fils, et passa avec lui dans l'île
. En même temps arriva en Italie une
qui prépara son retour. Sylla n'avait
er qu'un des consuls pour l'année 87
isi dans le parti démocratique. En
vain avant son départ pour l'Asie il avait fait jurer à ce consul L. Cornelius Cinna de ne rien changer à la constitution de l'État; à peine eut-il quitté l'Italie, que Cinna remit en avant la rogation de Sulpicius sur l'introduction des Italiotes dans les trente-cinq tribus. Cette proposition souleva une émeute. Cinna ayant contre lui son collègue Octavius, le sénat et la plupart des tribuns du peuple, quitta la ville après un court combat. Il fut destitué et remplacé par Merula. Il parcourut les villes du Latium et de la Campanie, qui venaient d'acquérir le droit de cité romaine, se disant victime de son attachement à leurs intérêts. Des soldats de la guerre sociale et des proscrits, entre autres Q. Sertorius, accoururent auprès de lui; il entra en négociation avec les Samnites, encore en armes sous les ordres de Pontius Telesinus, et obtint leur concours à des conditions que l'on ignore, mais qui étaient probablement leur indépendance; enfin il gagna les troupes laissées en Campanie. Il était déjà à la tête d'un rassemblement redoutable, lorsque Marius aborda sur la côte d'Étrurie accompagné de son fils et de quelques autres proscrits. Des esclaves fugitifs lui formèrent un premier cortége, avec lequel il parcourut les villes étrusques. « Ce vieillard, cassé par l'âge et les fatigues, revêtu d'une robe de deuil, proscrit, condamné à mort, excitant à la fois l'horreur et le respect, leur parut plus grand alors que lorsqu'ils le voyaient consul pour la sixième fois, consacrant ses trophées cimbriques. Reçu avec enthousiasme par le peuple des villes et surtout par les paysans, il se vit bientôt à la tête de six mille hommes. » (Mérimée). Il offrit à Cinna de se placer sous ses ordres. Le consul accepta, et le nomma proconsul; mais Marius ne voulut accepter ni le titre ni les insignes de cette dignité, sous prétexte que ces honneurs ne convenaient pas à sa fortune. Après avoir fait sa jonction avec Cinna, il poussa la guerre avec vigueur, s'empara d'Ostie de manière à affamer la ville, et vint camper sur le Janicule. La famine qui sévissait dans Rome et la mort de C. Pompée, le seul général qui restât au sénat, décidèrent cette assemblée à traiter; ses députés ne demandèrent aux vainqueurs que d'épargner les citoyens. Cinna les reçut assis sur sa chaise curule, et répondit que quant à lui, il ne voulait faire mourir personne. Marius se tenait derrière lui, vêtu d'une robe déchirée, les cheveux et la barbe en désordre, et gardant un silence qui annonçait les plus sinistres résolutions. Cinna entra dans la ville avec ses licteurs. Marius, sous prétexte de légalité, exigea avant d'entrer que son rappel fût voté dans les comices. Cinna et les tribuns convoquèrent le peuple à la hâte. Déjà quatre tribus avaient voté lorsque Marius, las de cette comédie, pénétra dans Rome avec sa troupe étrusque, qui se mit à massacrer ceux qu'il leur avait désignés d'avance. Cette soldatesque, animée contre Rome d'une haine furieuse,

exécuta les ordres de son chef avec une férocité sans exemple, et frappa tous ceux qu'il détestait ou craignait. Le consul Octavius Merula, le grand orateur Marcus Antonius, Quintus Catulus, qui avait été son collègue dans son quatrième consulat et avait partagé son triomphe, périrent. La horde étrusque semblait avoir juré la ruine de Rome. Cinna eut horreur des excès de ces brigands, et Sertorius, avec un corps de Gaulois, les enveloppa et les tailla en pièces. Cinna et Marius, sans daigner convoquer les comices, se nommèrent de leur propre autorité consuls pour l'année suivante (86). Le premier prit l'administration de l'Italie; le second se réserva le soin de poursuivre la guerre contre Mithridate, ou plutôt contre Sylla, qu'il venait de faire déclarer ennemi public. Peu de jours après son entrée en charge (1er janvier 86), il tomba malade. Plutarque raconte que, se promenant un soir avec Pison et quelques amis, il leur parla longtemps de sa vie passée, des faveurs et des disgrâces qu'il avait reçues de la fortune, ajoutant qu'il n'était pas d'un homme sage de se fier davantage à l'inconstance du sort. En disant ces mots, il les embrassa, leur dit adieu, et rentra chez lui pour se mettre au lit, d'où il ne se releva plus. Il expira sept jours après (13 janvier), dans sa soixante-dixième année. Ainsi finit, peut-être par un suicide, l'homme qui après avoir sauvé Rome l'avait inondée de sang. Marius ne fut grand que sur les champs de bataille. Comme homme politique, il manqua d'intelligence, de droiture et même de courage; car il agit rarement par lui-même, et mit en avant des démagogues subalternes, qu'il abandonna ensuite. Sa conduite n'annonce ni principes ni idées arrêtées. Il semble qu'il n'eut d'autre mobile que sa haine contre les nobles, haine où il entrait beaucoup de jalousie et qui le conduisit à des actes atroces. Il faut cependant reconnaître que les nobles avaient donné l'exemple des proscriptions, et que Sylla surpassa encore les cruautés de son rival, auquel il était d'ailleurs supérieur en tout, excepté en génie militaire. L. J.

Plutarque, *Marius*, avec le commentaire de G. Long dans sa traduction anglaise de la *Vie de Marius*; Londres, 1844. — Cicéron, en beaucoup d'endroits cités dans l'*Onomasticon Tullianum* d'Orelli, vol. II, p. 385-386. — Salluste, *Jugurtha*, 46, 63-65, 73-114. — Appien, *Bel. Civ.*, I, 29-31, 40-46, 58-8, 65-75. — Tite Live, *Epitome*, 66-80. — Velleius Paterculus, II, 9, 12 23. — Florus, III, 1, 3, 16, 21. — Orose, V, 19. — F. Weiland, *C. Marii VII cons. Vita*, Berlin, 1845. — Mérimée, *Études sur l'histoire romaine, Guerre Sociale*.

MARIUS (*Caius*), neveu et fils adoptif du précédent, né en 109 avant J.-C., mort en 82. Après la victoire de Sylla en 88, il quitta Rome avec son père. Les hasards d'une fuite pleine de périls les séparèrent. Le jeune Marius s'embarqua sur un vaisseau qui partait pour l'Afrique, et se rendit à la cour de Hiempsal, roi de Numidie. Celui-ci le traita avec honneur, mais le retint sous divers prétextes. Une femme du prince numide lui fournit les moyens de s'échapper et d'aller rejoindre son père. (Pour les événements arrivés après leur réunion, voir l'article précédent). Pendant les trois années qui suivirent la mort de Caius Marius, son parti domina dans l'Italie en l'absence de Sylla, alors occupé à la guerre contre Mithridate. Quand le vainqueur du roi du Pont revint en Italie pour venger ses injures et relever la cause de l'aristocratie, Carbon, devenu, par la mort de Cinna, chef du parti démocratique, comprit l'avantage de mettre en avant son nom cher à la plèbe et aux Italiotes, et en même temps qu'il obtenait le consulat pour la troisième fois il se fit donner pour collègue le jeune Marius, alors âgé de vingt-quatre ans. Marius fut opposé à Sylla, qui menaçait le Latium. Il établit à Préneste de grands magasins, et en fit sa place d'armes. La première partie de la campagne se passa en manœuvres, sur lesquelles nous n'avons que des renseignements très-incomplets. Enfin les deux armées se rencontrèrent dans la plaine de Sacriport, lieu dont la position est incertaine, mais qui était situé entre Signia, Préneste, et Anagnia. Le choc fut des plus rudes, et l'issue du combat était douteuse, lorsque toute l'aile droite de Marius passa à l'ennemi. Cette défection décida de la bataille. Les fuyards, poursuivis jusqu'à Préneste, furent massacrés par milliers. Marius ne dut son salut qu'à une corde qu'on lui jeta du haut des murs et au moyen de laquelle on le hissa dans la ville. Le jeune Pontius Telesinus, frère du généralissime des Samnites, s'y réfugia également. Sylla fut impitoyable pour les vaincus et particulièrement pour les Italiotes; il fit égorger de sang-froid, sous les murs de Préneste, tous les Samnites prisonniers. « Marius ne se montra pas moins cruel. La bataille de Sacriport ouvrait les portes de Rome à son rival; il ne voulut pas que ses ennemis pussent féliciter le vainqueur. Par son ordre le préteur Junius Brutus Damasippus réunit le sénat dans la curie, qu'il fit secrètement environner par une bande d'assassins. Là tous les sénateurs désignés par Marius, ou seulement suspects au préteur, furent impitoyablement massacrés. On exerça de hideuses atrocités sur les cadavres des victimes, qui, après avoir été traînés par les rues, exposés à tous les outrages de la populace, furent enfin précipités dans le Tibre. Quelques heures après cette boucherie, les meurtriers prenaient la fuite, abandonnant Rome à Sylla, qui n'y trouvait plus qu'une plèbe affamée (1). » Dès lors Marius et les Romains attachés à sa fortune, étroitement bloqués dans Préneste, ne jouèrent plus de rôle dans la grande lutte qui se termina par la défaite du parti populaire et italien. En vain, pour dégager Préneste, et peut-être pour détruire la ville qui avait asservi l'Italie, Pontius Telesinus fit une pointe désespérée sur Rome (23 août 82). Le vaillant Samnite fut tué près de la porte Colline (voy.

(1) Mérimée, *Études sur l'histoire romaine, la Guerre sociale*, p. 2[illegible].

s TELESINUS et SYLLA). Sa tête, celles du int de Carbon et des chefs samnites, pro- sous les murs de Préneste, annoncèrent iegés qu'il ne restait plus d'espoir. « Ma- le frère de Pontius Telesinus tentèrent de per par un souterrain qui donnait sur la me; mais, trouvant toutes les issues étroi- gardées, ils ne voulurent pas laisser à nnemis la joie de les voir mourir. A cette la fureur des combats de gladiateurs it inventer une espèce de suicide à deux. inés à périr, deux amis se battaient l'un l'autre; acteurs et spectateurs à la fois, in dernier plaisir qu'ils se donnaient. Tel genre de mort que choisirent Marius et us. Le Romain, plus adroit escrimeur, amnite, et, blessé lui-même, se fit achever esclave. Eux morts, la ville ouvrit ses » La guerre était terminée. Le massacre ze mille hommes dans Preneste, l'exter- n de tous les partisans de Marius par les s tables de proscription, la destruction ncipales cités de l'Étrurie, semblaient de- antir tous les obstacles qui s'opposaient tauration de la république aristocratique. estauration eut lieu en effet, mais elle émère. Il était impossible que la vieille ition romaine se maintint après de si fu- échirements. « Le duel de Marius et de us, dit M. Mérimée, fut comme un pré- s destinées de l'Italie. Le Romain tua le , et tomba expirant sur le cadavre du qu'il venait d'abattre. Ainsi l'Italie était mais Rome, frappée au cœur, ne devait survivre longtemps. » Y.

ue, Sulla, 28 32; Marius, 46 — Applen, Bel. — Tite Live, Epitome, 86 88. Velleius II, 26, 27. — Florus, III, 21 Orose, V, lere Maxime, VI, 8.

IUS M. AURELIUS, un des trente tyrans és par Trebellius Pollion, mourut vers ès J.-C. Il fut un des quatre usurpateurs vernerent successivement la Gaule contre e de Gallien. Suivant les écrivains de re auguste et Aurelius Victor, il était , et remarquable seulement par sa pro- force musculaire. Les auteurs déjà cités ue pretendent qu'il regna deux jours ou rois. Il perit dit-on, de la main d'un soldat avait refusé une grâce. Il existe de Ma- grand nombre de medailles qui n'ont pas frappees dans un aussi court espace de Il faut donc que son règne ait ete plus e ne le disent les historiens. De Boze ue cet usurpateur porta la pourpre de- ebre 267 jusqu'en janvier 268. Y.

us Pollion, Triq. Tyrann., VII. Aur Vic- r, XXXIII, 39 — Eutrope, IX, 7.

IUS, prelat et chroniqueur gallo-romain, un, vers 532, mort le 31 decembre 596. mille noble, il fut eleve a l'evêche d'A- en Helvetie, et assista en 585 au second de Mâcon Sa pieté et sa charite l'ont fait inscrire sur plusieurs martyrologes. Il a écrit une *Chronique*, continuant celle de Prosper jusqu'en 581; elle a été imprimée dans les recueils de Duchesne, de dom Bouquet et de Roncalli. Quoique redigée très-succinctement, cette chronique, qui a été à son tour continuée jusqu'en 623 par un auteur anonyme, nous apprend un grand nombre de faits, qui ne sont pas rapportés ailleurs. On attribue à Marius avec vraisemblance une *Vie de saint Sigismond, roi de Bourgogne*, publiée par les continuateurs des Bollandistes. O.

Zurlauben, *Notice sur Marius* (dans le tome XXXIV des *Memoires* de l'Academie des Inscriptions). — *Histoire Littéraire de la France*, t. III.

MARIUS (*Adrien-Nicolas*), poëte latin moderne, né à Malines, en Belgique, vers le commencement du seizième siècle, mort à Bruxelles, le 21 mars 1568. Il était fils de Nicolas Everard et frère de deux autres poëtes latins distingués, Nicolas Grudius et Jean Second. Il fut chancelier du duc de Gueldres. On ne sait presque rien de sa vie; mais on voit par ses poésies qu'il voyagea en France et en Italie, et qu'il étudia le droit à Bourges sous Cujas. Ses vers ont été publiés par Bonaventure Vulcanius avec ceux de Grudius et une pièce de Jean Second, sous le titre de *Poemata trium fratrum belgarum*; Leyde, 1612, in-12; ils se composent de deux livres d'élégies, d'un livre d'épigrammes, d'un livre d'épîtres, d'une satire et d'un chant funèbre (*Nænia*) sur la mort de son frère Jean Second. Il doit principalement sa réputation à une élégie intitulée *Cymba amoris*. Il prit son surnom de Marius par dévotion pour la vierge Marie. Z.

Foppens, *Bibliotheca Belgica*.

MARIUS (*Georges*), naturaliste allemand, né à Wurtzbourg, en 1533, mort à Heidelberg, le 8 mars 1606. Après avoir exercé la médecine à Nuremberg, il enseigna cette science à Marbourg et à Heidelberg. On a de lui : *In Judæorum medicastrorum Calumnias et homicidia*; Marbourg, 1570, in-4°; — *De Melancholia*; Marbourg, 1574, in-fol.; — *Paralipomena hortulanica, das ist Gartenlust zum Feldbau angehörig*; Strasbourg, 1586, in-fol.; — *Bergwerks-Geschöpfe und Eigenschaften der Metallfrüchte* (Qualités des minerais et des métaux); — *Epistola ad Matthiolum de Plantis nonnullis*, dans les *Epistolæ* de Matthioli. O.

Freher, *Theatrum*. — Witte, *Diarium Biographicum*. — Adami, *Vitæ medicorum germanorum*. — Rotermund, *Supplem.* à Jöcher.

MARIVAUX (*Pierre* CARLET DE CHAMBLAIN DE), romancier et auteur dramatique français, né à Paris, le 4 février 1688, mort dans la même ville, le 12 février 1763. Sa famille était originaire de Normandie et avait donné plusieurs magistrats au parlement de cette province. Son père avait eu un emploi dans les finances à Riom. Marivaux ne voulut être qu'homme de lettres. Son éducation avait été assez superficielle. Il savait très-peu de latin et ne savait pas le grec. Il ne regretta jamais cette lacune dans ses études. Il prétendit se passer de maîtres, et surtout il ne voulut pas en chercher dans l'antiquité. « Cependant, quoiqu'il se piquât de ne rien emprunter ni aux vivants ni aux morts, il faisait du moins l'honneur à son siècle de le préférer à ceux d'Alexandre et d'Auguste, par cette raison singulière, mais selon lui très-philosophique, que chaque siècle devait ajouter à ses propres richesses celles de tous les siècles précédents; principe d'après lequel on préférerait Grégoire de Tours à Tacite, Fortunat à Horace, et Vincent Ferrier à Démosthène (1). » Ces idées le conduisirent dans le parti de La Motte et de Fontenelle, et il alla plus loin qu'eux dans sa haine contre les anciens. Homère, le *divin* Homère, comme il l'appelait par ironie, fut l'objet principal de ses attaques, et il crut lui porter un coup redoutable en le travestissant. Il est fâcheux qu'un homme d'esprit ait débuté par de pareilles sottises. Mais Marivaux était tout à fait dénué du génie créateur, et ne pouvait apprécier cette faculté chez les autres; il manquait encore plus complétement du sentiment de la beauté grande et simple. Il était donc naturel qu'il méprisât Homère et admirât La Motte. Comme il avait de la finesse, il trouva d'ailleurs dans cette polémique sur les anciens de bonnes raisons, des arguments subtils et des vues ingénieuses. Enfin, on voyait à ses premiers essais que c'était un homme de mérite qui n'avait pas encore rencontré le véritable emploi de son talent. Très-jeune il avait composé une comédie en vers, *Le Père prudent*, sans l'oser mettre au théâtre. Quinze ans après, à l'âge de trente-deux ans, il hasarda une tragédie, *La Mort d'Annibal*. Le vieux général carthaginois est amoureux de Laodice, fille de Prusias, et lui dit tendrement :

Hélas ! un doux espoir m'amenait en ces lieux.

Ce doux espoir est traversé par l'ambassadeur romain Flaminius, qui prétend aussi au cœur et à la main de la princesse. Annibal, vaincu sur ce champ de bataille assez nouveau pour lui, s'empoisonne. On ne sait si ces inventions furent trouvées ridicules; mais l'auteur lui-même n'en fût pas satisfait, puisqu'il renonça au théâtre tragique. La comédie lui convenait beaucoup mieux. Il eut en ce genre du succès à la Comédie-Française, et plus encore à la Comédie-Italienne. Cette scène, où l'on représentait des canevas italiens et des pièces toutes françaises, possédait alors une actrice charmante, pleine d'intelligence et de distinction, Mme Balletti, connue sous le nom de Silvia; elle semblait née pour jouer les pièces de Marivaux, si délicates, si raffinées sous leur simplicité apparente. Cet auteur, qui se piquait d'originalité, réussit en effet à se faire un genre aussi éloigné que possible de Molière et de Regnard. Tandis que ceux-ci peignaient largement les caractères, les passions, les ridicules et les folies des hommes de

(1) D'Alembert, *Éloge de Marivaux*.

leur temps, Marivaux prétendit s'attache
fidèlement à la réalité et en rendre minutieus
les nuances les plus fines. Mais cette réalit
subtilement étudiée n'est pas naturelle. P
toutes ses pièces sont des surprises de l'
c'est-à-dire la situation de deux person
s'aiment sans s'en douter, ou sans se l'avo
laissent échapper par tous leurs discours, par
leurs gestes, ce sentiment ignoré ou méconnu d'
seuls, mais visible pour ceux qui les observ
Marivaux s'est spirituellement défendu d
proche de monotonie. « Dans mes pièces,
il, c'est tantôt un amour ignoré des deux
tantôt un amour qu'ils sentent et qu'ils
se cacher l'un à l'autre, tantôt un amour
qui n'ose se déclarer, tantôt enfin un amour
certain et comme indécis, un amour à
pour ainsi dire, dont ils se doutent sans
bien sûrs, et qu'ils épient au dedans
mêmes avant de lui laisser prendre l'essor.
est en tout cela cette ressemblance qu'on
cesse de m'objecter ? » Sans doute dans tou
y a de la variété, mais c'est une variété de n
au fond il s'agit toujours des méprises de
mour (1).

« Les pièces de Marivaux, dit un critique,
sont restées au répertoire et qu'on joue en
quelquefois : *Le Jeu de l'Amour et du Has*
son chef-d'œuvre; *Le Legs*, *La Surpris*
l'Amour, *Les fausses Confidences*, *L'Ép*
et d'autres encore, se ressemblent plus ou m
ou ne diffèrent que par des nuances déliées.
a très-bien remarqué que dans ses comé
en général il n'y a pas d'obstacle extérieur,
d'intrigue positive ni d'aventure qui travers
passion des amants : ce sont des chicanes
cœur qu'ils se font, c'est une guerre d'
mouche morale. Les cœurs au fond étant à
près d'accord dès le début, et les danger
les empêchements du dehors faisant défaut,
rivaux met la difficulté et le nœud dans le
pule même, dans la curiosité, la timidité ou
gnorance, ou dans l'amour-propre et le p
d'honneur piqué des amants. Souvent ce
qu'un simple malentendu qu'il file
et qu'il prolonge. Ce nœud très-léger, qu
et qu'il tourmente, il ne faudrait que s'y pre
d'une certaine manière pour le dénouer à l'

(1) La manière de Marivaux a été parfaitement
et analysée par M. de Barante. « Marivaux, dit-il,
vateur minutieux du cœur humain, s'était fait une
particulière de reconnaître les plus petits motifs de
sentiments et de nos déterminations. C'était là son
lent, et l'on ne peut disconvenir de la vérité de se
servations; mais il ne faut pas se laisser abuser p
genre de mérite, et l'on doit remarquer qu'en en
sant parade on en diminue l'effet. Marivaux ne
donne pas le résultat de son observation. Les parol
chaque personnage sont toujours arrangées de faç
montrer que la théorie de son cœur était bien co
de l'auteur. Une scène de Molière est une représe
tion de la nature; une scène de Marivaux est un
mentaire sur la nature. Avec une telle manière de
ceder, il ne reste plus que peu de place pour l'actio
pour le sentiment. »

'a garde de le faire, et c'est ce manége é et semé d'incidents gracieux, qui les esprits délicats..... Marivaux, au ime surtout à démêler et à poursuivre et les conséquences de l'amour-propre our. Tantôt (dans *Les Serments in*-, c'est l'amour-propre piqué qui s'en-tourdie, et qui retarde et complique ord un aveu qui allait de lui-même des lèvres; tantôt, ce même amour-iqué et la pointe de jalousie qui s'y s *L'Heureux Stratagème*) réveillent trop sûr qui s'endort, et le ramène, nt où il allait se changer et dégénérer ; tantôt (comme dans *Les Sincères*, ns *La Double Inconstance*), l'amour-qué ou flatté détache au contraire l'a-est assez fort pour le porter ailleurs et r (1). » A des conceptions d'un ordre lier il fallait une forme également sin-elle de Marivaux l'est sans doute; il et s'en justifie en disant que tous les élèbres qui ont approfondi l'âme ont *n peu singulier*. Il avait l'imagination et semait son style de métaphores em-tour à tour à la vie commune et à une ique subtile. Cette manière peu natu-iya beaucoup de critiques, « et avec lus de justice, dit d'Alembert, que ce argon, tout à la fois précieux et fa-cherché et monotone, est sans excep-de tous les personnages, de quelque s puissent être, depuis les marquis paysans, et depuis les maîtres jus-ilets ». Sur ce point encore Marivaux avec finesse. « On croit, dit-il, voir même genre de style dans mes co-arce que le dialogue y est partout l'ex-simple des mouvements du cœur; la cette expression fait croire que je n'ai me ton et une même langue; mais ce moi que j'ai voulu copier, c'est la na-'est peut-être parce que ce ton est na-il a paru singulier. »

e est spécieuse; Marivaux en a une meil-t le succès. Ses pièces, quand elles trou-ignes interprètes, se voient encore avec n principal titre littéraire est son roman *nne*, qui parut en onze parties (1731-qui resta inachevé (Mme Riccoboni y douzième partie). Marianne, sur le re-nte son histoire, qui ne contient pas des bien extraordinaires, mais qui donne fines analyses de sentiments, à de déli-itures du monde. Ce roman a le défaut que des caractères effacés et de man-érêt. Il est fort agréable à lire par por-chées, et ne supporte pas une lecture *Le Paysan parvenu*, autre roman, lus intéressant, présente d'ailleurs les mêmes défauts et les mêmes qualités. Marivaux n'était pas de ces esprits qui changent avec les sujets. Tel on l'a vu dans son théâtre, tel on le voit dans ses romans, et tel on le retrouve dans des écrits imités d'Addison et tenant le milieu entre le roman et le journal : *Le Spectateur français*, *L'Indigent philosophe*, *Le Cabinet du Philosophe*. Ces essais sont pleins d'idées neuves, et montrent que Marivaux était un esprit indépendant qui pensait par lui-même et qui sur beaucoup de sujets pensait juste.

La vie de Marivaux est dans ses écrits; elle n'offre d'ailleurs que bien peu d'événements notables. Sous la régence, il eut l'imprudence de mettre une partie de l'héritage paternel dans le système de Law, et il le perdit. Marié dans sa jeunesse, il resta veuf de bonne heure avec une fille unique, qui se fit religieuse. Une vieille amie, Mlle Saint-Jean, se dévoua à tenir sa maison et à veiller sur ses intérêts. Il était paresseux, et s'en vantait, disant que s'il était resté fidèle à la paresse il n'aurait pas perdu ses biens. Ses productions littéraires auraient peut-être comblé la brèche faite dans sa fortune par cette malheureuse spéculation, si son laisser aller, sa négligence ne l'avaient sans cesse élargie. C'est à lui qu'arriva une anecdote bien connue, souvent attribuée à d'autres, et que d'Alembert raconte ainsi : « Un mendiant qui lui demandait l'aumône, lui parut jeune et valide. Il fit à ce malheureux la question que les fainéants aisés font si souvent aux fainéants qui mendient : « Pourquoi ne travaillez-vous pas? — Hélas! monsieur, répondit le jeune homme, si vous saviez combien je suis paresseux! M. de Marivaux fut touché de cet aveu naïf, et n'eut pas la force de refuser au mendiant de quoi continuer à ne rien faire. Aussi disait-il que pour être assez bon, il fallait l'être trop. » Cette facilité à donner sans compter le réduisit souvent à de tristes expédients. Il recevait une pension d'Helvétius et une autre de Mme de Pompadour : cela ne lui suffisait pas. « Il vint un jour chez moi, dit Voisenon, me confier que ses affaires n'étaient pas bonnes, et qu'il était décidé à s'ensevelir dans une retraite éloignée de Paris. Je représentai sa situation à Mme la duchesse de Choiseul, en la priant de tâcher de lui faire avoir une pension; elle eut la bonté d'en parler à Mme de Pompadour, qui en fut étonnée; elle faisait toucher tous les ans mille écus à Marivaux, et, pour ménager sa délicatesse et l'obliger sans ostentation, elle les lui faisait toucher, comme venant du roi. Marivaux, voyant que j'avais découvert le mystère, me battit froid, tomba dans la mélancolie, et mourut quelques mois après. » Il avait soixante-quinze ans; depuis longtemps il n'était plus à la mode. Les écrivains de la génération suivante le traitèrent sévèrement, et le mot *marivaudage* (1), qui exprimait sa manière particulière

-Beuve, *Causeries du lundi*, t. IX.

(1) L'Académie définit *marivaudage*, manière d'écrire

de penser et d'écrire, fut généralement pris en mauvaise part. De nos jours Marivaux est redevenu en faveur; on lui a pris des idées, on a imité son style. Cette réhabilitation, qui n'est pas tout à fait injuste, ne doit pas être poussée trop loin; il serait dangereux d'imiter un auteur dont les qualités exquises sont insaisissables et dont les défauts ne sont que trop faciles à copier.

On a de Marivaux : *L'Homère travesti, ou l'Iliade en vers burlesques, en XII livres;* Paris, 1716, 2 vol. in-12; — *Le Télémaque travesti*, liv. I-III; 1736, in-12; — PIÈCES JOUÉES AU THÉÂTRE-FRANÇAIS : *Annibal*, tragédie en cinq actes et en vers, jouée en 1720; publiée à Paris, 1727, in-12; — *Le Dénoûment imprévu*, comédie en un acte (1724); Paris, 1727, in-12; — *L'Isle de la Raison, ou les petits hommes*, com. en trois actes et en prose (1727); Paris, 1737, in-12; — *La Surprise de l'Amour* (1727); 1728, in-12 : comédie différente de celle qu'il avait fait jouer sous le même titre au Théâtre-Italien; — *La Réunion des Amours*, com. (1731); 1732, in-12; — *Les Serments indiscrets*, com. en cinq actes; 1732, in-12; — *Le Petit-Maître corrigé*, comédie en trois actes (1734); 1739, in-12; — *Le Legs*, com.; 1736, in-12; — *La Dispute*, com. (1744); 1747, in-12; — *Le Préjugé vaincu*, com. (1746); 1747, in-12; — COMÉDIES JOUÉES AU THÉÂTRE-ITALIEN. — *L'Amour et la Vérité*, 1720; — *Arlequin poli par l'amour;* 1720; — *La Surprise de l'Amour;* 1722; — *La double Inconstance;* 1723; — *Le Prince travesti;* 1724; — *L'Ile des Esclaves;* 1725; — *L'Héritier de village;* 1725; — *Le Triomphe de Plutus;* 1728; — *La nouvelle Colonie, ou la ligue des femmes;* 1729; — *Le Jeu de l'Amour et du Hasard;* 1730; — *Le Triomphe de l'Amour;* 1732; — *L'École des Mères;* 1732; — *L'Heureux Stratagème;* 1738; — *La Méprise;* 1734; — *La Mère confidente;* 1735; — *Les fausses Confidences;* 1736; — *La Joie imprévue;* 1738; — *Les Sincères;* 1739; — *L'Épreuve;* 1740; — ROMANS : *La Voiture embourbée* (attribué à Marivaux); Paris, 1714, in-12; — *Aventures de ***, ou les effets surprenants de la sympathie;* Paris, 1713-1714, 5 vol. in-12; — *Don Quichotte moderne;* imprimé dans le recueil de ses œuvres; — *Le*

qui a été reprochée à Marivaux, et qui consiste dans des raffinements d'idées et d'expressions. « On a pris longtemps ce mot-là en mauvaise part, dit M. Jules Janin : on disait alors de tous les gens qui écrivaient avec plus de grâce que de force, plus de finesse que de fermeté : c'est du *marivaudage!* Mais enfin on s'est aperçu que ce style était bien difficile à imiter, que Marivaux était, à tout prendre, un écrivain qui avait une physionomie bien arrêtée, quoique très-mobile; que pour écrire comme lui il fallait avoir bien de l'esprit, bien de l'imagination, bien de la grâce. On a donc réhabilité ce mot-là, le *marivaudage*, et je ne pense pas qu'il y ait aujourd'hui beaucoup de gens d'esprit assez mal avisés pour s'en fâcher » (*Article* MARIVAUDAGE dans le *Diction. de la Conversation*).

Spectateur français; 1722, in-12; — *L'Indi*
gent philosophe, ou l'homme sans souc
Paris, 1728, in-12; — *La Vie de Marianne, o*
*les aventures de la comtesse de ****; Pari
1731-1736, 3 vol. in-12; avec la douzièm
partie, Paris, 1755, 4 vol. in-12; — *Le Paysa*
parvenu; 1735, 4 vol. in-12; — *Pharamond*
ou les folies romanesques; Paris, 1737, 1
parties, en 2 vol. in-12. Le théâtre de Marivau
a eu plusieurs éditions; la première, contenan
vingt-neuf pièces, parut à Paris, 1740, 4 vol. Se
Œuvres complètes parurent à Paris, 178
12 vol. in-8°. M. Duviquet en donna une nou
velle édition; Paris, 1827-1830, 10 vol. in-8
moins complète que la précédente. Le ro
de *Marianne* a été réimprimé dans la
thèque Charpentier. L. JOUBERT.

Esprit de Marivaux, ou analectes de ses ouvrag
précédé de sa vie historique; Paris, 1769, in-8°.
Voltaire, *Correspondance avec D'Alembert.* — Grim
Correspondance littéraire. — Collé, *Journal.* D'A
lembert, *Éloge de Marivaux;* dans son *Histoire d*
Membres de l'Académie, t. VI. — La Harpe, *Lycée.*
Geoffroy, *Cours de Littérature dramatique*, t. II
p. 221. — Barante, *Discours sur la Littérature fra*
çaise pendant le dix-huitième siècle. — Duviquet, N
tice sur Marivaux; en tête de son édition — Saint
Beuve, *Causeries du lundi*, t. IX. — Villemain, *Histo*
de la Littérature française au dix-huitième siècl
t. I. — Janin, *Article* MARIVAUX dans le *Dictionna*
de la Conversation. — Arsène Houssaye, *Galerie d*
Portraits du dix-huitième siècle.

MARIVETZ (*Étienne-Clément*, baron DE
physicien français, né à Langres, en 1728, gui
lotiné à Paris, le 25 février 1794. Son père, d
recteur d'une manufacture de glaces à Dijon, l
laissa une grande fortune. Marivetz vint à Pari
où il acheta la charge d'écuyer de Mesdame
France. Aimable et spirituel, il mena une v
dissipée, tout en suivant avec zèle les progr
des sciences physiques. Il se plaisait à réu
des savants autour de lui, et travailla avec Gou
sier à différents ouvrages. « Il avait, en 1
dit Lalande, la manufacture des glaces à Ro
qui dérangea sa fortune, et qui finit, en 1779, p
l'inexpérience de Bosc d'Antic et les procès d
associés. Son livre *De la Physique* acheva de
ruiner. Il avait envoyé à Rome des dessinateu
qui ne firent rien, en sorte que ses idées, s
zèle et sa fortune furent également inutiles.
Cependant il continuait à rassembler des m
tériaux pour ce livre lorsque la révolution écl
Il se retira dans une maison de campagne
de Langres. Arrêté au mois de décembre 1
il fut amené à Paris, et condamné à mort p
avoir « conspiré contre le peuple f çais,
participant aux trames de Capet et de
Il s'était occupé en 1771 du canal du Berry
le Cher et l'Allier. On a de lui : *Prospectus d*
traité de géographie physique particuli
du royaume de France (avec Goussier); Par
1779, in-4°; — *Physique du monde* (avec
même); Paris, 1780-1787, 5 tomes en 7 p
in-4° (1); — *Lettre à M. Bailly sur un*

(1) Cet ouvrage est devenu rare, une partie des exe

graphe de son Histoire de l'Astronomie ancienne; Paris, 1782, in-4°; — *Lettre à M. de Lacepède sur l'élasticité*; Paris, 1782, in-4°; — *Réponse à l'Examen de la Physique du monde* (du baron de Bernstorf); Paris, 1784, in-4°; — *Observations sur quelques objets d'utilité publique, précédées d'une Introduction et d'un Discours préliminaire*; Paris, 1786, in-8°; — *Système général, physique et économique des navigations naturelles et artificielles de l'intérieur de la France et de leur coordination avec les routes de terre* (avec Goussier); Paris, 1788-1789, 2 vol. in-8°; avec un atlas in-fol. et une carte hydrographique très-soignée. Marivetz a laissé inédites plusieurs pièces de vers et un roman intitulé *Telèphe et Fleurette*. J. V.

De Lalande, *Hist. de l'Astronomie*, à la suite de la *Bibliogr. Astron.*, p. 733. — Chaudon et Delandine, *Dict. univ. Histor.* — Quérard, *La France Littér.* — Brunet, *Manuel du Libraire*. — *Journal des savants*, 1785, p. 118.

MARIZ (*Pedro* DE), historien portugais, né à Coïmbre, vivait à la fin du seizième siècle. On manque de renseignements sur lui. Il passa la plus grande partie de sa vie à Coimbre et s'adonna à l'étude de l'histoire nationale. Ses principaux écrits sont : *Dialogos de varia historia, em que summariamente se referem muytas cousas antiguas de Hespanha : e todas as mais notaveis que em Portugal acontecerrao em suas gloriosas conquistas, antes e despois de ser levantado a dignidade real*; Coimbre, 1598, pet. in-4° fig.; 2me édit. (augmentée d'un morceau supprimé dans le III° dialogue); ibid., 1599; c'est le premier ouvrage dans lequel se trouve la réunion des portraits des rois de Portugal; il a été réimprimé à Lisbonne en 1674, in-4° (avec les vies des trois Philippe et de Jean IV, par Jos. de Menezes) et en 1749, 2 vol. pet. in-4° (avec une nouvelle suite, par F.-X. dos Serafins Pitarra); — *Historia do Benaventurado S. Joam de Sahagum, patron Salmantino*; Lisbonne, 1609, 2 part. in-4°; — *Historia do SS. milagro de Santarem*; Lisbonne, 1612; — *Vida de Luis de Camoens*, en tête de l'edition des *Lusiades* donnée par Correa; Lisbonne, 1613, in-fol. Mariz a laissé en manuscrit *Chronica del rey dom Sebastiam*, poeme; — *Historia da vida de S. Jacinto*; *Explicaçam da bulla da cruzada*, 2 vol. in-fol.; — *Vida e feitos de Andre Furtado de Mendoça*, etc. K.

Bibliot. Lusitana, III. — Antonio, *Bibl. Hispana*, IV.

MARJOLIN (*Jean-Nicolas*), chirurgien français, né à Scey-sur-Saône, le 6 décembre 1780, mort à Paris, le 4 mars 1850. Il fit des études soignées, et entra d'abord dans une étude de notaire; puis il servit comme dragon. Décidé à embrasser la carrière médicale, il se fit recevoir élève a l'hôpital de Commercy. Il vint ensuite à Paris, ou il se fit remarquer à l'École de Médecine au concours de 1801, et remporta les premiers prix de clinique interne et externe. Plus tard il obtint les places d'aide d'anatomie et de prosecteur de la faculté. Reçu docteur en 1808, il concourut plusieurs fois inutilement pour une chaire à la même faculté. En 1818, il obtint la place de chirurgien en second de l'hôtel-Dieu de Paris. L'année suivante il fut nommé professeur de pathologie externe. Chirurgien du roi par quartier depuis 1816, il devint un des premiers membres de l'Académie de Médecine à sa création. Il avait acquis une riche clientèle et amassa une fortune considérable. Grand amateur d'horticulture, il se fit une certaine réputation parmi les amateurs de tulipes, de roses et de dahlias. Condamné à l'inaction presque complète par Dupuytren, Marjolin quitta en 1828 l'hôtel-Dieu pour entrer a l'hôpital Beaujon. Atteint depuis longtemps d'une maladie organique, il prédit froidement lui-même l'heure de sa fin. On raconte qu'un jour un malade s'étant présenté chez lui se plaignant de douleurs rhumatismales, Marjolin lui donna une ordonnance, et lui dit en le reconduisant : « Monsieur, si ce remède vous fait du bien, je vous prie de m'en faire part; car j'en ai, moi aussi, des rhumatismes. » Les étudiants le nommaient familièrement le *père Marjolin*, tant il avait de bienveillance et de bonhomie. « Sans être éloquent ni brillant, dit le docteur Isidore Bourdon, Marjolin réunissait les qualités sérieuses et solides qui fixent l'estime publique et retiennent invinciblement la foule sans l'enthousiasmer ni la séduire. Constamment sérieux et franc, toujours vrai, presque toujours attentif, doué d'une bonhomie rare, d'une patience incomparable, d'un désintéressement tout simple et sans étalage, d'une consciencieuse attache à ses devoirs, d'un dévouement toujours prêt et jamais conditionnel, d'une indulgence sans égale, enfin d'une urbanité sans façons, d'une aménité sans frais, mais sans nuages, Marjolin était aussi stable pour la douceur que pour le bon vouloir. » On a de lui : *Propositions de Chirurgie et de Médecine*; Paris, 1808, in-4°; — *Manuel d'Anatomie*; Paris, 1810, 2 vol.

plaires ayant été vendue à l'épicier, par suite du dérangement des affaires de Marivetz et ceux qui restaient chez Barrois le jeune à la mort de l'auteur ayant été livrés à la nation par suite de la confiscation et envoyés à l'Arsenal pour être employés à des gargousses. Le tome Ier contient les cosmogénies et systèmes de la terre; le tome II le tableau du ciel et un traité des planètes, des étoiles et de la pesanteur, le tome III renferme la théorie des planètes et traite de la lumière, de l'optique, des télescopes; le tome IV traite de la vision et des couleurs; le tome V est divisé en trois parties: la première traite du feu, et contient le résumé et les preuves des principes de la physique du monde, et s'occupe du fluide déférent de tous les corps, ou fluide universel; la 2e partie donne l'histoire de la chimie, du feu et de la lumière; et la 3e partie traite du principe inflammable, de la transmutation des métaux, et contient l'examen des théories du feu de La Métherie et autres. Marivetz annonçait des volumes nouveaux, un dictionnaire, des planches, et un traité du gaz. « Cet ouvrage, dit Lalande, n'est pas ce qu'il aurait été si l'auteur s'en fût occupé dans sa jeunesse, mais il avait passé le temps dans les dissipations de la cour, et il ne s'était véritablement appliqué que dans l'âge où l'on a peine à renoncer à ses anciennes habitudes. »

in-8°; 1814, in-8°; — *De l'Opération de la Hernie inguinale étranglée;* Paris, 1812, in-4°; — *Cours de Pathologie chirurgicale;* Paris, 1837, in-8°. Il a travaillé au *Dictionnaire des Sciences médicales*, au *Nouveau Journal de Médecine*, et à l'*Encyclopédie des Sciences médicales*. L. L—T.

Velpeau, *Éloge de M. Marjolin*, lu à l'École de Médecine, le 4 novembre 1850. — Roux, *Discours prononcé sur la tombe de M. Marjolin*; dans le *Moniteur* du 13 mars 1850. — Sarrut et Saint-Edme, *Biogr. des Hommes du Jour*, tome IV, 1re partie, p. 211. — Bégin, dans la *Biogr. Médicale*. — Isidore Bourdon, dans le *Dict. de la Conversation*.

MARKHAM (*Gervase*), littérateur anglais, né vers 1570, à Gotham (comté de Nottingham), mort vers 1655. On sait peu de choses sur sa vie. Durant la guerre civile, il servit, avec le grade de capitaine, sous les drapeaux de Charles Ier. Selon l'expression de Langbaine, il sacrifiait déjà à Mars et à Apollon. Parmi les auteurs de cette époque, il est en effet un des plus féconds et des plus divers; il écrivit sur l'agriculture et sur la pêche; il se livra à la poésie et travailla pour le théâtre. Ses compositions dramatiques témoignent d'un talent véritable, mais qui ne s'est point affranchi du mauvais goût de l'époque; sa tragédie de *Sir Richard de Grinvile*, 1591, in-4°, est une rareté bibliographique; en 1824, à Londres, un exemplaire s'en est vendu plus de mille francs. Le premier ouvrage qui porte le nom de Markham est un recueil de vers, fruit de sa jeunesse : *The Poem of Poems, or Sion's Muse, countaynyng the divine Song of King Salomon, devided into VIII eclogues;* 1596, in-16. Ses poésies ont dû recevoir un bon accueil dès leur apparition; car les extraits qu'on en a donnés dans *England's Parnassus* sont plus nombreux que ceux de tout autre poëte de second ordre. Le dernier livre qui soit sorti de sa plume, *The whole art of angling*, 1656, in-4°, est anonyme; quelques auteurs lui en ont contesté la paternité; mais l'opinion contraire a prévalu. On connaît encore de Markham des tragédies, entre autres *Herod and Antipater* (1622), une édition des satires de l'Arioste (1608), une édition fort augmentée d'une traduction faite par le médecin Surfleit de *La Maison rustique* de Liébault (Londres, 1616), des traités sur l'équitation, sur la discipline militaire, sur le maniement de l'arquebuse, sur l'art vétérinaire, etc. K.

Langbaine, *Dramatic Poets*. — Baker, *Biographia Dramatica*, I. — Warton, *Hist. of Poetry*. — *Censura literaria*, II et III. — Granger, *Biograph. History of England*, II. — Chalmers, *General Biogr. Dict.* — Dibdin, *Library Companion*, 599.

MARKLAND (*Jeremiah*), philologue anglais, né le 29 octobre 1693, à Childwall, en Lancashire, mort le 7 juillet 1776, à Milton, en Surrey. C'était l'un des douze enfants d'un simple vicaire de village, Ralph Markland, à qui l'on a quelquefois attribué le petit poëme intitulé *Pteryplegia, or the art of shooting flying*, qui a pour auteur le docteur Abraham Markland, membre de la même famille. De l'hôpital du Christ, où il avait été admis comme boursier, le jeune Jérémie passa au collége de Saint-Pierre, qui fait partie de l'université de Cambridge. Après y avoir pris ses grades, il devint agrégé, puis maître (*tutor*); en cette qualité, il fut chargé de faire, pendant plusieurs années, un cours d'humanités. Telle était alors la faiblesse de sa poitrine qu'au bout d'une leçon d'une heure il était épuisé de fatigue; sans ce défaut de santé il eût volontiers embrassé l'état ecclésiastique, où il n'aurait pas manqué de protecteurs pour contribuer efficacement à sa fortune. A l'époque de sa jeunesse, il ne dédaigna pas, au milieu de ses études sérieuses, de s'occuper de poésie, comme le témoignent les pièces de vers insérées dans les *Cambridge Congratulations* (1713), la réponse à la satire de Pope contre Addison, et la traduction du *Friar's Tale* de Chaucer, imprimée dans l'édition d'Ogle (1741). A trente ans il se fit connaître du monde savant par une *Lettre critique* adressée à Francis Hare au sujet de quelques passages d'Horace, et où il donna mainte preuve de savoir et de sagacité. Mais ce fut l'excellente éditions des *Sylves* de Stace qui établit sa réputation. « Suivant les traditions de Bentley, dit Boissonade, doué d'un goût exquis, plein de la lecture des auteurs latins, et initié à tous les petits secrets de la critique verbale, Markland a déployé dans son travail sur les *Sylves* le talent le plus remarquable Ses restitutions paraissent quelquefois très-hardies, très-forcées même; mais quand on lit ses preuves si bien présentées, ses autorités si heureusement appliquées, on en vient le plus souvent à croire vrai ce qui d'abord semblait le plus invraisemblable; et même quand on n'est pas convaincu, on se trouve toujours contraint d'admirer le jugement et l'érudition du commentateur. Si nous ne nous trompons, les notes de Markland sur Stace sont, avec l'Horace de Bentley, ce que les philologues anglais ont écrit de plus beau sur la littérature latine. » Un travail si accompli doit faire regretter que des recherches du même genre sur Properce, sur *L'Achilléide* et *La Thébaïde* de Stace, et sur Apulée n'aient pas vu le jour. Quant à ce dernier auteur, il y en avait sept feuilles de composées lorsque Markland, averti par une lettre fort dure de Bentley qu'une ligne de texte avait été oubliée, arrêta aussitôt l'impression, et ne voulut plus en entendre parler. S'étant chargé en 1728 d'achever l'éducation d'un jeune homme nommé William Strode, il visita avec lui la France, les Pays-Bas et la Hollande, et su[illegible] plus tard les études de son fils aîné. [illegible] il renonça à l'enseignement et refusa [illegible] se mettre sur les rangs pour la chaire [illegible] grecque, dont ses talents le ren[illegible] était alors travaillé de la goutte, [illegible] de la précoce vieillesse qui le for[illegible] comme un reclus. Il se retira à [illegible] l dans le Sussex, puis dans le Surrey, d'autre société qu'une pauvre veuve chez ogea en dernier lieu et à qui il sacrifia une partie de sa modique fortune. Malgré ses ıés (il était sourd et impotent), il contiar goût ses travaux sur les écrivains de ııté. Presque arrivé au terme de sa carl donna une tres-bonne édition des *Sup-s* d'Euripide, regardée, avec celle des *Syl-* mme son chef-d'œuvre. Sa misanthropie le et aussi ses souffrances l'avaient jeté n complet découragement. Il ne voulut ltre son nom à ce travail. « On n'en a tiré) exemplaires, dit-il dans une note manus» genre d'étude étant à cette époque grannégligé en Angleterre. L'auteur de ces ossedait un grand nombre de matériaux ne espece; il les a détruits. Il s'écoulera (temps avant que l'érudition renaisse en ., si jamais elle renaît. » Markland mourne violente attaque de goutte, à l'âge de vingt-trois ans. Une querelle littéraire, lle son intervention donna beaucoup d'éait occupé une partie de sa vie. A propos ie de Cicéron écrite par Middleton, Tunait élevé des doutes sur l'authenticité de la ondance de Brutus et du grand orateur ro-Markland alla plus loin que lui : il prén outre que quatre harangues attribuées alors, et sans contestation, à Cicéron l'œuvre de quelque rheteur : *Ad Quirites ditum, Post reditum in senatu, Pro ııa, De haruspicum responsis.* En it, disait-il, à la fausseté de leur origine, ouvait les lire sans une profonde indi. Cette attaque, hardie jusqu'au paradoxe, de vives réclamations. Ross, qui depuis ue d'Exeter, rédigea, avec l'aide du poete n pamphlet où, « usant de la méthode de id », il niait l'authenticité des plaidoyers ilon et Sylla, de deux Catilinaires et de rmons de Tillotson. Markland s'abstint réplique, et se contenta d'écrire sur la ore de ce livre : « Je ne l'ai jamais lu. » rs il etait d'avance convaincu, comme il lit à son ami Bowyer, de l'excellence de ons aussi bien que de la force inébranlable gé qu'il avait affronté. Ce n'était pas tout : des doutes aussi graves sur le célèbre *e Oratore;* mais, plus prudent cette fois, ça aisement au projet de les mettre au ı querelle se ranima en 1753 et en 1801 : d'un côté vengea Ciceron des attaques logue anglais, Wolf de l'autre les repron y ajoutant des arguments nouveaux. A ion de Warburton et de Hurd, les saontemporains ont parlé de Markland avec Le premier n'augurait de lui rien de second veut bien le reconnaître pour un « mais, ajoute-t-il, il est en même temps image d'une créature de peu d'esprit et médiocre, assotée par son goût exclusif pour les objets particuliers de ses études, et qu'une trop grande application aux minuties de son art a rendue stupide. » A cette caricature il convient d'opposer le portrait, plus exact, tracé par Elmsley : « Ami du travail et de la retraite, il consacra une longue vie à l'étude du grec et du latin. Sa modestie, sa candeur, sa probité littéraire, sa politesse à l'égard des autres savants, furent telles qu'on le regarde justement comme le modèle que tout critique devrait imiter. »

On a de Markland : *Epistola critica ad Franciscum Hare, decanum Vigorniensem, in qua Horatii loca aliquot et aliorum veterum emendantur;* Cambridge, 1723, in-8°; — *Statii Sylvæ;* Londres, 1728, in-4°; — *Remarks on the Epistles of Cicero to Brutus and of Brutus to Cicero, in a letter to a friend; with a dissertation upon IV orations ascribed to Cicero;* Londres, 1745, in-8°; — *De Græcorum quinta declinatione imparisyllabica et inde formata Latinorum tertia Quæstio grammatica;* Londres, 1760, in-4°, tiré à 40 exempl.; — *Euripidis Supplices Mulieres;* Londres, 1763, 1775, in-4°; Oxford, 1811, in-8° (avec des corrections de Gaisford); — *Euripidis Iphigenia in Aulide et Iphigenia in Tauris;* Londres, 1768, 1771, in-8°. Markland était d'un caractère obligeant et toujours prêt à communiquer ses idées quand il les croyait utiles à la littérature. Il fournit beaucoup de remarques à Taylor (*Orationes et fragmenta Lysiæ*, 1739), à Davies (2me édit. de Maxime de Tyr, 1740), à Arnald (*Commentary on the book of Wisdom*, 1748), à Musgrave (*Hippolyte* d'Euripide, 1756), à Mangey (édit. de Philon), et au savant imprimeur Bowyer, son ami (*De Verbo medio* de Kuster 1750; *Conjectures on the New Testament* du même; et sept pièces de Sophocle, 1758).

P. L—Y.

Nichols et Bowyer, *Literary Anecdotes.* — Chalmers, *General Biogr. Dictionary.* — Elmsley, *Edinburgh Review.* — Hirsching, *Handbuch* IV. — Bamberger, *Anekdoten*, I. 74-78.

MARLBOROUGH (*John* CHURCHILL, duc DE), célèbre général et homme d'État anglais, né le 24 juin 1650, à Ash (Devonshire), mort le 16 juin 1722. Il appartenait à une ancienne famille normande, établie dans l'ouest de l'Angleterre, mais qui était restée dans l'obscurité. Son père, sir Winston Churchill, zélé royaliste, avait été presque ruiné dans la guerre civile. A la restauration, il obtint comme récompense de ses services quelques petites places dépendant de la couronne, et l'admission de ses deux enfants, John et Arabella, à la cour, l'un comme page du duc d'York, et l'autre comme fille d'honneur de la duchesse. Arabella n'était pas belle; elle n'en attira pas moins l'attention du duc (depuis Jacques II), alors jeune et ardent pour les plaisirs, et bientôt elle devint sa maîtresse en titre. Cette faveur commença à relever la famille. Personne n'en tira plus davantage que John Churchill, qui était alors enseigne dans les gardes. Il se distinguait

in-8°; 1814, in-8°; — *De l'Opération de la Hernie inguinale étranglée;* Paris, 1812, in-4°; — *Cours de Pathologie chirurgicale;* Paris, 1837, in-8°. Il a travaillé au *Dictionnaire des Sciences médicales*, au *Nouveau Journal de Médecine*, et à l'*Encyclopédie des Sciences médicales*. L. L—T.

Velpeau, *Éloge de M. Marjolin*, lu à l'École de Médecine, le 4 novembre 1850. — Roux, *Discours prononcé sur la tombe de M. Marjolin*; dans le *Moniteur* du 13 mars 1850. — Sarrut et Saint-Edme, *Biogr. des Hommes du Jour*, tome IV, 1re partie, p. 211. — Bégin, dans la *Biogr. Médicale*. — Isidore Bourdon, dans le *Dict. de la Conversation*.

MARKHAM (*Gervase*), littérateur anglais, né vers 1570, à Gotham (comté de Nottingham), mort vers 1655. On sait peu de choses sur sa vie. Durant la guerre civile, il servit, avec le grade de capitaine, sous les drapeaux de Charles Ier. Selon l'expression de Langbaine, il sacrifiait déjà à Mars et à Apollon. Parmi les auteurs de cette époque, il est en effet un des plus féconds et des plus divers; il écrivit sur l'agriculture et sur la pêche; il se livra à la poésie et travailla pour le théâtre. Ses compositions dramatiques témoignent d'un talent véritable, mais qui ne s'est point affranchi du mauvais goût de l'époque; sa tragédie de *Sir Richard de Grinvile*, 1591, in-4°, est une rareté bibliographique; en 1824, à Londres, un exemplaire s'en est vendu plus de mille francs. Le premier ouvrage qui porte le nom de Markham est un recueil de vers, fruit de sa jeunesse : *The Poem of Poems, or Sion's Muse, countaynyng the divine Song of King Salomon, devided into VIII eclogues;* 1596, in-16. Ses poésies ont dû recevoir un bon accueil dès leur apparition; car les extraits qu'on en a donnés dans *England's Parnassus* sont plus nombreux que ceux de tout autre poëte de second ordre. Le dernier livre qui soit sorti de sa plume, *The whole art of angling*, 1656, in-4°, est anonyme; quelques auteurs lui en ont contesté la paternité; mais l'opinion contraire a prévalu. On connaît encore de Markham des tragédies, entre autres *Herod and Antipater* (1622), une édition des satires de l'Arioste (1608), une édition fort augmentée d'une traduction faite par le médecin Surfleit de *La Maison rustique* de Liébault (Londres, 1616), des traités sur l'équitation, sur la discipline militaire, sur le maniement de l'arquebuse, sur l'art vétérinaire, etc. K.

Langbaine, *Dramatic Poets*. — Baker, *Biographia Dramatica*, I. — Warton, *Hist. of Poetry*. — *Censura literaria*, II et III. — Granger, *Biograph. History of England*, II. — Chalmers, *General Biogr. Dict.* — Dibdin, *Library Companion*, 599.

MARKLAND (*Jeremiah*), philologue anglais, né le 29 octobre 1693, à Childwall, en Lancashire, mort le 7 juillet 1776, à Milton, en Surrey. C'était l'un des douze enfants d'un simple vicaire de village, Ralph Markland, à qui l'on a quelquefois attribué le petit poëme intitulé *Pteryplegia, or the art of shooting flying*, qui a pour auteur le docteur Abraham Markland, membre de la même famille. De l'hôpital du Christ, où il avait été admis comme boursier, le jeune Jérémie passa au collége de Saint-Pierre, qui fait partie de l'université de Cambridge. Après y avoir pris ses grades, il devint agrégé, puis maître (*tutor*); en cette qualité, il fut chargé de faire, pendant plusieurs années, un cours d'humanités. Telle était alors la faiblesse de sa poitrine qu'au bout d'une leçon d'une heure il était épuisé de fatigue; sans ce défaut de santé il eût volontiers embrassé l'état ecclésiastique, où il n'aurait pas manqué de protecteurs pour contribuer efficacement à sa fortune. A l'époque de sa jeunesse, il ne dédaigna pas, au milieu de ses études sérieuses, de s'occuper de poésie, comme le témoignent les pièces de vers insérées dans les *Cambridge Congratulations* (1713), la réponse à la satire de Pope contre Addison, et la traduction du *Friar's Tale* de Chaucer, imprimée dans l'édition d'Ogle (1741). A trente ans il se fit connaître du monde savant par une *Lettre critique* adressée à Francis Hare au sujet de quelques passages d'Horace, et où il donna mainte preuve de savoir et de sagacité. Mais ce fut l'excellente édition des *Sylves* de Stace qui établit sa réputation. « Suivant les traditions de Bentley, dit Boissonade, doué d'un goût exquis, plein de la lecture des auteurs latins, et initié à tous les petits secrets de la critique verbale, Markland a déployé dans son travail sur les *Sylves* le talent le plus remarquable Ses restitutions paraissent quelquefois très-hardies, très-forcées même; mais quand on lit ses preuves si bien présentées, ses autorités si heureusement appliquées, on en vient le plus souvent à croire vrai ce qui d'abord semblait le plus invraisemblable; et même quand on n'est pas convaincu, on se trouve toujours contraint d'admirer le jugement et l'érudition du commentateur. Si nous ne nous trompons, les notes de Markland sur Stace sont, avec l'Horace de Bentley, ce que les philologues anglais ont écrit de plus beau sur la littérature latine. » Un travail si accompli doit faire regretter que des recherches du même genre sur Properce, sur *L'Achilléide* et *La Thébaïde* de Stace, et sur Apulée n'aient pas vu le jour. Quant à ce dernier auteur, il y en avait sept feuilles de composées lorsque Markland, averti par une lettre fort dure de Bentley qu'une ligne de texte avait été oubliée, arrêta aussitôt l'impression, et ne voulut plus en entendre parler. S'étant chargé en 1728 d'achever l'éducation d'un jeune homme nommé William Strode, il visita avec lui la France, les Pays-Bas et la Hollande, et surveilla plus tard les études de son fils aîné. Vers 1743, il renonça à l'enseignement et refusa même de se mettre sur les rangs pour la chaire de langue grecque, dont ses talents le rendaient digne; il était alors travaillé de la goutte, et se plaignait de la précoce vieillesse qui le forçait à vivre comme un reclus. Il se retira à la campagne, d'abord dans le Sussex, puis dans le Surrey, n'ayant d'autre société qu'une pauvre veuve chez qui il logea en dernier lieu et à qui il sacrifia une bonne partie de sa modique fortune. Malgré ses infirmités (il était sourd et impotent), il continuait par goût ses travaux sur les écrivains de l'antiquité. Presque arrivé au terme de sa carrière, il donna une tres-bonne édition des *Suppliantes* d'Euripide, regardée, avec celle des *Sylves*, comme son chef-d'œuvre. Sa misanthropie naturelle et aussi ses souffrances l'avaient jeté dans un complet découragement. Il ne voulut pas mettre son nom à ce travail. « On n'en a tiré que 250 exemplaires, dit-il dans une note manuscrite, ce genre d'étude étant à cette époque grandement négligé en Angleterre. L'auteur de ces notes possédait un grand nombre de matériaux de même espece; il les a détruits. Il s'écoulera un long temps avant que l'érudition renaisse en ce pays, si jamais elle renaît. » Markland mourut d'une violente attaque de goutte, à l'âge de quatre-vingt-trois ans. Une querelle littéraire, à laquelle son intervention donna beaucoup d'éclat, avait occupé une partie de sa vie. A propos d'une vie de Cicéron écrite par Middleton, Tunstall avait élevé des doutes sur l'authenticité de la correspondance de Brutus et du grand orateur romain. Markland alla plus loin que lui : il prétendit en outre que quatre harangues attribuées jusque alors, et sans contestation, à Cicéron étaient l'œuvre de quelque rheteur : *Ad Quirites post reditum*, *Post reditum in senatu*, *Pro domo sua*, *De haruspicum responsis*. En songeant, disait-il, à la fausseté de leur origine, il ne pouvait les lire sans une profonde indignation. Cette attaque, hardie jusqu'au paradoxe, souleva de vives réclamations. Ross, qui depuis fut évêque d'Exeter, rédigea, avec l'aide du poete Gray, un pamphlet où, « usant de la méthode de Markland », il niait l'authenticité des plaidoyers pour Milon et Sylla, de deux Catilinaires et de deux sermons de Tillotson. Markland s'abstint de toute réplique, et se contenta d'écrire sur la couverture de ce livre : « Je ne l'ai jamais lu. » D'ailleurs il etait d'avance convaincu, comme il l'avait dit à son ami Bowyer, de l'excellence de ses raisons aussi bien que de la force inébranlable du prejugé qu'il avait affronté. Ce n'était pas tout : il avait des doutes aussi graves sur le célèbre traité *De Oratore*; mais, plus prudent cette fois, il renonça aisément au projet de les mettre au jour. La querelle se ranima en 1753 et en 1801 : Gesner d'un côté vengea Cicéron des attaques du philologue anglais, Wolf de l'autre les reproduisit en y ajoutant des arguments nouveaux. A l'exception de Warburton et de Hurd, les savants contemporains ont parlé de Markland avec éloges. Le premier n'augurait de lui rien de bon; le second veut bien le reconnaître pour un savant; « mais, ajoute-t-il, il est en même temps la triste image d'une créature de peu d'esprit et de sens médiocre, assotée par son goût exclusif pour les objets particuliers de ses études, et qu'une trop grande application aux minuties de son art a rendue stupide. » A cette caricature il convient d'opposer le portrait, plus exact, tracé par Elmsley : « Ami du travail et de la retraite, il consacra une longue vie à l'étude du grec et du latin. Sa modestie, sa candeur, sa probité littéraire, sa politesse à l'égard des autres savants, furent telles qu'on le regarde justement comme le modèle que tout critique devrait imiter. »

On a de Markland : *Epistola critica ad Franciscum Hare, decanum Vigorniensem, in qua Horatii loca aliquot et aliorum veterum emendantur*; Cambridge, 1723, in-8°; — *Statii Sylvæ*; Londres, 1728, in-4°; — *Remarks on the Epistles of Cicero to Brutus and of Brutus to Cicero, in a letter to a friend; with a dissertation upon IV orations ascribed to Cicero*; Londres, 1745, in-8°; — *De Græcorum quinta declinatione imparisyllabica et inde formata Latinorum tertia Quæstio grammatica*; Londres, 1760, in-4°, tiré à 40 exempl.; — *Euripidis Supplices Mulieres*; Londres, 1763, 1775, in-4°; Oxford, 1811, in-8° (avec des corrections de Gaisford); — *Euripidis Iphigenia in Aulide et Iphigenia in Tauris*; Londres, 1768, 1771, in-8°. Markland était d'un caractère obligeant et toujours prêt à communiquer ses idées quand il les croyait utiles à la littérature. Il fournit beaucoup de remarques à Taylor (*Orationes et fragmenta Lysiæ*, 1739), à Davies (2me édit. de Maxime de Tyr, 1740), à Arnald (*Commentary on the book of Wisdom*, 1748), à Musgrave (*Hippolyte* d'Euripide, 1756), à Mangey (édit. de Philon), et au savant imprimeur Bowyer, son ami (*De Verbo medio* de Kuster 1750; *Conjectures on the New Testament* du même; et sept pièces de Sophocle, 1758).

P. L—y.

Nichols et Bowyer, *Literary Anecdotes*. — Chalmers, *General Biogr. Dictionary*. — Elmsley, *Edinburgh Review*. — Hirsching, *Handbuch* IV. — Bamberger, *Anekdoten*, I, 74-78.

MARLBOROUGH (*John* CHURCHILL, duc DE), célèbre général et homme d'État anglais, né le 24 juin 1650, à Ash (Devonshire), mort le 16 juin 1722. Il appartenait à une ancienne famille normande, établie dans l'ouest de l'Angleterre, mais qui était restée dans l'obscurité. Son père, sir Winston Churchill, zélé royaliste, avait été presque ruiné dans la guerre civile. A la restauration, il obtint comme récompense de ses services quelques petites places dépendant de la couronne, et l'admission de ses deux enfants, John et Arabella, à la cour, l'un comme page du duc d'York, et l'autre comme fille d'honneur de la duchesse. Arabella n'était pas belle; elle n'en attira pas moins l'attention du duc (depuis Jacques II), alors jeune et ardent pour les plaisirs, et bientôt elle devint sa maîtresse en titre. Cette faveur commença à relever la famille. Personne n'en tira plus davantage que John Churchill, qui était alors enseigne dans les gardes. Il se distinguait par une taille avantageuse, une physionomie noble et pleine de grâce, des manières séduisantes et irrésistibles. Son éducation avait été si négligée qu'il ne mettait même pas l'orthographe dans sa propre langue. Mais un esprit pénétrant et actif suppléa largement à l'instruction des livres qui lui manquait. Doué d'une éloquence naturelle, il s'exprimait avec beaucoup de force et de persuasion, quand les circonstances le demandaient. Il avait un jugement très-sain, toujours calme dans sa sagacité, et un courage froidement intrépide et imperturbable dans les épreuves difficiles. Après avoir brillé quelque temps à la cour comme homme à la mode et de plaisir, il vint commencer sa carrière militaire dans les Pays-Bas avec un corps de six mille hommes que Charles II, alors ligué avec Louis XIV, envoyait à l'armée française en qualité d'auxiliaires (1672). Il était alors capitaine de grenadiers, et se distingua parmi les plus braves par sa froide intrépidité, parmi les officiers les plus habiles par son coup d'œil et sa sagacité militaire. Il attira l'attention et mérita l'estime de Turenne, qui dit que ce *bel Anglais*, comme on l'appelait dans l'armée, serait un jour un des grands généraux de l'Europe. A la conclusion de la paix de Nimègue (1678), Churchill revint avec le grade de colonel en Angleterre, et fut attaché à la maison du duc d'York par une place lucrative. La même année il épousa une jeune femme qui lui avait inspiré une vive passion, et qui exerça la plus grande influence en bien comme en mal sur tout le reste de sa vie : c'était Sarah Jennings, fille d'honneur de la duchesse d'York, une des beautés du temps. Churchill s'appliqua à gagner de plus en plus la confiance et la faveur du duc d'York. Il l'accompagna constamment dans les divers voyages que ce prince fut obligé de faire. Il était l'intermédiaire de la correspondance secrete entre les deux frères et avec le roi de France, et fut de temps en temps chargé des missions les plus délicates et les plus importantes près de ce monarque. Ces services furent récompensés par une pairie d'Écosse, au titre de lord Churchill d'Aymouth, et par le commandement d'un regiment de dragons, le seul qui existât en Angleterre (1683). Vers le même temps, sa femme, qui dès l'enfance avait été l'amie de la princesse Anne, devint sa dame d'honneur à l'epoque de son mariage avec le prince George de Danemark.

L'avénement au trône du duc d'York, son patron, semblait ouvrir a Churchill les plus hautes esperances de faveur et d'influence. Il fut envoyé à Versailles comme ambassadeur extraordinaire. Il était chargé d'exprimer une vive reconnaissance pour l'argent qui avait ete si liberalement accordé par Louis XIV au gouvernement anglais, et de dire combien on attachait de prix à son amitié et à son alliance. Au retour, il fut nommé brigadier général et pair d'Angleterre, sous le titre de baron Churchill de Sandridge. Bientôt éclata la rébellion du duc de Monmouth, fils naturel de Charles II, qui aspirait à enlever la couronne à Jacques II. Dans cette crise, Churchill se signala par son zèle et son habileté militaire. A la tête de quelques escadrons, il manœuvra d'une manière si rapide et si judicieuse, qu'il empêcha des milliers de mécontents de joindre les étendards du duc, et l'obligea lui-même à livrer prématurement une action générale à Sedgemoor, où les rebelles furent accablés et mis en déroute (1685). Sans jouer le premier rôle à cette bataille, Churchill s'y était distingué et fut récompensé par le titre de major général. Jacques II se plaisait à lui montrer une confiance absolue, et semblait le traiter en favori. Cependant il ne fit rien de plus pour lui, et ne lui conféra pas de dignité importante dans l'État ou à la cour, soit à cause de la brièveté de son règne, soit par suite de l'opinion que ses talents etaient purement militaires. Churchill était devoré de la double ambition des honneurs et des richesses. Hommes et choses, il appréciait tout au point de vue de son intérêt personnel et de ses passions, et sa conscience n'était pas gênée par les scrupules délicats de la reconnaissance ou de l'affection. C'est très-probablement à cette ambition trompée, mais aigrie, qu'il faut attribuer la conduite indigne qu'il tint, lorsque le despotisme et les fautes nombreuses de Jacques II amenèrent la crise que l'arrivée de Guillaume, prince d'Orange, changea en révolution (1688). Dès l'année precédente, tout comblé qu'il était des faveurs et dignités conférées par le roi, tout dévoué qu'il paraissait être par reconnaissance et par interêt, il etait entré secrètement en rapport avec un agent du prince d'Orange, et, sous le motif spécieux d'attachement a la foi protestante, il avait promis son concours, quand le moment d'agir sur les troupes serait venu. On sait avec quelle habileté et quel profond secret le prince d'Orange avait préparé le succès de son expédition. Quand il debarqua en Angleterre, tout le royaume fut en proie à l'agitation et aux passions les plus contraires; ici l'anxiété et presque la terreur, là de vives espérances et la joie mal cachée d'un triomphe prochain. Jacques II avait appris la défection de quelques personnages distingues par la naissance ou les dignités. Cette nouvelle l'avait rempli de trouble et d'inquietude. Un des derniers actes de son autorité fut de conférer à Churchill le rang de lieutenant général et de lui confier une brigade de l'armée qui avait été rassemblee a la hâte pour arrêter l'invasion. Il reunit les principaux officiers qui étaient encore a Londres, et leur declara non sans dignite que si des scrupules de conscience ne leur permettaient pas de combattre pour lui, il était disposé à reprendre leurs commissions; mais qu'il les conjurait comme hommes d'honneur et comme soldats de ne pas imiter les honteux exemples qui avaient eu lieu. Tous parurent émus, dit Macaulay, et personne plus que Churchill, qui fut le premier à protester, avec un enthousiasme en apparence très-sincère, qu'il était prêt à verser la dernière goutte de son sang pour le service de son gracieux souverain. Trompé par ces protestations, Jacques II se rendit à Salisbury, où l'armée était campée. Churchill s'y trouvait déjà avec ses principaux complices. Jusqu'au dernier moment, il protesta de son zèle et de sa fidélité, pendant qu'il préparait les moyens d'accomplir sûrement sa trahison. Des rumeurs inquiétantes étaient parvenues au roi, qui ne voulut pas les croire. Mais Churchill, qui en avait eu connaissance, s'aperçut ou s'imagina qu'on se défiait de lui. A la suite d'un conseil de guerre qui dura jusqu'à minuit, en présence de Jacques II, sur la question de faire retraite ou de combattre, et où il soutint l'avantage du combat, il s'échappa du camp avant le jour pour joindre le prince d'Orange, entraînant avec lui le plus d'officiers qu'il avait pu gagner. Il laissa derrière lui une lettre d'explication. Elle était écrite avec ces formes dignes qu'il ne manquait jamais d'observer dans ses actes les plus honteux et les plus coupables. Il devait tout, y disait-il, à la faveur royale; son intérêt et sa reconnaissance s'unissaient pour qu'il restât attaché à sa cause. Mais il était protestant, et sa conscience ne lui permettait pas de tirer l'épée contre les protestants. Du reste, il serait toujours prêt à risquer sa fortune et sa vie pour défendre la personne sacrée et les droits légitimes de son gracieux souverain. « Jacques II, se voyant attaqué et poursuivi par un de ses gendres, quitté par l'autre; ayant contre lui ses deux filles, ses propres amis, haï des sujets mêmes qui étaient encore dans son parti, désespéra de sa fortune : la fuite, dernière ressource d'un prince vaincu, fut le parti qu'il prit sans combattre. Enfin, après avoir été arrêté dans sa fuite par la populace, maltraité par elle, reconduit à Londres, après avoir reçu paisiblement les ordres du prince d'Orange dans son propre palais, après avoir vu sa garde relevée sans coup férir, par celle du prince, chassé de sa maison, prisonnier à Rochester, il profita de la liberté qu'on lui donnait d'abandonner son royaume; il alla chercher un asile en France. » (Voltaire, *Siècle de Louis XIV*.) L'activité de Churchill pour le service de son nouveau maître fut remarquable. Il courut à Londres pour s'assurer du régiment de cavalerie qu'il commandait et des troupes qui flottaient incertaines, revint auprès de Guillaume pour lui annoncer son succès, et l'accompagna à son entrée triomphale dans Londres. Cependant lorsqu'au sein de la Convention fut agitée la question si le trône était devenu vacant par la fuite du roi, il s'abstint avec sa *dignité ordinaire* de prendre part à la discussion, comme si, dans l'innocence de son cœur, il n'eût jamais songé jusque-là à l'expulsion de Jacques II, ou au dessein de Guillaume de lui succéder. Ce point réglé, il employa de nouveau son activité, de concert avec sa femme, et persuada à la princesse Anne, dont ils gouvernaient la volonté, d'abandonner ses droits d'héritière présomptive, et de se contenter de la chance d'arriver à la couronne en survivant au prince d'Orange. Aussitôt après l'avénement de Guillaume et Marie, Churchill reçut la récompense et de sa trahison et de ses récents services : il fut créé comte de Marlborough, et nommé lord chambellan et membre du conseil privé. Bientôt il fut envoyé en Hollande avec les meilleurs régiments anglais pour soutenir les Hollandais dans leur lutte contre la France. Le combat le plus important de cette campagne (1689) eut lieu à Walcourt. Les Français ayant attaqué un poste défendu par la brigade anglaise de Marlborough furent vigoureusement repoussés, et laissèrent le champ de bataille en désordre, après une perte de dix-neuf cents hommes. Le général s'y était distingué par son intrépidité et son tact ordinaire. Ce triomphe peu important remplit d'orgueil les Anglais; car il y avait longtemps qu'ils n'en avaient remporté de semblable sur les Français. Malgré ce succès, Marlborough fut assailli en Angleterre de violentes invectives de la part des jacobites, non au sujet de ses talents militaires, car ils n'offraient pas de prise, mais de ses fraudes et de sa rapacité pour s'enrichir. On l'accusait de recevoir une large indemnité pour frais de table, et il n'invitait jamais un officier à dîner; de tenir de fausses écritures et de toucher la paye de nombreux soldats de régiments, qui étaient morts depuis longtemps. Ces reproches étaient fondés, et faisaient murmurer les troupes; il ne fallait pas moins que le courage et les talents supérieurs du général unis à son caractère toujours égal et à ses manières séduisantes pour lui conserver parmi les soldats son ascendant et sa popularité.

L'année suivante (1690), Marlborough passa en Irlande, où une tentative de Jacques II, secondée par une expédition française, avait allumé l'incendie de la révolte. Guillaume, malgré sa victoire de La Boyne, n'avait pas eu le temps de l'étouffer entièrement. Marlborough fut envoyé pour assiéger et réduire Cork et Kinsale, villes qui étaient disposées à une vigoureuse résistance. L'armée d'opérations était composée d'éléments divers, anglais, hollandais, danois et français réfugiés; en outre, le duc de Wurtemberg y disputait le commandement supérieur. La discorde eût infailliblement éclaté, si Marlborough n'eût usé de nouveau dans ce conflit de l'excellent jugement et des manières gracieuses et conciliantes qui le caractérisaient. Il céda sur une partie de ses droits; le commandement en chef devait alterner. Le premier jour qu'il eut à l'exercer, il donna pour mot d'ordre « Wurtemberg ». Le cœur du duc fut gagné, et le jour suivant, il donna celui de Marlborough. Mais, au fond, ce dernier était l'âme de toutes les mesures et le vrai général. Malgré leur vive résistance, les deux villes se rendirent successivement. Le succès de Marlborough fut aussi rapide que complet, et quand il se présenta à Kensington, cinq semaines seulement après avoir fait voile de Portsmouth, il reçut l'accueil le plus gracieux de Guillaume, qui lui dit, malgré sa sobriété en fait d'éloges : « Aucun officier qui a vu si peu de service que mylord Marlborough n'est si digne d'un grand commandement. » La campagne étant sur le point de s'ouvrir dans les Pays-Bas, Guillaume partit pour le continent, et emmena avec lui Marlborough, dont il appréciait justement les talents et dont il était loin de soupçonner les nouvelles intrigues (mai 1691). Les opérations commencèrent en juin, et finirent en septembre, sans amener aucune action remarquable. Les deux armées se bornèrent à des marches et contremarches. Guillaume et le maréchal de Luxembourg n'étaient disposés à en venir à une bataille sérieuse qu'avec chance de succès, et aucun d'eux ne l'offrit à l'autre. Marlborough était revenu à Londres, où l'on pense que ses conseils et ceux de sa femme avaient singulièrement excité et aigri la princesse Anne contre sa sœur, la reine Marie. Il n'y avait jamais eu de bonne intelligence entre les deux sœurs ; et la cour s'attendait à une explosion prochaine. Tout à coup, l'on apprit que Marlborough était complétement disgracié et que la présence royale lui était défendue. Honneurs, dignités, et ce qu'il aimait encore mieux, richesses, tout lui était enlevé du même coup (10 janvier 1692). Guillaume ne s'était pas expliqué sur les motifs de cette disgrâce éclatante. Le public, saisi d'étonnement, se perdit en conjectures, dont aucune n'était fondée. Ce n'est que beaucoup plus tard, et récemment même, que toute la vérité a été connue, quand cinq générations étaient descendues dans la tombe. Depuis sa honteuse defection, Marlborough avait tout intérêt à servir avec fidélité et honneur son nouveau souverain : il était alors un des principaux personnages du royaume, pourvu de dignités élevées et de traitements lucratifs ; en cas de contre-révolution, il semblait n'avoir en perspective qu'un grenier en Hollande, ou un échafaud sur *Tower Hill*, tant il était abhorré et méprisé par les jacobites, par l'entourage de Jacques II et par ce prince même. Cependant, dominé par son ardente ambition, par l'espérance de devenir encore plus grand et plus riche en gouvernant le souverain exilé qu'il aurait rétabli, comme il gouvernait par sa femme la princesse Anne, il avait au commencement de 1691 fait des ouvertures au colonel Edward Sackville, zélé et constant jacobite, exprimé son profond repentir de sa défection, ses dispositions pour la réparer et travailler par tous les moyens au rétablissement de Jacques. On le mit a l'épreuve. On lui demanda des renseignements sur la force et la distribution de l'armée anglaise, sur le plan de la prochaine campagne, sur les secrets des bureaux des affaires étrangères ; il les fournit complets et exacts. Ces nouvelles remplirent de joie la petite cour de Saint-Germain et Jacques II lui-même. Ce prince, qui avait juré de ne jamais pardonner au traître Churchill qui avait précipité sa ruine, se sentit disposé à l'indulgence envers le pécheur repentant, transformé en un sujet loyal, et, sur sa demande, il lui envoya de sa main une promesse d'entier pardon. Alors le conseil secret des jacobites le pressa d'agir en Angleterre et dans les Pays-Bas, quand il était à la tête des troupes. Sous divers prétextes de prudence, Marlborough, avec beaucoup de dextérité, éluda toute action prompte et énergique. Quelques mois s'écoulèrent au milieu d'intrigues sans résultat. Les plus pénétrants des jacobites commencèrent à soupçonner l'ambition intéressée et la duplicité profonde de leur nouvel allié, et, craignant que si Guillaume était brusquement renversé, la situation de Jacques II n'y perdît au lieu d'y gagner, d'après l'état où étaient les esprits en Angleterre et en Europe, ils se décidèrent à tout révéler à Portland, ami intime de Guillaume.

Ce prince, bien qu'habitué à se défier de la perfidie des hommes, ne put se défendre d'un certain trouble en apprenant ce projet de trahison, et surtout de la part d'un homme tel que Marlborough, dont il connaissait le courage audacieux, la profonde politique et la dévorante ambition. Punir le coupable, comme il le méritait, était impossible ; car ceux qui avaient revele ses desseins contre le gouvernement n'auraient jamais consenti à déposer publiquement contre lui. Le laisser à la tête de l'armée, qu'il voulait séduire et entraîner, c'eût été folie. Guillaume n'avait qu'à le dépouiller de toutes ses places, le frapper d'une disgrâce éclatante, et à se taire vis-à-vis du public, et c'est ce qu'il fit, laissant chacun exprimer ses jugements et ses conjectures sur ce brusque changement. Très-peu de personnes connurent alors la vérité. Au mois de mai suivant, Marlborough fut arrêté comme accusé de haute trahison, et bien que pour ce cas on eût découvert presque aussitôt la fausseté de l'accusation et le vil caractère des délateurs, cependant il resta prisonnier à la tour de Londres, plusieurs semaines de plus que d'autres personnages éminents qui avaient été enveloppés dans la même accusation. Il passa les cinq années suivantes sans emploi, occupé seulement à cultiver la faveur de la princesse Anne et de son père exilé, Jacques II. Et pourtant, même alors, il saisissait toutes les occasions de solliciter d'anciens amis pour agir en sa faveur auprès de Guillaume, en protestant près d'eux de son zèle et de sa fidélité. L'un d'eux, le duc de Shrewsbury, secrétaire d'Etat, ayant écrit à Guillaume pour lui communiquer ces dispositions, et lui insinuer de rappeler Marlborough, le prince se contenta de lui répondre : « Relativement à ce que vous m'avez écrit sur lord Marlborough, je me bornerai à dire que je ne pense pas qu'il soit utile à mon service de lui confier le commandement de mes troupes » (22 mai 1694). Chose plus grave, plus odieuse encore que ses actes précédents! Au moment même où il protestait si vivement de son zèle et de sa fidélité pour Guillaume, le 4 mai, il se hâtait d'informer secrètement Jacques II qu'une escadre, portant quatorze régiments commandés par le général Talmash, était sur le point de partir de Portsmouth pour détruire le port de Brest, qu'on supposait sans défense. Averti à l'instant, Louis XIV fit exécuter des travaux de défense, établir des batteries et diriger des troupes sur Brest. Le général anglais arriva, persuadé, d'après le secret de l'expédition, que la conquête serait facile et sûre. A peine débarqués, les soldats furent accueillis par un feu terrible, et après avoir perdu beaucoup de monde, se rembarquèrent en désordre. Talmash fut blessé mortellement, et alla mourir à Portsmouth, disant jusqu'à son dernier soupir que la trahison l'avait attiré dans un piége. Il y eut en Angleterre bien des témoignages de douleur et d'indignation pour ce désastre, bien des rumeurs et des conjectures sur les traîtres qui l'avaient causé. Le vrai coupable ne fut pas nommé; il n'a été connu qu'après la publication des archives de la maison de Stuart. Et cependant, dit Macaulay, jamais Marlborough n'avait été moins jacobite qu'au moment où il rendait cet infâme service à la cause jacobite. L'intérêt de la famille exilée n'était pas son objet principal : ce qu'il voulait, c'était obliger le gouvernement qui l'avait disgracié à lui rendre ses places lucratives. Il n'y avait en Angleterre que deux généraux jugés capables du commandement, lui et Talmash. Ce dernier écarté par la honte d'un désastre, Guillaume ne pouvait guère avoir d'autre choix. Marlborough se rendit à Whitehall pour offrir, dit-il, son épée à leurs Majestés, dans ces tristes circonstances. Le duc de Shrewsbury avait un vif désir que son offre fût acceptée; mais une courte et sèche réponse de Guillaume, qui était alors en Hollande, coupa court pour le moment à toute négociation (1).

La mort de la reine Marie dans les derniers jours de décembre 1694 vint changer complétement les dispositions et les plans de Marlborough. La couronne étant assurée à la princesse Anne après la mort de Guillaume, et la santé de ce prince faisant présager que son règne ne serait pas de longues années, l'intérêt de Marlborough était de soutenir le gouvernement, et il s'y employa avec un zèle sincère. Mais Guillaume se rappelait trop bien le passé pour lui témoigner de la confiance. Il y eut cependant un rapprochement. Les Churchill obtinrent la permission de reparaître au palais. Marlborough essuyait avec patience les froideurs du présent, dans l'espérance de l'avenir, lorsque la princesse Anne monterait sur le trône.

Au commencement de 1696, un complot ayant pour objet d'assassiner Guillaume fut découvert. L'inculpé principal, sir John Fenwick, avait pris la fuite et s'était caché. Ayant été surpris et arrêté, il accusa, dans l'espoir de se sauver, Marlborough et plusieurs personnages éminents d'intrigues qui avaient pour but de rétablir Jacques II. Les charges contre Marlborough étaient précises et très-vraisemblables; mais les complices étaient si nombreux, et la plupart si distingués, que Guillaume n'osa procéder contre aucun des accusés. Peut-être aussi voulait-il ménager Marlborough, revenu à de meilleures dispositions. Les deux chambres du parlement déclarèrent par un vote que les allégations contenues dans les documents produits par Fenwick étaient fausses et calomnieuses, et les pairs, après avoir entendu la justification de Marlborough et de quelques nobles accusés comme lui, se déclarèrent également satisfaits des explications qui leur avaient été données. Peu à peu Guillaume lui témoigna plus de bienveillance, lui rendit sa place dans le conseil privé, son rang militaire, et le nomma gouverneur du jeune duc de Glocester, héritier présomptif de la couronne (1698). Mais s'il lui accordait des faveurs et des dignités, il l'observait avec vigilance. Sentant bien sa position, Marlborough se conduisit avec une prudence extrême entre les intérêts et les inclinations du roi et ceux de la princesse Anne. Il s'appliquait à s'effacer plutôt qu'à exercer de l'influence sur les affaires. Il avait les yeux fixés sur un autre règne. Soit défiance, soit besoin de ses talents, Guillaume l'emmena avec lui quand il passa en Hollande dans l'été de 1701. Il le

(1) Le *Blackwood's Magazine* (organe de l'opinion tory, chose à noter) cherche à prouver dans un article assez étendu et habilement écrit (juin 1860) que Macaulay est en général non-seulement trop sévère et très-injuste dans ses jugements sur Marlborough, mais qu'ici il l'accuse à faux d'avoir causé le désastre de l'expédition et la mort de Talmash. Il admet, chose qui ne peut être contestée, que le 4 mai Marlborough envoya à Jacques II une lettre secrète pour l'informer de la prochaine expédition, mais il dit et s'efforce de prouver par divers témoignages qu'à cette date l'avis était inutile; que le 1er mai Louis XIV avait été informé par d'autres personnes; que de plus le projet de l'expédition était un sujet de conversation à Londres et ailleurs, et que les Français avaient eu le temps de prendre leurs précautions de défense; que Talmash avait bravé le danger en connaissance de cause, et que si sur son lit de mort il se plaignit que le gouvernement était trahi, que des *conseillers funestes* près du trône avaient retardé l'expédition pour donner aux Français le temps de fortifier Brest, il avait fait allusion à Godolphin, à Shrewsbury, alors ministres, et l'écrivain du Blackwood rejette sur ces ministres la responsabilité et l'odieux de ce désastre. Mais si le désastre, le danger tout au moins, était presque certain, pourquoi ces ministres ont-ils permis à l'expédition de partir? En supposant qu'ils fussent traîtres, ne pouvaient-ils pas donner à Guillaume de bonnes raisons pour la retarder encore et enfin y renoncer? Quel intérêt avaient-ils à exposer la couronne et le pays à un désastre, à sacrifier en pure perte beaucoup d'argent et douze ou quinze cents hommes? On comprend les motifs d'ambition de Marlborough, alors en disgrâce, dépouillé de ses places lucratives; mais quels pouvaient être ces motifs pour des hommes tels que Godolphin et Shrewsbury, ministres de Guillaume, en possession de sa confiance, et investis des premières dignités de l'État? Que pouvaient-ils gagner à trahir? Rien que la honte et la ruine.

nomma général en chef des troupes hollandaises, et l'investit des pouvoirs les plus étendus pour suivre les diverses négociations qui avaient pour objet d'organiser une grande coalition contre la France. Marlborough était aussi habile diplomate que bon général. Au milieu des intérêts opposés, il montra autant de sagacité que de dextérité pour diriger les vues divergentes vers un but commun et la conclusion de traités fortement liés. Il gagna en particulier la confiance entière des hommes d'État de la Hollande, et de là les efforts persévérants et énergiques qu'ils apportèrent dans la guerre qui se préparait à l'occasion de la succession d'Espagne. Guillaume, qui avait tant fait pour la rendre formidable, n'eut ni la gloire ni la satisfaction de la commencer et de la diriger. La mort le prévint dans ce dessein. Une chute de cheval acheva de déranger ses organes affaiblis; une petite fièvre l'emporta (16 mars 1702).

L'avénement au trône de la princesse Anne ouvrit enfin à Marlborough une libre et magnifique carrière d'action et de puissance. Son intérêt était de renoncer à jamais aux intrigues et aux perfidies du passé, d'accomplir de grandes choses, en se conformant aux vœux de la nation, de faire jouer à l'Angleterre un rôle prépondérant dans les affaires de l'Europe. La triple alliance entre l'Angleterre, la Hollande et l'Allemagne, dont l'objet était de réprimer les desseins ambitieux de Louis XIV, fut confirmée, et au mois de mai suivant la déclaration d'hostilités contre la France publiée. Alors commença cette longue guerre qui avait pour but d'empêcher l'union des couronnes d'Espagne et de France, guerre à laquelle le génie et les victoires de Marlborough et du prince Eugène donnèrent tant d'éclat. C'est l'histoire de la moitié de l'Europe. Nous devons nous en tenir à ce qui regarde Marlborough.

Dès les premiers jours du nouveau règne, Marlborough reçut l'ordre de la Jarretière, le titre de général en chef des armées, et celui de grand-maître de l'artillerie. La direction des affaires à l'intérieur fut donnée à ses amis, sous l'administration de Godolphin, le plus ancien d'entre eux, et dont le fils avait epousé en 1698 une fille de Marlborough. Godolphin, à sa prière, accepta le poste de grand-trésorier. Le succès des opérations au dehors devant dépendre de l'exactitude à fournir des ressources, il etait important que l'administration du trésor fût placée en des mains sûres. Les succès de la première année dans les Pays-Bas consistèrent dans la réduction des importantes forteresses de Venloo, Ruremonde et Stevenswaert, avec leurs dependances, sur la Meuse, et enfin de la cite de Liege. Mais Marlborough s'y signala surtout par une constante vigilance, un mélange d'audace et de prudence, d'action et de lenteur qui dejouerent toutes les mesures des generaux français et les obligèrent à faire retraite. Il fut comblé d'éloges par les Etats-généraux, et à son retour en Angleterre il obtint le titre de duc (décembre 1702), et fut remercié par les deux chambres du parlement, dont les députés vinrent le complimenter dans son hôtel. Au milieu des nombreux combats qui remplissent cette guerre de dix ans, l'histoire enregistre trois grandes victoires (trois grands désastres pour la France) qui par leur éclat et leur importance forment à Marlborough en quelque sorte une couronne de gloire, qui a été longtemps en Angleterre un sujet d'orgueil national. Au commencement de 1704, trente mille Français avaient pénétré dans le pays au delà du Danube. Vienne était menacée d'un côté par les Français et les Bavarois, de l'autre par le prince Ragotski, à la tête des Hongrois combattant pour leur liberté et secourus de l'argent de la France et de celui des Turcs. Alors le prince Eugène accourt d'Italie pour prendre le commandement des armées d'Allemagne; il voit à Heilbronn le duc de Marlborough. Après l'entretien, le général anglais conçut, sous sa propre responsabilité, le hardi dessein de pénétrer en Allemagne avec ses troupes pour effectuer sa jonction avec les troupes impériales. Il marche vers le Danube avec une extrême rapidité, et après avoir défait dans une seule action à Donauwerth les Bavarois secondés par un corps de troupes françaises, et ravagé les États de l'électeur jusqu'aux murs mêmes de sa capitale, il passe le fleuve malgré les difficultés et rejoint Eugène. D'un autre côté, le maréchal de Tallard, avec un corps de trente mille hommes, avait rejoint l'electeur. Les deux armées ennemies se rencontrèrent près de Blenheim, village sur le Danube. Les forces des Français et de leur allie étaient de soixante mille combattants; les Anglais et les Impériaux étaient à peu près du même nombre. Là s'engagea une action sanglante et décisive, dont le succès fut dû principalement à l'habileté et à l'audace impetueuse de Marlborough. Les Français étaient mal commandés, et il y eut beaucoup de fautes commises. La bataille commencée à midi était complétement gagnée vers le soir. « Environ douze mille morts, quatorze mille prisonniers, tout le canon, un nombre prodigieux d'etendards et de drapeaux, les équipages, le maréchal de Tallard et douze cents officiers de marque au pouvoir du vainqueur, signalèrent cette journee (13 août 1704). Les fuyards se dispersèrent; près de cent lieues de pays furent perdues en moins d'un mois. L'étonnement et la consternation saisirent la cour de Versailles, accoutumée à la prospérité (Voltaire, *Siècle de Louis XIV*). » En Angleterre, l'enthousiasme fut très-vif. Un domaine public à Woodstock fut donné à Marlborough pour lui et ses heritiers, et la reine promit d'y élever aux frais de la couronne un splendide palais. Ce château, qui existe encore et porte le nom de Blenheim, ne fut achevé, comme nous le verrons, que par sa veuve et à ses frais. L'empereur d'Allemagne, pour témoigner aussi sa reconnaissance, fit Marlborough prince de l'Empire, et à cette dignité fut attaché un domaine considérable qui après sa disgrâce lui fut enlevé.

Dans l'année 1706, le maréchal de Villeroi commandait en Flandre une armée de quatre-vingt mille hommes, et il se flattait de réparer contre Marlborough le malheur qu'il avait essuyé en combattant le prince Eugène. Son trop de confiance en ses propres lumières devint plus que jamais funeste à la France et une source de gloire pour les Anglais. Marlborough avait remarqué toutes les fautes de disposition du maréchal, et en profita habilement. Il attaqua avec audace les Français, qui étaient très-mal rangés en bataille près de Ramillies. On s'était battu près de huit heures à Blenheim ou Hochstedt, et on avait tué près de huit mille hommes aux vainqueurs; mais à la journée de Ramillies, l'armée, qui n'avait pas confiance en ses chefs, ne résista pas une heure; ce fut une déroute totale. Les Français y perdirent vingt mille hommes, la gloire de la nation, et l'espérance de reprendre l'avantage (23 mai 1706). Toute la Flandre espagnole fut perdue. Marlborough entra victorieux dans Anvers, dans Bruxelles; il prit Ostende, Menin et d'autres places fortes.

Dans les deux années qui suivirent, les négociations furent mêlées aux opérations militaires; la France, accablée, était disposée à de grands sacrifices, mais tout fut sans résultat. L'ambition de Marlborough était intéressée à poursuivre vigoureusement la guerre : c'était pour lui une source de gloire et, ce qu'il appréciait encore plus, de puissance et de richesses. En 1709 il ouvrit la campagne par la réduction de Tournay, dont Eugène avait couvert le siége. Déjà ces deux généraux marchaient pour investir Mons. Le maréchal de Villars s'avança pour les en empêcher. L'armée des alliés était d'environ quatre-vingt mille combattants, avec cent quarante pièces de canon; celle du maréchal de Villars d'environ soixante-et-dix mille, avec quatre vingts pièces. Marlborough commandait l'aile droite, où étaient les Anglais et les troupes allemandes à la solde d'Angleterre; le prince Eugène était au centre; Tilly et un comte de Nassau à la gauche avec les Hollandais. L'action s'engagea près du village de Malplaquet (11 septembre 1709). « Il y a eu depuis plusieurs siècles peu de batailles plus disputées et plus longues, aucune plus meurtrière. La gauche des ennemis, où combattaient les Hollandais, fut presque toute détruite, et même poursuivie à la baïonnette. Marlborough, à la droite, faisait et soutenait les plus grands efforts. Le maréchal de Villars dégarnit un peu son centre pour s'opposer à Marlborough, et alors même ce centre fut attaqué. Les retranchements qui le couvraient furent emportés. Le régiment des gardes, qui les défendait, ne put résister. Le maréchal, en accourant de sa gauche à son centre, fut blessé, et la bataille fut perdue. Le champ était jonché de près de trente mille morts ou mourants. La France ne perdit guère plus de huit mille hommes dans cette journée. Les alliés en laissèrent environ vingt-et-un mille tués ou blessés; mais le centre étant forcé, les deux ailes coupées, ceux qui avaient fait le plus grand carnage furent les vaincus (Voltaire). » Mons, chèrement acheté par cette sanguinaire et douteuse victoire, où les alliés n'avaient eu d'autre avantage que celui de coucher au milieu de leurs morts, se rendit quelque temps après. Marlborough, après avoir disposé ses forces pour l'hiver suivant, se rendit avec Eugène à La Haye pour discuter les opérations futures sur une plus grande échelle. Ils proposèrent un plan simultané d'invasion en France sur plusieurs points; mais quelques-uns des pouvoirs alliés le combattirent comme dangereux. Ce refus fut attribué à leur égoïsme et à leur jalousie. En même temps des conférences s'ouvrirent pour établir les bases du traité de paix. Les ambassadeurs de Louis XIV offraient les plus grands sacrifices; mais les alliés, c'est-à-dire Marlborough et Eugène, voulaient jouir de l'humiliation de Louis XIV et y ajouter encore. Ils firent rejeter ses propositions, et demandèrent, pour préliminaires, que le roi s'engageât seul à chasser d'Espagne son petit-fils, dans deux mois, par la voie des armes : demande cruelle et absurde, et beaucoup plus outrageante qu'un refus. Ils venaient de s'emparer de Douai, succès qui fut bientôt suivi de la réduction de Béthune, Aire et Saint-Venant (1710). Mais des événements préparés de longue main en Angleterre vinrent paralyser le reste des opérations.

Depuis l'avénement de la reine Anne, les whigs et les tories avaient partagé ou tour à tour exercé le pouvoir. Les sentiments et les inclinations de la reine étaient pour les tories; mais la révolution de 1689 avait donné un tel ascendant aux whigs, qu'ils dirigèrent les affaires assez longtemps, même après la mort de Guillaume. La duchesse de Marlborough, qui sur bien des choses gouvernait l'esprit de la reine, était whig ardente, et ne cessait d'user de tous les moyens pour maintenir ou faire arriver les whigs au pouvoir. De là des froissements fréquents entre la royale maîtresse et la favorite, qui faisait trop vivement sentir son despotisme impérieux. Les tories profitèrent habilement de ces querelles, et en 1710 ils renversèrent les ministres, et arrivèrent au pouvoir. Harley, comte d'Oxford, et Saint-John, comte de Bolingbroke, devinrent les ministres influents. C'étaient des adversaires très-énergiques des whigs, et des ennemis particuliers de Marlborough. Dès lors tout changea à la cour et dans le monde politique à l'égard du puissant et illustre général. Il sentit vivement la portée du coup, et en fut si affecté qu'il sollicita de l'empereur le gouvernement des Pays-Bas, qu'il avait refusé autrefois, comme un asile pour être hors de l'atteinte de ses ennemis politiques. L'empereur nomma général en chef des troupes hollandaises, et l'investit des pouvoirs les plus étendus pour suivre les diverses négociations qui avaient pour objet d'organiser une grande coalition contre la France. Marlborough était aussi habile diplomate que bon général. Au milieu des intérêts opposés, il montra autant de sagacité que de dextérité pour diriger les vues divergentes vers un but commun et la conclusion de traités fortement liés. Il gagna en particulier la confiance entière des hommes d'État de la Hollande, et de là les efforts persévérants et énergiques qu'ils apportèrent dans la guerre qui se préparait à l'occasion de la succession d'Espagne. Guillaume, qui avait tant fait pour la rendre formidable, n'eut ni la gloire ni la satisfaction de la commencer et de la diriger. La mort le prévint dans ce dessein. Une chute de cheval acheva de déranger ses organes affaiblis; une petite fièvre l'emporta (16 mars 1702).

L'avénement au trône de la princesse Anne ouvrit enfin à Marlborough une libre et magnifique carrière d'action et de puissance. Son intérêt était de renoncer à jamais aux intrigues et aux perfidies du passé, d'accomplir de grandes choses, en se conformant aux vœux de la nation, de faire jouer à l'Angleterre un rôle prépondérant dans les affaires de l'Europe. La triple alliance entre l'Angleterre, la Hollande et l'Allemagne, dont l'objet était de réprimer les desseins ambitieux de Louis XIV, fut confirmée, et au mois de mai suivant la déclaration d'hostilités contre la France publiée. Alors commença cette longue guerre qui avait pour but d'empêcher l'union des couronnes d'Espagne et de France, guerre à laquelle le génie et les victoires de Marlborough et du prince Eugène donnèrent tant d'éclat. C'est l'histoire de la moitié de l'Europe. Nous devons nous en tenir à ce qui regarde Marlborough.

Dès les premiers jours du nouveau règne, Malborough reçut l'ordre de la Jarretière, le titre de général en chef des armées, et celui de grand-maître de l'artillerie. La direction des affaires à l'intérieur fut donnée à ses amis, sous l'administration de Godolphin, le plus ancien d'entre eux, et dont le fils avait épousé en 1698 une fille de Marlborough. Godolphin, à sa prière, accepta le poste de grand-trésorier. Le succès des opérations au dehors devant dépendre de l'exactitude à fournir des ressources, il était important que l'administration du trésor fût placée en des mains sûres. Les succès de la première année dans les Pays-Bas consistèrent dans la réduction des importantes forteresses de Venloo, Ruremonde et Stevenswaert, avec leurs dépendances, sur la Meuse, et enfin de la cité de Liége. Mais Marlborough s'y signala surtout par une constante vigilance, un mélange d'audace et de prudence, d'action et de lenteur qui déjouèrent toutes les mesures des généraux français et les obligèrent à faire retraite. Il fut comblé d'éloges par les États-généraux, et à son retour en Angleterre il obtint le titre de duc (décembre 1702), et fut remercié par les deux chambres du parlemen
dont les députés vinrent le complimenter da
son hôtel. Au milieu des nombreux combats q
remplissent cette guerre de dix ans, l'histoire e
registre trois grandes victoires (trois grands d
sastres pour la France) qui par leur éclat et le
importance forment à Marlborough en qu
sorte une couronne de gloire, qui a été
temps en Angleterre un sujet d'orgueil nation
Au commencement de 1704, trente mille Franç
avaient pénétré dans le pays au delà du D
nube. Vienne était menacée d'un côté par l
Français et les Bavarois, de l'autre par
prince Ragotski, à la tête des Hongrois comba
tant pour leur liberté et secourus de l'argent
la France et de celui des Turcs. Alors le prin
Eugène accourt d'Italie pour prendre le com
mandement des armées d'Allemagne; il voi
Heilbronn le duc de Marlborough. Après l'entr
tien, le général anglais conçut, sous sa prop
responsabilité, le hardi dessein de pénétrer
Allemagne avec ses troupes pour effectuer
jonction avec les troupes impériales. Il m
vers le Danube avec une extrême rap
après avoir défait dans une seule action
Donauwerth les Bavarois secondés par un cor
de troupes françaises, et ravagé les États de l'é
lecteur jusqu'aux murs mêmes de sa capital
il passe le fleuve malgré les difficultés et rejoi
Eugène. D'un autre côté, le maréchal de Ta
lard, avec un corps de trente mille hommes, av
rejoint l'électeur. Les deux armées ennemies
rencontrèrent près de Blenheim, village sur
Danube. Les forces des Français et de leur
étaient de soixante mille combattants; les A
et les Impériaux étaient à peu près du mêm
nombre. Là s'engagea une action sanglante et d
cisive, dont le succès fut dû principalement
l'habileté et à l'audace impétueuse de Marlb
rough. Les Français étaient mal commandés,
il y eut beaucoup de fautes commises. La b
taille commencée à midi était complétement g
gnée vers le soir. « Environ douze mille mort
quatorze mille prisonniers, tout le canon,
nombre prodigieux d'étendards et de drapeau
les équipages, le maréchal de Tallard et do
cents officiers de marque au pouvoir du va
queur, signalèrent cette journée (13 août 1704
Les fuyards se dispersèrent; près de cent lie
de pays furent perdues en moins d'un moi
L'étonnement et la consternation saisirent
cour de Versailles, accoutumée à la prospéri
(Voltaire, *Siècle de Louis XIV*). » En Angl
terre, l'enthousiasme fut très-vif. Un domai
public à Woodstock fut donné à Marlborou
pour lui et ses héritiers, et la reine promit d
élever aux frais de la couronne un splendide p
lais. Ce château, qui existe encore et porte
nom de Blenheim, ne fut achevé, comme no
le verrons, que par sa veuve et à ses frai
L'empereur d'Allemagne, pour témoigner au
sa reconnaissance, fit Marlborough prince

et à cette dignité fut attaché un do-
ısidérable qui après sa disgrâce lui fut

'année 1706, le maréchal de Villeroi ait en Flandre une armée de quatre-le hommes, et il se flattait de réparer ırlborough le malheur qu'il avait essuyé ıttant le prince Eugène. Son trop de en ses propres lumières devint plus que neste à la France et une source de les Anglais. Marlborough avait re-ıutes les fautes de disposition du maré-n profita habilement. Il attaqua avec s Français, qui étaient très-mal rangés › près de Ramillies. On s'était battu uit heures à Blenheim ou Hochstedt, it tue près de huit mille hommes aux s; mais à la journée de Ramillies, l'ar-n'avait pas confiance en ses chefs, ne ı une heure; ce fut une déroute totale. ;ais y perdirent vingt mille hommes, le la nation, et l'espérance de reprendre · (23 mai 1706). Toute la Flandre es-'ut perdue. Marlborough entra victo-s Anvers, dans Bruxelles; il prit Os-enin et d'autres places fortes.

s deux années qui suivirent, les négocia-nt mêlees aux opérations militaires; la ·cablée, était disposee à de grands sacri-s tout fut sans résultat. L'ambition de ıgh était intéressée à poursuivre vigou-t la guerre : c'était pour lui une source de ce qu'il appreciait encore plus, de puis-de richesses. En 1709 il ouvrit la cam-r la réduction de Tournay, dont Eu-t couvert le siége. Déjà ces deux géné-chaient pour investir Mons. Le maré-illars s'avança pour les en empêcher. des alliés était d'environ quatre-vingt battants, avec cent quarante pièces de ·lle du maréchal de Villars d'environ ıt-dix mille, avec quatre-vingts pieces. ıgh commandait l'aile droite, où etaient is et les troupes allemandes à la solde ·re; le prince Eugène était au centre; n comte de Nassau à la gauche avec ıdais L'action s'engagea près du vil-falplaquet (11 septembre 1709. « Il y is plusieurs siècles peu de batailles plus et plus longues, aucune plus meurtrière. · des ennemis, où combattaient les Hol-fut presque toute détruite, et même e à la baionnette. Marlborough, à faisait et soutenait les plus grands e maréchal de Villars dégarnit un peu ·e pour s'opposer à Marlborough, et ıne ce centre fut attaqué. Les retran-qui le couvraient furent emportés. Le des gardes, qui les defendait, ne put ré-marechal, en accourant de sa gauche à ·, fut blessé, et la bataille fut perdue. était jonché de près de trente mille morts ou mourants. La France ne perdit guère plus de huit mille hommes dans cette journée. Les alliés en laissèrent environ vingt-et-un mille tués ou blessés; mais le centre étant forcé, les deux ailes coupées, ceux qui avaient fait le plus grand carnage furent les vaincus (Voltaire). » Mons, chèrement acheté par cette sanguinaire et douteuse victoire, où les alliés n'avaient eu d'autre avantage que celui de coucher au milieu de leurs morts, se rendit quelque temps après. Marlborough, après avoir disposé ses forces pour l'hiver suivant, se rendit avec Eugène à La Haye pour discuter les opérations futures sur une plus grande échelle. Ils proposèrent un plan simultané d'invasion en France sur plusieurs points; mais quelques-uns des pouvoirs alliés le combattirent comme dangereux. Ce refus fut attribué à leur égoïsme et à leur jalousie. En même temps des conférences s'ouvrirent pour établir les bases du traité de paix. Les ambassadeurs de Louis XIV offraient les plus grands sacrifices; mais les alliés, c'est-à-dire Marlborough et Eugène, voulaient jouir de l'humiliation de Louis XIV et y ajouter encore. Ils firent rejeter ses propositions, et demandèrent, pour préliminaires, que le roi s'engageât seul à chasser d'Espagne son petit-fils, dans deux mois, par la voie des armes : demande cruelle et absurde, et beaucoup plus outrageante qu'un refus. Ils venaient de s'emparer de Douai, succès qui fut bientôt suivi de la reduction de Béthune, Aire et Saint-Venant (1710). Mais des évenements préparés de longue main en Angleterre vinrent paralyser le reste des opérations.

Depuis l'avénement de la reine Anne, les whigs et les tories avaient partagé ou tour à tour exercé le pouvoir. Les sentiments et les inclinations de la reine étaient pour les tories; mais la révolution de 1689 avait donné un tel ascendant aux whigs, qu'ils dirigèrent les affaires assez longtemps, même après la mort de Guillaume. La duchesse de Marlborough, qui sur bien des choses gouvernait l'esprit de la reine, était whig ardente, et ne cessait d'user de tous les moyens pour maintenir ou faire arriver les whigs au pouvoir. De là des froissements fréquents entre la royale maîtresse et la favorite, qui faisait trop vivement sentir son despotisme impérieux. Les tories profitèrent habilement de ces querelles, et en 1710 ils renversèrent les ministres, et arrivèrent au pouvoir. Harley, comte d'Oxford, et Saint-John, comte de Bolingbroke, devinrent les ministres influents. C'étaient des adversaires très-énergiques des whigs, et des ennemis particuliers de Marlborough. Dès lors tout changea à la cour et dans le monde politique à l'égard du puissant et illustre général. Il sentit vivement la portée du coup, et en fut si affecté qu'il sollicita de l'empereur le gouvernement des Pays-Bas, qu'il avait refusé autrefois, comme un asile pour être hors de l'atteinte de ses ennemis politiques. L'empereur éluda en termes qui équivalaient à un refus. L'année suivante Marlborough termina ses services militaires, signalés par la prise de Bouchain, à la suite de manœuvres habiles. Dans l'intervalle, on lui fit essuyer diverses humiliations pour l'amener à donner sa démission. Malgré la gloire de ses triomphes récents, il fut attaqué par une nuée de pamphlets émanant des plumes acérées de Swift, Saint-John, Prior, et autres, qui mirent au grand jour les actes honteux du passé et du présent, surtout en ce qui touchait à sa passion dévorante de l'argent, et les péculats employés pour la satisfaire. Sa popularité finit par succomber sous ces accusations. Déjà dans le parlement, surtout à la chambre des lords, on parlait de censurer sinon sa conduite sur le champ de bataille, au moins ses conseils militaires. Ses ennemis, quelques-uns autrefois ses amis ou ses protégés, étaient ardents et incessants dans leurs attaques. Ils voulaient à tout prix le dégrader et le renverser. Si autrefois Marlborough s'était rendu coupable de traits odieux d'ingratitude, maintenant il dut ressentir amèrement celle qui l'assaillait de toutes parts. Enfin, dans le cours de 1711, le dernier coup fut frappé. Il fut rappelé, et, le 1er janvier 1712, destitué de tous ses emplois, *afin*, dit l'arrêté du conseil, *que son affaire fût soumise à une investigation impartiale.*

Peu après, la chambre des communes déclara que dans certaines choses dont Marlborough était accusé sa conduite était « illégale et coupable », et un ordre de poursuite fut adressé à l'attorney général; mais les poursuites commencées ne furent pas poussées jusqu'à un procès en règle. Voltaire dit assez légèrement : « Il fut accusé, comme Scipion, d'avoir malversé; mais il se tira d'affaire à peu près de même, par sa gloire et la retraite. » Marlborough n'était pas un Scipion, malgré ses talents de général, et les soixante-quinze millions de francs (trois millions sterling) qu'il laissa sont une preuve positive qu'il avait exploité la guerre comme une immense spéculation. La vérité est que ses ennemis, satisfaits de l'avoir renversé, aimèrent mieux laisser des soupçons peser sur sa réputation que de poursuivre un procès qui eût exigé de longues et difficiles investigations et compromis beaucoup de personnages éminents.

Marlborough et sa femme se retirèrent en Allemagne, auprès de l'électeur de Hanovre, à qui était réservée la couronne d'Angleterre, et lui firent une cour assidue. Le duc ne revint à Londres que lorsque la reine Anne était mourante, et, trait caractéristique! il y fit une entrée triomphale, au milieu d'un grand concours du peuple, dont ses amis avaient réchauffé l'enthousiasme (août 1714). Le nouveau roi, Georges Ier, le rétablit dans ses honneurs et dignités, comme capitaine général et grand-maître de l'artillerie. Les whigs étaient de nouveau triomphants, et avaient formé un ministère; mais Marlborough n'eut aucune
active aux affaires. Il se borna à jouir de
opulence et de sa haute position. En mai 1
il éprouva une violente attaque de par
sie, qui porta une atteinte grave à sa sant
à ses facultés intellectuelles. Les eaux de
le rétablirent assez bien pour qu'il pût s'occu
au moins pour la forme, de ses fonctions de pa
de commandant en chef des armées. Dans
visite à Blenheim, en octobre suivant, on lu
parcourir un appartement splendide qui ve
d'être achevé, et où se trouvait un grand
bleau de la célèbre bataille, avec son port
pied. Il y jeta un coup d'œil, puis il s'éo
tristement avec un soupir étouffé, en disa
« Alors, c'était un homme! mais aujourd'hui..
En novembre, il éprouva une seconde et
forte attaque d'apoplexie, et dès lors se c
à la campagne. Une troisième attaque am
mort, le 16 juin 1722 (v. s.), à sa terre de Wind
Lodge. Ses restes furent déposés, au r
funérailles d'une magnificence extraor
l'abbaye de Westminster; mais, chose re
quable, ce ne fut pas aux frais du trésor pub
Plus tard, ils en furent retirés pour être e
velis dans un magnifique mausolée, à la c
son château de Blenheim. — Marlborough eut
enfants : un fils, John, marquis de Blandford,
mourut fort jeune; et quatre filles, 1° Henrie
mariée à Francis, second comte de Godolph
laquelle ne laissa pas d'enfants; 2° Anne,
à Charles Spencer, comte de Sunderland,
quelle hérita des dignités et titres de son pè
et dont descend le présent duc de Marlborou
3° Élisabeth, mariée à Scrope Egerton, pr
duc de Bridgewater; 4° Mary, mariée à
duc de Montagu.

Marlborough laissait une fortune co
sale. « J'ai entendu dire à sa veuve, dit Vol
qu'après les partages faits à quatre enfan
lui restait, sans aucune grâce de la cour, 7
liv. sterling de revenu, qui font plus de qu
cent cinquante mille livres de notre mon
d'aujourd'hui. » Ce revenu représente un
pital d'au moins cinquante millions de fran
car les splendides châteaux ne produisaient r
et les partages des enfants avaient été préle
Cette fortune de cinquante millions est très-c
sidérable pour ce temps, attendu que le c
merce et l'industrie n'avaient pas encore dé
loppé la richesse publique comme à
époque. Il est très-probable que c'est
période de 1702 à 1710 qu'elle a été fa
cela seul peut faire juger des énormes pr
dont la guerre avait été la source pour le gén
en chef des armées alliées. La duchesse, qui a
une passion encore plus ardente pour l'arge
et une grand talent pour en gagner, lui a
persuadé de mettre une partie de ses fonds d
l'entreprise connue sous le nom de *South*
scheme, où les actions s'élevèrent à un
fabuleux. Elle pressentit la débâcle, et veu

à propos, que cette opération, au lieu de perte, lui rapporta 100,000 liv. sterl. (2,500,000 fr.). Marlborough fut sans aucun doute l'homme le plus distingué et le plus célèbre de son pays et de son époque; mais il ne mérite pas le titre de grand homme, malgré les éloges excessifs que lui a prodigués l'orgueil national. Comme homme d'État, ou plutôt comme diplomate, il montra beaucoup de tact et d'habileté dans l'art de la persuasion, et des talents puissants pour combiner et organiser. Il fut l'âme et la vie de la grande alliance qui arrêta Louis XIV dans son ambitieuse carrière. Ses manières séduisantes, son éloquence persuasive lui donnaient une influence toute puissante dans les cours du continent, et, d'une main habile et ferme il se servait de leurs intérêts et de leurs passions comme de ressorts pour l'accomplissement de ses desseins. Mais ses vues étaient celles d'un ambitieux de gloire et de richesse plutôt que d'un homme d'État qui juge le présent et l'avenir. Comme général, il fut loin d'avoir le génie dont Gustave-Adolphe, Frédéric II et Napoléon ont marqué la guerre de leur temps. Il eut de grands talents, mais il laissa l'art militaire dans le même état où il l'avait trouvé. Cependant, il faut reconnaître qu'il montra, et cela constamment, une grande habileté dans ses opérations, qu'il s'agît de siéges ou de batailles. La série de ses victoires est une preuve de sa supériorité. Un général ordinaire n'enchaîne pas ainsi le succès. Lord Chesterfield, qui le connaissait bien, dit que c'était un homme de beaucoup de talents, d'un excellent jugement, mais d'un génie qui manquait d'éclat et de force créatrice. Bolingbroke, son adversaire politique, mais qui savait juger, dit qu'il était la perfection du talent mûri par l'expérience. Ce peu de mots renferment le jugement de l'histoire. Si nous le considérons comme homme, il faut bien distinguer les deux périodes qui divisent sa carrière, depuis l'avénement de Jacques II jusqu'à celui de la reine Anne, et depuis 1702 jusqu'en 1712. Bien que par nature il ne fût pas un mauvais homme, sa vie politique est entachée des actions les plus déshonorantes. Il abandonna et trahit indignement Jacques II, son bienfaiteur, à qui il devait tout. Il eut souvent recours aux intrigues les plus perfides, à des complots dangereux contre Guillaume III, à qui il avait juré fidélité et qui avait ajouté à sa fortune. Une fois général en chef, il n'avait pas intérêt à trahir; mais il montra une avidité, une rapacité insatiable de richesses. Ainsi c'est justement que Macaulay dit que cette renommée, qui a rempli une certaine époque du monde civilisé, est un singulier mélange d'infamie et de gloire (1). — Nous avons cité à dessein de nombreuses sources : ce sont les meilleures; mais souvent l'éloge ou l'adulation y domine sans discernement. Coxe avait eu communication des archives de Blenheim; il ne peut montrer un jugement sévère. Alison est dominé par ses préjugés de Tory contre la France. Macaulay a été accusé d'avoir montré une sévérité excessive, une espèce d'inimitié contre Marlborough. Ceux qui lui font ce reproche auraient dû réfléchir que son ouvrage s'arrête à 1697, que les vingt années antérieures renferment précisément les intrigues honteuses et les traits d'ingratitude justement reprochés à Marlborough, et que la mort n'a pas permis à l'historien de raconter les grandes actions qui ont rendu glorieuse la seconde période de sa carrière. J. CHANUT.

William Coxe, *Memoirs of John duke of Marlborough*, 3 vol., 1818 1819. - Alison, *Military Life of John Churchill, duke of Marlborough*, 2 vol., 1852. — Lodge, *Portraits*, t. 7, 1850 — Macaulay, *History of England from the accession of James II*, 8 vol, 1855. — Voltaire, *Siècle de Louis XIV*. — Clarke, *Life of James II*. — *Histoire de John Churchill, duc de Marlborough* (composé d'après les ordres de Napoléon Ier), 3 vol.; Paris, 1808. — Sir Georges Murray, *Marlborough Despatches*. — Bucke, *Life of John duke of Marlborough*; 1839. — Simon (C. G.), *Le duc et la duchesse de Marlborough*, un vol. in-8°; Nantes, 1841. — *Lord Chesterfield's Letters*. — *English Cyclopædia* (*Biography*).

MARLBOROUGH (*Sarah* JENNINGS, duchesse DE), femme du précédent, née à Sandbridge (comté de Hertford), le 29 mai 1660, morte le 29 octobre 1744. Cette femme remarquable, qui sans posséder de grands talents, et avec le désavantage d'un caractère impérieux et capricieux, exerça pendant longues années une grande influence sur les affaires publiques, était la seconde des trois filles de Richard Jennings, homme de bonne famille, mais sans grande fortune. Les deux sœurs aînées, en récompense des services de leur père pendant la guerre civile, furent reçues très-jeunes dans la maison de la duchesse d'York. Sarah n'avait que douze ans, et bientôt elle devint la compagne de la princesse Anne qui était à peu près de son âge. Quelques années après, elle inspira au brillant Churchill, alors colonel dans l'armée, une vive passion, et elle devint sa femme au printemps de 1678. Elle n'était pas d'une beauté régulière, mais elle avait une physionomie animée, des yeux pleins de feu, les plus beaux cheveux du monde; et pour faire valoir ces avantages, une conversation pleine d'esprit et de vivacité. Pendant que le mari s'avançait dans la confiance et la faveur de Jacques, sa femme faisait des progrès encore plus rapides dans l'affection de la jeune princesse.

Anne était douce, sincère, modeste et timide; elle avait fort peu d'esprit; mais son cœur était extrêmement affectueux, et ce cœur s'était donné tout entier à sa chère Sarah. A l'époque de son mariage avec le prince Georges de Danemark, elle demanda expressément à son père lady Churchill en qualité de première dame d'honneur (1683). L'affection mutuelle s'étendit et s'affermit de jour en jour. Dans une lettre écrite alors, la princesse la priait instamment de laisser de côté le mot *Votre Altesse*, prononcé en toutes occasions, et de la traiter avec toute la familia-

(1) *History of England*, t. II, p. 21.

rite et la franchise d'une amie. Non contente de sacrifier ainsi l'étiquette, elle lui proposa bientôt d'entretenir une correspondance intime, sur un pied parfait d'égalité, et lui donna le choix entre les noms de Mrs. *Morley* et Mrs. *Freeman*. Lady Churchill choisit ce dernier, qui serait, dit-elle, l'emblème de sa franchise. La princesse devint donc pour l'intimité la simple Mrs. Morley, et son amie, Mrs. Freeman. Sous ces noms empruntés, elles s'écrivaient fréquemment pour se communiquer leurs sentiments de joie, de peine, d'espérance ou de crainte, suivant les événements du jour, et se livrer à tous leurs épanchements de tendresse. A l'avénement de Jacques au trône, lady Churchill, zélée protestante et ardente whig, usa de son ascendant sur la princesse pour l'entretenir dans les mêmes sentiments, et la détacher peu à peu de son père. Lorsque trois ans après la révolution éclata, lady Churchill, de concert avec son mari, détermina la princesse à s'enfuir de nuit du palais, au milieu de l'hiver, à abandonner tout à fait son père; et elle l'accompagna dans sa fuite, pendant que de son côté lord Churchill se rendait au camp du prince d'Orange. C'est alors que le malheureux Jacques, apprenant coup sur coup ces défections, s'écria dans sa douleur : « Que Dieu me secoure; mes propres enfants m'ont abandonné! » Churchill ayant reçu le prix de sa trahison, sa femme devint comtesse de Marlborough. Elle n'eut pas de peine à obtenir que la princesse cédât sa place dans l'ordre de succession et reconnût le nouveau roi. Mais Guillaume ne se pressait pas de fixer la dotation de la princesse. La comtesse et son mari, voyant compromise cette source de faveurs, manœuvrèrent auprès des membres torys du parlement, et avec tant de chaleur et de succès, qu'une pension de cinquante mille livres sterling fut votée pour la princesse, au grand dépit de Guillaume III. Il en résulta entre les deux sœurs des relations assez froides, que la comtesse eut soin d'entretenir. Elle fut extrêmement irritée de la disgrâce de son mari; mais comme elle avait gardé son poste et son appartement à Whitehall, il fallait dissimuler. Cependant elle eut un soir la hardiesse d'accompagner sa maîtresse au palais de Kensington, comme pour braver en face Guillaume et sa femme Marie. Le lendemain, la princesse Anne fut invitée par sa sœur à renvoyer son arrogante dame d'honneur. Tel était l'ascendant que la comtesse exerçait sur le faible caractère de la princesse, qu'Anne refusa absolument de s'en séparer. Elle quitta Whitehall pour conserver sa chère Mrs. Freeman, et alla s'établir avec elle dans une villa sur les bords de la Tamise. Il n'était pas possible de toucher à sa pension, qui avait été votée par le parlement; mais elle fut privée de sa garde d'honneur, et les ministres étrangers cessèrent de lui faire des visites (1692). On peut juger si lady Marlborough, furieuse pour son compte de la disgrâce de son mari, entretenait l'irritation de la princesse. Dans les lettres intimes, on n'appelait Guillaume que *Caliban*, un *avorton hollandais*, un *monstre*, et son ami Portland était qualifié de *tête de bois*. Les sentiments s'adoucirent après la mort de la reine Marie (1694). Il était de l'intérêt des Churchill qu'il y eût un rapprochement avec le roi. La comtesse persuada à la princesse Anne de faire des avances, et en apparence de bonnes relations furent rétablies. Mais lady Marlborough était trop vindicative pour oublier et pardonner. Sa haine resta constante jusqu'à la mort de Guillaume (1702).

A l'avénement de la reine Anne, l'influence de la comtesse fut toute souveraine. Comme témoignage de sa haute faveur, elle reçut les titres de surintendante de la maison royale, de maîtresse de la garde-robe, de garde de la cassette, pendant que son mari était fait capitaine-général, grand-maître de l'artillerie et chevalier de la Jarretière. Le ministère fut composé uniquement de leurs amis et de leurs parents. On n'obtint d'emploi que par leur canal. Lord Marlborough ayant débuté par une campagne brillante dans les Pays-Bas, la reine s'empressa d'informer sa chère Mrs. Freeman de son intention de faire duc le général qui avait vaincu à Walcourt. La comtesse fit quelques objections : cette dignité serait lourde à porter, exigerait de grandes dépenses; peut-être valait-il mieux différer. Pour lever les objections, la reine fit demander au parlement une rente de 5,000 liv. st. imputable sur le revenu des postes. Mais la chambre des communes se montra récalcitrante, et pour dédommager ses favoris Anne assura au nouveau duc sur la liste civile une rente annuelle de 5,000 liv. st. pour toute la durée de son règne, et de plus à la duchesse une autre rente de 2,000 liv. st. que celle-ci, par un *excès de délicatesse*, se fit alors scrupule d'accepter. Mais lorsque, quelques années plus tard, arriva une entière disgrâce, la duchesse, se repentant de sa délicatesse si mal reconnue, exigea le remboursement des arrérages échus de la rente refusée, et toucha intégralement 18,000 liv. st. (près d'un demi-million fr.). Depuis l'avénement de la reine, elle s'était jetée avec ardeur dans la politique. Dominer était sa passion favorite, et elle s'imaginait qu'elle pouvait décider des affaires de l'État aussi facilement qu'elle dirigeait les intrigues de l'intérieur royal. Elle exerçait un empire absolu sur la reine, caractère plein d'abandon, de douceur, de sentiments affectueux; mais au lieu d'user de cet empire avec tact et modération, elle l'exerçait avec une imprudente audace. Ses prédilections de parti étaient diamétralement opposées à celles de la reine, qui était sincèrement attachée aux principes des tories, et qui désirait ardemment les faire arriver au pouvoir. La duchesse ne lui laissa pas un moment de repos qu'elle n'eût consenti, de concession en concession, à s'entourer des chefs du parti whig, qu'elle détestait au fond du cœur. De là beaucoup de piques, de froideurs, de froissements entre la royale maîtresse et l'impérieuse surintendante. La gloire et les importants services du duc ajournèrent l'explosion des secrets ressentiments. Dès le commencement de 1708, l'influence de la favorite était minée par d'habiles intrigues des tories, et surtout par une nouvelle amitié que la reine avait formée. Peu d'années auparavant, la duchesse avait placé dans un modeste emploi du palais une cousine, fille d'un marchand ruiné. La jeune femme se rendit agréable à la reine par sa douceur et ses attentions affectueuses. Peu à peu elle fit des progrès dans la confiance et la faveur d'Anne, qui avait besoin d'une société familière pour se reposer des assauts qu'elle éprouvait de la part de l'impérieuse duchesse. Celle-ci ne voyait rien de ce qui se tramait contre elle, ou le dédaignait. Harley, chef de l'opposition à la chambre, orateur éloquent et politique adroit, fit parvenir des lettres importantes à la reine par la dame d'atours, et eut des entretiens secrets avec celle-ci qui en transmettait à sa maîtresse les traits principaux. La reine, dont le cœur était avec les tories, désirait vivement les rappeler au ministère et s'affranchir d'une tyrannie qui lui était devenue insupportable. Mais, comme toutes les personnes faibles, elle dissimulait. La duchesse ouvrit enfin les yeux, et se plaignit On lui fit une réponse ironique.

La reine maria en secret sa dame d'atours à un jeune officier, Masham, favorisé par lady Marlborough elle-même. Celle-ci se plaignit avec éclat du mystère qu'on lui avait fait; la reine répondit par de faibles protestations d'amitié. Dès lors il n'y eut plus de relations que par correspondance; l'aigreur et l'orgueil blessé d'un côté, une fausse humilité et de la dissimulation de l'autre, y présidèrent et envenimèrent les choses. Enfin, le 6 avril 1710 eut lieu la rupture définitive, après une entrevue où les paroles passionnées de la duchesse ne purent faire sortir Anne de sa froideur taciturne. Lady Marlborough reçut l'ordre de remettre la clef d'or, signe distinctif de ses fonctions de surintendante. Près de perdre le pouvoir, elle sentit son orgueil fléchir. Elle écrivit une humble supplique, où elle disait que la douleur de son mari et la sienne étaient telles qu'ils n'y survivraient pas six mois, et demandait une audience. Le duc se chargea de remettre en personne cette lettre. La reine ne la reçut qu'avec une extrême froideur, ne la lut qu'après de vives instances, et finalement déclara que sa résolution étant irrévocable, la clef lui serait remise dans les trois jours. A ces mots, le duc, oubliant sa dignité personnelle et ses services réels, se jeta aux genoux de la reine, la suppliant de se ressouvenir de son ancienne amitié et d'accorder au moins dix jours. Tout fut inutile. Bien mieux, obstinée dans un parti pris, comme les personnes faibles poussées à bout, la reine réduisit le délai à deux jours. Le duc se releva, et, changeant de conversation, se plaignit amèrement de la destitution de quelques officiers qui jouissaient de sa confiance. Mais Anne coupa court à ces nouvelles doléances : « La clef! s'écria-t-elle avec dépit; je n'écoute rien que je n'aie la clef ». Le duc, qui était revenu exprès des Pays-Bas pour cette négociation, se retira plein de confusion et de chagrin. La duchesse, instruite de tout ce qui s'était passé, prit aussitôt son parti. Le soir même elle envoya sa démission avec la clef d'or. Elle ne se possédait point de dépit et de fureur : il lui fallait se venger, de quelque manière que ce fût. C'est alors qu'elle exigea les arrérages de la pension de 2,000 liv. st. Mais ce ne fut pas tout. Quand il fallut quitter le palais, elle ordonna d'enlever les serrures et les cheminées de marbre qu'elle avait fait poser à ses frais dans son appartement. « C'est bien, lui fit dire la reine par le secrétaire d'État; mais si vous démolissez les pièces de mon palais, il est bien sûr que je ne ferai pas construire le vôtre. » La duchesse consentit enfin à abandonner les cheminées, et se retira à la campagne. Voltaire a dit avec une extrême légèreté au sujet de ces querelles : « Quelques paires de gants d'une façon singulière qu'elle refusa à la reine, une jatte d'eau qu'elle laissa tomber en sa présence, par une méprise affectée, sur la robe de lady Masham, *changèrent la face de l'Europe* ». Les sources anglaises ne disent pas un mot de cette anecdote, qui nous paraît aussi fausse que ridicule. Ce qui ne l'est pas moins, c'est la comédie en cinq actes qu'un homme d'esprit, M. Scribe, a jugé à propos de composer sur ce canevas. Il y avait de bien meilleures raisons pour que la face de l'Europe fût changée et que la paix se fît avec la France. Labarpe, à l'article Helvétius, (*Cours de Littérature*) en a exposé avec jugement quelques-unes. Pendant que la duchesse dévorait ses dépits à la campagne, les tories arrivaient au pouvoir, s'assuraient la majorité au parlement par la création de nouveaux pairs et de nouvelles élections, et obligeaient enfin le duc de Marlborough à passer, après une éclatante disgrâce, du rôle de généralissime à celui d'accusé (1711). Après avoir accompagné son mari en Allemagne, la duchesse revint en Angleterre, à l'avénement de Georges Ier, pour jouir du triomphe des whigs. Mais bien que son parti eût été rétabli au pouvoir, la duchesse fut bien loin d'avoir le crédit dont elle avait joui sous la reine Anne. Sa fièvre de politique et d'intrigues lui était revenue, malgré tant d'amères déceptions et le progrès de l'âge. Elle gourmandait sans cesse son mari de son indolence, lorsqu'il était devenu incapable d'action. Lord Marlborough avait toujours été un époux plein de douceur, de soumission et d'affection, et l'on cite des anecdotes singulières de la manière dont le gouvernait l'impérieuse lady. Les pleurs, les bouderies, les reproches passionnés, les torrents d'éloquence conjugale, c'était là ses moyens favoris et irrésistibles. Elle fut en guerre avec les ministres, et en particulier avec son gendre, Sunderland. Accusée par lui d'être en secrète correspondance avec le prétendant, l'orgueilleuse duchesse se vit obligée de rechercher les bonnes grâces de la duchesse de Kendal, maîtresse du roi, pour obtenir les moyens de se justifier près de Georges Ier. Ce prince n'ayant pas voulu lui écrire une lettre qui la déclarât complétement innocente, elle devint son implacable ennemie. L'emportement et l'arrogance de son caractère la mirent en guerre constante avec ses enfants et petits-enfants dans le cours de sa vieillesse prolongée, et avec plusieurs d'entre eux elle soutint des procès. Sa petite-fille, Lady Anne Egerton osa seule lui tenir tête; de là une vive hostilité entre l'une et l'autre. Un jour, elle résolut de tirer une vengeance éclatante et rare de l'insoumission de la jeune fille. Elle avait entre ses mains le portrait de Lady Anne. L'exiler du salon, le reléguer au grenier, le vendre aurait pu paraître une punition assez humiliante, mais vulgaire. La duchesse fit mieux. Elle en fit barbouiller la figure avec du noir, et écrire au bas en gros caractères : *Au dedans plus noire encore!* (Much blacker within); et ainsi *embelli*, elle tint constamment le portrait suspendu dans son salon.

Peu d'années avant sa mort, Lady Marlborough publia des *Mémoires justificatifs*, rédigés par Hooke, d'après les renseignements qu'elle avait fournis. Cet ouvrage est rempli de faits curieux sur les intrigues de la cour d'Angleterre; mais il ne faut les lire qu'avec une extrême réserve et en comparant son témoignage à d'autres mémoires. « Le mystère qui dès le début enveloppa la disgrâce de Marlborough, dit Macaulay, fut encore obscurci, cinquante ans après, par l'impudente fausseté de sa veuve. Elle a l'effronterie de déclarer *qu'elle n'a jamais pu savoir la cause du mécontentement du roi*; et cependant il ressort de son récit que la princesse Anne connaissait cette cause; peut-on croire qu'elle en aurait fait un secret à son adorée Mrs. Freeman (1)? » — La duchesse de Marlborough survécut vingt-deux ans à son mari. Malgré son âge, et probablement à cause de son immense fortune, elle fut recherchée en mariage par le duc de Somerset et lord Coningby. On possède encore la réponse qu'elle fit à ce dernier, un ancien ami; après s'être excusée, à cause de son âge (elle avait alors soixante-trois ans), elle dit en terminant : « Mais n'eussé-je que trente ans et fussiez-vous en état de mettre à mes pieds l'empire du monde, je ne consentirais pas à vous donner un cœur et une main qui ont appartenu tout entiers à John, duc de Marlborough. » Voilà, enfin, un trait de jugement et de vraie dignité! Mais, il faut le dire, et par reconnaissance et par fierté, elle devait bien ce témoignage de respect à la mémoire d'un homme qui avait laissé un grand nom, qui fut toute sa vie plein de douceur, de déférence et de tendresse pour elle, et qui supporta avec une admirable patience tous les caprices de son caractère impérieux. J. Chanut.

(1) Macaulay, *History of England*, t. VI, p. 73 et 77.

Mêmes sources que pour le précédent article.

MARLÈS (Lacroix-), littérateur français, vers la fin du siècle dernier, mort vers 1850. On a de lui : *Histoire de la Domination des Arabes et des Maures en Espagne et en Portugal*, trad. de l'espagnol de Jose de Conde; Paris, 1825, 3 vol. in-8°; — *Histoire générale de l'Inde ancienne et moderne depuis l'an 2000 av. J.-C. jusqu'à nos jours*; Paris, 1828, 6 vol. in-8°; — ... *ancien et moderne*, 3 vol. in-4°; — *Merveilles de la nature et de l'art dans les cinq parties du monde*; Paris, 1830, 10 vol. in-12; — *Pierre de Lara, ou l'Espagne au onzième siècle, roman historique*; Paris, 1825, 4 vol. in-12; — une continuation de *l'Hist. d'Angleterre* de Lingard, 7 vol. in-8°; — *Alfred, ou le voyageur en France*, cinq édit. successives; — *Hist. d'Angleterre*, 2 vol. in-12. On lui doit encore le 3e vol. de *l'Hist. Ecclesiastique* de Fleury et une trentaine de petits livres destinés à la jeunesse. A. H—t.

Querard, *La France Littér.* — Bourquelot et M..., *Litt. Franç. contemp.* — *Revue Encyclop.*, XXI, XXVII.

MARLIANI (*Giovanni*), médecin italien, ... à Milan, où il est mort, le 21 septembre 14... Reçu docteur en 1440, il obtint en 1447 une chaire à l'université de Milan, d'où il passa à celle de Pavie. Il fut premier médecin du duc Galeas Sforce. Ses contemporains lui donnent de grands éloges, et vantent ses connaissances en philosophie et en mathématiques. On a de lui : *Quæstio de caliditate corporum humanorum*; Milan, 1474, in-fol.; Venise, 1501; — ... *portione motuum in velocitate*; Pavie, ... in-fol.; ces deux ouvrages sont les seuls que Marliani ait fait imprimer de son vivant; — ... *reactione*; Pavie, in-fol.; — *Expositiones in Avicennam*; Milan, 1594, in-fol.; — plusieurs ouvrages manuscrits qui se trouvent dans les bibliothèques de Milan. Marliani laissa deux fils, *Jeronimo* et *Pietro-Antonio*, qui exercèrent la médecine avec honneur dans leur patrie. ...

Argelati, *Biblioth. Mediolanensis*, II, 864. — ... *Notizie de' Medici Milanesi*, 282. — Tiraboschi, *Storia della Letter. Italiana*, VI, 1re p., 403.

MARLIANI (*Luigi*), érudit italien, né à Milan, mort en 1521. Il appartenait probablement à la même famille que le précédent. ... 1484 au collége des médecins de Milan, ... attaché aux ducs de cette ville, et devint conseiller des empereurs Maximilien Ier et Charles-Quint. Très-versé dans la théologie, il embrassa l'état ecclésiastique, fut évêque de Tuy en Galice, et mourut peu de temps après avoir été revêtu de la pourpre par Léon X. On a de ...

fortunæ; Brescia, 1503, in-4°; — Epis- calamitosa Philippi Hispaniæ regis paniam navigatione; Strasbourg, 1514, — De Bataviæ laudibus; Leyde, 1511, in-8°; — des discours et des poésies en P.

Notizie, 42. — Argelati, Bibl. Mediolanensis, II,

LIANI (Bernardino), littérateur italien, ntoue, vivait au seizième siècle. Sa fa- originaire de Milan. Secrétaire de ue Gonzague et de Marguerite, duchesse rare, il devint membre de l'académie ane des Invaghiti, et en fut recteur pen- s années 1574 et 1589. On a de lui : læ italicæ; Venise, 1601; édit. très- — Vita del conte Baldassar Casti- placée à la tête du Cortegiano de cet 1584, in-8°; et réimpr. avec des notes Volpi, Padoue, 1733, in-4°. P.

Teatro d'I omini letterati, II, 48. — Tiraboschi, VII, 1re p.

LIANI (Fabricio), historien italien, né , mort à Plaisance, en 1508. Élevé en l'évêché de Tortone, il fut promu la ée à celui de Plaisance; il fut chargé uc de Milan Galeazzi de plusieurs mis- nportantes auprès du pape Innocent VIII ès du duc de Ferrare. Il écrit une que des Évêques de Plaisance depuis ps les plus reculés jusqu'en 1476; elle a rimée dans les Scriptores de Muratori. O.

, Italia Sacra, II et IV.

LIANI (Bartolomeo), antiquaire italien, Milan, vers la fin du quinzième siècle, rs 1560. D'une famille patricienne, il a pendant toute sa vie de travaux ar- iques, qui furent d'une grande utilité à ui après lui ont traité des antiquités ro- . On a de lui : Urbis Romæ Topogra- Lyon, 1534, in-fol.; Berne, 1539, in-fol.; 1544; Bâle, 1550 et 1558, in-8°; Franc- 88 et 1628; Paris, 1573, in-fol.,etc.; re- dans les Antiquitates Romanæ de , et dans le tome III du Thesaurus de ; l'auteur recueillit les matériaux de rage avec les moyens que lui fournit li- ent Georges d'Armagnac, ambassadeur de à Rome; — Consulum, dictatorum umque romanorum Series una cum n triumphis quæ marmoribus sculpta reperta sunt; Rome, 1549, in-4°; pre- édition des Fastes consulaires; — In s Consulum et triumphos Commen- Rome, 1560, in-fol.; — De Legionibus orum eorumque stationibus : cette tion ainsi que les suivantes se trouvent e de la Urbis Romæ Topographia, édition e, 1544 et 1549, in-fol.; — Budæi Ratio quod sit falsa; — Erasmi Adagiorum agna pars farrago nugarum sit; — ro Romano; — Argumentum Nebula- istophanis admodum ridiculum. O.

Cinelli, Bibliotheca. — Picinelli, Athenæum. — Argelati, Scriptores Mediolanenses, II.

MARLIANO (*Raymond* DE), géographe italien, né vers 1420, mort le 20 août 1475, à Louvain. Reçu docteur *in utroque jure*, il vint enseigner à Dôle, et fut mis par Philippe le Bon, duc de Bourgogne, au rang de ses conseillers. En 1461 il fut appelé à l'université de Louvain. Après la mort de sa femme, il entra dans les ordres (1463), et obtint un canonicat à Liége et un autre à Besançon. On a de lui : *Veterum Galliæ Locorum, populorum, urbium, montium ac fluviorum alphabetica Descriptio;* cet index a eu un grand nombre d'éditions, soit isolées, soit à la suite des *Commentaires de César;* nous citerons celles de Trévise, 1480, in-4°, de Venise, 1511, in-4°, et de Lyon, 1560, in-12. K.

Paquot, *Mém. littéraires*, VIII.

MARLIANO. *Voy.* NOLA (*Giovanni* DA).

MARLORAT (*Augustin*), théologien protestant français, né à Bar-le-Duc, en 1506, pendu à Rouen, le 30 octobre ou le 1er novembre 1563. Resté orphelin à l'âge de huit ans, il fut mis, par un tuteur avare qui voulait s'emparer de son patrimoine, dans un couvent d'augustins, où il prononça ses vœux, en 1524. Il se fit surtout connaître comme prédicateur. Il était prieur d'un couvent de son ordre à Bourges, quand il commença à se rapprocher des nouvelles doctrines religieuses; et il en remplit les prédications qu'il fit successivement, depuis 1533, à Bourges, à Poitiers et à Angers. Il était désigné pour prêcher le carême à Rouen, au moment où il rompit ouvertement avec l'Église catholique. Poursuivi comme hérétique, il se réfugia à Genève; il s'y fit, pour vivre, correcteur d'imprimerie. Quelque temps après, il se rendit à Lausanne, dans le dessein de se perfectionner dans les études de théologie. En 1549 il fut nommé pasteur à Crissier; plus tard il fut appelé à Vevey. En 1559 il fut envoyé à Paris par le consistoire de Genève. Au commencement de l'année suivante il fut appelé à diriger l'église réformée de Rouen. Par ses talents et par son caractère, il acquit une grande influence dans cette ville, dont il gagna la plupart des familles à la cause de la réformation. En 1561, il assista au colloque de Poissy, dans lequel, après Théodore de Bèze, il joua le premier rôle du côté des protestants. Le 12 mai il présida le synode provincial réuni à Dieppe. Cependant les réformés s'étaient emparés de l'administration de la ville de Rouen (15 et 16 avril 1562). Marlorat chercha à modérer les passions, et se tint loin de toutes les affaires politiques; ce qui n'empêcha pas qu'après la prise de la ville (26 octobre 1562) il ne fût arrêté, jugé par le parlement qui rentra à Rouen à la suite de l'armée catholique, et condamné, comme un des principaux auteurs de la sédition, à être traîné sur la claie et pendu devant l'église de Notre-Dame. Après l'exécution de la sentence, sa tête séparée du tronc fut exposée sur le pont de la ville. On a de Marlorat : *Traité de Bertram, prestre, du corps et du sang de Notre-Seigneur Jésus-Christ trad. en franç.*; Leyde, 1558, in-8° ; — *Remonstrance à la reyne mère par ceux qui sont persecutez pour la parole de Dieu*, 1561, in-12; 2e edit., corrigée, 1561, in-8° — *Novi Testamenti catholica Expositio ecclesiastica, sive bibliotheca expositionum Novi Testamenti* (Genève); 1561, in-fol.; réimprimé à plusieurs reprises. Plusieurs parties de ces gloses ont été traduites en anglais, de 1570 à 1584; — *Genesis, cum catholica Expositione ecclesiastica, sive bibliotheca expositionum Genesis*; (Genève), 1562, in-fol.; plusieurs autres édit.; — *In CL Psalmos et aliorum S. S. Prophetarum Expositio ecclesiastica, sive bibliotheca expositionum in Psalmos. Item Cantica sacra ex divinis Bibliorum locis cum simili expositione*; (Genève), 1562, in-fol.; plus. édit.; trad. en angl. sous le titre : *Prayers in the Psalms*; Londres, 1571. in-16; — *Esaiæ prophetia, cum catholica expositione ecclesiastica*; (Genève), 1564, et 1610, in-fol.; — *Traité du Péché contre le Saint Esprit*; Lyon, 1564, in-16; trad. en angl., Londres, 1585, in-12; — *Thesaurus Sanctæ Scripturæ propheticæ et apostolicæ, in locos communes digestus*; Londres, 1574, in-fol.; plus. édit.; — *Expositio in Jobum*; Genève, 1585, in-fol.; — *Enchiridion locorum communium*; Bâle, 1628, in-8° ; — *Cent cinquante Oraisons ou pièces en prose française*; Lyon, 1563, in-16. Ces prières ont été conservées, quelquefois sous le nom de l'auteur, dans un grand nombre d'éditions des psaumes de Marot et de Th. de Bèze; — *La sainte Bible translatee en françois, avec annotations*; Genève, 1563, in-fol.; plus. édit.; — *Le Nouveau Testament corrigé sur le grec, avec annotations augmentées*; Lyon, 1564, in-8° ; plus. édit. Des notes ont été traduites en hollandais et jointes à la traduction holland. du Nouveau Testament; La Haye, 1663, in-8°. M. N.

MM. Haag, *La France Protest.* — Chevrier, *Memoires pour servir à l'histoire des hommes illustres de la Lorraine.* — *Notice sur A. Marlorat*, dans le *Bulletin de la Société de l'Hist. du Protestantisme français*; 6e année, p. 109.

MARLOT (*Guillaume*), historien français, né à Reims, en juillet 1596, mort à Fives, près Lille, le 6 octobre 1667. Il avait à peine treize ans lorsqu'il fut admis comme novice à l'abbaye de Saint-Nicaise, où il fit profession, et dont il devint grand-prieur après y avoir exercé différentes charges. Il facilita l'introduction de la réforme de la congrégation de Saint-Maur dans ce monastère, en 1634. En 1660 il réussit à faire restituer à l'abbaye le prieuré de Fives, qui depuis dix ans environ avait été tenu en commende, et en fut nommé administrateur. On a de lui : *Oraison funèbre de Gabriel de Sainte-Marie* (Guillaume de Gifford), *archevêque* [illegible] 1629, in-4°; — *Le Théâtre d*[illegible] *magnificence préparé au* [illegible] Reims, 1643, in-4°; 2e édit., revue et augm[illegible] 1654, in-4°; — *Le Tombeau du grand* [illegible] *Rémi*; Reims, 1647, in-8°; — *Metropol*[illegible]*mensis Historia, a Frodoardo digesta* [illegible]*mum aucta et illustrata*, t. Ier, Lille [illegible] t. II, Reims, 1679, in-fol.; le second vol[illegible] rête à 1605. Marlot avait composé deux [illegible]tions de cet ouvrage, l'une en latin, et l[illegible] français; celle-ci, qui s'étend jusqu'en [illegible] le premier travail original de l'auteur [illegible] paru par les soins de l'Académie de [illegible] ce titre : *Histoire de la ville, cité* [illegible] *sité de Reims, contenant l'état civil et* [illegible]*siastique du pays*; Reims, 1843-1846 [illegible] in-4°. Quoiqu'elle soit plus complète [illegible]veloppée en certains points que l'édi[illegible] elle lui est inférieure pour l[illegible] par la rédaction. C'est en g[illegible] vrage de Marlot que les bénédictins [illegible] la *Nova Gallia Christiana*, ont emp[illegible] *Ecclesia Remensis*. On a encore de [illegible] *Apologie de l'archevêque Hi*[illegible] *les calomnies d'un janséniste*. [illegible] Flandre, et *Monasterii S. Nic*[illegible] *Initia et Ortus*, dans l'appendice [illegible] de Guibert de Nogent; Paris, 1651, [illegible]

H. F[illegible]

Moréri, *Dict. Hist.* — Lelong, *Biblioth. His*[illegible] *France.* — Dorigni, *Vie de saint Remi.* — *Galli*[illegible]*tiana*, III et IX. — J. Lacourt, *Manuscrits* [illegible] *dans la Biblioth. de Reims*, 3 vol. in-fol. — [illegible] *Bulletins de l'Acad. de Reims.*

MARLOWE ou **MARLOE** (*Christ*[illegible] auteur dramatique anglais, vivait [illegible] seconde moitié du seizième siècle, [illegible] le 1er juin 1593, Malone le fait [illegible] 1565; mais cette date est [illegible] l'on sait de sa vie se réduit [illegible] étudia au collége de Corpus-Christi [illegible] bridge, prit le grade de bachelier ès [illegible] 1583, et celui de maître ès arts en 1[illegible] tant l'université il se mit à compo[illegible] On suppose aussi qu'il fut acteur. [illegible] étaient dissolues, et sa fin fut déplorable [illegible] dûment amoureux d'une fille de basse [illegible] et ayant pour rival un homme en livrée [illegible] contra un jour cet homme, et se précipita [illegible] pour le frapper d'un coup de poignard. [illegible] esquiva le coup, saisit le poignet de [illegible] dirigea l'arme contre l[illegible] sailliant, [illegible] profonde blessure et [illegible]urut p[illegible] thony Wood, qui ra[illegible] sa fin [illegible] pretend qu'elle fut une [illegible] de [illegible]phèmes et de son impiété. [illegible] lowe, présumant trop de [illegible] gea à propos de pratiq[illegible] l'é[illegible] relâché, et professa ou[illegible] niait Dieu, notre Sauveur, [illegible] Trinité, et, à ce que l'on [illegible] sieurs discours contre el[illegible],

·était un imposteur, que les Saintes Écri- contiennent que des contes frivoles, et eligion est une invention de la politique artifice sacerdotal. » Il est possible que it exagere, mais les documents manquent rifier ses assertions ou pour les contredire. e fut un des meilleurs poetes de son t des plus dignes predecesseurs de Shak- On lui attribue les pièces suivantes : *Tam- e the Great, or the Scythian Shepherd, e first*, in-4° ; *Tamburlaine the Great, second.*, in-4°. Cette tragedie en deux fut jouee en 1588, et imprimee en 1590. impossible, dit Drake, d'en parler sans inge d'etonnement et de mepris; car tan- n petit nombre de passages indiquent un un ordre plus qu'ordinaire, le reste est de declamations, d'absurdites et de ga- , et pourtant, si etrange que cela pa- les plus extravagantes tirades de cette nposition furent les plus populaires, et on lans les productions du temps de nom- allusions a ces rêveries lunatiques. » — *Dominion, or the lascivious queene, a L'Empire du Vice, ou la reine las-* C'est encore une tragedie comme la pre- et de ce genre que decrit Eleazar le n des personnages dans ces vers. « Tra- mignonne de la nuit, je te chanterai sur se faite d'os d'Espagnols morts, le plus rument que fournisse le monde, tandis lans ta joie empourpree tu baigneras tes s aussi noirs que les miens, dans des x de sang fraîchement verse. » — « Ces , dit la même critique, sont souvent re- l'images poetiques et d une versification . Cette pièce contient plus de beaux que *Tamburlaine*, et des caracteres eloppes; mais ces qualites ne suffisent tiger le degout qu'inspirent le sujet et la du drame. » En somme, ces deux pièces nullement honneur a Marlowe, et l'on ujourd'hui qu'elles ne sont pas de lui. *jedie of Dido, queene of Carthage*, e en 1594, fut faite en collaboration mas Nash. Les pieces qui appartiennent tablement a Marlowe sont *The Massa- Paris, with the death of the duke* ; sans date, in-8° ; — *The rich Jew of* sans date, in-4° ; — *The tragical His- the life and death of doctor Faustus*; in-4° ; — *The troublesome raigne and ble death of Edward the Second, England*; 1598, in-4°. Marlowe, trop en France, a ete parfaitement apprecie Villemain. « Enfin, dit-il, du milieu des ttres qui depuis trente ans multipliaient s de leur talent sur les théâtres de et de la cour, s'était eleve un homme genie, celui que Philip a nomme une de second Shakspeare; c'est un Cris- arlowe, dont le theâtre sauvage, desor- donné comme sa vie, renferme d'éclatantes beautés et une hardiesse melancolique qui n'a pas ete perdue pour Shakspeare.... Son *Faust*, compare a celui de Gœthe, est moins elegant, moins artistement bizarre, surtout moins iro- nique; mais ce qui pouvait faire le pathetique d'un semblable sujet, la fievre du doute dans une imagination superstitieuse, l'audace de l'impiete dans un cœur au desespoir, donnent a cet ouvrage de grands traits d'eloquence. La scene ou Faust, touchant au terme de son bail avec le demon, attend son heure fatale, produit une illusion de terreur dont il semble que le poete ait été obsede lui-même.... Le reste n'est pas indigne de cette scène : çà et là brillent de sombres lueurs, qui semblent s'être reflechies sur *Hamlet*; et Milton, ce génie original qui a tant imite, n'a peut-être surpassé nulle part la definition ideale que Marlowe donne des enfers, dans cet ouvrage tout plein de leur puissance.... Marlowe donna aussi l'exemple de l'horreur tra- gique poussée au dernier degre; et a cet egard encore il doit avoir agi sur le caractère du drame anglais de Shakspeare. Sa tragédie de *L'Empire du Vice* est un ramas de tableaux hi- deux, tels que pourrait a peine les rassembler l'imagination artificielle d'une littérature blasée. Marlowe semble se jouer de ces horreurs... Mais, ce qui etait plus difficile, et ce qui importe plus aux annales de l'art, Marlowe, le fantastique et horrible Marlowe, a su trouver avant Shak- speare les fortes et simples couleurs du drame historique moderne. Sa tragedie de *La Mort d'Edouard II* ouvre cette source tragique de l'histoire d'Angleterre ou a puisé le peintre de Richard III. La scène de l'emprisonnement d'É- douard, celle de son abdication, celle de sa mort enfin sont d'une grande énergie; et si dans ce dernier tableau la situation ramène le poete à son goût naturel pour les spectacles de souf- france materielle et d'angoisse funèbre, il y porte du moins une éloquence pathétique.... Un homme qui pouvait ecrire et sentir ainsi la tragédie exis- tait deja quand Shakspeare vint à Londres. Et ce qu'on doit remarquer encore, cet homme avait popularisé la forme poétique qui convenait le mieux à la tragédie anglaise, le vers non rimé mais soutenu par le rhythme et l'expression. Marlowe, dans ses derniers ouvrages, avait fait de ce vers l'emploi le plus heureux pour l'effet de la scène et la vérité du dialogue. »

Outre ses drames, Marlowe composa divers ouvrages poétiques, qui parurent presque tous après sa mort : son premier essai, publié en 1587, fut une traduction de *L'Enlèvement d'Hélène* par Coluthus; elle fut suivie de *Certaine of Ovid's Elegies* (1596). Sa troisième et meilleure tra- duction, malheureusement inachevée, parut en 1598, sous le titre *The Loves of Hero and Lean- der* (traduit ou plutôt imité du poete grec Mu- see). Il traduisit aussi le premier livre de Lu- cain (1600), en vers blancs et vers pour vers.

Mais aucun ouvrage ne lui fait plus d'honneur, aucun n'est resté aussi populaire en Angleterre que son idylle intitulée, *The passionate Shepheard to his Love*. « C'est, selon M. Drake, la plus admirable et achevée pastorale d'une époque distinguée par l'excellence de sa poésie champêtre. » Les *Œuvres* de Marlowe ont été réunies par Georges Robinson; Londres, 1826, 3 vol. in-8°. L. J.

Ant. Wood, *Athenæ Oxonienses*. – Warton, *History of English Poetry*. — Philip, *Theatrum*. — *Biographia Dramatica*. — Préface de l'édition des *OEuvres* de Marlowe; 1826. — Drake, *Shakspeare and his times*. — Collier, *History of Dramatic Poetry*. — Villemain, *Shakspeare*, dans ses *Mélanges littéraires*. -- Mézières, *Les Contemporains de Shakspeare*, dans le *Magasin de librairie*, année 1859.

* **MARMIER** (*Xavier*), littérateur français, né en 1809, à Pontarlier (Doubs). A peine ses études furent-elles terminées, qu'il embrassa la carrière des lettres, en fournissant des articles à un journal de Besançon. Puis il se mit à voyager, parcourut la Suisse, la Belgique et la Hollande, et vint à Paris, où il fit paraître, à vingt-et-un ans, un recueil de vers inspiré par la nouvelle école. Il s'attacha particulièrement à l'étude de la langue allemande, et obtint la rédaction en chef de la *Revue Germanique*. En 1835 il fit partie de l'expédition scientifique de la corvette *La Recherche* dans les mers du Nord. Nommé en 1839 professeur de littérature étrangère à la faculté de Rennes, il ne tarda pas à revenir à Paris, et devint, en janvier 1841, bibliothécaire du ministère de l'instruction publique. Au mois de novembre 1846, il passa en qualité de conservateur à la bibliothèque de Sainte-Geneviève, où il se trouve encore. Écrivain fécond et agréable, M. Marmier est aussi un infatigable voyageur; il y a peu de contrées civilisées qu'il n'ait visitées et décrites, ou dont il ne connaisse la la langue. Aussi les productions de la littérature étrangère tiennent-elles la principale place dans la liste de ses ouvrages, parmi lesquels nous citerons: *Esquisses poetiques*; Paris, 1830, in-8°; — *Choix de Paraboles de F. Krummacher*; Strasbourg, 1833, 1835, in-18; auquel il a ajouté en 1834 un nouveau volume; — *Manuel de l'histoire de la littérature nationale allemande*; ibid., 1834, in-8°, trad. d'Aug. Koberstein; — *Choix de fables et de contes*; ibid., 1835, in-18, trad. de divers auteurs allemands et anglais; — *Études sur Gœthe*; ibid., 1835, in-8°; — *Le Paria*, tragédie de Michel Beer; ibid., 1835; — *Histoire de l'Islande depuis sa découverte jusqu'à nos jours*; Paris, 1838, gr. in-8°, vign.; — *Langue et Littérature islandaises*; Paris, 1839, in-8°; ces deux ouvrages font partie de la publication intitulée : *Voyages en Islande et au Groenland exécutés en* 1835 *et en* 1836 *sur* La Recherche; 1838, 7 vol. gr. in-8°; — *Lettres sur l'Islande*; Paris, 1837, in-8°; 3e édit., 1844, in-12; — *Histoire de la Littérature en Danemark et en Suède*; Paris, 1839, in-8°; — *Théâtre de Gœthe*; Paris, 1839, in-18; — *Lettres sur le Nord. Danemark, Suède, Norvège, Laponie et Spitzberg*; Paris, 1840, 2 vol. in-18; — *Souvenirs de voyages et traditions populaires*; Paris, 1841, in-18: ils ont pour objet la France, l'Allemagne et la Finlande; — *Théâtre de Schiller*; Paris, 1841, 2 vol. in-18; — *Chants populaires du Nord, précédés d'une introduction*; Paris, 1842, in-18; — *Lettres sur la Hollande*; Paris, 1842, in-18; — *Lettres sur la Russie, la Finlande et la Pologne*; Paris, 1843, 2 vol. in-18; — *Contes fantastiques d'Hoffmann*; Paris, 1843, 1850, in-18; — *Poésies d'un voyageur*; Paris, 1844, in-18; — *Relation des Voyages de la commission scientifique du Nord en Scandinavie, en Laponie, au Spitzberg et aux Feroé pendant les années* 1838-1840; Paris, 1844, 2 vol. gr. in-8°; — *Nouveaux Souvenirs de Voyage. Franche-Comté*; Paris, 1845, in-18; — *De la Solitude, par Zimmermann*; Paris, 1845, in-18; — *Du Rhin au Nil. Tyrol, Hongrie, provinces Danubiennes, Syrie, Égypte*; Paris, 1847, 2 vol. in-12; — *Lettres sur l'Algérie*; Paris, 1847, in-18; — *Voyage en Californie*; Paris, 1849, in-12, trad. de l'anglais; — *Lettres sur l'Adriatique et le Montenegro*; Paris, 1854, 2 vol.; — *Un Été au bord de la Baltique*; Paris, 1856, in-18. M. Marmier a encore fourni de nombreux articles à la *Revue des Deux Mondes* (1833-1844), à la *Revue de Paris*, à la *Revue britannique*, aux *Nouvelles Annales des Voyages*, au *Moniteur*, etc. K.

Litter. Française contemp. — *Journ. de la Librairie.*

MARMION (*Shakerley*), auteur dramatique anglais, né en janvier 1602, à Aynhoe (comté de Northampton), mort en 1639, à Londres. En sortant d'Oxford, où il avait pris ses degrés, il dissipa sa fortune en folies de jeunesse, et finit par entrer au service des Pays-Bas. Au bout de trois campagnes, voyant qu'on ne lui donnait pas d'avancement, il revint en Angleterre, et passa dans un corps de troupes dirigé contre l'Écosse. Il tomba malade à York, et mourut dans la même année. Quoiqu'il ait peu produit, Marmion est mis au premier rang des bons auteurs dramatiques de son temps. « Ses plans sont ingenieux, dit Baker, ses caractères bien dessinés; et son style est non-seulement aisé et naturel, mais plein vivacité et de sens. » On a de lui : *Holland's Leaguer, an excellent comedy*; 1632, in-4°; de — *A fine Companion*, comédie, 1633, in-4°; — *The Antiquary*, comédie; 1641, in-4°; — *Cupido and Psiche, or an epic Poem of Cupid and his mistress*. Cet auteur a encore écrit des pièces qui n'ont pas été imprimées, et plusieurs poésies, insérées dans différents recueils. P. L—y.

Baker, *Biogr. Dramatica*. — Wood, *Athenæ Oxon.*

MARMITTA (*Gellio-Bernardino*), érudit italien, né vers 1440, à Parme. Après avoir professé les belles-lettres dans sa ville natale, il se rendit en France, où il obtint la protection du chancelier Guillaume de Rochefort. On ignore la date de sa mort et s'il retourna dans sa patrie. Il a publié : *Tragœdiæ Senecæ, cum commento*; Lyon, 1491, in-4°; Venise, 1492, 1493; ces commentaires sont dédiés à son protecteur, sous les auspices duquel il les fit paraître; — *Luciani Palinurus, Scipio Romanus, Carmina heroica, Asinus aureus, Bruti et Diogenis Epistolæ*; Avignon, 1497, in-4°.

Un autre écrivain de ce nom, *Giacomo* Marmitta, né à Parme, mort en 1561, fut secrétaire du cardinal Ricci et l'un des disciples de saint Philippe de Neri. Ses *Poésies* furent imprimées à Parme, 1564, in-4°, par les soins de Ludovico Marmitta (*voy.* ci-après). On lui attribue quelquefois le poeme de *La Guerra di Parma* (1552), qui est de Leggiadro. P.

Tiraboschi, *Storia della Letter. Ital.*, VII. — Affò, *Istoria di Parma.*

MARMITTA (*Ludovico*), graveur italien, né à Parme, vivait à la fin du quinzième siècle. Elève de son père Francesco, il le surpassa dans l'art de graver les pierres fines. Il suivit à Rome le cardinal Jean Salviati, et s'y fit connaître par d'excellents ouvrages; on cite de lui un camée représentant une *tête de Socrate*, qui est regardé comme son chef-d'œuvre. Il est à regretter que son habileté à contrefaire les médailles antiques lui ait fait quitter trop tôt un art où il avait acquis de la réputation. Le savant G.-B. Marmitta l'avait adopté pour fils. P.

Nagler, *Neues allgem. Künstler-Lex.*, VIII.

MARMOL (*Louis* Carvajal de), voyageur et historien espagnol, né à Grenade, vivait au seizième siecle. Il nous apprend dans le prologue de sa *Description de l'Afrique* qu'il suivit Charles Quint dans l'expédition contre Tunis, en 1536, qu'il fut fait prisonnier par les Maures, et qu'il subit une captivité de près de huit ans dans la Mauritanie Tingitane (Maroc et Fez). Il parcourut tout le nord de l'Afrique, pénétra jusque dans les deserts de Libye (Sahara), à la suite du chérif Méhemet, et visita même l'Égypte. De retour dans sa patrie, il rédigea une description de l'Afrique d'après ses propres observations et d'après les auteurs arabes. Il mit aussi à profit les renseignements fournis par les écrivains anciens et modernes. Cet ouvrage parut sous le titre de *Primera parte de la Descripcion general de Africa, con todos los successos de guerras que a avido entre los infideles y el pueblo christiano, y entre ellos mesmos desde que Mahoma invento su secta, hasta el anno del Señor mil y quinientos y setenta y uno*; Grenade, 1573, 2 vol. in-fol., première partie, contenant six livres. La seconde, qui contient cinq livres, porte le titre suivant : *Segunda parte y libro septimo de la Descripcion general de Africa, donde se contiene las provincias de Numidia, Libia, la tierra de los Negros, la baxa y alta Ethiopia y Egipto con todas las cosas memorabiles della*; Malaga, 1599, in-fol. Cet ouvrage fut traduit en français par Perrot d'Ablancourt : *L'Afrique de Louis de Marmol, contenant la description de l'Afrique et l'histoire de ce qui s'y est passé de remarquable depuis l'an 613 jusqu'en 1571...., avec des cartes géographiques du sieur Sanson*; Paris, 1667, 3 vol. in-4°. Le premier livre de la *Descripcion general* de Marmol contient une description sommaire de l'Afrique jusqu'au Niger; le second livre donne un résumé des guerres des chrétiens contre les musulmans depuis le prophète Mahomet jusqu'en 1571. Les neuf autres livres sont géographiques, et méritent d'être encore consultés. L'auteur manque de critique, et ne présente pas ses renseignements sous une forme assez précise; mais, comme il a vu et qu'il raconte de bonne foi, ses récits sont précieux pour l'histoire de la géographie. On peut regarder comme une troisième partie de la *Description de l'Afrique* l'ouvrage que Marmol publia sous le titre suivant : *Historia de rebelion y castigo de los Moriscos del reyno de Granada*; Malaga, 1600, in-fol. Marmol avait assisté à l'expédition des généraux de Philippe II contre les Maures rebelles, et à la manière dont il raconte les horreurs de la répression on voit jusqu'où allait la haine des Espagnols pour les Maures. « Quiconque, dit Ticknor, lira l'*Histoire de la Révolte et du Châtiment des Moresques du royaume de Grenade* verra avec quelle complaisance un témoin oculaire, moins disposé que la plupart de ses compatriotes à haïr les Maures, regardait des cruautés dont nous ne pouvons pas lire le récit sans frémir. » La dernière édition de cette *Histoire* est de Madrid, 1797, 2 vol. in-4°. On ignore la date de la mort de Marmol. De Thou l'appelle « un écrivain prudent et diligent des choses africaines », et Moralès a souvent profité de ses ouvrages pour son *Histoire d'Espagne*. Z.

De Thou, *Historia sui temporis*, l. VII. — Ambrosio Moralès, *Historia Hispaniæ*, l. XIV, 33. — Nicolas Antonio, *Bibliotheca Hispana nova.* — Ticknor, *History of Spanish Literature*, t. I, p. 409.

MARMONT DU HAUTCHAMP (*Barthélemy*), littérateur français, né vers 1682, à Orléans. Fils d'un procureur au Châtelet de cette ville, il prit le parti de la finance, et parvint à l'emploi de fermier des domaines de Flandre. On ignore le lieu et la date de sa mort. Les romans qu'il a composés sont déparés par un style diffus et souvent licencieux; quant à ses ouvrages d'histoire, ils renferment des documents précieux sur les opérations et le système de Law, dont il avait été à portée d'apprécier les résultats. Nous citerons de lui : *Rethima, ou la belle Géorgienne*; 1723, 3 vol. in-12; — *Mizivida, ou la princesse de Firando*; 1738, 3 vol. in-12; — *Histoire du système des finances sous la minorité de Louis XV pendant les années 1719 et 1720, précédée d'un abrégé de la vie du* *régent et de Law;* La Haye, 1739, 3 tom. en 6 vol. in-12; l'édition hollandaise a apporté dans cet ouvrage des altérations assez nombreuses; — *Histoire générale et particulière du visa fait en France pour la réduction et l'extinction des papiers royaux et des actions de la Compagnie des Indes;* La Haye, 1743, 2 vol. in-12; — *Ruspia, ou la belle Circassienne;* 1754, in-12. P. L.

Querard, *La France Littéraire.*

MARMONT (*Auguste-Frédéric-Louis* VIESSE DE), duc DE RAGUSE, maréchal de France, né à Châtillon-sur-Seine (Bourgogne), le 20 juillet 1774, mort à Venise, le 22 juillet 1852. Son père, qui était capitaine au régiment de Hainaut, le destinait à la judicature; le jeune homme préféra la carrière militaire. Encore enfant, Marmont rêva la gloire. « Cet amour de la gloire, écrit-il dans ses *Mémoires*, était bien dans mon essence; car il s'est développé pour ainsi dire à ma naissance. Je n'avais que trois ans lorsque le récit d'une action dont les circonstances sont encore présentes à ma mémoire fit naître en moi les émotions qui caractérisent l'enthousiasme. » A treize ans, Marmont s'habillait en Charles XII, et, monté sur un petit cheval, l'épée au poing, l'éperon à la botte, il paradait dans le parc de Châtillon. « Je me croyais invincible, » s'écrie-t-il. A dix-sept ans il passa un examen pour entrer à l'école d'artillerie. Reçu élève sous-lieutenant à l'école de Châlons, il se fit faire un cachet où trois couronnes étaient entrelacées, une de lierre, une de laurier, une de myrte, avec cette devise : « Je veux les mériter. » Le lierre présageait le savant, le laurier le maréchal, le myrte l'homme heureux près des femmes : aucune de ces couronnes ne manqua à Marmont. « Mes premières études, dit-il, se bornèrent, suivant l'usage, au latin, dans lequel je n'ai jamais été très-fort, et à l'étude des mathématiques et des sciences exactes, pour lesquelles j'ai eu toujours beaucoup de facilité et un goût prononcé... » Son père, grand partisan des idées de Necker, l'avait élevé dans les principes de la monarchie constitutionnelle. Cependant Marmont vint à connaître à Châlons une jeune femme dont le mari avait émigré, et tout aussitôt le jeune officier fut sur le point d'épouser les passions politiques de cette femme. « Il ne s'en est pas fallu de beaucoup, raconte-t-il, que ce sentiment ou cette influence ne m'ait précipité dans les chances hasardeuses et incertaines de l'émigration. » D'ailleurs, ajoute-t-il, « j'avais en 1792 pour la personne du roi un sentiment difficile à définir, et dont j'ai retrouvé la trace et en quelque sorte la puissance vingt-deux ans plus tard, un sentiment de dévouement avec un caractère presque religieux, un respect inné comme dû à un être d'un ordre supérieur. » Il se trouvait comme lieutenant d'artillerie au siége de Toulon, où Bonaparte le remarqua. Lorsque Bonaparte devenu général cessa d'être employé, Marmont, qui s'était attaché à lui, l'accompagna à Paris, et partagea quelque temps sa disgrâce. Marmont alla ensuite à l'armée du Rhin, et se distingua, en 1795, au combat de Monbach. Après le déblocus de Mayence, il eut, quoique simple capitaine, le commandement de l'artillerie de l'avant-garde de l'armée aux ordres du général Desaix, et il conserva ce commandement jusqu'en 1796. A cette époque, Bonaparte, chargé du commandement de l'armée de l'intérieur, appela Marmont près de lui comme aide de camp, et l'emmena à l'armée d'Italie, dont il était devenu général en chef.

Marmont se distingua à la bataille de Lodi, le 10 mai 1796, et fut mentionné honorablement dans le rapport du général en chef au Directoire. A la tête d'un détachement de cavalerie, il avait enlevé la première pièce d'artillerie à l'ennemi, et avait eu un cheval tué sous lui. Un sabre d'honneur fut sa récompense. Le 5 août, Marmont, chargé du commandement de l'artillerie à cheval, décida le succès de la bataille de Castiglione. Le 13 septembre, il s'empara de la tête de pont de Saint-Georges, faubourg de Mantoue, et, suivi de deux bataillons, il fit mettre bas les armes à quatre cents cuirassiers autrichiens. Bonaparte le chargea de porter au Directoire les vingt-deux drapeaux enlevés à l'ennemi. Marmont revint de cette mission avec le grade de chef de brigade, et garda sa position d'aide de camp de Bonaparte. Dans la nuit du 9 au 10 février 1797, il se porta à la tête d'un corps de cavalerie sur Lorette, d'où il chassa le baron de Colli, commandant de l'armée papale; il ne put s'emparer de toutes les richesses que la piété des fidèles avait accumulées dans l'église de cette ville. Colli les avait enlevées; Marmont y trouva cependant encore la valeur d'un million à peu près, sans compter les reliques.

De retour à Paris avec son général en chef, Marmont accompagna Bonaparte dans l'expédition d'Égypte : il se distingua à la prise de Malte, où il enleva le drapeau de l'ordre. Promu au grade de général de brigade d'artillerie, le 10 juillet 1798, il mérita de nouveaux éloges au siége d'Alexandrie : comme l'armée française n'avait pas d'artillerie, le général en chef ordonna l'escalade de la place. L'armée s'avança sur trois colonnes. Marmont enfonça à coups de hache la porte de Rosette, par laquelle il se précipita dans la ville suivi de la division Bon. Quelques jours après il se trouvait à la bataille des Pyramides, où il fut honorablement cité par le général Bon comme ayant contribué au succès par la destruction d'un corps de mameloucks. En partant pour son expédition de Syrie, Bonaparte laissa Marmont à Alexandrie, dont il devait augmenter le système de défense. L'escadre anglaise qui stationnait devant ce port, ayant été ralliée par quelques bâtiments russes et turcs, commença le bombardement d'Alexandrie, le 3 février 1799. La défense de Marmont fut admirable; il sut conserver cette place malgré les horreurs de la peste et de la famine, auxquelles les soldats et les habitants furent en proie. Néanmoins on lui reprocha d'avoir abandonné Aboukir à ses propres forces lors du débarquement des Turcs.

Bonaparte, s'étant décidé à revenir en France, ramena Marmont avec lui, le 24 août 1799. Marmont, par ses relations de salons et ses liaisons avec divers membres des conseils, contribua beaucoup à préparer le succès du coup d'État du 18 brumaire. Le premier consul le récompensa par le titre de conseiller d'État, et lui donna quelque temps après le commandement de l'artillerie destinée à la nouvelle campagne d'Italie. Marmont se rendit utile dans ce poste; il forma un équipage proportionné aux forces de chaque division, organisa le grand parc d'artillerie, fit construire à Auxonne des affûts, des traîneaux, etc. Il rassembla tous les matériaux, tous les approvisionnements nécessaires, et s'était mis en mesure de faire transporter l'artillerie à travers les sentiers glacés du mont Saint-Bernard sans l'aide des chevaux. Si on l'en croit, c'est lui qui a rendu possible le passage de cette montagne en indiquant au général en chef un défilé praticable aux voitures. A Marengo (14 juin 1800), il décida en grande partie le succès de la journée : une batterie de quinze pièces de canon qu'il avait établie jeta le désordre dans les rangs autrichiens, et Kellermann en profita pour couper l'armée ennemie, jusque là victorieuse. Après l'armistice, Marmont fut nommé général de division d'artillerie. Lors de la reprise des hostilités, vers la fin de l'année, il fit mettre en batterie sur la rive droite du Mincio quarante pièces de canon, qui protégèrent la construction des ponts sur lesquels l'armée française traversa cette rivière. Il se distingua de nouveau au passage de l'Adige et de la Brenta. A la fin de la campagne, le général Brune chargea Marmont de traiter des conditions d'un armistice avec le prince de Hohenzollern. Les conditions qu'il stipula ne furent point ratifiées par le premier consul; l'Autriche dut en accepter de plus favorables à la France. L'armistice fut signé au mois de janvier 1801, et quelque temps après Marmont fut nommé premier inspecteur général de l'artillerie. Il apporta de grandes améliorations dans cette arme, rattacha le corps du train à l'armée, et se dit qu'il voulait que son artillerie fît un jour du bruit dans le monde ». Marmont ne tarda pas à être employé de nouveau activement. Chargé du commandement de l'armée française en Hollande, il fit élever à Zeist, où était son camp, une pyramide de quatre-vingts pieds de haut à la gloire de l'armée (1). Fait grand officier de la Légion d'Honneur le 14 juin 1804, il fut promu au grade de grand-aigle le 2 février 1805, et nommé en même temps colonel général des chasseurs à cheval. Lors de la rupture avec l'Autriche, Marmont reçut l'ordre de se joindre avec son corps à l'armée qui entrait en Allemagne. Il contribua au blocus et à la reddition d'Ulm, en octobre 1805. Le 8 octobre, il chargea à la tête d'un faible détachement le régiment autrichien de Giulay, à Weyer, et en ramena quatre cents prisonniers. Le 12, dans une nouvelle sortie à Leoben, il enleva une centaine de cavaliers ennemis qu'il surprit. Il poursuivit les traînards de l'armée autrichienne par la vallée de la Mur jusqu'au delà de Judembourg, se rendit maître de la haute Styrie, et marcha sur Grætz, en étendant sa gauche sur Vienne. Après la campagne, Marmont fut envoyé en Italie avec les troupes sous ses ordres, et en 1806 il reçut le commandement supérieur de la Dalmatie. Raguse était assiégée. Marmont, vers la fin du mois de septembre, fit sommer l'amiral russe Siniavin de remettre aux troupes françaises le district des Bouches du Cattaro, qui devait appartenir à la France en vertu d'un article du traité de Presbourg et qui avait été livré aux Russes par le général autrichien Brady. L'amiral russe donna divers prétextes pour ne pas abandonner ses positions. Le 27 septembre Marmont, à la tête de six mille hommes, marcha en avant, et força ses adversaires à se retirer. Le 30 octobre il livra la bataille de Castelnuovo, culbuta l'ennemi, et força les seize mille Russes ou Monténégrins qu'il avait devant lui les uns à se rembarquer, les autres à se soumettre. Depuis il repoussa toutes les entreprises qui furent faites contre son gouvernement, jusqu'à la paix de Tilsitt (9 juillet 1807). Sa gestion militaire laissa d'honorables souvenirs en Dalmatie, et son administration effectua de grandes améliorations. Pendant la paix ses troupes furent employées à construire plus de trois cents kilomètres de chaussée à travers les marais et les montagnes, créant ainsi une route qui facilita les opérations militaires et changea la face du pays. « Certes, écrit-il lui-même avec quelque emphase dans ses *Mémoires*, les Romains n'ont rien fait de plus beau, de plus difficile et de plus admirable.. Les Dalmates disaient : Les Autrichiens pendant huit ans ont discuté des plans de route sans les exécuter. Marmont est monté à cheval, et quand il en est descendu elles étaient terminées. » En récompense, Marmont fut créé duc de Raguse, à la fin de 1807, avec une dotation considérable dans les provinces Illyriennes. « Le nom qui me fut donné, dit-il plus loin, rappelant les services rendus, ajouta encore à la valeur de cette récompense. » Marmont avait pourtant négligé de s'attacher les Monténégrins et leur vladika. « Comment arrive-t-il que vous ne me parlez jamais des Monténegrins, lui écrit Napoleon, le 9 février 1808 ? Il ne faut pas avoir le caractère roide. » Marmont ne sut pas non plus s'opposer aux entreprises des Anglais dans les îles Ioniennes; mais il se montra du moins actif, ingénieux et puissant pour le bien.

(1) Cet endroit prit le nom de *Marmont-berg*, et Marmont eut plus tard l'idée d'y faire transporter quelques milliers de Monténégrins.

Lorsque l'empereur d'Autriche visita la Dalmatie, en 1818, il admira les travaux entrepris par Marmont, et il dit naïvement au prince de Metternich : « Il est bien fâcheux que le maréchal Marmont ne soit pas resté en Dalmatie deux ou trois ans de plus. »

A la reprise des hostilités contre l'Autriche, en 1809, Marmont reçut l'ordre de suivre les mouvements de l'armée d'Italie. Il rassembla son corps d'armée, qui après avoir complété les garnisons de la Dalmatie, de Raguse et de Cattaro, montait à 9,500 fantassins, 200 chevaux et 12 pièces de canon, et s'avança vers la Croatie, poussant devant lui une division autrichienne forte de 18,000 hommes, commandée par le général Stoisserwich, qu'il battit devant Kitta et Gratschatz. Après ces deux combats, l'ennemi, renforcé par plusieurs régiments croates, prit à Gospitsch une position avantageuse. Marmont pensa qu'il pouvait tourner la position; mais ses manœuvres furent trop lentes, et il dut accepter la bataille. Il se conduisit bravement, et quoique légèrement blessé, il repoussa les Autrichiens, les accula à la rivière de la Licca et en noya une grande partie. Le 23 mai, il entra dans Gospitsch; les jours suivants il battit l'arrière-garde ennemie, près du marais d'Ottoschatz, et occupa successivement Segua et Fiume. Enfin, après avoir entièrement balayé le pays, il prit le 31 la direction de Grætz pour opérer sa jonction avec le prince Eugène de Beauharnais, qui le même jour se réunissait à la grande armée. Le 28 juin au matin, Napoléon lui écrivait de Schœnbrun. « Monsieur le duc de Raguse, le 27 vous n'étiez pas à Grætz ! Vous avez fait la plus grande faute militaire qu'un général puisse faire... Vous avez dix mille hommes à commander, et vous ne savez pas vous faire obéir... Que serait-ce si vous commandiez cent vingt mille hommes?.. Marmont, vous avez les meilleurs corps de mon armée. Je désire que vous soyez à une bataille que je veux donner, et vous me retardez de bien des jours. Il faut plus d'activité et plus de mouvement qu'il ne paraît que vous vous en donnez pour faire la guerre. » Le reproche était dur, et n'était peut-être pas mérité. L'ennemi n'était qu'à deux jours de Grætz quand Marmont, comme il l'écrivit lui-même à Berthier, en était éloigné de six marches, et il avait fait des étapes de douze heures par jour. Marmont prit sa place dans l'immense mouvement stratégique qui se décida à Wagram. Toutefois son corps d'armée ne fit qu'assister à cette grande bataille; il reçut ensuite l'ordre de former l'avant-garde de l'armée française poursuivant l'ennemi. « On était en doute, dit M. Rapetti, sur la direction qu'avait prise l'armée autrichienne. Toutefois, cette direction ne pouvait pas s'étendre au delà d'un certain rayon. Comprenant dans sa poursuite toutes les lignes possibles de cette direction, l'armée française divisa ses corps sur trois routes; et comme l'armée autrichienne se formait de débris fort considérables, les corps français devaient entretenir entre eux des communications telles qu'il fût toujours possible, au moment nécessaire, de réunir sur le point donné des forces suffisantes pour consommer la défaite de l'ennemi. Dans cet état des dispositions, Marmont devait marcher dans la direction de Volkersdorf à Nikolsbourg, ayant pour appui le corps du maréchal Davout. Marmont apprit en marchant que l'ennemi se rabattait non sur Nikolsbourg, mais bien à gauche, vers Laah. Il changea de route, prit sur Laah, se confirma dans cette voie par diverses rencontres qu'il y fit, et il arriva ainsi au lieu désigné. Mais l'ennemi n'était plus à Laah; il était à Znaïm, point sur lequel toutes les colonnes de l'armée ennemie se dirigeaient.... Le moment était venu pour Marmont de se conformer à ses instructions, et d'appeler à coopérer avec lui le corps du maréchal Davout. Marmont ne le fit pas. Quand il se trouva en présence de l'armée ennemie, qu'il décrit ainsi : une immense quantité de troupes, d'artillerie et de bagages, tout ce qu'il put faire, ce fut de se retrancher dans une forte position sur une hauteur en face de Znaim, où il se tint à grand'peine sur la défensive, attendant Massena, Davout, l'empereur, qui accouraient à son secours. » Napoléon, en arrivant à Znaïm, au lieu d'écraser l'armée autrichienne, lui accorda un armistice. Il ne manifesta pas beaucoup de ressentiment de la faute du duc de Raguse, et se borna à la constater dans une lettre datée de Laah, le 11 juillet 1809, à deux heures du matin. L'empereur nomma le duc de Raguse maréchal de France sur le champ de bataille même de Znaïm, après lui avoir démontré, dans une conversation particulière, ses diverses fautes pendant la campagne. « Chose étrange, dit Marmont en parlant de sa nomination, je n'en éprouvai pas alors une joie très-vive... Je fus content, mais sans être transporté. Quelques jours après, je reconnus l'immense pas fait, comme existence, à la différence des manières des généraux envers moi, et comme occasion de gloire, par l'importance des commandements que ma nouvelle position m'assurait pour l'avenir. » Bientôt la jalousie s'en mêla. « A cette époque, ajoute-t-il, l'empereur donna beaucoup de récompenses, et entre autres il fit princes Massena et Davout, et leur donna d'énormes dotations. Pourvu du titre de duc et de maréchal d'empire, l'ambition semblait devoir être satisfaite; mais il fallait à l'instant voir le néant de ce que l'on possédait. »

Après la paix, Napoléon envoya Marmont en Illyrie avec le titre de gouverneur et muni de pouvoirs illimités. Marmont justifia cette confiance. Il fit contre les Croates une rapide expédition, qui rétablit l'intégrité du territoire illyrien, morcelé depuis longtemps. Il garda pendant dix-huit mois le gouvernement de ce pays, où il sut se rendre cher aux habitants par une administration sage et prévoyante. On lui reprocha cependant le faste de son palais, qui lui valut le surnom de *Sire Marmont*. Du moins il ne fut jamais accusé d'exactions. « J'ai toujours eu, avoue-t-il dans ses *Mémoires*, une manière de magnificence. » Venu à Paris pour les fêtes de la naissance du roi de Rome, il fut appelé, au mois d'avril 1811, à remplacer Masséna dans le commandement de l'armée de Portugal; avant son départ il parut au milieu d'une commission chargée de l'entendre sur l'organisation des provinces illyriennes. « Deux séances suffirent, dit-il, pour tout expliquer, tout faire comprendre, tout terminer. On adopta sans restriction toutes mes idées... Dans la discussion de tous ces intérêts, on vanta peut-être avec excès mes connaissances en législation, en administration et en politique. »

Marmont rejoignit l'armée de Portugal le 7 mai, lorsqu'elle venait d'évacuer ce royaume et de rentrer en Espagne. Dès le 11 il donna ordre aux divers corps de venir dans leurs cantonnements, et il les fit séjourner quelque temps dans les environs de Salamanque pour les refaire des longues fatigues qu'ils venaient d'éprouver. Il se réunit ensuite à l'armée du midi de l'Espagne, et prit une part honorable au déblocus de Badajoz. Puis laissant une de ses divisions vers la Guadiana, il remonta avec le reste de son armée du côté de Placentia, pour observer les mouvements de lord Wellington, qui avec le gros de ses troupes s'était porté sur la rive droite du Tage, près de Castel-Bianco. Le général anglais, trompant la vigilance du duc de Raguse, se rapprocha tout à coup de Ciudad-Rodrigo, et investit cette place le 5 septembre. Marmont se hâta de reprendre l'offensive, et dès le 24 Wellington dut abandonner ses positions. Les généraux Montbrun, Thiébault et Wattiez poursuivirent les Anglais, et le maréchal Marmont établit sa ligne de cantonnements de Salamanque à Tolède, ligne qui était trop étendue; et en rappelant la division de la haute Estramadure il laissa le champ libre au général Castaños pour rassembler un nouveau corps d'armée espagnole. Wellington profita des fautes de Marmont. Il harcela l'armée française sur divers points par de nombreuses escarmouches; puis, se concentrant tout à coup auprès de Ciudad-Rodrigo, il entreprit le siége de cette ville, qui fut conduit avec une vigueur extrême. La garnison suppléa quelque temps au nombre par une valeur héroïque, disputant le terrain pied à pied, se retirant de maison en maison; mais elle fut enfin forcée de se rendre à discrétion, le 19 janvier 1812, au nombre de dix-sept cents hommes. Cent neuf pièces de canon en batterie, un parc de quarante-quatre pièces d'artillerie, une grande quantité de boulets, de bombes, de cartouches et un arsenal bien fourni tombèrent au pouvoir de l'armée anglo-portugaise avant que Marmont eût eu le temps de venir au secours de cette place. Salamanque était désormais à découvert, et pour protéger cette ville le maréchal devait s'affaiblir sur plusieurs points. Il concentra ses forces, laissa Badajoz tomber au pouvoir de l'ennemi, le 7 avril, et tenta une irruption en Portugal par la frontière de Beira. Jusque là, quoique mal secondé, contrarié dans ses combinaisons, privé des ressources nécessaires, marchant à travers un pays ennemi et appauvri, ayant toujours devant lui des forces supérieures, Marmont avait réussi à maintenir son armée, malgré ses marches rapides et hardies. L'empereur lui faisait pourtant les reproches les plus vifs. « Par mes dépêches des 18 et 20 février, lui fait-il écrire par le major général le 16 avril, je vous prescrivais les mesures nécessaires pour prendre l'initiative et donner à la guerre un caractère convenable à la gloire des armées françaises, en lui ôtant ce tâtonnement et cette fluctuation actuels, qui sont déjà le présage d'une armée vaincue. Mais au lieu d'étudier et de chercher à saisir l'esprit des instructions générales qui vous étaient données, vous vous êtes plu à ne pas les comprendre et à prendre justement le contre-pied de leur esprit. » Salamanque se rendit aux Anglo-Portugais le 28 juin. Dans les premiers jours de juillet Marmont reçut des renforts : désireux de venger les affronts qu'il venait de recevoir, et sans attendre les ordres de son supérieur, le roi Joseph, il prit l'offensive, et le 22 juillet il vint attaquer le général Wellington dans la plaine des Arapiles. Blessé d'un boulet qui lui fracassa le bras droit et lui fit deux graves blessures au côté, il fut emporté du champ de bataille. L'absence du commandant en chef jeta bientôt de l'hésitation dans les rangs. Le général Bonnet rallia les divisions ébranlées; mais il fut blessé à son tour et forcé de se retirer. L'armée française essuya une grande défaite; elle eût été complétement anéantie si le général Clausel n'eût mis le gros des troupes sous la protection d'une batterie placée sur les hauteurs d'Arriba. Cette bataille des Arapiles coûta aux Français onze pièces de canon, cinq mille hommes tués ou blessés et dix mille prisonniers. Les généraux Ferey, Thonnières et Desgraviers y furent tués; le duc de Raguse, les généraux Bonnet, Clausel et Menne furent grièvement blessés. Marmont se fit transporter en France, où sa guérison fut lente et longtemps douteuse. Napoléon, très-mécontent de cette défaite, écrivait au duc de Feltre, le 2 septembre 1812 : « Il y a là un cas d'insubordination qui est la cause de tous les malheurs de cette affaire... En faisant coïncider ces deux circonstances, d'avoir pris l'offensive sans les ordres de son général en chef et de n'avoir pas retardé la bataille de deux jours..., on est fondé à penser que le duc de Raguse a craint que le roi ne participe au succès et qu'il a sacrifié à la vanité la gloire de la patrie et l'avantage de mon service. » Néanmoins, Napoléon permit que la justification de son lieutenant parût au *Moniteur*.

En avril 1813, Napoléon investit le maréchal

Marmont du commandement du sixième corps de la grande armée en Allemagne. Le maréchal contribua au gain des batailles de Lutzen, de Bautzen et de Wurtzen, les 2, 20 et 21 mai. Il prit part à celle de Dresde, les 26 et 27 août, et après cette affaire il poursuivit l'ennemi. Trois combats heureux à Dipoldiswald, à Falkenheim et à Zinwald lui avaient livré, avec un grand nombre de prisonniers et un immense matériel, les débouchés de la Bohême et la route de Tœplitz, lorsque la malheureuse affaire de Kulm, où Vandamme fut fait prisonnier, le força de s'arrêter et de se replier sur Dresde. A la bataille de Leipzig, Marmont soutint avec son faible corps tous les efforts de l'armée de Silésie, qu'il maintint pendant trois jours. Grièvement blessé d'un coup de feu à la main, il n'abandonna pas le champ de bataille, cédant le terrain pied à pied; enfin, il sortit l'un des derniers de la ville. Cependant Napoléon continuait à le gourmander. « Avec cette manière de faire la guerre, lui écrivait-il le 16 octobre 1813, après l'affaire d'Hanicher, il est impossible de rien apprendre... Vous n'employez aucune des précautions dont on se sert à la guerre. Comment depuis deux jours avec trente mille hommes n'avez-vous fait aucun prisonnier? Le fait est que votre corps est un des plus beaux de l'armée, qu'il est en bataille contre rien, et que vous manœuvrez comme si vous aviez à une lieue et demie de vous une armee campée, tandis qu'il est clair qu'avant-hier et hier vous n'avez vu personne. » Le 19 octobre, l'empereur, dans son bulletin de la grande armée, attribua au maréchal Ney tout le mérite de la périlleuse défense de Schœnfeld, soutenue par le duc de Raguse en personne sous une mitraillade qui avait duré dix heures. Marmont en fut blesse : « Sire, écrivit-il le lendemain à Napoléon, après l'humiliation et le danger plus grand encore d'être sous les ordres d'un homme tel que le prince de la Moskowa, je ne vois rien de pire que de se voir aussi complétement oublié en pareille circonstance. » Quand l'armée française eut repassé le Rhin, Napoléon forma de ses débris trois corps differents, dont les commandements furent confiés aux ducs de Raguse, de Tarente et de Bellune. Ces trois maréchaux devaient couvrir la ligne du Rhin, depuis la Suisse jusqu'à la Hollande. Marmont, à la tête de vingt-quatre mille hommes, bientôt réduits à onze mille par le typhus, etait chargé de la défense des rives de ce fleuve, de Mannheim à Coblentz. Les alliés ayant traversé le Rhin, le 1er janvier 1814, a Mannheim, à Mayence et à Coblentz, Marmont dut se retirer en arriere. Après avoir essayé de tenir tête a Blucher sur la Sarre, il se replia sur Metz, y laissa une garnison, et se dirigea sur Verdun, ou il etablit son quartier genéral. Son corps etait reduit alors a 6,000 fantassins et 2,500 chevaux environ. Bientôt, pour suivre les mouvements des autres généraux, il fut oblige de se retirer sur Saint-Dizier, et de là sur Vitry-le-Français. Il se remit en mouvement le 29, et assista à la bataille de Brienne; le 1er février, il prit part à la bataille de La Rothière. A Rosnay il arrêta toute une journée, avec trois mille hommes seulement, un corps de vingt-cinq mille Bavarois, et lui enleva ou tua de plus 2,000 hommes. Le 10, il était à Champaubert, où il défit le corps russe d'Olsovieff, lui tua douze cents hommes et lui fit dix-huit cents prisonniers, parmi lesquels se trouvait le géneral lui-même (1). A Vaux-Champs, Marmont se trouva à l'avant-garde, et le soir il fit mettre bas les armes à une division russe. La nuit même ne l'arrêta pas. Il revint à Étoges, et chassa les Russes de cette position en leur faisant 2,000 prisonniers, parmi lesquels se trouvait le général Orosoff, et en leur prenant beaucoup d'artillerie. Cependant d'autres corps alliés s'avançaient sur Paris par la vallée de la Seine. En partant pour Montereau, Napoléon laissa Marmont et Mortier devant Blücher. Le 24 ce général prussien résolut de s'avancer sur Paris par la vallée de la Marne. Les deux maréchaux opérèrent leur jonction à la Ferté-sous-Jouarre. Ils se mirent en retraite sur Meaux, où il y eut un engagement, dont l'avantage resta à Marmont. Le 1er mars l'ennemi ayant passé l'Ourcq fut culbuté par Marmont. Le 5 ce maréchal se précipita avec tant d'ardeur sur Soissons qu'il fut sur le point d'enlever cette ville, que le général Moreau avait livrée l'avant-veille à Blücher. Le corps de Marmont, relevé à 12 ou 13,000 hommes, devait marcher sur Laon par la route de Reims. Le maréchal arriva tard, enleva, sous la protection d'un bon feu d'artillerie, Athis; mais il ne prit pas des précautions suffisantes, et attaqué pendant la nuit, son corps fut mis en déroute. Napoleon dut renoncer à s'emparer de Laon. Il revint à Soissons et Marmont au pont de Berry-au-Bac. Le marechal rejoignit l'empereur, en marche sur Reims. D'ailleurs, Napoléon restait dur pour son lieutenant : « Vous m'envoyez des lettres de Marmont, qui ne signifient rien, écrit-il au duc de Feltre. Il est toujours méconnu de tout le monde; il a tout fait, tout conseillé. Il est fâcheux qu'avec quelque talent il ne puisse pas se debarrasser de cette sottise, ou du moins se contenir de manière que cela ne lui échappe que rarement. »

L'empereur, après sa victoire d'Arcis-sur-Aube, et marchant sur Saint-Dizier, où il en-

(1) M. Thiers reconnait que Marmont avait, en apercevant le mouvement de Blücher, ecrit, le 8 février, a Napoleon pour lui proposer de se jeter sur le général prussien. Le 7 il reçut l'ordre de marcher sur Sezanne, et a pu se croire l'inspirateur de cette belle manœuvre. Mais M. Thiers prétend que l'empereur avait dès le 2 février annoncé le même projet au ministre de la guerre, et qu'il avait tout disposé dans ce but. Bien plus, selon M. Thiers, Marmont perdit courage a Chapton, il crut la manœuvre impossible, rebroussa chemin, et ecrivit a Napoléon, le 9, une lettre qui existe au Dépôt de la guerre, et dans laquelle il l'engage a renoncer a ce plan de bataille. Napoléon, mieux instruit que Marmont des forces que ce marechal avait devant lui, lui ordonna de continuer sa route, et Marmont eut un grand succès.

tra le 23 mars, avait dit : « Je suis plus près de Munich que les alliés ne le sont de Paris. » Il voulait alors gagner le Rhin, dont la route lui etait ouverte, rallier une partie des garnisons françaises d'entre le Rhin et la Meuse, couper ainsi les allies de leurs communications et les battre par derriere. Les rois coalisés ayant eu connaissance de ce plan, en furent d'abord effrayes; mais des correspondances de Paris leur apprenaient qu'une bonne partie de cette ville etait prête a les recevoir en liberateurs ; des dépêches de l'imperatrice et du duc de Rovigo interceptées les confirmèrent dans cette idee, et le mouvement sur Paris fut décide par eux le 24 mars.

Les armees alliees, en se reunissant, rencontrerent les deux petits corps de Mortier et de Marmont, qui avaient reçu l'ordre de rejoindre l'empereur, les envelopperent de leurs masses à Fere-Champenoise, et les refoulant toujours devant elles, les jetèrent, le 29 mars au matin, aux portes de Paris, qui sans ce hasard et le desastre de Fere-Champenoise, ne devaient pas avoir de defenseurs. Le corps du duc de Raguse couvrait Paris depuis Charenton jusqu'a La Villette exclusivement : il couronnait les hauteurs des buttes Chaumont et de Belleville. Le corps du duc de Trevise tenait la ligne depuis La Villette jusqu'a la Seine a Saint-Ouen. La garde nationale sous le commandement du marechal Moncey, et quelques troupes de ligne devaient faire le service interieur de Paris, garder les barrieres et defendre les parties de l'enceinte que les ducs de Raguse et de Trevise ne couvraient pas. Les forces françaises etaient en tout de vingt-et-un a vingt-trois mille hommes, dont onze a treize mille composant les deux corps de marechaux. Les etrangers attaquaient Paris avec soixante-dix a quatre-vingt mille hommes, soutenus par une armee de cent mille hommes, qui les suivait. La bataille commença le 30, avant le jour. Barclay de Tolly attaqua Marmont; mais il fut constamment repousse, et a onze heures il y eut un moment de relâche, dont le duc de Raguse profita pour retablir l'ordre dans sa ligne. On continuait a se battre avec des chances diverses, car il y eut d'innombrables combats particuliers. Dans une note tracee au crayon, Marmont avait informe le roi Joseph Napoleon qu'il « etait impossible de prolonger la resistance au dela de quelques heures, et qu'on devait preserver Paris des malheurs inseparables d'une occupation de vive force ». Le roi Joseph se rendit a Montmartre, et apres s'être assure, dans un conseil de defense qui fut unanime, qu'il n'y avait pas moyen de tenir longtemps, il ecrivit aux deux marechaux : « Si M. le marechal duc de Raguse et M. le marechal duc de Trevise ne peuvent plus tenir, ils sont autorises a entrer en pourparler avec le prince Schwartzenberg et l'empereur de Russie, qui sont devant eux. Ils se retireront sur la Loire. » Le duc de Raguse rapporte dans ses *Memoires* : « Vers midi je reçus du roi Joseph l'autorisation d'entrer en arrangement... Mais déjà les affaires étaient en partie rétablies, et j'envoyai le colonel Fabvier pour dire à Joseph que si le reste de la ligne n'était pas en plus mauvais etat, rien ne pressait encore. J'avais alors l'espérance de pousser la defense jusqu'à la nuit. » Mais vers trois heures et demie, accule aux barrières, malgre la defense la plus heroique, par le nombre toujours croissant des ennemis, chassé de Charonne et de Bagnolet, Marmont envoya au prince de Schwartzenberg des parlementaires chargés de demander une suspension d'armes. Une trêve de deux heures lui fut à la fin accordee, ce qui n'empêcha pas les soldats de se battre sur plusieurs points. Cependant l'empereur, en apprenant le depart des troupes alliées pour Paris, s'etait decide, sur l'insistance de ses généraux, à changer de plan et à marcher au secours de la capitale. Il était parti de Saint-Dizier le 28. Le 30, vers midi, le general Dejean arriva à Paris avec ce message de l'empereur : « Dites que l'on tienne, et que j'arrive. » Mortier, à qui la lettre du roi Joseph n'etait pas encore parvenue, reçut le genéral Dejean dans ses retranchements. Ayant eu avis de la suspension d'armes conclue par le duc de Raguse, il dut adhérer à la trêve et se reunir a son collègue, qui avait le commandement sur lui, pour traiter d'une convention. Pendant que les deux maréchaux, dans un cabaret de La Villette, conféraient avec les comtes de Nesselrode, Orloff, de Paar et le capitaine Peterson, les soldats continuaient le combat. A cinq heures du soir, après une vive discussion, on convint d'un nouvel armistice de quatre heures, mais à des conditions qui deja livraient Paris. Vers minuit Napoleon arrivait en chaise de poste a Fromenteau. Il reconnut dans la plaine de Villeneuve-Saint-Georges les feux des bivouacs des ennemis, qui etaient descendus des hauteurs de Vincennes et avaient forcé le pont de Charenton Ce fut à Fromenteau qu'il apprit du général Belliard que les troupes sortaient de Paris par suite d'une capitulation. Il envoya le duc de Vicence à Paris pour négocier, et il repartit pour Fontainebleau. Le duc de Trévise avait fait connaitre au maréchal Marmont le message du général Dejean. L'empereur pouvait arriver avec son armée dans la nuit du 31 ; mais il était impossible de résister un jour entier hors de Paris : il fallait se résigner a y laisser entrer les allies ou à y combattre dans les rues, c'est-à-dire livrer cette capitale à toutes les horreurs de la guerre.

Depuis qu'il était à Paris, Marmont avait été entouré de gens qui n'envisageaient pas la chute de l'empire comme un malheur. On regardait cette chute comme inévitable ; tout ce qu'on pouvait faire pour retarder la catastrophe devait seulement aboutir, après une effusion inutile de sang, a livrer la France épuisée à la merci de la coalition. Pourquoi, disait-on, ne pas profiter de l'apparence de force que l'on avait encore et des assurances bienveillantes que mettaient en avant les rois allies pour obtenir un traitement moins indigne? Rien dans le cœur de Marmont ni dans son intelligence ne défendait l'empereur, qui avait été souvent sévère envers lui et qui l'avait moins bien traité que tant d'autres à qui le maréchal se croyait supérieur. La régente, les princes et les ministres avaient d'ailleurs quitté Paris. En entrant dans le salon vert de son hôtel de la rue Paradis-Poissonnière, le 30, à six heures du soir, Marmont y trouva une vingtaine de personnes. « Il était, suivant Bourrienne, tout à fait méconnaissable; sa barbe avait huit jours; le manteau qui recouvrait son uniforme était en lambeaux; de la tête aux pieds il était noir de poudre. » Il annonça que l'armistice était conclu. « C'est bien pour l'armée, lui criat-on de toutes parts; mais pour Paris! qui le sauvera? — Je n'ai pas de pouvoirs pour traiter au nom de la capitale, reprit le maréchal; je ne la commande pas, je ne suis pas le gouvernement. » Tous les gens réunis dans son salon lui parurent d'accord en ce point que la chute de Napoléon était le seul moyen de salut. Un banquier, Laffitte, dit tout haut qu'il voyait dans les malheurs de la France une renaissance pour sa liberté : « Quand je vis un homme de la bourgeoisie, un simple banquier exprimer une telle opinion, dit le duc de Raguse, je crus entendre la voix de la ville de Paris tout entière. » Tous ces gens-là insistaient, suppliaient, demandaient au maréchal de sauver la France, de signer la capitulation de Paris. Marmont, par une des clauses de la suspension d'armes, avait déjà accordé aux ennemis d'occuper toutes les avenues, toutes les hauteurs de la capitale. Le comte Orloff et quelques autres officiers russes de l'armée du prince de Schwartzenberg dînaient à la table du duc de Raguse. Le général Dejean parut, et déclara que « capituler en ce moment, c'était trahir ». Marmont répondit que le lendemain, dans la matinée, il se replierait sur Fontainebleau, à la rencontre de l'empereur. La Valette vint confirmer au duc de Raguse la nouvelle de l'arrivée prochaine de Napoléon. Il s'agissait de gagner douze heures, selon lui. Le maréchal fut inflexible; il s'était trop engagé pour reculer. Quand tout le monde fut parti, Talleyrand vint tenter de le détacher tout à fait du service de Napoléon. Le diplomate lui parla longuement des malheurs publics, ce dont le maréchal convint; mais lorsque Talleyrand voulut aller plus loin, le maréchal l'arrêta. « Je voulais faire loyalement mon métier, dit-il, et attendre du temps et de la force des choses la solution que la Providence y apporterait. » Talleyrand se retira sans avoir réussi dans sa tentative. Cependant, une convention rédigée par Marmont fut signée en son nom par le colonel Denys, son premier aide de camp, et par le colonel Fabvier. Par cette convention, la troupe de ligne devait quitter Paris dans la nuit du 30 au 31; Paris, recommandé à la générosité des rois alliés, devait recevoir les troupes coalisées. Mortier ne délégua personne pour signer et ne signa point cette convention; il refusa même de reconnaître l'a ticle 4, qui portait que tous les arsenau ateliers, établissements et magasins militair seraient laissés dans le même état où ils se tro vaient avant qu'il fût question de capituler, emporta à sa suite tous les matériaux qu'il p faire sortir de la ville. Marmont envoya un ai de camp à Napoléon, pour lui transmettre la c pitulation qu'il avait consentie, lui disant que l alliés étaient reçus avec enthousiasme à Pari et que s'il voulait rentrer de force dans la ca tale, il devait s'attendre à la voir tout entiè s'armer contre lui. L'empereur ne fit aucun r proche à Marmont pour cette capitulation. Il reçut à Fontainebleau dans la nuit du 31 mars 1er avril, et le loua pour la défense de Paris. Da la journée du 1er avril, l'empereur vint passer revue du corps du duc de Raguse à Essonne; il di tribua des récompenses et releva par quelqu mots le cœur de ses braves. Il laissa à ce corps position d'Essonne, qui était la plus impo comme avant-garde de sa petite armée réu à Fontainebleau. En confiant cette position duc de Raguse, Napoléon avait dit : « Essonn c'est là que viendront s'adresser toutes les i trigues, toutes les trahisons; aussi y ai-je pla Marmont, mon enfant, élevé sous ma tente. »

Une fois les étrangers à Paris, il se fit u explosion de haine contre l'empire. Le 31 mar les souverains déclarèrent qu'ils ne traiteraie plus avec Napoléon ni aucun membre de sa f mille. Le 1er avril le sénat nomma un gou vernement provisoire de cinq membres; le mê jour, le conseil municipal de Paris publia une pr clamation dans laquelle il déclarait renoncer toute obéissance envers Napoléon; le 2 et le 3 sénat et le corps législatif déclarèrent success vement la déchéance de l'empereur; des adres à l'armée, au peuple furent répandues; des co missaires du gouvernement provisoire furent pl cés à la tête des ministères et de plusieurs adm nistrations; les insignes impériaux sont enlev des édifices publics; des adhésions arrivèrent, d décrets enjoignirent aux soldats de quitter le drapeau. Sans doute ces déclarations émanaie d'abord de minorités partielles; mais le gouve nement impérial n'en était pas moins anni L'armée seule restait fidèle; mais elle était affaiblie. De tous côtés pourtant on cherchait detacher le duc de Raguse de sa fidélité à l'em reur. « On vit affluer à Essonne, dit le duc Rovigo, une foule d'hommes qui, tout couve des bienfaits de l'empereur, n'insistaient moins vivement auprès du maréchal pour l' détacher... Ils firent agir ceux des magistrats pouvaient exercer quelque influence sur le m réchal; ils lui dépêchèrent quelques-uns de amis. « Bourienne raconte qu'il écrivit au d de Raguse une lettre pour redoubler en lui dévouement à la France, qui l'avait emporté s ses plus chères affections personnelles. dès le 2 avril des pourparlers s'engagè le duc de Raguse et le prince de Schwartzenberg, et l'on s'entendit de vive voix dans une conférence secrète à Chevilly. Marmont hésita pourtant encore ; puis il se décida, dans la nuit du 3 au 4 avril, à écrire ce qui suit au prince de Schwartzenberg : « L'opinion publique a toujours été la règle de ma conduite. L'armée et le peuple se trouvent déliés du serment de fidélité envers l'empereur Napoléon par le décret du sénat. Je suis disposé à concourir à un rapprochement entre le peuple et l'armée, qui doit prévenir toute chance de guerre civile et arrêter l'effusion du sang français. En conséquence je suis prêt à quitter avec mes troupes l'armée de l'empereur aux conditions suivantes, dont je vous demande la garantie par écrit : 1° Toutes les troupes françaises qui quitteront les drapeaux de Napoléon Bonaparte pourront se retirer librement en Normandie, avec armes, bagages et munitions, et avec les mêmes égards et honneurs militaires que se doivent les troupes alliées ; 2° si par suite de ce mouvement les événements de la guerre faisaient tomber entre les mains des puissances alliées la personne de Napoléon Bonaparte, sa vie et sa liberté lui seraient garanties dans un espace de terrain et dans un pays circonscrit, au choix des puissances alliées et du gouvernement français. » Le prince de Schwartzenberg se hâta d'accepter ces conditions dans la journée même du 4 avril : « Je ne saurais assez vous exprimer, lui écrit-il, la satisfaction que j'éprouve en apprenant l'empressement avec lequel vous vous rendez à l'invitation du gouvernement provisoire de vous ranger sous les bannières de la cause française. Les services distingués que vous avez rendus à votre pays sont reconnus généralement ; mais vous y mettez le comble en rendant à leur patrie le peu de braves échappés à l'ambition d'un seul homme (1). » Dans sa *Réponse* de 1815, le duc de Raguse motive comme il suit le parti auquel il s'arrêta d'abandonner Napoléon : « En ce moment la résolution de sacrifier à sa vengeance le reste de l'armée fut prise ; il ne connut plus rien qu'une attaque désespérée, quoiqu'il n'y eût plus une seule chance de succès en sa faveur avec les seuls moyens qui lui restaient ; c'étaient seulement de nouvelles victimes offertes à ses passions. Dès lors tous les ordres, toutes les instructions, tous les discours furent d'accord avec ce projet, dont l'exécution était fixée au 5 avril... Le moment était pressant, puisque nous étions au 4 avril et que c'était le 5 que devait avoir lieu cette action désespérée, dont l'objet était la destruction du dernier soldat et de la capitale. » En effet l'empereur avait résolu d'attaquer les étrangers à Paris. Le 4 avril il annonça lui-même cette nouvelle aux troupes, qui l'accueillirent par les cris : *A Paris! à Paris!* Mais rentré dans ses appartements, il se trouva en présence de plusieurs maréchaux qui lui firent les plus vives remontrances. L'empereur, voyant qu'il serait mal secondé, sinon abandonné par ses lieutenants, renonça à son projet, et, comme on le lui avait conseillé, il abdiqua conditionnellement, en réservant les droits de la régente et de son fils. La mission d'obtenir des souverains alliés la reconnaissance de ces droits fut confiée par l'empereur à trois plénipotentiaires, Ney, Macdonald et Caulaincourt. Il recommanda à ces plénipotentiaires de voir Marmont en passant, de prendre ses conseils, et de lui dire qu'après avoir eu l'idée de le nommer son commissaire, il avait pensé devoir le laisser à Essonne. C'était l'avertir qu'il comptait sur lui, qu'il ne livrait point tout à la négociation, qu'il gardait des prévisions d'éventualités militaires.

Dès le matin du 4 avril Marmont avait fait connaître à quelques-uns des généraux sous ses ordres le parti qu'il avait pris d'abandonner la cause de l'empereur. Le général Bordesoulle lui reprocha de découvrir ainsi Fontainebleau et de mettre l'empereur à la merci de l'ennemi ; Marmont répondit que l'ennemi ne ferait aucun mouvement dans la nuit, et que d'ailleurs il avait stipulé pour la sûreté de Napoléon. Dans ses *Mémoires*, le duc de Raguse prétend qu'il réunit tous les généraux placés sous ses ordres et leur communiqua les nouvelles de Paris. Tous étaient convaincus, suivant lui, de l'impossibilité de continuer les prodiges opérés pendant la campagne. « La décision, dit-il, fut unanime. Il fut résolu de reconnaître le gouvernement provisoire et de se réunir à lui pour sauver la France. » Cette assertion a été fortement contredite. Lui-même, dans sa *Réponse* de 1815, avoue seulement qu'il se disposait à informer ses camarades de la situation des choses et du parti qu'il croyait devoir prendre lorsque les plénipotentiaires de l'empereur arrivèrent à son quartier général. A ce moment le duc de Raguse se trouva grandement embarrassé. Il apprit aux plénipotentiaires de l'empereur ses pourparlers avec Schwartzenberg, ajoutant qu'il rompait à l'instant toute négociation personnelle et qu'il ne se séparerait jamais d'eux. Il partit effectivement avec eux pour Paris vers cinq heures du soir. On s'arrêta un instant chez le prince de Schwartzenberg à Petit-Bourg. Marmont nous apprend lui-même qu'il profita d'un moment d'entretien avec le prince pour se dégager des négociations commencées. Le prince le comprit, et donna son assentiment à cette résolution. Muni de sauf-conduits, les envoyés de l'empereur arrivèrent à Paris dans la nuit du 4 au 5, et quoique l'heure fût avancée, ils se rendirent auprès de

(1) Dans ses *Mémoires*, Marmont prétend que ces lettres ont été antidatées par complaisance pour le fait accompli ; mais qu'au 4 avril il n'y avait encore que des pourparlers avec le prince de Schwartzenberg. Bien des faits contredisent cette assertion. Ce qu'il y a de sûr, c'est que toutes les précautions étaient prises par l'ennemi en prévision du passage du sixième corps dans ses lignes.

l'empereur Alexandre, qui logeait à l'hôtel Talleyrand, rue Saint-Florentin. Dans cette première conférence et dans une autre, qui eut lieu le 5 au matin. Tous trois plaidèrent la cause de la régence. L'empereur Alexandre paraissait ébranlé lorsqu'on vint lui apprendre la défection du sixième corps. « Messieurs, dit-il alors aux plénipotentiaires, j'étais disposé, pour ma part, à beaucoup accorder au vœu unanime de l'armée française. Mais vous étiez dans l'erreur lorsque vous m'assuriez du vœu unanime de vos frères d'armes. Cette nuit même, pendant que vous me donniez cette assurance, une partie de l'armée française séparait sa cause de la vôtre; le sixième corps, qui était à Essonne, a passé cette nuit dans nos lignes. »

Pendant l'absence du duc de Raguse, le sixième corps avait été placé sous le commandement du général Souham. Marmont avait fait connaître à son corps l'abdication de Napoléon. Les troupes étaient inquiètes, agitées; les soldats parlaient de trahison; les généraux craignaient d'être dénoncés à l'empereur. La nuit était arrivée. Une révolte se préparait. Tout à coup un officier d'ordonnance de l'empereur vint demander le duc de Raguse, et lorsqu'il eut appris que le maréchal n'était pas à son poste, il laissa voir une grande surprise, de la colere et de l'indignation. Puis il repartit en toute hâte. Les généraux de Marmont se crurent dénoncés. Ils précipitèrent le dénouement. Le maréchal avait donné l'ordre de suspendre l'exécution du projet qu'il avait indiqué le matin; Souham se décida à l'exécuter, et dit : « Le vin est tiré, il faut le boire. » Les troupes s'apaisèrent, croyant qu'on les menait où l'empereur l'avait ordonné. Le colonel Fabvier essaya inutilement de s'opposer au mouvement projeté. Le général Lucotte, s'apercevant qu'on ne suivait pas la route de Fontainebleau, revint à son poste. Les autres traversèrent les lignes ennemies qui s'étaient rangées pour les laisser passer, mais qui aussitôt leur fermèrent le retour. A l'aube du jour on reconnut clairement qu'on était sur la route de Versailles. Les alliés rendaient les honneurs militaires aux soldats français, comme à des amis. Les généraux prirent les devants, et se rendirent à Versailles. Les troupes les suivirent en désordre (1).

A Versailles la révolte éclata. Quelques soldats cassaient leurs armes, les autres juraient de mourir plutôt que de les rendre; les officiers arrachaient leurs épaulettes. Les généraux voulaient faire rentrer les troupes dans le devoir; des cris, des insultes, des vociférations, quelques coups de fusil les forçaient à se retirer. Le colonel Ordener se mit à la tête des mutins, qui voulaient d'abord attaquer la garnison étrangère de Versailles. Le maire de cette ville s'interposa, et obtint que l'on cachât la garnison coalisée. Marmont en apprenant ce mouvement accourut à Versailles. Les troupes étaient en route pour Rambouillet. Il les suivit à distance. Apprenant que les clameurs avaient cessé, il fit donner aux troupes l'ordre de s'arrêter. Son autorité fut d'abord méconnue. Le colonel Ordener lui adressa des paroles dures et violentes. Marmont parla de ses services, flatta le soldat, malmena les officiers, dit qu'on ne devait pas le juger, mais le croire. Il fit tant et si bien que les troupes, émues, au lieu d'aller vers Fontainebleau par Rambouillet, consentirent à se diriger sur Mantes pour se rendre en Normandie (1). De retour à Paris, le maréchal fut fêté, complimenté chez Talleyrand, où l'on avait été toute la journée dans un certain émoi. « Marmont à l'enthousiasme des ennemis de son maître, dit M. de Lamartine, dut reconnaître la triste réalité de sa défection. »

Napoléon en apprenant le départ du sixième corps d'Essonne ne voulait pas y croire. Quand le doute ne fut plus possible, sa parole s'arrêta, son regard devint fixe; il prit sa tête entre ses mains, et resta comme anéanti. Retiré dans ses appartements, et se croyant seul, il dit devant Constant, son valet de chambre, qui le rapporte : « Marmont m'a porté le dernier coup! Le malheureux, je l'aimais! » Dans une proclamation datée du 5 avril, il dit à l'armée : « L'empereur remercie l'armée pour l'attachement qu'elle lui témoigne... Le soldat suit la fortune

(1) Marmont cite dans ses *Mémoires* une lettre qui lui aurait été écrite de Versailles par le général Bordesoulle, et qui est ainsi conçue : « Le colonel Fabvier a dû dire à votre excellence les motifs qui nous ont engagés à exécuter le mouvement que nous étions convenus de suspendre jusqu'au retour de MM. le prince de la Moskova et ducs de Tarente et de Vicence. Nous sommes arrivés avec tout ce qui compose le corps. Absolument tout nous a suivis, et avec connaissance du parti que nous prenions, l'ayant fait connaître à la troupe avant de marcher. Maintenant, pour tranquilliser les officiers sur leur sort, il serait bien urgent que le gouvernement provisoire fît une adresse ou proclamation à ce corps, et qu'en lui faisant connaître sur quoi il peut compter, on lui fasse payer un mois de solde; sans cela il est à craindre qu'il ne se débande. MM. les officiers généraux sont tous avec nous, M. Lucotte excepté. Ce joli monsieur nous avait dénoncés à l'empereur. » Bordesoulle expliqua plus tard sa conduite à Essonne dans une lettre confidentielle au duc de Trévise, écrite en 1830. Il montre que, surpris par la confidence du duc de Raguse et se croyant son complice pour n'avoir point averti l'empereur aussitôt, il crut ne pouvoir se soustraire à cette défection. Les autres généraux partageaient cette opinion.

(1) Voici l'ordre du jour que le maréchal Marmont adressa au sixième corps le 8 avril : « Soldats, depuis trois mois vous n'avez cessé de combattre, et depuis trois mois les plus glorieux succès ont couronné vos efforts; ni les périls, ni les fatigues, ni les privations n'ont pu diminuer votre zèle ni refroidir votre amour pour la patrie. La patrie, reconnaissante, vous remercie par mon organe, et vous saura gré de tout ce que vous avez fait pour elle. Mais le moment est arrivé, soldats, où la guerre que vous faisiez est devenue sans but comme sans objet; c'est donc pour vous celui du repos. Vous êtes les soldats de la patrie. C'est l'opinion publique que vous devez suivre, et c'est elle qui m'a ordonné de vous arracher à des dangers désormais inutiles, pour conserver votre noble sang, que vous saurez répandre encore lorsque la voix de la patrie et l'intérêt public réclameront vos efforts. De bons cantonnements et mes soins paternels vous feront oublier bientôt, j'espère, jusqu'aux fatigues que vous avez éprouvées. »

tune et l'infortune de son général; son honneur est sa religion... Le duc de Raguse n'a point inspiré ce sentiment à ses compagnons d'armes; il a passé aux alliés. L'empereur ne peut approuver la condition sous laquelle il a fait cette démarche, il ne peut accepter la vie et la liberté de la main d'un sujet. »

« La vanité a perdu le duc de Raguse, disait Napoléon à Sainte-Hélène... Sans la défection de Raguse, les alliés étaient perdus; j'étais maître de leurs derrières et de toutes les ressources de guerre; il n'en serait pas échappé un seul. » Marmont en jugeait bien différemment: « Tout bon Français, disait-il dans sa *Réponse* de 1815, de quelque manière qu'il fût placé, ne devait-il pas concourir à un changement qui sauvait la patrie et la délivrait d'une croisade de l'Europe entière armée contre elle? Je ne me suis éloigné de Napoléon que pour sauver la France, et lorsqu'un pas de plus allait la précipiter dans l'abîme qu'il avait ouvert. J'ai voulu sauver la France de la destruction; j'ai voulu la préserver des combinaisons qui devaient entraîner sa ruine, de ces combinaisons si funestes, fruits des plus étranges illusions de l'orgueil, si souvent renouvelées en Espagne, en Russie, en Allemagne, et qui promettaient une épouvantable catastrophe, qu'il fallait s'empresser de prévenir. » Dans ses *Mémoires*, Marmont affirme que deux considérations l'ont guidé dans cet acte. D'abord l'empereur était fini; il était devenu « gras et lourd, sensuel et occupé de ses aises, jusqu'à en faire une affaire capitale, insouciant et craignant la fatigue, blasé sur tout, indifférent à tout, ne croyant à la vérité que lorsqu'elle se trouvait d'accord avec ses passions, ses intérêts ou ses caprices; d'un orgueil satanique et d'un grand mépris pour les hommes; comptant pour rien les intérêts de l'humanité; négligeant dans la guerre les plus simples règles de la prudence; comptant sur la fortune, sur ce qu'il appelait son étoile, c'est-à-dire sur une protection toute divine. Sa sensibilité s'était émoussée, sans le rendre méchant; mais sa bonté n'était plus active, elle était toute passive. Son esprit était toujours le même, le plus vaste, le plus étendu, le plus profond, le plus productif qui fut jamais; mais plus de volonté, plus de résolution et une mobilité qui ressemblait à de la faiblesse. » D'un autre côté, ajoute-t-il, l'empereur, moralement déchu, aurait pu continuer la guerre avec les troupes qui lui restaient et perpétuer la crise qui consumait la France. Il fallait l'arrêter court dans cette voie périlleuse, où son ambition n'aurait pas consulté son impuissance. Où était le devoir, se demande Marmont, entre le héros dégénéré, qui menaçait de prolonger la lutte, et la France, qui demandait grâce (1)? « La défection du duc de Raguse, dit M. Cuvillier-Fleury, rendit les étrangers moins faciles sur les conditions de la paix, et elle les éclaira sur la radicale impuissance de Napoléon... La capitulation d'Essonne retardait de quatre jours sur celle de Paris. Elle n'y ajoutait rien qu'un embarras de plus pour ceux des négociateurs français qui voulaient une paix loyale et des conditions acceptables. La reddition de Paris entraînait l'abdication; l'abdication, la paix; la paix, le désarmement. Que fallait-il donc faire quand on était à Essonne à la tête de six mille hommes? Y rester et attendre. »

Le duc de Raguse espérait sans doute être appelé à jouer un rôle politique. Il avait traité avec le prince de Schwartzenberg afin de forcer Napoléon à céder et à perdre ses dernières illusions; en apprenant que les maréchaux allaient traiter à Paris, Marmont ordonna de suspendre l'exécution de ses mesures. Croyant que la direction de toutes les troupes lui reviendrait lorsque l'empereur aurait abdiqué, il faisait probablement déjà ses plans de campagne pour forcer l'étranger à compter avec la France libre; il avait pu d'abord penser qu'une armée nationale, réunie en Normandie sous ses ordres, pourrait imposer à l'étranger; il savait que plusieurs places fortes étaient encore en état de résister; la défection eut lieu néanmoins malgré lui, et les soldats restèrent fidèles au souvenir de Napoléon. Marmont ne dut donc pas longtemps garder ses espérances; en désertant la cause de Napoléon, il avait affaibli en pure perte celle de la France. Il s'en aperçut sans doute lorsque, quelques jours plus tard, dans un des conseils de l'hôtel Talleyrand, il insista sur l'urgence des mesures à prendre pour la conservation du petit nombre de troupes qui restaient groupées: « Monsieur le maréchal, lui dit le baron Louis, ministre des finances du gouvernement provisoire, nous manquons d'argent pour payer les troupes; ainsi nous avons plus de soldats qu'il ne nous en faut. » Et comme le duc appuyait sur sa demande d'argent pour payer la solde du sixième corps. « Je vous répète, monsieur le maréchal, dit le baron, que nous avons trop de troupes, puisque nous n'avons pas d'argent et d'ailleurs qu'elles nous sont fort inutiles. » — « Vous avez du goût pour le régime du knout, interrompit le maréchal; vous voulez nous mettre à la merci des étrangers, et vous ne relevez même pas la platitude de vos sentiments par la convenance de votre langage. Si vous continuez sur le même ton, je vous ferai sauter par la fenêtre. »

(1) Ce qu'il y a de plus curieux, c'est que Marmont, si l'on en croit ses *Mémoires*, pensa un moment racheter sa défection par le sacrifice de sa personne. « Les malheurs qui accablaient Napoléon, dit-il, réveillaient en moi cette vieille et ancienne affection qui autrefois dépassait tous mes autres sentiments. Je rédigeai la lettre qui devait être envoyée à l'empereur quand tout serait convenu et arrêté (avec Schwartzenberg); dans cette lettre je lui annonçais qu'après avoir rempli les devoirs que m'imposait le salut de la patrie, j'irais lui apporter ma tête et consacrer, s'il voulait l'accepter, le reste de ma vie au soin de sa personne. » La lettre, comme on pense, ne fut pas envoyée.

Marmont revient sur ces idées dans ses *Mémoires :* d'abord il blâme la remise des places fortes, puis il ajoute : « Les débris de l'armée, en se réunissant au gouvernement provisoire, ne devaient-ils pas donner à celui-ci une sorte dignité qui le ferait respecter des étrangers? Ce gouvernement provisoire ne devait-il pas y trouver les moyens de négocier comme puissance, tout à la fois avec eux et avec les Bourbons, et enfin un appui pour obtenir toutes les garanties dont nous avions besoin et que nous devions réclamer? » Mais alors pourquoi le maréchal avait-il repoussé les avances de Talleyrand, pourquoi n'avait-il pas traité avec le gouvernement provisoire plutôt qu'avec le prince de Schwartzenberg? Pourquoi ne demandait-il pas à revenir près du gouvernement provisoire, près de Paris? D'ailleurs, quand même les liens du devoir ne l'auraient pas rattaché à l'empereur, il était plus sage de ne pas diviser l'armée; mais il craignait de ne pas oser résister à l'empereur, et il ne voulait plus lui obéir. Pour se justifier davantage et pour faire comprendre plus nettement sa situation à Essonne, le duc de Raguse raconte dans ses *Mémoires* que le 11 octobre 1813, pendant le bivouac, à Düben, Napoléon eut avec lui, en tête à tête, une longue conversation, qui dura plus de cinq heures, et dans laquelle l'empereur fit la distinction de ce qu'il appelait l'homme d'honneur et l'homme de conscience, donnant la préférence au premier, parce qu'avec celui qui tient purement et simplement sa parole et ses engagements on sait sur quoi compter, tandis qu'avec l'autre on dépend de ses lumières et de son jugement. Puis il aurait ajouté : « Vous, par exemple, si l'ennemi ayant envahi la France et étant sur la hauteur de Montmartre, vous croyiez, même avec raison, que le salut du pays vous commandât de m'abandonner et que vous le fissiez, vous seriez un bon Français, un brave homme, un homme de conscience, et *non un homme d'honneur.* » Marmont part de là pour s'appliquer naturellement ces qualifications.

Quoi qu'il en soit, quand les princes arrivèrent, Marmont affecta de garder sa cocarde tricolore. Il conseilla aussi aux Bourbons le maintien les constitutions de l'empire et de son régime; il demandait une censure perpétuelle pour la presse périodique; il voulait la suprématie organisée de l'ordre militaire sur l'ordre civil, « si habituellement composé de gens sans antécédents, dit-il, et sans autres droits que ceux résultant du caprice de ceux qui les nomment ». Cette sorte de campagne politique eut peu de succès. Les conseils du maréchal ne furent guère suivis. Néanmoins Louis XVIII lui donna le commandement d'une compagnie de ses gardes du corps; il le nomma pair de France, chevalier de l'ordre de Saint-Louis. « Il eut des faveurs, mais pas d'importance, comme le dit M. Rapetti. Les royalistes purs eussent rougi
voir de la reconnaissance à une trahison
se montraient ingrats; les royalistes moi
se montraient naturellement les plus
Les hommes de l'empire les plus réconcili
le nouvel ordre de choses tenaient à é
toute comparaison entre une trahison
ralliement, et ils affichaient leur soin à
server du voisinage de M. de Raguse.
l'opinion populaire, elle demeurait imp
Dans les rues, on avait fait un mot du
Raguse : on disait *raguser* pour trompe
mont, qui avait rêvé un grand rôle politi
trouva réduit à l'isolement, à l'impuiss
Sa compagnie de gardes du corps ne put
parvenir à se compléter. Cependant il
orné ses armes de l'étendard de Ma
Louis XVIII lui avait composé cette d
Patriæ totus et ubique. Au 20 mars
Marmont suivit Louis XVIII à Gand avec
de commandant de la maison militaire

Le 1er mars 1815 Napoléon datait d
Juan une proclamation au peuple françai
laquelle il disait : « Les victoires de
bert, de Montmirail, de Château-
Vaux-Champ, de Mormans, de Montere
Craonne, de Reims, d'Arcis-sur-Aube
Saint-Dizier; l'insurrection des braves p
de la Lorraine, de la Champagne, de l'
de la Franche-Comté, de la Bourgogne
position que j'avais prise sur les derri
l'armée ennemie, en la séparant de ses
sins, de ses parcs de réserve, de ses con
de tous ses équipages l'avaient placée da
situation désespérée. Les Français ne fu
mais sur le point d'être plus puissants, e
de l'armée ennemie était perdue sans res
elle eût trouvé son tombeau dans ces
contrées qu'elle avait si impitoyablement
gées, lorsque la trahison du duc de Ragus
la capitale et désorganisa l'armée. La c
inattendue de ces deux généraux (A
Marmont) qui trahirent à la fois leur pat
prince et leur bienfaiteur, changea les des
la guerre. La situation désastreuse de l'
était telle qu'à la fin de l'affaire qui eut li
vant Paris il était sans munitions, par la
ration de ses parcs de réserve. » Dans une
proclamation de la même date, adressée à l'
l'empereur ajoutait : « Soldats, nous n'av
été vaincus; deux hommes sortis de no
ont trahi nos lauriers, leur pays, leur
leur bienfaiteur. » Dans son décret
donné à Lyon, le 12 mars, Napoléon c
Marmont dans le nombre des treize ind
qu'il en exceptait et qu'il renvoyait de
tribunaux. Le duc de Raguse crut devoir
fendre contre cette accusation de trahison.
digea une *Réponse à la proclamation
du golfe Juan, le 1er mars* 1815. C
ponse, qui parut à Gand le 1er avril, fut
insérée, le 18 du même mois, dans *Le*

qui se publiait dans cette ville. Le maréchal, qui l'adressa à tous les souverains de la coalition, qui en lui accusant réception de l'envoi témoignèrent qu'il avait mis une grande loyauté dans sa conduite devant Paris. « Vous connaissez trop bien les sentiments que je vous porte, lui écrivit l'empereur Alexandre, pour que j'aie besoin de vous dire combien j'ai partagé l'indignation que les assertions avancées dans cette pièce (la proclamation du golfe Juan) sur votre compte ont généralement excitée. Informé, mieux que personne, des circonstances auxquelles ces calomnies se rapportent, je n'ai cessé de rendre justice à la conduite pleine de valeur et de franchise qui à cette époque a particulièrement caractérisé toutes vos démarches. »

Marmont avait passé presque tout le temps des Cent Jours aux eaux d'Aix-la-Chapelle. Les désastres de Waterloo le ramenèrent à Paris. Il reprit sa place à la chambre des pairs. Sa compagnie de gardes du corps fut supprimée; mais, le 6 septembre, il fut nommé l'un des quatre majors généraux de la garde royale. De plus il devint commandeur de l'ordre de Saint-Louis le 3 mai 1816, grand'croix du même ordre le 24 août 1820, et chevalier de l'ordre du Saint-Esprit le 30 septembre suivant. Son influence n'alla pas cependant jusqu'à pouvoir sauver le comte de La Valette ni les frères Faucher, auxquels il s'intéressa. En 1816 il fut choisi pour un des premiers membres libres de l'Académie des Sciences. En 1817, Louis XVIII l'envoya en qualité de lieutenant du roi à Lyon, qui était violemment agité par la reaction royaliste. Marmont, muni des pouvoirs les plus étendus, arriva à Lyon le 3 septembre, et s'empressa de rendre à la liberté toutes les personnes détenues pour des motifs politiques. Il fit poursuivre les délateurs, destitua les maires et les autres fonctionnaires qui s'étaient faits les complices des agitateurs royalistes; enfin, il rétablit l'ordre et ramena la confiance. De retour à Paris, il reçut du roi un témoignage public de satisfaction, et fut créé ministre d'État. Le colonel Fabvier et M. de Senneville ayant publié des accusations graves contre les généraux Canuel et Donnadieu furent accusés de diffamation et condamnés. Le duc de Raguse resta neutre dans cette polémique. Néanmoins il tomba dans une sorte de disgrâce ministérielle. Le ministre de la guerre alla jusqu'à lui signifier, par une lettre du 14 juillet 1818, d'avoir à s'abstenir de paraître à la cour jusqu'à nouvel ordre. Marmont écrivit alors au roi : « Il y a quatre ans que les malheurs de la France me décidèrent à me déclarer l'un des premiers pour Votre Majesté. Cette détermination motiva contre moi les calomnies les plus atroces et a eu sur mon existence personnelle les conséquences les plus graves. Il y a trois ans j'ai été proscrit pour les intérêts de Votre Majesté... La haine immodérée d'un parti qui n'est ni français ni royaliste, et dont les espérances criminelles étaient détruites par mes opérations m'a poursuivi sans relâche... La fatalité qui me poursuit a dépassé les bornes que je croyais pouvoir lui assigner. » Cette lettre resta sans réponse. Seulement, trois mois après il fut permis au duc de Raguse de se trouver sur le passage du roi, qui l'aperçut et lui adressa quelques mots indulgents.

Marmont avait toujours aimé le luxe et les plaisirs; il s'y livrait avec passion. Il s'occupa aussi d'industrie, et entreprit dans son pays natal d'importantes exploitations : des forges perfectionnées, une plantation de betteraves, l'élève d'un troupeau de moutons mérinos, etc. Ces exploitations ne réussirent pas, faute d'une sage direction et de capitaux suffisants. Pour acclimater ses moutons, il avait eu l'idée de les habiller en soldats, avec les signes distinctifs des grades. Les frais immenses de ces établissements le ruinèrent. De nombreux procès s'ensuivirent. La maréchale, Mlle Perregaux, dont la grande fortune se trouvait compromise, et qui ne vivait plus en bonne intelligence avec son mari, réclama sa séparation de biens devant les tribunaux; elle lui fut accordée en 1828, après deux années de plaidoiries, de mémoires, de répliques, et nonobstant l'intervention et l'opposition de créanciers de toutes espèces. Dans une de ces audiences on apprit que le duc de Raguse, débiteur vis-à-vis de M. Valette d'une somme de 400,000 fr., avait promis d'affecter pour sûreté de cette dette une lettre à lui écrite en 1815 et par laquelle il lui était annoncé que le gouvernement autrichien lui conservait sa dotation en Illyrie et consentait même à lui en payer les arrérages échus en 1815. C'était une rente annuelle de 50,000 fr. Le duc de Raguse l'avoue dans ses *Mémoires*. Il résulte de ses aveux que, profitant du bon vouloir du prince de Schwartzenberg, il se rendit en 1815 auprès de l'empereur d'Autriche, et que celui-ci, allant au-devant de sa demande, lui rappelant ce qu'il avait fait pour les Illyriens, les Croates et les Dalmates, lui rendit sa dotation d'Illyrie avec une grâce parfaite et presque spontanément. Cette faveur obtenue, le duc de Raguse n'en réclama pas immédiatement l'exécution. Ce n'est qu'en 1819, que, pressé d'argent, et après avoir emprunté 200,000 fr. au roi Louis XVIII, que le duc de Raguse se décida à aller à Vienne, où il obtint avec facilité le règlement de sa pension de 50,000 fr., et l'arriéré de six années. « Je me mis en route immédiatement pour retourner à Paris, où j'arrivai triomphant », s'écrie-t-il. A cette occasion il reproche à Napoléon une conduite bien différente : « Jamais, dit-il, aucun bienfait d'argent ne m'a été accordé. Mes dotations ne s'élevaient pas au delà de celles des simples généraux, tandis que mes camarades étaient comblés de richesses (1). »

(1) Cependant, d'après un mémoire d'avocat, le duc de Raguse touchait sous l'empire, en traitements et en dotations, 800,000 fr. à peu près par an. Outre sa dotation en Illyrie, il en avait d'autres en Hanovre, en West-

Très-peu de temps après le payement de ses arrérages, Marmont n'était guère plus riche. En 1828 il délégua une partie considérable de ses traitements et pensions à la caisse hypothécaire. Enfin, en 1829 les immeubles de Châtillon-sur-Seine appartenant au duc de Raguse furent saisis et vendus judiciairement. Par ces procès scandaleux, où il étalait ses ruines domestiques, ses expédients de débiteur aux abois, il fournit matière à la haine qui s'était attachée à son nom. C'est à cette époque qu'il commença d'écrire ses *Memoires*.

Après l'avénement de l'empereur Nicolas au trône de Russie, Charles X confia au duc de Raguse l'honneur de le représenter au couronnement du nouveau czar (1826) en qualité d'ambassadeur extraordinaire. Le duc y déploya un grand luxe. Il etait de retour dès 1828, et La Ferronnais avait été nommé ambassadeur en Russie. Lorsque Charles X signa les ordonnances du 25 juillet 1830, qui detruisaient la charte, Marmont était de service comme major général de la garde royale, et commandait ainsi tous les régiments de cette garde, tant à Paris que dans les départements. Ces ordonnances parurent dans *Le Moniteur* du 26; le duc de Raguse n'en avait eu aucune connaissance. « Vers la fin de juillet, raconte M. Véron, le roi avait souvent des conversations intimes avec le prince de Polignac et M. de Latil. Lorsque le duc de Raguse, alors de service à Saint-Cloud, entrait, ces conversations intimes s'interrompaient subitement. » Le prince de Polignac, ministre de la guerre par intérim, ne prit aucune mesure essentielle, quoiqu'il y eût peu de troupes à Paris. Il écrivit ce billet au duc de Raguse : « Votre Excellence a connaissance des mesures extraordinaires que le roi, dans sa sagesse et dans son sentiment d'amour pour son peuple, a jugé nécessaire de prendre pour le maintien des droits de sa couronne et de l'ordre public. Dans ces importantes circonstances, Sa Majesté compte sur votre zèle pour assurer l'ordre et la tranquillité dans toute l'étendue de votre commandement. » Le soir, le duc de Raguse alla voir à Saint-Cloud Charles X, qui revenait de Rambouillet, où il avait été chasser; le roi lui demanda des nouvelles de Paris. « La rente est tombée, repondit le maréchal. — De combien? dit le dauphin. — De trois francs, reprit le maréchal. — Elle remontera », repartit le dauphin, et chacun s'en alla. Le duc de Raguse, comme major général de la garde royale de service, était aussi gouverneur de la première division militaire, et par conséquent de Paris; mais ce n'était plus qu'un titre honorifique, depuis que les chambres avaient supprimé les lettres de service et les appointements des gouverneurs. Néanmoins, comme aucune autorité supérieure ne se trouvait dans la capitale, le duc de Raguse reçut du roi des lettres de service comme gou-

phalie et en Poméranie, qu'il devait à la munificence de l'empereur, mais qu'il perdit par la restauration.

verneur, et eut ainsi le commandement de la g
royale et des troupes de ligne en garnison
Paris. Le 27 juillet les troubles éclatèrent.
maréchal vint s'installer à une heure à l'e
major de la garde, place du Carrousel.
quatre heures du soir on commença à p
des dispositions militaires. La gendarmerie a
essayé de rétablir la circulation près du Pal
Royal fut assaillie de coups de pierre et reçut q
ques coups de feu, qu'elle rendit. Le com
cessa avec le jour. Les armuriers avaient
leurs armes à la foule; les réverbères furent
sés, le drapeau tricolore se hissa au haut
tours de Notre-Dame; l'envahissement des c
de garde, la prise de l'arsenal et des poudriè
le désarmement des fusiliers sédentaires, tout
s'était opéré sans opposition avant huit heure
matin, le 28. Le prince de Polignac s'etait re
dans la nuit à Saint-Cloud, et avait fait signe
roi l'ordonnance qui mettait Paris en état
siége, le 28 à cinq heures du matin. Des barrica
s'élevaient de toutes parts; le combat ne tarda
à s'engager, sur les quais, sur les boulevards, d
les rues, à l'hôtel de ville surtout. « Arrivé
barrière de l'Étoile, dit le maréchal Marm
dans un mémoire justificatif publié à Amsterd
le [illegible] 1830, j'entendis la fusillade, je trou
la garde en tenue de guerre, occupant la pl
Louis XV, la rue Saint-Honoré, une partie
boulevards, le Louvre, le Château. La ligne
nait le Pont-Neuf, les quais, la rue de la
naie, la place des Victoires, etc... Je comp
alors quelle terrible responsabilité on avait
sumée sur moi. » La lutte fut terrible. Tout
population sembla se lever contre la monarc
légitime. La gendarmerie et la garde royale se b
tirent bravement; quelques gardes nationaux
montrèrent dans les rangs du peuple; la tro
de ligne faiblit, des régiments de la garde avai
éprouvé des pertes considérables. Marm
sentait malheureux du rôle qu'il était app
jouer. Il avait expédié dix courriers à Saint-Cl
sans obtenir de réponse. A chaque coup de ca
qu'il entendait, il semblait éprouver une p
profonde; son poing se fermait, sa figure
contractait, et on l'entendit s'écrier : « Qu
position, grand Dieu! » Le peuple disait
ment : « Voilà Marmont qui paye ses det
Le duc de Raguse fit supplier le prince de P
lignac de faire entendre quelques paroles
paix. Le prince, confiant dans la puissance
baionnettes, demeura intraitable. Marmont o
passivement. Un vieux royaliste vint dire
duc de Raguse : « Maréchal, voulez-vous sau
le roi, le peuple de Paris et votre nom?...
rêtez les ministres, tous les signataires, tous
conseillers des ordonnances; faites-les porte
Vincennes, liés, garrottés comme des cr
comme les seuls coupables. Le peuple,
apaisé par vous, posera les armes; le roi, qui
se trouvera plus en présence d'une révol
pourra faire des concessions... Vous, vous se

exilé; mais on pardonne aisément à qui nous tire d'un mauvais pas; vous nous reviendrez bientôt le sauveur, le pacificateur, l'homme de la royauté, de la liberté. » Pendant cette confidence, Marmont donnait des signes d'une grande agitation. Il allait et venait sans desserrer les dents. Tout d'un coup il dit à son interlocuteur : « Vous avez raison peut-être; mais je ne puis pas. -- Pourquoi? — Voyez-vous cet habit, reprit le maréchal avec un éclat terrible en frappant sur ses broderies : il y a dessus 1814. » Arago vint voir au Louvre le duc de Raguse, avec lequel il était dans de bonnes relations. Après plusieurs représentations vives, éloquentes, pour l'attirer dans la cause du peuple, ne parvenant pas à le convaincre, Arago lui répéta ce qu'on disait de lui dans les rues; le maréchal sauta sur son épée en rugissant, puis il ferma les yeux, et laissa échapper son arme en s'affaissant sur lui-même. Bientôt le général Gérard, le comte de Lobau, Laffitte, Casimir Perier et Mauguin se rendirent à travers la fusillade auprès de Marmont. Laffitte parla au nom de la patrie, et appelant sur la tête du maréchal la responsabilité du sang versé, il le somma, au nom de l'honneur, de faire cesser le carnage. « L'honneur militaire est l'obéissance, répliqua tristement Marmont. — Et l'honneur civil, répondit Laffitte, ne vous ordonne-t-il pas de respecter le sang des citoyens? » C'était rappeler les théories de 1814. Le maréchal, atterré des énergiques paroles des députés, consentit à entendre leurs propositions, qui furent résumées en ces termes : le rappel des ordonnances; le renvoi des ministres; la convocation des chambres au 3 août.

Le duc de Raguse soumit cet ultimatum au prince de Polignac, qui le repoussa. « C'est donc la guerre civile organisée? » dit Laffitte, et la députation se retira. Dans la nuit du 28 au 29, les troupes durent se replier sur le quartier général. Le matin, le Louvre fut attaqué; deux régiments de ligne, qui couvraient le château sur la place Vendôme, mirent la crosse du fusil en l'air, et se retirèrent. Le maréchal dut rappeler les troupes trop avancées. Le peuple escalada le Louvre, arriva jusqu'aux Tuileries, qui bientôt durent céder. Marmont n'eut plus qu'à battre en retraite par le jardin des Tuileries, les Champs-Élysées, Chaillot et le bois de Boulogne. Tout le long de la route, il fut harcelé et perdit du monde. Après avoir franchi la barrière, le maréchal reçut d'un aide de camp du dauphin la dépêche suivante : « Mon cousin, le roi m'ayant donné le commandement en chef de ses troupes, je vous donne l'ordre de vous retirer avec toutes les troupes sur Saint-Cloud; vous y servirez sous mes ordres. Je vous charge en même temps de prendre les mesures nécessaires pour faire transporter à Saint-Cloud les valeurs du trésor royal. » Cet ordre ne put être exécuté. Le dauphin vint se mettre à la tête des troupes à la porte du bois de Boulogne. Les soldats demandaient du pain. Les provisions ainsi que l'argent manquaient à Saint-Cloud. Un nouveau gouvernement s'organisait à Paris; la France entière semblait s'insurger. Ne croyant pas à l'imminence de la tempête qui devait emporter la royauté, Charles X chargea le duc de Mortemart de composer un ministère; mais il était trop tard. D'après Châteaubriand, le 30, à la tombée de la nuit, un aide major fit annoncer aux troupes que les ordonnances étaient rapportées. Cette annonce, envoyée par le duc de Raguse, n'avait pas été communiquée au duc d'Angoulême, qui, sévère sur la discipline et l'étiquette, entra en fureur. Le roi dit au maréchal : « Le dauphin est mécontent; allez vous expliquer avec lui. » Le duc de Raguse ne trouva pas le dauphin chez lui: il l'attendit. A l'aspect du maréchal, le duc d'Angoulême rougit jusqu'aux yeux; il le fit entrer dans son salon. Au bruit qui se faisait, le duc de Ventadour, aide de camp du prince, ouvrit la porte; le maréchal sortit, poursuivi par le dauphin, qui l'appelait double traître et lui criait : « Rendez votre épée! rendez votre épée! » Enfin, le duc d'Angoulême se jeta sur le maréchal, et lui arracha son épée. En voulant la briser, le prince se coupa les doigts. Alors il cria : « A moi, gardes du corps! Qu'on le saisisse! » Les gardes du corps accoururent; sans un mouvement de tête du duc de Raguse, leurs baïonnettes l'auraient atteint au visage. Le duc de Raguse fut conduit aux arrêts dans son appartement. Le roi arrangea tant bien que mal cette affaire. « Les feuilles publiques ont raconté l'accueil que me fit le duc d'Angoulême, dit Marmont dans son *Mémoire justificatif*. J'ai dû l'oublier, quoiqu'un injuste reproche soit bien sensible après un si cruel dévouement. » Puis il ajoute : « Ce n'est qu'auprès du roi, juge plus équitable, parce qu'il fut abusé lui-même, que j'ai trouvé des paroles de consolation et d'encouragement (1) ». Il suivit le roi à Rambouillet

(1) M. Véron raconte cette scène un peu différemment. Suivant lui le duc de Raguse s'était offensé de se voir dépouiller du commandement en chef avant d'être arrivé à Saint-Cloud. Il crut devoir conserver comme major général le commandement supérieur et sans contrôle des régiments de la garde royale, et il continua de prendre directement les ordres du roi. Ayant obtenu de Charles X une gratification de deux mois de solde pour les soldats qu'il commandait, il l'annonça dans un ordre du jour, et ordonna aux officiers payeurs de se présenter chez l'intendant général de la liste civile. L'intendant, qui n'avait pas d'argent (ce que le duc de Raguse ignorait), vint se plaindre au dauphin d'un ordre du jour qui le mettait dans le plus grand embarras. Déjà irrité contre le duc de Raguse, le dauphin s'indigna qu'on ne l'eût pas seulement consulté. Il manda le maréchal chez lui : « Vous oubliez, lui dit-il, que je commande! Vous méconnaissez donc l'ordonnance qui m'a nommé généralissime? — Non, monseigneur; j'ai pris les ordres du roi. — Ah! vous me bravez. Pour vous prouver que je vous commande, je vous envoie aux arrêts. » Surpris et irrité, le maréchal haussa les épaules. Le dauphin ajouta : « Est-ce que vous voulez faire avec nous comme avec l'autre? » Le duc de Raguse répondit avec dignité que la calomnie ne pouvait l'atteindre. Le dauphin, hors de lui, se jeta sur l'épée du maréchal, en saisit la poignée et chercha à la sortir du fourreau. Le maréchal appuya sur la garde de son épée; la lame glissa dans la

et jusqu'en Angleterre. Dans la rade de Spithead Charles X lui donna, le 18 août « l'épée qu'il portait toujours lorsqu'il était avec les troupes françaises, » et lui dit dans une lettre autographe : « Je ne veux pas me séparer de vous, mon cher maréchal, sans vous répéter ici, comme je le pense, que je n'oublierai jamais les bons, fidèles et constants services que vous n'avez jamais cessé de rendre à la monarchie depuis la Restauration. »

Depuis cette époque Marmont erra en proscrit volontaire sur la terre étrangère (1). Il alla visiter l'Orient, sur lequel il publia un livre remarquable, intitulé : *Voyage en Hongrie, en Transylvanie, dans la Russie méridionale, en Crimée et sur les bords de la mer d'Azoff, à Constantinople, dans quelques parties de l'Asie Mineure, en Syrie, en Palestine et en Égypte*; Paris, 1837, 4 vol. in-8°. Il s'était fixé dans l'empire d'Autriche, à Vienne d'abord, puis à Venise. En 1845 il fit encore paraître *Esprit des Institutions militaires*, in-8°, dont il y eut une seconde édition l'année suivante. On lui doit en outre un *Xénophon* et un *César*, puis un *Mémoire à l'empereur Napoléon sur les régiments frontières*, inséré dans la *Revue rétrospective* de janvier 1835, et un *Rapport sur l'ouvrage de M. Charles Dupin ayant pour titre Voyage en Angleterre*, etc.; in-8°. Depuis 1828 le maréchal s'occupait de la rédaction de ses *Mémoires*. En mourant il recommandait à un ami le respect dû à ces pages. Par son testament, il ordonnait que ce livre fût publié, « sans y apporter aucun changement, même sous prétexte de correction de style; sans souffrir ni augmentation dans le texte, ni diminution, ni suppression quelconque. » Par ce même testament, le duc de Raguse fit donation au musée de Châtillon-sur-Seine, sa ville natale, de toutes ses décorations, de ses nombreuses cartes de campagne, et d'un portrait du duc de Reichstadt à l'aquarelle, au bas duquel le prince a écrit de sa main ces quatre vers de Racine, avec une légère variante :

> Arrivé près de moi, par un zèle sincère,
> Tu me contais alors l'histoire de mon père.
> Tu sais combien mon âme, attentive à ta voix,
> S'échauffait aux récits de ses nobles exploits.

Quatre ans après la mort de Marmont, l'éditeur Perrotin fit paraître les *Mémoires du duc de Raguse de 1792 à 1832*, imprimés sur le manuscrit original de l'auteur avec portraits et facsimilé; Paris, 1856, 8 vol. in-8°. « *Les Mémoires du duc de Raguse*, dit M. Cuvilier-Fleury, ne sont pas seulement le monument de l'orgueil, c'en est le triomphe; et je ne sais rien de plus déconcertant pour la sagesse humaine, de plus décourageant pour la modestie, de plus corrupteur et de plus amusant qu'un pareil livre .. Marmont est un glorieux, mais un glorieux exclusif et intolérant. L'orgueil est sa foi et son culte. C'est un amoureux de lui-même tourné en misanthrope. C'est un idolâtre briseur d'images. L'orgueil chez quelques-uns se sert volontiers du mérite d'autrui, s'y ajuste et s'en accommode; chez le duc de Raguse il s'en effarouche et s'en irrite. Je sais que Marmont passait pour un homme aimable. Il raconte bien que dans la Croatie turque, quand une mère voulait faire peur à son enfant, elle lui disait : *Tais-toi! Marmont va venir;* mais ce renom de croquemitaine s'appliquait au commandant militaire; l'homme privé était moins terrible. Ceux qui l'ont connu dans l'intimité lui rendent à l'envi ce témoignage. Ses subordonnés l'aimaient; ses officiers lui ont gardé un souvenir fidèle. Le comte Lavalette, condamné à mort en 1815, et qui dut la vie au dévouement de sa femme, trouva l'amitié de Marmont aussi courageuse que secourable. Quand vinrent les mauvais jours pour Marmont lui-même, pendant cet exil volontaire qu'il s'imposa jusqu'à sa mort, M. Saint-Marc Girardin le vit à Vienne, et il fut frappé de son amabilité, de sa bonne grâce, du charme piquant et sérieux de son entretien. M. Sainte-Beuve, qui avait lu le manuscrit des *Mémoires*, en avait tiré cette impression sur le compte du duc de Raguse, que c'était une nature vive, mobile, sincère, intelligente, bien française, un peu glorieuse, mais pleine de générosité et même de candeur. Comment le duc de Raguse, en dépit de ces dehors agréables, avait-il gardé au fond de son âme, sans en laisser rien paraître, ce fiel qu'il a distillé goutte à goutte dans un écrit destiné à une publication posthume, fiel qui déborde dans son livre en flots d'amertume et de médisance?... Il est absurde de supposer que ce vieillard illustre n'ait pris la plume, quand il s'est résigné à écrire, que pour jeter le mépris à ses anciens compagnons d'armes, sans autre but que de leur nuire. Je crois plutôt qu'en repassant sa longue histoire, il a trouvé que la fortune ne l'avait pas toujours traité selon son mérite et qu'il a voulu regagner après sa mort, aux dépens de tous, et à une hauteur que sa renommée n'avait pu atteindre, ce niveau vainement cherché pendant sa vie... Il est à la fois plein de ressentiment contre la fortune et de jalousie contre les hommes. Il a beaucoup d'orgueil et peu de pitié. C'est par là, et non par une rage posthume de diffamation, que s'explique ce dénigrement infatigable qui s'applique pres-

main du dauphin, qui eut trois doigts entamés. Le dauphin appelle, et fait arrêter le maréchal. Le roi, apprenant cet esclandre, envoya le duc de Luxembourg rendre l'épée au maréchal. Celui-ci la refusa, et demanda d'être jugé par un conseil de guerre. Enfin, sur les instances du duc de Luxembourg, il consentit à reprendre son épée, se rendit auprès du roi, et se raccommoda avec le dauphin. Depuis le duc de Raguse ne voulut plus donner aucun ordre.

(1) Marmont envoya de l'étranger son serment au roi Louis-Philippe, en 1830, ce qui l'autorisait à conserver son rang de maréchal de France. Néanmoins, son nom ne figura plus sur la liste officielle des maréchaux, et il ne comptait pas dans le cadre déterminé par la loi.

que indifféremment à tous les hommes qui ont eu des rapports avec lui, à ses égaux, à ses supérieurs, et parmi ces derniers au plus grand de tous. On est habitué à ne voir dans le duc de Raguse qu'une triste victime de la fatalité qui se plaint justement des rigueurs du sort. Je vois plutôt en lui un grand ambitieux qui croit avoir manqué son but... Cette médisance systématique qui remplit son livre, ce n'est pas un besoin de représailles posthumes qui l'inspire; c'est calcul d'orgueil et prétention de prééminence. Il ne se venge pas, il se compare. Il ne voudrait pas calomnier ses compagnons d'armes, mais les annuler; plus intolérant que méchant, moins diffamateur qu'égoïste, ayant plus de mépris pour ses rivaux que de haine pour ses ennemis. »

Comme homme de guerre, Marmont, au dire d'un juge compétent, exécutait mal ce qu'il avait supérieurement conçu. « Marmont, dit encore M. Cuvilier-Fleury, a beaucoup d'esprit : il conçoit bien ; il a des idées surtout, des précédents à citer à l'appui de toutes ses idées; une bibliothèque de campagne, composée de livres de choix, le suit en tout lieu, mêlée à son bagage de guerre... S'il ne faut que mettre le sabre à la main, Marmont est le plus héroïque des hommes; il l'a bien prouvé, soit dans la retraite de Leipzig, soit pendant cette bataille de Paris, où nous le voyons combattre toute une journée le bras droit en écharpe, tenant son épée entre les trois doigts restés libres de sa main gauche. Mais s'il s'agit d'une grande manœuvre à débrouiller sur un terrain disputé; s'il faut prévoir, combiner, correspondre, s'appuyer ou se rallier, opérer par détachements ou par masse, dans cette stratégie complexe du commandement en chef, où Napoléon est un maître, le duc de Raguse n'est souvent qu'un héroïque écolier. Il hésite, soit crainte de la responsabilité, soit incertitude d'esprit, après s'être engagé par entraînement d'orgueil, de courage ou d'insubordination; tantôt emporté par sa confiante ardeur, qui s'obstine à ne consulter qu'elle-même, tantôt flottant entre toutes les solutions que sa féconde imagination lui suggère. » Napoléon le consulta pourtant plusieurs fois sur ses plans. « Mon cousin, lui écrivait-il de Dresde, le 13 août 1813 au soir, voici le parti que j'ai pris. Si vous avez quelques observations à me faire, je vous prie de me les faire librement. » Marmont répondit par des lettres qu'il a imprimées, et qui sont des chefs-d'œuvre; l'empereur n'en tint pas compte, et le duc de Raguse a pu dire de Napoléon : « Il a mis une plus grande et une plus constante énergie à se détruire qu'à s'élever. »

« Marmont triomphait, dit M. Rapetti, dans ces relations qu'on nomme la vie du monde. Il avait une physionomie noble, animée, spirituelle. Il était instruit et fourni d'anecdotes sur tous les sujets. Il racontait avec charme; il étonnait, il captivait. Sa supériorité, très-apparente, inspirait le respect... Il avait de plus cette prodigalité qui semble de la libéralité à ceux qui reçoivent, et ce désir constant de faire montre de son pouvoir que les solliciteurs prennent aisément pour de l'obligeance. Il était bon sans discernement, et les intrigants le vantaient. Certes il blessait par sa hauteur; mais ceux même qu'il offensait ainsi, il savait se les concilier par l'ascendant d'un caractère dont l'extrême fierté relevait encore plus qu'elle ne les déparait les qualités aimables ou brillantes. Napoléon l'avait appelé *Marmont I*er. Il plaisait surtout aux femmes, et partout où il y avait une réunion féminine il se trouvait pour lui plusieurs sortes de défenseurs... Il admettait d'ailleurs des excuses pour toutes les situations. Il honorait les hommes sincères et loyaux de tous les partis. Ceux qui étaient restés fidèles à l'empereur avaient bien fait; ceux qui l'avaient quitté avaient cru remplir un devoir dont leur conscience était juge. Il ne demandait à personne de l'approuver. Il réclamait seulement de chacun le respect que lui-même professait pour toutes les convictions, pour tous les sacrifices, pour tous les malheurs... Marmont terminait un jour un de ses entretiens par ce mot à Lacretelle : « Je suis l'Œdipe des temps modernes; il y a toujours eu pour moi une fatalité qui m'a contraint à faire le contraire de ce que je voulais. » Comme commentaire à ce paroles, nous citerons le passage suivant de ses *Mémoires* : « Il est facile à un homme d'honneur de remplir son devoir quand il est tout tracé; mais qu'il est cruel de vivre dans des temps où l'on peut et où l'on doit se demander : Où est le devoir? Et ces temps je les ai vus, ce sont ceux de mon époque! Trois fois dans ma vie, j'ai été mis en présence de cette difficulté! Heureux ceux qui vivent sous l'empire d'un gouvernement régulier, qui placés dans une situation obscure ont échappé à cette cruelle épreuve! Qu'ils s'abstiennent de blâmer; ils ne peuvent être juges d'un état de choses inconnu pour eux. »

Marmont, dans ses *Mémoires*, s'appuyant sur une publication du général d'Anthouard, avait dit que les désastres de la campagne de 1814 étaient dus à une désobéissance du prince Eugène de Beauharnais, qui, songeant sans doute à un établissement possible pour lui en Italie avec l'appui des puissances étrangères, avait refusé de revenir en France avec l'armée qu'il commandait quand l'empereur l'avait rappelé, en novembre 1813. La famille du duc de Leuchtenberg réclama devant les tribunaux français une rectification aux *Mémoires du duc de Raguse*, que M. Perrotin, l'éditeur, leur refusait, en s'appuyant sur les droits et la liberté de l'histoire. Une brochure de M. Planat de La Faye et des recherches aux archives de la guerre démontrèrent clairement que Napoléon, loin d'avoir donné au vice-roi d'Italie l'ordre de revenir en novembre 1813, lui avait au contraire recommandé de se maintenir en Italie, où il avait en face de lui une armée formidable. C'est seulement le 17 janvier 1814 que, prévoyant la défection du roi de Naples, il écrit au prince Eugène de reculer dans ce cas jusque sur les Alpes. Mais le 19 février, après ses victoires de Champ-Aubert, de Montmirail et de Vaux-Champs, il envoie le comte Tascher porter au vice-roi un contre-ordre formel. Napoléon pense qu'en apprenant ses succès Murat ne bougera pas, et en même temps il fait dire au maréchal Augereau, qui était à Lyon, de se lancer jusqu'à Genève et dans le pays de Vaud. Ainsi en supposant, comme le prétend le duc de Raguse, que Napoléon ait eu tort de se priver pour sa campagne de France des hommes que le prince Eugène avait en Italie, la faute n'en saurait rejaillir sur le prince Eugène. C'est ainsi que l'affaire fut jugée en première instance, le 24 juillet 1857, et confirmée en appel à Paris en 1858, par un arrêt qui ordonna à M. Perrotin d'insérer à la suite des *Memoires* de M. le duc de Raguse les documents rectificatifs fournis par la famille du duc de Leuchtenberg et recueillis par M. Planat de La Faye.

La duchesse de Raguse, dont le maréchal se plaint beaucoup dans ses *Mémoires*, mourut à Paris, le 27 mai 1857. Bibliophile distinguée, elle laissa une bibliothèque de 800 volumes choisis, qui se vendirent à peu près 40,000 fr. Parmi ces ouvrages, tous de reliures remarquables, on cite les *Cerémonies et Coutumes religieuses de tous les peuples*, figures de S. Picart, en 13 vol. in-fol. (reliure ancienne), qui montèrent à 1,500 fr., un Bayle qui se vendit 800 fr., un Voltaire, édition de Kehl, avec figures de Moreau, qui monta à 710 fr.; les classiques à l'usage du dauphin, adjugés 705 fr.; un *Telemaque* relié par Derosne, avec figures peintes à la gouache, vendu au prix de 395 fr., etc. L. LOUVET.

Marmont *Mémoires*. — L. de Loménie, *Galerie des Contemp. illustres*, tome V. — *L'Illustration*, 20 mars 1852. — Sarrut et Saint Edme, *Biogr. des Hommes du Jour*, tome I, 2e partie, p. 158 — *Biogr. nouv. des Contemp.* — *Biogr. univ. et portat. des Contemp.* — Thiers, *Hist. de la Revol. franç.*, et *Hist. du Consulat et de l'Empire*. — Vaulabelle, *Hist. des deux Restaurations* — Lamartine, *Hist de la Restauration*. — *Memorial de Sainte Hélène*. — Méneval, *Napoléon et Marie-Louise, souvenirs historiques*. — *Memoires tires des papiers d'un homme d'Etat* — Fabvier, *Journal des Operations du 6e corps pendant la campagne de France en 1814*. — Bourrienne, *Memoires* — Duc de Rovigo, *Memoires*. — Ducasse, *Correspondance du roi Joseph*. — De Pradt, *Du Retablissement de la Royauté* Baron Fain, *Manuscrit de 1814* *Victoires et Conquêtes des Français*. — Pons de l'Herault, *Bataille et capitulation de Paris* — *Le marechal Marmont, duc de Raguse, devant l'histoire*. — — Constant *Memoires* Elias Regnault, *Hist. de Napoleon*. — Ernouf, *Hist. de France sous Napoleon*. — Mauduit, *Derniers Jours de la grande Armee*. — Général Pelleport, *Souvenirs* — Gourgaud, *Bourrienne et ses erreurs*. — Veron, *Mem. d'un bourgeois de Paris*, tome II, ch. VII — Châteaubriand, *Mem. d'outre-tombe*. — Sainte-Beuve, *Causeries du lundi*, tome VI. — Cuvillier-Fleury, *Dernières etudes histor. et litter.*, tome II, p. 120. — Rapetti, *La defection de Marmont en 1814*. — Planat de La Faye *Le prince Eugène en 1814*. — Tascher de la Pagerie, article dans le *Moniteur* du 8 mars 1858. — Laurent, de l'Ardèche, *Refutation des Memoires du duc de Raguse*.

MARMONTEL (*Jean-François*), poete, romancier et critique français, né à Bort, p du Limousin, le 11 juillet 1723, mort à Ab (Eure), le 31 décembre 1799. Sa famille était scure et pauvre. Un prêtre lui donna l'instruction primaire, et à l'âge de neuf ans il fut envoyé au collége des Jésuites à Mauriac. A quinze ans, ayant achevé sa rhétorique, il se rendit à Clermont, où il fit son cours de philosophie et pourvut à son entretien en donnant des leçons à ses camarades de collége qui étaient moins avancés que lui. Il vint ensuite à Toulouse, où les jésuites cherchèrent à le faire entrer dans leur société. Son début dans la carrière des lettres fut une ode, envoyée aux Jeux floraux, sur l'*Invention de la poudre à canon*; mais n'obtint ni prix ni accessit; et, dans son ressentiment, il écrivit à Voltaire, qui, « pour le consoler, lui envoya, dit-il, un exemplaire de ses œuvres corrigé de sa main ». L'année suiv Marmontel, plus heureux, fut couronné par l'Académie de Toulouse. Alors, Voltaire le p de se rendre à Paris, où il lui promit sa protection. Le jeune lauréat partit en litière, sous l conduite d'un honnête muletier; il ne possédait que 50 écus; il se mit à traduire en vers, pendant un long trajet, la *Boucle de cheveux enlevée*, poeme de Pope, qu'à son arrivée dans l capitale il vendit 100 écus à un libraire, et c fut sa première publication : il avait vingt-t ans (1746). La misère ne tarda pas à venir s la gloire. Marmontel a retracé, dans ses *moires*, les tristes embarras de sa position. même année, il entreprit avec Bauvin, l'auteur de la tragédie des *Chérusques*, un journal intitulé *L'Observateur littéraire*. « Nous n'a ni fiel ni venin, dit Marmontel, et cette fe eut peu de débit. » L'Académie Française mis au concours, en 1745, ce sujet, qui ques années plus tard eût été pis qu p gramme : *La Gloire de Louis XIV perpetuée dans le roi son successeur*. Heureusement l concours s'ouvrait après la bataille de Fonte Marmontel fut couronné. Peu de j Voltaire partit pour Fontainebleau, emportant avec lui deux ou trois douzaines d'exemplaires de l'œuvre de son protégé; et « à son retour, r conte Marmontel, il me remplit mon cha d'écus, en me disant que c'était le prod la vente de mon poëme ». Le protégé ne attendre au protecteur un témoignage de sa re connaissance. La même année (1746), il do une édition de *La Henriade* avec les *Varian* et une *Preface* qui depuis a été réimprimée à l tête de plusieurs autres éditions. Voltaire ava conseillé à Marmontel de travailler pour l scène. En 1748, Marmontel fit représenter *Denys le Tyran*; en 1749, *Aristomène*, et 1750, *Cleopâtre*, trois tragédies en et en vers, qui, sans être restées au occupèrent vivement l'attention publique. Crébillon était vieux, Voltaire vi aucun auteur tragique ne er. Marmontel venait de débuter à vingt-ans. Les éloges lui furent prodigués, et ne temps les critiques ne lui manquèrent. Un incident singulier marqua la première ntation de *Cléopâtre*. Le célèbre Vau- avait fabriqué un aspic automate, qui le mouvement et le sifflement d'un aspic. Alors (temps heureux pour les auteurs) défendu au parterre de siffler, et les sol- gardes françaises faisaient exécuter le nt. En s'élançant au sein de *Cléopâtre*, siffla : c'était le dénoûment; et quand fut baissée : *Que pensez-vous de la* demanda-t-on à un homme d'esprit. uis, répondit il, *de l'avis de l'aspic*. Ce fortune, et tua la pièce; il a fourni de- sujet d'une épigramme au poete Le-). La Harpe, qui dans son *Cours de Lit-re* a consacré 70 pages à l'examen des remières tragédies de Marmontel, fait un and éloge de celle des *Heraclides*, qui en 1752, que six représentations.

eureux sur la scène tragique, Marmontel : Rameau, deux opéras (*La Guirlande* et *le et Céphise*), qui furent joués en 1751, le succès n'eut rien d'éclatant. Le poete musicien aimaient également à célébrer s événements du temps. Marmontel ve- chanter, dans *Acanthe et Céphise*, la ce du duc de Bourgogne : il publia un héroïque sur l'*Établissement de l'École re* (1751), et des *Vers sur la convales- du Dauphin*, en 1752. Une nouvelle e, *Egyptus*, ne fut jouée qu'une fois et l'auteur ne l'a pas fait imprimer. La année encore deux autres opéras (*Lysis e et Les Sybarites*), mis en musique par u, n'obtinrent qu'un succès médiocre. La année enfin, Marmontel chanta la *Nais- du duc d'Aquitaine* : le poeme ne vécut pas gtemps que le prince, mort avant d'avoir l'âge de six mois. Marmontel était infati- mais la gloire se faisait attendre et la ne venait pas. Cependant, il était bien ez Mme de Pompadour; elle lui comman- legers travaux. Le docteur Quesnay, s économistes, lui faisait corriger, pour la marquise, une de ses épîtres dédi- au roi. L'abbé de Bernis le chargeait de confidentiellement quelques parties de ses diplomatiques. Marmontel trouva ces ecrets mal récompensés. Cependant il mme secrétaire des bâtiments en 1753. n de ses moments d'embarras, il ima- faire imprimer un *Choix d'anciens res*; et, aidé de Suard et de Coste, il en 08 vol. in-12 (de 1757 à 1764). Ce fut aire à la marquise de Pompadour qu'il se de retoucher le *Venceslas* de Rotrou (1759), travail ingrat et sans gloire, mais qui ne fut pas sans désagrément. Le Kain, qui détes- tait Marmontel, s'obstinait à jouer le rôle de La- dislas avec les changements par lui demandés à Colardeau : c'est ce que Marmontel appelle *une noirceur, une insolence inouïe*. Une vive querelle s'engagea, et fut apaisée *par ordre*. Paris était en rumeur, car à cette époque les événements politiques fixaient peu l'attention du public, et une tragédie, une séance académique, une chanson, une intrigue de coulisses, pou- vaient occuper longtemps et la cour et la ville.

ns sa vieillesse (1784), Marmontel retravailla la en changea le dénoûment; mais elle n'eut que représentations.

Enfin, les *Contes moraux* commencèrent à paraître en 1756 (première édition particulière, 1761). Bientôt leur succès immense s'étendit dans les deux mondes. Souvent réimprimés, ils furent traduits en allemand, en hongrois, en da- nois, en anglais, en italien, en espagnol. Voici l'origine de ces contes. Boissy, auteur drama- tique, tombé dans l'indigence, venait d'obtenir le privilége du *Mercure*; il n'avait rien trouvé dans les cartons, et ne savait comment remplir son premier cahier : il eut recours à Marmontel, qui écrivit et lui donna ses premiers *Contes moraux*; et comme un bienfait n'est jamais perdu, il arriva qu'en les publiant Boissy fit à Marmontel plus de bien que Marmontel ne lui en avait fait lui-même. Ce dernier devint l'auteur à la mode. Il lisait, avant leur impression, ces productions légères aux dîners de Mme de Brionne, aux petits soupers de Mme Geoffrin. Bientôt les *Contes* de Marmontel furent une mine féconde exploitée pour le théâtre par Favart, Voisenon, Rochon de Chabannes, Desfontaines, etc.; et comme l'auteur des *Lettres persanes* avait eu un troupeau d'imitateurs, l'auteur des *Contes moraux* eut aussi le sien. La critique s'éveilla : Palissot, ardent ennemi de Marmontel, déprécia trop le conteur; mais plus tard l'abbé Morel- let, dans son *Éloge de Marmontel*, lui donna un rang trop élevé dans la littérature; et aujour- d'hui les *Contes moraux* ont beaucoup perdu du succès prodigieux qu'ils avaient eu sous le règne de Louis XV.

Un nouvel opéra de Marmontel, *Hercule mourant*, n'avait que médiocrement réussi, en 1761. La même année, il avait envoyé au con- cours de l'Académie française *Les Charmes de l'Étude, épître aux poètes* : cette pièce troubla et divisa les quarante. Lucain y était mis au- dessus de Virgile; Boileau n'était qu'un copiste, qu'un *miroir qui a tout répété*. Le scandale devint grand; Marmontel l'emporta sur Thomas et Delille : il fut couronné. Il se présenta bientôt pour entrer à l'Académie. Mais alors il venait de se faire un ennemi puissant dans le duc d'Au- mont, qui lui attribuait la fameuse parodie d'une scène de *Cinna*, dans laquelle le premier gen- tilhomme de la chambre était tourné en ridicule : ce furent donc, non les portes de l'Académie, mais celles de la Bastille qui s'ouvrirent pour Marmontel, sous le régime des lettres de cachet.

Cependant l'écrit satirique n'était pas l'ouvrage de Marmontel, mais celui de Cury, intendant des Menus-Plaisirs. Le prisonnier n'avait qu'à dire un mot, il était relâché; mais l'intendant des Menus-Plaisirs eût perdu sa place : Marmontel se tut, à ses risques et périls, *action*, dit l'abbé Morellet, *dont on peut le louer autant que de son meilleur ouvrage;* car elle lui fit perdre, avec sa liberté, le privilége du *Mercure* (qu'il avait obtenu après la mort de Boissy), c'est-à-dire 15 à 18,000 livres de rente. » Redevenu bientôt libre, Marmontel se hâta de mettre la dernière main à sa *Poetique française;* 1763, 3 parties in-8°. Mairan disait : « C'est un pétard mis par l'auteur sous la porte de l'Académie, pour la faire sauter, si on la lui ferme. » Ce pétard fit beaucoup de bruit. Fréron et Palissot ne furent pas les seuls qui crièrent à l'*hérésie en matière de goût*. Boileau, Racine, le poëte Rousseau étaient vivement critiqués; mais Watelet se trouvait considérablement loué. Néanmoins l'explosion du pétard ouvrit à Marmontel les portes de l'Académie, le 22 décembre 1763. La traduction en prose de *La Pharsale* parut en 1766. Marmontel l'avait commencée à la Bastille. En 1767 il publia son *Belisaire*. Peu de livres ont fait autant de bruit; si ce n'est pas le chef-d'œuvre de l'auteur, c'est incontestablement de tous ses ouvrages celui qui a le plus contribué à étendre sa réputation. Marmontel avait lu un fragment du *Bélisaire*, avant sa publication, à l'Académie Française, en présence du prince héréditaire de Brunswick. L'impératrice Catherine II en traduisit un chapitre, et fit traduire les autres en russe. Il en parut des versions dans presque toutes les langues de l'Europe, et même en grec moderne (Vienne, 1783, in-8°). Plusieurs souverains, Catherine II, le roi de Pologne Stanislas, Louise-Ulrique, reine de Suède, Gustave, prince royal, et autres illustres personnages, écrivirent à l'auteur des lettres flatteuses, qu'il fit imprimer.

La Sorbonne se souleva; elle censura l'ouvrage. Voltaire publia quatre ou cinq pamphlets, où il immolait à la risée publique les ennemis de Marmontel, sans oublier les siens. La Sorbonne, dans un *Indiculus*, que Voltaire appelait *Ridiculus*, avait trouvé trente-sept impiétés dans le roman politique de Marmontel. C'était le chapitre XV sur la *tolérance* qui avait soulevé les docteurs. La censure de la Faculté de Théologie forme un volume de 231 pages. L'archevêque de Paris, Christophe de Beaumont, qui avait condamné l'*Émile*, condamna *Belisaire*, comme contenant des propositions *impies*, *respirant l'hérésie*. Le mandement fut lu au prône dans toutes les églises de la capitale. Marmontel avait cru prudent d'aller boire les eaux de Spa, d'où il écrivait : « J'ai pour moi les têtes couronnées : que m'importe ..., etc. » La guerre était acharnée entre les philosophes et les théologiens. Le sage Turgot lui-même était entré dans la lice. Les pamphlets, les épigrammes, les caricatures multipliaient; le gouvernement crut devoir [in]terposer son autorité, et la querelle se term[ina] plus heureusement pour Marmontel qu'il ne l'a[vait] espéré : il fut nommé historiographe de Fra[nce].

Il fit aussi des opéras comiques, qui eu[rent] un grand succès. C'est avec *Le Huron* que G[ré]try commença sa réputation (1768); elle s'é[ten]dit rapidement avec *Lucile*, *Sylvain*, *L'Ami [de] la maison*, *Zémire et Azor*, *La fausse [Ma]gie*, etc. Marmontel composa encore pour Gr[étry] d'autres poëmes dramatiques. Il fit pour Pic[cinni] *Didon*, *Pénélope*, *Le Dormeur éveillé;* il r[efit] pour le même musicien deux opéras de Quin[ault] *Roland* et *Atys*. Il écrivit son *Démophoon* p[our] Cherubini, et publia de nouveaux *Contes* [mo]*raux*, qui n'eurent pas le succès des premi[ers]. Enfin, pour justifier un peu son titre d'histo[rio]graphe, il fit imprimer, en 1775, une *Lettre* [sur] *le sacre de Louis XVI*. En 1773 parur[ent les] *Incas*, espèce de poëme en prose, qui est c[omme] une suite de *Bélisaire;* l'auteur y dével[oppe la] défense de la liberté des opinions relig[ieuses]. L'ouvrage avait été commencé à Aix-la-Chape[lle] en 1767; il fut dédié à Gustave III, roi de Suè[de], qui depuis longtemps entretenait des relati[ons] épistolaires avec l'auteur. *Les Incas*, sou[vent] réimprimés, ont été traduits en allemand, anglais et en russe. On trouve dans cet ouvr[age] une peinture éloquente du fanatisme, un bel é[loge] de Las Casas, des épisodes qui attachent le [lec]teur; et cependant le roman intéresse moins [que] l'histoire. Le style, trop uniforme, présente [une] continuité singulière de vers blancs de huit [syl]labes. Marmontel craignit d'abord une censure [ec]clésiastique : il en fut quitte pour des critiques [lit]téraires et pour des pamphlets aujourd'hui o[ubliés].

Parmi les nombreuses productions de ce [se]cond écrivain, on ne peut oublier ses *Élém[ents] de Littérature*; Paris, 1787, 6 vol. in-8° [et] in-12. Marmontel avait été chargé, dans [la] grande *Encyclopédie* de D'Alembert et Dide[rot] des articles sur la poésie et la littérature. Il cueillit ces articles, les étendit, les amélior[a], réunit en corps d'ouvrage, en conservant l'[ordre] alphabetique, mais en ajoutant à la fin une [table] méthodique, à l'aide de laquelle ce d[ictionnaire] peut être lu comme un traité de lit[térature gé]nérale, où les diverses parties se trouver[aient] placées dans leur ordre naturel. Ce bel ouvra[ge], résultat de trente années d'études et de trava[ux], est devenu pour Marmontel le fondement le [plus] solide de sa gloire littéraire. L'abbé Mor[ellet] n'hésite pas à mettre le *Cours* de La Harpe au-dessous des *Elements* de Marmontel : « [Le] premier, dit-il, fait d'excellents écoliers; le [se]cond forme des maîtres. » Ce jugement d'un [col]lègue, d'un parent et d'un vieil ami, a [été con]firmé par Palissot lui-même, implacable [détrac]teur de Marmontel (1).

(1) On retrouve encore dans le *Dictionnaire de Gr*

Après la mort de D'Alembert, secrétaire perpétuel de l'Académie Française, Marmontel avait été élu son successeur (1783). Il avait épousé, à l'âge de cinquante-cinq ans, une nièce de l'abbé Morellet, Mlle de Montigny, dont il eut quatre enfants.

Marmontel donna lui-même une édition de ses *Œuvres*; Paris, 1786-87, 17 vol. in-8° et in-12. Il a paru depuis 14 volumes d'*Œuvres posthumes* dans les mêmes formats. En 1789 il fut nommé membre de l'Assemblée électorale de Paris. Il eut pour concurrent à la députation aux états généraux l'abbé Sieyès, qui lui fut préféré. En 1791 et 1792, après la suppression des Académies, il fit de *Nouveaux Contes moraux*. Pendant le règne de la terreur (1793-1794), il vécut caché à Couvicourt et à Abloville, dans le département de l'Eure; et, « pour se *distraire*, dit-il, par d'*amusantes rêveries*, il se mit à faire encore des *Contes moraux*. » Mais il convient lui-même que ces *rêveries* ne sont *pas amusantes*, qu'elles se ressentent de son *âge* et *des circonstances du temps*. En 1797, il fut nommé membre du Conseil des Anciens par le corps électoral de l'Eure. Il prit place parmi les membres les plus modérés de cette assemblée, et parut suspect de royalisme. Son élection fut annulée au 18 fructidor; mais il ne fut d'ailleurs l'objet d'aucune mesure de rigueur, et rentra tranquillement dans sa solitude. Il reprit la rédaction des *Mémoires d'un Père, pour servir à l'instruction de ses enfants*; il mit en ordre les *Leçons d'un Père à ses enfants* sur la langue française, sur la logique, sur la métaphysique, sur la morale. Il mourut des suites d'une attaque d'apoplexie, le dernier jour du dix-huitième siècle.

Marmontel fut le meilleur élève de Voltaire, un élève laborieux et honnête, qui n'eut ni l'esprit ni la licence du maître. Il toucha comme lui à tous les sujets, mais il ne fut supérieur dans aucun, et peu de ses ouvrages méritent encore d'être lus. Ils sont très-nombreux. Les 18 volumes de ses *Œuvres posthumes*, in-8° et in-12, contiennent : 1° un nouveau recueil de *Contes moraux*, 4 vol.; 2° les *Mémoires*, 4 vol., divisés en 20 livres et qui s'étendent jusqu'en 1795 : ils sont curieux pour l'histoire littéraire du temps; 3° les *Leçons d'un Père*, etc., 4 vol. : on y trouve le savant et le philosophe, des paradoxes et des idées utiles; 4° les *Mémoires sur la régence du duc d'Orléans*, 2 vol., ouvrage bien fait et bien écrit. Mais on remarque qu'après avoir averti le lecteur qu'il fallait se défier des *Mémoires* de Saint-Simon, il ne s'en est pas assez défié lui-même, et on lui a reproché de n'être pas toujours juste envers Louis XIV et Mme de Maintenon. Marmontel n'avait pu rester neutre dans la grande guerre musicale qui partagea longtemps Paris et la France, entre les piccinistes et les gluckistes. Chef, avec La Harpe, de la faction italienne, il avait publié, en 1777, un *Essai sur les Révolutions de la Musique en France*; il fut bientôt attaqué à outrance, et tous les jours, par les chefs de la faction allemande, l'abbé Arnaud et Suard (1). Les passions étaient enflammées; dans le fanatisme de l'enthousiasme, Marmontel composa, sous le titre de *Polymnie*, son plus long ouvrage en vers, une satire en douze chants; l'abbé Arnaud y était peint ou défiguré sous le nom de *Trigaud*, Suard sous le nom de *Finon*. Marmontel ne livra à l'impression que les trois premiers chants, dans l'édition qu'il donna de ses *Œuvres*, en 1786; ce n'est qu'en 1818 que l'ouvrage parut, incomplet encore, en dix chants. On y trouve des beautés de détail, mais peu ou point d'imagination, et l'auteur ne s'est pas trompé en disant : « J'aurais pu, je l'avoue, mieux employer mon temps. » Un autre poëme posthume, dans le genre de *La Pucelle*, et intitulé *La Neuvaine de Cythère*, a été imprimé, 1820, in-8°. C'est une débauche d'esprit. L'abbé Morellet en possédait seul une copie, et il s'était gardé de la publier.

Outre ces ouvrages, on cite encore de Marmontel : l'*Apologie du Théâtre*, contre Rousseau, qui fut aussi réfuté par D'Alembert, et qui, matériellement vaincu, conserva dans sa défaite les honneurs du triomphe; — les *Chefs-d'œuvre dramatiques* (de Mairet, Du Ryer et Rotrou), avec un commentaire, 1775, in-4°; — *De l'autorité de l'usage sur la langue*; 1785, in-4°; — plusieurs *Discours sur l'Éloquence; sur l'Histoire; sur l'Espérance de se survivre; sur le libre Exercice des cultes*; — une *Apologie de l'Academie Française*; 1792, in-8°; — un *Éloge de Colardeau*; — une *Esquisse de l'Éloge de D'Alembert*, etc. Il avait paru une édition des *Œuvres complètes* de Marmontel donnée par lui-même, en 17 vol. in-8° et in-12 M. de Saint-Surin en publia une nouvelle en 1818, Paris, 18 vol. in-8°. L'auteur de cet article en donna une autre plus complète, 1819 1820, 7 vol. in-8°. Celle qui a été publiée par le libraire Coste, 1819, 18 vol. in-12, et qui a reparu avec de nouveaux titres, en 1826, est d'une exécution médiocre Nous citerons enfin les *Œuvres choisies* de Marmontel; Paris, 1824-27, 12 vol. in-8°, fig. [VILLENAVE, dans l'*Encyclop. des Gens du Monde*].

Marmontel, *Memoires d'un Père, pour servir à l'instruction de ses enfants*. — Morellet, *Éloge de Marmontel*; Paris, 1805, in-4°. — Villenave, *Notice sur les ou-*

moire et de Littérature, extrait de l'*Encyclopédie* (par Beauzée et Marmontel, 1779, 6 vol. in-8°), les articles que ce dernier a refondus dans ses *Elements*.

(1) Il y eut de part et d'autre beaucoup d'épigrammes échangées. On a retenu celle d'Arnaud contre Marmontel :

Certain conteur, d'amour-propre gonflé,
Quoiqu'aux *Incas* tout le monde ait ronflé
Se croit pétri d'une divine pâte.
Ce monsieur-là dont, pour peu que l'on tâte,
On a bientôt plus que satiété,
Dont les mardis de Vaines nous embâte,
Refait Quinault, joint le mort au vivant,
Le lit partout, et puis tout bonnement
Croit qu'il a fait les opéras qu'il gâte.

vrages de Marmontel; Paris, 1820, in-8°. — Saint-Surin, *Notice sur Marmontel;* Paris, 1824, in 8°. — Voltaire, *Correspondance.* — Grimm, *Correspondance littéraire.* — La Harpe, *Lycée, Correspondance adressée au grand-duc de Russie.* — De Barante, *Discours sur la Littérature pendant le dix-huitième siècle.* — Sainte-Beuve, *Causeries du lundi,* t. IV.

MARMONTEL (*Louis-Joseph*), littérateur français, fils du précédent, né à Paris, le 20 janvier 1789, mort à New-York, le 16 décembre 1830. Privé de son patrimoine à la suite de la révolution, il traîna longtemps une existence misérable en France. En 1819, il fit saisir une édition d'un poëme de son père, intitulé *Polymnie*, donnée par Fayolle, et que l'auteur avait dans son testament défendu d'imprimer. Marmontel fils perdit son procès. Deux ans après il publia lui-même ce poeme de *Polymnie*, et la *Neuvaine de Cythère*, poeme licencieux également condamne par son auteur à rester inédit. Toujours sans ressources, Marmontel fils s'embarqua dans une expédition que la philanthropie envoyait à Guazacoalco. Chassé du Mexique, il parcourut les États-Unis, et vint mourir de misère dans un hôpital de New-York. On trouva quelques pièces de vers de lui dans son portefeuille. J. V.

Henrion, *Annuaire Biographique.*

MARMORA (*Andrea*), historien italien, né à Corfou, vivait dans le dix-huitième siècle. Il était d'origine patricienne, et a laissé une *Historia di Corfù, libri VIII*, Venise, 1672, in 4°, pl., qui est encore utile à consulter après celle du cardinal Querini. P.

Banduri, *Biblioth. Nummaria.*

MARMORA. *Voy.* LA MARMORA.

MARMOUTIERS (*Jean* DE). *Voy.* JEAN.

MARNE (*Jean-Baptiste* DE), historien flamand, né à Douai, le 26 novembre 1699, mort à Liége, le 9 octobre 1756. Fils d'un officier au service de France, il entra dans la Société de Jésus, en 1716. Après avoir professé les belles-lettres et la théologie dans plusieurs villes et rempli diverses missions, il fut nommé ministre à Namur; puis, appelé à Liége, il devint confesseur du prince-évêque Jean-Théodore de Bavière, et examinateur synodal du diocèse. Au bout de dix ans, il se retira au college de Liége On a de lui : *Le Martyr du secret de la confession, ou la Vie de saint Jean-Népomucène;* Paris, 1741, in-12; Avignon, 1820, in-18; — *Histoire du comté de Namur;* Liége et Bruxelles, 1754, in-4°. Paquot a donné de cet ouvrage estimé, souvent cité par les Bollandistes dans les *Acta Sanctorum Belgii*, une nouvelle édition, accompagnée d'une vie de l'auteur, d'une liste chronologique des comtes de Namur, et de notes historiques et critiques; Bruxelles, 1781, 2 part. en 1 vol. in-8°. On trouve dans le *Bulletin du Bibliophile belge*, tom. VII, p. 451, une lettre adressée, le 15 août 1753, par de Marne à Plubeau, procureur général au conseil provincial de Namur, pour le consulter sur un passage de l'histoire du comté de Namur. Le révérend père exprime ainsi la cause de ses doutes : « Il y a des choses vrayes qu'il ne faut pas toujours dire, quand elles ont rapport aux démêlés des princes. »

De Marne avait entrepris une *Histoire du pays de Liége*, que la mort ne lui a pas permis de continuer. E. REGNARD.

Paquot, *Mémoires*, X. — *Œuvres complètes* du baron de Stassart; Bruxelles, 1854, in-8°, p. 428. — Becdelièvre, *Biogr. liegeoise.*

MARNE (*Jean-Louis* DE), ou DEMARNE, peintre français, né en 1744, à Bruxelles, mort le 23 mars 1829, à Batignolles, près Paris. Fils d'un officier qui était entré au service de l'empereur d'Allemagne, il refusa de suivre le métier des armes, et vint à Paris étudier la peinture dans l'atelier de Briard, où il passa des années. Après avoir concouru vainement pour le prix de Rome, il peignit en 1784, dans la manière de Karel Dujardin, un paysage avec animaux qui le fit recevoir à l'Académie royale de Peinture. Sous la république il se vit obligé de travailler, pour vivre, à la manufacture de Sèvres. « Ses peintures en souffrirent, dit M. Charles Blanc. Sa touche, de spirituelle qu'elle était, devint fondue à l'excès, et il tomba dans cette manière qu'on a si justement décriée sous le nom de manière *porcelaine*. Son talent, d'abord si naïf et si frais, se ressentit de ce déplorable abandon. Devenu producteur infatigable, il fut amené à se copier lui-même, et dut retourner de mille manières les mêmes idées. » Quelques mois avant sa mort, il obtint la croix de la Légion d'Honneur. Cet artiste a essayé tous les genres, et dans plusieurs, le paysage surtout, il témoigna d'heureuses inspirations. Ses nombreux tableaux montrent en général de la facilité, une impression naïve, quoique sans profondeur, un talent d'observation rempli de finesse; comme peintre il se rattache à l'école flamande, dont il a tour à tour les principaux représentants. Marne a aussi gravé à l'eau-forte, avec beaucoup d'esprit, de grâce et de couleur, une quarantaine de pièces d'après ses propres dessins.

Un autre artiste du même nom, *Louis-Antoine* DE MARNE, né en 1675, mort en 1755 à Paris, a exercé la double profession d'architecte et de graveur. On a de lui : *Histoire sacrée de la Providence, tirée de l'Ancien et du Nouveau Testament, représentée en cinq cents tableaux;* Paris, 1728, 3 vol. in-4°, ouvrage d'une exécution médiocre, reproduit sous de nouveaux titres en 1757, 1767, 1810 et 1811; une suite de *cent une Statues*, les plus belles de l'antiquité. Il avait le titre de graveur du roi.

Statist. gener. des Belges. — Ch. Blanc, *Hist. des Peintres de toutes les écoles*, livr. 118. — Ch. Le Blanc, *Man. de l'Amat. d'Estampes.* — *Catalogue de la collection Vandenzande.*

MARNER (*Konrad*), minnesinger du treizième siècle. Dérivé du français (*marinier*) et souvent employé au moyen âge au lieu de l'allemand *meerfahrer*, le nom que nous donnons à ce personnage pourrait bien n'être qu'un surnom; mais il n'est jamais désigné autrement par écrivains contemporains, qui du reste nous apprennent sur lui fort peu de chose, tout en faisant fréquemment allusion à ses poésies. Nous savons, grâce à quelques vers de Rumelant et de Meissener, que Marner était d'origine souabe : était-il de noble extraction, c'est ce qui nous est impossible de décider : nous remarquerons seulement qu'il est représenté par le manuscrit Manesse dans une attitude des plus pacifiques, assis devant un grand feu et tenant un verre de bierre à la main : rien dans cette miniature ne révèle le chevalier. Il florissait pendant le grand interrègne (1250-1270), dont les troubles et les désordres lui inspirent cette exclamation : « Quand viendras-tu, cigogne, dévorer ceux qui dévorent l'Empire ou tout au moins les chasser dans leurs trous ! *Wann kommst du Storch*, etc. » Au temps où il écrivait étaient déjà morts beaucoup d'illustres minnesingers, Henri de Veldeke, Nithart, les deux Reinmar, et Walther von der Vogelweide, que notre poete appelle son maître. Une de ses chansons est adressée à Conradin, et doit avoir été composée avant la malheureuse expédition de ce jeune prince, c'est-à-dire avant 1268. Aucune indication ne nous permet de fixer, même approximativement, la date de sa mort.

Konrad Marner a traité des sujets fort variés : comme tous les minnesingers, il a célébré l'amour, les délices de mai, les chansons des petits oiseaux ; plusieurs de ses strophes sont adressées à Marie « mère de Dieu, reine du ciel, étoile de la mer » ; mais les plus nombreuses et les plus intéressantes ont pour objet les événements contemporains. Gibelin comme la plupart de ses compatriotes, il s'élève avec énergie contre les prétentions des papes et contre l'ambition des électeurs ecclésiastiques : « Qui vous a appris, évêques, à chevaucher ainsi sous le casque, à faire de votre bâton pastoral une lance meurtrière ? Vous avez subjugué le monde ! » Et ailleurs : « La crosse est devenue un glaive ! Ceux que Dieu avait revêtus de l'étole pour effacer les péchés des hommes ne se soucient guère de gagner des âmes ; c'est de l'or qu'il leur faut : *Die vehtent niht nach selen, nuwran nach golde.* » Marner était savant ; il connaissait le latin, et nous rencontrons au milieu de ses poésies allemandes ce curieux échantillon de son érudition classique :

> Fundamentum artium ponit grammatica,
> Ad methodi principia dat viam dyalectica,
> Duplici decorat sermonem rhetorica,
> Numeros distinguere scit arithmetica,
> Melos et thonos canere dulces nos docet musica,
> Geometer circinat, artem scit astrologia, etc...

Ainsi sont successivement définies, en une strophe de treize vers, la théologie, la physique, la médecine, la métaphysique, la nécromancie, l'alchimie, la jurisprudence, en un mot toutes les sciences cultivées au moyen âge. A plus forte raison notre minnesinger était-il familier avec toutes les légendes romanesques de son temps, ainsi qu'avec les fabuleuses inventions des bestiaires et des lapidaires. « J'ai chanté, dit-il, combien est douce la voix des syrènes et combien est terrible la colère du *cocatrix* (crocodile) ; j'ai chanté du griffon et du dragon et de la salamandre ; comment se partage le corps de la chimère, et comment la vipère vient au monde ; etc. » A l'en croire, il aurait chanté aussi de Titurel et du saint-Grâle, « de Krimhilde, et du fidèle Eckart ; du roi Ruther et de Dietrich de Berne » ; il aurait ainsi abordé tous les genres, et serait un des poetes les plus féconds du moyen âge ; mais il ne faut point s'exagérer la valeur de ces assertions ; et l'on aurait tort de croire que Marner a donné ici les titres de véritables épopées composées par lui, quand il a voulu simplement faire allusion à quelques strophes où il a prononcé les noms ou rappelé les aventures des héros des Nibelungen et des chevaliers de la Table-Ronde. Alexandre Pey.

Sammlung von minnesingern aus dem schwæbischen Zeitpuncte, édités par *J.-Jac. Bodmer* et *J.-Jac Breitinger*; Zurich, 1758-1759, in-4°. — *Minnesinger*, édités par von *Fr. H. v. der Hagen*; Leipzig, 1838, in-4°. — *Deutsche Dichtung im Mittelalter* von Karl Gœdeke; Hanovre, 1854, in-4°. — *Museum für altdeutsche Literatur und Kunst*, von Hagen, Doces und Büsching; Berlin 1809, in-8°.

MARNEZIA. Voy. Lezay-Marnesia.

* **MARNIER** (*Ange-Ignace*), jurisconsulte français, né à Paris, le 29 juillet 1786. Fils d'un avocat au parlement, il fit partie du barreau de la cour impériale de Paris, et devint en 1823 bibliothécaire de l'ordre, place qu'il occupe encore. Il s'est de nos jours occupé le premier de la publication des monuments de l'ancien droit français. Il a fait paraître : *Établissements et Coutumes, Assises et Arrêts de l'Échiquier de Normandie au treizième siècle*, 1207 à 1245 ; Paris, 1839, in-8° ; document judiciaire antérieur au rôle du parlement de Paris, et qui eût mérité de voir le jour, même dans le seul intérêt de l'histoire de la langue ; — *Ancien Coutumier inédit de Picardie*, 1300 à 1323 ; Paris, 1840, in-8° ; — *Conseil de Pierre de Fontaines, ou traité de l'ancienne jurisprudence française, nouv. édit., publiée d'après un manuscrit du treizième siècle* ; Paris, 1846, in-8°. Pierre de Fontaines, l'un des conseillers de saint Louis, est le plus ancien auteur de pratique que nous ayons ; — *Anciens Usages inédits d'Anjou, publiés d'après un manuscrit du treizième siècle* ; Paris, 1853, in-8° ; ces *Usages* sont antérieurs aux *Établissements* de saint Louis. M. Marnier a donné à la *Revue de Législation et Jurisprudence* (nouv. série, IV) ; *De l'ancien style de Normandie, manuscrit du quinzième siècle* ; — et à la *Revue historique du Droit français* (1857), un *Ancien Coutumier de Bourgogne*, dont on a tiré à part des exemplaires, in-8°. E. R—d.

Journal de la Librairie. — *Docum. particuliers.*

MARNIÈRES (*Julien-Hyacinthe*), marquis de Guer, publiciste et administrateur français, né vers 1740, à Rennes, ou au château de Coetbo, commune de Guer, mort à Paris, le 26 juin 1816. Il prit une part active à la lutte que soutinrent, avant 1789, les états de Bretagne pour faire maintenir les privilèges de la province. Le procureur syndic Gandon ayant revendiqué avec énergie l'égale répartition des charges publiques et la suppression des privilèges, de Guer tenta de le réfuter dans une *Lettre au peuple de Rennes* (1788), in-8°. Il émigra, et après avoir fait une campagne à l'armée des princes en Allemagne, il passa en Angleterre. Revenu ensuite en France, il fut à Lyon, en 1795, l'agent du parti royaliste. L'insuccès de ses démarches l'obligea à repasser en Angleterre, d'où il ne revint que sous le consulat. Peu après, il devint directeur des mines de Montrelais. Le marquis de Guer, à qui la restauration avait d'abord confié la préfecture de Lot-et-Garonne, fut appelé, le 18 avril 1816, à celle du Morbihan, qu'il n'eut pas le temps d'administrer. Depuis sa rentrée en France, il publia *Essai sur le Crédit commercial, considéré comme moyen de circulation*; Paris, 1801, in-8°; — *État de la situation des finances de l'Angleterre et de la Banque de Londres au 24 juin 1802*; Paris, 1803, in-4°; — *Recherches sur le produit des possessions et du commerce anglais dans les Indes Orientales et à la Chine*; s. d., in-8°; — *Du Crédit public*; Paris, 1807, in-8°; — *Tableau comparatif du revenu général de l'Angleterre et de celui de la France*; Paris, 1808, in-8°; — *Précis d'un ouvrage sur le budget et ses erreurs*; Paris, 1816, in-8°. P. Levot.

Querard, *La France Littér.* — *Doc. inédits.*

MARNIX DE SAINT-ALDEGONDE (*Philippe* VAN) *Voy.* Aldegonde.

MAROBODE ou **MARBOD** (*Maroboduus*), prince suève, puis roi des Marcomans, né vers 18 avant J.-C. Issu d'une famille noble de la race suève, il fut, encore enfant, envoyé en otage à Rome. Il attira l'attention d'Auguste, qui lui fit donner une éducation libérale. Le prince suève semble avoir bien compris la position relative de ses compatriotes et des Romains. Quoique nombreux et braves, les Germains étaient hors d'état de vaincre ou même de repousser les armées de l'empire, à cause de leurs dissensions intestines et de leur impatience à supporter l'autorité et la discipline. Marobode pensa que le meilleur moyen de fortifier la Germanie c'était d'y introduire une partie de la civilisation romaine et principalement le droit de propriété territoriale. Dès qu'il fut de retour dans sa patrie, il se mit à l'œuvre. Comme presque tous les réformateurs, il dut recourir à la force. A la tête d'une des plus puissantes tribus suèves, il vainquit les Boïens et s'établit dans leur pays (aujourd'hui Bavière et Bohême). Son royaume, placé dans les marais et les bois de la Germanie centrale, s'étendait le long de la rive gauche du Danube, presque depuis les sources du fleuve jusqu'aux frontières de la Pannonie et s'enfonçait très-avant dans l'intérieur. Sa capitale était Boviasmum. La Pannonie et la Norique lui servaient de postes avancés contre les Romains. Il avait une force régulière de soixante-dix mille fantassins et de 4,000 cavaliers. Ce royaume des Marcomans (hommes de la Marche, de la frontière, ou, selon une autre étymologie, hommes des marais) grandit peu à peu, et était redoutable lorsque les Romains commencèrent à s'en inquiéter. Auguste n'avait à reprocher aux Marcomans aucun acte formel d'agression; mais le projet d'unir les diverses tribus germaniques lui parut dangereux pour l'empire, et il résolut de briser la confédération avant qu'elle eût pris de la consistance. Deux armées romaines commandées, l'une par Tibère, l'autre par Sextius Saturninus, envahirent le royaume des Marcomans à ses deux extrémités (est et ouest), et marchèrent sur Boviasmum. Marobode fut sauvé par une révolte des Pannoniens et des Dalmates qui rappela les Romains au sud du Danube; mais il semble que, frappé du péril qu'il venait de courir, il fit tout désormais pour regagner la bienveillance des Romains. Il ne profita ni de leurs embarras actuels ni des embarras, encore plus graves, qui furent la suite de la défaite de Quintilius Varus en 9. Cette conduite parut de la trahison à ses compatriotes. Deux tribus suèves, les Semnones et les Longobards, se révoltèrent contre lui, et les Chérusques, sous les ordres d'Arminius, l'attaquèrent en 17. Il échappa à cette levée de boucliers, et redevint assez redoutable pour que Drusus songeât à renouveler l'invasion dans le royaume des Marcomans; mais il apprit que Catualda, chef des Gothones, exilé par Marobode, était rentré dans les États de ce prince et l'avait contraint à la fuite. Le roi des Marcomans demanda un asile à l'empereur Tibère, qui lui en offrit un en Italie et lui promit en même temps de le laisser repasser librement les Alpes s'il voulait retourner en Germanie. Il ne profita pas de cette permission, qui probablement n'était pas sincère, et passa le reste de sa vie à Ravenne. Ce prince avait conçu un grand projet, et en avait commencé l'exécution avec habileté; mais il manqua d'énergie. En laissant échapper l'occasion d'accabler les Romains (7-9), il s'attira le mépris de ses compatriotes et prépara sa ruine. Y.

Strabon, VII, p. 290. — Tacite, *Annales*, II, 44, 45, 46, 62, 63. — Velleius Paterculus, II, 108. — Suétone, *Tiber.*, 37.

* **MAROCHETTI** (*Charles*, baron), sculpteur français, d'origine italienne, né à Turin, en 1805, et naturalisé français, en 1841. Après avoir fait ses études au lycée Napoléon, il fut placé dans l'atelier de Bosio; mais son esprit indépendant l'empêcha d'arriver aux succès qu'il pouvait espérer. Admis le troisième au concours des prix de Rome, à l'École des Beaux-Arts, il n'obtint qu'une mention, et ce fut à ses frais qu'il fit le voyage d'Italie. De

retour en France, il exposa en 1827 une *Jeune Fille jouant avec un chien*, qui lui valut une médaille d'or et qu'il offrit au roi de Sardaigne. En 1831 il exposa à Paris une statue représentant un *Ange déchu*. Quelque temps après, M. Marochetti obtint, à la suite d'un concours, l'exécution d'une statue de Mossi, pour l'Academie des Beaux-Arts de Turin. Il donna ensuite le modèle d'une statue équestre en bronze d'*Emmanuel-Philibert*, duc de Savoie, qui fut exécutée à Paris, exposée dans la cour du Louvre et qui orne aujourd'hui une des places publiques de Turin. Cette statue, qui est restée le chef-d'œuvre de son auteur, eut un grand succès; le prince, bardé de fer, remet son épée dans le fourreau; sa pose est pleine de noblesse, le cheval a de l'élégance dans son mouvement d'arrêt subit; mais le mouvement du bras du cavalier rend l'ensemble peu gracieux. Depuis, M. Marochetti exécuta sur l'arc de triomphe de l'Étoile le bas-relief de la face latérale représentant la *bataille de Jemmapes;* il fit aussi le maître autel de l'église de La Madeleine; le tombeau de Bellini, au cimetière du Père-Lachaise; la statue de *La Tour d'Auvergne*, le premier grenadier de France, pour la ville de Carhaix; un *Saint Michel*, pour la chapelle de Champmotteux, où repose le chancelier de L'Hospital. M. Marochetti fut encore chargé de l'exécution du *tombeau de Napoléon* aux Invalides, et après la mort du duc d'Orléans il fit le modèle d'une statue équestre en bronze de ce jeune prince, qui fut placée, aux frais d'une souscription de l'armée, dans la cour du Louvre, avec des copies à Lyon et à Alger. On trouva cette statue sans ampleur et d'un mouvement guindé. Après la révolution de février 1848, qui la fit disparaître de la cour du Louvre, elle a été placée à Versailles. Depuis cette époque M. Marochetti réside en Angleterre, où il a exécuté une *Sapho*, en 1850; le modèle d'une statue colossale de *Richard Cœur de Lion*, qui décora l'entrée du Palais de Cristal dans Hyde-Park, en 1851; *L'Amour jouant avec un levrier*, en 1854; une statue équestre de la reine *Victoria*, la même année, pour la ville de Glasgow; un obelisque en granit élevé à Scutari, à la mémoire des soldats anglais morts dans la guerre de Crimée, et le monument cénotaphe des officiers des coldstream-guards tués en Crimée, à l'église Saint-Paul de Londres, en 1856; le mausolée de la princesse Élisabeth, fille de Charles Ier, à Saint Thomas Newport, dans l'île de Wight, en 1857; un grand nombre de bustes, entre autres celui du prince *Albert*. Une belle statue colossale de Washington, par M. Marochetti, a été détruite dans l'incendie du palais de cristal de New-York. La statue de *Richard Cœur de Lion* a été placee dans Palace-Yard, sur le vaste emplacement qui fait face à l'entrée des pairs au nouveau palais de Westminster. L. L—T.

Biragne, *Annuaire Biogr. et histor.*, 1844, V^e^ partie, p. 12. — V. Lacaine et Ch. Laurent, *Biogr. et Nécrol. des hommes marquants du dix-neuvième siècle*, tome II, p. 446.

MAROLI (*Domenico*), peintre de l'école napolitaine, né à Messine, en 1612, tué à Naples, en 1676. Elève d'Antonio Ricci, dit *Barbalunga*, il se rendit jeune à Venise, où en copiant les ouvrages de Giacomo da Ponte il devint bon peintre de scènes pastorales. Il peignit aussi des sujets religieux, tels que le *Martyre de sainte Placide* et la *Nativité de Jésus-Christ*, à Messine. Ses carnations étaient vives; mais ses tableaux, trop peu empâtés, ont beaucoup perdu aujourd'hui. Ses têtes sont souvent expressives et nobles; ses figures de femmes, remarquablement belles. Il fut l'ami de Boschini, qui inséra dans sa *Carta del Navegar* une planche gravée d'après l'un de ses dessins. Il perdit la vie dans la révolution de Naples, à laquelle Salvator Rosa, Aniello Falcone, Micco Spataro et d'autres peintres napolitains prirent une part si active, sous le nom de *Compagnons de la mort*. E. B—N.

Hackert, *Memorie de' Pittori Messinesi*. — Lanzi, *Storia*. — Ticozzi, *Dizionario*. — Winckelmann, *Neues Mahlerlexikon*.

MAROLLES (*Michel* DE), abbé de Villeloin, littérateur français, né à Marolles, en Touraine, le 22 juillet 1600, mort à Paris, le 6 mars 1681. Son père était Claude de Marolles, capitaine des Suisses de la garde du roi, et déterminé ligueur. A trois ans il eut une grande maladie, qui faillit l'emporter, et qui, s'étant déchargée sur l'œil gauche, le lui débilita pour le reste de sa vie. On le destina à l'état ecclésiastique, et son père obtint pour lui, en 1609, l'abbaye de Baugerais, en Touraine. En 1611, on l'amena à Paris, et il fit ses études aux colléges de La Marche et de Montaigu. Son caractère aimable et la variété de ses connaissances le mirent en rapports suivis avec beaucoup d'hommes célèbres, tels que Lingendes, Isaac Habert, Guillaume du Val, Coëffeteau, les pères Petau, Fronton du Duc et Sirmond, le poëte Saint-Amant, etc. Tout ce monde composa une espèce de petite académie, qui se livra aux travaux littéraires en commun et produisit un certain nombre d'ouvrages, entre autres la 1re édition de Lucain traduit par Marolles (1623). Dans les intervalles de ses occupations, il n'oubliait pas de faire assidûment sa cour au duc de Nevers et à ses enfants; il composa pour eux de petites comédies en prose et en vers, et traduisit dans le même but quelques pièces de Plaute et de Sénèque. A la fin de 1626, il obtint l'abbaye de Villeloin, qui rapportait cinq ou six mille livres de rente. Ce fut là qu'il écrivit plus de deux cents généalogies de maisons nobles de la province, largement aidé dans tous ses travaux par la belle bibliothèque de son prédécesseur, dont il avait acheté la jouissance moyennant une rente. L'abbé de Marolles avait reçu la prêtrise le 23 février 1630. En 1644, il commença à former un cabinet d'estampes, dont il fit un des recueils les plus considérables qui eussent jamais existé. Il acquit plus de cent vingt-trois mille pièces de tous les maîtres et sur tous les sujets, comme on peut le voir par la longue liste qu'il en a donnée dans ses *Mémoires*. En 1667, elle fut achetée au nom du roi par Colbert, et aujourd'hui elle fait partie du cabinet des estampes de la Bibliothèque impériale. Il en commença aussitôt une autre, où entrèrent comme principaux éléments les séries importantes amassées par le P. Harlay et Ch. Delorme, amateur distingué. On ignore ce que celle-là est devenue, et il faut le regretter, car la description que Marolles en a donnée dans son *Catalogue* de 1672, et son *Livre des Peintres et des Graveurs*, montre que, bien qu'elle fût moins considérable que la précédente, elle était encore d'une haute valeur. Ses occupations d'amateur et de curieux ne le détournaient pas de ses autres travaux, surtout des traductions, qu'il entassait les unes sur les autres, avec un zèle aussi infatigable que malheureux. Presque toutes, exécutées à la hâte, sont languissantes, plates, incolores, inexactes. L'abbé de Marolles prétendait naïvement que la quantité de ses productions en ce genre devait le mettre au niveau des meilleurs traducteurs, en compensant la qualité par le nombre. « Ce personnage a fait vœu de traduire tous les auteurs anciens, écrivait Chapelain à Heinsius, et a presque déjà accompli son vœu, n'ayant pardonné ni à Plaute ni à Lucrèce... Votre Ovide s'en est défendu avec Sénèque le tragique, mais je ne les en tiens pas sauvés, et toute la grâce qu'ils peuvent attendre, c'est celle du Cyclope d'Ulysse : c'est d'être dévorés les derniers. » Et en effet Ovide et Sénèque le tragique furent dévorés comme les autres. Joignez-y encore Térence, Catulle, Tibulle, Properce, Virgile, Horace, Lucain, Juvénal, Perse, Martial, Aurelius Victor, Sextus Rufus, les écrivains de l'histoire Auguste, Ammien Marcellin, Grégoire de Tours, Frédégaire, le Nouveau Testament, le Bréviaire romain, et d'autres encore. M. de L'Estang, dans ses *Règles de bien traduire*, avait tiré de Marolles tous ses exemples de mauvaise version, et il avait de quoi choisir. Notre abbé en fut très-irrité, et s'en plaignait à tout le monde. Pour l'apaiser, de L'Estang (de son vrai nom Gaspard de Tende) choisit le jour où il faisait ses Pâques, et se présentant devant lui comme il allait se mettre à genoux pour communier : « Monsieur, lui dit-il, vous êtes en colère contre moi : je crois que vous avez raison ; mais voici un temps de miséricorde : je vous prie de me pardonner. » — « De la manière dont vous le prenez, répondit Marolles, il n'y a pas moyen de s'en défendre. » Mais le rencontrant quelques jours après : « Monsieur, s'écria-t-il, croyez-vous en être quitte ? Vous m'avez escroqué un pardon que je n'avais pas envie de vous accorder. » — « Ne faites pas tant le difficile, lui répliqua de L'Estang ; on peut bien, quand on a besoin d'un pardon général, en accorder un particulier. » L'abbé de Marolles était d'un tempérament assez délicat, d'une taille assez avantageuse, timide et peu porté aux exercices du corps. C'était la franchise et l'ingénuité mêmes : « J'ai toujours eu beaucoup de pudeur sur les lèvres, a-t-il écrit, de sorte que je n'ai jamais eu la hardiesse de prononcer une parole déshonnête... *Je ne me suis jamais mis dans le bain pour la même raison*... J'ai été tout de même incapable de parler aux animaux, et surtout aux chiens, aux chevaux et aux oiseaux. » Il était aussi très-instruit et très-laborieux ; mais son jugement et son goût ne répondaient pas à ses autres qualités.

La plupart de ses ouvrages sont tombés dans l'oubli le plus mérité. On en peut voir l'interminable liste dans les *Mémoires* de Niceron; il y en a soixante-neuf, et quelques-uns ont été oubliés. Nous n'en citerons qu'un petit nombre, qui ont conservé de l'intérêt, soit par leur valeur propre, soit par les renseignements qu'on y trouve, soit par quelque particularité qui les fait rechercher des curieux : *Les Chevilles de maître Adam Billaut, menuisier de Nevers, avec préface*; Rouen, 1654, in-8°. Marolles avait eu la visite de l'artisan-poëte à Nevers, en 1636, et il lui avait demandé des copies de ses vers; — *Tableaux du Temple des Muses, tirés du cabinet de M. Favereau, avec descriptions, remarques et annotations*; Paris, 1655, in-fol.; Amsterdam, 1676, in-4°. Les figures de la 1re édition surtout sont fort belles; — *Les Épigrammes de Martial traduites en françois, avec des remarques*; Paris, 1655, 2 vol. in-8°. Il se vantait d'avoir traduit jusqu'à soixante-neuf pièces par jour, et gardé dans cette traduction un tel tempérament qu'il ne s'y trouvait rien contre l'honnêteté, quoiqu'il eût tout conservé, sauf trente-six épigrammes trop libres. Suivant le *Carpenteriana*, Ménage avait mis en tête de son exemplaire : *Épigrammes contre Martial*; — *Les Mémoires de Michel de Marolles, abbé de Villeloin, divisés en trois parties*; Paris, 1656, in-folio. On y trouve, surtout dans la première partie, des détails curieux sur beaucoup de ses contemporains. Ils sont écrits avec une naïveté et un naturel qui n'excluent pas une certaine grâce, quoiqu'il y ait des longueurs et des puérilités. Par malheur, ils ne vont que jusqu'en 1655. S'il est vrai, comme il l'assure, qu'il les ait rédigés sans le secours d'aucun livre, il devait avoir une mémoire prodigieuse; car ils renferment une énorme quantité de dates, de faits et de noms propres; — *Suite des Mémoires, contenant douze traités sur des sujets curieux*; Paris, 1657, in-folio. Sans avoir l'intérêt des *Mémoires* proprement dits, cette suite est encore digne d'être lue. « Chaque traité, dit Goujet, est rempli de traits historiques, sur la vérité desquels on peut compter, et on n'y trouve point de ces réflexions triviales qui ennuient et dont l'auteur n'a que trop chargé ses autres ouvrages. » Goujet a donné en 1755 une édition en 3 volumes in-12 de ces deux Évres, qui étaient devenus rares, en en retranchant les généalogies, et en y ajoutant le *Dénombrement où se trouvent les noms de ceux qui m'ont donné de leurs livres, ou qui m'ont honoré extraordinairement de leur civilité.* Ce dénombrement avait été publié par l'auteur à la suite de son *Discours pour servir de préface sur les œuvres d'Ovide;* in-4°, sans date. Il renferme une multitude de noms plus ou moins célèbres, avec des notices qui nous sont aujourd'hui fort utiles; — *Catalogue de livres d'estampes et de figures en taille douce, avec un dénombrement des pièces qui y sont contenues;* Paris, 1666, in-8°; — *Catalogue des livres d'estampes*, 1672, in-12. Le premier se rapporte à sa première et le second à sa seconde collection A la fin du premier, il donne le plan d'une grande histoire de l'art qu'il méditait, où il voulait comprendre jusqu'aux ingénieurs, maîtres écrivains, orfèvres, menuisiers, brodeurs, jardiniers, etc., et dont le *Livre des Peintres et des Graveurs*, publié en 1855 dans la *Bibliothèque elzevirienne*, est une sorte d'extrait, en quatrains; — *Toutes les Œuvres de Virgile trad. en vers françois, divisées en deux parties;* Paris, 1673, in 4°. Il y a ajouté, suivant sa manie, une liste fort étendue de ses ouvrages, imprimés ou manuscrits, et un catalogue des auteurs qui ont donné des traductions en vers de quelques œuvres de Virgile. Marolles avait déjà préludé, plusieurs années auparavant, à ce travail par les *Œuvres de Virgile trad. en prose* (1649); le *Traité du poëme épique pour l'intelligence de* L'Énéide (1662) et un *Virgile latin et français* (1671); — *Paris, ou la Description succincte et néanmoins assez ample de cette grande ville, par un certain nombre d'épigrammes de quatre vers chacune sur divers sujets;* 1677, in-4°. L'auteur aimait les longs titres: sa prolixité s'y trahit, comme dans toutes ses œuvres: celui-là est un des plus courts; il y en a qui tiennent une page; — *Quatrains sur les personnes de la cour et les gens de lettres;* 1677, in-4°; — *Le Roi, les Personnes de la cour qui sont de la première noblesse, et quelques-uns de la noblesse qui ont aimé les lettres... décrits en quatrains;* 1677, in 4°: probablement le même ouvrage que le précédent; — *Les quinze livres des Deipnosophistes d'Athenée, ouvrage délicieux*, etc.; Paris, 1680, in-4°. En 1662 il avait commencé l'impression d'une traduction de la Bible, in-folio, qui fut arrêtée par ordre du chancelier Seguier. Par la suite, il reprit en partie son projet, en donnant à diverses reprises des fragments traduits des livres saints. « Voilà bien des livres imprimés, dit-il naïvement, et je suis étonné moi-même d'en avoir tant écrit en si peu de temps... Cela fait bien voir jusqu'où peut aller un esprit laborieux, quand il se veut servir de tout son loisir, et surtout quand il y trouve ses délices. Il ne seroit pourtant pas nécessaire qu'il y en eût beaucoup de la sorte. » Cela est bien vrai. Terminons par un mot cruel de Menage, d'autant plus cruel qu'il est juste, en exceptant toutefois les *Memoires:* « Tout ce que j'estime des ouvrages de M. de Villeloin, disait-il, c'est que tous ses livres sont reliés avec une grande propreté et dorés sur tranche: cela satisfait beaucoup la vue. » Chapelle a dit à peu près la même chose en un rondeau célèbre, des *Métamorphoses* d'Ovide, traduites par Benserade.

Victor Fournel.

Mémoires de Marolles, 1re partie. — *Journal des Savants* du 28 avril 1681. — *Menagiana*, surtout t. Ier et t. III de l'éd. de 1715. — Niceron, *Mémoires*, t. XXXII.

MAROLLES, *Voy.* Magné de Marolles.

MAROLOIS (*Samuel*), mathématicien français, vivait dans la première moitié du dix-septième siècle. Il résida en Hollande une grande partie de sa vie. On a de lui: *Fortification, ou architecture militaire, tant offensive que défensive;* La Haye, 1615, in-fol.; Amsterdam, 1628, in-fol.; avec quarante planches; traduit en hollandais, Amsterdam, 1627, 1628 et 1662, in-fol.; — *La Perspective, contenant la théorie et la pratique d'icelle;* Cologne, 1628, et Amsterdam, 1629, in-fol.; — *Opera geometrica et mathematica;* Amsterdam, 1627, 5 vol., in-fol., et 1647, 2 vol., in-fol. O.

Rotermund, *Supplément à Jöcher*. — Barbérini, *Bibliotheca*

MARON ou **MAROUN** (Saint), célèbre anachorète, qui, selon Fauste Naironi, vivait à la fin du quatrième siècle et dont Théodoret a écrit la vie. Suivant Naironi, ce saint ermite habitait sur une montagne près la ville de Tyr. Il eut un grand nombre de disciples, qui se répandirent dans toute la Syrie, y bâtirent près du fleuve Oronte un fort sous le nom de Maron, qui devint l'asile de tous les chrétiens persécutés par les hérésiarques et où la foi apostolique fut longtemps conservée dans sa pureté primitive. La fête de ce saint se célèbre le 9 février.

S'il faut en croire au contraire Eutychius, patriarche d'Alexandrie, et Guillaume, archevêque de Tyr, qui écrivait vers la fin du douzième siècle, les Maronites tiraient leur nom d'un hérésiarque nommé Maron qui vivait dans le septième siècle et dont une certaine quantité de Syriens embrassèrent l'hérésie, qui était celle des monothélites, à laquelle ils en ajoutèrent plusieurs autres, dont ils firent abjuration, l'an 1182, entre les mains d'Aimeric III, patriarche latin d'Antioche; ce qui est confirmé par Jacques de Vitri, évêque de Saint-Jean-d'Acre (Ptolémaïde), qui rapporte la réunion des Maronites à l'Église romaine à cette époque et qui engagea leur patriarche à venir assister à Rome au concile de Latran, tenu sous le pape Innocent III.

Une troisième version, appuyée par Assemani, le P. Pagi et quelques autres savants théologiens, a donné pour premier chef aux Maronites *Jean* **Maron**, patriarche syrien, qui fonda à la fin du septième siècle le monastère de Saint-Maron, près

mille pièces de tous les maîtres et sur tous les sujets, comme on peut le voir par la longue liste qu'il en a donnée dans ses *Mémoires*. En 1667, elle fut achetée au nom du roi par Colbert, et aujourd'hui elle fait partie du cabinet des estampes de la Bibliothèque impériale. Il en commença aussitôt une autre, où entrèrent comme principaux éléments les séries importantes amassées par le P. Harlay et Ch. Delorme, amateur distingué. On ignore ce que celle-là est devenue, et il faut le regretter, car la description que Marolles en a donnée dans son *Catalogue* de 1672, et son *Livre des Peintres et des Graveurs*, montre que, bien qu'elle fût moins considérable que la précédente, elle était encore d'une haute valeur. Ses occupations d'amateur et de curieux ne le détournaient pas de ses autres travaux, surtout des traductions, qu'il entassait les unes sur les autres, avec un zèle aussi infatigable que malheureux. Presque toutes, exécutées à la hâte, sont languissantes, plates, incolores, inexactes. L'abbé de Marolles prétendait naïvement que la quantité de ses productions en ce genre devait le mettre au niveau des meilleurs traducteurs, en compensant la qualité par le nombre. « Ce personnage a fait vœu de traduire tous les auteurs anciens, écrivait Chapelain à Heinsius, et a presque déjà accompli son vœu, n'ayant pardonné ni à Plaute ni à Lucrèce... Votre Ovide s'en est défendu avec Sénèque le tragique, mais je ne les en tiens pas sauvés, et toute la grâce qu'ils peuvent attendre, c'est celle du Cyclope d'Ulysse : c'est d'être devorés les derniers. » Et en effet Ovide et Sénèque le tragique furent dévorés comme les autres. Joignez-y encore Térence, Catulle, Tibulle, Properce, Virgile, Horace, Lucain, Juvénal, Perse, Martial, Aurelius Victor, Sextus Rufus, les écrivains de l'histoire Auguste, Ammien Marcellin, Grégoire de Tours, Frédégaire, le Nouveau Testament, le Bréviaire romain, et d'autres encore. M. de L'Estang, dans ses *Règles de bien traduire*, avait tiré de Marolles tous ses exemples de mauvaise version, et il avait de quoi choisir. Notre abbé en fut très-irrité, et s'en plaignait à tout le monde. Pour l'apaiser, de L'Estang (de son vrai nom Gaspard de Tende) choisit le jour où il faisait ses Pâques, et se présentant devant lui comme il allait se mettre à genoux pour communier : « Monsieur, lui dit-il, vous êtes en colère contre moi : je crois que vous avez raison ; mais voici un temps de miséricorde : je vous prie de me pardonner. » — « De la manière dont vous le prenez, répondit Marolles, il n'y a pas moyen de s'en défendre. » Mais le rencontrant quelques jours après : « Monsieur, s'écria-t-il, croyez-vous en être quitte ? Vous m'avez escroqué un pardon que je n'avais pas envie de vous accorder. » — « Ne faites pas tant le difficile, lui répliqua de L'Estang ; on peut bien, quand l'on a besoin d'un pardon général, en accorder un particulier. » L'abbé de Marolles était d'un tempérament assez délicat, d'une taille assez avantageuse, timide et peu porté aux exercices du corps. C'était la franchise et l'ingénuité mêmes : « J'ai toujours eu beaucoup de pudeur sur les lèvres, a-t-il écrit, de sorte que je n'ai jamais eu la hardiesse de prononcer une parole déshonnête... *Je ne me suis jamais mis dans le bain pour la même raison...* J'ai été tout de même incapable de parler aux animaux, et surtout aux chiens, aux chevaux et aux oiseaux. » Il était aussi très-instruit et très-laborieux ; mais son jugement et son goût ne répondaient pas à ses autres qualités.

La plupart de ses ouvrages sont tombés dans l'oubli le plus mérité. On en peut voir l'interminable liste dans les *Mémoires* de Nicéron; il y en a soixante-neuf, et quelques-uns ont été oubliés. Nous n'en citerons qu'un petit nombre, qui ont conservé de l'intérêt, soit par leur valeur propre, soit par les renseignements qu'on y trouve, soit par quelque particularité qui les fait rechercher des curieux : *Les Chevilles de maître Adam Billaut, menuisier de Nevers, avec préface*; Rouen, 1654, in-8°. Marolles avait eu la visite de l'artisan-poëte à Nevers, en 1636, et il lui avait demandé des copies de ses vers; — *Tableaux du Temple des Muses, tirés du cabinet de M. Favereau, avec descriptions, remarques et annotations*; Paris, 1655, in-fol.; Amsterdam, 1676, in-4°. Les figures de la 1re édition surtout sont fort belles; — *Les Épigrammes de Martial traduites en françois, avec des remarques*; Paris, 1655, 2 vol. in-8°. Il se vantait d'avoir traduit jusqu'à soixante-neuf pièces par jour, et gardé dans cette traduction un tel tempérament qu'il ne s'y trouvait rien contre l'honnêteté, quoiqu'il eût tout conservé, sauf trente-six épigrammes trop libres. Suivant le *Carpenteriana*, Ménage avait mis en tête de son exemplaire : *Épigrammes contre Martial*; — *Les Mémoires de Michel de Marolles, abbé de Villeloin, divisés en trois parties*; Paris, 1656, in-folio. On y trouve, surtout dans la première partie, des détails curieux sur beaucoup de ses contemporains. Ils sont écrits avec une naïveté et un naturel qui n'excluent pas une certaine grâce, quoiqu'il y ait des longueurs et des puérilités. Par malheur, ils ne vont que jusqu'en 1655. S'il est vrai, comme il l'assure, qu'il les ait rédigés sans le secours d'aucun livre, il devait avoir une mémoire prodigieuse; car ils renferment une énorme quantité de dates, de faits et de noms propres; — *Suite des Mémoires, contenant douze traités sur des sujets curieux*; Paris, 1657, in-folio. Sans avoir l'intérêt des *Mémoires* proprement dits, cette suite est encore digne d'être lue. « Chaque traité, dit Goujet, est rempli de traits historiques, sur la vérité desquels on peut compter, et on n'y trouve point de ces réflexions triviales qui ennuient et dont l'auteur n'a que trop chargé ses autres ouvrages. » Goujet a donné en 1755 une édition en 3 volumes in-12 de ces deux livres, qui étaient devenus rares, en en retranchant les généalogies, et en y ajoutant le *Dénombrement où se trouvent les noms de ceux qui m'ont donné de leurs livres, ou qui m'ont honoré extraordinairement de leur civilité.* Ce dénombrement avait été publié par l'auteur à la suite de son *Discours pour servir de préface sur les œuvres d'Ovide*; in-4°, sans date. Il renferme une multitude de noms plus ou moins célèbres, avec des notices qui nous sont aujourd'hui fort utiles; — *Catalogue de livres d'estampes et de figures en taille douce, avec un dénombrement des pièces qui y sont contenues*; Paris, 1666, in-8°; — *Catalogue des livres d'estampes*, 1672, in-12. Le premier se rapporte à sa première et le second à sa seconde collection. A la fin du premier, il donne le plan d'une grande histoire de l'art qu'il méditait, où il voulait comprendre jusqu'aux ingénieurs, maîtres écrivains, orfèvres, menuisiers, brodeurs, jardiniers, etc., et dont le *Livre des Peintres et des Graveurs*, publié en 1855 dans la *Bibliothèque elzevirienne*, est une sorte d'extrait, en quatrains; — *Toutes les Œuvres de Virgile trad. en vers françois, divisées en deux parties*; Paris, 1673, in 4°. Il y a ajouté, suivant sa manie, une liste fort étendue de ses ouvrages, imprimés ou manuscrits, et un catalogue des auteurs qui ont donné des traductions en vers de quelques œuvres de Virgile. Marolles avait déjà preludé, plusieurs années auparavant, à ce travail par les *Œuvres de Virgile trad. en prose* (1649); le *Traité du poëme épique pour l'intelligence de* L'Énéide (1662) et un *Virgile latin et français* (1671); — *Paris, ou la Description succincte et néanmoins assez ample de cette grande ville, par un certain nombre d'epigrammes de quatre vers chacune sur divers sujets*; 1677, in-4°. L'auteur aimait les longs titres : sa prolixité s'y trahit, comme dans toutes ses œuvres : celui-là est un des plus courts; il y en a qui tiennent une page; — *Quatrains sur les personnes de la cour et les gens de lettres*; 1677, in-4°; — *Le Roi, les Personnes de la cour qui sont de la première noblesse, et quelques-uns de la noblesse qui ont aimé les lettres... décrits en quatrains*; 1677, in 4° : probablement le même ouvrage que le précédent; — *Les quinze livres des Deipnosophistes d'Athenée, ouvrage delicieux*, etc.; Paris, 1680, in-4°. En 1662 il avait commencé l'impression d'une traduction de la Bible, in-folio, qui fut arrêtée par ordre du chancelier Seguier. Par la suite, il reprit en partie son projet, en donnant à diverses reprises des fragments traduits des livres saints. « Voilà bien des livres imprimés, dit-il naïvement, et je suis étonné moi-même d'en avoir tant écrit en si peu de temps... Cela fait bien voir jusqu'où peut aller un esprit laborieux, quand il se veut servir de tout son loisir, et surtout quand il y trouve ses delices. Il ne seroit pourtant pas nécessaire qu'il y en eût beaucoup de la sorte. » Cela est bien vrai. Terminons par un mot cruel de Ménage, d'autant plus cruel qu'il est juste, en exceptant toutefois les *Memoires* : « Tout ce que j'estime des ouvrages de M. de Villeloin, disait-il, c'est que tous ses livres sont reliés avec une grande propreté et dorés sur tranche : cela satisfait beaucoup la vue. » Chapelle a dit à peu près la même chose en un rondeau célèbre, des *Métamorphoses* d'Ovide, traduites par Benserade.

Victor FOURNEL.

Memoires de Marolles, 1re partie. — *Journal des Savants* du 28 avril 1681. — *Menagiana*, surtout t. Ier et t. III de l'éd. de 1715. — Niceron, *Memoires*, t. XXXII.

MAROLLES. *Voy.* MAGNÉ DE MAROLLES.

MAROLOIS (*Samuel*), mathématicien français, vivait dans la première moitié du dix-septième siècle. Il résida en Hollande une grande partie de sa vie. On a de lui : *Fortification, ou architecture militaire, tant offensive que défensive*; La Haye, 1615, in-fol.; Amsterdam, 1628, in-fol.; avec quarante planches; traduit en hollandais, Amsterdam, 1627, 1628 et 1662, in-fol.; — *La Perspective, contenant la théorie et la pratique d'icelle*; Cologne, 1628, et Amsterdam, 1629, in-fol.; — *Opera geometrica et mathematica*; Amsterdam, 1627, 5 vol., in-fol., et 1657, 2 vol., in-fol.

O.

Rotermund, *Supplément à Jöcher*. — Barberini, *Bibliotheca*

MARON ou **MAROUN** (Saint), célèbre anachorète, qui, selon Fauste Naironi, vivait à la fin du quatrième siècle et dont Théodoret a écrit la vie. Suivant Naironi, ce saint ermite habitait sur une montagne près la ville de Tyr. Il eut un grand nombre de disciples, qui se répandirent dans toute la Syrie, y bâtirent près du fleuve Oronte un fort sous le nom de Maron, qui devint l'asile de tous les chrétiens persécutés par les hérésiarques et où la foi apostolique fut longtemps conservée dans sa pureté primitive. La fête de ce saint se célèbre le 9 février.

S'il faut en croire au contraire Eutychius, patriarche d'Alexandrie, et Guillaume, archevêque de Tyr, qui écrivait vers la fin du douzième siècle, les Maronites tiraient leur nom d'un hérésiarque nommé Maron qui vivait dans le septième siècle et dont une certaine quantité de Syriens embrassèrent l'hérésie, qui était celle des monothélites, à laquelle ils en ajoutèrent plusieurs autres, dont ils firent abjuration, l'an 1182, entre les mains d'Aimeric III, patriarche latin d'Antioche; ce qui est confirmé par Jacques de Vitri, évêque de Saint-Jean-d'Acre (Ptolémaïde), qui rapporte la réunion des Maronites à l'Église romaine à cette époque et qui engagea leur patriarche à venir assister à Rome au concile de Latran, tenu sous le pape Innocent III.

Une troisième version, appuyée par Assemani, le P. Pagi et quelques autres savants théologiens, a donné pour premier chef aux Maronites JEAN MARON, patriarche syrien, qui fonda à la fin du septième siècle le monastère de Saint-Maron, près d'Apamée. Cet établissement devint le berceau du rit syrien. Quant à l'abjuration faite par les Maronites en 1182, ils accordent que ce fait est vrai pour une partie des peuples du Liban, qui s'était laissé séduire depuis une douzaine d'années seulement, mais non pas pour toute la nation, qui n'avait cessé de suivre les dogmes primitifs.

Quoi qu'il en soit, les maronites sont aujourd'hui tous catholiques et soumis au souverain pontife romain. Ils forment une population d'environ deux cent mille âmes, et habitent de nombreux villages sur le versant et au pied du Liban. Ils relèvent du pacha de Damas, et se sont mis sous la protection spéciale de la France. Ils sont gouvernés par des émirs héréditaires, qui reçoivent l'investiture de la Porte ou du vice-roi d'Égypte. Ils ont un patriarche, qui réside au monastère de Canubin ou Canobin, au pied du Liban. Ce patriarche est élu par les évêques en présence des principaux chefs. Le pape le confirme, et lui donne le titre de *patriarche d'Antioche*. Il ajoute aussi à son nom propre celui de *Pierre*, en l'honneur du prince des apôtres, qui siégea en premier lieu à Antioche. Il a sous lui cinq métropolitains, ceux de Tyr, de Damas, d'Alep, de Tripoli et de Chypre. Le pays est divisé en cent cinquante paroisses, régies par uns chéik pour le civil, et pour le spirituel par des prêtres moines ou séculiers. Les patriarches, les évêques et les moines gardent le célibat; les autres ecclésiastiques peuvent se marier avant l'ordination; mais ils n'en sont pas moins attachés à l'Église catholique, qu'ils ont souvent défendue contre les schismatiques grecs. La vie monastique est en grand honneur parmi les maronites. Leurs moines, qui sont de l'ordre de Saint-Antoine, vivent dans les lieux les plus escarpés des montagnes. Leurs vêtements consistent dans une robe et une cucule (1) noires Ils ne mangent jamais de viande, et jeûnent très-souvent. Ils ne font point de vœux, et possèdent en propre des terres, qu'ils cultivent eux-mêmes et dont ils disposent. Les maronites exercent l'hospitalité la plus généreuse envers tout le monde, même envers leurs ennemis acharnés, les Druses, secte mahométane, qui habite aussi une partie du Liban, et avec laquelle ils sont continuellement en guerre. Leurs mœurs sont pures et douces; ils sont plutôt pasteurs que commerçants. La langue vulgaire des maronites est l'arabe et leur langue savante le chaldéen. Ils se servent de cette dernière dans leurs livres, mais peu l'entendent. Quelques-uns parlent le grec. Les prêtres d'Alep, par exception, disent l'office divin en syriaque. A. L.

Guillaume de Tyr, *De Bell. Sacr.*, lib. XXII, chap. VIII. — Eutychius, *Origine des Églises d'Orient*. — Jacques de Vitry, *Historia Orientalis*. — Fauste Nairon, *Evoplia fidei catholicæ*; Rome, 1694. — Le P. Pagi, *Critiq.* sur les *Annal.* de Baronius, ann. 635, n° 13. — Assemani, *Biblioth. Orient.*, p. 324, col. 1, note. — Le P. Le Quien, *Oriens Christianus*, t. III, p. 5 et 6. — Le P. Dandini, *Voyage au mont Liban en 1806*, trad. par Simon. — Le P. Le Brun, *Explication des Cérémonies de la Messe*, etc., t. II, p. 625. — Le P. Ingoult, *Mémoires des Missions de la Compagnie de Jésus dans le Levant*, t. VIII. — Achille Laurent, *Relation historique des affaires de Syrie et statistique générale du mont Liban*, Paris, 1846, 2 vol. in-8°.

(1) Sorte de manteau ou de froc à capuchon en usage chez quelques congrégations religieuses, chez les chartreux entre autres.

MARON (*Thérèse* DE), née MENGS, peintre allemande, née à Aussig (Bohême), vers 173., morte à Rome, le 10 octobre 1806. Elle étudia la peinture sous les leçons de son père, Ismaël Mengs, et en 1752 suivit son frère Antoine-Raphael à Rome, où elle épousa le chevalier de Maron, artiste estimé en Italie. Elle possédait un rare talent pour le pastel et la miniature. Ses ouvrages, trop nombreux pour être cités ici, sont néanmoins fort recherchés. Son mérite lui valut des pensions des cours d'Espagne, de Pologne et de Russie. A. DE L.

Dict. Biographique et pittoresque; Paris, 1834.

MARONCELLI (*Piero*), patriote italien, né à Forli, le 21 septembre 1795, mort fou, à New-York, au mois d'août 1846. Ses parents, qui étaient d'une honnête famille de marchands, avaient perdu leur petite fortune lors de l'entrée des Français dans la Romagne (1796). Comme il annonçait de grandes dispositions pour la musique, on l'envoya au conservatoire de Naples, où il eut pour maîtres Paisiello et Zingarelli, pour condisciples Mercadante, Bellini et Lablache. Un an après la rentrée du roi Ferdinand à Naples (1795), Maroncelli quitta cette ville pour retourner dans sa ville natale; de là il se rendit à Bologne pour s'y perfectionner dans la composition et pour terminer ses études. C'est là qu'il connut Cornelia Martinelli, laquelle cultivait à la fois la musique et la poésie et recevait tout ce qui était hostile à l'étranger. Maroncelli se lia avec ces patriotes, qui rêvaient l'indépendance de leur patrie, et résolut de se dévouer à l'expulsion des Autrichiens. Il y avait deux ans qu'il était à Bologne, lorsque son père le rappela près de lui. Un hymne sacré dont Maroncelli avait composé la musique et les paroles fut la première œuvre qu'il livra au public. Cette pièce ayant été dénoncée comme excitant à la révolte et à l'impiété, l'auteur, qu'on soupçonnait affilié à la société des carbonari, fut incarcéré dans la forteresse de Forli, en 1819, puis conduit au château Saint-Ange à Rome. Maroncelli, qu'on avait vainement tourmenté pour lui faire dénoncer ses amis politiques et pour lui faire abjurer sa prétendue incrédulité ainsi que ses opinions libérales, ne resta pourtant que quelques mois en prison. Il se réfugia alors en Lombardie, et entra dans l'établissement typographique de Nicolo Bettoni à Milan. La révolution de Naples, qui éclata vers cette époque, exalta les esprits en Italie. Maroncelli se mit en contact avec les hommes influents du royaume Lombardo-Vénitien pour former et propager avec eux une fédération qui devait s'étendre dans tous les États italiens. Les progrès qu'il fit faire à cette association par son activité et sa persuasion commençaient à être remarquables lorsqu'il fut de nouveau arrêté, le 7 octobre 1820.

Maroncelli avait rencontré Silvio Pellico chez la célèbre Marchionni. A la suite d'une discussion musicale, ils s'étaient liés d'une amitié inaltérable. Silvio Pellico fut arrêté six jours après Maroncelli. Au bout de quelque temps ils furent conduits à Venise. Le 21 février 1822, tous deux apprirent qu'ils avaient été condamnés à mort, mais que la peine avait été commuée par l'empereur d'Autriche en celle de vingt années de *carcere duro* dans la forteresse du Spielberg pour Maroncelli, et de quinze années pour Silvio. D'autres avaient eu des condamnations d'une moindre durée. Maroncelli fut exposé avec Silvio Pellico sur un échafaud dressé au milieu de la *Piazetta* de Venise, en face du palais des Doges; on lut leur sentence à haute voix, et bientôt ils partirent pour le Spielberg, où ils arrivèrent le 10 avril. A la suite d'une maladie dangereuse, Silvio Pellico obtint, en 1823, d'être réuni à Maroncelli. « Le caractère de Maroncelli et le mien, dit Silvio Pellico, étaient dans une harmonie parfaite. Le courage de l'un soutenait le courage de l'autre. Si l'un de nous se sentait pris de mélancolie ou s'emportait contre la rigueur de sa condition, l'autre égayait son ami par des plaisanteries ou des raisonnements placés à propos. Un doux sourire venait presque toujours tempérer nos douleurs. Maroncelli, dans son souterrain, avait composé beaucoup de vers d'une grande beauté. Il me les récitait et en composait d'autres. J'en composais aussi, que je lui récitais, et notre mémoire s'exerçait à retenir tout cela. Nous acquîmes par là une admirable facilité à composer par cœur de longs poëmes, à les limer encore un nombre infini de fois, à les amener au même degré de perfection que nous aurions obtenu en les écrivant. Maroncelli composa ainsi peu à peu, et retint de mémoire plusieurs milliers de vers lyriques ou épiques. » Suivant Pellico, Maroncelli avait inspiré de l'amour à une Hongroise, femme d'un caporal de leurs gardes. La mort la lui enleva. Les deux prisonniers étaient souvent malades. Une tumeur vint au genou gauche de Maroncelli. Par suite d'une chute le mal augmenta; après bien des retards, on ôta les fers du patient; on le soumit à mille traitements douloureux, et enfin il dut subir l'amputation: c'était en 1828. Deux jours après son opération, Maroncelli écrivait à un autre prisonnier du Spielberg, Andryane: « Plût à Dieu qu'au lieu d'une jambe on m'en eût coupé deux; plût à Dieu que j'eusse perdu la vie et que ma chère Italie fût délivrée du joug des étrangers. » D'autres maladies vinrent encore assaillir Maroncelli en prison. Enfin la grâce des deux prisonniers arriva.

Mis en liberté, le 1er août 1830, ainsi que Silvio Pellico, après avoir gémi dix années dans les cachots, le pauvre mutilé fut séparé de son ami à Mantoue, et reconduit à Forli. Il y était depuis quelques semaines à peine, quand la cour de Rome, prenant ombrage de sa présence, lui donna l'ordre de quitter sa famille et son pays. Il se dirigea vers la France, et fut parfaitement accueilli à Paris. « Le soulèvement des patriotes de la Romagne, dit Andryane, les menaces d'intervention du cabinet autrichien et l'occupation d'Ancône par les Français, qui en fut la suite, ranimèrent ses espérances. Il se persuadait que l'abolition du régime arbitraire qui pesait si lourdement sur les États Romains en serait le résultat nécessaire; mais aucune réforme ne se fit sentir... Perdant alors sa foi dans la prépondérance de la France, ce pauvre exilé se décida à se rendre, en 1833, aux États-Unis avec la jeune et courageuse femme qui s'était associée à sa précaire existence. Ce qu'il lui a fallu de résolution, de courage, de persévérance pour y gagner honorablement sa vie, malgré les infirmités et les souffrances, Dieu seul le sait, comme seul il sait aussi que de douleurs, que de mortels regrets se sont accumulés dans son âme jusqu'à l'instant où le souvenir des maux passés, les angoisses du présent et les désillusions de l'avenir furent plus forts que sa volonté et que sa raison. » On a imprimé de Maroncelli: *Addizioni alle Mie Prigioni di Silvio Pellico;* Paris, 1834, 1836, in-18. L. L—T.

Alex. Andryane, notice dans *Le Constitutionnel* du 18 septembre 1846. — Silvio Pellico, *Mie Prigioni*. — Ant. de Latour, appendice à *Mes Prisons* de Silvio Pellico.

MARONE (*André*), célèbre improvisateur italien, né à Pordenone, dans le Frioul, ou selon quelques biographes à Brescia, en 1474, mort à Rome, en 1527. Il fut d'abord maître d'école à Venzone, dans le Frioul, et passa ensuite à la cour d'Alphonse Ier d'Este, duc de Ferrare. Mécontent du cardinal Hippolyte d'Este, qui n'avait pas voulu l'emmener en Hongrie, il se rendit à Rome, à la cour de Léon X, où il trouva pour son talent un digne théâtre. « Tous les écrivains contemporains qui l'ont connu et entendu, dit Tiraboschi, rapportent des choses merveilleuses de sa facilité à improviser en latin sur chaque sujet qui lui était proposé. Au son de la viole, qu'il touchait lui-même, il commençait à versifier, et plus il avançait plus semblaient croître son éloquence, sa facilité, sa verve, son élégance. L'éclat de ses yeux, la sueur qui inondait son visage, le gonflement de ses veines attestaient le feu qui brûlait au dedans de lui et tenaient suspendus et stupéfaits tous les auditeurs, auxquels il semblait que Marone disait des choses longuement préméditées. » Cet étonnant improvisateur obtint de Léon X plusieurs gratifications, qui cependant ne l'enrichirent pas. Chassé du Vatican sous Adrien VI, qui traitait les poëtes d'idolâtres, puis rappelé sous Clément VII, il eut le malheur de voir deux fois piller sa maison dans une émeute excitée par les Colonna, et lors du sac de Rome par les troupes du connétable

d'Apamée. Cet établissement devint le berceau du rit syrien. Quant à l'abjuration faite par les Maronites en 1182, ils accordent que ce fait est vrai pour une partie des peuples du Liban, qui s'était laissé séduire depuis une douzaine d'années seulement, mais non pas pour toute la nation, qui n'avait cessé de suivre les dogmes primitifs.

Quoi qu'il en soit, les maronites sont aujourd'hui tous catholiques et soumis au souverain pontife romain. Ils forment une population d'environ deux cent mille âmes, et habitent de nombreux villages sur le versant et au pied du Liban. Ils relèvent du pacha de Damas, et se sont mis sous la protection spéciale de la France. Ils sont gouvernés par des émirs héréditaires, qui reçoivent l'investiture de la Porte ou du vice-roi d'Égypte. Ils ont un patriarche, qui réside au monastère de Canubin ou Canobin, au pied du Liban. Ce patriarche est élu par les évêques en présence des principaux chefs. Le pape le confirme, et lui donne le titre de *patriarche d'Antioche*. Il ajoute aussi à son nom propre celui de *Pierre*, en l'honneur du prince des apôtres, qui siégea en premier lieu à Antioche. Il a sous lui cinq métropolitains, ceux de Tyr, de Damas, d'Alep, de Tripoli et de Chypre. Le pays est divisé en cent cinquante paroisses, régies par un schéik pour le civil, et pour le spirituel par des prêtres moines ou séculiers. Les patriarches, les évêques et les moines gardent le célibat; les autres ecclésiastiques peuvent se marier avant l'ordination; mais ils n'en sont pas moins attachés à l'Église catholique, qu'ils ont souvent défendue contre les schismatiques grecs. La vie monastique est en grand honneur parmi les maronites. Leurs moines, qui sont de l'ordre de Saint-Antoine, vivent dans les lieux les plus escarpés des montagnes. Leurs vêtements consistent dans une robe et une cucule (1) noires. Ils ne mangent jamais de viande, et jeûnent très-souvent. Ils ne font point de vœux, et possèdent en propre des terres, qu'ils cultivent eux-mêmes et dont ils disposent. Les maronites exercent l'hospitalité la plus généreuse envers tout le monde, même envers leurs ennemis acharnés, les Druses, secte mahométane, qui habite aussi une partie du Liban, et avec laquelle ils sont continuellement en guerre. Leurs mœurs sont pures et douces; ils sont plutôt pasteurs que commerçants. La langue vulgaire des maronites est l'arabe et leur langue savante le chaldéen. Ils se servent de cette dernière dans leurs livres, mais peu l'entendent. Quelques-uns parlent le grec. Les prêtres d'Alep, par exception, disent l'office divin en syriaque. A. L.

Guillaume de Tyr, *De Bell. Sacr.*, lib. XXII, chap. VIII. — Eutychius, *Origine des Églises d'Orient*. — Jacques de Vitry, *Historia Orientalis*. — Fauste Nairon, *Evoplia fidei catholicæ*; Rome, 1694. — Le P. Pagi, *Critiq.* sur les *Annal.* de Baronius, ann. 635, n° 13. — Assemani, *Biblioth. Orient.*, p. 324, col. 1, note. — Le P. Le Quien, *Oriens Christianus*, t. III, p. 5 et 6. — Le P. Dandini, *Voyage au mont Liban en 1606*, trad. par Simon. — Le P. Le Brun, *Explication des Cérémonies de la Messe*, etc., t. II, p. 628. — Le P. Ingoult, *Mémoires des Missions de la Compagnie de Jesus dans le Levant*, t. VIII. — Achille Laurent, *Relation historique des affaires de Syrie et statistique générale du mont Liban*, Paris, 1846, 2 vol. in-8°.

MARON (*Thérèse* DE), née MENGS, peintre allemande, née à Aussig (Bohême), vers 1733, morte à Rome, le 10 octobre 1806. Elle étudia la peinture sous les leçons de son père, Ismael Mengs, et en 1752 suivit son frère Antoine-Raphael à Rome, où elle épousa le chevalier de Maron, artiste estimé en Italie. Elle possédait un rare talent pour le pastel et la miniature. Ses ouvrages, trop nombreux pour être cités ici, sont néanmoins fort recherchés. Son mérite lui valut des pensions des cours d'Espagne, de Pologne et de Russie. A. DE L.

Dict. Biographique et pittoresque; Paris, 1834.

MARONCELLI (*Piero*), patriote italien, né à Forli, le 21 septembre 1795, mort fou, à New-York, au mois d'août 1846. Ses parents, qui étaient d'une honnête famille de marchands, avaient perdu leur petite fortune lors de l'entrée des Français dans la Romagne (1796). Comme il annonçait de grandes dispositions pour la musique, on l'envoya au conservatoire de Naples, où il eut pour maîtres Paisiello et Zingarelli, pour condisciples Mercadante, Bellini et Lablache. Un an après la rentrée du roi Ferdinand à Naples (1795), Maroncelli quitta cette ville pour retourner dans sa ville natale; de là il se rendit à Bologne pour s'y perfectionner dans la composition et pour terminer ses études. C'est là qu'il connut Cornelia Martinelli, laquelle cultivait à la fois la musique et la poésie et recevait tout ce qui était hostile à l'étranger. Maroncelli se lia avec ces patriotes, qui rêvaient l'indépendance de leur patrie, et résolut de se dévouer à l'expulsion des Autrichiens. Il y avait deux ans qu'il était à Bologne, lorsque son père le rappela près de lui. Un hymne sacré dont Maroncelli avait composé la musique et les paroles fut la première œuvre qu'il livra au public. Cette pièce ayant été dénoncée comme excitant à la révolte et à l'impiété, l'auteur, qu'on soupçonnait affilié à la société des carbonari, fut incarcéré dans la forteresse de Forli, en 1819, puis conduit au château Saint-Ange à Rome. Maroncelli, qu'on avait vainement tourmenté pour lui faire dénoncer ses amis politiques et pour lui faire abjurer sa prétendue incrédulité ainsi que ses opinions libérales, ne resta pourtant que quelques mois en prison. Il se réfugia alors en Lombardie, et entra dans l'établissement typographique de Nicolo Bettoni à Milan. La révolution de Naples, qui éclata vers cette époque, exalta les esprits en Italie. Maroncelli se mit en contact avec les hommes influents du royaume Lombardo-Vénitien pour former et propager avec eux une fédération qui devait s'étendre dans tous les États italiens. Les progrès qu'il fit faire à cette association par son activité

(1) Sorte de manteau ou de froc à capuchon en usage chez quelques congrégations religieuses, chez les chartreux entre autres.

et sa persuasion commençaient à être remarquables lorsqu'il fut de nouveau arrêté, le 7 octobre 1820.

Maroncelli avait rencontré Silvio Pellico chez la célèbre Marchionni. A la suite d'une discussion musicale, ils s'étaient liés d'une amitié inaltérable. Silvio Pellico fut arrêté six jours après Maroncelli. Au bout de quelque temps ils furent conduits à Venise. Le 21 février 1822, tous deux apprirent qu'ils avaient été condamnés à mort, mais que la peine avait été commuée par l'empereur d'Autriche en celle de vingt années de *carcere duro* dans la forteresse du Spielberg pour Maroncelli, et de quinze années pour Silvio. D'autres avaient eu des condamnations d'une moindre durée. Maroncelli fut exposé avec Silvio Pellico sur un échafaud dressé au milieu de la *Piazetta* de Venise, en face du palais des Doges; on lut leur sentence à haute voix, et bientôt ils partirent pour le Spielberg, où ils arrivèrent le 10 avril. A la suite d'une maladie dangereuse, Silvio Pellico obtint, en 1823, d'être réuni à Maroncelli. « Le caractère de Maroncelli et le mien, dit Silvio Pellico, étaient dans une harmonie parfaite. Le courage de l'un soutenait le courage de l'autre. Si l'un de nous se sentait pris de mélancolie ou s'emportait contre la rigueur de sa condition, l'autre égayait son ami par des plaisanteries ou des raisonnements placés à propos. Un doux sourire venait presque toujours tempérer nos douleurs. Maroncelli, dans son souterrain, avait composé beaucoup de vers d'une grande beauté. Il me les récitait et en composait d'autres. J'en composais aussi, que je lui récitais, et notre mémoire s'exerçait à retenir tout cela. Nous acquîmes par là une admirable facilité à composer par cœur de longs poëmes, à les limer encore un nombre infini de fois, à les amener au même degré de perfection que nous aurions obtenu en les écrivant. Maroncelli composa ainsi peu à peu, et retint de mémoire plusieurs milliers de vers lyriques ou épiques. » Suivant Pellico, Maroncelli avait inspiré de l'amour à une Hongroise, femme d'un caporal de leurs gardes. La mort la lui enleva. Les deux prisonniers étaient souvent malades. Une tumeur vint au genou gauche de Maroncelli. Par suite d'une chute le mal augmenta; après bien des retards, on ôta les fers du patient; on le soumit à mille traitements douloureux, et enfin il dut subir l'amputation : c'était en 1828. Deux jours après son opération, Maroncelli écrivait à un autre prisonnier du Spielberg, Andryane : « Plût à Dieu qu'au lieu d'une jambe on m'en eût coupé deux; plût à Dieu que j'eusse perdu la vie et que ma chère Italie fût délivrée du joug des étrangers. » D'autres maladies vinrent encore assaillir Maroncelli en prison. Enfin la grâce des deux prisonniers arriva.

Mis en liberté, le 1er août 1830, ainsi que Silvio Pellico, après avoir gémi dix années dans les cachots, le pauvre mutilé fut séparé de son ami à Mantoue, et reconduit à Forli. Il y était depuis quelques semaines à peine, quand la cour de Rome, prenant ombrage de sa présence, lui donna l'ordre de quitter sa famille et son pays. Il se dirigea vers la France, et fut parfaitement accueilli à Paris. « Le soulèvement des patriotes de la Romagne, dit Andryane, les menaces d'intervention du cabinet autrichien et l'occupation d'Ancône par les Français, qui en fut la suite, ranimèrent ses espérances. Il se persuadait que l'abolition du régime arbitraire qui pesait si lourdement sur les États Romains en serait le résultat nécessaire; mais aucune réforme ne se fit sentir... Perdant alors sa foi dans la prépondérance de la France, ce pauvre exilé se décida à se rendre, en 1833, aux États-Unis avec la jeune et courageuse femme qui s'était associée à sa précaire existence. Ce qu'il lui a fallu de résolution, de courage, de persévérance pour y gagner honorablement sa vie, malgré les infirmités et les souffrances, Dieu seul le sait, comme seul il sait aussi que de douleurs, que de mortels regrets se sont accumulés dans son âme jusqu'à l'instant où le souvenir des maux passés, les angoisses du présent et les désillusions de l'avenir furent plus forts que sa volonté et que sa raison. » On a imprimé de Maroncelli : *Addizioni alle Mie Prigioni di Silvio Pellico*; Paris, 1834, 1836, in-18. L. L—T.

Alex. Andryane, notice dans *Le Constitutionnel* du 18 septembre 1846. — Silvio Pellico, *Mie Prigioni*. — Ant. de Latour, appendice à *Mes Prisons* de Silvio Pellico.

MARONE (*André*), célèbre improvisateur italien, né à Pordenone, dans le Frioul, ou selon quelques biographes à Brescia, en 1474, mort à Rome, en 1527. Il fut d'abord maître d'école à Venzone, dans le Frioul, et passa ensuite à la cour d'Alphonse Ier d'Este, duc de Ferrare. Mécontent du cardinal Hippolyte d'Este, qui n'avait pas voulu l'emmener en Hongrie, il se rendit à Rome, à la cour de Léon X, où il trouva pour son talent un digne théâtre. « Tous les écrivains contemporains qui l'ont connu et entendu, dit Tiraboschi, rapportent des choses merveilleuses de sa facilité à improviser en latin sur chaque sujet qui lui était proposé. Au son de la viole, qu'il touchait lui-même, il commençait à versifier, et plus il avançait plus semblaient croître son éloquence, sa facilité, sa verve, son élégance. L'éclat de ses yeux, la sueur qui inondait son visage, le gonflement de ses veines attestaient le feu qui brûlait au dedans de lui et tenaient suspendus et stupéfaits tous les auditeurs, auxquels il semblait que Marone disait des choses longuement préméditées. » Cet étonnant improvisateur obtint de Léon X plusieurs gratifications, qui cependant ne l'enrichirent pas. Chassé du Vatican sous Adrien VI, qui traitait les poëtes d'idolâtres, puis rappelé sous Clément VII, il eut le malheur de voir deux fois piller sa maison dans une émeute excitée par les Colonna, et lors du sac de Rome par les troupes du connétable de Bourbon. Ces tristes événements le réduisirent à la misère, et il mourut peu après. On n'a imprimé qu'un petit nombre de vers de lui, et suivant Giraldi ils sont loin de répondre à sa réputation. Z.

Liruti, *Notizie de' Letter. del Friuli*, t. II, p. 96. — Paul Jove, *Elogia*, p. 44. — Giraldi, *Dialogi de Poetis nostrorum temporum*. — Valerianus, *De Liter. infel.*, p. 26. — Tiraboschi, *Storia della Letteratura Italiana*, t. VII, P. III, p. 210.

MAROT (*Jean*), poëte français, né en 1463, au village de Matthieu, près de Caen (1), mort en 1523, à Cahors. Le nom de *Desmarets* paraît avoir été celui de sa famille (2). Son éducation fut assez négligée; s'il n'avait pas appris le latin, il s'était appliqué de bonne heure à la lecture des anciens auteurs français, et connaissait bien l'histoire et la fable. Son penchant le portant aux belles-lettres et à la poésie, il y fit par lui-même, et sans le secours d'aucun maître, de rapides progrès. Marot était pauvre, et n'eut d'autres biens que ceux qu'il reçut de ses protecteurs. Son esprit et sa bonne conduite lui attirèrent les bonnes grâces de la duchesse Anne de Bretagne, qui le déclara son poëte, et l'emmena à la cour de France. D'après les ordres de cette princesse, il accompagna le roi Louis XII à Gênes et à Venise, et il composa sur ces deux voyages une relation aussi exacte que poétique. Ensuite il fut attaché à la maison de François Ier en qualité de valet de garde-robe ou de valet de chambre, charge qu'il laissa à son fils. Vers la fin de sa vie, il se retira à Cahors, où il mourut.

Jean Marot a montré dans ses poésies plus de jugement que d'imagination. « Ses descriptions, dit Goujet, sont justes et n'ont communément rien d'affecté; il peint bien, et sait ce qu'il faut peindre; il s'exprime souvent avec beaucoup de force, mais souvent aussi il se néglige trop, et le tour de sa phrase en devient obscur. Mais une chose où il semble avoir excellé, c'est dans le choix des différents vers qu'il emploie selon les sujets qu'il traite et dans l'ordre simple et naturel où il sait placer toutes ses matières. La plupart de ses rondeaux sont bons. » On a de lui : *Epistre de Maguelonne à son amy Pierre de Provence, elle estant à l'hospital*; s. l. n. d. (1517), in-4°, goth. : pièce d'environ deux cents vers; — *Ian Marot de Caen sur les deux heureux voyages de Gênes et Venise, victorieusement mys a fin par le tres chrestien roy Loys douziesme de ce nom, père du peuple; et véritablement escriptz par iceluy Ian Marot, alors poete et escrivain d'Anne de Bretaigne*; Paris, 1532, pet. in-8°; édition en lettres rondes et la plus ancienne que l'on connaisse; elle a été reproduite à Paris, 1533, in-8°. Cet ouvrage est en vers héroïques; mais on y trouve des rondeaux et d'autres genres de poésie, même des discours en prose; — *Le Recueil Iehan Marot de Caen*; Paris, s. d. (1532), pet. in-8°; réimpr. en 1536 et 1538. Ces dernières éditions contiennent des rondeaux, des épîtres, des *vers épars*, et des chants royaux. Les *Œuvres de Jean Marot* ont été réunies pour la collection de Coustelier, Paris, 1723, in-8°, et font partie de quelques réimpressions des poésies de Clément Marot. P.

(1) Dans ses ouvrages il se dit [illegible] de cette ville même, probablement parce qu'elle était plus connue que l'endroit où, suivant Huet, il avait vu le jour.

(2) C'est ainsi qu'il se nomme lui-même dans un discours à la reine : « Je Jehan Desmarets, vostre povre escripvain, vous présente [illegible] ouvrage. »

Mémoires littéraires, 1716. — Huet, *Origines de Caen*. — Lenglet Du Fresnoy, *Œuvres de Clément Marot*. — Goujet, *Biblioth. françoise*, XI. — Niceron, *Mémoires*, XVI. — Sainte-Beuve, *La Poésie française au seizième siècle*.

MAROT (*Clément*), poëte français, fils du précédent, né à Cahors, en 1495, mort à Turin, en septembre 1544. Son père l'avait amené à Paris en 1505. Le jeune Clément fit des études incomplètes, et conçut dès lors la haine du joug monacal. Négligé par son père, qui était lui-même assez déréglé dans ses mœurs, il essaya successivement bien des genres de vie : on le voit tour à tour associé à la troupe de enfants de Sans-Souci, qui jouaient des farces ou des *soties* devant le public, puis quittant les tréteaux pour le barreau, et bientôt effrayé par la chicane, se partageant entre l'amour et la débauche, essayant du métier des armes, et attaché comme page au chevalier Nicolas de Neufville, seigneur de Villeroi. Il prit part à la dernière guerre suscitée, sous Louis XII, par la ligue de l'Angleterre, des Suisses et de l'empereur contre la France. Au milieu du tumulte des camps, son goût pour la poésie s'éveilla; stimulé peut-être par la célébrité de son père, il reprit ses études négligées, se mit à lire Virgile, et surtout nos vieux poëtes, Guillaume de Lorris, Jean de Meung, Charles d'Orléans, Coquillart, Villon, les troubadours et les romans de chevalerie. En voyant cette variété de goûts et d'entreprises, on reconnaîtra qu'il a lui-même caractérisé sa vie avec beaucoup de vérité, quand il a dit :

Sur le printemps de ma jeunesse folle
Je ressemblois l'hirondelle qui vole,
Puis çà, puis là; l'âge me conduisoit,
Sans peur ni soins, où le cœur me disoit.

Le premier essai poétique qui le fit connaître fut le *Temple de Cupido, ou la queste de Ferme-Amour*, qu'il dédia à François Ier. Cet ouvrage appartient au genre allégorique, dont la manie dominait alors dans la littérature. L'esprit de Marot le fit bien venir à la cour. Il fit une ballade pour la naissance du dauphin, et fut présenté à Marguerite de Valois, duchesse d'Alençon : cette princesse distinguée s'attacha Marot en qualité de valet de chambre (1),

(1) Le poëte attendit quelque temps la faveur d'être *couché* sur l'état de la maison de la duchesse. Il se plaignit de ce retard avec ce mélange de gaieté et de tristesse qui caractérise assez souvent sa poésie :

Princesse au cœur noble et rassis,
La fortune, que j'ai suivie,

et l'on a soupçonné même que la galanterie n'avait pas moins contribué que la poésie à combler les distances entre la maîtresse et son serviteur, mais rien n'est moins prouvé. En 1521, quand la guerre éclata contre Charles Quint, Marot suivit le duc d'Alençon à l'armée du nord, et de là il adressa deux épîtres à Marguerite. Après la mort de son père, il publia le recueil de ses poésies, et désirant lui succéder comme valet de chambre du roi, il adressa une épître à François Ier, qui lui accorda sa demande. Il accompagna ensuite le roi dans la guerre d'Italie, et fut blessé et fait prisonnier à la bataille de Pavie. Mais il recouvra bientôt sa liberté, et revint en France. Il fut arrêté peu après comme suspect d'hérésie. On a prétendu qu'une grande dame, Diane de Poitiers, dont il aurait été l'amant infidèle, fut la principale cause de sa disgrâce. C'est encore une conjecture (1). Accusé par Jean Bouchart, inquisiteur de la foi, d'être favorable à la réforme et d'avoir *mangé lard en carême*, il fut arrêté et conduit au Châtelet. Il eut libre des moines, que sa verve caustique n'épargnait pas; le roi, son protecteur, était prisonnier en Espagne. Le poète était donc en grand danger. Il eut alors recours à son ami Lyon Jamet, et lui conta avec une grâce touchante la fable du Lion et du Rat. Jamet s'entremit activement, et trouva un puissant auxiliaire dans l'évêque de Chartres, Charles Guillard, qui était secrètement favorable à la réforme. Guillard lança, en mars 1526, un mandat d'arrêt contre Marot, comme si celui-ci n'avait pas été déjà sous la main de la justice, et par bonheur ce mandat reçut son exécution. Marot, remis aux officiers de l'évêque, fut transféré à Chartres, et eut pour prison l'hôtellerie de l'Aigle, en face de l'évêché. Les visites ne lui manquèrent pas. Comparant sa nouvelle prison à celle du Châtelet, il s'écrie :

Les passetemps et consolations
Que je reçoy par visitations
En la prison claire et nette de Chartres,
Me font recors des tenebreuses chartres,
Du grand chagrin, et recueil ord et laid
Que je trouvay dedans le Chastelet.
Si ne croy pas qu'il y ait chose au monde
Qui mieulx ressemble un enfer très immunde
Je dy enfer, et enfer puis le dire
Si l'ay-je veu, encor le voirrez pire

Il décrivit l'*Enfer* dans un poème où abondent les traits énergiques et touchants. Ce fut aussi dans sa prison de Chartres qu'il prépara une

Par f... j'ay souvent visé
Au f... ... d'... ,
De ... ... convoitie,
Mais je respons comme Fosché,
D'estre assis, n'ay plus d'envie :
Il n'est que d'estre bien couché.

(1) Cette supposition n'est fondée que sur les vers suivants de Clément Marot :

Un jour j'escrivis à ma mie
Son inconstance seulement ;
Mais elle ne fut endormie
A me le rendre chaudement.

nouvelle édition du *Roman de la Rose*, publiée en 1527. Rendu à la liberté après quelques mois de détention, il retrouva son ancienne faveur auprès de Marguerite, qu'il appelle familièrement sa sœur, sans qu'on puisse en rien conclure contre la vertu de la princesse. Mais un an après sa mise en liberté, ayant fait échapper des mains des archers un homme que l'on venait d'arrêter, la cour des aides le fit enfermer à la place du prisonnier. Alors il eut recours au roi, et l'épître en vers qu'il lui adressa passe pour un de ses chefs-d'œuvre. François Ier en fut si content, qu'il écrivit de sa main à la cour des aides un ordre de faire sortir Marot de prison. Le mariage de Marguerite avec le roi de Navarre ne changea rien à la situation de Marot, qui en qualité de valet de chambre accompagnait la reine de Navarre dans les duchés de Berry et d'Alençon, où elle résidait souvent.

Le premier recueil des poésies de Marot, publié sous le titre d'*Adolescence Clémentine*, eut un grand succès. Une maladie qu'il fit en 1531 et un vol dont il fut victime de la part de son valet furent l'occasion d'une nouvelle épître au roi; c'est un des morceaux où il mit le plus de grâce, de finesse et d'originalité. Il suivit François Ier dans le voyage qu'il fit à Marseille, en 1533, pour conférer avec le pape. Il était à Blois avec la cour, en 1535, lorsque des placards blasphématoires contre la messe furent affichés aux portes des églises de Paris et de plusieurs autres villes. A cette occasion, les bûchers se rallumèrent; des amis de Marot avaient été arrêtés; il fut dénoncé lui-même comme calviniste, et l'on saisit à Paris ses papiers et ses livres. A cette nouvelle, il s'enfuit près de Marguerite, en Béarn. Dans une *Epître* à François Ier, il parle du motif de son exil en termes nobles et pathétiques :

Sachant plusieurs de vie trop meilleure
Que je ne suis estre bruslez à l'heure
Si durement, que mainte nation
En est tombée en admiration,
J'abandonnay, sans avoir commis crime,
L'ingrate France, ingrate, ingratissime
A son poëte, et en la delaissant
Fort grand regret ne vint mon cueur blessant.
Tu ments, Marot, grand regret tu sentis,
Quand tu pensas à tes enfants petits.

Ne se croyant pas en sûreté en Béarn, il se rendit en Italie, à la cour de Renée de France, duchesse de Ferrare. Le duc, qui craignait de déplaire au pape, le renvoya de ses États. Marot se réfugia à Venise. Dans cette extrémité, il s'adressa à Fran-

Car dès l'heure tout gaillardement
A je ne sçais quel papelard,
Et lui dict tout belement :
Prenez-le, il a mangé le lard.

Lors six pendards ne faillirent mie
A me surprendre finement,
Et de jour, pour plus d'infamie,
Firent mon emprisonnement.
Ils vindrent à mon logement ;
Lors se va dire un gros paillard :
Par la morbieu ! voila Clément :
Prenez-le, il a mangé le lard.

çois Ier pour demander son rappel, mais sans s'abaisser à aucune rétractation, et en s'exprimant avec une liberté énergique sur le parlement et la Sorbonne. Si j'ai fui, dit-il, ce n'est pas parce que j'étais coupable :

Mais je sçay tant de juges corrompables
Dedans Paris, qui par pécune prinse,
Ou par amis, ou par leur entreprinse,
Ou en faveur et charité piteuse
De quelque belle humble solliciteuse,
Ils sauveront la vie orde et immunde
Du plus meschant et criminel du monde :
Et au rebours, par faute de pécune,
Ou de support, ou par quelque rancune,
Aux innocens ils sont tant inhumains,
Que content suis ne tomber en leurs mains.
. . . .
Autant comme eux, sans cause qui soit bonne,
Me veut du mal l'ignorante Sorbonne...
Eux et leur court en absence et en face
Par plusieurs fois m'ont usé de menace,
Dont la plus douce estoit en criminel,
M'exécuter. Que pleust à l'Éternel,
Pour le grand bien du peuple desolé,
Que leur desir de mon sang fut saoulé,
Et tant d'abus dont ils se sont munis
Fussent à cler descouverts et punis.
Oh! quatre fois et cinq fois bien heureuse
La mort, tant soit cruelle et rigoureuse,
Qui feroit seule un million de vies
Sous tels abus n'estre plus asservies.

Marguerite obtint enfin pour lui la permission de rentrer en France, vers la fin de 1536. On a prétendu que le cardinal de Tournon le força d'abjurer les doctrines hérétiques à Lyon; mais cette rétractation est au moins douteuse. Il fut très-bien accueilli du roi. Il vivait tranquille depuis quelques années lorsque sa traduction des Psaumes de David devint une nouvelle cause de persécution. Il l'avait entreprise à la prière de son ami Vatable, qui lui donnait le mot-à-mot de l'hébreu, et Marot le mettait en vers. Les psaumes français furent mis en musique par les plus habiles musiciens du temps, Goudimel et Bourgeois : le succès en fut immense. Le roi, les courtisans, les femmes les plus élégantes les chantaient; on les entendait sur le Pré-aux-Clercs et partout. Alors les moines s'alarmèrent; la Sorbonne déclara les Psaumes hérétiques, et elle fit des remontrances sur la dédicace que le roi avait acceptée, et sur la permission d'imprimer qu'il avait accordée. Le roi finit par céder, et Marot s'enfuit à Genève, en 1543. Il y continua sa traduction des Psaumes; aux trente qu'il avait traduits d'abord, il en ajouta vingt autres. Quelques écrivains, Cayet, Florimond de Roémond, prétendent qu'ayant débauché la femme de son hôte, il devait être condamné à être pendu, comme adultere, mais que l'amitie de Calvin fit substituer la peine du fouet; c'est une calomnie : les registres du consistoire de Genève attestent seulement qu'il fut réprimandé pour avoir joué une partie de tric-trac. Incapable de supporter cette austérité de mœurs, Marot se rendit dans le Piémont, qui était alors au pouvoir de la France; il mourut à Turin, au mois de septembre 1544.

Clément Marot est le représentant de la poésie française pendant la première moitié du seizième siècle. Placé par l'ordre des temps entre Villon et Ronsard, il continua et perfectionna le genre à la fois naïf et spirituel du premier, et il devait rester bien plus populaire que le second, parce que dans son style, toujours naturel, il ne traita que des sujets assortis au tour de son esprit et au goût de son temps. On retrouve dans ses écrits la trace de sa vie agitée et aventureuse. Mêlé à tous les plaisirs, à tous les dangers, à toutes les passions de la cour, le poëte de François Ier, malgré la faveur royale, eut enfin à souffrir des persécutions religieuses, et vit de près la flamme des bûchers allumés pour les protestants. Mais bien que ces tristes événements aient laissé des traces dans ses œuvres et lui aient arraché des accents énergiques ou plaintifs, ce n'est pas comme poëte grave et élevé qu'il est resté célèbre; c'est plutôt comme poëte agréable. S'il n'est pas exact de dire avec Boileau qu'il *montra pour rimer des chemins tout nouveaux*, car il n'a rien inventé, du moins il est le premier qui ait laissé des modèles dans des genres secondaires. Encore aujourd'hui, son style est parfaitement intelligible; il a atteint la perfection dans l'épître familière, le rondeau, la ballade, le madrigal, et surtout dans l'épigramme; il se distingue par un tour constamment ingénieux; son expression est fine, piquante, et quelquefois pleine de délicatesse. La langue que Villon lui a transmise, et qu'il a perfectionnée, se prêtait mal à l'expression des pensées élevées; mais elle le servait à merveille dans les genres gracieux, et l'on peut répéter avec l'auteur de l'*Art poétique* :

Imitez de Marot l'élégant badinage.

Éclipsé un moment par Ronsard et son école, Marot redevint en faveur au dix-septième siècle. La Fontaine le proclama un de ses maîtres et J.-B. Rousseau l'imita dans ses épîtres. Il se forma même un genre de style appelé *marotique*, imitation rarement heureuse de certaines locutions de Marot. Ce style est depuis longtemps passé de mode; mais on lit encore avec plaisir les meilleures pièces du poëte. Il ne faut point cependant exagérer son mérite. « Maître Clément, dit M. Sainte-Beuve, n'était pas un poëte de génie; il n'avait pas un de ces talents vigoureux qui devancent les âges et se créent des ailes pour les franchir. Une causerie facile, semée par intervalles de mots vifs et fins, est presque le seul mérite qui le distingue, le seul auquel il faille attribuer sa longue gloire et demander compte de son immortalité... Remarquons pourtant que l'aimable railleur n'est pas dépourvu de tendresse, et qu'autre part même que dans l'elégie, jusque dans la chanson et l'épigramme, il a laissé échapper quelques vers d'une melancolie voluptueuse; mais la sensibilité chez lui n'a qu'un éclair, et une larme est à peine venue que déjà le badinage recommence. »

Bibliographie de Clément Marot : *L'Ado-*

-e *Clementine, autrement les œuvres* *ément Marot de Cahors, valet de* *re du roy, composée en l'âge de son* *cence, et plusieurs œuvres dudit* ; Paris, 1532, in-12 : c'est la plus an- édition connue, mais elle a dû être pré- l'une autre; elle fut suivie d'une autre , sous le titre de *L'Adolescence Clémen-* ' *autres œuvres de Clément Marot...* *depuis leage de son adolescence, par* *rant incorrectement et maintenant* *'ement imprimées*; Avignon (sans 2 tomes en 1 vol. in-10; — *L'Adolescence* *ntine... avec plus de soixante nou-* *compositions, lesquelles jamais ne* *imprimées*; Lyon, 1535, in-12; on encore d'autres éditions de ce recueil ı suite de *L'Adolescence*; Paris, 1535, 1536, in-16; 1538, in-16; — *Œuvres* *'ment Marot de Cahors, augmen-* ' *deux livres d'épigrammes, et d'ung* *nombre d'aultres œuvres par ci-de-* *non imprimées. Le tout soigneuse-* *par lui mesmes revu et mieulx or-* ; Lyon (Dolet), 1538, in-8° : cette édi- 'vue par Marot, fut réimprimée à Lyon, n-8°; Paris (sans date), in-8°; Lyon, in-16; Paris, 1539, in-16; Lyon, 1539, Paris, 1540, in-16; 1541, in-16; il parut n plus complète, Lyon (Dolet), 1542, uivie des éditions de Paris, 1542, in-16; 1543, in-8°; de Paris, 1544, in-16; de *Œuvres plus amples, et en meilleur* *que paravant*) 1544, 2 part. en 1 vol. Après la mort de Marot, pendant tout ème siècle et dans les premières années septième, ses *Œuvres* furent souvent imées. Brunet, dans son *Manuel du Li-* , en cite quarante-et-une éditions; la der- it celle de Rouen, 1615, in-12. Les édi- nterrompues au dix-septième siècle, recom- it au dix-huitième : *Œuvres de Clement* ; La Haye, 1701, 2 vol. in-12; *les* , *avec celles de Jean Marot, son père,* *Michel, son fils, avec les pièces du* *nd de Clément avec F. Sagon, pu-* *avec une préface historique et des ob-* *ons critiques par le chevalier Gordon* *cel* (Lenglet Du Fresnoy); La Haye, vol. in-4° ou 6 vol. in-12 : édition beau- lus complète que les précédentes, mais recte; — *Œuvres choisies de Clement* Paris, 1801, in-8°; — *Œuvres nou-* *edition revue sur toutes celles qui* *recedée, avec des notes historiques et* *ssaire des vieux mots*, par Auguis; 1823, 5 vol. in-18; cette édition, faite ilement d'après celle de Lenglet Du y, est très-fautive; celle de M. P. La- Paris, 1842, 3 vol. in-8°, vaut mieux; *uvres choisies de Clement Marot par* *pres*; Paris, 1826, in-8°.

Plusieurs ouvrages de Clément Marot ont été publiés séparément; savoir : *Les Cantiques de la Paix par Clément Marot, ensemble le Cantique de la Reyne sur la maladie et convalescence du Roy par le dict Marot*; Paris, 1539, in-8°; — *L'Enfer de Clément Marot, de Cahors en Quercy, valet de chambre du roy; item, aulcunes ballades et rondeaulx appartenans à l'argument, et en oultre plusieurs aultres compositions de Marot, par cy-devant non imprimées*; Lyon, 1542, in-8°; Paris, 1544, in-8°; — *Épigrammes de Clément Marot, faictz à l'imitation de Martial, plus quelques aultres Œuvres dudit Marot, non encore imprimées*; Poitiers, 1547, in-8°; — *Deux colloques d'Érasme, traduictz de latin en françoys par Clément Marot, intitulez l'un Abbatis et Eruditæ, l'autre Virgo* Μισόγαμος. *Plus le Balladin du dict Marot*; Lyon, 1549, in-16; Paris, 1549, in-16; — *Le Riche en pauvreté, joyeux en affliction et content en souffrance, composé par Marot, et trouvé parmi ses autres factures à Chamberry, plus la complainte d'un Pastoureau*; Paris, 1558, in-16; — *Joyeuses et plaisantes Epitres, Ballades, Rondeaux, Epigrammes et facecieux Epitaphes de Clement Marot*; Lyon, 1557, in-16; — *Psalmes de David translatez de plusieurs autheurs, et principallement de Clément Marot*; Anvers, 1541, in-8°. Ce livre, qui avait d'abord paru dans les Pays-Bas et en France avec privilége, fut ensuite adopté par les protestants et recommandé par Calvin, qui fit précéder d'une *Epître à tous chrétiens et amateurs de la parole de Dieu* la première édition complète des *Cinquante Psaumes de David mis en françoys* (sans nom de lieu); 1543, in-4°. Alors les catholiques le rejetèrent. Il a eu de nombreuses éditions; l'une des meilleures est celle de Sedan (*Les Psaumes de David, mis en rimes françoises par Clément Marot et Théod. de Beze*); 1635, in-64. Marot publia *Le Roman de la Rose, revu et corrigé, oultre les éditions précédentes*; Paris, 1527, in-fol. Il revit ensuite, par ordre de François Ier, les œuvres de Villon, dont il changea un peu le langage pour le rendre plus intelligible et qu'il accompagna de courtes notes; l'édition parut à Paris, 1532, in-16. On lisait en tête cette épigramme :

> Si en Villon on trouve encore à dire,
> S'il n'est réduit, ainsi qu'ay prétendu,
> A moi tout seul on doit le blasme, Sire,
> Qui plus y ay travaillé qu'entendu;
> Et s'il est mieux en son ordre estendu
> Que paravant, de sorte qu'on le prise,
> Le gré à vous en doit estre rendu,
> Qui futes seul cause de l'entreprise (1).

Clément Marot était marié et avait plusieurs

(1) Des vers inédits de Marot ont été insérés, d'après un manuscrit de la bibliothèque de Lausanne, dans la *Revue de Paris*, 4e série, t. XXVIII, p. 476.

enfants. On ignore le nom de sa femme et on ne connaît qu'un seul de ses enfants, Michel, auteur de deux dixains et d'une ode à Marguerite, reine de Navarre. Michel Marot était entré en 1534 au service de Marguerite en qualité de page, et l'on croit qu'il suivit son père à Ferrare; c'est tout ce que l'on sait de sa vie, qui fut sans doute courte. Il avait pour devise *triste et pensif*. Ses poésies, publiées pour la première fois avec les *Contredicts à Nostradamus* par le sieur du Pavillon (Paris, 1560), furent réimprimées dans diverses éditions de Jean et de Clément Marot.

A—D.

Lenglet Du Fresnoy, *Vie de Marot*, en tête de son édition. — Auguis, *Vie de Marot*, en tête de son édition. — Baillet, *Jugements des Savants*, IV, 59. — Bayle, *Dict.* — Niceron, *Mémoires*, XVI. — Goujet, *Bibliothèque françoise*, XI, 87. — Saint-Marc Girardin, *Tableau de la Littérature française au seizième siècle*. — Ph. Chasles, *Tableau de la Littérature française au seizième siècle*. — Sainte-Beuve, *Tableau de la Poésie au seizième siècle*. — Eug. et Em. Haag, *La France Protestante*.

MAROT (*François*), peintre français, né en 1667, à Paris, où il est mort, en 1719. Il appartenait à la même famille que le poëte de ce nom. Il apprit la peinture sous la direction de Charles de La Fosse, et aucun élève n'approcha plus que lui de ce maître. Admis en 1702 à l'Académie royale, il y exerça les fonctions de professeur. On voit encore à Notre-Dame de Paris plusieurs tableaux qui prouvent son habileté dans les sujets religieux.

P.

D'Argenville, *Vie des Peintres*.

MAROT (*Jean*), architecte et graveur français, né vers 1630, à Paris, où il est mort, le 15 ou 16 décembre 1679. Il était d'une famille d'artistes qui vivait à Paris dans le dix-septième siècle, et sur laquelle on manque de renseignements. Il fut chargé de la construction de quelques édifices remarquables, tels que les hôtels de Pussort et de Mortemart, la façade de l'église des Feuillantines du faubourg Saint-Jacques, et le château de Lavardin, dans le Maine. Ces travaux lui valurent le titre d'architecte du roi, bien qu'il pratiquât la religion réformée; son nom figure parmi les artistes qui concoururent pour la façade du Louvre. Il s'est surtout consacré à la théorie plutôt qu'à la pratique de son art. Habile dessinateur, il a reproduit avec son fils Daniel les principaux monuments anciens et modernes, et ses collections ont été jusqu'à présent très-recherchées. « Si l'on y trouve, dit Mariette, une grande propreté dans l'exécution de la gravure, une égalité de tailles qui produit une couleur des plus douces et des plus harmonieuses, l'on y rencontre en même temps une fidélité dans les contours, qu'il lui aurait été difficile de donner, s'il n'eût été lui-même excellent architecte. Nous citerons de lui : *Le magnifique Château de Richelieu, ou plans, profils, élévations dudit château*; s. d., 28 feuilles, gr. in-fol. obl.; — *Le Château de Madrid*; in-fol.; — *Le Château du Louvre*; 1676-1678, in-fol.; — *L'Architecture françoise, ou recueil des plans des églises, palais, hôtels et maisons particulières de Paris*; Paris, 1727-1751, in-fol.; — *Le petit Marot, ou recueil de divers morceaux d'architecture, gravés par J. Marot*; Paris, 1764, gr. in-4°; on ne trouve dans les catalogues aucune trace d'un tirage antérieur. Jean Marot a dessiné et gravé les planches de beaucoup d'ouvrages d'architecture, entre autres des traductions françaises de Vignole, de Palladio et de Scamozzi, et il a travaillé au recueil du *Grand Cabinet du Roi*. Mariette a donné en 1727 le catalogue des principales œuvres de Jean Marot, qu'il répartit en 3 tomes in-fol., contenant 283 feuilles, dont quelques-unes ne sont pas de lui; on y trouve, outre les morceaux de l'*Architecture françoise*, des tombeaux, le Louvre, les Tuileries, l'hôtel des Invalides, le château de Vincennes, un livre d'arcs de triomphe, une suite de dessins de palais, temples et basiliques, etc.

Son fils, *Daniel* Marot, né vers 1660, à Paris, embrassa la même carrière, et aida son père dans la publication de ses travaux. Après la révocation de l'édit de Nantes, il devint architecte du prince Guillaume d'Orange, qu'il suivit en Angleterre. Vers 1702 il retourna en Hollande. Il vivait encore en 1712. Au jugement de M. Dussieux, « il avait beaucoup de génie inventif, dessinait et gravait également bien »; cependant, il est resté au-dessous de son père. Il a gravé seul *La grande Salle d'audience* au palais des états généraux à La Haye, salle construite d'après ses dessins; — *La Foire d'Amsterdam*, 2 pl.; — *Conquêtes et victoires faites et remportées par les hauts alliés sur la France et l'Espagne*; 1702, gr. in-fol.; — *Nouveau Livre de tableaux de Portes et de cheminées*, suite de 22 pl.; — *Recueil d'Architecture*; Amsterdam, 1712, in-fol.

P.

Nagler, *Neues Allgem. Künstler-Lexicon*. — Ch. Le Blanc, *Man. de l'Amateur d'Estampes*. — Dussieux, *Les Artistes français à l'étranger*. — Mariette, *Abecedario*.

MAROT (*Claude-Toussaint*). *Voy.* LA GARAYE.

MAROTO (Don *Rafael*), général espagnol, né à Conca (royaume de Murcie), en 1785, mort au Chili, au commencement de 1847. Entré au service en 1808, il était déjà colonel en 1815. Indépendant par sa fortune personnelle, il entreprit après la paix des voyages en Angleterre, en France et en Amérique, où il eut occasion de se lier avec Espartero. Nommé en 1833 capitaine général de la province de Guipuzcoa, il accompagna peu de temps après en Portugal don Carlos, exilé d'Espagne. Partisan de ce prince, il dirigea, en 1834, sous les ordres de Zumalacarreguy, les opérations du siége de Bilbao, et après la mort de ce chef, en 1835, il reçut le commandement de la Biscaye. Les avantages qu'il remporta sur Espartero ne l'empêchèrent d'encourir la disgrâce du prétendant, qui le mit en non-activité. Il accepta cependant encore en 1837 un commandement dans l'armée carliste de la Catalogne ; mais il ne le garda pas longtemps, et vint alors fixer sa résidence en France. A la suite de la grande défaite que les carlistes essuyèrent à Pena Cerrada, don Carlos nomma Maroto chef de son état-major, en juin 1838, et peu de temps après le prétendant lui confia le commandement en chef de ses troupes. Maroto déploya beaucoup d'activité pour réorganiser l'armée carliste. Le parti apostolique ne tarda pas cependant à se soulever contre lui. Le 10 février 1839 Maroto eut à ce sujet un entretien avec don Carlos, et quelques jours après il fit fusiller de son autorité privée une quinzaine de chefs carlistes. Cet acte de violence amena contre lui une réaction; don Carlos le déclara traître. Comprenant les dangers qui le menaçaient, obéissant d'ailleurs à l'influence d'un certain nombre de chefs fatigués d'une guerre interminable soutenue au profit d'un prétendant qui leur était devenu odieux ou indifférent, Maroto entama, le 27 février, avec les généraux christinos des négociations, qui se terminèrent par la conclusion de la convention de Bergara, signée le 31 août 1839 avec Espartero. Maroto se rendit ensuite à Bilbao, et de là à Madrid. Marie-Christine, en récompense de la part qu'il avait prise à la pacification de l'Espagne, lui accorda un traitement de 40,000 réaux, et en 1840 il fut nommé membre du conseil supérieur de la guerre et de la marine. Les démarches qu'il fit plus tard auprès du gouvernement pour réclamer l'exécution des stipulations de la convention de Bergara relativement au maintien des *fueros* des provinces Basques et aux intérêts de ses compagnons d'armes restèrent à peu près sans résultat. Se voyant sans influence et regardé comme un traître, il partit, sous prétexte d'intérêts privés à régler, pour l'Amérique du Sud, où il mourut. L. L—T.

Mitchell, *Le Camp et la Cour de Don Carlos*. — *Conversations-Lexikon*.

MAROUF EL KARKHI (*Eben-Mahfond*), mystique arabe, né à Carkh, entre Hamadan et Ispahan, vers 750, mort en 816, à Bagdad. Fils d'un chrétien, il se fit musulman, sous le nom d'Ali. Tout en restant attaché à la maison de l'imam Ali-Riza, chez lequel il exerçait les fonctions de portier, il se lia d'une amitié étroite avec un des plus anciens chefs mystiques, Daoud el Thayi, à Bagdad, où Marouf resta lui-même jusqu'à sa mort, survenue par suite d'une chute au milieu d'un attroupement. Le système mystique de Marouf n'est ni le système ascétique des anciens cénobites indiens et chrétiens, qu'il rejeta, ni celui des mystiques persans plus récents, qui s'absorbaient dans les contemplations de l'amour divin. Il insiste sur les vertus pratiques, et s'il prêche l'humilité, en disant qu'il ne fallait jamais paraître devant Dieu autrement que sous les dehors d'un pauvre mendiant, il ne s'égare pas non plus dans des considérations de l'amour divin, qui selon lui est un don de la grâce de Dieu et ne s'apprend pas par les leçons des maîtres. Marouf, il est vrai, complète ailleurs sa pensée, en disant qu'il fallait aller au-devant de Dieu, si l'on voulait que Dieu allât au-devant de l'homme. Ces idées l'ont fait regarder comme un des mystiques orthodoxes de l'Islam. Ses sentences se trouvent éparpillées dans les ouvrages ascétiques d'Aboulfaradj Mansour-ibn al Yanzi, notamment dans le *Menakhib-Mdrouf*, ou panégyrique de Marouf, et dans le *Kenz el Modzakkirin*, ou *Trésor des Panégyristes de Dieu*. Un autre écrivain ascétique a écrit, vers 1200, le *Monutekhab fi-'l-Nowelc* où l'on trouve le choix le plus complet des pensées de Marouf. Ch. RUMELIN.

Risalet el Nokhatrige, en manuscrit à Vienne. — Hadji Chalfa, *Lexicon bibliographicum et encyclopædicum*. — Djami, *Biographie des Soufis*. — Hammer, *Histoire de la Littérature arabe* (en allemand).

MAROUF (*Mohammed ben-Abd el Khâlik-ben-*), lexicographe arabe, vivait dans la première moitié du neuvième siècle de notre ère à Amols, à la cour des rois de Ghisan, de la première dynastie des Dailémides. Il a écrit le *Kenz el loghat*, ou *Trésor lexicographique*, dédié au roi Mohammed ben-Kiya ben-Nasir-Kiya. L'auteur, qui a mis à contribution tous les ouvrages lexicographiques arabes et persans qui avaient paru avant cette époque, a disposé les mots à la fois par les initiales et les finales, méthode la plus naturelle, vu le génie des langues orientales. Il a en outre classé à part les verbes actifs, ainsi que les mots qui en sont formés. Le dictionnaire de Marouf se trouve en manuscrit dans les bibliothèques de Paris et de Leyde. Ch. R.

Hadji Chalfa, *Lexicon bibliographicum et encyclopædicum*. — Schireddin, *Histoire du Tabaristan*. — F. de Diez, *Das Buch des Kabus und die geschichte der Dilemiden*.

MAROULLE (*Antoine-Jean* DE), ou MARULLO, amateur italien, né à Messine, le 24 juin 1674, mort à Paris, en décembre 1726. Il était fils de Vincent de Marullo, duc de Jean-Paul, et d'une des plus anciennes familles de Sicile. La terre de Jean-Paul avait été érigée en duché en 1649, par le roi d'Espagne Philippe IV. Vincent de Marullo se compromit lors des troubles de la Sicile, et il fut obligé de se réfugier en France après l'expédition infructueuse du maréchal de La Feuillade et du duc de Vivonne pour affranchir la Sicile du joug espagnol (1674-1678). Amené à Paris, Jean-Antoine entra dans les ordres. Dès sa jeunesse il s'occupa des arts; il dessinait, peignait et gravait avec agrément. Il entreprit sur la fin de sa vie, et à la sollicitation du duc d'Orléans, régent, une traduction de Vasari avec notes; mais il la laissa inachevée. « Il était, dit Crozat, l'ami de tous ceux qui aimaient les arts. » Son éloge a été publié par Coypel, dans *Le Mercure d'Avignon* de 1727; cet artiste a aussi gravé son portrait à l'eau-forte. H. H—N.

Mariette, *Abecedario*.

MAROUTHA (Saint), savant prélat syrien, mort vers 420. Appelé dans les dernières années du cinquième siècle à l'évêché de Martyropolis, ou Miafarékin, il assista en 391 au concile d'Antioche. S'étant rendu en 403 à Constantinople pour réclamer l'intercession de l'empereur Arcadius en faveur des chrétiens persécutés en Perse, il prit part au concile tenu dans cette ville par les ennemis de saint Jean Chrysostome, et fut bientôt après incarcéré pour s'être hautement déclaré en faveur du patriarche de Constantinople. Lorsque ce dernier eut été réintégré dans ses fonctions, il fit sortir Maroutha de prison, et lui fit donner par l'empereur une lettre adressée au roi de Perse Jezdedjerd Ier, où Arcadius demandait que les chrétiens fussent traités avec moins de cruauté. Arrivé à la cour de Jezdedjerd, Maroutha parvint, malgré tous les efforts des mages, non-seulement à faire cesser la persécution de ses coreligionnaires, mais, ayant guéri le fils du roi d'une maladie dangereuse, il obtint pour eux la faculté d'exercer leur culte en pleine liberté. Après avoir en 410 assisté au concile de Séleucie, Maroutha revint à Constantinople; peu de temps après, il fut renvoyé en Perse, comme ambassadeur de l'empereur Théodose II. Ce fut grâce à la faveur dont il jouissait auprès de Jezdedjerd que la paix fut maintenue entre les deux souverains. En 414 il réunit à Ctésiphon un concile, où entre autres l'on proclama la doctrine de Nicée. A partir de cette année on n'a plus de détails sur la vie de Maroutha. On a de lui : *Acta Sanctorum martyrum orientalium et occidentalium ;* Rome, 1748, 2 vol. in-fol., publié en syriaque et en latin par Assemani; ouvrage où l'on trouve beaucoup de faits se rapportant à l'histoire de la Perse. Parmi les autres écrits de Maroutha, qui sont tous restés inédits, nous citerons : *Histoire du Concile de Nicée ; — Hymnes* et autres poésies; elles se trouvent dans les missels syriens et maronites. O.

Socrate, *Histoire Ecclésiastique.* — Sozomène, *Histoire Ecclésiastique.* — Le Beau, *Histoire du Bas-Empire*, liv. XXVII.

MAROZIA ou **MARIUCCIA**, dame romaine célèbre par l'influence qu'elle exerça sur les affaires de l'Italie pendant la première moitié du dixième siècle. Fille de la fameuse Theodora, si puissante à Rome vers la fin du neuvième siècle, elle la surpassa en beauté et en pouvoir. Cette période confuse de l'histoire d'Italie est imparfaitement connue, et Luitprand, qui est ici notre principale source, ne mérite pas toujours confiance. Le pape Sergius III fut porté sur le siége pontifical (juin 904) par le parti des marquis de Spolète, à la tête duquel était Theodora. Luitprand prétend qu'il était l'amant de Marozia et qu'il eut d'elle un fils qui fut depuis le pape Jean XI. Cependant, vers le même temps elle était la maîtresse ou, plus probablement, la femme d'Albéric, marquis de Spolète. Ainsi toutes les forces ecclésiastiques et temporelles des États Romains se trouvèrent concentrées dans les mains de Theodora et de Marozia. Ces deux femmes se servirent de leur pouvoir pour défendre l'Italie contre les Sarrasins; elles trouvèrent un énergique et habile auxiliaire dans le pape Jean X. La mort de Theodora rompit cette union. Jean X se brouilla avec Albéric. Les deux partis en vinrent aux mains, et le marquis de Spolète fut chassé de Rome, puis assassiné. Marozia, qui avait partagé la fuite de son mari, parvint à reformer son parti, et rentra dans Rome. Elle s'empara du château Saint-Ange, et de cette forteresse elle ne cessa d'inquiéter les partisans de Jean X. Pour se ménager un appui, elle épousa Guido, marquis de Toscane. Vers le même temps le roi Hugo, beau-frère de Guido, débarqua à Pise, et se rendit à Pavie pour recevoir la couronne d'Italie. Marozia, craignant que le roi et le pape ne se réunissent contre elle, résolut de les prévenir. Elle fit enlever Jean dans le palais de Latran, et le fit jeter dans une prison où il fut étouffé peu après (juillet 928). Elle disposa successivement de la tiare en faveur de Léon VI, d'Étienne VII et de Jean XI, son fils. En 931, veuve pour la seconde fois, elle proposa sa main au roi Hugo. Le mariage eut lieu en 932. Marozia avait atteint le terme de son ambition; elle était souveraine de l'Italie, mais sa puissance devait être courte. « Hugo, dit l'historien Leo, était d'une nature trop lourde, trop septentrionale, pour que la bonne intelligence entre lui et sa nouvelle épouse durât longtemps; elle avait du marquis Albéric de Spolète un fils du même nom : un jour que celui-ci présentait l'aiguière à Hugo, il versa maladroitement l'eau sur les mains du roi, qui lui donna un soufflet. Albéric, irrité, sortit du château et appela le peuple de Rome aux armes pour le venger. Hugo fut assiégé dans le château Saint-Ange, et sa position devint critique. Peut-être Marozia, dont les charmes avaient perdu de leur puissance avec l'âge, reconnut-elle aussi qu'elle avait moins d'ascendant sur Hugo qu'elle n'avait espéré, et contribua-t-elle à le mettre dans l'embarras. Pendant la nuit il descendit par une fenêtre du château au moyen d'une corde, et s'enfuit. Une armée qu'il rassembla pour se venger des Romains n'obtint aucun succès, et le jeune Albéric, qui avait obtenu la faveur du peuple, mit sa mère en prison, et gouverna Rome du fond du château Saint-Ange, pendant que son frère utérin Jean possédait la plus haute dignité ecclésiastique de la ville et du monde catholique. » On n'a pas de détails sur les dernières années de Marozia, et on ignore la date de sa mort. Z.

Luitprand, *Historia*, l. II, 13; III, 12. — Baronius, *Annales*, t. XV. — Lebret, *Geschichte von Italien*, vol. I. — Leo, *Histoire de l'Italie*, traduite par M. Dochez (dans le *Panthéon historique*, t. I, p. 171, etc.

MARPERGER (*Paul-Jacques*), célèbre économiste allemand, né à Nuremberg, le 27 juin 1656, mort à Dresde, le 27 octobre 1730. Son père, gentilhomme du haut Palatinat, qui avait

l'armée suédoise, l'envoya étudier la
ı Altorf; le jeune Marperger, préférant
à la jurisprudence, fut oblige par son
er apprendre le commerce à Lyon. Il
ensuite à Vienne, où, tout en se livrant
, il se mit à approfondir, plus que l'on
t jusque là en Allemagne, les principes
favoriser l'essor du commerce et de
. Appelé en 1708 à Berlin, il y fut
ır le gouvernement prussien de rédi-
sures à prendre dans l'intérêt de l'ac-
ıt des richesses nationales; en 1724 il
ié conseiller de commerce à Dresde.
embre de l'Académie de Berlin depuis
ses nombreux écrits il provoqua en
le premier l'étude raisonnée des
économiques. On a de lui : *Lob des
mmers und des Ehestandes* (Éloge
ıe et du Mariage); Lubeck, 1699, in-12;
t fertiger Handelscorrespondent (Le
dant commercial qui n'est jamais en dé-
emière partie parut à Ratzebourg, 1699,
seconde à Hambourg, 1705, in-8°; les
ières à Hambourg, 1714, in-8°; l'ou-
ier fut réimprimé à Hambourg, 1741
vol. in-8°; — *Neueroffnete Kauf-
te und Neueroffnetes Manufacturen-*
uveau Traité des Bourses de commerce
nufactures); Hambourg, 1704-1706,
Gazophylacium artis et naturæ
; Hambourg, 1704, in-12; ibid., 1748
n-8°; — *Moskowitischer Kaufmann*
erçant moskowite); Lubeck, 1705 et
o; — *Schwedischer Kaufmann* (Le
ınt suédois); Lubeck, 1706, in-8°;
*-ischer Kaufmann oder Erzählung
Geschichten, welche sich hin und
er Commercien wegen zugetragen*
nerçant historique, ou récit d'his-
se sont passées par-ci par-là dans le
); Lubeck, 1708, in-8°; — *Beschrei-
Messen und Jahrmärkte* (Description
et Marchés); Leipzig, 1710, in-8°; —
*isch-historisch und merkatorische
ung der Lander Preussens* (Descrip-
aphique, historique et mercantile des
ı Prusse); Berlin, 1710, in-8°; — *Be-
g des Hanfes und Flachses* (Des-
u Chanvre et du Lin); Leipzig, 1710,
*Vollständiges Kuchen und Keller
tum* (Dictionnaire complet de la Cui-
la Cave); Hambourg, 1716, in-4°;
eibung der Banken (Description des
Halle, 1716, et Leipzig, 1723, in-4°; —
undert gelehrter Kaufleute (Premier
ommerçants savants); Leipzig, 1717,
*Prodromus Gærtnerianus, oder
stellung A. Gærtneri Kunstmachi-*
ription abrégée des Machines de Gær-
esde, 1718, in-4°; — *Nutz-und lus-
lantagen-Traktat* (Traité des Planta-
et agréables); Leipzig, 1722, in-4°; —
Vermischte Police i-und Commercien Sachen
(Mélanges de Police et de Commerce); Dresde,
1722, in-4°; — *Horologiographia;* Dresde,
1721, in-4°; — *Trifolium mercantile;* Leipzig,
1723, in-8°; — des ouvrages sur l'*Éclairage*,
sur les *Hospices*, sur le *Nettoyage des Rues*,
sur les *Assurances contre les Incendies*, sur
les *Constructions de Canaux*, sur les *Greniers
d'Abondance*, sur les *Monts de Piété*, etc.
Marperger a aussi traduit en allemand et continué jusqu'en 1710 l'*Histoire des Architectes*
de Felibien; Hambourg, 1711, in-12. On a publié à Leipzig, 1723, in-4°, un *Choix des petits
Écrits de Marperger sur diverses matières de
commerce et d'économie politique.* O.

Will, *Nürnbergisches Gelehrten-Lexikon*, t. II, et le *Supplément* de Nopitsch. — Moller, *Cimbria Litterata*, t. II. — Höck, *Lebensbeschreibungen von Cameralisten*. — Hirsching, *Histor. liter. Handbuch*.

MARPURG (*Frédéric-Guillaume*), savant musicographe allemand, né en 1718, à Seehausen, dans la Vieille-Marche de Brandebourg, et mort à Berlin, le 22 mai 1795. Marpurg s'adonna de bonne heure à l'étude des langues anciennes et des langues modernes; les mathématiques, la musique et les diverses branches qui se rattachent à cet art étaient surtout l'objet de ses prédilections. Il n'avait encore que vingt-quatre ans lorsqu'il fit un voyage à Paris, où il eut l'occasion de connaître Rameau, dont le traité d'harmonie, fondé sur le système de la basse fondamentale, fixa particulièrement son attention. A son retour en Prusse, il y remplit pendant quelque temps les fonctions de secrétaire d'un ministre, alla ensuite résider à Hambourg, puis obtint la place de directeur des loteries de Berlin, avec le titre de conseiller du roi. Ce fut alors que, profitant des loisirs que lui laissaient ses fonctions publiques, Marpurg écrivit et publia sur l'art musical les nombreux ouvrages dans lesquels il a fait preuve d'une grande variété de connaissances, et qui l'ont fait considérer à juste titre comme l'un des théoriciens les plus érudits et des meilleurs critiques de son temps. On connaît de lui : OUVRAGES DIDACTIQUES : *Die Kunst das Klavier zu spielen* (L'Art de jouer du Clavecin); Berlin, première partie, 1750; deuxième partie, 1751, par l'auteur du *Musicien critique de la Sprée*, journal musical que Marpurg publiait alors. — *Anleitung zum Clavierspielen, der schœnen Ausübung der heutigen Zeit gemäss entworfen* (Instruction pour jouer du Clavecin, etc.); Berlin, 1755; c'est un traité spécial de l'art du claveciniste, tandis que l'ouvrage précédent est simplement élémentaire. Marpurg en a fait lui-même une traduction française, sous le titre de *Principes de Clavecin;* Berlin, 1756; — *Handbuch von dem Generalbasse und der Composition mit* 2, 3, 4, 5, 6, 7, 8, *und mehrer Stimmen, nebst einem vorläufigen kurzen Begriff der Lehre vom Generalbasse fur Anfanger* (Manuel de la Basse continue et de la composition à 2, 3, 4, 5, 6, 7, 8,

MAROUTHA (Saint), savant prélat syrien, mort vers 420. Appelé dans les dernières années du cinquième siècle à l'évêché de Martyropolis, ou Miafarekin, il assista en 391 au concile d'Antioche. S'étant rendu en 403 à Constantinople pour réclamer l'intercession de l'empereur Arcadius en faveur des chrétiens persécutés en Perse, il prit part au concile tenu dans cette ville par les ennemis de saint Jean Chrysostome, et fut bientôt après incarcéré pour s'être hautement déclaré en faveur du patriarche de Constantinople. Lorsque ce dernier eut été réintégré dans ses fonctions, il fit sortir Maroutha de prison, et lui fit donner par l'empereur une lettre adressée au roi de Perse Jezdedjerd Ier, où Arcadius demandait que les chrétiens fussent traités avec moins de cruauté. Arrivé à la cour de Jezdedjerd, Maroutha parvint, malgré tous les efforts des mages, non-seulement à faire cesser la persécution de ses coreligionnaires, mais, ayant guéri le fils du roi d'une maladie dangereuse, il obtint pour eux la faculté d'exercer leur culte en pleine liberté. Après avoir en 410 assisté au concile de Séleucie, Maroutha revint à Constantinople; peu de temps après, il fut renvoyé en Perse, comme ambassadeur de l'empereur Théodose II. Ce fut grâce à la faveur dont il jouissait auprès de Jezdedjerd que la paix fut maintenue entre les deux souverains. En 414 il réunit à Ctésiphon un concile, où entre autres l'on proclama la doctrine de Nicée. A partir de cette année on n'a plus de détails sur la vie de Maroutha. On a de lui : *Acta Sanctorum martyrum orientalium et occidentalium ;* Rome, 1748, 2 vol. in-fol., publié en syriaque et en latin par Assemani; ouvrage où l'on trouve beaucoup de faits se rapportant à l'histoire de la Perse. Parmi les autres écrits de Maroutha, qui sont tous restés inédits, nous citerons : *Histoire du Concile de Nicée ; — Hymnes* et autres poésies; elles se trouvent dans les missels syriens et maronites. O.

Socrate, *Histoire Ecclésiastique*. — Sozomène, *Histoire Ecclésiastique*. — Le Beau, *Histoire du Bas-Empire*, liv. XXVII.

MAROZIA OU MARIUCCIA, dame romaine célèbre par l'influence qu'elle exerça sur les affaires de l'Italie pendant la première moitié du dixième siècle. Fille de la fameuse Theodora, si puissante à Rome vers la fin du neuvième siècle, elle la surpassa en beauté et en pouvoir. Cette période confuse de l'histoire d'Italie est imparfaitement connue, et Luitprand, qui est ici notre principale source, ne mérite pas toujours confiance. Le pape Sergius III fut porté sur le siége pontifical (juin 904) par le parti des marquis de Spolète, à la tête duquel était Theodora. Luitprand prétend qu'il était l'amant de Marozia et qu'il eut d'elle un fils qui fut depuis le pape Jean XI. Cependant, vers le même temps elle était la maîtresse ou, plus probablement, la femme d'Albéric, marquis de Spolète. Ainsi toutes les forces ecclésiastiques et temporelles des États Romains se trouvèrent concentrées dans les mains de Theodora et de Marozia. Ces deux femmes se servirent de leur pouvoir pour défendre l'Italie contre les Sarrasins; elles trouvèrent un énergique et habile auxiliaire dans le pape Jean X. La mort de Theodora rompit cette union. Jean X se brouilla avec Albéric. Les deux partis en vinrent aux mains, et le marquis de Spolète fut chassé de Rome, puis assassiné. Marozia, qui avait partagé la fuite de son mari, parvint à reformer son parti, et rentra dans Rome. Elle s'empara du château Saint-Ange, et de cette forteresse elle ne cessa d'inquiéter les partisans de Jean X. Pour se ménager un appui, elle épousa Guido, marquis de Toscane. Vers le même temps le roi Hugo, beau-frère de Guido, débarqua à Pise, et se rendit à Pavie pour recevoir la couronne d'Italie. Marozia, craignant que le roi et le pape ne se réunissent contre elle, résolut de les prévenir. Elle fit enlever Jean dans le palais de Latran, et le fit jeter dans une prison où il fut étouffé peu après (juillet 928). Elle disposa successivement de la tiare en faveur de Léon VI, d'Étienne VIII et de Jean XI, son fils. En 931, veuve pour la seconde fois, elle proposa sa main au roi Hugo. Le mariage eut lieu en 932. Marozia avait atteint le terme de son ambition; elle était souveraine de l'Italie, mais sa puissance devait être courte. « Hugo, dit l'historien Leo, était d'une nature trop lourde, trop septentrionale, pour que la bonne intelligence entre lui et sa nouvelle épouse durât longtemps; elle avait du marquis Albéric de Spolète un fils du même nom : un jour que celui-ci présentait l'aiguière à Hugo, il versa maladroitement l'eau sur les mains du roi, qui lui donna un soufflet. Albéric, irrité, sortit du château et appela le peuple de Rome aux armes pour le venger. Hugo fut assiégé dans le château Saint-Ange, et sa position devint critique. Peut-être Marozia, dont les charmes avaient perdu de leur puissance avec l'âge, reconnut-elle aussi qu'elle avait moins d'ascendant sur Hugo qu'elle n'avait espéré, et contribua-t-elle à le mettre dans l'embarras. Pendant la nuit il descendit par une fenêtre du château au moyen d'une corde, et s'enfuit. Une armée qu'il rassembla pour se venger des Romains n'obtint aucun succès, et le jeune Albéric, qui avait obtenu la faveur du peuple, mit sa mère en prison, et gouverna Rome du fond du château Saint-Ange, pendant que son frère utérin Jean possédait la plus haute dignité ecclésiastique de la ville et du monde catholique. » On n'a pas de détails sur les dernières années de Marozia, et on ignore la date de sa mort. Z.

Luitprand, *Historia*, l. II, 18; III, 12. — Baronius, *Annales*, t. XV. — Lebret, *Geschichte von Italien*, vol. I. — Leo, *Histoire de l'Italie*, traduite par M. Dochez (dans le *Panthéon historique*), t. I, p. 171, etc.

MARPERGER (*Paul-Jacques*), célèbre économiste allemand, né à Nuremberg, le 27 juin 1656, mort à Dresde, le 27 octobre 1730. Son père, gentilhomme du haut Palatinat, qui avait servi dans l'armée suédoise, l'envoya étudier la théologie à Altorf; le jeune Marperger, préférant s'adonner à la jurisprudence, fut obligé par son père a aller apprendre le commerce à Lyon. Il se rendit ensuite à Vienne, où, tout en se livrant au négoce, il se mit à approfondir, plus que l'on n'avait fait jusque là en Allemagne, les principes propres a favoriser l'essor du commerce et de l'industrie. Appelé en 1708 à Berlin, il y fut chargé par le gouvernement prussien de rédiger les mesures a prendre dans l'intérêt de l'accroissement des richesses nationales; en 1724 il fut nommé conseiller de commerce à Dresde. Il était membre de l'Académie de Berlin depuis 1708. Par ses nombreux écrits il provoqua en Allemagne le premier l'étude raisonnée des questions économiques. On a de lui : *Lob des Frauenzimmers und des Ehestandes* (Éloge de la Femme et du Mariage); Lubeck, 1699, in-12; — *Allezeit fertiger Handelscorrespondent* (Le Correspondant commercial qui n'est jamais en défaut); la première partie parut à Ratzebourg, 1699, in-8°; la seconde à Hambourg, 1705, in-8°; les deux dernières à Hambourg, 1714, in-8°; l'ouvrage entier fut réimprimé à Hambourg, 1741 et 1764, 4 vol. in-8°; — *Neueröffnete Kaufmannborse und Neueröffnetes Manufacturenhaus* (Nouveau Traité des Bourses de commerce et des Manufactures); Hambourg, 1704-1706, 2 vol.; — *Gazophylacium artis et naturæ curiosum*; Hambourg, 1704, in-12; ibid., 1748 et 1765, in-8°; — *Moskowitischer Kaufmann* (Le Commerçant moskowite); Lubeck, 1705 et 1723, in-8°; — *Schwedischer Kaufmann* (Le Commerçant suédois); Lubeck, 1706, in-8°; — *Historischer Kaufmann oder Erzählung solcher Geschichten, welche sich hin und wieder der Commercien wegen zugetragen* (Le Commerçant historique, ou récit d'histoires qui se sont passées par-ci par-là dans le commerce); Lubeck, 1708, in-8°; — *Beschreibung der Messen und Jahrmärkte* (Description des Foires et Marchés); Leipzig, 1710, in-8°; — *Geographisch-historisch und merkatorische Beschreibung der Lander Preussens* (Description géographique, historique et mercantile des pays de la Prusse); Berlin, 1710, in-8°; — *Beschreibung des Hanfes und Flachses* (Description du Chanvre et du Lin); Leipzig, 1710, in-8°; — *Vollstandiges Kuchen und Keller Dictionarium* (Dictionnaire complet de la Cuisine et de la Cave); Hambourg, 1716, in-4°; — *Beschreibung der Banken* (Description des Banques); Halle, 1716, et Leipzig, 1723, in-4°; — *Erstes Hundert gelehrter Kaufleute* (Premier Cent de Commerçants savants); Leipzig, 1717, in-8°; — *Prodromus Gærtnerianus, oder kurze Vorstellung A. Gærtneri Kunstmachinen* (Description abrégée des Machines de Gærtner); Dresde, 1718, in-4°; — *Nutz-und lustreichen Plantagen-Traktat* (Traité des Plantations utiles et agreables); Leipzig, 1722, in-4°; — *Vermischte Police i-und Commercien Sachen* (Mélanges de Police et de Commerce); Dresde, 1722, in-4°; — *Horologiographia*; Dresde, 1721, in-4°; — *Trifolium mercantile*; Leipzig, 1723, in-8°; — des ouvrages sur l'*Éclairage*, sur les *Hospices*, sur le *Nettoyage des Rues*, sur les *Assurances contre les Incendies*, sur les *Constructions de Canaux*, sur les *Greniers d'Abondance*, sur les *Monts de Piété*, etc. Marperger a aussi traduit en allemand et continué jusqu'en 1710 l'*Histoire des Architectes* de Felibien; Hambourg, 1711, in-12. On a publié à Leipzig, 1723, in-4°, un *Choix des petits Écrits de Marperger sur diverses matières de commerce et d'économie politique*. O.

Will, *Nürnbergisches Gelehrten-Lexikon*, t. II, et le *Supplement* de Nopitsch. — Moller, *Cimbria Litterata*, t. II. — Höck, *Lebensbeschreibungen von Cameralisten*. — Hirsching, *Histor. liter. Handbuch*.

MARPURG (*Frédéric-Guillaume*), savant musicographe allemand, né en 1718, à Seehausen, dans la Vieille-Marche de Brandebourg, et mort à Berlin, le 22 mai 1795. Marpurg s'adonna de bonne heure à l'étude des langues anciennes et des langues modernes; les mathématiques, la musique et les diverses branches qui se rattachent à cet art étaient surtout l'objet de ses prédilections. Il n'avait encore que vingt-quatre ans lorsqu'il fit un voyage à Paris, où il eut l'occasion de connaître Rameau, dont le traité d'harmonie, fondé sur le système de la basse fondamentale, fixa particulièrement son attention. A son retour en Prusse, il y remplit pendant quelque temps les fonctions de secrétaire d'un ministre, alla ensuite résider à Hambourg, puis obtint la place de directeur des loteries de Berlin, avec le titre de conseiller du roi. Ce fut alors que, profitant des loisirs que lui laissaient ses fonctions publiques, Marpurg écrivit et publia sur l'art musical les nombreux ouvrages dans lesquels il a fait preuve d'une grande variété de connaissances, et qui l'ont fait considérer à juste titre comme l'un des théoriciens les plus érudits et des meilleurs critiques de son temps. On connaît de lui : OUVRAGES DIDACTIQUES : *Die Kunst das Klavier zu spielen* (L'Art de jouer du Clavecin); Berlin, première partie, 1750; deuxième partie, 1751, par l'auteur du *Musicien critique de la Sprée*, journal musical que Marpurg publiait alors. — *Anleitung zum Clavierspielen, der schœnen Ausübung der heutigen Zeit gemäss entworten* (Instruction pour jouer du Clavecin, etc.); Berlin, 1755; c'est un traité spécial de l'art du claveciniste, tandis que l'ouvrage précédent est simplement élémentaire. Marpurg en a fait lui-même une traduction française, sous le titre de *Principes de Clavecin*; Berlin, 1756; — *Handbuch von dem Generalbasse un der Composition mit 2, 3, 4, 5, 6, 7, 8, und mehrer Stimmen, nebst einem vorlaüfigen kurzen Begriff der Lehre vom Generalbasse fur Anfänger* (Manuel de la Basse continue et de la composition à 2, 3, 4, 5, 6, 7, 8, et un plus grand nombre de voix, avec une idée de la basse continue pour les commençants); Berlin, 1755. Cet ouvrage fut réimprimé l'année suivante comme première partie d'un grand manuel, dont la seconde parut en 1757 et la troisième en 1758. Marpurg ajouta à cette dernière partie un supplément qu'il publia en 1760. Cet important travail, qui sous le rapport de la génération des accords est une modification du système de Rameau, a été traduit en français et publié dans le *Nouveau Manuel complet de Musique vocale et instrumentale* de Choron et A. de La Fage; Paris, 1836-1838; — *Abhandlung von der Fuge nach den Grundsætzen un Exempeln der besten deutschen und auslændischen Meister entworfen* (Traité de la Fugue, d'après les principes et les exemples des meilleurs maîtres allemands et étrangers); Berlin, Ire partie, 1753; 2e partie, 1754. Marpurg en a donné une traduction française qu'il a publiée à Berlin, en 1756, sous le titre de *Traité de la Fugue et du Contre-Point*. Cette traduction a paru ensuite dans les *Principes de Composition des écoles d'Italie*, de Choron; Paris, 1808, et plus tard dans son *Nouveau Manuel de Musique vocale et instrumentale*; — *Anfangsgründe der theoretischen Musik* (Éléments de la Musique théorique); Leipzig, 1757, in-4°. Marpurg y traite du calcul des intervalles et des autres parties de la théorie mathématique de la musique; — *Anleitung zur Singcomposition* (Introduction à la Composition du Chant); Berlin, 1758; — *Anleitung zur Musik überhaupt und zur Singkunst bezonders, mit Uebungs Exempeln erlæutert und den berühmten Herren Musikdirectoren und Cantoren Deutschlands zugeignet* (Introduction à la Musique en général et à l'art du chant en particulier, etc.); Berlin, 1763; — *Anfangsgrunde des progressional figurlichen Zifferkalkuls* (Éléments du Calcul des Progressions arithmétiques et géométriques applicables à la théorie de la musique); Berlin, 1774; — *Versuch uber die musikalische Temperature, nebst einem Anhang uber den Rameau und Kirnbergschen Grundbass, und vielen Tabellen* (Essai sur le Tempérament musical, avec un supplément sur la Basse fondamentale de Rameau et de Kirnberger, etc.); Breslau, 1776; — *Neue Methode, allerlei Arten von Temperaturen dem Claviere ams bequemste mitzutheilen*, etc. (Nouvelle Méthode pour concilier les divers systèmes de tempérament dans l'accord du clavecin); Berlin, 1779; — OUVRAGES HISTORIQUES ET CRITIQUES : *Der Kritische Musikus an der Spree* (Le Musicien critique de la Sprée); Berlin, 1750, in-4°. Ce journal musical, le premier que Marpurg ait publié, a paru en cinquante numéros; — *Historisch-Kritische-Beytrage zur Aufnahme der Musik* (Notices historiques et critiques pour servir au progrès de la musique); Berlin, 1754-1762, 5 vol. in-8°; — *Kritische Einleitung in die Geschichte und Lehrsætze der alten und neuen Musik* (Introduction critique à l'Histoire et à la connaissance de la Musique, ancienne et moderne); Berlin, 1759, in-4°; — *Kritische Briefe uber die Tonkunst, mit kleinen Clavierstückchen and Singoden begleitet von einer musikalischer Gesellschaft in Berlin* (Lettres critiques sur la Musique, etc.); Berlin, 1759-1764, 2 vol. in-4°; — *Herrn Georg. Andreas Sorgens Anleitung zum Generalbass und zur Composition, mit Anmerkungen*, etc. (Instruction sur l'Harmonie et la composition de M. Georges-André Sorge, avec des remarques, etc.); Berlin, 1760, in-4°; — *Legende einiger Musikheiligen. Ein Nachtrag zu den musikalischen Almanachen und Taschenbüchern jetziger Zeit von Simon Metaphrastes. dem jüngern* (Légendes de quelques saints, suite aux almanachs musicaux et aux livres de poche de l'époque actuelle, par Simon Métaphrastes, le jeune); Cologne, 1786, in-8°. Ce livre, sans nom d'auteur, est attribué à Marpurg. On lui doit aussi une traduction allemande des *Éléments de Musique* de D'Alembert, qui a paru à Leipzig, en 1757, sous le titre de *Systematiche Einleitung in der musikalische Setzkunst nach der Lehrsætzen des Herrn Rameau, mit Anmerkungen*, avec des remarques du traducteur. — MUSIQUE VOCALE ET INSTRUMENTALE : *Kyrie cum gloria, sanctus et agnus, quatuor vocum, violinis, violis et organo*; Berlin, 1758; — *Neue Lieder zum Singen beym Clavier* (Nouvelles Chansons avec accompagnement de clavecin); Berlin, 1758; — *Geistliche, moralische und weltlische Oden, mit Klavier* (Odes spirituelles, morales et mondaines, avec accompagnement de clavecin); Berlin, 1758; — *Sei Sonate per il cembalo*; Nuremberg, 1756. Marpurg a en outre édité deux recueils de pièces de clavecin, sous le titre de *Raccolta delle più nuove composizioni di clavicembalo per l'anno 1756*, e *Raccolta 2° per l'anno 1757*, Nuremberg, et un troisième recueil, ayant pour titre *Fugen Sammlung* etc. Ce dernier ouvrage, dont il n'a paru que la première partie, contient des fugues de Graun, de Kirnberger et de plusieurs autres compositeurs allemands. A l'âge de soixante-dix-sept ans, lorsque la mort vint l'enlever, Marpurg travaillait à une histoire de l'orgue; sa veuve remit à Gerber le manuscrit de cet ouvrage, qui se trouve aujourd'hui dans les archives de la Société impériale de Vienne pour les Progrès de la Musique.

Dieudonné DENNE-BARON.

Gerber *Historisch-Biographisches Lexikon der Tonkünstler*. — Choron et Fayolle, *Dictionnaire historique des Musiciens*. — Fétis, *Biographie universelle des Musiciens*.

MARQUAIS (*Jean-Théodore*), médecin français, né vers 1760, mort à Paris, le 13 avril 1818. Praticien distingué, il fut chirurgien principal de La Charité, et fit partie, en 1813, de la commission chargée d'examiner l'état de l'enseignement dans les écoles de médecine et de chirurgie. Il voulait qu'on enseignât séparément ces deux branches de l'art, et défendit cette opinion dans plusieurs écrits. On a de lui : *Réponse au Mémoire de M. Magendie sur le vomissement*; Paris, 1813, in-8°; — *Rapport sur l'état de la médecine en France et sur la nécessité d'une réforme dans l'étude et l'exercice de cette science*; Paris, 1814, in-8°; — *Adresse au roi et aux deux chambres sur la nécessité de réorganiser les écoles de médecine et de chirurgie en France*; Paris, 1818, in-4°. J. V.

Lefèvre, dans la *Biogr. Médicale*. — Quérard, *La France Littéraire*.

MARQUARD FREHER. *Voy.* FREHER.

MARQUES (*Lourenço*), navigateur portugais, né dans la première moitié du seizième siècle. C'était un négociant enrichi, accoutumé à faire le commerce de l'ivoire sur les côtes de l'Afrique orientale; il explora le fleuve qui porte son nom, vers 1545. Le 8 mars 1546, Bartholomeo Froès écrivait au nom du roi à João de Castro, gouverneur des Indes, de confier une nouvelle expédition à Marques, s'il le croyait capable de la diriger. Nous ignorons si cette expédition fut exécutée. F. D.

Annaes maritimos e coloniaes. — Caldeira, *Viagem*, etc.

MARQUET (*François-Nicolas*), botaniste lorrain, né en 1687, à Nancy, où il est mort, le 29 mai 1759. Après avoir étudié la médecine à l'université de Pont-à-Mousson, il se rendit à Montpellier, afin d'y étendre ses connaissances; et comme il était sans fortune, il y donna des leçons de langue latine. Au bout de quatre ans il revint prendre à Pont-à-Mousson le grade de docteur, et s'établit à Nancy. Encouragé dans ses travaux par le duc Léopold, qui lui accorda, avec une pension, le titre de médecin de la cour, il forma un jardin botanique, et s'occupa de rédiger le catalogue des plantes qui croissent en Lorraine. La mort de son protecteur empêcha la publication de cette flore volumineuse. Après bien des vicissitudes, le manuscrit, qui composait trois vol. in-fol., tomba entre les mains de Buc'hoz, gendre de l'auteur, et servit à ce dernier pour sa *Description historique des plantes qui croissent dans la Lorraine et les Trois-Évêchés*; Paris, 1762, 10 vol. in-8°. Lorsque la Lorraine eut été cédée à l'ex-roi de Pologne Stanislas, Marquet devint doyen du collége de médecine établi à Nancy. On a encore de lui : *Méthode pour apprendre, par les notes de la musique, à connaître le pouls de l'homme et les changements qui lui arrivent, depuis sa naissance jusqu'à sa mort*; Nancy, 1747, in-4°; Paris, 1768, in-12. « Marquet, dit la *Biographie Médicale*, s'est abandonné à tout l'élan de son imagination dans cet ouvrage, dont la lecture est plus curieuse qu'instructive, et qui a pour but de reproduire les anciennes rêveries d'Hérophile sur la prétendue possibilité de reconnaître l'état du pouls par une similitude avec les divers rhythmes de la musique. » — *Observations sur la guérison de plusieurs maladies notables, aiguës et chroniques*; Paris, 1750, 1770, in-12; — *Traité pratique de l'Hydropisie et de la Jaunisse*; Paris, 1770, in-8°; — *Médecine pratique et moderne*; Paris, 1782-1785, 3 vol. in-8°. Ces deux derniers ouvrages ont été revus et édités par Buc'hoz. P. L.

Calmet, *Biblioth. Lorraine*. — *Biogr. Méd.* — Buc'hoz, *Éloge de Marquet*, en tête de la *Méthode pour apprendre à connaître le pouls*, édit. 1768.

MARQUETS (*Anne* DES), femme poëte française, née à Eu, en Normandie, morte le 11 mai 1588. Elle était religieuse du monastère de Poissy, appartenant à l'ordre de Saint-Dominique. On louait beaucoup sa piété et son érudition. Elle s'exprimait facilement en latin et en grec, et composa quelques ouvrages qui lui attirèrent l'estime de Ronsard, de Dorat et d'autres poëtes du temps. Quelque temps avant de mourir, elle perdit la vue, comme on l'apprend par un quatrain de Gilles Durant. On a d'elle : *Sonnets et devises*; Paris, 1562; — la traduction en vers français de deux ouvrages latins, l'un *De Rebus divinis Carmina*, de Marcantonio Flaminio; Paris, 1569, in-8°; l'autre sur les collectes de l'Église, paraphrase de Claude d'Espence. P. L.

L. Jacob, *Biblioth. Feminea*. — Aug. della Chiesa, *Théâtre des Dames savantes*. — Hilarion de Coste, *Éloges des Dames illustres*. — Goujet, *Biblioth. française*, VII.

MARQUETTE (*Jacques*), missionnaire français, né à Laon, mort dans le Canada, le 18 mai 1675. Il fit profession chez les Jésuites, et passa dans les missions de l'Amérique du Nord. Le 13 mai 1673, avec un habitant de Québec, nommé Jolyet, et cinq autres Français, il entreprit un voyage dans l'intérieur du nouveau continent, et, s'étant embarqué sur la rivière des Outagamis, traversa le lac Michigan, descendit par l'Ouiskonsing jusqu'au Meschascébé ou Missisipi (la Mère des eaux), qu'il découvrit par 42° 30' lat. nord. Il suivit le cours de cet immense fleuve jusqu'au territoire des Arkansas (33° de lat. nord). Convaincu que ce fleuve courait au sud-ouest et se jetait dans le golfe du Mexique (1), Marquette reprit la route qu'il avait parcourue. Il s'arrêta sur le littoral du lac Michigan, y répandit la connaissance de l'Évangile, et mourut chez les Miamis, entre Chicagou et Michillima-Kinac. On trouve dans le supplément au *Recueil de Voyages* de Thevenot, Paris, 1681, in-8°, le *Voyage et la Découverte du P. Marquette et du sieur Jolyet dans l'Amérique septentrionale*. La découverte du P. Marquette fut complétée par La Salle (*voy.* ce nom). A. DE L.

Le P. Charlevoix, *Histoire de la Nouvelle-France*. —

(1) Par 29° 6', près la Nouvelle-Orléans. La Salle, qui le descendit complétement, le nomma fleuve *Saint-Louis*.

et un plus grand nombre de voix, avec une idée de la basse continue pour les commençants); Berlin, 1755. Cet ouvrage fut réimprimé l'année suivante comme première partie d'un grand manuel, dont la seconde parut en 1757 et la troisième en 1758. Marpurg ajouta à cette dernière partie un supplément qu'il publia en 1760. Cet important travail, qui sous le rapport de la génération des accords est une modification du système de Rameau, a été traduit en français et publié dans le *Nouveau Manuel complet de Musique vocale et instrumentale* de Choron et A. de La Fage; Paris, 1836-1838; — *Abhandlung von der Fuge nach den Grundsætzen un Exempeln der besten deutschen und auslændischen Meister entworfen* (Traité de la Fugue, d'après les principes et les exemples des meilleurs maîtres allemands et étrangers); Berlin, Ire partie, 1753; 2e partie, 1754. Marpurg en a donné une traduction française qu'il a publiée à Berlin, en 1756, sous le titre de *Traité de la Fugue et du Contre-Point*. Cette traduction a paru ensuite dans les *Principes de Composition des écoles d'Italie*, de Choron; Paris, 1808, et plus tard dans son *Nouveau Manuel de Musique vocale et instrumentale*; — *Anfangsgründe der theoretischen Musik* (Éléments de la Musique théorique); Leipzig, 1757, in-4°. Marpurg y traite du calcul des intervalles et des autres parties de la théorie mathématique de la musique; — *Anleitung zur Singcomposition* (Introduction à la Composition du Chant); Berlin, 1758; — *Anleitung zur Musik überhaupt und zur Singkunst bezonders, mit Uebungs Exempeln erlæutert und den berühmten Herren Musikdirectoren und Cantoren Deutschlands zugeignet* (Introduction à la Musique en général et à l'art du chant en particulier, etc.); Berlin, 1763; — *Anfangsgrunde des progressional figurlichen Zifferkalkuls* (Éléments du Calcul des Progressions arithmétiques et géométriques applicables à la théorie de la musique); Berlin, 1774; — *Versuch uber die musikalische Temperature, nebst einem Anhang über den Rameau und Kirnberschen Grundbass, und vielen Tabellen* (Essai sur le Tempérament musical, avec un supplément sur la Basse fondamentale de Rameau et de Kirnberger, etc.); Breslau, 1776; — *Neue Methode, allerlei Arten von Temperaturen dem Claviere ams bequemste mitzutheilen*, etc. (Nouvelle Méthode pour concilier les divers systèmes de tempérament dans l'accord du clavecin); Berlin, 1779; — OUVRAGES HISTORIQUES ET CRITIQUES : *Der Kritische Musikus an der Spree* (Le Musicien critique de la Sprée); Berlin, 1750, in-4°. Ce journal musical, le premier que Marpurg ait publié, a paru en cinquante numéros; — *Historisch-Kritische-Beytræge zur Aufnahme der Musik* (Notices historiques et critiques pour servir au progrès de la musique); Berlin, 1754-1762, 5 vol. in-8°; — *Kritische Einleitung in die Geschichte und Lehrsætze der alten und neuen Musik* (Introduction critique à l'Histoire et à la connaissance de la Musique, ancienne et moderne); Berlin, 1759, in-4°; — *Kritische Briefe über die Tonkunst, mit kleinen Clavierstücken and Singoden begleitet von einer musikalischer Gesellschaft in Berlin* (Lettres critiques sur la Musique, etc.); Berlin, 1759-1764, 2 vol. in-4°; — *Herrn Georg. Andreas Sorgens Anleitung zum Generalbass und zur Composition, mit Anmerkungen*, etc. (Instruction sur l'Harmonie et la composition de M. George-André Sorge, avec des remarques, etc.); Berlin, 1760, in-4°; — *Legende einiger Musikheiligen. Ein Nachtrag zu den musikalischen Almanachen und Taschenbüchern jetziger Zeit von Simon Metaphrastes. dem jüngern* (Légendes de quelques saints, suite aux almanachs musicaux et aux livres de poche de l'époque actuelle, par Simon Métaphrastes, le jeune); Cologne, 1786, in-8°. Ce livre, sans nom d'auteur, est attribué à Marpurg. On lui doit aussi une traduction allemande des *Éléments de Musique* de D'Alembert, qui a paru à Leipzig, en 175[illegible], sous le titre de *Systematiche Einleitung in der musikalische Setzkunst nach der Lehrsætzen des Herrn Rameau, mit Anmerkungen*, avec des remarques du traducteur. — MUSIQUE VOCALE ET INSTRUMENTALE : *Kyrie cum gloria, sanctus et agnus, quatuor vocum, violinis, violis et organo;* Berlin, 1758; — *Neue Lieder zum Singen beym Clavier* (Nouvelles Chansons avec accompagnement de clavecin); Berlin, 1758; — *Geistliche, moralische und weltlische Oden, mit Klavier* (Odes spirituelles, morales et mondaines, avec accompagnement de clavecin); Berlin, 175[illegible]; — *Sei Sonate per il cembalo;* Nuremberg, 175[illegible]. Marpurg a en outre édité deux recueils de pièces de clavecin, sous le titre de *Raccolta delle più nuove composizioni di clavicembalo per l'anno* 1756, e *Raccolta 2^a per l'anno* 1757, Nuremberg, et un troisième recueil, ayant pour titre *Fugen Sammlung* etc. Ce dernier ouvrage, dont il n'a paru que la p[illegible]re partie, contient des fugues de Graun, de [illegible] de plusieurs autres compositeurs [illegible] l'âge de soixante-dix-sept ans, lorsque [illegible] vint l'enlever, Marpurg travaillait à une [illegible] de l'orgue; sa veuve remit à Gerber le [illegible]crit de cet ouvrage, qui se trouve au[illegible] dans les archives de la Société [illegible] Vienne pour les Progrès de la Musique.

Dieudonné DENNE-BARON.

Gerber *Historisch-Biographisches Lexikon der Tonkünstler*. — Choron et Fayolle, *Dictionnaire historique des Musiciens*. — Fétis, *Biographie universelle des Musiciens*.

MARQUAIS (*Jean-Théodore*), médecin français, né vers 1760, mort à Paris, le 13 avril 1818. Praticien distingué, il fut chirurgien principal de La Charité, et fit partie, en 1813, de la commission chargée d'examiner l'état de l'enseignement dans les écoles de médecine et de chirurgie. Il voulait qu'on enseignât séparément ces deux branches de l'art, et défendit cette opinion dans plusieurs écrits. On a de lui : *Réponse au Mémoire de M. Magendie sur le vomissement*; Paris, 1813, in-8°; — *Rapport sur l'état de la médecine en France et sur la nécessité d'une réforme dans l'étude et l'exercice de cette science*; Paris, 1814, in-8°; — *Adresse au roi et aux deux chambres sur la nécessité de réorganiser les écoles de médecine et de chirurgie en France*; Paris, 1818, in-4°. J. V.

Lefèvre, dans la *Biogr. Médicale*. — Quérard, *La France Littéraire*.

MARQUARD FREHER. *Voy.* FREHER.

MARQUES (*Lourenço*), navigateur portugais, né dans la première moitié du seizième siècle. C'était un négociant enrichi, accoutumé à faire le commerce de l'ivoire sur les côtes de l'Afrique orientale; il explora le fleuve qui porte son nom, vers 1545. Le 8 mars 1546, Bartholomeo Froès écrivait au nom du roi à João de Castro, gouverneur des Indes, de confier une nouvelle expédition à Marques, s'il le croyait capable de la diriger. Nous ignorons si cette expédition fut exécutée. F. D.

Annaes maritimos e coloniaes. — Caldeira, *Viagem*, etc.

MARQUET (*François-Nicolas*), botaniste lorrain, né en 1687, à Nancy, où il est mort, le 29 mai 1759. Après avoir étudié la médecine à l'université de Pont-à-Mousson, il se rendit à Montpellier, afin d'y étendre ses connaissances; et comme il était sans fortune, il y donna des leçons de langue latine. Au bout de quatre ans il revint prendre à Pont-à-Mousson le grade de docteur, et s'établit à Nancy. Encouragé dans ses travaux par le duc Léopold, qui lui accorda, avec une pension, le titre de médecin de la cour, il forma un jardin botanique, et s'occupa de rédiger le catalogue des plantes qui croissent en Lorraine. La mort de son protecteur empêcha la publication de cette flore volumineuse. Après bien des vicissitudes, le manuscrit, qui composait trois vol. in-fol., tomba entre les mains de Buc'hoz, gendre de l'auteur, et servit à ce dernier pour sa *Description historique des plantes qui croissent dans la Lorraine et les Trois-Évêchés*; Paris, 1762, 10 vol. in-8°. Lorsque la Lorraine eut été cédée à l'ex-roi de Pologne Stanislas, Marquet devint doyen du collége de médecine établi à Nancy. On a encore de lui : *Méthode pour apprendre, par les notes de la musique, à connaître le pouls de l'homme et les changements qui lui arrivent, depuis sa naissance jusqu'à sa mort*; Nancy, 1747, in-4°; Paris, 1768, in-12. « Marquet, dit la *Biographie Médicale*, s'est abandonné à tout l'élan de son imagination dans cet ouvrage, dont la lecture est plus curieuse qu'instructive, et qui a pour but de reproduire les anciennes rêveries d'Hérophile sur la prétendue possibilité de reconnaître l'état du pouls par une similitude avec les divers rhythmes de la musique. » — *Observations sur la guérison de plusieurs maladies notables, aiguës et chroniques*; Paris, 1750, 1770, in-12; — *Traité pratique de l'Hydropisie et de la Jaunisse*; Paris, 1770, in-8°; — *Médecine pratique et moderne*; Paris, 1782-1785, 3 vol. in-8°. Ces deux derniers ouvrages ont été revus et édités par Buc'hoz. P. L.

Calmet, *Biblioth. Lorraine*. — *Biogr. Méd.* — Buc'hoz, *Éloge de Marquet*, en tête de la *Méthode pour apprendre à connaître le pouls* (édit. 1768).

MARQUETS (*Anne des*), femme poète française, née à Eu, en Normandie, morte le 11 mai 1588. Elle était religieuse du monastère de Poissy, appartenant à l'ordre de Saint-Dominique. On louait beaucoup sa piété et son érudition. Elle s'exprimait facilement en latin et en grec, et composa quelques ouvrages qui lui attirèrent l'estime de Ronsard, de Dorat et d'autres poètes du temps. Quelque temps avant de mourir, elle perdit la vue, comme on l'apprend par un quatrain de Gilles Durant. On a d'elle : *Sonnets et devises*; Paris, 1562; — la traduction en vers français de deux ouvrages latins, l'un *De Rebus divinis Carmina*, de Marcantonio Flaminio; Paris, 1569, in-8°; l'autre sur les collectes de l'Église, paraphrase de Claude d'Espence. P. L.

L. Jacob, *Biblioth. Feminea*. — Aug. della Chiesa, *Théâtre des Dames savantes*. — Hilarion de Coste, *Éloges des Dames illustres*. — Goujet, *Biblioth. française*, VII.

MARQUETTE (*Jacques*), missionnaire français, né à Laon, mort dans le Canada, le 18 mai 1675. Il fit profession chez les Jésuites, et passa dans les missions de l'Amérique du Nord. Le 13 mai 1673, avec un habitant de Québec, nommé Jolyet, et cinq autres Français, il entreprit un voyage dans l'intérieur du nouveau continent, et, s'étant embarqué sur la rivière des Outagamis, traversa le lac Michivan, descendit par l'Ouiskonsing jusqu'au Meschascébé ou Missisipi (la Mère des eaux), qu'il découvrit par 42° 30' lat. nord. Il suivit le cours de cet immense fleuve jusqu'au territoire des Arkansas (33° de lat nord). Convaincu que ce fleuve courait au sud-ouest et se jetait dans le golfe du Mexique (1), Marquette reprit la route qu'il avait parcourue. Il s'arrêta sur le littoral du lac Michigan, y répandit la connaissance de l'Évangile, et mourut chez les Miamis, entre Chicagou et Michillima-Kinac. On trouve dans le supplément au *Recueil de Voyages* de Thévenot, Paris, 1681, in-8°, le *Voyage et la Découverte du P. Marquette et du sieur Jolyet dans l'Amérique septentrionale*. La découverte du P. Marquette fut complétée par La Salle (*voy.* ce nom). A. DE L.

Le P. Charlevoix, *Histoire de la Nouvelle-France*. —

(1) Par 29° 6', près la Nouvelle-Orléans. La Salle, qui le descendit complétement, le nomma fleuve *Saint-Louis*.

Moréri, *Le grand Dict. Hist.* — Bacqueville de La Potherie, *Hist. de l'Amérique Septentrionale*; Paris, 1722, 4 vol. in-12.

MARQUEZ (*Juan*), théologien espagnol, né à Madrid, en 1564, mort à Salamanque, le 17 février 1721. Il fit ses études à Salamanque, entra dans l'ordre des Augustins (ermites chaussés) de Madrid, et parvint aux premières dignités de son ordre. On a de lui : *El Gobernador christiano, deducido de las vidas de Moysen y Josue, principes del pueblo de Dios*; Salamanque, 1612, 1619, 1634, in-fol.; Madrid, 1640; Bruxelles, 1664; trad. en italien par Martin de Saint-Bernard; Naples, 1646, in-fol.; trad. en français par Dominique de Virion, conseiller du duc de Lorraine, Nancy, 1621; — *Los dos Estados de la espiritual Gerusalem, sobre los psalmos CXXV y CXXXVI*; Medina, 1603, et Salamanque, 1610, in-4°; trad. en français, in-8°; — *Origen de los Padres Ermitaños de san Agustin, y su verdadera institucion antes del gran concilio Lateranense*; Salamanque, 1618, in-fol.; trad. en italien, par Innocenzio Rampino, Turin, 1620, in-fol.; — *Vida del V. P. F. Alonso de Horozco*; Madrid, 1648, in-8°. Il a laissé en manuscrit quelques comédies et plusieurs traités théologiques. A. L.

Nicolas Antonio, *Bibliotheca Scriptorum Hispaniæ*, t. III, p. 735.

MARQUEZ Y JOYA (*Fernando*), peintre espagnol, mort à Séville, en 1672. Élève de Murillo, il en suivit la manière, et se distingua surtout dans le portrait. En 1668, il fut l'un des fondateurs de l'Académie de Séville. On cite surtout de lui le *Portrait du cardinal Spinola* (1649), que van der Gouwen reproduisit au burin.

MARQUEZ (*Esteban*), peintre espagnol, neveu du précédent, mort à Séville, en 1720. Il fut élève de son oncle Joya, et comme lui suivit le style de Murillo. Parmi ses nombreux ouvrages, on remarque une *Ascension* et sept autres sujets tirés de la vie du Christ qu'il fit pour les trinitaires déchaussés; — un *Apostolat* pour l'hôpital del Sangre; — les tableaux de l'escalier et du chœur des Augustins; — ceux de la chapelle des Recollets; — beaucoup d'autres tableaux répartis dans les divers temples de Séville.

A. DE L.

Las Constituciones y actas de la Academia de Sevilla. — Cean Bermudes, *Diccionario historico de los mas illustres Professores de las Bellas Artes en España.* — Quilliet, *Dict. des Peintres espagnols.*

MARQUEZI ((***), homme politique et publiciste français, né à Toulon, où il mourut, fort âgé, le 3 avril 1836. Il était propriétaire et assez riche lorsqu'il se jeta dans la politique. Officier municipal, il s'opposa de tout son pouvoir, mais vainement, à livrer Toulon aux étrangers (1793). En 1798 son département le députa au Conseil des Cinq Cents, où il siégea parmi les républicains avancés. Il fonda alors (avec Antonelle et Vatar) le *Journal des Hommes libres*, dans lequel il dénonçait à la fois et les intrigues des royalistes et les orgies des partisans du Directoire. Le style de cette feuille laissait beaucoup à désirer, et se rapprochait de celui du fameux *Père Duchesne* (d'Hebert). Néanmoins, attaqué par Barras, Marquezi trouva une majorité qui le maintint au Corps législatif.

En 1799, il demanda la mise en accusation des *traîtres* et des *dilapidateurs* : c'est ainsi qu'il désignait une partie des généraux et tous les fournisseurs; sa voix n'eut pas d'écho. Au 18 brumaire, il s'éleva avec quelque énergie contre le coup d'État de Bonaparte; aussi fut-il exclu du Corps législatif. En décembre 1800, il fut compromis dans la conspiration dite de la *Machine infernale* et condamné à la déportation. Il se réfugia à l'étranger, rentra en France après la chute de Napoléon, et mourut tranquillement dans son département, sous le règne de Louis-Philippe. H. L.

Le Moniteur universel, ans II-IX. — Jay, Jouy, Norvins, *Biographie des Contemporains.*

MARQUIS (*Jean-Joseph*), homme politique français, né à Saint-Mihiel, le 14 août 1747, mort dans sa ville natale, en 1823. Il était avocat dans son pays lorsque éclata la révolution. Élu député du tiers état pour le bailliage de Bar-le-Duc, il siégea aux états généraux parmi les modérés, et se fit remarquer par la sagesse de ses opinions. Devenu juge au tribunal de cassation et grand-juge à la haute cour nationale d'Orléans, il fut, en septembre 1792, réélu par les électeurs de la Meuse comme représentant à la Convention nationale. Lors du procès de Louis XVI, il vota en ces termes : « Comme juge je n'hésiterais pas à prononcer la peine de mort, puisque cette peine barbare souille encore notre code; mais comme législateur mon avis est que Louis soit détenu provisoirement comme otage, pour répondre à la nation des mouvements intérieurs qui pourraient s'élever pour le rétablissement de la royauté et des nouvelles hostilités et invasions des puissances étrangères. » Il vota ensuite pour l'appel au peuple et le sursis à l'exécution de la sentence. Il passa au Conseil des Cinq Cents, qu'il quitta par démission, en février 1797. Il fut chargé de l'organisation des quatre départements d'outre-Rhin. De 1800 à 1811 il occupa la préfecture de la Meurthe, et de 1811 à 1815 fut député de ce département au Corps législatif. On a de lui : *Observations de la ville de Saint-Mihiel sur l'échange du comté de Sancerre*; Paris, 1787, in-8°. H. LESUEUR.

Le Moniteur universel, ann. 1792-1797. — Arnault, Jay, Jouy, *Biographie des Contemporains* (1822). — *Petite Biographie Conventionnelle* (1815).

MARQUIS (*Alexandre-Louis*), botaniste français, né à Dreux, en 1777, mort à Rouen, le 17 septembre 1828. Il se consacra à l'étude des sciences naturelles, et se fit recevoir docteur en médecine en 1810. Nommé professeur de botanique au jardin des plantes de Rouen en 1811, puis secrétaire de l'Académie de cette ville, il enseigna jusqu'à sa mort. On lui doit : *Essai* *sur l'histoire naturelle et médicale des Gentianes*; Paris, 1810, in-4°; — *Recherches historiques sur le Chêne*; Rouen, 1812, in-8°; — *Plan raisonné d'un cours de botanique spéciale et médicale*; Rouen, 1815, in-8°; — *Podalire, ou le premier âge de la médecine*; Paris, 1815, in-12; — *Réflexions sur le Népenthès d'Homère*; Rouen, 1815, in-8°; — *Les Solanées, ou les plantes vénéneuses*, idylle; Rouen, 1817, in-8°; — *Éloge de Linné*; Rouen, 1817, in-8°; — *Esquisse du Règne végétal, ou tableau caractéristique des familles des plantes*; Rouen et Paris, 1820, in-8°; — *Fragments de Philosophie botanique*; ibid., 1821, in-8°; — *Réflexions sur le mot d'Horace :* « Ut pictura poesis, » *ou de l'application à la poésie des principes de la peinture*; Rouen, 1822, in-8°; — *Notice sur le Chêne-chapelle d'Allouville*; Rouen, 1822, 1827, in-8°; — *Notice nécrologique sur A.-E.-M. Havet, naturaliste*, etc.; Rouen, 1823, in-8°; — *Du Caractère distinctif de la Poésie*; Rouen, 1827, in-8°; — *Considérations sur l'art d'écrire*; ibid.; — *De la Délicatesse dans les Arts*; ibid. Marquis est l'auteur de la *Physiologie végétale*, insérée dans le *Nouveau Voyage dans l'empire de Flore*, de Loiseleur Deslongchamps. J. V.

Notice sur A.-L. Marquis; Rouen, 1829, in-8°. — *Biogr. univ. et portat. des Contemp.* — Jourdan, dans la *Biogr. Médicale*. — Quérard, *La France Littér.*

MARRACCI (*Ippolito*), bibliographe italien, né le 17 janvier 1604, à Lucques, mort le 18 mai 1675, à Rome. Il prononça ses vœux monastiques dans la congrégation des Clercs de la Mère de Dieu, à la gloire de laquelle il consacra presque tous ses ouvrages. Il passa sa vie entière à Rome. Les écrits qu'il a laissés, imprimés ou manuscrits, tous conservés dans la bibliothèque du couvent de Sainte-Marie *in Campitello*, s'élèvent jusqu'à cent quinze; nous citerons les principaux : *Pontifices maximi Mariani*; Rome, 1642, in-8°; — *Bibliotheca Mariana*; ibid., 1648, 2 vol. in-8°. C'est un catalogue biographique et bibliographique de tous les auteurs (plus de 3,000) qui ont écrit sur quelques-uns des attributs ou des perfections de la Vierge avec la liste de leurs ouvrages; — *Reges Mariani*; ibid., 1654, in-8°; — *Purpura Mariana*; ibid., 1654, in-8°; — *Antistites Mariani*; ibid., 1656, in-8°; — *Fides Cajetana*; Florence, 1655, in-8°; apologie, souvent réimprimée, du cardinal Cajetani; — *Heroides Marianæ*; Rome, 1659, in-8°; — *Trutina Mariana*; Plaisance, 1660, in-8°; Vienne, 1663, in-8°; — *Vindicatio Chrysostomica*; Rome, 1664, in-8°; — *Polyanthea Mariana*; Cologne, 1683, 1727, in-4°; Rome, 1694, in-fol. Parmi les ouvrages inédits de cet auteur, on remarque *Bullarium Marianum*, 2 vol. in-fol., et *Idea bibliothecæ magnæ Marianæ*, 16 vol. in-fol. P.

Sarteschi, *De Scriptor. congr. Matris Dei*, 135-146. — Seelen, *Selecta litteraria*, 336.

MARRACCI (*Louis*), orientaliste italien, frère du précédent, né à Lucques, en 1612, mort à Rome, le 5 février 1700. Il entra dans la congrégation des Clercs réguliers de la Mère de Dieu, y enseigna pendant sept ans la rhétorique, et fut successivement maître des novices, supérieur, procureur général et assistant. Ces diverses charges ne l'empêchèrent pas de s'appliquer à l'étude des langues et d'apprendre le grec, l'hébreu, le syriaque, le chaldéen et l'arabe. Il enseigna cette dernière langue à Rome dans le collége de la Sapience et dans celui de la Propagande. L'inquisition soumit à son jugement certaines lames de plomb couvertes de caractères arabes qui se conservaient avec vénération en Espagne, et que l'on attribuait à l'apôtre saint Jacques et à ses disciples. Marracci démontra sans peine que ces tables étaient apocryphes et appartenaient à quelque mahométan, qui avait voulu en imposer aux chrétiens. Sa décision fut confirmée par un décret du pape Innocent X. Innocent XI le choisit pour confesseur, et l'aurait élevé aux honneurs s'il ne s'y était modestement refusé. On a de lui : *Prodromus ad refutationem Alcorani, in quatuor partes divisus*; Rome, 1691, in-8° : cette réfutation, fondée sur des raisonnements plutôt que sur des faits, est historiquement assez faible. Marracci était fort instruit; mais, outre qu'il manquait un peu de critique, on ne pouvait attendre d'un homme de sa profession un jugement impartial sur l'islamisme. Cet ouvrage sert d'introduction à sa grande édition du *Coran*, qui parut sous ce titre : *Alcorani textus universus, ex correctioribus Arabum exemplaribus descriptus, ac ex arabico idiomate in latinum translatus; appositis unicuique capiti notis atque refutatione. Præmissus est Prodromus, totum tomum priorem implens*; Padoue, 1698, in-fol.; la traduction latine reparut par les soins de Christian Reineccius; Leipzig, 1721, in-8°. Cette édition du *Coran*, à laquelle Louis Marracci avait consacré près de quarante ans de travail, est restée longtemps la meilleure, et n'a été surpassée que récemment par celle de Fluegel; — *Biblia Sacra arabica, sacræ congregationis de Propaganda Fide jussu edita ad usum ecclesiarum orientalium; additis e regione Bibliis vulgaribus latinis*; Rome, 1671, 3 vol. in-fol. Marracci eut la principale part à ce travail, dont on trouvera dans Niceron l'historique détaillé. On a encore du P. Marracci : *Vita del P. G.-Leonardi Lucchese, fondatore della congregatione de' Chierici della Madre di Dio*; Rome, 1673, in-4°; — *Vita della venerabile madre Passitea Crogi, Senese, fondatrice del monasterio delle Capuccine della città di Siena*; Venise, 1682, in-4°; — *Le Stendardo ottomannico spiegato*; Rome, 1683, in-fol.; — *L'Ebreo preso per le buone, overo discorsi familiari ed amichevoli con i Rabbini di Roma interno al Messia*; Rome, 1701, in-4°. Marracci est aussi l'auteur d'une *Grammaire* *latine* publiée à Lucques, 1673, in-4°, et souvent réimprimée; il a traduit en latin les hymnes grecques de saint Joseph de Sicile publiés par son frère Ippolito Marracci.

Louis Marracci le jeune, neveu des précédents, et membre de la même congrégation, mourut en 1732, laissant vingt-deux ouvrages, dont le principal est intitulé : *Onomasticon urbium ac locorum Sacræ Scripturæ... alphabetice redactum*; Lucques, 1705. Z.

Éloge de Marracci en tête de l'*Ebreo preso per le buone*. — Sartoschi, *De Scriptoribus congregationis Clericorum regularium Matris Dei*. — Nicéron, *Mémoires pour servir à l'histoire des hommes illustres*, t. XLI. — Richard Simon, *Bibliothèque choisie*, t. II.

MARRAGON (*Benoît*), ingénieur et homme politique français, né près de Carcassonne, en 1736, mort à Bruxelles. Il était ingénieur lorsque la révolution éclata. Élu député à la Convention nationale par le departement de l'Aude, il vota la mort de Louis XVI sans appel ni sursis. Membre des comités d'agriculture et des travaux publics, il présenta de nombreux plans sur les moyens de vivifier la navigation intérieure. Envoyé en mission au Havre en l'an III (1795), il fit exécuter d'utiles travaux. A la fin de la session il entra au Conseil des Anciens, et devint président de cette assemblée, le 1er nivôse an IV (21 décembre 1797). Il en sortit le 1er prairial (10 mai 1798), et fut envoyé comme plénipotentiaire dans les villes anséatiques. A son retour, il fut nommé commissaire du gouvernement près l'administration des canaux intérieurs, et en 1800 il devint receveur général de l'Herault. Frappé par la prétendue loi d'amnistie du 12 janvier, Marragon se retira dans le royaume des Pays-Bas, où il est mort. On a de lui plusieurs brochures sur la navigation générale et intérieure de la république; Paris, 1795, in-4°.

L—z—E.

Le Moniteur universel, an II (1794), n° 190; an III, nos 253, 256; an IV, nos 215, 348; an V, n° 25-360. — *Galerie historique des Contemporains* (1819).

MARRAST (*Armand*), publiciste et homme d'État français, né à Saint-Gaudens (Haute-Garonne), le 5 juin 1801, mort à Paris, le 10 mars 1852. Fils d'un avoué, il fit ses premières études dans le collége de sa ville natale et les continua à celui d'Orthez, sous la direction de l'abbé Lodès. Nommé régent au collége de Saint-Sever, en 1822, il entra en relations avec le général Lamarque, dont le neveu etait dans sa classe. Le général lui conseilla de se rendre à Paris. Marrast suivit ce conseil, et devint maitre d'étude d'abord dans une institution particulière, puis successivement au collége Louis-le-Grand et a l'Ecole Normale (1826-1827). Il poursuivait, en même temps, l'achevement de ses propres études, en prenait les grades de licencie et de docteur es lettres. Ses theses de doctorat eurent pour sujet : en latin *De Veritate*; en français cette question : « Est-ce aux poètes ou aux prosateurs qu'appartient la gloire d'avoir le plus contribué à former et à perfectionner la langue française? » Dans ses modestes fonctions de maître d'étude, Marrast avait été remarqué par Laromiguière, qui l'avait fait charger de la conférence de philosophie. La carrière de l'enseignement semblait s'ouvrir facile devant lui, lorsqu'il s'en vit brutalement exclus. Manuel venait de mourir à Maisons (20 août 1827). Sa famille voulait ramener le corps à Paris, au domicile du défunt, rue des Martyrs, pour le conduire de là au cimetière du Père-Lachaise : c'était alors le temps des grandes funérailles. L'autorité, redoutant une ovation populaire, interdit l'entrée du cortége funèbre dans Paris, et prescrivit de le diriger vers le cimetière par les boulevards extérieurs. La jeunesse des écoles se donna rendez-vous à la barrière des Martyrs; des commissaires furent nommés pour maintenir le bon ordre. Marrast fut du nombre. Mais les agents de l'autorité l'ayant signalé, il se vit forcé d'abandonner ses fonctions à l'École Normale. Il voulut alors rentrer dans le professorat par la voie du concours de l'agrégation; on refusa de l'y admettre. Ainsi proscrit deux fois de l'université, Marrast dut renoncer à l'avenir qu'il s'était préparé. Par le secours d'amis influents, il devint précepteur du fils de M. Aguado. Puis, quittant la maison de M. Aguado, il écrivit dans *La Tribune*, journal républicain récemment fondé, où il fit quelques articles littéraires. En même temps, il ouvrait, à l'Athénée des Arts, un cours de philosophie qui eut quelque succès, donnait des leçons à l'École du Commerce, rédigeait un journal grammatical, et publiait, jour par jour, une réfutation du cours de M. V. Cousin. Telles étaient ses occupations quand éclata la révolution de Juillet, qui devait lui faire un tout autre avenir. Le mot *libéralisme*, qui servait à désigner toutes les oppositions au gouvernement des Bourbons de la branche aînée, couvrait des opinions divergentes. Dès que ce gouvernement fut abattu, chaque parti leva son drapeau. Les constitutionnels se rallièrent généralement à Louis-Philippe; les bonapartistes, les républicains se séparèrent des constitutionnels avec éclat. Marrast passa de la rédaction littéraire de *La Tribune* à la rédaction politique, et bientôt partagea avec MM. Sarrut et Bascans la direction du journal. L'histoire de ce temps est encore assez près de nous pour que l'on n'ait oublié ni les attaques véhémentes de *La Tribune* ni les nombreuses poursuites et les nombreux acquittements dont elle fut l'objet, ni le sac de ses bureaux par les gardes nationaux, ni enfin la chute de ce journal après plus de quatre-vingts procès, dont quelques-uns avaient amené d'énormes condamnations pécuniaires. Dans ces campagnes de presse, Marrast eut à lutter contre le journal dont il devait devenir plus tard le rédacteur en chef, *Le National*. Armand Carrel y soutenait alors le principe de la monarchie constitutionnelle sous la condition que *le roi règne et ne gouverne pas*. Bientôt, cependant, Carrel declara publiquement que « la nation n'arriverait pas à son but par ce procédé, si simple en apparence ». C'était se déclarer républicain, et en effet dès lors Carrel et *Le National* firent profession d'appartenir à l'opinion républicaine. Il resta toutefois entre *La Tribune* et *Le National* cette différence que l'une s'inspirait davantage des exemples de la Convention, l'autre de ceux de la république américaine des États-Unis.

En 1833, *La Tribune* avait qualifié de *prostituée* la chambre des députés. L'assemblée cita à sa barre M. Lionne, Armand Marrast et Godefroi Cavaignac, le premier comme gérant, les deux autres comme rédacteurs du journal. Les deux écrivains soutinrent hardiment et l'accusation et leurs opinions. Le gérant de *La Tribune* fut condamné à trois ans de prison et dix mille francs d'amende. En 1834, impliqué dans le procès d'avril, Marrast fut incarcéré à Sainte-Pélagie; il parvint à s'évader, en compagnie d'un certain nombre de ses co-détenus, passa en Angleterre, d'ou il adressa au *National* une correspondance politique, qui fut très-remarquée. Il alla ensuite en Espagne, puis il rentra secrètement en France, et prit une part active à la rédaction du *National*, après la mort d'Armand Carrel. Athlète non moins vigoureux que son prédecesseur, Marrast était un écrivain plus éclatant. On a dit que c'était lui qui, au moyen du *National*, avait renversé la monarchie de Juillet : si Marrast ne fut pas le seul auteur de la revolution de Février, il en fut du moins un des plus actifs promoteurs. On peut assurer cependant qu'il eût desiré une transition moins brusque de la monarchie constitutionelle à la république.

Au 24 février 1848, Marrast devint d'abord secretaire, puis presque immédiatement membre du gouvernement provisoire; le 1er mars il fut chargé de l'administration des biens de l'ancienne liste civile, qu'il avait fait mettre sous le séquestre. Le 9 mars il fut investi des fonctions de maire de Paris, qu'il conserva jusqu'au 19 juillet, date de son election à la présidence de l'Assemblée constituante; il avait été nommé depute par les departements des Basses-Pyrénees, de la Haute-Garonne, de la Sarthe, de la Seine et avait opté pour la Haute-Garonne. Comme maire de Paris, il modifia l'organisation des bureaux de l'hôtel de ville, et son œuvre a éte, dans ses parties essentielles, maintenue par ses successeurs. Il montra beaucoup d'énergie dans les perturbations fréquentes qui suivirent la revolution, sut maintenir le droit legal des propriétaires contre les exigences des locataires, et deploya un courage calme mais resolu dans la sanglante lutte de juin 1848. Devenu, peu de jours après, président de la Constituante, il dirigea pendant toute la durée de la session les délibérations de l'assemblée avec autant de fermeté que de mesure. Il fut membre et rapporteur du comité de constitution, et proclama solennellement la constitution républicaine, le 19 novembre, sur la place de la Concorde. Ce fut lui aussi qui eut à proclamer la nomination et à recevoir le serment du président de la république, le 20 décembre. Ce fut encore Marrast qui prononça la clôture de la session de l'Assemblée constituante, et installa le bureau provisoire de l'Assemblée législative, dans les rangs de laquelle il ne fut point appelé à siéger.

Marrast rentra dans la vie privée, triste et résigné, et finit ses jours, trois ans après la mort de sa femme, lady Fitz-Clarence, qu'il avait épousée pendant son exil en Angleterre : c'était une femme remarquable par les qualités du cœur autant que par les dons de l'esprit. Marrast mourut dans la simple demeure d'où la révolution de 1848 l'avait élevé au pouvoir. Ses amis durent se cotiser pour lui élever un modeste tombeau.

Les articles écrits avec une verve si mordante par Marrast pendant sa carrière de journaliste formeraient assurément de nombreux volumes; mais il n'a pas pris le soin de les réunir; il avait projeté de composer plusieurs ouvrages : les préoccupations de la polémique quotidienne, les travaux politiques, l'affaiblissement de sa santé l'ont successivement empêché de réaliser ses desseins. Tout ce qui reste de lui est disséminé dans *La Tribune*, dans *Le National* et dans quelques œuvres collectives. Ainsi il a donné dans *Paris révolutionnaire* (4 vol. in-8°, publiés en 1833) deux écrits remarquables, *La Presse révolutionnaire* et *Les Funérailles révolutionnaires*; il a fourni aussi à l'*Histoire des villes de France*, dirigée par Aristide Guilbert (6 vol. in-8°, 1844-1848), des notices sur *Saint-Bertrand de Comminges*, *Saint-Gaudens*, *Saint-Girons*, etc.; enfin il est le principal auteur de la *Galerie des Pritchardistes*, in-18, 1846. F. L.

Élias Regnault, *Armand Marrast*, 1850, dans *Le Siècle*. — *Documents particuliers*.

MARRE (*Jean de*), poëte hollandais, né le 23 août 1696, à Amsterdam, où il est mort, le 19 janvier 1763. Il se livra dès l'enfance à la navigation, et ne quitta la carrière maritime qu'en 1731, après avoir voyagé pendant vingt-trois ans. De retour dans sa ville natale, il obtint un modeste emploi dans l'administration communale, et consacra ses loisirs à la composition de divers poëmes, qui lui assignèrent un rang honorable parmi les écrivains de son temps. Pendant son dernier voyage, en 1728, de Marre avait entrepris de chanter en vers la fondation de la Compagnie des Indes et la domination hollandaise en Asie. Sur les conseils de ses amis, il se décida à revoir cette première ébauche, dont il fit un poëme en six chants, *Batavia*; Amsterdam, 1740, in-4°. Les *Méditations sur la sagesse*

latine publiée à Lucques, 1673, in-4°, et souvent réimprimée ; il a traduit en latin les hymnes grecques de saint Joseph de Sicile publiés par son frère Ippolito Marracci.

Louis Marracci le jeune, neveu des précédents, et membre de la même congrégation, mourut en 1732, laissant vingt-deux ouvrages, dont le principal est intitulé : *Onomasticon urbium ac locorum Sacræ Scripturæ... alphabetice redactum* ; Lucques, 1705. Z.

Éloge de Marracci en tête de l'*Ebreo preso per le buone*. — Sarteschi, *De Scriptoribus congregationis Clericorum regularium Matris Dei*. — Nicéron, *Mémoires pour servir à l'histoire des hommes illustres*, t. XLI. — Richard Simon, *Bibliothèque choisie*, t. II.

MARRAGON (*Benoît*), ingénieur et homme politique français, né près de Carcassonne, en 1736, mort à Bruxelles. Il était ingénieur lorsque la révolution éclata. Élu député à la Convention nationale par le département de l'Aude, il vota la mort de Louis XVI sans appel ni sursis. Membre des comités d'agriculture et des travaux publics, il présenta de nombreux plans sur les moyens de vivifier la navigation intérieure. Envoyé en mission au Havre en l'an III (1795), il fit exécuter d'utiles travaux. A la fin de la session il entra au Conseil des Anciens, et devint président de cette assemblée, le 1er nivôse an IV (21 décembre 1797). Il en sortit le 1er prairial (10 mai 1798), et fut envoyé comme plénipotentiaire dans les villes anséatiques. A son retour, il fut nommé commissaire du gouvernement près l'administration des canaux intérieurs, et en 1800 il devint receveur général de l'Hérault. Frappé par la prétendue loi d'amnistie du 12 janvier, Marragon se retira dans le royaume des Pays-Bas, où il est mort. On a de lui plusieurs brochures sur la navigation générale et intérieure de la république; Paris, 1795, in-4°.

L—z—E.

Le Moniteur universel, an II (1794), n° 190; an III, n°s 253, 256; an IV, n°s 213, 348; an V, n° 25-360. — *Galerie historique des Contemporains* (1819).

MARRAST (*Armand*), publiciste et homme d'État français, né à Saint-Gaudens (Haute-Garonne), le 5 juin 1801, mort à Paris, le 10 mars 1852. Fils d'un avoué, il fit ses premières études dans le collége de sa ville natale et les continua à celui d'Orthez, sous la direction de l'abbé Lodès. Nommé régent au collége de Saint-Sever, en 1822, il entra en relations avec le général Lamarque, dont le neveu était dans sa classe. Le général lui conseilla de se rendre à Paris. Marrast suivit ce conseil, et devint maître d'étude d'abord dans une institution particulière, puis successivement au collége Louis-le-Grand et à l'École Normale (1826-1827). Il poursuivait, en même temps, l'achèvement de ses propres études, en prenant les grades de licencié et de docteur ès lettres. Ses thèses de doctorat eurent pour sujet : en latin *De Veritate* ; en français cette question : « Est-ce aux poëtes ou aux prosateurs qu'appartient la gloire d'avoir le plus contribué à former et à perfectionner la langue française? » Dans ses modestes fonctions de maître d'étude, Marrast avait été remarqué par Laromiguière, qui l'avait fait charger de la conférence de philosophie. La carrière de l'enseignement semblait s'ouvrir facile devant lui, lorsqu'il s'en vit brutalement exclus. Manuel venait de mourir à Maisons (20 août 1827). Sa famille voulait ramener le corps à Paris, au domicile du défunt, rue des Martyrs, pour le conduire de là au cimetière du Père-Lachaise : c'était alors le temps des grandes funérailles. L'autorité, redoutant une ovation populaire, interdit l'entrée du cortége funèbre dans Paris, et prescrivit de le diriger vers le cimetière par les boulevards extérieurs. La jeunesse des écoles se donna rendez-vous à la barrière des Martyrs; des commissaires furent nommés pour maintenir le bon ordre. Marrast fut du nombre. Mais les agents de l'autorité l'ayant signalé, il se vit forcé d'abandonner ses fonctions à l'École Normale. Il voulut alors rentrer dans le professorat par la voie du concours de l'agrégation ; on refusa de l'y admettre. Ainsi proscrit deux fois de l'université, Marrast dut renoncer à l'avenir qu'il s'était préparé. Par le secours d'amis influents, il devint précepteur du fils de M. Aguado. Puis, quittant la maison de M. Aguado, il écrivit dans *La Tribune*, journal républicain récemment fondé, où il fit quelques articles littéraires. En même temps, il ouvrait, à l'Athénée des Arts, un cours de philosophie qui eut quelque succès, donnait des leçons à l'École du Commerce, rédigeait un journal grammatical, et publiait, jour par jour, une réfutation du cours de M. V. Cousin. Telles étaient ses occupations quand éclata la révolution de Juillet, qui devait lui faire un tout autre avenir. Le mot *libéralisme*, qui servait à désigner toutes les oppositions au gouvernement des Bourbons de la branche aînée, couvrait des opinions divergentes. Dès que ce gouvernement fut abattu, chaque parti leva son drapeau. Les constitutionnels se rallièrent généralement à Louis-Philippe; les bonapartistes, les républicains se séparèrent des constitutionnels avec éclat. Marrast passa de la rédaction littéraire de *La Tribune* à la rédaction politique, et bientôt partagea avec MM. Sarrut et Bascans la direction du journal. L'histoire de ce temps est encore assez près de nous pour que l'on n'ait oublié ni les attaques véhémentes de *La Tribune* ni les nombreuses poursuites et les nombreux acquittements dont elle fut l'objet, ni le sac de ses bureaux par les gardes nationaux, ni enfin la chute de ce journal après plus de quatre-vingts procès, dont quelques-uns avaient amené d'énormes condamnations pécuniaires. Dans ces campagnes de presse, Marrast eut à lutter contre le journal dont il devait devenir plus tard le rédacteur en chef, *Le National*. Armand Carrel y soutenait alors le principe de la monarchie constitutionnelle sous la condition que *le roi règne et ne gouverne pas*. Bientôt, cependant, Carrel déclara publiquement que « la nation n'arriverait pas à son but par ce procédé, si simple en apparence ». C'était se déclarer républicain, et en effet dès lors Carrel et *Le National* firent profession d'appartenir à l'opinion républicaine. Il resta toutefois entre *La Tribune* et *Le National* cette différence que l'une s'inspirait davantage des exemples de la Convention, l'autre de ceux de la république américaine des États-Unis.

En 1833, *La Tribune* avait qualifié de *prostituée* la chambre des députés. L'assemblée cita à sa barre M. Lionne, Armand Marrast et Godefroi Cavaignac, le premier comme gérant, les deux autres comme rédacteurs du journal. Les deux écrivains soutinrent hardiment et l'accusation et leurs opinions. Le gérant de *La Tribune* fut condamné à trois ans de prison et dix mille francs d'amende. En 1834, impliqué dans le procès d'avril, Marrast fut incarcéré à Sainte-Pélagie; il parvint à s'évader, en compagnie d'un certain nombre de ses co-détenus, passa en Angleterre, d'où il adressa au *National* une correspondance politique, qui fut très-remarquée. Il alla ensuite en Espagne, puis il rentra secrètement en France, et prit une part active à la rédaction du *National*, après la mort d'Armand Carrel. Athlète non moins vigoureux que son prédécesseur, Marrast était un écrivain plus éclatant. On a dit que c'était lui qui, au moyen du *National*, avait renversé la monarchie de Juillet: si Marrast ne fut pas le seul auteur de la révolution de Février, il en fut du moins un des plus actifs promoteurs. On peut assurer cependant qu'il eût désiré une transition moins brusque de la monarchie constitutionelle à la république.

Au 24 février 1848, Marrast devint d'abord secrétaire, puis presque immédiatement membre du gouvernement provisoire; le 1er mars il fut chargé de l'administration des biens de l'ancienne liste civile, qu'il avait fait mettre sous le séquestre. Le 9 mars il fut investi des fonctions de maire de Paris, qu'il conserva jusqu'au 19 juillet, date de son élection à la présidence de l'Assemblée constituante; il avait été nommé député par les départements des Basses-Pyrénées, de la Haute-Garonne, de la Sarthe, de la Seine et avait opté pour la Haute-Garonne. Comme maire de Paris, il modifia l'organisation des bureaux de l'hôtel de ville, et son œuvre a été, dans ses parties essentielles, maintenue par ses successeurs. Il montra beaucoup d'énergie dans les perturbations fréquentes qui suivirent la révolution, sut maintenir le droit légal des propriétaires contre les exigences des locataires, et déploya un courage calme mais résolu dans la sanglante lutte de juin 1848. Devenu, peu de jours après, président de la Constituante, il dirigea pendant toute la durée de la session les délibérations de l'assemblée avec autant de fermeté que de mesure. Il fut membre et rapporteur du comité de constitution, et proclama solennellement la constitution républicaine, le 19 novembre, sur la place de la Concorde. Ce fut lui aussi qui eut à proclamer la nomination et à recevoir le serment du président de la république, le 20 décembre. Ce fut encore Marrast qui prononça la clôture de la session de l'Assemblée constituante, et installa le bureau provisoire de l'Assemblée législative, dans les rangs de laquelle il ne fut point appelé à siéger.

Marrast rentra dans la vie privée, triste et résigné, et finit ses jours, trois ans après la mort de sa femme, lady Fitz-Clarence, qu'il avait épousée pendant son exil en Angleterre: c'était une femme remarquable par les qualités du cœur autant que par les dons de l'esprit. Marrast mourut dans la simple demeure d'où la révolution de 1848 l'avait élevé au pouvoir. Ses amis durent se cotiser pour lui élever un modeste tombeau.

Les articles écrits avec une verve si mordante par Marrast pendant sa carrière de journaliste formeraient assurément de nombreux volumes; mais il n'a pas pris le soin de les réunir; il avait projeté de composer plusieurs ouvrages: les préoccupations de la polémique quotidienne, les travaux politiques, l'affaiblissement de sa santé l'ont successivement empêché de réaliser ses desseins. Tout ce qui reste de lui est disséminé dans *La Tribune*, dans *Le National* et dans quelques œuvres collectives. Ainsi il a donné dans *Paris révolutionnaire* (4 vol. in-8°, publiés en 1833) deux écrits remarquables, *La Presse révolutionnaire* et *Les Funérailles révolutionnaires*; il a fourni aussi à l'*Histoire des villes de France*, dirigée par Aristide Guilbert (6 vol. in-8°, 1844-1848), des notices sur *Saint-Bertrand de Comminges*, *Saint-Gaudens*, *Saint-Girons*, etc.; enfin il est le principal auteur de la *Galerie des Pritchardistes*, in-18, 1846. F. L.

Elias Regnault, *Armand Marrast*, 1850, dans *Le Siècle*. — *Documents particuliers*.

MARRE (*Jean* DE), poëte hollandais, né le 23 août 1696, à Amsterdam, où il est mort, le 19 janvier 1763. Il se livra dès l'enfance à la navigation, et ne quitta la carrière maritime qu'en 1731, après avoir voyagé pendant vingt-trois ans. De retour dans sa ville natale, il obtint un modeste emploi dans l'administration communale, et consacra ses loisirs à la composition de divers poëmes, qui lui assignèrent un rang honorable parmi les écrivains de son temps. Pendant son dernier voyage, en 1728, de Marre avait entrepris de chanter en vers la fondation de la Compagnie des Indes et la domination hollandaise en Asie. Sur les conseils de ses amis, il se décida à revoir cette première ébauche, dont il fit un poëme en six chants, *Batavia*; Amsterdam, 1740, in-4°. Les *Meditations sur la sagesse* *de Dieu dans le gouvernement de la création*, suivies de la *Couronne d'honneur pour le cap de Bonne-Espérance*, parurent en 1746 (Amsterdam, in-4°, avec son portrait), trois ans avant le poëme de Dulard, auquel elles sont inférieures de tous points. Ces diverses productions ainsi que la plupart de celles qui composent ses *Poésies mêlées* (*Hoften Mengeldichten*; Amsterdam, 1746, in-4°) appartiennent au genre descriptif, genre dont les Hollandais ont tant abusé. De Marre s'y montre poëte assez médiocre, mais habile versificateur. Adjoint à la direction du théâtre d'Amsterdam, de Marre écrivit une tragédie classique en cinq actes, *Jacqueline de Bavière*; Amsterdam, 1736, in-8° : cette tragédie se maintint longtemps à la scène. Nous avons encore de lui une tragédie oubliée, *Marcus Curtius*; — une pièce pour la *Fête séculaire du théâtre d'Amsterdam*; Amsterdam, 1738, in-8°; — et une pastorale *La Fête de l'Amour* (1741). A. WILLEMS.

Wagenaar, *Amsterdam*, 1767, in-fol., III, 287. — Geysbeck. *Biographisch woordenboek* (Dict. biog. et anthol. des Poëtes hollandais); Amsterdam, 1822, IV.

MARRIER (*Martin*), érudit français, né le 4 juillet 1572, à Paris, où il est mort, le 26 février 1644. Il n'avait pas encore douze ans lorsqu'il prit l'habit de Saint-Benoît, au monastère de Saint-Martin-des-Champs; mais on attendit jusqu'en 1596, pour lui permettre de prononcer ses vœux. En 1618 il fut chargé de la conduite du noviciat, et joignit en même temps à cette place celle de prieur claustral, qu'il remplit pendant quinze ans avec beaucoup de régularité. Il eut une grande part à la réforme de Cluni, qui fut introduite en 1635 dans son couvent. On a de lui : *Martiniana, id est litteræ, tituli, chartæ, privilegia et documenta monasterii Sancti-Martini-a-Campis*; Paris, 1606, in-8°; — *Bibliotheca Cluniacensis, in qua antiquitates, chronica, privilegia, chartæ et diplomata collecta sunt*; Paris, 1614, in-fol.; recueil annoté par André Duchesne et contenant d'excellentes pièces pour l'histoire de l'ordre de Saint-Benoît, et en particulier pour l'abbaye de Cluni; — *Monasterii regalis S.-Martini-de-Campis Historia, lib. VI*; Paris, 1637, in-4°. P. L.

Germ. Cheval, *Vie de D. Marrier*; Paris, 1644, in-8°. — Piganiol de la Force, *Descript. de Paris*, III, 306. — Lenglet Dufresnoy, *Methode pour étudier l'histoire* III, 115.

MARRINA. *Voy.* FUCCI (*Lorenzo*).

MARRON (*Marie-Anne* CARRELET, dame DE), baronne DE MEILLONAZ, peintre et femme de lettres française, née à Dijon, en 1725, morte à Bourg, le 14 décembre 1778. Son mari était propriétaire d'une belle manufacture de faïence, à laquelle elle fournit des modèles aussi élégants que variés. On voit à Notre-Dame de Dijon un fort beau tableau d'elle représentant *La Conception*; plusieurs autres figurent dans des galeries particulières. On connaît de la baronne de Marron huit tragédies et deux comédies, entre autres *Sophonisbe* (1767); *Les Héraclides* (1769); *Childéric, roi de France* (1769); *Le Prisonnier, ou le comte d'Harville* (1770); *Atride et Antigone-Clarice*; *Le bon Père, ou l'école des pères*. Une seule de ces pièces a été imprimée : c'est *La Comtesse de Fayel*; Lyon, 1770. Voltaire, qui était en correspondance avec cette dame, écrivait d'elle « qu'il n'avait jamais vu en femme rien de plus extraordinaire ». Il est fâcheux qu'il n'ait pas mieux développé son opinion. Lalande était aussi l'un des amis particuliers de Mme de Marron. E. D—s.

Voltaire, *Correspondance, lettre à Lalande*, 6 février 1775. — Lalande, *Éloge de Mme la baronne Marron de Meillonaz*, dans le *Necrologe des hommes célebres de* 1779. — S. Prudhomme père, *Biographie des Femmes célèbres* (1830).

MARRON (*Paul-Henri*), pasteur calviniste, né à Leyde, le 12 avril 1754, mort du choléra, à Paris, le 30 juillet 1832. Ses père et mère descendaient de familles françaises réfugiées de Saint-Paul-Trois-Châteaux. Après avoir fait de bonnes études à l'académie de Leyde, le jeune Marron embrassa l'état ecclésiastique, et devint en 1776 ministre de l'église wallonne de Dordrecht, qu'il desservit pendant six années. En 1782 il fut nommé chapelain de l'ambassade de Hollande à Paris. Six ans plus tard Rabaut-Saint-Étienne le fit choisir pour pasteur par les protestants de Paris, à qui Louis XVI venait de rendre un état civil, et qui se flattaient d'obtenir une justice plus complète. Leurs espérances ayant été déçues, ils se décidèrent pour conserver leur pasteur, qui venait d'être appelé à Sedan, à célébrer publiquement leur culte dans un local loué à cet effet, d'abord rue Mondétour, et ensuite rue Dauphine. En juin 1790, Bailly, maire de Paris, et le général La Fayette obtinrent pour les protestants la permission de prendre à loyer l'église de Saint-Louis-du-Louvre, qui avait été supprimée. Marron en fit la consécration le 22 du même mois. En brumaire an II (novembre 1793), il dut porter à la commune, comme don patriotique, les quatre coupes d'argent qui servaient à la célébration de la cène. Cette démarche n'éloigna pas de lui la persécution. Il avait été arrêté deux fois comme suspect, lorsque, le 7 juin 1794, il fut emprisonné de nouveau; il ne recouvra la liberté qu'après la chute de Robespierre. A cette époque, ne pouvant exercer publiquement son ministère, il en remplissait en particulier les devoirs, et vivait avec le traitement qu'il recevait comme traducteur attaché successivement à divers ministères. En mars 1795 il lui fut permis de reprendre ses fonctions pastorales. Lors de la réorganisation des cultes, il eut une grande part à la loi du 18 germinal an X, et fut confirmé dans sa place de pasteur.

Marron était membre de l'Institut des Pays-Bas, et de la Société des Sciences de Harlem; il avait quelque talent pour la prédication, et possédait surtout la qualité extérieure de l'orateur. Il a composé beaucoup de vers latins sur les événements de son temps, et qui ne sont pas sans mérite, et a laissé quelques opuscules, dont les principaux sont : *Lettre d'un Protestant à l'abbé Cerutti*; Paris, 1789, in-8° (anonyme); — *Paul-Henri Marron à la citoyenne Hélène-Marie Williams*; Paris, an III, in-8° : cette lettre, d'abord imprimée dans le *Troisième Tableau des prisons sous le règne de Robespierre*; Paris, sans date, in-18, et qui contient le récit de la détention de l'auteur, a été traduite en anglais par Mlle Williams, et insérée dans le tome II de ses *Letters containing a skectch of the politics of France from the thirty-first of may* 1793 *till tho* 10th *of thermidor, twenty-eight of july* 1794, etc.; Londres, 1795, 3 vol. in-12; — *Constitution du peuple batave, traduite du hollandais*; Paris, 1789, in-8°; — *P.-H. Marron, ministre du saint Évangile... à monsieur Lecoz, archevêque de Besançon* : cette lettre, datée du 18 brumaire an XIII (1804), est imprimée à la suite d'une *Lettre à monsieur Lecoz, archevêque de Besançon, sur son projet de réunion de tous les protestants avec les catholiques romains dans l'empire français*, etc., par un laïque (Aug.-F.-Thomas Dufossé); Paris, 1807, in-8°. Marron a travaillé au *Journal de Paris*, au *Journal* et au *Magasin encyclopédique*, et il a donné de nombreux articles à la neuvième édition, publiée par Chaudon et Delandine, du *Nouveau Dictionnaire Historique*, à la *Biographie universelle* de Michaud et à la *Revue encyclopédique*. On lui attribue les notes jointes à l'ouvrage de Mirabeau intitulé : *Aux Bataves, sur le stathoudérat*, 1788, in-8°. Outre un précieux recueil d'autographes, que possède aujourd'hui M. Luzac, de Leyde, ancien ministre de l'intérieur et de l'instruction publique du royaume des Pays-Bas, Marron avait formé une riche collection de portraits, achetée après sa mort par le roi Louis-Philippe. Elle a été vendue en détail après avoir été en partie détruite, en 1848, lors de l'invasion du Palais-Royal.

E. Regnard.

Necrologe de 1832; Paris, 1833, in-8°. — Barbier, *Dict. des ouvrages anonymes et pseudonymes*. — MM. Haag, *La France Protestante*. — *Documents particuliers*.

MARRYAT (*Joseph*), économiste anglais, né en 1757, à Bristol, mort le 12 janvier 1824, à Londres. Descendant d'une famille française et fils d'un médecin, il embrassa de bonne heure la carrière du commerce, et partit pour l'île de Grenade, où il demeura plus de dix ans. Revenu en 1789 à Londres, il fit partie de la société du Lloyd, qu'il présida, et ouvrit une maison de banque. Nommé représentant de Sandwich, il siégea pendant longtemps à la chambre des communes, et, sans s'attacher aux whigs ni aux tories, il s'y fit remarquer dans toutes les discussions commerciales et coloniales par la clarté et la force de ses discours. Il laissa une fortune évaluée à quinze millions. On a de lui plusieurs brochures anonymes et un ouvrage intitulé : *Thoughts on the expediency of establishing a new chartered bank*; Londres, 1811, in-8°. K.

Rose, *New Biogr. Dictionary*.

MARRYAT (*Frederick*), romancier anglais, fils du précédent, né le 10 juillet 1792, à Londres, mort le 2 août 1848, à Langham (comté de Norfolk). Entré en 1806 au service de la marine royale, il fut *midshipman* à bord de *l'Impérieuse*, et assista, sous les ordres du célèbre lord Cochrane, à une cinquantaine d'engagements plus ou moins meurtriers dont les côtes de France furent le théâtre; dans l'un de ces combats, il fut laissé pour mort sur le pont d'un bâtiment où il était monté à l'abordage. Il se distingua non-seulement par sa bravoure, mais par plusieurs actes d'humanité, qui le mirent lui-même en péril de mort. Nommé lieutenant en 1812, il fut attaché à la croisière d'Amérique. En 1815 il devint capitaine; il commanda le *Rosario*, qui apporta au gouvernement anglais la nouvelle de la mort de Napoléon (1821). Envoyé à la station des Indes orientales, il se signala à l'attaque de Rangoun et dans l'expédition conduite par sir Robert Sale contre les Malais (1824). L'année suivante il reçut les félicitations de la Compagnie des Indes, la croix de commandeur du Bain et une médaille d'or que la *Royal Humane Society* lui accorda pour les nombreux traits de dévouement qui avaient honoré sa carrière maritime. De 1828 à 1830 il croisa dans la Manche, à bord de l'*Ariadne*. Ce fut vers cette époque qu'il débuta dans la carrière des lettres par le roman de *Frank Mildmay*. Comme il écrivait avec facilité et qu'il mettait autant de variété que de soin dans la peinture des mœurs et des aventures d'une classe de gens au milieu desquels il avait passé sa vie, il obtint de nombreux succès; des deux côtés du détroit, on accueillit avec bienveillance ses productions, qui depuis sa mort ont été l'objet de réimpressions fréquentes à Londres, à Paris et à Leipzig. Le capitaine Marryat était un homme instruit et d'une capacité éprouvée; s'il ne s'éleva pas dans la carrière navale au rang que ses qualités semblaient lui assigner, ce fut, dit-on, à cause de la franchise de ses sentiments au sujet du système qu'il avait souvent blâmé pour le recrutement des matelots de la marine royale. Il fit partie de la Société royale de Londres, et le roi Louis-Philippe lui envoya la croix de la Légion d'Honneur. Parmi ses romans, tous traduits en français par MM. Defauconpret, A. Montémont et autres, nous citerons : *Peter Simple*; 1834; — *Jacob Faithful*; 1834; — *The Pacha of many tales*; 1835; — *Japhet in search of a father*; 1836; — *M. Midshipman Easy*; 1836; — *The Pirate*; 1836; — *Snarley Yow, or the dog-fiend*; 1837; — *The old*

Commodore; 1837; — *The Phantom ship;* 1839; — *The King's Own;* 1840; — *Jack Ashore;* 1840; — *Newton Forster, or the Merchant service;* 1834; — *Masterman ready;* 1841; — *Narrative of the Travels and adventures of Monsieur Violet in California, Sonora and western Texas;* 1843; — *The Privateer's Man*, 1846; — *Valérie.* Marryat est encore l'auteur d'un *Code of signals for the use of vessels employed in the merchant service*, Londres, 1837, ouvrage adopté par le gouvernement anglais; et d'une relation de voyage intitulée: *A Diary in America, with remarks on its institutions;* Londres, 1839, 6 vol. P. L—Y.

The English Cyclopædia — Naval Biography.

MARS (1) (Saint), ermite breton, né à Bais, près La Guerche, vers 510, mort au village de Mars, près Vitré. Il était prêtre à Vitré, et acquit une grande réputation de piété. Devenu vieux, il se construisit un ermitage dans une lande voisine du village de Mars, et y termina ses jours. On montre encore les ruines de cette retraite. Mars fut enterré à Bais, et son tombeau devint bientôt célèbre par les nombreux miracles qui s'y accomplirent. Les fidèles y venaient en pèlerinage de tous les points de la Bretagne. En 1427, les habitants de Bais, craignant une irruption des Anglais, transportèrent le corps de leur saint à Sainte-Madelaine de Vitré. Le danger passé, les Baisiens réclamèrent leur dépôt; mais les chanoines de Vitré refusèrent de le restituer. Des procès on en vint aux coups, et plusieurs fois durant les processions les Baisiens tentèrent d'enlever leurs précieuses reliques; mais force resta toujours aux habitants de Vitré, qui conservèrent le corps de saint Mars jusqu'en 1750, où un arrêt du parlement de Rennes mit les parties d'accord en divisant le corps du saint. Vitré en garda la tête, le fémur droit et deux côtes, Bais eut le reste. Saint Mars est fêté les 14 janvier et 21 juin. A ces époques la châsse est promenée solennellement dans les campagnes environnantes. A. L.

Dom Lobineau, *Histoire de Bretagne.* — Godescard, *Vies des plus célèbres Saints*, t. Ier. — A. Hugo, *La France pittoresque* (Ille-et-Vilaine).

MARS (*Anne-Françoise-Hippolyte* BOUTET-MONVEL, dite Mlle), célèbre actrice française, née à Paris, le 5 février 1779, morte dans la même ville, le 20 mars 1847. Fille de l'acteur Monvel (*voy.* ce nom), alors attaché au théâtre Montansier, et d'une actrice nommée Mars qui avait joué en province et qui plus tard parut sur le théâtre de la République, la petite Mars débuta en 1792 au théâtre Montansier, dans les rôles d'enfant. Elle était charmante dans les travestis. Dans *Le Désespoir de Jocrisse*, elle remplissait le rôle du petit frère de Jocrisse. En 1795, le théâtre de la Nation (Comédie-Française) s'étant divisé, une partie de la troupe quitta la salle qui est aujourd'hui l'Odéon, et trouva son refuge à la salle Feydeau. Mlle Mars avait alors seize ans : elle fut présentée à Mlle Contat, qui, devinant son avenir, la fit admettre à jouer les ingénues sur ce théâtre, et l'aida de ses conseils et de ses encouragements. Monvel avait été plus simple dans l'éducation artistique de sa fille : « Tu sais ton rôle, lui avait-il dit une fois. — Oui. — Eh bien! joue-le comme tu le sais. » Sa mère avait un accent méridional assez prononcé, Mlle Mars l'évita; mais il lui en resta une élocution souvent saccadée. Lorsque les diverses fractions du Théâtre-Français se réunirent, en 1799, Mlle Mars fut reçue comme sociétaire. Après avoir joué les ingénues, Mlle Mars put aborder les rôles de *jeune amoureuse*, emploi qu'elle occupa en chef avec Mlle Mézeray, à la retraite de Mlle Lange. Jusque alors elle ne donnait que des espérances; son organe était faible, et, malgré de grandes preuves d'intelligence, ses moyens restaient bornés. Son premier succès véritable fut celui qu'elle obtint en 1800, dans le rôle du sourd-muet de *L'abbé de l'Épée*, où elle déploya beaucoup de sensibilité et d'expression. Encouragée par les sympathies du public, elle aborda depuis tous les rôles de l'ancien répertoire avec bonheur. Lors de la retraite de Mlle Contat en 1809, Mlle Mars partagea son héritage avec Mlle Leverd; ce partage donna lieu à bien des conflits, auxquels la Comédie-Française mit fin en faisant jouer les deux actrices tour à tour dans les mêmes rôles. Plusieurs fois elles jouèrent des rôles différents dans la même pièce, et enfin Mlle Leverd, se renfermant dans les *premiers rôles*, laissa les rôles de *jeune première* à Mlle Mars. En 1812 celle-ci aborda les rôles de *grande coquette*, sans renoncer aux rôles d'*ingénue*. Mlle Leverd étant tombée malade en 1823, tout le fardeau du répertoire pesa sur Mlle Mars, qui ne s'en effraya pas, et suffit à tout. On lui reprocha alors d'écarter avec trop de jalousie tous les nouveaux talents qui auraient pu se produire : on parle pourtant de Mlle Doze comme ayant été son élève. Talma avait été heureux en jouant avec Mlle Mars dans une comédie de Casimir Delavigne; elle voulut s'essayer avec Talma dans une tragédie, *Le Cid de l'Andalousie*. cette tentative n'eut point de succès. Dans la lutte des romantiques contre les classiques, elle prêta son appui aux jeunes talents, et réussit avec eux.

Parmi les nombreux rôles créés par Mlle Mars, on cite: Flora, dans *Pinto*, de Lemercier (1800); Eugénie, dans *Le Tyran domestique*, et Betty, dans *La Jeunesse d'Henri V*, d'Alexandre Duval (1806); Mlle Beauval, dans *Brueis et Palaprat*, d'Étienne (1807); Emma, dans *La Fille d'Honneur*, de Duval (1818); Rose Volmar, dans *La jeune Femme colère*, d'Étienne (1821); Valérie, dans la pièce de ce nom, de M. Scribe

(1) Ce nom est quelquefois écrit *Marse* et *Mats* par les anciens hagiographes.

(1822); Hortense, dans *L'École des Vieillards*, de C. Delavigne (1823); Mme de Brienne, dans *Le Mariage d'argent*, de M. Scribe (1827); la princesse Aurélie, dans la comédie de ce nom, de Casimir Delavigne (1828); la duchesse de Guise, dans *Henri III*, de M. Alex. Dumas (1829); Desdemona, dans *Le More de Venise*, de M. Alfred de Vigny (1829); Dona Sol, dans *Hernani*, de M. V. Hugo (1830); Clotilde, dans le drame de ce nom, de Frédéric Soulié et A. Bossange (1832); Élisabeth, dans *Les Enfants d'Édouard*, de C. Delavigne (1833); Tysbé, dans *Angelo*, de M. V. Hugo (1835); Louise, dans *Louise de Lignerolles*, de Dinaux et M. Legouvé (1838); lady Strafford, dans *La Popularité*, de C. Delavigne (1838); Mlle de Belle-Isle, dans la pièce de ce nom, de M. A. Dumas (1839). Parmi les rôles que Mlle Mars reprit, on cite : Victorine, dans *Le Philosophe sans le savoir;* Charlotte, dans *Les Deux Frères;* Henriette, dans *Les Femmes savantes;* Suzanne, dans *Le Mariage de Figaro*. Son jeu inimitable sembla donner un nouveau prix aux chefs-d'œuvre de Molière. Jamais Célimène et Elmire ne furent jouées avec tant de charme : Marivaux surtout ne rencontra jamais de plus séduisante interprète. « Ceux qui ne l'ont pas vue, qui ne l'ont pas entendue, dit un biographe, ne sauraient se faire une idée de l'ingénuité et de l'élégance de cette comédienne, du timbre harmonieux de sa voix, de la grâce exquise de son sourire. *Ingénue* ou *coquette*, elle donnait toujours l'exemple d'un jeu plein de bon goût, d'esprit, de politesse, toujours simple et naturel. A une figure agréable elle joignait l'avantage d'une taille et d'une démarche remplies de grâce et de noblesse, mais surtout l'art, bien plus rare qu'on ne pense, de savoir se mettre avec élégance et distinction. »

Mlle Mars fut, comme on le pense, une des femmes les plus fêtées et les plus encensées de son temps. Napoléon l'avait en grande estime. On raconte qu'un jour de revue, l'ayant aperçue dans la foule, il lança son cheval de son côté, et lui dit avec bienveillance : « Vous nous rendez les visites que nous avons tant de plaisir à vous faire au Théâtre Français. » Elle conservait à la ville l'excellent ton qu'elle avait sur le théâtre. « Dans l'intimité comme au théâtre, dit M. Véron, Mlle Mars était simple, naturelle, d'une gaieté tranquille et aimable; elle faisait preuve dans ses manières, dans son langage et dans sa conduite d'une rare pénétration et de toutes les délicatesses d'une femme bien élevée; elle ne cherchait ni les mots ni les effets d'esprit; elle pensait et parlait avec tact et bon sens... Elle aimait à conter; elle contait avec agrément. » Selon Mme de Bawr, « elle aimait tous les arts avec passion; elle parlait du sien admirablement, et elle avait le talent de contrefaire des personnes qu'elle n'avait vues que deux ou trois fois, de manière à vous faire mourir de rire. » On lui a prêté des mots cruels, quoiqu'elle n'eût pas l'esprit de saillie; elle faisait rarement les frais dans la conversation, et son caractère était plutôt sérieux et mélancolique que gai. « Comme nous jouerions mieux la comédie, disait-elle à M. Véron, qui dînait souvent chez elle, si nous tenions moins à être applaudis. » On sait qu'en 1815 les bonapartistes avaient adopté la violette en souvenir du 20 mars. Mlle Mars, qui avait toujours professé une grande admiration pour Napoléon, parut toute couverte de violettes sur la scène la première fois qu'elle joua pendant les Cent Jours. Au retour du roi, les royalistes voulurent se venger. Elle jouait le rôle d'Elmire lorsqu'on lui cria, suivant le récit de Mme de Bawr : A genoux ! à genoux ! « Messieurs, reprit-elle, dès qu'elle put obtenir le silence, je ne me mettrai pas à genoux. Si vous n'avez pas la bonté de me laisser continuer mon rôle, je quitte le théâtre pour toujours. » C'en fut assez pour ramener les esprits. Des applaudissements couvrirent les sifflets, et la représentation s'acheva (1). On fit des plaintes au ministère; mais Louis XVIII, qui savait honorer les affections sincères, protégea la courageuse comédienne. Les bénéfices du Théâtre-Français, très-grands sous l'empire, baissèrent sous la restauration. Louis XVIII, en 1816, garantit à Talma et à Mlle Mars que leur part de sociétaire serait au moins de 30,000 fr. Elle menait à Paris une grande existence, dans un hôtel qu'elle possédait rue Saint-Lazare, au coin de la rue de La Rochefoucauld. Sa maison était un centre de réunion d'hommes choisis. Ses fêtes, toujours marquées au coin du bon goût, étaient de véritables événements dans la vie parisienne. Grâce à son organe, resté suave et frais, grâce aux mystérieuses ressources de sa toilette, Mlle Mars à soixante ans faisait encore quelque illusion, et put créer avec succès deux ans avant sa retraite le rôle d'une femme de vingt ans (2).

(1) Cette histoire de la violette est narrée de plusieurs façons. Quelques-uns disent que parce que Mlle Mars s'était montrée avec un bouquet de violettes à la main, on voulait qu'elle criât : Vive le roi ! S'adressant au parterre, elle répondit : « Vous voulez, messieurs, que je crie vive le roi ? » Puis elle se sauva en ajoutant : « Je l'ai crié ». On lui prête à ce propos ce mot contre des jeunes gens de la maison militaire du roi qui devaient la siffler : « Il n'y a rien de commun entre les gardes du corps et Mars. » On cite encore un mot qu'elle aurait dit à Thénard, qu'elle priait de fermer une porte et qui lui avait répondu qu'il n'était pas son valet : « J'oubliais que depuis Préville il n'y a plus de valet au Théâtre-Français. »

(2) On raconte que M. Scribe avait écrit le rôle de *la grand' mère*, dans la pièce de ce nom, avec l'intention de le faire jouer par Mlle Mars. Il s'agissait d'une femme de cinquante-six ans, tellement charmante, spirituelle, jolie encore, qu'un jeune homme à qui elle veut faire épouser sa petite-fille, niaise de dix-huit ans, s'obstine à dédaigner cette enfant pour rester amoureux de l'adorable grand'mère. Mlle Mars entendit lire la pièce chez elle. « Le rôle que tu me destines est charmant, dit-elle à M. Scribe; mais une chose m'inquiète... qui jouera la grand'mère ? — C'est vrai, répondit M. Scribe, tout dé-

Le 7 avril 1841 Mlle Mars parut pour la dernière fois sur la scène, dans une représentation à son bénéfice. Le ministre lui donna le titre honorifique d'inspectrice des études dramatiques au Conservatoire.

Dans les dernières années de sa vie elle eut à essuyer deux tentatives de vol. Son écrin, estimé à 200,000 fr., était fait pour tenter; elle vendit ses diamants, et on lui fait dire à ce sujet que Molière peut se passer de parure. Elle joua, dit-on, à la Bourse, où elle éprouva quelques déboires. Elle perdit encore des sommes considérables qu'elle avait prêtées à des adorateurs privilégiés, et se retira dans un modeste appartement de la rue Lavoisier. Néanmoins, elle laissa, à sa mort, une fortune évaluée à 800,000 fr. à un fils qu'elle avait eu à l'âge de dix-huit ans, et dont elle s'était peu occupée. Deux autres enfants, qu'elle avait eus postérieurement, étaient morts avant elle. A entendre M. Véron, « Mlle Mars prit toujours l'amour très au sérieux, et dans les tendres et durables intimités qui firent événement dans sa vie, elle engageait son cœur et sa liberté... Elle ne courait point après la fortune; mais toute sa vie il lui arriva les plus heureuses aventures d'argent : des héritages, des présents anonymes, etc. Outre sa part de sociétaire et son traitement ordinaire, elle faisait d'amples récoltes pendant ses congés. » On a attribué la mort de Mlle Mars à l'usage qu'elle avait de s'appliquer des substances caustiques sur la tête pour conserver ses cheveux noirs : elle mourut en proie à un délire violent. Suivant d'autres, elle mourut d'une maladie de foie.

Mlle Mars avait une sœur aînée, qui avait aussi été actrice et qui mourut à Versailles, en octobre 1837. L. L—T.

Eug. Briffault, *Mlle Mars*, dans la *Galerie des Artistes dramatiques de Paris*. — Sarrut et Saint-Edme, *Biogr. des Hommes du Jour*, tome II, 2e partie, p. 272. — Lireux, *Mlle Mars*, notice biographique; 1847, in-18. — E. M., *Mlle Mars, sa vie, ses succès, sa mort*; 1847, in-8°. — *Dict. de la Convers.* — Mme de Bawr, *Mes Souvenirs*. — Mme Roger de Beauvoir, *Souvenirs de Mlle Mars*. — Véron, *Mémoires d'un Bourgeois de Paris*, t. I, chap. V.

MARSAIS (Du). *Voy.* DUMARSAIS.

MARSAND (Abbé *Antoine*), savant littérateur italien, né à Venise, en 1765, mort à Milan, le 3 août 1842. Appartenant à une famille de banquiers, ruinée par suite des événements politiques qui eurent lieu à la fin du siècle dernier, il se trouva dans la nécessité de se choisir un état; il se fit prédicateur, et fût appelé dans les villes principales de l'Italie. Il ne tarda pas à être nommé professeur d'économie politique et de statistique à l'université de Padoue. Il occupa cette place tout le temps qu'a duré le royaume d'Italie. En 1814 il obtint sa retraite, avec une bonne pension. Rentré dans la vie privée, Marsand s'adonna exclusivement à l'étude des beaux-arts et de la littérature, et il devint grand connaisseur en numismatique, en typographie, en calcographie, etc. En 1815, il publia à Venise un *Mémoire* sur la découverte d'une édition du *Decaméron* du quinzième siècle, jusque là inconnue aux bibliographes. Mais le travail le plus important de sa vie, c'est sa *Bibliothèque Pétrarquesque*. Marsand avait pour Pétrarque une sorte de vénération. Il eut pendant trente ans la patience de recueillir et d'acheter, par des sacrifices considérables, presque toutes les éditions connues de Pétrarque et des auteurs qui se sont occupés de ce poete. Il en est résulté une véritable bibliothèque spéciale, très-estimée par les connaisseurs; et dans le volume que nous venons de citer il en a donné la description illustrée. Arrivé à un âge avancé, et dans la crainte qu'après sa mort cette rare collection ne fût dispersée, il la vendit à Charles X, moyennant une pension viagère de douze cents francs. Il se rendit à Paris en 1828 pour en faire la remise à la bibliothèque du Roi. La révolution de Juillet suspendit le payement de sa pension. Nous avons pu à cette époque mettre Marsand en rapport avec M. de Schonen, liquidateur de l'ancienne liste civile, et lui faire comprendre que cette pension n'était aucunement une faveur du roi, mais le résultat d'un contrat dûment passé entre le vendeur et l'acquéreur d'une bibliothèque. La pension lui fut rendue. Le travail vraiment précieux de Marsand, très-estimé, du reste, dans toute l'Europe, est son édition des *Poésies de Pétrarque*; Padoue, 1820, 2 vol. in-4°. On y remarque un *Mémoire* sur la vie du Pétrarque, que l'auteur a su ingénieusement composer en prenant dans les lettres et autres ouvrages latins de Pétrarque tous les passages où il parle de lui-même. Cette édition contient un portrait de Pétrarque jusque là inconnu des érudits, qu'il a fait graver par Gandolfi, et un portrait de la fameuse Laure, gravé par Morghen avec un fini extraordinaire. Les notes, les éclaircissements, la correction du texte ont fait de cette édition le modèle de toutes celles qui ont paru ensuite.

Marsand aimait le séjour de Paris, qu'il avait visité en 1810 et en 1812. A cette dernière date, il y était venu pour annoncer la découverte d'Arduino, professeur d'agriculture à Padoue, relative à l'extraction du sucre du sorgo (*Houque de Cafrérie*). Marsand s'était associé à lui, et écrivit sur cet sujet divers mémoires, qu'il a lus à l'Institut de France. L'empereur Napoléon ordonna de cultiver cette plante. L'année suivante, quand le ministre Aldini envoya en Russie les échantillons du nouveau sucre, ils arrivèrent justement au moment de l'incendie de Moscou. Ainsi tombèrent les

concerté et qui n'osa pas avouer que le rôle était précisément destiné à son interlocutrice; je ne vois personne qui puisse le jouer. » L'allusion était pourtant bien portée et bien directe; le succès était certain; mais peut être que Mlle Mars craignit sagement de dire par trop clairement au public son âge, qu'elle cachait si bien.

projets séduisants des professeurs Arduino et Marsand. A partir de 1830, Marsand, retenu d'abord à Paris pour avoir sa pension, entreprit la description de tous les manuscrits italiens contenus dans les bibliothèques publiques de Paris. En sa qualité d'amateur des beaux-arts, il eut l'idée de se faire une singulière *galerie portative* : sur une tabatière de sept à huit centimètres de diamètre il avait placé une peinture ou miniature sous verre, qu'on pouvait ôter et remettre à volonté; il s'en procura soixante-douze de la même dimension, toutes faites par autant d'artistes contemporains des plus célèbres, formant ainsi une collection de petits tableaux mobiles, c'est-à-dire faciles à déplacer. Dans un moment de gêne, il fit vendre cette collection à l'hôtel des Ventes, mais il en tira peu d'argent.

Marsand aimait la musique avec passion, et il était bon connaisseur. C'était un écrivain pur, élégant, sans pédanterie. Son esprit était gai et éclairé par une bonne philosophie. Agréable dans la conversation, il était prompt à rendre service et à venir au secours des malheureux. Son caractère était ferme, son amitié franche et loyale. Au mois d'avril 1842, en quittant Paris, il écrivait que c'était la dix-huitième fois qu'il faisait le voyage de l'Italie à Paris, et que cette fois était probablement la dernière. Il avait aussi l'habitude de dire à ses amis qu'il comptait mourir d'un coup d'apoplexie. Ces deux prophéties se sont réalisées.

Outre les ouvrages cités, on a de Marsand : *Il Fiore dell' arte dell' intaglio nelle stampe*; Padoue, 1823, in-4° : on y trouve les portraits et les notices des plus célèbres peintres et graveurs des écoles italienne, flamande, allemande et française; — *Biblioteca Petrarchesca*; Milan, 1826, in-4°; — *Delle Donne più illustri del regno Lombardo-Veneto, notizie biografiche, storiche e letterarie*; Milan, s. d., in-16, fig.; — *I Manuscritti italiani della regia Biblioteca Parigina descritti ed illustrati*; Paris, Imprimerie royale, 1835-1838, 2 vol. gr. in-4°; le second volume contient la description des manuscrits italiens des bibliothèques Mazarine, Sainte-Geneviève et de l'Arsenal; — *Commento sulle celebre canzone di Petrarca a laude di Nostra Signora*; Paris, 1841, in-4°; dédié à l'archiduchesse Marie-Élisabeth d'Autriche. Dr Fossati.

Documents particuliers.

MARSCHALCK (*Nicolas*), historien et naturaliste allemand, né en Thuringe, vers le milieu du quinzième siècle, mort à Rostock, le 12 juillet 1525. Il enseigna depuis 1507 l'histoire et la jurisprudence à Rostock, et exerça aussi l'emploi de conseiller du duc de Mecklembourg. Ses ouvrages, imprimés en grande partie dans la typographie qu'il avait établie dans sa maison, sont devenus extrêmement rares; nous citerons entre autres : *Orthographia*; Erfurt, 1501, in-4°; — *Enchiridion Poetarum clarissimorum*; Erfurt, 1502, in-4°, avec figures en bois; — *Historiæ Aquatilium Liber I et II, latine et græce*; Rostock, 1517 et 1520, in fol., avec figures; — *Institutiones Reipublicæ militaris ac civilis*; Rostock, 1525, in-fol.; — *Annalium Herulorum ac Vandalorum Libri VII*; Rostock, 1521, in-fol.; — *Deflorationes Antiquitatum, ab origine mundi*; Rostock, 1522, in-fol.; — *Chronicon der Mecklenburgischen Regenten*, dans le t. I des *Monumenta inedita* de Westphalen, qui dans la *Préface* a donné une biographie de Marschalck; — *Res ab Obotritis gestæ*, dans le t. II du même recueil; — *Res a Judæis scelestissimis gestæ in monte Stellarum*; Rostock, 1522, in-fol. O.

Schöttgen, *De vita Marschalki*; Dresde, 1733, in-4°. — Hummel, *Bibliothek von seltenen Büchern*, t. I. — *Bibliotheca hamburgica historica*, t. II. — Fabricius, *Bibl. med. et infimæ latinitatis* (au mot *Thurius*). — Brunet, *Manuel du Libraire*.

MARSCHALL (*Mathieu*), seigneur de Biberbach et de Pappenheim, historien allemand, né en 1458, mort en 1499 (en 1511 selon quelques auteurs); il fut reçu en 1482 docteur en droit à Paris, et devint en 1494 chanoine à Augsbourg. Il a laissé des extraits d'une *chronique* qui embrasse l'histoire de l'Autriche jusqu'à l'an 1343; une autre chronique est relative à la ville d'Augsbourg. Ces deux ouvrages ont été insérés dans les recueils de Freher et de Struve. G. B.

Fabricius, *Bibliotheca Latina*, V, 132. — Cave, *Scriptores*, II, 193. — Veith, *Bibliotheca Augustina*, II, p. 84-114. — J.-A. Doerdelein, *Matth. a Pappenheim, enucleatus*; 1739, in-4°.

*MARSCHNER (*Henri*), compositeur dramatique allemand, né le 16 août 1795, à Zittau, dans la haute Lusace. Ses heureuses dispositions musicales s'annoncèrent dès ses plus jeunes années, et à l'âge de six ans on lui donna un maître de piano, qu'il surpassa rapidement. Son père, n'ayant pas les moyens de le confier aux soins d'un maître plus habile, le plaça au Gymnase de la ville, où la facilité avec laquelle l'enfant lisait la musique et sa jolie voix de soprano le firent bientôt choisir pour chanter les solos. L'organiste de Bautzen, ayant eu occasion de l'entendre, lui proposa un engagement pour entrer dans le chœur de son église. L'offre fut acceptée, et le jeune artiste se rendit à la maîtrise de Bautzen, où il continua en même temps l'étude du latin et du grec, qu'il avait commencée à Zittau. Lorsque l'époque de la mue fut arrivée et qu'il eut perdu sa voix de soprano, il revint chez son père. Entraîné par son goût pour la composition, et quoiqu'il n'eût encore aucune notion de l'art d'écrire, il jetait sur le papier toutes les idées musicales qui lui passaient par la tête; chansons, motets, musique de piano, il abordait tous les genres, et composa même pour une troupe de danseurs qui vint à Zittau la musique d'un ballet intitulé *La fière Paysanne*. La partition de ce ballet avait produit un assez bon effet au piano; mais à la répétition l'orchestre s'arrêta tout à coup : l'auteur ignorait complétement la portée de certains instruments, et il n'était pas possible de jouer les parties qu'il avait écrites. En butte aux railleries des exécutants, qui tout en continuant la répétition corrigeaient à chaque instant sous ses yeux les fautes qu'ils rencontraient, le jeune Marschner se retira, vivement ému de ce qui venait de lui arriver. Il avait alors seize ans. Désireux de s'instruire, il comprenait tout ce qui lui manquait, mais il n'avait personne pour le guider. Diverses circonstances l'ayant obligé de se rendre à Prague, il y fit la connaissance de Tomaschek et de Weber, qui lui donnèrent quelques conseils; mais ce ne fut qu'à Leipzig, où il se rendit en 1814 pour y faire son droit, suivant le désir de son père, qu'il commença de sérieuses études de composition, sous la direction de Schicht. Il essaya alors ses forces en écrivant, sur une traduction du *Titus* de Métastase, la musique d'un opéra, qui, bien qu'entièrement terminé, n'a jamais vu le jour. Il cultivait en même temps le piano, donnait des concerts, et se créait des relations qui lui procuraient assez de leçons pour qu'il pût jouir d'une existence aisée, tout en poursuivant ses études. D'après les conseils de Beethoven, il composa un grand nombre de motets, de sonates et de symphonies, s'exerçant ainsi à écrire avec plus de facilité. Mais son penchant l'entraînait à travailler pour le théâtre, et en 1816 il composa le petit opera *Der Kiffhausen Berg* (La Montagne de Kiffhausen), qui réussit dans plusieurs villes d'Autriche. L'année suivante il fit représenter à Dresde un ouvrage plus important, *Henri IV et d'Aubigné*, opéra en trois actes, que le public accueillit avec faveur. Ce fut aussi vers la même époque qu'il fit jouer, à Presbourg, son *Saïdar*, ouvrage également en trois actes, et qui eut un succès complet. En 1821 M. Marschner vint se fixer à Dresde, s'y lia avec Weber, qui dirigeait alors l'Opéra de cette ville, et fut chargé d'écrire une introduction et des intermèdes pour le drame de Tieck, intitulé *Le Prince de Hombourg*. Dans le courant de l'année suivante il termina son grand opéra de *Lucrèce*, et composa aussi la musique de la *Bella Ella*. Quoique cette dernière partition contînt plusieurs morceaux qui plus tard ont été fort goûtés dans les concerts, la pièce ne réussit pas lors de son apparition au théâtre. M. Marschner ne fut pas plus heureux avec son opéra d'*Ali-Baba*; mais il ne se laissa pas toutefois aller au découragement. Il se préoccupa de l'idée d'un genre de musique moins sévère que celui des drames en usage sur les théâtres allemands, mais plus vigoureux que celui des simples opérettes qui n'étaient pour ainsi dire que des vaudevilles. Il pensait que des pièces écrites en ce genre et destinées à des théâtres de société raviveraient dans sa nation le goût de la musique dramatique allemande, en diminuant l'influence des traductions des opéras étrangers. Il fit à cet égard un appel aux poetes et aux compositeurs de l'Allemagne dans l'almanach musical intitulé *Polyhymnie*, qu'il dirigeait et dans lequel il publia la partition réduite au piano de son *Der Holzdieb* (Le Voleur de Bois), qu'il donnait comme modèle du genre. Son appel ne fut pas entendu; mais son charmant ouvrage, qui contenait des morceaux d'un excellent goût, n'en eut pas moins beaucoup de succès sur plusieurs théâtres d'amateurs et de petites villes, et M. Marschner eût probablement donné suite à son entreprise sans le concours d'autrui, si ses nombreuses occupations ne l'en eussent empêché. En effet, depuis 1825 il était chargé, conjointement avec Morlacchi et Weber, de la direction de la musique de l'Opéra italien et allemand, et avait souvent à faire tout le travail par suite des absences ou des indispositions fréquentes de ses collègues. Ce fut bien pis encore lorsqu'en 1826 Weber vint à mourir. M. Marschner, trouvant la tâche trop lourde, et n'ayant pu d'ailleurs obtenir de succéder à ce compositeur dans la place de premier directeur de l'Opéra de Dresde, donna sa démission. Il venait d'épouser Mlle Marianne Wolhbruck, cantatrice distinguée. Il partit avec sa femme pour Berlin, et se rendit ensuite à Leipzig, où Mme Marschner avait été appelée par le directeur du théâtre. C'est dans cette dernière ville que fut représenté pour la première fois, le 28 mars 1828, *Le Vampire*, opéra en trois actes, qui est considéré comme le meilleur ouvrage de M. Marschner. *Le Vampire*, qui fit à l'œuvre du même nom de Lindpaintner une concurrence victorieuse, eut bientôt une renommée telle que les copistes ne pouvaient, dit-on, satisfaire à toutes les demandes de partition adressées par les directeurs des théâtres de l'Allemagne, afin de pouvoir monter la pièce. Cet ouvrage obtint également un brillant succès à Londres, et faillit être joué à Paris. En 1829, M. Marschner acheva son grand opéra romantique ayant pour titre *Le Templier et la Juive;* il écrivit ensuite celui de *La Fiancée du Fauconnier* (Die Braut des Falkner), dont la première représentation eut lieu à Leipzig, en 1832. Depuis lors il a encore écrit pour le théâtre *Hans Heiling*, opéra romantique, auquel le public a fait, en 1833, l'accueil le plus favorable, et *Le Château au pied du mont Etna*, représenté en 1836, mais qui eut moins de succès.

Comme compositeur dramatique, M. Marschner appartient à l'école romantique allemande. Ses mélodies expressives, originales, bien appropriées au caractère des personnages, sont soutenues par une harmonie pittoresque et vigoureuse. Cet artiste est un des successeurs de Weber qui ont montré le plus de sentiment dramatique dans leurs ouvrages. Il n'a pas seulement réussi dans le genre sérieux; il a fait preuve aussi de talent dans le genre comique, qu'il traite en homme de goût, évitant toujours de tomber dans le trivial. Le seul reproche qu'on puisse faire à ce compositeur est d'apporter quelquefois dans sa manière d'écrire une certaine négligence, qui tient sans doute à une grande facilité, et d'abuser souvent de l'emploi des transitions harmoniques. Outre les ouvrages que nous avons cités plus haut, M. Marschner a écrit un grand nombre de morceaux de musique vocale et instrumentale. On connait de lui environ vingt recueils de chansons, romances, airs italiens et allemands, pour voix seule, avec accompagnement de piano; des quatuors pour piano, violon, viole et basse; des trios pour piano, violon et violoncelle; des divertissements, polonaises et marches pour piano à quatre mains; des sonates pour piano seul; des rondeaux, fantaisies et variations pour le même instrument, etc.

M. Marschner, qui depuis 1830 remplissait les fonctions de maître de chapelle du roi de Hanovre, a pris dernièrement sa retraite; à cette occasion, le roi lui a conféré le titre de directeur général de musique. D. DENNE-BARON.

Gazette Musicale de Berlin. — *Gazette Musicale de Leipzig.* — Fetis, *Biographie universelle des Musiciens.* — *Revue et Gazette Musicales de Paris.* — Vapereau, *Dictionnaire universel des Contemporains.*

MARSDEN (*William*), orientaliste anglais, né à Dublin, le 16 novembre 1754, mort le 6 octobre 1836. Il était d'une famille du Derbyshire, qui s'était établie en Irlande à la fin du règne de la reine Anne, et le dixième enfant d'un marchand de Dublin. Il fit ses études dans sa ville natale. Ses parents le destinaient à l'Église, mais un de ses frères, agent de la Compagnie des Indes à Bencoulen, dans l'île de Sumatra, l'appela près de lui en 1771, et lui procura une des meilleures places de ce petit établissement. Marsden, d'abord sous-secrétaire, puis principal secrétaire du gouvernement, consacra ses loisirs à apprendre la langue du pays. Après avoir passé à Sumatra huit années bien employées, il revint en Angleterre pour tâcher d'obtenir un poste plus lucratif (1779). Il n'y réussit pas d'abord, et s'occupa dans la retraite d'un travail géographique et historique sur l'île de Sumatra. Sir Joseph Banks, dont il fit la connaissance vers cette époque, le mit en rapport avec quelques hommes éminents tels que Dalrymple, Rennel, Maskelyne, Solander, Herschel. Il fut reçu peu après membre de la Société royale. Son *Histoire de Sumatra*, publiée en 1782, justifia cette distinction. Cet ouvrage, bien perfectionné dans la troisième édition, fut regardé dès son apparition comme un travail excellent. Marsden s'était tracé un cadre très-vaste, puisqu'il comprenait, outre l'histoire proprement dite, un tableau du gouvernement, des lois et des mœurs des indigènes et la description des productions naturelles; on trouva qu'il l'avait très bien rempli. L'*Histoire de Sumatra* fut traduite en allemand par Forster et en français par Parraud. Ce succès engagea Marsden à se vouer entièrement aux lettres et à la science. En 1782 il refusa d'accompagner dans l'Inde l'amiral sir Hyde Parker en qualité de secrétaire, et en 1787 il ne se montra pas plus disposé à accepter une place de directeur de la Compagnie des Indes; mais en 1795 les instances du comte Spencer l'emportèrent sur sa première résolution. Il entra dans le Conseil de l'Amirauté, comme sous-secrétaire, et en devint principal secrétaire. Les historiens anglais font un grand éloge de son administration, qui dura douze ans, et remarquent que cette période fut signalée par les plus éclatants succès qu'ait obtenus la marine anglaise, tels que les victoires du cap Saint-Vincent, d'Aboukir et de Trafalgar. En 1807 Marsden se retira avec une pension de 1,500 l. s. (37,500 f.), et revint à ses études favorites. Les principaux fruits de sa studieuse retraite furent une *Grammaire* et un *Dictionnaire* de la langue malaye, une excellente traduction des *Voyages de Marco Polo* (1817), avec un commentaire du plus grand prix, un catalogue de sa riche collection de médailles orientales et trois *Essais*, dont le plus important a pour objet les langues de la Polynésie. Sur ce point, qu'il avait beaucoup étudié, Marsden émit des idées neuves. Le premier il signala l'existence d'un grand nombre de mots sanscrits dans les langues polynésiennes, et aussi les singuliers rapports qui existent entre ces langues depuis Madagascar jusqu'à l'extrême limite orientale de la Polynésie. En 1831 il fit remise au gouvernement de sa pension de retraite. En 1834, sentant les infirmités croissantes de l'âge, il résolut de livrer au public les trésors numismatiques et littéraires qu'il accumulait depuis sa jeunesse. Il légua sa collection de médailles au British Museum et sa bibliothèque au collége du Roi, récemment fondé. Deux ans après il fut frappé d'apoplexie, et mourut dans la quatre-vingt-deuxième année de son âge. On a de lui : *A Catalogue of Dictionaries, Grammars and Alphabets, in two parts;* Londres, 1796, in-fol. : ce *Catalogue*, dans lequel il n'est question que des langues les moins connues, n'a été tiré qu'à un petit nombre d'exemplaires; — *The History of Sumatra, containing an account of government, laws, customs and manners of the native inhabitants, with a description of the natural productions, and a relation of the ancient political state of that island;* Londres, 1783, 1784, in-4°; troisième édition, considérablement augmentée; Londres, 1811, gr. in-4° et atlas gr. in-fol.; l'ouvrage a été traduit en français par Parraud, sur la seconde édition, Paris, 1788, 2 vol. in-8°; — *A Grammar of the Malayan Language, with an introduction and praxis;* Londres, 1812, gr. in-4°; — *A Dictionary of the Malayan Language, in two parts, malayan and english, and english malayan;* Londres, 1812, in-4°. Ces deux ouvrages ont été traduits en hollandais et en français par Élout; Harlem, 1824, 1825, 2 vol. in-4°; — *Numismata orientalia illustrata. The oriental coins, ancient and modern of his collection, described and historically illustrated;* Londres, 1823, 1825,

2 part. in-4°; — *Bibliotheca Marsdeniana, philologica et orientalis; a catalogue of books and manuscripts collected with a view to the general comparison of languages, and to the study of oriental literature*; Londres, 1827, in-4°; — *Miscellaneous Works of William Marsden : 1° On the Polynesian, or east insular, languages; 2° On a conventional roman Alphabet, applicable to oriental languages; 3° Thoughts on the composition of a national english Dictionary*; Londres, 1834, in-4°. L. J.

A brief Memoir of the Life and Writings of the late W. Marsden, written by himself, with notes from his correspondence; Londres, 1838, in-4°. — *English Cyclopædia (Biography)*.

MARSEILLE (*Guill.* DE). *Voy.* GUILLAUME.

MARSELAER (*Frédéric* DE), écrivain belge, né en 1584, à Anvers, mort en 1670, près Vilvorde. Issu d'une ancienne famille, il étudia le droit et les lettres à Louvain, visita l'Italie, et remplit diverses charges municipales à Bruxelles, où il vécut longtemps. Il a publié : Κηρύκειον (Caducée), *sive Legationum insigne*; Anvers, 1618, in-8°; réimpr. ensuite sous le titre : *Legatus Lib. II*; ibid., 1626, in-4°; Weimar, 1663, in-16; l'édit. d'Anvers, 1660, in-fol., est la plus complète. « L'ouvrage, dit Paquot, est écrit d'une manière grave et noble, mais d'un style peu naturel. L'auteur y parle fort au long des qualités de cœur et d'esprit dont un ambassadeur doit être orné, et il en exige tant qu'assurément les souverains feront sagement de se contenter à moins; » — *Legatio mentis ad Deum, operis de Legato parergon*; Bruxelles, 1664, in-16; traité qui est plutôt d'un philosophe que d'un écrivain ascétique. Sweert lui attribue *Legatus ad principes*, où il prétend qu'on trouve une peinture fort vive de la cour de Rome. K.

Butkens, Supplém. des *Trophées de Brabant*, II, 88-91. — *Grand Théâtre Sacré de Brabant*, I, 2° part. — Van Gestel, *Hist. Mechlin.*, I, 112. — Sweert, *Necrol.*, 187. — Paquot, *Mémoires*, XVI.

MARSELLA (*Domenico-Antonio*), érudit italien, né le 6 avril 1751, à Arpino, mort le 18 novembre 1833, à Rome. Après avoir fait ses études, il devint précepteur dans quelques familles romaines. A l'âge de trente-six ans il embrassa l'état ecclésiastique. Forcé de quitter Rome à l'époque de l'invasion française, il n'y rentra qu'en 1814, et fut l'année suivante installé dans un des colléges de la Sapienza comme professeur d'éloquence et d'histoire sacrée. En 1820 il prit sa retraite. Marsella avait fait de la langue latine une étude des plus approfondies, et le cardinal Maï disait de lui qu'il écrivait avec la plume de Cicéron. Nous citerons de lui : *Trattato della Pace interna*; Rome, 1778; — *Storia delle Rivoluzioni accadute nel governo della republica romana*; ibid., 1785, 4 vol., trad. de l'abbé de Vertot; — *Dissertazione sul Pontificato massimo non mai assunto da gli imperatori cristiani*; ibid., 1789, in-8°; — *De Benedicto Nigro (Moro) et Hyacintha de Mariscottis Commentaria*; ibid., 1807, 1825; — *La Vita e Dottrina di Gesù Cristo*; ibid., 1814, 2 vol. in-8°, trad. du latin de N. Avancino; — *De Pio VII in urbem reduce Oratio*; ibid., 1814, in-4°; — *Vita del B. Alfonso de' Liguori*; ibid., 1814, in-4°; — *De Antonio Canova, Phidiacæ artis scientissimo*; ibid., 1824, in-4°; réimpr. avec des additions, ibid., 1833, in-8°; — *Opuscula multiformia*; ibid., 1830, in-8°. Il avait commencé une *Vie de Pie VII*, en italien, qui est restée incomplète. P.

G. Barluzzi, *Elogio storico di D.-A. Marsella*; Rome, 1835, in-8°.

MARSH (*Narcissus*), savant prélat anglais, né le 20 décembre 1638, à Hannington (Wiltshire), mort le 2 novembre 1713, à Armagh. Élève d'Oxford, où il fut reçu docteur en théologie, il fut successivement chapelain du chancelier Hyde, comte de Clarendon, principal du collége d'Alban et prévôt de celui de Dublin. Nommé en 1683 évêque de Leighlin, il devint en 1690 archevêque de Cashell, et fut transféré en la même qualité à Dublin, puis à Armagh. Il employa une grande partie de sa fortune à des actes d'utilité publique, tels que la fondation d'une bibliothèque au collége de Dublin, le don des manuscrits de Golius, qu'il avait achetés, à la bibliothèque bodleyenne, la restauration de plusieurs églises, etc. Il était fort instruit, possédait bien les langues orientales, et avait beaucoup de goût pour la musique. Swift a tracé de lui un portrait qui n'est qu'une grossière caricature. On a de Marsh : *Manuductio ad Logicam*, Oxford, 1678, accompagné du texte grec d'Aristote et d'une dissertation de Gassendi; — *Institutiones Logicæ*; Dublin, 1681; — *An introductory Essay to the doctrines of sounds, containing some proposals for th improvement of acoustics*, dans les *Philosoph. Transactions*. K.

Chalmers, *General Biographical Dict.*

MARSH (*Herbert*), érudit anglais, né en 1757, à Londres, mort en 1839. Il fut agrégé de l'université de Cambridge, où il rentra en 1792, après avoir passé plusieurs années à celle de Gœttingue. De 1807 à 1816, il professa la théologie; nommé à cette dernière date évêque de Llandaff, il fut transféré en 1819 à Péterborough. Pendant son séjour en Allemagne, il adressa sur la situation politique de nombreux rapports au ministre Pitt, qui lui accorda une pension. Il avait beaucoup d'érudition, et déploya un zèle exagéré dans son diocèse à combattre le calvinisme. Parmi ses nombreux ouvrages, nous citerons : *Introduction to the New Testament*; Londres, 1792-1801, 4 vol. in-8°; trad. de l'allemand de J.-D. Michaelis et accompagné d'un commentaire étendu; — *History of the Translations which have been made of the Scriptures*; — *Horæ Pelasgicæ, containing an inquiry into the origin and language of the Pelasgi,* *with a dissertation on the Pelasgic or Æolic digamma*; Londres, 1813, in-8°. K.

Rose, *New Biograph. Dict.*

MARSH (*James*), chimiste anglais, né en 1789, mort à Woolwich, le 21 juin 1846. Il était médecin à Dublin. Il est surtout connu pour avoir inventé un appareil auquel il a donné son nom, et qui sert à révéler la présence des plus minimes parcelles d'arsenic dans un liquide. C'est dans le numéro d'octobre 1836 de l'*Edinburgh Philosophical Journal* que Marsh fit connaître son invention par un article intitulé : *Description d'un nouveau procédé pour séparer de petites quantités d'arsenic d'avec les substances auxquelles il se trouverait mêlé*. Voici en quoi consiste son appareil : c'est une sorte de siphon ou tube de verre recourbé en U, dont un côté est double de l'autre; la plus longue branche reste ouverte; la plus courte est fermée d'un bouchon traversé d'un tube métallique à robinet; le tout solidement fixé verticalement sur un pied à la courbure. Une feuille de zinc pur est suspendue dans la tige la plus courte du tube de verre, à quelque distance de la courbure. Pour opérer, on verse le liquide à essayer dans la plus grande branche, après y avoir mêlé une partie d'acide sulfurique à 66° étendue de sept parties d'eau, jusqu'à ce que la petite branche du tube soit à peu près remplie. On laisse d'abord s'échapper librement le gaz mêlé d'air atmosphérique. On ferme ensuite exactement le robinet; la réaction commence : le zinc agissant sur l'eau par l'intervention de l'acide sulfurique la décompose; on voit se former de petites bulles, qui sont de l'hydrogène pur si le liquide ne contient pas d'arsenic, ou de l'hydrogène arsenié si le liquide contient de l'arsenic. A mesure que l'un de ces deux gaz se forme, il refoule le liquide dans la grande branche jusqu'à ce que la feuille de zinc soit mise à sec. On peut alors ouvrir le robinet, enflammer le gaz et en faire l'essai. Si ce gaz contient de l'arsenic, la flamme en est bleuâtre ou violacée, et elle répand en brûlant une odeur d'ail. Si l'on dirige cette flamme sur un corps froid, une lame de verre ou une soucoupe de porcelaine par exemple, elle y dépose des taches d'un aspect métallique ou miroitant, promptement volatilisées à l'extrémité du jet : ces taches sont formées d'arsenic métallique. C'est de l'acide arsenieux, qui se dépose si l'on brûle l'hydrogène arsenié dans un tube large, béant à ses deux extrémités; enfin, c'est à la fois de l'acide arsenieux et de l'arsenic métallique si l'on procède avec un tube incliné sous un angle de 25 à 30°. Si l'hydrogène est pur, rien de tout cela ne se produit. Le gaz une fois écoulé, le liquide acide revient dans la petite branche de l'appareil et se remet en contact avec le zinc; du gaz s'engendre de nouveau, et l'on peut réitérer l'expérience autant qu'on le juge nécessaire. Scheele dès 1755 avait parlé de la combinaison de l'hydrogène avec l'arsenic, combinaison qu'il nommait *gaz inflammable contenant de l'arsenic*; il avait reconnu que ce gaz arsenié en brûlant donne lieu à une espèce de détonation et dépose une matière arsenicale brune. Vauquelin avait confirmé les recherches de Scheele en les étendant à d'autres métaux. Proust en 1798 observait qu'il se dégage ordinairement de l'hydrogène arsenié, fétide, de l'étain dissous dans l'acide muriatique, et que ce gaz en brûlant sous une cloche laisse déposer de l'arsenic sur les parois de cette cloche. Sérullas alla plus loin. En 1821 il parvint à déterminer en quelle quantité l'arsenic se trouvait joint aux blendes d'antimoine qui entraient dans diverses préparations pharmaceutiques, en brûlant sur le mercure le gaz arsenié provenant de ces blendes alors qu'on les combine à des fondants alcalins. Sérullas déclara que son procédé était applicable aux recherches toxicologiques. Marsh n'eut donc pour réaliser son invention qu'à combiner des découvertes déjà faites, comme la décomposition de l'eau, la combinaison de l'hydrogène avec l'arsenic et la combustion du gaz; cependant l'isolement de l'arsenic sous forme de taches miroitantes était un fait nouveau et personnel à Marsh. Les chimistes adoptèrent son appareil dès qu'il fut connu; mais comme cet appareil était trop restreint pour suffire à de grandes expertises dans lesquelles on avait à éprouver de grosses quantités de liquide, et comme son jeu était intermittent, on substitua au tube en siphon l'appareil à gaz en usage dans les laboratoires. D'autres modifications portèrent encore sur la forme du vase et de sa grandeur, sur le nombre de ses tubulures, sur la disposition du tube par où se dégage l'hydrogène, sur sa longueur et sa direction, sur les corps interposés, etc. « Ce qui caractérise par-dessus tout cet appareil, dit le docteur Isidore Bourdon, c'est sa sensibilité, qui tient du prodige. On rend évidentes, grâce à lui, des quantités d'arsenic tellement minimes, qu'aucun autre procédé d'analyse n'aurait pu en divulguer l'existence. Ainsi, tandis que Sérullas, par son savant procédé des alliages, était parvenu à rendre manifestes des milligrammes d'arsenic, l'appareil de Marsh rend parfaitement *visibles* des millionièmes de gramme; et même la commission de l'Institut a retrouvé le poison en opérant sur des liquides qui ne contenaient que les deux cinq millionièmes de leur poids d'acide arsenieux. » La réputation de l'appareil de Marsh date surtout du procès de Mme Lafarge (*voy.* ce nom), où ses résultats furent sinon contestés du moins révoqués en doute; mais les recherches d'Orfila, de Danger et de Flandin (*voy.* ces noms) ont fini par prouver sa certitude, et cet appareil est aujourd'hui l'épouvantail pour les empoisonneurs avec l'arsenic. L. L—T.

Isid. Bourdon, *Dict. de la Convers.* — Dr Donné, dans le *Journal des Débats* du 17 juin 1841. — Regnault, *Rapport à l'Académie des Sciences sur les moyens de constater l'empoisonnement par l'arsenic*, 1841.

***MARSH** (*Anna* CALDWELL), femme auteur anglaise, née vers 1798, dans le comté de Stafford. Fille d'un archiviste de Newcastle, elle reçut une forte éducation, épousa un banquier, et vint s'établir dans le voisinage de Londres. Les soins qu'elle donna à sa famille, qui s'accroissait rapidement, l'empêchèrent de suivre aussitôt qu'elle l'aurait voulu la carrière des lettres. A l'époque de ses débuts, elle avait plus de trente ans; l'accueil fait à ses *Two old man's Tales* (1834) l'encouragea à persévérer, et quelquefois elle a obtenu des succès populaires, comme dans *Mount Sorel* (1843) et *Emilia Wyndham* (1846), deux romans souvent réimprimés et traduits à l'étranger. Nous citerons encore d'elle : *Tales of the woods and fields*; 1836; — *Triumphs of time*; — *The Protestant Reformation in France*; 1846; — *Father Darcy*; 1846 : épisode de la conspiration des poudres; — *Amiral's Daughter*; — *Norman Bridge*; 1847; — *The Wilmingtons*; — *Ravenscliffe*; — *Heiress of Haugton*; 1855, etc. Cette dame a persisté, malgré la faveur qui s'est attachée aux productions de sa plume, à garder l'anonyme. K.

Men and Women of Time.

MARSHALL (*Thomas*), philologue anglais, né vers 1621, à Barkby (comté de Leicester), mort en 1685, à Oxford. Il étudiait encore dans cette dernière ville, lorsqu'à l'époque des troubles il s'enrôla et fit une campagne sous les drapeaux de l'armée royale; bientôt après il émigra en Hollande, et devint ministre d'une société de marchands anglais à Rotterdam. Créé en 1669 docteur en théologie, il retourna à Oxford, où il passa le reste de sa vie, et fut nommé recteur du collége de Lincoln (1672). C'était un homme instruit, qui avait une connaissance particulière des langues orientales, le copte entre autres, et de l'idiome anglo-saxon. Il a publié : *Observationes in Evangeliorum versiones perantiquas duas, Gothicas scilicet et Anglo-Saxonicas*; Dordrecht, 1665. Il a travaillé à une version malaise du *Nouveau Testament*, par Th. Hyde; Oxford, 1667, in-4°, ainsi qu'à *The Life of archbishop Usher*, de R. Parr; Londres, 1686, in-fol.

Un célèbre prédicateur anglais du même nom, *Nathanael* MARSHALL, mort en 1729, fut chapelain du roi, recteur d'une paroisse de Londres et chanoine de Windsor. Le recueil de ses *Sermons* a paru en 1730, en 3 vol. in-8°. Il avait donné en 1717 une édition des *Œuvres de saint Cyprien*, in-fol. K.

Wood, *Athenæ Oxon.*, II. — *Biogr. Britannica*, VI, 1076. — Chalmers, *General Biograph. Dict.*

MARSHALL (*John*), homme politique américain, né le 24 septembre 1755, dans le comté de Fauquier (État de Virginie), mort à Philadelphie, le 6 juillet 1835. Il apprit les éléments du grec et du latin, mais sans suivre les cours réguliers d'un collége. Au début de la guerre de l'indépendance, il prit les armes avec enthousiasme pour la défense de son pays, fut nommé premier lieutenant, et l'année suivante promu capitaine (1777). Il se trouva aux batailles de la Brandywine, de Germantown et de Monmouth. Mais comme il y avait abondance d'officiers dans les troupes de la Virginie, il se tourna vers l'étude du droit, et après avoir été admis au barreau, donna sa démission du service (1781). Dès lors il se concentra dans le droit et la politique, et arriva promptement à une grande distinction. Il fut membre de la Convention de Virginie qui avait pour objet d'examiner et de ratifier la constitution des États-Unis. Dans cette assemblée, ainsi que plus tard à la législature de la Virginie, il se distingua par son jugement et son éloquence. On lui offrit deux fois le poste d'attorney général, qu'il refusa d'accepter, pour des motifs purement privés. En juin 1797 il fut envoyé en France avec Charles Pinckney et Gerry en mission diplomatique auprès du Directoire, et parvint à prévenir la guerre qui semblait imminente. De retour en Amérique, il devint membre du congrès, et fut nommé secrétaire d'État (affaires étrangères) le 13 mai 1801. Le 31 janvier suivant il succéda à John Jay comme *chief justice* des États-Unis (président de la cour suprême), et occupa ce poste important jusqu'à sa mort. Il s'y acquit une grande réputation par son savoir, ses talents et sa probité. On lui doit une *Vie de Washington*, qui dès l'origine fut publiée à Londres, en cinq volumes in-4°, le 1er volume en 1804, le cinquième en 1807. La *Revue d'Édimbourg* (octobre 1808) critiqua sévèrement l'ouvrage, comme plein de longueurs sur des événements étrangers à Washington, comme n'offrant aucun détail sur le caractère privé et les habitudes de Washington, qu'il avait été à même de bien connaître, comme prolixe dans ses récits, et d'un style lourd et sans chaleur. Marshall mit à profit ces critiques, et en 1832 publia une seconde édition, qu'il réduisit à deux volumes et qui présente de grandes améliorations. L'histoire des colonies américaines, sujet du premier volume de l'ancienne édition, a été publiée séparément, en 1824. Un choix de ses rapports judiciaires a été publié en 1839 par le juge Story, sous le titre de : *The Writings of John Marshall, late Chief Justice of the United-States, upon the Federal Constitution.* J. C.

American Biography.

MARSHALL (*William-Humphrey*), agronome anglais, né en 1745, mort à Pickering (Yorkshire), en 1818. Destiné d'abord au commerce, il étudia avec passion l'économie rurale, et s'y consacra tout entier. L'indépendance de l'Amérique venait de livrer l'Angleterre à ses seules ressources. Forcés de pourvoir par eux-mêmes aux besoins du pays, les agronomes anglais entreprirent une réforme qui devait, pour ainsi dire, changer la face du sol et placer l'Angleterre au premier rang des pays producteurs. Marshall donna l'exemple. Il parcourut successivement les divers comtés de l'Angleterre, étudiant le terrain, assignant à chaque climat sa culture, à chaque ferme son mode d'élevage et de production. Poëte à l'occasion, il chanta les délices des champs. Admis à la Société des Arts de Londres, il put voir ses utiles recommandations mises à profit dans tout le royaume. On a de lui: *Minutes of Agriculture, made on a farm of three hundred acres, of various soils, near Croydon, Surrey*; 1778, in 4°. — *Experiments and observations concerning agriculture and the weather*; 1779, in-4°; — *Rural Economy of the county of Norfolk*; 1787, 2 vol. in-8°; — *Planting and rural Ornament*; — *The Rural Economy of the midland, southern and western counties*. On lui doit encore un grand nombre d'importants articles dans plusieurs revues agricoles. A. H—T.

Watt, *Biblioth. Britannica*. — *Gentleman's Magazine*.

* **MARSHALL** (*William-Calder*), sculpteur anglais, né en 1813, à Édimbourg. Il apprit son art dans cette ville, où il ne séjourna que peu d'années, et vint étudier à Londres sous Chantrey et Baily. En 1835, l'Académie royale lui décerna une médaille d'or et l'envoya passer deux années à Rome. Il se fixa à Londres en 1839, et fut élu membre de l'Académie royale en 1852. Voici la liste de ses œuvres principales: *La Cruche cassée* (1842), *Rebecca* (1843), *Le premier chuchotement de l'amour* (1845), *La danseuse au repos* (1847), qui lui valut un prix de 300 livres (7,500 francs) de l'Union des Arts; *Sabrina* (1847), l'un de ses meilleurs ouvrages pour le fini et le bon goût. En 1847, chargé avec deux autres sculpteurs de décorer le nouveau palais du parlement, il exécuta la belle statue de *Clarendon* et quelque temps après celle de lord *Somers*. Depuis cette époque, il a donné presque chaque année une œuvre nouvelle: *L'Amour captif* (1848), *Zéphir et l'Aurore* (1849), *La jeune Indienne* (1852), *Pandore* (1853), *La Concorde* (1855), qui représente l'union de la France et de l'Angleterre, *Imogène endormie* (1856). Il exécuta, par souscriptions publiques, les statues de Jenner, de Campbell, de Cowper, et de Robert Peel à Manchester. A. H—T.

Men of the Time. — *The English Cyclop.*

MARSHAM (Sir *John*), chronologiste anglais, né le 23 août 1602, à Londres, mort le 25 mai 1685, à Bushy Hall (comté d'Hertford). Après avoir pris ses degrés à Oxford, il passa plusieurs années à l'étranger et visita la France, l'Italie, l'Allemagne et les Pays-Bas. Il savait le droit, et devint, en 1638, l'un des six clercs ou secrétaires de la chancellerie. Lorsque la guerre civile éclata, il suivit à Oxford le roi et le grand sceau; mais, le parlement ayant eu le dessus, il perdit sa place et ses biens furent pillés. Alors il rentra à Londres, et, plutôt que de rien solliciter d'un gouvernement qu'il n'aimait pas, il se renferma dans son cabinet, et se livra tout entier à l'étude des antiquités de l'Orient. En 1660 il accepta un siége dans le parlement qui rappela Charles II, fut réintégré dans le poste qu'il occupait à la chancellerie, et obtint bientôt après le titre de baronet. Il possédait parfaitement l'histoire, la chronologie et les langues; d'après Wotton, il eut l'honneur de rendre les antiquités d'Égypte intelligibles, et cet honneur ne fut pas amoindri par les critiques postérieures qui ont du reste accordé pleine justice à la sagacité ingénieuse, sinon à la parfaite exactitude de ses recherches. Son petit-fils fut créé en 1716 lord Romney et pair d'Angleterre. On a de John Marsham: *Diatriba chronologica*; Londres, 1649, in-4°, où il examine succinctement les principales difficultés qui se rencontrent dans l'Ancien Testament; la meilleure partie de cette dissertation fut reproduite dans l'ouvrage intitulé: *Chronicus canon Ægyptiacus, Ebraicus, Græcus et Disquisitiones*; Londres, 1672, in-fol.; cette édition, rare et fort belle, n'a pas été surpassée par celle de Leipzig, 1676, in-4°, qu'a donnée Mencken, et encore encore moins par celle de Franeker, 1696, in-4°. « Ce savant, dit Wotton, a renfermé le chaos immense des dynasties égyptiennes dans les bornes de l'histoire de Moïse selon la chronologie hébraïque, à l'aide de la table des rois de Thèbes, qui se trouve sous le nom d'Ératosthène dans la chronographie de Syncelle. A la faveur de cette table, il a distingué la partie fabuleuse et mystique de l'histoire d'Égypte de la partie qui paraît vraiment historique; et il a partagé les dynasties dans deux familles collatérales, qui régnaient en même temps sur différentes provinces du pays. » Ce système, adopté par Newton, Shuckford, Bossuet, Le Clerc, etc., fut vivement attaqué par les théologiens protestants; Wagenseil entre autres combattit l'explication de Marsham au sujet des soixante-dix semaines de Daniel, prétendant que la fin de ces semaines se rapportait bien au Christ, et non à Antiochus Épiphanes. Cette controverse empêcha Marsham de mettre au jour la suite de son travail. Il a encore écrit une préface pour le t. Ier du *Monasticon Anglicanum* de Dugdale, Londres, 1655, in-fol., et il a laissé en manuscrit *Canonis chronici libri V, sive Imperium Persicum; De Provinciis et Legionibus romanis*, et *De Re Nummaria*. P. L—Y.

Wood, *Athenæ Oxon.*, II. — W. Wotton, *Reflections upon ancient and modern Learning*, ch. 9. — Wagenseil, *Tela ignea Satanæ*; Altdorf, 1681, in 4°. — Mencken, *Preface* de l'édit. de Leipzig. — Chaufepié, *Dict. Hist.*, III. — Shuckford, *Sacred and profane History*, III, liv. 2. — Renaudot, dans les *Mém. de l'Acad. des Inscript.*, II, 258.

MARSHMAN (*Joshua*), orientaliste anglais, né en 1767, à Westbury Leigh (Wiltshire), mort le 5 décembre 1837, à Serampour, dans l'Inde. Il entra de bonne heure dans les ordres, et s'attacha à la société des missionnaires baptistes, qui, en 1799, l'envoya dans l'Inde. Il y allait rejoindre quelques-uns de ses coreligionnaires, qui s'étaient établis à Serampour, d'où ils s'efforçaient de répandre parmi les indigènes les lumières de l'Évangile. Après avoir acquis, par un pénible travail, une connaissance exacte du bengali, du sanskrit et du chinois, il composa seul, ou en société avec le savant Carey, un de ses collègues, plusieurs ouvrages destinés à atteindre le but qu'il s'était proposé. Il avait une intelligence supérieure, autant d'activité que de prudence : mais la raideur de son caractère fut une des causes qui amenèrent entre les frères de Serampour (*Serampore brethren*) et la société mère le regrettable différend qui se termina en 1827 par une scission complète. Marshman était venu en 1826 en Angleterre afin de régler cette affaire, qui traînait en longueur depuis dix ans. Cependant il revint plus tard à de meilleurs sentiments, et peu de jours avant sa mort la réconciliation des dissidents s'opérait à Londres. On a de lui : la traduction chinoise des *Évangiles*, des *Épîtres de saint Paul aux Romains et aux Corinthiens*, et du *Livre de la Genèse* ; — *Dissertation on the Characters and sounds of the Chinese Language* ; Serampour, 1809, in-4° ; — *The Works of Confucius, containing the original text, with a translation* ; ibid, 1811, in-4° ; — *Clavis Sinica, or Elements of Chinese Grammar, with a preliminary dissertation on the characters and colloquial medium of the Chinese* ; ibid, 1814, gr. in-4° ; les passages chinois sont imprimés avec des caractères métalliques que Marshman et ses collaborateurs étaient parvenus à porter à un degré de perfection peut-être inconnu jusqu'alors ; — *Defence of the deity and atonement of Jesus-Christ, in reply to Rammohun Roy of Calcutta* ; Londres, 1822, in-8°. Cet écrit, d'abord inséré dans le *Friend of India*, journal rédigé à Serampour par les missionnaires, était destiné à combattre les doutes qu'avait émis sur les miracles du Christ l'Indien Rammohun Roy, dans ses *Precepts of Jesus, the guide to peace* ; l'ouvrage et la réponse ont été réunis dans l'édition anglaise de 1824. Marshman a beaucoup aidé le docteur Carey dans la publication d'une *Sanskrit Grammar* (1815) et d'un *Bengali and English Dictionary* (1825), et il a lui-même fait paraître en 1827 l'abrégé de ce dictionnaire. P. L—y.

Cox, *History of the Baptist Missionary Society*, I.

MARSIGLI (*Luigi*), humaniste italien, né à Florence, vers 1330, mort en 1394. Ayant fait profession chez les Augustins, il se fit recevoir en 1378 docteur en théologie à Paris ; de retour dans sa ville natale, il y enseigna les belles-lettres, la philosophie et la théologie jusqu'à la fin de sa vie ; il fut aussi employé par la république de Florence dans plusieurs négociations importantes. Ami de Petrarque, il a écrit un *Commentaire* sur les écrits de ce poëte, conservé en manuscrit à la bibliothèque Laurentienne.

On l'a souvent confondu avec un autre moine augustin du même nom, mort en 1450, qui assista en 1436 au concile de Florence, où il discuta longuement avec les envoyés grecs ; ce Marsigli est auteur de plusieurs traités de théologie ; il existe aussi de lui un recueil de *Lettres*. O.

Niger, *De Scriptoribus Florentinis*. — Elsius, *Encomiastrum Augustinum*. — Jägemann, *Geschichte der Künste und Wissenschaften in Italien*, t. III. — Rotermund, *Supplement à Jöcher*.

MARSIGLI (*Louis-Ferdinand*, comte), géographe et naturaliste italien, né à Bologne, le 10 juillet 1658, mort dans la même ville, le 1er novembre 1730. Il appartenait à une famille noble. Dans sa jeunesse il étudia avec succès les mathématiques sous Borelli et les sciences naturelles sous Marcel Malpighi. A l'âge de vingt-et-un ans il se rendit à Constantinople avec le baile de Venise dans le dessein d'examiner les forces de l'empire ottoman. En même temps il observa en naturaliste le Bosphore de Thrace. Il revint en Italie en 1680. Peu après, apprenant que les Turcs menaçaient l'Autriche, il alla à Vienne offrir ses services à l'empereur Léopold. Simple soldat, il donna des preuves de son intelligence pour les fortifications, et obtint une compagnie d'infanterie en 1683. Le 2 juillet de la même année il fut blessé et fait prisonnier à l'attaque des lignes du Raab par les Turcs. Sa captivité dura près de neuf mois, et fut rigoureuse. D'après Fontenelle on a peine à croire comment il put résister à une si affreuse situation. « Il se crut heureux, dit ce savant, d'être acheté par deux Turcs, frères et très-pauvres, avec qui il souffrit encore beaucoup, mais plus par leur misère que par leur cruauté ; il comptait qu'ils lui avaient sauvé la vie. Ces maîtres si doux le faisaient enchaîner toutes les nuits à un pieu planté au milieu de leur chétive cabane ; et un troisième Turc, qui vivait avec eux, était chargé de ce soin. » Il trouva moyen de donner de ses nouvelles à ses parents, qui le rachetèrent. Remis en liberté, le 25 mars 1684, il fit un court voyage à Bologne, et revint reprendre sa place dans l'armée impériale. Il fut chargé de travaux de fortifications au siége de Bude, et particulièrement de la construction d'un pont sur le Danube, et obtint le grade de colonel en 1689. Dans la même année, il alla deux fois porter à Rome les nouvelles des succès des impériaux. Après la conclusion de la paix il fut chargé de la délimitation des frontières entre la Turquie, Venise et la Hongrie. Il retrouva sur les confins de la Dalmatie les Turcs dont il avait été l'esclave, et les recommanda au grand-vizir. « Au milieu des opérations pénibles de cette mission, comme dans les périls de la guerre, Marsigli, dit Fontenelle, fit presque tout ce qu'aurait pu faire un savant qui aurait voyagé tranquillement pour acquérir des connaissances. Les armes à la main, il levait des plans, déterminait des positions par les méthodes astronomiques, mesurait la vitesse des rivières, étudiait les fossiles de chaque pays, les mines, les métaux, les oiseaux, les poissons, tout ce qui pouvait mériter les regards d'un homme qui sait où il faut les porter. Il allait jusqu'à faire des épreuves chimiques et des anatomies. » La succession d'Espagne ralluma la guerre en Europe en 1701. Le comte Marsigli, parvenu au grade de général, eut le commandement en second de la place de Brisach, sous le comte d'Arco. La place assiégée par le duc de Bourgogne se rendit le 6 septembre 1703, après treize jours de tranchée ouverte. L'empereur, trouvant cette capitulation trop prompte, fit comparaître les deux généraux devant un conseil de guerre, qui condamna, le 4 février 1704, le comte d'Arco à avoir la tête tranchée et le comte Marsigli à être dégradé de ses charges et honneurs, avec rupture de son épée. La sentence fut exécutée le 18. Marsigli sollicita vainement de l'empereur la révision de son procès. Il s'adressa alors à l'opinion publique, et fit paraître un mémoire où il rejetait la faute de la capitulation sur l'autorité supérieure, qui malgré ses avis réitérés avait laissé manquer Brisach de soldats et de munitions. Cette apologie parut suffisante, et reçut l'assentiment de Vauban.

Marsigli se consola de sa disgrâce par la culture des sciences, et reprit ses voyages. Un jour à Marseille, sur le port, il reconnut dans un galérien le Turc qui jadis l'attachait toutes les nuits à un pieu. Il demanda à M. de Ponchartrain, ministre de la marine, la liberté de ce malheureux, et l'obtint. En 1709 il eut le commandement des troupes du pape Clément XI. Cette mission fut de courte durée, et il revint en Provence continuer ses recherches scientifiques. Ramené à Bologne par ses affaires domestiques, il fit donation au sénat de cette ville, par acte du 11 janvier 1712, d'une riche collection de différentes pièces qui peuvent servir à l'histoire naturelle, d'instruments nécessaires aux observations astronomiques ou aux expériences de chimie, de plans pour les fortifications, de modèles de machines, d'antiquités. Cette donation fut l'origine de l'Institut des Sciences et des Arts de Bologne. En 1715 Marsigli devint associé étranger de l'Académie des Sciences. Il était aussi membre de la Société royale de Londres. Il fonda vers le même temps une imprimerie pour les ouvrages de l'Institut, et la confia aux pères dominicains de Bologne. Sa collection formée en Europe était pauvre en objets exotiques; pour la compléter, il fit un voyage à Londres, à Amsterdam, et revint à Bologne en 1727; mais au lieu de s'y fixer, il alla retrouver sa retraite de Provence. Il eut une attaque d'apoplexie en 1729. Les médecins le renvoyèrent dans sa ville natale, où il mourut, l'année suivante.

On a de lui : *Osservazioni intorno al Bosforo Tracio, overo canale di Constantinopoli, rappresentate in lettera alla sacra real maestà di Cristina, regina de Svezia*; Rome, 1681, in-4°; — *Bevanda asiatica, istoria medica del caté o sia caffé*; Vienne, 1685, in-12; — *Dissertazione epistolare del fosforo minerale o sia della pietra illuminabile bolognese*; Leipzig, 1698, in-4°; — *Danubialis operis Prodromus*; Nuremberg, 1700, in-fol.; — *Informazione di quanto è accaduto nell' affare di Brisaco*; 1705, in-4°; — *Lettre écrite de Cassis, près de Marseille, le 18 décembre 1706, à M. l'abbé Bignon touchant quelques branches de corail qui ont fleuri*, dans le *Journal des Savants*, du mois de février 1707; — *Mémoire envoyé de Marseille, le 21 février 1707, pour servir de confirmation à la découverte des fleurs de corail*; ibid., mai 1707. Marsigli observa le premier ce qu'il appelait les fleurs du corail. D'après lui, elles sont blanches, ayant chacune leur pédicule et huit feuilles, le tout ensemble de la grandeur et de la figure d'un clou de girofle, sont en très-grand nombre sur toute la plante. Elles sortent de tous les tubules de l'écorce, et y rentrent dans l'instant qu'on retire la plante de l'eau. Si on l'y remet, elle refleurit tout entière en moins d'une heure, et quelquefois elle se conserve pendant douze jours en état de faire alternativement ce manége autant que l'on veut, après quoi les fleurs prennent la forme d'une petite boule jaune et tombent au fond de l'eau. Suivant l'analogie des autres plantes, il semblerait que ces boules devraient contenir la semence du corail; cependant Marsigli n'y trouva ni graine ni rien qui en approchât, mais seulement un suc gluant semblable à celui de l'écorce. Marsigli décrit exactement ce phénomène; mais il le rapporte à une fausse cause; on sait aujourd'hui que le corail n'est pas une plante; — *Breve ristretto del saggio fisico intorno alla storia del mare*; Venise, 1711, in-4°; — *Dissertatio de generatione fungorum*; Rome, 1714, in-fol.; — *Lettera intorno al ponte fatto sul Danubio sotto l'imperio di Trajano*; dans le tome XXII du *Journal de Venise* et dans le *Novus Thesaurus Antiquitatum romanarum* de Sallengre; — *Lettera intorno all' origine delle Anguille*; dans le *Journal de Venise*, t. XXIX; — *Histoire physique de la Mer*; Amsterdam, 1725, in-fol.; — *Danubius Pannonico-mysicus, observationibus geographicis, astronomicis, hydrographicis, historicis, physicis perlustratus*; Amsterdam, 1726, 7 v., in-fol., avec de belles planches. Le premier volume traite de la géographie de la Hongrie, de la Servie et des autres contrées qui bordent le cours moyen du Danube; le second traite des antiquités de ces mêmes pays; le troisième de la géologie; les quatrième, cinquième et sixième contiennent l'ichthyologie, la zoologie et l'ornithologie; ce dernier contient un catalogue de plantes, et traite de la nature et des propriétés des eaux du Danube et de son grand affluent, la Theiss; — *L'État militaire de l'Empire Ottoman; ses progrès et sa décadence*; Amsterdam, 1732, in-fol. On trouve des lettres de Marsigli dans sa *Vie* par Fantuzzi. Le comte Marsigli réunit les pièces authentiques relatives à la fondation de l'Institut de Bologne dans un volume publié dans cette ville, 1728, in-fol. Z.

Quincy, *Mémoires sur la vie du comte de Marsigli*; Zurich, 1741, 2 vol. in-12. — Fontenelle, *Éloges des Académiciens*, t. II. — Fantuzzi, *Notizie degli Scrittori Bolognesi*. — Niceron, *Mémoires pour servir à l'histoire des hommes illustres*, t. XXVI. — Fabroni, *Vitæ Italorum*, t. V. — Tipaldo, *Biografia degli Italiani illustri*, t. VIII.

MARSILE *de Padoue*, nommé aussi *Menandrino*, célèbre publiciste italien, né à Padoue, dans la seconde moitié du treizième siècle, mort à Montemalto, en 1328. Il étudia le droit à Orléans, et devint en 1312 recteur de l'université de Vienne. Ayant rédigé en faveur de l'empereur Louis de Bavière plusieurs traités politiques, où il attaquait violemment la papauté, il fut excommunié en 1327. « Dans ses écrits, dit M. Janet (*Histoire de la Philosophie morale*, t. I), Marsile ne fait guère, il est vrai, que résumer ou commenter la philosophie d'Aristote, et ce n'est pas là qu'est son originalité. Mais dans la dernière partie de son *Defensor Pacis*, il termine par des conclusions curieuses, qui sont fort opposées aux doctrines des glossateurs et des jurisconsultes. Dans l'une de ces conclusions, Marsile établit nettement la souveraineté du peuple. Le peuple, selon lui, n'est pas seulement, comme l'admettaient la plupart des juristes du moyen âge, la source du pouvoir impérial, en ce sens qu'il aurait conféré à l'empereur la souveraineté, mais s'en serait ensuite dépossédé, le peuple est toujours le souverain de droit, puisqu'il est seul le vrai législateur. Mais Marsile va plus loin. Car, après avoir donné au peuple le pouvoir législatif, il fait dépendre de celui-ci le pouvoir exécutif. « *Cujuslibet principatus aut alterius officii, per electionem instituendi, præcipue vim coactivam habentis, electio solius legislatoris expressa voluntate pendet.* » Le mode de cette élection peut varier selon les formes du gouvernement; mais de quelque nature qu'elle soit, le choix de cette autorité appartient au législateur ou à la meilleure partie d'entre eux. Marsile ne recule devant aucune conséquence de ses doctrines, et il admet que si le pouvoir exécutif s'égare, il peut être corrigé et même déposé. On rencontre donc dans Marsile les trois points essentiels de toute doctrine démocratique : 1° Que le pouvoir législatif appartient au peuple; 2° que c'est le pouvoir législatif qui institue le pouvoir exécutif; 3° enfin qu'il le juge, le change ou le dépose, s'il manque à ses devoirs. Quelques-unes de ces doctrines se rencontrent aussi dans saint Thomas d'Aquin et dans son école. Mais dans cette école ces principes s'unissent aux doctrines théocratiques. Marsile, au contraire, est un défenseur du pouvoir civil. Il soutient l'indépendance des pouvoirs. Il voit donc plus loin que son temps, puisqu'il veut non seulement séparer l'État de l'Église, mais affranchir l'État lui-même du pouvoir absolu. Il est encore un point sur lequel Marsile est très-supérieur à son temps : c'est la question de la liberté de conscience. Voici l'une de ces conclusions : *Ad observanda præcepta divinæ legis, pœna vel supplicio temporali, seu præsentis seculi, nemo Evangelica scriptura compelli præcipitur.* « Le prêtre n'est autre chose que le docteur de la loi divine; il est chargé de nous apprendre ce qu'il faut faire ou rechercher pour mériter la vie éternelle. Mais il n'a pas la puissance coercitive pour forcer à l'observation de ses préceptes. Ce serait d'ailleurs vainement qu'il essayerait de contraindre personne; car des actes forcés ne serviraient à rien pour le salut éternel. »

Les deux ouvrages dans lesquels Marsile a exposé ses principes politiques sont : *Defensor Pacis, quo quæstio jam olim controversa de potestate papæ et imperatoris excussissime tractatur*; Bâle, 1522, in-fol.; Francfort, 1592, 1599, 1612 et 1623, in-8°; reproduit dans le tome II de la *Monarchia* de Goldast; et *Tractatus de Translatione Imperii*, inséré dans les *Antilogiæ Papæ* de Weissembourg et dans le même tome II de la *Monarchia* de Goldast. Marsile a aussi écrit : *De Jurisdictione imperiali in causis matrimonialibus*, dans la *Monarchia* de Goldast. O.

Bayle, *Dictionnaire* (au mot *Menandrius*). — Papadopoli, *Histor. Gymnasii Patavini*, t. II. — Fabricius, *Bibl. med. et infima Latinitatis*. — Hamberger, *Zuverlässige Nachrichten* t. IV p. 590

MARSILE, philosophe et théologien hollandais, né à Inghen, au diocèse d'Utrecht, mort à Heidelberg, le 20 août 1394. Il fut chanoine et trésorier de l'église Saint-André de Cologne, et lorsqu'en 1386 Rupert, duc de Bavière, fonda l'académie d'Heidelberg, il l'appela dans cette ville, et le chargea d'y professer la philosophie. Jean de Tritenheim lui attribue une *Dialectique* et des commentaires sur Ariston et sur P. Lombard. Fabricius ajoute que ses commentaires sur les quatre livres des *Sentences* ont été publiés à Strasbourg en 1501, in-fol. Nous connaissons, en outre, un volume publié à La Haye, 1497, in-fol., où se trouvent les deux premiers livres des *Sentences* avec la glose de Marsile d'Inghen. B. H.

Fabricius, *Bibl. med. et inf. Latin.* — *Dict. des Sciences philos.* — B. Haureau, *De la Philos. scolast.*, II, 483.

MARSILE FICIN. *Voy.* FICIN.

MARSILIUS. *Voy.* MARSILE.

MARSIN. *Voy.* MARCHIN.

MARSIS (*François*), jurisconsulte français, de la première partie du dix-septième siècle, né à Gourdon où il mourut, lieutenant général du présidial, était un habile légiste. Parmi les ouvrages qu'il a publiés sur la jurisprudence et le droit, on consulte encore avec fruit : *Prætermissorum Juris civilis, in quibus legum antiqua et recepta lectio contra omnium interpretum emendationes defenditur, difficillimarum quas omiserunt, aut perperam* *interpretati sunt, non adhuc percepta explicatio traditur;* Paris, 1629, in-4°. Marsis a laissé aussi plusieurs autres commentaires manuscrits sur des matières judiciaires. L—z—e.

MARSIS (*Ambroise*), théologien français, parent du précédent, né à Gourdon, en 1733, où il mourut, en 1815. Il était curé de sa ville natale. On a de lui : *Exercices de dix jours de retraite pour toutes sortes de personnes, et en particulier pour celles qui sont consacrées à Dieu dans l'état religieux;* Paris, 1775, 2 vol. in-12; — *Discours pour convaincre l'incrédulité, ramener les protestants, convertir les pécheurs;* 1777, in-12; — *Portrait du saint prêtre, ou histoire de M. Baudus, vicaire général;* Villefranche, in-12. L'abbé Marsis a laissé inachevée une traduction d'Homère, dans laquelle il prétendait prouver « que les principales beautés de l'*Iliade* et de l'*Odyssée* ont été puisées dans les livres saints ». A. L.

Vaissiet, *Biographie des Hommes célèbres du département du Lot.* — *Dict. Historique et pittoresque* (Aimé Martin, Paris, 1834).

MARSO (*Pietro*), *Petrus Marsus*, philologue italien, né à Cesa, dans la campagne de Rome, vivait vers la fin du quinzième siècle. Élève de Pomponius Lætus et d'Argyropylus, il publia des commentaires sur plusieurs auteurs de l'antiquité. On voit par les dédicaces de ses livres qu'il fut protégé par les cardinaux François de Gonzague et Raphael Riario. Sa vie est d'ailleurs inconnue, et on ignore la date de sa mort. Il vivait encore, et avait près de quatre-vingts ans lors du voyage d'Érasme en Italie. « Il y a des gens, dit Bayle, qui ont parlé de ses ouvrages avec beaucoup de mépris; mais d'autres les ont fort loués. Le tempérament que Barthius a suivi me paraît fort raisonnable. » Barthius prétend que les notes de Marso ne sont pas absolument bonnes, mais qu'elles méritent d'être louées eu égard au temps où elles furent écrites. On a de Marso : *Silius Italicus, cum commentariis;* Venise, 1483, in-fol.; — *Explanatio in Ciceronis lib.* de Officiis, de Senectute, de Amicitia et Paradoxa; Venise, 1481, in-fol.; — *Comment. in lib. III. Ciceronis* de Natura Deorum; Venise, 1508, in-8°; — des *notes* sur les comédies de Terence, imprimées avec celles de Malleolus; Strasbourg, 1506, in-4°. Z.

Bayle, *Dictionnaire Historique.* — Tiraboschi, *Storia della Letteratura Italiana*, t. VI, part. II, p. 283, note. — *Biografia degli uomini illustri del regno di Napoli*, t. XIV.

MARSO (*Paul* Piscinus), philologue italien, vivait vers la fin du quinzième siècle. D'après la *Bibliotheca Napoletana*, il était né à Piscina, dans l'Abruzze (d'où le surnom de *Piscinus*). Tiraboschi prétend, au contraire, qu'il était frère de Pierre Marso et né comme lui dans la Campagne de Rome. Élève de Pomponius Lætus, il suivit son maître à Venise, où il séjourna dix ans. De retour à Rome, il donna des leçons à l'Académie de Pomponius Lætus. Son principal ouvrage est un commentaire sur les *Fastes* d'Ovide, imprimé pour la première fois à Venise, 1485, in-fol., réimprimé à Venise, 1492, 1520, à Milan, 1510, et à Tusculano, en 1529. Marso se distingua aussi comme poëte latin; mais ses productions en ce genre sont restées inédites, à l'exception d'une élégie intitulée : *De crudeli Europontinæ urbis Excidio sacrosanctæ religionis Lamentatio*, in-8°. Y.

Gyraldi, *Dialogus de Poetis.* — Tiraboschi, *Storia della Letteratura Italiana*, t. VI, part. II, p. 252. — Toppi, *Bibliotheca Napoletana.*

MARSOLLIER (*Jacques*), historien français, né en 1647, à Paris, mort le 30 août 1724, à Uzès. D'une bonne famille de robe, il entra chez les chanoines réguliers de Sainte-Geneviève, et fut, après avoir reçu l'ordination, envoyé à Uzès avec quelques religieux pour rétablir l'ordre dans le chapitre de cette ville. A la suite d'un conflit de pouvoir qui s'était élevé entre la congrégation et l'évêque d'Uzès, ce chapitre fut sécularisé, et Marsollier en devint prévôt; lorsqu'il se démit de cette dignité, il fut nommé archidiacre de la cathédrale. Quelques-uns de ses ouvrages sont encore lus avec fruit. C'était un écrivain instruit, laborieux et de bonne foi; son style est en général naturel et assez coulant, quoique déparé par des expressions familières et même basses. On lui a reproché encore d'entrecouper ses récits, extrêmement longs, de digressions trop fréquentes et d'y mêler souvent des détails minutieux; ses portraits ont une espèce d'uniformité ennuyeuse et plus de vérité que de finesse. On a de lui : *Histoire de l'origine des dîmes, des bénéfices et autres biens temporels de l'Église;* Lyon, 1689, in-12 : ouvrage rare et curieux, dont quelques exemplaires avec la date de 1694 portent le nom de l'auteur, qui pour la rédaction a fait beaucoup d'emprunts au *Traité des Bénéfices* de Fra Paolo; — *Histoire de l'Inquisition et de son origine* (anonyme); Cologne (Hollande), 1693, in-12 : plusieurs fois contrefaite sous la même date, et traitée avec beaucoup de liberté, elle a été insérée par l'abbé Goujet avec des additions dans son *Histoire des Inquisitions;* Cologne (Paris), 1759, 2 vol. in-12; ce n'était au reste qu'un abrégé du *Directorium inquisitorum* de Limborch, et à son tour Joseph La Vallée l'a mise à profit dans la compilation publiée en 1809; — *Histoire du Ministère du cardinal Ximenès, archevêque de Tolède, régent d'Espagne;* Toulouse, 1693, in-12; réimpr. plusieurs fois. L'édition la meilleure et la plus complète est celle de Paris, 1704 ou 1739, 2 vol. in-12. Cette histoire est moins bien écrite, mais plus impartiale que celle de Fléchier. « Les belles qualités et les grands succès du cardinal, dit le P. Niceron, y sont mis dans tout leur jour; mais on n'y cache point ses défauts, et on n'en parle pas en panégyriste. Ce qu'on y peut reprendre, c'est que l'auteur s'attache trop à l'honneur public et ne parle pas assez de ses actions privées et domestiques. » On en a fait une critique peu mesurée, sous le titre : *Marsollier découvert et confondu dans ses contradictions*; 1708, in-12, — *Histoire de Henri VII, roi d'Angleterre*; Paris, 1697, 1700, 1725, 1757, 2 vol. in-12; c'est, au jugement de Lenglet, le chef-d'œuvre de Marsollier;— *Vie de saint François de Sale*; Paris, 1700, in-4°; 1701, 2 vol. in-12; trad. en italien par Salvini, Florence, 1714, in-4°, et souvent réimpr. dans ce siècle, notamment à Paris, 1826, 2 vol. in-12, fig. : cette vie offre quelque agrément par le style, mais elle laisse à désirer pour l'exactitude des recherches; — *Vie de l'abbé Le Bouthillier de Rancé*; Paris, 1702, in-4°, et 1703, 1758, 2 vol. in-12; elle parut peu de temps après celle de Maupeou, et ne lui est pas inférieure. Dans le *Jugement critique* qu'il a fait des deux ouvrages (Troyes, 1744, in-12), dom Gervaise accusa Marsollier de faux et de partialité, et traça de lui un portrait fort désavantageux;—*Apologie ou justification d'Érasme*; Paris, 1713, in-12: il s'efforce de prouver qu'Érasme n'a jamais cessé d'être catholique, apologie qui a été sévèrement blâmée en 1714 et en 1719, dans deux brochures; — *Entretiens sur les devoirs de la vie civile et sur plusieurs points importants de la morale chrétienne*; Paris, 1714, in-12; 2e édit. augmentée, 1715, in-12, où il a pris pour modèle les *Colloques* d'Érasme; — *Vie de la mère de Chantal*; Paris, 1715, 1779, 1826, 2 vol. in-12; abrégée en 1752, en 1 vol.; —*Histoire de Henri de La Tour d'Auvergne, duc de Bouillon, depuis François II jusqu'à la minorité de Louis XIII*; Paris, 1719, in-4°, et 1726, 3 vol. in-12. On a attribué à Marsollier la traduction de quelques opuscules d'Érasme intitulés : *Du Mépris du monde* et *De la pureté de l'Église chrétienne*; Paris, 1713, in-12, traduction qui est l'œuvre de Claude Boec, procureur général à la cour des aides. P. L—y.

Niceron, *Mémoires*, VII et X. — Moréri, *Grand Dict. Hist.* — Barbier, *Dict. des Anonymes*.

MARSOLLIER DES VIVETIÈRES (*Benoît-Joseph*), auteur dramatique français, né à Paris, en 1750, mort à Versailles, le 22 avril 1817. Son père était un riche marchand d'étoffes, que l'on avait surnommé *Mylord Velours*. De bonne heure le jeune Marsollier se livra à la composition dramatique; il commença par des pièces de société qu'il jouait avec ses amis sur un théâtre construit dans une maison de campagne qu'il possédait près de Lyon. En 1780 il fit représenter à Paris, sur le théâtre qu'on nommait encore la Comédie-Italienne, un petit opéra comique intitulé *Les Aveugles de Bagdad*; cette pièce fut froidement accueillie. Un second ouvrage, *Le Vaporeux*, comédie en deux actes, eut plus de succès. En 1786, *Nina, ou la folle par amour*, obtint un triomphe éclatant. Marsollier avait acheté une charge de payeur des rentes de l'hôtel de ville, que lui enleva la révolution. Il perdit en même temps sa fortune; mais son talent et son travail lui rendirent bientôt une partie de son aisance. En 1791, il fit jouer *Le Chevalier de La Barre*, pièce qui n'a pas été imprimée; plus tard, il donna *Cange* et *La pauvre Femme*, beaucoup moins dans les idées dominantes à cette époque, et qui firent courir tout Paris. Après le 18 Brumaire, quelques bavardages le firent enfermer au Temple pendant plusieurs jours. Louis XVIII le nomma chevalier de la Légion d'Honneur en 1814. S'associant à Gaveaux, à Méhul et à Dalayrac, Marsollier fit représenter sur les théâtres Feydeau et Favart plus de quarante opéras comiques, qui presque tous réussirent, et dont quelques-uns devinrent populaires. La fin de sa vie fut contrariée par le refus de plusieurs pièces qu'il ne put faire jouer. Il s'était retiré près de Versailles. Il était aimable causeur, bon, obligeant et modeste. On trouve dans ses ouvrages de très-jolies scènes; il savait unir dans la même action le comique et des situations touchantes. Son style était assez négligé, quoique naturel. Parmi ses ouvrages on cite : *Jenni, ou le désintéressement*, drame de société en deux actes et en prose, par le chevalier D. G. N. (de Grandnez); Nancy, 1771, in-8°; — *Le Parti sage*, proverbe dramatique; Paris, 1771, in-8°; — *Le Vieillard crédule*, proverbe; — *Richard et Sara*; Genève, 1772, in-8°; — *Le Trompeur trompé, ou à bon chat bon rat*; Paris, 1772, in-8°; — *L'Officieux*, comédie en trois actes et en prose; Paris, 1780, in-8°; — *Le Vaporeux*, comédie en deux actes et en prose; Paris, 1782, in-8°; — *Céphise, ou l'erreur de l'esprit*, comédie en deux actes et en prose; Paris, 1783; Neufchâtel, 1784, in-8°; Paris, 1797, in-8°; — *Norac et Javolcé*, drame en trois actes et en prose; Lyon, 1785, in-8°; — *Nina, ou la folle par amour*, comédie en un acte et en prose, mêlée d'ariettes; Paris, 1786, in-8°; —*Les Deux petits Savoyards*, comédie en un acte mêlée d'ariettes; Paris, 1789, 1815, 1832, in-18; — *Camille, ou le souterrain*, comédie en trois actes et en prose, mêlée de musique; Paris, 1791, in-8°; — *Asgill, ou le prisonnier de guerre*, drame lyrique en un acte, mêlé d'ariettes; Paris, 1793, 1797, in-8°; — *Les Détenus, ou Cange, commissionnaire de Lazare*, fait historique en un acte en prose, mêlé d'ariettes; Paris, 1795, in-8°; — *La pauvre Femme*, comédie en un acte et en prose, mêlée de musique; Paris, 1795, 1796, 1797, in-8°; — *Marianne*, comédie en un acte et en prose, mêlée d'ariettes; Paris, 1796, in-8°; — *La Maison isolée, ou le vieillard des Vosges*, comédie en deux actes en prose, mêlée d'ariettes; Paris, 1797, in-8°; — *Alexis, ou l'erreur d'un bon père*, comédie en un acte et en prose, mêlée d'ariettes; Paris, 1798, 1802, in-8°; — *Gulnare, ou l'esclave persanne*, opéra comique en un acte et en prose; Paris, 1798, in-8°; — *L'Irato, ou l'Emporté*, comédie parade en un acte; Paris, 1798, 1801, in-8°; — *Adolphe et Clara, ou les deux prisonniers*, comédie en un acte et en prose, mêlée d'ariettes; Paris, 1799, 1803, 1812, in-8°, — *Une Matinée de Catinat, ou le tableau*, opéra en un acte; Paris, 1801, in-8°; — *Le Concert interrompu*, opéra comique en un acte (avec Favières); Paris, 1802, in-8°; — *Jean de Paris*, mélodrame en trois actes et en prose; Paris, 1807, in-8°; — *Jean de Paris*, opéra en deux actes; Paris, 1812, in-8°; — *Edmond et Caroline, ou la lettre et la réponse*. comédie en un acte et en prose, mêlée d'ariettes; Paris, 1819, in-8°. Les *Œuvres choisies* de Marsollier ont été publiées par Mme la comtesse Beaufort d'Hautpoul, sa nièce; Paris, 1825, 3 vol. in-8°. J. V.

Mme la comtesse Beaufort d'Hautpoul, *Notice* sur la vie et les ouvrages de Marsollier, en tête des *Œuvres choisies* de son oncle. — *Annuaire dramatiques*, 1818-1819 et 1820. — *Biogr. univ. et portat. des Contemp.* — Ourry, dans l'*Encycl. des Gens du Monde*.

MARSTON (*John*), auteur dramatique anglais, vivait dans la seconde moitié du seizième siècle. Comme pour la plupart des poëtes de cette époque, on ne connait presque aucun détail de sa vie. D'après le témoignage de Wood, Marston aurait été élevé à l'université d'Oxford. Ensuite il étudia le droit, et fit partie de la société de Middle Temple, qui vers 1592, sous le règne d'Élisabeth, le mit au nombre de ses professeurs. La date de sa mort n'est pas plus certaine que celle de sa naissance; toutefois, on sait qu'il vivait encore en 1633. Les pièces qu'il a écrites ont obtenu beaucoup de succès. C'était un écrivain pur et chaste, apportant à éviter l'obscénité, l'équivoque et la bouffonnerie autant de soin que les poëtes de son temps en mettaient à les rechercher, et se glorifiant de n'avoir pas, au déclin de l'âge, à rougir de la licence de sa jeunesse. Il fut l'ami de Ben Johnson, si l'on en juge par la dédicace, qu'il lui a adressée, du *Mécontent*, l'un de ses meilleurs ouvrages; bientôt après, il lui reprocha, dans une préface, d'emprunter trop largement aux auteurs latins. Ben Johnson, ne voulant pas être en reste, le prit à partie, lui et Decker, et probablement c'est lui qu'il voulut tourner en ridicule dans sa comédie du *Poetaster*. Quoi qu'il en soit, vers 1603, Marston partagea la prison de Ben Johnson et de Chapman pour avoir travaillé avec eux à la pièce d'*Eastwardhoe*, qui contenait contre les Écossais des allusions satiriques. Malgré sa qualité d'Écossais, le roi Jacques fit grâce aux trois poëtes. On a de Marston : *The Metamorphosis of Pygmalion's Image and certain Satyres*; Londres, 1598, in-16; la dédicace, *To the world's mightie monarch good opinion*, est signée W. K. ou Kinsayder, nom de guerre de l'auteur; — *The Scourge of villainie, III books of satyres*; Londres, 1598, in-16; 2° édit., augmentée d'une satire, ibid., 1599, in-16; un poëte contemporain, Th. Pavier, y a fait une réponse en 1601, sous le titre : *The Whipper of the Satyre*; — *Micro-cynicon, six snarling satyres*; Londres, 1599, in-16; ces trois petits livres sont d'une extrême rareté; — des tragédies et comédies : *Antonia and Mellida* (1602), *Antonio's Revenge* (1602), *The Malcontent* (1604), *The Dutch courtezan* (1605), *Parasitaster* (1606), *The Wonder of Women, or Sophonisba* (1606), *What you will* (1607), et *Insatiate countess* (1613); six de ces pièces ont été réunies sous le titre de *Works* (Londres, 1633, in-12), et Dodsley a reproduit *Le Mécontent* dans sa collection. P. L—y.

Langbaine *Account of the English dramatic Poets.* — Baker, *Biogr. Dramatica.* — Phillips, *Theatrum.* — Disraeli, *Quarrels of Authors*, III. — Cibber, *Lives of Poets.*

MARSUPPINI ou **ARETIN** (*Charles*), humaniste italien, né à Arezzo, vers 1399, mort à Florence, le 24 avril 1453. Petit-fils de Grégoire Marsuppini, secrétaire du roi de France Charles VI et gouverneur de Gênes, il alla, après avoir suivi les leçons de Jean de Ravenne, enseigner les belles-lettres à Florence. Jaloux des succès qu'y obtenait le célèbre Philelphe (*voy.* ce nom), il lui déclara une guerre ouverte, et fit partager sa rancune à Poggio, Niccoli et Traversari. Philelphe répondit à leurs attaques par des satires mordantes (1). Exaspérés, ils contribuèrent en 1435 à le faire bannir de Florence. Réfugié à Sienne, il y échappa par hasard au poignard d'un spadassin, qui avoua avoir reçu de l'argent de Jérôme d'Imola, chez lequel se réunissaient plusieurs savants, notamment Marsuppini. A son tour il paya, dit-on, un assassin, qui devait le débarrasser de Marsuppini et de plusieurs autres de ses ennemis; le coup manqua, et Philelphe fut par contumace condamné comme complice du sicaire. N'étant plus éclipsé par ce redoutable rival, Marsuppini arriva bientôt à une haute renommée; des cardinaux et autres personnes de distinction assistaient souvent à ses cours. Nommé vers 1441 secrétaire apostolique, il reçut en 1444, à la mort de Léonard Bruni, l'office de secrétaire de la république de Florence; en cette qualité il prononça en 1452 devant l'empereur Frédéric III un discours qu'il n'avait mis que deux jours à préparer; mais lorsqu'il eut à répliquer à la réponse que lui avait faite Æneas Sylvius, se-

(1) Il y donne à Marsuppini le nom de *Codrus*. Voici comment, devenu plus calme, il jugea l'envieux rival qui lui avait suscité tant d'embarras. « Carlo a beaucoup lu, beaucoup écouté; mais n'ayant aucun discernement dans le choix de ses maîtres et de ses livres, tout ce qu'il a acquis est si confus, si discordant, que personne ne le comprend et qu'il ne se comprend pas lui-même. S'il s'exprime mal, la lenteur de son esprit en est la cause. C'est par la même raison qu'il écrit peu et que son style est sec et dur dès qu'il entreprend d'écrire quelque chose. Il ne me paraît pas même qu'il faille l'excuser d'être étranger à la science et à son emploi; la nature seule est coupable, qui lui a donné un esprit obtus et de pierre, tandis qu'il ne rencontra jamais que des maîtres qui n'avaient ni science ni éloquence. » *De Exilio Tractatus*.

crétaire de Frédéric, il resta complétement court, et ce fut Mannetti qui fut obligé de parler à sa place Marsuppini a laissé un recueil de poésies latines, conservées en manuscrit à la bibliothèque Laurentienne; il a donné en vers hexamètres une traduction latine de la *Batrachomyomachie* d'Homère, publiée à Parme, 1492, in-4°; Pesaro, 1509, in-4°; Vienne, 1510, in-8°; Florence, 1512, in-8°. O.

Mazzuchelli, *Scrittori Italiani*, t. I. — Ap. Zeno, *Dissertazione Vossiane*, t I. — Tiraboschi, *Storia della Letter Ital.* — Rosmini, *Vita di Filelfo.* — Nisard, *Les Gladiateurs de la Republique des Lettres*, t. I.

MARSUS (*Domitius*), poëte latin du siècle d'Auguste, mort dans les premiers temps de l'ère chrétienne. On ne connait point les particularités de sa vie; mais, d'après son nom et son surnom, on suppose que ses ancêtres appartenaient à la nation des Marses et avaient été adoptés dans la noble maison des Domitius. On ignore la date exacte de sa mort; on sait seulement qu'il survécut à Tibulle (mort en 18 avant J.-C.), dont il composa l'épitaphe, et qu'il ne vivait plus lorsque Ovide écrivait ses *Pontiques* (10 ou 11 après J.-C.). Marsus composa des poëmes de divers genres; mais il dut principalement sa célébrité à ses épigrammes, qui étaient licencieuses, spirituelles et piquantes, si l'on s'en rapporte au jugement de Martial. Le venin de ces petites productions avait fait donner au recueil complet, ou peut-être à un seul livre, le titre de *Cicuta*. Marsus avait encore écrit un poeme épique l'*Amazonéide*; des élégies où était célébrée une femme nommée Melænis; et des *fables* (*fabellæ*), en vers, comprenant au moins neuf livres. Il ne reste de ces divers ouvrages que des fragments peu nombreux; le plus intéressant est cette élégante épitaphe de Tibulle :

Te quoque Virgilio comitem non æqua Tibulle,
Mors juvenem campos misit ad Elysios;
Ne foret aut elegis molles qui fleret amores,
Aut caneret forti regia bella pede.

Les fragments de Marsus ont été rassemblés par Brœkhuisen, à la fin de son édition de Tibulle. Weichert les a publiés séparément, Grimma, 1828, et les a insérés dans ses *Poetarum latinorum Reliquia*; Leipzig, 1830, p. 241-269. Y.

Ovide, *Ex Pont.*, IV, 16. – Martial, II, 71, 77; IV, 16, 8; V, 5; VII 29, 99. — Philargyrius, *Ad Virgil. Ecl.*, III, 90. — Weichert, *De Domitio Marso poeta.*

MARSY (*Gaspard* et *Balthasar*), sculpteurs français, nés à Cambrai, l'un en 1625 et l'autre le 6 janvier 1628, morts à Paris, le premier le 10 décembre 1681, le second le 26 mai 1674. « Ces deux frères, dit un écrivain, ont eu tant de liaison entre eux pour les talents du même art, pour leur association à de mêmes ouvrages, et pour la conformité de leur fortune, qu'on ne saurait parler de l'un sans faire mention de l'autre. » Ils commencèrent à étudier le dessin à Cambrai, et eurent pour premier maître leur père Gaspard Marsy, qui, à ce qu'on croit, était lui-même sculpteur. En 1648 ils vinrent à Paris, et passèrent une année dans l'atelier d'un sculpteur en bois. Puis pendant près de cinq ans ils travaillèrent sous la direction et avec les conseils de Sarrazin, Michel Anguier, von Obstal et Buyster. Leur réputation commençant dès lors à s'établir, ils furent employés pour leur propre compte à la décoration de quelques habitations particulières, comme les hôtels Sallé et La Vrillière et le château du Bouchet près d'Etampes. Gaspard et Balthasar Marsy prirent une part importante dans les grands travaux que fit faire Louis XIV. Ils furent chargés d'exécuter au Louvre, conjointement avec Girardon et Regnaudin, les figures et ornements en stuc de la galerie d'Apollon, d'après les dessins de Le Brun, et ceux des appartements de la reine mère, sur les dessins d'Errard. Ils travaillèrent également aux Tuileries, et l'on doit à Gaspard les deux statues de *La Diligence* et de *La Célérité*, qui ornent le côté gauche sur la cour du pavillon central. A Versailles, dans les jardins, leurs œuvres sont aussi variées qu'élégantes; nous citerons *Mars*, *L'Abondance* et *La Richesse*, huit *Mois*, *Encelade*, *L'Aurore*, *Vénus et L'Amour*, le beau groupe de *Latone et ses enfants*, et les *Deux Tritons abreuvant les chevaux du Soleil*, chef d'œuvre de ces artistes qui décorait ce qu'on appelait les bains d'Apollon. Quelques-unes de ces figures sont faites de métal, c'est-à-dire d'un mélange de plomb et d'étain. Les Marsy ont en outre fait de nombreux ouvrages pour le château de Versailles, soit à l'intérieur, soit pour l'ornementation extérieure; on leur doit entre autres huit figures de pierre et autant de masques qui décorent la façade du château du côté du canal. Ils ont sculpté le *Tombeau de Casimir, roi de Pologne*, à l'église Saint-Germain-des-Prés; deux figures de *Captifs*, aujourd'hui au musée du Louvre, et le groupe de *Borée enlevant Orythie*, au jardin des Tuileries.

Gaspard a fait quelques travaux sans le concours de son frère, pour le château et le parc de Versailles, pour le château de Sceaux appartenant à Colbert, pour le mausolée de Turenne à Saint-Denis; l'un des bas-reliefs de la porte Saint-Martin est aussi de lui : c'est celui du côté du faubourg, où l'on voit Mars qui porte l'écu de France et qui poursuit un aigle, pour signifier les victoires du roi en Allemagne. Les critiques ont trouvé les travaux particuliers de Gaspard moins élégants et moins finis que ceux qu'il a exécutés avec le concours de son frère. Tous deux furent membres de l'Académie de Peinture et Sculpture. Balthasar, reçu le 26 février 1673, fut élu le même jour adjoint à professeur. Gaspard, reçu le 5 août 1657, sur la présentation d'un *Ecce Homo* en bas-relief, fut nommé professeur en 1659, remplacé « à cause de son peu d'assiduité à faire cette fonction, » rétabli dans sa charge en 1669, et élu adjoint au recteur en 1675.

Un autre MARSY (*Melchior*), frère des deux sculpteurs, a laissé quelques ouvrages de peinture. H. H—N.

Mémoires inédits de l'Académie de Peinture et de Sculpture. — Mariette, *Abecedario.* — Baert, *Mem. des Sculpt et Archit. des Pays-Bas*, dans les *Bulletins de l'Acad* de Bruxelles, XV. — H. Barbet de Jouy. *Descript. des Sculpt. mod. du Louvre.* — E. Bouly, *Dict. de Cambrai* — De Chennevieres, *Descript. de la Galerie d'Apollon.* — Lenoir, *Musée des Monuments français.* — Réveil, *Galerie des Arts.* — Manuscrits de Lempereur, au cabinet des Estampes.

MARSY (*François-Marie* DE), littérateur français, né en 1714, à Paris, où il est mort, le 16 décembre 1763. Admis fort jeune chez les jésuites, il cultiva avec bonheur la littérature latine, et se fit connaître dès l'âge de vingt ans par de petits poëmes, qui furent applaudis des amateurs de la bonne latinité. Des motifs qui sont restés ignorés l'obligèrent de quitter la Compagnie de Jesus En rentrant dans le monde, il n'abandonna pas la carrière des lettres; mais, faute de ressources, il se mit aux gages des libraires et travailla à diverses compilations, dont certaines se recommandent par le soin, l'exactitude et l'élégance du style. L'*Analyse des œuvres de Bayle*, qu'il publia en 1755, lui attira une détention de quelques mois à la Bastille, et l'ouvrage, où il s'etait plu à relever les opinions irréligieuses contenues dans le *Dictionnaire* du philosophe protestant, fut condamné par arrêt du parlement. On a de l'abbé de Marsy : *Templum Tragœdiæ, carmen in scholarum instauratione*; Paris, 1734, in-12; il n'admet au nombre des vrais poëtes tragiques que Sophocle, Euripide, Corneille, Racine et Maffei; — *Pictura, carmen*; Paris, 1736, in-12; Leipzig, 1770, in-8°; réimpr., ainsi que le précédent, dans les *Poemata didascalia*, t. Ier, et à la suite de l'*Art de peindre*, par Dufresnoy; 1753, in-8°; trad. en français par Querlon, Paris, 1738, in-12. Ce poëme a été jugé de beaucoup inférieur à celui de Dufresnoy, bien qu'on y rencontre une versification harmonieuse, des épisodes variés et une sage composition. « Marsy, dit Clément (de Dijon), a su rendre la lecture moins difficile en écartant les préceptes qui tiennent à l'art mécanique de la peinture. Otez-en deux ou trois endroits qui regardent particulièrement cet art, le reste peut s'appliquer également à la poésie. Il a fait une galerie de tableaux, mais il n'a pas fait de poëme proprement dit.... Son style est chargé d'ornements ambitieux. Son élégance est trop pompeuse, ses fleurs trop recherchées; il ne vous laisse guère que des mots dans la tête. » Malgré ces défauts, que Sabatier déclare exagérés par une critique jalouse, le poëme de Marsy servit de modèle à celui que Lemierre a composé en vers français sur le même sujet, et, d'après le jugement de La Harpe, l'imitation est bien au dessous de l'original; — *Acanthides Canariæ, carmen*; 1737, in-8°: ce poëme, publié sous le nom de Louis Clairambault, est attribué par d'Olivet à l'abbé de Marsy; — *De l'Ame des Bêtes, avec des réflexions physiques et morales*; 1737, in-12; — *Histoire de Marie Stuart, reine d'Écosse*; Londres (Paris), 1742, 3 vol. in 12; Freron travailla à cet ouvrage, qui est élégant et impartial; — *Memoires de Jacques Melvill*; Édimbourg (Paris), 1745, 3 vol. in-12; trad. de l'anglais, avec des additions considérables; — *Dictionnaire abrégé de Peinture et d'Architecture*; Paris, 1746, 2 vol. in-12; — *Discours dogmatique et politique sur l'origine et la nature des biens ecclésiastiques*; Paris, 1750, et Berlin, 1751, in-12, trad. de l'italien de Paolo Sarpi; — *Le Rabelais moderne, ou les Œuvres de Rabelais mises à la portée de la plupart des lecteurs*; Amst. (Paris), 1752, 8 vol. in-12. Les corrections consistent en général dans l'abréviation ou la suppression des endroits obscurs et dans le rajeunissement de l'orthographe. « Quel dommage, s'ecriait à ce propos Clément (de Genève), qu'un élève de Virgile ait été chercher quelques paillettes d'or dans ce tas d'ordures! » — *Histoire moderne des Chinois, des Japonais, des Indiens, des Persans, des Turcs, des Russes, etc., pour servir de suite à l'Histoire ancienne de Rollin*; Paris, 1754-1778, 30 vol. in-12; c'est moins une histoire qu'une description géographique et historique, dont les éléments sont souvent empruntés aux voyageurs les moins dignes de confiance; les t. I à XII sont de Marsy, les autres d'Adrien Richer; — *Analyse raisonnée* (des œuvres) *de Bayle*; Londres (Paris), 1755, 4 vol. in-12; réimpr. en 1773, en Hollande, avec quatre nouveaux volumes attribués à Robinet; il ne faut pas confondre cette dernière analyse, composée des morceaux les plus défavorables à la religion, avec celle de l'abbé Delaunay (1781, 2 vol in-12), qui s'est proposé un but tout contraire. P. L—Y.

Nécrologe des Hommes célèbres; 1768. — Clement, *Observat. sur diff. Poëmes de la Peinture.* — La Harpe, *Cours de Litter.*, VIII. — Sabatier, *Les Trois Siècles de la Litter.*

MARSY (*Claude-Sixte* SAUTREAU DE), littérateur français, né en 1740, à Paris, où il est mort, le 5 août 1815. Il prit de bonne heure une part active à la rédaction des recueils littéraires du temps; c'était un homme aimable, qui ne manquait de savoir ni de goût, et dont toute la vie se renferma dans ses modestes travaux. On a de lui : *Reflexions d'un homme de lettres sur la tragedie du* Comte de Warwick (anonyme); *dans un café* (Paris), 1763, in-12; reimpr. en 1780; — *Eloge de Charles V, roi de France*; Paris, 1767, in-8°. Il a alimenté de nombreux articles *L'Année litteraire* (1754-1776), le *Journal des Dames* (1764-1778) et le *Journal de Paris* (1777-1790). Comme éditeur il a publié, en gardant toujours l'anonyme: *L'Almanach des Muses*; Paris, 1765-1789, 24 vol. in-16; ce petit recueil des pièces fugitives qui avaient paru pendant l'année, eut du succès et se soutint, en dépit des plaisanteries de La Harpe et de Rivarol; Vigée le continua, après Sautreau, jusqu'en 1820; — *Nouvelle Anthologie française depuis Marot jusqu'à ce jour*; Paris, 1769, 1787, 2 vol. in-12; — *Recueil des meilleurs Contes en vers*; Paris, 1774, 1784, 2 vol. in-8°; — *Petit Chansonnier français*; Paris, 1778 et ann. suiv., 3 vol. in-8°; — *Annales Poétiques depuis l'origine de la poésie française* (avec Imbert et autres); Paris, 1778-1788, 40 vol. in-16; les t. XLI et XLII, imprimés depuis 1789, n'ont pas été livrés au public; cette collection est assez estimée, quoiqu'on y trouve des notices insuffisantes et beaucoup de morceaux médiocres; — *Pièces échappées aux XVI premiers Almanachs des Muses*; Paris, 1781, in-12; — *Nouvelle Bibliothèque de société*; Paris, 1782, 4 vol. in-16, faisant suite à celle de Chamfort; — *Poésies satiriques du dix-huitième siècle*; Londres, 1782, 2 vol. in-18; — *Œuvres choisies de Dorat*, avec notice; Paris, 1786, 3 vol. in-12; — *Tablettes d'un Curieux, ou variétés historiques, littéraires et morales*; Paris, 1789, 2 vol. in-12: compilation faite d'après divers auteurs; — *Mémoires secrets sur les règnes de Louis XIV et de Louis XV, par Duclos*; Paris, 1790, 1791, 2 vol. in-8°; — *Poésies de Bonnard*, avec notice; Paris, 1791, in-8°; — *Le nouveau Siècle de Louis XIV* (avec Noël); Paris, 1793 ou 1803, 4 vol. in-8°; les principaux événements du grand règne y sont célébrés par une suite presque non interrompue de couplets satiriques; — *Œuvres choisies de Pope*, avec un *Essai* sur sa vie; Paris, 1800, 3 vol. in-12; — *Lettres de Mme de Maintenon*; Paris, 1806, 6 vol. in-12, et 1810, 4 vol. in-12: cette édition, quoique incomplète, est moins mauvaise que celle de La Beaumelle. P. L.

Quérard, *La France littér.* — Barbier, *Dict. des Anonymes.* — *Nouvelle Biogr. des Contemp.* — *Biblioth. d'un Homme de Goût*, V. — Beuchot, dans le *Journal de la Librairie*, 1815, p. 396.

MARSYAS (Μαρσύας) (1). Suidas cite trois historiens grecs de ce nom; mais c'est une erreur de sa part, ou une faute de copiste; il n'y a eu réellement que deux Marsyas, savoir :

MARSYAS *de Pella*, en Macédoine, fils de Périandre, vivait dans la seconde moitié du quatrième siècle avant J.-C. Il était contemporain d'Alexandre le Grand, dont suivant Suidas il fut le condisciple. Le même biographe prétend qu'il était frère d'Antigone, un des lieutenants et successeurs d'Alexandre, sans doute frère utérin, puisque le père d'Antigone se nommait Philippe. Ces deux faits, rapportés par Suidas, semblent prouver que Marsyas était de naissance noble, ce qui ne s'accorde pas avec cette autre assertion du même qu'il était grammairien de profession. Mais Suidas semble ici avoir confondu les deux Marsyas. On ne sait rien de la vie de Marsyas de Pella, sinon qu'il commandait une division de la flotte de Démétrius à la bataille de Salamine en 306. Son principal ouvrage était une histoire de la Macédoine commençant aux temps les plus anciens et s'étendant jusqu'à l'expédition d'Alexandre en Asie; elle s'arrêtait brusquement au retour de ce monarque en Syrie après la conquête d'Égypte et la fondation d'Alexandrie. Harpocration cite de Marsyas une histoire d'Alexandre (Τὰ περὶ Ἀλέξανδρον) qui paraît être le même ouvrage que le précédent; mais l'histoire de l'éducation d'Alexandre (Τοῦ Ἀλεξάνδρου ἀγωγή), mentionnée par Suidas, est probablement un traité séparé. Les Ἀττικά que cite aussi ce biographe sont sans doute le même ouvrage que l'Ἀρχαιολογία attribuée à Marsyas le jeune, et appartiennent à ce dernier.

MARSYAS *de Philippes* ou *le jeune* (ὁ νεώτερος), historien d'une époque incertaine, souvent confondu avec le précédent. Les plus anciens écrivains qui le citent sont Pline et Athénée. Celui-ci prétend qu'il était prêtre d'Hercule. On mentionne de lui les ouvrages suivants : Μακεδονικά, en six livres au moins; — Ἀρχαιολογία, en douze livres; — Μυθικά, en sept livres. Suidas attribue par erreur ces deux derniers ouvrages à un Marsyas de Taba, personnage mythique. Pour les questions relatives aux deux Marsyas et pour les fragments de leurs ouvrages, consulter Geier, *Alexandri Magni Historiarum Scriptores ætate suppares*; Leipzig, 1844, p. 318-340, et C. Müller, *Scriptores Rerum Alexandri Magni*, p. 40-48, dans la *Bibliothèque grecque* de A. F. Didot, à la suite d'Arrien. Y.

Suidas, aux mots Μαρσύας. — Droysen, *Hellenismus*, vol. I, p. 679-682. — Bernhardy, notes sur Suidas. — Fréd. Ritschl, *Programma de Scriptoribus qui nomine Marsyæ apud Græcos innotuerunt*; Breslau, 1836, in-4°.

MARTAINVILLE (*Alphonse-Louis-Dieudonné*), auteur dramatique et publiciste français, né à Cadix, de parents français, en 1776, mort à Sablonville, près Paris, le 27 août 1830. Il fut amené très-jeune en Provence, et de là vint à Paris, où il fit ses études au collége Louis-le-Grand. En 1793, il fut l'antagoniste des révolutionnaires terroristes, et fut bientôt cité devant le tribunal de Fouquier-Tinville, sous l'incul-

(1) Marsyas est le nom d'un personnage mythologique qui se rattache à la première période de la musique grecque. Tous les mythographes le placent en Phrygie. Nous ne raconterons pas ici cette fable (Apollodore, *Bibliotheca*, I, 4; Palephatus, *De Incred.*, 48; Libanius, *Narrationes*, 14; Diodore de Sicile, III, 58, 59; Pausanias, II, 7; Hérodote, VII, 26; Xénophon, *Anab.*, I, 2; Plutarque, *De Fluviis*, 10; Hygin, *Fab.*, 165; Ovide, *Metam.*, VI, 382, 400), qui se rapporte évidemment à la lutte du genre musical citharédique (lyre) contre le genre aulédique (flûte); le premier lié au culte d'Apollon chez les Doriens, le dernier aux rites orgiastiques de Cybèle en Phrygie. Cette explication s'applique facilement aux différentes parties de la légende principale, et peut servir aussi à éclairer les autres traditions qui concernent ce personnage. *Consult.* sur Marsyas. Bode, *Gesch. d. Lyr. Dichtk*, vol. II, p. 296 297; Brunck, *Anal.*, vol. I. p. 488; vol. II, p. 97; O. Müller, *Archäol. d. Kunst.*, 362, n° 4; Böttiger, *Kleine Schriften*, vol. I, p. 28; Smith, *Dictionary of Greek and Roman Biography*.

pation de coopération, avec un nommé Monbergne, à la rédaction d'un tableau inexact du maximum. Il comparut devant ce redoutable tribunal avec son insouciance et sa hardiesse ordinaires; on lui demanda son nom : « Martainville, répliqua-t-il. — Tu veux cacher ta qualité, lui dit le président, tu es aristocrate, tu dois t'appeler *de Martainville*. — Citoyen président, répliqua-t-il, je suis ici pour être *raccourci* et non pour être *allongé*, laisse-moi mon nom. Cette réponse audacieuse et insolente ne lui fit pas de tort auprès de ses juges, peu indulgents cependant, et grâce à la protection d'Antonelle, son compatriote, qui était un des jurés, il fut acquitté ainsi que son complice. Après le 9 thermidor, il se fit remarquer dans les rangs de ce qu'on appelait alors *la jeunesse dorée de Fréron;* il fit représenter des pièces de circonstance qui obtinrent de grands succès, grâce à l'esprit réactionnaire. L'une, intitulée *Les Assemblées primaires*, tournait en ridicule le système électoral alors en vogue. Dans une autre, intitulée : *Le Concert de la rue Feydeau*, Martainville stigmatisait le parti jacobin. Voici un couplet que le public faisait répéter chaque soir :

Lorsque l'on voudra dans la France
Peindre des monstres destructeurs,
Il ne faut plus de l'éloquence
Emprunter les vives couleurs;
On peut analyser le crime;
Car tyran, voleur, assassin,
Par un seul mot cela s'exprime,
Et ce mot-là c'est jacobin.

Martainville se montra alors si exaspéré que après la journée du 13 vendémiaire il fut obligé de se retirer en Provence. Poursuivi comme réquisitionnaire, il s'engagea dans un bataillon de volontaires, et resta quelque temps en Italie. Revenu en France, il reprit sa carrière d'auteur dramatique, et s'associa en 1802, à Étienne pour rédiger l'*Histoire du Théâtre-Français*. Pendant l'empire il s'effaça presque complétement, et ne donna signe de vie que par une chanson poissarde sur le mariage de Marie-Louise, chanson spirituelle, mais qui ne lui valut pas même les honneurs de la persécution. Dès les événements de 1814, il se déclara comme un des plus ardents partisans de la restauration; en mars 1815, quand on apprit le débarquement de l'empereur, il se mit à la tête des volontaires royaux, et fit afficher dans Paris une adresse violente qui appelait aux armes tous les Français contre « l'usurpateur ». Trompé dans ses projets de victoire, il se retira au Pecq, près Saint-Germain; sa maison fut pillée et ravagée par les Prussiens, commandés par Blücher, ce qui n'empêcha pas de dire qu'il avait livré aux Prussiens le passage de la Seine; il devint dès lors le but de toutes les haines des partis et fut l'objet de toutes les calomnies, même les plus absurdes. Il travaillait au *Journal de Paris* lorsqu'on représenta au Théâtre-Français la tragédie de *Germanicus*, d'Arnault; les mécontents de cette époque avaient profité, pour faire une manifestation, de la représentation de cette pièce, qui fut jouée au milieu du tumulte le plus scandaleux. Martainville en rendit compte dans son journal, et se montra très-sévère à l'égard de l'auteur et de la pièce. Arnault fils crut devoir prendre la défense de son père, et ne trouva pas de meilleur moyen que d'insulter et de frapper Martainville, alors presque impotent, dans le café où il se rendait tous les soirs. Un procès eut lieu, et Arnault fils fut condamné à un jour de prison et à cinquante francs d'amende. Dès le lendemain Martainville exigea une réparation par les armes; ils échangèrent plusieurs balles; l'une d'elles effleura Martainville, et l'affaire en resta là. Ni le *Journal de Paris*, ni *La Quotidienne*, ni même la *Gazette de France* ne lui fournissant les moyens de manifester comme il le voulait sa haine contre le parti révolutionnaire, il s'adjoignit le libraire Dentu, et fonda, en 1818, *Le Drapeau blanc*, dont il fut le directeur et à peu près l'unique rédacteur. Là il put donner un libre cours à ses idées ultra-royalistes. Il blâma comme des actes de faiblesse les concessions du gouvernement, attaqua violemment les ministres, et n'épargna pas même le roi, surtout à l'époque de la création de soixante pairs de France; c'est surtout le ministère de M. Decazes qu'il s'attachait à combattre. Quelque temps après, il publia un article très-violent contre le maréchal Brune, assassiné à Avignon par la populace réactionnaire. Poursuivi par la veuve du maréchal à l'occasion de cet article, Martainville se défendit lui-même, et signala le maréchal comme ayant été le fondateur d'un journal infâme, qui, sous le nom de *La Bouche de Fer*, était le réceptacle de calomnies et de dénonciations anonymes déposées chaque jour dans une boîte toujours ouverte représentant la Gorgone, et que ce journal publiait le lendemain. Il établit dans sa plaidoirie que Brune, alors imprimeur, avait pour collaborateur dans ce journal Marat, qu'il allait chercher la nuit pour rédiger ses affreux pamphlets; le jury acquitta Martainville, et la mémoire du maréchal Brune resta entachée de ces détails, jusque alors ignorés par tout le monde, mais qui ne purent être démentis. A l'époque de l'assassinat du duc de Berry, il accusa avec violence M. le duc Decazes, « dont le pied, dit M. de Châteaubriand, glissa dans le sang »; le ministre, particulièrement honoré de la faveur de Louis XVIII, adressa une plainte au procureur du roi contre le journaliste; il disait dans cette plainte : « J'ai méprisé jusque ici, comme je le devais, les outrages dont quelques libelles m'ont rendu l'objet, et dont la cause et le principe m'honoraient trop pour que je songeasse à m'en plaindre. L'intérêt de la société me commande aujourd'hui de ne pas laisser impunie l'infâme calomnie dont le sieur Martainville vient de se rendre coupable dans le numéro de ce jour, 15 février 1820, du journal qu'il ose intituler *Le Drapeau blanc*. Ses lâches accusations insultent bien plus à la douleur publique, qu'elles ne m'insultent moi-même, et c'est au nom de la société, bien plus encore qu'au mien, que je vous les dénonce et que j'en demande l'éclatante réparation. » Cette plainte n'eut pas de suites, et M. Decazes quitta le ministère Quelques années après, les lois sur la presse devinrent plus efficaces; Martainville, qui voulait être plus royaliste que le roi, fut vivement poursuivi; il fut obligé d'aller se défendre en province, et courut souvent des dangers au milieu de populations qu'il avait accusées d'être trop libérales. A Châlons on voulut le jeter dans la Saône; mais partout son sang-froid et sa présence d'esprit le sauvèrent; il se défendit avec esprit et courage devant les cours de l'Ain, de Riom, de Saint Omer et de Toulouse, toujours bien accueilli par le parti royaliste, mais insulté par les libéraux. Peu à peu son exaspération légitimiste, qui ne trouvait plus d'appui même parmi ceux sur lesquels il devait le plus compter, perdit beaucoup de son influence, et il comprit qu'il ne pouvait pas continuer la lutte qu'il avait commencée. Il tint bon cependant jusqu'au bout, avec la même opiniâtreté. En juillet 1822, il assistait à une représentation de comédiens anglais auxquels M. Corbière avait accordé le privilége de jouer à Paris. Reconnu dans sa loge par quelques-uns de ces *patriotes* qui voulaient faire tomber les Anglais, par le seule motif *qu'ils étaient Anglais*, il fut insulté par le parterre, qui demanda son expulsion; il brava cette émeute, et répondit au commissaire de police, qui le priait de se retirer : « Je suis sous la sauvegarde de l'autorité; si je suis assassiné, j'aurai fait mon devoir, vous n'aurez pas fait le vôtre. »

Le nombre des abonnés au *Drapeau blanc* diminua bientôt; l'entreprise fut mise en actions, ce qui ne réussit pas, et la santé de Martainville ne lui laissant plus la faculté de s'occuper de sa publication, il se décida à vivre dans la retraite. On a de lui : *Les Suspects et les Fédéralistes*, vaudeville, un acte, 1795; — *Le Concert de la rue Feydeau*, vaudeville, 1795; — *La nouvelle Henriade, ou récit de ce qui s'est passé à l'occasion de la pièce intitulée* Le Concert de la rue Feydeau, in-8°; — *La nouvelle Montagne, ou Robespierre en plusieurs volumes*, vaudeville; in-8°; — *Les Assemblées primaires, ou les élections*, vaudeville; 1797, in-8°; — *Le Dentiste*, vaudeville; 1797, in-8°; — *Noé ou le Monde repeuplé*, vaudeville; 1798, in 8°; — *La Banqueroute du savetier à propos de bottes*, vaudeville; 1801, in-8°; — *Grivoisiana, ou recueil facétieux*; 1801, in-18; — *L'Intrigue de Carrefour*, vaudeville; 1801, in 8°; — *Histoire du Théâtre-Français, depuis le commencement de la Revolution jusqu'à la réunion générale;* 1802, 4 vol. in 12, en société avec Étienne; — *Arlequin en gage, ou Gilles usurier*, vaudeville; 1802, in-8°; — *Un, deux, trois, quatre, ou la Cassette précieuse*, vaudeville; 1802, in-8°; — *Vie de Chrétien Lamoignon-Malesherbes*; 1802, in-12; — *Le Duel impossible*, comédie; 1813, in-8°; — *Pataquès, ou le barbouilleur d'enseigne*, vaudeville; 1803, in-8°; — *Georges le Taquin, ou le brasseur de l'île des Cygnes*, divertissement; 1804, in-8°; — *Une Demi-heure de Cabaret*, science épisodique; 1804, in-8°; — *Le Suicide de Falaise*, comédie; 1804, in-8°; — *Le Turc de la rue Saint-Denis, ou la fausse veuve*, comédie; 1805, in 8°; — *Roderic et Cunégonde, ou l'hermite de Montmartre, ou la Forteresse de Moulinos, ou le Revenant de la galerie de l'Ouest*, galimatias burlesco-mélo-patho-dramatique; 1805, in-8°; — *La Tête du diable ou le Flambeau de l'amour*, mélodrame-féerie-comique; 1807, in-8°; — *Le Pied de Mouton*, mélodrame-féerie comique; 1807, in-8°, en société avec Ribié; — *Le Mariage du mélodrame et de la Gaîté*, scènes d'inauguration; 1808, in-8°; — *La Queue du diable*, mélodrame-féerie-comique; 1808, in-8°; — *Tapin, ou le tambour de Gonesse*, folie-vaudeville; 1809, in-8°; — *Quelle mauvaise tête! ou M. Sainfoin braconnier*, comédie; 1809, in-8°; — *Le Marin provençal*, prologue de *La Pérouse;* 1810, in-8°; — *Les Rentes viagères, ou la Maison de santé*, comédie; 1810, in-8°; — *La Résurrection de Brioché*, prologue d'inauguration; 1810, in-8°; — *Jean de Passy*, imitation burlesque de *Jean de Paris*, comédie; 1812, in-8°; — *L'Intrigue à contretemps, ou moitié faux, moitié vrai*, comédie; 1812, in-8°; — *Monsieur Crédule, ou Il faut se méfier du vendredi;* 1812, in-8°; — *Bonaparte, ou l'Abus de l'abdication*, pièce héroïco-romantico-bouffone; 1815, in-8°; — *Taconet*, comédie; 1816, in-8°; — *Le Drapeau blanc;* 1819, 2 vol. in-8°; — *La Bombe royaliste lancée;* 1820, in-8°; — *Étrennes aux censeurs;* 1822, in-8°. A. JADIN.

Journal de Paris, 1822. — *Les Dîners du Vaudeville.* — Quérard, *La France Littéraire.*

MARTANGES (*N*... BONNET DE), littérateur français, né en Beauce, en 1722, mort à Londres, en 1806. Dénué de fortune, et destiné d'abord à l'état ecclésiastique, il reçut tout jeune le prieuré de Cossay. Ses études achevées, il devint professeur de philosophie en Sorbonne Le maréchal de Lowendal lui fit quitter la robe, et lui donna une lieutenance dans son régiment. Martanges se distingua au siége de Berg-op-Zoom, obtint une compagnie dans le régiment de la Dauphine, et fut chargé d'une mission du maréchal de Saxe auprès du roi de Pologne. Avec l'agrément du ministre français, Auguste III nomma Martanges major de ses gardes à pied. Le comte de Broglie, ambassadeur près du roi de Pologne, envoya Martanges auprès de l'impératrice Élisabeth pour la décider à se coaliser contre la Prusse. Martanges suivit les Russes en Allemagne, et se trouvait avec les prisonniers que Frédéric II fit à Pirna. Il se prévalut de sa qualité d'officier français, et ne fut pas compris dans la capitulation; le roi de Prusse voulait le garder à son service. Martanges refusa, et rejoignit l'armée autrichienne : une balle lui cassa le bras à Kollin. A son retour en France, il engagea le cabinet de Versailles à prendre à sa solde un corps de Saxons, qui pouvait aller rejoindre le duc de Broglie en Hesse. Le comte de Lusace (prince Xavier de Saxe) reçut le commandement en chef de ce corps, qui opéra sa jonction à l'armée française, et Martanges accompagna ce prince, avec le grade de major général. Il suivit encore le prince Xavier quand celui-ci alla administrer l'électorat de Saxe, en 1762. Fait maréchal de camp en 1765, il ne fut pas employé par le duc de Choiseul, mais il parvint néanmoins au grade de lieutenant général en 1780. Il vivait retiré à Honfleur lorsque le duc de Choiseul tomba du ministère. Martanges se rendit alors en Angleterre avec une mission du duc d'Aiguillon; à son retour, il obtint la place de secrétaire général des régiments suisses, qu'il ne conserva que quelques années. A la révolution il se retira en Allemagne, puis il vint rejoindre le maréchal de Broglie à Trèves, et reçut le commandement de la cavalerie des Français émigrés cantonnée à Coblentz. En 1792, il resta à la tête des troupes d'infanterie que le roi de Prusse laissa à Estain. L'armée ayant été licenciée, Martanges se retira en Hollande, puis à Brunswick et en Angleterre. Il commandait encore le petit corps d'émigrés qui suivit le comte d'Artois à l'île Dieu. On a de lui : *Le Roi de Portugal, conte, suivi des deux Achille*; Neuwied, 1788, in-8°; — *Achille, ou la France renouvelée des Grecs*, poëme en huit chants, 1792, in-4°. On lui doit en outre l'*Olympiade*, brochure politique, quelques pièces fugitives et le *Ballet de l'ennui*. J. V.

Grimm, *Correspondance*. — Quérard, *La France Littéraire*.

MARTEAU (*François-Joseph*), littérateur français, né à Boulogne-sur-Mer, le 10 juin 1732. Il vint fort jeune à Paris, où il fit la connaissance de J.-J. Rousseau, auquel il dédia la plupart de ses poésies, publiées en 1770, à Boulogne-sur-mer. On y remarque : *Le Songe d'Isus, ou le bonheur*, conte en vers; *Silvestre*, conte en prose; *Les Écoliers et la Boule de Neige*, fable; *La Petite-Maîtresse et la Ménagère des champs*, apologue; *Épître aux Salenciens*, au sujet de leur rosière, etc. Fréron lui attribue les *Lettres d'un jeune homme*, 1764. E. D—s.

J.-J. Rousseau, *Correspondance*, lettre du 14 octobre 1764. — Barbier, *Dictionnaire des anonymes*. — Quérard, *La France Littéraire*. — Fréron, *L'Année littéraire*, n° du 24 août 1764. — François Morand, *Essai bibliographique sur les principales impressions boulonnaises des dix-septième et dix-huitième siècles*, p. 33. — *Le même*, *Notice sur F.-J. Marteau*, Boulogne, octobre 1847, in-8°.

MARTEL (*François*), chirurgien français, né à Périgueux, en 1549, mort à Paris, vers 1610. Il s'attacha au service de Henri IV, dont il devint le premier chirurgien et qu'il suivit dans les guerres du Dauphiné, de Savoie, du Languedoc et de Normandie. Par une saignée, faite à propos, il sauva la vie de ce prince, atteint d'une pleurésie à La Mothe-Frélon. On a de François Martel : *Apologie pour les Chirurgiens, contre ceux qui publient qu'ils ne doivent se mêler que de remettre les os rompus et démis*; Lyon, 1601, in-12; — *Paradoxes en forme d'aphorismes très-utiles pour la pratique de chirurgie*; Lyon, 1601, in-12; l'auteur y traite des pansements à froid, de l'abus des sutures, des bandages, etc.; — *Discours sur la curation des arquebusades*. — Les œuvres complètes de Martel ont été publiées avec celles de Philippe de Flesselles; Paris, 1635, in-12. L—z—e.

La Croix du Maine, *Bibliothèque française*. — Éloy, *Dictionnaire de Médecine*. — *Biographie Médicale*.

MARTEL (*Ange*), architecte français, né à Lyon, vivait dans la première moitié du dix-septième siècle, sous le règne de Louis XIII. Comme il appartenait à l'ordre des Jésuites, il est souvent désigné sous le nom de *frère Martel*. Les deux principaux édifices élevés sur ses dessins furent l'église du collége de La Trinité à Lyon et celle du noviciat des Jésuites à Paris, monument qui eut l'approbation des connaisseurs. E. B—n.

Fontenai, *Dictionnaire des Artistes*.

MARTEL (*André*), théologien protestant, né à Montauban, en 1618, mort à Berne, vers la fin du dix-septième siècle. Après avoir fait ses études de théologie à Saumur, il fut nommé pasteur de Saint-Affrique. En 1647 il fut appelé à Montauban pour remplir les mêmes fonctions. En 1653 il devint professeur de théologie à l'académie réformée de cette ville; il en était recteur en 1660, quand elle fut transférée à Puylaurens. Quoique fort réservé en tout ce qui pouvait blesser les prétentions du clergé catholique, il n'en fut pas moins enveloppé dans une affaire intentée aux pasteurs de Puylaurens, accusés d'avoir reçu des relaps dans le temple, contrairement aux prescriptions royales d'avril 1663, de juin 1665 et d'avril 1666. Il fut conduit avec eux dans les prisons de Toulouse. L'attention du gouvernement se fixa particulièrement sur lui; on se flattait que si l'on parvenait à lui arracher une abjuration, son exemple entraînerait un grand nombre de ses coréligionnaires et servirait d'excuse à ceux qui ne demandaient qu'un prétexte pour passer au catholicisme. Sa modération faisait croire d'ailleurs à la possibilité du succès. On tâcha en conséquence de l'ébranler tantôt par des menaces et tantôt par des promesses. Tout fut inutile, et l'on se décida enfin à lui rendre la liberté. A la révocation de l'édit de Nantes, les ministres de Montauban et des églises voisines se retirèrent en Hollande. S'il faut en croire Cathala-Couture, qui pourrait bien s'être trompé sur ce point comme sur bien d'autres, Martel refusa de les suivre, ne voulant pas chercher un refuge dans un pays qui allait entrer en hostilité avec le roi de France. Ce qui est certain, c'est qu'il se retira dans le canton de Berne, où il obtint bientôt la direction d'une des principales églises, et que ses deux filles ne purent sortir de France et furent enfermées dans un couvent. On a de Martel : *Réponse à la méthode de M. le cardinal de Richelieu;* Rouen, 1674, in-4°. Cette réponse, dit Cathala-Couture, décèle dans son auteur un profond savoir, et surtout ce ton de modération et de décence, bien éloigné de l'aigreur et du fanatisme qui percent pour l'ordinaire dans la plupart des livres de controverse. » — *De Natura Fidei et de Gratia efficaci;* Montauban, 1653, in-4° : thèse inaugurale; — un grand nombre de thèses qu'il fit soutenir sous sa présidence aux élèves de l'académie de Montauban, de 1656 à 1674; — un recueil des sermons que Cathala-Couture lui attribue, sans en donner le titre détaillé. Quant aux diverses pièces de vers que cet historien du Querci lui donne fort généreusement, elles sont d'un avocat de Toulouse, qui portait le même nom de Martel (*voy.* le suivant). M. NICOLAS.

Cathala-Couture, *Hist. du Querci*, III. — MM. Haag, *La France Protest.* — Bayle, *Nouvelles Lettres;* La Haye, 1739, p. 314 et 315.

MARTEL (*Adrien*), littérateur français, né à Toulouse, où il est mort, vers 1730. Avocat au parlement de Toulouse, il se distingua par son amour pour les lettres, résida quelque temps à Paris, où il fut très-assidu aux conférences de Ménage et de Marolles, voyagea en Allemagne et en Italie, et fut agrégé aux académies des *Infecondi* de Rome et des *Ricovrati* de Padoue. En 1688, l'académie des *Lanternistes* (1) lui donna le titre de secrétaire perpétuel. On a de lui : *Discours à la gloire des académies d'Italie;* — *Factum pour l'établissement d'une académie de belles-lettres à Toulouse;* s. l. n. d., in-12. Sa *Réponse* à ceux qui avaient attaqué ce projet parut à Montauban, 1692, in-8°; — *Mémoires sur divers genres de littérature et d'histoire, mêlés de remarques et de dissertations critiques, par la Société des Curieux;* Paris, 1722, 2 vol. in-12; on y trouve une *Vie du président Duranti*, textuellement reproduite par Moréri dans son *Dictionnaire;* — *Nouvelles littéraires, curieuses et intéressantes;* Lyon, 1724, in-12. Martel fit paraître, en sa qualité de secrétaire, plusieurs volumes du *Recueil de discours et autres pièces d'éloquence* de l'académie des Lanternistes.

Un écrivain du même nom et peut-être de la famille du précédent, *Guillaume* MARTEL, né en 1731, à Toulouse, où il mourut, en 1821, fut aussi avocat, et remporta plusieurs prix à l'académie des Jeux Floraux, pour les poëmes *Les Dangers du Cloître* et *Les mouches* (1754), une ode *Sur l'Economie politique*, et des Éloges. P. L.

Biog. Toulousaine, II.

(1) Cette société, qui jouit au dix-septième siècle d'une certaine célébrité, fut fondée en 1640, par Pellisson et Malepeyre, sous le nom de *Conférences académiques*. Réorganisée en 1667, elle tenait plusieurs séances par semaine, distribuait des prix de poésie et d'éloquence, et publiait le résultat de ses travaux; elle se fondit vers 1785 dans l'académie des belles-lettres de Toulouse. Nous citerons parmi ses membres les plus connus Campistron, Fermat, La Loubère, Guillaume Marcel, Nolat, Pellisson, Malepeyre, Palaprat et Régis.

MARTEL (*Pourçain*), homme politique français, né en 1748, à Saint-Pourçain (Bourbonnais), où il mourut, le 25 avril 1836. Il était notaire dans sa ville natale lorsque éclata la révolution. Le département de l'Allier le députa en 1792 à la Convention nationale. Lors du jugement de Louis XVI, il s'exprima ainsi sur l'appel au peuple : « Citoyens, je consulte la raison, la justice et l'humanité : je réponds que je ne crois pas devoir renvoyer au peuple la mission qu'il m'a donnée, parce que la désobéissance est attentatoire à la souveraineté du peuple; d'ailleurs j'ai pensé que l'appel au peuple n'était qu'une mesure pusillanime. Je dis : non! » Sur l'application de la peine, Martel répondit : « La mort dans les vingt-quatre heures. » Le 19 ventôse an II, il déclara que si Fouquier-Tinville ne pouvait pas saisir tous les fils de la grande conspiration de l'étranger et en frapper plus de complices, c'est qu'il n'avait pas assez d'agents à sa disposition. Il en fit par conséquent décréter l'augmentation. Devenu membre du Conseil des Anciens, il en sortit en 1798. Il entra ensuite dans les bureaux de la Comptabilité intermédiaire. Il était encore employé dans un ministère au retour des Bourbons et la loi dite d'*amnistie* de janvier 1816 l'obligea de quitter la France. Il y rentra après la révolution de juillet 1830 et mourut dans l'obscurité. H. L.

Biog. moderne (Paris, 1806). — *Petite Biographie conventionnelle* (Paris, 1815). — *Biographie des hommes vivants* (Paris, 1818). — *Moniteur universel*, an II, n° 170.

MARTELIÈRE (*Pierre* DE LA), célèbre avocat français, né à Bellesme, dans la seconde moitié du seizième siècle, mort à Paris, en 1631. Fils de François de La Martelière, lieutenant général au bailliage du Perche à Bellesme, il alla plaider à Tours, lorsque les membres du parlement de Paris, fidèles à Henri IV, s'y furent transportés, et les suivit ensuite à Paris, en 1594. Il s'acquit bientôt une haute réputation, et eut pour clients beaucoup de grands seigneurs, tels que le prince de Condé, le comte de Soissons et autres. Nommé, par la suite, conseiller d'État, il ne cessa pas jusqu'à sa mort de rédiger des consultations. Il a fait imprimer plusieurs de ses plaidoyers; le plus célèbre est celui qu'il prononça en 1611 en faveur de l'Université contre les Jésuites. Dans ses *Mémoires chronologiques et dogmatiques*, le P. d'Avrigny dit « que ce plaidoyer ferait honneur au plus vieux professeur de rhétorique tant il y a de figures de toutes les sortes et de traits de l'ancienne histoire. » Paul Gimont d'Esclavolles répondit à La Martelière par son *Avis sur le plaidoyer de La Martellière*; Paris, 1612. O.

Moreri, *Dict.*

MARTELLI (*Lodovico*), poëte italien, né à Florence, en 1499, mort en 1527. Jeune il se distingua dans la poésie lyrique. Il prit part à la polémique contre le Trissin au sujet des deux lettres nouvelles que cet écrivain voulait introduire dans l'alphabet italien. Il en démontra l'inutilité. Le prince Ferrante Sanseverino l'appela près de lui à Salerne, où il mourut, à l'âge de vingt-sept ans. Martelli laissa non terminée une tragédie de *Tullia*, à laquelle Claudio Tolomei ajouta un chœur. Cette pièce passe pour une des meilleures parmi celles qui signalèrent la renaissance des lettres en Italie; ce n'est cependant qu'une froide imitation de l'*Électre* de Sophocle, mais on y trouve des passages vigoureusement écrits, qui promettaient un poëte capable, suivant l'expression de Tolomei, « de faire hautement résonner son nom, si la fortune envieuse ne l'eût si prématurément enlevé ». Les *Poésies* (*Rime*) de Martelli ont été publiées à Rome, 1533, in-8°, et à Florence, 1548, in-8°. Cette dernière contient de plus que la précédente une traduction du quatrième livre de l'*Énéide*. Sa *Risposta alla Epistola del Trissino* parut in-4° (sans date), en 1524 ou 1525 suivant Apostolo Zeno. Z.

Crescimbeni, *Storia della Volgar Poesia*. — Tolomei, *Lettere*, p. 15, edit. de Venise, 1545. — Tiraboschi, *Storia della Letteratura Italiana*, t. VII, part. III, p. 17. — Ginguené, *Hist. litt. d'Italie*, t. VI, p. 61; t. IX, p. 284.

MARTELLI (*Vicenzo*), frère du précédent, poëte italien, né à Florence, vers le commencement du seizième siècle, mort en 1556. Comme son frère, dont il était loin d'avoir le talent, il vécut à la cour de Salerne. D'abord bien traité par le prince Sanseverino, il ne tarda pas à perdre la confiance de ce prince. Sanseverino voulait se rendre auprès de Charles Quint, pour le détourner du projet d'introduire l'inquisition à Naples. « Martelli, dit Ginguené, se déclara vivement contre cette mission, que le prince remplit néanmoins, cédant aux conseils, plus patriotiques, de Bernardo Tasso. L'événement prouve que Martelli avait plus de prévoyance; cependant il fut emprisonné, et dans cette triste position il fit vœu de faire le pèlerinage de Jérusalem s'il obtenait sa liberté. A peine délivré, il remplit sa promesse; et après les malheurs de son protecteur, il mena une vie retirée et paisible jusqu'en 1556, époque de sa mort. » Ses *Lettere e Rime* ont paru à Florence, 1563, 1606, in-4°. Plusieurs de ses lettres ont été insérées dans le recueil des *Lettere volgari degli XIII uomini illustri*; Venise, 1564. Z.

Bernardo Tasso, *Lettere*, t. I. — Poccianti, *Scrittori Fiorentini*. — Tiraboschi, *Storia della Letteratura Italiana*, t. VII, part. III, p. 18. — Ginguené, *Hist. de la Littérature italienne*, t. IX, p. 285.

MARTELLI (*Pietro-Giacomo*), poëte italien, né le 28 avril 1665, à Bologne, où il est mort, le 10 mai 1727. Il fit ses humanités chez les jésuites, et, pour satisfaire au vœu de sa famille, commença l'étude de la médecine à l'université de Bologne; comme il lui fut bientôt permis de suivre son goût pour les belles-lettres, il s'y abandonna sans réserve, et grâce à l'émulation d'Eustache Manfredi, son condisciple, grâce surtout aux conseils du peintre Carlo Cignano, qui avait un logement chez son père, il acquit une connaissance étendue des écrivains anciens et modernes. En 1697 il devint secrétaire du sénat de Bologne; en 1707 il fut pourvu d'une chaire de belles-lettres à l'université, et quelques mois après il se rendit à Rome comme secrétaire particulier de Philippe Aldovrandi dans son ambassade auprès de Clément XI. Sur l'invitation de ce pape, il accompagna en la même qualité Pompée Aldovrandi à Paris (1713), où il connut Fontenelle, La Motte, Crébillon, Malezieu, Saurin et Mme Dacier. Martelli a écrit, avec une extrême facilité, dans tous les genres de littérature; il s'est rendu célèbre à une époque de décadence par des tragédies, où parfois l'on retrouve la puissance et la noblesse des poëtes grecs, qu'il ne cessait de proposer pour modèles. Il reprochait aux Italiens d'être tombés dans la prétention et l'afféterie, et aux Français, dont il admirait les œuvres, de sacrifier sur le théâtre toutes les passions à l'amour. Ses pièces, fort nombreuses, n'étaient pas destinées à la scène; quelques-unes cependant, comme *Iphigénie en Tauride* et *Alceste*, reçurent beaucoup d'applaudissements. Selon l'opinion de Maffei, il doit être compté parmi les meilleurs poëtes de son temps. Il voulut mettre à la mode en Italie les vers de douze pieds (qu'on appelle depuis *martelliani*), rimés de deux en deux, prétendant qu'ils ajoutaient plus d'ampleur et de force à l'action dramatique et que d'ailleurs l'invention en était non française, mais italienne, puisqu'elle venait d'un poëte sicilien du treizième siècle, nommé Ciullo; mais la plupart de ses confrères s'élevèrent contre lui, et cette innovation ne fit pas fortune. On a publié après la mort de Martelli ses œuvres diverses : *Opere*; Bologne, 1723-1735, 7 vol. in-8° : ce recueil renferme vingt-cinq pièces de tous genres, notamment *Ifigenia in Tauris*, *L'Alceste*, *La Morte di Nerone*, *Il Sisara*, *Elena casta*, *Perseo in Samotracia*; le poëme *Degli Occhi di Gesù*; les dialogues *Della Tragedia antica e moderna* et *Il Tasso*; des discours, etc. Quelques morceaux n'ont pas été compris dans cette publication, tels que : *Vita d'Aless. Guidi*, dans les *Vite degli Arcadi*, t. III, 1714, in-4°; Martelli avait pris dans cette société le nom de Mirtilo Dianidio; — *Radicone, romanzo, canti III*; in-12; — *Il Femia sentenziato*; Cagliari (Milan), 1724, in-8°; réimpr. dans la *Raccolta di Tragedie del Secolo XVIII*; Milan, 1825, in-8° : c'est une pièce satirique où Maffei était mis en scène sous le nom de *Femia*. P.

Fabroni, *Vitæ Italorum*, V, 259-296. — Fontanini, *Bi-*

Biblioth., I, 235. — Calogera, *Raccolta*, II (on y trouve sa *Vie*, écrite par lui-même, jusqu'en 1718). — Fantuzzi, *Scrittori Bolognesi* V, 332.

MARTELLY (*Honoré-François-Richard* DE), acteur et auteur dramatique français, né à Aix, le 27 octobre 1751, mort près de Marseille, le 8 juillet 1817. Il appartenait à une famille distinguée. Un de ses aïeux se distingua par son zèle courageux pendant la peste de Marseille, et fut anobli. Il fit de bonnes études chez les jésuites, étudia le droit, et se fit recevoir avocat au parlement de Provence; mais sa passion pour le théâtre l'emporta bientôt; il quitta le barreau, et débuta dans le rôle de *Tancrède*. Il commença sa carrière théâtrale en province, et vint ensuite au théâtre Molière à Paris, où il joua aussi la comédie dans l'emploi de Molé, qu'il cherchait à imiter, ce qui lui fit donner le surnom de *Molé de la province* (1). Il vint plus tard faire reprendre à l'Odéon sa comédie des *Deux Figures*, et retourna dans son pays. Il a publié : *Fables nouvelles*; Bordeaux, 1788, in-12; — *Les deux Figures, ou le sujet de comédie*, comédie en cinq actes, en prose, représentée en 1790, sur le théâtre du Palais-Royal, imprimée à Paris, en 1794, in-8°; — *L'Intrigant dupe par lui-même*, comédie en cinq actes; Paris, 1802, in-8°; — *Une Heure de Jocrisse*, comédie; Paris, 1804, in-8°; — *Le Maladroit*, comédie en trois actes en vers; — *Les Amours supposées*, com. représentée, ainsi que la précédente, sur le théâtre de Bordeaux; — *Conseils d'un homme de lettres, ou les trois rimeurs*; cette pièce n'a été ni représentée ni imprimée; — *Le Bonheur*, conte. A. JADIN.

La Harpe *Correspondance Littéraire* lettre 288. — Le Peintre, *Notice sur Martelly*, suite du *Répertoire français*, t. XLIV. — *Mémoires de l'Académie de Marseille*, t. XI. — Quérard, *La France Littéraire*.

MARTÈNE (*Edmond* dom), érudit français né à Saint-Jean de-Losne (diocèse de Dijon), le 22 décembre 1654, mort le 20 juin 1739, à Paris. A l'âge de dix-huit ans il fit profession d'observer la règle de Saint-Benoît, dans l'abbaye de Saint-Remi, à Reims. L'aptitude qu'il montra bientôt pour les travaux littéraires le fit appeler à Paris, dans l'abbaye de Saint-Germain, où il fut placé sous la direction de dom Luc d'Achery. On l'envoya plus tard à Marmoutiers. C'est là qu'il écrivit, en 1696, la vie de Claude Martin, religieux de cette abbaye, qui venait de mourir. Michel Germain, dans une de ses lettres à Placide Porcheron, appelle Martène un *saint homme*. Il était en effet d'une grande piété. Mais les plus nobles passions, parce qu'elles sont des passions, égarent quelquefois le jugement. La piété de Martène lui fit commettre dans sa biographie de dom Martin une faute grave contre le bon goût. Il prétendit le lendemain même de sa mort l'inscrire au nombre des *vénérables*, et réclamer pour lui l'insigne honneur de la canonisation. Les supérieurs de l'ordre blâmèrent cet empressement, et défendirent à Martène de publier un écrit qui ne pouvait manquer de compromettre la congrégation tout entière. Il fut, toutefois, imprimé l'année suivante, avec ou sans la participation de Martène. Ce qui le fit exiler à l'abbaye d'Évron, dans le bas Maine. Cependant cet exil dura peu de temps. En quittant Évron, Martène se rendit au monastère de Bonne-Nouvelle, à Rouen, où on lui assignait pour emploi d'aider dom de Sainte-Marthe, chargé de publier les *Œuvres de saint Grégoire le Grand*. Nous le retrouvons à Marmoutiers en 1708, quand le chapitre général de l'ordre l'envoya recueillir dans les diverses églises de France les matériaux qui pouvaient être utiles à la rédaction du nouveau *Gallia Christiana*; l'année suivante, dom Ursin Durand lui fut associé dans cette recherche, qu'ils continuèrent pendant six années consécutives. Les monuments historiques qu'ils exhumèrent dans le cours de ces voyages ont presque tous été livrés à la presse : ce sont, outre les *Instrumenta* joints aux treize premiers volumes du *Gallia Christiana*, les pièces, plus nombreuses encore et plus importantes par l'étendue, par la matière, qu'on lit dans les premiers recueils publiés sous les noms de Martène et d'Ursin Durand.

En l'année 1717, voulant faire exécuter le projet de dom Maur Audren, qui avait proposé une nouvelle collection des historiens de France, plus considérable que celle d'André Duchesne, le chancelier d'Aguesseau réunit un certain nombre de savants, pour s'entretenir avec eux de cette grande affaire. Martène fut de cette conférence. L'entreprise conseillée par le P. Audren fut approuvée, et Martène chargé d'en dresser le plan. Quelque temps après les supérieurs de l'ordre envoyèrent Martène et Durand à la recherche des pièces nouvelles qui devaient trouver place dans ce vaste recueil. Ils partirent le 30 mai 1718, et, allant vers le nord, ils pénétrèrent jusqu'à l'abbaye de Corvey, en Saxe. Ils rentraient à Saint-Germain-des-Prés au mois de janvier 1719. Martène fut séparé en 1734 de son fidèle compagnon. Compromis par son opposition à la bulle *Unigenitus*, Durand fut, à la requête du cardinal de Bissy, relégué en Picardie. Martène avait alors quatre vingts ans. Il ressentit vivement ce coup terrible, que les protecteurs trop zélés des jésuites et de la bulle auraient dû détourner de sa vénérable tête. Cependant il ne se laissa pas tout à fait abattre. Il lui fut au moins permis avant de mourir de revoir son vieil ami, rappelé de Noyon aux Blancs-Manteaux de Paris. A quatre-vingt-cinq ans, Martène travaillait encore avec une assiduité extraordinaire, lorsqu'il fut enlevé par une attaque d'apoplexie. — N'assimilons pas ce qui doit être distingué. À Mabillon, à Montfaucon, la vénération due au génie de l'histoire : à d'Achery, à Martène, à Durand, à

(1) On publia sur lui le quatrain suivant :

Molé, dans ses succès, sublime et sans envie,
Ne peut en Martelly reconnaître un rival.
A juste titre on doit applaudir la copie;
Mais il faut respecter toujours l'original.

Bouquet, et à tant d'autres plus obscurs explorateurs de nos archives nationales, le vif témoignage d'une sincère reconnaissance!

Des nombreux ouvrages de ce laborieux compilateur aucun, assurément, n'a l'éminente distinction et les mérites divers qui recommanderont à jamais les écrits originaux de Mabillon, de Montfaucon; cependant on ne peut contester l'utilité de ces compilations modestes : en dispensant de recourir à des manuscrits toujours rares, et le plus souvent conservés en de lointains pays, elles rendent la science chaque jour plus facile.

Voici la liste des ouvrages de dom Martène : *Commentarius in regulam S.-Benedicti litteralis, moralis, historicus, ex variis antiquorum scriptorum Commentationibus*, etc., etc., *concinnatus*; Paris, 1690 et 1695, in-4°; — *De antiquis monachorum Ritibus Libri quinque, collecti ex variis ordinariis, consuetudinariis*, etc., etc.; Lyon, 1690, 2 vol. in-4°; — *La vie du Vénérable P. D. Claude Martin*; Tours, 1697, in-8°. C'est la publication de cet ouvrage qui causa tant de contrariétés au P. Martène. Il a été néanmoins réimprimé à Rouen en 1698; — *Maximes spirituelles du vénérable P. D. Claude Martin, tirées de ses ouvrages*; Rouen, 1698, in-12; — *De antiquis ecclesiæ Ritibus Libri quatuor, collecti ex variarum insigniorum ecclesiarum libris pontificalibus*, etc., etc.; Rouen, 1700, 2 vol. in-4°. Ce livre est une compilation des rituels séculiers, comme celui que nous avons mentionné plus haut est une compilation des rituels monastiques. Aux deux tomes concernant les rits de l'Église séculière, Martène en joignit un troisième, en 1702. Enfin, en 1736, il publia, en 4 vol. in-fol., une édition bien complète du même ouvrage; — *Tractatus de antiqua Ecclesiæ Disciplina, in divinis celebrandis officiis varios diversarum ecclesiarum ritus et usus exhibens*; Lyon, 1706, in-4°. Ellies Dupin nous présente un abrégé considérable de ces divers traités de Martène sur la discipline des réguliers et des séculiers, dans le tome quatrième de sa *Biblioth. Eccles.* du dix-septième siècle; — *Veterum Scriptorum et Monumentorum, moralium, historicorum, dogmaticorum Collectio nova*; Rouen, 1700, in-4°. Cette collection nouvelle est considérée comme faisant suite au *Spicilegium* de Luc d'Achery; — *Thesaurus novus Anecdotorum*; Paris, 1717, 5 vol. in-fol. Dans ces volumes se retrouvent les pièces déjà publiées à Rouen sous le titre de *Collectio nova*, mais avec des additions considérables. Martène et Ursin Durand avaient recueilli dans leurs courses à travers la France un grand nombre d'opuscules inédits qui ne pouvaient prendre place dans le *Gallia Christiana*; ils les publièrent à part, et en formèrent cet immense recueil, où l'on trouve des documents pour tous les genres d'études; — *Voyage littéraire de deux religieux bénédictins de la congrégation de Saint-Maur*; Paris, 1717, in-4°. Ces deux religieux sont Martène et Durand. Après leur voyage de l'année 1718, Martène et Durand publièrent, en 1724, in-4°, sous le même titre, une autre relation, plus étendue; — *Mémoire pour faire voir que les élections du supérieur général, faites par compromis, ne sont pas contraires aux usages du royaume*; 1717. Le *Mémoire* de Martène relatif à l'élection du P. de L'Hostallerie ne paraît pas avoir été imprimé; — *Veterum Scriptorum et Monumentorum historicorum, dogmaticorum et moralium amplissima Collectio*; Paris, 1724-1733, 9 vol. in fol. Tous les érudits ont eu affaire à ces volumes, où ils ont rencontré des pièces du plus grand intérêt. — *Imperialis Stabulensis monasterii Jura propugnata, adversus iniquas Disceptationes Ignatii Roderici*; Cologne, 1730, in-fol. Martène a signé seul cette défense des droits contestés de l'abbaye de Stavelo; — *Annales Ordinis S. Benedicti*, tomus VI; Paris, 1739, in-fol. Les premiers volumes de cet important ouvrage sont de Mabillon : le sixième est de Martène. On doit ajouter au catalogue des œuvres de Martène divers manuscrits qui sont conservés à la Bibliothèque impériale, dans le résidu de Saint-Germain. Parmi ces manuscrits il en est un dont on a plusieurs fois désiré l'impression : c'est une *Histoire française de l'abbaye de Marmoutiers*, avec des pièces justificatives. Nous n'attribuons pas à cette *Histoire* une aussi grande valeur. Les pièces tirées par Martène des chartulaires de Marmoutiers sont peu nombreuses, si l'on compare son recueil à celui de Baluze, et l'*Histoire française* du monastère est d'un style lourd, diffus, qui fatigue bientôt le lecteur le plus patient. B. H.

D. Tassin, *Hist. Litt. de la Congr. de S. Maur.* — Moréri, *Dict. Histor.* — *Mercure de France*, août 1739. — *Le Pour et le Contre*, t. XVII, n. 249.

MARTENS (1) (*Thierry*), imprimeur belge, né vers 1450, à Alost, où il mourut, le 23 mai 1534. Il fit de bonnes études chez les pères Guillelmites de sa ville natale, et se rendit à Venise pour y apprendre les principes de l'art qu'il devait exercer ensuite avec une grande distinction. De retour dans sa patrie, il fonda à Alost le premier établissement typographique des Pays-Bas, et y imprima, en 1473, quatre ouvrages, avec un caractère neuf, approchant du semi-gothique alors en usage dans l'État de Venise, et qu'il avait lui-même gravé et fondu. Les écrivains contemporains l'appellent en effet non-seulement *typographus*, imprimeur, mais aussi *calcographus*, graveur sur métal. Suivant La Serna-Santander, Martens aurait introduit l'imprimerie à Anvers en 1476. Ce savant bibliographe possédait un exemplaire, décrit

(1) On connaît environ deux cents éditions signées par Martens, qui écrit son nom tantôt *Martinus* et *Martini*, tantôt *Mertens* et *Martens*. Cette dernière forme est la véritable.

bibl., I, 235. — Calogera, *Raccolta*, II (on y trouve sa *Vie*, écrite par lui-même, jusqu'en 1718). — Fantuzzi, *Scrittori Bolognesi* V, 332.

MARTELLY (*Honoré-François-Richard* DE), acteur et auteur dramatique français, né à Aix, le 27 octobre 1751, mort près de Marseille, le 8 juillet 1817. Il appartenait à une famille distinguée. Un de ses aïeux se distingua par son zèle courageux pendant la peste de Marseille, et fut anobli. Il fit de bonnes études chez les jésuites, étudia le droit, et se fit recevoir avocat au parlement de Provence; mais sa passion pour le théâtre l'emporta bientôt; il quitta le barreau, et débuta dans le rôle de *Tancrède*. Il commença sa carrière théâtrale en province, et vint ensuite au théâtre Molière à Paris, où il joua aussi la comédie dans l'emploi de Molé, qu'il cherchait à imiter, ce qui lui fit donner le surnom de *Molé de la province* (1). Il vint plus tard faire reprendre à l'Odéon sa comédie des *Deux Figures*, et retourna dans son pays. Il a publié : *Fables nouvelles*; Bordeaux, 1788, in-12; — *Les deux Figures, ou le sujet de comédie*, comédie en cinq actes, en prose, représentée en 1790, sur le théâtre du Palais-Royal, imprimée à Paris, en 1794, in-8°; — *L'Intrigant dupe par lui-même*, comédie en cinq actes; Paris, 1802, in-8°; — *Une Heure de Jocrisse*, comédie; Paris, 1804, in-8°; — *Le Maladroit*, comédie en trois actes en vers; — *Les Amours supposées*, com. représentée, ainsi que la précédente, sur le théâtre de Bordeaux; — *Conseils d'un homme de lettres, ou les trois rimeurs*; cette pièce n'a été ni représentée ni imprimée; — *Le Bonheur*, conte. A. JADIN.

La Harpe *Correspondance Littéraire* lettre 288. — Le Peintre, *Notice sur Martelly*, suite du *Répertoire français*, t. XLIV. — *Mémoires de l'Académie de Marseille*, t. XI. — Quérard, *La France Littéraire*.

MARTÈNE (*Edmond* dom), érudit français né à Saint-Jean de-Losne (diocèse de Dijon), le 22 décembre 1654, mort le 20 juin 1739, à Paris. A l'âge de dix-huit ans il fit profession d'observer la règle de Saint-Benoît, dans l'abbaye de Saint-Remi, à Reims. L'aptitude qu'il montra bientôt pour les travaux littéraires le fit appeler à Paris, dans l'abbaye de Saint-Germain, où il fut placé sous la direction de dom Luc d'Achery. On l'envoya plus tard à Marmoutiers. C'est là qu'il écrivit, en 1696, la vie de Claude Martin, religieux de cette abbaye, qui venait de mourir. Michel Germain, dans une de ses lettres à Placide Porcheron, appelle Martène un *saint homme*. Il était en effet d'une grande piété. Mais les plus nobles passions, parce qu'elles sont des passions, égarent quelquefois le jugement. La piété de Martène lui fit commettre dans sa biographie de dom Martin une faute grave contre le bon goût. Il prétendit le lendemain même de sa mort l'inscrire au nombre des *vénérables*, et réclamer pour lui l'insigne honneur de la canonisation. Les supérieurs de l'ordre blâmèrent cet empressement, et défendirent à Martène de publier un écrit qui ne pouvait manquer de compromettre la congrégation tout entière. Il fut, toutefois, imprimé l'année suivante, avec ou sans la participation de Martène. Ce qui le fit exiler à l'abbaye d'Évron, dans le bas Maine. Cependant cet exil dura peu de temps. En quittant Évron, Martène se rendit au monastère de Bonne-Nouvelle, à Rouen, où on lui assignait pour emploi d'aider dom de Sainte-Marthe, chargé de publier les *Œuvres de saint Grégoire le Grand*. Nous le retrouvons à Marmoutiers en 1708, quand le chapitre général de l'ordre l'envoya recueillir dans les diverses églises de France les matériaux qui pouvaient être utiles à la rédaction du nouveau *Gallia Christiana*; l'année suivante, dom Ursin Durand lui fut associé dans cette recherche, qu'ils continuèrent pendant six années consécutives. Les monuments historiques qu'ils exhumèrent dans le cours de ces voyages ont presque tous été livrés à la presse : ce sont, outre les *Instrumenta* joints aux treize premiers volumes du *Gallia Christiana*, les pièces, plus nombreuses encore et plus importantes par l'étendue, par la matière, qu'on lit dans les premiers recueils publiés sous les noms de Martène et d'Ursin Durand.

En l'année 1717, voulant faire exécuter le projet de dom Maur Audren, qui avait proposé une nouvelle collection des historiens de France, plus considérable que celle d'André Duchesne, le chancelier d'Aguesseau réunit un certain nombre de savants, pour s'entretenir avec eux de cette grande affaire. Martène fut de cette conférence. L'entreprise conseillée par le P. Audren fut approuvée, et Martène chargé d'en dresser le plan. Quelque temps après les supérieurs de l'ordre envoyèrent Martène et Durand à la recherche des pièces nouvelles qui devaient trouver place dans ce vaste recueil. Ils partirent le 30 mai 1718, et, allant vers le nord, ils pénétrèrent jusqu'à l'abbaye de Corvey, en Saxe. Ils rentraient à Saint-Germain-des-Prés au mois de janvier 1719. Martène fut séparé en 1734 de son fidèle compagnon. Compromis par son opposition à la bulle *Unigenitus*, Durand fut, à la requête du cardinal de Bissy, relégué en Picardie. Martène avait alors quatre vingts ans. Il ressentit vivement ce coup terrible, que les protecteurs trop zélés des jésuites et de la bulle auraient dû détourner de sa vénérable tête. Cependant il ne se laissa pas tout à fait abattre. Il lui fut au moins permis avant de mourir de revoir son vieil ami, rappelé de Noyon aux Blancs-Manteaux de Paris. A quatre-vingt-cinq ans, Martène travaillait encore avec une assiduité extraordinaire, lorsqu'il fut enlevé par une attaque d'apoplexie. — N'assimilons pas ce qui doit être distingué. à Mabillon, à Montfaucon, la vénération due au génie de l'histoire : à d'Achery, à Martène, à Durand, à

(1) On publia sur lui le quatrain suivant :

Molé, dans ses succès, sublime et sans envie,
Ne peut en Martelly reconnaître un rival.
A juste titre on doit applaudir la copie ;
Mais il faut respecter toujours l'original.

Bouquet, et à tant d'autres plus obscurs explorateurs de nos archives nationales, le vif témoignage d'une sincère reconnaissance!

Des nombreux ouvrages de ce laborieux compilateur aucun, assurément, n'a l'éminente distinction et les mérites divers qui recommanderont à jamais les écrits originaux de Mabillon, de Montfaucon; cependant on ne peut contester l'utilité de ces compilations modestes : en dispensant de recourir à des manuscrits toujours rares, et le plus souvent conservés en de lointains pays, elles rendent la science chaque jour plus facile.

Voici la liste des ouvrages de dom Martène : *Commentarius in regulam S.-Benedicti litteralis, moralis, historicus, ex variis antiquorum scriptorum Commentationibus*, etc., etc., *concinnatus*; Paris, 1690 et 1695, in-4°; — *De antiquis monachorum Ritibus Libri quinque, collecti ex variis ordinariis, consuetudinariis*, etc., etc.; Lyon, 1690, 2 vol. in-4°; — *La vie du Vénérable P. D. Claude Martin*; Tours, 1697, in-8°. C'est la publication de cet ouvrage qui causa tant de contrariétés au P. Martène. Il a été néanmoins réimprimé à Rouen en 1698; — *Maximes spirituelles du vénérable P. D. Claude Martin, tirées de ses ouvrages*; Rouen, 1698, in-12; — *De antiquis ecclesiæ Ritibus Libri quatuor, collecti ex variarum insigniorum ecclesiarum libris pontificalibus*, etc., etc.; Rouen, 1700, 2 vol. in-4°. Ce livre est une compilation des rituels séculiers, comme celui que nous avons mentionné plus haut est une compilation des rituels monastiques. Aux deux tomes concernant les rits de l'Église séculière, Martène en joignit un troisième, en 1702. Enfin, en 1736, il publia, en 4 vol. in-fol., une édition bien complète du même ouvrage; — *Tractatus de antiqua Ecclesiæ Disciplina, in divinis celebrandis officiis varios diversarum ecclesiarum ritus et usus exhibens*; Lyon, 1706, in-4°. Ellies Dupin nous présente un abrégé considérable de ces divers traités de Martène sur la discipline des réguliers et des séculiers, dans le tome quatrième de sa *Biblioth. Eccles.* du dix-septième siècle; — *Veterum Scriptorum et Monumentorum, moralium, historicorum, dogmaticorum Collectio nova*; Rouen, 1700, in-4°. Cette collection nouvelle est considérée comme faisant suite au *Spicilegium* de Luc d'Achery; — *Thesaurus novus Anecdotorum*; Paris, 1717, 5 vol. in-fol. Dans ces volumes se retrouvent les pièces déjà publiées à Rouen sous le titre de *Collectio nova*, mais avec des additions considérables. Martène et Ursin Durand avaient recueilli dans leurs courses à travers la France un grand nombre d'opuscules inédits qui ne pouvaient prendre place dans le *Gallia Christiana*; ils les publièrent à part, et en formèrent cet immense recueil, où l'on trouve des documents pour tous les genres d'études; — *Voyage littéraire de deux religieux bénédictins de la congrégation de Saint-Maur*; Paris, 1717, in-4°. Ces deux religieux sont Martène et Durand. Après leur voyage de l'année 1718, Martène et Durand publièrent, en 1724, in-4°, sous le même titre, une autre relation, plus étendue; — *Mémoire pour faire voir que les élections du supérieur général, faites par compromis, ne sont pas contraires aux usages du royaume*; 1717 Le *Mémoire* de Martène relatif à l'élection du P. de L'Hostallerie ne paraît pas avoir été imprimé; — *Veterum Scriptorum et Monumentorum historicorum, dogmaticorum et moralium amplissima Collectio*; Paris, 1724-1733, 9 vol. in fol. Tous les érudits ont eu affaire à ces volumes, où ils ont rencontré des pièces du plus grand intérêt. — *Imperialis Stabulensis monasterii Jura propugnata, adversus iniquas Disceptationes Ignatii Roderici*; Cologne, 1730, in-fol Martène a signé seul cette défense des droits contestés de l'abbaye de Stavelo; — *Annales Ordinis S. Benedicti*, tomus VI; Paris, 1739, in-fol. Les premiers volumes de cet important ouvrage sont de Mabillon : le sixième est de Martène. On doit ajouter au catalogue des œuvres de Martène divers manuscrits qui sont conservés à la Bibliothèque impériale, dans le résidu de Saint-Germain. Parmi ces manuscrits il en est un dont on a plusieurs fois désiré l'impression : c'est une *Histoire française de l'abbaye de Marmoutiers*, avec des pièces justificatives. Nous n'attribuons pas à cette *Histoire* une aussi grande valeur. Les pièces tirées par Martène des chartulaires de Marmoutiers sont peu nombreuses, si l'on compare son recueil à celui de Baluze, et l'*Histoire française* du monastère est d'un style lourd, diffus, qui fatigue bientôt le lecteur le plus patient. B. H.

D Tassin, *Hist. Litt. de la Congr. de S. Maur.* — Moréri, *Dict. Histor.* — *Mercure de France*, août 1739. — *Le Pour et le Contre*, t. XVII, n. 249.

MARTENS (1) (*Thierry*), imprimeur belge, né vers 1450, à Alost, où il mourut, le 23 mai 1534. Il fit de bonnes études chez les pères Guillelmites de sa ville natale, et se rendit à Venise pour y apprendre les principes de l'art qu'il devait exercer ensuite avec une grande distinction. De retour dans sa patrie, il fonda à Alost le premier établissement typographique des Pays-Bas, et y imprima, en 1473, quatre ouvrages, avec un caractère neuf, approchant du semi-gothique alors en usage dans l'État de Venise, et qu'il avait lui-même gravé et fondu. Les écrivains contemporains l'appellent en effet non-seulement *typographus*, imprimeur, mais aussi *calcographus*, graveur sur métal. Suivant La Serna-Santander, Martens aurait introduit l'imprimerie à Anvers en 1476. Ce savant bibliographe possédait un exemplaire, décrit

(1) On connaît environ deux cents éditions signées par Martens, qui écrit son nom tantôt *Martinus* et *Martini*, tantôt *Mertens* et *Martens*. Cette dernière forme est la véritable.

dans le *Catalogue* de sa bibliothèque sous le nº 2174, de l'ouvrage intitulé : *Summa Experimentorum; sive Thesaurus pauperum magistri Petri Yspani*, dont voici la souscription : *Exaratus Anwerpie per me Theodoricum Martini, anno Domini* 1476, *die* 22 *mai.* Des exemplaires semblables à celui-ci se trouvent à la bibliothèque de l'université d'Utrecht et à la Bibliothèque impériale de Paris; mais M. J.-V. Hottrop a signalé la différence des caractères de ce livre avec ceux dont Martens se servait en 1476. Il pense que dans le cours de l'impression les caractères des dernières lignes auront été dérangés, et qu'en les remettant en place on aura retourné et posé le chiffre 9 après le chiffre 7. Enfin, et ce fait lui semble lever tous les doutes, l'exemplaire du *Thesaurus Pauperum* conservé à la bibliothèque de l'université de Liége, où nous l'avons examiné récemment, est conforme à ceux d'Utrecht et de Paris, si ce n'est que dans la souscription, au lieu de l'an 1476, on lit 1497. Martens alla s'établir à Anvers en 1493; il y publia la même année l'ouvrage intitulé : *Textus Alexandri, cum sententiis et constructionibus*, et plus tard il transporta ses presses à Louvain, où dès 1501, c'est-à-dire six ans avant tout autre imprimeur français ou allemand, et sept ans seulement après Alde Manuce (1), il fit usage de caractères grecs dans plusieurs passages du *Philippi Beroaldi Opusculum eruditum;* il imprima ensuite, outre les grammaires de Lascaris et d'Adrien Amauri de Soissons, les œuvres complètes d'Homère, de Théocrite, d'Aristote, de Lucien, les discours de Démosthène et d'Isocrate, les dialogues de Platon, les comédies d'Aristophane, les tragédies d'Euripide, enfin les œuvres historiques de Plutarque, d'Hérodien et de Xénophon. Tous ces volumes sont remarquables par la netteté et l'élégance des caractères et par la correction du texte, et peuvent être comparés aux premières éditions grecques faites en Italie. C'est donc à bon droit que La Serna-Santander appelle Martens « le père de l'imprimerie grecque dans le nord et l'Alde des Pays-Bas ». Martens vivait dans l'intimité des savants que l'université de Louvain réunissait dans cette ville, tels qu'Érasme, Martin Dorp, Adrien Barland, Gérard de Nimègue, Corneille de Schryver et autres littérateurs célèbres de cette époque. Il était lui-même un philologue distingué. « *Omnibus pene linguis loquitur*, écrivait Martin Dorp à Érasme, *germanica, gallica, italica, latina; ut in hoc apostolicum quempiam renatum credas; ut vel Hieronymum, quamvis multilinguem, si non elegantia, numero tamen ausit provocare.* » (*Œuvres* d'Érasme, édit. Van der Aa, tom. III, Iʳᵉ part. col. 331). Martens était aussi hébraïsant, et il publia, vers 1520, en gardant l'anonyme : *Dictionarium Hebraicum*, sans nom de lieu ni d'imprimeur, in-4° de 48 feuillets, dont la Bibliothèque impériale de Paris possède un exemplaire. Comme il le déclare dans la préface, l'auteur tira le fond de ce lexique des *Rudimenta hebraica* de J. Reuchlin; il se servit des propres expressions de cet érudit, tout en abrégeant son ouvrage, et il entreprit cette compilation dans le seul but d'épargner aux commençants un long et pénible travail, faute d'un recueil de radicaux hébraïques. Valère André attribue à Martens deux ouvrages inconnus aujourd'hui; ils sont intitulés : *Hymni in honorem sanctorum*, et *Dialogus de Virtutibus, aliaque*. Le P. Van Iseghem, qui a réuni dans une excellente notice biographique tous les titres de gloire de ce savant imprimeur, a donné le catalogue par ordre chronologique des ouvrages sortis de ses presses; ils sont au nombre de deux cent dix (1), dont soixante-huit sont conservés à la bibliothèque royale de Bruxelles et treize à celle de l'université de Gand. Sur ces deux cent dix ouvrages, il y en a quatre-vingt-dix dont on ne connaît qu'un seul exemplaire. La première marque particulière dont Martens se servit pour ses impressions fut une belle gravure représentant la porte du château d'Anvers; on la trouve pour la dernière fois au bas de l'*Éloge de la Folie* par Érasme, publié à Anvers, 1512, sous ce titre : *Moriæ Encomium, Erasmi Roterodami declamatio*. Une autre marque se voit à la fin de l'*Ortulus florum beate Marie Virginis;* Anvers, 1508, in-8° : c'est un écusson contenant un cercle surmonté d'une triple croix, dont le pied repose au centre du cercle, sur une ligne horizontale. Dans la partie supérieure du cercle sont les initiales *T. M.*, et au bas une étoile. Martens se servit encore de deux autres écussons : le premier, suspendu à un arbre, et soutenu par deux lions, présente dans un cercle surmonté d'une triple croix, les lettres *T. M.* avec une étoile au-dessus, et au bas la légende THEODRIC MARTINI; le second, employé sur ses dernières impressions, à partir de la fin de l'an 1517, offre une double ancre, avec ces mots : *Theodo. Martin. excvdebat.*, et, outre divers mots grecs et latins, ces deux vers :

> Semper sit tibi nixa mens honesto.
> Sacra hæc ancora non fefellit unquam.

Plus bas on lit encore ce distique :

> Ne tempestatum vis auferat : ancora sacra
> Quo mentem figas, est facunda tibi.

Érasme fait allusion à cette ancre double, dans l'épitaphe qu'il composa pour Martens, et que Prosper Marchand rapporte en ces termes :

> Hic Theodoricus jaceo, prognatus Alosto ;
> Ars erat impressis scripta referre typis.

(1) La première impression grecque faite en France par Gilles Gourmond est datée de 1507, et la première édition grecque d'Alde Manuce est de 1494.

(1) Le P. van Iseghem nous a assuré que depuis la publication de ce travail il avait découvert quelques autres livres imprimés par Martens.

Fratribus, uxori, soboli notisque superstes,
Octavam vegetus præterit decadem.
Anchora sacra manet, gratæ notissima pubi :
Christe, precor, nunc sis Anchora sacra mihi.

Martens fut enterré dans le couvent des Guillelmites d'Alost, où il s'était retiré dès l'année 1529. Lors de la suppression de cette maison religieuse, en 1784, la pierre qui avait recouvert sa tombe fut transportée à l'église paroissiale d'Alost, et placée dans le mur de la chapelle de Saint-Sébastien, où nous l'avons vue en 1859. Sculptée en relief, elle représente le défunt de grandeur naturelle, les mains jointes en attitude de prière. Au-dessus de la tête, un cercle tracé dans un écusson renferme les lettres T. M. surmontées d'une étoile, et sur ce cercle s'élève une triple croix papale. Sur les bords de la pierre se trouve, en lettres gothiques, cette inscription flamande : *Hier leit begraven Dierick Martens d'eerste letterdruckere van duitschlant vrankeryke en desen Nederlanden, hy sterf anno MDXXXIIII de XXVIII dach in maie* (Ci-gît enseveli Thierry Martens, le premier imprimeur de lettres de l'Allemagne, de la France et de ces Pays-Bas; il mourut l'année 1534, le 28e jour de mai). La reconnaissance nationale a élevé de nos jours à cet homme célèbre, dans la ville qui l'a vu naître, une statue, œuvre de Jean Geefs, dont l'inauguration a eu lieu le 7 juillet 1856. E. REGNARD.

Sanderus, *Flandria illustrata*, t. III, p. 148. — Swertius, *Athenæ Belgicæ*, p. 686. — P. Marchand, *Diction. Hist.*, et *Histoire de l'Imprimerie*, p. 63. — Maittaire, *Annales Typographici*, 2e édit., t. I, p. 334. — Valère André, *Bibliotheca Belgica*. — La Serna-Santander, *Diction bibliog. choisi du quinzième siècle*, t. I, p. 293. — F.-A. van Iseghem, *Biographie de Thierry Martens*; Malines, 1852, in-8°. — De Ram, *Considérations sur l'histoire de l'université de Louvain*, dans le t. XXI des *Bulletins de l'Académie royale de Belgique*. — Félix Nève, *Mémoire hist. et litt. sur le Collége des trois Langues à l'université de Louvain*, passim. — J.-W. Holtrop, *Catalogus librorum sæculo XV impressorum quotquot in bibliotheca regia Hagana asservantur*; La Haye, 1856, in-8°, préf., p. XII. — A.-F. Didot, *Essai sur la Typog.*

MARTENS (*Frédéric*), voyageur allemand, né à Hambourg, vivait au dix-septième siècle. Il fit plusieurs voyages comme chirurgien de vaisseau et visita en 1671 le Spitzberg. On a de lui : *Spitzbergische und Grönländische Reisebeschreibung* (Voyage au Spitzberg et au Groenland); Hambourg, 1675, in-4°, avec pl. : cet ouvrage, écrit avec une grande exactitude, a le premier fait connaître en Europe ces contrées lointaines du Nord; il fut traduit en italien, Bologne, 1680, in-8°, et 1683, in-12; en hollandais, Amsterdam, 1685, in-4°; en anglais, Londres, 1695, in-8°, et en français, 1715, in-12. O.

Moller, *Cimbria Literata*, t. I.

MARTENS (*Georges-Frédéric* DE), publiciste allemand, né à Hambourg, le 22 février 1756, mort à Francfort, le 21 février 1821. Après avoir enseigné depuis 1784 la jurisprudence à Gœttingue, il fut nommé en 1808 conseiller d'État par le roi de Westphalie. En 1814 il devint conseiller de cabinet auprès du roi de Hanovre, prince qu'il alla représenter deux ans après à la diète de Francfort. On a de lui : *Précis du Droit des Gens moderne de l'Europe*; Gœttingue, 1789 et 1821, in-8°; — *Sammlung der wichtigsten Reichsgrundgesetze der vornehmsten europäischen Staaten* (Recueil des Lois constitutives les plus importantes des principaux États de l'Europe); Gœttingue, 1794, in-8° : ce premier volume concerne le Danemark, la Suède et l'Angleterre; — *Einleitung in das positive europäische Völkerrecht* (Introduction au Droit des Gens positif de l'Europe); Gœttingue, 1796, in-8°; — *Versuch einer historischen Entwickelung des wahren Ursprungs des Wechselrechts* (Essai sur l'histoire de la véritable origine de la Lettre de change); Gœttingue, 1797, in-8°; — *Erzählung merkwürdiger Fälle des europäischen Völkerrechts* (Récit de cas intéressants du Droit des Gens européen); Gœttingue, 1801-1802, 2 vol. in-4°; — *Cours diplomatique, ou tableau des relations extérieures des puissances de l'Europe*; Berlin, 1801, 3 vol. in-8°; — *Gesetze der europäischen Mächte über Handel, Schiffahrt und Assekuranzen seit der Mitte des XVII Jahrhunderts* (Lois édictées depuis le milieu du dix-septième siècle par les puissances européennes au sujet du commerce, de la navigation et des assurances); Gœttingue, 1802, in-8°; ce premier volume ne concerne que la France; — *Diplomatische Geschichte der europäischen Staatshändel seit dem Ende des XV Jahrhunderts* (Histoire diplomatique des Négociations traitées entre les États de l'Europe depuis la fin du quinzième siècle); Berlin, 1807, in-8°; — *Recueil de Traités d'alliance, de paix, de trêve, de neutralité, de commerce, etc., servant à la connaissance des relations des États de l'Europe entre eux et avec les États des autres parties du globe, depuis 1761 jusqu'en 1808*, Gœttingue, 1817-1835, 8 vol. in-8°; cette édition, revue en partie par Charles de Martens, avait été précédée par une autre, commencée en 1792; — *Nouveau Recueil de Traités d'alliance, etc., depuis 1808 jusqu'à présent*, 1817-1824, 5 vol. in-8° : cet ouvrage fut continué jusqu'à nos jours par Saalfeld et Murhard; — *Table générale chronologique et alphabétique du Recueil des Traités*; Gœttingue, 1837-1843, 2 vol. in-8°. O.

Conversations-Lexikon.

*MARTENS (*Charles*, baron DE), écrivain diplomatique français, fils du précédent, né vers 1790, à Francfort. Il entra dans le service diplomatique de Prusse, et exerça dans plusieurs cours allemandes les fonctions de chargé d'affaires ou de ministre. Il a publié en français les ouvrages suivants : *Manuel Diplomatique, ou précis des droits et des fonctions des agents diplomatiques*; Paris, 1822, in-8°; cet ouvrage a été refondu, sous le titre : *Guide Diplomatique*; ibid., 1832, 2 vol. in-8°, et 1837, 3 vol.

le roi de France. Ce qui est certain, c'est qu'il se retira dans le canton de Berne, où il obtint bientôt la direction d'une des principales églises, et que ses deux filles ne purent sortir de France et furent enfermées dans un couvent. On a de Martel : *Réponse à la méthode de M. le cardinal de Richelieu;* Rouen, 1674, in-4°. Cette réponse, dit Cathala-Couture, décèle dans son auteur un profond savoir, et surtout ce ton de modération et de décence, bien éloigné de l'aigreur et du fanatisme qui percent pour l'ordinaire dans la plupart des livres de controverse. » — *De Natura Fidei et de Gratia efficaci;* Montauban, 1653, in-4° : thèse inaugurale; — un grand nombre de thèses qu'il fit soutenir sous sa présidence aux élèves de l'académie de Montauban, de 1656 à 1674; — un recueil des sermons que Cathala-Couture lui attribue, sans en donner le titre détaillé. Quant aux diverses pièces de vers que cet historien du Querci lui donne fort généreusement, elles sont d'un avocat de Toulouse, qui portait le même nom de Martel (*voy.* le suivant). M. Nicolas.

Cathala-Couture. *Hist. du Querci*, III. — MM. Haag. *La France Protest.* — Bayle, *Nouvelles Lettres;* La Haye, 1739, p. 314 et 315.

MARTEL (*Adrien*), littérateur français, né à Toulouse, où il est mort, vers 1730. Avocat au parlement de Toulouse, il se distingua par son amour pour les lettres, résida quelque temps à Paris, où il fut très-assidu aux conférences de Ménage et de Marolles, voyagea en Allemagne et en Italie, et fut agrégé aux académies des *Infecondi* de Rome et des *Ricovrati* de Padoue. En 1688, l'académie des *Lanternistes* (1) lui donna le titre de secrétaire perpétuel. On a de lui : *Discours à la gloire des académies d'Italie;* — *Factum pour l'établissement d'une académie de belles-lettres à Toulouse;* s. l. n. d., in-12. Sa *Réponse* à ceux qui avaient attaqué ce projet parut à Montauban, 1692, in-8° ; — *Mémoires sur divers genres de littérature et d'histoire, mêlés de remarques et de dissertations critiques, par la Société des Curieux;* Paris, 1722, 2 vol. in-12; on y trouve une *Vie du président Duranti*, textuellement reproduite par Moréri dans son *Dictionnaire;* — *Nouvelles littéraires, curieuses et intéressantes;* Lyon, 1724, in-12. Martel fit paraître, en sa qualité de secrétaire, plusieurs volumes du *Recueil de discours et autres pièces d'éloquence* de l'académie des Lanternistes.

Un écrivain du même nom et peut-être de la famille du précédent, *Guillaume* Martel, né en 1731, à Toulouse, où il mourut, en 1821, fut aussi avocat, et remporta plusieurs prix à l'académie des Jeux Floraux, pour les poëmes *Les Dangers du Cloître* et *Les mouches* (1754), une ode *Sur l'Economie politique*, et des Éloges. P. L.

Biog. Toulousaine, II.

(1) Cette société, qui jouit au dix-septième siècle d'une certaine célébrité, fut fondée en 1640, par Pellisson et Malepeyre, sous le nom de *Conférences académiques*. Réorganisée en 1667, elle tenait plusieurs séances par semaine, distribuait des prix de poésie et d'éloquence, et publiait le résultat de ses travaux; elle se fondit vers 1786 dans l'académie des belles-lettres de Toulouse. Nous citerons parmi ses membres les plus connus Campistron, Fermat, La Loubère, Guillaume Marcel, Nolet, Pellisson, Malepeyre, Palaprat et Régis.

MARTEL (*Pourçain*), homme politique français, né en 1748, à Saint-Pourçain (Bourbonnais), où il mourut, le 25 avril 1836. Il était notaire dans sa ville natale lorsque éclata la révolution. Le département de l'Allier le députa en 1792 à la Convention nationale. Lors du jugement de Louis XVI, il s'exprima ainsi sur l'appel au peuple : « Citoyens, je consulte la raison, la justice et l'humanité : je réponds que je ne crois pas devoir renvoyer au peuple la mission qu'il m'a donnée, parce que la désobéissance est attentatoire à la souveraineté du peuple; d'ailleurs j'ai pensé que l'appel au peuple n'était qu'une mesure pusillanime. Je dis : non! » Sur l'application de la peine, Martel répondit : « La mort dans les vingt-quatre heures. » Le 19 ventôse an II, il déclara que si Fouquier-Tinville ne pouvait pas saisir tous les fils de la grande conspiration de l'étranger et en frapper plus de complices, c'est qu'il n'avait pas assez d'agents à sa disposition. Il en fit par conséquent décréter l'augmentation. Devenu membre du Conseil des Anciens, il en sortit en 1798. Il entra ensuite dans les bureaux de la Comptabilité intermédiaire. Il était encore employé dans un ministère au retour des Bourbons et la loi dite d'*amnistie* de janvier 1816 l'obligea de quitter la France. Il y rentra après la révolution de juillet 1830 et mourut dans l'obscurité. H. L.

Biog. moderne (Paris, 1806). — *Petite Biographie conventionnelle* (Paris, 1815). — *Biographie des hommes vivants* (Paris, 1818). — *Moniteur universel*, an II, n° 170.

MARTELIÈRE (*Pierre* de La), célèbre avocat français, né à Bellesme, dans la seconde moitié du seizième siècle, mort à Paris, en 1631. Fils de François de La Martelière, lieutenant général au bailliage du Perche à Bellesme, il alla plaider à Tours, lorsque les membres du parlement de Paris, fidèles à Henri IV, s'y furent transportés, et les suivit ensuite à Paris, en 1594. Il s'acquit bientôt une haute réputation, et eut pour clients beaucoup de grands seigneurs, tels que le prince de Condé, le comte de Soissons et autres. Nommé, par la suite, conseiller d'État, il ne cessa pas jusqu'à sa mort de rédiger des consultations. Il a fait imprimer plusieurs de ses plaidoyers; le plus célèbre est celui qu'il prononça en 1611 en faveur de l'Université contre les Jésuites. Dans ses *Mémoires chronologiques et dogmatiques*, le P. d'Avrigny dit « que ce plaidoyer ferait honneur au plus vieux professeur de rhétorique tant il y a de figures de toutes les sortes et de traits de l'ancienne histoire. » Paul Gimont d'Esclavolles répondit à La Martelière par son *Avis sur le plaidoyer de La Martellière*; Paris, 1612. O.

Moréri, *Dict.*

MARTELLI (*Lodovico*), poëte italien, né à Florence, en 1499, mort en 1527. Jeune il se distingua dans la poésie lyrique. Il prit part à la polémique contre le Trissin au sujet des deux lettres nouvelles que cet écrivain voulait introduire dans l'alphabet italien. Il en démontra l'inutilité. Le prince Ferrante Sanseverino l'appela près de lui à Salerne, où il mourut, à l'âge de vingt-sept ans. Martelli laissa non terminée une tragédie de *Tullia*, à laquelle Claudio Tolomei ajouta un chœur. Cette pièce passe pour une des meilleures parmi celles qui signalèrent la renaissance des lettres en Italie; ce n'est cependant qu'une froide imitation de l'*Électre* de Sophocle, mais on y trouve des passages vigoureusement écrits, qui promettaient un poëte capable, suivant l'expression de Tolomei, « de faire hautement résonner son nom, si la fortune envieuse ne l'eût si prématurément enlevé ». Les *Poésies* (*Rime*) de Martelli ont été publiées à Rome, 1533, in-8°, et à Florence, 1548, in-8°. Cette dernière contient de plus que la précédente une traduction du quatrième livre de l'*Énéide*. Sa *Risposta alla Epistola del Trissino* parut in-4° (sans date), en 1524 ou 1525 suivant Apostolo Zeno. Z.

' Crescimbeni, *Storia della Volgar Poesia.* — Tolomei, *Lettere*, p. 45, edit. de Venise, 1545. — Tiraboschi, *Storia della Letteratura Italiana*, t. VII, part. III, p. 17. — Ginguene, *Hist. litt. d'Italie*, t. VI, p. 61 ; t. IX, p. 284.

MARTELLI (*Vicenzo*), frère du précédent, poëte italien, né à Florence, vers le commencement du seizième siècle, mort en 1556. Comme son frère, dont il était loin d'avoir le talent, il vécut à la cour de Salerne. D'abord bien traité par le prince Sanseverino, il ne tarda pas à perdre la confiance de ce prince. Sanseverino voulait se rendre auprès de Charles Quint, pour le détourner du projet d'introduire l'inquisition à Naples. « Martelli, dit Ginguené, se déclara vivement contre cette mission, que le prince remplit néanmoins, cédant aux conseils, plus patriotiques, de Bernardo Tasso. L'événement prouve que Martelli avait plus de prévoyance; cependant il fut emprisonné, et dans cette triste position il fit vœu de faire le pèlerinage de Jérusalem s'il obtenait sa liberté. A peine délivré, il remplit sa promesse; et après les malheurs de son protecteur, il mena une vie retirée et paisible jusqu'en 1556, époque de sa mort. » Ses *Lettere e Rime* ont paru à Florence, 1563, 1606, in-4°. Plusieurs de ses lettres ont été insérées dans le recueil des *Lettere volgari degli XIII uomini illustri*; Venise, 1564. Z.

Bernardo Tasso, *Lettere*, t. I. — Poccianti, *Scrittori Fiorentini*. — Tiraboschi, *Storia della Letteratura Italiana*, t. VII, part. III, p. 18. — Ginguené, *Hist. de la Littérature italienne*, t. IX, p. 285.

MARTELLI (*Pietro-Giacomo*), poëte italien, né le 28 avril 1665, à Bologne, où il est mort, le 10 mai 1727. Il fit ses humanités chez les jésuites, et, pour satisfaire au vœu de sa famille, commença l'étude de la médecine à l'université de Bologne; comme il lui fut bientôt permis de suivre son goût pour les belles-lettres, il s'y abandonna sans réserve, et grâce à l'émulation d'Eustache Manfredi, son condisciple, grâce surtout aux conseils du peintre Carlo Cignano, qui avait un logement chez son père, il acquit une connaissance étendue des écrivains anciens et modernes. En 1697 il devint secrétaire du sénat de Bologne; en 1707 il fut pourvu d'une chaire de belles-lettres à l'université, et quelques mois après il se rendit à Rome comme secrétaire particulier de Philippe Aldovrandi dans son ambassade auprès de Clément XI. Sur l'invitation de ce pape, il accompagna en la même qualité Pompée Aldovrandi à Paris (1713), où il connut Fontenelle, La Motte, Crébillon, Malezieu, Saurin et Mme Dacier. Martelli a écrit, avec une extrême facilité, dans tous les genres de littérature; il s'est rendu célèbre à une époque de décadence par des tragédies, où parfois l'on retrouve la puissance et la noblesse des poëtes grecs, qu'il ne cessait de proposer pour modèles. Il reprochait aux Italiens d'être tombés dans la prétention et l'afféterie, et aux Français, dont il admirait les œuvres, de sacrifier sur le théâtre toutes les passions à l'amour. Ses pièces, fort nombreuses, n'étaient pas destinées à la scène; quelques-unes cependant, comme *Iphigénie en Tauride* et *Alceste*, reçurent beaucoup d'applaudissements. Selon l'opinion de Maffei, il doit être compté parmi les meilleurs poëtes de son temps. Il voulut mettre à la mode en Italie les vers de douze pieds (qu'on appelle depuis *martelliani*), rimés de deux en deux, prétendant qu'ils ajoutaient plus d'ampleur et de force à l'action dramatique et que d'ailleurs l'invention en était non française, mais italienne, puisqu'elle venait d'un poëte sicilien du treizième siècle, nommé Ciullo; mais la plupart de ses confrères s'élevèrent contre lui, et cette innovation ne fit pas fortune. On a publié après la mort de Martelli ses œuvres diverses : *Opere*; Bologne, 1723-1735, 7 vol. in-8° : ce recueil renferme vingt-cinq pièces de tous genres, notamment *Ifigenia in Tauris*, *L'Alceste*, *La Morte di Nerone*, *Il Sisara*, *Elena casta*, *Perseo in Samotracia*; le poëme *Degli Occhi di Gesù*; les dialogues *Della Tragedia antica e moderna* et *Il Tasso*; des discours, etc. Quelques morceaux n'ont pas été compris dans cette publication, tels que : *Vita d'Aless. Guidi*, dans les *Vite degli Arcadi*, t. III, 1714, in-4°; Martelli avait pris dans cette société le nom de Mirtilo Dianidio; — *Radicone, romanzo, canti III*; in-12; — *Il Femia sentenziato*; Cagliari (Milan), 1724, in-8°; réimpr. dans la *Raccolta di Tragedie del Secolo XVIII*; Milan, 1825, in-8° : c'est une pièce satirique où Maffei était mis en scène sous le nom de *Femia*. P.

Fabroni, *Vitæ Italorum*, V, 259-296. — Fontanini, *Bi-*

blioth., I, 235. — Calogera, *Raccolta*, II (on y trouve sa *Vie*, écrite par lui-même, jusqu'en 1718). — Fantuzzi, *Scrittori Bolognesi* V, 332.

MARTELLY (*Honoré-François-Richard* DE), acteur et auteur dramatique français, né à Aix, le 27 octobre 1751, mort près de Marseille, le 8 juillet 1817. Il appartenait à une famille distinguée. Un de ses aïeux se distingua par son zèle courageux pendant la peste de Marseille, et fut anobli. Il fit de bonnes études chez les jésuites, étudia le droit, et se fit recevoir avocat au parlement de Provence; mais sa passion pour le théâtre l'emporta bientôt; il quitta le barreau, et débuta dans le rôle de *Tancrède*. Il commença sa carrière théâtrale en province, et vint ensuite au théâtre Molière à Paris, où il joua aussi la comédie dans l'emploi de Molé, qu'il cherchait à imiter, ce qui lui fit donner le surnom de *Molé de la province* (1). Il vint plus tard faire reprendre à l'Odéon sa comédie des *Deux Figures*, et retourna dans son pays. Il a publié : *Fables nouvelles;* Bordeaux, 1788, in-12; — *Les deux Figures, ou le sujet de comédie*, comédie en cinq actes, en prose, représentée en 1790, sur le théâtre du Palais-Royal, imprimée à Paris, en 1794, in-8°; — *L'Intrigant dupe par lui-même*, comédie en cinq actes; Paris, 1802, in-8°; — *Une Heure de Jocrisse*, comédie; Paris, 1804, in-8°; — *Le Maladroit*, comédie en trois actes en vers; — *Les Amours supposées*, com. représentée, ainsi que la précédente, sur le théâtre de Bordeaux; — *Conseils d'un homme de lettres, ou les trois rimeurs;* cette pièce n'a été ni représentée ni imprimée; — *Le Bonheur*, conte. A. JADIN.

La Harpe *Correspondance Littéraire* lettre 288. — Le Peintre, *Notice sur Martelly*, suite du *Répertoire français*, t. XLIV. — *Mémoires de l'Académie de Marseille*, t. XI. — Quérard, *La France Littéraire*.

MARTÈNE (*Edmond* dom), érudit français né à Saint-Jean de-Losne (diocèse de Dijon), le 22 décembre 1654, mort le 20 juin 1739, à Paris. A l'âge de dix-huit ans il fit profession d'observer la règle de Saint-Benoît, dans l'abbaye de Saint-Remi, à Reims. L'aptitude qu'il montra bientôt pour les travaux littéraires le fit appeler à Paris, dans l'abbaye de Saint-Germain, où il fut placé sous la direction de dom Luc d'Achery. On l'envoya plus tard à Marmoutiers. C'est là qu'il écrivit, en 1696, la vie de Claude Martin, religieux de cette abbaye, qui venait de mourir. Michel Germain, dans une de ses lettres à Placide Porcheron, appelle Martène un *saint homme*. Il était en effet d'une grande piété. Mais les plus nobles passions, parce qu'elles sont des passions, égarent quelquefois le jugement. La piété de Martène lui fit commettre dans sa biographie de dom Martin une faute grave contre le bon goût. Il prétendit le lendemain même de sa mort l'inscrire au nombre des *vénérables*, et réclamer pour lui l'insigne honneur de la canonisation. Les supérieurs de l'ordre blâmèrent cet empressement, et défendirent à Martène de publier un écrit qui ne pouvait manquer de compromettre la congrégation tout entière. Il fut, toutefois, imprimé l'année suivante, avec ou sans la participation de Martène. Ce qui le fit exiler à l'abbaye d'Évron, dans le bas Maine. Cependant cet exil dura peu de temps. En quittant Évron, Martène se rendit au monastère de Bonne-Nouvelle, à Rouen, où on lui assignait pour emploi d'aider dom de Sainte-Marthe, chargé de publier les *Œuvres de saint Grégoire le Grand*. Nous le retrouvons à Marmoutiers en 1708, quand le chapitre général de l'ordre l'envoya recueillir dans les diverses églises de France les matériaux qui pouvaient être utiles à la rédaction du nouveau *Gallia Christiana;* l'année suivante, dom Ursin Durand lui fut associé dans cette recherche, qu'ils continuèrent pendant six années consécutives. Les monuments historiques qu'ils exhumèrent dans le cours de ces voyages ont presque tous été livrés à la presse : ce sont, outre les *Instrumenta* joints aux treize premiers volumes du *Gallia Christiana*, les pièces, plus nombreuses encore et plus importantes par l'étendue, par la matière, qu'on lit dans les premiers recueils publiés sous les noms de Martène et d'Ursin Durand.

En l'année 1717, voulant faire exécuter le projet de dom Maur Audren, qui avait proposé une nouvelle collection des historiens de France, plus considérable que celle d'André Duchesne, le chancelier d'Agnesseau réunit un certain nombre de savants, pour s'entretenir avec eux de cette grande affaire. Martène fut de cette conférence. L'entreprise conseillée par le P. Audren fut approuvée, et Martène chargé d'en dresser le plan. Quelque temps après les supérieurs de l'ordre envoyèrent Martène et Durand à la recherche des pièces nouvelles qui devaient trouver place dans ce vaste recueil. Ils partirent le 30 mai 1718, et, allant vers le nord, ils pénétrèrent jusqu'à l'abbaye de Corvey, en Saxe. Ils rentraient à Saint-Germain-des-Prés au mois de janvier 1719. Martène fut séparé en 1734 de son fidèle compagnon. Compromis par son opposition à la bulle *Unigenitus*, Durand fut, à la requête du cardinal de Bissy, relégué en Picardie. Martène avait alors quatre vingts ans. Il ressentit vivement ce coup terrible, que les protecteurs trop zélés des jesuites et de la bulle auraient dû détourner de sa vénérable tête. Cependant il ne se laissa pas tout à fait abattre. Il lui fut au moins permis avant de mourir de revoir son vieil ami, rappelé de Noyon aux Blancs-Manteaux de Paris. A quatre-vingt-cinq ans, Martène travaillait encore avec une assiduité extraordinaire, lorsqu'il fut enlevé par une attaque d'apoplexie. — N'assimilons pas ce qui doit être distingué. à Mabillon, à Montfaucon, la vénération due au génie de l'histoire : à d'Achery, à Martène, à Durand, à

(1) On publia sur lui le quatrain suivant :

Molé, dans ses succès, sublime et sans envie,
Ne peut en Martelly reconnaître un rival.
A juste titre on doit applaudir la copie;
Mais il faut respecter toujours l'original.

Bouquet, et à tant d'autres plus obscurs explorateurs de nos archives nationales, le vif témoignage d'une sincère reconnaissance!

Des nombreux ouvrages de ce laborieux compilateur aucun, assurément, n'a l'éminente distinction et les mérites divers qui recommanderont à jamais les écrits originaux de Mabillon, de Montfaucon; cependant on ne peut contester l'utilité de ces compilations modestes : en dispensant de recourir à des manuscrits toujours rares, et le plus souvent conservés en de lointains pays, elles rendent la science chaque jour plus facile.

Voici la liste des ouvrages de dom Martène : *Commentarius in regulam S.-Benedicti litteralis, moralis, historicus, ex variis antiquorum scriptorum Commentationibus*, etc., etc., *concinnatus*; Paris, 1690 et 1695, in-4°; — *De antiquis monachorum Ritibus Libri quinque, collecti ex variis ordinariis, consuetudinariis*, etc., etc.; Lyon, 1690, 2 vol. in-4°; — *La vie du Vénérable P. D. Claude Martin*; Tours, 1697, in-8°. C'est la publication de cet ouvrage qui causa tant de contrariétés au P. Martène. Il a été néanmoins réimprimé à Rouen en 1698; — *Maximes spirituelles du vénérable P. D. Claude Martin, tirées de ses ouvrages*; Rouen, 1698, in-12; — *De antiquis ecclesiæ Ritibus Libri quatuor, collecti ex variarum insigniorum ecclesiarum libris pontificalibus*, etc., etc.; Rouen, 1700, 2 vol. in-4°. Ce livre est une compilation des rituels séculiers, comme celui que nous avons mentionné plus haut est une compilation des rituels monastiques. Aux deux tomes concernant les rits de l'Église séculière, Martène en joignit un troisième, en 1702. Enfin, en 1736, il publia, en 4 vol. in-fol., une édition bien complète du même ouvrage; — *Tractatus de antiqua Ecclesiæ Disciplina, in divinis celebrandis officiis varios diversarum ecclesiarum ritus et usus exhibens*; Lyon, 1706, in-4°. Ellies Dupin nous présente un abrégé considérable de ces divers traités de Martène sur la discipline des réguliers et des séculiers, dans le tome quatrième de sa *Biblioth. Eccles.* du dix-septième siècle; — *Veterum Scriptorum et Monumentorum, moralium, historicorum, dogmaticorum Collectio nova*; Rouen, 1700, in-4°. Cette collection nouvelle est considérée comme faisant suite au *Spicilegium* de Luc d'Achery; — *Thesaurus novus Anecdotorum*; Paris, 1717, 5 vol. in-fol. Dans ces volumes se retrouvent les pièces déjà publiées à Rouen sous le titre de *Collectio nova*, mais avec des additions considérables. Martène et Ursin Durand avaient recueilli dans leurs courses à travers la France un grand nombre d'opuscules inédits qui ne pouvaient prendre place dans le *Gallia Christiana*; ils les publièrent à part, et en formèrent cet immense recueil, où l'on trouve des documents pour tous les genres d'études; — *Voyage littéraire de deux religieux bénédictins de la congrégation de Saint-Maur*; Paris, 1717, in-4°. Ces deux religieux sont Martène et Durand. Après leur voyage de l'année 1718, Martène et Durand publièrent, en 1724, in-4°, sous le même titre, une autre relation, plus étendue; — *Mémoire pour faire voir que les élections du supérieur général, faites par compromis, ne sont pas contraires aux usages du royaume*; 1717. Le *Mémoire* de Martène relatif à l'élection du P. de L'Hostallerie ne paraît pas avoir été imprimé; — *Veterum Scriptorum et Monumentorum historicorum, dogmaticorum et moralium amplissima Collectio*; Paris, 1724-1733, 9 vol. in fol. Tous les érudits ont eu affaire à ces volumes, où ils ont rencontré des pièces du plus grand intérêt. — *Imperialis Stabulensis monasterii Jura propugnata, adversus iniquas Disceptationes Ignatii Roderici*; Cologne, 1730, in-fol. Martène a signé seul cette défense des droits contestés de l'abbaye de Stavelo; — *Annales Ordinis S. Benedicti*, tomus VI; Paris, 1739, in-fol. Les premiers volumes de cet important ouvrage sont de Mabillon : le sixième est de Martène. On doit ajouter au catalogue des œuvres de Martène divers manuscrits qui sont conservés à la Bibliothèque impériale, dans le résidu de Saint-Germain. Parmi ces manuscrits il en est un dont on a plusieurs fois désiré l'impression : c'est une *Histoire française de l'abbaye de Marmoutiers*, avec des pièces justificatives. Nous n'attribuons pas à cette *Histoire* une aussi grande valeur. Les pièces tirées par Martène des chartulaires de Marmoutiers sont peu nombreuses, si l'on compare son recueil à celui de Baluze, et l'*Histoire française* du monastère est d'un style lourd, diffus, qui fatigue bientôt le lecteur le plus patient. B. H.

D. Tassin, *Hist. Litt. de la Congr. de S. Maur.* — Moréri, *Dict. Histor.* — *Mercure de France*, août 1739. — *Le Pour et le Contre*, t. XVII, n. 249.

MARTENS (1) (*Thierry*), imprimeur belge, né vers 1450, à Alost, où il mourut, le 23 mai 1534. Il fit de bonnes études chez les pères Guillelmites de sa ville natale, et se rendit à Venise pour y apprendre les principes de l'art qu'il devait exercer ensuite avec une grande distinction. De retour dans sa patrie, il fonda à Alost le premier établissement typographique des Pays-Bas, et y imprima, en 1473, quatre ouvrages, avec un caractère neuf, approchant du semi-gothique alors en usage dans l'État de Venise, et qu'il avait lui-même gravé et fondu. Les écrivains contemporains l'appellent en effet non-seulement *typographus*, imprimeur, mais aussi *calcographus*, graveur sur métal. Suivant La Serna-Santander, Martens aurait introduit l'imprimerie à Anvers en 1476. Ce savant bibliographe possédait un exemplaire, décrit

(1) On connaît environ deux cents éditions signées par Martens, qui écrit son nom tantôt *Martinus* et *Martini*, tantôt *Mertens* et *Martens*. Cette dernière forme est la véritable.

dans le *Catalogue* de sa bibliothèque sous le nº 2174, de l'ouvrage intitulé : *Summa Experimentorum; sive Thesaurus pauperum magistri Petri Yspani*, dont voici la souscription : *Exaratus Anwerpie per me Theodoricum Martini, anno Domini* 1476, *die* 22 *mai*. Des exemplaires semblables à celui-ci se trouvent à la bibliothèque de l'université d'Utrecht et à la Bibliothèque impériale de Paris; mais M. J.-V. Hottrop a signalé la différence des caractères de ce livre avec ceux dont Martens se servait en 1476. Il pense que dans le cours de l'impression les caractères des dernières lignes auront été dérangés, et qu'en les remettant en place on aura retourné et posé le chiffre 9 après le chiffre 7. Enfin, et ce fait lui semble lever tous les doutes, l'exemplaire du *Thesaurus Pauperum* conservé à la bibliothèque de l'université de Liége, où nous l'avons examiné récemment, est conforme à ceux d'Utrecht et de Paris, si ce n'est que dans la souscription, au lieu de l'an 1476, on lit 1497. Martens alla s'établir à Anvers en 1493; il y publia la même année l'ouvrage intitulé : *Textus Alexandri, cum sententiis et constructionibus*, et plus tard il transporta ses presses à Louvain, où dès 1501, c'est-à-dire six ans avant tout autre imprimeur français ou allemand, et sept ans seulement après Alde Manuce (1), il fit usage de caractères grecs dans plusieurs passages du *Philippi Beroaldi Opusculum eruditum;* il imprima ensuite, outre les grammaires de Lascaris et d'Adrien Amauri de Soissons, les œuvres complètes d'Homère, de Théocrite, d'Aristote, de Lucien, les discours de Démosthène et d'Isocrate, les dialogues de Platon, les comédies d'Aristophane, les tragédies d'Euripide, enfin les œuvres historiques de Plutarque, d'Hérodien et de Xénophon. Tous ces volumes sont remarquables par la netteté et l'élégance des caractères et par la correction du texte, et peuvent être comparés aux premières éditions grecques faites en Italie. C'est donc à bon droit que La Serna-Santander appelle Martens « le père de l'imprimerie grecque dans le nord et l'Alde des Pays-Bas ». Martens vivait dans l'intimité des savants que l'université de Louvain réunissait dans cette ville, tels qu'Érasme, Martin Dorp, Adrien Barland, Gérard de Nimègue, Corneille de Schryver et autres littérateurs célèbres de cette époque. Il était luimême un philologue distingué. « *Omnibus pene linguis loquitur*, écrivait Martin Dorp à Érasme, *germanica, gallica, italica, latina; ut in hoc apostolicum quempiam renatum credas; ut vel Hieronymum, quamvis multilinguem, si non elegantia, numero tamen ausit provocare.* » (Œuvres d'Érasme, édit. Van der Aa, tom. III, Iʳᵉ part. col. 331). Martens était aussi hébraïsant, et il publia, vers 1520, en gardant l'anonyme : *Dictionarium Hebraicum*, sans nom de lieu ni d'imprimeur, in-4° de 48 feuillets, dont la Bibliothèque impériale de Paris possède un exemplaire. Comme il le déclare dans la préface, l'auteur tira le fond de ce lexique des *Rudimenta hebraica* de J. Reuchlin; il se servit des propres expressions de cet érudit, tout en abrégeant son ouvrage, et il entreprit cette compilation dans le seul but d'épargner aux commençants un long et pénible travail, faute d'un recueil de radicaux hébraïques. Valère André attribue à Martens deux ouvrages inconnus aujourd'hui; ils sont intitulés : *Hymni in honorem sanctorum*, et *Dialogus de Virtutibus, aliaque*. Le P. Van Iseghem, qui a réuni dans une excellente notice biographique tous les titres de gloire de ce savant imprimeur, a donné le catalogue par ordre chronologique des ouvrages sortis de ses presses; ils sont au nombre de deux cent dix (1), dont soixante-huit sont conservés à la bibliothèque royale de Bruxelles et treize à celle de l'université de Gand. Sur ces deux cent dix ouvrages, il y en a quatre-vingt-dix dont on ne connaît qu'un seul exemplaire. La première marque particulière dont Martens se servit pour ses impressions fut une belle gravure représentant la porte du château d'Anvers; on la trouve pour la dernière fois au bas de l'*Éloge de la Folie* par Érasme, publié à Anvers, 1512, sous ce titre : *Moriæ Encomium, Erasmi Roterodami declamatio*. Une autre marque se voit à la fin de l'*Ortulus florum beate Marie Virginis;* Anvers, 1508, in-8° : c'est un écusson contenant un cercle surmonté d'une triple croix, dont le pied repose au centre du cercle, sur une ligne horizontale. Dans la partie supérieure du cercle sont les initiales *T. M.*, et au bas une étoile. Martens se servit encore de deux autres écussons : le premier, suspendu à un arbre, et soutenu par deux lions, présente dans un cercle surmonté d'une triple croix, les lettres *T. M.* avec une étoile au-dessus, et au bas la légende THEODRIC MARTINI; le second, employé sur ses dernières impressions, à partir de la fin de l'an 1517, offre une double ancre, avec ces mots : *Theodo. Martin. excudebat.*, et, outre divers mots grecs et latins, ces deux vers :

> Semper sit tibi nixa mens honesto.
> Sacra hæc ancora non fefellit unquam.

Plus bas on lit encore ce distique :

> Ne tempestatum vis auferat : ancora sacra
> Quo mentem figas, est facunda tibi.

Érasme fait allusion à cette ancre double, dans l'épitaphe qu'il composa pour Martens, et que Prosper Marchand rapporte en ces termes :

> Hic Theodoricus jaceo, prognatus Alosto ;
> Ars erat impressis scripta referre typis.

(1) La première impression grecque faite en France par Gilles Gourmont est datée de 1507, et la première édition grecque d'Alde Manuce est de 1494.

(1) Le P. van Iseghem nous a assuré que depuis la publication de ce travail il avait découvert quelques autres livres imprimés par Martens.

Fratribus, uxori, soboli notisque superstes,
Octavam vegetus præterit decadem.
Anchora sacra manet, gratæ notissima pubi :
Christe, precor, nunc sis Anchora sacra mihi.

Martens fut enterré dans le couvent des Guillelmites d'Alost, où il s'était retiré dès l'année 1529. Lors de la suppression de cette maison religieuse, en 1784, la pierre qui avait recouvert sa tombe fut transportée à l'église paroissiale d'Alost, et placée dans le mur de la chapelle de Saint-Sébastien, où nous l'avons vue en 1859. Sculptée en relief, elle représente le défunt de grandeur naturelle, les mains jointes en attitude de prière. Au-dessus de la tête, un cercle tracé dans un écusson renferme les lettres T. M. surmontées d'une étoile, et sur ce cercle s'élève une triple croix papale. Sur les bords de la pierre se trouve, en lettres gothiques, cette inscription flamande : *Hier leit begraven Dierick Martens d'eerste letterdruckere van duitschlant vrankeryke en desen Nederlanden, hy sterf anno MDXXXIIII de XXVIII dach in maie* (Ci-gît enseveli Thierry Martens, le premier imprimeur de lettres de l'Allemagne, de la France et de ces Pays-Bas; il mourut l'année 1534, le 28e jour de mai). La reconnaissance nationale a élevé de nos jours à cet homme célèbre, dans la ville qui l'a vu naître, une statue, œuvre de Jean Geefs, dont l'inauguration a eu lieu le 7 juillet 1856. E. REGNARD.

Sanderus, *Flandria Illustrata*, t. III, p. 148. — Swertius, *Athenæ Belgicæ*, p. 686. — P. Marchand, *Diction. Hist.*, et *Histoire de l'Imprimerie*, p. 63. — Maittaire, *Annales Typographici*, 2e édit., t. I, p. 334. — Valère André, *Bibliotheca Belgica*. — La Serna-Santander, *Diction. bibliog. choisi du quinzième siècle*, t. I, p. 393. — F.-A. van Iseghem, *Biographie de Thierry Martens*; Malines, 1852, in-8°. — De Ram, *Considerations sur l'histoire de l'université de Louvain*, dans le t. XXI des *Bulletins de l'Académie royale de Belgique*. — Félix Nève, *Mémoire hist. et litt. sur le Collège des trois Langues à l'université de Louvain*, passim. — J.-W. Holltrop, *Catalogus librorum sæculo XV impressorum quotquot in bibliotheca regia Hagana asservantur*; La Haye, 1856, in-8°, préf., p. XII. — A.-F. Didot, *Essai sur la Typog.*

MARTENS (*Frédéric*), voyageur allemand, né à Hambourg, vivait au dix-septième siècle. Il fit plusieurs voyages comme chirurgien de vaisseau et visita en 1671 le Spitzberg. On a de lui : *Spitzbergische und Grönländische Reisebeschreibung* (Voyage au Spitzberg et au Groenland); Hambourg, 1675, in-4°, avec pl. : cet ouvrage, écrit avec une grande exactitude, a le premier fait connaître en Europe ces contrées lointaines du Nord; il fut traduit en italien, Bologne, 1680, in-8°, et 1683, in-12; en hollandais, Amsterdam, 1685, in-4°; en anglais, Londres, 1695, in-8°, et en français, 1715, in-12. O.

Moller, *Cimbria Literata*, t. I.

MARTENS (*Georges-Frédéric* DE), publiciste allemand, né à Hambourg, le 22 février 1756, mort à Francfort, le 21 février 1821. Après avoir enseigné depuis 1784 la jurisprudence à Gœttingue, il fut nommé en 1808 conseiller d'État par le roi de Westphalie. En 1814 il devint conseiller de cabinet auprès du roi de Hanovre, prince qu'il alla représenter deux ans après à la diète de Francfort. On a de lui : *Précis du Droit des Gens moderne de l'Europe*; Gœttingue, 1789 et 1821, in-8°; — *Sammlung der wichtigsten Reichsgrundgesetze der vornehmsten europäischen Staaten* (Recueil des Lois constitutives les plus importantes des principaux États de l'Europe); Gœttingue, 1794, in-8° : ce premier volume concerne le Danemark, la Suède et l'Angleterre; — *Einleitung in das positive europäische Völkerrecht* (Introduction au Droit des Gens positif de l'Europe); Gœttingue, 1796, in-8°; — *Versuch einer historischen Entwickelung des wahren Ursprungs des Wechselrechts* (Essai sur l'histoire de la véritable origine de la Lettre de change); Gœttingue, 1797, in-8°; — *Erzählung merkwürdiger Fälle des europäischen Völkerrechts* (Récit de cas intéressants du Droit des Gens européen); Gœttingue, 1801-1802, 2 vol. in-4°; — *Cours diplomatique, ou tableau des relations extérieures des puissances de l'Europe*; Berlin, 1801, 3 vol. in-8°; — *Gesetze der europäischen Mächte über Handel, Schiffahrt und Assekuranzen seit der Mitte des XVII Jahrhunderts* (Lois édictées depuis le milieu du dix-septième siècle par les puissances européennes au sujet du commerce, de la navigation et des assurances); Gœttingue, 1802, in-8°; ce premier volume ne concerne que la France; — *Diplomatische Geschichte der europäischen Staatshändel seit dem Ende des XV Jahrhunderts* (Histoire diplomatique des Négociations traitées entre les États de l'Europe depuis la fin du quinzième siècle); Berlin, 1807, in-8°; — *Recueil de Traités d'alliance, de paix, de trêve, de neutralité, de commerce, etc., servant à la connaissance des relations des États de l'Europe entre eux et avec les États des autres parties du globe, depuis 1761 jusqu'en 1708*, Gœttingue, 1817-1835, 8 vol. in-8°; cette édition, revue en partie par Charles de Martens, avait été précédée par une autre, commencée en 1792; — *Nouveau Recueil de Traités d'alliance, etc., depuis 1808 jusqu'à présent*, 1817-1824, 5 vol. in-8° : cet ouvrage fut continué jusqu'à nos jours par Saalfeld et Murhard; — *Table générale chronologique et alphabétique du Recueil des Traités*; Gœttingue, 1837-1843, 2 vol. in-8°. O.

Conversations-Lexikon.

*MARTENS (*Charles*, baron DE), écrivain diplomatique français, fils du précédent, né vers 1790, à Francfort. Il entra dans le service diplomatique de Prusse, et exerça dans plusieurs cours allemandes les fonctions de chargé d'affaires ou de ministre. Il a publié en français les ouvrages suivants : *Manuel Diplomatique, ou précis des droits et des fonctions des agents diplomatiques*; Paris, 1822, in-8°; cet ouvrage a été réfondu, sous le titre : *Guide Diplomatique*; ibid., 1832, 2 vol. in-8°, et 1837, 3 vol.

in-8° ; on y joint ordinairement un *Supplément*, publié en 1833 par M. Pinheiro-Ferreira ; — *Annuaire Diplomatique* ; Paris, 1823-1825, 3 vol. in-18 ; — *Causes célèbres du Droit des Gens* ; Leipzig, 1827 et ann suiv., 3 vol. in-8° ; — *Nouvelles Causes célèbres du Droit des Gens* ; Leipzig, 1843, 3 vol. in-8° ; — *Nouveau Recueil de Traités*, de 1808 à 1839 (avec MM. Saalfeld et Murhard) ; Gœttingue, 1817-1842, 16 vol. in-8°, en 19 part ; — *Recueil manuel de Traités, Conventions et autres actes diplomatiques depuis* 1760 (avec M. de Cussy) ; Leipzig, 1846-1849, 5 vol. in-8°. K.

Littér. française contemp.

MARTHE (*Anne* Biget, plus connue sous le nom de sœur), née à Thoraise, près de Besançon, en 1748, morte à Besançon, en 1824. Elle entra fort jeune dans le couvent de la Visitation de cette ville, où elle remplit longtemps les fonctions de tourière. Pendant la révolution, quoique l'ordre auquel elle appartenait eût été supprimé, elle n'en continua pas moins à porter assistance aux prisonniers sans distinction d'opinion, et fut comme une providence pour eux. Elle possédait une modique pension de cent trente-trois francs ; sa charité lui donna les ressources qu'elle n'avait pas ; une petite maison qu'elle avait achetée devint le revenu des prisonniers et des indigents de la ville, et suffit presque à ces nombreuses infortunes. Pendant les guerres de l'empire, elle signala son zèle dans les hôpitaux militaires, en soignant sans distinction les malades à quelque nation qu'ils appartinssent. En 1809, six cents prisonniers espagnols furent dirigés sur Besançon ; sœur Marthe pourvut à leurs besoins les plus pressants, et fut chargée de les assister dans leurs maladies. Le commandant de la place, auquel elle portait souvent les demandes des captifs, lui dit un jour : « Sœur Marthe, vous allez être bien affligée, vos bons amis les Espagnols quittent Besançon. — Oui, répondit-elle ; mais les Anglais arrivent, et *tous les malheureux sont mes amis*. » En 1815, il lui fut donné une fête dans la prison militaire de Chamars par les soldats de toutes les puissances de l'Europe, et tous les princes lui témoignèrent leur bienveillance par des présents et des pensions. On a gravé son portrait, où elle est représentée décorée de plusieurs ordres français et étrangers. [Le Bas, *Dictionnaire encyclopédique de la France*].

Biographie nouvelle des Contemporains, 1824. — *Galerie historique des Contemporains*, 1827.

MARTI (*Emmanuel*) en latin *Martinus*, érudit espagnol, né à Oropesa, dans le royaume de Valence, le 19 juillet 1663, mort à Alicante, le 21 avril 1737. Il fit ses études à l'université de Valence, et montra un talent précoce pour la versification latine et espagnole. Après quelques aventures que son complaisant biographe Mayans raconte longuement, il se rendit à Rome, en 1686, pour se fortifier dans la connaissance du grec. Au bout de sept mois il était capable de traduire en grec une héroïde d'Ovide, et avec un peu plus d'exercice il parvint à écrire en prose et en vers dans la langue grecque aussi facilement que dans la langue latine ; il ne lui en coûta pas plus pour apprendre l'hébreu et le français. Il ne donnait à ces études qu'une partie de son temps, réservant l'autre pour des compositions latines, telles qu'un supplément en six livres aux *Fastes* d'Ovide, et des élégies descriptives qui parurent à Rome en 1686, sous le titre d'*Amalthea Geographica*, et dans lesquelles il traite des métaux, des pierres précieuses, des animaux terrestres, des oiseaux, des poissons, des serpents, des plantes, des odeurs, des herbes, des fruits, des fleurs, des arbres, des insectes, des habits, des richesses, du chaud et du froid, des boissons, des viandes, des pierres. En 1687 il fut admis à l'académie des *Infecundi*, et bientôt après à celle des *Arcadi*. La même année il publia ses *Amores*, où il célébrait en vers imités d'Ovide sa passion pour une Camilla imaginaire. En 1688 il composa à l'imitation de Stace une sylve sur le débordement du Tibre (*de Tiberis alluvione*). Le cardinal d'Aguirre, à qui il présenta cette pièce, le choisit pour secrétaire. Marti travailla en cette qualité à l'édition des Conciles nationaux et provinciaux d'Espagne, que le cardinal fit paraître à Rome, en 1694, et publia la *Bibliotheca Hispana vetus* de Nicolas Antonio. Pour se distraire de ces occupations, il s'amusa à traduire en vers grecs les *Épigrammes* choisies de Martial et à commenter les *Idylles* de Théocrite. Nommé en 1696 doyen d'Alicante, il revint en Espagne, et reçut les ordres sacrés. Il ne résida pas longtemps dans son doyenné, et s'établit en 1699 à Valence. Il se mit à traduire en latin le *Commentaire* d'Eustathe sur Homère ; mais son ami Montfaucon le dissuada de ce travail. En 1704 il accepta la place de bibliothécaire du duc de Medina-Celi. La disgrâce du duc, son emprisonnement et sa mort, en 1710, les malheurs de la guerre qui détruisirent la modeste fortune de Marti jetèrent celui-ci dans une mélancolie qui fit craindre pour sa raison et sa vie. La protection du nouveau duc de Medina-Celi, neveu du précédent, lui rendit le courage. Il reprit ses études d'antiquaire, et forma une collection de médailles. En 1717 il revint à Rome dans l'intention d'y poursuivre ses recherches numismatiques ; mais l'édit de Philippe V, qui enjoignait à tous les Espagnols de quitter Rome, l'obligea de revenir en 1718 dans son doyenné d'Alicante, où il resta jusqu'à sa mort. Dans les dernières années de sa vie, une cécité presque complète le força à cesser ses travaux d'érudition et à interrompre le commerce épistolaire qu'il entretenait avec des philologues et des antiquaires éminents. Parmi ses correspondants, on remarque Montfaucon, Gravina, Fabretti, Ciampini, Maffei. Les *Lettres* de Marti (*Epistolarum Libri duodecim*), publiées à petit nombre, aux frais de lord Keene, ambassadeur d'Angleterre à la cour d'Espagne et réimprimées par les soins de Wesseling; Amsterdam, 1738, in-4°, forment un recueil intéressant. Wesseling a inséré dans son édition une *Oratio pro crepitu ventris, habita ad patres crepitantes*, facétie peu plaisante, que Marti lut dans une assemblée littéraire, qui se tenait chez le poëte Guidi. On trouve dans l'*Antiquité expliquée* de Montfaucon, une *Description du théâtre de Sagonte* par Marti. Z.

Mayans, *Vita Emmanuelis Martini*; Mantoue, 1785, in-8°, reproduite dans l'édition des *Epistolæ* de Wesseling. — Mendes, *Oratio in obitum Em. Martini*; Lisbonne, 1737, in-4°. — Gianelli, *Notes sur les Sectani Q.* (SERGARDI) *satyræ*, t. II, *sat.* XI, p. 211, 249, 292, édit. de Lucques, 1783. — *Bibliothèque raisonnée des ouvrages des savants de l'Europe*, t. XXI. — Moréri, *Le Grand Dictionnaire Historique*.

MARTI (*Benoît*). *Voy.* ARETIUS.

MARTIAL (Saint), évêque franc, dont l'époque ainsi que l'origine sont restées fort douteuses. Suivant la tradition répandue dans le Limousin et l'Aquitaine, Martial aurait été un des soixante-douze disciples présents à la Pentecôte, et serait venu prêcher l'Évangile dans les Gaules dès le premier siècle de l'ère chrétienne. Grégoire de Tours ne place la mission de saint Martial que dans le troisième siècle et sous l'empire de Dèce. C'est cette seconde version qui a été généralement acceptée. Au onzième siècle deux conciles, tenus à Limoges en 1028 et 1031, décidèrent que le titre d'apôtre convenait à saint Martial, puisqu'il avait le premier apporté la lumière dans l'Aquitaine; mais ces assemblées ne fixèrent pas de date à sa mission; il est d'ailleurs constant que la Gaule centrale fut catéchisée avant le troisième siècle. Le pape Jean XIX autorisa pour saint Martial l'office d'un apôtre; néanmoins, il ne place pas ce saint au nombre des premiers disciples. Cette décision souveraine a été confirmée par Pie IX (18 mai 1854). Suivant la légende, quand Martial quitta Rome pour se rendre dans les Gaules, il avait pour compagnons les prêtres Alpinien et Austriclinien. Celui-ci étant mort après quelques jours de marche, Martial le ressuscita en le touchant avec le *bâton de saint Pierre*. Pour conserver le souvenir de ce miracle, on bâtit plus tard, sur le lieu même où il fut opéré, une église sous le vocable de Saint-Martial: c'est l'église du Colle di Val d'Elsa. Arrivé en Gaule, Martial établit son siége épiscopal à Limoges, où il fit de nombreuses conversions ainsi qu'à Bordeaux, Poitiers, Saintes. Il eut la douleur de voir décapiter à Limoges une jeune fille du nom de Valérie, qui refusa de s'unir au proconsul de la province pour suivre les pieux enseignements du saint évêque. L'amant, blessé, se vengea par la mort de sa maîtresse. En mourant saint Martial désigna pour lui succéder un ancien prêtre païen converti, qui avait pris au baptême le nom d'Aurélien. Un autre prêtre, converti par lui et nommé André, se fixa près de son tombeau avec quelques clercs. Ils embrassèrent la vie monacale, et avec l'aide de l'empereur Charles le Chauve fondèrent en 848 la célèbre abbaye de Saint-Martial de Limoges. On attribue à Martial deux épîtres reproduites dans la *Bibliotheca Patrum*: l'une adressée aux habitants de Bordeaux, l'autre à ceux de Toulouse; mais elles sont supposées. L'Église honore saint Martial le 30 juin.

B. et A. L. ROY-PIERREFITTE.

Grégoire de Tours, *Historia Francorum* et *Liber de Gloria Confessorum*. — *Vie de saint Martial*, écrite du cinquième au septième siècle par un anonyme. — *Acta sincera et antiqua beati Martialis episcopi et confessoris*, légende composée au neuvième siècle avec amplification; car la vie du cinquième siècle est faussement attribuée à saint Aurélien. — Labbe, *De Scriptor. ecclesiasticis*, 1660, t. II, p. 59 — Bouquet, *Histoire ecclésiastique des Gaules*, 1834, part II, p. 60. — Les Bollandistes, *Acta Sanctorum*, t. V, juin, p. 536. — *Martyrologium Romanum*, 30 juin. — *Martyrologium Gallicanum*, 30 juin — Fleury, *Histoire Ecclésiastique*, III° siècle. — Longueval, *Histoire de l'Église gallicane* — Dom Vaissette et Claude de Vic, *Histoire générale du Languedoc*, in-fol., t. I, note XXIII. — De Marca, *De tempore prædicatæ primum in Galliis fidei*. — Noël Alexandre, *Historia ecclesiastica Veteris Novique Testamenti*, *dissertatio* XVI. — François Pagi, *Critica in Annales Baronii*, an 1032. — Bonaventure de Saint-Amable, 3 vol. in folio, 1676 — Collin, *Vie des Saints du Limousin*. — Legros, *Dissertation sur saint Martial*, in-4°, manuscrit, et *Vies des saints du Limousin*, manuscrites, propriétés du grand séminaire de Limoges. — L'abbé Arbellot, *Dissertation sur l'apostolat de saint Martial et sur l'antiquité des églises de France*; Paris, 1855. — Ch. de Chergé, *Les Vies des Saints du Poitou*; Poitiers, 1856 — L'abbé Roy-Pierrefitte, *Notice historique sur l'abbaye de Saint-Martial de Limoges* (Limoges, in 8°, 1857).

MARTIAL (*Marcus Valerius* MARTIALIS), poëte latin, né à Bilbilis, en Espagne, en 43 après J.-C., mort dans la même ville, vers 104. Tout ce que nous savons sur sa vie, c'est lui-même qui nous l'apprend dans ses livres, car aucun contemporain, excepté Pline le jeune, ne le mentionne. Il est aussi très-peu question de lui dans les écrivains immédiatement postérieurs; dès que l'on atteint l'âge des grammairiens, on le voit souvent cité; mais ce n'est pas là que l'on peut trouver des renseignements biographiques. En rassemblant ceux qui sont dispersés dans le recueil de ses *Épigrammes*, on s'est assuré qu'il naquit à Bilbilis, en Espagne, le 1er mars de la troisième année du règne de Claude (43 après J.-C.), qu'il vint à Rome dans la treizième année du règne de Néron (65 apr. J.-C.), qu'il y séjourna trente-cinq ans, qu'il revint ensuite dans sa ville natale dans la troisième année du règne de Trajan (100 ap. J.-C.), et qu'il y vécut au moins trois ans encore sur la propriété d'une dame, nommée Marcella, qu'il avait probablement épousée peu après son retour en Espagne et dont il vante les grâces et l'esprit. Sa mort, qui n'a pas dû arriver avant 104, est mentionnée par Pline le jeune dans une lettre d'une date malheureusement incertaine. Sa vie, pendant son long séjour à Rome, est peinte avec assez de détails dans ses *Épigrammes*. Sa réputation, si on l'en croit, était grande non-seulement à Rome, mais en Gaule, en Germanie, en Bretagne, dans le pays des Gètes. Il est probable en effet que les officiers qui allaient commander dans ces contrées lointaines y portaient les petits livres licencieux du poëte. Son talent et ses flatteries lui valurent le patronage des empereurs Titus et Domitien. Il se vante du moins de son influence, et prétend qu'il a obtenu le droit de cité pour plusieurs de ses amis. Pour lui-même il obtint les priviléges accordés aux pères de trois enfants (*jus trium liberorum*), bien qu'il n'eût pas d'enfants et qu'apparemment il ne fût pas marié. Quelques autres distinctions, telles que le rang de tribun et les droits de l'ordre équestre, lui furent accordés, et il ne paraît pas qu'ils l'aient enrichi. Il se plaint de la vie qu'il mène, comme d'un insupportable esclavage, et regrette de ne pas jouir de l'indépendance et d'une vie paisible à la campagne. Si ses vœux eussent été sincères, sa fortune lui aurait sans doute permis de les réaliser. Il avait une maison à Rome et une villa suburbaine près de Nomentum, à laquelle il fait souvent allusion avec orgueil. Il n'était donc pas aussi pauvre qu'on l'a dit. Il est vrai qu'à son départ de Rome il reçut de Pline un présent pour faire son voyage; mais c'était le prix d'un compliment poétique, et rien ne prouve que l'auteur en eût un besoin indispensable. Martial se trouva d'abord heureux dans sa retraite de Bilbilis; mais il éprouva bientôt les désagréments d'une petite ville, et il avoue dans la préface de son douzième livre son regret des plaisirs littéraires de Rome; ce qui lui manque surtout, ce sont les auditeurs intelligents, qui applaudissaient à ses traits d'esprit : « S'il est quelque charme en mes livres, dit-il, je le dois à mes auditeurs. La pénétration dans le jugement, la fécondité du génie, les bibliothèques, les théâtres, les réunions où l'on étudie en prenant du plaisir, toutes ces choses que la satiété me fit abandonner, je les regrette comme si je les avais perdues à jamais. Ajoutez à cela l'humeur mordante des provinciaux, l'envie qui tient la place de la critique, un ou deux malintentionnés, qui sont une foule dans un petit endroit, et en présence desquels il est si difficile de garder tous les jours sa bonne humeur. » Il survécut peu à la publication de ce dernier livre. « J'apprends que Martial est mort, écrit Pline, et j'en ai beaucoup de chagrin. C'était un esprit agréable, vif, piquant. Il avait dans ses écrits beaucoup de sel et de fiel, et non moins d'honnêteté. A son départ de Rome je lui donnai de quoi faire le voyage. Je devais ce petit secours à notre amitié; je le devais aux vers qu'il a faits pour moi (1). »

Il nous reste de Martial un recueil de petites pièces désignées sous le nom général d'*Epigrammata*, au nombre de plus de quinze cents et divisées en quatorze livres. Celles qui forment les deux derniers livres, et qui sont distinguées par les titres particuliers de *Xenia* et *Apophoreta*, au nombre de trois cent cinquante, consistent, si l'on excepte les épigrammes qui servent d'introduction, en distiques consacrés à la description d'un grand nombre de petits objets de table ou de toilette que les amis avaient l'habitude de s'envoyer en présents aux saturnales et aux autres jours de fête. Outre ces quatorze livres, presque toutes les éditions de Martial renferment trente-trois épigrammes formant un livre à part, qui depuis le temps de Gruter est communément cité sous le titre de *Liber de Spectaculis*, parce qu'il se rapporte entièrement aux spectacles donnés par Titus et Domitien; mais il n'y a pas d'ancienne autorité pour ce titre, et les plus récentes éditions donnent simplement à ce livre le titre de *Liber Epigrammaton*. Le *De Spectaculis* manque dans la plupart des meilleurs manuscrits, et de ceux qui le contiennent deux seulement, et tous deux dérivés du même archétype, remontent au delà du quinzième siècle. Les critiques les plus judicieux sont d'avis que le plus grand nombre de ces épigrammes est authentique, bien que certaines épigrammes apocryphes aient dû circuler sous le nom d'un auteur à la mode et ensuite se glisser dans ses œuvres (1).

(1) Nous avons rassemblé ici les faits authentiques relatifs à Martial. L'assertion que le père de Martial se nommait *Fronton* et sa mère *Flacilla* repose sur une fausse interprétation de l'épigramme 34 du livre V. Une autre erreur étrange eut cours pendant un certain temps touchant le nom même du poëte. Dans la biographie d'Alexandre Sévère par Lampride (c. 38) nous trouvons la 29e épigramme du Ve livre citée comme *Martialis Coci epigramma*; de là Jean de Salisbury (*Curial. Nugar.*, VII, 12; VIII, 6, 12), Jacques le Grand de Tolède (*Sopholog.*) et Vincent de Beauvais (*Specul. Doctr.*, III, 87) supposent que le poëte était surnommé *Coquus*, et le désignent par cette appellation. Mais le texte des écrivains de l'*Histoire auguste* nous est arrivé en trop mauvais état pour que l'on attache une grande importance à ce mot *coci* qui d'ailleurs dans plusieurs manuscrits est remplacé par *etiam*. On suppose généralement qu'au lieu de *coci* il faut lire *coce* (*quoque*), ce qui fait disparaître la difficulté.

(1) La chronologie des œuvres de Martial, indispensable pour fixer les événements de sa propre vie, a été soigneusement étudiée par Loyd et Dodwell; mais leurs travaux ont été encore surpassés par ceux de Clinton. Il est clair, d'après les dédicaces et préfaces en prose et en vers placées en tête de chaque livre, que l'auteur publia ses *Epigrammes*, tantôt par livres séparés et tantôt en réunissant plusieurs livres ensemble. Le *Liber de Spectaculis* et les neuf premiers livres contiennent un grand nombre d'allusions à des faits arrivés depuis les jeux de Titus en 80 jusqu'au retour de Domitien de l'expédition contre les Sarmates en janvier 94. Le second livre n'a dû être écrit qu'après le commencement de la guerre de Dacie (86), et le sixième après le triomphe sur les Daces et les Germains (91); le septième fut écrit dans le cours de la guerre de Sarmatie ([illegible]); le huitième commence au mois de janvier 94; le neuvième se rapporte à la même époque, quoique peut-être il ait été écrit en 96. Tous ces livres furent composés à Rome, excepté le troisième, écrit pendant un voyage dans la Gaule Cispadane (*Gallia Togata*). Le dixième livre eut deux éditions; la première fut mise au jour à la hâte, la seconde, celle que nous lisons maintenant, célèbre l'arrivée de Trajan à Rome après son avénement au trône. Ce fait s'accomplit en 99, et comme l'auteur avait alors, d'après la 24e épigramme de ce livre, cinquante-sept ans, nous avons la date précise de sa naissance. L'épigramme 104 du Xe livre nous apprend qu'il était à Rome depuis trente-quatre ans, ce qui par une simple soustraction nous donne la date de son arrivée dans cette ville. Le onzième livre semble avoir été publié de bonne heure, en 100, puisque l'auteur retourna à Bilbilis à la fin de la même année. Après un repos de trois ans, il envoya de Bilbilis à Rome son douzième livre, qui dut paraître en 103 ou 104. Quelques épigrammes de ce livre appartiennent cependant à une époque antérieure. Les treizième et quatorzième livres, *Xenia* et *Apophoreta*, furent écrits

Le genre de poésie auquel Martial a dû sa célébrité est une imitation des Grecs; mais en s'appropriant cette forme, le poëte latin lui a fait subir une altération remarquable. L'épigramme était d'abord une simple inscription destinée à rappeler un fait remarquable ou un homme illustre, quelquefois même un simple particulier qui n'avait aucun titre à la célébrité. Plus tard on donna le même nom aux petites pièces qui, sous une forme métrique et resserrée, exprimaient des sentiments personnels, de haine ou d'amour, de colère ou de tendresse. La nécessité où était le poëte de renfermer sa pensée dans un court espace le conduisait à donner à son expression du relief et du trait. Telles sont les épigrammes de l'*Anthologie* grecque, et chez les Latins celles de Catulle. Martial imagina de réserver pour la conclusion de l'épigramme, le relief, le trait que Catulle mettait dans tous les vers de ces petites pièces. C'était le moyen de ménager au lecteur de perpétuelles surprises; mais des surprises trop prévues perdent beaucoup de leur prix; Lebrun a dit avec raison :

> Par ses traits fins Martial nous surprit;
> Mais la finesse a sa monotonie :
> De l'épigramme il n'avait que l'esprit :
> Catulle seul en eut tout le génie.

Martial a trop fait d'épigrammes; on pourrait en retrancher les trois quarts sans rien regretter au point de vue littéraire. Il semble que le poëte lui-même le pensait quand il écrivait ce vers qui s'applique si exactement à sa collection :

> Sunt bona, sunt quædam mediocria, sunt mala plura.

Malgré les défauts de Martial, il est impossible de n'être pas étonné de la singulière richesse de son imagination, de la vivacité de son esprit, de l'élégance et de la facilité de son langage. Son recueil est aussi la source la plus abondante pour la connaissance des habitudes et des mœurs des Romains dans le premier siècle de l'empire. Commensal et flatteur des grands, peintre fidèle et complaisant de leurs vices, Martial a mérité de sévères reproches. Sa servilité à l'égard de Domitien admet à peine l'excuse de la nécessité; la froide et laborieuse obscénité de beaucoup de ses épigrammes est encore plus difficile à excuser. On en fut choqué même à Rome; Martial sentit le besoin de s'en justifier et de prévenir les fâcheuses interprétations qu'on en pouvait tirer quant à ses mœurs privées. Il proteste à plusieurs reprises qu'il ne faut pas juger de sa vie par ses vers, et que s'il les remplit de plaisanteries licencieuses, c'est pour se conformer aux règles du genre. Il est possible en effet que la vie de Martial valut un peu mieux que ses écrits; mais la complaisance avec laquelle il se fait un jeu de la plus indigne dépravation dénote trop clairement l'impureté habituelle de sa pensée, et fait grandement douter de l'honnêteté de ses mœurs.

L. J.

principalement sous Domitien. *Voy.* le *Dictionary of Greek and Roman Biography* de Smith.

L'édition princeps de Martial est difficile à rencontrer au milieu de deux ou trois qui se disputent cet honneur; l'une est un in-4°, de 178 feuillets, en caractères semblables à ceux d'un *Silius Italicus* imprimé à Rome en 1471; une autre est de même format, avec le nom de Vindelin de Spire, et sans date; la première est encore plus rare que la seconde, qui s'est payée jusqu'à 1,274 fr. chez le duc de La Vallière, en 1784. Deux autres éditions, petit in-4°, l'une de 178 feuillets, l'autre avec des signatures de A à 84, paraissent moins anciennes. La première édition datée vit le jour à Ferrare, en 1471, in-4°; elle ne contient pas le livre *De Spectaculis;* il paraît qu'on ne connaît que quatre exemplaires de ce très-rare volume. La Bibliothèque impériale de Paris en possède un, pour lequel elle a donné 2,000 fr. vers 1840. En 1473 Sweynheym et Gannartz à Rome imprimèrent un Martial in-folio, qui est devenu extrêmement rare. Les éditions de Venise, Jean de Cologne, 1475, et celle de Milan, Philippe Lavagnia, 1478, conservent de la valeur; mais les autres, en assez grand nombre, qui datent de la fin du quinzième et du commencement du seizième siècle, sont tombées dans l'oubli. Il faut toutefois en excepter ce qui regarde les impressions aldines; le volume daté de 1501, *in ædibus Aldi*, petit in-8°, est rare et de beaux exemplaires se sont payés de 50 à 80 fr.; il en existe quelques-uns, sur vélin, qui ont une haute valeur; on les a vus aller jusqu'au delà de 1,000 fr. en vente publique à Londres, et en 1847 celui de la bibliothèque Libri a été adjugé à Paris pour 700 fr. En 1517 l'imprimerie aldine donna de Martial une seconde édition, beaucoup moins précieuse que la première. Deux contrefaçons de l'édition de 1501, faites à Lyon, l'une vers 1502, l'autre en 1512, sont recherchées de quelques amateurs, en raison de leur rareté et quoiqu'elles n'aient point de mérite. On demande peu les deux éditions de Simon Colines, 1528 et 1539; on ne veut pas de celle de Rome, 1558, qui s'annonce, au moyen d'un petit nombre de suppressions et de corrections, comme exempte de toute licence. Martial doit y être maintes fois étrangement défiguré. L'édition de Zurich, 1544, est de même purifiée; les notes de Micyllus lui donnent quelque prix. Il faut pour trouver un travail critique arriver à l'an 1568, lorsque Adrien Junius fit paraître à Anvers, chez Plantin, un Martial dont il avait revu le texte. L'in-folio publié à Paris en 1617 se recommande par l'importante réunion de notes qu'il présente. On tient aussi en quelque estime l'édition de Leyde, 1618-1619, 3 vol. in-12, donnée par Scriverius avec ses notes et celles de Juste-Lipse et d'autres érudits, parmi lesquels il faut mentionner avec honneur Gruter, qui revit le texte de Martial sur divers manuscrits, notamment sur ceux de la Bibliothèque Palatine, et qui joignit à cette révision des explications justes et concises. Vers la même époque, un Espagnol, un conseiller de Castille, Ramirez de Prado, s'exerça sur Martial, et ses notes sont souvent remarquables par la hardiesse avec laquelle il aborde les passages les plus scabreux. Elles ne vont pas d'ailleurs au delà des quatre premiers livres.

L'édition donnée par Rader, Mayence, 1627, est un gros in-folio, rempli en majeure partie par un volumineux commentaire, où se déploie une érudition intarissable. Les difficultés du texte sont habilement éclaircies; mais Rader était un jésuite, un professeur; il a dû laisser de côté une notable partie des épigrammes du très-licencieux poëte latin. Th. Farnabe revit le texte, y joignit des notes, et le fit imprimer à Londres en 1655 ; ce travail a peu de mérite ; il a toutefois obtenu une vogue que démontrent des éditions nombreuses. Bien à dire de deux petits volumes sortis en 1650 et en 1664 de la typographie elzevirienne et bien peu dignes de cette origine. L'année 1670 vit paraître à Leyde l'édition de Schrevelius, in-8°, accompagnée d'une grande quantité de notes écrites par divers savants ; elle est bien exécutée et elle entre dans la collection *Variorum*. On ne trouve pas facilement l'in-4° *ad usum Delphini*, avec les notes de Vincent Collès (Paris, 1680) ; les *obscœna* ont été placés à la fin, et remplissent 59 pages ; on n'a point dès lors la peine de les chercher. Malgré son faible mérite, ce travail a été assez souvent réimprimé, en Angleterre surtout. Il a servi de base à l'édition donnée à Amsterdam en 1701, avec des gravures de médailles, dues au burin de Louis Smids.

Le Martial expurgé par le père Jouvency, publié en 1693, a été plusieurs fois réimprimé. Les éditions de Londres, 1716 (revue par Maittaire), de Paris, 1754, 2 vol. in-12, de Glascow, 1739, sont d'une exécution soignée. L'édition de Deux-Ponts, 1784, 2 vol. in-8°, donne un texte revu avec soin ; les *Priapeia* ont été placés à la fin du second volume. Le philologue anglais Valpy comprit Martial dans sa collection latine, en prenant pour base, selon le système qu'il avait adopté, l'édition *ad usum*, et en y joignant des notes nouvelles et des tables. Le tout forme 3 vol. in-8°, assez indigestes. On fait plus de cas de l'édition qui est entrée dans la collection Lemaire (Paris, 1825-1826, 3 vol. in-8°) ; elle s'annonce sur le frontispice comme revue sur des manuscrits conservés à Paris (ce qui paraît inexact) ; mais elle offre un bon texte, avec des notes sobres et judicieuses. La meilleure édition pour le texte est celle de Schneidewin, Grimma, 1842, 2 vol. in-8°, qui a été encore perfectionnée dans une réimpression faite à Leipzig, 1853, in-12, dans la collection Turbner. Un notice bibliographique, placée en tête de l'édition de Deux-Ponts, reproduite avec correction et continuation dans l'édition Lemaire, renferme sur les diverses éditions de Martial des détails plus étendus que ceux qui ont dû trouver place ici. Nous signalerons seulement à cause de son étrangeté le rare volume de Jean Burmeister : *Martialis renati Parodiæ sacræ* ; Goslar, 1612, in-12. Dans ce singulier Martial travesti en auteur chrétien et édifiant, un mot latin fort indécent est transformé à plusieurs reprises sous le nom du fondateur de la religion chrétienne, et ce qui n'est pas moins étrange, c'est que les épigrammes libres de Martial ainsi converties en poésies pieuses sont imprimées en toutes lettres en regard de leurs *parodies sacrees*.

Traductions. L'infatigable abbé de Marolles donna deux traductions de Martial, l'une en prose, 1655, 2 vol. in-8° ; l'autre en vers (1671, in-8° ; 1675, in-4°) ; toutes deux sont bien mauvaises, celle en vers surtout. Elles sont accompagnées de notes où s'étale parfois une érudition indigeste ; rien n'est plus ridicule que les étranges locutions dont le digne abbé fait parfois usage pour faire passer en français les dégoûtantes images sur lesquelles s'arrête volontiers l'imagination dépravée de Martial. Il se permet parfois des anachronismes et des digressions bizarres ; il lui arrive de faire parler le poëte latin d'un preneur de petun (*tabac*) et de placer dans une de ses notes la nomenclature de tous les fromages fabriqués en France. Le travail de E.-T. Simon, publié en 1819, 3 vol. in-8°, est fort médiocre ; il est accompagné du texte latin et de notes de peu de mérite ; mais on y a rassemblé les imitations faites par des poëtes français de bien des épigrammes de Martial, et cette réunion n'est pas sans intérêt. On avait imprimé à *Paphos* (Paris, en 1807) une traduction, publiée par le libraire Volland et qui lui est attribuée. Deux opuscules intitulés : *Essai sur Martial*, l'an de Rome, 2569 (Lyon, 1816), renferment des imitations en vers dues à A. Pericaud et Breghot du Lut de quelques épigrammes du poëte latin ; ils n'ont été tirés qu'à un très-petit nombre d'exemplaires ainsi que l'essai et traduction en vers de 160 épigrammes par le baron de Pommereul (Ixelles, 1818).

La collection Panckoucke contient une traduction de Martial par MM. Verger, Dubois et Mangeart (Paris, 1834-1835, 4 vol in-8°) ; les notes placées à la fin de chaque volume sont courtes et judicieuses. Trois volumes in-8°, publiés à Paris en 1842, renferment *toutes les épigrammes de Martial en latin et en français distribuées dans un ordre nouveau avec notes, éclaircissements et commentaires* par M. B*** (Beau). Les notes, fort étendues, sont curieuses, et la traduction aborde franchement les difficultés qu'oppose au texte la différence des mœurs contemporaines avec celles de la Rome des douze Césars.

La *Bibliothèque Latine*, publiée sous la direction de M. Désiré Nisard, renferme une traduction de Martial due à M. Ch. Nisard et accompagnée de notes de M. Breghot du Lut.

Divers littérateurs, entre autres Bayeux, La Chabeaussière, de Kerivalant, etc., ont laissé des traductions plus ou moins complètes de Martial, demeurées inédites. A la vente d'Éloi Johanneau, il s'est trouvé un manuscrit en 6 volumes in-folio contenant une version de Martial avec les meilleures imitations et un choix de notes. Le philologue auquel on devait ce travail avait publié, en 1835, un petit volume curieux : *Épigrammes contre Martial, ou les mille et une Drôleries, Sottises et Platitudes de ses traducteurs ainsi que les castrations qu'ils lui ont fait subir.*

Dès 1577 les Anglais furent en possession d'une traduction par Kindall d'un choix des épigrammes de Martial ; plus tard, Brown, Fletcher et quelques autres écrivains s'exercèrent de la même façon. Une traduction publiée en 1773, sous le pseudonyme de M. Scott, et celle de James Elphinstone, 1782, in-4°, n'ont aucune valeur. On estime le travail de William Hery (Londres, 1755, in-12, et dans le second volume des *Œuvres* de cet auteur, 1794, in-4°) ; il ne comprend aucune épigramme libre.

Les Allemands possèdent une traduction en vers de Martial par Zimmermann, Francfort, 1763, in-8°, et une autre de Willmann, Cologne, 1825. K.-W. Ramler a donné à Leipzig, 1787-1791, 5 vol. in-8°, le texte latin accompagné d'une version allemande.

G. B.

Pline, *Epist.*, III, 21. — Spartien, *Ælius Verus*. — Lampride, *Alexander Severus*. — Sidoine Apollinaire, *Carmina*, IX, 33. — La *Vie de Martial extraite surtout de ses écrits*, par Rader, a été réimprimée dans l'édition de Deux-Ponts, dans celle de Lemaire ; une notice est en tête de la traduction de Simon. — I. Crusius *Life of Martial*, dans les *Lives of the Roman Poets* ; Londres, 1726, t. II, p. 77, et dans la *Biographia classica* ; Londres, 1740, t. II, p. 305. — R. Burton, *Observations on the character and writings of Martial*, dans ses *Ancient Characters*, 1763, in-8°. — Fabricius, *Bibliotheca Latina*, t. II, p. 377. — Lessing, *Vermischte Schriften*, t. I, p. 129-281. — A. de Labouïsse, *Mélanges littéraires, ou lettres sur l'éducation, sur Martial*, etc.,

Paris, 1812. — Malte-Brun, *Martial considéré comme écrivain et comme peintre de mœurs* (insérée dans divers journaux, cette notice a paru dans les *Mélanges littéraires* de l'auteur et dans le tome III de la traduction de Simon). — Baehr, *Römische Litteratur*, p. 327. — *Martial and his times*, article du *Westminster Review*, avril 1853.

MARTIAL DE PARIS, plus connu sous le nom de **MARTIAL D'AUVERGNE**, poëte et prosateur français, né vers 1440, mort le 13 mai 1508 (1). Le mémorial parisien, ordinairement appelé la *Chronique scandaleuse*, s'exprime ainsi, à la date de 1466 : « Au dit an, ou moys de juing, que les fèves florissent et deviennent bonnes, advint que plusieurs hommes et femmes perdirent leur entendement, et mesmement à Paris il y eut, entre autres, un jeune homme, nommé Martial d'Auvergne, procureur en la cour de parlement et notaire au Chastellet de Paris, lequel, après que il eut esté marié trois semaines avec une des filles de M. Jacques Fournier, conseiller du roy en la dicte cour de parlement, perdit son entendement, en telle manière que le jour de monsieur Saint-Jehan-Baptiste (24 juin), environ 9 h. du matin, une telle frénaisie le print qu'il se jetta par la fenestre de sa chambre en la rue, et se rompit une cuysse et froissa tout le corps, et fut en grant dangier de mourir. Et depuis persévéra longtemps en sa dicte frénaisie, et après ce revint et fut en un bon sens (2). » Ces lignes nous apprennent à peu près tout ce qu'on sait sur la vie de ce personnage. Martial, selon toute apparence, était natif de *Paris*, et avait un frère plus jeune que lui. Mais sa famille provenait sans doute d'*Auvergne*. Aussi son père s'appelait-il *Martial d'Auvergne*, tandis que lui se dénomme dans ses écrits *Martial de Paris*, dit *d'Auvergne*. Cet éclaircissement très-simple a échappé jusque ici aux biographes ou bibliographes de ce poëte (3).

Praticien de Paris, Martial, à l'instar de plusieurs de ses confrères (maîtres et clercs) en la bazoche, cultivait l'histoire et la littérature. Son principal ouvrage a pour titre les *Vigilles de Charles VII a neuf psaumes et neuf leçons*. Le titre de cette composition est emprunté, comme *Les quinze Joies du mariage* (4), à la liturgie et à la forme, alors populaire de la poésie sacrée. Ce sont les *Vigiles des Morts*, chantées par le poëte, non plus en langue d'église, mais en vers français. Cet ouvrage fut composé pendant le cours du règne de Louis XI (1). Durant cet intervalle, la mémoire et les louanges de Charles VII, recueillies par des partisans fidèles, demeurèrent pour ainsi dire *à l'index* ou proscrites, à cause l'inimitié de Louis contre son père. Mais ces sentiments favorables au roi Charles éclatèrent en quelque sorte lorsque son petit-fils, Charles VIII, monta, en 1483, sur le trône. Les *Vigiles de Charles VII*, qui parurent seulement alors, marquèrent parmi les œuvres littéraires une espèce de réaction historique en faveur du règne de Charles VII, ainsi que des souvenirs et des traditions de ce règne (2). Ces vigiles, comme on sait, offrent une narration métrique des événements de cette période (1422-1461). Mais l'œuvre dont il s'agit ne présente pas, ainsi qu'on le croit généralement, un témoignage historique et original. Dans leur ensemble, les *Vigiles de Charles VII* ne sont autre chose que les chroniques de Jean Chartier et du hérault Berry, mises en vers. On y trouve toutefois, par exception, quelques particularités interessantes et propres au narrateur. Quoi qu'il en soit, la forme poétique de ce récit contribua puissamment à le populariser. Les *Vigiles de Charles VII*, aussi bien que les autres ouvrages de Martial d'Auvergne, obtinrent un très-grand succès. Benoît de Court, qui vivait au seizième siècle, affirme que les *Vigiles* avaient été répétées et chantées même par le peuple des campagnes.

Les mots : « excusez l'acteur, qui est *nouveau* », ci-dessous reproduits (en note) sembleraient indiquer que Martial, lorsqu'il composa les *Vigiles*, en était à sa première production. Il existe cependant un manuscrit, plus ancien que

(1) Voici son épitaphe :

> Sous Jésus-Christ, en bon *sens pacifique*,
> Patiemment rendit son esprit
> En mai treize, ce jour-là sans réplique,
> Qu'on disoit lors mil cinq cent huit

(2) *Voy.* ci-dessus les mots soulignés dans son épitaphe.

(3) On lit dans les comptes de l'écurie de Charles Dauphin et régent, puis roi de France, sous le nom de Charles VII : « A *Marsal* (pour *Martial*) *d'Auvergne*, pour ung roncin (cheval) rouen sur fleur de pêcher, les crins et la queue noirs.... par quittance de lui faite le 22e jour de juillet 1422.. » (Registre K, 53 f°. 121, direction générale des archives.) Ce marchand de chevaux, suivant la cour en 1422, pourrait avoir été le père de notre auteur. *Maître Martial d'Auvergne le jeune* était en février 1471 secrétaire de Jean Barton, évêque de Limoges. (*Documents inédits relatifs à l'histoire de France*, *mélanges*, publiés en 1841, in-4°, par M. Champollion-Figeac, tome Ier, p. 684.)

(4) Voy. l'article LA SALE (*André* DE). — On désignait ainsi au quinzième siècle le grand office des morts. Le *Journal de Paris* raconte que lors de la mort de Jean Sans Peur, assassiné en 1419, ses partisans firent célébrer en son honneur, dans toutes les églises de Paris et ailleurs, le *Subvenite des morts en Vigiles à neuf psalmes et neuf leçons* (Édition du *Panthéon*, page 640).

(1) Ainsi, l'auteur (t. I, p. 122 de l'edition Coustelier) parle du procès de la Pucelle,

> ....enchesné
> En la librairie de Notre-Dame
> De Paris ; et fut là donné
> Par l'évesque dont Dieu ait l'âme.

Cet évêque est Guillaume Chartier, mort en 1472 ; par conséquent ce passage a été écrit postérieurement à la date que nous venons de transcrire.

(2) Le manuscrit original des *Vigilles de Charles VII*, ou exemplaire de dédicace, se conserve au département des manuscrits de la Bibliothèque impériale, sous le n° 9677. Ce volume, magnifiquement exécuté, se termine par une miniature qui représente l'auteur offrant son livre au jeune roi Charles VIII. Après la miniature, on lit cette rubrique finale. « *Explicitunt les Vigilles de la mort du feu roy Charles septiesme.. achevees à Chaillau près Paris, la vigille Saint-Michel* (28 septembre), 1484. *Excusez l'acteur* (l'auteur), *qui est nouveau*. — *Martial de Paris*. Il en fut de même de l'ouvrage historique de Henri Baude. Voy. ce nom et la chronique de Jean Chartier, 1858, in-16, t. I, p. xl.

le manuscrit 9677, et qui contient une pièce de vers insérée sous le nom de notre poëte (1). Ce morceau, demeuré inconnu jusque ici aux auteurs de dictionnaires historiques, est intitulé : « Cy commance la *Danse des femmes*, laquelle composa maistre Marcial d'Auvergne. » Cette danse des femmes forme le *pendant* et le complément de la *Danse des hommes*. La composition de Martial paraît avoir été faite pour accompagner la seconde série des peintures qui s'appelaient dans leur ensemble la *Danse Macabre*, et qui décoraient au quinzième siècle l'enceinte intérieure du charnier des Innocents. On en jugera ainsi par les vers suivants, qui se trouvent à la fin de la *Danse des femmes :*

O vous, mes seigneurs et mes dames,
Qui contemplez cette peinture,
Plaise vous prier pour les âmes
De ceux qui sont en sépulture, etc.

Un autre ouvrage de Martial roule sur un sujet moins mélancolique, et ne fut pas moins goûté que les précédents. Les *Arrêts d'amour*, tel en est le titre, constituent un *jeu d'esprit*, tel que pouvait l'imaginer un procureur *bel-esprit* du quinzième siècle. Ce sont des sentences, rendues avec les formes du style judiciaire alors usitées au parlement de Paris, sur des causes galantes et fictives. Cet ouvrage continue la tradition d'un genre littéraire créé au douzième siècle, en France, par les célèbres *cours d'amour* (2).

Voici la liste des écrits de Martial de Paris ou d'Auvergne : *Vigiles de Charles VII;* manuscrit n° 9677, cité. *Imprimés :* 1° Paris, Pierre Le Caron, sans date, in-fol. gothique (vers 1492); 2° Paris, 1493, Jean Dupré, in-4°; 3° Robert Bouchier in-fol. (vers 1500); 4° Paris, sans lieu ni date, in-4° (Michel Lenoir, 1505); 5° et 6°, deux autres, après 1500; 7° la dernière édition a été publiée sous ce titre : *Les Poésies de Martial de Paris, dit d'Auvergne*, dans la collection des *Anciens Poëtes français ;* Paris, Urbain Coustelier, 1724, 2 vol. petit in-8°; — *Les Arrêts d'amour*. Édition princeps : (Paris, Michel Lenoir), petit in-4° gothique, sans lieu ni date (de 1489 à 1526); autre : Petit-Laurent; Paris, in-4°, Id., *ibidem*, (1491 à 1520). — Autres réimpressions sous divers titres : 1525, vers 1530, 1540, 1541, 1545, 1555, 1581, 1627; *Arresta amorum, cum erudita Benedicti Curtii Symphoriani explanatione;* Lugduni apud Gryphium, 1533, petit in-4°; réimprimé : 1538, 1544, 1546, 1555, 1566, 1587; Dernière édition : *Les Arrêts d'amour*, avec *L'Amant rendu cordelier en l'observance d'amours*, etc., accompagné de notes, glossaire, etc. (par Lenglet-Dufresnoy); Amsterdam et Paris, 1731, 2 tomes en 1 volume in-12; — *Les Louenges de la benoiste Vierge Marie* (office en vers français); manuscrit : vers 1490, très-richement exécuté; bibliothèque impériale, n° 7851, imprimés : 1re édition; Paris, Pierre Le Rouge, petit in-4° gothique, 1492, imitée du manuscrit. Réimpressions : 1493, 1494, 1498, 1509; — *L'Amant rendu cordelier en l'observance d'amours;* manuscrit, n° 9652 français, f° 187 (Bibl. imp.); imprimé : 1° Paris, Germain Vineaut, 1490, in-4° gothique; autres : 1492; — vers 1500 pet. in-4°. — sans lieu ni date pet. in-8°. — Autre id. (vers 1520). — Réimprimé une dernière fois (ci-dessus), en 1731. A. V.—V.

(1) Bibl. imp., *Célestins*, n° 47. Recueil de poésies diverses, écrit vers 1470.

(2) Voy. dans cette biographie le mot CHAPELAIN (*André*).

Bibliothèques de La Croix du Maine, du Verdier. — Niceron, *Mémoires pour servir à l'histoire des hommes illustres de la république des lettres*, 1729, in 12, t. 9, p. 171. — Joly, Commentaire sur Loisel, *Domaines du roi*. — Notice en tête des *Arrêts d'amour*, 1731. — Quicherat, *Procès de la Pucelle*, in-8°. — Brunet, *Manuel du Libraire*, 1843, in-8°, t. III, au mot *Martial*.

MARTIAL *de Brives* (DUMAS, en religion), poëte français, né vers la fin du seizième siècle, à Brives (Bas-Limousin), mort en 1656. Après avoir terminé ses études à Paris, il suivit un cours de droit à Toulouse, où son père était président au parlement. Il y connut le gardien des Capucins, et renonça à sa carrière pour entrer dans cet ordre. Il s'adonna d'abord à la prédication; mais, à cause de la faiblesse de sa santé, il rentra dans son monastère, où la poésie religieuse absorba ses loisirs. Avant de prendre le froc, il ne fut pas, ainsi qu'il nous l'apprend, insensible à des *beautés périssables :*

Ma muse, autrefois idolâtre,
De qui les vers ont adoré
Sur un visage coloré
Et le vermillon et le plâtre,
Exhale ton âme en sanglots...

Plus bas il ajoute :

Fais par de sérieux motifs
Devenir ta lyre sévère.
Au lieu du siècle et de ses fables
Que tes vers eurent pour sujet,
Parle des choses ineffables.

Ses poésies ont été recueillies par Dupuis, sous le titre d'*Œuvres poétiques et saintes*, Paris, 1655, et par le P. Zacharie (de Dijon), sous le titre de *Parnasse séraphique* et *Les derniers Soupirs de la muse de R. P. Martial de Brives, capucin;* Lyon, 1660, in-8° fig.; la 2° édition est la plus complète. Ces poésies se composent de paraphrases des psaumes, d'hymnes et d'antiennes, de diverses descriptions, de douze élégies sur les combats et les victoires de saint Alexis, d'anagrammes en sonnets, etc. Un dialogue est intitulé : « *Jugement de Notre-Seigneur Jésus-Christ, en faveur de Magdeleine*, contre sa sœur Marthe, à l'occasion de ces paroles : *Martha, Martha*, etc. » Le Christ est juge, Lazare est conseiller, Marthe accusatrice et Marie-Madeleine accusée. « C'est une vraie *capucinade*, dit Goujet. » M. AUDOIN.

Goujet, *Bibl. franç.*, XVII, p. 4 et suiv. — Vitrac, *Feuil. hebd. de Limoges*, 1779.

FIN DU TRENTE-TROISIÈME VOLUME.

NOUVELLE

BIOGRAPHIE GÉNÉRALE

DEPUIS

LES TEMPS LES PLUS RECULÉS

JUSQU'A NOS JOURS.

TOME TRENTE-QUATRIÈME.

Martialis Gargilius — Mérard de Saint-Just.

TYPOGRAPHIE DE H. FIRMIN DIDOT. — MESNIL (EURE)

NOUVELLE

IOGRAPHIE GÉNÉRALE

DEPUIS

LES TEMPS LES PLUS RECULÉS
JUSQU'A NOS JOURS,

AVEC LES RENSEIGNEMENTS BIBLIOGRAPHIQUES
ET L'INDICATION DES SOURCES A CONSULTER;

PUBLIÉE PAR

MM. FIRMIN DIDOT FRÈRES,

SOUS LA DIRECTION

DE M. LE Dr HOEFER.

Tome Trente-Quatrième.

PARIS,

FIRMIN DIDOT FRÈRES, FILS ET Cie, ÉDITEURS,
IMPRIMEURS-LIBRAIRES DE L'INSTITUT DE FRANCE,
RUE JACOB, 56

M DCCC LXI.

NOUVELLE
BIOGRAPHIE
GÉNÉRALE

DEPUIS LES TEMPS LES PLUS RECULÉS JUSQU'A NOS JOURS.

M

MARTIALIS GARGILIUS, historien romain, vivait dans le troisième siècle de l'ère chrétienne. Lampride, dont il semble avoir été le contemporain, le cite comme une autorité pour la vie privée d'Alexandre Sévère, et Vopiscus le range, avec Marius Maximus, Suétone, Jules Capitolin et Elius Lampride, parmi les écrivains de seconde classe qui ont raconté les faits avec exactitude, mais sans éloquence ni philosophie. On ne savait rien de plus sur Gargilius Martialis, et on ne connaissait rien de ses ouvrages lorsqu'on découvrit dans un manuscrit de Leyde un fragment sur la chirurgie vétérinaire intitulé : *Curæ boum, ex corpore Gargilii Martialis.* Ce fragment fut publié par Gesner dans ses *Scriptores Rei Rusticæ veteres Latini*; Leipzig, 1735, 2 vol. in-4°. Il est douteux que le compilateur de ce traité soit le même que l'historien; mais il doit être identique avec le Gargilius Martialis dont Cassiodore a dit : « Il a très-bien écrit sur les jardins et exposé soigneusement les propriétés nutritives et médicinales des plantes. » Cet ouvrage est souvent cité par Palladius. Mai en découvrit en 1826, dans la bibliothèque royale de Naples, quelques chapitres traitant des coings (*De Cydoneis*), des pêches (*De Persicis*), des amandes (*De Amygdalis*), des châtaignes (*De Castaneis*). Ces fragments sont insérés dans le premier volume des *Classici Auctores e vaticanis codicibus editi*; Rome, 1828, in-8°. Mai trouva peu de temps après dans un manuscrit du Vatican deux autres fragments de Gargilius Martialis, sur les propriétés médicinales des fruits, et les publia dans le 3e vol. de la même collection; Rome, 1831. Les trois fragments découverts par Mai ont été réunis en un volume; Lunebourg, 1832. Y.

Gesner, *Préface* de son édit. des *Scriptores R. R.* — Angelo Mai, *Notice* dans les *Classici Auct.*, t. I. — Smith, *Dictionary of Greek and Roman Biography.*

MARTIANAY (Dom *Jean*), polygraphe français, né à Saint-Sever-Cap, le 30 décembre 1647, mort à Paris, le 16 juin 1717. A l'âge de vingt ans il fit profession de la règle de Saint-Benoît, le 5 août 1668, et fut aussitôt destiné par ses supérieurs à l'étude des langues savantes : il apprit le grec et l'hébreu. La connaissance de ces deux langues permit à Martianay de satisfaire le goût qu'il avait montré dès sa jeunesse pour l'étude de l'Écriture Sainte. On le vit ensuite professeur d'exégèse biblique dans les monastères de Montmajour, de Saint-André d'Avignon, de Sainte-Croix de Bordeaux, et de Notre-Dame de la Grasse au diocèse de Carcassonne. Sa vie, qui s'écoula tout entière dans le cloître, offre peu d'événements notables. Étant à Bordeaux, en 1687, il publia plusieurs thèses contre le père Pezron, abbé de La Charmoye, de l'ordre de Cîteaux, qui avait attaqué le texte hébreu de la Bible dans le livre intitulé : *L'Antiquité des temps rétablie*. Martianay eut aussi de grands débats avec les érudits Simon et Le Clerc. D'une douceur et d'une aménité toujours égales dans sa vie privée, dom Martianay était, au contraire, d'une extrême vivacité dans ses querelles littéraires. Ce défaut de mesure, qui gâte ses ouvrages, venait sans doute de l'énergie de son tempérament, car il mourut d'une attaque d'apoplexie. Ses ouvrages sont nombreux. On a de lui : *Défense du texte hébreu et de la Chronologie de la Vulgate, contre le livre de* L'Antiquité des temps rétablie; Paris, 1689, in-12; — *Lettre du P. D.-J. Martianay à MM. Couet frères*, dans le *Journal des Savants*, de l'année 1690; — *Continuation de la défense du texte hébreu et de la Vulgate, pour la véritable tradition des Églises chrétiennes*, etc., etc., contre Isaac Vossius, et contre les livres du P. Pezron, religieux de l'ordre de Cîteaux; Paris, 1693, in-12; — *Relation de la dispute de l'auteur du livre de* L'Antiquité des temps rétablie, *contre le défenseur de la*

Vulgate; Paris, 1707, in-12; — *Divi Hieronymi Prodromus, sive epistola D. Joannis Martianay ad omnes viros doctos ac studiosos, cum Epistola sancti Hieronymi ad Sunniam et Fretelam, castigata ad Mss. codices optimæ notæ;* 1690, in-4°; — *Sancti Eusebii Hieronymi, Stridonensis presbyteri, divina Bibliotheca, antehac inedita, studio ac labore Domni Johannis Martianay et Domni Antonii Pouget, monachorum,* etc.; Paris, 1693; — *Sancti Eusebii Hieronymi, Stridonensis presbyteri, Operum Tomus secundus, complectens libros editos ac ineditos Etymologicos, Geographicos, quæstiones hebraicas,* etc.; Paris, 1699; — *Sancti Hieronymi Operum Tomus tertius, complectens Commentarios in sexdecim Prophetas majores et minores;* Paris, 1704 : les tomes quatrième et cinquième de saint Jérôme parurent ensuite successivement, par les soins de Martianay, en l'année 1706; — *Lettre de D. Jean Martianay à M. le président Cousin,* dans le *Journal des Savants* du 15 janvier 1691 : dans le même journal, 12 novembre 1691, 25 juin 1696, 15 mars et 23 décembre 1697, et 3 septembre 1703, diverses autres lettres de Martianay; — *Vulgata antiqua latina et itala versio Evangelii secundum Matthæum, e vetustissimis eruta monumentis;* Paris, 1695, in-12; — *Remarques sur la version italique de l'Évangile de saint Matthieu, qu'on a découverte dans de fort anciens manuscrits;* Paris, 1695, in-12; — *Traité de la Connoissance et de la vérité de l'Écriture Sainte;* Paris, 1694 et années suivantes, 4 vol. in-12; — *Continuation du premier Traité de l'Écriture, où l'on repond aux difficultés qu'on a faites contre ce même traité;* Paris, 1699, in-12; — *Suite des Entretiens, ou Traités sur la vérité et la connoissance de la Sainte Écriture;* Paris, 1703, in-12; — *Traité méthodique, ou manière d'expliquer l'Écriture, par le secours des trois syntaxes, la propre, la figurée et l'harmonique;* Paris, 1704, in-12; — *Défense de la Bible de saint Jérôme, contre la critique de M. Simon;* Paris, 1699, in-12; — *Eruditionis Hieronymianæ Defensio, adversus Joannem Clericum;* Paris, 1700, in-8°; — *La Vie de saint Jérôme, tirée particulièrement de ses écrits;* Paris, 1706, in-4°; — *Harmonie analytique de plusieurs sens cachés, et Rapports inconnus de l'Ancien et du Nouveau Testament;* Paris, 1708, in-12; — *Essais de traductions ou Remarques sur les traductions françoises du Nouveau Testament;* Paris, 1709, in-12; — *La Vie de la sœur Magdelaine du Saint-Sacrement, religieuse carmelite du monastère de Beaune;* Paris, 1711, in-12; — *Le Nouveau Testament de Notre-Seigneur Jésus-Christ traduit en françois sur la Vulgate,* avec des explications littérales; Paris, 1712, 3 vol. in-12; — *Prodromus Biblicus;* Paris, 1714, in-4°; — *Traité des Vanités du siècle,* traduit de saint Jérôme; Paris, 1715, in-12; — *Explication historique du psaume Exsurgat Deus;* Paris, 1715, in-12; — *Méthode sacrée pour apprendre à expliquer l'Écriture Sainte par l'Écriture même;* Paris, 1716, in-8°; — *Les trois Psautiers de saint Jérôme traduits en françois,* 1704; — *Psautier à trois colonnes, selon la Vulgate;* Bruxelles, 1710, in-12. B. H.

Journal des Savants, 9 août 1717. — *Hist. Litt. de la Congrégat. de Saint Maur,* p. 382-397.

MARTIANO (*Prospero*), médecin italien, né en 1567, à Reggio, mort le 20 novembre 1622, à Rome. Reçu en 1593 docteur à Bologne, il s'établit à Rome, où son habileté lui valut une grande réputation. Il a publié : *Magnus Hippocrates Cous explicatus, sive Operum Hippocratis interpretatio latina, cum annotationibus;* Rome, 1626, 1628, in-fol.; Venise, 1652; Padoue, 1718, in-fol. Baglivi estimait beaucoup ces commentaires, qu'il plaçait immédiatement après ceux de Duret. K.

Bagri, *Giornale Modenese,* XIII. — Tiraboschi, *Biblioteca Modenese,* III.

MARTIANUS CAPELLA. *Voy.* CAPELLA

MARTIGNAC (*Étienne* ALGAY DE), littérateur français, né en 1620, à Brives, mort en 1698. Il appartenait à une ancienne famille du Limousin, vint de bonne heure à la cour, et vécut dans la confidence de Gaston, duc d'Orléans. Vers l'âge de quarante ans, il se consacra entièrement à l'étude des lettres; il publia une série de traductions en prose, meilleures que celles qu'on avait faites avant lui sur les mêmes auteurs, mais fort au-dessous de celles qui ont paru après lui. « Il fut le premier, dit Voltaire, qui donna une traduction supportable de Virgile et d'Horace. » Dans ce genre de travail il fit le mieux qu'il put, n'ayant en vue que l'intelligence des textes; aussi ses versions, en général fidèles, exactes et claires, manquent d'élégance et de correction. L'abbé de Marolles, infatigable traducteur lui-même, vit avec chagrin qu'un autre écrivain osât entrer en concurrence avec lui. Il l'attaqua à diverses reprises, et le défia de traduire autant d'auteurs qu'il en avait mis lui-même en français, et surtout de les parer « de son style si noble, si galant et si poli ». On a de Martignac : *Comédies de Terence, avec le latin à côté, et rendues très-honnêtes, en y changeant fort peu de choses;* Paris, 1670, 1700, in-12; ce volume ne renferme que trois comédies, *L'Eunuque, L'Hécyre* et *Le Fâcheux à soi-même;* — *Les Œuvres d'Horace;* Paris, 1678, 2 vol. in-12; réimpr. en 1684 et en 1687 : en faisant l'éloge de cette version, Visé alla jusqu'à dire dans *le Mercure* « que par son moyen les dames désormais connaîtroient ce qu'elles n'avaient jamais connu, et que les savants mêmes en profiteroient »; — *Les Œuvres de Virgile;* Paris, 1681, 1686, 3 vol. in-8°; les écoliers, pour qui l'auteur avait principalement travaillé, firent la fortune de ce livre, reimprimé plusieurs fois; — *Les Satires de Perse et de Juvénal;* Paris, 1682, in-12; — *Mémoires concernant ce qui s'est passé en France de plus considérable depuis* 1608 *jusqu'en* 1636; Amsterdam, 1683, et Paris, 1684, in-12; réimpr. dans la *Collection des Mémoires* de Michaud et Poujoulat; plusieurs auteurs ont avancé, sans en fournir la preuve, que le duc d'Orléans lui-même avait préparé les matériaux de cette relation, qui lui est entièrement consacree; elle est lourdement écrite, mais exacte et circonstanciée; — *L'Imitation de Jésus-Christ;* Paris, 1685; nombreuses édit.; — *Journal chretien sur divers sujets de pieté, tires des SS. Pères;* Paris, 1685, in-4°; ce recueil périodique, qui parut depuis le 7 avril jusqu'au 16 juin 1685, n'obtint aucun succès; — *Entretiens sur les anciens auteurs, contenant leurs vies et le jugement de leurs ouvrages;* Paris, 1694, in-12; — *Éloges historiques des Évêques et Archevêques de Paris qui ont gouverné cette église depuis environ un siècle;* Paris, 1698, in-4°, portr.: on y trouve les vies de Pierre, Henri et J.-Fr. de Gondi, du cardinal de Retz, de Péréfixe et de François de Harlay. P. L.

Lelong, *Bibl. Hist.* — Baillet, *Jugem. des Savants.* — Goujet, *Biblioth. françoise*, V et VI. — Voltaire, *Siècle de Louis XIV.* — Barbier, *Dict. des Anonymes.* — Desessarts, *Les Trois Siècles Littér.*

MARTIGNAC (*Jean-Baptiste-Silvère* Gaye, vicomte de), célèbre homme politique français, né à Bordeaux, en 1776, mort à Paris, le 3 avril 1832. Ses études terminées, il se fit recevoir au barreau de Bordeaux; mais tout en se livrant à sa profession d'avocat, il s'occupait aussi de ses plaisirs et de littérature On cite de lui quelques vaudevilles spirituels, qui appartiennent à sa jeunesse. L'ambition sérieuse ne tarda pas à l'animer. L'empire était sur le point de succomber. Les habitants de Bordeaux s'étaient prononcés avec enthousiasme pour le retour des Bourbons. Bien que les sympathies de Martignac fussent pour l'ancienne dynastie, il ne prit point de part active, ainsi qu'on l'a écrit, aux mouvements de cette époque, et ne fut point initié aux secrets des principaux chefs du parti royaliste. Pendant les Cent Jours, il eut quelques relations avec le général Clausel, à l'effet de protéger le départ de la duchesse d'Angoulême, et il laissa au général une opinion si favorable de son caractère, de son esprit et de sa modération que celui-ci en rendit compte à l'empereur. Après la seconde restauration, il fut nommé avocat général à la cour royale de Bordeaux, et reçut la croix. Il se distingua dans ce poste par l'éclat du talent et le dévouement aux principes monarchiques. Il fut ensuite envoyé procureur général à Limoges, où il obtint encore plus de succès. En 1821 il fut nommé député par le collége électoral de Marmande (Lot-et-Garonne), et arriva à Paris. C'était là le théâtre qui lui convenait et où il avait le désir et l'espoir de jouer un plus grand rôle. Il fut accueilli avec faveur par M. de Villèle, et devint un de ses plus zélés lieutenants. Dès les premiers temps il se fit admirer par l'éloquence facile et persuasive et les formes séduisantes qu'il apportait à la tribune. Son esprit, souple et ingénieux, se pliait à tous les sujets. Il était habituellement nommé rapporteur dans les questions difficiles, et rendit de grands services à son parti dans la discussion du projet de loi sur la police de la presse périodique. La loi fut adoptée, et peu après Martignac devint conseiller d'État (juin 1822). L'année suivante il fut élu à la vice présidence de la chambre Le parti royaliste avait résolu en principe l'expédition d'Espagne, que rendait nécessaire suivant lui l'exaltation révolutionnaire de la péninsule ou plutôt des cortès. M. de Villèle, qui était personnellement opposé à cette guerre, fut entraîné par les exigences de son parti. Dans la chambre des députés, l'opposition libérale, bien que peu nombreuse, montra une grande véhémence pour attaquer le projet de loi présenté. Martignac déploya dans ses réponses aux plus habiles orateurs une éloquence aussi adroite que brillante : il invoqua les idées de justice, d'honneur national, de dévouement et d'amour pour le roi; la majorité vota le crédit. Il fut attaché à l'expédition en qualité de commissaire civil, chargé d'aider de ses conseils le duc d'Angoulême, nommé généralissime. Les troupes françaises n'éprouvèrent que de faibles obstacles dans ce pays, où les prêtres leur avaient fait jadis une si terrible guerre. Les cortès s'enfuirent à Cadix, et déclarèrent Ferdinand déchu du trône. Les Français arrivèrent sous cette ville, qui, après un siége mal soutenu, capitula (octobre 1823). Le duc d'Angoulême, guidé par les conseils de Martignac, essaya vainement de servir de médiateur entre les constitutionnels et les ultra-royalistes Il signala sa modération par l'ordonnance d'Andujar, que les violentes réactions de ces derniers avaient rendue nécessaire; mais il n'eut pas assez de fermeté pour en garantir l'exécution. A son retour, Martignac fut nommé ministre d'État, et peu après directeur général de l'enregistrement et des domaines En 1824, il fut anobli et honoré du titre de vicomte.

Martignac continua de siéger à la chambre des députés. L'élection venait d'y envoyer Benjamin Constant, le célèbre publiciste de l'opposition. La partie ardente du côté droit avait fort à cœur de l'écarter, sous prétexte qu'il n'avait point la qualité de Français, bien qu'antérieurement il eût été membre du Tribunat, sous le gouvernement conulaire. Martignac fit un rapport aussi lucide qu'intéressant sur la famille, la filiation et les droits légaux du nouveau député, et conclut en proposant son admission. Lorsque la loi sur le renouvellement septennal de la chambre fut discutée, il la soutint avec son talent ordinaire, comme une nécessité pour affermir les institutions et fixer la sécurité de l'avenir. Il prit également une part active à la discussion de la loi concernant l'indemnité pour les émigrés, et ce fut pour lui l'occasion de développer toutes les ressources de son esprit conciliant et modéré. Il insista surtout sur ce motif que c'était le meilleur moyen de « guérir les plaies de la révolution », et de détruire sans retour les irritations causées par le passé. La majorité royaliste dominait d'une manière absolue depuis les élections de février et mars 1824, élections accusées de fraude et de corruption, et qui avaient exclu de la chambre tous les libéraux à l'exception de dix-neuf. Cette majorité dicta au ministère des projets de loi contre-révolutionnaires, tels que le rétablissement des couvents de femmes, la loi du sacrilége, celle du droit d'aînesse. Une fraction de royalistes éclairés, ayant pour chef Châteaubriand, fit rejeter à la chambre des pairs les deux dernières, qui avaient été adoptées à l'autre chambre. Un autre projet de loi contre la liberté de la presse (connu sous le nom dérisoire de *loi d'amour*) excita une telle clameur que le ministère fut forcé de le retirer. La garde nationale de Paris, passée en revue par le roi, fit entendre les cris : « A bas les ministres! » et fut licenciée le lendemain (avril 1827). C'était une faute grave, et trois ans plus tard, cette gravité se révéla à tous au soleil éclatant de Juillet.

Guidé par la réflexion et l'expérience, Martignac était devenu de plus en plus modéré, réservé même dans son langage et sa conduite politique. M. de Villèle, voulant s'assurer une majorité compacte et plus docile, fit dissoudre la chambre (novembre). Mais, grâce à l'activité de la presse, et par suite de l'irritation du pays, les élections furent libérales. Cent vingt-cinq membres seulement de l'ancienne majorité étaient revenus. L'effet de cette victoire fut immense; elle dépassait de beaucoup les craintes du cabinet et les espérances de l'opposition. Le ministère, représenté surtout par MM. de Villèle, Corbière et Peyronnet, était contraint de se retirer. Charles X consentit, bien à contre-cœur, à un sacrifice passager aux idées libérales. M. de Villèle avait recommandé Martignac, espérant trouver en lui un éloquent défenseur de son administration, à laquelle il avait été longtemps associé. Après bien des négociations et des conférences, un ministère fut enfin formé. Les principaux membres étaient Portalis, Hyde de Neuville, La Ferronays, Roy, et Martignac, qui prit le portefeuille de l'intérieur : il n'y eut pas de président du conseil. Pris collectivement, ce cabinet, bien que composé d'hommes aussi honorables qu'éclairés, n'était pas dans les inclinations personnelles du roi. Il semblait n'avoir été admis que comme un essai, ou comme une concession passagère à l'esprit libéral du temps et à de rancunes intéressées de la contre-opposition royaliste. Par son éloquence incontestable, Martignac en était l'homme le plus distingué et le plus influent, et naturellement son nom y est resté attaché. Ce ministre était sincèrement dévoué à la pensée du moment, qui était de naturaliser en France la monarchie représentative, en s'efforçant d'enlever leurs préjugés aux royalistes et leurs préventions aux libéraux : il était le ministre le mieux choisi. La situation pourtant était délicate et difficile. Le ministère se trouvait en face d'un roi faible, dont il n'avait pas la confiance, d'une presse passionnée et impatiente, d'une chambre morcelée en coteries, les unes résolues à repousser les réformes les plus sages, les autres dominées par l'esprit de système ou animées d'une ambition rivale. Partout étaient des piéges, des intrigues, des embarras, et il n'avait pour les combattre que sa loyauté et son amour du bien. L'avénement de ce ministère (4 janvier 1828) fit naître une confiance générale. Dans le discours d'ouverture des chambres, il répudiait le système de ses prédécesseurs. Si les actes répondent aux déclarations, disait-on, c'est une politique nouvelle qui est inaugurée. De nombreux changements dans le personnel des ambassades et de l'administration du royaume signalèrent le caractère modéré que Martignac voulait donner au gouvernement. Le roi y résistait avec obstination : il fallait lui arracher ces changements homme par homme. Cependant il résistait peu aux réformes libérales proposées par le ministre sur les choses. La censure fut abolie, la surveillance rigoureuse que la douane de Paris exerçait sur les livres exportés à l'étranger, supprimée. De bonnes lois furent proposées aux chambres, lois qui attestaient le retour à l'esprit de la charte et un développement plus large des libertés publiques. La première établissait de nouvelles garanties pour la révision annuelle des listes électorales, et par là étaient assurées l'indépendance et la sincérité des élections. Dans les années précédentes, on avait relevé si souvent des fraudes, que la méfiance était devenue générale et très-ombrageuse : il fallait d'abord rassurer l'esprit public. La seconde loi (18 juillet 1828), sur la presse périodique, lui accordait de larges concessions : plus de monopole, de censure possible et légale. Les dispositions sur la police de la presse établies en 1822 étaient abrogées. Par là, la liberté de la presse obtenait d'efficaces garanties. Cependant la discussion de cette loi fut vive à la chambre, de la part de la gauche et de la droite. L'une se plaignait de ses exigences et de ses rigueurs, l'autre de ses concessions et de sa faiblesse. Un rapport de la commission chargée d'examiner la question des jésuites avait déclaré que la direction de leurs écoles n'était pas contraire aux lois du royaume. Les libéraux soutenaient que ceci était contraire à la décision de la chambre des pairs et à un arrêt de la cour royale de Paris. Ils pressaient le ministère de faire exécuter les lois. Le roi montra une ferme et longue résistance à signer les ordonnances présentées. Il fallut bien des efforts et des conférences pour l'y décider. Il signa enfin ces élèbres ordonnances du 16 juin, et ne le fit qu'à cause des conséquences graves qu'aurait amenées le renvoi du ministère (1828). Elles portaient que les établissements des jésuites seraient assujettis à la surveillance et au régime général de l'université; elles limitaient le nombre des élèves des petits séminaires aux besoins présumés du sacerdoce, et leur prescrivaient l'habit ecclésiastique après deux ans d'études. Ce sont là toutes les prescriptions de ces ordonnances, qui préoccupèrent alors singulièrement les esprits. Les journaux royalistes et le parti congréganiste firent entendre les clameurs les plus vives : elles devinrent le signal de la résistance de l'épiscopat. Presque tous les évêques protestèrent avec plus ou moins de véhémence, et l'histoire a recueilli la fière déclaration envoyée au ministre par M. de Clermont-Tonnerre, archevêque de Toulouse : « *Etiamsi omnes, ego non.* » Malgré cette espèce de révolte, le ministère tint ferme, et les ordonnances furent exécutées. Les jésuites aimèrent mieux fermer leurs établissements que de se soumettre à l'université. Ils allèrent s'établir au delà des Pyrénées et en Suisse. Pour apaiser ces clameurs et cette résistance, le ministre chargea d'une mission confidentielle à Rome M. Lasagni, jurisconsulte romain, autrefois attaché au tribunal de la Rote, et alors magistrat en France. Il devait éclairer le saint-père sur le vrai caractère de la question et détruire les préventions défavorables qui auraient pu lui être données. Le pape écrivit en France au cardinal de Latil, qui avait une grande influence sur l'esprit du roi, « que les évêques doivent se confier à la sagesse du roi pour l'exécution des ordonnances et marcher d'accord avec le trône ». La victoire du ministre sur les répugnances royales affaiblit son crédit au lieu de l'affermir. Charles X conserva un amer souvenir d'avoir été réduit à signer contre ses scrupules, bien plus, contre ses affections. En résultat, ces ordonnances amenèrent une rupture complète entre le parti religieux et le ministère. Malgré les embarras qui naissaient du conflit des idées et des passions contraires, la marche ferme et loyale de l'administration avait relevé les espérances de tous les hommes de bien, de tous ceux qui voulaient l'alliance sincère de la royauté et des libertés publiques.

Un des hommes les plus considérés et les plus consciencieux de cette époque, un ami ardent mais éclairé du progrès dans toutes les branches de la civilisation, M. le duc de Broglie, écrivait en 1828 : « N'en déplaise aux détracteurs officieux de notre temps et de notre pays, tout va bien; chaque jour les idées saines gagnent du terrain; l'esprit public se forme et se propage à vue d'œil (1). » A l'ouverture de la session de 1829, deux projets de loi ayant pour objet d'assurer au principe électif une part dans l'administration des départements et des communes (loi municipale, loi départementale), et d'imposer au pouvoir central, pour les affaires locales, des règles et des limites nouvelles, furent présentés en même temps (9 février). Les deux exposés des motifs étaient l'ouvrage de Martignac : c'étaient des modèles de clarté et de raisonnement législatif. Ils furent bien accueillis par toutes les parties raisonnables de la chambre et encore mieux par l'opinion publique. Quand vint le moment de la discussion, dans quel ordre procéder? Il semblait logique que le projet de loi municipale, rapporté le premier, dût avoir la priorité. Mais la gauche, aidée de l'extrême droite, obtint la priorité en faveur de la loi départementale. Le but de la droite était d'ébranler les ministres pour précipiter leur chute; celui de la gauche de renouveler immédiatement l'administration départementale par l'adoption de la loi. Cette différence dans le but de chacun des côtés éclata dans tous les discours de leurs orateurs. La discussion s'ouvrit le 30 mars; elle fut très-vive et prolongée. Martignac y montra autant d'habileté que d'éloquence. On pouvait trouver ces concessions ou trop larges ou trop restreintes; en tous cas, elles étaient réelles, et les partisans des libertés publiques n'avaient rien de mieux à faire que de les accepter et de s'y établir. Le but de la droite étant d'aggraver l'embarras du ministère et de le renverser, il en résultait pour lui la nécessité de s'appuyer spécialement sur le côté gauche. Mais là il y avait des impatients et des ambitieux, qui voulaient former un ministère de leur couleur, malgré le peu de chances de succès que faisait pressentir le caractère de Charles X. Le combat décisif s'engagea sur un amendement de la commission, qui supprimait les conseils d'arrondissement. Le roi avait déclaré qu'il ne voulait plus rien céder. Martignac déclara qu'il ne pouvait accepter aucun amendement. Il avait été même convenu entre les ministres qu'on retirerait le projet de loi si le vote ne sauvait pas les conseils d'arrondissement. Au moment du vote, le côté gauche et une partie du centre gauche se levèrent en faveur de l'amendement. En vain, Martignac et Hyde de Neuville avaient imploré avec éloquence les royalistes de la droite de venir au secours de la loi et de voter avec les conseillers de la couronne; ils restèrent immobiles sur leurs bancs, souriant malignement de l'embarras des ministres, comptant sur une chute dont ils espéraient profiter, et les laissant aux prises avec les exigences de leurs alliés. L'amendement fut adopté : le projet ministériel était frappé de mort. Martignac s'entretint un moment avec Portalis, et tous deux se rendirent aux Tuileries. « Eh bien, s'écria Charles X en les voyant, je vous l'avais dit! Il n'y a rien à faire avec ces gens-là. » Martignac revint à la chambre avec une ordonnance qui retirait les deux projets de loi communale et départementale. Les centres furent consternés,

(1) Sainte-Beuve, *Causeries du lundi*, t. II, p. 304.

une vive agitation se manifesta dans la chambre, et la séance fut levée.

Par ce retrait, l'alliance de la gauche et du ministère fut brisée : le ministère n'avait plus de majorité. Quant à Charles X, il n'avait jamais vu que du provisoire dans le ministère : il ne tenait pas à pousser l'expérience plus loin; mais il voulait avoir le budget. Fermement résolu dès lors de choisir des hommes tout à fait à lui, il fut aimable, plein d'affabilité et de prévenances envers ses ministres; il s'efforçait par un redoublement de bienveillance de diminuer pour eux, surtout pour Martignac, l'amertume de la chute. Il renouvelait ses compliments sur le charme et l'habileté de sa parole, mais sans accorder cependant à son talent de tribune un autre mérite que celui d'un don purement artistique. Si quelque pair ou député le visitait au sortir d'une séance où le ministre de l'intérieur avait parlé : « Eh bien, disait-il, vous avez donc entendu la Pasta (1)! » Maître du budget de 1830, Charles X s'occupa plus activement de l'exécution de ses plans. Le prince de Polignac arriva subitement à Paris, le 27 juillet (1829), et le 9 août, huit jours après la clôture de la session, les noms de Polignac, Peyronnet, Bourmont comme membres du nouveau cabinet, parurent dans *Le Moniteur*. Charles X traita avec bienveillance plusieurs des ministres qu'il renvoyait, avec rudesse deux ou trois autres. Martignac fut nommé grand'-croix de la Légion d'Honneur et pourvu d'une pension de 12,000 fr. A l'apparition des nouveaux ministres, le pays fut d'abord stupéfait, puis vinrent l'agitation, l'inquiétude, l'irritation. Ces sentiments prirent chaque jour plus d'énergie, d'étendue, d'éclat dans leur manifestation; mais pourtant on se contenait, on attendait la réunion des chambres, où de toutes parts on prévoyait une lutte ardente. Elles s'ouvrirent le 2 mars 1830. Une adresse énergique, bien que respectueuse dans les formes, fut adoptée par 221 voix. Elle fut présentée à Charles X le 18 mars, et le roi annonça dans sa réponse que ses résolutions étaient immuables. « Le roi ne rendra pas son épée », s'écriait le lendemain le principal organe du ministère Le 19, la session fut prorogée au 1er septembre suivant. La rupture était éclatante entre la couronne et le système électif. Le 16 mai, la chambre des députés fut dissoute, et une ordonnance convoquait les colléges électoraux pour le 23 juin et le 3 juillet, et fixait la réunion des chambres au 3 août. Les deux ministres les plus modérés, Courvoisier et Chabrol, sortirent du conseil. Le membre le plus compromis et le plus audacieux du cabinet Villèle, Peyronnet, devint ministre de l'intérieur. Le gant était jeté; des deux parts, on se prépara à la bataille décisive. Les nouvelles élections renvoyèrent à la chambre les 221, et bon nombre d'autres libéraux. L'opposition revenait plus forte que jamais. La cour était résolue à un coup d'État, et le 26 juillet parurent au *Moniteur* les fameuses ordonnances qui amenèrent la chute de la branche aînée des Bourbons et l'avénement de la dynastie d'Orléans (*voy.* CHARLES X et LOUIS-PHILIPPE). Lors du procès des ministres déchus, Martignac fut appelé par le prince de Polignac pour sa défense. Il s'y dévoua généreusement, et produisit un chef-d'œuvre d'éloquence. Mais ses forces étaient épuisées. A la chambre, on n'entendit plus que très-rarement sa parole éloquente. Un jour, un membre accusa Charles X de cruauté. Martignac se leva pour défendre ce prince de ce reproche injuste (15 nov. 1831). Charles X était faible et obstiné, mais certainement il n'était pas cruel. Quelques mois après, l'ancien ministre n'existait plus. Sa mort causa des regrets et des hommages unanimes. A ses obsèques se pressèrent les représentants de tous les partis, pour honorer à la fois l'homme et l'orateur.

Martignac a laissé à tous ceux qui l'ont connu, dans la vie publique ou privée, amis ou adversaires, un souvenir plein d'estime et de bienveillance. C'était un caractère facile, aimable, gracieux, un esprit droit, prompt et fin. Il avait une éloquence naturelle et habile, lumineuse, pleine d'élégance et de persuasion; il plaisait à ceux-là même qu'il combattait. « J'ai entendu un jour Dupont de l'Eure, dit M. Guizot, lui crier doucement de sa place, en l'écoutant : « Tais-toi, sirène. » Son court ministère est la phase importante de sa vie. En temps ordinaire et pour un régime constitutionnel bien établi, c'eût été un aussi utile qu'agréable ministre; mais il avait, dans la parole comme dans la conduite, plus de charme et de séduction que de puissance et d'autorité. Il n'apportait pas, soit dans le gouvernement, soit dans les luttes politiques, ni cette énergie simple, passionnée, persévérante, ni cette haute ambition de succès, qui s'animent devant les obstacles ou dans les défaites, et qui souvent entraînent les volontés, même lorsqu'elles ne changent pas les esprits. Plus épicurien qu'ambitieux, il tenait à son devoir et à son plaisir plus qu'à son pouvoir. Tels sont les traits principaux que nous fournit M. Guizot sur Martignac. Rarement un homme politique a eu des qualités plus séduisantes et une éloquence plus persuasive. Dans son ministère, il avait pris pour devise : probité, modération, progrès. Arrivé à une époque difficile, où tous les ressorts du gouvernement avaient été fâcheusement usés par les six années de pouvoir du parti royaliste exagéré, il eut mission de relever la dignité du pouvoir, et pour cela il s'appliqua à donner à l'administration un cachet de sincérité et de franchise. Là fut son travail, son œuvre laborieuse, et là se trouve aussi la gloire de son ministère. S'il manqua de fermeté et de caractère, s'il n'exerça ni aux Tuileries ni dans la chambre des députes l'empire ou même

1 Célèbre cantatrice de l'époque, dont l'admirable voix attirait tout Paris.

l'influence que son excellent esprit et son rare talent auraient dû lui donner, on peut cependant dire qu'il fit beaucoup pour la liberté et pour le trône qu'il voulait appuyer sur cette base. Bien des hommes politiques se sont succédé sous la restauration au ministère de l'intérieur. L'avénement de Martignac fut accueilli par l'opinion publique avec enthousiasme et confiance : ce fut le signal d'une ère nouvelle. Les gens de lettres et les artistes, frondeurs par caractère, applaudirent tous, et par des paroles et par des actes; ceux qui formaient l'élite de cette époque, Victor Hugo, Casimir Delavigne, Soumet, Alfred de Vigny, Émile Deschamps, Alex. Dumas lui adressèrent à l'envi les plus vives et les plus dignes félicitations. Martignac les justifia par un tact exquis et une noble bienveillance. Rarement un ministre a mis plus d'empressement, de bonne grâce et de générosité à secourir les infortunes et à récompenser le mérite. Un dernier trait à tous ces souvenirs. De nos jours (1858), l'empereur a accordé à Mme veuve de Martignac une pension de 6,000 fr., *pour services rendus à l'État par son mari;* ce sont les expressions mêmes du considérant. Cet acte honore à la fois le gouvernement de l'empereur et la mémoire de Martignac.

La mort le surprit avant qu'il eût pu mettre la dernière main à un ouvrage dont il avait puisé les matériaux en Espagne : il parut en 1832, sous le titre de *Essai historique sur la révolution d'Espagne et l'intervention de* 1823. On a encore de Martignac : *Ésope chez Xanthus*, comédie-vaudeville ; 1801 ; — *Bordeaux au mois de mars* 1815, *ou notice sur les événements qui ont précédé le départ de madame la duchesse d'Angoulême*, avec notes du général Clausel; 1830; — *Défense et Réplique pour M. le prince Jules de Polignac*, ancien président du conseil des ministres, prononcées devant la cour des pairs; 1831; — *Le Couvent de Sainte-Marie-aux-Bois*, épisode; 1831. J. CHANUT.

Moniteur de 1821 à 1830. — Lesur, *Annuaire historique*, 1828 et 1829. — *Mémoires de M. Guizot*, t. Ier. — Chateaubriand, *Mémoires d'Outre-Tombe*. — Capefigue, *Histoire de la Restauration*. — Id. par Vaulabelle. — Id. par M. Lamartine. — *Sur les divers Historiens de la Restauration*, dans la *Revue Contemporaine*, t. III, 1852. — *Docum. partic.*

MARTIGUES. *Voy.* LUXEMBOURG.

MARTIMBORE (*J.*), poëte français, vivait au commencement du dix-septième siècle. Il dédia à ses amis un ouvrage en vers médiocres, intitulé : *Épistre du Trespas et Résurrection du corps et immortalité de l'âme;* Paris, 3e édit., 1613, in-8° ; l'auteur annonce qu'il n'a pas mis son nom aux deux premières éditions de son livre. G. B.

Viollet-Leduc, *Bibliothèque Poetique*, I, 363.

MARTIN (Saint), évêque de Tours, né à Staïn, en Hongrie, vers 316, mort à Candes, en Touraine, vers 396 (1). Les hagiographes n'oublient pas de nous dire quels étaient ses parents : « de grande noblesse, occupant de hauts emplois, etc. » ; mais, selon Jean Maan et d'autres critiques, il ne faut pas répéter ces fables. Le jeune Martin fut élevé à Pavie, et dès qu'il eut atteint l'âge de l'adolescence, il fut enrôlé dans la milice. Constantin Ier occupait encore le trône des césars ; la religion des chrétiens était en faveur à la cour et dans les camps : à l'âge de dix-huit ans, Martin abjura la foi de ses pères, et reçut le baptême. Quelques années après, il fut envoyé dans les Gaules. C'est ici qu'il faut placer la légende du manteau. Aux portes de la ville d'Amiens, durant un rude hiver, Martin rencontre un pauvre presque nu. Ému de compassion à l'aspect d'une si triste misère, il fait deux parts de son manteau, et en offre une au mendiant. Personne ne pourrait affirmer la véracité de cette légende; mais personne assurément ne voudrait la contester. Si pour recommander utilement la pratique de la charité il faut s'appuyer sur des exemples, nous ne nous opposons pas à ce qu'on les imagine ; c'est bien ici que le but sanctifie le moyen. Après la mort de Constantin Ier, Martin quitta le service, et alla se ranger parmi les disciples de saint Hilaire de Poitiers, l'un des hommes les plus lettrés des Gaules. C'est à son école que Martin acheva son éducation doctrinale. Le baptême l'avait fait chrétien ; mais il ignorait encore bien des articles de la croyance chrétienne. Sous la discipline de saint Hilaire, il devint théologien. Ayant ensuite désiré revoir ses parents, il traversa les Alpes et la Lombardie. Les chrétiens étaient alors assez mal vus en Lombardie. Cependant, loin de dissimuler sa croyance, Martin la déclara si haut, et se laissa même aller à de si vifs propos sur le compte des Latins gagnés à la doctrine des Grecs, l'arianisme, qu'il fut saisi par les magistrats de Milan et battu de verges. Cette disgrâce ne l'amena pas à douter de la foi d'Hilaire, mais le décida néanmoins à quitter Milan. Il se retira dans une bourgade voisine. Cependant il ne lui fut pas permis d'y faire un long séjour. Comme il avait été accompagné dans cette retraite par un certain nombre d'autres partisans de sa doctrine, Auxentius, évêque de Milan, qui était arien, redouta leur propagande, et mit des gens à leur poursuite. Martin aurait alors voulu rentrer dans les Gaules; mais les Gaules étaient aussi en proie à des tumultes religieux, et saint Hilaire lui-même avait été banni de Poitiers ; il alla donc chercher un asile au sein de la mer Tyrrhénienne, dans l'île Gallinaria. Il abandonna ces lieux en l'année 360, lorsqu'un décret impérial eut rendu saint Hilaire à son église.

(1) Il y a de grands débats sur l'année de la mort de saint Martin. Si l'on admet la chronologie de Sulpice Sévère, il faut inscrire cette mort à l'année 400 ; Grégoire de Tours paraît quelquefois favoriser cette date, mais le plus souvent, et notamment dans son *Histoire sommaire des Archevêques de Tours*, il s'exprime en des termes qui la contredisent. François Chifflet et dom Liron adoptent l'année 400, Tillemont et Lecointe l'année 397, dom Gervaise et quelques autres préfèrent l'année 396.

Martin accourut alors vers son ancien maître, et lui demanda la permission de continuer à vivre auprès de lui comme il avait vécu dans l'île de la mer Tyrrhénienne, c'est-à-dire sans souci des affaires du monde, sans charge d'âmes, en simple anachorète. Hilaire ne désapprouva pas ce dessein, et Martin se retira dans un lieu désert, peu distant de Poitiers, que nous appelons aujourd'hui Ligugé. L'exemple qu'il avait donné fut suivi, et bientôt Ligugé ne fut plus une solitude, mais un campement de reclus, un monastère. C'est une forte passion que celle de la vie monastique : ce renoncement entier aux choses mondaines a toujours été pour quelques âmes un impérieux besoin. Cependant on n'apprend pas qu'avant la seconde moitié du quatrième siècle il se soit formé dans les Gaules une autre société d'anachorètes que celle dont Martin fut l'instituteur. Le monastère de Ligugé passe pour le plus ancien de toute la Gaule. Le chef de cette nouvelle association, le meilleur ami de saint Hilaire, dut promptement acquérir non-seulement dans la province de Poitiers, mais encore dans les provinces voisines, une très-grande renommée. Partout on vantait son savoir, l'austérité de ses mœurs, et même des villes lointaines on se rendait à Ligugé pour visiter en ce désert une colonie de cénobites, une autre Thébaïde.

Onze ans s'étaient écoulés depuis que Martin avait fondé ce pieux asile, quand mourut saint Lidoire, évêque ou archevêque de Tours. Le clergé de Touraine paria sur-le-champ de confier le gouvernement de cette métropole à l'illustre solitaire, et lui envoya des députés. Mais il se montra sourd à toutes leurs prières, et il fallut employer la ruse pour l'attirer hors de sa retraite. Un certain Ruricius, riche tourangeau, accourt près de lui, se jette pleurant à ses pieds, et lui demande de venir en toute hâte accorder la dernière consolation à sa femme mourante. Martin consentit à remplir le vœu de Ruricius, et les voilà transportés vers la ville de Tours. Ils y arrivent quand de toutes parts s'y rendait en même temps une foule nombreuse de clercs, de laïcs, appelés à désigner par leurs suffrages le successeur de Lidoire. Quel est cet homme à l'extérieur inculte, qui s'avance aux côtés de l'opulent Ruricius? A quiconque le demande on répond que c'est Martin, et l'on raconte sa vie, ses épreuves, on célèbre sa vertu, on n'hésite pas même à lui attribuer des miracles. Ces récits émeuvent, agitent les électeurs. A quelles mains pourront-ils mieux se confier? Qui s'est montré plus digne d'être leur évêque? Il y a bien, il est vrai, quelques opposants : ce sont des dignitaires ecclésiastiques, des évêques, qui trouvent l'habit de Martin trop modeste. Mais le peuple n'aime pas le faste et l'orgueil des puissants de l'Église, et ce que ceux-ci reprochent à Martin est précisément ce qu'il admire le plus en lui : *a populo sententiæ sanioris hæc illorum irrisa dementia est, qui illustrem virum, dum vituperare cupiunt, prædicabant.* On recueille les suffrages, et Martin est nommé pasteur de l'église de Tours. Cela se passait l'an huitième de Valens et de Valentinien, c'est-à-dire l'an 371 de Jésus-Christ.

Martin gouverna l'église de Tours comme un véritable monastère, sans apporter aucun changement au genre de vie dont il avait contracté l'habitude à Ligugé. A côté de la basilique bâtie par saint Lidoire, il se fit construire une modeste cellule, où il habita seul avec un de ses archidiacres. Plus tard il employa tous ses soins à former, non loin des murs de sa ville épiscopale, un autre collége de cénobites, qui devint avec le temps un des séminaires les plus renommés de l'ordre de Saint-Benoît : ce fut alors le *Majus Monasterium* de la Touraine, Marmoutiers. Tout ce que Grégoire de Tours et Sulpice Sévère nous apprennent de son administration pastorale a le même caractère. A un zèle sans relâche il unissait une extrême simplicité. Partout où il y avait quelque bien à faire, on le voyait aussitôt arriver avec sa robe noire et ses cheveux en désordre. Mais c'était par là qu'il gagnait tout le monde Il ne faudrait pas se représenter sous le vêtement rustique de saint Martin un de ces ascètes grossiers, ignorants, au front bas, à l'œil terne, dont il est si souvent question dans les légendes du treizième siècle, et dont Césaire d'Heisterbach a prétendu faire autant de héros. C'était un homme simple par calcul de piété, mais dont l'esprit et le maintien n'avaient rien de servile. Il aimait obéir à Dieu, mais il savait commander aux hommes. Non-seulement dans sa province, mais dans toute la Gaule, il acquit bientôt autant d'autorité par la sagesse de ses conseils et l'habile fermeté de sa conduite, que par la renommée de ses stoïques vertus. Nous n'avons pas besoin d'en chercher une autre preuve que cette mission qui lui fut donnée près de l'empereur Maxime après le meurtre de Gratien. Maxime ayant fait arrêter ou chasser de leurs siéges les évêques des Gaules qui avaient favorisé son rival, ce fut l'austère Martin que l'on chargea d'aller à la cour de Trèves protester contre ces violences. Il accepta ce périlleux mandat, le remplit, et sur ses représentations, Maxime mit en liberté tous ses captifs. La noblesse de son âme nous est attestée par un fait plus digne encore d'être raconté. Idacius et Ithacius, évêques espagnols, suppliaient Maxime de livrer au glaive civil la tête de Priscillien, et de tous les complices de son hérésie. Martin s'inscrivit contre cette orthodoxie sanguinaire. Cependant ses efforts furent vains. Priscillien périt par les ordres de Maxime. L'année suivante, Martin reparut à la cour, mais il refusa tout commerce avec les conseillers de cet exécrable meurtre. Cette conduite déplut à Maxime, et Martin, revenant encore une fois à

Trèves implorer la grâce de Narcès et de Leocadius, accusés de rebellion, Maxime lui déclara qu'il n'obtiendrait cette grâce qu'après avoir fait sa paix avec Ithacius. C'était donc une condition qu'il fallait subir. Martin tendit la main à Ithacius, mais avec dégoût, et quitta sur-le-champ la ville de Trèves. Il se reprocha, dit-on, d'avoir à ce prix sauvé Narcès et Leocadius.

On a de saint Martin un opuscule sur la Trinité, publié dans la *Bibl. des Pères*, t. V, col. 1084. B. H.

Sulpicius Severus, *Vita sanct. Mart.* — Gregorius Turon., *Hist. Francor.*, lib. X. — Gervaise, *Vie de saint Martin*. — Jean Maan, *Metropol. Turonensis*. — *Hist. Litter. de la France*, t. I, p. 417. — *Gallia Christ.*, t. XIV, col. 6.

MARTIN (Saint), savant prélat, né en Pannonie, au commencement du sixième siècle, mort le 20 mars 580, à Brague. Sa piété le conduisit très-jeune en Palestine, où s'étant fait moine il s'appliqua à l'étude des lettres sacrées et de la philosophie. En 551 il alla prêcher la foi catholique en Galice, et convertit beaucoup de Suèves ariens, notamment leur roi Carriaric, ainsi que son fils, qui à cette occasion prit le nom de Théodomir. Il obtint de ce dernier qu'il fît construire à Dunce, près de Brague, un monastère, qui fut bientôt érigé en évêché en sa faveur. Il fonda encore plusieurs autres couvents, et fit convoquer en 563 le second concile de Brague, où les hérésies manichéennes et priscillianistes furent condamnées. Appelé vers 569 à l'archevêché de Brague, il réunit deux ans après un concile dans cette ville, pour y faire réformer la discipline ecclésiastique. Il mourut universellement regretté pour sa charité. Grégoire de Tours et Fortunat ont fait le plus grand éloge de sa science et de ses vertus. On a de lui : *De Formula honestæ Vitæ ;* Trévise, 1478 ; Venise, 1492 et 1586 ; Poitiers, 1544, etc.; cet écrit, dédié par l'auteur au roi Mir, a été reproduit dans le tome VI de la *Bibliotheca Patrum ;* il a été plusieurs fois attribué à Sénèque ; — *De Moribus;* Paris, 1556, in-4° ; — *Pro repellenda jactantia*, imprimés ainsi que les quatre traités suivants dans le *Martyrologium Hispanicum* de Tamaio et dans le t. XV de l'*Hispania sacra* de Florez ; — *De Superbia ;* — *Exhortatio humilitatis ;* — *De Ira ;* — *De Pascha ;* — *Capitula LXXXV collecta ex græcis synodis* dans la *Bibliotheca Juris canonici* de Justel et dans le tome II des *Concilia Hispanica* du cardinal Aguirre ; c'est sur la demande de Nitigisius, évêque de Lugo, que Martin entreprit, après Denys le Petit et Ferrand de Carthage, cette nouvelle traduction des principaux canons des conciles tenus en Orient ; — *Sententiæ Ægyptiorum Patrum ex græco translatæ*, à la suite des *Vitæ Patrum* de Rosweyde ; — *De Correctione Rusticorum, seu adversus superstitiones*, dans le t. XV de l'*Historia sacra* de Florez ; — *Carmina;* Paris, 1619 : publiés par les soins de Sirmond, avec les poésies ecclésiastiques de Dracontius et d'Eugenius ; — *Epistolæ ;* ce précieux recueil de lettres, qu'Isidore de Séville avait eu à sa disposition, n'a pas encore été retrouvé. O.

Isidore de Séville, *Catalogus Scriptorum* et *De Viris illustribus*. — Gregoire de Tours, *Historia*, liv. V, ch. 38. — Fortunatus, *Carmina*, liv. V. — Tamajo, *Martyrologium Hispanicum*. — *Acta Sanctorum* (au 20 mars). — Antonio, *Bibliotheca Hispanica vetus*, t. I.

MARTIN (Saint) *de Vertou*, moine français, mort vers la fin du sixième siècle. Un des récents historiens de l'Armorique suppose que saint Martin fut d'abord archidiacre de Nantes; mais cette conjecture ne s'appuie sur aucun témoignage. Il est plus certain que, s'étant retiré dans un désert sur la rive droite de la Sèvre, il y fonda, vers l'année 577, un ermitage qui devint ensuite le monastère de Vertou. L'église de ce lieu fut d'abord consacrée à saint Jean-Baptiste. Plus tard les Bretons firent un saint du pieux anachorète, et pour le distinguer de saint Martin de Tours, ils le nommèrent saint Martin de Vertou. Il a été admis dans le martyrologe romain, au 24 octobre. B. H.

Gallia Christ., t. XIV, col. 843, 844. — Tresvaux, *Église de Bretagne*.

MARTIN Ier (Saint), soixante-treizième pape, né à Todi (Toscane), mort le 16 septembre 655 dans la Chersonèse Taurique. Il succéda le 5 juillet 640 à Théodore Ier. L'empereur Constant II fit tous ses efforts pour lui faire approuver le *type* qu'il avait promulgué l'année précédente, décret qui frappait également les catholiques et les monothélites et leur interdisait toute discussion. Loin d'obéir, Martin convoqua un concile à Rome en octobre 649, et y fit condamner toutes les hérésies, spécialement celle des monothélites (qui prétendaient que Jésus-Christ n'avait qu'une nature et une seule volonté) ; l'*ecthèse* de l'empereur Héraclius rendu en faveur de ces sectaires ; et le *type* de Constant II. L'empereur, irrité de cette opposition, fit enlever Martin (19 juin 653), et le relégua dans l'île de Naxos. Le 17 septembre 654 le pontife, amené à Constantinople, fut incarcéré dans la prison de Diomède, et durant six mois il subit des outrages de toutes sortes. Sa fermeté ne se démentit pas : il refusa de transiger avec les hérétiques. Il fut alors déporté en Chersonèse, où il mourut peu après. Saint Eugène Ier lui succéda après une vacance de trois années. On a de saint Martin Ier dix-huit *lettres* encycliques, qui se trouvent dans la *Bibliotheca Patrum* et dans les *Concilia* de Labbe. A. L.

F. Pagi, *Breviarium*, etc., *complectans illustriora Pontificum Romanorum gesta, conciliorum*, etc. — Platina, *Vitæ Pontif. Roman.* — Artaud de Montor, *Hist. des souverains Pontifes romains*, t. I.

MARTIN II OU MARIN Ier (PALOMBO), cent-septième pape, né à Monte-Fiascone (États de l'Église), mort le 24 février 884. Il avait été envoyé trois fois en légation à Constantinople (866-868-881), pour s'opposer à l'intrusion de Photius au patriarchat de Constantinople. Il fut élu pape le 23 décembre 882, en remplacement de Jean VIII. Il excommunia aussitôt Photius, et rappela Formose sur le siége épiscopal de Porto. Il eut pour successeur Adrien III. A. L.

Fleury, *Hist. Eccl.*, t. III, p. 542 — F. Paggi, *Breviarium Pontificum Romanorum*, etc. — Muratori, *Ann. Ital.* — Artaud de Montor, *Hist des souverains Pontifes romains*, t. II, p. 141.

MARTIN III ou **MARIN II**, cent trente-unième pape, né à Rome, mort dans la même ville, en juin 946. Il succéda, entre le 22 janvier et le 4 février 943, à Étienne IX. Il se distingua par son zèle à réformer la discipline ecclésiastique, et fonda de nombreux établissements monastiques. On a de lui une missive à l'évêque de Capoue, dans laquelle il accuse ce prélat d'être ignorant des canons, inexpérimenté dans les lettres et transgresseur téméraire des lois divines et humaines, parce que cet évêque avait donné un bénéfice à un de ses diacres. Martin déclara le diacre intrus et hors de toutes les communications ecclésiastiques; il saisit en même temps les terrains affectés aux revenus de ce bénéfice, et les concéda aux Bénédictins. Agapit II lui succéda. A. L.

Platina, *Vitæ Pontif. Roman.* — Artaud de Montor, *Hist. des souverains Pontifes romains*, t. II, p. 79.

MARTIN IV (1) (*Simon* DE BRION (2)), cent quatre-vingt-quatrième pape (selon les auteurs de l'*Art de vérifier les dates* (3)), mort à Perugia, le 28 mars 1285, naquit vers 1210, au château de Montpensier ou de Montpencien, paroisse d'Andrecel, en Touraine (suivant François Du Chesne et Artaud de Montor). Mais d'après une chronique de Sens (4), conservée parmi les manuscrits de la reine Christine de Suède, et qui s'arrête en 1294, il était né à *Mons-Pilgoti* (Montpilloi, près de Bavon, en Champagne, s'il faut en croire Thomé, chanoine de Meaux). Tous ces noms, douteux ou inconnus aujourd'hui, ne jettent aucune lumière sur le lieu de naissance de Martin IV; cependant sa famille était puissante dans l'Anjou et le Poitou. Il fit son éducation à Tours, où il entra dans l'ordre des Franciscains; il y devint chanoine régulier, puis trésorier de l'église Saint-Martin; il est donc probable qu'il était né dans cette partie de la France. Le roi saint Louis le prit pour garde des sceaux en 1260; il se démit de cette fonction lorsque Urbain IV, en 1262, le créa cardinal-prêtre du titre de Sainte-Cécile. Grégoire X (Teobaldo Visconti) l'envoya en France comme légat apostolique auprès de Philippe le Hardi, pour remercier ce roi d'avoir restitué au saint-siége le comtat Venaissin, province laissée à l'Église romaine par Raymond VII, comte de Toulouse, lorsque ce seigneur, écrasé par les croisés, suscités contre lui, commandés et menés par Simon de Monfort, ne put racheter sa vie et celle du reste de ses sujets que par le sacrifice d'une partie de son patrimoine. Les papes Adrien V, Jean XXI, Nicolas III laissèrent le cardinal Simon de Brion à la cour de France; mais lorsque le dernier de ces papes vint à mourir (22 août 1280), il fut élu souverain pontife à Viterbe, le 11 février 1281. Son élection, qui présente des détails assez curieux, fut le fruit d'une brigue de Charles Ier d'Anjou, roi de Sicile (Naples), qui voulait faire nommer un pape français. La majorité des cardinaux s'étant opposée aux vues du roi, et ayant suspendu le scrutin, la populace viterboise, soudoyée par Charles, se saisit des récalcitrants, et les ayant mis en prison, les fit jeûner au pain et à l'eau jusqu'à ce qu'ils eussent promis de procéder à l'élection sans délai. Au bout de quelques jours de ce régime, les cardinaux s'entendirent parfaitement. Simon de Brion fut proclamé à l'unanimité. Une seconde comédie suivit la première. « Simon, rapporte sérieusement le chevalier Artaud de Montor, manifesta alors une résistance si déterminée et si forte, que les cardinaux, enflammés d'un saint zèle (ou plutôt pressés par la faim), lui arrachèrent ses habits de cardinal, les déchirèrent et le revêtirent, par force, des habits de la papauté. Succombant à la force, et n'osant plus résister, il fut couronné le 23 mars à Orvieto. » Ce ne fut pas tout : une fois dûment installé, le premier acte de Martin IV fut de se venger de la violence qui avait été la cause de son avénement à la papauté. Il lança un interdit contre les habitants de Viterbe, et Ricardo Hannibaldi, qui les avait excités, fut obligé de venir lui demander pardon la corde au cou. Le saint-père pour cette fois se montra miséricordieux; il pardonna aux Viterbois, et même, à cause de leur repentir, leur accorda quelques indulgences. Il ne se montra pas non plus très-sévère envers Charles d'Anjou ; car peu après son intronisation, ayant été élu sénateur de Rome, il fit cession de ce titre au roi de Sicile. Nicolas III avait fait tous ses efforts pour éteindre les factions des guelfes et des gibelins en les réconciliant; Martin IV fit le contraire : excité par le roi Charles, « qui le menait par le nez comme sa créature », dit Muratori, il se déclara hautement pour les guelfes, et poursuivit à outrance les gibelins. Ceux de la Romagne, chassés de leurs foyers, s'étaient tous retirés à Forli. Le pape et le roi de Sicile préparèrent un grand armement pour se rendre maîtres de cette ville; Jean d'Eppe, conseiller de Charles d'Anjou, fut créé, par le souverain pontife, comte de la Romagne et placé à la tête des forces papales et napolitaines avec ordre de faire main-basse sur tout ce qui appartiendrait au parti gibelin. Les For-

(1) Ou *Martin II* selon le *Diario di Roma*, qui n'intercale pas les papes *Marin I* et *II* dans la série des *Martin*. Depuis longtemps les historiens sont tombés d'accord sur l'identité de ces noms.

(2) Et non *de Brie*, comme le dit Fleury dans son *Hist. Ecclesiastique*.

(3) Artaud de Montor en fait le *cent quatre-vingt-onzième*.

(4) Il y a aussi une commune d'Andrezel dans le département de Seine-et-Marne; c'est ce qui a pu faire réclamer Martin IV, comme Briard ou Champenois.

livois envoyèrent des députés au saint-père; mais il les congédia honteusement sans vouloir les écouter. Jean d'Eppe ravagea le territoire de Forli; mais il trouva la ville si bien défendue par les soins du comte Guido de Montefeltro qu'il dut commencer un siége en règle. Montefeltro envoya une nouvelle députation au pape, qui y répondit par un interdit et la confiscation à son profit des biens appartenant aux Forlivois dans les États ecclésiastiques. Avant de traiter de la paix Martin IV exigeait qu'on chassât de Forli tous les étrangers et par conséquent Montefeltro lui-même. « Reconnait-on à ces traits, s'écrie naïvement Muratori, le père commun des fidèles? » Durant ce temps Jean d'Eppe s'étant ménagé des intelligences dans la ville s'en fit livrer une des portes, et s'y précipita avec cinq cents hommes d'armes. Déjà le meurtre et le pillage étaient commencés lorsque Montefeltro chargea les papalins, et après un terrible combat livré dans les rues, le comte de la Romagne eut grand peine à s'échapper lui vingtième. Le pontife vaincu lança une excommunication solennelle contre les Forlivois, qui parurent peu s'en soucier. Au surplus, jamais pape n'usa autant des foudres de l'Église. L'année précédente (18 novembre), Martin IV avait excommunié l'empereur de Constantinople, Michel Paléologue, comme fauteur de l'ancien schisme et de l'hérésie des Grecs. Ce fut encore le roi de Sicile qui lui fit faire cette démarche, pour donner une apparence de croisade à la ligue qu'il avait conclue contre ce prince. Le 7 mai 1282, autre excommunication contre les habitants de Palerme et les auteurs des *Vêpres siciliennes*, massacre dans lequel avaient péri quatre mille Angevins ou Provençaux. Le 9 novembre suivant, Martin exclut aussi de la communion don Pedro III, roi d'Aragon, instigateur prétendu de ce massacre, mais qui du moins en avait profité pour s'emparer de la Sicile. En 1283, le pape renouvela ses anathèmes contre ce prince, qu'il déclara déchu de la royauté, transféra son royaume à Charles de Valois, fils de Philippe le Hardi, et publia une croisade contre lui. Philippe obtint du pontife la décime des revenus ecclésiastiques pour faire cette guerre sacrée. Les peuples se portèrent à cette expédition avec tant d'ardeur, que beaucoup de croisés y vinrent sans armes; des pierres leur en tenaient lieu: ils disaient en les jetant: « Je jette cette pierre contre Pierre d'Aragon pour gagner indulgence promise. » Le monarque anathématisé n'en fut pas moins victorieux, et ses ennemis, battus en diverses rencontres, furent en outre décimés par une contagion. Sur ces entrefaites, Rome se souleva, et le saint-père ayant à se plaindre des violences de Renier, gouverneur d'Orvieto, se réfugia à Perugia (24 mars 1285); il y mourut quatre jours après. Il fut enterré au couvent des Franciscains de cette ville, avec l'habit de cet ordre.

Martin IV est honoré comme saint à Pérouse, et le continuateur de la *Chronique* de Martin le Polonais lui attribue des miracles dont il se donne pour témoin. Guillaume de Nangis et Platina le canonisent également. Il avait pris pour devise ce verset du CXXXXI^e psaume: « *Portio mea, Domine, sit in terra viventium* ». A juger de son caractère par sa conduite, il était brusque, peu accommodant, et toujours prêt à soutenir ses prétentions les armes à la main. Nourri dans les principes d'une fausse jurisprudence canonique, il discrédita par un usage trop fréquent les armes spirituelles de l'Église catholique. L'histoire lui reproche aussi d'avoir disposé de royaumes qui ne lui appartenaient pas et d'avoir suscité de la sorte de longues et sanglantes guerres. Il ne fit en cela que suivre les mauvais exemples donnés par ses prédécesseurs. Si l'on doit être surpris que les papes donnassent ainsi des royaumes sur lesquels ils n'avaient aucun droit, faut-il l'être moins en voyant des princes accepter de pareils présents sous la condition d'en faire hommage-lige aux souverains pontifes et même de payer une redevance annuelle? N'était-ce pas convenir que les papes avaient le droit de disposer des couronnes et de déposer les monarques à leur gré? Si Martin eut tous les torts de son temps, il n'eut du moins pas la faiblesse du népotisme. Un de ses neveux étant venu le solliciter, il lui refusa tout emploi, lui donna une modique somme pour son voyage, et le renvoya en lui disant: « Les biens que nous avons sont à l'Église, nous ne pouvons en disposer. » Honorius IV (Giacomo Savelli) succéda à Martin IV. A. L.

Platina, *De Vitis et Moribus summorum Pontificum Romanorum Historia*, f^{os} CCXXXI à CCXXXIIII. — Guillaume de Nangis, *Chronica*. — Martinus Polonus, *Chronic.* — J.-D. Mansi, *Dictionarium Historicum*, etc. — Muratori, *Annali d'Italia*, t. VII, p. 435-442. — Novaès, t. IV, p. 7. — Artaud de Montor, *Hist. des souverains Pontifes romains*, t. III, p. 55-63. — Fleury, *Hist. Ecclésiastique*. — Papyre Masson, *Vitæ Pontif.* — Sponde, *Annal.*, 1280-1285. — Rainaldi, *Ann.*, 1280-1285. — A. Duchesne, *Hist. des Papes*.

MARTIN V (*Otto* ou *Eudes* COLONNA), deux cent-troisième pape (suivant les auteurs de l'*Art de vérifier les dates*), deux cent-dixième, selon Artaud de Montor, naquit en 1365, et mourut à Rome, le 20 février 1431. Il appartenait à l'une des plus puissantes familles de la Romagne, fit ses études à Perugia, où il professa le droit canonique. Quoiqu'il ne fût pas même diacre, Urbain VI (Bartolomeo Butilli-Prignani) le nomma référendaire (1381) et protonotaire (1384). Boniface IX le fit auditeur de Rote (1394) et l'envoya comme nonce auprès de diverses cours italiennes. Innocent VII le créa cardinal-diacre du titre de Saint-Georges-au-Voile-d'Or (1405), vicaire de Rome et archiprêtre de la basilique de Latran (1406). Jean XXIII (Baldassare Coscia) lui confia l'administration du patrimoine de Saint-Pierre, du duché de Spolète, et des villes de Todi, Terni, Amelia et Orvieta; le même pontife appela en 1380 Otto Colonna à l'archiépiscopat d'Urbin. Il assistait au concile de Constance lorsque, le 8 novembre 1417, après l'abdication de Grégoire XII, la déposition de Jean XXIII et celle de l'anti-pape Benoît XIII (ou Pedro de Luna), vingt-trois cardinaux et trente prélats, décidés à mettre un terme aux schismes qui divisaient l'Église, convinrent de choisir un nouveau pontife en dehors de toute espèce d'intrigue. Leur choix s'arrêta sur Colonna, qui voulut prendre le nom de *Martin* (du jour de son élection, 11 novembre). Le 12 il reçut le diaconat (1), le 13 la prêtrise, le 14 il fut consacré évêque, et sept jours après solennellement couronné. Il fit ensuite la grande cavalcade dans la ville de Constance, se rendant de l'église cathédrale à l'église Saint-Augustin. La bride de son cheval était tenue à droite par l'empereur Sigismond et à gauche par Frédéric, marquis de Brandebourg et électeur du Saint-Empire. Il présida dès lors le concile, révoqua toutes les grâces accordées par ses prédécesseurs depuis Grégoire XI; ordonna que les évêchés et les bénéfices seraient administrés tels qu'ils l'étaient avant Urbain VI, et rendit aussi une foule de décisions relatives à la discipline ecclésiastique. Néanmoins, ayant voulu autoriser un mariage à un degré interdit par les canons, il s'attira une leçon de Sigismond, qui lui dit: « Saint-père, vous pouvez bien pardonner les péchés, mais non les permettre (2). » Le 22 février 1418, Martin fulmina une bulle contre les hussites et publia une croisade contre les Maures sur la sollicitation de João Ier, roi de Portugal. Loin de reconnaître, comme on l'a prétendu, la supériorité des conciles sur les papes, dans la quarante-cinquième session (12 avril), il défendit, par une constitution particulière, d'appeler désormais des papes aux conciles. Il excepta pourtant le cas de schisme. Les affaires du concile terminées, Martin V quitta Constance, le 16 mai 1418, traversa Schaffhouse, Berne, Genève, Suse, Turin, Pavie, Milan, et visita à loisir les principales villes de Lombardie, où il était splendidement accueilli. Ce fut de Mantoue qu'il data une bulle qui défendait de troubler les juifs, tant qu'eux-mêmes ne troubleraient pas les chrétiens en faisant quelque chose qui fût contraire à la foi ou aux bonnes mœurs. Cet acte, qui témoigne de l'esprit de tolérance de Martin, ne reçut guère d'application, même dans les temps plus modernes. De Mantoue le saint-père s'arrêta à Ferrare, puis à Florence, où il séjourna du 16 février 1419 au 15 septembre 1420. Ce fut là qu'il reçut une ambassade des empereurs grecs Manuel II et Jean VII Paléologue, qui lui demandaient des secours contre les Turcs et l'assuraient du désir qu'ils avaient, eux et leurs sujets, de se réunir à l'Église latine. Déjà Martin V avait fait faire des ouvertures à ce sujet par Wladislas V Jagellon, roi de Pologne, et avait pu se convaincre que les Grecs étaient très-disposés à se servir des Latins pour repousser leurs ennemis, mais qu'ils ne voulaient en aucune façon reconnaître la suprématie du pape. Néanmoins, ne voulant pas qu'on l'accusât d'avoir repoussé aucune chance de fusion, il chargea Pietro Fonseca, cardinal de Saint-Ange, de suivre cette négociation, qui dura deux années, au bout desquelles les empereurs et Joseph II, patriarche de Constantinople, insistant toujours pour que l'on tînt un concile général à Constantinople, et non ailleurs, pour débattre les points qui divisaient les deux Églises, le pape répondit qu'il consentait à cette demande, pourvu que les empereurs fournissent aux frais de voyage et à la dépense des prélats; ce qu'il savait bien au-dessus de leurs moyens. Les concessions à faire de chaque côté étaient d'ailleurs trop nombreuses et trop importantes pour qu'il y eût un sincère désir de rapprochement entre les cours impériale et pontificale. L'amour-propre, bien plutôt que la religion, fit avorter les négociations.

Ce fut encore pendant son séjour à Florence que Martin V renouvela l'excommunication contre Benoît XIII; il retira à la même époque Bologne des mains de Bentivoglio (juillet 1420), et, reconnaissant du bon accueil des Florentins, érigea leur évêché en métropole (2 mai 1419). Cependant, la satisfaction du saint-père fut troublée par les brocards que les Florentins, lassés de subvenir aux luxueux besoins de la cour papale, commencèrent à décocher contre leur onéreux hôte. Les enfants même venaient chanter jusque sous les fenêtres du saint-père une chanson dont le refrain etait : « *Papa Martino non val un quatrino.* » Martin voulait témoigner aux magistrats florentins son mécontentement de ces railleries; mais Léonard Aretin, son secrétaire, l'en dissuada, et le détermina à prendre la route de Rome, où il entra enfin, le 22 septembre 1420. « Il y fut reçu, dit Platina, comme un astre salutaire. » Le 20 juillet 1429, l'anti-pape Clément VIII (Egidio Sanchez de Muñoz), quoique reconnu depuis plus de quatre ans par les Aragonais, vint renoncer volontairement entre les mains de Martin V aux insignes de la papauté. Martin en échange le créa évêque de Majorque, et demeura ainsi seul chef de la catholicité après un schisme de cinquante-et-un ans. Il survécut deux ans à cet heureux événement.

On lui attribue plusieurs ouvrages de droit canon restés manuscrits dans la Bibliothèque vaticane. Ce fut sous son règne (vers 1430) que l'on commença à frapper des médailles en l'honneur des pontifes. Platina loue sa prudence, sa douceur, sa justice et l'appelle « *la félicité de son*

(1) Artaud de Montor, t. III, p. 267. Quoique cardinal et qu'il eût rempli de très-hautes fonctions dans la cour romaine, Colonna était donc à peine sous-diacre, c'est-à-dire encore au plus bas degré de la hiérarchie ecclésiastique.

(2) Voici ce dont il s'agissait : Jean, comte de Foix, veuf de Jeanne, fille aînée du roi de Navarre, Charles III, dit *le Noble*, sollicitait la permission d'épouser Blanche, sœur de Jeanne afin d'établir sa race légitimement sur le trône de Navarre, dont Blanche était héritière. Malgré le degré d'affinité et la critique de Sigismond, Martin accorda la dispense.

temps ». — « Ce pape, disent les auteurs de l'*Art de vérifier les dates*, avait les qualités d'un prince et quelques vertus d'un évêque. L'Église lui est redevable de son union, l'Italie de son repos et Rome de son rétablissement. Néanmoins, Martin V, avant d'être élu avait promis avec serment, ainsi que tout le sacré collége, de travailler dans le concile à la réformation de l'Église dans le chef et dans les membres : promesse qu'on lui fit renouveler, mais qu'il eut toujours soin d'éluder. Il fallait une âme plus dégagée que la sienne de tout intérêt humain pour renoncer aux annates, aux réserves et aux différents impôts qui servaient à nourrir la cour romaine. » — Gabriele Condulmieri succéda à Martin V, sous le nom d'Eugène IV. A. L.

' Platina, *De Vitis et Moribus max. Pontificum Romanorum.* — L'Enfant, *Hist. du concile de Constance*, p. 887 et suiv. — Louis Jacob, *Bibliotheca pontificia* (Lyon, 1643, in-4°). — Ph. Labbe, *Concilia*, t. XII, p. 288 et suiv. — Bzovius, Sponde, Raynald., *Annal.*, 1417-1431. — Novaës, t. V, p. 64-88. — Lambertini, *De Canonibus*, 86, lib. I, cap. IX, n° 10 — Claude du Moulinet, *Hist. Summorum pont.* (Paris, 1679, in-fol.). — Dupin, *Biblioth. des auteurs ecclésiastiques* (quinzième siècle.) — Richard et Giraud, *Bibl. sacrea.* — Le chev. Artaud de Montor, *Hist. des souverains pontifes romains*, t. III, p. 264-286. — Fleury, *Hist. ecclésiastique*, t. VI, chap. CI. — Hardt, *Magnum Constantiensum Concilium*, etc. (Francfort, 1697, 3 vol. in-fol.). — Sismondi, *Hist. des Républiques italiennes*, t. VIII, p. 288, 418.

MARTIN Ier, dit *le jeune*, roi de Sicile, né en 1374, mort à Cagliari, le 25 juillet 1409. Il était fils de Martin dit *le vieux*, duc de Mont-Blanc (depuis roi d'Aragon et de Sicile), et épousa à Barcelone, le 29 novembre 1391 (1), Marie (*voy.* ce nom), reine de Sicile, fille de Frédéric II (ou III), dit *le Simple*, et de Constance d'Aragon. Les deux époux étant cousins germains, il fallut pour accomplir cette union une dispense du pape (d'Avignon) Clément VII. Martin prit aussitôt le titre de roi, et passa en Sicile avec sa femme. Ils débarquèrent à Trapani, le 25 mars 1392. La Sicile, privée de souverains depuis 1379, était en proie aux plus grands désordres, déchirée par plusieurs factions, et tyrannisée par les principaux seigneurs. Martin dut se présenter à la tête d'une armée pour reprendre Palerme, que le comte André de Clermont tenait en son pouvoir. Mais le peuple, lassé des exactions de ce seigneur, se souleva, et en ouvrit les portes à ses souverains légitimes. Clermont fut néanmoins amnistié, et le roi et la reine furent couronnés solennellement, en mai 1392. Giannone remarque qu'ils ne sollicitèrent point l'investiture du pape et que depuis cette époque les rois de Sicile s'en passèrent. La réconciliation du comte de Clermont avec la cour déplut singulièrement à Bernard Caprena, seigneur aragonais et favori du roi. Dans le but de supplanter le comte et d'obtenir ses domaines, il l'accusa secrètement d'avoir de mauvais desseins contre la personne du roi, et en donna pour preuve un poignard que Clermont portait, malgré la défense faite de paraître armé à la cour. Le comte, sur cette accusation, fut mis à la torture, et dans les tourments il avoua tout ce qu'on voulut. Condamné à mort avec de prétendus complices, il fut exécuté sur la place publique. Ses biens furent confisqués, et son comté de Motica fut adjugé à son accusateur, qui obtint aussi la charge de grand-amiral. Cette exécution inique excita dans Palerme une telle émeute que la cour dut se réfugier à Catane. La sédition s'étendit dans toute la Sicile, et il ne resta bientôt plus à Martin que Catane, Messine et Syracuse. Les Barbaresques d'Afrique profitèrent de ces troubles pour faire des courses en Sicile, où ils enlevèrent nombre d'habitants susceptibles de payer rançon, entre autres l'évêque de Syracuse qui demeura trois ans prisonnier. Cependant, par les conseils des archevêques de Palerme et de Montréal, les Palermitains consentirent à se soumettre (1399). Cet exemple fut imité par les autres villes, et le calme se rétablit peu à peu dans toute l'île. Le 25 mai 1402, la reine Marie mourut, instituant son époux pour son héritier. L'année suivante Martin se remaria avec Blanche de Navarre, fille du roi Charles III (*voyez* BLANCHE DE NAVARRE). La Sardaigne s'étant révoltée contre le roi d'Aragon Martin le vieux, Martin le jeune conduisit une expédition au secours de son père, et remporta, le 21 juin 1409, une grande victoire sur les rebelles, commandés par Guillaume II, vicomte de Narbonne. Peu de temps après, il tomba malade, et mourut à Cagliari, où il fut enterré. Il n'avait que trente-cinq ans.

Martin ne laissa que deux bâtards : un fils, nommé *Frédéric*, qui fut légitimé par le pape Benoît XIII et mourut du poison, le 29 mai 1428, au château de Branzat, en Aragon, où sa turbulence l'avait fait enfermer, et une fille, *Yolande*, qui fut mariée deux fois dans la maison de Gusman. Un autre fils, nommé *Frédéric*, que Martin avait eu de sa première femme, la reine Marie, était mort quelque temps avant sa mère (1402).

Martin dit *le vieux*, roi d'Aragon et de Sicile (Ier en Aragon et II en Sicile), père du précédent, mourut en 1410. Il succéda à son frère aîné Jean Ier, roi d'Aragon, en 1395, et à son fils en 1409. Il conserva la régence de Sicile à la reine Blanche de Navarre, sa bru. Il ne laissa pas d'enfants. En sa personne s'éteignit la dynastie issue des comtes de Barcelone, qui régnait en Aragon depuis l'année 1162. Il eut pour successeur aux trônes d'Aragon et de Sicile son neveu Ferdinand Ier, dit *le Juste*, infant de Castille (*voyez* ce nom). A. DE LACAZE.

J. Levesque de Burigny, *Hist. générale de Sicile* (La Haye, 1745, 2 vol. in-4°). — Tomaso Fazelli, *De Rebus Siculis* (Palerme, 1558, in-fol.), p. 489 et suiv. — Rainaldi, *Annal.*, 1391 1409. — Villani, *Historia*, liv. VII-VIII. — Giannone, *Storia del regno di Napoli*. — Muratori, *Annali d'Italia*, t. VIII. — Mariana, *Hist. de Rebus Hispaniæ*. — Sismondi, *Hist. des Republiques italiennes*, t. VIII

MARTIN, surnommé *Gallus*, historien polo-

(1) Suivant Muratori, ce mariage était déjà fait en 1386 (*Annali*, t. VIII, p. 488). Mais il ne pouvait avoir été consommé; car Martin n'avait alors que quatorze ans.

lorsque, le 8 novembre 1417, après l'abdication de Grégoire XII, la déposition de Jean XXIII et celle de l'anti-pape Benoît XIII (ou Pedro de Luna), vingt-trois cardinaux et trente prélats, décidés à mettre un terme aux schismes qui divisaient l'Église, convinrent de choisir un nouveau pontife en dehors de toute espèce d'intrigue. Leur choix s'arrêta sur Colonna, qui voulut prendre le nom de *Martin* (du jour de son élection, 11 novembre). Le 12 il reçut le diaconat (1), le 13 la prêtrise, le 14 il fut consacré évêque, et sept jours après solennellement couronné. Il fit ensuite la grande cavalcade dans la ville de Constance, se rendant de l'église cathédrale à l'église Saint-Augustin. La bride de son cheval était tenue à droite par l'empereur Sigismond et à gauche par Frédéric, marquis de Brandebourg et électeur du Saint-Empire. Il présida dès lors le concile, révoqua toutes les grâces accordées par ses prédécesseurs depuis Grégoire XI; ordonna que les évêchés et les bénéfices seraient administrés tels qu'ils l'étaient avant Urbain VI, et rendit aussi une foule de décisions relatives à la discipline ecclésiastique. Néanmoins, ayant voulu autoriser un mariage à un degré interdit par les canons, il s'attira une leçon de Sigismond, qui lui dit: « Saint-père, vous pouvez bien pardonner les péchés, mais non les permettre (2). » Le 22 février 1418, Martin fulmina une bulle contre les hussites et publia une croisade contre les Maures sur la sollicitation de João Ier, roi de Portugal. Loin de reconnaître, comme on l'a prétendu, la supériorité des conciles sur les papes, dans la quarante-cinquième session (12 avril), il défendit, par une constitution particulière, d'appeler désormais des papes aux conciles. Il excepta pourtant le cas de schisme. Les affaires du concile terminées, Martin V quitta Constance, le 16 mai 1418, traversa Schaffhouse, Berne, Genève, Suse, Turin, Pavie, Milan, et visita à loisir les principales villes de Lombardie, où il était splendidement accueilli. Ce fut de Mantoue qu'il data une bulle qui défendait de troubler les juifs, tant qu'eux-mêmes ne troubleraient pas les chrétiens en faisant quelque chose qui fût contraire à la foi ou aux bonnes mœurs. Cet acte, qui témoigne de l'esprit de tolérance de Martin, ne reçut guère d'application, même dans les temps plus modernes. De Mantoue le saint-père s'arrêta à Ferrare, puis à Florence, où il séjourna du 16 février 1419 au 15 septembre 1420. Ce fut là qu'il reçut une ambassade des empereurs grecs Manuel II et Jean VII Paléologue, qui lui demandaient des secours contre les Turcs et l'assuraient du désir qu'ils avaient, eux et leurs sujets, de se réunir à l'Église latine. Déjà Martin V avait fait faire des ouvertures à ce sujet par Wladislas V Jagellon, roi de Pologne, et avait pu se convaincre que les Grecs étaient très-disposés à se servir des Latins pour repousser leurs ennemis, mais qu'ils ne voulaient en aucune façon reconnaître la suprématie du pape. Néanmoins, ne voulant pas qu'on l'accusât d'avoir repoussé aucune chance de fusion, il chargea Pietro Fonseca, cardinal de Saint-Ange, de suivre cette négociation, qui dura deux années, au bout desquelles les empereurs et Joseph II, patriarche de Constantinople, insistant toujours pour que l'on tînt un concile général à Constantinople, et non ailleurs, pour débattre les points qui divisaient les deux Églises, le pape répondit qu'il consentait à cette demande, pourvu que les empereurs fournissent aux frais de voyage et à la dépense des prélats; ce qu'il savait bien audessus de leurs moyens. Les concessions à faire de chaque côté étaient d'ailleurs trop nombreuses et trop importantes pour qu'il y eût un sincère désir de rapprochement entre les cours impériale et pontificale. L'amour-propre, bien plutôt que la religion, fit avorter les négociations.

Ce fut encore pendant son séjour à Florence que Martin V renouvela l'excommunication contre Benoît XIII; il retira à la même époque Bologne des mains de Bentivoglio (juillet 1420), et, reconnaissant du bon accueil des Florentins, érigea leur évêché en métropole (2 mai 1419). Cependant, la satisfaction du saint-père fut troublée par les brocards que les Florentins, lassés de subvenir aux luxueux besoins de la cour papale, commencèrent à décocher contre leur onéreux hôte. Les enfants même venaient chanter jusque sous les fenêtres du saint-père une chanson dont le refrain était : « *Papa Martino non val un quatrino.* » Martin voulait témoigner aux magistrats florentins son mécontentement de ces railleries; mais Léonard Aretin, son secrétaire, l'en dissuada, et le détermina à prendre la route de Rome, où il entra enfin, le 22 septembre 1420. « Il y fut reçu, dit Platina, comme un astre salutaire. » Le 20 juillet 1429, l'anti-pape Clément VIII (Egidio Sanchez de Muñoz), quoique reconnu depuis plus de quatre ans par les Aragonais, vint renoncer volontairement entre les mains de Martin V aux insignes de la papauté. Martin en échange le créa évêque de Majorque, et demeura ainsi seul chef de la catholicité après un schisme de cinquante-et-un ans. Il survécut deux ans à cet heureux événement.

On lui attribue plusieurs ouvrages de droit canon restés manuscrits dans la Bibliothèque vaticane. Ce fut sous son règne (vers 1430) que l'on commença à frapper des médailles en l'honneur des pontifes. Platina loue sa prudence, sa douceur, sa justice et l'appelle « *la félicité de son*

(1) Artaud de Montor, t. III, p. 267. Quoique cardinal et qu'il eût rempli de très-hautes fonctions dans la cour romaine, Colonna était donc à peine sous-diacre, c'est-à-dire encore au plus bas degré de la hiérarchie ecclésiastique.

(2) Voici ce dont il s'agissait : Jean, comte de Foix, veuf de Jeanne, fille aînée du roi de Navarre, Charles III, dit *le Noble*, sollicitait la permission d'épouser Blanche, sœur de Jeanne afin d'établir sa race légitimement sur le trône de Navarre, dont Blanche était héritière. Malgré le degré d'affinité et la critique de Sigismond, Martin accorda la dispense.

temps ». — « Ce pape, disent les auteurs de l'*Art de vérifier les dates*, avait les qualités d'un prince et quelques vertus d'un évêque. L'Église lui est redevable de son union, l'Italie de son repos et Rome de son rétablissement. Néanmoins, Martin V, avant d'être élu avait promis avec serment, ainsi que tout le sacré collége, de travailler dans le concile à la réformation de l'Église dans le chef et dans les membres : promesse qu'on lui fit renouveler, mais qu'il eut toujours soin d'éluder. Il fallait une âme plus dégagée que la sienne de tout intérêt humain pour renoncer aux annates, aux réserves et aux différents impôts qui servaient à nourrir la cour romaine. » — Gabriele Condulmieri succéda à Martin V, sous le nom d'Eugène IV. A. L.

Platina, *De Vitis et Moribus max. Pontificum Romanorum*. — L'Enfant, *Hist. du concile de Constance*, p. 587 et suiv. — Louis Jacob, *Bibliotheca pontificia* (Lyon, 1643, in-4°). — Ph. Labbe, *Concilia*, t. XII, p. 238 et suiv. — Bzovius, Sponde, Raynald., *Annal.*, 1417-1431. — Novaës, t. V, p. 64-88. — Lambertini, *De Canonibus*, 55, lib. I, cap. IX, n° 10. — Claude du Moulinet, *Hist. Summorum pont.* (Paris, 1679, in-fol.). — Dupin, *Biblioth. des auteurs ecclésiastiques* (quinzième siècle.) — Richard et Giraud, *Bibl. sacrée*. — Le chev. Artaud de Montor, *Hist. des souverains pontifes romains*, t. III, p. 254-286. — Fleury, *Hist. ecclésiastique*, t. VI, chap. CX. — Hardt, *Magnum Constantiense Concilium*, etc. (Francfort, 1697, 3 vol. in-fol.). — Sismondi, *Hist. des Républiques italiennes*, t. VIII, p. 285, 418.

MARTIN Ier, dit *le jeune*, roi de Sicile, né en 1374, mort à Cagliari, le 25 juillet 1409. Il était fils de Martin dit *le vieux*, duc de Mont-Blanc (depuis roi d'Aragon et de Sicile), et épousa à Barcelone, le 29 novembre 1391 (1), Marie (*voy.* ce nom), reine de Sicile, fille de Frédéric II (ou III), dit *le Simple*, et de Constance d'Aragon. Les deux époux étant cousins germains, il fallut pour accomplir cette union une dispense du pape (d'Avignon) Clément VII. Martin prit aussitôt le titre de roi, et passa en Sicile avec sa femme. Ils débarquèrent à Trapani, le 25 mars 1392. La Sicile, privée de souverains depuis 1379, était en proie aux plus grands désordres, déchirée par plusieurs factions, et tyrannisée par les principaux seigneurs. Martin dut se présenter à la tête d'une armée pour reprendre Palerme, que le comte André de Clermont tenait en son pouvoir. Mais le peuple, lassé des exactions de ce seigneur, se souleva, et en ouvrit les portes à ses souverains légitimes. Clermont fut néanmoins amnistié, et le roi et la reine furent couronnés solennellement, en mai 1392. Giannone remarque qu'ils ne sollicitèrent point l'investiture du pape et que depuis cette époque les rois de Sicile s'en passèrent. La réconciliation du comte de Clermont avec la cour déplut singulièrement à Bernard Caprena, seigneur aragonais et favori du roi. Dans le but de supplanter le comte et d'obtenir ses domaines, il l'accusa secrètement d'avoir de mauvais desseins contre la personne du roi, et en donna pour preuve un poignard que Clermont portait, malgré la défense faite de paraître armé à la cour. Le comte, sur cette accusation, fut mis à la torture, et dans les tourments il avoua tout ce qu'on voulut. Condamné à mort avec de prétendus complices, il fut exécuté sur la place publique. Ses biens furent confisqués, et son comté de Motica fut adjugé à son accusateur, qui obtint aussi la charge de grand-amiral. Cette exécution inique excita dans Palerme une telle émeute que la cour dut se réfugier à Catane. La sédition s'étendit dans toute la Sicile, et il ne resta bientôt plus à Martin que Catane, Messine et Syracuse. Les Barbaresques d'Afrique profitèrent de ces troubles pour faire des courses en Sicile, où ils enlevèrent nombre d'habitants susceptibles de payer rançon, entre autres l'évêque de Syracuse qui demeura trois ans prisonnier. Cependant, par les conseils des archevêques de Palerme et de Montréal, les Palermitains consentirent à se soumettre (1399). Cet exemple fut imité par les autres villes, et le calme se rétablit peu à peu dans toute l'île. Le 25 mai 1402, la reine Marie mourut, instituant son époux pour son héritier. L'année suivante Martin se remaria avec Blanche de Navarre, fille du roi Charles III (*voyez* BLANCHE DE NAVARRE). La Sardaigne s'étant révoltée contre le roi d'Aragon Martin le vieux, Martin le jeune conduisit une expédition au secours de son père, et remporta, le 21 juin 1409, une grande victoire sur les rebelles, commandés par Guillaume II, vicomte de Narbonne. Peu de temps après, il tomba malade, et mourut à Cagliari, où il fut enterré. Il n'avait que trente-cinq ans.

Martin ne laissa que deux bâtards : un fils, nommé *Frédéric*, qui fut légitimé par le pape Benoît XIII et mourut du poison, le 29 mai 1428, au château de Branzat, en Aragon, où sa turbulence l'avait fait enfermer, et une fille, *Yolande*, qui fut mariée deux fois dans la maison de Gusman. Un autre fils, nommé *Frédéric*, que Martin avait eu de sa première femme, la reine Marie, était mort quelque temps avant sa mère (1402).

Martin dit *le vieux*, roi d'Aragon et de Sicile (Ier en Aragon et II en Sicile), père du précédent, mourut en 1410. Il succéda à son frère aîné Jean Ier, roi d'Aragon, en 1395, et à son fils en 1409. Il conserva la régence de Sicile à la reine Blanche de Navarre, sa bru. Il ne laissa pas d'enfants. En sa personne s'éteignit la dynastie issue des comtes de Barcelone, qui régnait en Aragon depuis l'année 1162. Il eut pour successeur aux trônes d'Aragon et de Sicile son neveu Ferdinand Ier, dit *le Juste*, infant de Castille (*voyez* ce nom). A. DE LACAZE.

J. Levesque de Burigny, *Hist. générale de Sicile* (La Haye, 1745, 2 vol. in-4°). — Tomaso Fazelli, *De Rebus Siculis* (Palerme, 1558, in-fol.), p. 489 et suiv. — Rainaldi, *Annal.*, 1391-1409. — Villani, *Historia*, liv. VII-VIII. — Giannone, *Storia del regno di Napoli*. — Muratori, *Annali d'Italia*, t. VIII. — Mariana, *Hist. de Rebus Hispaniæ*. — Sismondi, *Hist. des Republiques italiennes*, t. VIII

MARTIN, surnommé *Gallus*, historien polo-

(1) Suivant Muratori, ce mariage était déjà fait en 1386 (*Annali*, t. VIII, p. 498). Mais il ne pouvait avoir été consommé; car Martin n'avait alors que quatorze ans.

nais, vivait au treizième siècle. Français de naissance, il alla propager en Pologne le christianisme et l'instruction, et fut, croit-on, aumônier et précepteur de Boleslas II. Il a écrit une *Chronica Polonorum*, ouvrage des plus importants à consulter sur l'histoire des pays slaves du midi, et le premier qui ait été rédigé sur ce sujet. Malheureusement cette *Chronique* ne nous est parvenue qu'à l'état d'abrégé; ce qu'il en reste a été imprimé à Dantzig, 1749, in-fol., avec la *Chronique* de Kadlubek; puis, dans le tome III des *Scriptores Poloni* de Mizler, enfin à Varsovie, 1824, in-8°, par les soins de Bandtke. O.

Opolinski, *V. Kadlubek*. — Chodynickieys, *Dykcyonarz*.

MARTIN surnommé *Polonus* ou *Bohemus*, célèbre chroniqueur polonais, né à Troppau, en Silésie, mort à Bologne, le 29 juin 1278. Entré dans l'ordre des Dominicains, il se rendit à Rome, où il occupa l'office de chapelain et de confesseur auprès de Clément IV et auprès de quatre successeurs de ce pape; élevé, en juin 1278, à l'archevêché de Gnesne, il partit pour en prendre possession; mais il mourut dès les premiers jours de son voyage. On a de lui : *Chronicon de summis Pontificibus;* cet ouvrage, précieux pour l'histoire du moyen âge, fut entrepris par Martin à la demande du pape Clément IV, et ne s'étendit d'abord que jusqu'à l'année de l'élection de ce pape; plus tard il fut continué par l'auteur jusqu'en 1277; les deux parties de cette chronique furent publiées pour la première fois par Hérold; Bâle, 1559, in-fol.; la première parut ensuite à Anvers, 1574, in-8°, par les soins de Suffridus Petri, et à Cologne, 1616, in-fol., par les soins de Jean Fabricius; cette dernière édition fut reproduite par Kulpis à la suite de l'*Histoire de Frédéric III* d'Eneas Sylvius et dans les *Accessiones historicæ* de Leibniz; les deux premières éditions contiennent aussi un *Supplément*, qui va jusqu'en 1320, qui a été plusieurs fois attribué à tort à Martin. La *Chronique des Papes* fut entièrement refondue par Bernard Guidonis, dont le travail, qui va jusqu'en 1328, parut à Turin, 1477, in-4°. Une traduction française de l'ouvrage de Martin, due à Verneron, chanoine de Rome, et continuée jusqu'en 1503, parut à Paris, en 1504, 2 vol. in-fol., avec beaucoup de pièces se rapportant à l'histoire de France. (Voyez le *Mémoire sur les chroniques Martiniennes* inséré par l'abbé Lebeuf dans les *Mémoires de l'Académie des Inscriptions*, t. XX). Notons encore que plusieurs manuscrits de la *Chronique* de Martin contiennent le récit de la fable de la papesse Jean; mais Bayle, Échard et autres ont établi que ce récit est le résultat d'une interpolation; — *Sermones de Tempore et Sanctis;* Strasbourg, 1484; — *Margarita Decreti;* Strasbourg, 1486, 1489 et 1493, in-fol.; réimprimé plusieurs fois; — *De Mirabilibus Romæ*, inédit, ainsi qu'une *Descriptio Terræ Sanctæ*, une *Historia de Guelphis* et un écrit *De Schismate Græcorum*. O.

Échard, *Scriptores ordinis Prædicatorum*, t. I. — Niceron, *Mémoires*, t. XIV. — Bayle, *Diction.* (à l'article *Polonus*). — Manckius, *Silesia Erudita*.

MARTIN (*Jean*), littérateur français, né à Paris, mort vers 1553. Il fut d'abord secrétaire de Maximilien Sforce, qui s'était retiré en France après avoir cédé à François Ier le duché de Milan. Ce prince étant mort en 1530, Martin occupa les mêmes fonctions au service du cardinal de Lenoncourt, auprès duquel il demeura jusqu'à la fin de sa vie. On a de lui : *Dialogue très-élégant intitulé le Peregrin, traitant de l'honnête et pudique amour;* Lyon, 1528, in-4°; Paris, 1529, 1535, 1540; trad. de l'italien par F. Dassy; — *Orus Apollo de Ægypte, de la Signification des notes hiéroglyphiques des Ægyptiens;* Paris, 1543, in-8°, fig., trad. du grec, avec dix hiéroglyphes nouveaux, et reproduit sous le titre : *Les Sculptures et Gravures sacrées d'Orus Apollon;* Paris, 1553, in-16; — *Roland furieux*, trad. en prose; Lyon, 1544, in-fol. et 1582, in-8°; c'est par erreur que Du Verdier et La Croix du Maine ont attribué cette traduction à Jean des Goutes, qui s'est borné à y insérer une épître dédicatoire au cardinal Hippolyte d'Este; — *L'Arcadie* de J. Sannazar; Paris, 1544, in-8° : les discours sont traduits en prose et les églogues en vers de différentes mesures; — *Les Azolains de la nature d'amour*, trad. de Bembo; Paris, 1545, in-8°, et 1553, 1555, 1572, in-16; — *Le premier Livre d'Architecture*, trad. de Séb. Serlio; Paris, 1545, in-fol.: Martin, que Serlio lui-même avait engagé à traduire ses œuvres, a encore publié le *Cinquième Livre d'Architecture;* Paris, 1547, in-fol., et le *Second Livre de Perspective;* Paris, 1545, in-fol.; — *Hypnérotomachie, ou discours du songe de Polyphile;* Paris, 1546, 1554, 1561, in-fol.: cette version de l'italien, faite par un auteur anonyme, fut retouchée par Martin et réimprimée par Beroalde de Verville, sous ce titre : *Le Tableau des riches Inventions;* Paris, 1600, in-fol.; — *Architecture, ou art de bien bâtir*, trad. de Vitruve; Paris, 1547, 1572, in-fol., avec figures de Jean Goujon. Selon Blondel, c'est un travail à peu près inutile, « puisqu'il y a un million de passages de Vitruve que le traducteur a mal entendus et qu'il a même expliqué les plus faciles avec peu de succès; » — *Oraison sur le trépas du roi François*, trad. du latin de Galland; Paris, 1547, in-4°; — *La Circé*, trad. de J.-B. Galli; Lyon, 1550, in-8°; plusieurs éditions; — *La Théologie naturelle*, trad. du latin de Raymond Sebon; Paris, 1551, in-4°; — *L'Architecture et art de bien bâtir*, trad. du latin de L.-B. Alberti; Paris, 1553, in-fol. Denis Sauvage, qui a publié cette traduction, dit que Martin était mort avant que l'impression en fût achevée; il l'a accompagnée d'une liste des ouvrages de son ami. P. L.

Du Verdier, La Croix du Maine, *Biblioth. franç.* — Niceron, *Mémoires*, XLII. — Moreri, *Grand Dict. Hist.*

MARTIN (*Gregory*), théologien anglais, né à Maxfield (Sussex), mort le 28 octobre 1582, à Reims. Après avoir pris ses grades à l'université d'Oxford, il devint précepteur des enfants du duc de Norfolk, embrassa la religion catholique, et passa, en 1570, à Douai, où il fut ordonné prêtre. En 1576, il se rendit à Rome, et contribua à y organiser le collége anglais. De retour en France, il enseigna l'hébreu et l'Écriture Sainte à Douai, puis à Reims. On a de lui : *De Schismate*; Douai, 1578, in-8°; — *Detectio corruptionum S. Scripturæ ab hæreticis factarum*; Reims, 1582, in-8°; — *Letters*; ibid., 1583, in-8° : adressées à ceux qui temporisent pour se déclarer catholiques; — *De Amore Dei*; ibid., 1603, in-12. Le principal ouvrage de Martin est une version anglaise de la Bible; il l'entreprit afin de prouver l'injustice des protestants, qui reprochaient aux catholiques d'interdire au peuple la lecture des livres saints en langue vulgaire; le Nouveau Testament parut à Reims avec des notes de Bristow, 1582, in-4°, et fut réimprimé la même année à Anvers; l'Ancien Testament ne fut publié qu'en 1609-1610, Douai, 2 vol. in-4°, par les soins de Worthington. Cette traduction, attaquée par Fulk et Cartwright, fut défendue par Reynolds. On a faussement attribué à Martin un pamphlet qui date de 1584, et où on exhortait les catholiques à traiter la reine Élisabeth comme Judith avait fait d'Holopherne. K.

Dodd, *Church History*. — Wood, *Athenæ Oxon.*, I. — Lelong, *Biblioth. Sacra*.

MARTIN (*Jean*), médecin français, né à Paris, où il mourut, en 1609. Il fut reçu docteur à Paris en 1572, professa dans les écoles de médecine de cette capitale, et devint premier médecin de la reine Marguerite de Valois. Il laissa des commentaires manuscrits sur quelques livres d'Hippocrate. René Moreau les annota, et les fit paraître sous les titres de : *Prælectiones in librum Hippocratis Coi* De Morbis internis; Paris, 1637, in-4°; — *Prælectiones in librum Hippocratis Coi* De Aere, Aquis et Locis; Paris, 1646, in-4°.

Un autre *Jean* MARTIN, mort en 1491, était en 1483 premier médecin de Charles VIII, roi de France. Il fut pourvu d'un office de maître des comptes en 1484, et écrivit quelques opuscules aujourd'hui perdus ou sans intérêt. L—z—E.

Éloy, *Dictionnaire historique de la Médecine*. — *Biographie Médicale*.

MARTIN (*François*), voyageur français, né à Vitré, dans le seizième siècle, fit partie, comme chirurgien, de l'expédition envoyée aux Grandes-Indes, sous les ordres de Frolet de La Bardelière, en 1601, et composée des vaisseaux *Le Croissant* et *Le Corbin*. *Le Croissant*, sur lequel Martin était embarqué, coula devant l'île de Tercère, à son retour des Moluques, et les débris de son équipage furent sauvés par trois vaisseaux hollandais témoins de ce sinistre. Du nombre de ceux qui échappèrent à la mort était Martin qui, à son retour en France, publia la relation suivante : *Description du premier voyage fait aux Indes orientales par les François, contenant les mœurs, les lois, façons de vivre, religion des Indiens; une description des animaux, drogues, fruicts et un traité du scorbut*; Paris, 1604, 1609, in-8°. Ce volume renferme un *Dictionnaire Malais*, qui termine le voyage, p. 69. Cette relation, complétée par celles de Pyrard, concerne spécialement Sumatra; elle révèle un observateur judicieux et exact. P. L—T.

Hist. générale des Voyages.

MARTIN (*Bernard*), philologue et jurisconsulte français, né à Dijon, en 1574, mort le 15 novembre 1639. Il fut avocat au parlement de Dijon. Lisant toujours ses plaidoyers, il les soignait beaucoup, et acquit bientôt une grande réputation d'éloquence. On a de lui : *Variæ Lectiones*; Paris, 1605, in-8° (sur le mérite de cet ouvrage consultez Ruhnken, *Epistolæ criticæ*); — *Notes sur le titre Ier de la Coutume de Bourgogne*, in-12, sans date; — Martin avait aussi rédigé, en 5 volumes in-fol., un commentaire étendu sur la coutume de son pays; le manuscrit en fut remis au président Bouhier, qui s'en servit beaucoup pour son célèbre travail sur le même sujet. O.

Papillon, *Bibliothèque des Auteurs de Bourgogne*. — Bouhier, *Histoire des Commentateurs de la Coutume de Bourgogne*. — Fevret, *De claris Fori Burgundici Oratoribus*.

MARTIN (*Guillaume*), théologien français, né dans les Cévennes, vers les premières années du dix-septième siècle, mort en 1671. M. Desportes (*Bibliographie du Maine*) lui donne le nom de *Gabriel*, et le dit né dans le Maine; ce qui est une double erreur. Martin nous apprend lui-même, dans l'epître dédicatoire d'un de ses ouvrages, *La Face de l'Église*, qu'il avait vu le jour pour la première fois au milieu des montagnes enclavées dans la province de Languedoc. Quant au prénom de Gabriel, l'erreur commise par M. Desportes vient sans doute de ce qu'il existait vers le même temps un certain Gabriel Martin, abbé de Clausonne, autre original, auteur de divers écrits orthodoxes et burlesques, parmi lesquels nous pouvons désigner *La Religion enseignée par les demons aux Vaudois sorciers*; Paris, 1641, in-8°. Sur un exemplaire de l'ouvrage de Guillaume Martin intitulé : *La Vérité de la Créance de l'Église romaine*, à la Bibliothèque impériale, nous avons, par bonne fortune, trouvé son épitaphe, composée sans doute par lui-même, et celle de sa femme, Catherine Arnoul, morte le 20 novembre 1662. Nous allons reproduire la première, pièce curieuse, pleine d'énigmes, que nous déchiffrerons ensuite avec le secours d'autres documents : la voici :

Habes hic, viator,
Juvenem virum, senem;

Juvenem hæreticum, virum medicum;
Senem sacerdotem;
Juvenem hæresi, virum mundo, senem Deo
Dicatum.
Nam juvenis Calvini dogmata coluit et docuit,
Vir corpora, senex Deum.
Et sic, inter tanta vitæ discrimina, animas
Hæreticus necavit, nullas curavit;
Medicus corpora curavit forsan et necavit;
· Sacerdos suæ suorumque saluti consuluit;
Et tandem,
Ut diutius moreretur,
Vivus seipsum tumulavit cum sua Catharina;
Et merito
Nec enim cum sacerdotibus meruit,
Cum cæteris non debuit.
Totum habes, viator, præter nomen,
Quo carere debet, quia plura habuit.
Abi et ora.

Voici maintenant le commentaire de cette épitaphe. Guillaume Martin fut élevé par son père dans la religion protestante. Il n'y avait guère alors que des protestants dans sa ville natale; on n'y célébrait plus le service divin suivant les formes de la liturgie catholique, et, contraint d'abdiquer sa charge d'âmes, le représentant de l'Église romaine avait pris la fuite, après avoir déposé ses ornements, ses vases sacrés, chez un calviniste très-zélé, mais homme d'honneur, qui devait un jour rendre fidèlement ce précieux dépôt. C'était le père de notre Guillaume. Celui-ci fut donc nourri dans la haine des pouvoirs, des institutions et des doctrines catholiques, et cette éducation lui profita si bien qu'à l'âge où l'on devint rhéteur, il n'hésita pas à faire entendre d'énergiques déclamations contre la vieille Église : *Juvenis Calvini dogmata coluit et docuit.* Pour l'encourager, ou le récompenser, on le nomma ministre. Plus tard, par une inconstance naturelle, ou par calcul, il abandonna le ministère, étudia la médecine, et vint ensuite l'exercer dans la ville de Montoire, au Maine : *Medicus corpora curavit forsan et necavit.* Enfin, renonçant à la médecine après la mort de sa femme, cet homme à tant de faces devint prêtre catholique dans la même ville de Montoire : *Sacerdos suæ suorumque saluti consuluit.*

On a de Guillaume Martin plusieurs ouvrages médiocres, dont voici les titres : *La Face de l'Église primitive opposée à celle de la prétendue réforme;* Tours, 1650, in-8°, et Paris, 1656, in-8°; — *Traité des désordres des églises prétendues réformées, avec le moyen d'y remédier;* Paris, 1656, in-8°; — *Traité de la vocation des ministres;* Vendôme, 1661, in-8°; — *La Créance des églises prétendues réformées de France;* Le Mans, 1668, in-8°; — *La Vérité de la Creance et de la discipline de l'Église romaine;* Le Mans, 1674, in-8°. B. H.

N. Desportes, *Bibliogr. du Maine.* — *Documents cités.* — Préfaces des livres de Guill. Martin.

MARTIN (*Claude*), théologien français, né à Tours, le 2 avril 1619, mort dans la même ville, le 9 août 1696. Il avait à peine atteint l'âge de douze ans que sa mère l'abandonna, pour entrer dans un couvent d'Ursulines. Elle se fit connaître en religion sous le nom de la mère Marie de l'Incarnation. Qui prit soin de l'enfant délaissé? Nous l'ignorons. Quelque temps après avoir achevé ses études dans sa ville d'Orléans, Claude Martin entra chez les Bénédictins de Vendôme, reçut leur habit, et séjourna successivement dans les abbayes de Tiron, de Jumiéges, de Saint-Martin de Séez. Il y fit remarquer son savoir et admirer sa piété. Le chapitre général de 1654 le nomma prieur des Blancs-Manteaux. Il remplit ensuite la même charge à Saint-Corneille de Compiègne, à Saint-Serge d'Angers, à Bonne-Nouvelle de Rouen, à Marmoutiers. Avant d'être envoyé à Marmoutiers, il avait été, pendant six années, assistant des supérieurs généraux de la congrégation, et avait fait preuve, dans ce laborieux emploi, d'une grande fermeté jointe à une grande prudence.

Ses ouvrages sont : *Oraison funèbre de Pompone de Bellièvre,* premier président au parlement de Paris, prononcée, dans l'église de Saint-Germain-des-Prés, le 14 avril 1657; — *Méditations chrétiennes pour les dimanches, les féries, et les principales fêtes de l'année;* Paris, 1669, 2 vol. in-4°; — *Conduite pour la retraite du mois,* à l'usage des religieux de la congrégation de Saint-Maur; Paris, 1670, in-12; — *Pratique de la règle de Saint-Benoît;* Paris, 1674, in-12; — *Vie de la vénérable mère Marie de l'Incarnation, supérieure des Ursulines en Canada :* c'est la vie de sa mère, morte à Québec, en 1672; Paris, 1677, in-4°; — *Méditation pour la fête et pour l'octave de sainte Ursule;* Paris, 1678, in-16; — *Méditations pour la fête et l'octave de saint Norbert.* On doit encore à Claude Martin la publication de plusieurs ouvrages de sa mère. B. H.

D. Martène, *Vie du vénérable D. Claude Martin.* — *Hist. Littér. de la Congregation de S.-Maur*, p. 163.

MARTIN (*André*), philosophe français, né en 1621, à Bressuire (Poitou), mort le 26 septembre 1695, à Poitiers. Admis, en 1641, dans l'oratoire, il fut chargé d'enseigner la philosophie à Angers, et son attachement au système de Descartes lui attira bien des tracasseries. En 1679, il alla occuper à Saumur la chaire de théologie; son cours y eut tant de succès que les ministres protestants s'alarmèrent et défendirent à leurs élèves d'y assister. Accusé de jansénisme à propos de plusieurs thèses qu'il avait soutenues avec beaucoup d'éclat, il fut suspendu. Cependant son innocence avait été reconnue par l'évêque d'Angers et l'archevêque de Paris, qui plaidèrent inutilement sa cause; le roi ne voulut pas revenir sur la décision qu'il avait prise, et le P. Martin, forcé de renoncer à l'enseignement, se retira à Poitiers. Il s'est fait principalement connaître par l'ouvrage suivant : *Philosophia moralis christiana;* Angers, 1653, qui parut alors sous le nom de Jean-Côme Vavins, et qui fut mis à l'index par le pape Innocent X; l'auteur le publia bientôt avec un nouveau titre et quelques changements : *Sanctus Augustinus, De existentia veritatis Dei, de anima, de morali philosophia, Ambrosio Victore theologo collectore;* Angers, 1656, 3 vol. in-12; Paris, 1667, 5 vol. in-12, et 1671, 7 vol. in-12. « C'est, dit Dreux du Radier, un extrait méthodique et très-bien fait des ouvrages de saint Augustin sur les matières importantes qui forment le cours de la philosophie chrétienne. L'auteur emploie souvent les paroles mêmes de ce docteur. » Le P. Hardouin a placé Martin dans sa liste des athées après Jansenius, qui est le premier. P. L.

Dreux du Radier, *Hist. Littér. du Poitou*, II. — Du Pin, *Auteurs ecclésiast. du dix-septième siècle.*

MARTIN (*David*), savant théologien protestant, né le 7 septembre 1639, à Revel (Languedoc), mort le 9 septembre 1721, à Utrecht. Il fit ses études de philosophie à Nîmes et celles de théologie à Puylaurens, où l'académie protestante de Montauban avait été transportée. Doué d'un esprit vif et pénétrant, il s'appliqua en même temps à la lecture des Pères, aux langues orientales, à l'histoire et à la littérature. Nommé pasteur à Espérance, près de Castres (1663), il remplit les mêmes fonctions non loin de là, au bourg de La Caune, depuis 1670. Satisfait de cette modeste position, il refusa la vocation que lui adressa l'église de Milhau, ainsi que la chaire de théologie à Puylaurens. Après la révocation de l'édit de Nantes (1685), il se retira en Hollande,et fut attaché à l'église d'Utrecht, où il resta jusqu'à la fin de ses jours, quoiqu'on lui eût offert en 1686 une place de professeur à Deventer et en 1695 une place de pasteur à La Haye. A quatre-vingt-deux ans, après avoir prêché son dernier sermon, il fut pris, en quittant la chaire, d'une violente fièvre, qui l'emporta en deux jours. Bien qu'orthodoxe rigide, Martin se montra en toute circonstance doux, pacifique et conciliant. Ses travaux sur la Bible lui assignent un rang honorable parmi les théologiens protestants du dix-septième siècle, renommés pour leur érudition. Il fut un des meilleurs écrivains du refuge. Il possédait tellement les règles et la délicatesse de la langue qu'il fut en état de fournir des remarques à l'Académie Française, lorsqu'elle voulut faire imprimer la seconde édition de son dictionnaire. « Il parlait avec autant de facilité et aussi bien qu'il écrivait, dit Claude. On ne s'en étonnera point si l'on fait attention qu'il avait l'esprit vif, pénétrant et très-présent, la mémoire heureuse, le jugement excellent. Il cherchait toujours à s'instruire; tout excitait sa curiosité, arts, sciences, affaires » Ce ne fut que dans l'exil qu'il songea à tirer quelque parti de ses connaissances, et il avait près de soixante ans lorsqu'il fit paraître ses premiers écrits. On a de David Martin : *Le Nouveau Testament expliqué par des notes courtes et claires sur la version ordinaire des Églises réformées, avec une préface générale touchant la vérité de la religion chrétienne;* Utrecht, 1696, in-4°; il entreprit cet ouvrage à la demande d'un grand nombre de ses coreligionnaires; — *Histoire du Vieux et du Nouveau Testament;* Amsterdam, 1700, 2 vol. in-fol., fig.; plusieurs fois réimprimée et traduite en hollandais; elle est plus connue sous le titre de *Bible de Mortier*, du nom de l'éditeur; — *La Bible qui contient le Vieux et le Nouveau Testament;* Amsterdam, 1702, 2 vol. in-fol. Chargé de ce travail par le synode des églises wallonnes, il rédigea des notes, retoucha la version par rapport au langage, et mit en tête des considérations générales remplies d'érudition; cette Bible a été réimprimée un très-grand nombre de fois; — *Sermons sur divers textes de l'Écriture Sainte;* Amsterd., 1708, in-8°; pleins de pensées solides, mais froids et monotones; — *L'Excellence de la foi et de ses effets, expliquée en XX sermons;* Amst., 1710, 2 vol. in-8°; — *Traité de la Religion naturelle;* Amst., 1713, in-8°; trad. en hollandais (1720), en anglais (1720) et en allemand (1735): il y a beaucoup de solidité, de force et de clarté; — *Le vrai Sens du Psaume CX;* Amst., 1715, in-8° : c'est une réponse à la fausse application qu'en avait faite à David le pasteur anglais Jean Masson; celui-ci riposta de nouveau, et d'une façon violente,dans le t. X de son *Histoire critique de la République des Lettres;* — *Deux Dissertations critiques;* Utrecht, 1717, in-8°: il y soutient l'authenticité du passage des trois témoins (*Épître de saint Jean*, V, 7), et de celui de l'historien Josèphe touchant Jesus-Christ. La première opinion eut contre elle deux adversaires déclarés, Thomas Emlyn et le P. Lelong : l'un, qui était socinien, la repoussait comme établissant l'unité du Père, du Fils et du Saint-Esprit; l'autre se contentait de prétendre que le passage de saint Jean manquait dans les manuscrits ayant appartenu à Robert Estienne. Martin déploya dans cette controverse plus de zèle que de véritable critique. K.

Claude, *Notice* dans les *Mémoires* du P. Niceron, XXI. — Chaufepie, *Dict. hist.* — Prosper Marchand, *Dict.* — Nayral, *Biogr. Castraise*, II. — Haag frères, *La France protestante*, VII.

MARTIN (*François*), gouverneur et fondateur de Pondichéry, né en France, dans le dix-septième siècle, mort dans l'Inde, de 1723 à 1727. Il était agent de la Compagnie des Indes orientales lorsque les Hollandais contraignirent les Français à leur restituer, en 1674, la ville de Saint-Thomé,dont ces derniers s'étaient emparés douze ans auparavant. Après l'évacuation de cette ville, Martin reçut l'ordre de se rendre au village de Pondichéry (alors *Boudoutschery*), que la Compagnie avait acheté deux ans auparavant, avec le territoire adjacent, du sultan de Beydjapour, et où elle avait déjà établi un comptoir. Une soixantaine d'hommes que Baron, directeur de Surate, y débarqua peu après formèrent le noyau de la nouvelle colonie. Martin, à qui la Compagnie avait remis quelques fonds, en prêta une partie à Chirkam-Loudy, gouverneur du pays voisin pour le sultan de Visapour, et il sut si bien se concilier ses bonnes grâces que dès 1676 il en obtint 300 soldats, qui furent placés exclusivement sous ses ordres. Ce secours, que Martin devait employer à se défendre des attaques des indigènes, lui servit à coloniser Pondichéry et ses environs. Au mois de janvier de l'année suivante quarante maisons s'élevaient dans l'aldée de Pesquinambat, qu'il avait affermée, et moins de six semaines après on y fabriquait par mois environ 150 pièces de guinée ou autres tissus. Cette prospérité fut sérieusement menacée à son début. L'année ne s'était pas écoulée que Chirkam-Loudy était dépossédé par Savagi, prince indigène, habile politique et conquérant redoutable. Martin, moyennant un présent de 500 pagodes, réussit à obtenir de ce dernier la permission de rester à Pondichéry, à la condition de ne point le troubler dans ses opérations militaires. En 1683, Martin, dont la situation, malgré tout, était assez précaire, la fortifia en obtenant de Chirkam-Loudy la cession authentique de Pondichéry en payement du prêt qu'il lui avait fait. Quoique l'établissement français ne fût alors défendu que par trente-quatre hommes, son chef, par sa prudence, sut le préserver des attaques auxquelles l'exposaient les guerres des princes voisins. En 1686, le calme ayant succédé au trouble, il poursuivit son œuvre. Il construisit des maisons, des magasins et des fortifications, que le fils de Savagi lui permit, en 1689, de flanquer de tours et de courtines. Jaloux de la prospérité de la colonie, les Hollandais l'attaquèrent en 1693 avec des forces considérables. Ils débarquèrent environ trois mille cinq cents hommes et cinquante pièces de canon. Les Français se défendirent vigoureusement pendant quelques jours; mais le 6 septembre ils furent réduits à capituler. Le traité de Ryswick, conclu en 1697, restitua Pondichéry aux Français, qui le reçurent en bien meilleur état qu'ils ne l'avaient livré, les Hollandais pendant les quatre années de leur occupation ayant dépensé pour augmenter les fortifications 16,000 pagodes, qu'il fallut leur rembourser. Le gouvernement de la colonie fut de nouveau confié à Martin, à qui la Compagnie envoya des renforts, des officiers, des ingénieurs et des subsides à l'aide desquels la ville, devenue le chef-lieu des possessions françaises dans l'Inde, comptait dès 1696 cent maisons. Dix ans plus tard la population était de cinquante à soixante mille habitants, et la ville possédait trois couvents, l'un de jésuites, l'autre de carmes, et le troisième de capucins. La sage et habile administration de Martin réussit à en faire l'entrepôt d'un riche commerce et l'une des plus importantes possessions des Européens en Asie. En 1702 la Compagnie établit à Pondichéry un conseil supérieur dont elle le nomma président. Quand le voyageur Luillier visita la colonie, en 1722 et 1723, Martin vivait encore; mais il mourut vraisemblablement avant 1727, année où la Compagnie conclut avec un prince indou un traité dans lequel il n'est pas mentionné. Louis XIV l'avait nommé chevalier de Saint-Lazare. P. Levot.

Histoire générale des Voyages, de l'abbé Prévost, t. IX. — *Histoire des Indes orientales, ancienne et moderne*, par l'abbé Guyon; Paris, 1744, 3 vol. in-12. — *Notices statistiques sur les colonies françaises*; Paris, imp. roy., 1837-1840, 4 vol. in-8°.

MARTIN (*Jean-Baptiste*), dit Martin *des Batailles*, peintre français, né à Paris, en 1659, mort dans la même ville, le 8 octobre 1735. Il fut élève de Laurent de La Hyre et de van der Meulen. Le maréchal de Vauban, ayant remarqué avec quelle facilité il levait des plans et dessinait des vues de place, s'intéressa à lui, et obtint de Louis XIV qu'il fût mis sous la direction de van der Meulen; celui-ci le prit en affection, et le produisit. Il fit à la suite du grand dauphin les campagnes de 1688 et 1689, et assista auprès du roi au siége de Mons (1691) et à celui de Namur (1692). A la mort de van der Meulen (1690), il fut nommé peintre des conquêtes du roi, et lui succéda comme directeur des Gobelins. Les tableaux qu'il peignit pour le palais de Versailles, et qui représentent les victoires de Louis XIV, lui firent donner le surnom de *Martin des Batailles*. Il décora les quatre réfectoires de l'hôtel des Invalides de *Vues* de places fortes de Hollande, de Flandre et d'Alsace. En 1710 il peignit pour le duc de Lorraine, Léopold, l'histoire de son père Charles V, en une série de 20 tableaux, qui furent reproduits à Nancy en tapisserie à la manière des Gobelins; lors de la cession de la Lorraine à la France, ces tapisseries furent transportées à Vienne. Le musée du Louvre possède de cet artiste un tableau représentant *Le Siége de Fribourg* en 1677.

Un cousin ou neveu du précédent, Martin (*Pierre-Denis*), dit *le jeune*, a été aussi l'élève de van der Meulen. Il était employé aux Gobelins, et a peint des chasses et des batailles. On possède de lui à Versailles un grand nombre de *Vues* d'anciennes résidences royales et au Louvre une petite toile dont le sujet est *Louis XV à la chasse au cerf*. H. H—n.

Mariette, *Abecedario*, dans les *Archives de l'Art français*. — D'Argenville, *Vies des Peintres*. — Villot, *Notice des Tableaux du Louvre*.

MARTIN (*Gabriel*), bibliographe français, né le 2 août 1679, à Paris, où il est mort, le 2 février 1761. Il exerça à Paris la profession de libraire. Il avait poussé fort loin la connaissance des livres ainsi que l'art de disposer une bibliothèque. Une grande partie des plus célèbres cabinets de l'Europe avaient été formés par ses soins; on venait le consulter de toutes parts. Son nom se rattache principalement à un système de bibliographie qui a prévalu en France jusqu'en ces derniers temps; ce système, auquel on a préféré avec raison celui de M. J.-C. Brunet, est divisé en cinq classes, la théologie, la jurisprudence, les sciences et arts, les belles-lettres et l'histoire; ce système porte aussi le nom de Debure, qui a contribué à le répandre. Martin a dressé depuis 1705 jusqu'à sa mort environ cent cinquante catalogues, dont les plus remarquables sont ceux de Bulteau (1711, 2 vol. in-12), de Baluze (1719, 3 vol. in-12), de Dufay (1725), de Brochard (1729), du comte de Hoym (1738), de Barré (1743, 2 vol. in-8°), de De Boze (1745, in-fol.), de Burette (1748, 3 vol. in-12), etc. P. L.

Peignot, *Dict. de Bibliologie*, II, 236. — *Les Affiches de Province*, 11 février 1761.

MARTIN (*Jacques* DE), érudit français, né à Fanjaux (diocèse de Mirepoix), le 11 mai 1684, mort à Paris, le 5 septembre 1751. Fils d'un avocat, il fit ses études à Toulouse. Entré dans la congrégation de Saint-Maur en 1709, il professa les humanités à Sorèze, et vint à Paris en 1727. Bien qu'il eût une érudition variée, une critique judicieuse et une grande recherche de style, on condamna généralement les écarts de son imagination, la hardiesse de ses principes, la présomption de son caractère et surtout l'immodestie de ses peintures. La goutte et la gravelle affligèrent ses dernières années. On a de lui : *La Religion des Gaulois, tirée des plus pures sources de l'antiquité*; Paris, 1727, 2 vol. in-4°, fig. La religion des Gaulois n'est à son avis qu'une dérivation de celle des patriarches, et l'explication des objets de leur culte peut servir à l'interprétation de divers passages de l'Écriture Sainte; — *Histoire des Gaules et des Conquêtes des Gaulois depuis leur origine jusqu'à la fondation de la monarchie françoise*; Paris, 1754, 2 vol. in-4°; le 2° volume est dû à dom Jean-François de Brézillac, neveu de dom Martin, et renferme un *Dictionnaire géographique des Gaules* et la suite de l'*Histoire* jusqu'à l'an 228 av. J.-C.; — *Explications de plusieurs textes difficiles de l'Écriture Sainte*; Paris, 2 vol. in-4°, fig. Si dom Martin ne s'était pas attaché à compiler de nombreuses citations sur des sujets futiles, son ouvrage eût été d'une lecture plus agréable. La pénétration de son esprit lui fit découvrir dans beaucoup de passages ce qui avait échappé à des savants moins ingénieux que lui; toutefois, plusieurs estampes indécentes et une foule de traits satiriques et mordants obligèrent l'autorité séculière d'en arrêter le débit; — *Explication de divers Monuments singuliers qui ont rapport à la religion des peuples les plus anciens, avec un Traité sur l'Astrologie judiciaire*; 1739, in-4°, fig.; — *Éclaircissements littéraires sur un projet de bibliothèque alphabétique, sur* l'Histoire Littéraire *de Cave*; 1736, in-4°; — *Traité de l'Origine de l'Ame, selon le sentiment de saint Augustin*; 1736, in-12; — *Les Confessions de saint Augustin*, trad. en français avec des notes, 1741, in-8° et in-12. Cette traduction est exacte et les notes sont judicieuses; dom Martin avait fait collationner en Flandre et en Angleterre quelques manuscrits que les éditeurs précédents n'avaient pu consulter; — *Éclaircissements historiques sur les origines celtiques et gauloises*; 1744, in-12. Il fournit aussi des matériaux à la *Gallia Christiana* et à l'édition du *Glossaire* de Du-cange. H. FISQUET.

Brézillac, *Éloge de dom Martin*, en tête du t. II de l'*Histoire des Gaules*. — *Mercure de France*, novembre 1751. — *Dictionnaires Historiques* de Chaudon et Delandine, de Feller, etc.

MARTIN (*Thomas*), antiquaire anglais, né le 8 mars 1697, à Thetford (Suffolk), mort le 7 mars 1771, à Palgrave. Fils d'un recteur, il travailla quelque temps dans l'office d'un de ses frères, qui était procureur. Passionné pour l'étude des antiquités, il se mit à copier d'anciens manuscrits, à dessiner des armoiries, à dresser des généalogies, et, quoiqu'il eût beaucoup d'enfants et qu'il fût sans fortune, il forma une collection précieuse d'objets d'art ou de livres, relatifs la plupart au comté de Suffolk. Cette collection s'augmenta de celle que lui apporta la veuve du roi d'armes Le Neve, qu'il épousa en secondes noces. « Si je n'avais point de famille, disait-il quelquefois, je vivrais de pain et d'eau pour me livrer à l'archéologie. » Établi à Palgrave, il ne cessa jusqu'à ses derniers moments de tout sacrifier à son goût favori; sa plus grande ambition était de mériter un jour le titre d'*honnête Tom Martin*. Il eut beaucoup de part aux *Monumenta Anglicana*, publiés en 1719 par Le Neve, et laissa inédite une *History of Thetford*, qui parut en 1779, in-4°, par les soins de Gough. Toutes ses collections, vendues aux enchères, même de son vivant, allèrent enrichir les cabinets des amateurs. Martin fut admis à la Société des Antiquaires de Londres. K.

Nichols et Bowyer, *Literary Anecdotes*. — Chalmers, *General Dict*.

MARTIN (*Benjamin*), savant anglais, né en 1704, à Worplesdon (Surrey), mort le 9 février 1782, à Londres. D'abord valet de ferme, il apprit seul à lire, à écrire et à compter, et se tira si bien de ces difficultés premières qu'après avoir été son propre maître, il s'empressa de devenir gratuitement celui des autres. A peine eut-il échappé à l'ignorance, que le dégoût de sa condition lui vint; jugeant sagement qu'avec l'ambition d'être un savant, il ne ferait jamais qu'un mauvais laboureur, il ouvrit une école élémentaire à Guildford. Bientôt après, un modeste héritage qu'il fit d'un parent éloigné lui permit d'acheter des livres et de recommencer son éducation avec plus de suite et d'avantage. En 1735 il était établi à Chichester, occupé à donner des leçons de mathématiques, et il livrait au public le premier de ses nombreux ouvrages. On ignore à quelle époque il vint se fixer à Londres. En même temps qu'il y faisait des cours de phy-

sique expérimentale, il construisait des globes et des instruments d'optique; sa bonne foi dans les affaires l'ayant rendu victime de quelques fripons, il éprouva des embarras d'argent, fut mis en état de banqueroute, tenta de se tuer lui-même, et mourut, presque octogénaire, des suites de la blessure qu'il s'était faite. Martin, sans être un savant remarquable, connaissait bien les diverses branches des mathématiques, et dans l'optique il se montra aussi ingénieux qu'adroit. Assidu au travail, il chercha à se rendre utile dans ses écrits, dont le plan est simple, le style clair et même élégant. Nous citerons de lui : *The Philosophical Grammar;* Londres, 1735, in-8°; trad. en français par de Puisieux : *Grammaire des Sciences philosophiques;* Paris, 1749, 1764, 1777, in-8°; — *New and universal System of Decimal Arithmetic;* ibid., 1735, in-8°; — *Description and use of both the Globes, the armillary and orrery;* ibid., 1736, 2 vol. in-8°; il le fit suivre, en 1766, d'un *Appendix;* — *Elements of Geometry;* ibid., 1739, in 8°; — *Memoirs of the Academy of Paris;* ibid., 1740, 5 vol. in-8°; trad. des *Mémoires de l'Académie des Sciences;* — *New System of Optics;* ibid., 1740, gr. in-8°; — *Philosophia Britannica;* ibid., 1747, 2 vol. in-8°; trad. en allemand, Leipzig, 1772, 3 vol. in-8°; — *Panegyric of the Newtonian Philosophy;* ibid., 1754, in-8°; — *System of the Newtonian Philosophy;* ibid., 1759, 3 vol. in-8°; en 1765, il y ajouta une *Introduction*, en 1 vol.; — *Natural History of England;* ibid., 1759, 2 vol. in-8°, avec cartes; — *Mathematical Institutions;* ibid., 1764, 2 vol. in-8°; — *Biographia Philosophica, or lives of philosophers;* ibid., 1764, in-8°; — *Institutions of astronomical Calculations;* ibid., 1765, 2 part.; — *Description of the Torricellian Barometer;* ibid., 1766. Ce savant fonda aussi le *Philosophical Magazine*, recueil scientifique, qui contient beaucoup d'intéressants détails et dont la publication fut interrompue après le quatorzième volume. P. L—Y.

Manning et Bray *Hist. of Surrey.* — *Gentleman's Magazine*, 1785. — *Present State of the Republic of Letters*, XVI, 164. — Hutton, *Dictionary*.

MARTIN (*Grégoire*), érudit français, né à Cuisery (Bresse), le 12 mai 1712, mort à La Côte-Saint-André (Dauphiné), vers 1770. Il entra chez les Minimes, y professa longtemps la théologie, et mourut principal du collège de La Côte-Saint-André. C'était un religieux modeste, laborieux et instruit. Il était membre des académies d'Auxerre et de Villefranche. On a de lui : *Observations sur les Particules;* — *Panégyrique de saint Benoît;* 1758, in-12; — *Traité sur l'Ame des Bêtes* (trad. du latin, de l'ouvrage de Guillaume Dagoumer intitulé : *Philosophia ad usum scholæ accommodata;* Lyon, 1701-1703, 1746, 4 vol. in-12); Lyon, 1758, in-12; — *Proscription des verges des écoles, dialogue entre Pamphile et Orbilius*, représenté à Tullins (Dauphiné); 1759, in-12; trad. en latin, sous le titre : *E Scholis admovendas esse virgas;* 1760, in-12; — *Lettres instructives et curieuses sur l'éducation de la jeunesse;* 1760, in-12; — un grand nombre d'articles dans le *Journal Chrétien* de l'abbé Dinouart; dans *L'Éducation* de Leroux; dans le *Manuel de Physique* de 1758, ainsi que dans d'autres publications moins connues. Il a aussi laissé plusieurs ouvrages complets en manuscrit. L—z—E.

Ersch, *La France Littéraire* de 1778. — Querard, *La France Littér.* de 1833.

MARTIN (*Claude*), général anglais, d'origine française, né à Lyon, en janvier 1732, mort près de Lucknow, le 13 septembre 1800. Il était fils d'un tonnelier, et ne reçut qu'une éducation très-imparfaite. Malgré le vœu de ses parents, il s'engagea dans les troupes que le comte de Lally emmenait avec lui dans l'Inde, et s'embarqua à Lorient, le 2 mai 1757. Il descendit à Pondichéry, et se distingua aux prises de Gondelour, du fort Saint-David, dans la campagne du Carnatic, dans l'expédition de Tanjaour; mais en même temps que Lally chassait les Anglais de la côte de Coromandel et menaçait Madras, les Anglais prenaient Masulipatnam, battaient Bussy à Orixa, expulsaient les Français du nord de l'Inde et venaient assiéger Pondichéry. Lally courut à la défense de cette ville; mais les revers avaient refroidi le courage des Français et la sévérité de leur général aidant, plusieurs d'entr'eux ouvrirent l'oreille à la trahison. Martin fut de ceux-là, et passa à l'ennemi (1760). Bien accueilli par le gouverneur de Madras, et nommé sous-lieutenant, il reçut les fonds nécessaires pour débaucher le plus grand nombre possible de ses anciens camarades. Il réussit ainsi à former une compagnie de chasseurs, qu'il conduisit à Calcutta. Il fut alors promu au grade de capitaine, et envoyé relever le plan de Lucknow et de ses environs. Il profita de cette mission pour entrer si fort avant dans les bonnes grâces de Sidi-Eddaulah, roi d'Oude, que ce prince lui confia le commandement général de son artillerie. Rien ne se fit plus dans l'Oude sans l'intervention de Martin. L'adroit Lyonnais mit si bien à profit sa haute faveur qu'il amassa en peu de temps une fortune immense, qu'il augmenta encore en profitant des goûts d'Assef-Eddoulah, successeur de Sidi. Assef aimait passionnément les arts et les produits européens. Martin se fit son intermédiaire, et gagna sur ses fournitures des sommes fabuleuses. Il prêta sur gage à un taux usuraire, se fit gardien des valeurs et des propriétés des victimes des guerres civiles qui ne cessaient de désoler l'Oude, et prélevait douze pour cent de la valeur de ces dépôts; enfin en 1790, époque où éclata la guerre entre Tipou-Saëb et les Anglais, il était riche d'environ dix millions et possédait sur les bords de la Goumtie un palais magnifique, *Constantia-House*, à dix lieues de Lucknow.

(Les détails qui nous en sont parvenus rappellent les contes des *Mille et une Nuits* : les arbres les plus rares s'y pressaient ; on y voyait des animaux des cinq parties du monde, des ateliers de toutes sortes d'arts et de métiers ; la physique y prenait le premier rang, et Martin s'amusa plus d'une fois à faire construire des ballons gigantesques.) Il s'engagea alors à fournir une certaine quantité de chevaux à la Compagnie des Indes en échange du titre de colonel. Six ans plus tard il était major général. Son ambition dut s'arrêter ; car une douloureuse maladie, la pierre, abrégeait cette existence si active. Il légua à deux de ses femmes la plus grande partie de ses biens ; le reste fut consacré à des établissements de bienfaisance à créer dans les villes de Lyon, Calcutta Chandernagor et Lucknow ; ces établissements portent encore le nom de *La Martinière*. Chacune de ces villes reçut 700,000 fr. à cet effet ; 12,000 fr. de rente furent en outre consignés pour la libération annuelle de Lyonnais prisonniers pour dettes. Le *Testament de Claude Martin* a été imprimé à Lyon, 1803, in-4° ; il est d'une singulière originalité. Martin avait ordonné que son corps fût salé et placé dans un tombeau d'un style gothique, qu'il avait dessiné lui-même, avec cette épitaphe : « *Cit-gît Claude Martin, né à Lyon, en* 1732, *venu simple soldat dans l'Inde, et mort major général.* » Ce vœu fut accompli, et la sépulture de Martin se voyait encore avant la dernière insurrection dans un château fort situé sur les bords du Gange. Peut être a-t-il été détruit. On a de Martin plusieurs plans que le major Rennel a publiés dans son *Atlas du Bengale*. A. DE LAGAZE.

Annual Register. — *Inde* dans l'*Univers pittoresque*. — Fantin des Odoards, *Révolutions de l'Inde de* 1707 à 1765. — Le Bas, *Dict. encyclopédique de la France*.

MARTIN (*Pierre*, comte), amiral français, né au Canada, en 1752, mort le 1er novembre 1820. Fils d'un sergent des compagnies franches de la marine, il vint en France en 1764, et s'engagea à Rochefort comme mousse dans la marine royale. Maître pilote en 1778, l'habileté qu'il montra durant cette campagne lui valut le grade d'enseigne de vaisseau. Plus tard, comme lieutenant, il fut appelé au commandement de la station du Sénégal. Martin s'y occupa pendant plusieurs années de la reconnaissance hydrographique de cette partie de l'Afrique. Louis XVI récompensa ses consciencieux travaux par la croix de Saint-Louis. Nommé capitaine de vaisseau en 1792, peu de temps après contre-amiral, sur le rapport de Barère, la Convention lui confia le commandement en chef des forces navales de la Méditerranée. En juin 1795 il était à la tête d'une des trois divisions navales chargées d'appuyer les mouvements de l'armée d'Italie. Il n'avait que sept vaisseaux lorsque, dans le golfe de Gênes, il fut surpris par la flotte anglo-espagnole, qui comptait trente-et-un bâtiments de haut bord. La lutte était impossible ; mais il manœuvra si bien qu'il put se réfugier dans le golfe de Juan, où l'ennemi le tint bloqué pendant cinq mois sans pouvoir l'entamer, malgré des attaques réitérées. Martin vint se ravitailler à Toulon, et reprit aussitôt la mer ; moins prudent cette fois, il osa se mesurer devant les îles d'Hyères avec l'amiral Hotham, qui disposait de forces triples des siennes. L'action fut longue et sanglante ; mais deux vaisseaux français furent forcés d'amener. Peu de temps après, Martin prit sa revanche en enlevant aux Anglais le vaisseau *Berwick* et la frégate *Alcest*. A sa rentrée à Toulon, il fut nommé vice-amiral, et en septembre 1797 passa au commandement des forces navales de Rochefort. En 1799 il fut porté deux fois sur la liste des candidats pour le Directoire. Après le coup d'État du 18 brumaire an VIII (9 novembre 1799), il fut nommé préfet maritime du cinquième arrondissement (chef-lieu Rochefort). En 1804 il fut promu au grade de grand-officier de la Légion d'Honneur et créé comte de l'empire en 1808. Il occupait encore les fonctions de préfet lorsque, dans la nuit du 11 avril 1809, l'amiral Gambier et lord Cochrane (*voy.* ces noms) lancèrent sur la flotte française commandée par le vice-amiral Allemand, et mouillée en rade de l'île d'Aix, la fameuse machine infernale inventée par Congrève (*voy.* ce nom). Martin, malgré la mauvaise volonté des chefs de service de la marine, et particulièrement de M. Barbier, directeur des mouvements du port (1), put fournir à Allemand les moyens de construire une estacade qui mit les navires français à l'abri des catamarans ennemis. Il lui conseilla même d'en élever une seconde : Allemand refusa, et cette négligence causa le désastre de la flotte, car si l'incendie et les explosions atteignirent légèrement les bâtiments français, ils détruisirent l'unique estacade, et le lendemain matin les Anglais purent accomplir sur les navires échoués leur œuvre de destruction. Quatre vaisseaux, *Le Calcutta*, *La Ville de Varsovie*, *L'Aquilon*, *Le Tonnerre* et la frégate *L'Indienne* furent brûlés. Chose étrange ! le vice-amiral Allemand, chef actif et responsable, fut aussitôt appelé au commandement de l'escadre de Toulon, tandis que le ministre de la marine Decrès ordonna une enquête contre Martin, qui n'avait pu jouer qu'un rôle passif, et le destitua. Un jugement, plus équitable, a reconnu que dans

(1) Ce dernier surtout mit la plus grande lenteur à exécuter les instructions qui lui avaient été données. Il traitait hautement les amiraux de fous, de peureux. Martin était forcé de lui écrire, en date du 1er avril : « Il est bien étonnant que depuis le 24 mars que vous avez reçu l'ordre de faire parvenir à l'île d'Aix les objets nécessaires pour y former une estacade, ces objets n'y soient pas encore arrivés. Les circonstances actuelles prescrivent impérieusement que ces objets partent sur-le-champ. Je vous préviens que vous deviendrez personnellement responsable des retards qui occasionneraient quelque événement qu'on doit prévoir d'après l'avis dont je vous ai donné connaissance. Il paraît également que c'est votre direction qui retient le départ des objets nécessaires pour l'armement des chaloupes de l'escadre. Faites travailler de suite, de jour et de nuit, s'il est nécessaire. »

cette triste affaire le préfet maritime avait déployé la plus grande prudence et la plus louable activité. Ce fut même à son sang-froid et aux secours intelligents qu'il porta sur tous les points que le reste de la flotte put se réfugier en Charente, et que l'ennemi, intimidé, n'osa poursuivre sa victoire. « Au surplus, dit Van Tenac, un voile impénétrable restera étendu sur les vrais coupables; car, par ordre du ministre, tous les papiers relatifs à l'affaire des brûlots, et surtout au procès malheureux qui en fut la suite (1), ont été enlevés des archives pour aller sans doute disparaître entre des mains intéressées! » — Le vice-amiral Martin termina ses jours dans la retraite.

Alfred DE LACAZE.

Archives de la Marine. — *Biographie moderne*; Paris, 1806. — *Histoire de Rochefort*, p. 474 et suiv. — Van Tenac, *Hist. générale de la Marine*, t. IV, p. 178-188. — Thomas, *Mémoires pour servir à l'hist. de Rochefort*; 1826, in-4°. — R. Feuilleret, *Petite Biographie des hommes illustres de la Charente-Inférieure*; La Rochelle, 1853.

MARTIN DE CHOISY (*Pierre-Jacques-Durand-Eustache*), poëte français, né à Montpellier, le 16 juin 1756, mort dans la même ville, le 24 mai 1819. De fréquents voyages à Paris le mirent en relation avec des gens de lettres distingués, tels que Laharpe, Barthez, et surtout Florian, qui plus d'une fois encouragea les essais de sa muse. Nommé juge au tribunal civil de Montpellier le 28 mai 1800, et trois ans après juge au tribunal d'appel, puis conseiller à la cour impériale, il ne négligea pas la culture des lettres, et devint secrétaire perpétuel de l'Académie de Montpellier, en 1807. Outre un grand nombre de poésies diverses, imprimées dans les *Almanachs des Muses*, on a de lui: *Le Sylphe, ou le mari comme il y en a peu*, comédie en trois actes et en vers; Montpellier, 1778, in-8°; — *Le Demi-jour*, poëme en deux chants, suivi de poésies; Paris, F. Didot, 1812, in-8°; — divers mémoires, un fragment d'une traduction en vers du *Prædium rusticum*, et un *Eloge de Jacques Poitevin; astronome*. H. FISQUET (de Montpellier).

Biographie (inédite) *de l'Hérault*.

MARTIN (*William*), naturaliste anglais, né en 1767, à Mansfield (comté de Nottingham), mort le 31 mai 1810, à Manchester. Son père était un marchand de bas, qui abandonna sa famille pour s'engager dans une troupe de comédiens, sous le nom de *Booth*, et qui acquit une fortune considérable par l'invention de la peinture polygraphique et d'un nouveau mode de fabriquer les vêtements. Sa mère ne tarda pas à monter aussi sur les planches, et le jeune William, destiné au théâtre, n'en fut détourné que par un maître d'écriture, James Bolton, qui lui fit partager son goût pour l'étude des sciences naturelles. Il était encore acteur lorsqu'il publia son premier ouvrage. Après s'être marié, en 1796, il enseigna le dessin à Burton sur Trent, à Macclesfield et à Manchester. Il était membre des sociétés géologique et linnéenne de Londres. On a de lui: *Figures and descriptions of petrifactions in Derbyshire*; 1793, in-8°, avec fig. dessinées et coloriées par l'auteur; cet ouvrage n'a pas été achevé; — *An Account of some species of fossil anomalies found in Derbyshire*; 1796, in-8°; — *Outlines of an attempt to establish a knowledge of extraneous fossils on scientific principles*; 1809, in-8°; — *Petrificata Derbiensia*; 1809, in-8°. K.

Gorton, *Biograph. Dictionary*, II.

MARTIN (*Thomas-Ignace*), visionnaire français, né à Gallardon (Eure-et-Loir), mort à Chartres, en mai 1834. C'était un simple paysan. Le 15 janvier 1816 il était occupé à travailler dans son champ, quand il vit devant lui un beau jeune homme qui lui ordonna d'aller trouver le roi Louis XVIII et de lui dire que sa vie et celle des princes étaient en danger, que de mauvaises gens tentaient encore de renverser le gouvernement, qu'il fallait qu'il fît faire une police vigilante et sanctifier le jour du Seigneur; puis l'inconnu s'abaissa vers la terre, et disparut. Martin s'adressa au curé de Gallardon, qui ne vit dans ce récit qu'un effet de l'imagination du paysan. Cependant, les apparitions continuèrent, et le bel inconnu déclara au laboureur qu'il ne le laisserait pas tranquille tant que ce dernier n'aurait pas rempli sa commission auprès du roi. Le curé de Gallardon, convaincu de la bonne foi de Martin, lui conseilla de s'adresser à l'évêque de Versailles. Celui-ci dit à Martin de demander à l'inconnu, de sa part, comment il s'appelait, qui il était et par qui il était envoyé. Le 30 janvier, l'inconnu apparut de nouveau à Martin, qui lui fit les questions indiquées par l'évêque de Versailles: « Mon nom restera ignoré, répondit le beau messager; je viens de la part de celui qui m'a envoyé, et celui qui m'a envoyé est au-dessus de moi; » et en même temps il montrait le ciel. Au mois de février, l'inconnu reparut aux yeux du paysan, et lui dit d'aller vers le roi, à qui il découvrira des choses secrètes de son exil, dont il n'aura connaissance que lorsqu'il sera en présence de Louis XVIII. L'évêque de Versailles avait cru devoir avertir le ministre de la police. Le ministre chargea le préfet d'Eure-et-Loir d'interroger Martin. Le préfet, étonné des réponses du paysan, envoya Martin au ministre. Le 8 mars, M. Decazes l'interrogea lui-même. Martin répondit avec calme et naïveté, insistant pour parler au roi lui-même. Le docteur Pinel fut chargé de l'examiner. Martin eut les jours suivants de nouvelles apparitions; et son inconnu lui dit qu'il était l'archange Raphael, qu'il avait reçu le pouvoir de frapper la France de toutes sortes de plaies, que la paix ne serait rendue au pays qu'après 1840. Le 13 mars, sur le rapport du docteur Pinel, M. Decazes fit placer Martin à l'hospice

(1) Le capitaine Lafon, commandant *Le Calcutta*, fut condamné à mort et fusillé le 9 septembre suivant. Le capitaine Lacaille, commandant du *Tourville*, fut dégradé et condamné à deux ans de détention. Les capitaines Clément de La Roncière et Proteau furent acquittés.

de Charenton, comme atteint d'une hallucination des sens. Le docteur Royer-Collard le soigna. Martin montra beaucoup de douceur, de calme et de docilité. Les renseignements pris sur la famille de Martin étaient des plus favorables, et le ministre envoya 400 fr. à la femme de ce malheureux. Pendant le séjour de Martin à Charenton, l'ange lui apparut plusieurs fois, et se montra à lui dans tout l'appareil de la gloire céleste. L'archevêque de Reims ayant informé Louis XVIII de ce qui se passait, le roi voulut voir Martin, qui lui fut amené le 2 avril. Ils eurent un entretien particulier, dont Martin donna le récit au curé de Gallardon. Si l'on en croit cette relation, il dit au roi que ses ministres le servaient mal; il lui apprit des choses de l'exil dont Louis XVIII, attendri, le pria de garder le secret. Après cet entretien Martin retourna à Charenton, où il passa la nuit; le lendemain matin il quitta cette maison, se rendit chez le ministre, qui le força d'accepter une gratification de la part du roi, et partit pour Chartres, où il revit le préfet, puis il retourna à Gallardon, où il reprit ses travaux champêtres, évitant de parler indiscrètement de ce qui lui était arrivé. Louis XVIII fit acheter la maison qu'habitait le pauvre visionnaire, et la lui donna en toute propriété. Martin, comme on le pense, continua d'être regardé comme un prophète dans son pays. Il finit par révéler ce que l'ange lui avait fait dire à Louis XVIII : « J'ai dit au roi, répétait-il, qu'il n'était pas le souverain légitime de la France, que le fils de Louis XVI existait, que lui, le roi, le savait bien, qu'il reviendrait un jour, mais qu'en attendant il était interdit à Louis XVIII de se faire sacrer à Reims; que toute tentative à cet égard serait suivie des plus grands malheurs; que la coupole de l'antique cathédrale s'écroulerait sur les assistants et les écraserait... Et le roi m'a répondu avec une vive émotion qu'il ne se ferait pas sacrer, qu'il en avait eu l'intention, mais qu'il y renonçait à tout jamais. » Cependant Charles X, comme on sait, se fit sacrer sans accident, et le prétendu Louis XVII vivait encore. Quoi qu'il en soit, Martin jouissait d'une grande réputation de sainteté; on faisait des pèlerinages pour venir le consulter, et une secte s'était formée autour de lui sous le nom de *martinistes*, lorsque parut à Paris un prétendu Louis XVII, plus connu sous le nom de Naundorf (*voy.* son article). On demanda pour ce prince une entrevue à Martin, et elle eut lieu en effet, en septembre 1832, au presbytère de Saint-Arnould, petit village près de Dourdan. A la première vue, Martin, qui, dit-on, ne savait pas quel personnage devait lui être présenté, reconnut le duc de Normandie, et déclara que ce personnage était bien le dauphin, fils de Louis XVI et de Marie-Antoinette. L'enthousiasme fut au comble, et le soir le prince, le prophète et tous les témoins communièrent dans la modeste église du village. Deux ans après, Martin déclara que son existence était terminée, que son ange venait de lui apparaître et de lui annoncer qu'il n'avait plus que huit jours à passer sur la terre. Le prophète assembla donc sa famille, et fit ses dispositions testamentaires; huit jours après il alla à la messe, et, rentré chez lui, il annonça à ses enfants qu'un envoyé céleste lui avait ordonné de se rendre à Chartres, mais qu'il n'en reviendrait pas vivant, et que son corps serait rapporté sur une charrette. Le prophète partit en effet à midi; à huit heures du soir son cadavre fut rapporté dans une voiture de paysan. Une information judiciaire fut ordonnée sur cette mort, mais elle ne produisit rien; les médecins déclarèrent que Martin était mort d'une attaque d'apoplexie; les bonnes âmes trouvèrent que son corps exhalait une odeur de sainteté, et les partisans de Naundorf devinrent plus nombreux. On a publié sur les récits du visionnaire Martin : *Relation concernant les événements arrivés à un laboureur de la Beauce*; Paris, 1817, in-8°; — *Relation contenant les événements qui sont arrivés au sieur Martin, laboureur à Gallardon, en Beauce, dans les premiers mois de* 1816, par M. Le Silvy; Paris, 1830, 1832, et ann. suiv.; — *Le Passé et l'Avenir expliqués par les événements extraordinaires arrivés à Thomas Martin, laboureur de la Beauce, avec des notes curieuses, des faits inédits et des observations critiques sur quelques personnages qui ont figuré dans ces événements; quelques mots sur les relations publiées à ce sujet par M. S****; on y a joint *une dissertation sur le procès-verbal de la mort de Louis XVII; sur les Mémoires dits du duc de Normandie, et sur divers ouvrages récemment publiés touchant le même sujet; cette édition est la seule qui soit revêtue de l'attestation de Th.-Ign. Martin*; Paris, 1832, in-8°. L. L—T.

Biogr. des Hommes vivants. — *L'Illustration* du 30 août 1848. — Bourquelot et Maury, *La Littér. Franç. contemp.*

MARTIN (*Jean-Blaise*), célèbre chanteur français, né à Paris, le 24 février 1768 (et non le 14 octobre 1767 ou 1769), mort à La Roncière, près Lyon, le 14 octobre 1837. Fils d'un peintre, il apprit en même temps la peinture, la musique et la danse : triple enseignement dont il sut profiter. Il se fit d'abord entendre dans les concerts publics jusqu'à l'établissement du Théâtre de Monsieur (26 janvier 1789), qui se forma sous le patronage du prince devenu depuis Louis XVIII. Martin y débuta, le 28 janvier, par le rôle du *marquis de Tulipano*, de Paësiello (1). Il réussit comme chanteur, et fut jugé acteur très-faible. Il fit partie jusqu'en 1823 de la troupe lyrique du théâtre, qui prit peu après le nom de *Théâtre Feydeau*, puis celui d'*Opéra-Comique*, lors de sa réunion avec la

(1) Opéra comique, en trois actes et en vers blancs, traduit en français et arrangé sur la musique italienne, par Charles-Joseph-Antoine Gourmillon.

troupe de la salle Favart. Le rôle de Crispin, dans *Le nouveau don Quichotte* (1790), et surtout celui de Frontin, dans *Les Visitandines* (7 janvier 1792), prouvèrent qu'il avait profité des leçons de la critique. Cependant son talent resta toujours circonscrit dans un même genre de rôles, celui des *valets*, et hors de cet emploi il était fort médiocre, à l'exception du rôle de Dorneuil, des *Voitures versées*, qu'il joua avec beaucoup de verve (29 avril 1820). Le 31 mars 1823 il se retira du théâtre. Dans l'intervalle de temps qui s'écoula jusqu'à sa mort, il reparut plusieurs fois à l'Opéra-Comique, notamment en 1834. Un pastiche intitulé : *Les Souvenirs de Lafleur*, dans lequel on avait intercalé les plus beaux airs de son répertoire, fut composé pour la circonstance. Il y fut fort applaudi : Martin ne s'abusa pas sur la valeur de ces applaudissements et il jugea prudent de rentrer dans la vie privée. Il n'y resta pas oisif, et se consacra à l'enseignement musical, dont il était au Conservatoire, depuis 1820, un des professeurs les plus distingués. Il se maria quatre fois, mais il mourut sans laisser d'enfants.

Martin, dans le cours de sa carrière théâtrale, établit un grand nombre de rôles; nous nous bornerons à citer les principales pièces qui lui valurent des succès : *Zoraïme et Zulnare*, *Maison à vendre*, *Trente et Quarante* (Th. Feydeau); *Une Folie*, *L'Irato*, *Ma tante Aurore*, *Gulistan*, *Lulli et Quinault*, *Jean de Paris*, *Joconde*, *Jeannot et Colin*, *Le nouveau Seigneur de village*, *Le petit Chaperon rouge* (Op.-Com.) Il a composé *Les Oiseaux de mer*, op. comique, représenté en 1796, qui ne réussit pas. Il composa aussi la musique de plusieurs romances. E. DE M.

Almanach des Spectacles. — *Histoire de l'Établissement des Théâtres.* — *Annales de la Société libre des Beaux-Arts*; notice de M. A. de La Fage. — *Biographie des Musiciens*, par Fetis.

MARTIN (*Chrétien-Reinhald-Dietrich*), jurisconsulte allemand, né à Bovenden, près de Gœttingue, en 1772, mort le 13 août 1857. Il enseigna la jurisprudence à Gœttingue, Heidelberg et Iéna, et occupa divers emplois dans la magistrature. On a de lui : *Lehrbuch des teutschen gemeinen bürgerlichen Processes* (Manuel de la Procédure civile en usage en Allemagne); Heidelberg, in-8° : la douzième édition de cet ouvrage, qui fut commenté par Geusler et Morstad, parut en 1838; — *Lehrbuch des gemeinen teutschen Criminal-Processes* (Manuel de la Procédure criminelle, suivie communément en Allemagne); Heidelberg, 1812, in-8°; la quatrième édition fut publiée en 1836; — *Lehrbuch des teutschen gemeinen Criminal-Rechts*; Heidelberg, 1820 et 1829, in-8°; — *Vorlesungen über die Theorie des deutschen bürgerlichen Processes* (Cours sur la Théorie de la Procédure civile suivie en Allemagne); Leipzig, 1855, in-8°. Martin a aussi réuni sous le titre de : *Dissertationum selectarum juris criminalis*, etc., Iéna, 1822, in-8°, plusieurs opuscules curieux et devenus rares. O.

Pierer, *Universal-Lexikon.*

MARTIN (*Louis-Aimé*), littérateur français, né à Lyon, en 1781, mort à Paris, le 22 juin 1847. Ses parents lui firent étudier le droit; mais il préféra se consacrer aux lettres, et en 1809 il vint à Paris contre le gré de sa famille. Privé de secours, il se trouva dans une position difficile jusqu'à ce que ses travaux littéraires lui eussent acquis une position indépendante. Les *Lettres à Sophie* établirent sa réputation dès 1810, et en 1813 il fit à l'Athénée un cours d'histoire littéraire de la France dans les douzième, treizième et quatorzième siècles. En 1815, Aimé Martin fut nommé secrétaire rédacteur de la chambre des députés, et peu de temps après il devint professeur de belles-lettres, de morale et d'histoire à l'École Polytechnique, à la place d'Andrieux. Ayant pris avec trop d'ardeur la défense de cette école, il fut destitué en 1831 par le ministre de la guerre, mais il obtint bientôt un emploi de conservateur à la bibliothèque Sainte-Geneviève. Élève et ami de Bernardin de Saint-Pierre, Aimé Martin, qui était à peu près parvenu à en imiter le style, voua à sa mémoire un culte presque religieux. Il épousa sa veuve et adopta sa fille, Virginie, qui se maria avec le général Gazan et mourut jeune. Aimé Martin « avait trouvé, dans sa vie même l'occasion et pour ainsi dire la filiation de ses idées, a dit M. de Lamartine sur la tombe de ce littérateur : J.-J. Rousseau, sur la fin de ses jours, dans ses promenades solitaires et dans ses herborisations autour de Paris, avait versé son âme dans celle de Bernardin de Saint-Pierre; à son tour l'auteur de *Paul et Virginie*, dans sa vieillesse, avait versé la sienne dans le cœur d'Aimé Martin, son plus cher disciple, en sorte que, par une chaîne non interrompue de conversations et de souvenirs rapprochés, l'âme d'Aimé Martin avait contracté parenté avec les âmes de Fénelon, de J.-J. Rousseau et de Bernardin de Saint-Pierre... Sa vie privée ne fut qu'une longue série d'amitiés. » On doit a Aimé Martin : *Étrennes à la Jeunesse*; Paris, 1809-1812, 4 vol. in-18; réimprimés sous les titres de *Recueil de Contes et d'historiettes morales en vers et en prose*; Paris, 1813, et du *Moraliste de la jeunesse, précédé de contes, historiettes et de morceaux d'histoire naturelle*; Paris, 1823; — *De l'existence de Dieu*, par Fénelon, édition augmentée des principales découvertes de la physique; Paris, 1810, in-8°; Avignon, 1820, in-12; — *Lettres à Sophie, sur la physique, la chimie et l'histoire naturelle*, avec des notes de M. Patin; Paris, 1810, 2 vol. in-8°; 12° édition, augmentée de la théorie du calorique rayonnant et des nouvelles découvertes sur la lumière, les interférences, la polarisation, le daguerréotype, le mirage, l'électricité, le feu central, les volcans, le magnétisme de la terre, etc.; Paris, 1842, 1847, 2 vol. in-12; — *Raymond;* Paris, 1812, in-8°; — *Portrait d'Attila par Mme de Staël, suivi d'une Épître à M. de Saint-Victor sur les sujets que le règne de Buonaparte offre à la poésie;* Paris, 1814, in-8°; — *Harmonies de la Nature*, ouvrage posthume de Bernardin de Saint-Pierre; Paris, 1815, 2 vol. in-8°; — *Œuvres complètes de Bernardin de Saint-Pierre, précédées d'un Essai sur la vie et les ouvrages de cet écrivain;* Paris, 1817-1819, 12 vol. in-8°; nombreuses éditions; — *Œuvres complètes de Racine*, avec un choix de notes de tous les commentateurs; Paris, 1820, 1821, 6 vol. in-8°; nombreuses éditions: cet ouvrage fait partie de la collection des *Classiques français* de Lefèvre; — *Essai sur la vie et les ouvrages de Bernardin de Saint-Pierre;* Paris, 1820, in-8° : quelques passages de cette notice donnèrent lieu, en 1821, à un procès intenté par un des beaux-frères de Bernardin de Saint-Pierre, Léger Didot, à Aimé Martin, qui succomba, et à une brochure publiée par un autre membre de la famille, sous ce titre : *La vérité en réponse aux calomnies répandues dans un écrit intitulé: Essai sur la vie et les ouvrages de B. de Saint-Pierre, par L. Aimé Martin;* Paris, 1821, in-8°; — *Réflexions ou sentences et maximes morales de La Rochefoucault;* Paris, 1822, in-8°; — *Œuvres complètes de Molière*, avec des notes de tous les commentateurs; Paris, 1823, 8 vol. in-8°, plusieurs éditions; — *Œuvres de La Fontaine, revues avec soin sur toutes les éditions, précédées d'une notice historique sur la vie de l'auteur;* Paris, 1826, in-8°; — *Correspondance de Bernardin de Saint-Pierre;* Paris, 1826, 3 vol. in-8°; précédée d'une réfutation de l'article de la *Biographie universelle* sur Bernardin de Saint-Pierre et d'une apologie de cet écrivain; — *Guide pittoresque de l'étranger à Paris, contenant une histoire de l'ancien et du nouveau Paris, la description de ses monuments*, etc.; Paris, 1834, in-32; — *Plan d'une bibliothèque universelle. Études des livres qui peuvent servir à l'histoire littéraire et philosophique du genre humain;* Paris, 1837, in-8° : c'est une sorte d'introduction à la collection intitulée : *Le Panthéon littéraire;* — *Caligula*, tragédie en cinq actes; Paris, 1838, in-8°; — *Éducation des Familles, ou de la civilisation du genre humain par les femmes*, ouvrage couronné par l'Académie Française: Paris, 1834, 1838, in-8°; 1840, 1847, 2 vol. in-12; — *Le livre du Cœur, ou entretiens des sages de tous les temps sur l'amitié*, ouvrage dédié à la jeunesse; in-32; — *La Gageure*, comédie en un acte et en vers, représentée sur le théâtre de Châlons-sur-Saône, le 31 janvier 1836; Montpellier, 1838, in-8°. On lui doit en outre une édition des *Œuvres complètes de Boileau-Despréaux*, des *Œuvres morales de Plutarque;* de l'*Introduction à la République*, pour les œuvres de Platon; des *Œuvres philosophiques de Descartes;* des *Œuvres de Delille;* une *Préface* et des *Notices* pour les traductions des petits poëmes grecs; un *Essai sur la vie et les ouvrages de l'abbé Fleury*, précédant les œuvres de ce dernier; une *Histoire du monument élevé à Molière*, etc. On lui a attribué l'ouvrage intitulé : *Du nouvel ordre de choses. Du roi. De la noblesse. Essai politique et moral, dédié aux amis du roi et de la France, par un Lyonnais qui n'est rien, n'a rien été et ne peut rien être*, signé A.-C.-F. Dev., négociant; Lyon, 14 mai 1814, in-8°. Aimé Martin a dirigé la publication d'une édition des *Lettres édifiantes*, des *Mille et une Nuits*, des *Mille et un Jours*, etc. Il a travaillé au *Journal des Débats*, au *Journal des Connaissances utiles*, au *Bulletin du Bibliophile*, etc. Il a laissé inachevée une *Histoire des Sciences et des idées.*

Mme Aimé Martin, fille du marquis de Pelleport, mourut à Saint-Germain-en-Laye, au mois de novembre 1847, peu de temps après son mari. A l'âge de dix-huit ans, elle avait épousé Bernardin de Saint-Pierre, qui en avait alors environ soixante-cinq. Après la mort de l'auteur de *Paul et Virginie*, elle épousa Aimé Martin, qui avait hérité de la pensée et recueilli la tradition philosophique de son premier mari. Elle s'entoura d'amitiés honorables, et se plaisait à faire du bien. Elle avait le projet d'écrire la vie intime d'Aimé Martin, mais elle n'en eut pas le temps. Elle a laissé sa fortune à M. de Lamartine. L. L—T.

Biographie univ. et port. des Contemporains. — Lamartine, *Discours prononcé sur la tombe de M. Aimé Martin.* — Quérard, *La France Littér.* — Bourquelot et Maury, *La Littér. Franç. contemp.*

MARTIN (*John*), célèbre peintre anglais, né le 19 juillet 1789, à Haydon-Bridge (comté de Northumberland), mort le 9 février 1854, à Douglas (île de Man). Sa vocation pour la peinture se manifesta dès l'âge le plus tendre. Tout ce qu'il put obtenir de son père, ce fut d'être placé chez un carrossier de Newcastle pour y peindre des armoiries; au bout de quelques mois il devint l'élève d'un artiste italien, nommé Bonifacio Musso, dont le fils, Charles Musso, eut quelque réputation comme peintre sur émaux. En 1806 il accompagna ce dernier à Londres, où pendant plusieurs années il mena une vie aussi rude que laborieuse; tandis qu'il se créait des ressources, en peignant le verre et la porcelaine, en vendant des aquarelles et en donnant des leçons de dessin, il consacrait une grande partie de la nuit à des études approfondies de son art. « C'est ainsi, disait-il, que j'ai acquis cette connaissance de la perspective et de l'architecture qui dans la suite m'a été si profitable. » A dix-neuf ans il se maria. Il ne quitta l'humble condition d'ouvrier qu'après s'être

mis, par une économie sévère, à l'abri du besoin. En 1812 il exécuta son premier tableau, *Sadak à la recherche du fleuve de l'Oubli*, qui trouva une place à l'exposition de l'Académie royale et, mieux encore, un acheteur pour 50 guinées (1,250 fr.). Vinrent ensuite l'*Expulsion du Paradis* (1813), *Clytie* (1814) et *Josué arrêtant le soleil* (1815); cette dernière composition, jugée digne d'un prix à la *British Institution*, avait reçu un accueil dédaigneux de l'Académie. Martin, irrité de l'indifférence avec laquelle on avait traité ce qu'il appelait un de ses chefs-d'œuvre, jura de ne plus rien soumettre au jugement de cette société; aussi n'en fit-il jamais partie. Après le *Josué*, dont le succès fit connaître son nom à la foule, il produisit *La Chute de Babylone* (1819), *Macbeth* (1820) et *Le Festin de Balthasar* (1821), son œuvre favorite, qui l'occupa une année entière, et qui lui valut un prix de 200 liv. (5,000 fr.). Ces gigantesques compositions, la dernière surtout, étaient alors tout à fait une nouveauté; elles emportèrent, pour ainsi dire, le public d'assaut : ce fut un engoûment général. Si la critique éleva quelques objections, les fanatiques partisans de Martin lui imposèrent vite silence. On déclara hautement, on se persuada même, que Martin venait d'ouvrir à l'art des routes inconnues, et son nom, propagé par les belles estampes qu'il donna lui-même de ses œuvres, vola d'un bout de l'Angleterre à l'autre, décoré de l'épithète « d'artiste sublime ». Devenu tout à coup le favori du jour, il exposa successivement *La Destruction d'Herculanum* (1822), *La Septième plaie d'Égypte* et *Le Boudoir de Paphos* (1823), *la Création* (1824), *Le Déluge* (1826) et *La Chute de Ninive* (1828), qui fut peut-être, avec *Le Festin de Balthasar*, le plus populaire de ses ouvrages.

A cette époque Martin était arrivé à l'apogée de la célébrité; ceux qui ne l'admettaient pas au nombre des maîtres lui reconnaissaient du moins des talents extraordinaires. Ce fut alors que, laissant reposer ses pinceaux, il se jeta dans des inventions et des projets de toutes sortes, où s'éparpilla sans aucun fruit l'étincelle de génie qu'il avait reçue. Doué d'aptitudes très-diverses et d'une vive intelligence, assez vain pour se croire un homme universel, il s'occupa d'abord des embellissements de Londres, et proposa des plans pour fournir la ville d'eau pure, pour assainir les quartiers de l'ouest, pour éloigner les égoûts de la rivière, pour convertir les boues en engrais, etc. Son *Plan for supplying with pure water the cities of London and Westminster*; Londres, 1828, in-8°, fut plusieurs fois réimprimé, et il ne cessa jusqu'à sa mort d'y apporter des changements ou des additions. Telle était son ardeur à réclamer du gouvernement une conduite d'eau abondante, qu'il était « bien résolu à ne prendre ni trêve ni repos qu'on ne l'eût obtenue, par lui ou par d'autres ». Martin, ainsi lancé dans les projets, ne se borna pas à si peu de chose : il dessécha des marais; il fit adopter un nouveau rail à la compagnie du Great-Western; il inventa un phare pour les dunes, une ancre plate avec cable en fil de fer, un ventilateur pour les mines de houille, un bateau en fer, « et bien d'autres choses de moindre importance, mais qui toutes tendaient au même but d'utilité : améliorer la santé publique, accroître le produit de la terre, et donner du travail au peuple à des conditions avantageuses ». Quand il se rappela enfin qu'il était peintre, et qu'il reprit ses premiers travaux, il s'aperçut, avec un amer désappointement, que le prestige de son talent était éclipsé. Dix ans s'étaient écoulés; le nombre de ses admirateurs était devenu rare. Cependant il mit en jeu toutes les ressources de sa puissante imagination pour regagner sa popularité évanouie, et les derniers sujets qu'il choisit ne furent ni moins larges ni moins imposants que les premiers : en 1838, *La Mort de Moïse* et *La Mort de Jacob*; en 1840, *Le Commencement du déluge*; en 1841, *La Cité céleste* et *Pandemonium*; en 1842, *La Fuite en Égypte*; en 1843, *Le Christ apaisant la tempête*; *Canut le Grand et ses courtisans*; en 1844, *Le Matin* et *Le Soir*; en 1845, *Le Jugement d'Adam et d'Ève*, *La Chute d'Adam*; en 1846, *Le Soir, effet d'orage*; en 1849, *Arthur et Ægle dans la vallée heureuse*; en 1850, *Le Dernier homme*; en 1851, *La Vallée de la Tamise vue des hauteurs de Richmond*; en 1852, une *Scène dans les bois, effet de nuit*. Il travaillait dans ses dernières années à une suite de sujets tirés du *Jugement dernier*; ce devait être son chef-d'œuvre, disait-il. La paralysie dont il souffrait depuis quelque temps ne lui laissa pas le temps de l'achever; afin de recouvrer la santé, il se retira dans l'île de Man, chez Thomas Wilson, un de ses amis, et y rendit bientôt le dernier soupir. Quoique imparfaites, on exposa après sa mort les trois grandes peintures dont nous avons parlé, et qui sont traitées avec une extrême faiblesse.

Martin fut sans aucun doute un peintre original, audacieux et doué d'une imagination aussi vigoureuse que féconde; il transporta sur la toile, avec un rare bonheur d'expression, les scènes grandioses et terribles de l'Écriture, et fit ressortir vivement la lutte d'une nature puissante avec l'homme faible et misérable. L'effet saisissant qu'il savait produire sur le public explique ainsi la cause de sa soudaine popularité. Il composait admirablement un sujet, et procédait par contrastes, sacrifiant tout, comme fait la peinture scénique, au plaisir des yeux. Mais il ne comprit pas que ces artifices de métier ne devaient pas se répéter sans cesse, et il continua à couvrir des acres de toile d'édifices interminables, d'architectures fantastiques, de myriades de personnages drapés dans des poses théâtrales, d'empâtements de couleur, d'effets étranges ou extravagants. Tout en rendant hommage à son talent de conception, il faut reconnaître qu'en général il manque de goût, d'observation et de jugement. Martin a gravé à l'aqua-tinta plusieurs de ses grandes compositions, et il s'est montré en ce genre fort habile; on cite en outre de lui les suites d'estampes in-folio pour les œuvres de Milton et pour une édition de la Bible. P. Louisy.

John Martin, *Autobiography*, dans l'*Athenæum*, 1854, p. 246 et suiv. — *English Cyclopædia* (Biogr.). — Nagler, *Neues Allgem. Künstlerlexicon*, VIII.

Martin *du Nord* (*Nicolas-Ferdinand-Marie-Louis-Joseph*), homme politique français, né à Douai, le 29 juillet 1790, mort à Paris, le 12 mars 1847. Après avoir fait son droit à Paris, il retourna à l'âge de vingt ans, muni du doctorat, exercer la profession d'avocat dans sa ville natale, où il plaida avec succès. Membre de l'opposition libérale, il se prononça ouvertement en 1830 contre les ordonnances de Juillet. Élu député à Douai, le 9 novembre, il prit rang à la chambre parmi les membres les plus zélés et les plus laborieux, apportant une grande indépendance dans les discussions. En politique il se rangea dans le parti conservateur. Il fit les rapports sur les projets de loi relatifs à la traite des nègres, à la procédure pour les délits de presse, à l'avancement dans l'armée, à un emprunt de la ville de Paris, au déficit Kessner, à l'expropriation pour cause d'utilité publique, etc. Le 5 août 1833 il devint avocat général à la cour de cassation. Chargé du rapport de la loi sur les associations, il fut, après l'adoption de cette loi, nommé, le 4 avril 1834, procureur général près la cour royale de Paris, et appelé, quelque temps après, à diriger les poursuites dans le procès d'avril devant la cour des pairs; il soutint encore devant la même cour l'accusation contre Fieschi, Morey et Pepin, puis contre Alibaud, tous accusés de régicide, et devant la cour d'assises de la Seine dans l'affaire dite du complot de Neuilly. La chambre des députés le choisit pour un de ses vice-présidents. Il voyageait en Suisse lorsque le ministère du 22 février 1836 se retira; le 19 septembre Martin (du Nord) accepta le portefeuille des travaux publics, de l'agriculture et du commerce. Une maladie l'empêcha jusqu'au 16 octobre de remplir ses fonctions. A la dissolution du cabinet du 6 septembre, il entra dans celui du 15 avril, et y resta jusqu'au 31 mars 1839. Il avait présenté des lois pour l'achèvement de routes royales, de ports maritimes, de canaux, pour l'établissement de chemins de fer, pour l'amélioration de différentes rivières navigables, etc. Il avait en outre présenté la loi pour l'application exclusive du système métrique, une autre loi sur les vices rédhibitoires des animaux domestiques, fait lever la prohibition des fils de laine à l'entrée et abaisser les droits sur les houilles étrangères, augmenté les encouragements à l'agriculture, etc. Il voulut aussi créer un enseignement professionnel en réorganisant le Conservatoire des Arts et Métiers, et créa plusieurs bourses à l'école centrale des arts et manufactures. Ses projets pour l'établissement des grandes lignes de chemins de fer n'avaient pas été heureux : la chambre ne voulait alors que des compagnies sans subvention. Constamment réélu vice-président de la chambre des députés, Martin (du Nord) entra dans le cabinet du 29 octobre 1840 comme garde des sceaux, ministre de la justice et des cultes. Il présenta une loi sur les ventes judiciaires des immeubles, une loi sur la responsabilité des propriétaires de navires, une loi sur les ventes aux enchères de marchandises neuves, la loi sur la police de la chasse, une loi sur le conseil d'État, la loi sur la restauration de la cathédrale de Paris, etc. Le 4 janvier 1843, il fit rendre une ordonnance réglementaire sur la discipline du notariat. Le 15 janvier 1847, une ordonnance royale enleva le ministère de la justice à Martin (du Nord), pour raison de santé. On a de lui : *Discours prononcé à l'audience solennelle de rentrée de la cour royale de Paris du 3 novembre* 1835; Paris, 1835, in-8° : ce discours a pour sujet la liberté dans son union intime avec la justice; — *Expulsion des Jésuites*; 1845, in-12. L. L—t.

Sarrut et Saint-Edme, *Biog. des Hommes du Jour*, tome V 1re partie, p. 163. — *Biographie statistique de la Chambre des Députés*. — *Discours prononcés aux obsèques de M. Martin du Nord*, par MM. Barthe et Bonmart. - E. Reverchon, *Notice sur M. Martin du nord*; Paris, 1848, in 8°.

Martin (*Arthur*), archéologue français, né à Auray, en 1801, mort en 1856. Il appartenait à la Compagnie de Jésus et à la Société des Antiquaires de Parme. On a de lui : *Nouveau Mois de la sainte Vierge*; Paris, 1840, in-32; — *Chemin de la Croix*; Paris, 1843, in-18; — *Les litanies de Notre-Dame de Lorette expliquées*; Paris, 1844, in-32 : avec 36 lithographies en or et couleur; — *Vitraux peints de Saint-Étienne de Bourges, recherches détachées d'une monographie de cette cathédrale* (avec l'abbé Ch. Cahier); Paris, 1844, in-fol. et 10 planches; — *Mélanges d'Archéologie, d'Histoire et de Littérature* (avec le même); Paris, 1848. in-4°; — *Album de Broderie religieuse*; Paris, 1855, in-4°. J. V.

F. de Lasteyrie, *Notice sur la vie et les travaux de l'abbé Arthur Martin*, 1857. — Bourquelot et Maury, *La Littérature Française contemporaine*. — *Journal de la Librairie*, 1857, chronique, p. 44.

Martin *de Strasbourg* (*N*......), homme politique français, né à Mulhouse, en 1801, mort à Paris, en 1858. Son père était pharmacien. Après avoir achevé son droit, le jeune Martin se fit recevoir au barreau de Strasbourg, et y acquit une place distinguée. Élu député de cette ville en 1837, il siégea à la chambre sur les bancs les plus avancés de l'extrême gauche, et se fit remarquer par son opposition. En 1843 il donna sa démission, pour des raisons de santé, et en 1846 il échoua dans les élections générales. En 1838 il avait acheté une charge d'avocat près la cour de cassation. Après la révolution de février 1848 il fut appelé par M. Crémieux à choisir et à présider une commission chargée de préparer un travail complet sur l'organisation judiciaire, et dans laquelle il fit entrer MM. de Cormenin, Isambert, Jules Favre, Nachet, Sévin, Portalis, Landrin, Baroche, Liouville, Faustin Hélie, Valette et Peauger. Envoyé en 1848 à l'Assemblée constituante par le département du Bas-Rhin, Martin fit partie du comité de Constitution, et vota pour le développement des principes démocratiques. Il ne fut pas réélu en 1849, et se renferma dans les travaux de sa charge, qu'il revendit en 1852. Il se fit alors inscrire au tableau des avocats près la cour impériale de Paris. Martin (de Strasbourg) avait épousé la fille du pasteur Haffner. J. V.

Cuzon, *Notice dans le Siècle* du 30 janvier 1859. — *Biogr. des Députés*, session de 1839-1848. — Lesaulnier, *Biogr. des 900 Députés à l'Ass. nationale*. — *Biogr. des 900 Représ. à la Constit.*

*MARTIN (*Bon-Louis-Henri*), historien français, né le 20 février 1810, à Saint-Quentin. Il fut élevé sous les yeux de son père, juge au tribunal civil, et suivit les cours du collége de sa ville natale. Destiné à la carrière du notariat, il vint à Paris étudier le droit, et se mit à écrire des romans et des scènes historiques. Après avoir publié, avec son compatriote et ami Félix Davin, *Wolfthurm, ou la Tour du loup, histoire tyrolienne* (Paris, 1830, 2 vol. in-12), sous les pseudonymes de Félix et Irner, il donna successivement *La vieille Fronde, scènes historiques* (Paris, 1832, in-8°); — *Minuit et Midi*, 1630-1649 (Paris, 1832, in-8°), qui a reparu dans la *Bibliothèque des Chemins de Fer* avec le titre de *Tancrède de Rohan* (1855, in-12); — *L'Abbaye-aux-Bois, ou la femme de chambre, histoire contemporaine* (Paris, 1832), avec Guilbert de Pixérécourt; — *Le Libelliste*, 1651-1652 (Paris, 1833, 2 vol. in-8°). En même temps il publiait un recueil satirique, *Le Dix-neuvième Siècle* (décembre 1832), qui eut deux numéros; il retouchait la traduction des *Contes d'Artiste* de Ludwig Tieck, et fournissait des morceaux littéraires à l'*Album de la Mode*, au *Livre des Cent et un* et aux *Cent et une Nouvelles*. Mais son goût pour l'étude de l'histoire proprement dite, développé de bonne heure chez lui par la précieuse bibliothèque qu'il avait héritée de son aïeul maternel, le portait déjà de préférence vers des travaux plus sérieux. Une petite *Histoire d'Allemagne, de Suisse et des Pays-Bas*, écrite en 1832 avec H. Lister pour la *Bibliothèque populaire*, obtint une seconde édition dans la même année. A cette époque il conçut avec le bibliophile Jacob (Paul Lacroix) le plan d'une *Histoire de France par les principaux historiens, depuis les temps les plus reculés jusqu'en juillet* 1830, dont le libraire Mame devait être l'éditeur, et qui se composait d'une série d'extraits des principales histoires et chroniques; cette publication, annoncée en 48 vol., s'arrêta après le tome Ier (Tours, 1833, in-18), et ne porta point de nom d'auteur. M. Henri Martin la reprit seul, et ne la signa qu'à compter du dixième volume (Paris, 1834-1836, 16 tom. en 8 vol. in-8°, fig.). A peine l'avait-il terminée qu'il la refondit sur un plan plus vaste et avec des matériaux plus abondants : cette entreprise, qui fit de l'*Histoire de France* un livre entièrement original, devint l'œuvre de sa vie entière. Après avoir consacré plus de quinze ans à une première édition (*Histoire de France depuis les temps les plus reculés jusqu'en* 1789; Paris, 1838-1853, 18 vol. in-8°, avec 50 vign. et 3 cartes), il en prépara une seconde (Paris, 1855-1860, 16 vol. gr. in-8°), qu'il remania complétement surtout pour les parties relatives à la religion des Gaulois, aux événements du moyen âge, aux institutions féodales et à l'histoire du dix-huitième siècle. Cet ouvrage, qui « allie heureusement, dit un critique, au besoin d'exactitude dans les faits, un sentiment philosophique très-élevé », est demeuré, à travers ses transformations successives, une des œuvres les plus consciencieuses du siècle. Honoré d'un prix de 9,000 fr. par l'Académie des Inscriptions en 1844, il a obtenu en 1851 de l'Académie Française le second prix Gobert et le premier depuis la mort d'Augustin Thierry (1856). Après la révolution de février, M. Henri Martin, qui appartenait sous le dernier règne à l'opposition libérale, fit partie de la haute commission des études, et fut chargé provisoirement de la chaire d'histoire moderne à la faculté des lettres; son cours, où il avait pris pour sujet *La Politique extérieure de la Révolution*, n'alla pas au delà du premier semestre, et fut interrompu en 1849, par la marche rétrograde des événements. Depuis cette époque il est rentré dans la vie privée afin de consacrer tous ses instants à la dernière réimpression de son *Histoire de France*. On a encore de lui : *Histoire de la Ville de Soissons*; Paris, 1837-1838, 2 vol. in-8°, en collaboration avec M. Paul Lacroix; — *De la France, de son génie et de ses destinées*; Paris, 1847, in-12; — *La Politique de la Révolution*, leçon d'ouverture; Paris, 1848, in-8°; — *Manuel de l'Instituteur pour les élections*; Paris, 1848, in-32 : publié sous les auspices de M. Carnot, alors ministre de l'instruction publique; — *La Monarchie au dix-septième siècle. Étude sur le système et l'influence personnelle de Louis XIV*; Paris, 1848, in-8°; et *De nationum diversitate servanda, salva unitate generis humani*; ibid., 1848, in-8°; thèses pour le doctorat ès lettres; — *Daniel Manin*; Paris, 1859, in-8°. M. Henri Martin a encore fourni des articles à *L'Artiste*, au *Monde*, au *National*, à la *Revue indépen-*

dante, à l'*Encyclopédie nouvelle*, à *La Liberté de penser*, à la *Revue de Paris*, etc.

Vapereau, *Dict. univ. des Contemp.* — *Litter. Fr. contemp.*

*MARTIN de Moussy (*Jean-Antoine-Victor*), voyageur français, né à Moussy-le-Vieux (Seine-et-Marne), le 26 juin 1810. Ses études achevées à Paris, il entra dans les hôpitaux militaires, fut reçu docteur en 1835, servit comme aide major, et exerça la médecine dans la capitale. En 1841 il partit pour l'Amérique du Sud. Après un séjour de quelques mois à Rio-Janeiro, il se rendit à Montevideo, où il s'établit et pratiqua la médecine. En même temps il y installa un observatoire, où pendant douze années il fit une série d'observations météorologiques. La population étrangère de Montevideo s'étant formée en garde nationale pour la défense de cette ville contre Rosas, M. Martin fut choisi pour diriger le service médical des légions française et italienne, commandées alors par les colonels Thiébaut et Garibaldi; il remplit ces fonctions pendant tout le siége, qui dura neuf ans. La paix de 1852 permit à M. Martin de reprendre ses projets de voyage dans le bassin de la Plata. Le gouvernement Argentin d'Urquiza mit libéralement à sa disposition les moyens de faire une exploration utile de ce pays. De 1855 à 1858, M. Martin parcourut dans tous les sens les régions argentines, pays qui a cinq fois l'étendue de la France. Il explora les fleuves Uruguay et Parana tout entiers, traversa la république du Paraguay, le territoire des anciennes missions des Jésuites, et se trouva en contact avec les Indiens du Chaco et avec les Patagons du Sud. Il consacra une année entière à parcourir les régions des Andes du 33° au 22° degré de latitude sud, visitant des provinces fort peu connues des Européens. Deux fois il passa la chaîne entière pour aller au Chili et rentrer par la Cordillère de Copiapo dans le territoire argentin. Enfin il poussa ses excursions jusqu'à la frontière de Bolivie. Pendant ce voyage de quatre années, M. Martin ne parcourut pas moins de quatre mille lieues, et rassembla un grand nombre d'observations sur la géographie, l'ethnographie, la géologie et la statistique de ces pays. Il fit le nivellement barométrique de trois cent cinquante points géographiques, et recueillit une quantité considérable de faits nouveaux. De retour en France en 1859, M. Martin s'est occupé de la publication de son voyage avec le concours du gouvernement argentin. Il paraît sous ce titre : *Description géographique et statistique de la Confédération Argentine*; Paris, F. Didot, 1860, 3 vol. in-8° avec atlas. Avant son départ, M. Martin avait publié un *Essai historique sur les céréales, considérations sur leur culture, leur conservation, leurs altérations, principalement sous le point de vue botanique, agricole et médical*; Paris, 1839, in-8°. Il avait travaillé à l'*Encyclopédie des connaissances utiles* et au *Dictionnaire politique*. A l'occasion de la question d'Orient, il avait donné au *National* une série d'articles curieux sur la Turquie, l'Égypte, l'Arabie, la Perse, Khiva, Lahore, etc. Il a en portefeuille un *Essai sur la topographie physique et médicale du département et de la ville de Montevideo, capitale de l'État oriental de l'Uruguay*.

L. L—T.

Documents partic. — Aug. Husson, dans le *Siècle* du 18 août 1860.

*MARTIN (*Thomas-Henri*), philosophe français, né le 4 février 1813, à Bellesme (Orne). Après avoir été admis en 1831 à l'École Normale, il enseigna la philosophie dans divers colléges, et fut reçu en 1836 docteur ès lettres. Nommé peu de temps après professeur de littérature ancienne à Rennes, il est depuis 1844 le doyen de cette faculté. On a de lui : *Études sur le* Timée *de Platon*; Paris, 1841, 2 vol. in-8°; accompagnées du texte grec avec la traduction; cet ouvrage obtint en 1842 un des prix de l'Académie Française; — *Theonis Smyrnæi Platonici Liber de Astronomia*; Paris, 1849, in-8°; — *Histoire des Sciences physiques dans l'antiquité*; Paris, 1849, 2 vol. in-8°; c'est en quelque sorte l'introduction de l'ouvrage pour lequel l'auteur a amassé des matériaux nombreux; — *La Vie future selon les dogmes du christianisme*; Paris, 1855, in-12. Il a aussi travaillé à la *Revue Archéologique*, et il est correspondant de l'Académie des Sciences morales et politiques. K.

Vapereau, *Dict. des Contemp.* — *Annuaire de l'Instr. publ.*

*MARTIN (*Nicolas*), poëte français, né le 7 juillet 1814, à Bonn (Prusse Rhénane). Issu d'un père français, et neveu par sa mère du poëte allemand Karl Simrock, il reçut une éducation moitié française, moitié germanique. Il habitait la Flandre, lorsqu'en 1832 il entra comme surnuméraire dans la division des douanes de Dunkerque; en 1838 il fut appelé à Paris à la direction centrale, où il devint, quelque temps après, chef de bureau. En 1846 il fut chargé par M. de Salvandy, alors ministre de l'instruction publique, d'une mission littéraire en Allemagne à l'effet de réunir des documents sur les poëmes d'origine germanique; son rapport, aussi instructif qu'élégant et clair, fut inséré à la fin de cette année dans les colonnes du *Moniteur*. On a de lui : *Les Harmonies de la Nature*; Lille, 1837, in-8° : premiers essais poétiques qui avaient déjà paru dans le *Journal de Dunkerque*; — *Ariel*; Paris, 1841, in-8° : sonnets et chansons; — *Louise*, poëme; Paris, 1842, in-8°; — *Les Cordes graves*; Lille, 1845, in-12; — *Contes de la famille*; Paris, 1846-1847, 2 vol. in-8°, trad. de l'allemand des frères Grimm; — *Poëtes contemporains en Allemagne*; Paris, 1847, in-8° : ces études critiques et biographiques avaient été d'abord insérées dans *L'Artiste* et la

Revue de Paris; l'auteur en prépare une nouvelle série; — *Une Gerbe*, poésies; Paris, 1849, in-16; — *France et Allemagne*; Paris, 1852, in-8° : recueil d'articles relatifs à l'objet de sa mission et imprimés dans *Le Moniteur universel* et le *Journal de l'Instruction publique*; — *L'Écrin d'Ariel*, poésies; Paris, 1853, in-18; — *La Guerre*, poeme; Paris, 1854, in-18; — *Le Presbytère*, *épopée domestique*; Paris, 1856, in-18; 3e édit., augmentée de trois chants, 1859, in-16; « véritable chef-d'œuvre, a dit M. Cuvillier Fleury, de poésie moyenne et de style tempéré ». M. Martin a été chargé, de 1842 à 1852, de la critique littéraire au *Moniteur universel*, et il a fourni des articles à plusieurs journaux. K.

Bourquelot et Maury, *La Littér. Franç. contemp.* — *Journ. de la Libr.*

MARTIN-SAINT-ANGE (*Gaspard-Joseph*), médecin français, né à Nice (Piémont), le 29 janvier 1803, fut reçu docteur à Paris en 1829. Dans ses ouvrages, il paraît s'occuper plus spécialement d'histoire naturelle, ce qui ne l'empêche pas de cultiver la médecine avec succès. Il est officier de la Légion d'Honneur depuis le 30 avril 1847. Voici la liste de ses publications : *Recherches anatomiques et physiologiques sur les membranes du cerveau* (1829, in-4°); — *Circulation du sang chez l'homme et les animaux*; 1832; ce travail a remporté en 1830 le prix des sciences physiques et en 1832 celui de physiologie expérimentale; — *Traité élémentaire d'Histoire naturelle*, 2 vol. in-8° et 160 pl. 1834-1840 (avec la collaboration de M. Guérin); — *Recherches sur les métamorphoses des Batraciens* (1831); — *De l'Organisation des Cirrhipèdes* (1835, in-4°); — *Histoire de la Génération de l'Homme*; 1837, in-4° (avec la collaboration de M. Grimaud de Caux); — *Recherches de Physiologie expérimentale sur les phénomènes de l'évolution embryonnaire des oiseaux* (1847, in-12). M. Martin Saint-Ange a fourni aussi un grand nombre d'articles aux *Annales des sciences naturelles*, à la *Revue médicale*, au *Bulletin de la Société Anatomique*, au *Dictionnaire pittoresque d'Histoire naturelle*, etc. A. H—T.

Sachaile, *Les Médecins de Paris*. — Vapereau, *Dict. des Contemp.* — Querard, *La France Littéraire*.

MARTINATO (*Pietro*), littérateur italien, né le 8 juillet 1765, à Bassano, mort le 20 septembre 1819, à Lonigo. Ordonné prêtre en 1789, il enseigna la philosophie, puis la théologie au séminaire de Vicence, et fut en 1808 nommé à la cure de Zimella, qu'il échangea plus tard contre celle de Lonigo. Il consacra ses loisirs aux belles-lettres, et entretint des relations d'amitié avec plusieurs écrivains remarquables d'Italie, entre autres, avec Gamba et Pindemonte. On a de lui : *De Anima Bestiarum*; Vicence, 1797, in-4°; — *De Scientia et Sapientia Dei*; ibid., 1802, in-4°; — *Montecchio Precalcino e Gogna*; Bassano, 1805, in-4°, esquisses poétiques; — *Dio, poema*; ibid., 1810, in-8°; — *Idillj*; Padoue, 1814, in-12; — *Dell' Anima umana, canti V*; Venise, 1816, in-8°; — *Inno di Omero a Venere volgarizzato*; ibid., 1817, in-8°; — *Poesie*; Milan, 1818, 2 vol. in-12; — des pièces de vers et des articles dans les recueils littéraires. Il a laissé une trentaine d'ouvrages manuscrits, dont la plupart sont relatifs à la théologie. P.

Tipaldo, *Biogr. degli Italiani illustri*, VI.

MARTINE (*Georges*), médecin anglais, né en 1702, en Écosse, mort en 1743. Il étudia la médecine à Édimbourg, fut reçu en 1725 docteur à Leyde, et revint exercer à Saint-André. En 1740 il accompagna en qualité de médecin l'expédition américaine commandée par lord Cathcart. On a de lui : *De similibus animalibus et animalium calore lib. II*; Londres, 1740, in 8°; trad. en français, Paris, 1751, in-12 : ouvrage utile, mais déparé par un vain étalage d'érudition; « un autre défaut, qui intéresse davantage, dit Senac, c'est qu'il avait cru que la géométrie était une clef qui ouvre tous les secrets de la nature : les efforts des plus grands génies n'ont pu cependant déterminer les forces d'un seul animal; » — *Essays Medical and philosophical*; Londres, 1740, in-8°; — *In Barth. Eustachii Tabulas anatomicas commentaria*; Édimbourg, 1755, in-8°; ouvrage posthume, publié par les soins de Monro : on y trouve des remarques historiques sur la vie et les travaux de Vesale, de Charles Étienne, de Jacques Dubois, de Columbus, de Valverda et de Fallope. Martine a fourni des mémoires aux *Philosophical Transactions* de la Société royale de Londres, dont il faisait partie.

Un littérateur du même nom, appartenant à une famille de réfugiés protestants français, *Jacques-Daniel* MARTINE, né le 10 février 1762, à Genève, a publié : *Robespierre, ou la France sauvée*, drame en prose; 1795, in-8°; — *De la Musique dramatique en France*; Paris, 1813, in-8°; — *Commentaire littéraire sur* L'Art poétique *d'Horace*; Paris, 1816, in-8°; — *Examen des tragiques anciens et modernes*; Paris, 1834, 3 vol. in-8°. K.

Monthly Review, XIV. — Éloy, *Dict. hist. de la Méd.* — Senac, *Traité du cœur*. — Haag frères, *La France protest.*, VII.

MARTINEAU (*Louis*), homme politique français, né à Chatellerault, en 1755, mort dans la même ville, le 23 mai 1835. Il fut d'abord député de la Vienne à l'Assemblée législative, puis à la Convention nationale, où il vota la mort de Louis XVI sans appel ni sursis. Il fut l'un des six conventionnels formant une liste complémentaire dont le Conseil des Cinq Cents avait voté l'admission, et qui fut repoussée par le Conseil des Anciens. Il était procureur impérial près le tribunal de Châtellerault lors du premier retour des Bourbons. Destitué aussitôt, il reprit sa place pendant les Cent Jours. Destitué de nouveau à la seconde rentrée de Louis XVIII, il fut atteint comme régicide par la loi de janvier 1816, et se retira à Zurich, où il demeura jusqu'en 1830. Il vint alors terminer paisiblement ses jours dans sa ville natale. H. L.

Biographie moderne (Paris, 1806). — *Petite Biographie Conventionnelle* (Paris, 1815). — *Le Moniteur universel*, an. 1789, nos 20, 78, 90; an. 1790, 81-339; an. 1791, nos 8, 288.

MARTINEAU (*Harriet*), dame anglaise, auteur d'ouvrages sur l'économie politique, née à Norwich, le 12 juin 1802. Mlle Martineau, comme l'indique son nom, descend d'une famille française qui passa en Angleterre, à l'époque de la révocation de l'édit de Nantes, et se fixa à Norwich, où elle établit une fabrique de soie. Pendant quelques générations, cette industrie fut l'occupation spéciale de la famille. Le père de Mlle Martineau était lui-même à la tête d'une fabrique; mais après une époque d'aisance vinrent les revers de fortune, et les membres nombreux de cette famille (il y avait huit enfants) furent réduits à se créer des ressources par leur propre travail. Mlle Martineau, la plus jeune des enfants, d'une constitution et d'une santé délicates, avait reçu une bonne éducation, plus solide que brillante, et, affectée dès sa tendre jeunesse de surdité, elle avait été obligée de chercher ses plaisirs dans l'étude et la réflexion. C'est à cette circonstance que sont dus le précoce développement et les traits caractéristiques de son esprit. Pour son propre amusement, elle avait commencé de bonne heure à se livrer à des compositions littéraires; à l'heure de la nécessité, elle résolut avec une noble fierté de s'y appliquer comme moyens d'indépendance. En 1823 parut son premier ouvrage de quelque valeur : *Devotional exercises for the use of young people*, et depuis ce moment pendant quinze ans ses écrits de tous genres se succédèrent presque sans interruption. En entrant dans la carrière d'auteur, ses opinions étaient loin d'être fixées; elle apprit beaucoup tout en composant; son esprit mûrit par l'expérience, et elle-même est un exemple du grand principe du *progrès* dont elle est le défenseur. En 1824, elle publia *Christmas Day*, conte, et la suite intitulée : *The Friend;* en 1826, *Principle and Practice*, et *The Rioters*, et l'année suivante, *Mary Campbell* et *The Turn-out;* en 1828, un conte intitulé *My Servant Rachel*, qui est une série de petits traités sur des questions intéressant les classes ouvrières; en 1830, *Traditions of Palestine*, série d'esquisses fidèles et pittoresques du pays à l'époque de Jésus-Christ. Un profond sentiment religieux domine dans la conception de cet ouvrage, et les développements en sont traités avec délicatesse. Trois essais, dont le sujet avait été proposé par l'Association des *Unitarian Dissenters*, et qui obtinrent le prix, suivirent peu après. Jusqu'à 1832 la réputation de Mlle Martineau n'avait pas dépassé un certain cercle, quand elle conçut l'idée hardie d'exposer dans une série de contes mensuels les principales doctrines de l'économie politique. Sans s'en douter, elle était entrée dans cette voie quelques années auparavant par les *Rioters* et le *Turn-out*. Elle pensa que les autres questions de la science étaient susceptibles aussi d'être exposées dans un cadre dramatique, et proposa son plan. Les libraires jugèrent que c'était une prétention absurde que de vouloir présenter d'une manière amusante les doctrines de la plus sèche et de la plus difficile des sciences. La Société pour la Propagation des Connaissances utiles rejeta la proposition, par la raison que les faits ne pouvaient qu'être défigurés sous le costume de la fiction. Mlle Martineau eut à essuyer plus d'un mécompte et d'un dégoût avant de trouver un éditeur assez hardi pour s'aventurer. Enfin parut le premier numéro des *Illustrations of political Economy*. Le succès fut immédiat. L'auteur avait touché juste, et n'avait pas trop présumé de ses talents. Les numéros suivants furent attendus avec impatience; ils furent aussitôt traduits en français et en allemand. A part leur valeur comme exposition de grands principes, plusieurs de ces contes seront toujours lus, à cause de leurs peintures vraies de la vie et de l'ingénieuse combinaison de plans limités par leur objet même. Ils furent suivis de six contes intitulés : *Illustrations of Taxation*, et de quatre autres sur *Poor Laws and Paupers*, écrits d'après le même plan, mais qui n'ont pas tout à fait le mérite des précédents. En 1835 Mlle Martineau fit un voyage aux États-Unis, et à son retour publia comme résultat des ses études un ouvrage intitulé : *Society in America* (1837), où, laissant de côté les détails personnels, elle discute la politique, l'économie sociale, la civilisation et la religion des États-Unis. On trouve dans cet ouvrage beaucoup plus de critiques que d'éloges, et cela vient surtout des opinions et des principes un peu absolus qui ont dirigé l'auteur dans son examen. L'année d'après, elle publia, sous le titre de *Retrospect of western travel*, un volume de récits et d'anecdotes ayant trait à ce même voyage, et où elle fait connaître les hommes distingués qui brillaient à cette époque dans la politique et dans les lettres. Descendant de ces hauteurs intellectuelles, elle donna successivement un petit volume *How to observe*, plein de sagacité et de jugement et s'adressant à toutes les classes, et quatre petits manuels intitulés : *The Maid of-all-work, — The House Maid, — The Lady's Maid, — The Dressmaker*, remplis de conseils pratiques. En 1839, elle essaya le roman, et donna *Deerbrook*, peinture de la vie domestique anglaise, et un an après, *The Hour and the Man*, roman fondé sur l'histoire de Toussaint-Louverture, qui en est le héros. Les opinions démocratiques de l'auteur y sont fortement marquées; et ces deux productions n'ajoutèrent rien à sa réputation. Ce fut vers ce temps que sa santé reçut une atteinte sérieuse, suite probable de travaux excessifs. Elle venait de publier de jolis contes pour les enfants, connus sous les titres de *The Playfellow*, *The Peasant and the Prince*, *The Feats on the fiord*, et *The Crofton Boys*, lorsque les progrès du mal l'obligèrent à cesser toute occupation. Elle resta cinq ans dans un état de souffrance ou de langueur. L'offre d'une pension de 150 liv. st., qui lui avait été faite par lord Grey en 1832, fut alors renouvelée avec bienveillance par lord Melbourne. Mlle Martineau refusa de nouveau, par un sentiment des plus honorables : elle avait attaqué publiquement dans ses ouvrages le système d'impôts qui fournissaient cette pension, et elle pensa que par principe elle ne pouvait accepter. Elle recouvra enfin la santé (1844), et, d'après ce qu'elle raconta elle-même dans l'*Athenæum*, par le moyen du magnétisme. Reprenant la plume avec une ardeur nouvelle, et pour montrer qu'on peut mettre à profit pour la réflexion les longues heures de la maladie, elle publia *Life in a Sick room*, résultat de ses expériences et de ses pensées solitaires. Elle donna ensuite (1845) une série de contes pour faire ressortir les maux qui résultent des lois sur la chasse, sous le titre de *Forest and Game Law, tales*, 3 volumes. On y trouve la vivacité d'esprit et le style élégant ordinaires à l'auteur; mais le ton et les opinions y sont exagérés (1846). Une nouvelle fondée sur les incidents de la captivité de lady Grange, et avec le titre de *The Billow and the Rock*, offre une lecture intéressante, sans que l'auteur y ait mêlé la politique. Cette même année, elle entreprit avec son frère et quelques amis intimes un voyage en Orient, et au retour publia un ouvrage intitulé, *Eastern Life, past and present*, 3 volumes (1848) : elle y retrace avec talent les scènes qui passèrent sous ses yeux; mais l'intérêt de ses descriptions est altéré par des tirades irréligieuses sur les Saintes Écritures et des digressions sur le magnétisme et la clairvoyance. Un volume intitulé : *Household Education* (1849) fut suivi (1850) d'une histoire d'Angleterre de 1816 à 1846 (*History of England during the thirty years' peace*), ouvrage qui, nous croyons, est resté inachevé, et qui est remarquable par la vigueur de la pensée et l'impartialité. En 1851 elle publia *Letters on the Laws of Man's social nature et development*, série de lettres échangées entre elle et M. H.-G. Atkinson, professeur de magnétisme, et qui firent scandale en Angleterre par les opinions irréligieuses qui y dominent. Cet ouvrage provoqua de vives critiques, et lui enleva, dit-on, plusieurs amis. Les tendances qui entraînaient son esprit depuis quelques années lui firent entreprendre une traduction abrégée de la *Philosophie positive* de Comte, qu'elle publia en deux volumes (1853). Les derniers de ses ouvrages sont *Complete guide to the lakes* (1854), et un petit volume intitulé : *Sketchs of Life* (1856). Depuis longues années elle a fixé sa résidence à Ambleside, dans cette belle contrée des lacs où a vécu et où est mort le poëte Wordsworth. Elle y possède une petite ferme, qu'elle administre avec beaucoup d'intelligence et de soin. Outre les ouvrages que nous avons cités, elle a fourni longtemps des articles à la *Revue de Westminster*, à divers journaux, et plus particulièrement au *Daily News*.

Comme on a pu le voir, Mlle Martineau a beaucoup produit. Elle a touché au roman, mais avec un médiocre succès; elle a fait preuve de talent pour écrire l'histoire; elle n'a été vraiment supérieure que dans ses contes sur l'économie politique. Peut-être eût-il mieux valu, pour sa réputation et son repos, qu'elle eût concentré ses pensées et ses efforts dans deux ou trois genres, afin de laisser des ouvrages élaborés avec soin et de nature à survivre à la génération présente.

J. Chanut.

Chambers, *Cyclopædia of English Literature*. — *English Cyclopædia, Biography*. — *Men and Women of the Time*. — *Dict. d'Économie politique*. II.

MARTINEL (*Joseph-François-Marie* de), agronome français, né à Aix (Savoie), le 28 octobre 1763, mort à Lyon, le 10 avril 1829. Entré au service de la France après l'invasion de son pays, en 1792, il se distingua en diverses rencontres, et arriva au grade de colonel. En 1814, il quitta l'armée, et obtint la place de directeur de la pépinière départementale à Lyon, où il s'appliqua à propager la culture du mûrier et l'élève des vers à soie. Il fit aussi de nombreuses expériences sur la pomme de terre. On a de lui une *Carte du Piémont*, divisée en six départements; Turin, 1799; — une *Carte de la république Cisalpine*; — *Cinq tableaux sur la culture de la Solanée Parmentière*; Lyon, 1821 et suiv., in-fol. Martinel est aussi auteur de plusieurs mémoires *sur la culture du mûrier*, dans le recueil de la Société d'Agriculture de Lyon, et il a rendu compte de ses recherches sur les pommes de terre dans les *Bulletins de la Société d'Encouragement*. J. V.

Bonafous, *Notice sur Martinel*; Paris, 1829, in-8°.

MARTINEL DE VISAN (*Joseph-Marie-Philippe*), homme politique français, parent du précédent, né à Rousset, en 1763, mort à Avignon, le 21 février 1833. Député par la Drôme à la Convention nationale, il vota pour la culpabilité de Louis XVI; mais il demanda en ces termes l'appel au peuple : « Je réclame contre un décret monstrueux, extorqué plutôt par la vengeance que rendu par la sagesse; la république ne peut exister que quand le peuple l'aura fondée : je fais appel au peuple de ces décrets, et je dis : *oui* ». Il vota ensuite (mais comme juge) la détention de Louis XVI, son bannissement à la paix, enfin le sursis à son exécution. A la fin de 1794, Martinel fut l'un des commissaires chargés d'examiner la conduite de Carrier, et son opinion contribua à la mise en accusation de cet homme. Devenu membre du Conseil des Cinq Cents, il prit une part active au résultat de la journée du 18 fructidor an V (4 septembre 1797), et fut nommé membre de la commission des inspecteurs créés à cette époque. En octobre suivant, il fit assimiler les émigrés avignonnais aux autres émigrés. Sorti du Conseil des Cinq Cents en 1798, il y fut aussitôt réélu. Il passa en décembre 1799 au Corps législatif, d'où il sortit en 1803. Il vécut dès lors dans son pays et loin des affaires publiques. H. L.

Biographie moderne (Paris 1806). — *Moniteur universel*, an V, 332; an VI, 16 241. — *Petite Biographie Conventionnelle* (Paris, 1815).

MARTINELLI (*Domenico*), architecte et peintre de l'école florentine, né à Lucques, en 1650, mort en 1718. Dans sa jeunesse, il embrassa l'état ecclésiastique, ce qui ne l'empêcha pas de suivre ses études favorites du dessin et de l'architecture. Il habita longtemps Rome, où il remplit à l'Académie de Saint-Luc les doubles fonctions de conservateur et de professeur d'architecture et de perspective. Il donna les dessins d'un grand nombre de palais, dont le plus grandiose est celui qu'il éleva à Vienne pour le prince de Lichtenstein. Il fut en même temps ingénieur civil et militaire, et bâtit plusieurs forteresses, dont celle de Fosdinovo dans le Modénais, en 1700. A tous ses édifices il donna un grand caractère d'ensemble, bien que dans les détails il ait souvent sacrifié au goût de son temps. Il peignit surtout la perspective et l'architecture; cependant on connaît de lui quelques tableaux d'histoire, tels qu'un *Enlèvement des Sabines* et un *Sposalizio* à Florence. C'était un artiste d'un talent réel; mais on lui reproche un caractère violent et avide à l'excès. E. B—N.

Richa, *Firenze antica e moderna*. — Orlandi, *Abbecedario* — Ayala, *Dell' Arte Militare in Italia*. — Campori, *Gli Artisti Estensi*. — Ticozzi, *Dizionario*. — Mazzarosa, *Guida di Lucca*. — Missirini, *Accademia di S. Luca*.

MARTINENGO (*Titus-Prosper*), philologue italien, né à Brescia, dans les premières années du seizième siècle, mort dans la même ville. Il entra dans l'ordre des Bénédictins du Mont-Cassin. Le collége des cardinaux l'appela à Rome sous le pontificat de Pie IV, et le chargea de préparer l'édition des *Œuvres de saint Jérôme* qui fut publiée par Paul Manuce. Il revit aussi les *Œuvres de saint Chrysostôme*, celles de *Théophylacte* et la *Bible grecque* qui fut imprimée à Rome. Le pape Pie V, pour le récompenser de ses travaux, voulait l'élever aux dignités ecclésiastiques; Martinengo s'y refusa modestement, et revint dans sa ville natale, où il mourut à un âge avancé. On a de lui des extraits de Platon, qu'il publia sous le titre de *Le Bellezze dell' huomo conoscitor di se stesso*. Il avait du talent pour la versification grecque et latine, et il publia dans ces deux langues des petits poëmes, qui furent recueillis à Rome, 1582, in-4°: ils sont pour la plupart consacrés à des sujets de piété; les principaux sont: *Theotocodia, sive Parthenodia*, en l'honneur de la sainte Vierge, et comprenant autant d'hymnes qu'il y a d'années dans la vie de la Vierge; — *Ad Sixtum V Pont. Max., carmen heroicum encomiasticum, tam græce quam latine.* Z.

Leonardo Cossando, *Libraria Bresciana*. — Ghilini, *Teatro d'Huomini Letterati*. — Bayle, *Dictionnaire historique et critique*.

MARTINENGO-COLEONI (*Giovanni-Ettore*), officier italien, né à Brescia, en 1754, mort dans la même ville, vers 1830. En 1782 il présenta au roi de Prusse, Frédéric II, un plan de construction qui triplait les feux de défense des forteresses régulières, et reçut, en récompense de ce travail, un brevet de cornette dans le 10ᵉ régiment des hussards prussiens. De retour dans sa patrie, il mit son influence au service du général Bonaparte, qui avait mission de propager en Italie les idées libérales. En 1797, il devint député au corps législatif de la république cisalpine. Envoyé à Naples, puis à Rome, comme ministre plénipotentiaire, il donna sa démission, fut fait prisonnier par les Austro-Russes, et reçut après la bataille de Marengo le commandement suprême des gardes nationales de Brescia. Cette milice fut dissoute, et les fonctions de Martinengo cessèrent. En 1801, il présenta au vice-roi un mémoire dans lequel il semblait annoncer l'intention de rendre sa patrie à l'indépendance; mais il se montra tout dévoué à la France après l'annexion de l'Italie. En 1806 il reçut la décoration de la Couronne de Fer, et fut envoyé en 1807 à Paris, pour une mission secrète. Il obtint le titre de sénateur le 10 octobre 1809 et celui de chambellan en 1810. La chute de l'empire mit fin à sa fortune. En 1815, on lui offrit, en manière de dédommagement, le grade de colonel du régiment d'infanterie *grand-duc de Toscane*; mais il demanda son congé, et vécut depuis dans la retraite, à Brescia. A. H—T.

Arnault, Jay, Jouy et Norvins, *Biogr. nouv. des Contemp.* — *Galerie hist. des Contemp.*

MARTINENGO (*Girolamo-Silvio*, comte), poëte italien, né le 12 juillet 1753, à Venise, où il est mort, le 22 juillet 1834. Il appartenait à la même famille que le précédent. Il était sénateur et *sage* du commerce, lorsque la chute de la République Vénète, en 1797, le fit rentrer dans la vie privée. N'ayant point d'enfants, il consacra sa fortune à des œuvres de bienfaisance. Il est connu par sa traduction en vers du poëme de Milton: *Il Paradiso perduto*; Venise, 1801, 3 vol. in-4°; c'est une des meilleures qui aient été faites en Italie. Deux autres versions dont il s'était occupé: *Il Paradiso racquistato* de Milton et *Navis aerea* du P. Zamagna, n'ont pas vu le jour. P.

Meneghelli, *Del G.-S. Martinengo e de' suoi scritti*; Padoue, 1835, in-8°.

MARTINET (***), tacticien français du dix-septième siècle, dont le nom n'est connu que par les améliorations qu'il apporta dans l'armée française. Il organisa les cadres de l'infanterie par compagnies et bataillons tels que nous les connaissons aujourd'hui. En 1669, il introduisit l'usage de la baïonnette à laquelle les Français durent si souvent la victoire. Il simplifia aussi les manœuvres pour passer de l'ordre de colonne à celui de bataille, et *vice versa*, ainsi que les changements de front directs et obliques. Martinet était au célèbre passage du Rhin exécuté devant Louis XIV (12 juin 1672). Ce fut lui qui découvrit le gué de Tolhuys par lequel la cavalerie française put atteindre la rive ennemie. Il imagina plus tard, lors de la guerre de Hollande, des bateaux en cuivre et des pontons qui se démontaient facilement et pouvaient être transportés rapidement sur des charrettes ou même à dos de mulet. Ces inventions furent du plus grand secours pour franchir les fleuves et les nombreux canaux des Pays-Bas. Quoique Martinet ait pris part aux plus glorieuses campagnes du règne de Louis XIV, on ne voit point qu'il fut récompensé selon ses services. A. DE L.

Voltaire, *Siècle de Louis XIV*.

* **MARTINET** (*Louis-Achille*), graveur français, né le 21 janvier 1806, à Paris. Élève de MM. Heim et Forster, il remporta en 1830 le premier grand prix de gravure, après avoir obtenu un second prix au concours de 1826. Il acheva son éducation artistique à Rome, et ne tarda pas à prendre place parmi les maîtres de la nouvelle école française. En 1857 il fut élu membre de l'Académie des Beaux-Arts, en remplacement de Desnoyers. A l'exception de quelques portraits à l'aquarelle, il n'a exposé depuis 1835 que des planches, dont les sujets sont d'ordinaire empruntés aux grands artistes; nous rappellerons : *Rembrandt* (1836), portrait; — *La Vierge à l'oiseau, La Vierge au palmier, La Madonna del gran-duca, La Vierge à la rédemption, Le sommeil de l'enfant Jésus* (1838-1853), d'après Raphael; — *Charles Ier insulté par les soldats de Cromwell* (1843), et *Marie au désert* (1850), d'après Paul Delaroche; — *Les derniers Moments du comte d'Egmont* (1852), d'après M. Gallait; — *La Femme adultère*, d'après M. Signol, et *Le Tintoret au lit de sa fille* (1855), d'après M. Cogniet; le jury de cette exposition lui décerna une médaille de 2me classe; — *Les Comtes de Horn et d'Egmont* (1857), d'après M Gallait.

Son frère, *Charles-Alphonse* MARTINET, né le 17 septembre 1821, à Paris, cultive aussi la gravure au burin, qu'il a étudiée avec Sixdeniers. Depuis 1843 il a exécuté plusieurs belles planches d'après les maîtres modernes. K.

Ch. Le Blanc, *Man. de l'Amat. d'Estampes*.

MARTINEZ (*Alfonso*), moraliste espagnol, né à Tolède, vivait à la fin du quinzième siècle. Il devint archiprêtre de Talavera, et il voulut exposer les suites fatales de l'amour, retracer l'abîme où les méchantes femmes entraînent les fous amoureux (*los locos amadores*). Son travail parut sous le titre de *El Arcipreste de Talavera que fable de los vicios de las malas mugeres e complexiones de los hombres*. Plusieurs éditions, toutes aujourd'hui très-rares, publiées à Séville en 1495 (douteuse), et en 1498, à Tolède, 1499, 1500, et 1518, attestent la vogue dont jouit ce traité. Il reparut à Logrono, en 1529, in-folio, et à Séville en 1546, in-8°, avec un titre un peu modifié : *Un compendio breve y muy provechoso paro informacion de los que no tienen experiencia de los malos y dannos que causan las malas mugeres*. Nous ne saurions affirmer si l'ouvrage produisit l'effet qu'en espérait l'auteur. Martinez s'exerça aussi à des travaux historiques : il écrivit, sous le titre d'*Ataloya de las coronicas*, un résumé des annales de l'Espagne qui n'a point été imprimé. G. B.

L. Clarus, *Tableau de la Littérature espagnole du moyen âge* (en allemand), t. II, p. 811.

MARTINEZ (*Eugenio*), poëte espagnol, vivait au commencement du dix-septième siècle. Tout ce qu'on sait à son égard, c'est qu'il était né à Tolède et qu'il finit ses jours dans le couvent de Horta, qui faisait partie de l'ordre de Cîteaux. On n'a imprimé que la première partie d'un poëme qu'il intitula : *Genealogia de la Toledana discreta*, et qui se compose de trente-quatre chants. C'est une imitation des anciens romans de chevalerie. Le roi d'Angleterre Antidoro, la princesse de Tolède, Sacridea, le prince de Perse, sous le nom de chevalier du Phénix, s'y trouvent mêlés à une foule d'autres chevaliers. Les aventures sont tellement multipliées qu'on ne saurait en suivre le fil; les géants et les fées se mêlent aux divinités mythologiques; les combats reviennent à chaque instant; et quoique l'ouvrage ait fort peu de mérite, il faut toutefois y reconnaître de la facilité et une certaine habileté à varier les récits. On connaît une édition d'Alcala, 1604 : Antonio en mentionne une de 1599, mais elle est douteuse. Martinez est l'auteur de deux autres volumes, fort oubliés, une *Vida de santa Caterina*, et un poëme en vingt chants : *Vida y Martirio de sancta Ynes*; Alcala, 1592, in-12. G. B.

N. Antonio, *Bibliotheca Hispana*. — Ochoa, *Tesoro de Poemas Españoles* (Paris, 1840); *Introduccion*, p. XXIX.

MARTINEZ (*Ferdinand*), moine espagnol, en religion *Ferdinand de Sainte-Marie*, né en 1554, près d'Astorga, mort le 23 mars 1631. Il fit en 1570 profession dans l'ordre des Carmes déchaussés, et fut envoyé en 1585, à Gênes, où il remplit plusieurs emplois. Élu général en 1605, et réélu en 1614 et en 1629, il obtint la béatification de sainte Thérèse, visita les monastères de carmes établis en France, et devint, pour quelque temps, confesseur d'Urbain VIII. Ce pape, qui connaissait l'habileté de ce religieux à traiter les affaires les plus importantes, l'envoya en mission auprès de l'empereur Ferdinand II, avec un nombreux cortége. On a de lui des lettres pastorales, et les priviléges accordés à son ordre, avec commentaires. K.

Martial de S.-Jean-Baptiste, *Bibl. Script. Carmelit.*, 180.

MARTINEZ DE LA PLAZA (*Louis*), poëte

espagnol, né à Antequera, dans le royaume de Grenade, en 1585, mort dans la même ville, le 16 juin 1635. Il entra dans les ordres, et fut pourvu d'un canonicat à Antequera. Il consacra à la poésie les loisirs de sa paisible existence. On a de lui des épigrammes, des madrigaux, des chansons, des sonnets et une satire. Ces petites compositions, sans être exemptes des défauts du temps, ont de l'élégance et de la finesse; elles ont été recueillies par Espinosa dans ses *Flores de Poetas illustres*, et par Sedano dans son *Parnaso Español*, t. I et VIII. Nicolas Antonio lui attribue une traduction du poëme italien de Tansillo intitulé les *Larmes de saint Pierre*, poëme d'un goût détestable, bien connu en France par l'imitation de Malherbe. Z.

. Nicolas Antonio, *Bibliotheca Hispana nova*.

MARTINEZ (*Henrico*), ingénieur mexicain du dix-septième siècle. Il fit ses études en Espagne, et revint au Mexique avec le titre de cosmographe royal. En 1607, le vice-roi espagnol don Luiz de Velasco, marquis de Salinas, chargea Martinez de mettre Mexico à l'abri des inondations qui ravageaient presque périodiquement la capitale de la Nouvelle-Espagne et ses environs. Les rois aztèques avaient combattu ce fléau par une longue digue élevée depuis Iztapalapan jusqu'à Tepeyacac; mais l'entretien de ce grand travail, souvent dégradé par les eaux, fut négligé par les Espagnols, qui, préoccupés de leurs sanglantes rivalités et surtout de recueillir de l'or, se soucièrent peu d'améliorer leur conquête, ni même de la mettre à l'abri des éléments. Pour eux le Mexique n'était qu'un lieu de passage, où il fallait s'enrichir; qu'importait donc le bien-être d'un pays considéré comme une mine, et les commodités de l'exploiteur qui viendrait, quelques années plus tard, glaner là où les premiers occupants avaient récolté. Cependant, après les terribles inondations de 1553, 1580, 1604 et 1607, la cour d'Espagne s'occupa sérieusement de sa colonie, et accorda des fonds pour les travaux de dessèchement nécessaires. Martinez fit creuser la fameuse galerie souterraine de Nochistongo ou *Desagua de Huehuétoca* (canal d'épuisement) qui devait donner issue aux eaux du lac de Zumpango et à celles du rio de Guautitlan. Quinze mille Indiens furent employés à cet ouvrage, et traités avec une rigueur toute barbare : il fallait aller vite; on ne ménagea ni leurs forces ni leurs vies. Au mois de décembre 1608, le vice-roi et l'archevêque de Mexico F. Garcia Guerra, furent invités par Martinez à venir voir couler les eaux dans cette galerie, qui devint bientôt l'objet de la critique générale; on lui reprocha de n'être ni assez large, ni assez profonde, ni assez durable. On adopta un nouveau plan qui fut confié à Adriaan Boot, ingénieur hollandais, partisan des digues. Don Diego Fernandez de Cordova, marquis de Guadalcazar, nommé vice-roi du Mexique en 1612, ordonna même à Henrico Martinez de boucher son aqueduc. Un contr'ordre arriva plus tard, il est vrai; mais il fut si mal exécuté que Mexico, inondé le 20 septembre 1629, resta cinq années sous les eaux. Beaucoup de maisons s'écroulèrent et la ville devint inhabitable, bien que l'archevêque Manzo y Zuniga promenât tous les jours en bateau dans les rues la fameuse image de la sainte Vierge de la Guadelupe. Heureusement, en 1634, il y eut plusieurs tremblements de terre très-forts : le sol se crevassa et les eaux furent absorbées. Durant ce temps Martinez avait été jeté au cachot, quoique l'inconvénient du système Boot militât en faveur de la galerie souterraine primitivement construite. Il est vrai que ses adversaires accusèrent Martinez de l'avoir mal déblayée, afin de montrer l'impuissance de son rival. Le vice-roi don Lope Diaz de Armendariz, marquis de Cadereyta, replaça Martinez dans ses fonctions d'ingénieur en chef; mais il avait tant souffert durant sa captivité qu'il mourut sans avoir vu la réalisation de ses plans. On a de lui un *Traité de Trigonométrie*.

A. de L.

Hackluyt, *Voyages*, etc., vol. III, p. 602-816. — Torquemada, *Monarquia Indiana* (Seville, 1614, 3 vol. in fol.), lib. V, cap XXVI et XXXXIII. — Clavigero, *Storia antica del Messico* (Cesena, 1780-1781, 4 vol. in-4°). — Robertson, *History of America* (London, 1787, 2 vol. in-4°). — De La Renaudière, *Mexique*, dans *l'Univers pittoresque*.

MARTINEZ (*Matthias*), érudit flamand, né à Middelbourg, mort en 1642, à Anvers. Outre les langues anciennes, il possédait bien l'espagnol et le français; pendant longtemps il fut correcteur d'imprimerie chez les frères Moret à Anvers. Son principal ouvrage est un *Novum Dictionarium Tetraglotton, in quo voces latinæ omnes et græcæ his respondentes cum gallica et belgica singularum interpretatione, ordine alphabetico proponuntur*; Anvers, 1632, in 8°; il a paru d'assez nombreuses éditions de cet ouvrage; une des plus complètes est celle d'Amsterdam, 1714, in-8°. En outre il a traduit de l'espagnol ou du français en latin : *P. Jarrici Thesaurus Rerum Indicarum*; Cologne, 1615, 3 vol. in-12; — *Sermones sublimati, seu Homiliæ, auctore P. Camusio, episcopo Bellicensi*; Cologne, 1619, 2 vol. in-8°; — *Opera S. Theresæ in latinum conversa*; Cologne, 1626-1627, 2 vol. in-4°; etc. K.

Paquot, *Mémoires*, I, 126.

MARTINEZ (*Antonio*), auteur dramatique espagnol, vivait dans le milieu du dix-septième siècle. On manque de renseignements sur sa vie, et son talent ne s'éleva jamais au-dessus d'une honnête médiocrité; il paraît cependant avoir été fort goûté de ses contemporains. La majeure partie de ses comédies sont perdues; on n'a jamais pris la peine de les réunir en corps d'ouvrage, et il faut aller les chercher dans les vieux recueils. La collection de *las Comedias nuevas escogidas*, publiée dans diverses villes, de 1652 à 1704, et qui remplit 48 volumes in-4°, en renferme un certain nombre; nous signalerons entre autres : *La Silla de San-Pedro* (tom. XI), *El Tercero de sa Afrenta* et *Las Esforcias de Milan* (tom. XV), *Pedis justicia al culpado* (tom. XVI), *Tambien da Amor libertad* (t. XVII), etc. G. B.

Ticknor, *History of Spanish Literature*, II, 487.

MARTINEZ nom commun à un grand nombre de peintres espagnols, dont voici les principaux, par ordre chronologique :

MARTINEZ (*José*), mort à Valladolid, vers 1610. Il fit un voyage en Italie, où il étudia l'école florentine. Ses nombreux ouvrages révèlent un grand savoir pour la composition, le dessin et la couleur. On connaît de cet artiste à Valladolid, dans le couvent des Augustins une suite de sujets tirés de la vie de la Vierge (1598); — les *Douze Stations de la Passion* et les *Quatre Évangélistes*, dans la chapelle du Christ des Bernardins.

MARTINEZ (*Gregorio*), parent du précédent, né à Valladolid, vécut à Madrid de 1550 à 1610. Il était bon paysagiste, et a laissé de nombreux tableaux de genre. Il avait fait un voyage en Italie, et y avait adopté la manière vénitienne. Le musée de Madrid possède de lui une *Sainte Famille avec saint François d'Assise*, charmant tableau sur cuivre et d'une très-belle couleur Gregorio Martinez et Jago d'Urbina dorèrent et mirent en couleur (1), suivant l'usage du temps (1594), le grand maître-autel et les sculptures du chœur de la cathédrale de Burgos. Ce travail leur fut payé 11,000 ducats d'or (130,460 francs), somme considérable pour l'époque.

MARTINEZ (*Sebastian*), né à Jaen, en 1602, mort à Madrid, en 1667. Élève de Juan-Luiz Zambrano, il marcha sur les traces de Paulo Cespedes, et est considéré, dit Quilliet, « comme un des grands maîtres de l'art en Espagne ». En effet, Sebastian Martinez, à la fois ingénieux compositeur, bon dessinateur, se montra également supérieur dans l'histoire le genre et le paysage. Ses tableaux sont d'un relief étonnant; il y règne une grande correction beaucoup de variété mais on peut lui reprocher un coloris trop vigoureux, des tons heurtés, brillants il est vrai, mais fatigants pour l'œil. C'est au surplus le défaut de l'école espagnole pure tout y est terne, noir enfumé en quelque sorte, ou éblouissant. On y devine des artistes qui ont travaillé sous un ciel ardent, lumineux, sans nuages, ou dans des ombres factices. La pénombre, le clair-obscur leur est presque inconnu : ils ne semblent avoir cherché que l'opposition des tons. Néanmoins, la réputation de Sebastian Martinez était telle que Philippe IV le nomma son premier peintre à la mort du célèbre Velasquez y Sylva (août 1660) et se plut souvent à le voir travailler. Les ouvrages publics de Sebastian Martinez sont peu nombreux. On cite surtout, outre son chef-d'œuvre, *Le Martyre de saint Sébastien* et *La Conception*, dans la cathédrale de Jaen : — *La Nativité*, *Saint Jérôme*, *Saint François*, une autre *Conception*, un *Christ en croix*, dans le couvent des religieuses du Corpus. On ne sait ce que sont devenues les excellentes productions qu'avaient de lui les jésuites de Jaen elles étaient de petite dimension environ 50 centimètres carrés), et représentaient **les Stations de la Passion du Christ**; elles étaient très-remarquables pour l'architecture des premiers plans et les paysages des fonds. Heureusement les musées et les galeries d'amateurs de Cadix, Cordoue, Jaen, Madrid et Séville conservent un grand nombre de tableaux de ce maître.

MARTINEZ (*Thomas*), né à Séville, où il mourut jeune encore, en 1672. Élève d'Alonzo Faxardo, il devint bon peintre d'histoire, et fut l'un des fondateurs de l'Académie de sa ville natale (1668), dont il enrichit les monuments de beaux tableaux.

MARTINEZ (*Thomas*), fils du précédent, mourut à Séville, en 1734. Il apprit la peinture sous Juan-Simon Guttierez et prit le genre mystique. Il fut enterré dans une bière et dans un drap mortuaire qui depuis longtemps lui servaient, l'une de lit, l'autre de couverture. Parmi nombre d'ouvrages religieux sortis de son pinceau, on cite comme digne de Murillo *Une Mère de douleur* qui, du couvent de la Merced de Séville, a été transportée au musée de l'Alcazar, à cause de son rare mérite.

MARTINEZ DE PAZ *Matteo*), né à Séville, vers 1645, entra comme élève en 666, à l'Académie de Séville. Il en était l'un des majordomes en 1673, lorsqu'une mort prématurée l'enleva aux arts. Ses tableaux, peu nombreux, sont fort recherchés. On cite de lui *Une Création du monde*, sur six toiles et quelques sujets empruntés à l'histoire naturelle.

MARTINEZ *Ambrosio*), né à Grenade, mort très-jeune, en 1674. Il était élève d'Alonzo Cano, et décora à Grenade le couvent des Hyéronimites, celui des Carmes chaussés et quelques autres. Sa manière est pleine d'afféterie et son dessin incorrect.

MARTINEZ *José*), né à Saragosse, en 1612, mort dans la même ville, en 1682. Élève et ami du célèbre Velasquez de Sylva, il alla se perfectionner à Rome. Le roi d'Espagne Philippe IV, l'attacha à sa personne, en 1642. Martinez fut ensuite peintre de don Juan d'Autriche, grand-prieur de Castille, et fils naturel de Philippe IV. Il a, entre autres ouvrages, décoré la chapelle du collége de la Manteria. Quoique les tableaux de Jozé Martinez fussent fort estimés de son temps, ils ne sont louables que pour le coloris; la composition et le dessin y sont négligés. Il gravait

(1) Ce genre de décoration, alors fort à la mode, n'était confié qu'à des peintres en réputation, et ceux-ci ne dédaignaient pas de s'y employer. (Viardot, *Études sur l'histoire des beaux-arts en Espagne*.)

bien à l'eau-forte, et fit, en 1631, le *Portrait de Mathias Piedra*. Il a laissé en manuscrit : *Discursos practicables del nobilisimo arte de la Pintura; sus rudimentos, medios y fines, que enseña la experiencia, con los exemplares de obras insignes de artifices ilustres.* Quilliet déclare s'être beaucoup aidé de cet ouvrage pour rédiger son *Dictionnaire des Peintres espagnols*.

MARTINEZ DE GRADILLA (*Juan*), né en 1630, mort en 1683. Il appartenait à l'école sévillane, et suivit les leçons du célèbre Francisco Zurbaran. Il fut l'un des fondateurs de l'Académie de Séville, dont il fut majordome et consul depuis 1660 jusqu'en 1673. Quoique bon peintre et bon fresquiste, ses ouvrages sont aujourd'hui perdus ou confondus avec ceux de ses nombreux homonymes. On connaît encore de lui la grande fresque du réfectoire de la Merced de Séville; mais elle a été si souvent dégradée et retouchée, que l'on ne peut guère se rendre compte de la manière de son auteur.

MARTINEZ (*Chrysostome*), né à Valence, mort dans les Pays-Bas, en 1694. Il était aussi bon graveur que peintre, et se rendit célèbre dans ces deux professions. On admire encore à Valence un *Saint Pascal* et quelques autres bienheureux qu'il peignit, en 1680, pour la congrégation de Saint-Philippe-de-Neri; — un *Saint Michel*, au couvent del Remedio; — un *Saint André* aux Carmes-Chaussés, etc.

MARTINEZ DE CAZORLA (*Francisco*), né à Séville, y vécut de 1640 à 1695. Il fut l'un des élèves de Juan de Valdes-Léal; mais sous cet excellent maître il n'apprit qu'un coloris séduisant; son dessin laissa toujours à désirer. Riche d'ailleurs, il ne produisit pas abondamment. Son meilleur tableau est *La Conception* qu'il fit pour le couvent de la Merced de Séville.

MARTINEZ (*Domingo*), né à Séville, en 1690, mort dans la même ville, le 29 septembre 1750. Quoiqu'élève d'un artiste médiocre, Juan Antonio, son application lui mérita bientôt un rang distingué parmi les peintres espagnols de son temps. Son instruction et ses bonnes façons lui attirèrent une riche clientèle et les faveurs de Philippe V Martinez mourut fort riche. Il faisait du reste un bon emploi de sa fortune et sa maison était une véritable académie, qui réunissait tout ce que l'Espagne possédait alors de distingué en sciences, arts ou noblesse, et l'on doit dire que depuis Murillo peu de maîtres travaillèrent autant que Martinez pour l'honneur et la culture de la peinture. Il avait beaucoup d'élèves auxquels il enseignait gratuitement : il leur fournissait même les modèles, les couleurs et jusqu'aux toiles; néanmoins, comme il ne possédait pas lui-même les vrais principes de l'art, il ne sortit pas de bons élèves de son atelier. Son gendre, Juan de Espinar, et don Andrès Rubira furent les meilleurs. Suivant Quilliet, « Domingo Martinez manquait d'invention, et, n'étant pas très-versé dans la composition, se servait d'estampes, dont il avait une ample collection; il groupait par le dessin, et reproduisait par le pinceau les divers motifs qu'il empruntait à la gravure. D'ailleurs coloriste soigneux, il fit un assez bon usage de ce procédé pour que sa réputation soit restée supérieure à son mérite. Ses productions sont encore très-estimées à Séville, où la plupart des temples en possèdent un certain nombre; il y en a aussi à Umbrete ». Le catalogue des œuvres de Domingo Martinez est trop long pour être reproduit ici; on le trouve dans *Las Obras* de Raphael Mengs et dans le *Diccionario Historico* de Céan Bermudez.

MARTINEZ DEL BARRANCO (Don *Bernardo*), né à Cuesta, le 21 août 1738, mort à Madrid, le 22 octobre 1791. Il apprit son art à Madrid, puis se perfectionna en Italie, par l'étude des chefs-d'œuvre de l'antiquité. De 1765 à 1769, il visita Naples, Rome, Venise, Turin. Le Corrége lui plut particulièrement, et de retour dans sa patrie, il en affecta la manière. Il fut reçu membre de l'Académie de San-Fernand (6 septembre 1774), et Antoine Mengs le choisit pour collaborateur. En dehors des grands travaux qu'ils firent ensemble, Martinez del Barranco a exécuté le *Portrait de Charles III* pour le consulat de Santander; — des médailles en grisailles pour le château de Sarria; — une *Décollation de saint Jean*, restée à l'académie de Madrid; — des *Vues diverses du port de Sant-Ander*; — un *Portrait du comte de Florida-Blanca*, regardé comme son meilleur tableau et quelques dessins pour l'*Histoire de don Quichotte*, publiée par l'Académie madrilène en 1788.

Alfred DE LACAZE.

Vicente Carducho, *Los Dialogos, de la Pintura* (Madrid, 1633). — Francisco Pacheco, *El Arte de la Pintura* (Séville, 1649). — Raphael Mengs, *Las Obras* (Madrid, 1780). — Philippe de Guevarra, *Los Comentarios de la Pintura* (Madrid, 1788). — Don Mariano-Lopez Aguado, *El real Museo* (Madrid 1835). — Viardot, *Études sur l'histoire des institutions des beaux-arts*, etc., *en Espagne* (Paris, 1835). — *Las Constituciones y Actas de las Academias de San Fernando* de Madrid, *de Santa Barbara* de Valence, *de San-Carlos* de Valence, *de San-Luis* de Saragosse, et des écoles de Séville et de Grenade. — Cean Bermudes, *Diccionario historico de los mas illustres professores de las Bellas Artes en España*. — F. Quilliet, *Dictionnaire des Peintres espagnols*.

MARTINEZ (*Domingo-José*), chef d'insurgés brésiliens, né en Portugal, vers 1780, pendu à Bahia, le 18 mai 1817. Il prit d'abord la carrière du commerce, mais elle ne lui fut pas favorable. Les maisons qu'il avait établies à Londres et à Paris furent obligées de liquider dans des conditions fâcheuses, et lui-même dut s'enfuir en Amérique. Les connaissances qu'il avait en droit lui permirent de se faire accepter comme avocat. Il se fixa à Pernambuco, où il acquit à la fois réputation et fortune. Il se jeta alors dans la politique, et rêva l'affranchissement de sa patrie adoptive. Il s'aboucha à cet effet avec les généraux Victoriano et Cavalcante, avec les prêtres Souto et Miguel Joaquin de Almeida, et leva un corps nombreux de guerillas, qui fit beaucoup de mal aux troupes royalistes; mais celles-ci, commandées par le colonel Mello, gagnèrent enfin une victoire décisive (16 mai 1817) dans les plaines d'Ipojuco. Les principaux chefs de l'insurrection furent pris et pendus dans les vingt-quatre heures. Domingo Martinez se trouva de ce nombre. A. DE LACAZE.

R. Southey, *History of Brazil*. — John Luccock, *Notes of Rio de Janeiro and the southern parts of Brazil* (London, 1820, in-4°). — James Handerson, *A History of the Brazil*, etc. (London, 1821, in-4°). — H. Taunay et Ferdinand Denis, *Le Brésil*, etc. (Paris, 6 vol in-12). — *Memorias historicas de Rio-de-Janeiro*, t. II. — Spix et Martens, *Travels in Brazil, in the years* 1817-1820 (London, 1824, 2 vol in-8°).

* MARTINEZ DE LA ROSA (*Francisco*), homme d'État et poete espagnol, né à Grenade, le 10 mars 1789. Il fit d'excellentes études dans sa ville natale. Il venait de les achever lorsque l'invasion de l'Espagne par les troupes de Napoléon en 1808 provoqua dans ce pays un soulèvement national. Dans le midi surtout, loin des forces françaises, le mouvement fut général. Le jeune Martinez reçut de la junte insurrectionnelle de Grenade la mission d'aller demander au gouverneur de Gibraltar des armes et des munitions. Il les obtint facilement, et contribua ainsi à la victoire de Baylen, qui obligea les Français à se replier derrière l'Ebro. Une mission du même genre le conduisit peu après en Angleterre. Il profita de son séjour à Londres pour étudier la constitution britannique, qui a toujours été l'objet de ses prédilections. Ce fut aussi a Londres qu'il publia son poëme de *Zaragoza*, 1811, in-8°. La junte centrale avait mis au concours un poëme sur la défense héroïque de Saragosse. Les juges les plus compétents pensèrent qu'il avait mérité le prix, que les circonstances empêchèrent de donner. Il écrivit encore pour le journal périodique espagnol (*El Español*), que Blanco White rédigeait a Londres, une courte esquisse du soulèvement national. A cette époque les armées françaises avaient pris partout l'ascendant, et le gouvernement insurrectionnel s'etait renfermé dans Cadix avec la perspective d'être bientôt expulsé de ce dernier asile. Malgré cette triste situation, Martinez revint dans sa patrie, et comme son âge ne lui permettait pas de siéger aux cortès, il s'occupa de littérature. Sa première tragédie, *La Veuve de Padilla*, sujet patriotique traité à la manière d'Alfieri, fut jouée en 1812, sur un théâtre en bois construit a la hâte, l'ancien théâtre etant trop exposé aux bombes francaises. Son agréable comédie *Ce que peut un emploi* (*Lo que puede un empleo*), jouée aussi pendant le siege, obtint encore plus de succès. Le siége fut levé peu apres, et les cortès constituantes firent place à des cortès legislatives. Martinez figura dans cette assemblee comme depute de Grenade, et s'y montra le zelé defenseur de la constitution de 1812. Les partisans de cette charte, très-peu royaliste, pretendaient que pour bien marcher il ne lui manquait que le roi, alors prisonnier en France; mais dès que ce prince, Ferdinand VII, eut mis le pied sur le sol de l'Espagne (mars 1814), on reconnut que l'œuvre des législateurs n'avait pas de pire ennemi que lui. Un decret du 4 mai 1814 détruisit la constitution et proscrivit ses défenseurs. Martinez de La Rosa fut condamné à dix ans d'emprisonnement dans la forteresse de Velez de Gomara, sur les côtes du Maroc. Il se consola de sa longue détention par divers ouvrages poétiques. La révolution de 1820 lui rendit la liberté. Il revenait de Gomara un peu désabusé de l'enthousiasme démocratique de 1812, et très-préoccupé de concilier l'ordre avec la liberté. Ses anciens électeurs de Grenade, qui l'avaient reçu sous des arcs de triomphe, le renvoyèrent aux cortès, où sa modération surprit et indigna le parti avancé. Plus d'une fois il fut l'objet des insultes et des menaces de la foule. Sentant que son impopularité lui ôtait toute autorité sur les agitateurs et se defiant du roi, il n'accepta qu'à contre-cœur le ministère des affaires étrangères et la présidence du cabinet que Ferdinand VII lui offrit (1er mars 1822). Son ministère fut une lutte honorable, mais inutile contre l'opposition violente des cortès et les tentatives anarchiques qui se produisirent sur divers points du territoire. Les progrès du désordre rendirent la situation insoutenable, et les deux partis extrêmes en vinrent aux mains dans les rues de Madrid. Le combat dura plusieurs jours, et se termina, le 7 juillet, par la défaite de la garde royale. Le cabinet Martinez, témoin impuissant et désolé de ces troubles, refusa absolument de garder le pouvoir, et fut remplacé par des membres du parti exalté. Ces tristes événements fournirent un prétexte à l'intervention française (1823), et pour la seconde fois l'œuvre de 1812 fut renversée. Martinez de La Rosa, toujours libéral, ne voulut pas vivre sous le despotisme restauré. Il vint s'établir à Paris, où, à part quelques excursions en Italie et en Allemagne, il passa les huit années suivantes. En 1827 il commença la publication de ses œuvres littéraires, collection qui ne fut terminée qu'en 1830 et qui forme cinq volumes in-12. Les deux premiers volumes contiennent un *Art poétique* (*Poetica*), composé au préside de Gomara et accompagné d'un commentaire dix ou onze fois plus étendu que le texte. L'auteur y applique aux diverses formes de la poésie espagnole le code litteraire de Boileau et de Le Batteux, juste au moment où ce code était violemment attaqué en France par la révolution romantique. Son ouvrage, qui renferme d'ailleurs beaucoup d'idées judicieuses, a le tort grave d'être fort en retard sur son époque. Les autres volumes se composent de *La Veuve de Padilla* (*La Vuida de Padilla*), dont nous avons déjà parlé, et de quatre autres pieces; — *La Fille à la maison et la Mère au bal* (*La Niña en Casa y la Madre en la Mascara*), satire aussi enjouée que

sensée des femmes qui ne savent pas vieillir et qui négligent leurs devoirs de mère pour courir après les amusements d'un autre âge; cette comédie, jouée à Madrid avec beaucoup de succès en 1821, a été imitée en français; — *Morayma*, tragédie en cinq actes et en vers; — *Aben-Humeya, ou la révolte des Maures sous Philippe II*, drame romantique écrit en français et représenté sur le théâtre de la Porte-Saint-Martin en juillet 1830; l'auteur, pour le faire entrer dans la collection de ses œuvres, l'a retraduit en espagnol, non sans peine à ce qu'il prétend; — *Edipo*, tragédie classique sur le vieux sujet d'*Œdipe*. M. Martinez n'approche pas de Sophocle; mais il soutient bien la comparaison avec Voltaire, Dryden et Lee; — *La Conspiration de Venise* (*La Conjuracion de Venecia*), drame composé avec une liberté toute romantique sur l'insurrection de Marc Querini et de Tiepolo contre le doge Gradenigo, en juin 1310.

Le contre-coup de la révolution de 1830 adoucit un peu la politique de Ferdinand VII, et M. Martinez put rentrer en Espagne en octobre 1831. Il vécut d'abord éloigné du monde politique, et s'occupa exclusivement de littérature. Il publia la collection de ses poésies lyriques et composa un bon travail historique sur la vie de Hernan Perez del Pulgar, un des héros espagnols les plus remarquables et les moins connus du quinzième siècle. Il venait d'achever cet ouvrage quand la reine Christine, régente pour sa fille Isabelle, l'appela à former un ministère (janvier 1834). La situation était presque aussi critique qu'en 1822. L'Espagne, déchirée par les exigences contraires du parti démocratique et des absolutistes, était à la veille de la guerre civile. Le gouvernement ne pouvait résister à l'insurrection carliste qu'en s'appuyant sur le peuple; et en faisant appel aux sentiments libéraux, il risquait d'éveiller des passions populaires redoutables pour la royauté. « La mission du nouveau ministère était de donner une constitution à l'Espagne. Aussi dès les premiers jours de son existence annonça-t-on que, pour s'entourer de toutes les lumières nécessaires à l'accomplissement de cette œuvre difficile, le ministère avait envoyé à Simancas des personnes chargées d'y recueillir les renseignements relatifs à la convocation des anciennes cortès. Un projet rédigé par M. Martinez de La Rosa fut soumis à la délibération du conseil de régence; et après trois mois de travail, le 10 avril 1834, on publia le *statuto real*. Cet acte ne répondit pas à l'attente du pays. Il ne posait aucune limite au pouvoir royal, et ne donnait aucune garantie pour la liberté individuelle. Il ne disait rien de l'ordre judiciaire. Il se bornait à établir que les cortès seraient réunies en deux chambres; que les lois ne pourraient être faites que par le souverain avec le concours des cortès; qu'il ne pourrait être perçu d'impôts que ceux qui auraient été préalablement votés par les cortès. On avait craint sans doute les exagérations et la longueur des 384 articles de la constitution de Cadix; mais on était tombé dans l'excès contraire, et la stérile brièveté du *statuto real* ne satisfit personne (1). »

Outre le *statuto real*, on dut à M. Martinez de La Rosa deux actes politiques importants : il envoya en Portugal une armée pour chasser dom Miguel, qui possédait une partie de ce pays, et don Carlos, qui s'y était réfugié; il contracta avec la France et l'Angleterre une alliance (appelée la quadruple alliance) pour contrebalancer l'influence de la Russie et de l'Autriche, favorables à don Carlos. Malheureusement la politique du ministre manqua trop souvent d'initiative et de fermeté. Malgré le courage dont il donna tant de preuves devant l'émeute, l'honnêteté et la noblesse de son caractère et sa brillante éloquence, M. Martinez n'a pas toutes les qualités d'un homme d'État. Il parut plus propre à illustrer la cause libérale ou à mourir pour elle qu'à la faire triompher. « Il est de la famille des martyrs, a dit un de ses biographes, il n'est pas de celle des héros. » Il ne put pas empêcher une populace furieuse d'égorger des moines à Madrid, et vit les généraux de la reine, Saarsfield, Valdès, Quesada, Rodil, Mina, échouer contre les carlistes commandés par Zumala-Carregui. Il se retira en juin 1835 devant le soulèvement démocratique des juntes provinciales. Il revint alors aux lettres, son délassement habituel, et composa un roman à la manière de Walter Scott, et de Cooper, *Doña Isabel de Solis*, dont le premier volume parut en 1837 et le troisième et dernier en 1846. Dans l'intervalle plusieurs révolutions s'étaient accomplies, et les ministères s'étaient rapidement succédé. M. Martinez, qui avait vu tomber en 1836 le statuto real devant une émeute militaire, ne chercha pas à ressaisir le pouvoir, et resta dans l'opposition modérée. « Il brilla plus d'une fois encore dans des tournois oratoires sur des questions de politique générale; il fit résonner les voûtes des cortès des mots paix, ordre, justice qui allaient bien à la modération de son caractère et à la dignité de sa vie, mais qui n'étaient que des mots. Souvent sa voix pure et sonore, sa parole facile, élégante et imagée, son doux regard de poëte, l'aspect de sa flottante chevelure blanchie dans l'exil, de sa pâle, grave et longue figure de vétéran politique, imposèrent silence aux passions tumultueuses d'une opposition de plus en plus ardente; mais l'impression s'effaçait avec le bruit des dernières paroles de l'orateur, et tout cela n'empêchait ni le ministère de se disloquer chaque matin, ni le pouvoir de s'amoindrir à vue d'œil, ni les sociétés secrètes de grandir aux dépens du pouvoir, ni les cortès de se traîner languissantes. Elles furent dissoutes et renouvelées deux fois, sans changer de nature jusqu'au moment où un soldat vint, Es-

(1) Joseph Lavallée, *Espagne*, t. II, dans l'*Univers pittoresque*.

partero, qui acheva l'œuvre des sergents de la Granja (1). » Après le *pronunciamento* de Barcelone (septembre 1840), M. Martinez quitta l'Espagne en fugitif, et revint s'établir en France. La chute d'Espartero (1843) le ramena en Espagne. Il entra dans le cabinet de Narvaez, et n'en sortit qu'avec le président du conseil, en février 1846. Il reçut alors l'ambassade de Paris, position qu'il échangea bientôt pour celle de Rome. Il revint ensuite, en 1852, reprendre sa place aux cortès comme président de la chambre. Une réaction, contre laquelle son vieux libéralisme avait vainement protesté, provoqua la révolution de juillet 1854, qui ramena Espartero au pouvoir. Cette fois M. Martinez de La Rosa ne s'exila pas, et attendit que l'ordre sortît de cette nouvelle crise : ce fut la réaction qui en sortit avec le ministère Narvaez. Mais ce cabinet dura peu, et fit place au ministère Armino, cabinet modéré et éphémère, où M. Martinez fut premier secrétaire d'État pour les affaires étrangères (octobre 1857). Après un nouveau retour en arrière sous le ministère Isturitz, le parti de l'union liberale s'établit assez solidement aux affaires avec le maréchal O' Donnel (juillet 1858). M. Martinez de La Rosa, dont les sympathies paraissent acquises à cette nuance politique, a été nommé président du nouveau conseil d'État (juillet 1858) et président des cortès (2 décembre 1858.) Il est de plus secrétaire perpétuel de l'Académie royale d'Espagne, et président du conseil de l'université. Outre les ouvrages dont nous avons déjà parlé, on a de M. Martinez de La Rosa une volumineuse composition, *L'Esprit du Siècle* (*El Espiritu del Siglo*), dont le premier volume parut en 1835, et le sixième et dernier en 1851. C'est un essai historique et philosophique sur la révolution française et ses conséquences pour l'Europe. Le talent littéraire de l'auteur et son honnêteté politique se reconnaissent dans cette œuvre, qui, participant de deux genres, n'a ni l'intérêt d'un récit, ni l'étendue et la largeur de vues qui conviennent à la philosophie de l'histoire.

Le meilleur recueil des *Œuvres mêlées* de M. Martinez de La Rosa se trouve dans la *Coleccion de los autores Españoles* de Baudry, où elle occupe trois volumes (1844-45); deux autres volumes de la même collection comprennent une partie de *L'Esprit du Siècle*. On a encore de lui un livre pour les enfants, *El libro de los Niños*, in-18. Les ouvrages de M. Martinez de La Rosa attestent un talent fécond, varié, et méritent tous d'être lus; mais il en est trois qui doivent être particulièrement signalés : d'abord son *Ode sur la mort de la duchesse de Frias*, sa charmante comédie *La Jeune Fille à la maison et la Mère au bal*, et son drame de *La Conjuration de Venise*. L. J.

Pacheco, *Notice biographique sur M. Martinez de La Rosa*. — De Toreno, *Histoire du Soulèvement, de la Guerre et de la Révolution d'Espagne*. — *Historia contemporanea de la Revolucion de España para servir de continuacion a la* Historia *de Toreno*; Madrid, 1843. — Minano, *Examen critico de las Revolutiones de España de 1820 á 1823 y de 1836*. — Miraflores, *Memorias para escribir la historia contemporanea de los siete primeros años del reinado de Isabel II*, Madrid, 1844. — Loménie, *Galerie des Contemporains illustres*, t. IV. — James Kennedy, *Modern Poets and Poetry of Spain*. — *English Cyclopædia* (*Biography*).

(1) Loménie, *Galerie des Contemporains illustres*, t. IV.

MARTINEZ PASQUALIS. *Voy*. PASQUALIS.

MARTINEZ (Don *José* LUXAN). *Voy*. LUXAN.

MARTINEZ (*Mazo*). *Voy*. MAZO.

MARTINI (*Giovanni*), peintre de l'école vénitienne, né à Udine, mort vers 1515. Élève de Giovanni Bellini, il eut une manière plus tranchante et plus dure, par la trop brusque opposition des lumières et des ombres; mais dans ses ouvrages on trouve un fini précieux, un coloris qui ne manque pas de douceur, et des têtes souvent pleines de charme. Vasari cite comme son meilleur ouvrage un *Saint Marc*, qu'il avait peint pour la cathédrale d'Udine. E. B—N.

Vasari, *Vite*. — Renaldès, *Della Pittura Friulana*.

MARTINI (*Corneille*), érudit belge, né à Anvers, en 1567, mort à Helmstæd, le 17 décembre 1621. Il était luthérien, et prit en Allemagne les doctorats ès arts et en théologie. En 1591 il professait la logique dans sa ville natale et durant trente années occupa sa chaire avec succès. On a de lui : *De Subjecto et fine Logicæ*; Lemgo, 1597, in-12; — *Metaphysica Commentatio, compendiose, succincte, et perspicue comprehendens universam metaphysices doctrinam*; Strasbourg, 1605, in-12; 1616 in-16; Iéna, 1623, in-12; — *De Analysi logica*; Helmstæd, 1619, et Francfort, 1634, in-12. Barthold Nihusius publia contre ce traité : *Hypodigma, quo diluuntur nonnulla contra catholicos disputata in Corn. Martini tractatu* De Analysi logica (Cologne, 1648, in-12); — *Commentarius in Apuleii librum* Περὶ ἑρμηνείας; Francfort, 1621, in-12; — *Commentariorum logicorum adversus Ramistas Libri quinque*; Helmstæd, 1623, in-12; — *Ethica*; — *Compendium Theologiæ*. L—z—E.

Sweert. *Athen. Belgic.*, p. 193 — *Inscriptiones sepulcr. Helmstadienses*, p. 25. — Witte, *Biograph. Diar.*, an. 1621. — *Théâtre sacré du Brabant*, liv. VI, p. 210 et 268.

MARTINI (*Jacques*), philosophe allemand, né à Halberstadt, le 16 octobre 1570, mort à Hildesheim, le 30 mai 1649 Il professa la philosophie à l'université de Wittemberg, et s'y montra plein de zèle pour la vieille méthode, compromise par le succès de quelques ramistes. On a de lui : *Jac. Martini Miscellanearum Disputationum Libri IV*; Wittemberg, 1608 et 1613, in-8°; — *Exercitationum Metaphysicarum Libri II*, 1608, 1613, in-8°; — *Partitiones et Quæstiones Metaphysicæ*; Wittemberg, 1615, in-12; — *Problematum Philosophicorum Disputationes tredecim*; Wittemberg, 1610, in-8°; — *De Loco Liber I, contra quosdam nestoricos*, et, dans le même volume,

De Communicatione Proprii, liber I; Wittemberg, in-8°. Martini appelle Aristote *summus et unicus prope philosophus* : c'est donc un péripatéticien. A ce titre il repousse vivement toutes les nouveautés propagées dans les écoles par les sectateurs, déjà nombreux, de Ramus, de Platon. Ajoutons que c'est un péripatéticien non-seulement éclairé, mais fidèle, qui s'inscrit résolument contre la glose des scotistes. B. H.

Dict. des sciences philosophiques, t. IV.

MARTINI (*Matthias*), théologien et philologue allemand, né en 1572, à Freienhagen, dans le comté de Waldeck, mort en 1630, aux environs de Brême. Après avoir été, pendant un an, prédicateur à la cour des comtes de Nassau, à Dillembourg, il fut nommé en 1596 professeur au gymnase de Herborn; en 1607 il devint ministre à Embden, et trois ans après recteur de l'*École illustre* de Brême. Envoyé en 1618 au synode de Dordrecht, il s'y distingua par sa modération à l'égard des Remontrants; ce qui lui valut de la part de Gomar et de ses adhérents des attaques injurieuses, qui ne cessèrent que par l'intercession des députés anglais. Outre une trentaine d'ouvrages de théologie, dont plusieurs sont dirigés contre Mentzer (*voy.* ce nom), il a publié : *Lexicon philologicum, præcipue etymologicum, in quo latinæ, tum puræ tum barbaræ, voces ex originibus declarantur, et comparatione linguarum illustrantur*; Brême, 1623, in-fol.; Francfort, 1655, in-fol.; Utrecht, 1697, 1701 et 1711, 2 vol. in-fol., par les soins de Grævius, avec une *Vie de l'auteur* : cet ouvrage a fait faire de grands progrès à la lexicographie latine; — *Cadmus Græco-Phœnix, seu Etymologicon in quo voces græcæ ad orientales reducuntur*; Brême, 1625, in-12, et à la suite des trois dernières éditions du *Lexicon philologicum*. O.

Nicéron, *Mémoires*, t. XXXVI. — Chaufepié, *Dictionnaire Historique*.

MARTINI (*Martino*), missionnaire italien, né en 1614, à Trente, mort le 6 juin 1661, à Hang-tcheou (Chine). Admis à dix-sept ans dans la Compagnie de Jésus, il fut envoyé en Chine, passa plusieurs années à étudier la langue et les mœurs du pays, et devint supérieur de la mission de Hang-tcheou. En 1651 il s'embarqua pour Rome, courut de grands dangers dans la traversée, et fut jeté par la tempête sur les côtes de la Norvège; obligé de traverser la Hollande et toute l'Allemagne, il n'arriva à Rome que trois ans après avoir quitté Macao. Envoyé en Portugal, il y recruta dix-sept jeunes missionnaires, les emmena en Chine, et en perdit près de la moitié pendant la malheureuse navigation à laquelle il fut encore exposé. On a de lui : *De Bello tartarico in Sinis*; Rome, 1654, in-12; trad. dans toutes les langues modernes; la version française, *De la guerre des Tartares contre la Chine*, Paris, 1654, in-12, se trouve aussi à la suite de l'*Histoire de la Chine* du P. Semedo; Lyon, 1667, in-4°; — *Brevis Relatio de numero et qualitate Christianorum apud Sinas*; Rome, 1654, in-4°; Cologne, 1655, in-12; — *Atlas Sinensis, hoc est Descriptio imperii Sinensis una cum tabulis geographicis*; Amsterdam, 1655, in-fol.; trad. en plusieurs langues; on cite des éditions avec les dates de 1649 et de 1654. C'est l'ouvrage le plus complet et le plus exact que l'on possédait sur la Chine avant le P. du Halde; il y a même des parties, surtout dans la géographie, que l'on peut encore consulter avec avantage. Le texte est traduit d'un livre chinois, le *Kouang-iu-Ki*, selon tout apparence; — *Sinicæ Historiæ Decas prima, a gentis origine ad Christum natum*; Munich, 1658, in-4°; Amsterdam, 1659, in-8°; cette partie, la seule qui ait vu le jour, a été rendue en français par l'abbé Le Pelletier; Paris, 1692, 2 vol. in-12. Cette excellente histoire, tirée des auteurs originaux, a été, jusqu'au P. Mailhac, à peu près le seul ouvrage où l'on ait puisé des renseignements sur les temps antérieurs à l'ère chrétienne. On a encore du P. Martini plusieurs traités traduits du latin en chinois et relatifs à l'existence de Dieu, à l'immortalité de l'âme, etc. K.

Southwell, *De Script. Soc. Jesu*.

MARTINI (Le P. *Jean-Baptiste*), religieux cordelier, l'un des musiciens les plus érudits que l'Italie ait produits, né à Bologne, le 25 avril 1706, et mort dans la même ville, le 4 août 1784. Fils d'un artiste qui faisait partie, comme violoniste, d'une troupe de musiciens désignés sous le nom de *I Fratelli*, Martini annonça de bonne heure d'heureuses dispositions musicales. Dès sa plus tendre enfance, son père lui avait mis un violon entre les mains et lui avait enseigné les éléments de son art; mais de rapides progrès ayant bientôt nécessité un maître plus habile, il fut confié aux soins de P. Predieri, pour le chant et le clavecin, et travailla ensuite le contrepoint sous la direction d'Antoine Riccieri. Quoique fort jeune encore, Martini s'était voué à la vie monastique. Après avoir fait son éducation classique et religieuse chez les Pères de l'Oratoire de Saint-Philippe de Neri, il entra, en 1721, au couvent de Saint-François qu'occupait à Bologne l'ordre des Mineurs conventuels, appelés franciscains ou cordeliers, et fit sa profession au mois de septembre de l'année suivante. Né avec le goût du travail, le jeune moine se livra avec ardeur à l'étude de la philosophie et des mathématiques; la musique surtout avait pour lui un attrait particulier, et en 1725, bien qu'il n'eût alors que dix-neuf ans, il possédait déjà des connaissances tellement étendues dans la théorie et la pratique de l'art, qu'il fut nommé maître de chapelle de son couvent. A partir de ce moment, Martini s'adonna presque exclusivement à la culture de la musique, consacrant à la méditation des traités anciens et modernes sur la matière la plus grande partie du temps qu'il n'employait pas à composer. La foule se pressait à l'église Saint-François pour y entendre les œuvres du jeune et savant maître. A la sollicitation des amateurs et des artistes eux-mêmes, il se décida à ouvrir à Bologne une école de composition. Partisan déclaré des traditions de l'ancienne école romaine, Martini s'appliqua particulièrement à propager les doctrines de cette belle et sévère école, si remarquable par l'élévation et la pureté du style. L'excellence de son mode d'enseignement, le mérite des élèves qu'il forma, donnèrent à son école une renommée européenne. On voyait les plus célèbres compositeurs rechercher avec empressement les conseils du moine bolonais. On le prenait pour juge dans les concours; on le choisissait pour arbitre dans les hautes discussions que soulevaient les points difficultueux de l'art et de la science, et presque toujours il dissipait les doutes sur les questions qui lui étaient soumises. Plusieurs fois il se trouva engagé dans des polémiques au sujet de ses doctrines et de leur application pratique, notamment avec le jésuite espagnol Eximeno, qui, dans son ouvrage intitulé *Dell' Origine della Musica*, allait jusqu'à proscrire la science des combinaisons harmoniques et du contrepoint. Martini défendit contre ses adversaires la science qu'il enseignait, dans son *Essai fondamental pratique du contrepoint fugué*, et fit toujours preuve dans la discussion d'autant de modération que de savoir. La douceur de son caractère, sa modestie, le bienveillant empressement qu'il mettait à répondre aux questions qui lui étaient adressées sur la théorie et l'histoire de l'art, lui conciliaient l'affection et l'estime de tous ceux qui le connaissaient. Il était en correspondance avec une foule de savants et de personnages éminents dont il recevait journellement les témoignages de sympathie et de vénération. Le roi de Prusse, Frédéric II, à qui il avait envoyé son *Histoire de la Musique*, lui écrivit lui-même une lettre des plus flatteuses, en lui faisant présent d'une tabatière avec son portrait enrichi de diamants. Peu d'étrangers se rendaient à Bologne sans aller visiter le savant moine et admirer les richesses scientifiques qu'il avait rassemblées autour de lui. Sa collection de livres, de manuscrits et de musique en tous genres, formait la bibliothèque la plus nombreuse et la plus complète qu'un musicien eût jamais possédee; cinquante années de recherches et de dépenses lui avaient été nécessaires pour obtenir ce résultat Burney, dans son ouvrage intitulé *The present State of Music in France and Italy*, évalue à 17.000 le nombre de volumes composant cette précieuse collection · elle remplissait quatre chambres. « Les livres, dit le même écrivain, étaient empilés sur le clavecin, sur les chaises, sur le parquet, et ce n'était pas sans peine qu'au milieu de ce désordre apparent, le bon moine pouvait parvenir à offrir un siége à ceux qui venaient le visiter dans sa cellule. »

Sur la fin de sa carrière, Martini, que le mauvais état de sa santé retenait souvent chez lui, avait chargé Stanislas Mattei, religieux du même ordre et l'un des meilleurs élèves qu'il eût formés, de le suppléer dans ses fonctions de professeur et de maître de chapelle. Quoique tourmenté par plusieurs affections douloureuses, il ne cessa point de travailler; il avait publié les trois premiers volumes de son *Histoire de la Musique*, et s'occupait de la rédaction du quatrième, lorsque la mort vint l'enlever, à l'âge de soixante-dix-huit ans. Il expira entre les bras de Mattei, qui depuis dix-huit années ne l'avait pas quitté. Ses obsèques eurent lieu à l'église Saint-François, où l'on exécuta une messe de *requiem* composée par Zanetti. Les membres de l'Académie Philharmonique de Bologne, voulant payer leur tribut à la mémoire de l'illustre maître, firent célébrer, le 2 décembre suivant, un service funèbre dans l'église des chanoines de Latran, de Saint-Jean *in-Monte;* treize maîtres de chapelle, membres de l'Académie, composèrent la messe qui fut chantée dans cette solennité. Une foule d'éloges et de discours, prononcés en diverses circonstances, vinrent encore attester les regrets que laissait après lui le célèbre musicien que l'Italie venait de perdre.

Parmi les nombreux disciples du savant professeur, ceux qui se sont le plus distingués sont: l'abbé Stanislas Mattei, qui lui succéda dans la direction de son école, le P. Paolucci, maître de chapelle à Venise, le P. Sabbatini; de Padoue; Rutini, de Florence; Zanetti, qui fut maître de chapelle de Saint-Pétrone; Sarti; et l'abbé Ottani, qui mourut maître de chapelle à Turin.

Le P. Martini a composé pour l'église des messes et des motets, qui sont généralement écrits dans l'ancien style appelé *osservato.* Ces compositions sont certainement dignes d'un tel maître; mais c'est surtout comme musicien érudit et comme écrivain sur la musique que Martini s'est acquis la réputation européenne qui demeure attachée à son nom. Voici l'indication de ses principales productions : MUSIQUE RELIGIEUSE ET INSTRUMENTALE : Plusieurs messes à quatre voix et orchestre; — *Miserere*, à huit voix; — *Magnificat* à quatre voix; — le psaume *Dixit*, idem; — *Lætatus sum*, idem; — *Memento, Domine*, idem; — *In exitu Israel*, idem; — *Domine, probasti;* — *Beatus vir*, à huit voix, avec accompagnement d'orgue; — deux autres *Beatus vir*, l'un à quatre voix et l'autre à huit. Les ouvrages précédents sont restés en manuscrits; ceux qui suivent ont été imprimés : *Litaniæ atque antiphonæ finales B. Virginis Mariæ*, 4 vocibus *cum organo, et instrum. ad libitum*, op. 1; Bologne, 1734, in-4°; — *Sonate d'intavolatura per l'organo e cembalo*, op. 2; Bologne; — *Sonate per l'organo ed il cembalo*, op. 3; Bologne, 1747; — *Duetti da camera a diversi voci*, op. 4; Bologne, 1763. Le P. Martini a écrit aussi douze concertos pour clavecin avec violon et violoncelle, qui n'ont pas été publiés — OUVRAGES DIDACTIQUES, HISTORIQUES ET LITTÉRAIRES : *Storia della Musica*, tome Iᵉʳ; Bologne, 1757; t. II, idem, 1770; t. III, idem, 1781, in-4°. Dans le premier volume, l'auteur, remontant à la création d'Adam, traite de la musique chez les Hébreux, chez les Chaldéens et autres peuples orientaux, et chez les Égyptiens. Les deuxième et troisième volumes sont consacrés à la musique des Grecs et à tout ce qui s'y rapporte d'une manière quelconque. Cet ouvrage, le plus considérable que le P. Martini ait entrepris et qui atteste une vaste érudition, devait être complété par un quatrième volume, contenant des recherches sur la musique du moyen âge jusqu'au onzième siècle, et notamment sur les travaux de Guido d'Arezzo; mais, comme on l'a vu plus haut, le savant moine n'eut pas le temps d'achever son travail. Stanislas Mattei, à qui il laissa les matériaux qu'il avait préparés, n'a pas publié ce quatrième volume; — *Esemplare, osia saggio fondamentale pratico di contrappunto*; Bologne, 1774-1775, 2 vol. in-4°. Le premier volume est relatif au contrepoint sur le plain-chant; le second se rapporte au contrepoint fugué. Cet ouvrage offre d'excellents exemples tirés des œuvres de Palestrina, de C. Porta, de Moralès, de J. Animuccia et autres célèbres maîtres de l'ancienne école. Martini y a joint des notes qui témoignent non-seulement de son érudition, mais encore d'une parfaite connaissance pratique de l'art d'écrire; — *Ragioni di F. G.-B. Martini sopra la risoluzione del cannone di Giovanni Animuccia contra le opposizioni fattegli dal signor D. Tomaso Redi*, etc., 1733, sans nom de lieu, in-4°; — *Attesti in difesa del sig. D. Jacopo-Antonio Arrighi, maestro di capella della cattedrale di Cremona*; Bologne, 1746, in-4°; — *Giudizio di un nuovo sistema di solfeggio del signor Flavio Chigi Sanese*, 1746, sans nom de lieu, in-4°; — *Giudizio di Apollo contro D. Andrea Menini da Udine, ch' ebbe l'ardire di manomettere il famoso* Adoramus te *del celebre Giacomo Perti*; Naples, 1761, in-4°; — *Compendio della Teoria de Numeri per uso del musico da Gio.-Battista Martini*; 1769; — *Regole per gli organisti per accompagnare il canto fermo*; Bologne, in-fol.; — *Approvazione ragionata del* Chirie e Gloria *a* 4, *8 voci reali, del Ch. signor Gregorio Ballabene, Romano*; Bologne, sans date, in-4°; — *Lettera all' abate Gio.-Battista Passeri da Pesaro*, etc. : cette lettre a été insérée dans le deuxième volume des œuvres de J.-B. Doni; — *Onomasticum seu Synopsis Musicarum græcarum atque obscuriorum vocum, cum earum interpretatione, ex operibus J.-B. Doni*, dans le même volume; — *De Usu progressionis geometricæ in Musica*, dans le cinquième volume des *Mémoires de l'Institut de Bologne*. — Le P. Martini a laissé en manuscrits : *Sentimento sopra una* Salve Regina *del sig. G.-Andrea Foroni*; — *Giudizio ragionato sopra il concorso di vari maestri alla capella imperiale de S. Maria della Scala in Milano*; — *Giudizio nel concorso della capella del Duomo di Milano*; — *Ragioni esposte in confirmazione degli attestati prodotti all' Academia Filarmonica di Bologna in difesa del sig. D. Jacopo Arrighi, maestro di capella di Cremona*. On a trouvé aussi dans ses papiers la correspondance qu'il avait entretenue avec plusieurs savants sur diverses questions musicales.

Dieudonné DENNE-BARON.

Fantuzzi, *Notizie degli Scrittori Bolognesi*, t. V. — *Elogio del Padre Giambattista Martini, minore conventuale*, par le P. Della Valle; Bologne, 1784. — *Memorie storiche del P. M. Giov.-Battista Martini*, etc., par le même; Naples, 1785. — Gerber, *Historisch-Biographisches-Lexikon der Tonkünstler*. — Choron et Fayolle, *Dictionnaire historique des Musiciens*. — Fétis, *Biographie universelle des Musiciens*.

MARTINI (*Frédéric-Henri-Guillaume*), naturaliste allemand, né le 31 août 1729, à Ohrdruf, dans le duché de Gotha, mort à Berlin, le 27 juillet 1778. Après avoir exercé la médecine pendant quatre ans à Artern, près de Mansfeld, il alla s'établir en 1762 à Berlin, où il employa les loisirs que lui laissait une pratique étendue à l'étude des sciences naturelles. Il y fonda en 1773 la *Société des Amis de la Nature* (*Gesellschaft naturforschender Freunde*), qui subsista encore longtemps après sa mort. Ses nombreux écrits, bien qu'ils contiennent beaucoup d'erreurs, étant composés avec trop de précipitation, ont cependant beaucoup contribué aux progrès de la science. Nous indiquerons les suivants: *Etwas für meine Freunde und Freundinen, in vermischten Schriften* (Mélanges pour mes amis et amies); Nuremberg, 1766, in-8°; — *Freundschaftliche Briefe zur Vergnügung des Herzens* (Lettres amicales pour l'amusement du cœur); Nuremberg, 1767, in-8°; — *Von der Unvollkommenheit der meisten teutschen praktischen Handbücher* (De la défectuosité de la plupart des manuels pratiques écrits en Allemagne); Nuremberg, 1767, in-8°; — *Neues systematisches Conchylien-Cabinet*; Nuremberg, 1768-1788, 10 vol. in-4° : magnifique ouvrage, orné d'un grand nombre de planches; il n'y a que les trois premiers volumes qui soient de Martini; les autres sont dus à Chemnitz; la table générale est de Schroeter; — *Jugendliche Unterredungen zum Unterricht lehrbegieriger Kinder*; Berlin, 1770-1775, 2 vol. in-8°; — *Verzeichniss der Martinischen Bibliothek*; Berlin, 1771 et 1775, in-8°; *Verzeichniss einer auserlesenen Sammlung von Naturalien und Kunstsachen* (Catalogue d'une collection choisie d'objets naturels et d'œuvres d'art); Berlin, 1773, in-8°; — *Allgemeine Geschichte der Natur* (Histoire générale de la

nature); Berlin, 1774-1793, 11 vol. in-8°: les quatre premiers volumes de ce vaste dictionnaire, qui s'arrête au mot *Conchylie*, sont de Martini; les autres furent rédigés par Otto et Krünitz; — *Der Frühling im Thal* (Le Printemps dans la Vallée); Magdebourg, 1796, in-8°. Sous la direction et avec la collaboration de Martini ont paru les ouvrages périodiques suivants : *Berlinisches Magazin für Arzneywissenschaft und Naturgeschichte* (Magazin berlinois pour la médecine et l'histoire naturelle); Berlin, 1765-1769, 4 vol. in-8°; — *Berlinische Sammlungen für Arzneywissenschaft, Naturgeschichte Haushaltungskunst und Cameralwissenschaft* (Recueil berlinois pour la médecine, l'histoire naturelle, l'économie domestique et politique); Berlin, 1769-1779, 10 vol. in-8°; —*Mannigfaltigkeiten* (Mélanges); Berlin, 1770-1773, 4 vol. in-8°; suivi des *Neue Mannigfaltigkeiten*; Berlin, 1778-1780, 4 vol. in-8°; — *Beschäftigungen der Gesellschaft naturforschender Freunde* (Mémoires de la Société des Amis de l'Histoire naturelle); Berlin, 1775-1779, 4 vol. in-8°. Martini a traduit en allemand le *Traité des Coquilles* de Geoffroy, l'*Histoire naturelle* de Buffon, Berlin, 1771-1777, 18 vol. in-8°, et le *Voyage au Sénégal* d'Adanson. O.

Götze, *Leben Martinis* (Berlin, 1779, in-4°). — Meusel, *Lexikon*. — Hirsching, *Histor. liter. Handbuch*.

MARTINI (*Georges-Henri*), archéologue allemand, né à Tanneberg, en Misnie, en 1722, mort à Leipzig, le 23 décembre 1794. Après avoir fait depuis 1751 des cours sur les antiquités à l'université de Leipzig, il fut appelé à diriger en 1760 l'école d'Annaberg, en 1763 le gymnase poétique de Ratisbonne, en 1775 l'école de Saint-Nicolas à Leipzig. Il savait la plupart des langues modernes de l'Europe et avait des connaissances étendues surtout en numismatique; mais il eut le tort de s'en tenir, pour l'étude de l'archéologie, à des ouvrages déjà vieillis et de ne pas s'instruire par l'examen des œuvres d'art de l'antiquité. On a de lui : *De Thuris in veterum Christianorum sacris Usu*; Leipzig, 1752, in-4°; — *De fœderibus Carthaginiensium cum populo Romano*; Annaberg, 1763, 3 parties in-4°; — *De interprete ac critico sacro e lectione auctorum classicorum formando*; ibid., 1763, in-4°; — *Beweis dass der Neuern Urtheile über die Tonkunst nie entscheidend seyn können* (Les Jugements des modernes sur l'art musical des anciens ne peuvent être d'aucune autorité); ibid., 1764, in-4°; — *Von den Odeen der Alten* (Des Odéons des anciens); Leipzig, 1767, in-8°; — *De Græcorum Certaminibus poeticis*; Leipzig, 1769, in-4°; — *Von den Sonnenuhren der Alten* (Des Cadrans solaires des anciens); Leipzig, 1777, in-8°; — *Das gleichsam Aufleben de Pompeji* (Pompéi ressuscité); Leipzig, 1779, in-8°; — *Antiquorum monumentorum Sylloge*; Leipzig, 1783-1787, 2 vol. in-8°; cette description du cabinet d'antiquités de l'auteur est enrichie d'observations archéologiques, la plupart très-judicieuses. Outre un grand nombre de dissertations, Martini a encore publié le second volume de la *Descriptio Musei Franciani*; Leipzig, 1781, in-8°. On lui doit aussi les traductions allemandes de la *Vie de Gustave-Adolphe* de Marte, de l'*Introduction à la Peinture* de Piles, des *Coutumes des Peuples anciens* de Lens (Dresde, 1784, in-8°); enfin, il a donné une édition augmentée de l'*Archeologia Litteraria* d'Ernesti; Leipzig, 1790, in-8°; les cours qu'il fit en prenant pour base ce manuel furent publiés à Altembourg, 1796, in-8°. O.

Schlichtegroll, *Nekrolog* (année 1794, t. II). — Sax, *Onomasticon*, t. VIII, p. 144.

MARTINI (*Antonio*), prélat italien, né à Prato (Toscane), le 20 avril 1720, mort à Florence, le 31 décembre 1809. Il embrassa la carrière ecclésiastique, et s'attacha à Rorengo de Rota, archevêque de Turin. Possédant bien les langues anciennes, Martini s'occupa de la traduction en italien des Écritures Saintes. Pie VI, informé de son mérite, le nomma évêque de Bobbio (1778) et peu après le grand-duc de Toscane l'appela à l'archiépiscopat de Florence (23 juin 1781). Martini se montra très-opposé aux idées nouvelles, et manifesta vigoureusement son opinion en condamnant hautement les doctrines de Ricci dans le synode tenu à Florence en 1787. Néanmoins, il conserva son siége sous la domination française, et l'empereur Napoléon lui conféra le titre d'évêque assistant au trône. On a de Martini : une traduction italienne du *Nouveau Testament*; Turin, 1769; — une traduction italienne de l'*Ancien Testament*, Turin, 1777. Ce second travail valut à son auteur un bref honorable du pape Pie VI (17 mars 1778); — *Instructions morales sur les sacrements*; Florence, 1785; — *Instructions dogmatiques, historiques et morales sur le symbole*; ibid. : ces deux ouvrages ont été réunis; — et de nombreux *mandements*. A. L.

Chaudon et Delandine, *Dict. Hist.*

MARTINI (*Jean-Paul-Égide*), compositeur d'origine allemande, dont le véritable nom de famille était *Schwartzendorf*, né le 1er septembre 1741, à Freystadt, dans le haut Palatinat, et mort à Paris, le 10 février 1816. Sa vocation musicale se manifesta dès l'enfance, et à l'âge de dix ans on l'employait déjà comme organiste au séminaire des Jésuites de Neubourg, sur le Danube, où ses parents l'avaient envoyé faire ses études classiques. En 1758, il alla suivre un cours de philosophie à l'université de Fribourg, en Brisgau, et fut en même temps organiste du couvent que les Franciscains possédaient dans cette ville. Lorsque, après avoir terminé ses études, il retourna à Freystadt, il trouva tout changé dans la maison paternelle : sa mère était morte; son père venait de se remarier. Les désagréments qu'il éprouva le décidèrent bientôt à quitter sa famille et à aller chercher au loin des moyens d'existence en mettant à profit ses connaissances en musique. Un beau matin, vêtu de son costume d'étudiant, il partit sans argent, mais confiant dans le sort, et se dirigea vers Fribourg; de là, il s'achemina vers la France, demandant chaque soir l'hospitalité dans les couvents qu'il rencontrait sur sa route, et en 1760 il arrivait à Nancy, sans ressources et ne connaissant pas un mot de français. Il y avait alors dans la capitale de la Lorraine un facteur d'orgues du nom de Dupont. Pressé par le besoin et ne sachant plus où donner de la tête, le jeune homme alla offrir ses services à ce fabricant, qui s'intéressa à lui, le recueillit dans sa maison, et lui procura les moyens de se faire connaître. Dès qu'il se vit hors d'embarras, son premier soin fut d'étudier la langue française; il s'appliqua en même temps à fortifier son éducation musicale par la méditation de quelques traités d'harmonie et de contrepoint qu'il avait entre les mains, et par la lecture de diverses partitions des grands maîtres. D'après les conseils de son protecteur, il avait changé son nom de famille pour celui, plus harmonieux de *Martini*, sous lequel il publia alors plusieurs compositions musicales (1). Quelques-unes de ces compositions, d'un genre léger, le mirent en faveur à la cour de Stanislas, et lui valurent d'être attaché à la maison de ce prince. Martini, que nous n'appellerons plus que par ce nom, qu'il a toujours conservé, profita de sa nouvelle position pour se marier; mais peu de temps après, Stanislas étant mort, le jeune artiste quitta Nancy, et vint se fixer à Paris, où il arriva, en 1767, muni de chaleureuses lettres de recommandation pour le duc de Choiseul et pour plusieurs autres puissants personnages. Un concours venait d'être ouvert pour une marche à l'usage des gardes suisses; Martini se mit aussitôt à l'œuvre, et remporta le prix. Le duc de Choiseul, qui l'avait pris sous sa protection, le fit nommer officier à la suite dans le régiment des hussards de Chamboran. Cette place était une espèce de sinécure, qui permettait à Martini de s'occuper de ses travaux de composition. Il écrivit à cette époque un grand nombre de morceaux de musique militaire, et publia des symphonies, des quatuors et des trios pour divers instruments; puis, tournant ses vues vers le théâtre, il composa la musique de *L'Amoureux de quinze ans*, opéra comique en trois actes, qui fut représenté, en 1771, à la Comédie-Italienne et qui obtint un succès complet. Martini quitta alors le service militaire, fut nommé directeur de la musique du prince de Condé, et passa quelques années après, en la même qualité, dans la maison du comte d'Artois. Encouragé par l'accueil que le public avait fait à son opéra de *L'Amoureux de quinze ans*, il avait continué de travailler pour le théâtre, et parmi les ouvrages qui marquent cette période de sa vie artistique, nous citerons *Henri IV, ou la Bataille d'Ivry*, dont l'ouverture a eu longtemps de la célébrité, et *Le Droit du Seigneur*, qui eut un succès de vogue pendant plusieurs années. Peu de temps avant la révolution, Martini, qui était en pleine faveur à la cour, acheta moyennant la somme de seize mille livres la survivance de la charge de surintendant de la musique du roi. Au mois de janvier 1789, lorsque le théâtre de monsieur fut ouvert à la salle des Tuileries, pour la réunion de l'Opéra-Bouffe italien et de l'Opéra-Comique français, il fut chargé de diriger la musique de ce spectacle. Les événements du 10 août 1792 portèrent un coup funeste à l'artiste, qui perdit son emploi au théâtre ainsi que les charges et les pensions qu'il tenait de la cour. Craignant alors d'être persécuté à cause de son attachement à la famille royale, il quitta furtivement Paris, et se rendit à Lyon, où il publia peu de temps après sa *Mélopée moderne, ou l'art du chant réduit en principes*. S'apercevant bientôt qu'on ne songeait pas à l'inquiéter, il revint dans la capitale, où, cédant à l'entraînement, et peut-être par prudence, il composa plusieurs airs patriotiques; il s'occupa aussi de terminer son opéra de *Sapho*, qui fut représenté, en 1794, au théâtre Louvois. En 1798, trois ans après la fondation du Conservatoire de Musique, Martini fut nommé membre du comité des études et professeur de cette école; mais il ne conserva pas longtemps cette position, qu'il perdit lors des réformes opérées en l'an x. Martini se montra très-irrité de la mesure qui venait de le frapper, et manifesta pendant tout le reste de sa vie la plus vive animosité contre plusieurs de ses anciens collègues, particulièrement contre Méhul et Catel, qu'il considérait comme les auteurs de sa disgrâce.

Dans le courant de l'année 1800, Martini donna encore *Annette et Lubin*, à la Comédie-Italienne et *Zimeo* au théâtre Feydeau; mais il était alors âgé de près de soixante ans, et avait d'ailleurs à lutter contre une nouvelle génération d'artistes dont les œuvres occupaient la scène lyrique. Les deux opéras que nous venons de citer sont les derniers qu'il fit représenter. Parmi les autres ouvrages qu'il écrivit ensuite, on remarque une grande cantate composée à l'occasion du mariage de Napoléon avec Marie-Louise et plusieurs morceaux de musique religieuse. Ses compositions pour l'église lui avaient acquis en ce genre une réputation justement méritée; elles formèrent avec celles de Paisiello, de Zingarelli, de Haydn et de Lesueur, le principal répertoire de la chapelle impériale. Après la restauration, Martini fit valoir les droits que lui donnait à la place de surintendant de la musique du roi

(1) Les premières productions de ce compositeur furent gravées sous le nom de Martini *il Tedesco*, c'est-à-dire l'*Allemand*. Pendant longtemps encore on le désigna par ce surnom, pour le distinguer du P. Martini, fondateur de la célèbre école de composition de Bologne.

l'acquisition qu'il avait faite, avant la révolution, de la survivance de cette place, et le 10 mai 1814 elle lui fut accordée par Louis XVIII. Le 21 janvier 1816, on exécuta dans l'église de Saint-Denis une messe de *Requiem* qu'il avait écrite pour l'anniversaire de la mort de Louis XVI, et le surlendemain le roi récompensa les anciens services du compositeur en lui envoyant le cordon de l'ordre de Saint-Michel. Martini mourut le 10 février suivant, dans sa soixante-quinzième année.

Martini a fait preuve d'un réel talent dramatique dans ses opéras de *L'Amoureux de quinze ans*, du *Droit du Seigneur*, de *Henri IV, ou la Bataille d'Ivry*, et d'*Annette et Lubin;* ces partitions contiennent des morceaux d'une naïvete charmante. Ses mélodies sont gracieuses et expressives. Ses romances, qui précédèrent celles de Garat et de Boieldieu, ont eu une grande vogue : *L'Amour est un enfant trompeur*, et *Plaisirs d'amour ne durent qu'un moment*, sont, surtout la dernière, de véritables chefs-d'œuvre du genre. A la rudesse des manières de Martini, au despotisme qu'il exerçait envers ses subordonnés, on avait peine à se figurer qu'il pût être l'auteur d'une foule de mélodies empreintes d'autant de grâce et de douce mélancolie. Sa musique d'église a eu beaucoup de renommée; mais le caractère en est plus brillant que religieux, et on voit qu'il avait peu étudié les œuvres des anciens grands maîtres de l'école italienne, si remarquables par la simplicité, l'élévation et la pureté du style.

Voici la liste des principales productions de cet artiste : MUSIQUE D'ÉGLISE. Parmi les ouvrages que Martini a écrits en ce genre, on a publié deux messes solennelles à quatre voix et orchestre, six psaumes à deux voix et orgue, un *Te Deum* à quatre voix et orchestre, un *Domine salvum fac regem*, à quatre voix et orgue, un *O salutaris hostia*, à cinq voix et orgue, deux messes de *Requiem* à quatre voix et orchestre; l'une de ces messes est celle qui fut exécutée le 21 janvier 1816 à l'église de Saint-Denis pour l'anniversaire de la mort de Louis XVI. — OPÉRAS : *L'Amoureux de quinze ans*, en trois actes, à la Comédie-Italienne (1771); — *Le Fermier cru sourd*, en trois actes, idem (1772); — *Le Rendez-vous nocturne*, en un acte, écrit pour Versailles, en 1773, et représenté ensuite au Théâtre-Lyrique et comique; — *Henri IV, ou la Bataille d'Ivry*, en trois actes, à la Com.-Ital. (1774); — *Le Droit du Seigneur*, à la Comédie-Italienne (1783); — *L'Amant Sylphe*, en trois actes, représenté à Versailles (1785); — *Sapho*, drame lyrique, en deux actes, au théâtre Louvois (1794); — *Annette et Lubin*, en un acte, à la Comédie-Italienne (1800); — *Ziméo*, grand opéra en trois actes, réduit ensuite en un opéra dialogué, et représenté en 1800 au théâtre Feydeau. Martini a écrit en outre trois autres operas, qui n'ont pas été représentés et qui ont pour titres *Sophie, ou le tremblement de terre de Messine*, en trois actes, *Le Poëte supposé*, en trois actes, et la *Partie de campagne*, également en trois actes. — MUSIQUE DE CHANT : *Arcabonne*, cantate avec accompagnement d'orchestre ou de piano ; — une grande cantate à quatre voix et orchestre, composée, en 1810, pour le mariage de Napoléon avec Marie-Louise; — Six recueils d'airs, romances et chansons, publiés par l'éditeur Nadermann. Martini est le premier qui ait fait graver en France des airs détachés et des romances avec un accompagnement de piano; avant lui, dans tous les morceaux de ce genre, l'accompagnement était indiqué par une basse simple ou chiffrée. — MUSIQUE INSTRUMENTALE : Martini a composé, de 1764 à 1771, à l'usage des régiments, un grand nombre de morceaux, dans lesquels il introduisit le goût allemand, jusque alors inconnu en France. Mengal a fait un choix de ces pièces, qu'il a arrangées en harmonie pour neuf instruments à vent et qui ont paru chez Nadermann. Parmi les autres œuvres de musique instrumentale, qui appartiennent la plupart à la jeunesse de l'artiste, on cite encore six quatuors pour flûte, violon, alto et basse, six trios pour deux violons et violoncelle, quatre divertissements pour clavecin, deux violons et basse, six nocturnes pour les mêmes instruments, six quatuors pour deux violons, alto et basse, et six trios pour deux violons et basse. — OUVRAGES DIDACTIQUES : *Mélopée moderne, ou l'art du chant reduit en principes;* Lyon, 1792. Martini a emprunté la plus grande partie des matériaux de son travail au traité du chant de Hiller; — *Partition pour accorder le piano;* Paris, 1794; — *Ecole d'orgue divisé en trois parties, résumée d'après les ouvrages des plus célèbres organistes de l'Allemagne;* Paris, in-fol.; — *Traite elementaire d'Harmonie et de composition;* cet ouvrage est resté en manuscrit. Martini a coopéré aussi à la rédaction des solféges du Conservatoire. Dieudonne DENNE-BARON.

De La Borde, *Essai sur la Musique*. — Choron et Fayolle, *Dictionnaire historique des Musiciens*. — Gerber, *Neues Lexikon der Tonkünsler*, etc. — Fetis, *Biographie universelle des Musiciens*. — Castil-Blaze, *Chapelle-Musique des Rois de France*.

MARTINI (*Vicente*) ou MARTIN, compositeur espagnol, né en 1754, à Valence, mort en mai 1810, à Saint-Pétersbourg. Après avoir fait ses études musicales à la cathédrale de Valence, il remplit quelque temps les fonctions d'organiste à Alicante, et s'en démit pour aller chercher fortune à Madrid. N'ayant pas réussi à s'y faire connaître, il se rendit vers 1781 en Italie, et obtint dans les principales villes quelques grands succès dramatiques, qui le firent appeler à Vienne (1785) et à Saint-Pétersbourg (1788). Dans cette dernière ville, où il continua de résider jusqu'à sa mort, il fut chargé de la direction de l'Opéra italien et reçut de Paul Ier le titre de conseiller; mais en 1801 il perdit son emploi, et fut obligé de donner des leçons pour vivre. Martini a joui d'un instant de vogue à une époque où brillaient en Italie des compositeurs du plus haut mérite, tels que Paisiello, Cimarosa et Guglielmi. « Une musique mélodieuse, facile, expressive, dit M. Fétis, procura à ses ouvrages un succès mérité. Mozart leur reprochait avec raison de manquer de qualités solides. » Nous citerons de Martini les opéras suivants : *L'Accorta cameriera* (1783), *Ipermnestra* (1784), *La Capriciosa corretta* (1785), *La Cosa rara* (1785), son chef-d'œuvre, auquel Mozart emprunta un morceau qu'il intercala dans le deuxième acte de *Don Juan*; *Gli Sposi in contrasto*, et diverses autres productions de moindre importance. P.

Fétis, *Biogr. univ. des Musiciens.* — *English Cyclop.*

MARTINI (*Simone et Lippo*). *Voy.* MEMMI.

MARTINI. *Voy.* GEORGIO.

MARTINIEN (*Martinus Martinianus Augustus*), empereur romain, mis à mort en 323. L'empereur Licinius, en guerre avec Constantin, voulut se donner un collègue capable de l'assister dans cette lutte. Il choisit son maître des offices, Martinien, auquel il donna le titre de césar et probablement même celui d'auguste, au mois de juillet 323. Cette promotion eut lieu à Byzance, suivant Aurelius Victor, ou à Chalcédoine, d'après d'autres historiens. On concilierait ces contradictions en supposant qu'il y eut deux promotions. Quoi qu'il en soit, Martinien, envoyé à Lampsaque pour empêcher Constantin de passer l'Hellespont, fut bientôt rappelé à Chalcédoine, par Licinius, qui avait résolu de livrer une grande bataille; elle eut lieu le 18 septembre, et se termina par la défaite de Licinius et de Martinien. Ils furent forcés de se rendre à Constantin, qui les fit tuer. Martinien ne porta la pourpre que deux mois, et les historiens du temps ne lui donnent que le titre de *cesar;* mais il existe de lui des médailles en petit bronze, frappées à Nicomédie, qui lui donnent le titre d'*augustus*. Z.

Aurelius Victor, *De Cæs.*, 41; *Epitome*, 41. — Zosime, II, 25, 26, 28. — Tillemont, *Histoire des Empereurs*, t. IV, p. 191, etc. — Beauvais, *Histoire des Empereurs*, t. II, p. 267.

MARTINIEN, théologien du dixième siècle, sur la vie duquel on a peu de renseignements. Il était certainement moine bénédictin, comme le prouvent divers passages de ses *Exercitationes*, et notamment celui-ci : « Cum enim post tales cogitatus, sub imperio priorum meorum, secundum regulam Sancti-Benedicti, in monasterio stabilitatem meam affirmasse cogitassem... » Les auteurs de l'*Histoire Littéraire* admettent, par conjecture, qu'il avait fait profession au monastère de Rebais, près de Meaux. Il paraît moins douteux qu'il fut ensuite transféré au monastère de Marmoutiers. Le principal ouvrage que nous a laissé Martinien est mal cité dans le *Glossaire de* Ducange sous le titre de *De Monachorum Laude et Institutione :* le vrai titre de cet ouvrage est *Exercitationes;* il existe dans un seul cahier manuscrit contemporain de l'auteur, peut-être autographe, qui est conservé parmi les volumes de Saint-Germain-des-Prés, à la Bibliothèque impériale, sous le num. 860, où il commence au folio 33 de ce volume. Quatre livres composent les *Exercitationes* de Martinien; les deux premiers s'adressent aux moines, le troisième aux chanoines, le quatrième aux laïcs. C'est une censure de leurs mœurs. Le passage suivant sur les mœurs des moines, au commencement du dixième siècle, mérite d'être cité : « Celui qui ne peut prétendre à un évêché travaille à conquérir une abbaye, ne s'inquiétant pas d'avoir à rendre raison non-seulement de lui-même, mais encore de ses subordonnés. Celui qui ne peut posséder une abbaye soupire après une prévôté, se disant en lui-même : *De là je monterai plus haut !...* Ceux qui n'ont pu s'élever à aucune de ces charges restent avec regret dans le cloître, et consacrent presque tout leur temps à ne rien faire, à bavarder, à médire, à murmurer. Celui-ci va interroger un passant à la porte du monastère, apprend des nouvelles, et revient les transmettre à ses confrères. Celui-là, encore tout entier au siècle, se vante d'avoir possédé dans le siècle tant de clients, tant de métairies, tant d'esclaves. Cet autre dit qu'il a vu tant de guerres, qu'il y a pris part, et montre la blessure qu'il a reçue dans tel combat... » Cette peinture offre des détails curieux, racontés avec naturel, et non sans esprit. Il y a dans le troisième livre des traits non moins vifs contre les chanoines. Mabillon a donné au public, *Annal.*, t. III, la préface des *Exercitationes*.

Au feuillet 69 du manuscrit de Saint-Germain commence un *Sermon* anonyme, de la même écriture que les *Exercitationes*. Nous croyons pouvoir sans hésitation l'attribuer à Martinien, bien que les auteurs de l'*Histoire Littéraire* n'en fassent aucune mention. B. H.

Hist. Littér. de la France. — Mabillon, *Annal.*, t. III. — *Documents inédits.*

MARTINIÈRE (*Pierre-Martin* DE LA), voyageur et médecin français, né à Rouen, vivait au dix-septième siècle. Il avait été reçu maître en chirurgie lorsque le désir des aventures le poussa à faire de lointains voyages. A bord des bâtiments de commerce normands, il commença par connaître les côtes d'Asie, de la Guinée et de la Barbarie. Il se rendit ensuite en Danemark, et fit partie, en qualité de chirurgien, de l'expédition envoyée par Frédéric III dans les contrées boréales de l'Europe (1653); il visita le littoral de la Norvège, de la Laponie, de la Russie jusqu'à la Nouvelle-Zemble, du Groënland et de l'Islande. Quelque temps après son retour à Copenhague, il revint en France, et continua d'y exercer l'art de guérir. On a de lui : *Traité de la Maladie Vénérienne, de ses causes et des accidents provenant du mercure;* Paris, 1664, 1684, in-16; on y trouve beaucoup de pratiques superstitieuses mêlées aux rêveries de l'astrologie judiciaire; — *Le Prince des Opérateurs;*

Rouen, 1664, 1668, in-12; — *Nouveau Voyage vers le Septentrion, où l'on représente le naturel, les coutumes et la religion des Norvégiens, des Lapons, des Kilopes, des Russiens, des Borandiens, des Sybériens, des Zembliens, des Samoïèdes*, etc.; Paris, 1671, in-12 fig., souvent réimpr., et trad. en allemand, en anglais et en hollandais, quoiqu'il contienne des observations rarement exactes et un grand nombre de légendes merveilleuses; c'est la première relation écrite par un Français sur les pays du Nord, et plusieurs auteurs, entre autres Buffon, en ont invoqué le témoignage. K.

Biog. méd.

MARTINIUS (*Pierre*), philologue navarrais, né vers 1530, mort à La Rochelle, en 1594. Il était très-versé dans les langues modernes et aussi possédait très-bien les langues latine, grecque, hébraïque et chaldéenne. Il avait appris ces dernières à Paris, sous J. Mercier et Genebrard. Appartenant à la religion réformée, il fut appelé par les Rochellois pour professer dans leur ville (1572). On croit qu'il y mourut. Il avait une fort jolie femme, qui fut, dit-on, l'une des premières maîtresses du jeune prince de Navarre (depuis Henri IV). On a de Martinius : *Oratio habita de Academia a Rupellensibus instituta*, prononcé à l'ouverture de ses cours, La Rochelle, 1572, in-8°; — une *Grammaire Hébraïque*, souvent réimprimée et trad. en allemand et en anglais; — une *Grammaire Chaldaïque*, dont l'impression est fort remarquable; ces deux ouvrages parurent réunis en 1590. L—z—e.

Chaudon et Delandine, *Dict. Hist.* — P. Colomesius, *Gallia Orientalis*, p. 67. — Moréri, *Grand Dict. Hist.*

MARTINO *d'Udine. Voy.* PELLEGRINO D'UDINE.

MARTINO DI BARTOLOMMEO. *Voy.* BULGHERINI.

MARTINOT (*Henri*), horloger français, né à Paris, le 11 novembre 1646, mort à Fontainebleau, le 4 septembre 1725. Son père, Gilles Martinot, valet de chambre et horloger du roi, lui fit étudier son art sous Le Baleur, à Rouen, et Louis XIV donna au jeune Martinot la survivance de son père en 1658. De retour à Paris, Henri Martinot apprit les mathématiques et le dessin, et imagina quantité de machines pour imiter les mouvements des astres. Il succéda à son père en 1669. En 1672, le roi lui demanda une horloge en globe sur la surface inférieure duquel il voulait voir le mouvement annuel et journalier du Soleil et de la Lune, les quantièmes du mois, les jours de la semaine, l'heure du lever et du coucher du Soleil. Martinot acheva ce travail curieux en 1677. Il commença aussitôt un second globe du même genre, sur lequel étaient représentées toutes les parties de la Terre, avec un équateur mobile emportant les vingt-quatre heures de manière à montrer à la fois l'heure qu'il est à toutes les longitudes. Le Soleil y décrivait sa révolution annuelle dans l'écliptique : ce globe enfermait quatre mouvements différents n'ayant d'autre principe que le poids de toute la machine, de sorte qu'on le remontait en le soulevant de quelques pouces. Ce morceau fut achevé en 1686, et était suspendu au milieu du cabinet des médailles à Versailles. A la même époque, Martinot composa une pendule à répétition et à quantièmes dans une boîte exécutée par François Girardon, son beau-père, et qui fut placée à Trianon. Poilly ayant présenté au roi un calendrier perpétuel qu'il avait inventé, mais dont on ne pouvait faire usage qu'en tournant à la main certaines roues, les unes tous les huit jours, les autres tous les mois, Louis XIV demanda à Martinot de faciliter l'usage de ce calendrier en y ajoutant un mécanisme qui dispensât de tourner les roues à la main : ce que Martinot exécuta. En 1688 et 1689, il composa deux pendules à boîtes d'argent, l'une pour la chambre et l'autre pour le cabinet du roi à Versailles. Celle de la chambre, quoique d'un très-petit volume, sonnait les heures et les quarts et était chargée d'une répétition continuelle; elle marquait aussi les mois et les quantièmes, les phases et quantièmes de la Lune, et les jours de la semaine. Pour celle du cabinet, il avait fallu composer les mouvements sur la forme de la boîte qui représentait une cassolette; l'aiguille était fixe, et il n'y avait de mobile que le bord du vase sur lequel étaient gravées les heures. Martinot fit encore un grand nombre d'ouvrages pour les maisons royales, et composa de grosses horloges. Il mourut d'accident. J. V.

Moréri, *Grand Dict. Hist.*

MARTINOVICZ (*Ignace-Joseph*), physicien hongrois, né à Pesth, dans la première moitié du dix-huitième siècle, décapité dans cette ville, le 20 mai 1795. Entré dans l'ordre de Capucins, il en sortit avec l'autorisation de ses supérieurs, pour aller enseigner à l'université de Lemberg la physique et la mécanique. Partisan déclaré des réformes introduites par Joseph II, son protecteur, il fut nommé par ce prince conseiller impérial, prévôt titulaire de la cathédrale d'Œdembourg et abbé de Szazrar. Membre de la Société des Illuminés, il prit une part active à la conspiration tramée en 1794 pour exciter une révolte à Vienne. Arrêté sur la dénonciation d'un de ses domestiques, il fut exécuté un an après avec plusieurs nobles hongrois, ses complices. On a de lui : *De Micrometro, ope cujus unus digitus geometricus dividitur in 2,985,984 puncta quinti ordinis*; Lemberg, 1784, in-4°; — *De Altitudine Atmosphæræ, ex observationibus astronomicis determinata*; Lemberg, 1785, in-4°; — *Prælectiones Physicæ experimentalis*; Lemberg, 1787; il ne parut que ce premier volume; — plusieurs *Mémoires* dans les *Chemische Annalen* de Crell. O.

Meusel, *Lexikon*. — *Biogr. nouv. des Contemporains.*

* **MARTINS** (*Charles-Frédéric*), botaniste français, né le 6 février 1806, à Paris. Descendant

d'une famille d'origine belge, il fut reçu docteur à Paris (1834); mais il abandonna bientôt la pratique médicale pour se consacrer à l'étude de la botanique et de la météorologie. D'abord aide-naturaliste à la faculté de médecine, puis chargé d'un cours sur les sciences naturelles en sa qualité d'agrégé, il obtint au concours vers 1847 la chaire de botanique à Montpellier, où il est encore. Il fit, en 1838-1840, partie de l'expédition scientifique du Nord, dirigée par P. Gaimard, et effectua avec M. Bravais l'une des ascensions du Mont-Blanc les plus intéressantes pour la science. On a de lui : *De la Phrénologie;* Paris, 1836, in-8°; — *Œuvres d'histoire naturelle;* ibid., 1837, in-8°, trad. de Gœthe; — *Mémoire sur les causes générales des syphilides;* ibid., 1838, in-8°; — *Du Microscope et de son application à l'étude des êtres organisés;* ibid., 1839, in-8°; — *Délimitation des régions végétales sur les montagnes du continent;* ibid., 1841, in-8°; — *Cours complet de météorologie;* ibid., 1843, in-18; traduit de Kæmtz et accompagné de notes; — *Voyage botanique en Norvège depuis Drontheim jusqu'au cap Nord;* ibid., 1841, in-8°; — *De la Tératologie végétale;* ibid., 1851, in-4°; — *Terrains superficiels de la vallée du Pô;* ibid., 1851, in-4°; — *Le Jardin des plantes de Montpellier;* ibid, 1854, in-4°. En 1848 ce savant a fondé, en société avec MM. Hæghens et Bérigny, un *Annuaire météorologique*, qui continue de paraître chaque année. Enfin il a communiqué beaucoup de notices aux *Annales des Sciences naturelles*, à la *Bibliothèque universelle de Genève*, au *Bulletin* de la Société Géologique, à la *Revue des deux Mondes* (Sur les glaciers de la Suisse), etc. K.

Bourquelot et Maury, *La Litt. fr. contemp.*

MARTINUZZI (*Georges*), en latin *Martinusius*, prélat et homme d'État croate, né en Croatie, vers la fin du quinzième siècle, assassiné à Alvinez, le 18 décembre 1551. Fils d'un gentilhomme nommé Utyschenitz, il adopta le nom de sa mère, Vénitienne de naissance. Après avoir mené pendant treize ans une existence chétive dans un château de la Transylvanie, où il avait été placé par Jean Corvin, il passa à l'âge de vingt ans au service de la duchesse de Teschen-Zisper, dans la maison de laquelle il exerça l'emploi de chauffer les appartements. Reçu quelque temps après comme frère servant dans un couvent de l'ordre de Paul l'Ermite, il y apprit à lire et à écrire, et fit des progrès si rapides dans la langue latine, que ses supérieurs, remarquant ses heureuses dispositions, lui firent étudier la théologie et la philosophie, et l'élevèrent ensuite à l'office de prieur dans leur couvent de Czenstochow près de Cracovie. C'est là que Jean Zapoly, roi de Hongrie, fuyant en 1528 devant les armes victorieuses de son rival Ferdinand d'Autriche, apprit à le connaître; actif et plein de courage, le moine, aidé par Jérôme Lasky, entreprit de relever la fortune du roi. A trois reprises consécutives il se rendit à pied en Hongrie, pour obtenir des partisans de Zapoly les secours en hommes et en argent, avec lesquels ce prince parvint à reprendre l'avantage sur Ferdinand, et à s'emparer de Bude, lorsqu'il eut été rejoint par l'armée de Soliman. Nommé évêque de Grosswardein, Martinuzzi fut, en 1540, chargé avec Pierre Petrovitch de la tutèle de Jean-Sigismond, le jeune fils de Zapoly; à la mort de ce dernier, ils firent proclamer Jean-Sigismond roi de Hongrie, contrairement au traité conclu entre Zapoly et Ferdinand, d'après lequel celui des deux rois qui survivrait à l'autre devait régner sur le pays tout entier. Ferdinand ayant l'année suivante envoyé une armée pour s'emparer de Bude, Martinuzzi, revêtu d'une armure complète, dirigea avec succès la défense de la ville. Soliman, appelé par le parti de Jean-Sigismond, arriva avec des troupes considérables et mit les assiégeants en déroute. Ayant occupé Bude par ruse, il se déclara administrateur du royaume jusqu'à la majorité de Jean-Sigismond, auquel il promit de le restituer alors, et lui abandonnait en attendant la Transylvanie. Assistée de Martinuzzi, Isabelle de Pologne, mère du jeune prince, parvint à établir l'autorité de son fils dans ce pays, dont elle partagea le gouvernement avec Martinuzzi. Après quelques années de bonne entente, Isabelle, poussée par plusieurs nobles envieux des richesses immenses que Martinuzzi avait su acquérir, lui fit demander compte de la manière dont il dépensait les revenus du pays; sur sa réponse, qu'il ne s'expliquerait à ce sujet qu'avec son pupille lorsqu'il serait devenu majeur, elle lui fit enjoindre par Soliman d'avoir à se soumettre à la demande de la reine mère. A la nouvelle de cette mésintelligence, Ferdinand entra secrètement en négociation avec Martinuzzi; il lui promit l'archevêché de Gran et le chapeau de cardinal; en retour, le moine signa un traité, par lequel il transférait au nom de Jean-Sigismond la Transylvanie à Ferdinand, contre la principauté d'Oppeln et l'héritage de Jean Zapoly, qui était tout entier entre les mains du roi. Prevoyant qu'Isabelle ne ratifierait pas ces conventions, Martinuzzi rassembla des troupes, et fit dissiper celles que la reine envoya contre lui. N'ayant pas réussi à entraîner les états entièrement de son côté, il alla avec vingt mille hommes assiéger Karlsbourg, où s'était réfugiée la reine; mais la majeure partie de ses soldats, touchés de l'infortune de cette femme, si belle et si gracieuse, refusèrent de porter les armes contre elle. Le moine alors demanda une entrevue, implora le pardon de ses fautes et rétablit les choses sur l'ancien pied. Mais Isabelle, n'ayant plus confiance en lui, rassembla les états à Enyed, l'accusa de s'entendre avec Ferdinand et le fit déclarer coupable de haute trahison. Martinuzzi, apprenant l'approche de l'armée envoyée par Ferdinand pour occuper le pays en exécution

du traité, alla présenter sa défense devant les États, et sut tellement gagner les esprits, qu'Isabelle, abandonnée, se retira à la hâte à Karlsbourg. Sur ces entrefaites Castaldo, commandant des troupes de Ferdinand, s'empara du pays; Isabelle se vit forcée de confirmer au nom de son fils le traité conclu par Martinuzzi; Ferdinand lui fit remettre cent mille ducats pour son douaire, et fiança une de ses filles a Jean-Sigismond. Soliman, furieux de ces conventions, passées sans son consentement, ordonna à Mohammed Sokoli, begler-bey de Romélie, de faire la conquête de la Transylvanie; Mohamed s'empara de plusieurs places; mais ayant échoué dans le siége de Temeswar, il retourna en Romélie. Martinuzzi et Castaldo se mirent à reprendre les forteresses conquises par les Turcs; au siége de Lippa le premier conduisit lui-même à l'assaut un bataillon de Magyars. Mais, craignant de voir arriver l'année suivante Soliman avec une armée formidable, il entra en pourparlers avec la Porte. Castaldo en avertit Ferdinand, qui venait d'envoyer au moine le chapeau de cardinal; le roi l'autorisa à agir contre Martinuzzi, comme il l'entendrait. Castaldo le fit poignarder, et envoya son oreille toute garnie de poils à Ferdinand, auquel elle fut remise, au moment où il était à vêpres. Le cadavre resta pendant deux mois sans sépulture; enfin, il fut enterré dans la cathédrale de Karlsbourg. Ce ne fut qu'avec peine que Ferdinand parvint à empêcher que le pape ne prononçât contre lui l'excommunication pour ce meurtre. On a remarqué que les assassins, tous Espagnols et Italiens, périrent misérablement dans l'espace de trois ans. « Martinuzzi était doué de facultés extraordinaires, dit Mailath dans son *Histoire des Magyars*; il avait une grande connaissance des affaires; son éloquence était persuasive, toujours appropriée aux circonstances. Lui-même était impénétrable, au point qu'aujourd'hui encore, malgré tout ce qu'on a écrit sur lui, son véritable but ne peut être établi avec la certitude que réclame l'histoire. » Ajoutons encore qu'au milieu de sa puissance, Martinuzzi, tout en aimant à s'entourer du plus grand luxe, continuait à porter sur sa personne son simple froc de moine. O.

Vita di Martinuzzi (en manuscrit a la bibliothèque de Vienne, *Histoire profane*, n° 986). — Katona, *Historia critica*. — Isthvanfi, *Historia de rebus Hungaricis*. — P. Jove, *Historia sui temporis*. — Bethlen, *Historia de rebus Transylvanicis*. — Hammer, *Histoire de l'empire Ottoman*.

MARTIRANO (*Coriolano*), poëte dramatique et philologue italien, né à Cosenza, dans le royaume de Naples, vers la fin du quinzième siècle, mort en 1557. Il entra dans les ordres et fut nommé évêque de San Marco, dans la Calabre, par le pape Clément VII. Il assista à la première session du concile de Trente et en fut élu un des secrétaires. Nommé peu après secrétaire du royaume de Naples par l'empereur Charles-Quint, il se rendit auprès de ce prince en Espagne, où il mourut. Antonio Guidi, dans une lettre à Vespasien Gonzague, citée par Tiraboschi et faussement datée du 4 septembre 1551, parle de la mort de Martirano. « Il est certain, dit-il, que c'est un grand malheur pour sa maison et pour les belles-lettres qui perdent beaucoup en lui, d'autant plus qu'il avait commencé à traduire du grec en très-beaux vers latins héroïques la divine *Iliade* d'Homère; il en avait déjà achevé six livres, et c'eût été un ouvrage excellent s'il eût pu le mener à bonne fin. » Martirano n'avait rien publié; mais son neveu Marzio profita de son absence pour faire paraître un choix de ses œuvres sous ce titre: *Tragœdiæ VIII; Comœdiæ II; Odysseæ lib. XII; Batrachomyomachia et Argonautica*; Naples, 1556, in-8°; les huit tragédies sont: *Médée*, *Électre*, *Hippolyte*, *Les Bacchantes*, *Les Phéniciennes*, *Le Cyclope*, *Prométhée* et *Jésus-Christ*; les deux comédies: *Plutus* et *Les Nuées*. « Ces tragédies et ces comédies, dit Tiraboschi, sont plutôt des traductions des anciens que des compositions originales; mais telles sont l'élégance et la propriété du style que peu d'autres poesies peuvent leur être comparées. » Tiraboschi n'en parlait que par ouï-dire, car il n'avait pu se procurer le recueil extrêmement rare, qui les contient. Cette rareté encouragea un plagiaire à faire réimprimer sous son propre nom les huit tragédies et les deux comédies de Martirano, avec quelques poésies de M. Ant. Flaminio et de Navagero dans un recueil intitulé: *Poesie varie latine ed italiane del P. Maestro D. Gio*; Venise, 1737, in-4°. Ce plagiat fut démasqué par Volpi. Bodoni a donné une édition du *Christus*, gr. in-8°, sans date, avec une traduction en vers italiens. On a encore de Martirano *Epistolæ familiares*; Naples, 1556, in-8°, recueil non moins rare que le précédent. Z.

Tafuri, *Istoria degli scrittori nati nel regno di Napoli*. — Tiraboschi, *Storia della Letteratura italiana*, t. VII, p. III, p. 300. — *Novelle letterarie* de Venise; Padoue, 1798, in-8°. — De Bure, *Bibliographie instructive*, n° 2804.

MARTIUS (*Henri* DE), botaniste allemand, né le 28 décembre 1781, à Radeberg, en Saxe, et mort à Berlin, le 4 août 1831. Il partit en 1804 pour Moscou, où il avait été nommé sous-inspecteur des musées impériaux, et fit, de 1808 à 1811, un voyage en Sibérie, en Ukraine, au Caucase, etc. En 1816 il retourna en Saxe, pour y pratiquer la médecine, et vint en 1828 se fixer à Berlin. Ses principaux ouvrages sont: *Prodromus Floræ Mosquensis*; Moscou, 1812, et (2e édit.) Leipzig, 1817; — *De Lepra Taurica*; Leipzig, 1816; même ouvrage en allemand, Fribourg, 1819; — *Das Kloster Altenzelle* (Le Couvent d'Altenzelle); Fribourg, 1820. H. W.

Conversations-Lexikon.

* **MARTIUS** (*Charles-Frédéric-Philippe* DE), voyageur et naturaliste allemand, est né en 1794, à Erlangen, où son père était pharmacien. Il apprit, à l'université de sa ville natale,

les sciences naturelles, et publia, encore étudiant, *Plantarum Horti Erlangensis Enumeratio* (Erlangen, 1814), et *Flora Cryptogamica Erlangensis* (ibid., 1817). Reçu docteur en médecine, il prit part (de 1817 à 1820) à l'expédition qu'envoyèrent au Brésil les gouvernements d'Autriche et de Bavière. Bien qu'il ne fût chargé que des travaux botaniques de l'expédition, il s'occupa aussi d'ethnographie, de statistique, de géographie, etc. Il en publia les résultats dans *Reise nach Brasilien* (Voyage dans le Brésil); Munich, 1824-1832, 3 vol., ouvrage important, aussi riche en observations qu'attrayant par son style. Spix, enlevé jeune à la science, a fourni quelques matériaux à la composition du premier volume. Parmi les travaux botaniques qui se rattachent à cet ouvrage, nous citerons : *Nova Genera et species Plantarum*; Munich, 1824-1832, 3 vol., avec 400 pl. color.; — *Icones Plantarum Cryptogamicarum*; Munich, 1828-1834, avec 76 pl. color.; dans les *Genera et Species Palmarum*; Munich, 1823-1845, 3 vol. grand in-fol., avec 219 pl. color : œuvre classique sur les palmiers de l'Amérique australe, exécuté avec magnificence. Le premier volume contient les généralités; le second, la description des palmiers brésiliens; le troisième, une révision systématique de tous les palmiers connus, que l'auteur porte au nombre de 582, tandis que Linné n'en comptait que 15, et Humboldt (en 1816) que 99. M. de Martius entremêle ses descriptions d'admirables peintures. Des vues pittoresques, représentant la végetation propre à chaque contrée décrite, et esquissées par d'habiles artistes, accompagnent l'ouvrage sur les palmiers, ainsi que la *Flora Brasiliensis*. Dans les *Reden und Vortraege ueber Gegenstaende aus dem Gebiete der Naturforschung* (Discours et Leçons sur des sujets d'histoire naturelle), Stuttgard, 1838, ainsi que dans plusieurs autres petits écrits, M. de Martius fait très-ingénieusement ressortir le côté contemplatif et moral de la science. Quelques-uns de ses nombreux écrits sont consacrés à de simples familles et espèces végétales, telles que les *Amaranthacées* (Bonn, 1825); les *Eriocaulées* (Bonn, 1833); l'*Erythroxylon* (Munich, 1840), etc. D'autres renferment d'excellentes descriptions du Brésil et de ses habitants : tels sont, *Die Pflanzen und Thiere des tropischen America* (Les Plantes et les Animaux de l'Amérique tropicale); Munich, 1831; — *Das Naturell, die Krankheiten, das Arzneythum und die Heilmittel der Urbewohner Brasiliens* (Le Naturel, les maladies, la médecine et les moyens thérapeutiques des aborigènes du Brésil); Munich, 1843, etc. Voici encore d'autres écrits botaniques de M. de Martius : *Conspectus Regni vegetabilis secundum Characteres morphologicos*; Nuremberg, 1835; — *Systema Materiæ medicæ vegetabilis Brasiliensis*; Leipzig, 1843; — *Die Kartoffelepidemie der letzten Jahre* (L'épidémie des Pommes de terre dans ces dernières années); Munich, 1842; — *Amœnitates Botanicæ Monacenses*; Francfort, 1829-1831, mais son principal titre de gloire c'est sa *Flora Brasiliensis*, travail monumental, entrepris sous les auspices des gouvernements d'Autriche et de Bavière et dont de 1840 à 1857 il a paru à Stuttgart 10 volumes in-fol. Quelque nombreux que soient les savants qui y ont coopéré, il faut reconnaître que c'est aux efforts persévérants de M. de Martius, que nous devons cet ouvrage magnifique, encore inachevé. On sait que le Brésil est le pays le plus riche en végétaux. M. de Martius n'en estime pas à moins de soixante mille le nombre de toutes les espèces, dont environ vingt-cinq mille ont été introduits dans les jardins où sont conservés dans les herbiers d'Europe.

M. de Martius est secrétaire perpétuel de l'Académie royale des Sciences de Munich, et en cette qualité il a prononcé les éloges de Schrank, Berzelius, Kielmeyer, Zuccarini, Oken, Link, etc. Comme professeur à l'université de cette ville, il réunit de nombreux élèves, et brille par une grande clarté d'exposition. H. W.

Conversations-Lexikon. — *Augsb. allg. Zeitung* (avril 1857). — *Rapport* de M. A. Maury dans le *Bulletin de la Société de Géographie* (t. 12, 1856). — *OEuvres* d'Alphonse de Candolle.

MARTORELL (*Jean*), écrivain catalan, né à Valence, vivait au quinzième siècle, mort vers 1460. Ses compatriotes le regardent comme le Boccace de leur idiome, c'est-à-dire comme le premier qui sut s'exprimer avec grâce et naturel en maniant une prose légère et simple. Il traduisit en langue limousine ou catalane les trois premières parties d'un des romans les plus curieux de la classe des récits chevaleresques, *Tirant le Blanc*, composition dont Cervantes a fait un pompeux éloge, en l'appelant « un trésor de contentement et sous le rapport du style le meilleur livre qui soit au monde ». Cet ouvrage, dont l'origine n'est pas bien connue, fut, à ce qu'on pense, écrit vers 1430. Martorell avait sous les yeux une rédaction portugaise; après sa mort, la quatrième partie fut traduite par Jean de Galbo, et le tout, dédié à don Fernand de Portugal, duc de Viseu, frère d'Alphonse V, fut imprimé à Valence en 1490, in-folio. Le traducteur dit que l'ouvrage, d'abord écrit en anglais, avait ensuite été traduit en portugais; ce texte anglais, s'il a existé, est aujourd'hui ignoré (1). L'édition

(1) On pourrait supposer qu'il y a là une de ces fictions habituelles chez les auteurs de romans chevaleresques, qui donnaient volontiers leurs œuvres comme traduites de l'arabe, du grec, etc., et qu'au fond Martorell est un écrivain original et non un traducteur. Ce qu'il y a de certain, c'est qu'une grande partie de l'histoire de Tirant le Blanc se passe dans la Grande-Bretagne et à la cour du roi d'Angleterre. On a avancé, mais sans preuve, que Martorell était venu à Londres comme faisant partie de la suite du duc de Coïmbre, Pedro, fils de Jean Ier, et qu'il avait recueilli les traditions sur lesquelles il avait édifié son œuvre. Il a placé dès le début l'histoire de Guy de Warwick, paladin tout anglais, qu'il appelle Gillem de Varvyck.

originale de *Tirant lo Blanch*, gros in-folio de 338 feuillets, est un des livres les plus rares qui existent; il paraît qu'il n'en reste que deux exemplaires, l'un à Rome au Vatican, l'autre au Musée Britannique (fonds Grenville), acheté pour 105 livres sterling à la vente de Richard Heber, qui l'avait payé 300 guinées (8,000 fr. environ). Une autre édition (Barcelone, 1497, in-folio) est également d'une rareté excessive. En 1511 parut à Valladolid en espagnol l'histoire *del invincible cavallero Tirante el Blanco*. On ne connaît que cette édition de cette traduction, et on n'en a pas vu d'exemplaires dans les ventes publiques depuis près d'un siècle. Celui qu'avait obtenu le bibliophile Gaignat s'adjugea en 1763 pour la somme de 36 fr.; il irait peut-être aujourd'hui à 1,500 fr. C'est sur l'espagnol qu'a été faite la traduction italienne de Lelio de Manfredi, publiée à Venise en 1538, in-4°; réimprimée dans la même ville en 1566 et 1611. L'édition primitive, très-peu commune, est fort recherchée; en 1847 un bel exemplaire fut payé 401 fr. à la vente de M. Libri. Il ne peut être question ici de donner une analyse de *Tirant le Blanc*; nous dirons seulement que cette production, assez connue en France par la traduction fort libre et abrégée qu'a donnée le comte de Caylus (vers 1737, 2 vol., et 1775, 3 vol.), offre en son genre un mérite véritable : il y a de l'originalité, de l'invention et parfois des épisodes fort scabreux.

G. B.

Ximeno, *Escritores del reyno de Valencia*, p. 12. — A. Bastero, *Crusca provenzale*. — Antonio, *Bibliotheca Hispana*. — *Bibliothèque des Romans*, octobre 1783, t. II, p. 3-68. — *Bibliotheca Heberiana*, p. VI, n° 2020. — *Bibliotheca Grenvilliana*, p. 734. — Dunlop, *History of Fiction*, t. II, p. 73-88. — *Repertorio Americano*; Londres, 1827, t. IV, p. 57-60.

MARTORELLI (*Jacques*), archéologue italien, né à Naples, le 10 janvier 1699, mort le 21 janvier 1777. Entré dans les ordres, il enseigna au séminaire de sa ville natale successivement les belles-lettres, l'hébreu et les mathématiques. Appelé en 1738 à suppléer Antonio di Fusco dans la chaire de littérature grecque à l'université de Naples, il fut nommé professeur titulaire en 1747. Trente ans après il obtint la chaire de littérature grecque. En 1758, il avait été chargé de mettre en ordre et d'expliquer la collection d'inscriptions rassemblée autrefois par Jos. Pontanus. On a de Martorelli : *De regia Theca Calamaria*; Naples, 1756, 2 vol. in-4°; à propos d'un vase du musée de Naples, qui, d'après Martorelli, avait été une écritoire, l'auteur fait l'histoire complète de l'écriture; — *De Amphictionibus*; — *In Arthemisia numismata Animadversiones*; — *Dissertazione filologiche sopra diversi argomenti di antica erudizione*; — *De pæderastia Græcorum*; — *Delle antiche colonie venute in Napoli*; Naples, 1764-1778, 3 vol. in-4° : cet ouvrage, rempli de savantes recherches, fut publié sous le nom de Manineca, disciple de Martorelli; — plusieurs dissertations; des discours et poésies en grec et en latin; — une excellente traduction de la *Grammaire Grecque* de Port-Royal, avec notes et additions; Naples, 1752, 2 vol. in-8°.

O.

Uomini illustri di Napoli, t. I. — Giustiniani, *Biblioth. Napolitana*. — Jagermann, *Magazin der italienischen Literatur*, t. II. — Hirsching, *Histor. Handbuch*.

MARTOS (*Ivan-Petrovick*), sculpteur russe, né vers 1755, à Itchnia (Petite-Russie), mort le 17 avril 1835, à Saint-Pétersbourg. Il trouva une protectrice généreuse dans la grande-duchesse Marie Feodorowna (depuis impératrice), qui l'envoya étudier à Rome aux frais du gouvernement. Nommé en 1794 professeur de l'Académie des Beaux-Arts, il en devint membre bientôt après, puis directeur. Non-seulement ce fut le plus éminent sculpteur que la Russie eût jamais produit, mais même il aurait passé pour tel dans tout autre pays. Il avait de la noblesse, une grande vérité d'expression et beaucoup de hardiesse dans sa manière. On le trouvait supérieur à Canova dans l'art des draperies, et il avait une habileté extrême dans l'arrangement d'un bas-relief. Le nombre de ses œuvres est très-considérable, et les plus importantes sont des monuments publics, tels que le groupe colossal du patriote Minin et de Pozharsky, en bronze, à Moscou; le mausolée de l'empereur Alexandre, à Taganrog; la statue du duc de Richelieu, à Odessa; le monument de Potemkin, à Cherson, et celui de Lomonosov, à Arkhangel. On lui doit encore plusieurs statues de saints dans l'église de Grussino et un admirable bas-relief, décorant le mausolée de la grande-duchesse Hélène Paulowna, et qui représente *L'Hymen éteignant sa torche*.

K.

Nagler, *Neues allgem. Künstlerlexikon*.

MARTYN (*William*), historien anglais, né en 1562, à Exeter, où il est mort, le 12 avril 1617. En sortant d'Oxford, il étudia le droit, et obtint, en 1605, l'emploi d'archiviste dans sa ville natale. Il est connu par l'ouvrage intitulé : *The History and lives of the Kings of England, from William the Conqueror unto the end of the reign of king Henri VIII*; Londres, 1616, in-fol.; réimpr. en 1628 et en 1638, avec des portraits gravés par Elstracke; cette troisième édition contient de plus les règnes d'Edward VI, de Mary et d'Élisabeth.

K.

Prince, *Worthies of Devon*.

MARTYN (*John*), botaniste anglais, né le 12 septembre 1699, à Londres, mort le 29 janvier 1768, à Chelsea. Fils d'un marchand de la Cité, il embrassa à seize ans la carrière du commerce; mais il avait une telle passion pour les lettres que, sans négliger ses travaux ordinaires, il consacra à l'étude une grande partie de la nuit, se contentant, pendant plusieurs années, de quatre heures de sommeil. Le pharmacien Wilmer, plus tard démonstrateur au jardin de Chelsea, lui inspira, en 1718, le goût de la botanique, et grâce aux conseils de Patrick Blair et de Sherard il y fit bientôt de rapides progrès. Dès lors il se mit à traduire l'*Histoire des Plantes qui naissent aux environs de Paris*, de Tournefort, entreprit à pied de longues excursions dans les campagnes environnantes, étudiant les plantes et les insectes, et s'attachant surtout à examiner toute chose par lui-même, et non d'après les opinions d'autrui. Ayant connu, vers 1721, le célèbre Dillenius, il contribua à fonder avec lui et d'autres savants, parmi lesquels on remarque Deering, Thomas Dale et Philip Miller, une société de botanique, qui se réunit d'abord au café de l'Arc-en-ciel, puis dans une maison particulière; cette société subsista environ cinq ans, et Martyn, qui en fut le secrétaire, lui communiqua diverses observations sur les feuilles séminales et sur le sexe des plantes. Ce fut probablement à cette époque qu'il renonça tout à fait au négoce pour se livrer à l'étude de la médecine. Après avoir décliné, par un excès de modestie, l'offre qu'on lui avait faite, en 1723, d'entrer à la Société royale de Londres, il consentit, l'année suivante, à en faire partie, et se montra fort assidu à s'associer aux travaux de cette compagnie, si l'on en juge par les mémoires insérés dans le recueil des *Philosophical Transactions*. En 1725 il ouvrit, sur la botanique, un cours qui eut un tel succès qu'à la recommandation de sir Hans Sloane, il fut chargé d'enseigner cette science à l'université de Cambridge (1727). Après la mort de Richard Bradley, il y devint professeur en titre (1733); mais, forcé d'interrompre bientôt ses leçons, il se remit à l'étude de la médecine, qu'il pratiqua pendant le reste de sa vie sans avoir pris le grade de docteur. En 1761, il résigna sa chaire à son fils Thomas Martyn, qui était d'une activité infatigable, prit part à presque toutes les grandes entreprises littéraires qui eurent lieu de son vivant; nous rappellerons principalement sa collaboration au *Grub-street Journal* (1737, 2 vol. in-12), espèce de revue satirique, où ses articles sont signés d'un B, et au *General Dictionary including Bayle*, pour les tomes I à III, in-fol. Houston, son ami, lui a dédié un genre de plantes (*Martynia*) de la famille des bignonées.

On a de John Martyn : *Tabulæ synopticæ Plantarum officinalium*; Londres, 1726, in-fol.; il a suivi, pour la classification, le système de Ray; — *Methodus Plantarum circa Cantabrigiam nascentium*; Londres, 1727, in-12 : c'est une édition nouvelle, mais corrigée avec soin, du catalogue alphabétique de Ray; — *Historia Plantarum rariorum* (*decades V*); Londres, 1728-1736, in-fol., avec 50 dessins de Van Huysum; trad. en allemand par F.-W. Panzer, Nuremberg, 1797, in-fol. La création du jardin botanique de Cambridge, à laquelle Martyn contribua, donna lieu à cet ouvrage, le plus beau en ce genre qui eût alors paru en Angleterre après celui de Catesby; toutefois les dessins ont peu de netteté; il n'y a pas de caractères anatomiques, et les synonymes sont peu nombreux; — *Virgilii Maronis Georgica*; Londres, 1741, in-4°; — *Virgil's Bucolics*; Londres, 1749, in-4°. C'est sur ces deux ouvrages que repose la réputation de Martyn; personne n'a plus que lui contribué à éclaircir le texte du poëte sous le rapport de l'agriculture et de la botanique. La version anglaise, quoique subtile dans quelques passages, en est généralement exacte. Quant aux notes, elles sont pleines d'intérêt; — *Dissertations and critical Remarks upon the Æneids of Virgil*; Londres, 1770, in-12 : publiées par son fils. John Martyn a traduit : *Tournefort's History of the Plants growing about Paris, with many additions*; Londres, 1732, 2 vol. in-8°; — *De Materie medica*, de Boerhaave; ibid., 1740, in-8°; — *Treatise of the acute Diseases of Infants*, de Walter Harris; ibid., 1742, in-8°; — *Memoirs of the royal Academy of Sciences at Paris*; ibid., 1742, 5 vol. in-8°, abrégé fait avec Chambers. En outre, il a publié en 1731 la *Collection of Voyages and travels* de Churchill, et il a continué l'abrégé des *Philosophical Transactions* de Lowthorp et Jones (1734 à 1756, 5 vol. in 4°). Il a laissé un grand nombre de manuscrits sur divers sujets de science et de littérature. P. L—y.

Th. Martyn, *Notice* à la tête des *Remarques sur l'Énéide*. — Rees, *Cyclopædia*. — Pulteney, *Sketches of Botany*. — Cuvier, *Hist. des Sciences natur.*, IV. — Gorham, *Memoirs of John and Thomas Martyn, professors of botany*; Lond., 1830 in-8°.

MARTYN (*Thomas*); botaniste anglais, fils du précédent, né en 1735, à Chelsea, mort le 3 juin 1825, à Patenhall (comté de Bedford). Après avoir pris ses degrés à Cambridge, il devint un des agrégés du collége de Sidney-Sussex. En 1761 il succéda à son père comme professeur de botanique à Cambridge, et garda cette chaire jusqu'à la fin de sa vie. Depuis 1771 il fut en même temps pourvu de divers bénéfices ecclésiastiques. En 1778 il fit, avec un jeune homme dont il dirigeait l'éducation, un voyage à travers la France, l'Italie et la Suisse. A son retour, il occupa pendant près de quarante ans le poste de secrétaire honoraire de la Société pour l'amélioration de l'architecture navale. Il fut membre de la Société royale de Londres. Savant affable et modeste, il a laissé un grand nombre d'ouvrages sur la botanique, la littérature et la morale, où l'on trouve autant d'érudition que de clarté. On a de lui : *Plantæ Cantabrigienses*; 1763, in-8° : suivant le système de Linné; — *Description and account of the Botanical Garden*; 1763, in-4°; — *The English Connoisseur*; Londres, 1766, 2 vol. in-12; — *Catalogus Horti Cantabrigiensis Botanici*; 1771, 1772, in-8°; — *The Antiquities of Herculaneum*, 1773, t. I, in-4°; trad. de l'italien avec Lettice; — *Elements of Natural History*; 1775, in-8°; — *Le Conchyliologiste universel, dessiné et peint d'après nature, et arrangé selon le système de l'auteur* (en anglais et en

français); Londres, 1782, 1784 ou 1789, 2 vol. in-fol, max.; — *Rousseau's Letters on the elements of botany*; Londres, 1785, 1787, 2 vol. in-8°; — *Sketch of a Tour through France, Switzerland and Italy*; Londres, 1787, in-8°; — *Exposé succinct d'un établissement particulier formé pour instruire la jeunesse dans l'art d'expliquer et de peindre des sujets d'histoire naturelle* (en anglais et en français); Londres, 1789, in-4°; — *Another Tour in Italy*, trad. en français en 1791; — *Flora rustica*; Londres, 1792-1794, 4 vol. in-4° pl.; — *The English Entomologist*; Londres, 1792, gr. in-4°, comprenant tous les insectes coléoptères qui se trouvent en Angleterre; il y a des exemplaires avec le texte français; — *The Language of Botany, a dictionary with familiar explanations*; Londres, 1793, 1796, 1807, in-8°; — *Aranei, or natural history of Spiders*; Londres, 1793, in-4° fig.; — *Psyche, figures of non descript lepidopterous insects*; Londr., 1797, in-4°, fig. Il a aussi donné une édition augmentée du *Gardener's and Botanist's Dictionary* de Miller; Lond., 1803-1807, 4 vol. in-fol., fig. P. L—y.

Annual Biography, 1826.

MARTYN (*Henry*), orientaliste anglais, né en 1781, à Truro (Cornouailles), mort le 16 octobre 1812, à Tokat (Asie Mineure). Il était fils d'un ouvrier mineur, et fut élevé à Cambridge, où il professa quelque temps comme agrégé. En 1803 il prit les ordres. Cédant aux exhortations du révérend Charles Simeon, qu'il connut vers cette époque, il résolut de partager les travaux des missions évangéliques, et s'embarqua en 1805 pour les Indes. Il résidait au Bengale en qualité de chapelain, et avait déjà rédigé plusieurs petits traités religieux pour l'instruction des néophytes, lorsqu'il entreprit de traduire le Nouveau Testament en hindoustani, en arabe et en persan. En 1811 il se rendit à Chiraz, afin d'y trouver les secours nécessaires à cette dernière version; au bout d'une année, le soin de sa santé, détruite par l'influence du climat et par l'excès du travail, le força de reprendre la route de l'Angleterre. Il mourut en voyage dans une ville de la Turquie d'Asie. On a de lui : *The New Testament of J.-C., translated into the hindoostanee language from the original greek*; Calcutta, 1815, in-8°; la première édition est de 1808; — *Novum Testamentum J.-C. e græco in persicam linguam datum*; Saint-Pétersbourg, 1815, in-4°. L'auteur avait confié, avant de quitter Chiraz, le manuscrit de cette version à sir Gore Ouseley, ambassadeur d'Angleterre à Téheran; ce dernier en fit faire une copie, et la communiqua au shah de Perse, Feth-Ali, qui lui témoigna par lettre la satisfaction qu'il avait éprouvée de cette lecture. A son retour, sir G. Ouseley remit le manuscrit à la Société biblique de Petersbourg. On a encore de H. Martyn des *Mémoires* posthumes, écrits en anglais, et publiés à Londres; 1821, in 12. K.

John Sargent, *Memoir of rev. H. Martyn*; Londres, 1821, in-8°, 10° edit., 1848. — Silvestre de Sacy, dans le *Journ. des Savants*, sept. 1816. — *Basel. Magaz.*, 1821, VI.

MARTYR (*Pierre*). *Voy.* ANGHIERA.

MARUCELLI (*Francesco*), érudit italien, né en 1625, à Florence, mort le 25 juillet 1713, à Rome. Reçu docteur à Pise, il fut ordonné prêtre, et s'établit à Rome, où son oncle, l'abbé Giuliano Marucelli, lui résigna deux riches abbayes qu'il possédait dans le royaume de Naples. Il fit de sa fortune l'usage le plus libéral, visitant les hôpitaux, distribuant de larges aumônes aux pauvres, cultivant les lettres et encourageant les écrivains de ses deniers. On a de lui un vaste répertoire conservé en manuscrit à Florence, et qui contient en 112 vol. in-fol. l'index de toutes les matières traitées dans les ouvrages qu'il avait lus. La nombreuse et riche bibliothèque de Marucelli, qu'il avait léguée à sa ville natale, devint publique en 1752.

Son frère, *Giovanni-Filippo*, mort en 1680, à Florence, fut ministre du grand-duc et eut la réputation d'un homme fort instruit. P.

Uomini illustri Toscani, IV, 483. — *Storia letteraria d'Italia*, X, 360. — *Arcadi morti*, I, 202 — A. M. Bandini, *Elogio Storico dell' abbate F. Marucelli*; Livourne, 1754, in-8°.

MARULAZ (*Jacob-François* MAROLA ou), général français, né le 6 novembre 1769, à Leiskamm (diocèse de Spire), mort le 10 juin 1842, au château de Filain (Haute-Saône). Enfant de troupe dans un régiment de hussards, il passa par tous les grades inférieurs, et prit part depuis 1792 aux campagnes de la république en Belgique, en Vendée, sur le Rhin et en Suisse. Il venait d'être nommé chef de brigade lorsque, quelques jours après la bataille de Zurich, il engagea un brillant combat avec les Russes, leur fit quatre cents prisonniers, et reçut cinq coups de feu dans la poitrine. Sa belle conduite à l'armée du Rhin lui valut un sabre d'honneur. Général depuis 1804, il servit dans la guerre de Prusse, s'empara de vingt-sept pièces de canon au combat de Golymin, contribua par plusieurs charges de cavalerie au succès de la bataille d'Eylau, et fit, en avant de Labiau, poser les armes à un corps de cinq mille hommes. Il ne rendit pas moins de services durant la campagne d'Allemagne : ainsi à Wagram il enleva onze pièces de canon et enfonça trois bataillons carrés. Une blessure dangereuse qu'il avait reçue à la jambe l'obligea de renoncer à l'activité. Élevé au grade de général de division (12 juillet 1809), il se retira à Besançon, place dont il garda le commandement jusqu'à la fin de l'empire, et qu'il sut en 1814, avec de faibles ressources, conserver intacte, malgré un blocus qui dura près de quatre mois. Cette belle defense fit dire à Napoléon : « Je savais Marulaz brave, mais je croyais Besançon pris. » Au second retour des Bourbons, Marulaz fut mis à la retraite; il avait été créé en 1808 baron de l'empire. Un de ses fils est aujourd'hui général d'infanterie. P. L.

Lyevins et Verdot, *Fastes de la Legion d'Honneur*, II.

MARULLE (*Michele Marullo* TARCAGNOTA), un des meilleurs poëtes latins de la renaissance, mort en 1500. Grec d'origine et natif de Constantinople, il fut amené en Italie après la prise de cette ville. Il étudia les lettres grecques et latines à Venise, et la philosophie à Padoue. Il prit ensuite pour subsister la profession des armes, et servit sous les ordres de son compatriote Rallo. Au milieu des hasards de la vie militaire, il composa quatre livres d'*épigrammes*, trois livres d'*hymnes*, et un poëme inachevé, *De Principum Institutione*. Toutes ces poésies sont en latin. Les *Épigrammes* sont dédiées à Laurent de Médicis, son protecteur, et se composent en général de petites pièces dans le genre de Martial; quelques-unes ont cependant plus d'étendue, et ce recueil contient en outre une longue *Élégie* à *Neæra*, dans laquelle le poëte donne des détails sur ses malheurs. Ses *Hymnes*, qu'il intitule *Hymni naturales*, parce qu'il y célèbre la nature, ne sont pas consacrés aux saints du christianisme, mais aux dieux de la mythologie. Un des plus remarquables est l'*Hymne au Soleil*, qui rappelle la manière, les idées et parfois le talent de Lucrèce. Comme son compatriote Gémiste Pléthon, dont il n'avait pas d'ailleurs le génie élevé et solide, il était très-opposé aux croyances chrétiennes, et penchait vers le paganisme interprété philosophiquement. Sa vie fut agitée. « C'était un esprit inquiet, dit Bayle, et il ne trouva jamais une assiette fixe, ni pour son corps ni pour ses études. » Marulle avait épousé Alessandra Scala, une des plus belles et des plus spirituelles personnes de Florence. Politien, qui avait été son rival malheureux, se vengea du poëte préféré par des vers satiriques très-amers. Marulle, en revenant de Volterra, où il avait visité un ami, se noya dans la petite rivière de la Cecina. Les *Epigrammata* de Marulle parurent à Rome, 1493, in-4°; on en cite une édition de 1490, et les deux premiers livres avaient été publiés précédemment. Les *Épigrammes* et les *Hymnes* réunis parurent à Florence, 1497, in-4°. Un supplément à cette édition fut publié sous ce titre : *Maruli Neniæ; ejusdem epigrammata nunquam alias impressa;* Fano, 1515, in-8°; une édition plus complète, intitulée : *Epigrammatum Libri quatuor, hymnorum libri quatuor, Neniæ quinque et alia quædam epigrammata*, parut à Brescia, 1531, in-8°; elle a été reproduite à Paris, 1561, in-16. Z.

Hody, *De Græcis illustribus linguæ græcæ litterarum humaniorum restauratoribus*. — Boerner, *De eruditis Græcis, iisdemque litterarum in Italia instauratoribus*. — Bayle, *Dictionnaire Historique*. — Tiraboschi, *Storia della Letteratura italiana*, t. VI, p. 11. — Ginguené, *Histoire de la Littérature italienne*, p. 471.

MARULLE (*Fr.*). *Voy.* MAUROLYCO.

MARULO (*Marco*), érudit dalmate, né le 18 août 1450, à Spalato, où il est mort, le 5 janvier 1524. Après avoir perdu celui de ses frères qu'il chérissait le plus, il renonça au monde pour vivre dans un lieu retiré, où il consacra tous ses instants à l'étude et au culte de Dieu. Parmi les nombreux ouvrages qu'il a composés, on cite de lui : *De ratione bene vivendi per exempla Sanctorum, VI libri;* Aversa, 1601; — *De Evangeliis, libri VII;* Venise, 1516, in-4°; — *Quinquagenta parabolæ;* Venise, 1517, in-8°; — *Vita D. Hieronymi*, dans les *Scriptores Rerum Hungar.*, III; — *Regum Dalmatiæ et Croatiæ Gesta*, dans les *Script. Rerum Dalmat.* de Lucio; — *Storia di Giuditta, lib. VI;* Venise, 1522, 1627, écrite en langue illyrienne; — *Inscriptiones Dalmatiæ quæ in Vaticana Bibliotheca reperiuntur;* Venise, 1673, in-4°; — *Poemata*, en sept livres. P.

Fr. Natali, *Biogr. di Marco Marulo*, dans *Illyricum Sacrum* du P. Farlati, t. II. — G. Gliubich, *Dizionario della Dalmazia*, 198-202.

MARULLUS (*Marcus*), mimographe latin, vivait dans le second siècle de l'ère chrétienne. D'après Jules Capitolin, il tourna en ridicule les empereurs Marc-Aurele et Ælius Verus, et ne fut pas puni. Il paraît qu'il obtint une réputation durable, puisque deux siècles plus tard saint Jérôme vanta l'élégance de son style (*stropham eleganti sermone confictam*). Il ne reste de ce poëte qu'un court fragment, qui contient un jeu de mots, et suivant Servius, une faute de grammaire.

Un autre MARULLUS, poëte calabrais du cinquième siècle, fit des vers à l'éloge d'Attila après la prise de Padoue, en 453. Il y comparait le roi des Huns à un dieu, et le disait issu des dieux. On rapporte qu'Attila, mécontent de ces flatteries, fit brûler l'ouvrage et châtier le poëte. (*Voy.* FABRICIUS), *Bibliotheca Latina mediæ et infimæ ætatis*, t. V.) Y.

J. Capitolin, *Marcus Antonius*, 8. — Servius, *ad Virg. Eclog.*, 7, 26; *ad Æn.*, 7, 499. — Saint Jérôme, *Ad Pammach. Apolog.*, l. II. — Vossius, *De Poetis latinis*. — Bothe, *Poetæ scenici Latinorum*, t. VI, p. 269.

*MARURE (Don *Alejandro*), géographe guatémalien, né au commencement de ce siècle. Tout ce que l'on savait d'un peu exact touchant la géographie de l'Amérique centrale se réduisait naguère aux documents surannés ou incomplets de Juarros, lorsque après la déclaration de l'indépendance don Marure se voua, comme D. José del Valle, à l'étude physique de ce pays; malheureusement ses nombreux écrits sont encore inédits; on cite de lui comme ayant été imprimé : *Memoria sobre el canal de Nicaragua;* — *Efemerides de los hechos notables acaecidos en la Republica de Centro America, desde el año 1821 hasta el de 1842*; Guatemala, 1844, in-8°. Son travail le plus important, et trop peu connu en Europe, a été gravé par les soins du gouvernement : *Atlas de Guatemala, en ocho cartas formadas y grabadas en Guatemala* « c'est, dit le savant M. Squier, un travail exact ». F. D.

Documents particuliers.

MARUSCELLI ou **MARUCCELLI** (*Giovanni-*

Stefano), peintre de l'école florentine, né en Ombrie, vers 1584, mort à Pise, en 1656. Fort jeune encore, il vint se fixer à Pise, où il fut élève d'Andrea Boscoli. Il a enrichi sa patrie adoptive d'un grand nombre d'ouvrages, dont le plus remarquable est le *Repas d'Abraham et des Anges* (1628). Indiquons encore : *Sainte Catherine*; *Saint Charles Borromée en prière*; et la façade à fresque du Palazzotto; *L'Ascension* à Pistoja; et *Saint Michel* à Florence. Maruscelli fut enterré dans le Campo-Santo de Pise, dont il avait retouché quelques peintures, et un monument y fut élevé à sa mémoire par ses élèves Ascanio Penna de Pérouse et Vincenzo da Torto de Pise. E. B—N.

Baldinucci, *Notizie* — Oretti, *Memorie*. — Orlandi, Lanzi, Ticozzi. — Tolomei, *Guida di Pistoja*. — Morrôna, *Pisa illustrata*. — Fantozzi, *Guida di Firenze*.

MARVEIL (*Arnaud* DE), troubadour français, né dans une famille obscure, à Marveil en Périgord, mort vers 1200. Sa capacité, son esprit lui procurèrent l'entrée de la cour de Roger II, vicomte de Béziers, surnommé *Taillefer*; l'amour qu'il conçut pour la vicomtesse Adélaïde, fille de Raymond V, comte de Toulouse, le rendit poëte; il célébra, suivant l'usage du temps, sa passion et ses peines; sa versification facile offre du naturel et de la tendresse. Exilé par suite de la jalousie d'un amant plus heureux et plus illustre, Alphonse IX, roi de Castille, il chanta avec délicatesse les tourments de l'absence. Il mourut, à ce qu'on pense, avant sa belle, laquelle expira en 1200. Il reste de ce troubadour des pièces de vers nombreuses, et quelques-unes sont d'une étendue considérable. M. Raynouard en a publié plusieurs, et il en existe d'autres, jusque ici inédites. G. B.

Millot, *Histoire des Troubadours*, t. I, p. 69. — Papon, *Voyage littéraire dans la Provence*, p. 221. — Raynouard, *Choix des Poésies des Troubadours*, t. II, p. 258; III, 199-226; IV, 408-418; V, 46. — *Histoire Littéraire de la France*, t. XV, p. 441. — *Parnasse occitanien*, p. 15. — Diez, *Leben und Werke der Troubadours*, p. 120.

MARVELL (*André*), écrivain satirique anglais, né à Kingston-upon-Hull, dans le Yorkshire, le 15 novembre 1620, mort à Londres, le 16 août 1678. Son père était maître d'école et ministre de l'église de Kingston. Admis au collége de La Trinité à Cambridge en 1635, il se laissa entraîner l'année suivante par des agents des Jésuites, qui cherchaient alors à faire des prosélites parmi les jeunes gens des universités, et se rendit à Londres. Son père le ramena à Cambridge, où il poursuivit ses études avec honneur et prit le grade de bachelier ès arts. Il voyagea ensuite en Hollande, en France, en Italie, en Espagne. Cette excursion lui permit d'apprendre plusieurs langues du continent et aussi d'exercer sa verve poétique et satirique. Il se moqua d'un certain Flecknoe, prêtre anglais à Rome, et tourna en ridicule un Français, l'abbé Lancelot-Joseph de Maniban, qui prétendait connaître les caractères des personnes qu'il n'avait jamais vues et prédire leur bonne ou mauvaise fortune d'après l'inspection de leur écriture. Ces deux satires sont les souvenirs presque uniques des sept années de voyage de Marvell; on sait de plus qu'il passa quelques années à Constantinople et qu'il y servit de secrétaire à l'ambassadeur anglais près de la Porte. En 1653 nous le voyons de retour en Angleterre, et employé par Olivier Cromwell comme gouverneur d'un M. Dutton, sans doute un de ses protégés. En 1657 il fut associé à Milton dans la charge de secrétaire latin du protecteur. Un peu avant la restauration, il devint membre de la chambre des communes pour sa ville natale dans le parlement qui siégea à Westminster depuis le 25 avril 1660 et dans celui qui ouvrit sa session le 8 mai 1661. Ses électeurs furent si contents de sa conduite qu'ils lui assignèrent une belle pension pour tout le temps qu'il continuerait de les représenter, ce qui dura jusqu'à sa mort. Hull fut probablement le dernier bourg qui paya son représentant. L'ancien secrétaire de Cromwell crut prudent de ne pas s'exposer à la réaction, et il alla passer en Hollande et en Allemagne les deux premières années de la restauration. A peine de retour, il consentit à suivre, en qualité de secrétaire, lord Carlisle, ambassadeur extraordinaire en Russie, Suède et Danemark. Il ne reprit sa place au parlement qu'en 1665, et dès lors il semble qu'il ne manqua plus aucune session. Depuis cette époque jusqu'en 1674 il adressa régulièrement des rapports au maire et à la corporation de Hull sur les actes des deux chambres. La corruption de la cour, la politique arbitraire et déloyale du ministère jetèrent Marvell dans l'opposition. Malgré la légèreté de ses manières, il était sincèrement attaché à la liberté civile et religieuse. Il n'avait pas d'éloquence et prenait rarement la parole; mais la vivacité de son esprit, tempérée par un fonds de bon sens, lui assurait de l'influence sur beaucoup de membres des deux chambres. Le comte de Devonshire était avec lui dans des termes d'intimité, et le prince Rupert lui demandait des conseils. En 1672 il engagea la polémique à laquelle il doit principalement sa célébrité. Voici quelle en fut l'occasion. Le docteur Samuel Parker, depuis évêque d'Oxford, homme de talent et de savoir, mais défenseur virulent du pouvoir arbitraire, venait de publier, avec une préface, l'*Apologie* de l'évêque Bramhall, contre l'accusation presbytérienne de papisme. Marvell attaqua cette préface dans la *Répétition mise en prose*, pamphlet dont le titre, que nous citons en entier, indique assez l'esprit sarcastique : *The Rehearsal transprosed, or animadversions on a late book, intituled : A Preface showing what grounds there are of fears and jalousies of popery, the second impression with additions and amendements. London, printed by J. D. for the assigns of John Calvin and Theodore Beza, at the sign of the King's Indulgence, on the south side of the Lake Leman; and sold by N. Ponder* *in Chancery-Lane*, 1672, in-8°. Le titre de ce pamphlet est emprunté en partie à la comédie du duc de Buckingham intitulé le *Rehearsal;* et comme le duc s'y était moqué de Dryden sous le nom de *Bayes*, Marvell appliqua ce nom à Parker. Celui-ci répondit dans un *Reproof to the* Rehearsal transprosed, et Marvell répliqua en ajoutant une seconde partie à son pamphlet. Il ne se contenta pas de réfuter les propositions avancées par Parker dans la préface de l'*Apologie*, il poursuivit les doctrines de son adversaire jusque dans l'*Ecclesiastical Polity* publiée en 1670. Le docteur ne riposta pas. « Parker, dit Burnet, après avoir pendant plusieurs années diverti la nation par ses livres virulents, fut attaqué par le satirique le plus amusant de l'époque, qui écrivait dans un genre burlesque, mais d'une manière si particulière et si divertissante que depuis le roi jusqu'aux marchands ses livres furent lus avec grand plaisir. Ils rabattirent les prétentions non-seulement de Parker, mais aussi celles de tout le parti; car l'auteur du *Rehearsal transprosed* eut tous les hommes d'esprit de son côté. Swift dans son *Conte du tonneau*, parlant du sort ordinaire des écrivains qui répondent à d'autres et du peu de temps que vivent leurs réfutations, dit: « Il y a cependant une exception, c'est lorsque un génie distingué juge à propos de réfuter des sottises; ainsi nous lisons avec plaisir la réponse de Marvell à Parker, quoique le livre auquel il répond soit depuis longtemps oublié. »

Excité par le succès de cette première polémique, Marvell se laissa facilement entraîner à une seconde. Le docteur Turner avait attaqué le traité d'Herbert Croft, évêque de Hereford, intitulé *The naked Truth, or the true state of the primitive Church*, et écrit dans le sens de la modération et de la tolérance. Marvell répondit à l'adversaire d'Herbert Croft dans le pamphlet suivant : *Mr. Smirke, or the divine in mode, being certain annotations upon the animadversions on* The naked Truth, *together with a short historical essay concerning general councils, creeds and impositions in matters of religion, by Andreas Rivetus Junior. Anagrammatised* « Res nuda veritas », 1676, in-4°. Le dernier ouvrage de Marvell, publié de son vivant, fut un pamphlet politique qui a pour titre : *An account of the growth of Popery and arbitrary government in England; more particularly, from the long prorogation of november* 1675, *ending the* 15 *th of february* 1676, *till the last meeting of parliament, the* 16 *of july* 1677; 1678, in-fol. Ce pamphlet, le plus hardi que l'auteur eût publié, l'exposa à des menaces sérieuses; et quand il mourut peu de temps après, on soupçonna qu'il avait été empoisonné. Marvell dans société était réservé et silencieux ; c'était seulement avec des amis sûrs qu'il se livrait à sa gaieté naturelle. Il était alors le plus charmant causeur. Charles II, qui aimait son esprit et craignait sa malice, essaya de l'acheter, et s'étonna de le trouver incorruptible. Cependant il n'avait aucune fortune, et l'on rapporte que le jour même où il refusait mille livres du premier ministre lord Damby, il était réduit à emprunter une guinée. Cook publia les *Œuvres* d'André Marvell; Londres, 1726, 2 vol. in-12, qui ne contiennent que ses poëmes et ses lettres. Le capitaine Édouard Thompson en publia une édition plus complète en 1776, 3 vol. in-4°. Z.

Cook, *Vie de Marvell*, en tête de son édition. — *Biographia Britannica*. — D'Israeli, *Quarrels of Authors*. — Chalmers, *General biographical Dictionary*. — *English Cyclopædia* (Biography).

MARVY (*Louis*), graveur français, né à Versailles, le 15 mai 1815, mort à Paris, le 15 novembre 1850. Élève de Jules Dupré, il gravait à l'eau-forte, et avait en quelque sorte retrouvé le procédé du vernis mou. C'est dans cette manière, pittoresque et expéditive, mais trop égale et sans finesse, qu'il a gravé, avec M. A. Masson, la collection des Decamps de M. Paul Périer, quelques Diaz, et un grand nombre de tableaux modernes, des Cabat, des Corot, etc. Il a lui-même composé bon nombre de paysages agréables. Il dessinait vite et bien; il était d'une grande fécondité : ses productions ne manquent d'ailleurs ni de vigueur ni de franchise, et il a beaucoup fait pour la popularité de quelques maîtres modernes. Il laissait en mourant une famille sans ressources. Marvy a publié en 1844 une suite de vingt eaux-fortes sous le titre de *Un Été en voyage*. J. V.

Paul Mantz, dans *L'Événement* du 25 novembre 1850. — Charles Blanc, *Manuel de l'Amateur d'Estampes*.

MARX (*Jacques*), médecin allemand, né à Rome, en 1743, mort à Hanovre, le 24 janvier 1789. Juif de naissance, il voyagea en Hollande et en Angleterre, où il fut en relation suivie avec le célèbre Fothergill. Il devint médecin de la cour de l'électeur de Cologne, et alla plus tard exercer son art à Hanovre. On a de lui : *Observationes medicæ*; Hanovre, 1774-1787, 3 vol. in-8°; les deux derniers sont écrits en allemand; — *Von der Schwind-Lungensucht und den Mitteln wider dieselbe* (De la Phthisie pulmonaire et des moyens à employer contre cette maladie); Hanovre, 1784, in-8°; — *Geschichte der Eicheln* (Histoire des Glands); Dessau, 1784 et Leipzig, 1789, in-8°; cet ouvrage a beaucoup propagé l'usage du gland de chêne dans plusieurs affections du bas-ventre et de la poitrine; — *Ueber die Beerdigung der Todten* (Sur la Sépulture des Morts); Hanovre, 1787, in-8°; écrit en faveur des inhumations promptes en usage chez les Israélites et contre lesquelles s'était élevé le docteur Herz; — plusieurs dissertations et quelques articles dans le *Hannovrisches Magazin*. O.

Hirsching, *Histor. liter. Handbuch*. — Meusel, *Lexikon*.

***MARX** (*Adolphe-Bernard*), musicien allemand, né à Halle, le 27 novembre 1799. Après avoir étudié la jurisprudence, il s'adonna exclusivement à la musique, et alla se fixer à Berlin, où il donna d'abord des leçons de musique. En 1830 il devint directeur de musique à l'université de cette ville. On a de lui : *Die Kunst des Gesanges* (L'Art du Chant); Berlin, 1826, in-4°; — *Ueber Malerie in der Tonkunst* (Sur la Peinture dans la Musique); Berlin, 1828, in-8°; — *Die Lehre von der musikalischen Komposition* (La Science de la composition musicale); Leipzig, 1837-1845, 4 vol.; troisième édition, 1852; la quatrième a paru en 1859; — *Allgemeine Musiklehre* (Théorie générale de la Musique); Leipzig, 1839 et 1850; — des articles dans le *Allgemeines Musik-Lexikon* de Schilling. Parmi les compositions de Marx nous citerons : *Jery et Baetely*, drame; — *La Vengeance attend*, mélodrame; — *Saint Jean-Baptiste*, oratorio; — *Le Salut d'Ondine*, symphonie; — *Nahid et Amar*, oratorio; — *Le Chant du Printemps*; — *Livre de Chant choral et d'orgue* publié à Berlin; — *Hymnes*, *Chœurs*, des morceaux pour piano et pour chant, etc. — Marx a aussi édité avec soin plusieurs œuvres de Séb. Bach; il a encore écrit une *Dissertation sur la manière de comprendre et d'executer la musique de Bach*. O.

Conversations-Lexikon.

*MARY-LAFON (*Jean-Bernard* LAFON, dit), littérateur français, né le 26 mai 1811, à La Française (Tarn-et-Garonne). Du côté de sa grand'mère, Mlle Maury de Saint-Victor, il appartient à une famille de bonne noblesse normande. Après avoir terminé ses études au collége de Montauban, il vint à Paris après 1830, embrassa la carrière des lettres, et commença par fournir des articles à *La France Littéraire* et au *Journal de l'Institut historique*; puis il aborda tour à tour le théâtre, le roman, les antiquités, l'histoire, et remporta divers prix dans les concours des académies de province. Il est membre de la Société des Antiquaires de France. On a de lui : *Silvio, ou Le Boudoir*; Paris, 1835, in-8°, fig., recueil de poésies; — *Histoire d'Angleterre* (avec M. Victor Boreau); ibid., 1837, in-12; — *Bertrand de Born*, roman; ibid., 1838, 2 vol. in-8°; — *Tableau historique et comparatif de la langue parlée dans le midi de la France et connue sous le nom de langue romano-provençale*; ibid., 1841, in-18; fragment réimpr. en 1842, sous le même titre et avec des additions nombreuses; M. Quérard prétend, dans ses *Supercheries littéraires*, que tout ce travail n'est que la réimpression textuelle de la *Bibliographie des patois* de M. Pierquin de Gembloux; — *Histoire politique, religieuse et littéraire du midi de la France*; ibid., 1841-1844, 4 vol. in-8°, avec une carte; c'est l'ouvrage le plus considérable de l'auteur; — *Le Maréchal de Montluc*, drame en vers; ibid., 1842; — *Calas d'après les documents inédits*, dans la *Revue de Paris*, du 20 nov. 1844; — *Le Chevalier de Pomponne*, comédie en vers; Paris, 1845, jouée au théâtre de l'Odéon; — *La jolie royaliste*, roman; ibid., 1846, 2 vol. in-8°; — *Jonas dans la baleine*, roman; ibid., 1846, in-4°; — *L'Oncle de Normandie*, comédie en vers; ibid., 1846; — *Rome ancienne et moderne*; ibid., 1852, in-4°, et 1853, in-8°; — *Histoire d'un Livre*; ibid., 1857, in-8°; — *Mœurs et Coutumes de la vieille France*, contes et nouvelles; ibid., 1859, in-18; — *Mille Ans de Guerre entre Rome et les Papes*; ibid., 1860, in-18. M. Mary-Lafon a encore coopéré à la rédaction du *Musée des Familles*, de la *Revue indépendante*, du *Moniteur*, etc., et il a fourni *La Gascogne* et *La Guienne* à l'*Histoire des Villes de France* de M. Guilbert. P.

Quérard, *Supercheries littér.* — *Littér. Fr. contemp.* — Vapereau, *Dict. univ. des Contemp.*

MARZARI-PENCATI (*Giuseppe*, comte), minéralogiste italien, né en 1779, à Vicence, où il est mort, le 30 juin 1836. Issu d'une famille noble et ancienne, il reçut à Vicence, chez l'abbé Pieropan, puis au collége de Padoue, une éducation purement littéraire, et composa dans sa jeunesse des sonnets et des tragédies. Quelques excursions au pied du Sumano, montagne connue depuis des siècles par la variété de ses plantes, le guérirent de la métromanie; il se passionna pour la botanique, et vint en 1802 à Paris pour l'étudier d'une manière fructueuse. Durant un séjour de quatre années, il fit des progrès rapides; on lui donna toutes facilités de poursuivre ses recherches, soit au Jardin des Plantes, soit à La Malmaison; les cabinets de plusieurs savants lui furent ouverts, et il reçut les conseils de Haüy, de Faujas de Saint-Fond, de La Métherie, d'Hassenfratz et surtout de Matteo Tondi, qui faisait un cours public de minéralogie. Cette dernière science l'occupa même à un tel point qu'il renonça tout à fait à la botanique. En 1806 il retourna en Italie, en compagnie de Faujas de Saint-Fond, et visita en chemin l'Auvergne, le Vivarais, la Provence et les Alpes de Savoie. Après avoir présenté à la direction de l'instruction publique de nombreux échantillons des minéraux du Vicentin, il fut chargé par le prince Eugène de faire une description minéralogique des monts Euganéens (1808) et du territoire de Bergame (1810). Occupé de ce dernier travail, il découvrit une minière de charbon fossile à Borgo di Valsugana, endroit où la Brenta commence a être navigable. En 1811, un instrument destiné a mesurer les angles et qu'il nomma *tachygonimètre* lui valut une médaille d'or décernée par l'Institut de Milan. Nommé en 1812 inspecteur du conseil des mines, Marzari exerça ces fonctions jusqu'en septembre 1814 et reçut en 1818 de l'empereur François Ier une pension de 1,500 florins, à la condition de terminer les études qu'il avait commencées sur les mines des provinces venètes. De précoces infirmités l'empêchèrent de les mener à bonne fin, et aussi le découragement et le chagrin qu'il conçut de l'injustice des savants contemporains, qui ne tinrent pas, selon lui, assez de compte de ses talents et de ses observations. On a de lui : *Elenco delle piante spontanee osservate nel territorio di Vicenza*; Milan, 1802, in-8°; — *Corsa pel bacino del Rodano e per la Liguria d'occidente*; Vicence, 1806, in-8°; — *Descrizione del tachigonimetro*; Milan, 1811, in-4°; — *Memoria sull' introduzione del lichene islandese come alimento in Italia*; Venise, 1815, in-4°; — *Cenni geologici e litologici sulle provincie Venete e sul Tirolo*; Vicence, 1819, in-8°; — et plusieurs écrits, tirés à part ou insérés dans divers recueils, mais que Marzari a laissés presque tous incomplets. P.

L. Pasini, *Notice*, dans la *Biografia degli Italiani illustri* de Tipaldo, IV, 444-458.

MARZO (*André*), peintre espagnol, né à Valence, vers 1630, mort en 1673. Il fut l'un des meilleurs élèves de don Juan de Ribalta, dont il prit l'harmonie des couleurs, mais aussi le négligé de composition. Il exécuta de nombreux tableaux ayant pour sujets des scènes religieuses, entre autres à Valence *Saint Antoine de Padoue*, pour l'église Santa-Cruz; et le même saint pour la paroisse de Sainte-Catherine. En 1662, il fut l'ordonnateur des fêtes que célébra la ville de Valence en l'honneur du mystère de la Conception, tout récemment recommandé par un bref du pape Alexandre VII. Marzo en publia un compte rendu avec gravures au burin, (1663).

Son frère *Urbain* se consacra aussi à la peinture mystique; son chef-d'œuvre est un *Portement de Croix*, digne des meilleurs maîtres. A. de L.

Cean Bermudes, *Diccionario Historico*, etc. — Quilliet, *Dict. des Peintres espagnols* (Paris, 1816, in-8°).

MASACCIO. *Voy.* Guidi (*Tommaso*).

MASANIELLO (*Tommaso* Aniello, par contraction), chef de l'insurrection de Naples en 1647, né en 1623, à Amalfi, tué le 16 juillet 1647, à Naples. La guerre soutenue depuis plusieurs années contre la France avait mis l'Espagne dans la nécessité de frapper les peuples italiens de taxes extraordinaires. Plus maltraitée que la Sicile, Naples était écrasé d'impôts. Sous les deux derniers vice-rois, on avait tiré de ce royaume, en moins de quinze ans, la somme énorme de cent millions d'écus. La plupart des familles se voyaient réduites à la misère; l'arrivée du duc d'Arcos, homme impitoyable, les plongea dans le désespoir. Servile instrument du cabinet de Madrid, le nouveau vice-roi exigea, par l'edit du 3 janvier 1647, un droit supplémentaire annuel de soixante dix mille ducats sur toute espèce de fruits. Le bas peuple, dont c'était la nourriture habituelle, témoigna un mécontentement si vif que promesse lui fut faite de retirer cette mesure ou au moins de la promulguer dans une forme moins oppressive. Promesse vaine, dont on crut éluder l'accomplissement en gagnant du temps. Cinq mois se passèrent. La nouvelle du soulèvement de Palerme réveilla pour un moment la colère du peuple : on incendia l'édifice destiné à la perception de l'odieux impôt (30 mai). L'explosion, qui menaçait depuis longtemps, n'éclata que le 7 juillet 1647. Ce jour-là, qui était un dimanche, une foule innombrable se pressait dans le marché. Dès le matin une querelle s'éleva entre un préposé et des marchands de figues de Pouzzoles; la taxe des fruits en était le sujet; chacun se refusait à l'acquitter, alléguant la parole qu'on avait donnée. Un élu du peuple intervint, qui augmenta le désordre en proférant des menaces imprudentes. Au milieu du tumulte, quelques marchands exaspérés renversèrent les fruits à terre, et un jeune pêcheur, Masaniello, s'écria, en les jetant à la tête de l'élu, qu'il ne fallait plus de gabelle. On applaudit, on l'imita; les corbeilles épuisées, on jeta des pierres; l'élu s'enfuit, les préposés se dispersèrent. Maître de la place, Masaniello entraîna sur ses pas quatre ou cinq mille hommes à demi nus et armés de bâtons; cette foule furieuse se précipita vers le palais du vice-roi aux cris de « Vive le roi d'Espagne ! à bas le mauvais gouvernement ! » Ainsi avait commencé à Palerme l'insurrection populaire. Bientôt, malgré les nouvelles promesses du duc d'Arcos, le palais fut envahi et saccagé; quant au duc, arrêté au moment de monter en voiture, il échappa aux insurgés, et se cacha dans le couvent de Saint-Louis, où il accorda aux prières du cardinal Filomarino l'abolition de toutes les gabelles; dans la nuit il trouva un asile plus sûr au Château-Neuf. S'enhardissant de plus en plus par l'inaction des soldats et par l'indolence de la noblesse, le peuple acheva cette journée en forçant les portes des prisons et en dévastant les maisons des receveurs et de tous ceux qui passaient pour fauteurs des mesures fiscales. « Par une vertu assez rare à des gens de cette sorte, rapporte un témoin oculaire, il n'y en eut pas un qui prit pour lui la moindre chose, à la réserve d'un jeune garçon qui, pour avoir pris une tasse d'argent de peu de valeur, fut châtié cruellement par Masaniello, les soulevés criant tout d'une voix qu'il fallait que toutes ces richesses qui procédaient du sang des pauvres fussent sacrifiées aux flammes. »

Le lendemain, 8 juillet, le peuple était maître de toute la ville. On publia une liste de cent maisons intéressées dans les gabelles, qui furent saccagées et livrées aux flammes. Des bandes de *lazzaroni* sillonnaient les quartiers, s'emparant sur leur passage des armes et des munitions. Une espèce d'armée urbaine fut instituée dont tous les habitants furent forcés de faire partie; la bourgeoisie presque entière y consentit, mais la plupart des nobles se hâtèrent de quitter la ville. Le 9, les insurgés entrèrent, après capitulation, dans le couvent de San-Lorenzo, où l'on trouva seize canons et une grande quantité d'armes, et battirent dans la campagne

sivement à la musique, et alla se fixer à Berlin, où il donna d'abord des leçons de musique. En 1830 il devint directeur de musique à l'université de cette ville. On a de lui : *Die Kunst des Gesanges* (L'Art du Chant); Berlin, 1826, in-4°; — *Ueber Malerie in der Tonkunst* (Sur la Peinture dans la Musique); Berlin, 1828, in-8°; — *Die Lehre von der musikalischen Komposition* (La Science de la composition musicale); Leipzig, 1837-1845, 4 vol.; troisieme édition, 1852; la quatrième a paru en 1859; — *Allgemeine Musiklehre* (Théorie générale de la Musique); Leipzig, 1839 et 1850; — des articles dans le *Allgemeines Musik-Lexikon* de Schilling. Parmi les compositions de Marx nous citerons : *Jery et Baetely*, drame; — *La Vengeance attend*, mélodrame; — *Saint Jean-Baptiste*, oratorio; — *Le Salut d'Ondine*, symphonie; — *Nahid et Amar*, oratorio; — *Le Chant du Printemps*; — *Livre de Chant choral et d'orgue* publié à Berlin; — *Hymnes*, *Chœurs*, des morceaux pour piano et pour chant, etc. — Marx a aussi édité avec soin plusieurs œuvres de Séb. Bach; il a encore écrit une *Dissertation sur la manière de comprendre et d'executer la musique de Bach.* O.

Conversations-Lexikon.

*MARY-LAFON (*Jean-Bernard* LAFON, dit), littérateur français, né le 26 mai 1811, à La Française (Tarn-et-Garonne). Du côté de sa grand'mère, Mlle Maury de Saint-Victor, il appartient à une famille de bonne noblesse normande. Après avoir terminé ses études au collége de Montauban, il vint à Paris après 1830, embrassa la carrière des lettres, et commença par fournir des articles à *La France Littéraire* et au *Journal de l'Institut historique*; puis il aborda tour à tour le théâtre, le roman, les antiquités, l'histoire, et remporta divers prix dans les concours des académies de province. Il est membre de la Société des Antiquaires de France. On a de lui : *Silvio, ou Le Boudoir*; Paris, 1835, in-8°, fig., recueil de poésies; — *Histoire d'Angleterre* (avec M. Victor Boreau); ibid., 1837, in-12; — *Bertrand de Born*, roman; ibid., 1838, 2 vol. in-8°; — *Tableau historique et comparatif de la langue parlée dans le midi de la France et connue sous le nom de langue romano-provençale*; ibid., 1841, in-18; fragment réimpr. en 1842, sous le même titre et avec des additions nombreuses; M. Querard prétend, dans ses *Supercheries littéraires*, que tout ce travail n'est que la réimpression textuelle de la *Bibliographie des patois* de M. Pierquin de Gembloux; — *Histoire politique, religieuse et littéraire du midi de la France*; ibid., 1841-1844, 4 vol. in-8°, avec une carte; c'est l'ouvrage le plus considérable de l'auteur; — *Le Maréchal de Montluc*, drame en vers; ibid., 1842; — *Calas d'après les documents inedits*, dans la *Revue de Paris*, du 20 nov. 1844; — *Le Chevalier de Pomponne*, comédie en vers; Paris, 1845, jouée au théâtre de l'Odéon; — *La jolie royaliste*, roman; ibid., 1846, 2 vol. in-8°; — *Jonas dans la baleine*, roman; ibid., 1846, in-4°; — *L'Oncle de Normandie*, comédie en vers; ibid., 1846; — *Rome ancienne et moderne*; ibid., 1852, in-4°, et 1853, in-8°; — *Histoire d'un Livre*; ibid., 1857, in-8°; — *Mœurs et Coutumes de la vieille France*, contes et nouvelles; ibid., 1859, in-18; — *Mille Ans de Guerre entre Rome et les Papes*; ibid., 1860, in-18. M. Mary-Lafon a encore coopéré à la rédaction du *Musée des Familles*, de la *Revue indépendante*, du *Moniteur*, etc., et il a fourni *La Gascogne* et *La Guienne* à l'*Histoire des Villes de France* de M. Guilbert. P.

Quérard, Supercheries littér. — Littér. Fr. contemp. — Vapereau, Dict. univ. des Contemp.

MARZARI-PENCATI (*Giuseppe*, comte), minéralogiste italien, né en 1779, à Vicence, où il est mort, le 30 juin 1836. Issu d'une famille noble et ancienne, il reçut à Vicence, chez l'abbé Pieropan, puis au collége de Padoue, une éducation purement littéraire, et composa dans sa jeunesse des sonnets et des tragédies. Quelques excursions au pied du Sumano, montagne connue depuis des siècles par la variété de ses plantes, le guérirent de la métromanie; il se passionna pour la botanique, et vint en 1802 à Paris pour l'étudier d'une manière fructueuse. Durant un séjour de quatre années, il fit des progrès rapides; on lui donna toutes facilités de poursuivre ses recherches, soit au Jardin des Plantes, soit à La Malmaison; les cabinets de plusieurs savants lui furent ouverts, et il reçut les conseils de Haüy, de Faujas de Saint-Fond, de La Métherie, d'Hassenfratz et surtout de Matteo Tondi, qui faisait un cours public de minéralogie. Cette dernière science l'occupa même à un tel point qu'il renonça tout à fait à la botanique. En 1806 il retourna en Italie, en compagnie de Faujas de Saint-Fond, et visita en chemin l'Auvergne, le Vivarais, la Provence et les Alpes de Savoie. Après avoir présenté à la direction de l'instruction publique de nombreux échantillons des minéraux du Vicentin, il fut chargé par le prince Eugène de faire une description minéralogique des monts Euganéens (1808) et du territoire de Bergame (1810). Occupé de ce dernier travail, il découvrit une minière de charbon fossile à Borgo di Valsugana, endroit où la Brenta commence à être navigable. En 1811, un instrument destiné à mesurer les angles et qu'il nomma *tachygonimètre* lui valut une médaille d'or décernée par l'Institut de Milan. Nommé en 1812 inspecteur du conseil des mines, Marzari exerça ces fonctions jusqu'en septembre 1814 et reçut en 1818 de l'empereur François Ier une pension de 1,500 florins, à la condition de terminer les études qu'il avait commencées sur les mines des provinces vénètes. De précoces infirmités l'empêchèrent de les mener à bonne fin, et aussi le découragement et le chagrin qu'il conçut de l'injustice des savants contemporains, qui ne tinrent pas, selon lui, assez de compte de ses talents et de ses observations. On a de lui : *Elenco delle piante spontanee osservate nel territorio di Vicenza;* Milan, 1802, in-8°; — *Corsa pel bacino del Rodano e per la Liguria d'occidente;* Vicence, 1806, in-8°; — *Descrizione del tachigonimetro;* Milan, 1811, in-4°; — *Memoria sull' introduzione del lichene islandese come alimento in Italia;* Venise, 1815, in-4°; — *Cenni geologici e litologici sulle provincie Venete e sul Tirolo;* Vicence, 1819, in-8°; — et plusieurs écrits, tirés à part ou insérés dans divers recueils, mais que Marzari a laissés presque tous incomplets. P.

L. Pasini, *Notice*, dans la *Biografia degli Italiani illustri* de Tipaldo, IV, 444-458.

MARZO (*André*), peintre espagnol, né à Valence, vers 1630, mort en 1673. Il fut l'un des meilleurs élèves de don Juan de Ribalta, dont il prit l'harmonie des couleurs, mais aussi le négligé de composition. Il exécuta de nombreux tableaux ayant pour sujets des scènes religieuses, entre autres à Valence *Saint Antoine de Padoue*, pour l'église Santa-Cruz; et le même saint pour la paroisse de Sainte-Catherine. En 1662, il fut l'ordonnateur des fêtes que célébra la ville de Valence en l'honneur du mystère de la Conception, tout récemment recommandé par un bref du pape Alexandre VII. Marzo en publia un compte rendu avec gravures au burin, (1663).

Son frère *Urbain* se consacra aussi à la peinture mystique; son chef-d'œuvre est un *Portement de Croix*, digne des meilleurs maîtres.

A. de L.

Cean Bermudes, *Diccionario Historico*, etc. — Quilliet, *Dict. des Peintres espagnols* (Paris, 1816, in-8°).

MASACCIO. *Voy.* Guidi (*Tommaso*).

MASANIELLO (*Tommaso* Aniello, par contraction), chef de l'insurrection de Naples en 1647, né en 1623, à Amalfi, tué le 16 juillet 1647, à Naples. La guerre soutenue depuis plusieurs années contre la France avait mis l'Espagne dans la nécessité de frapper les peuples italiens de taxes extraordinaires. Plus maltraitée que la Sicile, Naples était écrasé d'impôts. Sous les deux derniers vice-rois, on avait tiré de ce royaume, en moins de quinze ans, la somme énorme de cent millions d'écus. La plupart des familles se voyaient réduites à la misère; l'arrivée du duc d'Arcos, homme impitoyable, les plongea dans le désespoir. Servile instrument du cabinet de Madrid, le nouveau vice-roi exigea, par l'édit du 3 janvier 1647, un droit supplémentaire annuel de soixante dix mille ducats sur toute espèce de fruits. Le bas peuple, dont c'était la nourriture habituelle, témoigna un mécontentement si vif que promesse lui fut faite de retirer cette mesure ou au moins de la promulguer dans une forme moins oppressive. Promesse vaine, dont on crut éluder l'accomplissement en gagnant du temps. Cinq mois se passèrent. La nouvelle du soulèvement de Palerme réveilla pour un moment la colère du peuple : on incendia l'édifice destiné à la perception de l'odieux impôt (30 mai). L'explosion, qui menaçait depuis longtemps, n'éclata que le 7 juillet 1647. Ce jour-là, qui était un dimanche, une foule innombrable se pressait dans le marché. Dès le matin une querelle s'éleva entre un préposé et des marchands de figues de Pouzzoles; la taxe des fruits en était le sujet; chacun se refusait à l'acquitter, alléguant la parole qu'on avait donnée. Un élu du peuple intervint, qui augmenta le désordre en proférant des menaces imprudentes. Au milieu du tumulte, quelques marchands exaspérés renversèrent les fruits à terre, et un jeune pêcheur, Masaniello, s'écria, en les jetant à la tête de l'élu, qu'il ne fallait plus de gabelle. On applaudit, on l'imita; les corbeilles épuisées, on jeta des pierres; l'élu s'enfuit, les préposés se dispersèrent. Maître de la place, Masaniello entraîna sur ses pas quatre ou cinq mille hommes à demi nus et armés de bâtons; cette foule furieuse se précipita vers le palais du vice-roi aux cris de « Vive le roi d'Espagne! à bas le mauvais gouvernement! » Ainsi avait commencé à Palerme l'insurrection populaire. Bientôt, malgré les nouvelles promesses du duc d'Arcos, le palais fut envahi et saccagé; quant au duc, arrêté au moment de monter en voiture, il échappa aux insurgés, et se cacha dans le couvent de Saint-Louis, où il accorda aux prières du cardinal Filomarino l'abolition de toutes les gabelles; dans la nuit il trouva un asile plus sûr au Château-Neuf. S'enhardissant de plus en plus par l'inaction des soldats et par l'indolence de la noblesse, le peuple acheva cette journée en forçant les portes des prisons et en dévastant les maisons des receveurs et de tous ceux qui passaient pour fauteurs des mesures fiscales. « Par une vertu assez rare à des gens de cette sorte, rapporte un témoin oculaire, il n'y en eut pas un qui prit pour lui la moindre chose, à la réserve d'un jeune garçon qui, pour avoir pris une tasse d'argent de peu de valeur, fut châtié cruellement par Masaniello, les soulevés criant tout d'une voix qu'il fallait que toutes ces richesses qui procédaient du sang des pauvres fussent sacrifiées aux flammes. »

Le lendemain, 8 juillet, le peuple était maître de toute la ville. On publia une liste de cent maisons intéressées dans les gabelles, qui furent saccagées et livrées aux flammes. Des bandes de *lazzaroni* sillonnaient les quartiers, s'emparant sur leur passage des armes et des munitions. Une espèce d'armée urbaine fut instituée dont tous les habitants furent forcés de faire partie; la bourgeoisie presque entière y consentit, mais la plupart des nobles se hâtèrent de quitter la ville. Le 9, les insurgés entrèrent, après capitulation, dans le couvent de San-Lorenzo, où l'on trouva seize canons et une grande quantité d'armes, et battirent dans la campagne deux forts détachements de troupes allemandes. Masaniello avait jusque là dirigé la sédition dans les voies de la vengeance. Il ne prétendait pas secouer le joug de l'Espagne : son unique ambition était d'abolir les gabelles. Il avait fait du marché le rendez-vous général, le palais et la place forte de la révolution; il s'y tenait dans son costume de pêcheur, une épée à la main. Le 10, il passa en revue ses soldats, au nombre de plus de cent mille. Ce fut lui qui fit rejeter toutes les promesses du vice-roi, en exigeant qu'il lui remît l'original des priviléges accordés jadis par Charles Quint; il abolit au nom du peuple les droits sur les comestibles, et défendit d'assaillir ou de brûler les maisons. Il négociait encore avec les envoyés du duc d'Arcos dans l'église del Carmine lorsqu'une troupe de bandits, soudoyés par le duc et ayant pour chefs des compagnons mêmes de Masaniello, se jeta sur lui et tenta de le tuer. Sauvé par une sorte de miracle, il se précipita à la tête du peuple sur les assassins; on en massacra plus de cent cinquante, leurs cadavres furent traînés dans les rues et leurs têtes plantées sur des pieux au milieu du marché. Le prince Giuseppe Carafa, compromis dans cet attentat ainsi que son frère le duc de Mataloue, qui réussit à s'échapper, subit le même sort; on exposa sa tête avec cette inscription : « Rebelle à la patrie et traître au fidèle peuple. » Devenu soupçonneux et jugeant qu'il avait autant à se garder des Espagnols que de la noblesse, Masaniello prit des mesures de sûreté : on garda rigoureusement les portes de la ville, on rechercha les criminels, on éclaira de nuit les maisons et les carrefours, on désarma les nobles, l'usage des manteaux ou casaques fut interdit, et il fut même enjoint aux gens de robe longue et aux femmes « de porter leurs soutanes et leurs jupes assez troussées pour faire voir au-dessous qu'il n'y avait aucunes armes cachées ».

Dans la journée du 11, Masaniello consentit à discuter avec le cardinal Filomarino les conditions de la paix, que d'Arcos accepta avec empressement : le peuple devait avoir des droits politiques égaux à ceux de la noblesse et demeurer en armes jusqu'à l'approbation du traité par le roi d'Espagne; les impôts établis depuis le privilége de Charles Quint seraient abolis; on proclamerait une amnistie générale. Aussitôt que les capitulations furent signées, Masaniello se rendit au Château-Neuf; il ne céda en cette circonstance qu'aux prières de l'archevêque, qui parvint aussi, sous peine d'excommunication, à lui faire revêtir un riche costume envoyé par le vice-roi. A cheval et l'épée à la main, le pauvre pêcheur s'avança à travers la ville, suivi du cardinal, de ses principaux officiers et de plusieurs milliers d'hommes armés, couvert de bénédictions et d'applaudissements, et salué comme le libérateur de Naples. Avant d'entrer au château, il fit debout sur son cheval, une harangue énergique, assurant « qu'aussitôt qu'il aurait repêché la liberté publique dans cette mer orageuse où elle semblait être noyée depuis si longtemps, il reprendrait, avec ses premiers haillons, sa première condition, désirant vivre à l'avenir comme il avait fait par le passé, et que toute la reconnaissance qu'il souhaitait était un *Ave Maria* de chacun à l'heure de son trépas ». Puis il entra au palais en compagnie du cardinal, se jeta aux pieds du vice-roi, qui le releva en l'embrassant, et jura qu'il n'avait point eu d'autre objet que le bien général et le service du roi. Comme l'entretien durait trop longtemps, le peuple, craignant un assassinat, réclama son chef à grands cris; mais tout s'apaisa à la simple apparition de Masaniello, qui parut au balcon et commanda à chacun de quitter la place « sous peine de rébellion ».

Le 13, il y eut à l'église del Carmine une grande cérémonie pour l'approbation solennelle des capitulations. Après que le duc d'Arcos eut juré sur les évangiles de les observer, Masaniello prit la parole, remercia encore une fois le peuple du concours qu'il lui avait prêté, déchira ses riches habits, refusa les bijoux dont on voulait le couvrir, et regagna à pied sa chaumière. A dater du lendemain, il tint une conduite toute différente, et donna des signes manifestes de la plus déplorable folie. L'éclat du pouvoir absolu dont il avait joui lui avait-il ôté tout sentiment de lui-même? La démence dans laquelle il tomba fut-elle une suite naturelle d'un extrême orgueil? ou doit-on l'attribuer à une trop grande contention d'esprit, à des agitations trop violentes, à un excès de vin, ou enfin au poison? Ce doute n'a pas été éclairci. On dit que ce fut au retour d'une promenade au Pausilippe ou en sortant d'un banquet auquel l'avait invité le vice-roi qu'il laissa éclater les premiers symptômes de manie furieuse dont il fut la triste victime. Après avoir donné pendant huit jours l'éclatant exemple d'un homme qui sut, sans s'écarter de la modération et de la justice, conduire et régler l'élan d'une insurrection populaire, il se livra à des extravagances si subites qu'il est permis de croire que les Espagnols profitèrent d'une occasion favorable pour troubler sa raison par quelque breuvage. Quoi qu'il en soit, on le vit avec stupeur jeter des poignées de sequins dans la mer, mander aux nobles de venir lui baiser les pieds, parcourir les rues à moitié nu en criant : « Je suis le roi du monde! » se plaindre au vice-roi qu'il mourait de faim, ordonner le meurtre et l'incendie, et frapper lui-même à coups d'épée jusqu'à ses propres compagnons. Il avait la tête en feu; il tenait des discours incohérents, s'emportant et pleurant tour à tour, il était dévoré d'une soif qu'aucune boisson ne pouvait apaiser. Le 15 juillet, dans la soirée, on fut obligé de se saisir de sa personne et de le ramener chez lui garrotté comme un criminel. Le lendemain 16, on célébrait la fête de Notre-Dame du Mont-Carmel.

Masaniello entra dans l'église; il avait l'air plus tranquille. Après avoir remis au cardinal Filomarino une lettre où il réclamait la protection du duc d'Arcos, il monta en chaire, et, un crucifix à la main, il supplia le peuple, en termes touchants, de ne point l'abandonner. On le consola par quelques bonnes paroles et on l'engagea à aller prendre du repos. A peine s'était il retiré dans le cloître del Carmine, qu'il s'entendit appeler au dehors; il accourut en disant : « Est-ce moi que tu cherches, mon peuple? Me voici. » Quatre bandits, gagés par le duc d'Arcos, le tuèrent aussitôt à coups d'arquebuse. « Ah! traîtres... ingrats... » Ce furent ses derniers mots. L'un des assassins lui coupa la tête et la porta au palais. Le cadavre, traîné dans les ruisseaux, fut jeté le soir dans un fossé. L'allégresse du vice-roi fut si vive qu'il en donna sur-le-champ des preuves publiques en parcourant la ville à la tête d'une brillante cavalcade et en faisant célébrer des actions de grâces à la cathédrale. Le peuple, qui était demeuré indifférent, ne comprit que le lendemain l'étendue de la perte qu'il avait faite. Par un dernier acte de souveraineté, il rendit les suprême, honneurs à Masaniello avec une magnificence royale. On plaça ses restes sur un brancard, couvert d'un manteau de pourpre et d'une couronne de laurier; on les fit accompagner par plus de cinq cents prêtres, et la sépulture leur fut donnée dans l'église del Carmine Ainsi, par l'effet d'une inconstance populaire, si commune pendant la révolution le pauvre pêcheur d'Amalfi, en moins de trois jours, fut obei comme un roi, massacré comme un scélérat et révéré comme un saint.

Paul Louisy.

G. Donzelli, *Partenope liberata*; Naples, 1647, in-4°. — A. Giraffi, *Ragguaglio del Tumulto di Napoli*; ibid., 1647, in-8°. — Tontoli, *Il Masaniello*; ibid, 1648, in-4°. — Fr. d'Egula, *Varios Discursos sobre la Reducion de Napoles*; Madrid, 1649, in-4°. — Amatore, *Napoli sollevata*; Bologne, 1650, in 4°. — R. delle Torre, *Dissidentis, desciscentis receptæque Neapolis lib. VI*; Isola, 1651, in 4°. — Tommaso de Santis, *Istoria del Tumulto di Napoli*; Leyde, 1652, in-4°. — *De' tumulti Napoletani* (en flamand); Harlem, 1652, 2 part in-12. — Gualdo Priorato, *Histoire des Revolutions et mouvements de Naples en 1647 et en 1648*; Paris, 1654, in-4°. — Nicolai, *Istoria dell' ultime Rivoluzioni di Napoli*; Amsterdam, 1660, in-8°. — Modène (Comte de), *Histoire des Revolutions de Naples depuis 1647*; Paris, 1666-1667, 3 vol. in-12. — Midon, *History of Masaniello*; Londres, 1729, in-8°. — Lussan (Mlle de), *Histoire de la dernière Revolution de Naples en 1647 et 1648*. Paris, 1757, 4 vol. in-12. — Meissner, *Masaniello*; Leipzig, 1785, in-8°. — *Biographie des Thomas Aniello*; Chemnitz, 1823, in-8°. — Rivas (De), *Insurrection de Naples en 1647, étude historique*, trad. par L. d'Hervey de Saint-Denis; Paris, 1849, 2 vol. in-8°. — Botta, *Storia d'Italia*, liv. 24.

MASSARET (*Joseph* du), biographe français, né en 1697, à Saint-Léonard (Limousin), où il est mort, le 19 mars 1783. Il fit ses études au séminaire d'Orléans, entra dans la congrégation de Saint-Sulpice, et enseigna successivement à Angers la philosophie et la théologie. Pendant une grande partie de sa vie, il exerça les fonctions de curé de sa ville natale. On a de lui un grand nombre d'articles ou de corrections dans le *Dictionnaire* de Moréri (édit. 1732) et les *Mémoires de Trévoux*. Il avait entrepris de refondre en entier le premier de ces recueils, et consacra trente années à ce travail, qui forme 6 vol. manuscrits in-4°, et dont M. Barbier a tiré profit pour son *Examen critique des Dictionnaires historiques*. P. L.

Barbier, *Examen des Dict.*

MASCAGNI (*Donato*), en religion *frà Arsenio*, peintre de l'école Florentine, né en 1579, à Florence, où il est mort, en 1636. Après avoir étudié sous Jacopo Ligozzi, il commença fort jeune à donner des preuves de son talent. Ses plus anciens ouvrages de quelque importance sont sans doute ceux qu'en 1599 il exécuta à l'abbaye de S.-Giusto de Volterre, entre autres: *La Nativité de la Vierge*, *Les Noces de Cana* et *Job sur son fumier écoutant les reproches de sa femme*. En 1600 il peignait à fresque dans le cloître de Sainte-Marie-des-Anges de Florence divers sujets de la vie de saint Romuald. En 1606, il entra, sous le nom d'*Arsenio*, à l'ermitage des Servites de Monte-Senario près Florence; mais la faiblesse de sa santé ne lui permettant pas de supporter les austérités cénobitiques, il dut en 1608 recourir au pape Paul V pour obtenir la permission de venir à Florence, au couvent de l'Annunziata, vivre de la vie ordinaire de l'ordre. En 1609, il fut ordonné prêtre. Dès lors il se livra de nouveau à la pratique de son art favori, et peignit dans diverses parties du couvent *La Chute de la manne* et autres fresques, ainsi que les tableaux de *La Mort d'Ugolin*, de *L'Annonciation miraculeuse*, et des portraits.

Lanzi regarde comme le chef-d'œuvre de ce maître sévère et correct, mais manquant souvent de moelleux et de délicatesse, le tableau qu'il peignit pour la bibliothèque du monastère de Vallombrose; cette vaste composition représente une donation faite au couvent par la comtesse Mathilde. En 1622, Mascagni fut appelé à Rome par plusieurs prélats, mais il n'y travailla pas longtemps; cédant aux instances du prince de Salzbourg, il se rendit dans cette ville, où il exécuta plusieurs peintures. De retour à Florence, il versa dans la caisse de son couvent les sommes importantes qu'il avait gagnées par son talent, et fit refaire à ses frais et sur ses dessins la porte d'entrée du monastère. Il s'était décidé à partir de nouveau pour Salzbourg, quand une contagion qui désola Florence en 1630 mit obstacle à ce projet. Il ne quitta plus son couvent, où il mourut d'un asthme, six ans plus tard. E. B—n.

Baldinucci, *Notizie*. — Orlandi, *Abbecedario*. — Lanzi, *Storia*. — Fantozzi, *Guida di Firenze*. — *Guida per la città di Volterra*.

MASCAGNI (*Paolo*), anatomiste italien, né le 5 février 1752, au village de Castelleto, près de Sienne, mort le 19 octobre 1815, à Florence. Sa première éducation fut insuffisante et mal dirigée. Il se rendit à l'université de Sienne, où il étudia en même temps la médecine, la chimie et l'histoire naturelle, fut reçu docteur (1771), et obtint, à vingt-deux ans, la chaire d'anatomie rendue vacante par la retraite de Tabarrani, qui facilita à son élève favori les moyens de lui succéder (1774). Ses premiers travaux eurent la chimie pour objet, sans cesser de faire de l'anatomie sa principale occupation. Après avoir consacré plus de dix années à l'étude approfondie des vaisseaux lymphatiques du corps humain, il publia en 1787 et dédia au grand-duc Léopold sa magnifique histoire iconographique, qui le plaça aussitôt au premier rang des savants contemporains. Il recueillit les témoignages de la considération publique dans le voyage qu'il entreprit en 1788 à Rome et à Naples. Lorsque l'armée française pénétra en Toscane, Mascagni ne dissimula pas la joie que lui causait le triomphe des idées libérales; mais, au lieu de tout sacrifier à la politique, il préféra de rester professeur. A cette époque il était associé étranger de l'Institut de France et lauréat de l'Académie des Sciences, qui lui avait accordé un prix de 1,200 fr. En 1800 il passa de l'université de Sienne à celle de Pise, et en 1801 il fut appelé à Florence pour enseigner, dans le grand hôpital de Santa-Maria-Nuova, l'anatomie, la physiologie et la chimie. On lui confia, dans la suite, des fonctions relatives à l'exercice de la médecine, à la police médicale et à l'hygiène publique. « Mascagni, au sortir de son amphithéâtre et de son laboratoire, dit Desgenettes, n'etait bien qu'aux champs. La simplicité de ses mœurs et sa constitution athlétique qui le portait à des exercices proportionnés à ses forces, lui rendaient ce séjour indispensable. De même que Haller, il ne pratiqua la médecine qu'avec une réserve qui tenait de la répugnance. Il ne vit jamais d'autres malades que des paysans privés de secours; lorsqu'on le consultait parfois dans les villes, il renvoyait à ceux qui avaient fait de l'exercice de l'art de guérir l'occupation de leur vie, et il déclarait sans détour les motifs qui l'en avaient éloigné : *E un mestiere troppo pericoloso.* » On a de Mascagni : *Dei Lagoni del Senese e del Volterrano;* Sienne, 1779, in-8° : il s'agit des sources d'eaux thermales qui se trouvent dans les terrains anciennement volcanisés de la Toscane, et surtout dans les environs de Sienne et de Volterra; ces sources forment des amas d'eau (*lagoni*) d'où se dégagent, en grande quantité, des vapeurs d'hydrogène sulfuré; — *Prodrome d'un ouvrage sur le système des Vaisseaux lymphatiques;* Sienne, 1784, in-4°, pl. L'Académie des Sciences de Paris avait mis trois fois de suite cette question au concours sans décerner le prix; Mascagni, qui lui avait adressé deux mémoires, voulut constater la date et l'étendue de ses travaux dans ce prospectus, qu'il rédigea en français. Le rédacteur d'un journal médical de Venise l'ayant raillé amèrement sur son style, qui était, du reste, plein d'incorrections, il riposta sur un ton non moins aigre dans une *Lettera di Aletofilo;* Sienne, 1785, in-12; — *Vasorum lymphaticorum corporis humani Historia et Iconographia;* Sienne, 1787, in-fol avec 41 pl.; ibid., 1795, in-8° (texte seul): trad. en italien par Bellini : *Istoria dei Vasi linfatici;* Colli, 1816, 2 vol. in-8°. C'est l'ouvrage le plus considérable et le plus complet de ce savant; — *Anatomia per uso degli studiosi di scultura e pittura, opera postuma;* Florence, 1816, in-fol. max., fig. col. L'idée de ce travail fut suggérée à Mascagni par les fonctions de démonstrateur qu'il remplit pendant plusieurs années à l'école des beaux-arts de Florence; il traite de l'ostéologie et de la myologie, établit, d'après des mesures comparatives et exactes, les plus justes proportions du corps de l'homme, et assigne à chaque passion le caractère qu'elle grave sur la physionomie; — *Prodromo della grande Anatomia;* Florence, 1819, 2 part. in-fol. pl.; 2° édit., revue par Th. Farnèse, Milan, 1821-1824, 4 vol. in-8°, pl. L'édition originale a été publiée par une société de capitalistes italiens, au profit de la famille de Mascagni et sous la direction d'Antommarchi, l'un de ses élèves; mais ce dernier, ayant été appelé auprès de Napoléon à Sainte-Hélène, laissa tout préparés la plupart des matériaux de l'ouvrage suivant; — *Anatomia universa XLIV tabulis æneis juxta archetypum hominis adulti repræsentata; dehinc ab excessu auctoris, cura et studio Andreæ Vacca-Berlinghieri, Jacobi Barzellotti et Joannis Rosini absoluta;* Pise, 1823 et ann. suiv., in-fol. : le plus magnifique ouvrage d'anatomie qui existe; les figures, admirablement exécutées, sont grandes comme nature; on en a fait paraître une réimpression en italien, avec planches réduites; Milan, 1833 et an. suiv., in-fol. Enfin, le docteur Antommarchi a publié à Paris les *Planches anatomiques* du corps humain d'après celles de Mascagni. P.

G. Sarchiani, *Elogio del D. Paolo Mascagni;* Florence, 1816, in-8° — Th. Farnèse, *Elogio storico del celebre anatomico P. Mascagni;* Milan, 1816, in-8°; et *Note addizionali;* ibid., 1818 — Antommarchi, *Osservazioni intorno all' elogio letto dal D. Farnese;* Florence, 1817, in-4°. — Desgenettes, dans la *Biogr. Med.* — Tipaldo, *Biogr. degli Italiani illustri*, VI.

MASCARDI (*Joseph*), jurisconsulte italien, né à Sarzana (près Gênes), vers le commencement du seizième siècle, mort dans cette ville, en 1588. Après avoir exercé l'office de vicaire général successivement à Milan, à Naples, à Padoue et à Plaisance, il devint protonotaire apostolique et coadjuteur à Ajaccio. On a de lui : *Conclusiones omnium Probationum, quæ in utroque jure quotidie versantur;* Venise, 1588, 1593, 1607, 1609 et 1661, 3 vol. in-fol.; Turin, 1624; Francfort-sur-l'Oder, 1704 et 1731, 4 vol. in-fol.; Francfort-sur-le-Mein, 1727-1732; un abrégé de cet ouvrage, dont Leibniz a reconnu le mérite, fut donné par Stimpelius, Leipzig, 1677, in-4°, et Cologne, 1685, in-8°; — *Ad Crottum de testibus*; Cologne, 1590, in-4°. O.

Ughelli, *Italia Sacra*, t. IV. — Oldoino, *Athenæum Ligusticum*.

MASCARDI (*Augustin*), historien et orateur italien, parent du précédent, né à Sarzana, en 1591, mort dans la même ville, en 1640. Après de brillantes études, il entra dans la Compagnie de Jésus; mais il s'aperçut bientôt qu'il n'avait point de vocation pour cet état, et quitta les Jésuites. Ses ouvrages lui firent une telle réputation que le pape Urbain VIII le mit au nombre de ses camériers et lui donna la place de professeur de rhétorique à Rome dans le collége de la Sapience, en 1628. Cette pension ne suffit pas à Mascardi, qui aimait la dépense et était toujours accablé de dettes. L'abus des plaisirs abrégea ses jours. Il était membre de l'académie des Humoristes, et en fut pendant quelque temps prince ou président. On a de lui, outre quelques discours d'apparat aujourd'hui sans intérêt : *Discorsi morali su la Tavola di Cebete*; Venise, 1627, in 4°; — *La Congiura del conte Giov.-Luigi de Fieschi*; Venise, 1627, 1629, in-4°; trad. en français par Fontenay-Sainte-Geneviève; Paris, 1639, in-8°; — *Dell' Arte historica trattati V*; ces traités contiennent des idées judicieuses, mais ils sont trop longs. Mascardi, n'obtenant pas en Italie le débit qu'il espérait, envoya des exemplaires au cardinal de Mazarin, qui les fit vendre à Paris et lui en fit toucher le prix. Les ennemis du cardinal l'accusèrent à cette occasion de s'être fait marchand de livres, et Naude a cru devoir l'en justifier dans son Mascurat; — *Silvarum Libri IV*; Anvers, 1622, in-4°; — *Dissertationes de Affectibus, sive perturbationibus Animi, earumque characteribus*; Paris, 1639, in-4°; — *Prolusiones Ethicæ*; Paris, 1639, in-4°. — *Prose volgari*; Venise, 1646, ; in-4°. Z.

J. Nicius Érythrée, *Pinacotheca*. — Raphael Soprani, *Li Scrittori della Liguria*. — Giustiniani, *Li Scrittori Liguri*. — Oldoini, *Athenæum Ligusticum*. — Ghilini, *Teatro d'Huomini letterati*. — Lorenzo Crasso, *Elogii d'Huomini letterati*, t. I. — Leo Allatius, *Apes urbanæ*. — Bayle, *Dictionnaire Historique*. — Niceron, *Mémoires des hommes illustres*, t. XXVII. — Tiraboschi, *Storia della Letteratura Italiana*, t. VIII, p. 343. — Cinelli, *Biblioteca volante*, III, 291. — Apostolo Zeno, *Note al Fontanini*. — Grillo, *Elogii di Liguri illustri*, II.

MASCARENHAS. *Voy.* GARCIA.

MASCARON (*Jules*), célèbre prédicateur français, né à Aix, au mois de mars 1634, mort à Agen, le 20 novembre 1703. Fils d'un avocat distingué du parlement de Provence, Mascaron commença ses études chez les oratoriens de sa ville natale, et les termina au Mans, où il professa la rhétorique à l'âge de vingt-deux ans. Vers la même époque il débuta à Saumur avec assez d'éclat comme prédicateur, et compta parmi ses auditeurs l'érudit Tanneguy Le Fèvre. Il prêcha ensuite avec le même succès à Marseille, à Aix et à Nantes, se fit entendre à Paris dans les églises de l'Oratoire du Louvre et de Saint-André-des-Arts, et prononça en 1666, devant l'archevêque de Rouen, François de Harlay, l'oraison funèbre de la reine mère Anne d'Autriche. Cette oraison funèbre lui procura peu de temps après, par l'intermédiaire du même prélat, l'entrée des appartements privés de Versailles. « *Aperuisti januam famæ*; vous m'avez ouvert la porte de la renommée, » s'écria Mascaron reconnaissant. Le jeune orateur plut à Louis XIV, devint bientôt prédicateur ordinaire du roi et fut nommé évêque de Tulle en 1671. Les bulles d'institution n'étant parvenues au titulaire que deux ans après, Mascaron mit cet intervalle à profit pour composer trois autres oraisons funèbres, celles du duc de Beaufort et de Henriette d'Angleterre, prononcées à deux jours de distance, et celle du chancelier Seguier, mort en 1672. « C'est l'évêque de Tulles, s'écria Louis XIV, qui doit prononcer l'oraison funèbre d'Henriette; à coup sûr il s'en tirera bien. »

Mascaron se rendit enfin dans son évêché, et y composa, en 1675, l'oraison funèbre du maréchal de Turenne. Promu à l'évêché d'Agen en 1678, il visita tous les villages, parcourut tous les bourgs de son nouveau diocèse, qui comptait alors plus 30,000 calvinistes, et réduisit à deux mille le nombre des hérétiques de cet évêché. Il dota la ville d'Agen d'un séminaire et d'un hospice, qui existe encore, ne sortit qu'une seule fois de sa ville épiscopale, en 1694, pour se rendre à la cour, où il prêcha son dernier sermon devant Louis XIV, qui lui adressa ce compliment flatteur : « Tout vieillit ici, monsieur, il n'y a que votre éloquence qui ne vieillit point. » Revenu à Agen la même année, Mascaron y mourut, profondément regretté de tous les habitants.

Le recueil des *Oraisons funèbres* de Mascaron a été publié à Paris, 1704, in-12; réimprimé en 1740, 1745, 1785 et 1828, et réuni en 1734 à celles de Bossuet et de Fléchier. A. DE B.

L'Agenois illustre, par André de Bellecombe.

MASCH (*Andre-Théophile*), théologien et bibliographe allemand, né le 5 décembre 1724, à Beseritz (Mecklembourg), mort le 26 octobre 1807. Après avoir étudié la théologie, et s'être occupé pendant trois ans de ranger la bibliothèque de Baumgarten, il devint en 1756 prédicateur à Neu-Strelitz et onze ans après surintendant du cercle de Stargard et de la principauté de Ratzebourg. On a de lui : *De adornanda historia litteraria Controversiæ cum Socinianis*; Halle, 1752, in-4°; — *Historisch theologische Abhandlungen von den Ehegesetzen und den verbotenen Graden* (Mémoires historiques et théologiques sur les lois matrimoniales et les degrés défendus); Rostock, 1760, in-8°; — *Beyträge zur Geschichte merkwürdiger Bücher* (Documents pour servir à l'histoire des livres remarquables); Butzow, 1769-1776, 9 parties in-8°; — *Die gottesdienstlichen Alterthümer der*

Obotriten (Les Antiquités religieuses des Obotrites); Berlin, 1771, in-4°, avec 52 planches gravées par Woge; un volume supplémentaire parut à Schwerin, 1774, in-4°. Masch a publié une excellente édition revue et augmentée de la *Bibliotheca Sacra* de Lelong; Halle, 1778 1790, 3 vol., in-4°; il a inséré dans la *Nova Bibliotheca Lubecensis* divers articles, notamment *Observationum ad rem literariam Triga, Ad. Jordani Bruni librum* Della Bestia triomfante; et dans les *Hamburger Berichte* (année 1765), un *Mémoire sur quelques éditions rares de la Bible latine;* beaucoup d'opuscules et de dissertations traitant, pour la plupart, de matières théologiques. O.

Koppe, *Jetztlebendes Gelehrtes Mecklenburg*. — *Neues Gelehrtes Europa*, partie XX. — Rotermund, *Supplément* à Jöcher.

MASCHERINO (*Ottaviano*), architecte et peintre italien, né à Bologne, en 1593, mort à Rome, vers 1615. Il fut l'architecte de Paul V. Sous Pie V, il avait donné une partie des plans de l'église de Santa-Maria-Traspontina, et vers 1575, Grégoire XIII lui avait demandé les dessins du palais de la commanderie de l'ordre et de la façade de l'église du Saint-Esprit. Par ordre de Paul V, il travailla à l'agrandissement du palais de Monte-Cavallo. Il avait donné aussi des preuves de son habileté en peignant quelques sujets dans la loge du palais du Saint-Esprit. E. B—N.

Lanzi, *Storia*. — Pistolesi, *Descriz. di Roma*.

MASCHERONI (*Lorenzo*), mathématicien italien, né le 14 mai 1750, à Castagneta, petite ville voisine de Bergame, mort à Paris, le 25 messidor an VIII (14 juillet 1800). Ses premières études furent purement littéraires, et Mascheroni commença par être professeur d'humanités au collége de Bergame, puis de langue grecque à l'université de Pavie. Il avait vingt-sept ans lorsqu'il sentit s'éveiller en lui le goût des mathématiques, et bientôt il revint au collége de Bergame pour y occuper la chaire de géométrie. Quoiqu'il fût entré dans les ordres, il accueillit avec chaleur les changements politiques importés de France en Italie. Ses concitoyens l'élurent député; mais il siégea peu de temps au corps législatif de la république Cisalpine, car il fut envoyé à Paris pour faire partie de la commission internationale instituée dans le but d'achever l'élaboration du nouveau système métrique. La mort le surprit au moment où il venait d'être appelé à faire partie de la Consulta de Milan.

Mascheroni, qui atteignait à peine sa dix-huitième année lorsqu'il occupa sa première chaire, sut cependant se faire remarquer par un discours publié plus tard sous ce titre : *Sermone sulla falsa eloquenza del pulpito*; Bergame, 1779, gr. in-8°. Ses autres productions littéraires sont : *L'Invito*; *versi sciolti di Daphni Orobiano a Lesbia Cidonia*; Pavie, 1793, in-4°; — *In obitu Bordæ, viri celeberrimi, Elegia*; Paris; — *Versi sciolti indiritti alla contessa Paolina Secco-Suardi Grismondi*, etc. (Milan, 1801); et un grand nombre d'autres pièces, que nous croyons être restées inédites.

Dans le domaine de la science, Mascheroni a publié : *Maniera di misurare l'inclinazione dell'ago calamitato*; Bergame, 1782, in-8°; — *Sulle curve che servono a delinear le ore ineguali degli antichi nelle superfizie piane* (Mémoire inséré au t. VII des *Opuscoli scelti sulle Scienze e sulle Arti*; Milan, 1784, in-4°; — *Nuove Ricerche sull' equilibrio delle volte*; Bergame, 1785, in-4°; — *Methodo di misurare i poligoni piani*; Pavie, 1787, in 8°; — *Adnotationes ad Calculum integralem Euleri*; Pavie, 1790, in-4°; — *Adnotationum ad Calculum integralem Euleri, pars altera*; Pavie, 1792, in-4°; — *Problemi per gli agrimensori con varie soluzioni*; Pavie, 1793, in-8°; — *Annotazioni all' Opere matematiche di Volfio*; Vérone, 1795, in-4°; — *Lettera all' Illustrissimo Signor don Annibale Beccaria Patrizio Milanese con alcuni problemi geometrici sciolti col solo cerchio senza la regola* (inséré dans le *Giornale Fisico-Medico* de Brugnatelli; Pavie, 1795); — *La Geometria del Compasso*; Pavie, 1797, in-8°; traduit en français par Carette, officier supérieur du génie Paris, 1798 et 1828 in-8°; — *Notizie generali del nuovo Sistema dei pesi e misure dedotte della grandezza della Terra*; Milan, 1798, in-8°; — *Spiegazione popolare della maniera colla quale si regola l'anno sestile o intercalare, ed il comminciamento dell' anno repubblicano* (mémoire inséré dans le t. IX de la *Societa Italiana*, 1802). De tous ces ouvrages le plus important, celui qui assigne à Mascheroni un rang distingué parmi les géomètres, c'est sa *Géométrie du Compas*. Antérieurement, Tartaba avait bien proposé à Cardan de construire tous les problèmes d'Euclide avec une seule et même ouverture de compas; mais il admettait l'emploi de la règle, comme le fit ensuite J.-B. Benedictus dans le traité qu'il écrivit sur ce sujet. On trouve aussi dans l'édition de 1778 des *Récréations mathématiques* quelques exemples de résolutions de problèmes, où l'auteur s'interdit l'usage du compas; mais, comme le remarque Montucla, qui rapporte ces faits, ce ne sont là que des jeux d'enfants en comparaison des procédés de Mascheroni et de la géométrie sur laquelle ils sont fondés. Deux instruments, la règle et le compas, sont habituellement employés dans les constructions de la géométrie élémentaire. Recherchant, ainsi qu'il le raconte lui-même au début de son livre, si, dans le champ de cette géométrie élémentaire, cultivé et moissonné par tant de mains, il restait encore quelques épis à glaner, Mascheroni y trouva un grand nombre de solutions ingénieuses en s'imposant systématiquement de n'avoir recours qu'à l'unique emploi du compas. Ainsi, deux points étant donnés, trouver autant d'autres points que l'on voudra qui soient avec les premiers en ligne droite; connaissant les deux extrémités d'une droite, déterminer les points qui la divisent suivant telle condition donnée, et cela sans tracer la droite; insérer dans le cercle les divers polygones qui sont du ressort de la géométrie élémentaire ; déterminer la moyenne proportionnelle entre deux droites données (en entendant par droite donnée la distance de deux points donnés); tous les problèmes enfin de la géométrie euclidienne furent résolus par Mascheroni au moyen de simples intersections d'arcs de cercle, sans le tracé d'une seule ligne droite. Pour comprendre les avantages pratiques de cette méthode, il suffit de savoir combien peu on doit compter sur la rectitude parfaite d'une règle. Mais c'est surtout au point de vue théorique que le livre de Mascheroni mérite l'estime des géomètres. Mascheroni résout encore, par des approximations très-voisines de l'exactitude, divers autres problèmes qui, d'un ordre supérieur à la géométrie élémentaire, exigent l'emploi d'autres courbes que le cercle, comme la duplication, la multiplication, ou la sous-multiplication du cube, la sous-division générale de l'axe ou de la circonférence, etc. C'est principalement en vue de ces dernières questions que Mascheroni entreprit son ouvrage ; car il avait été frappé de l'imperfection des méthodes employées pour graduer les limbes des instruments astronomiques, et les procédés qu'il indique répondent aussi complétement que possible aux exigences de ces sortes de graduations.

E. Merlieux.

Lalande, *Notice sur Mascheroni* (*Journal de Paris*, an VIII, page 1496). — Montucla, *Histoire des Mathém.*, III. — F. Landi, *Elogio di Lorenzo Mascheroni*, t. XI des *Memorie della Società italiana delle Scienze*.

MASCLEF (*François*), hébraïsant français, né à Amiens, en 1662, mort le 14 novembre 1728. Entré de bonne heure dans les ordres, et nommé curé à Raincheval, près d'Amiens, il s'appliqua avec ardeur à l'étude des langues orientales. Son évêque, Feydeau de Brou, lui ayant conféré un canonicat, l'appela à diriger le séminaire du diocèse, charge qui lui fut enlevée en 1706 par Sabattier, le successeur de Feydeau de Brou. On a de Masclef : *Grammatica Hebraica, a punctis aliisque inventis massorethicis libera*; Paris, 1716, in-12. Le P. Guarin ayant attaqué le système de Masclef, déjà ébauché par Cappel, Masclef lui répondit par sa *Lettre sur la* Grammaire Hébraïque *du P. Guarin*, Paris, 1725, in-12; il se défendit contre une nouvelle attaque du P. Guarin par une dissertation insérée dans sa *Grammaire Chaldaïque*, *Syriaque et Samaritaine*, Paris, 1731, in-12, qui est le second volume d'une nouvelle édition de sa *Grammatica hebraica*, qui fut encore imprimée à Paris, 1743, à Cologne, 1749, et Paris, 1781, 2 vol., in-12, par les soins de Lalande; — *Conférences du diocèse d'Amiens sur les devoirs de l'état ecclésiastique*. O.

Jöcher, *Allgem. Gelehrten-Lexikon*. — Quérard, *La France Littéraire*.

MASCOLO (*Giovanni-Battista*), en latin *Masculus*, poëte latin moderne, né le 24 juin 1583, à Naples, où il est mort, le 20 juillet 1656. Admis en 1598 chez les Jésuites, il enseigna la théologie et la philosophie au collége de l'ordre, en fut quelque temps recteur, et tint ensuite pendant dix-sept ans chez lui une école de rhétorique. Il mourut de la peste qui désola Naples en 1656. Il eut la réputation d'un bon latiniste; son vers est en général pur et élégant, sa manière aisée, riche et abondante. Le pape Urbain VIII, qui l'estimait beaucoup, lui fit diverses offres, que la modestie de Mascolo rendit inutiles. On a de lui : *Lyricorum sive odarum Lib. XV;* Naples, 1626, in-12; la seconde édit., ibid., 1629, est augmentée d'un seizième livre, contre les hérétiques du temps; — *Vesuvianum Incendium anni* 1631; Naples, 1634, in-4°; — *Encomia Cœlitum, digesta per singulos anni dies, una cum veterum fastis recensentibus victorias, triumphos, sacrificia cæterasque res insignes Romanorum;* Naples, 1638-1641, 2 vol. in-4°; le t. II contient en outre *Encomia illustrium Virorum et Fœminarum veteris historiæ sacræ;* l'édit. de Naples, 1643, a été augmentée des éloges de Jésus, de la Vierge et de quelques saints; réimpr. à Vienne, 1754, 4 part. in-4°; — *Eruditæ Lectiones, ex operibus SS. Hieronymi, Augustini, Ambrosii, Gregorii Nazianzeni et Basilii, cum ponderationibus;* Venise, 1641, ou Naples, 1652-1660, 4 vol. in-fol.; — *Gladius ac pugio impietatis, sive persecutiones Ecclesiæ cruentæ;* Naples, 1651, in-4°. P.

Uomini illustri di Napoli, VIII. — Southwell, *Script. Soc. Jesu*. — Moréri, *Grand Dict Hist.* (édit. de 1759).

MASCOV (*Jean-Jacques*), publiciste et historien allemand, né à Dantzig, le 26 novembre 1689, mort le 22 mai 1761. Après avoir étudié à Leipzig la théologie, la jurisprudence et l'histoire, il parcourut l'Allemagne et les Pays-Bas, et accompagna ensuite les deux comtes de Watzdorf en France, en Angleterre et en Italie. En 1719 il fut chargé d'enseigner le droit à Leipzig, fut appelé, dans les années suivantes, à divers emplois élevés dans la magistrature, et devint enfin en 1748 doyen de Zeitz. On a de lui : *De Originibus officiorum aulicorum S. R. Imperii;* Halle, 1718, in-4°; — *De Ortu et Progressu Juris publici*; Leipzig, 1719, in-4°; — *De Nexu Regni Burgundici cum Imperio Romano;* Leipzig, 1720, in-4°; — *De Jure Imperii in magnum ducatum Etruriæ;* Leipzig, 1721, in-4°; réimprimé plusieurs fois; — *Abriss einer vollständigen Historie des teutschen Reichs* (Abrégé d'une histoire complète de l'empire germanique); Leipzig, 1722-1730, 1738, 1747, et

1752, in-4°; — *De regali imperialique Augustorum Germaniæ Augustarumque Coronatione*; Leipzig, 1723, in-4°; — *Geschichte der Teutschen bis zu Anfang der fränkischen Monarchie* (Histoire des Germains jusqu'au commencement de la monarchie franque); Leipzig, 1726 et 1737, in-4°; traduit dans la plupart des langues de l'Europe; — *De Nexu Regni Lotharingiæ cum Imperio Romano*; Leipzig, 1728, in-4°; — *De Primatibus, metropolitanis et reliquis episcopis Ecclesiæ Germanicæ*; Leipzig, 1729 et 1742, in-4°; — *Principia Juris publici Imperii Romani, ex ipsis legibus actisque publicis eruta*; Leipzig, 1729, 1738, 1744, 1750, 1760 et 1769, in-8°; cet ouvrage, d'un usage fréquent au dix-huitième siècle, fut commenté par Börner et Steinhäuser; — *Origines Juris publici Imperii Romani, ex rebus imperatorum Saxonicorum illustratæ*; Leipzig, 1742, in-4°; — *De legitima Electione Poloniarum regi Augusti*; Leipzig, 1734, in-4°; — *Commentarii de Rebus Imperii Romani, a Conrado I usque ad Conradum III*; Leipzig, 1741-1752, 3 vol. in-4°. O.

Ernesti, *Memoria Mascovii* (dans les *Novæ Amœnitates literariæ* de Clemm). — Weidlich, *Zuverlässige Nachrichten*, t. I et V. — Hamsen, *Vermischte Schriften*, p. 48. — Pütter, *Litteratur des teutschen Staatsrechts*, t. I. — Moser, *Neueste Geschichte der teutschen Staatsrechtslehre*. — Hirsching, *Histor. liter. Handbuch*. — Meusel, *Lexikon*.

MASCOV (*Godefroi*), jurisconsulte et érudit allemand, frère du précédent, né à Dantzig, le 26 septembre 1698, mort à Leipzig, le 5 octobre 1760. Depuis 1728 il enseigna la jurisprudence successivement à Harderwyck, à Gœttingue et à Leipzig; dans ses dernières années, il fit des cours sur la traduction des Septante (1). Il appartenait à l'école des *jurisconsultes élégants*, comme on appelait alors ceux qui rapprochaient l'étude du droit de celle de la philosophie, de l'histoire et des belles-lettres. On a de lui: *De sectis Sabinianorum et Proculianorum in Jure*; Altorf, 1724, in-4°; et Leipzig, 1728, in-8°; — *Ad Modestini Casus enucleatos*; Leipzig, 1727, in-4°; — *De Modestia veterum Jurisconsultorum*; Harderwyck, 1729, et Leipzig, 1741, in-4°; — *De Usu Historiæ Augustæ in Jure civili*; Harderwyck, 1738, in-4°, et Leipzig, 1774, in-8°; — *Notitia Juris et judiciorum Brunswico-Luneburgicorum; accedit Notitia Juris Osnabrugensis et Hildesiensis*; Gœttingue, 1738, in-8°; — *Opuscula Juridica et philologica*; Leipzig, 1776, in-8°; — Mascov a publié de très-bonnes éditions annotées des *Opera* de Gravina et du *De Jure Naturæ et gentium* de Puffendorf. O.

Pütmann, *Memoria Mascovii*; Leipzig, 1771, in-8°. — Klotz, *Acta litteraria*, t. VI. — Weidlich, *Jetztlebende Rechtsgelehrten*, t. II. — Hirsching, *Histor. liter. Handbuch*. — Meusel, *Lexikon*.

(1) D'un tempérament bilieux, il souffleta plusieurs fois de ses collègues, qui, réunis avec lui pour donner un avis sur des procès, différaient d'opinion avec lui.

MASCRIER (*Jean-Baptiste* Le), littérateur français, né en 1697, à Caen, mort le 16 juin 1760, à Paris. Il entra dans les ordres, mais n'exerça aucun emploi ecclésiastique; par besoin il se mit aux gages des libraires, et compila indifféremment des ouvrages favorables ou nuisibles à la religion; toutefois, quoique dépourvu de style et d'idées, il possédait un certain art pour arranger ou abréger les productions d'autrui. Nous citerons de lui: *Le Caprice et la Ressource*, en vers libres; Paris, 1732, in-12; prologue écrit pour la reprise de *La Sœur ridicule* de Montfleury; — *Description de l'Égypte, composée sur les* Mémoires *de Henri de Maillet, consul*; Paris, 1735, in-4°, fig., et La Haye, 1740, 2 vol., in-12; on y trouve des remarques judicieuses et d'intéressantes anecdotes; — *Histoire générale des Cérémonies, mœurs et coutumes religieuses du monde*; Paris, 1741, 7 vol. in-fol.; en société avec l'abbé Banier; — *Idée du Gouvernement ancien et nouveau de l'Égypte*; Bruxelles, 1744, 2 part. in-12; — *Mémoires historiques sur la Louisiane, composés sur les* Mémoires *de Dumont (de Montigny), par L. L. M.*; Paris, 1753, 2 vol. in-12; — *Histoire de la dernière Révolution des Indes orientales, par M. L. M.*; Paris, 1757, 1760, 2 vol. in-12; — *Michaelis Mayeri Cantilenæ, ou Chansons de la résurrection du phénix*; 1758, in-12; — *Tableau des Maladies*, trad. du latin de Lomm; Paris, 1760, 1765, in-12; — *Poésies diverses, latines et françoises*. L'abbé Le Mascrier a en outre eu part à la traduction de l'*Histoire universelle* de De Thou (1734 et ann. suiv.), et il a aussi préparé, revu ou édité: l'*Histoire de Louis XIV*, par Pellisson (1749, 2 vol. in-12), *Le Monde, son origine et son antiquité*, par Mirabaud (1751, in-8°), les *Commentaires de César*, trad. par Perrot d'Ablancourt (1755, 2 vol. in-12), *Telliamed* (1755, 2 vol. in-12), avec une vie de De Maillet, l'auteur; les *Réflexions chrétiennes sur les grandes vérités de la foi*, par le P. Judde (1757, in-12), les *Tablettes chronologiques de l'Histoire universelle et sacrée* (1763, 2 vol. in-8°), etc. P. L.

Chaudon et Delandine, *Dict. univ.*, XI. — Querard, *La France Littéraire*.

MASDEU (*Jean-François*), historien espagnol, né à Barcelone, en 1740, mort à Valence, le 11 avril 1817. Il entra dans l'ordre des Jésuites, et s'occupa d'une histoire générale de l'Espagne. Il avait déjà rassemblé beaucoup de matériaux lorsque son ordre fut supprimé. Il se retira en Italie, dans la ville de Foligno, et continua son histoire, dont les premiers volumes parurent en italien, sous le titre de *Storia critica di Spagna* (1er vol., Foligno, 1782, 2e vol.; Florence, 1787, in-4°). Cette publication n'ayant pas obtenu de succès, il traduisit, ou fit traduire, en espagnol cet ouvrage, qui parut sous ce titre: *Historia critica de España y de la cul-*

tura española en todo genere; Madrid, 1783-1800, 20 vol. in-4°, divisé de cette manière : tome Ier, *Preliminares*; II, III, *España antigua*; IV-VIII, *España Romana*; IX-XI, *España Goda*; XII-XV, *España Arabe*; XVI-XIX, *Supplementos*; t. XX, *España restauradora, libro I*; *illustraciones preliminares, contra los PP. Florez y Risco*. Masdeu n'eut pas le temps d'achever son œuvre, conçue sur un plan très-vaste et qui aurait exigé au moins cinquante volumes : c'est un ouvrage d'un grand mérite, écrit avec une érudition abondante et une critique exercée, mais où l'on trouve trop de discussions et de digressions. En général Masdeu est aussi inférieur à Mariana pour la narration qu'il lui est supérieur en exactitude. Masdeu rentra au collége de Rome lorsque le pape Pie VII rétablit les Jésuites. Pendant les dernières années de sa vie, il s'occupa des antiquités romaines, et soutint à ce sujet une polémique des plus vives avec Fea. Il revint ensuite en Espagne, et mourut à Valence. On a encore de Masdeu *Respuesta a su erudito censor Joaquin Tragia*; Madrid, 1793, in-4°. Z.

Arnault, Jay, Jouy et Norvins, *Biogr. nouv. des Contemp.* — Casaus y Torres, *Respuesta a algunos puntos de la Historia critica de España de Masdeu*; Madrid, 1806, in-4°.

MASEN (*Jacob*), en latin *Masenius*, érudit belge, né en 1606, à Daelhem (province de Liege), mort le 27 septembre 1681, à Cologne. Il entra en 1629 dans la Compagnie de Jésus, et professa pendant quatorze ans avec beaucoup de succès l'éloquence et la poésie à Cologne. Possédant bien les richesses de la langue latine et doué d'une imagination féconde, il rencontra souvent de beaux vers; mais c'est moins un poëte qu'un amplificateur, toujours livré à la déclamation. Le nom de Masenius est devenu fameux près d'un siècle après sa mort par la ridicule tentative d'un littérateur écossais, William Lauder, qui s'avisa de traiter Milton de plagiaire. Pour appuyer de preuves cette accusation, il tira de l'oubli un poëme de Masenius intitulé *Sarcotis*, et dont la chute de l'homme est le sujet, y intercala un grand nombre de vers d'une traduction latine du *Paradis perdu*, l'accompagna d'extraits tirés d'autres ouvrages, et publia cette burlesque macédoine sous le titre : *Delectus sacrorum auctorum Miltono facem prælucentium*; Londres, 1753, in-8°. Une discussion fort vive s'engagea, au milieu de laquelle la fourberie fut découverte par la publication de l'édition originale de *Sarcotis*, et l'imposteur, couvert de confusion, s'enfuit aux îles Barbades, où il mourut maître d'école (1). Parmi les nombreux écrits du laborieux jésuite fréquemment réimprimes, nous citerons : *Ars nova argutiarum honestæ recreationis*; Cologne, 1649, in-12; la dernière édit. est de Cologne, 1711, in-8°; — *Dux viæ per exercitia spiritualia*; Trèves, 1651, in-8°; trad. en 1701 en allemand; — *Joannis Semani* (Maseni) *Methodus controversias ex Scriptura et Patribus componendi*; Cologne, 1652, in-4°; — *Palæstra Eloquentiæ ligatæ*; Cologne, 1654-1683, 3 vol. in-12 : on y trouve les préceptes de la poésie en général, de la poésie élégiaque, héroïque et lyrique, et de la poésie dramatique. C'est dans le tome II de ce recueil que Lauder découvrit le poëme de *Sarcotis*, traduit fort librement en français par l'abbé Dinouart; Paris, 1757, in 12; cette version fut revue et corrigée en 1771 et réimprimée avec le texte latin; il en existe aussi des traductions en allemand et en italien; — *Palæstra Oratoria, præceptis et exemplis veterum instructa*; Cologne, 1659, 1707, in-8°; — *Palæstra Styli Romani, cum brevi Græcarum et Romanarum antiquitatum compendio*; Cologne, 1659, 2 part. in-8°; — *Speculum imaginum veritatis occultæ, exhibens symbola, emblemata*, etc.; Cologne, 1659, 1693, 1714, in-8°; — *Aurum Sapientum, sive ars ditescendi*; Cologne, 1661, in-12; 3e édit., augmentée, ibid., 1678, in-fol.; — *Utilis curiositas de humanæ vitæ felicitate*; Cologne, 1672, in-8°; — *Anima historiæ hujus temporis, hoc est historia Caroli V et Ferdinandi I*; Cologne, 1672, 2 vol. in-4° : d'après les *Mémoires de Trévoux*, cette histoire passe pour être exacte; on a tiré à part et trad. en français l'*Eloge de Charles Quint*, poëme; Paris, 1748, 1774, in-8°; — *Antiquitatum et annalium Trevirensium Lib. XXV*; Liége, 1671, 2 vol. in-fol.; réimpression d'un ouvrage du P. Brouwer, auquel Masenius a ajouté les trois derniers livres; il l'a ensuite publié sous forme d'*Epitome*; Trèves, 1676, in-8°; — *Orthodoxus Concionator, ex V. ac N. T. digestus*; Cologne, 1678, 2 vol. in-fol.; les tomes suivants sont restés inédits. K.

Southwell, *Script. Soc. Jesu.* — Hartzheim, *Biblioth. Coloniensis.* — Becdelièvre-Hamal, *Biogr. Liégeoise*, II.

MASÈRES ou **MAZÈRES** (*Francis*), mathématicien anglais, né le 15 décembre 1731, à Londres, mort le 19 mai 1824, à Reigate. Il était fils d'un médecin, et descendait d'une famille protestante réfugiée en Hollande, puis en Angleterre par suite de la révocation de l'édit de Nantes. Élevé à Kingston, il prit ses degrés à Cambridge, où il se livra à des études analytiques très-approfondies. Quoiqu'il eût obtenu le titre d'agrégé au collége de Clare-Hall, il renonça bientôt aux mathématiques pour la jurisprudence, fut admis au barreau et occupa quelque temps les fonctions de juge. Sur sa demande, il partit pour Québec en qualité d'*attorney general*. A l'époque de la guerre de l'indépendance américaine, il se signala par sa fidélité et par le zèle qu'il déploya pour empêcher l'insurrection de s'étendre dans le Canada. Rappelé en 1773, avec le titre de clerc-baron de l'échi-

(1) On peut voir la liste des ouvrages publiés à ce sujet dans le *Bibliographer's Manual* de W. Lowndes.

quier, il cumula plusieurs fois cet emploi, soit avec celui d'archiviste de Londres, soit avec l'office de premier juge à la cour du sheriff. Le baron Masères (comme on le nommait par courtoisie) n'était pas seulement un magistrat éclairé et un profond mathématicien, il aimait les lettres et ceux qui les cultivent, et se délassait de ses travaux sérieux par la lecture d'Homère, d'Horace, de Lucain et de Milton. Le premier en Angleterre, il eut l'idée de fonder une caisse de retraite dans l'intérêt des classes laborieuses; sous le nom de *Life's Annuities*, il proposait de constituer dans chaque paroisse, sous la garantie de toutes les propriétés soumises à la taxe des pauvres, des rentes viagères au maximum de 20 livres (500 fr.), en faveur de ceux qui voudraient en faire l'acquisition. Ce projet philanthropique, adopté par le ministère, échoua devant la résistance de la chambre des lords. Cinquante ans après, en 1833, il a été repris, et s'est rapidement propagé. On a de Masères : *Dissertation on the use of the negative sign in algebra;* Londres, 1758, in-4°; selon lui les quantités négatives ne sont jamais que des quantités moindres soustraites ou à soustraire; dans ce traité, où il ne craint pas de critiquer l'opinion de Newton, il rejette de l'algèbre tout ce qui n'est pas arithmétique; cette exclusion, qu'il a maintenue dans tous ses écrits, a eu pour conséquence de rendre ses démonstrations excessivement prolixes, en multipliant les cas particuliers; ainsi, dans sa *Dissertation*, les quatre règles et la solution des équations du second et du troisième degré n'occupent pas moins de 300 pages; — *Elements of plane Trigonometry;* ibid., 1759, 1760, in-8°; — *Mémoires à la défense d'un plan d'acte de parlement pour l'établissement des lois de la province de Québec;* ibid., 1770, 1773, in-fol.; — *An Account of the proceedings of the inhabitants of Quebec in order to obtain a house of assembly;* ibid, 1775, in-8°; — *The Canadian freeholder;* ibid., 1777-1779, 3 vol. in-8°; dialogues entre deux colons français et anglais; — *Montesquieu's View of the English Constitution;* ibid., 1784, 1791, in-8°; trad du français avec des notes; — *The Principles of the doctrine of Life's Annuities;* ibid., 1783, 2 vol. in-4°; — *The moderate Reformer;* ibid., 1791, in-8°; il s'agit de la réforme de certains abus de l'Église anglicane; — *An Appendix to Frend's Principles of Algebra;* ibid., 1798, in-8°; — *Tracts on the resolution of cubic and biquadratic algebraic equations;* ibid., 1800, in-8°: ces équations sont résolues d'après la méthode d'Halley et de Newton; — *Occasional Essays on various subjects, chiefly historical and political;* ibid., 1809, in-8°. Masères a rendu des services réels à la science en faisant réimprimer à ses dépens des écrits rares ou négligés; nous citerons : *Scriptores Logarithmici;* Londres, 1791-1796, 3 vol. in-4°, et 1807, 6 vol. in-4°; — *Scriptores Optici*, recueil du même genre terminé en 1823 sous la surveillance de M. Babbage; — *Jacques Bernouilli's Doctrine of Permutations and Commutations;* Londres, 1795, in-8°; — *Historiæ Anglicanæ circa tempus conquestus selecta monumenta, cum notis;* ibid., 1807, in-4°; — *May's History of Parliament of England;* ibid., 1813, in-4°; — *The Irish Rebellion, by sir John Temple;* ib., 1813, in-4°, etc. Enfin il a fourni trois mémoires au recueil de la Société royale de Londres. P. L—y.

Gentleman's Magazine, juin 1824. — Rose, *New Biog. Dict.*

MASERES DE LATUDE. *Voy.* LATUDE.

MASHAM (*Damaris* CUDWORTH, lady), femme auteur anglaise, née le 18 janvier 1658, à Cambridge, morte le 20 avril 1708, à Oates. Sous la direction de son père, le docteur Culph Gudworth, qui prit un soin particulier de son éducation, elle fit de grands progrès en mathématiques, en histoire, en philosophie et même en théologie, et dut une grande partie de son instruction aux affectueux conseils de Locke; ce fut dans sa propre maison, à Oates, que le célèbre philosophe se retira et qu'il rendit le dernier soupir, après avoir passé un grand nombre d'années dans l'intimité de ses parents. Cette dame, aussi remarquable par son talent que par sa modestie, devint la seconde femme de François Masham, baronet du comté d'Essex, et fut enterrée dans la cathédrale de Bath. On a d'elle : *A discourse concerning the love of God;* Londres, 1696; — *Occasional Thoughts in reference to a virtuous and christian life.* P L—y.

Ballard, *Memoirs.* — Lord King, *Life of Locke.*

MASHAM (*Abigail* HILL, lady), favorite d'Anne, reine d'Angleterre, née à Londres, morte le 6 décembre 1734. Elle était fille d'un marchand de Londres, qui avait épousé la tante paternelle de la célèbre duchesse de Marlborough. Son père étant tombé en déconfiture, elle fut obligée de se mettre au service de lady Rivers, femme d'un baronet, et passa ensuite dans la maison de lady Churchill, sa cousine, qui la fit mettre au nombre des femmes de chambre de la reine Anne. Par son assiduité et par ses complaisances, Abigaïl ne tarda pas à acquérir sur cette princesse une grande influence. L'attachement qu'elle avait voué à la haute Église, dans le respect de laquelle on l'avait élevée, contribua à augmenter son crédit auprès de la reine, qui tenait secrètement pour le parti aristocratique, bien que, dans les premières années de son règne, elle eût appuyé le parti whig. En 1707 Abigaïl contracta un mariage secret avec un jeune officier, fils de sir Francis Masham, du comté d'Essex; la duchesse de Marlborough lui reprocha amèrement de lui avoir caché ce projet d'alliance, et osa même accuser la reine d'y avoir prêté les mains. Cette querelle, qui amena une rupture complète entre les deux cousines, fut cause de la disgrâce de l'altière duchesse. Harley, plus tard *comte* *d'Oxford*, s'entendit avec la nouvelle favorite; un changement de ministère eut lieu, qui rappela les tories au pouvoir, et en 1711 Masham entra à la chambre des lords avec le titre de baron. Les deux époux prirent une part active aux intrigues de cour en faveur de la maison déchue des Stuarts. P. L—Y.

Rose, *New Biographical Dictionary*.

MASINISSA (Μασσανάσσης), roi des Numides, célèbre par la part qu'il prit aux guerres entre les Romains et les Carthaginois, né en 238 avant J.-C. et mort vers 148. Fils de Gala, roi des Massyliens, la plus orientale des deux grandes tribus numides, il fut conduit jeune à Carthage, et y reçut une éducation supérieure à celle de ses compatriotes. Il était encore jeune lorsque les Carthaginois, en 213, décidèrent Gala à déclarer la guerre à Syphax, roi de la tribu voisine des Massésyliens que les Romains venaient d'attirer dans leur alliance. Chargé du commandement des troupes de son père, il attaqua Syphax, le défit, le força de se réfugier en Mauritanie, et l'empêcha d'aller en Espagne se mettre sous la protection des Romains. L'année suivante il conduisit en Espagne, au secours des Carthaginois, un corps considérable de cavalerie. Il combattit dans ce pays jusqu'en 206. A cette époque, voyant les affaires des Carthaginois ruinées par la défaite de Silpia, il fit de secrètes ouvertures à Silanus, lieutenant de Scipion, et quelque temps après il eut avec ce général une entrevue dans laquelle il s'engagea à se déclarer pour les Romains dès que ceux-ci auraient envoyé une armée en Afrique. La défection de Masinissa eut plusieurs causes : d'abord l'effet produit par les victoires des Romains, puis l'influence de Scipion, enfin, la haine du prince numide pour le général carthaginois Asdrubal. Celui-ci avait promis à Masinissa la main de sa fille, la belle Sophonisbe; mais il manqua à sa promesse, et donna Sophonisbe à Syphax. Masinissa, irrité et prévoyant d'ailleurs la chute de Carthage, se jeta dans le parti des Romains. Il dissimula sa résolution, rejoignait Magon à Gadès, et passa ensuite en Afrique, où le rappelaient de graves événements.

En son absence, son père, Gala, était mort. La couronne passa, suivant la coutume des Numides, à Œsalcis, frère du roi, déjà fort avancé en âge. Peu de temps après Œsalcis mourut, et l'aîné de ses deux fils, Capusa, hérita du trône. Ce prince, d'un caractère faible, fut renversé par le Numide Mezetulus, qui exerça l'autorité souveraine au nom de Lacumacès, le jeune frère de Capusa. Masinissa résolut de faire valoir ses droits contre l'usurpateur. N'ayant pu obtenir des secours de Bocchus, roi de Mauritanie, il ne craignit pas de pénétrer en Numidie avec cinq cents cavaliers seulement. Les vieux soldats de Gala grossirent sa petite troupe et lui fournirent une armée avec laquelle il défit Mezetulus et Lacumacès, qui se réfugièrent dans les États de Syphax. Masinissa, devenu prince des Numides massyliens et prévoyant qu'il avait une lutte à soutenir contre la tribu rivale des Massésyliens, se réconcilia avec Mezetulus et Lacumacès en leur faisant de bonnes conditions. La lutte ne tarda pas en effet à s'engager contre les deux tribus numides. Syphax, dès la première rencontre, battit complétement Masinissa, et le força de se réfugier avec ses partisans les plus fidèles dans les montagnes. Là, Masinissa mena une vie de brigand, et désola tout le pays d'alentour, et particulièrement les terres des Carthaginois. Bocchus, un des plus hardis lieutenants de Syphax, le poursuivit dans sa retraite, et l'enveloppa. Masinissa s'échappa avec cinq cavaliers. « Les fuyards ayant rencontré sur leur passage une large rivière, n'hésitèrent pas à y lancer leurs chevaux pour se dérober à un danger plus pressant; mais ils furent entraînés par le courant et descendirent dans une direction oblique. Deux d'entre eux furent engloutis dans le gouffre rapide sous les yeux mêmes de l'ennemi, et l'on crut que Masinissa avait également péri; mais les deux cavaliers qui restaient atteignirent avec lui l'autre rive, et disparurent au milieu des arbustes; Bocchus cessa alors la poursuite. Il retourna auprès de Syphax pour lui porter la fausse nouvelle de la mort de Masinissa : on la fit parvenir à Carthage, où elle excita des transports de joie... Masinissa, caché au fond d'une caverne, où il pansait sa blessure avec des herbes, vécut plusieurs jours des produits du brigandage de ses deux compagnons. Dès que sa plaie fut cicatrisée et qu'il se crut en état de supporter le mouvement, il se mit en marche pour reconquérir son royaume. Après avoir ramassé sur sa route environ quarante cavaliers, il arriva chez les Massyliens, et se fit connaître. L'ancien attachement qu'on lui portait, la joie qu'on éprouvait de revoir plein de vie un prince qu'on avait cru mort, opérèrent un soulèvement si général, qu'en peu de jours il eut sous ses ordres six mille hommes d'infanterie bien armés et quatre mille chevaux. Bientôt il fut maître du royaume de ses pères; il porta même la dévastation chez les peuples alliés de Carthage et sur les terres des Massésyliens, sujets de Syphax. Par là il força ce prince d'entrer en campagne, et alla se poster entre Cirta et Hippone, sur des hauteurs qui lui offraient toutes sortes de ressources. » (Tite-Live). Malgré l'avantage de la position, il ne fut pas plus heureux que la première fois. Complétement défait, il se sauva avec quelques cavaliers sur les bords de la mer, où il se maintint jusqu'à l'arrivée des Romains. Quoique vaincu et presque seul, il leur rendit des services signalés. Il eut bientôt rassemblé une nombreuse cavalerie, avec laquelle il battit les cavaliers d'Hannon. Il prit ensuite une part décisive à l'attaque et à l'incendie des camps d'Asdrubal et de Syphax. La connaissance des habitudes des Numides fut en cette circonstance de la plus grande utilité à Scipion. Ce général plaçait en sa fidélité et son talent une parfaite confiance. Après la seconde défaite des forces combinées d'Asdrubal et de Syphax, il le chargea avec Lælius de poursuivre les fugitifs. Lælius et Masinissa occupèrent sans résistance tout le pays des Massésyliens, et quoique Syphax leur oppòsât une troisième armée, ils le vainquirent de nouveau et le firent prisonnier. Poursuivant leurs avantages, ils s'emparèrent de Cirta, capitale de Syphax, et de la forteresse où il avait déposé ses trésors. Parmi les captives tombées entre leurs mains se trouvait Sophonisbe, femme de Syphax et la même qui avait été promise à Masinissa. Celui-ci se hâta de l'épouser; mais sur l'ordre de Scipion, il dut renoncer à cette union, qui se termina par la mort tragique de Sophonisbe (*voy.* ce nom). Le général romain le récompensa de son obéissance en lui conférant le titre et les insignes de la royauté, avec la possession héréditaire du pays des Massyliens, et en lui faisant espérer les États de Syphax. Au commencement des négociations pour la paix entre Scipion et les Carthaginois (203 avant J.-C.), Masinissa quitta le camp romain pour se mettre en possession de ses nouveaux domaines. La rupture des négociations et l'arrivée d'Annibal en Afrique obligèrent Scipion à le rappeler en toute hâte. Annibal essaya, dit-on, de le détacher de l'alliance romaine; mais le rusé Numide, prévoyant de quel côté serait le succès, resta fidèle à Scipion et le rejoignit avec six mille fantassins et quatre mille cavaliers un peu avant la bataille de Zama (202). Dans cette action décisive il commanda la cavalerie à l'aile droite, et contribua à l'heureux résultat de la journée. Après avoir mis en déroute la cavalerie numide qu'Annibal lui avait opposée, il se rejeta avec Lælius sur le principal corps de l'infanterie carthaginoise, et le força à fuir. Il mit tant d'activité dans la poursuite qu'il faillit s'emparer d'Annibal lui-même. L'année suivante il fut compris dans le traité de paix entre Rome et Carthage, et reçut, outre ses domaines héréditaires, la ville de Cirta.

Depuis cette époque (201) jusqu'au commencement de la troisième guerre punique, il s'écoula plus de cinquante ans, et pendant toute cette période Masinissa régna avec une autorité incontestée sur le pays que lui assignait le traité de paix. Mais ses domaines, quoique vastes, ne suffisaient pas à son ambition, et il enviait les fertiles provinces qui restaient aux Carthaginois. La certitude d'être soutenu par les Romains l'encourageait à renouveler sans cesse des agressions dont les Carthaginois se plaignaient vainement au sénat. Des ambassades envoyées de temps en temps sous prétexte de maintenir les règlements de Scipion ne manquaient pas de lui donner raison, ou, quand il avait trop ouvertement tort, partaient sans rien conclure. Le principal objet de la dispute était le district d'Emporia. Masinissa s'en empara; mais comme les Romains ne voulaient pas encore rompre avec Carthage, ils l'obligèrent à l'évacuer. Il avait soin de se maintenir bien avec eux, en leur fournissant des secours en cavaliers et en éléphants, et de larges provisions de blé dans leurs guerres contre Philippe, Antiochus et Persée. Il ne négligeait rien non plus pour entretenir dans Carthage même un parti favorable à ses vues. Mais la prospérité et la puissance renaissante de cette ville donnèrent de la force au parti populaire, qui avait toujours été opposé aux Romains et à leurs alliés. En 150 les principaux partisans de Masinissa furent bannis. Le vieux prince numide demanda leur rappel. L'ambassade qu'il envoya à ce sujet, et que conduisaient ses deux fils Gulussa et Micipsa, ne fut pas reçue dans la ville, et courut des risques au retour. Masinissa envahit aussitôt le territoire carthaginois, et mit le siége devant la ville d'Oroscapa. Adrusbal, général de la république, se mit immédiatement en campagne avec une armée de près de soixante mille hommes. Les premiers engagements, quoique favorables aux Numides, n'eurent rien de décisif, et Scipion Émilien, qui se trouvait par hasard, dit-on, dans le camp de Masinissa, interposa, mais sans effet, ses bons offices entre les parties belligérantes. Les hostilités continuèrent et les Carthaginois, enveloppés par l'armée numide, et réduits aux dernières extremités de la famine, acceptèrent une capitulation ignominieuse, qui ne les sauva même pas; car Masinissa, au mépris de la convention, en fit massacrer une grande partie. Ce désastre portait un coup terrible à Carthage, et les Romains résolurent d'en profiter pour détruire cette ville. La troisième guerre punique éclata en 149. Mais ici les intérêts de Masinissa n'étaient plus d'accord avec ceux de ses alliés: il voulait bien humilier les Carthaginois, mais non pas établir les Romains en Afrique. Il ne mit donc aucun empressement à leur fournir des renforts, et le sénat envoya des ambassadeurs pour stimuler son zèle; il n'était plus quand les députés romains arrivèrent. A son lit de mort, il fit demander Scipion, qui servait dans l'armée d'Afrique en qualité de tribun militaire, et comme celui-ci n'arrivait pas à temps, le prince numide, près d'expirer, exprima l'intention que le jeune officier romain réglât les affaires de son royaume. Masinissa mourut à quatre-ving-dix ans. Il conserva jusque dans cet âge avancé sa vigueur physique et son activité. On prétend que dans la guerre contre Asdrubal, à quatre-vingt-huit ans, non-seulement il commanda son armée en personne, mais il accomplit les exercices militaires avec l'agilité et la vigueur d'un jeune homme. Masinissa fut le père d'une nombreuse famille. Quelques auteurs rapportent qu'il n'eut pas moins de cinquante-quatre fils, la plupart nés de concubines, c'est-à-dire illégitimes. Il semble qu'il ne laissa que trois fils légitimes, Micipsa, Mastanabal et Gulussa, entre lesquels Scipion partagea les États suivant les dernières volontés. L. J.

Tite Live, XXIV, 49; XXV, 34; XXVII, 5, 20; XXVIII, 13, 16, 35; XXIX, 29, 30, 31-33, 34; XXX, 3-8, 11-17, 29, 33, 35, 44; XXXIV, 62; XL, 17, 34; XLII, 23, 24; *Epitome*, L. — Appien, *Punica*, 10, 14-22, 26, 28, 37, 41, 44-47, 67-69, 70, 73, 106; *Hispan.*, 25, 27. — Polybe, XIV, 3, 4, 8, 9; XV, 4, 5, 9, 12 18, 18; XXXII, 2; XXXVII, 3. — Eutrope, IV, 11. — Valère Maxime, VIII, 13. — Cicéron, *De Senect.*, 10. — Frontin, *Strat.*, IV, 3. — Lucien, *Macrob.*, 17. — Diodore, *Excerp. Phot.*, p. 523. — Plutarque, *Moral.*, p. 791. — Zonares, IX, 27. — Orose, IV, 22. — Salluste, *Jugurtha*, 5. — Niebuhr, *Lectures on Roman History*, vol I, p. 216, 217, 291-292. — Smith, *Dictionary of Greek and Roman Biography*.

MASIUS. *Voy.* MAES.

MASKELYNE (*Névil*), astronome anglais, né à Londres, en 1732, mort le 9 février 1811. Delambre raconte que ce fut la vue d'une éclipse de soleil, celle de 1748, qui inspira à Maskelyne le désir de devenir astronome. Il acquit rapidement les connaissances mathématiques et physiques que sa détermination lui rendait indispensables, tout en poursuivant les études théologiques que lui imposait la volonté de sa famille et qui le conduisirent à l'obtention d'une cure en 1755. En 1761, il se rendit à Sainte-Hélène pour y observer le passage de Vénus sur le disque du Soleil; mais l'état de l'atmosphère l'empêcha de recueillir le fruit de ses fatigues. Cependant son voyage ne fut pas inutile aux progrès de l'astronomie : en essayant les instruments qu'il destinait à ses observations, Maskelyne reconnut des irrégularités dont il chercha la cause, et il corrigea le mode vicieux usité jusque alors pour la suspension du fil à plomb. En 1765, il reçut le titre d'astronome royal, et depuis cette époque jusqu'à sa mort il ne cessa de recueillir des observations d'une admirable précision. Une seule fois, il s'absenta de son cher observatoire de Greenwich : ce fut quand il alla répéter en Écosse les opérations tentées par Bouguer au Pérou pour mesurer l'attraction des montagnes. Il y trouva que la densité de la terre est égale à quatre ou cinq fois celle de l'eau; résultat peu différent de celui que Cavendish déduisit plus tard d'expériences d'une autre nature.

Maskelyne était l'un des huit associés étrangers de l'Académie des Sciences de Paris. Il avait pris en 1777 le grade de docteur en théologie. Le premier, il publia régulièrement chaque année le résultat de ses observations. On lui doit, en outre : *British Mariner's Guide* (Londres, 1763), et divers mémoires insérés dans les *Transactions philosophiques*. Il fut l'éditeur des *Tables lunaires* de Tobie Mayer revues par Ch. Mason. Enfin, il rédigea et publia pendant quarante-cinq années *The nautical Almanack*, excellentes éphémérides dont il avait emprunté le plan à La Caille. E. M.

Rees, *Cyclopædia*. — Chalmers, *General Dictionary*. — Delambre, *Hist. de l'Astronomie au XVIIIe siècle*.

MASLARD (*Jean*), mathématicien français, né à Tours, vers 1595, mort dans la même ville, après 1662. Il était professeur de calligraphie et a publié : *Le Trésor parfait d'Arithmétique*; La Flèche, 1657, et Tours, 1661, in-8°. L—z—E.

Dict. hist.

* **MAS-LATRIE** (*Jacques-Marie-Joseph-Louis* DE), historien et archéologue français, né à Castelnaudary (Aude), le 9 avril 1815. Destiné d'abord aux écoles militaires, il s'occupa surtout d'études mathématiques. Venu à Paris, il suivit les cours de la faculté de droit, et entra à l'École des Chartes. En 1841 il fut chargé par le ministre de la guerre de recueillir, dans les principaux ports de mer de la Méditerranée, les documents qui pouvaient servir à connaître quelles avaient été la nature et l'étendue des relations des chrétiens avec les Arabes de l'Afrique septentrionale au moyen âge avant l'établissement de la domination turque à Alger. Cette mission amena M. de Mas-Latrie à visiter, à divers intervalles et durant quatre années consécutives, les archives de l'Italie, de la Sicile et de l'Espagne. Les résultats principaux en ont été exposés dans divers mémoires insérés dans le *Tableau de la Situation de l'Algérie* publié par le ministère de la guerre; Paris, Imp. roy., 1845, in-fol., dans la *Bibliothèque de l'École des Chartes* (1re, 2e et 3e séries) et dans la *Nouvelle Revue encyclopédique*. En 1843, M. de Mas-Latrie obtint le prix proposé par l'Académie des Inscriptions sur cette question mise au concours : *Écrire l'histoire de l'île de Chypre, sous le règne des princes de la maison de Lusignan*. Avant de publier son ouvrage, M. de Mas-Latrie voulut visiter les principales bibliothèques des pays qui ont eu des relations avec l'Orient et l'Orient même. Il fit à cet effet des recherches heureuses à Venise, à Rome, à Naples, à Malte, à Barcelone, à Londres, et à Berne, où se conservent les manuscrits de Bongars, éditeur du *Gesta Dei per Francos*. Il visita l'île de Chypre, Rhodes, Constantinople, l'Égypte et la Syrie. Quatre chroniques, qui renferment l'histoire complète des rois français de l'île de Chypre et un nombre considérable de pièces inédites et inscriptions, ont été les résultats de ces voyages. M. de Mas-Latrie a dressé une carte géographique détaillée de l'île de Chypre, dont il a donné les détails dans un mémoire imprimé dans le *Bulletin de la Société de Géographie de Paris* (février-mars 1847). Divers mémoires concernant les antiquités ou l'histoire de l'île de Chypre ont été également publiés par M. de Mas-Latrie dans les *Archives des missions scientifiques*, la *Bibliothèque de l'École des Chartes*, *Le Correspondant* et le *Journal général de l'instruction publique*. Nommé secrétaire trésorier de l'École des Chartes en 1847 et répétiteur général en 1849, il en est depuis quelques années sous-directeur, et occupe l'emploi de chef de section aux archives de l'empire. On a de lui : *Chronologie historique des papes, des conciles généraux et des conciles de France*; Paris, 1837, 1841, in-8°; — *Notice historique sur les fonctions des principaux ministres*; Paris, 1837, in-8°; — *Archevêchés, évêchés et monastères de la France sous les trois dynasties*; Paris, 1837, in-12; — *Géographie des pairies de la France*; Paris,

1839, in-12; — *Rapport sur les archives de la ville de Toulouse*; 1839, in-8°; — *Analyse des leçons sur l'histoire du gouvernement français faites à l'École de droit par M. Poncelet*; Paris, 1840, in-8°; — *Notice historique sur la paroisse Saint-Étienne-du-Mont*; Paris, 1841, in-12, en collaboration avec l'abbé Faudet; — *Principaux Traités de paix et de commerce entre la France et les puissances barbaresques*; Paris, 1844, in-fol.; —*Histoire de France depuis la mort de Louis XVI jusqu'en 1837*; Paris, 1845, 2 vol. in-8°; — *Les Évêchés anciens et modernes du monde chrétien*; Paris, 1846, in-12; — *Sur les sceaux de l'ordre du Temple et sur le temple de Jérusalem au temps des croisades*; Paris, 1848, in-8°; — *Critique de deux diplômes commerciaux de Marseille et de Trani*; Paris, 1849, in-8°; — *Dictionnaire de Statistique religieuse*; Paris, 1851, in-4°; fait partie de la collection Migne; — *Tables dressées pour calculer les années du pontificat des papes*; Paris, 1852, in-12; — *Notice sur le recueil des Archives de Venise intitulé* Libri Pastorum; Paris, 1851, in-8°; — *Histoire de l'Ile de Chypre sous le règne des princes de la maison de Lusignan*, 2 vol. gr. in-8°; Paris (Imprimerie impériale), 1852, 1855, tom. II et III, renfermant le choix des documents inédits servant de preuves. Cet excellent ouvrage doit avoir trois volumes; — *Archives, Bibliothèque et Inscriptions de Malte*; Paris, 1857, in-8°; — *Essai de classification des continuateurs de Guillaume de Tyr*; Paris, 1860, in-8°; — *Des Impôts de la Gaule sous l'administration romaine*; in-8°; — *Des Possessions françaises en Algérie avant 1830*; in-8°; — *Des Relations politiques et commerciales de l'Asie Mineure avec l'île de Chypre*; dans la *Bibliothèque de l'École des Chartes*; — *Des Droits seigneuriaux*; in-8° : extrait de la *Revue du dix-neuvième siècle*. O.

Documents partic. — *Journal de la Librairie.* — *Littérature Française contemp.* — *Journaux* de l'Aude.

MASO DA SAN-FRIANO. *Voy.* MANZUOLI (*Tommaso*).

MASO FINIGUERRA. *Voy.* FINIGUERRA.

MASO (*Giuseppino del*). *Voy.* MACERATA.

MASOLINO. *Voy.* PANICALE (*Masolino da*).

MASON (*John*), théologien anglais, né en 1706, à Dunmow (Essex), mort en 1763, à Cheshunt (Hertfordshire). Fils d'un pasteur, il choisit la même profession et administra la paroisse de Dorking (1730), puis celle de Cheshunt (1746). Il joignait à un caractère modeste et tolérant une instruction solide, beaucoup de sens et quelque talent oratoire. Il s'est fait connaître par un petit ouvrage intitulé : *Self-Knowledge* (Connaissance de soi-même), Londres, 1745, in-8°, traduit dans plusieurs langues, réimprimé un grand nombre de fois, et qui a servi, dit-on, de base à Caraccioli pour son traité sur *la Jouissance de soi-même*. On a encore de lui : *The Lord's Day evening entertainment*; 2° édit., 1754, 4 vol. in-8°, suite d'entretiens et de discours de morale pratique; — *Fifteen Discourses devotional and practical*; 1758, in-8°; — *Christian Morals*; 1761, 2 vol. in-8°; — des essais et des instructions religieuses. P. L—Y.

Sa *Vie*, dans l'édition stéréotype de *Self-Knowledge*; 1811, in-8°.

MASON (*Charles*), astronome anglais, mort en février 1787, dans la Pennsylvanie. Adjoint à Bradley, astronome de l'observatoire royal de Greenwich, il fut chargé par le bureau des longitudes de vérifier l'exactitude des tables lunaires de Mayer; il apporta à cet ouvrage, en suivant la théorie et les indications de l'auteur, quelques changements et de légères corrections, et Maskelyne le publia ainsi amendé : *Mayer's Lunar Tables improved by Ch. Mason*; Londres, 1787, in-4°. Dès lors il put servir aux calculs du *Nautical Almanack* et de *La Connaissance des temps*. Envoyé en Amérique en compagnie de Dixon, afin de déterminer, à l'aide d'un grand secteur, les limites du Maryland et de la Pennsylvanie, Mason mourut avant d'avoir terminé ses opérations. On trouve de lui quelques mémoires dans les *Philosophical Transactions*, entre autres l'observation du passage de Vénus faite par lui, le 3 juillet 1769, à Cavan, en Irlande. K.

Lalande, *Bibliogr. Astronom.* — Rose, *New Biogr. Dict.*

MASON (*James*), graveur anglais, né vers 1710, mort vers 1780. Il travailla à Londres, et exécuta souvent, de concert avec Canot, plusieurs suites de paysages fort estimées. A la délicatesse du burin il joignait le mérite de rendre avec bonheur l'effet et la couleur des originaux. Les artistes d'après lesquels il a le plus gravé sont Van der Neer, Georges Lambert, Gaspard Dughet, etc.; d'après Claude Lorrain, il a donné : *Paysage d'Italie* (1747), *Soleil couchant* et *La Soirée d'Été* (1771), *Débarquement d'Enée en Italie* (1772); et d'après Hobbema : *Le Village* (1776). K.

Huber et Rost, *Man. de l'Amateur*.

MASON (*William*), poëte anglais, né en 1725, à Saint-Trinity-Hall (Yorkshire), mort le 7 avril 1797, à Londres. Il montra de bonne heure pour la poésie une vocation réelle, encouragée par son père et par ses professeurs lorsqu'il entra à l'université de Cambridge; ce fut là qu'en 1747 il publia ses premiers vers, consacrés à la mémoire de Pope. Il s'y lia d'une intime amitié avec le poëte Gray, qui vers ce temps le représentait comme un jeune homme « fort modeste, naïvement ambitieux, sans jugement, d'une candeur enfantine, et d'une indolence telle que ses bonnes qualités ne lui serviraient pas à grand' chose. » Aussi Mason n'arriva-t-il ni aux honneurs ni à la fortune, dont il faisait peu de cas; son seul souci fut d'écrire des vers, et, grâce à une imagination aussi fraîche que féconde, il en fit souvent d'excellents. Après avoir pris ses degrés à Cambridge, il embrassa, comme avait fait son père, la carrière ecclésiastique (1754), et fut admis au nombre des chapelains du roi, en même temps qu'il obtenait le bénéfice d'Aston; depuis 1764 il cumula ces fonctions avec celles de chanoine et de *précenteur* à la cathédrale d'York. Partageant sa vie entre les devoirs de son ministère et la culture des arts et des lettres, estimé de tous, comptant des amis dévoués, n'ayant jamais soulevé autour de ses œuvres les animosités ou les querelles, il mourut à un âge avancé, et en pleine possession de la *médiocrité dorée* et de la renommée tranquille, le plus grand bonheur auquel il avait souhaité d'atteindre. On lui éleva un monument dans l'abbaye de Westminster, à côté de son ami Gray. Connaisseur en peinture, musicien plein de goût, Mason fut surtout un poëte, quelquefois supérieur, presque toujours remarquable. Certaines descriptions qu'il a laissées de la vie champêtre peuvent compter parmi les chefs-d'œuvre de la poésie moyenne et tempérée; il excelle dans les sujets les plus humbles et en rehausse la simplicité par le charme et la grâce qu'il leur prête. La correction de son style est devenue presque proverbiale. Doué d'une imagination brillante, il n'en modère pas assez les écarts et sème à profusion les détails, les comparaisons et les épithètes, léger défaut qu'efface la richesse des images, la fraîcheur des tableaux et l'harmonie de la phrase. On a de Mason : *Isis*, 1748 : poëme dirigé contre l'esprit de jacobitisme qui régnait alors à l'université d'Oxford, et auquel Thomas Warton répondit par *The Triumph of Isis*; — *Elfrida, a dramatic poem*; Londres, 1752, in-4° et in-8°. Partisan enthousiaste des anciens, Mason était d'avis qu'il fallait les prendre pour modèles, dans tous les genres, même au théâtre. Aussi, quand Colman voulut, en 1772, représenter *Elfrida*, fut-il obligé d'y faire des changements; l'auteur, mécontent, entreprit en 1778 la même besogne; mais, malgré l'éclat de la mise en scène, la pièce, froide et languissante, n'obtint qu'un succès d'estime; — *Odes on memory, independency, melancholy and the fate of tyranny*; 1756, in-8°; — *Caractacus, a dramatic poem*; Londres, 1759, in-8°. Cette tragédie, traduite en grec par le révérend Glasse, et composée avec plus de feu qu'*Elfrida*, fut jouée en 1776, et, bien qu'applaudie, elle disparut bientôt du répertoire; — *Three Elegies*; 1762; — *The English Garden*, poëme en IV livres; Londres, 1772-1782, 4 part. in-8°; York, 1783, ou Londres, 1785, in-8°; trad. en français en 1788 et 1792, in-8°. C'est le chef-d'œuvre de Mason. « La poésie didactique, dit Warton, y est portée jusqu'à la perfection, par l'heureuse combinaison des préceptes avec les ornements les plus élégants du style »; — *Memoirs of Gray* (avec une notice); Londres, 1775, in-4°. Gray avait en mourant nommé Mason, son ami intime, un de ses exécuteurs testamentaires, et il lui avait légué, outre une somme de 500 liv. st., ses livres, manuscrits, instruments de musique, médailles, etc. La notice de Mason a servi de base aux travaux biographiques dont Gray a été plus tard l'objet; mais la correspondance de ce poëte est loin d'être complète, et on peut voir à quel point elle a été altérée en la comparant avec les lettres publiées en 1853 par Mitford; — *Ode to the naval Officers of Great Britain*; Londres, 1779, in-8°. En s'aventurant dans le domaine de la politique, le poëte des champs gagna les suffrages du parti libéral; il blâma les hostilités exercées contre les « concitoyens transatlantiques », fit cause commune avec les amis de la réforme parlementaire, lança des manifestes patriotiques et salua dans le jeune Pitt le défenseur des droits du peuple (*Ode to M. Pitt*, 1782). Mais l'ardeur de ses attaques eut pour conséquences la perte de sa place de chapelain du roi. Plus tard il changea de sentiments, et n'exhorta plus Pitt « qu'à mériter l'amour de son souverain ». — *Dufresnoy's Art of Painting*; Londres, 1783, in-8°. Cette traduction du poëme latin de Dufresnoy, qu'il avait entreprise dans sa jeunesse comme un exercice de style, est accompagnée de notes du fameux peintre Joshua Reynolds; — *Secular ode in commemoration of the Revolution*; Londres, 1788, in-8°; — *Essay historical and critical on English church Music*; Londres, 1795, in-12; seconde édition, augmentée d'un traité qui avait paru en 1782 à la tête d'un recueil d'hymnes et de psaumes. Selon Burney, il y a d'excellentes réflexions dans ce travail, mais on doit blâmer l'auteur d'avoir prétendu réduire la musique sacrée à une psalmodie monotone. Mason avait aussi composé pour la cathédrale d'York, où il était chef des chantres, un *Te Deum* et d'autres morceaux, qui sont restés manuscrits, et même, s'il faut s'en rapporter à l'*Encyclopædia Britannica*, il aurait introduit un perfectionnement dans le pianoforte. On doit encore à cet écrivain l'édition des poésies de Whitehead (*Poems*; Londres, 1788, in-8°), qu'il a fait précéder d'une notice biographique. Les œuvres complètes de W. Mason ont été publiées en 1797, quelques mois après sa mort, ainsi qu'en 1811 et en 1816, 4 vol. in-8°.

P. L—Y.

Johnson et Chalmers, *English Poets*. — Baker, *Biogr. Dramatica*. — Burney, *History of Music*. — Th. Warton, *Hist. of English Poetry*.

MASOTTI (*Domenico*), chirurgien italien, né en 1698, à Faenza (Romagne), mort le 20 mars 1779, à Florence. Après avoir étudié la chirurgie à Florence sous Tanucci, il se fixa dans cette ville, où on le chargea d'enseigner simultanément la chirurgie, la physiologie et la lithotomie. Il s'occupa beaucoup de la lithotomie des femmes, et publia sur ce sujet en 1756 un mémoire, augmenté en 1763 de nouvelles recherches; il a décrit un instrument dilatatoire de son invention pour extraire la pierre aux femmes, sans avoir recours à la taille, instrument qui lui valut les éloges de l'Académie de Chirurgie de Paris. Il a aussi traité de l'anévrisme du jarret (Florence, 1772).

Un jésuite du même nom, *Francesco* MASOTTI, né en 1699, à Vérone, mort en 1778, à Bologne, a laissé la réputation d'un grand prédicateur. Ses *Sermons* ont paru à Venise, 1769, 3 vol. in-4°. K.

Callisen, *Medicin. Schriftsteller-Lex.*

MASOUDY, célèbre écrivain arabe du dixième siècle de notre ère, mort en 956, se nommait *Aly* et était surnommé *Aboul-Hassan*, apparemment pour avoir eu un fils du nom de Hassan. Le titre de Masoudy ou plutôt d'Al-Masoudy était resté attaché à sa famille, parce qu'elle se glorifiait de descendre d'un habitant de La Mekke, appelé *Masoud*, dont le fils aîné avait accompagné Mahomet lors de la fuite du prophète de La Mekke à Médine et montré beaucoup de zèle pour sa cause (1). Masoudy naquit à Bagdad, vers la fin du neuvième siècle; mais il séjourna peu dans cette ville, et passa la plus grande partie de sa vie en voyages. A cette époque l'islamisme et à sa suite la langue arabe dominaient sur la plus belle partie de l'ancien monde, depuis la vallée de l'Indus jusqu'à l'océan Atlantique, depuis le Yaxarte jusqu'au Niger, et l'on voyageait plus facilement dans les pays musulmans que dans les pays chrétiens. Les haines religieuses étaient plus vives chez les musulmans que dans ce qu'on appelait alors en Europe la *république chrétienne;* mais les États étaient moins morcelés, et la féodalité n'y avait pas élevé ses innombrables barrières. Quoiqu'il en soit, Masoudy, plus ancien que Al-Estakhry et Ibn-Haucal, vit des régions qu'aucun écrivain arabe n'avait décrites avant lui. Il se comparait lui-même au soleil, à qui rien n'échappe dans son cours. De plus il s'appliquait des vers du poëte arabe Abou-Temam dont le sens est : « Je me suis tellement éloigné vers le couchant que j'ai perdu jusqu'au souvenir du levant, et mes courses se sont portées si loin vers le levant, que j'ai oublié jusqu'au nom du couchant. Je me suis trouvé en butte à une multitude de dangers, et j'en suis sorti couvert de blessures, comme si j'avais été rencontré par des cohortes ennemies. »

Masoudy visita successivement la Perse, l'Inde, l'île de Ceylan, la Transoxane, l'Arménie, les côtes de la mer Caspienne, ainsi que diverses parties de l'Afrique, de l'Espagne et de l'empire grec; on peut même induire de quelques passages de ses écrits qu'il navigua dans la Malaisie et qu'il pénétra jusqu'en Chine. Parmi ces contrées si distantes entre elles, il en est qu'il visita plus d'une fois.

En 915, Masoudy se trouvait dans la ville de Bassora; il visita à la même occasion Estakhar, l'antique Persépolis et d'autres villes du Farsistan; ensuite il s'embarqua pour l'Inde, et parcourut la vallée de l'Indus ainsi que les places maritimes du golfe de Cambaye et de la côte de Malabar. Après avoir relâché dans l'île de Ceylan, il fit voile pour l'île de Madagascar, qu'il nomme Cambalou. Il visita aussi l'Oman et une partie de l'Arabie méridionale. Quelque temps après, se dirigeant au nord, il se porta vers la mer Caspienne, sur laquelle il s'embarqua et dont il explora une partie des côtes. En 926 on le trouve en Palestine; en 943 il était à Antioche, d'où il revint à Bassora. En 945 il fit un séjour à Damas, et mourut onze ans après, en Égypte.

Masoudy était fort instruit, non-seulement dans les sciences de l'islamisme, mais encore dans les souvenirs et les traditions de l'antiquité sacrée et profane. Histoire, géographie, croyances, superstitions, rien n'avait été négligé par lui. Partout où il se trouvait, il recherchait les personnes instruites et prenait connaissance des documents locaux qui avaient échappé aux ravages du temps. Il nous apprend lui-même qu'étant dans le Farsistan, il eut occasion de lire d'anciennes annales du pays. En Espagne il lui tomba dans les mains une chronique franque, qui venait d'être composée en latin, par Godmar, évêque de Gironne, et qui ne nous est point parvenue (1). Ses ouvrages ont été pour les Orientaux eux-mêmes une mine qui est loin d'être épuisée. Il n'existe peut-être pas chez les Arabes d'écrivain qui autant que Masoudy ait recueilli des faits sur les peuples étrangers à sa nation, soit avant Mahomet, soit pendant l'islamisme. Ce n'est pas que, dans aucune branche de connaissances, il ait été ce qu'on appelle un savant de profession. Les renseignements qu'il fournit manquent souvent de précision, et il ne paraît pas qu'il ait possédé aucune science à fond. Lorsqu'il cite les écrivains grecs, ce qui lui arrive souvent, il fait usage des versions arabes, qui s'étaient fort multipliées de son temps. Bien qu'il ait apporté une attention particulière à l'étude de l'Inde et qu'il insiste sur la nouveauté de ses aperçus, on voit qu'à la différence d'Albyrouny, il n'avait pas appris le sanscrit, et qu'il se borne à reproduire ce qu'on lui avait dit de vive voix. Je dois cependant ajouter qu'ayant soumis ses remarques sur l'Inde à un examen très-rigoureux, j'ai été à même de m'assurer qu'il avait, en général, fait un exposé fidèle des récits qui circulaient de son temps dans le pays. Si en certains endroits il n'apporte pas toute la précision désirable, c'est qu'il lui aurait fallu, pour s'exprimer plus clairement, user de termes sanscrits; or il a craint de blesser l'oreille de ses compatriotes, qui à cet égard étaient aussi susceptibles que l'avaient été jadis les Grecs et

(1) *Voy.* le *Dictionnaire Biographique* d'Alnawawi, publié par M. Wüstenfeld; Gœttingue, 1847, pag. 309 et suiv.

(1) Sur cette chronique, voy. l'ouvrage de l'auteur de cet article, intitulé *Invasions des Sarrazins en France*, introduction, pag. XV.

les Romains. Ajoutez à cela les erreurs des copistes, qui, dans des ouvrages où se trouvent tant de noms étrangers aux doctrines musulmanes, n'ont pas toujours reconnu les mots.

Le principal des ouvrages de Masoudy est une espèce d'encyclopédie, à laquelle il donna le titre d'*Akhbar-al-zeman*, ou *Mémoires du temps*. Cet ouvrage, auquel Masoudy renvoie souvent, et qui était fort considérable, ne nous est connu que par quelques fragments. Mais nous en avons un abrégé composé par Masoudy lui-même, et qui porte le titre de *Moroudj-al-dzeheb*, ou *Prairies d'or*. Dans cet abrégé l'auteur examine et compare les opinions des anciens philosophes grecs, des Indiens et des Sabéens sur l'origine du monde. Il décrit la forme et les dimensions de notre globe, et passe en revue les diverses régions de la terre. Ses observations s'étendent depuis la Galice jusqu'en Chine, depuis l'île de Madagascar et la côte de Sofala jusqu'au cœur de la Russie. En ce qui concerne l'Inde, la Malaisie et la Chine, on y remarque un grand nombre de passages qui se trouvent presque mot pour mot dans la relation des voyages des Arabes et des Persans dans l'Inde et à la Chine publiée d'abord par l'abbé Renaudot et ensuite par l'auteur de cet article. Le lecteur verra dans la seconde publication que Masoudy avait connu personnellement Abou-Zéyd, auteur de la deuxième partie de la relation, et que si Masoudy ne dédaigna pas de mettre à contribution les renseignements recueillis par Abou-Zéyd, celui-ci ne se fit pas faute de faire des emprunts à l'autre. La deuxième partie du *Moroudj-al-dzeheb*, de beaucoup la plus considérable, est purement historique, et offre le récit de ce qui se passa d'important depuis la venue de Mahomet jusqu'à la fin du neuvième siècle (1). Le savant Deguignes avait donné une analyse de cet ouvrage dans le tome Ier du *Recueil des Notices et extraits*. Ensuite M. le docteur Sprenger publia à Londres le premier volume d'une version anglaise, sous le titre de *El-Masudi, historical Encyclopædia, entitled meadows of gold*; in-8°, 1841. La Société Asiatique de Paris fait faire en ce moment une édition complète de l'ouvrage, texte arabe et traduction française.

La Bibliothèque impériale de Paris possède un autre ouvrage de Masoudy, intitulé *Ketab-altanbyh*, ou *Livre de l'Avertissement*. C'est un recueil d'observations sur l'histoire, la géographie, les doctrines philosophiques et religieuses. On y voit cité, entre autres livres, le traité de géographie de Marin de Tyr, qui a servi de base à la géographie de Ptolémée, mais qui n'est pas arrivé jusqu'à nous. Silvestre de Sacy a donné une notice étendue de cet ouvrage dans le tome VIIIe du *Recueil des Notices et extraits*. Ce fut le dernier ouvrage composé par Masoudy; car il porte la date de l'année même de la mort de l'auteur.

Enfin les écrivains arabes attribuent à Masoudy un livre dont il se trouve plusieurs exemplaires à la Bibliothèque impériale, et qui porte le titre de *Ketab-al-adjayb*, ou *Livre des Merveilles*. Il existe en arabe plusieurs traités analogues, dont les auteurs semblent s'être plus ou moins copiés les uns les autres. Il en a été de même chez nous au moyen âge, où il circulait des livres intitulés *Liber de Mirabilibus*, ou *Livre des Merveilles*, suivant qu'ils étaient en latin ou en français. Ces sortes de livres n'ont commencé à avoir chez nous quelque valeur qu'à mesure que le globe que nous habitons a été mieux connu et que la science s'est basée sur des données plus exactes. Le traité de Masoudy présente une suite de récits sur les différentes parties dont se compose l'univers et sur la manière dont, suivant les idées romanesques des musulmans, elles ont été successivement formées; vient ensuite un tableau des mers orientales ainsi que des côtes qu'elles baignent et des îles qui y sont contenues. Cette partie, comme le reste du volume, est surchargée de fables, et montre que l'auteur avait surtout pris à tâche de recueillir ce qui lui paraissait le plus propre à frapper les imaginations. Si ce traité est réellement l'œuvre de Masoudy, le manque de critique et le désordre qui en général se remarquent dans le cours de la narration autorisent à croire qu'il a été rédigé dans la jeunesse de l'auteur.

REINAUD (de l'Institut).

L'auteur de cet article a fait usage pour le rédiger de celles de ses publications où figure Masoudy. Pour ce qui concerne l'Inde, voy. le *Mémoire géographique, historique et scientifique sur l'Inde antérieurement au milieu du onzième siècle de l'ère chrétienne*, qui a paru dans le tome XVIIIe du recueil des Mémoires de l'Académie des Inscriptions. Pour l'Inde, la Malaisie et la Chine, voy. la *Relation des Voyages des Arabes et des Persans dans l'Inde et à la Chine*, texte arabe, traduction française et notes; Paris, 1845, 2 vol. in-18; enfin, pour la géographie en général, voy. l'*Introduction générale à la Géographie des Orientaux*, placée en tête de la traduction française de la géographie d'Abulféda.

MASQUE DE FER (L'homme au), nom sous lequel on désigne ordinairement un prisonnier d'État français mort à la Bastille de Paris, le 19 novembre 1703, et dont on ignore le véritable nom et les qualités. Les registres de sépulture de l'église Saint-Paul portent cette mention :

« L'an 1703, le 19 novembre, *Marchialy*, âgé de quarante-cinq ans ou environ, est décédé dans la Bastille, duquel le corps a été inhumé dans le cimetière de Saint-Paul, sa paroisse, le 20 dudit mois, en présence de M. Rosarges, major de la Bastille, et de M. Rich, chirurgien de la Bastille. »

L'Estat des prisonniers qui sortent de la Bastille, autrement dit le *Journal de Dujonca*, lieutenant de roi à la Bastille, dont l'original existe à la Bibliothèque de l'Arsenal, renferme cette mention :

« Le lundi, 19 novembre 1703, le prisonnier inconnu, toujours masqué d'un masque de velours

(1) Le *Moroudj-al-dzeheb* fut rédigé l'an 943 de J.-C. L'auteur en fit quelques années après une nouvelle édition; mais cette édition ne nous est point parvenue.

noir, que monsieur de Saint-Mars, gouverneur, a mené avec lui en venant des îles Sainte-Marguerite, et qu'il gardoit depuis longtemps, s'étant trouvé la veille dimanche un peu mal en sortant de la messe, est mort sur les dix heures du soir sans avoir eu une grande maladie, il ne se peut pas moins. M. Giraut, aumônier, le confessa, et surpris par la mort, il ne reçut point les sacrements; l'aumônier l'exhorta un moment avant de mourir. Ce prisonnier inconnu, gardé depuis si longtemps, a été enterré le mardi, à quatre heures de l'après-midi. Sur le registre mortuaire on a donné un nom inconnu.... » « J'ai appris depuis, ajoute Dujonca en marge, qu'on l'a nommé sur le registre M. de *Marchiel* et que l'on a payé 40 livres pour l'enterrement. »

L'entrée du prisonnier masqué à la Bastille est constatée dans un autre registre, également dû à Dujonca, et qui se trouve aussi à la Bibliothèque de l'Arsenal. Dans ce document on lit :

« Le jeudi, 18 septembre 1698, à trois heures après midi, M. de Saint-Mars, gouverneur de la Bastille, est arrivé pour sa première entrée des îles Sainte-Marguerite et Honorat; ayant amené avec lui, dans sa litière, un ancien prisonnier qu'il avoit à Pignerol, dont le nom ne se dit pas, lequel on fait toujours tenir masqué, et qui fut d'abord mis dans la tour de la Bazinière en attendant la nuit, et que je conduisis ensuite moi-même, sur les neuf heures du soir, dans la troisième chambre de la tour de la Bertaudière, laquelle chambre j'avois eu soin de faire meubler de toutes choses avant son arrivée, en ayant reçu l'ordre de M. de Saint-Mars... En le conduisant à la dite chambre, j'étois accompagné du sieur Rosarges, que M. de Saint-Mars avoit amené avec lui, lequel étoit chargé de servir et de soigner ledit prisonnier, qui étoit nourri par le gouverneur. »

Le père Griffet, qui le premier publia ces différentes pièces, tenait de Jourdan Delaunay, gouverneur de la Bastille, mort en 1749, que :

« Le souvenir du prisonnier masqué s'étoit conservé parmi les officiers, soldats et domestiques de cette prison, et nombre de témoins oculaires l'avoient vu passer dans la cour pour se rendre à la messe. Dès qu'il fut mort, on avoit brûlé généralement tout ce qui étoit à son usage, comme linge, habits, matelas, couvertures, etc.; on avoit regratté et blanchi les murailles de sa chambre, changé les carreaux, et fait disparoître les traces de son séjour, de peur qu'il n'eût caché quelque billet ou quelque marque qui eût fait connoître son nom. »

Malesherbes, pendant son premier ministère, (1775-1776) voulut savoir quel était ce prisonnier. Il chargea Chevalier, major de la Bastille, de fouiller les archives de cette prison d'état. Parmi d'autres documents curieux, Chevalier donna sur l'homme au masque de fer une page qui se rapporte au journal de Dujonca et aux renseignements mis au jour par le père Griffet. Malesherbes ne la rendit pas publique. A la prise de la Bastille, on apporta en trophée, au bout d'une baïonnette, le grand registre de cette prison d'État à l'hôtel de ville : l'assemblée municipale le fit ouvrir en sa présence : le folio 120, correspondant à l'année 1698 et à l'arrivée du prisonnier masqué dans cette forteresse, avait été enlevé et remplacé par un feuillet d'une écriture récente. Le major Chevalier déclara depuis qu'il avait envoyé les feuillets déchirés au ministre Amelot et une copie à Malesherbes. On retrouva les premiers par les soins de Duval, ancien secrétaire de la police, et la copie envoyée à Malesherbes passa dans le cabinet de Villenave père, avec les papiers de ce ministre. Chevalier avait fourni à Charpentier, auteur de *La Bastille dévoilée* (Paris, 1789-1790, 3 vol. in-8°), l'extrait du registre qui fut publié par ce dernier. Ce papier ajoutait peu de chose à ce que le père Griffet avait publié : on a tout lieu de croire cependant que ce feuillet n'était pas le feuillet original; il ne ressemble pas aux autres; il aura été enlevé avant les recherches de Chevalier, ou modifié par lui. On y voit seulement que :

« Ce prisonnier étoit traité avec une grande distinction de M. le gouverneur, et n'étoit vu que de lui et de M. de Rosarges, major du château, qui seul en avoit soin. Il n'a été malade que quelques heures, mort comme subitement; il a été enseveli dans un linceul de toile neuve, et généralement tout ce qui s'est trouvé dans sa chambre a été brûlé, comme son lit tout entier, y compris les matelas, tables, chaises, et autres ustensiles réduits en poudre et en cendre, et jetés dans les latrines; le reste a été fondu, comme argenterie, cuivre et étain. Ce prisonnier étoit logé à la troisième chambre de la tour Bertaudière, laquelle chambre a été regrattée et piquée jusqu'au vif dans la pierre et blanchie de neuf de bout à fond; les portes, châssis et dormants des fenêtres ont été brûlés comme le reste. »

Une note, sans doute de Chevalier, repète ensuite ce qu'avait imprimé le père Griffet :

« Il est à remarquer que dans le nom de *Marchiali*, que l'on lui a donné sur le registre mortuaire de Saint-Paul, on y trouve lettre pour lettre ces deux mots, l'un latin, l'autre français, *hic amiral*, c'est l'amiral. »

Quel pouvait être ce prisonnier dont l'existence s'était certainement éteinte à la Bastille en 1703, que Saint-Mars avait amené avec lui en 1698 des îles Sainte-Marguerite, où il était venu en 1687; qu'il avait anciennement gardé à Pignerol et emmené sans doute à Exilles en 1681? Bien des hypothèses ont été faites à ce sujet : aucune n'est exempte de doute et d'incertitude. Ce fut en 1745 que transpira pour la première fois dans le public l'histoire mystérieuse et terrible d'un prisonnier masqué et inconnu. Elle était contenue dans un petit livre anonyme imprimé à Amsterdam et intitulé : *Mémoires secrets pour servir à l'histoire de Perse;* ce livre est une histoire galante et politique de la cour de France après la mort de Louis XIV, racontée sous des noms imaginaires et persans; on y suppose que le régent alla visiter la Bastille pour s'assurer de l'existence d'un prince cru mort de la peste depuis trente-huit ans. Ce prince serait le comte de Vermandois (*voy.* ce nom), fils de Louis XIV et de Mlle de La Vallière, qui aurait été condamné à cette prison perpétuelle pour avoir donné un soufflet au dauphin. On l'avait envoyé à l'armée de Flandre; on avait fait courir le bruit de sa mort; et tandis qu'on lui faisait des obsèques magnifiques, on le transférait en secret à la citadelle de l'île d'*Ormus* (îles Sainte-Marguerite), pour l'y tenir enfermé jusqu'à la fin de ses jours.

« Le commandant de la citadelle d'*Ormus*, disent ces *Mémoires*, traitoit son prisonnier avec le plus profond respect; il le servoit lui-même, et prenoit les plats à la porte de l'appartement des mains des cuisiniers, dont aucun n'a jamais vu le visage de *Giafer* (le comte de Vermandois). Ce prince s'avisa un jour de graver son nom sur le dos d'une assiette avec la pointe d'un couteau. Un esclave, entre les mains de qui tomba cette assiette, crut faire sa cour en la portant au commandant, et se flatta d'en être récompensé; mais ce malheureux fut trompé, et on s'en défit sur-le-champ, afin d'ensevelir avec cet homme un secret d'une si grande importance. *Giafer* resta plusieurs années dans la citadelle d'*Ormus*. On ne la lui fit quitter pour le transférer dans celle d'*Ispahan* (la Bastille) que lorsque *Cha-Abbas* (Louis XIV), en reconnoissance de la fidélité du commandant, lui donna le gouvernement de celle d'*Ispahan*, qui vint à vaquer... On prenoit la précaution, autant à *Ormus* qu'à *Ispahan*, de faire mettre un masque au prince, lorsque, pour cause de maladie ou pour quelque autre sujet, on étoit obligé de l'exposer à la vue. Plusieurs personnes, dignes de foi, ont affirmé avoir vu plus d'une fois ce prisonnier masqué, et ont rapporté qu'il tutoyoit le gouverneur, qui, au contraire, lui rendoit des respects infinis. »

Les *Mémoires de la cour de Perse* ont été attribués par Barbier et M. Weiss à un nommé Pecquet, commis au bureau des affaires étrangères, embastillé, dit-on, à cause de cet ouvrage. M. Paul Lacroix pense qu'il serait permis de l'attribuer à Voltaire. En 1746, le chevalier de Mouhy (*voy.* ce nom) fit paraître à La Haye, sous le voile de l'anonyme, un roman intitulé *L'Homme au masque de fer*. L'auteur suppose qu'un don Pedre de Cristoval, vice-roi de Catalogne, s'étant marié secrètement à la sœur du roi de Castille, celui-ci fit couvrir le visage des deux époux de masques dont les serrures étaient faites avec tant d'art qu'il était impossible de les ouvrir ni que les visages qu'ils recouvraient pussent jamais être vus sans qu'on arrachât la vie à ceux qui les portaient. Le livre de Mouhy fut mis à l'index en France; mais son titre piqua fort la curiosité, et désormais on appliqua ce nom de *masque de fer* au prisonnier dont l'attention publique se préoccupait. Dans un avertissement, le chevalier de Mouhy cite plusieurs autres masques de fer, dont l'un était frère d'un empereur turc qui, pour empêcher que la douleur et la majesté empreintes sur les traits du prisonnier ne séduisissent les gardes, lui couvrit le visage d'un masque de fer fabriqué et trempé de telle sorte qu'il n'était pas possible au plus habile ouvrier de parvenir à le rompre ni à l'ouvrir. Vers la même époque, Voltaire travaillait au *Siècle de Louis XIV*, qu'il fit paraître à Berlin, en 1751, sous le pseudonyme de M. de Francheville. Il y donnait des détails circonstanciés sur un événement que tous les historiens avaient, disait-il, ignoré. Il fixait la date du commencement de la captivité de l'homme au masque à quelques mois après la mort de Mazarin (1661). Ce prisonnier était, suivant lui, « d'une taille au-dessus de l'ordinaire, jeune et de la figure la plus noble ».

Dans la route il portait un masque dont la mentonnière avait des ressorts d'acier qui lui laissaient la liberté de manger avec le masque sur son visage. On avait ordre de le tuer s'il se découvrait. Le marquis de Louvois l'alla voir dans l'île Sainte-Marguerite avant sa translation à la Bastille (que Voltaire fixe faussement à 1690), lui parla debout et avec une considération qui tenait du respect. A la Bastille, l'inconnu fut logé aussi bien qu'on pouvait l'être dans le château. On ne lui refusait rien de ce qu'il demandait. Son plus grand goût était pour le linge d'une finesse extraordinaire et pour les dentelles. Il jouait de la guitare. On lui faisait la plus grande chère, et le gouverneur s'asseyait rarement devant lui.

« Un vieux médecin de la Bastille, qui avait souvent traité cet homme singulier dans ses maladies, toujours d'après Voltaire, a dit qu'il n'avait jamais vu son visage, quoiqu'il eût souvent examiné sa langue et le reste de son corps. Il était admirablement bien fait, disait ce médecin; sa peau était un peu brune; il intéressait par le seul ton de sa voix, ne se plaignant jamais de son état et ne laissait point entrevoir ce qu'il pouvait être.... Ce qui redouble l'étonnement, c'est que quand on l'envoya dans l'île Sainte-Marguerite, il ne disparut dans l'Europe aucun homme considérable. »

Voltaire ensuite répéta l'anecdote du plat d'argent trouvé par un pêcheur, qui ne dut la vie qu'à ce qu'il ne savait pas lire. Comment Voltaire avait-il eu connaissance de cet étrange secret du prisonnier masqué, dont le ministre Chamillard, disait il, avait été le dernier possesseur? Le tenait-il de quelques hauts personnages, de Mme de Pompadour, du duc de Richelieu, ou d'autres? Savait-il véritablement quel était ce personnage mystérieux, ou cherchait-il à faire prendre le change sur son ignorance par une retenue calculée, ou bien espérait-il attirer les révélations des gens mieux instruits en mêlant ses conjectures aux détails incomplets qu'il avait pu recueillir? Quoi qu'il en soit, il donna d'abord de fausses dates; il reproduisit plusieurs passages de la version des *Mémoires de la cour de Perse*, qu'il appela pourtant un « libelle obscur et méprisable, où les événements sont déguisés ainsi que les noms propres; et se glorifia d'être le premier qui eût parlé de l'homme au masque de fer dans une histoire avérée, son ouvrage étant d'ailleurs composé longtemps avant ces Mémoires. Il nia que ce prisonnier fût le comte de Vermandois ou le duc de Beaufort; mais au lieu de donner son opinion personnelle,

Il ajouta, dans sa réponse à La Beaumelle (*Supplément au Siècle de Louis XIV*) :

« M. de Chamillart disait quelquefois, pour se débarrasser des questions pressantes du dernier maréchal de La Feuillade et de M. de Caumartin, que c'était un homme qui avait tous les secrets de Fouquet. Il avouait donc au moins par là que cet inconnu avait été enlevé quelque temps après la mort du cardinal de Mazarin. Or, pourquoi des précautions si inouïes pour un confident de M. Fouquet, pour un subalterne? Qu'on songe qu'il ne disparut en ce temps-là aucun homme considérable. Il est donc clair que c'était un prisonnier de la plus grande importance. »

Quelques savants de Hollande se réunirent pour accréditer le bruit que le prisonnier masqué était un jeune seigneur étranger, gentilhomme de la chambre d'Anne d'Autriche et véritable père de Louis XIV. La source de cette anecdote est un petit livre assez rare imprimé à Cologne en 1692, sous ce titre : *Les amours d'Anne d'Autriche, épouse de Louis XIII, avec M. le C. D. R., le véritable père de Louis XIV, roi de France ; où l'on voit au long comment on s'y prit pour donner un héritier à la couronne, les ressorts qu'on fit jouer pour cela, et enfin le dénoûment de cette comédie.* La troisième édition de ce libelle, imprimée en 1696, porte sur son titre le cardinal de Richelieu, au lieu des initiales C. D. R. ; mais on pense qu'il faut plutôt lire le *comte de Rivière*, ou, selon M. Paul Lacroix, le *comte de Rochefort*. On en tira l'induction que cet heureux amant pouvait bien être le prisonnier masqué. Lenglet-Dufresnoy, dans son *Plan de l'histoire générale et particulière de la monarchie françoise*, publiée en 1754, en parlant de la disparition du duc de Beaufort (*voy.* ce nom) devant Candie (1669), rappela l'anecdote singulière à laquelle avaient donné lieu les doutes existants sur la mort de ce prince, dont on avait voulu le faire prisonnier masqué. Il ajoutait : « Quelle raison y avait-il d'user de tant de mystère pour le duc de Beaufort? » Puis, discutant l'opinion qui se rapportait au comte de Vermandois, il écrivait : « Je pense que cela vient de plus haut : sur quoi il y aurait bien des particularités à examiner. »

L'*Année Littéraire* de 1759 publia une lettre de Lagrange-Chancel qui, cherchant à réfuter le récit de Voltaire, établissait que l'homme au masque était le duc de Beaufort. Lagrange-Chancel devait à ses *Philippiques* d'avoir habité la prison des îles Sainte-Marguerite vingt ans après le prisonnier de Saint-Mars. Dans sa lettre il disait que le gouverneur de l'île, du temps qu'il y était détenu, en 1718, lui avait *assuré* que le prisonnier était le duc de Beaufort, amiral de France, qu'on croyait mort au siége de Candie, et qui fut traité ainsi parce qu'il paraissait dangereux à Colbert et qu'il traversait les opérations de ce ministre. D'après divers ouï-dire, Lagrange-Chancel racontait que :

« Le commandant Saint-Mars avoit de grands égards pour son prisonnier, le servoit lui-même en vaisselle d'argent, et lui fournissoit souvent des habits aussi riches qu'il le désirait ; mais le prisonnier étoit obligé, sous peine de la vie, de ne paroître qu'avec son masque de fer en présence du médecin ou du chirurgien dans les maladies où il avoit besoin d'eux ; pour toute récréation, lorsqu'il étoit seul, il pouvait s'amuser à s'arracher le poil de la barbe avec des pincettes d'acier très-luisantes et très-polies. »

Lagrange-Chancel avait vu une de ces pincettes entre les mains d'un neveu de Saint-Mars, lieutenant de la compagnie franche des îles Sainte-Marguerite. Il ajoutait :

« Dubuisson, caissier de Samuel Bernard, qui avoit été retenu aux îles Sainte-Marguerite en même temps que le prisonnier inconnu, et enfermé avec d'autres prisonniers dans une chambre au-dessus de celle de cet infortuné, avoit réussi à se mettre en relation avec lui par le trou de la cheminée ; mais que lui ayant demandé la cause de sa détention, il répondit que s'il révéloit son nom, on lui ôteroit la vie ainsi qu'à toutes les personnes qui connaîtroient son secret. »

Saint-Foix, par une lettre insérée dans *L'Année Littéraire* de 1768, essaya de faire prévaloir un autre système : il imagina que le prisonnier masqué était le duc de Monmouth (*voy.* ce nom), fils naturel de Charles II, condamné à mort pour rébellion et décapité à Londres, le 15 juillet 1685, en plein jour.

Le volume suivant de *L'Année Littéraire* contient une lettre d'un M. de Palteau, sans doute petit-neveu de Saint-Mars, qui s'appuyait de l'autorité d'un de ses parents, le sieur de Blainvilliers, officier d'infanterie, lequel avait accès chez Saint-Mars à Pignerol et aux îles Sainte-Marguerite. Cet officier avait dit à Palteau que le prisonnier inconnu était désigné sous le nom de *Latour* dans ces différentes prisons ; rien n'indiquait que son masque fût de fer et à ressorts ; il avait toujours ce masque sur le visage dans ses promenades ou lorsqu'il était obligé de paraître devant quelque étranger. Il était toujours vêtu de brun, il portait de beau linge et obtenait des livres et tout ce qu'on peut accorder à un prisonnier ; le gouverneur et les officiers restaient debout devant lui et découverts jusqu'à ce qu'il les fît couvrir et asseoir ; ceux-ci allaient souvent lui tenir compagnie et manger avec lui. Quand il mourut en 1704, on mit de la chaux dans le cercueil pour consumer le corps. D'après ce récit, le sieur de Blainvilliers, curieux de voir à visage découvert ce prisonnier avec qui il dînait et parlait souvent, puisqu'il était lieutenant de la compagnie franche préposée à la garde de cette prison, prit les habits d'une sentinelle qu'on plaçait sous les fenêtres du prisonnier et resta toute une nuit à examiner le prétendu *Latour*, qui se promena sans masque dans sa chambre et qui était blanc de visage, grand et bien fait de corps, quoiqu'il eût la jambe un peu trop fournie par le bas; il semblait dans la force de l'âge, malgré sa chevelure blanche. Lorsqu'en 1698, Saint-Mars vint à la Bastille, il s'arrêta avec son prisonnier à sa terre de Palteau. Le prisonnier était dans une litière qui précédait celle de Saint-Mars, sous l'escorte d'hommes à cheval. Le dîner eut lieu dans la salle à manger du rez-de-chaussée; l'homme tournait le dos aux croisées ouvertes sur la cour, et Saint-Mars, assis en face, avait deux pistolets auprès de son assiette; un seul valet de chambre les servait et fermait derrière lui la porte de la salle chaque fois qu'il allait chercher les plats dans l'antichambre. Le prisonnier était de grande taille; il avait un masque noir qui permettait d'apercevoir ses dents et ses lèvres sans cacher ses cheveux blancs; les paysans le virent plusieurs fois traverser la cour avec ce masque. Saint-Mars se fit dresser un lit de camp auprès de celui où coucha son hôte. Le souvenir de ce passage était resté dans l'esprit des habitants du pays que M. de Palteau interrogea. Saint-Foix contredit finement cette lettre, et prouva les erreurs de l'anecdote de la faction par la description de la prison de Sainte-Marguerite qui n'était éclairée que par une seule fenêtre regardant la mer et ouverte à quinze pieds au-dessus du chemin de ronde; en outre cette fenêtre, percée dans un mur très-épais, était défendue par trois grilles de fer placées à distance égale, ce qui faisait un intervalle de deux toises entre les sentinelles et le prisonnier.

Enfin le père Griffet (*voy.* ce nom), qui avait été confesseur durant neuf ans à la Bastille, révéla, dans son *Traité des différentes sortes de preuves qui servent à établir la vérité dans l'histoire*, publié à Liége, en 1769, des faits de la plus grande importance et des dates incontestables en citant pour la première fois le journal manuscrit de Dujonca. Le savant jésuite réfutait les systèmes de Lagrange-Chancel et de Saint-Foix, et paraissait pencher vers celui des *Mémoires de Perse*. En 1770, le baron d'Heiss, ancien capitaine au régiment d'Alsace, rappela dans le *Journal Encyclopédique* un ancien document italien d'où il ressortait qu'un agent du duc de Mantoue avait été enlevé par des cavaliers français, emmené à Pignerol et confié à la garde de Saint-Mars. Cet agent était le comte Ercolo-Antonio *Matthioli*, dont l'enlèvement est bien prouvé; mais que Louvois était loin de traiter avec égards (1).

Le père Papon, dans son *Voyage en Provence*, donna toutes les anecdotes qu'il avait pu re-

1. Cet agent, natif de Bologne, avait été secrétaire d'État du duc de Mantoue, Charles III de Gonzague, qui l'avait créé comte, mais il avait perdu cette haute position sous Charles IV, dont la mère, dévouée aux intérêts de l'Autriche, avait gardé le pouvoir. Matthioli avait cherché à nouer des intrigues avec le gouverneur espagnol de Milan; mais il ne se trouva pas suffisamment encouragé. Dans le même temps, l'abbé d'Estrades, fils du maréchal de ce nom, et ambassadeur de France à Venise, s'imagina d'acquérir Casal pour son souverain; il s'aboucha avec Matthioli par un intermédiaire subalterne. Il lui offrit l'appui de la France pour le duc de Mantoue moyennant la cession de Casal. Le duc consentit à entrer en négociation, et Louis XIV lui fit espérer qu'une armée française serait mise à sa disposition. Mais le duc était étroitement surveillé par sa mère, et il n'était pas facile de traiter directement avec lui. Il envoya Matthioli à Paris, où celui-ci arriva au mois d'octobre 1678. Un traité fut dressé, et Matthioli s'en retourna libéralement récompensé. Catinat partit pour Pignerol, et une armée se dirigea vers la frontière italienne. D'Asfeld, agent français, alla à Venise en simple voyageur, dans le but d'obtenir la satisfaction du duc de Mantoue au traité conclu à Paris avec Matthioli. Après bien des délais, le jour et le lieu furent choisis pour l'échange des ratifications; personne ne s'y présenta au nom du duc de Mantoue, et d'Asfeld fut arrêté dans le Milanais. Matthioli prévint seulement que son maître avait été forcé d'exécuter un traité qui l'empêchait de remplir ses engagements envers la France. L'abbé d'Estrades chercha à renouer les négociations avec Matthioli; mais chaque jour on acquérait de nouvelles preuves de la trahison de cet agent; une communication de la duchesse douairière de Savoie ne laissa aucun doute à cet égard; d'Estrades reçut l'ordre de tendre un piége à Matthioli. Celui-ci avait eu l'effronterie de demander de l'argent à d'Estrades; l'abbé lui répondit adroitement que Catinat en avait pour les besoins du service, et qu'il fallait s'entendre avec lui. Matthioli consentit à le suivre vers la frontière, le 2 mai 1679. Arrivés sur le territoire français, ils rencontrèrent Catinat; après une courte conversation, d'Estrades s'éloigna, et Matthioli fut fait prisonnier sans opposition de sa part, quoiqu'il fût armé. Catinat avait six hommes avec lui. Matthioli, conduit à Pignerol la même nuit, y fut remis à la garde de Saint-Mars, sous le faux nom de l'Estang. « Personne ne sait le nom de ce fripon, » écrivait Catinat à Louvois. Catinat l'interrogea, et obtint de lui des aveux en le menaçant de la torture. Louvois dit dans une lettre à Saint-Mars : « Vous aurez connu par mes précédentes que l'intention du roy n'est pas que le sieur de l'Estang soit bien traité, et que sa majesté ne veut pas que hors les choses nécessaires à la vie vous luy donniez quoy que ce soit de ce qui la luy peut faire passer agréablement. » Cette dureté se retrouve dans plusieurs dépêches. L'assistance d'un médecin ne devait être accordée à Matthioli que lorsque le gouverneur la trouverait indispensable. Au bout de dix mois de détention, Matthioli donna des signes d'aliénation mentale. Saint-Mars lui refusa du papier pour écrire au roi, et le fit mettre avec un religieux Jacobin qui était véritablement fou. Matthioli prit d'abord son compagnon pour un espion; mais une prédication du Jacobin lui fit enfin connaître le véritable état de ce malheureux. Matthioli avait perdu la mesure dans ses paroles et griffonné des injures avec du charbon sur les murs de la prison. Louvois écrivit à Saint-Mars : « J'admire votre patience, et que vous attendiez un ordre pour traiter un fripon comme il le mérite quand il vous manque de respect. » Saint-Mars répondit au ministre : « J'ai chargé Blainvilliers de lui dire en lui faisant voir un gourdin qu'avec cela l'on rendoit les extravagants honnêtes. » Louvois écrit une autre fois : « Il faut faire durer trois ou quatre ans les habits de ces sortes de gens. » L'Estang reçut un jour la discipline pour avoir présenté un anneau avec diamant à l'officier qui l'avait menacé. En 1681, Saint-Mars, passant au commandement d'Exiles, emmène avec lui Matthioli et un autre prisonnier que l'on ne nomma pas. Toutes les précautions furent prises pour les empêcher d'avoir aucune communication avec le dehors. Un lieutenant couchait au-dessus d'eux, et recevait des serviteurs tout ce qui était à l'usage des prisonniers; leur médecin ne pouvait leur parler qu'en présence du gouverneur; un rideau fixe leur permettait d'entendre la messe sans voir le prêtre ni être vu de lui. Saint-Mars leur trouva un confesseur, « homme de bien et fort vieux », qui ne devait jamais leur demander leur nom ni s'informer de leur ancienne condition, ni recevoir message ou écrit pour eux. En décembre 1685, Saint-Mars annonce que ses prisonniers sont malades, mais « du reste dans une par

cueillir sur le passage du prisonnier de Pignerol, dont la tradition avait gardé le souvenir. Il raconta qu'un frater, ayant trouvé au bas d'une tour une chemise sur laquelle se trouvait de l'écriture, l'aurait reportée et aurait été deux jours après trouvé mort dans son lit.

Carra, dans ses *Mémoires sur la Bastille*, publiés en 1790, fit connaître une lettre de Barbezieux à Saint-Mars, datée du 13 août 1691, qui porte :

« Votre lettre du 26 du mois passé m'a été rendue. Lorsque vous aurez quelque chose à me mander du prisonnier qui est sous votre garde depuis vingt ans, je vous prie d'user des mêmes précautions que vous faisiez quand vous écriviez à M. de Louvois. »

Cela reporterait donc à 1671 le commencement de la captivité de l'homme au masque de fer, et cet infortuné serait resté près de trente ans en prison. S'il n'avait eu que quarante-cinq ans à sa mort, comme le porte l'acte mortuaire de l'église Saint-Paul, il aurait commencé à être enfermé à l'âge de treize ans! Une prison avait été bâtie aux îles Sainte-Marguerite tout exprès pour garder l'homme au masque. En avril 1687, Louvois écrivait à Saint-Mars :

« Il n'y a point d'inconvénient à changer le chevalier de Thézat (c'était un faux nom, comme Matthioli, Latour, L'Estang, etc.) de la prison où il est pour y mettre votre prisonnier, jusqu'à ce que celle que vous lui préparez soit prête. »

Le nom de Voltaire ne parut plus dans ces débats ; dans un supplément d'une nouvelle édition de l'*Essai sur les Mœurs*, l'auteur se contenta d'ajouter quelques mots sur l'homme au masque de fer, et consigna une partie des faits relatés dans la lettre de Palteau, dont les révélations n'avaient d'autre importance que d'appuyer les faits déjà connus. Dans la septième édition de son *Dictionnaire Philosophique*, Voltaire fit entrer à l'article ANA l'anecdote de l'homme au masque de fer ; il y rectifia, en se servant du journal de Dujonca, les erreurs qui lui étaient échappées, et finissait par cette phrase : « Celui qui écrit ceci en sait peut-être plus que le père Griffet, et n'en dira pas davantage. » Cependant cet article fut suivi d'une addition de l'éditeur, beaucoup moins discrète, qui attribuait à l'auteur l'opinion que le masque de fer était un frère aîné de Louis XIV. Anne d'Autriche l'aurait eu d'un amant, et la naissance de ce fils l'ayant détrompée sur sa prétendue stérilité, on aurait ménagé entre le roi et la reine une rencontre conjugale dont Louis XIV fut le fruit. Celui-ci aurait ignoré l'existence de ce frère adultérin jusqu'à sa majorité; alors il aurait sauvé de grands embarras à la couronne et un horrible scandale à la mémoire de sa mère en imaginant un moyen *sage et juste* d'ensevelir dans l'oubli la preuve vivante d'un amour illégitime. Depuis cette singulière déclaration, Voltaire s'abstint de revenir sur le sujet du masque de fer. Luchet fit bientôt honneur de la paternité de cet enfant d'Anne d'Autriche au duc de Buckingham. Luchet s'appuyait du témoignage d'une prétendue Mlle de Saint-Quentin, ancienne maîtresse de Barbesieux, laquelle, retirée à Chartres, où elle était morte, vers le milieu du dix-huitième siècle, avait dit publiquement que Louis XIV condamna son frère aîné à une prison perpétuelle, et que la parfaite ressemblance des deux frères nécessita l'invention du masque pour le prisonnier. Ce témoignage n'est pas suffisamment constaté, et d'ailleurs peut-on croire que Barbesieux aurait livré un secret de cette importance à une maîtresse aussi bavarde? On fait remarquer que Buckingham, mort en 1628, ne pouvait être le père d'un homme à qui on ne donnait que quarante-cinq ans en 1703 ; mais on sait que les registres relataient rarement l'âge exact des prisonniers, et tout porte à croire que l'homme au masque, dont la tête fut remplacée par un caillou, d'après Saint-Foix, était beaucoup plus âgé à l'époque de sa mort. Le père Griffet avait établi qu'il avait les cheveux blancs. En 1790, Saint-Mihiel imagina un mariage secret entre la reine mère et Mazarin. Mais ce prisonnier n'occupait pas moins la cour que les bureaux d'esprit. La Borde, premier valet de chambre du roi Louis XV, voulut mettre à profit un moment d'abandon et de familiarité de son maître pour s'approprier ce secret ; il n'obtint que cette réponse : « Ce que vous saurez de plus que les autres, c'est que la

faite quiétude ». En 1687 il ne parle plus que d'un prisonnier, qu'il emmena avec de grandes précautions aux îles Sainte-Marguerite. Suivant un mémoire rédigé sur l'instance du marquis de Castellane, par un nommé Claude Souchon, fils d'un homme qui avait été cadet de la compagnie de Saint-Mars et communiqué par l'abbé Barthélemy à Dutens, ce prisonnier, qu'il appelait un *ministre de l'empire*, mourut aux îles Sainte-Marguerite, neuf ans après sa disparition, c'est-à-dire en 1688. Quel serait dans ce cas le prisonnier que Saint-Mars emmena à la Bastille en 1698, et qu'il gardait depuis longtemps? Il est plus probable que Matthioli était mort quand Saint-Mars vint aux îles Sainte-Marguerite. Muratori rapporte une tradition d'après laquelle Matthioli serait mort en prison. L'enlèvement de Matthioli avait été révélé à l'Europe en 1687 par une lettre en italien insérée dans l'*Histoire abrégée de l'Europe*, rédigée par J. Bernard, et qui paraissait par feuilles détachées à Leyde. Cette lettre disait que le prisonnier vivait encore. On a dit que le duc de Mantoue avait fait des réclamations auprès de Louis XIV, relativement à cette arrestation, et que le gouvernement français avait répondu par un déni du fait ; mais cela est peu probable, attendu qu'en renouant les négociations avec la cour de France le duc de Mantoue avait accusé son agent de l'insuccès des premiers projets, et qu'il se montrait si soumis au roi qu'il n'eût certainement rien dit qui pût lui déplaire. Dutens ne trouva rien sur cette affaire dans les archives de Turin, où il existait une lacune de 1660 à 1770, et il ne put consulter celles de Mantoue, qui avaient été transportées à Vienne en 1707. On se demande pourquoi Louis XIV aurait pris les précautions indiquées à propos du masque de fer contre un agent obscur, que personne ne réclamait ; les lettres adressées à Saint-Mars par Louvois où il lui parle de son prisonnier ne peuvent guère se rapporter à Matthioli, que Louvois ne se gêne pas de nommer au moins du nom de l'Estang ; comment concilier les respects rendus au masque de fer avec les brutalités de Louvois et de Saint-Mars envers Matthioli ?

prison de cet infortuné n'a fait tort à personne qu'à lui. »

A la révolution on vit paraître une foule de révélations, pour la plupart imaginées, sur l'homme au masque de fer. Cubières, dans son *Voyage à la Bastille, le* 16 *juillet* 1789, mit en avant l'idée de la naissance d'un frère jumeau de Louis XIV, enfermé par raison d'État. Cubières raconte que Louis XV, impatient de savoir les aventures du masque de fer, avait reçu du régent cette réponse qu'il ne pouvait en être instruit qu'à sa majorité. Le lendemain du jour où cette majorité fut déclarée en parlement, le roi tira le duc d'Orléans à l'écart, et obtint cette révélation. Sa sensibilité fut émue; les courtisans ne purent rien entendre, mais le roi dit tout haut en quittant le duc d'Orléans : « Eh bien, s'il vivait encore, je lui donnerais la liberté. » Soulavie, qui possédait les papiers du duc de Richelieu, dont il publia les *Mémoires* (Londres et Paris, 1790-1793, 9 vol.), fit entrer dans ce livre un document dont il reste à prouver l'authenticité. Ce document est intitulé : *Relation de la naissance et de l'éducation du prince infortuné soustrait par les cardinaux de Richelieu et Mazarin à la société, et renfermé par l'ordre de Louis XIV, composée par le gouverneur de ce prince au lit de la mort*. On y raconte la naissance d'un frère jumeau de Louis XIV, que le roi son père fit élever en secret parce que deux pâtres avaient prédit que si la reine accouchait de deux dauphins, ce serait le comble du malheur de l'État. Le cardinal de Richelieu aurait dit au roi que dans le cas où la reine mettrait au monde deux jumeaux, il fallait soigneusement cacher le second, parce qu'il pourrait à l'avenir vouloir être roi. La sage-femme qui accoucha la reine fut donc chargée de l'enfant; le cardinal s'empara plus tard de son éducation, et la confia à un gouverneur, qui l'emmena en Bourgogne dans sa propre maison. Devenue veuve, la reine mère paraissait craindre que si la naissance de ce jeune dauphin était connue les mécontents ne se révoltassent, parce que « plusieurs médecins pensaient que le dernier né de deux frères jumeaux est le premier conçu, et par conséquent qu'il est roi de droit. » A l'âge de dix-neuf ans, le jeune homme, en fouillant dans la cassette de son gouverneur, aurait appris le secret de sa naissance, et à la vue d'un portrait du roi, son frère, auquel il ressemblait parfaitement, aurait découvert qui il était, et alors on l'aurait condamné à un ensevelissement vivant et perpétuel. Se voyant près de mourir, ce gouverneur, qui prétend avoir partagé la prison de son élève, croit devoir révéler un secret qui intéresse l'État. M. Paul Lacroix relève dans cette pièce des locutions qui semblent bien plus appartenir à l'époque où Soulavie la fit imprimer qu'au temps où le gouverneur anonyme de l'infortuné prince aurait pu l'écrire. La manière dont cette pièce serait tombée dans les mains du maréchal ajoute encore aux doutes qu'elle a fait concevoir. On sait que le maréchal était l'amant de mademoiselle de Valois, fille du régent, qu'il poussait fortement à se faire révéler le secret de l'homme au masque de fer. Le duc d'Orléans se serait laissé dessaisir de la relation du gouverneur pour prix d'une complaisance incestueuse dont un billet chiffré et de la plus révoltante obscénité, adressé par mademoiselle de Valois elle-même au maréchal, ferait foi. Soulavie donna aussi le résumé d'un entretien qu'il dit avoir eu avec le maréchal de Richelieu. Ce seigneur avait toujours été très-réservé sur ce sujet. Soulavie lui demanda un jour ce qu'on devait croire du masque de fer, et ajouta :

« Il serait bien intéressant de laisser dans vos Mémoires ce grand secret à la postérité... N'est-il pas vrai que ce prisonnier était le frère aîné de Louis XIV, né à l'insu de Louis XIII? »

Cette question, suivant Soulavie, embarrassa le vieux courtisan, qui avoua que le masque de fer n'était ni le frère adultérin de Louis XIV, ni le duc de Monmouth, ni le comte de Vermandois, ni le duc de Beaufort; il appela *rêveries* ces différents systèmes, quoique leurs auteurs eussent relaté des anecdotes très-véritables, et convint qu'il y avait ordre de tuer le prisonnier s'il essayait de se faire connaître.

« Tout ce que je puis vous dire, monsieur l'abbé, continua-t-il, c'est que ce prisonnier n'était plus aussi intéressant quand il mourut, au commencement de ce siècle, très-avancé en âge, mais qu'il l'avait été beaucoup quand, au commencement du règne de Louis XIV par lui-même, il fut renfermé pour de grandes raisons d'État. »

Soulavie soutint encore son système dans la suite des *Mémoires du maréchal de Richelieu*, qu'il augmenta de cinq volumes en 1793, et dans lesquels il mit de *Nouvelles Considérations sur le Masque de fer*.

Au mois d'août 1789, il se vendit chez Maradan, à Paris, une petite brochure, sans date, intitulée *L'Homme au masque de fer dévoilé, d'après une note trouvée dans les papiers de la Bastille :* ces papiers n'étaient qu'une carte soi-disant ramassée à la Bastille et portant cette mention :

« 64389000. Foucquet arrivant des isles Sainte-Marguerite avec un masque de fer. X... X... X... Kersadion. »

La même année 1789, Dutens, dans la *Correspondance interceptée*, renouvela le système du baron d'Heiss, en soutenant qu'un ministre du duc de Mantoue avait été enlevé en Piémont et tenu enfermé secrètement; mais que cet agent italien était un comte Girolamo Magni (*voy.* ce nom). En 1798, il parut en Angleterre une *Histoire de la Bastille*, anonyme, que M. Paul Lacroix attribue à Crawfurd. Cet Anglais avait déjà publié sur le Masque de fer une dissertation qui s'y trouve réimprimée avec des additions, et qui paraît reproduite avec plus de détails encore dans les *Mé-*

langes d'Histoire et de Littérature de Crawfurd. L'auteur de cette *Histoire de la Bastille* termine la discussion des divers systèmes sur l'homme au masque de fer par ces mots

« Je ne puis douter que l'homme au masque n'ait été le fils d'Anne d'Autriche, mais sans pouvoir décider s'il était frère jumeau de Louis XIV et s'il

avec le roi ou pendant son veuvage Les abbés Barthélemy et Béliardy, qui avaient fait beaucoup de recherches sur ce prisonnier, le pensaient *comme moi*. »

En 1800, Roux-Fazillac publia dans ses *Recherches historiques et critiques sur l'Homme au masque de fer*, des pièces authentiques sur l'enlèvement de Matthioli. Crawfurd réfuta ce système en 1809, dans ses *Mélanges* et confirma pourtant la réponse de Louis XV au duc de Choiseul, rapportée par Dutens, en ajoutant que ce ministre avait, à la prière des abbés Barthélemy et Béliardy adressé des questions au roi, qui parut fort embarrassé en disant qu'il croyait « que le prisonnier était un ministre d'une des cours d'Italie. Dans les pièces publiées par Roux-Fazillac se trouvait une lettre de Saint-Mars, datée du 6 décembre 168 portant :

« Comme il y a toujours quelqu'un de mes deux prisonniers malade, ils me donnent autant d'occupation que jamais j'en ai eu autour de ceux que j'ai gardés. »

L'un de ces prisonniers était Matthioli ; quel était l'autre Fouquet passait pour mort ; Lauzun avait recouvré sa liberté. Saint-Mars était depuis un an à Exiles il avait amené ces deux prisonniers chacun dans une litière fermée, et ils n'avaient aucun commerce entre eux. De ces deux prisonniers, Saint-Mars n'en amena qu'un aux îles Sainte-Marguerite.

D'après la duchesse d'Abrantès, Napoléon montra un vif désir de connaître le secret de Louis XIV il ordonna de grandes recherches à ce sujet ; elles restèrent sans résultat. Pendant plusieurs années le secrétaire de Talleyrand fureta dans les archives des affaires étrangères, et le duc de Bassano chercha à éclaircir ce mystère ténébreux.

« Ils ne trouvèrent l'un et l'autre, dit M. Paul Lacroix que des suppositions à mettre sous les yeux du grand homme qui exprima tout haut son dépit, en songeant qu'il serait maître de l'Europe sans jamais le devenir d'un secret enseveli dans le tombeau de son prédécesseur. Il comprit alors que la puissance avait des bornes. »

On imagina pourtant de rattacher la famille Bonaparte aux Bourbons par l'homme au masque de fer Suivant cette version, le frère aîné de Louis XIV injustement dépossédé de son État, aurait épousé la fille du geôlier des îles Sainte-Marguerite, appelé Bonpart, et leurs enfants portés secrètement en Corse, d'après Las Cases, auraient donné naissance à cette race qui, arrivée au trône à la suite de la révolution, n'aurait fait que s'asseoir sur le trône de ses pères.

En 1820, M. Weiss analysa les diverses opinions émises sur l'homme au masque de fer, sans se prononcer absolument lui-même, et fit connaître une lettre de Barbezieux où ce ministre dit à Saint-Mars : « Sans vous expliquer à qui que ce soit de ce qu'a fait votre ancien prisonnier, » phrase qui semble réfuter le système de ceux qui attribuent les malheurs de l'homme au masque de fer au hasard de sa naissance, à moins que le ministre n'engage par là Saint-Mars à détourner l'attention de quelques curieux, ou qu'on ne puisse regarder comme une action punissable la prétention du prisonnier à se faire connaître. En même temps M. Weiss annonçait que le comte V-l-l s'occupait d'un livre où il ferait voir que l'homme au masque était non pas Matthioli mais don Jean de Gonzague, frère naturel de Charles-Ferdinand, duc de Mantoue, et enlevé avec l'agent du duc. Ce livre n'a probablement pas paru ; en tous cas une lettre de Catinat à Louvois prouve que Matthioli était seul lorsqu'il fut arrêté. Dulaure, dans son *Histoire de Paris*, publiée en 1821 soutint l'opinion que l'homme au masque de fer était fils d'Anne d'Autriche et frère de Louis XIV Tout en analysant le mémoire de Soulavie, il déclara pourtant qu'il citait les faits sans les garantir, et avoua que si cette relation contenait quelques vérités, « elles sont défigurées par des fictions qui n'amènent que des doutes ». En 1825, Delort découvrit dans les Archives du Royaume diverses lettres qui lui semblèrent se rapporter à Matthioli et par suite au masque de fer. Il fit paraître une *Histoire de l'homme au masque de fer*, accompagnée de nombreuses pièces justificatives curieuses, qui ajoutèrent à peine quelques probabilités au système du baron d'Heiss. Un membre du parlement anglais, Georges-Agar Ellis, imita l'ouvrage de Delort en anglais, le disposant dans un meilleur ordre et y joignant des additions tirées de l'ouvrage de Roux-Fazillac. L'ouvrage d'Ellis fut traduit et imprimé en français en 1830, sous ce titre : *Histoire authentique du prisonnier d'État connu sous le nom du Masque de fer* Ellis affirme que le Masque de fer est réellement le secrétaire du duc de Mantoue. Il rappelle que, suivant Gibbon, beaucoup de savants anglais persistaient à croire que l'homme au masque de fer pouvait être Henri Cromwell, fils du protecteur, gardé en ôtage par Louis XIV. Quant à Gibbon lui-même, dans un essai de ses *Miscellaneous Works*, imprimé en 814, il semblait pencher vers l'opinion qui faisait du masque de fer un fils d'Anne d'Autriche, né dans la période de son veuvage, et le nom de Marchiali lui semblait indiquer un père italien.

Deux ouvrages posthumes du chevalier de Taulès répondirent en 825 aux assertions de Delort. Taulès avait trouvé dans les archives des affaires étrangères un manuscrit de Bonac, ambassadeur de France à Constantinople en 1724, qui parlait de l'enlèvement par une barque française d'un patriarche schismatique des Arméniens, nommé Arwediks, ennemi mortel de la religion catholique et auteur d'une cruelle persécution que les Arméniens catholiques avaient soufferte. Ce patriarche, exilé et enlevé à la sollicitation des jésuites, fut mené aux îles Sainte-Marguerite et de là à la Bastille. Taulès chercha d'abord à rattacher le récit de Bonac aux dates données par le père Griffet; mais lorsqu'il sut que le patriarche n'avait dû être arrêté qu'en 1705 ou 1706, il examina de plus près le journal de Dujonca, et prétendit à tort que ce journal avait été fabriqué ou falsifié par le père Griffet dans l'intention de détourner de son ordre le soupçon de cette iniquité. Il soutenait qu'Arwediks vivait encore en 1708, et qu'il était gardé avec le plus grand soin, quoiqu'on eût annoncé sa mort au gouvernement turc, qui ne cessait de réclamer sa délivrance.

« On sait maintenant, dit M. Paul Lacroix, qu'Arwediks se convertit au catholicisme, recouvra sa liberté, et mourut libre à Paris, comme le prouve son extrait mortuaire, conservé aux archives des affaires étrangères. »

Quand bien même cet extrait mortuaire serait moins authentique, Arwediks, enlevé sous l'ambassade de Fériol à Constantinople, où ce ministre fut envoyé en 1699, et qui vivait encore en 1708, ne pourrait être le Marchiali amené de Sainte-Marguerite à la Bastille en 1698, par Saint-Mars, dont il avait été le prisonnier à Pignerol et qui fut inhumé au cimetière de l'église Saint-Paul, en 1703.

Une autre opinion se formula encore pour impliquer les jésuites dans le terrible supplice du Masque de fer. Renneville, qui avait été mis à la Bastille en 1702 pour avoir composé des bouts-rimés injurieux au gouvernement du roi et parce qu'on le soupçonnait d'espionnage, et qui resta dans cette prison jusqu'en 1713, fit paraître à Amsterdam, en 1715, une relation de son emprisonnement sous ce titre : *L'inquisition françoise, ou l'histoire de la Bastille*. Dans la préface de la seconde édition, publiée en 1724, il raconte qu'en 1705 il vit un prisonnier dont il n'a jamais pu savoir le nom, dans une salle de la Bastille où il avait été introduit *par méprise* :

« Les officiers m'ayant vu entrer, ajoute-t-il, lui firent promptement tourner le dos devers moi, ce qui m'empêcha de le voir au visage. C'était un homme de moyenne taille, mais bien traversée, portant des cheveux d'un crêpé noir et fort épais, dont pas un n'était encore mêlé. »

Surpris de ce qu'on lui cachait le visage d'un détenu, Renneville interrogea le porte-clefs, qui lui apprit que cet infortuné était prisonnier depuis trente-et-un ans, et que Saint-Mars l'avait amené avec lui des îles Sainte-Marguerite, où il était condamné à une prison perpétuelle pour avoir fait, étant écolier, âgé de douze ou treize ans, deux vers contre les jésuites. Renneville demanda de plus amples détails à Reilh, chirurgien de la Bastille, qui lui conta toute l'histoire. Lorsque les jésuites changèrent le nom de leur collége de Clermont à Paris contre celui de collége Louis-le-Grand, un élève fit ce distique latin :

Abstulit hinc Jesum, posuitque insignia regis,
Impia gens : alium non colit illa Deum.

« L'auteur fut découvert, et quoique appartenant à une famille noble et riche, on le condamna par grâce à une prison perpétuelle, et on le transféra aux îles Sainte-Marguerite pour cet effet, d'où Saint-Mars le ramena à la Bastille avec des précautions extraordinaires, ne le laissant voir à personne par les chemins. »

Ce pauvre écolier ne mourut pas toutefois en prison, d'après ce que dit Reilli à Renneville; il hérita des grands biens de sa famille, et réussit à intéresser le père Riquelet, confesseur des prisonniers, qui obtint son élargissement, quelques mois après que Renneville l'eut entrevu. Certains traits de ce récit peuvent bien se rapporter à l'anecdote de l'homme au masque de fer; mais c'est en 1681 qu'eut lieu le changement de nom du collége de Clermont, et cette date ne saurait concorder avec les trente-et-un ans de captivité qu'aurait subis en 1705 cet écolier. D'ailleurs l'homme au masque de fer était mort en 1703.

En 1834, M. Auguste Billiard, ancien secrétaire général au ministère de l'intérieur, dans une lettre insérée au *Journal de l'Institut historique*, déclara qu'il avait copié, par ordre du comte de Montalivet, ministre de l'intérieur sous l'empire, aux archives des affaires étrangeres, une relation écrite par Saint-Mars lui-même, d'après laquelle Saint-Mars aurait été le gouverneur du fils d'Anne d'Autriche, à qui l'on cachait sa naissance pour empêcher l'accomplissement d'une funeste prédiction; mais le frère jumeau de Louis XIV ayant deviné ce secret d'État, on l'avait envoyé aux îles Sainte-Marguerite, dont le commandement fut remis alors à son gouverneur. Or, Saint-Mars est venu aux îles Sainte-Marguerite en 1687, après avoir été à Exiles depuis 1681, et à Pignerol depuis 1664, où il avait été chargé de la garde de Fouquet; auparavant il était maréchal des logis des mousquetaires; il avait aidé à l'arrestation du fameux surintendant et avait été chargé de le surveiller pendant son procès; pouvait-il avoir été gouverneur du malheureux prince en Bourgogne? Cette relation n'est d'ailleurs qu'une copie de celle de Soulavie. Elle a été imprimée sous le titre de *Mémoires de M. de Saint-Mars sur la naissance de l'homme au masque de fer*, dans les *Mémoires de tous*, 1835. Dans *La Bastille*, publiée aussi en 1834, Dufey de l'Yonne s'autorise de plusieurs passages des *Mémoires* de Mme de Motteville pour démontrer que la passion de Buckingham fut partagée par Anne d'Autriche. Il fait remarquer que l'assassinat de Buckingham ressemble assez à une vengeance de mari trompé, et croit que la tendresse d'Anne d'Autriche pour Mazarin provenait de la connaissance qu'il avait du mystère de l'enfant à qui Louis XIV donna plus tard une prison et un masque. Sismondi, dans son *Histoire des Français*, tome XXV, p. 434, semble incliner vers l'avis de Voltaire, que « c'étoit un membre inconnu de la famille royale, peut-être un fils naturel d'Anne d'Autriche ». Il pense que cet inconnu avait été élevé mystérieusement dès sa naissance, qu'il fut envoyé en 1661 ou 1662 dans l'île Sainte-Marguerite, mais qu'il ne fut confié à Saint-Mars que lorsque celui-ci passa au gouvernement de la Bastille.

Au mois d'avril 1834, la *Revue rétrospective* publia un récit suivant lequel Louis XVIII aurait laissé percer le secret de l'homme au masque de fer.

« Un jour, à l'ordre, peu de temps avant sa mort, Louis XVIII, selon son habitude, paraissait, à ce qu'on raconte dans cette pièce, absorbé dans son fauteuil, quand une conversation s'engagea sur l'histoire du Masque de fer entre M. le comte de Pastoret, gentilhomme de la chambre du roi, et un de ses collègues. M. de Pastoret défendait vivement l'opinion de Voltaire sur la fraternité du prisonnier et de Louis XIV. Le roi, en l'entendant, sembla sortir de son assoupissement, mais ne dit mot. Le lendemain une nouvelle discussion s'éleva encore à l'ordre, entre les mêmes interlocuteurs, sur une autre question historique, également controversée. M. de Pastoret fut interrompu par le roi, qui lui dit : « Pastoret, hier vous aviez raison, aujourd'hui « vous avez tort. »

En 1837, M. Paul Lacroix fit paraître *L'Homme au Masque de Fer*, dissertation remarquable, dans laquelle, après avoir passé en revue tous les ouvrages qui ont parlé de cette question historique, il combat les différents systèmes émis et cherche à prouver que l'homme au masque de fer n'est autre que Fouquet. Mais déjà, en 1826, l'auteur d'un article de la *Revue Encyclopédique* se demandait si la crédulité publique n'avait pas réuni dans un seul personnage imaginaire diverses circonstances relatives à Fouquet, à Mattbioli, à Arwediks, et à d'autres individus plus ou moins importants qui ont disparu vers la même époque. L'anecdote du plat d'argent rapporté par un pêcheur, citée par Voltaire et les *Mémoires secrets de Perse*, se trouve avec une variante non-seulement dans l'histoire de Fouquet, qui aurait écrit sur son linge, mais encore à propos d'autres prisonniers secrets, dans la correspondance de Louvois avec Saint-Mars, correspondance fouillée par plusieurs auteurs et imprimée par Depping. Deux ministres protestants avaient été confiés à la garde de Saint-Mars dans l'année qui suivit son arrivée en Provence ; l'un d'eux voulut se faire connaître en chantant jour et nuit des psaumes ; l'autre écrivit ce que Saint-Mars appelle « des pauvretés » sur son linge et des plats d'étain, disant qu'il était emprisonné pour la pureté de sa foi. Tous deux reçurent « une grosse discipline » pour leur désobéissance. Le roi ne voulait pas cesser d'enfermer les protestants fidèles, et cependant, pour ménager l'Angleterre, il voulait qu'elle ignorât ces arrestations : il changea les galères en prison secrète. On a vu qu'il ne se gênait pas de faire enlever même à l'étranger ceux qui lui avaient déplu soit par leurs écrits, soit autrement, et qu'il les enfermait dans ces prisons d'où peu de gens sortaient. Ces tombeaux anticipés devaient soigneusement garder leurs victimes pour mieux garder leurs secrets. Les précautions les plus grandes étaient prises pour cacher leur existence : on leur donnait un nom de prison, nom que l'on changeait quelquefois ; on les faisait enterrer sous de faux noms après les avoir défigurés ou après avoir séparé leur tête du cadavre. Le masque de velours a bien pu recouvrir plus d'un visage ; on semble le retrouver dans plusieurs traditions, et c'est peut-être pour cela qu'il est difficile de mettre tous les dires sur l'homme au masque de fer d'accord avec les faits certains. Mais parmi ces prisonniers secrets il en est un qui ne paraît avoir aucun nom dans l'histoire, c'est celui qui a été enterré sous le nom de MARCHIALI en 1703 à l'église Saint-Paul, avec une dépense de quarante livres, et pour celui-là, il faut le reconnaître, les inductions les plus fortes semblent le rattacher à la famille royale.

L. LOUVET.

Les ouvrages cités dans l'article.

MASQUELIER (*Louis-Joseph*), dit *l'aîné*, graveur français, né le 21 février 1741, à Cysoing, près Lille, mort le 26 février 1811, à Paris. Il fut un des meilleurs élèves de Philippe Le Bas, dont l'atelier de gravure était le plus fréquenté de Paris, et acquit sous sa direction une pointe à la fois légère, ferme et brillante. Aucun genre ne lui était étranger, et il fut même un des premiers à graver à l'imitation du lavis ; mais c'est dans le paysage, pour lequel il avait toujours eu de la prédilection, qu'il a le plus souvent réussi. Ce qui mit le sceau à sa réputation fut la *Galerie de Florence ;* il prit la direction de cette vaste entreprise, où un grand nombre d'excellents artistes français et étrangers furent employés, et pour laquelle lui-même exécuta plusieurs tableaux, statues et bas-reliefs. Les premières livraisons, exposées en 1802, lui valurent une médaille d'or, décernée par le gouvernement français. Nous citerons de Masquelier l'aîné : *L'Amant de la belle Europe* et *La Mort de la belle Europe*, de Potter ; — *Entrée des Français à Milan* et *la Bataille de Mondovi*, de Carle Vernet ; — *Les Garants de la félicité publique*, de Saint-Quentin ; — *Les Vœux du peuple confirmés par la religion*, de Monnet ; — *Arrivée de Voltaire aux champs Élysées*, de Moreau jeune ; — *Marine*, de Joseph Vernet ; — deux *Vues d'Ostende*, de Lemet ; — *Le Vieillard à genoux*, de G. Dow. Il a encore gravé avec Née les *Tableaux de la Suisse* de La Borde (1780-1781, 4 vol. in-fol.), suite de 216 pl., et il a fourni des vignettes aux *Historiettes* d'Imbert, à l'*Essai sur la Musique* de La Borde, au

Voyage de La Pérouse, aux *Œuvres de Voltaire* (édit. Desoër), etc. P. L.

MASQUELIER (*Nicolas-François-Joseph*), dit *le jeune*, graveur français, parent du précédent, né le 20 décembre 1760, à Sars, près Valenciennes (1), mort le 20 juin 1809, à Paris. Fils d'un jardinier, il apprit le dessin à l'école gratuite de Lille, et fit des progrès rapides grâce aux conseils de Watteau et de Guéret, qui y professaient. Envoyé à Paris par les magistrats de sa ville natale, il fut bien accueilli par son parent, qui lui enseigna la gravure, et continua pendant quelque temps de suivre les leçons de l'académie de peinture. Masquelier a travaillé au *Musée français* et à *la Galerie de Florence*, et a gravé une partie des planches du *Vocabulaire de Marine* de Lescallier et de l'édition des *Œuvres de Racine*, donnée par Geoffroy. On lui reproche une touche molle, peu de netteté et de couleur. P. L.

MASQUELIER (*Claude - Louis*), graveur français, fils de Louis-Joseph, né en 1781, à Paris. Élève de son père et du peintre Langlois, il remporta en 1805 le premier grand prix de gravure et passa plusieurs années à Rome. Il obtint ensuite un emploi de professeur de dessin en province. On cite de lui : *La Vierge du palais Colonna*, d'après Raphael, et *L'Élévation de la Croix*, d'après Rubens. P. L.

Nagler, *Neues allgem. Künstlerlex.* — *Nouv. Biogr. des Contemp.* — Ch. Le Blanc, *Man. de l'Amat. d'Estampes*.

MASSA (*Niccolo*), anatomiste italien, né à Venise, où il est mort, en 1569. Il pratiqua la médecine dans sa ville natale, et y enseigna l'anatomie avec éclat, après avoir été reçu docteur à l'université de Padoue. Dans sa vieillesse il fut affligé d'une cécité complète. Sa fille lui fit élever un tombeau de marbre dans l'église de Saint-Dominique. On a fait honneur à Massa de découvertes qui ne lui appartiennent pas, comme celle des muscles pyramidaux; mais ce qu'on ne peut lui disputer, c'est d'avoir décrit d'une façon assez complète la cloison du scrotum, les muscles du bas-ventre, la première paire de nerfs et la substance de la langue. En outre il a poussé plus loin qu'on ne l'avait fait jusque alors ses recherches sur la vessie. Sur le traitement des maux vénériens il est entré dans les détails les plus exacts; il en a noté les accidents compliqués, et il a indiqué l'emploi du mercure en frictions ou en fumigations sans prétendre toutefois que ce remède fût le seul efficace. La théorie du virus vénérien, qui a pris plus tard tant d'extension, se retrouve en germe dans ses écrits. On a de lui : *Liber de Morbo Gallico*; Venise, 1532, 1559, in-4°; Bâle, 1536, in-4°; réimpr. dans le recueil *De Morbo Gallico* de Luigi Luvigini (I, 36), qui le dédia à Massa; l'édit. de Venise, 1563, contient de ce dernier quelques autres écrits : *De potestate ligni Indici*, *De cognitione Salsæ-pariliæ*, *De radicibus Chinæ*, etc. : ce traité a passé longtemps pour être le meilleur que l'on possédât sur la syphilis, telle qu'elle se produisait au seizième siècle; — *Anatomiæ liber introductorius, seu dissectionis corporis humani*; Venise, 1536, 1559, 1594, in-4° : il y décrit la gastroraphie, ou opération césarienne, qui ne fut introduite en France que cinquante ans plus tard; — *De Febre pestilentiali, petechiis, morbillis, variolis et apostematibus pestilentialibus*; Venise, 1540, 1556, in-4°; — *Epistolæ medicinales*; Venise, 1542-1550, 2 vol. in-4°; Lyon, 1557, in-fol.; — *Examen de venæ sectione et sanguinis missione in febribus ex humorum putredine ortis*; Venise, 1560, 1568, in-4°. Massa a encore traduit en latin une *Vie* d'Avicenne. P.

Éloy, *Dict. de la Méd.*, III. — Portal, *Hist. de l'Anatomie*, I. — Alberici, *Scrittori Veneziani*, 7.

MASSABIAU (*Jean-Antoine-François*), publiciste français, né à Figeac, le 21 octobre 1765, mort à Paris, le 22 septembre 1837. Zélé partisan des principes de 1789, il fut envoyé en mission dans plusieurs départements de la Bretagne, et fit souvent entendre sa voix dans les assemblées populaires. Après la révolution, il rentra dans la vie privée. Il fut nommé, vers la fin de sa vie, conservateur à la bibliothèque Sainte-Geneviève. On a de lui : *De l'esprit des institutions politiques*; Paris, 1821, 2 vol. in-8°; — *La liberté des journaux impossible avec le système représentatif*; Paris, 1818, in-8°; — *Du rapport des diverses formes du gouvernement avec les progrès de la civilisation*; Paris, 1805, in-8°; — *La République sous les formes de la Monarchie*; Paris, 1832, in-8°. Il a fourni au *Moniteur*, de 1821 à 1826, des articles de critique littéraire et de politique.

Son neveu, *François-Léon* MASSABIAU, docteur en médecine, né à Villefranche (Aveyron), le 8 décembre 1795, est depuis 1852 membre du corps législatif. A. H—T.

Quérard, *La France Litt.* — *Moniteur*, 29 sept. 1839.

MASSAC (*Raimond* DE), poëte latin moderne, né à Clairac (Agénois), mort à Orléans, au commencement du dix-septième siècle. Issu d'une famille noble, il s'établit en 1586 à Orléans, où il devint doyen de la faculté de médecine. On a de lui : *Pæan Aurelianus*, poëme inséré dans le recueil des *Poëmes et Panégyriques de la ville d'Orléans*; 1646, in-4°. Il y célèbre l'heureuse température d'Orléans, et fait l'éloge des médecins qui s'y sont distingués par leur science et par leurs talents; — *Pugeæ, sive de lymphis pugeacis, lib. II*; Paris, 1600, in-8° : poëme enrichi de notes grecques et latines de Jacques Levasseur, docteur en théologie, et mis en vers français par Charles de Massac, fils de l'auteur, sous ce titre : *Les Fontaines de Pougues*; Paris, 1605, in-8°. Il laissa plusieurs ou-

(1) Quelques auteurs le font naître le 10 décembre 1760, au hameau de Fiers, sur la route de Tournay.

vrages manuscrits, entre autres une traduction poétique des *Métamorphoses* d'Ovide. H. F.

Mercure de France, mars 1768.

MASSARD (*Jean*), graveur français, né le 22 août 1740, à Bellême, mort le 16 mars 1822, à Paris. Fils d'un cultivateur, il saisit l'occasion de venir à Paris avec un de ses parents, et entra chez un libraire, où se développa son goût pour les beaux-arts. Doué d'un grand amour du travail, il apprit, grâce à ses persévérants efforts, à dessiner et à graver, et ne rencontra d'autre secours dans ces difficiles études que celui d'un graveur obscur, nommé Martinet. Après avoir eu part aux vignettes dont celui-ci était chargé, il quitta ce genre d'occupation, assez lucratif, pour entreprendre seul des travaux plus importants. Ses débuts dans le genre historique le placèrent immédiatement au rang des premiers artistes de son temps, et lui valurent son agrégation à l'ancienne Académie royale de Peinture. En 1814 il reprit le titre de graveur du roi, qu'il avait obtenu avant la révolution, et mourut plus qu'octogénaire, des suites d'une chute qu'il avait faite en sortant de la messe. Outre un grand nombre de vignettes, Massard a gravé : *La Famille de Charles Ier* et *La plus belle des Mères*, d'après Van Dyck; — *La Mère bien aimée*, *La Dame bienfaisante*, *La Cruche cassée*, *La Vertu chancelante*, d'après Greuze; — *Adam et Ève*, d'après Cignani; — *Agar et Abraham*, d'après Girardon; — *Érigone*, d'après Mieris; — *La Confiance d'Alexandre*, d'après Restout; — *La Mort de Socrate*, d'après David. Il a en outre exécuté quelques-unes des plus belles planches de *la Galerie de Florence* et du *Musée français*. P. L.

Mahul, *Annuaire nécrol.*, 1822. — Ch. Le Blanc, *Man. de l'Amat. d'Estampes*.

MASSARD (*Jean-Baptiste-Raphael-Urbain*), graveur français, fils du précédent, né en 1775, à Paris, mort le 27 septembre 1849, à Viry-Châtillon (Seine-et-Oise). Élève de son père pour la gravure, il étudia le dessin à l'école de David. De grandes dispositions, qui se manifestèrent chez lui de bonne heure, lui permirent de débuter fort jeune en ornant de charmantes estampes plusieurs ouvrages de luxe, entre autres *Le Musée royal*, de Laurent et Robillard, l'édition in-folio de Racine, de Didot, et l'édition portugaise des *Lusiades* de Camoëns. Il ne tarda pas à s'élever au grand genre de la gravure en reproduisant au burin *Sainte Cécile* de Raphael, *Saint Paul prêchant au désert* de Lesueur, *Les Sabines* de David, *Apollon et les Muses* de Jules Romain, *Homère* de Gérard, *Les Funérailles d'Atala* et *Hippocrate refusant les présents d'Artaxerxes*, de Girodet. Cette dernière planche, que l'artiste avait dédiée à la faculté de médecine, lui valut de la part de ce corps savant une médaille d'or et la faveur de siéger parmi les professeurs dans leurs séances particulières. Un de ses plus beaux travaux est le portrait en pied de *Louis XVIII*, d'après le tableau original de Gérard. Il fut, en 1823, nommé chevalier de la Légion d'Honneur. Pendant les quinze dernières années de sa vie, il se livra entièrement au repos. « Peut-être, lit-on dans *Le Moniteur*, n'égalait-il pas Richomme pour la délicatesse du travail et le sentiment de la morbidesse; mais il lui était au moins égal par la fermeté du burin, par l'habile arrangement des tailles et par l'harmonieuse vigueur de l'effet. » Massard, attaqué de paralysie partielle depuis quelques années, est mort de cette maladie à sa maison de campagne, près Paris. P. L.

Nouv. Biogr. des Contemp. — Nagler, *Neues Allgem. Künstlerlex.* — *Le Moniteur univ.*, 16 octobre 1849. — *Docum. partic.*

MASSARI (*Lucio*), peintre de l'école bolonaise, né à Bologne, en 1569, mort en 1633. On a peine à comprendre que cet artiste, qui quelquefois approcha des Carrache et égala l'Albane, n'ait point eu part à leur gloire et soit si peu connu en dehors de sa ville natale. Ses œuvres, peu nombreuses, respirent une telle grâce, une telle gaieté, sont finies avec un tel amour qu'elles défient souvent la plus sévère critique. Élève de Louis Carrache, il acheva ses études à Rome pendant le séjour d'Annibal Carrache, dont il imita le style; mais sa principale qualité, la grâce, il la dut à son intime liaison avec l'Albane, dont il partagea les travaux, la société, et jusqu'à la villa, et avec lequel il tint école de peinture. Le *Mariage de sainte Catherine*, à Saint-Gaétan, et le *Noli me tangere* sont regardés comme les plus beaux ouvrages de Massari à Bologne, où l'on voit encore de lui une *Descente de croix*, *Sainte Claire tenant l'hostie et repoussant les Sarrasins*, *La Vocation de saint Jacques et de saint Jean*, *L'Enfant prodigue*, et *L'Ange de justice devant la Trinité*, *La Communion de saint Jérôme*, *L'Adoration des Mages*, *Saint Cyrille*, *La Visitation*, *Saint Charles Borromée*, etc. Massari traita les sujets tragiques avec une profonde intelligence de l'art, ainsi que le prouvent le magnifique tableau du *Massacre des Innocents*, du palais Bonfioli, et *Le Spasimo*, de la Certosa, compositions qui pour la quantité, la variété et l'expression des figures, l'emportent peut-être sur ce que l'Albane a produit de plus parfait. Dans la fresque, son coloris est moins heureux, et tombe presque toujours dans le jaune et le rouge brique. Nous trouvons de lui quelques sujets de la *Jérusalem délivrée* au palais Malvezzi-Bonfioli. La *Guérison de saint Roch*, à l'oratoire dédié à ce saint, et plusieurs grandes compositions au cloître de S.-Michele-in-Bosco. Une seule de celles-ci est bien conservée : c'est *Le Miracle de la multiplication des pains par saint Benoît*. Citons encore parmi les tableaux de ce maître ; à Forli : *La Vierge et saint Joseph*, *La Fuite en Égypte*; et à Modène, à la galerie ducale, un *Christ au*

Jardin des Oliviers. La galerie publique de Florence possède de Massari une *Sainte Famille dans un paysage*, et *La Vierge avec l'enfant Jésus et saint Jean*. En mourant, à Bologne, où il fut enterré dans l'église Saint-Benoît, Massari laissa de nombreux élèves, parmi lesquels Sebastiano Brunetti, Antonio Banda, et son fils Bartolommeo Massari qui plus tard abandonna la peinture pour la médecine. E. B—n.

Orlandi, Baldinucci. Lanzi, Ticozzi. — Malvasia, *Felsina pittrice*. — Winckelmann. *Neues Mahlerlexikon*. — Campori, *Gli Artisti negli Stati Estensi*. — Gualandi, *Tre Giorni in Bologna*.

MASSARI (*Giorgio*), architecte vénitien, du dix-septième siècle. Doué d'une imagination féconde, il exécuta à Venise la façade de l'Académie des Beaux-Arts, le palais Grassi (aujourd'hui l'hôtel de ville), l'église Santa-Maria della-Pietà, et surtout la façade de l'église des Jesuates, Notre-Dame-du-Rosaire. E. B—n.

Cicognara, *Storia della Scultura*. — Quadri, *Otto Giorni in Venezia*.

MASSARIA (*Alessandro*), savant médecin italien, né vers 1510, à Vicence, mort le 18 octobre 1598, à Padoue. Il étudia les langues anciennes sous l'habile grammairien Grifoli, et suivit les cours de l'université de Padoue, s'attachant aux professeurs les plus célèbres, tels que Fracanziani, Oddi et Fallopio. Dès qu'il eut été reçu docteur, il retourna dans sa ville natale, où il enseigna l'anatomie et exerça la médecine pendant vingt-cinq ans. Sa réputation l'ayant fait appeler à Venise (1578), il vit ses talents récompensés par l'estime générale et par les faveurs de la fortune. En 1587, on le désigna pour remplir à Padoue la chaire que le départ de Mercuriali avait laissée vacante. Sa maison était toujours ouverte aux savants et aux étrangers; les jours de grande fête il donnait à dîner à un grand nombre de pauvres, qu'il servait lui-même, et il ne les congédiait qu'après leur avoir distribué d'abondantes aumônes. Il était d'un caractère si vif qu'un jour, interrompu plusieurs fois par un de ses élèves, il prit un bâton, et l'en frappa rudement. Sa vénération pour Galien était si grande qu'il aimait mieux, disait-il, avoir tort avec cet ancien que d'avoir raison avec un moderne; aussi ses ouvrages ne respirent-ils que la pure doctrine galénique, mais bien traitée et bien expliquée. « Quoiqu'on ne puisse s'empêcher, dit M. Jourdan, de blâmer Massaria de cet attachement servile aux décisions d'un chef de secte, qui a pour résultat immédiat d'entraver la marche de la science, il fut cependant utile à l'art de guérir en contribuant à renverser le système absurde des Arabes et à remettre en honneur la méthode expérimentale, dont la tradition était à peu près perdue. » On a de Massaria : *De Peste lib. II*; Venise, 1579, in-4°; description excellente de la peste qui a désolé l'Italie de 1575 à 1580; — *De Abusu medicamentorum vesicantium et theriacæ in febribus pestilentialibus*; Padoue, 1591, in-4°; Vicence, 1593, in-4°; — *Disputationes II, quarum prima de scopis mittendi sanguinem in febribus, altera de purgatione in morborum principio*, Vicence, 1598, in-4°; avec des add., Lyon, 1622, in-4° : c'est le meilleur ouvrage de Massaria, qui, en prônant la saignée, détaille savamment les cas où elle convient et ceux où elle est nuisible; — *De Morbis Mulierum*; Leipzig, 1600, in-8°; — *De Morbo Gallico, de purgantibus, de ratione consultandi*; Francfort, 1601, in-4°; — *Practica Medica, seu prælectiones academicæ*; Francfort, 1601, in-4°; plusieurs édit.; — *Tractatus IV de Peste, de Affectibus Renum et Vesicæ, de Pulsibus, de Urinis*; Francfort, 1608, in-4°; — *Liber responsorum et Consultationum medicinalium*; Venise, 1613, 1622, in-fol. Les écrits de Massaria ont été réunis après sa mort : *Opera Medica*; Francfort, 1608, in-fol.; Lyon, 1634, 1669, 1671, in-fol.

La famille de Massaria a donné plusieurs autres médecins qui vivaient également au seizième siècle; nous citerons *Francesco* Massaria, né à Venise, et qui est auteur de deux ouvrages estimés : *Galeni Ad totius corporis Ægritudines remediorum strages lib. V* et *De febribus lib. II*; Bâle, 1531; — *In novum Plinii De Naturali Historia librum Castigationes et annotationes*; Bâle, 1537, in-4°, et Paris, 1542, in-4°. P.

Riccoboni, *De Gymnasio Patavino*. — Papadopoli, *Hist. Gymn. Patavini*, I. — Gabriele de Santa-Maria, *Scrittori Vicentini*, V. — Van der Linden, *Script. med.* — Manget, *Biblioth. Med.* — Éloy, *Dict. de la Méd.* — *Biographie Médicale*. — Portal, *Hist. de l'Anatomie*, II.

MASSAROTTI (*Angelo*), peintre italien, né à Crémone, en 1645, mort en 1723. Il étudia à Rome dans l'atelier de Carlo Cesi. Il aimait à introduire dans ses peintures des portraits plutôt que des figures idéales, et il n'était pas toujours en garde contre les défauts des peintres naturalistes. Les ouvrages qu'il exécuta à Rome pour l'église de S.-Salvator-in-lauro lui valurent, en 1680, son admission à l'Académie de Saint-Luc. Parmi les nombreuses productions dont il enrichit Crémone, les plus estimées sont : une *Conception*, dont les figures sont les portraits du gouverneur espagnol de Crémone en 1688, don Felix de Pardo, et de sa famille, et *Saint Augustin donnant sa règle aux divers ordres religieux*. E. B—n.

Zaist, *Notizie de' Pittori Cremonesi*. — Grasselli, *Guida di Cremona*.

MASSART (*Jacques*), mystique et visionnaire protestant de la fin du dix-septième siècle. La révocation de l'édit de Nantes le força à se retirer à Amsterdam, où il exerça la médecine. Les persécutions religieuses avaient exalté son imagination. Il croyait, avec une foule d'autres mystiques, que le don de prophétie n'avait pas cessé depuis les apôtres et qu'il y avait encore de son temps des personnes qui recevaient des révélations du ciel. Se mettant naturellement lui-même au nombre de ces inspirés, il lut dans l'avenir l'accomplissement de ses désirs les plus chers, c'est-à-dire la chute de l'Église catholique et le triomphe du protestantisme. Mais, plus prudent que plusieurs de ses coreligionnaires qui annonçaient la ruine de la puissance du pape et du catholicisme pour la troisième ou la cinquième année après la révocation de l'édit de Nantes, il recula cet événement au delà de l'époque que ses contemporains pouvaient atteindre, et il le fixa à l'année 1759. Il exposa ses rêveries dans un grand nombre d'ouvrages dont les plus curieux sont : *Harmonie des prophéties anciennes avec les modernes sur la durée de l'Antéchrist et les souffrances de l'Église*; Cologne et Amsterdam, 1686-1689, 5 part. in-12; — *Explication d'un songe divin de Louis XIV*; Amsterdam, 1689, in-12. M. N.

Leclerc, *Bibliothèque universelle*.

MASSÉ (*Pierre*), démonographe français, né au Mans, vivait dans la seconde moitié du seizième siècle. Il prenait le titre de *sieur de La Perche* et exerçait au Mans la profession d'avocat. Durant les guerres de religion il s'était retiré au château de Bois-Dauphin, et, comme il le dit lui-même, « pour tromper les ennuis et éviter la molle oisiveté, mère de tous les vices et peste des bons esprits, il se mit à lire et feuilleter divers auteurs ». Le fruit de ces lectures fut l'ouvrage suivant : *De l'Imposture et Tromperie des diables, devins, enchanteurs, sorciers, et autres qui, par telle invocation diabolique, arts magiques et superstitions, abusent le peuple*; Paris, 1579, in-8°. Il y montre autant de crédulité que d'érudition. Massé promettait une suite, qu'il n'a pas donnée, traitant *De la Divination permise*. La Croix du Maine lui attribue deux traités inédits : *Deux livres de l'Impôt* et *Les cinq Points d'Erreur*. Massé vivait encore en 1584. P. L.

Hauréau, *Hist. Litt. du Maine*, I, 164.

MASSÉ (*Jean-Baptiste*), peintre graveur français, né le 29 décembre 1687, à Paris, où il est mort, le 26 septembre 1769. Entraîné par un goût prononcé vers les arts, Massé avait commencé ses études sous la direction de Jouvenet, lorsque son père, riche marchand joaillier, qui l'avait vu avec chagrin embrasser une profession peu lucrative, le décida bientôt à quitter ce maître célèbre. Petitot avait mis en vogue la peinture en émail, et par son rare talent avait acquis en même temps la réputation et la fortune. Le père de Massé, voulant mettre son fils dans la voie des succès productifs, le fit entrer chez Châtillon, peintre en émail, qui jouissait alors de quelque réputation. Châtillon était dessinateur de l'Académie des Sciences; il enseigna la gravure à son élève, afin de s'en faire aider dans les travaux qu'il faisait pour l'Académie. C'est ainsi que Massé grava le frontispice des *Mémoires* de cette compagnie. Un peu plus tard (1710), il grava d'après Rubens un tableau de la galerie du Luxembourg, celui qui représente la reine Marie de Médicis sous la figure de Minerve (1). Ces travaux n'empêchèrent pas Massé de gagner un certain renom comme peintre en émail. Il dut à ses succès en ce genre d'être reçu membre de l'Académie de Peinture en 1717, sur la présentation d'un beau portrait d'Antoine Coypel, gravé d'après le tableau de ce maître. Les contemporains de Massé ont vanté les qualités de son caractère; c'était un homme droit, énergique, de mœurs douces et agréables. Il était protestant, et avait coutume de dire : « Je sers mon Dieu et je me sens assez libre pour ne dépendre sur terre que de moi seul. » Il eut à déployer la fermeté de son esprit dans l'accomplissement d'une tâche ingrate qu'il s'était imposée et qu'il mit vingt-cinq ans à accomplir au milieu d'obstacles de tous genres. Il avait résolu de faire graver à ses frais et d'après ses dessins les tableaux que Le Brun avait peints dans la grande galerie de Versailles (2). Épuisement de ses ressources, incurie et mauvais vouloir des artistes qu'il employait, froideur du public pour le fruit de tant d'efforts, rien ne rebuta Massé. Les gravures exécutées d'après ses dessins furent publiées en 1753 en un volume in-folio. Le roi cependant, pour récompenser Massé, le nomma garde de ses tableaux en remplacement de Portail (1760), et lui acheta ses dessins au prix de dix mille livres (3). « On ne disputera jamais à Massé, dit Mariette, d'avoir eu un pinceau très-soigné, ni même de n'avoir pas été correct dans son dessin; mais tout ce qu'il a fait est froid et manque de verve; son travail est pincé; c'est celui d'un homme qui ne connaît point assez la grande manière, qui ne la sent point et qui, n'osant prendre un plus haut vol, se renferme dans le cercle étroit de la propreté. Et c'est bien là ce à quoi il faut s'attacher quand on veut plaire à la multitude et surtout aux gens du monde. » H. H—N.

Abecedario de Mariette, publié dans les *Archives de l'Art français*. — Robert Dumesnil, *Le Peintre Graveur*. — Huber et Rost, *Manuel du Curieux et de l'Amateur*.

MASSÉ (*Charles-Isidore*), littérateur français, né aux Herbiers, mort au même endroit, le 20 décembre 1831. Il fit ses études à Poitiers, embrassa la carrière du barreau, et s'établit à Nantes. On a de lui : *Discours sur l'éducation des Campagnes Vendéennes*; Nantes, 1821, in-8°; — *La Vendée poétique et pittoresque, ou lettres descriptives et historiques sur le Bocage de la Vendée depuis Jules César jusqu'à l'année* 1791 *inclusivement*; Nantes,

(1) Cette estampe fait partie du recueil intitulé : « La Galerie du palais du Luxembourg peinte par P. Rubens..... etc. »; in-fol., 1710.

(2) On sait que ces peintures, commencées en 1679, furent terminées en quatre ans; elles représentent les actions mémorables de Louis XIV et forment neuf grands tableaux, douze plus petits et six grisailles.

(3) Ces dessins font aujourd'hui partie des collections du Louvre.

1829, 2 vol. in-8°, avec 10 lithogr. Il a écrit dans le *Lycée Armoricain*, *L'Ami de la Charte*, et la *Revue Vendéenne*. J. V.

Henrion, *Annuaire Biographique*. — Quérard, *La France Littéraire*.

MASSÉ (*Victor*), compositeur français, né le 7 mars 1822, à Lorient. Ses parents étant venus se fixer à Paris, le placèrent à l'âge de neuf ans dans l'*Institution de Musique classique et religieuse*, fondée par Choron. Ce fut dans cet établissement que le jeune Massé reçut les premiers enseignements de son art. Il entra ensuite au Conservatoire, où il suivit la classe de piano de Zimmerman, et ne tarda pas à remporter le premier prix de cet instrument. Entraîné par son goût pour la composition, il étudiait en même temps l'harmonie dans la classe de Dourlens, et Zimmerman, qui l'avait pris en affection, lui donna, de son côté, d'utiles conseils. Enfin, après avoir travaillé le contrepoint et la fugue sous l'habile direction de M. Halévy, il se présenta au concours de l'Institut, et obtint, en 1844, le premier grand prix de composition musicale. M. Massé avait alors vingt-deux ans; il se rendit à Rome, où l'appelait son titre de lauréat, et écrivit pendant son séjour dans cette ville plusieurs œuvres de musique, entre autres une messe qui fut exécutée, en 1846, à l'occasion de la fête du roi Louis-Philippe. De retour à Paris, il se fit avantageusement connaître du public par un ouvrage en un acte, intitulé *La Chanteuse voilée*, qui fut représenté en 1852 à l'Opéra-Comique. *Galathée*, opéra-comique en trois actes, joué dans le courant de la même année, au même théâtre, vint réaliser les espérances qu'avait fait concevoir le premier essai du compositeur. Depuis lors M. Victor Massé a donné successivement, sur la même scène: *Les Noces de Jeannette*, un acte (1853), *La Fiancée du Diable*, trois actes (1854), *Miss Fauvette*, un acte (1855), et *Les Saisons*, trois actes (1856); — au Théâtre-Lyrique, *La Reine Topaze*, trois actes (1856); — et à l'Opéra-Comique, *Les Chaises à porteurs*, un acte (1858). Cet artiste a écrit la musique d'un opéra en deux actes, *Les Causeries de Marivaux*, qui a été représenté à Bade, en 1857. On a aussi de lui trois recueils de *Chants* de différents genres et une cantate composée et exécutée au mois d'octobre 1852, à l'Opéra, pour le retour à Paris, après son voyage à Bordeaux, du prince président, depuis Napoléon III. Esprit fin et élégant, M. Victor Massé ne donne rien au hasard. Ses partitions sont écrites avec soin et habilement instrumentées. Sa musique, simple et gracieuse dans *Les Noces de Jeannette*, comique et spirituelle dans *Les Chaises à porteurs*, empreinte d'un certain parfum archaïque dans *Galathée*, pleine de couleur dramatique dans *La Fiancée du Diable* et dans *Les Saisons*, atteste une entente parfaite de la scène. Toutes les qualités de son talent se trouvent réunies dans *La Reine Topaze*, qui nous semble être le meilleur des ouvrages qu'il a donnés jusqu'à présent, et qui ont assigné à leur auteur la place distinguée qu'il occupe parmi les compositeurs dramatiques de la jeune école française. Au mois de janvier 1860, M. Massé a été nommé chef du chant à l'Opéra, en remplacement de M. Dietsch, appelé à diriger l'orchestre de ce théâtre par suite de la mort de Girard. Dieudonné DENNE-BARON.

Documents particuliers.

MASSEEUW (*Chrétien*), en latin *Massæus*, humaniste belge, né en 1469, à Warneton, en Flandre, mort en 1546, à Cambrai. Il reçut la prêtrise, et professa les humanités à Gand jusqu'en 1509, époque où il fut appelé à Cambrai pour instruire la jeunesse dans les belles-lettres. A cause du long séjour qu'il fit dans cette ville, il s'était donné lui-même le surnom de *Cameracensis*. On a de lui: *Grammatistice*; Paris, s. d.; — *Ars versificatoria*; Paris, in-4°; réimpr. avec le traité précédent sous le titre *Grammatices III partes*; Anvers, 1534-1536, in-4°: cet ouvrage souleva une violente querelle entre Massæus et Despautère, qui se plaignit d'avoir été pillé; — *Chronicorum multiplicis historiæ utriusque Testamenti lib. XX*; Anvers, 1540, in-fol.; chronique estimée, dont Voss et Trithème ont parlé avec éloge et à laquelle l'auteur travailla pendant un demi-siècle; il l'a accompagnée d'un calendrier égyptien, hébreux, macédonien et romain. K.

Sweert, *Athenæ Belgicæ*. — Paquot, *Mémoires*, VI.

MASSEI (*Bartolomeo*), cardinal italien, né à Monte-Pulciano, le 2 janvier 1663, mort à Ancône, le 20 novembre 1748. Il était fils du trompette (sorte de hérault, de publicateur) de la ville de Florence. Lui-même entra dans la domesticité du cardinal Albani (depuis Clément XI), qui le distingua particulièrement et le fit successivement chanoine de Sainte-Marie-Majeure, de Saint-Pierre du Vatican, et nonce à la cour de France (1721). « Massei, dit Saint-Simon, se conduisit durant le grand feu de la constitution avec beaucoup d'honneur, de sagesse, et se fit généralement aimer et estimer. Peu fortuné, il ne s'endetta pas le moins du monde, supporta son indigence avec dignité, et s'en alla véritablement regretté de tout le monde. » Saint-Simon affirme que la cour de Rome à cette époque payait fort mal ses nonces, « qui mouraient de faim », et ne vivaient guère que des libéralités du souverain auprès duquel ils étaient accrédités. Clément XII protégea aussi Massei; il le créa évêque d'Athènes (1726), le choisit pour son camérier majeur, puis le nomma cardinal-prêtre du titre de Saint-Augustin (1730), légat de la Romagne et évêque d'Ancône. Massei a laissé des mémoires sur la cour de France; mais ils n'ont pas été publiés. A. L.

Saint-Simon, *Mémoires*. — Catal. de la *Bibliotheca Vaticana*.

MASSELIN (*Jean*), historien français, mort à Rouen, le 27 mai 1500. Il était chanoine de

Rouen en 1468, et quelques années après docteur en droit civil et en droit canon, official de l'archevêque, orateur ordinaire du clergé normand. Il avait acquis une grande réputation de prudence et d'éloquence, quand, au mois de décembre 1483, le bailliage de Rouen l'envoya siéger aux états de Tours. Louis Blosset, doyen du chapitre de Rouen, étant mort en 1488, Jean Masselin fut appelé, le 20 décembre, à lui succéder. On a de lui un ouvrage plein d'intérêt : c'est le *Journal des États* de 1484, *Diarium Statuum Generalium Franciæ*, traduit et publié pour la première fois en 1835, in-4°, par les soins de M. A. Bernier, dans la *Collection de Documents inédits sur l'Histoire de France*. B. H.

Notice sur J. Masselin, en tête de l'édit. de M. Bernier.

MASSENA (*André*), duc de RIVOLI, prince d'ESSLING, maréchal de France, né à Nice, le 6 mai 1758, mort à Paris, le 4 avril 1817. Orphelin dès l'enfance, son éducation fut très-négligée. Il s'embarqua comme mousse sur un bâtiment commandé par un de ses oncles, et fit deux voyages au long cours. A dix-sept ans il entra dans le régiment de Royal-Italien, au service de la France, et en fort peu de temps devint caporal, sergent, adjudant sous-officier. Mais parvenu là, il resta pendant quatorze ans sans même pouvoir, à une époque où les grades supérieurs étaient le patrimoine exclusif de la noblesse, atteindre à celui de sous-lieutenant. Rebuté d'une telle injustice, il prit son congé en 1789, se retira dans sa ville natale, et s'y maria. Il habitait Antibes quand éclata la révolution ; il en adopta ardemment les principes, et redemanda à servir dans les rangs des patriotes français.

Adjudant-major au 3e bataillon des volontaires du Var, puis chef de ce bataillon, Massena se trouva attaché, en 1792, à l'armée du midi, et lors de l'envahissement du comté de Nice fut très-utile au général Anselme, qui le commandait, par son exacte connaissance des lieux. En 1793, l'activité, l'intelligence, et aussi la valeur qu'il déploya dans les Alpes Maritimes, le firent, sur un rapport que le général Biron, successeur d'Anselme, adressa à la Convention, nommer général de brigade, le 22 août 1793. Quelques mois après il obtint le grade de général de division (20 décembre 1793). En 1794, sous le général Dumerbion, il s'empara d'Oneille, de Loano, de Ponte-di-Nave, d'Ormea, de Garessio, et eut la principale part à l'affaire la plus importante de la campagne, à la victoire de Saorgio (août 1794). Placé l'année suivante sous le commandement de Kellermann, il remporta deux brillants avantages sur les Autrichiens, l'un au col de San-Giacomo, l'autre à Borghetto. Malgré ses succès, l'armée française restait sur la défensive, et sa situation devant les forces austro-sardes, beaucoup plus nombreuses, était pénible et peu sûre. Scherer, qui succéda à Kellermann dans le commandement de l'armée d'Italie, résolut de prendre l'offensive pour éloigner l'ennemi et s'assurer de bons quartiers d'hiver. Ce général, médiocre sur le champ de bataille, mais qui ne manquait pas d'intelligence, reconnut le mérite supérieur de Massena, et lui demanda de rédiger un plan général d'attaque. Ce plan, bien conçu et surtout admirablement exécuté par Massena, qui conduisit le centre de l'armée française, eut pour résultat la victoire de Loano (23 novembre 1795). Les Austro-Sardes eurent beaucoup de morts et de prisonniers, et perdirent presque toute leur artillerie. Les Français, maîtres du versant occidental des Alpes, attendirent le printemps pour envahir l'Italie, dont cette victoire leur ouvrait la route. Un nouveau général en chef les y conduisit. En 1796, le général Bonaparte remplaça Scherer; Massena fut son principal lieutenant dans cette mémorable campagne, commencée dans la rivière de Gênes et terminée à Leoben. Après les premières victoires de Montenotte (9-11 avril 1796), de Millesimo (14 avril), Massena eut le commandement de la colonne de grenadiers qui formait l'avant-garde. A la tête de ce corps il força le passage du pont de Lodi, enleva Pizzighitone, et entra le premier dans Milan. Lonato, Castiglione (juin et juillet), Roveredo, Bassano, Corea, Saint-Georges, la Brenta, Caldiero, Arcole (novembre), Rivoli et La Favorite (9-11 janvier 1797), où en deux fois vingt-quatre heures la division Massena combattit sur deux champs de bataille à douze lieues de distance; Longara, San-Daniel, la Chiesa, Tarvis, Villach et Clagenfurth furent ensuite les théâtres de ses exploits, et vingt-cinq lieues seulement le séparaient de Vienne quand une suspension d'armes arrêta sa marche triomphale. Bonaparte avait, dans le cours de cette campagne, surnommé Massena *l'enfant chéri de la victoire*, et la France entière lui avait confirmé ce surnom. Aussi, quand Massena vint chercher à Paris la ratification des préliminaires de Leoben et présenter au Directoire les drapeaux enlevés aux Autrichiens, on l'y reçut avec enthousiasme; le peuple se porta à sa rencontre, et les autorités lui donnèrent une fête magnifique dans la salle de l'Odéon. Le Directoire, qui craignait Bonaparte, eut, pendant le séjour de Massena dans la capitale, l'idée de l'opposer au général en chef de l'armée d'Italie; ce ne fut qu'un projet vague. Après le 18 fructidor, Massena fut porté sur les listes des candidats pour remplacer Barthélemy et Carnot au Directoire exécutif; mais cette présentation n'étant qu'un honneur, il ne fut pas nommé.

Il revint à l'armée d'Italie, et, le 19 février 1798, il remplaça, dans le commandement du corps d'occupation de Rome, Berthier, dont le Directoire était mécontent. L'armée, fière de ses victoires, vivant depuis longtemps chez un peuple conquis, mal tenue par ses chefs, et point du tout payée par le gouvernement, se plaignait d'être pauvre au milieu d'une ville livrée au pillage par les agents français. La nomination de Massena, qui passait pour être complice de ces déprédations, porta au comble le mécontentement. Le 24 février tous les officiers présents à Rome, au nombre de deux cent quarante-deux, se réunirent à la Rotonde en assemblée délibérante. Là ils déclarèrent qu'ils ne reconnaissaient pas Massena pour leur général en chef, et offrirent le commandement à Berthier, en lui « demandant vengeance des vols faits dans Rome par des monstres gradés et des administrations dévastatrices et corrompues, plongées nuit et jour dans le luxe et la débauche ». La population de Rome et des environs profita de ce mouvement anarchique pour se soulever le 25. Massena réprima cette insurrection avec autant d'habileté que d'énergie. Mais les soldats, qui lui avaient obéi pendant le danger, refusèrent de reconnaître plus longtemps son autorité. Le soir même du 25, le comité des officiers lui notifia que l'armée ne reconnaissait d'autre chef que le général Alexandre Berthier. Massena ne résista pas à cette manifestation, et, après avoir remis le commandement au général Dallemagne, il se retira à Monte-Rossi. Ces événements, où l'armée montra contre Massena une animosité froide et implacable, firent sur lui une douloureuse impression. Dans son découragement, il écrivit à Bonaparte : « Que vais-je devenir, mon général ? Je l'ignore. J'ai recours à vos bontés : j'attends tout de vous ; une ambassade m'épargnerait le désagrément de rentrer en France de quelque temps. Je ne dois plus servir : je n'ai rien à me reprocher, il est vrai ; mais l'opinion publique.... Enfin je me jette dans vos bras. » Le général Bonaparte ne fit rien pour lui, et le Directoire, après l'avoir rappelé de Rome, le laissa en disponibilité. La guerre qui se ralluma avec l'Autriche en 1799 rendit ses services nécessaires. Nommé général de l'armée d'Helvétie en février 1799, il franchit le Rhin, le 6 mars, tandis que ses lieutenants, Lecourbe et Dessoles, occupaient les hautes vallées de l'Adige et de l'Inn ; mais il essaya vainement d'arracher au général autrichien Hotze la formidable position de Feldkirch, ville située au delà du Rhin, un peu au-dessus de l'embouchure du fleuve dans le lac de Constance ; et lors de la troisième tentative, qui fut la principale et qui eut lieu le 23 mars, il ne perdit pas moins de deux mille hommes. Malgré cet échec, que compensaient d'ailleurs les succès de Lecourbe et de Dessoles, il aurait pu, pour peu que Jourdan et Scherer, commandants des armées du Rhin et d'Italie, l'eussent appuyé, l'un à droite et l'autre à gauche, se maintenir devant Hotze ; mais, établi qu'il était sur le saillant que la Suisse forme entre l'Allemagne et l'Italie, il se trouvait, par suite des sanglants revers de ses deux collègues, placé entre deux armées victorieuses ; il jugea indispensable de repasser lui-même le Rhin, d'enjoindre à Lecourbe d'évacuer l'Engaddine, et de replier toutes ses forces dans l'intérieur de la Suisse.

Bientôt, comme Jourdan et Bernadotte avaient abandonné leur quartier général, dans l'intention de courir à Paris se justifier de leurs défaites, et se plaindre de l'insuffisance des moyens mis à leur disposition, le Directoire en profita pour les casser et pour investir Massena du triple commandement de l'armée d'Helvétie, de l'armée du Danube et de l'armée du Rhin, c'est-à-dire de toutes les troupes françaises cantonnées depuis Dusseldorf jusqu'au Saint-Gothard. Massena ne pouvait prendre le commandement en chef dans une situation plus critique. Il comptait au plus une trentaine de mille hommes, épars depuis la vallée de l'Inn jusqu'à Bâle, et il avait pour adversaires trente mille hommes sous Bellegarde ; dans le Tyrol, vingt-huit mille sous Hotze ; dans le Vorarlberg, quarante et quelques mille sous l'archiduc Charles, entre le lac de Constance et le Danube. Cette masse, d'environ cent mille hommes, pouvait l'envelopper et l'anéantir. Mais l'archiduc, malade et forcé de suivre les plans du conseil aulique, agit avec beaucoup de lenteur. La Suisse offre du côté de l'Allemagne trois lignes de défenses excellentes : la première et la plus étendue est celle du Rhin ; la seconde est celle de la Linth, du lac de Zurich et de la Limmat ; la troisième est celle de la Reuss. Massena, qui n'avait pas assez de troupes pour défendre la ligne du Rhin, s'établit solidement derrière la Limmat. Son aile droite, composée des trois divisions Lecourbe, Ménard et Lorges, s'étendait depuis les Alpes jusqu'à l'extrémité du lac de Zurich ; les quatre divisions Oudinot, Vandamme, Thurot et Soult, qui composaient le centre, bordaient la Limmat même. La gauche, détachée vers Bâle et Strasbourg, gardait le Rhin.

Avant de se renfermer dans cette position, Massena voulut empêcher l'archiduc Charles et son lieutenant Hotze de se réunir. Il était trop tard. Il les combattit le 24 mai sur plusieurs points, notamment à Aldinfingen, à Frauenfeld, et obtint partout l'avantage, grâce à cette vigueur d'exécution qu'il déployait toujours ; mais il ne put empêcher la réunion des deux corps ennemis, et fut attaqué lui-même le 4 juin. Il avait pris position sur les hauteurs qui couvrent la Limmat et le lac de Zurich. Il résista deux jours aux forces supérieures des Autrichiens, et se retira ensuite en bon ordre sur la ligne intermédiaire de l'Albis. L'ennemi ne l'y troubla pas. Les dernières semaines de juin, les mois entiers de juillet et d'août, enfin une bonne partie du mois de septembre s'écoulèrent sans que les Autrichiens prissent l'offensive. Massena resta lui-même sur la défensive attendant que ses ennemis commissent quelque faute. Cette faute fut commise en effet. Dans les premiers jours de septembre, le conseil aulique imagina de changer complétement la distribution des troupes en envoyant l'archiduc sur le Rhin et en appelant d'Italie en Suisse le général russe Souvarow pour qu'il s'y réunît avec son compatriote Korsakoff. Jusqu'à l'arrivée de Souvarow, Hotze et Korsakoff, laissés sur la Limmat avec cinquante-cinq mille hommes, étaient exposés aux coups de l'armée française, récemment renforcée. Massena, profitant de cette circonstance favorable, attaqua le 25 septembre l'ennemi sur la rive gauche de la Limmat, et fit passer le général Oudinot avec quinze mille hommes sur la rive droite pour opérer sur les derrières des Russes. Ce double mouvement s'accomplit heureusement, et fut la première des journées si célèbres sous le nom collectif de victoire de Zurich. Le 26 l'action recommença. Les divisions françaises de Mortier et de Klein assaillirent Zurich par la rive gauche, tandis qu'Oudinot s'avançait vers la même ville par la route de Wintherthur. Après une résistance acharnée, l'infanterie russe céda. Zurich, encombrée d'artillerie, d'équipages, de blessés, tomba au pouvoir des Français, qui recueillirent cinq mille prisonniers, cent pièces de canon et le trésor même de l'armée ennemie. Korsakoff, affaibli de la moitié de son armée, regagna le Rhin en toute hâte. A l'autre extrémité du lac de Zurich, Soult avait franchi la Linth et forcé Hotze de reculer aussi vers le Rhin. Souvarow, qui comptait tomber sur un ennemi à moitié défait, s'engagea au contraire au milieu d'une armée intacte et bientôt victorieuse. Au débouché du Saint-Gothard, le général russe rencontra les Français, inférieurs en nombre, mais admirablement commandés par Lecourbe. Un combat de géants s'engagea entre l'armée russe et la brigade française, et dura trois jours, les 24, 25 et 26 septembre. Le soir du troisième, Souvarow, informé des désastres de Korsakoff et de Hotze, céda à Lecourbe l'honneur de la victoire, et, ne pouvant percer à gauche vers Lucerne, entreprit de pénétrer à droite dans le Mutten-thal, dont le séparaient pourtant des montagnes horribles. La distance n'était que de trois lieues; mais le sentier qu'il fallut suivre était tellement abrupt, tellement étroit, que les Russes mirent quarante-huit heures à la parcourir. Arrivé sur le Mutten, Souvarow donna deux jours de repos à ses troupes, et le 30 se remit en marche. Pressé en queue, arrêté en tête, il résista bravement à toutes les attaques de Massena. Il s'ouvrit la route de Glaris; mais il ne put se frayer celle de Wesen. Rejeté sur Glaris après plusieurs actions sanglantes, il ne lui restait d'autre ressource que de remonter la vallée d'Engi pour atteindre les Grisons. Après quatre jours d'efforts surhumains, de souffrances inouïes, il gagna Coire et le Rhin. Le feu, les marches surtout, lui avaient enlevé plus du tiers de son armée. Ainsi, en quinze jours à peine, cent mille Austro-Russes, prêts à envahir la France, venaient d'être chassés de Suisse et rejetés en Allemagne. Leurs pertes matérielles étaient immenses, car elles ne s'élevaient pas à moins de vingt-six mille hommes; mais l'effet moral des défaites qu'ils avaient subies fut encore plus grand. Souvarow, qui se croyait invincible, se retirait plein de honte et de rage; il rejeta sur les Autrichiens la faute de tout le mal; il refusa de servir désormais avec eux, et la coalition se trouva dissoute. La victoire de Zurich sauva la France. Moins de deux mois après Bonaparte s'empara du pouvoir avec le titre de premier consul. Un de ses premiers actes fut de retirer le commandement de l'armée victorieuse à Massena et de lui confier l'armée d'Italie, battue à Novi et campée de Gênes au Var. Massena arriva à Gênes le 18 février 1800. Dès les premières opérations, les forces autrichiennes, immensément supérieures, coupèrent l'armée française en deux, en rejetèrent une partie sous le général Suchet au delà du Var, et réduisirent Massena à la possession de Gênes et de sa banlieue (avril 1800). De brillantes sorties dans lesquelles le général français fit beaucoup de prisonniers n'empêchèrent pas les Autrichiens de resserrer le blocus, auquel concourut la flotte anglaise. Bientôt cette grande cité fut en proie à une horrible famine. Les rues étaient jonchées de morts et de mourants. On se disputait les chevaux, qui, morts de maladie, étaient transportés à la voirie; on s'arrachait les animaux domestiques de toutes espèces; on mangeait jusqu'à des souris, des rats et de l'herbe, des souliers, des havre-sacs et des gibernes. La plus horrible détresse régnait surtout dans la rade, où les prisonniers étaient embarqués; on n'osait envoyer personne à leur bord, de peur qu'il ne fût déchiré. Toutes les ressources s'épuisèrent; au 21 mai il n'existait plus de quoi faire pour deux jours du mauvais pain que l'on distribuait aux troupes. Massena, qui savait que Bonaparte, arrivé au pied des Alpes, allait les franchir sur les derrières des Autrichiens, pensant que gagner du temps était tout gagner, mit néanmoins tout en œuvre pour prolonger cette agonie; il fit donc ramasser tout ce qui existait dans la ville d'amandes, de graine de lin, d'amidon, de son, d'avoine sauvage, de cacao; amalgamant le tout, il en fit faire une composition que l'on distribua au lieu de pain. Ce mastic noir, pesant, non susceptible de cuisson, fut reçu sans de trop vives plaintes par le soldat, que soutenaient la continuelle espérance d'une prochaine délivrance et la gloire dont tant de dévouement devait être la récompense. Le 30 mai Massena reçut de la part des généraux autrichiens la proposition de la capitulation la plus honorable. Il essaya encore de gagner du temps; mais, voyant que ses soldats n'étaient plus en état de soutenir le poids de leur fusil et que la population, arrivée au dernier degré de détresse, se soulevait, il signa le 5 juin un traité par lequel il consentit à évacuer Gênes et à se retirer sur le Var. En signant il dit gaiement aux officiers autrichiens : « Je vous donne ma parole d'honneur qu'avant vingt jours je serai devant Gênes. » — « Vous y trouverez, lui répondit l'un d'eux, des hommes auxquels vous avez appris à la défendre. » Cette mémorable défense, en paralysant dans les Alpes une partie de l'armée autrichienne, permit à Bonaparte d'exécuter le hardi mouvement qui aboutit à la victoire de Marengo, et le 24 juin l'armée française rentra dans Gênes. Quand le premier consul retourna à Paris, il remit à Massena le commandement en chef de l'armée d'Italie. Mais il le lui retira bientôt pour en investir Brune, soit que les notoires déprédations de Massena l'eussent mécontenté, soit qu'il eût appris que ce général n'avait pas approuvé le coup d'État du 18 brumaire. Massena en effet montrait peu de sympathie pour le gouvernement consulaire. Il ne vota que pour le consulat à vie (1802). Cependant, en 1803 il fut élu par le sénat membre du corps législatif; sur la présentation du collége électoral de la Seine. Il fit dans cette assemblée quelque opposition, ou du moins se montra indépendant, et se prononça contre les accusateurs de Moreau. Néanmoins, Napoléon l'inscrivit, en 1804, sur la liste des maréchaux de l'empire et par suite, en 1805, sur celle des grands-aigles de la Légion d'Honneur. La même année, quand éclata la troisième coalition, il l'appela de nouveau au commandement de l'armée d'Italie. Massena ouvrit la campagne par la prise de Vérone, au mois de septembre, et, malgré l'issue incertaine de la bataille de Caldiero, atteignit le but qu'il se proposait, c'est-à-dire empêcha l'archiduc Charles de secourir la capitale de l'Autriche, sur laquelle marchait Napoléon. Après la signature du traité de Presbourg, quand l'empereur plaça son frère Joseph sur le trône de Naples, Massena fut chargé de conquérir ce royaume. Il dispersa les Napolitains, força les Anglais à se rembarquer, et s'empara de Gaëte qui passait pour imprenable (18 juillet 1806); enfin, il soumit les Calabres.

Appelé, en 1807, à la grande armée que Napoléon commandait en personne, il rejoignit l'empereur à Osterode, en Pologne, et prit aussitôt le commandement de l'aile droite. Il devait à la fois empêcher les Russes de tourner la ligne française d'opération, et imposer aux Autrichiens, qui, peu distants de Varsovie, menaçaient de prendre l'offensive. Il atteignit parfaitement ce double but, et l'armistice qui amena bientôt après la paix de Tilsitt arrêta seul ses succès. Le titre de *duc de Rivoli*, avec une dotation considérable, fut la récompense de ses nouveaux comme de ses anciens services. De retour à Paris, il eut le malheur, dans une partie de chasse, de recevoir dans l'œil gauche un grain de plomb parti du fusil de Berthier. L'œil resta paralysé. Cet accident n'empêcha pas Massena de prendre une part active à la campagne de 1809 contre l'Autriche. Il commanda la droite de l'armée française dans les mémorables journées de Landshut et d'Eckmühl, qui rejetèrent le prince Charles sur la rive gauche du Danube avec la moitié de ses forces, tandis que l'autre moitié, sous le général Hiller, se retirait sur Vienne. Hiller s'établit dans le château d'Ebersdorff, qui, couvert par la Traun, paraissait inexpugnable; mais Massena assaillit cette position avec tant de vigueur qu'il l'enleva en quelques heures (3 mai). Ce succès ouvrit aux Français la route de Vienne, qui capitula après un court bombardement (14 mai). Quelques jours après (21 mai), l'empereur lança sur la rive gauche du Danube trente-cinq mille hommes environ, commandés par les maréchaux Massena et Lannes. Ces troupes eurent à combattre plus de cent mille Autrichiens, et résistèrent à toutes leurs attaques; le lendemain, augmentées de vingt mille hommes à peu près et attendant de nouveaux renforts, elles prirent l'offensive; mais la rupture du grand pont, qui mettait en communication la rive droite du fleuve avec l'île de Lobau, laissa bientôt l'armée française sans espoir de recevoir des renforts et des munitions. Napoléon se décida alors à se retirer dans l'île de Lobau. Ce mouvement ne pouvait s'opérer qu'au moyen d'un petit pont et à la faveur de la nuit. Il fallut donc tenir toute la journée devant un ennemi très-supérieur en forces, et avec un grand fleuve à dos au risque imminent d'y être précipité. Lannes fut blessé mortellement vers le milieu du jour, et Napoléon, jugeant sa présence nécessaire dans l'île Lobau et sur la rive droite, confia à Massena le commandement en chef de toutes les troupes laissées sur la rive gauche. Ce général, avec l'indomptable ténacité qu'il avait déployée dans tant de combats, se maintint dans le village d'Aspern, et empêcha les Autrichiens d'enlever le petit pont, qui servit pendant la nuit à la retraite de l'armée française. Le lendemain matin (23 mai), après avoir évacué ses blessés et son artillerie, il quitta le dernier le champ de bataille et rentra dans l'île Lobau, que le prince Charles n'osa pas attaquer, et d'où six semaines plus tard l'armée française sortit une seconde fois pour revenir sur la rive gauche (4-5 juillet). Le 6 juillet la bataille s'engagea dans la plaine de Wagram. Massena, qui commandait la gauche, eut à supporter le principal choc de l'armée autrichienne. Rudement froissé par une chute de cheval qu'il avait faite la veille, il se fit traîner dans une calèche, et se maintint contre des forces bien plus nombreuses jusqu'à ce qu'il eût été dégagé par l'effort victorieux de Macdonald contre le centre de l'armée autrichienne. Les services éminents qu'il avait rendus dans cette campagne lui valurent le titre de *prince d'Essling*. Le repos dont il semblait avoir besoin après tant de fatigues fut de courte durée. Au printemps de 1810 Napoléon voulant chasser les Anglais du Portugal, où Junot et Soult avaient échoué, y envoya Massena. Vers le milieu de mai le prince d'Essling arriva à Valladolid, et prit le commandement de l'armée de

Portugal, rassemblée dans la Vieille-Castille et le royaume de Léon, comprenant le deuxième corps, sous Reynier, le sixième sous le maréchal Ney, le huitième sous le général Junot, et une réserve de cavalerie, sous Montbrun, et formant 70,000 hommes environ, dont 60,000 disponibles. Malheureusement l'administration de l'armée laissait beaucoup à désirer; le matériel était en mauvais état; les vivres et les munitions étaient rares. La discipline s'était aussi fort relâchée durant plusieurs années d'une guerre funeste, et les principaux généraux (Ney surtout) donnèrent le fâcheux exemple de dénigrer le général en chef, et montrèrent à son égard un mauvais vouloir qui alla jusqu'à la désobéissance. A ces difficultés il faut ajouter un pays dévasté par la guerre, et tout entier soulevé contre les Français, où il était presque impossible de vivre et où l'armée, enveloppée d'un cercle de *guerillas*, n'avait pas de moyens de communication assurés avec ses dépôts, et périssait en détail. Dans de pareilles conditions le succès d'une invasion en Portugal, qu'il s'agissait d'arracher à 55,000 Anglo-Portugais, commandés par Wellington, était peu probable. Massena fit tout ce qu'il était possible d'attendre de ses grands talents. Pour assurer sa base d'opération, il s'empara des places fortes de Ciudad-Rodrigo (juillet), et d'Almeida (août). Il marcha ensuite sur Coimbre par la vallée du Mondego. Le 26 septembre il arriva en face du coteau de Busaco, qui couvrait Coimbre et que Wellington occupait fortement. Le 27 les Français attaquèrent les Anglais avec une grande vigueur, mais sans pouvoir leur enlever Busaco. Le lendemain, au lieu de recommencer l'attaque de front, ils tournèrent la position, manœuvre qui obligea les Anglais à battre en retraite (29 septembre). Wellington s'établit sur la rive droite du Tage, dans un angle formé par le fleuve et la mer et derrière les lignes de Torrès Vedras. Ces lignes, préparées par la nature et fortifiées avec art, protégées par cent redoutes ou forts et par 600 pièces de canon, étaient défendues par 60,000 Anglais, Portugais, Espagnols, bien approvisionnés et prémunis contre tout accident par une flotte immense qui les aurait recueillis en cas de défaite. Forcer les lignes de Torrès Vedras avec cinquante mille hommes harassés de fatigue, sans vivres, sans matériel, avec une artillerie et des munitions insuffisantes, était absolument impossible. Il fallut à Massena des prodiges d'énergie pour se maintenir en présence de l'ennemi pendant cinq mois, attendant des renforts qui n'arrivèrent pas. Enfin, le 5 mars 1811, il commença son mouvement rétrograde, et, après une retraite qui excita l'admiration de son habile adversaire, il regagna la frontière d'Espagne (6 avril), ne gardant en Portugal qu'Almeida. Il n'avait pas renoncé à prendre sa revanche sur Wellington, et dès que ses troupes furent reposées et renforcées, il marcha contre les Anglais, campés derrière le village de Fuentès de Oñoro, et les assaillit le 4 mai. Le 5 mai il recommença le combat, et força l'aile droite de l'ennemi à reculer. « Il n'y eut pas dans toute cette guerre de moment plus dangereux pour l'Angleterre, » a dit l'historien anglais Napier; mais cette fois encore la victoire échappa à Massena. Il resta pendant cinq jours en face des Anglais, ne pouvant ni les attirer hors de leur position, ni les en chasser. Le 11 mai il rentra en Espagne. La bataille indécise de Fuentès de Oñoro fut le dernier acte militaire de Massena. Injustement disgracié par l'empereur, il remit le commandement au maréchal Marmont, et revint en France. Napoléon ne l'employa pas dans la campagne de Russie, et ne lui confia en 1813 que la position secondaire de commandant de la 8e division militaire à Marseille. Louis XVIII le maintint dans ce poste, le nomma successivement chevalier et commandeur de Saint-Louis, et lui octroya des lettres de *grande naturalisation*, ayant pour effet de le rendre admissible à la chambre des pairs et à la chambre des députés. Massena, qui était encore à Marseille quand Napoléon débarqua à Cannes, se montra fidèle aux serments qu'il avait prêtés à la famille des Bourbons, seconda autant qu'il dépendait de lui les efforts du duc d'Angoulême dans la malheureuse expédition de la Drôme, et malgré l'exemple donné par les villes de Bordeaux, Toulouse, Montpellier et Nîmes, n'arbora le drapeau tricolore que lorsqu'il flottait déjà sur toute la France.

Pendant les Cent Jours, Massena resta étranger à tout service militaire. Après la seconde abdication, il reçut du gouvernement provisoire le commandement de la garde nationale de Paris, et sut maintenir l'ordre dans cette immense capitale. Nommé membre du conseil de guerre devant lequel l'infortuné Ney fut d'abord traduit, il se récusa comme les autres maréchaux, et eut bientôt lui-même à défendre son honneur, sinon sa vie. Dénoncé aux chambres pour la prétendue félonie de la conduite qu'il avait tenue au 20 mars, il se justifia complétement par la publication d'un mémoire; mais ces calomnies hâtèrent le terme de ses jours. Il mourut en effet de chagrin, plus encore que de maladie, âgé seulement de cinquante-neuf ans. Tous les vieux soldats qu'une police ombrageuse n'avait pas éloignés de Paris se pressèrent autour de son cercueil, et le suivirent au cimetière de l'Est. Là, à l'endroit où repose le duc de Rivoli, le prince d'Essling, le vainqueur de Loano et de Zurich, le défenseur de Gênes, un des premiers généraux de la république et le premier des maréchaux de l'empire, s'élève un simple obélisque de marbre blanc sur lequel n'est gravé qu'un nom : *Massena*. [LEBAS, *Dict. historique de la France*, avec additions.]

Thiébault, *Discours prononcé sur la tombe du maréchal Massena*; Paris, 1817, in-8°. — Le général Koch, *Mémoires de Massena*; Paris, 1849, 4 vol. in-8°. — Thiers, *Histoire de la Révolution*; *Histoire du Consulat et de l'Empire*. — Napier, *History of the Peninsular War*.

MASSENBACH (*Chrétien* DE), tacticien et historien allemand, né en 1768, à Schmalkalden, mort le 27 novembre 1827, à Bialokosz, près de Pinne ou Pirne. Entré en 1782 comme officier dans la garde du duc de Wurtemberg, et nommé en cette même année professeur à l'académie militaire de Stuttgard, il entra peu de temps après dans l'état-major de l'armée prussienne. Il prit part aux campagnes contre la Hollande et la France, et se distingua dans plusieurs occasions. Promu au grade de colonel, il soumit dans les premières années de ce siècle divers plans militaires au gouvernement prussien, qui ne les agréa pas. En 1806 il fut nommé chef d'état-major auprès du corps de Hohenlohe; la part qu'il prit aux négociations qui amenèrent la reddition de ces troupes fit commencer contre lui une instruction, qui fut arrêtée par suite des événements. Retiré du service actif, il donna à plusieurs reprises sa démission, qu'on ne voulut pas accepter. Les écrits instructifs qu'il publia sur l'histoire la plus récente de la Prusse amenèrent en 1817 son arrestation à Francfort, sur la demande du gouvernement de ce pays; condamné à quatorze ans de prison pour violation de secrets d'État, il fut gracié en 1826. On a de lui : *Rückerinnerungen an grosse Männer* (Souvenirs de grands hommes); Amsterdam, 1808; — *Historische Denkwürdigkeiten zur Geschichte des Verfalls des preussischen Staates seit* 1792 (Mémoires historiques sur la décadence de la Prusse depuis 1792); Amsterdam, 1809, 2 vol.; — *Memoiren zur Geschichte des preussischen Staats unter den Regierungen Friedrich Wilhelms II und Friedrich Wilhelms III* (Mémoires sur l'histoire de la Prusse sous Frédéric-Guillaume II et Frédéric Guillaume III); Amsterdam, 1809-1810, 3 vol. O.

Convers.-Lexikon.

MASSERANO (*Carlo* FERRERO - FIESCHI, prince), diplomate espagnol, mort en 1837, à Paris. Il appartenait à une ancienne maison de Piémont établie en Espagne. Capitaine des gardes du corps de la compagnie flamande sous Charles III et Charles IV, il fut nommé en 1805 ambassadeur auprès de Napoléon. Au mois de mars 1808, il reçut de Ferdinand VII de nouvelles lettres de créance; mais Masserano ne put les faire agréer, et il demanda ses passeports pour Bayonne, où se trouvait son souverain. On les lui refusa, et il resta à Paris sous la surveillance de la police. En 1809, Joseph Napoléon le nomma son grand-maître des cérémonies. Le prince de Masserano accepta ces fonctions, mais il évita de retourner dans son pays, et resta à Paris. J. V.

Biogr. des Vivants.

MASSERIA (*Giuseppe*), conspirateur corse, né à Ajaccio, en 1725, tué dans la même ville, le 19 octobre 1763. Lorsque Paoli souleva une partie de la Corse contre le despotisme des Génois, Masseria lui offrit les moyens d'entrer dans Ajaccio. Son plan était de faire sauter la poudrière de la citadelle et de faciliter, par le tumulte qui résulterait de cet événement, le moyen aux bandes de Paoli de pénétrer dans la ville. Accompagné de son fils aîné et d'un prêtre qu'il avait entraîné dans le parti des insurgés, il s'introduisit dans la citadelle, et déjà il enfonçait la porte de la poudrière une hache d'une main, une mèche de l'autre, lorsque les Génois le surprirent. Son fils et le prêtre tombèrent mortellement frappés; lui-même survécut peu à ses blessures. Il expira en exprimant le regret de n'avoir pu rendre la liberté à sa patrie.

Son second fils, *Philippe*, était attaché à l'état-major de Paoli au moment de cette catastrophe. Il continua de servir l'insurrection corse pendant les années 1768 et 1769; il suivit ensuite Paoli dans l'exil. En 1789, il revint en Corse et en 1793 combattit la domination française. Vaincu, il se mit à la solde de l'Angleterre, et chercha, de 1799 à 1801, à rapprocher le ministère britannique du premier consul. Il ne put y réussir, et combattit vaillamment sous les drapeaux anglais. Il mourut à Londres, en 1807. A. DE L.

J. Boswell, *Account of Corsica and Memoirs of Pascal Paoli* (Glasgow, 1768, in-8°). — Arrighi (Antonio), *Hist. de Pascal Paoli, ou la dernière guerre de l'indépendance de la Corse*; Paris, 1843, 2 vol. in-8°.

MASSEVILLE (*Louis* LE VAVASSEUR DE), historien français, né en 1647, à Juganville, près Valognes, mort en 1733, dans cette dernière ville. Il embrassa l'état ecclésiastique, et publia sur la Normandie une *Histoire sommaire* (Rouen, 1698, 6 vol. in-12) et un *Précis géographique* (ibid., 1722, 2 vol. in-12), ouvrages écrits avec négligence, mais que le sujet, consciencieusement traité, rend utiles et intéressants. Il avait aussi composé un *Nobiliaire*, qu'avant de mourir il brûla, par excès d'humilité. K.

Moréri, *Le Grand Dictionnaire Hist.* (édit. 1759).

MASSIAC (*Gabriel* DE), historien français, né en 1657, à Narbonne, mort en 1727, à Toulouse. Lieutenant des grenadiers du régiment de la reine, il prit part aux guerres de Flandre et d'Allemagne, et se retira, après la paix de Ryswick, aux environs de Toulouse. On a de lui : *Mémoires de ce qui s'est passé de plus considérable pendant la guerre de* 1688 *à* 1698; Paris, 1698, in-12; — *Faits mémorables des guerres et des révolutions de l'Europe depuis* 1672 *jusqu'en* 1721; Toulouse, 1721, in-12. Ces deux ouvrages, rédigés par un témoin oculaire, sont estimés. K.

Le Long, *Biblioth. française.*

MASSIAS (*Nicolas*, baron), littérateur français, né en 1764, à Villeneuve d'Agen, mort le 22 janvier 1848, à Paris. D'abord officier des canonniers du premier bataillon du Gers, avec lequel il fit quelques campagnes à l'armée des Pyrénées, il enseigna les belles-lettres à l'école militaire de Saumur, vint à Paris sous le Directoire, et finit par s'attacher à la carrière diplomatique. Nommé en 1800 chargé d'affaires près le cercle de Souabe, il occupa, de 1807 à 1815, les fonctions de consul général à Dantzig. Il est auteur d'un grand nombre d'ouvrages relatifs à la politique, aux lettres et à la philosophie, parmi lesquels nous citerons : *Le Prisonnier en Espagne, ou coup d'œil philosophique et sentimental sur les provinces de Catalogne et de Grenade;* Paris, 1798, 1804, in-8°; — *Rapport de la nature à l'homme et de l'homme à la nature, ou essai sur l'instinct, l'intelligence et la vie;* Paris, 1821-1822, 4 vol. in-8°; — *Napoléon jugé par lui-même, par ses amis et ses ennemis;* Paris, 1823, in-8°; — *Théorie du Beau et du Sublime;* Paris, 1824, in-8°; l'auteur fait dériver les divers genres de littérature et les règles auxquelles ils sont soumis des besoins et des facultés de la nature humaine; — *Problème de l'esprit humain, ou origine, développement et certitude de nos connaissances;* Paris, 1825, in-8°; — *Principes de Littérature, de Philosophie, de Politique et de Morale;* Paris, 1826-1827, 4 vol. in-18; — *Traité de Philosophie psycho-physiologique;* Paris, 1830, in-8°; — *Influence de l'Écriture sur la Pensée et sur le Langage;* Paris, 1828, in-8° : ouvrage qui a partagé le prix Volney en 1828; — *Manuel de la Civilisation et des Révolutions;* Paris, 1831, in-18; — *De la Souveraineté du Peuple;* Paris, 1833, in-8°. P. L.

Biogr. des Hommes vivants. — Bellecombe (De), *L'Agenois.* — Querard, *La France Littér.*

MASSIEU (*Guillaume*), littérateur français, né à Caen, le 13 avril 1665, mort le 22 septembre 1722, à Paris. Il fit ses études au collége des Jésuites de Paris, qui, désirant l'attacher à leur ordre, le chargèrent d'enseigner les humanités à Rennes. On voulut ensuite faire de lui un professeur de théologie; mais, ainsi que le dit son panégyriste, le savant de Boze, « l'amour des lettres enjouées et fleuries, qu'il avait puisé dans son commerce intime avec les Rapin, les Bouhours et les Commire, gémit de cette contrainte, et le rappela dans le monde à son premier état ». L'avocat Louis de Sacy le chargea alors d'enseigner à son fils la géographie et l'histoire. Massieu fit dans cette maison la connaissance de l'abbé de Tourreil, qu'il aida dans sa traduction des *Œuvres* de Démosthène. Nommé, par l'influence de ce dernier, élève de l'Académie des Inscriptions, il prononça à ce titre un discours de réception ayant pour sujet : *De l'Usage de la Poésie.* L'année suivante, il fut membre associé, et en 1710 pensionnaire. Après avoir été quelque temps commensal de M. de Bercy, gendre du contrôleur général Desmarets, Massieu fut dans la même année appelé à une chaire de langue grecque au Collége de France, où il se distingua, pendant douze années, par un savoir réel, une grande facilité d'élocution, un goût sûr et délicat. L'Académie Française lui ouvrit ses portes en 1714, en remplacement de Clérembault. Traducteur de Pindare, il défendit naturellement les écrivains de l'antiquité contre les attaques de Perrault et de Lamothe. Les *Mémoires de l'Académie des Inscriptions* (t. I, II et III) contiennent un assez grand nombre de dissertations de l'abbé Massieu. On les lit encore aujourd'hui avec plaisir, quoiqu'elles se distinguent plus par l'agrément de la forme que par une érudition profonde; les principales sont *Les Grâces, Les Hespérides, Les Boucliers votifs, Les Serments chez les Anciens,* et un *Parallèle entre Homère et Platon.* Son principal ouvrage est l'*Histoire de la Poésie françoise, à partir du onzième siècle.* Il avait l'intention de le conduire jusqu'au dix-huitième siècle. La mort le força de s'arrêter avant le règne de François Ier. Quoique les travaux récents sur les poètes du moyen âge aient laissé bien loin en arrière l'essai de l'abbé Massieu, on doit lui savoir gré d'avoir traité avec agrément un sujet auquel ses contemporains ne prenaient qu'un intérêt médiocre, et son livre trouve sa place après ceux de Fauchet et de Pasquier. Le recueil des *Poemata Didascalica* contient de Massieu un poëme sur le café, *Coffæum,* écrit avec élégance, et lu à l'Académie des Inscriptions en 1718. Les infirmités dont Massieu fut atteint dans les dernières années de sa vie n'avaient pas suspendu ses travaux; mais, rendu aveugle par une double cataracte, il ne put donner satisfaction à son amour pour les lettres qu'en se faisant porter régulièrement aux séances des deux académies dont il faisait partie. C. HIPPEAU.

Gros de Boze, *Éloge de Massieu.* — Houteville, *Discours de réception à l'Académie Française,* 1723. — Niceron, *Mémoires,* II. — Goujet, *Hist. du Collége royal.* — Boisard, *Hommes illustres du Calvados.* — *Le Moréri normand,* manuscrit de la Biblioth. de Caen. — *Athenæ Normannorum,* ms. du P. Martin, même bibliothèque. — Théry, *Notice sur l'abbé Massieu;* Caen, 1834.

MASSIEU (*Jean-Baptiste*), conventionnel français, né en 1742, à Vernon, mort le 6 juin 1818, à Bruxelles. Il fut précepteur de MM. de Lameth, et était curé du village de Sergy, dans les environs de Pontoise, lorsqu'il fut élu, par le bailliage de Senlis, député aux états généraux. Après avoir été un des premiers de son ordre à se joindre aux communes, il devint secrétaire de l'assemblée (décembre 1789), prêta serment à la constitution civile du clergé, et fut nommé évêque de l'Oise (février 1791). Ce département l'envoya siéger à la Convention. Massieu vota la mort de Louis XVI, qu'il regardait comme « le plus cruel ennemi de la justice, des lois et de l'humanité », résigna en 1793 ses fonctions épiscopales pour épouser la fille du maire de Givet, et fut chargé de diverses missions dans les Ardennes et la Marne. Sa conduite ayant donné lieu à des plaintes graves, il fut décrété d'arrestation (9 août 1795), et amnistié par la loi du 26 octobre suivant. On lui donna, peu de temps après, une place d'archiviste au bureau de la guerre, et en 1797 une chaire à l'École centrale de Versailles. En 1816 il quitta la France comme régicide, et chercha un asile à Bruxelles, où il mourut, dans la misère, à soixante-seize ans. On a de Massieu une traduction des *Œuvres de Lucien;* Paris, 1781-1787, 6 vol. in-12. P. L.

Biogr. nouv. des Contemp. — *Annales encyclop.*, IV, 180.

MASSIEU DE CLERVAL (*Auguste-Samuel*), marin français, né le 5 décembre 1785, à Saint-Quentin, mort le 17 mars 1847, à Paris. Il était petit-fils de Pierre Massieu, secrétaire perpétuel de l'académie de Caen, et descendait d'une bonne famille de bourgeoisie normande, qui depuis le seizième siècle a toujours professé la religion réformée (1). Simple matelot en 1802, aspirant de 1re classe en 1804, il servit sur la flottille de Boulogne, et prit part aux guerres maritimes de l'empire; après s'être échappé des mains des Anglais, qui l'avaient fait prisonnier, il commanda les bricks *Le Hussard* (1812) et *La Zélée* (1815). Nommé en 1822 capitaine de vaisseau, il fut choisi en 1829 pour diriger le blocus d'Alger, servit ensuite sous les ordres de l'amiral Duperré, et resta en Afrique pour organiser la marine. Il commanda encore la station du Levant et celle du Brésil, fut quelque temps major général à Toulon et obtint, le 25 juin 1842, le grade de vice-amiral. Forcé par sa mauvaise santé de demander son rappel (1844), il siégea ensuite au conseil de l'amirauté et présida celui des travaux de la marine. P. L.

Moniteur universel, 22 mars 1847.

MASSILIAN (*Henri-Joseph-Léon* DE), antiquaire français, né en 1721, à Avignon, mort vers 1800, en Italie. Après avoir servi dans la marine, il se retira, en 1758, avec le grade de lieutenant de vaisseau et la croix de Saint-Louis, et entra dans les ordres en 1777. Il était prieur commendataire de Lers en Provence lorsqu'à la révolution il émigra au delà des Alpes. Ce laborieux savant a consacré près de quarante années à rassembler des matériaux considérables, relatifs à sa province natale; ils forment 61 vol. in-fol. manuscrits, et sont aujourd'hui déposés au musée Calvet, à Avignon. Ce précieux recueil, écrit en latin ou en français, contient des *Notes chronologiques* pour l'histoire d'Avignon et du comté Venaissin, 8 vol.; des *Fragments historiques*, 7 vol.; des *Pièces diverses* (plus de 2,000), 39 vol.; *Collectio chartarum*, 1 vol.; *Bibliothèque Avignonnaise*, 1 vol.; etc. P. L.

Barjavel, *Dict. hist. du Vaucluse*, II.

MASSILLON (*Jean-Baptiste*), prélat et orateur français, né à Hières, le 24 juin 1663, mort à Clermont, le 28 septembre 1742. Il était d'une famille obscure. Son père, notaire de Hières, ce qui n'indiquait pas alors une brillante position, se nommait François, et sa mère Anne Marin. Il fit ses humanités dans sa ville natale et sa philosophie à Marseille. Il entra dans la congrégation de l'Oratoire à Aix, le 10 octobre 1681. On a peu de détails sur ses années de jeunesse jusqu'à son éclatante apparition dans la chaire sacrée à Paris et à Versailles. Après avoir achevé sa théologie à Aix, il fut envoyé à Pézénas pour enseigner les belles-lettres. Chargé d'aller prêcher la dominicale dans la petite ville de Lésignan, il n'y fut pas d'abord apprécié, parce qu'on le trouva trop sobre de citations sacrées et profanes. Il paraît que son instruction laissait à désirer, ou plutôt son goût précoce le portait à fondre dans ses discours les passages de l'Écriture et des Pères, au lieu de les rapporter textuellement. Ses supérieurs l'appelèrent en 1689 à Montbrison pour professer la rhétorique, et l'année suivante à Juilly. Dans un de ses voyages à Paris, en 1691, il vit Boileau, et soutint contre lui que la lecture des pièces de théâtre n'est pas permise. Le jeune oratorien était alors bien sévère. Il témoignait même de l'éloignement pour la profession oratoire, se croyant plus propre à la philosophie et à la théologie. Le père Sainte-Marthe, général de l'oratoire, entra dans ses vues, et l'envoya professer la théologie au séminaire de Vienne. On a dit que les supérieurs de Massillon, scandalisés de son penchant pour la galanterie, l'avaient à cette époque exclu de la congrégation, et qu'il n'y fut retenu que par le supérieur du séminaire de Vienne, qui l'arrêta à son passage par cette ville lorsqu'il rentrait dans sa famille. Cette anecdote paraît controuvée. Pendant son séjour à Vienne, il fut choisi pour prononcer l'oraison funèbre de M. de Villars, archevêque de cette ville, mort en décembre 1691, et, deux ans après, celle de M. de Villeroy, archevêque de Lyon. Ces deux discours révélèrent son talent oratoire, et le père Sainte-Marthe voulut le rappeler à Paris, où brillaient alors plusieurs prédicateurs, ce qui devait offrir au jeune orateur les moyens de perfectionner son talent. Massillon, saisi d'un scrupule honorable, craignit que le succès ne nuisît à son salut, et pour résister au démon de l'orgueil il se réfugia dans le monastère de Sept-Fonts, dont la règle n'était pas moins austère que celle de La Trappe. Il y resta peu de temps. D'Alembert raconte que le cardinal de Noailles l'en fit sortir. Ce prélat avait adressé un mandement à l'abbé de Sept-Fonts, lequel, voulant l'en remercier, et se défiant de ses forces, fit rédiger la lettre par Massillon. « Le cardinal, étonné, dit d'Alembert, de recevoir de cette Thébaïde un ouvrage si bien écrit, ne craignit point de blesser la vanité du pieux abbé de Sept-Fonts en lui demandant qui en était l'auteur. L'abbé nomma Massillon, et le prélat lui répondit qu'il ne fallait pas qu'un si grand talent, suivant l'expression de l'Écriture, « demeurât caché sous le boisseau ». Il exigea

(1) Le chef de cette famille, *Jean* MASSIEU, natif de Caen, avait établi dans cette ville, au commencement du dix-septième siècle, une fabrique de draps, qui prit un grand développement sous la direction de son fils *Pierre*, et rivalisa plus tard avec celle de Josse van Robais. Louis XVI accorda à un de ses descendants des lettres de noblesse.

qu'on fit quitter l'habit au jeune novice; il lui fit reprendre celui de l'Oratoire, et le plaça dans le séminaire de Saint-Magloire, à Paris, en l'exhortant à cultiver l'éloquence de la chaire, et en se chargeant, disait-il, de sa fortune, que les vœux du jeune orateur bornaient à celle des apôtres, c'est-à-dire au nécessaire le plus étroit et à la simplicité la plus exemplaire. » D'Alembert tenait cette anecdote d'un prédicateur qui l'avait apprise à l'Oratoire; cependant on en a contesté l'exactitude, et on a revendiqué pour le père de Latour, élu général de cette congrégation au mois de juin 1696, l'honneur d'avoir rappelé à Paris et placé à Saint-Magloire le novice de Sept-Fonts. Les premiers sermons de Massillon répondirent pleinement à l'attente de ses supérieurs et du cardinal de Noailles. Au père Latour, qui lui demandait ce qu'il pensait des prédicateurs de Paris, il répondit : « Je leur trouve bien de l'esprit et du talent; mais si je prêche, je ne prêcherai pas comme eux. » Il tint parole, et s'ouvrit une voie nouvelle; mais deux ou trois ans s'écoulèrent avant que sa manière originale et attrayante se fût développée et eût été dignement appréciée. En 1698 il alla prêcher le carême à Montpellier. Ses supérieurs l'y envoyaient dans l'espoir que son éloquence aimable et touchante, sa piété exempte de dureté et de fanatisme exerceraient de l'influence sur les protestants. Après cette mission il fut désigné pour prêcher le carême à l'église des pères de l'Oratoire de la rue Saint-Honoré. Ce fut le véritable début de Massillon, et jamais on n'en vit de plus brillant. Il portait dans la chaire un air simple, un maintien modeste, un geste naturel, qui prévenaient en sa faveur, avant même qu'il eût ouvert la bouche. Sa voix douce et sonore, son ton affectueux établissaient entre lui et ses auditeurs une intimité qui lui assurait sur eux un pouvoir irrésistible. Bourdaloue, le grand et sévère prédicateur, jusque là le maître souverain de l'éloquence, déclara modestement qu'il avait un successeur. « *Illum oportet crescere, me autem minui*, » dit-il, en appliquant à son jeune émule les paroles de Jean-Baptiste le précurseur. Un autre homme de génie, qui avait laissé à Bourdaloue la gloire d'être le premier dans l'éloquence de la chaire, Bossuet n'en jugeait pas si favorablement. Voici de quelle manière il s'en exprima au rapport de l'abbé Ledieu. « La grande réputation du père Massillon, après son premier carême à Paris, lui mérita de passer de plein saut de la chaire des pères de l'Oratoire de la rue Saint-Honoré à celle du château de Versailles (pour y prêcher l'Avent). On ne trouva pas son mérite digne de sa réputation; un premier discours, qui était contre les libertins, et qu'il avait assez mal amené à l'Évangile du jour, parut faible; on loua sa piété, sa modestie, sa voix douce, son geste réglé, jusqu'à lui accorder, contre l'avis de quelques-uns, la grâce de l'élocution; on trouva de la petitesse dans son discours, des termes choisis et de l'onction; il fut très-écouté; le roi et la cour en furent très-édifiés : mais cet orateur, bien éloigné du sublime, n'y parviendra jamais. »

Dans les *Œuvres* de Massillon l'Avent ne commence plus par le sermon qui avait médiocrement satisfait Bossuet; l'orateur, qui revoyait sans cesse ses sermons, l'a remplacé par celui du *Jugement dernier*. Du reste Bossuet reconnaît que le roi et la cour avaient été très-édifiés, ce qui était sans doute le but de Massillon. Louis XIV lui dit, après ce premier *Avent* : « Mon père, j'ai entendu de grands orateurs dans ma chapelle, j'en ai été fort content. Pour vous, toutes les fois que je vous ai entendu, j'ai été très-mécontent de moi-même. » On a beaucoup cité l'exorde où, en se défendant de louer Louis XIV, l'orateur lui donne des compliments d'autant plus flatteurs qu'ils sont présentés sous une forme neuve. « Sire, dit-il, si le monde parlait ici à Votre Majesté, il ne lui dirait pas, *bienheureux ceux qui pleurent*. Heureux, vous dirait-il, ce prince qui n'a jamais combattu que pour vaincre, qui a rempli l'univers de son nom; qui dans le cours d'un règne long et florissant jouit avec éclat de tout ce que les hommes admirent, de la grandeur de ses conquêtes, de l'amour de ses peuples, de l'estime de ses ennemis, de la sagesse de ses lois.... Mais, sire, l'Évangile ne parle pas comme le monde. » Il est impossible de louer avec plus de finesse. Ce *Carême* et cet *Avent*, qu'il avait préparés avec soin et qu'il retoucha bien des fois depuis, sont les chefs-d'œuvre de Massillon, et même de l'éloquence de la chaire, au jugement de quelques critiques, de La Harpe entre autres. « C'est dans les sermons, dit-il, que Massillon est au-dessus de tout ce qui l'a précédé et de tout ce qui l'a suivi, par le nombre, la variété et l'excellence de ses productions. Un charme d'élocution continuel, une harmonie enchanteresse, un choix de mots qui vont tous au cœur ou qui parlent à l'imagination; un assemblage de force et de douceur, de dignité et de grâce, de sévérité et d'onction; une intarissable fécondité de moyens, se fortifiant tous les uns par les autres; une surprenante richesse de développements; un art de pénétrer dans les plus secrets replis du cœur humain, de manière à l'étonner et à le confondre, d'en détailler les faiblesses les plus communes, de manière à en rajeunir la peinture, de l'effrayer et de le consoler tour à tour, de tonner dans les consciences et de les rassurer, de tempérer ce que l'Évangile a d'austère par tout ce que la pratique des vertus a de plus attrayant; l'usage le plus heureux de l'Écriture et des Pères; un pathétique entraînant, et par-dessus tout un caractère de facilité qui fait que tout semble avoir peu coûté : c'est à ces traits réunis que tous les juges éclairés ont reconnu dans Massillon un homme du très-petit nombre de ceux que la nature fit éloquents; c'est à ces titres que ceux même qui ne croyaient pas à sa doctrine ont cru du moins à son talent, et qu'il a été appelé *le Racine de la chaire* et *le Cicéron de la France*. » Ainsi jugeait Voltaire avant La Harpe, et il signalait la péroraison du sermon *Sur le petit nombre des élus* comme « la figure la plus hardie qu'on ait jamais employée et un des plus beaux traits d'éloquence qu'on puisse lire chez les nations anciennes et modernes ». On raconte qu'il avait toujours Massillon sur son pupitre, et lui-même nous apprend qu'il se faisait lire à table le *Petit Carême*. Cette admiration si vive de Voltaire est un peu compromettante pour Massillon au point de vue théologique. Ce grand orateur n'avait pas la sévérité dogmatique de Bourdaloue, et l'on sent dans ses croyances et dans son talent une certaine mollesse qui pour les lecteurs profanes est un charme de plus, mais qui annonce le dix-huitième siècle.

Massillon prêcha à la cour pendant les carêmes de 1701 et 1704. Louis XIV lui dit après ce second carême qu'il voulait l'entendre tous les deux ans. Mais Massillon ne reparut plus dans la chaire de Versailles pendant les onze dernières années du règne de ce prince. « La jalousie et l'intrigue, dit le cardinal Maury, s'opposèrent avec succès à une si juste préférence. » Pour lui nuire auprès de Louis XIV, on attaqua ses mœurs et on essaya de rendre suspecte sa liaison avec Mme de L'Hôpital. Louis XIV ne crut point à ces calomnies; mais il ne montra aucun empressement d'entendre de nouveau l'illustre prédicateur, et il ne le nomma pas évêque. La régence arriva, et ceux que le dernier règne avait dédaignés ou méconnus furent distingués. Massillon, qui avait prononcé en 1709 l'oraison funèbre du prince de Conti, et en 1711 celle du dauphin, fut chargé de rendre de semblables devoirs à la mémoire de Louis XIV. Il prit pour texte les paroles de Salomon : *Ecce magnus effectus sum*, et après une interruption de quelques minutes, il prononça ces mots préparés par une pantomime expressive : « *Dieu seul est grand, mes frères!* » (1), très-beau début, auquel ne répond pas le reste de l'*Oraison funèbre*. En 1717 le régent nomma Massillon évêque de Clermont, et en 1718 il le chargea de prêcher le carême devant le roi, âgé de huit ans. L'orateur écrivit en six semaines les dix sermons qui forment la station de la cour réduite à une simple dominicale. Ce recueil, si célèbre sous le nom de *Petit Carême*, est l'expression la plus parfaite, sinon la plus élevée, du génie oratoire de Massillon; c'est aussi celui de ses ouvrages qui fut le plus goûté au dix-huitième siècle. « Le *Petit Carême*, dit La Harpe, est composé dans le dessein de traiter de toutes les vertus et de tous les vices, dans leurs rapports avec les hommes chargés de commander aux autres hommes; et ce beau plan, que Massillon sut adapter si bien aux circonstances, est parfaitement rempli. La dignité du ministère évangelique est heureusement tempérée par cette onction paternelle que permettait l'âge du prince à qui l'auteur parlait, et que l'on ne retrouve que dans les lettres de Fénelon au duc de Bourgogne. Toutes les vérités importantes sont exposées ici avec un courage qui n'en dissimule rien, et revêtues d'un charme qui ne permet pas de les repousser. En un mot, si la raison elle-même voulait apparaître aux hommes sous les traits les plus capables de la faire aimer, et leur parler le langage le plus persuasif, il faudrait, je crois, qu'elle prît les traits et le langage de l'auteur du *Petit Carême* ou celui de *Télémaque*. » L'abbé Maury, meilleur juge que La Harpe, pense au contraire que le *Petit Carême* est une des plus faibles productions oratoires de Massillon. Il est vrai que ce chef-d'œuvre si vanté est plus digne d'un moraliste délicat et d'un rhéteur accompli que d'un prédicateur; mais la diction en est excellente, pleine d'élégance et d'harmonie. Par ce *Petit Carême* Massillon a pris place parmi les meilleurs prosateurs français. Il fut élu membre de l'Académie Française en janvier 1719. L'abbé Fleury, qui le reçut, lui rappela en termes formels que la résidence est le premier devoir d'un évêque. Massillon n'avait pas besoin de ce conseil sans doute; cependant il ne le suivit pas immédiatement. On le trouve encore à la cour en 1720, donnant à l'abbé Dubois une preuve de complaisance assez fâcheuse : il consentit à être un des consécrateurs de cet abbé qui venait de se faire nommer archevêque de Cambrai. Massillon devait beaucoup au régent et à Dubois, et n'osa pas refuser une désignation qu'acceptèrent avec lui le cardinal de Rohan et l'évêque de Nantes, Lavergne de Tressan. On le blâma, surtout on le plaignit d'avoir couvert de sa haute et pure réputation cette condescendance scandaleuse. Vers le même temps Dubois l'employait d'une manière plus honorable à tenter une conciliation entre les deux partis qui agitaient l'Église de France. Déjà, en 1714, il s'était occupé inutilement de ménager un accommodement entre le cardinal de Noailles et les évêques qui acceptaient la bulle *Unigenitus*. Il ne réussit pas davantage en 1719 et 1720, bien qu'il eût alors l'autorité de l'episcopat. Peu après le sacre de Dubois, il se rendit dans son diocèse, où, excepté un voyage à Paris, en 1723, pendant lequel il prononça l'oraison funèbre de Madame mère du régent, il résida assidûment. Son administration épiscopale fut excellente. Les infirmités de l'âge et la faiblesse de sa mémoire le décidèrent à renoncer à la chaire. Il se borna à des conférences à ses curés dans les retraites, dans les synodes, et dans ses visites épiscopales. La négligence de ses prédécesseurs avait laissé introduire de grands abus dans le diocèse de Clermont; il les combattit avec un zèle qui ne fut pas sans dan-

(1) On peut lire dans Maury tout le détail de cette mise en scène, à peine digne d'un orateur, surtout d'un orateur chrétien.

ger pour lui. Le père Bougerel rapporte qu'ayant voulu vérifier la relique très-suspecte de saint Amable, patron de la ville de Riom, le peuple, excité par quelques fanatiques du clergé, se porta à des mouvements tumultueux qui l'obligèrent de se réfugier dans la sacristie et de s'y barricader; il fallut avoir recours à l'autorité des magistrats et à la force armée pour dissiper les séditieux et lui rendre la liberté de continuer sa visite pastorale. Il n'est pas de bons offices que l'excellent évêque ne rendît à ses diocésains. Il usait en leur faveur de son crédit sur le premier ministre, le cardinal de Fleury. On a de lui une longue lettre où il sollicite du cardinal une diminution d'impôts pour la province d'Auvergne. Le cardinal, de son côté, demandait au conciliant prélat d'intervenir auprès des jansénistes récalcitrants. Il le pria particulièrement d'amener à des concessions l'évêque de Senez, Soanen, opposant obstiné, exilé alors à la Chaise-Dieu en Auvergne. Massillon y employa vainement son éloquence. Il réussit du moins à maintenir la paix dans son diocèse, adhérant officiellement à la bulle, mais ne persécutant pas les appelants, défenseur des oratoriens, alors suspects de jansénisme, et ne se brouillant pas avec les jésuites, généralement aimé et respecté. S'il ne prêchait plus, il corrigeait et recorrigeait ses anciens sermons sans pouvoir se décider à en donner une édition définitive. Il mourut dans sa quatre-vingtième année, instituant pour son légataire universel l'hôtel-Dieu de Clermont, auquel il avait déjà fait plusieurs dons. On lit dans son testament ces paroles remarquables : « Je demande tous les jours à Jésus-Christ qu'il calme les troubles qui agitent l'Église de France, et qu'il daigne y rétablir la paix que nous avons tâché de conserver dans ce grand diocèse. » Après avoir cité le jugement tout favorable de La Harpe, nous rappellerons l'appréciation, plus réservée, de l'abbé Maury, bien supérieur comme critique pour l'éloquence sacrée. « Massillon, dit-il, a rarement des traits sublimes; mais s'il est au-dessous de sa propre renommée comme orateur, il est sans doute au premier rang comme écrivain; et nul n'a porté le mérite du style à un plus haut degré de perfection; il s'est occupé de cette partie de l'éloquence jusqu'à la fin de ses jours (1)...... Je ne crois point attaquer Massillon, je pense au contraire lui rendre un nouvel hommage en osant avancer que ce *Petit Carême*, cité longtemps comme son chef-d'œuvre, me paraît l'une de ses plus faibles productions oratoires. Tous les plans de Massillon se ressemblent, et outre cette monotonie dont on est frappé quand on lit ses sermons de suite, il s'y borne ordinairement à combattre les prétextes, et n'entre pas assez avant dans le fond de ses sujets.... Souvent cet excellent auteur, trompé par la fécondité, ne nourrit point assez d'idées son style enchanteur. Quelquefois ses raisonnements sont dénués de la justesse, de la force, peut-être même de la gravité qu'il était si digne de leur donner.... Combien en effet ne serait-il pas au dessus même de sa renommée si tous ses sermons étaient aussi parfaits que ses *Conférences ecclésiastiques* (1), ses discours *Sur le petit nombre des Élus*, *Sur le Pardon des ennemis*, *sur la Mort du Pécheur*, *Sur la Confession*, *Sur l'Aumône*, *Sur la Divinité de Jésus-Christ*, *Sur le Mélange des Bons et des Méchants*, *Sur le Respect humain*, *Sur l'Impénitence simple*, *Sur la Tiédeur*, *Sur les Injustices du monde*; ses homélies de *l'Enfant prodigue*, du *Mauvais riche* et de la *Samaritaine*, et presque tous les sermons de son *Avent* et de son *Grand Carême!* voilà les chefs-d'œuvre qui accusent les discours moins classiques de Massillon! C'est là qu'il déploie tout son génie, et qu'on regrette quelquefois qu'il n'ait pas donné plus de temps ou de travail à la composition de tous ses ouvrages. »

Du vivant de Massillon il parut un recueil de ses *Sermons*; Trévoux, 1705, 4 vol. in-12; 1706, 5 vol. in 12; 1714, 6 vol. in-12. Ces éditions furent désavouées, comme contenant des pièces tronquées ou faussement attribuées à l'auteur. L'abbé Massillon, neveu du grand orateur, publia la première édition authentique des *Sermons* de son oncle; Paris, 1745-1748, 15 vol. in-12. Cette édition se divise ainsi : *Petit Carême*, avec une préface générale (par

(1) « Une tradition constante nous apprend que Massillon ne prononça jamais ses sermons tels que nous les lisons aujourd'hui.. On en trouva dans son portefeuille, après sa mort, plusieurs éditions, qu'il transcrivait et retouchait sans cesse, depuis sa promotion à l'épiscopat.... La seconde partie de son discours sur les *Afflictions* (pour le second dimanche de l'Avent) nous démontre combien sa dernière révision a dû améliorer ses manuscrits. En effet, Massillon prêcha son dernier carême devant Louis XIV, en 1704. Or, il lui parle ici des désastres postérieurs de Ramillies et de Malplaquet, et spécialement de la mort de presque toute sa postérité, pendant les années 1711, 1712, 1714. Il ne pouvait donc pas lui en présenter le tableau dix ans auparavant. Mais les traits qu'il y ajouta visiblement à Clermont n'en sont pas moins éloquents. »

(1) Maury fait le plus grand éloge de cette partie, la moins connue peut être des ouvrages de Massillon. « En composant, dit il, ses immortelles *Conférences sur les devoirs ecclésiastiques*, l'immortel évêque de Clermont a ouvert parmi nous une nouvelle et superbe route à l'éloquence sacrée. Ces discours sont incomparablement plus originaux et plus riches en idées neuves et lumineuses que ses sermons. Ceux qu'il prononçait tous les ans, devant son clergé, augmentaient sensiblement de force et d'éclat d'année en année, durant tout le temps de son épiscopat. Son zèle épiscopal semble y avoir entièrement changé sa méthode, sa manière et même la nature de son talent. Ce n'est plus l'indulgence et l'onction, c'est l'austérité, c'est la vigueur, c'est l'énergie qui dominent dans ces *Conférences*. Massillon prédicateur est doux et pathétique; mais Massillon évêque, beaucoup plus frappé des abus que son ministère lui découvre parmi ses coopérateurs, ne parle presque plus que le langage de l'autorité, de la douleur, de l'indignation, de la menace et du courroux.... Les *Conférences* qu'il avait composées pour le séminaire de Saint-Magloire à Paris sont plus travaillées, et il me semble même qu'étant plus analogues à son genre, elles deviennent aussi beaucoup plus éloquentes. »

le père Janart, bibliothécaire de l'Oratoire), 1 vol.; *L'Avent*, 1 vol.; *le Carême*, 4 vol.; *Mystères*, *Panégyriques et Oraisons funèbres*, 3 vol.: *Conférences ecclésiastiques*, *Mandements et Discours synodaux*, 3 vol.; *Sentiments d'une Ame, ou Paraphrase de plusieurs psaumes*, 2 vol.; *Pensées sur divers sujets de morale et de piété, tirées des ouvrages de Massillon et rangées sous différents titres*, par l'abbé de La Porte, 1 vol.; *les mêmes*, Paris, 1762, 13 vol. in-8°; *les mêmes*, Lyon, 1810, 15 vol. in-12; — *Œuvres complètes*, Paris, 1810-1811, 13 vol. in-8°, édition belle d'impression et correcte; *les mêmes*, 1817, 4 vol. in-8°; *id.*, Paris, 1818, 15 vol. in-12; *id.*, Paris, 1821-1822, 13 vol. in-8°; *id.*, Paris, 1822-1825, 13 vol. in-8°; *id.*, Besançon, 1822, 12 vol. in-12; *id.*; Besançon, 1823, 14 vol. in-8°; *id.*, Senlis et Paris, 1823, 14 vol. in-18; *id.*, *édition corrigée avec le plus grand soin.... avec un discours préliminaire sur la vie et les écrits de Massillon*, par l'abbé Guillon, Paris, 1828, 16 vol. in-12; *id.*, Paris, 1830, 14 vol. in-8°; *id.*, Paris, 1833, 2 vol. gr. in-8°; *Œuvres choisies*, précédées d'une notice sur sa vie et ses ouvrages; Paris, 1823-1824, 6 vol. in-8°. Toutes ces éditions sont la reproduction plus ou moins exacte de la première édition de l'abbé Massillon, qui n'est pas elle-même rigoureusement conforme aux manuscrits. Une édition plus fidèle et où l'on recueillerait les variantes serait à désirer. On a publié séparément les *Conférences ecclésiastiques*, *Mandements et Discours synodaux*; Paris, 1746, 1753, 3 vol. in-12; — *Oraison funèbre de M. Louis de Bourbon, prince de Conti, prononcée le 21 juin* 1709, *dans l'église de Saint-André-des-Arcs*; Paris, 1709, in-4°; — *Mystères*, *Panégyriques et Oraisons funèbres*; Paris, 1745, 3 vol. in-12; — *Oraisons funèbres et Professions religieuses*; Paris, 1759, in-12; — *Petit Carême*; Paris, 1785, in-12. Le *Petit Carême* a eu un très-grand nombre d'éditions; la plus belle, pour l'impression, est celle de Fr.-Ambr. Didot; Paris, 1789, in-4°. On a sur cet ouvrage un commentaire de M. Croft; Paris, 1815, in-8°. Soulavie publia en 1792 de prétendus mémoires de Massillon *Sur la Minorité de Louis XV*, dont une édition plus complète parut à Paris, 1805, in-8°. Cet ouvrage, écrit d'un style vulgaire et quelquefois très-libre, est évidemment supposé. L. J.

Le P. Bougerel, *Mémoires pour servir à l'histoire de plusieurs hommes illustres de Provence*; Paris, 1752, in-12. — D'Alembert, *Éloge de Massillon*. — Marquez, *Éloge funèbre de Mons. J.-B. Massillon*. — Talbert, *Éloge de Massillon*; Besançon, 1773, in-8°; Toulouse, 1768, in-8°. — Fr. Theremin, *Demosthenes und Massillon*; Berlin, 1845, in-8°. — La Harpe, *Cours de Littérature*. — Maury, *Éloquence de la Chaire*. — Dussault, *Annales littéraires*, t. III, p. 253. — D'Auribeau, *Discours inédit de Massillon Sur le Danger des mauvaises lectures, suivi de plusieurs pièces intéressantes, de détails peu connus, et des principaux jugements sur cet orateur célèbre et ses écrits*; Paris, 1817, in-8°. — Sainte-Beuve, *Causeries du lundi*, t. I (1). — Sacy, *Variétés littéraires*, t. I. p. 78.

MASSINGER (*Philippe*), poëte dramatique anglais, né à Salisbury, en 1584, mort à Londres, le 17 mars 1640. Il était fils d'Arthur Massinger, officier de la maison du comte de Pembroke. En 1602 il entra au collége de Saint-Alban's-Hall à l'université d'Oxford, où il fit ses études aux frais du comte de Pembroke. Suivant Wood, il passait son temps à lire des poésies et des romans au lieu d'étudier la logique et la philosophie, comme il aurait dû le faire, puisqu'il était patronné à cette fin. Le reproche peut être mérité; mais la suite prouve que Massinger n'avait passé mal employé son temps à Oxford, et, comme l'a dit un biographe anglais, « si le comte de Pembroke y perdit un chapelain, le monde y gagna des ouvrages qui valent bien des sermons ». Quoi qu'il en soit, Massinger, ne répondant pas aux intentions de son patron, n'avait pas droit à sa protection. Abandonné à lui-même, il quitta l'université sans avoir pris aucun grade, et se rendit à Londres. Gifford, un de ses biographes, a supposé qu'il s'était converti au catholicisme à Oxford, et que cet acte avait aliéné de lui ses amis protestants. Cette hypothèse, fondée sur quelques expressions des drames du poëte, est fort incertaine. Massinger chercha des ressources au théâtre, et travailla longtemps en sous-ordre avec les auteurs à la mode. On croit que la première pièce qui parut sous son nom fut la *Vierge Marie*, jouée en 1622, seize ans après son arrivée à Londres. Il semble que depuis la mort de Beaumont en 1615 il fut un des collaborateurs assidus de Fletcher dans la composition des trente à quarante pièces qui parurent sous le nom de cet auteur pendant les dix années suivantes. Il ne cessa pas jusqu'à la fin de sa vie d'écrire pour le théâtre, et sa dernière pièce fut jouée six semaines seulement avant sa mort. Massinger est le dernier en date de cette génération de poëtes dramatiques dont Shakspeare est le chef immortel. Les révolutions politiques et surtout le changement dans le goût littéraire nuisirent à sa réputation. Shakspeare lui-même éprouva une assez longue éclipse, et Massinger disparut tout à fait. Il n'est plus question de lui jusqu'au dix-huitième siècle, où Rowe exprima l'intention de donner une édition de ses pièces, mais se contenta de s'approprier en l'accommodant au goût du temps le *Fatal Dowry*, qu'il publia sous le nom de *Fair Penitent*. Cet audacieux plagiat eut du succès, et fut un des motifs qui firent réimprimer les *Œuvres* du vieux poëte. On connaît les titres de trente-sept de ses pièces; il n'en reste que dix-huit. Elles sont d'un grand mérite et assurent à Massinger une des premières places parmi les auteurs dramatiques an-

(1) Dans un autre ouvrage (*Port-Royal*, t. III, p. 181) M. Sainte Beuve signale une analyse très-heureuse et très-fine du talent de Massillon dans le *Journal des Savants*, octobre 1789. Cet article est l'œuvre d'un abbé de La Palme, modeste et peu connu.

glais après Shakspeare. Ses pièces sont particulièrement curieuses, comme peintures de l'état des mœurs. On y trouve de clairs indices de la révolution politique qui approchait. Massinger fut peut-être le seul auteur dramatique qui n'embrassa pas les doctrines du droit divin des rois et de l'obéissance passive. Comme poëte il égale Beaumont et Fletcher pour l'invention et la conduite de ses plans et pour la connaissance de la nature humaine, et s'il leur est inférieur en force comique, il a sur eux l'avantage d'être réservé dans son langage et exempt de la licence qui souille presque toutes les anciennes comédies anglaises. Il n'a pas la pureté classique du style de Ben Jonhson ; mais il le surpasse en pathétique, en sensibilité, en imagination. Enfin, parmi les poëtes dramatiques anglais, Shakspeare excepté, il a à peine des égaux et pas un supérieur. Voici le titre de ses pièces : *Virgin Martyr*, tragédie (avec Dekker), 1622, in-4° ; — *Duke of Milan*, trag., 1623, in-4° ; — *Bondman*, trag., 1624, in-4° ; — *Roman Actor*, trag., 1629, in-4° ; — *Renegado*, tragi-comédie ; 1630, in-4° ; — *Picture*, tr.-com., 1630, in-4° ; — *Emperor of the East*, tr.-com., 1632, in-4° ; — *Maid of Honour*, tr.-com. ; 1632, in-4° ; — *Fatal Dowry*, trag. (avec Field), 1632, in-4° ; — *New way to pay old debts*, comédie, 1633, in-4° ; — *Great duke of Florence*, comédie historique, 1636, in-4° ; — *Unnatural Combat*, trag., 1639, in-4° ; — *Bashful Lover*, trag.-com., 1655, in-8° ; — *Guardian*, com. hist., 1655, in-8° ; — *A very Woman*, tr.-com., 1655, in-8° ; — *Old Law*, com. (avec Rowley et Middleton), 1656, in-4° ; — *City Madam*, com., 1659, in-4° ; — *The Parliament of love*, com. inachevée, 1805, in-8°. Outre ces pièces qui ont été imprimées, on cite de Massinger les pièces suivantes, aujourd'hui perdues : *The noble Choice, or the orator*, tr.-com. ; — *The wandering Lovers, or the painter* ; — *The italian Night-piece, or the unfortunate piety* ; — *The Judge*, com. ; — *The Prisoner, or the faire anchoress*, tr.-com. ; — *The Spanish Viceroy, or the honour of woman*, com. ; — *Minerva's Sacrifice, or the forc'd lady*, trag. ; — *The Tyrant*, trag. ; — *Philenzo and Hippolita*, trag.-com. ; — *Antonio and Vallia*, com. ; — *Fast and Welcome*, com. ; — *Cleander*, trag. ; — *Honour of Women* ; — *The King and the Subject*, trag. Neuf de ces pièces, les 1re, 3e, 4e, 6e, 7e, 8e, 9e, 10e, 11e, étaient au pouvoir de Warburton, qui les laissa détruire par un serviteur ignorant et négligent. Les pièces de Massinger furent réunies par Thom. Coxeter ; Londres, 1759, 4 vol. in-8° ; édition qui reparut avec un nouveau titre et un *Essay on the English dramatic Writers* par G. Colman. John Monck, Mason et Davies en donnèrent une seconde édition, Londres, 1779, 4 vol. in-8° ; et Gifford une troisième, avec des notes critiques et explicatives ; Londres, 1805, 4 vol. in-8°. Cette édition, la meilleure qu'on eût encore publiée, reparut avec des améliorations en 1816. L. J.

Th. Davies, *Some Account of the Life and writings of Philip Massinger* ; Londres, 1789, in-8°. — Wood, *Athenæ Oxonienses*. — Gifford, *Vie de Massinger*, en tête de son édition. — Chalmers, *General Biographical Dictionary*. — *English Cyclopædia* (*Biography*). — *Edinburgh Review* pour 1808. — John Ferriar, *Essay on the Writings of Massinger*, dans les *Mémoires de la Societe de Manchester* (t. III).

MASSINI (*Carlo-Ignazio*), hagiographe italien, né le 16 mai 1702, à Cesena, mort le 23 mars 1791, à Rome. Il exerçait depuis trois ans la jurisprudence à Rome lorsque le cardinal Spinola, légat à Bologne, l'appela auprès de lui en qualité d'auditeur. En 1734 il renonça à la carrière qu'il avait embrassée pour entrer dans la congrégation de l'Oratoire. Ses principaux écrits sont : *Vita del ven. P. Mariano Sozzini, dell' oratorio di Roma* ; Rome, 1747 ; — *Vita del N. S. Gesù Cristo, con un' appendice* ; Rome, 1761 ; cette vie, traduite en 1757 d'après Le Tourneux et retouchée par Massini, a eu un grand nombre d'éditions ; — *Raccolta delle vite de' Santi* ; Rome, 1763-1767, 26 vol. in-12 ; cette collection, estimée et souvent réimprimée, a été publiée en deux parties, chacune de 13 vol. ; l'auteur y joignit les vies des saints de l'Ancien Testament ; Rome, 1788, 6 vol. in-8°. P.

Chaudon et Delandine, *Dict. univ.*

* **MASSMANN** (*Jean-Frédéric*), philologue allemand, né à Berlin, le 15 août 1797. Après avoir fait en 1814, comme volontaire, la campagne contre la France, il étudia, à Berlin, la philologie et l'histoire et s'adonna avec ardeur à la gymnastique, qu'il enseigna pendant quelques années à Munich. Nommé en 1823 professeur à l'université de cette ville, il y fit des cours sur l'ancienne littérature allemande ; en 1833 il fut chargé par le gouvernement d'aller explorer les bibliothèques de l'Italie. En 1842 il fut appelé à Berlin pour y diriger l'enseignement de la gymnastique dans le royaume de Prusse. Connaisseur profond de la littérature allemande du moyen âge, il se délasse de ses travaux sur ce sujet en façonnant des objets autour et en gravant sur bois ou sur cuivre, occupations dans lesquelles il s'est rendu très-habile. On a de lui : *Erläuterungen zum Wessobrunner Gebet, nebst zweien noch ungedruckten Gedichten des 14 Jahrhunderts* (Remarques sur la prière du manuscrit de Wessobrunn, suivie de deux poëmes inédits du quatorzième siècle) ; Berlin, 1824, in-8° ; — *Denkmäler deutscher Sprache und Literatur aus noch ungedruckten Handschriften des 8-16 Jahrhunderts* (Monuments de la Langue et de la Littérature allemandes tirés de manuscrits inédits du huitième au seizième siècle) ; Munich, 1828 ; — *Bairische Sagen* (Traditions et Légendes bavaroises) ; Munich, 1831 ; — *Auslegung des Evangeliums Johannis in gothischer Sprache* (Interprétation de l'Évangile de saint Jean) en langue gothique ; Munich, 1834, in-4° ; — *Deutsche Gedichte des*

12 *Jahrhunderts* (Poésies allemandes du douzième siècle); Quedlimbourg, 1837; ce recueil contient, entre autres, l'*Alexandre* de Lamprecht et le *Roi Rother*; — *Gothische Urkunden in Neapel und Arezzo* (Documents gothiques découverts à Naples et à Arezzo); Vienne, 1838, in-fol.; — *Deutsche Abschwörungs-Beicht-Buss-and Betformeln des 8-13 Jahrhunderts* (Formules d'abjuration, de confession, de pénitence et de prières usitées en Allemagne du huitième au treizième siècle); Quedlimbourg, 1839; — *Geschichte des mittelalterlichen Schachspieles* (Histoire du Jeu d'échecs au moyen âge); Quedlimbourg, 1839; — *Eraclius*; ibid., 1842; poëme du douzième siècle; — *S. Alexius Leben* (La Vie de saint Alexis); ibid., 1843; — *Libellus aurarius, seu tabula ceratæ romanæ in fodina auraria apud Abrudbaniam oppidum Transylvanum repertæ*; Leipzig, 1841; — *Gottfrieds von Strasburg Tristan*; Stuttgard, 1843; — *Kaiserchronick*; Quedlimbourg, 1849, 3 vol. in-8°: première édition complète de ce célèbre poëme du milieu du douzième siècle; — *Litteratur der Todtentänze* (Bibliographie des danses macabres). O.

Conversations-Lexikon.

MASSON (*Jacques*), en latin *Latomus*, théologien belge, né vers 1475, à Cambron (Hainaut), mort le 29 mai 1544, à Louvain. Il fit une partie de ses études à Paris, et y professa la philosophie; il demeurait au collége Montaigu lorsque Jean Standonck, restaurateur de cette maison, l'emmena à Louvain pour lui confier la direction de celle qu'il venait d'y fonder pour des étudiants pauvres. Après avoir résigné cet emploi, Masson fut précepteur des frères Robert et Charles de Croy. Admis en 1510 au conseil de l'université de Louvain, qui le nomma en 1519 docteur en théologie, grade dont ses élèves firent tous les frais, il y enseigna la théologie (1535) et en devint recteur (1537). En outre il fut pourvu de deux prébendes de premier rang et eut la charge d'inquisiteur de la foi. C'était un des plus habiles docteurs qu'il y eût de son temps à la faculté de Louvain; il avait beaucoup de jugement et de lecture, de la facilité à écrire en latin, et surtout une extrême prédilection pour les maximes ultramontaines. La plupart de ses écrits sont dirigés contre Luther et ses adhérents, ce qui l'exposa de la part de ces derniers aux calomnies et aux injures les plus grossières, qu'il leur rendit du reste avec autant d'intolérance et de vivacité. On a de lui: *De trium linguarum et studii theologici Ratione*; Anvers, 1519, in-4°: dialogues écrits contre Érasme et en faveur desquels il publia une apologie; — *Articulorum doctrinæ Martini Lutheri per theologos Lovanienses damnatorum Ratio*; Anvers, 1521, in-4°: cette censure donna lieu entre Masson et Luther à une controverse très-animée; — *De Confessione secreta*; Anvers, 1525, in-12; — *De Ecclesia et humanæ legis obligatione*; Anvers, 1525, in-12; — *De Fide et Operibus*; Anvers, 1530, in-12, etc. Les principaux écrits de ce théologien ont été réunis par son neveu: *Jacobi Latomi Opera*; Louvain, 1550, in-fol. K.

Le Mire, *Elogia Belgica*. — Valère André, *Biblioth.* — Bellarmin, *De Script. ecclesiast.* — Paquot, *Mémoires*, XIII. — Krüger, *Catal. German mille viror. illust.*, 92.

MASSON (*Jacques*), en latin *Latomus*, poëte belge, neveu du précédent, né vers 1510, à Cambron, mort le 29 juillet 1596, à Louvain. Il s'appliqua particulièrement à la poésie latine, dans laquelle il eut quelques succès, et fut chanoine de Saint-Pierre de Louvain. On cite de lui: *Sylvula diversorum carminum*; Anvers, 1571, in-12; — *Davidis Psalmi omnes in carmen conversi*; Anvers, 1587, in-8°. K.

Paquot, *Mémoires*, XIII. — Freber, *Theatrum.*

MASSON (*Barthélemi*), en latin *Latomus*, érudit allemand, né en 1485, à Arlon (Luxembourg), mort vers 1566, à Coblentz. Il enseigna la rhétorique à Cologne, à Trèves et à Louvain, et fut principal du collége de Fribourg en Brisgau, où il connut Érasme, qui dans une de ses lettres le qualifie de *singulari morum et ingenii dexteritate juvenis*. En 1534, grâce aux actives démarches de Guillaume Budé, il occupa le premier la chaire d'éloquence latine au Collége royal de France, qui venait d'être fondé. En 1539 il fit, par ordre de François Ier, un voyage en Italie, et en 1542 il se retira à Coblentz, auprès de l'archevêque de Trèves, qui le nomma son conseiller. Outre le soin des affaires publiques, il se trouva, malgré lui, engagé dans des disputes avec les théologiens réformés; celle qu'il soutint contre Bucer lui acquit tant de réputation que Charles Quint l'envoya au collége de Ratisbonne pour y assister en qualité d'auditeur du côté des catholiques (1546). Deux ans après ce prince lui donna le rang de conseiller aulique à Spire. On a de Masson: *Actio memorabilis Francisci a Sickingen*; Cologne, 1523, in-4°; poëme en vers héroïques; — *Summa totius rationis disserendi*; Cologne, 1527, 1542: qui contient les principes de l'éloquence et de la dialectique; — *Rodolphi Agricolæ Epitome commentariorum dialecticæ inventionis*; Cologne, 1533; Paris, 1542, in-4°, avec addit.; — des *Notes*, d'abord publiées à part, sur chacun des discours de Cicéron, puis rassemblées dans quelques éditions de cet orateur (celle de Bâle, 1553, in-fol.); — *Scholia in dialecticam Georgii Trapezuntii*; Cologne, 1544, in-4°; — *De Controversiis quibusdam ad religionem pertinentibus*; Cologne, 1545, in-4°: résumé de sa querelle avec Bucer; — *De dissidio periculoque Germaniæ*; Strasbourg, 1567, in-8°: En outre il a écrit des notes sur les comédies de Térence, des harangues et des poésies latines, et plusieurs écrits de controverse. K.

Sweert, *Athenæ Belgicæ*, 155, 156. — Valère André, *Biblioth. Belgica*, 106, 107. — Niceron, *Mémoires*, XLII. — Freber, *Theatrum*, 2e partie. — Goujet, *Mém. hist. sur le Collége de France*, II, 327-348. — Paquot, *Mém.*, II.

MASSON (*Jean-Papire*), célèbre historien et biographe français, né le 6 mai 1544, à Saint-Germain-Laval, bourg du Forez, mort à Paris, le 9 janvier 1611. Après avoir fait ses humanités chez les jésuites, il se rendit à Rome, où il entra dans cet ordre ; il enseigna pendant plusieurs années les belles-lettres dans les colléges de la société à Naples, à Tournon et à Paris. Ayant quitté les jésuites, il professa quelque temps au collége Du Plessis ; en 1570 il alla étudier la jurisprudence à Angers, sous la direction de François Baudoin. De retour à Paris en 1572, il s'attacha au chancelier de Chiverny, dont il devint le bibliothécaire. Reçu avocat au parlement en 1576, il ne plaida jamais qu'une seule cause, qu'il gagna : l'affaire était si importante, que l'arrêt fut rendu en robes rouges. Plus tard il fut nommé référendaire en la chancellerie et substitut du procureur général sans avoir eu besoin d'acheter ces charges, dont il fut gratifié pour son mérite. « Il étoit d'une humeur gaie et aisée, dit Niceron, sincère et généreux au delà de sa fortune, donnant son temps et sa peine pour le service des grands seigneurs, sans en attendre d'autre récompense que le plaisir de leur service. » On a de Masson : *Entière Description des choses qui se sont passées à la réception de la reine et du mariage du roi*; Paris, 1570, et Lyon, 1572, in-8° ; — *De Statu Andegavensis Academiæ*; Paris, 1571, in 8° ; — *Elogium Fran. Balduini*; Paris, 1573, in-4° ; — *Responsio ad maledicta Hotomani cognomento Matagonis*; Paris, 1575, in-4° : pamphlet violent, écrit pour répondre aux attaques lancées par Hotman contre Masson, à propos d'une préface mise par ce dernier en tête de l'ouvrage publié par Matharel contre la *Franco-Gallia* de Hotman ; — *Historia Vitæ Caroli IX, Francorum regis*; Paris, 1577, in-8° ; — *Annalium Libri IV, quibus res gestæ Francorum explicantur a Clodione ad Franciscum I*; Paris, 1577 et 1598, in-4° ; — *Consolatio ad Ph. Chevernium, Franciæ cancellarium, super obitu Annæ Thuanæ uxoris*; Paris, 1584, in-4° ; — *Libri de Episcopis Urbis, seu Romanis pontificibus*; Paris, 1586, in-4° ; — *Justinianei Cæsares quorum nomina Justinianus in codicem retulit*; Paris, 1588 ; — *Notitia Episcopatuum Galliæ*; Paris, 1606 et 1610, in-8° : reproduit dans le recueil de Du Chesne ; — *Descriptio Fluminum Galliæ*; Paris, 1618, 1678 et 1685, in-12 ; — *Historia Calamitatum Galliæ, quas invita pertulit sub principibus christianis, a Constantino cæsare usque ad Majorianum*, dans le recueil de Du Chesne ; — *Elogia*; Paris, 1638, 2 vol. in-8° : recueil de biographies qui avaient paru auparavant séparément ; ce sont les *Vies* de Claude et François de Guise (Paris, 1577) ; de Rene Birague (Paris, 1583, in-4°) ; de Dante, de Pétrarque et de Boccace (Paris, 1587, in-8°) ; de Jean, comte d'Angoulême (Paris, 1588, in-8°) ; de Cujas (Paris, 1590, in-4°) ; d'Anglure Givry (Paris, 1594, in-4°) ; de Pierre Pithou (Paris, 1597, in-4°) ; de Lucius Titius, jurisconsulte romain (Lyon, 1597, in-4°) ; de Claude du Puy (Paris, 1607, in-4°) ; de René Chopin (Paris, 1609, in-8°) ; de Henri de Joyeuse (Paris, 1611, in-8°) ; des ducs de Savoie (Paris, 1619, in-8°) ; de Marguerite de Valois (Paris, 1619, in-8°) ; une dernière biographie, qui ne se trouve pas dans les *Elogia*, celle de Michel Marescot, a été mise à la suite des *Opuscules* de Loysel. Comme éditeur Masson a fait paraître *Gesta collationis Carthaginiensis inter catholicos et donatistas*; Paris, 1589, in-8° ; — *Servati Lupi Epistolæ*; Paris, 1588, in-8° ; — *Agobardi, Episcopi Lugdunensis, Opera*; Paris, 1605, in-8° : édition assez inexacte ; — *Gerberti, postea Sylvestri II papæ, Joannis Sarisberiensis et Stephani, Tornacensis episcopi, Epistolæ*; Paris, 1621, in-4°. O.

J.-Aug. de Thou, *Vita Pap. Massoni*. — Perrault, *Hommes illustres*, t. I. — Niceron, *Mémoires*, t. V. — Witte, *Memoriæ philosophicæ*, p. 44.

MASSON (*Jean*), biographe français, frère du précédent, né à Saint-Germain-Laval, vers le milieu du seizième siècle, mort à Paris, vers 1630. Entré dans les ordres, il devint archidiacre de Bayeux ; il succéda à son frère dans la place de référendaire de la chancellerie, et fut plus tard nommé aumônier du roi. On a de lui : *Descriptio domus quæ Conflans appellatur*, Paris, 1609, in-4° ; — *Arverni municipii Descriptio*; Paris, 1611, in-4° ; — *Histoire mémorable de Jeanne-d'Arc, extraite du procès de sa condamnation*; Paris, 1612, in-8° ; — *Vie de saint Exupère*; Paris, 1627, in-8°. O.

La Croix du Maine, *Biblioth. française*.

MASSON (*Antoine*), dessinateur et graveur français, né à Loury, près Orléans, en 1636, mort à Paris, le 30 mai 1700. D'abord ouvrier armurier, il gravait et damasquinait des platines d'armes à feu avec tant d'habileté que Mignard, en ayant vu les ouvrages, lui fit abandonner son métier, et le dirigea vers les arts. Il devint en peu de temps l'un des graveurs qui ont fait le plus d'honneur à l'école française, et fut reçu membre de l'Académie de Peinture, le 15 février 1679. Mais son adresse lui fut fatale en ce qu'elle l'entraîna souvent à faire de ces tours de force qui étonnent le vulgaire et prouvent plus le mauvais goût que le talent d'un artiste. Autant on admire certains ouvrages de Masson, autant on déplore ailleurs la bizarrerie choquante de son travail : dans son portrait du médecin Charles Patin, qui est cependant une œuvre remarquable, Masson a imaginé de dessiner le nez avec des tailles qui vont modeler les joues du personnage, tandis que son menton est formé de hachures horizontales ; il a fait le nez de son Frédéric Guillaume, électeur de Brandebourg, d'une seule taille en forme de poire, etc. Quelques-unes des gravures dues au burin de Masson sont à juste titre considérées comme des chefs-d'œuvre. On admire l'estampe, d'après le Titien, dite *La Pièce à la nappe*, et qui représente *les disciples d'Emmaüs*, et surtout le portrait du comte d'Harcourt, grand-écuyer de France, connu sous le nom de *Cadet à la perle*. Dans ce portrait en demi-nature, gravé d'après Nicolas Mignard, « les étoffes, la broderie, les cheveux, la dentelle et surtout les plumes qui sont sur le casque sont traités avec tant de vérité, tant d'intelligence, qu'il semble avoir devant les yeux la nature même. Rien n'y est négligé, et plus on considère le travail avec attention, plus il paraît merveilleux, et l'on ne peut s'empêcher de regarder ce portrait comme une des productions les plus parfaites qu'on puisse attendre du burin ».

On peut encore citer, même après ce magnifique ouvrage, le portrait de Brisacier, secrétaire des commandements de la reine (1664), celui de Charrier, lieutenant criminel au présidial de Lyon, d'après Thomas Blanchet; ceux du médecin Marin Cureau de La Chambre (1665), du peintre de fleurs Pierre Dupuis (1663) d'après Nic. Mignard; de Marie de Lorraine, duchesse de Guise, d'après P. Mignard. On a prétendu que Masson employait pour graver un procédé singulier, qui consistait à faire mouvoir la planche qu'il travaillait en laissant immobile la main qui tenait le burin. Quoi qu'il en soit, ses ouvrages sont remarquables par le rendu de la couleur. Il a laissé 68 morceaux, parmi lesquels 62 portraits, dont 22 ont décoré des thèses. Il a gravé son propre portrait d'après Mignard; mais cette estampe n'a paru qu'après sa mort. H. H—n.

Robert Dumesnil, *Le Peintre Graveur français*. — *Abecedario* de Mariette, dans les *Archives de l'Art français*. — Huber et Rost, *Manuel du Curieux et de l'Amateur d'Estampes*.

MASSON (*Jean*), érudit français, né en 1680, en France, mort vers 1750, en Angleterre. Fils d'un ministre protestant, qui desservait l'église de Cozes, près de Saintes, il le suivit en Angleterre après la révocation de l'édit de Nantes, y fit de bonnes études, et fut quelque temps précepteur des enfants de l'évêque Burnet. Il parcourut la plupart des contrées de l'Europe et s'établit en Hollande; de là il passa à Londres, où il fut pourvu de riches bénéfices. Kiefeker lui a donné place, nous ne savons à quel titre, dans sa *Bibliotheca Eruditorum præcocium*, et le comble d'éloges. Masson fut sans doute un litterateur instruit, un antiquaire savant et parfois un critique judicieux; mais il déparait ces qualités par une vanité excessive et un pédantisme insupportable; ses querelles avec Dacier et David Martin le couvrirent de ridicule. On a de lui: *Jani templum Christo nascente reseratum*; Rotterdam, 1700, in-4° et in-8°: dans cet essai chronologique, il s'efforce de combattre l'opinion, généralement admise, que le monde était en paix lors de la naissance du Christ; — *Lettres critiques sur la difficulté qui se trouve entre Moïse et Étienne relativement au nombre des descendants de Jacob qui passèrent de Chanaan en Égypte*; Utrecht, 1705, in-8°: réponse à l'écrit anonyme intitulé *Conciliation de Moïse avec saint Étienne* (par Th. Leblanc); Amst., 1704, in-8°; — *Q. Horatii Flacci Vita*; Leyde, 1707, in-8°. Il annonça ce travail comme tout à fait neuf, et prétendit l'avoir purgé des erreurs commises par les plus célèbres interprètes. Dacier démontra, au contraire, dans ses *Nouveaux Éclaircissements* sur Horace, publiés en 1708, que Masson l'avait pillé dans tout ce qu'il avait dit de bien; — *P. Ovidii Nasonis Vita*; Amst., 1708, in-8°, et dans le t. IV des *Ovidii Opera* de Burmann; ibid., 1727; — *C. Plinii secundi Vita*; Amst., 1709, in-8°; réimpr. plusieurs fois: cette vie avait d'abord paru dans l'édition des œuvres de Pline le jeune donnée en 1703 par Th. Hearne; — *Annus solaris antiquus naturali suo ordini restitutus*; Londres, 1712, in-fol.; — *Æl. Aristidis Vita*, en tête des discours de ce rhéteur, édit. de Jebb; Oxford, 1722, 2 vol. in-4°; — des *Notes sur les inscriptions recueillies par Gruter*, dans le *Corpus Inscriptionum* de Grævius; Amst., 1707, 4 vol. in-fol.; — des lettres dans l'*Hist. critique de la République des Lettres*, que dirigeait son frère. En 1713, Jean Masson engagea une violente polémique avec David Martin (*voy.* ce nom), au sujet du psaume CX; l'interprétation qu'il en donna fut condamnée par le synode de Breda. C'est à tort qu'on lui attribue quelquefois l'*Exacte Revue de l'histoire de Bayle*, ouvrage de Du Revest, et le *Chronologicus canon apostolicus*.

Son frère, *Samuel* Masson, fut ministre de l'église anglaise de Dordrecht et se fit connaître comme le principal auteur de l'*Histoire critique de la République des Lettres, tant ancienne que moderne*; Utrecht et Amsterdam, 1712-1718, 15 vol. in-12. « On les nommait l'un et l'autre, dit Marchand, les maçons et les manœuvres de la république des lettres. » Saint-Hyacinthe se vengea finement de la grossièreté de leurs attaques dans sa *Déification du docteur Aristarchus Masso*, et il leur dédia *Le Chef-d'œuvre d'un inconnu*, qui est une piquante satire des pédants. P. L.

Prosper Marchand, *Dict. Crit.* (art. *Martin*) — Camusat, *Hist. crit. des Journaux*. — Kiefeker, *Biblioth. Erudit. præcocium*. — Chalmers, *General Biograph. Dict.*

MASSON (*Pierre-Toussaint*), littérateur français, né en 1715, à Paris. Il occupa la charge de trésorier de France, et se fit connaître par deux recueil de vers: *Élégies sacrées, tirées des Lamentations de Jérémie*, Paris, 1754, in-12, et *Poésies badines et galantes*, ibid., 1757, in-12. On lui doit encore la traduction de deux *Discours* latins de Le Beau (1750), des *Odes* d'Horace (1757), et de *la Pharsale* de Lucain (1766). P. L.

Quérard, *La France Littér.*

MASSON DE SAINT-AMAND (*Amand-Claude*), littérateur français, né le 8 décembre 1756, à Paris. D'abord conseiller à la cour des aides, il fut de 1784 à 1791 maître des requêtes, et administra sous l'empire le département de l'Eure en qualité de préfet de 1800 à 1805. On a de lui : *L'Art d'aimer*, trad. en prose d'Ovide; Paris, 1783, 1795, in-18; édit. corrigée et annotée, ibid., 1807, in-8°; — *Mémoire statistique du dép. de l'Eure*; Paris, 1805, in-fol.; — *Essais historiques et anecdotiques sur le comté d'Évreux;* Paris, 1813-1815, 2 vol. in-8°. K.

Biogr. nouv. des Contemp.

MASSON DE MORVILLIERS (*Nicolas*), littérateur français, né vers 1740, à Morvilliers (Lorraine), mort le 29 septembre 1789, à Paris. Quoiqu'il eût été reçu avocat au parlement de Paris, il ne fréquenta point le barreau, et fut secrétaire général du duc d'Harcourt, gouverneur de Normandie. Écrivain médiocre, mais correct, il a composé quelques épigrammes assez spirituelles, que Grimm et La Harpe ont insérées chacun dans leur correspondance. On a de lui : *Abrégé élémentaire de Géographie universelle de la France;* Paris, 1774, 2 vol. in-12; — *Abrégé de la Géographie d'Italie;* Paris, 1774, in-12; — *Abrégé de la Géographie d'Espagne et de Portugal;* Paris, 1776, in-12; — *Œuvres mêlées en vers et en prose, par M. de M.*; Paris, 1789, in-8° : recueil des pièces fugitives qui avaient déjà paru dans l'*Almanach des Muses* et autres collections littéraires. En 1810, on a publié un *Choix* de ses poésies. Masson a été en outre un des collaborateurs de l'*Encyclopédie méthodique*, et il fut chargé, avec Robert, de rédiger le *Dictionnaire de Géographie moderne*. P. L.

Notice, en tête du *Choix des Poésies* de Masson, 1810.

MASSON (*François*), statuaire français, né en 1745, à la Vieille-Lyre, en Normandie, mort le 14 décembre 1807, à Paris. Après avoir reçu d'un bénédictin les premiers éléments du dessin, il entra ensuite, à Pont-Audemer, chez un sculpteur nommé Cousin, élève de N. Coustou. Il y fit des progrès rapides, et commença à se faire remarquer par deux portraits en médaillon du maréchal de Broglie et de son frère, l'évêque de Noyon. Il vint ensuite à Paris suivre les leçons de G. Coustou, et fut chargé par l'évêque de Noyon d'exécuter, sur la place de l'Évêché, une fontaine ornée de quatre cariatides et de trois figures. Le prélat, content de cet ouvrage, qui est cependant d'assez mauvais goût, envoya Masson à Rome, et à son retour en France, le maréchal de Broglie le chargea de la décoration du palais du gouvernement qui s'élevait à Metz; cette décoration consistait en un bas-relief de 42 pieds de long, en figures colossales et en trophées d'une forte dimension. La révolution ayant enlevé à Masson ses grands travaux, il se livra au genre du portrait, et exécuta, soit en marbre, soit en plâtre, les bustes des personnages les plus marquants de l'Assemblée constituante. Il y donna des preuves d'un talent supérieur. En 1792, il exposa au concours deux figures représentant, l'une *Le Sommeil*, l'autre *Hector attaché au char d'Achille*, et exécuta le groupe allégorique du *Dévouement à la patrie*, que l'on a longtemps admiré sous le péristyle du Panthéon. En 1797, il obtint la direction de toutes les sculptures des Tuileries, et se chargea, sur la demande du Conseil des Anciens, d'un monument à la gloire de *J.-J. Rousseau*. Il fit depuis la statue de *Périclès*, celle de *Cicéron*, celle du général *Caffarelli*, les bustes des généraux *Kleber* et *Lannes*, et le tombeau que le corps du génie a consacré à *Vauban*, dans l'église des Invalides. [Le Bas, *Dict. encycl. de la France.*]

Regnault, *Notice hist. sur Fr. Masson*, in-8°.

MASSON (*Francis*), botaniste anglais, né en 1741, à Aberdeen, mort en décembre 1805, à Montréal (Canada). Il vint à Londres chercher de l'emploi comme jardinier; son instruction l'ayant fait distinguer par Aiton, directeur du jardin botanique de Kew, il fut envoyé en 1771 ou 1772 au Cap de Bonne-Espérance. Après avoir parcouru cette colonie en tous sens et y avoir fait une récolte abondante de plantes et de graines, dont les Hollandais s'étaient jusque là réservé le monopole, il reçut en 1776 l'ordre d'explorer les Canaries, les Açores, Madère, une partie des Antilles, et surtout l'île Saint-Christophe. Au bout de dix ans d'absence, il revit l'Angleterre (1781). Durant son séjour au Cap, il était entré en correspondance avec Linné, et lui avait fait parvenir, entre autres plantes rares, un genre encore inconnu de la famille des asphodèles, auquel le grand botaniste donna, dit-on, le nom de *massonia;* il est plus probable cependant que Masson dut cet honneur, l'unique récompense qu'il ambitionnât, à Thumberg, qui partagea quelque temps ses recherches et ses fatigues en Afrique. En 1783 il se remit en voyage pour le compte du jardin de Kew, visita le Portugal, et retourna au Cap, où, de 1786 à 1795, il borna ses observations, d'après le conseil de sir Joseph Banks, aux environs de la ville. Son zèle infatigable lui fit accepter en 1797 la mission d'explorer le Canada; mais la mort le surprit avant qu'on eût eu le temps d'apprécier les résultats de ses derniers travaux. C'était un homme doux, persévérant, industrieux, ami de la science jusqu'à l'enthousiasme. Quoiqu'il ait consacré la moitié de sa vie à l'histoire naturelle, il n'a publié qu'un seul ouvrage, *Stapeliæ novæ;* Londres, 1796, in-fol. : cette monographie d'un genre particulier au sud de l'Afrique, et dont on ne connaissait que deux espèces, contient la description en anglais de quarante-et-une plantes que les dessins, parfaitement exécutés, présentent dans l'état sauvage. P. L—Y.

Rees, *Cyclopædia*. — *Biogr. Med.*

MASSON (*Charles-François-Philibert*), littérateur français, né en 1762 (1), à Blamont (Franche-Comté), mort le 3 juin 1807, à Coblentz. Elevé dans la religion de sa mère, qui était protestante, il se déroba par la fuite aux persécutions d'un prêtre intolérant qui avait entrepris de le convertir, lui et ses frères, et gagna la principauté de Neufchâtel. Bien accueilli par des parents de sa famille, il se mit en apprentissage chez un horloger de La Chaux-de-Fonds, et se perfectionna dans son art à Bâle et à Strasbourg. Ce fut pendant son séjour en Suisse que le goût de la poésie s'empara de lui; quelques pièces de vers insérées dans *Le Mercure Helvétique* de 1780 l'ayant fait connaître à la cour du duc Frédéric-Eugène de Wurtemberg, il accepta l'emploi de gouverneur dans la maison d'un gentilhomme prussien. Après avoir terminé l'éducation de son élève, il alla rejoindre à Saint-Pétersbourg son frère aîné, Pierre Masson, officier au service de Russie, et fut choisi par Soltikoff pour précepteur de ses fils. Ce général, alors ministre de la guerre, le fit incorporer dans la garde impériale, et, suivant un usage du pays, il lui donna successivement les grades de lieutenant au corps des cadets (1788), de capitaine de dragons (1789) et de major en second (1792). En 1794, il fut chargé d'une mission diplomatique près des cours de Stuttgard, de Carlsruhe et de Baireuth, et obtint, à son retour, le titre de major en premier dans le régiment des grenadiers d'Alexandre. En 1795, il épousa la baronne de Rosen, appartenant à une bonne famille de Livonie. Ses qualités aimables et son esprit enjoué lui avaient ouvert les portes des salons les plus aristocratiques de Petersbourg; il jouissait d'un certain crédit à la cour, et la tzarine l'avait attaché à la personne du grand-duc Alexandre en qualité de secrétaire des commandements et aussi pour présider, de concert avec Laharpe, à l'éducation de ce prince. Lors de son avénement au trône (1796), Paul Ier, qui n'aimait pas Masson, le priva de tous ses emplois, et le fit arrêter de nuit et conduire à la frontière. Masson passa deux années en Prusse, chez le comte de Lindorff, puis il se rendit à Baireuth, auprès de sa sœur, qui, portée comme lui sur la liste des émigrés français, s'y était établie après avoir surveillé l'éducation de la princesse Catherine de Wurtemberg, la future femme du roi Jérôme. En 1800, il lui fut enfin permis de venir à Paris, et il obtint en 1801, par la protection de Lucien Bonaparte, les fonctions de secrétaire général du département de Rhin-et-Moselle, dont le chef-lieu était Coblentz. Il faisait partie de plusieurs sociétés savantes, et était membre associé de l'Institut de France.

On a de Masson : *Ode sur la mort du prince Léopold de Brunswick*, qui remporta le prix de poésie à l'Académie Française; — *Cours mémorial de géographie, à l'usage du corps impérial des cadets nobles* (anonyme); Berlin, 1787, in-4°; Pétersbourg, 1789, in-8°; — *Elmine, ou la Fleur qui ne se flétrit jamais, conte moral* (anonyme); Berlin, 1790, in-8°; inséré dans *le Journal encyclop.* de 1790 et dans *l'Esprit des journaux*, et trad. en allemand; — *Mémoires secrets sur la Russie, et particulièrement sur la fin du règne de Catherine II et celui de Paul Ier* (anonymes); Amsterdam (Paris), 1800-1802, 3 vol. in-8°; nouv. édit., augmentée, Paris, 1804, 4 vol. in-8°; trad. en allemand et en anglais. On y trouve des faits exagérés, beaucoup de déclamation, des jugements hasardés et des anecdotes peu authentiques. Ce livre a été, de la part de Kotzebue, l'objet d'une critique passionnée. Masson lui répondit dans ses *Lettres d'un Français à un Allemand*; Paris, 1802, in-8°; — *Les Helvétiens, poëme en VIII chants*; Paris, 1800, in-12. Le sujet, repris en 1829 par M. de Sellon, est la guerre de Charles le Téméraire contre les Suisses. « On y trouve en abondance, dit Chénier, des idées fortes; on y remarque souvent du nerf et de la franchise dans l'expression; quelques narrations rapides, quelques discours pleins de verve y brillent par intervalles; mais on désire presque toujours la douceur, l'harmonie, l'élégance, tout ce qui fait le charme du style. » Malgré l'annonce pompeuse de François (de Neufchâteau), qui l'avait présenté à l'Institut comme un phénomène en poésie et en politique, ce poëme n'eut qu'un médiocre succès; l'auteur l'avait accompagné de cette épigraphe :

> Au héros Bonaparte, au poëte Lebrun!
> La gloire et le génie ont un culte commun.

— *Ode sur l'Adulation poétique*; Paris, 1801; — *Ode sur la Fondation de la République*; Paris, 1802, in-8° et in-4°, qui obtint de l'Institut un prix de poésie; — *La Nouvelle Astrée, ou les aventures romantiques du temps passé*; Metz, 1806, 2 vol. in-12, fig.; roman de la jeunesse de l'auteur, qui l'avait écrit sur d'anciennes traditions du pays de Montbéliard; — *Mémoire statistique du dép. de Rhin-et-Moselle*; Coblentz, pet. in-fol.; — *Le Voyageur, l'un des 52 poëmes flétris par le rapport de M. Suard*; Paris, 1807, in-8°. Charles Masson a encore fourni divers morceaux à *La Décade philosophique* et aux *Mémoires* de l'Académie Celtique, et il a laissé une traduction inédite en vers français d'un poëme russe de Samboursky, et des matériaux pour une histoire de la littérature russe.

Son frère aîné, *André-Pierre* MASSON, né en 1759, à Montbéliard, mort vers 1820, passa en Russie, y devint colonel, et épousa la fille du général Melissino. Exilé par Paul Ier, il s'établit à Baireuth, où il composa une épopée intitulée : *Les Sarrasins en France*, en XV chants; Nuremberg, 1815, 2 vol. in-8°. L'impression de cet ouvrage avait été arrêtée pendant plusieurs années par la censure impériale, qui

(1) En 1761, selon les *Éphémérides du comté de Montbéliard*, ou en 1760, d'après le continuateur d'Adelung.

exigeait des suppressions auxquelles l'auteur ne voulut pas se soumettre. P. L—Y.

Beuchot, dans *La Décade philosoph.*, LIV, 863. — Chénier, *Tableau de la Littér.*, ch. 7. — Rotermund, *Suppl. a Jœcher*. — *Docum. communiqués*, par M. Chasserot, ancien professeur.

* **MASSON** (*Auguste-Michel-Benoît* GAUDICHOT, plus connu sous le nom de *Michel Masson*), romancier et auteur dramatique français, né le 31 juillet 1800, à Paris. Cet écrivain si fécond, et qui a joui un moment d'une vogue populaire, est le fils de ses œuvres. Ses parents étaient pauvres, et ne purent lui donner que l'instruction la plus élémentaire. Il se vit de bonne heure dans la dure nécessité de ne tirer que de lui-même des ressources pour vivre : l'intelligence et le désir de bien faire ne lui manquaient pas. A l'âge de dix ans il était figurant danseur au petit théâtre de la rue Monthabor, et ce fut là qu'il composa sa première pièce, *La Conquête du Pérou*, dans laquelle il remplit un rôle. Plus tard il fut attaché à un établissement de curiosités, *Le Grand Mogol automate*, situé sur le boulevard du Temple. Puis il devint successivement garçon de café, commis libraire et ouvrier lapidaire dans le quartier de la Grève; lorsqu'il en avait le loisir, il lisait où il étudiait. Son éducation se trouva ainsi à peu près complète, et, comme il l'a dit lui-même, « un jour que l'ouvrage n'allait pas, l'ouvrier se fit conteur ». Dès 1826 il fournit des articles à plusieurs journaux littéraires, tels que *La Lorgnette*, *La Nouveauté* et *Le Mercure*, et il fut un des rédacteurs particuliers du *Figaro* jusqu'à la fin de 1830, époque où il renonça tout à fait au journalisme. A la fois romancier et auteur dramatique, M. Masson a été, pendant plus de trente ans, un des plus féconds producteurs de la littérature contemporaine. Dans les deux genres qu'il exploite, il a gagné plus d'une fois les sympathies du public, et il les doit bien moins à des qualités d'invention ou de style qu'à la vérité d'observation et à la moralité du sujet. Son meilleur livre, *Les Contes de l'atelier*, est le premier qui soit sorti de sa plume. On a de lui les romans suivants : *Le Maçon*; Paris, 1828, 2 vol. in-8° ou 4 vol. in-12; 3e édit., 1829, 3 vol. in-12; 1840, 2 vol. in-18 : ce roman de mœurs populaires, écrit en société avec M. Raymond Brucker, a donné naissance au pseudonyme de *Michel Raymond*, exploité depuis par l'un et par l'autre auteur, bien que leur association ne se soit pas renouvelée; — *Daniel le lapidaire, ou les contes de l'atelier*; Paris, 1832-1833, 4 vol. in-8°; édit. revue et corrigée, 1840, 2 vol. in-18. Les tomes I et II de ce recueil, qui contient onze nouvelles, ont paru d'abord sous le pseudonyme de Michel Raymond; — (avec M. Aug. Luchet) *Thadéus le ressuscité*; Paris, 1833, 1835, 2 vol. in-8°; — *Un Cœur de jeune Fille, confidence*; Paris, 1834, in-8°; — *La Lampe de fer*; Paris, 1835, 2 vol. in-8°, seconde série des *Contes de l'atelier*; — *Vierge et martyre*; Paris, 1835, in-8°; 3e édit., 1838, 2 vol. in-18; — *Une Couronne d'épines*; Paris, 1836, 2 vol. in-8°; — *Ne touchez pas à la reine*; Paris, 1837, in-8°; — *Les Romans de la Famille*; Paris, 1838, 4 vol. in-8°; recueil de quatre nouvelles, dont la première, *Albertine*, a été imprimée à part en 1838, 2 vol. in-8° avec portrait; — *Souvenirs d'un enfant du peuple*; Paris, 1838-1841, 8 vol. in-8°; l'auteur a, dit-on, raconté dans cet ouvrage les nombreuses vicissitudes de son existence; — (avec J.-B.-P. Lafitte) *Les trois Marie*; Paris, 1841, 2 vol. in-8°; — (avec Mme Clémence Robert) *Les Enfants de l'atelier*; Paris, 1841, 2 vol. in-8° : le roman d'*Hyacinthe l'apprenti*, contenu dans le t. Ier, est de Michel Masson; — *Basile*; Paris, 1841, 2 vol. in-8°; — *Un Amour perdu*; Paris, 1842, 2 vol. in-8°; — *Rose Himmel*; Paris, 1843, in-8°; — *L'Honneur du marchand*; Paris, 1843, 2 vol. in-8°; — *Le Bâtard du roi*; Paris, 1845, 2 vol. in-8°; — *La Justice de Dieu*; *Diane et Sabine*; Paris, 1845, 2 vol. in-8°; — (avec M. Fréd. Thomas) *La jeune Régente*; Paris, 1845, 3 vol. in-8°, et *Un Mariage pour l'autre monde*; Paris, 1848, in-8°; — *Le Capitaine des Trois Couronnes*; Paris, 1846-1847, 4 vol. in-8°. La plupart de ces romans ont été reproduits dans les publications illustrées. La liste des œuvres dramatiques de M. Michel Masson est encore plus considérable, et comprend tour à tour des vaudevilles, des opéras comiques et des drames; dans ce dernier genre il a fait preuve d'un talent plein de ressources, et il a obtenu de longs et fructueux succès. Sauf de bien rares exceptions, cet écrivain ne s'est jamais présenté seul au théâtre; il a travaillé en collaboration avec MM. Bayard, Anicet Bourgeois, Villeneuve, Mélesville, Saintine, Scribe, Dennery, etc. Nous citerons parmi ses pièces : *Frétillon* (1829), *Mon oncle Thomas* (1832), *L'Aiguillette bleue* (1834), *Le Diable amoureux* (1836), *Madame Favart* (1837), *Les deux Pigeons* (1838), *Le Secret du Soldat* (1840), *Les Filles du Docteur* (1849), vaudevilles; — *Jean-Baptiste, ou un Cœur d'or* (1846), *Les Mystères du Carnaval* (1847), *Marceau* (1848), *Piquillo Alliaga* (1849), *Les Orphelins du pont Notre-Dame* (1849), *Marianne* (1850), *Marthe et Marie* (1851), *La Dame de la Halle* (1852), *La Mendiante* (1852), *Marie-Rose* (1853), drames. On doit encore à cet écrivain un recueil biographique, *Les Enfants célèbres*; Paris, 1838, 1841, in-12, ainsi que des nouvelles ou des articles dans le *Journal des Enfants* au *Livre des Conteurs*, le *Musée des Familles*, etc. P. L.

Galerie de la Presse, 2e série. — Quérard, *France Littér.* — Vapereau, *Dict. univ. des Contemp.*

MASSON. *Voy.* LE MASSON.

MASSON DE PEZAY. *Voy.* PEZAY.

MASSONE (*Giovanni*), peintre de l'école

génoise, né à Alexandrie, vivait dans la seconde moitié du quinzième siècle. On conservait de lui à Savone un retable divisé en trois compartiments et exécuté vers 1490 pour une chapelle funéraire. Ce tableau, payé à Massone 192 ducats *di camera*, somme considérable pour le temps, acquis par Denon en 1814, moyennant 3,000 fr., est maintenant au musée du Louvre. Le compartiment du milieu représente *La Nativité*; il est signé *Jonnes Mazonus de Alexa. pinxit*. Dans le second est *Sixte IV agenouillé devant saint François*, et dans le troisième le neveu de ce pontife, *Giuliano della Rovere* (depuis Jules II), *prosterné aux pieds de saint Antoine de Padoue*. E. B—N.

Lanzi, *Storia*. — Villot, *Musée du Louvre*.

MASSUET (*René*), érudit français, né à Saint-Ouen-de-Mancelles, près Bernay, en 1666, mort à Paris, dans l'abbaye de Saint-Germain-des-Prés, le 11 janvier 1716. Ayant fait profession d'observer la règle de Saint-Benoît, il habita tour à tour diverses abbayes de la haute et de la basse Normandie, y enseignant la philosophie et la théologie. Cependant il se sentait pour l'érudition une vocation plus forte que pour le professorat. Ayant donc entrepris quelques études historiques, qui le firent connaître dans sa congrégation, il fut appelé à Paris, à l'atelier des grands travaux de l'ordre, à Saint-Germain-des-Prés. Le plus important de ses ouvrages est son édition de saint Irénée : *Sancti Irenæi, episcopi Lugdunensis, contra Hæreses Libri V*; Paris, 1710, in-fol. Massuet prit une part importante aux controverses jansénistes. Il défendit contre le père Langlois, jésuite, l'édition de saint Augustin donnée par ses confrères. C'est dans ce but qu'il publia : *Lettre d'un Ecclésiastique au R. P. E. L. sur celle qu'il a écrite aux R. P. Bénédictins de la Cong. de Saint-Maur*; Osnabruck, 1699. On lui doit en outre : *Lettre à M. l'évêque de Bayeux, sur son mandement du 5 mai* 1707; La Haye, 1708, in-12. Il avait fait encore, pour justifier les opinions de sa congrégation sur la grâce et le libre arbitre, un livre intitulé *Augustinus græcus*, qui n'a pas été imprimé. C'est à René Massuet que nous devons le t. V des *Annales ordinis S. Benedicti*, que Mabillon n'avait pu terminer avant de mourir. B. H.

Hist. Litt. de la Congr. de Saint-Maur, p. 378.

MASSUET (*Pierre*), savant littérateur français, né le 10 novembre 1698, à Mouzon-sur-Meuse, mort le 6 octobre 1776, à Lankeren, près Amersfoort (Hollande). A l'âge de dix-huit ans il prononça ses vœux à l'abbaye des bénédictins de Saint-Vincent de Metz. Cet accès de ferveur religieuse ne fut pas de longue durée, et les tracasseries dont il devint l'objet achevèrent de le dégoûter de la vie monastique. Après avoir vainement tenté une première fois de s'échapper, il réussit à passer la frontière, jeta le froc aux orties et gagna la Hollande, où il embrassa la religion réformée. Admis comme instituteur dans une riche famille, il épousa la sœur de son élève, et, ne renonçant pas à ses habitudes laborieuses, il étudia la médecine à Leyde, sous la direction de Boerhaave. Reçu docteur en 1729, il alla s'établir à Amsterdam, et partagea son temps entre l'exercice de son art, où il devint habile, et la culture des sciences et des lettres; il s'occupa aussi de l'éducation de la jeunesse et dirigea un pensionnat, qui fut très-florissant. Massuet était un travailleur infatigable, ainsi qu'on peut en juger par ses nombreux travaux; il traduisait fidèlement, se montrait exact; mais il manquait tout à fait de goût et de style. On a de lui : *De Generatione, ex animalculo in ovo*; Leyde, 1729, in-4°; il y adopte l'hypothèse de Leuwenhœck sur les animalcules spermatiques; — *Recherches intéressantes sur l'origine, la formation, etc., des diverses espèces de vers à tuyau qui infestent les vaisseaux, les digues, etc., de quelques-unes des Provinces-Unies*; Amst., 1733, in-8°, fig.; trad. en hollandais, ibid., 1733; — *Histoire des Rois de Pologne et du gouvernement de ce royaume contenant ce qui s'est passé sous le règne de Frédéric-Auguste et pendant les deux derniers interrègnes*; ibid., 1733, 3 vol. in-8° et 4 vol. in-12; nouvelle édit., augmentée, ibid., 1734, 5 vol. in-12; compilation faite d'après Jolli, La Bizardière, les gazettes, etc.; — *Tables anatomiques du corps humain*; ibid., 1734, 8 vol. in-8°, fig., trad. du latin de J.-A. Kulm; — *Histoire de la Guerre présente* (1734), *contenant tout ce qui s'est passé en Italie, sur le Rhin, en Pologne*; ibid., 1735, in-8°, avec cartes et fig.; trad. en italien; — *La Vie du prince Eugène de Savoie*; ibid., 1736, in-12, réimpr. avec l'ouvrage suivant; — *Histoire de la dernière Guerre* (1735) *et des négociations pour la paix*; ibid., 1736, 3 vol. in-8°, et 1737, 5 vol. in-12; — *Continuation de l'Histoire universelle de Bossuet, depuis 1721 jusqu'à la fin de 1737*; ibid., 1738, 4 vol. in-12; Paris, 1759, 6 vol. in-12; il a fait beaucoup d'emprunts à la suite déjà donnée par La Barre au même ouvrage; — *Essai de Physique*; Leyde (Trévoux), 1739, 1751, 2 vol. in-4°, fig.; trad. du hollandais de Muschenbrœck; — *La Vie du duc de Ripperda, grand d'Espagne*; Amst., 1739, 2 vol. in-12; — *Annales d'Espagne et de Portugal*; ibid., 1741, 4 vol. in-4° et 8 vol. in-8°, fig.; la description est traduite de J.-A. de Colmenar; — *Table générale des matières contenues dans l'Histoire et les Mémoires de l'Acad. des Sciences de Paris de 1699 à 1734*; ibid., 1741, 1 vol. in-4° et 4 vol. in-12; table commode et mieux rédigée que celle de Paris; — *Histoire de l'empereur Charles VI et des révolutions arrivées dans l'Empire sous le règne des princes de la maison d'Autriche*; ibid., 1742, 2 vol. in-12; — *Éléments de la Philosophie moderne*; ibid., 1752, 2 vol. in-12, fig.; — *La Science des Personnes de Cour*, *d'épée et de robe*, par Chevigny et de Limiers, considérablement augmentée; ibid., 1752, 18 vol. in-12, fig.; — *De l'Amputation à lambeau, ou nouvelle manière d'amputer les membres*; ibid., 1756, in-8°, trad. du latin de Verduin, avec des notes. Massuet a participé à la rédaction de plusieurs autres ouvrages, tels que la *Bibliothèque raisonnée des ouvrages des savants de l'Europe* (Amst., 1728-1753, 52 vol. in-8°), où ses articles sont les plus nombreux; — *Lettres sérieuses et badines de La Barre de Beaumarchais* (La Haye, 1729-1740, 12 vol. in-8°); — le Musée de Seba, ou *Rerum naturalium Descriptio* (Amsterdam, 1734-1765, 4 vol. in-fol. (fig.); et l'*Atlas historique* de Gueudeville (Amsterdam, 1739, 6 vol. in-fol.), auquel il a fourni plusieurs suppléments. On lui a attribué, mais à tort, la traduction du *Manuel des Accouchements* de Deventer, laquelle est de Bruhier d'Ablaincourt, et *les Anecdotes de Russie sous le règne de Pierre le Grand*, écrit anonyme. P. L.

Bouilliot, *Biogr. ardennaise*, II. — Haller, *Biblioth. Chirurg.* — Barbier, *Dict. des Anonymes*. — Haag frères, *La France Protest.*

MASTELLETTA (*Giovanni-Andrea* DONDUCCI, dit LE), peintre de l'école bolonaise, né à Bologne, en 1575, mort en 1655. Il dut son surnom à l'état de son père, qui fabriquait des cuves, des baignoires, *mastelli*. Élève des Carrache, il ne sut pas se plier à leur discipline, et fut peut-être le seul artiste sorti de cette illustre école sans avoir su y acquérir des principes solides de dessin. Ce peintre fantasque, qui pourtant eut des partisans et des imitateurs tels que Domenico Mangucci, ne sachant ni dessiner correctement, ni conduire une œuvre sérieuse, chercha à se concilier l'œil du spectateur par l'effet, outrant tellement les ombres que l'imperfection des contours passa inaperçue. Tel était aussi le système du Caravage et de cette secte des *tenebrosi* qui en ce temps avait envahi les pays vénitiens et une partie de la Lombardie. Après avoir échoué dans plusieurs grandes compositions, le Mastelletta essaya, mais sans succès, de changer sa manière; il fit plus; il avait peint dans son premier style à l'église Saint-Dominique de Bologne deux miracles du saint, qui étaient ses meilleurs ouvrages; il voulut les retoucher, et les rendit médiocres. Pendant un temps, suivant le conseil d'Annibal Carrache, il s'était adonné aux tableaux de chevalet, genre dans lequel il réussissait mieux, et aux paysages, qu'il savait animer par des figures spirituellement touchées; mais bientôt il revint à son goût pour les toiles d'une vaste dimension. Enfin, découragé par de nouveaux échecs, le Mastelletta devint d'un caractère sombre et sauvage, changement auquel contribua peut-être aussi un empoisonnement accidentel dont il faillit devenir victime dans un repas. Abandonnant la peinture, il se retira chez les moines franciscains, où il prit l'habit d'*oblat* ou frère lai; mais le père gardien ayant exigé qu'il parût au réfectoire avec les autres religieux, il s'enfuit du couvent, et se réfugia chez les chanoines réguliers de Saint-Laurent; là aussi il apporta son humeur indisciplinée et inconstante; il quitta les chanoines. Arrivé à une extrême vieillesse, il termina ses jours chez un parent éloigné, qui l'avait reçu par charité. Les ouvrages de ce maître sont très-nombreux à Bologne; les principaux sont : à l'église des Célestins, *Sainte Irène arrachant les flèches du corps de saint Sébastien*; à l'église des Mendicanti, *La Fuite en Égypte*; à San-Salvator, *La Résurrection de Jésus-Christ*, et *Judith portant la tête d'Holopherne*; à Saint-Pétronne, *Saint François*; à Saint-Paul, *Le Christ au jardin des Oliviers*, et *Le Christ allant au Calvaire*; à Sainte-Christine, *Jésus-Christ apparaissant à la Madeleine*. Nous retrouvons des peintures du Mastelletta dans toutes les villes des environs de Bologne; à Carpi, *Saint Christophe avec la Vierge et des anges*; à Modène, dans la Galerie ducale, *La Fortune*, *L'Apparition d'un ange à un saint*, et *Moïse sauvé des eaux*; à Mantoue, deux *Martyres de sainte Marguerite*. Le Musée du Louvre possède du Mastelletta *Le Christ et la Vierge apparaissant à saint François*. E. B—N.

Orlandi, Lanzi, Ticozzi. — Campori, *Gli Artisti negli Stati Estensi*. — Gualandi, *Tre Giorni in Bologna*.

MASTELYN (*Marc*), biographe belge, né à Bruxelles, en 1599, mort aux Septs-Fonts, le 22 décembre 1652. Ses études terminées, il entra en 1617 chez les chanoines réguliers du Val-Verd près Bruxelles. Il fit sa théologie à Louvain, et revint professer cette science et la philosophie dans son monastère, dont il fut nommé président en 1635. L'année suivante Mastelyn fut postulé pour être prieur des Sept-Fonts; mais il ne fut reconnu qu'après juin 1643. Il fut ensuite élu commissaire général du chapitre de Windesheim. Valère André, qui écrivait du vivant de ce religieux, dit « qu'il ne se distinguoit pas moins par sa piété que par son savoir ». — « Pour moi, ajoute Paquot, je crois qu'il s'est beaucoup plus distingué par le premier endroit que par le second. » On a de Mastelyn : *Necrologium Monasterii Viridis-Vallis, ordinis Canonicorum regularium S. Augustini, congregationis Lateranensis, et capituli Windezemensis, in nemore Sonia prope Bruxellam; etc.*; Bruxelles (s. d.), petit in-4°; — *Elucidatorium in Psalmos Davidicos*; Anvers, 1634, in-4°. A vrai dire, Mastelyn n'a commenté que les *Psaumes* CXIV à CXXIII; les autres l'ont été par le père Jean de Bercht. A. L.

Valère André, *Bibliotheca Belgica*, p. 646. — Van Espen, *De Recursu*, cap. III, § 3. — Le même, *Monum. litt.*, B. — Van Gestel, *Hist. Mechlin*, t. II, p. 185. — *Théâtre sacré de Brabant*, t. I, part. II, p. 262 et 334 — *Archives de la ville de Louvain*.

MASTER ou **MASTERS** (*Thomas*), poëte anglais, né vers 1600, mort en 1643, à Oxford.

Élevé au collége de Cirencester, il prit ses degrés à Oxford, y reçut le titre d'agrégé perpétuel et entra dans les ordres. Il avait un grand fonds d'instruction et fut aussi bon poëte qu'habile prédicateur. On a de lui : *Mensa lubrica ;* Oxford, 2e édit., 1658, in-4°, poëme en latin et en anglais; — Μονοστρόφικά εἰς τὴν τοῦ Χριστοῦ σταύρωσιν; Oxford, 1658, in-4°, poëme grec sur la passion du Christ, traduit en latin et en anglais. Il est encore auteur de plusieurs poésies latines, et il a eu beaucoup de part à la rédaction de deux ouvrages de lord Herbert de Cherbury, *Life of Henry VIII* et *De Veritate*. Il avait amassé des matériaux considérables sur l'histoire nationale, qui passèrent dans la bibliothèque du collége de Jésus, à Oxford. P. L—Y.

Athenæ Oxon., II. — Fiddes, *Life of Wolsey* (Introd.).

MASTERS (*Robert*), antiquaire anglais, né en 1713, à Londres, mort le 5 juillet 1798, à Landbeach. Il étudia à Cambridge, où il enseigna les humanités, et fut pourvu de divers bénéfices ecclésiastiques. En 1752 il devint membre de la Société des Antiquaires. On a de lui : *History of the College of Corpus Christi ;* 1753, in-4°; — *Memoirs of the Life and Writings of the rev. Thomas Baker ;* Cambridge, 1784, in-8°; — *Catalogue of the several Pictures of the University of Cambridge ;* ibid., 1790, in-12. K.

Gentleman's Magazine, LXV, 184.

MASTRILLI. *Voy.* GALLO.

MASTROFINI (*Marco*), savant littérateur italien, né le 25 avril 1763, à Monte-Compatri, près Rome, mort le 4 mars 1845, à Rome. Après avoir été ordonné prêtre (1786), il fut chargé d'enseigner la philosophie et les mathématiques au collége de Frascati. Il fut membre de plusieurs sociétés d'Italie et publia les ouvrages suivants : *Ritratti poetici storici critici de' personaggi più famosi nell' Antico e Nuovo Testamento ;* Rome, 1807, 3 vol. in-8°; — *Dizionario de' Verbi Italiani ;* ibid., 1814, in-8°; — *Metaphysica sublimior de Deo trino et uno ;* ibid., 1816, in-8° : cet ouvrage, qui suscita de graves embarras à l'auteur, ne fut pas continué; — *Le Usure, lib. III ;* ibid., 1831, in-8°; — *Rilievi sull' opera del s. de Potter intitolata : Spirito della Chiesa ;* ibid., 1826; — *Amplissimi frutti da raccogliersi ancora sul calendario Gregoriano ;* ibid., 1834; — *L'Anima umana e i suoi stati ;* ibid., 1842, in-8°; — des traductions italiennes, avec des notes d'Appien, de Quinte-Curce (1809), de Florus (1810), de Denys d'Halicarnasse (1812), et d'Arrien (1820). P.

C. Gasola, *Memoria di M. Mastrofini ;* Rome, 1845, in-8°.

MASTROPETRO (*Orio*), quarante-et-unième doge de Venise. Il appartenait à la famille de' Malipieri, et lors de la mort de Vitali Michell II (27 mai 1173) il réunit la pluralité des suffrages; mais il refusa le dogat, qui fut alors confié à Sebastiano Ziani. A la mort de ce prince (13 avril 1179), Mastropetro fut élevé de nouveau au trône ducal. Il gouverna sagement, et envoya, en 1188, une flotte nombreuse au secours des chrétiens de la Terre Sainte. En 1191, il abdiqua pour terminer ses jours dans un monastère. Le célèbre Henri Dandolo lui succéda. A. DE L.

Maimbourg, *Histoire des Croisades.* — Michaud, *Hist. des Croisades.* — Daru, *Hist. de Venise.* — André Dandolo, *Chronique* dans le t. XII de la collection Muratori. — Sabellicus, *Historia Rerum Venetarum.*

MASUCCI (*Agostino*), peintre de l'école romaine, né en 1691, mort en 1758. Il fut le dernier élève de Carlo Maratta. Reconnaissant lui-même son insuffisance dans les grandes compositions, il se borna à peindre des figures isolées de saints et de madones, et en ce genre il se fit une réputation méritée. Il fit aussi quelques peintures à fresque, telles que la voûte d'un pavillon du jardin du Quirinal, qu'il exécuta par ordre de Benoît XIV. Parmi ses tableaux d'autel à Rome, on distingue *Sainte Anne*, à l'église du Saint-Nom-de-Marie; *Saint Augustin* et *Saint Nicolas*, à Santa-Maria-del-Popolo. Il fit aussi un *Saint François* aux Observantins de Macerata, une *Conception* à Saint-Benoît de Gubbio, et à Urbin un *Saint Bonaventure*, la seule grande composition qu'il ait laissée et dans laquelle il a placé les portraits d'un grand nombre de personnes alors vivantes. Du reste, il excella dans la peinture de portrait. Il fut reçu à l'académie de Saint-Luc en 1724. E. B—N.

Lanzi, *Storia.* — Ticozzi, *Dizionario.* — Pistolesi, *Descrizione di Roma.* — Missirini, *Storia dell' Accademia di S.-Luca.*

MASUCCIO Ier, architecte et sculpteur italien, né à Naples, en 1230, mort en 1305. Il a laissé dans sa ville natale de nombreuses preuves de son double talent, qu'avait perfectionné un voyage à Rome. Il termina le *Chateau neuf*, commencé vers 1283, par Giovanni Pisano, ainsi que l'*église cathédrale de Saint-Janvier*, fondée en 1299. Il bâtit seul, en 1284, l'*église de S.-Domenico-Maggiore*, dans laquelle apparaît déjà une lueur de renaissance, plus sensible encore, dit-on, dans celle de *de S.-Giovanni-Maggiore*, élevée après, mais qui a été refaite en 1625. Il donna aussi les dessins de plusieurs palais de Naples. Masuccio exécutait lui-même les sculptures des édifices élevés sous sa direction; toutefois, on ne peut guère lui attribuer avec certitude qu'une *Madeleine* portant son nom, placée au pied de l'escalier du couvent des Dominicains, un *Enlèvement des Sabines*, bas-relief qui surmonte la porte des écuries du palais Maddaloni; enfin, à Saint-Janvier, dans la chapelle Minutolo, trois statues, *Le Christ sur la croix*, *la Vierge* et *saint Jean*. La plus grande gloire de cet artiste est d'avoir été le maître de son filleul, Masuccio II. E. B—N.

Cicognara, *Storia della Scultura.* — Ticozzi, *Dizionario.* — Galanti, *Napoli e suoi contorni.*

MASUCCIO II (*Tommaso de' Stefani*), architecte et sculpteur napolitain, né en 1291, mort en 1388 (1). Il peut être regardé comme le père

(1) Ces dates, données par les historiens, semblent dif-

d'épée et de robe, par Chevigny et de Limiers, considérablement augmentée; ibid., 1752, 18 vol. in-12, fig.; — *De l'Amputation à lambeau, ou nouvelle manière d'amputer les membres*; ibid., 1756, in-8°, trad. du latin de Verduin, avec des notes. Massuet a participé à la rédaction de plusieurs autres ouvrages, tels que la *Bibliothèque raisonnée des ouvrages des savants de l'Europe* (Amst., 1728-1753, 52 vol. in-8°), où ses articles sont les plus nombreux; — *Lettres sérieuses et badines de La Barre de Beaumarchais* (La Haye, 1729-1740, 12 vol. in-8°); — le Musée de Seba, ou *Rerum naturalium Descriptio* (Amsterdam, 1734-1765, 4 vol. in-fol. (fig.); et l'*Atlas historique* de Gueudeville (Amsterdam, 1739, 6 vol. in-fol.), auquel il a fourni plusieurs suppléments. On lui a attribué, mais à tort, la traduction du *Manuel des Accouchements* de Deventer, laquelle est de Bruhier d'Ablaincourt, et *les Anecdotes de Russie sous le règne de Pierre le Grand*, écrit anonyme. P. L.

Boulliot, *Biogr. ardennaise*, II. — Haller, *Biblioth. Chirurg.* — Barbier, *Dict. des Anonymes.* — Haag frères, *La France Protest.*

MASTELLETTA (*Giovanni-Andrea* DONDUCCI, dit LE), peintre de l'école bolonaise, né à Bologne, en 1575, mort en 1655. Il dut son surnom à l'état de son père, qui fabriquait des cuves, des baignoires, *mastelli*. Élève des Carrache, il ne sut pas se plier à leur discipline, et fut peut-être le seul artiste sorti de cette illustre école sans avoir su y acquérir des principes solides de dessin. Ce peintre fantasque, qui pourtant eut des partisans et des imitateurs tels que Domenico Mangucci, ne sachant ni dessiner correctement, ni conduire une œuvre sérieuse, chercha à se concilier l'œil du spectateur par l'effet, outrant tellement les ombres que l'imperfection des contours passa inaperçue. Tel était aussi le système du Caravage et de cette secte des *tenebrosi* qui en ce temps avait envahi les pays vénitiens et une partie de la Lombardie. Après avoir échoué dans plusieurs grandes compositions, le Mastelletta essaya, mais sans succès, de changer sa manière; il fit plus; il avait peint dans son premier style à l'église Saint-Dominique de Bologne deux miracles du saint, qui étaient ses meilleurs ouvrages; il voulut les retoucher, et les rendit médiocres. Pendant un temps, suivant le conseil d'Annibal Carrache, il s'était adonné aux tableaux de chevalet, genre dans lequel il réussissait mieux, et aux paysages, qu'il savait animer par des figures spirituellement touchées; mais bientôt il revint à son goût pour les toiles d'une vaste dimension. Enfin, découragé par de nouveaux échecs, le Mastelletta devint d'un caractère sombre et sauvage, changement auquel contribua peut-être aussi un empoisonnement accidentel dont il faillit devenir victime dans un repas. Abandonnant la peinture, il se retira chez les moines franciscains, où il prit l'habit d'*oblat* ou frère lai; mais le père gardien ayant exigé qu'il parût au réfectoire avec les autres religieux, il s'enfuit du couvent, et se réfugia chez les chanoines réguliers de Saint-Laurent; là aussi il apporta son humeur indisciplinée et inconstante; il quitta les chanoines. Arrivé à une extrême vieillesse, il termina ses jours chez un parent éloigné, qui l'avait reçu par charité. Les ouvrages de ce maître sont très-nombreux à Bologne; les principaux sont : à l'église des Célestins, *Sainte Irène arrachant les flèches du corps de saint Sébastien*; à l'église des Mendicanti, *La Fuite en Égypte*; à San-Salvator, *La Résurrection de Jésus-Christ*, et *Judith portant la tête d'Holopherne*; à Saint-Pétronne, *Saint François*; à Saint-Paul, *Le Christ au jardin des Oliviers*, et *Le Christ allant au Calvaire*; à Sainte-Christine, *Jésus-Christ apparaissant à la Madeleine*. Nous retrouvons des peintures du Mastelletta dans toutes les villes des environs de Bologne; à Carpi, *Saint Christophe avec la Vierge et des anges*; à Modène, dans la Galerie ducale, *La Fortune*, *L'Apparition d'un ange à un saint*, et *Moïse sauvé des eaux*; à Mantoue, deux *Martyres de sainte Marguerite*. Le Musée du Louvre possède du Mastelletta *Le Christ et la Vierge apparaissant à saint François*. E. B—N.

Orlandi, Lanzi, Ticozzi. — Campori, *Gli Artisti negli Stati Estensi.* — Gualandi, *Tre Giorni in Bologna.*

MASTELYN (*Marc*), biographe belge, né à Bruxelles, en 1599, mort aux Sept-Fonts, le 23 décembre 1652. Ses études terminées, il entra en 1617 chez les chanoines réguliers du Val-Verd près Bruxelles. Il fit sa théologie à Louvain, et revint professer cette science et la philosophie dans son monastère, dont il fut nommé président en 1635. L'année suivante Mastelyn fut postulé pour être prieur des Sept-Fonts; mais il ne fut reconnu qu'après juin 1643. Il fut ensuite élu commissaire général du chapitre de Windesheim. Valère André, qui écrivait du vivant de ce religieux, dit « qu'il ne se distinguoit pas moins par sa piété que par son savoir ». — « Pour moi, ajoute Paquot, je crois qu'il s'est beaucoup plus distingué par le premier endroit que par le second. » On a de Mastelyn : *Necrologium Monasterii Viridis-Vallis, ordinis Canonicorum regularium S. Augustini, congregationis Lateranensis, et capituli Windesemensis, in nemore soniæ prope Bruxellam; etc.*; Bruxelles (s. d.), petit in-4°; — *Elucidatorium in Psalmos Davidicos*; Anvers, 1634, in-4°. A vrai dire, Mastelyn n'a commenté que les *Psaumes* CXIV à CXXIII; les autres l'ont été par le père Jean de Bercht. A. L.

Valère André, *Bibliotheca Belgica*, p. 640. — Van Espen, *De Recursu*, cap. III, § 3. — Le même, *Monum. litt.*, B. — Van Gestel, *Hist. Mechlin*, t. II, p. 135. — *Théâtre sacré de Brabant*, t. I, part. II, p. 262 et 234. — *Archives de la ville de Louvain.*

MASTER ou **MASTERS** (*Thomas*), poëte anglais, né vers 1600, mort en 1643, à Oxford.

Élevé au collége de Cirencester, il prit ses degrés à Oxford, y reçut le titre d'agrégé perpétuel et entra dans les ordres. Il avait un grand fonds d'instruction et fut aussi bon poëte qu'habile prédicateur. On a de lui : *Mensa lubrica*; Oxford, 2e édit., 1658, in-4°, poëme en latin et en anglais; — *Μονοστρόφικά εἰς τὴν τοῦ Χριστοῦ σταύρωσιν*; Oxford, 1658, in-4°, poëme grec sur la passion du Christ, traduit en latin et en anglais. Il est encore auteur de plusieurs poésies latines, et il a eu beaucoup de part à la rédaction de deux ouvrages de lord Herbert de Cherbury, *Life of Henry VIII* et *De Veritate*. Il avait amassé des matériaux considérables sur l'histoire nationale, qui passèrent dans la bibliothèque du collége de Jésus, à Oxford. P. L—Y.

Athenæ Oxon., II. — Fiddes, *Life of Wolsey* (introd.).

MASTERS (*Robert*), antiquaire anglais, né en 1713, à Londres, mort le 5 juillet 1798, à Landbeach. Il étudia à Cambridge, où il enseigna les humanités, et fut pourvu de divers bénéfices ecclésiastiques. En 1752 il devint membre de la Société des Antiquaires. On a de lui : *History of the College of Corpus Christi*; 1753, in-4°; — *Memoirs of the Life and Writings of the rev. Thomas Baker*; Cambridge, 1784, in-8°; — *Catalogue of the several Pictures of the University of Cambridge*; ibid., 1790, in-12. K.

Gentleman's Magazine, LIV, 194.

MASTRILLI. *Voy.* GALLO.

MASTROFINI (*Marco*), savant littérateur italien, né le 25 avril 1763, à Monte-Compatri, près Rome, mort le 4 mars 1845, à Rome. Après avoir été ordonné prêtre (1786), il fut chargé d'enseigner la philosophie et les mathématiques au collége de Frascati. Il fut membre de plusieurs sociétés d'Italie et publia les ouvrages suivants : *Ritratti poetici storici critici de' personaggi più famosi nell' Antico e Nuovo Testamento*; Rome, 1807, 3 vol. in-8°; — *Dizionario de' Verbi Italiani*; ibid., 1814, in-8°; — *Metaphysica sublimior de Deo trino et uno*; ibid., 1816, in-8° : cet ouvrage, qui suscita de graves embarras à l'auteur, ne fut pas continué; — *Le Usure, lib. III*; ibid., 1831, in-8°; — *Rilievi sull' opera del s. de Potter intitolata : Spirito della Chiesa*; ibid., 1826; — *Amplissimi frutti da raccogliersi ancora sul calendario Gregoriano*; ibid., 1834; — *L'Anima umana e i suoi stati*; ibid., 1842, in-8°; — des traductions italiennes, avec des notes d'Appien, de Quinte-Curce (1809), de Florus (1810), de Denys d'Halicarnasse (1812), et d'Arrien (1820). P.

C. Gasola, *Memoria di M. Mastrofini*; Rome, 1848, in-8°.

MASTROPETRO (*Orio*), quarante-et-unième doge de Venise. Il appartenait à la famille de' Malipieri, et lors de la mort de Vitali Michell II (27 mai 1173) il réunit la pluralité des suffrages; mais il refusa le dogat, qui fut alors confié à Sebastiano Ziani. A la mort de ce prince (13 avril 1179), Mastropetro fut élevé de nouveau au trône ducal. Il gouverna sagement, et envoya, en 1188, une flotte nombreuse au secours des chrétiens de la Terre Sainte. En 1191, il abdiqua pour terminer ses jours dans un monastère. Le célèbre Henri Dandolo lui succéda. A. DE L.

Maimbourg, *Histoire des Croisades*. — Michaud, *Hist. des Croisades*. — Daru, *Hist. de Venise*. — André Dandolo, *Chronique* dans le t. XII de la collection Muratori. — Sabellicus, *Historia Rerum Venetarum*.

MASUCCI (*Agostino*), peintre de l'école romaine, né en 1691, mort en 1758. Il fut le dernier élève de Carlo Maratta. Reconnaissant lui-même son insuffisance dans les grandes compositions, il se borna à peindre des figures isolées de saints et de madones, et en ce genre il se fit une réputation méritée. Il fit aussi quelques peintures à fresque, telles que la voûte d'un pavillon du jardin du Quirinal, qu'il exécuta par ordre de Benoît XIV. Parmi ses tableaux d'autel à Rome, on distingue *Sainte Anne*, à l'église du Saint-Nom-de-Marie; *Saint Augustin* et *Saint Nicolas*, à Santa-Maria-del-Popolo. Il fit aussi un *Saint François* aux Observantins de Macerata, une *Conception* à Saint-Benoît de Gubbio, et à Urbin un *Saint Bonaventure*, la seule grande composition qu'il ait laissée et dans laquelle il a placé les portraits d'un grand nombre de personnes alors vivantes. Du reste, il excella dans la peinture de portrait. Il fut reçu à l'académie de Saint-Luc en 1724. E. B—N.

Lanzi, *Storia*. — Ticozzi, *Dizionario*. — Pistolesi, *Descrizione di Roma*. — Missirini, *Storia dell' Accademia di S.-Luca*.

MASUCCIO Ier, architecte et sculpteur italien, né à Naples, en 1230, mort en 1305. Il a laissé dans sa ville natale de nombreuses preuves de son double talent, qu'avait perfectionné un voyage à Rome. Il termina le *Chateau neuf*, commencé vers 1283, par Giovanni Pisano, ainsi que l'*église cathédrale de Saint-Janvier*, fondée en 1290. Il bâtit seul, en 1284, l'*église de S.-Domenico-Maggiore*, dans laquelle apparaît déjà une lueur de renaissance, plus sensible encore, dit-on, dans celle de *de S.-Giovanni-Maggiore*, élevée après, mais qui a été refaite en 1625. Il donna aussi les dessins de plusieurs palais de Naples. Masuccio exécutait lui-même les sculptures des édifices élevés sous sa direction; toutefois, on ne peut guère lui attribuer avec certitude qu'une *Madeleine* portant son nom, placée au pied de l'escalier du couvent des Dominicains, un *Enlèvement des Sabines*, bas-relief qui surmonte la porte des écuries du palais Maddaloni; enfin, à Saint-Janvier, dans la chapelle Minutolo, trois statues, *Le Christ sur la croix*, *la Vierge* et *saint Jean*. La plus grande gloire de cet artiste est d'avoir été le maître de son filleul, Masuccio II. E. B—N.

Cicognara, *Storia della Scultura*. — Ticozzi, *Dizionario*. — Galanti, *Napoli e suoi contorni*.

MASUCCIO II (*Tommaso de' Stefani*), architecte et sculpteur napolitain, né en 1291, mort en 1388 (1). Il peut être regardé comme le père

(1) Ces dates, données par les historiens, semblent dif-

de l'architecture napolitaine; son style est plus avancé que celui de son maître, ce qu'il dut sans doute à une étude plus approfondie des monuments antiques de Rome, où il était encore quand il fut appelé à Naples par le roi Robert pour diriger la construction de l'*église Sainte-Claire*, qu'il ne put mener à fin. Il termina l'*église S.-Lorenzo*, commencée sur les dessins du Florentin Maglione. Le grand arc de la croisée, dû à Masuccio, est un chef-d'œuvre de hardiesse. Cet artiste avait donné les dessins de l'*église* et du *couvent de la Madelaine* fondés par Sancha, femme du roi Robert; mais ces édifices ont été refaits. On lui doit la *chartreuse de S.-Martino* commencée en 1325, et *S.-Giovanni-a-Carbonara*, qui date de 1343. Dans sa vieillesse, il prit part, au moins par ses conseils, à la construction de l'*église Santa-Maria-delle-Grazie* ainsi qu'à plusieurs autres édifices élevés par son meilleur élève, Giacomo de Sanctis, qui lui survécut quarante-sept ans. Enfin on lui attribue aussi l'*église de S.-Angelo-a-Nilo*, bâtie en 1380, par le cardinal Rinaldo Brancaccio.

Les édifices de Masuccio II se ressentent des premiers exemples donnés à Naples par les artistes toscans; cette salutaire influence est moins sensible dans ses sculptures, qui, généralement bien conçues, pèchent souvent par l'exécution et surtout par le dessin. A S.-Lorenzo on voit de Masuccio II le *tombeau de Catherine d'Autriche*, femme de Charles l'Illustre, duc de Calabre, morte en 1323; à Santa-Maria-donna-Regina, celui *de la reine Marie*, mère du roi Robert; à Sainte-Claire le *monument de Charles l'Illustre*, et celui que le roi Robert s'était préparé de son vivant · celui-ci est le plus remarquable; à Santo Domenico-Maggiore, les deux *tombeaux de Philippe d'Anjou*, frère du roi Robert, et *de Bertrand del Balzo*, grand-justicier du royaume; enfin, dans la chapelle Saint-Thomas d'Aquin, le *mausolée de Jeanne d'Anquin*, morte en 1300. Plusieurs de ces monuments ont été publiés par d'Agincourt et par Cicognara. E. B—N.

Cicognara, *Storia della Scultura*. — Ticozzi, *Dizionario*. — Galanti, *Napoli e suoi contorni*. — D'Agincourt, *Hist. de l'Art par les monuments*. — Valery, *Voy. hist. et littér. en Italie*.

MASUCCIO, conteur italien, né à Salerne, vers 1420; il vivait encore en 1476. Il nomme dans un de ses contes le duc de Milan *suo signore*, ce qui donne lieu de supposer qu'il avait été au service des Visconti. Son ami Pontano lui fit une épitaphe louangeuse. Les nouvelles de Masuccio, au nombre de cinquante, ne se recommandent pas par l'élégance de la diction; mais elles offrent un tableau curieux des mœurs du quinzième siècle. L'auteur déclare que toutes les anecdotes qu'il raconte sont des faits réels. Il en est bon nombre de licencieuses, où les moines jouent un rôle des moins édifiants; ce qui n'empêcha nullement le *Novellino*, publié pour la première fois à Naples, en 1476, in fol., d'être dédié à la princesse Hippolyte, duchesse de Calabre; les réimpressions sont assez nombreuses, et les plus anciennes sont à peu près introuvables (Milan, 1483; Venise, 1484, 1492, 1503, 1510). Paolo Rossello corrigea le style du vieux conteur, parfois difficile à comprendre, à cause des nombreux idiotismes napolitains dont il est parsemé; ce texte parut à Venise, 1522, in-4°, et 1525, in-8°. Peu de temps après, B. Corrado opéra une révision du même genre; Venise, 1539, et 1541, in-8°. Enfin, une édition plus récente, imprimée à Lucques, en 1765, 2 vol. in-8°, sous la rubrique de Genève, donne un texte tout à fait moderne. Un conteur de la fin du siècle dernier, Batachi, a, dans ses *Novelle* en vers, reproduit quelques-unes des historiettes de Masuccio, en s'attachant à choisir les plus scabreuses. Le *Novelliero Italiano* (Venise, 1754, tom. II) a reproduit onze nouvelles de Masuccio; on en trouve deux dans les *Novelle di varj autori* (Milan, 1804, 3 vol. in-8°), et les quatre premières ont été insérées dans le t. Ier des *Novellieri* (Paris, 1847). Un recueil, publié en 1555, et plusieurs fois réimprimé sous le titre de *Comptes du monde adventureux*, donne dix-neuf nouvelles empruntées à Masuccio. Une autre collection, *Les agréables Divertissements*, Paris, 1664, a fait des emprunts à la même source. On rencontre dans la *Bibliothèque des Romans* (avril 1778), tom. I, une analyse de plusieurs de ces anciens récits des malices du sexe. G. BRUNET.

Prosper Marchand, *Dict.* — Ginguené, *Hist. Litter. d'Italie*, VIII, 436. — Brunet, *Manuel du Libraire*, III, 318 — Gamba, *Bibliogr. delle Novelle Italiane*, 1833 et 1835.

MASURIUS. *Voy.* DESMASURES.

MASZKIEWICZ (*Samuel*), écrivain polonais, partisan du personnage que l'on désigne sous le nom du *Faux Dmitri*, est auteur de *Mémoires de son temps*, 1594-1621, qui ont été recueillis par Niemcewicz (*Zbior pamietnikow hystorycznych o dawnéy Polszcze*, II, 341), et traduits par Oustrialof dans ses *Mémoires contemporains relatifs à l'usurpateur Dmitri*; Saint-Pétersbourg, 1831, C'est un ouvrage indispensable à consulter pour se rendre compte des événements bizarres qui se sont passés à cette époque en Russie et en Pologne. A. G.

· P. Mérimée, *Les faux Demetrius*, et dans le *Journal des Savants*, 1852, p. 88.

MATA (*Gabriel* DE), poëte espagnol, vivait vers la fin du seizième siècle. On manque de détails sa vie. Il fit paraître un poëme singulier, consacré à la gloire de saint François d'Assise : *El Cavallero Assisio, vida de san Francisco y otros cinco Santos*; Bilbao, 1587-1589, 2 vol. in-4°. Un troisième volume était

faciles à admettre. Masuccio Ier est mort en 1308, et Masuccio II, son élève, né en 1291, n'aurait pu recevoir ses conseils que jusqu'à l'âge de quatorze ans. D'un autre côte, celui-ci aurait vécu quatre-vingt-dix-sept ans. Masuccio Ier ne fut pas parent, mais seulement parrain de Masuccio II, dont le père se nommait Pietro de' Stefani. On sait que *Masuccio* n'est point un nom de famille, mais un diminutif de *Maso*, abbréviation de *Tommaso*.

promis, mais il n'a jamais paru. Les cinq autres personnes objet des chants de Mata sont les saints Antoine de Padoue, Bonaventure, Louis l'évêque, Bernardin et sainte Claire. Cette épopée ne fait d'ailleurs que reproduire des légendes dont l'autorité était alors incontestée dans la Péninsule. G. B.

Ticknor, *History of Spanish Literature*, II, 470.

MATA-FLORIDA (*Bernardo-Mozo* ROSALÈS, marquis DE), homme d'État espagnol, né à Séville, en 1761, mort à Agen, le 3 juillet 1832. Il exerçait depuis longtemps la profession d'avocat lorsqu'en 1814 il fut élu député aux cortès et se mit à la tête du parti ultra-monarchiste. Il obtint facilement de Ferdinand VII, dès l'entrée de ce prince à Valence, la dissolution des cortès et le retrait de la constitution. Il avait prévenu les désirs du monarque: aussi fut-il créé marquis de *Mata-Florida*. En 1819, Lozano de Torrès ayant donné sa démission de ministre de la justice, Mata-Florida fut appelé à le remplacer. Il occupa ce poste jusqu'en 1822. A cette époque les libéraux ayant, de nouveau, proclamé une constitution en Espagne, Mata-Florida rallia les débris du parti royaliste à Urgel. Appuyé par la France, il forma une régence ou plutôt un triumvirat, dont il se fit président. Ses collègues étaient le baron d'Eroles et don Jaime Creux, archevêque de Taragone. Son zèle alla plus loin : il prit le grade de *généralissime des armées du roi d'Espagne*, et sous ce titre rassembla ce qu'on convint alors d'appeler *l'armée de la foi*. Ferdinand VII (dont, il est vrai, la reconnaissance n'était pas la vertu principale), rétablі sur son trône par les armes françaises (1823), accueillit très-froidement le généralissime Mata-Florida, qui dut licencier ses bandes et sortir du royaume : il vint terminer ses jours dans le midi de la France. A. DE L.

Viardot, *Études sur l'Espagne*. — Nellerio, *Memor. por la Historia de la Revolucion de España* (1815-1819, 3 vol. in-8°). — Miñano, *Hist. de la Révolution d'Espagne*; Paris, 1825, 2 vol. in-8°. — *Mém. hist. sur Ferdinand VII, roi des Espagnes*, par D***, avocat; trad. en anglais, par G. H*** (1824).

MATAL (*Jean*), en latin *Matalis*, érudit français, né vers 1520, à Poligni (Franche-Comté), mort en 1597, à Augsbourg. Il étudia la jurisprudence à Bologne, où professait le célèbre Alciat, et s'y lia d'une étroite amitié avec Antoine Augustin et Jérôme Osorio, ainsi qu'il paraît par les dialogues de ce dernier *de Gloria*, où les deux autres servent d'interlocuteurs. Il suivit ensuite Augustin à Florence, à Venise, à Rome et en Angleterre, lorsque ce prélat y fut envoyé, en 1555, par le pape Jules III pour aider au rétablissement du culte catholique. Dans la même année, il l'accompagna en Flandre, et vint enfin se fixer à Augsbourg. Matal peut être rangé parmi les « doctes » du seizième siècle; il avait en droit, en géographie, en histoire, en antiquités, des connaissances fort étendues. Plusieurs savants, parmi lesquels on cite Cassander, entretenaient avec lui un commerce de lettres; d'autres lui dédiaient leurs travaux, comme Gilbert Cousin et Benoît Ægius; un dernier, Panvinio, déclarait que c'était à la sollicitation de Matal qu'il avait entrepris les *Fasti Romanorum*. On a de Matal : *Epistola de Hier. Osorii Indicarum rerum Historia;* Cologne, 1574, in-8°, réimpr. en tête de l'ouvrage d'Osorio; — *Speculum orbis terræ;* Cologne, 1600-1602, 4 part. in-fol., avec cartes gravées sur bois; ouvrage devenu rare; — des *Notes* pour une édit. de Cornelius Nepos, des pièces de vers latins, des lettres, etc. Ce savant fut l'un des correcteurs des *Pandectæ Florentinæ* de Lelio Torelli et des *Inscriptions étrusques* de Gruter. P. L.

Bayle, *Dict. Hist. et crit.*

MATAMOROS. *Voy.* GARCIAS.

MATANI (*Antonio-Maria*), savant italien, né le 27 juillet 1730, à Pistoja, où il est mort, le 21 juin 1779. Il étudia la médecine à Pise, et y fut reçu docteur en 1754; deux ans plus tard il y enseigna successivement la philosophie et l'anatomie. Son instruction variée, sa réputation d'habile praticien, un grand amour du travail l'avaient mis en rapport avec les savants étrangers, tels que Haller, Seguier, Formey, etc. Il était membre ou correspondant des Sociétés de Londres, de Gœttingue, de Montpellier et de plusieurs académies d'Italie. On a de lui : *De aneurysmaticis præcordiorum Morbis Animadversiones;* Florence, 1756, in-4°; Livourne, 1761; Francfort, 1766, in-8°; — *De rationali Philosophia ejusque præstantia;* Pise, 1757, 1766; — *Heliodori Larissæi Capita Opticorum e græco latine conversa;* Pistoja, 1758, in-8° : le texte est peu correct et la traduction peu exacte; — *Ragionamento filosofico istorico sopra la figura della Terra;* Pise, 1760, 1766; — *De osseis Tumoribus;* Pistoja, 1760; — *De lapideis cystidis felea Concretionibus;* Berne, 1761; — *Delle Produzioni naturali del territorio Pistojese;* Pistoja, 1762, in-4°, pl.; cette relation, composée à la suite d'excursions faites autour de sa ville natale, reçut des éloges de Baretti, dans sa *Frusta letteraria* (n° du 1er déc. 1763); — *De philosophicis Pistoriensium Studiis;* Augsbourg, 1764, in-4° : dissertation terminée par un catalogue de quatre-vingt-dix auteurs de Pistoja ayant traité des matières philosophiques; — *De Nosocomiorum Regimine;* Venise, 1768; — *Elogio di M.-A. Giacomelli;* Pise, 1775. Matani a encore fourni des articles aux recueils périodiques de Venise et de Pise ainsi qu'aux *Novelle Letterarie* de Florence, et il a publié des préfaces, des traductions, des lettres, des dissertations de médecine, etc. P.

Novelle Letterarie di Firenze, X, 1779. — *Antologia romana*. — *Giornale dei Letterati*, Pise, 1779, XXXVI, p. 280. — *Nova Acta Acad. Naturæ Curiosorum*, VII, append., 219. — Lombardi, *Continuazione alla Storia Letter. del Tiraboschi*, III, 271. — Tipaldo, *Biogr. degli Italiani illustri*, V.

MATARAZZO (*Francesco*), en latin *Mata-*

rantius, philologue italien, né vers 1240, à Pérouse, mort vers 1312. Il professa longtemps les belles-lettres grecques et latines dans sa patrie, et fut secrétaire du gouvernement. Il laissa sur divers ouvrages de Cicéron des commentaires assez savants pour mériter d'être imprimés deux siècles après sa mort : *Commentarii in orationes Philippicas* (Vicence, 1488), *in Rhetoricam* (Venise 1496), *in Libros ad Herennium* (Venise, 1500), *in Officia et Paradoxa* (Lyon, 1512). Ses notes sur *l'Achilléide* de Stace ont été insérées dans l'édition de ce poëte, Venise, 1483. On connaît encore de Matarazzo : *Opusculum de componendis versibus hexametro et pentametro*; Venise, 1478; — *Oratio in funere Grifonis Bullonii*; Pérouse, 1482. P.

Oldoini, *Athenæ Augusto-Perusinæ*, 117. — Baillet, *Jugem. des Savants*, II, 100.

MATCHAM (*Georges*), voyageur anglais, né en 1755, mort à Kensington (Middlesex), le 3 février 1833. Son père était surintendant de la marine de la Compagnie des Indes et doyen du conseil de la présidence de Bombay. Lui-même fut élevé à l'école de la chartreuse, et se mit en route, en 1781, pour rejoindre son père; mais, peu pressé d'arriver, il traversa lentement la France et l'Italie, nolisa un navire sur lequel il visita en détail, et pendant plusieurs mois, la Grèce, l'Archipel, les côtes de l'Asie Mineure. Il débarqua à Alexandrie, et continua son voyage par terre, faisant souvent des excursions hors de son itinéraire. C'est ainsi qu'il explora curieusement une partie de l'Égypte, et gagna Alep par la Syrie. Il profita, pour traverser le désert arabique, d'une caravane qui se rendait à Bagdad. Il se reposa quelque temps dans cette ville, et descendit le Tigre, puis le Chat-el-Arab (formé de la reunion du Tigre et de l'Euphrate) jusqu'à Bassorah. De là il se rendit à Bombay, en côtoyant les rivages des golfes Persique et d'Oman. A son arrivée il fut nommé président à Baroutch (en hindou *Barygaza*), ville importante de la présidence de Bombay. Matcham hérita d'une brillante fortune à la mort de son père, et lorsqu'en 1789, par le traité de Travancor, les Anglais cedèrent Baroutch aux Mahrattes, il quitta le service de la Compagnie pour revenir dans sa patrie. Il opéra son retour par la voie de terre, traversa, plutôt en touriste qu'en voyageur, le Guzzurate, le pays des Sykes, le Beloutchistan, la Perse, et s'arrêta de nouveau à Bagdad. Il prit alors par le Kourdistan, l'Aljézireh, l'Arménie, la Caramanie, l'Anatolie. Un si long voyage, fait constamment à cheval, avait pourtant si peu fatigué Matcham qu'il put s'embarquer aussitôt à Constantinople pour l'Angleterre. Il y acheta le magnifique domaine d'Ashfold-Lodge (Sussex-shire), et, renonçant pour toujours aux aventures, se consacra à l'éducation de ses enfants et à la littérature. Il est fâcheux qu'il n'ait publié qu'un seul fragment de ses intéressantes explorations. C'est : *Voyage d'Alep à Bagdad, au travers du désert d'Arabie, en 1781*, réimprimé à la suite des *Adventures* de Eyles Irwin. On a aussi de lui : *Anecdotes d'un Croate* et *Caquets de famille*; ces ouvrages se distinguent par l'observation et l'originalité. Matcham était quelque peu ingénieur; il inventa, en 1802, un appareil destiné à préserver les vaisseaux du naufrage; un système d'estacades à piles qui devait mettre les ports à l'abri d'attaques imprévues; enfin ses compatriotes lui doivent à Londres une grande partie des embellissements du Saint-James Park et quelques établissements d'utilité publique.

A. de L.

Ann. Regist. — Rose, *New general Biographical Dictionary*. — *English Cyclopædia* (Biography). — Eyles Irwin, *Adventures during a voyage up the Red-Sea, and a journey across the desert.*

MATELIEF (*Corneille*), dit *le jeune*, navigateur hollandais, né vers 1570, mort vers 1628. Fils d'un marin très-expérimenté, Corneille Matelief apprit de bonne heure à connaître la mer. Il avait déjà fait plusieurs voyages de long cours lorsqu'il entra au service de la Compagnie néerlandaise des Indes orientales; aussi cette société n'hésita pas à lui confier le commandement d'une flotte de onze bâtiments de guerre montée par mille quatre cent quarante-six hommes (1). La Hollande était alors en hostilité avec le roi d'Espagne et de Portugal, Philippe III, qui venait d'interdire, sous peine de mort, tout commerce avec les Bataves. Ceux-ci résolurent d'attaquer leur ennemi dans la principale source de ses richesses, c'est-à-dire, dans ses colonies des mers asiatiques et en même temps d'ouvrir des relations avec la Chine et le Japon. Matelief fut choisi pour accomplir cette double mission. Il mit à la voile du Texel, le 12 mai 1605; le 4 juillet il fit aiguade sur l'île du Mai ou Maio (archipel du cap Vert). Il y trouva des chèvres et des boucs en si grande abondance qu'en une seule chasse ses gens en tuèrent plus d'un millier. Il reprit la mer le 18, côtoya les rivages de l'Afrique, et le 7 septembre suivant, ses équipages commençant à être tourmentés du scorbut, il entra dans le golfe de Guinée et relâcha sur l'île d'Annobon jusqu'au 15. Quoique cette île fût occupée par des Portugais, Matelief s'y procura les moyens de gagner le cap de Bonne-Espérance (21 novembre). Le 1er janvier 1606, il toucha à l'île Maurice, alors déserte, où il rencontra son compatriote l'amiral Étienne van der Hagen, qui lui fit connaître l'état des affaires hollandaises dans les mers indiennes (*voy.* Hagen). Cet amiral s'était emparé d'Amboine, de Tidor (dans les Moluques), et avait fait alliance avec divers chefs de Banda ainsi

(1) L'équipement de cette flotte coûta 1,[illegible] livres. Amsterdam avait fourni sept navires : *Orange*, 700 tonneaux, *Middelbourg*, 600 t., *Maurice*, 700 t., *Le Lion noir*, 690 t., *Le Lion blanc*, [illegible] t., *Le Grand-Soleil*, [illegible] t., *Nassau*, [illegible] t. La province de Zélande arma : *Amsterdam*, 700 t.; et *Le Petit-Soleil*, 220 t.; celle de la Meuse équipa *Érasme*, 550 t. et *Les Provinces-Unies*, [illegible] t.

qu'avec le samorin de Calicut, qui promettait d'aider les Hollandais à s'emparer de Cochin. Il lui avoua aussi qu'il avait complétement échoué devant Malacca, d'où le gouverneur portugais, Andrea Furtado de Mendoza, l'avait repoussé avec perte. Matelief résolut de compléter l'œuvre de van Hagen. Il remit à la voile le 27 janvier, se dirigeant directement sur Malacca, afin de secourir le roi de Johor (1), Raia Sabrang, allié des Hollandais, que Furtado tenait assiégé avec environ huit mille hommes, d'après le récit de Van Hagen. Le 28 mars Matelief entra dans l'archipel Nicobar (entre 92° 30′ et 94° long. est; 6° 40′ et 9° 15′ lat. nord), et s'y ravitailla. Ce fut là qu'il déclara à ses équipages que son intention et ses instructions secrètes étaient d'agir sur terre contre les Portugais et d'assiéger Malacca. Les matelots objectèrent qu'ils ne s'étaient engagés que pour servir sur mer; mais l'amiral calma les murmures en promettant de fermer les yeux sur le pillage. Sûr de son monde, il arriva le 30 avril devant Malacca. Il ne put en approcher qu'à environ une demi-lieue, à cause des courants; mais, au moyen de ses chaloupes, il brûla quatre vaisseaux ennemis qui s'étaient échoués sous les murs de la place. Les jours suivants les Hollandais s'approchèrent davantage de la ville, et engagèrent une canonnade sans résultat sérieux. Quoique la garnison ne se composât que de quatre-vingts blancs et environ trois mille nègres ou Japonais, les assiégés, attendant chaque jour l'armada de Goa, commandée par le vice-roi don Martin-Alfonse de Castro, se défendirent vigoureusement. Matelief fut rejoint le 17 mai par Raïa Sabrang et son frère Jan, raïa de Patuan (Patane); mais ces princes étaient accompagnés d'à peine huit cents hommes, si lâches d'ailleurs que Matelief n'en put tirer aucun parti. Le 18 mai les Hollandais débarquèrent, battirent les Portugais, s'emparèrent des faubourgs, et serrèrent vivement la place, où bientôt les vivres manquèrent. Néanmoins les ressources de Matelief étaient si minimes et il fut si mal secondé par ses alliés, qui se débandaient au premier coup de feu, et par ses propres soldats, toujours ivres d'arack, qu'il ne put réduire la ville avant l'arrivée de l'armada portugaise (16 août), forte de 16 grands galions, 4 galères, 1 caravelle, 14 fustes, et montée par trois mille sept cent cinquante-quatre Européens et deux fois autant de noirs et d'Indiens. Le combat commença aussitôt; il dura tout le jour, et reprit le lendemain avec une nouvelle fureur : le *Middelbourg* brûla avec deux galions portugais qui l'avaient accroché, et le vice-amiral don Alvaro Carvalho périt dans cette catastrophe. *Le Nassau* fut également incendié, et pour comble de malheur *Le Maurice*, dans l'obscurité, canonna l'*Orange*.

(1) Ou *Djohore*, État situé à l'extrémité sud-est de la presqu'île de Malacca. Ce royaume, puissant dans les seizième et dix-septième siècles, est aujourd'hui faible et dépeuplé. Il dépend des Anglais.

Malgré leur infériorité numérique, les Hollandais perdirent beaucoup moins de monde que leurs adversaires, et après avoir réparé activement leurs avaries ils recommencèrent la lutte le 22 sous le vent du cap Rachado. Il se fit de part et d'autre un grand feu sans résultat décisif; mais le 23 l'armada assaillit si subitement les vaisseaux néerlandais, encore à l'ancre et éloignés les uns des autres, qu'ils durent couper leurs cables et abandonner le champ de bataille à leurs adversaires, qui entrèrent à Malacca tandis que Matelief ralliait sa flotte dans la rivière de Johor (13 septembre 1606). Il reçut fort peu d'aide de Raïa-Sabrang; cependant il le décida à mettre sa capitale Batusauwer (*Batusabar*) à l'abri d'un coup de main. Il obtint aussi un traité de commerce avantageux pour les Provinces-Unies et un vaste terrain pour y construire un comptoir fortifié. Sur l'avis que l'armada s'était divisée, l'actif Matelief se représenta de nouveau (18 octobre) devant Malacca, et le 22 attaqua les Portugais, auxquels il enleva ou brûla sept galions et tua ou prit dix-sept cent soixante-trois hommes. Le 2 novembre il prit encore le *San-Yago*, qui revenait de Negapatan. Ce succès porta un coup terrible à l'influence des Portugais dans les Indes et ébranla toutes leurs alliances. Le 19 novembre Matelief parut devant Quéda (*Kédah*), et exigea du roi de cette ville qu'il chassât ou emprisonnât tous les Portugais, auxquels il brûla encore trois navires. Le 27 il reprit la mer pour chercher le reste de l'armada, qu'il atteignit le 1er décembre 1606, au nord de Pulo Boton. La position des Portugais était tellement forte que Matelief hésita longtemps à les attaquer. Il s'y décida le 12 décembre; mais après une longue canonnade il dut se retirer assez maltraité. Le 1er janvier 1607, la flotte mouilla sur Pulo-Pinson. Matelief passa la revue des neuf navires qui lui restaient; il y trouva encore huit cent cinquante-sept hommes, nombre considérable et qui fait grand honneur aux soins de l'amiral, si l'on considère la longueur de la navigation, les nombreux combats livrés et la chaleur du climat. Il choisit cinq cent quatre-vingt-neuf marins les plus valides et distribua les autres sur l'*Amsterdam*, *Le Lion Blanc* et *le Grand-Soleil*, qui durent retourner en Hollande après s'être chargés d'épices à Achin (*Achem*) ou sur la côte de Coromandel. Le reste de la flotte se dirigea sur Bantam, où elle atterrit le 31 janvier. Matelief y renouvela les traités passés; il en fit de même à Jacatra (aujourd'hui Batavia), où il toucha le 11 février. Ayant appris que les Espagnols menaçaient les Moluques, il se hâta de voguer de ce côté, et le 28 mars jeta l'ancre en rade d'Amboine. Cette colonie était tranquille et en bon état de défense, Matelief profita de ce calme pour montrer le pavillon néerlandais dans la Sonde, dans l'archipel des Célèbes, à Banda, à Cambelles, à Loubo; il remplaça deux de ses vaisseaux avariés, *Les Pro-*

vinces-Unies et *Le Lion noir*, qu'il renvoya (14 octobre) chargés pour l'Europe, par deux bons navires *Delft* et *Enkhuysen*. Complétement réparé et ravitaillé, il se rendit devant Ternate (14 mai 1607), où les Espagnols construisaient un fort, au grand déplaisir du roi de cette île. La flotte hollandaise était de huit bâtiments portant cinq cent trente-un hommes; le roi de Ternate devait fournir deux mille soldats, mais il n'en fournit que trois cents. Le 18 on attaqua vainement Tidor, que défendirent cinquante Castillans; on ne fut pas plus heureux à Ternate. Matelief, découragé par l'indifférence des Ternatais, qu'il était venu secourir, se borna à construire un fort à Maleïe, dans le nord-est de l'île. Il eut encore là à réprimer énergiquement une mutinerie de ses équipages, dont l'insubordination et l'inconduite étaient des plus fâcheuses. Le 12 juin il mit à la voile pour Macao (en chinois : *Ngao-men*), avec l'intention de ruiner les établissements portugais de cette ville et de prendre tous les bâtiments chinois qu'il rencontrerait s'il ne pouvait obtenir la liberté de négocier dans le Céleste-Empire. Après avoir franchi le détroit de Tagima, le 29 juin, Matelief s'arrêta sur le cap de Mindanao (la plus méridionale des Philippines). Il y prit pour pilote Lypku, un patron de jonque chinoise, qui le conduisit à l'île Lamao, près d'Emoui sur la côte orientale de la Chine, puis à Siueng-Tchéou-fou (Fo-Kien) (25 juillet). Les pourparlers qu'il eut avec divers mandarins n'aboutirent à rien, quoique ces fonctionnaires lui escamotassent de nombreux cadeaux. Il espéra être plus heureux à Canton, et s'y rendit (28 août); mais on ne voulut pas le laisser entrer en rivière, et il dut mouiller sur l'île Lentengwan (*Ling-Ling*). Le 3 septembre, les Hollandais se rendirent à Lamthau, d'où Matelief écrivit au mandarin Kon-Bon, gouverneur de Canton. Malgré les sommes importantes qu'il distribua et les humiliations auxquelles il se soumit, il échoua complétement dans sa demande, et ne put même obtenir de vivres. Le 10 septembre, une escadre portugaise parut en vue des Hollandais; mais quoique supérieure, elle n'osa attaquer, et rentra à Macao. Matelief, convaincu de la mauvaise foi des Chinois, gagna l'île de Sanchoam (*San-Tchouan*). Il décida que ses divers navires iraient prendre cargaison à Jobor et à Patane, tandis que lui-même, à bord de *L'Orange*, se rendrait à Bantam, où il arriva le 27 décembre. Après avoir établi plusieurs factoreries sur la côte de Malacca, à Ternate et dans quelques autres points de la Malaisie, et l'amiral Paul van Caerden étant arrivé en rade de Bantam avec sept vaisseaux, Matelief voyant le commerce de sa Compagnie sauvegardé par une force suffisante, laissa des instructions à van Caerden, et mit le cap sur l'Europe (28 janvier 1608). Il emmenait avec lui des ambassadeurs du roi de Siam et de quelques autres petits princes indiens ou malais. Le 12 avril il relâcha au cap de Bonne-Espérance, où il put se procurer trente-huit moutons et deux vaches pour la valeur, en morceaux de fer, d'environ vingt sous; encore les Hottentots croyaient-ils avoir trompé les Hollandais. Malgré ces vivres frais, les maladies se déclarèrent à bord de *L'Orange*, qui atterrit enfin, le 2 septembre, à Remmekens (île de Walcheren) avec un équipage décimé ou exténué. Matelief reçut aussitôt les visites et les félicitations des directeurs de sa Compagnie et des principaux fonctionnaires de la république; les états lui votèrent des remerciements; le stathouder Maurice et le grand-pensionnaire Barneveldt lui offrirent des banquets, et quoique Matelief n'eût pas complétement réussi dans ses entreprises, ses compatriotes le placèrent dès lors au nombre de leurs meilleurs marins. D'ailleurs, par son énergie et son adresse, il prépara plus qu'aucun autre les immenses conquêtes que la Hollande fit dans les Indes et dans la Malaisie. La relation du voyage de Matelief a été publiée d'abord à Amsterdam, 1705, avec de nombreuses vues, cartes, et a été traduite dans plusieurs recueils des voyages. Elle est très-détaillée, et contient des documents curieux sur les Malais, les Chinois et les naturels du cap de Bonne-Espérance, une *Relation particulière de l'armada des Portugais*; une *Description de la ville de Malacca* avec cartes; une *Relation d'Amboine*; un *Mémoire au sujet de l'état et du commerce des Indes*; une *Description de la Chine*; elle est terminée par deux longues *Lettres écrites par Jacques Lhermite le jeune à son père, contenant plusieurs circonstances remarquables du siége de Malacca et du combat naval, avec d'autres particularités concernant le voyage de l'amiral Matelief*. A. DE LACAZE.

Recueil des Voyages qui ont servi à l'établissement et aux progrès de la Compagnie des Indes orientales formée dans les Provinces-Unies des Pays-Bas (Rouen, 1725, 10 vol. in-8°, avec nombreuses cartes et gravures), t. V, p. 251-437; t. VI, p. 1-215. — Du Boys, *Vies des Gouverneurs hollandais*, etc., p. 10 et 196. — Van Tenac, *Hist. générale de la Marine*, t. II, p. 186.

MATERNUS. *Voy.* FIRMICUS.

MATHAM (*Jacques*), dit *le père*, dessinateur et graveur hollandais, né en 1571, à Harlem, où il est mort, en 1631. Sa mère avait épousé Henri Goltzius, et il apprit la gravure de cet artiste. Bien qu'il ait passé quelques années en Italie et travaillé d'après les maîtres de ce pays (vers 1593), il a gravé beaucoup de planches d'après Goltzius, et l'a toujours imité. Presque aussi habile que ce dernier, il manque toutefois de force et de coloris.

MATHAM (*Théodore*), peintre et graveur, fils et élève du précédent, né en 1589, à Harlem, mort vers 1677. Il a gravé des portraits avec assez de talent. Il alla en Italie en 1663, et y fut occupé, avec Sandrard, Natalis, Mellan et d'autres artistes, à graver la suite des statues antiques du marquis Vincenzo Giustiniani. Il eut comme peintre une certaine réputation. Le duc de Savoie l'employa aux peintures d'un de ses palais près Turin. Ce rendez-vous de chasse, décoré avec un grand luxe, fut détruit pendant les guerres qui désolèrent le Piémont sous le règne de Louis XIV; mais les peintures qui l'ornaient nous ont été conservées par la gravure. K.

Abbecedario de Mariette. — Huber et Rost, *Man. du Curieux*.

MATHAN, grand-prêtre de Baal, massacré à Jérusalem, l'an 870 av. J.-C. Athalie, mère d'Ochozias, roi de Jérusalem, usurpa la couronne après la mort de son fils (876 av. J.-C.), en massacrant tout ce qui restait de la famille royale. Un seul de ses petits-fils, Joas, lui échappa par les soins de Josaba, sœur d'Ochozias, qui confia son neveu aux soins du pontife Joïada. Athalie établit le culte de Baal dans Jérusalem, et en nomma Mathan le grand-prêtre; il était en même temps le conseiller intime de la reine et dirigeait ses actions. Lorsque Joïada eut fait proclamer Joas et massacrer l'usurpatrice, il n'oublia point le grand-prêtre de Baal. Il le fit mettre à mort devant l'autel de sa divinité, dont il fit ensuite briser les images. A. L.

Les Rois, liv. XI, chap. XII, 418.

MATHANASIUS. *Voy.* JOUIN (*Nic.*).

* **MATHAREL** (*Charles* DE FIENNES, plus connu sous le nom de), homme de lettres français, né à Laon, le 8 février 1814. Il fit ses études à Paris, et lorsqu'il fut reçu avocat il occupait déjà une place importante au Mont-de-Piété. En 1838, il donna sa démission pour prendre une part active à l'administration du *Siecle*. De 1849 à 1856, il se chargea dans ce journal de la critique des théâtres de second ordre, et remplit consciencieusement cette mission. Outre les nombreux feuilletons que M. Matharel a publiés dans *Le Siècle*, il a donné des articles au *Charivari*, au *Voleur*, au *Dimanche*, à *L'Entracte*, à *La Semaine*, à *L'Illustration*. Il a collaboré à quelques vaudevilles qui ont eu du succès. A. DE L.

G. Vapereau, *Dictionnaire des Contemporains*.

MATHEFELON (*Juhel* DE), nommé mal à propos Juhel *de Saint-Martin*, prélat français, mort en décembre 1250. Doyen de l'église du Mans (août 1221), il fut, en 1229, élevé sur le siége métropolitain de Tours, et transféré en 1244 à Reims. Il s'était signalé dans sa première église comme un zélé réformateur : sa conduite chez les Rémois fut la même. Mais, s'il faut en croire un chroniqueur, toutes ses réformes n'eurent pas un égal succès, et le pape se déclara quelquefois contre elles; ce qui l'affecta jusqu'à lui troubler l'esprit, à ce point qu'il mourut dans un accès de folie. Cependant on peut douter de cette dernière circonstance. M. Daunou lui attribue trois écrits : des *Statuts donnés à l'église de Saint-Brieuc* en 1234, pièce imprimée dans le *Spicilegium* de d'Achery, t. IX, et dans les *Conciles* du P. Labbe; les *Canons du Concile de Tours* (1236), édités par Maan, et un *Règlement pour les écoliers de Reims* (1244), conservé par Marlot. Aux *Canons du Concile de Tours* nous joignons ceux *de Château-Gonthier* (1231), publiés aussi par Maan, p. 51 de ses *Concilia Turon. Eccles.* B. H.

Gallia Christ., IX, col. III, et XIV, col. 104, 125. — J. Maan, *Metrop. Turon.* — Marlot, *Metropol. Rem.*, II, 228. — *Hist. Litt. de la France*, XVIII, 411.

MATHENÈS (*Jean-Frédéric* DE), érudit allemand, né à Cologne, vers 1580, mort dans la même ville, le 24 août 1622. Il fit ses études chez les jésuites de sa ville natale, qu'il ne semble pas avoir quittée. Reçu docteur en théologie et maître ès arts au collége des Trois-Couronnes en 1597, il devint successivement professeur d'histoire et de grec à l'université, chanoine et curé de Saint-Cunibert, puis protonotaire apostolique de son chapitre (24 avril 1607). Il mourut de la peste (probablement du choléra), qui ravagea les provinces rhénanes en 1622. « C'était, suivant Paquot, un critique savant et curieux, mais trop négligé dans son style. » Il a traité de matières singulières et fort diverses dans ses écrits, dont voici les principaux : *Syntagma criticum : Nescio quid serus vesper vehat; de somno, potuque christianorum somnifero*; Cologne, 1602, in-12; — *Critices Christianæ libri duo, De Ritu bibendi super sanitate pontificum, regum, principum, magnatum, amicorum*, etc.; Cologne, 1611, in-12, avec grav. L'auteur y donne la figure de la coupe de Luther, qui selon lui tenait trois pots de vin, et que ce patriarche de la réformation avait coutume de vider en trois coups, qu'il buvait à la destruction de l'Église romaine; — *De Luxu, et Abusu vestium nostri temporis*, etc.; trad. de l'espagnol du P. Thomas de Truxillo (1); Cologne, 1612, in-12; — *Ara Busiridis, sive syntagma criticum de hospitalitate et contesseratione quorundam christianorum in hospitali*; Cologne (s. d.), in-12; — *Hermathena* (2) *orationum micellanearum*; Cologne, 1613, in-8°; — *Peripateticus Christianus, sive theophoria* (Dei portatio), *civitatis Coloniensis, ab hæreticorum calumniis vindicata*; Cologne, 1619, in-12; — *Sceptrum regale et imperatorium serenissimæ et catholicæ domus* (gentis) *Austriacæ*; Cologne, 1619, in-12; — *De Parentela, Electione, Coronatione Ferdinandi II, Ungariæ et Bohemiæ regis*; Cologne, 1621, in-4°; — *De triplici Coronatione, germanica, lombardica et romana*; Cologne, 1622, in-4°. C'est l'histoire des trois couronnes d'argent, de fer et d'or des empereurs d'Allemagne. Ils recevaient la première

(1) Les biographies du P. Truxillo ne mentionnent pas cet ouvrage.

(2) Ce mot signifie un groupe ou une statue composée des figures de Minerve et de Mercure; c'était le symbole de la sagesse unie à l'éloquence Cicéron a dit « Hermathena tua valde me delectat, et posita ita belle est; ut totum gymnasium Ἡλίου ἀνάθημα (Solis donarium) esse videatur. » (*Ad Attic.*, ép. I, lib. I.)

vinces-Unies et *Le Lion noir*, qu'il renvoya (14 octobre) chargés pour l'Europe, par deux bons navires *Delft* et *Enkhuysen*. Complétement réparé et ravitaillé, il se rendit devant Ternate (14 mai 1607), où les Espagnols construisaient un fort, au grand déplaisir du roi de cette île. La flotte hollandaise était de huit bâtiments portant cinq cent trente-un hommes; le roi de Ternate devait fournir deux mille soldats, mais il n'en fournit que trois cents. Le 18 on attaqua vainement Tidor, que défendirent cinquante Castillans; on ne fut pas plus heureux à Ternate. Matelief, découragé par l'indifférence des Ternatais, qu'il était venu secourir, se borna à construire un fort à Maleie, dans le nord-est de l'île. Il eut encore là à réprimer énergiquement une mutinerie de ses équipages, dont l'insubordination et l'inconduite étaient des plus fâcheuses. Le 12 juin il mit à la voile pour Macao (en chinois : *Ngao-men*), avec l'intention de ruiner les établissements portugais de cette ville et de prendre tous les bâtiments chinois qu'il rencontrerait s'il ne pouvait obtenir la liberté de négocier dans le Céleste-Empire. Après avoir franchi le détroit de Tagima, le 29 juin, Matelief s'arrêta sur le cap de Mindanao (la plus méridionale des Philippines). Il y prit pour pilote Lypku, un patron de jonque chinoise, qui le conduisit à l'île Lamao, près d'Emoui sur la côte orientale de la Chine, puis à Siueng-Tchéou-fou (Fo-Kien) (25 juillet). Les pourparlers qu'il eut avec divers mandarins n'aboutirent à rien, quoique ces fonctionnaires lui escamotassent de nombreux cadeaux. Il espéra être plus heureux à Canton, et s'y rendit (28 août); mais on ne voulut pas le laisser entrer en rivière, et il dut mouiller sur l'île Lentengwan (*Ling-Ling*). Le 3 septembre, les Hollandais se rendirent à Lamthau, d'où Matelief écrivit au mandarin Kon-Bon, gouverneur de Canton. Malgré les sommes importantes qu'il distribua et les humiliations auxquelles il se soumit, il échoua complétement dans sa demande, et ne put même obtenir de vivres. Le 10 septembre, une escadre portugaise parut en vue des Hollandais; mais quoique supérieure, elle n'osa attaquer, et rentra à Macao. Matelief, convaincu de la mauvaise foi des Chinois, gagna l'île de Sanchoam (*San-Tchouan*). Il décida que ses divers navires iraient prendre cargaison à Jobor et à Patane, tandis que lui-même, à bord de *L'Orange*, se rendrait à Bantam, où il arriva le 27 décembre. Après avoir établi plusieurs factoreries sur la côte de Malacca, à Ternate et dans quelques autres points de la Malaisie, et l'amiral Paul van Caerden étant arrivé en rade de Bantam avec sept vaisseaux, Matelief voyant le commerce de sa Compagnie sauvegardé par une force suffisante, laissa des instructions à van Caerden, et mit le cap sur l'Europe (28 janvier 1608). Il emmenait avec lui des ambassadeurs du roi de Siam et de quelques autres petits princes indiens ou malais. Le 12 avril il relâcha au cap de Bonne-Espérance, où il put se procurer trente-huit moutons et deux vaches pour la valeur, en morceaux de fer, d'environ vingt sous; encore les Hottentots croyaient-ils avoir trompé les Hollandais. Malgré ces vivres frais, les maladies se déclarèrent à bord de *L'Orange*, qui atterrit enfin, le 2 septembre, à Remmekens (île de Walcheren) avec un équipage décimé ou exténué. Matelief reçut aussitôt les visites et les félicitations des directeurs de sa Compagnie et des principaux fonctionnaires de la république; les états lui votèrent des remerciements; le stathouder Maurice et le grand-pensionnaire Barneveldt lui offrirent des banquets, et quoique Matelief n'eût pas complétement réussi dans ses entreprises, ses compatriotes le placèrent dès lors au nombre de leurs meilleurs marins. D'ailleurs, par son énergie et son adresse, il prépara plus qu'aucun autre les immenses conquêtes que la Hollande fit dans les Indes et dans la Malaisie. La relation du voyage de Matelief a été publiée d'abord à Amsterdam, 1705, avec de nombreuses vues, cartes, et a été traduite dans plusieurs recueils des voyages. Elle est très-détaillée, et contient des documents curieux sur les Malais, les Chinois et les naturels du cap de Bonne-Espérance, une *Relation particulière de l'armada des Portugais*; une *Description de la ville de Malacca* avec cartes; une *Relation d'Amboine*; un *Mémoire au sujet de l'état et du commerce des Indes*; une *Description de la Chine*; elle est terminée par deux longues *Lettres écrites par Jacques Lhermite le jeune à son père, contenant plusieurs circonstances remarquables du siége de Malacca et du combat naval, avec d'autres particularités concernant le voyage de l'amiral Matelief*. A. de Lacaze.

Recueil des Voyages qui ont servi à l'établissement et aux progrès de la Compagnie des Indes orientales formée dans les Provinces-Unies des Pays-Bas (Rouen, 1725, 10 vol. in-8°, avec nombreuses cartes et gravures), t. V, p. 251-437; t. VI, p. 1-315. — Du Boys, *Vies des Gouverneurs hollandais*, etc., p. 10 et 196. — Van Tenac, *Hist. générale de la Marine*, t. II, p. 186.

MATERNUS. *Voy.* Firmicus.

MATHAM (*Jacques*), dit *le père*, dessinateur et graveur hollandais, né en 1571, à Harlem, où il est mort, en 1631. Sa mère avait épousé Henri Goltzius, et il apprit la gravure de cet artiste. Bien qu'il ait passé quelques années en Italie et travaillé d'après les maîtres de ce pays (vers 1593), il a gravé beaucoup de planches d'après Goltzius, et l'a toujours imité. Presque aussi habile que ce dernier, il manque toutefois de force et de coloris.

Matham (*Théodore*), peintre et graveur, fils et élève du précédent, né en 1589, à Harlem, mort vers 1677. Il a gravé des portraits avec assez de talent. Il alla en Italie en 1663, et y fut occupé, avec Sandrard, Natalis, Mellan et d'autres artistes, à graver la suite des statues antiques du marquis Vincenzo Giustiniani. Il eut comme peintre une certaine réputation. Le duc de Savoie l'employa aux peintures d'un de ses palais près Turin. Ce rendez-vous de chasse, décoré avec un grand luxe, fut détruit pendant les guerres qui désolèrent le Piémont sous le règne de Louis XIV; mais les peintures qui l'ornaient nous ont été conservées par la gravure. K.

Abbecedario de Mariette. — Huber et Rost, *Man. du Curieux*.

MATHAN, grand-prêtre de Baal, massacré à Jérusalem, l'an 870 av. J.-C. Athalie, mère d'Ochozias, roi de Jérusalem, usurpa la couronne après la mort de son fils (876 av. J.-C.), en massacrant tout ce qui restait de la famille royale. Un seul de ses petits-fils, Joas, lui échappa par les soins de Josaba, sœur d'Ochozias, qui confia son neveu aux soins du pontife Joïada. Athalie établit le culte de Baal dans Jérusalem, et en nomma Mathan le grand-prêtre; il était en même temps le conseiller intime de la reine et dirigeait ses actions. Lorsque Joïada eut fait proclamer Joas et massacrer l'usurpatrice, il n'oublia point le grand-prêtre de Baal. Il le fit mettre à mort devant l'autel de sa divinité, dont il fit ensuite briser les images. A. L

Les Rois, liv. XI, chap. XII, 418.

MATHANASIUS. *Voy*. JOUIN (*Nic.*).

* **MATHAREL** (*Charles* DE FIENNES, plus connu sous le nom de), homme de lettres français, né à Laon, le 8 février 1814. Il fit ses études à Paris, et lorsqu'il fut reçu avocat il occupait déjà une place importante au Mont-de-Piété. En 1838, il donna sa démission pour prendre une part active à l'administration du *Siecle*. De 1849 à 1856, il se chargea dans ce journal de la critique des théâtres de second ordre, et remplit consciencieusement cette mission. Outre les nombreux feuilletons que M. Matharel a publiés dans *Le Siècle*, il a donné des articles au *Charivari*, au *Voleur*, au *Dimanche*, à *L'Entracte*, à *La Semaine*, à *L'Illustration*. Il a collaboré à quelques vaudevilles qui ont eu du succès.

A. DE L.

G. Vapereau, *Dictionnaire des Contemporains*.

MATHEFELON (*Juhel* DE), nommé mal à propos Jubel *de Saint-Martin*, prélat français, mort en décembre 1250. Doyen de l'église du Mans (août 1221), il fut, en 1229, élevé sur le siége métropolitain de Tours, et transféré en 1244 à Reims. Il s'était signalé dans sa première église comme un zélé réformateur : sa conduite chez les Rémois fut la même. Mais, s'il faut en croire un chroniqueur, toutes ses réformes n'eurent pas un égal succès, et le pape se déclara quelquefois contre elles; ce qui l'affecta jusqu'à lui troubler l'esprit, à ce point qu'il mourut dans un accès de folie. Cependant on peut douter de cette dernière circonstance. M. Daunou lui attribue trois écrits : des *Statuts donnés à l'église de Saint-Brieuc* en 1234, pièce imprimée dans le *Spicilegium* de d'Achery, t. IX, et dans les *Conciles* du P. Labbe; les *Canons du Concile de Tours* (1236), edités par Maan, et un *Règlement pour les écoliers de Reims* (1244), conservé par Marlot. Aux *Canons du Concile de Tours* nous joignons ceux de *Château-Gonthier* (1231), publiés aussi par Maan, p. 51 de ses *Concilia Turon. Eccles.* B. H.

Gallia Christ., IX, col. III, et XIV, col. 104, 128. — J. Maan, *Metrop. Turon.* — Marlot, *Metropol. Rem.*, II, 128. — *Hist. Litt. de la France*, XVIII, 411.

MATHENÈS (*Jean-Frédéric* DE), érudit allemand, né à Cologne, vers 1580, mort dans la même ville, le 24 août 1622. Il fit ses études chez les jésuites de sa ville natale, qu'il ne semble pas avoir quittée. Reçu docteur en théologie et maître ès arts au collége des Trois-Couronnes en 1597, il devint successivement professeur d'histoire et de grec à l'université, chanoine et curé de Saint-Cunibert, puis protonotaire apostolique de son chapitre (24 avril 1607). Il mourut de la peste (probablement du choléra), qui ravagea les provinces rhénanes en 1622. « C'était, suivant Paquot, un critique savant et curieux, mais trop négligé dans son style. » Il a traité de matières singulières et fort diverses dans ses écrits, dont voici les principaux : *Syntagma criticum : Nescio quid serus vesper vehat; de somno, potuque christianorum somnifero*; Cologne, 1602, in-12; — *Critices Christianæ libri duo*, *De Ritu bibendi super sanitate pontificum, regum, principum, magnatum, amicorum*, etc.; Cologne, 1611, in-12, avec grav. L'auteur y donne la figure de la coupe de Luther, qui selon lui tenait trois pots de vin, et que ce patriarche de la réformation avait coutume de vider en trois coups, qu'il buvait à la destruction de l'Église romaine; — *De Luxu, et Abusu vestium nostri temporis*, etc.; trad. de l'espagnol du P. Thomas de Truxillo (1); Cologne, 1612, in-12; — *Ara Busiridis, sive syntagma criticum de hospitalitate et contesseratione quorundam christianorum in hospitali*; Cologne (s. d.), in-12; — *Hermathena* (2) *orationum micellanearum*; Cologne, 1613, in-8°; — *Peripateticus Christianus, sive theophoria* (Dei portatio), *civitatis Coloniensis, ab hæreticorum calumniis vindicata*; Cologne, 1619, in-12; — *Sceptrum regale et imperatorium serenissimæ et catholicæ domus* (gentis) *Austriacæ*; Cologne, 1619, in-12; — *De Parentela, Electione, Coronatione Ferdinandi II, Ungariæ et Bohemiæ regis*; Cologne, 1621, in-4°; — *De triplici Coronatione, germanica, lombardica et romana*; Cologne, 1622, in-4°. C'est l'histoire des trois couronnes d'argent, de fer et d'or des empereurs d'Allemagne. Ils recevaient la première

(1) Les biographies du P. Truxillo ne mentionnent pas cet ouvrage.

(2) Ce mot signifie un groupe ou une statue composée des figures de Minerve et de Mercure; c'était le symbole de la sagesse unie à l'éloquence. Cicéron a dit « Hermothena tua valde me delectat, et posita ita belle est; ut totum gymnasium Ἡλίου ἀνάθημα (Solis donarium) esse videatur. » (*Ad Attic.*, ép. I, lib. I.)

à Aix-la-Chapelle, des mains des archevêques de Cologne ou de Mayence ; la seconde à Milan, de l'archevêque de cette capitale de la Lombardie, et la troisième des mains du pape dans la basilique de Saint-Pierre, comme rois des Romains.

L—z—e.

Foppens, *Bibliotheca Belgica*, p. 842. —Hartzheim, *Biblioth. Colon.*, p. 171. — Paquot, *Mémoires pour servir à l'hist. littéraire des Pays-Bas*, t. X, p. 838-853.

MATHEOLUS, poëte français, né vers 1260, à Boulogne-sur-Mer, mort vers 1320. On avait regardé jusqu'à présent comme imaginaire l'auteur d'un traité jadis fameux contre les malices des femmes, et connu sous le nom de *Livre de Matheolus*. Un examen plus approfondi a fourni sur ce personnage quelques données à peu près certaines. Il s'appelait Mathieu, Mahieu ou Mathiolet; ses relations suivies avec plusieurs dignitaires de l'Église permettent de supposer qu'il était instruit autant que sage. Dans sa jeunesse il avait été clerc. Vers 1286, il composa, en l'honneur de Jacques de Boulogne, nommé évêque de Térouanne, une pièce de vers latins, dont on a retrouvé des fragments. Plus tard il adressa au même prélat un récit de ses infortunes, *Librum de infortunio suo*, qui fut pendant longtemps conservé à la bibliothèque du chapitre de Térouanne. Or Matheolus regarda comme la plus grande infortune de s'être marié, et surtout de l'avoir été deux fois, d'où lui vint la qualification de *bigame*, qu'on lui donna ou qu'il prit lui-même. Vers l'âge de quarante ans, il épousa en secondes noces une veuve d'humeur acariâtre et despotique : il se vengea en poëte des tribulations sans nombre qu'elle lui fit endurer. Il écrivit en latin un ouvrage, aujourd'hui perdu, mais que Jehan Le Fèvre, avocat au parlement de Paris (1), entreprit vers 1310 de rendre en rimes françaises. Cette traduction devint bientôt si célèbre qu'elle fit oublier l'original. Matheolus trouva autant d'imitateurs que d'adversaires, et parmi ces derniers il faut ranger Christine de Pisan et Martin Franc, chaleureux champions d'un sexe trop calomnié. Cette sorte de boutade philosophique, intitulée *Le Livre de lamentation de Matheolus*, eut de nombreuses éditions : la plus ancienne est celle qui fut faite à Paris, pour Antoine Vérard, 1492, in-fol., avec figures sur bois. P. L.

François Morand, *Matheolus et son traducteur*; Boulogne, 1851, in-8°.

MATHER (*Samuel*), théologien anglais, né en 1626, dans le Lancashire, mort en 1671, à Dublin. Son père, Richard Mather, était un ministre anglican, qui, plutôt que d'adhérer à l'Église établie, aima mieux s'expatrier en 1636 en Amérique. L'aîné de quatre frères, qui se vouèrent comme lui aux travaux du sacerdoce, il repassa en Angleterre, prit ses degrés à Cambridge et résida à Dublin. On a de lui plusieurs traités de controverse, et un recueil de sermons devenu populaire sous le titre *The Figures and Types of the Old Testament explained*; Dublin, 1683, in-4°. P. L.

Harris et Ware, *Ireland*. — Neal, *Hist. of New England*. — Increase Mather, *Life of Richard Mather*; 1670, in-4°.

MATHER (*Increase*), théologien américain, frère du précédent, né en 1639, à Dorchester (Nouvelle-Angleterre), mort en 1723, à Boston. Ses études terminées au collége d'Harvard, il rejoignit en Irlande son frère Samuel, fut chapelain du gouverneur de Guernesey, et alla s'établir, après la restauration, à Boston, où il épousa la fille du savant docteur Cotton. Président du collége d'Harvard, dont il fut un des premiers docteurs, il acquit beaucoup d'influence sur la direction des affaires religieuses et même politiques. On le regarda bientôt comme l'homme d'État de la cité. En 1685 il accepta le périlleux honneur de réclamer en faveur des colonies auprès de Charles II, qui venait d'abolir la charte du Massachusetts. Lorsqu'il arriva à Londres, un nouveau roi, Jacques II, occupait le trône, et Mather ne tira de lui que des promesses. A la fin de 1688, il obtint de Guillaume III une charte nouvelle, un peu moins libérale que l'ancienne. A son retour à Boston, on lui adressa des remercîments publics; mais depuis cette époque sa popularité ne fit que décliner. Il mit au jour de nombreux écrits, dans lesquels les querelles religieuses, les sermons et les livres de piété tiennent une large place; nous citerons seulement : *Life of Richard Mather*; 1670, in-4°; — *A brief History of the War with the Indians in the New England*; — *Discourse concerning earthquakes*; — *Cases of conscience concerning witchcraft*; Boston, 1693; — *Agathangelus, or an essay on the ministry of the holy angels*; Boston, 1723, in-18; — *Remarkable Providences illustrative of the earlier days of american colonisation*; réimpr. en 1856, in-8°. P. L—y.

Cotton Mather, *Life of Increase Mather*; Boston, 17.., in-8°.

MATHER (*Cotton*), théologien américain, fils du précédent, né le 12 février 1663, à Boston, où il est mort, le 13 février 1728. Il reçut au collége d'Harvard une excellente éducation et y fut pendant quelques années chargé de surveiller les études de plusieurs jeunes gens. Élu pasteur à Boston, en 1682, il consacra sa vie entière aux fonctions de son ministère et aux nombreux écrits qu'il publia. On peut dire qu'il était né théologien : il n'eut jamais, après le désir d'apprendre, de satisfaction plus vive que celle de travailler ou de réfléchir. Il avait des connaissances variées; il possédait bien l'histoire,

(1) Jehan Le Fèvre était originaire du bourg de Ressons, près Compiègne. Il vivait encore en 1376, époque où il se disait avancé en âge. Il fut procureur et avocat au parlement de Paris, puis rapporteur référendaire de la chancellerie de France. Pas plus que Matheolus, il ne paraît avoir été heureux en ménage. Outre le livre indiqué plus haut, il a traduit en vers *Les Proverbes de Caton*, *Les Distiques moraux de Théodule*, un prétendu poëme d'Ovide : *De Vetula*; on n'a de lui qu'un poëme original, *Le Respit de la Mort*, imprimé en 150

la littérature ancienne, les Écritures, le français et l'espagnol; à quarante-cinq ans il avait appris l'idiome des Iroquois. La considération qu'il s'était acquise était telle que les magistrats de Boston le consultaient sur les affaires publiques et qu'il réussit quelquefois à apaiser à l'aide de la persuasion les effervescences populaires. Plein de zèle et d'imagination pour le bien de l'État, il donna le plan d'une société pour la réforme des mœurs et d'une autre pour l'arrangement des procès, et il proposa d'établir une épargne évangélique pour élever des églises, soulager les ecclésiastiques pauvres et distribuer des livres de piété. Sa réputation de savant franchit les limites de sa ville natale; en 1710 l'université de Glasgow lui envoya des lettres de docteur en théologie, et en 1714 la Société royale de Londres l'admit parmi ses membres; il fut le premier Américain qui reçut cet honneur. Mather, dans son ambition d'être utile à soi et aux autres, avait poussé le besoin de méditer et de se corriger jusqu'à la manie; l'incident le plus futile lui en fournissait le prétexte. Il prétendait régler la vie comme une horloge et lui imprimer une direction uniforme et rigoureuse, en affectant à chaque occupation journalière, à la plus vulgaire nécessité, un même genre de réflexion. Il pensait à telle chose en remontant sa montre, à telle autre en tisonnant le feu; « la méchanceté est toujours de trop », se disait-il en se rognant les ongles, et quand il prenait le thé, « il faut être reconnaissant ». Le temps passé à sa toilette avait une destination particulière, qui variait sept fois par semaine : le dimanche il se commentait lui-même en sa qualité de pasteur, et le lundi, comme époux et père; il consacrait le mardi à ses parents jusqu'aux cousins du premier degré, et par intervalle à ses ennemis; le mercredi appartenait à l'église en général, tandis que l'église de Boston réclamait le jeudi; les pauvres occupaient le vendredi son esprit, qui le samedi s'absorbait enfin dans le soin de son propre salut. Tout ce qui frappait ses yeux ou ses oreilles était pour Mather un thème de continuelles analogies; rencontrait-il un cavalier : « Si la créature le sert, songeait-il aussitôt, il doit servir le Créateur. » Sa dévotion était plus sincère qu'éclairée. Poussé par une vanité excessive et par une rigueur toute puritaine, il fut en 1688 le principal instigateur des persécutions contre les prétendus sorciers; l'acharnement aveugle qu'il déploya dans ce qu'on appela plus tard *la tragédie de Salem*, causa la mort de dix-neuf personnes; on en jeta un grand nombre en prison, et les suspects de commerce avec les démons se comptaient par centaines. Le retentissement qu'eurent ces tristes scènes en Europe parut le rappeler de son erreur. Vers la fin de sa vie, il tomba dans une noire mélancolie; il avait eu trois femmes, et ce n'était pas pour lui, à ce qu'il semble, un sujet d'agréables réflexions. Mather fut un écrivain des plus féconds; il ne passa pas un seul jour sans ajouter quelque chose à ses connaissances ou à ses écrits. Il était si avare de son temps que sur la porte de son cabinet il avait gravé ce sévère avertissement : « Soyez bref. » Le nombre de ses productions s'élève à 382, et on ne les connaît pas toutes. Contentons-nous de citer les suivantes : *Memorable Providences relating to witchcraft and possessions*; Boston, 1689, in-8°; — *The Wonders of the invisible World, being an account of the trials of several witches lately executed in New England, and of several remarkables curiosities therein occurring*; Boston, 1693, in-8°; Londres, 1693, in-4°. Comme Glanville l'avait déjà fait, il y soutient la réalité des phénomènes de sorcellerie; — *Magnalia Christi Americana*; Londres, 1702, in-fol.; réimpr. en 1820, à Hartford; c'est une histoire ecclésiastique de la Nouvelle-Angleterre depuis son établissement en 1629 jusqu'en 1698; — *Bonifacius, an essay upon the good*; Boston, 1710; ce petit traité de morale pratique a eu plusieurs éditions sous le titre d'*Essays to do Good*; — *Psalterium americanum*; Boston, 1718; traduction assez exacte des psaumes en vers blancs; — *The Christian Philosopher*; Londres, 1721, in-8°; — *Life of Increase Mather*; Boston, 1724, in-8°. Parmi les ouvrages que Mather a laissés inédits on remarque celui qui a pour titre *Illustrations of the Sacred Scriptures*, 6 vol. in-fol., à 2 col.

P. L—y.

Samuel Mather, *Life of Cotton Mather*; Boston, 1729, in-12. — Jennings, Abregé de la *Vie* précédente; Londres, 1744. — Peabody, *Life of C. Mather*, dans l'*American Biography* de Sparks, 1re série, t. IV. — Neal, *Hist. of New England*. — Ch. Robbins, *Hist. of the second Church in Boston*, p. 102. — Quincy, *Hist. of Harvard University*, I, 346. — Bancroft, *Hist. of the United States*, III, 88. — *Cyclop of Amer. Liter.*, I. — Allen, *American Biograph. Dict.* — Darling, *Cyclop. bibliographica*.

MATHEW (*Théobald*), prêtre catholique irlandais, surnommé l'*Apôtre de la tempérance*, né le 10 octobre 1790, à Thomastown (comté de Tipperary), mort le 8 décembre 1856, à Queenstown. Il perdit de bonne heure ses parents, et fut adopté par une riche tante, lady Élisabeth Mathew, qui lui fit faire au collége de Kilkenny ses études ecclésiastiques. Il entra en 1810 au séminaire catholique de Maynooth, reçut la prêtrise à Dublin en 1814, et remplit les fonctions de prêtre dans un des plus pauvres villages du Connaught. Témoin des maux qu'avait amenés dans ce pays la débauche et l'ivrognerie, il s'occupa d'y porter remède, et fonda sur les plans de la Société de Saint-Vincent de Paul une association dont le but était d'améliorer la situation des classes pauvres; il s'occupa ensuite de les moraliser. Profitant de l'influence que lui avaient acquise ses bonnes œuvres, il commença à Cork, en 1833, des prédications qui amenèrent bientôt les plus grands changements dans la situation morale du pays. Entraînés par l'éloquence de l'apôtre, les débauchés du Connaught venaient par milliers souscrire aux lois de la tempérance. En l'espace de cinq mois, cent trente-et-un mille personnes vinrent se ranger sous la bannière des *Teetotallers*. Encouragé par le succès, le P. Mathew parcourut, comme en triomphe, les autres parties de l'île, et vit s'accroître dans des proportions fabuleuses le chiffre des conversions. A Renagh, vingt mille individus se firent inscrire le même jour; à Galway, il y en eut cent mille en deux jours, et deux cent mille environ sur la route de cette ville à Portumna. Catholiques et protestants, réunis dans un but purement philanthropique, semblaient rivaliser d'efforts pour faciliter la mission de Mathew. Malheureusement cet enthousiasme pour une cause qui devait régénérer l'Irlande s'éteignit en même temps que la vie de l'apôtre. Après un court voyage en Amérique, et une mission aux îles Fidji, il revint mourir dans sa patrie, avec la douleur de voir ses institutions déjà presque oubliées. A. H—T.

Men of the Time. — *Ireland and its Rulers.* — *Dublin Review.*

MATHEWS (*Charles*), célèbre comédien anglais, né le 28 juin 1776, à Londres, mort le 28 juin 1836, à Plymouth. Il était le septième fils d'un libraire, qui voulait lui faire embrasser le commerce. Une vocation irrésistible l'entraîna vers le théâtre. Après avoir fait à dix-sept ans ses débuts dans une troupe d'amateurs, il abandonna la maison paternelle, et se rendit à Dublin (1794), où il joua quelques rôles obscurs au Théâtre-Royal. Il épousa en 1797 une jeune demoiselle, Eliza Strong, qui avait publié des nouvelles et des poésies. Pendant plusieurs années il traîna de ville en ville une existence misérable et tourmentée, et réussit, avec beaucoup de peine, à ne pas mourir de faim. A son lit de mort, sa femme lui fit promettre de s'unir à une actrice d'York, miss Jackson, pour laquelle elle ressentait une vive amitié (1802). Le mariage eut lieu l'année suivante; dès lors une ère plus heureuse commença pour Mathews. Il se produisit à Londres, sur la scène d'Hay-Market (15 mai 1803), et prit rapidement sa place parmi les meilleurs comédiens de cette capitale. Grâce à un talent merveilleux d'imitation, il fit passer dans ses rôles toute une galerie de caractères ridicules et burlesques. Se faisant à la fois acteur et auteur, il composa des scènes à un seul personnage, qu'il nommait ses représentations *at home*, et qui jouirent d'une vogue extraordinaire, notamment *Old Scotch Lady*, *Mail-coach*, *Trip to America* et *Jonathan in England*. Ses excursions en France (1818) et aux États-Unis (1822) lui fournirent d'abondants sujets d'observation. Il mourut au retour d'un nouveau voyage en Amérique. Ses *Mémoires*, que sa veuve a terminés, ont paru à Londres, 4 vol. in-8°. K.

Memoirs of Ch. Mathews.

* **MATHEWS** (*Cornelius*), littérateur américain, né le 28 octobre 1817, à Port-Chester, village de l'État de New-York. Il prit ses grades à l'université de New-York, étudia le droit et fut reçu avocat; mais il renonça de bonne heure au barreau pour se consacrer entièrement à des travaux littéraires. De 1840 à 1842 il a édité le journal *The Arcturus*, et il a fait insérer un grand nombre de morceaux en vers ou en prose dans l'*American monthly Magazine*, *New-York Review*, *Knickerbocker magazine*, *Literary World* et autres recueils périodiques. Nous citerons de lui : *The Motley Book;* New-York, 1838, scènes de la vie américaine; — *Behemoth*, roman; ibid., 1839; — *The Politicians*, comédie; ibid., 1840; — *The Career of puffer Hopkins*, roman; ibid., 1841; — *Poems on man in the republic;* ibid., 1843; 2e édit., 1846; — *The Witchcraft;* ibid., 1846; Londres, 1852; jouée avec succès à Philadelphie, cette tragédie est l'œuvre la plus forte et la plus originale de l'auteur; — *Jacob Leisler*, drame; 1848; — *Moneypenny, or the heart of the world*, roman de mœurs; New-York, 1850. K.

Cyclop. of American Literature. II.

MATHEWS. *Voy.* MATTHEWS.

MATHIAS DE SAINT-BERNARD (DE SERENT, en religion le P.), prédicateur français, né vers 1610, mort à Rennes, le 28 juillet 1652. Quoique d'une famille ancienne et riche, il fit profession chez les Carmes de Rennes (19 mars 1631). Il devint rapidement prieur, puis définiteur de sa province. On l'envoya alors en Irlande pour y soutenir la cause catholique et royale. Malgré son zèle et son éloquence, le P. Mathias obtint peu de succès, et, après avoir couru de grands dangers, il revint en France mourir de ses fatigues. On a de lui un ouvrage mystique : *Le Triomphe de sainte Anne dans la vie cachée;* Paris, 1651, in-4°. A. L.

L. Jacob, *Bibliothèque manuscrite des Carmes*, p. 304.

MATHIAS. *Voy.* MATTHIAS.

MATHIAS DE SAINT-JEAN (*Jean* ÉON, en religion le P.), savant littérateur français, né vers 1600, à Saint-Malo, mort le 4 mars 1681, à Paris. Il prit en 1618 l'habit des carmes à Rennes, dirigea comme prieur plusieurs couvents de son ordre, entre autres celui des Billettes à Paris, et se signala par un zèle ardent pour le maintien de la discipline. En 1655 il fut élu provincial de Touraine, et cette élection donna lieu à tant de contestations qu'il fallut un bref du pape Alexandre VII pour y mettre fin. Il exerça la même charge en Gascogne, et devint ensuite procureur général des carmes de France. On a de lui : *Le Commerce honnête, ou considérations politiques contenant les motifs de nécessité, d'honneur et de profit qui se trouvent à former des compagnies de personnes de toutes conditions pour l'entretien du négoce de mer en France, par un habitant de Nantes;* Nantes, 1646, 1651, in-4°: il en a paru un *Ex-*

trait à Paris, 1659, in-4°. Dans cet ouvrage, rempli de vues aussi justes qu'élevées, l'auteur expose l'état du commerce français, qu'il montre presque anéanti, et, en s'appuyant de documents statistiques fort curieux, il demande l'établissement de sociétés et de bourses commerciales; — *La Véritable dévotion du sacré scapulaire de Notre-Dame du Mont-Carmel*; Paris, 1656, in-8°; — *Histoire panégyrique de l'ordre de Notre-Dame du Mont-Carmel, depuis le prophète Élie jusqu'à notre temps*; Paris, 1658-1665, 2 vol. in-fol.; — *L'Esprit de la Réforme des Carmes dans la France*; Bordeaux, 1666, in-4°; etc. P. L.

Miorcec de Kerdanet, *Écrivains de la Bretagne*. — Levot, *Biogr. Bretonne*. — *Annales de la Soc. académ. de Nantes*, IX.

MATHIAS (*Thomas-James*), littérateur anglais, né vers 1757, mort en 1835, à Naples. Après avoir terminé à Cambridge son éducation, commencée à Eton, il se fit connaître dans la littérature en soutenant avec chaleur l'authenticité des poëmes attribués à Rowley. En 1794 il publia la première partie d'un poëme anonyme, intitulé *Les Hostilités littéraires* (The Pursuits of Literature); cet écrit, quand il fut complet, attira l'attention générale, principalement à cause des notes qui indiquent une appréciation exacte des écrivains et hommes publics ainsi que de leurs opinions. Vers 1800 il se rendit à Naples, qui devint plus tard sa résidence ordinaire, et il s'appropria la connaissance de l'italien au point de ne plus écrire que dans cette langue. On a de lui : *Runic odes, imitated from the Norse*; Londres, 1781, in-4°; — *An Essay on the evidence, external and internal, relating to the poems attributed to Thomas Rowley*; ibid., 1783, in-8°; — *The Pursuits of Literature*; ibid., 1794-1795, 4 part.; on a prétendu qu'il fut aidé, dans la composition de ce poëme par quelques-uns des chefs du collége de La Trinité, de Cambridge; — *Political Dramatist*; ibid., 1795; — *L'Ombre d'Alexandre Pope sur les bords de la Tamise*; ibid., 1798, in-4° : poeme satirique; — *Odes anglaises et latines*; ibid., 1798, in-8°; — *Componimenti lirici de' più illustri Poeti dell' Italia*; Londres, 1802, 3 vol. in-8°; — *Commentarj intorno all' Istoria della Poesia italiana per Crescimbeni*; ibid., 1802, 3 vol. in-12; — *Canzoni e prose Toscane*, in-8°; — *Aggiunti ai Componimenti lirici*; ibid., 1808, 3 vol. in-8°; Naples, 1819, 4 vol.; — *Saffò, drama lirico, trad. di Mason*; 1809, in-8°; — *Licida, trad. di Milton*; 1812, in-8°, etc. Il s'est fait encore l'éditeur de plusieurs ouvrages anglais et italiens, notamment *Works of Thomas Gray, with his life and additions*; Cambridge, 1814, 2 vol. in-4°, et *Storia della Poesia italiana* de Tiraboschi; Londres, 1803, 3 vol. in-12. P.

Rose, *New Biograph. Dict.* — Becchi, *Prose inedite*.

MATHIEU (*Abel*), jurisconsulte français, né à Chartres, au commencement du seizième siècle. Après avoir suivi les cours d'Alciat à Bourges de 1529 à 1534, il se livra au barreau. On a de lui : *Traduction en vers latins de la description du monde de Denis le Périégète, géographe, avec la traduction en latin du commentaire d'Eustathe de Thessalonique par Denis*; Paris, 1556; — *Devis de la Langue Françoise*, dédié à Jeanne d'Albret, reine de Navarre; Paris, 1559, in-8°; — *Second Devis et principal Propos de la Langue Françoise*; Paris, 1560; — *Devis et Propos touchant la police et les États, avec un bref extrait du grec de Dion Chrisostome de la comparaison entre la royauté et la tyrannie*; Paris, 1572, in-8°. R—R.

Liron, *Bibl. Chartraine*, 178.

MATHIEU DE REICHSHOFFEN (*François-Jacques-Antoine*), diplomate français, né à Strasbourg, le 4 janvier 1755, mort à Toulouse, le 8 octobre 1825. Son père était membre du conseil des treize et syndic de la noblesse de la basse Alsace. Ayant terminé ses études à l'université de sa ville natale, Mathieu entra au service du prince de Hohenlohe, et s'appliqua surtout à l'étude du droit public germanique. En 1789, Mathieu rentra en France; il fut élu procureur général syndic du Bas-Rhin et député pour ce département à l'Assemblée législative. Il vota pour les mesures constitutionnelles et devint membre du Comité diplomatique. Il sut se faire oublier durant la Terreur, et, après le 9 thermidor an II, il fut successivement attaché au ministère de la guerre, chef de division au ministère des relations extérieures (1796), conseiller de légation près la confédération germanique (1802) et, en cette qualité, chargé de coopérer à la fixation des indemnités à accorder à l'Allemagne, par suite de la cession de la rive gauche du Rhin à la France, et suivant le projet arrêté entre le prince de Talleyrand et le comte de Markoff, plénipotentiaire de Russie à Paris, et qui fut présenté à la diète germanique. Ce fut Mathieu qui rédigea la plupart des clauses adoptées. Il s'éloigna de bonne heure des affaires, et consacra le reste de ses jours à l'étude.

Il était l'aîné de quatre frères, qui furent : *Michel* MATHIEU, mort en 1840, conseiller à la cour royale de Colmar; MATHIEU-FAVIER, mort en 1835, intendant militaire; et le colonel *Louis* MATHIEU, mort en 1842. H. L.

Le Moniteur universel, an III à VII passim. — *Biographie moderne* (1806).

MATHIEU-MIRAMPAL (*Jean-Baptiste-Charles*), homme politique français, né à Compiègne, en 1764, mort à Condat (Dordogne), le 31 octobre 1833. Il rédigeait depuis 1789 le *Journal de l'Oise*, lorsque les électeurs de ce département le députèrent à la Convention (1792). « A l'ouverture de cette assemblée, il proposa de jurer, par la *force du sentiment*, d'établir la liberté et l'égalité, et contribua le 29 septembre à faire exclure les députés du ministère. Il vota ensuite la mort de Louis XVI, sans appel ni sursis. Le 5 mars 1793, il s'opposa à ce que l'on fît une exception en faveur des jeunes filles émigrées, et il fit décréter que toutes celles âgées de plus de quatorze ans seraient exportées si elles rentraient et la seconde fois mises à mort. Après le 31 mai, envoyé à Bordeaux et dans la Dordogne, il en fût bientôt rappelé comme *attiédissant* l'esprit public. Le 1er septembre 1794, il entra au Comité de Sûreté générale et provoqua l'organisation d'une commission administrative de police. Le 2 décembre, il disculpa le comité d'avoir accordé trop de soins aux enfants de Louis XVI et prouva que les mesures prises n'avaient pour but que de s'assurer de leurs personnes. En février 1795, réélu au même comité le 8, il fit un rapport contre les terroristes et annonça l'arrestation de Babeuf et la fermeture des clubs. Pendant la crise du 12 germinal an III (avril 1795), il fut encore le rapporteur des mesures prises contre les Jacobins et entra ensuite à la commission créée pour préparer les lois organiques de la constitution. Il appuya, le 15 avril, la restitution des biens des condamnés; le 9 mai il annonça les massacres réactionnaires qui se commettaient à Lyon, et proposa des moyens de répression. Il contribua à dégager la Convention assiégée le 1er prairial (20 mai) et il en fut élu président le 25 mai. Devenu membre du Conseil des Cinq Cents, il s'attacha au parti directorial et sortit du Corps législatif en mai 1797. Il fut alors nommé commissaire près l'administration de la Seine, puis réélu en 1798 au Conseil des Cinq Cents par le département de l'Oise, et par l'assemblée électorale scissionnaire de Paris. Après le 18 brumaire an VIII (9 novembre 1799), il entra au tribunat; il en sortit en septembre 1802. De 1804 à 1815 il exerça les fonctions de directeur des droits réunis dans la Gironde et la Marne. En 1816, frappé par la loi contre les régicides, il ne rentra en France qu'après la révolution de 1830. Il mourut d'apoplexie trois ans plus tard.

H. L.

Le Moniteur universel, an. 1792, 1793, jusqu'à l'an VII. — *Biographie moderne* (1806).

MATHIEU (*David-Maurice-Joseph*), comte DE LA REDORTE, général français, connu sous la dénomination de *Maurice* MATHIEU, né le 20 février 1768, à Saint-Affrique, mort à Paris, le 1er mars 1833. Il appartenait à une ancienne et honorable famille protestante du Rouergue. En 1783 il entra au service comme cadet dans le régiment suisse de Meuron. Il passa ensuite comme sous-lieutenant dans la légion de Luxembourg, et servit aux Indes orientales. De retour en France en 1789, il fut nommé lieutenant au régiment Royal-Dragons, dont un de ses oncles était colonel. Devenu capitaine dans ce corps après la révolution, il fit en cette qualité les campagnes de 1792 à 1796 sur le Rhin. A cette dernière époque, il alla comme adjudant général à l'armée du nord, et fut employé dans la division Macdonald en Hollande et à l'armée de Sambre et Meuse. Il suivit ce général en Italie, où il se distingua dans la campagne de Rome et de Naples, particulièrement à la prise de Terracine, à laquelle il contribua par un brillant fait d'armes : à la tête de deux mille cinq cents hommes, il mit en déroute un corps de dix mille Italiens, et lui enleva ses huit pièces d'artillerie. Le lendemain Terracine fut prise d'assaut, et Maurice Mathieu fut nommé général de brigade. Chargé d'une attaque sur Calvi, il aborda l'ennemi avec impétuosité, sous les murs d'Otricoli, l'obligea de se jeter dans la place, qui se rendit à discrétion quelques heures après. Promu au grade de général de division en 1799, il fut appelé au commandement de la 11e division militaire à Bordeaux. En 1805, il reçut le commandement d'une division du corps d'Augereau, et se distingua dans cette mémorable campagne par une suite non interrompue d'actions d'éclat. Il fit encore avec succès les campagnes de Prusse et de Pologne en 1806 et 1807. Passé à l'armée d'Espagne sous les ordres de Moncey, il se couvrit de gloire à Tudela, où il enfonça le centre de l'armée espagnole. Chargé de poursuivre le général Castaños, il le battit à Alhama. Il servit ensuite sous le maréchal Ney, et, en 1810, il fut choisi pour gouverneur de Barcelonne. En 1812, il secourut le fort de Balaguer et la ville de Tarragone, et fit lever le siége de cette place. Rentré en France avec les débris de l'armée, en 1814, il fut employé à Toulouse en 1815, commanda la 10e division militaire au mois de juin, et se retira, après la seconde restauration dans sa terre d'Horedowe. En 1817 il succéda au général Cannel dans le commandement de la 19e division, à Lyon. Nommé pair de France en 1819, il fut mis en disponibilité en 1823. Il avait épousé une demoiselle Clary, sœur de la femme du roi Joseph. Créé comte par Napoléon, il avait obtenu en 1817 le droit d'ajouter le surnom de *de la Redorte* à son nom de Mathieu.

Son fils, *Joseph-Charles-Maurice* MATHIEU, comte DE LA REDORTE, homme politique français, né à Paris, le 27 ventôse an XII (18 mars 1804), fut admis en 1820 à l'École Polytechnique, entra à l'école d'application d'artillerie en 1822, devint lieutenant en 1826, et fit la campagne de Morée. Promu au grade de capitaine, il devint officier d'ordonnance du duc d'Orléans, en 1833. L'année suivante il quitta l'armée, et remplaça M. Mahul comme député de Carcassonne. Il soutint d'abord la politique de M. Thiers; puis il repoussa les lois de septembre, et fit partie de la coalition. Le cabinet du 1er mars 1840 l'envoya représenter la France comme ambassadeur à Madrid, où il resta quelques mois seulement. Le 20 juillet 1841, le roi l'éleva à la pairie. Élu en 1849 le premier dans le département de l'Aude comme représentant à l'Assemblée législative, il y fit partie des commissions du règlement et de la loi sur la presse, et soutint la politique de MM. Molé, Thiers et de Broglie. Le coup d'État du 2 décembre 1851 l'a rendu à la vie privée.

L. L—T.

Biogr. univ. et portat. des Contemp. — Duc de Tarente. *Éloge funèbre du comte Mathieu de la Redorte*, lu à la chambre des pairs, le 4 avril 1833. — Comte Becker, *Discours prononcé sur la tombe du général Mathieu de la Redorte.* — *Biogr. des 750 représ. à l'Ass. législative.*

MATHIEU DE DOMBASLE (*Christophe-Joseph-Alexandre*), agronome français, né le 26 février 1777, à Nancy, mort dans la même ville, le 27 décembre 1843. Son père était grand-maître des eaux et forêts de Lorraine. Pendant la révolution, le jeune Mathieu fit la campagne du Luxembourg dans le service des convois, comme comptable. Ayant été atteint de la petite vérole vers 1797, il changea complétement de dispositions, se livra avec ardeur à l'étude, apprit presque toutes les langues de l'Europe, les sciences mathématiques, naturelles et physiques, et particulièrement la chimie. Son esprit s'étant tourné vers l'industrie, il fonda une sucrerie de betteraves, puis une fabrique d'eau-de-vie de mélasse, et enfin s'occupa d'agriculture. Il y acquit une grande réputation, et en 1822 une carrière plus vaste s'ouvrit devant lui. On lui confia la direction de la ferme expérimentale et de l'institut agricole de Roville, fondé par Bertier et des actionnaires. Cette ferme se composait d'environ deux cents hectares. Malgré la médiocrité du sol, Mathieu de Dombasle parvint à lui faire produire d'admirables récoltes; on y voyait surtout de vastes cultures de plantes en lignes sarclées et binées à l'aide d'instruments mus par les animaux; une vingtaine d'hectares couverts de maïs, de pommes de terre, de betteraves, de carottes disposés avec ordre et symétrie, en lignes plus ou moins rapprochées, et entretenues à peu de frais dans un grand état de propreté, au moyen de la houe à cheval. Mathieu de Dombasle améliora la fabrication des instruments aratoires, inventa une charrue qui porte son nom, et livra un grand nombre de ces instruments perfectionnés à l'agriculture. Chaque année une charrue était donnée en prix dans un concours agricole. La comptabilité de Roville était un modèle. Sous la direction de Mathieu de Dombasle, cette ferme devint une des meilleures écoles d'agriculture. Des jeunes gens étrangers à la pratique venaient, par un séjour de une ou deux années, se mettre en état de diriger eux-mêmes l'exploitation de leurs propriétés. Indépendamment de l'instruction pratique qu'ils y acquéraient, ils suivaient des cours de botanique, d'art vétérinaire et de comptabilité agricole. Les résultats matériels qu'obtint Mathieu de Dombasle furent très-remarquables. Ayant à acquitter un fermage élevé, à payer aux actionnaires un intérêt considérable, et à rembourser le capital par un amortissement annuel, il réussit à faire face à toutes ces charges. En quittant Roville, à l'expiration de son bail, il restait à Mathieu de Dombasle une fortune de 110,000 fr. Dès qu'il le pouvait, il s'empressait d'employer les produits qu'il avait obtenus de sa culture en améliorations du sol ou en essais pour l'avancement de la science. Cette marche était peu propre à l'enrichir. Il a exposé dans les *Annales agricoles de Roville* l'histoire de ses essais, de ses tâtonnements, de ses succès, de ses revers. Il n'était pas d'ailleurs lui-même manouvrier ou praticien.

« M. de Dombasle, dit M. Fawtier, n'a jamais exécuté par lui-même aucun des travaux des champs, et bien qu'il ait, plus que personne, employé une grande variété d'instruments aratoires, il a dressé tous ses ouvriers à leur emploi sans jamais y mettre lui-même la main. » Avant d'entrer à Roville, Mathieu de Dombasle avait été ruiné par les événements politiques. La restauration se montra plutôt hostile que favorable au directeur de Roville, à cause de ses opinions libérales quoique très-modérées. Après la visite de Louis-Philippe à Roville, en 1831, Mathieu de Dombasle obtint quelques marques d'intérêt du ministère : on lui acheta pour une douzaine de mille francs d'instruments aratoires. On créa dix bourses de 300 fr. chacune à Roville; le gouvernement paya les professeurs, et accorda chaque année une petite somme pour des expériences. Enfin le directeur reçut la croix d'Honneur. Il était correspondant de l'Académie des Sciences. Mathieu de Dombasle s'était aussi beaucoup occupé de la fabrication du sucre indigène. On lui doit le procédé d'extraction des jus sucrés par macération. Vers 1842, on lui offrit des fonctions publiques; il refusa, et répondit qu'il « préférait continuer à travailler à sa manière, et vivre à Nancy, occupé de sa fabrique d'instruments aratoires et de ses travaux et publications agricoles (1) ».

Mathieu de Dombasle a beaucoup écrit, et ses ouvrages ont puissamment contribué aux progrès de l'agriculture en France. Les principaux sont : *Essai sur l'analyse des eaux minérales par les réactifs*; Paris, 1810, in-8°; — *Halle au blé de Nancy; subsistances, boulangers, accapareurs*; Toul, 1817, in-8°; — *Faits et Observations sur la fabrication du sucre de betteraves*; Paris, 1818, 1823, in-8°; — *Description des nouveaux Instruments d'Agriculture les plus utiles*, traduite de l'allemand, de A. Thaer; Paris, 1821, in-4°, avec fig.; — *Instruction théorique et pratique sur la distillation des graines et des pommes de terre*; Paris, 1820, in-8°; — *Calendrier du bon Cultivateur, ou manuel de l'agriculteur praticien*; Paris, 1821; 8° édition, Nancy, 1846, in-12; — *De la Charrue considérée sous le rapport de la présence ou de l'absence de l'a-*

(1) Une statue en bronze, due à David d'Angers, a été élevée par souscription à Mathieu de Dombasle, à Nancy, en 1850, sur une place qui porte son nom. Il y est représenté la plume dans une main; dans l'autre, se déroule la liste de ses principaux ouvrages; à ses côtés se trouve la charrue de son invention.

vant-train; Paris, 1821, in-8°, fig.; — *Du Mode de nutrition des plantes, aux diverses époques de leur croissance*; Paris, 1821, in-8°; — *L'Agriculture pratique et raisonnée*; Metz et Paris, 1824, 2 vol. in-8°; —*Annales agricoles de Roville, ou mélanges d'agriculture, d'économie rurale et de législation agricole*; Paris, 1824-1837, 9 vol. in-8°; — *De la Production des Chevaux en France*; Paris, 1833, in-8°; — *Des Chemins vicinaux en France*; Paris, 1833, in-8°; —*Des Droits d'entrée sur les laines et sur les bestiaux*; Paris, 1834, in-8°; — *Des Intérêts respectifs du midi et du nord de la France dans les questions de douanes*, etc.; Paris, 1834, in-8°; réimprimé sous ce titre : *De l'Avenir industriel de la France; un rayon de bon sens sur quelques grandes questions d'économie politique*; Paris, 1834, in-8°; 5e édition, Saint-Lô, 1836, in-8°; — *Du Sucre indigène*; Paris, 1835, in-8°; — *Fabrication simple et peu dispendieuse du sucre indigène*; Paris, 1838, in-8°; — *De l'Avenir de l'Algérie*; Paris, 1838, in-8°; — *Question des Sucres*; Paris, 1839, in-8°; — *Instruction sur la fabrication du sucre de betteraves par le procédé de la macération, à l'usage des fabriques rurales*; Paris, 1839, in-12; — *Des Forêts, considérées relativement à l'existence des sources*; Nancy, 1839, in-12; — *La Question des Bestiaux*; Paris, 1841, in-8°; — *Sucre indigène*, 1841-1842, in-8°; — *Œuvres diverses. Économie politique, Instruction publique, Haras et remontes*; Paris, 1843, in-8°; — *Du Droit de Chasse et du projet de loi sur cette matière*; Paris, 1843, in-8°. Mathieu de Dombasle a en outre fourni des articles aux *Annales d'Agriculture française*, au *Bulletin de la Société d'Encouragement*, à *L'Agronome*, au *Journal des Connaissances utiles*, etc.

Son neveu, M. *Édouard* MATHIEU DE DOMBASLE, dernier héritier de son nom, mourut assassiné, le 1er octobre 1845, à Sebdou, où il était chef du bureau arabe. Sorti de l'école militaire en 1840, il avait servi dans le 21e léger et dans les zouaves. L. L—T.

J.-C. Fawtier, *Mathieu de Dombasle*. — *Biogr. univ. et port. des Contemp.* — Bourquelot et Maury, *La Littér. franç. cont.* — *Dict. de la Convers.*

* MATHIEU (*Claude-Louis*), astronome et mathématicien français, né à Mâcon, en 1784. Dirigé dans l'étude des mathématiques par l'abbé Sigorne, il vint à Paris en 1801, et suivit les cours de Lacroix. Delambre le prit en amitié, et lui inspira le goût de l'astronomie. M. Mathieu entra à l'École Polytechnique en 1803, passa à l'École des Ponts et Chaussées en 1805, et fut nommé en 1806 secrétaire du Bureau des Longitudes sur la présentation de Delambre. Chargé, en 1808, d'aller avec M. Biot faire l'expérience du pendule à secondes à différents points de la méridienne de France, il s'acquitta parfaitement de cette mission. En 1809 et 1816, il obtint le prix d'astronomie fondé par Lalande. Élu, en 1817, membre de l'Académie des Sciences, dans la section d'astronomie, à la place de Messier, il devint à la même époque membre adjoint du Bureau des Longitudes. A la fin de 1817, le ministre des finances le chargea d'aller inspecter les travaux du cadastre dans les départements : M. Mathieu critiqua à la fois le plan et l'exécution de cette entreprise; ses observations furent mal accueillies par le gouvernement, mais peu de temps après on dut faire cesser des travaux, reconnus vicieux. Lorsque Delambre mourut, M. Mathieu le suppléait comme adjoint, depuis cinq années, dans la chaire d'astronomie du Collége de France. M. Mathieu fut alors présenté comme candidat pour le remplacer par le Collége de France et par l'Académie des Sciences. Binet (de Rennes), inspecteur des études à l'École Polytechnique, l'emporta sur lui, en 1823. Répétiteur du cours de machines, géodésie et arithmétique sociale à l'École Polytechnique, il y devint professeur d'analyse en 1829, et plus tard examinateur. En 1834, M. Mathieu, qui avait épousé la sœur de François Arago, fut élu député à Mâcon. En 1838, il fut réélu par le collége de Cluny (second collége de l'arrondissement de Mâcon, qu'il continua de représenter jusqu'en 1848. Il vint siéger auprès de son beau-frère à l'extrême gauche, et se fit remarquer dans quelques commissions spéciales, notamment dans les commissions de chemins de fer, au nom desquelles il fit plusieurs rapports. Lors du banquet réformiste du douzième arrondissement, il fut un des dix-huit députés qui résolurent de s'y montrer, malgré les menaces du ministère. Le 22 février, il signa l'acte qui demandait la mise en accusation du ministère Guizot. Il fut ensuite envoyé à l'Assemblée constituante par le département de Saône-et-Loire, où son nom sortit le premier. Non réélu à l'Assemblée législative, il est revenu tout entier à ses travaux scientifiques. Membre des jurys des expositions des produits de l'industrie, il a été nommé officier de la Légion d'Honneur à la suite de l'exposition universelle de 1855. M. Mathieu a publié l'*Histoire de l'Astronomie du dix-huitième siècle*, ouvrage posthume de Delambre; Paris, 1827, in-4°; on lui doit aussi des notes, des rapports et des extraits de la *Connaissance des Temps* et de l'*Annuaire du Bureau des Longitudes*, où il rédige la statistique de la population. L. L—T.

Biogr. univ. et port. des Contemp. — Lesaulnier, *Biogr. des 900 Députés à l'Ass. nat.* — *Biogr. des 900 Représ. à la Const.*

* MATHIEU (*Jacques-Marie-Adrien-Césaire*), cardinal français, né à Paris, le 20 janvier 1796. Son père, qui ne négligea rien pour son éducation, avait d'abord fait le commerce des soieries à Lyon, d'où il vint s'établir à Paris pour y former un cabinet d'affaires. Après qu'il eut suivi un cours de droit avec succès, le prince de

Montmorency l'appela près de lui, et lui confia la gérance des biens qu'il possédait dans les Landes; mais le jeune légiste, voulant suivre une carrière de son choix, entra au séminaire de Saint-Sulpice. Au sortir du séminaire, il reçut les ordres sacrés, et devint secrétaire de M. du Châtellier, évêque d'Évreux, qui le chargea de la fondation d'un séminaire et de la construction d'un local approprié à cet usage. Le manque de fonds n'ayant pas permis d'entreprendre l'érection de cet établissement, il revint à Paris, et fut nommé à la cure de l'Assomption par M. de Quelen. Sa haute intelligence, le zèle ardent qu'il déploya le firent bientôt remarquer, et il fut élevé aux fonctions de grand-vicaire de la métropole parisienne. Ce fut en cette qualité qu'il tenta vainement de réconcilier avec l'Église le célèbre défenseur opiniâtre des principes de la constitution civile du clergé, l'abbé Grégoire. Nommé à l'évêché de Langres par ordonnance royale du 7 avril 1833, il fut proclamé dans le consistoire le 7 mai suivant, et sacré à Paris par M. de Quelen, assisté de MM. Cottret et de Prilly, évêques de Beauvais et de Châlons. Passé, le 16 juillet 1834, au siége archiépiscopal de Besançon, il reçut, le 30 septembre 1850, le chapeau de cardinal, qui, deux ans après, lui fit prendre place au sénat. Il y prit la parole, au sujet de la loi portant le rétablissement du cadre de réserve des officiers généraux (session de 1852), sur le projet de loi relatif à l'état-major général de l'armée navale, et récemment sur le pouvoir temporel du pape. SICARD.

Biogr. du Clergé, par un solitaire. — *Alman. impér.*, 1859.

* **MATHIEU** (*Adolphe-Charles-Ghislain*), littérateur belge, né à Mons, le 22 juin 1804. Il commença à l'université de Louvain l'étude du droit, qu'il alla terminer à Gand. En 1830, il fut l'un des propagateurs du mouvement national, et l'un des délégués qui déterminèrent la reddition de la citadelle de Charleroy. Après avoir été conservateur de la bibliothèque de Mons, il fut nommé en 1850 conservateur adjoint à la bibliothèque royale de Bruxelles, et attaché à la section des manuscrits, dont il est devenu chef en 1857. Il est en outre professeur agrégé à l'université de Liége, et correspondant de l'Académie royale de Belgique. Les principaux de ses nombreux ouvrages sont : *Passe-temps Poétiques, ou poésies diverses;* Mons, 1830, in-18 : réunion de pièces d'abord publiées séparément; — *Olla-podrida*, poésies; Mons, 1839, in-18; — *Roland de Lattre*, poëme; Mons, 1840, in-8°; — *Le Guersillon*, recueil satirique; Mons, 1846, in-18; — *Poésies de clocher;* Mons, 1846, in-18; — *Biographie Montoise*; Mons, 1848, in-8°, qui contient un grand nombre d'articles intéressants; — *Givre et Gelées;* Bruxelles, 1852, in-12; — *La Poétique d'Horace, second livre de ses épîtres*, traduction en vers; Gand, 1855, in-8°; — *Encore un à peu près des épîtres d'Horace*, traduction en vers; Bruxelles, 1856, in-12; — *Senilia;* Bruxelles, 1856, in-12. M. Mathieu a collaboré à la *Revue belge*, au *Bulletin du Bibliophile belge*, aux *Archives historiques et littéraires du nord de la France et du midi de la Belgique*, et à un grand nombre d'autres recueils périodiques et de journaux. E. R.

Bibliographie académique; Bruxelles, 1855, in-12. — *Le Livre d'or de l'Ordre de Léopold*, II, 389 et 724. — Quérard, *La France Littéraire*, XI.

* **MATHIEU** *de la Drôme* (*Philippe-Antoine*), publiciste français, né le 7 juin 1808, à Saint-Christophe, près Romans. Il ouvrit à Romans, après 1838, avec le concours de quelques-uns de ses amis, une école destinée à l'enseignement de l'économie politique, et qui fut bientôt fermée par ordre de l'autorité. C'est alors qu'il fonda à ses frais une revue, *La Voix d'un Solitaire*, qui eut un assez grand succès. Après la révolution de 1848, il fut envoyé par son département à l'Assemblée constituante et à l'Assemblée législative. Il y vota notamment contre l'expédition de Rome, contre la loi électorale du 31 mai et la révision de la constitution. Arrêté dans la nuit du 2 décembre, il fut, par décret du 1er janvier 1852, exilé du territoire français. Il s'est retiré en Belgique. A. LEB.

Biogr. des Repres. à la Constituante et la Législative.

* **MATHIEU** (*Esprit*), médecin français, né à Nogent-sur-Seine (Aube) en 1810. Reçu docteur en médecine à la faculté de Paris en 1834, il a publié, entre autres, un traité : *Études classiques sur les maladies des femmes appliquées aux affections nerveuses et utérines et précédées d'Essais philosophiques et anthropologiques sur la physiologie et la pathologie;* Paris, 1847, in-8°. M. Mathieu a fait un cours de physiologie à l'Athénée pendant les années 1848, 1849 et 1850. A. P.

Documents particuliers.

MATHIEU. *Voy.* MATTHIEU.

MATHIEU-DUMAS. *Voy.* DUMAS.

MATHILDE (Sainte), reine de Germanie, née en Westphalie, vers la fin du neuvième siècle, morte à Quedlimbourg, le 14 mars 968. Fille de Théodoric, comte d'Oldembourg, descendant du fameux Wittikind, et d'une princesse de la maison royale de Danemark, elle fut élevée par sa grand'mère, abbesse du monastère de Hervord. Mariée en 909 à Henri l'Oiseleur, elle garda ses habitudes de piété et de simplicité, lorsque son époux fut devenu roi de Germanie, quelques années plus tard. Consacrant à la prière une grande partie de la journée, elle donnait d'abondantes aumônes aux pauvres, qu'elle soignait souvent elle-même. Elle eut trois fils : l'empereur *Otton le Grand*, *Henri*, duc de Bavière, et *Brunon*, archevêque de Cologne; l'une de ses filles, *Hedwige*, épousa Hugues le Grand, duc de France, et devint mère de Hugues Capet. Après la mort de Henri l'Oiseleur, Otton et Henri de Bavière entrèrent en lutte au sujet de la couronne de Germanie. Henri, pour lequel Mathilde montra dans cette occasion beaucoup de prédilection, s'étant réconcilié avec Otton, se joignit à son frère pour enlever à leur mère son douaire et tous ses autres biens, sous le prétexte qu'elle avait dissipé en aumônes le trésor de l'État; mais, sur les représentations d'Edithe, épouse d'Otton, ils lui restituèrent bientôt ce dont ils l'avaient dépouillée. La méditation et les œuvres de bienfaisance remplirent le reste de sa vie; elle fonda aussi un grand nombre de couvents. O.

Acta Sanctorum (au 14 mars). — Baillet, *Vie des Saints*. — Mabillon, *Sæcula Ordinis Benedictorum*. — Schwarz, *De Mathilda, abbatissa Quedlimburgensi* (Altdorf, 1736, in-4°). — Breitenbauch, *Leben der Kaiserin Mathilde* (Reval, 1780, in-8°). — Treitschke, *Heinrich I und Mathildis* (Leipzig, 1814, in-8°). — *Mathilde Gemahlin Heinrichs I* (Augsbourg, 1832, in-8°).

MATHILDE, grande-comtesse de Toscane, fille de Boniface, margrave et duc de Toscane et de Béatrice de Lorraine, née en 1046, morte le 24 juillet 1115. Son père, créé duc et margrave de Toscane par l'empereur Conrad II, en 1027, servit fidèlement ce suzerain, et se montra peu scrupuleux à l'égard des biens de l'Église. Il fut assassiné vers 1052, au moment où, d'après une tradition assez incertaine, sa pieuse épouse l'avait ramené à des sentiments plus favorables au saint-siége. Il laissait, avec des États en bon ordre et un trésor florissant, trois enfants, Frédéric ou Boniface, Béatrice et Mathilde, tous trois en bas âge, et ayant grand besoin de leur mère. Celle-ci, comme tutrice d'enfants héritiers des vastes domaines de Boniface, acquit beaucoup d'importance. Sa main fut recherchée par plusieurs puissants seigneurs du temps. Le vaillant et spirituel Godefroi de Lorraine, venu en Italie avec le pape Léon IX, épousa Béatrice (1054), et convint en même temps du mariage de son fils Godefroi le Barbu (Goffredo *il Gobbo*) avec Mathilde. On croit que dès cette époque les deux autres enfants de Boniface étaient morts, de sorte que tous ses domaines devaient échoir à Mathilde. Ce mariage et cette future convention matrimoniale, conclus mystérieusement, irritèrent l'empereur Henri III comme un attentat contre ses droits de suzerain et une menace contre son autorité. Il se rendit en Italie, et s'établit à Mantoue. Godefroi, n'osant se présenter devant lui, lui envoya sa femme Béatrice pour l'assurer de sa fidélité. Henri, malgré un sauf-conduit, la retint prisonnière, tandis que Godefroi, incapable de défendre la Toscane, allait tenter une diversion en Allemagne. Pendant ce temps Mathilde trouva probablement un asile dans la forteresse inexpugnable de Canossa. Henri III mourut en 1056, et son fils Henri IV, sur l'intercession du pape Victor II, se réconcilia avec Godefroi, et rendit la liberté à Béatrice. Le duc et la duchesse, de retour en Toscane, se montrèrent reconnaissants du bienfait de Victor et protecteurs zélés de l'Église romaine. Ils appelèrent auprès d'eux à Florence le pape, qui donna la pourpre à Frédéric, frère de Godefroi, déjà moine du Mont-Cassin. Frédéric, cardinal de Saint-Chrysogone, fut créé pape après la mort de Victor, en 1057, sous le nom d'Étienne IX. La jeune Mathilde s'habitua donc dès l'enfance à confondre les intérêts de la papauté avec ceux de sa maison. La politique ne fut pas l'unique mobile de son dévouement au saint-siége. La religion dans laquelle sa mère l'avait élevée était fervente et pure. Il semble qu'elle ressentit de bonne heure de la sympathie pour le grand restaurateur de la discipline ecclésiastique, Hildebrand, qui, bien avant son élévation à la dignité pontificale, représentait les intérêts les plus élevés de la papauté. La prompte mort d'Étienne empêcha Godefroi de tirer parti de sa parenté avec le pape pour son agrandissement; mais il continua d'accorder son patronage à la papauté. Nicolas II et Alexandre II ne se montrèrent pas moins dévoués au duc de Toscane qu'Étienne IX, et pendant plusieurs années Florence fut le véritable siége de la papauté. On voit qu'en protégeant plus tard Grégoire VII, Mathilde ne fit que suivre exactement, mais sans doute avec des vues plus désintéressées, la politique ambitieuse de son beau-père. Son aumônier Domnizius ou Donnizon, qui a chanté sa vie dans un latin barbare, donne sur les années de sa jeunesse des détails peu remarquables, et les autres auteurs du temps ne sont pas plus explicites. Son histoire ne devient intéressante qu'après la mort de Godefroi, en 1069. Béatrice et Mathilde gouvernèrent la Toscane avec fermeté. Godefroi ou Goffredo il Gobbo, ce fils de Godefroi dont le mariage avec Mathilde avait été convenu dès 1054 et célébré par procuration en 1069, vint trouver sa femme en Italie, au mois de janvier 1073. Les rapports des deux époux sont peu connus et ont donné lieu à une foule de calomnies de la part des écrivains hostiles à la cause pontificale. On prétendit que Mathilde avait éprouvé de telles douleurs dans l'enfantement qu'elle résolut de ne plus s'exposer à être mère une seconde fois. D'après d'autres rumeurs elle aurait tué son mari de sa main. Ce sont des inventions de la crédulité et de la haine. Il est douteux que le mariage ait été consommé, et il est sûr que si les deux époux furent jamais réunis, ils ne tardèrent pas à se séparer. Godefroi, rappelé dans son duché, y soutint la cause d'Henri IV, tandis que Mathilde devenait le principal appui de Grégoire VII. Ce dissentiment politique rendit irréparable la rupture des deux époux. Mathilde regarda le mariage comme nul, et son historien domestique Donnizon n'en fait pas même mention. En 1074, Béatrice et Mathilde se rendirent à Rome pour soutenir les premières résolutions de Hildebrand, devenu Grégoire VII. Le duc Godefroi mourut en 1076. La comtesse Mathilde, restée veuve, perdit sa mère bientôt après. Mathilde se trouva donc seule pour faire face aux plus graves difficultés. La lutte entre Grégoire VII et l'empereur était arrivée à un degré de violence qui devait amener un dénoûment prochain. Henri, se voyant abandonné de tous les siens, partit pour l'Italie dans l'intention de demander le pardon du pontife. Grégoire VII, de son côté, partit avec Mathilde pour aller tenir une diète en Allemagne. A Verceil il apprit que Henri arrivait en Italie, et ignorant dans quelle intention, il résolut d'aller s'enfermer avec la comtesse dans la forteresse de Canossa. C'est là qu'eut lieu cette fameuse scène de l'humiliation de l'empereur (1077). Mathilde intervint auprès du pape, et obtint que l'excommunication d'Henri IV serait levée; mais elle le fut à des conditions si dures que l'empereur n'aurait pas pu les tenir quand même il l'aurait voulu. Ses partisans exigèrent que la guerre recommençât. Toutes les villes lombardes, y compris celles qui étaient gouvernées par des évêques, se déclarèrent pour l'empereur. Les troupes de Mathilde furent complétement battues dans le district de Mantoue (octobre 1080), et la ville de Lucques se révolta contre elle. Mais Florence résista victorieusement à Henri IV. La comtesse, retirée dans les montagnes de Modène et de Reggio, ne put empêcher l'empereur de s'emparer de Rome (1083) et d'en chasser le pape qui alla mourir à Salerne, chez les Normands (1085). Dans l'intervalle, Mathilde reprit l'avantage, et remporta sur les Allemands la victoire de Sorbara (juillet 1084). Profitant de ce succès, qui ramena à l'obéissance plusieurs villes de son domaine, elle poussa les hostilités contre Clément III (Guibert), pape de la faction impérialiste. Le parti contraire, qui n'avait pas de pape depuis la mort de Grégoire VII, confia ou plutôt imposa cette dignité au vieux Didier, abbé du Mont-Cassin, qui prit le nom de Victor III (24 mai 1086). Mathilde occupa le château Saint-Ange et une partie de Rome, mais sans pouvoir assurer la paisible possession de cette ville au pape, qui mourut au Mont-Cassin, le 16 septembre 1087. Les cardinaux du parti de Mathilde lui donnèrent pour successeur Urbain II (mars 1088). Le pontife voyant que la duchesse de Toscane ne pouvait résister seule aux forces de Henri IV la pressa de prendre pour époux Welf ou Guelfe, fils de Guelfe IV duc de Bavière; ce mariage, négocié très-secrètement (1089), n'échappa pas à la connaissance de l'empereur, qui, prévoyant combien le parti pontifical en serait renforcé, descendit en Italie avec une puissante armée (1090). Il conquit une partie des domaines de Mathilde, entre autres la ville de Mantoue, et força la duchesse de se réfugier encore une fois dans les montagnes de Reggio et de Modène. Mais les villes lombardes, qui avaient soutenu l'empereur contre la papauté lorsque celle-ci était toute puissante, après la scène de Canossa, la voyant maintenant abaissée, se tournèrent contre l'empereur. Mathilde saisit habilement l'occasion; elle avait auprès d'elle un précieux instrument dans Conrad, fils de Henri, qui, brouillé avec son père, puis emprisonné, s'était enfui en Italie; elle le fit proclamer roi des Lombards, et reconnaître par la plupart des villes de la ligue. L'archevêque de Milan lui plaça la couronne de fer sur la tête en 1093. Cette manœuvre eut tout le succès qu'on en pouvait attendre. L'empereur, tenu en échec en Allemagne par Guelfe IV de Bavière et dépouillé en Italie par Conrad, était hors d'état de rien entreprendre.

Un événement domestique changea bientôt la position des partis. En 1095 Guelfe V se sépara de sa femme, sous prétexte que le mariage n'avait pas été consommé. On ignore quels furent les motifs de ce divorce, et lequel des époux en prit l'initiative. Peut-être Mathilde, voyant le parti de l'empereur abattu, fut-elle la première à se séparer d'un mari qui ne lui était plus nécessaire? Peut-être Guelfe, découvrant que la duchesse avait fait, vers la fin de 1077, donation de ses États au saint-siége, désira-t-il rompre une union qui ne lui promettait aucun héritage? Quoi qu'il en soit, ce divorce eut pour effet de rejeter les deux Guelfes dans le parti de l'empereur, ce qui fut un grave échec pour le parti contraire. Mathilde le répara en mariant Conrad avec la fille du comte Roger de Sicile, qui s'appelait aussi Mathilde et qui était fort riche. Peu de temps après Urbain alla prêcher la croisade en France. Le mouvement qui emporta tant d'Occidentaux vers la Palestine, et auquel les Allemands prirent une grande part, augmenta la puissance morale de la papauté et son influence sur l'Italie. Mathilde, qui dirigeait d'une manière absolue le parti pontifical, était, sans avoir le titre royal, la véritable souveraine de l'Italie. Conrad, son ancien instrument, devenu aussi inutile, n'avait plus que le vain titre de roi. Privé même de l'apparence du pouvoir et accablé de dégoûts, il alla mourir à Florence (1101). L'année suivante, si l'on s'en rapporte à un acte souvent allégué par les écrivains pontificaux, Mathilde renouvela la donation qu'elle avait faite vingt-cinq ans auparavant de tous ses domaines au saint siége. Dans ce second acte elle s'exprime ainsi : « Au temps du pape Grégoire VII, dans la chapelle de Sainte-Croix, au palais de Latran, en présence de plusieurs nobles romains, je donnai à l'Église de Saint-Pierre, le pape acceptant, tous mes biens présents et à venir, tant deçà que delà les monts, et j'en fis faire une charte. Mais parce que cette charte ne se trouve plus, craignant que ma dotation ne soit révoquée en doute, je la renouvelle aujourd'hui entre les mains de Bernard, cardinal légat, avec les cérémonies usitées en pareil cas, et me dessaisis de tous mes biens au profit du pape et de l'Église romaine, sans que moi et mes héritiers puissions jamais venir à l'encontre, sous peine de mille livres d'or et de quatre mille livres d'argent. Fait à Canosse, l'an mil cent deux, le dix-septième de novembre. » Les domaines dont Mathilde se dessaisissait en faveur de la papauté, représentée alors par Pascal II, étaient la Toscane, Mantoue, Parme, Reggio, Plaisance, Ferrare, Modène, une partie de l'Ombrie, le duché de Spolète, Vérone et presque tout ce que l'on appelle aujourd'hui le patrimoine de Saint-Pierre, depuis Viterbe jusqu'à Orviète. Telle est, dans le sens où on l'entend généralement, la fameuse donation de Mathilde ; or on a de fortes raisons de croire que la donation ainsi entendue n'a jamais eu lieu et que l'acte qui la constate n'est pas authentique. Donnizon dit bien que Mathilde, pendant son séjour à Canossa avec Grégoire VII, donna tous ses biens propres à Saint-Pierre (*Propria clavigero sua subdidit omnia Petro; Janitor est cœli suus hæres*), et son témoignage, corroboré par d'autres autorités, n'est pas douteux; ainsi le fait même de la donation est incontestable; mais quelle fut l'étendue de cette donation? L'expression de Donnizon *propria sua* semble se rapporter aux domaines allodiaux de la comtesse, et non aux fiefs mouvants de la couronne. D'après les lois féodales, la comtesse n'avait pas la libre disposition de ces fiefs, et sa donation eût été frappée de nullité. Nous croyons donc que la donation faite à Grégoire ne comprenait que les possessions allodiales; elle eut lieu par acte écrit (*accipiens scriptum de cunctis papa benignus*), dit encore Donnizon. Cet acte se perdit, et il s'en faut de beaucoup que celui de 1102 en soit un renouvellement pur et simple. Mathilde ne lègue plus ses domaines au saint siége, elle les transmet complétement et immédiatement. Cependant on ne voit pas qu'à partir de 1102 Mathilde se soit en effet dessaisie de ses domaines; elle en garda au contraire la libre disposition, et elle accorda à d'autres beaucoup de biens sur lesquels le saint-siége aurait pu faire valoir des droits. Cette fameuse donation, dont l'étendue est couverte de ténèbres, n'était pas moins obscure pour les Italiens au moyen âge, et cette obscurité produisit un résultat assez important. La constitution municipale, qui s'était établie fortement dans l'Italie du nord, avait fait peu de progrès dans l'Italie centrale, restée féodale. Les conséquences de la donation de Mathilde portèrent une atteinte très-grave à la féodalité, puisque le véritable suzerain devint douteux. Beaucoup de contrées de l'Italie centrale, ne sachant si elles appartenaient au pape ou à l'empereur, formèrent des communes puissantes et profitèrent de la rivalité des deux pouvoirs pour obtenir des franchises à l'instar des villes lombardes.

Ces résultats sont postérieurs à la mort de Mathilde; de son vivant rien de semblable ne se réalisa. Elle resta la souveraine de l'Italie centrale sous la suzeraineté de l'empereur. En 1110, Henri V descendit en Italie. Les premiers rapports entre lui et la comtesse eurent lieu par ambassadeurs. Elle rendit à Henri tous les hommages dus à un suzerain. L'empereur, pour lui faire honneur, alla la visiter dans la forteresse de Bibbianello (aujourd'hui Bianello). Il y reçut un accueil splendide, et y passa trois jours. La comtesse, qui entre autres langues parlait l'allemand, put entretenir son royal hôte sans interprète. Pénétré d'admiration pour cette princesse et la traitant avec un respect filial, il la confirma dans la possession de tous ses fiefs et la nomma régente de Lombardie. Peu d'années après cette visite, la comtesse commença à ressentir les infirmités de l'âge. Le bruit qu'elle était morte ou mortellement malade se répandit dans ses États. Enhardis par cette nouvelle, les Mantouans, qui s'étaient déjà soustraits à son autorité, assaillirent et détruisirent la forteresse de Ripalta. Indignée de cette audace, Mathilde promit d'en tirer une vengeance éclatante et rassembla des troupes; mais elle se laissa toucher par les prières des Mantouans, et se contenta de leur soumission qu'elle alla recevoir en personne. Elle revint ensuite dans sa demeure de Bondeno, et malgré les rigueurs de la saison et la faiblesse de sa santé, elle assista à tous les offices de l'octave de Noël. Le froid aggrava ses infirmités, et depuis la fin de l'année 1114 elle ne fit plus que languir. Sentant sa mort approcher, elle donna la liberté aux serfs de sa famille, et distribua une partie de ses richesses aux églises voisines. Elle expira à l'âge de soixante-neuf ans. Son corps fut transporté dans le monastère de Saint-Benoît de Polirone, à quinze milles de Mantoue. Cinq siècles plus tard Urbain VIII réclama pour Rome les restes de la bienfaitrice du saint-siége, et les fit déposer dans la basilique du Vatican, sous un magnifique mausolée.

Il a manqué à Mathilde un historien digne d'elle. Donnizon, son chapelain, lui a consacré trois livres de détestables hexamètres. Fiorentini, antiquaire et généalogiste de Lucques, dans le dix-septième siècle, a raconté sa vie, en trois livres non moins ennuyeux que les vers de Donnizon, mais beaucoup plus instructifs. C'est dans cet ouvrage que l'on apprend à connaître cette grande comtesse, qu'aucune souveraine peut-être ne surpassa en génie et en courage, que très-peu égalèrent en moralité; mais c'est à Donnizon et à saint Anselme de Lucques qu'il faut demander les traits particuliers de son caractère, ceux qui la font aimer. L'honnête chapelain, dans son mauvais latin, laisse entrevoir le charme respectueux qu'il éprouvait à la vue de la physionomie délicate de la comtesse, empreinte d'une habituelle gaieté. Son sévère confesseur lui-même, saint Anselme de Lucques, ne pouvait songer sans surprise comment ce corps si frêle avait supporté le fardeau du gouvernement et les fatigues de la guerre; et il attribuait à l'intervention divine la cure de ses fréquentes maladies. Soutenue par un esprit indomptable, elle tint d'une main ferme le glaive contre les ennemis du saint-siége et contre ses propres sujets quand ils violaient ses lois. Mais ceux qui la connaissaient bien n'attribuèrent jamais à la dureté ce qui provenait seulement d'un esprit de justice. Dans les camps, telle était la sévérité de ses manières, la grâce de ses discours, qu'elle paraissait une messagère de clémence, sous l'habit d'une Penthésilée. Sur son tribunal elle ne semblait pas le vengeur sévère du crime, mais la mère du faible et de l'opprimé. Elle ne s'accorda jamais à elle-même la molle indulgence qu'elle refusait aux autres. Dans un siècle grossier elle vécut avec austérité, et elle s'imposa jusque dans le mariage le célibat qu'elle exigeait des prêtres. Cependant sa piété ne dégénéra pas en superstition. Au lieu de s'ensevelir dans un cloître, l'héroïque amie de Grégoire VII remplit activement tous les devoirs d'un souverain. Dans un âge d'ignorance elle pouvait haranguer ses soldats, chacun dans leur langue quoiqu'ils fussent levés dans presque toutes les parties de l'Europe. Elle parlait avec une égale facilité l'italien, le français et l'allemand. Quoiqu'elle eût un secrétaire pour la langue latine, elle écrivait elle-même toutes ses lettres en cette langue aux papes et aux souverains de son temps. Donnizon nous apprend qu'elle avait rassemblé des livres :

Copia librorum non deficit huleve bonorum,
Libros ex cunctis habet artibus atque figuris.

Il nous dit aussi que pour les études des Saintes Écritures elle égalait les plus savants évêques contemporains. Elle engagea saint Anselme à écrire un commentaire sur les *Psaumes* de David et à compiler une collection du droit canon. En même temps elle employait le jurisconsulte Werner ou Irnerius à revoir le *Corpus Juris Civilis*. « Son autorité, dit Ginguené, plus étendue que ne l'avait été celle d'aucun prince, depuis la chute de Rome, lui servit à encourager l'étude des sciences, auxquelles elle n'était pas elle-même étrangère ; et si au commencement du siècle suivant l'étude du droit surtout prit à Bologne un si grand essor, si la jurisprudence romaine régit de nouveau l'Italie, et si le code de Justinien en bannit enfin les lois bavaroises, lombardes et tudesques, qui y avaient régné tour à tour, on le dut peut-être au soin que prit Mathilde de faire revoir ce code et d'engager par des récompenses un jurisconsulte célèbre à cet utile travail. » Ainsi cette princesse, qui fut la grande auxiliaire de Grégoire VII pour l'organisation de la hiérarchie religieuse, prit dans l'ordre civil et littéraire l'initiative de la renaissance de la civilisation. L. JOUBERT.

Donnizon, *Vita Mathildis, celeberrimæ principis Italiæ*; dans les *Scriptores rerum Brunsvicensium*, de Leibnitz. — Florentini, *Memorie di Matilda, la gran contessa di Toscana*, 2e édition, *con molti documenti* par Mansi. — Razzi, *Vita ovvero azioni della contessa Matilda*; Florence, 1587, in-8°. — Mellini, *Trattato dell' origine, fatti, costumi e lodi di Matilda, gran contessa di Toscana*; Florence, 1589; *Lettera apologetica in difesa d'alcune cose gia da lui scritte ed appartenenti alla contessa Matilda*; Mantoue, 1592. — Lucchini, *Cronica della Vita, origine e delle azioni della contessa Matilda di Toscana*; Mantoue, 1593. — Cantelori, *Mathildis comitissæ Genealogia*; Teramno, 1657, in-8°. — Pezzo, *Maraviglie eroiche di Matilda*; Vérone, 1678, in-fol. — Koeler, *Dissertatio de donatione Mathildina pontifici romano (Gregorio VII)*; Altorf, 1718, in-4°. — Joachim, *Dissertatio de spurio Mathildino dono*; Halle, 1786, in-4°. — Erra, *Memorie storico-critiche della gran contessa Matilda*; Rome, 1768, in-8°. — Mozzi de' Capitani, *Sulla contessa Matilda, i suoi contemporanei, e l'usanze nostre d'allora*; Venise, 1845, in-16. — Inghirami, *Storia della Toscana*, t. V. — D. Luigi Tosti, *La contessa Matilde e i Romani Pontefici*. — Amédée Renée, *La grande Italienne*; Paris, 1859, in-8°. — Gfrörer, *Gregor VII und sein Zeitalter*. — Consulter aussi les sources indiquées à l'article Grégoire VII.

MATHILDE ou **MAUDE** (Sainte), reine d'Angleterre, morte à Westminster, le 30 avril 1118. Fille de Malcolm, roi d'Écosse, et de Marguerite, sœur de l'etheling Edgar, elle descendait par sa mère des rois anglo-saxons. Henri Ier, troisième roi normand, croyant fortifier ses droits par un mariage avec la petite-fille d'Édouard le Confesseur, demanda la main de Mathilde. Il existait un empêchement à cette union. Mathilde, dans son enfance, avait été confiée à sa tante Christine, abbesse de Wilton, qui, pour préserver la jeune fille de la brutalité des conquérants normands, lui avait fait prendre le voile et l'avait obligée de vivre parmi les nonnes. Un synode de prélats leva cette difficulté, et le mariage fut célébré par Anselme, évêque de Cantorbéry. Le parti normand, qui s'était vainement opposé à cette union, exhala sa colère en railleries, appelant le roi *Godric* et la reine *Godiva*. Mathilde, douée d'un caractère doux et patient, supporta sans peine ces sarcasmes. Cette princesse joignait à une grande piété l'amour des lettres et une charité inépuisable. Elle fonda et dota richement les hôpitaux du Christ et de Saint-Giles à Londres. Elle eut deux enfants : *Guillaume*, qui mourut jeune, dans un naufrage, et *Alice*, qui prit ensuite le nom de Mathilde (1) (*voy.* l'article suivant). Z.

Eadmer, *Historia sui seculi*. — Orderic Vital, *Chron.* — Haywarde, *Lives of three Norman Kings of England*.

MATHILDE ou **MAUDE** (2), impératrice d'Allemagne et reine d'Angleterre, fille de Henri Ier et de sainte Mathilde, née en 1102, morte à Rouen, le 10 septembre 1177. Henri V, empereur d'Allemagne, la fit demander en mariage lorsqu'elle n'avait encore que huit ans, dans l'espoir d'obtenir une forte dot. La main de la jeune fille lui fût accordée, et l'année suivante il envoya des ambassadeurs qui devaient amener Mathilde en Allemagne. Jamais, au dire des chroniqueurs contemporains, l'Angleterre ne vit rien d'aussi beau que l'embarquement de la princesse. Mais pour payer la dot il fallut imposer une taxe de trois shellings sur chaque *hide* de terre, et les Anglais gardèrent de ce mariage un fâcheux souvenir. Henri V mourut en 1125, et l'impératrice Mathilde, veuve sans enfants, resta en Allemagne avec un riche douaire.

(1) Sainte Mathilde elle-même s'appelait d'abord du nom saxon d'*Edith*; elle le changea en celui de Mathilde, qui était en grande faveur, probablement parce que c'était celui de la mère du conquérant.

(2) Elle s'appela d'abord *Alice*, et la *Chronique saxonne* lui donne le nom d'*Æthelice*; c'est le même nom qu'Adèle, Adelais, Alice. Elle prit ensuite le nom de sa mère Mathilde, dont Mauide, Maude, Molde sont des abréviations.

Sur ces entrefaites Henri Ier d'Angleterre, qui avait perdu les fils nés de son premier mariage, et qui n'avait pas d'enfants de son second, résolut d'assurer la couronne à sa fille Mathilde. Celle-ci hésitait à quitter sa retraite d'Allemagne pour aller recueillir une succession précaire; car elle savait que les fiers barons normands se révoltaient à l'idée seule du règne d'une femme. Cependant elle se soumit aux ordres péremptoires de son père, et se rendit en Angleterre. Henri la présenta, le 25 décembre 1126, à l'assemblée générale des prelats et des grands tenanciers, qui la reconnurent pour héritière du trône. Après elle, le plus proche héritier de la couronne était Étienne, comte de Boulogne, neveu du roi par sa mère Adèle. Henri previt que ce serait un prétendant redoutable, et pour fortifier le parti de Mathilde, il la maria à Geoffroi, comte d'Anjou. « Ce ne fut qu'à regret, dit Lingard, que Maude consentit à épouser Geoffroi Échanger l'état d'impératrice contre celui de simple comtesse d'Anjou, s'assujettir aux caprices sauvages et fantasques d'un enfant de seize ans, irritaient son amour-propre et blessaient tous ses sentiments. Geoffroi, d'une autre part, avait hérité de l'esprit indomptable de ses ancêtres. Il prétendait forcer l'orgueil de sa femme à plier, au lieu de chercher à l'apaiser et à l'adoucir. Ils se querellèrent, se séparèrent, et Maude revint en Angleterre pour solliciter la protection de son père. Une année se passa en négociations infructueuses. A la fin le comte consentit à exprimer le désir de revoir sa femme, et une réconciliation apparente eut lieu. » Trois enfants, *Henri*, *Godefroi*, *Guillaume*, leur naquirent sans que les deux époux en fussent plus unis, et sans que Geoffroi se montrât moins exigeant à l'égard de Henri, de qui il réclamait la Normandie.

A la mort d'Henri Ier (1135), Mathilde, alors en Anjou, espera prendre tranquillement possession des États de son père; mais elle fut prévenue par son cousin Etienne, qui se fit reconnaître roi d'Angleterre. Cette usurpation, sanctionnée par le pape Innocent II, fut le commencement d'une lutte dont les principaux incidents ont été racontés à l'article ÉTIENNE, et qui eut pour résultat d'affaiblir l'autorité royale et d'augmenter les privileges de la noblesse et du clergé. La Normandie présenta pendant quelques années le plus déplorable spectacle, déchirée par les divisions intestines et ravagée alternativement par les partis opposés. Les Angevins, qui soutenaient les prétentions de Mathilde, et les mercenaires qui, sous Guillaume d'Ypres, combattaient pour la cause d'Étienne, étaient également odieux aux nationaux. Toutes les fois que Geoffroi passa la frontière, l'aversion des Normands opposa un obstacle insurmontable à ses progrès; toutes les fois que Guillaume entreprit une expédition, ses efforts furent secrètement entravés ou même traversés ouvertement par son propre parti. Les grands barons, retirés dans leurs châteaux, affectaient un air d'indépendance; et en se faisant la guerre l'un à l'autre, en défendant, selon leur intérêt, leur caprice ou leur ressentiment, tantôt la cause d'Étienne, tantôt celle de Mathilde, ils contribuèrent à prolonger les misères et les souffrances de la contrée. Le même esprit de violence et d'insubordination commençait à troubler l'Angleterre. Étienne, ne pouvant pas satisfaire toutes les prétentions de la noblesse et du clergé, eut contre lui les deux corps qui l'avaient porté au trône. Mathilde saisit cette occasion de venir revendiquer ses droits. Elle débarqua sur la côte de Suffolk, le 30 septembre 1139, et l'Angleterre éprouva à son tour les misères que la Normandie souffrait depuis quatre ans. D'une extrémité du royaume à l'autre on ne voyait que batailles, et les Normands profitaient de la guerre pour rançonner impitoyablement la population saxonne. Des châteaux forts couvraient presque partout le sol, et ces châteaux, suivant un chroniqueur contemporain, « n'étaient que des cavernes de diables, qui faisaient des sorties, pillaient, massacraient tous les partis sans distinction. On voyait partout la fumée des villes, des villages, des monastères et des églises qui brûlaient; le commerce cessa et les travaux de l'agriculture furent interrompus dans beaucoup d'endroits... Le Christ et ses saints dorment, disaient les pauvres habitants des campagnes en voyant tant de crimes rester impunis..... Tous ceux qui avaient quelques biens ou qui paraissaient en avoir, hommes et femmes, étaient enlevés de jour comme de nuit; puis quand on les avait enfermés, il n'est pas de supplice cruel qu'on ne leur infligeât pour les forcer à donner leur or et leur argent. » Étienne fut vaincu à la bataille de la Trent (2 février 1141), et Mathilde, reconnue reine ou dame d'Angleterre (*England's Lady*), fit son entrée dans Londres le 9 avril suivant. Deux mois et demi plus tard (23 juin), une insurrection des habitants la força de s'enfuir à Oxford, et la guerre recommença. Après des alternatives de succès et de revers, Mathilde, qui avait été plusieurs fois sur le point d'être faite prisonnière, ne recevant pas de renforts de son mari Geoffroi et privée de ses plus vaillants défenseurs, Gloucester et Milon, partit pour la Normandie (1148), laissant les barons de son parti se gouverner et se défendre eux-mêmes. Son fils Henri releva bientôt sa cause et la fit triompher, par une transaction et à son propre profit (voy. HENRI II). Mathilde, honorée mais sans autorité, resta en Normandie et employa ses dernières années à des œuvres de charité. Elle mourut dans un âge avancé. On grava sur sa tombe cette épitaphe :

> Ortu magna, viro major, sed maxima partu,
> Hic jacet Henrici filia, sponsa, parens.

« Grande par la naissance, plus grande par le mariage, mais surtout grande par son fils, ici gît la fille, l'épouse et la mère d'un Henri. » Z.

Chronicon Saxonicum. — *Chronicon Normannorum.* — Matthieu Paris, *Historia major.* — Lingard, *History of England*, c. XI, XII. — Augustin Thierry, *Histoire de la Conquête de l'Angleterre par les Normands*, et les sources indiquées aux articles HENRI Ier, HENRI II, ÉTIENNE *de Blois*.

MATHILDE, reine de Danemark. *Voy.* CAROLINE-MATHILDE.

MATHON DE LA COUR (*Jacques*), mathématicien français, né à Lyon, le 28 octobre 1712, mort dans la même ville, vers 1770. Il appartenait à une ancienne famille de magistrature originaire de la province de Dombes. Son père, Jacques-Louis Mathon, conseiller au parlement de cette principauté, vint dans sa vieillesse se retirer à Bourg-Argental, où il possédait une grande fortune territoriale. Jacques Mathon s'illustra par son amour pour les sciences exactes. Il fut l'un des membres les plus laborieux de l'Académie de sa ville natale. On lui doit : *Mémoire sur la manière la plus avantageuse de suppléer à l'action du vent sur les grands vaisseaux*, 1753; — *Nouvelles Machines mues par la réaction de mécanique*; Lyon, 1763, 3 vol. in-12; — *Essai du calcul des machines mues par la réaction de l'eau*, dans le *Journal de Physique*. J. V.

Chaudon et Delandine, *Dict. univ. Histor., Crit. et Bibliogr.*

MATHON DE LA COUR (*Charles-Joseph*), littérateur français, fils du précédent, né le 6 octobre 1738, à Lyon, guillotiné le 15 novembre 1793, dans la même ville. Il termina ses études à Paris, et se fit connaître dans le monde par l'amabilité de son caractère et la variété de ses connaissances. Devenu le beau-frère du poëte Lemierre, il entretint des relations suivies avec les lettrés et les artistes, qui eurent souvent recours à sa générosité, et remporta plusieurs prix dans les concours de l'Académie des Inscriptions et d'autres sociétés savantes. La mort de son père le rappela à Lyon (1770); il continua d'y cultiver les lettres et d'y encourager tout ce qui avait un but d'utilité publique. Après avoir contribué à la fondation de la Société Philanthropique, il entretint pendant quelque temps un lycée propre à faciliter aux artistes l'exposition de leurs œuvres. Il chercha à rendre l'eau du Rhône commune dans tous les quartiers de la ville; il fit venir à ses frais des ouvriers de Paris, afin de rendre le pain meilleur et moins cher au moyen de la mouture économique. C'est encore à lui qu'on dut les secours aux mères nourrices ainsi qu'un asile pour les jeunes enfants. Rapportant tout au bien général, il négligeait le soin de ses propres affaires et ne songeait qu'à celles des autres. On le vit plus d'une fois suppléer par des emprunts à l'insuffisance de ses revenus pour l'unique motif de rendre plus de services. Mathon de La Cour s'associa aux principes de la révolution par les écrits qu'il publia sur la réforme des finances. Il fut victime de son attachement pour ses concitoyens, dont il avait voulu, durant le siége de Lyon, partager les dangers et les souffrances : traduit devant le tribunal révolutionnaire, il ne chercha point à éluder le sort qui l'attendait. « Tu étais noble, lui dit le président Dorfeuil, tu n'as pas quitté Lyon pendant le siége; lis le décret, tu peux prononcer toi-même sur ton sort. — Il est sûr, répondit Mathon, que cette loi m'atteint, et je saurai mourir. » On a de lui : *Discours sur le patriotisme français*; Lyon, 1762, in-8°; — *Lettres sur l'Inconstance*; Paris, 1763, in-12, à l'occasion de la comédie de *Dupuis et Desronais*, par Collé; — *Lettres sur les peintures, sculptures et gravures exposées au salon du Louvre*; Paris, 1763-1765-1767, 3 vol. in-12; il y a des observations délicates et une critique judicieuse; — *Orphée et Euridice*, opéra trad. de l'italien; 1765, in-12; — *Lettre sur un fait concernant l'inoculation*; 1765, in-8°; — *Par quelles causes et par quels degrés les lois de Lycurgue se sont altérées chez les Lacédémoniens*; Lyon et Paris, 1767, in-8°. Cette dissertation, couronnée la même année par l'Académie des Inscriptions, avait inspiré à l'auteur l'idée de composer une histoire de Lacédémone; mais cet ouvrage n'a pas paru; — *Sur le danger de la lecture des livres contre la religion*; Paris, 1770, in-8° : discours couronné par l'Académie de l'immaculée Conception de Rouen; — *Lettres sur les Rosières de Salency*; Lyon, 1782, in-12; — *Testament de Fortuné Ricard, maître d'arithmétique* (1) (Lyon), 1785, in-8°, plus. édit.;

(1) Cet ingénieux badinage a été réimprimé dans les *Tablettes d'un Curieux*, tome Ier. L'auteur suppose que son grand-père lui a donné, lorsqu'il avait huit ans, une somme de 24 livres, qui au moment où il écrit son testament, à soixante-quatorze ans, produit, à intérêts composés, cinq cents livres. Il partage cette dernière somme en cinq parts, de cent livres chacune. Au bout de cent ans, la première part, en raison de l'accumulation des intérêts, doit produire 13,100 livres : le testateur s'en sert pour fonder quelques prix; la seconde part en deux cents ans produit 1,700,000 livres : il fonde avec cette somme des prix académiques; la troisième part en trois cents ans monte à plus de 226 millions de livres; avec cela, Ricard fonde des caisses patriotiques de prêt gratuit, des musées, des cours, etc.; la quatrième part en quatre cents ans produit près de 30 milliards : Ricard s'en sert pour fonder cent villes de cent cinquante mille âmes chacune; enfin, la cinquième part au bout de cinq cents ans arrive au chiffre fabuleux de 3,900 milliards. Ricard ne sait pour ainsi dire plus qu'en faire; il paye les dettes de la France et de l'Angleterre, offre une prime aux nations qui vivent en paix, achète l'abolition de la loterie, la suppression des charges inutiles, donne au roi un domaine considérable, ajoute à la portion congrue des curés et des vicaires, à condition qu'ils supprimeront les quêtes et n'exigeront plus d'honoraires pour leurs messes. Il assure une rente à tous les enfants qui naissent jusqu'à l'âge de trois ans; il fait l'acquisition de grandes possessions mal cultivées, et les divise en petits héritages, qu'il donne à des paysans mariés, lesquels s'engageront à les cultiver de leurs mains : ces héritages ne devront jamais être divisés ni réunis. Ricard achète encore toutes les terres seigneuriales et émancipe les serfs et vassaux; il fonde des maisons d'éducation, des maisons de travail et de refuge; il dote de quarante mille livres de rentes de jolies filles, élevées à ses frais dans cent établissements qu'il appelle *hospices des anges*; il fait placer dans tous les hôtels de ville du royaume et dans d'autres lieux convenables les statues, bustes ou médail-

— *Collection des comptes-rendus, pièces authentiques, écrits et tableaux concernant les finances de la France depuis* 1758 *jusqu'en* 1789; Paris, 1788, in-4°; — *Sur le patriotisme dans une monarchie*; Paris, 1788, in-8° : discours qui obtint en 1787 un prix à l'Académie de Châlons-sur-Marne. Mathon a en outre coopéré à la rédaction des premiers volumes de l'*Almanach des Muses*, du *Journal de Musique* depuis juillet 1764 jusqu'en août 1768, du *Journal des Dames* (1759 et ann. suiv.), et de plusieurs *Almanachs de Lyon*. Il fut le fondateur du *Journal de Lyon* (1784 et ann. suiv., 12 vol. in-8°), et y fit insérer un grand nombre de morceaux en vers et en prose. Enfin, les archives de l'Académie Lyonnaise contiennent plusieurs mémoires de sa composition. P. L.

Rabbe, *Biogr. des Contemp.* — *Archives du Rhône*, VI.

* **MATHON DE FOGÈRES** (*Henri-Napoléon*), économiste français, petit-cousin du précédent, né à Bourg-Argental (Loire), le 26 novembre 1806. Son père avait été officier sous Louis XVI et son grand-père, Joseph Mathon de Fogères, frère de Jacques Mathon de La Cour, était procureur du roi au bailliage de Bourg-Argental. Reçu avocat à Paris, M. Mathon de Fogères publia en 1831 une dissertation contre le divorce. En 1844 il devint maire de sa ville natale, et en 1846 il fut élu député par le collége de Saint-Chaumond. A la chambre il faisait partie de l'opposition modérée, qui, tout en soutenant le gouvernement monarchique, demandait des réformes dans le but d'améliorer le sort des classes nombreuses. On a de lui : *Essai d'Économie sociale, ou recherches sur les moyens d'améliorer le sort du peuple*; Paris, 1839, in-8°; — *Lettre à un ami qui abandonne la vie privée pour la vie politique*, en vers; 1844, in-8°. L. L—T.

Galerie nat. des Notabilités contemp., tom. I, p. 225. — *Musée Biographique*, 2e livraison.

MATHOS (Μάθως), soldat africain, un des chefs de la révolte des mercenaires contre Carthage, en 241 avant J.-C. Cette insurrection suivit de près le retour de l'armée de Sicile après la première guerre punique. Mathos y prit une si grande part qu'il craignit d'être excepté de toute amnistie dans le cas où les rebelles se soumettraient. Aussi quand Giscon se présenta au camp des mercenaires devant Tunis avec de pleins pouvoirs pour satisfaire à leurs demandes, Mathos s'unit à Spendius, déserteur campanien, non moins compromis que lui, pour faire rejeter tout accommodement. Les soldats subirent bientôt complétement leur influence, et les choisirent pour généraux. Le premier objet de Mathos et de Spendius fut de rendre la rupture avec Carthage irréparable. Ils décidèrent donc les soldats à saisir et à jeter en prison Giscon et les autres députés carthaginois; ils déclarèrent ensuite la guerre à Carthage, et appelèrent à la révolte les populations indigènes sujettes de cette ville. Les Africains saisirent avec joie cette occasion de recouvrer leur indépendance. Utique et Hippone seules refusèrent de se joindre aux insurgés, qui les assiégèrent. Mathos et Spendius, avec leurs mercenaires, grossis de 70,000 Africains, forcèrent les Carthaginois à se renfermer dans la ville, et les y tinrent bloqués. Le général Hannon, qui essaya de forcer la ligne de blocus, ne put tenir contre les vétérans de la guerre de Sicile. Hamilcar Barca, leur ancien chef, remplaça Hannon, et rouvrit les communications de Carthage avec les provinces voisines. Alors les deux chefs des rebelles se séparèrent. Spendius entreprit de tenir tête à Hamilcar, et Mathos alla presser le siége d'Hippone. Les succès du général carthaginois, l'influence qu'il conservait sur ses anciens soldats, la clémence avec laquelle il traitait ceux qui tombaient entre ses mains firent craindre aux chefs des insurgés que la fidélité de leurs adhérents ne fût pas de longue durée; ils résolurent donc de leur faire commettre un crime si énorme que le pardon fût impossible. D'accord avec un Gaulois nommé Autaritus, ils poussèrent les soldats à l'exécution de Giscon et des autres prisonniers carthaginois. Les malheureux qu'une violation du droit des gens avait placés entre leurs mains furent mis à mort avec des raffinements de barbarie, et les meurtriers menacèrent d'infliger le même sort à tous les héraults que les Carthaginois leur enverraient. Ces atrocités, suivies de représailles non moins atroces de la part des généraux carthaginois, donnèrent à la guerre des mercenaires un caractère de férocité rare même chez les anciens. Les insurgés obtinrent bientôt de nouveaux avantages, et forcèrent les deux puissantes villes d'Utique et d'Hippone à se rendre. Ils allèrent ensuite mettre le siége devant Carthage; mais ce fut le terme de leurs succès. Hamilcar, avec la cavalerie numide, coupa les communications des assiégeants avec la campagne, les affama et les força de décamper. Peu après Spendius fut complétement battu et fait prisonnier. Cette défaite amena la soumission de la plupart des villes rebelles, et Mathos, avec le reste de ses forces, se réfugia à Tunis, où Hamilcar et Hannibal, son nouveau collègue, l'assiégèrent étroitement. La négligence d'Hannibal permit à Mathos de s'emparer du camp de ce général. Hannibal lui-même, fait prisonnier, périt

lons des grands hommes; il remplace les grands hôpitaux par de petites maisons de santé, fournissant surtout des secours à domicile. Tout cela fait, il lui reste encore plus de 3,700 milliards, pour lesquels il déclare s'en rapporter à la sagesse de ses exécuteurs testamentaires. Il les engage à faire dans toutes les villes l'acquisition des maisons qui nuisent à la circulation, à les faire abattre et à multiplier les places, les quais, les fontaines, les jardins et tout ce qui peut ajouter à la salubrité de l'air, à faire dessécher les étangs, à faire défricher les landes, creuser le lit des rivières qu'on pourrait rendre navigables, à les réunir par des canaux, en un mot à employer tous les arts pour achever de remplir le vœu de la nature, « qui semble avoir destiné la France à être le séjour le plus délicieux de l'univers ». Comme on le voit, Mathon de La Cour avait deviné notre siècle. Malheureusement quelqu'un de ses aïeux a oublié de placer à intérêts composés, il y a cinq cents ans, les cinq cents livres dont il dispose si bien. L. L—T.

sur la croix, en représailles du supplice infligé à Spendius. Hamilcar leva le siége; mais il ne tarda pas à reprendre l'avantage. Mathos, vaincu à son tour, tomba entre les mains des Carthaginois, qui le mirent à mort après l'avoir accablé d'outrages. Y.

Polybe, I, 69-88. — Appien, *Punica*, 5. — Diodore de Sicile, XXV.

MATHOU (*Claude-Hugues*), érudit français, né à Mâcon, en 1622, mort à l'abbaye de Saint-Pierre de Châlons-sur-Saône, le 29 avril 1705. Il fut prieur de diverses abbayes et vicaire-général de l'archevêque de Sens. C'était un homme renommé dans son ordre et dans l'Église. On estimait son savoir et la fermeté de son caractère. Les jésuites eurent plus d'une fois à se plaindre de lui. Ses ouvrages sont : *Roberti Pulli Sententiarum Libri VIII*; Paris, 1655, in-fol. : aux œuvres de Robert Palleyn est jointe, dans ce volume, la *Théologie* de Pierre de Poitiers; — *De vera Senonum Origine christiana*; Paris, 1687, in-4°; — *Catalogus Archiepiscoporum Senonensium*; Paris, 1688, in-4°. B. H.

Hist. Litt. de la Congrég. de Saint-Maur, 192.

MATHULON, mathématicien français, né à Lyon, vers la fin du dix-septième siècle. Il exerçait la médecine à Lyon. En 1726 il annonça, par un avis inséré dans les journaux, avoir trouvé la quadrature du cercle et le mouvement perpétuel, et offrit dix mille livres à quiconque lui démontrerait la fausseté de ses calculs. Il avait déjà soumis l'une de ces découvertes à l'Académie des Sciences, qui s'était contentée de lui adresser des observations très-modérées. Nicole le convainquit aisément d'erreur, et fit don de la somme engagée à l'hôtel-Dieu de Lyon. Tout en avouant qu'il s'était trompé, Mathulon refusa de payer; mais il fut poursuivi et condamné à une amende de mille écus envers les pauvres. On a de lui : *Explications nouvelles des Mouvements de l'Univers, accompagnées de démonstrations par le jeu de différentes machines qui les imitent*; Paris, 1723, in-4°; — *Reponses aux Observations faites sur divers endroits d'une brochure qui a pour titre :* Explications nouvelles, etc.; Paris, 1726, in-4°; — *Essai de Géométrie et de Physique*; Paris, 1726, in-4°. P. L.

Montucla, *Hist. des recherches sur la quadrature du cercle*, 228. — *Journal des Savants*, nov. 1727.

MATHUSALEM (1), patriarche hébreu de la race de Seth, né l'an du monde 687, mort l'an du monde 1656, c'est-à-dire âgé de neuf cent soixante-neuf ans, qui est le plus grand âge qu'ait atteint aucun homme; aussi son nom est-il devenu proverbial. Il était fils d'Henoch et père de Lamech (par conséquent grand-père de Noé). Sa longue vie ne présente aucun incident remarquable. Le texte des Septante place sa mort quatorze ans après le déluge; quelques variantes le font mourir six ans avant le déluge. Cette version semble la préférable; car il n'est pas mentionné parmi les habitants de l'arche. Le texte hébreu de la *Genèse* indique sa mort pour l'année même du déluge. Peut-être périt-il dans cet immense cataclysme. A. L.

Genèse, 5, 27. — Dom Calmet, *Dict.* — Richard et Giraud, *Biblioth. Sacrée*.

(1) On trouve aussi ce nom écrit *Mathusala*, et *Mathusale*. Il se compose des mots *mutâ*, mort, et *salar*, envoyer.

MATIGNON, ou **GOYON-MATIGNON**, nom d'une ancienne famille bretonne qui a produit plusieurs personnages distingués. *Étienne* Goyon est le premier dont il soit fait mention d'une manière certaine. Il était seigneur de La Roche-Guyon et de Plevenon. Il épousa, en 1170, Lucie de *Matignon*.

Bertrand Goyon II, sire de Matignon et de La Roche-Guyon, porta à la bataille de Cocherel, en 1364, la bannière de du Guesclin, qu'il suivit aussi en Espagne. Il fut un des signataires du traité de Guérande, conclu, en 1380, entre Charles VI et Jean le Vaillant, duc de Bretagne.

Jean Goyon prit part à la ligue formée, en 1420, par les seigneurs bretons contre Olivier, comte de Penthièvre. Il mourut en 1456.

Son second fils, *Alain* Goyon, grand-écuyer de Louis XI, défendit les frontières de Normandie contre les ducs de Berry et de Bretagne, et fut nommé par Charles VIII conseiller d'État et chambellan. Il mourut en 1490.

Bertrand Goyon IV, fils aîné de Jean Goyon, fut chambellan de Charles VII, et Louis XI lui conserva cette charge. Il mourut en 1480.

Moréri, *Grand Dict. Hist.*

MATIGNON (*Jacques* de Goyon, comte de), maréchal de France, né le 26 septembre 1525, à Lonlay, en Normandie, mort le 27 juin 1597, à Lesparre, en Guienne. Fils unique de Jacques de Matignon et d'Anne de Silli, il n'avait que six mois lorsque mourut son père. Par les soins de sa mère, il reçut une éducation supérieure à celle des gentilshommes d'alors, et fut placé très-jeune encore auprès du dauphin, depuis Henri II, en qualité d'enfant d'honneur. Quoiqu'il eût de quoi plaire par lui-même, qu'il fût bien fait, réservé et d'une physionomie heureuse, il attendit longtemps une occasion favorable de se produire. En 1552, il suivit le roi en Lorraine, assista à la prise de Metz, Toul, Verdun et Montmédi, obtint une compagnie de chevau-légers, et se jeta dans Metz, menacée par les Impériaux; en 1553, il fut envoyé au secours d'Hesdin, et s'échappa par ruse après s'être battu avec acharnement contre les troupes du duc de Savoie. Fait prisonnier à la bataille de Saint-Quentin (1557), il demeura aux mains de l'ennemi jusqu'à la paix de Câteau-Cambrésis; le jour même qu'elle fut conclue (3 avril 1559), il succéda à Martin du Bellay comme lieutenant général en basse Normandie. Dans un temps où toute la noblesse était divisée entre le duc de Guise et le connétable de Montmorenci, Matignon prit le parti le plus prudent et le plus avan-

tageux pour sa fortune : il ne se prononça ni pour l'un ni pour l'autre, les ménagea adroitement tous deux et ne s'attacha qu'au roi. Durant toute sa vie, il n'eut pas d'autre règle de conduite. Aussi Catherine de Médicis, le sachant souple, discret et fidèle, lui fit-elle souvent part de ses vues politiques et le défendit-elle contre les plaintes ou les attaques de la cour. Ce fut lui qui, après la conférence de Pontoise, où il se trouva, découvrit à la reine mère l'alliance passagère des Guise avec le connétable, et qui lui conseilla la paix en tenant une exacte balance entre les factions. En 1562, il reprit Vire et Saint-Lô sur les calvinistes, et les empêcha, en 1563, de s'emparer de Cherbourg par la trahison du gouverneur. Quoiqu'il n'eût à leur opposer qu'à peine un millier de soldats, il sut par sa vigilance mettre un obstacle continuel à leurs projets et en même temps déjouer les menées de Montgommeri et forcer les Anglais à respecter les côtes. Créé comte de Thorigni en 1565, il arrêta, en 1567, au passage de la Seine, les troupes que d'Andelot amenait au prince de Condé, et décida par cette habile manœuvre du gain de la bataille de Saint-Denis. Toujours ami de la paix, Matignon représenta à la reine « qu'il fallait mettre tout en usage pour en établir une durable, ce qui ne s'exécuterait jamais si l'on n'avait une attention particulière à établir une justice exacte entre tous les sujets du roi, sans avoir égard au rang (1). » Il lui conseilla encore de donner au duc d'Anjou, plutôt qu'à l'un des Guise, le commandement des troupes. Sitôt que l'impatiente ardeur des catholiques eut rallumé la guerre, il rejoignit l'armée royale (1568), remporta divers avantages sur les capitaines protestants, et se signala, en 1569, aux batailles de Jarnac et de Moncontour ; dans l'une, il battit l'arrière-garde de Coligni ; dans l'autre, il sauva la vie au duc d'Anjou.

Lorsque la paix eut été conclue, Matignon, instruit des dispositions de la reine mère, se retira en Normandie, où sa présence suffit pour maintenir dans l'ordre les catholiques et les huguenots, que la nouvelle des massacres de Paris avait mutuellement exaspérés (1572) ; il parcourut toutes les villes de son gouvernement, mit les huguenots sous sa protection, et enjoignit, sous les plus grandes peines, à leurs ennemis de les respecter. Cette louable résistance aux ordres de la cour fut approuvée de Charles IX, qui chargea même Matignon d'interpréter d'une façon convenable à l'autorité royale ce qu'il appelait « l'émotion naguère avenue à Paris ». En 1574, l'invasion de Montgommeri, soutenue par les Anglais, lui fit perdre presque toute la Normandie : avec sept à huit mille soldats, il rentra en campagne, prit Falaise et Argentan, investit Saint-Lô, et s'attacha surtout à Montgommeri, qui s'était enfermé dans le château de Domfront. Après deux assauts meurtriers, il le décida à se rendre, et le traita avec beaucoup d'égards ; mais il sollicita vainement la grâce du malheureux prisonnier, que lui refusa Catherine de Médicis, alors chargée de la régence en attendant l'arrivée de Henri III. Sauf cette exécution, il réussit à pacifier la Normandie sans effusion de sang. Il obtint alors la baronnie de Saint-Lô, et reçut d'Henri III le bâton de maréchal (14 juillet 1579) et l'ordre du Saint-Esprit. L'année suivante il conduisit une armée en Picardie, s'empara de La Fère sur les calvinistes, et obtint la lieutenance générale de la Guienne, dont le roi de Navarre était gouverneur (26 novembre 1580). Dans cette province, il retrouva les mêmes ennemis qu'en Normandie, aussi nombreux et plus turbulents peut-être, et au milieu de cette lutte, sans cesse renouvelée entre les deux religions, il se montra toujours habile, ferme, tolérant et uniquement préoccupé du bien de l'État. Après avoir pris, par ruse, possession du Château-Trompette, il enleva plusieurs places aux protestants ; il se trouvait à une lieue de Coutras lorsqu'il connut la perte de la bataille que Joyeuse avait livrée sans vouloir l'attendre (1587) ; ralliant aussitôt les débris de l'armée royale, il se replia sur la Guienne. Mais, après s'être assuré qu'aucun danger ne menaçait Bordeaux, il alla au-devant du roi de Navarre, qu'il atteignit sous les murs de Nérac, le 31 décembre suivant, et le força à la retraite après un combat acharné (1588). Le « dangereux et fin Normand », suivant l'expression de la reine Marguerite, voyant un maître futur dans cet ennemi présent, ne poussa point trop Henri, qui s'éloigna en bon ordre, et se borna à l'occupation de quelques petites villes. Ni les instances de Villeroi ni les offres des ducs de Guise et de Mayenne n'avaient pu ébranler sa fidélité ; la Ligue lui semblait plus à craindre pour la monarchie que la religion réformée, et il châtia avec une extrême sévérité ses partisans à Bordeaux, où ils s'étaient soulevés. Après la mort de Henri III, Matignon maintint la province dans l'obéissance due au souverain légitime, Henri IV, qu'il sollicita plusieurs fois de rentrer dans la communion romaine, reprit aux ligueurs Agen et Blaye, et battit sur la Gironde une flottille espagnole. Il représenta le connétable à la cérémonie d'abjuration et au sacre du roi, entra dans Paris à la tête des Suisses, et fut chargé d'en faire sortir les troupes étrangères. En 1595, il passa la Garonne, joignit le duc de Ventadour, qui assiégeait Castanet, et fit reconnaître l'autorité royale à Rodez et dans l'Albigeois. Il se préparait à poursuivre les Espagnols au delà des frontières lorsqu'il mourut, d'une attaque d'apoplexie. « Il venait, dit Branthôme, de se mettre à table pour souper, et, mangeant d'une gelinotte, il se renversa tout à coup sur sa chaise tout roide mort, sans rien remuer. » On transporta ses restes au château de Thorigni, en Normandie. C'était, dit

(1) *Vies des hommes illustres de France*, XII, 408.

le même historien, « le capitaine le mieux né et acquis à la patience que j'aie jamais vu et très-habile. Il est mort le plus riche gentilhomme de France; car de dix mille livres de rente qu'il avait quand il alla en Guienne, il en acquit cent mille en douze ans de temps qu'il en a été gouverneur ». Matignon eut de sa femme, Françoise de Daillon du Lude, trois enfants, dont l'aîné, *Odet*, comte de *Thorigni*, mort en 1595, fut lieutenant général en Normandie et combattit vaillamment à Ivri et à Fontaine-Française, et dont le cadet, *Charles*, aussi comte de Thorigni, mort en 1648, continua la postérité et fut honoré, en 1622, du bâton de maréchal de France. P. L—Y.

Moréri, *Grand Dict. Hist.* — Callière, *Hist. de Jacques de Matignon*; Paris, 1661, in-fol. — D'Avrigny, *Vies des Hommes illustres de la France*, XII, 364-526. — Anselme, *Grands-Officiers de la Couronne*. — De Thou, *Hist. sui temporis*. — Branthôme, *Vies des grands Capitaines français*, IX, 167. — Pinard, *Chronol. militaire*, II, 248. — Poirson, *Henri IV*.

MATIGNON (*Charles-Auguste* DE GOYON, comte DE GACÉ, puis DE), maréchal de France, arrière-petit-fils du précédent, né le 28 mai 1647, mort le 6 décembre 1729, à Paris. Il était le sixième des fils de François de Matignon, lieutenant général en Normandie; deux de ses frères devinrent l'un évêque de Lisieux, l'autre évêque de Condom. D'abord connu sous le nom de chevalier de Thorigni, il prit part à l'expédition de Candie, obtint une compagnie de cavalerie, et servit dans la première guerre de Hollande. La mort du comte de Gacé, son frère, tué à Senef, lui permit de prendre ce titre (1675); en même temps il prit le commandement du régiment de Vermandois (infanterie), et combattit tour à tour en Flandre et en Allemagne. Nommé gouverneur de l'Aunis (1688) et maréchal de camp (1689), il suivit le roi Jacques II en Irlande, et dirigea le siége de Londonderry, qui échoua. Dès son retour en France, il passa à l'armée de Flandre, d'où il ne fit que de rares absences jusqu'à la paix de Ryswick, et se signala aux batailles de Fleurus et de Steinkerke, ainsi qu'à la prise de Mons et de Namur. Le 30 mars 1693, il avait été nommé lieutenant général. La guerre s'étant rallumée, il revint en Flandre, et commanda plusieurs années de suite à Anvers; un de ses plus beaux faits d'armes est la prise de Huy (30 mai 1705), place où il trouva trente-deux pièces de canon et des munitions abondantes. En 1708, il fut appelé à commander les troupes qui devaient favoriser la descente du prince Jacques Stuart en Écosse. « Tout le fruit de l'entreprise fut perdu, dit Voltaire. Il n'y eut que Matignon qui y gagna : ayant ouvert les ordres de la cour en pleine mer, il y vit les provisions de maréchal de France, récompense de ce qu'il voulut et de ce qu'il ne put faire. » En devenant maréchal (18 février 1708), il avait pris le nom de comte de Matignon. La dernière action militaire à laquelle il eut part fut le combat d'Oudenarde, en Flandre (11 juillet 1708). En 1724, il fut nommé chevalier des ordres du roi. P. L.

Pinard, *Chronol. militaire*, III, 180. — De Quincy, *Hist. militaire*. — Voltaire, *Siècle de Louis XIV*. — Moréri, *Dict. Hist.* — Leon d'Arger, *Oraison funèbre du maréchal de Matignon*; La Rochelle, 1731, in-4°.

MATON DE LA VARENNE (*P.-A.-L.*), littérateur français, né vers 1760, à Paris, mort le 26 mars 1813, à Fontainebleau. D'une famille noble, il fut reçu avocat, et renonça au barreau pour cultiver les lettres. Dès que la révolution éclata, il s'en déclara l'adversaire et saisit maintes occasions de faire éclater la ferveur de son zèle royaliste. Il ne ménagea les attaques ni aux chefs populaires ni aux journalistes influents, tels que Prudhomme, Gorsas et Camille Desmoulins; il avait le renom d'un homme résolu et entreprenant. Reconnu dans la journée du 10 août, au moment où il tentait de s'enfuir de Paris, il réussit pendant quinze jours à déjouer les recherches. Arrêté et conduit à la prison de la Force, il échappa aux massacres de septembre. Après la chute de Robespierre, il s'associa de nouveau aux efforts des ennemis de la république. Le coup d'État du 18 fructidor l'obligea de se cacher encore une fois, et sous l'empire il vécut complétement ignoré à Fontainebleau. Il était membre du musée de Paris et de quelques sociétés de province. On a de lui : *Réflexions d'un citoyen sur la nécessité de conserver la vénalité des offices inférieurs*; Paris, 1790, in-8°; — *Plaidoyer prononcé au tribunal de police de l'hôtel de ville pour Ch.-H. Sanson, exécuteur, contre les sieurs Prudhomme, Gorsas, Beaulieu, etc.*; Paris, février 1790, in-8°; — *Mémoire où l'on dénonce, entre autres choses, les vexations de quelques juges du conseil*; Paris, 1790, in 8°; deux édit.; — *Mémoire pour les exécuteurs des jugements criminels de toutes les villes du royaume, où l'on prouve la légitimité de leur état*; Paris, 1790, in-8°; trois éditions; — *Les Crimes de Marat et des autres égorgeurs, ou ma résurrection*; Paris, 1795, in-8°; — *Camille et Formose, histoire italienne*; Paris, 1795, in-12, et 1798, 2 vol. in-18, fig.; — *Valdeuil, ou les malheurs d'un habitant de Saint-Domingue*; Paris, 1795, in 8°, et 1798, 2 vol. in-18 fig.; — *Coup d'œil sur la constitution des tribunaux créés par la suite de la révolution du 18 brumaire an VIII*; Paris, 1800, in-8°; — *Histoire particulière des événements qui ont eu lieu en France pendant les mois de juin, juillet, août et septembre 1792, et qui ont opéré la chute du trône*; Paris, 1806, in-8°; ouvrage intéressant, mais rempli de déclamations et d'erreurs. Maton de La Varenne a été l'éditeur du *Siècle de Louis XV*, par Arnoux-Laffrey (1796, 2 vol. in-8°), et des *Œuvres posthumes* du comte de Thiard Bissy. P. L.

Desessarts, *Siècles littér.* — *Biogr. nouv. des Contemp.*

MATON (*Alexis*), littérateur français, né à Lille, vers 1730. Il est auteur d'un assez grand nombre d'écrits en vers et en prose, parmi lesquels nous indiquerons : *Prose et vers de M****; Amsterdam, 1759, in-12; — *Le Despotisme, épître;* 1761, in-8°; — *Les Innocents, poëme héroi-comique en IV chants;* Lisbonne, 1762, in-8°; réimpr. sous le titre *Les victimes*, avec beaucoup de changements, en 1768, et dans le t. VI de la *Collection d'Héroïdes;* Liége, 1771, 10 vol. in-12; — *Andriscus, tragédie en cinq actes;* Paris, 1764, in-12; les comédiens refusèrent de jouer cette pièce; l'auteur se vengea d'eux dans un *Mémoire adressé aux quarante de l'Académie contre la compagnie des histrions;* s. l. n. d., in-12; — *Mikou et Mési, conte moral en prose;* Paris, 1765, in-8°; — *Vanbrook, ou le petit Roland, poëme héroi-comique en VIII chants;* Bruxelles, 1776, in-8°; — *Tableau moral, ou lettres à Lampito pour servir d'annales aux mœurs du temps;* Paris, 1778, in-12. P. L.

Quérard, *La France Littéraire.*

MATOS FRAGOSO (*Juan* DE), écrivain dramatique espagnol, né à Elvas, en Portugal, vers 1630, mort en 1692. Il composa un grand nombre de *comedias*, éparses dans des recueils ou imprimées séparément : douze ont été rassemblées dans un volume publié à Madrid en 1658, et qui s'annonce comme le premier; il est resté le seul. Matos a maintes fois sacrifié au mauvais goût du temps; il avait de la facilité, de la verve, de l'adresse à dénouer des intrigues compliquées. Il a été longtemps fort goûté du public, qui faisait surtout bon accueil à l'*Épreuve malencontreuse*, imitation du *Curieux impertinent*, nouvelle de Cervantes, fort connue. Le *Juge dans la retraite et le Paysan au coin de son feu* est une composition d'un mérite véritable. Il y a de l'attrait et du pittoresque dans le *Rédempteur des Captifs*, ouvrage pour lequel il s'associa à Sébastien de Villaviciosa, autre écrivain alors en renom. Matos, se conformant à un usage fort répandu de son temps, ne se gênait nullement pour s'emparer d'anciennes pièces oubliées et pour les donner comme siennes après leur avoir fait subir des modifications, qu'il opérait souvent avec intelligence. Quelques-unes de ses *comedias* sont cependant remarquables sous le rapport de l'invention et paraissent tout à fait originales. Dans le nombre des compositions qu'il ne doit qu'à lui-même, on distingue la *Cosaria catalana* et *El imposible mas facil*. Plus de vingt-cinq pièces écrites en totalité ou en partie par Matos font partie de la collection des *Comedias Escogidas*. G. B.

Barbosa, *Bibliotheca Lusitana*, II, 685-697. — Ticknor, *History of Spanish Literature*, II, 418-420 — A.-F. von Schack, *Geschichte der dramatischen Literatur in Spanien*, III, 358.

MATRA (*Marius-Emmanuel*), insurgé corse, né à Moita, près Corte, en 1724, tué en 1756. Il appartenait à une des plus anciennes et des plus puissantes familles de la Corse. Elle se montra toujours très-dévouée aux Génois, dont elle tenait en fief une partie du territoire d'Alesia. Matra prit part à l'insurrection de 1754, et après l'assassinat du chef des patriotes, Giampietro Gaffori, se porta pour occuper ce titre. Les Corses préférèrent à un jeune homme qui débutait dans la guerre et dont la famille avait des intérêts continuels avec leurs oppresseurs, Pasquale Paoli. Cela fut assez pour que Matra jurât une haine mortelle à son heureux compétiteur et conspirât avec les Génois contre ses compatriotes. Paoli lui ayant refusé la vie d'un espion, Matra, réuni à tous ses partisans et à quelques troupes génoises, vint assaillir à l'improviste le général dans le couvent de Bozio. Déjà Paoli n'espérait plus qu'une mort glorieuse, lorsque son frère Clementé accourut d'Oressa, et mit en fuite les assaillants. Matra tomba dans la mêlée, laissant la réputation d'un traître, malgré le courage et les talents militaires qu'il avait déployés en diverses occasions.

A. DE L.

Jean-Frédéric Lebret, *Geschichte von Italien*. — Coppi, *Annali d'Italia*. — Dochez, *Hist. de l'Italie*, trad. et continuée de Henri Leo et Botta, t. III, liv. XII.

MATRANGA (*Girolamo*), littérateur italien, né en 1605, à Palerme, où il est mort, le 28 août 1679. Il prit l'habit monastique en 1619, et remplit, entre autres emplois, celui de conseiller de l'inquisition pendant quarante ans; il acquit de la réputation par sa connaissance des langues anciennes, et laissa les ouvrages suivants : *De academia Syntagmata VII;* Palerme, 1637, in-4°, trad. en italien; — *L'Erodiade, narrazione istorica;* ibid., 1638, in-12; — *Iperboli proposte a gl' intelletti humani, discorsi sacri;* ibid., 1645, in-4°; — *Le Solennità lugubri e liete;* ibid., 1666, in-fol., etc. P.

Silos, *Hist. Clericorum regularium*, lib. 12. — Marracci, *Biblioth. Mariana*, 2e part. — Mongitore, *Biblioth. Sicula*, I, 281.

MATRON DE PILANA (Μάτρων), poëte grec, vivait vers la fin du cinquième siècle avant J.-C. Il composa des parodies d'Homère que mentionnent souvent Eustathe et Athénée. Ce dernier cite de Matron un long et assez agréable passage, où les formes du style homérique sont appliquées à la description d'une fête athénienne. Ce fragment commence ainsi :

Δεῖπνά μοι ἔννεπε, Μοῦσα, πολύτροφα καὶ μάλα [πολλά]

(Muse, dis-moi, ces dîners si abondants et si nombreux)

On ne connaît pas la date exacte de la vie de Matron; mais on croit qu'il était le contemporain d'Hégémon de Thasos. Les fragments de ses parodies ont été recueillis par Henri Estienne, dans sa *Dissertation sur les parodies* à la suite du *Certamen Homeri et Hesiodi*, 1573, in-8°, et par Brunck dans ses *Analecta*, vol. II, p. 245. Y.

Eustathe, *Ad Hom.*, p. 1067, 1071, etc. — Athenée, I, IV, XV, etc. — Fabricius, *Bibliotheca Græca*, vol. I, p. 550. — G. H. Moser, *Ueber Matron den Parodiker;*

dans les *Studien* de Daub et Creuzer, vol. VI, p. 293. — Ulrici, *Gesch. de Hellen. Dichtk.*, vol. II, p. 324. — Osann, *Analecta critica*, p. 73. — Weiland, *De Parodiarum homericarum Scriptoribus*; Gœttingue, 1833, p. 31.

MATSKO (*Jean-Matthias*), astronome hongrois, né à Presbourg, le 5 décembre 1721, mort à Cassel, le 22 novembre 1796. Après avoir pendant dix ans enseigné les belles-lettres au gymnase de Thorn, il devint, en 1761, professeur de mathématiques à Rinteln, et passa six ans après en la même qualité à Cassel, où il fut aussi chargé de la direction de l'observatoire. On a de lui : *Generaliores Meditationes de Machinis hydraulicis*; Lemgo, 1761, in-4°; — *Theoria Jactus Globorum majorum igniariorum*; Berlin, 1761, in-4°; — *Examen quæstionis utrum leges mechanicæ motus veritates sint necessariæ an contingentes*; Rinteln, 1762, in-4°; — *Theoria Virium, quas mechanica considerat*; Rinteln, 1765, in-4°; — *Methodus radices æquationum inveniendi*; Rinteln, 1766, in-4°; — *Gründe der Differentialrechnung* (Principes du Calcul différentiel); Cassel, 1768, in-4°; — *Observationes astronomicæ*; Cassel, 1770-1781, deux parties, in-4°; — *De pictura lineari, quam Perspectivam dicunt*; Cassel, 1772, in-4°; — *Prostaphæresis inventori suo, Chr. Bothmanno, astronomo, vindicata*; Cassel, 1781, in-4°; — *Andenken an die Verdienste Friedrichs II, Landgraven zu Hessen an die Sternkunde* (Souvenirs des services rendus à l'astronomie par Frédéric II, landgrave de Hesse); Cassel, 1786, in-4°; — Quelques dissertations et articles sur des matières astronomiques dans divers recueils. O.

Strieder, *Hessische Gelehrten-Geschichte*, t. VIII. — Schlichtegroll, *Nekrolog* (année 1796, t. II). — Meusel, *Gelehrtes Deutschland*.

MATSYS (*Corneille*), graveur hollandais, né vers 1500, mort en 1560. Il fit peut-être un voyage en Italie, dont il reproduisit d'ailleurs les chefs-d'œuvre des plus grands maîtres. Ses compositions, par leur goût, leur bon dessin, leur fini d'exécution, accusent la manière italienne. Pourtant ses têtes sont froides. Il fut très-fécond : parmi ses ouvrages, qui sont estimés au nombre de quarante-quatre et tous devenus rares, nous citerons : *Judith tenant la tête d'Holoferne* (1539); — Deux sujets empruntés à la *Vie de Samson* (1549); — *Un vieil homme et sa femme tenant des œufs* (1549); — *Cléopâtre se faisant mordre par un aspic* (1550); — *Samuel consacré par Héli*; — *Melchisédech bénissant Abraham*; — Sept sujets de la *Vie de Tobie* (très-rares); — *Ernest, comte de Mansfeld*; — une *Bataille* d'après Georges Pentz; — *La Sainte famille*, d'après Raphael; — *La Pêche miraculeuse*, d'après le même; — *Il Morbetto* (la Peste), d'après le même. Cette estampe offre cela surtout de remarquable qu'elle est gravée par Marc-Antoine et regravée du même côté par Matsys. Les traits des deux artistes sont restés distincts; — *Le Christ au Tombeau*, d'après le Parmesan et nombre de portraits d'après van Dick (1).

Son neveu, nommé aussi *Corneille*, a gravé un recueil des *Souverains de l'Europe*, lequel parut à Anvers, 1662, in-4°. A. DE L.

Basan, *Dictionnaire des Graveurs*. — Nagler, *Neues Allgemeines Künstler-Lexicon*.

MATTE-LAFAVEUR (*Sébastien*), chimiste français, vivait au dix-septième siècle. Sa découverte de l'eau styptique et d'autres recherches importantes lui méritèrent la place de démonstrateur de chimie à la faculté de médecine de Montpellier, place qui fut créée pour lui, en 1675. Vers le même temps le roi le chargea de professer la chimie à l'université de Paris. Il fit ainsi deux cours par an, l'un à Montpellier, l'autre dans la capitale jusqu'en 1684. Il se démit alors de sa place de Paris, où il fut remplacé par Nicolas Lemery. On a de lui un ouvrage estimé de son temps intitulé : *Pratique de Chimie*; Montpellier, 1671, in-8°. J. V.

Moréri, *Grand Dict. Histor.*

MATTE (*Jean*), chimiste français, fils du précédent, né le 1er février 1660, à Montpellier, où il est mort, le 7 août 1742. Successeur de son père dans la place de démonstrateur royal de chimie en l'université de Montpellier, il s'acquit quelque réputation, et fut nommé, le 24 juin 1699, membre correspondant de l'Académie royale des Sciences. Il a laissé sur la science qu'il professait plusieurs mémoires : *Analyse chimique du lithophyton*, que jusque alors on avait cru une plante; — *Sur une coagulation chimique*, expérience qui se fait de nos jours en mélangeant ensemble des dissolutions concentrées de muriate de chaux et de carbonate de la même base; — *Description des Salines de Peccais*, et quelques observations sur la rosée, sur une nouvelle manière de rectifier les esprits volatils et les esprits ou gaz ammoniacaux et de séparer le sel volatil (carbonate d'ammoniaque) de ces derniers. H. F.

Mémoires de la Société roy. des Sciences de Montpellier.

MATTE (*Nicolas-Augustin*), sculpteur français, né à Paris, en 1781, mort vers 1840. Élève de Dejoux, après avoir reçu un grand nombre de médailles aux concours de l'Académie, il remporta le second grand prix en 1807. Il débuta, au salon de 1810, par un groupe de *L'Amour et de l'Amitié*. Il exposa successivement : en 1817, *Le Sommeil d'Endymion* et *L'Amour effeuillant une rose*, *L'Amour pressant des lys sur son cœur* et *Psyché abandonnée*; en 1819, le buste en marbre de *Van Dyck*, pour le musée du Louvre; en 1831, *La Seine*, statue de 4 mètres de hauteur pour le parc de Saint-Cloud; et un buste en marbre de *Guy de la Brosse*, pour le muséum d'histoire naturelle de Paris; en 1833, *Vénus sortant du bain*; en

(1) Des estampes, signées *Met.* et *Metensis*, sont attribuées avec raison au même artiste.

1834 et 1835 un bas-relief d'*Enfants* et plusieurs têtes d'étude. Il a exécuté encore le buste en marbre de *Poivre*, commandé par le ministre de la marine pour l'île Bourbon; *La Geographie et l'Astronomie, La Peinture et la Sculpture, La Danse et La Musique, La Comédie et la Tragédie*, 4 bas-reliefs pour la cour du Louvre, côté de la Seine; deux monuments en marbre à la mémoire de *Louis XVI* et de *Pie VI*, dans l'église de Notre-Dame du Port, à Clermont-Ferrand; les bustes en marbre de *Corneille* et de *Racine* pour le musée de Versailles. Matte a reçu des médailles aux salons de 1817 et 1819.
G. DE F.

Annuaire des Artistes français, année 1836.

MATTEANI (*Angelo*), jurisconsulte et mécanicien italien, né à Marostica, dans la Marche de Vicence, en 1536, mort à Padoue, le 10 février 1600. Après avoir exercé à Venise la profession d'avocat, il fut chargé en 1578 d'expliquer les Pandectes à l'université de Padoue; en 1589 il y devint premier professeur de droit civil. Il fut deux fois appelé à Rome par Sixte Quint, qui le consulta sur diverses affaires importantes, et il reçut de l'empereur Rodolphe le titre de comte. Il s'adonna aussi avec ardeur aux mathématiques et à l'astronomie, et construisit lui-même plusieurs machines de son invention. On a de lui : *De Via et ratione artificiosa Juris universi*; Venise, 1591, 1593 et 1601, in-8°; — *Apologia adversus Bonifacium Rogerium*; Padoue, 1591; — *Tractatus de Partu octimestri et ejus natura, adversus vulgatam opinionem*; Francfort, 1601; — *De legatis et fideicommissis*; Venise, 1600, et Francfort, 1601, in-8°; — *De Jure Venetorum et jurisdictione maris Adriatici*; Venise, 1617, in-4°. O.

Riccoboni, *Gymnasium Patavinum*. — Papadopoli, *Historia Gymnasii Patavini*, t. I, p. 260. — Tomasini, *Elogia*. — Witte, *Diarium Biographicum*.

MATTEI (*Loreto*), poëte italien, né à Rieti, dans l'Ombrie, le 4 avril 1622, mort le 24 juin 1705. Issu d'une famille noble, il s'éleva aux premiers emplois dans la magistrature de son pays. En 1661, après la mort de sa femme, il embrassa l'état ecclésiastique. Avant et après cette époque, il cultiva la poésie avec assez de succès, quoique, suivant Tiraboschi, son style ne soit ni assez poli, ni assez épuré. Il fut un des premiers membres de l'Académie des Arcades. On a de lui : *Il Salmista Toscano, ovvero parafrasi de' Salme di Davide*; Macerata, 1671, souvent réimprimé. Cette paraphrase fut vivement attaquée par Dominique Bartoli (*voy.* BARTOLI); — *La Cantica distribuita in eglogia*; Vienne, 1686; — paraphrase du *Cantique des Cantiques* en huit églogues; — *Innodia sacra, parafrase armonica degli inni del Breviario romano*; Bologne, 1689; — *Metamorfosi lirice di Orazio parafrasato e moralizato*; Rieti, 1679, in-8°; — *L'Arte Poetica di Orazio parafrasata*; Bologne, 1686, in-8°; — *Teoria del verso volgare; Pratica di retta pronunziatione, con uno problemate delle lingua latina e toscana in bilancia*; Venise, 1695. Z.

Vincentini, *Elogæ de Mattei* dans les *Vite degli Arcadi illustri*, t. II. — Tiraboschi, *Storia della Letteratura Italiana*, t. VIII, p. 367.

MATTEI (*Saverio*), littérateur italien, né le 19 octobre 1742, à Montepavone (Calabre), mort le 31 août 1795, à Naples. Il achevait son éducation au séminaire archiépiscopal de Naples lorsqu'à dix-sept ans il envoya à l'Académie française des Inscriptions des mélanges intitulés *Exercitationes per Saturam*, dont le secrétaire, Charles Le Beau, rendit un compte favorable. Il s'adonna ensuite à une étude approfondie sur les antiquités de l'histoire d'Orient, et se fit connaître par une version commentée des *Psaumes*, où il orna d'un style élégant des idées souvent originales. Après avoir décliné l'offre du duc François d'Este, qui l'appelait à Modène, il fut chargé, en 1767, par son protecteur le ministre Tanucci, d'enseigner les langues orientales au lycée du Sauveur. Pendant longtemps sa maison fut le rendez-vous des lettrés de Naples; ami de Métastase, il marcha sur ses traces, et adopta si bien sa manière dans ses poésies ou dans les nombreuses cantates officielles écrites pour le théâtre de Saint-Charles, qu'on lui reprocha d'être un disciple trop soumis quand il pouvait voler lui-même de ses propres ailes. C'était un amateur passionné de musique, et surtout des maîtres anciens, qu'il plaçait bien au-dessus des modernes; plus d'un compositeur choisit quelqu'un de ses *Psaumes* pour thème de ses inspirations, et il aimait à faire exécuter chez lui des concerts spirituels par les meilleurs artistes. Mattei dut à son propre mérite, bien plus qu'à la faveur des grands qui le recherchaient, d'autres charges dans l'État, comme celles d'auditeur des palais royaux (1777), d'avocat de la direction des postes (1779), et de secrétaire du tribunal de commerce. C'est de lui que parle le Suédois Biornesthal dans ce passage de ses *Voyages* où il se réjouit « d'avoir trouvé à Naples un philologue qui professait les langues orientales, jouait de la harpe, mettait en vers les *Psaumes*, et gagnait beaucoup d'argent au barreau ». Les principaux ouvrages de Mattei sont : *I libri poetici della Bibblia, tradotti dall' Ebraico originale ed adattati al gusto della poesia italiana, con note e dissertazioni*; Padoue, 1780, 8 vol. in-8°. On regarde cette édition comme une des plus complètes. L'ouvrage, plus connu sous le titre de *Traduzione di Salmi*, parut d'abord à Naples, en plusieurs parties, obtint un grand succès et fut réimprimé jusqu'à la fin du siècle une dizaine de fois. Mais une vive controverse s'engagea entre l'auteur et des littérateurs, des théologiens et des musiciens; Mattei eut contre lui le P. Martini, l'évêque Rugilo, qui publia un *Salterio Davidico*, Hintz, Canati, Fantuzzi, dont la réfutation remplit cinq volumes, etc., et se défendit avec autant d'esprit que de savoir dans l'*Apologetico cristiano*; Naples, in-8°; — *Jan. Parrhasii Quæsita per epistolas ex recens. H. Stephani, cum ejus vita*; Naples, 1771, in-8°; — *Aringa per le Greche colonie di Sicilia*; Naples, 1771, in-8°; plusieurs éditions; — *Saggio di Poesie latine ed italiane*; Naples, 1774, 2 vol. in-8°; ibid., 1780, 3 vol. in-8°, avec quelques dissertations sur une élégie de Catulle, une façon nouvelle d'interpréter les tragiques grecs, etc.; — *Saggio di risoluzione di diritto pubblico ecclesiastico*; Naples, 1776, in-4°; réimpr. en 3 vol. in-8°; — *Uffizio de' morti tradotto*; Sienne, 1780-1781, in-8°; Verceil, 1785, in-24; — *Memorie per servire alla vita del Metastasio*; Colle, 1783, in-8°; réimpr. dans les œuvres de Métastase avec un éloge de Jomelli; — *Dissertazione sopra i Salmi penitenziali e le antiche preminenze*; Milan, 1783, in-12; — *Dell' Autorità del Giudice nell' obbligare al giuramento*; Naples, 1784, in-8°; — *Paradosso politico morale*; Naples, 1787, in-8°; — *L'Uffizio della B. Vergine tradotto*; ibid., in-8°; — *Questioni economiche forensi*; — *Codice economico legale delle Poste*. P.

Uomini illustri del regno di Napoli, IV. — Tipaldo, *Biografia degli Italiani illustri*, IV. — Fétis, *Biogr. univ. des Musiciens*.

MATTEI (*Alessandro*), prélat italien, né le 20 février 1744, à Rome, où il est mort, le 20 avril 1820. Issu d'une famille princière, il parvint rapidement aux premières dignités de l'Église; Pie VI le nomma archevêque de Ferrare (1777), puis cardinal (1779); mais il ne déclara cette dernière promotion qu'en 1782, à son retour de Vienne. Lorsque la révolution française éclata, Mattei accueillit dans son diocèse un grand nombre de prêtres réfugiés, et en défraya plus de trois cents de ses propres deniers. En 1796, il adressa à Bonaparte, qui s'avançait sur Rome à la tête d'une armée, une lettre dont l'énergie s'accordait mal avec la situation où se trouvait le chef de l'Église au nom duquel il parlait. Comme il s'opposa ensuite de tous ses moyens aux progrès des Français, il fut détenu pendant deux mois dans son palais et gardé à vue. Cependant il parut, en qualité de ministre plénipotentiaire, à Tolentino, où il signa le traité qui abandonnait Bologne et Ferrare à la république Cisalpine (19 février 1797). Ayant persisté dans ses sentiments politiques, il fut déposé et banni de son siége (1798), pour avoir refusé de prêter serment de fidélité aux lois nouvelles, et se réfugia à Rome. En 1800, il passa dans l'ordre des cardinaux-évêques et devint évêque de Palestrina, sans cesser d'administrer Ferrare. Promu en 1809 à l'évêché de Porto, il suivit Pie VII en France, et fut exilé à Rethel pour n'avoir pas assisté au mariage de Napoléon et de Marie-Louise. Un des premiers soins du gouvernement provisoire, en 1814, fut de lui rendre la liberté. De retour à Rome, Mattei fut nommé évêque d'Ostie et de Velletri, prodataire du saint-siége et doyen du sacré collége. Jusqu'à la fin de sa longue carrière il apporta une scrupuleuse exactitude à remplir toutes les fonctions attachées à ses différentes dignités. On a de lui un recueil des nouveaux statuts de Palestrina, imprimé à Rome, 1804, in-4°, et un livre de piété trad. en français et intitulé : *Véritable Consolation des affligés*; Rethel, 1812, in-18. P.

Biogr. étrangère, I. — *Biogr. nouv. des Contemp.*

MATTEI (*Stanislas*), compositeur italien, né à Bologne, le 10 février 1750, mort dans la même ville, le 12 mai 1825 (1). Son père, honnête et pauvre artisan, qui exerçait l'état de charron, l'envoya de bonne heure aux écoles de charité pour lui faire apprendre les éléments du calcul et de la langue latine. L'enfant se distingua bientôt par son application à l'étude; ses dispositions pour la musique ne tardèrent pas non plus à se manifester. On exécutait alors chaque jour l'office en musique à l'église Saint-François dépendant du couvent qu'occupait l'ordre des Mineurs conventuels, appelés aussi Franciscains ou Cordeliers, et dès que le jeune Mattei avait un instant à lui, il accourait à l'église pour y entendre les chants religieux. Du haut de la tribune où il battait la mesure, le P. Martini remarqua l'assiduité de l'enfant et l'intérêt avec lequel il paraissait écouter. Le célèbre maître de chapelle le fit appeler, le questionna, le prit au nombre de ses élèves, et lui procura peu de temps après les moyens d'entrer comme novice dans son ordre, en se chargeant des dépenses nécessaires pour son admission. Placé sous la protection de ce digne maître et pénétré comme lui d'une sincère et tendre piété, Mattei prononça ses vœux à l'âge de seize ans, et fut ordonné prêtre dès qu'il eut atteint sa vingt-et-unième année. Au milieu de ses études de philosophie et de théologie, il s'était adonné avec ardeur à la musique, et ses progrès dans la pratique et la théorie de cet art avaient été tellement rapides qu'il était bientôt devenu l'accompagnateur du couvent et que déjà en 1770 Martini l'avait désigné soit pour le remplacer dans les leçons qu'il donnait à ses nombreux élèves, soit pour battre la mesure à l'église, lorsque le mauvais état de sa santé l'empêchait de remplir ses fonctions de maître de chapelle. Plein de reconnaissance et de vénération pour son bienfaiteur, Mattei devint son ami et son confesseur. Son affection et son dévouement pour son maître ne se démentirent jamais; presque toujours auprès de lui pendant les dernières années de sa vie, il l'aidait dans ses recherches d'érudition, que de douloureuses infirmités rendaient pénibles,

(1) Cette date du 12 mai 1825 est celle qu'indique M. Adrien de La Fage dans sa notice sur Mattei. D'après la *Biographie universelle des Musiciens* de M. Fétis, Mattei aurait cessé de vivre le 17 du même mois.

et lui prodigua les soins d'un fils dans sa dernière maladie. « *Je sais*, disait Martini, quelques instants avant d'expirer, *en quelles mains je laisse mes livres et mes papiers.* » C'était le plus bel éloge qu'il pouvait faire d'un élève qui ne l'avait jamais quitté depuis dix-huit ans (1).

Après la mort du P. Martini, arrivée au mois d'août 1784, le P. Mattei prit, comme titulaire de l'emploi, la direction du chœur de musique de Saint-François, que son maître, qui connaissait la facilité avec laquelle il pouvait se laisser écarter par ses rivaux, avait eu la précaution de lui assurer depuis longtemps. Vers 1776, Mattei avait commencé à faire entendre ses propres compositions pour l'église; on en trouve du moins fort peu de dates antérieures à cette époque dans le grand nombre de messes, de motets, d'hymnes, de psaumes et de graduels qu'il a écrits, et dont la plupart sont conservés en manuscrits dans la bibliothèque de Saint-Georges, à Bologne. Parmi les premières productions de ce compositeur, on cite la musique d'un petit opéra bouffe intitulé *La Bottega del Librajo*, et destiné non au théâtre, mais au séminaire de Bologne; cette pièce fut représentée, devant le cardinal-archevêque Gioanetti, dans cet établissement, pour lequel Mattei écrivit aussi deux chœurs d'un oratorio de *Sedecias*. On remarquait de temps en temps, dans ses morceaux pour l'église, certaines hardiesses qui ne laissaient pas que d'exciter la surprise des vieux contrepointistes attachés à l'ancienne rigueur du style ecclésiastique; il y donnait en outre plus d'importance à l'orchestre. La nouvelle musique qu'il composa, en 1792, sur l'oratorio de Métastase, *La Passione di N.-S. Gesu-Cristo*, vint encore ajouter à la réputation qu'il s'était acquise.

L'invasion des armées françaises interrompit les paisibles et fructueux travaux du savant moine. Lorsque, les couvents furent supprimés, en 1798, Mattei se soumit avec résignation, et quitta l'habit des religieux de Saint-François. Son premier soin, en rentrant dans la vie séculière, fut de prendre avec lui sa vieille mère et de chercher dans l'enseignement de la composition à se créer des ressources pour son existence. C'est depuis cette époque qu'il a été connu sous le nom de l'*abbé* Mattei. Son école ne tarda pas à être fréquentée par un grand nombre d'élèves. Sa renommée comme professeur s'étendit dans toute l'Italie et lui valut à plusieurs reprises des offres avantageuses; son attachement pour sa ville natale les lui fit toutes refuser; mais il accepta avec plaisir les fonctions de maître de chapelle dans la collégiale de Saint-Pétronne, à Bologne, et les remplit jusqu'à la fin de sa vie. Lors de l'organisation du *Lycée communal de Musique*, en 1804, Mattei fut chargé d'enseigner le contrepoint dans cet établissement, et y forma de nombreux élèves, parmi lesquels on distingue particulièment Rossini, Donizetti, Tadolini, Tesei et Pilotti. Ce dernier a succédé à son maître dans la direction de la chapelle de Saint-Pétronne. Après la mort de sa mère, Mattei se retira chez son ami D. Battistini, curé de Sainte-Catherine, où il passa ses dernières années dans le calme d'une existence entièrement consacrée à des travaux de cabinet et aux soins de l'enseignement. Il termina sa laborieuse et honorable carrière à l'âge de soixante-quinze ans et trois mois. Quelques jours après sa mort, le conseil communal de Bologne, la Société des Philharmoniques et celle des professeurs de musique, placée sous la protection de Notre-Dame-de-Saint-Luc, lui firent de magnifiques funérailles. Sa dépouille mortelle fut déposée dans la salle destinée aux personnages célèbres. Au-dessus de son tombeau on voit son buste en marbre, dû au sculpteur Giunti. Mattei fut président de la Société Philharmonique de Bologne en 1791 et 1794. Lors de la formation de l'Institut des Sciences, Lettres et Arts du royaume d'Italie, en 1808, il fut l'un des huit membres de la section de musique, et l'Académie des Beaux-Arts de l'Institut de France l'admit, le 24 janvier 1824, au nombre de ses associés.

Les compositions de l'abbé Mattei se font principalement remarquer par la richesse d'une harmonie pleine de vigueur, de netteté et d'effets obtenus sans efforts. C'est surtout dans les chœurs et dans les morceaux d'ensemble, auxquels l'accompagnement de l'orchestre vient ajouter un nouvel intérêt, que se montrent les qualités dominantes du talent de ce maître. Ses fugues, dans lesquelles il déploie tout le luxe de sa science, ont une vivacité et une élégance que l'on rencontre rarement chez les autres compositeurs. Mattei réussit moins heureusement dans les solos; on sent qu'il est gêné de ne pouvoir employer toutes ses forces. Néanmoins ses mélodies sont toujours naturelles et bien écrites pour les voix; dans ses morceaux à deux, trois ou quatre voix, elles sont conduites et développées avec une rare habileté, et brillent souvent autant par l'expression et la couleur que par le mérite de la facture. De même que la plupart des maîtres italiens des meilleures écoles, Mattei possédait une bonne tradition pratique de l'art d'écrire, et c'est par là qu'il s'est distingué comme professeur et qu'il a formé de bons élèves; mais il n'y avait ni doctrine ni critique dans sa manière d'enseigner, ainsi qu'on en voit la preuve dans son ouvrage intitulé *Pratica d'Accompagnamento e Contrappunti*. L'auteur

(1) Martini s'occupait alors de terminer le quatrième volume de son *Histoire de la Musique*. Ce volume n'a pas paru. On a reproché à Mattei de ne l'avoir point publié; mais, outre qu'il était peu propre à un pareil travail, il faut tenir compte de la dépense considérable qu'exigeait cette publication, que les événements amenés par la révolution française rendirent d'ailleurs bientôt impossible.

y consacre six pages seulement à la théorie de l'harmonie, en se bornant à exposer la forme de l'accord parfait, de celui de septième dominante et des dérivés de ces deux accords, avec quelques notions des prolongations; les faits particuliers n'y sont rattachés par aucune considération générale. Les règles du contrepoint, contenues en huit pages, y sont exposées avec quelques exemples à l'appui, sans aucune discussion de principes; mais elles sont suivies d'excellents exercices en contrepoint simple, depuis deux jusqu'à huit parties réelles sur la gamme diatonique montante et descendante, dans les modes majeur et mineur.

Mattei a écrit une prodigieuse quantité de musique; le nombre de ses œuvres s'élève à plus de huit cents; nous nous bornerons ici à les indiquer sommairement, en renvoyant le lecteur au catalogue qu'en a donné M. Adrien de La Fage, à la suite de sa notice sur Mattei. Musique d'église : Six *messes* à 8 voix et orchestre (1776-1788); — *Messe* à 4 voix, du huitième ton, *a cappella* (1788); — *Messe* à 3 voix, avec accompagnement d'orgue; — Dix-neuf *Kyrie;* — Dix-huit *Gloria ;* — Vingt *Credo*, à 4, 6, ou 8 voix, avec orchestre; — *Messe des Morts*, à 8 voix (1787); — *Dies iræ*, à 4 voix (1802); — *Stabat*, à 8 voix et orchestre (1786); — autre *Stabat* à 4 voix, concerté (1799); — Cinq *Miserere*, à 4 voix (1818-1823); — Autre *Miserere*, à 6 voix en deux chœurs, *a capella* (1809); — Plus de cinquante *motets* de différents genres; — Huit *hymnes en l'honneur de saint Pétronne, saint Martin, saint Blaise* et autres saints (1809-1814);—Trente-trois *graduels*, des *proses*, des *psaumes*, etc., etc.; — Musique sur des paroles italiennes : *La Passione di N. S. Gesù-Cristo*, à 4 voix avec chœurs (1792); — *La Bottega del Librajo*, opéra bouffe, à 4 voix; — *Cantate* à 3 voix; — *Rondo* pour soprano et orchestre (1796); — Deux *canzoni*, à 3 voix avec orchestre (1799); — *Chœur, trio, air de ténor*, etc., avec orchestre (1803); — Quatre-vingt-six *canons* à plusieurs voix; — un autre recueil de *canons ; — Récitatif et air* avec chœurs et orchestre (1795); — *Aria con cori* (1795); — *Cantate* pour basse solo (1799). — Musique instrumentale : Trente-cinq *symphonies*, presque toutes écrites antérieurement à l'année 1800, et composées d'un seul morceau destiné à être exécuté à l'église au moment de la messe appelé *offertoire ; — Échelles* et *basses chiffrées*, mises en partition pour deux violons et violes. — Ouvrages de didactique musicale : *Principj di Musica* (1804); — *Fugues* à 4 voix, avec orgue; — *Fugues* à plusieurs voix; — *Fugues* à 8 voix avec orchestre (1780); — *Fugues* sur divers sujets fournis par plusieurs maîtres; — *Echelles* et *passages* pour l'étude de l'accompagnement, 2 volumes; — *Contrepoints* à 2, 3, 4, 5, 6, 7 et 8 voix, sur l'échelle majeure (1788); — *Pratica d'Accompagnamento sopra bassi numerati e contrappunti a più voci sulla scala ascendente e descendente maggiore e minore, con diverse fughe a quattro e otto.*

Mattei avait eu un frère, *Clément* Mattei, qui était entré aussi de bonne heure dans l'ordre des Mineurs conventuels et s'était adonné avec succès à l'étude de la musique, puisque dès 1783 il était maître de chapelle dans le couvent de Saint-François-d'Assise. Il mourut longtemps avant son frère Stanislas.

Dieudonné Denne-Baron.

Gerber, *Lexicon der Tonkünstler*. — Fétis, *Biogr. univ. des Musiciens* — Adrien de La Fage, *Notice sur la vie et les ouvrages de Stanislas Mattei*, dans les *Miscellanées musicales ;* Paris, 1844.

Matteini (*Teodoro*), peintre de l'école de Florence, né à Pistoja, en 1754, mort à Venise, vers 1825. Après avoir reçu les premières leçons de son père, Ippolito, mort en 1796, il partit pour Rome, où successivement il fréquenta les ateliers de Domenico Corvi et de Raphael Mengs, et devint à leur école excellent dessinateur. Ce fut pendant ce séjour à Rome qu'il peignit les pendentifs d'une petite coupole de Santo-Lorenzo-in-Lucina. De retour à Florence, il exposa plusieurs tableaux, qui obtinrent un grand succès; le plus connu est celui d'*Angélique et Médor*, qui a eu l'honneur d'être gravé par Raphael Morghen. Ce grand artiste exécuta plusieurs autres planches, entre autres *La Cène* de Léonard de Vinci sur des dessins qu'il chargea Matteini de faire d'après les originaux. Volpato utilisa de même le talent de cet habile dessinateur. Parmi les peintures de Matteini, on cite encore le *Saint Bernardin* de Pérouse, et la *Madone et plusieurs saints* de S.-Giovanni de Pistoja. Cet artiste est mort directeur de l'Académie des Beaux-arts de Venise. E. B—n.

Tolomei, *Guida di Pistoja*. — Gambini, *Guida di Perugia*. — Pistolesi, *Descrizione di Roma*.

Matteis (*Paolo de'*), peintre et graveur de l'école napolitaine, né en 1662, à Cilento près Naples, mort à Naples, en 1728. Il fut le plus brillant élève de Morandi et de Luca Giordano. Appelé encore jeune en France, il s'y fit une grande réputation par les travaux qu'il y exécuta à la cour et en divers lieux; et il n'eut tenu qu'à lui de s'y fixer, Louis XIV lui assurant une pension et une position honorable. Au bout de trois ans, il retourna dans sa patrie, qu'il devait enrichir des produits de son pinceau, rivalisant souvent de fougue et de rapidité avec Luca Giordano lui-même. Rien ne fut plus étonnant en ce genre que l'immense coupole du Giesu-Nuovo, qu'il peignit en soixante-six jours, et qui, menaçant ruine, a dû être démolie à la fin du siècle dernier. Imitant avec hardiesse la manière de Lanfranc, il avait introduit dans sa composition un nombre infini de figures habilement groupées et de l'expression la plus variée. Il faut avouer toutefois que sous le rapport de l'exécution il resta bien au-dessous et du Lanfranc et du Giordano, et que ce fut sans injustice que Solimène répondit à ceux qui admiraient le peu de temps qu'il avait employé à peindre sa coupole : « L'œuvre le dit assez. » Quoi qu'il en soit, on trouve dans les peintures de Matteis un grand talent de composition, une imagination vive et féconde, un coloris suave et une parfaite entente du clair-obscur, et lorsqu'il travailla sans négligence, elles laissent vraiment peu à désirer. Parmi ses travaux, nous citerons encore à Naples la *Coupole de Santa-Catarina* à Formello ; à Rome, dans Ara-Cœli et à La Minerva quelques peintures exécutées par ordre de Benoît XIII ; à Gênes, dans Santo-Girolamo, le *Saint apparaissant à saint François-Xavier*, et une *Conception* à Santo-Silvestro ; à Pistoja, dans l'église Saint-Paul, *Saint Gaëtan et le Christ dans une gloire*, l'un de ses meilleurs tableaux ; à Milan, au musée de Brera, *Acis et Galathée entourés de tritons et de naïades ;* enfin au Musée de Vienne, *La Rencontre d'Herminie et des bergers*, sujet tiré de la *Jérusalem délivrée.* Matteis a gravé à l'eau-forte diverses planches, parmi lesquelles des éléments de dessin, composés d'un petit nombre de figures des diverses parties du corps. Parmi ses nombreux élèves, les plus connus furent son beau-frère Giov.-Batt. Lama, d'abord son condisciple à l'école du Giordano, et Giuseppe Mastroleo. E. B—N.

Lanzi. — Ticozzi. — Orlandi. — Dominici, *Pittori Napoletani.* — Pascoli, *Vite de' Pittori, etc., moderni.* — Galanti, *Napoli e suoi contorni.*

MATTEO DE SIENA (*Matteo di Giovanni*, dit), peintre de l'école de Sienne, né dans cette ville, en 1420, mort en 1495. Fils et élève de Giovanni de' Paolo di Neri, frère de Benvenuto di Giovanni, il les surpassa tous les deux. Il fut employé avec son père par le pape Pie II dans les travaux que ce pontife fit exécuter à Sienne, sa patrie, et fut l'intime ami du fameux architecte et sculpteur Francesco Martini, dit Cecco di Giorgio. Ses travaux précédèrent ceux de Beccafumi dans le merveilleux pavé de la cathédrale de Sienne, cette immense nielle, unique au monde ; il y exécuta *David, Salomon*, deux *Sibylles, La Délivrance de Béthulie* et *Le Massacre des Innocents*. Ce dernier sujet paraît avoir été son thème de prédilection, car nous voyons encore deux autres massacres des Innocents parmi ses tableaux à Sienne, peints en 1482 et en 1491. Signalons encore dans cette ville, au Musée, *La Vierge sur un trône avec des Saints et des Anges*. Les *Madones* de Matteo ne sont pas moins nombreuses dans les églises et les palais de Sienne. Le musée de Berlin en possède deux. On a surnommé Matteo *le Masaccio de l'école de Sienne*, honneur qu'il mérite jusqu'à un certain point par l'élégance et le moëlleux de ses draperies, la variété et la beauté d'expression de ses têtes et quelque connaissance de la perspective. Il a compté parmi ses élèves Luca Signorelli. E. B—N.

Vasari, *Vite.* — Baldinucci, *Notizie.* — Lanzi, *Storia.* — Ticozzi, *Dizionario.* — Winckelmann, *Neues Mahlerlexikon.* — Romagnoli, *Cenni artistici di Siena.*

MATTEO (*Michele* DI). *Voy.* LAMBERTINI.

* **MATTER** (*Jacques*), historien et philosophe français, né le 31 mai 1791, à Alt-Eckendorf, hameau voisin de Saverne (Bas-Rhin). Fils d'un cultivateur aisé, qui le destinait au notariat, il apprit à lire et à écrire chez l'instituteur communal, dont à onze ans il tint l'école, et fit de tels progrès sous la direction d'un ministre protestant qu'il put en fort peu de temps suivre les hautes classes du lycée de Strasbourg. Il compléta son éducation à l'université de Gœttingue, et quelques mois après les Cent Jours il se rendit à Paris, où il fréquenta surtout les leçons de MM. Boissonade, Lacretelle, Andrieux et Millin. Couronné en 1816 par l'Académie des Inscriptions pour un savant mémoire sur l'école d'Alexandrie, il fut chargé en 1818 du cours d'histoire au collége de Strasbourg, et cumula depuis 1820 les doubles fonctions de directeur et de professeur d'histoire ecclésiastique au gymnase de la même ville. La publication de l'*Histoire du Gnosticisme*, complément de ses études sur les philosophes néo-platoniciens, lui valut l'emploi d'inspecteur de l'académie de Strasbourg (1828). Nommé en 1832 inspecteur général des études, il devint en 1845 inspecteur général des bibliothèques de France, officier de la Légion d'Honneur et conseiller ordinaire de l'université. Depuis quelques années il a été admis à la retraite. M. Matter est membre de plusieurs sociétés savantes, et a publié : *Sur la protection accordée aux sciences, aux belles-lettres et aux arts chez les Grecs ;* Strasbourg, 1817, in-4° ; — *De Principio rationum philosophicarum Pythagoræ ;* ibid., 1817, in-4° ; — *Essai historique sur l'École d'Alexandrie et Coup d'œil comparatif sur la littérature grecque depuis Alexandre le Grand jusqu'à Alexandre Sévère ;* Strasbourg et Paris, 1820, 2 vol. in-8° : cet ouvrage, couronné par l'Institut, a été entièrement refondu dans une seconde édition, qui a pour titre : *Histoire de l'École d'Alexandrie comparée aux principales écoles contemporaines ;* Paris, 1840-1844, — *Tables chronologiques pour servir de base à l'enseignement de l'histoire ecclésiastique ;* Strasbourg, 1827, in-8° ; — *Histoire critique du Gnosticisme et de son influence sur les sectes religieuses et philosophiques des six premiers siècles de l'ère chrétienne ;* Paris, 1828, 2 vol. in-8° ; 2e édit., augmentée, 1843-1844, 3 vol. in-8° ; c'est un des travaux les plus estimés de l'auteur, qui l'entreprit comme une suite naturelle de l'*Histoire de l'École d'Alexandrie ;* l'Académie des Inscriptions lui accorda un nouveau prix ; — *Histoire universelle de l'Église chrétienne ;* Strasbourg, 1828-1835, et Paris 1839, 4 vol. in-8° ; — *Le Visiteur des Écoles ;* Paris, 1831, 1838, in-8° ; — *L'Instituteur pri-*

maire; Paris, 1832, 1842, in-8°; — *De l'Influence des mœurs sur les lois et de l'Influence des lois sur les mœurs;* Paris, 1832, 1843, in-8°; ouvrage auquel l'Académie Française a décerné un prix extraordinaire de 10,000 fr., et où l'on remarque une instruction profonde, beaucoup de justesse d'esprit et de sagacité; deux traductions en ont été faites en Allemagne; — *Histoire des doctrines morales et politiques des trois derniers siècles;* Paris, 1836-1837, 3 vol. in-8°; — *Nouveau Manuel de l'histoire de la Grèce;* Paris, 1839, in-18; — *De l'Affaiblissement des idées et des études morales;* Paris, 1841, in-8°; — *Schelling et la Philosophie de la Nature;* Paris, 1842, in-8°; 2e édit., très-augmentée, 1845, in-8°; — *Lettres et Pièces inedites ou rarissimes des personnages éminents dans la littérature et la politique, du dixième au dix-huitième siècle;* Paris, 1846, in-8°; ce volume renferme quatre-vingts pièces; — *De l'Etat moral, politique et littéraire de l'Allemagne;* Paris, 1847, 2 vol. in-8°; — *Une Excursion gnostique en Italie;* Paris, 1851, in-8°; — *Du Ministère ecclésiastique et de sa mission spéciale dans ce siècle;* Paris, 1851, in-8°; — *Histoire de la Philosophie dans ses rapports avec la religion;* Paris, 1854, in-12; — *Philosophie de la Religion;* Paris, 1857, 2 vol. in-18, comprenant des études sur la science de Dieu, le monde matériel, le monde spirituel, etc. M. Matter a aussi traduit, pour la *Bibliothèque Latine-Française* de Panckoucke, *De la Nature des Dieux* et les *Tusculanes* de Cicéron, et édité *Le Polythéisme romain* de B. Constant (1833). Il a fourni des articles philosophiques ou littéraires au *Lycée*, au *Musée des Protestants célèbres*, à la *Revue de Paris*, à la *Revue de Législation étrangère*, à l'*Encyclopédie des Gens du Monde*, au *Dictionnaire de la Conversation*, au *Moniteur*, au *Journal de l'Instruction publique*, etc. P.

Rabbe, *Biogr. univ. des Contemp.* — *La Littér. Française contemp.*

MATTEUCCI (*Petronio*), astronome italien, né vers 1708, à Bologne, où il est mort, en décembre 1800. Il fut l'ami du célèbre Zanotti, son compatriote, et fit avec lui des observations sur les comètes de 1739 et de 1744 ainsi que les réparations exigées par le mauvais état du gnomon de Cassini (1776). Membre de l'Institut de Bologne, dans les *Mémoires* duquel il a inséré plusieurs travaux astronomiques, il prit part à la rédaction des éphémérides pour les années 1775 à 1786, et en rédigea seul douze autres années : *Ephemerides Motuum cœlestium ex a.* 1797 *ad a.* 1810; Bologne, 1798, in-4°. L'activité de ses recherches, jointe à celle de Manfredi et de Zanotti, rendit l'observatoire de Bologne un des plus intéressants de l'Europe. P.

Lalande, *Biblioth. Astronomique.*

MATTHÆI (*Leonardo*), dit LÉONARD D'UDINE, célèbre prédicateur italien, né vers 1400, à Udine, mort vers 1470. On ignore à quelle époque il prit l'habit de Saint-Dominique. D'après un acte du chapitre général de l'ordre, tenu en 1428, à Cologne, il est cité comme un savant professeur de théologie. Nommé à cette dernière date recteur de l'école des Dominicains de Bologne, il fut ensuite prieur d'un couvent de cette ville, et administra comme provincial la Lombardie inférieure. Son grand talent pour la prédication le fit appeler dans plusieurs villes d'Italie, notamment à Rome, où, en 1435, il prêcha devant le pape Eugène IV. Fort attaché à la doctrine de saint Thomas d'Aquin, il y puisait ses arguments quand il ne la prenait point pour base de ses discours. Le P. Echard conjecture que Léonard mourut à Udine, dans un couvent de son ordre. Ses sermons, aussi libres et aussi hardis que ceux de Barletta et de Menot, furent très-recherchés jusqu'au milieu du seizième siècle; nous citerons : *Quadragesimale aureum;* s. l. (Venise?), 1471, in-4°; cette première édition, à longues lignes, est excessivement rare; elle a été reproduite, probablement par le même imprimeur, Heilbronn, et avec des additions, sous ce titre : *Sermones quadragesimales de legibus animæ simplicis, fidelis et devotæ et sermo primus de peccato gulæ;* Venise, 1473, in-folio, et réimprimée à Hanau (1473?); Paris, 1477, in-fol.; Ulm, 1478, in-fol.; Vicence, 1479, in-fol., et Lyon, 1496, in-4°; — *Sermones aurei de Sanctis per totum annum;* Venise, 1473, in-fol.; Nuremberg, 1478, in-fol.; Spire, 1479, in-4°; quant aux éditions de 1446 et de 1466, elles sont imaginaires; la première date, indiquée par Olearius, n'est autre que celle de la composition de l'ouvrage; — *Sermones floridi de dominicis et quibusdam festis;* Ulm, 1478, in-fol.; Vicence, 1479, in-fol.; Paris, 1516, in-4°. Ces trois différents recueils ont été réunis ensemble; Nuremberg, 1478, et Spire, 1479, in-fol. On a encore du même religieux : *Tractatus ad locos communes concionatorum;* Ulm, 1478; — *Tractatus mirabilis de Sanguine Christi in triduo mortis effuso : an fuerit unitus Divinitati?* Venise, 1617, in-4°, publié par le P. Marcantonio Serafini. Enfin, on a imprimé sous le nom de Léonard d'Udine *Sermones de flagellis peccatorum* (Lyon, 1518, in-8°) et *Sermones de petitionibus* (Ibid., 1518, in-8°), qui, d'après l'opinion du P. Echard, doivent être l'œuvre d'un autre dominicain, Leornardus de Datis, mort en 1414. P.

Echard, *Script. ord. Prædicatorum*, I, 845. — Pr. Marchand, *Diction. Hist.*

MATTHÆI (*Chrétien-Frédéric*), philologue allemand, né à Grost, en Thuringe, le 4 mars 1744, mort à Moscou, le 26 septembre 1811. Après avoir été nommé en 1772, sur la recommandation d'Ernesti, professeur de belles-lettres au gymnase de Moscou, il devint en 1785 recteur de l'école de Meissen; quatre ans après il fut chargé de la chaire de grec à l'université de Wittemberg, et en 1805 il obtint celle de littérature classique à Moscou. On a de lui : *De Æschine oratore*; Leipzig, 1770, in-4°; — *De interpretandi facultate ejusque præstantia et difficultate*; Leipzig, 1772, in-4°; — *Vichoris, presbyteri Antiocheni, aliorumque sanctorum patrum Exegeses in S. Marci Evangelium*; Moscou, 1775, 2 vol., dont le premier est in-16, l'autre in-8°; — *Xiphilini et Basilii Magni aliquot Orationes cum animadversionibus*; Moscou, 1775, in-4°; — *Glossaria Græca minora et alia anecdota græca*; Moscou, 1774-1775, 2 vol. in-4°; — *Gregorii Thessalonicensis X Orationes*; Moscou, 1776, in-8°; — *Notitia codicum manuscriptorum græcorum bibliothecarum Mosquensium*; Moscou, 1776, in-fol.; il n'y a que le premier fascicule qui ait paru; — *Isocratis, Demetrii Cydonei et M. Glycæ Epistolæ*; Moscou, 1777, in-8°; — *Lectiones Mosquenses*; Leipzig, 1779, 2 vol. in-8°; — *Index codicum græcorum bibliothecarum Mosquensium*; Saint-Pétersbourg, 1780, in-4°; — *Syntipæ, philosophi Persæ, Fabulæ; accedit notitia variorum codicum manuscriptorum*; Moscou, 1781, in-8°; — *Apostolorum septem Epistolæ catholicæ, ad codices Mosquenses recensitæ cum ineditis scholiis*; Riga, 1782, in-8°; — *Pauli Epistolæ, ex codicibus Mosquensibus numquam antea examinatis*; Moscou, 1782-1785, 5 vol. in-8°; — *Evangelia ex codicibus numquam examinatis*; Moscou et Riga, 1786-1788, 4 parties, in-8°; — *De Theophane Cerameo*; Dresde, 1788; — *De Dionysio Periegete*; Dresde, 1788, in-4°; — *XIII Epistolæ Pauli ex codice olim Bærneriano*; Meissen, 1791, in-4°; — *Vetustum ecclesiæ græcæ Constantinopolitanæ Evangeliarium*; Leipzig, 1791, in-8°; — *Eutymii Zigabeni Commentarius in IV Evangelia*; Leipzig, 1792, 3 vol. in-8°; — *Nemesius de natura hominis, græce et latine*; Halle, 1802, in-8°; — *Novum Testamentum græcum*; Wittemberg, 1803-1804, 2 vol., in-8°; édition faite avec soin, d'après un grand nombre de manuscrits; Matthæi la défendit contre les critiques de Semler et de Griesbach, dans un opuscule, publié à Leipzig, 1804, in-8°; — plusieurs dissertations, qui parurent les unes séparément, les autres dans divers recueils. O.

Müller, *Versuch einer vollständigen Geschichte der Fürstenschule zu Meissen*, t. II, p. 148. — Meusel, *Gelehrtes Deutschland*, t. V, X et XIV. — Rotermund, *Supplément à Jocher*.

MATTHÆUS (*Antoine*), dit *l'ancien*, érudit allemand, né en 1564, mort le 28 mai 1637, à Groningue. Après avoir enseigné le droit à Marbourg, à Herborn et à Cassel, il fut appelé, en 1625, à Groningue, où il remplit les fonctions de curateur de l'université. Il a laissé une cinquantaine d'ouvrages, notamment *Notæ et Animadversiones in lib. IV Institutionum Juris imp. Justiniani*; Herborn, 1590, in-8°; plusieurs éditions; — *Collegium Institutionum Juris*; ibid., 1604-1632, 3 vol. in-12; nouv. édit., augmentée; Groningue, 1638, in-4°. K.

Hess. Gel. Geschichte, VIII.

MATTHÆUS (*Antoine*), dit *le jeune*, juriste allemand, fils du précédent, né en 1601, à Herborn, mort en 1654, à Utrecht. Il occupa une chaire de droit à Harderwyck (1628) et à Utrecht (1634). On fit une estime si particulière de ses lumières qu'il fut souvent le conseil des magistrats dans les différends qui s'élevaient. On cite de lui : *De judiciis Disputationes XVII*; Utrecht, 1639-1645; 1665 et 1680, in-4°; — *De Criminibus*; Amsterdam, 1644, in-4°; il reçut de la ville d'Utrecht un présent de 600 florins pour ce traité, souvent réimprimé; — *Parœmia Belgarum*; Utrecht, 1677, in-8°; Bruxelles, 1694, in-4°. K.

Burmann, *Trajectum eruditum*.

MATTHÆUS (*Antoine*), jurisconsulte et historien hollandais, fils du précédent, né à Utrecht, le 18 décembre 1635, mort le 28 août 1710. Après avoir étudié le droit dans sa ville natale, il y devint professeur extraordinaire, et plus tard il obtint à l'université de Leyde une chaire de droit, qu'il occupa avec une grande distinction jusqu'à sa mort. Il consacrait beaucoup de temps à l'étude de l'histoire des Pays-Bas pendant le moyen âge. Parmi ses ouvrages on doit citer : *Commentarius ad Institutiones Justiniani*; Utrecht, 1672, in-4°; — *Manuductio ad Jus canonicum*; Leyde, 1686, in-8°, travail autrefois fort estimé; — *De Nobilitate, de Principibus, de Ducibus, Comitibus, de Baronibus,... de comitatu Hollandiæ et diœcesi Ultrajectina*; Amsterdam et Leyde, 1686, in-4°; — *De Jure Gladii Tractatus, et de toparchis qui id exercent in diœcesi Ultrajectina*; Leyde, 1689, in-4° : il contient un grand nombre d'anciens actes en latin et en flamand, qui n'avaient pas encore vu le jour; — *Veteris ævi analecta*; Leyde, 1698, 10 vol. in-8°; que que l'on trouve rarement complets; 2e édit., La Haye, 1738, 5 vol. in-4°. Il a publié comme éditeur : *Chronicum Egmundanum, seu annales regalium abbatum Egmundensium, etc., auctore Joanne de Leydis*; Leyde, 1692, in 4°; — *Rerum Amorfortiarum Scriptores duo inediti*; Leyde, 1693, in-4°; — *Alciati Tractatus contra vitam monasticam*; Leyde, 1695, 1708, in-8°; 1740, in-4°. E. REGNARD.

G. Burmann, *Trajectum eruditum*. — Sax, *Onomasticon*. — Struve, *Bibliotheca Juris selecta*, chap. XV, § 17. — Catalogue de la Bibliothèque impériale. — Brunet, *Manuel du Libraire*.

MATTHESON (*Jean*), compositeur allemand et auteur d'écrits sur la musique, né le 28 septembre 1681, à Hambourg, mort dans la même ville, le 17 avril 1764. Son père, qui était collecteur des taxes à Hambourg, ayant remarqué ses heureuses dispositions musicales, chercha à les développer en lui donnant les meilleurs maîtres, et à l'âge de neuf ans le jeune Mattheson se faisait déjà remarquer par son habileté sur l'orgue et par les morceaux de sa composition qu'il chantait dans les concerts. Il apprit aussi à jouer de la harpe, de la basse de viole, de la flûte et du hautbois. Son aptitude n'était pas moins grande pour l'étude des lettres. Après avoir terminé ses humanités, il se rendit familières les langues anglaise, italienne et française, s'appliqua même à la jurisprudence; il étudiait en même temps la basse continue, le contrepoint et la fugue sous la direction de Brunmuller, de Pretorius et de Kœrner, et prenait des leçons de chant du maître de chapelle Conradi. Sa vive intelligence l'aidait à s'assimiler à la fois tant d'éléments divers. Il entra comme ténor à l'opéra de Hambourg, et fut bientôt chargé de jouer les premiers rôles. Cette place, celle d'organiste de plusieurs églises, les nombreuses leçons qu'il donnait, ne l'empêchaient pas de se livrer avec ardeur à ses travaux de composition, et en 1699, à l'âge de dix-huit ans, il fit représenter son premier opéra, intitulé *Les Pléiades*, auquel succédèrent, en 1702, *Porsenna* et *La Mort de Pan*. Vers la fin de 1703, il se lia d'amitié avec Hændel, qui venait d'arriver à Hambourg; mais peu de temps après une circonstance fortuite faillit rompre à jamais leur intimité. A peine âgé de vingt ans, Hændel, dont on n'avait pas tardé à apprécier le talent, avait été chargé de tenir le clavecin à l'orchestre de l'Opéra. Le 5 décembre 1704, pendant la représentation de *Cléopâtre*, quatrième opéra de Mattheson et dans lequel celui-ci remplissait le rôle d'Antoine, Hændel tenait le clavecin lorsqu'au dernier acte Mattheson, n'ayant plus à paraître sur la scène, voulut revenir à l'orchestre prendre sa place de directeur, comme il est d'usage en Italie, où le compositeur est au clavecin pendant les trois premières représentations de son ouvrage. Hændel refusa de quitter le clavier; une vive discussion s'engagea entre les deux jeunes artistes, qui dès que la pièce fut terminée descendirent dans la rue, mirent l'épée à la main et se battirent entourés d'une partie des spectateurs qui les avaient suivis. C'en était fait de Hændel si l'épée de Mattheson n'eût heureusement rencontré sur sa poitrine un large bouton de métal contre lequel elle se brisa. Les deux adversaires étaient furieux l'un contre l'autre; cependant, après les avoir séparés, on parvint à les réconcilier, et ils furent depuis lors meilleurs amis que jamais, ainsi que Mattheson le dit lui-même dans son livre intitulé *Grundlage einer Ehrenpforte*, etc.

Mattheson quitta la scène en 1705, et se rendit à Brunswick, où il composa la musique d'un opéra français ayant pour titre *Le Retour de l'âge d'or*. Malheureusement il ressentait déjà les atteintes d'une surdité qui devait plus tard devenir complète. A son retour à Hambourg, il y fit connaissance de l'ambassadeur d'Angleterre, qui lui confia l'éducation de son fils et lui fit obtenir deux ans après la place de secrétaire de la légation anglaise. Vers la même époque (1709), il épousa la fille d'un ecclésiastique anglais. Mattheson fut successivement employé dans diverses négociations importantes, où il fit preuve d'autant d'habileté que de prudence, et, en 1746, on récompensa ses services en lui conférant le titre de conseiller de légation. Bien que la musique ne fût plus son unique occupation, il n'avait pas cessé de cultiver avec ardeur l'art qu'il aimait de prédilection, et tout diplomate qu'il était il remplit pendant plusieurs années les fonctions de maître de chapelle à l'église Saint-Michel, à Hambourg; mais en 1728 sa surdité l'obligea à demander sa retraite, qui lui fut accordée, avec une pension dont il eut la jouissance jusqu'à sa mort. Mattheson cessa de vivre à quatre-vingt-trois ans. On exécuta à ses obsèques une messe à quatre voix et orchestre de sa composition. Il avait légué par testament à l'église Saint-Michel une somme de 44,000 marcs pour la construction d'un orgue, qui fut établi, d'après ses plans, par l'habile facteur Hildebrand, et qui est un des plus beaux instruments de ce genre que l'Allemagne ait possédés.

Il est peu d'exemples d'une activité pareille à celle que Mattheson a déployée pendant le cours de sa longue carrière. Organiste, maître de chapelle, compositeur, littérateur et diplomate, il a formé un grand nombre d'élèves, a composé beaucoup d'opéras, d'oratorios, de cantates, de pièces vocales et instrumentales, a écrit une quantité prodigieuse de livres et de pamphlets relatifs à la musique, et a traduit ou édité une foule d'autres ouvrages. Il entretenait une correspondance suivie avec plus de deux cents personnes. Comme organiste, il était inférieur à Hændel; mais il avait plus de grâce et d'élégance sur le clavecin. Comme compositeur, son style a une certaine ressemblance, en ce qui concerne l'harmonie et la modulation, avec celui de Keiser, son contemporain; mais Mattheson est bien loin de pouvoir être comparé à ce célèbre artiste sous le rapport de l'imagination. C'est principalement comme auteur didactique et comme musicien érudit qu'il s'est fait une réputation. Ses écrits témoignent de connaissances très-étendues; mais son style est plein de négligences, et il ne savait garder aucune mesure envers ses adversaires dans les polémiques qu'il avait engagées avec eux.

Voici l'indication des principales productions de Mattheson : Opéras : *Les Pléiades*, trois actes; Hambourg (1699); — *Porsenna;* id. (1702); — *La Mort de Pan ;* id. (1702); — *Cléopâtre;* id. (1704); — *Le Retour de l'âge d'or*, opéra français, id.; Brunswick (1705); — *Boris*, id., Hambourg (1710); — *Henri IV, roi de Castille*, id. (1711); — *Prologo per il re Ludovico XV* (1715); — Musique religieuse et autres morceaux de musique vocale et instrumentale : Divers pièces de musique d'église pour le jubilé de 1717, en commémoration de la réforme luthérienne; — Vingt-quatre *oratorios*, composés antérieurement à l'année 1728, pour l'église Sainte-Catherine, de Hambourg; — Une *messe* à quatre voix et orchestre, qui fut exécutée, en 1764, aux funérailles de l'auteur; — *Epicedium*, musique funèbre composée, en 1719, à l'occasion de la mort de Charles XII, roi de Suède; — Différentes pièces de musique funèbre, ou de noces ou pour d'autres circonstances, au nombre d'environ quinze morceaux; — Un recueil de pièces de chant intitulé : *Odeon morale, jucundum et vitale*, paroles et musique de Mattheson; 1751; — Une *sérénade* pour le couronnement du roi d'Angleterre, Georges Ier; Londres, 1714; — Douze *sonates* pour deux ou trois flûtes; Amsterdam, 1708; — *Sonates* pour le clavecin; Hambourg, 1713; — Douze suites de morceaux pour le clavecin, publiées sous le titre de *Monument harmonique*; Londres, 1714; — *Le Langage des Doigts*, fugues pour le clavecin; Hambourg, 1re partie 1735, 2e partie 1737. — OUVRAGES THÉORIQUES, DIDACTIQUES, HISTORIQUES ET CRITIQUES SUR LA MUSIQUE : *Das neu-eræffnete Orchestre*, etc. (L'Orchestre nouvellement ouvert); Hambourg, 1713, in-8°. Ce livre fut suivi de deux autres volumes formant le même ouvrage, mais qui ont paru avec des titres différents; ibid., 1717 et 1721, in-8°. Il offre de curieuses et savantes recherches sur l'intervalle de quarte; — *Exemplarische Organisten-Probe im Artikel vom General-Bass*; (Science pratique de la basse continue, ou explication de cette basse; précédée d'une introduction théorique sur différentes parties importantes de la musique); Hambourg, 1719, in-4°. Il a paru une seconde édition de ce livre, sous le titre de : *Grosse general-Bass-Schule, oder der exemplarischen Organisten Probi* (Grande École de la Basse continue, ou la science pratique de l'organiste); Hambourg, sans date; — *Réflexions sur l'éclaircissement d'un problème de musique pratique*; Hambourg, 1720, in-4°. Cet opuscule, écrit en français, traite de la constitution de la gamme dans les modes majeur et mineur; — *Critica Musica, das ist : Grundrichtiger Untersuch und Beurtheilung, vieler theils vorgefassten, theils einfæltigen Meinungen, Argumenten und Einwürffe, so wir in alten buchern finden* (Musique critique, c'est-à-dire examen et jugement rationnel de beaucoup d'opinions, d'arguments et d'objections solides ou futiles qu'on trouve dans les livres anciens et modernes sur la musique, imprimés et manuscrits); Hambourg, 1722-1725, 2 vol. in-4°. Cet ouvrage, qui contient vingt-quatre numéros, peut être considéré comme le premier journal qui ait été publié spécialement sur la musique; — *Der neue Gœttingische über viel schlechter, als die alten Lacedæmonischen, urtheilende Ephorus, wegen der Kirchen-Music eines andern belehret* (Le nouvel Ephore de Gœttingue, juge beaucoup plus mauvais que les éphores de Lacédémone, à propos de la musique d'église, etc.); Hambourg, 1727, in-4°. C'est une critique du livre de Joachim Meyer sur la musique des anciens et sur la musique d'église; — *Der Musikalische Patriot, welcher seine gründliche Betrachtungen, über Geist und Welt-Harmonien*, etc. (Le Patriote musicien et ses principales méditations sur l'harmonie spirituelle et mondaine, etc.); Hambourg, 1728, in-4°; — *De Eruditione Musica, schediasma epistolicum*; Hambourg, 1732, in-4°; — *Kleine General-Bass-Schule, worin nicht nur Lernende*, etc. (Petite École de la Basse continue, etc.); Hambourg, 1835 : cet ouvrage est le traité le plus méthodique qui ait paru jusque alors en Allemagne; — *Kern melodisches Wissenschaft, bestehend in der auserlesensten Haupt-und Grund Lehren der musikalischen Setz-Kunst oder Composition, als ein Vorlæuffer* der Volkommenen Kapellmeister, etc. (Base d'une science mélodique, consistant dans les principes naturels et fondamentaux de la composition; introduction au *Parfait Maître de Chapelle*, etc.); Hambourg, 1737, in-4°; — *Der vollkommene Kapellmeister*; etc. (Le parfait Maître de Chapelle, etc.); Hambourg, 1739, in-fol. : c'est le meilleur ouvrage de Mattheson; — *Etwas neues unter der Sonne! oder das untererdische Klippen-concert in Norwegen, aus glaubwürdigen Urkunden auf Begehren angezeigt* (Quelque chose de nouveau sous le soleil, ou détails sur les concerts souterrains de la Norvège, d'après les documents authentiques); Hambourg, 1740, in-4°; — *Grundlage einer Ehrenpforte worin die tüchtigsten Capellmeister, Componisten, Musikgelehrten, Tonkünstler, etc., Leben, Werke, Verdienste, etc., erscheinen sollen* (Fondement d'un arc de triomphe où se trouvent la vie, les œuvres et le mérite des plus habiles maîtres de chapelle, compositeurs, savants, musiciens, etc.); Hambourg, 1740, in-4°; — *Die neueste Untersuchung der Singspiele, nebst beygefügter musikalischen Geschmacksprobe* (Nouvelles Recherches sur le drame en musique, suivies d'un examen sur le goût musical, etc.); Hambourg, 1744, in-8°; — *Das erläuterte Selah, nebst einigen andern nützlichen Anmerkungen, und erbaulichen Gedanken über Lob und Liebe, als einer Fortsezung seiner vermischten Werke*, etc. (Le Selah éclairci, suivi de quelques autres observations utiles, etc.); Hambourg, 1745, in-8°; — *Behauptung der himmlischen Musik aus den Gründen der Vernunft, Kirchen-Lehre und heiligen Schrift* (Preuve de la Musique céleste tirée de la raison naturelle, de la théologie et de l'Écriture Sainte); Hambourg, 1747, in-8°; — *Mithridat wider den Gift einer* welschen Satiræ, gennant: La Musica (Mithridate contre le poison d'une satire italienne intitulée : *La Musique*); Hambourg, 1749, in-8°; *Sieben Gesbræche der Weisheit und Musik samt zwo Beylagen; als die dritte Dosis der Panacea* (Sept Dialogues de Sagesse et de la Musique, etc., comme troisième dose de la Panacée); Hambourg, 1751, in-8°; — *Die neu angelegte Freuden Academie, zum lehrreichen Vorschmack unbeschreiblicher Heerlichkeit in der Veste gœttlicher Macht* (La nouvelle et intéressante Académie des Amis, pour donner dans les fêtes religieuses un instructif avant-goût d'une inexprimable grandeur); Hambourg, 2 vol. in-8°, 1751 et 1753; — *Philologisches Dreispiel, als ein kleiner Beytrag zur Kritischen Geschichte der deutschen Sprache, vornemlich aber mittelst geschwinder Anwendung, in der Tonwissenschaft nützlich zu gebrauchen* (Le Jeu philologique des Trois, pour servir à l'histoire critique de la langue allemande et principalement d'un bon usage dans la science de la musique); Hambourg, 1752, in-8°. Cet ouvrage contient des anecdotes et des épigrammes contre Rameau et plusieurs autres musiciens français; — *Georg.-Friederich Hændels Leben Beschreibung*, etc. (Histoire de la vie de Georges-Frédéric Hændel, avec le catalogue de ses ouvrages, etc.); Hambourg, 1761, in-8°. On évalue à soixante-douze le nombre d'ouvrages prêts à être imprimés que Mattheson a laissés en manuscrits. Les travaux littéraires de Mattheson sont pour la plupart des traductions de l'anglais ou des brochures peu importantes. On dit qu'il a écrit aussi un livre sur les longitudes en mer. On a gravé un beau portrait de Mattheson qui se trouve placé en tête de l'édition in-fol. du *Parfait Maître de Chapelle*.

Dieudonné Denne-Baron.

Burney, *A general History of Music*. — Forkel, *Allgemeine Geschichte der Musik*. — Gerber, *Historisch-biographisches Lexikon der Tonkünstler*. — Hirsching, *Histor. liter. Handbuch*. — Fétis, *Biogr. univ. des Musiciens*.

MATTHEW (*Tobie*), littérateur anglais, né à Oxford, en 1578, mort à Gand, en 1655. Fils du doyen de Christ-Church (depuis archevêque d'York), il fut inscrit à l'âge de onze ans sur les registres de l'université. A la fin de ses études, en 1605, il alla faire un voyage en Italie, pendant lequel il se convertit au catholicisme. De retour en Angleterre, il fut mis en prison pour avoir refusé le serment d'allégeance. Son ami François obtint sa mise en liberté, mais avec cette restriction : qu'il irait voyager sur le continent et ne reviendrait pas en Angleterre sans la permission du roi. A Paris il se lia avec le duc de Buckingham, favori de Jacques Ier, et fut autorisé par son entremise à rentrer en Angleterre (1617). En 1622 il accompagna le prince Charles en Espagne, et reçut au retour le titre de *chevalier* (*knight*). Depuis cette époque il fut en faveur à la cour; mais sa profession de catholicisme et peut-être aussi sa légèreté d'esprit l'empêchèrent d'arriver à une position élevée. Il suivit le comte de Strafford en Irlande; puis quand la révolution éclata il se retira à Gand, dans la maison des jésuites, où il mourut. Écrivain agréable, causeur spirituel, Matthew eut du succès et de la réputation; mais aujourd'hui on ne lit plus ses ouvrages, à l'exception du portrait de Lucy Percy, comtesse de Carlisle. Comme homme il a été jugé sévèrement; on lui a même reproché d'avoir été un espion au service de la cour de France. On a de lui : *The Life of St. Teresa*; 1623, in-8°; — une traduction anglaise des *Confessions* de saint Augustin; 1624, in-8°; — *The penitent Banditto, or the history of the conversion and death of the most illustrious lord signor Troilo Savelli, a baron of Rome*; 1625, in-4°; — *A Collection of Letters made by sir Tobie Matthews, with a Character of Lucy, countess of Carlisle*; Londres, 1660, in-8° : beaucoup de ces lettres ont été fabriquées par Matthew; d'autres sont authentiques et curieuses. On trouve quelques lettres de lui dans le *Cabala* et dans les *Scrinia sacra*. On lui attribue les ouvrages suivants, qui, d'après Chalmers, n'ont probablement jamais été imprimés. *A Cabinet of rich Jewels*;— *The Benefit of washing the head every morning*;— *The History of the Times*, inachevée.

Z.

Wood, *Athenæ Oxonienses*, t. II. — Dodd, *Church History*. — Granger, *Biographical History*. — Lodge, *Illustrations*. — Chalmers, *General Biographical Dictionary*.

MATTHEWS (*Thomas*), amiral anglais, né en 1681, dans le Glamorgan (principauté de Galles), mort en 1751, dans sa terre de Harrow. Son père était gouverneur des Antilles anglaises sous le Vent, et lui-même entra fort jeune dans la marine royale. Dès 1701, il était capitaine de vaisseau et se signala en diverses occasions dans la guerre dite *de la succession d'Espagne*, commencée en 1700. Il servait sous les ordres de Georges Byng lorsque cet amiral battit, le 11 septembre 1718, les Espagnols devant le cap Passaro, pointe sud-est de la Sicile. Dans cette affaire Matthews s'empara du vaisseau *San-Carlos*. Nommé chef d'escadre, il partit pour Bombay avec l'ordre de purger les mers indiennes des pirates qui y ruinaient le commerce. A cet effet il unit ses forces à celles des Portugais, et après avoir pris, coulé ou brûlé un grand nombre de jonques, de champans et d'autres embarcations appartenant à ces écumeurs de mer, il vint mettre le siége devant leur repaire, Alabeg, entouré de fortifications presque inaccessibles : il y trouva une telle résistance qu'il dut se retirer après avoir eu la cuisse traversée d'un javelot. En 1739, il fut appelé comme vice-amiral au commandement de l'escadre rouge, destinée à agir dans la Méditerranée contre les Espagnols, auxquels plus tard se joignirent les Français. Après avoir vainement offert le combat aux flottes alliées mouillées sous le canon de Toulon, Matthews alla s'embosser devant Naples (août 1742), menaçant de brûler cette capitale si, trois heures après sa sommation, le roi des Deux-Siciles ne signait un engagement de neutralité. Hors d'état de résister, ce prince (depuis Charles III, roi d'Espagne) s'empressa d'obtempérer à cette demande. Matthews se présenta l'année suivante devant Gênes, et exigea de cette république la remise de quinze navires espagnols chargés de munitions et d'artillerie, qui s'étaient réfugiés dans ce port neutre. Là encore son énergie l'emporta sur le droit des gens. Ce zèle valut à Matthews d'être nommé amiral de l'escadre bleue. En 1744 avec quarante-cinq vaisseaux, cinq frégates et quatre brûlots, il attaqua devant Toulon la flotte franco-espagnole commandée par De Court, qui ne comptait que vingt-six vaisseaux, quatre frégates et trois brûlots. Malgré sa supériorité numérique, Matthews dut s'éloigner après de grandes pertes de chaque côté; et quoiqu'il s'empressa de réparer cet échec en bloquant Marseille et en interceptant quelques convois, il n'en fut pas moins destitué de son commandement et cité devant la cour de l'Amirauté. Son procès dura plusieurs années, et n'eut pas d'issue. Matthews fut cependant écarté du service actif; plus heureux que John Byng, il mourut paisiblement dans ses terres. A. DE L.

Voltaire, *Siècle de Louis XV*. — Van Tenac, *Histoire générale de la Marine*, t. III, p. 361. — Chalmers, *Biogr. Dictionary*.

MATTHIÆ (*Christian*), controversiste danois, né vers 1584, à Meldorp (Holstein), mort le 20 ou 21 janvier 1655, à Utrecht. Il acheva ses études en Allemagne, enseigna la philosophie morale à Giessen, et obtint en 1614 le rectorat du collége de Bade-Dourlach. Appelé à Altdorf comme professeur de théologie, il retourna à Meldorp (1622) avec les fonctions de surintendant des églises de la province. Le roi Christian IV lui donna en 1630 une chaire à l'université de Sorœ, et le fit souvent prêcher à la cour. Son humeur changeante et susceptible ne lui permit pas de demeurer tranquille en Danemark : il passa en 1639 en Hollande, et résida tour à tour à Leyde, à La Haye et à Utrecht. On a de lui : *Collegium Ethicum*; Giessen, 1611, 1613 in-12; — *Collegium politicum*; Giessen, 1612, in-12; — *Collegium Exercitationum theologicarum anti-Photinianarum*; Nuremberg, 1617, 1621, in-4°; — *Systema Politicum*; Giessen, 1618, in-12; — *Exercitationes Metaphysicæ*; Marpurg, 1620, 1631, 1637, in-12; — *Theologia typica*; Hambourg, 1629, in-fol.: c'est un plan de théologie luthérienne en forme de tables; — *Systema Theologicum minus*; Hambourg, 1639, 1654, in-4°; — *Historia Patriarcharum*; Lubeck, 1642, in-4°; — *Historia Alexandri Magni, seu prodromus quatuor monarchiarum*; Amsterdam, 1645, in-12; — *Theatrum Historicum*; Amsterdam, 1648, 1656, in-4°; 3e édit., avec un supplément, 1668, in-4°: ouvrage moitié moral, moitié historique, où l'auteur s'étend surtout sur l'histoire d'Allemagne — *Analysis logica in Matthæum evangelistam*; Amsterdam, 1652, in-fol.; — *Commentarius in Psalmos pœnitentiales*; Hambourg, 1692, in-4°; — *Antilogiæ Biblicæ, sive conciliationes dictorum sacrorum Bibliorum*; Hambourg, 1700, in-4°. Matthiæ a laissé plusieurs ouvrages manuscrits. K.

Freher, *Theatrum*. — Witte, *Memor. Theologorum*, dec. VII et XI. — *Biblioth. Septentrionis eruditi*, 26, 180. — Møller, *Cimbria Literata*. — Worm, *Lexicon over danske lærde Mænd*, II.

MATTHIÆ (*Jean*), savant prélat suédois, né en 1592, à Westerhuseby, en Ostrogothie, mort le 18 février 1670. Après avoir étudié dans diverses universités d'Allemagne les belles-lettres, les langues orientales et la théologie, il devint précepteur chez le commissaire Grœnberg, dont il accompagna les fils en Hollande, en Angleterre et en France. De retour en Suède en 1625, il fut nommé recteur de l'Académie des Nobles à Stockholm, et plus tard prédicateur de la cour. En 1630 il accompagna comme aumônier Gustave-Adolphe en Allemagne, et fut chargé deux ans après d'instruire la célèbre Christine, fille du roi. Celle-ci montra toujours la plus haute estime pour l'esprit comme pour les qualités de son précepteur, et l'éleva en 1643 à l'évêché de Strengnès. Partisan de la tolérance, Matthiæ favorisa les démarches tentées en Suède par Duræus pour amener la réunion des luthériens et des calvinistes; mais cela lui attira l'inimitié profonde de la majorité du clergé, et il fut obligé en 1664 de résigner son office. On a de lui : *Gnomologia veterum latinorum poetarum et historicorum*; Stockholm, 1627, in-8°; — *Grammatica regia, seu ratio discendi linguam latinam, pro Christina regina*; Stockholm, 1635, in-12; Leyde, 1650; — *Querela de præpostero quorundam judicio in castigandis aliorum scriptis*; Strengnès, 1646 et 1660, in-8°; — *Rami Olivæ septentrionalis*, Strengnès, 1656-1661, dix parties in-12; ces opuscules en faveur de la tolérance furent sévèrement défendus et sont devenus très-rares; les descendants de Matthiæ en reçurent plus tard, lors de leur anoblissement, le nom d'*Oljequists*; — *Opuscula Theologica*; Strengnès, 1661, in-8°; — *Sacræ Disquisitiones ad refutandos epicureos, atheos et fanaticos*; Stockholm, 1669, in-4°; — un grand nombre d'ouvrages et de dissertations dogmatiques et liturgiques; — des discours et sermons, etc. O.

Stiernman, *Bibliotheca Suiogothica*, p. 219. — Rotermund, *Supplément à Jöcher*. — *Biographisk Lexikon*.

MATTHIÆ (*Georges*), médecin allemand, né à Schwesing, dans le duché de Sleswig, le 20 mars 1708, mort à Gœttingue, le 9 mai 1773. Après avoir pratiqué la médecine dans sa ville natale, il fut appelé en 1736 à Gœttingue pour prendre soin de la bibliothèque de Bulow. Après avoir fait pendant plusieurs années à l'université de cette ville des cours libres de médecine et de belles-lettres, il y fut appelé en 1755 à une chaire de médecine; en 1748 il avait été nommé conservateur de la bibliothèque. On a de lui : *Idea Professorum Academiæ Gœttingensis;* Gœttingue, 1737 et 1738, in-4°; — *De Habitu Medicinæ ad religionem secundum Hippocratem;* Gœttingue, 1739, in-4°; — *Tractatus philosophici Hippocratis recensiti;* Gœttingue, 1740, in-4°; — *Ob die christliche Religion einen besondren Nutzen in der Medizin habe* (La Religion chrétienne a-t-elle quelque utilité en médecine)? Helmstædt, 1745, in-4°; — *Ob Hippocrates Wind gemacht hat, als er vor mehr denn 2000 Jahren geschrieben, die Medizin sey schon ganz erfunden* (Hippocrate a-t-il dit une blague, en écrivant, il y a plus de deux mille ans, que la science de la médecine était entièrement faite)? Helmstæd, 1745, in-4°; — *Novum locupletissimum manuale Lexicon Latino-Germanicum et Germanico-Latinum;* Halle, 1748, 2 vol. in-8°; — *De Laude Dei in Hippocrate;* Gœttingue, 1755, in-4°; — *Conspectus historiæ medicorum chronologicus;* Gœttingue, 1761, in-8°; — *De Celsi Medicina;* Gœttingue, 1766, in-4°; — *Geschichte der Arzneykunst in den Braunschweig-Lüneburgischen Landen* (Histoire de la Médecine dans les pays de Brunswick-Lunebourg); dans le *Hannovrisches Magazin* (année 1758); — *Catalogue de la bibliothèque d'Oporiscus;* Gœttingue, 1754, in-8°. O.

Rotermund, *Supplément* à Jöcher. — Meusel, *Lexikon*.

MATTHIÆ (*Auguste-Henri*), savant philologue allemand, né à Gœttingue, le 25 décembre 1769, mort à Altembourg, le 6 janvier 1835. Après avoir été depuis 1789 précepteur à Amsterdam, il obtint en 1798 une place de professeur à l'Institut de Monnier à Weimar, et devint en 1801 directeur du gymnase d'Altembourg, emploi qu'il garda jusqu'à sa mort. On a de lui : *Animadversiones in Hymnos Homeri;* Leipzig, 1800, in-8°; — *Versuch über die Verschiedenheit der Nationalcharaktere* (Essais sur la différence des caractères nationaux); Leipzig, 1802; — *Homeri Hymni et Batrachomyomachia;* Leipzig, 1805; — *Miscellanea philologica;* Iéna, 1803-1804; Leipzig, 1809, 2 vol. in-8°; — *Ausführliche griechische Grammatik* (Grammaire Grecque complète); Leipzig, 1807, 2 vol. in-8°; ibid., 1825-1827 et 1835, 3 vol. in-8° : cet excellent ouvrage a été traduit en français par Longueville; Paris, 1831-1836, 3 vol. in-8°; — *Euripidis Tragœdiæ;* Leipzig, 1813-1820, 9 vol. in-8°; à cette édition très-estimée Kampmann a ajouté un volume d'*Indices;* Leipzig, 1837; — *Grundriss der griechischen und römischen Literatur* (Éléments de la Littérature grecque et romaine); Iéna, 1815, 1822 et 1834; — *Herodoti Historiæ;* Leipzig, 1825, 2 vol.; — *Entwurf einer Theorie des lateinischen Styls* (Essai d'une théorie du style latin); Leipzig, 1826; — *Alcæi Fragmenta;* Leipzig, 1827; — *Vermischte Schriften in lateinischer und deutscher Sprache* (Œuvres mêlées en latin et en allemand); Altembourg, 1833; — *Encyclopädie und Methodologie der Philologie;* Leipzig, 1835; — Plusieurs éditions et ouvrages élémentaires pour les classes.

Son frère, *Frédéric-Chrétien* MATTHIÆ, né en 1762, mort en 1822, à Francfort, où il était recteur du gymnase, s'est fait connaître par des éditions estimées d'Aratus, d'Ératosthène, et de Denys Périégète. O.

Conversations-Lexikon. — *Neuer Nekrolog der Deutschen*, t. XIII.

MATTHIAS (Saint), apôtre, dont la vie, les actes et la mort sont l'objet de nombreuses contradictions chez les hagiographes. Selon la version la plus répandue, il était un des soixante-douze disciples qui, s'unissant aux apôtres, suivirent Jésus-Christ depuis le commencement de sa prédication jusqu'à son crucifiement. Après la mort du Christ, les apôtres et les disciples, rassemblés à Jérusalem au nombre d'environ cent vingt, décidèrent, sur la proposition de Pierre, qu'il était utile de pourvoir à la place laissée vacante par le suicide du traître Judas. Deux fidèles se partageaient les suffrages; c'était Joseph Barnabas, surnommé le Juste, et Matthias. On s'en rapporta au sort, qui désigna Matthias pour être associé aux onze premiers apôtres. Il reçut avec ses collègues la plénitude du Saint-Esprit et le don des langues le jour de la Pentecôte. Saint Clément d'Alexandrie avait appris de la tradition que Matthias enseignait surtout comme moyen de salut la mortification de la chair, en fortifiant l'âme par la connaissance des lumières. Il prêcha et mourut dans la Colchide. « Mais, disent les RR. PP. dominicains Richard et Giraud, tout cela est si incertain qu'on n'ose point s'y rapporter. » Ce que l'on dit aussi de sa prédication en Éthiopie et de son martyre n'est également appuyé par aucun document digne de foi. On a attribué à Matthias un *Évangile* et un *Livre des Traditions*, que le pape Gélase a déclarés apocryphes. Ce fut sur ces ouvrages que Marcion (*voy.* ce nom) appuya son hérésie. Les Grecs honorent saint Matthias le 9 d'août, les Latins le 24 février. A Milan, où ce saint est en vénération particulière, sa fête est célébrée le 7 février. A. L.

Actes des Apôtres, chap. I, v. 15 à 26. — Les Bollandistes, *Acta Sanctorum*. — Tillemont, *Mém. pour servir à l'hist. de l'Église dans les six premiers siècles*. — Baillet, *Vies des Saints*, t. I, 24 février. — Richard et Giraud, *Bibliothèque Sacrée*.

MATTHIAS CORVIN, roi de Hongrie, né à Klausembourg, le 27 mars 1443, mort à Vienne, le 6 avril 1490. En 1457, quelque temps après la mort de son père, le fameux Jean Huniade, il fut, ainsi que son frère aîné, Ladislas, mandé à Bude auprès de Ladislas, roi de Hongrie; à l'instigation des nombreux ennemis de la famille Huniade, ce prince fit arrêter les deux fils du héros, qui lui avait sauvé la couronne : l'aîné eut la tête tranchée ; Matthias, renfermé pendant quelques mois au château de Guttemberg, fut ensuite conduit à Prague, et confié à la garde de Podiébrad, roi de Bohême. Le roi de Hongrie étant mort sans enfants, vers la fin de 1457, Michel Szilagyi, oncle maternel de Matthias, arriva à Pesth avec une armée de vingt mille hommes, pour assurer l'élection de son neveu au trône. Le 24 janvier 1458, les magnats, hostiles aux Huniades, se refusèrent longtemps à donner leurs voix à Matthias, bien qu'ils n'eussent à lui opposer aucun candidat digne de la couronne; à la fin les soldats proclamèrent roi le fils de l'intrépide capitaine qui les avait si souvent menés à la victoire; le peuple en marqua si bruyamment sa joie, que l'assemblée, reconnaissant l'impossibilité de s'opposer au vœu général, y accéda; elle chargea Szilagyi de l'office de gouverneur du pays pour les cinq années qui devaient encore s'écouler avant la majorité de Matthias. Ce dernier se trouvait encore à Prague, au pouvoir du roi de Bohême; ayant reçu d'Élisabeth, la mère de son prisonnier, une forte somme d'argent, ce prince exigea encore de Matthias la promesse qu'il épouserait sa fille Catherine; après quoi il le remit aux Hongrois, qui reçurent leur jeune souverain avec le plus grand enthousiasme. Matthias, ayant la conscience de sa capacité pour le gouvernement, voyait avec impatience les affaires importantes confiées à la direction de son oncle; il le fit arrêter, et conduire à Vilagosvar, ordonnant cependant qu'il fût bien traité. Szilagyi, délivré bientôt après par la ruse hardie d'un de ses serviteurs, vécut depuis en bon accord avec son neveu, qui toutefois se réserva la direction du gouvernement.

Un des premiers actes de Matthias, qui prévoyait qu'il aurait à combattre des ennemis formidables, fut de régler le mode de conscription militaire (1). En 1459 les ennemis des Huniades, le palatin Gara, les comtes de Frangepan et autres, voulant empêcher l'autorité du jeune roi de se consolider, offrirent le trône à l'empereur Fréderic III; d'ordinaire si irrésolu, ce prince accepta sans hésiter, et se fit ceindre solennellement à Neustadt de la couronne d'Étienne, qui, remise précédemment entre ses mains comme gage, s'y trouvait encore. Matthias rassembla une armée, et s'apprêtait à marcher contre l'empereur, lorsque le pape Pie II, désireux de diriger contre les Turcs les troupes réunies des deux princes, essaya d'apaiser leur différend; mais ce fut en vain. Deux batailles eurent lieu, l'une gagnée, l'autre perdue par les Hongrois. Podiebrad alors s'interposa, et fit consentir les deux adversaires à une trêve, qui fut successivement prolongée jusqu'en 1464, année où fut signée la paix.

Après avoir, en 1462, mis fin à la révolte des Bohémiens des Karpathes, qui, conduits par Jean Giska, dévastaient depuis cinq ans le pays plat, Matthias songea à diriger toutes ses forces contre les Osmanlis; ceux-ci venaient de s'emparer de la Servie et de la Bosnie et avaient en 1460 battu complétement à Pozzazin une armée hongroise commandée par Szilagyi, et levée à ses frais; fait prisonnier et conduit à Constantinople, il y avait été décapité. En 1463, Matthias entre en Bosnie, bat plusieurs détachements turcs, et se rend maître de Jaicsa, la capitale, après un siége de deux mois et demi. L'année d'après, le sultan Mahomet II vint en personne pour reprendre cette ville; la brèche faite, il fit pendant trois jours donner des assauts réitérés; il fut cependant repoussé par la garnison hongroise. Sur la nouvelle que Matthias accourait au secours des siens, Mahomet se retira à la hâte, abandonnant une grande partie de ses bagages. Sur ces entrefaites la paix avait été définitivement conclue entre Matthias et Frédéric; ce dernier s'engageait à rendre la couronne d'Étienne contre soixante mille ducats; il fut aussi stipulé qu'il succéderait à Matthias, si celui-ci mourait avant l'empereur. Matthias se fit immédiatement couronner en grande pompe à Albe-Royale, et confirma à cette occasion les priviléges contenus dans la bulle d'André II; la joie universelle fut interrompue par la mort de la jeune et belle reine Catherine, fille de Podiébrad, que Matthias chérissait tendrement. Après avoir, en cette même année 1464, entrepris, mais sans résultat, une nouvelle campagne contre les Turcs, le roi eut à combattre les *Frères bohémiens*, bandits qui, au nombre de plus de dix mille, mettaient le pays au pillage, sauf à se retirer, quand ils étaient poursuivis, dans leur forteresse de Kostolan. Matthias la fit raser, et extermina ces brigands jusqu'au dernier. Peu de temps auparavant Podiébrad avait été excommunié par le pape Paul II, pour avoir toléré dans son pays la communion sous les deux formes; une croisade avait été prêchée contre lui, et le pape offrit en 1467 la couronne de Bohême à Matthias, qui se mit immédiatement en mesure de la conquérir. Il rassembla une armée considérable, pour l'entretien de laquelle il augmenta de beaucoup les impôts, ce qui excita un soulèvement en Transylvanie; il y accourut, et sa seule présence suffit pour rétablir l'ordre. Il pénétra ensuite en Moldavie, dont le voïwode Étienne refusait de reconnaître la suzeraineté de la Hongrie; partout vainqueur, il traita les rebelles avec une grande sévérité. De retour en Hongrie, il convoqua à Erlau une diete, pour y faire décider la question si l'on ferait la guerre aux Turcs ou aux Bohêmes hérétiques. Le sultan, occupé alors d'une guerre en Asie, fit demander une trêve; il lui fut répondu que les Hongrois se

(1) Il ordonna, entre autres dispositions, qu'on devait fournir un cavalier par vingt jobages de terre; c'est de là que vient le mot de *hussar*; *husz* en hongrois signifiant vingt, et *ar* prix, redevance.

pouvaient consentir à aucune espèce d'accord avec l'ennemi de leur foi; que cependant s'il restait tranquille, il ne serait pas attaqué. On avait en effet, ainsi que le désirait Matthias, résolu de faire la conquête de la Bohême. En 1468 l'armée hongroise vint camper à Laa sur la Marche, dans les États de l'empereur, qui s'était allié à Matthias contre Podiébrad; celui-ci se plaça avec ses troupes de l'autre côté de la rivière. Un mois se passa sans d'autres événements que quelques escarmouches. La cavalerie hongroise étant parvenue à couper les vivres aux Bohémiens, Podiébrad se retira en Bohême, chargeant son fils Victorin de défendre une à une les forteresses de la Moravie. Mais Matthias, étant entré dans ce pays, prit en peu de temps Znaim, Trebitsch et le Spielberg; Brunn et Olmütz se rendirent à son approche. Il fit ensuite invasion en Bohême; mais il commit l'imprudence de s'engager au milieu de forêts épaisses avec le gros de son armée, composée surtout de cavalerie, et il se vit tout à coup la retraite coupée par les abattis, que les ennemis élevèrent en quantité sur ses derrières. Il entra alors en pourparlers; les Bohémiens se relâchèrent de leur surveillance, et il s'esquiva heureusement avec toutes ses troupes. Après avoir obtenu de la diète hongroise des subsides pour continuer la guerre, il pénétra en 1469 de nouveau en Bohême; la dévastation marquait ses pas; il parcourut ensuite les principales villes de la Silésie, où il se fit reconnaître roi. Podiébrad, voulant enlever à cette guerre son caractère de guerre de religion, fit élire par la diète du pays pour être son successeur, non l'un de ses deux fils, mais Ladislas, fils de Casimir, roi de Pologne, prince entièrement orthodoxe. Cette élection fut confirmée en 1470, après la mort de Podiébrad, et Ladislas vint se faire couronner à Prague, amenant avec lui une armée de dix mille hommes. Matthias s'apprêtait à marcher contre lui, lorsqu'il apprit que ses sujets venaient de proclamer roi de Hongrie le jeune Casimir, frère de Ladislas; il avait excité leur mécontentement par son arbitraire et en employant les ressources du pays à la guerre de Bohême, tandis que les Turcs avaient recommencé leurs incursions. Des soixante-quinze comitats qui composaient alors le pays, neuf à peine restèrent fidèles à Matthias; les magnats, irrités de ce qu'il ne les consultait plus que pour la forme, se déclarèrent tous contre lui, sauf le palatin Michel et l'archevêque de Kolocza. En 1472 Casimir entra en Hongrie avec des troupes, et arriva jusqu'à Neutra, qui lui ouvrit ses portes. Mais sur ces entrefaites Matthias avait réuni la diète à Bude, et avait, par son adresse persuasive, ramené vers lui la plupart de ceux qui avaient déclaré sa déchéance. Casimir, se voyant abandonné, retourna à la hâte en Pologne. Il n'y eut bientôt plus que le puissant archevêque de Gran, Vitèz, qui résistât encore à Matthias, et lui aussi consentit enfin à se soumettre, lorsque le roi eut accordé certaines concessions au sujet de la participation des grands au gouvernement. Dès que tous les soldats polonais eurent quitté le pays, Matthias fit arrêter l'archevêque; il le relâcha, il est vrai, quelque temps après, mais il lui enleva la plus grande partie de ses attributions, et lui fit subir tant d'humiliations, que le prélat en mourut dans l'année. Après avoir fait de nouveau reconnaître partout son autorité, Matthias entra en 1474 avec dix-huit mille hommes en Silésie, et établit son armée devant Breslau. Ladislas et Casimir vinrent se placer en face de lui; malgré le nombre, bien supérieur, de leurs troupes, ils n'osèrent attaquer le camp retranché de Matthias, qui, évitant toute bataille, se borna à faire enlever aux ennemis les vivres par sa cavalerie; bientôt dénués de toute subsistance, ils se virent obligés à conclure une trêve de deux ans et demi. De retour en Hongrie, Matthias réunit une grande diète, où il fut décidé que les subsides devaient pour le moment être employés exclusivement contre les Turcs, et que pendant un an toutes les forces militaires du pays seraient envoyées contre eux. En effet depuis 1469 ils faisaient tous les ans de terribles invasions, emmenant quelquefois plus de trente mille prisonniers en esclavage. En 1474 ils avaient pénétré jusqu'à Grosswardein. Dans les deux années suivantes Matthias leur fit éprouver plusieurs défaites.

En 1477 il épousa Béatrice, fille de Ferdinand, roi de Naples; aux fêtes données à cette occasion, il déploya toutes les pompes du luxe le plus recherché. En 1477, on ne sait pas encore aujourd'hui pour quelle cause, il déclara la guerre à l'empereur Frédéric; entré avec dix-sept mille hommes en Autriche, il s'en empara entièrement en très-peu de temps; Frédéric, réfugié à Gmunden, était dans une position si précaire, qu'il empruntait par cent et même par soixante florins. Le pape et la république de Venise amenèrent Matthias à signer, le 1er décembre, un traité de paix, obligeant Frédéric à payer au roi 100,000 florins et à lui donner l'investiture de la Bohême. De retour à Bude, Matthias y réunit une diète, qui, tout en lui accordant des subsides contre les Turcs, décréta que pendant cinq ans le roi ne pourrait contraindre personne à une guerre offensive; qu'il ne pourrait faire emprisonner ni exiler personne sans le consentement de ses conseillers et qu'enfin les franchises du pays seraient observées dans toute leur teneur. Ces dispositions, comme le fait remarquer Mailath, caractérisent très-bien le règne de Matthias; elles n'auraient jamais été rendues si les illégalités du roi ne les avaient pas rendues nécessaires. En 1478 la paix fut enfin conclue entre Ladislas et Matthias; ce dernier obtint la Moravie, la Silésie et la Lusace, sous la condition que s'il mourait avant Ladislas celui-ci pourrait récupérer ces provinces moyennant 400,000 florins; dans le cas inverse Matthias devait recevoir la Bohême. Les deux princes eurent une entrevue à Olmutz; Matthias y déploya de nouveau un faste tout oriental, longuement décrit par les chroniqueurs, et qui selon eux ne pouvait être comparé qu'à celui qui régnait autrefois à la cour d'Assuérus. En octobre de la même année le voïwode de Transylvanie, Étienne Batori, et Paul Kiniszi, comte de Temes, défirent complétement à Keniermezö une armée turque, deux fois plus forte que celle des chrétiens.

Frédéric s'étant trouvé hors d'état de payer la somme promise à Matthias, les hostilités recommencèrent; elles se bornèrent d'abord à quelques courses entreprises par des bandes de l'une ou de l'autre armée. Ce ne fut qu'après s'être préparé pendant un an et demi que Matthias entra en Autriche avec une forte armée; il prit immédiatement Haimbourg. Le légat Castelli vint le trouver pour négocier un accord entre lui et Frédéric; il croyait que le roi ne disposait que de peu de ressources et qu'il se prêterait facilement à un accommodement; mais le roi lui montra d'immenses trésors, des engins de guerre en masse (1), et refusa toute espèce de transaction. L'archevêque de Kolocza, celui de ses conseillers qu'il consultait le plus volontiers, ayant parlé dans le sens du légat et ayant blâmé le roi d'avoir, par des motifs d'ambition, augmenté si fort les impôts (2), fut incarcéré et détenu pendant cinq ans. Le 22 janvier 1485, Matthias s'empara de Vienne, après un long siége; il y établit sa résidence, et s'y fit reconnaître comme souverain par les états de l'Autriche, pays dont il se rendit maître, deux ans plus tard, par la capitulation de la ville de Neustadt. Au milieu de ses prospérités, Matthias ressentait un violent chagrin de ne pas avoir d'enfants légitimes; il essaya de préparer le chemin du trône à son fils naturel, Jean Corvin; mais, dès les premiers mots qu'il prononça à ce sujet, il éprouva de la part des magnats la résistance la plus énergique. Le 4 avril 1490, il fut frappé d'apoplexie, avant d'avoir pu faire ratifier ses vœux; il mourut après trois jours de souffrances, durant lesquelles il garda toute sa connaissance, sans pouvoir articuler un mot.

Les quatre portraits qu'on a encore de lui nous le représentent comme un homme de taille moyenne, d'un aspect martial, aux yeux noirs et vifs. Habile à tous les exercices militaires, doué de beaucoup d'esprit naturel, il était un des princes les plus instruits de son temps; sa lecture favorite était la Bible et les classiques latins. D'une activité extraordinaire, il surveillait lui-même de près l'expédition des affaires. Il était d'une bravoure à toute épreuve; plusieurs fois il se rendit déguisé au milieu des armées ennemies pour étudier leur position. Il était adoré des soldats, dont il prenait un soin extrême, visitant souvent les malades et pansant parfois lui-même les blessés. Dans les premiers temps de son règne, il était accessible à tous, même aux pauvres et aux mendiants; plus tard il introduisit à sa cour l'étiquette italienne, et ne donna plus que des audiences à époques fixes. Aussi sévère que juste, il n'avait guère de défaut que celui de trop aimer les conquêtes, ce qui le conduisait à des mesures violentes et arbitraires lorsqu'il ne pouvait pas se procurer autrement les moyens d'augmenter ses possessions (1).

Matthias accorda pendant toute sa vie une protection intelligente aux sciences et aux arts. Il attirait à sa cour un grand nombre d'hommes ou versés dans la littérature ou remarquables par des connaissances d'un autre genre, et il les récompensait de la manière la plus libérale; il aimait à s'entretenir longuement avec eux, et prenait tant d'intérêt aux choses de l'esprit, qu'une conversation qu'il eut un jour avec Regiomontanus le délivra d'une maladie dont il souffrait en ce moment. Après avoir fondé, dès les premières années de son règne, une académie à Presbourg, il réunit dans son château de Bude, en dépensant pour cela 30,000 florins d'or par an, une précieuse bibliothèque de plus de cinquante mille manuscrits; malheureusement elle fut dispersée et en grande partie détruite peu de temps après sa mort. Il faisait venir des pays les plus éloignés les gens les plus habiles dans tous les arts; les chanteurs de sa chapelle étaient regardés comme les meilleurs de toute l'Europe; au rapport de Castelli, son palais de Bude n'avait pas son pareil, même en Italie. Enfin, il s'attacha à introduire dans son pays les meilleures méthodes d'agriculture usitées dans d'autres contrées; sa sollicitude pour le bien-être de ses sujets allait si loin, qu'il fit venir de France et d'Italie des gens experts dans l'art de fabriquer le fromage, alors peu connu en Hongrie. « Il avait semé avec profusion, dit Mailath, les germes du bien, du beau et de l'utile; mais ils ne purent se développer lorsque son œil vigilant et son bras énergique eurent cessé de les protéger, et sous son successeur tout périt misérablement. » Les *Lettres* de Mathias ont été publiées à Kaschau; 1744, 2 vol., in-8°. E. G.

Bonfinius, *Rerum Hungaricarum Decades*. — Turotz, *Chronica Hungarica*. — Dlugoss, *Historia Polonorum*. — Katona, *Historia critica Regum Hungarorum*, t. XIV, XV et XVI. — Galeottus Martius, *De egregie, sapienter, jocose dictis et factis regis Matthiæ*. — Heltai, *Historia Matthiæ, regis Hungariæ*. — Fessler, *Matthias, König von Hungarn*; Breslau, 1793, 2 vol. — Wenzel, *Matthias Corvinus*; Breslau, 1810. — Kaprinai, *Hun-*

(1) Il avait des canons qui, tirés par dix-huit chevaux, lançaient des boulets de mille livres.

(2) La capitation avait été élevée à un ducat par tête.

(1) Voici le jugement que le légat Castelli nous a laissé sur le caractère de Matthias · *Est enim rex doctus, et cum gravitate et majestate quadam dicendi, ut nihil dicat prius quam id sibi credendum videatur. Et profecto contemplatus eundem, ejus linguam, ingenium, mores, astutia et audacia principes omnes, quos novi, excellit. Est rex indefessimi animi, martialis totus, nihil nisi bellum cogitans, et sine verbis faciens.*

paris diplomatica temporibus Matthiæ regis; Vienne, 1767-1772, 2 vol. in-8°. — Kurz, *Geschichte Œstreichs unter Friedrich dem IV*. — Chmel, *Geschichte Friedrichs des IV* — Hammer, *Hist. de l'Empire Ottoman*. — Mailath, *Geschichte der Magyaren*.

MATTHIAS, empereur d'Allemagne, né le 24 février 1557, mort le 20 mars 1619. Fils de l'empereur Maximilien II, il eut pour précepteur le célèbre Busbeck, qui sut lui faire acquérir des connaissances assez étendues dans les lettres et dans les sciences, bien que le jeune archiduc eût d'abord montré une préférence exclusive pour tout ce qui tient à la guerre. Tenu à l'écart à l'avénement de son frère, Rodolphe II, il accepta en 1578 l'offre que lui firent plusieurs seigneurs catholiques des Pays-Bas, alors en guerre avec l'Espagne, de venir prendre le gouvernement de ces provinces; ils voulaient ainsi contrebalancer le pouvoir du prince d'Orange, dont la prépondérance croissante leur faisait craindre l'oppression prochaine de la religion catholique dans ces contrées. Mais, bien que reconnu partout comme souverain, Matthias ne put empêcher que l'autorité réelle restât entre les mains du prince, ce qui lui fit résigner sa dignité à la fin de 1580 : il en conçut contre les protestants un ressentiment profond. Sur les prières de sa mère, il obtint que Rodolphe lui pardonnât d'avoir, malgré la défense expresse de l'empereur, lutté contre la branche espagnole de sa maison; mais il fut relégué pendant plus de dix ans dans une retraite obscure. Chargé en 1593 de commander en Hongrie un corps d'armée contre les Turcs, il ne réussit pas à s'emparer de Gran, dont il avait entrepris le siége. En 1595, devenu, par la mort de son frère Ernest, le plus proche héritier du trône, il fut nommé gouverneur de l'Autriche. L'évêque de Vienne, Klesel, dont il fit bientôt son premier ministre, n'eut pas de peine à lui faire prendre contre les protestants des mesures rigoureuses. Mais, chargé en 1604 de présider la diète de Hongrie, Matthias reconnut que dans ce pays les protestants, à raison de leur puissance, devaient être traités avec ménagement : il conseilla donc à Rodolphe de leur faire quelques concessions. L'empereur s'y étant refusé, Étienne Bocskai leva l'étendard de la révolte; en peu de temps il fut maître de la Transylvanie et d'une grande partie de la Hongrie. Matthias, chargé de traiter avec lui, choisit pour intermédiaire Étienne Illeliazi, que Rodolphe avait trois ans auparavant fait injustement condamner à mort. Le 23 juin 1606, la paix, signée à Vienne, stipulait que Matthias gouvernerait dorénavant le pays au nom de l'empereur; que les protestants auraient le libre exercice de leur culte; que l'administration des finances et la garde des forteresses seraient confiées à des Hongrois de naissance; que la constitution ne resterait plus une lettre morte; enfin, que Bocskai recevrait la Transylvanie plus quatre comitats hongrois. Le 11 novembre de la même année, Matthias conclut avec les Turcs une trêve de vingt ans, qui, bien qu'achetée par la cession de Gran et de Kamischa, était encore dans les circonstances du moment ce qu'on pouvait espérer de mieux. L'empereur, dont l'irrésolution avait causé tous les malheurs de l'Autriche, ne voulait pas qu'un autre et surtout Matthias, dont il se défiait, eût la gloire de les avoir réparés; en conséquence il refusa de ratifier les deux traités. Mais Matthias, prévenu de l'intention qu'avait Rodolphe de choisir pour héritier le jeune Ferdinand, de la ligne styrienne, s'était fait reconnaître comme chef de la maison de Habsbourg par un acte signé à l'insu de l'empereur, le 23 avril 1606, par tous les membres de cette famille, sauf l'archiduc Léopold, et il n'eut pas de scrupule d'essayer de contraindre, même par la force, l'empereur à approuver les traités signés avec les Turcs et les Hongrois. Au commencement de 1607 il décida les États catholiques de l'Autriche à se liguer pour le soutenir dans ce but; les protestants de ce pays, lui gardant rancune, restèrent pendant quelque temps fidèles à Rodolphe; mais celui-ci ayant aveuglément refusé d'adoucir quelque peu leur position, ils se laissèrent gagner à la cause de Matthias par l'intermédiaire du même évêque Klesel, qui les avait précédemment persécutés. En Hongrie la diète réunie à Presbourg, au commencement de 1608, se déclara également pour Matthias; le 1er février elle conclut avec les États d'Autriche une ligue en faveur de l'archiduc. Repoussant les offres de transaction que Rodolphe lui fit faire, Matthias entra en avril 1608 avec vingt mille hommes en Moravie, après avoir lancé un manifeste où il stygmatisait l'arbitraire et l'incurie du gouvernement de son frère. Celui-ci, sans armée, abandonné de tous, se résigna, le 17 juin, à céder à Matthias la Moravie, l'Autriche et la Hongrie et à le déclarer son héritier au trône de Bohême. Le 29 septembre Matthias ouvrit à Presbourg la diète hongroise; il y fut couronné, après avoir auparavant rétabli la dignité de palatin, juré de maintenir l'ancienne constitution du royaume et accordé aux protestants de nouveau le libre exercice de leur culte. Cette même faculté fut réclamée dans la plus grande étendue par les protestants de l'Autriche; lorsque Matthias voulut y mettre quelques restrictions, ils prirent les armes, et s'apprêtèrent à la lutte. Malgré l'avis contraire de Klesel, Matthias consentit à céder, et leur octroya une grande mesure de liberté, en sauvegardant cependant les apparences dans les mots, pour ne pas trop irriter la cour de Rome et les Jésuites (1). Mais les protestants ayant ensuite demandé l'exil de Klesel, Matthias, indisposé par le langage hautain dans lequel ils vantaient leur générosité de ne pas avoir réclamé

(1) Dans un des discours tenus pendant les négociations par l'orateur des protestants se trouve développée la théorie complète de la souveraineté de l'aristocratie, dont le prince, y est-il dit, doit en toute chose exécuter la volonte.

tout ce qu'ils étaient en droit et en pouvoir d'obtenir, poussa les catholiques à s'opposer à ce que les concessions faites aux protestants fussent promulguées sous forme de loi. Enfin, en mars 1610, après de longues négociations, l'affaire fut arrangée à l'amiable. En cette même année Rodolphe se mit à réclamer les pays qu'il avait abandonnés à son frère, sous le prétexte que celui-ci n'avait pas exécuté une prétendue promesse de demander pardon des offenses commises par lui contre la majesté impériale. Les autres princes de la maison de Habsbourg ainsi que les prélats catholiques s'interposèrent pour empêcher les deux frères d'entrer en lutte ouverte, ce qui n'aurait pu profiter qu'aux protestants. Par un traité signé, le 15 septembre, Matthias garda les trois pays qu'il possédait, s'obligeant seulement à suivre la volonté de l'empereur quant à la politique extérieure; il consentit aussi à faire amende honorable à son frère. Celui-ci ordonna alors le licenciement des douze mille hommes qu'il avait fait réunir à Passau par l'archiduc Léopold, auquel il accorda depuis toute sa confiance, au point qu'il cherchait à le faire déclarer son successeur en Bohême au détriment de Matthias. Mais ces soldats se plaignirent de ne pas avoir reçu toute la solde qui leur avait été promise et refusèrent de se disperser; en décembre 1610 ils entrèrent, sous la conduite du colonel Rame, en Autriche, qu'ils traitèrent en pays conquis; un mois plus tard ils pénétrèrent en Bohême, pillant et saccageant tout sur leur passage. En février 1611 ils s'emparèrent même d'une partie de Prague. Les états de Bohême, alors réunis dans cette ville, appelèrent Matthias, pour qu'il les délivrât de ces brigands, que Rodolphe venait de reprendre à son service, dans le but de mettre fin à la résistance qu'il éprouvait de la part des protestants. L'empereur fit immédiatement faire le siége de la vieille ville, qui était au pouvoir des états; mais à peine la canonnade avait-elle commencé, que, tergiversant comme d'ordinaire, il fit cesser le feu et il congédia toutes ses troupes. Il eut bientôt à s'en repentir; car, traité presque comme un prisonnier, il se vit contraint par les états à résigner le trône de Bohême en faveur de Matthias, qui arrivé à Prague le 24 mars en repartit le 28 août sans avoir voulu voir son frère. Une pension de 300,000 florins et quelques domaines furent assignés à Rodolphe. De retour à Vienne, Matthias, âgé alors de cinquante-cinq ans, épousa Anne, fille de l'archiduc Ferdinand de Tyrol. Rodolphe, s'étant plaint aux électeurs de la violence qu'il avait subie, n'en reçut pour toute réponse que des condoléances qui lui donnaient à entendre qu'il devait ses malheurs à son incapacité; il ne survécut que quelques mois à son humiliation, et mourut le 20 janvier 1612.

Matthias, élu empereur le 13 juin de cette année, à défaut d'autres candidats, nourrissait l'espoir de ramener en Allemagne la paix et la concorde, ayant d'un côté de l'influence sur les catholiques par sa qualité de Habsbourg, et s'étant de l'autre côté concilié la faveur des protestants par ses égards envers eux en Autriche et en Bohême. En conséquence, il convoqua, en août 1613, à Ratisbonne une diète pour y faire vider les contestations qui divisaient les partis religieux et pour amener le règlement d'une quantité de questions importantes, telles que la réforme de la justice et celle de la monnaie. Mais aucun projet ne fut discuté; tout se borna à un vote de subsides contre les Turcs. La bonne volonté de Matthias vint échouer contre l'indifférence des princes laïques pour le bien de l'Empire, et surtout contre l'opposition systématique des ministres du jeune électeur palatin, qui, forts de l'appui de la France, de l'Angleterre et de la Hollande, ainsi que de tous les calvinistes de l'Allemagne, avaient dès lors en vue d'arracher à la maison d'Autriche la couronne impériale pour la faire donner à leur maître. Les manœuvres de la cour palatine continuant à entretenir dans l'Empire des germes de graves dissensions, il se forma à la cour impériale un parti qui, conduit par l'archiduc Ferdinand de Styrie, réclamait des mesures énergiques contre ces menées, du reste désapprouvées par la majeure partie des protestants. Mais l'empereur et son ministre Klesel, qui était devenu cardinal, observant avec sagesse que l'excitation des esprits pouvait à la moindre étincelle amener une conflagration générale, préférèrent laisser aux choses leur libre cours, et ne pas intervenir par la force. Prudent en ce qui touchait les affaires religieuses, Matthias se montrait plein d'ardeur à reprendre la lutte contre les Osmanlis et leur allié Bethlen Gabor, prince de Transylvanie; mais n'ayant pu obtenir de secours pécuniaires des députés de tous les États de la monarchie, qu'il avait réunis en 1614 à Linz, il conclut avec les Turcs, le 12 mai de l'année suivante, une nouvelle trêve de vingt ans (1); et il signa quelques jours plus tard un accord avec Bethlen Gabor.

En 1617 Matthias essaya, mais en vain, de faire dissoudre les confédérations ennemies, qui, sous le nom de *Ligue catholique* et *Union protestante*, empêchaient l'accommodement des affaires religieuses. En cette même année, il se décida, malgré son antipathie pour son cousin Ferdinand, à le faire reconnaître pour son héritier dans les divers pays de la monarchie; il céda en cela aux instances des archiducs Albert et Maximilien, ses frères, qui, vieux et sans enfants, avaient renoncé à leurs droits de succession en faveur de Ferdinand. Bientôt après, il eut à lutter contre les envahissements des états de la Bohême, qui, poussés par le comte de Thurn, blessé de ce que l'empereur lui avait retiré l'office de burgrave de

(1) On a signalé comme une chose curieuse que le cardinal Klesel et le grand-vizir, qui négocièrent ce traité, étaient tous les deux fils de boulanger.

Karlstein, se mirent à envenimer les différends qui naissaient tous les jours à propos de la religion. Matthias eut la malheureuse idée de nommer parmi les dix membres de la régence chargée du gouvernement du pays Slawata et Martinitz, deux anciens conseillers de Rodolphe, détestés de l'opposition aristocratico-protestante. L'agitation augmenta, lorsque cette régence eut empêché la construction, du reste illégale, de deux églises protestantes à Braunau et à Klostergrab; peu à peu cette affaire prit de si grandes proportions, que les principaux chefs protestants ou *utraquistes*, comme on les appelait en Bohême, s'assemblèrent à Prague, le 21 mai 1618, pour délibérer sur les moyens de vaincre l'opposition que la régence, approuvée par Matthias, mettait à l'édification de ces églises. Il leur fut donné communication d'un rescrit impérial, qui leur ordonnait de se séparer immédiatement, mais dans des termes si réservés, qu'ils n'en furent que plus enhardis dans leur résistance. Le 23, toujours excités par le comte de Thurn, ils se rendirent dans la salle où siégeait la régence, pour demander des explications; la discussion s'échauffa bientôt au point que Martinitz et Slawata ainsi que leur secrétaire Fabricius furent jetés par la fenêtre de plus de cinquante pieds de haut. Cette brutalité, qui ne fut cependant suivie de la mort d'aucun d'eux, devint le signal de la fameuse guerre de Trente Ans. Immédiatement les protestants s'emparèrent du pouvoir, et en confièrent l'exercice à trente directeurs, qui, sous l'instigation de Thurn, se mirent en relation avec leurs coréligionnaires des autres États de la monarchie ainsi qu'avec la cour palatine. Matthias, ne disposant que de faibles ressources en troupes et en argent, prit, sur le conseil de Klesel, la voie des pourparlers. Mais Ferdinand, qui, d'accord avec l'archiduc Maximilien, voulait faire rétablir le pouvoir impérial par la force des armes, fit arrêter Klesel à l'insu de Matthias, et ordonna qu'il fût conduit dans un fort du Tyrol. Matthias, souffrant de la goutte et alité, ne put se venger de cet affront fait à son autorité. Deux corps d'armée, commandés par Bucquoy et par Dampierre, entrèrent en Bohême, sans faire de grands progrès, il est vrai; mais cela suffit pour que les directeurs demandassent à négocier; l'électeur de Saxe, proposé pour arbitre par Matthias et accepté par eux, convoqua les deux partis pour le 14 avril 1619, à Eger, pour traiter de la paix. Le prince d'Anhalt, Chrétien, qui dirigeait la cour palatine, et désirait que l'affaire ne s'arrangeât pas, envoya, en novembre 1618, le célèbre Mansfeld avec quatre mille hommes au secours des Bohémiens; le 21 de ce mois, la forte place de Pilsen fut prise d'assaut par ce général. On continuait néanmoins à travailler à un accommodement, lorsque Matthias mourut, frappé d'un coup d'apoplexie. Si malgré son activité et sa bonté naturelle, il n'avait pu surmonter les difficultés inextricables créées sous le déplorable règne de son prédécesseur; il avait su au moins retarder le moment du conflit général, qui éclata immédiatement après sa mort. E. G.

Khevenhuller, *Annales Ferdinandei*. — Im. Weber, *Sylloge Rerum tempore Matthiæ Cæsaris gestarum*; Giessen, 1621, in-4°. — Londorp, *Œstreichischer Lorbeerkranz*. — Menzel, *Neuere Geschichte der Deutschen*, tomes V et VI.

MATTHIAS (*Pierre*), théologien belge, né à Mons, en 1575, mort à Namur, le 19 juillet 1642. Il entra dans la Compagnie de Jésus en 1598, et durant vingt-quatre ans occupa différentes chaires de la province wallone. On a de lui : *L'Exercice de l'Amour, ou les stations de la Passion de Notre Seigneur Jésus-Christ*; Lille, 1626, in-24; souvent réimprimé; — *Le Cénacle, ou traité des vertus que Notre Seigneur Jésus-Christ a pratiquées en sa dernière cène*; 1631. Ces vertus sont l'obéissance, l'humanité et la charité; — *Paradisus cœlestis*; Anvers, 1640, in-12 : l'auteur y partage l'empyrée en onze demeures : les neuf premières sont habitées par les différentes classes de bienheureux, de saints et d'anges, la dixième est réservée à la Vierge et la onzième à l'humanité de Jésus-Christ. Le P. Matthias donne une description détaillée des merveilles du Paradis, etc. Ce traité mystique a été trad. en italien, par le dominicain Nicolas Riccardi. Le P. Matthias a laissé en manuscrits *De Corporibus gloriosis* et *De Gloria essentiali*. A. L.

Alegambe, *Bibl. Scrip. Soc. Jesu*, p. 387. — Sotwell, *Bibliotheca Scriptorum Soc. Jesu*, 682. — Bossut, *Hist. de Mons*, p. 434.

MATTHIEU (Saint), surnommé *Lévi*, premier évangéliste et l'un des douze apôtres, mourut vers le milieu du premier siècle, en Perse ou en Caramanie, suivant l'opinion commune. Rufin et Socrate le font prêcher et mourir chez les Éthiopiens. Natif de Capharnaüm ou des environs, il était fils d'Alphée et de Marie, cousine ou sœur de la sainte Vierge. Publicain ou chargé de lever les impôts, il était comme fonctionnaire romain odieux aux Juifs, ses compatriotes. C'est sur les bords de la mer de Galilée, près de Capharnaüm, que Jésus rencontra notre évangéliste : « Il vit assis au bureau des recettes (καθήμενον ἐπὶ τὸ τελώνιον) un homme qui s'appelait Matthieu, et lui dit : Suis-moi; — et cet homme se leva et le suivit (1). » Mais avant de quitter sa maison, ce nouveau disciple offrit à Jésus-Christ un festin, auquel se trouvaient beaucoup de publicains, ce qui scandalisa fort les pharisiens : ils en firent la remarque aux autres disciples : « Pourquoi, leur disaient-ils, votre maître mange-t-il avec les publicains et les pécheurs? » Jésus-Christ l'ayant entendu, apostropha ces hypocrites par cette belle parole : « Je veux la miséricorde et non le sacrifice (ἔλεος θέλω καὶ οὐ θυσίαν), c'est

(1) Saint Mathieu, IX, 9.

à dire des *actes* et non des *cérémonies* (1). » Dans la liste des apôtres (2) Matthieu *le publicain* (Ματθαῖος ὁ τελώνης) est placé le huitième, entre Thomas et Jacques. Voilà tout ce que l'on sait de saint Matthieu, d'après l'Évangile même qui en porte le nom. La tradition ajoute qu'il répandit la nouvelle religion dans le Pont et en Éthiopie. Au rapport de Clément d'Alexandrie, il ne mangeait que des fruits et des herbes. On ignore absolument la date et le genre de sa mort. Sa fête est célébrée par l'Église latine le 21 septembre. On prétend posséder des reliques de l'apôtre évangéliste à Salerne, en Italie, et à Beauvais et Saint-Mahé en France.

Le texte grec de saint Matthieu est-il l'original ou n'est-ce qu'une tradition de cet Évangile qui aurait été primitivement écrit en araméen (hébreu ou syriaque)? Telle est la question qui divise depuis longtemps en deux camps opposés les philologues et les théologiens. Après avoir lu attentivement tous les arguments exposés pour et contre dans le gros volume de M. Ébrard, professeur de théologie à Erlangen (*Wissenschaftliche Kritik der Evangelischen Geschichte*, 1850), il nous a été impossible de nous former là-dessus une opinion exacte; ce qu'il y a de certain, c'est que le texte grec est fort ancien, et qu'il remonte à la fin du 1er siècle, tandis que personne, pas même de ceux qui en parlent, n'a vu ce prétendu original sémitique. Au reste, cette question, comme tant d'autres qui diviseront toujours les exégètes, n'a pour nous aucune valeur. Ce qu'il y a pour nous d'important (comme nous l'avons déjà montré aux articles *saint* JEAN, *saint* LUC et *saint* MARC), c'est l'*esprit*, « qui vivifie »; que d'autres se disputent sur la *lettre*, « qui tue ».

Dans son récit de la Vie de Jésus, saint Matthieu cherche surtout à faire accorder la venue du Messie avec les prophéties de l'Ancien Testament, et il semble avoir écrit moins pour convertir les païens que les Juifs, ses compatriotes. C'est dans cette intention, évidente à chaque page, que seul il donne, au début de son Évangile, une longue généalogie de Jésus-Christ, qu'il fait remonter à Abraham. On a mis la concordance des évangélistes dans le relevé des détails historiques de la vie de Jésus ou dans la narration de ses miracles, qui, omis par les uns, sont donnés par les autres. Mais ce défaut d'accord même prouve que ces détails ne sont pas l'essence de la religion. Bien plus : l'institution des sacrements du baptême et de l'eucharistie, que tous les chrétiens, catholiques ou protestants, regardent comme des dogmes fondamentaux, ne repose point sur l'accord de tous les évangélistes. Ainsi, il n'est question de l'institution formelle du baptême que dans saint Matthieu (3) : saint Luc et saint Jean n'en parlent point, et Saint Marc se borne à quelques mots (1). Quant à l'institution de l'eucharistie, elle ne se trouve aussi que dans les deux premiers évangélistes (2). Saint Luc est ici très-incomplet (ch. XXII, 19-20), et saint Jean, le disciple chéri de Jésus-Christ, n'en dit pas un mot.

Mais il en est tout autrement pour l'esprit de la doctrine qui trace aux chrétiens leur ligne de conduite. C'est là, pour le répéter, que règne la plus parfaite harmonie. Le magnifique sermon de la montagne, contenu dans saint Matthieu (chap. V-VII), se retrouve, pour le fond, dans les trois autres évangélistes. Tous sont d'accord sur le sens de ces passages : « Si votre justice n'est pas meilleure que celle des scribes et des pharisiens, vous ne ferez point partie du royaume des cieux. — Vous avez entendu dire qu'il faut aimer son prochain et haïr son ennemi; mais moi je vous dis : Aimez vos ennemis, bénissez ceux qui vous maudissent, faites du bien à ceux qui vous haïssent, priez pour ceux qui vous offensent et vous persécutent; c'est ainsi que vous serez les fils du Père céleste, qui fait luire son soleil sur les bons et sur les méchants, et pleuvoir sur les justes et sur les injustes. — Tout ce que vous voulez que les hommes vous fassent, faites-le leur (Πάντα ὅσα ἂν θέλητε ἵνα ποιῶσιν ὑμῖν οἱ ἄνθρωποι, οὕτως καὶ ὑμεῖς ποιεῖτε αὐτοῖς). — Gardez-vous bien des faux prophètes, qui viennent vers vous sous l'enveloppe des brebis, et qui au dedans sont des loups féroces. — Ceux qui font de longues prières et qui s'écrient : Seigneur! Seigneur! ne viendront pas tous dans le royaume des cieux; il n'y a que ceux qui auront fait la volonté du Père. — Celui qui entend mes paroles et les exécute (ποιεῖ), je le compare à l'homme sage qui a construit sa maison sur le roc..... Mais celui qui les entend et ne les exécute pas ressemble à l'insensé qui a bâti sa maison sur le sable » (3). — Tel est le sens de la vraie religion du Christ : celle-là n'a point encore régné parmi les hommes.

F. H.

Saint Jérôme, *De Vir. illustr.* — Eusèbe, *Hist. Ecclés.* — Saint Clément d'Alex., *Strom.*, — Tillemont.

(1) Saint Matthieu, 11-13. Comp. Marc, II, 14; Luc, V, 27.

(2) Saint Matthieu, X, 9 : le premier est *Simon*, dit *Pierre*, et le dernier Judas Iscariotte.

(3) Saint Matthieu, XXVIII, 19 : Πορευθέντες μαθητεύσατε πάντα τὰ ἔθνη, βαπτίζοντες αὐτοὺς εἰς τὸ ὄνομα τοῦ πατρὸς καὶ τοῦ υἱοῦ καὶ τοῦ ἁγίου πνεύματος (*Euntes, docete omnes gentes, baptizantes eos in nomine Patris et Filii et Spiritus sancti*).

(1) Saint Marc, XVI, 16 : Ὁ πιστεύσας καὶ βαπτισθεὶς σωθήσεται, ὁ δὲ ἀπιστήσας κατακριθήσεται (*Qui crediderit et baptizatus fuerit salvus erit, qui vero non crediderit condemnabitur*).

(2) Saint Matthieu, XXVI, 26-27..... Λάβετε, φάγετε· τοῦτό ἐστι τὸ σῶμά μου· ..... Πίετε ἐξ αὐτοῦ πάντες· τοῦτο γάρ ἐστι τὸ αἷμά μου, τὸ τῆς καινῆς διαθήκης (... *Accipite et comedite : hoc est corpus meum..... Bibite ex hoc omnes, hic est enim sanguis novi testamenti*). Comp. saint Marc, XIV, 22-24.

(3) C'est dans ce même sermon de la montagne que se trouve aussi l'Oraison Dominicale, la prière que le Seigneur avait enseignée à ses disciples. Elle présente de notables différences avec l'Oraison Dominicale donnée par saint Luc.

Mém. eccles. — D. Ceillier, *Hist. des Auteurs sacrés.* — Winer, *Bibl. Lex.*

MATTHIEU, prélat français, né dans le pays Remois, suivant Pierre le Vénérable, mort à Pise, le 28 décembre 1134. Hugues d'Amiens, archevêque de Rouen, nous apprend, dans l'épître dédicatoire de ses *Dialogues*, qu'il avait fait ses études avec Matthieu dans la ville de Laon. De Laon Matthieu se rendit à Paris, où il embrassa la vie monastique à Saint-Martin-des-Champs. Nous le voyons en 1117 prieur de cette maison; en 1122, il est à Cluni, où vient de l'appeler Pierre le Vénérable. Peu de temps après celui-ci se rend à Rome, allant solliciter l'appui du siége apostolique contre un audacieux rival, qui l'avait dépossédé de son abbaye. Matthieu l'accompagne dans ce voyage, voit Honorius II, se concilie son estime, et est élevé par ce pape à la dignité de cardinal-évêque d'Albano. Il revint ensuite en France pour y remplir les fonctions de légat, et présida les conciles de Troyes, de Rouen et de Reims (1128), de Châlons et de Paris (1129). Honorius II étant mort, Innocent et Anaclet se disputent la tiare. Matthieu se prononce pour Innocent, et travaille avec ardeur à le faire accepter en France. En 1131 il est en Allemagne, où s'assemble par ses soins le concile de Mayence, concile rendu célèbre par la déposition de Brunon, évêque de Strasbourg. Toute l'Église chrétienne est en proie à une vive agitation : partout éclatent des tumultes. Ne gémissons pas trop sur ces désordres : ils sont l'indice d'une vie plus active, ils annoncent le réveil de l'intelligence, longtemps assoupie. Que s'il n'y a pas dans l'Église un autre droit reconnu que celui de l'autorité, toute manifestation de l'esprit individuel est une révolte. Sans aucun doute : mais ces révoltes seront fécondes; elles doivent enfanter le treizième siècle. Le cardinal-évêque d'Albano remplit dans ces débats un rôle considérable. S'il est du parti d'Innocent II, ce parti n'est pas beaucoup mieux discipliné que celui d'Anaclet, et en conséquence les personnalités brillantes parlent, agissent dans ce parti avec autant de liberté que dans l'autre. Le cardinal Matthieu ose lui-même blâmer la conduite d'Innocent, et il exprime ce blâme en des termes si peu mesurés qu'Innocent lui retire son mandat et lui ordonne de quitter la France (1133). Il parut en 1134 au concile de Pise, remplit ensuite une mission peu importante, et revint mourir à Pise. C'était un homme sévère, qui sous l'habit séculier avait conservé les mœurs d'un moine.
B. H.

Petri Venerabilis *Epist.*, lib. II, *epist.* 3, 9. — Labbe, *Concil.*, t. X, col. 922, 936, 938. — *Hist. Littér. de la France*, t. XIII, p. 51.

MATTHIEU OURHAIETSI, c'est-à-dire *d'Édesse*, chroniqueur arménien, vivait dans le douzième siècle. On ne sait rien de sa vie, sinon qu'il mourut lors de la prise d'Édesse par le sultan Emad-eddin-Zonki, en 1144. Il composa une chronique, qui va depuis le milieu du dixième siècle jusqu'à l'année 1132. Ce volumineux ouvrage est resté inédit. On prétend que le P. Sixte de Vesoul en avait traduit une partie sous le titre d'*Histoire de la première Croisade;* mais cette traduction est probablement restée manuscrite. Un fragment de cet ouvrage a été traduit en français, sous ce titre : *Détails historiques de la première expédition des chrétiens dans la Palestine, sous l'empereur Zimiscès; tirés d'un manuscrit inédit de la Bibliothèque impériale, composé dans le douzième siècle, traduit en français par F. Martin, et accompagné de notes* par Chahan de Cirbied; Paris, 1811, in-8°.
Z.

Cirbied, *Notice sur la Chronique de Matthieu d'Édesse*, dans les *Notices et Extraits des Manuscrits*, t. XI.

MATTHIEU, abbé de Ninove, né à Schoorisse, dans le comté d'Alost, en Flandre, mort dans l'abbaye du Mont-Saint-Martin, diocèse de Cambray, en 1195. Il fut d'abord reçu dans cette abbaye chanoine régulier de Prémontré; puis nous le voyons en 1190 élu abbé de Ninove : enfin, après cinq ans passés dans cette charge, il abdique et se retire au Mont-Saint-Martin. Matthieu a été fort célèbre de son temps comme prédicateur et comme interprète des Écritures; mais il paraît que ses œuvres manuscrites sont perdues.
B. H.

Hist. Littér. de la France, XV, p. 184.

MATTHIEU *de Vendôme*, poëte latin moderne, né à Vendôme, mort dans les dernières années du douzième siècle, ou les premières du treizième. Il y a beaucoup d'erreurs accréditées sur son compte. La plus grave est celle des frères Sainte-Marthe, qui l'ont confondu avec l'abbé de Saint-Denys, mort près d'un siècle après lui. On sait avec certitude que le poëte Matthieu était contemporain de Barthélemy de Vendôme, archevêque de Tours, dont la carrière finit le 15 octobre 1206. On a de lui : *Tobias*, poëme en vers élégiaques sur l'histoire des deux Tobie, imprimé pour la première fois à Lyon, en 1489, in-fol., et pour la dernière, à Brême, en 1642, in-8°; — *Comœdia Milonis*, poëme de 256 vers élégiaques, publié en 1834 par M. Maurice Haupt; — *Comœdia de glorioso Milite*, publié par M. Edélestan Duméril, dans l'appendice de ses origines du théâtre moderne; Paris, 1849, in-8°; — *Comœdia Lydiæ*, dans le même ouvrage de M. Duméril. M. Endlicher mentionne parmi ses ouvrages inédits un traité de grammaire : *Summula de schematibus et coloribus sermonum*, manuscrit de Vienne. Au nombre de ses poëmes également inédits, on désigne : *Metrum super Salutationem Angelicam;* — *De Piramo et Thisbe;* — *Æquivoca Carmina;* — *Carmina de rebus ad Christianam Religionem spectantibus.* Enfin deux opuscules lui sont encore attribués sous les titres suivants *De Arte versificatoria, Synonyma.* B. H.

Hist. Litt. de la France, XV, 420 et XX, 55.

MATTHIEU PARIS, le meilleur chroniqueur latin du treizième siècle, né vers 1195, mort en 1259. On ignore si sa famille était anglaise, normande ou française. Son surnom de *Paris* indique peut-être simplement qu'il avait fait ses études à Paris. Il entra comme novice dans le monastère bénédictin de Saint-Albans en Angleterre, vers la fin du règne de Jean sans Terre, et prit l'habit religieux le 21 janvier 1217. Il paraît qu'il montra du goût pour les relations historiques et un certain talent comme écrivain et calligraphe, puisque après le départ de Roger de Wendover, chroniqueur du monastère, en 1235, il fut chargé de le remplacer. Il s'acquitta de ces fonctions avec une véracité et une hardiesse fort méritoires, mais qui ne plurent pas toujours à ses contemporains. Il a consigné dans sa *Chronique* les incidents notables de sa vie. Le plus marquant fut son voyage en Norvège. Le roi Hakon l'avait invité à venir réparer le désordre financier du monastère de Saint-Benoît de Holm. Matthieu Paris partit muni de lettres du pape Innocent IV et du roi de France Louis IX, et atteignit Berghen, le 10 juillet 1248. Il fut parfaitement accueilli par le roi Hakon, et s'acquitta heureusement de sa mission. De retour en Angleterre en 1250, il y jouit de la faveur du roi Henri III, dont il ne ménageait pas cependant les actes politiques. Ce prince aimait à causer familièrement avec le chroniqueur. « Leur entretien, dit le duc de Luynes, avait souvent pour objet le comte Richard, frère du roi, qui venait d'obtenir la couronne impériale, et Henri nommait à l'historiographe tous les princes allemands qui avaient pris part à l'élection..... Cette situation privilégiée ainsi que l'estime particulière accordée à la science et aux vertus du moine de Saint-Albans lui facilitèrent les moyens de puiser aux sources les plus certaines les matériaux dont il composait sa *Chronique*. Il fut l'ami de l'abbé de Ramesey, de Nicolas de Fernham, évêque de Durham, de Jean Crachale, clerc spécial de Robert Grosse-Teste; de maître Jehan de Basingestakes, archidiacre de Leicester, l'un des hommes les plus savants du treizième siècle. Nous le voyons dans les mêmes rapports avec Richard, évêque de Bangor, Roger de Thurkeby, chevalier très-lettré. Il apprend du Juif Aaron d'York les persécutions et les exactions dont il avait été accablé; il consulte Ranulphe Besace, ancien médecin de Richard Cœur de Lion, et qui avait vu Saladin; les lettres écrites de la Terre Sainte par Guillaume de Châteauneuf, maître de l'Hôpital de Jérusalem, lui sont communiquées; enfin, Thomas Shirburne l'instruit des faits relatifs à la sanglante tragédie des Pastoureaux. »

Matthieu Paris cessa d'écrire au commencement de juin 1259, et mourut quelques mois après. Son principal ouvrage est son *Historia major*, qui commence à la conquête normande et s'étend jusqu'à l'année de la mort de l'auteur; elle a été continuée par Guillaume Rishanger jusqu'à la mort de Henri III, en 1272. L'*Historia major* fut publiée pour la première fois par l'archevêque Parker; Londres, 1571, in-fol.; cette édition fut reproduite à Zurich, 1606, 2 vol. in-fol.; une édition plus complète fut donnée par William Watts, Londres, 1640 ou 1641, 3 vol. in-fol., et reproduite à Paris, 1644, 4 vol. in-fol., Londres, 1684, 5 vol. in-fol. L'édition de Watts contient, outre les variantes et d'amples index, deux autres ouvrages inédits du même auteur : *Duorum Offarum Merciorum regum* (*S.-Albani fundatorum*) *Vitæ*; — *Viginti trium abbatum S. Albani Vitæ*; — *Additamenta*, servant d'éclaircissements et de pièces justificatives à la *Grande Histoire*; ces diverses productions sont aussi comprises dans les éditions de 1644 et de 1684. Le British Museum et les bibliothèques des colléges Corpus-Christi et Benet à Cambridge contiennent les manuscrits d'un abrégé de l'*Historia major* fait par l'auteur lui-même, qui retrancha plusieurs détails de son œuvre, en ajouta d'autres, et intitula cette nouvelle rédaction *Chronica majora Sancti-Albani*. Longtemps après, Guillaume Lambard, secrétaire de Matthieu Parker, abrégea les *Chronica majora*, et leur donna le nouveau titre de *Historia minor*. On attribue à Matthieu Paris, sur l'autorité douteuse de Bale et Pits, des ouvrages aujourd'hui perdus, et dont plusieurs n'étaient que des extraits de sa *Chronique*. D'après quelques indications assez anciennes, son histoire commençait à la création du monde; on s'est appuyé sur ce renseignement pour attribuer à Matthieu Paris la compilation historique qui est en tête de la *Chronique* de Matthieu de Westminster. Cette revendication ne paraît pas fondée. Loin d'avoir été dépouillé par un autre, Matthieu Paris s'est approprié l'ouvrage d'autrui. La portion de son *Histoire* jusqu'en 1235 n'est guère qu'une transcription de la *Chronique* de Roger de Wendover, Windleshore ou Windsor, moine du monastère de Saint-Albans, mort prieur de Belvoir, en 1237. Quelques récents archéologues regardent Matthieu Paris comme le véritable auteur des *Flores Historiarum*, attribuées ordinairement à ce même Roger de Wendover; mais les droits de ce dernier ont trouvé d'énergiques défenseurs, entre autres le révérend H. O. Coxe, éditeur des ouvrages de Roger de Wendover (1841-1842).

L'*Historia major* est écrite avec une grande liberté à l'égard de l'Église romaine; aussi a-t-elle été regardée avec faveur par les écrivains protestants et maltraitée par les catholiques; ceux-ci sont allés jusqu'à supposer qu'elle avait été fabriquée ou du moins très-altérée par les réformés; mais la collation attentive de nombreux manuscrits faite par Watts ne permet pas d'admettre cette supposition. L'*Historia major* est bien l'œuvre d'un bénédictin du treizième siècle; mais ce bénédictin avait ses passions et n'était pas toujours impartial. Lingard, écrivain catholique, l'a jugé sévèrement : « Accoutumé, dit-il, à déchirer les grands, soit ecclésiastiques, soit séculiers, il semble avoir rassemblé ou conservé toutes les anecdotes scandaleuses qui pouvaient satisfaire son goût pour la censure. Il paraîtra peut-être malveillant de parler rudement de cet historien favori; mais je suis en mesure d'affirmer que dans les circonstances où j'ai pu comparer ses pages avec les pièces authentiques ou avec des écrivains contemporains, j'ai le plus souvent trouvé leur désaccord si grand, que sa narration prenait l'apparence d'un roman plutôt que celle de l'histoire. » M. le duc de Luynes conteste l'équité de ce jugement : il avoue que Matthieu Paris se trompe parfois; mais, ajoute-t il, « que d'erreurs ne trouverait-on pas dans les écrivains même postérieurs, lorsqu'ils ont, comme lui, voulu traiter l'histoire de toute l'Europe? Personne ne lira, d'ailleurs, la *Grande Chronique* sans y puiser une ample connaissance des mœurs et des grands événements du moyen âge (1). » Une traduction anglaise de l'*Histoire* de Matthieu Paris fait partie de l'*Antiquarian Library* de Bohn. Les *Flowers of History of Roger of Wendover* forment deux volumes de la même série. L'*Historia major* (*Grande Chronique*) de Matthieu Paris a été traduite en français par M. Huillard-Bréholles; Paris, 1840-1841, 9 vol. in-8°. L. J.

Préfaces des éditeurs de Matthieu Paris. — Le duc de Luynes, *Introduction* à la traduction de M. Huillard-Bréholles.

MATTHIEU *de Vendôme*, régent de France, né vers 1220, mort le 25 septembre 1286. On l'a confondu souvent avec le poëte Matthieu, bien que l'intervalle d'un siècle les sépare. En 1258, il fut élu abbé de Saint-Denis, près Paris. On a des titres qui se rapportent aux premiers temps de sa prélature; mais ils ont peu d'intérêt. En 1260, au parlement du bois de Vincennes, il siège le premier après les évêques. En 1263, selon une chronique particulière de Saint-Denys (en 1267, suivant Guillaume de Nangis), le roi Louis IX et l'abbé Matthieu rapprochent et disposent dans un nouvel ordre les tombeaux des anciens rois, auparavant dispersés en diverses parties de l'abbaye. C'est un événement considérable dans l'histoire de cette antique maison. Dès ce temps l'abbé Matthieu était un personnage important dans l'Église, dans l'État. On ne sait pas comment il avait acquis ce renom et cette influence; mais on peut supposer que, souvent appelé près du roi, il l'avait souvent bien conseillé, et que le roi lui avait publiquement, en plus d'une occasion, payé la dette de sa reconnaissance. On offrit à Matthieu, en 1269, l'évêché d'Évreux; plus tard, suivant son épitaphe, on le supplia d'accepter l'archevêché de Tours; mais il refusa l'une et l'autre de ces charges. Il aima mieux rester près du roi, dont il était devenu le confesseur, le plus intime confident. En l'année 1270, Louis, partant pour sa dernière croisade, institua régents du royaume, en son absence, Matthieu de Vendôme et Simon de Nesle. *Locum tenentes domini regis Franciæ* : tel est le titre joint à leurs noms dans les diplômes émanés de leur chancellerie. Mais avant la fin de cette funeste année, Louis mourait en Afrique. Philippe le Hardi, son fils et son successeur, confirma les pouvoirs des deux régents jusqu'à son retour en France. La reconstruction de la basilique de Saint-Denis, commencée en 1231 par Odon Clément, fut achevée en 1281 par l'abbé Matthieu. L'ouvrage avait été sans doute plusieurs fois interrompu. Remarquons, toutefois, que la plupart des grands édifices du moyen âge ont été bâtis presque avec la même lenteur. Depuis le retour de Philippe, Matthieu n'était plus régent du royaume. Il était ministre, *regni administer*. A la mort de Philippe, en 1285, la régence lui fut de nouveau confiée. Mais sous ces titres différents son autorité fut toujours la même : depuis l'année 1270 jusqu'à l'année 1286, époque de sa mort, Matthieu fut en réalité l'administrateur suprême de toutes les affaires du royaume; comme le déclare, en des termes qui méritent d'être rapportés, la Chronique de Rouen, publiée par le P. Labbe : « Per quem totum regnum Franciæ regebatur; et ad nutum ejus omnia fiebant, et quem volebat exaltabat, et contra. » Ce qui nous est, en outre, confirmé par son épitaphe :

Regum Francorum per tempora longa duorum
Regni gessit onus.

Aussi lit-on son nom sur un très-grand nombre d'actes publics conservés au Trésor des Chartes. Les auteurs du *Gallia Christiana* ont analysé plusieurs de ces diplômes, qui se rapportent à l'histoire de toutes les églises de France. B. H.

Gallia Christiana, VII, col. 391-396. — Guill. de Nangis, *Chron.*, sub. ann. 1286. — Félibien, *Hist. de l'Abb. de S.-Denys*. — Doublet, *Hist. de l'Abb. de S.-Denys*. — *Hist. Litt. de la France*, XX, 1.

MATTHIEU *de Westminster*, chroniqueur anglais, vivait au commencement du quatorzième siècle, sous le règne d'Édouard II. On ne sait presque rien de sa vie, qui s'écoula dans le monastère bénédictin de Westminster, près de l'ancien palais des rois d'Angleterre, où se tenaient les parlements. Matthieu composa une histoire ou chronique universelle, divisée en six âges et trois livres. Le premier livre s'étend depuis la création du monde jusqu'à l'ère chrétienne; le second depuis la naissance du Christ jusqu'à la conquête normande; le troisième depuis la conquête normande jusqu'au commencement du règne d'Édouard II (1307). Un autre auteur a continué l'ouvrage jusqu'à la mort d'Édouard III, en 1377. Le troisième livre de Mat-

(1) Matthieu Paris, qui mentionne avec soin les faits merveilleux, miracles, visions, qui arrivaient ou paraissaient arriver de son temps, indique avec autant d'attention et sans doute plus d'exactitude les éclipses et les divers phénomènes astronomiques et météorologiques.

thieu de Westminster est très-estimé; l'auteur a pris pour modèle Matthieu Paris, et il le surpasse en exactitude. Son ouvrage fut publié pour la première fois par l'archevêque Parker, sous le titre de *Flores Historiarum per Matthæum Westmonasteriensem collecti, præcipue de rebus Britannicis, ab exordio mundi usque ad annum* 1307 ; Londres, 1567, in-fol.; 1570, in-fol. La réimpression de Francfort, 1601, in-fol., a été faite d'après l'édition de 1570 ; elle contient de plus : *Chronicon ex Chronicis, ab initio mundi ad ann. Domini* 1118 *deductum, auctore Florentio Wigorniensi* (Florence de Worcester), *cui accessit continuatio usque ad ann.* 1141. Une traduction anglaise des *Flores Historiarum*, par C. D. Yonge, forme deux vol. de l'*Antiquarian Library* de Bohn (1853). Z.

Préface de l'édition de Parker.

MATTHIEU *de Krokov*, savant cardinal allemand (1), né au château de Krokov, vers le milieu du quatorzième siècle, mort à Worms, le 5 mars 1510. Après avoir enseigné la théologie à l'université de Prague, dont il devint le chancelier, il quitta cette ville lors de la guerre des hussites, et alla professer à Paris et ensuite à Heidelberg. Nommé secrétaire et conseiller de l'empereur Robert, il fut en 1505 appelé par ce prince à l'évêché de Worms. Envoyé l'année suivante comme ambassadeur à la cour de Rome, il fut créé cardinal par le pape Grégoire XII, qui le chargea quelque temps après de visiter la Bohême en qualité de légat (2). On a de lui : *De Celebratione Missæ, sive conflictus rationis et conscientiæ de sumendo vel abstinendo corpore Christi*; Memmingen, 1494, in-4° ; — *Liber de squalore curiæ Romanæ*; Bâle, 1551, et dans le *Fasciculus rerum expetendarum* de Brown. Parmi ses ouvrages restés manuscrits conservés à la bibliothèque de Vienne, nous citerons : *Rationale divinorum operum; Dialogus de prædestinatione; De Contractibus; Sermones et Collationes; Epistolæ ad diversos.* O.

Ughelli, *Italia sacra*. — Brusch, *De Episcopis Germanicis*. — Trithemius, *Scriptores ecclesiastici*. — Cave, *Historia litteraria*. — Oudin, *Scriptores ecclesiastici*, t. III. — Lambecius, *Catalogus codicum bibliothecæ Vindobonensis*, t. II. — Pez, *Thesaurus Anecdotorum*, t. I. *Præfatio*, p. 6. — Fabricius, *Bibl. mediæ et infimæ Latinitatis.*

MATTHIEU (*Pierre*), poète et historien français, né le 10 décembre 1563, à Pesme (3), en Franche-Comté, mort le 12 octobre 1621, à Toulouse. Comme il parlait rarement de sa famille, on a prétendu qu'il était de basse extraction ; d'après Imperiali, son père était tisserand et gagnait sa vie à ce métier ; au rapport du P. Alexandre (de Lyon), il était noble et portemanteau du roi Henri IV. Quoi qu'il en soit, Pierre Matthieu reçut une fort bonne éducation ; dès l'âge de quinze ans il possédait le latin, le grec et l'hébreu ; il exerça quelque temps les fonctions de principal au collége de Vercel, gros bourg du bailliage d'Ornans, que l'on a confondu avec la ville piémontaise de Verceil. Il alla ensuite étudier le droit à Valence, y prit en 1586 le diplôme de docteur et s'établit comme avocat à Lyon. Bien qu'il eût témoigné de son attachement pour les princes de Guise, il fut du nombre des députés que les habitants de Lyon envoyèrent à Henri IV pour l'assurer de leurs sentiments de fidélité (février 1594). Ce prince ayant, l'année suivante, visité cette ville, Matthieu fut chargé de surveiller toutes les cérémonies relatives à la réception royale. Bientôt il se rendit à Paris, où la protection du président Jeannin lui fit obtenir le titre d'historiographe. Il était fort bien vu à la cour, et s'entretenait assez familièrement avec Henri IV, qui ne dédaignait pas de l'instruire des particularités de son règne ; mais il ne devint pas, comme on a l'a dit, précepteur du dauphin, et eut encore moins l'entrée au conseil privé. Matthieu, en venant à Paris, renonça tout à fait au barreau ; il donna tout son temps à la culture des lettres, et ne se mêla jamais directement d'administration ou de politique. Ayant suivi Louis XIII au siége de Montauban, il y fut attaqué de la fièvre contagieuse qui décima l'armée, et mourut à Toulouse, où il s'était fait transporter. Matthieu a laissé un grand nombre d'ouvrages, dont aucun ne lui a survécu ; il écrivait avec facilité, et Voltaire reconnaît qu'il ne faisait pas mal les vers pour le temps ; il ne manquait pas d'érudition ; il avait l'esprit droit et le cœur honnête ; mais ces qualités sont effacées par la nullité de composition, un savoir pédantesque, un style lâche, incorrect et trivial. Quelques-uns de ses ouvrages historiques sont pourtant à consulter, à cause des renseignements qu'ils renferment et qui proviennent de sources authentiques. Nous citerons de Matthieu : *Esther, tragédie en cinq actes, sans distinction des scènes et avec des chœurs*; Lyon, 1585, in-12 : pièce rendue extrêmement rare parce que l'auteur en détruisit plus tard presque tous les exemplaires ; — *Summa constitutionum summorum Pontificum et rerum in Ecclesia romana gestarum a Gregorio IX usque ad Sixtum V*; Lyon, 1588, in-4° ; espèce de bullaire accompagné d'un commentaire détaillé ; — *La Guisiade, tragédie nouvelle, en laquelle au vray et sans passion est représenté le massacre du duc de Guise*; Lyon, 1589, in-8° ; des trois éditions qui en furent faites dans la

(1) Plusieurs auteurs l'ont fait naître à Cracovie, et l'ont ainsi confondu avec un théologien du nom de Matthieu originaire de cette ville.

(2) Quelques biographes ont prétendu qu'il fut envoyé par l'empereur Robert auprès de Tamerlan, pour conclure avec ce prince une alliance contre Bajazet.

(3) Les biographes varient beaucoup sur le lieu et la date de naissance de Pierre Matthieu : ils placent l'un dans le Forez ou dans le Bugey, et l'autre vers 1542 ou 1543. Cependant Matthieu a lui-même ajouté quelquefois à son nom la qualité de franc-comtois (*Sequanus*), et il se dit originaire de Pesme dans le distique suivant :

Præstavit Petri patrios pia Pesma penates ;
Pierides prolis pignora paria parant.

même année la dernière est la plus complète; on a réimprimé *La Guisiade*, avec beaucoup de notes, dans le *Journal de Henri III* (1744); trois autres tragédies de Matthieu, *Vasti*, *Aman* et *Clytemnestre*, ont paru ensemble à Lyon, 1589, in-12; — *Stances sur l'heureuse publication de la paix et de la sainte Union*; Lyon, 1589, in-8°; — *Continuatio corporis Juris canonici*; Francfort, 1590, in-8°; — *Histoire des derniers troubles de France sous les règnes de Henri III et de Henri IV depuis les premiers mouvements de la Ligue*; Lyon, 1594, in-8°; Paris, 1597, in-8° (jusqu'au siége de La Fère, en 1591). Ce livre eut beaucoup de succès; mais les impressions postérieures aux deux premières contiennent des additions grossièrement rédigées et contre lesquelles Matthieu a protesté; — *Histoire véritable des guerres entre les deux maisons de France et d'Espagne* (depuis 1515) *jusqu'à la paix de Vervins, en* 1598; Rouen, 1599, in-8°; trad. en italien, Venise, 1625, in-4°; — *Histoire de France et des choses mémorables advenues ès provinces estrangères depuis* 1598 *jusqu'en* 1604; Paris, 1606, 2 vol. in-8°; Rouen, 1615, 1624; trad. en italien, Brescia, 1623, in-4°; — *Histoire de Louis XI et des choses mémorables advenues en Europe durant vingt-deux années de son règne*; Paris, 1610, in-fol., et 1628, in-4°; trad. en 1614 en anglais et en 1628 en italien; — *Histoire de la mort déplorable du roi Henri le Grand, ensemble un poëme, un panégyrique et une oraison funèbre dressez à sa mémoire*; Paris, 1611, in-fol., et 1612, in-8°; — *États et offices de la Maison et Couronne de France, recherchés dans les manuscrits de Saint-Denis, de Saint-Germain et de Saint-Victor*; Paris, 1616, in-8°; — *Remarques sur la vie et les services de M. de Villeroi*; Lyon, 1618, in-12; trad. en latin, en italien, en espagnol, en flamand et en anglais; — *Histoire de saint Louis*; Paris, 1618, in-8°; — *Ælius Sejanus, histoire romaine, recueillie de divers auteurs*; Rouen, 1618, 1642, in-12: cette histoire, et celle de la sénéchale de Naples qui y est jointe, n'est qu'une allusion continuelle au maréchal d'Ancre et à sa femme; — *Alliances de France et de Savoie*; Paris, 1623, in-4°; — *Tablettes de la Vie et de la Mort*; Paris, 1629, in-12 (édit. la plus complète). Ce recueil, composé de 274 quatrains moraux et divisé en trois centuries, qui ont paru séparément, a tiré son nom de la forme oblongue sous laquelle on l'imprima d'abord et qui le faisait en effet ressembler à des *tablettes*; il a pendant longtemps servi à la première instruction de l'enfance. Le souvenir en était encore assez vif du temps de Molière pour que le grand poëte l'ait cité, dans *Sganarelle*. *Les Quatrains de la Vanité du monde*, tel en est le véritable titre, ont été traduits dans la plupart des langues modernes, et souvent réimprimés à part ou avec ceux de Pibrac et du président Favre; l'édition la plus récente a été donnée par J.-A Rosny: *La Vie et la Mort, poésie du seizième siècle, augmentée de notes et commentaires*; Paris, 1806, in-8°; — *Histoire de France* (de François Ier à Louis XIII); Paris, 1631, 2 vol. in-fol., publiée par un fils de l'auteur. Le règne d'Henri IV et celui de Louis XIII jusqu'en 1621 occupent le t. II tout entier. C'est le travail le plus sérieux et le plus considérable de Pierre Matthieu. Henri IV l'avait chargé spécialement d'écrire son histoire, en lui recommandant de parler avec une entière franchise et de n'user envers lui d'aucune complaisance. De son mariage avec Louise de La Crochère, qui appartenait à une noble maison de Florence, Matthieu eut deux fils et une fille; celle-ci prit l'habit de religieuse dans le tiers ordre de Saint-François, et mourut d'une façon édifiante.

P. L—y.

Jean Imperiali, *Museum Historicum*. — Le P. Alexandre de Lyon, *Vie de la vénérable mère Matthieu*, 1691, in-8°. — Pernetti, *Lyonnais dignes de mémoire*, I, 438. — Parfait, *Hist. du Théâtre françois*. — Le Long, *Biblioth. Hist.* — Sorel, *Biblioth. française*. — Moréri, *Grand Dict. Hist.* — Nicéron, *Mémoires*, XXVI. — Poirson, *Hist. du Règne de Henri IV*, II, 2e part., p. 583. — Brunet, *Manuel du Libraire*, III.

MATTHIEU CANTACUZÈNE. *Voy.* CANTACUZÈNE.

MATTHIEU DE BOURBON. *Voy.* BOURBON.

MATTHIEU. *Voy.* MATHIEU.

MATTHISSON (*Frédéric*), célèbre poëte allemand, né le 23 janvier 1761, à Hohendadeleben, près de Magdebourg, mort à Wörlitz, près de Dessau, le 12 mars 1831. Son grand-père, fils d'un négociant de Stockholm, était pasteur dans les environs de Magdebourg; son père, Jean-Frédéric Matthisson, avait aussi embrassé la carrière ecclésiastique et avait suivi, en qualité d'aumônier, l'armée prussienne pendant presque toute la guerre de Sept Ans. Il avait au plus haut degré le talent d'improviser en vers, et l'on cita longtemps un sermon rimé qu'il débita, sans s'y être du tout préparé, la veille d'une bataille. Il mourut un mois avant la naissance de son fils, notre Frédéric Matthisson. Celui-ci, élevé par un de ses oncles et ensuite par son grand-père, entra à l'âge de quatorze ans dans le collége de Kloster-Berge à Magdebourg; le goût pour la poésie qu'avait fait naître en lui une de ses tantes, femme des plus distinguées, l'amena à étudier à fond le français, l'anglais et l'italien, pour pouvoir lire les poëtes qui avaient écrit dans ces langues. Encouragé par Köpke, il composa lui-même à cette époque plusieurs pièces de poésie, dont une seule (*Die Betende*) a été placée par lui dans le recueil de ses œuvres. En 1778, il commença à Halle l'étude de la théologie, qu'il abandonna bientôt, la faiblesse de sa poitrine ne lui permettant pas de se livrer à la prédication; il s'appliqua alors à compléter ses connaissances en philologie, en histoire et en philosophie. Nommé, en 1781, professeur à l'institut philanthropique fondé à Dessau par Basedow, il alla trois ans après diriger à Altona l'éducation des jeunes comtes de Sievers, tandis que lui-même cherchait à éclaircir et à enrichir ses idées par un commerce suivi avec le comte de Manteuffel, l'oncle de ses élèves, avec Klopstock, Claudius, le médecin Heusler et autres hommes distingués. Après avoir avec ses élèves habité Heidelberg et ensuite Mannheim, il se rendit, en 1787, pour rétablir sa santé, auprès de son ami Bonstetten, qui venait d'être nommé bailli de Nyon près de Genève. Il y vécut pendant deux ans en relation avec Bonnet, Saussure, Sennebier, Chandler, Gibbon et d'autres hommes du plus grand mérite, qui habitaient alors les bords du lac Léman. En 1789, il accepta une place de précepteur dans la maison du riche banquier Scherer à Lyon. De retour en Allemagne en 1794, il fut nommé l'année suivante lecteur de la princesse d'Anhalt-Dessau, à la suite de laquelle il visita entre autres l'Italie et le Tyrol. En 1812 le roi de Wurtemberg l'appela à Stuttgard comme bibliothécaire en chef et comme membre de l'intendance du théâtre de la cour; après avoir de nouveau parcouru l'Italie en 1819, il se retira, cinq ans après, à Wörlitz, près de Dessau.

Sur ses poésies, dont un grand nombre jouissent en Allemagne d'une juste popularité, nous citerons le jugement suivant prononcé par Schiller : « Matthisson sait peindre avec beaucoup de bonheur les sentiments humains directement, et indirectement en décrivant les scènes de la nature. A l'avance on peut s'attendre à ce qu'un poëte qui parvient à nous intéresser si vivement au monde inanimé doit réussir dans le domaine de l'âme. De même l'on peut prévoir le genre de sentiments qui doit être préféré par une muse si adonnée aux beautés de la nature. Ce n'est ni dans le tumulte du grand monde ni dans des relations artificielles, mais dans la solitude, dans son propre sein, dans les situations simples de l'état primitif de l'homme que notre poëte va chercher le cœur humain. L'amitié, l'amour, la religion, les souvenirs de l'enfance, la vie heureuse des champs et autres sujets semblables forment le fond de ses poésies. Le caractère de sa muse est une mélancolie douce, et cette espèce d'enthousiasme rêveur à laquelle la solitude et la contemplation disposent l'homme sensible. Un commerce intime avec la nature et avec les modèles classiques a nourri son esprit, épuré son goût, sauvegardé la grâce de ses mœurs; ses productions sont animées d'une humanité éclairée et sereine; les belles images de la nature se reproduisent dans son esprit lucide et tranquille comme sur la surface de l'eau. » On a de Matthisson : *Lieder* (Chants); Breslau, 1781; Dessau, 1783, in-8°; — *Gedichte* (Poésies); Mannheim, 1787, in-8°; édition suivie de plus de quinze autres; — *Erinnerungen* (Souvenirs); Zurich, 1810-1816, 5 vol.; ces mémoires contiennent des détails intéressants sur beaucoup de personnages marquants du siècle dernier; — *Schriften* (Œuvres); Zurich, 1825-1829, 8 vol., in-16; — *Literarischer Nachlass* (Œuvres posthumes); Berlin, 1832, 4 vol., in-12. O.

Jördens, *Lexikon deutscher Dichter und Prosaiker*, t. III et VI. — *Zeitgenossen*, n° 4 (autobiographie). — Döring, *Matthisons Leben*; Zurich, 1833, in-12.

MATTHYS (*Guérard*), helléniste et philosophe hollandais, né dans le duché de Gueldre, en 1523, mort à Cologne, le 11 avril 1574. Il fit ses études au collége Montanum à Cologne, où il devint professeur de grec en 1545. En 1552 il fut élu doyen de la faculté des arts de l'université de cette ville, et le 12 novembre 1557 il devint régent du collége Montanum, fonction qu'il remplit jusqu'à sa mort. Du 20 décembre 1562 au 24 mars 1564, il avait été recteur de l'université de Cologne, et possédait une prébende *de la seconde grâce* à la cathédrale. En expirant Matthys prononça ce distique, qui lui servit d'épitaphe :

Quod satis est, vixi; jam quina decennia natum
Mors rapit. Heu! Nullus sum, nisi, Christe, juves.

On a de lui : *Porphyrii Phœnicis Isagoge, seu quinque vocum Institutiones*, etc.; Cologne, 1550, in-12 : l'auteur soutient dans son ouvrage que la dialectique est à la fois une partie de la philosophie et un instrument qu'elle met en œuvre; — *Aristotelis Stagiritæ Categoriæ*, etc.; Cologne, 1551, in-12; — *D. Thomæ Aquinatis* de Natura et Essentia Rerum *Libellus*, etc.; Cologne, 1551, in-12; — *Aristotelis priorum Analyticorum (quibus tota* ratiocinandi Doctrina *continetur) Libri duo;* Cologne, 1553, in-12; — *Aristotelis* De Rerum Principiis *Liber primus, in certam methodum redactus, et per Erotemata explicatus*, etc.; *adjecta sunt* Προλεγόμενα, *quorum explicatio ad universam naturalis scientiæ intelligentiam non parum adjumenti studiosis afferet;* Cologne, 1556, in-12; — *Aristotelis* Topicorum *Libri octo*, etc.; Cologne, 1561, in-12; — *Aristoteleæ* Logicæ *Liber*, auquel l'auteur a réuni la plupart des traités précédents; Cologne, 1559-1566, 2 vol. in-4°. Dans les ouvrages de Matthys on ne rencontre pas les subtilités si communes aux commentateurs d'Aristote; l'auteur s'est contenté de rendre fidèlement la pensée du philosophe grec; il la réduit en méthode et en explique l'usage; d'ailleurs, son style est pur et dégagé des formes prétentieuses ou barbares des écolâtres ordinaires; — *In* Epistolam *B. Pauli* ad Romanos *Commentaria*; Cologne, 1562; — *Epitome librorum Aristotelis* De Cœlo; Cologne, 1568, in-12; — *Epitome* Logicæ Aristoteleæ *græco-latina;* Cologne, 1569, in-12; — *Epitome librorum Aristotelis* De Rerum Principiis; Cologne, 1570, in-12; — *Pythagoræ et Phocylidis Carmina aurea* : on a reconnu depuis que ces poésies morales ne sont ni de Pythagore ni de Phocylide; — *Conciones* et *Orationes de Adventu*, etc. L—z—e.

Valère André, *Bibliotheca Belgica*. — Le P. Joseph Hartzheim, *Bibliotheca Colomensis*, p. 98. — Cornelius Callidius, f° post. F 8. — Paquot, *Memoires pour servir a l'hist. des Pays-Bas*, t. VIII, p. 302-309.

MATTI (*Emmanuel*), poëte latin moderne, né en 1663, a Oropesa (Nouvelle-Castille), mort le 18 décembre 1737, à Alicante. Ses premiers essais poétiques parurent en 1682, en 1 vol. in-4°. Ce début encouragea le jeune poëte; mais il lui attira en même temps, malgré son caractère d'ecclésiastique, l'amour passionné d'une dame de grande beauté et de haut parage. Afin de se soustraire à la tentation, Matti se rendit à Rome, où il fut reçu membre de l'Académie des Arcades, et le pape Innocent XII le nomma doyen d'Alicante. Ses *Lettres* et ses *Poésies latines* (Madrid, 1735, 2 vol. in-12) témoignent d'une certaine facilité de style, jointe à une imagination féconde. P.

Sax, *Onomasticon*.

MATTIOLI (*Pietro-Andrea*), célèbre botaniste italien, né le 23 mars 1500, à Sienne, mort en 1577, à Trente. Il a été plus connu en France sous le nom corrompu de *Matthiole*. Fils d'un médecin, il passa sa jeunesse à Venise, où il se perfectionna dans les langues grecque et latine, et fut envoyé à l'université de Padoue, avec ordre d'y étudier le droit; mais la jurisprudence n'ayant aucun attrait pour lui, il se tourna vers la médecine. Aussitôt qu'il eut été reçu docteur, il revint à Sienne, et y pratiqua l'art de guérir avec un tel succès qu'il fut bientôt à l'aise du côté de la fortune. Renonçant dès lors à voir les malades, il se renferma dans les travaux de cabinet et ne consentit que bien malgré lui à rentrer dans le monde. Après un séjour de quelques années à Rome, il se vit contraint, en 1527, par suite des malheurs de la guerre, de chercher un asile dans le val Anania, près de Trente, où il demeura jusqu'en 1540. A cette époque, il alla s'établir à Göritz, où il vivait depuis douze ans, entouré de l'estime et de l'affection des habitants, lorsque le roi Ferdinand (depuis empereur) le fit venir à la cour de Prague. Nommé conseiller aulique, il obtint bientôt la charge de premier médecin de l'empereur Maximilien II, charge qu'il résigna vers 1562 pour se retirer à Trente, où il épousa en secondes noces une jeune fille, qui lui donna plusieurs enfants. Il mourut de la peste, à soixante-dix-sept ans. Mattioli jouit d'une grande réputation comme botaniste : ses rapports fréquents avec l'ambassadeur Ghislain de Busbecq, Ghini, Cortusi, Aldrovandi et Gesner lui permirent de décrire un grand nombre de plantes nouvelles d'animaux et de substances minérales. Ce qui l'a surtout fait connaître, c'est le travail auquel il s'est livré sur Dioscoride, et qui fut pendant longtemps consulté comme le meilleur traité de matière médicale. « On est choqué pourtant, dit Jourdan, du défaut absolu de méthode qui y règne, de la crédulité puérile dont l'auteur fait preuve à chaque instant, lorsqu'il expose les propriétés médicales des plantes, et du ton grossier qu'il prend en parlant de ceux dont il croyait avoir a se plaindre. » Pour rétablir le texte altéré de l'auteur grec, « il recourut, comme Anguillara, aux manuscrits, et tira principalement un grand secours de celui que Busbecq avait rapporté de Constantinople. Du reste, il adopta la version de Ruelle, parce que les médecins la regardaient généralement comme la meilleure, et se contenta d'y faire quelques corrections utiles, disposant à part les nombreuses additions dont ses propres recherches et sa correspondance étendue lui permettaient de l'enrichir. » Plumier a donné le nom de *Matthiola* à un genre de la famille des rubiacées. On a de Mattioli : *De Morbo Gallico*, Venise, 1535, in-8°; réimpr. dans le recueil de Luvigini. Il assure que la maladie est nouvelle, qu'elle diffère totalement de l'éléphantiasis, et que le mercure à l'intérieur est un des bons moyens de la guérir; — *Il magno Palazzo del cardinale di Trento*; Venise, 1539, in-4°; petit poëme en l'honneur du cardinal Clesio, prince-évêque de Trente; — *Il Dioscoride con gli suoi discorsi; aggiuntovi il sesto libro degli antidoti contra tutti i veleni*; Venise, 1544, in-fol.; édition originale de ce commentaire, écrit en langue italienne parce que la plupart des apothicaires, auxquels il était principalement destiné, n'entendaient pas alors le latin; Mattioli le publia lui-même dans ce dernier idiome : *Commentarii in VI libros Pedacii Dioscoridis de medica Materia*; Venise, 1554, in-fol.; la réimpression la plus estimée est celle de Venise, 1565, in-fol., véritable chef-d'œuvre de Valgrisi, accompagné des priviléges de Pie IV, de Ferdinand Ier, de Charles IX et de Cosme de Médicis. On y compte près de mille figures; quoique gravées sur bois, la finesse s'y trouve réunie à la correction du dessin, et il est difficile d'imaginer, aux détails botaniques près, qu'on puisse mieux faire. Gaspard Bauhin donna de cet ouvrage une édition nouvelle, avec des additions qui la rendent précieuse; Bâle, 1598, in-fol., avec 1,400 fig. environ. La vogue singulière dont il a joui l'a fait réimprimer pendant plus d'un siècle, et il a été traduit en plusieurs langues, notamment en bohême; les deux versions françaises sont d'Antoine du Pinet (Lyon, 1561, in-fol.) et de J. des Moulins (Lyon, 1572, in-fol.); — *Apologia adversus Amatum Lusitanum*; Venise, 1558, in-8°; — *Epistolarum medicinalium lib. V*; Prague, 1561, in-fol.; Lyon, 1564, in-8°; recueil qui renferme un grand nombre de descriptions et d'observations nouvelles; — *Disputatio adversus XX problemata Gullandini*; Venise, 1561, in-8°; — *De Simplicium medicamentorum Facultatibus secundum locos in genere*; Venise, 1569, in 12; Lyon, 1576, in-16; — *Compendium de Plantis omnibus*; Venise, 1571, 1586, in-4°; l'édition

de J. Camerarius, Francfort, 1586, in-4°, avec 921 fig., est la plus estimée. Mattioli a aussi publié une version italienne, la première que l'on connaisse, de la géographie de Ptolémée; Venise, 1548, in-4°, fig. Ses principaux écrits ont été réunis à Bâle (*Opera omnia*, 1598, in-fol.), et ont reparu à Venise, en 1712 et en 1744, in-fol.

On ne doit pas confondre ce savant botaniste avec un médecin de Pérouse, généralement appelé *Mattioli de Matthiolis*, mort en 1480, et qui a laissé : *Ars Memorativa;* Strasbourg, 1498, in-4°, et *Regimen contra Pestem;* Venise, 1535, in-8°. P.

Vita di P.-A. Mattioli, raccolta dalle sue opere, dans les *Memorie istoriche della Toscana*, II, 169-222. — Éloy, *Dict. hist. de la Médecine*. — Van der Linden, *De Script. Med.* — Haller, *Biblioth. Botanica*. — *Biogr. Méd.* — Cuvier, *Hist. des Sciences naturelles*, II.

MATTIOLI (*Luigi*), graveur et peintre de l'école bolonaise, né à Crevalcore, en 1662, mort à Bologne, en 1747. Il étudia la figure sous Carlo Cignani; mais son plus grand plaisir était de dessiner d'après nature dans la campagne; aussi ses paysages sont-ils supérieurs à ses compositions historiques, dans lesquelles encore il trouvait le moyen d'en introduire le plus souvent. Son principal ouvrage est un grand paysage peint à l'huile sur mur dans l'escalier de l'oratoire de Saint-Bartolommeo-di-Reno à Bologne. Le musée de Nantes possède de lui un petit médaillon offrant un paysage avec un pont et un obélisque en ruines. Mattioli a gravé à l'eau-forte des pièces fort estimées, qui accusent une pointe soigneuse et facile à la fois. E. B—n.

Gualandi, *Tre Giorni in Bologna*.

MATTIUS (*Cneius*), poëte latin, vivait dans le premier siècle avant J.-C. Il vécut dans la familiarité de Jules César, grand protecteur des poëtes mimiambiques. On ignore s'il est le même que Caïus Mattius, partisan de César et dont on a une lettre à Cicéron écrite après la mort du dictateur. Il écrivit des mimiambes dans le mètre scazon d'Hipponax, et traduisit en vers l'*Iliade* d'Homère. Il reste de lui une vingtaine de vers, qui offrent de la délicatesse, de l'élégance, mais de la recherche et une certaine affectation dans l'emploi des termes vieillis. Ces fragments ont été recueillis par Bothe, *Fragmenta Poetarum Scenicorum latinorum*, t. II, p. 265. Y.

Aulu-Gelle, XV, 25; XX, 9. — Macrobe, I, 4. — Vossius, *De Poetis latinis*, c. 2. — Baries, *Introd. in notitiam Litteraturæ Romanæ*, t. II, p. 228.

MATTIUZZI (*Antonio*). *Voy.* Colalto.

MATTUSCHKA (*Henri-Godefroi*, comte de), ingénieur et botaniste allemand, né à Janer, en Silésie, le 22 février 1734, mort le 19 novembre 1779. Entré dans la magistrature, il fut nommé en 1756 conseiller supérieur au bailliage de Breslau. Destitué lors de l'occupation de la Silésie par suite des événements de la guerre de Sept Ans, il se retira à la campagne, où il s'occupa d'algèbre, d'astronomie et plus tard de botanique. En 1772 il fut chargé de représenter la Silésie moyenne aux états de la province. On a de lui : *Traité de l'Art Militaire dans la fortification, l'attaque et la défense des places;* Breslau, 1750, in-8°; — *Beobachtungen welche dienen können einen fur die Landwirthe sehr nützlichen Natur-Kalender zu verfassen* (Observations pouvant servir de base à un calendrier naturel très-utile pour les agronomes); Sagan, 1773, in-4°; — *Flora Silesiaca;* Breslau, 1776-1779, 3 vol. in-8°. Krocker en donna une *Table des Matières;* Breslau, 1789, in-8°. O.

Streit, *Verzeichniss der 1774 in Schlesien lebenden Schriftsteller*. — Hirsching, *Histor. liter. Handbuch*. — Meusel, *Lexikon*.

MATURIN (*Charles-Robert*), célèbre poëte et romancier anglais, né en 1782, à Dublin, où il est mort, le 30 octobre 1824. Il descendait d'une famille de protestants français, qui s'était expatriée à la suite de la révocation de l'édit de Nantes. Il reçut une bonne éducation au collége de La Trinité, et s'y fit remarquer par une conception rapide autant que par un penchant naturel à la mélancolie. En quittant les bancs de l'école, il épousa une jeune fille, Henriette Kingsburg, pour laquelle il éprouvait depuis longtemps une secrète affection; presque en même temps il entra dans les ordres, et fut attaché en qualité de desservant à la paroisse de Saint-Patrick. Au bout de quelques années, par suite d'une fausse accusation de malversation qui fit perdre à son père un emploi lucratif qu'il occupait depuis quarante-sept ans, Maturin tomba dans un état de gène d'autant plus pénible que les modiques émoluments de son vicariat ne suffisaient pas à la subsistance de sa famille. Il ouvrit alors une école, prit des pensionnaires, et cette nouvelle industrie ne démentit pas ses espérances; mais ayant eu l'imprudence de répondre pour un ami qui le laissa dans l'embarras, il vendit l'école pour acquitter une partie de la dette, et chercha dans sa plume de nouvelles ressources pécunaires. Ce fut alors qu'il écrivit, sans trop de gloire ni de profit, ces romans inspirés par le sombre génie d'Anne Radcliffe, *La Famille Montorio*, *Le Jeune Irlandais* et *Les Milésiens;* malgré les éloges indulgents que Walter Scott avait accordés au jeune auteur, dans la *Revue d'Édimbourg*, ce dernier, plus sévère pour lui-même, jugeait ainsi ses premières productions : « Aucun de mes précédents ouvrages n'a été populaire, et la meilleure preuve c'est qu'aucun d'eux n'est parvenu à une seconde édition. Je ne suis nullement surpris de leur obscure destinée; car, outre l'absence d'intérêt, ils me semblent manquer de vraisemblance et de réalité; les caractères, les situations et le langage n'appartiennent qu'à l'imagination. J'ignorais alors le monde et ne pouvais le peindre. » Si Maturin s'était fait auteur, ce n'était pas uniquement par nécessité; ses goûts le portaient vers cette carrière, ses lectures l'y avaient préparé. Il était né poète, et, dans les rares moments de loisir que lui laissait la surveillance de ses élèves, il avait composé une tragédie, *Bertram*, où il avait prodigué les trésors de son imagination romanesque. Quoique déjà connu par ses romans, il ne réussit pas à faire jouer sa pièce à Dublin (1814). Il la soumit alors au jugement de Walter Scott, qui le recommanda à lord Byron, l'un des membres du comité de Drury-Lane. Grâce à cet illustre patronage, *Bertram*, refusé à Dublin, fut reçu à Londres, et excita un enthousiasme universel, dont une part revint au fameux Edmund Kean, chargé du principal rôle (mai 1816). A ce drame, qui contenait des beautés de premier ordre, succédèrent *Manuel* et *Fredolfo*; l'un et l'autre furent froidement reçus, et ils méritaient de l'être; dès lors le poëte, se conformant à l'avis de la critique, renonça pour toujours au théâtre. Cependant quelques-unes des situations de *Bertram* avaient attiré à Maturin les censures de l'Église anglicane; il devint pour les dévots un objet de scandale, et dut se résigner à perdre toute occasion d'avancement dans la carrière ecclésiastique. Mais, ne rougissant pas de sa pauvreté et convaincu que le travail vaut mieux que l'adulation et le mensonge, il confessa naïvement « qu'il ajoutait ses poëmes à ses prières, parce qu'il n'avait pas d'autre moyen de faire face aux difficultés de la vie ». Loin de perdre courage, il se remit à publier des romans. Dans la dernière année de sa courte existence, il attira un grand concours de fidèles à Saint-Patrick, une des églises de Dublin, où il prêcha contre les erreurs de la communion romaine, et il ajouta en mourant le renom d'orateur sacré à la gloire du poëte. Le désordre romanesque qui règne en apparence dans les ouvrages de Maturin lui a fait donner par une femme d'esprit le surnom d'*Arioste du crime*; un critique l'a aussi légèrement appelé le *Dante des romanciers*. « Maturin, dit Gustave Planche, à qui le temps et la fortune ont manqué pour révéler complétement les mystères de son genie, ne ressemble ni à Dante ni à l'Arioste. *Bertram* et *Melmoth* résument toute sa pensée. Le style de *Bertram* n'a peut-être pas toujours le naturel et la simplicité qui conviennent au théâtre; mais ce défaut est amplement racheté par l'éclat et l'élévation des images, par les lueurs éblouissantes dont le poëte éclaire presque à chaque instant les replis les plus mystérieux de la conscience humaine. Le caractère le plus saillant de *Melmoth*, c'est la poésie élevée à l'effroi le plus poignant. » Maturin sacrifiait volontiers à son goût pour les horreurs surnaturelles; mais ce goût était chez lui un instinct de génie, et l'on peut dire de lui, selon l'expression de W. Scott, qu'il n'est jamais si grand que lorsqu'il touche de plus près à l'extravagance. On a de Maturin : *Fatal Revenge, or the family of Montorio, a romance*; Londres, 1807, 3 vol. in-8°; trad. en français par J. Cohen : *La Famille de Montorio*; Paris, 1822, 5 vol. in-12; — *The wild Irish Boy*; ibid., 1808, 3 vol. in-8° ; trad. par la comtesse de *** (Molé) : *Le jeune Irlandais*; Paris, 1828, 4 vol. in-12; — *The Milesian chief*; ibid., 1811, 3 vol. in-8°; trad. par Mme Molé : *Connal, ou les Milésiens*; Paris, 1828, 4 vol. in-12; ce roman, ainsi que les deux précédents, fut signé par l'auteur du pseudonyme de *Dennis-Jasper Murphy*, qu'il abandonna depuis; — *Bertram, or the Castle of Saint-Aldobrand*, tragédie en cinq actes; ibid., 1816, in-8°; trad. par MM. Taylor et Ch. Nodier, Paris, 1821, in-8°; — *Manuel*, tragédie; ibid., 1817, in-8°; — *Eva, or love and religion*; ibid., 1817, 3 vol. in-8°; trad. en 1818 (*Eva*, 4 vol. in-12); — *Women, or pour et contre*; ibid., 1818, 3 vol. in-8°; trad. en 1820 : *Les Femmes, ou rien de trop*, 3 vol. in-12; — *Fredolpho*, tragédie; ibid., 1819, in-8°; — *Melmoth the Wanderer*; ibid., 1820, 4 vol. in-8°; trad. par J. Cohen : *Melmoth, ou l'homme errant*; Paris, 1821, 6 vol., in-12; — *The Universe, a poem*; Dublin, 1821, in-8°; — *The Albigenses*; Londres, 1824, 4 vol.; trad. en 1825, 4 vol. in-12, avec une notice biographique; — *Controversial Sermons*; Dublin, 1824, in-8°. A part les deux romans traduits par Mme Molé, les autres versions françaises sont incomplètes et infidèles. P. L—y.

Gentleman's Magazine. — W. Scott, deux articles dans l'*Edinburgh Review*, 1807 et 1818. — G. Planche, dans la *Revue des Deux Mondes*, oct. 1833. — Rose, *New Biograph. Dict.*

MATURINO DE FLORENCE, peintre de l'école florentine, mort à Rome, vers 1528. Fils d'un peintre médiocre, qui fut le maître de Baldassare Peruzzi, il devint élève de Raphael, et c'est dans l'atelier de ce grand maître qu'il se lia avec Polydore de Caravage dont il devint l'ami et le compagnon inséparable. Désespérant d'égaler par la couleur son condisciple, Maturino ne peignit qu'en camaïeux, et il poussa ce genre jusqu'aux dernières limites de la perfection. On ne saurait assez regretter la perte des fresques en clair-obscur dont les deux amis avaient enrichi les façades du palais et des églises de Rome : le temps et la barbarie les ont presque entièrement effacées; mais avant leur ruine, beaucoup heureusement avaient été gravées par Cherubino Alberti, Santi-Bartoli, G.-B. Cavalieri, G.-B. Gallestruzzi, Laurenziani, Stefano della Bella, Goltzius et Hans Saenradam. On trouve dans ces compositions, ces vases, ces arabesques un dessin toujours irréprochable et un goût exquis joint à une grande richesse d'imagination. Les travaux des deux artistes furent interrompus en 1527 par le sac de Rome par les bandes du connétable de Bourbon; ils s'enfuirent; mais bientôt Maturino revint à Rome, où il mourut de la peste et fut enterré dans l'église de S.-Eustachio. Le musée du Louvre possède cinq dessins de Maturino, *L'Enlèvement des*

Sabines, un *Combat de cavalerie*, un *Assaut*, *Le Tibre* et *Le Sanglier de Calydon*.
E. B—N.

Vasari, *Vite*. — Lanzi, *Storia della Pittorica*. — Ticozzi, *Dizionario*. — Winckelmann, *Neues Mahlerlexikon*.

MATY (*Paul*), théologien français, né en 1681, à Beaufort, en Provence. Fils d'un ministre protestant, il suivit son père en Hollande, et se fit connaître par une *Lettre sur le mystère de la Trinité* (1729), qui donna lieu à une vive polémique; il affirmait que le Père est le seul Être infini et absolu, mais que le Fils ayant en lui une triple nature divine, angélique et humaine, est aussi Dieu à cause de l'union mystérieuse de la divinité avec sa nature angélique, plus parfaite que l'âme humaine. D'abord condamné par le synode de Campen, il fut cité devant celui de La Haye, et, comme il refusa de comparaître, declaré hérétique, excommunié et déposé (1730). Voyant sa carrière perdue, il étudia la médecine, et passa en Angleterre, où il mourut. On a encore de lui : *Doctrine de la Trinité éclaircie*; 1730, 2 vol. in-12, et 1730-1731, 2 vol. in-8°.

MATY (*Charles*), son frère aîné, vécut en Hollande, et publia un *Dictionnaire géographique universel*; Amsterdam, 1701, 1723, in-4°; ce recueil, tiré de celui de Baudrand et d'autres géographes, a été longtemps recherché.
P. L—Y.

Bruys, *Mémoires*, I, 171 et suiv. — Jordan, *Voy. litt.*, 180.

MATY (*Matthieu*), savant médecin anglais, né en 1718, à Montfort, près d'Utrecht, mort en 1776. Il fit ses etudes à l'université de Leyde, où il fut reçu docteur en médecine et en philosophie, et devint l'un des rédacteurs de la *Bibliothèque britannique*. En 1740 il accompagna son père en Angleterre. Afin d'acquérir quelque réputation, il fonda, au mois de janvier 1750, une revue périodique des productions de la littérature anglaise, intitulée *Journal britannique*, écrite en français et imprimée à La Haye. « Cet humble, quoique utile travail, dit Gibbon, illustré par le génie de Bayle et l'érudition de Le Clerc, ne fut pas moins rehaussé par le goût, les connaissances et le jugement de Maty, qui, par son style élégant et sa critique fine et delicate, peut être compté parmi les lettrés de l'école de Fontenelle. » Admis en 1758 à la Société royale de Londres, il y remplaça Birch, en 1765, dans le poste de secrétaire perpétuel. Selon Éloy, il fut aussi membre de l'Académie de Berlin. Dès 1753, lors de la création du *British Museum*, il était entré comme sous-bibliothecaire dans cet établissement, où en 1772 il succéda au docteur Knight, qui était bibliothécaire en chef. Il mourut d'une maladie de langueur, et son corps présenta, à l'autopsie, des particularités assez remarquables pour mériter que le célèbre Hunter les décrivît dans les *Philosoph. Transactions* (t. LXVII). Maty, qui joignait un caractère aimable a une érudition variée, entretenait une active correspondance avec beaucoup de savants, La Condamine entre autres, et personne n'apporta plus de zèle que lui à propager la découverte de l'inoculation. Ses principaux écrits sont : *De Usu*; Leyde, 1740, in-4°; traduite en français, Utrecht, 1741, in-12; — *Essai sur le Caractère du grand Médecin, ou éloge critique de Boerhaave*; Cologne, 1747, in-8°; — *Journal britannique* (janvier 1750 à décembre 1755); La Haye, 18 vol. in-12. Joncourt en publia une continuation sous le titre de *Nouvelle Bibliothèque anglaise*; — *Authentic Memoirs of the Life of Richard Mead*; Londres, 1755, in-12; — *Memoirs of lord Chesterfield*, placés en tête des *Miscellaneous Works* de ce seigneur; Londres, 1777, 2 vol. in-4°, et complétés par le docteur Justamond, son gendre. On a encore de lui des mémoires dans les *Philosophical Transactions*, la *Bibliothèque raisonnée* et le *Journal encyclopédique*; il a traduit quelques ouvrages français en anglais et a mis une introduction au premier ouvrage de Gibbon, *Essai sur l'Étude de la Littérature*, 1761, in-8°. Enfin Prosper Marchand lui a attribué, dans son *Dictionnaire*, des poesies licencieuses et des commentaires obscènes sur Rabelais. P. L—Y.

Nichols et Bowyer, *Literary Anecdotes*. — Éloy, *Dict. de la Médecine*. — Gibbon, *Memoirs*, I, 87, in-4°. — Prosper Marchand, *Dictionn.* (art. David MARTIN). — Chalmers, *General Biograph. Dictionary*.

MATY (*Paul-Henry*), littérateur anglais, fils du précédent, né en 1745, à Londres, où il est mort, le 16 janvier 1787. Après avoir pris ses grades à Cambridge, il passa trois années sur le continent, devint en 1774 chapelain de l'ambassade anglaise de France, et renonça en 1776 aux fonctions pastorales à cause des doutes que lui inspiraient les doctrines de l'Église anglicane sur la Trinité, le péché originel et la prédestination. Vers cette époque il entra au *British Museum*, où il eut plus tard l'emploi de sous-bibliothécaire. En 1778 il fut élu secrétaire de la Société royale de Londres, et se retira en 1784, à la suite de la réinstallation de Hutton, qu'il avait ardemment combattue. Pour combler cette lacune dans son revenu, il entreprit de donner des leçons particulières de littérature grecque, latine, française et italienne. Il mourut jeune encore, d'un asthme, dont il souffrait depuis longtemps. On a de lui : la traduction française des *Gemmæ Marlburienses*; Londres, 1780, t. I, in-fol. : celle du second volume est de Louis Dutens; — *Review*; Londres, janvier 1782 à septembre 1786, 57 n^{os}, in-12; ce recueil, destiné à faire connaître aux Anglais les productions littéraires de l'étranger, avait pour épigraphe ces mots : *Sequitur patrem non passibus æquis*; — *General index to the Philosophical Transactions* (t. I-LXX); Londres, 1787, in-4°; — *Travels through Germany*; ibid., 1787, 3 vol. in-8°, traduits de l'allemand de Riesbeck; — *Sermons*; ibid., 1788, in-8°. P. L—Y.

Gentleman's Magazine, LVII.

MAUBERT DE GOUVEST (*Jean-Henri*), littérateur français, né le 20 novembre 1721, à Rouen, mort le 21 ou le 26 novembre 1767, à Altona. Pris d'un accès de ferveur religieuse, il entra à dix-neuf ans dans l'ordre des Capucins (1740); cet acte irréfléchi, dont il se repentit trop tard, le jeta dans une suite d'aventures qui firent de sa vie une sorte de roman. Ne pouvant obtenir d'être relevé de vœux indissolubles, il s'en affranchit par la fuite (1745), et se réfugia en Hollande, muni de lettres de recommandation du duc de Bouteville pour le ministre de France. L'accueil qu'il y reçut ne le satisfit point; il traversa l'Allemagne, et se mit, comme volontaire, au service du roi de Pologne électeur de Saxe. Le 15 décembre 1745, dans le sanglant combat livré aux Prussiens à Kesselsdorf, il donna au comte Rutowski un avis important, qui lui valut le grade d'officier d'artillerie; la paix ayant été signée quelques jours après, il accepta l'emploi de précepteur du fils de son général. Maubert, qui avait de la hardiesse dans les vues et un certain esprit naturel, ne tarda pas à s'ouvrir un accès favorable chez M. de Brühl, le premier ministre; on l'appelait dans les bureaux, on le chargeait de résoudre des questions délicates. Mais la politique sur laquelle il raisonnait avec beaucoup de sagacité le servit mal dans ses propres affaires : il fut arrêté et conduit à la forteresse de Kœnigstein. La liberté de ses discours avait-elle déplu au roi ? ou avait-il comploté le renversement de son protecteur ? On ne l'a jamais su, et lui-même ne s'expliquait là-dessus qu'avec une extrême réserve. Ayant recouvré la liberté par l'intervention du nonce (20 mars 1752), il la perdit une seconde fois, et fut obligé de reprendre l'habit de capucin, sous lequel il se rendit à Rome. Là on le garda quelques mois sous une surveillance sévère, et on ne consentit à le laisser partir pour la France qu'après l'avoir fait renoncer au bref qu'il avait obtenu pour passer dans l'ordre de Cluni. Arrivé à Mâcon, Maubert jeta de nouveau le froc aux orties, et s'enfuit à Genève, puis à Lausanne (1753). Sans autres ressources que celles de son esprit, il pensa à devenir auteur : il écrivait les premières pages d'un roman lorsque l'idée d'illustrer un *Testament politique* du nom d'Alberoni vint le tirer à la fois de l'obscurité et de la misère. Afin d'avoir un état civil, il se convertit à la communion réformée, acquit le titre d'avocat, et se fit recevoir bourgeois d'Allamans. Son coup d'essai le plaça tout d'abord au premier rang des écrivains politiques du jour : Voltaire lui-même le déclara « plus vrai et plus instructif » que toutes les rapsodies auxquelles on donnait alors le nom de *Testament*. Les tracasseries des théologiens de Lausanne dégoûtèrent Maubert de cette ville; en 1755, il passa en Angleterre, où il fut accueilli de la manière la plus flatteuse, et y continua l'*Histoire politique du siècle*; sa plume était alors au service du ministère, et il écrivit pour le défendre, devant le public, des articles et des brochures de circonstance. Une odieuse trahison le força de quitter Londres à la fin de 1757 : un misérable, comblé de ses bienfaits, et qu'il avait chassé de chez lui après l'avoir convaincu de vol, avait commis en Hollande sous le nom de Maubert, diverses escroqueries et offert de honteux services à un ministre étranger. Soupçonné d'espionnage, Maubert vint à Rotterdam, où, ayant eu connaissance des basses intrigues qu'on lui attribuait, il porta plainte devant les magistrats contre le fourbe qui avait abusé de son nom; mais celui-ci se sauva à Hambourg et, pour mettre le comble à ses scélératesses, il y publia un libelle intitulé : *L'Espion, ou histoire du faux baron de Maubert* (Liége, 1759, in-8°), où il fit de son bienfaiteur le héros de ses propres méfaits. Cette scandaleuse affaire empoisonna, dit-on, le reste des jours de Maubert. Réduit par la nécessité à offrir sa plume à ce même M. de Brühl qui l'avait si longtemps gardé sous les verroux, il obtint le titre de secrétaire d'Auguste III et une modique pension; mais la vivacité de ses attaques contre le roi de Prusse fut cause de son bannissement. De Hollande il vint s'établir à Bruxelles (1759); à la seule recommandation de ses écrits, il reçut du comte de Cobentzel une rente de 600 ducats et le privilége de *La Gazette* avec la direction de l'imprimerie royale. Il y avait commencé la publication d'un *Mercure historique* des Pays-Bas lorsque l'intolérance d'un peuple qui le traitait de moine apostat le chassa de ce dernier asile. Maubert vint alors en France, où il espérait d'être employé par le maréchal de Belle-Isle; à la mort de ce ministre, il reprit la route de l'Allemagne, passa quelques mois à la cour du duc de Wurtemberg, et fut chargé de conduire une troupe de comédiens français, qui devait jouer à Francfort pendant les fêtes du couronnement du roi des Romains. Cette dernière faveur obtenue, il fut aussitôt arrêté comme moine fugitif (16 février 1764); ayant réussi à s'évader au bout de onze mois (8 décembre), il gagna Amsterdam, où, à peine arrivé, il fut remis en prison à la requête d'un libraire de La Haye. Il y resta trois ans environ; lorsqu'il eut gain de cause, il partit pour une des cours du Nord, où il était appelé, et mourut en route à Altona, d'une attaque de goutte. Il venait de terminer sa quarante-sixième année. Maubert, suivant le *Necrologe*, avait « un esprit vif, élevé, qui pensait en grand, et qui ne devait presque rien à la culture; un talent incontestable pour la politique, une vigueur et une fermeté d'âme singulières qui lui rendaient ses passions plus difficiles à maîtriser. Son caractère le portait facilement aux extrêmes et lui donnait une inimitié aussi implacable que son amitié était généreuse ». On a de Maubert : *Lettres iroquoises ;* Irocopolis (Lausanne), 1752, 2 vol. in-8° ; réimprimées sous le titre de *Lettres cheruskésiennes ;* (Rome) 1769, in-8° ; — *Testament politique du cardinal Jules Alberoni, recueilli de divers mémoires ;* Lausanne, 1753, in-12. La question est restée indécise de savoir si Maubert est auteur de ce livre ou s'il en a acheté le manuscrit de Durey de Morsan. Quoi qu'il en soit, « on ne peut le lire, dit Sabatier, sans rendre justice à la profondeur des vues, à la finesse des observations, et à la justesse des raisonnements » ; — *L'Ami de la Fortune, ou mémoires du marquis de S. A. ;* Londres (Lausanne), 1754, 2 vol. in-12 ; ibid., 1761, 2 vol. in-8° ; — *L'illustre Paysan, ou mémoires et aventures de Daniel Moginié ;* Londres, 1754, in-12 ; Francfort, 1755, in-8° ; — *École du Gentilhomme, ou entretiens de feu le chevalier de B*** avec son neveu ;* Lausanne, 1754, in-12 ; — *Histoire politique du siècle ;* Londres (Lausanne), 1754, 2 vol. in-12 : cet ouvrage ayant déplu au ministre de France, la plupart des exemplaires furent saisis et l'auteur n'en put obtenir la restitution ; il le reprit à Londres dans des proportions plus étendues, et en publia, en 1757, un vol. in-4°, qui fut traduit en allemand, à Leipzig, 1758, in-8° ; — *Le Siècle politique de Louis XIV*, traduit de Bolingbroke ; Sieclopolis, 1754, 2 vol. in-12 ; — *Réflexions d'un Suisse sur la guerre présente ;* 1757, in-8° ; Bruxelles, 1759, in-12 ; — *Ephraïm justifié ;* Erlangen, 1758, in-8° ; — *Esprit de la présente guerre ;* 1758, in-12 ; 1759, in-8° ; — *Le Pitt et le Contre-Pitt*, in-12 ; — *Nouvel état politique de l'Europe et des Pays-Bas ;* Francfort, 1761, 6 vol. in-8° ; — *Manloverana ;* 1762, in-8° : cet écrit a aussi pour titre *La Paix générale ;* — *Mémoires militaires sur les anciens ;* Bruxelles, 1762, 2 vol. in-12 pl. ; tirés des *Mémoires* de Guischardt et laissés incomplets ; — *Testament politique du maréchal de Belle-Isle ;* 1763, in-8° : on attribue ce même ouvrage à Chevrier ; — *La pure Vérité, lettres et mémoires sur le duc et le duché de Wirtemberg ;* Augsbourg, 1765, in-12 ; — *Le temps perdu, ou les écoles publiques ;* Amsterdam, 1765, in-8° : critique de l'éducation de la jeunesse en France ; — *Lettres du chevalier Talbot sur la France*, traduites de l'anglais ; Amsterdam, 1766, 1768, 2 vol. in-12 ; — *Testament politique du chevalier Walpole ;* Amsterdam, 1767, 2 vol. in-12 ; — *Trop est trop : capitulation de la France avec ses moines ;* La Haye, 1768, in-8°. On a prétendu, sans preuve, que Maubert avait écrit l'*Histoire de l'Anarchie de Pologne* de Rulhières et falsifié une édition hollandaise de *La Pucelle* de Voltaire. P. L—Y.

Necrologe des Hommes célèbres de la France, 1769. — Chevrier, *Histoire de la Vie de Maubert ;* Londres, 1761, in-8°, et 1763, in-12 (libelle diffamatoire). — Barbier, *Dict. des Ouvrages anonymes*.

MAUBREUIL (*Marie-Armand* GUERRI DE), marquis D'ORSVAULT, aventurier politique français, né en Bretagne, en 1782, mort en 1855. Il appartenait à une ancienne famille de son pays natal, et se trouva de bonne heure, par la mort de sa mère, en possession d'une fortune considérable. A l'époque de la révolution, il suivit son père à l'étranger. Sa grand'-mère le rappela près d'elle à Nantes, où il resta jusqu'en 1797. Il courut alors en Vendée, et servit dans l'armée royale. A la seconde pacification de la Vendée, il retourna à Nantes, puis il vint à Paris compléter son éducation. Ensuite il entra dans l'armée, et, grâce à l'appui de Caulaincourt, il fut placé auprès du prince Jérôme Napoléon, roi de Wesphalie, en qualité d'écuyer et de capitaine des chasses. Bientôt il fut nommé capitaine au 1er régiment de chevau-légers westphalien qui partit pour l'Espagne, et servit dans la division du général Lasalle. Quelques actions d'éclat lui valurent de l'avancement et la croix d'Honneur. De retour à la cour de Westphalie, il tomba en disgrâce, revint à Paris, et s'occupa de grandes spéculations ; chargé de la fourniture des vivres de l'armée de Catalogne et d'opérations de remontes pour la cavalerie, il dut liquider avec un déficit considérable. Pour le dédommager, le comte de Cessac, ministre de la guerre, lui offrit l'approvisionnement de Barcelone, affaire qui devait être excellente. Le traité était signé ; mais Carrion-Nisas réussit à le faire rompre par l'empereur, de retour de la campagne de Russie. Le chef du gouvernement, suivant Maubreuil, prêta l'oreille à des insinuations qui avaient pour objet de lui présenter ce traité comme impolitique, parce qu'il empêchait l'émission de nouvelles licences. Ce refus alluma une haine profonde contre Napoléon dans le cœur de Maubreuil. A la chute de l'empire, il parcourut les boulevards en vociférant des cris contre le gouvernement impérial et en faveur des Bourbons, pendant que les étrangers envahissaient la capitale : dans l'ivresse de sa rage, il avait attaché sa croix d'Honneur à la queue de son cheval. Cette manifestation le signala à Talleyrand, devenu chef du gouvernement provisoire. Si l'on en croit Maubreuil, cinq lettres des plus pressantes lui furent écrites dans la même journée par Laborie, ami intime du prince de Bénévent et secrétaire du gouvernement provisoire, pour l'engager à passer à l'hôtel de la rue Saint-Florentin. Maubreuil se rendit à la demeure du chef du gouvernement, où était descendu l'empereur Alexandre. On lui offrit, à ce qu'il raconte, des chevaux, des équipages, le grade de lieutenant général, 200,000 francs de rente, le titre de duc et le gouvernement d'une province s'il voulait accomplir une mission importante. « M. de Talleyrand, dit-il, pour rassurer ses illustres hôtes, qui, quoique vainqueurs, tremblaient encore au seul nom de Napoléon et devant les débris de ses vieilles armées, leur avait proposé de faire immoler l'empereur et son fils. » Tel était, selon Maubreuil, l'objet principal de sa mission; il devait en outre enlever les diamants et les trésors de la reine de Westphalie. Quoi qu'il en soit, des ordres émanés du ministère de la guerre et signés *Dupont*, du ministère de la police générale et signés *Anglès*, de la direction générale des postes et signés *Bourienne*, de l'autorité militaire russe et signés *baron Sacken*, de l'autorité militaire prussienne et signés *baron de Brocbenhausen*, furent délivrés à Maubreuil, et en double à un nommé Dasies, qu'on lui associa. Ces divers ordres désignaient par le terme vague de *haute mission* le mandat qui était confié à Maubreuil; ils mettaient à sa disposition pour procurer l'accomplissement de cette mission toutes les forces militaires françaises et étrangères dont il lui plairait de requérir l'assistance (1). Muni de ces pouvoirs extraordinaires, Maubreuil se dirigea du côté de Fontainebleau. « Mais, dit-il, le moment d'illusion et d'effervescence était passé; j'avais réfléchi à l'importance de la démarche dans laquelle on m'avait en quelque sorte poussé malgré moi; mon cœur se soulevait à l'idée seule du crime dont j'avais si légèrement accepté la responsabilité... Non, non, on compte vainement sur moi. L'empereur a été injuste à mon égard, mais je ne serai jamais son assassin. » Renonçant à l'objet principal de sa prétendue mission, il se rabattit sur la seconde, et se contenta d'arrêter, près de Fossart, l'ex-reine de Westphalie, visita les fourgons de sa suite, et enleva plusieurs caisses contenant des objets précieux; comme cette princesse refusait de laisser fouiller sa propre voiture, Maubreuil la saisit par le bras et la força de mettre pied à terre. Ces caisses, contenant l'or et les diamants de la reine de Westphalie, furent envoyées au gouvernement provisoire, auquel elles parvinrent par l'intermédiaire de Vitrolles et de Semallé, après un retard de vingt-quatre heures, suivant le récit de Maubreuil. Elles furent ouvertes le 25 avril seulement, et on y trouva un déficit considérable, d'après une note fournie par la princesse, laquelle avait envoyé à Paris un de ses chambellans pour se plaindre de l'acte de brigandage dont elle avait été victime et réclamer les onze caisses dont on l'avait dépouillée. L'empereur de Russie se montra très-mécontent de ce qu'une princesse, sa parente, voyageant sous la sauvegarde d'un passeport des souverains alliés, avait pu être ainsi traitée par un homme se disant le mandataire du gouvernement français. Maubreuil fut arrêté avec son complice à son retour à Paris et se vit attaquer en restitution des objets enlevés par les mandataires de l'ex-reine. Dasies parvint à s'évader. Maubreuil fut traduit devant le tribunal civil de la Seine; mais les juges se désistèrent en déclarant que « vu sa nature, cette affaire n'aurait jamais dû sortir des mains de l'autorité supérieure ». Transféré à la prison de l'Abbaye et tenu strictement au secret, Maubreuil recouvra sa liberté le 18 mars 1815. Dasies courut au-devant de Napoléon à Auxerre, et reçut de lui le grade de colonel et d'officier de la Légion d'Honneur. Maubreuil se retira à Saint-Germain, chez un comte d'Anès, son ami. Cinq jours après, la police l'enleva de cette retraite. Il passa devant un conseil de guerre, qui se déclara incompétent, et sur un réquisitoire de Merlin de Douai, il fut renvoyé devant les tribunaux ordinaires. Aidé par un ami généreux, il parvint à s'échapper de prison. Arrivé à Bruxelles, il fut enlevé pendant la nuit par le comte de Semallé, commissaire du roi à Gand, que Maubreuil accusait d'avoir recelé les diamants de la reine de Westphalie, et qui l'accusait, lui, de vouloir attenter aux jours du roi. Maubreuil tenta vainement alors de se donner la mort en s'ouvrant les veines. Rappelé à la vie par de prompts secours et emmené à Gand, où il fut jeté dans un cachot, il ne reçut, dit-il, en réponse à ses réclamations que d'amers reproches sur le non-accomplissement de sa mission. Le roi des Pays-Bas ordonna pourtant sa mise en liberté; mais, ressaisi par les agents français, il fut livré aux Prussiens, qui refusèrent de le recevoir; enfin il redevint libre.

Rentré en France à la seconde restauration, Maubreuil alla chercher un refuge en Vendée, où plusieurs de ses parents étaient morts en combattant pour le roi. Au mois de juin 1816, il fut signalé à la police comme conspirant contre le gouvernement royal et comme ayant formé le projet d'enlever les princes français aux environs de Saint-Cloud. Arrêté de nouveau, il fut traduit avec Dasies devant le tribunal de police correctionnelle, en 1817, pour le vol des diamants et de l'argent de la princesse de Wurtemberg. Le tribunal se déclara incompétent, et Maubreuil fut renvoyé devant la cour royale. Mécontent des avocats, qui n'osaient aborder comme il le voulait la question des *ordres* et du *mandat secret*, Maubreuil présenta lui-même sa défense, dans l'audience du 17 avril 1817. Il ne fut pas permis aux journaux de publier le détail de ces scandaleux débats; mais cette interdiction n'ar-

(1) Une biographie royaliste dit que le but ostensible de la mission de Maubreuil était de s'emparer des diamants de la couronne, qui avaient été enlevés du garde-meuble par la famille détrônée et fugitive. Elle avoue qu'il est possible qu'avant l'abdication et lorsqu'on avait lieu de craindre à Paris une attaque de Bonaparte, des hommes courageux et entreprenants aient paru propres à l'attaquer personnellement et à l'enlever au milieu de son armée à la faveur d'un déguisement; « mais il est sûr, ajoute-t-elle, qu'il ne fut plus question de ce projet dès que l'abdication fut signée. Cependant ce n'est que quinze jours plus tard que Maubreuil, voulant commettre un vol et un véritable guet-apens, paraît s'être servi d'instructions et de pouvoirs qui lui avaient été donnés antérieurement et pour un autre objet. »

riva aux journaux que lorsque la composition en était faite, et il fallut retirer la défense de Maubreuil au moment de mettre sous presse, à minuit. Cette précaution n'empêcha pas les révélations de Maubreuil de recevoir une grande publicité. Les journaux anglais les reproduisirent avec détails. La cour royale annula le jugement de police correctionnelle. La cour de cassation cassa l'arrêt de la cour royale et renvoya Maubreuil devant la cour royale de Rouen. Jugé par cette cour comme il l'avait été par celle de Paris, il fut renvoyé devant celle de Douai par la cour de cassation. Il y comparut le 18 décembre; les débats se prolongèrent dans les audiences du 19 et du 20; les avocats et le ministère public avaient été entendus; l'arrêt devait être prononcé le 22, lorsqu'une main inconnue, que Maubreuil croit être celle du ministre de la police, ouvrit les portes de sa prison. Il passa en Angleterre, et fut condamné par contumace à Douai pour vol, le 6 mai 1818, à cinq ans de prison et à 500 fr. d'amende. Dasies avait été acquitté. De Londres, Maubreuil adressa aux souverains réunis en congrès à Aix-la-Chapelle, un écrit dans lequel il se plaint des souffrances qu'on lui a fait endurer; il parle de fers aux mains, d'emprisonnement dans un cachot doublé de plomb, enfin de six cent quatre-vingt-six jours de secret subis en divers temps et à divers intervalles. Cette publication, qui a pour titre : *Adresse au congrès relative à l'assassinat de Napoléon et de son fils*, eut trois éditions (Paris, 1819, in-8°), et fit beaucoup de bruit; il s'en vendit un grand nombre d'exemplaires en Angleterre, et Manuel ne craignit pas de dire à la tribune de la chambre des députés que l'on s'était rendu coupable envers M. de Maubreuil du crime de *lèse-humanité*. Les ambassadeurs de Russie, de Prusse et de France se plaignirent au gouvernement anglais, qui répondit, suivant son habitude, que la presse était libre dans son pays et que la voie des tribunaux y était ouverte à tout le monde. Tracassé par des agents secrets, découragé par la misère, Maubreuil demanda au gouvernement anglais l'autorisation d'aller à Sainte-Hélène « pour s'expliquer avec Napoléon ». Lord Bathurst repoussa cette demande bizarre, et Maubreuil fit de ce refus le sujet d'une nouvelle brochure. Il revint en France, et se présenta hardiment à la préfecture de police. On le laissa libre; mais étant tombé malade, quelques jours après, il se fit transporter à l'hôpital Saint-Louis, d'où on l'enleva pour le conduire à la Conciergerie. On lui offrit un secours à condition qu'il se retirerait à l'étranger; il consentit à se rendre pour six mois à Bruxelles, où il resta plus longtemps sur les sollicitations de sa famille. Il vint plus tard à Paris pour recueillir quelques débris de sa fortune à l'aide de la loi d'indemnité aux émigrés. Il déposa aux chambres une pétition pour dénoncer les signataires des fameux *ordres* qu'on lui avait donnés et ceux qu'il regardait comme les recéleurs des diamants de la reine de Westphalie. On passa à l'ordre du jour sur cette pétition, et Maubreuil fut de nouveau arrêté. Remis bientôt en liberté, il se retira près de sa famille en Bretagne. Dans une lettre qu'il écrivit au maire de Nantes, il se plaignait de la nuée d'espions qui le suivaient partout, et se justifiait de n'avoir pas commis le crime pour lequel, à ce qu'il prétendait, on avait mis tant de moyens à sa disposition.

Décidé à obtenir de Telleyrand une réparation solennelle, Maubreuil revint à Paris, alla voir les ministres, qui l'exhortèrent à la patience, et remit au procureur du roi une plainte contre Talleyrand et les signataires des ordres dont il avait été possesseur; cette plainte fut naturellement repoussée. Il chercha alors à satisfaire son ressentiment dans une action d'éclat. Le 21 janvier 1827, jour où l'on célébrait avec pompe l'anniversaire de la mort de Louis XVI, il se rendit, muni d'un billet qu'il avait pu se procurer avec peine, à l'église de Saint-Denis, et dès qu'il vit paraître Talleyrand, il le frappa au visage d'un coup qui fit tomber ce vieillard à terre. On releva le prince et on arrêta Maubreuil. Celui-ci, traduit en police correctionnelle, le 24 février, fut condamné pour voies de fait, à cinq ans de prison, 500 fr. d'amende et dix ans de surveillance de la haute police. Il publia à l'occasion de ce procès un *Exposé des motifs de sa conduite envers le prince de Talleyrand* (Paris, 1827, in-8°), et répéta tous ses dires à l'audience, soutenant que le 2 avril 1814 Talleyrand lui avait fait les offres les plus brillantes pour assassiner Napoléon et son fils. Le jugement qui le condamnait fut confirmé après divers incidents par arrêt de la cour royale, du 15 juin suivant. De Poissy, le 7 mars 1828, il écrivit une *Adresse à MM. les députés*, qui parut à Paris en 1829, in-8°. Plus tard, Maubreuil publia : *Châteaubriand démasqué, ou examen critique de sa brochure sur la monarchie élective*; Paris, 1831, in-8°. Depuis on n'entendit plus parler de cet étrange personnage. L. LOUVET.

Revue Britannique, 1827. — *Biogr. univ. et portat. des Contemp.* — *Biographie des Hommes vivants.* — *Dictionnaire de la Convers.* — Quérard, *La France Littéraire.*

MAUBURNE (*Jean*) ou **MOMBOIR**, auteur ascétique belge, né vers 1460, à Bruxelles, mort en 1503, à Paris. Après avoir appris la grammaire et le chant à la cathédrale d'Utrecht, il entra dans la maison des chanoines réguliers du Mont-Sainte-Agnès, fameux monastère près de Zwoll, et fut chargé de différents emplois dans la congrégation de Windesheim, où la discipline était bien observée. Cette dernière cause, et le succès de son premier ouvrage, *Rosetum spirituale*, engagèrent Nicolas de Hacqueville, premier président au parlement de Paris, à attirer Mauburne en France (1497) pour entreprendre la réforme des chanoines réguliers du royaume. Celui-ci mit la régularité dans les abbayes de Saint-Séverin, de Cysoing, de Saint-Euvert d'Orléans, et de Saint-Martin de Nevers; mais il s'attacha surtout à celle de Livri, dont il fut nommé prieur (novembre 1500), puis abbé régulier par la cession que lui fit Nicolas de Hacqueville, qui possédait cette dignité en commende (janvier 1502). Le zèle de Mauburne ne se renferma pas dans son ordre, il l'étendit à celui de Saint-Benoît et travailla beaucoup à la réforme de la congrégation de Chézal, qui servit de modèle aux maisons de Saint-Vanne et de Saint-Maur. Étant tombé malade à la suite des fatigues causées par son zèle religieux, il fut transporté à Paris par les soins de Jean Standonck, principal du collége de Montaigu, et y mourut, dans les premiers jours de l'année 1503 (nouv. style). Il comptait parmi ses amis saint François de Paule, Geoffroi Boussard, chancelier de Notre-Dame de Paris, l'évêque Louis Pinel, Pierre de Bruges, et probablement Érasme, qui lui adressa plusieurs lettres. Ses principaux écrits sont : *Rosetum exercitiorum spiritualium et sacrarum Meditationum*; Bâle, 1491; cette édition est peu correcte, comme celle de 1494; l'une et l'autre sont anonymes, et ont été publiées sans l'aveu de l'auteur; la meilleure est celle de Bâle, 1504, in-fol., goth.; on cite encore les réimpressions de Milan, 1603, et de Douai, 1620, in-fol. « Cet ouvrage, dit Gence, est le premier en date, imprimé et authentique (sans en excepter celui de Geyler) où des passages de l'*Imitation* aient été rapportés et donnés sous le nom de Kempis. » — *Venatorium investigatorium sanctorum Canonici ordinis*, chronique manuscrite qui paraît être un abrégé de celle de Buschius, et où Mauburne attribue encore à Kempis le livre *Qui sequitur me* de l'*Imitation*. On trouve dans l'ancienne *Gallia Christiana* (t. VII, col. 281-282) deux lettres adressées à ce religieux par Érasme et écrites de Paris. K.

Sweert, *Athenæ Belgicæ*, 667. — Mastelyn, *Necrol. Viridis Vallis*, 121. — Sander, *Biblioth. Belgica*. — *Gallia Christiana*, VII, 836-839. — Moréri, *Grand Dict. Hist.* — Paquot, *Mémoires*, III.

MAUCHARD (*Burchard-David*), médecin allemand, né le 19 avril 1696, à Marbach, mort le 11 avril 1752, à Tubingue. Fils d'un médecin protestant, qui appartenait à une famille française, il fréquenta les universités de Tubingue et d'Altdorf, se perfectionna à Paris dans l'étude de la chirurgie, et fut nommé en 1724 médecin de la cour de Wurtemberg. Le succès de ses opérations le fit appeler en 1726 à la chaire d'anatomie de Tubingue. Il prit en 1729 le diplôme de docteur. Mauchard se rendit, par son habileté dans le traitement des maladies de l'œil, aussi célèbre que son maître Woolhus. Il a fait paraître de 1718 à 1751 quarante dissertations latines, remarquables par la pureté du style; un choix en a été, après sa mort, publié par C.-F. Reuss : *Dissertationes medicæ selectæ Tubingenses oculi humani affectus medico-chirurgice consideratos sistentes*; Tubingue, 1783, 2 vol. in-8°. On a aussi de Mauchard un grand nombre d'observations dans les *Mémoires* de la Société des Curieux de la Nature.

Son fils, *David*, mort en 1767, exerça aussi la médecine, devint professeur à Tubingue, et publia quelques écrits. K.

Bœck, *Gesch. der Univ. Tübingen*, 163.

MAUCLERC (*Paul-Émile* DE), littérateur français, né à Paris, le 30 janvier 1698, mort à Stettin, le 11 septembre 1742. Fils d'un avocat au parlement qui se retira à Bâle pour cause de religion, il devint, en 1719, pasteur à Buchholz, village près de Berlin. Après avoir pris part, en 1720, à la fondation de la *Bibliothèque germanique*, il continua, après la mort de Lenfant, de rédiger ce recueil avec de Beausobre le père, et, depuis 1748, avec Formey. Plus tard, il fonda le *Journal littéraire de l'Allemagne*, qui parut à La Haye de 1741 à 1743, 2 vol. in-8°, avec la collaboration de plusieurs réfugiés français. En 1721, il fut nommé pasteur de la colonie française de Stettin, avec le titre honorifique de prédicateur de la cour. En 1739 il fut agrégé à la Société royale des Sciences de Berlin. Il avait recueilli un grand nombre de matériaux pour une *Histoire de la maison de Brandebourg*. Il ne vécut pas assez pour les mettre en ordre. M. N.

Formey, *Eloges des académiciens de Berlin*, II, 120-128. — Haag frères, *La France protest.*

MAUCLERC (*Pierre*). *Voy.* DREUX.

MAUCOMBLE (*Jean-François-Dieudonné*), littérateur français, né le 18 novembre 1735, à Metz, mort le 20 novembre 1768. Fils du trésorier des ponts et chaussées de la généralité de Metz, il entra dans le régiment de Ségur, et quitta bientôt le métier des armes à cause de la faiblesse de sa santé. On lui donna une place à Nîmes, qu'il perdit à la suite de la publication de l'*Histoire abrégée* de cette ville. Quelques pièces fugitives lui firent une réputation de salon; il s'exerça aussi dans le genre dramatique et dans l'histoire. Il mourut encore jeune, d'une maladie de poitrine. On a de lui : *Histoire abrégée des Antiquités de la ville et des environs de Nîmes*; Amsterdam, 1767, 2 part. in-8°; Nîmes, 1806, in-8°, avec 14 planches; cet ouvrage, où il se montre favorable à la cause des calvinistes, lui attira des désagréments, qui l'empêchèrent de se livrer à un travail semblable sur les annales particulières de plusieurs autres villes de France; — *Nitophar, anecdote babylonienne pour servir à l'histoire des plaisirs*; Paris, 1768, in-12; — *Histoire de Mme d'Erneville, écrite par elle-même*; Paris, 1768, 2 vol. in-12, roman intéressant, mais d'un style trop négligé; — *Les Amants désespérés, ou la comtesse d'Olinval, tragédie bourgeoise en cinq actes* (et en prose); Paris, 1768, in-8°; il y a mis en scène la fin tragique de l'infortunée comtesse de Ganges. P. L.

Nécrologe des hommes célèbres de la France, 1770. — *Le Temple des Messins*, 164-166. — Sabatier, *Les trois Siècles de la Littér.*, III. — Barbier, *Dict. des Ouvrages anonymes*. — Bégin, *Biogr. de la Moselle*, III.

MAUCROIX (*François* DE), littérateur français, né à Noyon, le 7 janvier 1619, mort à Reims, le 9 août 1708. Il suivit d'abord le barreau, et obtint même quelques charges dans la magistrature; mais son esprit indolent et capricieux ne put jamais se plier aux exigences d'une fonction publique : il lui fallait la liberté de l'homme de lettres, qui travaille à son heure et quand l'inspiration l'entraîne. Pour se livrer à son goût pour la littérature, il entra dans l'Église, et devint chanoine de Reims (1). Il était très-lié avec Boileau, avec Racine et surtout avec La Fontaine, dont le caractère sympathisait parfaitement avec le sien. Insouciant comme le fabuliste, il aimait comme lui la vie contemplative; les vers suivants donnent une idée parfaite de son caractère :

Heureux qui, sans souci d'augmenter son domaine,
Erre, sans y penser, où son désir le mène,
Loin des lieux fréquentés;
Il marche par les champs, par les vertes prairies,
Et de si doux pensers nourrit ses rêveries
Que pour lui les soleils sont toujours trop hâtés.
Et couché mollement sous son feuillage sombre,
Quelquefois sous un arbre il se repose à l'ombre,
L'esprit libre de soin.
Il jouit des beautés dont la terre est parée,
Il admire les cieux, la campagne azurée
Et son bonheur secret n'a que lui de témoin.

Ces vers pleins d'une douce mélancolie peignent mieux Maucroix que tout ce qu'on pourrait en dire. Le dernier vers de la seconde strophe,

Et son bonheur secret n'a que lui de témoin.

est un trait de caractère dont la grâce fait ressortir la vérité. Cette philosophie calme et heureuse ne l'abandonna pas un seul instant, puisqu'à la veille de sa mort, à quatre-vingt-neuf ans, il dicta ce dernier quatrain :

Chaque jour est un bien que du ciel je reçoi
Je jouis aujourd'hui de celui qu'il me donne;
Il n'appartient pas plus aux jeunes gens qu'à moi,
Et celui de demain n'appartient à personne.

On a de lui plusieurs traductions dont le style se ressent un peu de la nonchalance de l'auteur. Les principales sont : celle du traité de Lactance : *De Morte Persecutorum*; — des *Vies des cardinaux Polus et Campigge*; Paris, 1675 et 1677, 2 vol. in-12; — *De l'Histoire du Schisme en Angleterre*, par Nicolas Sanderus et des *Homélies* de saint Jean Chrysostome au peuple d'Antioche; 1681, in-8°; — *Des Philippiques* de Démosthène, de l'*Euthydamus*, dialogue de Platon, de quelques *Harangues* de Cicéron, du *Rationarium Temporum* du père Pétau; Paris, 1683, 3 vol. in-12. Maucroix a fait publier en 1685, conjointement avec La Fontaine, des *Œuvres diverses*, 2 vol. in-12; on a publié en 1726 les nouvelles œuvres diverses de Maucroix. Elles contiennent la traduction des satires, des epîtres et de l'art poétique d'Horace, ainsi que celle de la première *Tusculane* et des traités *De Amicitia* et *De Senectute* de Cicéron. En 1820 M. Valckenaër a publié les poésies de Maucroix à la suite des œuvres diverses de La Fontaine. A. JADIN.

(1) Ce fut à ce titre qu'il accompagna l'archevêque de Reims Letellier à la célèbre assemblée du clergé de 1682. Il y remplissait un emploi au sécrétariat.

Valkenaër, *Notice sur Maucroix*. — Sainte-Beuve, *Moniteur de* 1854.

MAUDOUD (*Cothb et Moulouk ed-Daulah Aboul-Féthah*), sultan de la Perse orientale et empereur de l'Inde, de la dynastie des Ghasnévides, né Ghasna, en 1020, mort en décembre 1049, dans la même ville. Fils de Masoud Ier, qui avait été tué, en 1040, par son neveu Ahmed, fils de Mohammed, Maudoud, gouverneur de Balkh, lui succéda en 1044. Après avoir mis à mort son oncle Mohammed Ier, avec toute sa famille, excepté Abou-Samyn, Maudoud remit sous son obéissance Moulthan et Péichawr, où Namy, dernier fils de Mohammed, s'était rendu indépendant. Sa mort ainsi que celle d'Abdelmadjid, propre frère de Maudoud, qui s'était révolté à Dehli, laissèrent ce dernier unique possesseur de l'empire. Mais à peine eut-il fondé la ville de Fethabad, en souvenir de ses victoires, qu'il eut à apaiser la révolte générale de tous les princes indiens, qui avaient partout rétabli les pagodes, en 1044. Après de longues guerres contre les Seldjoukides, Maudoud sut enfin leur céder le Khorasan et même Balkh, en 1047. Après avoir mis à mort son hadjeb Ar-Teghyn, cause innocente de ses pertes, il perdit aussi le Candahar en 1048, érigé en principauté indépendante par un autre de ses vizirs, Thogroul. Enfin son dernier vizir, Abou-Aly ayant fait de nouvelles conquêtes aux Indes, Maudoud le fit arrêter sur de simples soupçons par le hadjeb Mirek, qui le fit assassiner. Le sultan lui-même périt, de retour d'une expédition en Khorasan contre les Seldjoukides, auxquels il avait voulu reprendre leurs conquêtes. Ch. R.

Mirkhond, *Histoire des Ghasnévides*. — Mohammed Ferishta, *History of the Mohammedan Domination in India*. — John Malcolm, *History of Persia*.

MAUDOUD I (*Chéryf-eddaulah*), prince de de Moussoul, de la dynastie des Tchaghirmichides, né vers 1080, à Moussoul, mort à Damas, en septembre 1115. Fils d'Altountach, il fut en 1106, à la mort de Tchaghirmich II, nommé roi de Moussoul. Après avoir conquis sa principauté sur l'usurpateur Djaweli-Secaou, en 1108, il fut, en 1111, nommé par Mohammed commandant en chef de l'armée musulmane, chargée de reprendre Édesse sur les chrétiens. Mais, repoussé par Baudouin, roi de Jérusalem, et par Tancrède, il ravagea la Mésopotamie, et mit le siége devant Tellbascher, qu'il était sur le point de prendre, quand Socman, prince de Khélath, un de ses alliés, mourut, et qu'un autre Rodhvan, roi d'Alep, fit la paix avec les chrétiens. De concert avec Toghdékin, roi de Damas, Maudoud dévasta alors les États du prince d'Alep, et marcha au-devant de l'armée chrétienne, campée sous les murs de Khaizer, sur l'Oronte. Après quelques combats insignifiants, et après le siége inutile d'Antioche et de Maara-el-Noman, près de Panéas, Maudoud revint à Moussoul. L'année suivante, en 1112, Maudoud envahit l'Asie Mineure, que les Grecs tentèrent d'arracher au faible successeur de Kilidj-Arslan I, Melec-Chah-Saisan. Après avoir pris et pillé Stamirie, il revint ravager les environs d'Edesse, où il tomba cependant dans un piège que lui avait dressé Josselin III, et perdit ses chevaux et ses bagages. Baudouin de Bourg ayant attaqué Toghdékin de Damas, Maudoud fut appelé en toute hâte par ce prince, son coreligionnaire. Pendant qu'il bloquait la ville de Tibériade, sur le Jourdain, Maudoud remporta, le 30 juin 1113, une victoire complète sur les principaux chefs chrétiens de Palestine, Baudouin, Roger d'Antioche et Josselin d'Édesse, qui perdirent deux mille hommes. Mais les chrétiens, qui avaient reçu des secours d'Antioche, s'étant fortifiés dans un défilé, où les Sarrasins ne purent pas les suivre, Maudoud se rendit à Damas chez Toghdékin. Un vendredi soir, à la sortie de la mosquée, pendant qu'il tenait une de ses mains dans celle du prince de Damas, Maudoud fut assailli par un homme qui le frappa avec un poignard. Sa blessure, aggravée par ses scrupules religieux, qui lui défendirent de rompre le jeûne, devint bientôt mortelle. D'après les auteurs les plus dignes de foi, ce furent des Baténiens ou Ismaéliens, apostés par Toghdékin, qui exécutèrent cet assassinat. On rapporte que le roi de Jérusalem écrivit à cette occasion à Toghdékin : « Un peuple qui s'ôte à soi-même son soutien, et cela un jour de fête et dans le temple de son Dieu, mérite bien que Dieu l'extermine de dessus la terre. » Maudoud est le prince Mendouc, Maldouc ou Mandoulfe des historiens grecs et latins.

Ch. RUMELIN.

Ibn Schamé, *Chronique*. — Kemaleddin, *Histoire d'Alep*. — Emadeddin Alatir, *Histoire des Atabeks*. — Wilken, *Histoire des Croisades*. — Hammer, *Histoire des Hohenstaufen*. — M. Reinaud, *Extraits des historiens arabes relatifs aux croisades*.

MAUDOUD II (*Cothbeddyn*), prince de Moussoul, de la dynastie des Atabeks Zenghides, né dans cette ville, en 1130, mort en mai 1170. Fils du célèbre fondateur de sa dynastie, Emadeddin Zenghi, il monta au trône de Moussoul après le court règne de son frère Séifeddin Ghazi Ier, en 1149. Cruellement offensé par son autre frère, le prince belliqueux Noureddin d'Alep, qui ayant pris Sindjar ne le rendit qu'en échange d'Émèse et de Rabbah sur l'Euphrate, Maudoud ne prit part aux guerres de Noureddin contre les chrétiens que dans les grandes occasions comme aux siéges de Harem, et plus tard à celui de Panéas. En 1157, il occupa la ville de Djezireh-ben-Omar, où il institua comme gouverneur son fils aîné, Séifeddin Ghazi II. A partir de cette époque, il cultiva uniquement les arts de la paix. Toutes les villes de son royaume, Moussoul, Sindjar, Nisibe doivent à ce prince des embellissements et des monuments, dont quelques-uns se sont conservés jusqu'à nos jours. Tel est le beau pont construit sur le Tigre, à Djezireh-ben-Omar, pont dont toutes les pierres étaient assujetties avec des crampons de fer, soudés avec du ciment dans lequel on avait fait entrer du plomb fondu. S'étant constitué le protecteur des villes saintes par le calife, Maudoud environna Médine d'une enceinte fortifiée, et construisit sur le mont Arafath, près de La Mecque, une mosquée, qui existe encore, ainsi que des restes de l'aqueduc qui devait alimenter les fontaines de cette ville. Ces constructions furent l'œuvre de deux vizirs, qui avaient tenu l'un après l'autre les rênes de l'administration de Moussoul, savoir Djemaleddin-Mohammed, disgracié à la fin de sa carrière par son maître, et mort en 1163, et Zéineddin Aly-Koutchouk, qui d'abord le lieutenant de Djemaleddin fut ensuite le seul confident de Maudoud jusqu'à sa mort, survenue en 1167. Quant à leur successeur, Fakhreddin Abdelmesih, Maudoud dut, après trois ans d'administration, le destituer à cause de ses malversations. Peu après cette mesure de vigueur, Maudoud mourut lui-même, après avoir désigné comme son successeur son fils cadet Masoud II, auquel les émirs substituèrent cependant son aîné Séifeddin Ghazi II, prince de Djézireh-ben-Omar.

Ch. R.

Mirkhond, *Histoire des Atabeks*. — *Revue numismatique*. — Ezz-eddin-Alatir, *Histoire des Atabeks*. — Aboulféda, *Annales Moslemici*. — Ibn-Khallikan, *Dict. Biogr.* (en anglais).

MAUDRU (*Jean-Antoine*), prélat français, né le 5 mai 1748, à Adomp dans les Vosges, mort le 13 septembre 1820, à Belleville, près Paris. Il était curé dans la paroisse d'Aydoiles, lorsqu'en 1791 il fut élu évêque de Saint-Dié par ses compatriotes. Arrêté en mai 1794, il fut conduit à Paris et détenu dans la prison de la Conciergerie jusqu'au mois de juillet suivant, où la fin de la terreur le rendit à la liberté. En 1797 il assembla à Saint-Dié un synode diocésain et assista au premier concile national tenu, à Paris. Peu de temps après, il fut condamné par le tribunal d'Épinal à six mois d'emprisonnement pour avoir publié quelques écrits et tenu des discours tendant à semer le trouble parmi les citoyens ; mais le directeur François (de Neufchâteau) fit cesser les poursuites. Après avoir convoqué en avril 1800 un second synode à Mirecourt, il se démit de son siége, à la demande de l'empereur, qui lui donna la cure de Stenay. A la suite de la seconde invasion (1815), « l'ordre arbitraire d'un ministre, dit Grégoire, lui enjoignit de se rendre sur les rives de la Loire, et pendant un an relégué à Tours dans un galetas, il fut en proie à toutes les privations. » Libre enfin de quitter son exil,

il vint fixer sa résidence dans la banlieue de Paris. On a de lui : *Les Brefs attribués à Pie VI convaincus de supposition* ; 1795, in-8° ; — *Sur les Rétractations* ; 1797, in-8° ; — *Précis historique des persécutions dirigées contre M. Maudru* ; Paris, 1818, in-4° ; — plusieurs *Lettres pastorales*, *Instructions*, etc. P. L.

Mahul, *Annuaire nécrol.*, 1820. — *Revue encyclop.*, [illegible].

MAUDUIT (*Jacques*), musicien français, né le 16 septembre 1557, à Paris, et mort dans la même ville, le 16 août 1627. Issu d'une famille noble, Mauduit, après avoir étudié les humanités et la philosophie, fit plusieurs voyages en Europe, notamment en Italie, et revint à Paris, où il succéda à son père dans la charge de garde du dépôt des requêtes du palais. Il s'était adonné de bonne heure à l'étude de la musique, et possédait des connaissances étendues dans cet art, qu'il aimait avec passion. Son mérite l'avait fait admettre, quoique fort jeune encore, au nombre des membres de l'académie que le poëte Baïf avait fondée dans son habitation du faubourg Saint-Marcel, où se réunissaient les beaux esprits de l'époque (1). Les airs de Mauduit, qu'on y exécutait dans les concerts composés pour les voix et pour les instruments, avaient beaucoup de succès ; mais l'œuvre qui contribua le plus à la réputation de ce musicien fut la messe de *Requiem* qu'il fit exécuter, le 24 février 1586, dans la chapelle du collége de Boncourt, pour le service funèbre de son ami le poëte Ronsard. Le roi y envoya sa musique particulière ; la cour y assista ; l'affluence des premiers personnages de l'État y fut telle que le cardinal de Bourbon et plusieurs autres princes furent obligés de se retirer sans avoir pu percer la foule. La même messe fut chantée à l'église du Petit-Saint-Antoine pour l'anniversaire de la mort de Henri IV, et plus tard pour celui de l'auteur lui-même, et sous la direction de son fils Louis Mauduit, aux Minimes de la Place-Royale. Le P. Mersenne a publié le dernier *Requiem* de cette messe dans son *Harmonie universelle*, liv. VII, p. 66 et suiv. ; Mersenne a inséré aussi plusieurs morceaux de cet artiste dans ses *Questions sur la Genèse*. Jacques Mauduit mourut à l'âge de soixante-dix ans, laissant en manuscrit un grand nombre de messes, de vêpres, d'hymnes, de motets, de fantaisies, de chansons et autres pièces de musique. D. Denne-Baron.

Le P. Mersenne, *Harmonie universelle* ; Paris, 1636. — La Croix du Maine, *Biblioth. française*. — Sainte-Beuve, *Tableau de la poésie française au seizième siècle*. — De La Borde, *Essai sur la Musique*. — Fetis, *Biog. univ. des Mus.* — Patria, *Histoire de l'art musical en France*.

MAUDUIT (*Michel*), savant théologien français, né en 1644, à Vire, en Normandie, mort le 19 janvier 1709, à Paris. Dès sa jeunesse il entra dans la congrégation de l'Oratoire, où il enseigna pendant longtemps les humanités ; puis il se livra à la prédication et instruisit le peuple des campagnes. L'étude de la Bible occupa le reste de sa vie. Il avait des connaissances variées, possédait bien le grec, l'hébreu et le latin, et avait obtenu plusieurs prix dans les concours académiques de Rouen et de Caen. On a de lui : *Traité de Religion, contre les athées, les déistes et les nouveaux pyrrhoniens* ; Paris, 1677, in-12 ; la seconde édition, faite en 1698, a été fort augmentée ; — *Mélanges de diverses poésies, divisés en IV livres* ; Lyon, 1681, in-12 ; l'édition de 1723, in-12, est préférable à cause des additions. On y trouve une préface fort bien faite sur le bon usage de la poésie et sur le danger des pièces galantes ; — *Dissertation sur le sujet de la goutte, avec le moyen de s'en garantir* ; Paris, 1687, 1689, in-12 ; — *Analyse des Épîtres de saint Paul et des Épîtres canoniques, avec des dissertations sur les endroits difficiles* ; Paris, 1691, 2 vol., in-12 ; réimpr. en 1702 ; — *Analyse de l'Évangile selon l'ordre historique de la concorde, par **** ; Paris, 1694, 3 vol. in-12 ; nouv. édit., ibid., 1703, 4 vol. in-12 ; Rouen, 1710, 4 vol in-12 ; cet ouvrage, auquel l'auteur avait consacré presque toute sa vie, a eu beaucoup de réimpressions ; les plus récentes sont celles de Malines, 1821, 9 vol. in-12, et de Paris, 1843-1844, 4 vol. in-8° ; — *Analyse des Actes des Apôtres* ; Paris, 1697, 2 vol. in-12 ; il avait aussi terminé une *Analyse de l'Apocalypse*, qui est demeurée manuscrite ; — *Méditations pour une retraite ecclésiastique de dix jours* ; Lyon, 1723, in-12. Le P. Mauduit a encore laissé en manuscrit une *Traduction complète du Nouveau Testament*. P. L.

Mercure de France, mai, 1709. — Moréri, *Dict Hist*.

MAUDUIT (*Israel*), publiciste anglais, né en 1708, à Bermondsey, mort le 14 juin 1787. Descendant d'une famille de protestants français réfugiés à Exeter, il fut membre de la Société Américaine de Londres, et jouit dans le siècle passé d'une assez grande célébrité comme écrivain politique. Nous citerons de lui : *Considérations sur la guerre présente d'Allemagne* ; Londres (Paris), 1760, in-12 ; — *Mémoires sur les finances et le commerce d'Angleterre*, trad. de Grenville ; Londres, 1769 ; — *Short View of the history of the New England colonies* ; ibid., 1769 ; — *History of the colony of Massachusett's Bay* ; ibid., 1774, in-8°. K.

Haag frères, *La France Protestante*.

MAUDUIT (*Antoine-René*), mathématicien français, né à Paris, le 17 janvier 1731, mort

(1) Cette académie, créée sous la dénomination d'*Académie des deux Sciences*, poésie et musique, fut autorisée par lettres patentes de Charles IX, datées du 4 décembre 1570, mais dont l'enregistrement éprouva de l'opposition de la part du parlement. Charles IX et Henri III se firent les protecteurs de cette assemblée, et assistèrent souvent à ses séances, qui se tenaient une fois par semaine ; les membres de la fameuse pléiade de Ronsard en faisaient partie ; c'était une véritable Académie Française à l'éclat de laquelle concourait la musique. Les discordes civiles et religieuses et la mort de Baïf mirent fin à ces réunions, que Jacques Mauduit s'efforça, mais en vain, de réorganiser sous le nom d'*Académie de Sainte-Cécile*.

dans la même ville, le 6 mars 1815. Il fit de bonnes études, se voua à l'enseignement des sciences exactes, et devint successivement professeur de mathématiques à l'École des ponts et Chaussées, au Collége de France et à l'une des écoles centrales, lors de leur organisation. Les railleries qu'il se permit contre les principaux membres de l'Académie des Sciences et les attaques qu'il dirigea contre les innovations qui s'opéraient dans les sciences l'empêchèrent d'entrer dans ce corps savant. A l'époque de la révolution, Mauduit se déclara contre les idées nouvelles; mais on était habitué à l'entendre déclamer contre toutes les nouveautés et on ne fit pas attention à lui. Il venait d'être remplacé dans ses fonctions de professeur au Collége de France lorsqu'il mourut. Lalande a dit de Mauduit : « C'est un des meilleurs professeurs de mathémathiques qu'il y ait eu à Paris, et l'un des plus utiles. » On a de lui : *Éléments des sections coniques démontrées par la synthèse;* Paris, 1757, in-8°; — *Introduction aux* Éléments des sections coniques; Paris, 1761, in-8°; — *Principes d'astronomie sphérique, ou Traité complet de trigonométrie sphérique, dans lequel on a réuni les solutions numériques et analytiques de tous les problèmes qui ont rapport à la résolution des triangles sphériques quelconques, avec une théorie des differences des mêmes triangles;* Paris, 1765, in-8°; — *Leçons de géométrie théorique et pratique*, à l'usage des élèves de l'Académie d'Architecture; Paris, 1772, 1790, in-8°; 1809, 2 vol. in-8°; — *Leçons élémentaires d'arithmétique;* Paris, 1780, 1804, in-8°: l'auteur y attaque le système métrique; — *Psaumes en vers français;* Paris, 1814, in-12: ce sont des paraphrases de neuf psaumes de David, dans lesquels on trouve des allusions contre le despotisme. J. V.

Lalande, *Bibliogr. astronomique*. — *Biogr. univ. et portat. des Contemp.* — Quérard, *La France Littér.*

MAUDUIT DU PLESSIS (*Thomas-Antoine*, chevalier DE), voyageur et officier supérieur français, né le 12 septembre 1753, à Hennebon, massacré au Port-au-Prince, le 4 mars 1791. Il avait à peine douze ans, et venait d'entrer à l'école d'artillerie de Grenoble, lorsque, épris de la passion des voyages, il s'évada avec deux de ses camarades. Tous trois gagnèrent Marseille à pied, et s'embarquèrent comme mousses sur un bâtiment qui partait pour la Grèce. Après avoir visité ce berceau de la philosophie et des arts, les trois jeunes aventuriers parcoururent ensuite les échelles du Levant et se rendirent à Alexandrie, où, atteints par la fièvre et dénués de toutes ressources, ils durent se réfugier dans un hôpital. Deux y moururent; Mauduit du Plessis, resté seul, prit passage pour Constantinople, intéressa en sa faveur l'ambassadeur de France, et par les soins de ce diplomate fut rendu à sa famille. Jamais enfant prodigue ne fut mieux reçu; néanmoins Mauduit, s'étant perfectionné dans l'étude de l'artillerie, quitta de nouveau sa patrie pour suivre Rochambeau en Amérique, et servit avec tant de distinction contre les Anglais qu'à la paix il fut créé chevalier de Saint-Louis et nommé major des chasseurs des Vosges. En 1787 il fut promu au commandement du régiment du Port-au-Prince. Par une étrange contradiction, qui a été remarquée chez un grand nombre d'officiers de cette époque, Mauduit, ami de Washington, Mauduit, décoré de l'ordre républicain de Cincinnatus, et qui se faisait gloire d'avoir contribué à l'affranchissement des citoyens américains, se montra l'un des plus violents adversaires des principes révolutionnaires et de l'émancipation des esclaves. Il ne s'en tint pas aux mesures légales : entraînant dans son esprit de réaction le comte de Blanchelande, gouverneur de la colonie, tous deux refusèrent de promulguer les ordres venant de la métropole, désarmèrent la garde nationale et dissipèrent à main armée le comité colonial, dont ils firent arrêter les membres (29 août 1790). Peu sûr des troupes régulières, Mauduit avait formé plusieurs compagnies de volontaires royaux, pris parmi les plus riches colons et connus sous le nom de *pompons blancs*. Ce fut à la tête de cette jeunesse exaltée qu'il fit plusieurs expéditions sanglantes, dont les suites amenèrent la révolte entière de l'île. Blanchelande avait sollicité des secours de France. Ces secours lui arrivèrent trop tôt, car le 2 mars 1791 des bataillons des régiments d'Artois et de Normandie débarquèrent aux cris de *Vive la liberté* et portant la cocarde tricolore. Le régiment de Port-au-Prince, les matelots et le peuple ne tardèrent pas à se joindre aux nouveaux arrivants. Blanchelande se cacha. En vain Mauduit, les frères d'Anglade et quelques autres officiers, ralliant les pompons blancs, voulurent s'opposer au mouvement. Ils furent massacrés. Mauduit fut haché par ses propres grenadiers. S'il faut en croire un de ses biographes « un mulâtre attaché à son service passa plusieurs jours à rassembler ses membres épars, les renferma dans une fosse, et après l'avoir arrosée quelque temps de ses larmes, s'y tua d'un coup de pistolet. On le trouva étendu sur la tombe de son maître. » Mauduit a laissé la *Relation* de son voyage dans le Levant, accompagné de plans et vues relevés par lui-même. A. DE L.

Biogr. Moderne (1806). — De La Fosse de Rouville, *Éloge historique du chevalier Mauduit du Plessis* (Senlis, 1818, in-8°).

MAUGARD (*Antoine*), grammairien français, né le 17 août 1739, à Châteauvoué (diocèse de Metz), mort le 22 novembre 1817, à Paris. Après avoir achevé son droit à Paris, il retourna en Lorraine, où il remplit, de 1774 à 1785, les fonctions de commissaire du roi pour la recherche et la vérification des anciens monuments de droit et d'histoire. Revenu en 1787 à Paris, il embrassa la cause de la révolution, et fut compris parmi les gens de lettres auxquels la Convention accorda en 1795 des récompenses nationales. Il avait depuis longtemps fait de l'étude des langues sa principale occupation ; à l'époque de sa mort, il venait d'obtenir la permission d'ouvrir une école latine. On a de lui : *Remarques sur la noblesse;* Paris, 1787, in-8°, réimpr. et augmentées en 1788; — *Lettres à M. Chérin sur son* Abrégé chronologique *d'édits concernant le fait de la noblesse;* ibid., 1788, in-8°; — *Code de la Noblesse;* ibid., 1789, t. Ier, in-8°; il l'annonçait comme devant servir de preuves à un *Traité historique et politique de la Noblesse*, dont il n'a paru que le prospectus ; quant au t. II du *Code*, les événements en empêchèrent la publication; — *Correspondance d'un homme d'État* avec un publiciste; ibid., 1789, in-8°; la question débattue est celle de l'affranchissement des serfs par le roi ; — *Annales de France*, journal politique publié de janvier à avril 1790; — *Discours sur l'utilité de la langue latine;* ibid., 1808, in-8°; — *Remarques sur la* Grammaire Latine *de Lhomond;* ibid., 1809, 1810, in-12; — *Traité de Prosodie française d'après Batteux, d'Olivet, Durand, etc., avec remarques;* ibid., 1812, in-8°; cette même année, il avait publié une nouvelle édition annotée du *Traité de Prosodie* de d'Olivet; — *Cours de Langue Française et de Langue Latine comparées, mis à la portée de tous les esprits;* ibid., 1809-1812, 11 vol. in-8°. Cet ouvrage, qui n'est pas complet, se divise en cinq sections, qui embrassent les principes généraux, la langue française, la langue latine, les traductions interlinéaires de C. Népos et de Phèdre, et le texte de ces deux auteurs. M. Joyant a publié un *Recueil de tout ce qui a été écrit sur ce Cours;* Paris, 1817, in-8°.

P. L.

Journ. de la Librairie. — Quérard, *France Littér.*

MAUGER, dit *Marat*, agent révolutionnaire, né en 1763, mort à Paris, en novembre 1793. Il était instruit et s'exprimait avec une certaine éloquence. Petit et laid, il ressemblait à Marat, dont il prit le nom et les doctrines. Il devint, comme son patron, un des plus fougueux orateurs des clubs. En 1793, le comité de salut public l'envoya en mission à Troyes, puis à Nancy. Mauger se signala surtout dans la Meurthe par son exagération des principes révolutionnaires et ses violences. Il dirigeait à Nancy la Société populaire, et se mit en opposition avec la municipalité, qui fit dissoudre cette réunion et arrêter son président; mais la Convention manda cette municipalité à sa barre, et fit mettre en liberté Mauger. Envoyé à Rouen, ses vexations y soulevèrent de telles plaintes, qu'enfin, sur le rapport de Faure; il fut ramené à Paris et incarcéré à la Conciergerie. Il y devint fou, et mourut dans un délire affreux.

Un autre MAUGER (*Étienne*), né à Rouen, en 1754, guillotiné à Paris, le 24 floréal an II (13 mai 1794), était entré dans l'ordre des Bénédictins; il en sortit pour occuper la cure de Wize, et plus tard professa la physique à l'université de Rouen. Après la mise hors la loi des députés girondins (31 mai 1793), Mauger devint membre de l'assemblée réunie à Caen par une partie des députés proscrits. Les forces fédéralistes commandées par Wimpffen et La Puysaie ayant été facilement dispersées, à Vernon (15 juillet 1793), Mauger dut chercher son salut dans la fuite. N'ayant pu s'embarquer à Brest pour l'Angleterre, il fut arrêté, conduit à Paris et condamné à mort comme chef de conspiration.

H. L.

Le Moniteur général, an Ier, 1793, n° 238; an III, n° 146. — *Biographie moderne* (Paris, 1806). — *Dictionnaire Historique* (édit. de 1822).

MAUGERARD (*Jean-Baptiste*), érudit français, né à Aureville (Lorraine), en 1740, mort à Metz, le 15 juillet 1815. A dix-huit ans, il prit l'habit des bénédictins dans la congrégation de Saint-Vannes. Il fut chargé de professer au collége de Saint-Symphorien à Metz, et l'évêque de cette ville lui confia l'éducation de ses neveux, en le nommant son bibliothécaire. Maugerard était doyen de l'abbaye de Chimai, secrétaire de l'Académie de Metz, conservateur de la bibliothèque publique de l'abbaye de Saint-Arnould et chanoine honoraire de Metz. Il s'occupa des antiquités et de la topographie de cette ville. A la révolution il émigra avec son évêque, devenu le cardinal de Montmorency. Il habita Erfurt, rentra en France sous le consulat, et s'établit à Metz. On a de lui une *Lettre sur une édition de Térence*, et une *Notice de l'édition originale des œuvres de Hrosvite*, insérées dans le *Journal encyclopédique* et reproduites dans l'*Esprit des Journaux*.

J. V.

Quérard, *La France Littéraire*.

MAUGIN (*Jean*), poëte et traducteur français, surnommé *le petit Angevin*. Il vivait « en l'an 1566 ». C'est tout ce que sait de lui Lacroix du Maine; encore ce peu paraît-il incertain. Ses ouvrages connus ont pour titres : *Dix histoires du Nouveau Testament exposées en rimes françoises, avec un cantique chrétien en faveur de ceux qui aiment les saintes et sacrées chansons;* Hiérome de Marnef, Paris, 1548, in-16; — *Le premier livre du nouveau Tristan, prince de Léonnois, chevalier de la Table Ronde, et d'Yseulte, princesse d'Yrlande, royne de Cornouaille, fait françois par Jean Maugin, dit l'Angevin;* Paris, 1554, in-fol. C'est l'édition originale d'une façon de *roman* à la mode italienne, imité plutôt que traduit, et depuis plusieurs fois réimprimé. Le comte de Tressan en a donné un long extrait (Paris, an VII, 3 vol. in-18). L'édition de 1586 (Paris, Nicolas Bonfons, in-4°.) est dédiée à M. de Maupas, abbé de S.-Jean de Laon, Mécène choyé des auteurs du temps, et à qui Jean Maugin, comme Gilles d'Avrigni, Claude Collet,

François Habert et nombre d'autres, adressa maintes dédicaces; — *L'amour de Cupidon et de Psyché, mère de volupté, prise des cinquième et sixième livres de la Métamorphose d'Apulée, ancien philosophe et historien, exposé en vers, tant italiens que françois*; Paris, Est. Grolleau, 1557; — *Le Parangon de Vertu, pour l'instruction des princes*; Paris, Est. Grolleau; réimprimé chez Jean Ruelle, 1573, sous ce nouveau titre : *Le Miroir du Prince* : en tête une ode à M. de Maupas; — *Le discours de l'état de paix et de guerre, de Nicolas Machiavel, secrétaire et citoyen de Florence, sur la première décade de Tite-Live*; Paris, in-fol., Est. Grolleau, 1556, et Hiérome de Marnef, in-16, 1572; — *Histoire de Palmerin d'Olive, empereur de Constantinople, fils du roi Flovendos de Macédone et de la belle Oriane, fille de Remicius, empereur de Constantinople, discours plaisant et singulière récréation, traduit jadis par un auteur incertain, de castillan en françois, mis en lumière et en son entier, selon notre langue vulgaire*... Probe et Tacite; c'est le titre complet de l'édition d'Anvers, 1572, in-4°, avec figures, précédée déjà des éditions de Paris, in-fol., 1546 et 1553; — *Mélicello discourant, ou récit de ses amours mal fortunées, la fidélité abusée de l'ingratitude*; Paris, Est. Grolleau, 1556, in-8°, de 132 feuillets, non compris les préliminaires. En tête une épître à Nicolas Doucet, gentilhomme laonnais élu pour le roi à Laon, suivie de vers d'une dame laonnaise qui signe : *Sçavoir est avoir*, et une courte *allusion* sur l'anagramme du traducteur : *Jean Maugin, amy angevin*. On trouve d'ailleurs dans le volume d'autres pièces de vers et chansons françaises; c'est en somme une traduction du livre italien d'Edelino Mussuto, intitulé : *Libro gentil, nuovamente trasportato nella volgar favella*, qui semble lui-même traduit du grec vulgaire. On a peine à s'expliquer le succès réel de ces fades productions d'imagination banale et de style pénible et boursouflé, aujourd'hui, quoique rares, négligées même des bibliophiles. Célestin PORT.

Revue de l'Anjou, 1854, p. 372; 1855, p. 97. — *Bibliothèque choisie de Contes et facéties*, 1787, t. IV, p. 311-306. — La Croix du Maine, Du Verdier, avec les annotations manuscrites de l'abbé Mercier, t. II, p. 467 (Biblioth. Imp. Réserve).

MAUGRAS (*Jean-Baptiste*), philosophe français, né le 11 juillet 1762, à Fresnes, près Bourbonne-les-Bains, mort à Paris, le 17 février 1830. En 1787 il obtint la première place au concours de l'agrégation pour la philosophie dans l'université. Pendant deux ans il suppléa l'abbé Royou au collége Louis-le-Grand, et en 1789 il fut nommé professeur de philosophie au collége de Montaigu. L'année suivante, sur l'invitation du roi, le conseil de l'université décida qu'il serait ajouté à l'enseignement accoutumé un cours extraordinaire et public dont l'objet serait d'exposer les « éléments du droit naturel et les principes de la morale sociale et de l'économie politique ». A l'unanimité Maugras fut chargé de ce cours, qu'il ouvrit en 1791, au collége de La Marche, et qu'il continua jusqu'au 10 août 1792. Le résumé de ce cours fut imprimé en 1796, sur les cahiers d'un élève et publié sous ce titre : *Dissertation sur les principes fondamentaux de l'association humaine*. En 1800, Maugras reprit l'enseignement de la philosophie, encore banni des écoles du gouvernement, dans deux grandes institutions de Paris. Vers la même époque, il fut appelé à professer l'économie politique à l'Académie de Législation. Fontanes ayant rétabli des chaires de philosophie dans les lycées, en 1808, offrit à Maugras celle du lycée fondé dans l'ancien collége Louis-le-Grand. En 1823 Maugras fut chargé, comme professeur suppléant, du cours d'histoire de la philosophie ancienne à la faculté des lettres. Il remplit ces fonctions pendant cinq ans avec succès. En 1806, en réponse à une question posée par l'Académie des Sciences de Berlin, Maugras mit au jour une *Dissertation sur l'analyse en philosophie*. En 1822, il fit paraître un volume sous le titre de *Cours de Philosophie*; et en 1830, au moment de sa mort, il venait de terminer son *Cours élémentaire de Philosophie morale*, qui a été imprimé en un volume in-8°. Il laissait les matériaux à peu près complets d'un livre intitulé : *Exercices de Logique et de Métaphysique*.

Son neveu, *François* MAUGRAS, professeur agrégé de philosophie, docteur en droit, suppléa son oncle pendant plusieurs années dans sa chaire de philosophie au collége Louis le Grand; puis il se consacra plus particulièrement au barreau, et se fit inscrire au tableau des avocats à Paris en 1817. On a de lui : *Discours sur l'importance et les vrais caractères de la philosophie*; 1823; — *Discours sur la légitimité*; 1824; — *Discours sur l'influence morale et sociale du christianisme*; 1825. J. V.

Biogr. univ. et portat. des Contemp. — Quérard, *La France Littér.*

MAUGUIN (*Gilbert*), président de la cour des monnaies de Paris, où il mourut, en 1674. Sectateur passionné de Jansenius, il publia dans l'intérêt de sa doctrine un ouvrage aujourd'hui très-recherché par les érudits. Cet ouvrage, qui parut chez Billaine, en 1650, 2 volumes in-4°, contient, sous le titre commun de *Vindiciæ Prædestinationis et Gratiæ*, deux parties très-distinctes : la première, qui a pour titre spécial *Veterum auctorum qui nono sæculo de Prædestinatione et Gratia scripserunt Opera et Fragmenta*, contient les nombreux écrits de Prudence, de Jean Scot Érigène, de Loup Servat, de Ratramne, de Florus, de saint Remi, d'Hincmar, etc., etc., publiés pour ou contre l'augustinien Gotschalk : la seconde, dont le titre particulier est *Historica et chronica Synopsis*, nous offre une ample et savante dissertation du président Mauguin sur toutes les circonstances de la controverse qui partagea dès le neuvième siècle l'Église des Gaules en deux sectes obstinément opposées. Ces deux volumes sont rares; ils manquent dans un grand nombre de nos dépôts publics. Nous devons ajouter qu'ils se recommandent encore par la netteté de l'impression et la correction des textes. B. H.

Præfatio G. Mauguini, Vindiciis annexa.

MAUGUIN (*François*), avocat et homme politique français, né à Dijon, le 28 février 1785, mort le 4 juin 1854, à Saumur. Son père, procureur au parlement, le destina de bonne heure au barreau, et dirigea lui-même sa première éducation. Après avoir terminé ses études à Mâcon, le jeune Mauguin vint à Paris pour y suivre les cours de jurisprudence à l'Académie de Législation et de l'école de droit. Reçu licencié en 1804, il débuta au palais en 1813, et en 1815 Labédoyère, condamné à mort par le conseil de guerre, devant lequel il s'était défendu lui-même, le chargea de soutenir son pourvoi devant le conseil de révision. Mauguin ne réussit pas à sauver son client; mais il déploya un talent remarquable, qu'il consacra dès lors aux infortunes politiques. L'année suivante, il fit acquitter en cour d'assises le domestique de Lavalette, accusé d'avoir favorisé l'évasion de son maître. Mauguin fut aussi chargé de la défense de Pleignier, dans l'affaire dite des patriotes de 1816, et se signala de nouveau dans celle des chevaliers de l'Épingle noire, qui furent tous acquittés. Il plaida encore pour les éditeurs de la *Bibliothèque Historique*; et ses conclusions dans cette affaire ont fait depuis jurisprudence. En 1819 il mit le sceau à sa réputation en plaidant pour le colonel Fabvier et de Senneville, accusés de diffamation par le général Canuel, qu'ils avaient attaqué dans des écrits sur les événements de Lyon. A la suite de ce procès, Mauguin, atteint d'une grave affection de poitrine et du larynx, se vit forcé de renoncer aux luttes du barreau. Il quitta même Paris, où il ne reparut qu'en 1823, et reprit en peu de temps la haute position qu'il y avait acquise. Une foule de causes civiles le classèrent bientôt parmi les sommités du palais, pendant que de nombreux procès politiques le désignaient comme un des soutiens des libertés publiques. En novembre 1827, deux colléges électoraux, l'un de la Côte-d'Or, l'autre des Deux-Sèvres, lui donnèrent leurs suffrages pour la députation: il opta pour le premier, et vint siéger à la chambre dans les rangs de l'opposition la plus avancée. Depuis lors, jusqu'à la révolution de février 1848, il ne cessa de représenter Beaune à la chambre des députés. Il fit partie des deux cent vingt et un députés qui manifestèrent dans l'adresse au roi le manque de confiance du pays dans le ministère de Polignac, et en juillet 1830 Mauguin embrassa sans hésiter le parti populaire. Pendant le combat le nom de Mauguin avait été porté sur une liste de sept députés contre lesquels le gouvernement avait lancé des ordres d'arrestation. Dans la réunion Laffitte il fut un de ceux qui appuyèrent le plus énergiquement la formation d'un gouvernement provisoire, et depuis membre de la commission municipale dont faisaient partie Laffitte, Casimir Périer, Gérard, le comte de Lobau, de Schonen, Audry de Puyraveau. Laffitte et Gérard, retenus par d'autres soins, ne prirent aucune part aux délibérations de cette commission, qui siégeait à l'hôtel de ville. Casimir Périer y parut seulement quatre ou cinq fois. Elle reçut les envoyés de Charles X, mais refusa de traiter avec eux; elle reçut aussi une députation populaire, composée de quinze à vingt personnes, ayant à sa tête M. Huber (*voy.* ce nom), lequel insista notamment, selon Mauguin, sur deux points, sur la nécessité de consulter la nation et sur celle de ne pas constituer le pouvoir avant d'avoir stipulé et arrêté des garanties pour les libertés publiques. Mauguin prétend que sur plusieurs points il était de l'avis de l'orateur. On fit à cette députation une réponse qui venait du cabinet du général La Fayette: elle avait été, dit Mauguin, préparée en arrière de moi; elle manquait de franchise, et excita plusieurs fois de ma part des gestes ou des mots de surprise et de désapprobation. » Cette conférence n'eut aucun résultat. La réunion des députés s'était réservé la haute question politique, c'est-à-dire le droit d'organiser le gouvernement définitif. Tout Paris semblait pourtant obéir à cette commission, qui ordonna une levée de vingt bataillons de garde mobile, proclama la déchéance de Charles X, et organisa l'expédition de Rambouillet. « Jamais autorité, ajoute Mauguin, ne fut obéie aussi ponctuellement que la nôtre. Jamais peuple ne se montra aussi docile, aussi courageux, aussi ami de l'ordre que celui de Paris en 1830... Que si l'on me demande ce que nous avons fait de cette confiance sans mesure qui nous était accordée, je répondrai que ce n'est pas à moi qu'il faut adresser la question. La puissance souveraine alors était dans la chambre, dont le public ignorait les dispositions intérieures. La chambre obéissait tant aux événements qu'à M. Laffitte, et M. Laffitte en outre, tant par lui que par le général La Fayette, disposait des masses populaires. Le crédit de la commission ne venait qu'en troisième ordre. Mais comme il grandissait tous les jours, il inspira des inquiétudes, et on chercha le moyen de s'en débarrasser... M. de Schonen, un de ses membres, immédiatement après l'acceptation par le duc d'Orléans de la lieutenance générale, avait demandé que la commission se démît de ses pouvoirs. Sur mes représentations, la discussion avait été ajournée; mais le lendemain, sur les insistances secrètes du général La Fayette et en mon absence, elle avait été reprise et la démission envoyée. On n'y trouvera pas ma signature. La commission n'a existé comme gouvernement que pendant cinq jours, et elle les a bien remplis. Elle fut priée par le lieutenant général d'organiser la ville de Paris, ce qu'elle fit, et ce qui continua quinze jours de plus son existence, devenue fort étroite. Son œuvre finie, elle se retira. » La caisse de l'hôtel de ville, mise à la disposition de la commission municipale, ainsi que les caisses de l'État, contenait de dix à douze millions; la commission dépensa 53,000 fr., que la cour des comptes proposa de laisser à la charge de cette commission. Cependant elle avait rendu des services, maintenu la tranquillité, rétabli la circulation, protégé la propriété et les personnes, pourvu à tous les besoins, et Mauguin réclamait avec justice une part « dans la direction donnée au peuple ainsi que dans la rapidité des mesures prises et de leur exécution ». M. de Cormenin, regardant Mauguin et M. Odilon Barrot comme les deux chefs rivaux de l'opposition dynastique, formula sur Mauguin cette opinion sévère : « On dit que léger d'humeur, indécis par état, il a plus de foi à la fatalité des circonstances qu'à la vérité des principes; que membre du gouvernement provisoire, et membre influent, l'histoire lui reprochera d'avoir failli à la souveraineté du peuple, d'avoir muselé la révolution et débridé la monarchie, d'avoir cédé mollement aux fantaisies usurpatrices d'une assemblée sans mandat, d'avoir eu peur de tout quand il fallait n'avoir peur de rien, de n'avoir pas compris ce qu'il représentait, ce qu'il pouvait exiger, et ce qu'il devait faire, et de n'avoir consulté ni les besoins de la France, ni son génie, ni sa fortune, ni sa volonté. On croit que ministre, dans les temps orageux que nous avons traversés, il eût été beaucoup trop préoccupé de ce qu'il appelle un gouvernement fort et pas assez des avertissements de l'opinion; qu'amoureux de ce qui brille, il eût été magnifique dans ses goûts de dépense et même un peu prodigue, et qu'il n'eût pas été enfin l'homme de l'économie et de la liberté. »

Mauguin avait pris part à la discussion de la charte nouvelle; mais il ne resta pas longtemps d'accord avec la monarchie de Juillet : partageant les convictions des membres qui voulaient pousser le plus loin possible les conséquences de la révolution, soit au dedans, soit au dehors, il embrassa la cause de toutes les populations qui s'insurgeaient successivement contre leurs gouvernements, poussant à la guerre de toutes ses forces. « Il se sentit pris tout à coup, dit M. de Cormenin, de la même fièvre belliqueuse que le général Lamarque. Il faisait beau les voir, comme feu M. de Marlborough, s'en aller tous deux en guerre. Les voilà partis, ils entraînent sur leurs pas et déploient les bataillons de la grande armée. A leur ordre, Toulon vomit ses flottes qui vont bloquer Ancône et soulever l'Adriatique, tandis qu'une expédition de nos meilleures troupes, longeant le littoral d'Alger, ira renouveler sur les plages du Nil les prodiges de Bonaparte. Le Rhin est franchi, la Belgique s'insurge, Vienne capitule, Cracovie ouvre ses portes, et, grossie des phalanges de la Courlande et de la Bessarabie, la propagande victorieuse se fraye une large voie jusqu'au Tanaïs. Là même arrivé, M. Mauguin ne se reposait pas... Je crois en vérité que si on l'eût laissé faire, il nous eût menés tambour battant, à travers champ, jusqu'aux Grandes Indes. Ils organisaient sur leur chemin, Lamarque et lui, des révolutions et des chutes d'empires. Ils fondaient des États; ils passaient des traités d'alliance et de commerce. Ils promenaient le drapeau tricolore à la suite de leurs triomphes; ils appelaient à la liberté les Kalmouks, les Kirghises et les Kurdes, et je ne me souviens pas trop s'ils ne faisaient pas aussi de toutes petites chartes pour tous ces braves barbares, enchantés d'être vaincus... En perdant le général Lamarque, M. Mauguin perdit son emploi de chef d'état-major. Bientôt, afin de pouvoir continuer ses expéditions géographiques, M. Mauguin passa de la guerre au service des colonies, et lui, qui voulait affranchir les Morlaques, ne veut pas affranchir les nègres. » En effet Mauguin, devenu délégué des colonies, soutint avec ardeur les idées et les passions des colons propriétaires. Il s'occupait aussi beaucoup des affaires étrangères. M. de Cormenin l'accusait d'avoir eu encore une autre manie que celle des conquêtes, de la diplomatie et de l'esclavage: c'était celle de tenir à passer pour un homme gouvernemental. Selon ce publiciste, Mauguin avait du faible, un faible marqué pour le pouvoir, et il était plus touché des nécessités de l'ordre que de celles de la liberté. On lui reprochait aussi, suivant M. de Cormenin, de n'avoir pas assez de suite dans les idées, de faire trop d'opposition individuelle et pas assez d'opposition collective; de détourner et de faire avorter, par des brusques sorties, des combinaisons dont il ne se donnait pas la peine de s'enquérir, d'aller parfois trop loin et de ne pas aller quelquefois assez loin, de se taire quand il aurait dû parler, et de parler quand il aurait dû se taire, de soutenir des thèses au moins extraordinaires, si ce n'est fausses, de faire la guerre à l'aventure, en tirailleur plutôt qu'en capitaine, de ne savoir ni donner le mot d'ordre ni le prendre, de n'être ni en dehors ni en dedans de l'opposition, et de la mettre ainsi dans l'impuissance de le suivre ou de le combattre. Mauguin avait fini effectivement par s'isoler dans la chambre et par se faire une position à part dans toutes les questions, et l'on a dit avec raison que s'il était « un adversaire dangereux, il n'était pas un ami commode ». Sa parole incisive et hardie, s'attaquant à tous les ministères, provoqua plus d'un orage dans la chambre, et il en résulta une fois entre lui et M. Viennet un duel, qui se termina toutefois sans effusion de sang. Devenu plus circonspect, Mauguin ne craignit plus de s'élever contre les prétentions de l'opposition, et à la suite d'un voyage entrepris en Russie dans l'été de 1840, il devint partisan d'une alliance de la France avec cet empire. Il renonça enfin à la délégation des colonies; mais il accepta un mandat analogue des créanciers de l'Espagne.

Mauguin avait perdu une grande partie de son influence lorsque la révolution de février 1848 arriva. « Ce feu d'éloquence et de patriotisme, qui avait, a dit un anonyme, répandu tant de chaleur et d'éclat, rayonna pendant quelque temps encore, pour s'éteindre peu à peu, au milieu d'une triste fumée d'affaires obscures, de spéculations, de démarches équivoques, d'actes, de faits et d'événements inexpliqués. C'est en effet le maniement et l'usage des fonds secrets des colonies; c'est l'achat du journal *Le Commerce* au nom des colonies, et la direction d'un organe de l'opinion générale du pays dans la voie des intérêts exclusifs d'une agrégation particulière d'individus; c'est la rétrocession de ce journal, à titre fabuleusement onéreux au prince Louis Bonaparte.... C'est, dans tous ses rapports avec ce prétendant, l'évidente exploitation d'une bourse, d'une opinion, d'une influence; c'est encore dans des entreprises hasardeuses, dans de ténébreuses combinaisons industrielles, une fortune engloutie, une profession ruinée, un titre d'avocat perdu; c'est l'hypothèque qui crie, l'obligation chirographaire qui hurle, la contrainte par corps qui cherche, chasse et pourchasse; c'est, au milieu de tout, une situation parlementaire compromise, une parole enchaînée, une intervention dans les affaires impossible, un mandat électoral paralysé, annulé. » Néanmoins Mauguin fut encore élu par le département de la Côte-d'Or à l'Assemblée constituante. Il y fit partie du comité des affaires étrangères, et fut nommé rapporteur de la commission sur l'impôt des boissons. Réélu le premier dans le même département à l'Assemblée législative, il vota pour l'ordre du jour sur les affaires d'Italie; puis, au mois de juin 1849, il roposa un ordre du jour motivé pour appeler la sérieuse attention du gouvernement sur les mouvements et les complications militaires qui se produisaient en Europe; mais l'assemblée adopta l'ordre du jour pur et simple. Plus tard, Mauguin revint tout à fait à l'opposition. Le 27 décembre 1850, sur les poursuites d'un créancier, nommé Chéron, porteur d'un titre de 1,093 fr. de principal, avec intérêts et frais, Mauguin fut arrêté par un garde du commerce et conduit pour dettes à la prison de la rue de Clichy. Vainement il invoqua l'inviolabilité du représentant, la première chambre du tribunal civil de la Seine déclara au provisoire que les lois nouvelles n'avaient pas conservé cette immunité. L'Assemblée nationale s'émut; un de ses questeurs requit un bataillon de ligne, et fit procéder de force à l'élargissement du représentant incarcéré. Le coup d'État du 2 décembre 1851 rendit Mauguin à la retraite. Il alla mourir chez sa fille, Mme la comtesse de Rochefort.

D'après le portrait que M. de Cormenin faisait de M. Mauguin en 1835, cet orateur « avait une figure ouverte, des yeux fins et spirituels, un organe ferme et net, une déclamation un peu emphatique. Il avait des gestes nobles, une parole claire et resonnante, une attitude ferme; il n'était pas aussi long, aussi diffus, aussi avocat que les autres avocats; il gâtait quelquefois sa diction en voulant la soigner; mais sa phraséologie était plus déclamatoire dans le ton que dans les mots, dans l'accentuation que dans les idées... Quelquefois lorsqu'il s'animait, et que chez lui le naturel l'emportait sur l'art, il cessait d'être rhéteur, il devenait orateur, et s'élevait jusqu'à la plus haute éloquence. Alors il faisait frémir, pâlir et pleurer sur les déchirements de la Pologne expirante; il criait du fond du cœur, il soupirait, il se troublait, il émouvait. Mais ces effusions de l'âme n'étaient pas communes chez Mauguin, trop maître de lui-même pour trouver le pathétique, qui ne se rencontre que lorsqu'on ne le cherche pas. En revanche, Mauguin maniait avec un avantage décidé le sarcasme poignant et l'ironie à lame fine. C'était un rude interpellateur. Il était fécond, ingénieux, hardi, pressant. Il ne se laissait intimider ni par les ricanements ni par les murmures. Il se refroidissait de la colère de ses adversaires. Je l'ai vu beau lorsque du haut de la tribune, il luttait contre Casimir Périer, son redoutable ennemi. Le ministre, épuisé, hors d'haleine, lançait sur la tribune les éclairs de son œil en feu, il bondissait sur son banc, il interjectait des exclamations entrecoupées de menaces. Mauguin, de ses lèvres souriantes, lui décochait de ces traits qui ne font pas jaillir le sang, mais qui restent sous l'épiderme. Il voltigeait autour du ministre, et se posait en quelque sorte sur son front, comme le taon qui pique un taureau mugissant; il entrait dans ses naseaux, et Casimir Périer écumait, se débattait sous lui, et demandait grâce... Mauvais politique par insouciance de conviction plutôt que par faiblesse de caractère, mais excellent orateur, quelquefois à l'égal des plus grands; par intervalles éloquent, toujours plein, lucide, concis, ferme, incisif; esprit à ressources, étendu, pénétrant, flexible, calculateur, serein dans l'orage, maître de ses passions, moins pour les réprimer que pour les conduire, et ne suspendant ses impatiences que pour mieux affiler et relancer les traits amortis qu'on lui jetait; homme de grâce et de séduction, un peu présomptueux, avide de louanges, et qu'on ne pouvait, pour tout dire en un mot, aimer fortement ni haïr. » Parmi les mémoires judiciaires publiés par Mauguin, on distingue le suivant : *Mémoire pour G.-J. Ouvrard sur les affaires d'Espagne;* Paris, 1826, in-8°. Parmi ses discours imprimés séparément, on cite celui qu'il prononça en 1840 sur la question d'Orient; Paris, 1841, in-8°. Parmi ses rapports on remarque son *Rapport à l'Assemblée nationale, au nom de la commission des boissons*; Paris, 1849, in-8°. Plusieurs de ses plaidoyers sont insérés dans les *Annales du Barreau Français*. Mauguin a été un des principaux rédacteurs de la *Bibliothèque du Barreau*. L. LOUVET.

Timon (M. de Cormenin), *Le Livre des Orateurs*. — De Loménie, *Galerie des Contemp. illustres*, par un homme de rien, tome III. — *Biogr. univ. et portat. des Contemp.* — Dénédé, dans l'*Encycl. des Gens du Monde*. — *Dict. de la Convers.* — *Biogr. statistique de la Chambre des Députés*. — *Biogr. des 900 Représ. à la Constituante et des 750 à la Législative*. — *Moniteur*, 1827-1851.

MAULÉON (*Auger* DE), littérateur français, natif de Bresse, mort vers 1650. Il était entré dans les ordres, et s'était fait connaître par la publication de quelques manuscrits curieux, entre autres les *Mémoires de Villeroi* (Paris, 1622, in-4°), les *Lettres du cardinal d'Ossat* (1624) et les *Mémoires de la reine Marguerite* (Paris, 1628, in-8°). Il fit partie de l'Académie Française pendant quelques mois de l'année 1635 : élu à la presque unanimité le 6 février, il fut exclu, le 14 mai suivant, à la demande du cardinal de Richelieu, « pour avoir été dépositaire infidèle », dit Richelet. P. L.

Pellisson, *Hist. de l'Acad. Française*.

MAULEVRIER (*Édouard-François* COLBERT, comte DE), général français, né en 1634, mort le 31 mai 1693, à Paris. C'était un des frères du ministre Colbert. Il venait à dix-sept ans d'obtenir une compagnie au régiment de Navarre lorsqu'à l'assaut du fort du Câtelet il fut atteint de huit coups de mousquet et laissé pour mort sur la place. Il assista ensuite à la bataille des Dunes ainsi qu'à une douzaine de siéges en Flandre, commanda à Philipsbourg, et fut capitaine aux gardes, puis aux mousquetaires. A la suite de la conquête de la Franche-Comté, il fut nommé maréchal de camp (1669), et accompagna M. de Navailles dans l'expédition envoyée au secours de Candie. Sans cesse employé en Flandre ou sur le Rhin, il passa plus de vingt ans au milieu des camps. En 1674, il concourut, sous les ordres de Turenne, à la victoire de Sintzheim. Le 25 février 1676, il fut promu au grade de lieutenant général; en cette qualité il servit aux siéges de Fribourg et de Gand, et à la bataille de Saint Denis, près Mons; il poussa les travaux devant Courtrai avec tant de vigueur que la ville capitula (1683). Le chagrin de n'avoir pas été compris dans les promotions de maréchaux fut, dit-on, une des causes de sa mort.

MAULEVRIER (*Henri* COLBERT, chevalier DE), troisième fils du précédent, mort le 25 août 1711, à Cambrai, embrassa aussi le métier des armes. Reçu chevalier de Saint-Jean-de-Jérusalem, il servit au régiment de Navarre, dont il devint colonel en 1695, après la prise de Namur. Employé en Italie, de 1701 à 1706, il passa, en 1707, en Espagne, et se trouva à la bataille d'Almanza et à la prise de Lerida et de Tortose. En 1710, il fut nommé lieutenant général.

MAULEVRIER (*Louis-René-Édouard* COLBERT, comte DE), petit-fils d'Édouard-François, né le 14 septembre 1699, mort le 29 novembre 1750, devint à dix-huit ans lieutenant général d'Anjou, et à vingt colonel du régiment de Piémont. Il prit part aux campagnes d'Allemagne et d'Italie, et fut créé lieutenant général en 1745. P. L.

Pinard, *Chronol. milit.*, IV, V. — Chaudon, *Dict. univ.*

MAULEVRIER (*Édouard-Victorien-Charles-René* COLBERT, comte DE), officier et diplomate français, né en 1754, mort dans le mois d'août 1839. Il entra de bonne heure dans la carrière militaire, et était déjà officier supérieur dans le régiment de Lunéville en 1776. Mais la diplomatie était sa vocation; il fut nommé, en 1781, ministre plénipotentiaire du roi Louis XVI près de l'électeur de Cologne. Ce poste devint important à l'époque de la révolution; le comte de Maulevrier profita de sa position et de son influence pour rendre de grands services à la ville de Metz pendant la disette de 1789, et aux émigrés, auxquels les princes d'Allemagne refusaient l'entrée de leurs États. Propriétaire de vastes domaines dans l'Anjou et le Poitou, le comte de Maulevrier venait au secours de tous les royalistes, et laissait à Stofflet (*voy.* ce nom), qui avait été son garde-chasse, le soin de disposer de tous les revenus de sa terre de Maulevrier. Aussitôt après la mort de Louis XVI, il envoya sa démission, et fut porté sur la liste des émigrés; il rentra en 1800, mais ne fut rayé de la liste qu'en 1803. En 1815, les Bourbons le confirmèrent dans son grade de maréchal-de-camp et lui rendirent la forêt de Maulevrier, que Napoléon n'avait jamais voulu lui restituer. A partir de cette époque il ne s'occupa plus que d'agriculture; il introduisit le premier dans la Vendée la culture de la pomme de terre, y créa des prairies artificielles, et y fit connaître l'usage de la chaux comme engrais. Stofflet lui avait sauvé la vie, et n'avait jamais oublié qu'il avait été son serviteur; car lorsque, le 2 mars 1795, il traita avec la république, il stipula que son ancien maître, alors émigré, serait libre de rentrer en France et reprendrait ses biens, ce qui ne fut pas exécuté; mais le comte de Maulevrier, pénétré de reconnaissance pour son ancien garde-chasse, devenu l'un des plus célèbres généraux vendéens, lui fit élever un monument dans la cour de son château, et y fit graver l'inscription suivante : « A la mémoire de Stofflet, né le 3 février 1753, à Barthelemont, arrondissement de Lunéville, général en chef de l'armée royale du bas Anjou, mort à Angers, le 23 février 1796. Toujours fidèle à Dieu et au roi, il mourut en obéissant. » A. JADIN.

De Courcelles, *Dictionnaire historique des Généraux français*. — *États et Brevets militaires*. — Th. Muret, *Hist. des Guerres de l'ouest*.

MAULMONT ou **MALMONT** (*Jean* DE), érudit français, né dans le Limousin, vivait dans le seizième siècle. Appartenant à une ancienne

famille noble, qui possédait une des baronnies du Limousin, il naquit au château de Maumont, et fut principal du collége de Saint-Michel, autrement appelé de Chanac, et qui avait été fondé en 1530, par la maison Pompadour pour les étudiants limousins. Selon La Croix du Maine, « c'étoit un homme très-docte ès langues et principalement dans celle de la Grèce, grand théologien et orateur fécond ». Il était grand ami de Jules Scaliger. Plusieurs de ses contemporains ont prétendu qu'il était le véritable auteur de la traduction de Plutarque qui porte le nom d'Amyot; cette assertion a été réfutée par La Monnoye, dans une note sur l'*Anti Baillet* de Ménage. On a de Maulmont : *Les Œuvres de saint Justin, philosophe et martyr*; Paris, 1538, in-fol.; — *Les Histoires et Chroniques du monde, tirees tant du gros volume de Jean Zonare, auteur byzantin, que de plusieurs autres scripteurs hébreux et grecs, avec annotations*; Paris, 1563, in-fol.; — *Les graves et saintes Remontrances de l'empereur Ferdinand au pape Pie IV sur le concile de Trente*; Paris, 1563, in-8°; — *Remontrances chrétiennes en forme d'épître à la reine d'Angleterre, trad. du latin de Hiérosme Oserias, évesque portugalois*; Paris, 1563, in-8°. Le même auteur avait écrit en italien un *Ample Discours de la vie de René de Birague*, chancelier de France, mort en 1583, et la *Gallia Christiana* le cite comme un ouvrage exact et utile.
P. L.

La Croix du Maine et Du Verdier, *Biblioth. françoises*. — Goujet, *Biblioth. françoise*, XII. — *Gallia Christiana*, VI, 571.

MAULNY. *Voy.* Cnouet (*René*).

MAULTROT (*Gabriel-Nicolas*), jurisconsulte français, né le 3 janvier 1714, à Paris, où il mourut, le 12 mars 1803. Reçu avocat au parlement de cette ville en 1733, il s'adonna principalement à l'étude du droit canonique, et obtint, surtout par ses consultations, un rang honorable au barreau. Discutant à la fois les priviléges de l'épiscopat et les droits de ce qu'on appelait alors le bas clergé, il prit avec courage la défense des prêtres arbitrairement frappés d'interdit pour leur refus de signer le formulaire relatif à la bulle *Unigenitus*. En 1791, lors de la constitution civile du clergé, il embrassa avec non moins de chaleur la cause de ces mêmes évêques dont il avait attaqué le despotisme. Des nombreux écrits de Maultrot, dont Barbier a donné la liste la plus complète dans son *Dictionnaire des Ouvrages anonymes*, nous citerons seulement : (en société avec Mey) *Apologie des Jugements rendus en France contre le schisme*, 1752, 3 vol. in-12; 1753, 4 vol. in-12; — *Maximes Du Droit public français*, 1772, 2 vol. in-12; Amsterdam, 1775, 2 vol. in-4°, ou 6 vol. in-12 : ce livre a été fait d'abord avec la collaboration de Mey et Aubry. Maultrot y a fourni beaucoup d'additions, qui sont entrées dans l'édition d'Amsterdam, à laquelle n'ont eu part ni Montelin ni Lauraguais, malgré l'assertion contraire de quelques bibliographes. « On développe dans cet ouvrage, dit Camus, avec une érudition immense et une libre énergie, les principes de tout gouvernement en général, et ceux du gouvernement français en particulier; » — *Dissertation sur le Formulaire, dans laquelle on établit qu'il est irrégulier, abusif, inutile, dangereux, et que la signature n'en est ordonnée par aucune loi qui soit actuellement en vigueur dans le royaume*; Utrecht, 1775, in-12; — *Mémoire sur la nature et l'autorité des assemblées du clergé de France*; Paris, 1778, in-12; — *Institution divine des curés et leur droit au gouvernement général de l'Église*; en France, 1778, 2 vol. in-12; — *Les Droits du second ordre* (du clergé) *défendus contre les apologistes de la domination épiscopale*; 1772, in-12; — *Les Prêtres juges dans les Conciles avec les evêques*, ou *Réfutation du* Traité des Conciles en général, *de l'abbé Ladvocat*; 1780, 3 vol. in-12; — *Véritable Nature du mariage : Droit exclusif des Princes d'y apposer des empêchements dirimants*; 1788, 2 vol. in-12; — *Examen des Décrets du concile de Trente et de la Jurisprudence française sur le mariage*; en France, 1788, 2 vol. in-12; — *Dissertation sur les Dispenses matrimoniales*; 1790, in-12; — *Discipline de l'Église sur le mariage des prêtres*; Paris, 1790, in-8° : dirigé contre l'ouvrage de l'abbé Gaudin, intitulé : *Inconvénients du Célibat des Prêtres*. Maultrot prit part à la rédaction des *Nouvelles ecclésiastiques*, journal qui commença à paraître en septembre 1791.
E. Regnard.

Arnault, Jay, Jouy et Norvins, *Biographie nouvelle des Contemporains*. — Camus, *Bibliothèque choisie de Livres de Droit*. — Quérard, *La France Littéraire*.

MAUNDRELL (*Henry*), voyageur anglais, vivait de 1650 à 1710. Les premiers événements de sa vie sont inconnus. En 1696 il était chapelain de la factorerie anglaise d'Alep. Le 26 février 1697, il se mit en route avec quatorze de ses compatriotes pour visiter la Palestine. Tripoli fut la première étape de cette petite caravane, qui explora successivement Jaffa, Saint-Jean-d'Acre, Jérusalem et ses environs, les rivages de la mer Morte, Bethléem, et revint par Nazareth, Naplouse, le mont Thabor, Damas, Balbek et le Liban. Maundrell fit une autre excursion à Bir, sur les bords de l'Euphrate et en Mesopotamie. La relation de ses deux voyages parut à Oxford, 1698, in-8°, avec de nombreuses gravures. Elle a été trad. en français sous le titre de *Voyage d'Alep à Jerusalem à Pâques de l'annee 1697*, suivi du *Voyage* de l'auteur *à Bir, sur les bords de l'Euphrate et en Mesopotamie*; Utrecht, 1705, et Paris, 1706, in-12, avec fig.; trad. en allemand par Louis-Franç. Vischer; Hambourg, 1737, in-8°, avec lig. Le *Voyage d'Alep à Jérusalem* est plein d'observations curieuses et intéressantes; il n'en est pas de même du *Voyage à Bir*, qu'on croit être apocryphe. A. DE L.

Alexandre Drummond, *Voyages en Asie*, etc. (Londres, 1754, in-fol.). — *Dict. hist.* (édit de 1822). — H.-J. Rose, *New Biographical Dictionary*.

MAUNOIR (*Julien*), philologue français, né le 1er octobre 1606, au bourg de Saint-Georges de Reinthembault (diocèse de Rennes), mort le 28 janvier 1683, à Plévin, près Guingamp. Entré, à l'âge de vingt ans, dans la maison professe des Jésuites à Paris, il termina ses études à La Flèche. Il était chargé de la chaire de cinquième au collége de Quimper, lorsque Michel Lenobletz lui proposa de continuer son apostolat. Il apprit le bas-breton, se mit à parcourir les campagnes, et déploya tant de zèle dans ses prédications, que sa santé s'étant altérée, il fut obligé de reprendre la carrière de l'enseignement qu'il exerça à Tours. Après avoir reçu l'ordination à Nevers, il consacra le reste de sa vie, selon un vœu qu'il avait fait, à évangéliser la Bretagne. Étant revenu, en 1640, à Quimper, il y reçut de Lenobletz les clochettes et les peintures symboliques dont ce dernier s'était si heureusement servi pour expliquer les mystères de la religion. Pendant quarante-deux années consécutives, le P. Maunoir put réaliser ses projets. Inaccessible à l'injure et à la violence dont son dévouement fut bien souvent payé, acceptant ou s'imposant les plus rudes privations, voyageant à pied, un bissac sur l'épaule, et ne portant en vêtements et en nourriture que ce qui lui était rigoureusement indispensable, il visita successivement, et à plusieurs reprises, presque toutes les paroisses des diocèses de Cornouaille et de Léon, les îles d'Ouessant, de Molène, de Sizein, etc., sans parler d'un grand nombre de localités des autres diocèses de la Bretagne, et partout sa voix se fit entendre avec succès. Il revenait de terminer plusieurs missions, et se dirigeait sur Quimper lorsque la fatigue l'obligea de s'arrêter à Plévin, où il mourut après une très-courte maladie. Suivant le désir qu'il en avait exprimé, il fut inhumé comme les pauvres; mais plus tard on lui a érigé une statue dans l'église de Plévin. Dans le triple but de savoir personnellement une langue indispensable pour lui, de la purifier du langage mixte en usage chez les prédicateurs du temps, et d'en généraliser la connaissance, Maunoir coopéra à la création des colléges de Quimper et de Morlaix, où le breton était la langue usuelle des écoliers. Les mêmes motifs le dirigèrent dans la composition des ouvrages suivants, que tous les ecclésiastiques du pays adoptèrent : *Canticon spirituel hac instructionon profetabl evit disqui an hent da vont d'ar barados*; Quimper, s. d., pet. in-8°. Ce recueil de *Cantiques* a souvent été réédité, surtout de nos jours; — *Vita S. Corentini, Aremorici; Cosopiti* (Quimper), 1685, in-12; Quimper, 1821, in-12; loin d'être écrit en latin, comme l'ont cru les pères Southwell et Le Long, cette vie se compose de 766 vers bretons; — *Templ consacret do bassion Jesus-Krist*, etc. (Le Temple consacré à la passion de Jésus-Christ), en breton, prose et vers; Quimper, 1679, 1686, in-8°; — *Le sacré Collége de Iesus* (Kenteliou Christen eus ar C'holach-Sakr, etc.), *divisé en cinq classes, où l'on enseigne en langue armorique les leçons chrestiennes, avec les trois clefs pour y entrer; un Dictionnaire, une Grammaire et Syntaxe en même langue*; Quimper, 1659, pet. in-8°. Les deux *Dictionnaires*, l'un français-breton, d'environ 6,300 mots, l'autre breton-français, d'à peu près 3,000 mots, ont été réimprimés avec la syntaxe, calquée sur celle de Despautère, dans l'*Archeologia Britannica* d'Edw. Llwyd; Oxford, 1707, in-fol. Ces divers ouvrages, curieux au point de vue philologique, comme monument des variations de la langue bretonne, ne la reproduisent pas avec toute la pureté désirable. Un juge bien compétent, M. de La Villemarqué, en a fait l'appréciation suivante : « Né dans la partie française de la Bretagne, le P. Maunoir était choqué de la rudesse de certains sons de la langue bretonne. Pour les adoucir, il supprima ou modifia certains signes, nécessaires pour conserver aux mots leur signification primitive, montrer leur étymologie, leur dérivation, leurs affinités. Les expressions ainsi défigurées, dont il se servit dans ses ouvrages, prévalurent dans le dix-huitième siècle, et il en resta une orthographe sans principes fixes, sans méthode, une orthographe *ad libitum*, et qui a cessé avec raison d'être suivie, depuis que Le Pelletier a restitué dans son *Dictionnaire* l'ancienne orthographe bretonne. » P. LEVOT.

Boschet, *Le parfait Missionnaire, ou la vie du P. Julien Maunoir*; Paris, 1697, in-12. — Lobineau, *Vies des Saints, etc., de Bretagne*, V, 23-137. — G. Leroux, *Recueil des vertus et des miracles du P. Julien Maunoir*; Quimper, 1716, in-12. — La Villemarqué, *Essai sur l'histoire de la langue bretonne*, en tête de son édition du *Dict. Français-Breton de Le Gonidec*; Saint-Brieuc, 1847, in-4°.

MAUPAS DU TOUR (*Henri* CAUCHON DE), prélat français, né en 1600, au château de Cosson, près de Reims, mort à Évreux, le 12 août 1680. Issu d'une ancienne famille de Champagne, il eut pour parrain le roi Henri IV, et avait à peine seize ans quand il fut nommé abbé commendataire de Saint-Denis de Reims, où il introduisit en 1636 la congrégation de Sainte-Geneviève. Vicaire général du diocèse de Reims, premier aumônier de la reine Anne d'Autriche, il fut en 1641 nommé évêque du Puy et transféré en 1661 au siége d'Évreux. Le 5 mars de l'année suivante, se trouvant à Rome pour solliciter la béatification de François de Sales, il fut nommé prélat assistant au trône pontifical. Il fonda, le 14 janvier 1667, un séminaire à Évreux, se démit de son évêché en 1680, et mourut des suites d'une chute de voiture. On a de lui : *Vie de*

Mme de Chantal; Paris, 1644, in-4°; plusieurs éditions; — *Vie de saint François de Sales;* Paris, 1657, in-4° fig.; — *Oraison funèbre de saint Vincent de Paul;* Paris, 1661, in-4°; — *Statuts synodaux;* Évreux, 1664-1665, in-8°. On croit que ces statuts furent dressés par l'abbé H.-M. Boudon, l'un de nos plus célèbres auteurs ascétiques. H. Fisquet.

Gallia christiana, II et XI. — Le Brasseur, *Hist. du Diocèse d'Évreux.*

*MAUPAS (*Charlemagne-Émile* de), sénateur français, né à Bar-sur-Aube (Aube), le 18 décembre 1818. Il vint faire son cours de droit à Paris, et obtint, en 1845, la sous-préfecture d'Uzès, d'où il passa, deux ans après, à celle de Beaune. Mis à l'écart sous le gouvernement provisoire en 1848, il obtint l'année suivante la sous-préfecture de Boulogne-sur-mer, passa ensuite à la préfecture de l'Allier, et fut appelé à celle de la Haute-Garonne en 1850. Il déploya dans ces deux départements la plus grande rigueur contre le parti démagogique. Appelé, en 1851, à la préfecture de police en remplacement de M. Carlier, il fut du très-petit nombre de personnes admises à préparer le coup d'État du 2 décembre. Il invita dans sa première proclamation les habitants de Paris à demeurer calmes, sous peine « de se briser immédiatement contre une inflexible répression », et fut chargé de l'arrestation des représentants du peuple les plus hostiles au mouvement napoléonien. Nommé, le 22 janvier 1852, ministre de la police générale, il donna quatre-vingt-douze avertissements aux journaux politiques, étendit la juridiction des commissaires de police, et veilla à la stricte exécution de ses ordres. Son ministère ayant été supprimé, le 10 juin 1853, il se rendit à Naples avec le titre de ministre plénipotentiaire, poste qu'il n'occupa que peu de temps, et où il fut remplacé, en avril 1854, par M. Delacour. Il avait été nommé sénateur le 21 juin 1853. Sicard.

Archives du Sénat. — *Moniteur*, 1851, 1852 et 1853.

MAUPEOU (*René-Charles* de), magistrat français, né à Paris, en 1688, mort en 1775. Fils d'un président des enquêtes au parlement de Paris, il fut successivement avocat du roi au Châtelet (1708), conseillé au parlement (1710), président à mortier (1717), premier président, pendant quatorze ans, jusqu'en 1757; alors il se démit; mais en 1763 il fut nommé garde des sceaux et vice-chancelier, et en 1768 chancelier pendant vingt-quatre heures, le temps de transmettre sa charge à son fils. C'était un homme doué de tous les avantages extérieurs qui aident à remplir avec distinction des fonctions éminentes; « extrêmement gracieux, dit Barbier, avec de l'esprit, il était propre à avoir affaire à la cour ». Ses ennemis lui ont reproché son ignorance; mais personne ne lui a refusé un tact parfait, l'art de conserver toujours les convenances, et les contemporains ont souvent loué la noblesse digne et éloquente de ses paroles dans les nombreuses occasions où il lui fallut représenter le parlement pendant cette période si agitée du règne de Louis XV. Quand Le Pelletier donna sa démission de premier président (sept. 1743), Maupeou, probablement prévenu par lui, put faire agir les nombreux amis qu'il avait à la cour, et, secondé surtout par Maurepas, qui était son parent, il fut préféré à ses concurrents, Gilbert des Voisins, Joly de Fleury et Lamoignon de Blancmesnil. Celui-ci devait lui en garder rancune; les Lamoignon n'aimaient pas les Maupeou, quoique Maupeou eût épousé Anne-Victoire de Lamoignon de Courson ; c'était une personne de beaucoup d'esprit, très-entendue, dit Barbier, et capable de bien diriger une grande maison; elle fut alors très-utile à Maupeou, car il n'était pas riche; sa charge exigeait beaucoup de représentation (150,000 livres, pour meubles, équipages, vaisselles, etc.), et Maupeou sut faire dignement les honneurs de la présidence à Paris et à sa terre de Bruyères, près de Beaumont-sur-Oise. Ses débuts furent heureux; nommé en octobre 1743, il parvint à faire enregistrer, dès le mois de décembre, quatorze édits bursaux, qui devaient rapporter 50 millions; aussi Louis XV, satisfait, lui accorda un logement dans le château de Versailles : aucun président de parlement n'avait eu cette faveur; c'était presque être traité en ministre. Cependant Maupeou, qui aspirait dès lors à la dignité suprême de chancelier, dut voir avec douleur l'élévation de Lamoignon-Blancmesnil, en 1750. Comme chef du parlement de Paris, il commençait à se trouver dans une position pleine de difficultés et de périls. Au dix-huitième siècle, les parlements, on le sait, n'ont pas cessé de lutter contre la royauté; sans pouvoir affirmer l'origine et le principe de leurs prétentions, sans connaître les limites de leurs droits, forts de l'appui que leur donnait l'opinion publique, et de la faiblesse d'un gouvernement de plus en plus incertain et méprisé, ils eurent recours aux moyens les plus propres à déconsidérer l'autorité et à jeter dans la société les germes du mépris et de l'esprit de révolte. Remontrances réitérées, protestations contre les édits, les lettres de jussion, les lits de justice, luttes contre le grand-conseil, interruption du cours de la justice, démissions collectives, telle est l'histoire du parlement pendant le règne de Louis XV. Un premier président devait à la fois défendre les prétentions, les droits, les intérêts, les prérogatives, l'honneur du corps qu'il dirigeait et qu'il représentait officiellement; mais il devait aussi s'efforcer de calmer les esprits dans le sein de la compagnie, et servir d'intermédiaire entre la cour et le parlement. Il fallait beaucoup de tact et de souplesse, de la dignité sans raideur pour jouer ce rôle de tous les instants; et Maupeou, qui ne brillait pas, à ce qu'il paraît, comme juge et jurisconsulte, sembla longtemps mériter par une conduite prudente et conciliante les éloges qui lui furent généralement accordés. Les premières années de sa présidence avaient été relativement assez tranquilles; mais les luttes devinrent très-vives, à partir de 1750. Résumons-les rapidement: l'archevêque de Paris, Christ. de Beaumont, prélat vertueux, qui ne savait pas céder, avait remplacé, par abus d'autorité, dès 1749, la supérieure de l'hôpital général: le parlement intervient; il y a bientôt conflit d'autorité entre le pouvoir judiciaire et le pouvoir ecclésiastique; la querelle s'envenime; enfin le roi se décide à publier (24 mars 1751) un règlement nouveau pour l'hôpital général. Mais le parlement ne l'enregistre (20 juillet) qu'après en avoir complétement modifié la plupart des dispositions; il outrepassait évidemment ses droits. Le roi veut être obéi; le parlement soutient ses prétentions contre un arrêt du conseil, contre la volonté du roi, formellement exprimée, contre des lettres de jussion; et lorsque, après plusieurs mois de luttes ardentes, Louis se fait enfin livrer les papiers concernant cette affaire, en défendant au parlement de s'en occuper désormais, le parlement cesse ses fonctions (novembre 1751); « plus de tribunaux dans Paris, dit Barbier, ... cela cause un grand désordre ». Mais le roi ordonne aux magistrats, sous peine de désobéissance, par des lettres de cachet que portent des mousquetaires, de reprendre leurs fonctions ordinaires; il leur adresse des lettres patentes, dans lesquelles il rappelle encore une fois que les charges du parlement ne sont que des commissions royales, et que le parlement n'est qu'une cour de justice et non le parlement de la nation; enfin, un édit du 1er février 1752 charge le grand conseil de tout ce qui concerne l'hôpital général. Maupeou, qu'on avait d'abord accusé de faiblesse à l'égard de l'archevêque, représenta dignement la compagnie: il adressa au roi plusieurs remontrances, qui parurent fort belles, et il contribua à la fin par sa prudence au retour de la tranquillité.

Le parlement avait été humilié; il en garda rancune, et la lutte recommença sous une autre forme. L'archevêque de Paris avait imprudemment réveillé les vieilles querelles du jansénisme et de la bulle *Unigenitus*, en ordonnant aux curés de refuser les derniers sacrements à ceux qui n'adhéreraient pas formellement à la bulle; le trouble était dans Paris et dans les provinces, car l'archevêque avait de nombreux imitateurs, depuis l'année 1749. Le gouvernement n'eut pas assez de fermeté pour prendre un parti décisif, et pour imposer sa volonté; malgré ses injonctions, les refus de sacrements se multiplièrent, les tribunaux poursuivirent les curés; enfin, le parlement ordonna la saisie du temporel de l'archevêque, et convoqua les pairs pour juger le prélat. Alors le roi cassa cet arrêt, défendit la réunion des pairs, et la lutte s'engagea entre la royauté et le parlement, qui attaquait le pouvoir arbitraire, et prétendait défendre à la fois ses prérogatives et les droits de la nation. De nouveau, le parlement suspendit le cours de la justice; les magistrats des enquêtes et des requêtes furent exilés, et quatre conseillers furent envoyés dans des prisons différentes (9 mai 1753). La grand' chambre protesta à son tour contre ce coup d'État; elle fut transférée à Pontoise (11 mai), et plus tard exilée à Soissons; une chambre de vacations, composée de conseillers d'État et de maîtres de requêtes, fut installée pour rendre la justice (18 sept.); mais l'opinion publique se déclarait hautement en faveur du parlement; l'opposition devenait populaire; la nouvelle chambre était insultée, honnie; les procureurs ne venaient plus au palais; les avocats refusaient de plaider. Lorsqu'à la Saint-Martin la chambre des vacations devint chambre royale et s'installa au Louvre, elle rencontra la même opposition; et pendant une année on eut le spectacle triste et démoralisant de ce conflit entre le gouvernement et la première cour de justice, qui persévérait dans sa résistance. Maupeou n'avait cessé de porter au roi les doléances, les remontrances du parlement; son éloquence avait été souvent admirée, et, tout en conservant l'estime et la confiance des magistrats, il avait su ménager son crédit à la cour. Aussi, lorsque Louis XV se fatigua de cette lutte, qui n'avait pas d'issue, lorsqu'il se prêta aux tentatives de réconciliation du cardinal de La Rochefoucault, plus modéré que Christ. de Beaumont, Maupeou fut plusieurs fois appelé à Versailles, et, après plusieurs entrevues avec le roi, il parvint à obtenir le rappel du parlement à Paris; la naissance du duc de Berry, depuis Louis XVI, fut le prétexte de la réconciliation. Le retour du premier président (27 août 1754) fut célébré par des démonstrations de joie populaires, des feux, des illuminations; il reçut des visites de la cour et de la ville, des députations de tous les tribunaux, qui venaient le féliciter, répondant à tous, dit Barbier, avec son éloquence et sa présence d'esprit accoutumée; il parvint à triompher de quelques restes d'opposition qu'il rencontrait surtout chez les conseillers des enquêtes, et obtint enfin l'enregistrement des nouveaux édits du roi, qui supprimaient la chambre royale, réintégraient le parlement, et ordonnaient le silence pour tout le passé. Maupeou eut alors véritablement quelques jours de popularité et de gloire; et on lui adressa des vers où on le comparait à Cicéron, *dont l'éloquence divine sut calmer et sauver Rome....*

> Tu partages, Maupeou, de ce grand magistrat
> La fermeté, la vertu, l'éloquence.
> Ton exil, ton rappel achèvent le portrait.
> Ne t'en plains pas, il te manquoit ce trait
> Pour la parfaite ressemblance.

Maupeou fut moins habile ou moins heureux peu de temps après. Le silence en matière religieuse n'avait pas été de longue durée, et dès la fin de 1754 les arrêts du parlement avaient recommencé contre de nouveaux refus de sacrements; l'archevêque de Paris fut exilé par le roi, et le parlement, triomphant, ne réclama pas cette fois contre les lettres de cachet. Mais le roi, qui se défiait toujours du parlement, voulut alors étendre les attributions du grand conseil, tribunal singulier, dont la juridiction n'était pas déterminée et qui était entièrement soumis au gouvernement. Après une longue lutte contre l'édit du 10 octobre 1755, le parlement invita les princes du sang et les pairs à venir siéger dans son sein « pour maintenir l'ordre hiérarchique et la police du royaume contre les entreprises indécentes du grand conseil ». (18 fév. 1756). Le roi défendit aux princes et aux pairs de se rendre au palais, et jeta leur requête au feu. Le parlement était humilié et irrité; plusieurs de ses arrêts furent encore cassés par le conseil d'État. La guerre funeste de Sept Ans commençait alors; il fallait de nouveaux impôts; le parlement, pour se venger et pour obtenir les applaudissements du peuple, arrêta des remontrances; le roi refusa de les entendre; comme Maupeou insistait auprès de lui : « Mon parlement, dit Louis XV, abuse de mes bontés; je veux que mes déclarations soient enregistrées, sans délai, dès demain. Je ne recevrai plus à ce sujet ni représentations ni remontrances. » Le premier président demanda cette réponse par écrit : « Elle est assez courte pour la retenir, » répliqua le roi. Le parlement n'en persista pas moins dans ses refus d'enregistrement; alors, après une nouvelle entrevue à Compiègne avec le premier président (14 août), le roi fut obligé d'avoir recours à un lit de justice (21 août 1756). Toutes les cours de France protestèrent plus vivement que jamais *contre le pernicieux dessein d'établir le gouvernement arbitraire*, et l'on songea à former une confédération entre tous les parlements du royaume et à les représenter comme un même corps, divisé seulement en classes. Le roi était inquiet et mécontent : « Ces grandes robes et le clergé, disait-il, me désolent par leurs querelles; mais je déteste bien plus les grandes robes, qui voudroient me mettre en tutelle :... c'est une assemblée de républicains. » Aussi finit il par se décider à un grand coup, et dans un nouveau lit de justice (13 décembre 1756) il imposa silence au sujet de la bulle *Unigenitus*, supprima deux chambres des enquêtes, et changea complétement la constitution politique du parlement.

Presque tous les magistrats donnèrent immédiatement leur démission; le premier président, les presidents à mortier et quelques conseillers de la grand' chambre furent seuls à ne pas suivre leur exemple, et supplièrent vainement le roi en faveur de leurs collègues. « Il y a quatre ans que l'on m'ennuie, répondit-il, je ne changerai rien à mes edits; mais je veux être obéi » (30 déc.). La fermentation du peuple allait croissant; il n'y avait pas de soulèvements, parce qu'il n'y avait pas encore de partis politiques; mais déjà l'on entendait des cris contre le *tyran des Français*. La situation était critique, lorsque l'attentat de Damiens (5 janv. 1757) vint changer les dispositions des esprits; les membres démissionnaires du parlement offrirent de reprendre leurs fonctions, pour faire preuve de leur innocence et de leur dévouement; le roi refusa : voulant d'abord persister dans son système de rigueur, il exila plusieurs magistrats, en jeta d'autres en prison. Mais, de guerre lasse, il céda, annula les démissions, rappela les exilés, retira la déclaration du 13 décembre, et rendit ainsi au parlement toutes ses anciennes attributions (1er septembre 1757). Dans cette dernière lutte, Maupeou n'avait pas su conserver le beau rôle qu'il avait joué précédemment; on l'accusait d'avoir trahi les intérêts de sa compagnie, et de s'être laissé gagner par la cour (1); au moment de la démission des magistrats, il s'était contenté de dire :

Et le combat finit faute de combattants,

plaisanterie assez déplacée dans une aventure aussi triste. D'un autre côté, la cour n'était pas très-satisfaite de sa conduite, qui avait plus d'une fois manqué de fermeté et de franchise; aussi malgré ses protestations de zèle, malgré ses efforts et ses espérances ambitieuses, il finit par se brouiller avec tout le monde, et le 22 septembre 1757 il fut forcé de donner sa démission et remplacé par le président Molé; le roi lui laissait le titre de président honoraire et 40,000 livres de pension; c'était cependant une disgrâce. Mais plusieurs pensèrent que le roi avait été obligé de le sacrifier, afin d'avoir la paix avec le parlement, et qu'il lui conservait secrètement toute son estime. En effet, au bout de six ans, Maupeou eut sa revanche; son ennemi, le chancelier Lamoignon, fut exilé, en octobre 1763, et comme il ne voulut pas donner sa démission, Maupeou fut nommé vice-chancelier. Il remplaça également comme garde des sceaux Feydeau de Brou; en même temps le roi nomma son fils premier président du parlement de Paris, après la démission de M. Molé. Cette fois Maupeou triomphait complétement, au grand étonnement du public, surpris de tant de faveurs accordées à cette famille.

L'action de Maupeou sur la magistrature française fut loin d'être heureuse; c'est l'une des époques les plus tristes de l'histoire des parlements : ils redoublent de sévérité cruelle à l'égard des protestants, en même temps qu'ils interdisent la pratique de l'inoculation; les procès de Calas, de Sirven, du chevalier de La Barre, du comte de Lally, soulèvent l'indignation publique, et la lutte de La Chalotais contre le duc d'Aiguillon ranime les querelles du gouvernement avec les parlements. De nouveau, les différentes

(1) C'est à moi, dit Maupeou, qu'est la chancellerie :
Qui pourrait me la disputer?
On sait que j'ai pour l'acheter
Vendu ma compagnie.

cours du royaume protestent et s'efforcent de faire prévaloir le système *d'unité de classes*, déjà formellement proscrit. Alors, dans un célèbre lit de justice (3 mars 1766), le roi fait entendre les paroles les plus sévères et les plus fermes contre les prétentions de la magistrature à former *un ordre séparé des trois ordres du royaume*; il rappelle, pour les condamner, toutes *les nouveautes si pernicieuses que l'on a voulu ériger en principes*. « En ma personne seule, dit-il, réside la puissance souveraine, dont le caractère propre est l'esprit de conseil, de justice et de raison. » Et il termine ce discours remarquable, où l'on semble reconnaître l'esprit ferme et le ton décidé du fils du chancelier, par ces paroles prophétiques : « Enfin, ce spectacle scandaleux d'une contradiction rivale de ma puissance souveraine me réduiroit à la triste nécessité d'employer tout le pouvoir que j'ai reçu de Dieu pour préserver mes peuples des suites funestes de telles entreprises. » Le vice-chancelier n'était, ni par son âge ni par son caractère, capable de réaliser cette menace de la royauté; son fils, de plus en plus influent, l'avait seul soutenu dans ces dernières années. Aussi lorsque Lamoignon eut enfin donné sa démission, le 15 septembre 1768, Maupeou eut l'honneur d'être chancelier pendant vingt-quatre heures; puis il se démit de ses fonctions en faveur de son fils; il assista dans sa retraite aux succès et à la chute de son successeur, et mourut seulement en 1775, à l'âge de quatre-vingt-sept ans. L. Grégoire.

Journal de Barbier. — Voltaire, *Hist. du Parlement.* — De Tocqueville, *Hist. de Louis XV.* — H. Martin, *Hist. de France*, XV. — Sismondi, *Hist des Français*, XXVIII. — Lacretelle, *Hist. de France pendant le dix-huitième siecle.*

Maupeou (*René-Nicolas-Charles-Augustin* de), chancelier de France, fils du précédent, né en 1714, mort au Thuit, près des Andelys, le 29 juillet 1792. Conseiller au parlement de Paris, il fut nommé président à mortier (oct. 1743), premier président (12 novembre 1763), chancelier (16 sept. 1768). La haute position de son père lui donna de bonne heure une assez grande importance, et lui fit épouser, en janvier 1744, Mlle de Roncherolles de Pont-Saint-Pierre, « fille de grande condition, dit Barbier, et dont il aura près de 50,000 livres de rente ». C'était un homme qui n'avait pas les avantages extérieurs de son père; il était petit, d'un teint bilieux, sans dignité, sans gravite; ses yeux étaient vifs et perçants, mais durs, sous des sourcils très noirs, ses manières étaient affectueuses avec ses égaux, familières avec ses inférieurs. Il y a peu d'hommes dont on ait dit autant de mal; aussi faut-il se défier du portrait que ses contemporains nous ont laissé de lui; ils nous le representent plein de malignité, très-dangereux, dissimulé sous les formes de la légèreté et de l'étourderie; attirant tous les secrets, sans jamais donner le sien; habile dans l'art de démêler les hommes, de saisir leurs faiblesses, leurs vanités, leurs vices; incapable d'affection, abandonnant ceux qui le servaient avec autant de facilité que ses bienfaiteurs, etc. Ce que l'on peut affirmer, c'est qu'il avait peu de préjugés et peu de scrupules, un grand talent d'intrigue, et, chose rare au temps où il vivait, une grande force de volonté, une persévérance inflexible. Si son instruction laissait à désirer (et l'on a sans doute beaucoup exagéré à cet égard), il était intelligent, capable de travail, et savait confier ses travaux à des jurisconsultes savants, à des écrivains d'un talent exercé. Il s'était déjà fait connaître, comme premier président du parlement, et d'une manière assez peu avantageuse, surtout dans les affaires du chevalier de La Barre et du comte de Lally, lorsque la protection de Choiseul, mais surtout la faveur du roi, qui avait apprécié sa capacité, l'éleva au poste considérable de chancelier (*voy.* l'art. précédent).

On a dit que Maupeou avait eu plusieurs fois, comme chef du parlement, des discussions pénibles, surtout avec les présidents à mortier, et que le désir de la vengeance fut le principal motif qui le détermina dès lors à préparer la ruine de la magistrature. C'est une erreur; depuis plus de quarante ans deux systèmes étaient en présence, l'autorité parlementaire et le pouvoir absolu de la royauté; les magistrats, qui ne tenaient leur existence et leur autorité que du roi, croyaient former le tribunal, l'organe de la nation; s'érigeaient en protecteurs et dépositaires essentiels de sa liberté, de ses intérêts, de ses droits; en un mot se déclaraient juges entre le roi et son peuple. Maupeou avait vu toutes ces luttes malheureuses, les magistrats opiniâtres dans leurs passions et leurs prétentions, la royauté toujours menaçante, mais de plus en plus déconsidérée par sa faiblesse, irritant l'opinion publique par une série de petits coups d'État, toujours les mêmes et toujours inutiles (*voy.* l'article précédent); il avait un esprit ferme, logique, avec beaucoup d'ambition; il voulait par un grand service arriver au souverain pouvoir et assurer pour toujours sa fortune politique. Or, il ne pouvait venir à la pensée d'aucun ministre de Louis XV d'opérer une révolution radicale, en donnant à la liberté de la nation un organe légal par le rétablissement des états généraux : le chancelier crut que le moment était arrivé de rendre à la couronne son ancien éclat, en la *retirant de la poussière du greffe, où elle était menacée de s'ensevelir.* Louis XIV, au debut de son règne, avait pu imposer un silence absolu au parlement, et l'avait réduit pour soixante ans à son rôle judiciaire; mais c'etait après les troubles de la Fronde. Louis XV avait plus de vingt fois dans ses déclarations solennelles, dans ses lits de justice, formulé hautement sa volonté absolue; il n'avait jamais été obéi Un coup d'État vigoureux était donc nécessaire.

Maupeou le comprit, et seul se sentit assez

de force et d'audace pour le tenter et l'achever. Il lui fallait des appuis pour triompher des obstacles qu'il devait rencontrer et surtout pour entraîner l'égoïsme faible et irrésolu du roi. Choiseul ménageait l'opinion publique et les parlements, parce qu'il voulait surtout relever la France au dehors; Choiseul fut abandonné. Maupeou se rapprocha du duc d'Aiguillon, l'ennemi déclaré des parlementaires; il fit arriver au ministère des finances l'abbé Terray, comme lui sans scrupules, sans préjugés, comme lui ferme et audacieux; et les triumvirs, pour se rendre maîtres des volontés du roi, durent nécessairement gagner l'appui de Mme Du Barry: ils ne reculèrent devant aucun moyen; Maupeou devint le complaisant, le flatteur de l'indigne favorite. Le premier, il imagina une alliance de famille avec les Du Barry, qui prétendaient être parents de Barrymore, page écossais, compagnon fidèle de Charles Ier dans sa fuite; il s'abaissait jusqu'à jouer avec le petit nègre Zamore, disent les contemporains; mais il n'était pas le seul parmi les grands personnages de l'époque.

L'occasion d'agir contre les parlements ne devait pas se faire longtemps attendre. La grande affaire de La Chalotais et des magistrats bretons sembla terminée en 1769; au mois de juillet, le parlement de Rennes fut réintégré, le silence fut imposé pour tous les actes passés; seulement, La Chalotais, son fils Caradeuc et quatre autres magistrats restèrent éloignés de leurs fonctions, parce que, disait le roi, ils n'avaient pas sa confiance. Aussitôt ils réclament le droit de se justifier et de défendre leur honneur; le parlement de Bretagne poursuit les informations commencées contre le duc d'Aiguillon: on l'accuse avec acharnement d'avoir suborné des témoins, on fait même peser sur lui le soupçon d'une tentative d'empoisonnement contre La Chalotais, pendant sa captivité; les parlements soutiennent les magistrats de Rennes; on veut flétrir le duc d'Aiguillon. Vainement Maupeou ordonne d'anéantir toute cette procédure passionnée; il n'est pas écouté, et d'Aiguillon demande lui-même des juges. Le procès est évoqué devant le parlement de Paris, siégeant comme cour des pairs, afin, disait Maupeou, *de laver la pairie des crimes d'un pair, ou un pair des crimes qui lui sont imputés*. Par les conseils du chancelier, le roi lui-même préside la cour des pairs, à Versailles; les premières séances (4, 7 avril 1770) sont calmes; les chefs de l'opposition parlementaire montrent une déférence respectueuse, et se rangent aux avis de Louis XV. Mais bientôt il se lasse de tous ces détails de procédure, ou bien, cédant aux perfides avis de Maupeou, qui désire une rupture, il prend un ton plus aggressif, s'éloigne avec un dédain affecté, et donne au duc d'Aiguillon des marques réitérées de sa faveur (1). Alors, le parlement s'aigrit, reçoit les dépositions des ennemis les plus signalés du duc d'Aiguillon, se plaint amèrement de l'exil arbitraire des deux La Chalotais, attaque les lettres de cachet, et menace les conseillers d'État qui ont agi dans cette affaire. Les séances sont enfin interrompues, et un lit de justice est annoncé pour le 27 juin. Après les protestations habituelles contre les lits de justice, le parlement, par l'organe du premier président d'Aligre, se déclare *justement alarmé du lieu, du jour, des circonstances de cette séance royale*. Mais le chancelier, après avoir répondu, lit des lettres patentes dans lesquelles le roi fait savoir qu'il ne veut pas laisser continuer une procédure qui *tendroit à soumettre à l'inspection des tribunaux le secret de son administration..... D'ailleurs pleinement convaincu que la conduite du duc d'Aiguillon est irréprochable... il anéantit toutes les procédures faites jusqu'à ce jour*. D'Aiguillon ne réclama pas; mais le parlement, irrité quoiqu'il y eût bien des exemples de cette intervention arbitraire du pouvoir royal dans le cours de la justice, rendit un arrêt motivé, par lequel d'Aiguillon, prévenu de faits *qui entachaient son honneur*, était provisoirement suspendu de ses fonctions de pair (2 juillet); cet arrêt fut aussitôt répandu dans le public par des milliers d'exemplaires : ici la partialité passionnée du parlement était évidente. L'arrêt du parlement fut immédiatement cassé par le conseil d'État; le parlement n'en persista pas moins dans son opposition par des remontrances réitérées, soutenant que le procès commencé ne pouvait être ainsi terminé par la volonté royale, attaquant les lettres patentes par des questions comme celle-ci : « Est-ce impéritie, est-ce mauvaise foi de la part du rédacteur? » Les parlements des provinces applaudissaient et joignaient leurs remontrances à celles du parlement de Paris; ils furent punis par des mesures de rigueur à Metz, à Rennes, à Bordeaux, à Toulouse, à Besançon. Dupaty, avocat général à Bordeaux, mérita l'honneur d'un emprisonnement. Alors Louis XV, conduit par Maupeou, vint lui-même en grand appareil au Palais pour procéder à l'enlèvement de toutes les pièces qui concernaient cette affaire (3 sept.), et de nouveau il imposa silence au parlement. C'était véritablement compromettre la dignité de la couronne. Aussi dès le 6 septembre le parlement déclarait que « la multiplicité des actes d'un pouvoir absolu était une preuve non équivoque d'un projet prémédité de changer la forme du gouvernement ». Pendant les vacances du parlement, le chancelier ne fit aucune proposition d'accommodement; c'était chose nouvelle, et qui dut faire réfléchir; mais il y avait un travail actif et secret dans les bureaux de la chancellerie. Maupeou était de plus en plus secondé

(1) Maupeou a affirmé qu'il s'était opposé de toutes ses forces au procès d'Aiguillon, dont il prévoyait la malheureuse issue.

par d'Aiguillon et Terray; la favorite redoublait ses sarcasmes contre le duc de Choiseul, qui semblait oublier dans le silence et lui-même et la cause des parlementaires. Le chancelier avait fait présent à Mme du Barry d'un beau tableau de van Dyck, représentant Charles Ier fuyant dans une forêt; elle le montrait à Louis XV, en lui disant : « Eh bien, La France, tu vois ce tableau! Si tu laisses faire ton parlement, il te fera couper la tête, comme le parlement d'Angleterre l'a fait couper à Charles. » C'est par de semblables moyens qu'on espérait triompher de la faiblesse et des irrésolutions du roi.

Enfin, parut l'*Édit de règlement ou de discipline*, du 27 novembre; dans le préambule, le chancelier rappelait tous les torts du parlement dans la lutte qu'il soutenait depuis plusieurs années contre la royauté, et les imputait à des motifs coupables. L'édit renouvelait la déclaration du 3 mars 1766 (voir l'article préc.), et comprenait trois parties : 1° défense de se servir des termes d'unité, d'indivisibilité, de classes, et de soutenir ces doctrines séditieuses, déjà condamnées; de correspondre avec les autres parlements; etc.; 2° défense de cesser le service judiciaire, de donner des démissions en corps, sous peine de privation et perte d'offices; 3° ordre formel de ne plus retarder l'enregistrement des édits par des arrêts, etc. Le roi déclarait « qu'il ne tient sa couronne que de Dieu, qu'au roi seul appartient le droit de faire des lois; que les représentations de ses cours ont des bornes, tandis qu'elles n'en peuvent mettre aucune à son autorité ». Le discours était ferme et raisonnable; l'édit d'une extrême clarté; Louis XV montrait enfin qu'il voulait mettre sa couronne hors de tutelle, et la donner à son petit-fils, comme il l'avait reçue de son aïeul, Louis XIV (1). Le parlement dès le lendemain de sa rentrée (4 décembre) refusa l'enregistrement, en rappelant ses longs services, et en suppliant le roi de *livrer à la vengeance des lois les funestes conseillers du trône, les perturbateurs de l'État, les calomniateurs de la magistrature*. Mais Maupeou n'était pas homme à se laisser intimider; il disait hardiment le 6 décembre : « C'est demain que j'ouvre la tranchée devant le parlement. » Le lendemain en effet le roi tint à Versailles un lit de justice, où l'on voyait siéger parmi les pairs d'Aiguillon, froidement dédaigneux, et le foudroyant édit de discipline fut transcrit en silence sur les registres (7 déc.). Le 10 le parlement déclara que ses membres, dans leur douleur profonde, n'avaient point l'esprit assez libre pour décider des biens, de la vie et de l'honneur des sujets du roi; c'était une forme de démission. Cet expédient avait déjà bien souvent réussi; les magistrats, soutenus par l'opinion populaire, se croyaient indispensables, et pensaient que le roi, effrayé de l'agitation, des murmures, céderait encore une fois. Mais le chancelier se félicitait de cette résolution, et laissait au parlement la responsabilité du désordre qu'il causait. Cinq fois des lettres de jussion ordonnèrent aux magistrats de reprendre leurs fonctions; le parlement persista, et réitéra ses remontrances. Mais Louis XV était décidé à agir avec vigueur. Choiseul fut enfin disgracié (24 décembre), et malgré les témoignages éclatants de la sympathie publique qui l'accompagnèrent dans son exil de Chanteloup, le roi soutint son chancelier et le laissa préparer le plus grand coup d'État de son règne.

Maupeou était décidé à frapper le parlement comme corps politique; il savait toutes les clameurs, toutes les haines qu'il allait soulever. Pour adoucir les colères de l'opinion publique, il avait résolu d'octroyer en même temps de sages et heureuses réformes, depuis longtemps réclamées avec instance par les écrivains les plus populaires. Son plan était habilement conçu; il l'exécuta avec énergie. Dans la nuit du 19 au 20 janvier 1771, des mousquetaires réveillent brusquement les magistrats endormis, et les somment, au nom du roi, de signer *oui* ou *non*, sans explications, sans commentaires, s'ils veulent reprendre leurs fonctions. Trente-huit seulement, surpris, effrayés, ou vaincus par les larmes de leurs familles, signent *oui*; la nuit suivante des lettres de cachet apprennent aux magistrats opposants que leurs charges sont confisquées, et des mousquetaires les emmènent dans les différents lieux d'exil qui leur sont assignés. Le 21, les trente-huit se rétractent, au milieu des acclamations de la foule, accourue au Palais, et, eux aussi, partent immédiatement pour l'exil. On remarqua la malignité du chancelier, qui semblait avoir choisi, tout exprès, les endroits les plus désagréables à habiter, ou les plus contraires à la santé, aux habitudes des magistrats qu'il frappait. Le 23 janvier, les membres du conseil d'État furent chargés provisoirement de rendre la justice; ils furent installés, le 24, au milieu d'un grand appareil militaire, qui n'empêcha pas les huées du peuple. Mais les procureurs éludaient l'ordre d'exercer leurs offices; les avocats s'abstenaient de plaider devant *ce parlement de cour*, comme on l'appelait; les audiences étaient troublées par des scandales journaliers (1). Il est bien certain

(1) L'ami du chancelier, Lebrun, depuis duc de Plaisance, raconte qu'il avait lui-même préparé le projet d'édit; mais on le trouva trop faible; un autre fut rédigé par l'abbé Terray, et fut adopté comme il l'avait rédigé, dans son préambule et ses dispositions.

(1) On trouva à la porte de la grand'chambre une affiche ainsi conçue : « La grande troupe étrangère des voltigeurs de Sa Majesté donnera aujourd'hui la *seconde représentation des audiences*, parodie en deux actes, suivie du *Procureur malgré lui*, comédie donnée en 1787, remise au théâtre avec tous ses agréments. Des enfants de soixante-dix ans continueront de jouer les grands rôles, en attendant une nouvelle représentation de *Thé-*

que les fautes et les vices du pouvoir royal sous Louis XV avaient surtout contribué à jeter dans les esprits des habitudes de mépris et d'insubordination; mais il faut aussi reconnaître que depuis longtemps les parlements avaient mis l'opposition en honneur, et qu'on n'obtenait plus les suffrages de la foule qu'en critiquant les actes du pouvoir. Aussi le coup d'État du chancelier devait soulever les esprits. Les parlements de province, la cour des aides, la chambre des comptes, la cour des monnaies, les tribunaux inférieurs, comme le Châtelet, protestaient énergiquement contre la suppression du parlement de Paris et l'exil des magistrats. On remarqua surtout le discours énergique du premier président de la cour des aides, Lamoignon de Malesherbes, qui conclut en priant le roi « d'interroger la nation elle-même » Le 22 février, un édit commença la réforme préparée par le chancelier; dans un préambule, remarquable par la pensée, noble par le langage, il insistait sur la nécessité de faire disparaître les abus dans l'administration de la justice, condamnait la vénalité des offices, promettait un nouveau code de procédure civile et criminelle; une justice prompte et gratuite. Puis, après avoir montré les funestes effets du ressort trop étendu du parlement, on établissait six conseils supérieurs à Arras, Blois, Châlons-sur-Marne, Clermont, Lyon, Poitiers, jugeant en dernier ressort, et composés de magistrats, n'ayant que leurs gages, sans épices, sans droits de vacations, etc. (1).

Cependant, les protestations ne s'arrêtèrent pas; à la messe solennelle du 22 mars, la cour des aides fit un affront public et motivé au parlement provisoire ou *postiche*. Quelques jours après, Malesherbes fut exilé; le 9 avril, des commissaires du roi vinrent à la cour des aides faire enregistrer un édit qui la supprimait et en partageait le ressort entre le parlement de Paris et les nouveaux conseils supérieurs. Comme les magistrats restaient sur leurs siéges, le maréchal de Richelieu fit entrer des soldats, et contraignit la cour à se retirer; les principaux membres furent exilés. Enfin Maupeou parvint avec beaucoup de peine à réunir les éléments d'un nouveau parlement, qui devait remplacer le parlement provisoire. Louis XV tint un dernier lit de justice, à Versailles, le 13 avril 1771; là, le chancelier commença par faire une apologie courte, mais nerveuse du coup d'État, auquel l'ancien parlement avait réduit la royauté; puis on fit enregistrer trois édits; le premier abolissait la cour des aides; le second supprimait les anciens offices du parlement, avec remboursement du prix des charges, et les remplaçait par soixante-quinze offices gratuits, sans hérédité, sans vénalité, sans épices, avec droit de présenter à la nomination du roi trois candidats pour les places vacantes; le troisième supprimait le grand conseil; ses membres formaient le nouveau parlement, avec quelques membres de la cour des aides, quelques avocats obscurs, quelques protégés de l'archevêque de Paris (1); il y avait trois chambres, la grand' chambre, la tournelle, et les enquêtes; nul ne pouvait être conseiller avant l'âge de vingt-cinq ans et cinq ans d'exercice au barreau ou dans une juridiction inférieure; l'édit du 27 novembre 1770 devait servir de règle aux droits du parlement. Le roi fit la clôture du lit de justice, en disant avec une énergie contraire à ses habitudes : « Je défends toute démarche au sujet des anciens officiers de mon parlement. Je ne changerai jamais. »

Cette révolution fut diversement jugée; quelques-uns, et Voltaire parmi eux, applaudirent à la ruine de l'ancien parlement, qui avait décrété de prise de corps tant d'écrivains généreux et fait brûler tant de livres par la main du bourreau; n'était-ce pas les cruels persécuteurs des protestants, les juges ou plutôt les assassins de Calas, de La Barre, de Lally? Voltaire écrit : « Je regarde les nouveaux établissements faits par M. le chancelier comme le plus grand service fait à la France. » Et il les célèbre en prose et en vers. Mais l'opinion publique jugea autrement que Voltaire; et pour la plupart la réforme de Maupeou ne fut que l'œuvre méprisable d'un despotisme brutal : « C'est la tour de Babel, écrit Mme du Deffand, c'est le chaos, c'est la fin du monde; personne ne s'entend, tout le monde se hait, se craint, cherche à se détruire. Tout est ici dans un bouleversement dont on ne peut prévoir quelle sera la fin. » Les magistrats étaient « des victimes qu'on égorgeait sur l'autel du despotisme »; toutes les têtes se tournèrent; les femmes se distinguèrent surtout : « La monarchie allait s'écrouler » (*Mém.* de Besenval). Tous ces cris de l'opinion bruyante et intéressée ont retenti jusqu'à nous, et ont le plus souvent empêché de porter un jugement équitable et impartial sur la réforme de Maupeou; il est impossible cependant de ne pas reconnaître son habileté et sa fermeté; il ne se laissa pas étourdir par les clameurs; il ne fut arrêté dans l'accomplissement de son œuvre par aucun obstacle; il eut au moins le mérite du succès Au lit de justice du 13 avril, les princes du sang n'avaient été représentés que par le comte de la Marche; les autres, excités

mis outragés. Il n'y entrera que la livrée et autres gens sans épée, etc. »

(1) On fit alors courir ces vers :

La cour royale est accouchée
De six petits parlementaux,
Tous composés de coquinaux :
Le diable emporte la couvée.

(1) Il ne fut pas facile de composer le nouveau parlement d'hommes tout à fait irréprochables, quoiqu'on ait beaucoup exagéré l'incapacité ou la vénalité de ces magistrats; on les accabla d'épigrammes outrageantes; ainsi l'on disait du premier président, Bertier de Sauvigny :

Caligula fit jadis son cheval
Consul de Rome : est-ce grande merveille
Si notre prince, en démence pareille
Fait Sauvigny chef de son tribunal?

par le prince de Conti (*mon cousin l'avocat*, comme l'appelait Louis XV), signèrent une protestation énergique, chez le comte de Clermont mourant, comme gentilshommes, comme pairs du royaume, comme princes. Sur trente-sept ducs et pairs, treize apposèrent leur signature au bas de cette protestation. Le roi exila les princes ou leur retrancha une partie de leurs pensions. Après la mort du comte de Clermont, tous, à l'exception de Conti, se laissèrent gagner, et rentrèrent en grâce. Plusieurs membres du grand conseil avaient refusé de siéger dans le nouveau parlement; ils furent exilés. Le comte de la Marche fut chargé de porter des ordres rigoureux à la chambre des comptes, qui réclamait (2 juillet). Le Châtelet fut supprimé, pour être reconstitué plus tard, et plusieurs de ses membres furent envoyés en exil (27 mai). Les parlements de province avaient tous protesté et adressé au gouvernement de foudroyantes remontrances contre l'édit du 27 novembre et surtout contre le coup d'État de janvier 1771; ils furent successivement supprimés. Toutes les juridictions qui résistèrent : la table de marbre, le bureau des finances, le siége général de l'amirauté, etc., furent brisées. Les états provinciaux, même en Bretagne, furent réduits au silence, sous peine de suppression. Mais il semblait encore plus facile de détruire que de reconstruire; et Maupeou fut forcé de déployer la plus grande habileté pour reconstituer le corps tout entier de la magistrature, en présence des rancunes et des sarcasmes de l'opinion publique, qui continuait de flétrir le *parlement Maupeou*. Cependant il parvint à gagner une partie des anciens magistrats, qui consentirent à accepter le prix de leurs offices et à reconnaître la légalité du nouvel ordre de choses. La plupart furent bientôt rappelés de leurs lieux d'exil; un grand nombre même rentrèrent dans l'organisation nouvelle; les parlements de Paris et de Rouen furent les seuls à refuser; mais les membres des parlements de Grenoble et de Dijon, beaucoup de ceux des parlements de Douai, Besançon, Toulouse, Metz, Rennes, etc., acceptèrent des charges de président et de conseiller dans les nouveaux parlements. Tous furent réorganisés du mois d'août au mois de novembre 1771.

Les avocats et les procureurs avaient commencé par ne point vouloir plaider devant les nouveaux parlements; Maupeou, sans impatience, sans rigueur inutile, laissa le temps triompher de cette résistance passive, et vers la fin de l'année la plupart des avocats suivirent l'exemple du célèbre Gerbier, et prêtèrent serment à la rentrée de novembre 1771 (1). Maupeou sembla dès lors avoir triomphé; le triumvirat fut plus puissant que jamais : Terray put poursuivre en toute liberté ses opérations financières; et d'Aiguillon fut nommé ministre des affaires étrangères. Mais il aurait fallu un gouvernement sage, honnête et ferme tout à la fois, pour calmer peu à peu les colères de l'opinion, pour chasser les préjugés, et pour habituer les esprits au nouvel ordre de choses. Il n'en fut rien. Aussi continuait-on à regarder la grande réforme du chancelier comme un coup d'État entrepris dans l'intérêt seul du despotisme, pour lui donner la licence de tout faire impunément, au gré de ses caprices et de ses passions. La justice était-elle mieux rendue, coûtait-elle moins cher que par le passé? Le fameux procès de Beaumarchais acheva la déconsidération du parlement Maupeou (*voy.* BEAUMARCHAIS) (1), que des libelles injurieux, des placards insolents n'avaient jamais cessé de vouer au mépris et à la haine (2). Maupeou restait impassible, par scepticisme léger, par mépris orgueilleux pour ses ennemis. Fier des grands services qu'il avait rendus, il voulait devenir premier ministre; il ménageait moins désormais la favorite, et la mécontentait en refusant d'exempter de la peine du carcan un certain Billard, convaincu de faux, et qui était un peu son parent; il semblait se rapprocher du parti religieux, que dirigeait avec zèle madame Louise, fille de Louis XV; il affichait des sentiments de dévotion, et allait communier ostensiblement à Saint-Denis. La mort de Louis XV vint détruire l'œuvre et ruiner pour toujours la fortune du chancelier (10 mai 1774). A l'avénement de Louis XVI, il dut se préparer à quitter le ministère; ce fut seulement le 24 août qu'il reçut l'ordre de remettre les sceaux; mais il re-

(1) Le vaudeville suivant eut alors quelque succès :

L'honneur des avocats,
Jadis si délicats,
N'est plus qu'une fumée;
Leur troupe diffamée
Subit le joug enfin,
Et de Caillard avide
La prudence décide
Qu'il vaut bien mieux mourir de honte que de faim.

(1) A propos du procès de Beaumarchais, le duc de Noailles (précédemment duc d'Ayen) dit au roi : « Sire, nous pouvons espérer que votre parlement réussira, il commence à prendre. »

(2) Jamais peut-être la presse n'avait eu pareille violence, même au temps des Mazarinades; et la plupart de ces pamphlets, qui ne respectaient rien, étaient l'œuvre des magistrats déchus ou de libellistes à leur gages. Le chancelier, plus que tout autre, fut poursuivi dans ces nouvelles écrites à la main, dans ces vers satiriques, qui vouaient son nom à l'infamie, et qui circulaient presque en toute liberté; on ne se contentait pas de trouver dans l'anagramme de ses noms : *Mauvais chancelier né pour le dégat*; de dire :

Il comptait pour jours perdus
Tous ceux qu'il passait sans mal faire.
Mais le coquin n'en perdait guère.

de l'appeler :

Vil excrément, rebut de la nature,
Petri de fiel, d'orgueil et d'imposture.

On écrivait à l'occasion de sa fête ce cruel couplet :

Pour votre fête,
Monseigneur, puisse le bourreau
Faire de votre auguste tête
A Thémis un petit cadeau
Pour votre fête!

Mais n'était ce pas alors que l'on mettait ces mots au bas de la statue de Louis XV : *Arrêt de la cour des monnaies, qui ordonne qu'un Louis mal frappé soit refrappé.*

fusa de renoncer à sa charge inamovible de chancelier. « Si le roi, dit-il, trouve que j'ai trahi la confiance de son aïeul, qu'il me fasse mettre en jugement. » Cette nouvelle fut accueillie par les témoignages bruyants d'une joie populaire. Maupeou supporta sa disgrâce avec une fermeté inattendue; il ne reparut plus ni à la cour ni à Paris, et ne fit jamais aucune démarche pour reprendre le pouvoir : « J'avais fait gagner un grand procès au roi, dit-il; il veut faire remettre en question ce qui était décidé; il en est le maître. » Maupeou eut pour successeur Hue de Miromesnil, premier président du parlement de Normandie, disgracié en 1771; ce choix était significatif. Quand les parlements furent rétablis, avec tous les pouvoirs dont ils jouissaient avant la réforme de Maupeou, il se contenta de dire : « Si le roi veut perdre sa couronne, il en est le maître. » Depuis, il garda le silence, et mourut à Thuit, le 29 juillet 1792, après avoir vu la ruine des parlements et de la monarchie elle-même. Il avait fait quelques mois auparavant un don patriotique de 800,000 livres, soit indifférence pour sa famille, soit pour se venger d'un gouvernement qui avait méconnu ses services, soit par crainte d'une révolution, qui s'annonçait de plus en plus menaçante et terrible. Il fut le dernier chancelier de l'ancienne monarchie.

Les grandes réformes de Maupeou, si elles avaient duré, n'auraient pas sans doute empêché la chute de l'ancienne royauté; mais il ne faut pas oublier que Turgot, de Vergennes, Voltaire et beaucoup d'hommes éclairés se déclarèrent contre le rétablissement des anciens parlements. Les anciennes luttes de la royauté et de la magistrature recommencèrent aussitôt, et pendant tout le règne de Louis XVI les parlements ne cessèrent d'être un embarras, un obstacle funeste, s'opposant à toute amélioration, à tout changement, à tout progrès; défenseurs, non pas des droits et des libertés de la nation, mais des abus, des préjugés, des privilèges. Louis XVI dut se repentir plus d'une fois de sa faiblesse et de son imprévoyance à leur égard; il voulut, mais en vain, tenter de leur enlever, par l'établissement de la cour plénière, ces droits politiques dont ils avaient toujours abusé. Il était trop tard; et l'opposition malheureuse du parlement ne fut que le prélude tumultueux de la révolution. Les événements justifient donc la réforme de Maupeou. « Enfin, comme l'a dit un magistrat éminent, ce fut dans la réforme accomplie en 1771 que le législateur de 1808 et de 1810 alla trouver ses idées de réorganisation sociale. Ce que nous sommes habitués à respecter et à admirer même dans notre organisation judiciaire, la division des grands ressorts, celle des tribunaux inférieurs, l'uniformité des deux degrés de juridiction, la réforme de la procédure, les lois disciplinaires, l'autorité des chefs de compagnie, les règles concernant les assemblées générales, l'abolition de la vénalité, l'âge des magistrats, la suppression des épices, les gages réguliers et proportionnels, les droits de présence, les congés, les registres de pointe, tout s'était réalisé quarante ans auparavant, dans la révolution opérée par Louis XV. (1) » — Nous ajouterons que cette grande réforme judiciaire, quelque nécessaire, quelque utile qu'elle pût être, aurait dû être faite par des hommes plus considérés, et surtout plus animés du désir de servir les intérêts généraux de la société. Or Maupeou ne peut être considéré que comme un serviteur intelligent et énergique du despotisme royal; c'est lui qu'il voulait dégager de toutes les entraves qui le gênaient encore; et c'est au nom de la liberté qu'il a été justement condamné, si non dans son œuvre elle-même, assurément dans les intentions qui le firent agir.

L. GRÉGOIRE.

Mémoires du chancellier Maupeou; manuscrits de la Biblioth. imp. — Maupeou. *Journal hist. de la révolution opérée dans la constitution de la monarchie française*, 7 vol. — *Recueil des réclamations et remontrances des parlements*, etc.; Londres, 1773-1774. 2 vol in-8°. — *Mercure hist. et polit.* surtout pendant les années 1770, 1771. — Linguet, *Annales polit. du dix-huitième siècle*. — *Lettres de Mme du Deffand*. — *Maupeouana* (recueil satirique contre le chancelier). — Soulavie, *Mem. hist. et politiques*. — *Mém. de Besenval, de Mme Campan*, etc. — Bastard d'Estang, *Les Parlements de France*, 2 vol. in-8°. — Loménie, *Beaumarchais*. — De Tocqueville, *Hist. de Louis XV*. — Lacretelle, *Hist. de France pendant le dix-huit. siècle*. — Sismondi, *Hist. des Français*, XXIX. — H. Martin, *Hist. de France*, XVI.

MAUPERCHÉ (*Henri*), peintre français, né en 1602, à Paris, où il est mort, le 26 décembre 1686. Il s'adonna au paysage. On ignore quel fut son premier maître. Il imita le style d'Hermann van Swanevelt, et introduisit souvent dans ses tableaux des compositions d'architecture. Dans sa jeunesse il visita l'Italie avec Louis de Boulongne. Quoiqu'il ne fût qu'un artiste médiocre, il fit partie de l'Académie royale de Peinture dès sa création, en 1648, et le 13 novembre 1655 il y fut nommé professeur. On a de lui douze paysages, qu'on voit encore au palais de Fontainebleau et que le temps a fort endommagés. Il a aussi gravé, d'une pointe sèche et mesquine, plusieurs suites de dessins, tels que l'*Histoire de Tobie*, la *Vie de la Vierge*, l'*Enfant prodigue*, etc.

P.

Mariette, *Abecedario*. — *Archives de l'art français*, I.

MAUPERTUIS (*Pierre-Louis-Moreau* DE), philosophe et géomètre français, né à Saint-Malo, le 17 juillet 1698, mort à Bâle, le 27 juillet 1759. Son père jouissait de la confiance de ses concitoyens : il fut leur député au conseil royal du commerce et leur représentant aux états de Bretagne. Sa mère avait pour lui la plus vive tendresse; elle consacra tous ses soins à son éducation. Le jeune Maupertuis fut élevé dans la maison paternelle sous la direction de l'abbé Coquard, et vint, à seize ans, achever ses études à Paris au collége de la Marche : il eut

(1) *Les Parlements de France* par M. de Bastard d'Estang, II, 524.

Le Blond pour professeur de philosophie cartésienne et pour répétiteur de mathématiques l'académicien Guisnée, qui lui expliqua les *Éléments* d'Euclide; en même temps il apprenait l'équitation et à tirer des armes, ce qui lui donna des goûts militaires. En 1716 il revint dans sa ville natale, fit une excursion en Hollande, entra deux ans après dans la compagnie des mousquetaires gris, et obtint bientôt, par le crédit de son père, une lieutenance dans le régiment de la Roche-Guyon, qu'il alla joindre à Lille. Le jeune officier profita des loisirs de la paix pour cultiver les lettres et hanter les beaux esprits du temps, les Marivaux, les Fréret, les Terrasson et surtout La Motte-Houdard, qui se réunissaient au célèbre café de l'Ancienne-Comédie (aujourd'hui café Procope). Nicole lui enseigna, la géométrie et le fit en 1723 recevoir adjoint de l'Académie des Sciences.

Maupertuis se démit de sa compagnie pour se vouer à la carrière qu'il ne devait plus quitter. Le premier mémoire qu'il lut à l'Académie (15 nov. 1724) traitait de la *Forme des instruments de musique* : c'était peu; mais ses nombreux amis, qui s'étaient engagés à se soutenir réciproquement, le firent l'année suivante passer de la classe des adjoints à celle des associés. Son premier essai de géométrie présenté à l'Académie est la résolution d'un problème « pour changer une courbe quelconque et le cercle même en une courbe quarrable aussi prochainement égale à la première qu'on le voudra ». Il donna les années suivantes (1726-1729) une application de la nouvelle analyse à une question de *maximis et minimis;* une démonstration du rapport de l'aire de la cycloide au cercle générateur, par le roulement de différents polygones réguliers sur une ligne droite ou sur eux-mêmes; et une nouvelle théorie du développement des courbes par un rayon qui, au lieu de leur être tangent, comme dans le développement ordinaire, leur soit perpendiculaire. Il donna aussi des formules générales pour « trouver les arcs de toutes les développées qu'une courbe peut avoir à l'infini ». La géométrie ne l'empêcha pas de s'occuper d'histoire naturelle, et il communiqua des observations qu'il avait faites sur les salamandres et les scorpions, pendant une excursion à Montpellier. En 1728 il fit un voyage en Angleterre, et entra, comme zélé partisan de Newton, à la Société royale de Londres. L'année suivante il alla à Bâle, voir Jean Bernoulli, et assista aux leçons du célèbre géomètre, sur le banc des étudiants. A son retour à Paris, il lut à l'Académie (29 nov. 1730) un mémoire *Sur la courbe aux approches égales*, problème proposé en 1687 par Leibniz, et résolu en 1694 par Bernoulli; mais il s'agissait de savoir ce qui arriverait dans le vide ou dans un milieu non résistant. Maupertuis généralisa ce problème en le résolvant pour toutes les hypothèses possibles de résistance des milieux. En 1731 il devint membre pensionnaire de l'Académie, et présenta divers travaux, parmi lesquels on remarque la *Balistique arithmétique*, où il renferme la théorie du jet des bombes dans une formule algébrique. Par son mémoire sur les lois de l'attraction (1732), et par son *Discours sur la figure des astres*, il eut le mérite de répandre, l'un des premiers, en France la théorie newtonienne, ce qui lui valut l'inimitié de tous les physiciens exclusivement attachés aux doctrines de Descartes. Parmi ces partisans des tourbillons cartésiens on remarquait alors des savants bien connus, Cassini, Saurin, Mairan, Nollet, Fontenelle. Les deux partis s'injuriaient en s'accusant réciproquement de ne rien entendre à la physique. La dispute s'échauffa et passa de l'Académie dans les colléges. Au moins ces dissensions ne devaient pas être stériles : elles firent entreprendre une détermination plus exacte de la figure de la Terre.

On avait toujours pensé que notre planète était parfaitement ronde, lorsque le voyage de Richer à Cayenne, en 1672, vint renverser cette antique croyance. Il avait observé que son horloge réglée à Paris (à 48° 50' lat.) sur le moyen mouvement du soleil, retardait de 2' 28" à Cayenne (éloignée de l'équateur de 2 degrés). Cette observation montrait que la pesanteur était moindre dans la dernière localité que dans la première. Huygens, qui essayait de l'expliquer par la théorie des forces centrifuges, évalua l'excédant du diamètre équatorial égal à $\frac{1}{578}$ du diamètre polaire; et Newton, qui expliquait la pesanteur par l'attraction mutuelle de toutes les parties de la matière en raison inverse du carré de leurs distances, trouva que le diamètre de l'équateur devait surpasser l'axe de la terre de la $\frac{1}{230}$ partie de sa longueur. D'un côté, les résultats théoriques énoncés par Huygens et Newton, de l'autre, les mesures de méridiennes données par l'abbé Picard et par Cassini, père et fils, qui admettaient, au contraire, que la Terre était allongée aux pôles, jetaient les mathématiciens dans de grandes incertitudes. Pour les faire cesser, l'Académie, appuyée par le gouvernement, envoya MM. Godin, Bouguer et La Condamine en Amérique pour mesurer l'arc du méridien à l'équateur. Maupertuis persuada au ministre Maurepas de lui donner la direction d'une expédition semblable au pôle nord. « Si, disait-il, l'aplatissement de la terre n'est pas plus grand que Huygens l'a supposé, la différence des degrés du méridien, déjà mesurés en France, d'avec les premiers degrés du méridien voisins de l'équateur ne sera pas assez considérable pour qu'elle ne puisse pas être attribuée aux erreurs possibles des observateurs et à l'imperfection des instruments. Mais si l'on observe au pôle, la différence entre le premier degré du méridien voisin de la ligne équinoxiale et le 66°, par exemple, qui coupe le cercle polaire, sera assez grande, même dans l'hypothèse d'Huygens, pour se manifester sans équivoque, malgré les plus grandes erreurs commissibles, parce que cette différence se trouvera répétée autant de fois qu'il y aura de degrés intermédiaires. »

Maupertuis partit sur un navire, équipé à Dunkerque, s'étant associé Clairaut, Camus, Le Monnier, académiciens, l'abbé Outhier, Sommereux comme secrétaire, Herbelot comme dessinateur. Le savant physicien suédois Celsius, qui se trouvait alors à Paris, se joignit à eux. Voltaire chanta le courage de ces Argonautes nouveaux, « chargés de la gloire de la patrie ». Leur projet était de mesurer un degré ou la 360e partie du méridien. Pour y parvenir, il fallait d'abord une ligne de vingt-cinq lieues communes dans la direction du méridien, c'est-à-dire du sud au nord. Les savants atteignirent Torneo en juillet 1736, et commencèrent aussitôt leurs opérations. Au delà de Torneo ils ne vécurent plus que dans des lieux inhabités et sur les montagnes où ils plantèrent les signaux pour les lier entre elles par des triangles. Ils passèrent ainsi le cercle polaire, et de rocher en rocher, de cataracte en cataracte, ils vinrent tous se réunir à Pello. Les montagnes où ils avaient établi des signaux et le clocher de l'église de Torneo, qui terminait la suite de leurs triangles vers le sud, présentaient là une figure d'un long heptagone, dont la montagne de Horrilanero était comme le foyer, où aboutissaient tous les triangles. Les géomètres se partagèrent en deux troupes pour avoir deux mesures au lieu d'une et diminuer au moins ainsi les chances d'erreurs. Après bien des fatigues, ils parvinrent à constater que la longueur de l'arc de méridien compris entre les parallèles de Torneo et Kittis était de 55,023 $\frac{1}{2}$ toises, que cette longueur ayant pour amplitude 57' 27", le degré du méridien sous le cercle polaire était de plus d'environ 1,000 toises que ne l'avait supposé Cassini. Ils passèrent l'hiver à Torneo; ce fut là que Maupertuis prit un goût passager pour une Laponne, qui s'attacha à lui et vint même le joindre à Paris : dans des couplets qu'il fit sur elle, il la chanta comme la plus fidèle des maîtresses. Enfin les savants géomètres conclurent de toutes leurs opérations que le degré terrestre était plus grand de 377 toises que celui de Picard, entre Paris et Amiens, et que la Terre est considérablement aplatie. Les résultats ont été consignés par Maupertuis dans l'ouvrage intitulé : *Figure de la Terre déterminée par les observations de MM...., faits par ordre du roi*; Paris, 1738, in-8°.

Maupertuis fut de retour à Paris avec ses compagnons vers la fin de 1737. Il lut dans une assemblée publique de l'Académie la relation du voyage et des opérations. L'Académie ne se prononça point, et il y eut en France bien des gens qui ne voulaient pas donner à la Terre une figure qu'un Hollandais et un Anglais « avaient imaginée ». Cassini, père et fils, se refusèrent d'admettre les résultats de l'expédition polaire démontrant l'aplatissement de la Terre aux pôles, parce qu'ils auraient été obligés de convenir qu'ils s'étaient trompés et d'avouer que Maupertuis en neuf mois avait détruit leur ouvrage d'un demi-siècle. Ce fut vers cette époque que commencèrent ses relations avec Voltaire et avec la marquise du Châtelet, l'un et l'autre ardents disciples des doctrines newtoniennes, par conséquent favorables à ceux que les cartésiens traitaient de dangereux novateurs. Maupertuis alla voir la marquise dans son château de Cirey, en Bourgogne; et comme elle désirait apprendre les mathématiques, il lui recommanda pour maître Kœnig, qu'il avait connu à Bâle. Pour mettre un terme aux discussions sur la figure de la Terre, il résolut, de retour à Paris, de vérifier la mesure astronomique de Picard avec le même secteur dont il s'était servi au pôle. A cet effet, il prit, sur l'arc mesuré du méridien de Paris, la partie terminée par les deux églises Notre-Dame d'Amiens et de Notre-Dame de Paris, que le hasard a placées presque sous le même méridien. Il constata ainsi que le degré du méridien entre Amiens et Paris était de 57,183 toises (au lieu 57,060). C'est ce qui détermina enfin Cassini à reconnaître que les méridiens croissent à contre-sens de ce qu'il les avait trouvés autrefois. A cette occasion Maupertuis publia une brochure satirique sous le titre de *Lettre à un Anglais*, devenue extrêmement rare.

Dès son avénement au trône, le célèbre roi de Prusse, Frédéric II, cherchait à s'attacher Maupertuis. « Mon cœur et mon inclination, lui écrivit-il, m'ont fait désirer de vous avoir pour donner à l'Académie de Berlin la forme qu'elle ne peut recevoir que de vous. Venez donc enter sur la plante sauvage la greffe des sciences et des fleurs. Vous avez appris au monde la figure de la Terre : vous apprendrez d'un roi quel est le plaisir de posséder un homme tel que vous. » Maupertuis se rendit à cette aimable invitation, et partit pour Wesel, où le roi philosophe l'accueillit avec distinction (en mai 1740). Voltaire vint peu de temps après faire sa cour au même prince; mais il le quitta bientôt pour retourner auprès de la marquise du Châtelet. Maupertuis accompagna Frédéric II dans la campagne de Silésie (février 1741), et assista à la bataille de Molwitz, où il fut fait prisonnier. Il fut traité avec de grands égards par le général autrichien Neuperg, et présenté à Vienne à Marie-Thérèse et au grand-duc de Toscane. Remis en liberté, il revint à Berlin, et voyant alors le roi de Prusse plus occupé de la guerre que des sciences, il retourna à Paris, où il reprit ses travaux académiques. La figure de la Terre étant pour ainsi dire devenue son domaine, il s'en servit pour perfectionner la théorie de la Lune dans un traité qu'il publia sur la parallaxe de notre satellite; il y fit ressortir les relations de ces deux corps, qui, s'attirant l'un l'autre, déterminent leurs mouvements et leurs formes réciproques, et il indique le moyen de déterminer la longitude sur mer, en mesurant les distances de la Lune à la Terre avec plus d'exactitude. La comète observée le 2 mars 1742 à l'Observatoire de Paris fut pour lui l'occasion d'adresser à une dame une lettre où il rassemblait tout ce qui avait été dit de faux ou de vrai sur ces astres. Mais, loin de rassurer les hommes, il montre les ravages que les comètes pourraient causer dans l'univers par leur rencontre avec notre planète. La mort de l'abbé de Saint-Pierre ayant laissé une place vacante à l'Académie Française, Maupertuis lui succéda, le 27 juin 1743. Dans son discours de réception, il essaya de prouver que « l'objet des études du géomètre et du bel esprit est le même et dépend des mêmes principes ». Ce discours fut vivement critiqué : les uns le comparaient à la perruque du récipiendaire, les autres le raillaient en disant qu'il métamorphosait les beaux esprits comme Circé les compagnons d'Ulysse. Maupertuis fit paraître dans la même année son *Astronomie nautique*, qui n'est à la portée d'aucun pilote, pour justifier la pension de 4,000 livres que le ministre Maurepas venait de lui accorder, « à la condition de travailler au perfectionnement de la navigation ». Il donna aussi un petit traité d'*Algèbre*, dont la deuxième édition, qui est la meilleure, parut en 1751. Mais ce que lui et ses amis estimaient comme une découverte au moins égale à celle de Newton, et ce qui devint plus tard la cause de sa fameuse querelle avec Kœnig, c'est sa prétendue loi générale du mouvement. Descartes avait supposé que dans la nature la même quantité de mouvement se conservait toujours et qu'elle était le produit de la masse multipliée par la vitesse; mais on lui objectait que si cette quantité se conserve dans quelques cas, elle augmente, diminue et s'anéantit dans d'autres. Leibniz admit, comme Descartes, que dans le choc des corps il y avait une quantité qui se conservait inaltérable, et il exprima cette quantité, qu'il appelait *force vive*, par le produit de la masse d'un corps par le carré de sa vitesse. Newton, croyant qu'à la rencontre des parties de la matière le mouvement était plus souvent détruit qu'augmenté, imagina que Dieu, pour empêcher la machine du monde de se détraquer, lui imprimait de temps à autres de petits mouvements. Les Leibniziens se moquèrent de cette idée, en effet assez plaisante, qui supposait que l'œuvre avait sans cesse besoin de l'ouvrier. Tel était l'état de la science lorsque Maupertuis érigea en principe la *quantité d'action* que la nature cherche à ménager le plus, et qui serait ainsi la *moindre* possible dans le mouvement des corps. Du reste comme pour Leibniz la quantité d'action était pour lui le produit de la masse par l'espace et la vitesse. Il développa cette idée dans un mémoire (lu en séance publique de l'Académie, le 15 avril 1744) *Sur l'accord de différentes lois de la nature qui jusqu'alors avaient paru incompatibles*. Il avertit que « le chemin le plus court et le plus tôt parcouru n'était qu'une conséquence de la plus petite quantité d'action, conséquence que Fermat avait déjà prise pour principe ». Ce mémoire n'eut aucun succès, bien qu'Euler appliquât, dans la même année, le principe qui s'y trouvait énoncé : il démontra que « dans les courbes que les corps décrivent par des forces centrales la vitesse du corps multiplié par le petit arc de la courbe fait toujours un *minimum* ». Dans sa *Dissertation sur le nègre blanc* (Albinos), sujet que traita aussi Voltaire, Maupertuis émet l'opinion « que dans la liqueur séminale, composée d'un nombre infini de parties, propres à former, par leur assemblage, des animaux de même espèce, chaque partie fournit ses germes ». Il développa cette théorie dans sa *Vénus physique*. C'est en 1744 que Bourguer et La Condamine, après leur retour du Pérou, mirent fin aux contestations sur l'aplatissement de la Terre vers les pôles (1) : toutes leurs mesures s'accordaient avec celles du pôle pour faire la Terre aplatie. Dans la même année, Maupertuis retourna à Berlin, sur les instances réitérées du roi de Prusse. Il eut un grand appartement au palais, et épousa Mlle de Borck, fille d'honneur de la reine mère.

Depuis la mort de Leibniz (1716), l'Académie de Berlin n'existait plus que de nom : le prédécesseur de Frédéric II avait assigné, suivant La Beaumelle, des pensions à ses bouffons sur les fonds de cette compagnie (2). Frédéric II chargea Maupertuis de la réorganiser. Celui-ci se mit aussitôt à l'œuvre, et le roi approuva (10 mai 1746) en ces termes le plan qui lui était soumis : « M. de Maupertuis, écrivait-il de sa main, aura la présidence sur tous les académiciens honoraires et actuels. Rien ne se fera que par lui, ainsi qu'un général gentilhomme commande des ducs et des princes dans une armée sans que personne s'en offense... Le président Maupertuis aura l'autorité de dispenser les pensions vacantes aux sujets qu'il jugera en mériter, d'abolir les petites pensions et d'en grossir celles qui sont trop minces, selon qu'il le jugera convenable. De plus, il présidera les curateurs dans les affaires économiques. » En même temps le roi créa le nouveau président chevalier de l'ordre du Mérite, institué à son avénement au trône, et lui donna le brevet de régnicole avec une pension de 15,000 livres. Ces distinctions accordées à un étranger lui firent beaucoup d'ennemis parmi les Alle-

(1) Dans son mémoire *Sur les opérations pour la mesure de la Terre*, et dans son *Addition* à ce mémoire, Maupertuis place cet aplatissement entre $\frac{1}{178}$ et $\frac{1}{226}$. D'après les mesures les plus récentes, cet aplatissement est d'environ $\frac{1}{300}$.

(2) Le roi Frédéric-Guillaume Ier, père du grand Frédéric, s'amusait à proposer à son Académie des questions burlesques. Un jour il fit demander pourquoi deux verres remplis de vin de Champagne, étant choqués l'un contre l'autre, ne rendaient pas un son aussi clair que lorsqu'ils étaient vides. L'Académie répondit qu'il fallait d'abord constater le fait. En conséquence le roi lui envoya quelques bouteilles de Champagne (*Lettres* de Bielfeld).

mands. En 1750 Maupertuis fit recevoir Kœnig membre de l'Académie. D'abord les meilleurs amis, ils finirent bientôt par se brouiller sur l'appréciation du mérite de Leibniz. Ainsi, au sujet de la découverte du calcul infinitésimal, Maupertuis disait un jour que Leibniz n'avait répondu que des injures au *Commerce épistolaire*, publié par la Société royale de Londres (sous l'influence de Newton). Kœnig soutenait que Leibniz, prévenu par la mort, n'avait pas eu le temps de le réfuter. A l'appui de son opinion (parfaitement exacte), il cita les dates de la publication du *Commerce épistolaire* et de la mort de Leibniz : ces dates étaient contredites par le livre qu'on avait sous la main. La dispute s'échauffe, on s'emporte : Kœnig assure qu'il a vu les découvertes de Leibniz apostillées par lui-même avec dates. Maupertuis répond qu'un pareil témoignage n'a aucune valeur, parce que Leibniz avait pu mettre les dates qu'il avait voulu. « Vous avez beau faire, lui répliqua Kœnig, vous n'ôterez rien, *mon pauvre ami*, à sa gloire. » — « Vous m'insultez, monsieur, » s'écria Maupertuis ; et le met à la porte de son cabinet. — Mais il eut bientôt en Voltaire un ennemi plus redoutable. Piqué du refus d'un service que lui avait demandé le grand écrivain, Voltaire publia d'abord le *Micromégas*, satire dirigée contre l'Académie de Berlin et son président. En vain, le roi essayait-il de les réconcilier, d'abord par la persuasion, puis d'autorité : il ne put empêcher la publication de la *Diatribe du docteur Akakia;* elle porta à Maupertuis un coup mortel, par le ridicule dont elle le couvrait. Ce savant avait émis, dans ses écrits, plusieurs opinions qui prêtaient en effet à la raillerie. C'est là-dessus que le personnage fictif, Akakia, ce médecin du pape, » s'exprime, entre autres, ainsi :

« ... Il est démontré que ce n'est pas le respectable président qui est l'auteur des livres qu'on lui attribue ; car cet admirable philosophe, qui a découvert que la nature agit toujours par les lois les plus simples et qui ajoute si sagement qu'elle va toujours à l'épargne, aurait certainement épargné au petit nombre de lecteurs capables de le lire la peine de lire deux fois la même chose dans le livre intitulé ses *Œuvres* et dans celui qu'on appelle ses *Lettres*. Le tiers au moins de ce volume est copié mot pour mot dans l'autre (1).... On me pardonnera de trouver un peu fâcheux que cet écrivain traite les médecins comme ses libraires. Il prétend nous faire mourir de faim : il ne veut pas qu'on paye le médecin quand malheureusement le malade ne guérit point.... Un médecin promet ses soins, et non la guérison : il fait ses efforts, et on les lui paye. Quoi ! seriez-vous jaloux, même des médecins ? Que dirait, je vous prie, un homme qui aurait, par exemple, douze cents ducats de pension pour avoir parlé de mathématiques et de métaphysique, pour avoir disséqué deux crapauds, et s'être fait peindre avec un bonnet fourré, si le trésorier venait lui tenir ce langage : Monsieur, on vous retranche cent ducats pour avoir écrit qu'il y a des astres faits comme des meules de moulin, cent autres ducats pour avoir écrit qu'une comète viendra *voler* notre lune, et porter ses *attentats jusqu'au soleil* même ; cent autres ducats pour avoir imaginé que des comètes *toutes d'or et de diamant* tomberont sur la terre : vous êtes taxé à trois cents ducats pour avoir affirmé que les enfants se forment par attraction dans le ventre de la mère, que l'œil gauche attire la jambe droite, etc. On ne peut vous retrancher moins de quatre cents ducats pour avoir imaginé de connaître la nature de l'âme par le moyen de l'opium, et en disséquant des têtes de géants, etc., etc. Il est clair que le pauvre philosophe perdrait toute sa pension. »

(1) Sur ce point comme sur les autres, que nous allons citer, la critique de Voltaire est parfaitement fondée.

Frédéric II, qui aimait Maupertuis plus que Voltaire, fit brûler ce libelle par la main du bourreau. Voltaire lui renvoya son cordon de l'ordre du Mérite et la clef de chambellan. La diatribe du docteur Akakia n'était pas seulement un effet du ressentissement personnel de son auteur ; Voltaire avait été indigné de la conduite injuste et hautaine de Maupertuis à l'égard de Kœnig. Celui-ci avait fini par être exclu de l'Académie de Berlin, parce qu'il attribuait avec raison à Leibniz le principe de la *minimité* d'action, que Maupertuis vantait comme sa propre découverte. Le champion de Kœnig ne s'en tint pas là : il fit pleuvoir sur la tête du malencontreux président de l'Académie cinq ou six brochures : *La Querelle*, *La Séance mémorable*, *La Berlue*, *La Lettre d'un marquis à une marquise*, l'*Extrait d'une lettre d'un académicien de Berlin*, brochures qui, semblant partir de mains différentes, portent toutes le même cachet.

Blessé au vif par ces attaques, il écrivit à Voltaire que sa maladie et la justice que le roi lui rendait l'avaient empêché de répondre aux premiers libelles. « Mais, ajoutait-il, si vous continuez à m'attaquer par des personnalités, je vous déclare qu'au lieu de vous répondre par des écrits, ma santé est assez bonne pour vous trouver partout où vous serez, et pour tirer de vous la vengeance la plus complète. Rendez grâce au respect et à l'obéissance qui ont jusqu'ici retenu mon bras, et qui vous ont sauvé de la plus malheureuse aventure qui vous soit encore arrivée. » Voltaire, voyant dans cette imprudente lettre des menaces d'assassinat, courut la déposer au greffe de Leipzig, et se mit sous la sauvegarde du magistrat. Puis il la publia avec des commentaires et une de ses répliques mordantes, dont quelques traits atteignaient Frédéric II. Le roi fit aussi imprimer la lettre de Maupertuis avec son approbation, et adressa à Voltaire une missive où l'on lit : « Vous devez savoir mieux que personne que je ne sais point venger les offenses qu'on me fait. Je vois le mal, et je plains ceux qui sont assez méchants pour le faire... J'ai vu la lettre que Maupertuis vous a écrite, et je vous avoue que votre réponse m'a fait admirer la sublimité de votre esprit. Oh! l'homme éloquent! Maupertuis dit qu'il saura vous trouver si vous continuez à publier des libelles contre lui; et vous, le Cicéron de notre siècle, quoique vous ne soyez ni consul ni père de la patrie, vous vous plaignez à tout le monde que Maupertuis veut vous assassiner! Avouez que vous étiez né pour être le premier ministre de César Borgia (1). » Voltaire n'en continua pas moins à varier le thème du docteur Akakia dans le *Projet de paix*, l'*Art de bien argumenter, par un capitaine de cavalerie*, la *Lettre au secrétaire éternel*, l'*Homme au quarante écus*, et la pièce des *Deux siècles*, où il dit :

Descendez par un trou dans le centre du monde :,
Pour mieux connaître l'âme et ses sens inégaux,
Allez des Patagons disséquer les cerveaux,
Et tandis que Needham a créé des anguilles,
Courez chez les Lapons et ramenez des filles.

Le roi se fâcha sérieusement, comme il donna à l'entendre dans une lettre à M. d'Arget, son secrétaire des commandements. « J'ai pris, y disait-il, contre Voltaire le parti de Maupertuis, parce que c'est un fort honnête homme qu'on avait résolu de perdre. Je vois avec bien du regret que tant d'esprit et tant de connaissances ne rendent pas les hommes meilleurs (2). » Toutes ces tribulations, jointes à un mauvais état de santé, hâtèrent la fin de Maupertuis. Souffrant depuis longtemps de la poitrine, il était allé respirer l'air de la Suisse. Accueilli comme un frère dans la maison de Bernoulli à Bâle, il y mourut après quelques semaines de souffrances.

Aux yeux des philosophes, Maupertuis a moins de mérite encore qu'aux yeux des géomètres et des naturalistes, et les théologiens mêmes l'ont raillé d'avoir voulu exprimer l'existence de Dieu par une formule algébrique. L'une de ses maximes, sur laquelle il revient souvent et qui termine, comme conclusion, son *Essai de Philosophie morale*, est ainsi conçue : « Ce qu'il faut faire dans cette vie pour y trouver le plus grand bonheur dont notre nature est capable est sans doute cela même qui doit nous conduire au bonheur éternel. » C'était la maxime de l'épicuréisme et du scepticisme. « Maupertuis, dit un juge compétent, est un dogmatiste, mais un dogmatiste qui doute; c'est également un spiritualiste, mais qui donne prise au matérialisme; c'est de même un déiste, mais par de telles raisons de l'être, qu'il se fait accuser de fort mal prouver Dieu, et par qui? par Voltaire, dont il reçoit même, sans nullement la mériter, l'épithète d'athée; enfin, c'est un moraliste dans lequel, sans trop d'accord, se mêlent l'épicurien, le stoïcien et le chrétien, et qui, par exemple, à l'un de ces titres, approuve et conseille le suicide, et à l'autre le condamne (1). »

(1) *Vie de Maupertuis*, par L. Angliviel de La Baumelle, suivie de lettres inédites de Frédéric le Grand; Paris, 1856, p. 186.
(2) Ibid., p. 188.

La meilleure édition des *Œuvres* de Maupertuis parut à Lyon, 1768 (1756), 4 vol. in-8°.

F. HOEFER.

Éloges de Maupertuis, par Grandjean de Fouchy, Formey, le comte de Tressan. — *Vie de Maupertuis* par L. Angliviel de la Beaumelle, ouvrage posthume, suivi de Lettres inédites de Frédéric le Grand et de Maupertuis; Paris, 1856. — Damiron, *Mém. sur Maupertuis*; Paris, 1858.

MAUPIN (*Simon*), architecte français, vivait dans la première moitié du dix-septième siècle. On ne sait à peu près rien de sa vie; ses œuvres seules ont révélé son nom. Il y avait à Lyon dans la première moitié du dix-septième siècle trois hommes de talent dans des genres divers, Gérard Désaignes, architecte; Thomas Blanchet, peintre; et Simon Maupin, architecte. Le conseil consulaire leur confia la construction et la décoration d'un nouvel hôtel de ville; c'était en 1646. Son plan fut conçu d'un seul jet; aussi tout y était-il parfaitement lié : jamais conception d'artiste ne présenta plus d'harmonie dans ses différentes parties. Ami de Descartes, et en relation avec les plus célèbres géomètres de son temps, Roberval, Gassendi et Pascal, Désaignes enseignait aux ouvriers la coupe des pierres, et s'occupait de travaux publics. Quelle a été sa part dans la construction de l'hôtel de ville de Lyon? A-t-il été le véritable auteur du plan? Rien n'autorise à le dire; l'honneur de cette belle conception est demeuré à Simon Maupin. Le 5 septembre 1646, on en posa la première pierre. On poussa les travaux avec tant d'activité, que l'inauguration de l'édifice eut lieu en 1651. Quatre années après, il était entièrement terminé. Le P. Jean de Bassières en a fait une longue description en vers et en prose : *Basilica Lugdunensis, sive domus consularis*; Lyon, 1661, in-4°. En 1702, Jules Hardouin-Mansart restaura ou gâta la façade sur la place des Terreaux. En 1856, l'hôtel de ville, ayant été affecté à la résidence du préfet et aux services administratifs, a subi des modifications qui ont gravement altéré le plan primitif de l'habile architecte. On doit à Simon Maupin un *Plan de Lyon*, gravé et publié en 1625. La statue de cet architecte, exécutée par M. Bonnet, décore une belle maison qui a été bâtie en 1858, en face de l'hôtel de ville.

J.-B. MONFALCON.

Docum. particuliers.

MAUPIN, agronome français, vivait dans la seconde moitié du dix-huitième siècle. On ignore la date de sa naissance et celle de sa mort. Il fut un des valets de chambre de la reine Marie Leszcinska, et s'occupa principalement d'agriculture. Il fit des expériences à Sèvres et à Belleville pour prouver que l'on peut faire des vins de bonne qualité dans les environs de Paris. Ses principaux écrits sont : *Nouvelle Méthode de*

(1) M. Damiron, *Memoire sur Maupertuis*, p. 140.

(1) *Vie de Maupertuis*, par L. Angliviel de La Beaumelle, suivie de lettres inédites de Frédéric le Grand; Paris, 1856, p. 186.

(2) Ibid., p. 189.

(1) M. Damiron, *Memoire sur Maupertuis*, p. 160.

cultiver la vigne; Paris, 1763, in-12; — *Réduction économique, ou l'amélioration des terres;* Paris, 1767, in-12; — *Expériences sur la bonification de tous les vins, tant bons que mauvais, lors de la fermentation;* Paris, 1770, in-12; 3e édit., ibid., 1772, 2 vol. in-12; ce livre, contrefait en Suisse, a eu de nombreuses réimpressions; — *L'Art de faire le vin rouge;* Paris, 1775, in-8°; le tome Ier seul a paru; — *Cours complet de Chimie économique sur la manipulation et la fermentation des vins;* Paris, 1779, in-8°; — *La Richesse des Vignobles;* Paris, 1781, in-12; — *Les vins rouges, les vins blancs et les cidres;* Paris, 1787, in-8°; — *L'Art de convertir en Vins fins et d'une beaucoup plus grande valeur les vins les plus communs;* Paris, 1791, in-8°. Buc'hoz a réuni plusieurs opuscules de Maupin sous ce titre : *Méthode sur la manière de cultiver la vigne et l'art de faire le vin;* Paris, 1799, in-8°. K.

Bibliogr. agronomique.

MAUQUEST DE LA MOTTE (*Guillaume*), chirurgien français, né le 27 juillet (1) 1655, à Valognes, mort le 27 juillet 1737, dans la même ville. Il vint étudier la chirurgie à Paris, où pendant cinq ans il suivit les cours de l'hôtel-Dieu, et retourna à Valognes; la réputation ne tarda pas à l'y suivre. Sa vie tout entière fut consacrée à la pratique des accouchements, branche alors peu cultivée de l'art de guérir pour laquelle dès le début de sa carrière il avait montré un goût particulier. « Doué de beaucoup de sagacité et d'une grande aptitude pour l'observation, dit la *Biographie médicale*, il avait des connaissances bien restreintes en théorie et manquait presque entièrement d'érudition.... Il a parfaitement décrit les signes de la grossesse normale et démontré la nécessité de confier à la nature la terminaison de la plupart des accouchements. Partisan des animalcules et du mélange des semences dans la génération, il considérait l'accouchement par les pieds comme le plus naturel, et voulait que l'on y eût recours dans presque tous les cas où la parturition normale est rendue difficile. » On a de lui : *Traité des Accouchements naturels, non naturels et contre nature;* Paris, 1715, in-4°; série de quatre cents observations judicieuses souvent réimprimée; en dernier lieu à Paris, 1765, 2 vol. in-8°, et traduite en allemand, Strasbourg, 1732, in-4°; — *Dissertation sur la génération, sur la superfétation et réponse au livre intitulé* De l'indécence aux hommes d'accoucher les femmes; Paris, 1718, in-12, où il défend victorieusement les accoucheurs contre les attaques de Philippe Hecquet; — *Traité complet de Chirurgie, contenant des observations sur toutes les maladies chirurgicales et sur la manière de les traiter;* Paris, 1722, 3 vol. in-12; 1732 et 1763, 4 vol. in-12; 1771, 2 vol. in-8°; cette dernière édition a été augmentée par Sabatier de notes intéressantes. P. L.

(1) Le 27 juin, d'après la *Biographie médicale.*

Biogr. Méd. — Éloy, *Dict. de Med.*

MAUR. *Voy.* RABAN MAUR et JOURDAIN (*Claude*).

MAURAND ou **MAURAN** (*Pierre*), premier chef des Albigeois, mort en 1199. Il était né à Toulouse, où sa famille était en grande considération, et avait fourni quatre-vingt-huit capitouls. Maurand fut un des premiers à accepter les doctrines dites *albigeoises*, ou plutôt manichéennes ou paulistes, et les répandit avec chaleur dans tout le Languedoc. Riche et lettré, prêchant sans cesse, marchant pieds nus, couchant sur la terre, vivant au hasard, il impressionna fortement les esprits méridionaux, d'ailleurs si faciles à enflammer, et se fit en peu de temps un grand nombre d'adeptes, qu'il rassemblait dans deux de ses châteaux, l'un à la ville, l'autre à la campagne. Roger, vicomte d'Alby, fut son principal soutien. Maurand disait hautement « que dans le clergé on exerçait les fonctions ecclésiastiques sans science, sans mœurs, et sans capacité, que l'usure était commune, et que dans beaucoup d'églises tout était vénal, les sacrements et les bénéfices; que les clercs, les prêtres, les chanoines et même les évêques se mêlaient publiquement aux femmes de mauvaises vies; que si chez les seigneurs et les laïcs les mêmes vices se faisaient remarquer, ils étaient dus à l'ignorance générale, excuse que ne pouvait avoir le clergé. » Quant au dogme, il admettait deux grands principes directeurs, indépendants et incréés : le bien et le mal; « la lumière et les ténèbres ». Mauran ne regardait pas l'aumône comme un moyen de salut; « car, disait-il, nul ne possède au delà de son nécessaire qu'aux dépens de son prochain, et la vie ne doit pas être un commerce incessant. » Il n'admettait pas qu'un prêtre pût par quelques paroles transformer le pain et le vin en corps et en sang du Christ, et s'obstinait à ne voir dans la messe et son sacrifice qu'une commémoration, qu'un symbole. Il rejetait tout le culte extérieur de l'Église comme un abus qu'il fallait détruire. Il menait au surplus la vie la plus régulière, la plus sobre, priait à genoux sept fois le jour et sept fois la nuit. Il n'admettait pas la rémission des péchés sur la terre, ne pouvant croire qu'un mortel, un prêtre « tout couvert de la lèpre du vice, » puisse absoudre ce dont il se rendait chaque jour sciemment coupable. Quant aux membres du clergé, il les appelait non pas des *pasteurs*, mais des *loups ravissants*, etc. La cour de Rome ne tarda pas à s'émouvoir de pareilles doctrines, et le nombre des hérétiques se multipliant prodigieusement (1), elle fit appel au bras séculier. Après avoir fait condamner les sectaires dans plusieurs synodes, les archevêques de Narbonne

(1) En Provence ils étaient connus sous le nom de *popelicains*; en Bourgogne sous celui de *publicains*; en Flandre on les nommait *bons-hommes*.

et de Lyon, en firent arrêter quelques-uns, et l'on brûla vifs ceux qui ne voulaient pas se convertir. Les rois d'Angleterre et de France envoyèrent les prélats les plus zélés de leurs États pour combattre le schisme, et enjoignirent aux seigneurs leurs vassaux de prêter main-forte aux commissaires et au légat que le pape pourrait envoyer. En effet, Alexandre III envoya bientôt (1178) auprès du comte de Toulouse, Raymond V, le cardinal de Saint-Chrysogone et quelques autres prélats avec ordre de rechercher et de frapper les fauteurs de l'hérésie. Le légat et les évêques entrèrent dans Toulouse au milieu des clameurs insultantes du peuple, qui les traitait d'apostats, d'hypocrites et même d'hérétiques. Cependant un des prélats prêcha, et réfuta si solidement les erreurs des Albigeois que ceux-ci, convaincus par la force de ses raisons, et plus encore par la crainte du comte de Toulouse, n'osèrent plus se montrer ni parler en public. Le légat ne se contenta pas de ce succès, il fit promettre par serment à tous les catholiques de dénoncer et de livrer les hérétiques qu'ils connaissaient. Pierre Maurand fut un des premiers atteints par cette mesure. On l'engagea par caresses et par promesses à comparaître devant le légat. Dans l'interrogatoire qu'on lui fit subir, il déclara que le pain consacré n'était pas le corps de Jésus-Christ. Les inquisiteurs ne lui en demandèrent pas davantage; ils le livrèrent au comte de Toulouse, qui le fit enfermer aussitôt, ordonnant que ses biens fussent confisqués et ses châteaux démolis en attendant qu'il fût statué sur la peine corporelle que le coupable avait encourue. Pierre Maurand, se voyant à la veille de subir une mort ignominieuse, promit de se convertir et d'abjurer ses erreurs. On le fit alors sortir de prison, nu en caleçon, et sur la place publique devant le peuple assemblé, il se prosterna aux genoux du légat et de ses collègues; il leur demanda pardon et promit de se soumettre à leurs ordres. Le lendemain, l'évêque de Toulouse et l'abbé de Saint-Sernin allèrent prendre Maurand dans sa prison; il en sortit encore nu et sans chaussures. Il fût ainsi mené par la ville, fustigé de temps à autre par ses deux conducteurs. Arrivé devant la cathédrale, il fit amende honorable, renouvela l'abjuration de ses erreurs. Il entendit alors le jugement qui le condamnait à partir dans quarante jours pour Jérusalem et à y demeurer trois ans au service des pauvres : la confiscation de ses biens fut maintenue, moitié au profit de Raymond V, moitié au profit du clergé. Il fut condamné, de plus, à une amende de cinq cents livres pesant d'argent envers le comte de Toulouse, à faire de nombreux dons aux établissements religieux, aux pauvres, etc. Cependant, lorsque Pierre Maurand revint de Palestine, il rentra dans la plus grande partie de son patrimoine, à l'exception de ses châteaux qui avaient été démolis. Son abjuration forcée ne semble ne lui avoir rien fait perdre de l'estime de ses concitoyens; car dès 1183 ils l'élurent capitoul, et le maintinrent plusieurs années dans cette magistrature. A. L.

Dom Vaissette, *Histoire de Languedoc*, t. III, l. XIX. — *Dict. des Hérésies*, article *Albigeois*, dans l'*Encyclopédie théologique* de l'abbé Migne. — Le P. Benoît, *Hist. des Albigeois*, t. I. — Le P. Langlois, *Histoire des Croisades contre les Albigeois*. — Basnage de Beauval, *Hist. de l'Église*, t. II, chap. XXIX. — *Biographie Toulousaine*.

MAURE *aîné*, homme politique français, né à Auxerre, se donna la mort à Paris, le 4 juin 1795. Il était établi épicier à Auxerre lorsque éclata la révolution. C'était un homme sans talents, sans instruction; néanmoins il joua un rôle très-actif aux Jacobins et à la Convention, où son exaltation le fit élire par ses concitoyens. Maure y vota la mort de Louis XVI sans appel au peuple ni sursis en ces termes : « Louis est coupable ; quand il aurait mille vies, elles ne suffiraient pas pour expier ses forfaits. » Ami de Marat, qui l'appelait *son fils*, il partagea tous les excès des terroristes; cependant sa conduite fut un objet d'attaques contradictoires : tandis que les uns l'accusaient d'outrepasser les mesures les plus révolutionnaires, les autres lui reprochaient son modérantisme, entre autres le 22 juin 1793, lorsqu'il fit acquitter et rendre à la liberté E. de Mauldе, agent diplomatique français, accusé de trahison à l'extérieur. En octobre 1794 Garnier (de l'Aube) le dénonça comme ayant fait relâcher sans jugement vingt-six prêtres insermentés et onze femmes d'émigrés. Quelques jours plus tard Fréron, dans son *Orateur du Peuple*, peignait Maure comme un monstre sanguinaire et l'accusait d'avoir dit à la tribune des Jacobins : « que du lard, envoyé par le département des Basses-Pyrénées pour les besoins de l'armée servirait à graisser la guillotine ». S'étant montré favorable à l'insurrection jacobine qui éclata le 1er prairial an III (20 mai 1795), contre la Convention, il fut dénoncé par Le Hardy (1er juin) comme l'ancien favori de Robespierre, l'ami de Duhem, le défenseur de Carrier. L'orateur rappela « qu'au 31 mai 1793 Maure avait pris Couthon dans ses bras et l'avait porté à la tribune, pour qu'il fît plus aisément la motion de proscrire ses collègues (les girondins) ». Cette accusation, prise en considération, fut renvoyée au comité de législation, et le 4 juin la commune d'Auxerre révéla une série de cruautés et d'exactions commises par son propre représentant. Maure comprit alors le sort qui l'attendait, et pour le prévenir il se brûla la cervelle. H. L.

Le Moniteur universel, ann. 1792, nos 337, 361; an 1er, nos 24 à 258; an II, nos 129 à 344; an III, nos 21 à 260. — *Biographie moderne* (1806). — Fétis, *Biographie Conventionnelle* (1815). — A. de Lamartine, *Hist. des Girondins*, t. VI, liv. XXXXIII, p. 177.

MAUREGARD ou **MORGART** (*Noël*), astrologue français, né vers la fin du seizième siècle; ce fut dans le siècle suivant l'un des devins populaires en renom. Il publiait des almanachs et beaucoup de libelles remplis de prédictions plus ou moins bizarres, qui, sous une forme divinatoire, n'étaient la plupart du temps que de violentes attaques contre l'autorité royale. Jeté à la Bastille en janvier 1614, il fut le mois suivant condamné aux galères, où sans doute il mourut; car nous ne pouvons admettre que les almanachs publiés sous son nom en 1619 soient de lui.

L. LACOUR.

Rencontre et naufrage de trois astrologues judiciaires, Mauregard, J. Petit et P. Larivey; Paris, 1634. — Bazin, *La Cour de Marie de Médicis*, 130. — Fournier, *Variétés hist. et litt.*, II, 213.

MAUREGAT, roi d'Oviedo et de Léon, mort à Pravia, au mois d'août 788. Il était fils naturel d'Alfonse Ier, le Catholique. Ayant appris que son neveu Alfonse, fils de Fruela, avait été choisi par la reine Aldosinde et les grands de la cour pour succéder à Silo (783), il se révolta contre lui, et parvint, par force ou par ruse, à le chasser des Asturies. Il resta pendant cinq ans en possession du trône, et eut pour successeur Bermudez, autre fils de Fruela. Les chroniqueurs sont en général hostiles à Mauregat et le traitent d'usurpateur; Rodrigue de Tolède est le premier qui rapporte que ce prince gagna, pour se maintenir en paix, l'amitié des Maures en leur promettant un tribut de cent vierges par an. Pellicer et Naguera ont donné de cette légende des explications plus vraisemblables. Il existe encore dans les Asturies une race particulière d'hommes qui vivent séparés du reste des habitants et qui portent le nom de *Maragatos*.

P.

Aschbach, *Geschichte der Ommajaden*. — Paquis et Dochez, *Hist. d'Espagne*, I, 317. — Romey, *Hist. d'Espagne*.

MAUREL (*Abdias*), dit CATINAT, chef camisard, né au Caylar, près de Lodève, brûlé le 22 avril 1705, à Nîmes. Ses parents étaient des cultivateurs protestants. Enrôlé dans un régiment de dragons, il servit en Italie sous Catinat, et reçut de ses compatriotes le nom de ce général, à cause de l'admiration qu'il manifestait sans cesse pour lui. C'était, selon M. Peyrat, « un homme de haute taille, robuste, la face basanée et farouche, doux avec cela comme une brebis, sans vigueur d'âme, de peu de cervelle, mais un impétueux courage ». Dans l'été de 1702 il se fit connaître par le meurtre du baron de Saint-Cosme, apostat dont les sanglantes exécutions avaient exaspéré les calvinistes. A la suite de ces terribles représailles, il se joignit à la troupe de Cavalier, qui le choisit pour lieutenant. Son premier exploit fut la prise de Sauve, où il entra par ruse. Dans maintes rencontres il se signala par sa bravoure et sa témérité, et lutta quelquefois avec succès contre des forces supérieures, comme au Val de Bane et à Pompignan. Mais s'il était un des plus braves entre les chefs camisards, il poussait le fanatisme religieux jusqu'à la férocité; il n'épargna aucune église catholique, dit-on, et ne fit grâce à aucun prêtre. Ses services furent d'ailleurs très-utiles à son parti : en 1703 il créa, avec deux cents chevaux de la Camargue, un corps de cavalerie, à la tête duquel il exerça de fréquents ravages sur les bords du Rhône. Chargé de concourir au soulèvement du Rouergue, il n'attendit pas le signal, et attaqué au moment où il brûlait une église, il fut obligé de chercher son salut dans la fuite. Revenu auprès de Cavalier, il servit d'intermédiaire entre lui et le maréchal de Villars; mais, ne voulant pas se soumettre aux mêmes conditions, il se retira avec Ravanel dans les montagnes. A peu de temps de là il posa les armes, et passa en Suisse (21 septembre 1704). Deux mois plus tard, trop docile aux suggestions d'un agent de l'Angleterre, Maurel repassait la frontière et reparaissait dans son village, où son frère lui-même dénonçait sa présence. Il fut un des principaux auteurs de la conspiration dont l'objet était de massacrer l'intendant Basville et d'enlever le maréchal de Berwick. Lorsque tout fut découvert, il se trouvait à Nîmes (20 avril 1705); sa tête fut mise à prix, et l'on menaça de mort quiconque lui donnerait asile. Le lendemain matin, Maurel gagnait la campagne à la faveur d'un déguisement; sa précipitation le perdit. Arrêté et reconnu, il demanda à être échangé contre le maréchal de Tallard, prisonnier des Anglais. Son procès fut instruit et jugé en moins de deux heures : on le condamna à être brûlé vif après avoir subi la question ordinaire et extraordinaire. Il subit son supplice au milieu d'épouvantables imprécations.

P. L.

N. Peyrat, *Hist. des Pasteurs du désert*. — Louvreleul, *Le Fanatisme renouvelé*. — Brueys, *Hist. du Fanatisme de notre temps*. — Ant. Court, *Hist. des Camisards*.

MAUREPAS (*Jean-Frédéric* PHÉLYPEAUX, comte DE), ministre français, né le 9 juillet 1701, à Versailles, où il est mort, le 21 novembre 1781. La famille de Phélypeaux (*voy.* ce nom) était originaire de Blois, où depuis 1399 elle était reconnue comme noble. Il était fils de Jérôme de Pontchartrain, secrétaire d'État de la marine et de la maison du roi, et petit-fils du chancelier de ce nom. Élevé dès sa première jeunesse au pouvoir ministériel dans une monarchie absolue, il y remonta dans une vieillesse très-avancée, et il a laissé la mémoire d'un esprit léger, frivole, consommé dans les petites intrigues de cour et beaucoup plus soigneux de conserver son crédit que de chercher sérieusement le bien public. Son père, ayant été forcé de donner sa démission (8 novembre 1715), Maurepas, âgé de quatorze ans, lui succéda comme secrétaire d'État. Il commença dès 1718 d'en remplir la charge, en vertu de lettres de dispense d'âge. En 1723 le département de la marine, qui avait été séparé de sa charge lors de l'établissement des conseils, lui fut rendu. Il est vrai que d'abord le marquis de La Vrillière, parent du jeune ministre et bientôt son beau-père, avait été chargé en 1715 d'exercer en son nom et ensuite de le diriger et de le former aux détails de l'administration. Mais La Vrillière mourut en 1725, et Maurepas, qui n'avait encore que vingt-quatre ans, prit réellement possession de sa charge (1). Plusieurs années après, nommé ministre d'état, il vint siéger au conseil du cabinet. « Superficiel et incapable d'une application sérieuse et profonde, dit Marmontel, mais doué d'une facilité de perception et d'une intelligence qui démêlaient dans un instant le nœud le plus compliqué d'une affaire, il suppléait dans les conseils par l'habitude et la dextérité à ce qui lui manquait d'étude et de méditation. Accueillant et doux, souple et insinuant, fertile en ruses pour l'attaque, en adresse pour la défense, en faux-fuyants pour éluder, en détours pour donner le change, en bons mots pour démonter le sérieux par la plaisanterie, en expédients pour se tirer d'un pas difficile et glissant; un œil de lynx pour saisir le faible ou le ridicule des hommes, un art imperceptible pour les attirer dans le piége, ou les amener à son but, un art plus redoutable encore de se jouer de tout, et du mérite même quand il voulait le dépriser; enfin l'art d'égayer, de simplifier le travail du cabinet, faisaient de Maurepas le plus séduisant des ministres. » Il est bon d'ajouter que, grâce aux formes administratives établies sous le dernier règne, les traditions des bureaux suffisaient au cours régulier des affaires, et quelle que fût la capacité personnelle du ministre, la plupart des décisions se prenaient conformément à des précédents établis. Il n'avait que dix-huit ans lorsque ses commis lui dirent : « Monseigneur, amusez-vous et laissez-nous faire. Si vous voulez obliger quelqu'un, faites-nous connaître vos intentions, et nous trouverons les tournures convenables pour faire réussir ce qui vous plaira (2). » Il ne suivit que trop ce conseil, et dans sa longue vie il ne songea guère sérieusement qu'à s'amuser.

Maurepas rendit pourtant de véritables services à la marine : il conçut l'idée de la faire servir aux progrès des sciences, et réciproquement les progrès des sciences au perfectionnement de la marine. Il attacha des géomètres et des astronomes à son département; il envoya des expéditions scientifiques sous l'équateur et près du pôle boréal pour mesurer en même temps deux degrés du méridien. La Condamine, Maupertuis, Clairaut, Lemonnier, Bouguer, Godin, tels sont les noms de quelques-uns des savants auxquels il donna ainsi l'occasion de se faire connaître. En même temps, il visita tous les ports du royaume (3), et résolut de réformer les routines dans l'art des constructions navales en y appliquant la science. Il établit une école à Paris, ordonna de nouvelles cartes, et fit explorer les côtes de la France.

Au dix-huitième siècle, le bel esprit était une manie générale, dont les grands seigneurs n'étaient pas plus exempts que les autres classes de la société. Maurepas, non content de briller dans le monde par une conversation spirituelle, était bien aise d'y joindre aussi de petits succès d'écrivain. Lié avec Montesquieu et Caylus, il voulait suivre, même de loin, ces élégants modèles; et l'on assure qu'il mit plus d'une fois ses essais dans les *Etrennes de la Saint-Jean*, recueil de facéties triviales que ne dédaignait pas la bonne compagnie. Cette petite vanité d'auteur fut le principe de sa disgrâce. Depuis que Louis XV, cédant aux instigations corruptrices des courtisans, avait osé violer publiquement les bienséances et afficher une maîtresse en titre, les rouages du gouvernement s'étaient compliqués d'un nouveau ressort : plaire à la favorite était une des conditions imposées à tous les dépositaires de la puissance publique. Maurepas avait traversé sans encombre l'ère de Mme de Châteauroux, qui néanmoins le traitait assez lestement et qui lui avait donné le sobriquet de *faquinet* (1). Quand vint le tour de Mme de Pompadour, les gens de qualité la trouvèrent trop bourgeoise pour occuper un poste si envié, et la cour devint le théâtre de maintes cabales. Maurepas ne sut pas se tenir en dehors de ces petites intrigues. Mme de Pompadour ayant une fois donné au roi, le jour de sa fête, un superbe bouquet de roses blanches, il courut alors une épigramme, qu'on peut lire dans la *Vie privée* de Louis XV et où la favorite était assez maltraitée. Le duc de Richelieu, soupçonné d'en être l'auteur, s'en expliqua vivement avec le roi, et promit de fournir les preuves du contraire : il fit si bien, à force d'or, qu'il se procura l'original de l'épigramme, écrit et corrigé de la main de Maurepas, et il le mit sous les yeux du roi. Le ministre fut disgracié (24 avril 1749) et exilé d'abord à Bourges, puis à Pontchartrain. Ce fut là qu'il dit à ses amis : « Le premier jour j'étais piqué, le second j'étais consolé. »

Maurepas fut remplacé par son beau-frère, le comte de Saint-Florentin, depuis duc de La Vrillière, dans le ministère de la maison du roi, dont on sépara la marine et les colonies pour en former

(1) Le 11 août de la même année il fut admis à l'Académie des Sciences en qualité de membre honoraire.

(2) D'Argenson, *Memoires*.

(3) Ce ne fut pas toujours de son plein gré. En 1744 il avait conseillé au roi de ne point permettre à Mme de Châteauroux de le rejoindre à l'armée. La favorite, obligée de retarder d'un mois son départ, se vengea de Maurepas en lui faisant donner l'ordre d'aller visiter les ports de Provence.

(1) Il avait contribué, sans le vouloir, à l'élévation de cette favorite. La duchesse de Mazarin, qui de son premier mari, La Vrillière, avait eu pour fille Mme de Maurepas, avait reçu et logeait chez elle deux petites filles de son second mari (Mazarin), Mmes de Flavacourt et de La Tournelle. A la mort de cette dame (septembre 1748), Maurepas, son gendre, et l'un de ses héritiers, exigea qu'elles quittassent immédiatement l'hôtel de la défunte. Ne sachant où aller, Mme de Flavacourt, qui était d'humeur gaie et insouciante, se fit conduire à Versailles, au milieu de la cour des ministres. Le roi, ayant appris son arrivée, lui accorda, ainsi qu'à sa sœur, un appartement au château. Deux mois plus tard cette dernière supplantait Mme de Mailly sa sœur aînee, et devenait bientôt duchesse de Châteauroux.

un département spécial. Le département de Paris fut donné au comte d'Argenson, et ne fut réuni qu'en 1757 à celui de la maison du roi. « Obligé de vivre dans les sociétés d'une ville de province, Maurepas s'en amusa comme de celles de Paris et de Versailles ; il y trouvait les mêmes intrigues et les mêmes ridicules. Il étudia la langue anglaise, presque inconnue en France à l'époque où il aurait pu l'apprendre.... Il ne put résister, dans sa retraite, au désir qu'on lui montrait de le consulter sur des affaires particulières; il se rendit le conseil d'un grand nombre de familles considérables et l'arbitre de leurs plus graves intérêts. Son intégrité, la confiance que sa réputation de sagacité lui avait acquise, lui formaient ainsi une sorte de ministère assez étendu pour l'occuper, assez important pour l'intéresser, et d'autant plus flatteur qu'il ne devait plus son autorité qu'à lui-même (1). »

A l'avénement de Louis XVI, Maurepas, après vingt-cinq ans de disgrâce, reçut une lettre du jeune roi qui réclamait ses conseils pour la direction du gouvernement. On a prétendu que la lettre était destinée d'abord à Machault, et que des scrupules de sacristie, inspirés à quelques personnes de la famille royale, en firent changer la destination. Le comte remercia le roi de l'avoir nommé son premier ministre : « Premier ministre! reprit le roi, je n'en veux pas. — Eh bien, ce sera donc, répondit-il, pour apprendre à Votre Majesté à s'en passer. » Par le fait, il en eut toute l'importance sous le simple titre de ministre d'État et chef du conseil des finances. Mais l'âge n'avait pas donné plus de maturité à son caractère. S'il eut d'abord le mérite de faire de bons choix (*voy.* TURGOT, MALESHERBES, NECKER), il eut le tort de prendre ombrage de leur crédit naissant et de les sacrifier l'un après l'autre à sa jalousie et à son amour-propre. Les deux principales mesures de son ministère furent le rappel des parlements et la guerre d'Amérique. Il est permis d'avoir des doutes sur l'opportunité de la première mesure, quand on se rappelle à quel point les anciens parlements avaient été un obstacle au bien. On objecte que le parlement Maupeou était discrédité et violemment attaqué par l'opinion publique : le propre d'un gouvernement sage est de savoir distinguer où l'opinion publique s'égare, et il fallait avoir la force de maintenir les réformes accomplies dans tout ce qu'elles avaient d'utile, comme la suppression des priviléges injustes, la limitation des ressorts trop étendus, la simplification de la procédure et le soulagement des frais de justice. Le 12 novembre 1774, le retour du parlement fut déclaré dans un lit de justice, et dès le mois de décembre les remontrances avaient reparu. On sait, d'ailleurs, que les premières résistances aux réformes les plus nécessaires dans l'État vinrent des parlements rétablis. Pour ce qui regarde la guerre d'Amérique, on ne peut blâmer le ministre qui saisit l'occasion de relever l'honneur des armes françaises, humiliées par les revers de la guerre de Sept Ans, et de réhabiliter un peu la politique de ce gouvernement dont l'indolence avait honteusement toléré le partage de la Pologne; de plus, à une époque où les intérêts coloniaux de la France avaient été si maltraités par l'Angleterre, on n'eût pas pardonné au ministère de refuser l'occasion qui se présentait d'une revanche éclatante.

(1) Condorcet, *Éloge*.

La même année que Turgot, à qui il ressemblait si peu, vit mourir Maurepas. « Ce vieux maire du palais, dit M. Amédée Renée, que Louis XVI aimait à entendre vivre dans les appartements placés au-dessus de sa tête, mourut le 21 novembre 1781. Sa mort ne compromettait rien dans l'État de considérable et d'important; il s'était conduit en épicurien du pouvoir, très-jaloux de sa jouissance; mais il n'avait ni système ni permanence de vues; survivant du règne passé, dont la légèreté spirituelle était la vie d'un autre temps. On n'oserait dire que ce fussent des idées, même anciennes, que représentait Maurepas; c'étaient plutôt des usages, dont la raison s'en allait chaque jour. Il faisait encore respecter l'étiquette et maintenait un peu la cour. C'est dans ce sens qu'on a dit de lui « qu'à sa mort on perdit plus qu'il ne valait »; mot charmant et juste, mais juste seulement à Versailles; car la France, car les idées qui devaient triompher dans l'avenir, ne perdaient à la mort de ce ministre qu'un ennemi et un empêchement. » Marié en 1718, à Mlle de La Vrillière, Maurepas ne laissa pas d'enfants. On a publié sous le nom de *Mémoires de Maurepas* trois volumes contenant un recueil de pièces que l'on suppose avoir été rassemblé sous ses ordres par son secrétaire. C'est un ouvrage dont Soulavie a été l'éditeur et qui mérite peu de confiance. ARTAUD.

Condorcet, *Éloge de M. de Maurepas*; Paris, 1782, in-8°. — A.-J. Guyot, *Éloge hist. de M. de Maurepas*; s. l. (Paris), 1782, in-8°. — D'Argenson, Marmontel, *Mémoires*. — Lemontey, *Hist. philosoph. du dix-huitième siècle*. — Voltaire, *Siècle de Louis XV*. — Droz, *Hist. de Louis XVI*. — Sismondi, *Hist. des Français*, XXVIII et XXX.

MAURER OU MURER (*Josias*), peintre et littérateur suisse, né à Zurich, en 1530, mort en 1580. Il était excellent dessinateur, bon peintre sur verre, poëte distingué, et très-versé dans l'astronomie et les mathématiques. Il passa sa vie dans sa patrie, où il occupa des charges importantes. On voit encore de lui à la Bibliothèque de Zurich un *Plan* de cette ville gravé sur bois en 1576, qui est de la plus grande exactitude. De nombreux vitraux exécutés par lui se font remarquer dans les principaux édifices de Zurich et de ses environs. Comme poëte, Josias Maurer a laissé une traduction des *Psaumes* de David en vers de huit syllabes; — *Le Siége de Babel*, comédie, 1559; — *Esther*, tragédie, 1567; — *Zorobabel*, tragédie, 1575, et quelques autres pièces de moins d'importance. Maurer laissa douze enfants, parmi lesquels se distingua :

Christophe Maurer, né à Zurich, en 1558, mort à Winterthur, en 1614. Il apprit la peinture et la gravure sous les leçons de son père, et vint se perfectionner à Strasbourg, dans les ateliers de Tobie Stimmer. Il imita si bien ce dernier maître que leurs ouvrages sont souvent confondus. D'ailleurs ils travaillèrent ensemble plusieurs fois, et c'est ainsi qu'ils publièrent, en 1605, un *Recueil de Pièces de chasse*. On connaît de Christophe Maurer, seul, un *Recueil de figures tirées de la Sainte Écriture;* Strasbourg, 1625; — *Description de la Procédure civile et criminelle*, 20 planches; — un recueil posthume intitulé : *Emblemata Miscellan. nova*, publié par J. Henri Bordorf, en 1622; — une *Carte de la Suisse;* — une autre du *canton de Zurich;* — de nombreux *portraits*, traités avec une grande finesse de burin. Zurich conserve encore quelques-unes de ses fresques; elles attestent une bonne entente de la composition et un riche coloris. Comme son père, Christophe Maurer cultiva la littérature : il a laissé plusieurs pièces dramatiques en vers, parmi lesquelles : *La Persécution de l'Église en Mésopotamie sous l'empereur Valens;* espèce de tableau épisodique; — *Scipion l'Africain*, comédie historique, etc. A. de L.

Gio-Gori Gandellini, *Notizie istoriche degl' Intagliatori*. — Nagler, *Allgemeine Künstler Lexikon*. — *Dict. Historique* (edit. de 1822).

Maurice (Saint), martyrisé, à ce qu'on croit, à Agaune (aujourd'hui Saint-Maurice, dans le bas Valais), le 22 septembre 286. Il était chef de la légion nommée *Thébéenne* parce qu'elle avait été levée dans la Thébaïde (haute Égypte) : ce corps était composé seulement de chrétiens. Il fut appelé l'an 286 pour aller combattre les Bagaudes (1), sous les ordres de l'empereur Maximien Hercule. Ce prince, s'étant arrêté à Octodunum (2), ordonna des sacrifices pour obtenir l'assistance des dieux. Maurice refusa de participer à cet acte d'idolâtrie, et se retira avec ses troupes à trois lieues du camp romain, dans un endroit nommé Agaune (3). Maximien envoya à la légion thébéenne l'ordre de rentrer au camp et d'imiter le reste de l'armée. Les soldats, excités par leurs chefs Maurice, Candide et Exupère, refusèrent de rien faire contre leur foi. L'empereur, ne pouvant vaincre leur résistance, fit décimer la légion une première fois, puis une seconde, sans ebranler la constance des survivants. Il fit alors environner les debris de la thébéenne et massacrer jusqu'au dernier soldat. On raconte qu'une grande partie des corps des saints martyrs fut jetée dans le Rhône et que plusieurs des villes situées sur le fleuve en recueillirent les reliques. C'est ainsi que Vienne croit posséder la tête de saint Maurice, dans l'église des Saints-Machabées. Lorsque la persécution cessa on bâtit une église en l'honneur des Thébéens sur la place où ils avaient été massacrés, et plus tard saint Sigismond, roi de Bourgogne, y fonda le célèbre monastère d'Agaune, qui a porté depuis le nom de *Saint-Maurice*. Le *Bréviaire* de Tours nous apprend que saint Martin, revenant de Rome, s'arrêta au lieu du martyre de saint Maurice et de ses compagnons et qu'ayant prié Dieu de lui faire connaître quelques reliques de ces saints, il parut aussitôt sur l'herbe une rosée de sang dont il remplit trois fioles. Il en mit une dans sa métropole de Tours (aujourd'hui Saint-Gatien), qu'il dédia aux martyrs thébains; il envoya la seconde à la cathédrale d'Angers, et légua la troisième à l'église de Candé, où il mourut. La tradition de ce miracle est consacrée par une fête solennelle célébrée le 12 mai dans le diocèse de Tours.

Plusieurs théologiens protestants, entre autres Du Bordieu, Hottinger, Moyle, Burnet, Mosheim, etc., ont nié l'exactitude de cette tradition, en effet fort extraordinaire; quelques-uns n'ont voulu voir dans le prétendu martyre des Thébéens que le châtiment d'une sédition. L'Anglais Georges Hickes, le bénédictin dom Joseph de Lisle, le jésuite Rossignoli ont essayé de réfuter ces critiques.

Les actes du martyre de la Thébéenne, écrits par saint Eucher, évêque de Lyon, ont été donnés, mais fort défectueux, par Surius, et publiés séparément par Stévart, en 1617. Le P. Chifflet en ayant découvert une copie plus exacte la fit imprimer à Dijon, en 1662. Le P. Lecointe en donna une nouvelle édition, revue et augmentée, dans le IIIe tome de ses *Annales;* enfin, dom Thierry Ruinart en fit une troisième version, qu'il soutient être le véritable ouvrage de saint Eucher, et qui parut parmi les *Acta sincera Martyrum*, 1689. Saint Maurice est en grande vénération à Aoste, à Bergame, à Marseille, à Soleure, à Turin, etc. Saint Maurice est particulièrement honoré par les latins le 22 septembre. Il est le patron d'un ordre militaire institué en 1572 par Emmanuel-Philibert, duc de Savoie, et approuvé par Grégoire XIII. A. L.

Surius, *Acta Sanctorum*, mois de septembre, *avec notes* du P. Jean Clé. — Dom Joseph de Lisle, *Défense de la vérité du martyre de la legion Thébéenne* (Nanci, 1737, in 8°). — Le P. Rossignoli, *Historia di santo Mauritio*. — Le P. Gratioli, *S. Alexander è Thebana Legione martyr, Bergomensium tutor, secundis curis illustratus;* Bologne, 1746, in-fol. — Félix de Balthazar, *Apologie de la Légion Thébéenne* (en allemand); Lucerne, 1760, in-8°. — De Rivaz, *Éclaircissement sur le martyre de la Légion Thébéenne et sur l'epoque de la persecution des*

(1) C'étaient les debris du parti de Carin; ils tenaient les environs de Lutèce. Ce nom de *Bagaudes*, dont on ignore l'étymologie, fut aussi donné beaucoup plus tard aux *jacques* et aux *pastoureaux*.

(2) Ville des Véragres, qu'on croit être Martinach ou Martigny, en Valois.

(3) Situe à vingt lieues de Genève et à six ou sept lieues de la pointe orientale du lac.

(1) Il ne faut pas confondre saint Maurice chef de la légion Thébéenne avec un autre saint du même nom, martyrisé à Apamée (Syrie), et dont parle Théodoret.

Gaules sous Dioclétien et Maximien; Paris, 1779, in-8°. — Tillemont, *Mémoires ecclésiastiques*, IV. — Baillet, *Vies des Saints*, t. III, 22 septembre.

MAURICE (Μαυρίκιος), MAURICIUS FLAVIUS TIBERIUS, un des plus grands empereurs byzantins, né en 539 après J.-C., à Arabissus, en Cappadoce, mort en 602. Il descendait d'une ancienne famille romaine établie en Asie Mineure depuis plusieurs siècles. Son père se nommait Paulus, et occupait un rang élevé. Maurice passa sa jeunesse à la cour de Justin II. Il entra probablement au service de bonne heure, mais son nom ne paraît dans l'histoire qu'en 578. A cette époque, il était comte de la chambre de l'empereur ou grand-chambellan (*comes cubiculorum*). Tibère en montant sur le trône (578) le nomma maître de la milice (*magister militum*) et lui donna le commandement de l'armée de Mésopotamie contre les Perses, à la place de Justinien, dont il n'était pas satisfait. Maurice justifia parfaitement la confiance de l'empereur. Il commença par rétablir la discipline dans son armée, et marchant ensuite contre les Perses, qui avaient envahi la Mésopotamie, il les rejeta au delà du Tigre, et ravagea la province d'Arzanène. Cette première campagne se termina sans bataille décisive. L'année suivante Maurice, bien secondé par son lieutenant Narsès, envahit la Médie et amena le roi des Perses, Chosroès, à demander la paix. La négociation, rendue difficile par les exigences de la cour de Byzance, fut rompue par la mort de Chosroès et l'avénement de son fils Hormisdas. Au printemps de 580 Maurice, qui avait hiverné en Cappadoce, ramena ses soldats sur l'Euphrate, et traversa le fleuve à Circesium, à l'angle formé par le Chaboras et l'Euphrate, dans l'intention de marcher contre Ctésiphon par les déserts du sud de la Mésopotamie. Quoique abandonné par une partie de ses auxiliaires barbares, il battit complétement le général perse Adaarmanès, qui s'enfuit au delà du Tigre, laissant toute la Mésopotamie aux Romains. Dans la campagne suivante (581), il remporta une nouvelle victoire sur le général perse Tamchosroès. Il revint ensuite à Constantinople, et reçut les honneurs du triomphe (582). Peu après l'empereur Tibère, sentant sa fin approcher, le choisit pour son successeur, et lui donna en mariage sa fille Constantina. Maurice monta sur le trône le 13 août 582, au milieu des acclamations du peuple, qui saluait en lui un grand général, capable de défendre l'empire contre les barbares. Il dut s'occuper immédiatement de la frontière orientale, où les hostilités avec les Perses venaient de recommencer. Jean Mystacon, qui commandait en Arménie, livra une bataille près du confluent du Nymphius et du Tigre, et la perdit par suite de la jalousie de Curs, un de ses lieutenants. Les Romains perdirent une seconde bataille à Acbas, et Mystacon resta sur la défensive pendant toute l'année 583. Philippus ou Philippicus, beau-frère de l'empereur, le remplaça, mais n'osa rien entreprendre avec une armée décimée par les maladies, les fatigues et la faim. Il ne prit l'offensive qu'en 586, et remporta à Solacon, près de Dara, une victoire bientôt suivie d'une défaite.

Rien n'est plus monotone que cette succession de batailles sans résultat. Philippicus, découragé et malade, remit le commandement à Héraclius, Andréas et Théodore d'Addée. Héraclius eut ensuite le commandement en chef jusqu'à l'arrivée de Priscus, envoyé pour remplacer Philippicus (588). Celui-ci, supportant avec peine sa disgrâce, excita les soldats contre leur nouveau général. Une révolte éclata. Apaisée un moment par une attaque des Perses, elle éclata de nouveau après la défaite des ennemis, et ne s'apaisa que lorsque Philippicus eut repris le commandement (589). Il s'en montra peu digne, et laissa les Perses s'emparer de la place forte de Martyropolis. Comentiolus, qui lui succéda, ne fut ni plus heureux ni plus habile. Il prit la fuite un des premiers à la bataille de Sisarbène. La journée semblait perdue; mais Héraclius rétablit l'ordre dans l'armée romaine, la ramena au combat, et remporta une victoire signalée. Le roi de Perse, Hormisdas, effrayé, fit alliance avec les hordes du Turkestan. Cent mille cavaliers descendirent en Médie; mais arrivés dans cette province, ils trouvèrent plus commode de la piller que d'aller combattre l'armée romaine. Il fallut qu'un des plus vaillants généraux perses, Baram, infligeât une sanglante leçon à ces dangereux auxiliaires, qui regagnèrent le Turkestan. Baram fut moins heureux contre les Romains. Hormisdas, qui était jaloux de ce chef, lui fit un affront qui présageait un châtiment plus sévère. Baram, indigné, poussa ses soldats à la révolte, et donna le signal d'une insurrection générale. Pendant les troubles qui suivirent, Hormisdas fut tué par Bindoès, prince du sang royal, et Chosroès, son fils, peut-être complice d'un meurtre dont les victoires de Baram l'empêchèrent de profiter immédiatement, se réfugia dans la ville romaine de Circesium (590). Le jeune Chosroès obtint d'être conduit dans la place forte d'Hiéropolis, d'où il écrivit à Maurice une lettre touchante pour implorer sa protection. L'empereur la lui accorda aussitôt, et ordonna à Narsès, le premier de ses généraux, de replacer Chosroès sur le trône de Perse. L'entreprise n'offrit pas de grandes difficultés. Baram, vaincu à Balarath, s'enfuit dans le Turkestan, où il mourut peu après, de poison ou de chagrin. Chosroès rétabli dans ses États rendit aux Romains Dara et Martyropolis, boulevards de l'empire en Mésopotamie, et conclut avec eux un traité qu'il observa fidèlement jusqu'à la fin du règne de Maurice.

La lutte, heureusement terminée sur l'Euphrate et le Tigre, continuait sur le Danube. Les Avares avaient fondé au nord de ce fleuve un empire presque aussi vaste que l'ancien empire d'Attila. Le khan ou chagan des Avares envahit les provinces romaines en 587. Mystacon, secondé par un vaillant général germain, nommé Droctulf, repoussa les barbares. La guerre éclata de nouveau en 591. Maurice, en paix avec la Perse, appela en Europe la plus grande partie de l'armée de Mésopotamie, et voulut se mettre lui-même à la tête de ses vétérans. Mais depuis Théodose les empereurs byzantins, enfermés dans leur palais, au sein des intrigues et des plaisirs, livrés à la débauche ou à la superstition, ne faisaient plus la guerre que par leurs généraux. Le dessein que Maurice forma de commander en personne fit trembler toute la cour. Les ministres, le patriarche, l'impératrice en pleurs lui présentant ses enfants, se jetèrent à ses pieds pour le retenir. Étonné lui-même de sa résolution, il passa une nuit dans l'église de Sainte-Sophie, espérant recevoir en songe quelque révélation sur le succès de son entreprise. Aucune indication divine ne le tira de ses perplexités. Il partit de Constantinople fort triste, et poursuivit sa route à travers toutes sortes de présages fâcheux, que son historien Théophylacte Simocatta rapporte complaisamment. Le soleil s'éclipsa, la mer, dont on côtoyait le rivage, fut fort agitée; une foule de mendiants embarrassa le passage de l'empereur, qui leur distribua des aumônes; son cheval fut attaqué par un sanglier; une femme accoucha d'un monstre; le meilleur de ses chevaux tomba mort sous ses yeux; un de ses gardes fut tué par un Gépide. C'en était trop pour le superstitieux empereur, qui ne résista pas plus longtemps aux instances réitérées du sénat, et retourna à Constantinople, laissant le commandement à Priscus. Celui-ci, après des succès que l'indiscipline de ses soldats rendit inutiles, fut remplacé par Pierre, frère de l'empereur (595). Le choix n'était pas heureux, et il fallut revenir à Priscus (598). Ce général, mal servi par une armée où l'indiscipline faisait chaque jour des progrès, ne répondit pas à l'attente publique. Il eut pour successeur, en 600, Comentiolus, qui avait donné le signal de la fuite à l'armée de Mésopotamie, en 588. Comentiolus livra bataille, et la perdit : douze mille Romains restèrent prisonniers des Avares. L'armée, avertie par cette sévère leçon, consentit à obéir à Priscus, qui repoussa les Avares au delà du Danube (602). Maurice exigea que l'armée, sous les ordres de Pierre, les poursuivit et hivernât sur la rive gauche du fleuve. C'était trop demander à des soldats mal disposés. Un fait récent avait porté au comble leur mauvaise volonté. Maurice avait refusé de racheter au prix de quatre siliques par tête (à peu près 2 fr. 25) ses douze mille soldats prisonniers; ces malheureux furent égorgés. On attribue généralement le refus de Maurice à son avarice. Le Beau remarque avec raison qu'il est difficile de croire qu'un empereur ait porté l'avarice jusqu'à refuser pour la délivrance de douze mille soldats une somme qui n'allait qu'à vingt-sept mille francs de notre monnaie. « C'était, dit-il, un effet de ressentiment et de vengeance. Ces douze mille hommes étaient pour la plupart des soldats de Comentiolus, pris dans la déroute de son armée; c'étaient ces mêmes séditieux qu'on a vus en Orient soulevés contre Philippicus, transportés ensuite en Thrace, mutinés d'abord contre Priscus et peu de temps après contre le frère de l'empereur. Maurice, n'osant les punir, avait pris la cruelle résolution de s'en défaire en les abandonnant à l'ennemi. » Cet acte d'avarice ou de politique excita une profonde indignation dans le peuple et surtout dans l'armée. Les soldats du Danube, en recevant l'ordre d'aller s'établir sur la rive gauche du fleuve, prétendirent qu'on voulait les livrer aux barbares; ils refusèrent d'obéir, et envoyèrent une députation à Pierre, frère de l'empereur, pour lui signifier leur résolution. Le chef de la députation était un centurion, nommé Phocas. Pierre s'enfuit en toute hâte, et porta à Constantinople la nouvelle de la révolte. Maurice demanda quel était ce Phocas qui commandait les rebelles. « C'est un insolent et un lâche, » lui dit son beau-frère Philippicus. — « S'il est lâche, il est cruel; que la volonté de Dieu s'accomplisse, » répondit l'empereur. Désespérant de se maintenir dans Constantinople, où la puissante faction des *verts* s'était déclarée contre lui, Maurice s'embarqua pour l'Asie avec sa femme et ses enfants. Une tempête le jeta dans le voisinage de Chalcédoine près de l'église de Saint-Autonome. De là il envoya son fils aîné implorer l'assistance de Chosroès. Lui et le reste de sa famille se réfugièrent dans l'église de Saint-Autonome. Phocas fut proclamé empereur, le 23 novembre 602, et fit deux jours après une entrée solennelle dans Constantinople. Au milieu de la cérémonie quelques hommes de la faction des *bleus*, indignés du triomphe de leurs rivaux, s'écrièrent que Maurice vivait encore. Phocas n'avait pas besoin qu'on le lui rappelât. Il envoya des soldats qui arrachèrent Maurice et ses enfants de l'église de Saint-Autonome et les traînèrent sur le rivage de Chalcédoine. Là, presque en face de son palais, il vit trancher la tête à ses cinq fils, Tibère, Pierre, Paul, Justin, Justinien. Sa fermeté ne l'abandonna pas pendant cette affreuse exécution, où son cœur religieux voyait une expiation. On rapporte que la nourrice du dernier de ses fils, encore au berceau, ayant présenté son propre enfant pour sauver le jeune prince, Maurice en avertit les bourreaux, en disant qu'il se rendrait complice d'homicide s'il laissait périr un enfant étranger pour soustraire le sien à l'arrêt prononcé par la Providence contre toute sa famille. Il offrit ensuite sa tête aux meurtriers, et reçut le coup mortel. Son fils Théodose, arrêté peu de jours après, eut le même sort. L'impératrice et ses trois filles, jetées d'abord dans un couvent, furent mises à mort trois ou quatre ans plus tard. Les meurtriers portèrent à Constantinople les têtes de Maurice et de ses enfants, et les livrèrent aux insultes des soldats et du peuple. Pierre, frère de l'empereur, Comentiolus, Constantin Lardys et beaucoup d'autres personnes de distinction furent aussi exécutés. On trouva dans les papiers de Maurice son testament, qu'il avait écrit dans la quinzième année de son règne (597). Il laissait à Théodose, son fils aîné, la souveraineté de Constantinople et de tout l'Orient; il donnait à Tibère, son second fils, Rome, l'Italie et les îles de la mer de Toscane, et partageait à ses autres fils le reste des provinces de l'empire. On voit que Maurice n'avait pas renoncé à reconquérir l'Italie sur les Lombards. Ses guerres contre les Perses et les Avares l'en empêchèrent. Quant à son projet de partager l'empire, c'était peut-être le seul moyen de préserver les provinces éloignées de l'invasion des barbares. Le pouvoir central de Constantinople n'était plus assez énergique pour protéger ces possessions lointaines; il ne pouvait plus les sauver qu'en les rendant à leur indépendance.

Maurice ne tint pas comme empereur ce qu'il promettait comme général; mais dans le jugement que l'on porte sur son règne il faut faire la part de l'organisation byzantine, c'est-à-dire d'un des plus mauvais gouvernements qui aient jamais existé. Despotique dans l'administration civile, où une certaine liberté eût été salutaire, soumis à un contrôle turbulent et anarchique de l'armée, où la discipline passive était indispensable, ce gouvernement pouvait presque tout pour le mal, et ne pouvait presque rien pour le bien. Aussi offrit-il souvent le spectacle de bons généraux devenant de détestables empereurs. Maurice lui-même subit l'influence de ce pouvoir absolu tempéré par des émeutes militaires, mais il fut un des princes byzantins qui y résistèrent le mieux. L'empire ne diminua point sous son règne, et fut administré avec plus d'ordre et d'équité que sous la plupart des autres princes. Comme homme il mérita de grands éloges. L'historien Évagre prétend qu'il comprima dans son cœur la démocratie des passions pour n'y laisser régner que l'aristocratie des bons sentiments. Il eut sans doute toutes les vertus d'un fils, d'un mari et d'un père, qualités domestiques qui méritent d'être mentionnées; car elles sont assez rares chez les monarques byzantins. On louerait davantage sa piété si elle n'eût pas dégénéré en petitesse et en superstition; mais on doit louer sans réserve la protection qu'il accorda aux lettres, aux arts et aux sciences. Lui-même était instruit. Il composa un traité en douze livres sur l'art militaire. Cet ouvrage, intitulé Στρατηγικά, fut publié avec une traduction latine dans le même volume que les *Tactica* d'Arrien par Jean Scheffer; Upsal, 1664, in-8°. L. J.

Théophylacte Simocatta, *Vita Mauricii*. — Évagre, l. V, VI. — Théophane, p. 213, etc. — Cedrenus, p. 394, etc. — Zonaras, vol. II, p. 70, etc. — Menandre, p. 124, etc. — Nicephore Calliste, XVIII, 8, etc. — Le Beau, *Histoire du Bas-Empire*, t. X (édition de Saint-Martin). — Gibbon, *History of Decline and Fall of Roman Empire*, c. 45, 46.

MAURICE, prélat français, né en Champagne, en 1180, mort au prieuré de Sauceuse, le 10 janvier 1235. Sa famille étant pauvre, il fut élevé par la charité de quelques nonnes, et devint archidiacre de Troyes. Qui le fit ensuite connaître au clergé du Mans? On l'ignore. Il est toutefois certain qu'en l'année 1216 (1), il était appelé par le scrutin canonique au siége épiscopal du Mans, et peu de temps après consacré par Jean de Faye, archevêque de Tours. Le 20 avril 1218, Maurice fut chargé par Honorius III d'une importante commission. Il s'agissait d'adresser une menace d'excommunication à Pierre Mauclerc, duc de Bretagne, qui avait maltraité l'évêque de Nantes. Cette menace fut sans effet. Aussi, le 5 juillet, Honorius écrivait-il à Maurice d'excommunier sans aucun retard le fléau de l'Église nantaise. Il y avait alors, même au sein de l'Église, de grandes agitations, de grands troubles. En 1221 nous voyons l'évêque Maurice suspendu lui-même de ses fonctions par l'archevêque de Tours; mais Honorius prit hautement sa défense, et abrogea la sentence métropolitaine. Le même pape lui donna dans la suite d'autres ordres : il l'envoya, par exemple, faire diverses enquêtes sur les mœurs de l'abbé de Saint-Serge, à Angers, sur le meurtre de l'abbé de Bourg-Moyen, sur les désordres signalés dans l'abbaye de Perray-Neuf, sur la sédition des écoliers de Paris, etc., ce qui nous montre quel était le crédit de Maurice à la cour de Rome. C'est en 1231 qu'il fut nommé archevêque de Rouen. De plus grands ennuis lui étaient réservés sur son nouveau siége. Le roi Louis IX avait, pour des raisons que nous ne rappellerons pas, saisi le temporel de l'archevêché de Rouen. Maurice protesta, interdit les églises de son diocèse, qui sont du domaine royal, et engage avec Louis IX une lutte ouverte. La mort seule put l'interrompre. Maurice aurait d'autant moins cédé, qu'il savait mépriser les richesses, et combattait pour son droit, pour son église, pour ses pauvres, non pour lui-même. Thomas de Cantimpré raconte plusieurs traits de sa vie qui montrent son désintéressement. Cinq de ses Lettres ont été publiées dans le *Spicilége* de Luc d'Achery, t. II, p. 520 et suiv. B. H.

Gallia Christ., XI, col. 62, et XIV, col. 394. — *Hist. Litt. de la France*, XVIII, 142.

MAURICE, théologien irlandais, mort vers 1300. On le trouve en 1275 procureur de la nation anglaise en l'université de Paris; plus tard, suivant une conjecture recommandée par M. Daunou, il embrassa l'état monastique, et devint frère mineur ou frère prêcheur. Diverses autres suppositions ont été faites sur la patrie de Maurice, et sur le temps même où il a vécu. On pourra consulter à cet égard la notice qui le concerne dans l'*Histoire Littéraire de la France*. Il est auteur d'un gros livre intitulé :

(1) M. Petit-Radel dit par erreur [illegible].

Distinctiones, Divisiones super omnia fere nomina, ou *Dictionarium Scripturæ divinæ*, dont il existe des exemplaires manuscrits dans un grand nombre de bibliothèques. Bartolocci en a même publié une édition à Venise, en 1603; mais, finissant avec la lettre E, cette édition ne nous offre que la première partie du *Dictionnaire* de Maurice. B. H.

Oudin, *Comm. de Script. Eccles.*, t. III, col. 572. — Fabricius, *Bibl. med. et inf. Latin.* — Quétif et Échard, *Script. Ord. Prædic.*, I, 484. — *Hist. Littér. de la France*, XXI, 133.

MAURICE, électeur de Saxe, né à Freiberg, le 21 mars 1521, mort près de Sievershausen, le 11 juillet 1553. Fils de Henri, duc de Saxe, il lui succéda en 1541. D'après le testament de son père, il aurait dû partager le duché avec son frère cadet, Auguste; mais Jean-Frédéric, électeur de Saxe, son cousin, lui fit remettre le gouvernement du pays entier. Dès l'année suivante la brouille se mit entre les deux cousins : Jean-Frédéric était entré, sans s'entendre avec Maurice, dans l'évêché de Meissen, appartenant en commun aux deux lignes saxonnes : il voulait y lever l'impôt contre les Turcs, qu'on lui refusait. Maurice y vit une violation de ses droits, et s'avança avec des troupes contre l'électeur. Cependant Luther et Philippe, landgrave de Hesse, dont Maurice avait épousé la fille, parvinrent à rétablir l'entente entre les deux princes. En cette même année (1542) Maurice prit part à la campagne contre les Turcs, et s'y distingua par son brillant courage; signalé ainsi à l'attention de Charles Quint, il reçut de lui la proposition de servir la cause impériale contre le duc de Clèves ou contre le roi de France. Maurice, ayant demandé en retour l'avouerie sur les évêchés de Magdebourg et de Halberstadt, l'affaire n'eut pas de suite; mais Maurice continua à entretenir des relations amicales avec la cour impériale, ce qui ne l'empêcha pas de prendre part en 1545 et en 1546 aux mesures concertées par les princes luthériens de l'Union de Schmalkalde, dont il ne faisait cependant pas partie, à cause des fréquentes contributions d'argent imposées aux membres de cette ligue. Mais, profitant de la mauvaise intelligence qui, à propos d'intérêts assez minimes, s'était établie entre Jean-Frédéric et Maurice, l'empereur parvint à détacher ce dernier de la cause protestante; en juin 1546 Maurice, nommé, comme il le désirait, protecteur des évêchés de Magdebourg et de Halberstadt, s'engagea à assister Charles dans la guerre contre l'Union de Schmalkalde et à envoyer des députés au concile de Trente. Il garda encore pendant quelque temps une position neutre, parce que l'opinion générale en Saxe accusait Charles Quint de vouloir extirper le protestantisme; mais, en octobre, ayant présenté aux états de son duché une déclaration impériale garantissant le maintien du luthéranisme dans ce pays, il obtint d'eux les moyens nécessaires pour occuper militairement les possessions de Jean-Frédéric, qui venait d'être mis au ban de l'Empire. Après s'être arrangé avec Ferdinand, roi des Romains, au sujet du partage de ces possessions, dont la plus grande partie lui fut attribuée, Maurice, qui venait aussi d'obtenir de Charles Quint que la dignité d'électeur appartenant à Jean-Frédéric lui fût transmise, s'empara en peu de temps des États de son cousin et s'y fit reconnaître comme souverain. Il obligea ainsi l'armée protestante, qui tenait l'empereur en échec sur le Danube, à battre en retraite et à se diviser, ce qui permit à l'empereur de soumettre toute la Souabe et les contrées du Haut-Rhin. En revanche, Jean-Frédéric, appuyé par les Bohémiens et les villes de la basse Allemagne, non-seulement reprit ses États, mais s'empara aussi de la plus grande partie de ceux de Maurice, qui un moment se crut perdu sans retour. A la nouvelle de ces revers, Charles Quint accourut, sur la fin de mars 1547, à Eger, où il fut rejoint par Maurice, et marcha avec 27,000 hommes contre Jean-Frédéric, qui, n'ayant en ce moment que 6,000 hommes autour de lui, se retira sur Wittemberg. Le 24 avril l'armée impériale était sur l'Elbe, en face de Muhlberg, que Jean-Frédéric venait de quitter peu d'heures auparavant. Maurice et le duc d'Albe, passant les premiers en face de l'arrière-garde de l'ennemi, poursuivent Jean-Frédéric avec 4,000 hommes de cavalerie légère; ils le rejoignent à Cossdorf, l'attaquent sur-le-champ, et soutenus bientôt après par toute l'armée impériale ils mettent en pleine déroute les troupes protestantes, que Maurice poursuivit jusqu'au soir, étant resté, dans cette journée, plus de vingt heures à cheval, et ayant deux fois failli être tué. A son arrivée au camp, il apprit à sa grande joie que son cousin était prisonnier. Peu de temps après, un jugement rendu contre Jean-Frédéric transmettait les dignités et fiefs de ce prince à Maurice, sous la condition que ce dernier ferait aux fils de son cousin une pension de 50,000 florins. De tous les princes protestants il n'y avait plus que Philippe de Hesse qui tînt la campagne, sans qu'il pût songer à résister avec succès. Maurice et Joachim, électeur de Brandebourg, négocièrent un accord entre lui et l'empereur; mais ce dernier, interprétant d'une manière déloyale, l'acte de capitulation, retint Philippe en prison, malgré toutes les représentations de Maurice.

A la diète tenue à Augsbourg dans les derniers mois de 1547, Maurice se joignit aux autres princes pour faire échouer le projet de confédération, par lequel l'empereur voulait encore augmenter sa prépondérance; mais il n'osa pas s'opposer à la publication du fameux *Intérim*, sorte de transaction entre les deux religions, que Charles Quint rapprochait par les doctrines et dans les pratiques sans les réunir en une seule, et il promit de faire son possible pour que ses sujets s'y soumissent. Il y parvint en effet par son adresse persuasive et par sa fermeté entourée de formes bienveillantes; ayant su gagner Mélanchthon en le traitant avec la plus grande déférence et en rétablissant l'université de Wittenberg, il obtint de lui un avis favorable au sujet de l'*Intérim*. Après de longues négociations il fit enfin consentir les états à accepter une formule de concorde, qui, désignée sous le nom d'*Intérim de Leipzig*, ne s'écartait pas beaucoup de celle édictée par l'empereur, ce qui hâta beaucoup l'introduction de l'*Intérim* dans les autres pays protestants.

Restant toujours en bonne intelligence avec l'empereur, qui pendant les années suivantes ne cessa de travailler à rétablir en sa faveur le pouvoir civil et ecclésiastique, qu'avait possédé Charlemagne, Maurice vint en novembre 1550 faire le siége de Magdebourg, dont les habitants refusaient opiniâtrément de se soumettre à son autorité; il y rencontra donc la résistance la plus énergique. Jean Heideck ayant amené des troupes au secours de la ville, Maurice les battit et fit prisonnier leur commandant; mais peu de temps après Heideck devint son plus intime confident. Maurice en effet s'était aperçu qu'il partageait la défaveur générale que Charles Quint s'était attirée par sa façon arbitraire et hautaine de gouverner et par ses violences contre les protestants; chansonné partout comme traître, il sentit le danger de continuer à rester dans une opposition aussi marquée avec l'opinion générale de ses sujets. Dès lors son parti fut pris, et il abandonna la cause de l'empereur avec aussi peu de scrupules qu'il n'en avait eu quatre ans auparavant à sacrifier ses parents et ses coreligionnaires. En mai 1551 il envoya, en commun avec Jean, margrave de Culmbach, Jean-Albert de Mecklembourg et Guillaume de Hesse, des émissaires à Paris et à Londres, pour négocier avec les cours de France et d'Angleterre une alliance contre Charles Quint. Le 15 janvier 1552, Henri II signa avec le margrave Jean, représentant des princes confédérés, un traité, par lequel il s'obligeait à leur payer mensuellement 240,000 écus pour les trois premiers mois et 60,000 par la suite; en revanche, les princes déclaraient ne pas s'opposer à ce qu'il devînt vicaire impérial pour les évêchés de Metz, Toul, Verdun et Cambrai, dont il pensait s'emparer immédiatement. Maurice, qui malgré son changement de politique, n'en continuait pas moins le siége de Magdebourg, afin de ne pas manquer de prétexte pour avoir sur pied une armée considérable, fit enfin instruire les magistrats de ses véritables sentiments; le 9 novembre 1551, il entra dans la ville, dont les habitants lui prêtèrent hommage. La lenteur avec laquelle le commissaire impérial régla l'arriéré de solde due aux troupes employées au siége permit à Maurice de les tenir réunies encore quelque temps, sans exciter les soupçons de l'empereur, qui était pourtant averti par le bruit général qui accusait Maurice de s'être allié au roi de France. Enfin, en mars 1552, ce prince jette le masque et avec Guillaume de Hesse et Albrecht, margrave de Culmbach, marche sur Augsbourg, qui se rend sans coup férir, au même moment où les Français prennent Metz.

Pendant ce temps Charles Quint se trouvait à Inspruck, toujours occupé à de vastes projets d'ambition. Ayant pleine confiance en Maurice, qui, maître dans l'art de dissimuler, avait su empêcher qu'aucun indice positif ne pût éclairer l'empereur, il n'ouvrit les yeux que lors de l'apparition du manifeste des princes, qui réclamaient, outre la mise en liberté du landgrave Philippe, l'abolition complète des abus arbitraires du gouvernement impérial. Pris au dépourvu, sans troupes, sans argent, ne trouvant personne qui voulût le secourir, l'empereur partit mystérieusement d'Inspruck, le 6 avril dans la nuit, accompagné seulement de cinq serviteurs, dans l'intention de gagner les Pays-Bas. Arrivé à Fussen, il apprend que Maurice marche sur cet endroit, ce qui l'oblige de revenir à la hâte à Inspruck. Le 18 avril il fit conclure à Lintz, par l'intermédiaire de son frère Ferdinand, avec Maurice une trêve qui devait commencer le 26 mai. Le 18 de ce mois les princes confédérés attaquèrent le camp de Reitti, où se rassemblaient les troupes levées au nom de l'empereur; ils les dispersèrent, et marchant en avant s'emparèrent d'Ehrenberg sans coup férir. Ils résolurent de pousser plus loin, dans le but de faire l'empereur prisonnier; mais au moment où l'ordre fut donné de s'avancer sur Inspruck, les soldats réclamèrent la solde extraordinaire qui leur était donnée dans le cas de l'assaut d'une ville; comme Ehrenberg avait été pris sans résistance, les princes refusèrent d'accéder à cette demande. Les troupes alors se mirent en rébellion, et Maurice évita avec peine d'être massacré. Lorsque l'affaire fut apaisée, il n'était plus temps de surprendre Charles Quint, qui s'était sauvé le 19 au soir (1). Le 23 Maurice entra dans Inspruck, ce qui amena une nouvelle suspension du concile de Trente.

Le 26 les électeurs et un grand nombre de princes de l'Empire, convoqués à Passau par Ferdinand, s'y réunirent pour traiter de la paix. Maurice, qui dirigeait la cause des protestants, exigea et obtint que ceux-ci fussent déclarés libres d'exercer leur culte, que la chambre impériale, dont les luthériens ne seraient plus exclus, rendît la justice sans égard à la différence de religion, et que le conseil aulique ne fût plus composé que de ministres allemands. Il avait, de plus, déterminé l'assemblée des princes à proclamer en principe, et pour toujours, la paix entre les deux reli-

(1) Quelques historiens prétendent que Maurice fut bien aise de ne pas avoir réussi à s'emparer de l'empereur. « Je n'ai pas encore, aurait il dit, de cage pour y enfermer un oiseau de cette grandeur. »

gions; mais Charles Quint déclara formellement qu'il ne reconnaîtrait cette paix que jusqu'à la décision de la diète prochaine, à laquelle tout était renvoyé en dernier ressort.

Maurice, qui venait d'échouer dans sa tentative de surprendre Francfort, le lieu de rassemblement des soldats engagés au nom de Charles Quint, et qui apprit que l'empereur songeait à restituer à Jean-Frédéric ses États et sa dignité d'électeur, accepta les propositions de l'empereur, et promit au duc de secourir Ferdinand contre les Turcs, qui faisaient tous les jours des progrès en Hongrie. Au commencement de 1552 il arriva en effet dans ce pays avec onze mille hommes, et contribua beaucoup à arrêter les conquêtes des Osmanlis. Sur ces entrefaites, le margrave Albrecht de Culmbach, qui n'avait pas accédé au traité de Passau, s'était mis à exercer contre les princes ecclésiastiques du Rhin et de Franconie des déprédations sans nombre; et, chose inouïe, l'empereur non-seulement l'appuyait secrètement, mais avait même sanctionné plusieurs de ses spoliations, afin d'avoir sous la main un général et des troupes capables de l'aider à se venger de Maurice. Ce dernier, devinant le dessein de Charles Quint, se mit à la tête de l'opposition que les violences d'Albrecht provoquèrent dans l'Empire. Vers le milieu de l'année il marcha avec vingt mille hommes contre le margrave, et vint le 9 juillet se placer au-devant de lui à Sievershausen, au moment où Albrecht voulait pénétrer dans l'évêché de Magdebourg. Son ardeur habituelle de combattre lui fit oublier qu'il avait décidé en conseil de guerre qu'il attendrait dans sa forte position l'attaque de l'ennemi; il fondit sur les troupes d'Albrecht, et les défit entièrement; mais, blessé d'un coup d'arquebuse, il mourut deux jours après. Ce fut un événement d'une portée incalculable; car Maurice avait le projet de marcher, après avoir battu Albrecht, immédiatement sur les Pays-Bas et de s'y joindre au roi de France, avec lequel il venait de conclure une alliance intime, au point qu'il avait promis à Henri II de l'aider à obtenir la couronne impériale. Probablement Charles Quint n'aurait pu résister à cette attaque combinée, et sa puissance aurait été facilement anéantie.

« Maurice, dit M. Ranke dans son *Histoire d'Allemagne au temps de la réforme*, était une nature comme on n'en trouve pas une seconde en Allemagne. Si réfléchi et si secret, si entreprenant et si énergique, sachant si bien prévoir l'avenir, et si bien avisé pendant l'action; mais sans la moindre fidélité, incapable d'attachement. » Aimant le vin autant que les femmes, habile à tous les exercices des tournois et aimant à montrer son adresse, grand chasseur, il cachait sous cet extérieur jovial un esprit profond et des plus sérieux. Tenant parfaitement en bride ses grands vassaux, il sut faire jouir ses sujets d'un repos rare alors dans l'Empire, et les gouverna avec justice, de même qu'il fit beaucoup pour répandre chez eux l'instruction. Rusé politique, consommé dans l'art de cacher ses véritables intentions, il eut cependant la franchise de ne jamais affecter une grande piété : il fut en effet le prince le moins religieux de son temps. E. G.

Reutter, *Geschichte Herrn Moritzen*. — Camerarius, *Vita Mauritii*. — Arnold, *Vita Mauritii*. — Schleukert, *Moritz Churfürst von Sachsen*; Zurich, 1798, 4 vol. in-8°. — Langern, *Moritz Churfürst von Sachsen*; Leipzig, 1841, 2 vol. in-8°. — Œttinger, *Bibliographie biographique*.

MAURICE (*Auguste*), dit *le Savant*, landgrave de Hesse-Cassel, né le 25 mai 1572, mort à Eschwege, le 15 mars 1632. Fils du savant landgrave Guillaume IV, il acquit de bonne heure, sous la direction de Burcard de Calemberg et de Gaspard Cruniger, des connaissances très-étendues dans les lettres et dans les sciences; il connaissait toutes les langues de l'Europe ainsi que l'hébreu et le persan. Ayant succédé à son père en 1592, il fonda trois ans après à Cassel le *Collegium Mauritianum*, plus tard transféré à Marbourg. Il essaya, mais en vain, de ramener à une même confession les diverses sectes protestantes établies dans ses États. Ayant abdiqué en 1627, il ne s'occupa plus pendant le reste de sa vie que de travaux littéraires, philosophiques et théologiques. Parmi les seize ouvrages publiés par lui, nous citerons : *Encyclopædia*; Cassel, 1597, in-4°; — *Cyclus thesium miscellanearum, ex variis philosophiæ locis collectarum*; Cassel, 1660, in-4°; — *Poetice*; Cassel, 1598 et 1639, in-8°; — *Philosophia practica*; Cassel, 1604, in-8°; — *Lexique François-Allemand*; Francfort, 1641, in-8°; — *Thesaurus Linguæ Latinæ*, en manuscrit à la bibliothèque de Cassel, 4 vol. in-4°; — sa *Correspondance avec Henri IV* a été publiée par Rommel; Paris, 1840, in-8°. O.

Strieder, *Hessische Gelehrten Geschichte*, t. IX.

MAURICE DE SAVOIE, cardinal, puis prince d'Oneglia, né le 10 janvier 1593, à Turin, mort le 4 octobre 1657. Il était le quatrième fils de Charles-Emmanuel, duc de Savoie, et de Catherine d'Autriche. A l'âge de quatorze ans il fut nommé cardinal par le pape Paul V. En 1618 il vint en France pour conclure le mariage de son frère le duc Victor-Amédée avec Christine, fille d'Henri IV. Il se retira ensuite à Rome, où il fut ce qu'on appelait alors dans le sacré collége protecteur de la couronne de France; en 1634 il le devint également de la maison d'Espagne. Il était magnifique, dissipateur, ambitieux; il aimait les lettres et recherchait la société de ceux qui les cultivaient. Dès qu'il eut appris la mort de Victor-Amédée (1637), il se mit en route pour Turin, afin de disputer la régence à sa belle-sœur Christine; mais celle-ci parvint à l'éloigner en l'avertissant que la France regarderait sa présence en Piémont comme un acte d'hostilité. Séparé du trône par un enfant, il aspirait à la souveraineté plutôt qu'à la régence. D'accord avec son frère Thomas de Savoie, il eut recours à l'empereur Ferdinand III, qui, s'arrogeant un droit qu'il n'avait jamais eu, lui confia l'administration de la Savoie. Maurice se rendit aussitôt à Chieri, et tenta de s'emparer par un coup de main de la régente et du jeune duc; le complot avorta, et il s'enfuit dans le Milanais, où il signa avec les Espagnols un traité d'alliance (17 mars 1639). La guerre civile, fomentée par ses intrigues, entretenue par l'ambition de l'Espagne et de la France, dura quatre ans Après avoir conquis quelques places, Maurice se soumit, par lassitude. La paix fut conclue (14 juillet 1642); il y gagna l'entrée au conseil, la lieutenance générale du comté de Nice, le titre de prince d'Oneglia et la main de la princesse Louise-Marie de Savoie, sa nièce. En même temps il renonça au chapeau de cardinal. Il mourut d'apoplexie, sans avoir eu d'enfants. P.

Guichenon, *Hist. de Savoie*. — Richelieu, *Mémoires*. — Botta, *Storia d'Italia*, V.

MAURICE (*Antoine*), érudit français, né le 27 septembre 1677, à Eyguières, bourg de Provence, mort le 20 août 1756, à Genève. Il appartenait à une famille provençale qui avait embrassé la réforme dans le seizième siècle et fourni plusieurs pasteurs aux églises du midi. Lorsque la révocation de l'édit de Nantes força son père de se retirer à Genève, il ne lui fut pas permis de le suivre, et il resta quelque temps entre les mains de prêtres, qui espéraient en gardant avec eux cet enfant, d'une intelligence précoce, faire une acquisition précieuse pour leur église. Deux officiers, amis de sa famille, lui étant venus en aide, il réussit enfin à tromper la surveillance de ses gardiens, et arriva à Vienne; dénoncé pendant une halte, il s'enfuit seul, et atteignit à pied Bourg en Bresse (1686). Bien qu'on fût au cœur de l'hiver, il se remit en route avec un fidèle serviteur, et, après avoir erré dans les montagnes du Jura, il parvint à gagner Bâle, d'où il fut conduit à Genève dans un état digne de pitié. Ce courageux enfant n'avait alors que neuf ans Reçu ministre en 1697, il passa toute sa vie à Genève, ou depuis 1704 il exerça les fonctions pastorales. Doué d'une heureuse mémoire et d'une extrême facilité pour l'étude des langues, il apprit la plupart des idiomes orientaux, et s'exerça même à les parler couramment avec un rabbin et un prêtre du Levant qu'il avait attirés chez lui. Il aimait aussi les sciences, et abandonna le système de Descartes pour celui de Newton, dont il fut un zélé partisan. Nommé en 1710 professeur de belles-lettres et d'histoire à l'Académie de Genève, il y enseigna les langues orientales (1719), puis la théologie (1724), et fut appelé deux fois au rectorat. En 1713 la Société royale des Sciences de Berlin l'admit dans son sein, sur la proposition de Leibniz. On a de Maurice : une édition du *Rationarium Temporum* du P. Petau, avec des notes; Genève, 1721, 3 vol. in-8°; — douze *Sermons;* ibid., 1722, in 8°; — une vingtaine de dissertations, entre autres *De Conscientia* (1725-1734, in-4o); *De Resurrectione Jesu-Christi* (1734 et 1763); *Jus examinis* (1740, in-fol.); *De Suicidio* (1756, in-8°). Les travaux scientifiques et philologiques de Maurice n'ont pas vu le jour.

Son fils, MAURICE (*Antoine*), né le 17 avril 1716, à Genève, où il est mort, le 23 juillet 1795, montra de bonne heure un goût prononcé pour les sciences physiques; à l'âge de seize ans il soutint, devant les célèbres professeurs Cramer et Calendrini, des thèses *De Actione Solis et Lunæ in aerem et aquas* (Genève, 1732, in-4°), qui furent alors très-remarquées. Lorsqu'il eut achevé ses études, il visita Londres, Amsterdam et Paris. Devenu pasteur en 1748, il succéda en 1756 à son père dans la chaire de théologie. On a encore de lui : des dissertations latines sur des points de philosophie ou de théologie; — *De Musica in sacris*; Genève, 1771, in-4°; — *De Fide veterum Judæorum circa futurum post hanc vitam statum*; ibid., 1780, in-8°; — *De Tolerantia apud Ethnicos*; ibid., 1790, in-4°. Il a aussi laissé une *Histoire ecclésiastique*, non imprimée. P. L.

Senebier, *Hist. littér. de Genève*. — Meusel, *Lexikon*.

MAURICE (*Frédéric-Guillaume*), agronome suisse, fils du précédent, né à Genève, le 23 août 1750, mort dans la même ville, le 10 octobre 1826. Il étudia le droit, remplit pendant quelque temps les fonctions de juge, fit partie du grand conseil de sa ville natale, espèce de conseil d'État, et obtint l'administration intérieure de l'hôpital général. Chargé de la direction des travaux publics en 1787, il était en 1792 un des deux commandants de l'artillerie lorsqu'un détachement des troupes françaises qui occupaient la Savoie bloqua le territoire de Genève. L'ancienne constitution ne pouvant se maintenir, plusieurs citoyens s'éloignèrent des affaires; Maurice se retira à la campagne. Depuis longtemps, il s'occupait de l'amélioration de ses domaines : il s'y livra tout entier. Les observations qu'il publia *Sur une Manière économique de nourrir les chevaux* le firent connaître des agronomes Il confirma l'opinion de l'abbé Commerel sur l'utilité de l'espèce de betterave connue sous le nom de racine d'abondance. Un membre de l'Institut de France lui ayant envoyé les graines d'un grand nombre de variétés de froment, il en fit l'essai, et se déclara pour le blé blanc de Narbonne et un blé rouge des pays barbaresques; la campagne de Genève retira quelque avantage de ses expériences. Maurice fit venir à ses frais un troupeau de la belle race des bœufs de l'Oberland et de la vallée de Gruyères, qu'il introduisit ainsi dans son pays. Il fit aussi des observations météorologiques dans l'intérêt de l'agriculture, et en adressa le tableau à l'Institut. Il s'attacha particulièrement à constater l'état de la température du sol à cinq profondeurs différentes. Il donna la description d'un appareil de son invention, en 1788, dans le *Journal de Genève*, sous le titre de *Nouvelles Observations botanico-météorologiques*. En 1796 il entreprit avec les deux Pictet la *Bibliothèque Britannique*, qui prit bientôt le titre de *Bibliothèque universelle*. Sous l'empire français, Maurice rentra dans la carrière publique, et devint maire de Genève. En cette qualité il régularisa l'administration, adoucit le sort des prisonniers et embellit les promenades de la ville. Napoléon le fit chevalier de la Légion d'Honneur en 1805 et baron en 1811. Après les événements de 1814, Maurice dut quitter ces fonctions; mais pendant quelques années il fit partie du conseil représentatif de la nouvelle république. Le reste de sa vie s'écoula dans l'étude. Il était correspondant de l'Institut de France, et membre de la Société des Arts de Genève. Son ouvrage principal est intitulé : *Traité des Engrais, tiré des différents rapports faits au departement d'agriculture d'Angleterre*, etc. ; Genève et Paris, 1800, 1806, 1825, in-8°. J. V.

Biogr. univ. et portat. des Contemp. — Haag, *La France Protestante*.

MAURICE (*Jean-Frédéric-Théodore*, baron), mathématicien français, fils du précédent, né en 1772, à Genève, mort dans la même ville, au mois d'avril 1851. Membre de la Société des Arts de sa ville natale en 1795, et professeur de mathématiques à l'académie de la même ville en 1809, il devint plus tard préfet du departement de la Creuse, puis du departement de la Dordogne. Le 27 juin 1814 il fut nommé maître des requêtes au conseil d'État, et en 1816 l'ordonnance de réorganisation de l'Académie des Sciences le fit entrer comme membre libre dans ce corps savant. J. V.

Biogr. des Hommes vivants.

MAURICE (*Thomas*), historien et poete anglais, né le 25 septembre 1754, à Hertford, mort le 30 mars 1824, à Londres. Il était l'aîné des six enfants d'un maître de pension qui dirigeait à Hertford un établissement au compte de l'hôpital du Christ, et qui pretendait descendre d'une ancienne famille galloise alliée aux anciens princes de Powis. Destiné à l'Église, il fut élevé d'une façon assez irrégulière jusqu'au moment où le docteur Parr, l'ayant admis presque gratuitement dans l'école qu'il venait de fonder à Stanmore, surveilla ses études avec une bienveillance toute paternelle. Le jeune Thomas entra à dix-neuf ans à l'université d'Oxford, et se signala par quelques essais poetiques, qui reçurent un accueil favorable, tels que *The School Boy* (1775), *The Oxonian* (1776), *Netherby* (1776) et *Hagley* (1777). A peine eut-il pris le grade de bachelier qu'il obtint l'importante cure de Woodford, en Essex ; un modique héritage lui permit d'acheter un titre d'aumônier au 97ᵉ régiment. Après avoir cumulé quelque temps ces deux fonctions, il passa en 1785 de Woodford à Epping, et se maria l'année suivante. Ce fut à cette époque que, suivant le conseil de lord Stowell, il renonça à la poésie et s'occupa de réunir les matériaux d'une grande histoire sur l'Inde ancienne et moderne. Le concours de la Compagnie des Indes qu'il avait sollicité lui fit défaut; réduit à ses seules ressources, il se mit courageusement à l'œuvre, et grâce à la faveur du public, à la bienveillance de la critique et à la protection de quelques grands seigneurs, il mena à bonne fin un travail considérable, que les recherches modernes n'ont pas rendu tout à fait inutile. Nommé en 1799 bibliothécaire adjoint au British Museum, il reçut de la munificence de ses patrons les bénéfices de Wormleighton et de Cudham ainsi que la réversion de la pension payée jadis au poëte Cowper. Sans être un écrivain de premier ordre, Maurice eut quelques-unes des qualités qui font le poëte et l'historien. Il y a dans ses vers de la grâce, de la finesse et surtout beaucoup d'élégance ; en prose il écrit avec facilité, et joint à une imagination mobile le savoir, le jugement et l'amour de la vérité. Outre les écrits cites, on a de lui : *Translation of the Œdipus tyrannus of Sophocles* ; Londres, 1778 ; — *Warley, a satire*; ibid., 1778 ; — *Ierne rediviva, an ode*; ibid., 1782 ; — *Westminster Abbey, a poem*; ibid., 1784 ; 2ᵉ édit., 1813, gr. in-8°, avec d'autres morceaux ; — *Pantea, or the captive bride*; ibid., 1789, tragédie originale ; — *Indian Antiquities*; ibid., 1791-1797, 7 vol. in-8°. Ce recueil, qui se recommande par la clarté de l'exposition et la multitude des recherches, n'est, dans le but de l'auteur, qu'une espèce d'introduction à l'histoire générale de l'Inde; il se compose d'une série de dissertations sur les anciennes divisions géographiques, le système primitif de théologie, le gouvernement, la législation, etc. Il est à regretter que Maurice ait consacré trop d'espace à combattre l'opinion, alors très-répandue, de l'ecole philosophique française au sujet des emprunts faits par le christianisme aux dogmes et aux cérémonies religieuses de l'Inde; — *The History of Hindostan, its arts and its sciences as connected with the history of the other great empires of Asia*; ibid., 1795-1799, 3 vol. in-4°, fig.; réimp. en 1821, avec de nombreuses améliorations ; — *Sanscrit Fragments, or extracts from the several books of the Brahmins on subjects important to the British isles*; ibid., 1798, in-8° ; — *The Crisis, a poem*; ibid., 1798. Cette pièce politique, la seule de ce genre que Maurice ait produite, a trait à l'appréhension d'une invasion française; — *Grove-Hill, a description poem, with an ode to Mithra*; ibid., 1799, gr. in-4°, avec 15 vign., qui sont d'un fini précieux ; réimpr. en 1804, in-4° ;

— *Poems epistolary, lyric and elegiacal;* ibid., 1800; réimpression de ses poésies en trois parties; — *Dissertation on the oriental Trinities;* ibid., 1800, in-8°; — *The modern History of Hindostan, comprehending that of the greek empire of Bactria and other great asiatic kingdoms bordering on its western frontiers;* ibid., 1802-1804, 2 vol. in-4°. Cette seconde partie de l'histoire de l'Inde est moins estimée que la première, et elle a été l'objet de critiques assez sévères dans la *Revue d'Édimbourg*. Il faut y joindre un *Supplément* (1810, in-4°), qui conduit la narration jusqu'en 1788, et une *Défense* de l'auteur; — *The Fall of the Mogul, a tragedy;* ibid., 1806, in-8°; — *Richmond-Hill, a descriptive poem;* ibid., 1807, in-4°, fig.; — *Brahminical Fraud detected;* ibid., 1812, in-8°; il prétend que les brahmines ont prêté à Krischna les attributs et les actions du Christ, dont ils avaient connu la vie par l'Évangile de l'enfance, introduit dans l'Inde vers le sixième siècle; — *Observations connected with astronomy and ancient history on the ruins of Babylone;* ibid., 1816, in-4° fig.; — *Observations on the remains of ancient Egyptian grandeur and superstition;* ibid., 1818, in-4°, fig.; — *Memoirs of rev. Th. Maurice;* ibid., 1819-1822, 3 vol. in-8°; cette autobiographie, parsemée de discussions, d'anecdotes littéraires, de dissertations, et écrite avec une bonne foi naïve, s'arrête à 1796. P. L—y.

Th. Maurice, *Memoirs*. — *Gentleman's Magazine*, 1824. — *Annual Biography*. — Gorton, *Biograph. Dictionary*.

MAURICE (*Louis-Joseph*), peintre français, né Nancy, en 1730, mort en 1820. D'abord à avocat, il renonça au barreau pour la peinture. A vingt-huit ans il se rendit à Saint-Pétersbourg, et reçut le titre de premier peintre de l'impératrice Élisabeth; il fut l'ordonnateur des fêtes données à Moscou au couronnement de Catherine II. En 1779, il fit un voyage en Italie, et fit exécuter, avec un soin extrême, la reproduction des plus beaux marbres et la réduction des principaux monuments antiques. Cette collection ne fut pas inutile au développement du goût de l'antique qui se déclara vers la fin du règne de Louis XVI, et qui se maintint durant une longue période, jusqu'à ce que la mode du gothique et du moyen âge fût venue s'y substituer. Maurice, fixé à Paris, vendit une partie de sa collection à des amateurs alors célèbres; il en garda une partie, qui fut après son décès livrée aux enchères. G. B.

Charles Blanc, *Trésor de la Curiosité*, t. II.

* **MAURICE** (*Maurice* Descombes, dit Charles), publiciste français, né à Paris, le 26 mars 1782. Il renonça à l'étude du droit pour se livrer à la littérature, qu'il cultiva toujours avec ardeur. Cependant les circonstances lui ayant ouvert le chemin de l'administration publique, il fut employé quinze ans aux ministères des cultes et de l'intérieur, d'où il se retira pour fonder un journal, qui devint en 1823 *Le Courrier des Théâtres* et la plus remarquable des publications de cette espèce. Il donna en 1805 *Les Consolateurs* et *Le Parleur éternel*, comédies en un acte en vers; — en 1806, *Gibraltar*, extravagance en cinq actes en vers et en prose; — en 1807, *Les trois Manières*, un acte en vers; *La Cigale et la Fourmi*, un acte en prose, et *Les nouveaux Artistes*, un acte en vers; — en 1808, *Midi*, un acte en vers; — en 1809, *Les Comédiens d'Angoulême*, un acte en vers; — en 1810, *Le Luxembourg*, un acte en prose; — en 1812, *Mascarille*, cinq actes en vers; — en 1814, *la Servante maîtresse*, un acte en vers; — *La Partie de chasse*, drame en cinq actes en prose; — *Le Mari trompé, battu et content*, un acte en vers, et *La Fille mal gardée*, trois actes en vers libres; — en 1816, *Les fausses Apparences*, trois actes en vers; — en 1818, *Le Misanthrope en opéra comique*, un acte en vers; — en 1832, *Lettre à Louis-Philippe, roi*, brochure; — en 1850, *La Vérité-Rachel*, broch.; — en 1856, *Histoire anecdotique du Théâtre, tirée du coffre d'un journaliste avec la vie de l'auteur à tort et travers*, 2 vol. in-8°; — en 1859, *Le Théâtre-Français, monuments et dépendances*, in-8°, réimp. en 1860. P—n.

Bourquelot, *Littérature franc. contemporaine*.

MAURICE DE NASSAU. *Voy.* Nassau.

MAURICE DE SAXE. *Voy.* Saxe.

MAURICEAU (*François*), chirurgien français, né à Paris, mort le 17 octobre 1709, dans un âge assez avancé, à la campagne, où il s'était retiré. Après avoir exercé la chirurgie avec succès à Paris, il se borna aux opérations qui regardent les accouchements, et s'y acquit bientôt une grande renommée. « C'est en comparant sans cesse, dit M. Bégin, les faits recueillis par ses devanciers aux observations dont il avait lui-même été témoin qu'il composa des ouvrages remarquables à la fois par une saine érudition et par les préceptes les plus judicieux. » On a de lui : *Traité des Maladies des Femmes grosses et de celles qui sont accouchées;* Paris, 1668, 1675, 1681, 1694, in-4°, fig.; — *Aphorismes touchant l'accouchement, la grossesse et les maladies des femmes;* Paris, 1694, in-16; Amsterdam, 1700; — *Observations sur la Grossesse et l'Accouchement des femmes, et sur leurs maladies, et sur celles des enfants nouveau-nés;* Paris, 1695, 1715, in-4°; — *Dernières Observations sur les Maladies des Femmes grosses et accouchées;* Paris, 1708, in-8°. Tous ces ouvrages ont été réimprimés ensemble plusieurs fois; la meilleure édition est celle de Paris, 1740, 2 vol. in-4°, fig. Le premier a été traduit en allemand, en anglais, en flamand, et en italien. L'auteur l'a mis lui-même en latin. J. V.

Éloy, *Dict. histor. de la Médec. anc. et mod.* — Bégin, dans la *Biog. Médicale*.

MAURISIO (*Gérard*), historien italien, né à Vicence, dans la seconde moitié du douzième siècle, mort vers le milieu du treizième. Fils d'un chevalier gibelin, il étudia le droit, exerça la profession d'avocat dans sa ville natale, et y fut pendant quelque temps juge. Fait prisonnier lors de la guerre entre Vicence et Padoue, il fut renvoyé auprès de ses concitoyens par le podestat de Padoue, pour traiter de la paix; mais il échoua dans cette mission. Il alla se reconstituer prisonnier; peu de temps après il fut relâché, au moment où Vérone vint en aide à Vicence. Il est l'auteur d'une *Historia* qui, commençant à l'an 1183 et s'arrêtant à 1237, contient la relation des faits intéressant la ville natale de Maurisio; c'est une des sources les plus précieuses à consulter au sujet du fameux Ezzelino di Romano. On a reproché à Maurisio d'avoir beaucoup loué ce cruel tyran; mais on n'a pas pris garde que le caractère odieux d'Ezzelino ne se dévoila que postérieurement à l'année 1237, époque où écrivait Maurisio. L'ouvrage de ce dernier fut publié par Felix Osio à Venise, en 1636, avec d'autres historiens de la marche de Trévise, et fut reproduit depuis dans les *Scriptores Brunswicenses* de Leibniz, tome II, et dans le tome VIII des *Scriptores Rerum Italicarum* de Muratori. O.

Tiraboschi, *Storia Letter. d'Italia*.

MAURITIUS (*Georges*), poëte dramatique allemand, né à Nuremberg, le 13 décembre 1539, mort dans la même ville, le 30 décembre 1610. Après avoir été professeur à Wittemberg et recteur à Speier, il remplit jusqu'à ses derniers jours les fonctions de directeur de l'école du Saint-Esprit dans sa ville natale. Il a laissé des pièces dont les sujets sont en partie empruntés à la Bible; tels sont : *David et Goliath; Josaphat, roi de Juda; Ezéchias; Amman; Le Comte de Saluces et Griselidis; Les Sages venus de l'Orient;* etc. Imprimées d'abord séparément, ces productions furent réunies en un volume in-8° (Leipzig, 1607); on les a oubliés depuis longtemps. G. B.

J. Kehrein, *Die dramat. Poesie der Deutschen*, I, 180.

MAURO (Fra), célèbre cosmographe italien du quinzième siècle, dont on place la mort au 20 octobre 1459. La vie de fra Mauro, comme celles de tant d'autres savants religieux, n'est connue que par ses œuvres. On pense qu'il était Vénitien. Il appartenait à l'ordre des Camaldules, et passa ses jours dans le monastère de San-Michele de Murano, près Venise. Son nom figure dans une charte capitulaire de ce couvent. Le fra Mauro avait formé une espèce d'école de cosmographie, et enseignait cette science avec un grand succès. En 1444, il fut chargé de rectifier le cours de la Brenta, et dirigea les travaux opérés dans les lagunes. Sa réputation était telle qu'en 1457 le roi de Portugal, Alfonse V, s'adressa au savant camaldule pour obtenir un planisphère, dont l'usage, selon les auteurs vénitiens, n'aurait pas peu facilité les voyages qui amenèrent la découverte des deux Indes. On voit sur le registre de Murano que la somme de vingt-huit ducats d'or (1) fut le prix de ce planisphère, qui se trouvait en 1525 dans le monastère d'Alcobaça (Portugal). Mais le plus remarquable monument de la science de fra Mauro est sans contredit la magnifique mappemonde manuscrite qui se voit dans la bibliothèque de San-Michele de Murano, où elle fait encore l'admiration des voyageurs. On croit qu'elle fut exécutée de 1457 à 1459, c'est-à-dire bien peu de temps avant la mort de son auteur. La carte de fra Mauro est sur parchemin, et occupe un espace elliptique de 1^m^, 937 de haut sur 1 mètre 965 de largeur. Tout cet espace, à l'exception des mers peintes en bleu, est couvert de dessins à la plume et de miniatures éclatantes d'or et de couleurs. Des notes en dialecte vénitien, écrites en beaux caractères ronds, témoignent que l'auteur a mis à profit les travaux les plus récents de son siècle, tels que les voyages des frères Zeni et de Querini dans le nord de l'Europe; de Marco Polo, de Sanuto, de Conti, de Barbaro en Asie; de Cadamosto en Afrique. Obligé de renoncer aux parallèles et aux méridiens de Ptolémée, faute de pouvoir les établir pour les lieux nouvellement connus, l'auteur s'est borné à indiquer les huit points principaux de l'horizon et les appelle *Septemtrio* ou *Tramontana, Maistro, Occidens, Garba, Auster, Siroco, Oriens, Grego*. Le septentrion est au bas de la carte comme dans la mappemonde du musée Borgiano. Le centre (*Babylonia*) marqué par une plaque de métal, se trouve placé entre la Chaldée (*Caldea*), la Mesopotamie, l'Assyrie (*Susiana*) et l'Arabie (*Deserta petrea*). Conformément aux anciennes traditions, fra Mauro trace au nord la Permie et les monts Hyperboréens, au nord-ouest la Scandinavie, la Finlande, l'Islande, la Norvège; à l'ouest l'Espagne, et le Maroc, baigné par l'océan Atlantique; au sud-ouest le *sinus Ethiopicus* et le Darfour (*Dafur*); au sud la pointe de l'Afrique, qu'il appelle *Etiopia australe;* un détroit ou un grand cours d'eau sépare cette contrée du Soffala; au sud-est se voit la mer Indienne et ses nombreuses îles, parmi lesquelles on remarque Ceylan (*Saylan*); à l'est Java (*Giava major*); au nord-est la Chine et le Camboje (*Cambaluch*). Le défaut principal de la carte de Mauro est qu'elle manque absolument de détermination mathématique. On pourrait croire que l'auteur a tracé arbitrairement ses continents et ses mers, avec la seule vue d'y placer tous les noms qu'il rencontrait dans les géographes et les voyageurs, ses devanciers et ses contemporains. C'est surtout dans la configuration des côtes ou plutôt de la ceinture d'îles sans nom qui bordent la périphérie de la carte et dans la proportion

(1) 333 fr. 06 c. de notre monnaie actuelle. Cette somme semblerait bien modique pour un travail comme celui du fra Mauro si l'on ne prenait en considération la valeur du numéraire au quinzième siècle.

relative des espaces occupés par la terre et par l'Océan que fra Mauro semble avoir manqué de renseignements. On peut relever aussi de nombreuses erreurs de détail. La mer Blanche est pour lui un lac, le Danemark une île; il place dans la mer du Nord et dans la Baltique des îles qui ne ressemblent en rien aux archipels actuellement connus. Il en est de même pour les mers d'Afrique et des Indes. Il sépare toute la partie méridionale de l'Afrique et fait pénétrer dans sa partie occidentale des golfes fantastiques. Il fait couler l'Indus de l'autre côté de la péninsule transgangétique, qui est à peine reconnaissable. Il met l'embouchure du Gange plus à l'est que l'île de Sumatra; il considère comme des pays différents et séparés la Chine, la Sérique et le Cathay, etc., etc. Malgré ces erreurs et bien d'autres encore, la mappemonde de fra Mauro, signalée par Ramusio, dans son édition de Marco Polo, comme une des merveilles de Venise, a été louée successivement par Collina, Michele Foscarini, Tiraboschi, Andres, Carli, etc. Une médaille fut même frappée par l'ordre du doge avec le portrait du savant camaldule et cette légende: *Frater Maurus, S. Michaelis Moranensis de Venetiis ordinis Camaldulensis, chosmographus incomparabilis*. Pour justifier cette admiration, il suffit de comparer son œuvre aux cartes du même temps jointes aux manuscrits de la version latine de Ptolémée. Tandis que ces cartes font de la mer des Indes une mer fermée, et qu'elles désignent sous le nom vague de *terres inconnues* le nord de l'Europe et de l'Asie, ainsi que le sud de l'Afrique, le planisphère de fra Mauro offre une configuration remarquablement approximative de ces contrées, et montre la continuité de l'océan Indien et de l'océan Atlantique. Ajoutons que la carte de fra Mauro présente un grand nombre de noms de pays et de villes qui ne se trouvent pas dans les autres cartes qui ont précédé ou suivi la sienne, et que ces noms, avec de très-légers changements, appartiennent définitivement au vocabulaire géographique en usage de nos jours.

La carte de fra Mauro a été copiée ou réduite plusieurs fois. Le musée britannique en possède une fort belle copie exécutée en 1804 par William Fraser aux frais de la Compagnie des Indes. Dom Placido Zurla, camaldule, en a donné une réduction dans ses *Recherches sur Marco Polo*; Venise, 2 vol. in-4°. *Le Magasin pittoresque*, dans son vol. XVII, année 1849, en a donné aussi une réduction dessinée par Mac Carthy (octobre 1846) et gravée par J. Gowland.

Alfred DE LACAZE.

V. Formaleoni, *Dizionario topografico dello Stato Veneto*. — Michele Foscarini, *Istoria de la Repubblica Veneta*; Venise, 1696, in-4°. — Dom Abondio Collina, *Della Invenzione della Bussola nautica*; Faenza, 1748. — Dom Placido Zurla, *Il Mappamondo di fra Mauro*, etc.; Venise 1806, grand in-4°. — *Le Magasin pittoresque*, t. IX (année 1841), p. 291; t. XVII (année 1849, p. 2 0. *Dict. Historique* (1822).

MAURO (*Francesco*), en latin *Maurus*, poëte italien, né à Spolète (Ombrie), dans les premières années du seizième siecle. Il était déjà avancé en âge lorsqu'il embrassa la vie monastique dans l'ordre des Franciscains. Dans sa jeunesse il cultiva la poésie latine, et écrivit sur le fondateur de son institut, saint François d'Assise, un poëme épique intitulé *Franciscia-dos lib. XIII*, Florence, 1571, in 8°, et réimprimé à Anvers, 1572, et à Rouen, 1634, in-8°; cette dernière édition, préparée par un autre franciscain, Louis Cavalli, est accompagnée d'une vie de l'auteur, de notes et d'éclaircissements. Mauro avait dédié son œuvre au grand-duc Cosme de Médicis, qui fit placer le portrait du poëte dans la galerie de Florence. P.

Wadding, *Script. ord. Minorum*, 123.

MAURO (*Pirro*), en latin *Maurus*, jurisconsulte italien, né à Arezzo, à la fin du seizième siècle. Après avoir enseigné à Pise et à Florence, il alla se fixer à Rome, où pendant trente ans il occupa avec éclat une chaire de droit civil. Persuadé qu'il y avait déjà trop d'ouvrages sur la jurisprudence, il refusa longtemps de faire imprimer les écrits qu'il avait composés pour ses leçons; mais il finit par céder aux instances de ses amis, et publia les deux excellents traités qui ont pour titres: *De Fidejussoribus*, Venise, 1622, in-4°, et *De Solutionibus, oblationibus et retentionibus*, ibid., 1622, in-4°. P.

Barberini, *Biblioth.* — Simon, *Bibl. des Auteurs de Droit*.

MAURO (*Ortensio*), poëte latin moderne, né en 1632, à Vérone, mort le 14 septembre 1724, à Hanovre. Son goût pour la poésie lui attira l'amitié de Ferdinand de Furstemberg, évêque de Paderborn, auprès duquel il résida longtemps. A la mort de ce prélat, il se retira à Hanovre. Quelques-unes de ses pièces de vers avaient paru dans la collection de Bœnickius lorsque l'abbé Weissembach les réunit et les ajouta au recueil intitulé: *Selecta veterum et recentiorum Poemata*; Bâle, 1782, in-12. P.

Rotermund, *Supplément à Jöcher*.

MAUROLICO (*Francesco*), célèbre géomètre italien, né à Messine, le 16 septembre 1494, mort dans une campagne voisine de cette ville, le 21 juillet 1575. Il appartenait à une famille grecque, originaire de Constantinople. Quand il eut terminé ses humanités, son père lui enseigna les mathématiques. En 1521 il reçut l'ordre de prêtrise; mais il n'abandonna pas ses études favorites, quoique l'ardeur qu'il apportait à la culture des mathématiques lui eût déjà occasionné une grave maladie. Lorsque son père mourut, il laissa le soin de son patrimoine à son frère cadet, afin de n'être en rien distrait de ses travaux. Plus tard, Maurolico fut appelé à Palerme par le vice-roi Jean de Vega, qui le chargea d'enseigner la geometrie a son fils aîné. Pendant son séjour à Palerme, Maurolico se lia intimement avec Jean Ventimiglio, marquis de Gerace, qui l'emmena à Naples, puis à Rome. A leur retour, le marquis fit don à son ami de l'abbaye de Santa-Maria del Pasto. Maurolico y vécut quelque temps dans la retraite; puis il retourna à Messine, où il enseigna publiquement les mathématiques. Nous ne parlerons pas ici de quelques prédictions astrologiques dont quelques-uns de ses panégyristes lui font honneur : ce n'est pas là ce qui lui mérita l'estime générale des hommes éminents de toute l'Italie, qui venaient à chaque instant le consulter : c'est à des travaux d'un autre ordre qu'il a dû d'être unanimement reconnu pour le plus savant géomètre de son temps. Maurolico publia en 1558 une nouvelle traduction des *Sphériques* de Théodose, d'après le texte grec, à laquelle il joignit les *Sphériques* de Menelaüs, d'après l'arabe, et deux nouveaux livres supplémentaires. Il publia aussi l'ouvrage de Théodose, *De Habitationibus*, ainsi que celui d'Euclide, intitulé *De Phænomenis*. Il traduisit aussi les *Coniques* d'Apollonius, les commenta habilement, et essaya la restitution des cinquième et sixième livres. Il donna également les œuvres d'Archimède ; l'édition, ayant été complétement perdue dans un naufrage, ne fut réimprimée que longtemps après la mort de Maurolico, à l'aide d'un exemplaire retrouvé en 1681. Niceron, qui donne une liste complète de ces diverses traductions, y ajoute les ouvrages originaux suivants : *Cosmographia de forma, situ, numeroque cœlorum et elementorum, aliisque ad astronomica rudimenta spectantibus* Venise, 1543 et 1575 in-4o; Paris, 1558, in-8°; — *Opuscula* (1) *mathematica* Venise, 1575, in-4°; — *Arithmeticorum Libri duo*; Venise, 1575 et 1580, in-8°; — *Photismi de lumine et umbra ad perspectivam radiorum incidentium facientes* Venise, 1575, in-4°; Messine, 1613, in-4° ; — *Problematica Mechanica, cum appendice, et ad magnetem, et ad pixidem Nauticum pertinentia*; Messine, 1613, in-4°. Nous avons passé sous silence les œuvres de Maurolico étrangères à la géométrie, telles qu'un *Martyrologe* et des *Vies* de saints. Comme plusieurs autres géomètres italiens, Maurolico ne dédaigna pas de sacrifier aux Muses, et on a de lui un recueil de poésies, intitulé *Rime*; Messine, 1552, in-8°. On trouve souvent d'heureuses innovations dans les nombreux ouvrages de Maurolico ; telles sont quelques-unes de ses théories sur des phénomènes d'optique. Telle est encore cette remarque, qui fut entre ses mains la base de nouveaux principes de gnomonique, que l'ombre de l'extrémité d'un style décrit chaque jour un arc de section conique. C'est à cette occasion qu'il composa son *Traité des Coniques*, qui fait le sujet du troisième livre de sa gnomonique, intitulée *De lineis horariis Libri tres*, et imprimée dans ses *Opuscula Mathematica*. Maurolico y fait dériver les propriétés des coniques de celles du cercle et de la considération du solide dans lequel ces courbes prennent naissance. Verner, de Nuremberg, avait précédemment démontré, par cette méthode, plusieurs propriétés élémentaires des coniques (1); mais, comme le remarque M. Chasles, avec beaucoup moins d'étendue et d'une manière moins savante que Maurolico. Il est à regretter que ce dernier se soit borné à ce qui était nécessaire pour la gnomonique, et qu'il n'ait pas traité toutes les propriétés des coniques énoncées par Apollonius. La marche de Maurolico a été suivie depuis par Desargues, par Pascal, par La Hire, et nous en avons parlé dans l'article consacré à ce dernier géomètre. L'analyse est aussi très-redevable à Maurolico : c'est lui qui le premier introduisit l'usage des lettres, à la place des nombres, dans les calculs de l'arithmétique, et qui donna les premières règles de l'algorithme de l'algèbre.

E. Merlieux.

Mongitore, *Bibliotheca Sicula*. — Lorenzo Crasso, *Elogii degli Uomini letterati*. — Francesco Maurolico (neveu du célèbre géomètre), *Vita del Abbate del Parto D. Francesco Maurolico* Messine, 1613, in-4°; — Niceron, *Mémoires*, t XXXVII. — Montuclo, *Histoire des Mathématiques*. — Chasles, *Aperçu hist sur l'origine et le développement des méthodes en géométrie.*

MAUROLICO (*Salvestro*), historien italien, neveu du précédent, né à Messine, dans la seconde moitié du seizième siècle. Il hérita du zèle de son oncle pour l'étude, et se rendit très-savant en histoire ainsi que dans les belles-lettres et les mathématiques. Dans sa jeunesse il passa en Espagne, où le roi Philippe II l'attacha en 1583 à la bibliothèque de l'Escurial; en même temps il fut chargé de parcourir l'Europe pour rassembler tous les manuscrits grecs, latins et orientaux qu'il jugerait dignes de figurer dans cette collection. En récompense de ses services, il obtint une abbaye (1586) et la place d'aumônier du palais (1588). Lorsqu'il revint en Sicile, il fut pourvu de l'abbaye de Sainte-Marie de Roccamatore. Il vivait encore en 1613. On a de lui : *Istoria sagra intitolata Mare oceano di tutti le religioni del mondo*; Messine, 1613, in-fol. ; c'est une histoire des ordres monastiques; — plusieurs ouvrages restés inédits, comme *De Viris illustribus Siculis* et *Catalogus Scriptorum ecclesiasticorum*.

P.

Mongitore, *Biblioth. Sicula*, II, 226.

MAUROY (*Nicolas*), poëte français, né à Troyes, vivait dans la première moitié du seizième siècle. Il était d'ancienne noblesse et fils d'un lieutenant général à Troyes ; il possédait la seigneurie de Saint-Étienne sous Barbuise.

(1) Ce recueil important contient le traités suivants : *De Sphæra liber unus*; *Computus ecclesiasticus*; *Tractatus instrumentorum astronomicorum*; *De lineis horariis*; *Euclidis Propositiones elementorum libri XIII*; *Solidorum tertii*; *Regularium corporum primi*; *Musicæ traditiones*. Le *Computus ecclesiasticus* a été imprimé séparément, à Cologne, 1576, in-8°.

(2) *J. Verneri Libellus super viginti duobus elementis conicis*, etc.; 1522, in-4°.

On a de lui : *Les Hymnes communs de l'année, nouvellement traduits de langue latine à métrificature françoise;* Troyes, 1527, in-4°, fig. Cette traduction, fort paraphrasée et d'une versification médiocre, est dédiée à Marguerite de Valois, sœur de François Ier; — *Le piteux Parlement de la Croix entre Jésus-Christ et Notre-Dame en forme de trialogue,* en vers français; Provins, 1528, in-8°.

Un autre membre de cette famille, *Henri* Mauroy, entra chez les cordeliers, professa la théologie, et mourut à Troyes. Il est auteur d'un ouvrage contre l'archevêque de Tolède, intitulé *Apologia in II partes divisa;* Paris, 1553, in-4°. P. L.

Goujet, *Biblioth. franç.*, VI. — Lelong, *Biblioth. Sacrée.*

MAURUS (*Terentianus*), poëte latin, auteur d'un traité de versification latine, vivait probablement dans le deuxième siècle après J.-C., sous Nerva et Trajan. On pense que c'est le même personnage que Terentianus, gouverneur de Syène, duquel Martial parle avec éloge; ce n'est qu'une conjecture. On ne sait rien de sa vie, et c'est par une autre conjecture, tirée de son surnom, de *Maurus*, qu'on le fait naître en Afrique. Il reste de lui un petit traité *De Literis, Syllabis, Pedibus, Metris,* où les règles générales de la versification latine sont données et où les différentes espèces de vers latins sont définies, chacune dans la mesure même dont il est question ; ainsi le vers hexamètre est défini en vers hexamètres, le vers ambique en vers iambiques. Maurus s'est tiré heureusement de ce tour de force, et son style ne manque ni de clarté ni d'élégance (1). Le traité *De Literis, Syllabis, Pedibus, Metris*, découvert par Georges Merula dans la bibliothèque de Bobbio, fut publié par Georges Galbiatus, Milan, 1497, petit in-fol., et souvent réimprimé dans le seizième siècle. Parmi ces éditions on distingue celles de Venise, 1503, in-4°; Paris, 1531, in-4°; Venise, 1533, in-8°; Heidelberg (par J. Commelin, avec le traité de *Orthographia* de Marius Victorinus), 1584, in-8°. Le traité de Terentianus Maurus a été inséré dans les *Grammatici veteres* de Putschius, p. 2383-2450; dans les *Poetæ latini minores* de Wernsdorf, vol. II, p. 259; dans l'*Anthologia* de Meyer. Les meilleures éditions séparées sont celles de Santen (achevée par Van Lennep), Utrecht, 1825, in-4°, et de Lachmann, Berlin, 1836, in-8°. Y.

Martial, I, 87. — Reinert, *Commentatio de Mauro Terentiano*, Lemgo, 1797, in-8°; *De Vita Mauri Terentiani*, Lemgo, 1806, in-4°.

MAURUS (*Marcus-Vertranius*), érudit, vivait pendant le seizième siècle. On ne connaît ni sa vie ni le nom de son pays natal; il était, à ce que pense M. Breghot du Lut, correcteur d'imprimerie, et avait voyagé en Italie pour collationner des manuscrits. Hubert Goltz parle de lui, dans son édition de Jules César (Bourges, 1563), comme d'un des amateurs d'antiquités les plus éclairés de Lyon. Maurus avait en effet résidé dans cette ville; mais il n'est pas probable qu'il en soit originaire ou même qu'il y ait passé sa vie. On a de lui des notes sur le traité de Varron *De Lingua Latina* (Lyon, 1563, in-8°) et sur Tacite (Paris, 1608, in-fol.), ainsi qu'un livre original *De Jure liberorum;* Lyon, 1558, in-4°, et Venise, 1584, in-fol.; réimprimé dans le t. III du *Thesaurus Juris* d'Otton. K.

Breghot du Lut, *Nouveaux Mélanges.*

(1) C'est dans Terentianus Maurus que se trouve un vers dont on cite un hémistiche « *habent sua fata libelli* », souvent sans en connaître l'auteur. Le vers complet est :

Pro captu lectoris habent sua fata libelli.

MAURUS. *Voy.* Mauro.

MAURVILLE (Le comte Bidé de), amiral français, né à Rochefort, le 17 novembre 1752, mort à Paris, le 11 mars 1840. Il descendait d'une famille bretonne distinguée par ses services sur mer. Son père était lieutenant général. Lui-même s'embarqua dès l'âge de douze ans (1764), et se battit vaillamment, le 27 juillet 1778, au combat d'Ouessant. Nommé lieutenant de vaisseau l'année suivante, il prit le commandement du lougre *Le Chasseur*, et fut employé dans les mers d'Amérique sous les ordres de l'amiral de Guichen, puis du comte de La Motte-Picquet. Le 26 avril 1781, il prit un corsaire anglais plus fort que son bâtiment; peu de jours après il enleva quatre navires marchands faisant partie d'un convoi escorté par deux vaisseaux et deux frégates. Le 17 janvier 1783, monté sur le cutter de 18 *Le Malin*, il fut attaqué dans les eaux de Porto-Ricco par une frégate anglaise, qu'il força à la retraite après une terrible canonnade. Dans les escadres du comte de Vaudreuil et de M. de Soulanges, il prit part aux divers combats qui précédèrent la paix de 1783. Il était capitaine de vaisseau en 1792, lorsqu'il émigra; il rentra en France en 1802, mais ne fut pas employé. Les Bourbons le nommèrent successivement contre-amiral (1816), major-général et commandant de la marine à Rochefort, officier de la Légion d'Honneur et grand' croix de Saint-Louis. Le comte de Maurville fut mis à la retraite par Louis-Philippe (31 août 1830). A. de L.

Archives de la Marine. — *Moniteur universel,* années 1816 à 1830.

MAURY (*Jean*), poëte latin moderne, né vers 1625, à Toulouse, mort en 1697, à Villefranche de Rouergue. Il entra dans les ordres et passa plusieurs années à Paris, où il cultiva les lettres avec quelque succès. Aussitôt après son retour à Toulouse, il fit partie de l'académie des Lanternistes, qui s'assembla pendant longtemps chez lui et qu'il présida même en 1667. Sa facilité à composer des vers latins lui valut la protection du premier président du parlement,

M. de Fieubet, qui lui fit donner, vers 1680, par les capitouls un appartement commode dans l'une des maisons de la ville. L'abbé Maury réunit autour de lui la plupart des gens instruits de la province; on tenait à honneur d'assister à ces conférences académiques dont il était en quelque sorte le modérateur; les sciences, la poésie, l'histoire, la théologie fournissaient une abondante matière à ces conversations, aussi agréables qu'utiles. Quoiqu'il fût déjà pensionnaire du clergé, ce savant ecclésiastique reçut encore, à la demande du parlement, les fonds nécessaires pour accueillir honorablement ceux qui venaient assister aux exercices qu'il avait institués. Aussi témoigna-t-il aux capitouls toute sa gratitude dans une pièce de vers où il leur prodigua, entre autres louanges, les épithètes de « très-nobles, très-savants et très-vigilants magistrats ». Ceux-ci, moins sensibles que le parlement à la grâce des Muses latines, suscitèrent de nombreux désagréments au pauvre poëte, qui se vit contraint d'abandonner tout à la fois et l'académie qu'il avait fondée et la ville de Toulouse. Nous citerons parmi ses écrits : *Ad Conseranensem ecclesiam Gratulatio, carmen*; 1644, in-4°; — *Le Théâtre de la Variété universelle, ou paraphrase sur l'Ecclésiaste*; Paris 1664, 1668, in-12; — *Sylvæ regiæ, sive varia poemata in laudem Ludovici Magni*; Paris, 1672, in-12; dans les pièces de ce recueil, qui est dédié au dauphin, il y a une traduction libre de la satire de Boileau sur l'homme; — *Philosophia practica in Proverbia Salomonis*; 1672, in-12; — *Theologicum Studium sapientiæ in Sapientiam Salomonis*; Paris, 1674, in-12; — *Tolosa novantiqua*, poëme; Toulouse, 1681, in-4°; — *Naïs Tolosani*; ibid., 1683, in-4°; — *Capitolinis gratiarum Actio*; ibid., 1684, in-4°. On a encore de lui des vers français, des lettres et d'autres poésies latines adressées à des membres du clergé ou du parlement. P. L—Y.

Lelong, *Bibl. Sacra*, 833. — Marolles, *Dénombrement des Auteurs*. — *Biogr. Toulousaine*, II.

MAURY (*Jean-Siffrein*), célèbre prélat français, né le 26 juin 1746, à Valréas (comtat Venaissin), mort à Rome, dans la nuit du 10 au 11 mai 1817. Fils d'un cordonnier, il entra au séminaire de Saint-Charles à Avignon, et se distingua par une érudition précoce et par la supériorité et l'étendue de son intelligence. A vingt ans à peine, fort du sentiment de sa valeur intellectuelle, il quittait son pays natal pour un théâtre plus propre à son activité. Il se rendit à Paris, avec l'intention de s'y fixer comme instituteur. C'est à ce premier voyage que l'on rapporte une anecdote trop singulière pour être vraie. Sur le coche d'Auxerre, il se serait rencontré avec deux jeunes gens, qui, nés comme lui de parents pauvres, allaient aussi, comme lui, demander à la capitale gloire et fortune : l'un se destinait à la médecine, l'autre au barreau. Pour charmer les ennuis de la route, on causa, on se fit des confidences, les imaginations s'échauffèrent. Maury, soit que sa confiance en la fortune fût plus grande, soit qu'il voulût égayer ses compagnons en leur montrant dans le lointain des compensations à leurs privations actuelles, ne craignait pas de leur prédire les plus hautes destinées, sans s'oublier lui-même. « Tu seras un jour médecin du roi, dit-il au disciple d'Esculape, et toi, président de cour souveraine ou avocat général, en s'adressant à l'élève de Thémis; quant à moi, je prêcherai à la cour, et je serai évêque et académicien. » On ajoute même : « et cardinal ». L'audacieux prophète parlait ainsi à Portal et à Treilhard. L'année même de son arrivée à Paris, Maury publia un *Éloge funèbre* du dauphin, et celui du roi Stanislas, premiers essais d'une plume encore novice, bientôt suivis de l'*Éloge de Charles V*, roi de France, et d'un *Discours sur les avantages de la paix*, qui ne lui valurent que les félicitations de l'Académie. Cinq ans après, il fit paraître l'*Éloge de Fénelon*, qui obtint un accessit à l'Académie Française. Vers le même temps, il reçut les ordres à Sens, où le cardinal de Luynes, émerveillé des réponses du jeune lévite, le faisait asseoir parmi les examinateurs, et peu après, en 1772, l'Académie le désignait pour prononcer devant elle, dans la chapelle du Louvre, le *panégyrique de saint Louis*. Son éloquence commençait à porter des fruits : le 30 septembre de la même année, le roi le nomma abbé commendataire de la Frenade, au diocèse de Saintes. Le 28 août 1775, il porta la parole devant l'assemblée du clergé de France, pour le panégyrique de saint Augustin, et les prélats répondirent par des félicitations unanimes à cette digne apologie du flambeau de l'Église latine. La réputation de l'orateur s'étendit bientôt : les principales chaires de la capitale retentirent de ses accents, et le roi l'appela à Versailles pour y prêcher l'Avent. Peu après, l'abbé Maury reçut les titres de vicaire général, de chanoine et official du diocèse de Lombez. Malgré le soin qu'il prenait de s'abstenir dans ses prédications de toute parole offensive contre la cour, qui le protégeait, il ne réussit pas toujours à contenir sa véhémence native, en parlant des vices et des abus de la grandeur. Il lui arriva un jour de faire entendre un langage austère aux heureux du monde, à Versailles même, en présence du monarque. Les courtisans, peu habitués à la sévérité des remontrances apostoliques, paraissaient les supporter avec peine dans la bouche d'un simple prêtre qu'ils considéraient comme placé de beaucoup au-dessous d'eux sur l'échelle sociale. L'orateur s'aperçut de ce mouvement, et pour en prévenir les suites, il s'écria aussitôt : « Ainsi parlait saint Jean Chrysostome », s'abritant habilement derrière ce grand censeur de la cour byzantine. En 1777, Maury fit paraître son *Traité sur l'é-*

loquence de la chaire. L'année suivante, il fut appelé à prêcher le carême devant le roi, et en 1785 il prononça, dans l'église de Saint-Lazare, son chef-d'œuvre, cet admirable *Panégyrique de saint Vincent de Paul*, que Louis XVI voulut entendre le 4 mars de la même année, dans la chapelle royale de Versailles, après avoir accordé au héros de la charité la statue que Maury réclamait pour lui. Ce panégyrique fut lu à Rome, dans des assemblées de cardinaux, de prélats, de généraux d'ordre, etc., et le pape Pie VI partagea l'enthousiasme général. Tel fut le succès de ce panégyrique que des félicitations arrivèrent de toutes parts à son auteur. L'Académie Française l'admit dans son sein (décembre 1784), en remplacement de Lefranc de Pompignan (mort le 1er novembre). Le discours de réception de l'abbé Maury, prononcé le 27 janvier 1785, fut pâle et exagéré, moins toutefois que celui du duc de Nivernais, qui lui répondit. Maury semblait avoir atteint en partie le but de son ambition : il était académicien, abbé commendataire, prieur, depuis 1786, de Lihons-en-Santerre, bénéfice qui rapportait 20,000 livres de rente, et dans lequel il avait succédé à l'abbé de Boismont, qui quelques années auparavant l'avait choisi pour son collaborateur dans la rédaction des *Lettres secrètes sur l'état actuel du clergé et de la religion en France.*

Nous n'avons point parlé des calomnies qui à cette époque cherchèrent des scandales dans la vie privée de l'abbé Maury. Par un maintien hardi, par des propos peu mesurés et par une pétulance en quelque sorte militaire, il put en effet prêter une certaine vraisemblance à des bruits calomnieux. Mais c'est déjà bien assez d'avoir transporté dans un ministère sacré des vues et des intrigues tout humaines et de s'être lié avec cette foule de beaux-esprits qui battaient en brèche la religion et la monarchie. Le fils du cordonnier de Valréas traçait des préambules pour les écrits de MM de Brienne et de Lamoignon lorsque sonna pour la France l'heure des tempêtes. Les électeurs ecclésiastiques du bailliage de Péronne, où était situé le prieuré de Lihons, nommèrent, en 1789, Maury leur député aux états généraux. Après le 14 juillet, apprenant que la faction d'Orleans avait inscrit son nom sur ses listes de proscription, il se laissa un instant dominer par la crainte, et prit la fuite. Mais arrêté à Péronne et réclamé par l'Assemblée nationale, il y revint prendre sa place, en se disant : « Je périrai dans la revolution, ou en la combattant je gagnerai le chapeau de cardinal. » Et il tint parole.

Pompeux et véhement, d'une éloquence facile, d'une érudition immense, d'une mémoire prodigieuse, qui donnait à ses discours écrits l'eclat de l'improvisation, Maury avait encore, avec une imperturbable confiance en lui-même, l'accent, le geste, le regard, le front hardi de l'orateur. Sa voix magnifique, servie par une poitrine d'acier, dominait les orages parlementaires ; son audace, sa présence d'esprit, sa constitution athlétique semblaient défier les clameurs de la salle et les interruptions des tribunes. Le moindre incident lui devenait une arme; il savait saisir à propos le point capital d'une question ou le défaut de la cuirasse d'un adversaire, et alors nul ne possédait mieux l'art de prolonger une ironie amère. « Aussi, nous dit Lacretelle, semblait-il plus occupé du plaisir d'humilier ses adversaires que du désir de les vaincre. » Aussi malheur aux interrupteurs! Mirabeau lui-même, passé maître dans l'éloquence d'à propos, ne s'en tira pas toujours à son avantage. « Je vais enfermer l'abbé Maury dans un cercle vicieux, » disait-il un jour. — « Vous viendrez donc m'embrasser », répond l'autre aussitôt, et l'assemblée de rire à la confusion de l'agresseur. Une autre fois, un maréchal de camp, son collègue à l'Assemblée constituante, s'étant aussi permis de l'interrompre, en lui disant qu'on n'était plus au temps où l'on obtenait une abbaye pour un sermon, faisant allusion au panégyrique de saint Louis qui avait valu à Maury l'abbaye de la Frenade, l'abbé lui répondit sur-le-champ qu'on n'était plus au temps aussi où l'on obtenait un régiment pour un pas de rigodon : son interlocuteur avait été nommé colonel pour avoir dansé avec la reine Marie-Antoinette dans une fête de la cour. Ainsi armé pour la lutte, Maury se trouva bientôt plus à l'aise dans la tribune que dans la chaire. Dès la première fois qu'il l'entendit, Mirabeau reconnut en lui un rival et se crut obligé d'entrer en lice. Ce fut dès lors un duel d'éloquence entre ces deux orateurs. Longtemps, les juges du camp s'en sont tenus à la parole de Mirabeau : « Quand l'abbé Maury a raison, je le bats; quand il a tort, nous nous battons. » Mais aujourd'hui que nous pouvons avec plus de calme examiner ces étonnantes improvisations, n'y aurait-il pas lieu de modifier un peu ce jugement? Au moins doit-on avouer que si Mirabeau savait mieux soulever les passions, Maury eut souvent raison contre son éloquent antagoniste. C'est Maury qui exprima les idées, qui ont prévalu depuis, sur le droit des gens, l'inamovibilité de la magistrature, la souveraineté du peuple, etc. C'est lui qui annonça avec une prévoyance prophétique que les novateurs tourneraient un jour contre la propriété en général tous les arguments employés contre la propriété ecclésiastique ; lui, qui prophétisa la banqueroute des assignats, en jetant sur la tribune, par un magnifique mouvement oratoire, deux billets de la banque de Law, « ces papiers désastreux, disait-il, encore couverts des larmes et du sang de nos pères, semblables à des balises placées sur des écueils pour nous avertir d'un grand naufrage ou nous en écarter ». Pendant deux ans point de grande question qui ne le vit paraître à la tribune, et toujours avec la même facilité et la même audace d'éloquence. « Tous les jours repoussé, tous les jours sous les armes, nous dit Marmontel, son ami, sans que la certitude d'être vaincu, le danger d'être lapidé, les clameurs, les outrages d'une population effrénée l'eussent jamais ébranlé ni lassé, il souriait aux menaces du peuple, il répondait par un mot plaisant ou énergique aux invectives des tribunes, et revenait à ses adversaires avec un sang-froid imperturbable. L'ordre de ses discours, faits presque tous à l'improviste, et qui duraient des heures entières, l'enchaînement de ses idées, la clarté de ses raisonnements, surtout son expression juste, correcte, harmonieuse et toujours assurée, sans la moindre hésitation, rendaient comme impossible de se persuader que son éloquence ne fût pas préméditée, et cependant la promptitude avec laquelle il s'élançait à la tribune et saisissait l'occasion de parler, forçait de croire qu'il parlait d'abondance. J'ai moi-même, plus d'une fois, été témoin qu'il dictait le lendemain ce qu'il avait prononcé la veille, en se plaignant que, dans ses souvenirs, sa vigueur était affaiblie et sa chaleur éteinte. Il n'y a, disait-il, que le feu et la verve de la tribune qui puissent nous rendre éloquents. » On connaît les deux magnifiques morceaux que lui inspirèrent, dans le même discours, une attaque contre Henri IV et la présence de l'ambassadeur anglais aux séances. Mais c'est dans la discussion sur la constitution civile du clergé que Maury déploya tous les secrets de l'éloquence. Ce n'est plus un orateur qui harangue; c'est un athlète qui, s'étant élancé au milieu de l'arène, plein de confiance en ses forces, appelle hautement celui qui naguère le défiait. Mirabeau restait cloué à son banc, sous les traits de son adversaire pendant les débats sur la constitution civile du clergé. Assailli de clameurs, il s'écrie : « Le tumulte de cette assemblée pourra bien étouffer ma voix, il n'étouffera point la vérité.... » Certes, il y avait du courage à parler ainsi, surtout quand, au sortir de l'assemblée, il fallait traverser des groupes menaçants qui criaient : « L'abbé Maury à la lanterne. — Y verrez-vous plus clair, » répondit-il; et il passait d'un pas vif et ferme. Une autre fois, un fanatique révolutionnaire s'élançait contre lui, brandissant un couperet, et voulait l'envoyer *dire la messe à tous les diables*. — « Soit, disait Maury, si tu as du cœur, tu viendras me la servir; voici mes burettes. » Et il tirait de sa poche deux pistolets, dont la vue mettait en fuite le jacobin, tandis que la foule changeait ses huées en applaudissements. Un jour que, pendant la séance, des dames de la haute société placées dans une tribune, et connues par leurs opinions patriotiques, causaient assez haut pour empêcher d'entendre l'orateur : « Monsieur le président, s'écria-t-il, faites donc taire *ces sans-culottes*. »

Ces saillies, jointes à un grand tact parlementaire, sauvèrent Maury. Mais ses succès se bornèrent là; ils ne purent contenir le torrent; et quand la Constituante fut dissoute, Maury dut quitter la France. Louis XVI, par une lettre du 3 février 1791, lui avait, tout en lui recommandant plus de circonspection et de prudence, exprimé la satisfaction que lui inspirait son dévouement, et dans le consistoire du 26 septembre de la même année le pape Pie VI sembla confirmer les suffrages de Louis XVI, en proclamant l'abbé Maury *egregium virum*; il lui fit aussi écrire par le cardinal secrétaire d'État pour lui offrir une autre patrie; mais Maury, avant de se rendre à Rome, jugea à propos de franchir le Rhin et d'aller trouver les princes émigrés. A son arrivée à Coblentz, six cents gentilshommes formèrent la haie et battirent des mains sur son passage. Son entrée à Rome fut, peu après, un véritable triomphe. Le pape, qui ne l'appelait plus que son cher Maury, le fit sacrer, le 1er mai 1792, archevêque de Nicée *in partibus* par le cardinal de Zelada, assisté de Pisani de La Gaude, évêque de Vence, et de Leyris-Desponchez, évêque de Perpignan, et le chargea de le représenter à Francfort au couronnement de l'empereur François II. Le 25 février 1794, Pie VI mit le comble à ses faveurs en créant Maury cardinal-prêtre du titre de la Sainte-Trinité-au-Mont-Pincius, et en le nommant aux évêchés de Montefiascone et de Corneto réunis, l'un des plus riches siéges d'Italie. Louis XVIII, le comte d'Artois, le prince de Condé, au nom de la noblesse, lui écrivirent pour le féliciter de sa nouvelle dignité, et exprimèrent au pape leurs remerciements pour avoir payé la dette de la monarchie en même temps que celle de l'Église de France. Mais bientôt l'irruption des Français en Italie força Maury de quitter Rome; il se sauva affublé d'une blouse à charretier, et gagna sans tarder le territoire vénitien. L'impératrice de Russie, Catherine II, lui offrit alors un asile dans ses États; mais le cardinal préféra rester à Venise, où il prit part au conclave assemblé dans cette ville, le 1er décembre 1799, pour donner un successeur à Pie VI, mort à Valence prisonnier de la république française. Il rentra ensuite dans Rome avec Pie VII, auprès de qui Louis XVIII, réfugié à Mittau, l'avait accrédité comme son ambassadeur. Bientôt cependant la France exigea l'éloignement de cet ambassadeur, et Maury dut se retirer dans son évêché.

Les faveurs de la victoire avaient amené les coalisés de Pilnitz, ainsi que le successeur de saint Pierre, à s'incliner devant la gloire du vainqueur de Marengo et à reconnaître la nouvelle majesté impériale acclamée par la France. La cause de l'antique dynastie, à laquelle s'était voué Maury, semblait perdue sans ressource; elle ne lui laissait pas même, dans une lutte désespérée, ce grand rôle nécessaire à son besoin de mouvement et de bruit. Ambassadeur de Louis XVIII auprès de Pie VII, il ne pouvait produire ses lettres de créance et se voyait confiné dans son diocèse par les soupçons de Napoléon. Il se lassa enfin d'un dévouement obscur, que ne soutenaient plus d'ailleurs les excitations de la lutte, et sur l'invitation du souverain pontife lui-même il écrivit de Montefiascone, le 12 août 1804, une lettre de félicitations au puissant guerrier qui venait de relever en France le trône et l'autel. Cette lettre lui valut plus tard bien des reproches, et aux yeux des contemporains elle n'était pas moins qu'une apostasie politique. Au mois d'avril 1805, il vit à Gênes Napoléon, qui allait se faire couronner roi d'Italie, et ce prince lui offrit alors avec beaucoup d'instances le traitement de cardinal français, avec une place au sénat. Maury déclina d'abord poliment ces offres; mais six mois après la victoire d'Austerlitz il vint à Paris avec un passeport que lui avait adressé Portalis, ministre des cultes; et cette fois, comme si sa fortune eût été irrévocablement fixée, il se décida à suivre la bannière impériale. On lui donna le traitement de cardinal français à compter du 1er octobre 1806; le 23 du même mois, il fut élu, de nouveau, membre de l'Institut à la place de Target; il fut nommé ensuite premier aumônier de Jérôme Napoléon, et le 19 février 1809 membre de la Légion d'Honneur. Le 14 octobre 1810 un décret impérial l'appela au siége archiépiscopal de Paris, qu'avait refusé le cardinal Fesch, archevêque de Lyon, et cette faveur nouvelle devint pour lui la source des plus vives inquiétudes et de la plus cruelle disgrâce. Maury eut le tort grave de s'installer dans ce poste et de prendre en main l'administration du diocèse de Paris avant d'avoir été affranchi des liens qui l'attachaient à l'église de Montefiascone, et d'avoir reçu des bulles pour ce siége métropolitain, bulles que Pie VII, dépouillé de ses États par Napoléon, refusait d'accorder aux évêques nommés à cette époque par ce prince. Il s'était fait accorder, il est vrai, la juridiction par le chapitre; mais la juridiction capitulaire attribuée à un sujet désapprouvé par le pape était une révolte du chapitre lui-même contre l'autorité canonique, qui est la source du pouvoir des chapitres. Il est à remarquer néanmoins que pendant une partie des règnes de Henri IV et de Louis XIV les ecclésiastiques français nommés évêques par ces princes administraient, en vertu des pouvoirs capitulaires, les diocèses qu'ils étaient appelés à gouverner, en s'abstenant toutefois d'exercer aucune des fonctions inhérentes au caractère épiscopal. Quoi qu'il en soit, par un bref daté de Savone, le 5 novembre 1810, Pie VII enjoignit au cardinal de quitter sur-le-champ l'administration du diocèse de Paris, le menaçant des censures de l'Église s'il résistait à ses ordres, à ses remontrances. Maury prit le parti de nier l'authenticité de ce bref, que l'abbé d'Astros, alors vicaire général de Paris et plus tard cardinal-archevêque de Toulouse, avait fait circuler secrètement. Par un nouveau bref, du 18 décembre suivant, adressé aussi à l'abbé d'Astros, mais qui ne parvint pas alors à sa destination, le saint-père déclarait également nul tout ce que ferait le cardinal Maury en vertu des pouvoirs conférés par le chapitre. Espérant néanmoins de briser l'inflexibilité de Pie VII, le cardinal-archevêque lui écrivit, le 12 octobre 1811, pour se faire affranchir des liens qui l'unissaient à l'église de Montefiascone.

Nommé membre de la commission ecclésiastique formée par Napoléon pour aviser aux moyens d'instituer les évêques sans l'intervention du pape, Maury ne fit partie d'aucune des députations envoyées officiellement à Savone, avant, pendant et après le concile national de Paris; mais plus d'une fois il les inspira; il inspira le concile lui-même ou le ministre des cultes, qui essayait d'en diriger l'esprit. Ce fut lui cependant qui se chargea de porter à Fontainebleau, où Pie VII avait été amené, les reproches, les promesses et les menaces de l'empereur, et « dans cette circonstance, dit un de ses biographes, auquel nous avons fait plus d'un emprunt, le cardinal perdit toute mesure : la douceur patiente du souverain pontife n'y tint plus : se levant, non sans effort de son siége, il prit Maury par la main, et le poussa hors de son appartement. » Napoléon récompensa le dévouement du cardinal en le nommant, le 3 avril 1813, grand-croix de l'ordre de la Réunion. L'année suivante, Maury adhéra à la déchéance de l'empereur, et par décision capitulaire du 9 avril 1814 il se vit enlever tous les pouvoirs qui lui avaient été donnés pour l'administration du diocèse de Paris, et fut mandé à Rome pour y rendre compte de sa conduite. Un *Mémoire* apologétique qu'il publia alors et toutes ses téntatives pour rentrer en grâce auprès des Bourbons n'eurent aucun succès; il lui fallut, dans la nuit du 13 mai, quitter le palais archiépiscopal, et le 18 du même mois regagner l'Italie. Quand il arriva à Viterbe, on lui signifia une décision pontificale qui le suspendait de toute fonction dans le diocèse de Montefiascone. A Rome, il ne put obtenir une audience du pape; l'entrée du conclave et la participation aux diverses cérémonies où son titre l'appelait lui furent interdites. Enfin, à l'instigation du gouvernement français, Pie VII venait de nommer une commission pour instruire l'affaire du cardinal Maury lorsque arrivèrent les Cent Jours. Maury écrivit alors au cardinal Pacca pour obtenir de suivre le pape fuyant devant l'invasion napolitaine. Loin d'obtempérer à sa prière, on lui annonça qu'il était libre de retourner en France. Maury resta à Rome, et bientôt après, outrepassant ses pouvoirs, la junte de gouvernement le fit emprisonner au château Saint-Ange, dans la chambre même qu'avait occupée Cagliostro. Six mois après il fut transféré au noviciat des Pères Lazaristes, à Saint-Sylvestre de Monte-Cavallo; mais au bout de trois mois le pape, sur les instances du cardinal Consalvi, donna l'ordre de le relâcher et d'abandonner l'instruction commencée contre lui. Il lui accorda même une audience particulière, et lui rendit ses bonnes grâces aussitôt qu'il eut fait acte de soumission et en se démettant de l'évêché de Montefiascone. Louis XVIII fut plus difficile à apaiser : il repoussa toutes les avances de son ancien ambassadeur, et le mit au nombre des membres de l'Académie Française qui en furent exclus en mai 1816. La solitude et le silence se firent autour du défenseur transfuge et disgrâcié du trône et de l'autel; Maury, jadis fêté par les papes et les rois, Maury, qui avait vécu pour le mouvement, le bruit, la gloire humaine, ne pouvait survivre à l'écroulement de sa fortune. Le chagrin acheva d'abattre cette puissante nature, déjà ébranlée par tant de secousses. Après avoir lutté péniblement, pendant deux années, contre les progrès d'une affection scorbutique, il expira dans la nuit du 10 au 11 mai 1817, et fut inhumé dans l'église de Sainte-Marie-*in-Vallicella*.

Si, après sa soumission à l'empereur, Maury vit un peu s'amoindrir sa considération morale, il garda intacte sa réputation littéraire. Il fut bientôt choyé, recherché des salons de l'empire comme il l'avait été de la vieille aristocratie. Son vif sentiment du beau faisait loi dans les choses d'imagination; ses saillies, son érudition étaient le charme des conversations. On rapportait de lui une foule de bons mots : tantôt il avait répondu à l'empereur qui lui demandait pour l'embarrasser où il en était de ses relations avec les Bourbons : « Sire, mon respect pour eux est inaltérable; mais j'ai perdu sur ce point la foi et l'espérance; il ne me reste que la charité. » Tantôt il avait dit au républicain Chénier, qui affectait de lui refuser le titre de monseigneur : « Pourquoi ne me diriez-vous pas monseigneur, citoyen : je vous appelle bien monsieur? » Et Regnaud de Saint-Jean d'Angély ayant osé lui dire un jour : « Vous vous estimez donc beaucoup, monsieur? — Très-peu quand je me considère, avait reparti l'imperturbable et spirituel cardinal, beaucoup quand je me compare. » Aussi madame d'Abrantès croit-elle avoir tout dit pour prouver l'esprit, les connaissances et les talents artistiques de Junot, quand elle a rapporté *qu'il pouvait causer avec le cardinal*. Ainsi posé comme homme du monde, Maury n'inspirait pas la même vénération pour son caractère sacerdotal; quelques saillies et anecdotes rapportées par madame d'Abrantès montrent au moins en lui une singulière liberté d'imagination et de langage, ce qui ne l'empêchait pas, assure-t-on, de dire, chaque soir, le rosaire entier et de réciter le bréviaire à haute voix.

On a du cardinal Maury : *Éloge funèbre de monseigneur le Dauphin*; Sens, 1766, in-8°; — *Éloge du roi Stanislas le Bienfaisant*; 1766, in-8°; — *Éloge de Charles V, roi de France*; Amsterdam, 1767, in-8°; — *Discours sur la paix*; 1767, in-8°; — *Éloge de Fénelon*, 1771; in-8°; — *Panégyrique de saint Louis*; 1772, in-12 et in-8°; — *Réflexions sur les sermons de Bossuet*; Paris, 1772, in-12; — *Discours choisis sur divers sujets de religion et de littérature*; 1777, in-12. Ce volume contient un *Discours sur l'éloquence de la chaire*, un *Panégyrique de saint Augustin*, celui *de saint Louis* et les *Réflexions sur les sermons de Bossuet*; — *Discours* prononcé dans l'Académie Française, le 27 janvier 1785; Paris, in-4°; — *Principes d'éloquence pour la chaire et le barreau*; 1782, in-12 : volume qui n'est qu'une nouvelle édition des discours choisis, et que l'on a réimprimée en y comprenant le *discours* de réception à l'Académie; 1804, in-8°; 2e édition, sous ce titre : *Essai sur l'Éloquence de la Chaire, Panégyriques, Discours*; Paris, 1810, 2 vol. in-8°; 3e édition, publiée par Louis Siffrein Maury, neveu du cardinal, Paris, 1827, 3 vol. in-8°. On trouve à la suite et pour la première fois le *Panégyrique de saint Vincent de Paul*. Cette édition, dans laquelle on n'a point fait usage des améliorations que le cardinal avait lui-même indiquées dans celle de 1810, ne contient point non plus toutes les pièces de cette dernière édition, et mériterait beaucoup mieux le titre de *diminuée* que celui d'*augmentée*, que lui a donné le neveu du cardinal, qui crut convenable de remplacer quelques-uns des ouvrages de son oncle par de longues notes emphatiques, dont il était l'auteur; 4e édition, Paris, 1827, 3 vol. in-8° et in-12, avec portrait et fac-simile, contenant toutes les pièces de l'édition de 1810, plus l'*Éloge de Charles V* et le *Panégyrique de saint Vincent de Paul*; 5e et 6e éditions, Besançon, 1835 et 1838, 2 vol. in-8°; 7e édition, Paris, 1842, 2 vol. in-8°; 8e édition, Paris, 1845, 5 vol. in-18; — *Epistola pastoralis ad clerum et populum utriusque diœcesis suæ* (Montefiascone et Corneto); Rome, 1794, in-8°; — *Discours* prononcé pour sa réception à l'Institut, le 6 mai 1807, in-8° et in-4°, contenant l'*Éloge de l'abbé de Radonvillier*, académicien, mort en 1789, et qui n'avait pas eu de successeur; — *Mémoire pour le cardinal Maury*; Paris, 12 mai 1814, in-8°; — *Panégyrique de saint Vincent-de-Paul*; 1827, in-8°; — *Panégyriques de saint Louis et de saint Augustin*; 1827, in-8°; — *Œuvres choisies du cardinal J.-S. Maury*, précédées d'une *Notice* sur sa vie et ses ouvrages; Paris, 5 vol. in-8°, avec portrait et fac-simile. Cette collection comprend, outre les ouvrages dont nous avons parlé, les discours prononcés par l'abbé Maury à l'Assemblée constituante, discours qui n'avaient été imprimés qu'à un très-petit nombre d'exemplaires, à mesure qu'il les prononçait, et qui n'ont été reproduits que dans cette édition. L'un d'entre eux a été réimprimé depuis sous le titre de : *De la Régence*, opinion émise à l'Assemblée nationale, le 22 mars 1791, annotée et publiée par M. Hoffmons; Paris, 1842, in-8°. On a aussi imprimé : *Esprit*, *Pensées et Maximes de M. l'abbé Maury;* Paris, 1791, in-8°.

H. Fisquet (de Montpellier).

Vie du cardinal Maury, avec des notes et pièces justificatives (par son neveu); 1827, in-8°. — *Mémoires historiques sur les affaires ecclésiastiques de France pendant les premières années du dix-neuvième siècle.* — *Dictionnaire des Cardinaux.* — *Notizie Romane*, passim. — Poujoulat, *le cardinal Maury, sa vie et ses œuvres*; 1855, in-8°.

* MAURY (*Matthew-F.*), astronome et hydrographe américain, né dans le comté de Spottsylvania (Virginie), le 14 janvier 1806. M. Maury, un des hommes les plus remarquables du Nouveau Monde, s'est fait lui-même à force de patientes et profondes études. Sa famille avait peu de ressources, et il ne reçut que des éléments limités d'instruction. En 1825, il obtint le grade d'enseigne (*midshipman*) dans la marine, et débuta sur la frégate *Brandywine*, chargée alors de ramener le général La Fayette en France. A son retour, il partit, au printemps de 1826, pour l'océan Pacifique, et joignit le sloop *Vincennes*, pour faire un voyage de circumnavigation, qui employa quatre ans. Après avoir subi un examen au retour, M. Maury fut envoyé de nouveau dans le Pacifique. Il commença son ouvrage sur la navigation dans l'entrepont du *Vincennes*, et le compléta sur la frégate *Potomac*, où il fut nommé lieutenant. Depuis son entrée dans la marine, il s'était livré à l'étude avec autant d'ardeur que de persévérance. Il apprit lui-même l'espagnol, en suivant un cours de mathématiques et de navigation dans cette langue. A son retour aux États-Unis, il fut nommé aux fonctions d'astronome dans l'expédition d'exploration de la mer au Sud, commandée par le capitaine Thomas Jones. Lorsque cet officier se retira, le lieutenant Maury se démit aussi de son poste, et plus tard il fut placé à la tête du dépôt des cartes instruments qui a servi de base à l'observatoire national et au bureau hydrographique, dont il est aujourd'hui directeur. Ses travaux pour organiser l'observatoire et le mettre sur un pied respectable ainsi que ses investigations sur les vents et les courants de la mer sont bien connus de tous ceux qui s'occupent de ces sujets. En 1854, le lieutenant Maury fit un voyage en Angleterre, et attira l'attention publique par ses recherches sur les courants de l'Océan, les vents particuliers, etc. C'est alors qu'il publia son ouvrage, *The physical Geography of the Sea*, avec des illustrations, des cartes et des plans, dont la réputation s'est peu à peu répandue en Europe. La seconde édition a paru en 1858, avec des améliorations considérables. — On lui doit aussi *Wind and current Charts*, qui présentent aujourd'hui au navigateur la plus riche et la plus complète collection de tous les documents météorologiques recueillis sur tous les points de l'océan Atlantique septentrional; — *Sailing Directions*, d'après les instructions desquelles les grands clippers des États-Unis sont parvenus, en suivant la route indiquée par le lieutenant Maury, à accomplir ces étonnantes traversées, qu'on a eu longtemps beaucoup de peine à croire réelles. Comme hommage à ses utiles travaux, il a reçu de l'empereur d'Autriche François-Joseph la grande médaille d'or établie pour les arts et les sciences, et du roi de Prusse une autre médaille d'or, accompagnée de celle qui a été frappée en l'honneur de l'ouvrage d'Alex. de Humboldt, le *Cosmos*. Après n'avoir eu dans la marine pendant longues années d'autre titre que celui de lieutenant, M. Maury a été nommé récemment capitaine de frégate (*mander*), et continue de diriger à Washington l'observatoire et le bureau hydrographique sous le nom de surintendant. Il est le premier qui ait donné une description complète de ce puissant courant appelé *Gulfstream*, qui n'avait été étudié qu'en partie par d'autres navigateurs. Il y a consacré plusieurs chapitres. Il débute de cette manière caractéristique : « Il est un fleuve au sein de l'océan : dans les grandes sécheresses, jamais il ne se tarit; dans les plus grandes crues, jamais il ne déborde; ses rives et son lit sont des couches d'eau froides, entre lesquelles coulent à flots pressés des eaux tièdes et bleues. C'est le *Gulfstream*. Nulle part dans le monde il n'existe un courant aussi majestueux. Il est plus rapide que l'Amazone, plus impétueux que le Mississipi, et la masse de ces deux fleuves ne représente pas la millième partie du volume d'eau qu'il déplace. Cet immense courant, qui se précipite en quelque sorte du milieu des bancs de Balsama, s'élance à travers l'océan, remonte au nord, s'infléchit à l'est, et vient atteindre les côtes de l'Europe, en conservant intactes et distinctes les eaux qu'il entraîne avec lui dans un trajet de plus de mille lieues. A sa sortie du golfe du Mexique, la largeur du Gulfstream est de quatorze lieues, sa profondeur de mille pieds, et la rapidité de son cours, qui s'élève d'abord à près de huit kilomètres par heure, diminue peu à peu, en conservant toutefois une vitesse relative encore considérable dans toute l'étendue de son vaste parcours. Sa température, beaucoup plus élevée que celle des milieux qu'il traverse, ne varie que d'un demi-degré par centaine de lieues. Aussi parvient-il, en hiver, jusqu'au delà des bancs de Terre-Neuve, avec les abondantes réserves de chaleur que ses eaux ont absorbées sous le soleil des zones tropicales. Alternativement plongé dans le lit du courant, ou en dehors des limites qu'il suit, le thermomètre indique des écarts de douze, et même quelquefois de dix-sept degrés. Comparé à l'air environnant, le contraste est plus frappant encore. Au delà du quarantième parallèle, lorsque l'atmosphère se refroidit parfois jusqu'au-dessous de la glace fondante, le Gulfstream se maintient à une température de plus de vingt-six degrés au-dessus de ce point. Dans de pa-

reilles conditions, on comprend l'influence directe et dominante qu'il ne peut manquer d'exercer sur les phénomènes météorologiques des régions qu'il traverse et des continents qu'il avoisine. Enfin, ses eaux, comme celles de toutes les mers très-riches en matières salines, se distinguent par leur teinte foncée et par leurs beaux reflets bleus, se dessinant en lignes nettes et tranchées sur le fond moins azuré des eaux communes de l'Océan. » J. CHANUT.

American Biography. — Men of the Time. — Revue Contemporaine, 30 avril 1859. — *Revue des Deux Mondes*, juillet 1858.

* **MAURY** (*Louis-Ferdinand-Alfred*), archéologue et érudit français, né à Meaux, le 23 mars 1817. Il fut attaché en 1836 à la Bibliothèque royale, qu'il quitta deux ans après pour étudier la médecine et le droit. Rappelé à la Bibliothèque royale en 1840, il passa en 1844 à celle de l'Institut comme sous-bibliothécaire. Il avait publié l'année précédente un *Essai sur les Légendes pieuses du moyen âge, ou examen de ce qu'elles renferment de merveilleux, d'après les connaissances que fournissent de nos jours l'archéologie, la théologie, la philosophie et la physiologie médicale*; Paris, 1843, in 8° : travail remarquable par la variété de l'érudition et la finesse de la critique. Depuis cette époque les religions et les divers phénomènes physiologiques, intellectuels et moraux qui se rattachent à cet ordre d'idées sont restés l'objet principal de ses études et de ses publications. Son ouvrage le plus important est une *Histoire des Religions de la Grèce antique*, Paris, 1857-1859, 3 vol. in-8°, qui expose avec un savoir abondant et judicieux la formation et les développements du polythéisme grec depuis ses lointaines origines jusqu'au siècle d'Alexandre. M. Maury a été élu en 1857 membre de l'Académie des Inscriptions et Belles-Lettres. Outre les deux ouvrages cités, on a de lui : *Les Fées du moyen âge, recherches sur leur origine, leur histoire et leurs attributs, pour servir à la connaissance de la mythologie gauloise*; Paris, 1843, in-12 : dissertation que l'auteur a complétée par une note *Sur les Fatuæ et les Deæ Moeræ* (*Revue Archéologique*, 1848), et par l'article *Fée* (*Encyclopédie moderne*); — *De l'Hallucination envisagée au point de vue philosophique et historique*; Paris, 1845, in-8°; — *Considérations pathologico-historiques sur les hallucinations*; Paris, 1846, in-8°; — *Examen de certains points de l'itinéraire que les Arabes et les Persans suivaient au neuvième siècle pour aller en Chine*; Paris, 1846, in-8°; — *Recherches historiques et géographiques sur les grandes Forêts de la Gaule et de l'ancienne France*; Paris, 1848, in-8° : travail développé par l'auteur dans un ouvrage intitulé : *Histoire des Forêts de la Gaule et de l'ancienne France, précédée de Recherches sur l'histoire des Forêts de l'Angleterre, de l'Allemagne et de l'Italie, et de Considérations sur les caractères des forêts des diverses parties du globe*; Paris, 1850, in-8°; et dans un mémoire *Sur la Topographie des anciennes Forêts de la France*, dans le *Recueil des Savants étrangers* de l'Académie des Inscriptions (1854); — *La Terre et l'Homme*; Paris, 1856, in-12; résumé des notions les plus récentes sur les révolutions du globe et sur les diverses races humaines avant la période historique; destiné à servir d'introduction à l'*Histoire universelle* publiée sous la direction de M. Duruy; — *La Magie et Astrologie dans l'antiquité et au moyen âge*; 1860, in-8°. M. Maury a publié dans divers recueils périodiques ou ouvrages collectifs (*Revue Archéologique, Annales Médico-Psychologiques du système nerveux, Athenæum français, Revue des Deux Mondes, Encyclopédie moderne*, etc.), beaucoup d'articles d'histoire naturelle, de géographie et de mythologie; il a été le collaborateur de M. Eugène Pelletan pour une *Histoire du Brahmanisme*; Paris, 1846, in-8°; de M. Guigniaut pour les deux derniers volumes des *Religions de l'Antiquité*; de M. de Clarac pour un *Manuel de l'histoire de l'Art chez les anciens*; Paris, 1847-1849, 3 vol. in-12. Il a publié, sur les manuscrits laissés par M. de Clarac, la fin du *Musée de Sculpture antique et moderne* de cet auteur, et il a traduit en français le texte allemand de l'ouvrage de Boisserée sur les *Monuments d'Architecture des bords du Rhin*; Munich, 1842, gr. in-fol. L. J.

Revue Européenne, 1er février 1860.

MAUSOLE (Μαύσωλος ou Μαύσσωλος), roi de Carie, fils aîné et successeur d'Hecatomnus, régna de 377 à 353 avant J.-C. On ne sait rien des premières années de son règne. Il paraît pour la première fois dans l'histoire en 362, comme un des dynastes grecs qui prirent part à la révolte générale des satrapes contre Artaxerxès Mnémon. Déjà maître de plusieurs forteresses et de villes florissantes, dont Halicarnasse était la plus remarquable, il profita de l'anarchie où était tombé l'empire perse pour étendre sa domination sur une grande partie de la Lydie et de l'Ionie aussi loin que Milet, et pour s'emparer des îles voisines. Bientôt son ambition s'étendit plus loin; il s'immisça dans les affaires intérieures de Rhode et de Cos, avec le projet de s'en rendre maître, et il réussit à renverser dans la première de ces deux îles la démocratie, qui fut remplacée par une oligarchie dévouée au gouvernement carien. Peu après il se joignit aux Rhodiens, aux Byzantins, aux habitants de Chios, qui avaient rejeté l'alliance athénienne. Il fut même, si l'on en croit Démosthène, le principal instigateur de cette guerre appelée la *guerre sociale*; il semble cependant qu'il n'y prit d'autre part que d'envoyer un corps de troupes à la défense de Chios. Il mourut après un règne de vingt-quatre ans, sans laisser d'enfants, et eut pour successeur sa femme et sœur Artémise. Le deuil de cette princesse, les honneurs qu'elle rendit à sa mémoire, le monument qu'elle lui éleva, et qui devint si célèbre sous le nom de *Mausolée*, ont été racontés à l'article Artémise. On sait qu'elle offrit un prix pour le meilleur panégyrique de Mausole, que beaucoup d'orateurs grecs y concoururent, et que Théopompe l'emporta sur ses rivaux. Ces éloges officiels n'ont pas empêché l'histoire de faire au dynaste carien des reproches assez graves. Les Athéniens eurent beaucoup à se plaindre de son ambition peu scrupuleuse. Il paraît aussi qu'il était avide d'argent et qu'il ne reculait devant aucun moyen pour s'en procurer. Mais il savait aussi le dépenser libéralement. Il embellit Halicarnasse, où il transporta le siége du gouvernement, place précédemment à Mylasa; il bâtit un palais splendide, une nouvelle place publique, des temples et beaucoup d'autres édifices. Les constructions élevées par ses ordres furent exécutées avec tant de goût et de magnificence que Vitruve les cite comme des modèles du genre. Il protégea aussi les sciences et fit un bon accueil à l'astronome Eudoxe. Y.

Diodore, XV, 90; XVI, 7. — Démosthène, *De Rhod. Lib.* — Strabon, XIV, p. 656. — Lucien, *Dial. mort.*, XXIV. — Polyen, VII, 23. — Théopompe, *Fragmenta*, dans les *Fragmenta Histor. Græcorum*, édit. Didot. — Vitruve, II, 8. — Pline, *Hist. Nat.*, XXXVI, 6. — Clinton, *Fasti Hellenici*, vol. II, p. 286.

MAUSSAC (*Philippe-Jacques* de), helléniste français, né vers 1590, à Corneillan, près Béziers, mort en 1650, à Paris. Fils de Jean de Maussac, conseiller au parlement de Toulouse et auteur d'une traduction des *Offices* de Cicéron, il fut redevable à son père de la connaissance exacte qu'il acquit de la littérature ancienne ainsi que des relations qu'il forma de bonne heure avec les principaux savants, tels que Saumaise, Dupuy, Sirmond, etc. A peine sorti de l'adolescence, il parcourut plusieurs contrées de l'Europe, et recueillit sur quelques écrivains de l'antiquité des matériaux précieux, dont il sut tirer un excellent parti. Après avoir consacré sa jeunesse à des travaux d'érudition, il cessa de rien donner au public, probablement à cause des rares instants de loisir que lui laissaient ses fonctions au parlement. Dès 1619 il prenait le titre de conseiller. En 1628 il devint président à la chambre des comptes de Montpellier, et en 1647 premier président. Maussac a été loué par tous les savants de son temps. « Il passe, dit Baillet, pour un des plus judicieux et des plus habiles critiques, et il n'avait personne au-dessus de lui pour le grec. Il était grand admirateur de Casaubon, et il paraît l'avoir pris pour le modèle de sa critique. » On a de Maussac : *Harpocrationis Lexicon, cum notis et dissertatione critica*; Paris, 1614, in-4°; réimpr. par N. Blancard, à Leyde, 1683, in-4°, avec des notes de Henri de Valois : c'est la première édition critique qui ait été faite sur cet auteur; — *Psellus, de lapidum virtutibus*; Toulouse, 1615, in-8°. Ce volume contient en outre d'autres opuscules grecs, tels que le traité *Des Fleuves*, attribué à Plutarque, celui de Vibius Sequester sur le même sujet et un *Appendix* aux notes sur Harpocration; — *Aristotelis Historia Animalium*; Toulouse, 1619, in-fol.; à ses propres remarques Maussac a joint une traduction latine et un commentaire de Jules-César Scaliger; l'ouvrage est dédié à la république de Venise; — un recueil in-4° (Toulouse, 1621), contenant le *Ciceronianus* d'Érasme, deux harangues et des lettres inédites de Scaliger. P. L.

Colomiez, *Biblioth. choisie*, 112. — Baillet, *Jugem. des Savants*, II. — *Biogr. Toulousaine*, II.

MAUTHEVILLE. *Voy.* Langlois du Bouchet.

MAUTOUR (*Philibert-Bernard* Moreau de), littérateur et antiquaire français, né à Beaune, le 22 décembre 1654, mort à Paris, le 7 septembre 1737. Il appartenait à une famille de robe assez ancienne. Il fit ses études à Toulouse, et obtint les charges d'auditeur à la cour des comptes et de conseiller du roi. Il consacra dès lors tous ses loisirs à l'étude et à la littérature, et se forma une très-belle collection d'antiquités et de médailles anciennes. En 1701 l'Académie des Inscriptions l'admit au nombre de ses membres. Moreau de Mautour a beaucoup produit, et dans des genres bien différents; la liste de ses ouvrages se trouve dans Papillon : elle ne contient pas moins de soixante-six articles, dont les plus importants sont : *Abrégé chronologique de l'histoire universelle, sacrée et profane*, trad. du *Rationarium Temporum* du P. Petau; Paris, in-8° : les 2 premiers vol. sont de 1708; le 3e est de 1715. L'abbé Lenglet attribue ce dernier à l'abbé du Pin; — *Observations sur les Monuments trouvés dans l'église cathédrale de Paris*; Paris, 1711, in-4°; — *Journaux de la Campagne de Piémont et du siége de Montmeillan*; Paris, 2 vol. in-12, 1690 et 1692. L'abbé de Mautour ne semble avoir été que collaborateur à cette œuvre, qui parut sous le nom de son neveu Jacques Moreau de Brasey; — *Fables nouvelles*, trad. du latin de Jacques Regnier; Paris, 1685, in-12; — des poésies diverses, entre autres : *La Fontaine de Goussainville*, trad. du latin de Pierre Petit; Paris, 1699; — des pièces aux louanges de Mlle *des Houlières*, de Mlle *Scudéry*, de Mme *la comtesse de Nancy*, du *prince de Conty*, de *la marquise de Janson*, de la *reine Marie Leckzinska*, du *marquis de Turbilly*, de *Morosini, ambassadeur de Venise*, etc., etc.; — des traductions des *Regrets de Catulle sur la mort du moineau de Lesbie*; de l'*Épithalame sur les noces de Manlius et de Junie* du même auteur; de l'ode d'Horace, *Eheu fugaces*, etc.; — des *Discours* et des *Dissertations sur l'histoire des Amazones*; *Sur une figure de bronze, trouvée, en 1709, au village d'Ablainserelle, entre Bapaume et Arras*; *Sur l'inscription trouvée* *à Autun* : Deæ Bibracti; — *Explication d'une cornaline antique* que Mautour attribue à Alexandre et à Olympias; *Sur l'épitaphe d'un gladiateur*, trouvée à Lyon, en 1714; *Sur la divinité romaine*, Bonus eventus; *Sur une médaille d'or de Domitille; Sur la déesse Isis; Sur une médaille de Caligula; Sur le dieu Télesphore; Sur la Peur et la Pasleur*, divinités antiques; *Sur le nom du général des troupes de Maxence; Sur les principaux monuments de l'abbaye de Cîteaux*, etc.; *Mémoires pour servir à l'histoire de Dijon*, etc. Il fut l'éditeur des poésies fugitives publiées sous le nom de l'abbé Archimbaud, 5 vol. 1717. L—z—E.

Mercure, mars 1722; août et septembre 1722; février, 1728; octobre 1737, p. 2306. — Baudelot de Dairval, *Utilité des Voyages*, t. II, p. 686. — *Mém. de Trevoux*, juillet 1704, p. 1131, juillet 1705, p. 1229, avril 1714; février 1715, p. 1367; décembre 1721; — Bernard, *Nouvelles de la République des Lettres*, décembre 1706, août 1707. — *Registres de l'Académie des Inscriptions*, 1703, 1717. — *Nouvelles litteraires du mois de décembre* 1714. — L'abbé Lenglet, *Méthode pour l'histoire*, t. III, p. 59, édit. in-4°. — Sallengre, *Mem. de Littérature*, an. 1715, P. 1re. — *Nouvelles de Littérature*, an. 1715, t. II, p. 8. — *Journal de Verdun*, novembre 1716, p. 98; juillet 1714; novembre 1718. — Le P. Banduri, *Bibliotheca Nummaria*, p. 185. – Papillon, *Bibliothèque des Auteurs de Bourgogne*, t. II. — Barbier, *Dictionnaire des Anonymes*. — Le P. de Montfaucon, *Éloge de P.-B. Mautour*, supplement à son *Antiquité expliquée*, p. 224. — Dom Félibien, *Histoire de Paris*, t. I — Desmolets, *Mémoires de Littérature*, t. V et VI. — Lelong, *Bibliothèque Historique de la France*, n° 24, 300.

MAUVAIS (*Félix-Victor*), astronome français, né à Maiche (Doubs), le 7 mars 1809, mort à Paris, le 23 mars 1854. Il avait fait ses études au séminaire de Besançon, où la ville l'entretenait à ses frais. Arrivé à Paris, il entra à l'institution Barbet en qualité de répétiteur de mathématiques. Grâce à sa bonne conduite et à ses efforts persévérants, il s'entoura de nombreux amis, parmi lesquels il faut compter principalement l'académicien Droz, qui le mit en relations avec Arago. En 1836 il entra à l'Observatoire comme élève astronome, et fut chargé des observations météorologiques. En 1843 il devint membre du Bureau des Longitudes, tout en gardant sa place d'astronome; il conserva cette position jusqu'en 1854, époque de la mort d'Arago. Mais, en vertu du décret du 2 mars de la même année, le Bureau des Longitudes ayant été séparé de l'observatoire, Mauvais dut quitter cet asile de la science, où il pouvait encore rendre de grands services. On dit que le chagrin qu'il en éprouva altéra tellement sa santé qu'il fut atteint subitement d'une fièvre chaude, et le 23 courant il se donna la mort. Le 21 novembre 1843, il avait été élu membre de l'Académie des Sciences, en remplacement de Bouvard. Après la révolution de Février, Mauvais, qui partageait les sentiments politiques d'Arago, représenta son département à l'Assemblée constituante, où il vota avec la gauche républicaine. On a de lui un grand nombre d'observations astronomiques, parmi lesquelles on compte la découverte de plusieurs comètes télescopiques; ces observations ont été consignées dans les *Mémoires de l'Académie des Sciences*. Nous citerons : *Observation de la Comète découverte à Berlin, le 2 décembre 1839, par M. Galle; — Orbite parabolique de cette comète*, tom. X des *Comptes-rendus de l'Acad.*; — *Détermination de l'obliquité de l'écliptique par les observations solsticiales*, tom. XII et XIII. JACOB.

Docum. partic.

MAUVILLON (*Éléazar*), historien français, né le 15 juillet 1712, à Tarascon, mort en mai 1779, à Brunswick. Il professait la religion réformée; on ignore si c'est cette circonstance qui le fit passer en Allemagne, où il vécut d'abord en faisant des traductions et en donnant des leçons de langue française. Pendant quelque temps il fut secrétaire intime du roi de Pologne. Vers 1743, il alla s'établir à Leipzig, et fut appelé en 1758, au collége Carolinum de Brunswck pour enseigner sa langue maternelle. C'était un homme d'un caractère dur et opiniâtre, qui n'épargna pas plus les mauvais traitements à sa femme qu'à son fils. On a de lui : *Lettres françaises et germaniques, ou réflexions militaires, littéraires et critiques sur les Français et les Allemands*; Londres, 1740, in-12; — *Histoire du prince Eugène de Savoie*; Amsterdam, 1740, 5 vol. in-8°: on a également donné à la publication de cette histoire les dates de 1750, de 1755 et de 1770; — *Histoire de Frédéric-Guillaume Ier, roi de Prusse*; Amst., 1741, in-4°, ou 2 vol. in-12; — *Histoire de Pierre Ier, surnommé le Grand*; Amst. et Leipzig, 1742, in-4°, ou 3 vol. in-12; — *Histoire de la dernière Guerre de Bohême*; Amst., 1745, 3 vol. in-8°; Rouen, 1750, 4 tom. en 2 vol. in-12; Amst., 1756, 3 vol. in-12; — *Remarques sur les Germanismes*; Amst., 1747, in-8°; une nouvelle édition (ibid., 1753, 2 vol. in-8°) a été augmentée d'un *Traité de la Poésie françoise*; — *Droit public germanique*; Amsterdam, 1749, 2 vol. in-8°; — *Traité général du Style*; Amst., 1750, in-8°; — *Le Soldat parvenu, ou mémoires et aventures de M. de Verval dit Bellerose*: Dresde, 1753, 2 vol. in-12, fig.; ce roman, souvent réimprimé, est une suite des *Mémoires et Aventures d'un honnête Homme* de l'abbé Prévost; — *Cours complet de Langue Française*; Dresde, 1754, 2 vol. in-8°; — *Histoire de Gustave-Adolphe*; Amst., 1764, in-4°, ou 4 vol. in-12; trad. en suédois par Gjœrwell (Stockholm, 1765, in-4°), et en allemand avec additions (Breslau, 1775-1777, 2 vol. in 8°); — *Dictionnaire des Passagers, français-allemand et allemand-français* (avec Frisch); Leipzig, 1766, in-8°; — *Histoire d'Yvan III*; Londres, 1766, in-12; — *Paradoxes moraux et littéraires*; Amst., 1769, in-8°. Mauvillon a encore traduit *Voyage de Nicolas Klimmius dans le monde souterrain* (Copenhague [Dresde], 1741, in-8°, fig.); *L'Anti-Paméla, ou la fausse innocence*

(Amst., 1743, in-12); *Voyage d'Ant. Ulloa dans l'Amérique méridionale* (Amst., 1751-1752, 2 vol. in-4°), et *Discours politiques de Hume* (1753, in-8°). P. L.

Achard, *Dict. de Provence.* — Barjavel, *Biogr. du Vaucluse.* — Meusel, *Lexikon.*

MAUVILLON (*Jacob*), ingénieur et littérateur allemand, fils du précédent, né le 8 mars 1743, à Leipzig, mort le 11 janvier 1794, à Brunswick. La dureté de son père le rendit tellement malheureux qu'il ne trouva d'autre moyen d'y échapper que la fuite. Forcé malgré lui d'étudier la théologie, puis le droit, il s'engagea à dix-sept ans dans le régiment hanovrien de Wallmoden (1760), assista à plusieurs campagnes et s'éleva au grade d'enseigne (1765). A la conclusion de la paix, il accepta une place secondaire dans l'école d'Ilefeld (1766), d'où il passa à Cassel comme professeur des sciences militaires et ingénieur des ponts et chaussées (1771). Après avoir résigné ces dernières fonctions en 1775, pour se livrer avec plus de suite à ses travaux littéraires, il était sur le point d'accompagner en Amérique le général Heister, lorsqu'il fut nommé capitaine au corps des cadets (1778). Malgré les dégoûts et les ennuis qu'il ressentit, malgré l'offre du roi de Prusse qui lui envoya un brevet de capitaine, il continua de résider dans la Hesse jusqu'en 1785, époque où il fut appelé à Brunswick avec le grade de major. Il y enseigna la tactique, puis la politique, et y mourut d'une hydropisie contractée à la suite d'un rhume violent. Selon MM. Haag, « Mauvillon était d'un caractère franc et ouvert, mais vif et impétueux, simple, bienveillant, désintéressé, en même temps fier, indépendant, n'obéissant qu'à la voix de la vérité et de la justice. Il fut l'ami de Mirabeau et l'enthousiaste partisan de la révolution française. Ses ennemis, et il s'en était attiré un grand nombre par son esprit sarcastique, ont cherché dans ses écrits quelques opinions bizarres, quelques pensées fausses ou hasardées, et l'on a négligé les trésors de vérité qu'ils renferment. Son style est énergique, facile, mais négligé. On peut dire à son honneur qu'il n'a jamais écrit une ligne qui fût contraire à ses principes. » Parmi ses nombreux ouvrages, écrits en français et en allemand, nous citerons : *Ueber den Werth einiger teutschen Dichter* (De la Valeur de quelques Poëtes allemands), avec le poëte Unzer; Francfort et Leipzig, 1771-1772, 2 vol in-8°; — *Sammlung von Aufsætzen ueber Gegenstænde aus der Staatskunst, Staatswirthschaft und neuesten Staatengeschichte* (Recueil de Mémoires sur des objets de politique, d'économie politique et d'histoire moderne); Leipzig, 1776-1777, 2 part. in-8°; — *Physiokratische Briefe* (Lettres physiocratiques); Brunswick, 1780, in-8°; — *Essai sur l'influence de la poudre à canon dans l'art de la guerre moderne*; Dessau, 1782, in-8°; Leipzig, 1788, in-8°; — *Einleitung in die sæmtlichen militærischen Wissenschaften*, etc. (Introduction à toutes les sciences militaires, etc.); Brunswick, 1783, in-8°; — *Essai historique sur l'art de la guerre pendant la guerre de Trente Ans*; Cassel, 1784, in-8°; augmenté en 1789, et traduit en anglais, ce morceau avait d'abord paru en 1783 dans *le Portefeuille historique*; — *Zoologie géographique* (avec Zimmermann); Cassel, 1784, in-8°; — *Dramatische Spruechwœrter* (Proverbes dramatiques); Leipzig, 1785, 2 part. in-8°; réimpr. sous le titre de *Gesellschafts-theater*, en 1790; — *Das zum Theil einzige wahre System der christlichen Religion* (Le système de la religion chrétienne, le seul vrai en partie); Berlin, 1787, in-8° : c'est le développement d'un traité qu'il avait composé dans sa jeunesse sur les *Faux raisonnements de la religion chrétienne*, et dont le manuscrit avait été perdu dans la faillite d'un libraire de Hollande; — *Man und Weib in ihren gegenseitigen Verhæltnissen geschildert* (L'Homme et la Femme, dans leurs rapports mutuels); Leipzig, 1791 (1790), in-8° : écrit en faveur des femmes, que Brandes avait attaquées; — *Gerichtliche Verhœre*, etc.; Brunswick, 1791, in-8° : réponse à un libelle intitulé : *Bahrdt mit der eisernen Stirn* (Bahrdt au front d'airain), dirigé contre lui et rédigé, non par Zimmermann, comme le croyait Mauvillon, mais par Kotzebue et Markard; — *Geschichte Ferdinand's Herzogs von Braunschweig-Lueneburg* (Histoire du duc Ferdinand de Brunswick); Leipzig, 1794, in-8°; — *Mauvillon's Briefwechsel* (Correspondance); Brunswick, 1801, in-8° : publiée par le fils aîné de l'auteur. Mauvillon a traduit du français en allemand les *Lettres* de Mme de Sévigné (1765, t. Ier, in-12); l'*Histoire philosophique des deux Indes* de l'abbé Raynal (Hanovre, 1774-1778, 7 part. in-8°); la dissertation *Sur les richesses* de Turgot (Lemgo, 1775, in-8°); *La Monarchie prussienne* (1) de Mirabeau (Leipzig, 1793-1795, 4 vol. in-8°); et de l'italien il a traduit *Roland furieux* (1777-1778, 2 vol. in-8°). Il a publié sa correspondance avec Mirabeau sous ce titre : *Lettres du comte de Mirabeau à un de ses amis en Allemagne* (1786-1790), *avec un avant-propos*; Brunswick, 1792, in-8°, trad. en allemand. Enfin Mauvillon a collaboré à plusieurs recueils allemands, tels que *Teutsch. Museum, Journal von Teutschland, Berlin. Monatschrift, Schleswig. Journal, Bibliothek*

(1) Ce fut en 1786 que Mauvillon vit Mirabeau à Brunswick; il se prit aussitôt pour lui d'une amitié des plus vives. L'année suivante il arrêta avec lui le plan d'un grand ouvrage philosophique sur la monarchie prussienne, et lui fournit avec ardeur tous les matériaux nécessaires. On traita avec le libraire Fauche, de Hambourg, l'ouvrage devait paraître en Suisse sous le nom des deux collaborateurs. Mais Mirabeau annula sans aucun motif ces diverses conventions, et publia le livre sous son nom seul, à Londres (1788, 4 vol. in-4°).

von *Lemgo*, *Allgem. Litteraturzeitung*, *Casseler Zuschauer*, etc. P. L.

Nouv. Biogr. des Contemp. — Haag frères, *La France protestante*. — Meusel, *Lexikon*.

MAUZAISSE (*Jean-Baptiste*), peintre français, né à Corbeil, le 1er novembre 1784, mort à Paris, le 15 novembre 1844. Fils d'un organiste de Corbeil, il entra à quatorze ans dans l'atelier de Vincent, et fut souvent obligé pour vivre de manger le pain que lui donnaient ses camarades. Son premier tableau, *L'Arabe pleurant son cheval*, eut un grand succès au salon de 1812, lui valut une médaille de 1re classe, et fut placé au musée d'Angers. Enthousiaste pour son art et peu confiant dans son talent, il ne chercha pas et négligea même la protection de personnes influentes. Aussi ne fit-il pas fortune. Mauzaisse a rempli une carrière laborieuse et honnête. Il a travaillé à plusieurs œuvres de Gros. On a de lui : *La mort de Clorinde* (1817), au musée de Bordeaux; — *L'Arioste et les brigands* (1817); de la galerie du Luxembourg ce tableau a passé à celle du Louvre; — *Laurent de Médicis au milieu des savants et des artistes* (1819), à la galerie du Palais-Royal; — *Portrait équestre de Henri IV*, pour le château de Fontainebleau; — *Martyre de saint Étienne* (1824), à la cathédrale de Bourges; — *Saint Clair guérissant les aveugles* (1831), à la cathédrale de Nantes. Mauzaisse a peint pour le musée de Versailles : *Bataille de Fleurus*, en 1794 (1837); — *Louis VII allant prendre l'oriflamme à Saint-Denis* (1840); — *Philippe-Auguste faisant élever la grosse tour du Louvre* (1841), *La Reddition de la citadelle de Cambrai, en* 1667; — *La Prise du château de la Pietra, en* 1796; — *Napoléon sur le champ de bataille d'Eylau*; la *Bataille de Valmy, en* 1792; — la *Bataille de Fleurus, en* 1799; plusieurs portraits en pied. Il a peint plusieurs grisailles au Louvre et les sujets suivants, dans diverses salles : *La Sagesse divine, escortée des Vertus, inspirant des lois aux rois et aux législateurs*; — *Prométhée animant l'homme*; — *Le Temps montrant les ruines qu'il fait et les chefs-d'œuvre qu'il découvre.* GUYOT DE FÈRE.

Annuaire statistique des Artistes français, 1836. — *Journal des Beaux-Arts*, 30 novembre 1844. — *Livret du Musée de Versailles*.

MAUZINHO. *Voy.* QUEVEDO

MAVOR (*William-Fordyce*), savant littérateur anglais, né le 1er août 1758, près d'Aberdeen, mort le 29 décembre 1837, à Woodstock. Venu de bonne heure en Angleterre, il fut dès l'âge de dix-sept ans sous-maître au collége de Burford, et dirigea l'éducation des enfants du duc de Marlborough; avec l'aide de cette puissante famille, il entra en 1781 dans les ordres, obtint les bénéfices de Hurley et de Stonefield, et devint curé de Woodstock, où il avait fondé une académie particulière. En 1797 il fut reçu docteur en droit par l'université d'Aberdeen. Durant le cours de sa longue vie, Mavor se consacra constamment à la propagation des sciences ainsi qu'à l'éducation de la jeunesse; aucun auteur de cette époque n'a écrit un plus grand nombre d'ouvrages et n'a vu son nom entouré d'une popularité plus justement méritée. Nous citerons de lui : *Miscellanies in verse*; 1779, in-8°; — *La Sténographie universelle*; 1779, in-8°; — *Geographical Magazine*, 2 vol. in-4° : cet ouvrage, ainsi qu'un *Dictionnaire d'Histoire naturelle* (1784, 2 vol. in-fol.), a été publié sous le nom de Martyn; — *Blenheim, a poem*; 1787, in-4°; — *Poems*; 1793, in-8°; — *Appendix to the Etonian Latin Grammar*; 1796, in-12; — *Mélanges pour la Jeunesse*; 1796, in-12; 1804, 2 vol. in-8°; — *Historical Account of the most celebrated Voyages, Travels and discoveries from the time of Columbus to the present period*; Londres, 1796-1801, 25 vol. gr. in-18 : cette collection a été reproduite à Londres, 1810, en 31 vol. in-18, fig. (y compris les *British Tourists*, 1807, 6 vol.); et il en a paru une édition nouvelle, encore augmentée; ibid., 1814-1815, 28 vol. gr. in-18, fig.; — *The British Cornelius Nepos*; Londres, 1798, in-12; — *Elements of natural History*; ibid., 1799, in-12; trad. en français par Breton : *Le Buffon des enfants*; Paris, 1802, 1807, 2 vol. in-12; — *The modern Traveller*; ibid., 1800, 4 vol. in-12; — *L'Abécédaire anglais*; ibid., 1801, in-12; petit livre élémentaire, qui a eu plus de trois cents éditions; — *Universal History, ancient and modern, to the peace of* 1802; ibid., 1802, 1814. 25 vol. in-18; — *Proverbes divers*; ibid., 1804, in-12; — *Collection de Catéchismes*; ibid., 1810, 2 vol; — *Points of Husbandry* de Tusser; nouv. édit., 1812, in-4°. On a encore de Mavor des sermons, des histoires d'Angleterre, de Rome et de la Grèce, des articles dans les journaux scientifiques, etc. K.

Gentleman's Magazine, 1838.

MAVROCORDATO (*Alexandre*), grand-drogman de la Porte Ottamane, diplomate et écrivain grec, né vers 1637, mort en 1709. Son père, nommé Pentéli, avait quitté l'île de Chio pour aller vendre des soies à Constantinople, et s'était établi dans le quartier du Phanar (1), où étaient groupés les négociants grecs. L'un d'eux, nommé Scarlatos, chargé d'approvisionner le sérail de bœufs et de moutons, avait acquis tant de richesses, et par elles tant d'influence auprès du divan, que deux princes de Valachie et de Moldavie se disputèrent sa protection. Pentéli s'enrichit en épousant la fille du négociant. De ce mariage naquit Mavrocordato, qui aima plus tard à porter le nom de son riche grand-père, et se fit appeler Scarlati. Il fut élevé en

(1) Le Phanar est une des cinq ou six villes très-distinctes que l'on peut compter dans Constantinople; la race grecque s'y est conservée, avec la langue, les habitudes, le caractère et le genre d'esprit, qu'elle avait sous les Paléologues; c'est une petite Byzance qui a subsisté parmi les Turcs.

Italie, apprit les langues de l'Europe à Rome, au collége grec de Saint-Athanase, la médecine à Padoue, et prit à l'université de Bologne le grade de docteur en philosophie et en médecine. Avant de quitter l'Italie, il publia un ouvrage sur la circulation du sang, et le dédia au grand-duc de Toscane, en qui il avait trouvé un protecteur. De retour à Constantinople, il professa la rhétorique dans l'école du Phanar, et commença dès lors à se faire un nom parmi ses coreligionnaires. A titre de médecin, il s'introduisit dans plusieurs familles turques; quelques cures heureuses le mirent en faveur, et il commença à s'approcher de quelques grands dignitaires de l'empire. Mais la profession de médecin n'offrait pas assez de sécurité en Orient; il y renonça; les études qu'il avait faites en Italie lui offraient une autre ressource. Il succéda à Panayoti dans la place de grand-drogman (1673); il savait le turc, l'arabe, le persan; il connaissait toutes les langues de l'Europe, y compris le latin, qui était encore la langue de la diplomatie, et était instruit des intérêts et de la politique des diverses cours de l'Europe. Il avait les qualités d'un diplomate, la connaissance de l'histoire, celle du cœur humain, l'esprit de conciliation, et une grande habileté de langage. D'interprète il devint facilement négociateur; la fierté habituelle des Turcs et leur ignorance de notre langue et de nos usages les mettaient dans l'impossibilité de traiter directement avec les Européens; on se servit donc des talents de Mavrocordato. Il fut chargé en 1681 de défendre auprès du gouvernement impérial les intérêts du parti hongrois, qui s'était mis sous la protection des Turcs, et de Tékéli, qui s'était réfugié chez eux. Les conférences furent d'ailleurs conduites de façon à amener la guerre, que souhaitait le grand-vizir; Mavrocordato suivit l'armée turque au siége de Vienne, et assista à sa déroute complète en 1683. Mais il se trouvait aussi exposé aux mêmes vicissitudes de fortune que les grands dignitaires de l'empire. Il fallut toute la dextérité et toute la souplesse de son esprit, pour se maintenir à ce rang, et surtout pour y remonter chaque fois qu'il en tomba. Favori des vizirs Achmet Kupruli et Kara Moustafa, il fut entraîné dans la disgrâce de ce dernier. On l'accusa d'avoir dérobé à la connaissance du divan les propositions de paix de la cour de Vienne en 1681, et d'avoir entretenu le vizir dans l'espoir de se créer en Hongrie un royaume indépendant. Menacé d'une sentence de mort, il donna toute sa fortune pour se racheter, et perdit sa place d'interprète (1683). On le regretta; il fut rappelé par un autre grand-vizir. Tandis qu'il négociait à Vienne, en 1688, il reçut la nouvelle de la destitution de son nouveau protecteur, craignit encore une fois pour sa tête, et eut l'adresse de se faire retenir prisonnier par la cour de Vienne jusqu'à la mort du nouveau vizir, son ennemi. Lorsque après six années d'une guerre malheureuse les Turcs songèrent de nouveau à traiter, ce fut encore Mavrocordato qu'ils envoyèrent à Vienne. Son habileté fut encore inutile; on a supposé aussi, mais sans preuves, que l'influence et peut-être l'argent de la France avaient eu assez de pouvoir sur Mavrocordato pour l'empêcher de mener à bonne fin des négociations qui eussent permis à l'Autriche de porter toutes ses armées sur le Rhin. Cette guerre funeste à l'empire turc dura jusqu'à 1698; le traité qui la termina fut l'ouvrage de Mavrocordato. Dans les longues et difficiles conférences de Carlovitz, il eut à débattre, lui seul, les intérêts de la Turquie avec les envoyés de l'Autriche, de la Pologne, de la Russie et de Venise; il discuta avec chacun dans sa langue; il rapprocha ces représentants de puissances alliées sur des questions d'étiquette qui menaçaient de rompre les négociations, et sut les diviser sur les points importants. Le traité qu'il réussit à conclure assurait à l'empire turc quelques années d'une paix nécessaire, au prix de la Hongrie, de la Transylvanie, et de la Morée. Comme il avait trouvé moyen de servir en même temps les intérêts de l'Autriche et ceux de la Turquie, il reçut de Léopold le titre de comte de l'empire, et du sultan celui de secrétaire d'État. Les Grecs depuis la domination byzantine ont toujours aimé les titres honorifiques; il prit à cette occasion celui d'*illustrissime*, ἐκλαμπρότατος. Après la paix de Carlovitz, il fut tout-puissant sur l'esprit de Moustafa II, et forma avec Husséin-Kupruli et Rami-Pacha un triumvirat qui gouverna quelque temps l'empire turc. Ces trois hommes, frappés de la décadence militaire de la Turquie, voulaient qu'elle réparât les échecs de la guerre par des réformes intérieures et des améliorations administratives. Mais beaucoup de Turcs s'indignaient d'un traité de paix qui avait livré tant de provinces, et en accusaient l'auteur. Mavrocordato fut quelque temps en disgrâce; il se tint à l'écart, sachant plier, mais ne connaissant pas le découragement. Puis, après un entretien qu'il eut avec le sultan, un grand-vizir fut destitué, et Rami-Pacha, son ami, fut nommé grand-vizir. Rami, qui gouverna trop peu de temps, s'occupa d'administration, de finances, de police, et même d'industrie. Mais une sédition militaire renversa à la fois le vizir et le sultan (1703), et Mavrocordato fut réduit à fuir et à se cacher. Rappelé par Achmet III, il rentra en faveur, et mourut riche et puissant, en 1709.

On l'a accusé comme tous les Phanariotes de n'avoir pas travaillé à relever sa patrie. On a remarqué qu'il n'avait pas profité de son rôle de négociateur pour introduire dans les traités quelques stipulations favorables à ses concitoyens. C'est peut-être qu'il aimait mieux devoir ces concessions aux Turcs qu'aux étrangers. Avec l'influence de Mavrocordato dans le divan coïncident les premières améliorations qui furent apportées au sort des chrétiens; Husséin-Kupruli et Rami-Pacha ont fait beaucoup pour eux, et l'on peut croire qu'ils se sont inspirés des conseils de Mavrocordato. La régénération de sa race fut la pensée de toute sa vie. Mais il n'appelait pas de ses vœux une indépendance conquise par les armes. Son désir d'émancipation n'était pas mêlé de haine contre les Turcs. Il voulait que sa nation se relevât comme il s'était élevé lui-même, qu'elle se résignât à vivre sous un sultan, qu'elle le servît même pour avoir le droit d'être quelque chose dans l'empire, qu'elle s'emparât peu à peu des hautes fonctions, et qu'à force de docilité, de zèle et d'intelligence, elle comblât l'intervalle entre les vaincus et les vainqueurs. Il lui semblait qu'il n'était pas besoin de révolution, et que la race grecque ressaisirait son rang sans secousse et presque sans effort, et régnerait un jour au milieu des Turcs. Un des traits remarquables de Mavrocordato, c'est son attachement au schisme grec et sa haine pour l'Église latine. Par là encore il ressemble à tous les Phanariotes et rappelle les anciens Byzantins. Au dix-septième siècle, les prêtres catholiques, habilement dirigés par les jésuites, et soutenus par la France, faisaient une propagande si active que le schisme grec disparaissait des îles et semblait près de s'éteindre même à Constantinople. Mavrocordato mit tout en œuvre pour le relever. Il composa des écrits pour le défendre, et sut intéresser les Turcs à le protéger. Pendant les conférences de Carlovitz, il s'opposa énergiquement a la prétention qu'avait l'empereur d'obtenir la garde du saint-sépulcre. Il fit tous ses efforts pour enlever les lieux saints aux catholiques et les donner aux Grecs. Enfin l'autorité qu'il prit parmi sa nation et son influence chez les Turcs marquent la fin des apostasies, si nombreuses auparavant parmi les Grecs, et la décadence de l'Église latine d'Orient. Il désirait que la race grecque, avec sa croyance propre, conservât aussi sa langue pure du mélange des mots turcs et des tournures des langues de l'Occident. Sa correspondance est pleine de recommandations à ce sujet. Il voulait que le grec ancien fût enseigné dans les écoles, et il avait l'ambition de faire renaître chez les Grecs une langue savante et littéraire, en même temps qu'une société éclairée et polie. A l'exception du traité de médecine qu'il publia en Italie, il écrivit tous ses ouvrages en grec, et se rapprocha autant qu'il était possible de la langue des anciens.

On a d'Alexandre Mavrocordato : *Pneumaticum Instrumentum, sive de usu pulmonum et respiratione ex sanguinis circulatione;* Bologne, 1664, in-12 ; Francfort, 1665, et Leipzig, 1682, in-12 : ouvrage qui contribua à mettre en lumière la découverte récente de Harvey, et qui fut traduit en allemand, en français et en espagnol; — une *Histoire Sacrée,* ou histoire des juifs; publiée par les soins de son fils, à Bucharest, 1716; — une *Grammaire de la Langue Grecque moderne;* Venise, 1745 ; — un recueil de pensées, φροντίσματα; Vienne, 1805; — un livre *Sur la paix*, adressé aux Allemands; — des lettres, dont lusieurs ont été publiées dans un recueil intitulé 'Επιστολάριον ἐκ διαφόρων ερανισθεν; Constantinople, 1804. Il a laissé en manuscrit : un traité de *Rhétorique;* — un commentaire sur le traité d'Aristote Περὶ γενήσεως καὶ φθορᾶς; un ouvrage de théologie, Περὶ τῆς θείας οὐσίας καὶ τῶν τριῶν αὐτῆς ἰδιοτήτων; — une *Histoire des Romains* en trois volumes, qui se trouve dans la bibliothèque de l'université d'Athènes ; — des *Préceptes de droit civil ;* — des *Mélanges* de philosophie et de littérature; — un *Journal* de plusieurs années de sa vie, récemment découvert par M. Ed. Lebarbier. On sait enfin qu'il travailla à une histoire universelle et qu'il s'en occupa surtout pendant les trois années de son séjour en Autriche; mais on ignore jusqu'où cet ouvrage fut conduit.

FUSTEL DE COULANGES.

Cantémir, *Histoire de l'agrandissement et de la décadence de l'Empire Ottoman.* — Tournefort, *Voyage du Levant.* — Hammer, *Histoire de l'Empire Ottoman.* — Zallony, *Essai sur les Phanariotes ;* 1824. — Pappadopoulo Vreto, Νεοελληνικὴ φιλολογία ; Athènes, 1852-1854. — Vlastos, Χιακά. — P. Argyropoulo, *Discours prononcé a l'université d'Athenes,* le 28 septembre 1852.

MAVROCORDATO (*Nicolas*), fils du précédent, mort en 1730. Il obtint la charge de grand-interprète du divan, lorsque son père fut envoyé comme plénipotentiaire à Carlovitz, et devint plus tard hospodar de Moldavie. Les Roumains des principautés danubiennes étaient libres, sous la seule condition de payer un tribut, et nommaient eux-mêmes leurs chefs, que la Porte se réservait seulement le droit de confirmer. Lorsque la Turquie, voulant s'assurer de la fidélité de ces provinces, trop voisines des Russes, forma le dessein de les assujettir tout à fait, elle chargea des Grecs du Phanar d'aller y régner en son nom. Nicolas Mavrocordato fut le premier qu'elle nomma hospodar de Moldavie (1709) Rappelé par la Porte, sous prétexte qu'il manquait d'énergie, il fut rétabli huit mois après ; puis, après la destitution d'Ét. Cantacuzène, le dernier des chefs nationaux, il devint hospodar de Valachie. « Avec Cantacuzène, dit un chroniqueur moldave, s'éteignit la dernière étincelle de l'indépendance valaque. » En effet Mavrocordato n'était envoyé de Constantinople que pour assouplir les Roumains au joug des Turcs, augmenter le tribut, et fermer le pays aux étrangers. Ce Grec du Phanar n'avait rien de commun avec les sujets auxquels on l'imposait ; il n'était pas de leur race et ne parlait pas leur langue. Les Roumains avaient un régime féodal, une noblesse militaire et des institutions libres : toutes choses inconnues aux Phanariotes. Mavrocordato s'appliqua à transformer son peuple à l'image des Grecs. Il commença par s'entourer d'une cour brillante, chose nouvelle chez cette population simple et pauvre; pour la composer, il avait eu soin de se faire accompagner d'un bon nombre de Grecs de Constantinople. On vit renaître sur les bords du Danube l'ancien cérémonial de la cour de Byzance; on se prosterna devant le prince; on reprit dans le langage officiel tous les pompeux superlatifs dont le nom des empereurs grecs était autrefois entouré. Les usages de Constantinople furent importés à Bucharest; le costume national fut rejeté comme trop simple, et remplacé par le costume grec aux couleurs éclatantes ou par les longues robes des Turcs. La langue même du pays fut exclue de la cour, ne tarda pas à être bannie des salons, et fut reléguée dans la classe des paysans, qui ont su la conserver. Les écoles nationales furent presque toutes fermées, et la jeunesse dut apprendre le grec. On peut bien penser qu'à l'exception de ceux qui briguaient les nombreuses et brillantes dignités du petit État, les Roumains ne se prêtèrent pas volontiers à cette transformation. Ces Grecs qui leur venaient de Turquie furent toujours impopulaires. Les qualités personnelles de l'hospodar, la finesse de son esprit, l'attrait de sa conversation, sa douceur indulgente, sa prodigalité, ne pouvaient lui concilier que quelques courtisans. La guerre qui survint en 1716 ayant amené les Autrichiens dans les provinces danubiennes, le peuple les accueillit comme des libérateurs. Il suffit d'un détachement de douze cents hommes pour renverser l'hospodar, qui fut emmené prisonnier et enfermé deux ans à Hermanstadt: preuve certaine de sa fidélité aux Turcs et de la haine de ses sujets. Le traité de Passarovitz lui rendit sa principauté. Ses ennemis et ses concurrents avaient activement travaillé à Constantinople pour obtenir sa destitution; mais la Porte montra qu'elle tenait à conserver cet agent si dévoué, et fit de son rétablissement dans sa dignité une condition de la paix. De retour à Bucharest, Mavrocordato punit rigoureusement les amis des Autrichiens, et quoique la cruauté ne lui fût pas naturelle, il proscrivit un grand nombre de boyars, et même quelques évêques. Les milices nationales furent licenciées, et le prince s'entoura d'une garde de soldats turcs et albanais. Puis il recommença à gouverner comme par le passé; les ministres, les gouverneurs de provinces furent des Grecs; il fallut un ordre exprès de la Porte pour que certaines fonctions inférieures fussent laissées aux indigènes. L'hospodar accoutuma les boyars à l'obéissance en les attirant à sa cour, en les retenant par les liens de la vanité ou du plaisir; il les affaiblit encore en les divisant. L'égalité qui avait existé jusque là dans ce corps était un gage d'union, et le rendait redoutable. Il établit trois classes parmi les nobles; ce fut la faveur du prince qui distribua les rangs; chaque classe eut ses privilèges, c'est-à-dire un titre plus ou moins pompeux et un galon d'or plus ou moins large sur les vêtements; cette noblesse guerrière se transforma ainsi en noblesse de cour. Singulière politique, qui tendait à restaurer une sorte de société byzantine aux dépens de la nationalité roumaine et au profit de la domination turque. La Porte, qui avait d'abord destitué Mavrocordato comme peu énergique, apprécia ensuite cette habileté, qui valait mieux que l'énergie, et le laissa gouverner jusqu'à sa mort, qui arriva en 1730. Ce règne de douze ans fut un des plus longs que l'on vit en Valachie.

Nicolas Mavrocordato n'était pas seulement un politique adroit; il ressemblait à son père par toutes les qualités de l'esprit. Ce prince si peu guerrier, qui se laissa emmener si facilement par un colonel autrichien, était un homme éclairé, un esprit délicat, grand amateur de livres, et qui se plaisait au milieu des savants et des littérateurs. Comme il voulut faire de la Valachie une nouvelle Grèce, il y fonda des écoles, y rassembla une bibliothèque, et créa une imprimerie à Bucharest. Le développement intellectuel de leur race est une des choses qu'ont le plus souhaitées les hommes de cette famille. Le singulier ici est d'avoir provoqué ce développement de l'esprit grec chez un peuple d'une autre race, où tant d'efforts devaient avoir peu de résultat. Mavrocordato appela à sa cour quelques savants allemands et s'entoura surtout d'écrivains grecs. Il fit publier quelques-uns des ouvrages de son père; il en composa lui-même. On a de lui un *Livre des Devoirs* (Περὶ καθηκόντων), traité de morale générale écrit dans le goût ancien, et qui rappelle un peu le *De Officiis* de Cicéron; ce livre, publié d'abord par les soins du prince à Bucharest, en 1719, fut réimprimé avec une traduction latine à Leipzig, en 1722; — *Theatrum politicum*, traduit du latin en grec, publié à Leipzig, en 1766. — *Les loisirs de Philothée* (Φιλοθέου πάρεργα), imprimés sans nom d'auteur à Vienne, en 1800; la Bibliothèque impériale en possède un manuscrit plus complet que l'édition qui a été publiée.

Nicolas Mavrocordato avait un frère aîné, du nom de *Jean*, qui le remplaça comme grand-drogman en 1709, et qui plus tard, pendant sa captivité à Hermanstadt, administra la Valachie à sa place. Il se montra, comme Nicolas, fidèle aux Turcs, et obtint d'eux l'hospodarat de Moldavie. Il le conserva peu de temps, et mourut vers 1720; quelques-uns croient qu'il fut empoisonné. F. de C.

MAVROCORDATO (*Constantin*), fils du précédent, lui succéda dans sa principauté, en 1730. Les boyars avaient encore le droit d'élire le chef de la province, et soumettaient seulement leur choix à l'approbation de la Porte. Il est vrai que leurs dissensions permettaient au gouvernement turc de se décider entre plusieurs concurrents et d'en avoir toujours un à son gré. A la mort de son père, Constantin trouva moyen de se faire élire. Mais un compétiteur, un Phanariote du nom de Racoviça, qui avait aussi son parti, se rendit à Constantinople, distribua 150,000 piastres dans le divan, et obtint l'hospodarat. Mavrocordato, dépossédé, courut aussitôt lui-même à Constantinople, offrit de doubler le tribut que payait la Valachie, et fut réintégré dans sa dignité. La province était ainsi adjugée au plus offrant, et c'était elle qui payait. Chassé quelques mois après, au moment de la déposition d'Achmet III, il fut rétabli dès l'année suivante par Mahmoud Ier. C'est à partir de cette époque que la Porte s'affranchit de la vaine formalité de faire élire les hospodars par la province, et les nomma directement ; les Roumains perdirent même l'apparence de la liberté. De 1730 à 1763, Mavrocordato fut dépossédé sept fois par la Porte ; il paya sept fois sa réinstallation avec l'argent des principautés. Il avait porté à 1,500,000 francs le don que la province faisait au divan à l'avénement d'un nouveau chef ; les Turcs avaient donc intérêt à changer souvent les hospodars. Il régna sous ce titre quatre fois en Valachie et trois fois en Moldavie. C'était un usage du divan, lorsque les plaintes lui parvenaient trop nombreuses et trop vives des deux principautés à la fois contre leurs hospodars, de transporter celui de Jassy à Bucharest, et celui de Bucharest à Jassy. On a remarqué que cette mesure, plusieurs fois renouvelée, avait fait à peu près cesser les réclamations. Constantin Mavrocordato eut les mêmes principes de gouvernement que son père et tous les Phanariotes ; il fut dévoué aux Turcs, s'appliqua à former les Roumains à l'obéissance, et travailla à implanter l'esprit grec dans les principautés. Il acheva de supprimer les milices nationales. Il continua la guerre sourde que son père avait faite à la noblesse des boyars ; il leur ôta le droit de se faire suivre de leurs vassaux armés ; puis, pour achever de les ruiner, il abolit le vasselage. Tous les serfs des seigneurs devinrent serfs de l'État ; leur condition fut d'ailleurs améliorée ; ils cultivèrent le sol pour leur compte, en payant annuellement, en échange de leur travail, une somme fixe d'environ 300 francs. Cet argent payé à l'État était ensuite réparti entre les boyars, de telle sorte que chacun eut l'équivalent d'un certain nombre de têtes de serfs, suivant sa classe et son rang, ou suivant la faveur de l'hospodar. L'abaissement de cette noblesse militaire et l'établissement d'un vaste système de servage public rendaient la société roumaine assez semblable à l'ancienne société byzantine. Elle lui ressembla encore plus par le régime fiscal qu'introduisit Mavrocordato. Il fallait trouver moyen d'acquitter le tribut annuel, de payer le don d'avénement, souvent renouvelé, de se concilier les ministres de la Porte, ce qu'on ne pouvait faire qu'à force de présents, et de fournir enfin au luxe de la cour de Bucharest. Même sans entretenir d'armée, sans avoir une administration bien régulière, ni un corps judiciaire qui pût être intègre, il fallait encore beaucoup d'argent. Constantin dut augmenter les impôts. Mais au lieu d'élever les impôts indirects, qui ne chargent chacun qu'en proportion de ses dépenses, il éleva la capitation qui frappe aveuglément et qui appauvrit sans remède. Un impôt désastreux fut celui qu'il établit sur le bétail, sans songer que mettre obstacle à l'élève des bestiaux c'est ruiner l'agriculture. Les impôts indirects, au lieu d'être directement perçus, furent affermés à des Grecs, ce qui fit que l'État reçut moins et que le peuple paya davantage. Enfin il remit en vigueur cet ancien principe de l'administration byzantine, par lequel les contribuables étaient solidaires les uns des autres pour le payement des impôts, de telle sorte que l'homme aisé ne tardait pas à être entraîné par le pauvre dans sa misère. Ces Grecs amis des livres avaient un singulier dédain pour le développement de la prospérité matérielle. Mavrocordato entretint des écoles, mais n'établit pas une seule manufacture dans ces provinces qui manquaient d'industrie. Il ne fit rien pour favoriser le commerce ; de fréquentes altérations de monnaies le rendirent même impossible. Le sol si fertile de la Valachie et de la Moldavie fut mal cultivé ; la classe des agriculteurs, écrasée déjà par les impôts, fut encore ruinée par le monopole du commerce des grains ; tous les cultivateurs étaient obligés d'envoyer leurs blés, à jour fixe, à Galatz ou à Ibraïla ; là une corporation de marchands grecs pouvait seule les acheter et les revendre, et les prix étaient fixés par le gouvernement turc. On peut se figurer l'état de ce malheureux pays, qui perdait sa vieille indépendance, dont on cherchait à effacer le caractère national, et que l'on appauvrissait encore par une série de mesures déplorables. Mais il ne faut pas être trop sévère pour Constantin Mavrocordato : les vices de son administration étaient ceux de tout le Levant ; détesté de ses sujets, ennemi des Autrichiens et des Russes, il ne pouvait régner qu'avec le coûteux appui du gouvernement ottoman ; ses fautes lui étaient en quelque sorte imposées par sa malheureuse situation de sujet des Turcs. Il aurait pu dire ce que son grand-père, Alexandre Mavrocordato, écrivait à un ami : « Nous roulons, comme Sisyphe, la lourde pierre de la servitude. » F. de C.

Cantémir, *État present de la Moldavie*. — Carra, *Hist. de la Valachie et de la Moldavie* ; Paris, 1778. — Zallony, *Essai sur les Phanariotes* ; 1824. — Hammer, *Hist. de l'Empire Ottoman*. — Élias Regnault, *Hist. des Principautés danubiennes* ; Paris, 1855.

* **MAVROCORDATO** (*Alexandre*), diplomate et homme d'État grec, né le 3 (15) février 1791, à Constantinople. Il est arrière petit-fils de Jean Mavrocordato. Son père fut quelque temps hospodar de Valachie, rentra de bonne heure dans la vie privée, et vécut à Thérapia, au milieu des travaux littéraires, qui furent toujours chers à cette famille ; sa mère était une princesse Caradja. Il reçut dans le Phanar la brillante éducation de ceux que l'on destinait à devenir hommes d'État. On l'envoya en 1812 à Bucharest, où régnait Caradja, son oncle maternel. Lorsque celui-ci s'enfuit de sa principauté, Mavrocordato le suivit en Suisse, puis en Italie, et

vécut quelque temps à Pise. C'est là qu'il reçut la nouvelle de l'insurrection grecque, que toute sa famille malgré son dévouement aux Turcs avait préparée. Déjà à Bucharest il avait été initié aux projets de l'hétérie; mais il avait refusé de s'associer à Ypsilanti, soit qu'il le soupçonnât d'agir par l'impulsion d'une puissance étrangère, soit qu'une insurrection en Valachie lui parût peu propre à rétablir la nationalité grecque. Mais en 1820 Ali, pacha de Janina, qui aspirait à l'indépendance, se révolta, et attira à lui ces mêmes chrétiens qu'il avait longtemps persécutés; les capitaines d'armatoles de l'Épire et de la Morée s'armèrent pour soutenir le pacha rebelle. Mavrocordato vit le parti qu'on pouvait tirer de cette singulière prise d'armes, en dirigeant le mouvement et en lui donnant pour but l'indépendance nationale. Il nolisa un navire à Marseille, le remplit d'armes et de munitions, et vint débarquer en Morée, où il prit part au siége de Tripolitza (1821). On s'insurgeait alors de tous côtés en Turquie, mais sans nul accord; Botzaris le Souliote combattait tantôt pour la Porte contre Ali, tantôt pour Ali contre la Porte; les capitaines de l'Épire et de l'Etolie, caressés par les deux partis, affectaient l'indépendance et cherchaient le pillage; les marins d'Hydra armaient leurs navires; les Roumains se révoltaient sans s'associer aux Phanariotes; enfin le congrès de Calamata proclamait l'indépendance, non de la Grèce, mais de la Morée. Tous prenaient les armes, mais chacun pour son compte; nul ne semblait avoir la pensée de l'unité de la nation grecque. Mavrocordato prit à tâche de rapprocher et de tourner vers un but commun tous ces hommes divisés par les préjugés de race ou par l'intérêt : il commença par leur donner un exemple de désintéressement en se mettant sous les ordres de Démétrius Ypsilanti. Envoyé par lui en Étolie, il trouva la province partagée entre douze chefs grecs ou archontes, jaloux et rivaux les uns des autres, et plus souvent disposés à en venir aux mains entre eux qu'à combattre les Turcs. Il réussit à mettre parmi eux un peu d'accord; dans l'assemblée qu'il réunit à Vrachori, il montra ce même esprit de conciliation, ce même art de manier et de rapprocher les hommes, qui était héréditaire dans sa famille. Il réunit Albanais et Hellènes, musulmans et chrétiens, intéressa à sa cause Ali-Pacha lui-même, et gagna Botzaris. Quelques mécomptes et quelques trahisons ne le rebutèrent pas. Il détermina l'Étolie à faire cause commune avec le reste de la Grèce en envoyant des députés à l'assemblée générale d'Argos, et fut élu lui-même parmi les membres de la députation. Dans ce congrès il parla fortement en faveur de l'institution d'un gouvernement central. Mais l'assemblée était livrée à la plus déplorable confusion : les Rouméliotes détestaient les Péloponnésiens; les uns et les autres dédaignaient les insulaires; les ambitieux ne songeaient qu'à eux-mêmes, les désintéressés ne pensaient qu'à leur province ou à leur canton. Mavrocordato calma les haines, rapprocha les esprits, agissant avec chaque membre de l'assemblée comme son aïeul avait fait à Carlovitz, au milieu des représentants de toutes les puissances; et comme il possédait, suivant l'expression de lord Stanhope, qui l'a bien connu, le rare talent de gagner les cœurs, il obtint enfin de tous les partis qu'ils s'entendissent pour faire une constitution. Cet acte, dont il fut le principal et peut-être l'unique auteur, et qui porte l'empreinte de cet esprit si sage et si libéral à la fois, fut promulgué à Épidaure, le 1er janvier 1822, et le même jour Mavrocordato fut nommé président du pouvoir exécutif. Pendant quelque temps il voulut s'occuper d'administration, de finances, de législation; mais les difficultés étaient grandes; il fallait gouverner un peuple qui ne s'était révolté que pour n'obéir à personne; il fallait unir les partis, ménager les ambitieux et les rivaux; et il fallait en même temps chasser les Turcs. Mavrocordato courut au plus pressé, et, investi du titre de généralissime avec un pouvoir illimité pour six mois, il se rendit en Étolie avec une petite armée de cinq mille hommes. Son plan était de s'avancer au cœur de l'Épire pour donner la main aux Souliotes; mais il fut trompé par quelques capitaines, et son avant-garde fut mise en déroute à Péta, près d'Arta; revenu en Étolie, il fut encore trahi par un certain Vanarkiotis, et vit son armée se débander. Réduit à s'enfermer dans Missolonghi, il sauva du moins cette place importante par une brillante résistance de trois mois, de novembre 1822 à janvier 1823.

Lorsque les Turcs levèrent le siége, il laissa le commandement à Botzaris, et rentra dans le Péloponnèse. Mais pendant son absence les querelles s'étaient ranimées; Kolocotroni et Ypsilanti, par leurs attaques contre le pouvoir exécutif, avaient fait retomber la Grèce dans la désunion; une foule d'assemblées locales avaient surgi de toutes parts, et chaque province voulait former un petit État. Mavrocordato, découragé peut-être par ce spectacle, refusa le titre de président, qui l'avait exposé à la haine et lui avait donné peu de pouvoir; mais avec le simple titre de secrétaire du pouvoir exécutif, il conserva une part dans la direction des affaires. Le congrès d'Astros en Cynurie, où il fut influent, rétablit encore l'unité en Grèce, prononça la dissolution des assemblées locales, et rappela aux provinces et aux îles qu'elles devaient obéir au pouvoir central légalement constitué. Mais une malheureuse antipathie ne tarda pas à se manifester entre Mavrocordato et Kolocotroni. Il n'y avait rien de commun en effet entre le Phanariote et le Péloponnésien, entre le jeune homme brillant, instruit, élevé à Constantinople, fils de princes, et le rude guerrier qui savait à peine signer son nom. Ces deux hommes servaient la même cause d'une manière fort différente.

Kolocotroni n'était qu'un homme de guerre; Mavrocordato avait le sens politique; il ne lui suffisait pas de chasser les Turcs, il voulait constituer une nation grecque; il appelait de ses vœux l'unité, le règne des lois, une administration, une législation, tandis que Kolocotroni, ce chef de bande, l'accusait d'être un ambitieux ou le traitait pour le moins d'idéologue. Ainsi se formaient, derrière ces deux chefs, le parti politique et le parti militaire, dans la Grèce qui n'était pas encore libre. Entre eux le gouvernement était sans force, et le désordre se mettait partout. Kolocotroni ayant réussi à faire partie du pouvoir exécutif, l'assemblée législative, en manière de protestation, nomma pour son président Mavrocordato; mais c'était préparer la guerre civile; Mavrocordato refusa obstinément le titre qu'on lui offrait. Il quitta même la Morée, et se retira à Hydra, mais sans renoncer à travailler à l'union de la Grèce. Les insulaires, mécontents des Grecs du continent, voulaient se séparer de la cause commune; il leur fit sentir la nécessité de l'accord, et sut les déterminer à soutenir le gouvernement hellénique, à envoyer des secours aux Étoliens et à armer la flotte avec laquelle Miaoulis chassa les Turcs de l'archipel. En 1824, Condouriotti, son ami, ayant été porté à la présidence, Mavrocordato accepta le commandement militaire de la Grèce occidentale, et retourna à Missolonghi. Il y vit lord Byron, et se lia étroitement avec lui. Il resta en Étolie pendant toute l'année 1824, entretenant des relations avec les îles ioniennes, et travaillant activement à attacher l'Angleterre à la cause des Grecs. Lorsqu'il revint en Morée (1825), Kolocotroni s'était révolté ouvertement; les Grecs divisés avaient éprouvé partout des échecs, et Ibrahim menaçait le Péloponnèse. Mavrocordato vint s'enfermer à Navarin, qui ne tarda pas à être assiégé. Mais pendant qu'il organisait la résistance, les troupes moréotes de la garnison se mutinèrent, refusant d'obéir au Phanariote, et exigeant qu'on leur rendît leur ancien chef, Kolocotroni, qui était détenu à Hydra. Au milieu de ces querelles, la ville fut prise, et Mavrocordato s'échappa avec peine, sur un brick, sous le feu de toute la flotte égyptienne. A partir de cette époque, las des luttes civiles, rebuté par les rivalités, il se tint à l'écart, ne servant plus son pays que par sa correspondance avec les comités philhellènes de l'Europe. Après l'assassinat de Capo d'Istria et les luttes à main armée qui suivirent, les puissances européennes se chargèrent de donner un roi à la Grèce (1832). Si Mavrocordato n'avait pas été par nature partisan de la monarchie, il le fût devenu au spectacle de tant de discordes; mais cet esprit sage et ennemi de tout excès voulait une monarchie qui n'exclût pas la liberté. Ni la régence bavaroise ni le gouvernement du roi Othon ne satisfirent ces vœux. Mavrocordato ne fit donc que passer au ministère des finances; il évita de faire partie d'un gouvernement qui ne consultait pas la nation, et n'exerça plus que des fonctions diplomatiques, qui avaient au moins l'avantage de l'éloigner du théâtre des querelles et des intrigues. Il fut successivement ambassadeur à Munich, à Berlin, à Londres, et à Constantinople. Rappelé en 1840 pour composer un ministère, il essaya inutilement de faire adopter au roi quelques mesures libérales, et ne tarda pas à donner sa démission. Après la révolution du 3 septembre 1843, il présida l'assemblée qui établit en Grèce le gouvernement constitutionnel, et fit partie du ministère du mois de mars 1844, avec le titre de président du conseil; mais, placé entre l'opposition des partis et le mauvais vouloir du roi, il se retira bientôt. Il accepta en 1850 l'ambassade de Paris. En 1853 il fut du petit nombre des Grecs qui ne pensèrent pas que l'intérêt du pays fût de prendre parti pour la Russie. La nation et la cour s'étaient laissé entraîner de ce côté, et faisaient déjà la guerre aux Turcs; cependant, la France et l'Angleterre faisaient occuper le Pirée par leurs soldats. Dans cette situation difficile, où il fallait se rapprocher de la Turquie, sans rompre avec la Russie, sans se livrer entièrement aux puissances occidentales, et où la Grèce avait besoin d'une main prudente et conciliatrice, Mavrocordato fut rappelé par le roi Othon et mis à la tête du ministère. Il rétablit les relations pacifiques avec la Porte, et sut ménager toutes les puissances européennes. Mais cette œuvre une fois accomplie, il ne sentit autour de lui qu'impopularité et mauvais vouloir, et donna sa démission. Depuis cette époque (1856) Mavrocordato est rentré dans la vie privée.

Fustel de Coulanges.

Pouqueville, *Histoire de la Régénération de la Grèce*. — Ravenel, *Les Événements de la Grèce*; Paris, 1822. — Émerson, *Tableau de la Grèce en 1825*. — Al. Soutzo, *La Révolution grecque*. — Tricoupis, *Histoire de la Révolution de la Grèce*, 4 vol. (en grec moderne); Londres, 1853-1856. — *Encyclopédie des Gens du Monde*, art. *Mavrocordato*.

MAVROMICHALIS (*Pierre*), plus connu sous le nom de Petro-Bey, né vers 1775, mort à Athènes, en janvier 1848. Chef politique du Magne (1), au moment où éclata la guerre de

(1) On appelle *Magne* la presqu'île que forme, entre les golfes de Laconie et de Messénie, la prolongation du Taygète, le long promontoire montueux qui se termine au cap Ténare. Tout ce pays, où le rocher se montre partout à fleur de terre, où l'on ne pénètre que par d'étroits défilés et d'âpres sentiers, s'offrit comme un refuge assuré, vers le cinquième siècle, aux habitants de la Laconie fuyant devant les invasions barbares; il n'était d'ailleurs pas assez riche pour tenter vivement les conquérants et les décider à un effort suprême. Un texte curieux de Constantin Porphyrogénète ne laisse aucun doute sur l'origine grecque des Maniotes et les distingue nettement des tribus slaves établies dans le Taygète (Constantin Porphyrogénète, *De administrando Imperio*, ch. 50). Pendant le cours du moyen âge, le Magne fut plus ou moins complétement soumis, suivant les époques, à l'empire byzantin, aux barons francs de Morée, aux Vénitiens, puis aux Turcs. Alliés plutôt que sujets des Vénitiens de 1685 à 1718, les Maniotes, après

l'indépendance, il joua un grand rôle dans la révolution, et c'est maintenant encore, en Grèce, une des renommées les plus populaires.

La tradition maniote qui fait sortir sa famille de la maison impériale des Cantacuzène vaut la tradition corse qui prétendait rattacher les Bonaparte aux Comnènes (1). Vers 1780, le capitaine Pieros, alors chef de la famille, avait été forcé de remettre comme otage au capitan-pacha son second fils, Georges; l'enfant était mort, lui écrivit-on au bout de deux ans. En revanche, son fils aîné, Pierre, donnait les plus belles espérances. Sa haute taille, sa martiale et fière contenance, l'intelligence et le patriotisme qui éclataient dans ses discours, attirèrent de bonne heure l'attention des Maniotes. Dès l'âge de vingt ans ce jeune homme songeait à reprendre les projets de son aïeul, à chasser de Grèce les Musulmans. Les navires d'Hydra avaient apporté jusque dans ces montagnes le bruit des rapides et merveilleuses conquêtes d'un jeune héros, du général Bonaparte; maîtresse de Venise, la France occupait déjà les îles ioniennes, et par là touchait à la Grèce. Pierre Mavromichalis se rendit à Venise, sous prétexte d'affaires commerciales, se fit présenter au vainqueur de l'Italie, et lui demanda l'appui de la France pour la révolte que méditaient les chrétiens et dont le Magne donnerait le signal. Bonaparte regardait déjà vers l'Orient; il accueillit bien ce jeune homme, et lui offrit de l'attacher à sa personne; après une expédition qu'il méditait vers un point du Levant qu'il ne nommait pas encore, il favoriserait l'affranchissement de la Grèce. Pierre ne crut pas devoir accepter des propositions qui l'éloignaient, pour longtemps peut-être, de son pays et de sa famille. Il partit donc de Venise, emportant une lettre de Bonaparte pour le général Donzelot, alors gouverneur des îles Ioniennes. Celui-ci lui fit à Corfou le meilleur accueil; il lui promit de faire paraître son escadre sur les côtes de la Morée et de fournir à l'insurrection au moins un concours moral. Malheureusement, à ce moment même, la conclusion du traité de Campo-Formio rappelait des îles ioniennes les troupes françaises. P. Mavromichalis retourna dans le Magne, et sans rien abandonner de ses projets, il en ajourna l'exécution. Dans un voyage qu'il fit peu de temps après à Constantinople, il fut poursuivi, sur la dénonciation de l'ambassade anglaise, comme ami et partisan de la France; pour échapper à la persécution, il se vit forcé de rester caché, pendant plusieurs mois, dans le couvent français de Saint-Louis. Libre enfin de retourner dans son pays, il y prit la place de son père, mort depuis peu, et se trouva naturellement désigné, par la réputation dont il jouissait, à l'amiral Schukur-Pacha, envoyé par la Porte, en 1815, afin de mettre un terme aux déprédations des pirates qui choisissaient surtout pour refuge les ports du Magne. L'amiral turc montra dès l'abord à Pierre Mavromichalis une faveur toute particulière; il se servit de lui pour détruire la piraterie, et le récompensa en lui apportant l'année suivante le titre de bey du Magne. A cette seconde entrevue, les Mavromichalis crurent reconnaître dans ce Schukur-Pacha Georges Mavromichalis, dont la Porte aurait faussement annoncé la mort à ses parents; on leur avait déjà affirmé, depuis plusieurs années, que l'enfant jadis regardé comme perdu était vivant, quelque part caché sous un turban et en passe d'arriver aux premiers emplois. Outre la bienveillance empressée qu'il avait témoignée, aussitôt arrivé, à une famille jusque là suspecte à la Porte, différents indices leur suggérèrent cette pensée. Le pacha, ayant débarqué à Liméni, passa quelque temps sous le toit des Mavromichalis; là comme dans toutes les demeures des primats maniotes, tout était calculé pour la défense : on n'arrivait au premier étage, où étaient les chambres de la famille, que par des escaliers étroits et tournants, par de sombres corridors formant comme une espèce de labyrinthe où il était facile d'arrêter encore l'ennemi déjà maître du rez-de-chaussée. Or, on remarqua que l'amiral, entrant chez les Mavromichalis, marchait le premier et à la tête de son cortége, et qu'il se dirigea à travers tous ces passages sans que personne lui montrât le chemin et comme s'il eût été dès longtemps familier avec les êtres de la maison. Ensuite, ce fut l'affectueuse vénération qu'il ne cessa de témoigner à la vieille mère de son hôte, à la veuve du capitaine Pieros; il aimait à causer avec elle pendant de longues heures, recommençant toujours à l'interroger sur les siens, sur son mari, surtout sur le fils qu'elle avait perdu, sur les sentiments qu'elle éprouverait en le revoyant si par hasard il reparaissait; plusieurs fois celle-ci crut qu'il allait laisser échapper le mot qu'il semblait chercher à faire pressentir, mais toujours il se contint et s'arrêta à temps. Sans doute il craignait

la paix de Passarowitz, retombèrent sous la suprématie de la Porte. En 1770, quand Catherine envoyait sa flotte soulever la Grèce, les Maniotes se déclarèrent les premiers.

(1) Les souvenirs des Mavromichalis ne remontent pas plus haut que les dernières années du dix-septième siècle. En 1770, cette maison, dont la demeure patrimoniale était à Liméni, sur la côte occidentale, jouissait d'une grande influence par sa fortune, par ses alliances, et surtout par les talents et la réputation de son chef, le capitaine Georges. Georges prend une part active aux opérations, que font promptement échouer l'incapacité et la lâcheté des Orloff. Son frère Jean et son fils Pierre se signalent par des actions d'éclat. Après le départ des Russes, on traite avec les Turcs; Hassan-Pacha met le Magne sous le gouvernement d'un bey, choisi par le capitan-pacha parmi les primats du pays, et chargé d'y maintenir l'ordre ainsi que de percevoir le léger tribut que les Maniotes consentaient à payer, de 1779 à 1815 sept beys se succédèrent, déposés pour la plupart au bout de peu d'années, à la suite d'intrigues qui eurent souvent une fin tragique. Pendant tout ce temps les Mavromichalis s'étaient tenus à l'écart; suspects à la Porte pour le rôle qu'ils avaient joué dans la dernière insurrection, ils étaient à ce titre même influents et respectés dans le Magne.

d'avoir à rougir devant les siens de son involontaire apostasie, et que la douleur de la chrétienne, trouvant dans son fils un renégat, ne fit tort à la joie de la mère. Il emporta donc son secret; mais les Mavromichalis ne doutent pourtant guère d'avoir fourni en la personne de Schukur-Pacha un grand-amiral à la Turquie, tandis que les Turcs appellent souvent eux-mêmes ce personnage *le pacha Maniote*.

Quoi qu'il en soit, Petro-bey, car c'est sous ce nom qu'il est connu depuis ce moment, profita de la position nouvelle qui lui était faite pour reprendre ses desseins d'autrefois. Il commença par pacifier le Magne, par y fortifier le pouvoir du bey, par y apaiser, autant qu'il était possible, les haines héréditaires et les guerres privées, qui ne cessaient pas de le désoler. Affilié à l'hétairie, il initia peu à peu à ses projets tout ce qu'il y avait de vaillants cœurs dans le Magne. Le Magne, où les enfants et les femmes s'exerçaient au maniement du fusil, comptait à cette époque dix mille combattants environ, sur une population qui ne dépassait guère trente mille âmes. Pour pouvoir armer tout ce monde, le bey fit venir de toutes parts des munitions de guerre; il appela et garda près de lui, malgré les réclamations des pachas, le fameux Théodore Kolocotroni, dont la tête était alors mise à prix. Cependant, en 1821, quand les Turcs, mis en garde par les avis qui leur arrivaient de tous côtés, réclamèrent à Tripolitza la présence des primats de la péninsule, ne se sentant pas encore prêt, il consentit à envoyer son troisième fils, Anastasi. A peine celui-ci était-il depuis quelques jours entre les mains du pacha, que débarquait à Kytries son frère Georges; il s'était échappé, sous un déguisement, de Constantinople, où on le gardait comme otage depuis plusieurs années, et il apportait à son père la nouvelle de l'exécution du patriarche et des massacres dont l'avait fait suivre le fanatisme musulman. Échauffé par l'ardeur belliqueuse de ce jeune homme, Petro-bey n'hésita plus; son frère Kyriakouli, en un clin d'œil, chassa de la Laconie tous les Turcs, tandis que lui-même descendait à Calamata, appelait solennellement les chrétiens à la guerre sainte, et adressait aux puissances européennes une proclamation qu'il signait *P. Mavromichalis, commandant en chef des armées spartiates et président du sénat messénien* (9 avril 1821). Depuis ce moment, l'histoire de Petro-Bey se confond dans l'histoire générale de la révolution grecque. Seuls habitués, parmi les chrétiens de Morée, à porter les armes, ce furent les Maniotes qui eurent la plus grande part à la prise de Tripolitza, le premier grand succès qu'obtint l'insurrection; on eut le bonheur d'y retrouver Anastasi vivant; les Turcs, voyant que l'affaire prenait une mauvaise tournure, avaient cru prudent de le conserver comme gage. Les Mavromichalis, dans tout le cours de cette guerre, payèrent largement leur dette à la patrie; sans parler de tous leurs parents et alliés, Kyriakouli, dont le renom vit encore dans les chants populaires, mourut à Missolonghi, Élias en Eubée sous les murs de Carysto.

Petro-Bey était un des trois personnages composant le gouvernement provisoire qui remit, en janvier 1828, le pouvoir entre les mains du président élu, Capo d'Istria. Il ne s'entendit pas avec le nouveau venu. Les torts étaient réciproques. Les Maniotes avaient rendu de grands services, mais en exigeaient un trop haut prix. Habitués depuis longtemps à se sentir supérieurs au reste des Moréotes, faible et timide troupeau, ils traitaient un peu la Grèce affranchie en pays conquis. Quant à Capo d'Istria, dans la noble lutte qu'il soutenait pour établir un peu d'ordre au sein de ce chaos, il se laissa entraîner à des mesures trop rigoureuses contre des hommes qui avaient risqué leur fortune et leur vie en attaquant presque seuls la puissance turque, avant que rien en eût encore dissipé le prestige. Il mit en prison Petro-Bey et plusieurs autres membres de sa famille. Se regardant comme victimes d'une injustice criante et comme mortellement offensés, les Mavromichalis se vengèrent comme on le faisait dans leurs montagnes, comme on l'aurait fait en Corse, dans le Montenegro ou en Kabylie. Le 9 octobre 1831, deux d'entre eux, Constantin, frère du bey, et son fils Georges, assassinèrent Capo d'Istria au moment qu'il sortait, au milieu de la foule, de l'église de Nauplie. Constantin fut tué sur place par les soldats. Georges, qui s'était réfugié dans la maison du résident de France, fut remis aux magistrats, condamné et exécuté. Il mourut avec grand courage. Pendant qu'il marchait au supplice, son père, du haut de la citadelle où il était détenu, lui tendit les bras à travers les barreaux de sa prison, et laissa tomber sur lui une bénédiction suprême. Petro-Bey n'avait pas, à ce qu'il paraît, été complice du meurtre. Relâché quelque temps après la mort du président, il rentra, sous la régence bavaroise, en possession de tous ses honneurs. Il ne prit, au moins ostensiblement, aucune part aux mouvements insurrectionnels qui agitèrent le Magne et qui le soulevèrent un instant contre le régent d'Armansberg. Revêtu, sous la royauté, des titres de général et de sénateur, il reçut de l'État, comme récompense nationale, comme indemnité des dépenses faites et du sang versé par sa famille, un grand domaine en Laconie, Lykovouno.

La famille des Mavromichalis est représentée maintenant par Antonaki, le plus jeune frère de Petro-Bey, général et sénateur, et par deux fils de Petro-Bey, l'un, Anastasi, lui aussi sénateur, l'autre, Dimitri, colonel et ancien aide de camp du roi. G. PERROT.

Finlay, *History of modern Greece* — Leake, *Travels*

in Morea, passim. — Tricoupi, *Oraison funèbre*, prononcée aux funérailles publiques de Mavromichalis. — *Renseignements particuliers.*

MAWE (*John*), minéralogiste anglais, né en 1764, dans le comté de Derby, mort le 26 octobre 1829, à Londres. Le spectacle des richesses minérales dont le pays où il était né offre une si grande variété, éveilla chez lui le désir de les étudier et de les recueillir. Il vint ensuite à Londres, et mit ses collections à la disposition du public; la boutique qu'il avait ouverte dans le Strand contenait aussi des curiosités de toutes espèces. Ayant entrepris, en 1804, pour les besoins de son commerce, un voyage dans l'Amérique méridionale, il fréta un bâtiment espagnol, et eut beaucoup à souffrir de la guerre qui éclata entre l'Angleterre et l'Espagne. Après avoir été malade de la fièvre jaune à Cadix, Mawe débarqua à Montevideo, où, sous un prétexte futile, on s'empara de ses collections et de son navire. Quant à lui, il fut jeté deux fois en prison et relégué dans l'intérieur des terres. La prise de Montevideo par le général Beresford lui permit de retourner dans cette ville. En 1807 il se rendit au Brésil. Le prince régent l'accueillit avec bienveillance, le chargea d'examiner l'état de l'agriculture et des productions minérales, et lui accorda même la faveur, jusque là refusée aux étrangers, de visiter en détail les districts de la province de Minas-Geraes, où l'on exploitait les pierres précieuses. Mawe consacra environ six mois à cette dernière exploration (août 1809 février 1810), et revint ensuite en Europe. On a de lui : *The Mineralogy of Derbyshire;* Londres, 1800, in-8°, fig.; — *New descriptive Catalogue of Minerals;* Londres, 4e édition, augmentée, 1821, in-8°, fig.; — *Travels in the interior of Brazil, including a voyage to the Rio de la Plata;* Londres, 1712, in-4°, fig. et cartes; 2e édition, ibid., 1821, grand in-8°; traduite en français par Eyriès, Paris, 1816, 2 vol. in-8°, et en d'autres langues modernes; — *Treatise on Diamonds and precious stones, including their history natural and commercial;* Londres, 1813-1823, in-8°, fig.; — *Familiar Lessons on Mineralogy and Geology;* Londres, 1819, in-8°, fig.; — *Introduction to the Study of Conchology;* Londres, 1822, in-8°, fig.; c'est la troisième édition d'un ouvrage de Woodward, à laquelle Mawe fit des additions et des changements considérables; — *The Linnæan System of Conchology;* Londres, 1823, in-8°, fig. Mawe était membre de la société anglaise de géologie et de la société de minéralogie d'Iéna. P. L.

Rose, *New Biogr. Dict.*

MAXENCE (*M.-Aurelius-Valerius* MAXENTIUS), empereur romain, régna de 306 à 312 après J.-C. Fils de Maximien Hercule et d'Eutropie, il reçut en mariage la fille de Galerius. Cependant il n'obtint ni province ni dignité dans le partage de l'empire qui suivit l'abdication de son père et de Dioclétien, en 305. On pense que ses habitudes de débauche et de paresse le firent exclure par Galerius, rude soldat qui ne voulait sur le trône ni un grand capitaine capable de lui porter ombrage, ni un voluptueux incapable d'administrer; mais cette mesure eut un résultat inattendu. Rome était alors très-mécontente du gouvernement impérial. Surchargée d'impôts, dont elle avait été longtemps exempte, privée de l'honneur d'être la capitale de l'empire depuis que les augustes résidaient à Nicomédie et à Milan, elle comptait dans son sein les faibles restes de la garde prétorienne, qui, redoutant d'être complétement licenciés, se montraient disposés à la révolte. Peuple, sénat, soldats n'attendaient qu'un signal. Deux tribuns militaires prirent l'initiative d'un mouvement en faveur de Maxence. Le préfet de la ville et un petit nombre de magistrats qui voulurent rester fidèles à Sévère, collègue de Galerius dans la dignité suprême, furent massacrés par les gardes prétoriens, et Maxence fut proclamé empereur, le 28 octobre 306. L'Italie suivit rapidement l'exemple de la capitale, et l'Afrique, adhérant à ce choix, frappa des médailles en l'honneur du nouveau souverain. Sévère marcha sur Rome, espérant avoir facilement raison d'une populace mal armée et d'une soldatesque indisciplinée; mais il se trouva en présence de Maximien, qui venait de sortir de sa retraite de Lucanie, fut abandonné d'une partie de ses troupes, et s'enfuit à Ravenne. De fausses promesses le décidèrent à quitter cet asile inexpugnable et à se confier à la clémence du vainqueur, qui le fit mettre à mort (307). Galerius, accourant pour venger son collègue, échoua contre la vieille expérience militaire de Maximien et le soulèvement du peuple. Il rentra en Illyrie, laissant l'Italie et ses dépendances à Maximien et à son fils. Celui-ci prétendait régner seul, et l'armée redoutait la sévérité du vieil empereur. Maxence, se prévalant des dispositions des soldats, leur offrit de décider entre lui et son père. Le choix n'était pas douteux, et Maximien déposé alla chercher un asile à la cour de son gendre Constantin, où l'attendait une fin tragique, en 310. Maxence, qui en chassant Maximien d'Italie avait été la cause indirecte de sa mort, prétendit cependant en tirer vengeance; mais il dut remettre ses projets à un autre époque, parce qu'il avait besoin de ses forces contre l'usurpateur Alexandre, qui depuis près de trois ans se maintenait indépendant en Afrique. Une expédition, dirigée par Rufius Volusianus, préfet du prétoire, et Zénas, capitaine renommé, mit fin à cette révolte. Maxence, dont les passions violentes se développaient avec le pouvoir, punit toute la province du crime d'un petit nombre. Les florissantes cités de Cirtha et de Carthage et tout le reste de cette fertile contrée furent dévastés. A la première répression par le fer et le feu en succéda une autre plus lente, mais peut-être plus odieuse. Une armée de délateurs s'abattit sur la province, et, dénonçant les riches et les nobles, fournit à l'empereur des prétextes pour condamner à mort une foule d'innocents et pour confisquer leurs biens. Maxence signala sa victoire par un triomphe magnifique. Rome ne fut guère mieux traitée que les provinces. Toute la fortune de l'État ne suffisant pas à ses dépenses, il remplit son trésor avec les richesses des particuliers. Sous son règne s'établit l'usage du *libre don*, méthode commode pour lever sur les riches un impôt prétendu volontaire, dans toutes les circonstances qui intéressaient particulièrement l'empereur, telles qu'une victoire, une naissance ou un mariage dans la famille du souverain, un consulat impérial. Les libres dons, prodigués par la crainte, ne mettaient pas les riches à l'abri des faveurs d'un prince qui semblait avoir hérité de la haine des plus mauvais empereurs contre le sénat et les personnes de distinction. Les femmes et les filles des premiers personnages étaient exposées à ses passions brutales, et la population tout entière tremblait sous une soldatesque effrénée qui pouvait tout se permettre sous un prince dont elle était l'unique appui. Quoique également incapable de commander dans la guerre et d'administrer dans la paix, il prétendait être supérieur à tous ses collègues, qui n'étaient, selon lui, que ses lieutenants, chargés de défendre les frontières tandis qu'il régnait à Rome. Son orgueil l'engagea dans une dangereuse entreprise contre Constantin.

Il fit tous les préparatifs d'une invasion en Gaule; son habile adversaire le prévint. Les troupes de Maxence furent fidèles à sa cause; mais, inférieures en discipline aux soldats de Constantin et moins bien commandées, elles essuyèrent une défaite à Turin, une autre à Vérone, et se retirèrent sur Rome. Maxence avait encore des ressources considérables en hommes et en argent, et les gardes prétoriens, dont l'existence même était en question, étaient prêts à se battre vaillamment; mais l'incapacité et la faiblesse de l'empereur portèrent le dernier coup à son pouvoir. Forcé par les clameurs indignées de la foule, il se mit à la tête de son armée, et livra bataille dans un lieu appelé Saxa Rubra, à neuf milles de Rome. La cavalerie gauloise enfonça les Maures et les Numides, et bientôt la fuite devint générale parmi les troupes du tyran. Les prétoriens seuls se firent tuer à leur poste. Maxence tenta vainement de rentrer dans Rome par le pont Milvius; il ne put s'ouvrir un passage à travers la foule, et fut précipité dans le Tibre. Le poids de son armure l'entraîna au fond de l'eau, d'où l'on retira son cadavre le lendemain. Il laissait deux enfants, qui furent égorgés par l'ordre de Constantin. L. J.

Zosime, II, 9-18. — Zonaras, XII, 33; XIII, 1. — *Panegyrici veteres*, IX, 2, 3, 11-25; X, 6, 7, etc., 27, etc.; XI, 16. — Lactance, *De Morte Persecutorum*, 26, 28, 44. — Eusèbe, *Hist. Evang.*, VIII, 14; *Vita Const.*, I, 26, 33. — *Fragments* publiés par Valois dans son édition d'Ammien Marcellin. — Aurelius Victor, *De Cæs.*, 40; *Epit.*, 40. — Eutrope, X, 2. — Tillemont, *Histoire des Empereurs*, t. IV. — Le Beau, *Histoire du Bas-Empire*, t. I. — Gibbon, *History of Decline and Fall of the Roman Empire*.

MAXIME-PUPIEN (*Marcus-Clodius* Maximus-Pupienus), empereur romain, mort en 238 après J.-C. Après la révolution militaire qui fit périr les deux Gordiens, le sénat, redoutant le féroce Maximin, qui s'avançait sur l'Italie à la tête d'une puissante armée, résolut d'élire deux souverains avec un pouvoir égal, l'un pour administrer l'empire, l'autre pour aller combattre Maximin. Le choix des sénateurs tomba sur deux consulaires, Balbin (*Decimus-Cælius-Balbinus*), homme d'État habile, et Maxime-Pupien, vaillant capitaine. Maxime-Pupien était d'une basse naissance, fils d'un forgeron suivant les uns, d'un carrossier suivant les autres. Il avait acquis une grande réputation comme légat impérial par ses victoires sur les Sarmates en Illyrie et sur les Germains aux bords du Rhin. Nommé ensuite préfet de la ville, il en avait rempli les fonctions avec une fermeté qui le fit accuser de rigueur. Le peuple, qui regrettait les Gordiens, et qui surtout craignait la sévérité de Maxime, refusa d'abord de ratifier l'élection, et il fallut pour l'apaiser associer au trône un enfant de quatorze ans, petit-fils de Gordien. Dès que le calme fut rétabli, Maxime marcha contre Maximin, qui était arrivé près d'Aquilée. La bataille livrée sous les murs de cette ville fut favorable à Maxime, qui envoya à Rome la tête de Maximin. Cette victoire semblait assurer la puissance des deux élus du sénat. Les habitants de Rome firent une magnifique réception à Maxime lorsqu'il revint de son expédition; mais les soldats regardaient avec colère des princes qu'ils n'avaient pas choisis. Une conspiration se forma dans l'armée, et aboutit au meurtre des deux empereurs (*voy.* Balbin). Il semble que Maxime avait prévu cette catastrophe et que, mieux secondé ou moins contrarié par son collègue, il l'eût prévenue. La chronologie de cette période est si confuse et si contradictoire que les différents historiens ont resserré ou étendu le règne de Maxime et de Balbin depuis vingt-deux jours jusqu'à deux ans. Eckhel, s'appuyant sur les médailles qui ont ici plus d'autorité que les maigres renseignements de l'*Histoire Auguste*, place l'avénement de Maxime et de Balbin vers la fin d'avril 238 et la mort des deux empereurs avant le commencement d'août de la même année (1). Y.

(1) L'élection de Maxime et Balbin donna lieu à une innovation remarquable. Jusqu'à cette époque quoique plusieurs personnes eussent porté à la fois le titre d'*Auguste*, on avait regardé comme une règle fondamentale de la constitution que l'office de souverain pontife (*pontifex maximus*) n'admettait pas de division et ne devenait vacant que par la mort de celui qui le portait. Mais dans cette circonstance le sénat, désirant conserver une par-

Jules Capitolin, *Maximus et Balbinus*, dans l'*Histoire Auguste*. — Hérodien, VII, VIII. — Tillemont, *Histoire des Empereurs*, vol. III. — Eckhel, *Doctrina Nummorum*, vol. VII.

MAXIME (*Magnus Clemens* MAXIMUS), empereur romain dans la Gaule, depuis 383 jusqu'en 388 après J.-C. Une tradition, peut-être fondée et appuyée du moins sur le témoignage de Pacatus, le fait naître dans la (Grande) Bretagne (1). Selon Zosime, autorité plus considérable, il était Espagnol de naissance (Ἴβηρ τὸ γένος). Il se vantait d'être le parent de l'empereur Théodose; mais il n'était que son client, si l'on en croit Pacatus. Le même auteur ajoute que Maxime était né d'un père incertain (*patris incertum*); cependant, on lui connaît un oncle et un frère. Il accompagna Théodose dans plusieurs expéditions, et particulièrement en Bretagne, en 368. Il paraît qu'il resta dans ce pays et qu'il y parvint aux premiers grades de la milice; mais rien ne prouve qu'il en devint, comme on l'a dit, le gouverneur. On a dit aussi qu'il épousa Elena, fille d'Edda, prince indigène de Caersegont (Caernarvon, dans le duché de Galles). Ce fait n'est pas invraisemblable; mais il est au moins douteux. L'avénement de Théodose éveilla dans l'esprit de Maxime des idées d'ambition que justifiait l'état de la Bretagne et des autres provinces de l'occident, alors gouvernées par Gratien. La préférence que cet empereur accordait aux barbares avait excité le mécontentement des légions romaines. Zosime prétend que Maxime fomenta la désaffection des troupes placées sous ses ordres et les poussa à la révolte. Orose et Sulpice Sévère disent au contraire que les soldats rebelles le forcèrent d'accepter la pourpre impériale. Quoi qu'il en soit, il fut proclamé empereur en 383. Quelque temps auparavant il avait adopté la religion chrétienne. Il rassembla aussitôt toutes ses troupes, et fit voile pour la Gaule. Il débarqua près de l'embouchure du Rhin, traversa rapidement la Gaule septentrionale, et s'avança jusqu'aux environs de Paris, où il rencontra l'armée de Gratien. Les deux généraux qui la commandaient, tous deux d'origine barbare, Mérobaude et Vallion, virent leurs soldats passer à l'ennemi ou s'enfuir; et l'on croit qu'eux-mêmes ne furent pas jusqu'à la fin fidèles à Gratien, qui périt en essayant de gagner l'Italie. Le vainqueur, immédiatement reconnu par la Gaule, l'Espagne et la Bretagne, associa son fils Victor à l'empire avec le titre de césar (et peut-être d'auguste), et s'établit à Trèves, où existent encore quelques monuments de son règne. Il n'exerça pas de persécutions contre les partisans de Gratien, et plus tard il put se vanter justement que son avénement n'avait coûté la vie à aucun Romain hors du champ de bataille. Mérobaude et Vallion, qu'il sacrifia au ressentiment des légions, étaient des barbares. Il envoya des ambassadeurs porter à Théodose des offres pacifiques et en même temps l'assurance que les vétérans de l'ouest étaient décidés à combattre avec énergie pour l'empereur qu'ils s'étaient donné. Théodose eut la prudence de consentir à un arrangement par lequel Maxime, reconnu auguste et seul empereur de la Gaule et de la Bretagne, promettait de laisser Valentinien paisible possesseur de l'Italie et de l'Illyrie. La paix n'était pas sincère, et si les hostilités n'éclatèrent pas de plusieurs années, c'est que Théodose était tout occupé de l'administration de ses États, où il poursuivait activement la destruction du paganisme, et que Maxime avait besoin d'un temps assez long pour rassembler des forces suffisantes. En attendant, il s'efforçait de gagner les populations chrétiennes en comblant d'hommages les évêques les plus vénérés, entre autres Martin de Tours, et en punissant les hérétiques priscillianistes avec une dureté que ce saint évêque blâma sévèrement. Même lorsqu'il eut résolu d'envahir l'Italie, il ne rompit pas ouvertement le traité. Il offrit aux ministres du jeune Valentinien des auxiliaires pour une expédition en Pannonie, et obtint qu'un corps de troupes peu nombreux passerait librement les Alpes. Il suivit de près cette avant-garde avec une puissante armée (387), et la cour de Milan vit avec épouvante les légions de l'ouest aux portes de cette ville. Valentinien n'avait d'autre moyen de salut que la fuite. Il se sauva avec sa mère, Justine, à Aquilée, puis à Thessalonique, d'où il informa Théodose des événements, et implora sa protection. Maxime entra dans Milan, et Rome avec le reste de l'Italie se soumit à lui sans résistance. A cette nouvelle Théodose, accourant à Thessalonique, se disposa à entrer immédiatement en campagne. Maxime se tint sur la défensive. Ne sachant si Théodose prendrait le chemin de terre, ou arriverait par mer, il chargea son lieutenant Andragathus de couvrir les côtes d'Italie avec une flotte puissante, et envoya de fortes avant-gardes pour occuper les passages des Alpes du côté de la Norique et de la Pannonie; il concentra le gros de ses troupes dans les environs d'Aquilée. Théodose, arrivant par terre, battit en deux rencontres les corps détachés envoyés au delà des Alpes, passa les montagnes, et arriva près d'Aquilée sans que Maxime surpris lui opposât une résistance sérieuse. Les vainqueurs pénétrèrent dans Aquilée, presque sans coup férir, se saisirent de l'usurpateur, et l'amenèrent à Théodose, qui attendait l'issue du combat à trois milles d'Aquilée, et qui, après avoir reproché à Maxime sa révolte, son ambition, le fit décapiter, le 28 juillet 388 sui-

faite égalité entre les deux empereurs, se départit d'une loi consacrée par tant de siècles, et les investit tous deux du titre de souverain pontife. Ce précédent fit loi. Les collègues dans le pouvoir suprême le furent aussi dans le pontificat, et les usurpateurs de l'autorité souveraine ne manquèrent pas d'ajouter à leurs autres titres celui de *Pontifex maximus*.

(1) Les chroniqueurs gallois ont adopté cet empereur, dont ils font leur 79e monarque: ils l'appellent *Maxen Wledig*, (Maxime l'illustre). Il existe en langue galloise une histoire intitulée *Breuddwydd Maxen Wledig*, ou la *Mort de l'illustre Maxime*.

vant la *Chronique* d'Idace, le 27 août d'après Socrate. En apprenant la défaite et le supplice de son maître, Andragathus, principal auteur du meurtre de Gratien, se donna la mort en se précipitant dans les flots. Victor, son fils, vaincu par Arbogaste et fait prisonnier, fut mis à mort. Théodose n'étendit pas plus loin la punition des complices de l'usurpateur; mais il annula toutes ses lois. Y.

Zosime, IV. — Sozomène, VII, 13. — Orose, VII, 34. — Socrate, *Histor. Eccles.*, V, 11, etc. — Rufin, II, 14-17. — Grégoire de Tours, *Hist. Franc.*, I, 43. — Saint Ambroise, *Enarrat. in Psalm.* LXI (dans le 1er vol. de ses *Œuvres*, p 961); *Epist. XXIV*, vol. II, p. 888, 952; *De Obitu Valentin.*, p. 1182. — Sulpice Sévère, *Vita B. Martini*, c. 23, *Dial.*, II, 7; III, 15. — Pacatus, *Panegyricus Theodosii*. — Prosper, *Chron.* — Marcellin, *Chron.* — Théophane, p. 57, édit. du Louvre — Tillemont, *Histoire des Empereurs*, t. V. — Le Beau, *Histoire du Bas-Empire*, t. IV (édit. de Saint-Martin).

MAXIME (*Petronius Anicius* MAXIMUS), empereur romain, né vers 388 (ou plutôt vers 395), mort en 455. Il appartenait à la plus haute noblesse de Rome, et était le descendant ou du moins le parent de ce Petronius Probus qui acquit tant de réputation et d'influence à Rome, dans la seconde moitié du quatrième siècle. Il n'est pas certain qu'il fut, comme on l'a dit, petit-fils par sa mère de l'empereur Maxime (*Maximus Magnus*), et son nom d'Anicius ne paraît pas non plus suffisamment établi, bien que, suivant Tillemont, il lui soit donné dans deux inscriptions. A l'âge de neuf ans il entra dans le conseil de l'empereur Honorius, en la double qualité de tribun et de notaire. En 415 il devint intendant des finances (*comes largitionum*), et en 420 il remplit la place importante de préfet de Rome. Il s'acquitta de ces fonctions d'une manière si satisfaisante qu'en 421, à la demande du sénat et du peuple, les empereurs Honorius et Arcadius lui firent élever une statue dans le forum Ulpien (de Trajan) (1). En 433 il fut second consul, tandis que l'empereur Théodose II était premier consul. De 439 à 441 et plus tard, en 445, il eut la préfecture de l'Italie. En 443 il fut consul pour la seconde fois, avec Paterius pour collègue, et cette fois il occupa le premier rang. Valentinien III fit frapper en son honneur des médailles qui portaient sur la face le nom et l'image de l'empereur, et sur le revers le nom et l'image de l'illustre consulaire. Noble, riche, généreux, bien élevé, avec le goût des lettres, des beaux-arts et des sciences, affable avec dignité, professant l'amour de la vertu, ne blâmant pas trop sévèrement les vices du temps, y participant même assez pour plaire à un prince voluptueux, Maxime était dans l'ordre civil le second homme de l'empire; mais c'était à une époque où la force réelle résidait dans le pouvoir militaire. Aussi avait-il de la jalousie pour le vaillant général Aétius, qui protégeait l'empire contre les barbares. Il entra volontiers dans l'intrigue qui aboutit au meurtre de ce grand capitaine. Complice de Valentinien III pour l'assassinat d'Aétius, Maxime éprouva bientôt de la part de ce prince le plus sanglant outrage. Il avait une femme belle et vertueuse. Valentinien III en devint amoureux. Un jour jouant avec Maxime il lui gagna une si forte somme que celui-ci lui remit son anneau comme gage de sa dette. L'empereur le retint au palais sous quelque prétexte, et envoya un exprès muni de cet anneau dire à la femme de Maxime, comme de la part de son mari, qu'elle se rendît sur-le-champ au palais pour saluer l'impératrice. Cette dame, ne doutant pas à la vue de l'anneau que le message ne vînt de son mari, se rendit immédiatement au palais. On l'introduisit dans un appartement écarté, où elle fut la victime de la passion de Valentinien. De retour dans sa demeure, elle accabla son mari de reproches, l'accusant d'avoir consenti à cette infamie et peu de temps après elle mourut. Tel est d'après Procope le crime qui excita Maxime à tramer la perte de l'empereur; d'autres historiens prétendent qu'il fut poussé par son ambition. Quel que fût son motif, il trouva facilement des complices parmi les anciens officiers d'Aétius. Le 16 mars 455, Valentinien, se rendant au Champ de Mars, fut brusquement assailli par deux officiers barbares, Optila et Thraustila, qui le percèrent de coups sans que personne songeât à le défendre. Maxime fut proclamé empereur le lendemain. Mais à peine eut-il revêtu la pourpre qu'il sentit tous les dangers de sa position. Homme d'études et de plaisirs, il se trouvait en présence d'une milice indocile, des barbares qui envahissaient l'empire de tous côtés, d'un empereur d'Orient mécontent et bientôt peut-être ennemi déclaré. Accablé du poids de la souveraineté, il répétait souvent : « Heureux Damoclès qui n'a porté que pendant un seul repas le poids de la royauté! » Il crut se fortifier en contraignant Eudoxie, veuve de Valentinien, à accepter sa main et en donnant Eudocia, fille de ce prince, à son propre fils Palladius, qu'il nomma césar. Ce fut la cause immédiate de sa perte. Eudoxie, brûlant de venger le meurtre de son premier mari, engagea secrètement Genséric, roi des Vandales, à envahir l'Italie. Maxime, informé que les barbares faisaient d'immenses préparatifs, ne prit aucune mesure de défense, et quand il apprit que Genséric avait débarqué à l'embouchure du Tibre, il ne trouva d'autre moyen de salut que de recommander aux habitants de Rome de s'enfuir. Lui-même leur en donna l'exemple. Tant de lâcheté exaspéra les soldats, qui le tuèrent, traînèrent son cadavre dans les rues et le précipitèrent dans le Tibre. Son fils Palladius partagea probablement son sort; il n'est plus question de lui dans la suite. Trois jours après, Genséric entra dans Rome, et mit la ville au pillage. La mort de Maxime eut lieu, suivant

(1) La base de la statue et une longue inscription existent encore. Cette inscription est rapportée par Gruter, p. 449, n° 7.

l'opinion commune, le jour de la P
Juin); il aurait régné ainsi trois moi
jours; Victor. de Tunes prétend q
que soixante-sept jours.

Procope, *Bellum Vand.*, I, 4, 5. — Sidoi *Epist.*, I, 9; II, 13; *Panegyricus Avit.*, Victor. Idace, Marcellin, *Chronica*. — Jornandes, *De Rebus Gothicis*. — Tillem *des Empereurs*, t. VI.

MAXIME (le tyran), Maximus usurpateur romain, élevé au pouv en 408, par Gerontius, quand ce géné en Espagne contre Constantin, u Gaules, mis à mort en 422. Olympio Maxime était le fils de Gerontius; plutôt un de ses amis et de ses Après le départ de Gerontius po Maxime, laissé à Tarragone, ne put Alains, les Suèves, les Vandales barbares d'envahir l'Espagne. Ge comba en 411, et Maxime se hâta soumission à Constantin, qui, le ju doutable, se contenta de lui ôte périal. Il se retira chez les barba obscurément dans un coin de l'Espa prétend qu'il se révolta de nouve s'empara de la partie de l'Espagne core soumise aux Romains. Cel probablement exagérée; car M pas avoir étendu son pouvoir au petit district. Son entreprise n'e éphémère. Il fut arrêté, cond mis à mort, en 422, avec Jovin.

Sozomène, IX, 12-15. — Orose, VII piodore, dans la *Bibl.* de Photius, Tours. II, 9. — Prosper, Marcellin Tillemont, *Histoire des Empereurs*,

MAXIME de Tyr (Μάξιμ sophe grec, né à Tyr, vivait dans le second siècle après confondre ni avec le rhéteur M par Plutarque (*Symp.*, IX) lui, ni avec le philosophe M Porphyre (dans Eusèbe, *Præ* 30) assista au dîner donné en l'honneur de Platon. Il décider s'il fut un des précep Marc Aurèle. Le texte de sèbe dans laquelle il était et nous sommes réduits à prétation de saint Jérôme suivant lequel Maxime comme précepteur de l'em de Georges Syncelle pr Eusèbe, et d'après lam cette place avec Apollo Basilide de Scythopolis ces Eusèbe a pu confo philosophe stoïcien, et vrai que l'identité des soutenue par Tillemont Jos. Scaliger, Dan. Hei excepté ces questions d Maxime de Tyr, que

Les *Dissertations* de Maxime de Tyr ont été traduites en allemand par C.-T. Damm; Berlin, 1768, in-8°; en français par Fr. Morel, Paris, 1607, in-12; par Guillebert, Rouen, 1617, in-4°; par Fermey, Leyde, 1764, in-12; par Combes-Dounous, Paris, 1803, in-8°. L. J.

Suidas, aux mots Μάξιμος Τύριος. — Fabricius, *Bibliotheca Græca*, vol. I, p. 516, vol. III, 77; V, 518. — Bornemann, *De gemina Xenophontis Cyropædiæ et Maximi Tyrii recensione Dissert. criticæ*; Schneeberg, 1814-1816, 3 part. in-8°. — Knebel, *Observationum in Maximi Tyrii Dissertat. particula* II; Coblentz, 1833. — Ritter, *Histoire de la Philosophie*, t. IV, p. 176 (trad. française).

MAXIME *d'Éphèse*, philosophe grec et un des précepteurs de l'empereur Julien, mis à mort en 371 après J.-C. Il naquit à Smyrne, selon Eunape, à Éphèse, suivant Ammien Marcellin. Il appartenait à une famille riche et noble. Un de ses frères, Claudianus, enseigna la philosophie à Alexandrie; un autre, nommé Nymphidianus, professa la rhétorique à Smyrne. Maxime adopta de bonne heure les doctrines pythagoriciennes et platoniciennes, et s'acquit une grande réputation par ses leçons sur la philosophie et la théologie hellénique. Son maître Edesius le recommanda à Julien (depuis empereur), qui se rendit à Éphèse exprès pour l'entendre. Dès lors Maxime exerça sur le jeune prince une fâcheuse influence; il le décida, dit-on, à abjurer secrètement le christianisme; et comme il était magicien autant que philosophe, il lui prédit qu'il monterait sur le trône. La prédiction se réalisa. Julien, devenu empereur en 361, invita Maxime et un autre philosophe nommé Chrysanthe à venir à sa cour de Constantinople. Les deux philosophes, avant de prendre une résolution, consultèrent les étoiles, et apparemment la réponse des astres fut ambiguë puisque Chrysanthe resta et que Maxime partit. Placé à la cour dans la position délicate de favori du prince, il ne s'en tira pas à son honneur, même aux yeux des païens, qui le trouvèrent trop flatteur à l'égard de Julien. Il accompagna ce prince dans l'expédition de Perse, et prédit que cette campagne aurait une heureuse issue. On sait qu'elle se termina de la manière la plus lamentable. Aussi Maxime à son retour fut accablé de railleries par les habitants d'Antioche. Il échappa d'abord à la réaction chrétienne qui suivit la mort de Julien; mais l'opinion publique l'ayant accusé d'avoir, avec Priscus, causé par des sortiléges la maladie des deux empereurs Valens et Valentinien, au mois d'avril 364, il fut mis en jugement avec son prétendu complice. Le tribunal acquitta Priscus, et condamna Maxime à une très-forte amende. Ce philosophe, détenu à Éphèse jusqu'au payement de son amende, endura de si cruelles tortures, qu'il résolut de mettre fin à sa vie, et demanda du poison à sa femme. Celle-ci en apporta en effet; mais, au lieu de le lui donner, elle le prit elle-même. Maxime dut à l'intervention de Thémistius sa mise en liberté et la restitution d'une partie de ses biens. En 371, il fut accusé de complicité dans une conspiration contre la vie de Valens. Il paraît qu'il était coupable au moins de n'avoir pas révélé le complot. On l'accusa aussi de magie. Il fut condamné à mort et exécuté. La philosophie mourut avec lui, dit Libanius. Il ne reste de Maxime aucun écrit qui justifie un pareil éloge. On lui attribue un poëme astrologique intitulé Περὶ καταρχῶν ou ἀπαρχῶν (*Sur les Auspices*); mais cet ouvrage, outre qu'il appartient probablement à un autre Maxime (*voy.* Maxime *d'Épire*), est peu digne d'un philosophe. On trouve dans la correspondance de Julien trois lettres adressées à Maxime (16, 38, 39). L. J.

Eunape, *Vitæ Philosophorum et Sophistarum*. — Libanius, *Orationes*, V, XII. — Ammien Marcellin, XXIX, 1. — Tillemont, *Histoire des Empereurs*, t. IV.

MAXIME *d'Épire* (Μάξιμος Ἠπειρώτης), philosophe grec, vivait dans le quatrième siècle après J.-C. Il était natif d'Épire, ou peut-être de Byzance, puisqu'on l'appelle aussi *Maxime de Byzance*, et fut un des maîtres de l'empereur Julien dans la philosophie et la théologie. Sa vie est peu connue, et paraît avoir été aussi tranquille que celle de son homonyme Maxime d'Éphèse fut agitée et tragique. Il composa un traité *Sur les Oppositions insolubles* (Περὶ ἀλύτων ἀντιθέσεων), qui a été publié par Henri Estienne à la suite des *Opera minora critica* de Denys d'Halicarnasse. Suidas cite encore de lui des *Commentaires sur Aristote* (Ὑπομνήματα πρὸς Ἀριστοτέλην), et un traité sur les *Nombres* (Περὶ ἀριθμῶν). Enfin, on lui attribue avec plus de raison qu'à Maxime d'Éphèse le petit poëme Περὶ καταρχῶν ou ἀπαρχῶν. Le commencement est perdu; il en reste 610 vers. Il y est question de l'influence que la lune et les astres exercent sur l'homme et sur ses actions. Quels sont les signes sous lesquels il faut se mettre en voyage, se marier, se faire saigner, acheter un esclave? Telles sont les questions que discute le poëte, en nous initiant ainsi à la connaissance des idées superstitieuses qui régnaient de son temps. Quelques critiques ont supposé que cet ouvrage était antérieur de deux ou trois siècles à l'époque où vivait Maxime. Une circonstance singulière a exercé les érudits: Tzetzès cite comme se trouvant dans les *Géorgiques* d'Orphée dix vers qu'on rencontre dans le poëme des *Auspices*. Y a-t-il là une citation inexacte ou bien les *Auspices* seraient-ils un extrait ou une production attribuée à Orphée? Cet ouvrage ne nous est parvenu que dans un manuscrit unique conservé à Florence et très-défectueux. Fabricius l'a publié d'une façon peu satisfaisante, avec une traduction latine par John Rentdorf (*Bibl. Græca*, t. VIII, p. 414-448). L'édition de Gerhard, Leipzig, 1820, in-8°, laisse aussi à désirer. Y.

Suidas, au mot Μάξιμος. — Fabricius, *Bibliotheca Græca*, t. IX, p. [illegible] (édit. Harles).

MAXIME (Saint), évêque piémontais, né à

Verceil. Il gouverna l'église de Turin sous les règnes des empereurs Honorius et Théodose le jeune, c'est-à-dire depuis 395, ou plutôt, jusqu'à sa mort, arrivée en 423. Il est donc impossible qu'il ait pu assister en 451 au concile de Milan et en 465 à celui de Rome. Il est évident qu'ici, et en contradiction avec l'opinion de Gennade, de Possevin, de Cave, etc., quelques hagiographes ont identifié saint Maxime de Turin avec un autre prélat du même nom et d'une époque postérieure. On connait de lui soixante-treize *homélies*, dont plusieurs se trouvent parmi les sermons de saint Augustin et de saint Ambroise. Les *Homelies* de saint Maxime ont été imprimées séparément; Anvers, 1518; Cologne, 1535; Rome, 1564 et 1572; Paris, 1614, 1623; on les trouve aussi à la suite des *Opera* de saint Léon et dans les *Bibliothecæ Patrum*. Dom Mabillon, dans la deuxième partie de son *Musæum Italicum*, en a inséré douze. Dix-sept autres se trouvent dans l'*Homiliarius Doctorum*; Bâle, 1498, in-fol.; elles ont été réimprimées à la suite de l'edit. de Salvien, Rome, Alde Manuce, 1564, in-fol.; dom Martene et dom Durant en ont donné six nouvelles dans le t. IX de leur *Amplissima Collectio*. Enfin, les œuvres complètes de saint Maxime ont eté réunies et publiées par Bruno Bruni et dédiées par le pape Pie VI au roi de Sardaigne Victor-Amédée II. Le martyrologe romain marque la fête de saint Maxime au 25 juin. A. L.

Les Bollandistes, au 25 juin. — *Diario di Roma*, même date. — Gennadius, *Catalogus*, cap. XL. — Possevin, *Apparatus sacer*. — Cave, *Scrip. Eccles.* — Du Pin, *Biblioth. Eccles.*, Ve siècle. — Baillet, *Vies des Saints*, t. II, 25 juin.

MAXIME (Saint), surnommé *le Confesseur* (ὁ Ὁμολογητής) ou *le Moine* (ὁ Μοναχός), théologien grec, ne a Constantinople, vers 580, mort en 662. Issu d'une famille noble et riche, il reçut une brillante education, et malgre ses goûts pour une vie pieuse, retiree, il dut paraître à la cour. Heraclius le choisit pour son premier secrétaire, et lui accorda toute sa confiance. Les honneurs ne lui firent pas oublier ses projets de retraite, et dès qu'il lui fut permis de se démettre de sa place, il embrassa la vie monastique. Il se distingua par la sévérité de ses pratiques ascétiques, et fut nommé *hegoumène*, ou abbé, du couvent de Chrysopolis sur le Bosphore en face de Constantinople. Son zèle religieux l'entraina en Afrique (province romaine de Carthage) pour y combattre l'hérésie des monothélites (645); il se rendit a Rome dans le même but, et obtint du pape Martin Ier (650) la convocation d'un concile qui anathématisa l'hérésie et ses adhérents. Cette démarche irrita l'empereur Constantin II, qui par son edit, ou *type*, avait essayé de mettre un terme aux interminables discussions sur les deux volontés. Il fit arrêter en 653 et amener a Constantinople le pape Martin, Maxime et deux de ses disciples, tous deux nommés Anastase, et d'autres évêques d'occident. Tous ces personnages furent traités avec une grande rigueur; mais la colère impériale s'acharna particulièrement sur Maxime et les deux Anastase, qui furent promenés d'exil en exil, ramenés à Constantinople, fouettés publiquement, eurent la langue et la main droite coupées, et furent enfin relégués dans divers endroits du Caucase, où Maxime et un des Anastase moururent bientôt. L'autre Anastase, surnommé *Apocrisarius*, survécut, et écrivit le récit de leurs souffrances et des siennes. Maxime est révéré comme un saint par l'Église grecque et l'Église latine. La première en célèbre la mémoire le 21 janvier, la seconde le 13 août. Les œuvres théologiques de saint Maxime jouirent d'une grande autorité pendant le moyen âge. Photius les critique, il est vrai, sévèrement, au point de vue du style, qu'il trouve confus et obscur, plein de transpositions, de circonlocutions, de métaphores incohérentes; il loue d'ailleurs la pureté et l'ardeur de la piété qui se manifeste dans tous les ouvrages de Maxime. La collection la plus étendue de ses Œuvres est celle de Combéfis : *S. Maximi confessoris, Græcorum theologi eximiique philosophi, Opera*; Paris, 1675, 2 vol. in-fol.; elle est loin d'être complète. Combéfis devait y ajouter un troisième volume; mais la mort l'empêcha d'achever une tâche que personne n'a reprise. Les traités religieux de Maxime sont trop nombreux et trop peu intéressants pour que nous en donnions la liste; nous signalerons seulement l'*Explication sommaire de la Pasque*, qui n'est pas donnée dans l'édition de Combéfis et que Petau a publiée dans son *Uranologion*; Paris, 1630, in-fol. Y.

In Vitam ac certamen S. Patris nostri ac confessoris Maximi; dans l'édition de Combéfis. — Théophane, *Chronographia*, p. 275, 276, 288, édit. de Paris. — Photius, *Bibliot. cod.*, 192-195 — Cave, *Historia Litteraria*, vol. I. — Fabricius, *Bibliotheca Græca*, vol. IX, p. 635. — Bollandus, *Acta Sanctor.*, *August.*, vol. III, p. 97. — *Concilia*, vol. V, édit. Labbe. — Oudin, *De Script. Eccles.*, vol. I, col. 1686. — Ceillier, *Auteurs sacrés*, vol. XVII, p. 689. — Galland, *Biblioth. Patrum Proleg. ad append.*, vol. XIV, c. 10. — Smith, *Dictionary of Greek and Roman Biography*.

MAXIMIEN (*Cornelius* MAXIMIANUS GALLUS *Etruscus*), poëte latin, d'une époque incertaine, auteur des élégies vulgairement attribuées à Cornelius Gallus. En 1501, Pomponius Gauricus, jeune Napolitain de dix-neuf ans, publia six élégies amoureuses, sous le titre de *Cornelii Galli Fragmenta*, avec une préface dans laquelle il essayait de prouver qu'elles appartenaient à Cornelius Gallus, ami de Virgile et d'Ovide. L'évidence interne n'était pas favorable à cette hypothèse. D'abord ces élégies laissaient beaucoup à désirer pour la pensée et l'expression, ensuite elles s'annonçaient comme l'œuvre d'un vieillard qui se lamente sur les infirmités et les misères de l'âge. Le contraste entre la triste débilité de la vieillesse et la joyeuse vigueur de la jeunesse forme le sujet de la première élégie. La seconde, la troisième, la quatrième sont consacrées aux trois maîtresses qui avaient successivement obtenu son amour, Aquilina, Candida, Lycoris; les deux premières avaient été les objets d'une affection passagère; mais la troisième, longtemps sa fidèle compagne, ne l'avait abandonné qu'au déclin de la vie. Dans la cinquième il chante sa passion sénile pour une jeune Grecque; dans la sixième, qui n'a que douze vers, il se plaint de l'approche de la mort. Ces circonstances ne conviennent pas à Gallus, mort à l'âge de quarante ans. Gauricus, sans s'arrêter à cette difficulté, appuya principalement son hypothèse sur les propositions suivantes : « Nous savons par Virgile et par d'autres témoignages que Gallus célébra une maîtresse nommée Lycoris; l'auteur des élégies se donne pour un Étrusque; au commencement de sa cinquième élegie il fait allusion à sa place de préfet d'Égypte. » Ces raisons assez faibles parurent convaincantes, et pendant longtemps le pseudo-Gallus figura dans les collections des élégiaques latins à la suite de Catulle, de Tibulle et de Properce. Mais à un examen plus attentif on s'aperçut que la latinité et la versification de ces poésies étaient trop défectueuses pour appartenir au siècle d'Auguste, que le nom de Lycoris ne prouvait rien, car il avait dû être porté par bien des femmes; que puisque l'auteur était Étrusque, ce ne pouvait être Gallus, né à Forum-Julii (Fréjus) dans la Gaule méridionale, qu'enfin la préfecture d'Égypte n'avait rien de commun avec la mission définie dans les vers suivants :

> Missus ad Eoas legati munere partes
> Tranquillum cunctis nectere pacis opus,
> Dum studeo gemini componere fœdera regni,
> Inveni cordis bella nefanda mei.

Enfin, en recourant aux manuscrits, on lut ces vers que Gauricus avait omis, et qui révélaient le nom du véritable auteur :

> Atque aliquis, cui cæca foret bene nota voluptas,
> Cantat, cantantem Maximianus amat.

Il devint évident que Gauricus était coupable d'une imposture préméditée; mais comme il arrive pour les fraudes littéraires, celle-ci conserva en partie son effet, même après avoir été découverte. On continua d'attacher le nom de Gallus à des œuvres de la décadence et presque de la barbarie, en signalant seulement de prétendues interpolations là où tout était apocryphe. Il fallut cependant finir par reconnaître que le contemporain d'Auguste n'était pour rien dans les élégies de Maximianus. On chercha alors quel était ce dernier. Il paraît d'après ses vers qu'il était Étrusque de naissance, qu'il passa sa jeunesse à Rome, se consacrant à la poésie et à l'éloquence, qu'il acquit une grande réputation comme orateur (*Orator toto clarus in orbe fui*) et qu'à un âge avancé il fut envoyé en Orient avec l'importante mission d'établir ou de renouer des relations amicales entre deux royaumes. Sur ces indications, assez vagues, Goldast, Fontanini et Wernsdorf l'ont identifié avec un Maximien, auquel le roi Théodoric adressa une lettre conservée par Cassiodore. La plus forte preuve en faveur de cette supposition, c'est que dans la troisième élégie il est question d'un Boetius, que l'auteur qualifie de *magnarum scrutator maxime rerum*, et qui pourrait bien être le philosophe Boèce (Boethius). L'argument n'est pas décisif, et l'auteur des *Élégies* restera probablement toujours inconnu. Les noms de *Cornelius Maximianus Gallus Etruscus* qu'on lui donne depuis le seizième siècle ne lui appartiennent pas. Les manuscrits portent simplement *Maximianus* ou *L. Maximianus*. L'édition princeps, in-fol., sans date et sans nom de lieu d'impression (mais imprimée à Utrecht, vers 1473), a pour titre *Maximiani philosophi atque oratoris clarissimi Ethica suavis et perjucunda*; une seconde édition, sans date in-4°, imprimée à Paris vers 1500, par Stéphane Jehannot et Pierre Ledru, est intitulée *Perjucundus, juvenum quoque mirum in modum demulcens animos, Libellus, quem nugarum Maximiani immitis Alexander intitulat*. Ces deux éditions furent suivies de celle de Gauricus, *Cornelii Galli Fragmenta*, Venise, 1501, remarquable par l'attribution frauduleuse de l'ouvrage à Cornelius Gallus, et par la division arbitraire en six élégies. Dans la plupart des manuscrits, qui sont très-nombreux, le tout est écrit de suite comme un seul poëme, et porte ordinairement le titre de *Facetum et perjucundum Poema de Amoribus Maximiani, poetæ doctissimi, oratoris suavissimi*. Labbe, dans sa *Bibliotheca nova Manuscriptorum*, mentionne d'autres poëmes de Maximien sous les titres de *Super Senectute*, *Regula metrica*, *Carmen de Virtute et Invidia*, *de Ira*, *Patientia et Avaritia*; mais à part le premier, qui est sans doute le même que les *Élégies*, ces poëmes sont restés inédits et appartiennent peut-être à un autre Maximianus ainsi que les *épigrammes* citées sous ce nom dans l'*Anthologie latine*. Les *Élégies* ont eu beaucoup d'éditions; la meilleure est celle de Wernsdorf dans ses *Poetæ latini minores*, vol. VI, par. 1, p. 269; réimprimée séparément par J. A. Giles; Londres, 1838, in-8°. Y.

Goldast, *Epist. dedic. ad Ovidii Opuscula Erotica*; Francfort, 1610. — Bernard de La Monnoye, *Menagiana*, vol. I, p. 386 de la 3e édition. — Souchaye, dans les *Mémoires de l'Académie des Inscriptions*, vol. XVI. — Fontanini, *Historia litteraria Aquileiæ*; Rome, 1742, in-4°. — Withofius, *Maximianus primævæ integritati restitutus*; 1761, in-8°.

MAXIMIEN Ier ou **MAXIMIEN** *Hercule* (*M.-Aurelius-Valerius* Maximianus), empereur romain, mort en février 310 après J.-C. Il était né dans une famille de paysans, sur le territoire de Sirmium. Il ne reçut aucune éducation, et plus tard il garda dans la plus haute fortune une rusticité de manières qui attestait sa basse extraction. Son savoir se réduisait à l'art de la guerre, qu'il avait appris dans de longues années de service sur les frontières de l'empire. Il semble qu'il n'eut jamais l'initiative et l'habileté supérieure d'un général en chef; mais par son courage et son expérience il était parfaitement propre à exécuter sous les ordres d'un autre les entreprises les plus difficiles. Il fut le compagnon d'armes de Dioclétien et le confident de ses espérances ambitieuses. Aussi ce général, devenu seul possesseur de l'empire par la mort de Carin, et songeant à se donner un associé, choisit Maximien, qui reçut la pourpre à Nicomédie, le 1er avril 286. Par un motif d'orgueil ou de superstition, Dioclétien et Maximien prirent, l'un le titre de *Jovien* (*Jovius*), l'autre celui d'*Herculien* (*Herculius*). Les orateurs officiels ne manquèrent pas de faire observer que tandis que la souveraine sagesse de Jupiter présidait au mouvement du monde, le bras invincible d'Hercule purgeait la terre des monstres et des tyrans. Cette comparaison emphatique était juste en ce point seulement que, dans ce partage du pouvoir, Dioclétien, se reservant la direction suprême, laissait volontiers agir son collègue, surtout lorsqu'il s'agissait de réprimer des révoltes. Il n'intervenait que pour adoucir, par une clémence calculée, la sévérité impitoyable de Maximien, et ce contraste habilement ménagé fournissait à des écrivains déclamateurs l'occasion de comparer les règnes des deux princes à l'âge d'or et à l'âge de fer. L'opposition n'était qu'apparente; c'était au fond la même politique, plus artificieuse d'un côté, plus brutale de l'autre. Malgré la différence de leurs caractères, les deux empereurs conservèrent sur le trône l'amitié qu'ils avaient contractée dans une position privée. Le vain et turbulent Maximien montra toujours de la déférence pour Dioclétien, et ne fut que son premier lieutenant. Nous ne répéterons pas ici sur leur commune administration les détails donnés à l'article Dioclétien. Ce double règne se termina le même jour (1er mai 305), à Nicomédie et à Milan, par l'abdication volontaire de Dioclétien, par l'abdication contrainte de Maximien. Celui-ci, incapable de résister à l'ascendant de son collègue, mais déguisant mal son dépit, se retira dans une magnifique villa de Lucanie. Informé l'année suivante que son fils Maxence s'était révolté contre l'empereur Sévère, il se hâta d'accourir à Rome, voilant son ambition sous le prétexte de la tendresse paternelle. A la demande de Maxence et du sénat, il reprit la pourpre. Les rhéteurs, qui l'année précédente avaient donné de magnifiques éloges à son détachement philosophique des grandeurs, le sommèrent maintenant de sacrifier au bien de l'État ses goûts de retraite et de tranquillité. Maximien n'avait pas besoin de ces exhortations. Il ressaisit le pouvoir avec un extrême empressement, et l'exerça avec une activité tempérée par la prudence d'un vétéran. Il força Sévère à se retirer dans Ravenne, l'amena sans combattre à livrer cette place imprenable, et laissa à Maxence le soin de le faire mettre à mort. Sa campagne contre l'empereur Galerius, le premier général du temps, ne fut pas moins heureuse; mais il trouva sa perte dans son succès même. Maxence, débarrassé de ses ennemis, n'eut plus besoin de son père, et se hâta de se défaire de ce collègue gênant en excitant contre lui une mutinerie de soldats. Maximien se retira d'abord dans les États de Galerius, qui ne l'y souffrit pas longtemps. Il alla ensuite à la cour de Constantin, à qui il avait quelques mois auparavant marié sa fille Fausta. Il fut bien accueilli, et pour écarter tout soupçon de projets ambitieux, il quitta de nouveau la pourpre. Cette résignation n'était pas sincère. Profitant de l'absence de Constantin, qui combattait les barbares sur le Rhin, il s'empara de ses trésors, déposés à Arles, les prodigua aux soldats, dont il obtint sans peine le titre d'auguste. A cette nouvelle Constantin, se portant à marches forcées du Rhin sur le Rhône, obligea Maximien de s'enfermer dans Marseille. La ville menacée d'assaut se rendit. Maximien, tombé au pouvoir de son gendre, fut dépouillé de toutes ses dignités, mais conserva la vie et la liberté (308). Il en fit, à ce qu'il semble, le plus mauvais usage, continuant ses intrigues et tramant le meurtre du prince qui l'avait épargné. Constantin, à bout d'indulgence, le condamna à mort, ne lui laissant que la faculté de se tuer lui-même. Maximien s'étrangla au mois de février 310. La peine était méritée sans doute; mais peut-être un gendre n'eût pas dû l'infliger.

Maximien avait épousé une veuve d'origine syriaque, nommée Eutropie, de laquelle il eut deux enfants, l'empereur Maxence, et Fausta, femme de Constantin. Eutropie avait de son premier mari, dont le nom est inconnu, une fille, Flavia-Maximiana-Theodora, qui fut mariée à Constance Chlore lors de l'élévation de celui-ci au rang de césar. L. J.

Zosime, II, 7, 8, 10, 11. — Zonaras, XII, 31-33. — Lactance, *De Morte Persecutorum*, 8, 29, 30. — *Panegyrici veteres*, II; III, 3, 10, 14; VI, 9; VII, 14, etc. — Aurelius Victor, *De Cæsar. Epit.*, 39, 40. — Eutrope, IX, 14, 16; X, 1, 2. — Orose, VII, 25, 28. — Gruter, *Corpus Inscriptionum*, CCLXXXI, 4. — Tillemont, *Histoire des empereurs*, t. IV. — Eckhel, *Doctrina Nummorum*, vol. VIII, p. 15. — Gibbon, *History of the Decline and Fall of the Roman Empire*, c. XIII, XIV.

MAXIMIEN II. *Voy.* Galerius.

MAXIMILIEN (Saint), martyr, né vers 275, à Tebeste (Numidie), décapité dans la même ville, le 12 mars 295. Il était fils d'un riche chrétien nommé Fabius Victor. Appelé par le proconsul Dion pour servir dans les armées romaines, il s'y refusa constamment, alléguant qu'il était chrétien et que sa loi religieuse lui défendait de servir des empereurs idolâtres. Tebeste comptait alors beaucoup de chrétiens : Dion, craignant que l'impunité de Maximilien n'entraînât beaucoup d'autres jeunes gens à refuser le service, se crut forcé de faire un exemple, et fit décapiter le réfractaire. Une dame, nommée Pompeia, obtint le corps de Maximilien, le conduisit à

Carthage, où elle le fit enterrer auprès de celui de saint Cyprien, sous une petite montagne au bas du palais. Maximilien est devenu un saint très-populaire en Allemagne, où plusieurs églises se félicitent de posséder ses reliques. L'Église l'honore le 12 mars. C'est à tort que l'on a confondu Maximilien avec saint Mamillien, de Rome.

Un autre saint MAXIMILIEN, martyrisé en décembre 362, était d'Antioche. Il servait comme officier dans les vieilles troupes que l'on nommait les *herculiens*, du temps de l'empereur Julien. Ce monarque ayant ordonné d'ôter la croix et le monogramme de J.-C. de dessus les étendards romains, Maximilien et Bonose, son collègue, dont les soldats étaient pour la plupart chrétiens, conservèrent ces signes sur leurs enseignes. Julien, comte d'Orient, oncle de l'empereur, selon dom Ruinart, fit mander les deux centurions chrétiens, et leur ordonna de se conformer à l'ordre général; la discipline de l'armée ne pouvant tolérer que chaque chef arborât un signe particulier. Maximilien et Bonose protestèrent de leur dévouement au chef de l'empire; mais ils déclarèrent « qu'ils avaient un maître plus élevé, Jésus-Christ, et qu'ils ne pouvaient arborer les images de faux dieux ou d'animaux ». Julien les fit, dit-on, battre avec des escourgées de plomb, les fit baigner dans la chaux vive, puis inonder de poix bouillante. Les trouvant invincibles, il les fit décapiter. Plusieurs de leurs soldats partagèrent leur opposition et leurs supplices. C'est pourquoi on trouve trois Bonose, trois Maximilien, un Jovien et un Herculien, marqués dans le Martyrologe d'Espagne, au 21 août. Quoique l'Église ait accepté cette date pour la fête de saint Maximilien et de ses compagnons, elle ne regarde pas les actes de ces martyrs comme originaux. A. L.

Dom Mabillon, *Analect.*, t. IV. — Dom Thierry Ruinart, *Acta primorum Martyrum sincera*. — Baillet, *Vies des Saints*, t. I, 12 mars, 21 août; t. II, 27 juillet; t. III, 4 novembre. — Richard et Giraud, *Bibliothèque Sacrée*, t. V, p. 471; t. VI, p. 322; t. XVI, p. 336.

MAXIMILIEN Ier, empereur d'Allemagne, né à Neustadt, le 22 mars 1459, mort à Wels, le 12 janvier 1519. Fils de l'empereur Frédéric III et de Léonore de Portugal, il eut pour précepteur Pierre Engelbert, homme entièrement incapable de diriger l'éducation d'un prince. Jusqu'à l'âge de dix ans il articulait si mal qu'on le nommait *le Bègue;* mais ce défaut disparut peu à peu, et Maximilien depuis se fit remarquer au contraire par une grande facilité d'élocution. En novembre 1473 il se trouva à l'entrevue qui eut lieu à Trèves entre son père et le duc de Bourgogne, Charles le Téméraire; ce dernier avait promis de fiancer sa fille Marie au jeune archiduc d'Autriche si Frédéric consentait à ériger la Bourgogne en royaume. A Trèves il exigea encore d'autres conditions, ce qui fit rompre pour le moment le projet de mariage; mais il fut repris en 1475. On était convenu d'une nouvelle entrevue, pour arrêter les clauses de cette union, lorsque Charles fut tué devant Nancy. Malgré les menées de Louis XI et du duc de Clèves, qui voulaient chacun obtenir pour leur fils la main de Marie (*voy.* ce nom), cette jeune princesse, sur les conseils de sa belle-mère, Marguerite d'York, résolut d'épouser Maximilien; le 21 avril 1477 le mariage fut célébré à Louvain, par procuration, au grand enthousiasme des populations des Pays-Bas; elles espéraient que Maximilien saurait les défendre contre les attaques du roi de France, qui menaçait de s'emparer du pays. Empêché par la pénurie du trésor impérial de se présenter honorablement au milieu des riches habitants des Flandres, Maximilien ne vint trouver Marie qu'en août lorsqu'elle lui eut fait parvenir de l'argent (1). A son arrivée, marquée par les plus grandes démonstrations de joie, le courage des Flamands, abaissé par les succès de Louis XI, se releva au point que ce roi consentit, le 18 septembre, à une trêve, qui, bien que mal observée, donna quelque répit au pays. Les gentilshommes cessèrent de passer au service de Louis, lorsqu'ils virent l'activité avec laquelle Maximilien préparait les moyens de repousser les troupes françaises. Quoique ayant peu de connaissance des affaires et des hommes, il écoutait de sages conseillers et montrait la meilleure volonté. Après avoir tenu, le 30 avril 1478, le chapitre de l'ordre de la Toison d'or, dont il fut déclaré le chef, il marcha avec vingt mille hommes sur Valenciennes, et fit offrir bataille aux Français; mais Louis, qui n'aimait pas courir le hasard des combats, préféra signer une trêve d'un an, retirer ses troupes du Hainaut, et rendre Cambrai. En revanche, le duché de Bourgogne était cette année retombé au pouvoir de Louis. Privé d'alliés par l'habileté diplomatique du roi de France, mais ayant reçu des états de Flandre des subsides considérables, Maximilien alla, en mai 1479, faire avec vingt-sept mille hommes le siége de Térouanne. Le 7 août il attaqua à Guinegate l'armée française envoyée au secours de la ville. La bataille, d'abord perdue pour les Flamands, fut à la fin gagnée par eux, grâce à l'énergie du comte de Romont. Maximilien y montra le plus brillant courage; mais il ne sut pas profiter de la victoire, achetée par la perte du tiers de son armée. Au commencement de l'an 1480, il se vit assailli par les plus grandes difficultés. Les Français envahissaient le Luxembourg; la Gueldre avait secoué la domination bourguignonne; en Hollande la guerre civile entre les Hoeks et les Rabelljauws avait recommencé avec une nouvelle fureur. Maximilien y accourt à la hâte, et rétablit l'ordre en décidant la victoire en faveur du parti populaire des Rabelljauws. De retour à Bruxelles, il se trouva dans les plus grands embarras d'argent,

(1) A leur première entrevue ils ne purent se parler. Marie ne comprenait pas l'allemand, et l'éducation de Maximilien avait été si négligée, qu'il ne savait pas le français.

par suite du refus des états de Flandre de lui fournir des subsides; il fut obligé d'engager des joyaux pour l'entretien de la maison de la duchesse. Les Flamands, auxquels il avait d'abord plu par sa vaillance et par sa courtoisie, étaient arrivés à le regarder comme un homme leger et à ne plus faire grand compte de lui, en remarquant son goût pour les fêtes et la chasse, auquel il se livrait sans retenue, malgré la gravité de la situation. N'ayant pu nonobstant tous ses efforts décider le roi d'Angleterre, Édouard IV, à se liguer avec lui contre la France, n'ayant pas plus réussi à obtenir des secours de l'Empire, où son père n'avait pas le moindre crédit, Maximilien se décida à prendre la voie des pourparlers, et conclut le 27 août une trêve avec Louis XI. Mais il ne pressa pas les négociations, espérant la mort prochaine du roi, qui de son côté ne se hâtait pas non plus, parce qu'il voyait journellement s'accroître le mécontentement des villes turbulentes de Flandre, dont le commerce et l'industrie avaient besoin du rétablissement de la paix. Il soutenait secrètement les habitants de la Gueldre et d'Utrecht, que Maximilien n'avait pas encore pu soumettre, et il poussa les Hoeks à se révolter de nouveau. Aussi lorsque, le 27 mars 1482, arriva la mort inopinée de Marie, la situation de Maximilien devint des plus précaires. Les états de Flandre, tout en lui laissant, pour la forme, la tutelle de ses enfants Philippe et Marguerite, qu'ils faisaient élever à Gand sous leur garde, le soumirent à un conseil et ne lui laissèrent qu'une part minime dans l'administration de leur province. Les états de Brabant se disposaient à en faire autant, lorsque Maximilien, sur l'instigation de quelques jeunes courtisans, fit mettre à mort quelques-uns des plus riches et des plus influents bourgeois qui lui étaient hostiles. Cet acte acheva de le perdre dans l'esprit des peuples; la plupart des provinces lui imposèrent dans son gouvernement les mesures les plus gênantes, et se réservèrent de contrôler son administration. Louis XI, profitant de cet état de choses, noua, par l'entremise du maréchal d'Esquerdes, des intelligences avec les principaux adversaires de l'archiduc, tels que Guillaume Rym et Jean Copenole, deux démagogues de Gand, et il se mit à traiter de la paix directement avec les états de Flandre. Ceux-ci voyaient leurs frontières exposées sans défense à l'attaque de l'armée française, plus redoutable que jamais; en effet, Maximilien avait été forcé d'envoyer la plus grande partie de ses troupes contre les gens d'Utrecht et contre leur allié, Guillaume de La Marck, *le Sanglier des Ardennes*. Après plusieurs mois de négociations secrètes, les états de la plupart des provinces, réunis à Alost, signifièrent à Maximilien qu'ils exigeaient que la guerre fût terminée. Sans appui, sans conseiller habile, il se résigna à s'en rapporter à ce que les états décréteraient. Le 23 décembre 1482 ceux-ci signèrent à Arras la paix aux conditions suivantes : la jeune Marguerite, fille de Maximilien, serait fiancée au dauphin, et conduite en France pour y être élevée; elle recevrait en dot les comtés d'Artois et de Bourgogne, les seigneuries de Mâcon, Auxerre, Salins, Noyers et Bar-sur-Seine, dont la possession serait remise au roi de France, qui à son tour abandonnerait ses prétentions sur Lille, Douai et Orchies. Maximilien, bien qu'il regardât cet accord comme honteux, fut contraint de le ratifier. Mais en 1485, ayant étouffé la rébellion des gens d'Utrecht et de Guillaume de La Mark, il résolut de se soustraire à la dépendance où le tenaient les états de Flandre et les seigneurs, tels que Adrien de Ravestin, Louis de Gruythusen, Philippe de Bèvre et le sire de Vère, qui détenaient à Gand le jeune duc Philippe. Lorsqu'il se fut emparé de Termonde, d'Oudenarde et de Bruges, les Gantois, battus en plusieurs rencontres par ses généraux, peu soutenus par la régente de France, traitèrent avec Maximilien, et le reconnurent comme le véritable administrateur du pays jusqu'à la majorité de son fils. Une émeute dirigée contre lui ayant éclaté quelques jours après son entrée à Gand, il la réprima sévèrement, et restreignit de sa propre autorité les privilèges de la ville. Il fit conduire son fils à Bruxelles, et le commit aux soins d'Adolphe de Clèves, d'Engelbert de Nassau et du chancelier Carondelet, lorsqu'il se rendit en février 1486 à la diète de Francfort, afin d'y poursuivre son élection comme roi des Romains. Elle eut lieu le 16 février, à l'unanimité, sans qu'il eût eu besoin d'acheter, comme cela se faisait d'ordinaire, les voix des électeurs. Il se crut alors assez fort pour recommencer la lutte contre la France, envahit au printemps l'Artois avec une armée considérable, et s'empara de Térouanne et de Lens; mais les maréchaux d'Esquerdes et de Gié l'empêchèrent de pénétrer plus avant. Le 13 décembre il signa avec les ducs d'Orléans, de Bretagne, de Bourbon, de Lorraine et avec plusieurs autres grands seigneurs français un traité contre la regente Anne de Beaujeu. L'année suivante les Français sous d'Esquerdes prirent Térouanne et Saint-Omer et défirent à Béthune les troupes de Maximilien. A l'instigation de Comines les Gantois, exaspérés par les brutalites des mercenaires allemands, mis chez eux en garnison par le roi des Romains, se soulevèrent contre lui en novembre 1487, et déclarèrent ne plus reconnaître son autorité. Pour les réduire à l'obéissance, il se rendit, le 31 janvier 1488, à Bruges avec cinq cents cavaliers pour toute escorte, malgre l'avis de ses conseillers et même de son fou Kunzen von der Rosen. Le lendemain lorsqu'il se disposait à marcher sur Courtrai, dont les Gantois venaient de s'emparer, il trouva les portes de la ville fermées, et tous les habitants sous les armes. Ils le forcèrent à renvoyer ses principaux conseillers, et lui assignèrent pour demeure une petite maison appartenant à un épicier; il y passa plusieurs jours dans les plus grandes privations, et fut ensuite conduit comme prisonnier à l'hôtel de Philippe de Clèves. Ses conseillers furent menés à Gand, où plusieurs furent exécutés. Maximilien ayant demandé audience aux chefs des révoltés, et s'étant découvert devant eux, les supplia de le traiter avec plus de ménagement. Ils se déclarèrent prêts à le relâcher s'il voulait renoncer, moyennant une pension, à toute participation au gouvernement des Pays-Bas, qui serait confié à la France. Il demanda un délai pour consulter l'empereur, son père, qui, ayant réuni une armée de plus de dix-huit mille hommes, s'avançait sur Malines. Excommuniés par le pape, et apprenant qu'un grand nombre de leurs compatriotes étaient venus renforcer les troupes de l'empereur, les Flamands finirent par accorder à Maximilien de meilleures conditions, qu'il accepta. Il fut convenu qu'il recouvrerait sa liberté et qu'il recevrait une somme de 50,000 florins; qu'il ferait la paix avec la France; qu'il obtiendrait le renvoi sous huit jours des troupes étrangères, et qu'en retour les mécontents déposeraient les armes. Mais l'empereur, qu'il alla, après être resté prisonnier trois mois et demi, rejoindre à Louvain, déclara cet accord nul, comme extorqué par la violence, et marcha sur Gand, dont le duc Albert de Saxe fut chargé de conduire le siége. Les troupes de Maximilien obtinrent plusieurs succès partiels sur d'Esquerdes et Philippe de Clèves, qui s'était mis à la tête des révoltés; le manque d'argent empêcha Maximilien de terminer la guerre par une entreprise décisive (1). Cependant Charles VIII, méditant une descente en Italie, conclut avec lui, le 22 juillet 1489, un traité de paix, basé sur les conventions de 1482 et dans lequel furent compris les ducs d'Orléans et de Bretagne. A cette nouvelle les villes du Brabant se soumirent à Maximilien, et s'engagèrent à lui payer 100,000 florins; le 30 octobre les villes de la Flandre se résignèrent à accepter la sentence arbitrale prononcée par Charles VIII, et qui, tout en maintenant les priviléges de la province, déclarait Maximilien seul tuteur du duc Philippe et obligeait les villes de Gand, de Bruges et d'Ypres au payement de 300,000 florins à effectuer en trois ans.

Sur ces entrefaites Maximilien, qui n'avait pas voulu prendre une part directe à la guerre à cause du serment qu'il avait prêté à Bruges, s'était rendu en Allemagne; après avoir réconcilié le duc Georges de Bavière avec la Ligue de Souabe, il était allé demander à la diète de Nuremberg des secours contre le roi de Hongrie Matthias Corvin, qui avait enlevé à l'empereur presque toute l'Autriche et contre lequel il venait de conclure un traité avec le grand-duc de Moscou Ivan Wassiliewitch. Les états consentirent à lui prêter assistance, sous la condition qu'il insisterait auprès de son père pour que le tribunal suprême de l'Empire reçût une organisation définitive et ne restât plus soumis à l'action arbitraire de l'empereur. Un rapprochement eut lieu entre Matthias et Maximilien, qui conseilla à son père d'accepter les propositions de paix modérées faites par le roi de Hongrie; mais Frédéric, qui avait pour principe de laisser les choses se traîner en longueur, ne voulut entendre parler d'aucune négociation, d'autant plus qu'il avait appris le mauvais état de santé de Matthias. Maximilien alors se rendit à Inspruck, où son cousin Sigismond lui abandonna, moyennant une pension de 52,000 florins, le Tyrol, la Souabe, l'Alsace et ses autres possessions. Aussitôt après la mort de Matthias, il entre en Autriche avec une armée considérable, et en chasse en quelques semaines tous les Hongrois, à la grande joie des habitants, qui en étaient venus à détester le ferme et sévère gouvernement de Matthias, qu'ils avaient d'abord appelé de leurs vœux. Maximilien fit ensuite valoir ses prétentions à la couronne de Hongrie auprès de la diète de ce pays; mais celle-ci proclama Ladislas de Bohême, dont la faiblesse de caractère faisait espérer aux magnats qu'ils jouiraient de plus d'indépendance que sous le règne du roi des Romains, connu pour sa bravoure et son activité énergique. Maximilien n'en persista pas moins à réclamer le trône, qui, d'après le traité de 1463, devait appartenir à sa maison à l'extinction des Huniade. En septembre 1490 il entre en Hongrie avec plus de vingt mille hommes, et pénètre jusqu'à Albe-Royale, qu'il prend d'assaut. Empêché de s'avancer plus loin par une mutinerie de ses soldats, auxquels il ne put payer l'arriéré de leur solde, il conclut, le 7 novembre 1491, un traité avec Ladislas, qui garda la Hongrie, mais abandonna toute l'Autriche, paya 100,000 ducats pour frais de guerre, et consentit à ce qu'à l'extinction de sa descendance masculine la Hongrie fût substituée aux Habsbourg.

Dans l'intervalle, le duc Albert de Saxe, nommé gouverneur des Pays-Bas, avait en vain essayé d'amener à la soumission Philippe de Clèves, qui tenait toujours la campagne et qui avait décidé les villes de Flandre à se révolter de nouveau. Quant au roi de France, s'il entretenait la paix avec Maximilien du côté des Pays-Bas, c'était pour presser avec plus de vigueur la guerre qu'il avait entreprise contre Anne, la jeune duchesse de Bretagne, que le roi des Romains avait épousée par procureur au commencement de 1490. Peu secourue par Maximilien, qui était occupé de son expédition en Hongrie, Anne, trahie par ses généraux et ses conseillers, se décida, à la suite de mystérieuses négociations, à épouser Charles VIII. Le mariage eut lieu le 16 décembre 1491. Maximilien, qui ne s'attendait pas à ce dénoûment, puisque Charles VIII

(1) A cette époque Maximilien avait déjà mis en gage pour plus d'un million de florins d'or, des joyaux et d'autres objets précieux du trésor des ducs de Bourgogne.

était fiancé avec sa fille Marguerite, avait, dans le courant de l'année, déterminé la diète réunie à Nuremberg à lui assurer des secours contre la France; dans cette même diète, il avait donné une organisation plus forte à la Ligue de Souabe, voyant en elle un instrument capable de mettre fin aux interminables guerres privées qui désolaient depuis si longtemps l'Allemagne. Mais lorsqu'en 1492, exaspéré du double affront qui lui était infligé par Charles VIII, il vint réclamer à la diète de Coblentz les subsides promis, il obtint un refus péremptoire; la diète, reconnaissant l'impossibilité de faire annuler l'annexion de la Bretagne à la France, ne voulait pas s'exposer à des revers, pour servir la rancune de Maximilien. Celui-ci néanmoins renouvela les hostilités contre la France, étant parvenu à décider Henri VII d'Angleterre et Ferdinand d'Espagne à attaquer cette puissance. Après avoir reçu en août la soumission des communes de Flandre, et signé deux mois après la paix avec Philippe de Clèves, il s'empara, vers la fin de l'année, d'Arras et de Bapaume, tandis qu'une insurrection générale chassait les Français de la Franche-Comté. Mais, abandonné par ses alliés, il se vit forcé, malgré ces avantages, à signer à Senlis, le 23 mai 1493, un traité de paix avec Charles VIII. Sa fille Marguerite lui fut rendue, et on lui restitua la dot de cette princesse, la Franche-Comté, l'Artois, le Charolois et autres seigneuries; de plus, Charles VIII s'engagea à rendre au jeune duc Philippe, lorsqu'il serait parvenu à sa majorité, plusieurs places fortes de Flandre, telles que Hesdin, Aire et Béthune.

Frédéric III étant mort le 19 août suivant, Maximilien lui succéda sur le trône impérial. Il inaugura son règne en mettant en déroute une horde de Turcs qui avait pénétré jusqu'à Laybach. Il désirait avec ardeur restaurer le pouvoir impérial, si déchu depuis quelque temps; mais pour l'accomplissement de ce projet il avait besoin d'argent; il épousa donc, le 16 mars 1494, Blanche-Marie, fille de Galeas Sforze, duc de Milan, et veuve de Philibert de Savoie; elle lui apporta une dot de 440,000 mille écus d'or (1). En cette même année il se rendit dans les Pays-Bas, pour en remettre le gouvernement à son fils Philippe, devenu majeur; il entreprit aussi une campagne contre Charles d'Egmont, qui s'était emparé de la Gueldre; mais n'ayant pu obtenir de succès décisifs, il chargea le duc Albert de Saxe de reprendre cette province. Sa préoccupation en effet était d'aller se faire couronner à Rome, et de rétablir en Italie l'autorité impériale, qui n'y existait plus que de nom; mais il fut prévenu par Charles VIII, qui, entré dans ce pays en septembre 1494, en avait fait la conquête en quelques mois. Le 31 mars 1495 Maximilien conclut avec le pape, le roi d'Espagne, la république de Venise et le duc de Milan une ligue ayant pour but de chasser les Français d'Italie. Quatre jours auparavant il avait ouvert la fameuse diète de Worms, où il demandait des secours pour combattre Charles VIII. Comme il manifestait ouvertement le désir de se venger des humiliations qu'il avait éprouvées de la part des rois de France, la diète en profita pour lui demander une organisation stable de la constitution de l'Empire et l'établissement d'un pouvoir central fort et indépendant de l'empereur. Reprenant les idées déjà émises par le célèbre cardinal de Cuse, les états réclamèrent la fondation d'un conseil de l'Empire, chargé des principales attributions du gouvernement et soumis seulement pour les affaires les plus importantes au contrôle de l'empereur et des électeurs. Ce projet, qui aurait amené pour l'Allemagne les meilleurs résultats, ne reçut pas l'approbation de Maximilien. Mais, reconnaissant que pour obtenir des subsides il lui fallait faire quelques concessions, il donna son assentiment à ce que les membres du tribunal supérieur de l'Empire, qui, nommés jusque ici par l'empereur, suivaient sa personne et exécutaient sa volonté, seraient dorénavant élus par les états, le président excepté; qu'ils auraient une résidence stable et seraient tenus de juger selon des règles fixes de législation. En revanche, les états votèrent pour quatre ans un impôt général sur les revenus, fixé à un dixième pour cent; mais le produit de cette taxe ne devait être employé que selon les dispositions de la diète, qui se réunirait régulièrement tous les ans en février, et qui serait seule chargée de déclarer la guerre aux souverains étrangers et d'exécuter la mise au ban de l'Empire. Après avoir encore décrété une paix perpétuelle, et déclaré illégale toute guerre privée, les états obtinrent le 7 août, après bien des difficultés, que Maximilien ratifiât les dispositions précédentes, qui leur donnaient une part au maniement des affaires. Mais il multiplia les entraves pour en empêcher la mise en pratique, quoique, n'ayant pu envoyer en Italie que trois mille hommes au lieu des neuf mille qu'il avait promis, il eût plus que jamais besoin du concours des états. Aussi ceux-ci ne lui prêtèrent-ils aucun appui lorsqu'il se dirigea, en 1496, sur l'Italie pour s'opposer à de nouveaux progrès de Charles VIII dans ce pays. Ludovic Sforze et les Vénitiens, qui l'avaient appelé avec instance, avertis que l'armée française n'entreprendrait rien contre eux en cette année, firent des efforts pour persuader à Maximilien de retourner en Allemagne. Voulant se signaler par quelque action d'éclat, il alla avec cinq cents chevaux seulement et huit compagnies d'infanterie, faire le siége de Livourne, ville qui appartenait aux Florentins, ligués avec la France. Contrarié plutôt qu'aidé par ses alliés, il échoua complétement, et revint en Allemagne rempli d'indignation contre

(1) Arrière-petite-fille d'un soldat de fortune et petite-fille d'une bâtarde, elle n'obtint qu'après une longue résistance des princes de l'Empire les honneurs dus à une impératrice

les Italiens, qui, l'ayant vu entreprendre cette équipée romanesque, conçurent de lui une médiocre opinion (1).

Sur ces entrefaites la diète s'était réunie à Lindau, et, dirigée par Berthold, électeur de Mayence, homme zélé pour le bien de sa patrie, elle avait maintenu les dispositions prises à Worms et les avait fait accepter par plusieurs membres de l'Empire qui n'avaient pas assisté à la diète précédente. De son côté, Maximilien avait mené à bonne fin la négociation du mariage de son fils Philippe avec Jeanne, l'héritière de Ferdinand et d'Isabelle d'Espagne. En 1498, après la mort de Charles VIII, il fit envahir la Bourgogne par des lansquenets et des Suisses, qui d'abord ne trouvèrent pas beaucoup de résistance; mais une grande partie de ces troupes s'étant débandée, faute de solde, le reste fut bientôt forcé d'évacuer le pays. Le 20 juillet le jeune archiduc Philippe conclut avec le nouveau roi de France, Louis XII, un traité qui lui rendit les villes d'Hesdin, d'Aire et de Béthune, et par lequel il abandonna ses prétentions sur la Bourgogne. Mécontent de ce traité, qu'il avait déconseillé, Maximilien éprouva encore la contrariété de trouver la diète, qu'il était allé présider à Fribourg, le 18 juin, préoccupée surtout de la consolidation de l'ordre à l'intérieur et cherchant à restreindre les dépenses, tandis qu'il voulait la pousser à la guerre contre la France et lui demandait pour cela des subsides extraordinaires. Sans l'habileté et la modération de l'électeur de Mayence, une rupture ouverte s'en serait suivie entre lui et les états. Enfin, ceux-ci mirent à la disposition de Maximilien ce qui jusque là avait été recouvré de l'impôt décrété à Worms, c'est-à-dire 70,000 florins, à peine la moitié de ce que cet impôt devait rapporter par an. Maximilien rassemble aussitôt une armée considérable, et envahit la Champagne; mais, arrêté par des pluies torrentielles, il se mit à rétrograder, pour se tourner contre Charles d'Egmont, qui, s'étant de nouveau emparé de la Gueldre et soutenu par les Frisons, avait repoussé les troupes conduites contre lui par Albert de Saxe. N'ayant pas obtenu de succès marqué, il abandonna à Charles, par un traité signé bientôt après, la plus grande partie de la Gueldre. Il se dirigea alors avec son armée sur Constance, dans le but de châtier les Suisses, qui depuis deux ans refusaient, malgré l'excommunication lancée contre eux par le pape, de se soumettre à la chambre impériale et de fournir en hommes et en argent leur quote-part comme membres de l'Empire. Les cantons avaient encore excité son ressentiment en secourant les Grisons dans leurs guerres contre les Tyroliens. Quand il fut arrivé à Constance, il y trouva l'armée des Suisses à peu de distance; mais les commandants des contingents de l'Empire refusèrent de marcher contre eux, ne voulant pas, dirent-ils, compromettre leur réputation militaire dans un combat avec ces pâtres. Réduit à ses propres forces, Maximilien fit avancer seize mille hommes sur Soleure, qui furent complétement défaits à Dornach. En septembre 1499, il se décida à conclure avec les Suisses un traité qui les déclarait indépendants de l'Empire. A la diète d'Augsbourg, commencée le 10 avril 1500, Maximilien, impatient d'aller soutenir Ludovic Sforze contre les entreprises de Louis XII, consentit, afin d'obtenir dans ce but l'aide de l'Empire, à l'établissement d'un conseil de régence permanent qui, formé des délégués des électeurs, des princes et des villes, serait chargé des principales attributions du gouvernement à la place de l'empereur, lequel ne serait dès lors que le président de ce conseil. En retour de cette concession, qui lui coûta beaucoup, il obtint l'autorisation de lever une armée d'après un nouveau mode de conscription, basé sur la proportion d'un fantassin par quatre cents âmes; la cavalerie devait être fournie par les princes et les seigneurs. Il espérait ainsi pouvoir bientôt marcher avec trente mille hommes au secours du roi de Naples, Frédéric, avec lequel il venait de conclure un traité contre Louis XII. Mais au milieu de l'année 1501 non-seulement les listes nécessaires pour cette levée d'hommes n'étaient pas encore établies; mais le nouveau conseil de régence se mit en opposition directe avec Maximilien, et entama des négociations avec le roi de France au sujet du duché de Milan. Exaspéré de s'être inutilement dépouillé de son autorité, Maximilien s'attacha alors à détruire l'œuvre des dernières diètes : après avoir constitué une nouvelle chambre impériale, dont il nomma tous les membres (1), il prit encore d'autres mesures qui, montrant son intention de revenir sur toutes ses concessions faites aux états, excitèrent un mécontentement général en Allemagne. Aussi se hâta-t-il d'accepter les propositions que Louis XII lui fit faire par l'entremise de l'archiduc Philippe. Le 13 octobre 1501, il convint à Trente avec le cardinal d'Amboise d'accorder, pour la somme de quatre vingt mille ducats l'investiture du Milanais à Louis XII, qui s'engageait à fournir des troupes pour une croisade contre les Turcs, un des projets favoris de Maximilien, de soutenir les prétentions de la maison d'Autriche sur la Hongrie et la Bohême ainsi que celles de Philippe sur l'Espagne, et enfin d'aider Maximilien à se faire couronner à Rome; de plus, Claude, fille du roi de France, fut fiancée au jeune Charles, petit-fils de Maximilien. Cependant le gouvernement arbitraire de ce dernier excitait une agitation croissante, qui fit naître la fameuse *union électorale*, formée à Gelnhau-

(1) C'est alors qu'ils commencèrent à lui donner le sobriquet de *Pocho Danari*.

(1) La chambre nommée par les états s'était dissoute, comme cela avait déjà eu lieu plusieurs fois, parce que les appointements dus à ses membres n'avaient pas été payés. L'Empire était tellement à bout de ressources, qu'il ne savait où trouver les 10,000 florins nécessaires à l'entretien de ce tribunal.

sen, le 30 juin 1502. Par cet acte les électeurs convinrent de ne prendre dorénavant aucune résolution sur les affaires publiques que de concert, et de se rassembler dans ce but quatre fois par an; de plus, ils s'engagèrent à résister en commun aux empiétements de Maximilien. De leur propre autorité, ils convoquèrent la diète, qui, réunie à Mayence en juin 1503, déclara que le tribunal supérieur institué par Maximilien n'avait de juridiction sur aucun membre de l'Empire; une adresse conçue en termes très-durs fut envoyée par elle au roi des Romains (1), pour lui rappeler qu'il était tenu d'observer les résolutions prises à Worms et à Augsbourg. La position de Maximilien paraissait des plus critiques; il fut même question de le déposer. Mais s'il avait contre lui les électeurs et les villes, il pouvait compter sur un assez grand nombre d'évêques, nommés par lui, et sur plusieurs jeunes princes, tels que les ducs de Saxe, de Wurtemberg, de Lunebourg, de Mecklembourg et le landgrave de Hesse, qu'il s'était attachés par sa libéralité, sa bravoure et son caractère ouvert et enjoué. Aussi ne se découragea-t-il pas et continua-t-il à hâter les préparatifs pour une croisade, qu'il voulait conduire en personne (2). Mais bientôt toute son attention fut attirée par les contestations qui suivirent, au commencement de l'année 1504, la mort de Georges le Riche, duc de Bavière, décédé sans descendants mâles. Le prince avait légué toutes ses possessions à son gendre Robert, fils de l'électeur palatin, au mépris des lois féodales et des traités, d'après lesquels une grande partie de ces possessions devait revenir de droit à ses cousins de la ligne de Munich, Albert et Wolfgang. Ceux-ci portèrent leurs réclamations devant Maximilien, qui commença par élever lui-même sur plusieurs portions des États de Georges des prétentions, auxquelles accédèrent les ducs Albert et Wolfgang. Maximilien alors s'apprêta à partager le reste entre eux et Robert; celui-ci, poussé par son père, adversaire déclaré du roi des Romains et allié de la France, leva avec les trésors de Georges une armée considérable, et se mit, avec l'aide des Bohémiens, en possession des territoires litigieux. Mis au ban de l'Empire, il mourut peu de temps après, ne laissant que des enfants en bas âge, que leur grand-père, l'électeur palatin, essaya de défendre contre l'attaque formidable dirigée par Maximilien contre leurs États. S'étant avancé avec quinze mille hommes jusqu'à Ratisbonne, Maximilien y mit en déroute, après avoir failli être tué dans la mêlée, un corps de Bohémiens qu'il était allé attaquer derrière leurs chars, où ils s'étaient retranchés, à la mode des anciens Germains. Il s'empara ensuite de l'Alsace, qui avait été remise en gage à la maison palatine.

Dans cet intervalle le duc de Wurtemberg et le landgrave de Hesse dévastaient le Palatinat, tandis que les troupes des ducs Albert et Wolfgang et celles de la ligue de Souabe pénétraient en Bavière. Pressé par tant d'ennemis, l'électeur palatin consentit à ce que l'affaire fût portée à la diète de Cologne, réunie en juin 1505. Maximilien y parut dans une position toute nouvelle; puissant et respecté, il fit décider le différend selon ses désirs; on lui attribua Kufstein, Geroldseck, Kitzebuhl, Ratemberg, Neubourg sur l'Inn, le comté de Kirchbourg, la seigneurie de Weissenborn et le landgraviat d'Alsace. Il proposa ensuite au sujet de l'organisation de l'Empire plusieurs mesures, qui toutes tendaient à accroître son autorité. Mais si l'union des électeurs, affaiblie par l'humiliation du palatin et par la mort des archevêques de Mayence et de Trèves, ne pouvait lui résister ouvertement, il n'avait cependant pas encore assez de prépondérance pour décider les états à renoncer en sa faveur à leur indépendance. Ils avaient bien consenti à en sacrifier une partie, en constituant un pouvoir central pris dans leur sein; mais comme tout ce qu'ils avaient établi dans ce but depuis dix ans s'était vu impraticable, ils se bornèrent à maintenir les choses telles qu'elles étaient, sauf qu'ils ordonnèrent la reconstitution de la chambre impériale d'après les décisions de Worms et d'Augsbourg, et qu'ils votèrent pour lever les troupes de l'Empire un nouveau mode par *matricule*, ou contingent déterminé pour chaque État. L'armée de l'Empire, fixée au chiffre de quatre mille hommes, fut immédiatement mise sur pied; Maximilien la conduisit en Hongrie contre les magnats, qui, en grand nombre, s'étaient confédérés pour exclure tout prince étranger et placer à la mort de Ladislas la couronne sur la tête d'Étienne Zapoly, palatin de Hongrie; il leur fit signer à Vienne, en juillet 1506, un traité qui reconnaissait la réversibilité du trône à la maison d'Autriche.

Maximilien donna de nouveau toute son attention aux affaires d'Italie. En 1503 il était intervenu dans la querelle entre Louis XII et Ferdinand le Catholique au sujet du royaume de Naples, et avait envoyé trois mille hommes au secours de Gonsalve de Cordoue. Mais sur les instances de son fils l'archiduc Philippe, très-favorable à la France, il avait conclu à Blois, le 22 septembre 1504, un traité avec Louis XII, auquel il s'était engagé à donner définitivement pour la somme de deux cent mille livres l'investiture du Milanais, qui si Louis mourait sans postérité mâle appartiendrait, ainsi que les duchés de Bourgogne et de Bretagne, le comté de Blois, Gênes et Asti, à Claude et à l'archiduc Charles, dont le mariage fut de nouveau stipulé. Le même jour Maximilien signa avec le

(1) C'est ainsi qu'on continuait à désigner Maximilien, parce qu'il n'avait pas été couronné par le pape.

(2) Dans un manifeste pour engager les princes de l'Empire à une expédition contre les Turcs, il fait valoir comme étant un avertissement de Dieu la chute du fameux aérolithe d'Ensisheim, qui, tombé en 1492, avait été placé par ses ordres près de l'église de ce lieu.

pape et le roi de France un autre traité, qui, destiné à rester provisoirement secret, devait enlever à la république de Venise tous les territoires qu'elle avait arrachés à la Hongrie, à l'Autriche, au Milanais, au saint-siége et au royaume de Naples. Mais en 1506 Louis XII rompit sa promesse de donner à l'archiduc Charles la main de sa fille, et il la fiança à François, duc d'Angoulême.

Maximilien s'apprêtait à tirer vengeance de ce nouvel affront lorsque la mort de son fils Philippe (26 septembre 1506) l'obligea à veiller d'abord sur le sort de ses petits-fils, Charles et Ferdinand. Malgré ses nombreuses démarches, il n'obtint aucune part au gouvernement de l'Espagne, qui fut confié à Ferdinand le Catholique; en revanche il fut reconnu comme tuteur de Charles dans les Pays-Bas, dont il remit l'administration entre les mains de sa fille Marguerite (*voy.* ce nom). Il reprit alors son projet d'abaisser le pouvoir des Français en Italie, et essaya, sur la fin de l'année 1506, de pénétrer dans ce pays; il en fut empêché par les Vénitiens, poussés secrètement par le pape Jules II. Mais celui-ci, alarmé de voir s'accroître l'autorité de Louis XII, qui peu de temps après força Gênes à la soumission, appela, en mai 1507, Maximilien pour l'aider à combattre le roi de France. Le roi des Romains s'adressa à la diète réunie à Constance, le 27 avril, qui devait le mettre à même de répondre à la demande du pape. Ayant fait valoir, avec son éloquence habituelle, qu'il pourrait ainsi rétablir en Italie le pouvoir impérial d'une manière durable, il obtint un secours de douze mille hommes (1); seulement il fut stipulé que les conquêtes qu'il ferait appartiendraient à l'Empire. Les états firent encore consentir Maximilien au rétablissement définitif de la chambre impériale, sur les bases votées à Worms (2). Le 2 février 1508 l'empereur arriva à Trente, à la tête de vingt-cinq mille hommes. Il y fit célébrer une cérémonie imitée de celle du couronnement, et prit alors, le premier, le titre d'*empereur élu*, mesure qui eut bien plus d'importance que n'y en attacha le pape, qui l'approuva peu de temps après : elle opéra en effet une séparation complète de la dignité impériale et de l'autorité pontificale; de tous les successeurs de Maximilien, il n'y en eut qu'un seul qui alla se faire couronner à Rome. S'étant mis en marche sur l'Italie, Maximilien somma les Vénitiens de lui livrer le passage; ils le lui refusèrent, non pour sa personne, mais pour ses troupes. Il envahit alors le Frioul; mais, n'ayant pas reçu les renforts des Suisses, qui s'étaient de nouveau tournés vers la France, n'ayant même pas avec lui tous les contingents de l'Empire, il ne se trouva pas en mesure d'attaquer les armées française et vénitienne qui s'avançaient contre lui. Il retourna à la hâte en Allemagne, et demanda aux électeurs et à la ligue de Souabe de lui fournir de nouveaux secours. Mais on lui refusa toute aide jusqu'à la réunion de la diète. La légèreté avec laquelle il s'était lancé dans une si grave entreprise, sans avoir réuni toutes ses ressources, lui fit perdre l'ascendant qu'il avait conquis l'année précédente, et on ne lui ménagea pas les reproches les plus amers lorsque arriva la nouvelle de la défaite complète des troupes qu'il avait laissées dans le Frioul et de la prise de Trieste et de Fiume par les Vénitiens, qui s'emparèrent aussi des comtés de Goritz et Gradiska. Après avoir conclu avec eux, le 6 juin 1508, une trêve de trois ans, Maximilien, voyant les états allemands persister dans leur mauvais vouloir, entra en négociation avec Louis XII par l'intermédiaire de sa fille Marguerite; cette princesse alla, vers la fin de l'année, s'aboucher à Cambrai avec le cardinal d'Amboise, le ministre français, et signa avec lui, le 10 décembre, deux traités, l'un public, l'autre secret. Le premier stipulait entre Maximilien et Louis XII une alliance pour leur vie durant; l'empereur consentit à l'ajournement indéfini des contestations entre la France et les héritiers de Bourgogne, ratifia moyennant 100,000 écus la rupture du mariage de l'archiduc Charles et de Claude; de plus, il s'engagea à laisser Charles d'Egmont en possession de la Gueldre jusqu'à ce que le litige au sujet de ce pays eût été décidé par lui et Henri VII d'Angleterre d'un côté, et les rois de France et d'Écosse de l'autre. Le second traité constituait entre le pape, l'empereur, Louis XII et Ferdinand le Catholique, une ligue dans le but de reconquérir les territoires que la république de Venise avait enlevés à ces souverains. Le 21 avril 1509 Maximilien convoqua la diète à Worms, espérant en recevoir d'abondants secours, maintenant que le moment était venu de tenter en Italie une entreprise qui promettait d'avoir pour l'Empire les meilleurs résultats. Mais les princes, mécontents de ce qu'il avait sans les consulter déclaré la guerre à la France, pour s'allier à elle quelques mois après, ne voulurent fournir aucun subside. Les villes, froissées de la position inférieure que Maximilien leur assignait dans la direction des affaires de l'Empire, tandis que le tiers des impôts pesait d'ordinaire sur elles, demandèrent qu'avant tout il leur fût donné dans le gouvernement une part correspondant à leur richesse et à leur puissance (1). Maximilien n'ayant pas accédé à la demande des états de régler les affaires intérieures avant de commencer

(1) Les Suisses, qui furent alors dégagés solennellement de toute connexion avec l'Empire, promirent d'envoyer six mille hommes au roi des Romains.

(2) Les ambassadeurs vénitiens, qui avaient constaté en 1501 combien Maximilien était alors détesté en Allemagne, remarquèrent en 1507 qu'il s'était concilié de nouveau l'affection générale.

(1) Maximilien répondit aux récriminations des états par une *Apologie* où il attribue tous les malheurs qui lui sont arrivés à la lenteur et à l'inexactitude avec lesquelles ils lui ont fourni les secours promis; ce curieux document se trouve dans les *Reichssatzungen* de Goldast.

la guerre, la diète se sépara sans voter aucun secours, bien qu'elle eût appris les succès de Louis XII contre les Vénitiens. Vérone, Vicence et Padoue avaient envoyé leurs clés à Louis XII, qui les fit remettre à Maximilien, auquel ces villes devaient appartenir d'après le traité de Cambrai. L'empereur, qui n'avait contribué à ces victoires que par quelques troupes envoyées dans le Tyrol, répondit à cet acte de loyauté en brûlant le fameux *Livre rouge*, où il avait inscrit de sa main ses nombreux griefs contre la France. Sur les instances du cardinal d'Amboise, il repoussa l'offre que lui fit le sénat de Venise de lui restituer ce que la république avait enlevé à l'Autriche et à l'Empire et de lui payer un tribut annuel de 10,000 florins. Mais, faute de troupes suffisantes, Maximilien ne put se maintenir en possession des villes qui lui étaient échues en partage; les Vénitiens, enhardis par l'opposition de la diète, reprirent Padoue, Leguano et Trévise, et investirent Vérone. Cependant, étant parvenu à réunir une armée de dix-huit mille hommes, l'empereur arriva en septembre devant Padoue, dont il entreprit le siége. Rejoint par plus de vingt mille hommes fournis par ses alliés, disposant de plus de deux cents pièces d'artillerie, il ne put néanmoins triompher de la résistance désespérée de la garnison, et fut forcé de repasser les Alpes sans avoir réussi à anéantir la puissance des Vénitiens, ainsi qu'il l'espérait. Après son départ, ceux-ci s'emparèrent de Feltri, de Bellune et de Vicence. Le pape, qui avait obtenu tout ce qu'il désirait, fit la paix avec eux, et les réconcilia avec Ferdinand le Catholique; il essaya aussi, mais en vain, de négocier un arrangement entre les Vénitiens et Maximilien.

Le 6 mars 1510 l'empereur convoqua la diète à Augsbourg; il n'en obtint qu'un secours de quatre mille hommes, à cause de sa persistance à intervenir arbitrairement dans les décisions de la chambre impériale et à ne vouloir abandonner aucune des prérogatives qu'il croyait attachées à sa dignité. C'est à cette diète qu'il fit présenter, sous le titre d'*Avisamenta Germaniæ nationis*, l'énumération des griefs de l'Allemagne contre la papauté, de même qu'il approuva les décisions du concile de Tours contre le souverain pontife, parce que le pape Jules II mettait tout en œuvre pour enlever, avec l'aide des Vénitiens et des Suisses, à l'empereur et au roi de France tout ce qu'ils possédaient en Italie. Après même avoir pensé un instant à introduire en Allemagne la pragmatique sanction, Maximilien donna son assentiment à la réunion du concile convoqué par Louis XII à Pise pour le milieu de l'an 1511. Ce fut là à peu près le seul concours que sa pénurie, qui l'obligea entre autres d'engager Vérone au roi de France, lui permit de prêter à son allié pendant les années 1510 et 1511; et encore ne put-il pas décider les évêques allemands à prendre part au concile de Pise. Alors, désespérant de pouvoir avec ses quelques troupes, qui n'avaient su s'emparer que d'une partie du Vicentin, lutter avantageusement contre la suprématie croissante du pape, il se laissa peu à peu gagner par les conseils de Ferdinand le Catholique, qui depuis un an cherchait à le détacher de l'alliance française. Ce qui acheva de le raccommoder avec Jules II, c'est qu'il s'était mis dans l'idée de se faire élire pape et espérait devenir au moins co-adjuteur du saint-siége (1). En conséquence il conclut en avril 1512 une trêve de dix mois avec les Vénitiens, qui lui remirent une somme de 50,000 ducats; il rappela alors en Allemagne ses lansquenets, qui, après avoir pris part à la bataille de Ravenne, gagnée par Gaston de Foix, avaient été placés dans le Milanais pour aider à défendre ce pays, menacé de tous côtés. Cette défection, jointe à ce qu'il permit aux Suisses de gagner Vérone à travers le Tyrol, contribua beaucoup à la chute de la domination française en Italie. Maximilien recueillit peu de fruits de son changement de politique : il dut abandonner pour une somme d'argent son projet de faire donner à son petit-fils Charles le Milanais, qui fut rendu aux Sforze; cependant il obligea le pape de se liguer avec lui (25 novembre 1512) pour forcer les Vénitiens à lui rendre les places spécifiées dans le traité de Cambrai. A la diète réunie à Cologne en juillet 1512, il obtint, pour veiller au maintien de la paix publique, constamment violée, que l'Empire fût divisé en dix cercles, dont chacun entretiendrait une force armée suffisante pour faire régner la tranquillité (2). Mais cette mesure resta sans effet, grâce surtout à l'électeur Frédéric de Saxe, qui, blessé dans ses intérêts par Maximilien, s'était placé à la tête d'une puissante opposition, et faisait avorter tous les

(1) Maximilien nourrissait déjà depuis quelque temps le projet de ceindre la tiare; le 16 septembre 1511, il écrivait au baron de Lichtenstein : *Nihil nobis honorabilius, nihil gloriosius, nihil melius obtingere potest, quam si pontificatum, ad nos proprie pertinentem, imperio nostro recuperemus*. Une lettre adressée par lui à sa fille Marguerite, le 18 septembre 1512, contient le passage suivant : « Et ne trouvons point pour nulle resun bon que nous nous devons franchement marier; maès avons plus avant mys nostre délibération et volonté de jamès plus hanter femme nue. Et envoyons demain monsieur de Gurce, évesque, à Rome devers le pape, pour trouver fachon que nous puyssons accorder avec lui de nous prenre pour ung coadjuteur, affin que après sa mort pourrons estre assuré de avoer le papat et devenir prestre, et après estre sainct, et que il vous sera nécessité que, après ma mort, vous serés contraints de me adorer, dont je me trouveré bien gloryoes. » — On prétend que, pour se concilier les suffrages des cardinaux, il fut sur le point d'engager aux Fugger, riches banquiers de l'époque, tous les ornements impériaux.

(2) La situation intérieure de l'Allemagne était alors des plus affligeantes. Des chevaliers brigands, tels que Götz de Berlichingen et François de Sickingen, pillaient les convois de marchandises, et rendaient les routes si peu sûres que plusieurs fois les grandes foires ne purent avoir lieu. Dans beaucoup de villes il y avait guerre ouverte entre les communes et les autorités. Les paysans, accablés de taxes, se soulevèrent à plusieurs reprises après 1488, et ne purent être réduits que par l'emploi énergique de la force.

projets propres à consolider l'autorité impériale.

Devenu l'ennemi déclaré de Louis XII, qui en retour s'était allié aux Vénitiens, Maximilien conclut, le 5 avril 1513, avec Henri VIII d'Angleterre un traité contre la France. En août il vint rejoindre avec un corps de cavalerie l'armée anglaise, qui, forte de quarante mille hommes, avait entrepris le siége de Térouanne. Croyant qu'en flattant la vanité de Henri il obtiendrait la direction des opérations militaires, il alla jusqu'à arborer les couleurs de ce prince et à se déclarer son soldat à cent couronnes de gages par jour. Il prit une part active à la bataille, ou plutôt à la surprise de Guinegate, qui, surnommée la *Journée des éperons*, décida la reddition de Térouanne, qu'il fit démanteler malgré les termes de la capitulation. Sur ces conseils, l'armée fut ensuite amenée devant Tournai, place qu'il convoitait depuis longtemps, à cause de sa situation entre la Flandre et le Hainaut; mais Henri, qui s'en rendit maître peu de temps après, la garda pour lui, ce qui causa du refroidissement dans leurs relations. Sur ces entrefaites Maximilien avait envoyé trois mille hommes rejoindre les vingt-six mille Suisses qui en septembre avaient pénétré en Bourgogne, et tous alors vinrent faire le siége de Dijon. Quelle ne fut pas sa colère lorsqu'il apprit que les Suisses, dupés par l'habileté diplomatique de La Trémouillé, étaient retournés chez eux après avoir reçu quelques dizaines de mille écus?

Bientôt le nouveau pape, Léon X, leva les censures lancées contre la France; ce qui décida Maximilien à acquiescer à la trêve d'un an conclue, le 13 mars 1514, entre Ferdinand le Catholique et Louis XII. Celui-ci s'était engagé à épouser Éléonore, petite-fille de l'empereur, promesse qu'il viola presque aussitôt en se mariant avec la sœur de Henri VIII. Maximilien ne songea pas à se venger de cette nouvelle injure, occupé qu'il était d'humilier les Vénitiens; mais les différentes attaques qu'il dirigea contre eux restèrent sans succès, et à la fin de l'année la république avait recouvré toutes les places importantes de la terre ferme, excepté Vérone. En 1515, après la mort de Louis XII, Maximilien ne parvint pas à empêcher Charles, son petit-fils, qui, devenu majeur, avait pris en main le gouvernement des Pays-Bas, de signer un traité d'amitié avec François Ier, ce qui permit à ce dernier de conquérir le Milanais. Ce fut pendant cette année que Maximilien négocia avec Ladislas, roi de Hongrie et de Bohême, le mariage de son petit-fils Ferdinand avec Anne, fille du roi, et celui de sa petite-fille Marie avec Louis, fils de Ladislas (1). Il parvint à son but malgré l'opposition de Sigismond, roi de Pologne, frère de Ladislas, qu'il intimida en se liguant contre lui avec l'ordre Teutonique et avec Ivan, grand-duc de Moscou; il obtint aussi à cette occasion une nouvelle reconnaissance des droits de sa maison sur la Hongrie et la Bohême. En 1516 ayant reçu 20,000 ducats par le testament de Ferdinand le Catholique, ainsi que d'abondants subsides de Henri VIII, et poussé secrètement par Léon X, il rassembla dans le Tyrol une armée de plus de trente mille hommes, composée à moitié de Suisses fournis par les cantons qui, à l'instigation de Matthieu Schinner, cardinal de Sion, n'avaient pas fait la paix avec François Ier. Entré à l'improviste en Italie, il secourut Brescia, assiégée par le connétable de Bourbon, prit Lodi, et marcha sur Milan. Les Français, inférieurs en infanterie, auraient été forcés d'évacuer la Lombardie sans l'arrivée d'un corps de dix mille Suisses, à leur solde. Les Suisses de l'armée impériale ne voulurent pas combattre leurs compatriotes, et se mirent à conférer avec eux; excités par le connétable de Bourbon, qui leur fit des offres brillantes, ils se mirent à réclamer de l'empereur l'arriéré de leur solde, et répondirent à toutes les représentations de Maximilien : « Les Suisses ont besoin de florins, et non de réprimandes. » Craignant le sort de Ludovic Sforze, l'empereur se retira derrière l'Adda. Après avoir distribué aux Suisses plus de 50,000 couronnes, qui ne les contentèrent pas, il partit pour Trente, sous le prétexte d'aller chercher de nouveaux fonds; mais il ne revint pas, et ses troupes se débandèrent. Les Français prirent Brescia et investirent Vérone en commun avec les Vénitiens. Malgré ce malheur, Maximilien ne renonça pas encore à la guerre; mais lorsqu'il apprit que l'archiduc Charles, qui voulait aller prendre le gouvernement d'Espagne, avait traité, le 13 août 1516, avec François Ier à Noyon, et que tous les cantons suisses avaient, le 29 novembre, conclu avec la France une paix perpétuelle, il se décida à poser les armes. Le 4 décembre il signa à Bruxelles avec François Ier et avec la république de Venise une trêve, qui fut prolongée plus tard indéfiniment. De toutes ses conquêtes il ne retint que Roveredo, Riva et quelques autres places du Frioul, et il céda Vérone aux Vénitiens pour deux cent mille ducats. Ainsi s'évanouirent les rêves qu'il avait faits en formant la ligue de Cambrai, résultat qu'on ne saurait attribuer à de l'indolence de sa part; car pendant ces huit dernières années il avait déployé la plus grande activité, et, sans se donner aucun repos, il avait fait tous ses efforts pour mettre à exécution des projets toujours nouveaux.

Le 1er juillet 1517 il convoqua la diète à Mayence. L'état déplorable de l'Allemagne y fut exposé en détail : les excès de François de Sickingen et d'autres brigands, le mécontentement des paysans, qui, foulés aux pieds, étaient prêts à se soulever en masse, l'organisation défectueuse et les

(1) Ce mariage fut le troisième qui, depuis 1477, donnait à la maison de Habsbourg les pays les plus riches de l'Europe. De là cette fameuse épigramme :

Bella gerant alii; tu, felix Austria, nube :
Nam quæ Mars aliis, dat tibi regna Venus.

lenteurs de la chambre impériale, et tant d'autres sujets de plainte, furent énumérés par les états, qui cependant ne prirent aucune résolution pour remédier à cette situation. Peu de temps après, Luther afficha à Wittemberg ses fameuses thèses, qui ébranlèrent en Allemagne toutes les croyances. Un empereur puissant aurait pu se servir de lui pour forcer la papauté à réformer les abus qui s'étaient introduits dans l'Église; mais Maximilien, quoiqu'il eût écrit un jour à Frédéric de Saxe de veiller à la sûreté de ce moine, dont on pourrait avoir besoin dans l'occasion, ne pouvait pas songer sérieusement à le soutenir; il avait trop besoin du concours du pape pour les deux projets qui allaient l'occuper pendant la dernière année de sa vie : une croisade contre les Turcs et l'élection de son petit-fils Charles à l'Empire. Les Turcs, qui avaient arraché à la Perse les provinces de l'Euphrate et du Tigre et qui s'étaient emparés de l'Égypte, étaient devenus extrêmement redoutables. Aussi pour s'opposer à leurs progrès un traité avait-il été conclu dès le 11 mars 1517 entre Maximilien, François Ier et le roi d'Espagne; Henri VIII y avait adhéré peu de temps après. Pour obtenir des secours contre ces ennemis de la chrétienté, Maximilien réunit en août 1518 la diète à Augsbourg; mais à toutes ses pressantes demandes d'argent et de soldats, on ne répondit que par des plaintes, d'une part sur les usurpations et les déréglements de la cour de Rome et d'autre part sur sa propre administration des affaires de l'Empire (1). En effet un grand nombre d'États continuaient à être désolés par les guerres privées; d'autres étaient dévastés regulièrement par des chevaliers brigands (2). Arrivé à la fin de sa carrière, Maximilien dut s'avouer que son règne avait été à peu près stérile pour le rétablissement de l'ordre et de la paix intérieure, et peut-être se reprocha-t-il d'avoir empêché la réalisation des idées sensées et généreuses mises en avant par les états pour fonder une meilleure organisation de l'Empire. S'il échoua complétement dans son dessein de faire participer l'Allemagne à la croisade, il réussit du moins dans l'élection de Charles à la dignité impériale. Il ne put, il est vrai, obtenir que ce jeune prince fût nommé immédiatement roi des Romains : les états objectaient que Maximilien, n'ayant jamais été solennellement couronné à Rome, n'était toujours que roi des Romains, et que par conséquent il n'était pas possible d'en créer un autre (3); mais, en revanche, il parvint, au moyen de six cent mille florins d'or envoyés des Pays-Bas par sa fille Marguerite, à contrebalancer la grande influence que François Ier, qui aspirait à monter sur le trône impérial, avait acquise sur les électeurs. Après avoir clos la diète, il se rendit à Inspruck pour régler la succession de ses États héréditaires, qu'il avait su gouverner toujours avec sagesse et habileté (1). Il y fut attaqué d'une fièvre lente; croyant pouvoir rétablir par l'exercice sa santé, déjà chancelante depuis quatre ans, il se rendit à Wels, dans la haute Autriche, pour s'y livrer au plaisir de la chasse. Au retour d'une excursion de ce genre, tourmenté d'une soif extrême, il mangea immodérément du melon, et fut pris d'une dyssenterie qui causa sa mort.

Maximilien avait reçu de la nature les dons les plus heureux. D'une taille moyenne, et bien fait, il avait l'air mâle et la physionomie animée; tous ses mouvements étaient empreints d'autant de dignité que de grâce. D'une santé robuste et infatigable, il excellait dans tous les exercices du corps. Ses exploits dans les tournois et à la chasse, son plaisir favori, étaient célébrés au loin (2). D'une bravoure à toute épreuve, il aimait la guerre, et y recherchait souvent l'émotion du péril. Sans être un grand capitaine, il avait un génie particulier pour l'organisation et la conduite des armées. C'est lui qui, en créant le corps des lansquenets, éleva l'infanterie allemande au rang de celle des Suisses et de la gendarmerie française; un grand nombre de perfectionnements dans l'artillerie et dans la pyrotechnie sont de son invention. Admiré du peuple comme un héros, il s'en était fait aimer par sa franchise, son affabilité et sa gaieté pleine d'entrain. Ces heureuses qualités étaient cependant accompagnées de nombreux défauts. Poussé par son imagination vive dans des entreprises au-dessus de ses forces, il luttait pendant quelque temps contre les difficultés avec les moyens que lui suggérait son esprit plein de ressources; puis il abandonnait tout à coup la partie, pour courir après quelque nouvelle chimère. Son peu de prévoyance joint à sa folle prodigalité le mettait à tout moment dans les plus cruels embarras d'argent; aussi ne négociait-il aucun traité sans stipuler pour lui des indemnités, des pensions, des subsides. Mais si son manque de constance et de circonspection l'a empêché de triompher de ses nombreux ennemis, il n'en a pas moins plus que tout autre préparé la puis-

(1) On lui représenta, entre autres, que la chambre impériale était composée de personnes ignorantes et incapables, ce qui tenait à la modicité des appointements alloués à ses membres.

(2) Pendant la tenue même de la diète, François de Sickingen, avec neuf mille hommes, investit la ville de Darmstadt, et la força à lui payer 45,000 florins.

(3) Les principaux adversaires des propositions de Maximilien furent les électeurs de Saxe et de Trèves; les autres princes que sa politique lui avait rendus hostiles étaient les ducs de Saxe (de la ligne ernestine), de Poméranie, de Lauenbourg, de Lunebourg, de Wurtemberg, enfin le duc de Gueldre, avec lequel il était de nouveau en guerre ouverte depuis 1517.

(1) Dès qu'il avait senti sa santé décliner, il avait fait faire son cercueil, et l'avait fait placer, ainsi que tout ce qui était nécessaire pour ses funérailles, dans un coffre, qui le suivait partout. Jusqu'à sa mort on crut que son trésor y était renfermé.

(2) En 1495 au tournoi de Worms il combattit et vainquit un chevalier français, Claude de La Barre, dont le défi, adressé à la nation allemande tout entière, n'avait été relevé par personne.

sance de la maison d'Autriche, dont il doit être considéré comme le second fondateur.

Malgré les défauts de son éducation, Maximilien était arrivé, à force d'application, à acquérir des connaissances variées dans les sciences et dans les lettres, dont il encouragea la culture. Il s'exprimait facilement en allemand, en français, en latin et en italien. Il aimait beaucoup les arts, surtout la musique. Il attirait à sa table nombre de personnes lettrées, et s'entretenait avec elles principalement sur l'histoire de sa maison et sur ses propres hauts faits. Passionné pour la gloire, il dicta à plusieurs de ses secrétaires le récit de ses nombreuses aventures. C'est ainsi qu'ont pris naissance deux ouvrages remplis des détails les plus curieux sur sa vie, le *Weise Kunig* (Le Roi sage), qui, écrit par Marc Treitzsauerwein, a paru à Vienne, en 1775, avec 237 planches gravées, et le poëme du *Theuerdank*, qui, remanié en partie par Melchior Pfinzing, fut publié à Nuremberg, en 1517, in-fol., avec des gravures sur bois; Augsbourg, 1519 et 1537, in-fol. Un abrégé de ce dernier ouvrage, par Burcard Waldis, fut imprimé à Francfort quatre fois dans le courant du seizième siècle; une excellente édition du *Theuerdank* a été donnée à Quedlimbourg, en 1836, in-8°, par Haltaus, avec une savante introduction (1). Maximilien a encore écrit en allemand un grand nombre d'ouvrages, dont deux seulement ont été publiés : ce sont : un *Traité de Fauconnerie*, imprimé dans le *Falknerklee* de Hammer-Purgstall, et un *Traité de la Chasse*, publié en 1859, à Vienne, par M. Karajan. Les autres, conservés en manuscrit à la bibliothèque de Vienne, sont des *Traités sur l'Art de la Guerre*, *l'Artillerie*, *le Blason*, *l'Éducation des Chevaux*, *les Dépôts d'Armes*, *la Cuisine*, *les Vins*, *la Pêche*, *les Jardins*, *l'Architecture*, une *Description de ses Jardins de plaisance*, une *Histoire de sa famille* et enfin un *Traité de Morale* (2). Enfin, sa *Correspondance avec sa fille Marguerite* a été publiée par M. Le Glay; Paris, 1839, 2 vol. in-8°.

Ernest GRÉGOIRE.

(1) Sur la part qui revient à Maximilien dans la rédaction du *Theuerdank*, voy, Kautz, *Geschichte der oestreichischen Gelehrten*, et les articles de Camus dans les tomes III et V des *Mémoires de l'Institut*. Ce livre est un chef-d'œuvre typographique. Les nombreuses gravures qui le décorent ont été exécutées par Hans Schaufflein. Au premier aspect l'impression ressemble tellement à un manuscrit par l'exacte imitation des traits à la plume dont les caractères du texte sont accompagnés que plusieurs typographes, Fournier entre autres, ont cru qu'une exécution aussi extraordinaire n'avait pu être obtenue que xylographiquement. La même perfection a été apportée par Schœnsperger, l'imprimeur de Maximilien, au Livre d'Heures dont cet empereur fit imprimer dix exemplaires sur velin. A. F.-D.

(2) Sur ces ouvrages, voy. *Wiener Jahrbucher*, t. XLVII, et Hormayr, *Taschenbuch*, années 1820, 1823, 1824 et 1827.

SOURCES A CONSULTER.

Grunpeck, *Vita Frederici III et Maximiliani I.* — Fugger, *Spiegel der Ehren des Erzhauses Oestreich.* — *Wonderlycke Oorloghen van den Keyser Maximilien* (Anvers, sans date, in-fol., traduit en français par Delpierre, Bruxelles, 1839, in-8°). — Hegewisch, *Geschichte der Regierung Maximilians I.* — Chomel, *Geschichte Friedrichs III* et *Monumenta Habsburgica.* — Comines. — Olivier de la Marche. — Guichardin. — Ranke, *Deutsche Geschichte zu Zeiten der Reformation*, t. I. — Coxe, *Histoire de la Maison d'Autriche.* — Lichnowsky, *Geschichte des Hauses Habsburg*, t. VII et VIII.

MAXIMILIEN II, empereur d'Allemagne, né le 1er août 1527, mort à Ratisbonne, le 12 octobre 1576. Fils aîné de l'empereur Ferdinand, il fut élevé à la cour d'Espagne avec son cousin Philippe II. En 1548 Charles Quint, dont il venait d'épouser la fille, Marie, lui confia le gouvernement de ce pays, qu'il conduisit pendant plusieurs années à la satisfaction entière de son oncle. De retour en Allemagne, il manifesta ouvertement pour la religion luthérienne le penchant que Wolfgang Severus, son premier précepteur, et plus tard Sébastien Pfauser, son prédicateur, lui avaient inspiré. Il entretenait avec les chefs du parti protestant, notamment avec le duc Christophe de Wurtemberg, une correspondance active (1). L'empereur, blâmé amèrement par le pape pour avoir laissé se développer chez Maximilien cette propension à l'hérésie, menaça de déshériter son fils s'il ne revenait à d'autres sentiments. Le jeune archiduc se déclara prêt à sacrifier à ses convictions tout intérêt mondain. Mais à la suite des nombreux entretiens qu'il eut en 1560 avec le nonce Stanislas Hosius, un des plus habiles controversistes de l'époque, il se sentit de nouveau attiré vers la religion de sa famille. Ce qui l'y rattacha complétement, ce fut la permission accordée par le pape aux laïques de recevoir la communion sous les deux formes, ainsi que le spectacle attristant des disputes violentes qui s'étaient élevées entre les protestants. Après avoir reçu en 1562 la couronne de Bohême, il fut peu de temps après élu roi des Romains et en 1563 roi de Hongrie. En 1564, à la mort de Ferdinand, dont le testament lui attribuait l'archiduché d'Autriche parmi les États héréditaires de la maison de Habsbourg, il monta sur le trône impérial. L'année suivante il fit repousser par ses deux généraux, Lazare Schwendi et André Batori, l'attaque dirigée contre la Hongrie par Jean Sigismond Zapoly, prince de Transylvanie; les troupes impériales s'emparèrent de Tokai, de Szathmar et d'autres places importantes. Mais Zapoly, que ses revers avaient décidé à entamer des négociations, reçut du sultan Soliman l'assurance de secours considérables, ce qui lui fit rompre les pourparlers. Irrité de ce que Maximilien ne lui avait pas fait remettre le tribut annuel de 10,000 ducats, que Ferdinand s'était engagé à payer à la Porte, le padischah déclara la guerre à l'Autriche au commencement de 1566.

L'empereur convoqua à la hâte une diète à Augsbourg pour obtenir d'elle des secours contre les Turcs. A l'unanimité, protestants et catholi-

(1) Les lettres échangées entre ces deux princes se trouvent dans le tome III de la *Geschichte Würtembergs* de Sattler.

ques lui accordèrent pour trois ans consécutifs des subsides plus considérables que tous ceux votés jusque alors. Ces partis religieux espéraient ainsi faire trancher, chacun en sa faveur, les graves contestations qu'ils soumirent immédiatement à la décision de l'empereur. Dans une requête des plus injurieuses pour leurs adversaires, les protestants réclamèrent l'abolition de la réserve ecclésiastique, clause de la paix d'Augsbourg, statuant que les dignitaires ecclésiastiques qui dorénavant embrasseraient la réforme perdraient leurs offices; de plus, ils demandèrent pour leurs coreligionnaires le libre exercice du culte dans les États catholiques, bien qu'ils ne voulussent tolérer dans leurs propres possessions aucune cérémonie catholique. Dans leur réponse, les catholiques insistèrent pour le maintien pur et simple du traité de paix; et comme ce traité ne contenait de stipulations qu'en faveur des partisans de la confession d'Augsbourg, ils demandèrent que les protestants fussent tenus de spécifier les sectaires qui ne devaient plus être considérés comme professant la doctrine luthérienne orthodoxe. Ils espéraient ainsi faire exclure des bienfaits de la paix les princes qui, tels que l'électeur palatin Frédéric III, se montraient attachés au calvinisme. Maximilien, d'après le conseil du légat Commendone, ordonna l'exécution littérale de la convention d'Augsbourg, et prescrivit des mesures énergiques contre les diverses sectes qui s'écartaient du luthéranisme. De plus, il enjoignit à l'électeur Frédéric d'exposer nettement aux autres princes protestants le fond de ses croyances, afin qu'ils fussent à même de décider s'il devait encore être regardé comme professant la confession d'Augsbourg. A cette même diète Maximilien, quoiqu'il eût l'année précédente confirmé les privilèges de la chevalerie immédiate, mit au ban de l'Empire Guillaume Grumbach, qui, aidé du duc de Saxe-Weimar Jean-Frédéric, voulait rétablir par les armes l'ancienne influence de cette chevalerie; il confia l'exécution de la sentence à l'électeur de Saxe Auguste, qui, après s'être emparé de la ville de Gotha, fit écarteler Grumbach et plusieurs de ses adhérents et jeter en prison Jean-Frédéric (1). Cette passagère rébellion fut du reste le seul événement qui troubla la tranquillité intérieure de l'Empire sous le règne de Maximilien (2).

(1) Le duc resta enfermé jusqu'à sa mort, malgré l'intercession de Maximilien, dont le cœur, doux et humain, abhorrait tout excès, comme le prouvent les démarches qu'il fit en faveur de Peucer, du juif Lippold et d'autres victimes de l'intolérance farouche de l'époque.

(2) Lorsqu'en 1570 la guerre civile menaça d'embraser toute l'Allemagne, par suite de la demande adressée à la diète par l'ordre Teutonique, pour faire exécuter contre Albert de Brandebourg et le roi de Pologne la sentence de la chambre impériale qui avait ordonné à ces princes de rendre la Prusse à cet ordre, Maximilien sut prévenir la lutte en faisant insérer dans le recès une déclaration équivoque, portant qu'il concourrait avec les états pour faire recouvrer à l'Empire les provinces qui en avaient été démembrées.

Avec les subsides fournis par la diète et les 50,000 ducats que lui fit remettre le pape, l'empereur rassembla une armée de près de cent mille hommes, qu'il conduisit en Hongrie dans l'été de 1566, pour s'opposer aux innombrables hordes turques qui, sous le commandement de Soliman, venaient d'envahir ce pays. Mais le sultan s'étant obstiné au siége Zigeth, défendu par l'héroïque Nicolas Zrinyi, et étant mort quelques jours avant la prise de ce fort, l'armée turque, sur l'ordre du nouveau padischah, Sélim II, évacua la Hongrie, sans avoir engagé une bataille en règle. L'année suivante, une trêve de huit ans fut conclue, sous la condition que chacun garderait ce dont il était alors en possession; de plus, Maximilien s'engageait à envoyer tous les ans à Constantinople un tribut de 30,000 ducats. Après une courte résistance, Jean Sigismond Zapoli accéda à ce traité, et renonça au titre de roi de Hongrie; il garda la Transylvanie et quelques comitats en Hongrie, qui à sa mort (1571) rentrèrent sous la domination de Maximilien.

Ce prince resta constamment en bonne harmonie avec la Porte, au point qu'il ne permit pas dans ses États de réjouissances publiques à l'occasion de la bataille de Lépante. En 1568 il permit aux seigneurs et membres de l'ordre équestre professant en Autriche le luthéranisme d'exercer leur culte dans leurs domaines (1). Cette concession, à laquelle il n'avait pas voulu se prêter deux ans auparavant, lui fut imposée par les états de ce pays, en grande majorité protestants, comme condition du vote des subsides qu'il leur avait demandés. Il manda de Rostock le célèbre théologien Chythræus, pour faire rédiger par lui un formulaire, que les protestants de l'Autriche seraient tenus d'adopter, sous peine de ne plus être tolérés. Quoique resté catholique, Maximilien s'apprêtait à réglementer les dogmes et la constitution hiérarchique des luthériens, en raison du droit attribué par ceux-ci à l'autorité du souverain, qui selon eux était en même temps souverain pontife. Mais le pape Pie V s'opposa de toutes ses forces à la réalisation de ce projet, craignant sans doute que l'empereur ne voulût ensuite s'immiscer aussi dans le domaine spirituel du catholicisme. Sur les instances du légat Commendone, Maximilien abandonna l'idée de prendre la direction de l'Église protestante de ses États; mais quoique profondément irrité contre les protestants, qui continuaient à se persécuter entre eux (2), il ne se laissa pas persuader de révo-

(1) L'année précédente il avait aboli pour la Bohême, en grande partie protestante, les *Pactes*, ou ordonnances restrictives de la liberté de conscience. Il parvint à faire régner dans ce pays la concorde entre les diverses religions.

(2) *Nec quidquam aliud gravius imperatorem offendit*, écrivit à cette époque Chythræus, *quam nostrorum dissidia et prælia Cadmea, quorum atrocitas, post abruptum Aldeburgense colloquium, sævius etiam inflammatur.*

quer son édit de tolérance, qu'il confirma, en 1571, en le limitant cependant, comme la première fois, aux nobles. Ceux-ci, maîtres absolus de l'Église protestante des pays autrichiens, furent ainsi à même d'abuser de leur pouvoir, comme ils le firent quelques années plus tard, pour opprimer les catholiques de ces contrées; ces abus auraient été impossibles si le pape avait laissé Maximilien prendre en main le gouvernement du culte luthérien; les complications ultérieures qui amenèrent la guerre de trente ans auraient été ainsi évitées.

En 1570, l'empereur donna une nouvelle preuve de son aversion pour les guerres de religion, en demandant à la diète, réunie à Spire, d'interdire les levées d'hommes qui se faisaient dans l'Empire tant pour la cour de France que pour les huguenots. Mais tout ce qu'il put obtenir fut une défense de faire des enrôlements sans avoir notifié à l'empereur le nombre de soldats qu'on voulait lever, sans avoir pris l'engagement de ne point les employer contre l'Empire et celui de réparer les dommages qu'ils pourraient causer dans leur passage.

Si les protestants d'Autriche ne se montraient pas encore satisfaits des libertés qui leur avaient été accordées, et s'ils accusaient Maximilien de partialité pour les catholiques, parce qu'il cherchait à réprimer les violences des deux partis, les habitants des Pays-Bas, en faveur desquels il avait dès 1568 intercédé auprès de Philippe II, acceptèrent avec joie sa médiation, que ce roi réclama en 1573, après les revers du duc d'Albe. Mais tous les efforts tentés par l'empereur au congrès de Bréda pour amener un accord restèrent sans résultat.

Voyant sa santé décliner, Maximilien, après avoir fait élire son fils aîné, Rodolphe, aux couronnes de Hongrie et de Bohême, convoqua en 1575 les électeurs à Ratisbonne, et les pria de désigner Rodolphe comme son successeur sur le trône impérial. Les électeurs protestants, notamment le palatin, demandaient avant toute chose qu'on promulguât comme loi de l'Empire la *Déclaration* par laquelle Ferdinand Ier avait, le 24 septembre 1555, assuré le libre exercice de leur culte aux sujets luthériens des princes catholiques ecclésiastiques. Ces derniers, se tenant aux termes du traité d'Augsbourg, imitaient l'exemple des princes protestants, qui ne souffraient dans leurs États la célébration d'aucun acte du culte catholique, et ils interdisaient depuis quelques années les cérémonies luthériennes. A Ratisbonne ils répondirent aux plaintes élevées à ce sujet par les protestants que la *Déclaration* de Ferdinand ne pouvait en aucune façon être obligatoire pour eux; en effet, cet acte, rédigé sans la participation des états, et sans aucune des formalités nécessaires n'avait pas la moindre force légale. Chacun persistant dans son avis, la réunion allait se séparer sans résultat, lorsque l'électeur Auguste de Saxe, ami personnel de l'empereur, amena une transaction. La *Déclaration* ne fut pas insérée dans la capitulation que Rodolphe, élu roi des Romains, eut à jurer; mais elle fut confirmée par Maximilien et maintenue comme décret impérial. Sur la question de la réserve ecclésiastique, dont les protestants demandèrent de nouveau l'abolition, l'empereur refusa toute espèce de concession; il reconnaissait que sans cette barrière la puissance des princes, déjà accrue d'une manière exorbitante par les confiscations des biens ecclésiastiques, s'élèverait au point de se rendre indépendante de l'autorité impériale.

A cette même réunion de Ratisbonne Maximilien fit eluder de nouveau une réclamation de l'ordre Teutonique demandant l'aide de l'Empire contre Ivan Wassiliéwitch, czar de Moscovie, qui venait de s'emparer de la Livonie. Il décida les électeurs à envoyer à ce prince une députation pour conclure avec lui une ligue contre les Turcs : il espérait par ce procédé s'assurer du concours du czar dans l'élection au trône de Pologne, devenu vacant par l'abdication du duc d'Anjou. Ivan s'entremit en effet pour l'archiduc Ernest, qui se présenta de nouveau aux suffrages des Polonais; mais la majorité donna la couronne à Maximilien lui-même (1), sous plusieurs conditions gênantes, il est vrai, comme par exemple qu'il habiterait la Pologne, qu'il ne la quitterait qu'avec l'autorisation de la diète, qu'il ne s'entourerait que de conseillers originaires de ce pays, qu'il payerait les dettes du roi Sigismond-Auguste, etc. Maximilien hésita quelque temps à souscrire à des obligations si onéreuses. Sur ces entrefaites Étienne Bathori, prince de Transylvanie, qui avait été élu par un certain nombre de seigneurs polonais, arriva à Varsovie, accepta la capitulation imposée à l'empereur, et fut reconnu comme souverain. L'empereur demanda à la diète, ouverte le 25 juin à Ratisbonne, des secours pour le combattre; mais elle reçut très-froidement sa requête. L'électeur palatin reproduisit ses réclamations au sujet de la *Déclaration* de Ferdinand et de l'abolition de la réserve ecclésiastique; elles furent péremptoirement repoussées par l'empereur. Soutenu par les électeurs de Saxe et de Brandebourg, qui, bien que protestants, étaient attachés à la maison d'Autriche, il obtint de la diète des subsides considérables contre les Turcs, qui se mon-

(1) L'acte d'élection contient au sujet de Maximilien l'éloge suivant, qui n'est pas un simple compliment : *Quiquidem princeps, cum totius christiani orbis imperium admirabili planeque divina sapientia gubernet ipsiusque in imperando felicitati sint alligatæ præstantissimæ quædam animi naturæque dotes, ut omnium, qui aliquando imperii habenas rexerunt, hic prudentissimus merito fuerit judicatus, qui rempublicam christianam seditionum fluctibus quassatam magnorumque principum dissensionibus attritam, ita edomuit, ut plures ingenii sui felicitate in toga, quam quis alius, unquam sævo Marte triumphos sibi comparaverit.*

traient disposés à renouveler les hostilités. Ensuite il chercha de nouveau à faire remédier aux excès nombreux que causaient sur leur passage les troupes levées en Allemagne pour le compte de la France et des Pays-Bas; il eut beau représenter que sa demande était désintéressée, puisque ses propres États étaient à l'abri des violences de ces soldatesques, il ne put décider les princes et seigneurs, auxquels les guerres étrangères offraient les moyens de faire fortune, à réprimer ces désordres. Quelques minutes après avoir promulgué le recès de la diète, Maximilien mourut subitement; sa fin avait été accélérée par le chagrin qu'il éprouvait de ne pouvoir, malgré tous ses efforts, rétablir la concorde entre les divers partis religieux.

Les historiens s'accordent à vanter la grâce de ses manières, l'enjouement de sa conversation et son affabilité envers tous; la douceur de son caractère ne l'empêchait pas de se montrer dans l'occasion ferme et énergique. Rempli d'activité, il ne perdait jamais de temps à table; au contraire de presque tous les princes allemands, il était d'une rare sobriété, de même qu'il détestait toute espèce de faste dans ses vêtements, et cela sans que cela amoindrît sa dignité naturelle; aussi Henri III de France le déclara-t-il le gentilhomme le plus accompli de son époque.

Maximilien protégea avec sollicitude les arts et les sciences; il était lui-même fort instruit; outre la langue latine, il parlait couramment les idiomes de tous les pays de l'Europe. Si ce prince, un des meilleurs qui aient jamais occupé le trône impérial, fut loin de faire régner, autant qu'il le désirait, la justice et la concorde parmi ses sujets, cela tient à ce que ses idées de tolérance ne furent pas comprises de ses contemporains. De son épouse Marie, ardente catholique, par laquelle il ne se laissait en rien influencer quant aux affaires politiques, mais qu'il laissait maîtresse de diriger l'éducation de ses enfants, il eut cinq fils, dont deux, Rodolphe et Matthias, devinrent empereurs, et trois filles, dont l'une, Élisabeth, épousa Charles IX, roi de France. E. G.

Chytræus, *Saxoniæ Gesta*. — Graziani, *Vita Commendoni*. — De Thou, *Histoire*. — Coxe, *Histoire de la Maison d'Autriche*. — Menzel, *Neuere Geschichte der Deutschen*.

* MAXIMILIEN II (*Joseph*), roi de Bavière, né le 28 novembre 1811. Fils aîné du roi Louis et de la princesse Thérèse de Saxe-Altembourg, il reçut des leçons de Schelling, et termina ses études à l'université de Gœttingue, de 1829 à 1831. Il parcourut ensuite l'Italie et la Grèce, qu'il visita encore de 1837 à 1840. Son père le nomma major général en 1830, et lui donna entrée au conseil d'État en 1836; mais il le tint éloigné des affaires publiques. Le 5 octobre 1842, Maximilien épousa la princesse Frédérique-Françoise-Auguste-Marie-Hedwige, fille du prince Frédéric-Guillaume-Charles de Prusse, née le 15 octobre 18[illegible]. Forcé, par les événements de 1848, d'abdiquer, le roi Louis remit le pouvoir à son fils, le 21 mars. Le 22 mars le nouveau roi ouvrit les chambres bavaroises par un discours annonçant une amnistie générale pour les crimes et délits politiques et promettant des mesures pour que le peuple fût représenté à la diète fédérale. La chambre des députés de Bavière envoya alors quelques-uns de ses membres au parlement de Francfort, et déclara ses séances publiques. Des lois furent rendues relativement à la révision de la législation générale, à l'introduction de la procédure orale et publique dans les affaires criminelles, à la représentation complète du Palatinat, aux élections pour le parlement national, à la presse, à l'abolition des corvées et des fiefs, à la responsabilité ministérielle, à l'initiative des chambres dans la confection des lois, à la réglementation de la chasse, à un emprunt volontaire et à un impôt sur le capital et le revenu; plusieurs de ces mesures furent immédiatement exécutées. Vers la fin de 1848, le roi commença à laisser voir que sa politique tendait à être moins favorable à l'idée d'un pouvoir central en Allemagne, et bientôt il s'opposa énergiquement au projet de reconstituer l'Empire d'Allemagne au profit de la Prusse. Il refusa donc de reconnaître la constitution de l'Empire malgré l'insurrection du Palatinat et les troubles qui éclatèrent en Franconie. La chambre des députés de Bavière avait été dissoute. M. de Pfordten avait constitué un nouveau ministère, qui marcha d'abord avec la nouvelle diète; celle-ci accepta des lois qui restreignaient la liberté d'association et la liberté de la presse, ainsi que quelques lois de haute police; elle sanctionna une très-étroite amnistie pour les crimes et délits commis depuis 1848, et une augmentation de la dette publique. Un projet de loi présenté par le gouvernement pour l'émancipation des juifs échoua devant l'opposition de la chambre haute. D'autres lois relatives à l'organisation judiciaire, à la chasse, aux dépenses des ministères de l'intérieur et de la guerre donnèrent lieu à de vives discussions. Les professeurs Dœllinger, Lasaulx, Hœfler, Sepp et autres furent rétablis dans leurs chaires et rappelés à Munich. Les ultramontains manifestèrent de nouvelles exigences. Le ministère prit des mesures utiles aux intérêts matériels du pays; mais les procès de presse s'étendirent, les écrivains libéraux furent expulsés et les fonctionnaires épurés. Dès 1848 le ministre bavarois à Londres avait déclaré que son souverain se tiendrait fermement attaché aux traités de 1815 relativement à la constitution de l'Allemagne. Depuis lors le roi Maximilien rêva pour la Bavière une position qui la constituerait médiatrice entre l'Autriche et la Prusse. Il défendit pourtant le principe constitutionnel tout en appuyant les mesures proposées par l'Autriche, et prétendit sauvegarder la nationalité allemande en empêchant l'Autriche d'être *mise à la porte* de l'Allemagne. Le 27 février 1850 fut publié le

projet dit *des trois rois*, auquel avait accédé le Hanovre et qui établissait un pouvoir central composé de trois puissances avec une représentation nationale très-restreinte. Ce projet, auquel l'Autriche avait donné son assentiment sous de dures conditions, ayant avorté, la Bavière demanda le retablissement de la diète fédérale. Lorsque éclata la question de la Hesse électorale, le roi Maximilien se hâta d'envoyer dans ce pays ses troupes comme troupes fédérales. Après s'être rencontré ainsi que le roi de Wurtemberg avec l'empereur d'Autriche à Bregenz, le roi de Bavière se vit éloigné d'autres conférences. En 1853 il fit un voyage à Naples et en Sicile. Les intérêts de sa maison en Grèce le portèrent à éviter de se prononcer dans les affaires d'Orient pendant la guerre de Crimée. Plus tard il s'entremit officieusement pour rétablir l'harmonie troublée entre le roi des Deux-Siciles et les puissances occidentales. En 1857 il vint en France, visita Lyon, Fontainebleau, Paris, Versailles, Saint-Cloud, et après une brillante réception, il s'en retourna dans son pays (1). Moins prudent en 1859, il agita fortement la Bavière et l'Allemagne pendant la campagne d'Italie pour la pousser à remplir ce qu'il appelait « ses obligations fédérales », c'est-à-dire à venir au secours de l'Autriche. La paix de Solferino ne mit pas complétement fin à cette agitation. Au commencement de 1860, le roi de Bavière fit un voyage d'agrément en Espagne. A l'intérieur il sut s'arrêter dans la réaction, et fit passer en 1855 la loi qui soumit toutes les professions à l'impôt et établit l'impôt progressif sur le revenu. Assez réservé sur la question religieuse, il s'est gardé de donner ouvertement son appui aux opinions ultramontaines. Sous son règne le commerce, l'industrie et l'agriculture ont pris un grand developpement en Bavière. Très-versé dans les études philosophiques, le roi Maximilien prépare, dit-on, une refutation des doctrines de Hegel. Protecteur des lettres, des arts et des sciences, il a appelé à Munich des hommes remarquables, comme MM. Liebig, Pfeufer, Siebold, Carrière et le poëte E. Geibel. On sait qu'il a proposé un prix de deux cents louis d'or pour le meilleur drame tiré de l'histoire d'Allemagne. Chaque année il va chasser le chamois dans le Tyrol bavarois.

Le roi Maximilien a eu deux fils de son mariage; l'aîné, ***Louis-Othon-Frédéric-Guillaume***, prince royal de Bavière, est né le 25 août 1845; le second, ***Othon-Guillaume-Luitpold-Adalbert-Waldemar***, est né le 27 avril 1848. L. L—T.

Conversations-Lexikon. — Men. of the Time. — Dict. de la Convers.

(1) Pendant son séjour en France, il assista à une chasse à Fontainebleau; l'empereur passa deux revues en son honneur à Longchamp. La ville de Paris lui offrit un bal; il visita les musées de Versailles et de Paris, les principaux monuments de la capitale, assista à plusieurs représentations de l'Opéra, alla au Gymnase et au théâtre de la Porte-Saint-Martin, où l'on jouait *Jocko*. Il fit aussi visite au prince Jérôme.

MAXIMILIEN Ier, roi de Bavière. *Voy.* BAVIÈRE.

MAXIMILIEN-JOSEPH, duc en Bavière, litterateur allemand, né le 4 décembre 1808. Fils de Pius-Auguste, duc de Deux-Ponts Birkenfeld, il entra en 1827 au conseil d'État de Bavière, et fut promu en 1848 au grade de lieutenant général. Il a visité presque toute l'Europe et plusieurs contrées de l'Orient. On a de lui : *Novellen* (Nouvelles); Munich, 1831, 2 vol.; publiées, ainsi que la plupart des ouvrages suivants, sous le pseudonyme de *Phantasus*; — *Skizzenbuch* (Livre d'esquisses); Munich, 1834; — *Jacobina*, 1835; — *Der Stiefbruder* (Le Beau-frère), 1838; — *Wanderung nach dem Orient* (Voyage en Orient); Munich, 1839 et 1840; — *Sammlung oberbairischer Volkslieder und Singweisen* (Collection de chants populaires et de mélodies de la haute Bavière); Munich, 1846. O.

Convers.-Lexikon.

MAXIMIN Ier (*C. Julius Verus Maximinus*), empereur romain de 235 à 238. Il était né de parents barbares, dans un village sur les frontières de la Thrace. Son père, Micea, était un Goth, sa mère, Ababa, une Germaine de la tribu des Alains. Dans sa première jeunesse, il garda les troupeaux, et se fit remarquer entre ses compagnons par sa haute taille, sa mâle beauté, son humeur farouche et son courage. Aux jeux que Septime Sévère donnait pour la naissance de son fils, le jeune pâtre thrace demanda à se mesurer avec les plus vigoureux lutteurs, et en vainquit seize sans reprendre haleine. Cet exploit lui valut une place dans l'armée, et bientôt après dans les gardes attachés immédiatement à la personne de l'empereur. Très-bien traité par Septime Sévère, il jouit de la même faveur auprès de Caracalla, qui l'éleva au grade de centurion. Ses camarades et ses chefs l'estimaient, à cause de sa vaillance et de son exactitude à remplir ses devoirs militaires. D'ailleurs sa taille, sa corpulence, la grandeur de ses yeux, la blancheur de sa peau, ces traits caractéristiques du guerrier scandinave le rendaient remarquable entre tous les soldats romains. On l'avait surnommé *Milon*, *Antée*, *Hercule*. Il quitta l'armée à l'avénement de Macrin, ne voulant pas servir sous le meurtrier de Caracalla, et rentra dans sa bourgade natale, où il acheta un domaine. Là il entretenait des relations amicales avec les Goths et les Alains, ses compatriotes, pour lesquels il était un objet d'admiration. Après la mort de Macrin, apprenant que l'armée avait mis sur le trône Héliogabale, parent et, disait-on, fils de Caracalla, il alla à Rome et offrit ses services au nouvel empereur, qui le nomma tribun. Mais les débauches d'Héliogabale inspirèrent un tel dégoût au vaillant vétéran qu'il ne voulut jamais paraître à la cour. Sa conduite augmenta sa popularité dans l'armée. Alexandre, successeur d'Héliogabale, fut heureux d'accepter les services d'un soldat si renommé, et il lui donna le laticlave. Maximin reçut peu après la mission d'organiser la grande armée, tirée principalement de l'Orient, et destinée à envahir la Germanie. Il ramena à la discipline les troupes qu'Héliogabale avait laissées s'amollir dans l'oisiveté, et en fit de bons soldats, qui lui étaient dévoués. Malheureusement il ne resta pas fidèle au prince qui l'avait comblé d'honneurs. Quoiqu'il occupât la première place militaire de l'empire, quoique la sœur de l'empereur eût été promise à son fils, ce n'était pas assez pour son ambition. Une révolution militaire sur laquelle on a peu de détails, et à laquelle Maximin prit certainement une grande part, renversa Alexandre, et le remplaça par le soldat thrace (juillet 235). Le sénat, intimidé, confirma ce choix.

Maximin donna immédiatement le titre de césar à son fils Maxime. Se souciant peu d'aller se montrer à Rome, où il se savait détesté de l'aristocratie et même du peuple en sa qualité de barbare et de soldat de fortune, il résolut de poursuivre avec vigueur la guerre contre les Germains. Il passa le Rhin vers la fin de 235, s'enfonça dans la Germanie plus avant que ne l'avait fait aucun général romain, et après deux campagnes victorieuses il s'établit, dans l'automne de 237, en Pannonie, sur la rive droite du Danube, avec l'intention de passer le fleuve au printemps et de porter ses armes à travers le pays des Sarmates jusqu'aux rivages de l'Océan (Baltique). Il prétendait égaler le grand Alexandre. Mais les soldats voyaient avec terreur ses projets de conquêtes, et le sénat n'attendait qu'une occasion favorable pour renverser un prince dont l'élévation était une insulte à l'orgueil romain. Maximin n'ignorait pas ces mauvaises dispositions de l'armée et du sénat; il crut en prévenir les effets en comblant les troupes d'argent, qu'il se procurait par les confiscations et le pillage et en punissant avec une férocité sans égale toute tentative d'opposition. Son principe était que le pouvoir ne se conserve que par la cruauté (*nisi crudelitate imperium non teneri*). Un complot formé par un consulaire nommé Magnus, et qui n'eut pas même un commencement d'exécution, lui fournit un prétexte d'exercer son humeur sanguinaire : il fit périr quatre mille personnes. Cette atroce exécution fut suivie de cruautés qui tombèrent principalement sur les sénateurs et qui n'épargnèrent pas les soldats. Aussi Maximin autrefois populaire dans l'armée y devint odieux, et à ses anciens surnoms on substitua les noms les plus exécrés fournis par la mythologie et l'histoire : on l'appelait *Cyclope*, *Busiris*, *Phalaris*, *Sciron*, *Typhon*. A Rome on faisait des prières pour qu'il n'entrât pas dans la ville, et on attendait impatiemment qu'une des armées donnât le signal de la révolte. Ce signal partit d'Afrique, où les deux Gordiens prirent la pourpre au mois de mars 238. Le sénat se hâta de les reconnaître et de déclarer Maximin ennemi public. La défaite et la mort des deux Gordien ne découragea pas le sénat, qui, trop avancé pour reculer, élut immédiatement deux nouveaux empereurs, Balbin et Maxime Pupien. A la nouvelle de la révolte de l'Afrique et de sa proscription par le sénat, Maximin entra dans une telle fureur « qu'on l'eût pris, dit Capitolin, non pour un homme, mais pour une bête féroce. Il se jetait contre les murs, il se roulait par terre, poussait des cris confus, saisissait son épée comme s'il eût pu massacrer le sénat ; il déchirait ses vêtements royaux, frappait ceux qui l'entouraient. Il eût même, dit-on, arraché les yeux à son jeune fils si celui-ci ne se fût retiré. Cette fureur contre son fils venait de ce que, malgré l'ordre qu'il lui avait donné d'aller à Rome aussitôt après son avénement, le jeune prince avait préféré rester auprès de son père, et Maximin pensait que le sénat n'eût rien osé contre lui si son fils eût été à Rome ». Après cet accès de folie furieuse, Maximin, rendu à la raison, prit son parti avec promptitude. Il harangua les soldats, leur promit les biens des sénateurs, et les entraîna en Italie. Au débouché des Alpes Juliennes, il fut arrêté par la place forte d'Aquilée, qui, sous les ordres de deux consulaires, Crispinus et Menophilus, lui opposa la plus vigoureuse résistance. Exaspéré de la longueur du siége, il s'en prit à ses généraux, et les fit tuer. Cette barbarie combla la mesure, et l'armée résolut de ne pas supporter plus longtemps un pareil empereur. Des prétoriens se chargèrent de l'exécution. Ils entrèrent vers le milieu du jour dans la tente où Maximin se reposait avec son fils, et les tuèrent tous les deux. Leurs têtes, plantées d'abord sur des piques et promenées devant les murs d'Aquilée, furent ensuite envoyées à Rome (mai 238). Les médailles donnent à Maximin le surnom de *Germanicus*; les inscriptions y ajoutent les titres de *Dacicus* et *Sarmaticus*. On trouve dans Capitolin des détails curieux, mais sans doute exagérés, sur sa taille, sa force, sa voracité, ses cruautés. L'histoire, sans admettre tous les récits accueillis par ce biographe, place Maximin parmi les plus vaillants soldats qui défendirent l'Empire Romain et parmi les plus cruels tyrans qui l'opprimèrent. Pour beaucoup de faits de ce règne, qui dura un peu moins de trois ans, nous renvoyons aux articles GORDIEN, BALBIN, MAXIME, PUPIEN. L. J.

Capitolin, *Maximini duo*, dans l'*Histoire Auguste*. — Hérodien, VII, VIII. — Zonaras, XII, 16. — Eckhel, *Doctrina Nummorum*, t. VII. — Tillemont, *Histoire des Empereurs*, t. III.

MAXIMIN II (*Galerius Valerius Maximinus*), empereur romain de 305 à 314. Il s'appelait Daza de son premier nom, et était fils d'une sœur de Galerius. Il dut à cette parenté un avancement rapide dans l'armée, où il entra après avoir mené longtemps la vie de pâtre en Illyrie. Lors de l'abdication de Dioclétien à Nicomédie, en 305, Galerius, espérant trouver en lui un instrument docile, lui donna le titre de *Jovius*, le rang de césar et le gouvernement de la Syrie et de l'Égypte. Ces honneurs, dont il était si peu digne, ne le contentèrent pas. Se prévalant de la répugnance que Galerius éprouvait pour une guerre civile avec un parent et une créature, il se déclara lésé par l'élévation de Licinius au rang d'auguste, n'accepta pas le titre de *fils d'auguste*, que Galerius lui proposait, et prit la plus haute désignation impériale. A la mort de Galerius, en 311, il entra en arrangement avec Licinius, et ajouta l'Asie Mineure à ses domaines. Cet agrandissement ne suffit pas encore à son ambition et à sa vanité. Profitant de l'absence de Licinius, qui était allé à Milan, en 313, pour épouser une sœur de Constantin, il envahit brusquement la Thrace, et s'empara de Byzance. Il fut défait peu après à Héraclée, s'enfuit à Nicomédie et de là à Tarse, où il mourut, au bout d'un ou deux mois, de désespoir selon les uns, de poison selon les autres. Le vainqueur fit tuer sa femme et ses enfants, et prodigua à sa mémoire toutes sortes d'outrages. Maximin n'avait point ces talents militaires qui atténuent un peu l'horreur causée par les crimes de Maximien, de Galerius, de Licinius. Il ne racheta par aucune qualité ses vices grossiers, ses débauches et ses cruautés. Il persécuta les chrétiens avec fureur, même après l'edit de tolérance de Galerius. L. J.

Zosime, II, 8. — Aur. Victor, *Epist.*, 40. — Orose, VII, 25. — Lactance, *De Morte Persecutorum*, 5, 32, 36, 38, 45, etc. — Eusèbe, *Hist. Eccles.*, VIII, 14, IX, 2, etc. — Eckhel, *Doctrina Nummorum*, vol. VIII, p. 51.

MAXIMIN. *Voy.* MESMIN.

MAXIMUS (*Claudius*), philosophe stoïcien, vivait dans le second siècle de l'ère chrétienne. Jules Capitolin le mentionne parmi les précepteurs de l'empereur Marc-Aurèle. Ce prince lui-même en parle honorablement dans divers passages de ses mémoires. « Maxime, dit-il, m'a fait voir qu'il faut être maître de soi-même et ne se laisser jamais emporter par ses passions, conserver du courage dans les maladies et dans tous les accidents fâcheux de la vie. Il n'admirait jamais rien; il n'était jamais surpris ni étonné de rien. » Dans un autre endroit Marc-Aurèle parle de la mort de Maxime. Ce philosophe mourut donc avant l'empereur (180 après J.-C.). C'est tout ce que l'on sait de lui; le reste se réduit à des conjectures. Plusieurs critiques, Jos. Scaliger, Jac. Cappelle, Dan. Heinsius, Tillemont, l'identifient avec Maxime de Tyr. Gatacker, Marie Casaubon et Davis ont prouvé que cette hypothèse est inadmissible. Maxime de Tyr est un philosophe platonicien, et Claudius Maximus était un stoïcien; le premier vivait sous le règne de Commode; Claudius Maximus mourut sous Marc-Aurèle. Y.

Marc-Aurèle, *Commentarii*, I, 15, 16; VIII, 25. — Jules Capitolin, *M. Anton. Philosophi Vita*, 3. — Fabricius, *Bibliotheca Græca*, III, p. 550. — Combes-Dounous, *Préface* de sa traduction de *Maxime de Tyr*.

MAXWELL (Sir *Murray*), navigateur anglais, né dans le Lancashire (Écosse), en 1766, mort à Londres, le 26 juin 1831. Il entra fort jeune dans la marine militaire, et était déjà lieutenant en 1796, après avoir assisté à de nombreux combats et fait plusieurs campagnes au long cours. Commandant d'une corvette, puis capitaine de vaisseau (1803), il se distingua dans les Antilles, et contribua à la prise des colonies franco-hollandaises de Sainte-Lucie, de Tabago, de Demerari, d'Essequebo, de Surinam, et fit partie de l'escadre de la Jamaïque jusqu'en 1805, où il vint croiser dans la Méditerranée. Il s'empara, sous le feu des batteries de Cadix, de sept tartanes espagnoles, et dans les années suivantes il prit plusieurs bâtiments français sur les côtes d'Italie. En 1813 il montait la frégate *Dedalus*, et escortait un convoi de la Compagnie des Indes lorsqu'il fit naufrage dans les eaux de Ceylan. Acquitté honorablement pour sa conduite dans ce sinistre, il fut nommé chevalier du Bain et appelé au commandement de la frégate *Alceste* (octobre 1815) et désigné pour transporter, conjointement avec le brick *Lyra*, capitaine Basil Hall, lord William Pitt-Amherst, envoyé en ambassade extraordinaire près de l'empereur de Chine. L'expédition partit de Spithead le 18 février 1816. Elle relâcha à Rio-de-Janeiro, au cap de Bonne-Espérance, à Batavia, et mouilla dans le golfe du Pé-tchi-li ou La-o-toung (mer Jaune), à l'embouchure du Pei-ho, grand fleuve qui passe près de Péking. Tandis que lord Amherst, avec une nombreuse suite, s'efforçait vainement de pénétrer jusqu'à Péking, il fut convenu que Maxwell et Basil Hall exploreraient le golfe du Pé-tchi-li, encore inconnu aux Européens. Le rendez-vous général fut fixé à Canton. Maxwell s'avança vers le nord en longeant les côtes de la Mantchourie, puis celles de la Corée, à la pointe méridionale de laquelle il donna le nom de *Prince regent's Sword*. L'opposition des habitants l'empêcha de descendre en aucun endroit. Il ne put le faire que sur la grande île des Liéou-Kiéou, dans la mer Bleue. Après une relâche de quinze jours, employés à relever les trente-six îles dont se compose cet archipel, Maxwell se dirigea vers l'embouchure du Pé-Kiang-Ho (le Tigre), qui coule à Canton, et demanda la permission de remonter jusqu'à cette ville pour y faire radouber sa frégate. Des promesses évasives, mêlées même d'injures, furent les seules réponses qu'il obtint. Il résolut donc de forcer le passage; mais arrivé à un premier barrage, un mandarin vint lui défendre d'avancer, sous peine d'être coulé ou mis en pièces. Maxwell, déterminé à donner une leçon aux Chinois, garda le mandarin comme otage, et continua sa marche, remorqué par ses chaloupes. Dix-huit jonques, le fort principal et plusieurs batteries de terre ouvrirent sur la frégate anglaise un feu plus bruyant que meurtrier. Une seule bordée des Anglais réduisit les joncques au silence, et leurs équipages se sauvèrent à terre. Les batteries furent bientôt démontées et les défenseurs du fort ne se soucièrent pas de se faire ensevelir sous des ruines. La victoire fut donc complète. Maxwell put alors remonter paisiblement jusqu'à Whampoa, petite île à trois lieues de Canton. Les mandarins de toutes classes vinrent l'y trouver, et lui assurèrent que le combat précédent était l'objet d'une méprise et avait été simplement un *tching-tching* (salut) mal compris. Le capitaine n'insista pas sur cette singulière façon de saluer les gens à boulets et à mitraille; il feignit de déplorer l'événement. Les mandarins, de leur côté, s'empressèrent de lui fournir tout ce qu'il demandait, et le bon accord finit par se rétablir. Le 1er janvier lord Amherst arriva à Canton, fort mécontent du résultat de sa mission. Les concessions qu'il avait faites aux officiers de l'empereur à l'égard d'une étiquette de cour aussi ridicule qu'humiliante n'avaient amené que des demandes plus vexatoires encore. On avait voulu, par ce nouveau moyen diplomatique, le dégoûter de persévérer à obtenir audience, et, après quatre mois de pourparlers, les rusés Chinois avaient réussi : il demanda lui-même son congé, qui lui fut accordé avec bienveillance. Les mandarins lui fournirent même les moyens de gagner Canton par terre en traversant une grande partie de l'Empire du Milieu (*Tchoung-Koue*). Cependant les gardes d'honneur qui ne cessèrent de l'environner durant son voyage et les précautions que l'on prit pour éviter, disait-on, que la populace ne l'insultât, rendirent son voyage plus semblable à celui d'un prisonnier qu'à celui de l'ambassadeur d'une puissance amie. Il vit peu ou point : sa coûteuse mission échoua donc au double point de vue de l'intérêt commercial et de la science. Il s'embarqua le 20 sur l'*Alceste*, et le lendemain la frégate regagna la mer. Après un court séjour à Macao, le 3 février on entra dans le port de Manille; le 6 on remit à la voile, et déjà Maxwell avait réussi à franchir heureusement cette région hérissée d'îles, de bancs, d'écueils, de rochers qui se trouve comprise entre la mer de Chine et celle des Indes, depuis l'archipel des Philippines jusqu'aux îles de la Sonde, lorsque le 18, à sept heures du matin, au moment où l'on venait de sonder bon fond, la frégate toucha sur un récif, inconnu jusque là, et y resta fixée. On était alors dans le détroit de Gaspar (entre Banca et Billiton). Maxwell reconnut facilement que tout renflouage était impossible, la coque étant defoncée. Une petite île, Poulo-Lit, était à environ trois milles de là : il y fit transporter lord Amherst et tout ce qui n'était pas indispensable au service du bord; puis on dégagea les embarcations, et le 19 l'ambassadeur, avec quarante-sept personnes, partit pour Batavia, où il arriva heureusement trois jours après. Maxwell, resté sur l'îlot avec deux cents hommes et une femme, s'occupa des moyens de sauvetage. Il fit creuser un puits, etablit sur une hauteur un camp palissadé, et distribua le peu d'armes recueillies aux plus intrépides des naufragés. Ces précautions ne furent pas inutiles, car des pirates malais vinrent achever le pillage de la frégate et y mirent le feu. Les Anglais ne durent la vie qu'à une vigilance continuelle; cependant le nombre des *pros* (barques de guerre) ennemis augmentait chaque jour d'une manière inquiétante, lorsque les vigies signalèrent *Ternate*, bâtiment de la Compagnie des Indes, envoyé par lord Amherst pour recueillir les naufragés. Le 7 mars on quitta Poulo-Lit, et le 12 avril suivant tous les marins et passagers de l'*Alceste* s'embarquèrent de Batavia pour l'Europe. Du 27 mai au 11 juin, Maxwell visita le Cap et ses environs. Le 27 juin il descendit à Sainte-Hélène, où lord Amherst le présenta à Napoléon. Le grand exilé fut sensible à cette démarche : il rappela à cet officier comment il (Maxwell) s'était emparé de la frégate française *La Pomone*, après un rude combat livré dans la Méditerranée. « Vous étiez très-méchant alors, ajouta l'empereur; je ne comprendrais pas que votre gouvernement vous tînt rigueur pour la perte de l'*Alceste*, puisque vous lui avez donné d'avance une de mes frégates. »

Après avoir touché à l'Ascension (7 juillet), Maxwell prit terre à Spithead. Encore une fois cité devant la cour de l'amirauté, il fut à l'unanimité maintenu dans son grade. En 1818, Maxwell, qui venait d'être anobli (27 mai), eut la triste idée de se présenter aux électeurs de Westminster; mais il fut chassé des hustings par une grêle de légumes et de fruits avariés, dont quelques-uns le contusionnèrent gravement. Cette mésaventure le dégoûta de solliciter le suffrage populaire. Il était d'ailleurs fort riche; car, outre sa fortune particulière et son traitement, la Compagnie des Indes lui servait une pension de 1,500 livres sterling depuis le 20 mai 1819. Son besoin d'activité était tel qu'il n'en accepta pas moins un commandement naval dans les mers de l'Amérique, et venait d'être nommé, en mai 1831, gouverneur de l'île du Prince-Édouard (golfe Saint-Laurent), lorsqu'il fut enlevé par une courte maladie. Maxwell n'a laissé aucune relation imprimée de ses voyages, mais il a fourni de nombreux documents aux travaux de Mac-Leod et de Basil Hall. Il était membre de la Société royale de Londres, et le recueil de cette assemblée contient de lui plusieurs mémoires intéressants. A. de Lacaze.

Basil Hall, *A Voyage of Discovery to the Western Coast of Corea and the Great Loo-choo island, in the Japan Sea* (Londres, 1817, in-4°, avec planches). — H.-J. Rose, *New general Biograph. Dictionary*. — Knight, *Englisch Cyclopædia*.

MAY (*Thomas*), poëte anglais, né vers 1594, à Mayfield (comté de Sussex), mort le 13 novembre 1650. Après avoir pris à Cambridge le degré de bachelier ès arts, il renonça bien vite à l'étude du droit pour s'adonner à la culture des lettres. L'héritage qu'il fit en 1616 de la fortune paternelle lui permit alors de se présenter dans le monde et d'y faire assez grande figure; il rechercha la société des beaux-esprits et des grands seigneurs, et gagna les bonnes grâces de Charles Ier, qui le chargea d'écrire en vers l'histoire des règnes de Henry II et d'Edward III. Toutefois, aussitôt que la guerre civile éclata, on le vit déserter le parti de la cour. Selon les uns, il avait à se plaindre du roi, qui l'avait assez mal payé de ses travaux; selon les autres, il gardait rancune à la reine d'avoir choisi Davenant pour poëte en titre. Quelle que fût la cause de sa défection, May obtint du parlement, auquel il avait offert ses services, les doubles fonctions de secrétaire et d'historiographe. Il venait d'achever l'histoire abrégée de ce corps politique, lorsqu'un matin il fut trouvé mort dans son lit, étouffé par le bonnet de nuit qu'il avait rabattu trop avant sur son visage. Cette distraction singulière, qui lui coûta la vie, doit être attribuée à sa passion pour le vin; c'est du moins l'opinion d'André Marvell, qui a composé un poëme fort gai sur le trépas de ce « martyr de Bacchus ». On enterra May à l'abbaye de Westminster; mais lors de la restauration son corps fut exhumé et son monument détruit. On a de lui cinq pièces de théâtre : *Antigone, the Theban Princess*, tragédie; Londres, 1631; — *The Heir*, comédie; 1633; — *Cleopatra*, tragédie, 1639; — *Agrippina*, tragédie; 1639; — *The old Couple*, comédie; 1651; on lui a faussement attribué deux autres pièces, *The old Wives, tale*, et *Orlando furioso*. Ses autres ouvrages sont : *Virgil's Georgics*; Londres, 1622, in-8° : traduction annotée en vers anglais et à laquelle il a joint quelques épigrammes de Martial; — *Lucan's Pharsalia*; Londres, 1627, in-8°. Cette version poétique est inférieure à celle qu'a donnée Nicolas Rowe, dans le siècle suivant. Ce qui fit plus d'honneur à May, ce fut la continuation qu'il fit paraître en anglais (1630), puis en latin de *La Pharsale*; il la conduisit en sept chants, jusqu'à la mort de César. On peut la regarder comme une œuvre originale, et qui se recommande autant par la grandeur des tableaux que par le mérite du style. Johnson en faisait beaucoup de cas, et jugeait la poésie latine de May supérieure à celle de Cowley et de Milton. L'édition latine, *Supplementum Lucani lib. VII*, parut d'abord à Leyde, 1640, in-12; elle fut ensuite annotée par divers savants et plusieurs fois réimprimée séparément ou avec le poëme de Lucain. On l'a traduit en français en 1816 et en 1819; — *The Reign of king Henry II, a poem*; Londres, 1633, in 8°; on trouve à la suite quelques morceaux en prose; — *The victorious Reign of Edward III, a poem*; Londres, 1635, in-8°; — *The History of the Parliament of England, which began nov. 3, 1640, with a view of some precedent years*; Londres, 1647, in-fol.; reimprimée par les soins du baron Masères et traduite en français : *Histoire du long Parlement convoqué par Charles Ier en 1640*; Paris, 1823, 2 vol. in-8°; l'auteur fit ensuite un abrégé de cet ouvrage, le continua jusqu'à la mort de Charles Ier, et le publia en latin (1649, in-8°) et en anglais (1650, in-8°). Selon Échard, il ne faudrait voir dans cet ouvrage qu'un très-agréable libelle. Il y a cependant de l'exactitude, sinon de l'élégance; « c'est une composition estimable, dit Warburton; elle est écrite avec beaucoup de jugement, de finesse et d'esprit ». May a encore travaillé à la traduction anglaise de deux poëmes latins de Barclay, *Argenis* et *Icon animorum*. P. L—Y.

Wood, *Athenæ Oxon.*, II. — Cibber, *Lives of Poets*. — Baker, *Biographia Dramatica*. — Warburton, *Letters to Hurd*, p. 103, 108, édit. in 4°. — Headley, *Beauties*, I. — *Censura litteraria*, X. — Warton, *Hist. of Poetry*. — Langbaine, *English dramatic Poets*, 360.

MAY. *Voy.* DUMAY et MAJUS.

MAY DE ROMAIN-MOTIER (*Emmanuel*), historien suisse, né à Berne, en 1734, mort en 1799. Il exerça longtemps l'emploi de greffier à Landshut; ayant perdu cette place à l'époque de la révolution, il vécut à Berne en simple particulier. On a de lui : *Histoire militaire des Suisses dans les différents services de l'Europe, d'après des pièces authentiques*; Berne, 1772, 2 vol. in-8°; ibid., 1788, 8 vol. in-8°; compilation qui contient des documents importants. O.

Lutz, *Memorien denkwürdiger Schweitzer des XVIII Jahrhunderts*.

MAYANS Y SISCAR (*Grégoire*), philologue et biographe espagnol, né à Oliva, dans le royaume de Valence, le 9 mai 1699, mort le 21 décembre 1781. Au sortir de l'université de Salamanque, il se fit connaître par quelques dissertations sur le droit romain, et surtout par son zèle à recueillir et à publier des livres rares. En 1733 il fut nommé bibliothécaire de Philippe V. Mais trouvant que cette place lui prenait trop de temps, il s'en démit, retourna à Valence, et s'y livra entièrement à ses études favorites, qui établirent sa réputation dans toute l'Europe. Ses nombreux ouvrages annoncent une grande connaissance de la littérature espagnole; mais ils ont perdu aujourd'hui de leur prix et ont peu de lecteurs. Les principaux sont : *Ad quinque Jurisconsultorum Fragmenta Commentarii*; Valence, 1725, in-4°; — *Epistolarum Libri sex*; Valence, 1732, in-4°; — *Cartas morales, militares, civiles y literarias de varios autores espagnoles*; Madrid, 1734, in-4°; Valence, 1773, 5 vol. in-8°. Ce recueil montre combien la littérature espagnole est pauvre en ce genre, puisque pour remplir ses volumes Mayans a dû y faire entrer des dédicaces, des lettres d'approbation, des préfaces sous forme d'épîtres; — *Vida de Miguel de Cervantes Saavedra*, mise en tête de l'édition de *Don Quichote* publiée à Londres, 1738, 4 vol. in-4° sous les auspices de lord

Carteret; c'est le premier recueil assez complet de matériaux sur la vie de Cervantes; mais il est mal ordonné, mal écrit, et n'a gardé de prix qu'à cause de quelques discussions critiques incidentes; il a été traduit en français par Daudé, 1740, 2 vol. in-12; — *Origenes de la Lengua Española, compuestos por varios autores*; Madrid, 1737, 2 vol. in-12 : le premier volume contient un traité assez superficiel de Mayans sur les origines de la langue espagnole; le second renferme à titre de pièces justificatives divers opuscules; le plus étendu et le plus précieux est un *Dialogo de Las Lenguas*, traité écrit avec une grande liberté et dont l'auteur probable est Valdès, hérétique du seizième siècle; — *Retorica*; Valence, 1757, 2 vol. in-8°. « Cette rhétorique, dit Ticknor est fondée plutôt sur les opinions philosophiques des rhéteurs romains que sur les modifications que ces opinions ont subies de la part de Boileau et de ses disciples; c'est un ouvrage long et plein de fatras, répondant moins aux besoins du temps que celui de Luzan, et encore plus opposé au vieil esprit espagnol, qui se soumet avec tant de peine à toute espèce de règle. Mais c'est un recueil d'extraits curieux d'auteurs appartenant à la meilleure période de la littérature espagnole, presque toujours choisis avec jugement, sinon toujours appliqués avec à-propos aux sujets en discussion. » Mayans a donné des éditions de J.-L. Vives, de Luis de Leon, de la *Filida*, avec une notice sur l'auteur, Luis Galvez de Montalvo, mal digérée, comme toutes les biographies de Mayans, mais instructive, et de la *Picara Justina*. Z.

Ximeno, *Escritores de Valencia*, t. II, p. 224. — Fuster, *Biblioteca Valenciana*, t. II, p. 98. — Florez, *España Sagrada*, t. IV° — Sempere y Guarinos, *Ensayo de una biblioteca Española de los mejores escritores del reynado di Carlos III*. — Ticknor, *History of Spanish Literature*, vol. III, p. 224.

MAYDIEU (*Jean*), littérateur français, mort pendant l'émigration à Tœplitz. Il était chanoine, et résidait à Troyes. Pendant la terreur, il se réfugia en Allemagne, et se livra à l'éducation de la jeunesse. On a de lui : *Histoire de la vertueuse Portugaise*, roman; Paris, 1779, in-12, et Besançon, 1824, in-12; — *L'honnête Homme*, roman; Paris, 1781, 2 vol. in-12; — *Vie de Grosley, écrite en partie par lui-même*; Londres et Paris, 1787, in-8°; — *Éloge de Louis XII*; Paris, 1788, in-8°. Il a traduit de l'allemand la tragédie d'*Édouard de Montrose* et le *Musarion*, poème de Wieland. P. L.

Desessarts, *Siècles Littéraires*.

MAYENNE (*Charles* DE LORRAINE, duc DE), deuxième fils de François de Lorraine, duc de Guise et d'Anne d'Este, né le 26 mars 1554, mort à Soissons, le 3 octobre 1611. Il fit ses premières armes en 1569, à côté de son frère, le duc Henri de Guise, et sous les ordres du duc d'Anjou, contre les huguenots commandés par Coligny. La paix fut conclue l'année suivante, et le marquis de Mayenne alla alors offrir ses services à la république de Venise contre les Turcs (1571). Il reçut le titre de noble vénitien, et s'embarqua à bord de la flotte qui allait renforcer l'expédition de don Juan d'Autriche. Cet armement n'accomplit rien de remarquable, et Mayenne ne retira d'autre avantage de cette campagne que de ne pas assister au massacre de la Saint-Barthélemy, auquel son frère prit une si grande part. De retour en France, il suivit le duc d'Anjou au siége de La Rochelle, en 1573. Il accompagna le même prince, élu roi de Pologne, jusque dans ses États (février 1574). Il quitta la Pologne peu après, et revint en France par l'Italie; mais à Padoue, apprenant que Charles IX était mort et que le roi de Pologne avait quitté ses États pour venir prendre possession du trône de France, il alla au-devant de ce prince, qu'il rencontra dans le Trévisan, et l'accompagna à Venise, en Piémont, et assista à son sacre, le 15 février 1575, en qualité de duc et pair, titre que Charles IX lui avait donné en 1573. Le mariage d'Henri III avec Louise de Lorraine sembla rapprocher les princes lorrains du trône, et excita contre eux la jalousie des princes du sang. Le duc de Guise, jusque ici parfaitement d'accord avec le roi Henri III, était le chef des catholiques; les princes français, le roi de Navarre, le prince de Condé, étaient plus ou moins liés avec le parti protestant. Dans la lutte qui s'engagea presque immédiatement, le duc de Mayenne fut le lieutenant dévoué, mais d'abord un peu obscur de son frère; il eut en 1576 le commandement de l'armée royale, opposée sur la Loire au duc d'Alençon et à Condé. Au mois de décembre de la même année, il assista aux états de Blois, où se manifestèrent les premiers dissentiments entre le roi, disposé à faire des concessions aux huguenots, et les princes lorrains, défenseurs des intérêts catholiques. Henri III subit l'ascendant des Guise, et la guerre recommença en 1577. Mayenne conquit le Poitou, s'empara du Brouage, et serra de près La Rochelle; mais Henri, qui redoutait beaucoup les princes lorrains, ne voulut pas écraser leurs adversaires, et accorda aux protestants une paix favorable (17 septembre 1577). Les Guise répondirent à cette politique pacifique en organisant la Ligue catholique et en poussant à la reprise des hostilités. La guerre se ranima en 1580, pour s'arrêter encore en 1581. Dans l'intervalle Mayenne reprit le Dauphiné sur les huguenots. Il accomplit cette conquête avec une armée de sept mille fantassins et mille chevaux qu'il avait levés dans son gouvernement de Bourgogne, où il était fort aimé et tout-puissant. Les deux partis profitèrent du traité de 1581 pour se préparer à une nouvelle guerre. Le 31 décembre 1584, Mayenne et son frère signèrent avec deux agents du roi d'Espagne Philippe II la convention de Joinville, par laquelle ils s'engagèrent à faire déclarer le cardinal de Bourbon successeur à la couronne, « en excluant du tout, pour toujours et à jamais, tous les princes du sang de France, étant à présent hérétiques et relaps.... sans que nul puisse jamais régner qui soit hérétique, ou qui permette, étant roi, impunité publique aux hérétiques. » Au mois d'avril 1585 eut lieu la prise d'armes de la Ligue soutenue par l'Espagne. Les huguenots français firent de leur côté appel à leurs coreligionnaires de Suisse et d'Allemagne. Une guerre multiple, confuse, s'alluma sur tous les points du territoire. Mayenne eut pour mission d'interdire l'accès de Paris aux levées suisses sur lesquelles Henri III comptait. Ce prince, ne recevant pas de soldats, adhéra à la Ligue par le traité de Nemours (7 juillet 1585), et donna des places de sûreté aux principaux ligueurs. Mayenne eut pour sa part le château de Dijon et Beaune. Les Guise, fortifiés par l'adhésion du roi, résolurent de pousser la guerre avec vigueur. Mayenne, avec une armée nombreuse et bien composée, marcha contre la Guyenne; mais le maréchal de Matignon, gouverneur de la province pour le roi, contraria sous main tous ses projets : trois petites armées royales se formèrent autour de la sienne, sous prétexte de le soutenir, mais en réalité pour le surveiller. La famine, la peste, les désertions portèrent le ravage dans ses troupes; lui-même tomba malade, et revint à Paris, dans l'automne de 1586, sans avoir fait aucune conquête importante. L'année suivante la Ligue fut mise en danger par l'expédition des Allemands. Mayenne aida son frère à vaincre ces étrangers; mais les ligueurs ardents trouvèrent qu'il montrait trop de prudence. La victoire de Guise (novembre 1587) le rendait si redoutable que le roi, qui avait vainement essayé de le tenir éloigné de Paris, fut obligé lui-même de quitter cette ville (1588). Il assembla les états généraux à Blois, et n'ayant pu, malgré toutes ses concessions, gagner la Ligue, il fit assassiner le duc de Guise (décembre 1588). On a prétendu que Mayenne avait contribué à la mort de son frère en dénonçant au roi les complots du duc de Guise contre l'autorité royale; rien n'est plus invraisemblable. Ce bruit calomnieux « fut probablement, dit Sismondi, un artifice de Henri III pour semer des brouilleries dans la maison de Lorraine ». Le lendemain de l'assassinat le colonel d'Ornano fut dépêché en poste pour s'emparer du duc de Mayenne, qui se trouvait à Lyon; mais l'ambassadeur d'Espagne, Bernardin de Mendoza, lui avait envoyé un courrier, qui devança Ornano, de sorte qu'il eut le temps de se mettre en sûreté. Il se rendit dans son gouvernement de Bourgogne, qui se souleva tout entier à sa voix. La Champagne, gouvernement du duc de Guise, suivit cet exemple. Paris s'était déjà prononcé dans le même sens avec une grande violence. Mayenne fit son entrée dans cette ville, le 15 février 1589. Dès le lendemain il organisa avec les échevins et les conseillers de la ville un gouvernement, sous le titre de Conseil général d'union. Il eut la présidence de ce conseil, où dominait la bourgeoisie parisienne, représentée par les chefs des seize sections ou quartiers de Paris. Le premier acte du gouvernement fut de diminuer d'un quart les tailles par tout le royaume, et de convoquer les états généraux pour le 15 juillet suivant. Mayenne prit des mesures promptes, énergiques et habiles pour rattacher les provinces à Paris. Il marcha ensuite sur la Loire sans écouter les propositions très-avantageuses de Henri III, qui résolut alors de se réunir aux protestants. Une entrevue eut lieu, le 30 avril, entre lui et le roi de Navarre, et les deux princes prirent l'offensive, le 1er mai. Mayenne tint bravement la campagne avec des forces inférieures; mais la défaite du duc d'Aumale, sous les murs de Senlis (17 mai), l'obligea de se porter au secours de Paris, où il arriva le 1er juin. La retraite de Mayenne laissa les royalistes maîtres de la ligne de la Loire, et leur permit de recevoir de nombreux auxiliaires de Suisse et d'Allemagne. Mayenne, au contraire, ne reçut pas de renforts, et vit son armée s'affaiblir par les désertions. Il lui restait à peine huit mille hommes, quand les deux rois, avec quarante-deux mille hommes arrivèrent à Saint-Cloud, et mirent le siége devant Paris (28 juillet). L'assaut devait être livré le 2 août; le 1er août, Henri III fut assassiné, et son successeur, Henri IV, abandonné d'une partie de ses troupes, leva le siége. Parmi les catholiques, qui formaient l'immense majorité des Français, peu reconnaissaient Henri IV, et tous les ligueurs le rejetaient avec horreur. Le trône était donc vacant de fait. Les partisans de la maison de Guise pressaient Mayenne de s'en emparer. « Ce n'était pas le désir qui lui manquait, mais l'audace et le génie. Homme de mérite à beaucoup d'égards, bon politique, capitaine expérimenté, il était dépourvu de cette puissante initiative qu'il faut aux hommes de révolution, et plus fait pour remplir une place distinguée dans un ordre de choses régulier, que pour régner au milieu des bouleversements. Son ambition ne fut point assez ardente pour lui cacher l'immensité des obstacles; il comprit et apprécia la jalousie de sa propre famille, l'opposition de l'Espagne, les prétentions de la branche aînée de Lorraine et du duc de Savoie, les précédents qui liaient la Ligue au cardinal Charles de Bourbon; il vit le faisceau de l'union prêt à se dissoudre » (Henri Martin). D'accord avec l'agent de Philippe II, Bernard de Mendoza, il résolut de faire proclamer roi le cardinal de Bourbon, ce qui ajournait le débat, sans rien changer à la situation, puisque ce vieillard, presque mourant, était prisonnier d'Henri IV. Lui-même conserva la direction suprême des affaires avec le titre de lieutenant général. Voulant profiter du trouble où un changement de règne jetait les royalistes, il marcha contre Henri IV, qui s'était retranché dans la forte position d'Arques, près de Dieppe; mais il ne put ni amener les troupes royales à combattre en plaine, ni emporter leurs retranchements, et après onze jours d'assauts inutiles, du 15 au 27 septembre, il se retira sur Amiens, d'où cinq semaines plus tard il revint défendre Paris contre Henri IV, qui, par une brusque attaque, avait enlevé les cinq faubourgs de la rive gauche. Il força le roi à la retraite; mais il fut dès lors évident que la Ligue ne triompherait pas facilement, et beaucoup des princes qui en faisaient partie, n'espérant pas enlever tout le royaume à Henri IV, ne songèrent qu'à s'assurer une large part dans les dépouilles de la monarchie. « Mayenne voyait se manifester tous les jours davantage les vues étroites et personnelles de ses associés; il s'inquiétait sur le sort de son parti et sur celui de la France; aussi prêta-t-il quelquefois l'oreille aux propositions que lui faisait faire Henri IV. Celui-ci se montrait disposé aux concessions les plus amples; il avait employé à cette négociation Faudoas de Belin, fait prisonnier devant Arques..... Belin se disait chargé par les catholiques de l'armée du roi de presser Mayenne de se joindre à eux pour solliciter Henri de se faire catholique. On lui donnait à entendre que le roi était sur le point de céder, que la paix sauverait le royaume et affermirait le crédit de la maison de Guise. Mayenne, après quelque hésitation, refusa toute union avec le parti politique de l'armée du roi; ferme, mais modéré, ambitieux, mais Français, il se montra jusqu'au bout le plus honnête homme de son parti; il persista dans le double but de garantir son pays de la domination des huguenots et de celle des Espagnols; il fit entrer dans le conseil de l'union quelques hommes dont il était sûr, pour modérer la violence des Seize et des bourgeois de Paris.... Il y appela aussi Villeroy et le président Jeannin : enfin il convoqua, pour le mois de février suivant, les états généraux à Melun. (Sismondi). » Mais la guerre empêcha la réunion des députés. Mayenne, ayant reçu des renforts de Flandre et de Lorraine, se mit en campagne, et livra bataille à Henri IV dans la plaine d'Ivry près de l'Eure (14 mars 1590); il la perdit, et se replia en toute hâte sur Paris, où il arriva le 17. Il ne voulut pas s'enfermer dans la ville, et annonça aux habitants qu'il allait en Flandre former une nouvelle armée en leur demandant de se bien défendre jusqu'à son retour. Ils le promirent, et tinrent leur promesse avec une opiniâtreté restée célèbre Pendant que la population, fanatisée, supportait un des plus horribles sieges dont il soit question dans l'histoire, Mayenne s'efforçait d'arracher des renforts à la lenteur et au mauvais vouloir du duc de Parme, gouverneur des Pays-Bas. Avec quelques milliers d'hommes, il parvint à faire entrer un convoi dans Paris, le 17 juin; enfin, le 23 août, il fut rejoint par l'armée du duc de Parme, et le 30 août Paris fut debloqué et ravitaillé. Mayenne y rentra le 18 septembre après la retraite définitive de l'armée royale. Découragé par le mauvais succès du siége, Henri IV ne tenta rien d'important jusque vers la fin de l'hiver; mais, au mois d'avril 1591, il porta un coup très-grave à la Ligue en lui enlevant Chartres, que l'on regardait comme le grenier de Paris. La prise de Château-Thierry par Mayenne ne compensa pas cet échec.

« Le commun peuple, dit L'Estoile, donnoit au diable le duc de Mayenne et la guerre, et commençoit à ne plus se soucier qui gagnât, pourvu qu'on le mît en repos. » Mayenne, qui ne voulait ni laisser démembrer la France ni la livrer à une princesse espagnole, inclinait vers des négociations avec Henri IV; alors les ligueurs exaltés et les partisans de l'Espagne, pour rendre une transaction impossible, obtinrent de Grégoire XIV une bulle qui renouvelait l'excommunication contre Henri IV et lançait l'anathème contre ses adhérents. Mayenne aurait voulu suspendre la publication de cette bulle furibonde; mais il eut la main forcée par le nonce, l'ambassadeur d'Espagne et les Seize (mai et juin 1591). Les Seize, enhardis par le succès, rédigèrent pour les états généraux qui devaient s'assembler à Reims (ils ne se réunirent pas plus que les précédents) des instructions où ils requéraient qu'en élisant un roi on établit des lois fondamentales suivant lesquelles tout hérétique, prince, seigneur ou autre, serait brûlé vif, et le nouveau roi serait tenu de guerroyer à feu et à sang, de concert avec les autres princes catholiques, contre tout prince hérétique étranger. Ils adressèrent ensuite une sommation menaçante au duc de Mayenne, pour le pousser à une politique plus énergique, et mirent en avant la candidature du fils du duc de Guise, qui venait de s'échapper de Tours; enfin, ils se déclarèrent prêts à accepter la royauté de Philippe II, mais à certaines conditions. « Voilà donc, dit M. Henri Martin, où aboutissait la Ligue dans ses dernières conséquences : à noyer la France dans la monarchie universelle par les mains de l'inquisition. Grâce à l'influence du parti clérical, il était donné aux Seize de présenter au monde ce monstre contre nature d'un parti démocratique qui n'est point un parti national. » Les Seize, arrivés au dernier degré de fanatisme, rêvaient une nouvelle Saint-Barthélemy contre le parti modéré; en attendant ils firent pendre Brisson, premier président du parlement et deux conseillers, Larcher et Tardif (15 novembre 1591). A cette nouvelle, Mayenne, qui se trouvait à Laon, se porta rapidement sur Paris, où il entra le 28 novembre. Les Seize, après avoir fait mine de résister, se rendirent ou s'enfuirent. Mayenne en fit étrangler quatre, Anroux, Aimonnot, Ameline et Louchart (4 décembre); il rendit le commandement des milices aux officiers qui en avaient été écartés par les Seize, et réorganisa le parlement. Le parti modéré l'emportait, et son triomphe devait amener celui du parti royaliste. La Ligue mutilée n'était pas capable de lutter longtemps contre Henri IV. Mayenne le sentait bien, et songeait à faire sa paix. Le 8 mai 1592, son principal conseiller, le président Jeannin, transmit ses conditions au roi. Il demandait au préalable l'assurance que le roi abjurerait; il demandait ensuite que toutes les places que les catholiques possédaient restassent sous la garde de la ligue, jusque six ans après l'abdication du roi, que de plus il fût nommé lui-même ou grand-connétable ou lieutenant général du royaume, que le duché de Bourgogne fût donné à sa famille, à titre héréditaire, avec le Lyonnais; que la Champagne fût donnée au duc de Guise; la Bretagne à Mercœur, le Languedoc à Joyeuse, la Picardie à Aumale, et que tous les ligueurs conservassent leurs emplois et leurs gouvernements. Ces conditions n'étaient pas acceptables, et Henri les rejeta immédiatement; cependant les ligueurs s'en indignèrent, et les agents de l'Espagne les jugèrent dangereuses. Pressé de convoquer les etats généraux, Mayenne y consentit, et usa de toute son influence pour écarter les hommes énergiques. Il parvint à composer cette assemblée d'hommes modérés, mais sans action sur le pays. Le 5 janvier 1593 il publia un manifeste qui exprimait la ferme volonté de maintenir la religion catholique sans exclure l'idée d'une réconciliation avec Henri IV. Le 26 janvier 1593, il ouvrit les états, et leur annonça, avec quelque embarras, qu'ils avaient un roi à élire. Après cette séance les états ne furent plus assemblés jusqu'au 2 avril. Mayenne quitta Paris pour aller au-devant des auxiliaires espagnols; il ne reçut que des renforts insuffisants; cependant Philippe II, qui fournissait si peu de troupes, demandait le trône de France pour sa fille. Mayenne, sans rompre avec l'Espagne, laissa ses conseillers engager des conférences avec les royalistes. Les agents de l'Espagne déclarèrent alors que l'infante, élue reine de France, épouserait le duc de Guise. Mayenne n'osant pas s'opposer ouvertement à une combinaison que le peuple parisien désirait ardemment, fit rendre par le parlement un arrêt qui défendait de transférer la couronne à des princesses ou à des princes étrangers (28 juin 1593), et se servit de cet acte pour ajourner indéfiniment l'élection de l'infante. Henri IV abjura le 25 juillet; le 31 il signa une trêve avec le chef de la Ligue, et les états se séparèrent le 8 août. La direction des événements échappait à Mayenne. Il craignit de n'avoir pas le temps de conclure une paix avantageuse, et se rapprocha de l'Espagne; il était trop tard : le 3 janvier 1594 le parlement rendit un arrêt en faveur de Henri, et ordonna à Mayenne de traiter avec lui. Mayenne tenta alors de réveiller le fanatisme populaire; mais il échoua contre la lassitude générale, et le 22 mars Brissac, gouverneur de Paris, livra la ville à Henri IV. Mayenne n'avait pas su faire la paix à temps; il ne lui restait qu'à continuer une guerre sans espoir. Il mit sa famille en sûreté dans la ville de Laon, et se rendit à Bruxelles pour se concerter avec les Espagnols. Il fut mal accueilli, et le duc de Feria voulut même le faire arrêter comme traître à la cause catholique et espagnole. Cependant l'archiduc Ernest, gouverneur des Pays-Bas, ne croyant pas pouvoir encore se passer de ses services, lui confia quelques troupes avec lesquelles il tenta vainement de débloquer Laon, assiégé par Biron. Cette place capitula le 22 juillet; Mayenne se retira dans son gouvernement de Bourgogne, où il lutta encore plus d'un an, peu secouru des Espagnols et se défiant d'eux. Enfin, voyant que les autres princes de la maison de Lorraine avaient fait leur paix avec le roi, et que la réconciliation de Henri IV avec le saint-siége était accomplie, il rompit définitivement avec les Espagnols, et conclut, en janvier 1596, le traité qui dissolvait la Ligue et mettait fin à la guerre civile. Trois places de sûreté, Soissons, Châlons et Seurre, lui furent laissées pour six ans. Tous ses adhérents conservèrent les charges qu'ils tenaient de lui; les princes et princesses de la Ligue furent déclarés innocents de l'assassinat de Henri III; tous les actes de Mayenne furent validés. Les bannis furent autorisés à rentrer. Le roi promit d'acquitter, jusqu'à concurrence de 350,000 écus, les dettes contractées par Mayenne pour le service de son parti, et se chargea, en outre, des sommes dues par l'ancien chef de l'union aux Suisses, reîtres, lansquenets. Par des articles secrets, le roi accorda le gouvernement de l'Ile-de-France, moins Paris, et la charge de grand-chambellan à Henri de Lorraine, fils aîné de Mayenne, qui renonça à son gouvernement de Bourgogne. Le 31 janvier, Mayenne eut une entrevue avec Henri IV à Monceaux, chez Gabrielle d'Estrées. Henri l'embrassa par trois fois, et, le prenant par la main, il se mit à le promener à grands pas dans le parc de Monceaux. Mayenne, lourd et atteint d'une sciatique, suivait à grand'peine. Le roi s'amusa un peu de sa fatigue, puis il l'embrassa, et lui dit en riant : « Allez, touchez là, mon cousin, car, pardieu, voilà tout le mal et le déplaisir que vous recevrez de moi. »

Ainsi se termina la grande lutte de la Ligue et du parti royaliste. D'Aubigné, comparant les deux principaux adversaires, a dit : « Le duc de Mayenne avait une probité humaine, une facilité et libéralité qui le rendoit très-agréable aux siens. C'étoit un esprit judicieux et qui se servoit de son expérience; qui mesuroit tout à la raison; un courage plus ferme que gaillard, et en tout se pouvoit dire capitaine excellent. Le roi avoit toutes ces choses, hormis la libéralité.... Mais il avoit par-dessus le duc de Mayenne une promptitude et vivacité miraculeuse et par delà le commun..... Le duc de Mayenne étoit incommodé d'une grande masse de corps, qui ne pouvoit supporter ni les armes ni les corvées; l'autre, ayant mis tous les siens sur les dents, faisoit chercher des chiens et des chevaux pour commencer une chasse.... Le premier faisoit part de cette pesanteur et de ses maladies à son armée, n'entreprenant qu'au pire que sa personne pouvoit supporter. » Mayenne fut le fidèle sujet d'Henri IV, et pendant tout le règne de ce prince, il se mêla peu des affaires publiques. On remarque seulement que, toujours modéré, il fut d'avis qu'on accordât de bonnes conditions aux huguenots. Après l'assassinat de Henri IV il se joignit aux seigneurs qui demandèrent le renvoi de Sully. Sa mort, arrivée peu après, fut un malheur pour le gouvernement de la régente. Il avait contribué à maintenir dans l'ordre tous les jeunes princes de la maison de Guise, qui délivrés de son autorité recommencèrent à troubler l'État. De son mariage avec Henriette de Savoie, il avait eu quatre enfants : *Henri* de Lorraine, duc d'Aiguillon, qui succéda aux titres et honneurs de son père; *Charles-Emmanuel*, comte de Sommerive, mort à Naples, en 1609; *Catherine* de Lorraine, qui épousa, en 1599, Charles de Gonzague, duc de Nevers; elle mourut en 1618, âgée de trente-trois ans; *Renée* de Lorraine, mariée en 1613 à Sforza, duc d'Ognano, comte de Santafiore, morte à Rome, le 23 septembre 1638. L. J.

Nervèze, *Histoire de la vie et de la mort du duc de Mayenne*; Lyon, 1618, in-12. — *Vie de Charles, duc de Lorraine, duc de Mayenne*; dans les *Vies des hommes illustres de la France*, t. XVIII et XIX. — D'Aubigné, *Histoire universelle*. — Pierre de L'Etoile, *Journal*. — Palma Cayet, *Chronologie novenaire*. — De Thou, *Historia sui temporis*. — Sully, *Économies royales*. — Mezeray, *Histoire de France*. — Capefigue, *Histoire de la réforme de la Ligue et du règne d'Henri IV*. — Sismondi, *Histoire des Français*, t. XVIII-XXII. — Michelet, *Histoire de France*, t. IX, X. — Henri Martin, *Histoire de France*, t. X. — Poirson, *Histoire du règne d'Henri IV*.

MAYENNE (*Henri* DE LORRAINE, duc DE), fils du précédent, né le 20 décembre 1578, mort le 17 septembre 1621. Il porta d'abord le titre de marquis *de Mayenne*, puis de *duc d'Aiguillon*, et prit le nom de *duc de Mayence* après la mort de son père, en 1611. Gouverneur de l'Ile-de-France, et grand-chambellan, Henri de Mayenne était un des plus grands seigneurs de France. Ses exigences furent en rapport avec sa position. Il se rapprocha d'abord de la cour par opposition au prince de Condé, et fut envoyé en Espagne en 1612 pour demander l'infante qui devait épouser Louis XIII. Il s'unit ensuite à Condé contre la régente, et prit part à la levée de boucliers de 1614. Il fut un des premiers à traiter de la paix, et reparut à la cour, où, d'accord avec le duc de Bouillon, il trama la perte du maréchal d'Ancre. Il ne réussit pas dans ce projet, et après l'arrestation du prince de Condé (1616), il se retira dans Soissons. La reine publia un manifeste contenant la liste des sommes qu'elle avait données aux princes depuis six ans. MM. de Mayenne père et fils y figuraient pour plus de 2,000,000 de livres. De leur côté, Mayenne et les autres princes publièrent un manifeste où ils accusaient le maréchal d'Ancre et sa femme de tout le mal arrivé dans le royaume. Mayenne, déclaré rebelle et assiégé dans Soissons (1617), était sur le point d'être fait prisonnier lorsque l'assassinat du maréchal d'Ancre mit fin à la guerre civile. En 1618, pour plaire à Luynes, tout puissant favori de Louis XIII, il se démit du gouvernement de l'Ile-de-France, et reçut celui de la Guyenne. Il ne tarda pas à se brouiller avec le nouveau favori, et excitant la reine mère à prendre les armes, il forma une confédération où entrèrent plusieurs des plus grands seigneurs de France, entre autres Rohan, chef du parti protestant (mai 1620). Cette guerre s'apaisa promptement, et le 18 septembre il reçut le roi dans la ville de Bordeaux. L'année suivante, il suivit Louis XIII dans l'expédition contre les protestants du midi, et fut tué au siége de Montauban. « Le regret qu'on en ressentit à l'armée, mais plus encore à Paris, dit Sismondi, rappela le temps de la Ligue et la demi-royauté de son père. La populace de la capitale voulut le venger sur les huguenots; elle en tua plusieurs, et brûla leur temple à Charenton. » Il ne laissa pas de postérité de son mariage avec Henriette de Clèves. L. J.

Richelieu, *Mémoires*. — Bazin. *Hist. de France sous Louis XIII*. — Sismondi, *Hist. des Français*, t. XXII.

MAYER (*Simon*), plus connu sous le nom de MARIUS, astronome allemand, né en 1570, à Güntzenhausen (Franconie), mort en 1624, à Nuremberg. Il s'adonna d'abord à la musique, et fut même pendant quatre ans maître de chapelle du marquis d'Anspach. Ce n'est que plus tard qu'il alla étudier l'astronomie auprès de Tycho-Brahé. Il se rendit ensuite en Italie, et il y cultiva la médecine. Il revint enfin en Allemagne, où il remplit jusqu'à sa mort les fonctions d'astronome de l'électeur de Brandebourg. Outre un opuscule sur la comète de 1618 et une traduction allemande des six premiers livres d'Euclide (Anspach, 1610, in-folio), Mayer a publié : *Tabulæ directionum novæ universæ Europæ inservientes*; Nuremberg, 1599, in-4°; — *Fränkischer Kalender oder practica*, etc.; Nuremberg, 1610 et années suivantes; — *Mundus Jovialis anno 1609, detectus ope perspicilli Belgici*, etc.; Nuremberg, 1614, in-4°. Dans ce dernier traité, Mayer chercha à s'attribuer la découverte des satellites de Jupiter, découverte que personne ne conteste plus aujourd'hui à Galilée. L'illustre astronome de Pise avait déjà eu à se plaindre de Mayer, ainsi que le constate sa vive discussion avec Balthasar Capra, élève de ce dernier. E. M.

Delambre, *Histoire de l'Astronomie moderne*.

MAYER (*Jean-Frédéric*), bibliographe et biographe allemand, né à Leipzig, le 6 décembre 1650, mort à Stettin, le 30 mars 1712. Il enseigna la théologie à Wittemberg et à Greifswald, et occupa plusieurs hautes dignités ecclésiastiques. On a de lui : *Historia versionis germanicæ Bibliorum Lutheri*; Hambourg, 1693 et 1702, in-4°; ibid., 1732-1733, 2 vol.

in-8°, avec des adjonctions de Neumeister; — *Bibliotheca scriptorum theologiæ moralis*; Greifswald, 1705, in-8°; — *Bibliotheca Biblica, seu dissertationes de notitia auctorum qui in Scripturam commentarios scripserunt*, Leipzig, 1711, in-4°; un volume supplémentaire fut publié par Ch. Arnd; Leipzig, 1713, in-4°; — *Bibliotheca Theologica*; Berlin, 1716, 2 vol. in-8°. O.

Hirsching, *Hist. litter. Handbuch.*

MAYER (*André*), astronome allemand, né à Augsbourg, le 8 juin 1716, mort le 20 décembre 1782. Il professa la physique et les mathématiques à Greifswald, et dressa en 1763 une carte estimée de la Poméranie suédoise et de l'île Rugen. Il publia divers travaux relatifs à l'astronomie dans les *Transactions philosophiques*, dans les *Mémoires de Berlin* et dans les *Mémoires de Pétersbourg*. E. M.

Delambre, *Histoire de l'Astronomie moderne.*

MAYER (*Christian*), astronome morave, né le 20 août 1719, mort le 16 avril 1783. Il entra chez les Jésuites en 1745, et en 1755 il fut chargé par l'électeur palatin Charles-Théodore de la direction de l'observatoire de Mannheim. Ses principaux ouvrages sont : *Basis Palatina; De transitu Veneris*; Pétersbourg, 1769, in-4°; — *De novis in cœlo sidereo phænomenis* (*Recueil de l'Académie de Mannheim*, t. IV, 1780, in-4°); — *Pantometrum pacechianum* (1), *seu instrumentum novum pro elicienda ex una statione distancia loci inaccessi*; Mannheim, 1762, in-4°; — *Nouvelle Méthode pour lever en peu de temps et à peu de frais une carte générale exacte de toute la Russie*. Mayer a aussi publié des observations astronomiques dans les *Transactions philosophiques*. E. M.

Rotermund, *Suppl. à Jöcher.*

MAYER (*Tobie*), astronome allemand, né à Marbach (Wurtemberg), le 17 février 1723, mort à Gœttingue, le 20 février 1762. Il fut élevé à Eslingen, et sous la direction de son père, qui était ingénieur et qui s'occupait beaucoup d'architecture hydraulique, il s'exerça de bonne heure à dessiner des machines et des instruments. Dans les sciences mathématiques il n'eut point de maître; mais il lut passionnément tous les livres qu'il parvint à se procurer, et fit des progrès si rapides qu'il publia, en 1741, n'étant âgé que de dix-huit ans, une nouvelle méthode de résoudre les problèmes de géométrie. Il étudia aussi les principes de la fortification, afin d'obtenir un brevet d'officier d'artillerie. Ses désirs ne furent point réalisés. Dégoûté de la vie étroite du collége, il résolut de s'enfuir pour aller en Hollande et en Angleterre, en compagnie d'un autre élève non moins mécontent que lui. Mais celui-ci, qui s'évada le premier, fut arrêté, et Mayer, dénoncé par son compagnon, s'enfuit pour se soustraire au châtiment qui l'attendait. Après quelques aventures, il se rendit à Augsbourg et de là à Nüremberg (1746), où il fit la connaissance du professeur Franz, astronome assez célèbre. Cette connaissance décida du sort de sa vie. Franz, qui était directeur de la grande imprimerie de cartes géographiques de Homann, à Nüremberg, engagea Mayer comme collaborateur, et lui confia les travaux les plus importants, comme la grande carte critique de l'Allemagne, une carte de la Suisse et beaucoup d'autres qui de leur temps étaient très-estimées. Après avoir épousé la belle-sœur de Franz, il fut appelé en 1751 à l'université de Gœttingue. L'imprimerie de Homann, à laquelle il avait rendu tant de services, publia en son honneur l'itinéraire de Nüremberg à Gœttingue : *Iter Mayerianum ad Musas Gottingenses*. Il fut aggrégé à l'université de Gœttingue sous le titre de professeur d'économie; mais il ne faisait qu'un cours de mathématiques supérieures, qui d'ailleurs fut peu fréquenté. En 1753 il fut nommé membre de l'Académie des Sciences de Gœttingue, et en 1754 directeur de l'observatoire. Lorsqu'il eut à sa disposition les beaux instruments de cet établissement, auxquels le roi d'Angleterre venait d'ajouter un grand cercle mural de six pieds de rayon, il forma le projet d'établir et de constater les principaux éléments de l'astronomie, tels que les positions des étoiles zodiacales, les tables du Soleil, les réfractions astronomiques, et surtout la théorie de la Lune. La méthode de trouver la longitude par l'observation de la Lune avait été proposée depuis longtemps par les astronomes; Flamsteed et Halley s'en étaient occupés en Angleterre, avec l'approbation de Newton; mais la théorie de la Lune était alors si inexacte, que le résultat obtenu d'après cette méthode différait quelquefois de deux ou trois degrés de la véritable longitude. Mayer parvint à perfectionner les tables de la Lune de manière qu'elles donnent la phase de la Lune avec une erreur d'une minute seulement, et la longitude avec une erreur qui ne dépasse jamais un demi-degré. Le parlement d'Angleterre avait promis une récompense à celui qui découvrirait une méthode de déterminer la longitude sur mer; mais Mayer, qui était d'une modestie extrême, refusait de concourir à ce prix, parce qu'il craignait que son travail n'eût pas atteint la perfection nécessaire. Enfin, en 1755, un de ses amis arrangea les tables et les envoya à Londres au bureau des longitudes. Bradley, astronome royal, fut chargé d'en donner son avis; il les compara avec ses observations, et déclara qu'elles étaient excellentes et dignes de participer à la récompense. L'infatigable astronome avait toujours continué ses recherches pour perfectionner ces tables; et à sa mort on en trouva un exemplaire plus complet et soigneusement revu. Ce sont ces tables qui, envoyées également au bureau des

(1) Instrument ainsi nommé par le jésuite Pacheco, son inventeur.

longitudes d'Angleterre, furent honorées, par acte du parlement, d'une récompense de trois mille livres sterl., qui fut payée à la veuve de Mayer. Publiées pour la première fois par Maskelyne, en 1770, ces tables, ont été souvent réimprimées et améliorées depuis par Mason, Bouvard, Burg et Burkhardt. Mayer fut aussi l'inventeur de l'ingénieuse méthode de la multiplication des angles, qui permet d'observer les angles avec une très-grande exactitude, et qui fut depuis perfectionnée par Borda.

Pendant la guerre de Sept Ans Mayer fut souvent obligé d'interrompre ses observations, parce qu'on avait établi un magasin de poudre dans son observatoire, et à peine put-il le recouvrer pour la célèbre observation du passage de Vénus en 1761. « Mayer », dit Lalande, n'était pour ainsi dire qu'au milieu de sa carrière, et l'on espérait de lui des travaux immenses, lorsqu'on vit sa santé se déranger et ses forces s'affaiblir. Une maladie de langueur, augmentée par le travail dont il ne put se défendre, le conduisit peu à peu aux portes de la mort, sans inquiétudes et sans regret. On a de cet illustre savant : *Neue und allgemeine Art, alle Aufgaben aus der Geometrie vermittelst der geometrischen Linien leicht aufzulösen* (Méthode nouvelle de résoudre tous les problèmes de la géométrie à l'aide des lieux géométriques); Eslinger, 1741, in-8°; — *Mathematischer Atlas in welchem auf 60 Tabellen alle Theile der Mathematik vorgestellt werden* (Atlas mathématique, représentant sur 60 tableaux toutes les parties des mathématiques); Augsbourg, 1745, in-fol.; — *Bericht von den Mondskugeln, welche bei der Kosmographischen Gesellschaft in Nürnberg aus neuen Beobachtungen verfertigt werden* (Avis sur des globes lunaires qui se font à la société cosmographique de Nuremberg d'après de nouvelles observations); Nuremberg, 1750, in-4°; — *Kosmographische Nachrichten und Sammlungen* (Recueils cosmographiques); Nuremberg, 1750, in-4°. Ce volume, publié par la société cosmographique de Nuremberg, contient plusieurs mémoires intéressants de Tobie Mayer, entre autres, *Description d'un nouveau Micromètre; Sur la Révolution de la Lune autour de son axe; Sur l'absence d'atmosphère dans la Lune*. Dans les *Mémoires de la Société des Sciences de Gœttingue*, on trouve de lui : *Latitudo geographica urbis Norimbergæ* (t. Ier, 1751); — *In parallaxim Lunæ ejusdemque a Terra distantiam Inquisitio;* — *Novæ Tabulæ Motuum Solis et Lunæ* (t. II, 1752); — *Tabularum Lunarium Usus in investiganda longitudine maris* (t. III, 1753); — *Experimenta circa visus aciem* (t. IV, 1754) Les tables de la Lune que Mayer avait envoyées à Londres ont été publiées par Maskelyne sous le titre : *Tabulæ Motuum Solis et Lunæ, novæ et correctæ, auctore Tobia Mayer, quibus accedit Methodus longitudinum promota, eodem auctore;* Londres, 1770, in-4°. Ces tables ont été réimprimées dans l'*Astronomie* de Lalande en 1771, et rectifiées par Charles Mason, en 1773 Une partie des œuvres posthumes de Mayer a été publiée par son ami Lichtenberg : *Tobiæ Mayeri Opera inedita;* Gœttingue, 1774, in-4°. Ce volume contient des observations astronomiques, des mémoires sur le calcul des éclipses, sur les variations du thermomètre, sur les couleurs, sur le mouvement propre des étoiles; enfin un grand catalogue des étoiles zodiacales. C'est dans ce catalogue qu'on trouve enregistrée la planète Uranus, découverte en 1781 par W. Herschel. Mayer, de même que les astronomes Flamsteed et Lemonnier, avait indiqué cette planète comme une étoile fixe, et ses observations permirent plus tard à Delambre de déterminer exactement les éléments de son mouvement. Enfin ce volume contient une très-belle *Carte de la Lune*, avec un catalogue de 89 taches désignées d'après les nomenclatures de Riccioli et d'Hévélius. Cette carte est insérée dans les *Selenotopographische Fragmente* de Schrœter; Gœttingue, 1791, in-4°. On avait promis de publier un second volume des œuvres posthumes, mais il n'a point paru. Les manuscrits laissés par Mayer furent confiés au baron de Zach, à Gotha; ils contiennent des observations du Soleil, de la Lune, des étoiles, l'observation du passage de la planète Vénus devant le Soleil en 1761, et de la comète de Halley. R. Meyer.

Meusel, *Lexicon*, VIII, 571. — Zach, *Correspondance astronomique*, VIII, IX, XI. — Nopitsch (Christian-Conrad), *Lebensbeschreibung Tobias Mayers* (*Biographie de Tobie Mayer*); Altdorf, 1805, in-8°. — Rotermund, *Supplément* à Jöcher. — Lalande, *Connaissance des Temps pour* 1767.

MAYER (*Jean-Christophe-André*), anatomiste allemand, né à Greifswald, le 8 décembre 1747, mort à Berlin, le 5 novembre 1801. Fils d'André Mayer, professeur de physique et de mathématiques, sur lequel on peut consulter le *Lexikon* de Meusel, il obtint en 1777 la chaire d'anatomie à Berlin; l'année suivante il fut chargé d'enseigner la médecine à Francfort-sur-l'Oder; en 1787 il fut appelé aux chaires de botanique et de matière médicale à Berlin, et fut en même temps nommé directeur du jardin botanique. Élu membre de l'Académie de Berlin, il devint en 1789 médecin du roi. On a de lui : *Examen quarumdam optimarum cataractam extrahendi methodorum;* Greifswalde, 1772, in-4°; — *Beschreibung der Blutgefässe des menschlichen Körpers* (Description des vaisseaux sanguins du corps humain); Berlin, 1777 et 1788, in-8°, planches; — *Anatomisch-physiologische Abhandlung vom Gehirn, Rückenmark und Ursprung der Nerven* (Mémoire physiologique et anatomique sur le cerveau, la moelle épinière et le point de départ des nerfs); Berlin, 1779, in-4°; — *Præcipua Experimenta de effectu putredinis in pulmones* *infantum ante et post partum mortuorum*; Francfort-sur-l'Oder, 1782, in-4°; — *Analecta ad artem obstetriciam pertinentia*; Francfort-sur-l'Oder, 1783, in-4°; — *Varietates præcipuæ musculorum corporis humani*; ibid., 1784, in-4°; — *Beschreibung des ganzen menschlichen Körpers* (Description de tout le corps humain); Berlin et Leipzig, 1784-1794, 8 vol. in-8° : excellent résumé des connaissances anatomiques de l'époque; — *Anatomische Kupfertafeln* (Planches anatomiques); Berlin, 1783-1794, 6 cahiers, in-4° Mayer a encore écrit une quinzaine de dissertations sur diverses matières de médecine et d'anatomie, ainsi que plusieurs articles dans les *Mémoires de l'Académie de Berlin*, dans la *Gazette littéraire* de Iéna et dans d'autres recueils périodiques. O.

Schmidt et Mehring, *Neues Gelehrtes Berlin*, II. — Rotermund, *Suppl. a Jöcher*. — *Biogr. Méd.*

MAYER (*Charles-Joseph*), littérateur français, né le 2 janvier 1751, à Toulon, mort vers 1825. Il vint de bonne heure à Paris, où il se fit connaître par quelques pièces de théâtre; il écrivit ensuite des romans et des compilations historiques. Il prenait quelquefois le titre de *pensionnaire du comte de Vergennes*. Nous citerons de lui : *Anecdotes françaises*; Paris, 1774, 3 vol. in-8°; — *Lou Rétour doou Martegaou*, parodie bouffonne en vers; Marseille, 1775, in-8°; — *La Femme infidèle*, drame en trois actes et en vers; 1775, in-8°; — *Héliogabale et Alexandre Sévère*; Paris, 1776, in-8°; — *Tableau politique et littéraire de l'Europe pendant l'année 1775*; Paris, 1777, in-12; — *Tableau des Finances sous Charles IX, Henri III et Henri IV*; Paris, 1777, in-12; — *M. le comte de Falkenstein, ou voyages de l'empereur Joseph II*; Paris, 1777, 1778, in-12; — *Histoire philosophique et militaire de la France*; Paris, 1778, in-8°; — *La Conjuration d'Amboise*; 178.., 2 vol. in-12; — *Aventures et plaisante Éducation du chevalier Charles le Bon, sire d'Armagnac*; Paris, 1785, 3 vol. in-12; — *Galerie philosophique du seizième siècle*; Londres (Paris), 1783-1788, 3 vol. in-8°; — *Laure et Felino*, roman; Paris, 1784, in-18; — *Voyage en Suisse en 1784*; Paris, 1786, 2 vol. in-8°; — *Geneviève de Cornouailles*, roman de chevalerie; Paris, 1786, 2 vol. in-12; — *Les Ligues achéenne, suisse et hollandaise et Révolutions des États-Unis d'Amérique comparées ensemble*; Paris, 1787, 2 vol. in-12; — *Les Amours de Châtelard et de Marie Stuart*; Paris, 1787, 1790, 2 vol. in-12; — *Lisvart de Grèce*, roman de chevalerie; Paris, 1788, 5 vol. in-18; — *Des États généraux et autres assemblées générales*; Paris, 1788-1789, 18 vol. in-8°; — *Vie publique et privée du comte de Vergennes*; Paris, 1789, in-8°; — *Quelques Idées*; Paris, 1817, in-8°; — *Idéologie de Mayer. Etude de la chose*; Paris, 1823, in-8°; on voit par ce dernier écrit qu'il s'occupa beaucoup dans sa vieillesse de réformes grammaticales et qu'il faisait partie d'une réunion particulière connue de ses membres sous le nom d'*Ecole des Philosophes penséormites*. Mayer a encore fait insérer des articles et des notices dans *Le Mercure* et la *Bibliothèque des Romans* dont il fut, de 1775 à 1789, un des rédacteurs, et il a édité *Le Cabinet des Fées* (Paris, 1785, 37 vol. in-8°) et les *Œuvres politiques du comte Hertzberg* avec une notice (ibid., 1789, 3 vol. in-8°). P. L.

Desessarts, *Siècles Littér.* — Quérard, *La France Littér.*

MAYER ou **MAYR** (*Jean-Simon*), compositeur allemand, né le 14 juin 1763, à Mendorf (Bavière), mort le 2 décembre 1845, à Bergame. Fils d'un organiste de village, il reçut une bonne éducation au séminaire d'Ingolstadt, enseigna ensuite la musique dans le pays des Grisons, et passa en 1788 en Italie, où il eut Lenzi et Bertoni pour maîtres d'harmonie. La protection d'un généreux ami des arts, le chanoine Pesenti, l'attira à Bergame, et il s'attacha tellement à cette ville qu'il refusa maintes fois les places et les avantages qu'on lui offrait ailleurs, afin d'y passer paisiblement le reste de sa vie. Après avoir écrit des oratorios qui obtinrent un brillant succès, il se tourna vers la composition dramatique d'après les conseils de Piccinni. De 1794 à 1814 le nombre des opéras et des cantates théâtrales de Mayer s'est élevé à 77; la plupart ont été favorablement accueillis, et certains, comme *Lodoiska* (1796), *L'Equivoco* (1800), les *Misteri Eleusini* (1802) et *Medea* (1812), ont été applaudis sur toutes les grandes scènes de l'Europe. « Pendant cette période, dit M. Fétis, le nom de ce compositeur a joui d'une célébrité supérieure à celle des meilleurs artistes italiens. Quoiqu'il ne fût pas précisément doué de facultés créatrices, il y eut assez de mérite dans ses ouvrages pour qu'on les considérât comme le type du style dramatique de son temps. L'aurore de la carrière de Rossini marqua la fin de celle de Mayer. » En 1814 il renonça au théâtre, et n'écrivit plus que pour l'Église. Nommé en 1802 maître de chapelle de Sainte-Marie-Majeure à Bergame, il cumula depuis 1805 ces fonctions avec celles de directeur de l'Institut musical, où il enseigna la composition. Le plus célèbre des élèves qu'il a formés est Donizetti. Il a laissé 17 messes solennelles, 6 oratorios, de nombreux morceaux de musique religieuse et instrumentale, 31 opéras sérieux, 27 opéras bouffes, des cantates, et quelques écrits relatifs à l'enseignement. P.

Fétis, *Biogr. univ. des Musiciens*.

* **MAYER** (*Brantz*), publiciste américain, né à Baltimore, le 27 septembre 1809. Après avoir terminé ses études, il visita l'Hindoustan, Java, Sumatra et la Chine, et revint à Baltimore en 1828; il parcourut plus tard toutes les contrées de l'Europe, et exerça la profession d'avocat. Nommé en 1842 secrétaire de la légation du

Mexique, il se démit de cet emploi en 1843. Fondateur du *Baltimore American*, il a donné de nombreux articles à la presse politique et littéraire, mais en conservant le plus souvent l'anonyme. Les publications signées de lui sont : *Mexico as it is and as it was*, 1844; — *Mexico Aztec, spanish and republican*; 1851, 2 vol. in-8°. L'ouvrage qui a fait sa popularité et qui a été traduit en plusieurs langues, est un recueil d'aventures intitulé : *Captain Canot, or twenty years of an African slaver*. A. H—T.

Cyclop. of American Literature.

MAYER. *Voy.* MAIER, MEIER et MEYER.

MAYERBERG (*Augustin*, baron DE), diplomate allemand, vivait dans la dernière moitié du dix-septième siècle. Il fut envoyé en ambassade par Léopold Ier auprès du tzar Alexis Michaélowitz, dans le but de rétablir la paix entre la Pologne et la Russie. Parti de Vienne le 16 février 1661, il traversa, avec son collègue Calvucci, la Prusse et la Courlande, obtint après beaucoup de difficultés la permission d'entrer en Moscovie, et parvint dans la capitale le 25 mai. Après une année de séjour, pendant laquelle il ne put avoir aucune communication avec l'étranger, il lui fut permis de retourner à Vienne, où il rentra, le 19 mars 1663. Il a publié le récit de son voyage : *Iter in Moscoviam, cum statutis moscovitis ex russico in lat. idioma translatis*; sans lieu ni date (Cologne), in-fol. de 236 p. Cet ouvrage rare et curieux fait connaître les usages de la Russie au dix-septième siècle et la manière bizarre dont on y traitait les étrangers. Le recueil des lois données par Alexis aux Moscovites est malheureusement omis dans la traduction française : *Voyage en Moscovie d'un ambassadeur envoyé par l'empereur Léopold au czar Alexis Michalowics*; Leyde, 1688, in-12. On a publié à Saint-Pétersbourg, en 1827, sous le titre de *Sammlung von Ansichten, Gebräuchen, Bildnissen, Trachten.... der Russen*, un recueil des vues de la Russie, des usages, costumes, etc., des Russes, dessinés par ordre de Mayerberg pendant son séjour en Moscovie. A. H—T.

Hormayr, *Archiv*, 1827, n° 62.

MAYERNE (*Louis* TURQUET DE), historien français, né vers 1550, à Lyon, mort en mars 1618, à Paris. Sa famille était originaire du Piémont et s'appelait Turquetti, selon Bayle; le surnom de Mayerne lui vint d'une maison de campagne qu'elle possédait dans les environs de Genève. Il eut pour mère non pas une Turque, comme le prétend Sénebier, mais bien Louise Le Maçon, fille d'un trésorier des guerres sous François Ier et Henri II. Comme il professait la religion réformée, il faillit être victime de la fureur des catholiques, qui pillèrent et démolirent deux de ses maisons (1572), et il s'enfuit à Genève, où il reçut le droit de résidence. Dans la suite il revint à Lyon, et représenta même cette ville en qualité d'ancien aux synodes de Saumur et de Gergeau. En 1608 il fit un voyage à Paris, et obtint plus tard la permission d'y résider. On a de lui : *Le Mépris de la Cour*, trad. d'Ant. de Guevara; Genève, 1574; — *L'Institution de la femme chrétienne*, trad. de Louis Vivès; Lyon, 1580, in-16; — *Déclaration sur l'incertitude, vanité et abus des sciences*, trad. de Corn. Agrippa; s. l., 1582, in-8°; Paris, 1603, 1617, in-12; — *Histoire générale d'Espagne*; Lyon, 1586, in-fol., en XXVII livres; réimprimée à Paris, 1608, in-fol. en XXX livres, et 1635, 2 vol. in-fol. en XXXVI livres. « Cette histoire, dit Lenglet, faite en partie sur celle de Mariana, n'est pas, à beaucoup près, si judicieuse, quoique plus ample. » — *Traité des Négoces et trafiques ou contrats*; Genève, 1599, in-8°; — *Advis sur le synode national que le roy vouldroit convoquer*; 1608; — *La monarchie aristodémocratique, ou le gouvernement composé et mêlé des trois formes de légitimes républiques*; Paris, 1611, in-4° : avec dédicace aux états généraux des Provinces-Unies. « Livre d'État, rapporte L'Estoile, bon, judicieux et véritable; mais mal propre pour le temps et que l'auteur devait faire imprimer en ville libre et non à Paris, nonosbtant son privilége. » En effet, quelques jours après sa publication, le livre fut saisi, confisqué et défendu. L'auteur, que la bonté de la régente Marie de Médicis sauva de toute autre peine, y proposait de changer la plupart des lois existantes et de ne jamais confier le pouvoir à une femme ou à un enfant. Il publia contre ses détracteurs, Louis d'Orléans entre autres, une *Apologie*, en 1616 ou 1617. P. L.

Bayle, *Dict. hist. et critique*. — Sénebier, *Hist. littér. de Genève*. — L'Estoile, *Mémoires*.

MAYERNE (*Théodore* TURQUET DE), médecin suisse, fils du précédent, né le 28 septembre 1573, à Genève, mort le 15 mars 1655, à Chelsea. Après avoir achevé ses humanités à Genève, il commença l'étude de la médecine à Heidelberg, et la poursuivit à Montpellier, où, après cinq ans de séjour, il fut reçu docteur (1597). Il vint alors à Paris, et se fit connaître si avantageusement qu'il obtint une charge de médecin du roi et qu'en 1600 il accompagna le duc de Rohan à la diète de Spire, puis en Italie. A son retour (1602), il s'avisa d'ouvrir un cours public pour les jeunes chirurgiens et apothicaires. La faculté prit ombrage de cette atteinte portée à ses priviléges; mais ce qui porta au comble l'irritation d'un corps ennemi constant des nouveautés et fortement attaché à l'ancienne doctrine, ce fut de voir que Mayerne, qui en général employait les simples et la diète, avait osé dans sa pratique faire usage de préparations chimiques. A cette époque on assimilait les chimistes aux charlatans et on regardait comme un devoir d'empêcher qu'ils « ne se missent en crédit pour vendre leur fumée aux badauds de Paris ». En 1607 Paul Reneaulme, médecin de Blois, fut forcé de promettre de renoncer à certains remèdes condamnés et dont il avait pourtant apprécié les bons effets; en 1608 Pierre Paulmier fut chassé de la faculté pour s'être refusé à une semblable concession. Les galénistes exclusifs n'eurent point de peine à obtenir contre Mayerne un décret conçu en termes fort durs, et qui lui interdisait le droit de consulter (5 décembre 1603). Ce dernier interrompit ses leçons, et continua sa pratique comme auparavant. On a prétendu qu'en 1609, à la mort de Du Laurens, il aurait obtenu la place de premier médecin du roi s'il n'avait été huguenot, et que Marie de Médicis, devenue régente, la lui avait promise, à la condition de se convertir; mais le fait n'est pas certain. Quoi qu'il en soit, Mayerne, ayant acquis une grande réputation en Angleterre par la guérison d'un seigneur qu'il avait suivi à Londres, fut rappelé en 1611 dans cette ville par le roi Jacques Ier, qui le nomma son premier médecin et le traita toujours en favori. Revêtu de la même charge auprès de Charles Ier, il la conserva jusqu'à la fin tragique de ce prince, en 1649, époque où il se retira à Chelsea. En 1621 il avait reçu le titre de baron d'Albone. On a porté sur ce médecin des jugements contradictoires. D'après Bodley, il n'avait ni génie ni savoir, et ses écrits ne sont qu'un assemblage ridicule de remèdes. Astruc montre plus de réserve. « La théorie, dit-il, n'est point bonne, et ne mérite aucune attention; la pratique pourrait être plus utile par le grand nombre de remèdes qu'on y propose, si on pouvait s'y fier; ils sont pour la plupart nouveaux, bizarres, singuliers et absolument hors d'usage dans la pratique. » Le *Journal des Savants* soutient, d'autre part, qu'il y a « peu d'ouvrages de médecine où les réflexions soient plus sensées et la matière médicale mieux entendue ». On ne peut nier pourtant que Mayerne, praticien en renom, ne fût encore un habile chimiste. C'est lui qui a découvert la belle couleur pourpre nécessaire pour les carnations dans la peinture en émail et pendant cinquante ans il a consacré des sommes considérables à faire des expériences sur les vertus des médicaments. On a de lui : *Apologia in qua videre est, inviolatis Hippocratis et Galeni legibus, remedia chimice præparata tuto usurpari posse;* La Rochelle (Paris), 1603, in-8°; cette réponse à une attaque violente de Riolan serait l'œuvre de Séguin et d'Akakia, s'il faut en croire Gui Patin; — *Description de la France, Allemagne, Italie et Espagne avec le guide des chemins;* Genève, 1618, in-8°; 1642, in-12; — *De Gonorrheæ inveteratæ et carunculæ et ulceris in meatu urinario Curatione;* Oppenheim, 1619, in-4°: l'auteur guérit Henri IV d'un mal de cette nature; — *Medicamentorum Formulæ;* Londres, 1640, in-fol.; — *De Arthritide; accedunt aliquot consilia medicinalia;* Genève, 1674, in-12; Londres, 1676, in-12: cette version latine est de Th. Bonnet; on ignore si le texte français a été publié; — *De Morbis internis, præcipue gravioribus et chronicis;* Londres, 1690, in-8°; Vienne, 1691, in-12 (avec un traité *De Cura Gravidarum*); Genève, 1692, in-12; — *Praxeos Mayernianæ Syntagma;* Londres, 1690, in-8°; plusieurs édit. et trad. en français; — deux dissertations médicales dans les *Philos. Transactions* (1687 et 1700). Les écrits de Mayerne, qui ont joui pendant tout le dix-septième siècle d'une faveur singulière, ont été réunis d'une façon complète par les soins de Joseph Brown : *Opera omnia Medica;* Londres, 1701, 1703, in-fol. P. L.

Gui Patin, *Lettres*, I. — Éloy, *Dict. hist. de la Méd.* — Astruc, *Mémoires pour servir à l'hist. de la fac. de Montpellier.* — Manget, *Biblioth. Medica.* — Senebier, *Hist. littér. de Genève.* — Bodley, *Essai de critique sur les ouvrages des médecins.* — Aikin, *Biograph. Memoirs of Medicine.* — Haag, *La France Protestante.* — Dezeimeris, *Dict. hist. de la Méd.* — Hoefer, *Hist. de la Chimie.*

MAYET (*Étienne*), littérateur et manufacturier français, né à Lyon, le 6 juin 1751, mort en Prusse, en juillet 1825. Appelé en Prusse par le roi Frédéric II en 1777, il y fut nommé directeur des fabriques de soie et assesseur au collège du commerce et des manufactures à Berlin. Il contribua de tout son pouvoir au succès de la sériciculture et de la fabrication des soieries dans ce royaume, et publia plusieurs ouvrages sur cette matière. Les événements de 1806 changèrent l'état des fabriques prussiennes, et Mayet dut se retirer avec une modique pension. On a de lui : *Divertissement dramatique et lyrique pour madame Clotilde, princesse de Piémont, lors de son passage par Lyon pour se rendre à Turin, en 1775;* — *Épître à M. de Voltaire, suivie de quelques bagatelles poétiques;* Genève, 1776, in-8°; — *Pièces fugitives en vers;* Berlin et Paris, 1783, in-8°; — *Recueil de Poésies;* Berlin, 1785, in-8°; — *Mémoire sur les Manufactures de Lyon;* Londres et Paris, 1786, in-8°: ce mémoire avait obtenu un accessit à un concours de l'Académie de Lyon en 1784; — *Mémoire sur les Manufactures de Soie dans le Brandebourg*, publié en allemand par le baron de Bock, sur le manuscrit de Mayet; Berlin, 1788, in-8°; — *Crispin devenu riche, ou l'agioteur puni*, comédie en cinq actes et en vers; Paris, Berlin, in-8°; — *Mémoire sur la Culture du Mûrier en Allemagne, principalement dans les États prussiens*, traduit du français en allemand; Berlin, 1790, in-8°; — *Mémoire sur cette question : Le sol et le climat des États du roi de Prusse sont-ils favorables à la culture du mûrier?* Berlin, 1790, in-8°; — *Mémoire sur les moyens de mettre en culture la plus avantageuse les terrains secs et arides, principalement ceux de la Champagne*, qui a obtenu le premier accessit de l'Académie de Châlons-sur-Marne; Paris et Bruxelles, 1790, in-8°; — *Traité sur la Culture et les Fabriques de Soie dans les États prussiens*, traduit en allemand par Catel; Berlin, 1790, 2 vol. in-8°; — *Le Naufrage des* *émigrés*, drame en trois actes et en vers libres; Berlin, 1805, in-8°; — *Des Manufactures de Soie et du Mûrier*; Paris, 1810, in-8°; — *Derville*, comédie imprimée peu de temps avant la mort de l'auteur. Il avait coopéré à l'*Almanach des Muses*, aux *Étrennes du Parnasse*, au *Mercure de France*, à la *Feuille littéraire*, au *Journal de Lyon*, au *Conservateur*, et à la *Gazette littéraire de Berlin* (1792-1793).

J. V.

Biogr. univ. et portat. des Contemp. — Mme de Genlis, *Mémoires*, tome IV. — Quérard, *La France Littér.*

MAYEUC (*Yves*), évêque de Rennes, né dans le diocèse de Saint-Pol-de-Léon, mort à Rennes, le 20 septembre 1541. Il fut d'abord moine mendiant, et fit profession chez les Dominicains de Morlaix. Anne de Bretagne l'eut pour confesseur. Ses bulles pour l'évêché de Rennes lui furent expédiées le 29 janvier 1507. Les actes de son épiscopat n'offrent pas de circonstances mémorables : mais l'éclat de ses vertus fut si grand, que le peuple de Rennes lui attribua des miracles. On peut lire le procès-verbal de l'enquête qui eut lieu sur sa vie, dans un manuscrit d'André Duchesne, à la Bibliothèque impériale, num. 9612, *h*. Il ne fut pas cependant régulièrement inscrit au nombre des saints. B. H.

Gallia Christ., XIV, col. 780. — Abbé Tresvaux, *Église de Bretagne*.

MAYEUR (*Nicolas*), voyageur français, né en 1748, mort à l'île de France en 1813. Il fit son éducation à l'île de France, où sa famille l'avait amené dès son plus jeune âge (1750). Le comte Maurice-Auguste Beniowski, émigré hongrois, ayant été chargé par Louis XVI de fonder une colonie sur l'île de Madagascar, relâcha à l'île de France (juin 1774). La vive intelligence de Mayeur, ses connaissances des divers dialectes et des mœurs malgaches déterminèrent Beniowski à se l'attacher comme premier interprète. Le comte l'envoya aussitôt en mission chez les Saklaves ou Maratis, peuple de pirates qui occupe la partie nord-ouest de Madagascar depuis le cap d'Ambre jusqu'à la Mansiatre. Il s'agissait de s'allier les Saklaves, et d'obtenir un point de débarquement entre Antongil et Moringano. Mayeur mit à la voile le 29 avril 1774. Un mois plus tard, après avoir perdu un grand nombre de ses compagnons par les fatigues et la maladie, il arrivait à Anthanghin, dont il trouva le chef fort mal disposé en faveur des Européens. Mayeur connaissait trop bien les usages des Madécasses pour se laisser intimider. Il fit donc construire sur le lieu de son débarquement un comptoir fortifié et s'avança dans l'intérieur du pays, vers Bombétok où résidait le roi des Saklaves; mais ce chef refusa de le recevoir et le menaça de le faire *zagaier* s'il ne retournait sur ses pas : ce que Mayeur crut prudent de faire. Durant ce temps Beniowski avait construit un fort important, *Louisbourg* (en madécasse *Voulu-Voulu* ou Voulouilou) près de Foulepointe, par 43° 33' long. est, et 17° 40 lat. sud., Mayeur y arriva le 20 septembre, alors que le jeune roi des Saklaves le faisait poursuivre à outrance, l'accusant d'avoir fait mourir par maléfice le régent, son oncle. Échappé presque miraculeusement, Mayeur ne craignit pas de se charger d'une nouvelle mission, et dès le 14 novembre, il reprenait la mer. Cette fois encore il explora le nord de Madagascar depuis la baie d'Antongil jusqu'au cap d'Ambre, et reconnut les îles situées dans les baies de Passandara, d'Andrava et de Louké, jusqu'alors connues seulement des pirates. Le premier, Mayeur signala exactement, sur la côte nord-ouest de Madagascar, l'île de Nossi-Bé, que la France occupe depuis 1840. Ce voyage ne dura pas moins d'une année; mais il fit connaître toute la partie nord du littoral, les grands cours d'eau, les ports, et même les productions et les habitants les plus rapprochés des côtes. Beniowski, peu secondé par le gouvernement français, se déclara indépendant; il se fit reconnaître *ampanzaka-bé* (grand-chef) par plusieurs peuplades importantes du nord (1776) et envoya, le 20 janvier 1777, Mayeur dans le centre et vers le sud de l'île afin d'y contracter des alliances. Déserts, montagnes, forêts inextricables, marais pestilentiels, rien n'arrêta l'infatigable voyageur, qui réussit à échanger le *serment du sang* avec les Betsiles, les Bezonzons, les Betanimes. Trois fois il visita l'importante ville d'Ankova, capitale des Ovas, sur lesquels régnait alors Dian-Ampousine, père du célèbre Radama, qui plus tard soumit à sa domination la plus grande partie de l'île. Mayeur remarqua avec étonnement l'industrie des Madécasses. Ils connaissaient bien la fonte des métaux, la construction des maisons, l'éducation des vers à soie, le tissage et la teinture des étoffes, la culture du riz, du maïs, du coton, et témoignaient autant d'adresse que de goût dans leurs fabrications. En 1785 Mayeur était à l'île de France lorsque la guerre éclata entre les Français et le comte Beniowski. Malgré l'ancienne amitié qui l'unissait à l'ampanzaka-bé, Mayeur consentit à travailler à faire révolter les sujets du comte. Il y réussit, et Beniowski succomba dans la lutte (23 mai 1786). En 1794 Mayeur fut envoyé en ambassade auprès du roi de Foulepointe, Zakarola, qui avait insulté quelques négociants français; il apporta tant d'adresse et d'éloquence dans cette mission que les naturels firent droit à ses réclamations dans un *kabar* (assemblée solennelle), et lui décernèrent le nom de *Lahésoa* (homme juste). Mayeur parlait tous les dialectes malgaches avec une merveilleuse facilité; il s'était du reste tellement identifié avec les Madécasses que jusqu'à la fin de ses jours il en porta le costume. Il a laissé des *Mémoires* que M. Barthélemy de Roberville a mis en ordre; mais il ne paraît pas qu'ils aient été imprimés. Alfred de Lacaze.

Beniowski, *Voyages et Mém.*; Paris, 1791, 2 vol. in-8°.

MAYEUR DE SAINT-PAUL (*François-*

Marie MAYEUR, dit), acteur et auteur dramatique français, né le 6 juin 1758, à Paris (1), où il est mort, le 18 décembre 1818. A l'âge de douze ans il entra dans la troupe d'enfants que dirigeait Audinot à l'Ambigu-Comique (1770), et fut chargé des rôles d'amoureux et de niais. En 1779 il devint le pensionnaire de Nicolet et en 1789 il partit pour l'Amérique, autant pour fuir ses créanciers que pour se soustraire aux ressentiments soulevés par la publication du *Chroniqueur désœuvré* et du *Vol plus haut*, libelles qu'on lui attribuait. Il revint bientôt en France, et débarqua à Bordeaux, où il fit bâtir une jolie salle de spectacle; mais n'ayant pu satisfaire aux engagements contractés avec les entrepreneurs, il fut obligé d'aller en prison. Après avoir joué à Nantes, il fit partie en 1795 des acteurs de la Cité, quitta Paris vers la fin de 1798, et passa deux années à l'Ile de France. En 1801 il prit la direction de la Gaieté; puis il parcourut la province, et n'eut partout qu'une situation précaire. En dernier lieu il fut directeur du théâtre de Bastia. Mayeur avait comme acteur du naturel et de l'entrain; mais il avait un caractère peu honorable, et plusieurs de ses productions feraient preuve au besoin de la bassesse de ses inclinations. Parmi ses nombreuses pièces, il suffira de citer : *La Pomme, ou le prix de la beauté* (1777); *L'Oiseau de Lubin*, *L'Elève de la nature*, *Le Baron de Trenck*, en trois actes et en vers (1780); — *L'Optimiste* (1781); — *Le Trouvère moderne* (1788), proverbe à travestissements, à un seul acteur; — *Le Jeune Homme du jour; Dorval, ou l'honnête procureur; Le Journal de Paris* (1790); — *Farinelli* (1812), opéra. On a du même auteur : *Hymne à l'Amour, poëme, suivi d'une Ode à la Calomnie*; Paris, 1781, in-8°; — *Le Chroniqueur désœuvré ou l'espion des boulevards* (anonyme); Londres, 1782-1783, 2 vol. in-8°; — *L'Autrichienne en goguette, ou l'orgie royale, opéra-proverbe composé par un garde du corps et mis en musique par la reine*; 1789, in-8°; — *Le Portefeuille d'un Chouan*; Pentarchipolis, 1796, in-8°, avec Villiers; le 1er numéro a seul paru; — *Le Chroniqueur colonial; ou journal politique et littéraire des Iles de France et de Bourbon*, rédigé vers 1799; — *Rose d'Amour, ou la belle et la bête, conte en prose, mêlé de vers*; Paris, 1813, in-8°; — *Vie de Mme de La Fayette*; Paris, 1814, in-18; — *La Renaissance des lis, hommage lyrique*; Paris, 1814, in-18; — *L'Itinéraire de Buonaparte depuis son départ de la Malmaison*; Paris, 1815, in-8°; — *Les trois Bibles, ou Lucy et Maria*; Paris, 1816, 2 vol. in-12; roman trad. de Mme Parsons. Mayeur a pris part, sous le nom de *Meuray*, à la rédaction des *Etrennes du Parnasse* (1779-1787), au *Réveil d'Apollon* (1796) et à l'*Almanach des Muses*.

E. DE M.

Alman. des Spectacles. — *Catalogue* Soleinne. — Barbier, *Dict. des Anonymes.* — Querard, *France Littér.*

(1) Il naquit sur la paroisse de Saint-Paul, dont il accola le nom au sien lorsqu'il se fit comédien.

MAYGRIER (*Jacques-Pierre*), chirurgien français, né le 11 juin 1771, à Angoulême, mort en 1835. Il entra en 1787 au service de la marine, fit plusieurs campagnes, et donna en 1797 sa démission du grade de chirurgien major pour venir à Paris se livrer à des études sérieuses sur les diverses branches de la médecine. Il fut un des meilleurs élèves de Dubois. Reçu docteur en 1802, il ouvrit des cours d'anatomie et de physiologie; et s'il ne fut pas heureux dans les divers concours auxquels il se présenta, il y acquit du moins la réputation d'un praticien expérimenté. Il fit partie de l'Académie de Médecine à titre de membre honoraire. Nous citerons de lui : *Des Qualités physiques et morales de l'Accoucheur*; Paris, 1801, in-8°; — *Manuel de l'Anatomiste*; Paris, 1807, in-8°; 4e édit, augmentée, 1818, in-8°; trad. en anglais et en hollandais; — *Essai d'une Méthode analytique appliquée à l'étude de toutes les branches de la médecine*; Paris, 1807, in-8°; réimpr. sous le titre : *Le Guide de l'Étudiant en Médecine*; ibid., 1807, 1816, 1818, in-8°; — *Annuaire Médical*; Paris, 1809-1810, 2 vol. in-12; — *Nouveaux Éléments de la Science et de l'art des Accouchements*; Paris, 1813, in-8°; la seconde édition, augmentée du *Traité des Maladies des Femmes et des enfants*, est de 1817, 2 vol. in-8°; — *Nouvelles démonstrations d'Accouchements*; Paris, 1822-1827, in-fol., avec 80 pl.; nouv. édit., entièrement refondue par M. Halma-Grand; ibid., 1840, in-8°; trad. en allemand, en anglais, en espagnol et en hollandais, cet ouvrage est remarquable par la perfection des planches.

P. L.

Dezeimeris, *Dict. hist. de la Médecine.* — *Biogr. Méd.*

MAYNARD (*Augustin*), controversiste protestant, né en Piémont, en 1482, mort en 1563, à Chiavenna, qui appartenait alors aux Grisons. Il entra dans l'ordre des Augustins; mais, entraîné dans les opinions nouvelles, il prêcha à Aoste, en 1535, dans le sens des réformateurs. Ses prédications firent quelque impression sur ses auditeurs. On le força de sortir de cette ville; il se retira à Chiavenna, où il enseigna les doctrines protestantes. Il est auteur d'un ouvrage curieux, intitulé *Anatomie de la Messe*.

M. N.

Musée des Protestants célèbres.

MAYNARD (*François*), poëte français, né en 1582, à Toulouse, où il est mort, le 23 décembre 1646. Il fit dans sa ville natale de brillantes études. Son père, Géraud ou Gérard, conseiller au parlement de Toulouse, et qui a publié, sous le titre de *Bibliothèque Toulousaine*, un recueil d'arrêts fort estimé, l'avait d'abord destiné à la magistrature; mais son goût pour la poésie l'entraîna. Il vint à Paris;

par le crédit des amis de son père, il fut nommé secrétaire des commandements et de la musique de Marguerite de Valois, première femme de Henri IV. C'était vers 1605; pendant qu'il était au service de cette princesse, il composa plusieurs pièces de vers d'un style pompeux, qui parurent en 1611. Maynard se lia avec Malherbe, Desportes, Regnier, et après la mort de Marguerite (1615) ne s'occupa que de poésie. Nommé président du présidial d'Aurillac, il laissa à son subdélégué les devoirs de sa place, et composa un poëme, *Philandre*, qui eut trois éditions; Paris, 1619, 1621 et 1623, in-16. Au mois de mars 1634, il accompagna M. de Noailles, qui partait pour Rome en qualité d'ambassadeur, et reçut du pape Urbain VIII un exemplaire de ses poésies latines. A son retour il sollicita vainement la faveur du cardinal de Richelieu, dans des vers dont la flatterie paraît exagérée aujourd'hui, mais que peuvent peut-être excuser les tournures mythologiques usitées alors. On lui a beaucoup reproché la pièce qui se termine ainsi :

> Au point où l'on te vit paraître
> Je te regarde comme un Dieu,
> Qui pour se faire reconnaître
> A pris le nom de Richelieu.

Tentant un dernier effort, il lui fit remettre un placet dans lequel, feignant de s'entretenir avec François Ier sur les bords du Cocyte, il disait :

> S'il me demande à quel emploi
> Tu m'as occupé dans le monde,
> Et quel bien j'ai reçu de toi,
> Que veux-tu que je lui réponde?

Le cardinal répondit sèchement : « Rien ».

En 1635, pendant qu'il était à Rome, Maynard avait été désigné par ses collègues pour faire partie des fondateurs de l'Académie Française. Plus tard, lorsqu'il était retiré à Toulouse, les mainteneurs des Jeux floraux l'admirent sans qu'il eût remporté les trois prix qu'il fallait gagner. Après la mort de Louis XIII (1643), le poëte revint à Paris, et fut nommé conseiller d'État; étant de nouveau revenu à Toulouse, c'est là qu'il fit graver sur la porte de son cabinet ces vers si connus :

> Las d'espérer et de me plaindre.
> Des Muses, des grands et du sort,
> C'est ici que j'attends la mort
> Sans la désirer ni la craindre (1).

Maynard fut enterré dans la petite église des Cordeliers, dans une chapelle appartenant à sa famille. Une inscription avait été placée au-dessus de son tombeau; mais elle a disparu. Son buste est placé dans la *Salle des Illustres* au capitole de Toulouse; on y lit au bas une épitaphe latine de Ménage. Les œuvres de Maynard se composent d'*épigrammes* dans le genre de celles de Martial; ce qui faisait que son ami Caminade lui donnait tous les ans un exemplaire de Martial; — de *chansons*, d'*odes*, de lettres en prose et du poëme de *Philandre*. Ses œuvres ont paru sous ce titre : *Œuvres de François Maynard*, contenant des sonnets, des épigrammes, des odes, des chansons avec une préface de Marin Le Roi de Gomberville; Paris, 1646, in-4°. Un grand nombre d'autres pièces qui ne se trouvent pas dans ce volume sont imprimées dans divers recueils de poésies; d'autres sont tout à fait inédites et ont été retrouvées longtemps après sa mort.

A. JADIN.

Laplace, *Recueil de Pièces intéressantes*. — Toussaint du Bray, *Recueil de beaux Vers*. — Pellisson. — Sautereau, *Annales poétiques*. — Titon du Tillet, *Essai sur les honneurs et les monuments accordés aux savants*. — *Mosaïque du Midi*. — *Documents particuliers*.

(1) Il paraît que Maynard tenait beaucoup à ce quatrain philosophique, dont le dernier vers est une imitation de Martial; car au commencement de la révolution on le lisait à Aurillac sur la porte de son cabinet, au-dessus de laquelle il avait aussi fait graver *Donec optata veniat*. Et l'on voit encore à Saint-Céré (Lot), dans la maison qu'il habitait, les traces de ces vers presqu'effacés par l'humidité.

MAYNE (*Jasper*), poëte et théologien anglais, né en 1604, à Hatheriagh (comté de Devon), mort le 6 décembre 1672, à Oxford. Après avoir fait ses premières études à l'école de Westminster, il entra à l'université d'Oxford, où il reçut ses degrés ès arts et en théologie, et fut nommé par son collége aux vicariats de Cassington et de Pyrton. Pendant le séjour forcé que fit Charles Ier à Oxford, il fut un des ministres choisis pour prêcher devant ce prince, et prononça à cette occasion un sermon contre les faux prophètes (*Against false Prophets*; Oxford, 1647, in-4°), sermon qui l'engagea dans une dispute avec le fanatique Cheynell. Privé en 1648 de ses bénéfices, il devint chapelain du comte de Devonshire, et connut chez ce seigneur le célèbre Hobbes; mais, d'après le témoignage de Wood, ils n'eurent pas à se louer l'un de l'autre. La restauration remit Mayne en faveur : il fut rétabli dans ses deux vicariats, et nommé presque en même temps chanoine de Christ-Church, archidiacre de Chichester et aumônier ordinaire du roi. Malgré l'austérité de ses mœurs et la gravité de son maintien, il avait, comme Swift, l'humeur joviale et tournée à la plaisanterie. Langbaine en rapporte un trait singulier. Il avait un valet, qui l'avait servi longtemps, auquel il légua en mourant un coffre, renfermant, disait-il, de quoi le faire boire après sa mort; au lieu du trésor qu'il croyait trouver, le pauvre diable ne vit qu'un hareng saur. On a de Mayne : une version anglaise de quelques *Dialogues* de Lucien, Londres, 1638, à laquelle il ajouta les autres dialogues, traduits par Fr. Hicks; ibid., 1664, in-fol.; — *The City match*, comédie; Oxford, 1639, in-fol.; — Ὀχλομαχία, *or the people's war examined according to the principles of Scripture and reason*; Oxford, 1647, in-4°; écrit politique, où il conclut contre le parlement en faveur des prérogatives de la couronne; — *A Poem upon the naval victory over the Dutch by the duke of York*; — *A Sheaf of* *miscellany epigrams*; Londres, 1652, in-8°, traduction anglaise des épigrammes latines de John Donne; — *The amorous War*, tragi-comédie; Oxford, 1648, in-4°; — quelques *Sermons*. P. L—Y.

Wood, *Athenæ Oxonienses*, II. — Langbaine, *English dramatic Poets*, 336. — Philips, *Modern Poets*, 80. — — Prince, *Worthies of Devon*.

MAYNO (*Fray Juan-Bautista*), peintre espagnol, né à Tolède, vers 1585, mort à Madrid, le 1er avril 1665. Il était l'un des meilleurs élèves de Dominique Téotocopuli, surnommé le *Greco*, lorsqu'entraîné par une pieuse vocation il entra chez les Dominicains de Saint-Pierre-martyr à Tolède. Il ne renonça point néanmoins à son art; mais il ne peignit plus que des sujets religieux. Il se recommandait à la fois par son caractère et par son talent; aussi fut-il choisi pour enseigner la peinture à l'infant don Felipe et en fit un habile amateur. Ce prince, devenu Philippe IV, ne voulut pas se séparer de son maître, et lui confia l'éducation artistique de l'infant don Balthasar. Le F. Mayno devint ainsi le directeur de tous les travaux publics et le Mécène des peintres, architectes, sculpteurs, graveurs, etc. Ce fut lui qui présenta à la cour le Michel-Ange de l'Espagne, le célèbre Alonzo Cano, et assura sa fortune. Madrid et Salamanque possèdent de nombreuses productions du F. Mayno. On admire dans le musée de la première de ces villes une vaste allégorie représentant la *Reprise d'une province de Flandre par le comte-duc d'Olivarès*. Mais le chef-d'œuvre de ce maître est l'*Histoire de saint Ildefonse* en un seul tableau de quatorze pieds de large et qui se voit dans la cathédrale de Tolède. Mayno avait adopté la manière vénitienne, son coloris est vigoureux sans être sombre ni heurté, son dessin pur, ses figures agréables sans recherche. Il mourut octogénaire au collége de San-Thomas de Madrid. A. DE L.

Lope de Vega y Carpio, *Le Laurier d'Apollon* (1630) — Quilliet, *Dictionnaire des peintres espagnols*. — Théodore Lejeune fils, *Ecole espagnole* dans *La Patrie* du 22 août 1858. — Cean Bermudez, *Diccionario historico de los mas illustres profesores de las bellas artes en España*. — Francisco Pacheco, *El Arte de la Pintura* (Séville, 1649). — Raphael Mengs, *Obras* (Madrid, 1780).

MAYNWARING (*Arthur*), littérateur anglais, né en 1668, à Ightfield (Shropshire), mort le 13 novembre 1712, à Saint-Albans. En sortant de l'université d'Oxford, il étudia le droit. Après la paix de Ryswick, il vint à Paris, où il lia connaissance avec Boileau, qui lui adressa beaucoup de questions sur la poésie anglaise, affectant d'être sur ce sujet aussi ignorant que s'il s'était agi des Lapons. A son retour il fut nommé commissaire des douanes, puis auditeur des *imprests*, charge équivalente, dans les bonnes années, à un revenu de 2,000 liv. st. En 1705 il siégea au parlement comme député de Preston. Il passa les dernières années de sa vie avec une célèbre actrice du temps, Mlle Oldfield, dont il eut un fils et pour laquelle il écrivit divers morceaux dramatiques. Après s'être fait connaître par quelques écrits en faveur des jacobites, Maynwaring prit, sous l'influence du duc de Somerset, des idées fort différentes sur les affaires de l'État, et s'attacha au gouvernement de Guillaume et de Marie, qu'il avait, sans doute par exagération poétique, assimilés à Tarquin et à Tullie. Ses adversaires reconnaissaient qu'il écrivait « avec assez d'esprit et d'un style de maître. » Richard Steele lui dédia le premier volume du *Babillard*. Oldmixon a publié *The Life and posthumous Works of Arthur Maynwaring*, Londres, 1715, in-8°, qui contiennent des traductions, des pièces originales en vers et en prose et plusieurs écrits politiques. P. L—Y.

Oldmixon, *Life of A. Maynwaring*.

MAYO (*Herbert*), médecin anglais, mort le 15 août 1852, à Bad-Weilbach, près Mayence. Après avoir été attaché au service de l'hôpital de Middlesex, où il fut chargé de la clinique chirurgicale, il enseigna l'anatomie et la physiologie au collége du Roi jusqu'en 1836, et depuis cette date à celui de l'Université. Il finit par résigner ses fonctions, et se retira dans les environs de Mayence, où il mourut dans un âge peu avancé. C'était un homme éclairé, dont les écrits, aujourd'hui surpassés, jouirent d'une certaine autorité, et qui, l'un des premiers à Londres, osa admettre dans sa pratique quelques-uns des procédés du mesmérisme et de l'hydrothérapie. Il faisait partie de la Société royale et de celle de Géologie. On cite parmi ses ouvrages : *Anatomical and Physiological Commentaries*; Londres, 1822-1823, 2 part. in-8°; — *A Course of Dissections, for the use of students*, Londres, 1825, in-12; — *Outlines of human Physiology*; Londres, 1827, in-8°; 4e édit., fort augmentée, ibid., 1837, in-8°; — *A Series of Engravings intended to illustrate the structure of the brain and spinal chord in man*; Londres, 1827, in-8°; — *Observations on Injuries and diseases of the Rectum*; Londres, 1833, gr. in-8°; — *Outlines of human Pathology*; Londres, 1836, 2 part. in-8°; Philadelphie, 1839, in-8°; trad. en allemand en 1838 : recueil des leçons faites au collége du Roi et insérées dans la *London Medical Gazette* (oct. 1834 à janv. 1835); — *The Philosophy of Living*; Londres, 1837, petit in-8°; — *Management of the Organs of Digestion*; Londres, 1837, in-12; — *Treatise on Syphilis*; Londres, 1840, in-8°; — *The Nervous System and its functions*; Londres, 1842, in-8°; — *Letters on the truths contained in popular superstitions*; Francfort, 1849, in-8°; réimpr. à Londres, en 1851, avec un aperçu de la doctrine mesmérienne. K.

English Cyclop. — Callisen, *Medic. Schriftst.-Lex.*

MAYOR (*Thomas*), missionnaire espagnol, né à Xativa, vers la fin du seizième siècle. Dans sa jeunesse il fit profession dans l'ordre de Saint-Dominique, et fut un des fondateurs de la mission des îles Philippines. En 1612 il vint assister dans ses travaux évangéliques Jean de La Piedra, évêque de Macao, tenta inutilement d'obtenir l'accès des provinces intérieures de la Chine, et repassa en Espagne. Il ne faut pas le confondre, comme l'a fait Antonio, avec un autre missionnaire, Zumarraga, qui subit le martyre au Japon et dont le nom religieux était *Thomas de Spiritu Sancto*. On a de Mayor : *De Rosario Virginis*; — *Simbolo de la fe*; Binondoc (îles Philippines), 1607, in-8° de 355 p. Malgré ce titre espagnol, c'est un catéchisme chinois, imprimé avec des caractères chinois et qui est devenu très-rare. P.

N. Antonio, *Nova Biblioth. Hispana*, IV, 307. — Fernandez, *Ecclesiæ Historia*, liv. II, ch. 30. — Échard et Quétif, *Script. ord. Prædicatorum*, II, 388.

MAYOR (*Matthias*), médecin suisse, né vers 1785, dans le canton de Vaud, mort en 1846. Il étudia la médecine à Montpellier, et fut pendant longtemps attaché à l'hôpital de Lausanne. Parmi les nombreux ouvrages qu'il a publiés, nous citerons : *Nouveau Système de Déligation chirurgicale, ou exposé de moyens simples et faciles de remplacer avec avantage les bandes et la charpie*; Genève, 1832, in-8°, fig.; 2e édit., augmentée, Lausanne, 1837, 2 vol. in-8°; 3e édit., Paris, 1838, in-8°, avec atlas; traduit en allemand; — *Essai sur l'Anthropotaxidermie, ou sur l'application à l'espèce humaine des principes de l'empaillage*; Paris, 1838, in-8°; — *La Chirurgie simplifiée*; Paris, 1841, 2 vol. in-8° pl.; — *Excentricités chirurgicales*; Paris, 1844, in-8° : suite de nouveaux mémoires pour servir à la réforme de la médecine opératoire; — *Les Bains sans baignoires et ramenés à leur belle simplicité*; Paris, 1846, in-8°. K.

Monnard, *Biblioth. Vaudoise*. — *Littér. fr. contemp.*

MAYOW (*John*), chimiste anglais, né en 1645, en Cornouaille, mort en septembre 1679, à Londres. Après avoir pris ses degrés en droit à Oxford, il étudia la médecine, qu'il pratiqua tour à tour à Londres et à Bath. Il fut admis en 1678 à la Société royale. « Son nom est célèbre dans l'histoire de la physiologie, dit Jourdan, parce qu'il fut réellement l'inventeur de la théorie chimique de la respiration, qui séduisit tant d'esprits au commencement du siècle et qui alors passa pour nouvelle. En effet, Mayow, qui fût sur le point de découvrir la chimie pneumatique, établit qu'une partie de l'air, à laquelle il donnait le nom de *sel vital*, *sel igné*, *sel fermentatif*, ou *esprit nitro-aérien*, s'unit aux molécules sulfureuses du sang pour en débarrasser ce liquide et lui fournir les molécules dont il a besoin afin de se mouvoir; il ajoutait que c'est cette combinaison entre une portion de l'atmosphère et certaines particules du sang veineux qui artérialise ce dernier, et que la respiration est en outre la source de la chaleur animale. Traduisons les mots *sel vital* par *oxygène* et *parties sulfureuses* du sang veineux par *hydrogène* et *carbone*, nous aurons la célèbre théorie chimique, naguère encore si applaudie. » On a de Mayow : *Tractatus V physico-medici : De sale nitro et spiritu nitro-aereo, de respiratione, de respiratione fœtus in utero et ovo, de motu musculari et spiritibus animalibus, de rachitide*; Oxford, 1674, in-8°; La Haye, 1681, in-8°; trad. en hollandais et en allemand, et réimpr. séparément. « Les principaux sont les deux premiers, dit Cuvier; ils présentent l'application des expériences de Boyle à la physiologie. L'auteur montre que par la combustion l'air diminue et se corrompt; que la respiration diminue également l'air; que l'animal qui a consumé la partie respirable de l'air périt dans le résidu, et que le même effet a lieu quand on transporte un animal dans de l'air épuisé de son principe de combustibilité par la combustion d'un corps. En un mot l'analogie entre la combustion et la respiration est établie dans Mayow par des expériences semblables à celles que l'on fait aujourd'hui. » Il existe une traduction française des écrits de Mayow sous le titre : *Œuvres chimiques et physiologiques*, par MM. Gaubert et Léop. Ledru; Paris, 1840, in-8°. Quoique souvent cité par Priestley et Scheele, le nom de ce savant était tombé dans l'oubli; Beddoes l'en a tiré en insérant beaucoup d'extraits dans ses *Chemical Experiments and opinions* (Lond., 1790, in-8°); mais il a exagéré le savoir et les découvertes de Mayow aux dépens des chimistes modernes. Yeates et J.-A. Scherer ont soutenu la même opinion. K.

Monthly Review, II et XIII. — *British Critic*, XI, 348. — Cuvier, *Hist. des Sciences natur.*, II, 387-388. — Hoefer, *Hist. de la Chimie*, II, 260-270. — *Biogr. Méd.* — J.-A. Scherer, *Dass Mayow den Grund zur antiphlogistischen Chemie and Physiologie gelegt hat*; Vienne, 1793, in-8°. — Yeates, *Observations on the Claims of the moderns to some discoveries in chemistry and physiology*; Lond., 1798, in-8°.

MAYR (*Georges*), savant hébraïsant allemand, né en 1565, à Rain en Bavière, mort à Rome, le 25 août 1623. Entré dans l'ordre des Jésuites, il enseigna pendant trois ans les langues orientales à l'université d'Ingolstadt. Après avoir passé quelque temps à Rome, il devint en 1598 prédicateur à l'église de Saint-Maurice à Augsbourg. En 1623 il se rendit de nouveau à Rome pour y faire une révision d'une traduction hébraïque qu'il avait donnée du *Nouveau Testament*. On a de lui : *Officium Mariæ latino-græcum*; Augsbourg, 1612, in-12; — *Cantica natalitia germanice, græce, latine*; Augsbourg, 1613, in-8°; — *Cantica paschalia quadrilingia*; Augsbourg, 1618, in-8°; — *Petri Canisii Cathechismus cum interpretatione græca et hebraica*; Dillingen, 1621, in-8°, avec gravures sur bois; — *Th. a Kempis De Imitatione Christi, latino-græcus*; Augsbourg, 1615, in-12; Cologne, 1630, in-12; — *Institutiones linguæ hebraicæ*; Augsbourg, 1616; Ingolstadt, 1624, in-12; Lyon, 1659; la neuvième et dernière édition parut à Tubingue, 1603, in-8°; — *Vita S. Ignatii, centum imaginibus expressa;* Augsbourg, 1622 : traduction latine et grecque de l'ouvrage de Quartemont. O.

Kobold, *Lexikon*. — Veith, *Bibliotheca Augustana*.

MAYR (*Jean-Marie* Eck de), général allemand, né à Vienne, le 1er mai 1716, mort à Plauen, le 3 janvier 1759. Fils naturel du comte de Stella et d'une jeune ouvrière qui épousa plus tard un professeur de billard, du nom de Mayr, il fit ses humanités chez les jésuites; ayant dépensé beaucoup d'argent au jeu, il partit en 1732 pour la Hongrie, où il donna pendant quelque temps des leçons de musique; il entra ensuite dans un régiment d'infanterie. De nouveaux excès lui valurent une grave maladie, pendant laquelle il se donna de désespoir un coup de couteau dans la poitrine. Revenu à la santé, il prit part à la guerre contre les Turcs et à celle de la succession d'Autriche. Sa bravoure lui valut le poste d'aide de camp général du feld-maréchal de Seckendorf; quelques difficultés qu'il eut avec le colonel de Saint-Germain lui firent quitter en 1744 l'armée impériale; l'année suivante il entra comme premier lieutenant dans celle de l'électeur de Saxe, qui le nomma en 1750 lieutenant-colonel. Ayant tué en 1754 le colonel Vitzthum en duel, il partit pour la Russie, dans le but d'y prendre du service; à son passage à Potsdam, il fut retenu par le roi de Prusse, qui le promut peu de temps après au grade de colonel, et le chargea au début de la guerre de Sept Ans d'organiser un corps de partisans, mission dont Mayr s'acquitta avec beaucoup d'habileté. Employé d'abord en Bohême, il fut envoyé ensuite dans le haut Palatinat et en Franconie, et sut avec quinze cents hommes tenir en échec tout le contingent fourni par ces contrées. Après avoir réussi dans plusieurs expéditions hardies, où il enleva beaucoup de butin à l'ennemi, il fut chargé, dans l'été de 1758, de la défense de Mariemberg, et il s'y maintint, quoique attaqué par des forces supérieures. Quelque temps après il empêcha avec peu de troupes l'armée impériale tout entière de passer l'Elbe, de même qu'il en soutint vaillamment le choc, lorsqu'elle voulut s'emparer de Dresde, en novembre. Promu au grade de général, il alla prendre ses quartiers d'hiver à Plauen; il y mourut, des fatigues de la campagne, pendant laquelle il avait reçu plusieurs blessures. O.

Pauli, *Leben grosser Helden*, t. III, p. 148. — Büsching, *Histor. liter. Handbuch*.

MAYRE (*Jacques*), poëte latin moderne, né en 1628, à Salins, mort le 13 avril 1694, à Besançon. Admis dans la Société de Jésus, il professa la rhétorique et la philosophie à Dôle, à Lyon et à Rome. Ensuite il exerça les fonctions de recteur à Besançon, à Grenoble et à Avignon; dans cette dernière ville, il devint confesseur du légat. On a de lui : *Liladamus, ultimus Rhodiorum primusque Melitensium equitum magnus magister, seu Melita;* Paris, 1685, in-12; Avignon, 1686, in-8°, et Besançon, 1693, in-4°; ce poëme héroïque, écrit en l'honneur de Lisle-Adam, est divisé en 25 chants; — *Recaredus, poema;* Avignon, 1690, in-8°. Il a encore laissé en manuscrit plusieurs poëmes, tels que *Carolus Quintus abdicans*, en 22 chants; — *Constantinus Magnus*, 20 chants; — *Europa*, 16 chants; — *Philippus Bonus, dux Burgundiæ*, 18 chants; — *Vellus aureum*, 12 chants; — ainsi que des tragédies, des drames, des odes, des élégies, conservés à la bibliothèque de Lyon. K.

Chaudon et Delandine, *Dict. hist. univ.*

MAYRONE. *Voy.* Mairone.

**MAYSEDER* (*Joseph*), violoniste et compositeur allemand, né à Vienne, le 26 octobre 1789. Il commença l'étude de la musique et du violon sous la direction d'un maître obscur, et devint ensuite l'un des meilleurs élèves de Schuppanzigh, qui lui confiait toujours la partie de second violon dans ses matinées ou dans ses soirées de quatuors. De 1815 à 1820, il donna avec Hummel, puis avec Moschelès, des concerts qui eurent le plus brillant succès. M. Mayseder n'a pas fait, comme la plupart des artistes, de voyages à l'étranger; il n'a pas quitté Vienne, où il a été nommé successivement virtuose de la Chambre impériale, premier violon solo de l'église Saint-Étienne et du théâtre de la porte de Carinthie, et en dernier lieu chef d'orchestre de la chapelle de la cour, emploi dans lequel il a fait preuve d'un talent très-remarquable. Un son pur, une certaine élégance de style, et surtout une grande perfection dans l'exécution des traits, ont placé M. Mayseder, comme violoniste, au rang des premiers virtuoses de l'Allemagne. Il a publié environ soixante-dix œuvres de musique instrumentale, parmi lesquels nous nous bornerons à indiquer les suivants : concertos pour violon n° 1 (œuvre 22), n° 2 (œuvre 26), n° 3 (œuvre 28); — Concerto varié pour le même instrument, op. 43; — Grand morceau de concert, op. 47; — Polonaises pour violon principal, avec orchestre ou quatuor, nos 1 à 6; — Rondeaux brillants pour violon principal, avec accompagnement d'orchestre ou de quatuor, op. 21, 27, 29 et 36; — Airs et thèmes originaux variés pour violon principal, avec orchestre ou quatuor, op. 18, 25, 33, 40 et 45; — Thèmes variés, avec accompagnement de second violon, alto et violoncelle, op. 1, 4 et 15; — Quintettes pour deux violons, deux altos, violoncelle et contrebasse *ad libitum*, op. 50 et 51; — Quatuors pour deux violons, alto et basse, op. 5, 6, 7, 8, 9, 25; — Trios pour piano, violon et violoncelle, op. 34 et 41; — Sonates pour piano et violon, op. 16 et 42. Ses rondeaux, ses airs variés et surtout ses trios ont obtenu des succès européens, qu'ils doivent principalement à la grâce des mélodies et au goût délicat des détails.

Dieudonné Denne-Baron.

Fétis, *Biographie universelle des Musiciens*. — *Revue musicale de Paris*. — Vapereau, *Dictionnaire universel des Contemporains*; Paris, 1858.

MAYTA CAPAC (1), quatrième inca du Pérou, dont Acosta place le règne entre les années 1225 et 1255, était fils et successeur de Lloque Yupanqui. Après avoir fait reconnaître sa souveraineté chez les peuples conquis par son père, il résolut d'agrandir ses États, et conquit successivement la province de Hatunpacassa, le pays de Cacyaviri, les riches disticts de Cauquicura, de Mallama et de Huarina. Une seconde expédition eut pour résultat la conquête disputée du pays de Cluscuna, dans lequel Mayta Capac fonda les villes de *Cuchuna* et de *Moquéha*. Il apporta de grandes réformes dans ces diverses contrées, et rendit un décret qui condamnait au feu les empoisonneurs, alors fort communs et impunis. Quelques années plus tard Mayta Capac se dirigea vers l'orient, franchit le Rio Huychu, vainquit les Collas, et s'empara des provinces de Llaricassa, Sancavan, et de Pacassa. Au sud, il soumit toutes les villes situées entre l'Huychu et Callamarca après avoir défait en plusieurs rencontres les belliqueux Charcas. De là il se porta sur Caracollo, et imposa le tribut à tout le pays jusqu'à la laguna de Paria. Il s'avança ensuite dans le pays des Antis, peuplade d'anthropophages, leur enleva les vallées de *Chuquiapu* (2), de Caracatu et d'Amasuyu, où il bâtit plusieurs villes encore existantes. Ces diverses conquêtes occupèrent Mayta durant trois années. Il revint alors à Cuzco, s'occupa d'embellir cette capitale, et y créa plusieurs hôpitaux (*corpahuasci*) pour les vieillards et les infirmes, les veuves, les orphelins, éleva aussi des *tambos* (palais), des temples, des fontaines; mais le goût de la guerre l'entraînant de nouveau, il résolut de franchir l'Apurimac, large rivière qui limitait ses États à l'ouest. A cet effet il fit construire un pont en *béjuco* (sorte d'osier) tellement entrelacé avec des lianes que douze mille hommes purent le traverser; ce pont, le premier de cette espèce qui ait été fait au Pérou, avait cent quatre-vingt-quinze mètres de long sur deux de large. Les ennemis de Mayta, persuadés qu'il n'y avait qu'un *fils du Soleil* (3) qui ait pu exécuter un si prodigieux ouvrage, firent peu de résistance. L'inca ajouta donc à ses États les territoires de Chumpivilca et de Villilli. Le désert marécageux de Contisuya (large de treize lieues) l'arrêtait : il en traversa une partie dans des pirogues en forme de claies ou sur des ponts improvisés; et lorsque ce moyen lui manqua, il fit construire une chaussée avec des pierres et des mottes de terre sur une longueur de trois lieues. Cette voie n'avait pas moins de six pieds de haut sur dix-huit de large. Il conquit alors, mais non sans de rudes combats, les grandes provinces d'Allca, de Taurisma, de Cotahuaci, de Pumatampu (1), de Parihuana-Cocha, traversa le désert de Coropûna, soumit l'Aruni, le Collahua (2), et enfin la belle vallée d'Aréquipa, dans laquelle il éleva cinq villes, entre autres *Chimpa* et *Sucahuaya* (3), qu'il peupla par plus de trois mille familles tirées des parties les moins fertiles de l'empire. Le règne de Mayta-Capac est justement regardé par les historiens du Pérou comme un des plus glorieux et des plus avantageux pour ce pays, car ce monarque ne fut pas seulement un conquérant, il fut aussi un législateur éclairé. Il mourut paisiblement après avoir gouverné trente années. Son fils aîné, Capac-Yupanqui, lui succéda.

A. DE LACAZE.

Garcilasso de la Vega, *Commentarios reales de los Incas*, lib. II, cap. XVIII-XX; lib. III, cap. I-X. — Pédro de Cieca de Léon, *Cronica del Perù* (Séville, 1553). — Fréderic Lacroix, *Pérou*, dans l'*Univers pittoresque*, p. 405.

MAZAREDDO Y SALAZAR (*Jose-Maria*), amiral espagnol, né à Bilbao, en 1714, mort à Madrid, en 1812. Il entra au service comme garde-marine en 1760, et passa successivement par tous les grades. En 1775 il fit la campagne d'Alger comme premier adjudant du major général don Francisco de San-Esteban. Mazareddo sauva les débris de l'armée espagnole, réduite de vingt mille soldats à douze mille hommes malades ou démoralisés, et plus tard négocia une paix avantageuse avec la régence. Ces faits lui valurent le grade de major général d'escadre. En 1780, il joignit à Cadix sa division à la flotte française commandée par le comte d'Estaing. De gros temps continuels empêchèrent les alliés de faire aucune opération importante. Néanmoins Mazareddo se distingua par d'habiles manœuvres, qui plus d'une fois sauvèrent la flotte de désastres imminents. Il en fut de même l'année suivante devant les Sorlingues, alors que le comte de Guichen avait remplacé d'Estaing. Pendant toute la campagne de 1782, Mazareddo croisa du cap Finistère au cap Saint-Vincent, afin de protéger le siége de Gibraltar et d'intercepter les convois anglais. Cette double opération n'eut pas de grands succès. La paix de 1783 le rendit au repos jusqu'en 1793, où il fut appelé à réorganiser la marine espagnole, dont le roi Carlos IV lui confia le commandement en chef. En cette qualité il défendit vigoureusement Cadix contre les Anglais (3 et 5 juillet 1797), et en 1801 dirigea l'escadre espagnole qui vint à Brest rallier la flotte française, destinée à opérer une descente en Angleterre. Ce projet ayant avorté, Mazareddo fut nommé ambassadeur à Paris (1804); mais il resta peu de temps dans cette charge, et dès le mois d'août il était rappelé dans sa patrie pour comprimer la révolte de la Biscaye. En 1807

(1) Ce mot signifie *riche en vertus* et *puissant en armes*.

(2) Mot qui signifie *lance du chef*. Cette ville, bâtie par Mayta, est devenue importante.

(3) Titre que prenaient les incas (voy. MANCO-CAPAC Ier).

(1) Repaire du lion.

(2) Lac des moineaux, aujourd'hui *Parin-Cocha*.

(3) Trompette sonore.

il était commandant général du département de Cadix. Il se rallia franchement au gouvernement napoléonien, et le 6 juillet 1808 il reçut de Joseph Bonaparte le portefeuille du ministère de la marine, ainsi que le grand-cordon de l'ordre royal d'Espagne (septembre 1809). Il mourut dans ses fonctions. On a de lui : *Rudiments de tactique navale* (en espagnol); Madrid, 1785, in-4°. C'est aussi à Mazareddo que l'on doit le bel observatoire construit sur l'île de Léon, en 1799.

A. de L.

Lalande, *Journal des Savants*, août 1788, p. 432. — J.-F. Bourgoing, *Tableau de l'Espagne moderne*; Paris, 1807, 3 vol. in-8°; t. II, p. 123, 164; t. III, p. 386.

MAZARIN (*Giulio* MAZARINI, en français *Jules*), célèbre homme d'État français, né le 14 juillet 1602, mort à Vincennes, le 9 mars 1661. C'était le fils aîné de Pietro Mazarini, de Palerme, et d'Ortensia Bufalini. L'origine et les premières années d'un homme qui devait jouer un si grand rôle sont encore entourées d'obscurité; les contemporains, amis ou ennemis, ne semblent pas mieux renseignés les uns que les autres : on a fait de son père tour à tour un chapelier de Palerme, contraint de fuir à la suite d'une banqueroute; un marchand de chapelets, dont les ancêtres étaient juifs, originaires du val de Mazara; un pêcheur, un banquier, un gentilhomme sicilien, qui avait de grandes propriétés dans les Abruzzes, etc. Il paraît que Pietro Mazarini, fils d'un artisan aisé de Sicile, vint à Rome chercher fortune, fut camérier du connétable Colonna, qui le protégea, le nomma intendant de ses domaines, et lui fit épouser une fille de bonne maison, Ortensia Bufalini ou Ruffalini, sa nièce et sa filleule, dont la mère, Francesca, s'était fait connaître par un recueil de poésies. Selon les uns, leur fils Jules naquit à Rome, sur la paroisse des Saints-Vincent-et-Anastase, dans le quartier *Rione di Treri*; selon d'autres, à Piscina, dans les Abruzzes, pendant un voyage que fit sa mère auprès de son frère, possesseur d'une belle abbaye dans cet endroit (1).

Jules, enfant plein de grâces et d'une intelligence précoce, fut élevé à Rome chez les jésuites, qui cherchèrent vainement à le faire entrer dans l'ordre; à dix-sept ans, il suivit en Espagne le fils du connétable, l'abbé, depuis cardinal, Colonna, continua ses études à Alcala, mais ne s'amusa pas moins à Madrid. Les pamphlétaires de la Fronde ont fait de nombreuses allusions à certaines aventures peu honorables de jeu et d'amour de bas étage, pendant son séjour en Espagne (1); l'auteur contemporain de sa vie parle seulement de sa passion pour la fille d'un notaire, qu'il aurait même voulu épouser; mais à son retour à Rome, son père et surtout le connétable Colonna se seraient opposés à cette erreur de jeunesse, qui n'aurait pas eu de suite. En 1622, Jules Mazarin devient docteur dans l'une et l'autre loi, et dans un spectacle donné par les jésuites il joue le rôle de saint Ignace avec éloquence et majesté, aux applaudissements de tous; il résiste encore aux vives instances des Pères, s'adonne aux plaisirs de la vie mondaine, et déjà il jouit d'une certaine réputation à cause de son adresse et de son bonheur au jeu, surtout aux jeux de cartes.

Nous le trouvons en 1624 dans les troupes pontificales; c'est alors le capitaine Mazarini (2); Torquato Conti et le marquis de Bagni, qui commandent dans la Valteline, l'emploient dans plusieurs négociations avec le marquis de Cœuvres ou le duc de Feria, et le pape Urbain VIII est charmé de la relation qu'il en fait. Il a pour protecteurs les deux neveux du pontife, les cardinaux François et Antoine Barberini. Aussi, dans la guerre pour la succession de Mantoue (1628-30) il est attaché comme secrétaire à François Sacchetti, nonce extraordinaire à Turin et à Milan; puis à la légation d'Antoine Barberini et du nonce Pancirolo, qui doivent s'interposer entre les Français et les Espagnols; il déploie la plus grande activité, la plus remarquable souplesse, et déjà il mérite l'estime de Richelieu, à qui, dit-on, le cardinal Bagni l'avait présenté dès 1628, et qu'il avait vu plusieurs fois à Lyon. Par les soins de Mazarin, une première trêve est signée entre les Français d'une part, les Espagnols et le duc de Savoie de l'autre (du commencement de septembre au 15 octobre 1630); et lorsque les hostilités reprennent, au moment où, devant Casal, les deux armées engagent la bataille, on voit s'élancer des retranchements espagnols un cavalier élevant un mouchoir blanc au bout d'un bâton, et criant au milieu du feu : « *Pace! pace! Alto! alto!* » (26 octobre 1630). C'était Mazarin qui avait ménagé entre les généraux un accord conforme à la paix de Ratisbonne. Cette hardiesse heureuse et d'à-propos le rendit célèbre, et contribua beaucoup sans doute à sa fortune; il seconda encore le légat dans la négociation de la paix de Chierasco (6 avril 1631), et dans les manœuvres diplomatiques qui amenèrent la remise de Pignerol entre les mains des

(1) G. Naudé, dans le *Mascurat*, écrit par l'ordre de Mazarin pour répondre aux pamphlets de la Fronde, le fait naître à Rome, comme le biographe italien, contemporain et ami de Mazarin, que l'on a publié de nos jours. M. Amédée Renée pense qu'il est né à Piscina, et appuie son opinion sur des pièces qu'il croit récemment publiées, mais qui sont connues depuis longtemps; il cite, par exemple, l'acte de baptême de Mazarin; mais déjà Aubery avait attaqué la validité de cette pièce qu'il rapporte, à cause du nom de Raymond, donné à Mazarin, et qui ne paraît pas lui avoir appartenu. M. Cousin concilie les deux versions : il le fait naître à Piscina et baptiser à Saint-Silvestre de Rome.

(1) Te souvient-il bien d'Alcala?
Quand, Ganymède ou Quinola,
L'amour de certaine fruitière
T'attira main coup d'étrivière,
Quand le cardinal Colonna
Des paroles te malmena,
Et qu'à beaux pieds comme un bricone,
Tu te sauvas à Barcelone? (SCARRON.)

(2) Il signa *Mazarini* jusqu'au moment où il succéda à Richelieu.

Français (19 oct.). Aussi, à son retour à Rome, était-il accusé, non sans raison, d'avoir fort mal servi les intérêts des Espagnols; mais le cardinal Antoine Barberini le défendit contre ses ennemis, et il allait avoir désormais un protecteur encore plus puissant; car Richelieu écrivit au pape une lettre pleine d'éloges pour Mazarin, et il recommanda vivement à l'ambassadeur de France à Rome de soutenir, de pousser son protégé et de lui faire avoir la nonciature à la cour de Louis XIII.

Mazarin devient *monsignore;* il prend l'habit et les bas violets; il séduit par sa bonne mine et ses manières élégantes: chanoine de Saint-Jean de Latran, il est nommé en 1632 vice-légat à Avignon; en 1634, nonce extraordinaire en France. Sa famille prenait alors un rang distingué dans la société de Rome; son père se remaria avec Portia Ursini, de la noble maison des Ursins; ses sœurs, Margarita, Cleria, Hieronyma, épousèrent le comte Girolamo Martinozzi, le marquis Francisco Muti et le chevalier Lorenzo Mancini; une quatrième sœur était religieuse à Rome, au couvent de Sainte-Marie: Mazarin devait plus tard faire la fortune de son frère Michel.

Mazarin fit son entrée solennelle à Paris le 26 novembre 1634; il avait mission expresse de demander le rétablissement du duc de Lorraine dans ses États, et devait s'efforcer de négocier la paix générale. Mais Mazarin s'était de plus en plus attaché à Richelieu, qui le comblait de prévenances et l'installait même en maître dans son château de Ruel, pendant une maladie assez longue. Les Espagnols se plaignirent, et Mazarin, rappelé par Urbain VIII (17 janvier 1636), fut renvoyé à sa vice-légation; Richelieu le redemanda vainement; ainsi, à la naissance du dauphin, l'ambassadeur de France à Rome dut chercher à obtenir que Mazarin fût chargé de représenter le pape au baptême, avec le titre de cardinal; on ne put l'emporter. Alors l'habile Italien se décida; renonçant à servir la cour pontificale, il arriva à Paris, sans mission officielle, pour mettre ses talents de négociateur à la disposition de Richelieu, qui savait les apprécier. Dès le mois d'avril 1639, il était naturalisé Français, *à raison des recommandables et importants services qu'il avait rendus en diverses negociations;* le 4 janvier 1640, il fut reçu à la cour: la mort du Père Joseph lui fut doublement avantageuse, pour le placer au premier rang dans la confiance de Richelieu et pour lui faire avoir le chapeau de cardinal, comme premier protegé de la France. Mazarin fut bientôt employé. D'abord destiné à traiter de la paix générale à Cologne, il fut envoyé à Chambéry, comme ambassadeur extraordinaire (14 sept. 1640), pour rétablir la concorde entre la duchesse de Savoie et ses deux beaux-frères; dès le 2 décembre il signa, au nom de Richelieu, un traité secret avec le prince Thomas; il avait réussi. A son retour, il reçut l'abbaye d'Ourscamp, et fut compris dans la promotion des cardinaux du 16 décembre 1641. En 1642, il suivait la cour dans son fameux voyage du midi, lorsqu'à Valence le camérier du pape apporta le bonnet, que le roi plaça sur la tête du protégé, dans l'église de Sainte-Appollinaire (26 février), et *il s'inclina si bas*, dit la relation, *qu'il semblait être à genoux.* Mazarin, quoique prince de l'Église, ne fût jamais ordonné prêtre? La plupart de ses historiens, depuis Aubery jusqu'à nous, ont pensé qu'il était toujours demeuré étranger aux ordres sacrés, comme beaucoup d'autres cardinaux que l'on pourrait citer; il est certain qu'il n'y a pas de preuves positives du contraire. Cependant M. A. Renée (*Nièces de Mazarin*, App. A.) cite le témoignage de Ciacconius, qui le désigne comme appartenant à l'ordre des prêtres (*presbyteris cardinalibus adscriptus*), et un passage des mémoires de l'abbé de Cosnac, racontant que le cardinal donna lui-même les derniers sacrements à sa nièce, la duchesse de Mercœur (Mém., t. I, p. 252). Ajoutons que Mme de Motteville dit également, en parlant de madame de Mancini, sœur du cardinal: « Il *l'assista à sa mort*, et parut touché de piété a l'égard de Dieu et d'une grande tendresse pour sa sœur. » Mais ces expressions sont trop vagues et ne forment pas de preuves suffisantes.

A Narbonne, le 23 mai 1642, Mazarin assiste à la dictée du testament de Richelieu; il l'aide de ses conseils dans l'affaire de la conjuration de Cinq-Mars, et se rend à Pierre-Encise, où était renfermé le duc de Bouillon, son complice; il lui fait promettre la cession de Sedan (15 septembre), puis il court vers cette ville avec une lettre du duc pour sa femme, échappe aux Espagnols, fait sortir la garnison, installe dans la place le capitaine Fabert, qui est nommé gouverneur (29 sept.); alors seulement les portes de Pierre-Encise sont ouvertes au duc de Bouillon (5 oct.).

Richelieu mourut le 4 décembre, après avoir recommandé le cardinal Mazarin à Louis XIII; il suffit pour renverser toutes les calomnies, tant de fois répétées, sur les sentiments de Richelieu à l'égard de Mazarin, de lire la lettre que lui adressait le grand ministre avant de mourir (1).

(1) La lettre suivante, conservée dans le dépôt des manuscrits de la Bibliothèque impériale, a été publiée par M. Chéruel (Notes des *Mem. de Saint-Simon*).

Monsieur,

La providence de Dieu, qui prescrit des limites à la vie de tous les hommes, m'ayant fait sentir en cette dernière maladie que mes jours étoient comptés; qu'il a tiré de moi tous les services que je pouvois rendre au monde, je ne le quitte qu'avec regret de ne pas avoir achevé les grandes choses que j'avois entreprises pour la gloire de mon roi et de ma patrie.... Comme le zèle que j'ai toujours eu pour l'avantage de la France a fait mes plus solides contentements, j'ai un extrême déplaisir de la laisser sans l'avoir affermie par une paix generale. Mais puisque les grands services que vous avez déjà rendus à l'État me font assez connoître que vous serez capable d'exécuter ce que j'avois commencé, je vous

Le soir même, Louis XIII l'appelle dans ses conseils, et le 5 il annonce aux parlements et aux gouverneurs de provinces qu'il continuera la politique du dernier ministère pour les affaires du dehors et de l'intérieur, et *qu'il a choisi le cardinal Mazarin, dont il a éprouvé la capacité et l'affection à son service dans les divers emplois qu'il lui a donnés, et dont il n'est pas moins assuré que s'il fût né parmi ses sujets.* Mazarin, sans attributions spéciales, pouvait tout diriger; sa position était difficile; mais son caractère souple, doux, insinuant tournera les obstacles. On prévoyait la mort prochaine de Louis XIII; aussi, tout en maintenant les actes de son prédécesseur, le cardinal laisse espérer que le pouvoir sera moins rigoureux, et prépare par des concessions graduées une transition nécessaire. Sur sa demande, le duc d'Orléans revient à la cour (13 janv. 1643); Bassompierre et Vitry sortent de la Bastille (19 janv.); Vendôme rentre en France; ses fils reviennent à Paris; les prisons se vident sans bruit; tout le monde espère d'ailleurs que l'habile cardinal donnera bientôt la paix. Loin d'imiter l'imprudence du ministre Sublet de Noyers, qui s'était perdu pour avoir parlé trop haut en faveur de la reine, il se rapproche secrètement d'Anne d'Autriche, et lui persuade, à l'insu de tous, qu'il vaut mieux pour elle recevoir du roi la régence, même limitée, sauf à s'affranchir plus tard de toute espèce de tutelle. C'est par ses conseils que, le 20 avril, Louis XIII, malade à Saint-Germain, en présence d'une nombreuse assistance, règle l'administration du royaume pendant la minorité de son fils; Anne est régente, le duc d'Orléans lieutenant général du royaume; mais les grandes affaires doivent être résolues par un conseil, composé de Condé, Mazarin, Seguier, Bouthillier et Chavigny. Mazarin est spécialement chargé de désigner pour les fonctions ecclésiastiques; la reine signe et jure sans résistance, mais écrit aussitôt une protestation secrète; puis le roi nomme le cardinal pour présenter le dauphin au baptême avec la princesse de Condé (21 avril). Il meurt le 14 mai. Le 18, dans un lit de justice au parlement, Anne d'Autriche, revêtue d'habits de deuil, accompagnée du jeune roi de cinq ans, qui sera Louis XIV le Grand, réclame les conseils de l'auguste compagnie; le duc d'Orléans, puis le prince de Condé se lèvent « pour remettre à la reine tout le pouvoir, et rendre ses volontes sans bornes ». Le testament de Louis XIII est singulièrement modifié; la reine a la régence absolue; le duc d'Orléans se contente du vain titre de lieutenant général du royaume, et le parlement, dit Voltaire, se regardant comme le tuteur des rois, chaque conseiller crut être une partie de la souveraineté. Mazarin n'avait pas paru à la séance, et on disait qu'il allait partir pour l'Italie; le soir, on apprend au Louvre qu'Anne l'a nommé chef de son conseil; mais il n'acceptait, pensait-on, qu'à la condition de se retirer à la paix générale. Les impatients, qui rêvaient une réaction complète, furent désappointés; mais le plus grand nombre se félicitaient, en espérant la fin de la guerre et une régence douce et heureuse.

Mazarin doit garder le pouvoir jusqu'à sa mort, pendant dix-huit ans, comme Richelieu; son ministère est assurément l'un des plus importants de l'histoire de France. Ses talents et son heureuse étoile l'avaient élevé au premier rang; l'intelligence et l'affection de la reine firent le reste, et le soutinrent contre tous dans la bonne comme dans la mauvaise fortune. Anne était pleine d'inexpérience et d'orgueil, incapable d'un travail sérieux; Mazarin, initié à tous les secrets de l'État, habile, fécond en ressources, travailleur infatigable, préparait toutes les affaires et exposait toutes les questions avec une netteté parfaite, en lui laissant l'honneur facile de paraître les résoudre. Puis il avait pour la régente l'avantage inappréciable d'être sans liens avec les factions princières; il devait tout au roi, et ne pouvait être quelque chose que par la royauté: Anne le comprit dès le premier jour. De plus, elle était femme, et Mazarin ne tarda pas à lui plaire. Les contemporains ont vanté « sa taille élégante, son teint vif et beau, son front large et majestueux, ses yeux noirs, ses cheveux châtains un peu crépus, sa barbe noire relevée avec le fer, etc. C'était l'homme du monde le mieux fait; son esprit était fin, insinuant, d'une sévérité inaltérable; il était d'une société charmante. » Comment la reine n'aurait-elle pas été séduite par les qualités de son ministre? Elle touchait à sa quarante-deuxième année; mais elle avait été l'une des beautés de la cour. Oisive et passionnée, vraie princesse espagnole, après les persécutions et les disgrâces du dernier règne, elle devait goûter avec délices la douceur des galanteries et des hommages romanesques. Mazarin n'eut pas de peine à gagner son cœur. « Il avait sur elle cet empire qu'un homme adroit devait avoir sur une femme née avec assez de faiblesse pour être dominée, et avec assez de fermeté pour persister dans son choix. » (Voltaire).

Au commencement de la régence, tout est joie et bonheur: la France était triomphante au dehors avec d'Enghien et Turenne; à l'intérieur les exilés accouraient partager la fortune d'une reine, qui ne savait rien refuser; c'était *l'âge d'or*, chanté par les poëtes. Bouthillier, le

remets mon ouvrage entre les mains, sous l'aveu de notre bon maître, pour le conduire à la perfection, et je suis ravi qu'il recouvre en votre personne plus qu'il ne sauroit perdre en la mienne. Ne pouvant, sans faire tort à votre vertu, vous recommander autre chose, je vous supplierai d'employer les prières de l'Église pour celui qui meurt,

Monsieur,

Votre très-humble serviteur.

ARMAND, cardinal, duc de Richelieu.

surintendant, fut, il est vrai, renvoyé; Chavigny, secrétaire d'Etat des affaires étrangères, voulut partager la disgrâce de son père; mais Mazarin ne semblait occupé que des affaires étrangères; il était poli, affable pour tout le monde, d'une extrême simplicité, incertain de la durée de son pouvoir, et surtout large et généreux à l'égard des courtisans (1). Cependant une cabale se forme contre son pouvoir, c'est celle des *Importants*; « quelques esprits chagrins, qui avaient la mine de penser creux, » se groupent autour du duc de Beaufort, présomptueux, plein d'ostentation, et de l'évêque de Beauvais, grand-aumônier de la reine, aussi incapable que vertueux. La duchesse de Chevreuse, revenue de son exil, se croit toute puissante, et veut s'imposer à Mazarin, qui se défend avec coquetterie, faisant toujours espérer et n'accordant rien. Elle entre dans la cabale de Beaufort; mais Mazarin avait pour lui l'appui du duc d'Orléans et des Condé; il venait d'être le parrain d'un fils du duc d'Enghien, dont il préparait les victoires. La querelle bien connue des duchesses de Montbazon et de Longueville excite la cabale; Beaufort veut venger la première, qui vient d'être éloignée de la cour, et forme le projet d'assassiner le cardinal, lorsqu'il se rendrait le soir de son hôtel de Clèves, près du Louvre (2). Mazarin, dans de longues conversations avec la reine, s'était facilement rendu maître de sa volonté, malgré tous les efforts de son entourage, de Mes de Hautefort et de Senecey, de l'évêque Cospéan, et du valet de chambre La Porte, etc. D'ailleurs, pour satisfaire la cabale, il aurait fallu renoncer à toutes les conquêtes faites par Richelieu au profit de la royauté, et Anne d'Autriche devait désormais se montrer jalouse de conserver pour elle et pour son fils l'autorité qui venait de lui être confiée. Aussi, le 2 septembre, Beaufort est arrêté au Louvre et conduit à Vincennes; Vendôme son père, Mercœur son frère, l'ambitieux Châteauneuf sont éloignés; les comtes de Montrésor, de Béthune, Saint-Ybar, etc., sont exilés; l'évêque de Beauvais est renvoyé dans son diocèse, et Mme de Chevreuse se retire à Dampierre, puis à son château du Verger. Peu après (avril 1644), Mme de Hautefort, qui continuait de blâmer les assiduités de Mazarin près de la reine, lassa par son importunité, et reçut l'ordre de ne plus se présenter. Mazarin resta seul maître du pouvoir; la reine adopta dès lors ses préférences et ses inimitiés, et, dans son intérieur même, elle disgrâcia ses femmes et ses serviteurs d'après les suggestions du ministre, jaloux de toute autre influence. Lorsque la régente alla habiter le Palais-Royal, le cardinal, qui logeait au Louvre depuis la découverte du complot, s'établit à côté d'elle, dans la cour donnant sur la rue des Bons-Enfants, « où il y avait sentinelle et corps de garde, comme aux autres issues ». A l'exception des Importants, tout le monde fut à peu près satisfait; on eut même plus de considération pour Mazarin, que l'on crut capable de hardiesse et de vigueur.

Jusqu'en 1648, la France fut tranquille à l'intérieur; le cardinal put alors s'occuper librement des grands intérêts du dehors; il aida Charles Ier de quelques secours, et négocia avec les chefs de l'armée écossaise, pour les réunir au roi, qui ne pouvait se résigner à abandonner l'épiscopat. En 1644, à la mort d'Urbain VIII, le cardinal Pamfili devint pape, sous le nom d'Innocent X, au grand mécontentement de Mazarin, qui le savait ennemi de la France et qui avait contre lui d'anciens griefs personnels; l'on attribua même à son déplaisir une maladie qui mit ses jours en danger, et pendant laquelle la reine lui donna les preuves de la plus grande affection (oct. 1644). Innocent X avait refusé le chapeau de cardinal au frère de Mazarin, archevêque d'Aix (nov. 1645), et forcé les Barberini à se réfugier en France auprès de leur ancien protégé, qui les accueillit dans son palais (janv.-mars 1646). Le ministre se vengea en effrayant le pape par la guerre des Présides (1646), et le força de céder (*voy.* Innocent X). Mais c'était surtout contre l'Autriche et l'Espagne que la France déployait ses efforts; les armes françaises triomphaient à Rocroi, à Fribourg, à Nordlingue, à Zusmarshausen, à Lens (*voy.* Condé, Turenne), pendant que les négociateurs, dirigés par Mazarin, poursuivaient la paix au congrès de Munster (*voy.* d'Avaux, Servien). Les chefs des Importants, et plus tard les Frondeurs, pour gagner de pacifiques magistrats et se donner les airs de protecteurs du peuple, accusèrent le premier ministre d'avoir prolongé la guerre dans un intérêt égoïste; de nos jours encore on lui a reproché d'avoir voulu profiter de la lutte pour avoir de grosses armées, s'assurer des princes et les éloigner de Paris par de grands commandements militaires, pour imposer plus facilement de nouvelles taxes et disposer de beaucoup d'argent. Mazarin, lui aussi, voulait la paix, mais solide et glorieuse; il voulait achever l'œuvre de Richelieu et immortaliser son nom par un grand traité; mais les difficultés qu'il rencontrait au dehors étaient énormes, et les intrigues des seigneurs n'ont pas peu contribué à encourager l'Espagne à ne pas faire la paix. En 1643, Mazarin avait adjoint au comte d'Avaux, l'oncle de Lionne, Abel Servien, qui avait toute sa confiance; pour prix des services et des victoires de la France, il voulait enlever à l'Allemagne l'Alsace et quelques places fortes sur le Rhin; en échange de la Catalogne, soulevée et occupée par nos armes, il espérait

(1) « On voyait, dit le cardinal de Retz, sur les degrés du trône, d'où l'âpre et redoutable Richelieu avait foudroyé plutôt que gouverné les humains, un successeur doux et benin, qui ne voulait rien, qui était au désespoir de ce que sa dignité de cardinal ne lui permettait pas de s'humilier autant qu'il l'eût souhaité devant tout le monde, qui marchait dans les rues avec deux petits laquais derrière son carrosse. »

(2) *Mem. de H. de Campion.*

arracher à l'Espagne les Pays-Bas, « qui formeraient à Paris un boulevard inexpugnable, et ce serait alors véritablement qu'on pourrait l'appeler le cœur de la France, et qu'il serait placé dans l'endroit le plus sûr du royaume » (1). Il envoya de Lionne en Espagne pour proposer le mariage de Louis XIV avec l'infante Marie-Thérèse; et ses vues allaient même plus loin que les Pays-Bas. « Car, disait-il, l'infante étant mariée à Sa Majesté, nous pourrions aspirer à la possession des royaumes d'Espagne, quelque renonciation qu'on lui en fît faire, et ce ne serait pas une attente fort longue, puisqu'il n'y a que la vie du prince son frère qui peut l'en exclure. » Le comte d'Estrades allait en Hollande, pour faire agréer aux alliés de la France les arrangements proposés; il devait chercher à gagner le prince d'Orange et offrir Anvers au commerce hollandais. Mais les États généraux commençaient à s'effrayer sérieusement des progrès de la France et la redoutaient pour voisine; malgré les efforts de Mazarin, ils traitèrent séparément avec l'Espagne, et lui donnèrent ainsi la facilité de se retirer des négociations de Munster. La paix de Westphalie ne réconcilia la France qu'avec la branche allemande de la maison d'Autriche; deux traités furent signés le 24 octobre 1648; l'un à Munster, entre la France et l'Empire, l'autre à Osnabruck entre l'Empire et la Suède; nous obtenions la cession définitive des Trois-Évêchés; Pignerol; les landgraviats de haute et basse Alsace; la préfecture des dix villes impériales : Haguenau, Colmar, Schelestadt, Weissembourg, Landau, Obernheim, Rosheim, Munster, Kaiserberg et Turckheim; puis Brisach et son territoire, enfin le droit de tenir garnison dans Philipsbourg. Tous nos alliés, surtout les Suédois, recevaient de grands avantages; l'Autriche était forcée de renoncer à ses espérances ambitieuses de domination absolue sur l'Allemagne; l'équilibre européen était constitué. « La France veut la paix et la fera glorieuse. » Cette parole de Mazarin était enfin réalisée (2).

L'Espagne n'avait pas voulu traiter, par orgueil et surtout parce qu'elle voyait la France prête à consumer ses forces dans de misérables guerres civiles. Mazarin n'avait pas prévu la crise qui allait compromettre sa politique et son pouvoir: la reine, qui lui était complétement dévouée, l'avait nommé surintendant de l'éducation du roi (9 mars 1646); il n'était plus le ministre modeste et simple des premiers jours; sa fortune avait tout à coup grandi considérablement; il faisait construire et embellir le magnifique palais Mazarin, l'une des merveilles de Paris et de la France entière; il présidait aux fêtes brillantes de la cour; il introduisit dans le royaume l'opéra italien; le 14 décembre 1645, des comédiens italiens jouèrent dans la grande salle du Petit-Bourbon *La Folle supposée*, de Jules Strozzi, avec décorations, machines, etc., de l'invention de Torelli, et des ballets de Balbi; le 5 mars 1647 il fit représenter au Palais-Royal l'opéra d'*Orphée*, dont les machines coûtèrent, dit-on, plus de 400,000 livres. Il ne craignait pas de donner à son frère, devenu cardinal de Sainte-Cécile, la vice-royauté de Catalogne; enfin, tant était grande sa sécurité, il faisait venir d'Italie trois de ses nièces, Anne-Marie Martinozzi, Laure et Olympe Mancini, avec le jeune Paul Mancini (août 1647); elles furent élevées à la cour, et la reine s'en occupait comme de ses propres enfants. Était-ce, comme il l'écrivait au cardinal Barberini, pour ajouter à ses services ce nouveau titre de grande naturalisation? Ou plutôt ne voulait-il pas avoir en réserve, comme autrefois Richelieu, de quoi intéresser plusieurs grandes familles à la conservation de son pouvoir et se préparer des instruments de règne?

Mazarin, presque égal à Richelieu comme diplomate, n'avait pas le génie de son maître pour l'administration; de 1643 à 1648, il avait laissé les abus et les désordres s'introduire partout. Pour payer les frais de la guerre, les exigences des grands, les fêtes de la cour, les dilapidations des financiers, il fallait augmenter les impôts, vendre les fonctions publiques, multiplier indécemment les charges, recourir à toute espèce de moyens vexatoires ou ridicules. Les spéculations impudentes du surintendant Particelli (*voy.* ce nom) excitèrent peu à peu le mécontentement; ainsi il retranchait les rentes, même celles de l'hôtel de ville, empruntait à 15, à 20 pour 100, rendait les contribuables solidaires les uns des autres, faisait prendre les meubles et les bestiaux des laboureurs, qui tardaient à payer; si l'on en croit les contemporains, il y eut en 1646 vingt-trois mille personnes emprisonnées par les agents du fisc, et cinq mille moururent dans les prisons. Il y avait encore chez le peuple, surtout dans les villes, quelques vagues instincts de liberté; la noblesse n'avait pas renoncé à ses vieilles prétentions; les parlements brûlaient du désir de s'ériger en corps politique, en protecteurs du peuple. L'origine étrangère du ministre, son caractère fin et souple, mais qui n'imposait pas, sa passion pour l'argent, la nature équivoque de ses relations avec la reine, augmentaient la hardiesse et servaient de prétexte aux déclamations et aux entreprises des ambitieux. Voilà les causes principales des troubles qui amenèrent cette guerre civile, si bien nommée d'un jeu d'enfants, *guerre de la Fronde*.

Plusieurs fois depuis 1644 le parlement de Paris s'était opposé à l'enregistrement d'édits bursaux, notamment à l'édit du Toisé (1644) et à l'édit du Tarif (1646); son opposition lui gagnait peu à peu la faveur populaire. Au commencement de 1648 les discussions deviennent plus vives, au sujet de six nouveaux édits portés au parlement, mais surtout à cause de la

(1) *Mém. du cardinal aux plénipotentiaires français à Munster*, 20 janv. 1646.

(2) *Lettre au duc de Longueville*, 22 juin 1647.

création de douze charges de maîtres des requêtes. C'est une question d'intérêts privés qui donne le signal; car au même moment le parlement enregistrait un emprunt forcé, à la condition que les magistrats en seraient exempts, et que le poids en retomberait sur les gens de finances. Les esprits étaient échauffés, lorsque le conseil, pour avoir de l'argent, décide imprudemment que le droit annuel, ou *paulette*, sera renouvelé, pourvu que les officiers des cours souveraines, de finances et de justice, payent quatre années de leurs gages; le parlement de Paris était seul exempté de cet impôt, dans un intérêt fiscal principalement; mais les maîtres des requêtes étaient exclus de la continuation du privilége (29 avril). Aussitôt le parlement, la chambre des comptes, la cour des aides et le grand conseil signent l'arrêt d'union (13 mai), « pour servir le public et le particulier, et réformer les abus de l'État », mais aussi pour défendre leurs priviléges menacés. Malgré la reine, qui a supprimé le droit annuel et cassé l'arrêt d'Union, leurs délégués s'assemblent dans la grande chambre de Saint-Louis; Mazarin, qui a le tort de trop mépriser ses ennemis, et qui espère les séduire ou les diviser, conseille de céder (30 juin). Mais les magistrats, enivrés de leur importance, s'érigent en sénateurs, ne songent plus qu'à réformer l'État, détruisent les intendants, cette belle création de Richelieu, décrètent la réduction des tailles, défendent de lever des impôts, si ce n'est en vertu d'édits librement vérifiés, etc., etc.; mais surtout ils s'occupent de maintenir et d'agrandir les priviléges du parlement. Particelli était destitué; on établit une chambre de justice pour faire rendre gorge aux traitants; et les parlements de France adhèrent aux résolutions de la chambre de Saint-Louis. Anne d'Autriche était lasse de tous ces attentats contre l'autorité royale; vainement Mazarin lui reprochait d'*être brave comme un soldat qui ne connaît pas le danger*. « Monsieur le cardinal est trop bon, disait-elle : il gâtera tout pour vouloir toujours ménager ses ennemis. » Elle voulut en finir par un coup d'État; et le jour même où l'on chantait un *Te Deum* pour la victoire de Lens (26 août) elle fit arrêter plusieurs membres du parlement, entre autres le conseiller Broussel, que ses cheveux blancs, ses vertus privées et ses déclamations contre le gouvernement avaient rendu cher au peuple. Ce fût le signal de l'émeute violente connue sous le nom de *journée des barricades* (27 août). La régente, menacée jusque dans son palais (*voy.* Molé, Retz), fut forcée de relâcher les prisonniers; le pouvoir fut déconsidéré par cette preuve d'impuissance, et Mazarin se vit attaqué désormais avec une violence de jour en jour plus furieuse.

Le cardinal refuse les offres de Condé, qui lui proposait de revenir avec son armée; mais il entraîne la cour à Ruel (13 sept.), fait arrêter Chavigny, et exiler en Berry Châteauneuf, qu'il croyait à tort chefs de la cabale des opposants. Le 22 septembre, il est attaqué violemment dans le parlement, surtout par le président Viole, qui demande de renouveler l'arrêt de 1617 contre les étrangers; les déclamations continuent les jours suivants. Mazarin, effrayé, désire un accommodement; des conférences s'ouvrent à Saint-Germain, et le 24 octobre la régente signe la fameuse déclaration qui donnait force de lois à la plupart des articles votés par le parlement; c'était le jour même de la conclusion du traité de Westphalie.

La réconciliation était mensongère : pendant que Mazarin se rapproche complétement de Condé, qu'il a gagné par le don de Stenay, Jametz, Dun, Clermont en Argonne, Varenne (décembre), le parlement se plaint de l'inexécution de la Déclaration; le peuple manifeste son mécontentement par des émeutes; la *Requête des trois états du gouvernement de l'Ile de France au Parlement de Paris contre Mazarin* donne le signal de ces placards injurieux, si connus sous le nom de *mazarinades*. « La reine ne pouvait paraître en public sans être outragée; on ne l'appelait que Dame Anne, et si l'on y ajoutait quelque titre, c'était un opprobre. Le peuple lui reprochait avec fureur de sacrifier l'État à son amitié pour Mazarin, et ce qu'il y avait de plus insupportable, elle entendait de tous côtés ces chansons et ces vaudevilles, monuments de plaisanterie et de malignité qui semblaient devoir éterniser le doute où l'on affectait d'être de sa vertu. » (Voltaire.) La France se divisa en *frondeurs* et en *mazarins*; on se préparait bruyamment à la guerre civile. Probablement d'après l'avis de Condé, il fut décidé que l'on bloquerait Paris, pour punir le peuple et le soulever par la souffrance contre les factieux; la cour quitta secrètement la ville, dans la nuit du 5 au 6 janvier 1649, et vint s'établir à Saint-Germain, où la régente rendit une ordonnance qui transférait le parlement à Montargis. La première guerre de la Fronde était commencée (*voy.* Condé, Longueville, Retz, Larochefoucault, Molé, etc.); le ministre était le principal objet de la haine du parlement, des déclamations des seigneurs, qui venaient offrir aux magistrats leurs services intéressés, des clameurs du peuple, que les pamphlets égaraient. Le 8 janvier, à l'unanimité, moins une voix, le parlement le déclare perturbateur du repos public, ennemi du roi et de son État; et lui enjoint de se retirer sous huit jours du royaume; le 13 il ordonne que tous les biens, meubles et immeubles, ainsi que les revenus des bénéfices du cardinal soient saisis; le 21 il rédige des remontrances à la reine, pour attaquer le despotisme ministériel, et lui demander de livrer Mazarin entre les mains de la justice. Tandis que la cour répond par une déclaration de lèse-majesté contre le parlement et ses fauteurs, le cardinal, dans une lettre adressée aux prévôts, échevins et bourgeois, se justifie avec habileté, et accuse avec raison le parlement de servir les ennemis de la France par cette diversion (23 janv.). Les faits viennent à l'appui de ses paroles; Mazarin repoussait les offres des Espagnols, qui demandaient la paix à de belles conditions pour eux. Tandis qu'on recevait à Paris leurs agents, tandis que les généraux frondeurs traitaient avec l'ennemi, il proposait de soumettre les réformes demandées à une assemblée des états généraux, et le parlement s'y opposait, se portant, sans aucun titre, comme le seul interprète de la nation. Au moment où le peuple, égaré par les factieux, criait partout « *pas de paix, pas de Mazarin* », lorsqu'on vendait les meubles précieux du cardinal, sauf sa belle bibliothèque, formée par Gabriel Naudé, et généreusement ouverte au public, les magistrats les plus sages, qui commençaient à s'effrayer des suites de la révolte, négocièrent à Ruel avec le duc d'Orléans, Condé, Mazarin lui-même; et le premier président Molé, outrepassant heureusement ses pouvoirs, signa la paix (11 mars). Vainement le peuple poussa des cris de fureur; vainement les grands, déçus dans leurs folles espérances, se déclarèrent prêts à renoncer à toutes leurs prétentions si Mazarin s'éloignait (28 mars); le cardinal se contenta de leur faire de belles promesses, et la paix fut publiée le 2 avril. Néanmoins les troubles ne sont pas apaisés; l'agitation règne dans les provinces, les impôts ne sont pas payés, les paysans gémissent, les intrigues redoublent et les pamphlets continuent à se répandre. Les mazarinades publiées depuis le commencement de la Fronde étaient innombrables, soit en prose, soit en vers, et Naudé, qui répondait spirituellement, au nom du cardinal, dans son *Mascurat*, en comptait déjà plus de neuf cents; la plupart sont des pièces burlesques, où l'on se moque surtout du ministre, de son accent italien, de ses habitudes efféminées; on l'accuse de la paix de Westphalie, de la révolte de Naples, de la prolongation de la guerre avec l'Espagne; le ton est plus grossier que mordant, plus cynique que railleur quand on attaque les amours du cardinal et de « madame Anne », ou quand on raille impitoyablement ses jeunes nièces, récemment arrivées. Guy Patin avait bien raison d'écrire alors : « On a fait courir ici quantité de papiers volants contre le Mazarin; mais il n'y a encore rien qui vaille »; et notre jugement est volontiers celui du cardinal de Retz, lorsqu'il dit : « Il y a plus de soixante volumes de pièces composées dans le cours de la guerre civile, et je crois pouvoir dire avec vérité qu'il n'y a pas cent feuillets qui méritent qu'on les lise. »

On a calculé que de 1649 à 1652 plus de quatre mille écrits satiriques furent dirigés surtout contre Mazarin, sans compter d'innombrables caricatures. Le cardinal semblait insensible aux injures, et, comme dit Mme de Motteville, « jamais homme, avec autant d'autorité et parmi tant d'ennemis, n'a eu plus de facilité à pardonner ». Il est vrai que Mazarin oubliait aussi bien les services que les injures.

Le cardinal ministre avant de ramener la cour à Paris eut le bon esprit de s'occuper des frontières, menacées par les Espagnols; le 9 mai il passa à La Fère la revue de l'armée d'Allemagne; le 28 juillet il visita à Saint-Quentin les soldats, et en fut bien accueilli. « Il avait ainsi donné aux Parisiens le temps d'éteindre ce reste de feu qui allumait encore leurs esprits. » Enfin le roi rentra à Paris le 18 août. « Le Mazarin, si haï, était à la portière avec monsieur le Prince... Les uns disaient qu'il était beau, les autres lui tendaient la main et l'assuraient qu'ils l'aimaient bien; d'autres disaient qu'ils allaient boire à sa santé. » (Mme de Motteville.)

Mais Condé, fier de ses services et de sa gloire, excité par Mme de Longueville, entouré de de la jeune noblesse, des *petits-maîtres*, comme on les nommait, voulut tout dominer : il se montra plein d'exigence pour lui et ses nouveaux amis, refusa le commandement des armées, et se réjouissait de l'échec de Cambrai; il accusait le cardinal d'ingratitude, formait opposition à des projets d'alliance entre les ducs de Mercœur et de Candale et les nièces de Mazarin; ne se contentait pas de le forcer par traité à ne pas marier ces jeunes filles sans son consentement, mais se moquait ouvertement de lui, l'insultait grossièrement, soutenait la révolte de Bordeaux, par haine pour le duc d'Épernon; et, après avoir outragé la reine comme femme, dans l'affaire de Jarzé, il faisait tant de bruit que l'on était contraint de rappeler l'impudent marquis (*voy.* CONDÉ). Condé se crut le maître; mais il s'était rendu insupportable par ses emportements, son avidité, sa jactance théâtrale; il méprisait hautement les parlementaires, et n'avait pas épargné plusieurs des chefs de la vieille Fronde, Beaufort, Gondi, etc. Mazarin et la reine se rapprochèrent de leurs anciens ennemis; ils promirent beaucoup à Gondi, dans des entrevues secrètes, gagnèrent le duc d'Orléans, et firent arrêter Condé, Conti, son frère, et Longueville, leur beau-frère, qui se trouvaient ensemble au Palais-Royal pour une séance du conseil (18 janvier 1650). Personne ne réclama au parlement contre cette arrestation illégale; le peuple fit même des feux de joie, en apprenant que les princes étaient à Vincennes; mais on n'en a pas moins reproché à Mazarin d'avoir mis sa politique en contradiction avec sa nature, et surtout d'avoir fourni à ses ennemis un nouveau grief contre lui et donné un chef redoutable à un parti qui n'en avait point. On connaît le mot de Condé cité par Bossuet dans l'oraison funèbre du prince : « Je suis entré en prison le plus innocent des hommes ; j'en suis sorti le plus criminel. »

En effet le triomphe du cardinal ne fut pas de longue durée; il avait, il est vrai, déployé beaucoup d'activité, en Normandie, contre Mme de Longueville, bientôt forcée de fuir à Stenay, auprès de Turenne (février); en Bourgogne, contre les partisans des princes (mars-avril); en Champagne, à La Fère, à Saint-Quentin, pour opposer du Plessis-Praslin aux Espagnols et à Turenne (mai-juin). Mais la Guyenne, toujours mécontente de son gouverneur, le duc d'Épernon, donna asile à la famille de Condé, que Mazarin avait eu l'imprudence de laisser fuir loin de Chantilly (mai); et malgré de nouvelles concessions faites aux frondeurs, le parlement commença à se déclarer pour les princes, au moment où la cour se dirigeait contre Bordeaux (juillet-août). Pendant que l'armée royale pacifie la Guyenne, et que la princesse de Condé traite avec la régente (1er octobre), le peuple de Paris accuse Mazarin d'avoir voulu faire assassiner le duc de Beaufort, dont le carrosse avait été attaqué par les voleurs; et déjà des images du cardinal sont pendues à des potences. Il a toujours le tort de trop mépriser ses ennemis et de ne pas tenir ses promesses: il fait refuser dans le conseil le chapeau de cardinal, vivement sollicité par Gondi. Alors, par l'intermédiaire de Mme de Rhodes et surtout de la princesse palatine, le coadjuteur se rapproche du parti des princes, et les meneurs de la vieille Fronde se réunissent aux « petits-maîtres, » sous les auspices du duc d'Orléans, que Gondi domine aisément.

Mazarin cependant redoublait d'activité; de retour de Bordeaux à Paris, le 15 novembre, il va, dès le 1er décembre, rejoindre du Plessis-Praslin en Champagne; il contribue à la retraite de Turenne et à la défaite des Espagnols, qu'il commandait, près de Rethel (15 décembre). Mais à Paris ses ennemis ne cessent de déclamer contre « l'étranger, auteur de toutes les calamités du royaume »; la princesse de Condé, Mlle de Longueville, réclament au parlement la liberté des princes, qui avaient été transférés de Vincennes à Marcoussis, puis au Havre. Les princes lui adressent leurs requêtes; Gondi, Beaufort les appuient; enfin, le parlement se déclare ouvertement pour les prisonniers (30 décembre), pendant que Mazarin, refusant les soldats qui lui étaient offerts par du Plessis, rentre seul à Paris (31 décembre). Ennemi des moyens violents, il espère encore triompher par la ruse et l'adresse; il négocie avec tout le monde, cherche surtout à se rapprocher des princes, par l'intermédiaire du comte de Bouteville et de Larochefoucault; mais il perd un temps précieux, et enhardit ses ennemis. Le parlement adresse à la reine d'insolentes remontrances, et Molé lui-même ose traiter la politique de Mazarin de politique infortunée, en proclamant l'innocence des princes (20 janv. 1651). Après une scène assez vive au Palais-Royal, dans laquelle Mazarin appliquait aux brouillons de France les noms de Cromwell et de Fairfax (31 janv.), le duc d'Orléans se réfugia au Luxembourg, et le parlement, excité par le coadjuteur, rendit un arrêt pour demander la liberté des princes et l'éloignement du ministre (4 février); puis il enjoignit à tous les agents de la force publique de n'obéir qu'à Gaston (6 fév.); et la noblesse, ainsi que le clergé, qui tenaient alors des assemblées à Paris, déclarèrent s'unir au duc d'Orléans.

Mazarin, véritablement atterré, sort de Paris, le soir du 6 février, accompagné de deux gentilshommes, et se retire à Saint-Germain. La reine devait-elle aller le rejoindre avec le jeune roi? Voulait-elle recommencer la guerre, pour défendre son ministre et son ami? Toujours est-il que le parlement la remercie d'avoir éloigné le cardinal, rend un arrêt contre lui et ses parents (9 février), obtient des ordres pour la liberté des princes (11 fév.), tandis que les milices bourgeoises gardent les portes de Paris, enveloppent le palais, et retiennent comme prisonniers le roi et la reine (nuit du 9 au 10 fév.). Alors Mazarin se résigne, « lui timide et tremblant aux approches d'une disgrâce, se retrouve ferme et patient dans la disgrâce même ». Muni d'une lettre de la reine, il va lui-même au Havre annoncer aux princes qu'ils sont libres (13 fév.). Voulait-il se faire un mérite de cette action? Ou ne pensait-il pas plutôt préparer de nouvelles divisions parmi ses ennemis? Pendant que les princes rentrent à Paris et sont déclarés innocents (16-25 fév.), Mazarin s'achemine vers l'exil, poursuivi par les arrêts de tous les parlements: il se rend par Réthel à Clermont en Argonne, où le maréchal de La Ferté-Senneterre lui fait un accueil magnifique (10 mars); Fabert, gouverneur de Sedan, lui offre ses services; il se repose à Bouillon (12 mars); mais la reine est forcée de lui écrire pour qu'il s'éloigne encore plus de la frontière (14 mars); enfin, il vient s'installer à Brühl, près de Cologne, dans le château de son ami l'électeur, avec ses nièces et son neveu, qu'il avait pris en chemin, près de Péronne (6 avril). Le 11 mars le parlement de Paris avait rendu contre lui un arrêt violent, pour *informer plusieurs crimes d'État à lui imputés;* il était enjoint de se saisir de sa personne dans tous les lieux de l'obéissance du roi où il serait trouvé, et dès à présent tous ses biens et revenus demeureraient saisis à la requête du procureur général.

Mazarin resta dans son exil jusqu'à la fin de l'année; mais de Brühl il ne cessait de diriger les affaires par les nombreux serviteurs qu'il avait laissés auprès de la reine, et surtout par le secrétaire d'État Le Tellier, et par Servien et Lionne, qui étaient dévoués à sa fortune; enfin, il entretenait une correspondance active et secrète avec Anne d'Autriche, qui lui conservait un attachement inaltérable par orgueil, par intérêt, par affection. Elle a été publiée dans ces dernières années; les uns n'y ont vu que plaintes amères, soupçons odieux contre ses propres agents, lamentations perpétuelles sur ses privations et sa misère, maladive impatience du retour, intrigues avortées et projets incohérents; d'autres nous montrent Mazarin, qui parle à sa princesse en véritable héros de roman, « qui ne songe qu'à lui donner de belles marques de sa passion; qui rêve, pour arriver jusqu'à elle, des choses étranges, extraordinaires; qui hasarderait mille vies pour la revoir (1). » Il y a du vrai dans ces appréciations; ces lettres éclairent d'un demi-jour les relations singulières du ministre fin et galant avec la reine espagnole, toujours vaine de sa beauté, malgré ses cinquante ans. Mais Mazarin n'est pas toujours chagrin ou ridicule dans cette correspondance, lorsqu'il s'oppose, par exemple, aux énormes concessions exigées par Condé; lorsqu'il écrit : « Le cardinal, aimant comme il fait le service du roi, eût été au désespoir de se voir rétabli par un moyen qui est si préjudiciable à l'État »; lorsqu'il rapproche la cour du coadjuteur, et montre quel profit l'on peut tirer des fautes de Condé, bientôt aux prises avec la reine et avec ceux qui ont travaillé à sa délivrance. Mazarin savait aussi parler le langage d'une éloquente indignation, lorsqu'il répondait à la déclaration, pleine d'outrages et d'absurdes accusations, que Condé et le parlement avaient dictée à la reine contre lui (5 sept.). « Le roi et la reine, écrivait-il, m'ont déclaré un traître, un voleur public, un insuffisant, et l'ennemi du repos de la chrétienté, après les avoir servis avec tant de fidélité, sans aucun intérêt et avec tant de grands succès.... La seule et la plus grande grâce que je saurais recevoir, c'est d'être entendu et qu'on me fasse mon procès dans les formes..... Je demande l'honneur qu'on m'a ôté, et qu'on me laisse en chemise, renonçant de très-bon cœur au cardinalat et à mes bénéfices, desquels j'enverrai la démission avec joie, consentant volontiers d'avoir donné à la France vingt-trois années du meilleur de ma vie, et de me retirer seulement avec l'honneur que j'avais quand j'ai commencé à la servir. » (Lettre du 26 sept.). Ne trouve-t-on pas quelque chose de bizarre dans la situation du ministre lorsqu'on sait que le roi, aux premiers jours de sa majorité, lui envoyait secrètement les pouvoirs nécessaires pour négocier avec les Espagnols, et dans le même moment faisait publier une déclaration qui rejetait sur le cardinal tous les actes arbitraires commis pendant la régence, avec défense de jamais rentrer dans le royaume.

Cependant Condé, quittant Paris, s'était décidé à commencer la guerre civile dans la Guyenne, et déjà mendiait contre la France les secours de l'Espagne, et même des Anglais hérétiques. Mazarin songe aussitôt à rentrer en France, comme auxiliaire de la royauté; il s'établit à Huy (24 oct.), à Dinant (15 nov.), et reçoit du roi l'invitation formelle de venir le rejoindre. Avec l'aide du marquis de Navailles, du comte de Broglie et de son fidèle Colbert, il faisait des levées d'hommes dans le pays de Liége et sur les bords du Rhin. A cette nouvelle, le parlement s'émeut; on demande de renouveler contre Mazarin l'arrêt de 1569 contre Coligny; on défend sous peine de mort de lui livrer passage ou retraite (13 et 20 déc.). Mazarin part de Bouillon (21 déc.); il est reçu à Sedan par Fabert (24 déc.); puis avec six mille hommes, qui portent sa couleur, l'écharpe verte, il passe la Meuse (30 déc.), gagne Rethel et s'avance dans la Champagne avec d'Hocquincourt et La Ferté-Senneterre. Le parlement redouble ses arrêts, de plus en plus violents; la bibliothèque et les meubles du cardinal seront vendus, et « l'on prélèvera la somme de cent cinquante mille livres en récompense à qui, ou aux héritiers de qui, le livrerait mort ou vif, (29 déc.). Vainement des hommes généreux veulent sauver cette belle bibliothèque; Violette, trésorier de France, à Moulins, offre 45,000 livres pour la racheter; les enquêtes s'indignent, et l'assemblée générale du 11 janvier 1652 décide que les livres seront vendus pièce par pièce aux marchands. Mazarin en ressentit une vive douleur, et la perte de ses livres lui arracha une plainte éloquente (Lettre du 11 janvier). Malgré le parlement, à qui le roi venait d'annoncer officiellement qu'il avouait Mazarin, celui-ci traversa la France, et arriva à Poitiers, où était la cour, le 30 janvier. Le roi, déjà majeur, et son frère allèrent au-devant de lui (1). Alors la guerre se poursuivit activement; Mazarin avait recouvré toute son autorité, et maintenant il pouvait opposer à Condé l'épée et le génie de Turenne; on sait les détails de cette lutte, qui eut d'abord pour théâtre les rives de la Loire, d'Angers à Orléans, d'Orléans à Bleneau (2), et plus tard les environs de Paris. Au milieu des combats, lorsque les provinces étaient dans la plus affreuse misère, les intrigues et

(1) « Mon dieu! que je serois heureux, et vous satisfaicte, sy vous poviez voyr mon cœur, ou sy je pouvois vous escrire ce qui en est, et seulement la moitié des choses que je me suis proposé; vous n'auriés grand' peyne, en ce cas, à tomber d'accord que jamais l'y a eue une amitié approchante à celle que j'ay pour vous. » Lettres publiées par M. Ravenel.

(1) Bossuet, dans l'oraison funèbre de Letellier, a condamné ce retour prématuré de Mazarin : « Deux fois, dit-il, ce grand politique, ce judicieux favori sut céder au temps et s'éloigner de la cour; mais, il le faut dire, toujours il y voulait revenir trop tôt. » Le parlement, en effet, qui venait de déclarer Condé criminel de lèse-majesté, semblait disposé à se réconcilier avec la cour: le retour de Mazarin le rejeta dans l'opposition.

(2) La cour était à Gien; sans Turenne, qui sut arrêter la marche des rebelles victorieux, la reine et le cardinal tombaient entre les mains de leurs ennemis, « qui eussent mis la reine dans un cloître et fait un mauvais parti au cardinal, et, tenant la personne du roi, eussent gouverné à leur mode sous son nom. Le cardinal fut fort étonné, mais la reine ne témoigna pas de peur ». (Montglat). Cependant ce fut en pleurant qu'elle dit ensuite à Turenne : « Monsieur le maréchal, vous avez sauvé l'État. »

les négociations continuaient; Gourville au nom de Condé, le duc de Damville au nom de Gaston d'Orléans, puis l'exilé Charles Stuart, le duc Charles de Lorraine avec son armée d'aventuriers, s'interposent vainement entre les deux partis. Mazarin assistait, avec le jeune roi, des hauteurs de Charonne, à la bataille du faubourg Saint-Antoine, où périt, en combattant avec bravoure, le jeune Paul Mancini, dont la fureur des partis ne sut pas même respecter le sort malheureux (2 juillet). Après l'odieux massacre de l'hôtel de ville, et l'union forcée de Paris avec Condé, la réaction commença contre les princes; on était las d'une guerre chaque jour plus coupable et plus désastreuse; on désirait ardemment la paix. Mazarin, qui depuis le commencement des troubles, était le principal objet de toutes les attaques, le grand prétexte de toutes les oppositions et de toutes les révoltes, paraissait le seul obstacle à la réconciliation. Il était encore poursuivi par la haine expirante des partis; et le parlement ordonna, le 24 juillet, la vente de ses statues et de ses tableaux, qu'il avait cependant donnés au roi, pour les sauver; le 6 août, il refusa, tant que Mazarin serait en France, d'entendre la lecture de la lettre du roi, qui le transférait à Pontoise; les magistrats fidèles, réunis dans cette ville, demandèrent également l'éloignement du cardinal (10 août). Mazarin avait depuis longtemps compris que son exil était momentanément nécessaire, pour ménager la transaction et sauver à ses ennemis la honte d'un démenti complet; il avait plusieurs fois offert de se retirer; enfin, le roi consentit à son départ (12 août), après avoir répondu à tous les outrages dirigés contre son ministre par un pompeux éloge du cardinal; et Mazarin s'achemina lentement vers son nouvel exil de Bouillon (19 août). Alors Paris se soumet, et le roi rentre en maître dans la capitale (21 octobre), pendant que Condé achève de se perdre, en se donnant aux Espagnols; les chefs de la Fronde sont punis par l'éloignement de la cour ou par l'exil; le cardinal de Retz, à qui Mazarin fait offrir la direction des affaires de France à Rome, se montre plus exigeant pour lui et pour ses amis; il recommence ses intrigues, il est arrêté au Louvre (19 décembre) et conduit à Vincennes.

Mazarin ne cesse pas de diriger toutes les affaires; pour dominer le parlement, désormais réduit à ses fonctions judiciaires, il se sert habilement du président Molé et de Fouquet, surintendant des finances et procureur général; ils prennent sur eux toutes les tristes sévérités à exercer; et sans en avoir l'odieux l'habile cardinal doit en recueillir le fruit. Son exil fut de courte durée. Inquiété à Bouillon par les Espagnols, il s'établit à Sedan (22 octobre); puis, avec quatre mille hommes, il passa la Meuse (23 novembre), entra à Saint-Dizier (1er décembre), et rejoignit Turenne, qui contenait les ennemis sur la frontière. Il assista à la prise de Bar-le-Duc (17 décembre), de Ligny (22), de Château-Porcien (12 janv. 1653), chassa les Espagnols de Vervins (28 janv.); et tandis que l'armée se reposait après cette rude campagne d'hiver, il prit avec Turenne la route de Paris. Le roi alla le chercher jusqu'au Bourget, et le ramena comme en triomphe au Louvre, où l'on avait préparé un somptueux festin; un feu d'artifice célébra cet heureux retour, qui fut accueilli par les acclamations du peuple (3 fév.): tous venaient saluer le ministre tout-puissant, et pour consacrer sa victoire une fête magnifique lui fut donnée à l'hôtel de ville (29 mars). D'abondantes aumônes avaient été par ses soins distribuées aux pauvres; une ordonnance royale annonçait à la bourgeoisie parisienne le payement, depuis longtemps suspendu, des rentes; et par une gracieuseté qui n'était pas sans malice, le cardinal faisait donner avis aux gens de lettres portés sur l'état des pensions d'envoyer leur quittance pour être payés sur-le-champ de ce qui leur était dû. Quelques mois après (août 1653), la pacification de Bordeaux termina les troubles de la Fronde, cette tentative impuissante, imprévoyante et illégitime du parlement, pour modérer l'autorité royale; cette turbulente coalition d'intérêts particuliers, cette dernière révolte des grands, moins avides encore de pouvoir que de charges de cour, de gouvernements, de pensions. Elle avait été pour le peuple une longue et désastreuse déception; il était désormais tout disposé à accepter l'ordre et le bien-être du gouvernement absolu de la royauté. A la fin de 1648, Mazarin écrivait dans l'un de ses carnets : « Je n'ay fayt mal à personne que aux enemys de la France; je n'ay rien pris d'elle; jé contribué à la conquette de beaucoup de places et de provinces touttes entières, sauf en prendre pas une, quelque offre que la bonté de la reyne, du consentement de la maison royale, m'en aye faitte. » Et l'on a pu dire récemment de lui : « Il a cette gloire unique, que dans sa longue carrière, parmi les dangers les plus capables de le pousser à de violentes représailles, et quelquefois dans une prospérité qui lui permettait l'impunité, il ne fit monter sur l'échafaud aucun de ses plus acharnés ennemis, pas même ceux qui avaient voulu l'assassiner; il n'en proscrivit aucun, et il les engagea presque tous par des transactions heureuses, à l'aide de son fidèle allié, le temps. « Le temps et moi, » disait-il souvent. Le temps et lui étaient venus à bout de l'aristocratie française, et le 3 février 1653 elle lui servait au Louvre de rempart et d'ornement. » (1)

Depuis son retour jusqu'au jour de sa mort, Mazarin est tout-puissant. « Chacun, dit un contemporain, s'accoutuma non-seulement à le souffrir, mais encore à l'encenser. » Il est le ministre du roi, qui, plein de déférence et de respect pour le cardinal, le laisse gouverner la

(1) M. Cousin, *La Fronde à Paris.*

France en toute liberté. Anne d'Autriche l'avait jusqu'alors soutenu au milieu de toutes les épreuves; elle semble désormais un peu délaissée; elle a peu de part dans le gouvernement: sa paresse et son éloignement pour les affaires l'aidèrent sans doute à se résigner facilement; mais elle dut se plaindre plus souvent du changement survenu dans leurs relations intimes; tous les mémoires contemporains parlent du refroidissement de Mazarin pour la reine. Trouvait-il désormais plus ridicules ou moins utiles les apparences d'une passion romanesque? Faut-il croire, comme l'affirme la princesse palatine, duchesse d'Orléans, comme beaucoup l'ont supposé, qu'un mariage secret unissait Anne à Mazarin? Mais rien ne l'indique dans leur correspondance assez volumineuse, et jusque ici l'on n'a découvert aucune preuve de cette assertion. La toute-puissance de Mazarin s'explique d'ailleurs naturellement par ses services, son expérience et la jeunesse du roi, qui ne semblait pas pressé de régner (1).

Mazarin put alors reprendre avec vigueur et habileté la guerre contre l'Espagne et les négociations; pendant les troubles de la Fronde, les ennemis avaient reconquis plusieurs des positions importantes que nous leur avions jadis enlevées, Barcelone, Casal, Dunkerque, etc.; mais il faut rendre à Mazarin cette gloire qu'il n'avait jamais voulu regagner le pouvoir par un traité honteux ou onéreux, que l'Espagne aurait volontiers accepté. Maintenant, soutenu par le génie de Turenne, il allait poursuivre la réalisation de ses projets qu'il n'avait jamais abandonnés. La guerre eut lieu surtout dans le nord, vers les frontières de Champagne, de Picardie, d'Artois et de Flandre; et malgré l'épée de Condé, les Espagnols furent presque toujours vaincus (*voy* CONDÉ, TURENNE, LOUIS XIV). Des deux côtés, on rechercha avec un empressement peu glorieux l'alliance de Cromwell; des deux côtés on fit des offres magnifiques aux Anglais; et comme les Espagnols proposaient de reprendre pour eux Calais, il fallut que Mazarin promît de leur livrer Dunkerque, lorsqu'on l'aurait enlevé aux Espagnols; les négociations, conduites par Antoine de Bordeaux, seigneur de Neuville, furent sans doute habiles; mais l'intérêt de l'Angleterre décida seul le puissant protecteur, qui aspirait à la domination des mers, convoitait les riches galions de l'Espagne, et voulait surtout établir les Anglais aux Indes occidentales. Un traité de commerce entre la France et l'Angleterre fut signé à Westminster, le 3 novembre 1655, et publié le 9 décembre; il était avantageux à la France: on abandonnait, il est vrai, la famille royale des Stuarts; mais elle n'était pas indignement chassée, comme on l'a répété, puisque Charles s'était éloigné depuis dix-huit mois, et que le duc d'York continua encore pendant quelque temps de servir la France en Italie. Les négociations se poursuivirent; et le 23 mars 1657 le colonel Lockart, neveu de Cromwell, signa avec les ministres français une alliance offensive et défensive contre l'Espagne, à des conditions très-onéreuses pour la France, puisqu'on s'engageait à établir les Anglais sur le continent, en leur livrant Dunkerque. Mazarin avait longtemps reculé devant cette obligation; et pour se soustraire à cette dure nécessité il avait chargé de Lionne d'aller négocier la paix à Madrid (juillet 1656); vainement il offrit de céder sur toutes les conditions si Louis XIV épousait la fille de Philippe IV; c'était trop demander, puisque Marie-Thérèse était alors l'héritière de son père: l'orgueil et l'intérêt de l'Espagne d'une part, de l'autre les intrigues de l'empereur, qui espérait la main de l'infante pour son fils, firent échouer les négociations. Voilà ce qui justifie, a-t-on dit, la conduite de Mazarin. Ne s'est-il pas cependant montré facile à l'égard de Cromwell, qui s'était irrévocablement déclaré contre l'Espagne, dès 1655, en attaquant ses flottes et en s'emparant de la Jamaïque?

Les campagnes de 1657 et 1658 furent décisives; Turenne, avec les auxiliaires anglais, poursuivit les Espagnols, les battit complétement aux Dunes (14 juin 1658), s'empara de Dunkerque, et occupa une partie de la Flandre. Mazarin, qui pensait que le monde appartient à la fortune et à l'intelligence, n'hésita pas à traiter Cromwell comme un souverain légitime, et lui exprima ses regrets de ne pouvoir aller rendre en personne ses hommages au plus grand homme du monde; mais sa vanité dut être blessée lorsque Turenne refusa de lui écrire une lettre pour lui donner l'honneur d'avoir dressé le plan du siége et de la bataille des Dunes. Mazarin dissimula son mécontentement; il avait besoin du grand général, surtout en ce moment; le jeune roi tomba malade à Bergues, fut transporté à Calais, et bientôt sembla près de mourir; beaucoup déjà entouraient le duc d'Anjou, frère de Louis XIV, et parlaient de faire arrêter Mazarin. Effrayé, il ordonna, dit-on, de transporter ses trésors à Vincennes, et réclama l'appui de Turenne et de du Plessis-Praslin; mais le roi fut bientôt hors de danger, et Mazarin put terminer glorieusement pour sa mémoire cette guerre, qui durait depuis 1635. L'Espagne était accablée; désormais sans ressources, elle avait perdu ses derniers alliés; Ferdinand III mourut en 1657. Mazarin envoya aussitôt à la diète de Francfort le

(1) Plusieurs pamphlets parlent du mariage de Mazarin avec la reine; « Ils étoient liés par un mariage de conscience, dit l'un d'eux, et le père Vincent, supérieur de la mission, avoit ratifié le contrat. » — « La feue reine, écrit la Palatine dans ses lettres médisantes, a fait pire que d'aimer le cardinal, elle l'a épousé. » Il n'y a pas là de preuves suffisantes; mais, répète-t-on, les lettres, si passionnées, de Mazarin à Anne d'Autriche, ne prouvent-elles pas ce mariage? Elles prouveraient plutôt le contraire; Mazarin, marié secrètement à la reine, ne lui aurait pas écrit de cette façon. Attendons d'autres preuves.

maréchal de Gramont et de Lionne, avec la mission de faire nommer empereur, non pas Louis XIV, mais l'électeur de Bavière, ou, tout au moins d'affaiblir dans l'Empire la puissance de la maison d'Autriche. Les ambassadeurs français ne purent empêcher l'élection de Léopold; mais ils travaillèrent avec succès à lui faire imposer les capitulations les plus onereuses, et parvinrent à conclure la célèbre ligue du Rhin (14 août 1658), qui plaçait en réalité l'Allemagne sous la protection de la France (*voy.* Léopold Ier). Pour décider l'Espagne à la paix, Mazarin parut disposé à unir Louis XIV avec la princesse Marguerite, fille de Christine de France, duchesse de Savoie. La cour se rendit à Lyon (novembre 1658); et une entrevue eut lieu entre les princes; mais au même moment l'envoyé du ministre d'Espagne, don Antonio Pimentel, arrivait chez Colbert, l'homme de confiance du cardinal, avec une lettre de Philippe pour sa sœur Anne d'Autriche: le roi d'Espagne offrait sa fille à Louis XIV. Mazarin avait atteint son but; aussi les offres de l'Espagne furent agréées sur-le-champ; les princesses de Savoie furent tristement congédiées avec de vagues promesses, et les bases de la paix furent arrêtées dans le plus profond secret entre Mazarin, de Lionne et Pimentel. Une trêve de deux mois fut décidée le 7 mai, et les préliminaires de la paix furent signés le 4 juin 1659. Puis le cardinal partit pour les Pyrénées, avec un imposant cortège, au milieu des honneurs qui l'attendaient partout; mais, retardé par la maladie, il n'arriva à Saint-Jean-de-Luz que le 28 juillet. Après quinze jours perdus à régler les questions d'étiquette, les conférences s'ouvrirent le 13 août, dans l'île des Faisans, au milieu de la Bidassoa, entre Mazarin et don Louis de Haro. Elles furent longues et pénibles; Mazarin déployait une finesse d'esprit, une persévérance, une fermeté admirables, pour lutter contre les défiances et l'orgueil obstine du ministre espagnol, surtout au sujet du Portugal, du rétablissement de Condé et du mariage de l'infante. Enfin le traité des Pyrénées fut signé, le 7 novembre 1659: la France acquérait deux provinces, l'Artois et le Roussillon avec une partie de la Cerdagne, des portions importantes de la Flandre, du Hainaut, du Luxembourg; la Lorraine, desarmée, restait sous notre main; enfin des droits éventuels ou des prétentions considérables étaient acquis à Louis XIV, malgré les renonciations stipulées dans le contrat de mariage de l'infante. Mais le résultat moral était encore plus grand: les traités de Westphalie étaient complétés; les deux branches de la maison d'Autriche avaient été successivement forcées de s'humilier, de s'avouer vaincues. La glorieuse suprématie de la France en Europe ne pouvait plus être contestée, et l'heureux Mazarin avait le droit de dire que « *si son langage n'était pas français, son cœur l'était* ». Aussi fut-il bien accueilli par le roi, qui parcourait alors les provinces du midi, en attendant l'époque fixée pour le mariage; et tous s'inclinèrent respectueusement devant l'homme à qui le prince de Condé, enfin réconcilié, écrivait (24 décembre): « Quand je vous aurai entretenu une heure, vous serez bien persuadé que je veux être votre serviteur, et je pense que vous voudrez bien aussi m'aimer. » De Toulouse, la cour se rendit en Provence, pour y faire disparaître les dernières traces de la guerre civile. A Aix, ce fut Mazarin qui présenta Condé à Louis XIV (27 janv. 1660); Marseille fut sévèrement punie; puis le roi agit en seigneur souverain à Avignon (19 mars); il s'empara de la garde d'Orange, qui appartenait au jeune comte de Nassau, Guillaume (23 mars-1er avril). Alors la cour s'achemina lentement par Montpellier, où Turenne fut nommé maréchal général (5 avril), par Narbonne, Perpignan, Toulouse et Bayonne, vers Saint-Jean-de-Luz (8 mai). Philippe IV arriva de son côté à Saint-Sébastien, le 11 mai; la jeune Marie-Thérèse, après l'entrevue des deux cours dans l'île des Faisans, fut remise à son mari le 7 juin, et le mariage fut célébré le 9, à Saint-Jean-de-Luz. Pendant qu'on préparait à Paris des fêtes splendides pour l'entrée de la reine, le parlement demanda et obtint la permission d'envoyer une députation solennelle, afin de remercier Mazarin du grand service qu'il venait de rendre au royaume: l'ancien proscrit de la Fronde reçut à Vincennes cet honneur, qui jusque alors n'avait jamais été fait à aucun ministre ni favori; il était sur son lit de douleur, en proie aux cruelles atteintes d'une goutte remontée (10 août). Il put cependant assister, comme spectateur, aux pompes magnifiques de l'entrée royale; les acclamations enthousiastes de la foule semblaient inaugurer le grand règne de Louis XIV; l'œuvre de Mazarin était accomplie (26 août). Les traités de Westphalie et des Pyrénées l'ont placé au premier rang parmi les diplomates habiles et heureux; ils recommandent sa mémoire à la postérité; ils justifient le pouvoir absolu que Louis XIV devait lui laisser jusqu'au dernier jour de sa vie; mais ils ne peuvent faire oublier les fautes de son administration intérieure, les scandales de son immense fortune, et ses efforts pour l'élévation de sa nombreuse famille. Il avait fait archevêque d'Aix son frère, Michel Mazarin, d'abord religieux dans un couvent de Rome, et d'ailleurs assez médiocre personnage. Pour l'élever au cardinalat, il s'était brouillé avec le pape, et avait décidé la guerre peu glorieuse des Présides; puis il l'avait nommé vice-roi de Catalogne, malgré son incapacité.

Mazarin avait fait venir d'Italie, à différentes époques, les enfants de ses deux sœurs, mesdames Martinozzi et Mancini; leur éducation, puis leur établissement furent pour Mazarin une source continuelle de préoccupations, d'intrigues et d'ennuis, mêlés de quelques jouissances d'amour-propre. Anne-Marie Martinozzi devint l'épouse du prince de Conti, au moment même où le prince de Condé était condamné à mort, comme rebelle (22 fév. 1654); Laure Martinozzi, sa sœur cadette, fut unie à Alphonse, fils du duc de Modène (30 mai 1655). Des cinq demoiselles Mancini, Laure fut mariée au duc de Mercœur, pendant le premier exil du cardinal à Bruhl, et mourut, cinq semaines après sa mère (8 fév. 1657); Olympe, après avoir inspiré quelques sentiments de tendresse au jeune roi, épousa le prince Eugène de Savoie Carignan, à qui Mazarin fit prendre le titre de comte de Soissons (24 fév. 1657); Hortense fut destinée au marquis de La Meilleraie, fils d'un ancien ami de Richelieu, qui devint duc de Mazarin, et le principal héritier du cardinal; Marie-Anne épousa dans la suite le duc de Bouillon; la troisième des sœurs, Marie, fut celle qui causa le plus d'inquiétudes et de chagrins à son oncle: Louis XIV l'aima, et l'on put croire généralement que le mariage s'ensuivrait; c'était au moment où Mazarin désirait mettre fin à la longue guerre contre l'Espagne; il eut à lutter contre la passion de Louis XIV, et il sut résister à toutes ses supplications avec fermeté. Quand il partit pour les Pyrénées, il sépara Marie du roi, et l'envoya dans la citadelle de Brouage; au milieu des sérieuses conférences pour la paix, il apprit avec douleur que les deux amants avaient renoué leurs rapports par une correspondance active, et que la faiblesse de la reine leur avait ménagé une entrevue à Saint-Jean-d'Angély; alors il écrivit lettres sur lettres au roi, à la reine, à sa nièce, à la gouvernante, Mme de Venelle, sur un ton qui témoigne de sa sincérité (1); il triompha des difficultés. Le mariage de Louis XIV et de Marie-Thérèse fut décidé et le traité des Pyrénées conclu. Mazarin, « dans cette affaire, la plus délicate qu'il eut de sa vie » (lettre à Colbert), reculait-il, comme on l'a prétendu, devant l'énergique opposition de la reine? Cela est peu probable. Son ambition personnelle fut-elle modérée par son bon sens? Sacrifia-t-il les intérêts de sa famille à ceux de la France? On peut le croire. Mais son opposition au mariage du roi et de sa nièce ne fut pas un acte du plus pur désintéressement. Marie, d'un caractère ardent et fier, méprisait son oncle, et poussait le roi à s'affranchir de sa tutelle: c'était une rivale redoutable pour le cardinal, et l'on conçoit qu'en mettant les belles apparences de son côté Mazarin ait fait tous ses efforts pour empêcher une telle nièce de monter sur le trône. « Quoi qu'il m'ait pu dire, écrit Brienne, si le mariage de Sa Majesté eût pu se faire avec sa nièce, et que Son Éminence y eût trouvé ses sûretés, il est certain qu'elle ne s'y seroit pas opposée. » Marie épousa depuis le connétable Colonna. Des trois neveux du cardinal, deux moururent avant lui; Paul Mancini, au combat de Saint-Antoine; Alphonse, au collége des Jésuites, des suites d'un malheureux accident; Philippe, qui lui survécut, devint duc de Nevers, et hérita d'une grande partie de ses biens. (*Voy.* Martinozzi, Mancini, etc.)

(1) « Il rappela au roi, dit M. de Laborde, les lourds devoirs de la royauté, l'avenir glorieux que réserve l'histoire à un prince maître de ses passions, jusqu'aux égards qu'il lui doit comme à un vieux serviteur et à un chef de famille. Tantôt suppliant, tantôt menaçant, un jour offrant sa vie, le lendemain prêt à s'embarquer avec ses nièces, toujours ferme dans son refus et noble dans son langage. »

Mazarin, depuis son dernier retour, était tout-puissant, et ne craignait pas de le montrer. « Il marchait alors, dit Voltaire, avec un faste royal, ayant, outre ses gardes, une compagnie de mousquetaires, qui a été depuis la seconde compagnie des mousquetaires du roi. Il ne donna plus la main aux princes du sang en lieu tiers, comme autrefois. » Le prince de Condé lui-même fut forcé de lui céder le pas. « Le cardinal devint la seule idole des courtisans; il ne voulut plus que personne s'adressât à d'autres qu'à lui pour demander des grâces, et il s'appliqua avec soin à éloigner d'auprès du roi tous ceux qui y avaient été mis par la reine sa mère (Mme de Motteville). » — « Les conseils se tenaient dans sa chambre, pendant qu'on lui faisait la barbe et qu'on l'habillait; et souvent il badinait avec sa fauvette et sa guenon, tandis qu'on lui parlait d'affaires. Il ne faisait asseoir personne dans sa chambre, pas même le chancelier ni le maréchal de Villeroy. Le roi ne manquait jamais de venir prendre une longue leçon de politique après le conseil (Brienne). »

Comment Mazarin usa-t-il de cette autorité sans limites et sans contrôle à l'intérieur? On a pu dire avec vérité que son administration ne fut marquée par aucun établissement glorieux et utile, et qu'elle se réduisit à peu près à l'exploitation du royaume au profit de sa famille: il négligea la marine, le commerce et l'industrie; ne songea même pas à rétablir l'agriculture, qui avait tant souffert pendant les troubles, et ne donna qu'un soin médiocre au développement sérieux des sciences et des lettres. « Distribuer des faveurs, des abbayes, des pensions, dit M. de Carné, fut le souci principal de l'homme qui tenait sa mission pour accomplie depuis qu'il avait triomphé. C'est à peine si l'on trouve durant ces années calmes et vides quelques traces de l'initiative du ministre. Celle-ci n'apparaît avec quelque vivacité que dans sa persévérance à provoquer l'exécution de la bulle pontificale rendue contre les cinq propositions de Jansenius... Il craignait voir un jour l'opposition politique renaître sous le couvert de l'opposition religieuse. » Le trésor public était au pillage; Mazarin laissa le surintendant Fouquet livrer de compte à demi les finances du royaume à l'avidité impudente des traitants: et lui-même ne sembla préoccupé que de l'accroissement de sa fortune, qui devint bientôt immense. Cette fortune était-elle bien légitimement acquise, selon les idées du temps, comme l'écrit M. de Laborde? N'avait-il fait tort ni aux individus, ni au peuple, ni à l'État? Il est difficile de justifier aussi hardiment le cardinal; il ne se contentait pas de cumuler charges, gouvernements et bénéfices; il trafiquait de toutes espèces d'offices, vendait les charges de la maison du roi, même celle de lavandière dans la maison de la nouvelle reine; les charges de la maison du duc d'Anjou, frère du roi, lui rapportèrent trois millions et demi; les acquits au comptant s'élevèrent parfois à quatre-vingts millions par an, et Mazarin partageait avec les traitants les bénéfices d'opérations frauduleuses; il rachetait à vil prix des créances douteuses ou discréditées sur le trésor pour se les faire rembourser sur le pied de la valeur nominale; il se faisait donner par les personnes qu'il gratifiait, au nom du roi, une part dans les faveurs qu'elles avaient reçues; il avait un intérêt dans le produit de toutes les fermes et de tous les monopoles; il spéculait effrontément sur les fournitures de la maison du roi et des armées. Les contemporains, habitués au désordre des finances, lui ont encore plus reproché son avarice que son improbité, sans le disculper cependant. Mazarin, malgré certaines dépenses libérales, malgré certains exemples de profusion fastueuse (loterie de 500,000 livres, présent de noces à Marie-Thérèse d'une valeur de 1,200,000 livres en pierreries, etc.), aimait à entasser d'avares trésors; aussi, quand il mourut, sa fortune était immense. Fouquet évaluait à quarante ou cinquante millions la part du cardinal dans les profits de son administration pendant huit années; ajoutez à ces cent millions de notre monnaie, des palais, des bibliothèques, des tableaux, des statues, des diamants d'un prix inestimable, les revenus de vingt-trois abbayes dont il put disposer, enfin un inventaire à effrayer l'imagination et qu'il défendit même de faire en détail. Le palais Mazarin, avec ses sept cours et ses jardins, s'étendait entre les rues des Petits-Champs, Richelieu et Vivien; c'était l'hôtel, destiné au président de la chambre des comptes, Jacques Tubeuf, qu'il avait acheté, et qu'il agrandit successivement, avant et surtout après la Fronde. Sur les refus du Bernin, il s'adressa à François Mansart, qui construisit deux galeries pour les statues et les tableaux; Grimaldi et Romanelli vinrent de Rome pour les décorer; et bientôt le palais devint l'une des merveilles de Paris et de la France. Déjà les mazarinades avaient souvent attaqué avec violence la magnificence de son palais et les richesses qu'il renfermait, ses écuries, les plus belles de l'Europe, ses équipages, qui furent célébrés par les poëtes, comme La Fontaine, etc. Après la Fronde, ses collections devinrent plus admirables que jamais; vers 1661, elles comptaient plus de 400 têtes, bustes, statues antiques, 500 tableaux, la plupart des grands maîtres; sa bibliothèque, formée par les soins de Naudé, renfermait, dès 1651, 40,000 volumes de choix; elle fut dispersée; mais, après son retour, Mazarin parvint à la refaire aussi belle, aussi complète; il l'avait ouverte au public, de même qu'il offrait généreusement aux artistes français les modèles de ses galeries à imiter. Il aimait les arts, et avait eu la grande pensée de former à Rome une école de peinture, de sculpture et d'architecture pour les jeunes Français. Par son testament il ordonna la fondation du collége des Quatre-Nations (aujourd'hui l'Institut), destiné à élever gratuitement soixante enfants des provinces qu'il avait réunies à la France (Artois, Roussillon, Alsace, Pignerol), et il légua sa bibliothèque à ce collége. Ces magnificences ne peuvent cependant faire oublier l'origine scandaleuse de son immense fortune.

On a accusé Mazarin, avec moins de fondements, d'avoir négligé, dans un intérêt égoïste, l'éducation de Louis XIV, et l'on a accordé trop de confiance aux plaintes, assurément exagérées, de Laporte, valet de chambre congédié, ou de Saint-Simon, qui a tout dénigré. Sans doute le jeune roi fut assez mal instruit par sa mère, par son gouverneur Villeroi, et même par son précepteur Péréfixe; mais rien ne prouve que Mazarin ait voulu, à dessein, prolonger l'enfance de Louis; au contraire, il s'adressa de bonne heure à sa raison, pour lui inspirer l'intelligence et le goût des grandes affaires; il l'obligea à siéger fréquemment au conseil; dans ses lettres nombreuses, il multipliait les exhortations et même les reproches; dans de longs entretiens, surtout vers la fin de sa vie, il « s'efforçait de lui apprendre son grand métier de roi » (Mme de Motteville); il insistait pour le préparer à diriger lui-même les affaires de l'État, sans premier ministre et sans favori; et l'on peut affirmer que le cardinal avait formé, plus que tout autre, le jeune Louis XIV au rôle suprême qu'il allait bientôt remplir, au grand étonnement de la cour et de la France entière (1). En effet Mazarin était depuis plusieurs années cruellement tourmenté de la goutte; les longues négociations du traité des Pyrénées avaient achevé de ruiner sa santé; et depuis son retour à Paris, épuisé par une fièvre lente, il ne se soutenait qu'à force d'énergie morale; il languissait tristement dans son palais, qu'il habitait de nouveau, depuis le mariage du roi; le 7 février 1661, il se fit transporter au château de Vincennes, comme pour aller au-devant du printemps; et la cour vint aussitôt s'établir auprès du malade (13 février); il reçut avec fermeté l'arrêt des médecins, et fit bonne mine à la mort, dit Mme de Motteville; il ne voulut pas que les plaisirs fussent interrompus; il travailla jusqu'au bout, dictant, signant des dépêches; le 23 février, il termina un traité avec le duc Charles de Lorraine; il accorda sa nièce,

(1) « Ah, monsieur! disait Mazarin au maréchal de Gramont, il y a en lui l'étoffe de quoi faire quatre rois et un honnête homme. » Un autre jour il disait à Villeroi: « Il se mettra en chemin un peu tard, mais il ira plus loin qu'un autre. »

Marie Mancini, au connétable Colonna, choisit pour époux d'Hortense le fils du maréchal de La Meilleraye, et lui donna (1er mars) avec le duché de Mayenne, le duché de Réthelois, qui devait désormais s'appeler Mazarini. Toujours courtisé jusqu'au dernier moment, il repoussait les avances de Turenne, qui recherchait la main de la jeune Marianne Mancini pour l'héritier de la maison de Bouillon. Cependant il regrettait parfois de quitter ses tableaux et tous les objets précieux qu'il avait rassemblés avec amour; puis, pour se distraire, ou toujours dominé par sa vieille passion pour le jeu, il hasardait chaque soir trois ou quatre mille pistoles, et on le remarquait souvent, dit-on, occupé à peser les pièces d'or qu'il avait gagnées, afin de remettre au jeu les plus légères. Par scrupule de conscience, ou craignant que ses dernières dispositions ne fussent pas respectées, il fit au roi une donation universelle de tous ses biens (3 mars). Louis XIV ne manqua pas de refuser cette restitution, et Mazarin put alors faire son testament en toute sécurité; il disposa d'environ 12 millions en argent et en valeurs mobilières, en faveur de ses nièces et de son neveu, de divers particuliers et d'établissements de charité; un fonds de 600,000 livres devait être employé par le pape dans la guerre contre les Turcs; deux millions, avec 15,000 livres de rente sur l'hôtel de ville, étaient consacrés au collége des Quatre-Nations. Il donnait au roi, aux deux reines, au frère du roi, à divers personnages illustres des diamants et de précieux objets d'art; il léguait à son neveu Mancini le duché de Nivernais, les gouvernements du Brouage et de La Rochelle, avec la moitié de son palais et des richesses qu'il renfermait; à son petit-neveu de Mercœur le domaine ducal d'Auvergne, etc., etc. Enfin, il institua légataires universels du reste de sa succession sa nièce Hortense et son époux, le nouveau duc de Mazarini, avec la défense expresse d'en faire l'inventaire. Saint-Simon prétend qu'il fut établi judiciairement que ce legs s'élevait à 28 millions. Colbert, que le cardinal n'avait pas oublié, fut chargé de conserver et mettre en ordre tous ses papiers, qu'il devait garder pour le service du roi.

Mazarin n'avait pas eu toujours à se louer de sa famille, qu'il avait élevée si haut. « C'est un grand malheur, écrivait-il à la reine, en 1659, quand on n'a pas sujet d'être satisfait de sa famille. » Il n'aimait pas le seul neveu qui lui restât, et traitait ses nièces avec une extrême rigueur; il rentrait souvent brusque et colère dans sa maison; c'était un oncle grondeur. « Jamais, écrit la duchesse de Mazarin, personne n'eut les manières si douces en public et si rudes dans le domestique, et toutes nos humeurs, nos inclinations étoient contraires aux siennes. » Aussi sa mort fut-elle accueillie par ses parents comme une sorte de délivrance.

Après avoir tout réglé, Mazarin se prépara à mourir chrétiennement, et il rendit le dernier soupir dans la nuit du 8 au 9 mars; il avait cinquante-neuf ans, et, comme Richelieu, il avait gouverné en maître pendant dix-huit ans. Louis XIV, qui avait donné des larmes aux souffrances et à la mort de son tout-puissant ministre, allait commencer à régner. Le 10 mars le corps du cardinal fut porté à la Sainte-Chapelle de Vincennes; le 23 son cœur fut placé dans l'église des Théatins, à la maison de Sainte-Anne la Royale; le 8 avril le roi, qui avait pris le deuil, lui fit célébrer un service magnifique à Notre-Dame, et l'archevêque d'Embrun prononça l'oraison funèbre. Les ossements, d'abord déposés à Vincennes, furent portés, d'après ses dernières volontés, dans la chapelle du collége des Quatre-Nations (7 septembre 1684).

Les opinions ont bien varié sur le cardinal Mazarin; nous serions tenté de dire, comme Voltaire: « C'est à ses actions de parler », si sa conduite avait eu ce caractère de grandeur, cette unité de vues et d'efforts, que l'on admire dans Richelieu; nous nous contenterons de ce portrait, tracé par l'un de nos historiens les plus distingués, comme approchant le plus de la vérité : « Mazarin avait l'esprit grand, prévoyant, inventif, le sens simple et droit, le caractère plus souple que faible, et moins ferme que persévérant. Sa devise était : *Le temps et moi*. Il se conduisait, non d'après ses affections ou ses répugnances, mais d'après ses calculs. L'ambition l'avait mis au-dessus de l'amour-propre, et il était d'avis de laisser dire, pourvu qu'on le laissât faire. Aussi était-il insensible aux injures et n'évitait-il que les échecs. Ses adversaires n'étaient pas même des ennemis pour lui. S'il se croyait faible, il leur cédait sans honte; s'il était puissant, il les emprisonnait sans haine. Richelieu avait tué ceux qui s'opposaient à lui; Mazarin se contenta de les enfermer. Sous lui l'échafaud fut remplacé par la Bastille. Il jugeait les hommes avec une rare pénétration; mais il aidait son jugement de celui que la vie avait déjà prononcé sur eux. Avant d'accorder sa confiance à quelqu'un, il demandait : « Est-il heureux ? » Ce n'était point de sa part une aveugle soumission aux chances du sort; pour lui, être heureux signifiait avoir l'esprit qui prépare la fortune et le caractère qui la maîtrise. Il était incapable d'abattement, et il avait une constance inouïe, malgré ses variations apparentes. Résister dans certains cas et à certains hommes ne lui paraissait pas de la force, mais de la maladresse.... Si Richelieu, qui était sujet à des accès de découragement, était tombé du pouvoir, il n'y serait pas remonté; tandis que Mazarin, deux fois fugitif, ne se laissa jamais abattre, gouverna du lieu de son exil, et vint mourir dans le souverain commandement et dans l'extrême grandeur (1). » Nous

(1) Mignet, Introd. à *l'Histoire des négociations relatives à la succession d'Espagne*.

ajouterons, avec M. de Carné, qu'écrivain politique et ambassadeur consommé, Mazarin fut moins un grand ministre qu'un admirable diplomate, et qu'il demeure le premier des hommes du second ordre.

Les lettres de Mazarin sont très-nombreuses, et encore disséminées ; M. Chéruel en prépare la publication, qui sera pleine d'intérêt, et permettra de connaître définitivement le cardinal ; indiquons seulement : 1° la collection de lettres italiennes et françaises de Mazarin, provenant de Colbert, 5 vol. in-fol., à la bibliothèque Mazarine ; 2° les négociations pour le traité de Munster, avec Cromwell, pour le traité des Pyrénées, la correspondance avec l'Italie, aux archives des affaires étrangères et à la Bibliothèque impériale ; 3° la correspondance avec Colbert et Fouquet, à la Bibliothèque impériale ; 4° la correspondance de Mazarin et de Bartet, aux archives des affaires étrangères ; 5° les lettres de Mazarin à Mme de Venelle, à la bibliothèque du Louvre, etc. ; 6° les carnets de Mazarin (1642-1651) à la Bibliothèque impériale : ils ont été analysés par M. Cousin dans le *Journal des Savants* (1855). Beaucoup de lettres de Mazarin ont été déjà publiées, comme les *Négociations secrètes de la cour de France touchant la paix de Munster* (Amsterdam, 1710) ; — les *Lettres de Mazarin pour la paix des Pyrénées* (Amsterdam, 1745, 2 vol. in-12) ; — les *Lettres du cardinal Mazarin à la reine et à la princesse palatine, écrites pendant sa retraite hors de France, en 1651 et 1652* (Paris, 1836, in-8°) ; et beaucoup d'autres citées dans les ouvrages de MM. de Laborde, Cousin, Walckenaër, Renée, Chéruel (notes de Saint-Simon), etc. L. G.

Les *Mémoires* contemporains : Retz, Mme Motteville, La Rochefoucauld, La Châtre, les deux Brienne, Choisy, Lenet, Joli, Montglat, Turenne, Bussy-Rabutin, Gramont, Fontenay-Mareuil, La Porte, de Cosnac, Mlle de Montpensier, Mlle de Nemours, H. de Campion, Omer Talon, Molé, Olivier d'Ormesson, etc. — *L'Histoire du Temps* (août 1647, novembre 1648). — *Journal du Parlement de Paris* (13 mai 1648, 1er avril 1649). — *Registres de l'hôtel de ville de Paris pendant la Fronde*, publiés par M. Leroux de Lincy. — *Il cardinale Mazarino*, dans la *Rivista contemporanea* de Turin, novembre 1855 (l'auteur, compagnon d'enfance de Mazarin, a écrit probablement vers 1657). — Bougeant, *Histoire des guerres et des négociations qui précédèrent le traité de Westphalie*. — D. de Courchetet, *Histoire du traité des Pyrénées*, 2 vol. in-12. — Priorato, *Istoria del ministerio del cardinale Mazarini* ; Cologne, 1669, 3 vol. in-12. — Aubery, *Histoire du cardinal Mazarin* ; 1751, 4 vol. in-12. — Walckenaër, *Mémoires de Mme de Sévigné*. — V. Cousin, *Mme de Longueville*, *Mme de Chevreuse*, *Mme de Hautefort*, *La Fronde à Bordeaux*, *La Fin de la Fronde*, *La Jeunesse de Mazarin*. — A. Renée, *Les Nièces de Mazarin*. — Mignet, *Mémoires relatifs à la succession d'Espagne*. — De Carné, *Le cardinal Mazarin*. — Saint-Aulaire, *Histoire de la Fronde*. — Bazin, *Histoire de France sous le ministère du cardinal Mazarin*. — Voltaire, *Siècle de Louis XIV*. — Sismondi, H. Martin, *Histoire de France*. — Les *Mazarinades* sont très-nombreuses ; voir les recueils énormes de la Bibliothèque impériale et des bibliothèques de l'Arsenal et de Sainte-Geneviève. M. Moreau en a publié la *Bibliographie* en 3 vol. in-8° et un *Choix* en 2 vol. in-8°.

MAZARIN (*Michele* MAZARINI ou), cardinal, frère du précédent, né en 1607, à Rome, où il est mort, le 2 septembre 1648. Il fit profession dans l'ordre de Saint-Dominique, où il enseigna la philosophie et la théologie. Porté au généralat dans le chapitre tenu à Gênes, il renonça à se mettre sur les rangs, par suite de l'opposition que fit à ce choix le parti de l'Espagne. Pour le dédommager, on lui donna la charge de maître du sacré palais. Appelé par son frère aîné à l'archevêché d'Aix (1645), il reçut, deux ans plus tard, le chapeau de cardinal (1647). Mais pour arriver à ce résultat il fallut de longues négociations qui n'aboutirent pas et une expédition dirigée contre la place romaine d'Orbitello et qui coûta la vie au vaillant amiral Armand de Brezé. Le nouveau cardinal était d'humeur incommode : « Il était emporté, brutal et borné, dit M. Amédée Renée. Il n'avait ni déférence ni égards pour la reine elle-même, malgré les étranges faveurs dont on l'avait comblé. Il paraît qu'il en usait bien cavalièrement avec son aîné ; car il avait coutume de dire, si l'on en croit l'abbé de Choisy : « Mon frère est un poltron ; faites du bruit, et il a peur. » Pour se débarrasser de lui, le ministre l'envoya en Catalogne avec le titre de vice-roi (1648) ; il n'y resta que quelques mois, et retourna à Rome, où il mourut, jeune encore, *ex immodica Venere*, selon Gui Patin. P.

Justiniani, *Scrittori della Liguria*. — Dupleix, *Histoire de Louis XIII*. — Tallemant des Réaux, *Historiettes*. — Moréri, *Dict. Hist.* — A. Renée, *Les Nièces de Mazarin*, p. 48-43.

MAZARIN (*Armand-Charles*, *marquis* DE LA PORTE, *marquis* DE LA MEILLERAYE, puis duc DE), général français, fils du maréchal de La Meilleraye (*voy.* LA PORTE), né en 1632, mort le 9 novembre 1713. Son père, vaillant soldat, et un des plus dévoués auxiliaires des deux cardinaux qui gouvernèrent successivement la France, fut comblé de dignités, qu'il transmit à son fils. Lieutenant général des haute et basse Bretagne et du comté Nantais en 1642, grand-maître et capitaine général de l'artillerie de France en 1648, maréchal de camp en 1649, lieutenant général des armées du roi en 1654, il était destiné à une plus haute fortune. Le cardinal de Mazarin (*voy.* son article) lui donna en mariage sa nièce et principale légataire, Hortense Mancini. Armand de La Meilleraye devint par ce mariage duc de Mazarin et pair de France, gouverneur d'Alsace (auquel le roi joignit Brisack en 1703), du bailliage d'Haguenau et de La Fère. A la mort de son père il hérita du titre de duc de La Meilleraye ; mais il continua de porter le nom de duc de Mazarin. Le mariage auquel il devait en partie sa fortune et sa haute position ne fut pas heureux. Ses chagrins domestiques augmentèrent la bizarrerie naturelle de son caractère, et le jetèrent dans des manies qui le rendirent la fable de la cour. Sa dévotion, qui avait toujours été singulière, tourna à la folie. Il fit, par un scrupule de décence, briser ou mutiler les statues, barbouiller les tableaux, déchirer les tapisseries qui lui venaient du cardinal. Il était heureux qu'on lui fît des procès. Il en eut jusqu'à trois cents, si l'on en croit l'abbé de Choisy, et les perdit presque tous. « Je suis bien aise, disait-il, qu'on me fasse des procès sur tous les biens que j'ai eus du cardinal. Je les crois tous mal acquis; et du moins quand j'ai un arrêt en ma faveur, c'est un titre, et ma conscience est en repos. » — « Il faisait, dit Saint-Simon, des loteries de son domestique, en sorte que le cuisinier devint son intendant, et le frotteur son secrétaire. Le sort marquait, selon lui, la volonté de Dieu. » Cette plaisante manière de distribuer les emplois a donné lieu aux vers suivants de Voltaire :

> On conte que l'époux de la célèbre Hortense
> Signala plaisamment sa sainte extravagance;
> Craignant de faire un choix par sa faible raison,
> Il tirait aux trois dés les rangs de sa maison.
> Le sort d'un postillon faisait un secrétaire,
> Le cocher, étonné, devint homme d'affaire;
> Un docteur hibernois, son très-digne aumônier,
> Rendit grâce au destin qui le fit cuisinier.

« On n'en finirait pas avec ses folies », dit Saint-Simon. Cependant il garda jusqu'à la fin de sa vie la plupart de ses grandes charges et de ses gouvernements. Saint-Simon, qui le vit déjà avancé en âge, le peint comme « un grand et gros homme de bonne mine qui marquait de l'esprit ». Il ajoute en se reportant à la jeunesse du duc de Mazarin : « J'ai ouï dire aux contemporains qu'on ne pouvait pas avoir plus d'esprit, ni plus agréable; qu'il étoit de la meilleure compagnie et fort instruit; magnifique, du goût à tout, de la valeur, dans l'intime familiarité du roi, qui n'a jamais pu cesser de l'aimer, gracieux, affable et poli. » L. J.

Saint-Simon, *Mémoires*. — Saint-Évremond, *Œuvres*. — Griffet, *Journal historique de Louis XIV*. — Le marquis de Quincy, *Histoire militaire de Louis le Grand*. — Courcelles, *Diction. historique et biograph. des Généraux français*.

MAZARIN (*Hortense* MANCINI, duchesse DE), femme du précédent, née à Rome, en 1646, morte à Chelsea, près de Londres, le 2 juillet 1699. Elle était fille de Hyeronima Mazarini, sœur du cardinal Mazarin et de Lorenzo Mancini, gentilhomme romain. Deux de ses sœurs, Laure (depuis duchesse de Mercœur), Olympe (depuis comtesse de Soissons) et un de ses frères, Paul (tué au combat du faubourg Saint-Antoine, en 1652) la précédèrent en France. Elle y fut amenée en mars 1653, avec une autre sœur, Marie (depuis connétable de Colonna) et un frère, Philippe (depuis duc de Nevers). Sa plus jeune sœur, Marie-Anne, depuis duchesse de Bouillon, et son plus jeune frère, qui mourut enfant, ne vinrent à Paris qu'un peu plus tard. Les deux sœurs, accompagnées de leur mère, séjournèrent huit mois à Aix, dans le palais du gouverneur, pour s'y familiariser avec la langue et les usages de la France. Une fois à Paris, elles furent mises au couvent, où elles restèrent plusieurs années. Elles parurent à la cour après le mariage de leur sœur Olympe, en 1657. Mlle de Montpensier, qui vit Hortense à cette époque, la trouva « une belle fille ». Elle grandit au milieu des adulations des courtisans et dans l'intimité du jeune Louis XIV. Comme la prédilection du cardinal pour elle était bien connue, des prétendants du plus haut rang recherchèrent sa main. Charles II, monarque encore sans royaume, la demanda avec instance. Mlle de Montpensier raconte qu'au retour des négociations de Saint-Jean-de-Luz (novembre 1659), le cardinal lui dit : « Le roi d'Angleterre m'a fait proposer de le marier avec ma nièce Hortense. Je lui ai répondu qu'il me faisait trop d'honneur; que tant qu'il y aurait des cousines germaines du roi à marier, il ne fallait pas qu'il songeât à mes nièces. » — J'appris, ajoute-t-elle, que du temps de la mort de Cromwell (1658) la reine d'Angleterre avoit fait faire la même proposition à M. le cardinal, qui l'avoit refusée; pour cette dernière fois, c'étoit M. de Turenne qui l'avoit faite. Il prenoit grand intérêt à tout ce qui regardoit le roi d'Angleterre. Comme ce n'étoit pas un homme heureux dans les affaires dont il se mêloit, celle-là ne réussit pas entre ses mains. La reine d'Angleterre témoignoit un grand empressement pour ce mariage. » Mazarin refusa probablement par prudence et pour ne pas embarrasser sa politique des prétentions de Charles II. Un scrupule du même genre l'empêcha d'agréer la demande du duc Savoie. Un prince de Portugal, qui fut régent, puis roi sous le nom de Pierre II, fut au nombre des prétendants évincés. L'abbé de Choisy rapporte que le cardinal avait envie de donner sa nièce et tout son bien à Coligny, pour le détacher de Condé, et que Coligny n'accepta pas. Un Courtenay fut aussi sur les rangs, mais le cardinal le trouva trop pauvre. Après la restauration de Charles II, la reine d'Angleterre voulut reprendre la négociation matrimoniale, que le cardinal accueillit froidement et que Charles II n'agréa pas. Hortense ne fût pas reine; elle épousa le marquis Armand de La Meilleraye, jeune homme de médiocre noblesse mais de grande fortune. Les deux époux prirent le nom de duc et duchesse de Mazarin, et le cardinal leur légua la plus grande partie de sa fortune, vingt-huit millions, et les revenus de plusieurs gouvernements, dont un seul, celui d'Haguenau, rapportait 30,000 livres de rente. Le mariage eut lieu le 28 février 1661, et le cardinal mourut le 9 mars. Le duc de Mazarin aimait passionnément sa femme. On lui avait entendu dire que « pourvu qu'il l'épousât il ne regretterait pas de mourir trois jours après son mariage ». Ce sentiment le jeta dans la jalousie. Il redouta surtout pour son bonheur domestique les assiduités du jeune roi, qui venait souvent au palais Mazarin, où logeait encore Marie Mancini. « On ne savoit, dit Mme de La Fayette, si le roi y étoit conduit par les restes de son ancienne flamme, ou par les étincelles d'une nouvelle, que les yeux de Mme Mazarin étoient bien capables d'allumer. C'étoit non-seulement la plus belle des nièces du cardinal, mais aussi une des plus parfaites beautés de la cour. Il ne lui manquoit que de l'esprit pour être accomplie et pour lui donner la vivacité qu'elle n'avoit pas; ce défaut même n'en étoit pas un pour tout le monde, et beaucoup de gens trouvoient son air languissant et sa négligence capables de se faire aimer. Ainsi les opinions se portoient aisément à croire que le roi lui en vouloit, et que l'ascendant du cardinal garderoit encore son cœur dans sa famille. Il est vrai que cette opinion n'étoit pas sans fondement : l'habitude que le roi avoit prise avec les nièces du cardinal lui donnoit plus de disposition à leur parler qu'à toutes les autres femmes; et la beauté de Mme Mazarin, jointe à l'avantage que donne un mari qui n'est guère aimable à un roi qui l'est beaucoup, l'eût aisément portée à l'aimer, si M. de Mazarin n'avoit eu ce même soin, que nous lui avons vu depuis, d'éloigner sa femme des lieux où étoit le roi. » Sous l'empire d'une crainte qui n'était pas tout à fait chimérique, il promena sa femme dans ses terres et dans ses gouvernements. La duchesse se fatigua de ce perpétuel voyage en tête à tête avec un maniaque; elle s'en plaignit avec toute la vivacité de son âge. Des explications orageuses suivies de deux raccommodements aboutirent à une rupture ouverte. En 1666, Mme de Mazarin demanda judiciairement sa séparation d'avec son mari; elle avait alors vingt ans. En attendant l'issue du procès elle se retira dans le couvent des filles de Sainte-Marie, puis dans l'abbaye de Chelles. L'ennui du cloître la ramena au palais Mazarin (son mari habitait l'Arsenal), et la crainte de perdre son procès et d'être condamnée à rester avec le duc la décida à quitter la France. Son frère, le duc de Nevers et le chevalier de Rohan, qu'on lui donnait pour amant, l'aidèrent dans l'exécution de ce projet. Elle s'enfuit de Paris, le 13 juin 1668, et après diverses mésaventures, elle rejoignit à Milan son beau-frère, le connétable Colonna, et sa sœur, qui étaient venus au-devant d'elle. Elle les suivit à Rome, où elle ne tarda pas à s'ennuyer. Un voyage qu'elle fit en France pour disputer au duc de Mazarin une partie du riche héritage du cardinal ne lui réussit pas, et elle repartit pour Rome avec l'offre dérisoire d'une pension de 24,000 livres. Peu après elle quitta Rome avec sa sœur, la connétable Colonna (*voy.* MANCINI, *Marie*). Arrivées en France, les deux sœurs se séparèrent. Hortense se rendit dans les États du duc de Savoie, Charles-Emmanuel, qui avait été un de ses prétendants et qui l'accueillit fort bien. Elle passa trois ans à Chambéry, « avec beaucoup plus de tranquillité, dit-elle, qu'une femme si malheureuse n'en devrait avoir. » Dans cet intervalle de repos, pour répondre à la curiosité de ses amis et aux inculpations de ses ennemis, elle fit rédiger par Saint-Real ses mémoires, agréables et assez véridiques. Le duc de Mazarin y est assez mal traité; mais tous les contemporains s'accordent sur les bizarreries de ce personnage; Mme de Mazarin, qui en avait beaucoup souffert, ne les a pas exagérées. Après la mort du duc de Savoie, en 1675, elle quitta ce pays à cause des procédés peu obligeants de la duchesse régente, et se rendit en Angleterre (1). On a prétendu que ce voyage avait un but politique. Le roi d'Angleterre Charles II était alors sous l'influence de Mlle de Keroualles, duchesse de Portsmouth, qui le dirigeait dans le sens de la politique française. Le parti opposé à la France imagina, dit-on, d'opposer à la duchesse de Portsmouth celle que la renommée désignait comme la plus belle personne de son temps. Mme de Mazarin fut invitée à venir à Londres. Un exilé français, Saint-Évremond, ne fut pas étranger à cette intrigue. Mme de Mazarin fut à son arrivée traitée en favorite, et reçut une pension de 4,000 livres. Mais l'intrigue échoua contre son caractère capricieux et indépendant. Elle n'accepta de Charles II que la pension, et ne voulut pas remplacer Mlle de Keroualles, résolution qui aurait été plus digne d'éloges si elle n'eût pas coïncidé avec un voyage à Londres du prince de Monaco (1676), un de ses amis de Savoie. Charles II se fâcha d'abord, et retira la pension; mais il ne tarda pas à la lui rendre en y ajoutant un logement dans le palais de Saint-James. Mme de Mazarin retrouva là une grande existence, et se vit entourée de ce que l'Angleterre possédait de plus considérable et de plus spirituel. Un des familiers de cette petite cour, Saint-Évremond, en fait le tableau suivant : « Madame de Mazarin n'est pas plus tôt arrivée en quelque lieu, qu'elle y établit une maison qui fait abandonner toutes les autres; on y trouve la plus grande liberté, on y vit avec une égale discrétion; chacun y est plus commodément que chez soi et plus respectueusement qu'à la cour. Il est vrai qu'on s'y dispute souvent, mais c'est avec plus de lumière que de chaleur; c'est moins pour contredire les personnes que pour éclairer les esprits. Le jeu qu'on y joue est peu considérable, et le seul di-

(1) Une belle et spirituelle personne dont la destinée n'est pas sans rapport avec celle de Mme de Mazarin, Sidonie de Courcelles, sa compagne de captivité à l'abbaye de Chelles, mais depuis brouillée avec elle, parle de ce voyage dans une de ses lettres. « J'ai appris, écrit-elle en arrivant ici (à Genève), que madame de Mazarin y avait passé quelques jours auparavant pour se retirer en Allemagne, dans une ville qui s'appelle, je crois, Augsbourg; et cela parce que madame de Savoie lui a fait dire aussitôt après la mort de son mari de sortir de ses États... C'est être bien malheureuse de se voir chassée de tous les lieux du monde; mais ce qu'il y a de rare, c'est que cette femme triomphe de toutes ses disgrâces par un excès de folie qui n'eut jamais d'exemple, et qu'après avoir eu ce dégoût, elle ne pense qu'à se réjouir. En passant ici elle était à cheval, en plumes et en perruque, avec vingt hommes à sa suite, ne parlant que de violons et de parties de chasse, enfin de tout ce qui donne du plaisir. »

vertissement y fait jouer. » La mort de Charles II ne porta aucune atteinte à cette riche et agréable existence, et elle continua de recevoir sa pension sous Jacques II, dont la femme, Marie d'Este, était sa proche parente; mais une aventure tragique troubla cette époque de sa vie. Un Suédois, le baron de Banier, s'éprit d'elle, et fut payé de retour. Un neveu de la duchesse, le chevalier de Soissons, qui était venu la visiter, s'offensa de cette liaison, peut-être par jalousie, provoqua Banier, et le tua en duel. Cette fâcheuse affaire mit la duchesse au désespoir; elle parla de se retirer en Espagne, dans un couvent auprès de sa sœur la connétable. Saint Évremond lui représenta très-raisonnablement qu'elle s'y ennuierait à mourir et n'y resterait pas. Elle se laissa persuader, et reprit son train de vie ordinaire. Sa sœur, la duchesse de Bouillon, la vint voir en 1687. A cette occasion une sorte de joûte s'engagea entre La Fontaine, le poëte favori de la duchesse de Bouillon, et Saint-Évremond, le vieux et spirituel chevalier de Mme de Mazarin. La Fontaine écrivit dans une lettre à Saint-Évremond :

Hortense eut du ciel en partage
La grâce, la beauté, l'esprit; ce n'est pas tout :
Les qualités du cœur, ce n'est pas tout encore :
Pour mille autres appas le monde entier l'adore
Depuis l'un jusqu'à l'autre bout.
L'Angleterre en ce point le dispute à la France,
Votre heroïne rend nos deux peuples rivaux.

La révolution de 1688 surprit les deux sœurs en Angleterre. Mme de Mazarin, comme parente de la reine, était mal vue du parti triomphant, qui demandait son expulsion. Sa pension avait naturellement cessé avec la dynastie déchue. Cependant ses amis eurent assez de crédit pour intéresser le nouveau roi en sa faveur, et Guillaume lui fit une pension de 2,000 livres. Elle conserva ainsi jusqu'à la fin, mais non sans faire de grosses dettes, les apparences d'une existence princière. Elle mourut après une maladie d'un mois à Chelsea, près de la Tamise, où elle passait ses étés. Elle avait cinquante-trois ans. Quelque temps avant sa mort, elle écrivait à Saint-Évremond : « Je ne me suis jamais mieux portée, et je n'ai jamais été plus belle. » L'inconsolable Saint-Évremond écrivait de son côté à un ami « Ç'a été la plus belle femme du monde; et sa beauté a conservé son éclat jusqu'au dernier moment de sa vie. Ç'a été la plus grande héritière de l'Europe; sa mauvaise fortune l'a réduite à n'avoir rien, et, magnifique sans biens, elle a vécu plus honorablement que les plus opulents ne sauraient faire. Elle est morte sérieusement, avec une indifférence chrétienne pour la vie. » — « M. de Mazarin, raconte Saint-Simon, depuis si longtemps séparé d'elle, et sans aucun commerce, fit rapporter son corps, et le promena près d'un an avec lui de terre en terre. Il le déposa un temps à Notre-Dame de Liesse, où les bonnes gens la priaient comme une sainte et y faisaient toucher leurs chapelets. »

Ainsi se termina cette étrange carrière. Mme de Mazarin fut une des femmes les plus remarquables du dix-septième siècle. Sur sa beauté tous les contemporains sont d'accord. Aux témoignages que nous avons déjà cites nous joignons celui de La Fare, qui l'appelle « la plus belle femme de l'Europe ». Pour l'esprit, nous avons vu que Mme de La Fayette ne lui en trouvait pas, mais elle parlait de l'esprit qui brille dans un salon, et d'une jeune femme qui n'avait pas eu le temps de l'acquérir. Plus tard Saint-Évremond lui en trouvait infiniment, et Bayle écrivait : « Elle avait des charmes surprenants dans son esprit et ses manières; elle avoit de l'étude; elle aimoit à lire; elle se plaisoit à la conversation des savants. » Sa conduite mérita sans doute des reproches; mais il est permis de n'être pas plus rigoureux que Mme de Sévigné, qui a dit : « Les règles ordinaires n'étoient point faites pour elle; sa justification étoit écrite sur la figure de M. de Mazarin. »

Mme de Mazarin eut quatre enfants : un fils *Paul-Jules*, duc de MAZARIN et de LA MEILLERAYE, né le 25 janvier 1666, mort en 1731; trois filles : *Marie-Charlotte*, née le 22 mars 1662, mariée au marquis de Richelieu, qui l'avait enlevée, et morte en 1729; *Marie-Anne*, née en 1663, abbesse du Lys en 1698, morte en 1720; *Marie-Olympe*, née en 1665, mariée en 1681, au marquis de Bellefonds.

Paul-Jules eut un fils, *Gui-Paul-Jules*, duc DE MAZARIN et DE LA MEILLERAYE, mort le 30 janvier 1738, et en qui s'éteignit la branche mâle de cette famille; et une fille, *Armande-Félicité*, née en 1691, mariée en 1709, à Louis de Mailly, marquis de Nesle, morte à Versailles, en 1729, et mère des quatre sœurs (la comtesse de Mailly, la comtesse de Vintimille, la duchesse de Lauraguais, la marquise de La Tournelle, plus connue sous le nom de duchesse de Châteauroux) qui eurent successivement la faveur de Louis XV.

L. J.

Mémoires de Mme de Mazarin, dans les *Œuvres* de Saint-Réal et de Saint-Évremond. — Saint-Évremond, *Oraison funèbre de la duchesse de Mazarin* (écrite en 1684) et diverses pièces insérées dans le *Melange curieux des meilleures pièces attribuées à Saint-Évremond*. — Mme de Sevigné, *Lettres*. — Saint-Simon, *Mémoires*. — Mme de La Fayette, *Histoire de Mme Henriette d'Angleterre*. — La Fare, *Mémoires*. — Amédée Renée, *Les Nièces de Mazarin*. — Le P. Anselme, *Histoire des Grands-Officiers de la Couronne*.

MAZARINI (*Giulio*), prédicateur italien, né en 1544, à Palerme, mort le 22 décembre 1622, à Bologne. Il fut l'oncle du célèbre cardinal Mazarin (1). Admis en 1559 dans la Compagnie de Jésus, il professa la philosophie à Palerme et la théologie à Paris, et dirigea comme recteur les

(1) D'après Naudé, il serait le frere bâtard de *Pietro* MAZARINI, père du cardinal, et originaire comme lui de Montaldeo, dans l'État de Gênes d'où ses aïeux sortirent dans le seizième siècle pour aller s'établir en Sicile Quant à Pietro, il passa presque toute sa vie à Rome, où il mourut, le 14 novembre 1654, âgé de soixante-dix-huit ans.

colléges de Gênes et de Ferrare et la maison professe de Palerme. Il prêcha dans beaucoup de villes d'Italie, et principalement à Bologne, où il fixa depuis 1606 sa résidence. Le style et la méthode qu'il suit dans ses sermons sont conformes aux habitudes du seizième siècle, et il peut être mis à côté de Panigurola, de Fiamma et d'autres orateurs de cette époque, qui néanmoins ne sont pas regardés comme de véritables modèles d'éloquence sacrée. On a de lui : *David, discorsi sul cinquantesimo salmo*, etc.; Rome, 1600, 3 vol. in-4°; Cologne, 1611, in-4°, fig.; — *De' discorsi sopra la conclusione : Gloria Patri et Filio et Spiritui Sancto;* Venise, 1611, in-4°; — *Somma della vangelica osservanza; ragglonamenti sopra il sermone del Signore in monte;* Venise et Bologne, 1615-1618, 4 vol. in-4°; — *Il colosso Babilonico delle considerazioni mistiche sul sogno della statua di più metalli che hebbe Nabucodonosore;* Bologne, 1619-1625, 2 vol. in-4°. P.

F. Baronius, *De maest. Panorm.*, 112. — Hipp. Marracci, *Biblioth. Mariana*, 888. — J. Cicsai, *Elenchus Viror. litteratorum*, 844. — Oldoini, *Athenæum Ligusticum*, 384. — Ph. Labbe, *Script. Soc. Jesu*, 348. — Mongitore, *Biblioth. Sicula*, I, 414.

MAZAS (*Jacques-François-Marc*), officier français, né le 26 avril 1765, à Marseille, tué le 2 décembre 1805, à Austerlitz. Comme simple soldat, il fit deux campagnes en Amérique, et fut congédié en 1790. Nommé en 1793 capitaine du 11e bataillon de la Gironde, il servit aux Pyrénées, devint chef de brigade (1er germinal an III), et passa à l'armée d'Italie. Durant quatre années il conduisit la 34e demi-brigade qu'il commandait à vingt-six combats, à un siége et à trois batailles rangées. Placé à la tête du 14e de ligne, il fit éprouver à Austerlitz des pertes nombreuses à l'ennemi et trouva la mort sur le champ de bataille. Son nom, qui figure sur l'arc de l'Étoile, a été donné à une place et à un boulevard de Paris. K.

Fastes de la Légion d'Honneur, III.

MAZAS (*Alexandre*), littérateur français, né le 26 décembre 1791, à Castres, mort en avril 1856, à Paris. Après avoir pris part aux dernières guerres de l'empire, il fut admis dans le corps d'état-major, et quitta le service militaire pour entrer en 1821 à la bibliothèque de l'Arsenal en qualité de conservateur adjoint; il donna sa démission après la révolution de Juillet. Sous le dernier ministère de Charles X, il remplit les fonctions de secrétaire du prince de Polignac. On a de lui : *Carnet historique et chronologique pour servir à l'histoire de France, d'Angleterre, d'Allemagne et des papes;* Paris, 1820, 1824, in-8°; — *Les trente premières années de Henri V le bien aimé, roi de France, récit fait en 1857 par un octogénaire né en 1776;* Paris, 1820, in-8°; — *L'Enfance du duc de Bordeaux, en douze croquis, avec texte, par Al. M.;* Paris, 1821, in 8°; — *Vies des grands Capitaines français du moyen âge;* Paris, 1828-1829, 7 tom. en 8 part. in-8°; 1839, 4 vol. in-8°; 3e édit., revue et augmentée, 1845, 5 vol. in-8°; cet ouvrage est, non pas une biographie, comme le titre pourrait le faire croire, mais l'histoire des trois siècles les plus agités de nos annales, racontée en détail, à propos des grands capitaines français, dont la vie se trouve constamment mêlée aux événements de cette période; — *Saint-Cloud, Paris et Cherbourg; mémoires pour servir à l'histoire de la révolution de* 1830; Paris, 1832, in-8°; une seconde édition, augmentée, a paru dans la même année; — *Cours d'histoire de France jusqu'à la restauration de* 1814; Paris, 1834-1836, 4 vol. in-8°; 5e édit., 1846; composé d'après les principes monarchiques; — *Le Dernier des Rabastein;* Paris, 1843, 1852, in-8°; roman historique; — *Les Hommes illustres de l'Orient depuis l'établissement de l'islamisme jusqu'à Mahomet II;* Paris, 1847, 2 vol. in-8°; — *Le Languedoc, la Provence et la Guienne;* Paris, 1850-1852, 2 vol. in-8°; — *La Légion d'Honneur;* Paris, 1854, in-8°; résumé des fastes de cet ordre jusqu'en 1815. P. L.

Littér. franç. contemp. — Quérard, *France Littér.*, XI.

MAZDAK ou **MAZDEK**, chef d'école politique persan, né à Istakhar (ou Persépolis), vers 470, mort entre 530 et 540, à Nahrvan. Revêtu de la charge de *mobed*, ou grand-prêtre mage à Nichapour, il prit occasion, en 500, d'une peste et d'une famine qui désolaient le royaume pour se présenter à la cour du roi Kobad, où il se posa comme prophète, envoyé par Dieu, et comme régénérateur de l'humanité. Partant du dualisme de Manès, il prétendait en tirer des conséquences essentiellement morales. Pour extirper les vices de l'individualisme, il établit la communauté des biens et la communauté des femmes. Selon les écrivains, qui lui attribuent des sentiments d'intérêt et de luxure, il osa demander au roi Kobad de lui céder sa femme, demande que Kobad était sur le point de lui accorder, lorsqu'il en fut détourné par les prières du prince héréditaire, Khosrou. Selon d'autres, au contraire, Mazdak était de mœurs sévères et d'intentions pures, voulant ramener les hommes à la simplicité primitive, en leur imposant, à l'exclusion de la chair d'animaux égorgés, de se nourrir uniquement de fruits, de légumes, et de laitage. Quoi qu'il en soit, nous savons qu'il se servit de moyens illicites pour capter la confiance du roi. Ayant fait creuser sous un *pyrée* (ou autel de feu sacré) un caveau à la voûte duquel il pratiqua un trou, il y cacha un de ses disciples, dont la voix répondait aux questions que le roi adressait à Mazdak. Ce dernier fit de la sorte accroire à Kobad que le feu sacré était dans des rapports d'intimité divine avec lui. Trompé par cette fourberie, le roi adopta toutes les vues de Mazdak, touchant le nouveau partage des propriétés ainsi que la communauté des femmes. Mais bientôt toutes les relations sociales se trouvant interverties, Kobad fut détrôné par une faction des grands, qui mirent à sa place son frère Djamasp. Une réaction violente ayant éclaté en même temps contre les sectaires de Mazdak, celui-ci jugea bon de se dérober aux poursuites, en s'expatriant : il alla prêcher sa doctrine aux Indes, tout en laissant en Perse son disciple Masrat, pour continuer son œuvre. Lorsque plus tard Kobad, tiré de la prison par sa sœur, fut remonté sur le trône de la Perse, Mazdak, de retour de l'Inde, ne trouva plus aucun encouragement auprès du roi, conseillé par son prudent ministre, le célèbre Bisurdgemir. Selon quelques-uns, Mazdak aurait même été exécuté vers la fin du règne de Kobad. Mais probablement cette exécution n'eut lieu que sous le fils de Kobad, Khosrou Nouchirvan. Ce prince, à la mort de son père, refusa d'abord d'accepter le trône : hésitant, disait-il, à se charger d'une si terrible responsabilité, dans un pays où tous les liens naturels étaient brisés, toutes les ressources épuisées, les rangs sociaux renversés, et où la moitié des terres, faute de bras, était en friche. Telles étaient les suites de la révolution opérée depuis trente ans par Mazdak. L'édit de tolérance que Khosrou publia néanmoins à son avénement ne semble avoir été que le premier des piéges que le nouveau roi tendait au réformateur. Celui-ci ne tarda pas à s'y laisser prendre. Après avoir refusé d'obéir au roi, ordonnant à Mazdak de rendre une femme enlevée au mari par un de ses sectaires, le prophète fut attaché à une potence, et percé de flèches. Au lieu de ce récit, qui rappelle la mort de Manès, la plupart des auteurs en ont adopté un autre, selon lequel Mazdak s'était opposé à la restauration d'Almondar V, roi des Arabes chrétiens de Hira, qui avait été destitué par Kobad, pour n'avoir pas voulu embrasser les doctrines socialistes; Nouchirvan, irrité de cette ingérence du prophète dans les actes de la souveraineté royale, résolu d'en finir avec lui, fit creuser dans les jardins du palais des fosses, dans lesquelles Mazdak fut précipité avec ses principaux adhérents, un jour de grande solennité, où ils avaient été invités pour recevoir des récompenses. Après avoir fait mettre à mort plusieurs milliers de ses sectaires, Khosrou, craignant, à la fin, de dépeupler la Perse, se contenta de confisquer les biens de ces sectaires, de les restituer à leurs anciens propriétaires, ou, à leur défaut, de les consacrer à l'agriculture. Il permit même aux disciples de Mazdak fugitifs de revenir en Perse, pourvu qu'ils renonçassent à leurs doctrines. Les idées de Mazdak se sont enracinées en Orient, et lors de la naissance de l'islam elles se sont amalgamées avec les doctrines hérétiques des diverses sectes hétérodoxes, qui depuis le khalife Mahdi ont été généralement désignées par les noms de *zendiks* (impies). Ch. RUMELIN.

Abou-Hanifeh Ahmed Dainavari, *Chroniques*. — Firdousi, *Le Chah-Nameh*, éd. Wallenbourg, Mohl et Gorres. — Ibn-al-Athir, *Kamel al Tewarikh*. — Hafiz Abron, *Chronique Persane*. — Mirkhond, *Histoire des Sassanides*. — Chehristani, *Histoire des sectes religieuses de l'Orient*. — Saint-Martin, *Additions à Le Beau, Histoire du Bas-Empire*.

MAZÉAS (*Guillaume*), littérateur français, né en 1712, à Landernau, mort en 1776, à Vannes. Il fit ses études à Paris, fut agrégé à la maison de Navarre, et, après avoir exercé à Rome les fonctions de secrétaire d'ambassade, il obtint un canonicat à Vannes, où il se retira. Il fut membre de la Société royale de Londres et correspondant de l'Académie des Sciences de Paris. On trouve de lui dans les recueils de ces deux compagnies savantes divers mémoires sur l'optique, les minéraux, les procédés de teinture employés dans l'Inde, les solfatares des environs de Rome, etc. Il a traduit de l'anglais, sous le voile de l'anonyme : *Considérations sur la cause physique des tremblements de terre*, de Hales (1751, in-12); *Dissertation sur les tremblements de terre et les éruptions du feu*, de Warburton (1754, in-12); *Lettre sur l'île de Minorque* (1756, in-12); *La Pharmacopée des Pauvres* (1758, in-12), et *Moyens de conserver la santé des gens de mer*, de Lind (1760, in-8°). P. L.

Miorcec de Kerdanet, *Écrivains de la Bretagne*.

MAZÉAS (*Jean-Mathurin*), mathématicien français, frère du précédent, né à Landernau (Bretagne), en mars 1713, mort à Paris, le 6 juin 1801. Venu à Paris, pour terminer ses études, il embrassa l'état ecclésiastique. Devenu bientôt professeur de philosophie au collége de Navarre, il obtint en 1783 un canonicat du chapitre de Notre-Dame de Paris en récompense de ses services dans l'enseignement. La révolution lui enleva ce bénéfice, et il se trouva à peu près réduit à l'indigence. La Convention lui accorda quelques secours en considération de ses travaux scientifiques; il vendit ses livres et son mobilier, et un ancien domestique, qui ne voulut pas le quitter, le força à disposer de ses épargnes. Ils vécurent ainsi trois années à Pontoise. Lorsque toutes ces ressources furent épuisées, ce domestique s'imagina d'aller trouver le ministre de l'intérieur, François de Neufchâteau, et de lui peindre la triste position de son maître. Sa demande fut appuyée par quelques employés du ministère qui avaient été les élèves de Mazéas. Le ministre, touché, accorda à Mazéas une pension de 1,800 francs, qui lui fut servie jusqu'à la fin de sa vie. On a de Mazéas : *Éléments d'Arithmétique, d'Algèbre et de Géométrie, avec une introduction aux sections coniques*; Paris, 1758, in-8°; 7ᵉ édition, 1788; l'auteur en a fait paraître un abrégé en 1775, in-12; — *Institutiones Philosophicæ, sive elementa logicæ, metaphysicæ*, etc.; Paris, 1777, 3 vol. in-12. Il a fourni un grand nombre d'articles au *Dictionnaire des Arts et Métiers*. J. V.

Chaudon et Delandine, *Dict. univ. Hist., Crit. et Bibliogr.* — *Biogr. univ. et portat. des Contemp.* — Miorcec de Kerdanet, *Notices sur les écrivains de la Bretagne.*

MAZEL (*Abraham*), un des chefs et prophètes des camisards, natif de Saint-Jean-du-Gard, tué près d'Uzès, le 17 octobre 1710. Ce fut sous son inspiration et sous sa conduite que commença l'insurrection des Cévennes. Il raconte lui-même que le dimanche 1er juillet 1702 l'esprit le saisit, et lui ordonna, en l'agitant vivement, de prendre sans retard les armes et d'aller délivrer ceux de ses coreligionnaires qui étaient détenus au Pont-de-Montvert. Le lendemain au soir, à la tête de quarante hommes mal armés, mais déterminés, il exécuta cette expédition, dans laquelle l'abbé du Chayla fut tué et le château réduit en cendres. Ce fut le signal d'un soulèvement général dans les Cévennes. Trois ans plus tard, par suite d'une capitulation avec le maréchal de Villars, qui saisissait toutes les occasions de faire passer à l'étranger les chefs des camisards, il obtint, avec quelques autres protestants, la permission de se retirer à Genève. Il ne profita pas cependant de cette autorisation, et continua la guerre dans les montagnes des Cévennes. Vers la fin de cette année, il fut pris, conduit à Montpellier et mis en jugement. Le lieutenant-général Lalande écrivit à la cour en sa faveur, et en même temps le curé de Saint-Martin-de-Corcones, à qui il avait sauvé la vie, sollicita sa grâce avec de vives instances. Mazel dut à ces démarches de ne pas périr sur la roue; mais il fut condamné à une prison perpétuelle. Cet homme qui avait été sauvé de tant de dangers, qui, avec de si faibles moyens, avait tenté de si grandes entreprises, et que la persécution avait d'ailleurs exalté, se croyait l'objet d'une protection spéciale de la Providence; et quand il se vit dans la tour de Constance, il ne douta pas un moment de sa délivrance prochaine, malgré la hauteur des murs, la largeur des fossés, et le nombre des sentinelles. Après sept mois de travail, il perça une muraille, et il se sauva, suivi de seize de ses compagnons de captivité. On lui proposa de nouveau de sortir du royaume; il accepta l'amnistie, et il fut conduit, sous bonne escorte, jusqu'à la frontière de Genève, avec quelques autres chefs des camisards qu'il avait fait comprendre dans la capitulation. Il passa plus tard à Londres, où il joignit sa voix à celle des autres prophètes qui venaient d'y arriver.

Cependant il résolut de rentrer en France et de soulever de nouveau les Cévennes. Il s'associa dans ce but avec Daniel Guy, lieutenant colonel de Cavalier, et avec Dupont, qui avait été le secrétaire de ce célèbre camisard; après s'être entendu avec Cavalier, qui devait les rejoindre, dès que l'insurrection serait organisée, ils partirent tous les trois pour Genève, d'où ils entrèrent en France à la fin de mars 1709. Ils réussirent à former dans le Vivarais une petite bande, à la tête de laquelle ils remportèrent quelques avantages. Mais le soulèvement ne s'étant pas propagé, ils furent bientôt écrasés par les troupes que l'on dirigea de tous les côtés sur eux. Dupont fut tué au milieu de juillet, dans une affaire qui eut lieu sur le mont Leiris; Daniel Guy fut assassiné par surprise en septembre; et Mazel, parvenu, malgré les blessures dont il était couvert, à gagner le bas Languedoc, se mit à travailler à soulever ces pays. Trahi par un nomme Saussine, il fut surpris, le 17 octobre 1710, par une compagnie de miquelets dans une maison de campagne près d'Uzès. Après avoir barricadé la maison, il monta sur le toit avec les quelques partisans qui étaient en ce moment auprès de lui, et de là il se défendit avec courage contre les assaillants, jusqu'à ce qu'il fut abattu d'un coup de feu. Michel NICOLAS.

Le Théâtre sacré des Cévennes; Londres, 1707, in-8°; réimpr. sous ce titre : *Les Prophètes protestants*, Paris, 1847, in-8°. — Court, *Hist. des Camisards*, I et III. — MM. Haag, *La France Protestante.*

MAZELINE (*Pierre*), sculpteur français, né à Rouen, en 1633, mort en 1708. Il est auteur d'un grand nombre de morceaux de sculpture exécutés pour le palais de Versailles et pour les jardins et les appartements de Marly. On trouve de lui, à Versailles : *L'Europe*, statue en marbre; — *L'Apollon du Belvéder*, d'après l'antique; — *Le Chancelier Le Tellier, avec un génie pleurant sa mort*, groupe en plâtre, qu'il exécuta avec Simon Hurtrelle. Il exécuta, avec Hurtrelle, le *monument du Duc de Créquy soutenu par l'Espérance*, qui était aux Capucines de la place Vendôme et se trouve aujourd'hui dans l'église de Saint-Roch; une copie en a été faite pour la galerie de Versailles. Il fut chargé, avec le même artiste, de faire le modèle de la statue équestre de *Louis XIV*, qui fut érigée à Montpellier en 1717, et qui s'élevait sur le plateau supérieur de la place du Peyrou. Cette statue fut détruite lors de la révolution. G. DE F.

Livret des Monuments de Versailles. — *Mélanges sur les beaux-arts*, 1856.

* **MAZENOD** (*Charles-Joseph-Eugène* DE), prélat français, né à Aix, le 1er août 1782. Issu d'une ancienne famille de robe, il n'entra dans les ordres qu'en 1811, à l'âge de vingt-neuf ans, et dirigea deux ans le séminaire de Saint-Sulpice, où il avait fait ses études théologiques. Il fonda ensuite à Aix une congrégation de missionnaires, reconnue par le pape en 1826, et qui compte aujourd'hui douze succursales. Il fut ensuite nommé grand-vicaire de son oncle (Charles François de Mazenod), qui venait d'être appelé au siége de Marseille (1829). Sacré évêque d'Icosie en 1832 par Grégoire XVI, sans autorisation préalable du roi et du conseil des ministres, il fut un instant menacé d'être déclaré déchu de ses fonctions et de perdre ses droits de citoyen. Soixante évêques ayant plaidé sa cause auprès du gouvernement, Louis-Philippe se laissa vaincre après un an d'attente, et le nomma évêque de Marseille, par ordonnance du 1er avril 1837. A la

fin de cette longue querelle, il visita comme missionnaire le royaume de Tunis et les États Barbaresques de Tunis et de Tripoli avec le titre de visiteur apostolique de ces contrées. M. de Mazenod a été nommé sénateur le 24 juin 1856.

SICARD.

Archives du Sénat. — Biogr. du Clergé.

MAZEPPA (*Ivan* STÉPANOVITCH), fameux attaman kosaque, né en 1644, à Mazepintzi, près Bielo-Tzerkv (gouvernement de Kief), mort à Bender, le 22 septembre 1709. Il appartenait à une bonne famille de la petite Russie; un de ses ancêtres, qui était colonel, emmené par les Polonais à Varsovie en 1597 avec l'attaman Nalivaiko, fut brûlé avec lui dans un taureau de cuivre. On assure qu'il fut élevé chez les jésuites. Il est certain que le latin lui était aussi familier que le polonais et qu'aux agréments que la nature lui avait généreusement départis se joignaient en lui ceux que donne une éducation soignée. Page du roi de Pologne, Jean-Casimir V, la tradition veut qu'il ait eu beaucoup de succès à la cour de ce roi et surtout qu'il les ait cruellement expiés. Un gentilhomme polonais, l'ayant surpris en intrigue avec sa femme, couvrit son corps nu de goudron, le fit rouler dans du duvet, puis lier sur un cheval sauvage, qui, après une course furieuse à travers les steppes, le jeta expirant au milieu des Kosaques. Reconnaissant de l'hospitalité que ceux-ci lui offrirent, le beau page s'engagea sous leurs drapeaux, et ne tarda pas à s'y distinguer, moins par une bravoure qui ne manquait dans aucun de leurs rangs que par une extraordinaire souplesse d'esprit. *Esaoul* (1) général de Samoïlovitch, il contribua perfidement à la chute de cet attaman; élu à sa place en 1687, par l'influence du prince Basile Galitzin, son premier acte d'autorité fut de faire trancher la tête à un fils de son bienfaiteur, de reléguer un autre en Sibérie, et ce n'est pas la seule ingratitude qui ait déshonoré sa vie. Il fit partie en 1689 de la seconde expédition que Galitzin conduisit en Crimée. Mais lorsque son protecteur fut disgracié il s'empressa de se tourner contre lui, et gagna de la sorte les faveurs du nouveau tzar. Jusqu'à la fin du siècle, il fut chargé tour à tour de repousser les Tatares des frontières russes et de ravager leurs terres : l'audace de ses Kosaques ne contribua pas peu à la prise d'Azof par Chérémétif et aux succès de Jacques Dolgorouki devant Pérécop. Pierre Ier l'appela à sa cour, le décora de l'ordre de Saint-André (8 février 1700), qu'il venait d'instituer et qu'il n'avait encore donné qu'à Golovin, et l'admit dans son entière intimité, sans vouloir ajouter foi aux rumeurs qui couraient sans cesse sur sa fidélité, rumeurs que Mazeppa parvenait à étouffer à force de tortures et de supplices.

La trêve de Karlovitz (26 janvier 1699) semblait devoir apporter un peu de repos aux Kosaques lorsque apparut sur un autre point un ennemi plus redoutable que les Turcs : les Suédois, conduits par Charles XII. Dès 1701 Mazeppa envoya contre eux 20,000 des siens; il voulut, en 1702, les rejoindre avec 17,000 hommes : des troubles réels ou exagérés le rappelèrent de Mohilef sur les bords du Dniépre. Il paraît évident qu'au commencement de cette guerre, d'abord malheureuse, ensuite si utile et glorieuse pour la Russie, l'ambitieux attaman brûlait sincèrement du désir d'y jouer un rôle; ce n'est que froissé de l'inaction qui lui était imposée, ou du peu d'éclat que lui promettaient les mouvements qui lui étaient dévolus, qu'il conçut, en 1706, la pensée de trahir Pierre Ier. Il débuta par éluder sous différents prétextes l'accomplissement des ordres auxquels il avait été jusque alors si exact à se plier; il feignit, selon son habitude, d'être malade, cacha tous ses trésors à Batourin et dans les grottes de Kief, cacha encore mieux ses relations avec Charles XII et Lesczynski, et manœuvra, en un mot, si habilement, qu'il ne cessa pas un moment de jouir de la confiance de Pierre Ier : en 1707, le tzar l'associait encore à l'honneur de poser avec lui la première pierre de la forteresse de Kief et livrait Kotchoubei (*voy.* ce nom) à sa vengeance. Mazeppa aurait désiré voir les événements avancer davantage pour en profiter plus sûrement; mais, poussé par eux, le 29 octobre 1708 il se rendit avec quatre à cinq mille Kosaques seulement auprès de Charles XII, qui campait alors à Gorki dans le gouvernement de Mohilef, après avoir préalablement conclu un traité secret par lequel le roi de Suède, en retour de son concours, lui assurait la principauté de Polotsk et de Vitepsk, et reconnaissait l'indépendance et les privilèges de la nation kosaque. Cette défection troubla excessivement Pierre Ier. Il fit excommunier et pendre Mazeppa en effigie à Gloukhof (12 novembre); il commanda à Menchikof de s'emparer avec Batourin de toutes les richesses qu'y avait amassées le traître; il se hâta de lui donner pour successeur Skoropadski, mais en se promettant de ne plus souffrir dans son empire ni attaman ni patriarche. Le renfort que Mazeppa avait amené à Charles XII n'augmenta guère ses forces; il pourvut quelque temps à leur subsistance; il ne put pas empêcher leur destruction à Poltava, le 27 juin 1709. Fidèle au héros vaincu, parce qu'il avait tout à craindre du héros vainqueur, il suivit Charles XII dans sa déroute, l'aida à gagner la Turquie et atteignit avec lui Bender. Frappé, sans être abattu, il espérait encore relever le courage de son nouveau maître; mais lorsqu'il le vit entrer en négociations avec la Porte et la Russie, et lorsqu'il sut que cette dernière puissance posait comme première condition que l'attaman lui fût livré pour réaliser la scène qui avait été simulée à Gloukhof, le désespoir entra dans son âme, et il s'empoisonna, après avoir

(1) Grade correspondant à celui de capitaine.

brûlé tous ses papiers, afin que personne ne fût compromis, dit-il, et qu'il n'y eût que lui seul de malheureux et de maudit.

Golikof (1) et Théophane Procopovitch (2) prétendent que l'ambition n'a pas été le seul mobile de la trahison de Mazeppa; ils veulent qu'il ait été amoureux d'une princesse Doulska, et que ce furent les charmes de cette parente de Lesczynski qui l'aient gagné à la cause polonaise. D'autres historiens rapportent qu'un jour à table, le tzar lui ayant communiqué ses vues envahissantes sur les Kosaques, il aurait eu le courage de lui rappeler que la Russie avait garanti leur indépendance par des traités et que, lui, leur attaman, saurait bien l'empêcher d'y attenter. Échauffé par le vin et emporté pour moins que cela, le tzar se serait jeté sur son contradicteur, et lui aurait arraché les moustaches. Forcé d'endurer momentanément cet outrage, Mazeppa aurait formé dès lors le dessein de soustraire ses Kosaques au sort qui les attendait. Il est probable qu'il rêva l'indépendance de sa nation; car il est établi qu'il en avait stipulé l'inviolabilité dans son traité secret avec le roi de Suède. A ce dernier point de vue, sa mémoire, flétrie par les Russes, glorifiée par les Polonais, poétisée par Byron et popularisée par le pinceau de Vernet, ne manquerait pas d'une certaine grandeur si la déloyauté pouvait être jamais sanctionnée et si une cause même parfaitement juste en elle-même n'était tout à fait impuissante pour anoblir le crime. P. A. GALITZIN.

Bantich-Kamenski, *Hist. de la Petite-Russie*. — Boutourlin, *Hist. milit. des campagnes des Russes au dix-huitième siècle*. — Adlerfeld, *Hist. milit. de Charles XII*. — Schlözers, *Beil. zum neuveränderten Russland*, II, 426. — Engel, *Gesch. d. Ukrain*. — Schérer, *Annales de la Petite-Russie*. — Norberg, *Hist. de Charles XII*. — Voltaire, *Hist. de Charles XII*. — *Journal de Pierre le Grand depuis 1698 jusqu'à 1714*; Stockholm, 1774. — Lesur, *Hist. des Kosaques* — *Messager russe*, août 1860.

* **MAZÈRES** (*Édouard-Joseph-Ennemond*), auteur dramatique français, né le 11 septembre 1796, à Paris. Son père, ancien colon de Saint-Domingue, résida en France depuis la révolution, et devint secrétaire de l'amiral Bruix; il publia, entre autres ouvrages: *Notice historique sur Eustache Bruix*; Paris, 1805, in-8°; — *De l'Utilité des Colonies*; ibid., 1844, in-8°; *De Machiavel et de l'influence de sa doctrine sur les opinions, les mœurs et la politique de la France pendant la révolution*; ibid., 1816, in-8°. Le jeune Mazères, après avoir fait ses études au lycée Napoléon, embrassa la carrière des armes, et donna en 1820 sa démission du grade de sous-lieutenant d'infanterie. Il céda à son goût pour la littérature légère, et associa d'abord ses inspirations personnelles au talent et à l'expérience de quelques auteurs en vogue, tels que MM. Scribe, Picard et Brazier. Son nom se rattache à plusieurs des plus jolies pièces qu'aient données sous la restauration les théâtres de l'Odéon et du Gymnase. Dans l'agréable comédie du *Jeune Mari*, jouée au Théâtre-Français et maintenue au répertoire, on remarque du naturel, des traits fins et délicats, une douce gaieté; M. Mazères en est le seul auteur, et jusqu'à présent il n'a pas fait mieux. Ses succès littéraires ne furent pas étrangers à sa nomination au titre de lecteur honoraire de Charles X (1er mai 1830). A cette époque il avait renoncé aux pièces de genre pour travailler avec M. Empis à des comédies et même à des drames. Le gouvernement de Juillet le trouva au nombre de ses amis: on lui donna dans l'administration une place des plus enviées, la sous-préfecture de Saint-Denis (30 juillet 1832). M. Mazères, sacrifiant dès lors ses goûts à ses nouveaux devoirs, cessa d'écrire pour le théâtre, et ne parut plus avoir d'autre ambition que celle de devenir un fonctionnaire actif et sans reproche; il y réussit sans peine, comme le firent les rares écrivains de cette époque transformés en hommes politiques. Nommé préfet à la fin de 1835, il administra successivement l'Ariége, l'Aveyron (1837), la Haute-Saône (1839), et le Cher (janvier 1847). La révolution de Février le rendit brusquement à la vie privée ou plutôt à ses anciens travaux. M. Mazères reprit la plume et, se débarrassant des entraves de la collaboration, présenta seul au public trois comédies de mœurs, qui n'eurent qu'un bien petit nombre de représentations. Il s'occupa alors de réunir ses principales œuvres, qui figuraient déjà en partie dans les recueils de MM. Scribe et Empis, et reçut en 1857, à titre d'homme de lettres, une pension de 2,000 francs sur la cassette de l'empereur. On a de M. Mazères: *Le Panorama d'Athènes*, un acte; Paris, 1822, in-8°; — *La Coutume allemande, ou les vacances*, vaud. en un acte; 1826, in-8°; — *La Demoiselle de Compagnie*, vaud. en un acte; 1826, in-8°; — *Le jeune Mari*, comédie en trois actes et en prose; 1826, 1827, 1834, in-8°; — *La Fin du Mois*, vaud. en un acte; 1826, in-8°; — *Chacun de son côté*, comédie en trois actes et en prose; 1828, 1837, in-8°; — *La Loge du Portier*, vaud. en un acte; 1828, 1830, in-32; — *L'Amitié des Femmes*, comédie en trois actes et en prose; 1849, in-18; — *Le Collier de Perles*, comédie en trois actes et en prose; 1851, in-18; — *La Niaise*, comédie en prose; 1854, in-18. En collaboration il a fait représenter (avec M. de Lurieu): *Un Jour à Rome, ou le jeune Homme en loterie*, vaud. (1821), sa première pièce, et *M. Sensible*, vaud. (1821); — (avec Romieu) *Le Bureau de Loterie*, vaud. (1823); — (avec M. Scribe) *La Vérité dans le Vin* (1823), *Le Coiffeur et le Perruquier* (1824), *L'Oncle d'Amérique* (1826), *La Quarantaine* (1827), *Le Charlatanisme* (1828), *Vatel* (1828),

(1) *Diélaniia Pétra Vélikago* (Les Faits et gestes de Pierre Le Grand).

(2) *Kratkaiia istoriia o diélakh Petra vélikago do Poltarskoi pobiedi* (Histoire abrégée des Actions de Pierre le Grand jusqu'à la victoire de Poltava); Moscou, 1788.

vaudevilles; — (avec Picard) *L'Enfant trouvé* (1824), *Les trois Quartiers* (1827), *Les Éphémères* (1828), *Le bon Garçon* (1829), comédies; —(avec Ancelot) *L'Espion*; — (avec M. Empis) *La Mère et la Fille*, comédie en cinq actes et en vers (1830), *La Dame et la Demoiselle*, com. en quatre actes et en prose (1830), *Un Changement de Ministère*, com. en un acte (1831), et *Une Liaison*, com. en cinq actes et en prose (1834). M. Mazères a fait paraître un choix de ses œuvres sous le titre de *Comédies et Souvenirs*; Paris, 1857, 3 vol. in-8°. P. L.

Quérard, *La France Littér.* — Bourquelot et Maury, *Littér. fr. contemp.* — *Journ. de la Librairie.* — *Le Moniteur univ.*, 1826.

MAZÈRES. *Voy.* MASÈRES.

MAZERIUS. *Voy.* MAIZIÈRES.

MAZET (*André*), médecin français, né en décembre 1793, à Grenoble, mort le 22 octobre 1821, à Barcelone. Il termina ses études médicales à Paris, y fut reçu docteur, et suivit en 1820 M. Pariset à Cadix, où venait d'éclater une contagion meurtrière. A peine de retour en France, il se présenta, muni des observations qu'il avait déjà faites, pour aller étudier et combattre de nouveau un fléau semblable qui désolait la Catalogne. Il fut un des cinq membres de la commission médicale envoyée à Barcelone par le gouvernement français. Arrivé dans cette ville, le 8 octobre 1821, il fut atteint presque aussitôt de la fièvre jaune, et mourut dans le même mois. Il a rédigé avec Pariset les *Observations sur la fièvre jaune faites à Cadix en* 1819 (Paris, 1820, gr. in-4° pl.) et a fourni quelques articles au *Journal complémentaire du Dictionnaire des Sciences médicales.* P. L.

Nouvelle Biog. des Contemp. — *Rapport de la Commission médicale envoyée à Barcelone*; Paris, 1822.

MAZINI (*Giambattista*), médecin italien, mort le 23 mai 1743, à Padoue. Il fit ses études dans l'université de cette ville, où on lui confia une chaire de médecine pratique. Zélé partisan de la secte mathématique, il émit des opinions singulières sur l'action des médicaments et les fonctions animales. Entraîné par son imagination, il poussa si loin son système qu'il en déduisit la théorie qui fait la base de ses principaux ouvrages, tels que : *Mechanices Morborum Part. III*; Brescia, 1723-1727, 3 vol. in-4°; Paris, 1731, et Offenbach, 1732, in-4°; — *Mechanica Medicamentorum*; Brescia, 1734, in-4°; — *Institutiones medicinæ mechanicæ*; Brescia, 1739, in-4°. Tous ses écrits ont paru ensemble après sa mort : *Opera omnia*; Brescia, 1743, in-4°. P.

Éloy, *Dict. hist. de la Méd.*

MAZO-MARTINEZ (*Juan-Bautista* DEL), peintre espagnol, né à Madrid, vers 1620, mort dans la même ville, le 10 février 1687. Il fut le disciple le plus distingué du célèbre don Jaime Velasquez y Sylva, et imita souvent si bien son maître qu'on ne savait distinguer l'original de la copie. Il fut très-habile dans le portrait, et parvenait à la plus parfaite ressemblance; mais, surtout comme paysagiste, ses larges compositions sont inappréciables. Velasquez fit un tel cas du mérite de Mazo-Martinez qu'il lui donna sa fille en mariage, et le 18 avril 1661 Philippe IV choisit Mazo pour son peintre particulier. Ses plus belles productions décorent la salle des gardes à Aranjuez et le musée de Madrid, pour lequel il a peint les *villes de Pampelune* et *de Saragosse*. Ce dernier tableau est un chef-d'œuvre. Mazo a fait aussi de charmantes aquarelles. A. DE L.

Rafael Mengs, *Obras* (Madrid, 1780). — *Las Actas de la Academia de San-Fernando* de Madrid. — Cean Bermudez, *Diccionario historico de los mas illustres Professores de las Bellas Artes en España.* — Don Mariano Lopez Aguado, *El real Museo* (Madrid, 1835).

MAZOIS (*Charles-François*), architecte et archéologue français, né à Lorient, le 2 octobre 1783, mort à Paris, le 31 décembre 1826. En sortant de l'atelier de Percier, dont il fut un des plus illustres élèves, il se rendit en Italie. Murat, qui régnait alors à Naples, lui confia divers travaux, et entre autres la restauration du palais de Portici. Ce fut alors que le voisinage de Pompéi inspira à Mazois le désir d'étudier cette ville merveilleuse; il obtint, non sans peine, et grâce à l'intervention de la reine Caroline, la permission d'y dessiner, et à partir de ce jour il consacra trois années entières à ces recherches, qui devaient aboutir à un précieux ouvrage, son plus beau titre de gloire, *Les Ruines de Pompéi*, livre dans lequel il a su unir au talent du dessinateur toute la science et la sagacité de l'antiquaire. Les deux premiers volumes in-f° parurent de 1809 à 1811. Diverses circonstances retardèrent la publication des deux autres dont il avait réuni les matériaux, mais qui ne furent publiés qu'après sa mort par Gau, son digne continuateur. En 1819, Mazois dédiait à son maître Percier *Le Palais de Scaurus, ou description d'une maison romaine*; Paris, in-4° avec pl.; et 1822, in-8°, réimprimée en 1839. Il se proposait aussi de faire connaître les ruines de Pestum, d'Herculanum et de Pouzzoles, mais il n'eut pas le temps de coordonner les matériaux qu'il avait rassemblés. Ces divers travaux archéologiques ne lui avaient pas fait abandonner la pratique de son art; il éleva à Paris plusieurs maisons et donna les dessins des passages Choiseul, Saucède et Bourg-l'Abbé. En 1825, à l'occasion du sacre de Charles X, il fut chargé de la restauration de l'archevêché et de l'église Saint-Remi à Reims. Mazois fut l'un des quatre inspecteurs généraux des bâtiments civils. L'Académie de Bordeaux, dont il était membre, a fait, après sa mort, frapper en son honneur une belle médaille gravée par Barre. E. B—N.

Documents particuliers. — Varcollier, *Notice*, en tête de la seconde édition du palais de Scaurus.

MAZOLINI (*Silvestro*), en latin *Prierias*, controversiste italien, né vers 1460, à Prierio, village du Montferrat, mort en 1523, à Rome. A quinze ans il prit l'habit des dominicains, à Gênes. Après avoir professé avec beaucoup de succès à Bologne et à Padoue, il fut prieur de plusieurs couvents, et en 1508 il devint vicaire général de la Lombardie. Appelé à Rome pour y enseigner la littérature sacrée (1511), il obtint la charge de maître du palais (1515), et mourut de la peste, à l'âge de soixante-trois ans. Il fut, à propos de la querelle des indulgences, l'un des premiers à écrire contre Luther, et ne réussit, par la faiblesse de sa controverse et le relâchement de ses principes, qu'à compromettre la cause qu'il prétendait défendre. Quoiqu'il eût reçu du pape Léon X l'ordre de ne plus s'occuper des matières en discussion, il n'en fut pas moins nommé, avec l'évêque d'Ascoli, l'un des juges du réformateur allemand. Mazolini a composé, en latin et en italien, une cinquantaine d'ouvrages sur la théologie, la philosophie et les mathématiques; nous citerons les principaux : *Aurea Rosa, videlicet expositio super evangelia totius anni, continens flores et rosas expositionum SS. doctorum antiquorum*; Bologne, 1503, in-4° : ce recueil de sermons a été réimprimé dix ou douze fois dans le cours du seizième siècle; — *Summa Summarum quæ Sylvestrina dicitur*; Bologne, 1515, 2 vol. in-4° : nombreuses éditions; — *De irrefragabili Veritate Romanæ Ecclesiæ Romanique Pontificis*; Rome, 1518, 1520 in-4°; ce traité, le premier où il ait attaqué Luther, fut suivi de plusieurs écrits de controverse, tombés depuis longtemps dans l'oubli; — *Opere volgari*; Milan, 1519, in-4°; — *De Strigimagarum dæmonumque Mirandis Lib. III*; Rome, 1521, 1575, in-4°. P.

Ghilini, *Theatro d'Huomini illustri*, I, 200. — Oldoini. *Athenæum Ligusticum*. — Seckendorf, *Hist. Lutheran.*, liv. I, p. 30. — Du Pin, *Biblioth. ecclesiast.*, XIV. — Échard et Quetif, *Script. Ord. Prædicatorum*, II, 55-58. — Bayle, *Dict. crit.* (art. PRIERIAS). — Prosp. Marchand, *Dict. hist.*

MAZURE (*F.-A.-J.*), littérateur français, né en 1776, à Paris, où il est mort, le 8 novembre 1828. Après avoir été attaché à l'école centrale de Niort, il devint inspecteur (1809), puis recteur de l'académie d'Angers, et en 1817 inspecteur général des études. Depuis 1820 il fit partie de la commission de censure des journaux. On a de lui : *Rudiments des petites Écoles, ou traité de l'instruction primaire*; Angers, 1812, in-12; réimpr. en 1822, sous un nouveau titre : *Leçons choisies a l'usage des écoles primaires*; Paris, in-16; — *Vie de Voltaire*; Paris, 1821, in-8°; — *De la Représentation nationale et de la souveraineté en Angleterre et en France*; Paris, 1821, in-8°; — *Histoire de la Révolution de 1688 en Angleterre*; Paris, 1825, 3 vol in-8°.

Son fils, *Adolphe* MAZURE, ancien élève de l'École Normale, a suivi aussi la carrière de l'enseignement; il fut en 1842 nommé inspecteur de l'académie de Clermont. On a de lui : *Études du Cartésianisme*; Paris, 1827, in-12; — une *Notice* sur le précédent; Paris, 1829, in-8°. K.

Le Lycée, février 1829.

MAZUYER (*Claude-Louis*), homme politique français, né à Bellevesvre (Bourgogne), en 1760, guillotiné à Paris, le 29 ventôse an II (20 mars 1794). Il fit ses études à Besançon, où il fut reçu avocat, en 1781. Il suivait le barreau à Dijon lorsqu'il fut nommé, en 1790, juge au tribunal du district de Louhans et député à l'Assemblée législative pour le département de Saône-et-Loire. Le 28 mai 1792, il dénonça le duc de Cossé-Brissac, commandant de la garde constitutionnelle de Louis XVI, « comme ayant composé ce corps d'une manière dangereuse pour les libertés publiques, » et le 11 juillet il blâma avec chaleur les juges de paix des sections de Paris qui avaient instruit, à la requête du roi, contre les émeutiers du 20 juin. Réélu à la Convention (15 septembre), il s'y fit remarquer par ses travaux dans les comités, principalement sur les assignats. Il attaqua les municipaux de Paris, qui, sous le prétexte de surveiller les suspects, parcouraient les maisons royales, les hôtels des émigrés et « s'appropriaient ce qui leur plaisait ». Il les traita de brigands, obtint un décret contre eux, et fit mander à la barre de l'Assemblée des commissaires de la commune qui avaient enlevé à main armée, et sans en tenir compte à l'État, quatre mille marcs d'argenterie appartenant à des émigrés et en dépôt chez un particulier. Mazuyer se lia avec les principaux Girondins, et suivit leur fortune. Il vota pour la détention de Louis XVI jusqu'à la paix et son bannissement après cette époque. A la fameuse séance du 15 avril 1793, où une partie de la Convention eut à résister contre les proscriptions demandées par le maire, la commune et trente-six sections de Paris, Mazuyer s'approcha de Pache, et lui dit : « N'auriez-vous pas sur vos listes une petite place pour moi? il y aurait cent écus pour vous ! » Le 20 avril il s'opposa à la lecture de la pétition du faubourg Saint Antoine, qui demandait vingt-deux têtes de députés, et fit refuser à Pache les 6,000,000 de francs que la commune demandait au nom de l'insurrection. Le 1er mai il déclara que l'Assemblée n'était pas libre, et proposa de rassembler les députés suppléants soit à Tours, soit à Bourges, afin de succéder à la Convention dans le cas où celle-ci serait décimée. Cette mesure, qui eût amené une guerre civile immédiate, mais qui aurait probablement sauvé les Girondins, ne fut pas adoptée. Les montagnards la qualifièrent de crime. Le 31 mai Mazuyer, après avoir soutenu ses amis avec courage, facilita l'évasion de Lanjuinais et celle de Pétion. Il signa la protestation des soixante-douze le 19 juin. Peu après il fut mis hors la loi. Conduit devant le tribunal révolutionnaire, il fut condamné à mort, et subit son sort avec fermeté. En 1797, le Corps législatif accorda une pension à son père. On a de Mazuyer plusieurs brochures politiques, une entre autres tendant à prouver que le parti le plus sage que la Convention eût à prendre était de décréter le bannissement de Louis XVI et sa détention jusqu'à la paix

(Paris, décembre 1792). — Son ouvrage intitulé : *Organisation de l'Instruction publique et de l'éducation nationale en France*, Paris, Imp. nationale, 1793, in-8°, fut approuvé par la Convention, qui en ordonna l'impression. H. Lesueur.

Le Moniteur universel, an 1791, n° 330; an 1792, n°s 69 à 363; an 1er, n°s 12 à 178; an II, n°s 297, 298. — *Biog. moderne* (Paris, 1806). — *Petite Biog. Conventionnelle* (Paris, 1815).

Mazza (*Damiano*), peintre de l'école vénitienne, né à Padoue, vivait au milieu du seizième siècle. Élève du Titien, il fut ravi à l'art par une mort prématurée. Pour donner la mesure de son talent, il suffira de dire qu'un *Enlèvement de Ganimède* qu'il avait peint à Padoue fut plus tard attribué au Titien et, comme tel, vendu un prix énorme. Dans l'Abbazia de Venise, on voit de lui *Sainte Christine couronnée, entre saint Pierre et saint Paul*. Orlandi raconte que le peintre Gambarato mourut de chagrin d'avoir été obligé de vendre quelques dessins de Damiano qu'il conservait précieusement. E B—n.

Ridolfi, *Vite degli illustri Pittori Veneti*. — Orlandi, *Abbecedario*. — Vasari, *Vite*. — Quadri, *Otto Giorni in Venezia*.

Mazza (*Giuseppe*), sculpteur italien, né à Bologne, en 1652, mort en 1741. Élève de son père Camillo, qui mourut en 1672, il fit une étude serieuse des œuvres du Carrache. On trouve de lui de nombreuses sculptures dans les villes de la Romagne, de la Lombardie et du territoire vénitien; les principales sont : à Bologne, des *Anges adorant l'image de la Vierge*; une *Madone*; *Les Mystères du Rosaire*; *Le Christ mort pleuré par les Marie*; etc.; — à Venise, une *Nativite*, grand bas-relief de bronze; — à Guastalla, les stucs de Santa-Maria-della-Pietà; — à Novellara, l'*autel de la Madonna-del-pilastro*, la *chapelle du Saint-Sacrement* et l'*autel du Crucifix* exécutés pour San-Stefano, en 1704. — La *Madone* et le *Christ apparaissant à la Madeleine*, qu'il avait modelés pour l'église de San-Giovanni-del-Cantone à Modène, n'existent plus. E. B—n.

Cicognara, *Storia della Scultura*. — Gualandi, *Tre Giorni in Bologna* (Sossa). *Guida di Modena*. — Quadri, *Otto Giorni in Venezia*. — Orlandi, *Abbecedario*. — Winckelmann, *Neues Mahlerlexikon*. — Campori, *Gli Artisti negli Stati Estensi*.

Mazza (*Andrea*), philologue italien, né le 21 novembre 1724, à Parme, où il est mort, le 23 septembre 1797. Il avait reçu au baptême le prénom de *Giuseppe*, qu'il changea plus tard contre celui d'Andrea. A la fin de 1740, il prit l'habit de Saint-Benoît, dans la congrégation du Mont-Cassin, et fut chargé d'enseigner dans sa ville natale la philosophie et la théologie, qu'il avait étudiées à Rome. Devenu conservateur de la bibliothèque de son couvent, il l'enrichit de nombreux ouvrages et en dressa un catalogue détaillé. Chargé en 1763 d'acquérir pour le compte du duc de Parme la belle collection qu'avait formée le comte Pertusati, il avait réussi à conclure ce marché à des conditions avantageuses, lorsque l'impératrice Marie-Thérèse s'avisa, pour empêcher les livres de sortir de Milan, d'en faire présent au gouverneur de la Lombardie. Grâce à la protection du marquis de Felino, le P. Mazza entra en 1768 à la bibliothèque royale de Parme; en 1771 il y remplaça le P. Paciaudi, qui fut l'année suivante rétabli dans ses fonctions de conservateur en chef. Une querelle regrettable avait fait de ces deux savants religieux des ennemis acharnés; Paciaudi, qui était d'humeur violente et jalouse, eut, dit-on, les premiers torts. On n'épargna à Mazza ni l'injure ni la calomnie; accusé d'avoir spolié le médaillier confié à ses soins, il n'obtint qu'après avoir surmonté de nombreux obstacles l'autorisation de se justifier, ce qu'il fit du reste de la manière la plus complète. Il fut en 1780 nommé abbé du monastère de Saint-Jean à Parme. A une érudition solide il joignait beaucoup d'esprit et des talents variés, et il excellait dans le style lapidaire. On a de Mazza : *Historiæ ecclesiasticæ selecta capita*; Parme, 1757, in-8°; — plusieurs lettres historiques, insérées dans les recueils du temps; — et quelques travaux inédits. De 1759 à 1762 il avait travaillé à une édition nouvelle des *Mémoires* de Vittorio Siri; l'ouvrage était sur le point d'être imprimé lorsqu'on en interdit la publication par égard pour le maréchal de Richelieu. P.

P. Pozzetti, *Elogio storico di A. Mazza*; Carpi, 1797, in-8°. — Cerati, *Opuscules*, II, 166. — Tipaldo, *Biogr. degli Italiani illustri*, VI.

Mazza (*Angelo*), poëte italien, né à Parme, le 16 novembre 1741, mort dans la même ville, le 11 mai 1817. Il fit ses études à Reggio, et composa au collége des poésies qui attirèrent l'attention de l'abbé Salandrini, professeur à Padoue. Sous le patronage de cet écrivain distingué, Mazza acheva ses études à l'université de Padoue, et se consacra à la culture des lettres. Son premier ouvrage fut une traduction du poëme d'Akenside sur les *Plaisirs de l'Imagination* (1764). Deux écoles se partageaient alors l'Italie, celle de Frugoni et celle de Cesarotti, toutes deux plus remarquables par la pompe et la redondance de la forme que par la plénitude de la pensée et la correction du style. Mazza essaya de s'ouvrir une voie nouvelle, ou plutôt il revint à l'étude trop négligée des anciens poëtes. Une simplicité classique, une noble gravité d'idées, de l'imagination, une diction soignée et puisée aux bonnes sources, donnent une valeur durable à ses poésies lyriques, dont les principales sont : *L'Aura armonica, sugli effetti della musica*; *Il Talamo*; *La Notte, stanze a Cesarotti*; *L'Androgino*; *L'Augurio*. Ces belles productions préparèrent la renaissance de la poésie italienne; on leur reproche seulement de trop sentir le travail. A force de se préserver de la facilité, un peu banale, de Frugoni, Mazza tombe dans le défaut contraire. Il semble que dans le choix de ses sujets, de son vocabulaire, de ses rimes, il s'impose des difficultés pour avoir le plaisir de les surmonter. Cesarotti lui écrivait : « Vous voulez danser avec les fers aux pieds et voler avec les ailes liées. » Ce reproche était mérité. La forme pénible de ses poésies, leur gravité philosophique et religieuse nuisirent à leur succès. Mais Mazza ne se souciait pas des applaudissements vulgaires. « J'ai vécu content de peu de lecteurs, » disait-il. Sa vie offre peu d'événements. Il fut nommé en 1768 secrétaire de l'université de Parme, puis professeur de littérature. Une querelle qu'il eut avec un officier pour une rivalité d'amour le décida à quitter Parme. Il y revint peu après, et prit, en 1777, l'habit ecclésiastique; mais s'étant aperçu, pendant une maladie, que ses parents attendaient son héritage avec impatience, il se vengea de leur avidité en se mariant. Il eut des polémiques avec plusieurs littérateurs, et particulièrement avec Fontana et Monti et se distingua par sa modération, qualité d'autant plus méritoire chez lui qu'il était très-sensible aux critiques. Il mourut d'une attaque d'apoplexie. Ses *Œuvres complètes*, dédiées à Marie-Louise, duchesse de Parme, parurent à Parme, 1821, 6 vol. in-8° et in-4°. Z.

Pezzana, *Memorie degli Scrittori e Letterati Parmigiani del padre Ireneo Affo continuate.* — Tipaldo, *Biografia degli Italiani illustri*, VIII. — Bellini, *Cenni intorno alla vita ed alle opere di A. Mazza*; Parme, 1848.

MAZZAROPPI (*Marco*), peintre de l'école napolitaine, né à San-Germano (roy. de Naples), vers 1570, mort en 1620. Il sut allier une exécution rapide à un fini précieux et un style frais et animé, qui sous quelques rapports rappellent la manière des Flamands. Ses principaux ouvrages, *Saint Grégoire*, *Saint Benoît*, *Le Martyre de saint André*, *La Madone avec saint Benoît*, se trouvent à l'abbaye de Mont-Cassin, voisine de San-Germano. E. B—n.

Dominici, *Vite de' Pittori Napoletani.*

MAZZINGHI (*Giuseppe*, comte), compositeur anglais, né en 1768, à Londres, mort en janvier 1844, à Bath. Fils d'un organiste, il reçut des leçons de Jean-Chrétien Bach et de Sacchini, et se trouva en état de diriger à dix-neuf ans la musique de l'Opéra italien. Quand le théâtre du Roi fut brûlé, en 1789, on rapporte que, sans autre secours que sa mémoire et les rôles des acteurs, il écrivit en quelques jours toute l'instrumentation de *la Locanda*, opéra de Paisiello, qui venait d'obtenir un grand succès. Il jouit de la faveur des rois Georges III et Georges IV, qui lui confièrent la surintendance des concerts de la cour. Le nombre des ouvrages qu'il a composés pour la scène anglaise, opéras, ballets et mélodrames, est considérable, et quelques-uns d'entre eux ont eu une véritable popularité, entre autres *The Blind Girl*, *The Exile*, *Chains of the heart*, *Ramah Droog*, *Free Knight*, *Paul and Virginia*, *The Turnpike-Gate*, *Sapho*, etc. Il a donné pendant longtemps des leçons de piano à Londres, et il a publié pour cet instrument une centaine de sonates ou de morceaux variés. P.

Rose, *New Biogr. Dictionary.*

MAZZOCCHI (*Alessio-Simmacho* MAZZOCCOLO, dit), antiquaire italien, né le 22 octobre 1684, à Santa-Maria-di-Capua, mort le 12 septembre 1771, à Naples. Il était le vingt-quatrième enfant d'une pauvre famille de paysans. Du séminaire de Capoue, où il reçut sa première éducation, il passa à celui de Naples, et puisa dans la lecture réfléchie des écrivains grecs et latins le goût de l'antiquité, qui devint sa passion dominante. Après être entré dans les ordres (1709), il remplaça Majelli comme préfet des études, et fut nommé professeur de grec, et d'hébreu. En 1725 il fit un voyage à Rome et en 1732 il accepta avec répugnance une place au chapitre de l'église de Capoue. Rappelé bientôt à Naples en qualité de théologal par l'archevêque Spinelli, il abandonna l'enseignement des langues pour celui de la théologie et de l'Écriture Sainte, et fut chargé en même temps de la direction du grand séminaire. Le roi lui offrit en récompense de ses travaux l'archevêché de Lanciano; mais il préféra une pension viagère à ce poste élevé, qui l'eût détourné de ses occupations favorites. Dans les dernières années de sa longue vie, il perdit complétement la mémoire, et tomba en enfance. Mazzocchi était membre des principales académies de l'Europe; celle des Inscriptions de Paris l'admit en 1756 dans son sein. Il joignait l'érudition la plus variée à une méthode claire et précise, et n'avait guère dans son pays d'autre rival sérieux que Martorelli. On a de lui : *In mutilum Campani amphitheatri titulum aliasque nonnullas Campanas inscriptiones*; Naples, 1727, in-4°; — *De publicis et publiciis*, dans les *Caloger. Opuscula*, V, 161; — *De dedicatione sub ascia*; Naples, 1739, in-8°. « Plus de vingt antiquaires, dit Lebeau, s'étaient occupés de cette formule si usitée dans les inscriptions sépulcrales; Mazzocchi cherche à prouver que ces mots signifient dédier un tombeau tout récent en y transportant le cadavre, tandis que les ouvriers y travaillent encore, et on s'étonna que cette explication si naturelle n'eût pas été la première »; — *Oratio in funere Clementis XII*; Naples, 1740; — *Dissertazione sopra l'origine de' Tirreni*; Rome, 1740, in-4°; — *De antiquis Corcyræ Nominibus Schediasma*; Naples, 1742, in-4°; critique de quelques passages des recherches de Quirini sur le même sujet; — *De Sponsalibus et Matrimoniis qui contrahuntur parentibus insciis vel juste invitis*; Naples, 1742, 1762, in-8° : dissertation de Muscettola, avec des notes; — *In vetus marmoreum Neapolitanæ ecclesiæ Calendarium*; Naples, 1744, 3 vol. in-4°; — *Dissertatio historica de cathedralis ecclesiæ Neapolitanæ vicibus*; Naples, 1751, in-4° : il y soutient qu'il n'y a jamais eu à Naples qu'une seule cathédrale, quoique plusieurs églises en aient eu le titre; cette opinion trouva un contradicteur acharné dans Assemani, qui opposa Mazzocchi à lui-même en tirant ses preuves de l'ouvrage qu'il réfutait; — *De sanctorum Neapolitanæ ecclesiæ Episcoporum Cultu*; Naples, 1752, 2 vol. in-4°; — *De Mutilæ expugnationis Historia*; Naples, 1753, in-8°; — *In regii Herculanensis Musæi tabulas Heracleenses Commentarii*; Naples, 1754-1755, 2 part. in-fol. fig. Cet ouvrage est celui qui fait le plus d'honneur à la science de Mazzocchi; il y étudie les inscriptions grecques gravées sur les deux tables d'airain qui furent découvertes en 1732 près du golfe de Tarente, dans le voisinage de l'ancienne Héraclée, et en fait remonter l'époque à trois siècles avant l'ère chrétienne; — *Actorum Bononiensium S. Januarii et sanctorum martyrum Vindiciæ repetitæ*; Naples, 1759, in-4°; — *Spicilegium Biblicum*; Naples, 1763-1778, 3 vol. in-4°; le t. III est relatif au Nouveau Testament; — *Vossii Etymologicum linguæ latinæ, cum etymologiis ex Oriente petitis*; Naples, 1762, 2 vol. in-folio; — *Opuscula oratoria, epistolæ, carmina et diatribe de antiquitate*; Naples, 1771-1775, 2 tom. in-4°; recueil édité par F. Serao et assez recherché. Mazzocchi a laissé de nombreux manuscrits sur les livres saints, l'origine de Capoue et celle d'Herculanum, les inscriptions de la Campanie, etc. P.

Fabroni, *Vitæ Italorum*, VIII. — *Giornale de' Letterati*, V, 306. — Le Beau, *Éloge de Mazzocchi*, dans les *Mém.* de l'Acad. des inscript., XXXVIII. — F. Soria, *Memorie degli storici Napoletani*. — *Uomini illustri del regno di Napoli*, I.

MAZZOCCHI (*Paolo*). *Voy.* UCCELLO (*Paolo*).

MAZZOLA, MAZZUOLA ou **MAZZUOLI** (*Girolamo-Francesco-Maria*), dit *le Parmigiano*, ou *le Parmesan*, peintre de l'école de Parme, né dans cette ville, le 11 janvier 1503, mort à Casal-Maggiore, le 24 août 1540. Dès l'âge de deux ans il perdit son père, Filippo, qui était un peintre de mérite, et fut élevé par ses oncles, Michele et Pier-Ilario Mazzola. A leur école, il fit des progrès si rapides que dès l'âge de quatorze ans il peignit un *Baptême de Jésus-Christ*, qui fut jugé très-remarquable. Il se perfectionna en copiant les œuvres du Corrége, qui à cette époque peignait la coupole de San-Giovanni de Parme. Il alla ensuite à Mantoue voir les peintures de Jules Romain, et en 1523 partit pour Rome, afin d'y étudier Michel-Ange et Raphael. Bien accueilli de Clément VII, qui lui confia des travaux importants, il s'enfuit en 1527, lorsque Rome fut prise par le connétable de Bourbon. Il fut dépouillé par un parti de lansquenets. Arrivé à Bologne, il confia les dessins qu'il rapportait au graveur Antonio da Trento, qui les emporta et ne reparut plus. En 1530 il rentra dans sa ville natale, où l'attendaient de brillantes occasions de signaler son talent. A San-Giovanni, il fut chargé de peindre à fresque *Sainte Marguerite de Cortone et Sainte Agathe*; — *Sainte Cécile et Sainte Lucie*; — *Saint Second* ou *Saint Georges retenant un coursier fougueux*; — *Deux jeunes Diacres lisant*. A la Steccata, on voit *Adam*; — la grandiose figure en camaïeu de *Moïse brisant les tables de la loi*; — *Ève*; — *Aaron*; — des groupes de vierges. Les travaux ne marchant pas assez vite au gré des religieux, qui, à ce qu'il paraît, avaient déjà avancé plusieurs sommes à l'artiste, ils obtinrent contre lui un mandat d'arrêt et le firent incarcérer. Sorti de prison, le Parmigiano furieux s'enfuit de Parme, et se réfugia à Casal-Maggiore, où il peignit encore quelques tableaux, parmi lesquels une *Annonciation* pour la principale église de Viadana, ville du duché de Mantoue, l'un de ses ouvrages les plus parfaits. « Épuisé, dit Vasari, par les vains efforts que, entraîné par sa passion pour l'alchimie, il avait fait pour découvrir le secret de la transmutation des métaux, il tomba dans la mélancolie, fut pris de fièvres continues et survécut peu à son exil volontaire. » Il mourut à l'âge de trente-sept ans, et fut enterré à La Fontana, église des Servites située à un mille de Casale. Le récit de Vasari a toutefois été réfuté par le P. Affò, qui s'appuie sur des témoignages contemporains paraissant dignes de foi.

Le Parmigiano composait lentement et simplement, et toute son œuvre existait en quelque sorte dans sa tête au moment où il prenait le pinceau; alors sa touche ferme, rapide, décidée, accusait une hardiesse, une habileté qui tenaient du prodige. Le caractère principal de son style est une grâce telle qu'on a dit « que l'esprit de Raphael était passé en lui ». Parfois peut-être cette recherche de la grâce nuisit-elle chez lui à la vérité et à la force de l'expression; aussi Augustin Carrache disait-il « qu'il voudrait dans un peintre *un peu de la grâce du Parmigiano*, mais non sa grâce tout entière, parce qu'elle lui semblait poussée au delà des bornes du vrai ». Son coloris contribua encore aux charmes de son style, et le ton de sa peinture est en général doux, peu éclatant, et pour ainsi dire voilé tout en conservant de la vigueur. Quoique la carrière du Parmigiano ait été fort courte, il n'en a pas moins laissé de nombreux ouvrages. En voici les principaux : PARME : au musée, *La Madone entre saint Jérôme et saint Bernardin de Feltre* (1522); — COLORNO, villa royale près Parme : *Prédication de Jésus-Christ*, composition importante; — BOLOGNE : au musée, *La Madone avec sainte Marguerite, saint Jérôme, saint Augustin et un ange*; — FORLI : une *Madone et Saint Jean*; — MILAN : au musée de Brera, *La Vierge avec sainte Marguerite, saint Jérôme, saint Pétrone et un ange*; — FLORENCE : à la galerie publique, *La Sainte Famille avec la Madeleine et saint Zacharie*; au palais Pitti, *La Vierge au long cou* (1534); — ROME : au palais Doria, une *Madone*; au palais Colonna, *Résurrection de Lazare*; au palais Borghèse, *Sainte Catherine*; au musée du Capitole, *Saint Jean-*

Baptiste dans le désert; et une *Sainte Famille*; — NAPLES : au musée, *L'Annonciation, Sainte Claire; Lucrèce;* plusieurs *portraits*; — MADRID : au musée, *Sainte Barbe*; un *portrait d'homme*, une *Sainte famille*; — VIENNE : au musée, *L'Amour taillant son arc*, attribué quelquefois au Corrége; portrait de *Malatesta-Bagtioni*; portrait du *peintre* à l'âge de vingt ans, peint sur une demi-sphère; — BERLIN : au musée, *Baptême de Jésus-Christ*; — DRESDE : au musée, *La Madone avec saint François et saint Sébastien*; *L'Aigle de Jupiter enlevant Ganymède*; *La Madone avec saint Étienne, saint Jean-Baptiste et un donateur*; *La Vierge avec son Fils*; — MUNICH : à la Pinacothèque, *La Vierge allaitant Jésus*; — LONDRES : à la National Gallery, *Vision de saint Jérôme*; *Mariage de la Vierge*; *La Sainte Famille avec des anges*; — SAINT-PÉTERSBOURG : à la galerie de l'Ermitage, *Mariage de sainte Catherine*; *Le Christ mis au tombeau*; — PARIS : au Louvre, une *Sainte Famille*; *La Vierge, L'Enfant Jésus et Sainte Marguerite*; *onze dessins*.

C'est à tort que Vasari et d'autres auteurs ont prétendu que le Parmigiano grava en camaïeu. Il a aussi passé pour l'inventeur de la gravure à l'eau-forte; ce qu'on peut assurer, c'est qu'il est le premier peintre italien qui ait employé ce procédé. Parmi les pièces composant son œuvre, on remarque : *Le Buisson Ardent*; *Judith tenant la tête d'Holopherne*; *La Chasteté de Joseph*; *Le Christ et les douze Apôtres*, suite de 13 pl.; *La Conception*; *L'Adoration des Bergers*; *Le Mariage de sainte Catherine*; plusieurs *Sainte-Famille*; *Le Christ au tombeau*; *Un Berger appuyé sur son bâton*; *Un jeune homme avec deux vieillards*; *Saint Pierre et saint Jean guérissant le boiteux*, d'après Raphael; *Pénélope travaillant entourée de ses femmes*; *Diogène*; une *Adoration des Mages*.

Les élèves les plus connus du Parmigiano sont Girolamo Mazzola, son cousin, Daniello da Parma et Battista Fornari, qui abandonna la peinture pour la sculpture. E. BRETON.

Vasari, *Vite*. — Baldinucci, *Notizie*. — Orlandi, *Abbecedario*. — Ticozzi, *Dizionario*. — Lanzi, *Storia*. — Winckelmann, *Neues Mahlerlexikon*. — Affò, *Vita di Francesco Mazzola*, et *Il Parmigiano servitor di piazza*. — Bertoluzzi, *Guida per osservare le pitture di Parma*. — Gualandi, *Memorie originali di belle Arti*, et *Tre Giorni in Bologna*. — Pistolesi, *Descrizione di Roma*.

MAZZOLA (*Girolamo* BEDOLO), dit quelquefois *Mazzolino*, peintre de l'école de Parme, né en 1503, à Motle aujourd'hui San-Lazzaro), près de Parme, mort vers 1580. Ayant épousé Elena, fille de Pier-Ilario Mazzola, il prit lui-même vers 1540 le nom de son beau-père, qu'il devait contribuer à illustrer. Par ce mariage il devint cousin de Francesco Mazzola, et ce fut à l'école de ce grand maître qu'il se perfectionna dans son art; il fut son meilleur élève et après la mort du Parmigiano, il fut jugé digne de terminer les ouvrages qu'il avait laissés imparfaits à la Steccata. Girolamo, n'étant jamais sorti de Parme, s'éloigna peu de la manière du Corrége; mais s'il lui avait emprunté une partie de sa grâce et de sa science du clair-obscur, il avait pris de lui aussi un dessin moins correct dans les nus que celui du Parmigiano. Les mouvements de ses figures sont vifs, animés; mais il tombe parfois dans l'exagération. Son coloris est vigoureux et sa perspective est irréprochable. C'est surtout à Parme qu'il faut chercher les œuvres de Girolamo. A la Steccata, il a peint à fresque *La Descente du Saint-Esprit*; *La Nativité* et plusieurs figures colossales; — à la cathédrale, la voûte entière de la nef exécutée en deux années (1555-1557); des *Prophètes*, et *Le Christ dans sa gloire*; — à San-Giovanni, *Saint Jacques le Majeur aux pieds de la Vierge* (1543); une *Transfiguration* (1555); *La Vierge tendant la main à sainte Catherine*; et une *Cène*, remarquable par sa belle architecture; — au Saint-Sépulcre, *La Vierge, Saint Jean et des anges* (1556); — à Saint-Alexandre, *La Madone avec sainte Justine, saint Benoît et saint Alexandre pape* (1540); — un des chefs-d'œuvre du maître; à San-Benedetto, une *Nativité de Jésus-Christ*; — à Saint-Udalric, une belle *Nativité*. — On voit au palais della Rosa une *Madone avec sainte Catherine et de petits anges*, ouvrage charmant; — au musée de Parme, l'*Immaculée Conception*; et une *Sainte famille avec saint Michel et un ange jouant de la mandoline*. — A San-Benedetto de Mantoue, *Le Miracle de la multiplication des pains* est une œuvre capitale, où se trouvent des beautés de premier ordre. Dans la même ville, à la cathédrale on voit de Mazzola *Saint Jean évangéliste* et *Sainte Thècle*. Hors de l'Italie, et de Parme même, on rencontre rarement des œuvres de cet artiste dans les musées; celui du Louvre ne possède de lui qu'une *Adoration des Bergers*; à Dresde, on voit *La Fortune*, composition allégorique, et une *Madone avec saint Jean et saint Georges*; à Berlin, une *Madone sur un trône avec sainte Catherine, saint Jean et saint Paul*. E. B—N.

Ratti, *Notizie storiche intorno la vita e le opere del Antonio Allegri da Correggio*. — Vasari, *Vite*. — Orlandi, *Abbecedario*. — Affò, *Il Parmigiano, servitor di piazza*. — Bertoluzzi, *Guida per osservare le pitture di Parma*. — Lanzi, *Storia*. — Ticozzi, *Dizionario*. — Campori, *Gli Artisti negli Stati Estensi*. — Gualandi, *Memorie originali di Belle Arti*. — Valery, *Voy. en Italie*.

MAZZOLA (*Alessandro*), fils du précédent, né à Parme, en 1533, mort en 1608. Élève et faible imitateur de son père, il décora les églises de Parme de ses ouvrages, entre autres : *Jésus entouré d'anges* (1605); *Saint François stigmatisé*, et une *Vierge avec saint Pierre et saint Paul*. E. B—N.

Affò, *Il Parmigiano*. — Bertoluzzi, *Guida*.

MAZZOLA (*Filippo*), dit le *Bastaruolo*, peintre de l'école de Ferrare, né dans cette ville vers 1530, mort en 1589, noyé dans le Pô. Il acheva d'une façon assez malheureuse la partie de l'église de Jésus que le Dielai, son maître, avait laissée imparfaite. Cet échec lui fit grand tort, et bien que plus tard il eût perfectionné sa manière, sous le rapport du dessin, du coloris et du clair obscur, il ne put jamais obtenir de ses contemporains la justice qui était due à son talent, qui souvent rappelle les Dossi et quelquefois même le Titien. Nous citerons de lui à Ferrare : *La Vierge avec sainte Barbe et sainte Ursule; L'Annonciation; Le Christ sur la croix; Saint Barthélémy; Saint Sébastien; Saint Christophe; La Descente de croix;* et un *Christ au calvaire avec la Vierge, saint Jean et saint Louis.* E. B—n.

Baruffaldi, *Vite de' Pittori Ferraresi.* — Vasari, *Vite.* — L.-N. Cittadella, *Indice delle cose più rimarcabili di Ferrara.*

MAZZOLARI (*Giuseppe-Maria*), humaniste italien, né en 1712, à Pesaro, mort le 14 septembre 1786, à Rome. Il est aussi connu sous le nom de *Mariano Partenio.* Après avoir terminé son éducation à Crémone, d'où sa famille était originaire, il fit profession chez les jésuites de Rome (1732), et fut envoyé à Florence, où il professa les humanités; il occupa la même chaire tour à tour à Rome et à Fermo, et continua d'être employé dans l'enseignement, après la suppression de sa compagnie. Sa profonde connaissance des auteurs anciens le rend digne d'être compté parmi les meilleurs latinistes de son siècle. On a de lui : *M. T. Ciceronis* De Oratore, *cum annotationibus J. Proustei;* (Rome), 1751, in-8°, avec une préface de l'éditeur en forme de lettre; — *In ortu Ludovici, Burgundiæ ducis, oratio;* Rome, 1751, et Venise, 1753; les digressions qu'il a introduites dans ce discours, prononcé en 1750, lui prêtent du mouvement et de l'intérêt; — *Ragguaglio delle virtuose Azioni di Costanza-Maria Mattei Caffarelli, duchessa d'Assergio;* Rome, 1758; — *Vita di Bernardino Perfetti,* dans les *Vite degli Arcadi illustri;* 1751, V° part.; — *Josephi Mariani Parthenii Electricorum Lib. VI;* Rome, 1761; ce poëme, dont l'électricité a fourni le sujet, a été enrichi de remarques par le P. Lagomarsini, ami de l'auteur; — quelques livres de piété. Les œuvres de Mazzolari ont paru à Rome, 1772, 3 vol. in-8°, et se divisent ainsi : le t. Ier (*Actiones*) contient douze discours imités des Verrines et des Catilinaires de Cicéron; celui qui est consacré à la louange de la Vierge (*Pro domo Lauretana*), fut gravé sur une lame d'argent que l'on voit encore à Notre-Dame de Lorette. Le t. II (*Orationes*) renferme aussi douze discours ou dissertations écrits avec autant de goût que de sagacité sur la lecture de Cicéron et de Virgile, sur la prééminence des Italiens dans les lettres, sur la manière de s'instruire, etc. Dans le t. III on trouve des commentaires, des vies particulières, le poëme de l'Électricité, et des poésies latines, dont quelques-unes ont été reproduites dans le *Sacrorum Carminum Delectus* de Montanari (Pesaro, 1833, t. III). Parmi ses ouvrages inédits, on remarque une *Vie* de Lagomarsini, et cinq livres de lettres en latin. P.

Effemeridi di Roma, 1772 et 1776. — *Storia letter. d'Italia,* III, 628, et VII, 68. — *Novelle letter. di Firenze,* 1772 — Lombardi, *Storia della letteratura del secolo XVIII* — Cardella, *Compendio della Storia di Bella letteratura,* III.— *Supplementa Bibliotk. Scriptor. Soc. Jesu;* Rome, 1814. — Tipaldo, *Biogr. degli Italiani illustri,* IV, [illegible].

MAZZOLENI (*Angelo*), érudit italien, né le 9 octobre 1719, à Bergame, où il est mort, le 14 octobre 1768. Après avoir complété ses études à Milan et à Padoue, il reçut les ordres en 1742, et fut chargé en 1744 d'enseigner la rhétorique au séminaire de Bergame. En 1758 il devint recteur du collége Mariano. Les panégyriques et les sermons qu'il composa lui acquirent la réputation d'un prédicateur éloquent. On a de lui : *Rime di diversi antichi autori Toscani;* Venise, 1740; — *Epigrammatum selectorum Lib. III;* Bergame, 1746; — *Rime oneste de' migliori Poeti antichi e moderni, con annotazioni;* Bergame, 1750, 2 vol. in-8°; réimpr. avec des additions à Bassano, en 1761 et en 1777, 2 vol. in-12; — *Regole della Poesia, si latina che italiana;* Bergame, 1761, in-12; — *Tavolette Cronologiche;* Bergame, 1762, in-4°; — *Principj di Cosmografia;* Bergame, 1766, in-8°; — *Principj di Geografia;* Bergame, 1766, in-8°; etc. P.

M.-M Rocchi, *Notizie raccolte;* Bergame, 1808. — *Europa letteraria,* IV, 1er avril 1768.

MAZZOLINI (*Lodovico*), dit le *Ferrarese,* peintre de l'école de Ferrare, né dans cette ville, en 1481, mort vers 1530 (1). Élève de Lorenzo Costa, il excella dans les figures de petite proportion; sa manière était très-finie, et il traitait avec un soin minutieux jusqu'aux moindres détails. Les têtes, généralement peintes d'après nature, mais sans choix, manquent souvent de noblesse, mais sont toujours pleines de vie et de vérité; celles de vieillards sont surtout remarquables. Le coloris est un peu dur et parfois vigoureux jusqu'à l'excès. Les principaux ouvrages de ce maître sont : au musée de Ferrare, *La Nativité;*— au musée de Bologne, *L'Adoration des Bergers;*— à la galerie de Florence, *La Nativité; La Circoncision; La Madone avec sainte Anne; Saint Jean évangéliste et Joachim;* au palais Pitti, *La Femme adultère;* — à Rome, palais Chigi, une superbe *Adoration des Mages;* — a Berlin, *Le Christ au milieu des docteurs,* un triptyque représentant *La Vierge, La Madeleine et Saint Antoine ermite;*— à Vienne, *La Circoncision;*— à Munich, *La Sainte Famille dans un paysage;*— à La Haye, *Le Massacre des Innocents;*— à Londres, *La Sainte Famille;*— *Saint François adorant l'enfant Jésus;* — à Paris, au Louvre, une *Sainte Famille.* E. B—n.

(1) C'est le même que Vasari désigne par erreur sous le nom de *Malini.*

Vasari, *Vite*. — Baruffaldi, *Vite de' più insigni Pittori Ferraresi*. — Orlandi. — Lanzi. — Ticozzi. — L.-N. Cittadella, *Cose più rimarcabili di Ferrara*.

MAZZONI (*Guido*), dit aussi *Paganini* ou le *Madanino*, sculpteur italien, né à Modène, mort en 1518. Il travaillait à Naples; en 1494, Charles VIII l'emmena en France, où il resta vingt années et d'où il revint dans sa patrie comblé de richesses. Malheureusement cet habile artiste n'employa que la terre cuite et autres matières fragiles; aussi presque toutes ses productions ont-elles disparu, et celles, en petit nombre, qui sont parvenues jusqu'à nous, sont-elles presque toutes en mauvais état. Toutefois, on peut encore voir à Naples, dans l'église de Monte-Oliveto, une des plus importantes : c'est un groupe de neuf figures composant un *Saint-Sépulcre*. Cicognara a publié (t. II, pl. 51) deux statues agenouillées qui en font partie; ces figures, admirables d'expression et de vérité, représentent sous les noms de Joseph d'Arimathie et de Nicodème les poëtes Sannazar et Pontanus.

Isabella Discalzi, femme de Mazzoni, cultiva aussi la sculpture avec succès, ainsi que sa fille, enlevée aux arts par une mort prématurée.

E. B—N.

Tiraboschi, *Vite degli Artefici Modenesi*. — Cicognara, *Storia della Scultura*. — Orlandi, *Abbecedario*. — Vasari, *Vite*.

MAZZONI (*Giacomo*), philosophe et philologue italien, né à Césène, en 1548, mort dans la même ville, le 10 avril 1598. Il apprit le latin dans sa ville natale, le grec et l'hébreu à Bologne, la jurisprudence et la philosophie à Padoue. Très-jeune encore, il conçut le projet de concilier les opinions de Platon et d'Aristote, de Proclus et de Plotin, d'Avicenne et d'Averroès, de Scot et de saint Thomas. Pour se mettre à même de réaliser cette vaste tentative de syncrétisme scolastique, il parcourut toutes les branches de la littérature, de l'érudition et de la philosophie de son temps. La mort de son père, le soin de ses affaires domestiques, une polémique touchant la *Divine Comédie* de Dante, un séjour assez long à la cour de Guidobaldo, duc d'Urbin, le retardèrent dans l'exécution de son projet, mais ne l'y firent pas renoncer. Il en donna la preuve en publiant en 1576 son traité *De Triplici hominum vita, activa nempe, contemplativa et religiosa, methodi tres*, dans lequel il se proposait de concilier les contradictions de Platon, d'Aristote et de plusieurs autres philosophes grecs, arabes et latins, et d'indiquer par quels degrés successifs l'homme perfectionne son entendement. En marge de son traité il nota cinq mille cent quatre-vingt dix-sept propositions sur lesquelles il se déclarait prêt à soutenir la discussion. Cette grande joûte scolastique eut lieu à Bologne; l'année suivante Mazzoni en sortit triomphant, grâce à sa mémoire extraordinaire, qu'il avait fortifiée encore par certains procédés artificiels. La fameuse thèse de Pic de La Mirandole ne contenait que neuf cents propositions, celle de Mazzoni en contenait près de six fois autant; c'est certainement un des produits les plus étonnants des études encyclopédiques du seizième siècle. Grégoire XIII voulut voir l'auteur, et lui promit une fortune brillante. Mazzoni était trop studieux et trop ami de son indépendance pour se plaire à la cour pontificale. Il revint à sa retraite de Césène et à ses philosophes; mais les universités de Macerata et de Pise réclamèrent de lui des cours de philosophie. Florence l'appela comme académicien de la Crusca, et le garda plusieurs années. Clément VII lui conféra la chaire de philosophie dans le collége de la Sapience avec un traitement de mille écus d'or, et Aldobrandini, neveu du pape, le réclama pour une mission diplomatique auprès de la république de Venise. Au retour de sa légation, Mazzoni tomba malade à Ferrare, et se fit transporter à Césène, où il mourut, âgé de moins de cinquante ans. Esprit étendu et vigoureux, mais manquant d'une véritable originalité, possédant un savoir immense, mais dénué de critique, Mazzoni est le dernier représentant du mouvement philosophique inauguré en Italie par Gémiste Pléthon et Marsile Ficin. De tous ses ouvrages, qui sont remarquables pour le temps, un seul se lit encore avec profit, c'est sa *Défense* de Dante, dans laquelle il rattache la littérature à la philosophie, et remonte par une analyse quelquefois profonde, toujours ingénieuse, aux principes constitutifs des sciences et des arts. On a de Mazzoni : *Discorso su la pronunzia de' dittonghi presso gli antichi*; Césène, 1572, in-8°; inséré dans le recueil des *Autori del ben parlare*, t. I; — *Del Sollecismo*; *De' Tropi*, dans le même recueil, t. V; — *Discorso in difesa della* Commedia *del divino poeta Dante, contro il discorso di Ridolfo Castravilla*; Césène, 1573, 1587, in-4°; — *De triplici hominum vita, activa nempe, contemplativa et religiosa, methodi tres*; Césène, 1576, in-4°; — *Quæstiones centum et nonaginta septem supra quinque millia*; Bologne, 1577, in-4°; — *Oratio habita Florentiæ VIII februarii* 1589, *in exsequiis Catharinæ Medices, Francorum reginæ*; Florence, 1589; — *In universam Platonis et Aristotelis philosophiam Præludia, sive de Comparatione Platonis et Aristotelis*; Venise, 1597, in-4°. Z.

Segni, *Orazione funebre per la morte di Jacopo Mazzoni*. — Serassi, *Vita di Giac. Mazzoni*; Roma, 1790, in-4°. — Fontanini, *Biblioteca*. — Corniani, *Secoli della Letteratura italiana*, t. VI. — Brucker, *Historia critica philos.*, t. IV. — Bonafede, *Restaurazione d'ogni filosofia*, t. I. — Tiraboschi, *Storia della letteratura italiana*, t. VII, part. I, p. 888. — Ginguené, *Histoire de la Littérature italienne*, t. VII, p. 478.

MAZZUCHELLI (*Pier-Francesco*), dit le *Morazzone*, peintre de l'école milanaise, né en 1571, au village de Morazzone, près Varese, mort à Plaisance, en 1626. Il étudia la peinture à Milan, mais on ne sait quel fut son maître. Quand, fort jeune encore, il alla à Rome, il était déjà habile coloriste; aussi pense-t-on qu'il avait fait une étude spéciale des ouvrages du Titien et de Paul Véronèse; ce coloris est du reste à peu près le seul mérite de *L'Adoration des Mages* que l'on voit à Rome dans l'église de Saint-Silvestre-*in-capite*. De retour à Milan, où il ouvrit école, il prouva par le même sujet, qu'il peignit pour l'église de Saint-Antoine-abbé, qu'il avait fait de notables progrès. La manière du Morazzone est grande et forte, aussi son talent ne doit-il pas être jugé d'après ses quelques rares tableaux de chevalet, mais d'après ses grandes compositions, plus conformes à son génie, telles que le *Saint Michel triomphant*, à San-Giovanni de Côme; et *La Flagellation*, à la Madonna del-Monte, près Varese. Cet artiste fut souvent employé par Frédéric Borromée, archevêque de Milan, et par le duc de Savoie, qui le fit chevalier et le combla de bienfaits. En 1626, il peignait la coupole de la cathédrale de Plaisance quand la mort vint interrompre ses travaux. Parmi ses nombreux ouvrages à Milan, on remarque : à San-Raffaele, *Élie endormi*; à San-Lorenzo, une *Visitation*; à S.-Angelo, un *Saint Charles Borromée;* au musée de Brera, une *Tête d'homme* et *La Samaritaine*. E. B—N.

Orlandi, *Abbecedario*. — Lanzi, *Storia della Pittura*. — Ticozzi, *Dizionario*. — Pirovano, *Guida di Milano*.

MAZZUCHELLI (*Jean-Marie*, comte DE), célèbre biographe italien, né à Brescia, le 28 octobre 1707, mort le 19 novembre 1765. Il appartenait à une famille noble et riche. Il fit ses études à Bologne, dans le collége des jésuites. De retour dans sa ville natale, il se consacra à la culture des lettres, et conçut le projet d'écrire une histoire littéraire de l'Italie aussi complète que possible. A peu près à la même époque les Bénédictins commençaient leur *Histoire Littéraire de la France*. Mazzuchelli, comme les Bénédictins, adopta la forme biographique, mais il ne suivit pas comme eux l'ordre chronologique, et préféra l'ordre alphabétique. Avant d'entreprendre la publication de son grand dictionnaire, il fit paraître, pour essayer ses forces, les biographies séparées d'Archimède, de Pierre d'Abano, de Pierre Aretin, de François Arisi, d'Alemanni, de Bonfadio. Ces travaux lui valurent de la part de beaucoup de savants distingués de l'Italie et de l'Europe des encouragements, qui le décidèrent à donner au public la première partie de ses *Scrittori d'Italia*, *cioè notizie storiche e critiche intorno alle vite ed agli scritti de' letterati italiani*; Brescia, 1753, in-fol. Cet excellent ouvrage était conçu sur un plan très-vaste, puisqu'il devait contenir cinquante mille notices; c'était plus que n'en pouvait rédiger un écrivain qui voulait, comme Mazzuchelli, recourir aux documents originaux, épuiser les sources d'information et donner des soins à son style. Aussi dans les six parties (2 part. pour le 1er tome, 4 part. pour le 2e) qui parurent de 1753 à 1763, il ne dépassa pas la lettre B. Il avait rassemblé les matériaux des autres lettres et rédigé ou fait rédiger sous ses yeux, par son secrétaire Rodella, six autres volumes, que la mort ne lui permit pas de publier. Mazzuchelli fonda dans sa maison une académie des sciences et des belles-lettres, et mit à la disposition des membres de cette société une bibliothèque et une belle collection d'objets d'histoire naturelle, d'antiquités et de médailles. Outre le grand ouvrage cité plus haut, on a de lui : *Notizie storiche e critiche intorno alla vita, alle invenzioni ed agli scritti di Archimede Siracusano*; Brescia, 1737, in-4°; — *Notizie storiche e critiche intorno alla vita di Pietro d'Abano*, dans la *Racolta Calogeriana*, t. XXIII; — *La Vita di Pietro Aretino*; Padoue, 1741, in-8°; — *Ristretto della vita di S. Pancrazio*; Brescia, 1741, in-8°; — *Notizie intorno alla vita e agli scritti del canonica Paolo Gagliardi Bresciano*, en tête de l'édition de Gagliardi, 1757, in-8°; — *Lettera intorno alla persona e agli scritti del dott. Francesco Arisi*, dans la *Racolta Calogeriana*, t. XXXI; — *La Vita di Luigi Alamanni*, en tête de l'édition du poëme de la *Coltivazione* d'Alamanni; 1745, in-8°; — *La Vita di Jacobo Bonfadio*, en tête des *Lettere famigliari* de Bonfadio; Brescia, 1758; — *Catalogo delle Medaglie d'uomini letterati*, dans les volumes XXXV, XL, XLII de la *Raccolta Calogeriana*: comme le musée de Mazzuchelli ne cessait de s'accroître, le catalogue finit par remplir deux volumes, qui parurent sous ce titre : *Musæum Mazzuchellianum, seu numismata virorum doctrina præstantium, quæ apud Jo.-Mariam, comitem Mazzuchellum Brixiæ servantur, a Petro Antonio de comitibus Gaetani Briziano presbytero et patricio romano edita atque illustrata. Accedit versio italiaca equitis Cosmi Mei elaborata*; Venise, 1761-63, 2 vol. in-fol.; — *Lettere due e notizie intorno alla vita del P. Stanislao Santinelli, Somasco*; dans les *Memorie* de cet auteur; Venise, 1749, in-8°; — *Lettere quattro* dans la *Vita della signora Paolina Rubbi*; Lucques, 1750; — *Notizie intorno agli scritti e alla vita di Scipione Capece*, en tête du *Vate Maximo* de Capece; Padoue, 1751, in-8°; — *Notizie.... intorno a Costantino Grimaldi*, dans la *Raccolta Calogeriana*, vol. XLV; — *Notizie intorno alla vita e alle opere di Antonio Fileremo Fregoso, nobile genovese*; ibid., vol. XLVIII; — *Notizie intorno Giusto de' Conti*, en tête d'une édition de *La bella Mano*, de Conti; Vérone, 1753, in-4°; — *Lettere intorno al cardinale Pietro Bembo*; Milan, 1756, in-4°; — *Lettera in difesa dell' Aretino*, dans la *Raccolta milanese*, vol. I; — *Notizie intorno ad Isotto da Rimino*; ibid., id., réimprimé à Brescia, 1759, in-8°; — *Notizie intorno alla vita ed agli scritti di Benedetto Marcello*, dans les *Memorie per servire alla istoria letteraria*,

t. X, Venise, 1757; — *Estratto del libro intitolato De' Delitti e delle Pene*; 1764, in-4°. Il laissa de plus un assez grand nombre de manuscrits, parmi lesquels on cite : onze volumes de lettres des savants avec qui il était en correspondance; huit volumes de *Mémoires littéraires*, deux volumes de *Vies de Littérateurs vivants*. L'académie qui se réunissait dans sa maison publia deux volumes de mémoires : *Dissertazioni istoriche e scientifiche erudite recitate da diversi autori in Brescia, nell' adunanza letteraria del signor conte G. Mazzuchelli*; Brescia, 1765, in-4°. Z.

Rodella, *Vita del conte G. Mazzuchelli*; Brescia, 1766, in-8°. — Fabroni, *Vitæ Italorum*, t. XIV. — Brognoli, *Elogii dei Bresciani per dottrina eccelenti del secolo XVIII*; Brescia, 1788. — Tipaldo, *Biografia degli Italiani illustri*, vol. IX.

* **MEAD** (*Matthew*), théologien anglais, né en 1629, mort le 16 octobre 1699, à Stepney, près Londres. Après avoir occupé deux bénéfices, qu'il perdit en 1662 pour non conformité, il résida quelque temps en Hollande, et desservit depuis 1674 une congrégation de dissidents à Stepney. Impliqué en 1683 dans le complot de Rye-House, qui coûta la vie à lord Russell, il fut mis en liberté par ordre du roi. On a de lui des sermons et des livres de piété, dont les plus connus sont : *Almost Christian* et *The Good of early obedience*. P. L—Y.

Chalmers, *General Dictionary*.

MEAD (*Richard*), célèbre médecin anglais, fils du précédent, né le 11 août 1673, à Stepney, mort le 16 février 1754, à Londres. Il eut pour premier instituteur son père, qui l'envoya ensuite à Utrecht, où il resta trois ans entre les mains de Grævius. De là il se rendit à Leyde (1692), et s'appliqua avec beaucoup de zèle à l'étude de la médecine, sous la direction d'Herman et de Pitcairn; de cette époque data l'intime liaison qu'il entretint dans la suite avec Boerhaave. En 1695, il accompagna son frère aîné en Italie, eut le bonheur de retrouver à Florence la table d'Isis (*mensa Isiaca*), que depuis longtemps on regardait comme perdue, et prit à Padoue le diplôme de docteur. Après avoir résidé quelques mois à Rome et à Naples, il revint à Stepney (1696), se maria avec la fille d'un marchand, de laquelle il eut dix enfants, et commença d'exercer l'art de guérir avec un succès qui décida de la réputation dont il jouit toute sa vie. Son premier livre, *Mechanical Account of Poisons*, et l'analyse des découvertes de Bonomo sur l'acarus de la gale le firent admettre en 1704 à la Société royale, dont il ne tarda pas à être un des vice-présidents. L'année précédente il avait été attaché à l'hôpital de Saint-Thomas, et s'était établi à Londres (1703). Tout ce que sa profession pouvait lui donner, gloire, honneurs et fortune, Mead le dut à son mérite; comme il joignait à la plus profonde théorie une pratique brillante et étendue, il vit s'accroître rapidement sa clientèle. L'université d'Oxford lui confirma par lettres patentes le diplôme de docteur, qu'il avait obtenu à l'étranger. Appelé auprès de la reine Anne pendant sa dernière maladie, il fut le premier à déclarer cette princesse en danger de mort. Lorsqu'en 1719 la peste répandit l'alarme dans toute l'Europe, ce fut à lui que s'adressèrent les lords de la régence pour indiquer les meilleurs moyens de s'en préserver ou d'en arrêter les progrès, et le traité qu'il écrivit à ce sujet n'eut pas moins de sept éditions dans l'année où il le fit paraître. En 1721, il fut chargé par le prince de Galles de suivre les effets de l'inoculation sur des criminels condamnés à mort, et l'expérience ayant réussi, on la pratiqua également sur les jeunes princesses Amélie et Caroline. Lors de l'avénement de Georges II (1727), Mead devint médecin ordinaire du nouveau roi, qui pourtant ne lui accorda point, dit-on, une confiance sans réserve. Pendant près d'un demi-siècle il fut l'homme le plus considérable de sa profession, dont l'exercice lui rendit annuellement 5 à 6,000 livres st. (125 à 150,000 fr.). Libéral et magnifique, il usa noblement de la fortune qu'il avait acquise; sa bourse était toujours ouverte à l'indigent, qu'il aidait en outre de ses conseils gratuits. Jamais il n'accepta d'honoraires d'aucun ecclésiastique, à l'exception d'un seul, qui lui avait témoigné de la défiance et auquel il rendit son argent après l'avoir guéri. Aucun étranger de mérite ne quittait Londres sans lui avoir été présenté; divers comtés d'Angleterre et jusqu'aux colonies le consultaient à l'envi sur le choix de leurs médecins. Il s'était fait de nombreux amis par l'aménité de ses mœurs et la noblesse de son caractère; nous citerons entre autres Boerhaave, Pope, Halley, Newton, Freind (1), Garth et Arbuthnot. Rempli de zèle pour le progrès des sciences et le bien de l'humanité, il se livrait à d'actives recherches dans le but de découvrir le talent méconnu ou de lui venir en aide. Ainsi il encouragea Maittaire dans ses travaux philologiques, il fournit à Buckley l'idée et les moyens de publier une édition

(1) Le trait suivant, rapporté par Ladvocat, suffira pour faire voir jusqu'où Mead poussait le dévouement à l'égard de ses amis. « Freind ayant assisté au parlement en 1722, comme membre du bourg de Launceston, il s'éleva avec force contre le ministère. Cette conduite le fit accuser de haute trahison et renfermer au mois de mars 1723, à la Tour de Londres. Six mois après le ministre tomba malade, et envoya chercher Mead, intime ami de Freind. Mead, après s'être mis au fait de la maladie, dit au ministre qu'il lui répondait de sa guérison, mais qu'il ne lui donnerait pas seulement un verre d'eau que Freind ne fût sorti de la tour. Le ministre, quelques jours après, voyant sa maladie augmenter, fit supplier le roi d'accorder la liberté à Freind. L'ordre expédié, le malade crut que Mead allait ordonner ce qui convenait à son état; mais le médecin ne voulut rien faire que son ami ne fût élargi. Après cet élargissement, Mead traita le ministre et lui procura en peu de temps une guérison parfaite. Le soir même il porta à Freind environ 5,000 guinées qu'il avait reçues pour honoraires en traitant les malades de son ami pendant le temps qu'il fut en prison, et l'obligea de recevoir cette somme, quoiqu'il eût pu la retenir légitimement, étant le fruit de ses peines. »

complète de l'*Histoire* de De Thou (Londres, 1733, 7 vol. in-fol.), et il fit, après dix années d'efforts, adopter par l'amirauté l'ingénieux appareil de Sutton pour purifier l'air à bord des vaisseaux. Ce fut aussi d'après ses conseils que le libraire Thomas Guy consacra une grande partie de sa fortune à la création d'un hôpital, l'un des établissements les plus utiles de Londres. La bibliothèque de Mead, aussi riche que bien choisie, se composait de plus de 10,000 vol., dont la vente, après sa mort, produisit 5,500 liv. sterl.; il avait aussi une galerie de tableaux de maîtres qui fut vendue 3,417 liv. Si l'on ajoute le produit de ses médailles et de ses antiquités, on a un total de plus de 16,000 liv. (400,000 fr.), somme considérable pour l'époque. Le catalogue de ce précieux cabinet fut publié sous le titre : *Museum Meadianum;* Londres, 1755, in-8°. Le buste de Mead, exécuté par Roubillac, fut inauguré en 1756 au Collége des Médecins; son portrait a été peint par Ramsay et par Houston, et en 1773 on a frappé une médaille en son honneur avec cette légende : *Labor est angues superare.*

Ce savant médecin a composé des ouvrages dont plusieurs ont eu beaucoup de succès, et qui prouvent dans leur auteur des connaissances étendues; en voici la liste : *Mechanical Account of Poisons;* Londres, 1702, in-8°. Ce traité, souvent réimprimé et traduit en latin par Josué Nelson (*Mechanica Expositio Venenorum;* Leyde, 1737, in-8°), a été remanié en 1738, par l'auteur, qui a eu la franchise de rétracter certaines opinions erronées; il y traite du venin de la vipère et de la tarentule, de la rage, des poisons minéraux et végétaux, et des vapeurs qui peuvent infecter l'atmosphère; — *De imperio solis et lunæ in corpora humana et morbis inde oriundis;* Londres, 1704, in-8°; ibid., 1748, in-8° (avec addit.); plusieurs éditions et une trad. anglaise en 1733. Appliquant à la médecine la théorie, alors nouvelle, de Newton sur le flux et le reflux de la mer, Mead établit aussi un flux et un reflux dans l'atmosphère, et il étend si loin l'influence du soleil et de la lune sur cette dernière qu'il en déduit tous les maux que la diminution du poids de l'air peut occasionner aux hommes; — *A short Discourse concerning Pestilential contagion;* Londres, 1720, in-8°; 9° édit., ibid., 1744, in-8°; trad. en latin (1721 et 1723) et en français. Il admet la doctrine de la contagion, et conseille l'isolement absolu pour les malades et une quarantaine sévère pour les suspects; — *Oratio anniversaria Harveiana; adjecta est dissertatio de nummis quibusdam Smyrnæis in medicorum honorem percussis;* Londres, 1724, in-4°, fig.; Leyde, 1725, et Gœttingue, 1748, in-8°. Exagérant le zèle pour l'honneur de la profession, il donne comme frappées en l'honneur des médecins diverses médailles smyrniotes qui l'ont été réellement par des magistrats. Cet opuscule donna lieu à une vive dispute littéraire entre Mead et Conyers Middleton; — *De variolis et morbillis Liber;* Londres, 1747, in-8°; trad. en anglais et en allemand; on trouve à la fin une version latine du commentaire arabe de Rhazès sur la petite vérole; — *On the Scurvy;* Londres, 1749, in-8°; trad. en français; — *Medicina Sacra, seu de morbis insignioribus qui in Bibliis memorantur;* Londres, 1749, in-8°; Lausanne, 1764, in-8°; trad. en anglais. Le but de cet ouvrage est de prouver que les maladies mentionnées dans la Bible peuvent s'expliquer par des causes naturelles, et que les démoniaques de l'Évangile, par exemple, ne sont autre chose que des fous ou des épileptiques; — *Monita et præcepta medica;* Londres, 1751, in-8°; réimpr. plusieurs fois et trad. en anglais, en français et en allemand; — *Pharmacopœa Meadiana;* Londres, 1756-1758, 3 vol. in-8°. Les œuvres complètes de Mead ont été réunies en langue latine (*Opera omnia*, Paris, 1751, in-8°; par les soins de Lorry, Gœttingue, 1748-1749, in-8°; par Œder, Naples, 1752, in-4°) et en langue anglaise (*Medical works;* Londres, 1744, in-8°, et 1762, gr. in-4°, fig.). Coste en a donné une version française (*Recueil des Œuvres physiques et médicales de R. Mead;* Bouillon, 1774, 2 vol. in-8°, fig.), avec des notes et des discours préliminaires. P. L—Y.

Maty, *Authentic Memoirs of the life of R. Mead;* Lond., 1755, in-8°. — *Biographia Britannica*, V. — Blumenbach, *Introd. in hist. med. litt.*, 348. — Dezeimeris, *Dict. hist. de la Méd.* — *Comment. Lips.* IV, 171. — Bamberger, *Biogr. und litterar. Anecdoten*, I, 336. — Rensuldin, *Medecins numismatistes.*

MEADLEY (*Georges-Wilson*), littérateur anglais, né en 1774, à Sunderland (comté de Durham), mort le 18 novembre 1818. Il consacra une partie de sa jeunesse à voyager en Italie, dans le Levant et en Allemagne, et résida pendant quelque temps sur les bords du Rhin. Ses productions littéraires se font remarquer par la hardiesse des pensées et par l'exactitude des faits; il avait adopté en politique les opinions des whigs, et en religion celles des unitaires. Outre des articles assez nombreux insérés dans le *Monthly Magazine*, il a laissé : *Memoirs of William Paley;* Londres, 1809, 1810, in-8°; — *Memoirs of Algernon Sidney;* ibid., 1813, in-8°; — *Memoirs of mistriss Jebb*, brochure qui n'a pas été mise dans le commerce. K.

Gentleman's Magazine, 1819.

MEADOWCOURT (*Richard*), critique anglais, né en 1697, dans le comté de Stafford, mort en 1769, à Worcester. Agrégé d'un des colléges d'Oxford, il publia en 1732 sur le *Paradise regained* de Milton des *notes*, dont l'évêque Newton fit usage dans l'édition qu'il donna de ce poëte, et obtint en 1733 un canonicat à Worcester. Ses notes furent réimprimées en 1748 avec une dissertation critique. Il s'est livré à un semblable travail d'examen littéraire sur d'autres poëtes anglais. On lui doit aussi des sermons.

Nichols, *Poems*. — Th. Newton, Préface de son édit. du *Paradise regained*; 1752, in-4°. — Cooke, *Preacher's Assistant*.

MÉAN (*Charles*, baron DE), jurisconsulte belge, né en 1604, à Liége, mort le 6 avril 1674. Son père, Pierre de Méan, échevin de Liége pendant trente-six ans, avait été chargé en 1620 par le prince Ferdinand de Bavière de composer le recueil des dispositions propres à servir de coutume à son pays; ce travail, revu, en 1642, par quatorze députés du prince et des états, fut depuis lors observé comme loi. Charles de Méan, après avoir étudié le droit à Louvain, et fait un séjour de quelque temps à Paris, revint dans sa ville natale, où il fut bientôt nommé membre du conseil privé, et fit partie de la députation à laquelle les états du pays confiaient l'administration des affaires publiques. Il devint ensuite commissaire décideur du prince à Maestricht et membre du conseil ordinaire; enfin, en 1641, il fut élu bourgmestre de Liége. Appelé de nouveau à ces dernières fonctions en 1646, mais voyant les factions des *Chiroux* et des *Grignoux* (1) ensanglanter les rues de la cité, il renonça à cette dignité, « ne voulant pas, comme il disait, sacrifier à son ambition l'intérêt de l'État et la vie de ses concitoyens ». De Méan publia d'abord l'œuvre de son père : *Recueil des points marquez pour coustumes du pays de Liége, revu l'an* 1642; Liége, 1650, in-4°; souvent réimprimé. Il fit ensuite paraître : *Observationes et res judicatæ ad jus civile Leodiensium, Romanorum, aliarumque gentium, canonicum et feudale*; Liége, 1652-1674, 6 vol. in-fol.; 3e édit., donnée par Gordine, avec les notes de Louvrex : Liége, 1740-1741, 8 vol. in-fol., travail immense, fruit de longues études et de savantes recherches. « En voyant le droit liégeois traité de cette manière, si bien éclairci, on le croirait, dit un professeur contemporain, destiné à devenir le droit commun du monde; » — *Nomenclator idiotismi Leodiensis*; Liége, 1671, in-4° : glossaire des locutions barbares autrefois admises à Liége dans le langage de la pratique judiciaire; il est reproduit dans les *Observationes*, ainsi que l'ouvrage posthume suivant; — *Definitiones ad jus civile Romanorum, Leodiensium, aliarumque gentium, canonicum et feudale*; Liége, 1678, in-fol. Il avait entrepris d'écrire l'histoire de son temps à partir de 1640, mais son travail, qui s'arrête à la mort de Ferdinand de Bavière, est encore inédit. Le diplôme de baron fut accordé à Charles de Méan, le 27 mars 1648, à cause des services que sa famille a rendus à l'empire.

L'un de ses descendants, *François-Antoine-Marie-Constantin*, comte de MÉAN, né à Liége, le 6 juillet 1756, fut élu le 16 août 1792 prince-évêque de Liége. Après la réunion de la principauté à la France, il vécut dans la retraite, devint, en 1817, archevêque de Malines, et mourut dans cette ville, le 15 janvier 1831. E. REGNARD.

(1) Les *Grignoux* étaient opposés à l'élection de Méan.

Loyens, *Recueil héraldique des bourgmestres de Liége*. — Polain, *Notice sur Charles de Méan*, dans les *Bulletins de l'Acad. roy. de Belgique*, XVIII, 2e part., p. 208. — J. Britz, *Code de l'ancien Droit belgique*, I, 191. — *L'indifférent et véritable Liégeois, sur le cours des affaires et calomnies modernes*; Liege, 1646, in-4°, p. 30.

MEARES (*John*), navigateur anglais, né en 1746, mort à Londres, en 1801. Fort jeune encore, il s'embarqua comme mousse pour la pêche de la morue, et fit plusieurs rudes campagnes à Terre-Neuve, sur les côtes du Labrador et du Groënland, dans l'Océan Atlantique boréal et dans l'Océan glacial arctique. Il entra dans la marine royale en 1776, et jusqu'en 1783 combattit contre les Français dans l'Amérique septentrionale. A la paix il était capitaine, et partit pour l'Inde. Il venait de se fonder à Calcutta une société de négociants, qui, sous le nom de *North-West-America Company*, avait pour but d'établir des relations commerciales avec les indigènes de l'Amérique russe, des îles de la mer de Behring et de l'archipel Aléoutien. L'achat des fourrures était le principal objet de cette compagnie. Meares lui offrit ses services. L'expérience qu'il avait de la navigation dans les mers du Nord le fit bien accueillir. On lui confia le commandement du *Nootka*, de 200 tonneaux. *Le Sea-Otter*, de cent tonneaux et dirigé par le lieutenant William Tipping, devait lui servir de conserve. Mais, parti quelque temps plus tard que Meares, il ne le rejoignit jamais. L'expédition mit à la voile de Calcutta, le 12 mars 1786. Elle fit aiguade à Madras, à Malacca, et le 1er août mouillait sur l'île d'Amlac, l'une des plus grandes des îles Aléoutiennes. Ses rapports avec les naturels, entravés par les autorités russes, n'amenèrent aucun résultat favorable. Sans oser refuser nettement de vendre au capitaine anglais, on lui faisait des conditions inacceptables. Naviguant d'ailleurs dans des brouillards continuels, que de terribles coups de vent balayaient à peine, au milieu d'une mer inconnue et parsemée d'écueils, Meares jugea convenable de remonter la Cook's-River. Il y reconnut la trace de quelques navigateurs anglais, et ouvrit des rapports avec les Indiens. Il résolut d'hiverner dans le William's-Sound et s'y rendit. Sa position fut loin d'être améliorée; son navire fut pris par les glaces; le froid, le scorbut, lui enlevèrent vingt-trois hommes et son chirurgien. Le reste de son équipage gardait presque entier les cadres, lorsque les indigènes, remarquant la faiblesse des Anglais, les volèrent d'abord, puis arrivèrent à une attaque armée et sérieuse. Meares eut besoin de tout son sang-froid pour faire face à tant de dangers. Il ranima les forces de ses hommes et châtia sévèrement l'ennemi. Enfin, en mai 1787, il reçut la nouvelle que deux navires européens étaient à l'ancre sur l'île Montagu à l'entrée du Prince-Guillaume. En effet il ne tarda pas à voir arriver deux chaloupes de la *Queen-Charlotte*, conduites par Georges Dixon lui-même, qui lui fournit les secours dont il put disposer (*voy.* DIXON). Ce navigateur, ainsi que son chef le capitaine Portlock, appartenaient à la société de Londres connue sous le nom de *King-George-Sound Company* (1). Portlock, loin d'imiter Dixon dans l'intérêt de sa compagnie, refusa toute aide à Meares, et exigea même qu'il prît l'engagement de ne plus essayer de trafiquer dans ces parages. Meares reprit la mer le 2 décembre, et relâcha aux îles Sandwich. Il fut fort bien reçu des naturels, jusque là même que Tianna, frère du roi d'Otouai, et plusieurs autres chefs voulurent absolument s'embarquer avec lui. A son arrivée à Macao (20 octobre) Meares s'informa du lieutenant William Tipping. Il apprit que le navire de cet officier avait été aperçu en décembre 1786 dans le William's Sound, mais depuis on n'en avait plus de nouvelles. Le sort de ce bâtiment est demeuré inconnu.

Quoique cette première expédition n'eût amené aucune découverte et qu'elle eût manqué son but commercial, Meares, confiant dans les renseignements qu'il avait recueillis, résolut d'en tenter une seconde. Il trouva à Macao de nouveaux armateurs pour équiper deux navires. Meares commandait *Felicia*, de deux cent trente tonneaux et de quarante hommes d'équipage; le capitaine Douglas l'accompagnait sur *Iphigénia*, de deux cents tonneaux et portant cinquante hommes. La moitié du personnel était composé de Lascars et de Chinois, qui firent très-bien leur devoir durant toute la campagne. Meares quitta Typa, sur la côte de Chine, le 22 janvier. Mais assailli par un typhon, espèce de trombe, toujours redoutable dans ces mers, il fut obligé de relâcher à Samboingan, dans les Philippines. Le temps de réparer les avaries de l'*Iphigenia* devant être assez long, Meares ne voulant pas manquer la bonne saison, laissa Douglas à Mindanao, et reprit seul la mer (12 février). Les deux capitaines devaient se rallier dans Nootka's-Sound Meares reconnut les îles Freewill (2), et découvrit un groupe d'îles désertes entourées de brisants, qu'il nomma *Iles Grampus*, à cause des marsouins qu'il aperçut aux environs. Le 9 avril un rocher isolé qui de loin présentait la forme d'un navire chargé de voiles, reçut le nom de *Loth's Woman*. Le 11 mai les navigateurs entrèrent dans le Nootka-Sound, et le 13 mouillèrent dans l'anse des Amis, dans le King-George-Sound, après une traversée, aussi dangereuse que pénible, de trois mois et vingt-trois jours. Meares s'empressa de radouber son bâtiment; il fit construire une pinasse afin de visiter les bas-fonds; une maison fortifiée fut aussi élevée, et des relations s'établirent avec les indigènes. Laissant dans son nouvel établissement un détachement bien armé, Meares, le 20 juin, se rendit à un port bien abrité, auquel il donna le nom de *Cox-Port* en l'honneur d'un de ses amis. Le 29 il pénétra dans le détroit de Juan de Fuca; il constata l'exactitude de la description qu'en a donnée le pilote espagnol; mais, remettant à une autre époque l'exploration de ce bras de mer, il continua sa navigation vers le sud. Le 2 juillet, il découvrit, par 46° 30' lat. nord et par 235° 20' de long. est de Greenwich, une terre qu'il nomma *Montagne de la Selle*, à cause de sa configuration. C'était la pointe méridionale de l'île de la Destruction. Le 4, par 47°10' lat. nord et 235 long. est, il reconnut une autre montagne, d'une hauteur prodigieuse, et lui donna le nom d'*Olympe*. Le 5 il appela *Shoal-Water* une baie remplie de bas fonds, *Pointe Basse* un cap peu élevé qui en formait l'entrée d'un côté, et *Cape Shoal-Water*, un rocher élevé et saillant qui se trouve de l'autre côté. Le 6 il donna à un promontoire le nom de *Désappointement* et celui de *Déception* à une baie par 46°10' lat. nord. Meares prétend que la rivière Saint-Roch qui est indiquée sur les cartes espagnoles n'existe pas. Continuant à côtoyer, il releva une grande baie dont l'embouchure est entièrement fermée par un banc de sable mouvant, et qu'il nomma pour cette raison *Quick-Sand*. Il donna à un cap voisin le nom de *Grenville*, à un autre, qui s'avance à une grande distance vers le sud, celui de *Look-out-Cap*. Il appela *Les Trois Frères* trois rochers remarquables, peu éloignés l'un de l'autre, et dont celui du milieu est percé par une immense arche. Meares s'assura qu'il n'existait aucune ouverture entre le cap et la baie Quick-Sand. « J'avais acquis, dit-il, une connaissance assez étendue de la côte d'Amérique depuis l'entrée du Roi-Georges jusqu'au cap Look-out, c'est-à-dire depuis les 45° 37' de latitude nord jusqu'au 49° 39'. Non-seulement j'avais reconnu toutes les parties dont le mauvais temps avait empêché le capitaine Cook d'approcher, mais encore nous nous étions assurés de l'existence du détroit de Juan-de-Fuca, qui réclamait une nouvelle attention; toutefois, la saison était trop avancée, et il fallait revenir à l'entrée du Roi-Georges, avant les vents d'équinoxe, qui soufflent ordinairement avec violence dans ces parages du 10 au 15 septembre. D'ailleurs il était convenu que le 20 septembre, un des navires partirait pour la Chine. Ajoutez que j'avais un sentiment de crainte sur le sort du détachement que j'avais laissé à Nutka. » Toutes ces raisons déterminèrent Meares à retourner vers le nord. Le 10 juillet, il découvrit la terre élevée qui forme la côte orientale des détroits de Fuca, et donna le nom de *Beal* au cap le plus oriental de la grande entrée. Le 11 il jeta l'ancre dans un port spacieux, commode et bien abrité; il re-

(1) Plus tard nommée *Nootka-Sound Company*.

(2) Ainsi nommées par Philip Carteret, en 1764. Ce capitaine ignorait que ces îles avaient été découvertes par l'Espagnol don Alvarez de Mendana dès 1595.

çut le nom d'*Effingham*. Le chef de cette contrée, qui s'étend depuis le port de Cox jusqu'à l'île Tatootche, se nommait Wicananish. Meares évalue à environ treize mille âmes le nombre de ses sujets. Les Anglais échangèrent avec eux du fer contre du poisson, des oignons, des graines, mais ils ne purent se procurer que peu de fourrures. Le 26 ils étaient de retour dans l'anse des Amis, où ils retrouvèrent leurs camarades, en train de terminer la pinasse. Des relations amicales s'étaient établies entre eux et le grand-chef Macuina, qui commandait à environ dix mille Indiens répandus dans six vastes bourgades situées aux environs de Nootka. Le 8 août, Meares se rendit au port Cox; il y trouva le navire *la Princesse royale*, cap. Duncan, et le 26 il eut la joie de voir arriver Douglas, qui avait côtoyé depuis Cook-River jusqu'au King-Georges-Sound. « Il rapportait, dit Meares, les preuves les plus incontestables de l'existence du grand archipel septentrional. » Le 20 septembre on lança enfin le premier navire qui eût été construit dans cette partie du monde; il reçut le nom de *North-West America*. Vers cette époque Meares eut à réprimer un complot d'une partie de son équipage. Les mutins, lassés d'un climat rigoureux et de fatigues continuelles, avaient résolu de s'emparer de la *Felicia* et de gagner les îles Sandwich, abandonnant leur chef et leurs camarades à la merci des Indiens. Informé à temps, Meares put prévenir ce complot et le déjouer sans effusion de sang; cependant cette circonstance le décida à hâter son retour. Il laissa donc l'*Iphigenia* et le *North-West-America* sous les ordres de Douglas avec ordre d'hiverner, de continuer les explorations et de recueillir les pelleteries promises par les naturels (1). Leur séparation eut lieu le 24 septembre. Meares voulait s'assurer si le détroit de Fuca était réellement un détroit ou seulement une des grandes entrées si fréquentes sur ces côtes. A cet effet il envoya son premier officier dans la chaloupe avec l'ordre de pénétrer dans le détroit aussi avant que possible. Les Anglais s'avancèrent l'espace de trente lieues; ils furent attaqués alors si furieusement par plusieurs centaines d'Indiens montés sur de grandes pirogues et armés de massues, de flèches barbelées et de pierres, qu'à la suite d'un combat meurtrier ils durent, presque tous blessés ou contusionnés, retourner vers leur navire. A l'endroit où la chaloupe fut arrêtée, le détroit avait quinze lieues de large; ce qui fit croire qu'il pouvait bien aboutir dans la baie d'Hudson. Meares ajoute « que le navire américain *Washington*, capitaine Grey, avait franchi le détroit de Fuca, qui communique par ses deux extrémités avec l'océan Pacifique et embrasse une grande partie du continent. » Il a même tracé la route qu'a suivie ce navire dans cette mer intérieure. On ne sait où Meares recueillit ces renseignements, mais il est certain que Grey n'a pas trouvé l'extrémité de ce passage.

Meares renonça à une nouvelle tentative, et s'éloigna, non sans avoir accompli la dérisoire cérémonie de prise de possession de ce territoire au nom de S. M. Britannique. Le 18 octobre il mouilla dans l'archipel Sandwich, et le 5 décembre 1789, en rendant compte de sa navigation à ses commettants de Macao, il leur remettait un riche chargement de fourrures. Il apprit bientôt que Douglas avait été arrêté le 6 mai en rade de Nootka par deux bâtiments de guerre espagnols, et qu'il n'avait été remis en liberté qu'après avoir été pillé de tout, jusqu'à ses cartes et ses instruments de navigation. Moins heureux encore que lui, la goëlette *North-West-America* et deux autres navires de la même compagnie avaient été confisqués et les équipages envoyés prisonniers à San-Blas (Mexique). Pour légitimer cette violation du droit de gens, les Espagnols prétendaient que toutes les terres comprises entre le cap Horn au sud et le 60° de lat. nord appartenaient à leur maître. Meares passa aussitôt en Angleterre, et adressa (13 mars 1790) de vives réclamations à la chambre des communes et aux ministres. La guerre faillit éclater à ce sujet; cependant, l'Espagne céda, et le 28 octobre elle déclara le commerce libre pour toutes les nations sur les côtes situées au nord du détroit de Fuca. En même temps elle rendit la liberté aux équipages détenus, et paya 210,000 piastres (1,140,300 francs) d'indemnité. Meares a publié la relation de ses voyages sous le titre de *Voyages made in the years* 1788 *and* 1789 *from China to the nord-west coast of America*, précédés d'une *Introduction contenant la relation d'un voyage fait en* 1786, *du Bengale sur le navire* Nootka, et suivis d'*Observations sur l'existence probable d'un passage par le nord-ouest*, ainsi que de *Détails sur le commerce entre la côte nord-ouest d'Amérique et la Chine, et entre ce dernier pays et la Grande-Bretagne*; Londres, 1790, in-4°, avec cartes et figures; Londres, 1791, 2 vol. in-8°, cartes et fig.; trad. en français par Billecoq, Paris, 1796, 3 vol. in-8°. Quoique les opérations commerciales eussent été le principal mobile des voyages de Meares, ses écrits, extrêmement intéressants, sont ceux d'un observateur instruit et intelligent. Il a donné des renseignements importants sur la partie de cette côte qui est située entre les 45° et 62° de lat. nord, et dont il avait acquis une connaissance particulière. D'après les observations astronomiques qu'il fit, elle devait s'étendre entre les 205° et 237° de longitude est de Greenwich. Vancouver a confirmé l'exac-

(1) Ce capitaine accomplit sa mission avec beaucoup d'intelligence; il séjourna à Nootka jusqu'au 26 octobre 1788, découvrit l'île *Tobi* (qu'il nomma *Johnstone*). Le premier il passa par le détroit qui sépare le continent des îles Queen-Charlotte. Après avoir rapatrié Tianna aux îles Sandwich, il découvrit *Bird-Island* par 23° 7' nord et 160° 10' est. Il continuait ses explorations lorsqu'il fut saisi par une frégate espagnole, et retenu prisonnier jusqu'au 1er juin 1789. Il revit Macao le 8 octobre suivant.

titude des découvertes de Meares, en relevant néanmoins quelques erreurs d'estime. « Tout le pays qui communique aux baies d'Hudson et de Baffin, dit en terminant Meares, n'a pas encore été visité, et on ignore si ce vaste espace est occupé par des terres ou par la mer. » Le doute de Meares n'en est plus un aujourd'hui. Les découvertes de Hearne et, après lui, celles de Mackensie nous ont appris que l'Amérique septentrionale est bornée au nord par une mer toujours glacée, et que par conséquent tout passage de ce côté est impossible. Dixon crut devoir faire la critique de l'ouvrage de Meares dans des *Remarques sur les Voyages de John Meares* (en anglais); Londres, 1790, in-4°. Meares publia : *Réponse à M. G. Dixon*; Londres, 1791, in-4°. Dixon répliqua par *Nouvelles Remarques sur les Voyages de John Meares*; Londres, 1791, in-4°. La querelle en resta là. Douglas a donné le nom de *Meares-Port* à une rade située par 55° lat. nord sur le bord septentrional du detroit qui sépare les îles de la Reine-Charlotte du continent, et qu'il franchit le premier. Alfred DE LACAZE.

Georges Vancouver, *Voyage of Discovery to the North Pacific Ocean, and round the World, in the years* 1790-1795; Londres, 1798, 3 vol. in-4°. — *Viage hecho por las goletas* Sutil y Mexicana *en el año de* 1792; Madrid, 1802, in-8°, avec atlas. — Georges Dixon, *A Voyage round the World, but more particulary to the North-West Coast of America, in* 1785, 1786, 1787 *and* 1788, etc.; Londres, in-4°. — Bajot, *Annales maritimes*.

MÉAULLE (*Jean-Nicolas*), conventionnel français, né à Saint-Aubin-du-Cormier, le 16 mars 1757, mort à Gand, le 17 octobre 1826. Il était avocat à Châteaubriant lorsque la révolution éclata. Nommé successivement président du tribunal civil de Châteaubriant, administrateur du département de la Loire-Inférieure, puis député suppléant à l'Assemblée législative, où il ne siégea pas, il fut élu en 1792 membre de la Convention. Quoiqu'il eût pris place parmi les montagnards, Méaulle, rejetant les opinions absolues, se fit un rôle neutre, et par conséquent sans importance. Il vota en ces termes sur le sort de Louis XVI : « Je ne puis vouloir soustraire le plus grand des coupables à la peine qu'il a méritée : je vote pour la mort (sans appel ni sursis). » A part ce vote et quelques rapports très-sévères sur les affaires de Lyon et de la Vendée, il se fit remarquer par son indulgence bien plus que par sa rigueur. Bravant les fureurs de Marat, il fit décréter la poursuite des auteurs et provocateurs des pillages commis le 26 février 1793, à l'incitation de *L'Ami du Peuple*, et le 16 mai suivant il s'éleva courageusement contre les arrestations arbitraires. Nommé le 16 juin 1793 membre du comité de sûreté générale, il fut envoyé quelques jours après en mission dans l'Ain. Après le 9 thermidor, il fut en butte, comme la plupart de ses collègues, aux poursuites des réactionnaires. Accusé par le département de l'Ain de cruautés et d'abus de pouvoir, et non, comme on l'a dit, de dilapidations, il prouva à la barre de la Convention que, tout en soutenant avec fermeté les droits des représentants, il avait ouvert les prisons, pendant sa mission, à plus de deux cents détenus. Il fut réélu au Conseil des Cinq-cents, sortit en l'an V (mai 1797) du Corps législatif par la voie du sort, et fut envoyé dans la Meuse en qualité de commissaire du gouvernement. L'année suivante il fut nommé par ce département juge au tribunal de cassation, et devint à la fin de l'an VIII (1800) commissaire du gouvernement près le tribunal de Gand. Il conserva ces fonctions pendant toute la durée de l'empire sous les titres successifs de procureur impérial criminel et de substitut du procureur général à la cour de Bruxelles. En 1814 il quitta Hambourg avec le corps d'armée du prince d'Eckmuhl, et s'enfuit, déguisé en chef de bataillon, jusqu'à Gand, où il séjourna pendant la première restauration. Durant les Cent-Jours il rentra en France, et fut proscrit comme régicide en 1816. Il se retira à Gand, où il passa le reste de sa vie. A. HUYOT.

Levot, *Biog. bretonne*. — *Petite Biog. Conventionnelle*. — *Docum. part.*

* **MEAUME** (*Édouard*), jurisconsulte et archéologue français, né à Rouen, le 18 janvier 1812. Après avoir étudié le droit à Paris, il fit partie du barreau de cette ville, puis s'inscrivit à celui de Nancy, et fut nommé en 1842 professeur de législation et de jurisprudence à l'École forestière. Il est en outre juge suppléant au tribunal de première instance de Nancy. Ses principaux ouvrages de droit sont : *Manuel de Droit forestier*; Nancy, 1843-1846, 3 vol. in-8°; et 1856, avec le titre de *Commentaire du Code forestier*; — *Des Droits d'Usage dans les forêts, de l'administration des bois communaux, et de l'affouage*; Paris, 1847, 2 vol. in-8°; — *Introduction à l'étude de la législation et de la jurisprudence forestières*; Nancy, 1857, in-8°. En société avec M. Loiseau, il a publié de 1842 à 1848 le *Bulletin des Annales forestières*. Il a fourni de nombreux articles aux *Annales forestières*, et il est l'un des collaborateurs de la *Jurisprudence générale* de Dalloz. Comme archéologue, M. Meaume a donné aux *Mémoires de l'Académie de Stanislas*, et fait paraître ensuite séparément : *Recherches sur quelques Artistes lorrains : Claude Henriet, Israel Henriet, Israel Silvestre et ses descendants*; Nancy, 1852, in-8°; — *Étude sur la vie privée de Bernardin de Saint-Pierre* (1792-1800); Nancy, 1856, in-8°; — *Recherches sur la vie et les ouvrages de Jacques Callot*; Paris, 1860, 2 vol. in-8° : important travail, dont la première partie avait paru à Nancy, 1853, in-8°; — *Recherches sur la vie et les ouvrages de Claude Deruet, peintre et graveur lorrain* (1592-1660); Nancy, 1853, in-8° : insérées d'abord dans le *Bulletin de la Société d'Archéologie de Lorraine*. E. REGNARD.

Journal de la Librairie. — *Documents particuliers*.

MEAZZA (*Girolamo*), théologien italien, né en 1639, à Milan, où il est mort, le 19 mai 1707. On lui avait donné au baptême le prénom d'*Ambrogio*, qu'il changea contre celui de Girolamo lors de son admission dans la congrégation des Théatins ; il y fut chargé de divers emplois, enseigna la théologie, et fut appelé à Rome en qualité de conseiller de l'inquisition. Il séjourna quelque temps en Bavière. Parmi ses nombreux ouvrages, on remarque : *Pugna spiritualis Laurentii Scupoli latino donata;* Monaco, 1667, 2 vol. in-12; — *Prodigj del fuoco divino*; Monaco, 1669, in-4°; — *Extemporanea Poesis*; Monaco et Milan, 1670-1702, 4 vol. in-8°; — *Magister Noviliorum regularium ;* Milan, 1688, in-4°; — *Arsenale divoto per armar l'anime ne' bisogni spirituali;* Milan, 1693, in-24 ; nombreuses traduct. et réimpr. ; — *Ragionamenti sagri;* Milan, 1697, in-4° ; — *Stimulus quotidianus;* Milan, 1700-1706, 3 vol. in-12. P.

Silos, *Historia Clericorum regularium*, lib. 12. — Picinelli, *Athenæum*, 345. — Argelati, *Biblioth. Mediolanensis*, II, 904-906. — Agricola, *Bibl. ecclesiast., sæc. XVIII*, t. I, p. 244.

MEBOLD (*Charles-Auguste*), historien allemand, né en 1798, à Loffenau, dans le Wurtemberg, mort le 21 août 1854. Il étudiait à Tubingue la philosophie et la théologie, lorsqu'il fut incarcéré en 1820 pour ses opinions démocratiques ; après une détention qui dura plusieurs années, il devint en 1828 l'un des fondateurs de la revue l'*Ausland* ; depuis 1840 il collabora à la *Gazette d'Ausbourg*. On a de lui : *Der dreissigjährige Krieg und seine Helden* (La Guerre de Trente Ans et ses héros); Hambourg, 1836-1840, 2 vol. in-8°. O.

Pierer, *Universal-Lexikon*.

MÉCÈNE, (**MÆCENAS** (1) **C. CILNIUS**), célèbre homme d'État romain, mort en 8 avant J.-C. Sa vie est peu connue ; il semble qu'aucun auteur ancien n'en fit l'objet d'un ouvrage spécial. Pour écrire la biographie de ce célèbre favori d'Auguste et protecteur d'Horace, on est réduit à recueillir les détails fort incomplets dispersés dans les poetes et les historiens. On ignore la date de sa naissance, bien qu'on puisse la placer avec vraisemblance entre 73 et 63 avant J.-C. ; mais on sait par Horace que le 13 avril était son jour natal. Sa famille, quoique appartenant simplement à l'ordre équestre, remontait à une haute antiquité et pretendait descendre des Lucumons d'Étrurie. Le scoliaste d'Horace nous apprend que Mécène comptait Porsena parmi ses ancêtres, et cette parenté, si elle n'était pas authentique, était du moins admise, puisque Auguste, dans une lettre, appelle Mécène « *béryl de Porsena* » (*berylle Porsenæ*). Les ancêtres paternels, les Cilnius, atteignirent un tel point de puissance et de fortune à Arretium, vers le milieu du cinquième siècle de Rome, qu'ils excitèrent la jalousie de leurs compatriotes et furent expulsés. Ils ne rentrèrent dans leur patrie que par l'intervention de la république romaine. Mæcenas était le nom de sa famille maternelle, qui appartenait aussi à la première noblesse d'Étrurie. Horace dit que son aïeul maternel et son aïeul paternel avaient commandé des légions :

.... avus tibi maternus fuit atque paternus,
Olim qui magnis legionibus imperitarint.

Mais il est probable que ces légions n'étaient pas romaines, puisque ni les Cilnius ni les Mécène ne figurent sur les *Fastes consulaires*. La première fois qu'il est question d'un Mécène comme citoyen romain, c'est dans Cicéron (*Pro Cluentio*, 56), qui cite un chevalier nommé C. Mæcenas parmi les défenseurs du peuple romain (*robora populi romani*), et le signale comme un de ceux qui ont contribué à réprimer la conspiration de M. Livius Drusus, 91 avant J.-C. Ce chevalier était le père ou le grand-père du favori d'Auguste.

Mécène reçut sans doute une éducation distinguée. On a prétendu qu'au moment de l'assassinat de Jules César il était à Apollonie, auprès d'Octave en qualité de précepteur ; ce n'est qu'une conjecture, fondée sur ce fait qu'aussitôt après l'apparition d'Octave sur la scène politique on voit Mécène dans sa confidence. Il fut surtout employé dans ces négociations intimes par lesquelles l'habile Octave essayait de consolider son pouvoir. Le mariage d'Octave avec Scribonia, fille de Libon, le mariage d'Antoine avec Octavie, l'accommodement de Brindes lui fournirent des occasions de signaler son dévouement. Il possédait dès lors toute la confiance d'Octave, qui pendant la guerre de Sicile contre Sextus Pompée, en 36, le nomma préfet de Rome et de toute l'Italie. Il exerça les mêmes fonctions à l'époque de la bataille d'Actium (31). Plusieurs critiques prétendent qu'il assista à cette bataille ; mais aucune des raisons qu'ils en donnent n'est convaincante. L'élégie sur la mort de Mécène attribuée à Albinovanus serait décisive si elle n'était certainement supposée ; la première élégie du second livre de Properce est loin d'être concluante, et le commentaire d'Acron sur l'épode d'Horace n'a pas d'autorité historique. Il reste donc l'épode d'Horace qui ne laisserait plus de place au doute, s'il était démontré qu'elle se rapporte bien à l'expédition contre Antoine, et non pas à la campagne contre Sextus Pompée. Il est impossible de fonder un récit solide sur des bases aussi incertaines ; ce qui n'est pas douteux, c'est que Mécène rendit un service essentiel à Octave en découvrant et en prévenant la conspiration de Lepidus. Il partageait avec Agrippa le droit d'ouvrir en l'absence d'Octave toutes les lettres que ce prince adressait au sé-

(1) L'étymologie du mot *Mæcenas* est douteuse ; on le trouve quelquefois écrit *Mecænas* et *Mecænas*, mais la forme *Mæcenas* est la plus autorisée. c'est probablement un nom de lieu. Les noms de *Cilnius* et de *Mæcenas* se trouvent sur les urnes cinéraires étrusques, mais toujours séparément, ce qui fait penser que ces deux familles ne s'allièrent qu'assez tard.

nat, et d'en altérer même le contenu. Il avait reçu à cet effet le sceau de l'empereur. Malgré sa haute position, Mécène, par politique ou par modération, se contenta du rang équestre. Cette circonstance ôta quelque chose à son autorité sur le peuple, et l'empêcha peut-être d'atteindre la même fortune qu'Agrippa. Son caractère le portait d'ailleurs à être le conseiller intime du prince plutôt qu'un membre actif du gouvernement. Après la défaite et la mort d'Antoine, Octave se trouva maître absolu du monde romain. On rapporte qu'à son retour à Rome il prit conseil d'Agrippa et de Mécène touchant l'opportunité de rétablir la république. Agrippa l'y engagea, tandis que Mécène le pressa fortement de constituer l'empire. Dion Cassius raconte longuement cette scène, et attribue à Mécène un discours qui, dans sa forme actuelle, est certainement supposé ; mais le fait de la consultation est assez solidement établi. Quant aux rôles assignés à Agrippa et à Mécène, ils sont plutôt dans la vraisemblance dramatique que dans la réalité historique.

Les fonctions que Mécène remplit en l'absence d'Auguste n'étaient point la préfecture de la ville telle qu'elle fut organisée après la guerre civile, sur le conseil de Mécène lui-même. Le préfet de la ville était un magistrat de police, dont la juridiction était confinée à Rome et aux environs dans un rayon de 750 stades ; Mécène au contraire avait dans son département la politique aussi bien que l'administration, et son autorité s'étendait sur toute l'Italie. La position qu'il occupa était un intérim du pouvoir suprême, qui lui fut confié dans de rares circonstances seulement, tandis que la préfecture de Rome était une place régulière et fixe. Le premier qui la remplit fut Messala Corvinus ; Statilius Taurus l'occupa ensuite pendant dix ans, et Pison, successeur de Statilius resta préfet pendant vingt ans. Tacite, faisant allusion à l'administration de Mécène, dit que son pouvoir s'exerça durant les guerres civiles ; il est probable cependant que même après cette époque le confident d'Auguste remplit plus d'une fois l'intérim en l'absence de l'empereur et d'Agrippa. En 21 avant J.-C. il était encore le confident écouté d'Auguste, à qui il conseilla de donner sa fille Julie à Agrippa, pour ce motif qu'il avait rendu ce dernier si riche et si puissant qu'il y avait danger à lui laisser la vie s'il ne se l'attachait pas par de nouveaux et plus grands bienfaits. Cinq ans plus tard, sa faveur subit une diminution, et l'intérim du pouvoir suprême fut confié au préfet de Rome Statilius Taurus. Dès lors Mécène disparaît de l'histoire ; sa carrière politique était terminée. On est réduit à des conjectures sur les causes de cette demi-disgrâce. Peut-être Auguste trouva-t-il que la majesté de l'empire ne permettait plus de conférer une charge si élevée à un simple chevalier ? Peut-être jugea-t-il que Mécène vieilli n'avait plus la force de présider à l'administration de l'Italie ? Dion Cassius attribue le refroidissement impérial à une intrigue de Terentia, femme de Mécène et maîtresse de l'empereur. Quoi qu'il en soit, l'ancien favori conserva jusqu'à la fin son immense fortune et les apparences d'un grand crédit. L'empereur, en cessant de l'employer, continua à le traiter en ami, et témoigna des regrets de sa mort. Mécène doit la plus grande partie de sa réputation aux poëtes qu'il patrona, et qui payèrent sa protection par des éloges. Il contribua à l'éclat littéraire du siècle d'Auguste ; c'est un titre de gloire qu'il ne faut pas exagérer. Comblé de richesses, qui venaient probablement des confiscations des biens des proscrits, il donna à des poëtes dans le besoin un peu de l'or que la faveur impériale lui avait prodigué. Cette munificence ne s'exerçait même pas toujours avec choix. Sa maison était le rendez-vous de tous ceux qui à Rome cultivaient les lettres et les arts ; il admettait à sa table tous ceux qui pouvaient le distraire ; mais il savait réserver son amitié solide et délicate pour les plus beaux génies et les hommes les plus savants de Rome. Horace surtout fut très-aimé de lui. (*Voy.* HORACE.)

Mécène s'était fait bâtir sur la colline Esquiline un beau palais, avec de vastes jardins. C'était là qu'il vivait de préférence ; car il allait rarement à la campagne, et il semble que la nombreuse et agréable société de Rome lui était devenue une distraction indispensable. Il était naturellement fluid, taciturne et hypochondriaque. Il avait une santé très-faible, constamment minée par la fièvre. Il était sujet à de cruelles insomnies. Pline prétend qu'il resta sans dormir pendant les trois dernières années de sa vie. Il ne trouva pas de consolation dans son intérieur. Sa femme Terentia, aussi célèbre par son caractère dur et hautain que par sa beauté, lui donnait de fréquents motifs de chagrin. Leurs brouilleries perpétuelles et la faiblesse de Mécène, qui allait toujours au-devant de la réconciliation, étaient un sujet de plaisanteries pour les Romains. Du reste Mécène, mari complaisant, n'était pas un mari fidèle, et on ne parlait pas moins de ses adultères que de sa condescendance conjugale. On plaisantait aussi sur sa mollesse, ses allures efféminées, ses manies de valétudinaire, ses recherches de toilette et de table, la protection qu'il accordait aux acteurs, et particulièrement aux pantomimes. Ces reproches inquiétaient peu Mécène, qui loin de dissimuler ses habitudes faisait volontiers parade de ses vices. Il ne cachait pas qu'il aimait la vie par-dessus tout. Sénèque cite de lui des vers où il avoue cet attachement en termes d'une singulière vivacité :

> Debilem facito manu
> Debilem pede, coxa ;
> Tuber adstrue gibberum,
> Lubricos quate dentes ;
> Vita dum superest, bene est.

Hanc mihi, vel acuta
Si sedeam cruce, sustine (1).

Avec ses habitudes de petit-maître maladif et d'épicurien indolent, Mécène eut des qualités solides. Il fut certainement un conseiller habile, fidèle, modéré, qui contribua à consolider l'empire dans la famille des César. Quoique partisan de l'autorité monarchique, il fut toujours d'avis de ménager la liberté des citoyens; il détestait la cruauté, et il s'efforça d'inspirer à Auguste la même aversion. Enfin, malgré sa faible santé, il savait dans l'occasion suffire aux fonctions les plus pénibles. Velleius Paterculus a dit de lui : « C'était un homme dont la vigilance se refusait même au sommeil, lorsqu'elle était nécessaire; habile à prévoir et capable d'agir; mais dès que les affaires lui permettaient quelque relâche, il aimait à se bercer dans une indolence plus qu'efféminée. »

Mécène composa plusieurs ouvrages, aujourd'hui perdus. A en juger par les courts fragments qui en restent, il semble que la perte n'est pas grande. Sénèque cite de lui un *Prométhée* qu'il appelle un livre, sans doute une tragédie, et Priscien mentionne (si cet endroit du texte n'est pas corrompu) une *Octavie*, qui devait être aussi une tragédie. En prose il avait écrit un ouvrage souvent cité par Pline, et qui traitait des poissons et des pierres précieuses; des *mémoires* sur la vie d'Auguste, qui ne furent peut-être ni publiés ni même achevés. Sénèque parle fort durement de son style, « qui fut aussi étrange, aussi dépravé que ses mœurs, aussi lâche que les plis de sa robe dénouée, aussi prétentieux que sa parure, son cortége, sa maison et son épouse; » et il cite quelques exemples qui sont pleins d'afféterie et presque inintelligibles. Heureusement si Mécène était un détestable écrivain, il patrona de grands écrivains, et son nom, qui dans Pétrone signifie un homme voluptueux et efféminé, est déjà dans Martial, et est resté chez les modernes, le synonyme de protecteur éclairé et généreux des arts et des lettres.

Il mourut sans laisser d'enfants, et sa famille s'éteignit avec lui. Il légua ses biens à Auguste. L. J.

Horace. *Carmina*, avec les *Scholies*. — Properce, II, 1. — Appien, *Bel. Civ.*, V, 53, 64, 93, 99, 111. — Dion Cassius, L, 3; LII, 14, 21; LIV, 3, 6, 7, 9, 19; LV, 7. — Tacite, *Annales*, I, 54; III, 30; VI, 11; XIV, 53, 55. — Suétone, *Augustus*, 26, 37, 66, 72, 86; *Vita Horatii*. — Sénèque, *Epist.*, 19, 92, 101, 114; *De Benef.*, VI, 32. — Pline, *Hist. Nat.*, VII, 51; XIX, 57; XXXVII, 4. — Plutarque, *Erot.*, 16. — Macrobe, *Saturn.*, II, 4. — Quintilien, *Institut. Orat.*, IX, 4. — Caporali, *Vita di Mecenate*; Venise, 1604. — A. Rivinus, *Dissertationes II de Caj. Cil. Mæcenate*; Leipzig, 1649-1652. — Meibomius, *Mæcenas, seu de Caj. Cilnii Mæcenatis vita, moribus et rebus gestis liber singularis*; Leyde, 1653. — Cenni, *Della vita di Cajo Zilnio Mecenate libri II*; Rome, 1684. — Dini, *Dell' origine, famiglia, patria ed azzioni di Cajo Mecenate, dissertazione storica*; Venise, 1704, in-8°. — Bonnemann, *Versuch einer Lebensbeschreibung an der Weltberufenen Person des Mæcenas*; Leipzig, 1744. — Richer, *Vie de Mecenas, avec des notes historiques et critiques*; Paris, 1746. — Viola, *Storia di Cajo Cilnio Mecenate*; Rome, 1816. — A. Lion, *Mæcenatiana, seu De Cilnii Mæcenatis Vita et Moribus*; Gœttingue, 1824, in-8°. — Frandsen, *C. Cilnius Mæcenas; historicht Untersuchung über dessen Leben und Wirken*; Altona, 1843, in-8°. — T. Dyer, dans le *Dictionary of Greek and Roman Biography* de Smith et dans le *Classical Museum*, vol. II, p. 206.

MÉCHAIN (*Pierre-François-André*), astronome français, né à Laon, le 16 août 1744, mort en Espagne, le 20 septembre 1805. L'amour de la science l'amena à Paris, où il vivait dans le plus grand dénûment, lorsque Lalande, ayant eu occasion d'apprécier ses talents et son zèle infatigable, le fit nommer astronome hydrographe au dépôt des cartes de la marine. Pendant plusieurs années, Méchain consacra toutes ses journées aux calculs des observations recueillies depuis vingt ans par le marquis de Chabert, et les nuits à des observations astronomiques : modestes travaux qui témoignent du dévouement de leur auteur. Les observations de Méchain étaient publiées par Lalande, et les plus remarquables sont celles qui eurent pour objet la recherche des comètes. Méchain en découvrit plusieurs, et il s'attacha surtout à en déterminer les éléments avec une précision suffisante pour que l'on pût constater un jour la périodicité de leur marche. En 1781, lorsque Herschell annonça aux astronomes l'existence d'une nouvelle comète qu'il avait aperçue dans la constellation des Gemeaux, Méchain s'occupa immédiatement d'en calculer les éléments; il était peu satisfait de ses résultats, lorsque, sur l'indication du président de Saron, il se décida à traiter la prétendue comète comme une planète, et recueillit ainsi l'avantage d'être le premier à donner à Uranus un orbite plus conforme à sa véritable nature. En dix-huit ans, Méchain avait découvert et calculé onze comètes; il avait aidé Cassini et Legendre à déterminer la différence en longitude des observatoires de Paris et de Greenwich : travail dont on reconnaîtra la perfection si on le compare à celui qu'ont exécuté récemment MM. Leverrier et Airy, ayant à leur disposition toutes les conquêtes de la science moderne. Aussi lorsque l'Assemblée constituante décréta l'établissement du système métrique, Méchain fut-il designé avec Delambre pour exécuter les opérations géodesiques destinées à fournir la base de nos mesures actuelles. Il s'agissait de mesurer la partie du méridien terrestre comprise entre Dunkerque et Barcelone. Méchain avait accompli sa mission; mais il voulut prolonger la meridienne jusqu'aux îles Baléares, et c'est dans ce voyage qu'il périt de la fièvre jaune.

Méchain était membre de l'Académie des Sciences, et fut appelé à l'Institut lors de la formation de ce corps. Ce savant estimable n'a écrit que dans la *Connaissance des Temps* (années 1786 à 1794) et dans la *Base du*

(1) La Fontaine a traduit ainsi ces vers :

Mecenas fut un galant homme,
Il a dit quelque part : « qu'on me rende impotent,
Cul-de-jatte, goutteux, manchot, pourvu qu'en somme
Je vive, c'est assez, je suis plus que content. »

système métrique décimal, publiée par Delambre. E. M.

Delambre, *Hist. de l'Astronomie au dix-huitième siècle*, éditée par M. Matthieu (Paris, 1827, in-4°).

MECHEL (*Christian* DE), graveur suisse, né le 4 avril 1737, à Bâle, mort en 1817, à Berlin. Après avoir appris le dessin et la gravure à Nuremberg, sous la direction de J.-G. Heumann et de Preissler, il alla se perfectionner à Augsbourg, puis à Paris, où il reçut les conseils de Wille. Il voyagea ensuite en Italie, et en 1777 il vint s'établir à Vienne; dix ans plus tard il retourna à Bâle, y fit un commerce assez productif d'estampes, et passa vers la fin de sa vie à Berlin. Il fut membre du sénat de sa ville natale et de plusieurs sociétés d'arts. On a de lui : *Œuvre du chevalier Hedlinger, ou recueil de médailles de cet artiste gravées en taille-douce, accompagnées d'une explication historique et critique, et précédées de la vie de l'auteur*; Bâle, 1776, in-fol., avec 142 pl.; — *Catalogue figuré et raisonné de la galerie de Dusseldorf*; Bâle, 1778, 2 vol. in-fol. obl.; les planches ont été dessinées par Nicolas de Pigage; le texte est de Laveaux; — *Œuvre de Jean Holbein, ou recueil de gravures d'après ses plus beaux ouvrages, accompagné d'explications et de la vie de ce fameux peintre*; Bâle, 1780, gr. in-4°; — *Lettres de Ch.-L. de Windisch sur le* Joueur d'échecs *de Kempelen*, trad. de l'allemand; Bâle, 1783, in-8°; — *Catalogue raisonné des tableaux de la galerie impériale de Vienne, composé par ordre de l'empereur* (Joseph II); Bâle, 1784, in-8°; Mechel en a aussi fait paraître une édition allemande; — *Itinéraire du Saint-Gothard*; 1795; — *Tableaux historiques et topographiques des événements mémorables sur le Rhin*; 1798; — *Tableau comparatif des montagnes de la Lune, de Vénus, de Mercure et de la Terre*; Berlin, 1806, in-4°; la même année il dressa un *Tableau des principales hauteurs du globe*; in-4°. Cet artiste a gravé au burin un certain nombre de planches, les unes d'après Holbein, G. Metzu, Loutherbourg, les autres d'après ses propres dessins; on cite aussi de lui plusieurs portraits estimés. K.

Nagler, *Neues allgem. Künstler-Lex.*, VIII. — Quérard, *La France Littér.* — Ch. Le Blanc, *Mém. de l'Amat. d'Estampes*.

MECHERINO. *Voy.* BECCAFUMI.

MECHERSKI (*Elim* PETROVICH, prince) (1), poète russe, né le 7 novembre 1808, à Saint-Pétersbourg, mort à Paris, le 14 novembre 1844. A quatorze ans il avait terminé de brillantes études, et à seize ans et demi il fut attaché à l'ambassade de Saxe. Nommé chambellan de l'empereur de Russie, il fut ensuite délégué près de la cour de Sardaigne. Le mauvais état de sa santé l'avait engagé à rechercher des climats hospitaliers. Il avait fondé à Nice, qu'il habita longtemps, un théâtre de société dont les recettes, uniquement consacrées à la bienfaisance, étaient versées dans les mains des sœurs de Charité de Saint-Vincent-de-Paul. Le prince Mecherski s'était de bonne heure familiarisé avec la langue française. A vingt-deux ans, en 1830, étant à Marseille, il prononça à l'Athénée de cette ville un *Discours sur la littérature russe* : il y exprime son admiration pour la merveilleuse activité des romantiques, et se déclare partisan des innovations, « pourvu, ajoutait-il, qu'elles n'aillent pas jusqu'à heurter le vrai goût et le bon sens ». Ce discours fut imprimé à Marseille en 1830, in-8°. En 1838 il fit paraître un volume de poésies intitulé *Les Boréales*, où de petites pièces en forme de sonnets sont tracées avec infiniment de grâce et de charme. Quelques années plus tard l'auteur s'éteignait en laissant à un ami le soin de mettre au jour d'autres morceaux qu'il était à la veille de publier. Ils ont été réunis dans deux recueils qui ont paru : le premier, en 1845, sous ce titre : *Les Roses noires*, in-8°, contenant des discours en vers et quelques poésies légères, avec une lettre de Victor Hugo à la mère de l'auteur; le second, intitulé : *Les Poètes russes*, en 1846, forme 2 vol. in-8°. On y trouve une notice biographique sur chaque poète et des traductions remarquables. G. DE F.

Revue nouvelle, 1847. — *Doc. part.*

MÉCHIN (*Alexandre-Edme*, baron), homme politique français, né à Paris, le 18 mars 1763, mort en septembre 1849. Fils d'un des principaux commis au département de la guerre, il fit de bonnes études à l'université de Paris (collége de Lisieux), et quand la révolution commença il en embrassa les principes avec chaleur. Devenu, par la mort de son père, propriétaire d'un domaine enclavé dans la capitainerie de Fontainebleau, et voyant les ravages exercés par le gibier dans les champs des communes voisines par suite des ordonnances féodales, il se chargea de réclamer auprès de l'Assemblée constituante et fit réussir leurs doléances. Cette démarche le mit en rapport avec plusieurs membres distingués de l'assemblée. Plus tard, il eut des relations intimes avec les Girondins, et peu s'en fallut qu'il ne fût entraîné dans leur proscription. Il échappa aux regards des gouvernements en remplissant des places modestes, où il était utile sans être en évidence. Après le 9 thermidor, il combattit les excès de la réaction comme il avait combattu la terreur. En 1795, il fut adjoint à Fréron dans une mission de paix dans le midi. Le Directoire ayant été installé pendant cette absence, Bénézech, alors ministre de l'intérieur, le choisit comme chef de son cabinet particulier. Après le 18 fructidor et la démission du ministre, Méchin fut placé par le ministre de la guerre à la tête d'une commission de li-

(1) Il était d'une famille d'origine tartare, qui obtint la dignité princière en 1798, après cinq siècles de résidence en Russie (Pen. A. G—n.)

quidation. En 1798, le Directoire lui confia le gouvernement civil de l'île de Malte, en remplacement de Regnauld de Saint-Jean d'Angely. Méchin partit pour l'Italie avec une suite nombreuse et sa jeune femme, qui avait voulu l'accompagner. Le pays venait de se soulever, et l'armée napolitaine de paraître à l'improviste devant Rome. Obligé de fuir avec sa femme et ses compagnons, il tomba au milieu d'une populace furieuse à Viterbe, et ne dut son salut qu'au courage et à la générosité de l'évêque et de quelques nobles italiens. Sa mission à Malte n'ayant pu s'accomplir, il revint à Paris, où il resta sans emploi jusqu'à la révolution du 18 brumaire. Ici commence une nouvelle phase dans sa vie. Il fut nommé préfet des Landes (1801), puis de la Roër (1802), et enfin de l'Aisne (1805). En 1810 il passa à la préfecture du Calvados. Il eut à réprimer en 1812 une grave émeute causée par la cherté toujours croissante des grains, et malgré le mélange de modération et de fermeté qu'il y apporta, ce fut pour lui plus tard une source de tracasseries sans nombre. Il fut destitué quelques mois après le retour des Bourbons (octobre 1814). Pendant les Cent Jours, il fut nommé à la préfecture d'Ille-et-Vilaine (6 avril 1815), et malgré l'exaltation des esprits il réussit à être conciliant et à maintenir l'ordre. Au second retour du roi, il fut destitué. Recueillant les débris de sa fortune, il ouvrit en 1816 un cabinet d'agence et un comptoir de banque, qui prospérèrent. Ses anciens administrés de divers départements lui donnèrent des preuves de bon souvenir et d'attachement. Le progrès des idées libérales dans le pays facilita son retour à la vie politique. En 1819 il fut nommé par les électeurs de l'Aisne membre de la chambre des députés. Naturellement il prit place dans les rangs de l'opposition libérale. Il s'y fit remarquer par ses connaissances approfondies dans toutes les branches d'administration et des talents oratoires. Sa parole, pleine d'énergie ou de sarcasme, harcelait souvent les ministres et portait le trouble dans le côté droit. Réélu à la chambre en 1824 et 1827, il prit une part active à toutes les mesures qui amenèrent la révolution de Juillet. Il fut député de 1830 jusqu'à 1831, et en même temps préfet du Nord. En 1839, il devint président de la commission des monnaies, admis à la retraite à la fin de cette année, et rentra ensuite dans la vie privée. Malgré les fonctions publiques qui remplirent une grande partie de sa vie, Méchin cultiva les lettres, et a publié quelques écrits politiques ou littéraires. En 1817, il donna la traduction en vers des *Satires de Juvénal* (2e édition, 1823, 2 vol. in-8°), où l'on a loué la fidélité au texte, et qui reproduit souvent la force et l'énergie mordante de l'original. J. C.

Arnault et Jay, *Biogr. des Contemporains*. — Rabbe, *id.*

MECKEL (*Jean-Frédéric*), célèbre anatomiste allemand, né à Wetzlar, le 31 juillet 1714, mort à Berlin, le 18 septembre 1774. Fils de Ph.-Louis Meckel, conseiller à la chambre impériale, il allait commencer l'étude du droit, lorsque les conseils de son grand-père maternel, le docteur Möller, le décidèrent à se consacrer à l'art médical. Après avoir suivi à Gœttingue et à Berlin les leçons de Haller, de Buddeus, Pott et Marggraf, le jeune Meckel se fit recevoir en 1748 docteur en médecine à Gœttingue. Nommé en 1751 démonstrateur à l'école des sages-femmes à Berlin, il fut appelé deux ans après à la chaire d'anatomie à l'université de cette ville. Ayant donné sa démission en 1773, il fut nommé chirurgien du roi de Prusse. On doit à cet explorateur infatigable du corps humain beaucoup de découvertes importantes. Il a publié : *De quinto pare nervorum*; Gœttingue, 1748, in-4°; — *Von einer ungewöhnlichen Erweiterung des Herzens und den Spannadern des Gesichts* (Sur une dilatation extraordinaire du cœur et sur les nerfs de la face); Berlin, 1755, in-4° : tiré des *Mémoires de l'Académie de Berlin*, année 1750; — *De Vasis lymphaticis glandulisque conglobatis*; Berlin, 1757, in-4°; — *Nova Experimenta et observationes de finibus venarum ac vasorum lymphaticorum in ductus visceraque excretoria corporis humani*; Berlin, 1771, in-8°; — *De morbo hernioso congenito singulari et complicato feliciter curato*; Berlin, 1772, in-8°. Parmi ses excellentes dissertations publiées dans les *Mémoires de l'Académie de Berlin*, nous citerons : *Sur un nœud ou ganglion du second rameau de la cinquième paire de nerfs du cerveau, avec l'examen physiologique du véritable usage des ganglions des nerfs*; année 1749; — *Description anatomique des nerfs de la face*; année 1751; — *Recherches anatomiques sur la nature de l'épiderme et du réseau malpighien; 2° sur la diversité de couleur dans la substance médullaire du cerveau des nègres; 3° description d'une maladie particulière de la poitrine*; année 1753; — *Observations sur des pierres trouvées dans les différentes parties du corps humain*; année 1754; — *Observations sur des maladies du cœur*; années 1755 et 1756; — *Nouvelles Observations sur l'épiderme et le cerveau des nègres*; année 1757; — *Observations sur l'enflure extraordinaire de l'abdomen*; année 1758; — *Observations sur quelques maladies assez rares*; année 1759; — *Observations sur le squirrhe et les abcès du cerveau*; année 1761; — *Recherches sur les causes de la folie qui viennent des vices des parties internes du corps humain*; année 1764; — *Observation sur la glande spinéale, sur la cloison transparente et sur l'origine du nerf de la septième paire*. Parmi les *Lettres adressées à Haller*, il s'en trouve un grand nombre écrites par Meckel. O.

La Prusse Littéraire, t. III. — Hirsching, *Histor. liter. Handbuch*. — Meusel, *Lexikon*.

MECKEL (*Philippe-Frédéric-Théodore*), anatomiste allemand, fils du précédent, né à Berlin, le 30 avril 1756, mort le 28 mars 1803. Après avoir étudié la médecine à Gœttingue et à Strasbourg, il parcourut pendant trois ans la France, l'Angleterre et l'Écosse. Nommé en 1779 professeur d'anatomie et de chirurgie à Halle, il garda cet emploi jusqu'à sa mort, quoique Paul Ier, empereur de Russie, qui l'avait appelé en 1797 à Saint-Pétersbourg, pour accoucher l'impératrice, lui eût offert l'emploi d'inspecteur de tous les hôpitaux de cette ville. On a de lui : *De Labyrinthi Auris contentis*; Strasbourg, 1774, in-4° ; — plusieurs *Mémoires* anatomiques dans divers recueils; — une traduction allemande du *Traité des Accouchements* de Baudelocque; Leipzig, 1783 et 1791-1794, 2 vol. in-8° ; — des *notes* à la traduction de la *Physiologie* de Haller publiée par Sömmering, et à l'*Anatomie pathologique* de Vogtel. O.

Meusel, *Gelehrtes Deutschland*, t. V. — Rotermund, *Supplement* à Jöcher.

MECKEL (*Jean-Frédéric*), célèbre anatomiste allemand, fils du précédent, né à Halle, le 17 octobre 1781, mort dans cette ville, le 31 octobre 1833. Il étudia la médecine à Halle, Gœttingue, Wurtzbourg et Vienne, visita la France et l'Italie, fut appelé en 1806 à la chaire de chirurgie à Halle, qu'il échangea bientôt après avec celle d'anatomie et de physiologie. Il fut nommé en 1829 correspondant de l'Académie des Sciences de Paris. Ses travaux contiennent une foule d'observations neuves et ingénieuses sur la formation du corps humain. Il est un des fondateurs de la tératologie, et a beaucoup contribué aux progrès de l'anatomie comparée.

Le précieux musée anatomique fondé par son grand-père avait été beaucoup enrichi par lui fut acheté après sa mort par l'université de Halle. On a de lui : *De conditionibus Cordis abnormibus*; Halle, 1802; — *Journal für anatomische Varietäten* (Journal contenant des mélanges anatomiques); Halle, 1805, in-8°; parmi les quatre *Mémoires* contenus dans cet ouvrage, le premier est du père de Meckel; — *Abhandlungen aus der menschlichen und vergleichenden Anatomie und Physiologie* (Dissertations concernant l'anatomie et la physiologie comparées de l'homme); Halle, 1806, in-8° ; — *Beiträge zur vergleichenden Anatomie* (Documents pour servir à la connaissance de l'anatomie comparée); Leipzig, 1808 1811, 2 vol., in-8° ; — *Handbuch der pathologischen Anatomie* (Manuel de l'Anatomie pathologique); Leipzig, 1812-1818, 3 vol., in-8°; traduit en français par Brechet et Jourdan, Paris, 1825, 3 vol., in-8° ; — *Handbuch der menschlichen Anatomie* (Manuel d'Anatomie de l'homme); 1815-1820, 4 vol. in-8°; — *Tabulæ anatomico-pathologicæ*; Leipzig, 1817-1826, in-fol.; — *System der vergleichenden Anatomie* (Système d'Anatomie comparée); Halle, 1821-1831, 5 vol., in-8° ; traduit en français par Riester et Sanson; Paris, 1827-1830, 7 vol., in-8°; — *Anatomisch-physiologische Beobachtungen* (Observations anatomiques et physiologiques); Halle, 1822, in-8° ; — *Descriptio Monstrorum nonnullorum*; Leipig, 1826, in-4°. Meckel, qui a donné aussi une traduction allemande très-augmentée de l'*Anatomie comparée* de Cuvier (Leipzig, 1808-1810, 4 vol., in-8°), a encore fait paraître depuis 1815 le *Deutsches Archiv fur Physiologie*, revue qui prit en 1826 le titre de *Arichiv für Anatomie and Physiologie*; enfin, il a publié une cinquantaine de *Mémoires* dans divers recueils. O.

Callisen, *Medicinisches Schrift.-Lex.* — *Convers.-Lexicon.*

MECKEN ou **MECKENEN** (*Israel*), dessinateur et graveur allemand, vivait vers la fin du quinzième siècle. On possède, sous le nom d'Israel Mecken ou Meckenen, un grand nombre de pièces composées dans le style gothique; mais il n'est pas facile de distinguer si l'on doit les attribuer à un ou deux artistes, ayant, presque à la même époque, pratiqué la gravure et l'orfévrerie dans la même ville. « Il paraît plus conforme aux faits, dit M. Renouvier, d'admettre, avec Zani et Ottley, qu'il y a deux Israel, bien qu'on ne puisse pas toujours faire la part exacte de chacun. L'examen attentif de cet œuvre mêlé et inégal autorise à penser que le plus vieux commença à graver après le Maître de 1466, enseigna son art à son fils ou son neveu, et travailla conjointement avec lui, quelquefois peut-être aux mêmes planches. Le vieux étant mort en 1503, le jeune continua à travailler jusqu'en 1527, ajoutant alors à la signature commune le *van*, qui ne se trouvait pas sur les planches du premier. » Plusieurs pièces des Israel portent avec leurs initiales un nom de pays, et on doit penser qu'ils résidèrent principalement à Bocholt, en Westphalie. Selon Bartsch, leurs compositions possèdent les caractères de l'art gothique sans en avoir la beauté; M. Passavant n'y voit qu'un talent fort médiocre et peu intelligent. En général les Meckenen furent des dessinateurs défectueux; « imbus de tout le maniérisme gothique du seizième siècle; ils propagèrent un type pauvre, reconnaissable surtout à ses petits bras et sa grosse tête ». On cite parmi leurs nombreuses estampes tirées des sujets de la Bible : *La jeune Marie montant les degrés du temple*, une *Vierge entourée de matrones*, et *La Passion de Jésus*. K.

Bartsch, *Manuel du Curieux*, VI, 184. — Joubert, II, 278. — Ottley, II, 686. — Brulliot, I et II. — Heller, 442. — Renouvier, *Types et manières des Peintres graveurs*, quinzième siècle, p. 76-78. — Passavant, *Le Peintre graveur*; Leipzig, 1860, p. 215.

MECKLEMBOURG, famille souveraine du

nord de l'Allemagne, qui descend de Niclot, prince des Obotrites, peuple slave, qui ne se soumit à l'Allemagne qu'au milieu du douzième siècle. Niclot ayant péri dans la guerre qu'il soutint contre Henri le Lion (*voy.* ce nom), son fils, Pribislav, fit la paix avec Henri, qui lui laissa ses possessions héréditaires sauf Stargard, Ratzebourg et Schwerin. Pribislav fit rebâtir Mecklembourg, l'ancienne capitale du royaume de ses pères, qui n'est plus actuellement qu'un village, et prit le nom de prince de Mecklembourg. Ses quatre arrière-petits-fils fondèrent les lignes de *Mecklembourg*, *Gustrow*, *Rostock*, et *Parchim*, dont les deux dernières s'éteignirent au commencement du quatorzième siècle, et la seconde en 1436. Les princes de la ligne de Mecklembourg, élevés à la dignité de ducs en 1349, réunirent en 1471 dans leurs mains tous les territoires de leur famille Jean-Albert, duc de Mecklembourg, mort en 1576, après avoir introduit la réforme dans son pays, eut deux petits-fils, Adolphe-Frédéric Ier et Jean-Albert II, qui fondèrent les lignes de *Mecklembourg-Schwerin* et de *Mecklembourg-Gustrow*, laquelle s'éteignit en 1695. En 1701, après de longues discussions, Frédéric-Guillaume, petit-fils d'Adolphe-Frédéric Ier, et Adolphe-Frédéric II, son oncle, convinrent de partager à l'amiable les domaines de leur maison; le premier reçut Schwerin et Gustrow; le second, qui avait pris le nom de duc de *Mecklembourg-Strelitz*, obtint la principauté de Ratzebourg et la seigneurie de Stargard. Ces deux lignes subsistent encore. O.

Rudloff, *Handbuch der mecklenburgischen Geschichte* (Rostock, 1821, 3 vol.). — Lutzow, *Pragmatische Geschichte von Mecklemburg* (Berlin, 1827, 3 vol.).

MECKLEMBOURG (*Adolphe-Frédéric Ier*, duc DE), prince allemand, né en 1568, mort en 1658. Fils aîné du duc Jean de Mecklembourg et de Sophie, fille du duc de Holstein, il succéda à son père dans le duché de Schwerin, pendant que son frère Jean-Albert II prenait possession du comté de Gustrow. A cette époque, la guerre de Trente Ans vint bouleverser l'Allemagne. Les deux princes de Mecklembourg ayant pris le parti du roi de Bohême, Frédéric, furent mis au ban de l'Empire. Wallenstein les força d'abandonner leurs États. Ils furent rétablis en 1632 par le roi de Suède Gustave-Adolphe. Jean-Albert étant venu à mourir, en laissant un fils en bas âge, Adolphe-Frédéric demanda la tutelle de son neveu, et le fit enlever, de peur que la mère de ce petit prince, qui était dévouée à l'empereur d'Allemagne, ne le fît élever dans la religion catholique. Rétabli dans ses droits par la paix de Westphalie, le duc de Mecklembourg répara, autant qu'il put, les maux de la guerre et administra avec sagesse le domaine de son neveu, jusqu'à ce que celui-ci eût atteint sa majorité. Veuf de la fille du duc d'Ost-Frise, il épousa en secondes noces une princesse de Brunswick. J. V.

Rudolff, *Handbuch des Mecklemb Geschichte* — Lutzow, *Pragmatische Geschichte von Mecklemb* — *Conv.-Lex.*

MECKLEMBOURG-STRELITZ (*Charles-Frédéric-Auguste*, duc DE), général et littérateur allemand, né le 30 novembre 1785, à Hanovre, mort le 21 septembre 1837. Fils cadet du duc Charles-Louis-Frédéric et frère du duc Charles-Joseph-Georges, qui tous deux gouvernèrent le Mecklembourg-Strelitz, il était le frère de la reine de Prusse, Louise. Son père, gouverneur général de la ville de Hanovre et feld maréchal au service du royaume de Hanovre, le fit élever avec ses frères et sœurs à Darmstadt, sous les yeux de son grand-père, sa mère étant morte peu de temps après lui avoir donné le jour. Il resta à Darmstadt jusqu'en 1794; à cette époque il suivit son père à Strelitz. Nommé capitaine d'état-major au service de Prusse en 1799, il se fit recevoir, malgré ce titre, à l'école militaire de Berlin, et acheva son éducation militaire à l'école de guerre dirigée par Scharnhorst. Promu au grade de major, il entra en 1805 dans la garde, devint lieutenant-colonel en 1801, colonel en 1812. Attaché au corps de Blücher en 1813, il assista aux batailles de Lutzen et de Bautzen, et fut nommé général major. A la reprise des hostilités, il commandait une brigade du corps d'York, qui formait en grande partie l'avant-garde de l'armée de Silésie sous les ordres de Blücher. Il se distingua particulièrement aux affaires de Lowenberg, de Goldberg, de la Katzbach, de Wartemburg et de Leipzig, où il fut grièvement blessé. Il ne put donc arriver à Paris qu'après l'entrée des alliés dans cette capitale. Il avait été promu au grade de lieutenant général à la fin de 1813. Nommé chef de brigade dans la garde au retour de France, il commanda ce corps d'élite pendant la campagne de 1815, et entra à sa tête dans Paris, après les Cent Jours. Appelé ensuite au commandement supérieur de cette garde, il conserva ces fonctions jusqu'à sa mort. Membre du conseil d'État en 1817, il fut promu au grade de général d'infanterie en 1825, appelé à la présidence du conseil d'État la même année, puis admis aux séances du conseil intime des ministres. Homme d'esprit et d'instruction, doué d'une grande bravoure et de beaucoup d'expérience militaire, le duc Charles s'était fait le partisan de l'ancien régime et des idées absolutistes. Après la campagne de France, il eût voulu qu'on rétablît toutes choses en Allemagne sur le pied où elles se trouvaient avant 1806. En raison de ses liens de parenté avec le roi, il exerça politiquement une influence fâcheuse sur les affaires de Prusse, et se brouilla avec l'opinion publique. Il eut de puissants adversaires, jaloux de son pouvoir et de sa position, et il eut à soutenir des luttes très-vives même dans ses attributions militaires. Il manifesta une aversion profonde pour la dynastie que la révolution de Juillet avait portée au trône en France, et montra surtout son opposition à cette famille lors des démarches faites pour obtenir la main de la princesse Hélène de Mecklembourg-Schwerin en faveur du duc d'Orléans. Cette opposition le brouilla même alors avec le roi de Prusse; mais il se réconcilia bientôt. Le prince s'occupait aussi de littérature et de poésie. On le regarde comme l'auteur de quelques pièces de circonstance jouées à la cour de Prusse et d'une partie de la correspondance sur Berlin imprimée en 1821. Dans les dernières années de sa vie, il composa, sous le pseudoyme de *Weisshaupt*, une comédie intitulée : *Les Isolés*, qui n'obtint pas un grand succès au théâtre, mais à laquelle on reconnaissait de la finesse dans le dialogue. J. V.

Conversations-Lexikon.

MEDA (*Giuseppe*), architecte et peintre milanais, florissait à la fin du seizième siècle. Il donna les dessins du grandiose *Cortile* à double portique, formé de colonnes accouplées, du séminaire de Milan et ceux des palais Durini, Annoni, etc. On trouve parfois dans ces édifices quelque abus d'ornementation; mais jamais on n'y rencontre ces bizarreries qui allaient devenir à la mode en Italie par la funeste influence de son contemporain Borromini. Comme peintre, Meda ne fut pas sans mérite; il avait puisé à l'école de Bernardino Campi un style soigné et précis, qui domine dans ses ouvrages, tant à l'huile qu'à fresque. Dans la cathédrale de Milan, il a dessiné une partie des stalles, et il a peint sur un des volets de l'orgue *David dansant devant l'arche.* E. B—N.

Orlandi, *Abbecedario.* — Bianconi, *Guida di Milano.* — Pirovano, *Guida di Milano.* — Morigia, *Della Nobilità Milanese.* — Cicognara, *Storia della Scultura.*

MÉDA (1) (*Charles-André*), dont le véritable nom était MERDA, général français, né en 1775, tué à la bataille de Moscova, le 7 septembre 1812. Le lieu de sa naissance est inconnu : il servait à dix-sept ans dans la garde constitutionnelle de Louis XVI, presque aussitôt licenciée que formée. Il en sortit le 28 mai 1792, et entra dans la gendarmerie de Paris. Lors de la révolution du 9 thermidor an II (30 juillet 1794), il passa du côté de la Convention, et, se joignant à Dulac, fut du groupe d'hommes énergiques qui, sous les ordres de Léonard Bourdon, investirent l'hôtel de ville, en enfoncèrent les portes et arrêtèrent les membres de la commune insurgée. Ils pénétrèrent ensuite dans la salle où les deux frères Robespierre, Saint-Just, Couthon et Le Bas tenaient séance. Que se passa-t-il alors? Les écrivains sont peu d'accord sur les faits. Suivant les uns, Robespierre essaya de se tuer; suivant les autres, ce fut Méda qui tira sur Robespierre. Parmi les derniers M. de Lamartine se montre un des plus affirmatifs. « Léonard Bourdon, dit-il, entra en arrière du peloton conduit par Dulac et couvert par le gendarme Méda. Plusieurs voix crièrent : « Où est le tyran? » — « Le voici! s'écria Bourdon, et, saisissant le bras droit du gendarme armé d'un pistolet, il dirigea le canon de l'arme vers Robespierre. Le coup partit, et Robespierre tomba la tête en avant sur la table, tachant de son sang la proclamation qu'il n'avait pas achevée de signer. La balle avait percé la lèvre inférieure et fracassé les dents. » M. Thiers est moins positif; il dit : « Deux coups de pistolet retentirent : Le Bas était mort et Robespierre aîné avait la mâchoire inférieure fracassée. » Léonard Bourdon, le 12 thermidor an II (30 juillet 1794), rendant compte à la Convention de son expédition contre la commune, présenta Méda à la Convention, obtint la permission de le faire monter à la tribune avec lui, et dit : « Ce brave gendarme que vous voyez ne m'a pas quitté ; il a tué deux des conspirateurs (vifs applaudissements)..... Nous avons trouvé Robespierre aîné armé d'un couteau, que ce brave gendarme lui a arraché. Il a aussi frappé Couthon, qui était aussi armé d'un couteau... Je demande que le président (c'était Collot d'Herbois) donne l'accolade à ce brave gendarme. » Le président la lui donne au milieu des applaudissements. — *Le président:* « Je dois dire ce que ce brave gendarme vient de me dire : « Je n'aime pas le sang : cependant j'aurais désiré verser celui des Prussiens et des Autrichiens; mais je ne regrette pas de n'être point à l'armée, car j'ai aujourd'hui versé le sang des traîtres. » La Convention décréta qu'il serait fait mention du « dévouement civique de ce citoyen », et chargea le Comité de Salut public de lui donner de l'avancement. Méda fut successivement capitaine (août 1798), chef d'escadron 1807, colonel du 1er régiment de chasseurs à cheval (1808), général de brigade et officier de la Légion d'Honneur. Il mérita tous ces grades par un véritable courage. Il fut frappé mortellement à la bataille de la Moscova. J.-J. Berville a publié, sous le nom de Méda : *Précis historique des événements qui se sont passés dans la soirée du 9 thermidor*, adressé au ministre de la guerre, avec une *Notice* sur l'auteur; Paris, 1825, in-8°. Ce *Précis* a été réimprimé dans la *Collection des Mémoires relatifs à la Révolution française.* Louis XVIII, qui, dit-on, faisait une pension à la sœur de Robespierre, en refusa une aux sœurs de Méda. H. LESUEUR.

Son fils, *Charles* MÉDA, a publié quelques brochures relatives à l'économie politique, entre autres : *Projet de finance qui a pour but de procurer des fonds à bon marché au gouvernement et au commerce*; Paris, 1831, in-4°; — *Projet de deux plans de finance qui ont pour but de procurer à l'État 500 millions sans intérêt, remboursables en 20 années par 25 millions chacune, sur laquelle somme il sera prêté au commerce celle de 50 à 100 millions, remboursable pendant le cours de cinq ans, sans intérêt*; Paris, 1831, in-4°.

(1) *Moniteur universel*, p. 1177-1178. *Le journal* lui donne à tort le nom de *Medal*. On sait que Méda avait retranché un *r* de son nom pour éviter de mauvaises plaisanteries.

Le Moniteur universel, an II (1794), 512; an VI, 267. — Thiers, *Histoire de la Révolution française*, t. V, p. 382. — A. de Lamartine, *Hist. des Girondins*, t. VIII, liv. LXI, p. 365. — Quérard, *La France Littér.* — Voir aussi l'article ROBESPIERRE.

MEDA (*Jean* DE). *Voy.* JEAN.

MÉDAILLE (*Jean-Paul*), fondateur d'ordre, né vers 1615, mort à Auch, le 13 mai 1687. Il donna de nombreuses missions dans les diocèses de Toulouse, de Rodez, d'Auch, et du Puy. Il établissait partout où il prêchait des associations d'hommes et de femmes, chargées plus spécialement de conserver et d'étendre les fruits de la mission. Il fonda en 1651, sous le nom d'*Institut des Sœurs de Saint-Joseph*, une congrégation régulière de femmes, qui, entièrement livrées au service de Dieu, exerçaient la charité auprès du prochain. Henri de Maupas, évêque du Puy, le seconda dans la création de ce nouvel ordre, qui fut approuvé par le roi en 1674. Médaille en composa les règles, dont il emprunta les éléments à la constitution des jésuites; il y ajouta les observations de sa longue expérience, et fit de son œuvre un des codes les plus remarquables qui régissent les modernes sociétés religieuses. Cet institut prit bientôt un accroissement considérable, et a survécu à la révolution de 1789. Il est aujourd'hui répandu dans le monde entier; mais la maison mère est toujours restée au Puy.

Son neveu, *Pierre* MÉDAILLE, mort le 8 septembre 1709, à Toulouse, fit aussi partie de la Société de Jésus. Il est auteur d'un recueil de *Méditations sur les Évangiles*; Toulouse, 1703, 2 vol. in-18, plusieurs fois réimprimé. H. F.

J. Prat, *Vie du P. Paul-Antoine Dauphin.* — Monlezun, *Hist. de Notre-Dame du Puy.* — Caillau, *Les Gloires de Notre-Dame du Puy.*

MÉDARD (Saint), évêque de Noyon, né vers 456, au village de Salency, près Noyon, mort, suivant le P. Lecointe, en 545 (1). Son père, qui se nommait Nectardus, était de la race franque; sa mère, Protagia, de la race gallo-romaine. On ajoute qu'il eut pour frère jumeau saint Gildard, évêque de Rouen. Médard fut élu vers 530 évêque de Vermand; mais ce territoire ayant été désolé par les barbares, il transféra l'année suivante le siége de son évêché à Noyon, forteresse redoutée. L'an 532 mourut saint Eleuthère, évêque de Tournai. Invité à joindre le titre d'évêque de Tournai à celui d'évêque de Noyon, Médard refusa d'abord la nouvelle dignité qui lui était offerte; le roi Clotaire intervint lui-même dans cette affaire, et l'union des deux siéges sous l'autorité d'un même pasteur fut accomplie. Les successeurs de saint Médard furent comme lui évêques de Noyon et de Tournai jusqu'à 1146 : la division des deux siéges fut alors rétablie. Saint Médard fut un des évêques les plus honorés de son temps. Ayant appris qu'il était près de mourir, le roi Clotaire vint lui rendre une dernière visite à Noyon, et fit ensuite transporter sa dépouille mortelle dans la métairie royale de Crouy, aux portes de Soissons. C'est sur le tombeau de saint Médard que s'éleva bientôt la célèbre basilique qui porte son nom. B. H.

Gregorius Turon., *Hist. Franc.*, lib. 4, c. 19. — Idem, *De Gloria Confess.*, c. 95. — *Vita S. Medardi*, a Ratbodo, Noviom. episc., apud Surium, 8 junii. — *Gallia Christ.*, t. IX, col. 979.

(1) Suivant Pagi, dont la conjecture paraît moins vraisemblable, en 561.

MEDE (*Joseph*), savant théologien anglais, né en octobre 1586, à Berden (comté d'Essex), mort le 1er octobre 1638, à Cambridge. Après avoir terminé ses études au collége du Christ à Cambridge, il devint agrégé de cette maison, et fut nommé professeur de langue grecque; il conserva cette chaire jusqu'à la fin de sa vie. En 1627 il fut élu président du collége de La Trinité à Dublin, sur la recommandation du savant Usher; mais il refusa cet honneur. Il se dévoua si absolument au travail, qu'il faisait servir à ses vues le temps même de ses récréations ou de ses promenades; aussi avait-il parcouru presque tout entier le cercle des connaissances de son temps, et il était initié même à l'anatomie et à l'astrologie. Les leçons continuelles qu'il faisait sur Homère lui donnèrent une intelligence parfaite de cet auteur; et comme il confrontait soigneusement le texte grec avec l'hébreu, le chaldéen et le syriaque, il se rendit en même temps toutes ces langues familières. On a de lui : *Clavis apocalyptica, ex innatis et insitis visionum characteribus eruta et demonstrata;* Cambridge, 1627, in-4°; trad. en anglais, Londres, 1750, in-4°, et en 1833, in-8°; cet ouvrage a longtemps passé pour contenir l'explication la plus rationnelle des révélations de saint Jean; — *About the name* Θυσιαστήριον *anciently given to the Holy table;* Londres, 1637, in-4°; — *About churches in the Apostles' time;* Londres, 1638, in-4°. Après sa mort on a publié des *Sermons*, des *Discours* sur divers textes de l'Écriture Sainte, des *Dissertations*, etc. Le docteur Worthington a fait paraître en 1672 la meilleure édition des *Œuvres* de Mede (Londres, in-fol.). P. L—Y.

Life of Joseph Mede, à la tête des *Œuvres* (édit. 1672). — Érasme Middleton, *Evangelical Biography*, III, 73-102. — Chaufepié, *Nouv. Dict. hist.*

MEDEM (*Anne-Charlotte-Dorothée* DE), duchesse de Courlande, née le 3 février 1761, à Mesothen (Courlande), morte le 20 août 1821, à Lœbichau (duché d'Altembourg). Issue d'une ancienne famille de Courlande, elle était fille cadette de Jean-Frédéric de Medem, comte de l'Empire, qui vers 1765 épousa, en troisièmes noces, une femme d'un esprit supérieur, Élise von der Recke. Dorothée, dont la beauté était remarquable, se maria le 6 novembre 1779 avec Pierre de Biren, déjà veuf de deux femmes, et fut ainsi élevée au rang de duchesse de Courlande. Ce prince défendait avec une inflexible fermeté son droit de souveraineté contre les prétentions d'une noblesse jalouse de son pouvoir, et opposait aux doléances des états de Varsovie des plaintes non moins vives. La jeune duchesse réconcilia les parties par sa douce et sage médiation. Grâce à son humeur enjouée et à ses talents en musique, elle parvint à répandre quelque joie sur la vie soucieuse de son mari, affligé par des querelles de toutes espèces. Le voyage qu'elle fit avec lui en Italie, en 1784, contribua beaucoup au développement de son esprit. Laissant Pierre en Allemagne, elle fut forcée de revenir à Mittau, où, en 1787, elle donna le jour à un fils; mais les sollicitations pressantes du conseil de régence ne purent la décider à prendre les rênes du gouvernement. La mort du prince héréditaire, arrivée en 1790, acheva de détruire tout espoir de réconciliation entre le duc et ses sujets. Accompagnée de sa sœur consanguine, Élise de Recke, qui fut la plus fidèle de ses amies, Dorothée se présenta jusqu'à trois fois devant les états de Varsovie pour plaider la cause de son époux. En 1792 elle venait d'obtenir une décision satisfaisante, au moins en apparence, pour les deux parties lorsque la dissolution de la république de Pologne vint tout remettre en question. Privés d'appui de ce côté, menacés de l'autre par les symptômes révolutionnaires qui se manifestaient parmi les paysans les conseillers de la régence firent des ouvertures à Catherine II et lui envoyèrent leur soumission (18 mars 1795). Dix jours plus tard le duc Pierre, qui se trouvait déjà à Petersbourg, signa son abdication (28 mars), moyennant une rente annuelle de 36,000 écus, qui lui fut assurée à lui et à ses enfants. Après la mort de son mari (13 janvier 1800), la duchesse, devenue tutrice de ses quatre filles, résida tantôt à Berlin tantôt dans son domaine de Lœbichau dont elle avait acquis la propriété en 1796; elle fit aussi de fréquents voyages à Pétersbourg à Mittau et à Paris, et concourut dans ces différentes villes à la formation d'établissements de charité. De ses quatre filles, la puînée, *Pauline*, née en 1792, avait épousé le prince Frédéric de Hohenzollern-Hechingen, mort en 1838; et la cadette, *Dorothée*, née le 2 août 1793, est mariée depuis 1809 avec le duc Edmond de Talleyrand-Périgord. K.

Tiedge, *Dorothea, letzte Herzogin von Kurland*; Leipzig, 1823, in-8°

MEDERER (*Johann-Nepomuk*), littérateur allemand, né le 2 janvier 1734, à Stœckelberg, mort le 13 mai 1808, à Landshut. Admis dans la compagnie de Jésus, il fut nommé en 1777 conservateur de la bibliothèque d'Ingolstadt et en 1780 professeur d'histoire à l'université de cette ville. On cite parmi ses ouvrages *Idea systematis historiæ Germanicæ* Ingolstadt, 1769, in-8°; — *De Garibaldo duce Bavariæ* ibid., 1772, in-4°; — *Beytræge zur Geschichte von Bayern* (Essai sur l'histoire de Bavière; Ratisbonne, 1777-1780, gr in-8° *Annales Ingolstadiensis Academiæ*; Ingolstadt, 1772-1782, 4 part. in-4°; ces annales, commencées par Rosmarus et Engerdus s'étendent jusqu'à 1772; — *De Ingolstadt Schedion historicum*; ibid., 1791 in-8° *Geschichte des uralten Kæniglichen Maierhofes Ingolstadt* (Histoire de l'antique domaine royal d'Ingolstad); ibid., 1807, in-8°. K.

Der Biograph, VIII. — Eckard, *Literar. Handbuch*, I, 88. — Meusel, *Gelehrtes Deutschland*, V, 106. — Westenrieder, *Beytræge zur vaterlænd. Historie*, I.

MEDHURST (*Walter-Henry*), sinologue anglais, né en 1796, à Londres où il est mort, le 24 janvier 1857. Dès qu'il eut reçu la consécration sacerdotale, il entra dans la Société des Missions étrangères, et fut envoyé dans l'Inde. En 1822 il s'établit à Batavia, et prêcha l'Évangile aux peuplades à demi païennes de l'archipel malaisien. Après avoir passé deux ans en Angleterre, il retourna en 1838 au poste qu'il avait choisi, et passa en 1843 à Shangaï, d'où il fit de temps à autre des excursions dans l'intérieur de la Chine. En 1856 il revint à Londres. L'activité littéraire de ce missionnaire a peut-être surpassé son zèle apostolique connaissant à fond le chinois, le japonais le javanais, le malais et plusieurs langues d'Europe, il a laissé de nombreux ouvrages, parmi lesquels nous citerons : *Journal of a Tour through oriental countries of Malacca*; Singapour, 1828; — *An English and Japanese Vocabulary*; Batavia, 1830, gr. in-8°; ce recueil, imprimé en lithographie, contient environ 7,000 mots japonais; — *Dictionary of the Hokkeen Dialect of the Chinese Language*; Macao, 1832, gr. in-4°; — *Comparative Vocabulary of the chinese, corean and japanese languages*; Batavia, 1835, in-8°; — *China, its state and prospects*; Londres, 1838, in-8°; — *Chinese repository*; Canton, 1838-1851, 20 vol. in-8°; — *Chinese and English Dictionary*; Batavia, 1842-1843, 2 vol. in-4°; — *Chinese Dialogues* Shangaï, 1844, in 8°; — une édition du *Shu-King*, livre religieux des Chinois; Shangaï, 1846; — *English and chinese Dictionary*; Shangaï, 1847-1848, 2 vol. in-4°; — *Chinese Miscellanies*; Shangaï, 1849-1853, 3 vol. in-8°. K.

Conv.-Lex.

MÉDICIS (Maison DES), en italien DE' MEDICI, célèbre famille florentine, qui s'éleva à la souveraineté dans le quinzième siècle. Ses origines sont obscures quoique elle ait trouvé des généalogistes qui l'ont fait remonter jusqu'à Charlemagne (1). C'est seulement à partir du

(1) Les Médicis portaient dans leurs armoiries six *balles* ou globules. L'origine de ce signe héraldique a été diversement exposée. D'après un ouvrage manuscrit cité par Roscoe et intitulé *Origine e Descendenza della Casa de' Medici*, Averardo de Médicis, l'un des paladins de Charlemagne, tua un géant nommé Mugello, et obtint le privilége de porter dans ses armes six *palle* ou balles comme souvenir des six balles de fer qui étaient attachées à la massue de son adversaire. Suivant une opinion plus commune, et qui n'est pas plus fondée, les *palle* seraient des pilules et rappelleraient la profession mé-

treizième siècle que des membres de cette famille figurent dans l'histoire. Les richesses considérables qu'elle avait acquises par le commerce lui assuraient une puissante influence. En 1251, un *Jean* DE MÉDICIS pénétra avec un corps de cent Florentins à travers l'armée lombarde qui assiégeait la forteresse de Scarperia, et entra dans la place. En 1342, Gauthier de Brienne, duc d'Athènes et seigneur de Florence, ayant fait mettre à mort un autre *Jean* DE MÉDICIS, sous prétexte qu'il n'avait pas défendu assez vigoureusement Lucques contre les Pisans, les Médicis entrèrent dans une conspiration contre lui, et contribuèrent à délivrer la république de sa tyrannie. Peu de temps après ils se mirent à la tête de la révolution bourgeoise ou du *popolo grasso*, qui enleva la suprématie à la noblesse (1344). En 1348, un *François* DE MÉDICIS était premier magistrat de Florence, lorsque la peste noire ravagea cette ville. Mais les véritables fondateurs de la grandeur de cette famille furent *Salvestro* et *Jean* DE MÉDICIS (*voy.* les articles suivants).

Ten Hoven, *Mémoires généalogiques de la Maison de Médicis*; La Haye, 1778, 8 part. in-8°.

MÉDICIS (*Salvestro* DE), homme d'État florentin, vivait dans la seconde moitié du quatorzième siècle. L'expulsion de Gauthier de Brienne en 1343, la révolution du *popolo grasso* (la bourgeoisie) en 1344, furent suivies du triomphe du *popolo minuto* (la populace), et la république de Florence devint de plus en plus démocratique. Mais le parti vainqueur se divisa. Beaucoup de nobles, qui s'étaient d'abord activement mêlés au mouvement populaire, manifestèrent des tendances oligarchiques. Un de leurs principaux moyens pour s'assurer du pouvoir fut de faire rendre une loi par laquelle toutes les personnes suspectes d'appartenir au parti gibelin étaient exclues de toute participation aux affaires publiques et pouvaient être mises en jugement. La liste de ces suspects (*ammoniti*, avertis) était laissée à la discrétion des prieurs, qui pouvaient facilement y comprendre leurs ennemis (1357). Cette loi odieuse provoqua une conspiration, à la tête de laquelle se placèrent Bartolommeo de Medicis, fils d'Alamanno, qui en 1344 avait conduit les bouchers à l'assaut des maisons nobles, et deux *ammoniti* Niccolo del Buono et Domenico Bandini. Le complot fut dénoncé à la seigneurie par le légat du pape, qui avait reçu des ouvertures des conjurés. Médicis, se doutant qu'ils étaient trahis, révéla tout à son frère Salvestro. Celui-ci s'employa à l'effet d'obtenir des prieurs le pardon de Bartolommeo, et détourna leur attention sur del Buono et Brandini, qui furent décapités. La loi des suspects continua d'être appliquée avec une rigueur arbitraire, et devint entre les mains de la puissante famille des Albizzi un terrible instrument de tyrannie et de proscription. Enfin, une opposition puissante se forma contre les Albizzi. Salvestro de Médicis, qui en était un des chefs, arriva aux affaires comme gonfalonier de la justice, en 1378. Il demanda aussitôt l'abolition de la loi des *ammoniti*, et ne l'obtint qu'après des luttes sanglantes, où le parti de la bourgeoisie, commandé par les Ricci, eut à repousser à la fois les nobles et la populace. Le triomphe des Ricci et des Médicis, leurs alliés, ne fut pas de longue durée. Le parti guelfe reprit l'avantage en 1381, et Salvestro fut banni; mais sa courte administration n'avait pas moins jeté les fondements de la grandeur de sa maison. Après la mort de Salvestro, son fils, *Veri*, jouit d'une grande considération parmi le peuple. Lors de la révolte contre le gonfalonier Albizzi, en 1393, les insurgés vinrent lui demander de se mettre à leur tête; il n'y consentit pas, et les décida à déposer les armes. Sa prudence en cette occasion faillit perdre sa famille; car les Albizzi vainqueurs n'épargnèrent pas leurs adversaires. En 1400, sous prétexte de conspiration, ils proscrivirent ou frappèrent d'incapacité politique tout le parti gibelin. Les Médicis, enveloppés dans le malheur de leur parti et exclus des charges publiques, s'appliquèrent au commerce, et surtout à la banque. Ils augmentèrent ainsi rapidement leur fortune, et préparèrent leur retour aux grandes dignités de la république. Z.

dicule des premiers membres de cette famille. Les mots *Aux balles!* (*Alle palle*;) devinrent le cri de ralliement des Médicis.

Ammirato, *Istorie Fiorentine*. — Villani, *Istorie*, dans les *Scriptores Rerum Italicarum* de Muratori, t. XIII et XIV. — Razzi, *Vita di Salvestro de' Medici*. — Strozzi, *Ristretto della famiglia de' Medici*; Florence, 1610. — Erycius Puteanus, *Historia Medicea*; Anvers, 1606. — Moreni, *Serie d'autori di opere risguardanti la celebre famiglia Medici*; Florence, 1826. — Litta, *Famiglie celebri Italiane*, in-fol. fascic. XVII; Milan, 1787-1830. — Noble, *Memoirs of the House of Medicis*.

MÉDICIS (*Jean* DE), né en 1360, mort le 20 février 1428. Il avait quarante ans lorsque les Albizzi proscrivirent sa famille; mais il ne fut pas compris dans cet arrêt. Les Albizzi savaient qu'il n'était pas ambitieux, et ils craignaient, en le bannissant, de révolter le peuple, qui l'aimait à cause de son affabilité, de sa modération, de sa libéralité. Le commerce lui procura d'immenses richesses. Il ne chercha jamais les honneurs, et fut nommé successivement membre de la seigneurie en 1402, 1408, et 1417; un des dix du conseil de guerre en 1414; et gonfalonier de la justice en 1421. Il eut de sa femme, Picarda Bueri, deux fils, Cosme et Laurent. Machiavel raconte que sur son lit de mort il leur adressa les paroles suivantes : « Je meurs content, mes enfants, puisque je vous laisse, avec les richesses et la santé, un état tel, que si vous suivez mon exemple, vous pouvez vivre honorés et respectés dans le lieu qui vous a vus naître. L'idée la plus consolante pour moi en ce moment, c'est que ma conduite n'a apporté de préjudice à personne, et qu'au contraire j'ai tâché de rendre service à tous par tous les moyens qui ont été en mon pouvoir. Je vous en conjure, que ce sentiment soit la règle constante de votre conduite. Quant aux honneurs de la république, si vous voulez vivre tranquilles, n'acceptez que ceux auxquels vous serez appelés par les lois et par la bienveillance de vos concitoyens; car c'est l'exercice d'un pouvoir obtenu par la violence, et non du pouvoir qui nous est confié volontairement, qui fait naître les haines et les divisions. »

Machiavel, *La Istoria Fiorentina*.

TABLEAU GÉNÉALOGIQUE DE JEAN DE MÉDICIS.

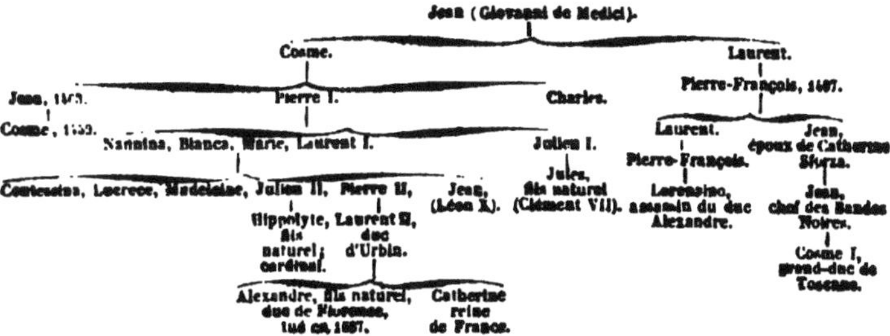

MÉDICIS (*Cosme Ier DE*), chef de la république florentine, surnommé *l'ancien* et *le Père de la patrie*, fils de Jean de Médicis, né en 1389, mort le 1er août 1464. Du vivant de son père, il s'occupa activement des immenses opérations commerciales qui avaient enrichi leur maison. Il se mêla aussi des affaires publiques. Tel était son crédit, dès 1414, que Balthasar Cossa, qui avait été élu pape sous le nom de Jean XXIII, sommé de se rendre au concile de Constance pour y faire valider son élection, choisit Cosme pour l'accompagner. Après de longs débats l'élection de Balthasar Cossa fut annulée. Les Médicis n'abandonnèrent pas leur ami dans l'infortune. Ils le rachetèrent des mains du duc de Bavière, et lui offrirent un asile à Florence. Balthasar Cossa mourut en 1419, et l'on prétend que les Médicis s'emparèrent des immenses richesses qu'il avait amassées pendant son pontificat; mais cette assertion, accréditée par les ennemis de cette famille, est fausse, car les biens du cardinal Cossa suffirent à peine au payement de ses legs et de ses dettes. Après la mort de son père, en 1429, Cosme, qui avait déjà été prieur en 1416, lui succéda dans la direction du parti populaire. « Une politesse et une bienveillance soutenues pour ses concitoyens d'un rang supérieur, une sollicitude constante pour les intérêts et les besoins des classes inférieures, qu'il soulageait avec une générosité sans bornes, caractérisèrent toujours sa conduite. Par là il se fit de nombreux et de zélés partisans parmi les citoyens de toutes les classes; mais il envisagea plutôt cette popularité comme le gage de l'affermissement du crédit dont il jouissait que comme un moyen d'étendre sa domination au détriment de sa patrie. » — « Il n'y a jamais eu, dit Voltaire, de famille dont la puissance ait été fondée sur des titres aussi légitimes (1). » Les Albizzi voyaient avec colère la puissance toujours croissante des Médicis, et, persuadés qu'il serait bien trop tard pour s'y opposer, saisirent l'occasion favorable que leur offrit l'élection de Bernardo Guadagni, leur partisan, à la place de gonfalonier en septembre 1433. Cosme, cité à comparaître au palais de la Seigneurie, fut arrêté. Comme il connaissait l'acharnement de ses ennemis, il s'attendait à être étranglé ou empoisonné dans sa prison; mais l'honnêteté de son gardien, Frédéric de' Malavalti, le préserva de ce danger, et la vénalité du gonfalonier le sauva d'une condamnation à mort. Guadagni, gagné par un don de mille florins, soumit à la délibération de la seigneurie un bannissement de dix ans à Padoue. La proposition fut adoptée, au désespoir de Rinaldo Albizzi, qui voyait dans cette demi-mesure la ruine future de sa famille et de son parti. Cosme quitta la Toscane, le 3 octobre 1433, et se rendit à Padoue. Grâce à l'intervention de l'ambassadeur vénitien Andrea Donato auprès de la Seigneurie, il obtint de fixer sa résidence partout où il voudrait dans le territoire vénitien, pourvu qu'il restât à une distance de cent soixante-dix milles de Florence. Il s'établit à Venise, où il fut parfaitement accueilli. Les Florentins ne tardèrent pas à le regretter. Rinaldo Albizzi fut banni, et Cosme rappelé. Son retour fut un triomphe, et dès lors sa vie offrit une suite ininterrompue de prospérités. Il comprit qu'après la ruine des Albizzi il n'aurait rien à craindre à l'intérieur, pourvu que des causes extérieures ne vinssent pas le troubler, et qu'il serait à l'abri de toute cause perturbatrice extérieure s'il parvenait à établir l'équilibre entre les quatre grandes puissances de l'Italie (Naples, Rome, Venise, Milan)

(1) Roscoe, *Vie de Laurent de Médicis*, t. I, p. 26, trad. de Thurot.

et à donner à Florence le rôle de médiatrice. Pour réaliser cette conception politique, Cosme avait à sa disposition un des deux moyens indispensables, les ressources pécuniaires; il s'unit avec le célèbre condottiere François Sforza, qui possédait l'autre grand moyen d'action, la force militaire. Appuyé sur Sforza et allié de Venise et de Rome, Cosme repoussa victorieusement les tentatives des États voisins contre la Toscane; il ne fit pas de conquêtes, mais il donna à la république une puissance dont elle n'avait jamais joui, et put consacrer ses principaux soins à la prospérité intérieure de l'État. Il était plutôt le premier citoyen que le dictateur de Florence. « L'autorité qu'exercèrent à Florence, pendant le quinzième siècle, Cosme et ses descendants était, dit Roscoe, d'une nature tout à fait particulière, et consistait plutôt dans une influence tacite de leur part, et dans un acquiescement volontaire de la part du peuple, que dans aucune convention précise et explicite entre eux. La forme du gouvernement était républicaine; l'administration était dirigée par un conseil de dix citoyens et par un chef de l'autorité exécutive élu tous les deux mois, sous le nom de gonfalonier, ou porte-étendard : par ce moyen, les citoyens s'imaginaient jouir du plein exercice de leur liberté. Mais tel était le pouvoir des Médicis, que presque toujours ils remplissaient eux-mêmes les premières charges de l'État, ou ils y nommaient les personnes qu'ils croyaient les plus capables de les remplir. Sur ce point, néanmoins, ils avaient une grande déférence pour l'opinion publique. Cette opposition d'intérêts qui se fait remarquer entre les peuples et ceux qui les gouvernent était à peine sensible alors à Florence, où les qualités supérieures et l'industrie étaient le plus sûr moyen d'arriver à l'autorité et à la faveur populaire. » Cosme fit le plus noble usage de sa puissance et de sa fortune, la plus considérable que possédât aucun particulier en Europe. Il s'en servit surtout pour protéger les lettres et les arts. Raconter en détail tous les services qu'il rendit aux érudits, aux philosophes, aux artistes, ce serait écrire une histoire presque complète de la Renaissance dans les soixante-quatre premières années du quinzième siècle. Il faut se borner à quelques indications. Il rassembla autour de lui quelques-uns des hommes les plus savants de cette époque qui avaient commencé à cultiver la langue et la philosophie grecques. Il établit à Florence expressément pour l'explication de la philosophie platonique une académie, à la tête de laquelle il plaça Marsile Ficin. Au moyen de ses correspondants étrangers, il recueillit les manuscrits grecs, latins et orientaux qui ont formé le fonds de la bibliothèque Laurentiane. Il ne fut pas moins libéral dans les encouragements qu'il accorda aux beaux-arts. Il dépensa des sommes immenses pour décorer Florence d'édifices civils et religieux. Il fit même bâtir un hôpital à Jérusalem pour le soulagement des pèlerins. Michelozzi et Brunelleschi étaient ses deux architectes de choix. Il employait de préférence Brunelleschi pour les monuments publics; mais lorsqu'il fit bâtir une maison pour lui et pour sa famille, il choisit les plans de Michelozzi, parce qu'ils étaient plus simples. « On voyait en même temps, dit Ginguené, à Florence comme dans une nouvelle Athènes, Masaccio et Lippi orner des productions de leur pinceau les églises et les palais, Donatello donner au marbre l'expression et la vie, Brunelleschi, architecte, sculpteur et poëte, élever la magnifique coupole de Santa-Maria-del-Fiore, et Ghiberti couler en bronze les admirables portes de l'église Saint-Jean, qui, suivant l'expression de Michel-Ange, étaient dignes d'être les portes du paradis; tandis que l'Académie platonicienne discutait les questions les plus sublimes de la philosophie; que les Grecs réfugiés, pour prix du noble asile qui leur était donné, répandaient les trésors de leur belle langue et les chefs-d'œuvre de leurs orateurs, de leurs philosophes, de leurs poëtes, et que de savants Italiens recherchaient avec ardeur, interprétaient avec sagacité, et multipliaient, avec un zèle infatigable, les copies de ces chefs-d'œuvre échappés au fer des barbares et à la rouille du temps. »

Cosme de Médicis eut deux fils, *Pierre* et *Jean*. Jean de Médicis était le fils favori de Cosme, qui fondait sur lui de grandes espérances; mais il mourut prématurément, en 1463. Il avait épousé Cornelia de' Alessandri, dont il n'eut qu'un fils, qui mourut enfant. Cosme laissa aussi un fils naturel, nommé *Carlo*. L. J.

Machiavel, *Istorie Fiorentine*. — Fabroni, *Magni Cosmi Medicei Vita*; Florence, 1789, in-4°. — Salviati, *Orazione in lode di Cosimo Pater Patriæ*; Florence, 1814. — Fillcaja, *Elogio di Cosimo de' Medici*; Florence, 1817. — Bottari, *Elogio e Ritratto di Cosimo de' Medici*; Padoue, 1819, in-fol. — Cavalcanti, *Della carcere dell' ingiusto esilio e del trionfal ritorno di Cosimo*; Florence, 1821. — Sismondi, *Histoire des Républiques italiennes*, t. IX et X. — Henri Leo et Botta; *Histoire de l'Italie* (trad. de Dochez dans le *Panthéon historique*), t. II. — Roscoe, *Vie de Laurent de Médicis*, t. I. — Tiraboschi, *Storia della Letteratura Italiana*, t. VI, p. 1. — Ginguené, *Histoire de la Littérature italienne*, t. 3.

MÉDICIS (*Pierre I*er DE), fils aîné et successeur de Cosme *l'ancien*, né en 1414, mort le 3 décembre 1469. Dans son administration, qui fut courte, il s'efforça de suivre les traces de son père, et protégea comme lui les lettres et les arts; mais la faiblesse de sa santé et de son caractère l'exposèrent à commettre des fautes, qui auraient peut-être perdu les Médicis si son fils Laurent n'eût montré une précoce aptitude pour les affaires. Cosme, voyant son fils Pierre si faible et si maladif, lui recommanda d'employer comme son principal ministre, Diotisalvi Neroni, qu'il croyait très-attaché à leur maison; c'était une erreur. Neroni, plus ambitieux que fidèle, ne songea qu'à ses propres intérêts, et travailla à miner la puissance des Médicis. Il conseilla à Pierre de mettre un ordre rigoureux dans les affaires de banque où Cosme avait apporté trop de facilité, et d'opérer le recouvrement des sommes immenses que celui-ci avait prêtées par politique et par bonté. Cette mesure, brusquement exécutée, jeta dans l'embarras presque toutes les familles toscanes, et occasionna un grand nombre de faillites non-seulement à Florence, mais à Venise et à Avignon. Elle eut pour principal résultat de créer un grand nombre de mécontents. Aussitôt que Diotisalvi Neroni, Luca Pitti, Niccolo Soderini et Agnuolo Acciajuoli, qui avaient été jusque là les hommes les plus considérables du parti des Médicis, virent que le peuple murmurait contre Pierre, et que l'ami le plus puissant de cette famille, le duc Francesco Sforza, était mort (mars 1466), ils résolurent de rétablir l'ancien gouvernement florentin (1). Mais, si l'on excepte Soderini et Acciajuoli, républicains sincères, ils n'étaient pas de bonne foi, et s'entendaient mal entre eux. Comme leurs premières tentatives d'opposition légale ne réussirent pas, ils formèrent, dit-on, le projet d'assassiner Pierre sur la route de sa maison de campagne de Careggi à Florence. On rapporte aussi que Pierre fut sauvé par la présence d'esprit de son fils Laurent. Celui-ci, dit-on, rencontrant sur le chemin des figures suspectes, fit dire à son père de prendre une autre route. Probablement ce trait a été inventé par quelque biographe complaisant de Laurent. Il semble au contraire que le parti de la Montagne, comme on appelait les adversaires des Médicis, fut surpris par le retour de Pierre, qui arrivait avec une escorte formidable. Soderini seul se trouva prêt. Avec trois cents mercenaires allemands et deux cents florentins il marcha vers la place, et demanda à Luca Pitti d'y paraître avec lui. Luca, gagné à la cause des Médicis par la promesse d'un mariage avantageux, resta sourd à cet appel, et Soderini, désespéré, se retira en lui disant : « Votre résolution coûtera à Florence sa liberté, à vous votre position, à moi ma fortune, aux autres le séjour de leur ville natale. » En effet la manifestation avortée de Soderini précipita la ruine du parti de la Montagne. Le 1er septembre 1466 la seigneurie fut renouvelée dans un sens tout favorable aux Médicis, et les principaux membres du parti contraire s'enfuirent. Acciajuoli se retira à Naples, Neroni et Soderini allèrent à Venise. Ceux de ce parti qui ne prirent pas la fuite furent emprisonnés ou exclus des fonctions publiques. Pitti seul fut épargné, mais il ne recouvra ni son honneur ni son crédit. Méprisé et découragé, il n'acheva pas le beau palais qui est devenu plus tard la demeure des souverains de la Toscane. Les émigrés florentins décidèrent la république de Venise à se déclarer en leur faveur ; et comme les négociations n'aboutirent pas, le général vénitien Barthélemy Colleone, assisté d'Hercule d'Este, d'Alexandre Sforza, prince de Pesaro, des seigneurs de Forli, de Faenza et de Mirandola, marcha contre les Florentins, dont l'armée, commandée par Frédéric comte d'Urbin, comptait dans ses rangs le jeune duc de Milan Galeas, et Jean Bentivoglio, prince de Bologne (1467). La bataille s'engagea à La Molinella près de Bologne, le 25 juillet 1467, et dura depuis midi jusqu'au soir. Machiavel, qui aime à se moquer des *condottieri*, prétend que les deux partis restèrent maîtres du champ de bataille; qu'il n'y eut pas un homme de tué et que l'on se contenta de faire quelques prisonniers. Mais d'après Ammirato ce combat coûta la vie à trois cents hommes au moins. Quoi qu'il en soit, la bataille ne fut pas décisive, et les deux armées prirent leurs quartiers d'hiver. La paix se fit au printemps de 1468, sans qu'il fût rien stipulé en faveur des émigrés. Pierre était maître incontestable de Florence. Ses seuls embarras lui venaient de ses partisans, qui, sous prétexte de poursuivre les ennemis de la famille de Médicis, persécutaient cruellement leurs propres adversaires. Pierre, retenu à Carregi par des infirmités toujours croissantes, ne pouvait s'opposer à cette réaction; et le spectacle des exécutions capitales alternait avec les jeux et les tournois que donnaient ses deux jeunes fils. Le mariage de Laurent avec la princesse Clarisse Orsini donna lieu à de magnifiques réjouissances (juin 1469). Triste au milieu des fêtes, et inquiet sur l'avenir de ses fils, Pierre songea à se réconcilier avec le parti de la Montagne. Il fit venir en secret un des principaux émigrés, Acciajuoli, et lui demanda conseil. Il voulait, dit-on, rappeler tous les exilés; mais la mort l'empêcha d'exécuter son dessein. Il laissa de sa femme, Lucrezia Tornabuoni, deux fils, *Laurent* et *Julien*, et deux filles, *Blanche* et *Jeanne Giovanna* ou *Nannina*; la première épousa Guillaume Pazzi, et la seconde Bernard Ruccellai. Z.

Machiavel, *Istorie Fiorentine*. — Ammirato, *Istorie Fiorentine*. — Michel Bruto, *Historiæ Florentinæ*. — Sismondi, *Histoire des Républiques italiennes*, t. X.

MÉDICIS (*Laurent Ier*, DE), *Lorenzo* DE' MEDICI, prince de Florence, fils aîné du précédent, né le 1er janvier 1448, mort le 8 avril 1492. A la mort de Pierre les principaux partisans des Médicis, ceux qui gouvernaient réellement Florence, Thomas Soderini, André de' Pazzi, Louis Guicciardini, Matteo Palmieri et Pierre Minerbetti, auraient pu facilement exclure du pouvoir suprême les deux jeunes fils de Pierre; mais ils jugèrent plus prudent, dans leur propre intérêt, de laisser la première place aux descendants de Cosme. Laurent et Julien furent proclamés princes de l'État (*principe dello Stato*). Les premières années de leur administration offrent peu d'événements remarquables. La tentative promptement réprimée et cruellement pu-

(1) Comme le plus redoutable adversaire de Pierre, Luca Pitti habitait un palais situé sur le point le plus élevé de l'Oltrarno, on nomma le parti républicain *parti de la montagne*, et par opposition le parti des Médicis s'appela le *parti de la plaine*.

nie, des exilés qui sous les ordres de Bernardo Nardi, et de concert avec Diotisalvi Neroni, occupèrent Prato, en 1470; la révolte de Volterra, suivie de la prise et de la dévastation de cette ville, en 1472, sont les principaux faits de l'histoire intérieure de Florence de 1469 à 1476. Dans ses rapports avec les autres États italiens, cette ville n'était pas restée au rang où Cosme l'avait placée; mais le système d'équilibre établi par ce prince subsistait encore, et assurait la tranquillité de la république florentine. Le 2 novembre 1474 Florence et Venise signèrent avec Galeas Sforza, duc de Milan, une ligue défensive pour vingt-cinq ans. Il fut convenu que chacune de ces trois puissances entretiendrait, même en temps de paix, trois mille chevaux et deux mille fantassins. Dans une guerre sur terre elles devaient réunir entre elles vingt et un mille chevaux et quatorze mille fantassins, de telle sorte cependant que Florence ne contribuerait que dans la proportion de deux sur huit. Dans les guerres maritimes les Florentins et le duc de Milan s'engageaient chacun à fournir 5,000 florins par mois aux Vénitiens. Les parties contractantes invitèrent le duc de Ferrare, le pape et le roi de Naples Ferdinand à entrer dans cette alliance. Le duc de Ferrare y adhéra le 13 février 1475; le pape et Ferdinand donnèrent des assurances de bonne volonté, mais refusèrent de prendre des engagements. Tranquille au dedans et à l'abri de tout danger extérieur, Florence put se livrer avec abandon aux fêtes, aux brillants amusements, et aux jouissances d'esprit que procuraient l'étude et l'imitation de l'antiquité. Ce calme apparent cachait un orage. La grandeur des Médicis excitait de profondes jalousies à Florence et dans d'autres États de l'Italie. Les Pazzi, qui pour les richesses et la noblesse étaient les premiers de Florence, avaient eu récemment à se plaindre de Laurent qui, par une decision de la *balia*, les avait privés du riche héritage des Borromei; vers le même temps, ils étaient devenus les banquiers du saint-siége. Ils persuadèrent à Sixte IV, qui détestait déjà les Médicis, que la chute de cette famille était nécessaire pour l'agrandissement du pouvoir temporel des papes. Une guerre ouverte, même si le roi de Naples prêtait son concours au pape, offrait peu de chance de succès, et d'un autre côté une insurrection dans Florence était tout à fait improbable. Les Pazzi s'arrêtèrent donc au projet d'assassiner les deux frères, et d'accord avec le roi de Naples et Sixte IV, ils préparèrent tout pour recueillir les fruits du meurtre. Pendant que cette vaste conspiration se formait en 1477, Laurent, qui ne prévoyait pas une pareille tempête, continuait de se livrer à ses études et à ses plaisirs. On l'avait vu dès son avénement se montrer le digne petit fils de Cosme. En 1472 il rétablit l'académie de Pise; il y appela les professeurs les plus éminents, et ajouta à la subvention fournie par l'État une forte somme, prise sur sa fortune privée. Comme il se piquait d'être un grand admirateur de Platon, il fonda une académie pour la culture de la philosophie platonicienne, et institua une fête annuelle en l'honneur du philosophe athénien. La conspiration le surprit au milieu des soins de l'administration et des nobles distractions de l'étude. Les conjurés firent entrer dans leur complot l'archevêque de Pise, François Salviati, et réglèrent avec lui les détails de l'exécution. Il était indispensable pour le succès de l'entreprise que les deux frères fussent frappés en même temps. Salviati invita le jeune cardinal Raphael Riario, qui étudiait à Pise, à venir le voir à Florence; il savait que les deux Médicis ne manqueraient pas de fêter ce jeune homme et de se trouver réunis avec lui dans diverses cérémonies. En effet, le 26 avril 1478, le cardinal Riario et les deux Médicis se rendirent à l'église pour y entendre le service divin. Les conjurés avaient tout disposé dans la prévision de cette circonstance. Francesco de' Pazzi et Bernard Bandini devaient tuer Julien. On comptait sur le condottiere du pape, Jean-Baptiste de Monte-Secco, pour tuer Laurent. Mais le condottiere eut un scrupule; il déclara qu'il ne commettrait pas un tel attentat dans une église et qu'il ne joindrait pas le sacrilége à la trahison. Ce fut d'après Machiavel le principe de la ruine de toute l'entreprise. Les conjurés furent forcés de confier le meurtre à deux prêtres, Antoine de Volterra, scribe apostolique, et Stefano Bagnoni, curé de Monte-Murlo. Il fut convenu qu'on frapperait les victimes au moment de l'élévation. Les cloches donneraient le signal aux conjurés du dehors qui devaient s'emparer du palais public. Au moment fixé, lorsque l'officiant éleva l'hostie « Bernard Bandini frappa de son poignard Julien à la poitrine. Celui-ci, après avoir fait quelques pas, tomba par terre. François de' Pazzi se jeta sur lui, et le frappa à coups redoublés avec tant de fureur, qu'il se blessa lui-même grièvement à la cuisse. Au même instant les deux prêtres attaquaient Laurent. Antoine de Volterra, appuyant la main gauche sur son épaule, voulut lui porter un coup de poignard dans le col; mais Laurent se dégagea rapidement, enveloppa son bras gauche de son manteau, tira son épée et se défendit avec l'aide de ses deux écuyers, André et Laurent Cavalcanti. Le dernier fut blessé; Laurent l'était lui-même légèrement au col, lorsque les deux prêtres perdirent courage et s'enfuirent. Bernard Bandini, au contraire, laissant Julien, qu'il venait de tuer, courut vers Laurent, et tua sur sa route François Nori, qui lui barrait le chemin. Laurent s'était réfugié dans la sacristie avec ses amis. Politien en ferma les portes de bronze tandis qu'Antoine Ridolfi suçait la blessure de son patron de peur qu'elle ne fût empoisonnée, et y mettait le premier appareil. Cependant les amis des Médicis, épars dans le temple, se rassemblèrent l'épée à la main devant les portes de la sacristie; ils demandèrent qu'on leur ouvrît et que Laurent se mit à leur tête. Celui-ci craignait d'être trompé par ces cris, et n'osa point ouvrir jusqu'à ce que Sismondi della Stufa, jeune homme qui lui était attaché, fût monté par l'escalier de l'orgue à une fenêtre d'où il pouvait voir l'intérieur de l'église d'une part; il reconnut Julien, dont Laurent ignorait le sort; il le vit baigné dans son sang et étendu par terre, et de l'autre il s'assura que ceux qui demandaient à entrer étaient de vrais amis des Médicis. Sur son rapport on leur ouvrit la porte, et Laurent se mit au milieu d'eux pour regagner sa maison. » (Sismondi.) L'archevêque Salviati s'était chargé de s'emparer du palais de la seigneurie; mais son manque de courage et de sang-froid fit tout avorter, et les conjurés furent arrêtés dans le palais. François de' Pazzi s'était blessé si grièvement qu'il ne put monter à cheval et appeler le peuple à la liberté. Son oncle Jacopo, qui essaya de le faire à sa place, ne recueillit que des huées, et s'enfuit à toute hâte dans la direction de la Romagne. La populace, furieuse, se précipita sur les conjurés, les massacra et traina leurs cadavres dans les rues. Trois Pazzi et l'archevêque Salviati furent pendus. Enfin, plus de soixante-dix citoyens coupables ou suspects périrent à la suite de ce complot (1). Laurent avait échappé aux assassins; il lui restait à vaincre les grands complices de l'entreprise, le pape et Ferdinand, ligués avec la république de Sienne. L'armée de la ligue, commandée par le duc d'Urbin, Frédéric de Monte-Feltro, envahit la Toscane en déclarant qu'elle ne faisait pas la guerre à la république florentine, mais à Laurent. En même temps Sixte IV, par une bulle du 1er juin 1478, frappa la république d'anathème si dans le courant du mois elle ne livrait pas aux tribunaux ecclésiastiques Laurent de Médicis, le gonfalonier, les prieurs et les huit de la *balia*, avec tous leurs fauteurs pour être punis selon l'énormité de leur crime (celui d'avoir pendu l'archevêque). Les Florentins reconnurent leur tort, et se soumirent aux censures ecclésiastiques; mais Sixte IV exigeait davantage, et au mois de juillet il lança une nouvelle bulle, par laquelle il interdisait aux fidèles tout commerce avec Florence, rompait les précédentes alliances de la république, défendait à tous les États d'en contracter de nouvelles avec elle et à tout militaire de se mettre à sa solde. Les Florentins protestèrent contre l'excommunication, et annoncèrent l'intention d'en appeler à un concile œcuménique. Ils adressèrent à l'empereur, au roi de France, et aux principaux souverains de la chrétienté, cette protestation et des pièces qui mettaient hors de doute la complicité du pape dans l'assassinat. Le roi de France Louis XI se montra très-favorable aux Florentins, et son intervention força le pape d'écouter des conseils plus modérés. Les troupes napolitaines ne remportèrent pas d'avantages décisifs, et la guerre traina pendant toute l'année 1479. Laurent se conduisit avec autant de noblesse que d'habileté. Dès le début il déclara qu'il était prêt à se livrer au pape si ses concitoyens pensaient que sa mort était nécessaire à leur salut. Cette offre de dévouement ne fut point acceptée, et ne fit que le rendre plus cher aux Florentins, qui pour le mettre à l'abri d'une nouvelle tentative d'assassinat lui donnèrent une garde de douze hommes. Vers la fin de 1479, voyant combien les hostilités causaient de dommage aux Florentins, et décidé à rompre à tout prix la ligue formée contre la république, il eut le courage de partir pour Naples et de se livrer à son plus redoutable ennemi. Il débarqua à Naples, le 18 décembre, et fut bien accueilli par Ferdinand. La paix fut signée le 6 mars 1480. Les membres de la famille de' Pazzi qui n'avaient pris aucune part à la conspiration et qui avaient été enfermés à Volterra furent mis en liberté. Les Florentins durent payer soixante mille ducats au duc de Calabre, général de Naples; mais ils recouvrèrent tout ce qu'ils avaient perdu pendant la guerre. Le roi et la république se garantirent mutuellement leurs possessions. Le pape continua faiblement les hostilités. En 1484 la mort de Sixte IV délivra Laurent d'un dangereux ennemi et lui donna un ami dans Innocent VIII, successeur de Sixte. L'heureux succès du voyage de Laurent à Naples porta au comble l'enthousiasme du peuple à son égard. Il en profita pour modifier la constitution dans un sens oligarchique. Tous les pouvoirs furent concentrés dans une assemblée de soixante-dix citoyens, partisans des Médicis. Ce conseil eut dans ses attributions la nomination aux emplois et l'administration du trésor public. Laurent se montra fort mauvais économe de la fortune publique aussi bien que de la sienne propre. « Laurent, dit Sismondi, que la postérité a décoré du nom de *Magnifique*, tandis que ses concitoyens et les écrivains de son temps ne lui donnaient cette épithète que comme un titre d'honneur commun à tous les princes qui n'en avaient pas d'autre, à tous les condottieri, et à tous les ambassadeurs, Laurent méritait le surnom dont une erreur l'a mis en possession. La magnificence était dans son caractère : il aimait à donner l'idée d'une richesse infinie, pour rehausser ainsi l'opinion qu'on avait de son pouvoir; il ne mesurait jamais son faste sur ses revenus; pendant son séjour à Naples, après une guerre ruineuse pour sa patrie comme pour lui, tantôt il distribua des dots à une foule de jeunes femmes de la Pouille et de la Calabre; tantôt il déploya aux yeux des Napolitains, dans ses achats, dans sa suite, dans ses équipages, toute la pompe d'une richesse qui n'avait plus

(1) Au nombre des victimes de cette sanglante réaction furent Rene de' Pazzi, qui n'avait voulu prendre aucune part au complot, et Jean-Baptiste de Monte Secco, qui avait refusé de tuer Laurent. Bernard Bandini Baroncelli, l'assassin de Julien, alla chercher un refuge à Constantinople; mais Laurent obtint son extradition du sultan Mahomet II. Bandini, ramené à Florence le 15 décembre 1479, fut pendu le 27 du même mois.

rien de réel : toujours il voulut étonner et éblouir. » Avec ces prodigalités il mit un tel désordre dans ses finances qu'en 1490 il se trouva dans la nécessité ou de faire banqueroute lui-même, ou de faire faire banqueroute au trésor public. Le conseil des soixante-douze opta pour ce dernier parti, et sauva la fortune privée des Médicis aux dépens des créanciers de l'État (1).

L'avénement d'Innocent VIII, qui poussa la partialité pour les Médicis jusqu'à donner la pourpre au fils de Laurent, Jean (depuis Léon X), alors âgé de treize ans, l'anarchie de Sienne, qui réduisit à l'impuissance cette rivale de Florence, l'assassinat de Girolamo Riario, neveu de Sixte IV, seigneur de Forli et d'Imola, servirent à l'agrandissement de la maison de Médicis, tandis que Laurent, de plus en plus tourmenté par la goutte, prenait moins de part aux affaires. Mais cette prospérité contenait les germes d'une décadence prochaine. La fortune privée des Médicis, compromise par la munificence de Cosme, maintenue, mais non pas augmentée, par les mesures sévères de Pierre, disparut en grande partie sous Laurent. Ce prince échappa à la banqueroute aux dépens du trésor public; mais il renonça à toutes les affaires de banque, et plaça les débris de sa fortune en propriétés territoriales. Il chercha du côté de l'Église l'influence que sa famille avait due longtemps aux opérations de banque. Il maria sa fille Madeleine avec François Cibo, fils du pape, en 1487, et en 1489 il fit entrer son fils Jean dans le sacré collége. A partir de 1490 ses infirmités s'accrurent au point de lui rendre impossible l'exercice du pouvoir. Il abandonna les affaires publiques à ses deux fils, Pierre et Julien, et passa presque tout son temps à sa campagne de Carreggi ou aux eaux minérales. Au commencement de 1490, ses souffrances s'aggravèrent, et une fièvre continue, ne lui laissant aucun repos, lui annonça sa fin prochaine. Il se retira à Carreggi, et attendit la mort avec calme. Après avoir donné de sages conseils à son fils Pierre, il s'entretint avec ses deux meilleurs amis, Pic de la Mirandole et Politien, et leur exprima en souriant le regret de n'avoir pas eu le temps de compléter la bibliothèque qu'il destinait à leur usage. Il reçut ensuite le moine Savonarole, qui, par ses prédications démocratiques, s'était déjà posé en adversaire des Médicis. D'après certains récits le moine trouva dans Laurent un chrétien fidèle et repentant; mais il se retira indigné de n'avoir pu obtenir de lui la liberté de Florence. Ce dernier point est contesté; il est certain seulement que Laurent mourut avec toutes les apparences de la foi chrétienne (1).

Laurent, comme tous les hommes d'État éminents, a été l'objet de jugements contradictoires. Sismondi l'a traité sévèrement. Roscoe et Ginguené l'ont trop loué peut-être. Il eut des qualités aimables, et montra en plusieurs circonstances une admirable résolution ; mais on ne saurait lui accorder le génie d'un grand homme d'État. Placé au début d'une crise qui devait décider pour plusieurs siècles du sort de la Péninsule, il ne prévit pas les dangers qui, de la part de la France et de l'Allemagne, menaçaient l'Italie, ou, s'il les prévit, il ne fit rien pour les conjurer. En enlevant à Florence les derniers restes de sa liberté, il prépara cette ville à subir le joug des conquérants, et ne lui laissa que la perspective d'un repos sans grandeur. Sa politique n'eut qu'un but, assurer le pouvoir dans sa famille; il y réussit; mais ses descendants n'occupèrent en Italie qu'une place secondaire et ne régnèrent que sous la suzeraineté de l'Empire et de l'Espagne. Après avoir fait ces réserves sur la politique de Laurent, il est juste de reconnaître que son administration fut généralement équitable et douce, que pour ses amis il fut généreux sans mesure, et qu'à l'égard de ses ennemis il montra une modération fort méritoire à la fin du quinzième siècle. Comme ses ancêtres, il encouragea les lettres et les arts. La collection de la bibliothèque Laurentiane, commencée par ses prédécesseurs, fut largement augmentée par ses soins. Pour accroître ce riche dépôt de livres et d'antiquités, il envoya des érudits et des archéologues fouiller les diverses parties de l'Italie. Son intime ami Politien fit plusieurs voyages afin de découvrir et d'acheter de précieux débris de l'antiquité. Jean Lascaris entreprit deux voyages en Orient, et en rapporta un grand nombre de manuscrits. Il revint de sa seconde excursion avec deux cents manuscrits acquis en grande partie dans les monastères du mont Athos; mais à l'arrivée de ce trésor Laurent n'était plus. Il fut un des plus actifs introducteurs de l'imprimerie en Italie, et chargea plusieurs érudits de collationner avec soin les manuscrits des anciens, afin de préparer des textes corrects pour l'impression. Comme à l'université de Pise les études se bornaient presque uniquement à la langue latine et aux sciences, il fonda à Florence une académie pour l'enseignement de la langue grecque. Cette langue y était professée ou par des Grecs de naissance ou par des savants italiens. « On devait, dit Roscoe, au zèle actif de Laurent les services de ces hommes célèbres, qui trouvaient dans ses

(1) L'intérêt de la dette publique fut réduit de moitié à (1 1/2 0/0, au lieu de 3 0/0). Les obligations de cent écus, *luoghi di monte*, qui représentaient la dette, tombèrent de vingt sept écus à onze. Cette réduction de la rente ne suffisant pas, on séquestra les capitaux des donations pieuses, et on les employa pour le compte de l'État, avec promesse d'en payer au bout de vingt ans l'intérêt à 7 0/0. On eut même recours aux plus ruineux expédients, tels que l'altération des monnaies.

(1) On raconte que les amis de Laurent, dans l'égarement de leur douleur, tuèrent le médecin Pierre Leoni de Spolète, qui l'avait traité dans sa dernière maladie. Il est certain que Leoni ne survécut pas à son malade ; mais il est probable que lui-même, épouvanté des menaces des amis et des parents de Laurent de Médicis, se précipita dans un puits à San-Cervagio.

bontés et dans sa générosité la récompense de leurs travaux. De là les témoignages multipliés de reconnaissance que les érudits qui vinrent ensuite ont prodigués à leur illustre patron, pour avoir formé un établissement duquel (pour me servir de leur comparaison classique), comme du cheval de Troie, sortirent tant de fameux champions qui répandirent la connaissance de la langue grecque, non-seulement dans toute l'Italie, mais encore en France, en Espagne, en Allemagne et en Angleterre. » Laurent ne se contenta pas d'augmenter la collection d'antiques que lui avaient léguée ses prédécesseurs, il fit de ses jardins de Florence une sorte d'académie de l'art grec, qu'il eut soin de fournir de statues, de bustes et d'autres ouvrages d'art, les meilleurs en leur genre qu'il put se procurer. C'est à cette institution et aux encouragements qu'il prodigua aux artistes, plus qu'à toute autre circonstance, que Roscoe attribue les soudains et étonnants progrès que les arts firent vers la fin du quinzième siècle, progrès qui partirent de Florence et dont toute l'Europe ressentit les effets.

Laurent ne fut pas seulement un protecteur des lettres, il fut aussi un des plus élégants poëtes de son temps. Ses productions sont très-variées, puisqu'elles comprennent des canzones et des sonnets amoureux; la *Nencia da Barberino*, charmant petit poëme en langage rustique (*rusticale* ou *contadinesco*); *l'Altercation*, poëme philosophique, d'une rare élévation morale; des satires; des poésies descriptives (*Ambra*) et didactiques (*La Chasse au faucon*); des chants pour accompagner les magnifiques mascarades du carnaval (*Cant. carnascialeschi*); un poeme dramatique (*La Représentation de saint Jean et de saint Paul*), où l'histoire est etrangèrement défigurée, mais où l'on trouve une belle situation, l'abdication de Constantin, et de beaux vers (1). Dans ces diverses poésies, « on voit, dit Ginguené, une grande souplesse à traiter tous les genres et à prendre tous les tons dans le sonnet et la canzone, un style inférieur à celui de Petrarque, mais supérieur à celui de tous les autres poetes lyriques qui avaient écrit depuis un siècle entier; dans la poésie philosophique, une clarté qui écarte tous les nuages, une grâce facile qui fait disparaître l'aridité de tous les détails; dans la satire une touche originale, une création et un modèle; dans des genres plus légers, et si l'on veut plus futiles, une aisance et un naturel qui écartent toute idée de travail. On voit enfin dans Laurent un des principaux restaurateurs de la poésie italienne, qui était restée silencieuse pendant un siècle, comme désespérant de soutenir son premier succès, et découragée par la sublimité même de ses premiers chants. »

De sa femme, Clarisse Orsini (morte en 1488), Laurent de Médicis eut de nombreux enfants, dont sept, trois fils et quatre filles, arrivèrent à l'âge mûr. Les trois fils sont: *Pierre*, qui lui succéda, *Jean*, depuis Léon X, et *Julien*, qui s'allia à la maison royale de France et devint duc de Nemours.

BIBLIOGRAPHIE: *Poesie volgari, nuovamente stampate, di Lorenzo de' Medici che fu padre de papa Leone, col commento del medesimo sopra alcuni de' suoi sonetti*; Venise (Alde), 1554, in-8°; — *Rime sacre di L. de' Medici, unitamente a quelle di Madona, Lucrezia sua madre, e d'altri di sua famiglia, raccolte e corredate d'osservazioni per Fr. Cionacci*; Florence, 1680, in-4°; — *Poesie del magnifico Lorenzo de' Medici* (édition de l'abbé Serassi); Bergame, 1763, in-8°; — *Poesie di L. de' Medici, con quelle di altri suoi amici e contemporanei*; Londres, 1801, 2 part. in-4°, — *Opere di L. de' Medici, detto il Magnifico*; Florence, 1825, 4 vol. gr. in-4° : magnifique édition, publiée aux dépens de Léopold II, grand-duc de Toscane; elle est ornée de deux portraits de Laurent, l'un par R. Morghen, l'autre par Anderloni; on a omis quelques compositions trop légères; — *Poesie del magnifico Lorenzo de' Medici, tratte de' testi a penna della libreria mediceo-laurenziana*; 1791, in-8° : ce supplément aux précédentes éditions fut publié par W. Roscoe, à douze exemplaires seulement; l'éditeur le reproduisit à la fin de la vie de Laurent de Médicis. Plusieurs de ses poésies ont été publiées à part; ces éditions séparées sont des raretés bibliographiques très-recherchées des amateurs; nous citons les principales : *Altercazione, ovvero dialogo nel quale si disputa tra il cittadino e il pastore, quale sia piu felice vita o la civile o la rusticana*, sans lieu ni date, mais du commencement du seizième siècle; — *Stanze bellissime e ornatissime, intitolate* Le Selve d'amore; Pesaro, 1513, in-8°; — *Selve de' amore*; Florence, sans date, in-8°; — *Stanze alla contadinesca in lode della Nencia, insieme con la Beca* (de Luigi Pulci); Florence, 1554, in-4°; — *La piacevolo e bella Historia della Nencia da Barberino*; Florence, 1622, in-4°; — *Ballatette del magnifico Lorenzo de' Medici, di messer Agnolo Poliziani et di Bernardo Giamburlari et di molti altri*, sans date, in-4°; — *Canzoni a ballo composte da diversi autori*; Florence, 1562, in-4°; — *Canzone a ballo composte dal magnif. Lorenzo de' Medici, e da M. Agnolo Poliziano ed altri autori, insieme con la Nencia da Barberino, e la Beca di Dicomano, composte dal medesimo Lorenzo*; Florence, 1568, in-4°, édition très-rare; — *Tutti i Trionfi, Carri, Mascherati o Canti carnascialeschi andati per Firenze*; Florence, 1559, in 8°; ce recueil, publié par le Lasca, contient les *Canti carnascialeschi* de

(1) Ginguené a donné une piquante analyse de cette *Représentation*, qui, au style près, ressemble beaucoup aux *Mystères* du moyen âge. « Dans cette pièce, dit-il, écrite tout entière en octaves, et dont il paraît qu'une partie était chantée, il n'est question ni de saint Jean l'Evangéliste ni de l'apôtre saint Paul, mais du martyre de Jean et de Paul, deux eunuques de la fille de Constantin le Grand. Cette fille, nommée Constance, est lépreuse : sainte Agnès la guérit par un miracle. Constantin devenu vieux se démet de l'empire entre les mains de ses enfants; Julien l'Apostat leur succède, et c'est ce nouvel empereur qui fait couper la tête aux deux jeunes eunuques de sa sœur, parce qu'ils adorent le dieu qui l'avait guérie de la lèpre par l'intercession de sainte Agnès. Il est puni et tué dans une bataille, non par le fer ennemi, mais par un martyr peu connu, ou dont le nom est plus célèbre dans la mythologie que dans l'histoire, et qui s'appelle saint Mercure. »

Laurent de Médicis, lesquels ont été réimprimés en 1750, in-4°; — la *Rappresentazione de' SS. Giovanni e Paolo e di S. Costanza*; Florence, sans date, in-4°. L. J.

Machiavel, *Istorie Fiorentine*. — Michel Bruto, *Historia Fiorentina*. — Scipione Ammirato, *Istorie Fiorentine*. — Ange Politien, *Conjurationis Pattianæ Comment.* — J. Papire Masson, *Vita Laurentii Medicis*; Paris, 1587, in-4°. — Le Noble, *L'Histoire secrète de la Conjuration des Pazzi contre les Médicis*; Paris, 1698, in-8° (rare). — N. Valori, *Laurentii Medicis Vita*; Florence, 1749, in-4°; — A. Fabroni, *Laurentii Medicis Magnifici Vita*; Pise, 1784, 2 vol. in-4°. — W. Roscoe, *Life of Lorenzo de' Medici, called the Magnificent*; Londres, 1800, 3 vol. in-8°. — *Illustrations historical and critical of Lorenzo de' Medici*; Londres, 1822, in-4°. — Pozzetti, *Dissertazioni due sopra alcuni passi della vita di Lorenzo de' Medici, scritta de Gugl. Roscoe*; Bologne, 1810, in-8°. — Ginguené, *Histoire Littéraire de l'Italie*, t. III. — Sismondi, *Histoire des Républiques italiennes*, t. XI.

MÉDICIS (*Pierre II* DE), fils aîné du précédent, né le 15 février 1471, à Florence, noyé le 27 décembre 1503, dans le Garigliano. Rien n'annonça chez lui un digne héritier de sa race. A seize ans il avait épousé une parente de sa mère, Alfonsine degli Orsini, fille du comte de Tagliacozzo. Formé par Politien aux lettres grecques et latines, il improvisait facilement en vers; sa parole était brillante, sa conversation agréable; sa force et son adresse le rendaient habile à tous les exercices du corps; mais il écarta de lui toute sympathie par l'arrogance de ses manières et son orgueil indomptable. Tel était pourtant l'asservissement de la seigneurie de Florence à la famille des Médicis qu'à la mort de Laurent (1492), son successeur, dispensé des conditions d'âge, fut immédiatement déclaré propre à exercer toutes les magistratures. Pierre, qui regardait comme indigne de lui le soin des affaires publiques, les abandonna à d'obscurs familiers, entre autres à Pierre de Bibbiena, ancien secrétaire de son père. Un de ses premiers actes eut des conséquences désastreuses pour la paix de l'Italie. Envoyé à Rome pour complimenter le nouveau pape, Alexandre VI, il refusa avec beaucoup de hauteur de se joindre aux ambassadeurs des États voisins, et témoigna son attachement pour Ferdinand, roi de Naples, au point de faire avec lui une alliance indépendante. Louis Sforza, qui avait tout à craindre de la maison d'Aragon, s'empressa de conclure un traité avec le pape et Venise, et invita le roi de France à la conquête de Naples. A Florence le parti des mécontents grossissait; il avait pour chef Laurent et Jean de Médicis, petits-fils de Laurent l'ancien, qui ne montraient pas moins de zèle pour la liberté que leur parent pour le pouvoir. Pierre vit en eux des rivaux, les fit arrêter (avril 1493), et mit en délibération s'ils ne méritaient pas la mort; on obtint avec peine de lui qu'il se contentât de les exiler à la campagne. L'année suivante il resserra les liens d'amitié avec Alfonse II, le nouveau roi de Naples; dans l'espoir de devenir prince héréditaire de Florence, il promit de mettre la Toscane en état de défense et de garder les défilés des Apennins; mais il négligea d'y envoyer des troupes. Au mois de septembre 1494 Charles VIII avait franchi les Alpes, et au bout de quelques jours l'avant garde de son armée, commandée par le comte de Montpensier, menaçait la Toscane du côté de la Lunigiana. La prise de Fivizzano, première forteresse florentine, jeta la terreur dans la république et fit éclater contre Pierre le mécontentement qu'on avait longtemps comprimé. Ce chef vaniteux s'aperçut tout à coup que son pouvoir ne reposait plus que sur une opinion chancelante; il s'effraya de l'agitation intérieure, et encore plus de la guerre étrangère, qu'il n'était pas en mesure de soutenir, et accourut au camp de Charles VIII pour faire sa soumission. La pusillanimité l'entraîna aux concessions les plus inattendues : non-seulement il fit ouvrir au roi, qui les assiégeait, les portes de Sarzana et de Sarzanello, mais il lui livra encore Pietra-Santa, Librafatta, Pise et Livourne, et s'engagea, au nom de la république, pour un prêt de deux cent mille florins. Indignés de ce traité, les Florentins se soulevèrent contre Pierre de Médicis, et l'obligèrent à sortir de la ville (9 novembre 1494). Cette révolution s'accomplit en quelques heures. Pierre, abandonné de ses amis, essaya en vain d'ameuter la populace au cri de sa famille : *Palle! Palle!* On lui lança des pierres, on sonna le tocsin, et les portes se fermèrent derrière lui. Plusieurs maisons furent saccagées et le grand palais des Médicis, un moment préservé du pillage, tomba quelques jours après aux mains des Français, qui s'emparèrent sans pudeur de tout ce qui tenta leur cupidité.

Après la fuite des Médicis, on les déclara traîtres et rebelles; on confisqua leurs biens, on mit leur tête à prix. Toutes les familles exilées depuis soixante ans furent rétablies dans leurs droits; Laurent et Jean, qui s'étaient réfugiés au camp français, rentrèrent à Florence, et changèrent leur nom de Médicis en celui de Popolani. Quant à Pierre, il avait pris la route de Bologne, où il arriva seul avec son frère Julien. Blessé de l'accueil dédaigneux que lui fit Jean Bentivoglio, qui lui reprochait de n'avoir point su mourir à son poste, il se rendit à Venise. Ce fut là qu'il reçut de Charles VIII l'invitation secrète de rentrer à Florence; mais le sénat lui ayant donné le conseil perfide de ne point se mettre au pouvoir d'un prince auquel il avait été jadis contraire, Pierre refusa de revenir, et cette occasion perdue, il n'en retrouva plus d'autres de se rétablir jamais dans son pays. Ce ne furent pourtant ni l'ambition ni les ressources qui lui manquèrent. Après avoir rejoint l'armée de Charles VIII, où il avait été complétement oublié, il se concerta, dans l'automne de 1496, avec Virginio Orsini, son parent, qui rassembla une bande de partisans près du lac de Pérouse; à la suite de quelques escarmouches, ce dernier perdit courage, et se retira dans le royaume de Naples. Pierre ourdit à Rome un nouveau complot. D'accord cette fois, avec les frères Petrucci, il se porta rapidement de Sienne à Florence (29 avril 1497); mais il n'osa point donner l'assaut, et battit en retraite devant l'approche du général Ranuccio de Marciano. En 1498 il se joignit aux troupes de Venise, et ne fut pas plus heureux dans cette nouvelle tentative : ses soldats furent enfermés dans le Casentin, et lui-même n'échappa qu'avec peine. Enfin, en 1501 il décida César Borgia à attaquer Florence, et attira de nouveaux malheurs sur sa patrie, sans aucune utilité pour sa propre cause. Pierre suivit alors l'armée française dans le royaume de Naples, et il se trouvait avec La Trémouille à la journée du Garigliano; il venait de s'embarquer sur cette rivière avec quatre pièces d'artillerie lorsque une troupe de fuyards, se jetant sur sa barque, la fit chavirer, et il se noya à la vue de Gaète, où il avait dessein de se rendre. Il fut enterré à l'abbaye du Mont-Cassin. De sa femme, Alfonsine degli Orsini, morte en 1514, il laissa deux fils, *Laurent* et *Cosme*, et une fille, *Clarice*, mariée à Philippe Strozzi.

P. L—Y.

Guicciardini, *Historia*. — Nardi, *Istoria Fiorentina*. — Ammirato, *Istorie Fiorentine*. — Sismondi, *Hist. des Républ. ital.*, XII, XIII.

MÉDICIS (*Julien II* DE), frère du précédent, né en 1478, mort le 17 mars 1516, à Florence. Chassé de Florence en même temps que ses frères Pierre II et Jean, il partagea leur exil, et déploya non moins d'activité qu'eux dans l'œuvre du rétablissement de leur famille. A Venise, à Rome, en France, il chercha partout des alliés; il seconda Pierre dans ses diverses tentatives à main armée, et ce fut lui qui, en 1501, déchaîna César Borgia contre la république. Le plus souvent il résidait à Venise. Après avoir vu se dérouler une longue suite d'agitations et d'infortunes sous le gouvernement populaire qu'elle avait adopté, Florence avait élu pour chef Pierre Soderini avec le titre de gonfalonier perpétuel; sa fidélité à l'alliance française l'exposa, en 1512, à toute la colère de la ligue italienne, qui venait de forcer Louis XII à repasser les Alpes. Julien de Médicis exploita avec son habileté accoutumée le ressentiment des confédérés; dans la diète qui se tint entre eux à Mantoue, il demanda la restauration de sa famille, dont l'exil et les malheurs avaient été, prétendait-il, l'ouvrage des Français, et n'épargna pas l'argent et les plus brillantes promesses. Pour se venger de Soderini, son ennemi personnel, autant que par égard pour une maison puissante, le pape Jules II, qui était l'âme de la ligue, résolut d'envoyer contre Florence l'armée espagnole. Raymond de Cordoue, qui la commandait, envahit sans retard la Toscane, s'empara de Prato, qui fut livré au massacre et au pillage (30 août 1512). A cette nouvelle, une révolution éclata à Florence : le gonfalonier fut arrêté, destitué, puis contraint à la fuite; les Médicis furent rappelés comme simples citoyens, et on offrit aux Espagnols une contribution de 140,000 florins en or. Sans attendre l'abrogation de la peine portée contre lui, Julien rentra le même jour à Florence, escorté par les jeunes gens des maisons Albizzi, Ridolfi, Tornabuoni et Rucellai (31 août). On s'occupa aussitôt de changer le gouvernement, dont la forme populaire fut maintenue. Le nouvel état de choses était loin de satisfaire l'ambition des Médicis. Déterminés à renverser le parti démocratique, ils profitèrent de la présence des soldats espagnols et de l'abattement où était plongée la ville pour frapper un coup hardi : ils entourèrent le palais public, forcèrent Ridolfi, le gonfalonier récemment élu, à se démettre, et formèrent, au nom du peuple assemblé sur la place, un conseil suprême (*balia*), à la tête duquel fut placé Julien (16 septembre 1512). On abolit en même temps la plupart des magistratures protectrices de la liberté; la milice nationale fut licenciée et le peuple désarmé. L'élévation du cardinal Jean au pontificat, sous le nom de Léon X, prêta une force nouvelle à la puissance des Médicis (mars 1513). Le pape devint le véritable chef de la famille et la Toscane une dépendance de l'Église. Cédant aux ordres de son frère, Julien, qui était d'un caractère doux et faible, remit quelques mois après le soin de ses affaires à son neveu Laurent, et alla résider à Rome, où il eut le titre de lieutenant général. En 1515 il épousa Philiberte de Savoie, tante de François Ier, qui à cette occasion le créa *duc de Nemours*. L'année suivante Julien mourut à Florence, d'une fièvre maligne, qu'il avait gagnée en commandant les troupes pontificales. Il ne laissa d'autre postérité qu'un fils illégitime, *Hippolyte* (*voy.* ci-après).

P. L—Y.

Nardi, *Istoria Fiorentina*. — Sismondi, *Républ. ital.*, XIII, XIV.

MÉDICIS (*Hippolyte* DE), cardinal italien, fils naturel du précédent et, dit-on, d'une veuve noble d'Urbin, né en 1511, dans cette ville, mort le 13 août 1535, à Itri. Il fut élevé avec beaucoup de soin, et devint très-habile dans la musique et la poésie italienne. Mis par son cousin Clément VII au rang des cardinaux (11 janvier 1529), il devint peu après, malgré sa grande jeunesse, administrateur de l'archevêché d'Avignon et vice-chancelier de l'Église. Il accepta ces dignités, pour ne pas déplaire au pape, qui le chargea en 1530, en qualité de légat, de presser Charles Quint de déclarer la guerre aux Turcs. Il leva un corps de huit mille Hongrois, avec lequel il contribua à chasser les infidèles des terres héréditaires de la maison d'Autriche. En 1534 il marcha contre Barbe-Rousse, qui venait de piller les environs de Rome. Après qu'il eut pris part à l'élection de Paul III, il n'eut pas à se louer de ce pontife, qui lui refusa la légation de la marche d'Ancône. Le reste de sa vie se passa en débauches et en complots; il avait conservé quelques partisans à Florence, et il ne pouvait pardonner à Alexandre de Médicis, avec qui il avait été élevé, de lui avoir été préféré dans le gouvernement de la république. Il tenta de se défaire de lui au moyen d'une machine explosive; mais, trahi par un de ses complices, il se cacha quelque temps près de Tivoli; comme il se rendait dans le royaume de Naples, il mourut tout à coup en route, à l'âge de vingt-quatre ans. Selon toute apparence, il fut empoisonné par ordre d'Alexandre. Le cardinal de Médicis avait tous les vices et quelques qualités de sa famille. Aucune de ses actions n'était d'un ecclésiastique: il portait l'épée, s'habillait en cavalier, employait ses journées à faire des armes ou à monter à cheval, et paraissait plus souvent à la chasse et à la comédie que dans les églises. Du reste, il était libéral et ouvrait sa maison à tous ceux qui avoient besoin de lui. Il laissa un fils naturel, *Asdrubal de Médicis*, qui fut chevalier de Malte. On a du cardinal Hippolyte une traduction en vers libres du second livre de l'*Énéide*, insérée par L. Domenichi dans les *Opere de Virgilio da diversi autori tradotti*; Florence, 1556, in-8°. P.

P. Giovio, *Historia*, lib. 30, 33 et 34. — Varchi, *Istoria Florentina*. — Auberi, *Hist. des Cardinaux*.

MÉDICIS (*Laurent II* DE), duc d'Urbin, fils aîné de Pierre II de Médicis et d'Alfonsine degli Orsini, né le 13 septembre 1492, à Florence, où il est mort, le 28 avril 1519. Il avait deux ans lorsque sa famille fut chassée de Florence. Toute sa jeunesse s'était écoulée au milieu des camps ou des cours étrangères; il avait été élevé comme un prince héréditaire, et de bonne heure il s'était habitué à faire peu de cas de la liberté et des mœurs républicaines. Vers la fin de 1513 il succéda à son oncle Julien dans le gouvernement de sa patrie. Machiavel, qui voulait sans doute être agréable à Léon X, trace de Laurent le portrait suivant: « Il semble qu'on retrouve en lui les manières de son aïeul; il est prompt aux affaires, aimable dans les audiences, grave dans ses réponses. Sa conversation est telle qu'on n'y voit ni superbe ni familiarité; il se fait aimer et vénérer plutôt que craindre. » Laurent ne tarda pas à changer de conduite; sa hauteur et son insolence le rendirent odieux à tous. Il détestait du reste un peuple au-dessus duquel aucun titre réel ne l'élevait et sollicitait sans cesse le pape de lui accorder la place dont il se croyait digne parmi les princes d'Italie. Léon X nourrissait lui-même de vastes projets en faveur des membres de sa famille; si Julien ne s'y était prêté qu'avec répugnance, il trouva chez Laurent un instrument docile. Malgré sa grande jeunesse, il lui confia le commandement des troupes de l'Église (août 1515), et l'occupa à la conquête du Modenais. Par le traité de Viterbe, il lui procura l'appui de François Ier ainsi que des honneurs et des pensions (13 octobre 1515). Enfin, il l'investit du duché d'Urbin (18 août 1516). François-Marie de La Rovère, dépouillé de ses États par cet acte d'injustice et d'ingratitude, ne tarda pas à y rentrer, avec le concours de ses sujets. Il fallut combattre, et Laurent, qui était un médiocre capitaine, évita autant que possible les chances d'une bataille; en traînant la guerre en longueur, il était assuré de l'avantage, étant le plus riche. Une blessure qu'il reçut à la tête, devant le château de Mondolfo (4 avril 1517), le força de quitter l'armée; il se retira à Ancône, puis à Florence, où l'on avait accueilli avec des démonstrations de joie la fausse nouvelle de sa mort. Accablé par le nombre, La Rovère évacua bientôt son duché, et en laissa la libre possession à son concurrent. En 1518, Laurent se rendit en France pour épouser Madeleine de La Tour, fille de Jean III, comte d'Auvergne et de Boulogne. Cette union, qui les rapprochait d'une maison royale, ne servit qu'à accroître son orgueil. Il abandonna la conduite des affaires à son secrétaire, Goro de Pistoja, et ne rêva plus qu'au projet de réduire Florence en principauté; en dépit de tous ses efforts, il ne put rien obtenir du pape. Depuis longtemps il souffrait d'un mal honteux, qu'il avait communiqué à sa jeune femme; au retour d'un voyage à Rome, il mourut. Cinq jours auparavant Madeleine l'avait précédé dans la tombe en mettant au jour *Catherine de Médicis*, qui devint reine de France. Laurent fut le dernier descendant légitime de Cosme l'ancien; il eut pour successeur dans l'administration de Florence le cardinal Jules de Médicis, depuis Clément VII, et laissa d'une esclave un fils illégitime, *Alexandre* (voy. ci-après). P. L—Y.

Guicciardini, Sc. Ammirato, Nardi, Nerli, Cambi, *Istorie*. — P. Giovio, *Vita di Leone X*. — Sismondi, *Republ. Ital.*, XIV.

MÉDICIS (*Alexandre* DE), premier duc de Florence, né en 1510, assassiné à Florence, dans la nuit du 5 au 6 janvier 1537. Fils illégitime de Laurent II (1) et d'une esclave nommée Anna, il naquit dans l'exil et fut amené à Florence en 1512 par Julien II. Avec Laurent et Julien s'éteignit la descendance légitime de Cosme l'ancien et le jeune Alexandre se trouva naturellement placé sous la tutelle des papes, devenus chefs de la famille. Il eut pour maîtres deux Florentins, Ricco Ridolfi et Giovanno Corsi, sous la surveillance du cardinal Jules; ce prélat, promu au pontificat sous le nom de Clément VII, délégua à Florence Silvio Passerini, cardinal de Cortone, chargé d'administrer la république durant la minorité d'Alexandre et du fils bâtard de Julien II, Hippolyte. Assujetti par le cardinal de Cortone à toutes les volontés du saint-siége et ne possédant encore aucune autorité personnelle, Alexandre inspirait aux Florentins plus de mépris que de respect. Silvio Passerini formait avec les cardinaux Cibo et Ridolfi, que lui avait adjoints Clément VII, une sorte de triumvirat, impuissant à gouverner la république en temps de paix,

(1) On lui donnait aussi pour pères Julien II, le cardinal Jules, devenu Clément VII, et un cocher de Florence, mari légitime de l'esclave Anna.

et qui tomba dans un complet discrédit à l'approche des bandes allemandes que conduisait le connétable de Bourbon. Cette invasion, détournée sur Rome par l'énergique attitude de la population, eut néanmoins son contre-coup à Florence; privés de leur plus puissant soutien par la captivité de Clément VII, les Médicis eurent assez de sagesse pour éviter une lutte inutile, et se démirent volontairement, en présence de Philippe Strozzi et de Nicolas Capponi, d'une autorité qu'ils ne pouvaient plus conserver. Alexandre et Hippolyte, auxquels on garantissait la libre possession de leurs biens, quittèrent Florence, le 16 mai 1527, avec les cardinaux, et se rendirent auprès de Clément VII. Alexandre reçut en don la petite ville de Citta di Penna, érigée pour lui en duché, et porta dès lors le titre de duc. Il vécut pendant deux ans de la vie privée. Cependant Clément VII, plus attaché aux intérêts des Médicis qu'aux intérêts du saint-siége, oublia ses griefs contre Charles Quint, et conclut à Barcelone, le 29 juin 1529, une ligue par laquelle ce prince s'obligeait à rétablir dans Florence Alexandre de Médicis et à lui donner en mariage sa fille naturelle Marguerite. Tour à tour prépondérant à Naples, à Milan, à Rome, Charles Quint s'immisçait alors pour la première fois dans les affaires de Florence. Le seul allié qui restât aux Florentins, François Ier, venait de conclure avec l'empereur un traité de paix qui livrait la république à la merci de ses ennemis. Secondés au dehors par la petite armée du général Ferrucci, ancien payeur des troupes de Lautrec, les Florentins, sous la conduite de Malatesta Baglioni et du célèbre Michel-Ange, résistèrent pendant dix mois aux troupes impériales placées sous les ordres de Philibert, prince d'Orange. Ce général fut tué durant le siége; mais le manque de vivres, la trahison de Malatesta et la mort de Ferrucci forcèrent les Florentins à se rendre à discrétion, le 12 août 1530. L'antique liberté de Florence succomba sans retour. Maître absolu dans la cité, Charles Quint se laissa guider par Clément VII, dont il désirait se ménager l'influence; le pape, qui ne voulait pas se venger ouvertement, ne permit pas aux Médicis de rentrer dans Florence, et fit peser sur les chefs supposés de l'État la responsabilité des supplices qu'il ordonnait en secret. Pendant ce temps Alexandre s'était rendu en Allemagne et en Flandre, à la cour de Charles Quint pour le supplier de régler le gouvernement de Florence; le 21 octobre 1530 parut enfin le décret qui rendait aux Florentins leurs anciens priviléges, sous condition de reconnaître pour chef de la république Alexandre de Médicis, et après lui ses enfants, par ordre de primogéniture. L'ambition d'Alexandre ne fut pas satisfaite de cette autorité limitée, et, de concert avec le pape, il médita une nouvelle révolution, qui devait centraliser en lui tous les pouvoirs. L'historien François Guiccardini, Barthélemy Valori, François Vettori, Philippe Strozzi, plus tard zélés défenseurs de la liberté, mais qui avaient encouru la haine du peuple en se rendant responsables des vengeances de Clément VII, prêtèrent les mains à ce nouveau changement, et le 4 avril 1532 ils forcèrent la *balie* à décréter la création d'un comité de douze citoyens chargés de réorganiser l'État. La nouvelle constitution, lue au peuple le 27 avril, supprimait le gonfalonier de justice et la seigneurie, déclarait Alexandre doge ou duc de Florence, et nommait, pour l'aider dans l'administration, deux conseils, entièrement composés de ses créatures et soumis à ses volontés. Maître de cette autorité absolue, le nouveau duc de Florence crut pouvoir se livrer à tous les genres de crimes et de débauches, bien que la mort de Clément VII, arrivée en 1534, l'eût privé d'un puissant soutien. Son orgueil et son indigne conduite lui firent des ennemis dans sa propre famille; le cardinal Hippolyte, qui l'avait irrité par ses dédains autant que par son ambition, fut empoisonné par son ordre à Itri, au moment où il allait rendre compte de sa conduite à Charles Quint. Néanmoins l'empereur, dans la prévision d'une guerre avec le roi de France, affermit encore le pouvoir d'Alexandre en lui donnant en mariage sa fille Marguerite; mais quelques mois plus tard le duc tombait assassiné par Lorenzino de Médicis (*voy.* ce nom). Il laissa trois enfants illégitimes : Jules, qui fut général des galères, Julie, femme de Francesco Bartholmi, et Porzia, qui fut religieuse. A. Huyot.

Varchi, *Storia Fiorentina*. — Segni, Nardi, Cambi, Guicciardini, *Istoria*. — Sismondi, *Hist. des Répub. ital.*, XV, XVI. — Mme Allart, *Hist. de la républ. de Florence*. — Leo et Botta, *Hist. de l'Italie*, II.

MÉDICIS (*Lorenzo di Pier-Francesco* DE), surnommé *Lorenzino*, à cause de sa petite taille, né à Florence, en mars 1514, assassiné à Venise, le 26 février 1548. Fils de Lorenzo di Pier-Francesco et de Maria Soderini, il descendait de cette branche des Médicis qui, lors de l'expulsion de Pierre II, avait pris le nom de *Popolani*. Doué d'une imagination désordonnée, il joignit à un grand savoir des passions mauvaises, nourries par la solitude. Dès son enfance, il forma, comme Érostrate, le projet de rendre son nom célèbre, soit par le bien, soit par le mal. Il avouait lui-même que, dans un accès de sombre ennui, il avait eu la pensée de donner la mort à Clément VII, son bienfaiteur et son parent. Plus tard il fut chassé de Rome pour avoir décapité toutes les belles statues de l'arc de Constantin, et se réfugia à Florence auprès du duc Alexandre. Devenu l'intime confident de ce prince, le pourvoyeur et le compagnon de ses plaisirs, il forma, par un étrange égarement de l'esprit, le projet de l'assassiner. Suivant les maximes de Machiavel, il ne prit aucun confident et ne négligea rien pour se rendre méprisable. Affectant une mise négligée, il passait ses journées dans l'oisiveté, refusait de porter aucune arme, et s'évanouissait même à la vue d'une épée. Sous ces dehors puérils, il attendit l'occasion de satisfaire à la fois la haine qu'il avait conçue contre Alexandre et son ardent désir de renommée. Une de ses tantes, Catherine Ginori, avait inspiré au duc une passion violente; celui-ci, comptant sur la bassesse et la servilité de son favori, le chargea de lui procurer une entrevue avec celle qu'il aimait. La nuit fixée pour cette entrevue il se rendit, à l'insu de ses courtisans, dans la maison de Lorenzino, et s'étendit sur le lit en attendant la dame qu'on lui avait promise. Comptant peu sur ses seules forces, Lorenzino avait aposté dans la chambre voisine un assassin gagé, Scoronconcolo, qui devait accourir au premier signal. Croyant le duc endormi, il s'approcha, et lui enfonça lâchement son poignard dans le dos. Une lutte s'engagea; Scoronconcolo ne pouvait frapper l'un sans blesser l'autre. Enfin Lorenzino, qui avait deux doigts presque coupés par les dents d'Alexandre, se souvint qu'il avait un couteau dans sa poche; il l'enfonça dans la gorge de son ennemi, et le tourna jusqu'à ce qu'il fût mort. Il ne retira de ce lâche assassinat que de la honte. Tremblant devant les résultats que pouvait avoir son crime, il songea d'abord à se mettre en sûreté, laissant ainsi aux magistrats le temps d'organiser la résistance, et refusa de se joindre à l'armée des émigrés qui marchait sur Florence. Ne se croyant pas en sûreté à Bologne, il s'enfuit à Venise, où Philippe Strozzi le salua du nom de *Brutus toscan*; il passa ensuite à Constantinople, de Constantinople à Paris; enfin il revint à Venise, où il fut assassiné avec son oncle Soderini, par les ordres de Cosme Ier. Ami des lettres, Lorenzino avait écrit une comédie intitulée *Aridosio* (Venise, Pagannini, s. d., in-8°; Florence, Giunti, 1593, in 8°), que l'on plaçait au rang des meilleurs ouvrages de l'époque. Après l'assassinat d'Alexandre, il fit un mémoire justificatif, rempli de sophismes et de paradoxes, dans lequel il excusait son inertie après le meurtre par l'inertie des Florentins.

A. HUYOT.

Ghibellini, *Elerudele Lamento*, 1513, in 8°. — Sismondi, *Hist. des Republ. ital.*, XVI.

MÉDICIS (*Cosme Ier DE*, dit *Cosme le Grand*, premier grand-duc de Toscane, né le 11 juin 1519, mort le 21 avril 1574, à Florence. Fils unique de Jean de Médicis, général des bandes noires, et de Maria Salviati, il descendait par son père de Laurent de Medicis, frère puîné de Cosme l'ancien. Il fut elevé à Florence, et se trouva de bonne heure maître de la fortune considérable amassée par sa famille. La mort d'Alexandre lui permit de former quelque prétention à la souveraineté de son pays. Appelé par le cardinal Cibo, il quitta en hâte sa villa de Trebbio, et vint appuyer de sa présence le coup d'État que préparaient ses partisans (8 janvier 1537). Son nom fut mis en avant par Guicciardini, qui, d'accord avec Vitelli, Vettori, Acciajuoli et Matteo Strozzi, comptait dominer aisément un jeune homme sans expérience et qu'il jugeait n'avoir d'autres goûts que ceux de la chasse et de la pêche. « Mais jamais, dit Sismondi, jeune homme ne trompa autant que Cosme l'attente universelle; sous ses manières silencieuses et réservées, il cachait l'ambition la plus démesurée, la dissimulation la plus profonde, et il repoussait tout partage de son pouvoir avec la jalousie la plus soupçonneuse; celui que chacun s'était flatté de gouverner n'admit personne dans son secret et ne reçut les conseils de personne. » Comme le sénat hésitait, on le menaça d'un soulèvement militaire, et Cosme fut élu « chef de la ville de Florence et de ses dépendances », au même titre qu'Alexandre, mais avec des pouvoirs limités (9 janvier 1537). Le même jour il promit au cardinal Cibo, son plus influent protecteur, trois choses, qu'il exécuta du reste ponctuellement : de rendre la justice à tous, de ne pas s'affranchir de l'autorité impériale, et de venger la mort de son prédécesseur. Charles Quint confirma cette élection; mais il en prit occasion de tenir le pays dans sa dépendance en mettant garnison dans les forteresses de Florence, Pise et de Livourne. Cependant les Strozzi, comptant sur leurs richesses et sur l'appui du pape et de la France, complotèrent de renverser par la force l'autorité encore mal assise du nouveau duc. Ils réunirent autour d'eux tous les bannis et quelques milliers de soldats, et envahirent la Toscane par La Mirandole et Pistoie. Surpris pendant la nuit à Monte-Murlo, ils furent réduits, après un sanglant combat, à repasser les Apennins, laissant les plus illustres d'entre eux aux mains d'Alexandre Vitelli, qui commandait les troupes espagnoles (1er août 1537). Après la défaite, Cosme se montra sans pitié : il fit torturer et mettre à mort une vingtaine de captifs, et envoya les autres dans les prisons, où ils périrent au bout de peu de temps; quant au vieux Strozzi, il n'échappa au supplice qu'en se coupant la gorge (1538). Malgré le vif désir qu'il avait de s'allier à l'empereur en épousant l'archiduchesse Marguerite, veuve d'Alexandre de Médicis, il dut se contenter de la main d'Éléonore de Tolède, fille du vice-roi de Naples (29 mars 1539).

Ce n'était pas assez pour Cosme d'être délivré de ceux qu'il craignait : en décimant l'aristocratie florentine, il avait frappé d'un même coup les chefs du parti populaire et les auteurs de la révolution qui en 1530 avaient restauré sa propre famille. Mais ceux qui lui avaient transmis l'héritage d'Alexandre, il les haïssait bien plus encore, et il employa la ruse et la violence pour se défaire d'eux : le cardinal Cibo et Vitelli furent écartés, Vettori et Guicciardini moururent à la campagne, non sans soupçon de poison; il fit en 1547 assassiner Lorenzino à Venise, et lorsqu'il n'eut plus d'amis autour de lui, Cosme sentit enfin « qu'il commençait à régner ». Par ses ordres le tribunal condamna à mort, par contumace, quatre cent trente exilés, confisqua leurs biens et en ôta la propriété à leurs enfants. Après s'être affermi par la terreur, il chercha à s'agrandir aux dépens des petits États voisins. Ce fut d'abord Piombino qu'il obtint et perdit tour à tour. Ses projets sur Lucques et Sienne furent traversés bien des fois; il consacra de longues années à surveiller ces deux républiques, à se mêler à leurs querelles intestines, à les pousser à la révolte ou à leur offrir sa médiation. Tous les moyens que sa politique cauteleuse lui suggéra, il les mit en œuvre pour amener le prétexte d'une facile conquête; malheureusement il redoutait l'inimitié du roi de France, et il lui fallait se soumettre au bon plaisir de l'empereur, dont il s'était déclaré l'humble vassal. En 1552, lorsque Sienne chassa les Espagnols et appela les Français à son aide, il réussit à tromper et à irriter également ces deux princes en promettant à l'un sa neutralité, à l'autre des secours de tous genres. Sa duplicité lui fit perdre Lucignano, qu'il avait reçu de Charles Quint, et l'obligea de traiter de la paix avec les Siennois (juin 1553). La paix ne fut pas plus tôt signée qu'en secret il prépara la guerre. Il confia la direction de ses troupes à un général habile, le marquis de Marignan, qui entra par surprise dans un des forts de Sienne (27 janvier 1554); mais la ville, défendue par Pierre Strozzi, opposa une vigoureuse résistance. Le siége dura quinze mois. Les châteaux forts, les villages, les défilés tombèrent, l'un après l'autre, au pouvoir d'un vainqueur impitoyable. Il fallut conquérir pied à pied ce petit coin de terre, attaqué avec une rage sans égale, défendu avec l'opiniâtreté du désespoir. Le pays devint un désert : l'agriculture y fut ruinée à jamais; plus de cent mille habitants périrent par les armes ou par suite des calamités qu'enfanta cette guerre cruelle. Strozzi fit des prodiges de courage pour rejeter au loin les envahisseurs : avec l'aide des Français, il tenta une diversion hardie sur Florence, ouvrit vingt fois un chemin aux convois de vivres qui ravitaillaient la ville, et livra bataille au général du duc; battu à Siannagallo (2 août 1554), il laissa à Montluc le soin de poursuivre la résistance. Sienne capitula enfin (17 avril 1555), et se replaça sous la protection de l'empereur, qui en donna l'investiture à son fils Philippe. La guerre continua jusqu'en 1559 dans le district de Montalcino, où Strozzi, entouré d'une troupe d'hommes déterminés, fit revivre le fantôme de la république, abattue, et sacrifia à la liberté jusqu'à ses derniers défenseurs. Cosme, un moment déçu dans son ambition conquérante, sut se rendre nécessaire à Philippe II, qui, ayant besoin de lui pour maintenir le pape Paul IV, lui céda en fief Sienne et ses dépendances (juillet 1557). On peut dire qu'il paya cette acquisition au poids de l'or; non-seulement il libéra le roi d'Espagne des énormes dettes contractées vis-à-vis de lui par son père, mais il lui rendit Piombino et l'île d'Elbe et le laissa maître des ports de l'État de Sienne.

Au moment où Cosme allait déclarer la guerre à Paul IV, ce pape mourut et eut pour successeur un frère du marquis de Marignan, Ange de Médicis (Pie IV), qui mit tout son amour propre à protéger une maison puissante dont il prétendait sortir (décembre 1559). Cette élection avait été l'ouvrage de Cosme. Aussi deux de ses fils furent créés cardinaux et lui-même se vit traité comme un roi; mais il n'en obtint pas le titre, qui offusqua la cour d'Espagne et qui amena entre les ducs italiens des débats prolongés sur la question de prééminence. La nécessité de protéger les côtes de Toscane contre les pirateries des Turcs le conduisit à instituer, le 15 mars 1562, l'ordre militaire et religieux de Saint-Étienne; il donna à cet ordre, destiné à rehausser l'éclat de la noblesse, deux galères, qu'il plaça sous le commandement de Jules de Médicis, le fils naturel du dernier duc assassiné (1). Dans l'automne de cette même année, il vit mourir en peu de jours deux de ses fils, Jean et Garcias, et sa femme, Éléonore de Tolède (2). Quelque puissance que Cosme exerçât sur ses sentiments, cette infortune domestique paraît avoir eu beaucoup de part dans sa résolution d'abandonner presque toutes les affaires du gouvernement à son fils François. Le 11 mai 1564, il lui assura, par un acte en forme, la transmission du pouvoir, mais dans des limites assez restreintes; ainsi il se réserva le titre et l'autorité suprême, une grande partie des revenus, et le choix de l'amiral et du généralissime. Il voulut, comme on l'a dit, faire de son fils plutôt un lieutenant que son successeur. Depuis sa retraite, il vécut en simple particulier, pêchant, cultivant, faisant bâtir, poursuivant ses entreprises de commerce et de marine, et s'occupant aussi de la composition des poisons, où il était fort habile. Il entretenait avec son fils des relations convenables et prudentes. Mais, malgré son âge et les infirmités cruelles dont il était atteint, il ne renonça point à la galanterie. Après avoir eu pour maîtresse Éléonore de' Albizzi, qu'il maria bientôt à Carlo Panciatichi en la comblant de présents, il s'éprit d'une jeune fille pauvre, Camilla Martelli, et l'épousa en 1570 « pour se retirer de la vie de péché ». Quel-

(1) Ce nouvel ordre eut pour résidence l'île d'Elbe, où l'on bâtit ensuite une ville portant le nom du fondateur, *Cosmopoli*, changé bientôt en celui de *Porto-Ferrajo*, qu'elle a conservé.

(2) Ces morts si rapprochées donnèrent lieu à des rumeurs sinistres, auxquelles les ennemis de Cosme s'efforcèrent de donner de la consistance. On prétendit qu'en chassant dans les Maremmes, le cardinal Jean avait été tué par Garcias, et que le duc, emporté par la colère, avait frappé lui-même ce dernier dans les bras de la duchesse, qui était morte de douleur. Cette funeste catastrophe a inspiré à Alfieri le sujet d'une tragédie intitulée *Don Garcias*.

ques années avant de mourir, il atteignit enfin le but vers lequel depuis si longtemps tendaient ses continuelles démarches. Ce que l'empereur lui avait refusé, il l'obtint du pape : être le premier des princes d'Italie, telle était l'ambition de Cosme. Pie IV mourut avant d'avoir pu le satisfaire. Ce fut Pie V qui lui accorda, le 24 août 1569, le titre de grand-duc (1) et qui le couronna solennellement à Saint-Pierre de Rome, malgré la protestation des ambassadeurs de l'Empire et de l'Espagne (5 mars 1570). Cosme avait au reste mérité cette haute faveur par sa complaisance à soutenir dans ses États les persécutions du pape contre les progrès de la réforme religieuse, à protéger l'inquisition et à admettre la bulle *In cœna Domini*, contre laquelle s'étaient déclarés presque tous les souverains de l'Europe. Cependant ce triomphe faillit lui coûter cher, et il eut besoin de toute son habileté pour surmonter les embarras que lui suscita la haine de ses ennemis. Il usa ses dernières années dans les plus misérables intrigues. Affaibli par la pierre et la goutte, à moitié impotent, il succomba, en 1574, à une attaque de paralysie, après un règne de plus de trente-sept ans. De sa femme, Éléonore de Tolède, il laissait trois fils : *François-Marie*, qui lui succéda, le cardinal *Ferdinand*, qui régna ensuite, et *Pierre*; et deux filles, *Lucrèce*, femme d'Alfonse II, duc de Ferrare, et *Isabelle*, duchesse de Bracciano.

Ce prince, à qui la flatterie a décerné le surnom de *Grand*, n'était point un homme de génie; mais on doit reconnaître qu'il déploya une prudence et une habileté des plus grandes dans les circonstances difficiles au milieu desquelles il fut jeté dès sa jeunesse. « Sous son règne, la Toscane parvint à un état de prospérité extraordinaire. Les dettes publiques étaient éteintes. Une ligne de nouvelles fortifications avait été établie; on avait même fondé quelques places; les ports de Livourne et de Porto-Ferrajo avaient reçu des accroissements et des améliorations d'une grande importance. Les revenus publics étaient portés à un million cent mille ducats. Des canaux avaient été creusés, des marais desséchés; des digues contenaient les lits des rivières, des chaussées aidaient à traverser les terrains trop enfoncés; enfin, si la vie publique de Cosme peut mériter quelque blâme à cause de ses rigueurs et de ses actes arbitraires, néanmoins en résumé elle se recommande par l'amour de la justice dans toutes les circonstances où ne dominaient pas les considérations politiques (2). » On doit aussi louer chez ce prince la protection éclairée qu'il accorda aux arts et aux lettres. Il rétablit en 1543 l'université de Pise, fit ouvrir en 1548 la bibliothèque Laurentienne, fonda une manufacture de mosaïque ainsi qu'une imprimerie célèbre dirigée par le Torrentino, et encouragea les travaux de l'Académie de la Crusca et de l'Académie de dessin, auxquelles il donna des statuts et une forme régulière. Il eut l'idée, adoptée bientôt dans toute l'Europe, de créer des archives générales, où l'on devait déposer le double de tous les actes privés et publics passés par les notaires. « Pour faciliter l'étude des plantes à Pise et ensuite à Florence, dit M. Delécluze, il établit dans ces deux villes des jardins botaniques que les relations commerciales de la Toscane, enrichirent en peu de temps des végétaux croissant dans les différentes parties du monde. Son goût pour la chimie ne fut pas moins ardent. Outre la composition de parfums, d'onguents et de pommades, fort à la mode de son temps, sans parler des drogues, des poisons et contre-poisons dont on prétend qu'il fit parfois usage, ce fut lui qui trouva le secret de tremper l'acier pour tailler le porphyre. » P. L—Y.

G. Franceschi, *Vita della signora Maria Salviata de' Medici*; Rome, 1646, in-4°. — Rosello, *Ritratto del vero governo del principe dall' esempio del gran Cosimo de' Medici*; Venise, 1582, in-12. — Br. Bruni, *Vita Cosmi I Magni, Etruriæ ducis*; Florence, s. d., in 8°. — B. Baldini, *Vita di Cosmo de' Medici I*; Florence, 1578, 1613, in-4°. — Sanleolini, *Cosmi Medicis Actiones*; Florence, 1578, in-4° — Aldo Manucci, *Vita di Cosimo de' Medici*; Bologne, 1586, in-fol.; Pise, 1823, in-8°. — G.-B. Cini, *Vita di Cosimo de' Medici*; Florence, 1611, in-4°. — *Hist. anecdot. de Cosme Ier, trad. d'un ms. italien*; Vérone, s. d., in-8°. — Fabroni, *Magni Cosmi Medicei Vita*; Pise, 1789, in-4°. — L. Cantini, *Vita di Cosimo de' Medici*; Florence, 1804, in-4°. — Varillas, *Anecdotes de Florence*; La Haye, 1685, in-12. — Bianchini, *Dei granduchi di Toscana della Casa de' Medici*; Venise, 1741, in-fol. — Muratori, *Annali d'Italia*. — Galluzzi, *Storia del Granducato*, I-III. — Leo et Botta, *Hist. de l'Italie*, III. — Sismondi, *Hist. des Républ. italiennes*, XV, XVI. — Delécluze, *Florence et ses vicissitudes*, I.

MÉDICIS (*François-Marie* DE), deuxième grand-duc de Toscane, fils aîné de Cosme Ier et d'Éléonore de Tolède, né le 25 mars 1541, à Florence, mort le 19 octobre 1587, au Poggio a Cajano. Investi depuis 1564 de la direction des affaires, il ne fut véritablement maître du pouvoir qu'en prenant, à la mort de son père, le titre de grand-duc (1574). Un changement remarquable se produisit aussitôt. Le nouveau prince, qui par ses principes et par son éducation était entièrement Espagnol, se sépara presque complétement du peuple et ne vécut plus que dans l'entourage de la noblesse. « Tout aussi perfide, tout aussi cruel que son père, dit Sismondi, mais bien plus dissolu, bien plus vaniteux, bien plus irascible que lui, il n'avait aucun des talents par lesquels Cosme avait fondé sa grandeur. Aussi fut-il, plus encore que lui, l'objet de la haine des peuples, et cette haine n'était mêlée d'aucun sentiment de respect pour son habileté. » Le premier usage qu'il fit de sa puissance fut d'enfermer la veuve de Cosme, Camilla Martelli, dans un cloître, où elle termina ses jours, en 1615. Isolé sur le trône comme dans la ma-

(1) En tête de la bulle, on fit peindre en miniature une couronne ducale, où se trouvait l'inscription : *Beneficio Pii V, pont. max*. On eut soin de donner à cette couronne une forme différente de celle adoptée en France, en Espagne et surtout par l'empereur.

(2) Leo et Botta, *Hist. de l'Italie*, liv. XII.

tion, il s'était peu à peu habitué à ne rien voir que par ses favoris. La liaison scandaleuse qu'il entretenait avec Bianca Capello (*voy.* ce nom) l'avait jeté d'ailleurs dans une position mauvaise; on avait fait de leurs amours le thème favori des conversations malignes de toute l'Europe. Aucune considération ne fut assez puissante pour arracher François à la détestable influence de sa maîtresse, qu'il finit par épouser en secret, deux mois après la mort de l'archiduchesse sa femme (5 juin 1578). Le mariage fut publié l'année suivante lorsque le sénat vénitien eut adopté Bianca comme « la vraie fille de la république ». Indigné de la vie voluptueuse que menait son frère, le cardinal Ferdinand se retira à Rome. Plus le duc s'éloignait de ses sujets, plus on voyait s'accroître l'insolence des nobles, la vénalité des magistrats, la rapacité du fisc, les désordres et les brigandages de toutes sortes (1). Quelques jeunes gens de l'aristocratie, « de jeunes débauchés qui voulurent singer les Brutus », complotèrent la mort de tous les Médicis (1575). Averti à temps, François livra au bourreau leur chef, Orazio de' Pucci, et confisqua les biens de tous ceux qu'on soupçonna de complicité. Il ne se contenta pas de ruiner ainsi sans jugement un grand nombre de familles, il poursuivit par les plus honteux moyens ceux des conjurés qui avaient trouvé asile à l'étranger : Curzio Pichiena, son secrétaire d'ambassade à Paris, servit d'instrument à ses desseins; il lui envoya des sicaires et des empoisonneurs avec promesse de 4,000 ducats de récompense pour chaque assassinat. Bernardo Girolami, Pietro et Antonio Capponi et plusieurs autres furent en peu de temps victimes de cette odieuse machination. Le seul événement politique de ce règne fut la reconnaissance par Maximilien de la dignité grand'ducale, le 26 janvier 1576. Cette faveur, que François obtint grâce à un prêt de 100,000 ducats, lui fut conférée sans qu'il fût fait aucune mention dans la bulle impériale de la concession précédente du pape Pie V. Aveuglément soumis à la cour d'Espagne, il s'attira la haine de la France et de Catherine de Médicis, et se brouilla, pour de vaines disputes de préséance, avec les maisons de Savoie, d'Este, de Gonzague et d'Urbin; les républiques de Gênes et de Venise nourrissaient contre lui de justes sujets de mécontentement. Enfin, il s'était aliéné jusqu'aux membres de sa propre famille et n'avait d'autres protecteurs que Philippe II et le pape, pour le bon plaisir desquels il accablait ses sujets d'impôts. A la suite d'un repas de réconciliation qui eut lieu entre lui, sa femme Bianca et son frère Ferdinand, il fut atteint d'une violente fièvre, et mourut au bout de quelques jours. Le même mal entraîna également Bianca au tombeau (20 octobre 1587).

(1) Dans les dix-huit mois écoulés depuis la mort de Cosme, on compta dans la seule ville de Florence 186 cas de meurtres et de blessures.

Ces deux morts presque simultanées, qui rappelaient les tragédies dont le palais Pitti avait naguère été le théâtre, donnèrent lieu à bien des rumeurs. On prétendit d'un côté que Bianca, en voulant faire périr le cardinal, s'était, par méprise, empoisonnée avec son mari, et de l'autre on rejeta sur Ferdinand la responsabilité d'un crime dont il recueillit paisiblement le fruit.

Si ce prince ruina le commerce de ses États, il s'occupa, avec autant d'adresse que d'âpreté, de grossir ses immenses trésors. « Ses galions et ses autres bâtiments de transport, sans cesse en course, lui rapportaient des revenus énormes; il faisait la banque à Venise, à Rome, dans différents villes de ses États, et tenait dans presque toute la Toscane des boutiques remplies de marchandises pour l'usage journalier. » (Delécluze.) Il trafiquait par lui-même des diamants et des grains; ses connaissances en chimie lui permirent d'imiter la porcelaine chinoise avec beaucoup d'habileté. « Curieux des sciences d'observation, botaniste éclairé, chimiste et lapidaire du premier ordre pour son siècle, en un mot savant par instinct », ce prince, le plus despote qu'ait eu la Toscane, a pourtant mérité de prendre rang parmi les protecteurs des arts et des lettres. Il prodigua l'argent pour acheter des statues et des tableaux; il fonda en 1580 la belle galerie de Florence et consolida l'académie de la Crusca. Le peintre Allori et le sculpteur Jean de Bologne eurent part à ses faveurs; il rechercha les philosophes, et fut en commerce de lettres avec Manuce le jeune et Ulysse Aldrovandi. — Du premier mariage de François avec Jeanne, archiduchesse d'Autriche, morte le 6 avril 1578, naquirent *Philippe*, mort en 1583; *Éléonore*, duchesse de Mantoue, et *Marie*, qui devint en 1600 reine de France. P. L—Y.

Erycius Puteanus, *Historia Medicea*. — Galuzzi, *Storia del Gran-Ducato di Toscana*, III. — Anguillesi, *Memorie del Poggio a Cajano*. — Lebret, *Gesch. von Italien*. — Botta, *Storia d'Italia*, V. — Sismondi, *Hist. des Républ. ital.*, XVI. — Delécluze, *Florence et ses vicissitudes*, I.

MÉDICIS (*Pierre* DE), dernier fils de Cosme Ier et d'Éléonore de Tolède, frère puîné du précédent, né à Florence, mort le 25 avril 1604, à Madrid. D'un caractère violent, inquiet et despotique, il causa des tracasseries continuelles à la maison de Médicis dont ses intrigues dans les cours étrangères compromirent l'indépendance et la dignité. Nommé général de l'infanterie italienne au service de l'Espagne, il combattit dans les Pays-Bas et vécut presque toujours à Madrid. Livré à une débauche effrénée et perdu de dettes, il contesta à son frère Ferdinand le droit de succéder au grand-duc François, et fit retentir les tribunaux d'Espagne et de Rome du bruit de ses incessantes querelles. En 1576 il poignarda sa première femme, Éléonore de Tolède, sur un soupçon d'infidélité. Vers la fin de sa vie, il épousa Béatrix de Noronha, fille du duc de Villareal. En mourant il laissa un grand nombre d'enfants illégitimes, dont son frère Ferdinand fit des moines ou des religieuses.

MÉDICIS (*Jean* DE), fils naturel de Cosme Ier et d'Éléonore des Albizzi, né en 1566, à Florence, mort le 19 juillet 1621, à Murano, près Venise. Reconnu par son père, élevé avec ses frères, il devint par la suite un des principaux ministres des grands-ducs Ferdinand Ier et Cosme II. Sous les ordres du prince de Parme, il servit en Flandre, et acquit quelque talent pour les fortifications et l'artillerie. A diverses reprises il conduisit des négociations importantes auprès des cours de France, d'Espagne et de Rome, et fut chargé d'accompagner Marie de Médicis jusqu'à Paris. Forcé de quitter Florence, où son libertinage causait un scandale public, il se retira en 1616 à Venise, et obtint de la république le commandement de l'armée qui devait protéger le Frioul contre les Uscoques. Un peu avant sa mort il épousa une Génoise de basse condition, Livia Vernana, qu'il avait fait divorcer et qui depuis longtemps était sa maîtresse. Cette femme finit ses jours dans un cloître, et les deux fils naturels qu'elle avait eus de Jean traînèrent une existence obscure et malheureuse. P.

Sismondi, *Hist. des Républ. ital.*, XVI. — Moréri, *Grand Dict. Hist.* — Botta, *Storia d'Italia*, t. V.

MÉDICIS (*Cosme II* DE), quatrième grand-duc de Toscane, né le 12 mai 1590, mort le 28 février 1621 (1620 suivant le style florentin). Il était fils aîné de Ferdinand Ier de Médicis et de Christine de Lorraine. Cosme venait d'épouser Marie-Madeleine d'Autriche lorsqu'il succéda à son père, le 17 février 1609. Très-lié avec Ferdinand de Gonzague, duc de Mantoue, auquel il maria sa sœur Catherine (1615), il secourut ce prince contre le duc de Savoie, Charles-Emmanuel Ier, qui avait envahi le Montferrat (1613). Les traités de Madrid et de Pavie, conclus en 1617, mirent fin à cette guerre. Le 3 novembre 1613 Cosme ouvrit à Livourne un asile au grand-émir des Druses, Fakhr-ed-din, alors en guerre avec le sultan Amurath IV, contre lequel il avait soulevé la Syrie. L'émir promettait de remettre les chrétiens en possession de la Palestine. Cosme II, le pape Paul V et le roi d'Espagne Philippe III acceptèrent les propositions de Fakhr-ed-din. Ils lui fournirent des troupes, avec lesquelles il prit Antioche et soumit les montagnards du Sajou; mais, ayant engagé une guerre injuste et désastreuse contre les Arabes, l'émir fut vaincu et fait prisonnier. Envoyé à Constantinople, Amurath IV, furieux de ce que, d'après les conseils de Cosme, Fakhr-ed-din avait fait détruire et combler les ports florissants de Beyrouth, de Saint-Jean-d'Acre, de Seida et de Tyr, fit décapiter le chef druse avec tous les membres de sa famille qui se trouvaient en captivité. En 1619, Cosme fut plus heureux dans les secours qu'il fournit à l'empereur Ferdinand II, assiégé dans Vienne par Thurn, chef des Bohêmes révoltés. Les troupes toscanes, déguisant leurs drapeaux, traversèrent les rangs des assiégeants, entrèrent dans la ville, et contribuèrent beaucoup à dégager Ferdinand. Cosme II fut presque toujours valétudinaire dans ses dernières années; contraint de garder le lit ou la chambre, il ne cessa pas néanmoins de donner tous ses soins aux affaires de son gouvernement. « Lorsqu'il mourut, dit Tarquinio Galluzzi, tous les ordres de l'État regrettèrent sincèrement un souverain le plus favorisé de la nature pour les qualités du cœur et le plus chéri de tous ceux que la maison de Médicis avait fait régner en Toscane. La clémence, la tolérance et la modération formaient son caractère; l'amour qu'il portait à ses sujets, sa bienfaisance envers eux, les intéressaient tous à son salut. Une humeur égale et enjouée rendait sa présence agréable à ceux qui l'approchaient, et lui faisait oublier ses maux. » Sous son règne la Toscane avait acquis une puissance et une opulence telles que Cosme mit plusieurs fois vingt mille hommes sous les armes sans frapper ses sujets d'aucun nouvel impôt. Florence, devenue la rivale de Rome, attirait alors chez elle une foule d'étrangers qui venaient suivre les cours de ses illustres professeurs et admirer les chefs-d'œuvre antiques et modernes dont elle était remplie, tandis que par l'activité de ses habitants et leurs capitaux considérables elle était devenue le centre des opérations commerciales d'une partie du monde.

Cosme laissa cinq fils : *Ferdinand II*, qui lui succéda, sous la tutelle de sa mère (morte en 1631); *Jean*, cardinal en 1644, mort le 12 janvier 1662; *Mathias*, mort en 1667; *François*, décédé devant Ratisbonne, en 1634; *Léopold*, cardinal en 1667, mort en 1675; et deux filles : *Marguerite*, femme d'Odoardo Farnèse, duc de Parme; et *Anna*, mariée à Ferdinand-Charles, archiduc d'Inspruck. A. D'E—P—C.

Galuzzi, *Éloge funèbre de Cosme de Médicis*. — Possevin, *Histor. Gonzag.* — Sismondi, *Hist. des Républiques italiennes*, t. XVI, passim. — Botta, *Storia dell' Italia* (continuation, de Guicciardini), 1834, 4 vol. in-8°. — Le même, *Précis historique de la Maison de Savoie*; Paris, 1802, in-8°. — Claude Genoux, *Histoire de Savoie*; Paris, 1864, in-4°. — Zeller, *Hist. d'Italie*. — Ammirati, *Istoria di Firenze*, lib. XXII et XXIII. — Muratori, *Annal. Ital.*, de 1609 à 1621. — Imhoff, *Genealogiæ illustrium in Italia Familiarum*. — Dochez, *Hist. de l'Italie*, t. III.

MÉDICIS (*Ferdinand* DE). *Voy.* FERDINAND I et II, grands-ducs de Toscane.

MÉDICIS (*Cosme III* DE), sixième grand-duc de Toscane, né le 14 août 1642, mort le 31 octobre 1723, à Florence. C'était l'aîné des deux fils de Ferdinand II et de Vittoria de La Rovère, morte en 1694. Jusqu'à sa seizième année il fut confié à sa mère, qui n'apporta aucun soin à le faire instruire; il tint d'elle un esprit minutieux et défiant, une humeur jalouse, une bigoterie outrée et l'amour du faste poussé jusqu'au ridicule. Dans l'espoir de corriger ces mauvais penchants, son père le maria de bonne heure avec Marguerite Louise d'Orléans, fille de Gaston de France et de Marguerite de Lorraine (19 avril 1661). Les vicissitudes de cette union mal assortie « remplirent seules les annales de la Toscane pendant le reste du siècle ». Cette princesse, aussi jolie que spirituelle, mais légère, fantasque et emportée, n'avait obéi à l'ordre d'épouser Cosme qu'avec des pleurs de rage; elle avait conçu un amour passionné pour le prince Charles de Lorraine; et sitôt qu'elle eut vu son mari, dont la figure et le caractère étaient loin d'être agréables, il lui devint odieux au delà de toute expression. En même temps elle prit en haine la Toscane entière; tout lui déplaisait, tout servait de texte à ses moqueries, et elle n'eut pas de plus vif désespoir que celui de se savoir grosse d'un Médicis. De loin en loin une réconciliation momentanée rapprochait les deux époux; mais la mésintelligence ne tardait pas à les séparer, et Marguerite donnait de plus belle à la cour le spectacle de ses accès de colère et de ses folles lamentations. A diverses reprises elle tenta de s'enfuir déguisée et de rentrer en France; elle regardait la Toscane comme une prison, son mari comme un geôlier. Ferdinand II, ne sachant par quel moyen dompter cette âme rebelle, prit le sage parti d'éloigner pour quelque temps son fils. Cosme quitta Florence en 1669, et visita successivement l'Allemagne, la Hollande, l'Espagne, le Portugal, l'Angleterre et la France. Trois mois après son retour, il monta sur le trône (24 mai 1670). Dirigé par son oncle, le cardinal Léopold, il suivit d'abord la même politique que Ferdinand II; mais la mort prématurée du cardinal (1) vint délivrer Cosme d'une tutelle qu'il ne supportait qu'avec impatience, en même temps qu'elle le laissait maître de donner carrière à son goût immodéré pour le luxe et les mœurs étrangères (novembre 1675). Dans la même année (14 juin) avait eu lieu le départ de la grande-duchesse pour la France. La discorde qui régnait entre les époux s'était rallumée avec plus de violence. Ni l'orgueil de partager une couronne ni la joie d'être une seconde fois mère n'arrêta Marguerite. En 1672 elle s'était retirée à la villa du Poggio a Cajano avec la ferme résolution de ne jamais reparaître à Florence, et de là elle fatiguait la cour de Versailles de ses doléances et de ses amères récriminations. Afin de s'unir au prince Charles, avec qui elle s'entretenait secrètement, elle réclamait le divorce avec instance. A la suite de négociations pénibles, elle obtint la permission de revenir en France et de prendre retraite au couvent de Montmartre. Ses grâces et son esprit lui gagnèrent l'affection de la cour; elle s'y montra souvent avec avantage, car la clôture religieuse ne la privait d'aucun des priviléges attachés à son rang. Le bruit de ses galanteries arriva jusqu'à Florence. Furieux d'être devenu la risée de l'Europe, l'époux délaissé entoura sa femme d'espions; par vanité plus que par amour, il la fit surveiller avec la rage d'un jaloux; il lui refusa de l'argent; il la poursuivit d'accusations mensongères pour qu'on lui ôtât la jouissance de cette liberté qui le mettait au désespoir. « D'un autre côté, dit Sismondi, cette princesse, passionnée pour le plaisir, ennemie de toute retenue, cherchait tous les moyens d'augmenter la jalousie de son mari. Elle lui écrivit une fois qu'elle était décidée à se donner au diable afin d'acquérir ainsi le pouvoir de le lutiner sans cesse, mais qu'elle songeait, avec désespoir, qu'allant en enfer elle l'y rencontrerait de nouveau. »

Le prince héréditaire, Ferdinand, s'était rangé du parti de sa mère, et entretenait avec elle des relations secrètes qui l'exposèrent plus d'une fois à de dures persécutions (1). L'ombrageux Cosme résolut alors de le marier; dans les négociations de cette espèce on peut dire qu'il eut la main malheureuse, et qu'il fut jusqu'à un certain point l'artisan de la ruine de sa famille. Après avoir échoué dans son projet d'alliance avec l'infante Isabelle de Portugal, il fit épouser à Ferdinand Violante de Bavière, sœur de la dauphine (21 novembre 1688). Cette union demeurant stérile, il songea à pourvoir son second fils, Jean-Gaston (*voy.* ci-après), et, sur la proposition de sa fille Anne, qui, en 1691, était devenue électrice du Palatinat, il le maria avec une princesse de Saxe-Lauenbourg, déjà veuve (1697). Vers cette époque il devint maladif et infirme. Isolé parmi les siens, haï du peuple, qu'il écrasait d'impôts, il ne diminuait rien de son faste au milieu de la misère publique, et consacrait des sommes énormes à des œuvres de dévotion; s'il obtint de demeurer neutre dans la guerre de la succession d'Espagne, ce fut en payant des subsides considérables aux parties belligérantes, qui ne cessaient de le menacer pour lui extorquer de l'argent. Il vit ses trésors réduits à un tel épuisement qu'il fut obligé d'engager une partie de ses joyaux. Durant une paix de cinquante années les Toscans furent plus misérables et plus accablés que s'ils avaient eu à souffrir tous les malheurs de la guerre. Aussi se réjouissaient-ils en secret de l'extinction imminente de cette race qui les avait fait descendre au dernier degré de la décadence. Cosme III s'en alarmait aussi, et c'était son plus cruel chagrin. Saisissant l'unique espérance qui lui restât de perpétuer sa maison, il força son frère, le cardinal François-Marie, à déposer la pourpre et à accepter la main d'Éléonore, fille du duc de Guastalla (14 juillet 1709). Cette dernière et déplorable alliance précipita les événements. Re-

(1) Cinquième fils de Cosme II. Il était né le 6 novembre 1617 et avait reçu en 1667 la pourpre romaine du pape Clément IX.

(1) Il était grossier et d'humeur violente. Il n'aimait pas son père, et ne cachait pas le mépris qu'il lui inspirait. Cosme, qui le craignait, fut obligé, pour avoir la paix, d'acheter les favoris de son fils, entre autres le musicien Francesco de Castris, auquel il payait une pension mensuelle de mille doublons.

butée par l'âge et l'aspect de son époux, redoutant d'ailleurs d'être infectée du mal qui rongeait tous les princes de Toscane, Éléonore refusa obstinément de se prêter à l'accomplissement des devoirs conjugaux, et persista, malgré l'intervention des ecclésiastiques, à demeurer vierge. François-Marie (1), dont la santé était ruinée par les débauches et qui était hydropique, ressentit une si vive douleur d'avoir inutilement sacrifié sa fortune et son repos qu'il en mourut (3 février 1711). Le prince héréditaire le suivit de près au tombeau (2).

Il n'y avait plus de doute sur l'extinction prochaine de la maison des Médicis. Dans cette situation désespérée, Cosme eut l'étrange idée de rétablir la république à Florence. Il entama à ce sujet des négociations avec les gouvernements d'Angleterre et de Hollande, qui promirent leur concours; la mort de l'empereur Joseph Ier l'ayant forcé d'y renoncer, il assura l'héritage de la Toscane, en cas d'extinction de la descendance masculine, à sa fille, la princesse Palatine (1713). En vain fit-il confirmer cette résolution par le sénat, les grandes puissances, que la succession de la Toscane tentait comme une riche proie, ne tinrent nul compte de ses droits ni de ceux de son peuple, ne lui laissèrent pas même la liberté de décider lui-même entre les nombreux prétendants à sa couronne, et réglèrent le sort de ses États en les donnant à un infant d'Espagne, à l'exclusion de la palatine (1718). Ce traité de la quadruple alliance causa au grand-duc un amer désappointement. Ses protestations restèrent sans effet; on n'y répondit que par des exigences et des humiliations nouvelles. Il mourut peu de temps après, à l'âge de quatre-vingt-un ans, abreuvé d'autant de soucis qu'il avait causé de maux à ses sujets (3). P. L—Y.

Galluzzi, *Storia del Gran-Ducato di Toscana*, VI et VII. — Sismondi, *Hist. des Républ. ital.*, XVI. — Mlle de Montpensier, *Mémoires*. — Botta, *Storia d'Italia*.

MÉDICIS (*Jean-Gaston* DE), septième et dernier grand-duc de Toscane, fils du précédent, né le 24 mai 1671, à Florence, où il est mort, le 9 juillet 1737. Dans sa jeunesse il avait été ami des arts et des études sérieuses. L'éloignement que lui inspira sa femme et son indolence naturelle le livrèrent aux plus honteuses passions. Marié par son père à Anne-Marie-Françoise de Saxe-Lauembourg, veuve d'un prince de Neubourg (2 juillet 1697), il la suivit dans son domaine de Reichstadt en Bohême; cette princesse était impérieuse, obstinée, fort laide du reste et d'un embonpoint qui semblait lui ôter tout espoir de progéniture. Afin d'échapper à une compagnie si maussade, son premier mari s'était adonné à l'ivrognerie. Le second ne la souffrit pas longtemps: au bout d'un an, il s'enfuit tout à coup, et accourut à Paris, où sa mère, Marguerite d'Orléans, l'accueillit avec de vives démonstrations de tendresse. De même qu'à Prague, où sa conduite avait été un objet de scandale, il se montra moins curieux de fréquenter la cour que les tavernes. Le jeu et la débauche ruinèrent rapidement sa santé. Lorsqu'il parvint au trône grand-ducal (1723), ce fut « comme un usufruitier plutôt que comme un maître »; car depuis le complet dépérissement de sa race, la succession de Toscane était ouverte et les grands États de l'Europe se la disputaient ouvertement. Une des premières mesures de Gaston fut d'éloigner les moines et les espions, qui formaient l'entourage habituel de son père; il supprima ensuite les pensions accordées aux hérétiques convertis, ainsi que divers monopoles, et fit apporter plus d'exactitude et de douceur dans les pratiques de la justice. Quant à sa femme, il la tenait exilée en Bohême, et refusa même d'entretenir aucun rapport avec elle. Sa belle-sœur, Violante de Bavière, parut seule exercer sur lui quelque influence. Au reste il se dérobait entièrement au souci des affaires et en laissait volontiers le poids à son misérable valet de chambre, Guiliano Dami, qui faisait une sorte de commerce public des emplois et des faveurs. Pressé par l'Espagne et par l'Empire qui, l'un et l'autre, le menaçaient d'une invasion armée, il consentit à recevoir à Milan l'investiture de Sienne et adhéra au traité du 25 juillet 1731, par lequel l'héritage de la Toscane était assuré à l'infant don Carlos. En même temps il déposait entre les mains de l'archevêque de Pise une protestation secrète, dans laquelle il déclarait que, pour lui, son intention était de rendre à Florence l'indépendance dont elle jouissait lorsqu'elle avait accepté le gouvernement de sa famille. A quelque temps de là il fut encore forcé de subir la loi de la force. La guerre ayant éclaté entre la maison de Bourbon et celle d'Autriche, le sort de la Toscane changea, et elle passa en 1736 sous la domination éventuelle de François (*voy.* ce nom), duc de Lorraine et époux de Marie-Thérèse. Ce nouvel héritier n'attendit pas longtemps la succession qui venait de lui écheoir. Gaston, épuisé par la pierre et la goutte, mourut l'année suivante, à l'âge de soixante-six ans. Sa sœur, la princesse Palatine, succomba à ses infirmités, le 18 février 1743, et avec elle s'éteignit la nom des Médicis. « Dès qu'il fut, dit Sismondi, délivré de la contrainte dans laquelle il avait vécu jusqu'à l'âge de cinquante-deux ans, Jean-Gaston chercha, en s'entourant de bouffons et d'hommes

(1) Il était né le 15 novembre 1660, et avait été fait cardinal en 1686 par le pape Innocent XI. Il possédait de riches abbayes en Italie et en Flandre, et remplissait depuis 1708 les fonctions de protecteur des affaires de France et d'Espagne à la cour de Rome. Sa femme mourut en 1742, à Padoue.

(2) Ferdinand, né le 9 août 1663 et mort le 30 octobre 1713, avait obtenu une certaine autorité dans le gouvernement de son père. Il mena une vie fort désordonnée, et succomba à une affection syphilitique qu'il avait gagnée à Venise.

(3) La grande-duchesse l'avait précédé dans la tombe (17 juin 1721); on trouva jusque dans son testament des preuves de la haine qu'elle avait vouée à son mari.

uniquement occupés de le réjouir, à se distraire de ses infirmités, qui le retenaient presque constamment au lit, et du partage de la succession, dont on faisait retentir l'Europe. Il était bonhomme, mais il ne voyait point d'avenir devant lui; il ne songeait point à la misère de ses sujets, qu'il n'avait pas sous les yeux, moins encore à celle qui viendrait après lui, et il ne mettait aucune borne à ses dissipations pour que tous ceux qui l'approchaient se retirassent d'auprès de lui avec un visage satisfait. » P.

Galluzzi, *Storia del Gran-Ducato di Toscana*, VIII. — Botta, *Storia d'Italia*. — Sismondi, *Hist. des Républ. ital.*, XVI.

MÉDICIS (Don *Louis* DE), duc DE SARTO, connu sous le nom de *chevalier de Médicis*, homme d'État napolitain, né en 1760, mort à Madrid, le 25 janvier 1830. Il descendait de la famille princière d'Ottajano, une des branches cadettes de la maison de Médicis, dont elle s'était détachée dès le treizième siècle. Membre de la junte de justice, il fut accusé de correspondre avec les républicains français, destitué, emprisonné pendant plusieurs années, et enfin acquitté. En 1799, les Français, maîtres de Naples, lui offrirent une haute position, qu'il refusa, ce qui lui valut une nouvelle incarcération. Le roi Ferdinand étant revenu à Naples rendit justice à Médicis, et après la retraite de Zurlo il le nomma vice-président du conseil des finances. Médicis montra beaucoup de capacité dans cet emploi, et évita une banqueroute au trésor public. Lorsque Ferdinand fut forcé de se retirer de nouveau en Sicile, Médicis l'y suivit. Quoique consulté sur toutes les affaires importantes, il ne devint ministre des finances qu'en 1810 : ses projets d'impôt direct ayant échoué auprès des nobles dans le parlement qu'il avait fait convoquer par le roi, et celui ci s'étant décidé à faire une levée de subsides par ordonnance, Médicis donna sa démission, et se retira en Angleterre, à la fin de 1811. Il y resta dix-huit mois. De retour en Sicile, il fut envoyé avec Rufo par son souverain auprès du congrès de Vienne, afin de protester contre les arrangements que les alliés avaient consentis en faveur de Murat. Au mois de février 1815, les deux agents siciliens réussirent à négocier avec l'Autriche un traité secret par lequel l'empereur François Ier s'engageait à rétablir le roi Ferdinand à Naples. Ce traité, communiqué à l'envoyé de Murat à Vienne, poussa ce prince, qui se vit joué par l'Autriche, à prendre les armes. Battu à Tolentino, il se réfugia en Corse Le jour où la reine Caroline quitta Naples, Médicis y entra muni des pleins pouvoirs du roi. Il fit exercer une grande surveillance le long des côtes. Murat, croyant soulever Naples, essaya de débarquer; il y perdit la vie. Après le retour du roi Ferdinand, Médicis, appelé au ministère des finances, eut encore une tâche difficile : Ferdinand avait contracté de bien lourdes obligations. Médicis pourvut à tout; on blâma pourtant la restitution des biens des émigrés, dont il n'excepta pas ceux qui avaient été vendus; la révocation de l'impôt des patentes, et l'impôt exorbitant sur les livres étrangers.

Plusieurs imprimeries s'établirent à Naples pendant son administration. En 1818 il négocia à Terracine un concordat avec le saint-siége, et il montra tant de fermeté qu'il fit céder le cardinal Consalvi sur plusieurs points. De retour à Naples, Médicis fit mettre en vigueur son système monétaire, suivant lequel l'argent était pris pour base de toutes les transactions. Il provoqua l'ordonnance royale de 1819, qui enjoignait aux juges de prononcer sur le texte littéral de la loi ou sur une interprétation motivée de ce texte, et non sur les opinions des légistes; cette ordonnance prescrivait en outre la publication des motifs des jugements. Pour dégager les prisons de Naples, toujours encombrées, Médicis conclut avec la cour de Rio-Janeiro un traité qui mettait à la disposition du gouvernement du Brésil deux mille galériens napolitains. Traitant avec un égal mépris les carbonari et les caldesari, le chevalier de Médicis envoyait à l'hôpital des fous les plus exaltés d'entre eux; plus tard il s'allia aux seconds pour écraser les premiers, et arma ainsi les partis les uns contre les autres. Le rétablissement d'un grand nombre de couvents, le déficit des finances, la création d'un nouvel impôt foncier, la stagnation des affaires, les dispositions militaires du général Nugent et les mesures despotiques du prince de Canosa, ministre de la police, préparèrent l'insurrection de 1820. Quand elle eut éclaté, Médicis et Nugent conseillèrent au roi d'abandonner ses États et de n'y rentrer qu'avec une armée autrichienne qui le rétablirait dans la plénitude de ses droits. Le duc de Calabre décida le roi à rester. Médicis donna alors sa démission, et se retira à Rome, lorsqu'il apprit que les carbonari avaient juré sa mort. Il fit un voyage à Paris, où il fut reçu par Louis XVIII, et, sur les instances du prince de Metternich, il retourna à Rome, où le roi se trouvait. Ferdinand lui en voulait de l'avoir abandonné; il refusa de le voir. Forcé de contracter un emprunt, le roi de Naples s'adressa à la maison Rothschild, qui, manquant de confiance dans les ministres napolitains, refusa de le souscrire; le roi fut ainsi contraint de rappeler Médicis au ministère des finances. L'emprunt fut aussitôt couvert. Quelque temps après, Médicis devint président du conseil des ministres à l'occasion du voyage du roi à Vérone et à Vienne. Au mois de février 1824, il conclut un nouvel emprunt garanti par les impôts indirects et les douanes. A la mort du marquis de Circello, Médicis cumula les ministères des finances, des affaires étrangères et de la police. Il conserva sa position sous le roi François Ier, et contribua à délivrer Naples de l'occupation autrichienne. Médicis accompagna son souverain à Madrid lorsque celui-ci y conduisit sa fille Marie-Christine, qui allait épouser Ferdinand VII. Médicis y mourut inopinément. J. V.

Biogr. univ. et portat. des Contemp. — Colletta, *Histoire du Royaume de Naples de* 1734 *à* 1825.

MÉDICIS. *Voy.* CATHERINE et MARIE, reines de France; FERDINAND Ier et II, grands-ducs de Toscane; CLÉMENT VII, LÉON X et LÉON XI, papes.

MEDICUS (*Frédéric-Casimir*), botaniste allemand, né à Grumbach, en 1736, mort le 15 juillet 1808. Nommé, en 1764, médecin militaire à Mannheim, il devint par la suite membre de l'Académie des Sciences de cette ville, directeur du jardin botanique, et conseiller de régence en Bavière. Il a apporté plusieurs modifications heureuses au système de Linné. On a de lui : *Sendschreiben von Ausrottung derer Kinder-Blattern* (Lettre sur la guérison de la petite-vérole); Leipzig, 1763, in-8° : l'auteur y propose, contrairement aux idées alors en cours, l'emploi des rafraîchissants; — *Geschichte periodischer Krankeiten* (Histoire des Maladies périodiques); Carlsruhe, 1764, et Francfort, 1794, in-8°; — *Sammlung von Beobachtungen aus der Arzneywissenschaft* (Recueil d'Observations médicales); Zurich, 1764-1766 et 1776, 2 vol., in-8°; — *Von der Lebenskraft* (De la Force vitale); Mannheim, 1774, in-4°; — *Ueber die Veredlung der Rosskastanie* (Sur l'amélioration du marron d'Inde); Lautern, 1780, in-4°; — *Beyträge zur schönen Gartenkunst* (Mélanges concernant l'art d'embellir des Jardins); Mannheim, 1782, in-8°; — *Botanische Beobachtungen* (Observations Botaniques); Mannheim, 1782-1783, 5 parties, in-8°; — *Theodora speciosa, ein neues Pflanzengeschlecht; nebst einem Entwurf die künstliche und natürliche Methode in Ordnung des Pflanzenreichs zugleich anzuwenden* (*Theodora speciosa*, nouvelle espèce de plantes, avec un projet d'employer dans le classement des plantes la methode artificielle et naturelle); Mannheim, 1786, in-8°; — *Ueber einige künstliche Geschlechter aus der Malvenfamille mit beigefügtem Urtheil über Linneische Classification* (Sur quelques Espèces artificielles de la famille des Mauves, avec une appreciation de la classification de Linné); Mannheim, 1787, in-8°; — *Philosophische Botanik* (Botanique philosophique); Mannheim, 1791, in-8°; — *Kritische Bemerkungen uber Gegenstände aus dem Pflanzenreich* (Remarques critiques sur le Règne des Plantes); Mannheim, 1793, in-8°; — *Geschichte der Botanik unsrer Zeiten* (Histoire de la Botanique de notre époque); Mannheim, 1793, in-8°; — *Unachter Acacienbaum* (Le faux Acacia) : Leipzig, 1794-1803, 5 vol. in-8°; cet ouvrage a beaucoup contribué à la propagation de cet arbre; — *Uber die wahren Grundsatze des Futterbaues* (Sur la vraie Methode de la Culture des Fourrages); Mannheim, 1796, in-8°; — *Beyträge zur Pflanzenanatomie und Pflanzen-Physiologie* (Documents pour servir à la connaissance de l'Anatomie et de la Physiologie des Plantes); Leipzig, 1799-1801, 7 parties, in-8°; — *Pflanzen-physiologische Abhandlungen* (Dissertations sur la Physiologie des Plantes); Leipzig, 1803, 3 vol. in-8°; — *Kleine ökonomische Aufsätze* (Petits Mémoires économiques); Mannheim, 1804, in-12. Medicus, qui a aussi publié un *Forstjournal* (Journal des Forêts); Leipzig, 1797-1800, 2 vol., in-8°, a encore inséré une trentaine de *Mémoires* sur divers sujets de botanique dans les *Vorlesungen der kurpfalzischen physikalisch-ökonomischen Gesellschaft* et autres recueils. O.

Meusel, *Gelehrtes Deutschland*, V, X et XI. — Rotermund, *Supplément à Jöcher*.

MEDINA, nom commun à de nombreux artistes espagnols. Les principaux, par ordre chronologique, sont :

MEDINA (Don *Luis* DE), fresquiste distingué, en grande réputation à Tolède, où il mourut, jeune encore, vers 1523. Il était élève d'Antonio del Rincon, et a exécuté de nombreux travaux dans les principaux monuments de Tolède. En 1498 il y décora le cloître chapitral. En 1508, avec Alonzo Sanchez et Yago Lopez, il fut choisi pour orner la cathédrale, et plus tard, en 1519, il fut employé avec ces deux mêmes peintres pour décorer le théâtre de l'université de Alcala-de-Henarès. Comme ses travaux étaient bien payés, il laissa une belle fortune.

MEDINA (*André* DE), peintre et graveur, mort en 1663. Il étudia à Séville dans l'atelier de Juan del Castillo. Ses peintures sont bien composées, bien dessinées; mais le coloris en est dur et sec. Ses gravures présentent les mêmes défauts.

MEDINA Y VALBUENA (Don *Pedro* DE), fresquiste et décorateur, né à Séville, vers 1620, mort après 1675. Il fut élève de Juan del Castillo et condisciple de Esteban Murillo, dont il resta le compagnon inséparable. Il restaura en 1667 et 1668 la cathédrale de Séville, et décora particulièrement la chapelle de Saint-Antoine-de-Padoue. Il contribua beaucoup à la fondation de l'Académie de Peinture de Séville, dont il fut successivement premier majordome (1660), président (1667 et 1671), consul (1674). Habile aquarelliste, il était chargé de peindre les flammes des galions et autres navires de la marine royale espagnole (1).

MEDINA (Le P. *Moïse-Casimir*), portraitiste, né à San-Felipe, en 1671, mort à Valence, en 1743. Médiocre dans la peinture historique, où il péchait surtout par la composition, il peignait bien le portrait. Après la mort de sa femme, il se fit

(1) Les bâtiments espagnols se faisaient alors remarquer par un luxe, aujourd'hui incroyable, de pavillons, de banderoles, richement ornés et coloriés.

ordonner, obtint un bénéfice et la clientèle du clergé espagnol. Il est rare de voir un couvent qui ne possède pas le portrait d'un de ses supérieurs dû au pinceau du père Casimir Medina. A. DE L.

Gutierrez de los Rios, *La Noticia general para la estimacion de los artes* (Madrid, 1610). — Cean Bermudez, *Diccionnario historico de las Bellas-Artes*. — Quilliet, *Dictionnaire des Peintres espagnols*. — *La Constitucion de la Academia de Séville*.

MEDINA (*Pedro*), historien espagnol, né vers 1510, à Séville, où il est mort. On ne connaît aucune des particularités de sa vie. Il était bon mathématicien et habile dans la théorie de la navigation. On cite parmi ses ouvrages : *Libro de las grandezas y cozas memorables de España*; Séville, 1544, 1549, in-fol.; Alcala, 1566, in-fol., goth. : dans une note de la seconde édition de sa chronique, Florian do Campo l'accuse d'avoir extrait de la première édition de cet ouvrage tout ce qui forme le sien; — *Arte de navegar*; Cordoue, 1545, in-fol. : on a fait de ce livre un grand nombre de réimpressions, et il a été traduit en différentes langues, notamment en français par Nicolay : *L'Art de naviguer*; Lyon, 1553, in-fol. fig.; — *Chronica breve de España, por mandado de la reyna Isabel*; Séville, 1548; — *Tabula Hispaniæ geographica*; Séville, 1560; — *Regimiento de navegacion*; Séville, 1563, in-4°; c'est peut-être le même ouvrage que l'*Arte de navegar*. Il a laissé en manuscrit une *Histoire de Séville* en latin et une *Chronique des Ducs de Medina-Sidonia*, en espagnol. P.

Antonio, *Nova Bibl. Hispana*, II.

MEDINA (*Miguel*), théologien espagnol, né à Belalcazar (diocèse de Cordoue), mort vers 1580, à Tolède. Il reçut des leçons d'Alphonse de Castro, entra dans l'ordre de Saint-François, et se rendit savant dans l'histoire et les langues orientales. On l'a accusé d'avoir donné dans les fables d'Annius de Viterbe. Ses principaux écrits sont : *Christiana Parænesis, sive de recta in Deum fide*; Venise, 1564, in-fol. : dédiée à Philippe II, qui l'avait chargé de rédiger un ensemble des preuves de la religion; — *De Indulgentiis*; Venise, 1565, in-4°; — *De sacrorum Hominum Continentia*; Venise, 1568, in-fol.; — *De la verdadera y christiana Humildad*; Tolède, 1570, in-8°.

Deux autres théologiens de ce nom méritent aussi d'être mentionnés. L'un, *Jean* MEDINA, né à Alcala-de-Hénarès, enseigna pendant vingt ans la théologie à l'université de cette ville, où il mourut, en 1546, âgé d'environ cinquante-six ans. Divers auteurs, notamment Gomez et Matamoros, ont parlé de lui avec éloge. On a de lui : *De Restitutione et Contractibus*; Salamanque, 1550, in-fol.; — *De pœnitentia*; ibid., 1560, in-fol. — L'autre, *Barthelemy de* MEDINA, né à Medina-de-Rio-Seco, mort en 1580, appartenait à l'ordre de Saint-Dominique. Il propageait la théologie scolastique, qu'il professa avec succès à Salamanque. On le croit l'auteur de l'opinion de la *probabilité*. Il a laissé des *Commentaires* en latin sur saint Thomas (Salamanque, 1582-1484, 2 vol. in-fol.), qui ont eu plusieurs éditions. P.

Antonio, *Nova Bibl. Hispana*, II. — Dupin, *Auteurs eccles. du seizieme siècle*. — Wadding, *Annales*. — Echard, *Script. ord. Prædicatorum*.

MEDINA (*Salvador-Jacinto-Polo* DE), poëte espagnol, né à Murcie, dans les premières années du dix-septième siècle, mort vers 1660. Il se distingua dans la poésie légère et particulièrement dans l'épigramme. Nicolas Antonio l'appelle un homme « d'un talent plein d'agrément et d'urbanité »; il cite de lui les ouvrages suivants : *Academias del Jardin*; *Buen Humor de las Musas*; *Fabula de Apolo y Dafne*; *Fabula de Pan y Syringa*; Madrid, 1630, in-8°; — *Hospital de Incurables y viage deste mundo y el otro*; 1636, in-8°; — *Gobierno moral en doce discursos*; Murcie, 1657, in-8°. Les Œuvres de Medina ont été recueillies à Saragosse, 1664, in-4°, et à Madrid, 1715, in-4°. On trouve des extraits de ses poésies dans le *Parnaso Espanol*, III, 24. Z.

Nicolas Antonio, *Bibliotheca Hispana nova*.

MEDINA (Sir *Jean-Baptiste*), peintre belge, d'origine espagnole, né à Bruxelles, en 1630, mort en Angleterre, en 1711. Il passa la plus grande partie de sa vie dans les îles Britanniques, et fut le dernier chevalier créé en Écosse par le lord commissaire de ce royaume. Il dut ce titre à son talent. Medina est l'élève de Rubens qui a certainement le mieux compris la manière du grand artiste. Ses tableaux sont presque tous conservés en Angleterre, soit dans les monuments, soit dans les galeries particulières. On en admirait plusieurs à l'exhibition des *Trésors de l'Art* à Manchester (juillet 1857). Ils sont remarquables par une grande pureté de dessin, même dans les raccourcis les plus difficiles; mais les formes sont peut-être quelquefois trop développées; le coloris est toujours à la fois harmonieux et vigoureux, et ses compositions sont si bien combinées que, quoique très-compliquées, elles ne fatiguent ni l'intelligence ni l'œil. A. DE L.

Dict. Biogr. et Pittoresque.

MEDINA (Duc DE). *Voy.* OSSUNA.

MEDINA-SIDONIA (1) (*Gaspar-Alonso Perez-de Guzman*, duc DE), homme d'État espagnol, vivait dans la première partie du dix-septième siècle. Il était neveu du premier ministre Olivarez et frère de Louise de Guzman, femme du duc Jean de Bragance, que la révolution de 1640 plaça sur le trône de Portugal. Gouverneur de l'Andalousie, il conçut le projet d'imiter son beau-frère et de séparer cette province du reste de la monarchie. Son dessein fut découvert avant

(1) Medina-Sidonia, en latin *Asidonia* ou *Assindum*, ancienne ville d'Espagne dans l'Andalousie a donné son nom à une des principales branches de la maison de Guzman. Pour d'autres membres remarquables de cette famille, voy. GUZMAN.

d'avoir reçu un commencement d'exécution. Le duc de Medina-Sidonia, mandé à Madrid, obtint sa grâce en révélant au roi Philippe IV tous les détails d'un complot où Jean de Bragance était profondément engagé. A cette dénonciation humiliante Olivarez exigea que le duc joignît une démarche ridicule, et provoquât en duel le roi de Portugal. Le cartel, adressé à Jean de Bragance et transmis à toutes les cours de l'Europe, n'eut pas d'effet. Le duc se trouva au jour fixé sur la frontière des deux royaumes, avec une suite nombreuse; mais il y attendit vainement le roi de Portugal. Après cet incident bizarre, Olivarez fut renvoyé du ministère, et Medina-Sidonia tomba dans une obscurité complète. Z.

Ortiz, *Compendio de la Historia de España*. — La Clède, *Histoire du Portugal*. — Vertot, *Révolutions de Portugal*.

MEDINILLA (*Balthasar-Elisio*), poëte espagnol, né à Tolède, en 1585, mort en 1617. Il fut le disciple et l'ami de Lope de Vega, qui a parlé de lui avec éloge dans le *Laurel d'Apollo* et qui a déploré sa mort dans une élégie. Son meilleur ouvrage est une épître à Lope sur les agréments de la campagne; elle a été insérée dans le *Parnaso Español*, de Sedano. On a encore de lui un poëme en cinq chants, intitulé : *La limpia Concepcion de la Virgen nuestra senora*; Madrid, 1618, in-8°. Z.

Nicolas Antonio, *Bibliotheca Hispana nova*.

MEDRANO (*Francisco* DE), poëte espagnol, du dix-septième siècle, sur le compte duquel les biographes ne nous apprennent rien. Il s'est placé à un rang distingué parmi les poëtes lyriques de la Castille. Ses écrits ont été imprimés dans les *Sestinas* de Pedro Venegas de Saavedra (Palerme, 1617, in-8°); ils attestent un talent des plus remarquables pour la poésie lyrique. Quelques-uns des sonnets de Medrano sur des sujets religieux brillent par l'élévation des pensées; diverses odes, où se montre une tendance marquée à imiter Horace, sont très-dignes d'attention, celle surtout où il insiste sur le néant des choses vers lesquelles se porte l'ambition humaine. Medrano a peu écrit, ou du moins il n'a été publié qu'un petit nombre des compositions sorties de sa plume, et, malgré son mérite, il est resté à peu près inconnu, même dans son pays natal. G. B.

Ticknor, *History of Spanish Litterature*, t. II, p. 333.

MEDRANO (*Julian*), littérateur espagnol, né dans la Navarre, vers 1540. On manque de renseignements exacts sur sa vie, qui ne paraît avoir rien présenté de remarquable. Il a laissé un ouvrage intitulé : *La Silva curiosa en que se tratan diversas cosas sotilissimas y curiosas*; Paris, 1583, in-8°. Ce recueil a du prix; on y trouve de nombreux proverbes, des poésies de l'époque florissante de la littérature espagnole, des anecdotes extraites principalement des ouvrages de Timoneda; à la fin se présente une des nouvelles de Cervantes : *El Curioso impertinente*. Une autre édition, Paris, 1608, a été revue par César Oudin. G. B.

Bibliothèque des Romans, octobre 1779, t. II, p. 30.

MEDVIÉDEF (*Sylvestre*), célèbre moine russe, mis à mort à Moscou, en septembre 1689. Disciple de Siméon de Polotsk, il penchait, comme lui, à réunir l'Église russe à l'Église catholique. Ce grand dessein et un livre intitulé *La Manne*, qu'il composa pour réfuter les erreurs des frères Leikhoudes touchant le mystère eucharistique, lui attirèrent en même temps la bienveillance de la régente Sophie et la colère du patriarche Joachim. Lorsque Sophie eut été reléguée dans un couvent, il voulut fuir en Pologne. Arrêté au monastère de Bizioukof, près de Smolensk, il fut mis à la question et dégradé. Enfermé ensuite au couvent de Saint-Serge de Troïtza, il y rétracta, dit-on, ses doctrines *papistes*; mais son attachement pour la régente suffit à Pierre Ier, pour lui faire trancher les pieds et les mains, enfin la tête, peu de jours après le supplice de Chaklovitoi. On a de Medviedef plusieurs pièces en vers, dont quelques-unes ont été insérées dans l'*Ancienne Bibliothèque Russe* de Novikof, t. VI et XIV, et une *Histoire de la Révolte des Strelitz*, publiée en 1838 par Zakharof.

P^ce A. G—N.

Slovar o pisatéliakh doukhovnago tchina grèko-rossiiskoi Tserkvi. — Stechbalsky, *La Régence de la tsarevna Sophie*. — *Études de Théologie*, par les PP. Daniel et Gagarin.

MEECKREN (*Job* VAN), chirurgien hollandais, vivait dans le dix-septième siècle. Il fut chirurgien de l'hôpital et de l'amirauté d'Amsterdam, et fit de bons élèves dans son art, qu'il pratiqua avec succès; il se fit connaître par l'invention de quelques instruments ainsi que par la perfection qu'il donna au *troicart*, au *seringotome* et à une aiguille cannelée. Il est auteur d'un recueil d'observations médico-chirurgicales, lequel a été publié après sa mort, sous le titre : *Heel en geneeskontige Aanmerkingen*; Amsterdam, 1668, 1682, in-8°, fig.; trad. en allemand, Nuremberg, 1675, in-8°, et en latin; Paris, 1684, in 8°. K.

Manget, *Biblioth. Chirurg.* — Éloy, *Dict. de Méd.*

MEEF (*Guillaume* DE), dit *de Champion* (1), historien belge, né vers la fin du quinzième siècle, à Liége, où il mourut, le 5 septembre 1557. Il fut revêtu de plusieurs charges importantes et nommé deux fois bourgmestre de sa ville natale, en 1544 et 1550. Il a laissé manuscrit le récit des événements qui se passèrent en 1531, sous le règne d'Érard de La Marck, lorsque la disette et la cherté des grains firent éclater une violente émeute parmi les habitants de divers villages riverains de la Meuse. De Meef, alors greffier de la ville de Liége, fut envoyé par le conseil vers les révoltés, dans le but de calmer leur ir-

(1) Suivant Loyens, on le surnomma *de Champion* parce qu'il habitait une maison « qui portait cette enseigne ».

ritation. Ce récit, publié par Polain : *La Mutinerie des Rivageois*; Liége, 1835, in-8°, donne un démenti formel aux éloges outrés prodigués à Érard de La Marck. E. R.

Loyens, *Recueil des Bourgmestres de Liége*; Liége, 1720, in-fol., p. 273. — Becdelièvre-Hamal, *Biographie Liégeoise*. — *Messager des Sciences et des Arts de Belgique*, 1835, p. 270.

MEEL (*Jean*), plus connu sous le nom de *Jean* MIEL, habile peintre flamand, né aux environs d'Anvers, en 1599, mort à Turin, en 1664. Il était l'un des meilleurs élèves de Guérard Seghers lorsqu'il entreprit le voyage de Rome, pèlerinage obligé dans ce temps-là pour quiconque aspirait à la consécration de son talent. Il se lia avec Pierre de Laer, dit le *Bambozzo* (1), et prit de lui ce genre, si nouveau en Italie, de faire entrer dans le domaine de la peinture des sujets vulgaires, tels que des *contadini*, des gardeurs de buffles, des voiturins, des *piferari*, des servantes d'auberge, des bandits, des bohémiens, des *bravi*, dont il allait surprendre les types dans les tavernes, sur les grandes routes, dans les fermes et dans les repaires les plus mal famés, etc. Jusque là les imitateurs de Raphael n'avaient guère mis en scène que des dieux, des saints, des héros, des papes ou de célèbres courtisanes. Grand donc fut le scandale, mais grand aussi fut le succès. Malgré l'influence de Zampieri et de Nicolas Poussin, qui retenaient encore l'école romaine dans les traditions classiques, les Italiens applaudirent de bon cœur aux *capricci*, aux *bambocciate* de Jean Meel. L'art n'était d'ailleurs pas négligé dans les fantaisies de cet artiste; son dessin était toujours correct, son coloris naturel, ses lumières habilement jetées. Il savait faire un juste emploi de la *manière forte* inaugurée par le Caravage et du clair-obscur, qui jouait un si grand rôle dans l'école romaine. La réputation de Meel devint telle que Andrea Sacchi ne craignit pas de lui confier une partie des travaux qu'il devait exécuter dans le palais Barberini. Il confia à Meel, entre autres peintures, une frise qui devait représenter la cavalcade pontificale. « Meel y mit trop du sien, dit Baldinucci, et n'eut pas assez égard à la majesté du sujet. » A la vue de cette œuvre, Sacchi se mit en colère, et pria le peintre flamand « d'aller peindre ailleurs ses bambochades (2) ».

Meel fit alors un voyage en Lombardie pour étudier les ouvrages du Corrége et des Carrache. La leçon de Sacchi lui avait profité; il résolut de renoncer au genre plaisant pour s'adonner exclusivement à l'histoire, et lorsqu'il revint à Rome ses aptitudes étaient tellement développées que les travaux lui vinrent de toutes parts. Il montra qu'il savait plier son génie aux divers sujets qu'on demandait à son talent. Le pape Alexandre VII lui fit peindre dans sa galerie de Monte-Cavallo *Moïse frappant le rocher*; l'église de San-Lorenzo-in-Lucina lui commanda le *Miracle de saint Antoine de Padoue*. En 1656, il décora au Vatican la chapelle voisine de la chambre du pape, et représenta au palais Raggi, dans deux tableaux en forme de frise, les *Mascarades de Rome du Corso*. L'Académie de Peinture de Rome lui avait ouvert ses rangs dès 1648, et en 1659 le duc de Savoie, Charles-Emmanuel II, l'appela à Turin et le reçut *con tratti di benignità e d'amore*. Il le nomma son premier peintre, et le décora de l'ordre de Saint-Maurice. Il est vrai que Meel devint en quelque sorte la propriété du duc, qui ne put jamais se déterminer à le laisser retourner à Rome. On croit que l'artiste en prit un tel chagrin, qu'il en mourut.

Meel a exécuté à Turin des travaux importants, tant à l'huile qu'à fresque. Dans la grande salle des gardes on voit onze morceaux de ce maître. Au milieu de sujets tirés des *Métamorphoses*, il a reproduit quelques traits historiques à la gloire de la maison de Savoie. Les personnages y sont de grandeur naturelle et bien groupés; mais les peintures qu'il fit avec le plus de goût, comme étant le plus en harmonie avec son tempérament, furent celles du château de la Vénerie. Ce sont des *Rendez-vous de chasse*; *Le Départ des Chasseurs*; *La Curée*; *L'Aller au Bois*; *Le Laisser courre*, dix pièces en tout, avec un nombre infini de petites figures, chasseurs, amazones, écuyers, valets, chiens, animaux de diverses espèces. Ici Meel fit voir toutes les qualités artistiques que la nature lui avait données et que la fréquentation du Bamboche développa, c'est-à-dire l'intelligence de la perspective, une grande vigueur de clair-obscur, l'observation, plus spirituelle que naïve, des gestes, des costumes, des physionomies naturelles et qui se rencontrent dans la vie commune. « Néanmoins, ajoute M. Charles Blanc, les cerfs de Jean Meel ont des allures assez primitives, qui rappellent, il faut l'avouer, les estampes un peu frustes de la *Vénerie* de du Fouilloux. Les autres animaux, lièvres, ours, sangliers, les chiens mêmes sont dessinés d'une façon tellement rudimentaire qu'on serait tenté de croire que Jean Meel vit la plupart de ces bêtes seulement dans de vieilles estampes. Au lieu d'écumer, comme font ceux de Rubens, ses chiens s'approchent avec ménagement et convenance de la bête rendue, et tout se passe non comme un combat, mais comme un plaisir réglé d'avance. » A part ces critiques de détail, on admire dans les compositions importantes de Meel de la vigueur, une belle couleur. Moins bon dessinateur en grand qu'en petit, il n'avait pas les grâces ni l'élévation qu'il faut pour la peinture historique. Au contraire, il est excellent dans les tableaux de chevalet; il y est fin, bon observateur, spirituel. Il a peint quelquefois des fonds aussi clairs que ceux de Karl Dujardin; cependant Descamps lui reproche « de forcer les ombres, toujours larges, de ses premiers plans,

(1) Parce qu'il était bossu.

(2) Andrea forte si disgusto con esso, e venuto in collera gli disse, « che egli se ne andasse a dipingere le sue bambocciate ».

comme s'il n'avait fait ses études qu'en plein soleil ». Si Descamps avait plus tenu compte à Jean Meel de la vive clarté et de la limpidité du ciel italien, sous lequel Meel travailla toujours, peut-être se fût-il moins étonné des oppositions de lumière qu'il signale sur les toiles de Meel. Lanzi a fait l'éloge de cet habile maître en peu de mots, et son jugement doit faire loi. « Noble dans ses idées, grandiose, élevé au delà de ce que sont ordinairement ses compatriotes, ayant une grande intelligence de la perspective, remarquable par une vigueur de clair-obscur qui n'exclut point la délicatesse du coloris, surtout dans les tableaux de cabinet, il eut un talent singulier pour les figures de proportion moyenne.... Homme d'un esprit supérieur, qui se fit applaudir à Rome par des peintures facétieuses et en Piémont par des peintures d'un genre sévère. »

Nous allons ajouter aux ouvrages déjà cités de Jean Meel quelques-unes de ses œuvres les plus connues en France : deux *Saint François*, dont l'un appartenait au duc de Choiseul, l'autre au prince de Conti ; — à Paris au musée du Louvre : *Le Mendiant ; Le Barbier napolitain ;* un *Divertissement de paysans italiens :* ils dansent et boivent ; une *Vendange*, avec beaucoup de figures ; une *Halte militaire ;* la *Dînée des Voyageurs ;* dans diverses galeries particulières : un *Paysage* animé par des danseurs ; et une *Chasse* (ces deux tableaux étaient au Palais-Royal) ; deux tableaux représentant des *Bergers ;* une *Distribution d'aumônes ;* des *Gens à table :* le fond est un beau paysage ; la *Bohémienne ;* une *Dispute ; L'Étranger et le Commissionnaire*. Le musée de Londres possède aussi quelques pastorales et des sujets de fantaisie.

Jean Meel gravait très-bien, d'une pointe légère et ferme. Ses eaux-fortes ne sont pas moins recherchées que ses petits tableaux. On en cite surtout neuf aussi belles que rares : *Un Chevrier* assis sur un tronc d'arbre et jouant de la cornemuse ; *Une vieille Femme*, assise et cherchant les poux à une petite fille ; un *Paysan italien* se tirant une épine du pied ; *L'Assomption ;* un *Guerrier romain* tenant un drapeau déchiré ; *Ganymède enlevé par Jupiter*. Mais ce qu'on estime comme des chefs-d'œuvre sont trois planches gravées pour un ouvrage intitulé : *Fabiani Stradæ* de Bello belgico *Decades duæ* (Rome, 1640, 2 vol. in-fol.) Ces trois estampes représentent le *Siége de Maëstricht par Alexandre de Parme* (1579) ; la *Prise de Maëstricht ;* la *Prise de Bonn par le prince de Chimay* (1588). Les dessins de Jean Meel sont aussi fort estimés et se vendent cher. Ils sont pleins d'esprit et d'effet : il y en a à la pierre noire, lavés à l'encre de Chine ou touchés au bistre ; quelques-uns sont à la plume, et parmi ces derniers un des plus cités est un *Opérateur jouant une farce*. Tous les ouvrages de Jean Meel sont signés d'un monogramme formé des lettres *J. M.* jointes ensemble. A. DE LACAZE.

Lanzi, *Storia Pittorica della Italia*. — Orlandi, *Abecedario Pittorico*. — Bartsch, *Le Peintre graveur*. — Descamps, *La Vie des Peintres flamands*, etc., t. I, p. 369-370. — Charles Blanc, *Histoire des Peintres*, liv. 117.

MEELFÜHRER (*Jean*), orientaliste allemand, né à Culmbach, le 25 décembre 1570, mort le 3 décembre 1640. Après avoir fait à l'université de Wittemberg des cours de théologie et de langue hébraïque, il devint, en 1610, abbé du couvent luthérien de Heilsbronn ; plus tard il exerça le ministère évangélique à Anspach. On a de lui : *Grammatica Hebræa ;* Onoldsbach, 1607 ; Iéna, 1623 ; Nuremberg, 1626, in-8° ; — *Manuale Lexici Hebraici ;* Leipzig, 1617, in-8° ; — *Synopsis Institutionum Hebraicarum ;* Leyde, 1623, in-8° ; — *Clavis Linguæ Hebreæ ;* Nuremberg, 1628, in-8° ; — plusieurs ouvrages et dissertations théologiques, des sermons, etc. O.

Fick, *Gelehrtes Bayreuth*, VI. — Vocke, *Almanach Anspachischer Gelehrten*, II. — Rotermund, *Supplément à Jöcher*.

MEELFÜHRER (*Rodolphe-Martin*), orientaliste allemand, arrière-petit-fils du précédent, né à Anspach, vers 1670, mort après 1729. Après avoir soutenu, en 1696 et 1697, quatre thèses, dont l'une en grec, la seconde en hébreu talmudico-rabbinique, une autre en hébreu littéral, et la quatrième en arabe, il obtint le grade de licencié en théologie. En 1712, il embrassa le catholicisme, ce qui provoqua contre lui une série de pamphlets protestants, qui se trouvent reproduits dans les *Unschuldige Nachrichten* de Læscher (années 1713, 1714 et 1725). Il y répondit par une *Apologie* (publiée à Kempten, 1714, in-fol.), qui fut censurée par le *Corpus Evangelicorum* de la diète de Ratisbonne, comme contenant des attaques contre les articles de la paix de Westphalie relatifs à la tolérance religieuse. Rentré, en 1725, dans le sein de l'Église luthérienne, il se rendit en Hollande, pour y chercher un emploi ; n'en trouvant pas, il revint en Allemagne. Arrivé aux environs de Fulde, il fut arrêté sur l'ordre de l'empereur et conduit à Eger, où il se trouvait encore en 1729. On a de lui : *De Germanorum in literaturam orientalem meritis ;* Altdorf, 1698, in-4° ; — *Jesus in Talmude, sive Dissertationes philologicæ duæ de iis locis in quibus per Talmudicas Pandectas Jesu cujusdam mentio injicitur ;* Altdorf, 1699 ; — *De Talmudis versionibus ;* 1699 ; — *Accessiones ad Almeloveenianam bibliothecam promissam et latentem ;* Nuremberg, 1699, in-8° ; — *De Meritis Hebræorum in rem literariam ;* Wittemberg, 1699, in-4° ; — *De fatis eruditionis orientalis ;* Wittemberg, 1700, in-4° ; — *Consensus veterum Hebræorum cum Ecclesia christiana ;* Francfort, 1701, in-4° ; — *De causis synagogæ errantis ;* Altdorf, 1702 ; — *De impedimentis conversionis Judæorum*, 1707. O.

Jöcher, *Allgem. Gelehrten-Lexikon*.

MEER (*Jean* VAN DER), peintre hollandais,

né à Schoenhoven, vers 1620, mort vers 1680. Il était d'une famille riche, et apprit la peinture à Utrecht; son maître est resté inconnu. Van der Meer partit pour Rome, où son talent, sa fortune et sa générosité le firent considérer de tous. De retour dans sa patrie, il épousa une jeune veuve, qui lui apporta en dot une manufacture de blanc de plomb fort achalandée. Depuis lors il négligea son art; sa femme mourut, et dans la guerre de 1672 son établissement fut incendié. Forcé par la misère, il reprit le pinceau; dans une guirlande de fleurs exécutée par Jean-David de Heem, il peignit le portrait du *prince d'Orange, Guillaume III* (depuis roi d'Angleterre), et en fit présent à ce prince. Guillaume III témoigna sa reconnaissance en donnant à l'artiste ruiné la charge de contrôleur des droits du canal qui passe de Vreeswick à Vianen. Les toiles de van der Meer sont rares, et presque toutes, représentant des portraits, sont enfouies dans des galeries de famille. A. DE L.

Descamps, *La Vie des Peintres hollandais*, t. I, p. 348; t. II, p. 272.

MEER (*Jan* VAN DER), peintre hollandais, né à Harlem, vers 1665, mort dans la même ville, en 1704. Il était fils d'un paysagiste, qui lui enseigna son art et le plaça ensuite dans l'atelier de Nicolas Berghem. Il développa d'heureuses dispositions par un travail opiniâtre, et réussit à faire de jolis paysages, qui lui étaient payés fort cher. On recherche aussi ses dessins, quoiqu'ils ne soient pas du premier mérite. Il avait épousé la sœur de son ami et condisciple Cornille du Sart. Ce mariage ne fut pas heureux. Van der Meer, dégoûté de son intérieur par l'inconduite de sa femme, se jeta dans la débauche, et mourut misérable. Son meilleur tableau est une *Vue du Rhin*, qui se trouve au musée de La Haye.

A. DE L.

Descamps, *La Vie des Peintres hollandais*, t. III, p. 98.

MEERBEECK (*Adrian* VAN), écrivain belge, né à Anvers, en 1563, mort à Alost, après 1627. En 1600 il professait les humanités à Borhnem, et en 1625 il remplissait les mêmes fonctions à Alost. Depuis sa vie est inconnue. On a de lui: *Lusthof der Gebeden* (Le Jardin des Prières); Anvers, 1602, in-16; réimprimé plusieurs fois; — *Vloeyende Fonteyne der Liefde, vol aller lieflelycker Oeffeninghen ende devote Ghebeden* (La Fontaine d'Amour, ou recueil d'amoureux exercices et devotes oraisons, etc.); trad. du français de Nicolas de Montmorency, comte d'Etaire, etc.; Louvain, 1617 et 1690, in-16, gothiq.; — *Le Voyage de Jérusalem et de Sourie* (Syrie), trad. en flamand du latin du docteur Jean van Cotwyck; Anvers, 1620, in-4°, goth.; — *Chronicke van de gantsche Werelt, ende Sonderlinghe van de Seventhien. Nederlanden*, etc. (Chronique universelle, mais particulièrement des Pays-Bas, où l'on rapporte les demêlés, les guerres, les batailles, les siéges, les entreprises des États et des villes et généralement tout ce qui s'est passé de remarquable depuis la naissance de Charles Quint, en l'an 1500, jusqu'à l'année 1620, etc.); Anvers, 1620, in-fol., gothiq., avec dix neuf portraits, fort bien gravés, représentant les souverains et gouvernants des Pays-Bas; en tête est le portrait de l'auteur, avec sa devise: *Ingenio et labore*. Cette chronique est estimable, par son impartialité et l'exactitude des faits qui y sont consignés; — *Theatrum funebre Ferdinandi, Romanorum regis; Caroli V, imperatoris; Philippi II, Hispaniæ regis; Rodolphi II, imperatoris; Philippi III, Hispaniæ regis; Alberti Pii, Belgarum principis*; Bruxelles, 1622, in-4°; trad. en français et en flamand, 1622, in 12. L—Z—E.

Sweert, *Athenæ Belgicæ*, p. 100. — Valère André, *Bibliotheca Belgica*, p. 14.

MEERBEKE (*Guillaume* DE), dominicain brabançon, né à Meerbeke, près de Ninove, mort vers 1300. On a moins de renseignements sur sa vie que sur ses ouvrages; cependant il est certain qu'il remplit les fonctions de pénitencier à la cour des papes Clément IV et Grégoire X, qu'il assista, en 1274, au concile de Lyon, et qu'il fut nommé archevêque de Corinthe, en 1277. Il sut le grec et l'arabe, connaissances rares de son temps, et plus rarement encore réunies, et qui lui servirent à faire des traductions longtemps célèbres, et dont quelques-unes seront toujours d'une grande utilité, puisqu'elles doivent tenir lieu désormais des textes perdus. Voici la liste de ces traductions: *Liber Hippocratis de Prognosticationibus ægritudinum* (ms. du roi, n. 7337); — *Liber Galeni de Virtutibus Alimentorum* (même fonds, n. 6865); — *Liber Ethicorum Aristotelis* (ms du collége de Navarre); — *Simplicii Commentum in libros Aristotelis de Cœlo et Mundo*; Venise, 1540; — *Procli Diadochi Opera varia*, livrés à l'impression par M. Victor Cousin; Paris, 1820, in-8°: trois des traités de Proclus qui font partie de ce recueil n'existent plus en grec. D'autres traductions inédites de Simplicius et d'Ammonius sont encore attribuées à Guillaume de Meerbeke; mais ces attributions ne sont pas certaines. Enfin il a composé ou plutôt compilé un *Traité de Géomancie*, dont ses manuscrits nous offrent deux textes, un latin et un français: ces deux textes sont peut-être du même auteur; il est certain, du moins, qu'ils sont du même temps. B. H.

Jourdain, *Recherches sur les trad. lat. d'Aristote*. — Quétif et Échard, *Script. Ord. Prædic.*, I, 396. — *Hist. Litt. de la France*, XXI, 142.

MEERMAN (*Guillaume*), auteur hollandais, né à Delft, dans la seconde moitié du seizième siècle. Fils d'un bourgmestre, il fit plusieurs campagnes sur mer, et fut associé, en 1612, à une expédition qui avait pour objet de découvrir au nord-ouest de l'Amérique un passage pour aller aux Indes; il périt vraisemblablement dans ces lointains parages, car on n'eut plus de lui aucune nouvelle. L'année même où il quitta son pays pour n'y plus revenir, il fit paraître, sous le voile de l'anonyme, un ouvrage écrit en hollandais et intitulé : *Comœdia vetus ;* Delft, 1612, in-4° ; réimprimé par van den Hoven, avec des notes et un glossaire, Amsterdam, 1718, 1732, in-12. C'est un tableau satirique des querelles qui divisaient alors les théologiens de Hollande, surtout les arméniens et les gomaristes ; l'auteur parle avec beaucoup de liberté des réformés, auxquels il reproche « d'avoir conservé trop de choses du papisme ». K.

Kampen (Van), *Gesch. der Nederl. Letteren.* — Chalmot, *Biog. Woordenb.*

MEERMAN (Baron *Gérard*), érudit hollandais, né à Leyde, en 1722, mort à Aix-la-Chapelle, le 15 décembre 1771. Issu d'une ancienne famille, qui avait changé au seizième siècle son nom de *De Vlieger* en celui de Meerman, il étudia les mathématiques et le droit et publia bien jeune encore *Specimen calculi fluxionalis et alia quædam miscellanea ;* Leyde, 1742, in-4° ; et *Specimen animadversionum criticarum in Gaii Institutiones ;* Mautotte, 1743, in-8°, et Paris, 1747, in-8°. Ayant appris qu'il existait à l'étranger plusieurs traités inédits ou oubliés sur des matières juridiques, il entreprit divers voyages pour les recueillir. A son retour (1748), il fut nommé conseiller pensionnaire en second et plus tard premier syndic de la ville de Rotterdam (1753). Les occupations souvent pénibles de sa charge ne l'empêchèrent pas de mettre au jour une série d'ouvrages, fruit d'un travail persévérant et d'une solide érudition. Dès 1751 il commença la publication du *Novus Thesaurus Juris civilis et canonici* (La Haye, 1751-1753, 7 vol. in-fol.), vaste recueil, dont les nombreuses pièces sont énumérées dans la *Bibl. des Auteurs de Droit* de Dupin. Depuis longtemps, il s'occupait de recherches sur l'origine de l'imprimerie. Après avoir donné, en 1765, un programme de l'ouvrage qu'il préparait, il le publia sous ce titre : *Origines Typographicæ ;* La Haye, 1765, 2 t. in-4°. Meerman a établi par une multitude de documents que l'invention des types mobiles en bois revient à Laurent Coster, de Harlem, et que Gutenberg ne fit que la perfectionner en inventant les caractères en métal fondu. Il est intéressant de lire à ce sujet la lettre que Meerman lui-même écrivait à l'historien Jean Wagenaar, le 12 octobre 1757 (*Vie de Wagenaar*, en holl., Amst., 1776, in-8°, p. 108), où il traitait les preuves invoquées par les partisans de Coster de « suppositions toutes gratuites ». Il ne se doutait pas que lui-même irait jusqu'à faire graver dans l'intérêt de cette cause un portrait apocryphe de Coster, qui n'est que la reproduction de celui de Ricard Tapper, par Nicolas de Larmessin, inséré au t. II de la *Biblioliotheca Belgica* de Foppens. Les travaux de Meerman sur la typographie l'avaient conduit à rechercher l'origine du papier fait de chiffons de linge. Afin d'obtenir la solution de ce problème, il ouvrit un concours (*Nova Acta Eruditorum public.;* Leipzig, sept. 1761), et offrit un prix de 25 ducats à l'auteur d'une réponse satisfaisante. Le prix fut adjugé par l'Académie de Gœttingue à un Espagnol, G. Mayans. La correspondance qui fut échangée sur cette matière fut publiée par J. van Vaassen (*G. Meermanni et doctorum virorum ad eum Epistolæ de chartæ lineæ origine ;* La Haye 1767, in-8°. Meerman était aidé dans ses recherches du secours d'une immense bibliothèque, qu'il accrut vers la fin de sa vie par l'achat de tous les manuscrits qui appartenaient aux jésuites de Paris. Louis XV ayant insisté pour racheter les manuscrits relatifs à l'histoire de France, Meerman céda, et obtint en compensation l'ordre de Saint-Michel. Joseph II l'avait déjà créé baron de l'Empire. En 1766 il s'était démis pour cause de santé de sa charge de pensionnaire de Rotterdam pour accepter l'emploi de conseiller au haut tribunal de la Vénerie, emploi qui le fixait désormais à La Haye. Il a enrichi de quelques notes l'*Anthologia veterum latinorum epigrammatum* de Burman. Il se proposait de publier avec le savant van Wyn un recueil de pièces inédites sous le titre d'*Analecta Belgica ;* il s'occupait en même temps d'un traité en latin sur le règne des Vandales en Afrique, et travaillait à réunir les matériaux d'un complément de ses *Origines typographicæ*, qu'il voulait publier sous le titre d'*Antiquitates Typographicæ Moguntiacæ*, lorsque la mort le surprit. Alph. Willems.

Sax, *Onomasticon*, VII, 42-45. — De Felice, *Encyclopédie*, supplém., VI, 707 ; Yverdon, 1776, in-4°.

MEERMAN (*Jean*, comte), écrivain hollandais, fils unique du précédent, né le 1er novembre 1753, à La Haye, où il est mort, le 19 août 1815. Son père n'épargna rien pour lui donner une solide éducation. A peine âgé de dix ans, l'enfant acheva avec l'aide de son précepteur une traduction du *Mariage forcé* de Molière, imprimée à Rotterdam en 1764. Envoyé à Leipzig, il étudia, sous la direction d'Ernesti, le droit à Gœttingue, et prit à Leyde le titre de docteur. Après avoir visité les principales contrées de l'Europe, il se livra avec ardeur à la culture des lettres ; il publia d'abord le supplément du *Thesaurus Juris civilis et canonici*, La Haye, 1780, in-fol., obtint en 1784 un prix de l'Académie française des Inscriptions pour un mémoire sur cette question : *Comparer ensemble la ligue des Achéens, celle des Suisses en 1307 et la ligue des Provinces-Unies en 1579*, La Haye, 1784, in-4°, et mit au jour les premiers volumes de l'*Histoire de Guillaume, comte de Hollande et roi des Romains ;* La Haye, 1783-1797, 5 vol. in-8° ; traduit en allemand. En 1785 il épousa Anne Mollerus, veuve d'un écrivain de mérite, A. Perrenot, et connue elle-même par un recueil de poésies (La Haye, 1810-1816, 4 vol. in-8°). Meerman avait la faiblesse de vouloir jouer à tout prix un rôle politique. Après avoir essayé vainement à plusieurs reprises de devenir représentant de la Frise, il réussit à se faire nommer membre de la régence de Leyde Attaché au parti aristocratique, il écrivit, en 1793, à l'approche des armées françaises, une virulente brochure contre les principes de la révolution (Leyde, in-8°). Pour ne point assister au triomphe des idées démocratiques, il quitta son pays en 1797, et fit un assez long séjour dans le Nord. Quoiqu'il eût résolu de n'accepter aucune fonction de la république batave, il consentit à faire partie de l'administration départementale de Hollande, et fut un de ceux qui allèrent recevoir aux frontières le roi Louis Bonaparte. Nommé chambellan du prince, puis directeur général des arts et sciences, il s'acquitta avec zèle de cette dernière fonction, et entreprit la publication d'un *Annuaire* (Amst., 1809-1810, 3 tom. in-4°), malheureusement interrompue au bout de trois ans. Lors de la réunion de sa patrie à la France, Meerman devint comte de l'empire, et fut l'un des six sénateurs chargés de représenter la Hollande à Paris. Dans cette nouvelle position, il ne sut garder ni son indépendance ni sa dignité. Dans un poéme en vers hexamètres sur *Montmartre* (Paris, 1812, in-4°, avec une traduction française en prose), il ne craignit pas d'adresser les flatteries les plus serviles à l'empereur Napoléon. Après la chute de l'empire, il revint habiter La Haye. Outre les ouvrages déjà cités, on a de Meerman : *Relations de la Grande-Bretagne et de l'Irlande*; La Haye, 1787, in-8°; — *Discours sur les meilleurs moyens d'encourager le patriotisme dans une monarchie*; Leyde, 1789, in-8°, (en français) : réponse à une question proposée par l'Académie de Châlons; — *Relations sur les monarchies de Prusse, d'Autriche et de Sicile*; La Haye, 1793-1794, 4 vol. in-8°; — *H. Grotii Parallelon Rerum publicarum libri III*, etc.; Harlem, 1801-1803, 4 vol. in-8°, avec le texte hollandais; — *Relations sur le nord et le nord-est de l'Europe*; La Haye, 1804-1806, 6 vol. in-8°; — *H. Grotii Epistolæ ineditæ, ex museo Meermaniano*; Harlem, 1806, in-8°; — *Lettre à Siegenbeek sur le redoublement des voyelles dans la langue hollandaise*; La Haye, 1806, in-8°; — *Des preuves de la sagesse divine fournies par l'histoire*; La Haye, 1806, in-8°; — *Discours prononcés aux synodes des réformés de la Hollande méridionale*; La Haye, 1806, in-8°; — *Parallèle de Josué, Antonin le Pieux et Henri IV*; La Haye, 1807, in-8°; — *Discours sur le premier voyage de Pierre le Grand, principalement en Hollande*; Paris, 1812, in-8° (en français); — une traduction en hexamètres hollandais de *La Messiade* de Klopstock; La Haye, 1803-1815, 4 vol. in-4°, avec 20 planches et les portraits du poëte et du traducteur. Alphonse WILLEMS.

Te Water, *Vie de Merman*; Leyde. 1816, in-8° (en hollandais). — Cras, *Elogium Johannis Meerman*; Amst., 1817, in-8°, trad. par Krafft dans les *Annales encyclopédiques* de Millin, fevrier, 1818.

MEERT (*Pierre*), peintre belge, né à Bruxelles, en 1619. On ne sait rien de sa vie; mais il a écrit dans sa ville natale plusieurs grands tableaux représentant les magistrats et les chefs des confréries en exercice de son temps. Cornille de Bie égale Pierre Meert à van Dyck. A. DE L.

Cornille de Bie, *De Schilderkonst der Nederlanders*, t. III, p. 148. — Descamps, *La Vie des Peintres flamands*, t. I, p. 67.

MEERVELDT (*Maximilien*, comte DE), général autrichien, né en 1766, en Westphalie, mort à Londres, le 5 juillet 1814. Entré en 1772 dans un régiment de dragons de l'armée autrichienne, il se distingua dans les campagnes de Turquie et des Pays-Bas. Aide de camp du prince de Cobourg en 1793, il prit part à la guerre contre la république française. Le courage et l'habileté qu'il montra dans les batailles de Neerwinde, de Famars, de Landrecies et de Tournay lui valurent en 1794 la nomination au grade de colonel d'état-major. Appelé peu de temps après au commandement d'un régiment de chevau-légers, il contribua beaucoup à la victoire remportée à Wetzlar (1796). L'année d'après il fut l'un des négociateurs du traité de Campo-Formio. Après avoir de 1797 à 1799 occupé auprès de la diète l'office d'envoyé impérial, il fut, à la reprise des hostilités contre la France, chargé de commander une division sous Kray. Nommé en 1800 feld-maréchal-lieutenant pour sa belle conduite à Offenbourg et à Schwabmünchen, il agit cinq ans après contre les Français en Bavière, en Styrie et en Hongrie. Après la paix, il fut envoyé comme ambassadeur auprès de la cour de Russie. En 1808 il eut pour mission de couvrir la Galicie et la Bukowine contre les attaques des armées de Napoléon, et fut ensuite nommé gouverneur de Theresienstadt. Il reçut en 1813 le commandement du deuxième corps de l'armée autrichienne. Fait prisonnier le premier jour de la bataille de Leipzig, il fut conduit auprès de Napoléon, qui le renvoya chargé de faire à l'empereur François des propositions de paix (1). En janvier 1814 il fut nommé ambassadeur à Londres, où il mourut, ayant acquis la réputation méritée de savoir aussi bien conduire les opérations stratégiques que les négociations diplomatiques. O.

Œstreichische National-Encyclopædie.

MEETKERCKE (2) (*Adolphe* VAN), antiquaire et philologue belge, né à Bruges, en 1528, mort à Londres, le 4 novembre 1591. Il prit parti pour les États soulevés contre Philippe II, remplit divers emplois importants, entre autres celui de président du conseil de Flandre, et s'acquitta d'une manière distinguée de missions près de plusieurs princes d'Allemagne. Il fut aussi

(1) Sur la conversation tenue à ce sujet entre Napoléon et Meerveldt, consultez le *Manuscrit de* 1813 du baron Fain.

(2) Telle est la véritable forme de ce nom flamand, qui est celui d'un village situé près de Bruges.

envoyé, en 1579, au congrès de Cologne, pour traiter de la paix. Suivant Aubert Lemire, Van Meetkercke, alors ambassadeur en Angleterre, aurait déclaré, dans ses derniers moments, que l'Église romaine était la seule véritable; mais Teissier, s'appuyant sur des témoignages qui semblent décisifs, dément ce fait, que le jésuite Feller a néanmoins répété dans son *Dictionnaire historique*. Van Meetkercke, l'un des meilleurs hellénistes de son temps, était très-versé dans la connaissance de l'antiquité. On a de lui : *De Veteri et Recta Pronunciatione Linguæ Grecæ*; Bruges et Anvers, 1576, in-8° : rare, mais inséré par Havercamp dans le *Sylloge Scriptorum qui de linguæ grecæ vera et recta pronunciatione commentarios reliquerunt*; Leyde, 1736, in-8°; — *Kalendarium perpetuum, sive ephemeris syllabica dierum festorum Ecclesiæ Romanæ*; Bruges, 1576, à la suite du premier des deux ouvrages précédents; — *Theocriti Epigrammata, carmine latino reddita* : imprimé à la suite du livre de Jean Posthius intitulé : *Parerga poetica*, etc.; Wurtzbourg, 1580, in-12. Il a mis au jour comme éditeur : *Moschi et Bionis Idyllia varie dispersa in unum fascem*; Bruges, 1565, in-4° : ces poésies, anciennement confondues avec celles de Théocrite, en étaient séparées pour la première fois. Il a donné avec François Brugensis un *Abrégé de la Grammaire de Despautère*; Anvers, 1571, in-8°, sans noms d'auteurs. Enfin, il a eu part aux ouvrages suivants d'Hubert Goltzius : *Icones Imperatorum romanorum*, etc.; — *Fasti Magistratuum et triumphorum*, etc.; — *Sicilia et Magna Græcia*, etc. De Thou (*Hist.*, lib. XVIII, n° 25) et Valère André attribuent à Van Meetkercke le *Recueil de la négociation de la paix traictée à Cologne*, etc., Anvers, C. Plantin, 1580, in-8°, que Bayle attribue à Théodore Koornbert. Mais, suivant Paquot, l'auteur de ce travail serait Aggée Albada, l'un des ambassadeurs réunis au congrès de Cologne. E. REGNARD.

Valère André, *Bibliotheca Belgica*. — Teissier, *Eloges des Hommes illustres*, IV, 148. — A. Lemire, *Elogia illustrium Belgii Scriptorum*. — Sweerts, *Athenæ Belgicæ*, p. 92

MÉGABYZE ou **MÉGABAZE**, Μεγάβυζος ou Μεγάβαζος (1), seigneur perse, vivait dans le sixième siècle avant J.-C. Il fut un des sept nobles perses qui formèrent une conspiration contre Smerdis le Mage, en 521 avant J.-C. Dans la fameuse discussion qui d'après Hérodote suivit le meurtre de Smerdis, Mégabyse se prononça pour le gouvernement oligarchique. Darius, qui avait en lui la plus grande confiance, le laissa en Europe avec une armée au retour de l'expédition de Scythie, en 506. Magabyse subjugua Périnthe et les autres villes situées sur l'Hellespont le long de la frontière de Thrace. Il transporta en Phrygie les Péoniens qui habitaient aux bords du Strymon, et fit demander à Amyntas la terre et l'eau comme gages de soumission à Darius (sur les incidents qui suivirent cette demande, *voy.* ALEXANDRE Ier). A son retour à Sardes, il engagea Darius à rappeler Histiée de Milet. Il fut le père de Zopyre, célèbre par son dévouement lors de la révolte de Babylone. Z.

Hérodote, III, 70, 81; IV, 143, 144; V, 1-16.

(1) Ces deux noms alternent dans Hérodote, Ctésias et d'autres écrivains, de telle sorte qu'il est probable que ce sont deux formes différentes du même nom. Cette particularité philologique a été discutée par Duker et Poppo, *Ad Thucydid.* (I, 109); Hemsterhuis, *Ad Lucian. Tim.*, 22; Perizonius, *Ad Ælian. Var. Hist.*, II, 2; Dorville, *Ad Charit.* (pp. 446-447, 1re édit.).

MÉGABYSE, fils de Zopyre et petit-fils du précédent, vivait dans le cinquième siècle avant J.-C. Il fut un des lieutenants de Xerxès dans l'invasion de la Grèce, en 480. Il commandait l'armée que Cimon défit sur l'Eurymédon, en 466. Quand les Athéniens firent leur expédition contre l'Égypte, Mégabyse fut envoyé contre eux avec une grande armée. Il les chassa de Memphis, et les força de s'enfermer dans l'île de Prosopitis, dont il s'empara après un siége de dix-huit mois, en 457. Ctésias nous apprend qu'il épousa Amytis, fille de Xerxès, et lui attribue le trait de dévouement qu'Hérodote rapporte de Zopyre. Il eut deux fils, Zopyre et Artyphius.

On cite encore deux personnages du même nom : MÉGABYSE un des commandants de la flotte de Xerxès (Hérodote, VII, 97); et Mégabyse qu'Artaxerxès envoya à Lacédémone pour engager les Spartiates à envahir l'Attique, lorsque les Athéniens entreprirent une expédition dans l'Égypte, alors soulevée contre les Perses (Thucydide, I, 109). Y.

(Hérodote, III, 153, 160; VII, 82. — Diodore, XI, 74; XII, 3. — Ctesias, *Persica*, 27, 30, 33-40.

MÉGASTHÈNE (Μεγασθένης), historien et géographe grec, vivait au commencement du troisième siècle avant J.-C. Il était le secrétaire de Séleucus Nicator, qui l'envoya en mission auprès de Sandracottus (Chandragupta), roi des Prasiens, dont la capitale était Palibothra (Pâtalipoutra), ville située probablement au confluent du Gange et du Sone, dans le voisinage de la moderne Patna. Nous ne savons rien de l'histoire personnelle de Mégasthène, sinon qu'il vivait auprès de Sibyrtius, satrape d'Arachosie et de Gédrosie en 323. On ignore s'il suivit Alexandre dans l'expédition de l'Inde, et la date de sa mission à Palibothra est incertaine. Clinton la place un peu avant 302, c'est-à-dire vers le temps où Seleucus conclut une alliance avec Sandracottus; mais il n'est point dit que Megasthène négocia cette alliance, et comme il fit une assez longue résidence à la cour du monarque, il est plus vraisemblable de placer son voyage à une époque un peu postérieure, mais cependant avant 288, date de la mort de Sandracottus. Les fragments, assez nombreux, qui nous restent de son ouvrage contiennent des détails sur les parties de l'Inde qu'il visita. Il entra dans cette contrée par le Pentapotamie (Pendjab), et suivit la grande route qui menait de ce district à Palibothra. Il semble qu'il ne visita pas d'autres régions de l'Inde. D'après une phrase d'Arrien (« Mégasthène dit qu'il se rendit plusieurs fois auprès de Sandracottus »), des critiques ont conclu que Mégasthène avait fait plusieurs fois le voyage de Palibothra; mais il n'est partout ailleurs question que d'un seul voyage, et la phrase d'Arrien paraît signifier simplement que Mégasthène se rendit plusieurs fois à la résidence de Sandracottus, ou qu'il eut plusieurs entrevues avec lui.

L'ouvrage de Mégasthène était intitulé *Indica* (τὰ Ἰνδικά). M. Schwanbeck, qui a fait une étude spéciale des *fragments* qui nous en restent, pense qu'il se divisait en quatre livres, comprenant : 1° la géographie et la topographie de l'Inde; 2° les mœurs des Indiens; 3° les tribus ou castes; 4° la religion et l'histoire des Indiens. M. C. Muller, éditeur plus récent des *fragments* de Mégasthène, conjecture au contraire que l'ordre adopté par le géographe grec est exactement représenté dans la description des Indes de Diodore de Sicile. Diodore, quoiqu'il ne cite nulle part Mégasthène, l'a évidemment copié, et sa description peut même être considérée comme un abrégé des *Indica*. Il indique d'abord les frontières, la forme et la grandeur de l'Inde; il parle ensuite des montagnes et des plaines, de la fertilité du sol, de la multiplicité des animaux, de la force, de l'embonpoint, de l'intelligence des habitants, qualités qu'il attribue à la pureté des eaux et de l'air, des mines, des céréales et autres végétaux comestibles. Puis vient une liste des grands cours d'eau, après laquelle l'auteur passe aux habitants. Il prétend qu'ils menèrent d'abord une vie grossière, mais qu'ils furent civilisés par Bacchus et Hercule (1). Ces indications historiques sont suivies de l'énumération des sept tribus indiennes, d'une courte digression sur les éléphants, et de quelques détails sur des magistrats particulièrement chargés de recevoir les étrangers. Les *Indica* étaient écrits dans le dialecte attique, et non pas en ionien, comme l'ont prétendu des critiques modernes.

Le degré de confiance que mérite Mégasthène était un point discuté chez les anciens, qui, tout en le copiant pour tout ce qui concernait les Indiens, l'accusent souvent de raconter des fables. C'était l'avis du plus grand des géographes grecs, Ératosthène, suivi en cela par Strabon et Pline. Comme les *Indica* sont perdus, il est impossible de vérifier si ces reproches sont entièrement fondés. Les fragments qui subsistent de cet ouvrage nous en donnent plutôt une idée favorable. Mégasthène s'y montre voyageur curieux et intelligent, qui ne ment ni ne se trompe sur les choses qu'il voit de ses yeux, mais qui rapporte trop facilement sur la foi d'autrui des faits déguisés et défigurés par la crédulité populaire, ou des contes de pure invention. Il faut donc, dans ses récits, faire la part des légendes et des fictions; mais des fables, quand elles sont fidèlement rapportées, ne sont pas méprisables, et peuvent mettre sur la trace de la vérité. L'autre part des *Indica*, celle de l'observation personnelle et véridique, est encore précieuse aujourd'hui, après les sources nouvelles d'information qu'a ouvertes l'étude du sanscrit; chez les anciens elle marque le plus haut degré de connaissance auquel les Grecs et les Romains parvinrent en ce qui touche l'Inde antique. Les *fragments* de Mégasthène ont été recueillis avec beaucoup de soin par Schwanbeck (*Megasthenis Indica. Fragmenta collegit, commentationem et indices addidit E. A. Schwanbeck*); Bonn, 1846, in 8°. M. C. Müller les a insérés avec des additions et une traduction latine dans les *Fragmenta Historicorum Græcorum* (édit. A.-F. Didot), t. II, p. 397. L. J.

Clément d'Alexandrie, *Strom.*, I. — Arrien, *Anab.*, V, 6; *Indica*, V. — Strabon, II, p. 70; XV, p. 702. — Pline, *Hist. Nat.*, VI, 17. — Solinus, *Polyhistor.*, c. 60. — Schwanbeck et Müller, *Prefaces* de leurs éditions.

(1) Suivant l'habitude des Grecs, Mégasthène identifie ici (en supposant que Diodore en ait rendu exactement la pensée) les divinités étrangères avec celles de son propre pays; mais à la manière dont il les qualifie, il est facile de reconnaître dans son Bacchus et son Hercule le *Siva* et le *Crisna* du panthéon indien.

MÉGANCK (*François-Dominique*), controversiste hollandais, né vers 1683, à Menin, mort le 12 octobre 1775, à Leyde. Il fit ses études à Louvain, adhéra de bonne heure aux principes des jansénistes, et passa en 1713 en Hollande pour se dévouer plus activement à une cause qu'il soutint à la fois par ses démarches et par ses écrits. Il exerça les fonctions pastorales sous l'autorité des archevêques d'Utrecht, assista au concile tenu en 1763 dans cette ville, et y fut jusqu'en 1771 doyen du chapitre. Ses principaux écrits sont : *Réfutation abrégée du* Traité du Schisme; 1718, in-12, et Paris, 1791, in-8°; — *Défense des contrats de rente rachetables des deux côtés*; 1730, in-4°; avec une Suite qui parut en 1731 : il se prononce pour le prêt à intérêt, matière qui excitait alors de vives discussions parmi les appelants; — *Lettre sur la Primauté de saint Pierre et de ses successeurs*; 1763, 1772, in-12, où il admet, seulement en théorie, la suprématie du pape comme étant d'institution divine. K.

Dict. des Hérésies, II, 684.

MÈGE (*Antoine-Joseph*), bénédictin français, né à Clermont en Auvergne, en 1625, mort à Paris, le 15 avril 1691. Chargé d'abord de l'enseignement des novices, ensuite du gouvernement du monastère de Rethel, il se retira vers la fin de sa vie à Saint-Germain-des-Prés. On a de lui : *De l'origine, de l'excellence et des avantages de la Virginité*, trad. de saint Ambroise; Paris, 1655, in-12; — *La Morale chrétienne fondée sur l'Écriture*, traduction du livre de Jonas d'Orléans : *De Institutione laicali*; Paris, 1661, in-12; — *S. Gertrudis Insinuationum divinæ pietatis Exercitia*; Paris,

1664, in-12; — *Le Psautier royal*, traduction des *Psaumes* d'Antoine, roi de Portugal; Paris, 1671, in-8°; — *Vie et Révélation de sainte Gertrude*; Paris, 1671, in-8°; — *Explication ou Paraphrase des Psaumes de David*; Paris, 1675, in-4°; — *Commentaire sur la règle de Saint-Benoît*; Paris, 1687, in-4°; — *Dissertation où l'on explique l'origine, l'excellence et les avantages de l'état de virginité*; Paris, 1689, in-12; — *La Vie de saint Grégoire le Grand*; Paris, 1690, in-4°. Il a laissé en manuscrit à Saint-Germain-des-Prés : *Annales Congregat. S.-Mauri, a 1610 ad 1653*, en 7 vol. in-fol. B. H.

Hist. Littér. de la Congrég. de Saint-Maur, p. 128.

* **MÈGE** (*Alexandre-Louis-Charles-André* DU), archéologue français, né à La Haye, vers 1790. Après avoir servi comme ingénieur militaire, il se retira à Toulouse, où il s'occupa surtout de travaux archéologiques; il consacra un grand nombre d'années et une partie de sa fortune à des recherches sur les antiquités des contrées pyrénéennes. Il fut nommé directeur du musée de Toulouse, et devint l'un des membres les plus actifs de la société archéologique du midi de la France. L'Académie des Inscriptions et Belles-Lettres et la Société des Antiquaires de France l'ont admis au nombre de leurs correspondants (1). Les principaux ouvrages de M. du Mège sont : *Monuments religieux des Volcæ-Tectosages, des Garumni et des Convenæ*; Toulouse, 1814, in-8o; — (avec Lamothe-Langon), *Biographie Toulousaine*; Toulouse, 1825, 2 vol. in-8°; — *Statistique générale des départements des Pyrénées ou des provinces de Guienne et de Languedoc*; Toulouse, 1828-1830, 2 vol. in-8°; — *Notice sur le Musée des Antiques de Toulouse*; 1828, in-8°; — *Voyage littéraire et archéologique dans le département de Tarn-et-Garonne*; Toulouse, 1828, in-8°; — *Le Cloître de Saint-Étienne, à Toulouse*; 1836, in-8°; — *Saint Papoul*; 1836, in-8°; — *Histoire des Institutions religieuses, politiques, judiciaires et littéraires de Toulouse*; Toulouse, 1848, 4 vol. in-8°, avec fig. et cartes; — *Archéologie Pyrénéenne; antiquités religieuses, historiques, militaires, domestiques et sépulturales d'une partie de la Narbonnaise et de l'Aquitaine*; Toulouse, 1858-1859, t. Ier, en 2 part., in-8°. L'auteur avait depuis longtemps donné le prospectus de cet ouvrage, qui doit avoir 5 vol. in-8o de texte et 2 vol. de planches; une 1re partie avait été couronnée en 1830 par l'Académie des Inscriptions. M. du Mège a publié une édition avec notes de l'*Histoire générale du Languedoc* par dom Vic et dom Vaissette; Toulouse, 1838 et suiv., 10 vol. gr. in-8°. Il a présenté à l'Académie des Inscriptions et Belles-Lettres diverses dissertations, dont une partie est restée manuscrite. Enfin, il a mis en ordre les *Mémoires du général Dugua*, et publié un *Guide des Pyrénées*. GUYOT DE FÈRE.

Statist. des Gens de Lettres. — *Mémoires de la Société Archéol. du midi de la France*, janvier 1838. — *Journal des Beaux-Arts*, 1839. — *Littér. fr. contemp.* — *Docum. partic.*

(1) Les travaux de M. du Mège attestent son zèle et ses connaissances; néanmoins sa science a été quelquefois mise en défaut; elle l'a été surtout dans une circonstance assez singulière. Des découvertes d'antiquités gallo-romaines, faites à Nérac, avaient fixé l'attention; un peintre nommé Crétin, voyant l'enthousiasme des archéologues, imagina de composer un bas-relief représentant le *Triomphe de Tetricus*, et sut y donner une telle apparence de vétusté, que les membres de la Société Archéologique de Toulouse votèrent par acclamation les fonds nécessaires pour en faire l'acquisition. Des dissertations sont rédigées; les inscriptions sont interprétées, surtout par M. du Mège Le bruit qui se fait éveille l'attention de l'Académie des Inscriptions et Belles-Lettres, qui envoie à ce savant une médaille d'or, tandis que la Société Archéologique en décerne une d'argent au peintre Crétin. MM. Merimée et Vitet, inspecteurs des monuments historiques, s'étaient rangés eux-mêmes au nombre des admirateurs. M. Hase seul, sans quitter Paris, s'avisa de jeter des doutes sur l'authenticité du monument, et M. Silvestre de Sacy n'hésita pas à appuyer fortement cette opinion. Une discussion s'engagea sur tous les points. Enfin, le peintre Crétin fut traduit en police correctionnelle. On doutait encore, lorsqu'il avoua sa supercherie; il fit même remarquer que l'inscription M. T. C. N. D. P. qu'on s'était efforcé d'expliquer, signifiait *Maximilien-Théodore Crétin, natif de Paris*. Il fut acquitté par le tribunal de Nérac et par la cour royale d'Agen, qui réservèrent néanmoins la question d'art. « De ce bruit, dit le compte-rendu des travaux de la Société Archéologique, pour l'année 1838, il nous est resté le memoire de notre collègue M. du Mège, couronné par l'Institut, et la lettre si remarquable écrite par notre président à M. Mérimée, inspecteur des monuments historiques. »

MÉGERDITCH, prélat et poëte arménien, né vers 1400, au bourg de Borh, près de Paghasch ou Bitlis, non loin du lac de Wan, mort à Amid, dans la Mésopotamie, en 1470. En 1430 il fut nommé évêque d'Amid par le patriarche Constantin V. Vaghetsi, qui, étant lui-même littérateur distingué, sut apprécier les talents poétiques et artistiques de Mégerditch, appelé *Naghasch*, ou *le Peintre*. Profitant de la protection de Hamzah et Djihanguir, souverains des Ak-Koïounlou, ou Turcomans du Mouton-Blanc, l'évêque d'Amid occupa ce siége pendant près de quarante ans, allégeant les charges des chrétiens, agrandissant son diocèse, et réparant les églises et les cathédrales. Chassé par Chah-Rokh, fils de Tamerlan, en 1443, Mégerditch passa quatre ans en Crimée, où il orna de ses peintures les églises arméniennes. Étant de retour, en 1447, à Amid, il put dès lors gouverner paisiblement son diocèse, jusqu'à sa mort, arrivée en 1470. Mégerditch a laissé de nombreux ouvrages poétiques, traitant pour la plupart de sujets religieux, et dont quelques-uns se trouvent dans les manuscrits arméniens de la Bibliothèque impériale de Paris, sous le numéro 130. Ch. RUMELIN.

Indjidji, *Archéologie arménienne.* — Soukias Somal, *Quadro della Letteratura Armeniana.* — Saint-Martin, *Mémoires historiques relatifs à l'Arménie.*

MÉGERLE (*Ulric*). *Voy.* ABRAHAM A S. CLARA.

MEGERLIN (*Pierre*), mathématicien et astronome allemand, né le 25 février, à Kempten, mort à Bâle, le 26 octobre 1686. Après avoir étudié à Tubingue le droit et les mathématiques, il s'établit à Bâle, en 1651, et y donna des consultations de droit; en 1674 il fut appelé à la chaire de mathématiques. Plusieurs personnages haut placés, Guillaume III entre autres, le chargèrent de faire leurs horoscopes. On a de lui : *Systema Mundi Copernicanum*; Amsterdam, 1652, in-4°; — *Theses mathematicæ*; Bâle, 1661; — *Astrologicæ Conjecturæ de Cometis*; Bâle, 1665; — *Systema Mundi Copernicanum, argumentis invictis demonstratum et theologiæ conciliatum*; Amsterdam, 1682, in-8°; — *Theatrum divini Regiminis, a condito usque ad nostrum seculum in tabella mathematico-historica*; Bâle, 1683, in-4°; — des observations sur les comètes de 1661, 1664 et 1680. O.

Athenæ Rauricæ. — Jöcher, *Allgem. Gel.-Lexikon.*

MEGERLIN (*David-Frédéric*), orientaliste allemand, né à Stuttgard, au commencement du dix-huitième siècle, mort à Francfort, en août 1778. Après avoir été professeur au gymnase de Montbelliard, il devint pasteur à Laubach; en 1769 il s'établit à Francfort comme simple particulier. On a de lui : *De scriptis et collegiis orientalibus; item Observationes critico-theologicæ*; Tubingue, 1729, in-4°; — *Hexas orientalium collegiorum philologicorum*; ibid., 1729, in-4°; — *De Bibliis latinis Moguntiæ primo impressis*, années 1450 et 1462; ibid., 1750, in-4°; — *Sammlung merkwürdiger Rabbinerzeugnisse* (Recueil de témoignages mémorables des rabbins); ibid., 1754, 2 parties, in-8°; — *Geheime Zeugnisse für die Wahrheit der christlichen Religion aus vier und zwanzig seltenen jüdischen Amuletten gezogen*) Témoignages secrets en faveur de la religion chrétienne tirés de vingt-quatre rares amulettes juifs); Francfort et Leipzig, 1756, in-4°; — *Die Türkische Bibel oder des Korans allererste teutsche Übersetzung* (La Bible des Turcs, ou première traduction allemande du Coran); Francfort, 1772, in-8°. O.

Meusel, *Lexikon.* — Lizelius, *Historia Poetarum.*

MEGGENHOFEN (*Ferdinand*, baron DE), illuminé allemand, né à Burghausen, en 1761, mort le 26 octobre 1790. Après avoir étudié le droit à Ingolstadt, il fut nommé auditeur militaire d'un régiment bavarois. Adepte fervent de Weisshaupt, il fut arrêté en 1785, lors des mesures sévères prises contre les illuminés par le gouvernement de Bavière. Relâché après avoir été détenu pendant un mois dans un couvent, il alla rejoindre Weisshaupt à Mayence. Six mois après, il se rendit à Vienne, où il fit la connaissance du baron de Born, qui lui procura en 1787 l'emploi de commissaire des écoles à Ried. Trois ans après il se noya, par accident, dans l'Inn. On a de lui : *Geschichte und Apologie des Freyherrn von Meggenhofen* (Histoire et apologie du baron de Meggenhofen); 1786, in-8°. O.

Schlichtegroll, *Nekrolog* (année 1790).

* **MEGGOT** (*John*), fameux monomane anglais, né vers 1714, à Londres, mort le 26 novembre 1789. L'avarice était un vice héréditaire dans sa famille : il hérita de son père, riche brasseur, une fortune de plus de six millions, et sa mère se laissa mourir de faim, par économie. Il fut élevé à l'école de Westminster et à Genève, et se fit remarquer dans le monde par son élégance et par l'affabilité de ses manières; il jouait gros jeu, perdait sans humeur des sommes considérables, et ne réclamait jamais ce qui lui était dû. Il avait plus de quarante ans lorsque son oncle sir Harvey Elwes lui laissa tous ses biens, qui s'élevaient à six millions de francs, à la condition de porter désormais le nom d'Elwes. Cet oncle était un avare fieffé, qui vivait misérablement, dans une chaumière; son neveu allait le voir de temps à autre, et pour ne pas l'affliger il ne se présentait devant lui qu'en haillons. Cependant, fidèle à l'impulsion du sang, John quitta ses habitudes de dissipation; son avarice prit plus d'âpreté avec l'âge, et sa dépense diminua en proportion de l'accroissement de ses richesses. En voyage il n'entrait jamais dans une auberge et ne se servait d'aucune voiture; ses provisions étaient deux ou trois œufs durs et quelques croûtes de pain; il n'allumait point de feu. Il portait le même habit jusqu'à ce qu'il tombât en lambeaux, et ayant un jour ramassé une vieille perruque, il en fit usage quoiqu'elle ne lui couvrît que la moitié de la tête. Sa plus grande crainte était de tomber dans l'indigence : il mangeait souvent de la viande pourrie, et on le vit faire un repas du reste d'une poule d'eau qu'un rat avait tirée de la rivière. Pendant la moisson il glanait le blé de ses propres fermiers. Il se passait de draps et de linge, et défendait qu'on nettoyât ses souliers. Propriétaire d'une centaine de maisons dans Londres, il n'occupait lui-même que celle qui se trouvait vide, et en décampait aussitôt qu'un locataire se présentait. John Elwes n'était pourtant pas dépourvu de bonnes qualités : il rendait volontiers service, et fut souvent dupe de sa confiance dans le principe qu'il avait adopté « qu'il est impossible de demander de l'argent à un *gentleman* ». Élu, sans aucune brigue, membre du parlement pour le Berkshire (1774), il y siégea pendant douze ans, et se distingua par l'indépendance de ses opinions. K.

Life of John Elwes; Lond., in-18.

MEGISER (*Jérôme*), historien et philologue allemand, né à Stuttgard, au milieu du seizième siècle, mort à Linz, vers 1618. Après avoir fait ses études sous la direction du célèbre Frischlin, il fut nommé, en 1593, recteur du gymnase de Klagenfurth. Appelé dix ans après à Leipzig comme historiographe des électeurs de Saxe, il alla en 1605 organiser l'école de Géra; devenu en 1612 historiographe des États d'Autriche, il alla se fixer à Linz. On a de lui : *Ein Tractat von allen Ritterorden* (Traité de tous les Ordres de Chevalerie); Francfort, 1593, in-4°, avec fig.;

— *Dictionarium quatuor linguarum, Germanicæ, Latinæ, Illyricæ et Italicæ*; Grätz, 1596, in-8°; — *Iconologia Cæsarum*; Linz, 1600 et 1616, in-8°; — *Anthologia Græco-Latina*; Francfort, 1602, in-8°; — *Venediger Herrlichkeit* (Splendeurs de Venise); Francfort, 1602, et Leipzig, 1610, in-8° : description de Venise, exposé de sa constitution politique, et histoire sommaire de cette ville; — *Icones et Vitæ Paparum*; Francfort, 1602, in-8°; — *Thesaurus Polyglottus, sive dictionarium multilingue ex quadraginta circiter linguis constans*; Francfort, 1603, in-8°; — *Specimen quinquaginta Linguarum et dialectorum*; Francfort, 1603, in-8° : traduction du *Pater*, de l'*Ave* et de quelques passages de la Bible; — *Parœmiologia polyglottus*; Leipzig, 1605, in-8°; — *Deliciæ Napolitanæ*; Leipzig, 1605, in-8°; description de Naples, qui contient des inscriptions trouvées dans cette ville; — *Propugnaculum Europæ*; Leipzig, 1606 et 1610, in-8°; Description de l'île de Malte; — *Catechismus polyglottus*; Géra, 1607; — *Hodœporicon Indiæ orientalis*; Leipzig, 1608-1610, in 8°; traduction allemande des voyages de Louis de Barthema et de Marco-Polo; — *Tabulæ Genealogicæ*; Géra, 1609, in-fol.; — *Beschreibung der Insel Madagascar* (Description de l'île de Madagascar); Leipzig, 1609, in-8°; — *Institutiones Linguæ Turcicæ*; Leipzig, 1612, in-8°; — *Deliciæ Ordinum equestrium, in specie de ordine S. Joannis Melitensis*; Leipzig, 1612 et 1617, in-8°, avec fig.; — *Annales Carinthiæ*; Leipzig, 2 vol. in-fol.; — *Theatrum Cæsarum historico-poeticum*; Linz, 1616, in-8°. O.

Witte, *Diarium Biographicum*. — Ludovici, *Schul-Historie*. — Hauptmann, *Nachrichten von den Lehrern des Gymnasiums zu Gera*. — Rotermund, *Supplement z Jöcher*. — Hormayr, *Archiv* (année 1830).

MEGLIO (*Jacopo* COPPI, dit DEL), peintre de l'école florentine, né en 1523, à Peretola (Toscane), mort en 1591. Lanzi croit qu'il fut élève de Michele Ghirlandajo; mais il est probable qu'il reçut aussi les leçons de Vasari, dont il fut un des meilleurs aides dans les travaux du *Palazzo Vecchio*, et dont il imita malheureusement le coloris. Ce fut sous la direction de Vasari qu'il peignit pour cet édifice deux tableaux aujourd'hui à la Galerie des Uffizi, l'*Invention de la poudre par le moine Schwartz* et *La Femme de Darius devant Alexandre*. Il a laissé à Florence un assez grand nombre de peintures dans les églises; l'*Ecce homo*, quoique fort critiqué par Borghini et Lanzi, n'est cependant pas sans mérite; dans le *Triomphe de Jésus-Christ*, il a su grouper habilement ses nombreux personnages; dans *La Descente du Saint-Esprit*, on remarque un chœur d'anges des plus gracieux. A Rome, del Meglio a peint à fresque la tribune de Saint-Pierre-ès-liens, où il a représenté des traits de la vie de saint Pierre. Le chef-d'œuvre de ce maître est le *Crucifiement*, qui date de 1579 et que l'on admire à San-Salvator de Bologne. E. B—N.

Vasari, *Vite*. — Borghini, *Il Riposo*. — Lanzi, *Storia*. — Fantozzi, *Guida di Firenze*.

MÉHÉE DE LA TOUCHE (*Jean-Claude-Hippolyte*), littérateur français, né à Meaux, vers 1760, mort en 1826, à Paris. Son père était chirurgien (1). Méhée fit ses études au collége Mazarin, à Paris. Lancé de bonne heure dans la dissipation, il se mit aux gages de la police. A l'époque de la révolution, on lui confia des missions secrètes en Pologne et en Russie. Chassé de Saint-Pétersbourg, il revint en France en 1792. Il avait pris le titre de *chevalier de La Touche*, et se fit remarquer dans les mouvements insurrectionnels de cette époque. Nommé secrétaire greffier adjoint de la commune de Paris, à laquelle la journée du 10 août transporta en quelque sorte le pouvoir, Méhée eut à mettre sa signature sur des arrêtés qui devinrent comme le signal du massacre des prisons, et après les massacres il signa avec Tallien les bons de payement aux exécuteurs de ces sanglantes hécatombes. Il quitta bientôt sa place, et en 1793 fut poursuivi comme dantoniste et disparut de la scène politique. Après le 9 thermidor, il se fit remarquer parmi les réactionnaires, et publia sous le pseudonyme de *Felhémési*, anagramme de *Méhée fils*, plusieurs brochures contre les jacobins, comme *La Queue de Robespierre*; *Rendez-moi ma queue*; *Lettres de Sartine à Thuriot*; *Défends ta queue!* etc. La police de l'époque fit saisir plusieurs de ces brochures, dont la tendance semblait annoncer un agent de la politique anglaise ou de la faction des émigrés. Il se trouva compromis dans la conspiration de Babeuf, refusa de défendre Drouet, qui l'en avait prié, et prit la fuite. A la suite du 18 fructidor, il rédigea avec Réal le *Journal des Patriotes de* 1789. Au 30 prairial, il reparut et fut nommé secrétaire général du ministère de la guerre, puis chef de la deuxième division politique au ministère des relations extérieures. Harcelé par les journaux, qui ne cessaient de lui rappeler les souvenirs des journées de septembre 1792, il donna sa démission, et attaqua un de ses diffamateurs devant la justice : le tribunal criminel se déclara incompétent. Méhée en prit son parti, et accepta la place de secrétaire général du département de Rhin-et-Moselle, puis celle de chef des bureaux des travaux, secours et instruction publique du département de la Seine, et enfin, par l'entremise de Bernadotte, celle de secrétaire général des armées. Le 18 brumaire lui enleva son crédit et ses places, et il se mit à rédiger le *Journal des hommes libres*, où il professait les doctrines de 1793. Un décret

(1) *Jean* MÉHÉE DE LA TOUCHE, après avoir été chirurgien major et chirurgien en chef de divers hôpitaux militaires de France, devint professeur à l'hôpital militaire d'instruction du Val-de-Grâce. On lui doit un *Traité des lésions de la Tête par contre-coup*; Meaux, 1773, in-12, et un *Traité des Plaies d'armes à feu, dans lequel on démontre l'inutilité de l'amputation des membres*; Paris, 1799, in-8°.

des consuls, qui le qualifiait de septembriseur, ordonna la suspension de son journal et l'arrestation de sa personne. Exilé à Dijon, puis déporté à l'île d'Oleron, il parvint à s'échapper en 1803; il se réfugia dans l'île de Guernesey, et se fit envoyer à Londres. Il ne put arriver d'abord jusqu'aux ministres; mais il se lia avec des émigrés qui, croyant trouver en lui un agent utile, le recommandèrent aux ministres anglais; ceux-ci l'adressèrent à un de leurs agents à Munich, nommé Drake, qui lui fit d'importantes communications et lui remit de l'argent pour revenir à Paris. Méhée arriva dans cette capitale en février 1804; il se dévoila aux ministres des relations extérieures et de la police, et continua sa correspondance avec Drake, duperie qui dura quelque temps, au profit de Méhée; car le premier consul l'avait autorisé à garder les sommes que l'agent anglais lui envoyait. La découverte de la conspiration de Georges Cadoudal mit fin à cette exploitation. Méhée révéla sa duplicité dans une brochure qu'il désavoua depuis, et intitulée : *Alliance des jacobins de France avec le ministère anglais* (Paris, 1804, in-8°). Il retomba dans la gêne et dans l'oubli; mais en 1814 il fit paraître sous son nom une *Lettre à M. l'abbé Montesquiou* et une *Dénonciation au roi des actes par lesquels les ministres de Sa Majesté ont violé la constitution* (Paris, in-8°). L'épithète de *septembriseur* lui fut lancée de nouveau, et le *Journal royal* l'accusa non-seulement de complicité dans les massacres de septembre, mais d'avoir coopéré aux affaires de Pichegru et du duc d'Enghien. Méhée appela Guellier, rédacteur de cette feuille, devant les tribunaux : débouté en police correctionnelle, il obtint la condamnation de son adversaire devant les juges supérieurs. Méhée publia alors des *Mémoires à consulter* et *Consultation*, etc. (Paris, 1814, in-8°), dans lesquels il prétendait n'avoir joué qu'un rôle passif et ne s'être mêlé que d'administration; il arguait même sur ce que le bon de payement qu'il avait signé portait « 48 fr. pour *travaux* faits à l'Abbaye, le 3 septembre, » ordre qui suivant lui ne pouvait donner lieu à de fâcheuses inductions que par un rapprochement de dates d'une noire malignité. Il prétendit même avoir délivré beaucoup de faux passeports aux personnes poursuivies par la police révolutionnaire. La publication des *Mémoires de Senart*, agent du gouvernement révolutionnaire, fit connaître que cette délivrance des passeports de complaisance était souvent un trafic, qu'on les faisait acheter fort cher, et qu'on en arrêtait les porteurs aux barrières pour les dépouiller. Compris dans l'ordonnance dite d'amnistie du 24 juillet 1815, Méhée de La Touche se réfugia d'abord en Allemagne, et s'établit à Bruxelles, d'où la police des Pays-Bas l'expulsa. Il se rendit à Kœnigsberg et put rentrer en France en 1819. En 1823, Savary ayant provoqué une controverse sur la mort du duc d'Enghien par une publication maladroite, Méhée fit paraître une brochure dans laquelle il s'efforçait de rejeter sur Savary toute la part que celui-ci répudiait dans cet événement. Méhée mourut trois ans après, dans la détresse. Outre les ouvrages cités, on a encore de lui : *Histoire de la prétendue Révolution de la Pologne, avec un examen de sa nouvelle constitution*; Paris, 1792, 1793, in-8°; — *La Vérité tout entière sur les vrais auteurs de la journée du 2 septembre 1792 et sur plusieurs journées et nuits secrètes des anciens comités de gouvernement*, par Felhemesi; Paris, 1794, in-8°; — *Antidote, ou l'année philosophique et littéraire*, cahiers 1 et 2, 1801, in-8° : ce journal fut défendu; — *Mémoires particuliers et extraits de la correspondance d'un voyageur avec feu M. Caron de Beaumarchais sur la Pologne, la Lithuanie, la Russie Blanche, Pétersbourg, Moscou, la Crimée*, etc.; Paris, 1807, in-8°; — *Contes, nouvelles et autres pièces posthumes de G.-C. Pfeffel*, traduits de l'allemand; Paris, 1815, 2 vol. in-12; — *C'est lui; mais pas de lui, ou Réflexions sur le manuscrit dit de Sainte-Hélène*, réimprimé *sous ce titre : Mémoires de Napoléon Bonaparte*; Bruxelles, 1818, in-8°; Paris, 1821, in-18; — *Touquetiana, ou biographie pittoresque d'un grand homme, en réponse à cette question : Qu'est-ce que M. Touquet? par M. Molto-Curante, biographe à demi-solde, membre de trente ou quarante sociétés plus ou moins savantes*; Paris, 1821, in-8°; — *Extrait de Mémoires inédits sur la révolution française*; Paris, 1823, in-8°; — *Deux pièces importantes à joindre aux Mémoires et documents historiques sur la révolution française, par un témoin impartial*; Paris, 1823, in-8°. J. V.

Biogr. nouv. des Contemp. — *Biogr. univ. et portat. des Contemp.* — Quérard, *La France littér.*

MÉHÉGAN (*Guillaume-Alexandre*, chevalier DE), littérateur français, né en 1721, à La Salle (diocèse d'Alais), mort le 23 janvier 1766, à Paris. Issu d'une famille irlandaise, réfugiée en France à la suite de Jacques II, il se livra de bonne heure à la culture des lettres; sa conversation était si fleurie qu'elle paraissait étudiée, et il prodiguait dans son style un luxe d'images qui lui donnait un éclat fatigant. En 1751, il fut appelé à Copenhague pour y professer la littérature française. De retour en 1756 en France, il y devint un des premiers rédacteurs du *Journal encyclopédique*. On a de lui : *Zoroastre, histoire traduite du chaldéen*; Berlin (Paris), 1751, in-18; réimpr. la même année, sous ce titre : *De l'Origine des Guèbres, ou la religion naturelle mise en action*, ainsi que dans *L'Abeille du Parnasse* (1752, V et VI), et dans les *Pièces fugitives* du même auteur. Les opinions qu'il y manifesta donnèrent lieu à des attaques fort vives de la part de Fréron, et le firent détenir pendant quelque temps à la Bastille. La Beaumelle a aussi composé sur le même sujet un écrit fort court, qui a paru en 1752, à Gotha, et qui n'a aucun rapport avec celui de Méhégan ; — *Un empire se rend-il plus respectable par les arts qu'il crée que par ceux qu'il adopte?* Copenhague, 1751, in-4° ; ce discours, prononcé par La Beaumelle devant la cour de Danemark, fut réimprimé sous le nom de Méhégan à Paris, 1757, in-8° ; — *Considérations sur les Révolutions des Arts ;* Paris, 1755, in-12 ; on en a tiré textuellement les *Lettres sur l'Éducation des Femmes*, annoncées sous le nom du chevalier de La Borie, et publiées à Saint-Omer, 1758, in-12 ; —*Lettre sur l'*Année littéraire ; Paris, 1755, 1762, in-12, publiée sous le nom de La Salle ; —*Pièces fugitives extraites des* Œuvres mêlées de M*** ; La Haye, 1755, in-12 ; l'élégance si familière à l'auteur ne se retrouve point dans ses vers ; — *Histoire de la marquise de Terville ;* Paris, 1756, in-12 ; — *Lettres d'Aspasie*, trad. du grec ; Amsterdam, 1756, in-12 ; — *Origine, progrès et décadence de l'idolâtrie ;* Paris, 1756, in-12 ; — *Tableau de l'histoire moderne depuis la chute de l'empire d'Occident jusqu'à la paix de Westphalie ;* Paris, 1766, 1778, 3 vol. in-12 ; ce livre, bien conçu et plein d'esprit, est le meilleur que cet écrivain ait produit ; — *L'Histoire considérée vis-à-vis de la religion, de l'État et des beaux-arts ;* Paris, 1767, 3 vol. in-12. Ce qui rend fatigante la lecture de ces divers ouvrages, c'est la manière de l'auteur de peindre tous les objets avec des couleurs brillantes ; l'excès d'esprit était le défaut dont il avait le plus à se défendre. Tout en lui ressemblait à l'art, jusqu'au son de sa voix.

Son frère aîné, *Jacques-Antoine-Thadée* DE MÉHÉGAN, se signala par sa bravoure durant la guerre de Sept Ans ; il fut colonel d'un régiment de grenadiers, et mourut maréchal de camp, en 1792. P. L.

Dponet, *Notice sur Méhégan*, à la tête de la 2e édit. du *Tableau de l'histoire moderne*. — Michel Berr, *Mémoires de l'Acad. de Nanci*. — *Nécrologe des hommes célèbres de France*, 1768.

MÉHÉMET Ier (*Abou-Abdallah*), khalife ommaïade de l'Espagne, né à Cordoue, en 822, mort en août 886, dans la même ville. Fils d'Abderrahman II, il lui succéda, le 21 juillet 852. Méhémet eut d'abord à combattre la révolte de Musa, renégat goth, qui, soutenu par le comte Garcia III de Navarre, s'était emparé de tout l'Aragon, en même temps que le fils de Musa, Lupo, occupait Tolède et la Castille. Garcia ayant succombé dans une bataille, en 856, le khalife abattit les deux rebelles en 858. Après avoir repoussé en 860 les Normands, qui s'étaient déjà avancés jusqu'à Algésiras, Méhémet battit et prit, près de Pampelune, le nouveau comte de Navarre, qu'il relâcha bientôt. Pendant que son fils aîné Almondhir refoula, en 862, le roi de Léon, Ordogno, arrivé jusqu'à Salamanque, le khalife lui-même vainquit les Galiciens près de Saint-Jacques de Compostelle. S'étant assuré, par un traité, la neutralité de Charles le Chauve, Méhémet s'empara des faubourgs de Barcelone, sans pouvoir prendre la ville, en 864 ; mais depuis 866 il eut deux nouveaux ennemis formidables à combattre. Omar ben-Afsoun parvint, malgré la bravoure de Méhémet et de ses fils, à fonder une principauté indépendante à Saragosse et à Lerida, où ses descendants se soutinrent pendant soixante-dix ans. En ce temps les chrétiens avaient à leur tête le roi Alfonse III de Léon, surnommé le Grand, qui battit plusieurs fois les armées de Méhémet, notamment à Sahagun, en 873, et à Zamore, en 879. Accablé par ces revers, ce dernier vit encore, en 880, plusieurs villes de l'Espagne renversées par des tremblements de terre, ainsi que la grande mosquée de Cordoue incendiée par la foudre, qui tua à côté du khalife un de ses courtisans. Lorsqu'Omar ben-Afsoun, déclaré rebelle en 882, se fut sauvé chez les Navarrais, leur comte, Garcia IV fit alliance avec le fugitif : Méhémet, envoya son fils Moudhir contre les coalisés, et eut la satisfaction de voir abattre et tuer ses deux ennemis dans la même bataille, à Aïbar, près de Tudèle. Le khalife ayant, en 883, reconnu pour son successeur son fils victorieux, Almondhir essuya encore quelques défaites de la part d'Alfonse le Grand de Léon, en même temps qu'il dut recommencer la guerre en Aragon contre le fils d'Omar ben-Afsoun, Kaleb, qui fit prisonnier Abdelwalid ben-Abderrahman, gouverneur du nord de l'Espagne, et un des meilleurs capitaines arabes, en 886. Peu de semaines après, Méhémet Ier mourut lui-même, à Cordoue, pendant une promenade qu'il fit avec le gouverneur de Jaen, avec lequel il discutait précisément sur les divers genres de mort.

MÉHÉMET II (*Al Mohdi*), khalife ommaïade de l'Espagne, né vers 980, à Cordoue, mort en août 1010, dans la même ville. Arrière-petit-fils d'Abderrahman III, et neveu d'Hischam II, il dut à sa valeur guerrière d'être promu, en février 1009, par l'acclamation du peuple, à la dignité de hadjeb, dont il fit empaler le titulaire, Abderrahman, fils du célèbre vizir Almansour Al Ameri. Puis ayant publié la fausse nouvelle de la mort de Hischam II, il enferma celui-ci dans une tour, et s'empara du trône, en mars 1009. Chassé en novembre de la même année, par son cousin Souléiman, il vint reprendre la couronne, en mai 1010. Mais s'étant rendu odieux par sa cruauté et par ses liaisons avec les chrétiens, il fut décapité, quatre mois après, par Hischam II, que le hadjeb Wadha avait fait sortir de prison et rétabli sur le trône.

MÉHÉMET III (*Al Mostakfi*), khalife ommaïade de l'Espagne, né vers 988, à Cordoue, mort à Uclès, le 17 juin 1025. Autre arrière-petit-fils d'Abderrahman III, et cousin germain de Méhémet II, il succéda, en février 1024, à

Abderrahman V, qu'il avait détrôné et étranglé. Livré à la culture de la poésie, et retiré avec son vizir Saïdoun dans les magnifiques jardins d'El-Sahira, il fut déposé après un an de règne, et enfermé à Uclès, où son successeur le fit empoisonner peu après. Ch. Rumelin.

Mariana, *Histoire d'Espagne*. — Schæfer, *Geschichte von Spanien*. — Aschbach, *Geschichte der Ommayaden in Spanien*.

Méhémet (*el Nasser Abou-Abdallah Ledin-Allah*), roi de l'Afrique septentrionale et de l'Espagne, de la dynastie des Almohades, né à Séville, en 1179, mort le 25 décembre 1213, à Maroc. Fils de Yacoub Almansour, il succéda à son père, en 1199. Après avoir étouffé quelques troubles en Afrique, et défait totalement Yahiah et Aly, des Beni-Ghaniah, rois de Majorque, en 1208, il publia, en 1209, la Ghazieh, ou guerre sainte, contre les chrétiens, dans tous ses États d'Afrique. Ayant abordé à Tavira, en mai 1211, il perdit d'abord l'importante place de Calatrava; à cette occasion il fit trancher la tête à plusieurs de ses vizirs, qui lui avaient d'abord caché cette perte. Après avoir réduit Salvatierra, en mai 1212, Méhémet fut défait par Alfonse VII de Castille, Pierre II d'Aragon, et Sanche VII de Navarre, dans la fameuse bataille de las Navas de Tolosa (17 juillet 1212), où les Musulmans, qui l'appellent, en souvenir de leur défaite, Wakkât al Icabi (*bataille de la colère divine*), laissèrent 160,000 hommes sur le champ de bataille. Ayant assouvi sa rage sur tous ceux qu'il soupçonnait de l'avoir trahi, Méhémet retourna à Maroc, laissant en pleine dissolution l'Espagne musulmane, où son frère Abou-Zakharia Saïd fonda une dynastie particulière à Valence, en même temps que d'autres princes se rendaient indépendants, à Cordoue, Séville, Carmone, etc. Au milieu de nouveaux préparatifs, Méhémet mourut par le poison, qui lui fut donné, à ce qu'on croit, à l'instigation d'Abdel Wahed, gouverneur de Tunis, et fondateur de la dynastie des Abouhafsides. Ceux-ci, s'étant rendus plus tard indépendants, contribuèrent à la chute de l'empire almohade d'Afrique. Ch. R.

Ibn-Khaldoun, *Histoire des Berbères de l'Afrique*. — Romey, *Histoire d'Espagne*. — Schæfer, *id.* (en allemand).

Méhémet Ier (*Abou-Abdallah Ben-Al-Ahmar al Ghâlib Billah*), fondateur de la dynastie maure des Ahmarides ou Nasérides à Grenade, né en 1194, à Ardjouna, mort près de Grenade, le 19 ou 21 janvier 1273. Issu d'un ansari, ou compagnon du prophète Mahomet, nommé Ébada, dont un descendant était venu s'établir en Espagne dès le commencement de la conquête, Méhémet servit d'abord les Almohades, puis après leur chute, en 1230, Motawakkel ben-Houd, roi d'Andalousie, qui avait reconnu les khalifes de Bagdad. Mais à partir de 1232, Méhémet se créa lui-même une souveraineté, en prenant d'assaut d'abord Jaen, Cadix, Lorca, puis Almérie en 1236, et enfin Grenade en mai 1238. Peu après il s'empara également des villes de Cordoue et de Séville, de sorte qu'en 1240 Méhémet se trouva l'unique soutien de l'islam en Espagne. Mais, en 1245, il perdit contre le roi saint Ferdinand III de Castille les villes de Cordoue, de Jaen et d'Ardjouna, et dut, dans la paix de novembre 1248, lui livrer encore Séville. A la mort de Ferdinand, le roi de Grenade envoya des ambassadeurs auprès d'Alfonse X, son successeur, pour renouveler le traité de paix et d'alliance qui l'unissait à la Castille, en 1252. En 1254, lors de la destruction du khalifat de Bagdad par les Mogols, Méhémet prit les titres d'*Al Ghâlib Billah* et d'*Émir al Moumenim* (Prince des Croyants). Pour arrêter les progrès d'Alfonse X de Castille, auquel l'Andalousie occidentale et toutes les Algarves s'étaient soumises volontiers, en 1257, le roi de Grenade favorisa la révolte de Xérès, d'Arcos et de Sidonia contre les Castillans, en 1261, rompit son alliance avec Alfonse, et vainquit les Castillans près d'Alcala-ben-Saïd, en 1262. Aidé des secours du roi mérinide de Maroc, Abou-Yousouf, mais battu par Alfonse et son allié, Jacques Ier d'Aragon, Méhémet dut signer le traité d'Alcala, en 1266, par lequel il rendit toutes ses conquêtes, et renonça à l'alliance du roi de Murcie, Wathek ben-Houd, ainsi qu'à celle des princes marocains. Mais les attaques qu'il dirigea contre les walis, ou gouverneurs de Malaga, de Guadix et de Comarès, soutenus par la Castille, ayant amené une nouvelle guerre, en 1272, avec cette dernière puissance, Méhémet fit des levées extraordinaires, et marcha lui-même contre les ennemis, quoiqu'étant âgé de plus de quatre-vingts ans. Ce fut surtout à l'instigation de Don Philippe, fils révolté d'Alfonse X, ainsi que de quelques membres des cortès de Burgos, qui, mécontents des impôts exorbitants du roi de Castille, s'étaient réfugiés à Grenade. Mais à moitié chemin il se sentit indisposé, et mourut sans avoir eu le temps de revenir dans sa capitale, après un règne de quarante-et-un ans. Méhémet Ier fut non-seulement un habile guerrier, mais aussi un administrateur distingué, qui encouragea l'agriculture et le commerce, et qui, ayant toujours son trésor bien rempli, malgré ses guerres fréquentes, put encore patroner les hommes de lettres et de sciences. Ce fut lui qui, au moyen d'un impôt spécial, bâtit le fameux quartier de Grenade, appelé *Al-Homra*, aujourd'hui *Alhambra*, qui servit à la fois de palais de résidence et de citadelle.

Méhémet II, surnommé *al Fakih* (le Théologien), roi de Grenade de la dynastie des Nasérides, né à Jaen, en 1234, mort le 8 ou 9 avril 1302 à Grenade. Fils du précédent, il lui succéda en 1273. Allié avec Yacoub III, roi de Maroc, il battit les Castillans en septembre 1275, à Écija, où il tua don Sanche d'Aragon, archevêque de Tolède, puis près de Séville en 1277. La paix de 1278, dans laquelle Méhémet II gagna Cordoue, ayant été rompue par Alfonse X, qui cette fois avait pour allié Yacoub III, le roi de Grenade battit leurs armées réunies, en 1282, à Obéda, et acquit Algésiras. Aidé du nouveau souverain de Maroc, Yousouf III, il continua la guerre contre les successeurs d'Alfonse X, Sanche III et Ferdinand IV, sur lesquels il conquit une partie de la Murcie, ainsi que Quesada, Bedmar et Alcandète.

MÉHÉMET III (*Abou-Abdallah*), surnommé *Al Amasch*, ou le Chassieux, roi de Grenade, né en 1256, dans cette ville, mort en février 1314, au château d'Almouneçar. Fils du précédent, il lui succéda en 1302. Après une courte campagne contre la Castille, il vainquit et tua son cousin rebelle, Aboul-Hedjadj, à Cadix, prit ensuite Ceuta (en mai 1306), sur les Marocains, mais dut céder Gibraltar au roi de Castille (en février 1309). Ce traité avec les chrétiens ayant causé une sédition (en mars 1309) qui coûta la vie au vizir grenadin, Abdallah Méhémet Al Hakem, le roi Méhémet III lui-même perdit à son tour sa couronne. Déposé et enfermé au château d'Almouneçar, par son frère et successeur Aboul Djoïouch al Nasr, Méhémet remonta sur le trône, en 1311, lors d'une attaque d'apoplexie du nouveau souverain. Mais six jours après, Nasr ayant recouvré la santé, Mehémet fut de nouveau enfermé à Almouneçar, où on le mit à mort, trois ans après, en le précipitant dans un lac. Il avait protégé les lettres et les sciences, composé des poésies lui-même, et fondé dans l'Alhambra une belle mosquée, supportée par des colonnes d'argent, et entretenue au moyen d'un impôt sur les chretiens et les juifs.

MÉHÉMET IV (*Abou-Abdallah Al Walid*), roi de Grenade, né dans cette ville, le 14 avril 1315, mort le 24 août 1333, à Gibraltar. Fils d'Ismael Ier, il lui succeda en 1325, sous la tutelle du chambellan Mohammed Al Mahrouk, dont l'ambition ombrageuse amena la révolte d'Othman, commandant des gardes, et de l'oncle du roi, Méhémet ben-Féragh, pretendant au trône. Cette révolte ayant été apaisée, Mehémet IV prit, en 1327, sur les Castillans les places importantes de Cabra et de Baeza, puis de 1328 à 1330 les forteresses de Ronda, Marbello et Algésiras sur des rebelles musulmans, soutenus par des Africains. En compensation de la seigneurie de Teba, occupée en 1331 par les chrétiens, il leur reprit, à l'aide du roi de Maroc, la ville de Gibraltar, en 1332. Mais au moment où il s'apprêtait à réclamer aux Marocains ce boulevard de l'Espagne, que ceux-ci fortifiaient pour leur compte, Mehémet IV fut assassiné par quelques-uns de leurs officiers.

MÉHÉMET V (*Alghâni Billah*), appelé *Méhémet Lagos* par les auteurs espagnols, roi de Grenade, né en 1334, dans cette ville, mort en 1379. Fils de Yousouf Ier, il succéda à son père en janvier 1354. Après avoir apaisé, en 1356, la révolte d'Isa, gouverneur de Gibraltar, Méhémet V fut, en 1359, détrôné par son frère Ismaël II. Il s'enfuit, avec son fidèle vizir, le célèbre poëte et encyclopédiste Liçâneddin al Khâtib, à Fez, d'où il revint, en avril 1362, pour remonter sur le trône de Grenade. Dans la guerre qu'il fit à Henri Trastamare de Castille, il prit Algésiras en 1370. En 1375 il fonda à Grenade un hospice magnifique pour les pauvres et les malades.

MÉHÉMET VI (*Abou-Saïd Abou-Abdallah*), roi de Grenade, né dans cette ville, vers 1320, mort le 27 avril 1362, à la Tablada, près de Séville. Issu d'une branche collatérale des Nasérides, il monta au trône de Grenade, le 20 juin 1360, après l'assassinat d'Ismael II. Gouverneur de Malaga, il avait accordé la paix à Pierre le Cruel, roi de Castille, après en avoir repoussé les attaques. Quand Méhémet V revint d'Afrique, le roi de Grenade crut pouvoir se confier à la générosité de Pierre le Cruel, qui cependant l'assassina de sa propre main, près de Séville.

MÉHÉMET VII (*Aboul-Hedjadj*), roi de Grenade, né dans cette ville, vers 1340, mort en 1391. Fils de Méhémet V, il lui succéda, en 1379. Roi pacifique, il embellit Grenade, et surtout Cadix, d'édifices magnifiques, ce qui le fit appeler le *Méhémet de Cadix*. Secondé par son habile vizir, Abou-Somlok, il fit fleurir l'agriculture et le commerce ainsi que les lettres et les beaux-arts. On l'a confondu quelquefois avec Méhémet V, dont le règne se serait ainsi prolongé jusqu'en 1391. Mais une lettre autographe de Méhémet Aboul-Hedjadj, datée de cette dernière année, et adressée au conseil de Murcie, établit nettement la différence des deux rois.

MÉHÉMET VIII (*ben-Balba*), roi de Grenade, né en 1370, dans cette ville, mort le 11 mai 1408. Fils cadet de Yousouf II, il succeda à son père en 1396, au préjudice de son frère aîné, Yousouf, qu'il enferma à Salobreña. En 1401 il rompit la paix jurée avec les Castillans quatre ans auparavant ; mais après des escarmouches et quelques siéges inutiles, il fit, en 1408, une trève pour huit ans avec les chrétiens. Avant sa mort il voulut faire assassiner son frère Yousouf, qui sauvé par sa présence d'esprit put lui succeder, sous le nom de Yousouf III.

MÉHÉMET IX (*el Aisari*, ou *le Gaucher*), roi de Grenade, né en 1395, mort en prison, à Almerie, en 1450. Fils aîné de Yousouf III, il lui succeda en 1423. Chassé en 1427 par son cousin Méhémet X, il remonta au trône en 1429, à l'aide des secours du roi de Tunis et de Yousouf ben-Séradj chef de la célèbre famille des Abencerrages. Battu par les chretiens en 1430, il se retira à Malaga en 1431, laissant le trône à Yousouf IV. Rappele une seconde fois, en 1432, il prit pour vizir le vaillant Abd-Elbar, qui vainquit les Castillans dans trois batailles, près d'Ardjouna, Cadix et Grenade, en 1436 et 1437. Détrôné une troisième fois, en 1445, Méhémet IX termina ses jours dans une obscure prison.

MÉHÉMET X (*el Saghir*, ou *le Petit*), roi de Grenade, né vers 1396, mort dans cette ville, en 1429. Cousin germain du précédent, Méhémet X lui succéda en 1427, à la suite d'une révolte; mais il fut décapité par son prédecesseur, qui vint reprendre le trône deux ans après, en 1429.

MÉHÉMET XI (*ben-Othman*, surnommé *al Ahnaf*, ou *le Boiteux*), roi de Grenade, né dans cette ville, vers 1415, mort dans les Alpujarras, vers 1454. Cousin des deux précédents, il succéda, en 1445, à l'un d'eux, Méhémet IX. Prince très-travaillant, il reprit avec énergie la guerre contre les Castillans, qu'il battit en 1448 près de Chinchilla, sous les ordres de don Tellez-Giron. Les ravages atroces commis par ses armées en Andalousie et en Murcie, ainsi que ses actes de cruauté envers les Maures, ayant amené une révolte, il accomplit, dans l'Alhambra même, avant de sortir de Grenade, le carnage fameux connu sous le nom du *Meurtre des Abencerrages*. Il périt dans les montagnes, où il était allé se cacher.

MÉHÉMET XII (*ben-Ismael*), roi de Grenade, né vers 1420, mort le 7 avril 1465. Cousin du précédent, il le détrôna en 1454, à l'aide de Jean Ier, roi de Castille. Il recommença la guerre avec les chrétiens; mais repoussé par Henri IV, successeur de Jean II, jusque sous les murs de Grenade. Méhémet XII dut lui payer nn tribut considérable et céder à perpétuité la ville de Gibraltar. Il observa dès lors la paix, et transmit son royaume pacifié à son fils Aboul-Haçan Aly

MÉHÉMET XIII (*Abou-Abdallah al Zagal*, ou *le Vigoureux*), roi de Grenade, né vers 1445, dans cette ville, mort près de Maroc, vers 1500. Fils de Méhémet XII, et frère cadet d'Aboul-Haçan Aly, il eut, sous ce dernier, depuis 1466, le gouvernement de Malaga, où il se rendit presque indépendant. Après la destitution d'Aboul-Haçan, en 1482, il fit, avec son neveu Méhémet XIV, le partage des États de Grenade, se réservant les pays montagneux, ainsi qu'une partie de la capitale avec l'Alhambra. Heureux d'abord contre Ferdinand le Catholique, qu'il défit en 1483 à l'Axarquia de Malaga, et en 1484 près d'Almerie et d'Huescar, il perdit, depuis 1485, successivement toutes ses places de guerre, Ronda, Loxa Malaga, Almeria, Guadix, Salobreña et Almouneçar. Dépossédé ainsi entièrement en décembre 1489, il reçut de Ferdinand les seigneuries d'Andarax et d'Anheurin dans les Alpujarras; mais Méhémet XIII y renonça volontairement en 1491, et se retira avec sa famille, en Afrique, où il mourut dans l'obscurité. Il est l'*Abuhardil* des chroniques chevaleresques des Maures de Grenade

MÉHÉMET XIV (*Abou-Abdallah el Saghir*, ou *le Petit*), appelé par les Espagnols *el Chiquito* (le Bambin), et dans les Chroniques chevaleresques *Aboubdeli*, ou *Alcadourbil*, mais le plus souvent *Boabdil*, dernier roi maure de Grenade, naquit vers 1465, dans cette ville, et mourut en 1495 sur les bords de l'Ouad-el-Aswar, près de Fez. Fils aîné d'Aboul-Haçan Aly, il succéda à son père en 1482, conjointement avec son oncle Méhémet XIII. Dans ce partage du gouvernement, il reçut le territoire particulier de Grenade, avec le quartier Albaïcin de cette capitale. Étant resté seul roi en 1489, il refusa de livrer sa capitale au roi de Castille, contrairement à ce qui avait été stipulé après la reddition d'Almeria et de Baça; il eut même des élans héroïques, reprit aux Espagnols plusieurs places de l'ancien territoire de son oncle, telles qu'Albendin et Salobreña, et lutta longtemps contre Ferdinand et Isabelle dans la Vega de Grenade. Mais, abandonné par le roi de Maroc, il signa enfin, le 25 novembre 1491, le traité de reddition de Grenade, qu'il livra aux chrétiens, le 2 janvier 1492. Après avoir vécu deux ans dans la seigneurie de Purchena et d'Andarax, il partit, en 1493, pour l'Afrique, et périt, peu de temps après, sur le champ de bataille, en combattant pour la cause du roi de Fez Mouley-Ahmed, son parent. Ch. R.

Bleda, *Histoire d'Espagne*. — Mariana, *id*. — Ferrera, *id*. — *Chronique de l'infante Enrique II*. — Makkari, *History of the Mohammedan Empire in Spain*. — Liçan-eddin Alkhatib, *Histoire politique et littéraire de l'Espagne musulmane*. — Schæfer, *Histoire d'Espagne* (en allemand). — Washington Irving, *Conquest of Granada*. — Ferdinand Denis, *Chroniques chevaleresques de l'Espagne*.

MÉHÉMET ALI SSONNI, sultan de Timbouctou et de Soudan, de la dynastie des Sa, né à Garho, vers 1440, mort le 5 novembre 1492, près de Gourma. Fils de Méhémet Souléiman Deou, il lui succéda sur le trône de Garho, en 1464. En 1468 il conquit El-Hodh, les provinces sud-ouest de Walata, puis le royaume de Melli, et enfin, en 1488, la ville de Timbouctou, où il fit un carnage affreux, surtout parmi les docteurs arabes, qui y avaient établi une de leurs académies. Après avoir soumis Baghéna, centre de l'ancienne monarchie de Ghanata, et en 1490 Djinni, sur le bas Niger, il permit aux Portugais d'établir des factoreries à Wadan et à Timbouctou, ville dans laquelle il tâcha d'attirer tous les marchands arabes des contrées les plus éloignées. Méhémet Ali, qui avait fondé une des grandes monarchies du Soudan, se noya dans un fleuve, après son retour d'une expédition contre Gourma. Ch. R.

Ahmed-Baba, *Histoire de Timbouctou*. — Ibn-Khaldoun, *Histoire des Berbères de l'Afrique*. — Barth, *Travels in Soudan*.

MÉHÉMET ASKIA, sultan de Timbouctou et du Soudan, de la dynastie des Ssonraïs, né en 1462, à Zinder, dans une île du Niger, mort à Garbo, en 1537. Simple officier des gardes de Méhémet Ali-Ssonni et d'Aboubekr, son fils, Méhémet Askia renversa ce dernier, en 1492, du trône du Soudan, et fonda une nouvelle dynastie à Garho et Timbouctou. Méhémet Askia fut, au dire d'Ahmed Baba, le plus grand sultan que le Soudan ait jamais possédé. Après avoir soumis les Mossis et les Foulahs à l'ouest, il étendit son empire au sud jusqu'à l'océan Atlantique, et au nord jusqu'aux confins du Maroc et des Régences barbaresques; de sorte que tout le Soudan forma alors sous lui un grand État mahométan, régi d'après toutes les règles de justice du Koran et soumis au rit chaféite. Les Portugais ayant fait un traité avec lui, Méhémet Askia leur accorda beaucoup de priviléges. Mais depuis 1516, année où Kanta se rendit indépendant à Kebbi sur le Niger, l'étoile de Méhémet Askia commença de pâlir. Ses deux plus fidèles frères, qu'il s'était associés, étant morts, Askia dut, en 1527, se réfugier à Tindirmah, et se mettre sous la garde de son dernier frère survivant, Yahia. Ayant été ramené par ce dernier à Garho, en 1528, Méhémet dut de nouveau abdiquer, en 1529, en faveur de son fils aîné, Mousa, qui continua la carrière de son père avec des chances variées. Méhémet Askia mourut dans la retraite, et voué à l'étude du Koran. Ch. R.

Ahmed Baba, *Histoire de Timbouctou*. — Barth, *Travels in Soudan*.

MÉHÉMET-PACHA, grand-vizir ottoman, né en 1503, à Bosna-Seraï, mort à Constantinople, en 1579. Fils de parents chrétiens, il avait été élevé par son oncle, curé de l'église Saint-Saba à Bosna. Amené à Constantinople, en 1521, et forcé d'embrasser l'islam, il sut plaire à la célèbre Roxolane, favorite de Soliman Ier. Grâce à cette protection, il arriva successivement aux postes les plus élevés, et enfin à celui de grand-vizir, qu'il conserva encore sous les deux règnes suivants, de Sélim II et de Mourad III. Après avoir désapprouvé la conquête de l'île de Chypre, comme une mesure impolitique qui devait faire des Vénitiens les ennemis irréconciliables de la Turquie, et après avoir fait disgracier Moustafa-Pacha, instigateur de cette conquête, il sut, d'un autre côté, amortir, en 1571, les résultats funestes qu'aurait pu avoir la bataille de Lépante, et il refit la marine turque. Il fut assassiné, en 1579, au milieu du divan, par un spahi, privé injustement de son *timar* ou fief, et dont Méhémet avait deux fois rejeté la supplique. Par une exception bien rare, le sultan Mourad III, qui avait invisiblement assisté à cet assassinat, acquitta le spahi, après lui avoir rendu son fief.

Ch. R.

Hammer, *Histoire des Ottomans*. — Zinkeisen, *Histoire de l'Empire Turk* (en allemand). — *La Turquie* (dans l'Univers Pittoresque).

MÉHÉMET-EFFENDI, homme d'État ottoman, né près d'Andrinople, vers 1640, mort vers 1735, en Chypre. Après avoir été plénipotentiaire au traité de Passarowitch, conclu en 1718, entre la Turquie et l'Autriche, il fut en 1720 envoyé à Paris, comme ambassadeur, pour l'affaire des lieux saints, ainsi que pour gagner le cabinet des Tuileries contre les chevaliers de Malte. Très-bien reçu à Paris par le régent, ainsi que par le vieux maréchal de Villeroi, gouverneur de Louis XV, Méhémet-Effendi, sans avoir atteint le but de sa mission, retourna, après un an d'absence, à Constantinople, où il fut nommé, 1721, deffterdar ou grand-trésorier. Mais la révolution de 1730 ayant coûté le trône au sultan Ahmed III, et la vie au grand-vizir Ibrahim-Pacha, protecteur de Méhémet-Effendi, ce dernier fut exilé en Chypre, où il mourut, quatre ou cinq ans après. Il a laissé une *Relation de son Voyage en France*, publiée en français, Paris, 1758, in-12; et lithographiée en turk, Paris, 1820, in-4°, à l'usage de l'École des langues orientales vivantes. Les chapitres les plus curieux de cette relation sont ceux qui traitent de la peste de Marseille de 1720, pendant laquelle l'auteur est à subir une longue quarantaine; on y remarque aussi la description du canal de Languedoc, que Méhémet remonta jusqu'à Bordeaux; l'exposé du rôle important que jouent les femmes dans la société française; la description des jardins de Paris, de Versailles, de Fontainebleau, proposés à son maître Achmed III comme modèles, d'après lesquels celui-ci fit planter quelques parcs en miniature, détruits après sa déposition; la description des Gobelins, etc. Ch. R.

Relation du voyage de Méhémet-Effendi. — Hammer, *Histoire des Ottomans*.

MÉHÉMET-EMIN, grand-vizir ottoman, né en Circassie, vers 1724, mort en août 1769, devant Bender en Bessarabie. Fils d'un marchand de soieries, il fut amené par les affaires du commerce de son père, tantôt à Bagdad, tantôt aux bords de la mer Rouge, et enfin à Constantinople, où il entra bientôt comme premier commis aux bureaux du réis-effendi, ou ministre des affaires étrangères. Nommé à la suite réis-effendi lui-même, en 1759, il devint, en 1769, sous Moustafa III, grand-vizir. Envoyé, en cette qualité, au secours des Polonais contre les Russes, il se trouva paralysé partout par des spéculateurs et par des agents subalternes; manquant de vivres, il saccagea le territoire polonais, qu'il traitait en pays conquis. Ayant été investi par le sultan d'une autorité absolue, Méhémet-Emin se vit pourtant condamné à l'inaction dans son camp de Bender, affaibli par des désertions fréquentes, et accablé par les malédictions de ses alliés. Incapable de débloquer Chozym, qui dut se rendre bientôt aux Russes, Méhémet-Émin, devenu suspect à Moustafa III, fut étranglé, par ordre du sultan, qui en exposa la tête à Constantinople, à la porte du sérail.

Ch. Rumelin.

Hammer, *Histoire des Ottomans*. — Oustrialoff, *Histoire de la Russie*. — Roepell, *Histoire de Pologne* (en allemand).

MÉHÉMET-ALI (ou plus exactement MOHAMMED ALI, suivant la forme arabe), pacha puis vice-roi d'Égypte, né à Kavala (petit port de

Macédoine), en l'an 1182 de l'hégire (1769), mort au Caire, le 2 août 1849. Il était encore fort jeune lorsqu'il perdit son père, Ibrahim-Agha, l'un des chefs chargés de la surveillance des routes, et peu après le seul parent qui lui restât, Toussoun-Agha, son oncle le *mutesellim* de Kavala, décapité par ordre de la Porte. Ainsi privé de sa famille, il fut recueilli par un ancien ami de son père, le *tchorbadji* (capitaine de janissaires) de Praousta, qui le fit élever avec son fils. L'enfance de Méhémet-Ali est peu connue. Voici ce qu'il en raconta au prince Puckler Muskau : « De dix-sept enfants qu'avait mon père, il n'est resté que moi. Neuf frères, mes aînés, moururent en bas âge, et il en résulta que mes parents m'entourèrent d'une tendresse extraordinaire. C'était à ce point que mes camarades me raillaient souvent amèrement et me jetaient ces paroles que je n'ai jamais oubliées : « S'il venait à perdre ses parents que deviendrait ce malheureux Méhémet-Ali? Il n'a rien, et n'est bon à rien.... » Elles firent sur moi une vive impression, et je pris la résolution de me transformer et de vaincre la débilité de mon corps. Plus d'une fois il m'arriva de courir deux journées de suite, prenant le moins de sommeil et de nourriture, et je ne fus satisfait que je n'eusse acquis sur mes camarades une supériorité marquée pour tous les exercices du corps. Je me rappelle une lutte à la rame que je fis un jour par une mer houleuse : il s'agissait d'aller en canot dans une île voisine de la côte. Tous mes concurrents abandonnèrent la partie, et j'y laissai moi-même toute la peau intérieure de mes mains, encore bien délicates, mais j'arrivai : cette petite île m'appartient aujourd'hui. » Tel se dessinait l'homme qui devait jouer un des plus grands rôles dans l'Orient moderne.

Chez lui l'audace et la ruse étaient aussi précoces que l'ambition. Les habitants d'un gros bourg, voisin de Praousta, refusèrent de payer l'impôt, perception toujours difficile en Turquie; le tchorbadji, manquant de forces pour les y contraindre, ne savait quel parti prendre. Méhémet-Ali, quoiqu'il n'eût que quatorze ans, s'offrit pour le tirer d'embarras. Il part avec une faible escorte, mais composée d'hommes déterminés, et, arrivé au village rebelle, il se rendit à la mosquée comme pour y remplir ses devoirs religieux. Il fait en même temps inviter quatre des principaux propriétaires de l'endroit à venir conférer avec lui d'une affaire importante. Ceux-ci, sans défiance d'un enfant, d'ailleurs mal accompagné, se rendent dans le lieu sacré. Méhémet les fait saisir aussitôt par sa suite, et les conduit à Praousta malgré les protestations de la foule, qu'il écarte en menaçant de tuer ses prisonniers aux premières voies de fait. L'impôt fut payé. Ce trait et quelques autres du même genre lui acquirent tellement l'estime du tchorbadji que ce chef le maria avec une de ses parentes qui venait de divorcer et qui avait quelque bien. Elle fit aussitôt nommer *boulouk-bachi* (officier dans la milice irrégulière). Ce fut le commencement de la fortune de Méhémet-Ali, qui avait à peine dix-huit ans (1787). Vers cette époque il fit la connaissance d'un négociant de Marseille, nommé Lion, qui lui rendit quelques services pécuniaires. Cette relation éveilla chez Méhémet l'affection qu'il n'a jamais cessé de témoigner aux Français; elle fit naître aussi en partie les idées de réforme et de tolérance que plus tard il essaya de mettre en pratique. Lion l'intéressa dans ses spéculations, et le boulouk-bachi ne craignit pas de fouler aux pieds les préjugés militaires pour se livrer au commerce du tabac; ce qu'il fit avec succès. Dès lors il contracta le goût pour les spéculations, goût qu'il a conservé jusque sur le trône. Il employa une partie des fruits de son négoce à soudoyer une bande de mercenaires, à la tête de laquelle il fit plusieurs expéditions. En 1800, lors de la descente des Français en Égypte, le tchorbadji de Praousta reçut l'ordre de fournir un contingent de trois cents hommes, dont il confia le commandement à son fils Ali-Agha. Méhémet l'accompagnait comme lieutenant, mais était réellement le chef de la troupe; aussi Ali, dégoûté bientôt d'un rôle équivoque, et démoralisé par la défaite d'Aboukir, lui abandonna-t-il le commandement pour retourner en Macédoine. Devenu capitaine, Méhémet ne tarda pas à se distinguer. La brillante valeur qu'il déploya au combat de Ramanieh fut remarquée du capitan-pacha, qui le recommanda à Mohammed-Khosrew-Pacha, le nouveau dignitaire que la Porte avait investi par avance du gouvernement de l'Égypte. Ce pacha apprécia le mérite et l'intelligence de Méhémet, et l'éleva de grade en grade jusqu'à celui de *ssherchimé* (général des Arnautes). Méhémet entrevit tout le parti qu'un homme de génie pouvait tirer de l'état de désordre dans lequel le départ des Français laissait l'Égypte. Il se prépara donc à se servir des événements et à les précipiter en étendant sourdement l'influence et le crédit dont il jouissait parmi ses subordonnés.

Un événement imprévu, qui aurait pu causer sa perte, vint au contraire servir ses projets. Avec les Turcs étaient venus les mameloucks, sous la conduite de leurs beys Osman Bardissy et Mohammed el Elfy. Cette singulière milice, quoique décimée par le canon français, était encore redoutable. De nouvelles recrues venaient combler les vides de ses rangs, et habitués qu'ils étaient depuis si longtemps à traiter l'Égypte comme une ferme, ils ne tardèrent pas à revendiquer ce qu'ils regardaient comme leur propriété. Ils étaient d'ailleurs appuyés par les Anglais, qui retenaient Alexandrie malgré les conditions stipulées. Khosrew s'était empressé d'arrêter les progrès de ces belliqueux cavaliers; mais quoique son administration fût ferme et zélée, les mesures qu'il prit manquèrent de cette intelligente énergie qu'il fallait déployer dans des circonstances si difficiles; il divisa ses forces. Les troupes qu'il envoya contre ses adversaires ayant été attaquées, en novembre 1802, à Damanhour, éprouvèrent une défaite complète. Méhémet-Ali et ses Arnautes, qui auraient pu changer le sort des armes, n'assistèrent point au combat. Méhémet allégua son éloignement du lieu de l'action ; mais Khosrew n'accueillit point cette excuse, et dès lors jura la perte du chef des Arnautes, dont il commençait d'ailleurs à redouter l'influence. Pour arriver à son but, sous le prétexte d'une communication importante, au milieu d'une nuit, il manda près de lui le sserchimé. Méhémet comprit le but d'une pareille invitation, et, loin de s'y rendre, il courut au milieu de ses Albanais, déjà irrités du retard apporté dans leur solde, et n'eut pas de peine à les insurger. Il ouvrit alors les portes du Caire à Osman Bardissy, et, réuni aux mamelouks, marcha contre Khosrew, qu'il battit et fit prisonnier dans Damiette. Il le mena au Caire, et le confia à la garde du vieux mamelouk Ibrahim-bey (1803). Le sultan Sélim III envoya aussitôt Ali Dgézairli-Pacha pour remplacer Khosrew et punir les rebelles; mais le nouveau vice-roi n'y put parvenir par la force. Il voulut alors essayer de la ruse. Ses plans furent déjoués, et ses ennemis, indignés, le mirent à mort. Sur ces entrefaites, Mohammed el Elfy revint d'Angleterre, où il avait été solliciter des secours. Bardissy ne vit pas sans jalousie ce chef venir partager une puissance qu'il devait à son propre courage. Méhémet, fidèle à son plan, de diviser les Turcs par les mamelouks, et les mamelouks entre eux, jusqu'à ce que, tous affaiblis, il pût les chasser facilement, augmenta la division entre les deux beys. Bardissy tenta de faire assassiner son rival; mais El Elfy s'échappa, et put gagner la haute Égypte.

Favorisé par les circonstances, Méhémet suivait une politique qui manque rarement de réussir : pendant qu'il jouait le rôle de mercenaire, servant tour à tour les Turcs contre les mamelouks, les Mamelouks contre les Turcs, Bardissy contre El Elfy, il ruinait aussi bien ses alliés que ses ennemis; ses ennemis en les combattant, ses alliés en les forçant de se rendre impopulaires par les contributions forcées et les pillages que nécessitait le payement des troupes auxiliaires qu'il commandait. Comme l'argent manquait aux Turcs et aux mamelouks et qu'ils ne savaient s'en procurer que par la violence, Méhémet-Ali avait toujours une insurrection prête au besoin. Ses Arnautes réclamaient à grands cris la solde arriérée; ses alliés turcs ou mamelouks frappaient des impôts vexatoires pour les satisfaire; il en résultait des murmures et quelquefois des soulèvements populaires. Aussitôt Méhémet-Ali s'interposait comme médiateur, prenait la défense du peuple et s'en conciliait ainsi l'affection. Il en usa de la sorte pour se débarrasser de Bardissy : il suscita ses Albanais à demander tout à coup, et avec menaces, huit mois de solde arriérée. Le bey, pris au dépourvu, pour les apaiser ne trouva d'autre moyen que de frapper les habitants du Caire d'une contribution énorme. Cette mesure maladroite souleva le ressentiment de la population. Les révoltés n'acceptèrent pas d'ailleurs cette satisfaction tardive. Conduits par Méhémet lui-même, ils assiégèrent Osman Bardissy dans son palais, et ce chef, après une vaine résistance, ne dut son salut qu'à son sang-froid et à son courage (1804). Méhémet, que cette révolution si bien conduite venait de rendre maître de la situation, ne voulut pourtant pas encore s'emparer du pouvoir. Quoiqu'il mît tous ses soins à gagner les sentiments bienveillants des ulémas par des dehors religieux, et des chéiks par son amour apparent du bien public, il ne se sentait pas encore assez fort pour lutter à la fois contre la Porte et contre les mamelouks. Affectant un grand respect pour le sultan, il alla jusqu'à solliciter le rétablissement de Mohammed Khosrew, sûr d'avance que les autres chefs albanais, compromis dans l'insurrection qui avait renversé ce vice-roi, n'approuveraient pas une mesure qui mettait leur tête en péril. Il fut décidé que ses jours seraient respectés, mais on l'embarqua à Rosette pour Constantinople. La conduite de Méhémet en cette circonstance fut diversement jugée : était-ce un souvenir de reconnaissance envers son premier protecteur, qui le guida et lui fit épargner sa vie? Était-ce une mesure adroite de ménager le sultan? Que ce fût générosité ou adresse, Méhémet apprit plus tard que Khosrew ne savait pas oublier.

Méhémet ne s'en tint pas à cette marque de déférence pour la Porte; il exigea que la vice-royauté fût conférée à un pacha turc, et choisit Kourchid, pacha d'Alexandrie, pour remplir ce rôle. Lui-même se fit élire kaïmakam par les chéiks et les officiers des troupes. Ces deux nominations furent ratifiées par le sultan (1804), et prouvèrent à Méhémet-Ali l'influence qu'on lui accordait déjà à Constantinople sur les affaires d'Égypte. Kourchid ne tarda pas à fatiguer ses administrés par ses exactions. Sûr des cheiks et des ulémas, Méhémet résolut de jeter enfin le masque; il fomenta une révolte en mars 1805, assiégea Kourchid dans la citadelle du Caire, et le contraignit à capituler. Méhémet fut aussitôt élu vice-roi par ses Albanais. Il feignit encore l'hésitation ; mais la population entière, prêtres et chefs en tête, vint le prier d'accepter le pouvoir, le proclamant *le sauveur, le père de la nation*. Méhémet dut acheter par des présents considérables la sanction du divan turc; enfin, convaincu que nul autre fonctionnaire ne le remplacerait avec sécurité, la Porte le créa pacha à trois queues et lui envoya l'investiture, le 9 juillet 1805. Méhémet s'engagea en revanche à payer un tribut annuel de 4,000 bourses (5,000,000 de francs) et de 6,000 ardebs de blé (1,012,720 litres). L'aventurier albanais était enfin arrivé à son but; mais combien d'obstacles lui restaient encore à vaincre!.. Dès l'avénement de Méhémet, El Elfy, qui avait reformé son parti dans la haute Égypte, mit tout en œuvre pour le renverser. Il offrit à Kourchid son alliance pour l'aider à reprendre son poste, promettant une soumission sans bornes à la Porte, si l'on révoquait le nouveau dignitaire. M. Drovetti, consul de France à Alexandrie, fit échouer cette intrigue à Constantinople; alors El Elfy se tourna vers l'Angleterre, à laquelle il promit de livrer les principaux ports égyptiens si elle contribuait au rétablissement des mamelouks. Ses offres furent facilement acceptées, et les agents anglais menacèrent le sultan d'une invasion s'il ne rendait pas à El Elfy le gouvernement de l'Égypte. Sous cette pression la Porte envoya une flotte porter à Méhémet-Ali sa nomination au pachalik de Salonique avec l'ordre de s'y rendre immédiatement. Méhémet, se sentant soutenu par les cheiks et par l'influence française, restée puissante malgré l'évacuation, ne se pressa pas d'obéir. Suivant son système de ruiner ses adversaires par eux-mêmes, il renoua ses anciennes liaisons avec Bardissy, qu'il opposa à El Elfy. Les deux beys se paralysèrent et s'affaiblirent mutuellement : leur mort presque simultanée consolida la puissance du vice-roi (1) et lui faisait enfin espérer une ère de tranquillité, lorsque, le 17 mars 1807, les Anglais débarquèrent sept à huit mille hommes sous la conduite du général Fraser, qui s'empara d'Alexandrie. Méhémet ne se laissa point intimider; aidé de M. Drovetti, qui lui improvisa un plan de défense, il força ses ennemis à se rembarquer honteusement, le 14 septembre suivant. Si au commencement de la campagne il avait donné une preuve de la cruauté orientale en envoyant plus de mille têtes anglaises pour orner au Caire la place de Rouméiyeh, il termina la campagne par un acte de générosité européenne, et rendit ses prisonniers en bon état et sans rançon.

« A peine, dit M. Jomard, le vice-roi était-il rassuré du côté de la mer et du côté des mamelouks, que la révolte vint l'assiéger dans son palais; les Albanais, joints aux *delhis* (cavaliers kourdes) osent attaquer cette maison et la mettre au pillage : il se retire à la citadelle; au bout de dix jours, il les apaise avec deux mille bourses et met fin à l'insurrection. Chahin-Bey avait, pour ainsi dire, succédé à El Elfi et à Bardissy. Méhémet-Ali lui accorde le gouvernement du Fayoum, et le charge même d'engager le vieux Ibrahim-Bey à un arrangement. Celui-ci ouvrit l'oreille à ces propositions; d'autres beys se ralliaient au gouvernement, et venaient au Caire assurer Mohammed-Ali de leur soumission, quoiqu'ils conspirassent contre lui. Il y avait un tel désordre dans les finances qu'il était impossible d'acquitter la solde des troupes, malgré les nouveaux impôts ordonnés puis retirés successivement. Alors le gouverneur tenta une autre opération : c'était d'annuler les titres territoriaux qui n'étaient pas réguliers. Il devenait par là propriétaire d'une immense quantité de biens-fonds. Malheureusement il menaça les fondations pieuses et les biens des mosquées; le corps des ulémas fit entendre des plaintes sévères. Celui d'entre eux qui avait le plus contribué à l'élévation de Mohammed-Ali resta inébranlable dans ses résolutions, et préféra la disgrâce et l'exil. Le commerce fut frappé de plusieurs contributions et chaque *fedan* (arpent) de terre imposé à une somme fixe. Les Coptes ne furent pas épargnés. Plus tard chaque ville fut soumise à un impôt de guerre de dix à quarante bourses. »

D'un autre côté, à mesure que Méhémet affermissait son autorité et augmentait ses ressources, la politique ombrageuse de la Porte s'alarmait de plus en plus. Il était clair que le pacha voulait perpétuer sa dictature et fonder une dynastie. Le vice-roi avait d'ailleurs à Constantinople un ennemi implacable, Kosrew-Pacha, qui jouissait de la faveur du sultan. Ce monarque ne trouva rien de mieux pour affaiblir son puissant vassal que de lui ordonner d'aller combattre en Arabie les Wahabis (1), qui s'étaient rendus maîtres des villes saintes (1811). Méhémet comprit l'intention qui dictait cet ordre : il lui fallait obéir ou braver ouvertement le courroux du divan. Mais avant de s'engager dans une guerre lointaine et périlleuse, à travers le désert et contre des fanatiques nombreux et belliqueux, il résolut de ne pas laisser d'ennemis derrière ses troupes et d'anéantir la faction des mamelouks, qui, toujours avide et turbulente, tenait le pays dans une continuelle agitation. Il n'avait guère à hésiter sur le choix des moyens; la guerre n'avait pu réussir : il se décida pour la trahison et le meurtre. Dans l'emploi de ces moyens, que la morale musulmane semble autoriser dans certains cas, il était merveilleusement servi par des hommes d'un dévouement aveugle, qu'il avait gagnés par ses largesses ou fanatisés par ses manières insinuantes. L'espionnage, il l'avait organisé sur une vaste échelle, et les traîtres, dont les ramifications s'étendaient jusqu'à l'entourage du sultan, il les payait au poids de l'or.

Méhémet-Ali invita un jour le corps entier des mamelouks à une fête militaire donnée dans la citadelle du Caire en l'honneur de Toussoun-Pacha, l'aîné de ses fils, qui devait prendre le commandement de l'armée préparée contre les Wahabites. Le 1er mars 1811 fut fixé pour cette solennité. Méhémet-Ali reçut lui-même ses hôtes avec un luxe royal. La fête se passa bien. Au signal du départ il fallait sortir par un chemin encaissé à pic dans des rochers : les Arnautes à pied précédèrent les mamelouks; mais à peine avaient-ils atteint la porte de Rouméiyeh que Saleh-Kock, le chef des Albanais, fit

(1) Osman Bardissy mourut en novembre 1806, et Mohammed-el-Elfy en janvier 1807.

(1) Les Wahabis ou Wahabites sont des sectaires qui veulent ramener la religion musulmane à la simplicité du Coran. Ce sont à proprement parler les puritains de l'islamisme. Ils occupent la partie de l'Arabie appelée le Nejd.

faire volte-face à sa troupe, et lui ordonna de tirer sur les mamelouks, tous à cheval et engagés dans le défilé. En même temps, des soldats embusqués derrière les murs de la citadelle commencèrent un carnage d'autant plus affreux que la défense était impossible. Il fallait recevoir une mort sans gloire et sans vengeance. Quelques mamelouks jetèrent leurs *djoubés*, et le cimeterre à la main ils tentèrent d'escalader les rochers que couronnaient leurs assassins; ceux-là du moins moururent en combattant. Chahin-Bey tomba devant le palais de Salah ed Din; son corps fut traîné par la soldatesque et couvert d'outrages. Soléiman-Bey, sanglant et demi-nu, parvint jusqu'aux terrasses du harem, où il implora la clémence du vice-roi; il fut saisi et décapité. Hassan-Bey, le frère du courageux El Elfy, lança son cheval au galop, franchit les parapets et tomba tout meurtri au pied des murailles, où quelques Arabes le ramassèrent et favorisèrent sa fuite. Une vingtaine d'autres échappèrent aussi par des circonstances miraculeuses, mais environ cinq cents périrent dans cette boucherie. Tous ceux sur qui l'on fit main basse dans Le Caire et dans les provinces furent également massacrés. Le petit nombre qui échappa au carnage se réfugia en Syrie ou dans le Dongolah. Les mamelouks qui avaient servi dans l'armée française furent seuls respectés. Ainsi finit en un seul jour cette série de combats, de vengeances, de représailles trop nombreux dans l'histoire (1). La main ferme qui s'était emparée des rênes de l'État effaça promptement les traces du crime qui avait enfin rendu possible le rétablissement de l'ordre et de la prospérité, après tant de siècles d'agitation et de misère.

Ce drame accompli, Méhémet, n'ayant plus de motif pour différer l'exécution des ordres de la Porte, pressa l'expédition contre les Wahabites. Toussoun n'eut pas le succès attendu, et l'armée égyptienne fit des pertes considérables sans affaiblir de beaucoup ses redoutables adversaires. Méhémet-Ali crut devoir prendre le commandement. Il obtint quelques succès, et combattait dans le Hedjaz, lorsqu'une circonstance imprévue le força d'accourir au Caire. Profitant de son absence, le divan (ou plutôt Khosrew-Pacha) avait envoyé tout à coup Latif-Pacha avec un firman d'investiture comme vice-roi d'Égypte. Heureusement Méhémet-Ali avait laissé pour *vekyl*, à son départ, un homme de cœur, dévoué à sa cause, Méhémet-Bey. Le fidèle ministre feignit d'abord de favoriser l'envoyé de la Porte. Sous prétexte de le faire reconnaître, il s'empara de sa personne, et le fit publiquement décapiter comme faussaire et imposteur. Cet acte de vigueur en imposa à la Porte, qui n'osa plus risquer une semblable tentative.

(1) M. Horace Vernet a fait de ce sujet un de ses plus beaux tableaux; mais les détails en sont inexacts. Ainsi Méhémet est représenté sous une riche tente, d'où il peut voir le massacre, étendu sur de somptueux tapis et fumant voluptueusement son *narguileh*, au milieu de ses confidents, de ses esclaves. Tout cela est imaginé: le vice-roi n'avait mis dans son terrible secret que Méhémet-Bey Lazoglou, son intime ami et Saleh Koch, chef des Arnautes. Au moment de l'exécution, il s'enferma dans le divan, où il venait de recevoir les principaux mamelouks et demeura seul, pâle, défait, silencieux. Son émotion devint si violente, qu'il demanda un verre d'eau pour la calmer. Les mamelouks ne furent pas tués dans une vaste cour, mais dans un ravin escarpé.

Durant l'absence de son père, Toussoun conclut la paix avec les Wahabis. Méhémet refusa de ratifier le traité, et mit à la tête de l'armée Ibrahim-Pacha, son second fils, qui termina glorieusement cette guerre difficile, en 1818 (*voy.* IBRAHIM-PACHA (1). Il envoya prisonnier à Constantinople le chef des Wahabis, Abd-Allah-ben-Sâoud. Le sultan, par reconnaissance, éleva Méhémet-Ali à la dignité de *khan*, attribut de la maison impériale, et nomma son victorieux fils *pacha de La Mecque*, titre qui le plaçait même au-dessus de son père, parmi les vizirs et les pachas. Durant ce temps le vice-roi n'était pas resté inactif. Ses premiers échecs en Arabie le décidèrent à réaliser l'idée qu'il nourrissait depuis longtemps d'une organisation militaire européenne. Le *nizem-djédyd* fut proclamé en juillet 1815, et toutes les troupes reçurent l'ordre de s'organiser sur le modèle de l'armée française; mais une terrible révolte éclata: le vice-roi courut de grands dangers, et dut ajourner ses projets. Il les reprit avec succès après le retour d'Ibrahim-Pacha et secondé par lui. Méhémet-Ali avait profité de la guerre d'Arabie pour se défaire des hommes les plus mutins, et cette longue expédition avait beaucoup diminué le nombre des vieilles troupes albanaises qui avaient servi à son élévation, mais que leur insubordination et leur rapacité rendaient de plus en plus incommodes. Il se débarrassa de leurs débris dans une autre campagne, dirigée en 1820, contre la Nubie et le Sennaar, où s'étaient réfugiés les derniers mamelouks. Ce fut son fils cadet, Ismael-Pacha, qui commanda les Égyptiens. Ce jeune prince soumit ses ennemis; mais ses exactions mécontentèrent bientôt les vaincus. S'étant emporté jusqu'à frapper d'un coup de pipe au visage le mélek Nemr, l'un des plus puissants chefs du Sennaar, le mélek se vengea en brûlant Ismael dans une maison qu'il habitait passagèrement. Cette mort fut cruellement vengée par le defterdar Ahmed-Bey, l'un des gendres de Méhémet-Ali. Vingt mille têtes payèrent le crime de Nemr: toute la Nubie et même le Kordofan furent soumis au vice-roi; mais ces pays, ruinés et dépeuplés par les conquérants, ajoutèrent peu à sa puissance.

Cependant Méhémet-Ali s'appliquait avec ardeur à l'administration intérieure et à la nouvelle organisation des forces de son gouvernement: agriculture, armée, marine, rien ne fut oublié. Surmontant son orgueil de musulman, il ne craignit pas d'emprunter à la civilisation des chrétiens tout ce qui manquait à l'Égypte. Il s'adressa

(1) Ibrahim-Pacha devint dès lors le véritable chef militaire de l'Égypte; nous renvoyons donc à sa notice pour les détails des guerres qu'eut à soutenir Méhémet-Ali.

à la nation qu'il préférait, à la France, pour avoir des militaires, des marins, des ingénieurs, des constructeurs, des mécaniciens, des chimistes, des médecins, etc. Les troupes des nouvelles levées furent enrégimentées et disciplinées à l'européenne, la marine restaurée et équipée sur le même mode; des forteresses furent élevées, des chantiers, des arsenaux et des magasins furent construits et approvisionnés, des fonderies de canons, des ateliers d'armes et de machines s'élevèrent dans les grands centres. Une police sévère fit régner la sécurité dans le pays; les employés reçurent des traitements convenables, payés régulièrement, et partout l'action gouvernementale se fit fortement sentir. On organisa des postes télégraphiques; des quarantaines, des hôpitaux furent ouverts; une école de médecine, sous la direction de Clot-Bey (*voy.* ce nom), fut créée à Abouzabel et la vaccine introduite. L'important canal de Mahmoudieh fut creusé pour faciliter les communications entre Le Caire et Alexandrie, où le vice-roi transféra sa résidence. Les bonnes méthodes agricoles se propagèrent par ses soins, et multiplièrent les produits et les cultures; les races des chevaux et des moutons s'améliorèrent; des plantations d'oliviers et de mûriers, jusque là inconnus dans le pays, surgirent, et le coton surtout fournit d'abondantes récoltes. Quoique asservi par un fâcheux monopole aux intérêts du fisc, le commerce prit de l'extension. Des raffineries de sucre et de salpêtre s'élevèrent à côté d'usines, de manufactures exploitant les divers produits indigènes ou étrangers; enfin, l'élite de la jeunesse égyptienne fut envoyée aux frais de l'État puiser en France une instruction libérale et suivre les progrès de la civilisation.

Ce qu'il y a surtout de remarquable, c'est que Méhémet-Ali accomplit toutes ces grandes améliorations au milieu d'un état de guerre continuel. Sans cesse il lui fallait réprimer les courses déprédatrices des Bedouins; il n'y parvint qu'en retenant leurs principaux chéiks en otage. Ses frontières assurées, une révolte plus menaçante que les précédentes éclata au commencement de 1824. Un chef marabout de Dérayeh appela la population aux armes. Les fellahs, arrachés à leurs familles, à leurs champs pour former des régiments ou peupler des fabriques, maudissaient les nouvelles institutions, qui leur apportaient d'énormes charges sans leur faire entrevoir aucune compensation. Ils se soulevèrent en masse; plusieurs bataillons des nouvelles milices, destinées pour le Sennaar, se joignirent à eux, et bientôt les mécontents présentèrent une masse de vingt mille hommes. Mais, guidés par des chefs incapables, à qui le fanatisme avait seul donné un caractère, ils perdirent en divers engagements près d'un tiers de leurs forces, et furent obligés de rentrer dans l'ordre, pour subir, après leur défaite, un joug plus pesant encore.

La Grèce, favorisée par les sympathies de l'Europe, était alors en pleine insurrection. Le sultan Mahmoud II, dans sa détresse, s'adressa à son puissant vassal pour en obtenir une flotte et une armée. On ne comprend pas que Méhémet-Ali, qui comptait déjà vingt-quatre mille hommes de troupes régulières et une belle marine, n'ait pas à cette époque profité des embarras de la Porte pour se déclarer indépendant : il eût été certainement soutenu par les puissances chrétiennes. Peut-être se crut-il encore trop faible pour s'affranchir? Peut-être craignit-il de se rendre odieux aux mahométans s'il refusait d'aider son suzerain contre des infidèles revoltés; toujours est-il qu'il lui envoya, en juillet 1824, dix-huit mille hommes sous la conduite d'Ibrahim-Pacha (1). Ibrahim soumit Candie et remporta quelques succès en Morée; mais la bataille de Navarin, où fut anéantie, le 20 octobre 1827, la flotte turco-égyptienne (2), les rendit inutiles, et le traité conclu (8 août 1828), à Alexandrie, détermina l'évacuation de la Morée par les troupes égyptiennes. S'appliquant alors avec une activité prodigieuse à créer une nouvelle flotte et à réorganiser son armée, il eut bientôt réparé toutes ses pertes, et les forces de l'Égypte furent rétablies sur un pied plus respectable que jamais.

La campagne de Grèce avait coûté au vice-roi, outre sa flotte, plus de trente mille hommes et 80,000 piastres (environ 20,000,000 de francs). Ce n'était qu'au moyen des mesures les plus arbitraires qu'il avait pu satisfaire aux exigences de la Porte. Pour prix de ses services, il sollicita pour son fils Ibrahim le pachalik de Damas. Il n'obtint que celui de Candie, plus onéreux que profitable à sa puissance. Méhémet-Ali fut indigné de l'ingratitude du sultan. Mahmoud n'exerçait réellement qu'une très-faible autorité sur les pachas et les populations de la Syrie; mais il regardait comme imprudent d'augmenter encore la puissance d'un vassal qu'il redoutait avec raison. Ce refus arrêta peu l'ambitieux vice-roi; quelques différends avec Abd-Allah, pacha d'Acre, fournirent à Méhémet-Ali un prétexte pour envahir la Syrie avec 24,000 hommes et 80 bouches à feu (3). Bravant le *fetoua* (firman de déchéance) que le sultan avait lancé contre son père et lui (23 avril 1832), Ibrahim-Pacha s'empara de toute la Syrie, battit à Homs et à Hama (7 juillet 1832) l'armée turque, commandée par Méhémet-Pacha. Une seconde armée, conduite par Ali-Pacha, ne fut pas plus heureuse à Beylan. Ibrahim franchit

(1) Voir pour les détails de la campagne de Grèce l'article IBRAHIM-PACHA.

(2) Quand le vice-roi apprit ce grand désastre, auquel il participait d'une manière si funeste, il se borna, dit-on, pour toute plainte, à prononcer ces mots : « Je ne comprends pas que les canons français aient tiré contre leurs vaisseaux! » Exprimant ainsi combien la France lui semblait dupe de la politique astucieuse de l'Angleterre et de la Russie en aidant ces puissances ambitieuses à affaiblir l'Orient.

(3) On verra à l'art. IBRAHIM les exploits de ce général dans cette mémorable campagne.

alors le Taurus, et ne s'arrêta qu'après l'éclatante victoire de Koniah (20 décembre 1832), gagnée sur Reschyd-pacha, victoire qui ouvrait aux Égyptiens les portes de Constantinople. L'Anatolie acclamait le vainqueur, et déjà Smyrne avait constitué une autorité nouvelle, au nom de Méhémet-Ali; mais les puissances de l'Europe, voulant empêcher une catastrophe imminente, offrirent leur médiation. Soit modération, soit crainte de se heurter contre leur volonté, le vice-roi donna à son fils l'ordre de la retraite. Par la convention de Kutayeh (14 mai 1833), ratifiée dans les traités de Rustaïch et d'Unkiar-Skelessy, le grand-seigneur retira son fetoua, accorda au vice-roi le gouvernement de la Syrie tout entière, et finit même par céder Adana en Anatolie, dont il nomma Ibrahim *mohassili* (fermier général).

Cet arrangement n'avait aucune chance de durée. D'un côté le sultan, humilié, ne demandait qu'une occasion de le rompre et de se venger du vassal qui avait ébranlé son trône et l'avait forcé d'appeler 20,000 Russes pour défendre sa capitale. De l'autre, le vice-roi n'avait point obtenu ce qu'il désirait le plus, la transmission héréditaire de ses États. Aussi à peine Méhémet eut-il pris possession de la Syrie que son fils eut à y réprimer une révolte occasionnée par le nouveau système d'impôts et par des levées considérables de recrues. Les villes de l'Hedjaz se soulevèrent ensuite; elles furent soumises. Mais Méhémet-Ali reconnut dans ces troubles l'influence du sultan ou plutôt celle de l'implacable Khosrew. La Porte, dans le dessein de nuire davantage au vice-roi, conclut, le 3 juillet 1838, un traité de commerce avec l'Angleterre et l'Autriche. L'application de ce traité était impraticable en Égypte avec le système de monopole qui faisait la seule richesse de Méhémet-Ali. Le vice-roi ne tint donc aucun compte des firmans multipliés que la Porte lui envoya au sujet des nombreuses réclamations des puissances lésées dans leurs nationaux par le mode de commerce pratiqué en Égypte. Mahmoud dans cet intervalle réorganisait son armée; lorsqu'il se crut assez fort, il lança contre Méhémet-Ali 23,000 hommes d'infanterie, 14,000 cavaliers et 140 bouches à feu, sous les ordres du séraskier Hafiz-Pacha. L'infatigable Ibrahim courut au-devant des Turcs, les rencontra à Nézib, et, après un combat acharné, les défit complétement (28 juin 1839). En même temps la flotte ottomane entière, conduite par le capitan-pacha Achmet, entrait dans le port d'Alexandrie et se rendait au vice-roi (14 juillet). Mahmoud II n'eut pas connaissance de ce double désastre, car il mourut le 30 juin.

Cette fois encore Ibrahim fut arrêté dans sa marche victorieuse. Ce fût la France qui le retint, faisant espérer au vice-roi que par la diplomatie il obtiendrait les mêmes résultats que par la continuation de la guerre. La condescendance de Méhémet-Ali faillit amener sa ruine. Son étoile pâlit dès lors. Devant son hésitation, ses ennemis se relevèrent. La Syrie, le Liban, les Druses s'insurgèrent et firent éprouver des pertes considérables à ses troupes. Pendant qu'Ibrahim courait d'un lieu à l'autre soumettre les révoltés, les Anglais, qui jalousaient la puissance du vice-roi sur le golfe Persique, réussirent à conclure un traité (Londres, 15 juillet 1840) avec l'Autriche, la Prusse et la Russie, dans le but de forcer Méhémet-Ali à n'être qu'un pacha ordinaire, c'est-à-dire un fonctionnaire révocable suivant la volonté du divan. Le gouvernement de la France, animé d'un esprit de paix trop exagéré, fut exclu de cette convention, et n'essaya pas d'en affaiblir les effets. On proposa à Méhémet le gouvernement héréditaire d'Égypte et le pachalik viager d'Acre. Il refusa net; il comptait trop sur la France; l'armée égyptienne était forte de 146,000 hommes; mais la meilleure partie était engagée dans le Liban. Les Anglais déclarèrent le blocus de la Syrie, et la Porte prononça la déchéance du vice-roi. Les forces navales des alliés réduisirent en quelques jours toutes les places fortes du littoral syrien, et l'émir Béchir, principal chef des Maronites, qui jusque alors avait soutenu les intérêts du vice-roi, se déclara contre lui. Ibrahim-pacha fut forcé à une retraite désastreuse, que M. Achille Laurent compare à celle que les Français firent de la Russie en 1812. La France intervint alors diplomatiquement : Méhémet-Ali conclut le 27 novembre avec le commodore Charles Napier une convention provisoire par laquelle il s'engageait à évacuer la Syrie et à restituer la flotte ottomane à la condition que le sultan reconnaîtrait l'hérédité pour le gouvernement de l'Égypte (1). Les puissances alliées désavouèrent le commodore et exigèrent que le vice-roi se reconnût simplement vassal du sultan, laissant à la Porte le droit de choisir entre les enfants du pacha celui qui devrait lui succéder. Méhémet-Ali répondit : « qu'Ibrahim saurait au besoin soutenir ses droits, et qu'on n'aurait rien gagné en faisant souscrire au père un arrangement préjudiciable au fils ». Néanmoins, circonvenu par la diplomatie française, il renvoya la flotte ottomane à Constantinople, ordonna à son fils d'évacuer la Syrie, et ne s'occupa, dans sa soumission, que de faire diminuer les charges qu'on voulait lui imposer. Par un hatti-chérif en date du 21 zelhedji 1256 de l'hégire (13 février 1841), le sultan reconnut de nouveau Méhémet-Ali comme gouverneur de l'Égypte, et cette fois avec l'hérédité, mais en l'enchaînant par une foule de restrictions. Néanmoins, la Porte, sur les représentations des puissances alliées, se relâcha de sa rigueur, et le firman d'investiture du 1er juin apporta de nombreuses améliorations à

(1) Le cabinet anglais, dont lord Palmerston (voy. ce nom) faisait partie, fit alors, par jalousie contre la France, prévaloir une politique dont on voit aujourd'hui les tristes résultats (le massacre des Maronites.

la position du vice-roi. Il était confirmé dans la possession de l'Égypte, transmissible à sa descendance masculine, ainsi que dans le gouvernement de Nubie. Le sultan, en reprenant Candie, la Syrie, le Liban et les villes saintes, se réservait la confirmation des officiers égyptiens à partir du grade de colonel. Le vice-roi s'obligeait à se conformer aux lois générales de l'empire turc, à accepter le nouveau traité de commerce conclu avec l'Angleterre et l'Autriche, et à n'augmenter ses forces de terre ou de mer qu'en vertu d'une autorisation du divan. Méhémet-Ali observa ces conditions loyalement. Abdul-Medjid, pour lui témoigner la sincérité de leur réconciliation, lui conféra la dignité de *sadrazam* (grand-vizir honoraire).

Les revers qui avaient accablé le vieux vice-roi, lui qui depuis quarante ans n'était habitué qu'aux succès, affaiblirent ses facultés, et le firent vers la fin de sa vie tomber dans une espèce de démence. Il mourut ainsi comme un saint aux yeux des vrais musulmans. Sa mort n'avait pas été hâtée, comme on l'a dit, par celle d'Ibrahim, car il n'aimait point ce fils, à cause de ses instincts de cruauté, et il espérait toujours lui survivre : « Mon fils le seraskier est, disait-il, plus vieux que moi. » Son petit-fils Abbas-Pacha, fils de Toussoun-Pacha, lui succéda, comme seul descendant de la branche aînée des fils du vice-roi (1). Méhémet-Ali, marié depuis l'âge de dix-neuf ans, avait eu quatre-vingt-trois enfants, mais peu d'entre eux arrivèrent à l'âge de puberté, et à sa mort il ne restait que *Saïd-Bey*, prince d'un grand mérite, né en 1822; *Hussein-Bey*, né en 1825; *Halim-Bey*, né en 1826; et *Mehemet-Aly-Bey*, né en 1833.

Clot-Bey a tracé de Méhémet-Ali le portrait suivant : « L'ensemble de ses traits, dit-il, forme une physionomie vive et mobile, animée d'un regard scrutateur et présentant un heureux mélange de finesse, de noblesse et d'amabilité. Sa démarche, très-assurée, a quelque chose de la précision et de la régularité militaires; et sans rechercher la richesse ni l'éclat dans ses vêtements, il est très-soigné dans sa tenue. C'est un homme vif et très-impressionnable; excellent père de famille, d'une générosité peu commune, d'une activité extraordinaire. Le soin de sa réputation présente et de sa gloire à venir l'occupe beaucoup. A un tact précieux pour les affaires il unit un jugement sain, un coup d'œil sûr et rapide. Il ne connaît aucune langue étrangère, mais sa perspicacité est telle que dans ses conversations avec les Européens il devine souvent dans leurs yeux ce qu'ils ont voulu dire, avant que la traduction n'en soit achevée. Essentiellement tolérant, il observe sa religion sans fanatisme ni bigoterie. Les commencements de sa remarquable carrière prouvent assez qu'il est brave et inaccessible à la peur (1); et d'ailleurs ne l'a-t-on pas vu en 1844 aller braver, malgré son âge, les écueils du Nil pour se rendre à Fazaglou, c'est-à-dire à six cents lieues de sa capitale, briser sa barque, se jeter à la nage, et faire sur un dromadaire, à travers les déserts, une route longue et périlleuse. »

D'une constitution athlétique, Méhémet-Ali jouissait d'une santé de fer. Il s'était de bonne heure acquis une diction facile et élégante; mais il n'apprit à lire qu'à quarante ans, pour déchiffrer les documents qui le regardaient personnellement. Il est douteux qu'il ait voulu, comme le prétendent quelques écrivains, civiliser son pays et améliorer le sort de ses habitants; car il répétait souvent comme Louis XV : « Après moi le déluge ». Un de ses vrais titres de gloire c'est d'avoir créé et maintenu la sécurité publique dans les États soumis à sa domination. La plupart des étrangers que Méhémet-Ali avait attachés à son service l'aidèrent avec zèle dans son œuvre de rénovation. MM. Cérisy créa la marine, et le colonel Selves (Soliman-Pacha) organisa l'armée : sans lui l'Égypte n'aurait jamais eu de troupes disciplinées. Grâce à ces concours intelligents, le vice-roi pouvait mettre sous les armes plus de 200,000 hommes et une flotte de plus de trente bâtiments, dont six vaisseaux et six frégates. Fier de sa puissance, il aimait, dans ses causeries intimes, à rappeler qu'il était, comme Alexandre le Grand, né en Macédoine : « Et moi aussi, s'écriait-il, je suis Macédonien! » — Si l'Europe civilisée pourra reprocher à l'illustre compatriote d'Alexandre d'avoir fait répandre des torrents de sang et de larmes pour assouvir son ambition en fondant un royaume, elle lui témoignera une reconnaissance éternelle d'avoir, par sa protection, aidé Champollion, Rosellini, Lepsius, Wilkinson, etc., à mettre au jour d'immenses trésors archéologiques et histo-

(1) Abbas-Pacha était déjà gouverneur du Caire. Né en 1813, il mourut d'apoplexie, dans la nuit du 13 au 14 juillet 1854. Son oncle Saïd-pacha fut reconnu vice-roi, le 17 juillet, et règne aujourd'hui.

(1) Parmi les diverses causes qui ont pu contribuer à troubler la santé de Mehemet-Ali, on cite surtout celle qui a produit le hoquet convulsif auquel il était notoirement sujet, et qui se renouvelait avec une intensité d'autant plus violente qu'il était plus profondément ému, soit par le chagrin, soit par la colère. Dans ces accès, sa voix devenait terrible et effrayait jusqu'à ses parents et ses plus dévoués serviteurs. « Voici quelle est l'origine de cette affection spasmodique. Lors de l'expédition d'Arabie, Toussoun Pacha fut bloqué dans Tayef par l'armée des Wahabys. Le vice-roi était resté à la Mecque; il n'avait point de troupes avec lui, et on lui conseillait de se rendre à Djedda, afin d'être prêt à s'embarquer en cas d'événements graves. « Je ne veux point m'éloigner, dit-il, je veux aller délivrer mon fils. » Et il partit escorté seulement de quarante mameloucks. Arrivé près de Tayef sans avoir arrêté de plan de conduite, il voulut se reposer, et ordonna à un de ses mameloucks de le réveiller à la moindre alarme. Il était plongé dans le plus profond sommeil, quand une des sentinelles amena un espion wahaby, pris dans les environs du bivouac. Le factionnaire, épouvanté, réveilla son maître en sursaut, et lui causa une si grande frayeur qu'il fut pris d'un hoquet convulsif, dont les attaques se sont répétées depuis à chaque émotion violente. » (*Égypte moderne*, dans l'*Univers pittoresque*.)

riques, d'avoir facilité les travaux géographiques et géologiques de Linant-Bey, de Russegger, d'Arnaud, ainsi que les savantes recherches de Pruner-Bey sur les races humaines et les maladies de l'Orient. Les empires s'évanouissent, la science seule se transmet à perpétuité.

Alfred DE LACAZE.

Achille de Vaulabelle, *Histoire de l'Égypte*. — Félix Mengin, *Histoire sommaire de l'Égypte sous le gouvernement de Mohammed-Ali*; Paris, 1839, in-8°. — Clot-Bey, *Aperçu général sur l'Égypte*; Paris, 1840, 2 vol. in-8°. — Achille Laurent, *Relation historique des affaires de Syrie jusqu'en 1842*; Paris, 1846, 2 vol. in-8°. — *Égypte moderne* dans l'*Univers pittoresque*. — Cadalvène et E. Barrault, *Histoire de la Guerre de Méhémed-Ali contre la Porte-Ottomane en Syrie et en Asie Mineure*, 1831-1833. — Labat, *Mémoires sur l'Orient ancien*.

MÉHÉRENC. *Voy.* LA CONSEILLÈRE.

MÉHUL (*Étienne-Henri*), célèbre compositeur français, né le 24 juin 1763, à Givet, petite ville du département des Ardennes, et mort à Paris, le 18 octobre 1817. Dans sa notice historique sur ce grand musicien, Quatremère de Quincy dit que le père de Méhul avait servi dans le génie et qu'il avait été inspecteur des fortifications de Charlemont; mais M. Fétis a relevé cette inexactitude en nous apprenant qu'il était tout simplement cuisinier de son état, et qu'il ne dut plus tard qu'à l'influence de son fils la place subalterne dont il s'agit. Le jeune Méhul, dont les parents ne pouvaient subvenir qu'avec peine aux soins de son entretien et de son éducation, reçut les premières leçons de musique d'un organiste, pauvre et aveugle habitant du pays. Sans être un artiste fort habile, le maître eut du moins le talent de deviner les heureux instincts de l'enfant qui était appelé à devenir un jour le chef de l'école française, et de développer ses dispositions naturelles en le préparant à recevoir de meilleures leçons que celles qu'il pouvait lui donner. A l'âge de dix ans, le petit Méhul touchait déjà l'orgue au couvent des Récollets, à Givet, et son talent naissant devint bientôt assez remarquable pour attirer la foule et faire déserter l'église paroissiale. Une circonstance vint lui offrir les moyens de fortifier son éducation musicale. Non loin de Givet, dans la forêt des Ardennes, et au milieu du site le plus pittoresque, se trouvait la célèbre abbaye de Laval-Dieu, qu'occupaient à cette époque les religieux de l'ordre des Prémontrés. Guillaume Hauser, inspecteur du chœur du monastère de Schussenried, en Souabe, et musicien distingué, surtout pour le style sacré et pour celui de l'orgue, avait été appelé au couvent de Laval-Dieu, où il était arrivé dans le courant de l'année 1775, et à peine s'était-il fait entendre sur l'orgue que sa réputation se répandit dans tout le pays. Méhul, qui avait alors douze ans, comprit tout l'avantage qu'il pouvait retirer des conseils de Hauser; aussi n'eut-il point de cesse qu'il ne lui eût été présenté et qu'il n'eût obtenu d'être accepté comme son élève. Le bon Allemand, charmé de l'enthousiasme de l'enfant, s'était d'ailleurs empressé d'accéder à son désir. Méhul était au comble de la joie; malheureusement la distance de Givet à l'abbaye de Laval-Dieu était trop grande pour qu'il pût venir deux fois par jour assister aux leçons du maître, et, d'un autre côté, sa famille n'avait pas les moyens de payer une pension pour lui. Le supérieur du monastère leva la difficulté en l'admettant au nombre des commensaux de la maison. Rien ne pouvait être plus favorable aux études du jeune musicien que le calme qui régnait à Laval-Dieu. On avait abandonné à ses soins un petit jardin, où il allait se délasser de ses travaux en se livrant au goût passionné qu'il conserva toujours pour la culture des fleurs. Afin de hâter les progrès de son élève par l'émulation, Hauser avait rassemblé autour de lui plusieurs autres enfants auxquels il donnait en même temps des leçons d'orgue et de composition; souvent il le chargeait de le remplacer dans ses fonctions d'organiste. L'attachement que Méhul avait pour son maître, la perspective de lui succéder un jour, l'amitié que lui témoignaient les religieux, le désir de ses parents, qui n'ambitionnaient que d'en faire un moine de l'abbaye la plus renommée du pays, tout enfin semblait devoir fixer Méhul dans cette paisible retraite, où il avouait plus tard avoir passé les plus heureuses années de son existence; mais le sort en avait décidé autrement. Le colonel d'un régiment en garnison à Charlemont, amateur enthousiaste des arts et bon musicien lui-même, ayant eu occasion d'entendre Méhul et pressentant l'avenir qui attendait le jeune artiste, s'offrit de le conduire à Paris et de l'aider à y produire son talent. La proposition fut acceptée, et en 1778 Méhul arriva dans la capitale; il était alors dans sa seizième année. Son premier soin fut de chercher un maître qui pût perfectionner ses connaissances théoriques et pratiques; il choisit Edelmann, habile claveciniste et compositeur instruit. Lui-même donna bientôt quelques leçons, et essaya ses forces en écrivant plusieurs morceaux de musique instrumentale, entr'autres des sonates de piano, qu'il publia; mais il ne tarda pas à renoncer à ce genre de composition. Il sentait que la musique vocale et surtout le style dramatique convenaient mieux à la nature de son génie. La récente régénération de l'Opéra français par Gluck, les vives discussions des *piccinistes* et des *gluckistes*, l'importance que chacun attachait au triomphe de ses opinions, tout lui donnait la persuasion que la véritable route de la renommée était le théâtre. Son plus grand plaisir était d'aller entendre les ouvrages qui opéraient une semblable révolution dans l'art, et il y dépensait tout l'argent dont il pouvait disposer; malheureusement il n'en avait pas toujours. On rapporte que la veille de la première représentation d'*Iphigénie en Tauride*, qui eut lieu le 18 mai 1779, Méhul s'introduisit furtivement à l'Opéra dans l'espoir d'acheter au prix de vingt-quatre heures de séquestration la jouissance gratuite du chef-d'œuvre de Gluck. On ajoute qu'ayant été découvert en présence de Gluck qui se trouvait alors dans la salle, celui-ci, après avoir questionné Méhul et ému de son naïf enthousiasme, non-seulement s'empressa de lui donner un billet d'entrée pour le lendemain, mais l'invita à venir le voir en lui offrant de l'aider de ses conseils (1). Quelque peu vraisemblable que soit cette anecdote, Méhul n'en eut pas moins à cette époque accès auprès de Gluck, qui, frappé de ses dispositions, le guida libéralement dans ses travaux. Déjà il s'était exercé en mettant en musique une ode sacrée de J.-B. Rousseau, qui fut ensuite exécutée avec succès, en 1782, au concert spirituel. Sous la direction du grand artiste qui l'avait accueilli avec tant de bienveillance, il écrivit, dans l'unique but d'acquérir de l'expérience, la musique de trois opéras; ces ouvrages étaient la *Psyché*, de Voisenon, l'*Anacréon*, de Gentil-Bernard, et *Lausus et Lydie*, de Valadier. Méhul, croyant alors pouvoir se hasarder sur la scène lyrique, présenta à l'Académie royale de Musique un grand opéra en quatre actes, intitulé *Cora*, paroles de Valadier. Le jeune compositeur avait vingt ans; son ouvrage fut reçu par le comité d'examen; mais six années s'écoulèrent en sollicitations sans qu'il pût obtenir de le faire mettre à l'étude. Loin de se décourager, Méhul songea à se frayer une route sur un autre théâtre, et tourna ses vues vers l'Opéra-Comique, qui lui offrait l'espoir d'une mise en scène plus prompte. Homme d'esprit, et n'étant pas lui-même étranger à la littérature, il s'était lié avec les écrivains les plus distingués, notamment avec Hoffmann, dont le talent sympathisait avec la nature de ses idées: l'originalité, la force, une verve abondante, se rencontraient en effet chez l'un comme chez l'autre. Hoffmann écrivit pour lui *Euphrosine et Coradin, ou le tyran corrigé*, drame en trois actes, qui fut représenté, en 1790, à l'Opéra-Comique de la rue Favart. La partition d'*Euphrosine et Coradin* attestait un talent mûri par de longues études et de profondes méditations. Tout en conservant les traditions de son illustre maître, mais profitant des améliorations de l'opéra italien, Méhul, sans pour cela devenir imitateur, donnait à ses airs une coupe plus régulière et faisait entendre pour la première fois des morceaux d'ensemble d'une facture large et bien proportionnée. Son instrumentation, mieux conçue et soignée dans ses détails, ses heureuses innovations dans l'emploi des instruments de cuivre, augmentaient l'importance de l'orchestre. On remarquait chez lui un sentiment parfait des convenances de la scène. Ses chants, pleins de noblesse, sa vigoureuse harmonie, convenaient d'ailleurs à une époque où les esprits, surexcités par les événements politiques, étaient avides de fortes émotions; aussi l'opéra d'*Euphrosine et Coradin* eut-il un succès complet. L'énergique duo connu sous le nom de *duo de la jalousie*, produisit surtout une vive sensation. Les connaisseurs avouaient qu'on n'avait jamais poussé plus loin la vigueur de l'expression.

L'œuvre par laquelle le génie de Méhul venait de se révéler tout entier ouvrait une ère nouvelle à la musique dramatique en France, et l'on peut dire que la mission du compositeur se trouva tout à coup accomplie. Après un succès aussi éclatant, l'administration de l'Académie royale de Musique s'empressa de monter l'opéra de *Cora*, qui réussit peu; mais Méhul prit bientôt sa revanche en donnant, au commencement de 1792, à l'Opéra-Comique, *Stratonice*, drame lyrique en un acte, et l'une des productions du compositeur qui ont le plus contribué à sa réputation. On y admirait le bel air, *Versez tous vos chagrins dans le sein paternel*, et surtout un quatuor qui est devenu célèbre, et dans lequel on trouve en effet l'empreinte du talent de son auteur dans tous ses développements. Méhul fit ensuite recevoir à l'Opéra *Adrien*, ouvrage en trois actes, paroles d'Hoffmann; le héros devait y paraître traîné sur un char par quatre chevaux blancs dressés par l'écuyer Franconi; le public était dans l'attente de cette nouveauté; mais le sujet de la pièce n'était rien moins que ce qu'il fallait à la veille des événements du 10 août qui allaient renverser la monarchie; aussi bientôt après la représentation d'*Adrien* fut-elle défendue. Le poëte Arnault écrivit alors pour Méhul un acte intitulé *Horatius Coclès*, qui fut joué au même théâtre, le 18 février 1794. L'ouvrage, mal disposé pour la musique, ne réussit pas. La troisième représentation de cette pièce avait d'ailleurs été marquée par un événement fatal : le pont Sublicius, dont on coupait une arche du côté de Rome, pour arrêter l'ennemi, s'étant écroulé trop tôt sous les pieds des combattants, un grand nombre d'artistes avaient été dangereusement blessés en tombant. Mais Méhul obtint un succès d'enthousiasme dans le *Chant du Départ*, paroles de M. J. Chénier, qui fut exécuté, à l'Opéra, le 29 septembre de la même année (1), et auquel

(1) Nous ne citons ici cette anecdote, que l'on a mise aussi sur le compte de Boïeldieu, que parce que la plupart des biographes l'ont rapportée. Dans sa *Notice sur Méhul, sa vie et ses œuvres*, M. Vieillard, qui a vécu dans l'intimité de ce grand musicien, dit que bien qu'il se plût à revenir fréquemment, dans ses conversations, sur les souvenirs de sa jeunesse, il ne lui a jamais entendu raconter le fait dont il s'agit.

(1) Le *Chant du Départ*, le seul de tous les hymnes enfantés par la révolution qui ait pu se soutenir à côté de *la Marseillaise*, était destiné à célébrer le quatrième anniversaire de la prise de la Bastille. Méhul en écrivit la musique sur le coin d'une cheminée, dans le salon de Sarrette, au milieu d'une conversation bruyante. Cet hymne fut exécuté, pour la première fois, par l'orchestre et les chœurs de l'*Institut national de Musique*, qui prit ensuite le nom de *Conservatoire de Musique*. Bonaparte, trouvant qu'il excitait le courage des soldats, le conserva parmi les *airs nationaux*, et les musiques militaires l'exécutèrent jusqu'à la fin du consulat.

succédèrent le *Chant de Victoire* et le *Chant du Retour*. On doit citer aussi, comme des morceaux du plus grand effet, l'ouverture et les chœurs qu'il composa pour la tragédie de *Timoléon*, de Chénier; depuis *Esther* et *Athalie*, on n'avait pas joint les accents de la musique à ceux de la tragédie. Parmi les ouvrages qui marquèrent encore à cette époque le passage de Méhul sur la scène lyrique figurent *Le jeune Sage et le vieux Fou*, bouffonnerie sans gaieté, d'Hoffmann, et *Phrosine et Melidor*, d'Arnault, qui ne put trouver grâce auprès du public malgré le charme que le musicien avait su répandre dans sa partition. La rivalité qui existait alors entre l'ancien Opéra-Comique et le théâtre de la rue Feydeau, donna naissance, en 1795, à *La Caverne*, opéra en trois actes de Méhul, que l'on voulait opposer à l'ouvrage du même nom, que Lesueur venait de donner à la salle Feydeau. L'œuvre de Méhul succomba dans la lutte. Mais en 1797 un fait unique dans les annales du théâtre fit briller d'un nouvel éclat le génie du grand artiste. Nous voulons parler du *Jeune Henri*, opéra-comique, paroles de Bouilly, dont l'ouverture électrisa à tel point l'auditoire que l'orchestre fut obligé de l'exécuter deux fois de suite. Malheureusement la pièce déplut au public, qui fit baisser le rideau avant qu'elle fût finie, mais qui donna au musicien un témoignage de son admiration en demandant à entendre une troisième fois l'ouverture.

Dès la formation du Conservatoire de Musique, en 1795, Méhul avait été nommé, conjointement avec Grétry, Gossec, Lesueur et Cherubini, l'un des cinq inspecteurs de cet établissement, dont la direction avait été confiée à Sarrette. Les devoirs de sa place l'obligeaient à surveiller l'admission des élèves, à concourir à la rédaction des ouvrages élémentaires destinés à l'enseignement, enfin à prendre une part active à tout ce qui concernait l'administration. Ses occupations multipliées l'éloignèrent pendant près de deux ans de la scène lyrique, sur laquelle il reparut, en 1799, par son opéra d'*Adrien*, que le Directoire consentit à laisser représenter. Cet ouvrage était digne en tous points du génie de Méhul; la belle ouverture d'*Horatius Coclès* lui servait d'introduction; on y trouvait des chœurs admirables et des récitatifs qui n'étaient pas inférieurs à ceux de Gluck. Cependant la pièce ne put se maintenir au répertoire. Dans le courant de la même année, Méhul écrivit pour l'Opéra-Comique *Ariodant*, qui eut un succès complet. Cette dernière production contenait en effet des beautés dramatiques du premier ordre; un duo et plusieurs autres morceaux sont devenus classiques. Toutefois la similitude du sujet avec *Montano et Stéphanie*, de Berton, nuisit à l'œuvre de Méhul. Il est vrai de dire aussi que la grâce, la fraîcheur des idées, la variété du coloris qu'offrait la partition de Berton, devaient lui faire donner la préférence par le public. *Bion* succéda à *Ariodant*, et ne réussit pas. *Épicure*, produit de l'association de Méhul avec Chérubini, n'eut guère un sort plus heureux.

L'arrivée à Paris d'une troupe de virtuoses bouffes qui alla s'installer, en 1801, sur le petit théâtre de la rue Chantereine que l'on venait de baptiser du nom pompeux de *Théâtre de la Victoire*, avait réveillé chez quelques amateurs le goût de la musique italienne. On faisait entre les suaves et élégantes inspirations de Paisiello, de Cimarosa, de Guglielmi, et les productions de l'école française, des comparaisons qui n'étaient pas favorables à celle-ci. Des critiques avaient souvent reproché aux mélodies de Méhul de manquer de grâce et de légèreté. Méhul, blessé dans son amour-propre et persuadé qu'il y avait des procédés pour faire de la musique italienne, française ou allemande, écrivit pour l'Opéra-Comique l'*Irato*. Le jour de la première représentation, l'affiche indiquait comme auteur de la musique un signor *Fiorelli*, compositeur inconnu en France, mais que tous les échos de l'Opéra-Comique proclamaient comme le type du genre italien le plus à la mode. Personne ne fut mis dans le secret, si ce n'est Camerani, le régisseur, et ce ne fut qu'après le succès de la pièce que l'acteur chargé d'annoncer le nom de l'auteur prononça celui de Méhul. Rien cependant ne ressemblait moins aux formes italiennes que celles qu'avait adoptées le compositeur. Méhul s'était trompé en pensant qu'il pouvait écrire un opéra bouffe où l'on trouverait le charme, la légèreté, la verve, la franche gaîté que l'on rencontre dans *La Molinara* et dans le *Matrimonio secreto*. On sent qu'il n'est plus sur son terrain, et à l'exception d'un excellent quatuor, qui est considéré à juste titre comme une des meilleures productions de l'école française, il ne fit qu'une caricature de ce qu'il voulait imiter. Néanmoins l'*Irato*, avec le secours d'interprètes tels que Martin, Elleviou, Solié et Dozainville, obtint dans sa nouveauté un succès qui engagea Méhul à composer la musique de pièces d'un genre moins sérieux que celui qu'il avait traité dans ses premiers ouvrages. Méhul cédait d'ailleurs à la réaction qui, après l'apaisement des troubles révolutionnaires, s'était manifestée dans le goût musical comme dans les besoins de la société. *Une Folie*, ouvrage dans lequel on trouve plusieurs morceaux d'une facture élégante, fut jouée en 1803 à l'Opéra-Comique par les mêmes acteurs qui avaient figuré dans *L'Irato*, et réussit par les mêmes moyens. Mais *Le Trésor supposé*, *Joanna*, *L'Heureux malgré lui*, *Héléna*, représentés vers le même temps, n'ont laissé que de faibles traces de leur passage sur la scène.

La France était alors resplendissante de gloire. Napoléon, après avoir organisé son empire, n'avait rien négligé de ce qui pouvait contribuer à en augmenter la splendeur. Il avait une affection toute particulière pour Méhul, dont il estimait beaucoup le talent, et voulait en faire son maître de chapelle en remplacement de Paësiello, qui retournait en Italie. Méhul, avec une générosité fort rare, déclina cet honneur, en faisant observer à l'empereur qu'il appartenait plutôt à son collègue Cherubini, qui lui était supérieur de science, et d'ailleurs plus âgé que lui de trois ans; il proposa qu'au moins la place fût partagée entre eux deux. On connaît les injustes préventions de Napoléon contre Cherubini. En entendant prononcer son nom, il s'écria : « Ne me parlez pas de cet homme-là ». La place fut donnée sans partage à Lesueur, et Méhul reçut, comme dédommagement, une pension de deux mille francs.

Méhul, l'un des chefs du Conservatoire, membre de l'Institut depuis sa formation en 1795, décoré de la Légion d'Honneur dès la création de cet ordre, en 1802, et jouissant des faveurs de l'empereur, s'était successivement élevé par ses travaux à une position qui pouvait, alors surtout, être regardée comme l'apogée de la fortune et de la renommée d'un artiste. Cependant il était loin d'être heureux. Enthousiaste de la gloire et fatalement doué de cette disposition mélancolique qui est la couronne d'épines du génie, le demi-succès d'un de ses ouvrages l'affectait autant qu'aurait pu le faire la chute la plus complète. Il voyait alors des ennemis dans ses rivaux, et transformait en complots de la haine les brigues de la concurrence. La droiture était la base de son caractère comme la règle de sa conduite. L'injustice le révoltait, et il ne souffrait pas moins de ses procédés appliqués aux autres qu'à lui-même. Il n'est donc pas étonnant qu'il se mêlât un peu d'exagération à ses impressions; mais c'était à coup sûr l'exagération du bien. Tels furent les mobiles qui agirent le plus péniblement sur les dix dernières années de sa vie, dont il nous reste à parler.

En 1806, Méhul donna à l'Opéra-Comique *Les Deux Aveugles de Tolède*, partition dans laquelle on remarquait un duo et plusieurs autres charmants morceaux. Cette pièce fut suivie d'*Uthal*, sujet ossianique, rempli de situations fortes et qui ramenait Méhul dans son domaine. Il y retrouva son talent énergique, et quoique cette production soit empreinte d'une couleur trop uniforme, elle n'en est pas moins l'œuvre d'un grand artiste. Le public fut surtout vivement impressionné en entendant le beau chœur du sommeil des bardes. Peu de temps après l'apparition d'*Uthal*, Cherubini se rendit à Vienne pour y écrire son opéra de *Faniska*. Cet ouvrage fut chaleureusement accueilli par les connaisseurs, Haydn, Beethoven, tous les journaux allemands proclamèrent Cherubini comme le plus savant et le premier compositeur de son époque. Méhul, qui jusque là avait été considéré comme son émule et son rival, souscrivit à ces éloges, mais n'en fut pas moins profondément blessé dans son amour-propre. A partir de ce moment, et quoiqu'il écrivît très-purement, il s'efforça de faire preuve d'un savoir qui lui manquait, en accumulant dans ses œuvres ces formules scolastiques, ces marches harmoniques dont on lui avait déjà souvent reproché d'abuser. Cette affectation alourdissait son style, mais lui donnait une certaine teinte mystique qui pouvait être un défaut dans des sujets profanes, mais qui devenait une qualité, appliquée à un sujet religieux et biblique tel que celui de l'opéra de *Joseph*. Alexandre Duval avait fourni à Méhul le poëme de cet ouvrage, qui fut représenté pour la première fois le 17 février 1807, sur le théâtre de l'Opéra-Comique. Méhul montra un profond sentiment dramatique dans cette œuvre, sur laquelle il avait étendu une admirable couleur locale. Plusieurs morceaux, entre autres l'air *Champs paternels, Hébron, douce vallée*, la romance de Benjamin, *A peine au sortir de l'enfance*, le final du premier acte, le chant des Israélites au lever du jour, le magnifique final du troisième acte, sont autant de chefs-d'œuvre en leur genre. Cependant *Joseph* n'obtint qu'un succès d'estime à Paris, mais il réussit beaucoup dans les départements, et surtout en Allemagne.

Méhul avait atteint dans *Joseph* le point culminant de sa carrière d'artiste et de compositeur inspiré. *Les Amazones*, qu'il donna à l'Opéra, en 1811, et *Le Prince troubadour*, qui fut représenté deux ans après à l'Opéra-Comique, ne purent se soutenir au théâtre. Découragé par le peu de succès de ses dernières productions, il sentit sa santé s'altérer. Une affection de poitrine, que les secours de l'art cherchaient à combattre, le livrait à sa mélancolie habituelle. Une autre circonstance était venue l'affliger profondément : après les événements de 1815, le Conservatoire, mutilé dans ses développements, et changeant son nom contre celui d'*École royale de Musique et de Déclamation*, avait été placé secondairement dans les attributions de l'intendant des Menus-plaisirs du roi. Méhul n'avait pas vu sans un regret plein d'amertume la déchéance momentanée d'un grand établissement, à la prospérité duquel il avait, pour ainsi dire, lié son existence. Sa maladie empirait, et ôtait à ses travaux l'agrément qu'il y trouvait autrefois. Il travaillait encore, mais c'était plutôt le résultat de l'habitude que de l'inspiration. Souvent même il était obligé de s'arrêter, et c'était à peine si ses forces lui permettaient alors d'aller dans le jardin de sa modeste *villa* de Pantin cultiver les fleurs, qui après la musique avaient été la passion de toute sa vie.

L'année 1816 vit luire pour Méhul un rayon de consolation. *La Journée aux Aventures*, dernier ouvrage de sa main débile, brillait encore de quelques éclairs de son beau talent. Cet opéra fut couvert d'applaudissements par le public, qui semblait pressentir la fin prochaine du grand artiste et vouloir lui faire ses adieux en lui donnant un dernier témoignage de son admiration. Peu de temps après cette représentation, les amis de Méhul, voyant son état s'aggraver de jour en jour, lui conseillèrent d'aller respirer l'air pur de la Provence. Méhul, cédant à leurs sollicitations, partit au mois de janvier 1817, et se rendit à Hyères. Mais il était trop tard, et il n'éprouva dans ce voyage que les incommodités du déplacement et le déplaisir de n'être plus avec ses élèves et ses amis; aussi écrivait-il à ceux-ci : « Pour un peu de soleil je vous ai quittés, cependant l'air qui me convient le mieux est celui que je respire au milieu de vous. » Il revint à Paris, mais pour y mourir, et le 18 octobre 1817 il expirait, à l'âge de cinquante-quatre ans. Cent quarante musiciens exécutèrent à ses obsèques une messe de *requiem* de Jomelli. Quelques mois plus tard, un certain nombre d'élèves du chant, au Conservatoire, se rendirent au cimetière du Père-Lachaise, et y offrirent un touchant témoignage à la mémoire de l'illustre maître, en faisant entendre sur sa tombe le chœur du sommeil des bardes d'*Uthal*. Méhul laissait inachevé l'opéra de *Valentine de Milan*, qui, terminé par M. Daussoigne, son neveu et son élève, aujourd'hui directeur du Conservatoire de Liége, ne fut représenté qu'en 1822. Disciple de Gluck, il fut le maître d'Hérold. C'est ainsi que la famille des grands artistes se donne la main à travers les âges et que se transmettent de génération à génération les belles et pures traditions de l'art. Doué de beaucoup d'esprit naturel, Méhul avait aussi beaucoup d'instruction. La variété de ses connaissances rendait sa conversation très-intéressante. Son caractère, mélange heureux de finesse et de bonhommie, de grâce et de simplicité, de sérieux et d'enjouement, le rendait agréable dans le monde. Cependant, jaloux de sa réputation, inquiet sur le succès de ses ouvrages et sur leur sort dans la postérité, il vécut malheureux; mais, étranger à l'intrigue, il ne chercha jamais à obtenir par la faveur les avantages attachés à la renommée, et il ne demanda jamais rien. Méhul avait épousé la fille du docteur Gastaldy; sa femme lui survécut près de quarante ans.

Voici la liste complète des ouvrages que Méhul a fait représenter au théâtre : *Euphrosine et Coradin*, trois actes, à l'Opéra Comique (1790); — *Cora*, quatre actes, à l'Opéra (1791); — *Stratonice*, un acte, à l'Opéra-Comique (1792); — *Le Jugement de Pâris*, ballet en trois actes, à l'Opéra (1793); — *Le jeune Sage et le vieux Fou*, un acte, à l'Opéra-Comique (1793); — *Horatius Coclès*, un acte, à l'Opéra (1794); — *Phrosine et Mélidor*, trois actes, à l'Opéra-Comique (1794); — Ouverture et chœurs de *Timoléon*, tragédie de Chénier, représentée au Théâtre-Français (1794); — *La Caverne*, trois actes, à l'Opéra-Comique (1795); — *Doria*, trois actes, au même théâtre (1796); — *Le jeune Henri*, deux actes, idem (1797); — *Le Pont de Lodi*, opéra de circonstance (1797); — *La Toupie et le papillon*, au théâtre Montansier (1797); — *Adrien*, trois actes, à l'Opéra (1799); — *Ariodant*, trois actes, à l'Opéra-Comique (1799); — *Bion*, un acte, au même théâtre (1800); — *Épicure*, un acte, idem (1800), en collaboration avec Cherubini; — *La Dansomanie*, ballet en deux actes, à l'Opéra (1800); — *L'Irato*, un acte, à l'Opéra-Comique (1801); — *Le Trésor supposé*, un acte, idem (1802); — *Joanna*, deux actes, idem (1802); — *L'Heureux malgré lui*, un acte, idem (1802); — *Une Folie*, un acte, idem (1803); — *Héléna*, trois actes, idem (1803); — *Le Baiser et la Quittance*, idem (1803); en société avec Kreutzer, Boiëldieu et Nicolo; — *Les Hussites*, mélodrame représenté au théâtre de la Porte-Saint Martin (1804); — *Gabrielle d'Estrée*, à l'Opéra-Comique (1806); — *Les Deux Aveugles de Tolède*, un acte, idem (1806); — *Uthal*, un acte, idem (1806); — *Joseph*, trois actes, idem (1807); — *Persée et Andromède*, ballet, à l'Opéra (1810); — *Les Amazones*, trois actes, au même théâtre (1811); — *Le Prince troubadour*, un acte, à l'Opéra-Comique (1813); — *L'Oriflamme*, pièce de circonstance, à l'Opéra (1814), en collaboration avec Berton, Kreutzer et Paër; — *La Journée aux Aventures*, trois actes, à l'Opéra-Comique, (1816); — *Valentine de Milan*, trois actes, ouvrage terminé par M. Daussoigne, et représenté au même théâtre en 1822, cinq ans après la mort de Méhul. — Quatre autres ouvrages, reçus à l'Opéra, n'ont pas été représentés ce sont : *Hypsile* (1787), *Armenius* (1794), *Scipion* (1795), et *Tancrède et Clorinde*. Méhul a laissé aussi en manuscrits les partitions des opéras de *Sésostris* et d'*Agar*, ainsi que l'ouverture, les entr'actes et les chœurs d'une tragédie d'*Œdipe roi*. Ce compositeur a écrit en outre une multitude d'hymnes, de cantates et de chants patriotiques pour les fêtes républicaines, entre autres le *Chant du Départ*, le *Chant de Victoire*, le *Chant du Retour*, la *Chanson de Roland*, pour la pièce de circonstance intitulée *Guillaume le Conquérant*, jouée au Théâtre-Français, en 1804, et une grande cantate, avec orchestre, pour l'inauguration de la statue de Napoléon dans la salle des séances publiques de l'Institut. On a aussi de lui six symphonies, qui ont été exécutées dans les exercices du Conservatoire, et plusieurs sonates de piano. On trouve des leçons de lui dans le solfége du Conservatoire. Cet artiste célèbre a lu à l'Institut deux rapports dont il était l'auteur, l'un *Sur l'État futur de la Musique en France*, l'autre *Sur les Travaux des élèves du Conservatoire, à Rome*. Ces deux rapports ont paru dans le *Magasin encyclopédique*, tome V, Paris; 1808.

Dieudonné Denne-Baron.

Notice sur Méhul, par Quatremère de Quincy. — Fétis, *Biog. univers. des Musiciens*. — Patria, *Hist. de l'art musical en France*, Paris, 1847. — Castil-Blaze, *L'Academie impériale de Musique, hist. littéraire musicale*, etc.; Paris, 1855. — *Notice sur Méhul, sa Vie et ses Œuvres*, par M. P.-A. Vieillard, Paris, 1859.

MEHUS (*Lorenzo*), érudit italien, né à Florence, vivait dans la première moitié du dix-huitième siècle. Il embrassa l'état ecclésiastique, fut attaché à la garde de la bibliothèque laurentienne, et fit partie de l'académie étrusque de Cortone. Ses travaux de philologie le mirent en correspondance avec les principaux savants de l'Europe. Il donna d'excellentes éditions d'ouvrages anciens ou devenus rares, et les fit suivre de préfaces et de remarques pleines d'intérêt; nous citerons : *Leonardi Bruni Aretini epistolarum Lib. VIII, cum ejusdem vita, item Manetti et Poggii orationibus*; Florence, 1741, 2 part. in-8°; — *Kyriaci Anconitani Itinerarium*; ibid., 1742, in-8°; — *Leonardi Dati Epistolæ, cum ejusdem et Jacobi Angeli vita*; ibid., 1743, in-8°; — *Bart. Facii* (Fazio) *De Viris illustribus*; ibid., 1745, in-4°; — *Jannòtii Manetti Specimen historiæ litterariæ Florentinæ*; ibid., 1747, in-8°; — *Benedicti Coluccii De discordiis Florentinorum*; ibid., 1747, in-8°; — *Laurentii Medicei Vita, a Nicolao Valorio scripta*; ibid., 1749, in-8°; — les *Lettres* d'Ambroise le camaldule; ibid., 1759, 2 vol. in-fol. Mehus avait aussi promis une édition augmentée de la *Bibliotheca latina medii ævi* de Fabricius, qui n'a point paru.

Ce savant appartenait à la même famille qu'un peintre de ce nom, *Livio* MEHUS, né en 1630, à Oudenarde, et mort en 1691, à Florence. Ce dernier passa dans sa jeunesse en Toscane, et apprit son art sous Pierre de Cortone; il a laissé quelques eaux-fortes d'après les maîtres italiens du temps. P.

Sax, *Onomasticon*, pars VII, 28. — Nagler, *Neues Allg. Kunstlerlexikon*.

MEI (*Cosimo-Maria*), littérateur italien, né le 27 septembre 1716, à Florence, mort le 20 février 1790, à Venise. Après avoir terminé ses études à Pise, il devint auditeur du cardinal Landi, parcourut les divers États de l'Italie ainsi que la France, et remplit l'emploi de censeur des livres à Venise. Il sut gagner les bonnes grâces du roi de Sardaigne, qui lui donna les insignes de commandeur de l'ordre de Saint-Maurice. On a de lui : *De amore sui*; Padoue, 1751, in-4°; — *De origine feudorum*; Padoue, in-4°; — *Sermoni*; Venise, 1783; recueil de satires publié sous l'anagramme de Mimoso Cei; — la traduction italienne de la *Cyclopædia* de Chambers et du *Museum Mazzuchellianum*; ce dernier travail a paru à Venise, 1761-1763, 2 vol. in-fol.

Un érudit du même nom, *Girolamo* MEI, natif de Florence, vivait au seizième siècle. Il fit ses études sous Pietro Vettori, et se rendit savant dans la philosophie, l'histoire et la musique. On a de lui : une version italienne des *Tragédies* d'Eschyle; 1557, in-4°; — *Discorso sopra la Musica antica et moderna*; Venise 1602, in-4°; trad. par Pietro del Nero d'un traité, *Consonantium genera*, qui se trouve à la bibliothèque du Vatican; — *Tractatus de Musica*, manuscrit à la Bibliothèque impériale de Paris. P.

Tipaldo, *Biogr. degli Italiani illustri*, VI. — Negri, *Istoria de' Fiorentini Scrittori*. — Draudius, *Biblioth. exotica*.

MEIBOM (1) (*Henri*), l'ancien, en latin *Meibomius*, philologue et historien allemand, né à Lemgo, le 4 décembre 1555, mort le 20 septembre 1625, à Helmstædt. Fils de Martin Meibom, d'abord co-recteur à Lemgo, puis pasteur à Alverdessen, il fit ses études sous la direction de Martin Chemnitz. Nommé en 1583 professeur d'histoire et de poésie à Helmstædt, il fut chargé, sept ans après par l'évêque d'Halberstadt, Jules de Brunswick, d'une mission diplomatique auprès de l'empereur Rodolphe II, qui l'anoblit et le couronna du laurier poétique. Toute sa vie fut consacrée à élucider l'histoire de l'Allemagne au moyen âge. On a de lui : *Parodiarum Horatianarum libri III et Sylvarum libri II*; Helmstædt, 1588, in-8°; des extraits de ce recueil, devenu rare, se trouvent dans le t. IV des *Deliciæ Poetarum Germanorum* de Gruter; — *Probæ Falconiæ, Ausonii, Lælii et Julii Capiluporum Virgilii centones, cum notis*; Helmstædt, 1597, in-4°; — *Euricii Cordi Poemata*; Helmstædt, 1616, in-8°; — *Walbeckische Chronica*; Helmstædt, 1619, in-4°; — *Opuscula historica varia ad res germanicas spectantia, partim primum partim auctius edita*; Helmstædt, 1660, in-4°; les diverses pièces contenues dans ce recueil, publié par les soins du petit-fils de Meibom, Henri le jeune, furent reproduites plus tard par lui dans ses *Scriptores Rerum Germanicarum*; ce sont une trentaine de chroniques allemandes du moyen âge, telles que les *Annales* de Wittikind, le *Cosmodromium* de Gobelinus Persona, le *Panegyris* de Hroswitha, etc., et douze dissertations de Meibom, parmi lesquelles nous citerons : *Vindiciæ Billungianæ*, *Commentarius de utriusque Saxoniæ pagis*, *Apologia pro Othone IV imperatore*, *De jure investituræ episcopalis imperatoribus romanis a pontificibus ademto*, *Historia creationis ducatus Brunswicensis*, *De Academiæ Juliæ Primordiis et incrementis*, *De origine, dignitate et officio cancellariorum academicorum*, etc. On doit encore à Meibom une édition annotée des *Quatuor summa Imperia* de Sleidan; 1586, in-8°. O.

Freber, *Theatrum*. — Boissard, *Icones*. — Clarmundus, *Vitæ*, t. III. — Fabricius, *Historia bibliothecæ Fabricianæ*. — Witte, *Diarium*.

MEIBOM (*Jean-Henri*), en latin *Meibomius*, savant médecin allemand, fils du précédent, né à Helmstædt, le 27 août 1590, mort à Lubeck,

(1) Le véritable nom de cette famille était *Meybaum*.

le 16 mai 1655. Après avoir étudié la médecine dans diverses universités de l'Allemagne et de l'Italie, il enseigna de 1620 à 1626 cet art dans sa ville natale. S'étant établi en 1626 à Lubeck, il fut nommé trois ans après premier médecin de la ville. On a de lui : *De flagrorum usu in re venerea;* Leyde, 1639, in-12; cette édition, qui est devenue rare, fut suivie de cinq autres, dont les plus recherchées sont celles publiées à Copenhague, 1669, in-8°, avec des additions de Th. Bartholin, et à Francfort, 1670, in-8°; traduit en français par Mercier (de Compiègne); — *Hippocratis Jusjurandum commentario illustratum;* Leyde, 1643, in-4°; — *Index scriptorum H. Meibomii senioris editorum et ineditorum, cum chronico Marienthalensi.;* Helmstædt, 1651, in-4°; reproduit dans les *Opuscula historica* de H. Meibom le jeune; — *De Mithridatio et Theriaca;* Lubeck, 1652 et 1659, in-4°; — *H. Roslæ Herlingsberga, sive Poemation heroicum de bello ob arcem Herlingsbergam anno* 1287 *gesto;* Lunebourg, 1652, in-4°; — *Mæcenatis Vita, mores et res gestæ;* Leyde, 1653, in-4°; — *De cerevisiis, potibusque et ebriaminibus, extra vinum; accedit A. Turnebi Libellus de Vino;* Helmstædt, 1668, in-4°; réimprimé dans le *Thesaurus* de Gronovius; — *A. Cassiodori Formula Archiatrorum commentario illustrata;* Helmstædt, 1668, in-4o; — plusieurs dissertations médicales. O.

Mœller, *Cimbria Literata*, t. II. — Bohmer, *Memoriæ Professorum Helmstadensium*.

MEIBOM (*Henri*) le jeune, en latin *Meibomius*, historien et médecin allemand, fils de Jean-Henri, né à Lubeck, le 29 juin 1638, mort à Helmstædt, le 26 mars 1700. Après avoir suivi les cours des plus célèbres médecins et philologues d'Allemagne, de Hollande, d'Italie, de France et d'Angleterre, il fut appelé en 1664 à une chaire de médecine à Helmstædt; en 1671, il reçut aussi celle d'histoire et de poésie. Il était considéré comme un des plus habiles médecins de son temps. On a de lui : *De fundamentis Peripateticorum, quibus Aristoteles doctrinam de moribus superstruxit necnon stoicorum et aliorum recentiorum inter se collatis;* Helmstædt, 1657, in-4°; — *De incubatione in fanis Deorum medicinæ causa olim facta;* ibid., 1659, in-4°; — *De Re Physiologica;* ibid 1659, in-4°; — *Epistola de longævis;* ibid., 1664, in-4°; — *De vasis palpebrarum novis;* ibid., 1666, in-4°; première description exacte des follicules sébacés des paupières, qui pour cette raison portèrent depuis le nom de *Meibomiens;* — *De medicorum historia scribenda;* ibid., 1669 in-4°; — *De metallifodinarum Hartzicarum prima origine et progressu;* ibid., 1680, in-4°; — *De consuetudinis natura, vi et efficacia ad sanitatem et morbum;* ibid., 1681, in-4°; — *De illustris Heimburgicæ gentis origine et progressu;* ibid., 1683, in-4°; — *De nummorum veterum in illustranda imperatorum romanorum historia usu;* ibid., 1684, in-4°; — *De Julii ducis Brunswicensis posteritate;* ibid., 1686, in-4°; — *De ducum Bruswicensium et Luneburgensium contra Saracenos et Turcas expeditionibus;* ibid., 1686, in-4°; — *Ad Saxoniæ inferioris imprimis historiam Introductio;* ibid., 1687, in-4°; — *Rerum Germanicarum Scriptores;* ibid., 1688, 3 vol. in-fol.; ce recueil renferme, outre les documents historiques et les dissertations contenus dans les *Opuscula historica* de H. Meibom l'ancien (publiés par Henri le jeune en 1660), un certain nombre de chroniques allemandes, imprimées ici pour la première fois, et deux dissertations de H. Meibom le jeune, intitulées : *De Friderici ducis Brunswicensis in imperatorem electione et misera cæde* et *De Hugonis de S. Victore patria Saxonia, contra Mabillonium;* — *Ad historiæ Germaniæ cultores;* ibid., 1692, in-4°; — *Observationes rariores in subjecto anatomico;* Gœttingue, 1731, in-4°. — Meibom a aussi publié, outre une cinquantaine de dissertations médicales, énumérées dans la *Biographie médicale*, une édition augmentée de l'*Introductio universalis in notitiam cujuscumque generis bonorum scriptorum;* Helmstædt, 1691 et 1700, in-4°. Enfin on lui doit une *Epistola de chemicorum artificiis, quæ a nonnullis phænomenibus naturalibus resurrectionem mortuorum illustrantibus, adduntur*, placée en tête de la *Consideratio corporis gloriosi* de Spigelius. O.

Seelen, *Athenæ Lubecenses*, III. — *Nova litteraria maris Balthici* (année 1700). — Niceron, *Mémoires*, XIX. — Clarmundus, *Vitæ*, V. — Bœhmer, *Memoria professorum Helmstadensium*. — Reimmann, *Historia litteraria*, V. — Moller, *Cimbria Litterata*, III. — Fabricius, *Historia bibliothecæ Fabricianæ*, III.

MEIBOM (*Marc*), en latin *Meibomius*, érudit allemand, né en 1630, à Tönningen, dans le Holstein, mort à Utrecht, en 1711. S'étant rendu en Hollande après avoir fini ses études, il y fit imprimer les quelques traités qui nous restent sur la musique des anciens, et dédia son recueil à la reine Christine de Suède. Attiré par elle à Stockholm, il fit construire des instruments de musique devant imiter ceux qu'on supposait en usage chez les Grecs et les Romains, et fit exécuter à la cour des morceaux de musique composés par lui d'après les indications d'Aristoxène, Euclide et autres. Un rire général accueillit cette cacophonie, surtout lorsque Meibom, qui n'avait pas de voix, se fut mis à chanter. Meibom, irrité de cet insuccès, se jeta sur Bourdelot, médecin de la reine, et le souffleta, supposant que c'était lui qui avait suggéré à la reine le projet de ce concert. Obligé de quitter la Suède à la suite de cet esclandre, il partit pour Copenhague. Bien accueilli par le roi Frédéric III, il fut peu de temps après nommé professeur à Sora, et ensuite conservateur de la bibliothèque du roi. Plus tard il obtint un emploi supérieur dans les douanes; mais son manque d'ordre le lui fit perdre bientôt après. Il se rendit alors à Amsterdam, où il devint professeur au gymnase; à peine entré en fonctions, il fut destitué pour avoir refusé de donner des répétitions au fils du bourgmestre. Croyant avoir découvert la manière dont étaient construites les trirèmes des anciens, il vint offrir au gouvernement français de lui vendre son secret; mais il échoua dans ses négociations. Il s'occupa alors d'émender, d'après une nouvelle méthode, le texte de la Bible. En 1674, il se rendit en Angleterre, et il offrit au gouvernement de ce pays de faire imprimer, moyennant la somme d'un demi-million de francs, l'*Ancien Testament*, ainsi corrigé. Son projet ayant été repoussé, il retourna en Hollande; il se mit à annoncer qu'il avait en sa possession le texte authentique du commentaire de saint Jérôme sur le livre de Job, qu'on croyait perdu. Le comte d'Avaux, ministre de France à La Haye, lui en offrit 10,000 florins; mais Meibom ne voulut pas s'en dessaisir pour cette somme (1). Cet érudit passa les dernières années de sa vie dans la gêne, subsistant de quelques secours que lui donnaient les libraires, et du produit de la vente de sa bibliothèque. On a de lui : *De proportionibus dialogus*; Copenhague, 1655, in-fol.; cet ouvrage, qui traite entre autres des proportions musicales, fut attaqué par G. Lange, le P. Ayscom et Wallis; Meibom se défendit avec emportement contre les deux premiers dans sa *Responsio ad Langii epistolam*; Copenhague, 1657, in-fol.; mais il ne trouva rien à objecter aux justes remarques de Wallis; — *De fabrica triremium*; Amsterdam, 1671, in-4°; ce livre, reproduit dans le *Thesaurus* de Grævius, a été critiqué par J. Scheffer; — *Specimina novarum in sancto codice Hebræo interpretationum*; Amsterdam, 1678, trois parties, in-fol.; — *Davidis Psalmi decem item sex Veteris Testamenti capita, prisco hebræo metro restituta*; Amsterdam, 1690, in-fol., suivi d'un travail analogue publié en 1698, sur douze psaumes et autant de chapitres de l'Ancien Testament; — *Essai de critique où l'on tâche de montrer en quoi consiste la poésie des Hébreux*, dans la *Bibliothèque universelle* de Le Clerc; — *Epistola de scriptoribus variis musicis* parmi les *Epistolæ* de Gudius. Comme éditeur Meibom a publié : *Musicæ antiquæ Auctores septem, græce et latine, cum notis*; Amsterdam, 1652, 2 vol., in-4°; ce sont les traités d'Aristoxène, d'Euclide, de Nicomaque, d'Alypius, de Gaudentius, de Bacchius l'aîné et d'Aristide Quintillien. Meibom y a joint le neuvième livre du *Satyricon* de Martianus Capella; il est à regretter qu'il ait souvent modifié, d'après un système arbitraire, les leçons fournies par les manuscrits; — *Opuscula mythologica physica et ethica, a T. Galeo 1671 edita, nunc recusa*; Amsterdam, 1688, in-8°; — *Diogenis Laertii De Vita clarorum Philosophorum, græce et latine*; Amsterdam, 1692, 2 vol. in-4°; édition très-estimée; — *Epicteti Manuale et sententiæ, Cebetis Tabula et alia affinis argumenti in linguam latinam conversa*; Utrecht, 1711 et 1721, in-4°. Enfin l'on doit à Meibom des *Notes* sur l'*Architecture* de Vitruve, insérées dans l'édition de cet auteur publiée en 1649 à Amsterdam, in-fol. O.

Moller, *Cimbria Literata*, t. III. — Bentheim, *Holländischer Kirch-und Schulen Staat*, t. II. — Jöcher, *Allgem. Gel.-Lexikon*.

(1) Ce manuscrit passa entre les mains de M. Gressier de Vevey, qui en avait hérité de la fille de Meibom; en 1788, il fut offert au duc de Parme pour 1,200 francs. On ne sait pas ce qu'il est devenu depuis.

MEICHELBECK (*Charles*), savant bénédictin allemand, né le 29 mai 1669, à Oberndorf, dans le Algau, mort à Freisingen, le 2 avril 1734. Entré, en 1687, chez les bénédictins de Buren en Bavière, il enseigna, depuis 1697, le latin et ensuite la théologie dans divers couvents de son ordre. Après avoir préparé une histoire de l'abbaye de Buren, il fut chargé, en 1722, par le prince-évêque de Freisingen, d'écrire celle de cette ville. Appelé plus tard à Vienne pour rédiger les annales de la maison d'Autriche, il déclina cette tâche, à cause du mauvais état de sa santé, résultat de ses veilles consacrées à l'étude. On a de lui : *Historia Frisingensis, ab anno 724*; Augsbourg, 1724-1729, 2 vol. in-fol.; les nombreux diplômes contenus dans cet ouvrage le rendent très-précieux pour l'histoire des institutions germaniques; — *Chronicon Benedicto-Buranum*; Buren, 1752, in-fol.; publié par les soins du P. Haidenfeld, qui a mis en tête une *Vie* de l'auteur. O.

Hirsching, *Histor. liter. Handbuch*. — Zapf, *Literarische Reisen*, t. I — Meusel, *Lexikon*.

MEIER (*Albert*), savant danois, né à Pilworm, vers 1528; mort le 17 août 1603. Il fut pendant de longues années pasteur à Lindholm. On a de lui : *Methodus apodemica describendi regiones, urbes et arces, qua docetur; quid in singulis locis præcipue in peregrinationibus, homines nobiles ac docti observare et annotare debent*; Hambourg, 1587; Helmstadt, 1587, in-8°; Leipzig, 1608, in-8°; Strasbourg, 1608, in-12. O.

Moller, *Cimbria Literata*.

MEIER (*Joachim*), historien et biographe allemand, né à Perleberg, dans la marche de Brandebourg, le 10 août 1661, mort le 2 avril 1732. Après avoir parcouru l'Allemagne et la France en qualité de précepteur des jeunes seigneurs de Schaumbourg, il devint, en 1686, professeur au gymnase de Gœttingue. Reçu docteur en droit en 1707, il se démit dix ans après de son emploi de professeur, pour exercer la profession d'avocat. On a de lui : *Leben Heinrichs des Löwen* (Vie de Henri le Lion); Marbourg, 1694, in-4°; — *De claris Piscatoribus, nec non de piscinis piscibus et piscatoribus memorabilia*; Gœttingue, 1696, in-4° : biographie des hommes remarquables qui ont porté le nom de *Fisher*, *Fischer* ou *Piscator*; — *De patriciis Germanicis claris Bernhardis et Thilonibus nec non de Dransfeldiorum gente*; Gœttingue, 1698, in-4°; — *Antiquitates Meierianæ, seu de Meieris dissertatio*; Gœttingue, 1700, in-8° : biographies des hommes plus ou moins célèbres connus sous les noms de *Mayer*, *Mayr*, *Meier* et *Meyer*; — *Antiquitates villarum et villicorum*; Francfort et Leipzig, 1700, in-8°; — *De Bojorum migrationibus et origine nec non de claris Bohennis*; Gœttingue, 1709-1710, deux parties in-4°; — *Origines et antiquitates Plessenses*; Leipzig, 1713, in-4°; — *Commentatio de nummo quodam aureo Postumi rarissimo, historiam et res ab eo gestas copiosissime explicans*; Goslar, 1713, in-4°; publié d'abord en allemand dans les *Hannöversche monatliche Auszüge* (année 1702); — *Corpus Juris apanagii et paragii, continens scriptores quotquot inveniri potuerunt qui de apanagio et paragio ex instituto egerunt*; Goslar, 1721, et Lemgow, 1727, in-fol.; — plusieurs dissertations juridiques, ainsi qu'un ouvrage sur la *Musique d'église* (Gœttingue, 1726, in-8°), qui fut attaqué par Matheson, auquel Meier répondit par son *Apologia anti-mathesoniana*. O.

Leonhard, *Gottingensis Gymnasii Cantores* (Gœttingen, 1748, in-4°). — Jöcher, *Allgem. Gel.-Lexikon*.

MEIER (*Georges-Frédéric*), philosophe et critique allemand, né à Ammendorf, près de Halle, le 29 mars 1718, mort à Giebichstein, le 21 juillet 1777. Reçu en 1739 maître ès arts à Halle, il y fit des cours sur la métaphysique, la logique et les mathématiques; en 1754, il se mit à exposer le système de Locke, comme le lui avait ordonné Frédéric le Grand, avec lequel il avait eu la même année un entretien; mais il se vit bientôt abandonné de ses auditeurs. Appelé en 1746 à une chaire de philosophie, il fut nommé cinq ans après membre de l'Académie de Berlin. On a de lui : *Gedanken von Scherzen* (Pensées sur la plaisanterie); Halle, 1744, in-8°; — *Untersuchung einiger Ursachen des verdorbenen Geschmacks der Deutschen* (Examen de quelques causes de la corruption du goût en Allemagne); Halle, 1746, in-8°; — *Beurtheilung der Gottschedischen Dichtkunst* (Critique de la poétique de Gottsched); Halle, 1747, sept parties in-8°; — *Gedanken von den Gespenstern* (Pensées sur les spectres); Halle, 1748, in-8°, suivi d'une *Vertheidigung der Gedanken von Gespenstern* (Défense des pensées sur les spectres); ibid., 1748, in-8°; traduit en français par Lenglet-Dufresnoy; — *Beweis dass die menschliche Seele ewig lebe* (Preuve de l'immortalité de l'âme humaine); Halle, 1748, in-8°, suivi de deux écrits sur le même sujet; — *Anfangsgründe aller schönen Künste und Wissenschaften* (Éléments de tous les beaux-arts et de toutes les sciences); Halle, 1748 et 1750, in-8° : ce livre était le second essai donné en Allemagne sur la théorie de l'esthétique; — *Versuch eines neuen Lehrgebäudes von den Seelen der Thiere* (Essai d'une nouvelle doctrine sur les âmes des bêtes); Halle, 1749, in-8°; — *Metaphysik*; Halle, 1755-1759, quatre parties, in-8°; — *Betrachtungen über den ersten Grundsatz aller schönen Künste* (Considérations sur le premier principe des beaux-arts); Halle, 1757, in-8°; — *Untersuchungen verschiedener Materien aus der Weltweisheit* (Examen de diverses matières philosophiques); Halle, 1768-1771, quatre parties in-8°; — beaucoup d'articles dans les *Hallische Intelligenzblätter*, et autres recueils. O.

S. G. Langen, *Leben Meiers* (Halle, 1778, in-8°). — Hirsching, *Histor. liter. Handbuch*. — Meusel, *Lexikon*.

MEIER (*Moritz-Hermann-Édouard*), érudit allemand, né à Glogau, le 1er janvier 1796, mort en novembre 1855. Après avoir étudié à Berlin la philologie sous la direction de Boeckh, il l'enseigna, de 1820 à 1825, à Greifswalde, et depuis à Halle. Plus tard il y fut aussi appelé à la chaire d'éloquence et nommé directeur du séminaire philologique. On a de lui : *Historia juris attici de bonis damnatorum et fiscalium debitorum*; Berlin, 1819, in-8°; — *Der attische Process* (La Procédure en usage à Athènes); Halle, 1824, in-8° : cet excellent ouvrage a été rédigé en collaboration avec G. Fr. Schömann; — *De gentilitate attica*; Halle, 1835, in-4°; — *De Andocidis oratione contra Alcibiadem*; Halle, 1832 et suiv., six parties; — *De Proxenia, sive de publico Græcorum hospitio*; Halle, 1843, in-4°; — *Die Privatschiedrichter und die offentlichen Diäteten Athens sowie die Austrägalgerichte der griechischen Staaten des Alterthums* (Les arbitres privés et les diætètes publics à Athènes, et les tribunaux austrägaliens des États de la Grèce antique); Halle, 1846, in-4°; — *Commentatio epigraphica*; Halle, 1850-1854, deux parties, in-4°; — *De Lycurgo in Plauti Bacchidibus*; Halle, 1853, in-4°; — *De Aristophanis Ranis*; Halle, 1853, in-4°. Comme éditeur Meier a publié : *Demosthenis Oratio in Midiam annotata et commentata*; Halle, 1831, in-8°; — *Fragmentum lexici rhetorici*; Halle, 1844, in-4°. Meier, qui a aussi publié en commun avec Ottfried Müller, son ami, la traduction allemande de la *Topographie d'Athènes* de Leake (Halle, 1829, in-8°), a encore fourni un grand nombre d'articles dans la *Allgemeine Literatur-Zeitung* et dans l'*Encyclopédie* d'Ersch et Gruber, dont il a dirigé la troisième partie. O.

Conversations-Lexikon.

MEIEROTTO (*Jean-Henri-Louis*), philologue allemand, né à Stargard, le 22 août 1742, mort le 24 septembre 1800. Fils de Jean-Henri Meierotto, recteur de l'école calviniste de Stargard, il s'occupa d'abord de géologie; il ne prit goût aux études classiques qu'après avoir traduit pour sa sœur les plus beaux morceaux d'Ovide et de Virgile. Après avoir été pendant sept ans précepteur chez le banquier Schickler, il devint, en 1772, professeur d'éloquence au collége Joachim de Berlin, dont il fut nommé recteur en 1775, quoique étant le plus jeune de ses collègues. En peu de temps il releva cet établissement, qui lorsqu'il avait été confié à ses soins se trouvait en pleine décadence; mais bien que son mérite fût apprécié par Frédéric le Grand, ce roi n'augmenta pas les appointements insuffisants alloués à Meierotto, malgré les promesses qu'il lui avait faites, lorsqu'on avait offert en 1786 à ce savant le rectorat de l'école de Gotha. Mais lors de l'avénement de Frédéric-Guillaume, Meierotto vit son traitement considérablement augmenté; et devint successivement membre de l'Académie, du consistoire et du conseil suprême des écoles. On a de lui : *Uber Sitten und Lebensarten der Romer in verschiedenen Zeiten der Republik* (Mœurs et coutumes des Romains aux diverses époques de la république); Berlin, 1776 et 1802, 2 vol. in-8°; — *Educatio Romanorum*; Berlin, 1778-1779, deux parties, in-4°; — *J.-A. Ernesti Somnium, de multiplicatis in immensum libris et disciplinis*; Berlin, 1782, in-fol.; — *M. T. Ciceronis Vita, ex oratoris scriptis*; Berlin, 1783, in-8°; — *De educatione et institutione quam M. T. Cicero in erudiendo filio Marco secutus est*; Berlin, 1784, in-fol.; — *Grammatici est aliqua nescire*; Berlin, 1785, in-fol.; — *De rebus ad autores quosdam classicos pertinentibus dubia C. G. Heyne proposita*; Berlin, 1785, in-8°; — *In Plinii Epistolam* (l. III, c. 5) *nullum librum tam malum esse ut non aliqua parte prodesset*; Berlin, 1787, in-4°; — *Gedanken über die Enstehung der Balthischen Länder* (Pensées sur la formation des pays de la mer Baltique); Berlin, 1790, in-8°; — *De præcipuis rerum Romanorum autoribus ac primum de Taciti moribus*; Berlin, 1790, in-8°; — *De Sallustii Moribus*; Berlin, 1792, in-8°; — *De Socrate, et num ævi nostri videntur Socratem quem gignere et producere*; Berlin, 1794, in-fol.; — *De fontibus quos Tacitus videatur sequutus*; Berlin, 1795, in-fol.; — *De candore Livii*; Berlin, 1796, in-8°; — *Quæ adjumenta habuerit Livius et quomodo iis sit usus*; Berlin, 1797, in-fol.; — *Quomodo multitudinem tantam testimoniorum digerere Livius aggressus sit*; Berlin, 1798, in-fol.; — *Memoria J. C. Oelrichs*; Berlin, 1799, in-fol.; — trois dissertations dans les *Mémoires de l'Académie* de Berlin, dont une sur Thucydide (années 1790 et 1791), et une autre sur Hérodote (années 1792 et 1793). Meierotto a laissé en manuscrit un grand nombre d'ouvrages et mémoires sur des sujets d'histoire et de littérature. O.

Denina, *Prusse littéraire*. — Brunner, *Lebensbeschreibung Meierottos* (Berlin, 1802, in-8°).

MEIGRET. *Voy.* MEYGRET.

MEIL (*Johann-Wilhem*), peintre graveur allemand, né le 23 octobre 1732, à Altembourg, mort le 2 février 1805, à Berlin. Il étudia d'abord les sciences à Bayreuth et à Leipzig; un voyage qu'il fit en 1752 à Berlin décida de sa vocation pour les arts. Quoiqu'il ne se fût attaché à aucun maître, il fit des progrès rapides, et commença par dessiner des vases, des ornements et des allégories pour les orfèvres et les brodeurs. Il travailla ensuite pour les libraires, et le nombre des petites estampes qu'il grava d'une pointe légère et spirituelle est considérable. Nommé en 1791 recteur de l'Académie des Beaux-Arts, il en devint directeur en 1798 après la mort de Rode. Cet artiste avait pris Étienne della Bella pour modèle. On cite, comme ses principales productions, *Hercule Musagète*, *le tombeau d'A.-W. d'Arnim*, et les 52 planches du *Speculum Naturæ et artium*; Berlin, 1786, in-4°.

Son frère aîné, *Johann-Heinrich*, né en 1729, à Gotha, et mort en 1803, suivit la même carrière; après avoir passé vingt ans à Leipzig, il s'établit en 1774 à Berlin, et fit partie de l'Académie des Beaux-Arts. Il a fourni des dessins aux *Fables* de La Fontaine et de Gellert, aux *Poésies* de Bürger, à la *Bible* de Seiler, etc. K.

Meusel, *Archiv.*, I, et *Miscellen*, II.

MEILHEURAT (*Alfred*), littérateur français, né à Moulins, en 1824, mort à Paris, en 1856. Il se fit d'abord connaître dans la littérature à Moulins, envoya des articles à quelques journaux légitimistes, puis vint se fixer à Paris. M. Édouard Thierry, à propos d'un des derniers ouvrages de cet auteur, l'accusait de sentir la province, inquiète et jalouse. On a de Meilheurat : *Physiologie du Moulinois*; Moulins, 1843, in-32; — *Simple Recueil*, poésies; Moulins, 1843, in-8°; — *Poésies religieuses*; Paris, 1845, in-8°; — *Lèse-loi*, *Juvénal*, vers; 1846, in-8°; — *Almanach des amoureux*; Paris, 1847, in-18; — *L'Évangile républicain*; 1848, in-8°; — *Petites Odes et petits poëmes*; Versailles, 1852, in-8°; — *Manuel du Savoir-Vivre, ou l'art de se conduire selon les convenances et les usages du monde dans toutes les circonstances de la vie et dans les diverses régions de la société*; Paris, 1853, in-16; 2e édit., revue et augmentée par M. Marc Constantin; Paris, 1854; — *Romances et fantaisies*; Paris, 1855, in-8°. Alfred Meilheurat a rédigé plusieurs publications périodiques, entre autres *Les flèches parisiennes*, revue mensuelle, 1844, in-32; — *Le Courrier de la province, journal scientifique, artistique et littéraire*, mensuel; Moulins, 1854 : l'année suivante cette publication prit à Paris le titre de *La France scientifique, religieuse et littéraire*; — *Le Rivarol, miroir des folies du siècle*, mensuel; Paris, 1855. Meilheurat a recueilli dans un volume intitulé : *Les Femmes du demi-monde*; Paris, 1855, in-18, des mélanges extraits de plusieurs revues et journaux dont il avait été le collaboteur, comme *Le Corsaire*, *La Mode*, etc., avec des épigrammes en vers. Il a aussi fait paraître la première livraison d'une *Galerie des Hommes illustres de la Révolution*, contenant la Biographie de *Camille Desmoulins*, par Alfred ***, historiographe. J. V.

Bibliogr. de la France, *Journal de la Libr.*, 1837, chron p. 44. — Bourquelot, *La Littér. franç. contemp.* — Éd. Thierry, dans le *Moniteur* du 2 octobre 1853.

MEILLERAYE (La). Voy. La Meilleraye.

MEINDAERTS (*Pierre-Jean*), théologien hollandais, né le 7 novembre 1684, à Groningue, où il est mort, le 31 octobre 1767. Après avoir terminé ses études à Malines et à Louvain, il s'attacha à la cause de Pierre Codde, prélat janséniste qui venait d'être déposé par le pape du vicariat des Provinces-Unies, et fut obligé d'aller jusqu'en Irlande pour recevoir l'ordination sacerdotale (1716). Nommé à son retour pasteur de Leuwarden, il fut élu, le 2 juillet 1739, archevêque d'Utrecht, en remplacement de Théodore van der Croon, et occupa ce siége jusqu'à sa mort. Comme ses prédécesseurs, il se vit souvent obligé de défendre les droits de son église contre les entreprises de la cour de Rome. Censuré par Clément XII, il en appela au premier concile et exécuta le projet, médité depuis longtemps, de remplir les siéges vacants de sa métropole : ce fut ainsi qu'il fit revivre les évêchés éteints de Harlem et de Deventer en les donnant, l'un à Jérôme de Bock (1742), l'autre à Jean Byeveld (1758). Ces actes d'autorité lui attirèrent de nouvelles censures de la part de Benoît XIV et de Clément XIII. En 1763 Meindaerts tint à Utrecht un concile, dans lequel siégèrent ses suffragants, son clergé et plusieurs jansénistes français, et qui donna lieu aux controverses les plus animées. Il mourut plus qu'octogénaire, après avoir présidé plusieurs fois à Utrecht une assemblée religieuse à laquelle il donnait le nom de synode provincial. Ses principaux écrits sont : *Recueil de témoignages en faveur de l'église d'Utrecht*; Utrecht, 1763, in-4°, réimpr. en 2 vol. in-12; — les *Actes* du concile d'Utrecht, en latin, traduits en français, in-4° et in-12; — *Lettre à Clément XIII*; Utrecht, 1768, in-12. K.

Chalmot, *Biograph. Woordenboek*.

MEINDERS (*Hermann-Adolphe*), historien et jurisconsulte allemand, né le 31 juillet 1665, à Steinhaus, propriété située dans le comté de Ravensberg, mort le 17 juillet 1730. Fils de Conrad Meinders, magistrat et député à la diète, il fut élevé chez les jésuites; après avoir étudié le droit et l'histoire à Marbourg, Strasbourg et Tubingue, où il embrassa, en 1686, la religion luthérienne, il alla passer un an à Leyde. De retour dans son pays, il obtint en 1693 un emploi au tribunal de Halle (dans le comté de Ravensberg), et il en fut nommé président ou *Gaugraf* vingt ans après. Son goût pour les antiquités germaniques, qu'il a beaucoup contribué à éclaircir, le mit en correspondance avec Leibniz, Eccard, et autres savants distingués. Meinders était historiographe du roi de Prusse. On a de lui : *Thesaurus Antiquitatum Francicarum et Saxonicarum*; Lemgo, 1710, in-4°; — *De statu religionis et reipublicæ sub Carolo Magno et Ludovico Pio in veteri Saxonia sive Westphalia et vicinis regionibus*; Lemgo, 1711, in-4°; — *De origine, progressu, natura ac moderno statu nobilitatis et servitutis in Westphalia*; Lemgo, 1713, in-4°; — *De jurisdictione colonaria et curiis dominicalibus veterum Francorum et Saxonum*; Lemgo, 1713, in-4°; — *Vindiciæ libertatis antiquæ Saxonicæ sive Westphalicæ*; Lemgo, 1713, in-4°; — *De judiciis centenariis veterum Germanorum, imprimis Francorum et Saxonum*; Lemgo, 1715, in-4°; — *Unvorgreifliche Gedanken und Monita wie ohne blinden Eifer in denen Hexenprocessen zu verfahren* (Pensées et observations sur la manière d'instruire sans fanatisme aveugle les procès en sorcellerie); Lemgo, 1716, in-4°; — *Monumenta Ravensbergensia*, dans le t. II de la *Historisch-geographische Beschreibung der Grafschaft Ravensberg* de Wedding (Leipzig, 1790, in-8°). O.

Hirsching, *Histor. liter. Handbuch*. — Jugler, *Beyträge zur juristischen Biographie*, t. IV. — Rotermund, *Supplement a Jöcher*.

MEINECKE (*Jean-Henri-Frédéric*), philologue allemand, né à Quedlimbourg, le 11 janvier 1745, mort dans cette ville, en 1825. Il fut pendant de longues années pasteur à l'église Saint-Blaise à Quedlimbourg. On a de lui : *Die Synonymen der deutschen Sprache in Fabeln und Parabeln* (Les Synonymes de la langue allemande expliqués dans des fables et des paraboles); Halberstadt, 1815, 3 vol. in-8°; — *Die Verskunst der Deutschen* (La Versification allemande); Quedlimbourg, 1817, in-8°; — *Materialien zur Erleichterung des Selbstdenkens über Gegenstände der Wissenschaften und Künste* (Matériaux pour apprendre à penser soi-même sur des sujets de science et de beaux-arts); Halberstadt, 1815-1819, 4 vol. in-8°. On doit aussi à Meinecke, outre plusieurs ouvrages à l'usage des écoles, des traductions allemandes annotées, d'*Élien* (Quedlimbourg, 1787, in-8°) et de *Végèce*; Halle, 1800, in-8°. O.

Neuer Nekrolog der Deutschen, année 1825.

* **MEINEKE** (*Jean-Albert-Frédéric-Auguste*), célèbre philologue allemand, né à Soest, en 1791. Après avoir étudié la philologie à Leipzig sous la direction de G. Hermann, il fut nommé professeur d'abord au *Conradinum* de Jenkau, et peu de temps après à l'Athénée de Dantzig, qu'il fut appelé à diriger en 1821; cinq ans après il fut mis à la tête du collége Joachim de Berlin. Ses travaux se font remarquer par une profonde érudition et une critique exercée. On a de lui : *Curæ criticæ in comicorum frag-*

menta ab Athenæo servata; Berlin, 1814, in-8°; — *Quæstiones Alexandrinæ*; Berlin, 1818, in-8°; — *Quæstiones Menandreæ*; Berlin, 1818, in-8°; — *Commentationes miscellaneæ*; Danzig, 1822; — *De Euphorionis Chalcidensis Vita et scriptis*; Danzig, 1823, in-8°; — *Quæstiones scenicæ*; Berlin, 1826-1830, 3 parties, in-4°; — *Analecta Alexandrina, sive commentatio de Euphorione Chalcidensi, Rhiano Cretensi, Alexandro Ætolo, Parthenio Nicæno*; Berlin, 1843-1846, 2 parties, in-4°; — *Philologicæ exercitationes in Athenæi Deipnosophistas*; Berlin, 1843-1846, 2 parties, in-4°; — *Vindiciæ Strabonianæ*; Berlin, 1852, in-8°. Comme éditeur Meineke a publié : *Menandri et Philemonis Reliquiæ*; Berlin, 1823, 2 vol. in-8°; — *Joannis Cinnami Epitome et Nicephori Briennii Commentarii*; Bonn, 1836, in-8°; dans la *Collection byzantine*; — *Fragmenta Comicorum Græcorum*; Berlin, 1839-1843, 5 vol. in-8° : ce recueil des plus estimés est précédé d'une histoire détaillée des comiques grecs; — *Theocritus, Bion et Moschus*; Berlin, 1836, in-8°; — *Delectus Poetarum Anthologiæ Græcæ, cum adnotatione critica de Anthologiæ locis controversis*; Berlin, 1842, in-8°; — *Scymni, Phili, Periegesis et Dionysii descriptio Græciæ*; Berlin, 1846, in-12; — *Stobæi Florilegium*; Leipzig, 1856, 3 vol. in-8°; dans la collection de Teubner. O.

Conversations Lexikon.

MEINER (*Jean-Werner*), philologue allemand, né le 5 mars 1723, à Romershofen en Franconie, mort à Langensalza, le 23 mars 1789. Fils d'un instituteur primaire, il étudia à Leipzig, devint en 1750 co-recteur et l'année d'après recteur de l'école de Langensalza. On a de lui : *Die wahren Eigenschaften der hebræischen Sprache* (Les véritables Propriétés de la Langue Hébraique); Leipzig, 1748, in-8°; — *De Geniorum malignorum vera Vi et natura*; Langensalza, 1750, in-4°; — *Minutii Felicis aliquot loci a corruptionis suspicione vindicati*; ibid., 1752, in-4°; — *Æliæ Læliæ Crispidis Bononiensis vera Facies, nunc tandem denudata*; ibid., 1755, in-4°; — *Auflösung der vornehmsten Schwierigkeiten der hebræischen Sprache* (Solution des principales Difficultés de la Langue Hébraique); ibid., 1757, in-8°; — *De Hebræorum Censibus*, ibid., 1764-1766, 2 parties, in-4°; — *Philosophische und allgemeine Sprachlehre* (Grammaire générale et philosophique); Leipzig, 1781, in-8°; — *Lehre von der Freiheit des Menschen, nach den in dem Prediger Salomo zum Grunde liegenden Begriffen* (Doctrine de la Liberté de l'homme d'après les principes de l'Ecclésiaste de Salomon); Ratisbonne, 1784, in-8°; — *Beytrag zur Verbesserung der Bibelübersetzung* (Documents pour servir à l'amélioration de la traduction de la Bible); ibid., 1784-1785, 2 vol. in-8°. O.

Hirsching, Histor. liter. Handbuch. — *Meusel, Lexikon.*

MEINERS (*Christophe*), célèbre historien et littérateur allemand, né à Warstade, près d'Otterndorf, dans le Hanovre, le 31 juillet 1747, mort à Gœttingue, le 1er mai 1810. Fils d'un maître de poste, il fit ses études à Gœttingue, où il fut appelé en 1772 à une chaire de la faculté de philosophie, qu'il garda jusqu'à sa mort. Nommé en 1776 membre de l'Académie des Sciences de Gœttingue, il en devint plus tard directeur. Ses connaissances étaient des plus étendues; il les avait acquises sans s'être jamais laissé guider par les conseils de ses professeurs. Exempts de tout esprit de système, ses ouvrages sont écrits avec autant de clarté que de chaleur; il est seulement à regretter que l'étonnante érudition dont l'auteur fait preuve ne soit pas toujours suffisamment digérée. On a de Meiners : *Versuch über die Religionsgeschichte der ältesten Völker, besonders der Ægypter* (Essai sur l'histoire de la Religion des peuples les plus anciens, surtout des Égyptiens); Gœttingue, 1775, in-8°; — *Vermischte philosophische Schriften* (Mélanges philosophiques); Leipzig, 1775-1776, 3 vol. in-8°; — *Historia doctrinæ de vero Deo*; Lemgo, 1780, 2 parties, in-8°; — *Geschichte des Luxus der Athenienser bis auf den Tod Philipps von Macedonien* (Histoire du Luxe des Athéniens jusqu'à la mort de Philippe de Macédoine); Cassel, 1781, Lemgo, 1782, in-8°; traduit en français, Paris, 1823, in-8°; — *Geschichte des Ursprungs, Fortganges und Verfalls der Wissenschaften in Griechenland und Rom*; Lemgo, 1781-1782, 2 vol., in-8°, traduit en français par Laveaux, Paris, 1799, 5 vol. in-8°; — *Beytrag zur Geschichte der Denkart der ersten Jahrhunderte nach Christi Geburt* (Documents pour servir à l'histoire des idées des deux premiers siècles après Jésus-Christ); Leipzig, 1782, in-8°; — *Geschichte des Verfalls der Sitten und der Staatsverfassung der Römer* (Histoire de la décadence des mœurs et de la constitution des Romains); Leipzig, 1782, 2 vol. in-8°; traduit en français, Paris, 1795, in-12; — *Briefe über die Schweitz* (Lettres sur la Suisse); Berlin, 1784-1785, 2 vol. in-8°; ibid., 1788-1790, 2 vol. in-8°; traduit en français par M. Huber, Strasbourg, 1786, 2 vol. in-8°; — *Grundriss der Geschichte aller Religionen* (Éléments de l'Histoire de toutes les Religions); Lemgo, 1785 et 1787, in-8°; *Grundriss der Geschichte der Menschheit* (Éléments de l'Histoire de l'Humanité); Lemgo, 1785 et 1794, in-8°; — *Grundriss der Geschichte der Weltweisheit* (Éléments de l'Histoire de la Philosophie); Lemgo, 1786 et 1789, in 8°; — *Beschreibung alter Denkmäler in allen Theilen der Erde, deren Urheber und Errichtung unbekannt oder ungewiss sind* (Description d'anciens Monuments de toutes les parties du monde dont les auteurs et la construction sont inconnus ou incertains); Nuremberg, 1786, in-8°; — *Grundriss der Theorie und Geschichte der schönen Wissenschaften* (Éléments de la théorie et de l'Histoire des Belles-Lettres); Lemgo, 1787, in-8°; — *Grundriss der Æsthetik* (Éléments d'Esthétique); Lemgo, 1787, in-8°; — *Geschichte des weiblichen Geschlechts* (Histoire du beau Sexe); Hanovre, 1788-1790, 4 vol. in-8°; — *Kleinere Länder und Reisebeschreibungen* (Descriptions sommaires de divers Pays et relations de voyages); Berlin, 1791-1801, 3 vol. in-8°; — *Geschichte des Verfalls der Sitten, der Wissenschaften und Sprache der Römer in den ersten Jahrhunderten nach Christi Geburt* (Histoire de la décadence des Mœurs, des sciences et de la langue des Romains dans les premiers siècles de l'ère chrétienne); Leipzig, 1791, in-8°; traduit en français, Paris, 1812, 2 vol. in-8°; — *Geschichte der Ungleichheit der Stände unter den vornehmsten Völker Europas* (Histoire de l'Inégalité des Classes de la Société chez les principaux peuples de l'Europe); Hanovre, 1792, 2 vol. in-8°; — *Historische Vergleichung der Sitten, und Verfassungen, der Gesetze und Gewerbe, des Handels und der Religion, der Wissenschaften und Lehranstalten des Mittelalters mit denen unseres Jahrhundert* (Comparaison historique des Mœurs et constitutions, des lois et de l'industrie, du commerce et de la religion, des sciences et des établissements d'instruction des temps du moyen âge et du nôtre); Hanovre, 1793-1794, 3 vol. in-8°; — *Beobachtungen über den vormaligen und gegenwärtigen Zustand der vornehmsten Länder in Asien* (Observations sur l'état ancien et actuel des principaux pays de l'Asie); Lubeck et Leipzig, 1796-1799, 2 vol. in-8°; — *Lebensbeschreibung berühmter Männer aus den Zeiten der Wiederherstellung der Wissenschaften* (Biographies d'hommes célèbres du temps de la Renaissance); Zurich, 1795-1797, 3 vol. in-8°; — *Vergleichung des ältern und neuern Russlands* (Tableau comparatif de la Russie ancienne et moderne); — *Allgemeine kritische Geschichte der ältern und neuern Ethik* (Histoire générale et critique de la morale ancienne et moderne); Gœttingue, 1800-1801, 2 vol. in-8°; — *Über die Verfassung und Verwaltung teutscher Universitäten* (Sur la Constitution et l'administration des Universités allemandes); Gœttingue, 1801-1802, 2 vol. in-8°; — *Beschreibung einer Reise nach Stuttgart und Strasburg im Herbst 1801* (Relation d'un voyage à Stuttgard et Strasbourg fait en l'automne 1801); Gœttingue, 1803, in-8°; — *Göttingische akademische Annalen* (Annales de l'Académie de Gœttingue); Hanovre, 1804, in-8°; — *Untersuchungen über die Denkkräfte und Willenskräfte des Menschen; nebst einer Prüfung der gallischen Schädellehre* (Recherches sur les Facultés de pensée et de volonté de l'Homme; avec un court examen de la cranioscopie de Gall); Gœttingue, 1806, 2 vol. in-8°; — *Allgemeine kritische Geschichte der Religionen* (Histoire générale et critique des Religions); Hanovre, 1806-1807, 2 vol. in-8°; — *Kurze Darstellung der Entwickelung der hohen Schulen des protestantischen Teutschlands* (Courte exposition du développement des Universités de l'Allemagne protestante); Gœttingue, 1802, in-8°; — dans les *Nova Commentaria* de la Société des Sciences de Gœttingue, Meiners a publié entre autres : *De Zoroastris Vita, doctrina et libris; Judicium de libro de mysteriis Ægyptiorum Jamblicho plerumque vindicato; De Socraticorum Reliquiis; De M. Antonini Moribus; De falsarum religionum origine; De Græcorum Gymnasiorum Utilitate et damnis.* Meiners a rédigé en commun avec son ami Spittler le *Göttingisches historisches Magasin*; Hanovre, 1787-1790, vol. in-8°, qui fut suivi du *Neues Göttingisches historisches Magasin*; ibid., 1791 1794, 3 vol. in-8°; il a inséré dans ces recueils près de cent cinquante mémoires et dissertations ayant trait surtout à diverses particularites des mœurs et institutions des divers peuples du globe; il a aussi fait paraître avec Feder la *Philosophische Bibliothek*; Gœttingue, 1788-1791, 4 vol. in-8°. Enfin on doit à Meiners un grand nombre de comptes rendus d'ouvrages insérés dans l'*Allgemeine historische Bibliothek* de Gatterer. O.

Heyne, *Memoria Meinersii Commentaria Gottingensia*, année 1810. — Meusel, *Gelehrtes Deutschland*, t. V, X et XIV.

MEINHOLD (*Jean-Guillaume*), littérateur allemand, né le 27 février 1797, à Netzelkow, dans l'île d'Usedom, mort à Charlottembourg, le 30 novembre 1851. Après avoir été recteur à Usedom et en Poméranie, il obtint, en 1844, la cure de Rehwinkel, et s'en démit en 1850. On a de lui : *Vermischte Gedichte* (Poésies mêlées); Greifswald, 1824; 2e édit., Leipzig, 1835, 2 vol.; — le poëme épique *Otto, Bischof von Bamberg* (Otton, évêque de Bamberg), et *Reisebilder von Usedom* (Impressions de voyage d'Usedom); Stralsund, 1830; — *Die Bernsteinhexe* (La Sorcière d'Ambre jaune); Berlin, 1843, roman qui produisit une grande sensation; — *Sidonia von Bork, die Klosterhexe* (Sidonie de Bork, la Sorcière du couvent), roman. Dans un ouvrage inachevé intitulé : *Ritter Sigismund Hager, oder die Reformation* (Le chevalier Sigismond Hager, ou la réformation), Meinhold avait pour but l'union du protestantisme et du catholicisme. On a aussi de lui les pièces de théâtre nationales : *Der alte deutsche Degenknopf* (Le vieux Pommeau d'épée allemand) et *Wallenstein und Stral-*

sund, ainsi qu'une édition du *Vaticinium Lehninense*, avec une introduction et un commentaire, où l'on trouve les saillies les plus bizarres. Le recueil de ses écrits a été publié à Leipzig, 1846-1852, 8 vol. H. Wilhelm.

Conversations-Lexikon.

MEINIKE (*Charles-Édouard*), géographe allemand, né à Brandenbourg sur la Havel, le 31 août 1803. Nommé en 1835 professeur au collége de Prenzlau, il en devint directeur onze ans après. On a de lui : *Das Festland Australien* (Le Continent de l'Australie); Prenzlau, 1837, 2 parties, in-8° ; — *Über den Gebirgsbau der Insel Java* (Orographie de l'île de Java); Prenzlau, 1844, in-4° ; — *Die Südseevölker und das Christenthum* (Les Peuplades de la mer du Sud et le christianisme); ibid., 1844, in-8° ; — *Der Vulkan Smera in Ostjava.* (Le Volcan de Smeru dans le Java oriental) ; ibid., 1851, in-4° ; — *Bemerkungen über die Geographie der Insel Sumatra* (Observations sur la géographie de l'île de Sumatra); ibid., 1833 ; — *Ethnographische Beiträge über Asien* (Études ethnographiques sur l'Asie) ; ibid., 1837 ; — *Versuch einer Geschichte der europaeischen Colonien in Westindien* (Essai d'une Histoire des Colonies européennes des Indes occidentales) ; Weimar, 1831. O.

Conversations-Lexikon.

MEIRE (Van der *Guerard*), peintre belge, né à Gand, en 1390. Élève des van Eyck, il fut un des premiers à propager l'usage de l'huile dans le broyement des couleurs. Tous ses tableaux, restés dans les musées et les galeries de Hollande, sont d'un beau fini ; son dessin est assez correct et sa couleur est bonne. On cite de lui dans la galerie Rauwaert une *Lucrèce*. A. de L.

Descamps, *La Vie des Peintres flamands*, t. I, p. 10.

MEISNER (*Christophe*), biographe allemand, né à Altembourg, en 1703, mort le 20 juin 1780. Il enseigna depuis 1735 les humanités à l'École de la Croix à Dresde. On a de lui : *Nachricht von der freyen Stadt Altenberg* (Notice sur la ville libre d'Altenberg); Dresde, 1747, in-8° ; — *Sylloge historico-philologica nominum aliquot contumeliosorum a comicis maxime usurpatorum* ; Dresde, 1752, in-4° ; — *Sylloge virorum aliquot eruditorum qui doctoris aut magistri titulo insigniri modeste recusarunt* ; Dresde, 1753, in-4° ; — *Schediasma de aliquot viris, qui specialim typographicis quibusdam operam olim præstiterunt laudabilem* ; Friedrichstadt, 1758, in-4° ; l'auteur y donne des détails sur une vingtaine de savants omis dans l'ouvrage de Zeltner sur le même sujet. O.

Rotermund, *Supplément à Jöcher.*

MEISSEL (*Conrad*). *Voy.* Celtes.

MEISSNER (*Auguste-Théophile*), romancier allemand, né le 3 novembre 1753, à Budissin, en Lusace, mort le 20 février 1807, à Fulda. Fils d'un officier de cavalerie, il étudia les lettres et le droit à Leipzig et à Wittemberg. Admis comme expéditionnaire à la chancellerie de Dresde, il y occupa pendant plusieurs années l'emploi d'archiviste. En 1785 il fut chargé à Prague d'enseigner les belles-lettres. En 1805, avant la réunion du pays de Fulda à l'empire français, le prince de Nassau l'y appela avec le double titre de conseiller du consistoire et de directeur des écoles supérieures. Meissner avait débuté par la traduction de quelques opéras comiques français ; il abandonna ce travail, que lui avait conseillé Engel, pour faire des romans et des nouvelles qui assurèrent sa réputation. « Il a contribué sans doute, dit un critique, à accréditer chez les Allemands le genre équivoque, pour lequel on n'a pu trouver de meilleure désignation que celle de *fiction vraie*, ou roman historique ; mais il n'eut pas à se reprocher de l'y avoir introduit, et il a su y répandre de l'agrément. On trouve beaucoup d'art dans ses plans, et beaucoup d'imagination ou d'esprit dans l'exécution. Il n'avait pas autant de goût peut-être que de moyens naturels : quelquefois sa diction paraît recherchée, et le plus souvent elle est négligée. Néanmoins son style vif et ingénieux a beaucoup plu, et le soin qu'il a pris d'imiter, mais judicieusement, les meilleurs auteurs étrangers, surtout les français, achève d'expliquer le nombre d'éditions ou de traductions qu'on a faites de la plupart de ses écrits. » On cite comme les principaux ouvrages de Meissner : *Skizzen* (Esquisses) ; Leipzig, 1778-1796, 14 part. in-8° ; recueil de légendes, de nouvelles, d'anecdotes, etc. ; trad. en danois, en hollandais et en français ; — *Die Geschichte der Familie Frinck* (Histoire de la Famille Frinck) ; Leipzig, 1779, in-8° ; — *Johann von Schwaben* (Jean de Souabe, drame) ; ibid., 1780, in-8° ; — *Alcibiades* ; ibid., 1781-1788, 4 vol. gr. in-8° ; il existe de ce roman trois versions françaises, par le comte de Brühl (1787), Rauquil-Lieutaud (1789), et Sébastien Mercier (1789) ; — *Erzæhlungen und Dialoge* (Contes et dialogues) ; ibid., 1781-1789, 3 cah. in-8° ; trad. sous le titre de *Contes moraux*, Paris, 1802, 2 vol. in-12 ; — *Fabeln nach Daniel Holzmann* (Fables imitées d'Holzmann) ; ibid., 1782, in-8° ; — *Masaniello* ; ibid., 1784, in-8° ; trad. en français en 1789 et en 1821 ; — *Bianca Capello* ; ibid., 1785, 2 vol. in-8° ; également traduit deux fois ; — *Spartacus*, roman ; Berlin, 1792, in-8° ; — *Historisch mahlerische Darstellungen aus Bœhmen* (Tableaux historiques et pittoresques de la Bohême) ; Prague, 1798, in-8° fig. ; — *Epaminondas, Biographie* (Vie d'Épaminondas) ; Prague, 1798-1801, 2 vol. in-8° ; — *Leben des Julius Cæsar* (Vie de Jules César) ; Berlin, 1799-1802, t. I et II, in-8° : cet ouvrage a été achevé par Haken, t. III et IV, 1811-1812, in-8° ; — *Bruchstuecke zur Biographie J.-G. Naumanns* (Fragments pour servir à la vie du maître de chapelle Naumann) ; Prague,

1803-1804, 2 vol. in-8°. Meissner a fait encore des traductions du français, entre autres celles des *Nouvelles* de Baculard d'Arnaud (1783-1788, 2 vol. in-8°) et de Florian (1786, in-8°), et de *L'Espion invisible* (1790-1794, 2 vol. in-8°), et des imitations, telles que le *Destouches allemand* (1779, in-8°) et le *Molière allemand* (1780, in-8°). Enfin il a pris part à la rédaction de plusieurs journaux, et il a édité, de 1792 à 1794, l'*Apollo*, revue mensuelle. Kuffner a publié en 36 vol. in-8° une édition complète des œuvres de cet écrivain. K.

Otto, *Lexikon*, II, 559. — *Der Biograph*, 1818. — Meusel, *Gelehrtes Deutschland*. — *Convers.-Lexikon* — Hirsching, *Hist. lit. Handbuch*. — *Biogr. univ. et portat. des Contemp.*

* **MEISSNER** (*Alfred*), poëte allemand, né à Tœplitz, le 15 octobre 1822. En quittant le gymnase de Schlackenwerth, il se rendit à Prague, où il fut reçu en 1846 docteur en médecine. Il séjourna ensuite à Leipzig et à Francfort. Aujourd'hui il réside à Prague. M. Meissner est un des plus notables représentants de la poésie de la Bohême libérale. Son poëme épique, *Ziska* (Leipzig, 1846; 6e édit., 1853), eut un tel succès qu'il abandonna la carrière médicale pour se consacrer entièrement aux belles-lettres. Il vint à Paris, où il fit connaissance avec Henri Heine, qui l'appelait « l'*héritier présomptif de Schiller* ». On a encore de M. Meissner : *Gedichte* (Poésies); Leipzig, 1845, in-8°; 4e édit., 1851; — *Revolutionäre Studien aus Paris* (Études révolutionnaires faites à Paris); Francfort, 1849, 2 vol.; — *Sohn des Atta Troll* (Fils d'Atta Troll); Leipzig, 1850; — *Das Weib des Urias* (La Femme d'Urie, tragédie); Leipzig, 1851; — *Reginald Armstrong, oder die Welt des Geldes* (Réginald Armstrong, ou le monde de l'argent, tragédie); Leipzig, 1853. H. W.

Convers. Lexikon. — *Revue Germanique*, 31 déc. 1858.

* **MEISSONIER** (*Jean-Louis-Ernest*), peintre français, né à Lyon, en 1811. Il vint à Paris pour se perfectionner dans l'art de la peinture, et suivit l'atelier de M. Léon Cogniet. Après avoir produit quelques tableaux, entre autres *Le petit Hallebardier*, qui s'est vendu 5,700 fr. en 1860, il fit paraître, au salon de 1836, deux petites toiles ayant pour sujets : un *Joueur d'Échecs* et un *Petit Messager*. On remarqua dès lors le naturel, la vérité de ses figures, la finesse et la netteté de sa touche, l'adresse infinie avec laquelle il savait rendre tous les détails, qualités qui l'ont fait comparer à Van Ostade, à Terburg et à Mieris. Depuis, chacun de ses tableaux, de très-petite dimension, obtenait un succès nouveau, et l'on vit de lui successivement aux expositions du Louvre : un *Religieux consolant un malade*, en 1839; — *Le Docteur anglais*, en 1840; — *Un Liseur*; *Isaïe*, *Saint Paul*, en 1841; — *Une Partie d'Échecs*, en 1842; — *Un jeune Homme jouant de la basse*, et *Un Fumeur*, en 1843; — *Le Peintre dans son atelier*, en 1845; — *Un Corps de garde*, *Un jeune Homme regardant des dessins*, *Une Partie de Piquet*, en 1848; — *La Partie de Boules*, *Les Soldats*, *Trois amis*, en 1849; — *Un Fumeur*, en 1850; — *Le Dimanche*, *Souvenir de guerre civile*, *Joueurs de boules*, *Un Peintre parcourant des dessins*, en 1852; — *Un Homme choisissant une épée*, *Un jeune Homme travaillant*, des *Bravi*, en 1853; — *A l'Ombre des bosquets*! *Un jeune Homme qui lit en déjeunant*, *Un Paysage*; en 1855, *un Rêve*, tableau que l'empereur Napoléon a acheté 20,000 francs pour être donné au prince Albert; *La Lecture*, des *Joueurs de Boules sous Louis XV*; en 1857, *La Confidence*, *Un Peintre*, *Un Homme en armure*, *L'Attente*, *Un Amateur de Tableaux chez un peintre*, *Un Homme à la fenêtre*, *Un jeune Homme du temps de la Régence*. M. Meissonier a exécuté aussi des portraits, des lithographies, des vignettes pour quelques livres, tels que les *Français peints par eux-mêmes* et *La Comédie humaine*, de Balzac. Il a illustré, avec MM. Français et Daubigny, une édition de *Paul et Virginie*. Les récompenses suivantes ont été décernées à cet artiste : une médaille de troisième classe (genre) en 1840, une de deuxième en 1841, une de première en 1843 et 1848, une grande médaille d'honneur à l'exposition universelle de 1855; la croix de chevalier de la Légion d'Honneur, le 5 juillet 1845, et celle d'officier, le 14 juin 1856. En 1859, M. Meissonier a été chargé par l'empereur de reproduire, dans deux tableaux, des épisodes de la dernière campagne d'Italie. M. Meissonier s'est fait une réputation européenne par les scènes intimes qu'il sait si bien rendre. GUYOT DE FÈRE.

Livret des Expositions. — *Journal des Arts*, 1857, 1859.

MEISSONNIER (*Just-Aurèle*), peintre, sculpteur, architecte et orfèvre, né à Turin, en 1675, mort à Paris, en 1750. Ce fut dans cette dernière ville qu'il exerça ces diverses professions, auxquelles le rendaient propre une imagination extrêmement féconde et une grande facilité d'exécution. Il s'est fait surtout une réputation comme décorateur et orfèvre. Rival en ce dernier genre du célèbre Germain, s'il avait autant d'invention que lui et une exécution aussi brillante, son goût était moins sage et moins pur, ses compositions plus fantasques et plus contournées suivant la mode du temps. Nommé orfèvre du roi et dessinateur du cabinet de S. M., il a fait de nombreux dessins pour les fêtes de la cour. Comme architecte on cite de lui le *Tombeau de Jean-Victor Bezenval*, qu'il a composé et exécuté dans l'église de Saint-Sulpice. Meissonnier a publié un *Livre d'Ornements*, in-fol., qui contient une foule de modèles d'appartements, de meubles, trumeaux, boîtes, etc. qu'il a en grande partie exécutés. P.

Lacombe, *Dict. des Beaux-Arts*. — L. Dussieux, *Les Artistes français à l'étranger*. — *Abecedario* de Mariette, dans les *Archives de l'Art français*.

MEISTER (*Léonard*), littérateur suisse, né en novembre 1741, à Neftenbach (canton de

Zurich), mort le 19 octobre 1811, à Cappel (même canton). Fils d'un ministre protestant, il exerça aussi le ministère évangélique, et fut successivement pasteur à Zurich, à Langenau et à Cappel. Pendant plusieurs années il enseigna l'histoire et la morale à l'école des arts de Zurich, et de 1798 à 1800 il fut secrétaire du directoire helvétique à Lucerne. Ses nombreux ouvrages sont pour la plupart des compilations, qui ne manquent pas d'utilité, mais dont aucune ne s'élève au-dessus du médiocre. Aussi sa malheureuse fécondité attira-t-elle à Meister (dont le nom signifie *maître* en allemand), cette épigramme de Gœthe : « Mon ami, je vois ton nom en tête de maint volume; mais c'est tout juste ce nom que je ne retrouve plus dans l'ouvrage. » Nous citerons de lui : *Romantische Briefe* (Lettres romantiques); Halberstadt (Berlin), 1769, in-8°; — *Beitræge zur Geschichte der Kuenste und Gewerbe, der Sitten und Gebræuche* (Mémoires pour l'histoire des arts et métiers, des mœurs et usages); Zurich, 1774, in-8°; — *Beitræge zur Geschichte der teutschen Sprache und Nationalliteratur*; Londres (?), 1777, 2 vol. in-8°; réimprimée avec le nom de l'auteur, Heidelberg, 1780, 2 vol. in 8°; — *Sittenlehre der Liebe* (Morale de l'amour); Winterthur, 1779, in-8°; — *Beruehmte Mænner Helvetiens* (Les Hommes célèbres de l'Helvétie); Zurich, 1781-1782, 3 vol. in-8°; traduit en français, ibid., 1792; ce recueil, encore consulté avec fruit, a été entrepris pour accompagner les portraits gravés par Pfenninger. Fasi a ajouté un 4e vol. à l'édition de Zurich, 1799-1800; — *Beruehmte Zürcher* (Les Zurichois célèbres); Bâle, 1782, 2 vol. in-8°; — *Kleine Reisen durch einige Schweitzer Cantone* (Petits Voyages dans quelques cantons de la Suisse); Bâle, 1782, in-8°; — *Hauptscenen der Helvetischen Geschichte* (Principales Scènes de l'Histoire de Suisse); Bâle, 1783-1785, 2 vol. in-8°; — *Characteristik teutscher Dichter* (Caractères des Poetes allemands par ordre chronologique); Zurich, 1785-1793, 5 vol. in-8° avec des portraits de Pfenninger; — *Geschichte von Zurich* (Histoire de Zurich depuis la fondation jusqu'à la fin du seizième siècle); Zurich, 1786, in-8°; — *Abriss des Eydgenœssischen Staatsrechtes* (Abrégé du Droit public helvétique); Saint-Gall, 1786, grand in-8°; — *Schweitzerische Geschichten und Erzæhlungen* (Histoires et Contes helvétiques); Winterthur, 1789, in-8°; — *Historisches geographisch-statistisches Lexikon der Schweiz* (Dictionnaire historique, géographique et statistique de la Suisse); Ulm, 1796, 2 vol. grand in-8°; — *Helvetischer Staats-almanach*; Berne, 1800, in-8°; publié par Meister et Hofmeister, cet almanach n'a pas été continué; on y trouve une *Histoire de la Révolution suisse depuis 1789 jusqu'en 1798*, laquelle a été réimprimée à part en 1803, in-8°; — *Helvetische Geschichte wæhrend der zwey letzten Jahrtausende* (Histoire de la Suisse depuis César jusqu'à Bonaparte); Saint-Gall, 1801-1803, 3 vol. in-8°; — *Meisteriana*; Saint-Gall, 1811, in-8°. K.

Schweitz. Museum, I, 1816, p. 536. — Meusel, *Gelehrtes Deutschland*, V, X, XI et XIV.

MEISTER (*Jean-Henri*), dit Le Maistre, littérateur suisse, oncle du précédent, né le 6 février 1700, à Stein sur le Rhin, mort en 1781, à Kusnacht, près Zurich. Fils d'un pasteur, il fit ses études à Zurich, et remplit divers emplois ecclésiastiques en Allemagne; en 1757 il obtint la cure de Kusnacht. Il a écrit un grand nombre d'ouvrages de religion, parmi lesquels nous citerons : *Jugement sur l'histoire de la religion chrétienne, contre l'avant-propos de l'Abrégé de Fleury*; Zurich, 1768, 1769, in-8°. K.

Moser, *Lex. der jetztlebend. Theologen.* — Meusel, *Lexikon*, IX.

MEISTER (*Jacques-Henri*), littérateur suisse, fils du précédent, né le 6 août 1744, à Zurich, où il est mort, le 9 octobre 1826. Destiné à la carrière ecclésiastique, à laquelle il s'était préparé sous la direction de son père, il fut obligé d'y renoncer, par suite des doutes qu'excita sur son orthodoxie la publication anonyme d'un essai philosophique sur l'*Origine des Principes religieux* (1762, in-8°). Il vint alors à Paris (1770), où l'appelait le soin de diriger une éducation particulière, et y resta jusqu'à l'époque de la révolution. Son goût pour la culture des lettres le rapprocha de plusieurs écrivains distingués; il se lia intimement avec Diderot et le baron d'Holbach; il fournit même à la *Correspondance de Grimm* un grand nombre d'articles instructifs et piquants, et prit, après le départ de ce dernier, des mesures pour continuer ce recueil au moyen des notes confidentielles que lui transmettaient ses amis. Rentré en Suisse en 1789, il s'établit à Zurich, et présida en 1802 la commission chargée de réorganiser dans cette ville les formes fédératives. Le long séjour qu'il avait fait en France permit à Meister d'employer dans ses nombreux écrits la langue française et de la manier avec autant d'élégance que de pureté. Après avoir partagé les opinions de la société où il passa une si grande partie de sa vie, il revint aux principes religieux dont il s'était éloigné; deux hommes célèbres, qu'il aima également et entre lesquels il établit un singulier parallèle, Diderot et Lavater, exercèrent sur lui une influence bien diverse : l'un le convertit à la philosophie, l'autre le ramena à la religion. On a de Meister : *Logique à mon usage*; Amsterdam (Paris), 1772, in-8°; réimprimée dans le *Journal de Lecture* avec d'autres articles signés *M.*; — *Nouvelles Idylles de Gessner, traduites de l'allemand*; Zurich, 1773, in-12, à la suite des *Contes moraux* de Diderot; réimprimées dans les *Œuvres* de Gessner; — *De la Morale naturelle;* Paris, 1788, 1798, in-18; — *Aux Mânes de Diderot;* Londres et Paris, 1788, in-12 : c'est une vie de Diderot en abrégé; — *Les premiers Principes du système social appliqué à la révolution présente;* Nice et Paris, 1790, in-8°; — *Ynkle et Yariko, tragédie de Gessner;* Zurich, 1790, in-8°; — *Souvenirs de mes Voyages en Angleterre;* Paris, 1791, in-8°; Zurich, 1795, 2 vol. in-12; — *Lettres sur l'Imagination;* Zurich, 1794, in-12, et 1799, in-8°; — *Souvenirs de mon dernier Voyage à Paris;* Zurich, 1797, 1799, in-12; — *Poésies fugitives;* Londres, 1798, in-8°; — *Entretiens philosophiques et politiques, suivis de Betzi, ou l'amour comme il est, roman qui n'en est pas un;* Hambourg (Paris), 1800, 1801, in-12; — *Essai de Poésies religieuses;* Paris, 1801, in-12; la 4° édition, ibid., 1822, in-12, contient de nouvelles stances; — *Sur la Suisse à la fin du dix-huitième siècle;* Lunéville (Zurich), 1801, in-12; — *Cinq Nouvelles helvétiennes;* Paris, 1805, in-12; — *Études sur l'Homme dans le monde et dans la retraite;* Paris, 1805, in-8°; — *Traité sur la Physionomie, par Adamantius, suivi d'un Éloge de Lavater comparé avec Diderot;* Paris, 1806, in-8°; — *Euthanasie, ou mes derniers entretiens sur l'immortalité de l'âme;* Paris, 1809, in-12; — *Lettres sur la Vieillesse;* Paris, 1811, 1817, in-12; — *Heures ou Méditations religieuses;* Zurich, 1816-1820, 3 part. in-8°; — *Voyage de Zurich à Zurich, par un vieil habitant de cette ville;* Zurich, 1818, 1825, in-12; — *Mon Voyage au delà des Alpes;* Berne, 1819, in-8°; — *Berne et les Bernois;* Zurich, 1820, in-12, fig.; — *Mélanges de Philosophie, de Morale et de Littérature;* Genève, 1822, 2 vol. in-8°. K.

Biog. univ. des Contemp. — Quérard, *La France Littér.*

MEISTERLEIN (*Sigismond*), historien allemand, né dans la première moitié du quinzième siècle, mort vers 1485. Après avoir passé quelques années au couvent des bénédictins à Augsbourg, il devint curé successivement à Lautenbach, à Wurtzbourg, Nuremberg et Grundlach. On a de lui : *Augsburger Chronik;* Augsbourg, 1522, in-fol., avec gravures sur bois, sans nom d'auteur; l'original latin, plus complet que la traduction, était conservé au dix-huitième siècle au couvent de Saint-Udalric, à Augsbourg; en tête du manuscrit, daté de 1456, se trouve une vue de cette ville; — *Historia Rerum Norimbergensium;* Francfort et Leipzig, 1728, in-8°; publié par J.-P. Ludewig; — *Chronicon ecclesiasticum Augustorum*, dans le t. III des *Scriptores* de Pistorius. O.

Nopitsch, *Supplement zu Wills Lexikon*, II. — Veit, *Bibliotheca Augustana.* — Zapf, *Augsburgische Bibliothek*, I, 51.

MÉJAN (*Maurice*), publiciste français, né vers 1765, à Montpellier, mort en 1823. Avocat au parlement de Provence avant la révolution, il vint plus tard à Paris, où il exerça sa profession pendant plusieurs années, et devint avocat à la cour de cassation. En 1814, il se prononça énergiquement pour le rétablissement des Bourbons. Pendant les Cent Jours, il publia quatre brochures, où il ne craignait pas de montrer ses sentiments royalistes et qu'il signa hardiment. On a de lui : *Code du Divorce et de l'état civil des citoyens, avec formules et notes instructives;* 1793, in-12 et in-8°; — *Recueil de causes célèbres et des arrêts qui les ont décidées;* Paris, 1809 et années suivantes, 21 vol. in-8°; — *Histoire du Procès de Louis XVI, dédiée à S. M. Louis XVIII;* Paris, 1814, 2 vol. in-8°; — *Histoire du Procès du maréchal de camp Bonnaire et du lieutenant Miéton;* Paris, 1816, in-8°; — *Histoire du Procès de Louvel;* Paris, 1820, 2 vol. in-8°; — *Petit Cathéchisme politique à l'usage des habitants des campagnes;* Paris, 1820, in-12; — *Histoire du Procès de la Conspiration du 19 août;* Paris, 1821, in-8°. J. V.

Biogr. univ. et portat. des Contemp. — Quérard, *La France Littér.*

MÉJAN (*Étienne*, comte), publiciste français, frère du précédent, né à Montpellier, en février 1766, mort à Munich (Bavière), le 19 août 1846. Il venait de se faire recevoir avocat lorsqu'éclata la révolution; il en embrassa les principes, et abandonna sa profession pour les défendre comme publiciste. D'abord il rendit compte avec Maret des séances de l'Assemblée nationale dans un journal intitulé *Le Bulletin*, journal qui se fondit bientôt avec *Le Moniteur*. Ce dernier journal renferme aussi un bon nombre d'articles de Méjan. Mirabeau les remarqua, et demanda au jeune écrivain des articles pour *Le Courrier de Provence*, que le grand orateur avait fondé. Cette feuille cessa de paraître après la mort de Mirabeau. Méjan publia alors plusieurs brochures, dans lesquelles il prenait le rôle de médiateur entre les partis extrêmes; mais voyant qu'il n'aboutissait à rien, il quitta la plume, et reprit sa place au barreau. Après le 9 thermidor il travailla au journal *L'Historien*, que dirigeait Dupont de Nemours. A la suite du 18 brumaire, il devint secrétaire général de la préfecture de la Seine. Lorsque le prince Eugène de Beauharnais fut créé vice-roi d'Italie, en 1804, Méjan le suivit à Milan en qualité de secrétaire des commandements. Il acquit sous ce titre modeste une certaine influence sur les affaires de l'État, par la confiance qu'il sut inspirer au prince. Napoléon le récompensa par les titres de conseiller d'État et de comte. Plein de bienveillance, il faisait volontiers des promesses qu'il ne pouvait pas toujours remplir; aussi les Italiens l'appelaient-ils un *gran promettitore*. Il passait pour rédiger les proclamations du vice-roi, et toutes ne furent pas heureuses. L'une d'elles devint en 1814 le si-

gnal d'une émeute contre les Français, dont Méjan faillit périr victime. Il revint en France sans autre fortune que sa bibliothèque. Quoiqu'il eût de bons appointements en Italie, il les dépensait en représentations. En 1816, il retourna auprès du prince Eugène, qui était devenu duc de Leuchtenberg, comme gouverneur des enfants de ce prince. Attaché par un dévouement inaltérable à cette famille, il se fixa dès lors à Munich. On a de lui : *Collection complète des Travaux de M. Mirabeau l'aîné à l'Assemblée nationale, précédée de tous les discours et ouvrages du même auteur;* Paris, 1791-1792, 5 vol. in-8°.
L. L—T.

Biog. univ. et portat. des Contemp.

MÉJANES (*Jean-Baptiste-Marie* PIQUET, marquis DE), bibliophile français, né à Arles, le 5 août 1729, mort à Paris, le 6 octobre 1786. Il consacra de bonne heure presque tout son revenu, quinze mille livres de rente, à former une bibliothèque, qui finit par compter soixante mille volumes des plus rares et des plus curieux. Consul d'Arles pour 1761 et 1774, et premier consul d'Aix pour 1777 et 1778, il s'occupa avec zèle de tout ce qui pouvait améliorer le sort des habitants du pays qu'il administrait. Il donna des encouragements à toutes les inventions utiles, et fonda la Société d'Agriculture d'Aix. Il légua tous ses livres et manuscrits à la ville d'Aix pour en former une bibliothèque publique « sous la condition expresse qu'il ne pourra être prêté aucun livre de la dite bibliothèque à qui que ce soit ».
A. J.

Notice sur la bibliothèque d'Aix dite de Méjanes; Paris, 1831. — *Portraits et histoire des hommes utiles*; 1836, 3e série.

MÉJEJ Ier, gouverneur de l'Arménie, né dans le pays de Kenoun, partie du Vasbouragan, vers 480, mort en 548, à Tovin. Issu d'une famille qui possédait le gouvernement héréditaire du canton de Kenoun, dans l'Arménie orientale, Méjej fut le seul qui, en 516, lors d'une invasion des Huns-Savires dans sa patrie, prit des mesures énergiques pour repousser les barbares. Investi, en récompense, par le roi de Perse, Kobad, du gouvernement de l'Arménie, à la place de Pourzan, qui s'était sauvé, Méjej Ier administra ce pays, pendant trente ans, sous la suzeraineté des rois sassanides, Kobad Ier et Khosrou Nouchirvan.

MÉJEJ II, gouverneur de l'Arménie, né vers 600, dans le pays de Kenoun, mort à Constantinople, en 668. Arrière-petit-fils du précédent et, comme lui, prince de Kenoun, il s'attacha aux Grecs, qu'il soutint contre les Perses depuis 620. Ayant été nommé, par Héraclius, gouverneur de l'Arménie, en 628, sous la suzeraineté de l'empereur d'Orient, il assista, en 629, au concile de Gazin ou Théodosiopolis, afin d'aplanir les voies pour l'union des Arméniens avec l'Église grecque. Après avoir gouverné l'Arménie jusqu'en 648, il fut appelé à Constantinople par Constant II, petit-fils d'Héraclius, pour aider ce prince contre ses compétiteurs au trône. Constant ayant été assassiné à Syracuse en Sicile, en 667, Méjej II, qui avait accompagné l'empereur défunt, se laissa persuader à prendre lui-même la pourpre impériale. Mais il fut bientôt vaincu par Constantin Pogonat, fils et héritier légitime de Constant II, puis amené à Constantinople, et mis à mort.
Ch. R.

Jean VI le Catholicos, *Histoire d'Arménie*. — Saint-Martin, *Additions* à Le Beau, *Histoire du Bas-Empire*.

MÉKHITAR KOSCH (ou *l'Imberbe*), savant arménien, né vers 1140, à Kandsag ou Gandjah, dans l'Arménie orientale, mort au couvent de Kédig, dans le pays de Gaian, en 1213. Après avoir étudié et enseigné dans divers couvents, qui dans ces temps agités tenaient lieu d'écoles de théologie, en Cilicie, à Erzeroum, au pays de Khatchen, Mékhitar fonda enfin, en 1191, le monastère de Kédig, au fond de la vallée de Dandsoud, dans l'Arménie orientale, monastère dont il fut le premier abbé. Il n'en sortit que pour assister, en 1205, au concile de Lorhi, assemblé par Zacharie, connétable d'Arménie et de Géorgie, afin de régler la discipline des églises de ces deux pays. On a de lui en manuscrit : *Discours sur la nature* (mis dans la bouche d'Adam et d'Ève); — *Traité de la Foi*; — *Livre de Justice*; — *Recueil de Canons*; — *Commentaire du prophète Jérémie*; puis des *Lettres* et des *pièces de vers*. Un seul de ses ouvrages est imprimé; c'est son excellent *Recueil de Fables et Apologues*, publié par le docteur *Zohrab*; Venise, 1790, in-12.
Ch. RUMELIN.

Tchamitch, *Histoire d'Arménie*. — Samuel d'Ani, *Chronographie Arménienne*. — Indjidji, *Archéologie Arménienne* — Soukias Somal, *Quadro della Letteratura Armeniana*.

MEKHITAR (*Pierre*), fondateur du couvent arménien de Venise, né à Sébaste en Arménie, le 7 février 1676, mort à l'île Saint-Lazare, près de Venise, le 29 avril 1749. Il était fils unique de Pierre et de Charistan, et son premier nom fut *Manoug*. Confié à la direction d'un prêtre, il reçut, à peine âgé de neuf ans, les quatre ordres mineurs au couvent de Sainte-Croix, dans sa ville natale. A quinze ans, l'habit religieux et le diaconat lui furent conférés par l'évêque Ananias avec le nom de *mekhitar* (consolateur). Désirant s'instruire et projetant déjà de rallier son pays à l'Église romaine, il se rendit au couvent d'Etchmiadzine, métropole des églises d'Arménie, et de là à Sébaste, puis à Passène, prêchant partout la doctrine de l'orthodoxie catholique. Nous ne raconterons pas ses pérégrinations à Alep, en Chypre et à Constantinople. Chassé de cette dernière ville par la persécution, il alla s'établir à Modon, en Morée, pays chrétien soumis alors aux Vénitiens, et où il fonda en 1708 une église. Douze ans après son arrivée à Modon, l'invasion des Turcs le mit de nouveau sans asile; il vint alors à Venise, et, protégé par Clément XI, obtint du sénat, le 8 septembre 1717, la cession à perpétuité de la petite île de Saint Lazare. Les bâtiments délabrés qui s'y trouvaient lui servirent d'abord : un nouveau monastère fut bâti en 1740. Dans l'intervalle Mekhitar organisa une imprimerie arménienne à Venise, où furent publiés ses ouvrages. Ses successeurs furent Étienne Melchior de Constantinople, Acontius Kœver, noble arménien de Transylvanie, qui obtint de Napoléon la conservation du couvent, et, vingt-quatre ans après, le docteur Sukias de Somal. Le couvent des Mekhitaristes de Saint-Lazare instruit et élève gratuitement les jeunes Arméniens qui s'y présentent. Après un nombre d'années limité, ceux qui se refusent à la vie religieuse sont rendus à leur patrie. Parmi les ouvrages que fit paraître Mekhitar on remarque : *Lexicon veteris Linguæ Armenæ*; Venise, 1727, 2 vol. in-4°; — *Grammaire Arménienne*, écrite en langue turque et imprimée en caractères arméniens; Venise, 1730, in-4°; — Une *Bible* arménienne; 1733, in-fol.; — *Dictionnaire de la Langue Arménienne*, en arménien; Venise, 1749-1769, 2 vol. in-4°. Il a composé en outre un grand nombre de catéchismes et de traductions des livres saints, des poëmes et odes sacrées, etc.

Louis LACOUR.

Ebert, *Allgemeines bibliographisches Lexikon*, n° 14026. — *Renseignements particuliers*. — *Allgemeiner literarischer Anzeiger*, n° 1796.

MEL ou MELL (*Conrad*), savant théologien allemand, né le 14 août 1666, à Gudensberg, (Hesse), mort le 3 mai 1733, à Cassel. Fils d'un ministre protestant, il étudia la théologie à Groningue et exerça les fonctions pastorales à Mittau, à Memel et à Kœnigsberg. En 1705 il fut rappelé dans son pays pour diriger le gymnase de Hersfeld, et il dut à la bienveillance particulière du landgrave l'emploi de surintendant des églises de la Hesse. Il avait fait de l'antiquité sacrée une étude approfondie, et si ses ouvrages ont été écrits avec trop de précipitation, il faut l'attribuer à la nécessité où il était de pourvoir à l'entretien d'une famille nombreuse (il avait vingt-quatre enfants). Mel appartenait aux Sociétés royales de Londres et de Berlin. Nous citerons de lui : *Die Posaune der Ewigkeit* (La Trompette de l'éternité), sermons; Kœnigsberg, 1697, in-4°; 7e édition, Cassel, 1755, in-4°; il y a donné une espèce de suite sous le titre : *Der Herold der Ewigkeit*; Berlin, 1729, in-4°; — *Legatio orientalis Sinensium, Samaritanorum, Chaldæorum et Hebræorum, cum interpretationibus*; Kœnigsberg, 1700, in-fol.; — *Omina bruta*; 1704, in-8°; inséré dans la *Bibl. magica* d'Haubert; — *Der wuerdige Gast an des Herrn Tafel* (Le digne Convive à la table du Seigneur, sermons); Kœnigsberg, 1704, in-4°; huit éditions; — *Antiquarius sacer, seu de usu antiquitatum Judaicarum, Græcarum et Romanarum in explicandis obscurioribus Scripturæ dictis*; Schleusingen, 1707, in-8°; l'édition de Francfort, 1719, in-4°, est augmentée de quatre opuscules; — *Pantometrum nauticum*; Hersfeld, 1707, in-fol. Il avait imaginé une machine au moyen de laquelle il prétendait mesurer exactement les longitudes en mer, et en adressa des modèles à plusieurs académies; celles de Londres et de Berlin lui présentèrent quelques objections, auxquelles il répondit dans le *Pharus illustrans*; ibid., 1709, in-fol.; — *Der Tabernackel oder gruendliche Beschreibung der Stiftshuette, samt allen ihren Theilen und heil. Geraethe* (Le Tabernacle de Moïse, ou sa description et celle de tous les ustensiles sacrés); Francfort, 1709, 1711, in-4°; Cassel, 1720, in-4°; — *Missionarius evangelicus*; Hersfeld, 1711, in-8°; — *Zions Lehre und Wunder*, sermons; Francfort, 1713, in-4°; huit éditions; — *Das Leben der Patriarchen* (Vie des Patriarches); Francfort, 1715-1716, 2 vol. in-4°; — *Die Lust der Heiligen* (Délices des Saints, livre de prières); Cassel, 1715, in-8°; 15e édit., ibid., 1779; — *Salems Tempel* (Le Temple de Salomon); Francfort, 1724, in-4°; Cassel, 1726, in-4°. On conserve à la bibliothèque de Cassel les manuscrits de Mel, parmi lesquels on remarque une *Histoire littéraire de la Hesse*. K.

Acta histor. eccles., I, 188. — J.-H. Ledderhose, *Ehrengedaechtniss Conrad Mel*; Cassel, 1733, in-4°. — Strieder, *Grundl. zu einer Hess. Gel.- Geschichte*, VIII, 328.

MELA (*Fabius*), jurisconsulte romain, vivait probablement au temps d'Auguste. Ses opinions en matière de droit sont souvent citées au Digeste. O.

Smith, *Dictionary of Greek and Roman Biography*.

MELA (*Pomponius*), géographe latin, vivait dans le premier siècle après J.-C. C'est le plus ancien des géographes latins qui soient parvenus jusqu'à nous, puisque les travaux géographiques d'Agrippa, de Cornelius Nepos, de Varron d'Atax, de Statius Sebosus et du roi Juba, ont péri. Il se dit lui-même Espagnol et originaire d'une ville de la Bétique, dont le nom, diversement altéré dans les manuscrits de son ouvrage, paraît devoir se lire ou *Tingentera*, ou *Cingentera*. On a voulu, à raison de cette origine, le rattacher à la famille des *Sénèque*, et l'on a vu en lui le troisième fils de Sénèque le rhéteur, cet *Annæus Mela* ou *Mella*, de qui Tacite et Pline l'ancien ont raconté la mort funeste. Mais alors, et en supposant même qu'il eût été adopté par la grande famille romaine Pomponia, ce que semble indiquer son nom de *Pomponius*, pourquoi celui des *Annæus* aurait-il disparu, contrairement aux lois qui régissaient l'adoption? Quant à l'époque de sa vie, c'est lui encore qui nous la donne, certaine et suffisamment précise. Outre les indices plus vagues contenus dans son livre, et qui se rapportent en général aux temps d'Auguste et de Tibère, il parle du grand prince qui va célébrer son triomphe sur la Bretagne, enfin révélée aux

Romains par ses armes, et ce prince ne peut être que l'empereur Claude, dont l'expédition est de l'an 42 de J.-C. Ainsi Mela écrivait sous Claude, un peu avant le milieu du premier siècle de notre ère, date que viennent confirmer plusieurs faits historiques et géographiques contemporains qu'il allègue.

Mela se propose, comme il l'annonce dans sa courte préface, de tracer par la parole un tableau du globe terrestre (*Orbis situm dicere aggredior*), sujet aussi vaste que digne d'intérêt, et dont il ne se dissimule pas les difficultés. Mais il n'en a fait véritablement qu'une esquisse rapide, quelquefois éloquente, et en général fidèle pour le temps. Après un coup d'œil sur le monde, au centre duquel il place la Terre, suivant les idées dominantes alors, sur les deux hemisphères et les cinq zones qui la partagent, il décrit à grands traits la portion habitée de cette terre, celle du moins que l'on connaissait comme telle, et qui appartient à notre hémisphère; l'autre, qui lui correspond, et que l'on supposait renfermer les *antichthones*, dans l'hémisphère austral, étant totalement inconnue. Cette terre habitée et connue, baignée de toutes parts des eaux de l'Océan, lui apparaît seulement un peu plus longue que large, à la différence du système reçu depuis Ératosthène; et par le moyen du bassin méditerranéen, auquel se rattachent ceux des mers connexes jusqu'au Palus-Méotide, par le moyen des deux grands fleuves opposés, le Tanaïs et le Nil, il la divise en trois parties inégales, l'Europe et l'Afrique en deçà et à l'occident; l'Asie au delà et à l'orient, aussi grande que les deux autres prises ensemble. Il fait ensuite, de chacune de ces trois parties du monde, un exposé sommaire, qu'il commence par l'Asie et termine par l'Afrique, la plus petite de toutes, dessinant, du mieux qu'il peut, la forme des continents, indiquant leurs limites, leur étendue, et distribuant à leur surface les pays et les peuples. C'est là sa géographie générale, et il y procède d'orient en occident, par voie de description et d'énumération, sans s'occuper ni de dimensions géométriques, ni de positions astronomiques.

Passant à la géographie spéciale, et, à proprement parler, descriptive, il adopte une marche toute différente, et, sur les traces de Scylax, d'Artémidore et d'autres, il entreprend le périple des côtes de la mer intérieure d'abord, puis de la mer extérieure ou de l'Océan. Il part ainsi du détroit de Gadès, et tournant à droite, il trouve l'Afrique et il parcourt successivement la Mauritanie, la Numidie, l'Afrique propre, la Cyrénaïque; poursuit par l'Égypte, qui est pour lui le commencement de l'Asie, par l'Arabie, la Syrie, la Phénicie, la Cilicie, la Pamphylie, la Lycie, la Carie, l'Ionie, l'Éolide, la Bithynie, la Paphlagonie et les autres pays asiatiques situés sur les bords du Pont-Euxin et du lac Méotis. Tel est le contenu de son premier livre. Le second nous conduit, en retour, sur les côtes européennes des mêmes mers et de la Méditerranée, à travers la Scythie d'Europe, la Thrace, la Macédoine, la Grèce, l'Épire, l'Illyrie, l'Italie, la Gaule narbonnaise, l'Espagne citérieure, les îles, jusqu'à notre point de départ. Par là se trouve achevé le périple de cette mer intérieure, dont les rivages furent le théâtre à peu près exclusif de la civilisation et des lumières pour l'antiquité classique; ce qui explique qu'un seul livre, le troisième et dernier de l'ouvrage, suffise à la description des contrées peu connues encore, mais d'autant plus curieuses à étudier, situées le long de l'Océan.

Repartant du détroit de Gadès pour se diriger à l'ouest et au nord, l'auteur, dans sa deuxième voyage de circumnavigation, est frappé du phénomène nouveau du flux et du reflux, auquel il assigne des causes diverses, entre autres l'influence de la lune; puis il suit la côte extérieure de l'Espagne, se porte de là sur celles de la Gaule, de la Germanie, de la Sarmatie et de la Scythie, et pénètre, autant qu'il le peut, dans l'intérieur de ces pays reculés, sans oublier les îles plus ou moins voisines de leurs rivages et plus ou moins réelles : la Bretagne, Iuverna ou l'Irlande, les Orcades, les Hémodes (probablement les Shetland, quoique les Hébudes ou Hébrides ne soient point nommées) : la vaste Scandinavie, dans le grand golfe Codanus, et Thulé, si fameuse, vis-à-vis la côte des Bergæ (Bergen). De l'Océan scythique ou septentrional, dont la mer Caspienne n'est plus à ses yeux qu'un golfe prolongé au sud, tandis qu'à ceux d'Hérodote et d'Aristote elle était déjà un grand lac méditerranéen, il passe dans l'Océan oriental et jette un coup d'œil sur cet immense continent d'Asie, plus distinct et plus étendu pour lui, ce semble, que pour aucun de ses prédécesseurs. Entre les Scythes asiatiques et les Saces, il nous y fait entrevoir le grand désert central, qu'il porte à l'est jusqu'au mont Tabis, dominant la mer, et loin duquel commence à s'élever, d'est en ouest, la chaîne du Taurus, qui n'est autre dans sa partie orientale que le prolongement de l'Himalaya. Entre cette chaîne et le désert montueux du nord, il place les Sères, où il est difficile de ne pas reconnaître au moins les provinces occidentales de la Chine. L'Inde de Mela, comprenant vaguement l'Indo-Chine et peut-être même la Chine méridionale, que le commerce commençait à révéler d'une manière confuse aussi bien que la Sérique ou la Chine du nord et de l'ouest, est baignée à la fois par l'Océan oriental et par l'Océan du sud ou Indien, et s'étend des sommets du Taurus et du promontoire Tamus, jusqu'au cap Colis (Comorin), d'abord dans une direction sud, puis jusqu'à l'Indus, qui forme sa limite à l'occident. Taprobane (Ceylan), qui n'avait point encore été visitée par les navigateurs européens, flotte indécise entre la notion d'une île considérable de l'hypothèse d'Hipparque, selon laquelle elle se rattachait à la terre australe, que ce grand astronome faisait courir des extrémités méridionales de l'Asie à celles de l'Afrique, de manière à former de la mer des Indes une méditerranée. Dans cette mer, que Mela appelle avec les Grecs Érythrée ou Rouge, il indique à l'orient de vastes profondeurs; mais il ne connait par leurs noms que les deux golfes Persique et Arabique, dont il décrit pittoresquement les enfoncements inégaux vers le nord. Il énumère ensuite les pays situés sur les côtes ou dans l'intérieur de l'Asie occidentale, depuis la Carmanie et la Gédrosie jusqu'à l'Arabie, qui embrasse les mers de l'un à l'autre golfe et les deux bords du sien. Du côté qui appartient à l'Afrique, les connaissances de notre auteur expirent, vers le sud, non loin de l'entrée du golfe Arabique, à la fabuleuse Panchée et aux Pygmées non moins fabuleux. Dans l'intérieur sont les Éthiopiens, partagés, comme chez Homère, en orientaux et occidentaux, mais avec plus de réalité historique, ainsi que l'atteste pour ceux-ci leur grand fleuve, supposé le même que le Nil, et qui seul, entre tous les fleuves de cette partie de l'Afrique, coule à l'orient, sans que l'on sache bien où il se termine. Se fondant, du reste, sur les voyages d'Hannon et d'Eudoxe, dont le dernier, suivant la fausse version de Nepos, aurait accompli le tour entier des côtes du continent africain, Mela regarde ce continent comme une presqu'île; il signale, parmi beaucoup de fictions géographiques qui avaient cours depuis longtemps, des faits, des noms qui semblent impliquer une notion quelconque du pays des nègres, au delà du grand désert. Ces connaissances précieuses, quoique vagues, empruntées, soit du périple d'Hannon, soit des voyages des caravanes, peuvent, selon nous, porter jusqu'au cap Vert (la corne de l'Occident) ou même plus loin dans l'intérieur. Tous les grands traits physiques de ces terres, que baignent les eaux de l'Atlantique, sont indiqués, aussi bien que les archipels voisins, en dépit de leurs noms mythologiques, jusqu'à la côte extérieure de Mauritanie et au promontoire Ampelousia (cap Spartel); là, pour la seconde fois, nous sommes ramenés au point de départ de cette double série d'explorations.

Le cadre de la géographie de Mela, tel que nous venons de le retracer, est fort remarquable, non-seulement par la manière ingénieuse et frappante dont il est disposé, mais encore par l'étendue et la nouveauté des connaissances qu'il révèle. Il est plus large et plus avancé, sous ce rapport, que celui du grand ouvrage de Strabon (*voy.* ce nom), quoique un intervalle de vingt ou trente années à peine sépare l'une et l'autre composition, et sans vouloir du reste mettre en parallèle le vaste tableau du géographe grec, si riche de développements et de couleurs, avec ce que nous avons déjà nommé la simple esquisse du géographe romain. Cette esquisse, toutefois, est faite de main de maître; les éléments en ont été puisés aux meilleures sources, avec un choix presque toujours judicieux, sans être exclusif; la physionomie des pays et des peuples y est rendue en traits énergiquement caractéristiques; la sécheresse de la nomenclature y est relevée de temps en temps par quelques détails heureux, par quelques particularités curieuses de la nature ou des hommes. Mela même à cet égard est peut-être allé trop loin; du moins doit-on lui reprocher, entre autres critiques plus ou moins fondées dont son livre a été l'objet, d'avoir omis des faits importants, tandis qu'il ne nous fait grâce d'aucun des récits fabuleux déjà suspects à Hérodote, sur les extrémités du monde. A ce goût pour le merveilleux, pour le fantastique, on reconnaît le Romain espagnol, et mieux encore à son style, qui a de la concision, de l'éclat, de la force, mais qui n'est pas exempt d'affectation et d'enflure.

Nous ne savons quel titre l'auteur pouvait avoir donné lui-même à son ouvrage; des divers intitulés que portent les manuscrits et les anciennes éditions, où il est généralement partagé en trois livres, le titre qui a prévalu et qui se fonde sur les premiers mots allégués plus haut, est *De Situ Orbis*. Cet ouvrage, quoiqu'on en ait dit, nous est certainement parvenu dans son entier; mais, à raison même de sa nature et du grand nombre des noms géographiques qu'il contient, il a été singulièrement altéré dans son texte par les copistes. De même que celui de Strabon, cité rarement et tard dans l'antiquité, il semble avoir été lu et reproduit avec d'autant plus de zèle au moyen âge, si l'on en juge par la multitude des manuscrits qui nous en sont parvenus, la plupart, il est vrai, du quatorzième et du quinzième siècle. A cette époque et dans les deux siècles suivants, les imprimés aussi en font foi par leur nombre dès les commencements de l'art typographique; l'abrégé de Mela était en vogue dans les écoles comme une sorte de manuel de la géographie. Les plus savants hommes ne dédaignaient pas de le copier, de l'annoter, de l'enrichir de cartes dressées plutôt encore d'après l'état des connaissances de leur temps que d'après les indications qu'il offrait en lui-même. Nous citerons comme preuve le précieux manuscrit de la bibliothèque de Reims, envoyé, l'an 1417, du concile de Constance au chapitre de la première de ces villes, par Guillaume Fillastre, cardinal de Saint-Marc, précédemment chanoine dudit chapitre et disciple du célèbre Pierre d'Ailly. En tête de ce manuscrit est une lettre d'envoi ou dédicace, contenant une analyse de la *Cosmographie de Pomponius Mela*; et le premier feuillet de celle-ci présente, engagée dans la majuscule initiale du premier mot, une miniature qui donne l'image du monde, non pas tel que le concevait l'auteur latin, mais tel que le connaissait son illustre éditeur, dont les remarques explicatives sur le texte qu'il a reproduit de sa main ne sont pas non plus sans importance (1). Parmi les éditions proprement dites, nous nous contenterons de mentionner celle d'Hermolaus Barbarus, imprimée à Rome vers 1493, et qui fit longtemps autorité pour la critique du texte; celle de Vadianus, Vienne, 1518, accompagnée d'amples commentaires et souvent reproduite; celle d'Olivarius, qui profita beaucoup des corrections de Nuñez de Guzman ou Pintianus, publiée plus tard à Salamanque, en 1543; celles de Vinet, de Schott, d'Isaac Vossius, de Jacob et d'Abraham Gronove, qui améliorèrent à l'envi les précédentes, et dont la dernière, donnée à Leyde, en 1722, réimprimée en 1748, et ornée d'une carte du système de Mela par Bertius, peut tenir lieu de presque tous les travaux antérieurs, au double point de vue de la critique et de l'exégèse. C'est ce qu'on doit dire, à bien plus forte raison, de l'immense travail de Tzschucke (Leipzig, 1807 et ann. suiv., 7 vol. in-8° avec une carte), aujourd'hui l'édition *variorum* par excellence de la géographie de Pomponius Mela, et qui, grâce à ses riches et savants commentaires, peut passer pour une sorte d'encyclopédie de la géographie ancienne. Aug. Weichert en a publié pour les écoles, en un vol. in-8°, Leipzig, 1816, l'extrait généralement désiré que demandait Malte-Brun. Ce dernier savant, dans la notice sur Mela qui fait partie de la *Biographie Universelle* de Michaud, et dont nous avons moins profité que de la dissertation préliminaire de Tzschucke, en complétant celle-ci pour la partie géographique, porte un jugement sévère, mais juste, sur la traduction française de Fradin (Paris, 1804, 3 vol. in 8°), faite d'après l'édition d'Abraham Gronove, de 1722, la plus récente que semble avoir connue le traducteur, qui en a reproduit le texte et la carte avec un choix de notes, augmentées sans beaucoup de fruit par les siennes (2). [M. GUIGNIAUT, dans *l'Enc. des G. du M.*]

Bahr, *Geschichte der römischen Litteratur* (3e édit.).

(1) La Bibliothèque impériale possède, au département des cartes, un *fac-simile* de la mappemonde de Guillaume Fillastre, dont il s'agit; et M. le vicomte de Santarem l'a reproduite dans le bel Atlas qui accompagne son ouvrage intitulé : *Recherches sur la découverte des pays situés sur la côte occidentale d'Afrique*, etc., Paris, 1842, in-8°, qu'il faut consulter aux pag. 16, 94 et suiv. de l'introduction, et 96, 290 et suiv. du texte.

(2) Il existe une vieille traduction anglaise de Pomponius Mela intitulée : *The rare and singular Work of Pomponius Mela, that excellent and worthy cosmographer, of the situation of the World, most orderly prepared, and divided every part by its selfe : with the longitude and latitude of everie Kingdome, province, rivers, etc. Whereunto is added that learned worke of Julius Solinus Polyhistor, with a necessarie table for this booke; right pleasant and profitable for gentlemen, merchants, mariners and travellers. Translated into englyshe by Arthur Golding*; Londres, 1590, in-4°. Le *Mela* et le *Solinus* avaient paru séparément, l'un en 1585, l'autre en 1587. La traduction italienne de Porcacchi, Venise, 1557, in-4°, et la traduction allemande de Dietz; Giessen, 1774, in-8°, sont peu estimées.

MELAMPE (1) (Μελάμπους), auteur de deux petits ouvrages grecs, intitulés l'un Περὶ παλμῶν μαντική (*La Divination par le battement du pouls*), l'autre Περὶ ἐλαιῶν τοῦ σώματος (*Sur les taches du corps*), vivait probablement dans le troisième siècle avant J.-C. Le premier de ses ouvrages est dédié à un roi Ptolémée, qui suivant la conjecture de Fabricius est Ptolémée Philadelphe. Ces deux traités sont pleins de superstitions et d'absurdités. Ils furent publiés pour la première fois en grec par Camillus Peruscus, dans son édition des *Variæ Historiæ* d'Élien, Rome, 1545, in-4°. Nicolas Petreius les traduisit en latin, et les publia avec le traité de Mélétius, *De Natura hominis*; Venise, 1552, in-4°. La meilleure édition est celle de Franz, dans ses *Scriptores Physiognomiæ veteres*; Altembourg, 1780, in-8°. Y.

Fabricius, *Bibliotheca Græca*, vol. I, p. 99. — Choulant, *Handbuch d. Bücherkunde für die aeltere Medicin*, p. 418.

MÉLANCHTHON (*Philippe*), ou plutôt *Schwarzerd*, dont *Mélanchthon* (μέλας, noir, et χθών, terre) est la traduction grecque, naquit le 16 février 1497, à Bretten, petite ville du Palatinat (aujourd'hui grand-duché de Bade), et mourut le 19 avril 1560. Son père était armurier, et avait, par son habileté, gagné quelque aisance. Sa mère, fille du bailli de l'endroit, passait pour une excellente ménagère, économe, pieuse et charitable. Le jeune Philippe reçut les premiers éléments de son instruction à l'école de Bretten; mais il n'y resta pas longtemps, parce que l'instituteur était atteint de la syphilis, qui, au rapport de Camerarius, faisait alors en Allemagne d'affreux ravages (2). Ses parents lui donnèrent pour précepteur Jean Unger, excellent latiniste, qui, malgré sa sévérité, se faisait aimer de son élève. En 1507, Philippe fut envoyé, avec son frère Georges (3), à l'école latine de Pforzheim, où il eut, entre autres, pour maître G. Simler et pour condisciple Simon Grynæus. Il avait son domicile et sa pension chez une parente, sœur de Reuchlin; c'est de cette époque que date sa liaison avec cet homme célèbre, qui a si puissamment contribué à la renaissance des lettres. On raconte qu'il avait fait apprendre à ses camarades les rôles d'une espèce de

(1) Mélampe est sans doute un pseudonyme emprunté à un personnage mythique de ce nom qui passait pour avoir possédé le premier le don de prophétie et avoir exercé le premier la médecine et introduit en Grèce le culte de Dionysus. Sur ce personnage, très-célèbre dans l'antiquité hellénique, on peut consulter Apollodore avec le commentaire de Heyne, et le *Dictionary of Greek and Roman Biography and Mythology* de Smith.

(2) Camerarius la dépeint comme une véritable épidémie. Voici ses paroles : *Cœpit tum lues fœda passim homines in Germania primum invadere, et miserum in modum non solum excruciando sed mutilando et membra depascendo affligere, quam Hispanicam nonnulli, plerique Gallicam nominabant.* Camerarius, *in vita Melanchth.*, p. 6.

(3) Ce frère aîné devint maire de sa ville natale, et survécut à Philippe.

comédie que Reuchlin venait de publier (1), et qu'il en avait dirigé la représentation en présence même de l'auteur. Le 13 octobre 1509, Philippe fut inscrit sur la matricule des étudiants de l'université de Heidelberg. L'enseignement n'y était pas encore débarrassé des langes de la scolastique, et le jeune homme (il n'avait alors que douze ans) dut lui-même se tracer un plan d'études. « Je me rappelle, écrivit-il plus tard, qu'on ne m'enseignait à l'université que le vain fatras de la dialectique et de la physique d'Aristote. Peu à peu la curiosité me portait à lire les poëtes latins modernes, et c'est de là seulement que je fus conduit à la lecture des classiques anciens. J'apprenais bien les mots et les phrases; mais comme aucune méthode ne présidait à leur choix, et comme on aimait mieux prendre pour modèle Politien que les œuvres d'un ancien, je m'étais d'abord approprié le style guindé des modernes, au lieu du langage simple et naturel des classiques (2). » Il expose ensuite comment il parvint, par ses propres efforts, à débrouiller le chaos des règles de la grammaire et de la rhétorique, et il insiste sur la nécessité d'une réforme complète de l'enseignement universitaire. Pour obtenir les grades académiques, il fallait cependant suivre la voie prescrite : Philippe s'y soumit, et au bout de deux ans il se sentit en état de soutenir les épreuves du baccalauréat. Mais ses professeurs refusèrent de l'admettre aux examens, sous prétexte qu'il était trop jeune : il n'avait en effet que quatorze ans (3). Le vrai motif de ce refus provenait d'un sentiment de jalousie; car, au rapport de ses biographes, l'élève préparait à ses maîtres les discours latins qu'ils devaient prononcer dans les solennités académiques, crime aussi impardonnable que celui d'un plébéien qui oblige un souverain. Puis, il apprenait, à lui tout seul, le grec, ce qui était une innovation dangereuse, sinon une hérésie aux yeux des dispensateurs officiels de la science d'alors, qui à la rencontre d'un passage grec tournaient la page, en s'écriant du haut de la chaire : *Græcum est, non legitur.* Quoi qu'il en soit, par suite de ce refus, qui, loin de l'humilier, ne fit que l'encourager, Mélanchthon quitta Heidelberg, laissant parmi ses condisciples, qu'il avait souvent aidés de ses conseils, les plus affectueux souvenirs; et il alla, le 17 septembre 1512, terminer ses études à l'université de Tubingue, qui, trente-six ans auparavant, avait été fondée par Eberhard le Barbu, duc de Wurtemberg. Cette rivale de Heidelberg recommandait, grâce à Reuchlin, l'enseignement de la langue grecque, pour laquelle Mélanchthon eut toujours depuis une prédilection marquée. Dès son arrivée à Tubingue, il devint membre de la société savante (*classis sodalium Neccharanorum*) instituée pour la propagation de la bonne latinité : c'était la première réaction organisée contre ce latin barbare dont se moquèrent avec tant d'esprit les *Epistolæ obscurorum virorum*. H. Bebel, J. Hassianus, Coccinius, Fr. de Stade faisaient partie de cette société, dont Reuchlin semblait être l'âme. Outre la théologie et la philosophie, qui étaient ses sciences favorites, Mélanchthon y étudia les mathématiques, la médecine et la jurisprudence, de façon qu'il pouvait se dire initié à toutes les connaissances humaines. Bientôt les écrits d'Érasme et ses propres méditations firent naître en lui l'idée que le christianisme de la Bible est bien différent du christianisme de l'Église et de la scolastique. A dix-sept ans, il obtint (25 janvier 1514) le grade de bachelier, qui lui conférait le droit de faire des cours publics à l'université. Il commença par commenter Virgile et Térence, dont il restitua la métrique (1), et fit suivre ces cours par des leçons sur Cicéron, sur Tite-Live et quelques auteurs grecs. La clarté et l'érudition qu'il y déployait attirèrent un nombreux auditoire, auquel il sut inspirer le goût des belles-lettres.

La querelle des théologiens de Cologne avec les dominicains passionnait alors tous les esprits, prélude de l'orage qui devait bientôt éclater. Cette querelle remontait à 1506 : le P. Pfefferkorn, juif baptisé, et l'inquisiteur Hochstraten avaient demandé à l'empereur la destruction de tous les livres juifs parus en Allemagne, à cause des blasphèmes qu'ils prétendaient y être contenus. Reuchlin fut choisi pour arbitre par l'électeur de Mayence, d'accord avec l'empereur. L'arbitre déclara que ces livres ne renfermaient rien qui pût autoriser une pareille mesure. Grande fut la colère des dominicains, qui auraient volontiers brûlé Reuchlin comme hérétique; ils en firent même la demande (en 1514) à la cour de Rome. De toutes parts Reuchlin reçut les plus chaleureuses adhésions; tous les esprits éclairés et indépendants, parmi lesquels on remarquait Pirkheimer Éoban Hesse et Ulric de Hutten, tenaient à honneur de s'appeler *Reuchlinens*; Mélanchthon ne fut pas, comme on pouvait le prévoir, le dernier à se prononcer dans le même sens. Et comme les dominicains continuaient à s'agiter, le chevalier de Sickingen les réduisit au silence et les obligea de payer les frais du procès (2). Quelques mois après, Luther fulmina ses thèses. Les ouvrages que Mélanchthon fit paraître à cette époque (3) le mirent en rapport

(1) On pense que c'était la pièce sur les sophismes du barreau...

(2) Lettre de Mélanchthon en tête du tome III de ses *Œuvres* (édit. de Wittemberg).

(3) Cette circonstance a fait placer Mélanchthon parmi les *Enfants célèbres* de Baillet.

(1) Ce travail lui fit entreprendre une édition (aujourd'hui fort rare) de *Térence*, qui parut sous ce titre : *Comœdiæ P. Terentii, metro numeroque restitutæ*, Tubingue (mars), 1516. Dans la même année il fit imprimer chez Thomas Anshelm la *Chronique de Nauclerc*, entièrement refondue. C'était alors le meilleur traité d'histoire universelle.

(2) C'est dans cette affaire qu'il faut chercher l'origine des *Epistolæ obscurorum virorum*; Cologne, 1516.

(3) Ces ouvrages sont, outre ses *Institutiones gram-*

avec Érasme, qui venait de souffler l'incendie de la réformation : le restaurateur des études classiques le comblait d'éloges dans ses annotations au Nouveau Testament (1). Plusieurs universités tenaient à honneur de s'associer Mélanchthon. Il venait de refuser une chaire à Ingolstadt lorsque l'électeur lui fit offrir, par l'intermédiaire de Reuchlin, la chaire de grec et d'hébreu à l'université récente de Wittemberg. Reuchlin recommanda le jeune professeur dans les termes les plus chaleureux. « Je ne connais, répondit-il au prince, personne, parmi les Allemands, qui soit supérieur, par son savoir, à Philippe Schwarzerd, si ce n'est Érasme, qui est Hollandais. » Mélanchthon quitta Tubingue au commencement d'août 1518, s'arrêta quelques jours à Bretten et à Stuttgard, pour faire ses adieux à ses parents et amis, passa par Leipzig, où les professeurs lui offrirent un banquet, et arriva le 25 du même mois à Wittemberg. Quatre jours après son arrivée, il prononça son discours d'installation à l'université : il traitait de la réforme des études de la jeunesse (*De corrigendis adolescentiæ studiis*). Le professeur y fit éloquemment ressortir le mal causé par l'ignorance des langues grecque et hébraïque pour la correction du texte de la Bible. Luther, son collègue, en fut ravi. « Melanchthon vient, écrit il à Spalatin, d'enthousiasmer son auditoire par un discours aussi beau que profond. Désormais il n'aura plus besoin de la recommandation de personne : tâchons seulement de le conserver en obtenant pour lui une augmentation de ses honoraires, qui sont insuffisants (2). » La renommée du jeune professeur, qui n'avait rien d'imposant dans son extérieur, fit affluer des étudiants de toutes les contrées de l'Allemagne : l'université, qui en 1517 n'en avait guère que deux cents, en compta bientôt deux mille. Quoique chétif de corps et d'une santé débile, il avait une activité prodigieuse : outre ses cours ordinaires, il préparait des publications dont il envoya, à la fin de l'année (1518), la liste à Spalatin, recteur de l'université ; on y trouve : *La Calomnie*, dialogue de Lucien, traduit en latin ; un *Dictionnaire Grec*; la traduction latine de divers traités de Plutarque, du banquet de Platon, des Hymnes sur les anges. Il surveillait lui-même l'impression de ses écrits, et comme l'imprimerie de J. Grüneberg manquait de caractères grecs, il en fit fondre par des ouvriers habiles qu'il fit venir à Wittemberg.

Dès ce moment Mélanchthon devint un aide précieux pour l'œuvre du grand réformateur, dont il savait tempérer la fougue et les emportements. Nous nous bornerons à signaler les principaux moments de cette collaboration active, incessante, en renvoyant, pour plus de détails, à notre article LUTHER.

La vie de Mélanchthon, comme celle de Luther, fut toute militante : à part les incidents communs de la vie de famille, elle était l'image même de la lutte entre les croyances nouvelles et les croyances anciennes, lutte opiniâtre, désespérée de part et d'autre. La première rencontre entre les catholiques et les nouveaux sectaires eut lieu à Leipzig, le 27 juin 1519 : ce fut une lutte de paroles très-peu évangéliques, bien qu'elle eût l'Évangile pour motif : on l'appelait la *disputation* de Leipzig. Mélanchthon y joua un rôle subalterne : il se contentait de donner des conseils à son ami, qui y occupait le premier rang. Une seule fois il se leva pour interpeler Eck. « Tais-toi, Philippe, s'écria avec impatience l'antagoniste de Luther, occupe-toi de tes affaires, et laisse-moi tranquille : *Tace tu, Philippe, ac tua studia cura, ne me perturba.* » Cette interpellation avait cependant piqué Eck au vif, car il ne tarda pas de lancer (le 29 juillet) une diatribe contre celui qu'il appelait dédaigneusement le *grammairien* de Wittemberg; elle a pour titre : *Excusatio Eckii ad ea quæ falso sibi Ph. Melanchthon grammaticus Wittemberg. super Theolog. Disput. Lips. adscripsit*. Mélanchthon y répliqua aussitôt par *Defensio adversus Eccianam inculpationem*. Peu de temps après (le 19 septembre 1519), il fut agrégé à la faculté de théologie avec un traitement de 100 florins et le titre de licencié (*magister*), qu'il ne voulut jamais changer contre celui de docteur. L'exégèse biblique devint dès lors son étude favorite. Les cours qu'il faisait sur l'Évangile de saint Matthieu, sur l'Épître aux Romains, et sur quelques livres de l'Ancien Testament, servirent de jalons à des commentaires qui furent en partie imprimés malgré leur auteur. A l'exemple de Luther, il s'attacha particulièrement aux doctrines de saint Paul, comme l'attestent l'*Adhortatio ad Paulinæ doctrinæ studium*, et la *Declamatiuncula in D. Pauli doctrinam*, deux discours publiés au commencement de 1520. Ils furent bientôt suivis d'un manuel de dialectique (*Compendiaria Dialectices Ratio*; Wittemberg, 1520). Mélanchthon travaillait depuis deux heures du matin jusqu'au soir; ses amis s'inquiétaient enfin sérieusement de l'état de sa santé; l'électeur même lui recommandait de se ménager, et Luther, pour le distraire, lui conseillait de se marier. Mélanchthon épousa, en effet, le 26 novembre 1520, la fille du bourgmestre Krapp : elle s'appelait Catherine, comme la femme de Luther. De cette union, qu'aucun nuage n'assombrit, naquirent quatre enfants.

En août 1520 parut à Rome, sous le pseudonyme de Thomas Rhodinus, un écrit adressé à

matica graeca (souvent réédités). *Dialogus mythologicus Bartholomæi Coloniensis, cum præf. Mel.* Mayence (M. nov. 1516). — *Otci et Volari, dialogus Iudos Romanis artus*, 1517. — *De Artibus liberalibus Oratio*, 1517. — *Plutarchi Quæstio de Nota Pythagorica* (versio latina), 1517.

(1) At Deum immortalem, quam non spem de se præbet adm[illegible] etiam adolescens ac pæne puer, Philippus ille Melanchthon, utraque literatura pæne ex æquo suscipiendus! quod inventionis acumen? quæ sermonis puritas! *Annot. ad N. T.*, p. 516 (éd. 1516)

(2) *Lettres de Luther*, Recueil de Wette, t. I, p. 135.

tous les princes de l'Empire et où les doctrines de Luther étaient représentées comme une entreprise aussi audacieuse que funeste (1). En février de l'année suivante, Mélanchthon y répondit sous le nom de *Didymus faventinus* : jamais la cause de Luther n'avait été défendue avec autant d'éloquence. « Rappelons-nous, disait-il, par quelle série d'empiétements l'évêque de Rome est arrivé à établir sa suprématie; le droit par lequel il domine, nous pouvons le lui ôter, car ce droit n'est pas divin (2). » Si en 1521 il n'accompagna pas Luther à la diète de Worms, il continua de se consacrer tout entier à l'enseignement de la littérature ancienne et à la propagation de la réforme. Il eut aussi à la défendre contre le zèle exagéré de ses partisans : Carlstadt, entre autres, alla jusqu'à vouloir supprimer les universités, en disant aux étudiants d'apprendre un honnête métier plutôt que la théologie. Les prédications des anabaptistes troublèrent un moment la conscience de Mélanchthon; mais, rassuré par Luther, il fit paraître, en décembre 1521, le premier traité de dogmatique protestante, sous le titre de *Loci communes rerum theologicarum, seu Hypotyposes theologicæ* : c'est un résumé des doctrines nouvelles (3). Dans la préface, l'auteur déclare inutile et dangereuse toute investigation sur la nature de Dieu, sur la Trinité, la création et la Rédemption « Car, se demande-t-il, qu'a-t-on atteint par ce fatras de recherches scolastiques? Rien; si ce n'est qu'on s'est éloigné de la pureté de l'Évangile. Les mystères de la divinité, il faut les adorer et non les scruter. » L'auteur admet une prédestination, incompatible avec la liberté (4); il appelle « fruits maudits d'un arbre maudit » les actes de la volonté humaine qui ne sont pas préalablement justifiés par la foi, et anathématise les théories et les vertus des philosophes anciens et modernes. Les sacrements sont pour lui les symboles de la grâce et efficaces seulement par la foi. Luther faisait le plus grand cas de ce livre. « Nous ne possédons, dit-il, aucun ouvrage où la théologie entière soit mieux résumée que dans les *Lieux communs* de Mélanchthon : tous les pères et faiseurs de sentences ne peuvent être comparés à ce livre; c'est, après la Sainte Écriture, ce qui existe de plus parfait. » Puis il ajoute : « Mélanchthon est plus logicien que moi : il conclut et enseigne. Je suis plus rhétoricien, plus orateur (5). » La traduction allemande du Nouveau Testament, entreprise en 1522, est en partie l'œuvre de Mélanchthon, qui était bien plus versé que son collaborateur dans la connaissance de la langue et de l'antiquité grecques. Quand le sens d'un mot l'embarrassait, il n'hésitait pas à consulter d'autres réputés plus savants que lui, tels que Spalatin et Georges Sturz d'Erfurt. Dès la même année il travaillait jusqu'en 1534 à la traduction allemande de l'Ancien Testament. Les Prophètes et le livre de Job lui offraient de grandes difficultés. Luther en parle dans sa lettre à W. Link : « Nous travaillons maintenant, dit-il, à Job, si bien, que nous y passons, maître Philippe, Aurogallus et moi, quelquefois quatre jours avant de pouvoir rédiger trois lignes. » La traduction des deux livres des Maccabées est, au rapport de Chytræus (1) et de Mylius (2), entièrement l'œuvre de Mélanchthon. Dans le même intervalle, il publia *Annotationes in obscuriora aliquot capita Geneseos*, des commentaires sur plusieurs livres de l'Ancien Testament, sur l'Évangile de saint Jean, sur les Épîtres aux Romains et aux Corinthiens. Pour rétablir sa santé, gravement compromise par cette ardeur au travail, il résolut de faire un voyage au pays natal. Il partit le 16 avril 1524 de Wittemberg, accompagné de Joachim Camerarius, de Nasen et de Burkhard de Weimar, passa par Leipzig et Fulda, où il apprit la mort d'Ulric de Hutten, et vint embrasser sa mère à Bretten. Elle resta jusqu'à sa mort fidèle au catholicisme, et son fils ne paraît jamais l'avoir engagée à changer de religion. Pendant cette visite du toit paternel, les compagnons de Mélanchthon étaient allés voir Érasme à Bâle. Ils s'entretenaient beaucoup avec lui des querelles à l'ordre du jour. « Je ne connais pas, leur disait Érasme, votre Église; mais je connais la plupart des vôtres, et je les sais capables de se porter aux mêmes excès contre les bons et contre les méchants. Ils ne cessent pas d'avoir à la bouche l'Évangile, la parole de Dieu, la foi, Jésus et le Saint-Esprit; mais quant à leur conduite ou à leurs actes, ils tiennent un tout autre langage. »

Mélanchthon conserva toujours avec Érasme des relations d'estime réciproque, et c'est peut-être à ces relations qu'il faut attribuer les modifications que le premier apporta à ses opinions sur le libre arbitre et la philosophie d'Aristote. Pendant son séjour à Bretten, il reçut la visite de Frédéric Nausea, secrétaire du cardinal-légat Campegius, qui essaya vainement de le détacher de Luther. A son retour à Wittemberg, il trouva l'université troublée par les prédications de Carlstadt et la guerre des paysans (*voy.* MUNZER). Il se prononça contre ces derniers bien durement. « Le peuple allemand, est, disait-il, si barbare et si sanguinaire, qu'il faut le traiter avec la

(1) *Thomæ Rhodini Placentini in Lutherum Oratio*; Rome, 1520 (rarissime).

(2) *Didymi faventini adversus Rodinum pro Luthero Oratio*; Witt. (mars 1521).

(3) Il eut plus de cent éditions, et fut traduit dans presque toutes les langues. La 1re édition a été réimprimée par Augusti en 1821, et par H. von der Hardt dans le t. IV de son *Hist. lit. Reformat.* La meilleure édition est la 3e, qui parut en 1544.

(4) Quandoquidem omnia quæ eveniunt necessario eveniunt juxta divinam prædestinationem, nulla est voluntatis nostræ libertas.

(5) *Tischreden*, p. 330 (de l'édit. franç. de M. G. Brunet).

(1) *Onomasticon*, p. 457.

(2) *Chronologia Scriptorum Melanchth. ad annum* 1520.

dernière rigueur (1). » Paroles impitoyables que l'ignorance où il était du malheureux sort des paysans pourrait seule faire excuser. En 1527 eut lieu l'inspection des églises (*Kirchenvisitation*), qui fait époque dans l'histoire du protestantisme. Mélanchthon fut chargé de visiter la Thuringe et d'y organiser l'introduction des nouvelles doctrines, dont il fit un résumé à l'usage des curés et des instituteurs (2). Il y indiquait aussi d'utiles réformes dans l'enseignement primaire et secondaire. Assisté de J. Schurff et Planitz, il commença sa tournée par Kahla et Orlamunde, où se réunissaient les anabaptistes, et passa ensuite à Iéna, Neustadt, Weida et Auma. En mars 1529, il accompagna l'électeur de Saxe à la diète de Spire. Dès cette époque il était persuadé que si les luthériens avaient voulu céder sur des points d'une importance secondaire, un accord avec les catholiques aurait été possible; malheureusement ses bonnes intentions, loin d'être appuyées, ne firent que tourner contre lui-même. Rien de plus attristant que ces diètes, ces conférences ou colloques, où chacun arrivait avec des opinions inébranlablement et d'avance arrêtées, et où l'on s'entre-déchirait au nom d'une religion qui leur prêchait à tous la concorde. La diète de Spire fut bientôt suivie de celle d'Augsbourg (1530). C'est là que fut présentée, en latin et en allemand, à Charles Quint la formule de foi des luthériens connue sous le nom de *Confession d'Augsbourg* : elle est l'œuvre de Mélanchthon ainsi que l'*Apologie* qui s'y trouve jointe (3). L'entêtement de Luther, qui enseignait que dans l'eucharistie « on mange le vrai corps de Jésus-Christ en chair et en os », fit échouer l'union avec les partisans de Zwingli et d'Œcolampadius, qui n'y voyaient qu'un symbole. Ce fut à l'occasion de cette querelle que Philippe, landgrave de Hesse, disait aux deux partis : « Les juifs aussi défendaient leur circoncision, et pourtant Paul ne leur a jamais dit : Vous avez le diable, allez-vous-en. Que les théologiens se rappellent les paroles du Christ : « Le Fils de l'homme n'est pas venu pour condamner, mais pour rendre heureux. » La leçon était bonne; mais prêcher l'union à des théologiens divisés de dogmes, n'est-ce pas parler morale à des brutes? — Les articles sur lesquels aucun des partis ne voulut jamais céder portaient sur la *communion sous les deux espèces*, sur le *mariage des prêtres* et l'*abolition de la messe privée*. C'est ce que montrait clairement la *Confutation* par laquelle les catholiques répondirent à la *Confession* des luthériens. Ajoutons encore que ces princes, qui, pour mettre en pratique les [illegible] nouvelles, avaient confisqué les biens des abbayes et des évêchés, et que le pape sommait de rendre, avaient intérêt à soutenir la cause des partisans de la réformation : ce fut là un des principaux motifs de la formation de la ligue de Schmalcade, en 1531.

Parmi les princes qui essayèrent d'attirer Mélanchthon dans leur pays pour en pacifier les esprits, nous citerons François Ier, roi de France. Ce fut l'affaire d'une longue négociation, dont les détails ont été dénaturés par l'esprit de parti, aux dépens même de la chronologie. Voici ce que rapporte Bayle, dont le témoignage peut faire ici autorité : « Un gentilhomme que François Ier avoit envoyé en Allemagne parla à Mélanchthon touchant le voyage de France, et l'assura que le roi lui en écriroit lui-même et lui fourniroit toutes sortes de saufs-conduits. Étant retourné en France, il donna parole au roi que Mélanchthon feroit le voyage si Sa Majesté lui faisoit l'honneur de lui écrire sur ce sujet. Ce prince dépêcha tout aussitôt ce gentilhomme pour porter à Mélanchthon la lettre qu'il lui écrivoit : elle est datée de Guise, le 28 juin 1535, et fait connaître le plaisir qu'avoit eu le roi en apprenant, par la relation du gentilhomme et par la lettre que Guillaume du Bellai avoit reçue de Mélanchthon, que ce docteur étoit disposé à venir en France, pour y travailler à pacifier les controverses. Mélanchthon écrivit au roi le 28 septembre de la même année : il l'assure de ses bonnes intentions et du regret qu'il avoit de n'avoir pu surmonter encore les obstacles de son voyage. Le gentilhomme qui porta au roi cette réponse le trouva tout occupé des préparatifs de la guerre d'Italie; et d'ailleurs Mélanchthon ne put jamais obtenir de l'électeur de Saxe la permission d'aller à la cour de François Ier, quoique Luther eût vivement exhorté cet électeur à consentir à ce voyage, en lui représentant que l'espérance de voir Mélanchthon avoit fait cesser en France les supplices des protestants, et qu'il y avoit sujet de craindre qu'on ne rentrât dans les voies de la cruauté [illegible] qu'il ne viendroit pas. L'électeur eut [illegible] bonnes raisons de ne point permettre ce voyage : il craignoit de s'exposer à la colère de Charles Quint, et il ne [illegible] que Mélanchthon feroit quelque chose [illegible] de la religion [illegible] »

Après le [illegible] de Mélanchthon avec Luther [illegible] Memmingen et Strasbourg [illegible]

(1) *Ein Schrifft wider die Artikel der Bauerschaft* [illegible] (en juin 1525).

(2) *Unterricht der Visitatoren an die Pfarrherrn im Kurfürstenthum zu Sachsen* [illegible].

(3) *Confessio fidei exhibita* [illegible] *Carolo V, cæsari augusto,* [illegible] *MDXXX. Addita est Apologia Confessionis* [illegible] berg, impr. par Georg. Rhau, [illegible]

nateur à Leipzig. Son gendre, le médecin Peucer, et son plus ancien ami, Camerarius, lui prodiguèrent jusqu'à son dernier moment les plus tendres

géliques : « Qu'ils ne fassent tous qu'un, comme nous ne sommes qu'un ». Son corps fut inhumé dans l'église du château de Wittemberg à côté du tombeau de Luther (1) « Mélanchthon, dit un judicieux et élégant écrivain, avait bien gagné l'éternel repos : il avait rempli avec une gloire que lui seul ne connut pas, la double tâche de réformateur dans la religion et de réformateur dans les lettres. Nul ne mit à leur service un esprit pourvu de plus de ressources; nul ne souffrit plus pour ces deux causes, si étroitement liées au commencement.. Quiconque aime les lettres pour elles-mêmes, et en a goûté la douceur dans le commerce des grands écrivains de l'antiquité, honorera sans réserve l'homme que sa patrie a nommé le *précepteur commun de l'Allemagne* » (2).

Des quatre enfants qu'eut Mélanchthon trois lui survécurent *Philippe*, l'aîné, qui avait peu de capacité, mort en 1603, notaire de l'université;

G. Peucer, dont elle eut dix enfants, et qui mourut en 1576.

Les nombreux écrits de Mélanchthon intéressent presque toutes les connaissances humaines on en trouvera la liste dans Mylius, *Chronologia Script. Mel.*, 1582, in-8°; dans Strobel, *Bibliotheca Melanchthoniana*; dans Rotermund, *Supplém. à Jöcher*, et dans Bretschneider, *Corpus Reformatorum*. Aux ouvrages déjà cités dans le courant de cet article on pourra joindre : *Elementorum Rhetorices Libri II*; Wittemb., 1531; — *Chronicon Carionis*, terminé par Peucer, en 1580; — *Philosophiæ moralis Epitome*; Witt., 1537. En philosophie, si l'on excepte la morale, il se rapprochait le plus d'Aristote; ses principaux écrits en ce genre sont : *Commentarius de Anima* Witt., 530, et *Initia Doctrinæ Physicæ*, ibid. 1549. Il admettait cinq facultés de l'âme *potentiam vegetativam, sentientem, appetivam locomotivam* et *rationalem*. La révélation divine était pour lui l'un des *criteria* de la certitude. Dans ses *Initia Doct. Physicæ* il n'admettait pas l'opinion d'Aristarque, démontrée depuis par Kopernick : « C'est, dit-il, une doctrine contraire à la Bible et qu'on peut d'ailleurs réfuter par la physique, que la Terre et les planètes tournent autour du Soleil. » Il croyait à l'astrologie,

(1) On y voit encore, à gauche de l'autel, l'épitaphe de Camerarius, et qui est ainsi conçue :

Vitam, fortunasque suas, studiumque laboris
Quique operæ sanctum consiliique fidem
Impedit divina tuis, Ecclesia, rebus,
Teque plus variis juvit et auxit ope
Hac in parte sibi post mortem structa Melanchthon
Communi in luctu busta Philippus habet.

(2) D. Nisard, *Études sur la Renaissance*, p. 433 (*Mélanchthon*).

comme le montre, entre autres, sa préface au livre *Sur la Sphère* de Sacro Busto (Witt., 1531), et il était convaincu avec Platon « que les étoiles ont été créées pour les yeux de l'homme ». Ses écrits théologiques, allemands et latins, ont été réunis sous le titre de *Corpus Doctrinæ Christianæ* (*Misnium sive Philippicum*) et donnés par Peucer et Vogelin; Wittemberg, 1560 et suiv. Mélanchthon avait lui-même commencé une édition complète de ses œuvres : il en parut 5 vol. in-fol., à Bâle, 1541. La plus ancienne collection de ses *Lettres* parut à Bâle, en 565, par les soins de J. Manlius. F Hoerm.

Camerarius, *De Philippi Melanchthonis ortu, totius Vitæ curriculo et morte*; Leipzig (Vogelin), 1566. — Melchior Adam, *Vitæ Germ. Philosoph. et Theolog.* — Galle, *Versuch einer Characteristick Mel.*; Halle, 1840. — C. Matthes, *Ph. Melanchthon, sein Leben und Wirken*, etc.; 2ᵉ édit., Altembourg, 1846 (c'est la meilleure monographie publiée jusqu'à présent sur Mél.). — Bretschneider, *Corpus Reformatorum*. — D. Nisard, *Études sur la Renaissance* (article *Mel.*); Paris, 1855. — Ledderhose, *Ph. Melanchthon, nach seinem äussern und innern Leben*; Heidelberg, 1847.

MELANDER (1 *Otton*), jurisconsulte allemand, né à Rome, en 57 mort en 1640. Il était le petit-fils de Denys Melander, qui, après avoir introduit la réforme à Francfort, devint aumônier de Philippe, landgrave de Hesse, dont il bénit le mariage avec Marguerite de Saal. Reçu en 1595 docteur en droit à Marbourg, il devint en 1604 conseiller aulique au service de l'empereur, après s'être converti au catholicisme. On a de lui : *Centuria controversarum juris feudalis* Marbourg, 1594, et Lich, 1601, in-8°; — *Exegesis totius studii politici*; Lich, 1599, et Francfort, 1618, in-8°. O.

Jugler, *Beyträge zur juristischen Biographie*, t. VI. — Strieder, *Hessische Gelehrten Geschichte*, t. VIII.

MELANDERHJELM *Daniel* MELANDER), astronome suédois, né le 29 octobre 726, à Stockholm où il est mort le 3 janvier 810. Fils d'un maître d'école, il fit, sous la direction de Klingenstierna, de brillantes études à l'université d'Upsal, et publia, à l'âge de vingt-six ans, un mémoire très-remarquable (*De natura et veritate methodi fluxionum*, Upsal, 753, in-4°), où il démontrait, mieux encore peut-être que Maclaurin, les règles et l'exactitude du calcul des fluxions Adjoint en 1757 à Martin Strœmer dans la chaire d'astronomie d'Upsal, il lui succéda, en 76 comme professeur en titre. L'année précédente, il avait été admis à l'Académie des Sciences de Stockholm. Choisi pour secrétaire perpétuel de cette compagnie, il se fit aider dans ses fonctions par Svanberg et Sjösten, et lorsqu'en 1803 il voulut les résigner, à cause de l'affaiblissement de sa santé, ses collègues exigèrent de lui qu'il conservât du moins la correspondance avec les savants étrangers; une médaille fut même frappée pour conserver la mémoire de cet arrangement. Depuis 1796 il avait

(1) Son véritable nom était SCHWARTZMANN, dont Mélander est la traduction grecque.

de Mélanchthon, qui étudiait le droit à Leipzig, avait épousé clandestinement une jeune personne, Marguerite Kuffner : c'était précisément à l'époque où Luther (dont l'amitié pour Mélanchthon venait de se refroidir) tonnait du haut de la chaire contre ces sortes de mariages, que les juristes déclaraient valables.

Les colloques de Worms et de Ratisbonne (1545 et 1546) furent des tentatives de réconciliation aussi vaines que les précédentes. Peu après (19 février 1546) Mélanchthon reçut la nouvelle de la mort du réformateur : il l'annonça en ces termes aux étudiants de Wittemberg (1) : « Il n'est plus le conducteur du char d'Israel, celui qui a dirigé l'Église dans ce dernier âge du monde... Aimons la mémoire de cet homme et le genre de doctrine qu'il nous a laissé; soyons plus modérés, et considérons les immenses calamités et les grands changements que cette mort entraînera. » Cette prédiction devait bientôt s'accomplir. La guerre éclata : elle fut malheureuse pour les protestants; l'un de leurs chefs, l'électeur de Saxe, fut vaincu par l'empereur et fait prisonnier dans la bataille de Muhlberg, le 24 avril 1547 : l'électeur perdit tous ses États, qui furent donnés à son cousin *Maurice* (*voy.* ce nom). Le second chef des protestants, le landgrave de Hesse, eut le même sort : il fut pris par trahison, le 19 juin, aux environs de Halle. A la suite de ces événements, l'université de Wittemberg, ce foyer du luthéranisme, fut dissoute (le 6 nov.); mais déjà l'année suivante elle fut rétablie par l'ambitieux duc Maurice, qui subordonnait la religion à la politique. Mélanchthon aurait dû être l'âme des professeurs de Wittemberg; mais sa belle devise : *In necessariis unitas, in dubiis libertas, in omnibus caritas*, qu'il voulait faire adopter à tous les luthériens, devint le thème des plus violentes récriminations. Comment en effet ceux que le fanatisme aveuglait pouvaient-ils distinguer les choses principales des accessoires? La où ils voyaient un cierge allumé sur l'autel, ils criaient que la lumière de l'Évangile allait s'éteindre? La vue d'une chasuble surexcitait leur rage contre les « horreurs de la papauté ». La liberté d'examen et la croyance au libre arbitre étaient un « outrage à la mémoire de Luther ».

bition et d'avarice : cela leur épargne beaucoup de temps, beaucoup de bassesses, beaucoup de désordres. Mais pour jouir de cette belle disposition il ne suffit pas qu'ils la possèdent, il faut aussi que leur parenté en soit pourvue; car une femme, un gendre, un fils, un proche parent, qui veulent être riches ou s'élever aux honneurs, ne laissent point en repos l'homme de lettres : ils veulent qu'il sollicite, qu'il brigue, qu'il fasse sa cour, et s'il ne le fait pas, ils grondent et font des querelles. Mélanchthon et son beau-fils en sont une preuve. » (*Dict. Crit.*, artic. *Mélanchthon*, note H.)

(1) *Obiit auriga currus Israel, qui rexit Ecclesiam in hac ultima senecta mundi. — Amemus hujus viri memoriam et genus doctrinæ ab ipso traditum, et simus moderatiores et consideremus ingentes calamitates et mutationes magnas quæ hunc casum sunt secuturæ.* *Voy.* Mathes, *Philipp. Melanchthon, sein Leben und Wirken*; Altembourg, 1846, p. [illegible].

A la diète d'Augsbourg (septembre 1547), Charles Quint proposa aux protestants l'*Interim* de Ratisbonne, légèrement modifié. Mais cette proposition fut encore rejetée. Mélanchthon s'en explique dans une lettre fort remarquable à Ch. de Carlowitz, ministre de l'électeur. « Je n'aime pas, y dit-il, les querelles, et je suis aussi zélé que personne pour l'union des hommes entre eux; ce n'est pas moi qui ai suscité toutes ces controverses: j'y ai été entraîné. Je travaille à l'œuvre commune depuis plus de vingt ans : les uns m'ont accusé de tiédeur, les autres de viser au chapeau de cardinal; j'ai eu à me plaindre de Luther lui-même. Cependant je voudrais que l'on ne touchât pas, comme on le fait dans l'*Interim*, aux points fondamentaux de la réforme. Par amour de la paix, j'accorderais volontiers bien des choses que d'autres rejettent avec violence. Ainsi, je voudrais qu'on laissât intacte la constitution hiérarchique de l'Église, l'autorité du pape et des évêques : ils sont meilleurs gardiens de la pureté des dogmes que les princes d'un esprit inculte. J'admets aussi les cérémonies, parce qu'elles sont une partie essentielle de la discipline, et ma nature a toujours répugné à cette vie de cyclopes, qui ne veut d'aucun ordre et qui repousse les coutumes comme une prison. Mais quant à ce qui concerne les articles de la foi aucune transaction n'est possible (1). » Les protestants opposèrent à l'*Interim* d'Augsbourg l'*Interim* de Celle, qui, après quelques modifications, devint *Interim* de Leipzig. Mais les controverses des théologiens, parmi lesquels nous signalerons Bugenhagen, Maior, Flacius Illyricus, Amsdorf, Zwilling, N. Gallus, J. Agricola, J. Æpinus, et surtout Osiander et Calvin, faisaient de plus en plus ressortir l'impossibilité d'un rapprochement sincère ou durable, d'abord des sectes protestantes entre elles, puis des protestants et des catholiques entre eux. L'histoire de ces affligeantes controverses montre jusqu'où peut descendre l'esprit humain dans l'emploi de son temps, et comment il peut gaspiller le plus précieux des capitaux. Les querelles de religions forment les plus tristes pages des annales de l'humanité.

La paix d'Augsbourg, conclue le 26 septembre 1555, n'était qu'une trêve, peu sincère, qu'avait amenée une lassitude réciproque. Aux termes du traité, les adhérents de la confession d'Augsbourg devaient, pour le libre exercice de leur culte, jouir des mêmes droits que les catholiques. Cette paix ne fit que ranimer les disputes des théologiens protestants entre eux, et notamment des partisans de Luther avec les sectateurs de Calvin. Ce fut au milieu de ces disputes, qu'il essayait vainement d'apaiser, que s'éteignit Mélanchthon, à l'âge de soixante-trois ans, à la même heure où il était venu au monde. La maladie qui l'enleva s'était déclarée à la suite d'un refroidissement pendant sa tournée d'exami-

(1) *Voy.* Strobel, *Apologie de Mélanchth.*, p. [illegible].

nateur à Leipzig. Son gendre, le médecin Peucer, et son plus ancien ami, Camerarius, lui prodiguèrent jusqu'à son dernier moment les plus tendres soins. Il expira en murmurant ces paroles évangéliques : « Qu'ils ne fassent tous qu'un, comme nous ne sommes qu'un ». Son corps fut inhumé dans l'église du château de Wittemberg à côté du tombeau de Luther (1) « Mélanchthon, dit un judicieux et élégant écrivain, avait bien gagné l'éternel repos : il avait rempli, avec une gloire que lui seul ne connut pas, la double tâche de réformateur dans la religion et de réformateur dans les lettres. Nul ne mit à leur service un esprit pourvu de plus de ressources; nul ne souffrit plus pour ces deux causes, si étroitement liées au commencement... Quiconque aime les lettres pour elles-mêmes, et en a goûté la douceur dans le commerce des grands écrivains de l'antiquité, honorera sans réserve l'homme que sa patrie a nommé le *précepteur commun de l'Allemagne* » (2).

Des quatre enfants qu'eut Mélanchthon trois lui survécurent : *Philippe*, l'aîné, qui avait peu de capacité, mort en 1603, notaire de l'université; sa fille cadette, Madeleine, qui épousa, en 1550, G. Peucer, dont elle eut dix enfants, et qui mourut en 1576.

Les nombreux écrits de Mélanchthon intéressent presque toutes les connaissances humaines : on en trouvera la liste dans Mylius, *Chronologia Script. Mel.*, 1582, in-8°; dans Strobel, *Bibliotheca Melanchthoniana*; dans Rotermund, *Supplém. à Jöcher*, et dans Bretschneider, *Corpus Reformatorum*. Aux ouvrages déjà cités dans le courant de cet article on pourra joindre : *Elementorum Rhetorices Libri II*; Wittemb., 1531; — *Chronicon Carionis*, terminé par Peucer, en 1580; — *Philosophiæ moralis Epitome*; Witt., 1537. En philosophie, si l'on excepte la morale, il se rapprochait le plus d'Aristote; ses principaux écrits en ce genre sont : *Commentarius de Anima*, Witt., 1530, et *Initia Doctrinæ Physicæ*, ibid., 1549. Il admettait cinq facultés de l'âme : *potentiam vegetativam*, *sentientem*, *appetivam*, *locomotivam* et *rationalem*. La révélation divine était pour lui l'un des *criteria* de la certitude. Dans ses *Initia Doct. Physicæ*, il n'admettait pas l'opinion d'Aristarque, démontrée depuis par Kopernick : « C'est, dit-il, une doctrine contraire à la Bible et qu'on peut d'ailleurs réfuter par la physique, que la Terre et les planètes tournent autour du Soleil. » Il croyait à l'astrologie, comme le montre, entre autres, sa préface au livre *Sur la Sphère* de Sacro Busto (Witt., 1531), et il était convaincu avec Platon « que les étoiles ont été créées pour les yeux de l'homme ». Ses écrits théologiques, allemands et latins, ont été réunis sous le titre de *Corpus Doctrinæ Christianæ* (*Misnium sive Philippicum*) et donnés par Peucer et Vogelin; Wittemberg, 1560 et suiv. Mélanchthon avait lui-même commencé une édition complète de ses *œuvres*: il en parut 5 vol. in-fol., à Bâle, 1541. La plus ancienne collection de ses *Lettres* parut à Bâle, en 1566, par les soins de J. Manlius. F. Hoefer.

Camerarius, *De Philippi Melanchthonis ortu, totius Vitæ curriculo et morte*; Leipzig (Vogelin), 1566. — Melchior Adam, *Vitæ Germ. Philosoph. et Theolog.* — Galle, *Versuch einer Characteristick Mel.*; Halle, 1840. — C. Mathes, *Ph. Melanchthon, sein Leben und Wirken*, etc.; 2e édit., Altembourg, 1846 (c'est la meilleure monographie publiée jusqu'à présent sur Mél.). — Bretschneider, *Corpus Reformatorum*. — D. Nisard, *Études sur la Renaissance* (article *Mel.*); Paris, 1855. — Ledderhose, *Ph. Melanchthon, nach seinem äussern und innern Leben*; Heidelberg, 1847.

MELANDER (1) (*Otton*), jurisconsulte allemand, né à Rome, en 1571, mort en 1640. Il était le petit-fils de Denys Melander, qui, après avoir introduit la réforme à Francfort, devint aumônier de Philippe, landgrave de Hesse, dont il bénit le mariage avec Marguerite de Saal. Reçu en 1595 docteur en droit à Marbourg, il devint en 1604 conseiller aulique au service de l'empereur, après s'être converti au catholicisme. On a de lui : *Centuria controversarum juris feudalis*; Marbourg, 1594, et Lich, 1601, in-8°; — *Exegesis totius studii politici*; Lich, 1599, et Francfort, 1618, in-8°. O.

Jugler, *Beyträge zur juristischen Biographie*, t. VI. — Strieder, *Hessische Gelehrten Geschichte*, t. VIII.

MELANDERHJELM (*Daniel* Melander), astronome suédois, né le 29 octobre 1726, à Stockholm, où il est mort, le 8 janvier 1810. Fils d'un maître d'école, il fit, sous la direction de Klingenstierna, de brillantes études à l'université d'Upsal, et publia, à l'âge de vingt-six ans, un mémoire très-remarquable (*De natura et veritate methodi fluxionum*, Upsal, 1752, in-4°), où il démontrait, mieux encore peut-être que Maclaurin, les règles et l'exactitude du calcul des fluxions Adjoint en 1757 à Martin Strœmer dans la chaire d'astronomie d'Upsal, il lui succéda, en 1761, comme professeur en titre. L'année précédente, il avait été admis à l'Académie des Sciences de Stockholm. Choisi pour secrétaire perpétuel de cette compagnie, il se fit aider dans ses fonctions par Svanberg et Sjœsten, et lorsqu'en 1803 il voulut les résigner, à cause de l'affaiblissement de sa santé, ses collègues exigèrent de lui qu'il conservât du moins la correspondance avec les savants étrangers; une médaille fut même frappée pour conserver la mémoire de cet arrangement. Depuis 1796 il avait

(1) On y voit encore, à gauche de l'autel, l'épitaphe de Camerarius, et qui est ainsi conçue :

Vitam, fortunasque suas, studiumque laboris
Quique operæ sanctum consiliique fidem
Impedit divina tuis, Ecclesia, rebus,
Teque plus variis juvit et auxit ope :
Hac in parte sibi post mortem structa Melanchthon
Communi in tecto busta Philippus habet.

(2) D. Nisard, *Études sur la Renaissance*, p. 483 (*Mélanchthon*).

(1) Son véritable nom était Schwarzmann, dont Melander est la traduction grecque.

cessé d'enseigner à l'université d'Upsal. Anobli par le roi Gustave III (1778), il changea, suivant l'usage suédois, son nom de Melander en celui de Melanderhjelm. D'autres distinctions furent la récompense de ses nombreux travaux et de son zèle pour l'avancement des sciences : il devint en 1785 chevalier de l'Étoile polaire, et en 1801 conseiller de chancellerie. Il mourut de la pierre, à l'âge de quatre-vingt-quatre ans, et légua sa bibliothèque à l'université d'Upsal. Les dernières années de sa vie furent occupées à surveiller la nouvelle mesure du degré de Laponie, opération qu'il avait provoquée et dont il chargea Svanberg et Ofverbom, deux de ses disciples. Melanderhjelm appartenait aux principales sociétés savantes de l'Europe, et il était correspondant de l'Académie des Sciences de Paris. On a de lui : *Remarques sur les Théories de la Lune*, de d'Alembert, dans les *Mémoires de l'Académie de Stockohlm* (1760, t. XXII) ; — *Isaaci Newtoni Tractatus de Quadratura Curvarum explicationibus illustratus* ; Upsal, 1762, in-4° ; — *De Atmosphæra Tellurem ambiente* ; Upsal, 1763, in-4° ; — *Danielis Melandri et Pauli Frisii, alterius ad alterum, De theoria Lunari Commentarii* ; Parme, 1769, in-4° ; 2° édit., Parme et Leipzig, 1782, in-4° : au travail que lui avait adressé Melander, et qui était intitulé : *Lineamenta Theoriæ Lunaris*, Frisi ajouta sa propre dissertation : *De supputandis Motuum Lunarium æquationibus* ; — *Remarques sur la durée de notre système planétaire*, dans les *Mémoires de l'Académie de Stockholm* (1771, t. XXXIII) ; — *Litteræ de Atmosphæra Veneris* ; Milan, 1771 ; — *Meditatio de Machinatione hujus Mundi* ; Sienne, 1773 ; — *Conspectus Prælectionum academicarum, continens fundamenta ast·onomiæ* ; Upsal, 1779, 2 vol. in-8°, fig. Cet ouvrage étant devenu rare, l'auteur le traduisit en langue suédoise, sur l'invitation de l'académie, qui pourvut aux frais de la publication (Stockholm, 1795, 2 vol. in-8°, avec addit.) ; — *Eloge de Whilhem Vargentin* ; 1784, in-8° ; — plusieurs mémoires, dans les recueils de l'académie d'Upsal. K.

Nordmark, *Oratio parentalis* ; Upsal, 1810. — Kjollin, *Notice dans les Mém. de l'Acad. de Suède*, 1811. — *Biograph Lexikon*, IX, 287-291. Lalande, *Bibliogr. Astronom.* — Zach (De), *Correspondance*, IX, 78-80.

MELANDRI-CONTESSI (*Girolamo*), chimiste italien, né le 29 mars 1784, à Bagnacavallo (États Romains), mort le 22 février 1833, à Padoue. Après avoir étudié les sciences à Bologne et la chimie à Ravenne, où il adopta les principes de Lavoisier, il reçut à Pavie le diplôme de docteur en médecine (1806), et obtint dans cette université la chaire de chimie générale, en remplacement du comte Carburi (1808) ; il l'occupa jusqu'à sa mort. On a de lui : *Elementi di Chimica generale* ; Padoue, 1809-1810, 2 vol. in-8° ; — *Trattato elementare di Chimica generale e particolare* ; Padoue, 1826, in-8° ; — plusieurs mémoires insérés dans les *Memorie ed osservazioni* de G. Moretti (Pavie, 1820), dans le *Giornale dell' Italiana Letteratura*, le *Giornale di Fisica* des Brugnatelli, les *Saggi* de l'académie de Padoue, les *Annali delle Scienze*, etc. P.

Caldani, *Discorso funebre* ; Padoue, 1833, in-4°. — Vaccolini, *Elogio*, Lugo, 1833, in-8°, et *Biografia di G. Melandri*, Forli, 1834, in-8°. — *Biblioteca Italiana*, février 1833.

MELANI (*Alessandro*), littérateur italien, né à Modène, où il est mort, le 2 octobre 1568. Après avoir été quelque temps attaché au service du cardinal Aleandro, il revint à Modène, où il s'occupa de philosophie, de mathématiques et d'astrologie. Accusé de luthéranisme, il fit devant l'évêque Morone une rétractation secrète. Quelques-unes de ses poésies ont été imprimées en 1551 à Bologne. On a aussi de lui un ouvrage sur les poids et mesures des anciens et la version italienne du traité d'Érasme sur l'éducation des enfants.

Un autre écrivain de ce nom, MELANI (*Girolamo*), né à Sienne et mort en 1765, fut secrétaire du cardinal Crescenzi, archevêque de Ferrare. Il a laissé : *Arte di scriver lettere* ; Venise, 1755, in-8° ; — *Trattenimenti eruditi*, in-8° ; — *Il libro per le donne* ; Lucques, 1758, in-8° ; — des poésies, etc. P.

Tiraboschi, *Biblioteca Modenese*. — Mazzuchelli, *Scrittori d'Italia*.

MELANI (*Giuseppe*), peintre de l'école florentine, né à Pise, vers 1680, mort en 1747. Élève de Camillo Gabrielli, il imita Pierre de Cortone dans ses défauts comme dans ses qualités, et fut un des bons peintres à fresque de son temps. C'est ainsi qu'il peignit à Pise la voûte de San-Matteo, d'un effet merveilleux, et qu'il décora l'église de San-Giuseppe. Il réussit moins bien dans la peinture à l'huile. Son œuvre la plus importante en ce genre est *La Mort de saint Renier*, dans la cathédrale de Pise. On lui doit encore : à Pise, *Le Repos en Égypte*, une *Sainte Famille*, deux sujets tirés de la *Gerusalemme* au palais Tonini, et à Pistoja, *Saint Renier*. Giuseppe travailla souvent avec son frère, *Francesco*, mort en 1742, et on a remarqué que les meilleures productions de tous deux étaient le fruit de cette collaboration. E. B—N.

Lanzi, *Storia*. — Ticozzi, *Dizionario*. — Romagnoli, *Cenni storico-artistici di Siena*. — Morrona, *Pisa illustrata*. — Tolomei, *Guida di Pistoja*.

MÉLANIE *la jeune* (Sainte), née à Rome, vers 388, morte à Jérusalem, le 31 décembre 444. Elle appartenait à la famille patricienne Antonia, et fut mariée contre son gré à Pinianus, fils d'un Severus, préfet de Rome. Elle suivit son mari à Tagasta (aujourd'hui *Taggah* et *Taggou-Zainah*, dans la province de Constantine) : c'était en 411 ; sa mère, Albina, l'accompagnait. Tous trois résolurent d'embrasser la vie chrétienne dans ce qu'elle a de plus austère et « firent, disent les hagiographes, plusieurs voyages en Égypte et en Palestine pour visiter les déserts et les monastères et répandre partout leurs charités ».

Après la mort d'Albina, Pinianus se retira dans une communauté de religieux, et y mourut saintement. Mélanie s'enferma dans une cellule sur le mont des Oliviers, et y vécut quatorze ans. Elle fit ensuite construire un monastère, où elle assembla beaucoup de jeunes filles et de femmes pénitentes, auxquelles elle donna des règles. En 436, elle se rendit à Constantinople, et convertit au christianisme son oncle Volusianus. De retour à Jérusalem, elle compléta ses saintes œuvres par la fondation d'un couvent d'hommes, situé sur un des versants du Calvaire. Les Grecs honorent sainte Mélanie le 31 décembre, et les Latins le 8 janvier. A. L.

Aloys Lipomann, *Vitæ Sanctorum*, etc. — Surius, *Vitæ Sanctorum*, etc. — A Muratori, *Anecdot. ambros.*, t. Ier. — Baillet, *Les Vies des Saints*, au 31 décembre. — Macé, *Histoire de sainte Mélanie*. — Richard et Giraud, *Biblioth. Sacrée*.

MÉLANIPPIDE (1) (Μελανιππίδης), un des plus célèbres poetes dithyrambiques grecs, né dans l'île de Mélos, mort vers la fin du cinquième siècle avant J.-C. Plus jeune que Lasus d'Hermione et que Diagoras de Mélos, il était contemporain du poëte comique Phérécrate. Il mourut à la cour de Perdiccas, roi de Macédoine. D'après ces faits, les seuls que l'on connaisse sur Mélanippide, on peut affirmer qu'il vivait vers le milieu du cinquième siècle, et qu'il mourut avant 412. Sa réputation était très-grande chez les anciens. Xénophon lui assigne la première place parmi les poëtes dithyrambiques, et le met à côté d'Homère, de Sophocle, de Polyclète, de Zeuxis au nombre des hommes éminents qui ont été maîtres dans leur rang respectif. Plutarque le mentionne avec Simonide et Euripide comme un des maîtres les plus distingués de la musique. Malgré son talent, il ne put échapper aux attaques que les poetes de la comédie ancienne prodiguaient aux poetes lyriques, coupables, selon eux, d'altérer les sévères beautés de la vieille musique. Ménalippide, un de ces novateurs, fut accusé par Phérécrate d'avoir amolli la musique en portant à douze (ou peut-être à dix) le nombre des cordes de la lyre, licence qui prépara les innovations de Cinesias, Phrynis et Timothée. Au rapport d'Aristote, il abandonna entièrement l'arrangement par strophes et antistrophes, et introduisit de longs préludes (ἀναβολαί) dans lesquels la musique n'était pas unie à des paroles suivant la constante habitude des anciens. En général il semble que Ménalippide donna une valeur indépendante à la musique, qui avait été jusque là subordonnée à la poésie. D'après Suidas, il composa des chants lyriques et des dithyrambes. Il nous reste de lui quelques vers et trois titres *Marsyas*, *Persephone*, *Les Danaïdes*, qui ont fait supposer à Fabricius et à d'autres critiques que Melanippide était un poëte tragique; c'est une erreur : ces trois titres appartiennent à des compositions dithyrambiques. Méléagre admit quelques pièces de ce poete dans sa *Couronne*, et il le désigne par l'emblème du narcisse (νάρκισσόν τε τορῶν Μελανιππίδου ἐγκύμονα ὕμνων). Les *fragments* de Ménalippide ont été recueillis par M. Bergk dans ses *Poetæ Lyrici Græci*. Y.

Suidas, au mot Μελανιππίδης. — Plutarque, *De Musica*. — Xénophon, *Memor.*, I, 4. — Aristote, *Rhet.*, III, 9. — Meincke, *Fragmenta Comic. Græcorum*, p. [illegible]. — Fabricius, *Bibliotheca Græca*. vol. II, p. 128, 130. — Ulrici, *Geschichte der Hellenischen Dichtkunst*, vol. II, p. 26, 141, 590, 593.

MÉLANTHE (Μελάνθιος, Μέλανθος), peintre célèbre de l'école de Sicyone, vivait dans la seconde moitié du quatrième siècle avant J.-C. Il était le contemporain d'Apelle, avec qui il étudia sous Pamphile. Il paraît que dans la composition ou art de grouper les personnages, il surpassa son camarade d'école. Il fut aussi un des meilleurs coloristes parmi les peintres grecs, bien que, suivant la remarque de Pline, il ne se servit que de quatre couleurs. Ses tableaux étaient très-estimés et se payaient au plus haut prix. mais les anciens n'en citent qu'un seul, le *portrait d'Aristratus, tyran de Sicyone*, porté sur un char de victoire. Les plus habiles élèves de Mélanthe y travaillèrent, et Apelle lui-même y mit la main. Lorsque Sicyone eut été délivrée par Aratus, les images des tyrans furent vouées à la destruction. Un peintre, nommé Nealcis, obtint que le tableau de Mélanthe serait en partie conservé; mais à la condition que la figure d'Aristratus disparaîtrait. Il effaça l'image du tyran, et la remplaça par une palme. Mélanthe composa sur son art (Περὶ ζωγραφικῆς) un traité, aujourd'hui perdu, dont Diogène Laerce cite un passage et que Pline mentionne parmi les auteurs pour le 35e livre de son *Histoire naturelle*. Y.

Plutarque, *Arat.*, 13. — Diogène Laerce, IV, 18. — Pline, *Hist. Nat.*, XXXV, 7, 10.

MÉLANTHIUS (Μελάνθιος), poëte tragique athénien, vivait dans la seconde moitié du cinquième siècle avant J.-C. Il paraît avoir eu de la réputation en son temps, mais il n'est plus connu que par les outrages que lui prodiguèrent les poëtes comiques, Eupolis, Aristophane, Phérécrate, Leucon et Platon. On remarque qu'il fut maltraité dans chacune des trois pièces *Les Flatteurs* d'Eupolis, *La Paix* d'Aristophane, et *Les Frères* (Φράτορες, membres d'une association, d'un club), de Leucon, qui remportèrent les trois premiers prix dans le concours dramatique de 419. De ces trois pièces une seule, *La Paix*, subsiste, et contient un passage (v. 796, etc.) des plus violents, où Melanthius est signalé comme un méchant poete, un glouton vorace,

(1) Suidas distingue deux poëtes de ce nom : l'aîné, fils de Criton, vivait vers la 65e olymp. (520 avant J.-C.); il écrivit des dithyrambes, des poëmes épiques, des épigrammes, des élégies, et divers autres ouvrages; il fut le grand-père du côté maternel, du jeune Mélanippide, dont le père se nommait aussi Criton. Cette distinction, inconnue à tous les autres auteurs anciens, paraît fondée sur une méprise; elle a cependant été maintenue par Schmidt, *Diatribe in Dithyramb.*, p. 77-88, qui, dans les fragments qui nous restent sous le nom de Mélanippide, s'est efforcé de faire la part des deux poëtes.

un débauché, dont la personne était repoussante. Ces fâcheux détails sont confirmés par d'autres auteurs. Mélanthius avait d'ailleurs de l'esprit, et les mêmes autorités qui parlent de la bassesse de son caractère citent de lui des reparties vives et plaisantes. Plutarque prétend qu'il vécut à la cour d'Alexandre, tyran de Phères; mais le fait est peu probable, puisque Alexandre ne monta sur le trône qu'en 369, près de cinquante ans après l'époque où nous avons vu Mélanthius déjà célèbre. Athénée et Plutarque parlent d'un Mélanthius auteur d'élégies où il était question de Cimon; si c'est le même que le poëte tragique, il était déjà vieux en 419. Y.

Aristophane, *Pax*, 796, 800, avec les *Scholies*. — Plutarque, *De Aud. Poet.*; *De Adul. et Amic.*, *Conjug. Præcep.*; *Sympos.* — Fabricius, *Bibliotheca Græca*, vol. II, p. 310 — Ulrici, *Hellen. Dichtkunst*, vol. II, p. 572. — Welcker, *Die griechischen Tragödien*, p. 1030-1032. — Kayser, *Historia critica Tragicorum Græcorum*.

MÉLART (*Laurent*), historien belge, né en 1578, à Huy (principauté de Liége), mort dans la même ville, en 1641. Appelé trois fois aux fonctions de bourgmestre, il les remplissait lorsqu'il mit au jour le travail historique dont il s'occupait depuis près de vingt ans, et dont une maladie l'empêcha de surveiller l'impression, que déparent d'assez nombreuses fautes typographiques : *L'Histoire de la ville et chasteau de Huy et de ses antiquités, avec une chronologie de ses comtes et evesques* (1); Liége, 1641, in-4°. Le judicieux auteur, le premier des historiens liégeois qui ait su se soustraire à l'influence du clergé, retrace les événements d'une manière intéressante, et constate avec soin les variations du droit public de son pays. M. F. Corbissen a publié l'*Histoire de la ville et du château de Huy, d'après Laurent Mélart, continuée jusqu'à nos jours*; Huy, 1839, in-8°; mais elle ne paraît pas devoir faire oublier celle de Mélart. E. R.

Foppens, *Bibliotheca Belgica*. — Van der Meer, *Biblioth. Scriptorum Leodiensium*, p. 261, ms. de la bibliothèque royale de Bruxelles. — F. Henaux, *Revue de Liége*, IV, 77.

MÉLAS (*Michel*, baron DE), général allemand, né en Moravie, en 1730, mort à Elbe-Teinitz (Bohême), le 31 mai 1806. Il fit ses premières armes dans la guerre de Sept Ans au service de l'Autriche, comme aide-de-camp du feld-maréchal Daun. Nommé général major en 1793, il combattit successivement sur la Sambre, sur le Rhin et en Italie, et lorsque, en 1799, Souwarof prit le commandement en chef de l'armée austro-russe, Mélas, à la tête des Autrichiens, seconda vigoureusement ce général et se signala aux batailles de Cassano, de la Trebia et de Novi. Le 3 novembre, il défit le général Championnet à Imola, et s'empara de Coni. Mais la campagne de 1800 vint mettre un terme à ses succès. Pendant qu'il se tenait devant Gênes, et que, confiant dans la supériorité numérique de ses troupes, il avait envoyé une partie de son armée sur le Var, où se trouvait Suchet, Bonaparte passait les Alpes et venait se placer de manière à couper au général ennemi ses communications avec l'Autriche. Mélas, qui n'avait pas cru le passage des Alpes exécutable, se hâta de rallier ses troupes et reprit l'offensive. Il attaqua les Français dans la plaine de Marengo, le 14 juin. Mélas avait cinquante mille hommes, dont dix-huit mille de cavalerie; l'armée française ne comptait que quarante-trois mille hommes, dont trois mille cavaliers seulement. Mélas eut d'abord le dessus, et il put se croire vainqueur; déjà les Français avaient cédé sur plusieurs points; l'arrivée de Desaix changea l'état des choses; une batterie d'artillerie, placée par Marmont, jeta de l'hésitation chez les Autrichiens; une charge de cavalerie, commandée par Kellermann, parvint à couper leurs colonnes, et bientôt l'armée française, ralliée, repoussa les Autrichiens sur tous les points, malgré la vive résistance qu'elle éprouva et malgré la mort de Desaix. Mélas se trouva dans une position si désespérée à la suite de cette journée qu'il se vit obligé de signer une capitulation en vertu de laquelle les Autrichiens durent se replier sur Mantoue. Ayant quitté l'armée après ce désastre, qui décida du sort de l'Italie, Mélas reçut le commandement militaire de la Bohême, où il mourut, quelques années plus tard. J. V.

Œsterreichische National Encyklop. — *Biogr. nouv. des Contemp.* — *Biogr. univ. et portat. des Contemp.* — Thiers, *Hist. du Consulat et de l'Empire*.

MELCHTAL (*Arnold* DE), l'un des fondateurs de la liberté suisse, naquit dans le canton d'Unterwald, dans la seconde moitié du treizième siècle. Les trois cantons de Schwitz, Uri et Unterwald, protégés longtemps contre les tyrannies féodales par leur isolement au milieu des montagnes, relevaient immédiatement de l'Empire, et leurs franchises avaient été plusieurs fois reconnues et consacrées. Albert d'Autriche, fils de Rodolphe de Habsbourg, récemment élevé au trône d'Allemagne, voulut ajouter l'Helvétie à ses États héréditaires. Irrité de l'énergique résistance qu'opposèrent à ses vues les trois cantons, il chercha à provoquer, par des persécutions, une révolte qui lui permît d'envahir le pays. Beringhen de Landenberg et Hermann Gessler furent, sous le nom de gouverneurs des Waldstætten, les agents de cet odieux calcul. Landenberg ayant ordonné la confiscation d'une paire de bœufs appartenant au père d'Arnold, Henri de Melchtal, celui-ci protesta contre cette violence, et le soldat qui l'exécutait répliqua : « Si les paysans veulent du pain, qu'ils traînent eux-mêmes la charrue. » Arnold assistait au débat; indigné de cet outrage, il châtia l'insolent à qui il brisa deux doigts; puis pour se dérober aux ven-

(1) M. Weiss, après avoir donné fort inexactement, dans la *Biographie universelle* de Michaud, le titre et le format de cet ouvrage, ajoute qu'il est peu connu, parce qu'il est écrit en flamand, et si rempli d'expressions surannées, qu'on ne peut bien l'entendre sans un glossaire. Nous savons, pour avoir consulté plusieurs fois ce livre, qu'il est écrit en français et se comprend très-facilement.

geances de Landenberg, il se réfugia dans le pays d'Uri, chez Walter Fürst. Werner Stauffacher l'y joignit bientôt; il lui annonça que le gouverneur, irrité de sa fuite, et voulant une victime, avait fait crever les yeux à son père, Henri de Melchtal. Arnold fit partager son indignation à ses deux amis, qu'unissait déjà une haine commune contre la tyrannie d'Albert; ils se décidèrent à tout braver pour la ruiner. Dans des conférences secrètes, ils arrêtent le plan d'une conjuration, sondent les dispositions de leurs compatriotes, les exaltent, choisissent chacun dix hommes déterminés, et dans la nuit du 17 septembre 1307 les amènent au pied des rochers du Seelisberg, qui domine le solitaire plateau du Grütli. Arnold leur découvre les secrets de la conspiration, et tous se déclarent prêts à sacrifier leurs biens et leurs vies pour restituer à l'Helvétie ses anciennes franchises, reconquérir la liberté de tous, et restaurer l'autorité des assemblées communales. Ils s'engagent à ne jamais s'abandonner, et à garder sur leur entreprise un secret absolu jusqu'au moment de l'exécution. En outre, par des scrupules dignes de la cause qu'ils défendent, ils se promettent de ne verser le sang qu'à la dernière extrémité, et de respecter les droits acquis dans les cantons, même par l'Empire et la maison de Habsbourg. Cet engagement solennel, dû à l'énergique initiative d'Arnold de Melchtal, est connu dans l'histoire sous le nom de *serment du Grutli*; il servit de prélude au soulèvement patriotique dont Guillaume Tell fut le héros. Arnold se retira à Unterwald, prépara les esprits au mouvement, et s'y mêla activement quand il éclata. Alfred FRANKLIN.

Tscharner, *Hist. des Confédérés*; 1768. in-8°. — Pickheimer, *Hist. Belli Helvetici, ad annum* 1499. — Franc.-Guillemanus, *De Rebus Helveticorum*; 1598, 2 vol. in-8°. — J. de Müller, *Hist. de la Confédération suisse*, continuée par Monnard et Vulliemin.

MELDER (*Guérard*), peintre hollandais, né à Amsterdam, le 17 avril 1693, mort à Utrecht, en 1740. Orphelin dès l'âge de six ans, il fit lui-même son éducation artistique en copiant d'après les bons maîtres. Il peignait bien à l'huile, et ses ouvrages étaient recherchés, lorsqu'on lui conseilla de prendre la miniature. Il s'adonna à ce genre, et rendit sur l'ivoire et le vélin les plus belles productions des artistes italiens. Il composa lui-même des allégories et des sujets historiques, qui furent enlevés à de hauts prix. Un riche mariage, qu'il contracta avec Marguerite van Schalkwyk de Valden, ne diminua point chez lui l'amour de son art. En 1735, il se fixa à Utrecht, où il mourut. Il est resté l'un des premiers dans son genre : finesse de dessin, composition ingénieuse, vraie et belle couleur, telles sont les qualités qui distinguent ses œuvres. Melder fit un grand nombre de portraits, restés dans les meilleures galeries de Hollande, d'Angleterre, d'Allemagne et de Russie. On cite ceux du *prince de Bade-Dourlach*, du *prince de Hesse-Philipstadt*, etc. Ses paysages, animés par des figures bien disposées, et ses dessins au lavis sont rares et recherchés. A. DE L.

Descamps, *La Vie des Peintres hollandais*, etc., t. II, p. 212. — Jacob Campo Weyerman, *De Schilderkunst der Nederlanders*, t. IV, p. 123. — Pilkington, *Dictionary of Painters*.

MELDOLLA (*Andrea*), peintre et graveur de l'école vénitienne, élève de Mazzuoli, dit le Parmesan, né à Sebinico (Dalmatie), vers 1522, mort à Venise, en 1582. Plusieurs des estampes qu'il a laissées ont été gravées d'après les dessins du Parmesan, et si bien dans le goût de ce maître qu'on les lui a longtemps attribuées; on donnait les autres à un artiste qu'on appelait Andrea Schiavone (l'Esclavon). La tradition supposait bien que cet Andrea Schiavone et Andrea Meldolla pouvaient n'être qu'un seul et même personnage désigné tour à tour par son nom propre et son surnom : il était en effet assez ordinaire aux Italiens de donner aux artistes le nom de leur pays. Combien de personnes ne connaissent encore aujourd'hui Mazzuoli, Pietro Vannucci, Julio Pippi, Cavino, Agostino Musio, Claude Gelée, etc., que sous les noms de Parmesan, Perugin, Jules Romain, le Padouan, Augustin Vénitien, Claude Lorrain, etc. Néanmoins l'identité de Meldolla et du Schiavone fut un sujet de longues controverses entre les iconographes. P.-J. Mariette a laissé dans ses manuscrits une longue note où, avec son savoir et son tact habituel, il démontre cette identité. Zani, Bartsch et quelques-uns de nos contemporains semblaient, par des raisonnements spécieux, avoir enlevé tout prétexte à l'opinion de Mariette, lorsque la sûreté de son jugement fut démontrée d'une manière évidente par la publication d'un document déjà invoqué par Zanetti. Ce document, cité par les éditeurs de Vasari (Florence, 1855) et publié par M. Ernest Hagen dans le *Deutsche Kunsblatt*, 1853, n° 37, est un acte de 1563, où l'on trouve à côté des noms du Titien, du Tintoret, etc., celui d'*Andreas Sclabonus dictus Medula*. Mariette avait décrit une épreuve de l'*Enlèvement d'Hélène*, signée *And. Meldolla inventor*, avec la date 1547, mention supprimée aux états postérieurs de la planche. Les éditeurs de Vasari citent également une autre estampe signée *Andreas Schiavonus Meldolla fecit*. Meldolla fut toute sa vie en butte à la misere et réduit à vivre des travaux que lui donnaient les maîtres maçons. Il décorait des boutiques pour leur compte. Cependant le Titien, appréciant son talent et touché de sa position, parvint à le faire employer à la bibliothèque de Venise. Meldolla était un coloriste habile, mais la nécessité de beaucoup produire le força à négliger son dessin. J. Boel, C. Lauwers, J. Grouwelt, Aveline, etc., ont gravé quelques planches d'après ses peintures. Il a lui-même gravé quatre-vingts pièces remarquables par la recherche du clair-obscur. Mariette cite comme le plus bel œuvre connu de Meldolla le recueil rapporté d'Italie par l'architecte Inigo Jones pour lord Pembroke, et il ajoute à cette mention une note qui dépeint certaine classe de collectionneurs : « M. Hyckman prétend aussi qu'Inigo Jones avait apporté en Angleterre la plupart des planches originales d'Andrea Meldolla, mais on ne sait ce qu'elles sont devenues. Peut-être mylord Pembroke les aura-t-il encore. En ce cas il y a bien de l'apparence qu'il les aura fait effacer, car c'était son goût de détruire pour rendre ce qu'il avait plus rare. » H. H—n.

Abecedario de Mariette, dans les *Archives de l'Art français*. — J. Renouvier, *Des Types et des Manières des maîtres Graveurs*. — Bartsch, *Le Peintre Graveur*. — Ch. Le Blanc, *Manuel de l'Amateur d'Estampes*.

MÉLÉAGRE, général macédonien, un des lieutenants d'Alexandre, mis à mort en 323 avant J.-C. Il servit avec distinction dans toutes les campagnes d'Alexandre, mais toujours dans un rang secondaire, et n'obtint jamais de commandement séparé. Son caractère ambitieux et violent, qui n'avait pas su se contenir du vivant d'Alexandre, éclata après la mort de ce prince. Dans le grand conseil tenu par les lieutenants du conquérant, il se prononça fortement contre Perdiccas, qui avait été nommé régent avec Léonat, et proposa qu'au lieu d'attendre la naissance de l'enfant de Roxane, on mît sur le trône Archidée ou Hercule, fils de Barsine. Il obtint l'assentiment non des généraux, mais de la plus grande partie des troupes (infanterie), et fit proclamer Archidée. Il alla même jusqu'à ordonner l'exécution de Perdiccas, qui fut sauvé par la fidélité de la cavalerie et de la majorité des généraux. L'armée se trouva ainsi divisée en deux camps prêts à en venir aux mains. Perdiccas céda, et accepta Archidée comme roi, avec l'enfant qui devait naître de Roxane, et Méléagre comme co-régent. Cette réconciliation n'était pas sincère. Perdiccas profita habilement de la sécurité profonde où Méléagre était plongé pour s'assurer de l'imbécile Archidée et en faire son instrument. Il assembla ensuite toute l'armée sous prétexte d'une grande revue. Là Archidée, à l'instigation de Perdiccas, demanda la punition des auteurs de l'émeute à laquelle il devait la couronne. L'infanterie, surprise, ne résista pas. Trois cents soldats désignés comme les principaux mutins furent exécutés sur-le-champ. Méléagre, épouvanté, se réfugia dans un temple, où il fut mis à mort. Y.

Arrien, *Anab.*, I, 4, 14, 20, 24 ; II, 8 ; III, 11, 18 ; V, 12. — Quinte-Curce, III, 24 ; V, 14 ; VII, 27. — Diodore, XVII, 57 ; XVIII, 2. — Droysen, *Geschichte Alexanders des Grossen* ; *Geschichte des Hellenismus*.

MÉLÉAGRE (Μελέαγρος), poëte et philosophe grec, fils d'Eucrate, né à Gadara, en Palestine, vivait dans le premier siècle avant J.-C. Il passa sa jeunesse à Tyr, fut le disciple du philosophe cynique Ménippe, et composa des *satyres ménippées*. Il se retira ensuite dans l'île de Cos, où il atteignit un âge avancé. Il nous reste de lui cent trente-et-une petites poésies (la plus longue a cinquante-neuf vers), qui appartiennent presque toutes au genre que les Grecs appelaient *épigrammatique*. Ces petites pièces, quelquefois descriptives et plus souvent érotiques, offrent de la vivacité, de la grâce et du sentiment, mais elles sont déparées par la subtilité et le mauvais goût. Malgré ces défauts, Méléagre est un des meilleurs épigrammatistes grecs. Il eut l'idée de rassembler toutes les épigrammes dispersées dans les nombreux ouvrages des poëtes antérieurs, et en forma un recueil qu'il intitula *Couronne* ou *Guirlande* (Στέφανος). La préface qu'il mit en tête de ce recueil est curieuse. Elle est en vers, et contient les noms de quarante-six poëtes, qui sont entrés pour une part quelconque dans la collection ; chaque poëte est désigné par une fleur ou une plante qui est l'emblème de son talent. « Muse chérie, dit-il, à qui portes-tu ce chant cueilli de tous côtés ? Et qui a tressé cette couronne poétique ? C'est l'œuvre de Méléagre ; il l'a composée comme un souvenir pour l'illustre Dioclès. Il y a entrelacé beaucoup de lis d'Anyté, beaucoup de Myro, peu de fleurs de Sapho, mais ce sont des roses, le narcisse de Ménalippe fécond en hymnes superbes, et le tendre sarment en fleurs de Simonide ; il y a mêlé l'iris embaumé de Nossis, la marjolaine de Rhianus, le suave safran virginal d'Erinne, l'hyacinthe d'Alcée..... J'offre en don à mes amis cette mélodieuse couronne, mais elle est commune à tous les initiés des Muses. » Cette *Couronne*, successivement remaniée, augmentée, diminuée par Philippe, Agathias, Constantin Céphalas, Planude, est devenue l'*Anthologie grecque* telle que nous la possédons aujourd'hui (*voy.* PLANUDE). Les *Épigrammes* de Méléagre font partie de ce précieux recueil ; elles ont été publiées séparément par Manso ; Iéna, 1789, in-8°, par Ch. Meineke ; Leipzig, 1789, in-8°, et par Fr. Graefe : *Meleagri Gadereni Epigrammata, tamque specimen novæ recensionis Anthologiæ Græcæ, cum observationibus* ; Leipzig, 1811, in-8°. La petite idylle sur le printemps a aussi été imprimée à part : *Idyllium*, éd. C. Meineke, Gœttingue, 1788, in-8°. L. J.

Brunck, *Analecta*, vol. I, p. 1-38. — Jacobs, *Anthologia Græca*, vol. I, p. 1-40 ; vol. XIII, p. 639, 696, 915, 916. — Fabricius, *Bibliotheca Græca*, vol. IV, p. 416-430. — F. Passow, *Quæstio de vestigiis coronarum Meleagri et Philippi in Anthologia Constantini Cephalæ* ; Vratislaviæ, 1827, in-4°. — Sainte-Beuve, *Portraits contemporains et divers*, t. III.

MÉLÈCE (Saint), dit *le Grand*, patriarche d'Antioche, né à Mélitène (Petite Arménie), mort à Constantinople, en 381. Il était d'une famille riche et noble, et dut à ses avantages mondains autant qu'à sa piété et à ses mœurs d'être appelé en 357 au siége épiscopal de Sébaste. Il remplaçait alors Eustathe, le fondateur de la secte des macédoniens, qui venait d'être déposé comme schismatique et partisan des doctrines ariennes. Mélèce trouva son troupeau si indocile qu'après avoir épuisé tous les moyens de persuasion et de douceur, il préféra se retirer dans les solitudes de Bérée plutôt que de continuer la lutte. Son mérite le fit bientôt (360) élire au patriarcat d'Antioche, du consentement même des ariens; mais un mois était à peine écoulé, que ceux-ci, craignant son zèle orthodoxe, ordonnèrent à sa place un des leurs, nommé Euzoïus et obtinrent de l'empereur Constance que Mélèce serait relégué au lieu de sa naissance. Après la mort de Constance (3 novembre 361), son successeur, Julien, permit aux évêques exilés de rentrer dans leurs diocèses. Saint Melèce revint donc à Antioche vers la fin de 362. Euzoïus avait été remplacé par Dorothée, et Lucifer, évêque de Cagliari, étant allé à Antioche, sollicité par les eustathiens, avait ordonné un troisième évêque, Paulin, homme de grande piété d'ailleurs et qui comptait de nombreux partisans. Le schisme n'en fut que plus difficile à éteindre. La querelle ne fut pas apaisée par un second exil de Mélèce. Rappelé en 363, sous Jovien, il conclut enfin un sage accommodement avec Paulin. Ils convinrent qu'après la mort de l'un des deux, le survivant demeurerait seul évêque, et qu'en attendant ils gouverneraient séparément l'un et l'autre dans l'église d'Antioche ceux qui les reconnaissaient pour leurs pasteurs. Mélèce réunit un concile dans lequel Acace, évêque de Césarée, fut obligé de reconnaître la profession de foi de Nicée et la consubstantialité du Verbe. Mélèce ne jouit pas longtemps de la tranquillité; car, en 364, Valens, ayant succédé à Jovien, pour la troisième fois il fut contraint de reprendre le chemin de l'exil; cette fois il ne fût rappelé qu'en 378, sous Gratien et Théodose. Son retour fut un véritable triomphe. L'année suivante il convoqua sans obstacle un concile, où l'on compta cent quatre prélats. Il y fit condamner les erreurs d'Apollinaire le jeune ou de Laodicée, qui soutenait « que le Christ en se faisant chair avait pris seulement le corps et l'âme sensible (ψυχη), mais non l'âme raisonnable (νοῦς) de l'homme ». En 381 Mélèce presida le premier concile général de Constantinople. Il y fit renouveler la condamnation d'Apolinaire, auquel on interdit de professer. Ses partisans et lui-même furent chassés de Constantinople. On leur interdit de tenir des assemblées et d'élire des évêques. Mélèce fit ensuite confirmer la nomination au patriarcat de Constantinople de son ami saint Grégoire de Nazianze; ce fut son dernier acte: il mourut quelques jours après, universellement regretté, et avant que le concile ne fût séparé. L'empereur Théodose le Grand accompagna lui-même le convoi, et lui fit faire des funérailles magnifiques. Saint Grégoire de Nysse prononça son oraison funèbre. Son corps, embaumé, fut transporté à Antioche et enterré dans l'église de Saint-Babylas, qu'il avait fait construire. Sa fête se célèbre le 12 février. Saint Épiphane, évêque de Constance, nous a conservé le discours que saint Mélèce prononça devant l'empereur Constance pour la défense de la foi orthodoxe, contre les ariens, et on lit dans les œuvres de saint Chrysostome un panégyrique que ce père prononça en 386 sur le mausolée de Mélèce.

A. L.

Saint Épiphane, *Panarium*. — Sozomène, *Hist. Eccles.*, l. VI. — Tillemont, *Mémoires*, etc., t. VII. — Basnage, *Thesaurus Monumentorum eccles.*, t. I. — Walchius, *Hist. Hæres.*, t. III — Guillon, *Bibliothèque choisie des Pères de l'Église*, t. XX. — Bollandus, *Acta Sanctorum*. — Fleury, *Hist. Ecclesiastique*. — Baillet, *La Vie des Saints*, t. I, 12 février. — Du Pin, *Bibl. des Auteurs eccl. du quatrième siècle*. — Richard et Giraud, *Biblioth. Sacree*. — Maimbourg, *Hist. de l'Arianisme*. — Labbé *Concil.*

MÉLÈCE *Syrigus* (*Marcus Syrigus Meletius*), théologien grec, né en Crète, en 1585, mort à Galata, le 17 avril 1662. Il devint protosyncelle de l'église métropolitaine de Constantinople, et fut choisi par son patriarche, comme le plus savant des théologiens grecs, pour aller en Moldavie examiner une confession de foi composée par le clergé de Russie, et qui a été depuis adoptée par toutes les églises d'Orient (1642). Le principal ouvrage de Mélèce est une réfutation de la *Confession de l'Eglise orientale*, publiée en grec et en latin par Cyrille Lucar, patriarche de Constantinople. Mélèce s'efforça de prouver que cette *profession de foi*, loin d'être conforme à la tradition orientale, est un emprunt fait aux doctrines de Calvin. Son ouvrage fut transmis en manuscrit par le marquis Nointel, ambassadeur de France à Constantinople, à Arnauld et Nicole, qui en insérèrent un extrait en français dans le troisième tome de la *Perpétuité de la Foi*. Ce même extrait, qui forme une dissertation étendue, reparut en grec et en latin dans le traité *De la Créance de l'Eglise orientale sur la Transsubstantiation* (1687), de Richard Simon, avec une analyse de tout l'ouvrage de Mélèce. On cite encore quelques autres ouvrages de cet auteur, mais ils sont pas importants.

Z.

Dosithée, *Vie de Mélèce*, dans le *Traité de la Perpétuité de la Foi*, t. IV. — Démétrius-Procope, *De Eruditis Græcis*; dans la *Bibliotheca Græca* de Fabricius (t. XI). — Jöcher, *Allgemeines Gelehrten-Lexicon*.

MÉLEK-CHAH Ier (*Djelal ed Daulah ve ed Din Aboulfeth*), sultan de la Perse, de l'Arabie et de l'Asie Mineure, de la dynastie des Seldjoukides, né en 1054, à Ispahan, mort à Bagdad, en novembre 1092. Fils d'Alp Arslan, il succéda à son père en 1072. Ce fut lui qui donna à l'empire seldjoukide la plus grande étendue qu'il ait jamais eue. Après avoir vaincu et tué en prison son oncle et rival Cadherd ou Karout, beg de Kerman, il éleva, en 1074, Moktady Biamrillah au trône du khalifat, comme successeur de Caïm. En 1075 il envoya contre les Grecs son cousin Souléiman ben-Koutoulmisch, qui incorpora l'Asie Mineure à la monarchie seldjoukide. Dans le même temps la Syrie septentrionale fut conquise par un des frères de Melek, Toutousch, qui en reçut la souveraineté à titre de fief, tandis que la Palestine fut prise sur les fatimites par le général seldjoukide Atsis. Pendant que Mélek était occupé à abattre les petits dynastes de l'Arménie et de la

Mésopotamie, ses frères Takasch (ou Toghan-Chah) et Ayas (ou Arslan-Arghoun), se révoltèrent en Khorasan et au Balkh, en 1084, en même temps que leur oncle, Osman-Beg, se rendit indépendant à Sikiskend, dans le Sedjestan. Ayant apaisé ces diverses révoltes, Mélek détruisit, en 1085, la dynastie des Merwanides, à Moussoul. En 1086 enfin, il établit sa résidence à Bagdad, où il maria sa fille avec le khalife, et perdit alors son fils aîné, Daoud, héritier présomptif. Après avoir fait, en 1087, un pèlerinage à La Mecque, Mélek traversa, en 1088, le Djihoun, ou Oxus, prit Bokhara et Samarcande, rétablit Ahmed-Khan, prince de ce pays, et poussa son expédition jusqu'à Ouskend, pour recevoir les hommages du roi de Kaschgar. Pour tenir en échec son frère Toutousch en Syrie, il donna Édesse et Alep à Aksonkor Cacim ed Daulah, tandis qu'il envoya son émir particulier, Poursak, contre Aboulcacim, laissé par Souléiman comme gouverneur de l'Asie Mineure. Souléiman ayant succombé dans un combat contre Toutousch, Mélek confirma les fils du premier, Daoud et Kilidj Arslan, dans la possession héréditaire de Roum (Asie Mineure). La sultane Terkhan Khatoun, voulant assurer la succession au trône à son propre fils, Mahmoud, au préjudice de Barkiarok, fils aîné de Mélek-Chah, d'un premier lit, et qui était soutenu par le célèbre vizir Nizam ol Mulk, le sultan destitua ce dernier, sur de faux rapports touchant les calculs intéressés et ambitieux du vizir. Mais Nizam ol Mulk ayant été assassiné par les Bateniens, ou Assassins, à l'instigation de son successeur, Tadj ed Din ol Mulk Aboulganaim, Mélek mit à mort le nouveau vizir, et marcha contre les Bateniens, établis depuis 1090 à Alamout (château des Aigles) par Haçan ben-Sabtah, ancien commensal du sultan et de son vizir Nizam. Mais il mourut subitement, en novembre 1092, de la main d'un des affiliés à cette secte formidable. Mélek, appelé le *grand-sultan* par Anne Comnène, avait dix fois parcouru son empire entier, qui s'étendait des bords de la Méditerranée jusqu'aux monts Altaï, et avait partout établi des hospices, des caravansérails, des ponts, des routes, des canaux, etc. Outre les colléges de Bassora, d'Ispahan et de Hérat, il fonda à Bagdad un observatoire astronomique, puis le collége haniféen, ou medressé, pour l'étude du droit musulman, ensuite la belle mosquée dite du Sultan, et enfin une tour, bâtie uniquement avec des têtes d'ânes sauvages et des cornes de gazelles, et qui, appelée *tour des cornes*, existait encore du temps d'Ibn-Khallikan. Il fit, en outre, en 1074, réformer le calendrier persan, et créa une nouvelle ère, dite *ère djelaléenne*, en fixant le newrouz, ou 1er jour de l'an, à l'époque de l'entrée du Soleil dans le signe du Bélier. Mélek, en donnant la possession feudataire de Jerusalem à la farouche tribu des Ortokides, a provoqué la première croisade, comme c'est également lui qui, après avoir donné la plus grande étendue à l'empire seldjoukide, l'a aussi ébranlé le premier, en créant près de douze royautés feudataires, conférées tant aux princes de sa famille qu'à ses généraux et émirs.

Ch. RUMELIN.

Mirkhond, *Histoire des Seldjoukides*. — Hammer, *Gemäldesaal grosser moslimischer Herrscher*. — Hammer, *Histoire de la Littérature arabe*.

MÉLEK-CHAH II (*Moghaït ed Din Aboul-fethah*), sultan de la Perse occidentale, de la dynastie des Seldjoukides, né à Hamadan, en 1128, mort le 22 mars 1160, à Isphahan. Fils de Mahmoud, et arrière-petit-fils de Mélek-Chah Ier, il succéda, en 1152, à son oncle Masoud. C'était un prince incapable, et uniquement occupé de ses plaisirs. Ayant pris ombrage de l'autorité du Turcoman Khasbek, chef des émirs, et confident de Masoud, Mélek voulut le faire arrêter; mais les autres émirs, ayant Haçan-Kandar à leur tête, se saisirent du sultan, ivre, au milieu d'un festin, et l'enfermèrent dans le château de Hamadan. Après s'être évadé, Mélek prit possession du Khouzistan, et s'étant joint aux autres ennemis de son frère Mohammed II, qui lui avait succédé à Hamadan, il remporta sur lui quelques avantages, et prit et pilla même cette capitale. A la mort de Mohammed II, en 1159, l'empire ayant été partagé par les émirs entre trois compétiteurs, Mélek II, qui fut l'un d'eux, s'empara d'Ispahan; mais il mourut quelques jours après, de poison.

Ch. R.

Mirkhond, *Histoire des Seldjoukides*. — Khondemir, *Khelassat oul-Akhbar* (Histoire universelle). — Hamdallah-Mestoufi, *Tarikhi-Ghozideh* (Crème des Histoires). — Aboulféda, *Annales Moslemici*.

MÉLEK EL ARSLAN (*Aboul Modhaffer Zéin ed Din-Chah*), sultan de la Perse occidentale, de la dynastie des Seldjoukides, né à Hamadan, en 1133, mort en décembre 1175, dans la même ville. Fils de Thogroul II, il succéda en 1160 à son oncle Souléiman, avec l'aide du vizir Yldéghouz, second mari de sa mère. Il s'était débarrassé de ses deux compétiteurs, par la trahison ou la force : l'un, Mélek-Chah II, il l'emprisonna; il battit et tua l'autre, Mohammed III, à Kasvine; ce prétendant était fils de Seldjouk-Chah, soutenu par le khalife de Bagdad, ainsi que par les émirs Kaïmaz d'Ispahan et Ynanedj de Réi. En 1161 le sultan s'avança en Arménie, où il défit, près d'Ani, Sokman, prince de Khélath; puis en Géorgie, où il força le roi chrétien Georges III, après la victoire de Tovin, de lui payer tribut. Après avoir vaincu avec son beau-père Yldeghouz, dans la seconde bataille de Casvine, en 1166, les Kharismiens, ainsi que le rebelle Ynanedj, il donna le gouvernement de Réi (car ce dernier avait été assassiné) au fils de son fidèle Yldéghouz, Pehlewan Mohammed, auquel il fit épouser la fille d'Ynanedj, Cotaïba Khatoun, sans prévoir que vingt ans après la dynastie seldjoukide serait détruite par le rejeton de cette alliance, par Cotlogh Ynanedj.

Outre cette dynastie des Pehlewanides à Réi et Irbil, El Arslan avait déjà, en 1164, reconnu celle des Salgouriens à Chiraz dans la personne de Modhaffer ed Din Zenghy, et à Hérat et Nischapour celle d'El Mouwaled-Aïbek : dynasties qui toutes deux allaient battre en brèche les Seldjoukides dans la Perse orientale. Peu après avoir perdu sa mère et son fidèle vizir Yldéghouz, El Arslan mourut lui-même, laissant son empire à son fils Thogroul III, qui fut le dernier de cette dynastie.

Ch. R.

Mirkhond, *Histoire des Seldjoukides*. — Khondemir, *Khelasat-oul Akhbar*, ou *Histoire Universelle* — Hamdallah Mestoufi. *Tarikhi Ghouzideh*. — D'Herbelot, *Bibliothèque Orientale*.

MELENDEZ VALDES (*Jean*), célèbre poëte espagnol, né à La Ribera-del-Fresno, dans l'Estramadure, le 11 mars 1754, mort à Montpellier, le 21 mai 1817. Après avoir étudié à Madrid la philosophie « ou ce que l'on enseignait sous ce nom », dit son ami et biographe Quintana, il suivit les cours de droit à l'université de Salamanque. Là il se lia intimement avec le poëte Cadalso, qui l'initia à la connaissance de la littérature anglaise et l'engagea à composer des vers. Les premiers essais de Melendez furent dans le genre anacréontique, où Cadalso avait particulièrement réussi. Young et Thomson étaient ses poëtes favoris; il les imita l'un et l'autre heureusement, surtout le second. Il ne négligeait pas non plus Gessner, alors fort à la mode. Une idylle de lui, intitulée *Batilo*, couronnée par l'Académie espagnole, est dans la manière du poëte allemand. Peu après l'Académie de Saint-Ferdinand lui accorda un autre prix pour une ode pindarique sur les beaux-arts. La mort de Cadalso, tué au siége de Gibraltar, en 1782, lui inspira une de ses plus belles et plus touchantes compositions. Un autre de ses amis, le poëte Jovellanos, l'attira à Madrid en 1781, et s'occupa chaleureusement de lui procurer un emploi. Melendez fut nommé professeur d'humanités à l'université de Salamanque, et se maria peu après. « Mais, dit un de ses biographes, comme son professorat lui donnait peu d'occupation et que son mariage ne lui donna pas de famille, il resta libre de poursuivre ses études favorites. » En 1784, à l'occasion de la paix avec l'Angleterre, la ville de Madrid prépara des fêtes magnifiques et proposa un prix pour les deux meilleures pièces de théâtre composées dans un espace de soixante jours. Melandez Valdes fut un des concurrents couronnés, pour sa pièce des *Noces de Gamache* (*Las Bodas de Camacho*), comédie pastorale dont le sujet est emprunté au *Don Quichotte*. Malgré d'agréables passages descriptifs et lyriques, cette pièce n'obtint pas de succès à la représentation, et l'auteur, éclairé par la froideur du public, renonça désormais à la poésie dramatique. Cet échec avait donné lieu aux malveillants de révoquer en doute son talent. Il répondit aux détracteurs en 1785 par la publication du recueil de ses poésies, qui obtint un immense succès. Quatre éditions en quelques mois suffirent à peine à l'impatience des lecteurs. Les partisans de la vieille poésie espagnole, heureux de voir revivre les grâces de Garcilaso, de Louis de Léon, de Herrera, sous une forme appropriée au goût du temps, saluèrent en Melendez le restaurateur des muses castillanes. Les applaudissements de l'Espagne, répétés en France et en Angleterre, et son agréable position à Salamanque semblaient devoir suffire à son ambition, et l'on fut étonné de le voir accepter la place de juge à Saragosse, dont il prit possession en septembre 1789. Il passa ensuite à la chancellerie de Valladolid, où il eut plus de loisir, et enfin, en mars 1798, à la cour suprême de Madrid en qualité de fiscal. En 1797 il publia un nouveau recueil de poésies d'un genre plus sérieux que le précédent, et qui fut moins bien accueilli. Quintana prétend « qu'il avait élevé son génie à la hauteur de son siècle, et que l'on trouvait dans son recueil des passages descriptifs d'un ordre supérieur, des élégies puissantes et pathétiques, des odes grandes et élevées, des discours philosophiques, des épîtres morales dans lesquelles il prenait alternativement le ton de Pindare, d'Homère, de Thomson et de Pope, et tira de la lyre espagnole des accents comme on n'en avait pas entendu jusque là. » Tous ces mérites ne préservèrent pas le recueil de Melendez des rigueurs du public. Le poëme de la *Chute de Lucifer* fut particulièrement critiqué, et montra que le talent de Melendez ne convenait pas plus à l'épopée qu'au drame. Sa véritable supériorité est dans le genre tempéré, où il n'eut pas d'égal et où il fit école. Peu après l'apparition de ses deux volumes, qui étaient dédiés au tout-puissant favori Godoy, Melendez prit possession de son siége de fiscal de la cour des alcades. Ami intime de Jovellanos, ministre de la justice, il était désigné pour les plus hautes charges judiciaires lorsque, le 27 août 1798, il reçut l'ordre de quitter Madrid dans les vingt-quatre heures. Jovellanos venait de tomber du pouvoir, et Melendez partageait sa disgrâce. Banni sans un mot d'explication, il n'obtint qu'en 1802 la permission de s'établir à Salamanque, et ne rentra à Madrid qu'en 1808 après les événements d'Aranjuez et la chute de Godoy. Les menaces d'une invasion française en Espagne provoquèrent de sa part deux poëmes sous le titre d'*Alarmas Españolas*, peu dignes de son talent et qu'on ne remarque que parce que le reste de sa carrière les démentit. Les torts que le gouvernement avait eus à son égard le disposèrent à accueillir le nouvel ordre de choses. Il accepta de Murat une mission dans les Asturies, avec le comte del Pinar, pour apaiser l'excitation populaire contre les Français. En arrivant à Oviedo les deux commissaires trouvèrent une populace exaspérée, qui voulut les massacrer. Les autorités eurent la plus grande peine à les sauver en les emprisonnant, et les firent ensuite évader. De retour à Madrid, Melendez ne s'attacha pas immédiatement au roi Joseph, et après la capitulation de Bailen, qui força les Français d'évacuer Madrid, il resta dans cette ville, espérant rentrer en grâce auprès du parti constitutionnel par l'influence de Jovellânos. Mais les Français reprirent l'avantage, et Melendez accepta la place de conseiller d'État et de ministre de l'instruction publique. Il fut enveloppé dans la ruine générale de la domination française, et suivit le roi Joseph au delà des Pyrénées. On rapporte qu'arrivé aux bords de la Bidassoa, il s'agenouilla et baisa ce sol de la patrie, qu'il quittait pour la première fois à l'âge de soixante ans et qu'il ne devait plus revoir. Il résida dans plusieurs villes du midi de la France (Toulouse, Montpellier, Nîmes, Alais), pauvre, malade, vivant d'une petite pension du gouvernement et des secours de quelques compagnons d'exil. Il mourut à Montpellier. Le duc de Frias a fait élever un monument à sa mémoire dans le cimetière de cette ville.

Dans son exil il prépara une édition de ses *Œuvres*, qui fut publiée aux frais du gouvernement; Madrid, 1820, 4 vol. in-8°, avec une bonne notice de Quintana. La meilleure édition est celle de D. Vicente Salva; Madrid, 1832, 4 vol. in-12. Quelques-unes des plus charmantes poésies de Melendez Valdes ont été traduites en vers anglais par James Kennedy, dans ses *Modern Poets and Poetry of Spain*; Londres, 1852, in-8°. L. J.

Quintana, *Notice sur la vie de Melendez Valdes*, en tête de l'édition de Madrid, 1820. — Esmenard, *Éloge de Melendez Valdes*, dans le *Mercure de France*, 1817. — J. Kennedy, *Modern Poets and Poetry of Spain*.

MÉLESVILLE. *Voy.* DUVEYRIER.

MELETIUS (Μελέτιος), écrivain médical, d'une époque incertaine. On a de lui un petit traité grec intitulé : Περὶ τῆς τοῦ ἀνθρώπου κατασκευῆς (*Sur la Nature*, ou *Sur la Constitution de l'Homme*). L'auteur était un moine chrétien, et habitait la ville de Tiberiopolis, dans la grande Phrygie. On ignore la date de sa vie, mais il ne peut pas être plus récent que le sixième ou septième siècle après J.-C. Son ouvrage ne manque pas d'intérêt et annonce un homme instruit et religieux, quoiqu'au point de vue scientifique il ait peu de valeur. Nicolas Petreius en publia une traduction latine; Venise, 1552, in-4°; le texte grec a paru pour la première fois dans les *Anecdota Græca* de Cramer; Oxford, 1836, in-8° : cette édition est peu correcte. Ritschl ne publia que le commencement du traité; Breslau, 1837, in-4°. On ne sait si ce Meletius est le même que l'auteur d'un commentaire sur les *Aphorismes* d'Hippocrate, dont Dietz a publié des extraits dans le second volume de ses *Scholia in Hippocratem et Galenum*; Kœnigsberg, 1834, in-8°. Y.

Bachmann, *Quæstio de Meletio græco inedito ejusque latino interprete N. Petreio*; Rostok, 1833, in-4°.

MELETIUS, prélat et géographe grec, né à Janina en Épire, en 1661, mort à Constantinople, le 12 décembre 1714. Il fut élevé par les soins de Clément, archevêque de Janina, qui l'ordonna prêtre et l'envoya ensuite achever ses études à Venise. A son retour il devint professeur du collége d'Epiphanius à Janina. Nommé ensuite archevêque de Naupacte et d'Arta en novembre 1692, il fut appelé à plusieurs synodes à Constantinople. Les habitants d'Athènes le demandèrent pour archevêque en 1703, et en 1714, à la mort de Clément, les chrétiens de Janina le pressèrent avec instance d'accepter la place de ce prélat. Meletius partit pour Constantinople afin d'obtenir l'assentiment du synode; mais en arrivant il trouva qu'il avait été supplanté par un certain Hiérothée Rhaptis. Le chagrin qu'il en ressentit hâta sa mort. On a de lui : *Géographie ancienne et moderne* (en grec moderne); Venise, 1728, in-fol. : Anthime Gazis en a donné une édition annotée; Venise, 1807, 4 vol. in-8°; — *Histoire Ecclésiastique* (en grec littéraire); Vienne, 1798, 3 vol. in 4°. Z.

Demetrius-Procope, *De Eruditis Græcis*, dans la *Bibliotheca Græca* de Fabricius (t. XI).

MELETOPOULOS (*Demetrius*), général grec, né en 1798, à Ægium, en Achaïe, mort en 1858, à Athènes. Fils d'Ange Meletopoulos, primat de Constantinople, il se livra dans sa jeunesse au commerce. Affilié à l'hétairie dès 1820, il équipa à ses frais une compagnie, se rangea sous les ordres d'André Londos, et prit part au siége de Patras. Nommé chiliarque (1821), il se distingua dans les combats de Dervenachi, d'Acrata et d'Ambliana, et reçut, en 1825, avec le titre de général, le commandement de la province de Vostitza. Durant l'invasion de la Morée, il fut un de ceux qui secondèrent avec activité Théodore Colocotronis contre Ibrahim-Pacha, et déploya une héroïque bravoure à Kajpkarias, où les Grecs repoussèrent trois jours de suite les attaques furieuses des Égyptiens. Élu représentant aux assemblées nationales de Trézène et de Pronia, il siégea de 1844 à 1847 au corps législatif, et occupa plus tard les fonctions de ministre de l'intérieur. K.

Documents particuliers.

MELI (*Jean*), célèbre poëte sicilien, né à Palerme, le 4 mars 1740, mort dans la même ville, le 20 décembre 1815. Il fut élevé dans le collége des jésuites, et donna de bonne heure des preuves de son talent poétique. A l'âge de dix-huit ans, il publia un poëme *bernesque*, *La Fée galante*, que ses compatriotes regardèrent comme un prodige. Meli leur préparait un prodige plus étonnant, celui de prouver que le dialecte sicilien se prête à tous les mètres de la versification italienne, et convient à tous les genres de poésies, même aux plus sérieux. En attendant, comme la poésie n'était pas une profession lucrative, il se fit recevoir docteur en médecine et alla pratiquer pendant cinq ans dans le petit village de Cinisi. Il fut ensuite nommé professeur de chimie à l'université de Palerme. Ni sa profession ni son emploi ne le détournèrent de la poésie, et il publia plusieurs ouvrages, tous écrits dans son dialecte natif, qui lui valurent la réputation de premier poëte de la Sicile et d'un des premiers poëtes de l'Italie au dix-huitième siècle, mais qui ne l'enrichirent pas. La cour de Naples ne fit longtemps aucune attention à lui. Ferdinand IV, chassé de l'Italie par les Français et forcé de se réfugier en Sicile, lui donna une pension de trois cents ducats. Léopold, fils de Ferdinand, fit frapper une médaille en l'honneur de l'*Anacréon sicilien*. A sa mort ses amis lui élevèrent un tombeau dans l'église des PP. Conventuels, avec une inscription où on l'appelait l'*autre Théocrite*, l'*autre Anacréon*. Meli méritait ces qualifications : il est parmi les modernes celui qui se rapproche le plus de Théocrite et des petites poésies érotiques qui nous sont parvenues sous le nom d'Anacréon. Ses poésies pastorales sont égales, ou même, si l'on excepte les églogues de Sannazar, supérieures à ce que l'Italie a produit de mieux en ce genre. Les beautés grandioses et variées du paysage sicilien inspirèrent heureusement l'auteur, qui peignit avec une fidélité pittoresque les différents aspects des saisons dans ce beau climat, les riches teintes du soleil, les sites hardis des montagnes et de la côte, les occupations des bergers et des laboureurs. Il entremêla ses descriptions de chansons d'amour, qui sont devenues populaires en Sicile et qui se chantent sur l'instrument favori des Siciliens, la guitare. Meli a surtout excellé dans les *Ecloghe Pescatorie*, ou Dialogues de Pêcheurs, dans lesquels il a reproduit le langage et l'humeur de cette classe du peuple. Il n'est pas tombé dans le défaut de Guarini et du Tasse, qui prêtent à leurs personnages la langue raffinée des courtisans; ses pâtres, ses laboureurs, ses pêcheurs parlent leur propre langage, naïf, sans prétention, et d'autant plus poétique et imagé qu'il est plus près de la nature. La septième idylle, qui contient les lamentations et la fin malheureuse de Polemuni (Palemon), poursuivi par le sort et abandonné par ses compagnons, est d'un ton plus élevé et plus pathétique. Les odes qui remplissent le second volume des *Œuvres* de Meli sont en grande partie du genre anacréontique, et si pour l'élégance de la diction elles ne sont pas tout à fait égales aux petites compositions grecques qui leur ont servi de modèle, elles les surpassent pour la vérité et la vivacité du sentiment et sont pures de toute indécence. Quelques unes, telles que *La Lèvre* (*Lu Labbru*), *Le Sein* (*Lu Pettu*) sont d'une exquise beauté. Le professeur Rosini de Pise a publié une traduction italienne des odes de Meli, mais il est resté loin de la grâce de l'original. Au contraire, la traduction en dialecte sicilien par Meli du *Bacco* de Redi est supérieure à l'original italien. Meli composa un poëme burlesque intitulé *Don Chisciotti* (*Don Quichotte*), dans lequel il tourne en ridicule les partisans des idées nouvelles. Cette épopée satirique, qui ne rappelle que par le titre le chef-d'œuvre de Cervantes, est pleine de verve bouffonne et de détails spirituels et poétiques. Ses satires et ses *capitoli*, qui contiennent moins d'attaques personnelles que le *Don Chisciotti*, sont des tableaux de mœurs tracés avec finesse. Enfin, de moindres compositions, *élégies*, *épîtres*, *fables*, sont d'une lecture agréable. Meli donna la première édition complète de ses *Œuvres* à Palerme, 1814, 7 vol. in-8°, avec des notes pour faciliter l'intelligence du dialecte sicilien. Le tome premier contient les *poésies bucoliques*; le second les *odes* et *canzones* et les *sonnets*; le troisième, les *satires* et les *capitoli*; le quatrième *La Fée galante*, poëme en huit chants; le cinquième et le sixième le *Don Quichotte*, poëme en douze chants; le septième, les *Elégies*, les *Epîtres* et les *Fables*. Augustin Gallo a publié en 1826, comme complément de cette édition, un huitième volume, contenant les *opuscules* de Meli. Il a paru deux autres éditions des *Œuvres* de ce poëte; Palerme, 1830 et 1839, 8 vol. in-12. Z.

Lombardo, *Storia della Litteratura Italiana*. — An Contreras, dans la *Biografia degli Uomini illustri di Sicilia*, t. I. — *Foreign Quarterly Review*, novembre 1839.

MÉLIK ASCHRAF, roi de la Perse occidentale, de la dynastie des Djoubaniens, né à Tébriz, vers 1320, mort en 1357, à Khoi en Kourdistan. Petit-fils de l'émir Djouban, fondateur de cette dynastie, Aschraf, à la mort de son frère, Haçan Koutchouk, en 1344, s'empara du trône de la Perse occidentale et septentrionale, comprenant l'Adzerbaïdjan, le Kourdistan, l'Arménie, et l'Irak-Adjémi. Après avoir déposé successivement les trois derniers khans de la Perse, de la famille de Dchinghiskhan, savoir Soliman, puis son épouse Sati-Beghoum, et enfin Nouchirvan, Aschraf prit le titre de mélik, ou roi. Croyant alors tous ses désirs satisfaits, quoiqu'il ne possédât qu'un tiers de la Perse des Houlaghides, il s'enferma dans son palais, livré à d'ignobles débauches, massacrant impitoyablement quiconque lui faisait ombrage, entre autres six de ses oncles à la fois, et accusant de crimes imaginaires ses sujets les plus riches, pour s'emparer de leurs trésors. Parmi les personnes réfugiées en Kiptchak, il y avait Mohi ed Din, docteur musulman, qui, ayant ouvert une école d'éloquence et de théologie à Saraï sur le Volga, y somma publiquement le khan Djanibek de rétablir l'islam en Perse, où il menaçait d'être remplacé par le mazdéisme ou l'adoration du feu, ainsi que d'exterminer Aschraf, qui avait, disait-il, épousé sa propre fille. Ce lâche tyran, sans attendre son ennemi, transporta ses femmes et ses trésors à Alendjik, et se réfugia en Arménie. Mais, atteint par Djanibek à Khoi, Aschraf fut vaincu, pris et exécuté, en décembre 1357. Sa tête portée à Tauris y fut exposée sur les murs de la ville. Dans la personne d'Aschraf finit cette dynastie éphé-

ui sur trois princes en avait donné deux ls à la Perse. Ch. R.

ed Din, *Histoire des Moghols de Perse*, trad. par re. — Wassaf, *Histoire des Mogols de Perse*, allemand par le baron de Hammer. — Hammer, *des Khâns ou Mogols de Perse* (en allemand). lalcolm, *History of Persia*.

K EL ADEL Ier (*Saif ed Din Aboubekr med*), sultan d'Égypte, de Jérusalem et as, de la dynastie des Aioubides, né en Baalbek, mort au Caire, le 31 août 1218. aîné de Saladin, et appelé lui-même a par les croisés, il contribua d'abord aissement de la puissance de celui-ci victoires remportées en 1174 et 1176, haute Égypte, sur des émirs, qui ent descendants des khalifes fatimites. équipa une flotte, qui empêcha les chré- prendre position dans la mer Rouge et de er de La Mecque et de Médine. Ayant été par Saladin gouverneur de Damas et ensuite prince de Harran et d'Edesse à panage, il gagna encore quelques victoires chrétiens, en 1187; mais la prise d'Acre, , par ceux-ci changea la face des choses. l, cependant, chargé de négocier un vec Richard-Cœur de Lion, devait épouser sœur de ce prince, et veuve de Guil- l de Sicile, et monter avec elle sur le e Jérusalem. Mais la princesse refusant ar un infidèle, le traité fut refait sur d'au- les. Après avoir enlevé Nisibyn et Ka- Atabeks, El Adel, en 1196, de concert avec veu El Aziz, dépouilla le second fils de El Aschraf, de Damas et du reste de la excepté Sarkhand; puis il prit en 1198 r les chrétiens, et en 1199 Mardin sur les es. En 1200 il fut nommé au Caire ré- son neveu, Mélik el Mansour. Ayant fait destituer ce dernier par une assemblée urs musulmans, en 1201, El Adel devint Égypte. En 1202 il rendit à Afdhal Adj- aroudj et Samosate; mais en 1204 il ne lui us que cette dernière ville. Pour se venger sés, qui avaient, en 1206, saccagé, la ville en Égypte, El Adel surprit, en 1209, t y tua près de 20,000 chrétiens. Cette ut été reprise par des croisés allemands, fut battu entre Tyr et Sidon. Pendant ce on fils Ibn el Awhad Nedjm ed Din Ayoub Meiafarakin, Malaskend, Mardin, Khelath, nça jusqu'en Géorgie, dont il fit le roi pri- . Après avoir envoyé son petit-fils Mélik oud conquérir l'Yémen pour sa maison, a un de ses fils avec la fille et héritière de Dhaher-Ghazy, prince d'Alep, lorsqu- on adversaire. Avant sa mort, il eut la de voir les croisés, sous André II de , et les ducs d'Autriche et de Bavière er des deux tours de Damiette, et forcer du port de cette ville. Mais le sultan avant la reddition de cette place.

Ch. R.

Ibn-Taghriberdi, *Histoire d'Égypte*. — Ibn-Forat, *Id.* — Abdallatif, *id.* — *Eboul Moshaffer Chems ed Din Kiogh* (*Histoire des Croisades*) — Weil, *Histoire des Khalifes.* — Hammer, *Histoire de la Littérature Arabe.*

MÉLIK EL ADEL II (*Saif ed Din Aboubekr el Saghir*), sultan d'Égypte, de la dynastie des Aioubides, né au Caire, en 1218, mort en 1248, dans la même ville. Petit-fils de Mélik el Adel Ier, il succéda, en mars 1238, à son père Mélik el Kamel Ier, du vivant duquel il avait déjà administré l'Égypte. Mélik el Adel II ayant mécontenté les émirs, dont il emprisonna plu- sieurs, et épuisé le trésor par les largesses qu'il fit aux troupes, son frère Mélik el Saleh parvint à se ménager des intelligences au Caire. Inquiété de ces démarches, Mélik el Adel s'avança, à la tête de ses troupes, jusqu'à Belbéis, pour arrê- ter son frère, s'il entrait en Égypte; mais, arrivé auprès de cette ville, il fut saisi dans sa tente, par ses émirs, le 3 mai 1240, et déposé aussitôt. Ayant été enfermé dans une prison, Mélik el Adel y fut mis à mort, huit ans après, par ordre du nouveau sultan. Ch. R.

Aboulféda, *Annales Moslemici*. — Weil, *Histoire des Khalifes abbassides* (en allemand). — Taghriberdi, *Hist. d'Égypte.* (en manuscrit). — Marcel, *L'Égypte sous les Arabes* (dans l'*Univers Pittoresque*).

MÉLIK EL AFDHAL (*Nour ed Din Aly*), sul- tan d'Égypte, de Damas, de Palestine, et de Mésopotamie, de la dynastie des Aioubides, né en 1170, au Caire, mort à Samosate, en 1225. Fils aîné du grand Saladin, il se distingua, dès l'âge de dix-sept ans, comme vaillant guerrier, et remporta entre autres, le 1er mai 1187, la grande victoire de Tibériade, sur les Templiers et les chevaliers de Saint-Jean réunis : bataille dans laquelle succomba Jacques de Maillé, pris par les musulmans pour saint Georges. A la mort de son père, en 1193, El Afdhal eut Damas et Jérusalem, avec le célèbre historien Ibn al Atsir pour vizir, dont il suivit, à son grand préjudice, trop exactement les funestes conseils. Chassé de Damas, en 1196, par son oncle El Adel Ier et son frère El Aziz d'Égypte, il ne conserva que Sarkhand. En novembre 1198, à la mort d'Aziz, El Afdhal assiégea Damas, de con- cert avec son autre frère El Dhaher Ghazy d'A- lep; mais s'étant bientôt brouillé avec ce der- nier, il dut abandonner le siége. Nommé régent d'Égypte, pendant la minorité de son neveu El Mansour, qui lui rendit une partie de la Syrie, El Afdhal alla encore céder, en 1200, devant les troupes de son oncle El Adel Ier. Cependant celui-ci lui laissa les territoires de Nadjm, Saroudj, Samosate, et Méiafarakin. Réconcilié avec Dhaher-Ghazy d'Alep, Afdhal recommença la guerre contre El Adel, qui cette fois ne lui laissa, en 1204, que Samosate. Se reconnais- sant alors vassal du roi seldjoukide de Roum, il entreprit, en 1216, à la mort de Dhaher-Ghazy, de s'emparer d'Alep, mais il y échoua également. Cultivant la poésie et l'éloquence arabe, et transcrivant de sa main un exemplaire entier du Coran, avec des commentaires, El Afdhal passa les dernières années de sa vie à Samosate. Il avait rédigé en vers toutes ses missives politiques, envoyées à d'autres souverains.

Ch. RUMELIN.

Aboulféda, *Annales Moslemici*. — Taghriberdi, *Histoire d'Égypte* (en manuscrit). — Marai, *Histoire d'Égypte au moyen âge*. — Büsching, *Magazin für neuere Geschichte und Erdkunde*. — Marcel, *L'Égypte sous les Arabes* (dans l'*Univers Pittoresque*).

MÉLIK EL KAMEL Ier (*Aboul-Féthah Nasser ed Din Mohammed*), sultan d'Égypte, de Damas, et de Jérusalem, de la dynastie des Aïoubides, né au Caire, en 1168, mort le 9 mars 1238, dans la même ville. Fils aîné de Mélik el Adel Ier, et connu dans l'histoire des croisades sous les noms de *Méledin* et de *Mélik el Quémel*, il succéda, en 1218, à son père, dans des circonstances très-critiques, les croisés ayant commencé le siége de Damiette. Après avoir échoué dans tous ses essais pour détruire la flotte chrétienne et l'empêcher de remonter le Nil, se voyant en outre sur le point d'être détrôné par les émirs, qui avaient déjà proclamé un des leurs, Emad ed Din Ahmed-Mélik se retira dans l'angle formé par deux branches du Nil, et y fonda Mansourah. La ville de Damiette ayant été prise par les chrétiens, le 20 novembre 1219, Kamel la leur reprit, le 8 septembre 1221, avec le secours de ses frères. Ligué ensuite avec Aschraf, l'un d'eux, contre Moadham, l'autre, il appela à son secours Frédéric II d'Allemagne, auquel il dut céder Jérusalem et les lieux saints. Mais il se dédommagea par le sultanat de Damas, enlevé au fils de Moadham, Salah ed Din Nasser. En 1229, il ôta l'État d'Hamath à Kilidj Arslan, pour le donner à Mélik el Modhaffer Mahmoud, trisaïeul du célèbre Aboulféda. En 1231, il dépouilla Mélik el Masoud, le dernier prince ortokide, d'Amid et d'Hisn Kéif en Mésopotamie. Le sultan seldjoukide d'Iconium ayant pris Édesse et Harran en 1236, Kamel les lui reprit aussitôt. Enfin, son frère Aschraf étant mort en 1237, Kamel s'empara des autres villes du sultanat de Damas, en ne laissant à l'héritier de ce dernier, Ibn el Saleh Ismaïl, que Bosira et Baalbek. Son fils Mélik el Masoud étant mort peu avant à La Mecque, Kamel perdit pour lui et les Aïoubides le royaume de Yémen. Au moment de marcher contre les Seldjoukides et les Mogols, il mourut subitement, au Caire. Il fit creuser et déblayer le canal du Nil, près de Fostat, auquel il travailla, dit-on, lui-même, et bâtit au Caire un grand collége. Il improvisait en vers, discutait sur la grammaire et la rhétorique. Après la mort de son vizir Ibn-Choqr, il n'avait pris aucun ministre, et fit tout par lui-même. On lui doit encore une école de tradition théologique au Caire.

Ch. R.

Taghriberdi, *Histoire d'Égypte*. — Ibn el Dchewzi et son continuateur. Kotbb ed Din Dj...wini, *Miroir des Profils*. — Ibn Khallikan, *Dictionnaire Biographique* (en anglais). — Raumer, *Histoire des Hohenstaufen* (en allemand). — Weil, *Histoire des Khalifes* (en allemand).

MÉLIK EL MOADHAM (*Khaïr ed Din Aboubekr-Isa*), sultan de Damas et de Jérusalem, de la dynastie des Aïoubides, né au Caire, en 1180, mort en 1227, à Damas. Fils cadet de Mélik el Adel Ier, et appelé *Coradin* par les historiens des croisades, il résidait à Naplouse, et gouvernait la Palestine, lors de la mort de son père. Appelé à lui succéder à Damas, en 1218, ce fut lui qui, sur la nouvelle du siége de Damiette par les chrétiens, ruina les villes de Jérusalem et de Panéas, fortifia le mont Thabor, et dévasta tous les alentours de la route de Damas au Caire. Après avoir, en 1220, enlevé Césarée aux chrétiens, auxquels il dut, la même année, arracher sa propre capitale, Damas, El Moadham aida encore, en 1221, son frère Mélik el Kamel à leur reprendre Damiette. Mécontent de ce que celui-ci avait laissé partir les croisés avec armes et bagages, il se brouilla définitivement avec El Kamel pour la possession d'Hamath, et se ligua contre lui avec le fameux sultan des Kharismiens, Djelal ed Din Mankberny. Après avoir vainement tenté, en 1226, d'enlever Émèse, il sut cependant détacher de l'alliance avec Kamel son autre frère, El Aschraf, souverain de la haute Mésopotamie. On sait qu'El Kamel appela à son secours l'empereur d'Allemagne, Frédéric II; mais Moadham mourut avant l'arrivée de ce prince.

Moadham était non-seulement un habile guerrier, qui entretenait une armée nombreuse et très-brillamment équipée, mais il fut aussi excellent administrateur. Il construisit les murs de Damas, y éleva de nombreux bazars, caravansérails, citernes, ponts, routes; à Jérusalem il bâtit une mosquée et une médressé, ou université, enfin des aqueducs et des bains à Médine. Ayant abandonné le rit chaféite pour celui d'Abou-Hanifeh, il fit compulser et réunir tous les préceptes de ce dernier en un recueil de doctrines, composé de 10 volumes, appelés *Mémoires Hanéfites*. Ennemi du cérémonial, le prince de Damas mit à la mode un bonnet jaune à mailles, appelé *kelouta*, mot d'où est venue notre expression moderne de *calotte*. D'après lui, on a longtemps appelé en Orient « *façons à la Moadham* » des manières sans-gêne ainsi que des habillements légers. Moadham était aussi un littérateur distingué. Il a laissé un *Commentaire du grand Collecteur de Samakhchari*, en plusieurs volumes, un *Divan*, ou *recueil de poésies*, et un *Traité de Prosodie arabe*.

Ch. RUMELIN.

Kitaab-el-... , etc., ou *Livre des Poésies des Rois*. — Ibn Asakir, *Histoire de Damas*. — Ibn Schohbé, *Histoire de Damas*. — Hammer, *Histoire de la Littérature arabe* (en allemand). — *Rapports des Séances de l'Académie des Sciences de Vienne* (en allemand).

MÉLIK EL MOADHAM (*Chems ed Doulah Touran-Chah*), sultan de Yémen, de Damas et de Baalbek, de la dynastie des Aïoubides, né en Mésopotamie vers 1130, mort en 1181, à

Alexandrie en Égypte. Frère aîné de Saladin, il conquit pour lui en 1173 la Nubie, et en 1174 l'Arabie Heureuse, où il abattit les deux principales dynasties, savoir celle des Mehdides à Zébid, alors capitale de Yémen, et celle des Razyides à Aden. Après avoir administré ces provinces pendant trois ans, il y laissa des lieutenants, et revint en Syrie, où il accepta de son frère Saladin le gouvernement de Damas, en 1177, puis en 1178 celui de Baalbek. En 1180, enfin, il reçut, à la place de Baalbek, le gouvernement de la ville d'Alexandrie, où il mourut, de débauches, l'année suivante. Quoique brave guerrier à l'occasion, il fit cependant, par son indolence, perdre à son frère plusieurs batailles, notamment celle d'Ascalon, en 1177. Comme presque tous les membres de sa famille, il était poëte. Après avoir dissipé les revenus des divers gouvernements qu'il avait administrés, il laissa encore deux millions de dettes, que Saladin paya sur le trésor. Ch. R.

Aboulfeda, *Annales Moslemici*. — Chihab ed Din el Kousi, *Dictionn. Biographique de l'Égypte*. — Hammer, *Histoire de la Littérat. arabe*.

MÉLIK EL MOËZZ (*Saif el Islam Eboul-Fawaris Toghléghyn*), sultan de Yémen, de la dynastie des Aioubides, né vers 1144, en Mésopotamie, mort à Zébid, en 1197. Frère puîné de Saladin, il dut, en 1182, reconquérir le Yémen sur les lieutenants révoltés qu'y avait laissés son frère aîné Mélik el Moadham Touran-Chah. Mélik el Moëzz y fonda un sultanat, qu'il put transmettre à ses descendants. Magnifique et généreux envers les poëtes, dont il réunit les coryphées à sa cour, El Moëzz était un prince cruel, qui pressurait ses sujets, et qui parvint à amasser des trésors immenses en or, argent et pierreries, en s'attribuant le commerce exclusif de ses États.

MÉLIK EL MOLOUK (*El Aziz Chems ed Daulah Ismael*), sultan de Yémen, né vers 1178, au Caire, mort à Zébid, en 1203. Fils du précédent, il lui succéda en 1197. Se donnant pour descendant des Ommaiades, il prit le titre de khalife, adopta la couleur verte, et usurpa tous les priviléges attachés à la famille du prophète. Il fut assassiné, après quelques années de règne, par ses émirs, révoltés de ces prétentions. Ch. Rumelin.

Dschemheret ol Islam. — Ibn Asakir, *Biographie des Musulmans d'Égypte*. — Eboul-Qasim, *Histoire du Yemen*. — Rasmussen, *Chronologiæ orientales*. — Johannsen, *Historia Jemanæ*.

MÉLIK EL NASSER (*Salah ed Din Daoud*), sultan de Damas, de Jérusalem et de Karak, de la dynastie des Aioubides, né en 1206, au Caire, mort à Bouwaida, près de Damas, en 1258. Fils de Mélik el Moadham, il succéda à son père en 1227, à Damas et à Jérusalem. Mais il fut dépouillé presque aussitôt de toutes ses possessions, notamment de Jerusalem et de la Palestine, par Frédéric II, tandis que ses oncles El Kamel et El Aschraf lui prirent le reste, ne lui laissant que Harran, Édesse, Racca et Schaübek, et le réduisant enfin à la seule forteresse de Karak. Marié en 1232, à la fille d'El Kamel, il dut la rendre à son père en 1234. Aschraf lui ayant offert sa propre fille, avec la souveraineté de Damas, El Nasser refusa, après avoir attendu en vain les secours du khalife, et reprit la fille de Kamel. Il redevint en 1238 maître de Damas; mais il dut bientôt le céder à Mélek el Djewad, gendre d'Aschraf. Après avoir fait prisonnier Nedjm ed Din Aïoub II, gouverneur de Syrie, il le relâcha contre la promesse de recevoir Damas; mais trompé par lui, il s'allia à Saleh Ismaïl, qui après avoir ouvert Jérusalem aux chrétiens et s'être emparé de Damas pour lui-même, se débarrassa d'El Nasser. En se rendant à Alep en 1247, il laissa la garde de Karak à ses trois fils, qui livrèrent cette ville à Nedjim ed Din Aioub II, en 1250. Retenu prisonnier à Émèse pendant quatre ans par Selah ed Din, sultan d'Alep, El Nasser, relâché en 1254, se rendit à Bagdad, pour réclamer un dépôt qu'il y avait fait d'un million de francs. On le lui refusa; il vécut alors dans les environs d'Anah et de Hadit, avec les Bédouins, soutenu par les princes de Palmyre et d'Anbar. Après avoir fait le pèlerinage de La Mecque, en 1256, il revint encore à Bagdad demander de nouveau son dépôt. Le sultan d'Alep lui accorda l'usufruit d'une partie de la ville de Damas; mais El Nasser y resta peu de temps: il voulut se retirer au mont Sinaï, parmi les Bédouins. Arrêté par le sultan de Karak, Mélik el Moghait Fath ed Din Omar, et enfermé dans les casemates de Schaübek, il fut relâché, par l'ordre du khalife Mostasem, qui pressé par les Mogols se souvint enfin de ce chevalier errant. Pendant que Nasser se rendit à son invitation, il mourut de la peste, près de Damas. Comme tous les princes de sa famille, Nasser était poëte, et on a de lui des poésies arabes très-touchantes, qui peignent admirablement sa vie errante parmi les tribus du désert. Ch. Rumelin.

Aboulféda, *Annales Moslemici*. — *Kitab el eschaar, etc.*, ou *Livre des Poésies des Rois*. — Hammer, *Histoire de la Littérature arabe* (en allemand).

MÉLIK EL SALEH (*Nedjm ed Din Aioub*), sultan d'Égypte, de Jérusalem, de Syrie et de Mésopotamie, de la dynastie des Aioubides, né au Caire, en 1205, mort le 22 novembre 1249, à Mansourah. Fils aîné de Mélik el Kamel, il gouvernait la Mésopotamie, lors de la mort de son père, survenue en 1238. En 1239 il força son cousin Younous el Djewad, de lui céder Damas en échange de la Mésopotamie. Après une victoire gagnée sur les chrétiens près de Gaza, la même année, Mélik el Saleh fut fait prisonnier par son cousin, Mélik el Nasser Daoud, prince de Karak, tandis qu'il se vit enlever Damas par son oncle Mélik el Ismaïl, prince de Baalbek. Relâché par Mélik el Nasser, il s'empara en 1240 du gouvernement de l'Égypte, où il se procura de l'argent pour ses guerres, en se faisant rendre toutes les sommes prodiguées par Mélik el Adel II à ses favoris. Puis, se tournant contre Mélik el Ismaïl, qui avait fait alliance avec les chrétiens, il le battit près de Saint-Jean-d'Acre, en 1241. Ismaïl ayant livré aux chrétiens les villes de Jérusalem, Ascalon, Tibériade, Mélik el Saleh appela les Kharismiens, qui, sous Barcab-Khan, ou Barbacan, saccagèrent Baalbek et Jérusalem, où ils détruisirent les milices des ordres hospitaliers, en 1244, pendant que Béibars, général égyptien, gagna sur Ismaïl lui-même la seconde bataille de Gaza. Les Kharismiens, qui avaient été mal récompensés par Mélik el Saleh, s'étant ligués avec Ismaïl, pour lequel ils bloquaient Damas, le sultan d'Égypte les extermina, sous les murs de cette ville. Puis il dépouilla de toutes leurs possessions, en 1245, ses cousins El Djewad Younous et Mélik el Nasser Daoud, ainsi que son oncle Ismaïl. En 1246 enfin, il reprit aux chrétiens toutes les places que leur avait cédées ce dernier, et s'apprêta à spolier les derniers princes aïoubides, ceux d'Émèse et d'Alep, quand il apprit le départ d'une nouvelle armée de croisés sous saint Louis, en 1247. La ville de Damiette, malgré les moyens formidables de défense que Mélik el Saleh y avait accumulés, ayant été prise par les chrétiens, le 29 juin 1249, le sultan, transporté de colère, fit pendre jusqu'au dernier tous les guerriers de la tribu des Beni-Kénaneh, qui devaient défendre cette ville. Puis il prit position, en juillet 1249, à Mansourah, où il fut emporté par une maladie incurable, dont il était atteint depuis longtemps. Quelques jours avant sa mort, il avait encore reçu la nouvelle de la prise de Saïda (Sidon) sur les chrétiens de Palestine. Ce fut Mélik el Saleh qui organisa les Mamelouks et qui les établit dans les îles du Nil, d'où ils tirèrent le nom de Baharides.

Ch. Rumelin.

Aboulféda, *Annales Moslemici*. — Taghriberdi, *Histoire d'Égypte*. — Weil, *Histoire des Khalifes d'Arabie et d'Égypte* (en allemand). — Marcel, *L'Égypte sous les Arabes* (dans l'*Univers Pittoresque*).

MÉLIK EL TOURAN-CHAH (*Moadham Gaiath ed Din*), sultan de Syrie et d'Égypte, de la dynastie des Aïoubides, né en 1228, au Caire, mort à Fareskour, le 4 mai 1250. Fils de Mélik el Saleh, il succéda à son père en Syrie et en Mésopotamie en 1245, et en 1249 en Égypte. Prince très-brave, il prit, immédiatement après son arrivée de Mésopotamie, en février 1250, des mesures énergiques contre les croisés, qui vinrent encore s'emparer, le 8 février, de la ville de Mansourah, où ils tuèrent le vaillant émir Fakr ed Din. Mais Touran Chah leur ayant enlevé trente bateaux de transport, et intercepté leurs communications avec Damiette, les chrétiens furent massacrés par milliers à Fareskour, le 7 avril 1250; saint Louis lui-même tomba au pouvoir de l'ennemi, à Minyat Abou-Abdallah. Enivré de ces succès, le sultan établit un camp magnifique à Fareskour; il y tua son frère Adil-Chah et quarante émirs qu'il avait soupçonnés être les auteurs des premiers échecs éprouvés par son armée contre les chrétiens. Son ingratitude envers sa propre mère, Chadjr ed Dour, qui cependant lui avait réservé le trône, ainsi que envers les mamelouks, amena une conspiration, que firent éclater les menaces de Touran-Chah contre ces derniers. Le 4 mai le sultan, dans un festin, eut un doigt de la main coupé par Béibars, chef des mamelouks; Touran se réfugia dans un fortin en bois, construit à Fareskour; mais les rebelles y mirent le feu: chassé par les flammes, il courut vers le Nil: arrêté sur le rivage par une nuée de flèches, il fut couvert d'innombrables blessures: les cimeterres et les poignards des mamelouks l'achevèrent. Le cœur de Touran-Chah, arraché de sa poitrine, fut offert à saint Louis par un des meurtriers. Les descendants de ce sultan, dernier souverain aïoubide d'Égypte, régnèrent encore pendant deux cents ans en Mésopotamie, à Hissn-Kheif.

Ch. R.

Taghriberdi, *Histoire d'Égypte*. — Marai, *Histoire d'Égypte*. — *Histoire du sire de Joinville*.. — Weil, *Histoire des Khalifes d'Égypte* (en allemand). — Marcel, *L'Égypte sous les Arabes* (dans l'*Univers Pittoresque*).

MÉLIK ER RAHIM (*Abou-Nasr Khosrou Firouz*), onzième sultan de Bagdad, de la dynastie des Bouïdes, né dans cette ville, vers 1030, mort à Réi, en 1058. Fils d'Abou-Kalidjar Marzaban Ezz el Molouk, il succéda à son père dans la charge d'émir el omrah et de sultan de Bagdad, le 15 octobre 1048. Dans la même année, il s'empara aussi du Khouzistan et du Farsistan sur son frère Abou-Mansour Foulad Sotoun. Bessassiry, commandant des milices turques, s'étant rendu maître d'Anbar et de Vaseth, deux villes sur le bas Euphrate, le khalife Kaïm, qui ne pouvait plus compter sur Er Rahim, en guerre avec ses deux frères, s'adressa à Thogroul-Beg, fondateur de la dynastie des Seldjoukides, et déjà maître alors de l'Irak-Adjemi avec Ispahan. Thogroul étant entré dans Bagdad, le 17 décembre 1055, Er Rahim fut arrêté, privé de sa charge d'émir el omrah, et enfermé d'abord dans le château de Siravan, puis dans la citadelle de Réi, où il mourut fou, en 1058. Dans sa personne s'éteignit la dynastie des Bouïdes, qui avait possédé près de cent vingt ans la sultanie de Bagdad, avec le grand-visirat héréditaire.

Ch. Rumelin.

Mirkhond, *Histoire des Bouïdes* traduite en allemand par Wilken. — Hammer, *Gemaeldesaal grosser Moslimischer Herrscher*. — Aboulféda, *Annales Moslemici*.

* **MÉLINGUE** (*Étienne-Marin*), acteur et sculpteur français, né à Caen, en 1808. Fils d'un ancien soldat de la république, devenu commis aux douanes, il fut destiné à la sculpture. Son esprit mobile, sa vive imagination lui inspirèrent tour à tour un goût assez vif pour l'état militaire, pour la marine, et enfin pour le théâtre. Moins assidu aux leçons de sculpture qu'aux jongleries qu'exécutaient sur la grande place de Caen les

saltimbanques et les histrions ambulants, il s'enfuit un soir du toit paternel, et parut sur les planches en costume d'écuyer; mais il fut renversé de cheval à sa première course. Contraint, après une vigoureuse correction, de retourner à l'atelier, il reprit tristement le ciseau. Plus tard, en 1826, son père consentit à l'envoyer à Paris. Parti de Caen avec une faible somme, sans but, sans recommandations, le hasard le conduisit, dès son arrivée, dans un hôtel occupé par de jeunes statuaires et lui donna pour camarade de chambre Hippolyte Tisserand, qui s'est fait un nom au théâtre. Ses nouveaux compagnons lui procurèrent de l'ouvrage à l'église de La Madeleine, qu'on achevait alors. Mais le démon du théâtre ne l'avait pas abandonné. Il débuta avec Hippolyte sur une scène bourgeoise de la rue Lesdiguières, et tous deux obtinrent un engagement dans une troupe ambulante qui devait exploiter la Flandre. Leur directeur, Dumanoir, les nourrissait mal et ne les payait pas. La déroute se mit dans la troupe, et Dumanoir, après leur avoir donné rendez-vous à Lille, partit avec la caisse, peu soucieux des moyens qu'ils emploieraient pour le rejoindre. Mourant de froid et de faim, sans chaussures, presque sans vêtements, forcés d'implorer sur leur route la pitié dédaigneuse des paysans de la Flandre, ils firent la route de Valenciennes à Lille sur la glace et la neige. Arrivés à une heure assez avancée de la nuit aux portes de la ville, le gardien refusa de les leur ouvrir, et ils durent passer le reste de la nuit dans une vieille guérite, par un froid de quinze degrés. Le lendemain ils rejoignirent leur directeur. Mélingue, dégoûté de cette vie, par trop aventureuse, reprit la route de Paris, espérant trouver chez son ancienne hôtesse un gîte et de l'argent. La maison était démolie; la cave seule restait encore. Mélingue y passe la nuit, et le lendemain, avec trente sous, que lui prête un ami, il entreprend de faire les cinquante lieues qui séparent Caen de Paris. Au bout de vingt-cinq lieues ses ressources sont épuisées; alors, rassemblant ses forces, il fait en un jour, d'une seule traite, les vingt-cinq lieues qui le séparent de Caen. Épuisé par la fièvre, il tombe évanoui aux pieds de son père. Reçu comme l'enfant prodigue, il oublia bientôt ses souffrances, et voulut retourner à Paris, sous prétexte de reprendre ses travaux de La Madeleine. Présenté à Mlle Duchesnois, il reçut d'elle une lettre pour Alexandre Soumet, qui le recommanda à son tour aux frères Seveste. Ceux-ci lui firent jouer la comédie à Belleville, sous le nom de Gustave, avec un traitement de cinquante francs par mois. Ce fut là qu'il retrouva Hippolyte Tisserand, qui avait aussi abandonné la troupe ambulante, en désarroi. Cette passion que Mélingue avait conçue si jeune pour le théâtre put alors se régulariser, et il se livra à une sérieuse étude. Sur une scène de troisième ordre, il obtint souvent des applaudissements mérités, et ne tarda pas à se faire remarquer des embaucheurs. Un soir il reçut l'offre d'un engagement pour La Pointe-à-Pitre, avec trois cents francs d'appointements par mois; il partit sans avertir son père, qui le croyait toujours occupé à La Madeleine. Engagé pour jouer la comédie, le drame, la tragédie et l'opéra, il fut applaudi à La Guadeloupe, à La Martinique, à La Trinité. Après 1830, le directeur ferma son théâtre. Mélingue, peintre et sculpteur adroit, eut recours à ses pinceaux et à son ciseau. Il était même sur le chemin de la fortune lorsqu'on lui offrit pour Rouen un nouvel engagement. Il partit aussitôt, et joua avec Frédérick Lemaître et Mme Dorval, dont la présence le relégua au second rang. Cependant Mme Dorval, qui avait apprécié son mérite, le recommanda à Alexandre Dumas, qui le fit connaître à Harel et à Mlle Georges, dont il devint le protégé. Il débuta alors sur le théâtre de la Porte-Saint-Martin dans le rôle de Buridan de *La Tour de Nesle*. Depuis ce jour Mélingue est considéré comme un des plus brillants interprètes du drame moderne; on lui reproche avec justesse trop d'emphase et d'éclat; ce défaut, qui tient à la fierté naturelle de ses allures, ne nuit pas à certaines situations théâtrales, s'il le rend impropre à jouer les rôles secondaires. *Don Juan de Marana*, *Le Manoir de Montlouvier*, *Richard d'Arlington*, *Lazare le pâtre*, *La reine Margot*, *Le comte Hermann*, *Urbain Grandier*, *La Jeunesse des Mousquetaires*, *Salvator Rosa*, lui ont valu de grands succès et d'unanimes applaudissements. En 1838, il épousa Mlle Théodorine, actrice de la Porte Saint-Martin, qui fut en 1843 engagée à la Comédie-Française. En 1856 il a paru sur la scène de la Gaieté dans *L'Avocat des Pauvres*, et depuis 1857 il joue à l'Ambigu-Comique. Ses principales statuettes sont *Le grand Frédéric*, *M. Bouffé* dans *Le Gamin de Paris*, *Rabelais*, *Satan*, *L'Histrion*, enfin *L'Hébé*, qu'il reproduisait chaque soir dans *Benvenuto Cellini* et que l'empereur Napoléon III voulut avoir au prix d'une tabatière d'or incrustée de diamants. M. Mélingue a obtenu une troisième médaille en 1852, et une mention en 1855. A. HUYOT.

A. Dumas, *Une Vie d'Artiste*, 2 vol. in-8°.

MELINNO (Μελιννώ), poétesse grecque, d'une date incertaine. Une ode Εἰς Ῥώμην (*A Rome* ou *A la Force*, car le mot grec a ce double sens), est conservée dans Stobée (*Sermon.*, VII) avec cette indication : Melinno, ou plutôt Érinne, Lesbienne. Cette ode se compose de cinq strophes saphiques. Il suffit de la lire avec attention pour s'assurer que l'auteur a eu en vue la ville de Rome, bien qu'il ait pensé en même temps à la Force personnifiée. Le double sens du mot grec Ῥώμη amenait naturellement cette allégorie. S'il s'agit de Rome, il est évident que l'ode n'appartient pas à Érinne de Lesbos, qui vivait au sixième siècle avant J.-C., à une époque où Rome était inconnue en Grèce; elle est donc l'œuvre de Melinno, sur laquelle on ne sait rien d'ailleurs.

Schneidewin suppose qu'elle était née dans le pays des Locriens Épizéphyriens, et qu'elle composa cette ode à Rome, l'an de la ville 469 (284 avant J.-C.), lorsque les Romains s'emparèrent du pays des Locriens, alors occupé par les soldats de Pyrrhus. Cette date nous paraît trop reculée. Rome est célébrée dans cette ode comme la souveraine invincible de la terre et de la mer. Un pareil éloge n'a pu se produire au plus tôt que lorsque les Romains, vainqueurs de Philippe de Macédoine, proclamèrent la liberté de la Grèce, en 196 avant J.-C. L. J.

Welcker, *De Corinna et Erinna, ad... adjectum est Melinnus, vulgo Erinnæ Lesbiæ Carmen in Romam*, dans les *Meletemata* de Creuzer; Leipzig, 1817. — Schneidewin, *Delectus Poetarum*. — J. Donaldson, *Lyra Græca*; Édimbourg, 1854.

MELIOR, que l'on nomme aussi **Melchior**, cardinal italien, né à Pise, mort vers 1198. On a fait beaucoup de suppositions sur le lieu de sa naissance; mais la notice de l'*Histoire Littéraire* décide la question en faveur de Pise. En 1171, Henri, comte de Champagne, excommunié par son archevêque, envoie Melior à la cour de Rome plaider sa cause. Nous le voyons quelque temps après archidiacre de Laon, puis vidame de l'église de Reims, enfin cardinal du titre de Saint-Jean-et-de-Saint-Paul, vers 1185 En 1193, nommé légat, il accompagne en France la reine Bérengère, femme de Richard Cœur de Lion, et la reine Jeanne, femme de Guillaume, roi de Sicile, qui revenaient de Syrie. En 1194, il fait conclure une trêve d'un an entre les rois de France et d'Angleterre. En 1196, il tient à Paris un concile dans l'intérêt d'Ingelburge, répudiée par Philippe-Auguste; enfin, en 1197, il jette l'interdit sur les terres du comte de Flandre, ligué avec le roi d'Angleterre contre le roi de France, son suzerain. Le cardinal Melior est à bon droit regardé comme un des personnages les plus considérables de son temps. B. H.

Hist. Littér. de la France, XV, 314.

MELIORATI *Voy.* Innocent VII.

MELISSUS (Μέλισσος), philosophe grec, fils d'Ithagène, né à Samos, vivait dans le cinquième siècle avant J.-C. On rapporte qu'il ne fut pas moins distingué comme citoyen que comme philosophe et qu'il commanda la flotte des Samiens pendant leur insurrection contre Athènes. Cette flotte, après avoir obtenu un succès partiel, fut vaincue par Périclès, dans la 85e olympiade. Cette date s'accorde bien avec l'assertion d'Apollodore que Melissus florissait dans la 84e olymp. Mais Thucydide, qui a fait le récit de la révolte de Samos, ne parle pas de Melissus, et son silence, sans être decisif, permet de douter que ce philosophe ait commandé la flotte samienne. Melissus semble avoir été le disciple de Parménide; il étudia du moins les écrits des philosophes de l'école d'Élée, et adopta leurs doctrines en les modifiant. Il exposa ses opinions dans un ouvrage en prose ionique intitulé probablement *De l'Être et de la Nature* (Περὶ τοῦ ἐόντος καὶ περὶ φύσεος) ou peut-être *De l'Être ou de la Nature*. Il y traitait non de la variété infinie des choses produites, engendrées, mais de la nature éternelle considérée abstractivement à part de toutes les choses concrètes et qu'il appelle, d'après Parmenide, ἐόν, ὄν, l'*ens*, *être*. Simplicius nous a conservé des fragments de ce traité, et l'auteur (Aristote ou Théophraste) du livre *Sur Melissus, Xénophane et Gorgias* en fait assez bien connaître les doctrines. Melissus prend pour point de départ la célèbre théorie de Parménide sur l'*être* ou l'*un absolu*, qui, suivant ce philosophe, est le seul objet qui puisse être connu, le seul par conséquent qui existe pour la raison. Cet être, selon Melissus, est infini; il est infini par cela seul qu'il existe; en effet *l'être* ne peut pas provenir de l'être; car autrement il serait déjà et n'aurait pas besoin de devenir; l'être ne peut pas se transformer en être, car alors il passerait, ce qui est contraire à la notion de l'être. Si l'être ne devient pas, il n'a pas de commencement; s'il ne passe pas, il n'a pas de fin; or ce qui n'a ni commencement ni fin est infini; donc l'Être est infini. Ce raisonnement revient à dire que comme rien ne peut arriver à l'existence, ni être détruit, il n'existe qu'un seul être infini (ἓν καὶ πᾶν). Avec un pareil système deux choses ne s'expliquaient pas, les dieux et le monde sensible. On ne voit pas quelle théologie et quelle physique pouvaient se concilier avec la théorie de l'unité absolue. Quant aux dieux, Melissus déclare nettement qu'il ne faut pas s'en occuper, parce qu'il est impossible de les connaître. Il est plus affirmatif encore à l'égard du monde physique, et prétendant que son principal but est de combattre les erreurs des physiciens, il s'efforce de prouver qu'il ne peut y avoir ni mouvement ni changement, c'est-à-dire qu'il n'y a pas de monde physique, puisque le monde physique est produit par le mouvement et le changement. Une pareille argumentation paraît le comble de l'absurdité; mais l'absurdité disparaît si l'on suppose que Melissus entend par exister, non pas se manifester aux sens, mais être un objet de connaissance (γνῶσις). En admettant cette distinction, qui est capitale pour l'intelligence des doctrines de l'école d'Élée, le raisonnement de Melissus se comprend. Il n'existe qu'un seul objet de connaissance, savoir l'Être, l'Un absolu, qui n'admet ni mouvement ni changement; donc ni le mouvement ni le changement n'existent (comme objets de connaissance); donc il ne faut pas s'en occuper, et comme le mouvement et le changement constituent toute la physique, il ne faut pas s'occuper de la physique. La théorie de Melissus marque la transition entre le dogmatisme de l'école d'Élée et le scepticisme de l'école des sophistes. Le philosophe de Samos niait la théologie et la physique, et ne respectait que la métaphysique. Les sophistes firent un pas de plus, et appliquant le doute aux spéculations sur le principe des choses, ils ne conservèrent que la morale pratique. Le scepticisme de Melissus se retrouve avec plus de sagacité et de vigueur dans Zénon d'Élée (*voy.* ZÉNON). Des *Fragments* importants, mais peu nombreux, de Melissus ont été recueillis par Brandis dans la première partie des *Commentationes eleaticæ*, 1813, et par M. Mullach dans son excellente édition du traité d'Aristote, *De Melisso, Xenophane et Gorgia, Disputationes, cum eleaticorum philosophorum fragmentis*; Berlin, 1846. Le même éditeur les a insérérés dans les *Fragmenta Philosophorum Græcorum* de la collection Didot, 1860, grand in-8°. L. J.

Diogène Laerce, IX, 24. — Plutarque, *Périclès*, 26, 27. — Simplicius, *In Arist. Phys.*, *de Cælo*. — Ritter, *Histoire de la Philosophie*, t. I.

MELISSUS (*Paul*) (1), poëte latin allemand, né à Melrichstadt en Franconie, le 20 décembre 1539, mort à Heidelberg, le 3 février 1602. Couronné en 1561 du laurier poétique par l'empereur Ferdinand, il fut quelques années après nommé précepteur des jeunes nobles attachés à la cour de Vienne. Après avoir ensuite pris part à la guerre de Hongrie, il vint en 1567 à Paris, où il se lia avec Ramus et Lambin. S'étant arrêté quelque temps à Genève, où il cultiva l'amitié de Pithou et de H. Estienne, il assista en 1570 à la diète de Spire; il y rencontra l'électeur palatin, qui le chargea de traduire en allemand les psaumes de David, pour les adapter à la musique de Goudimel. En 1577 il visita l'Italie du nord; à son séjour à Padoue, il fut créé comte palatin et chevalier de l'Éperon d'or. Après avoir en 1584 passé de nouveau quelque temps à Paris, il se rendit en Angleterre, où il reçut de la reine Élisabeth l'accueil le plus flatteur. De retour en Allemagne en 1586, il fut nommé conservateur de la bibliothèque palatine de Heidelberg, emploi qu'il conserva jusqu'à sa mort. Outre les langues anciennes, il connaissait la plupart de celles de l'Europe moderne; ses remarquables poésies latines l'avaient fait surnommer le *Pindare de l'Allemagne*. On a de lui : *Die vierzig ersten Psalmen verdeutschet* (Les quarante premiers Psaumes traduits en allemand); 1572; — *Carmina*; Francfort, 1574; — *Schediasmata Poetica*; Paris, 1586, in-8°; — *Meletemata*; 1595. Une édition complète de ses *Poésies* parut à Halle, 1625, in-8°; des extraits s'en trouvent dans le t. IV des *Deliciæ Poetarum Germanorum*. Cinq *Lettres* de Sylburg, adressées à Melissus, ont été publiées par Fr. Creuzer, qui les a fait précéder d'une *Vie* de notre auteur. O.

Adam, *Vitæ Germanorum Philosophorum*. — Boissard, *Icones*. — Clarmundus, *Icones*. — Teissier, *Éloges*. — Lotich, *Bibliotheca Poetica*, III. — Brucker, *Ehrentempel*. — Baillet, *Jugements*, IV. — Freytag, *Apparatus Litterarius*, III. — Sax, *Onomasticon*, III, 270.

MELITERIOTA (*Théodore*), astronome grec, vivait vers le milieu du douzième siècle; il avait composé un ouvrage intitulé : *Tribiblon Astronomicæ Syntaxis*; il n'en est venu jusqu'à nous que l'introduction et le premier chapitre; Bulliaud et Fabricius ont pris la peine d'en donner le texte grec avec une traduction latine. B.

Bullialdus, *Criterium Ptolemæi*; 1663, in-4°. — Fabricius, *Bibl. Græca*, IX, 198, ou X, p. 409, édit. de Harles.

MÉLITON (Μελίτων), écrivain ecclésiastique, vivait dans le second siècle après J.-C. Il était le contemporain d'Hégésippe, de Denys de Corinthe, d'Apollinaire d'Hiérapolis. On ne sait presque rien de sa vie. Les épithètes d'*Asianus* et de *Sardensis*, que lui donne saint Jérôme, désignent plutôt le siége de son évêché que le lieu de sa naissance. Polycrate d'Éphèse, écrivain d'une date un peu postérieure, dans une épître à Victor, évêque de Rome, l'appelle *Eunuchus*; mais ce mot ne doit pas se prendre à la lettre, et indique seulement que Méliton était resté fidèle à son vœu de chasteté. Il était évêque de Sardes sous Marc-Aurèle, auquel il présenta une *Apologie* (à une date incertaine, mais entre 165 et 175). On ignore à quelle époque et de quelle manière Méliton mourut; mais on conjecture, d'après le silence de Polycrate, qu'il ne fut pas martyr.

Eusèbe cite de Méliton les ouvrages suivants : Περὶ τοῦ πάσχα δύο (*Deux livres sur la Pâque*); — Περὶ πολιτείας καὶ προφητῶν (*Sur la droite manière de vivre et les Prophètes*); — Περὶ Ἐκκλησίας (*Sur l'Église*); — Περὶ κυριακῆς (*Sur le Jour dominical*); — Περὶ φύσεως ἀνθρώπου (*Sur la Nature de l'Homme*); — Περὶ πλάσεως (*Sur la Création*); — Περὶ ὑπακοῆς πίστεως αἰσθητηρίων (*De la Soumission des Sens à la Foi*); — Περὶ ψυχῆς καὶ σώματος (*De l'Ame et du Corps*); — Περὶ λουτροῦ (*Du Baptême*); — Περὶ ἀληθείας (*De la Vérité*); — Περὶ κτίσεως καὶ γενέσεως Χριστοῦ (*Sur la Création et la Génération du Christ*); — Περὶ προφητείας (*Sur la Prophétie*); — Περὶ φιλοξενίας (*Sur l'Hospitalité*); — Ἡ κλείς (*La Clef*); — Περὶ τοῦ διαβόλου καὶ τῆς ἀποκαλύψεως Ἰωάννου (*Du Diable et de l'Apocalypse de saint Jean*); — Περὶ ἐνσωμάτου Θεοῦ (*De Dieu corporel*); — Πρὸς Ἀντωνῖνον βιβλίδιον (*Livre à Antonin ou Apologie à Marc-Aurèle*); — Ἐκλογαί (*Extraits des livres de l'Ancien Testament*); — Περὶ σαρκώσεως Χριστοῦ (*De l'Incarnation du Christ*), contre Marcion; — Λόγος εἰς τὸ πάθος (*Discours sur la Passion*). Tous ces ouvrages sont perdus; mais les témoignages des Pères de l'Église montrent combien ils étaient estimés. Cependant Méliton avait commis une grave erreur au sujet de la Divinité, puisqu'il pensait que Dieu a un corps. Cette opinion n'a pas empêché l'évêque de Sardes d'être placé au nombre des saints. L'Église honore sa mémoire le 1er avril. Eusèbe a conservé des fragments importants de Méliton : un fragment du traité *Sur la Pâque*; des fragments de l'*Apologie*; un passage des

(1) Le nom de son père était SCHEDIUS; il adopta celui de *Melissus*, traduction grecque du nom de sa mère, qui s'appelait *Biene* (Abeille).

Extraits, qui est très-important pour la question de l'authenticité de l'*Ancien Testament*. Méliton mentionne tous les livres canoniques, excepté *Nehemiah* et *Esther* ; il ne cite aucun des apocryphes. On rencontre encore dans d'autres auteurs ecclésiastiques quelques autres fragments. Le meilleur recueil des *Fragments de Méliton* se trouve dans les *Reliquæ sacræ*, de Routh, Oxford, 1814, in-8°, vol. I, p. 109. Dom Pitra a publié plusieurs fragments de Méliton dans le *Spicilegium solismense*. L'ouvrage français, publié sous le titre d'*Apocalypse de Méliton*, est une satire contre les moines. Y.

Eusèbe, *Hist. eccl.*, IV. — Saint Jérôme, *De Vir. illust.* — *Chronon. Paschale.* — Cave, *Hist. Litteraria*, *ad ann.* 170. — Tillemont, *Mémoires pour servir à l'hist. eccles.*, vol. II, p. 407, etc., p. 663, etc. — Ceillier, *Auteurs sacres*, vol. II, p. 78, etc. — Lardner, *Credibility*, part. II, c. 15. — Le Clerc, *Hist. Eccles. duorum prim. secul.* — Ittig, *De Hæresiarch. sec.* II, c. XI. — Woog, *Dissertationes de Melitone*; Leipzig, 1744-51, in-4°. — Semler, *Hist. Eccles. selecta capita sæculi* II, c. 5. — Dupin, *Nouvelle Bibliothèque des Auteurs eccles.*, vol. I. — Galland, *Bibliotheca Patrum*, t. II, *Proleg.*

MÉLITON (*François*), mathématicien français, né à Perpignan, en 1681, mort dans la même ville, en mai 1753. Entré dans l'ordre des Capucins vers 1700, il fut professeur de théologie à Toulouse, et l'académie de cette ville l'admit au nombre de ses membres. Ses occupations et son exactitude à remplir les devoirs de son état ne l'empêchèrent point de cultiver les mathématiques et l'astronomie, pour lesquelles il avait un goût particulier. Quelques opuscules, notamment un *Traité sur les Épactes*, 1738, in-8°, furent le fruit de cette étude ; mais l'ouvrage qui fit sa réputation a pour titre : *Gregoriana correctio illustrata, ampliata et a conviciis vindicata* ; 1743, in-4°. Cet ouvrage mérita l'approbation de l'Académie des Sciences de Paris, qui donna à son auteur un témoignage de son estime en se l'associant comme correspondant par un diplôme expédié le 29 novembre 1746. H. F—T.

Annuaire hist. des Pyrenees Orientales, 1834. — *Docum. part.*

MÉLITUS (Μέλητος (1)), poëte tragique athénien, connu surtout comme un des accusateurs de Socrate, né dans le dème de Pitthée, vivait dans la seconde moitié du cinquième siècle avant J.-C. Dans l'*Euthyphron* et l'*Apologie* il est désigné comme jeune et obscur du temps de l'accusation de Socrate. Mais s'il est le même que le Mélitus dont il est question dans les *Laboureurs* d'Aristophane (joués probablement en 425), il avait au moins quarante-cinq ans à l'époque où Socrate fut jugé. Aristophane, Platon et les scoliastes de ces deux auteurs représentent Mélitus comme un mauvais poëte, froidement licencieux, un débauché grossier et efféminé. Dans le procès de Socrate, il se mit le plus en évidence en portant devant l'archonte roi l'acte d'accusation de ce philosophe ; mais il fut en réalité le plus insignifiant des trois accusateurs, et peut-être même l'instrument vénal des deux autres (*voy.* ANYTUS et LYCON). On rapporte qu'après la mort de Socrate les Athéniens se repentirent de leur injustice et prirent en horreur ceux qui la leur avaient fait commettre, et particulièrement Mélitus, qu'ils lapidèrent. Rien n'est moins probable que cette tradition. Dans les années qui suivirent le supplice de Socrate, sa mémoire resta très-impopulaire à Athènes. Les écrits de Xénophon et de Platon produisirent sans doute une réaction en sa faveur, mais lente et incomplète, et plus d'un demi-siècle après sa mort Eschine parlait de la condamnation du *sophiste* Socrate comme d'un acte de justice. Il paraît donc impossible que les accusateurs du philosophe aient été punis légalement. Peut-être furent-ils victimes des haines particulières des amis de Socrate ; on n'a point de détails positifs à ce sujet. Il est parlé dans l'histoire d'Athènes d'un Mélitus qui fut accusé d'avoir participé à la profanation des mystères et à la mutilation des Hermès en 415, et qui, après avoir été un partisan actif des trente Tyrans, devint un des accusateurs d'Andocide dans l'affaire des mystères. Il se peut que ce soit le même que l'accusateur de Socrate. Y.

Platon, *Euthyph.*, *Apolog.* — Diogène Laerce, II, 38, 40, 43. — Athénée, XII, p. 551 ; XIII, p. 608. — Libanius, *Apol.*, p. 11, 51, edit. Reiske. — Diodore, XIV, 37. — Suidas, au mot Μέλιτος. — Andocide, *De Myster.*, p. 7, 18, 46 (Reiske). — Xénophon, *Hell.*, II, 4. — Clinton, *Fast. Hell.*, vol. II, p. XXXVI. — Welcker, *Die Griech. Trag.*, p. 284-285. — Droysen, *Rhein. Mus.*, vol. III, p. 190.

MELIUS ou **MÆLIUS** (*Spurius*), chevalier romain, mis à mort en 439 avant J.-C. Il était le plus riche des chevaliers plébéiens, et pendant une grande famine, en 440, il employa sa fortune à acheter en Étrurie du blé, qu'il vendit à bas prix ou distribua gratuitement aux pauvres. Sa libéralité lui gagna la faveur des plébéiens, mais l'exposa à la haine de l'aristocratie régnante. En conséquence, l'année suivante, peu après l'entrée en charge des consuls, L. Minucius Augurinus, qui avait été nommé préfet des vivres (*præfectus annonæ*), révéla au sénat une conspiration que Melius avait, selon lui, tramée pour s'emparer du pouvoir royal. Il déclara qu'il avait corrompu les tribuns, qu'il tenait des conciliabules dans sa maison, et qu'il y avait rassemblé des armes. Le vieux Quinctius Cincinnatus fut immédiatement nommé dictateur, avec C. Servilius Ahala pour maître de la cavalerie. Ces deux magistrats prirent pendant la nuit des mesures de précaution et mirent des garnisons dans le Capitole et dans d'autres fortes positions de la ville. Le lendemain le dictateur parut sur le Forum avec une force armée, et somma Melius de comparaître devant son tribunal. Melius, qui savait le sort qui l'attendait, refusa, et, se saisissant d'un couteau de boucher,

(1) Cette forme Μέλητος est généralement admise, mais Welcker défend Μέλιτος.

il repoussa l'appariteur du dictateur, et se réfugia dans la foule. Aussitôt Ahala fondit sur lui avec une bande de jeunes patriciens, et l'égorgea. Ses biens furent confisqués; sa maison fut détruite, et la place qu'elle occupait, laissée vide, resta, sous le nom d'*Acquimælium*, un souvenir du sort de Melius. Suivant Niebhur, elle était située au pied du Capitole, non loin de la prison. La postérité adopta au sujet de la conspiration de Melius les traditions que les maisons *Quintia* et *Servilia* accréditerent. Ainsi Cicéron parle de Melius comme d'un homme hai de tous (*omnibus exosus*), et de sa mort comme d'un acte glorieux d'Ahala; mais si on juge ce fait avec impartialite, on ne peut le regarder que comme un meurtre. La conspiration de Melius est très-douteuse, et le dictateur n'avait pas le droit de le faire tuer; il n'avait que le droit de le faire mettre en jugement devant les comices par centuries. Aucun de ses prétendus complices ne fut puni, tandis que Ahala, traduit en justice, n'echappa a une condamnation que par un exil volontaire. Y.

Tite Live, IV, 13-16. — Zonaras, VII, 20. — Denys, *Exc. Vat.* in Mai, *Nova Collect.* II, p. 468. — Cicéron, *De senect.*, 16. *In Cat.* I, 1; *De Rep.* II, 27; *Philipp.*, II, 44; *Pro Mil.*, 17; *Pro Dom.*, 38. — Valere Maxime, VI, 3. — Niebuhr, *Hist. Romaine*, t. II.

MELIUS (*Jean-Pierre*), théologien hongrois, ne à Horki, en 1536, mort en 1572. Après avoir embrasse le calvinisme, il devint en 1558 professeur à l'école de Debrezin, et plus tard surintendant du cercle au delà de la Theiss. Il a beaucoup contribué a propager la religion reformée chez les nobles de la Transylvanie. Outre des traductions hongroises du *Nouveau Testament* et de plusieurs parties de l'*Ancien*, on a de lui, un *Herbarium, seu de usu et viribus herbarum*; Klausenbourg, 1578, in-4°. O.

Gerdes, *Scrinium Antiquarium*, t. VII. — Selig, *Historie der Augsburgischen Confession*, t. II.

MELLAN (*Claude*), dessinateur et graveur français, né à Abbeville, en mai 1598, mort à Paris, le 9 septembre 1688, d'une chute qu'il fit dans son escalier. Son père, qui était chaudronnier et planeur de cuivre, le plaça, pour faire son apprentissage, chez un artiste auquel il fournissait des planches. Si l'on en juge par les premiers ouvrages de Mellan, ce fut Leonard Gaultier, alors célèbre, qui lui enseigna les premiers élements de son art. Il avait déjà publié quelques estampes lorsque, en 1624, il se rendit à Rome (1), et entra dans l'atelier de Villamena; sous la direction de ce maître habile, il grava quelques pièces d'après les dessins d'Antonio da Pomerana et de Pietro da Cortona. Bientôt il se lia intimement avec Simon Vouet, reçut de lui d'utiles conseils, et s'adonna pendant quelque temps à la gravure de ses ouvrages. Mais, peintre lui-même, dessinateur correct et élégant, Mellan travailla bien plutôt selon son propre sentiment que d'après les errements de Vouet. Trois années d'un travail excessif avaient altéré sa santé; il tomba si gravement malade que sa vie fut menacée. A peine retabli, il reprit son burin pour graver le portrait de Joseph Trouillier, médecin français, qui l'avait soigné. Après le départ de Simon Vouet pour la France, Mellan, livré à lui-même, grava quelques portraits et pour les libraires un grand nombre de planches, vignettes, titres de livres, frontispices, etc. Parmi les ouvrages qu'il mit au jour à cette époque, on remarque : *Les Filles de Loth* (1629, *Saint Pierre Nolasque*, d'après lui-même (1627), un portrait du pape *Urbain VIII*, d'après le Bernin, et le frontispice qui orne l'édition des poésies latines de ce pontife (Rome, 1631, in-4°); les portraits des maréchaux de *Créqui* et de *Toiras*. Il prit part avec Sandrart, Lanfranc, Natalis, Pietro Testa, C. Audran, Bloemart, Théodore Matham, etc., à la publication des statues antiques de la collection du marquis Vincenzio Jiustiniani (*Galleria Giustiniana*; Rome, 1640, 2 vol. in-fol.). Outre leur valeur artistique, ces différents travaux ont cela de remarquable qu'ils constatent les efforts que faisait Mellan pour perfectionner sa manière. C'est à cette époque qu'il commença à graver d'une seule taille les objets qui demandent une grande délicatesse; c'est alors aussi qu'il étudia avec soin les maîtres flamands, particulièrement Gilles Sadeler, et sut s'inspirer des qualités de ces graveurs, tout en joignant dans ses ouvrages, à une grande pureté de burin, l'esprit et le feu qui caractérisent le veritable artiste.

Pendant les derniers temps de son séjour à Rome, Mellan se livra presque exclusivement à la peinture. Il revint ensuite en France en 1636. A Aix il retrouva ce Fabri de Peiresc, magistrat qui a tenu un rang si distingué dans la société artistique et savante du dix-septième siècle. C'est dans la maison de cet homme aimable, où le retenait une généreuse hospitalité, qu'il fit son portrait et celui d'un autre de ses commensaux, le célèbre Gassendi; il grava aussi pour ce dernier les figures des différentes phases de la Lune. Après la mort de Peiresc (20 juin 1737), Mellan vint se fixer definitivement à Paris, et se mit aussitôt a graver un tableau de Simon Vouet; mais la réputation qu'il s'etait faite en Italie en gravant des portraits lui fit consacrer tout son temps à des travaux de ce genre, dont le plus grand nombre était destiné à orner des thèses. Sa vogue devint telle que, malgré son extrême habileté et bien qu'il fit payer ses ouvrages un prix que n'avait jamais demandé aucun graveur, il ne pouvait suffire aux commandes qui lui arrivaient de tous côtés (1). Mellan fut

(1) Aux frais de M. de Peiresc, selon M. de Chennevières (*Recherches sur quelques Peintres provinciaux*, I, 18). Mariette ne mentionne pas cette particularité.

(1) On raconte à ce propos qu'il avait accepté de graver pour un particulier une these dediée à Mazarin; en moins de six semaines il eut terminé son travail; mais il s'en vit

chargé d'exécuter un certain nombre de planches pour les célèbres éditions du Louvre (1). D'après Jacques Stella, il fit les frontispices et vignettes de l'*Imitation de Jésus-Christ* (1640); des *Œuvres de saint Bernard; de l'Introduction à la vie dévote*. D'après Poussin (2), les frontispices du *Virgile* (1641 et 1642), de la *Bible* (1641 et 1642), du *Nouveau Testament* (1642). Il grava en outre le frontispice des ouvrages de controverse du cardinal de Richelieu. Pour prix de ces travaux le roi accorda à Mellan un logement au Louvre, le pensionna, et le choisit pour graver les statues et bustes antiques de son cabinet. « Son burin réussissait parfaitement dans ces sortes d'ouvrages, qui, étant tout d'une couleur, s'accommodent bien de l'uniformité de sa gravure, laquelle, n'étant point à tailles croisées, conserve une blancheur très-convenable au marbre qu'elle représente. »

Arrivé à l'apogée de son talent et de sa réputation, Mellan résolut de faire un de ces ouvrages extraordinaires qui étonnent le public sans prouver autre chose que l'extrême habileté de main d'un artiste. Il choisit pour sujet la représentation de *La sainte Face* sur le linge de sainte Véronique; il grava cette image d'un seul trait de burin qui, partant du bout du nez, décrit une spirale, couvre toute la planche, et par des ondulations et des renflements habilement calculés reproduit toutes les parties du sujet. « Le nez, les yeux, la bouche, les cheveux, les gouttes de sang, la couronne d'épine, le linge sur lequel la face divine est empreinte, tout est rendu avec précision par cette seule taille. Ce trait exprime jusqu'au nom du graveur et jusqu'à cette inscription : *Formatur unicus una non alter*, qui, en exposant le sujet, semble défier tout graveur d'en faire autant et prédire que l'ouvrage n'aura point d'imitateur; l'événement a vérifié la prédiction. Tous les graveurs qui furent assez téméraires pour entreprendre d'en faire autant y échouèrent. »

Mellan était un petit homme très-vif, de beaucoup d'esprit, mais emporté et aimant à vivre loin du monde. Son caractère singulier et peu sociable l'empêcha d'entrer à l'Académie, malgré son mérite supérieur. « On aimait à l'entendre discourir de son art, dit Mariette; il en parlait bien, et avait pour appuyer ses sentiments de beaux dessins et de belles estampes qu'il avait apportés d'Italie et dont il faisait son amusement et ses délices. » Jusqu'à son dernier jour Mellan continua ses travaux; mais sur la fin de sa vie il se contentait de faire des dessins qu'exécutaient ses élèves. A partir de 1670, il ne fit plus que des ouvrages médiocres et peu dignes de lui. Aussi ne distingue-t-on pas les derniers travaux qu'il fit de ceux qu'exécutaient ses élèves. Mellan fut enterré dans l'église de Saint-Germain-l'Auxerrois, sa paroisse. Il a gravé plus de trois cents planches qui ont été cataloguées par M. de Montaiglon. H. H—n.

Notice sur Mellan par P.-J. Mariette, dans les *Archives de l'Art français* — Perrault, *Les grands Hommes*. — J.-Renouvier, *Des Types et Manières des maîtres graveurs*. — Huber et Rost, *Manuel du Curieux*.

refuser le prix convenu sous prétexte qu'un ouvrage qui avait coûté si peu de temps à son auteur ne pouvait être satisfaisant; il fallut plaider et faire décider après expertise que les conditions du marché avaient été remplies par le graveur.

(1) L'Imprimerie royale occupa jusqu'en 1786 le rez-de-chaussée de la grande galerie des tableaux du musée du Louvre. De là vient le nom donné aux ouvrages qui sortirent des presses royales.

(2) Voyez les *Lettres de Poussin* (édit. de 1824, p. 84).

MELLE (*Jacques*), érudit et numismate allemand, né Lubeck, le 17 juin 1659, mort le 21 juin 1743. Fils d'un riche commerçant, il fut élevé sous la direction de son parrain, le pasteur Krechting. Après avoir commencé ses études à l'université de Kiel, il alla les continuer en 1676 à Iéna, où il passa quatre ans dans la maison de G. Sagittarius. Ayant ensuite visité les Pays-Bas, l'Angleterre et la France, il fut nommé, en 1684, diacre à l'église Sainte-Marie dans sa ville natale; en 1706 il y obtint l'office de pasteur, qu'il conserva jusqu'à sa mort. Ses principaux écrits sont : *Historia Lubecensis*; Iéna, 1677-1679, 4 parties, in-4°; — *Epistola de antiquis quibusdam Nummis historiam Thuringicam illustrantibus*; Iéna, 1678, in-4°; — *Sylloge Nummorum ex argento uncialium vulgo thalerorum, quos imperatores et reges Romanorum nec non Austriæ archiduces signari jusserunt*; Lubeck, 1697-1698, 2 parties, in-4°: cet ouvrage a aussi paru en allemand; Lubeck, 1697, in-4°; — *Lubeca Literata*; Lubeck, 1698-1700, 3 parties, in-8°; — *Series Regum Hungariæ e nummis aureis vulgo ducatis collecta et descripta*; Lubeck, 1699; — *De Ludis sæcularibus veterum Romanorum*; Lubeck, 1700, in-fol.; — *Notitia majorum plurimas Lubecensium, aliorumque clarorum virorum*; Leipzig, 1707, in-4°; — *De Itineribus Lubecensium sacris, quæ olim devotionis ergo susceperunt*; Lubeck, 1711, in-4°; — *Gründliche Nachricht von der Stadt Lubeck* (Notice complète sur la ville de Lubeck); Ratzebourg, 1713, in-8°; Lubeck, 1742 et 1787, in-8°; — *De Lapidibus figuratis agri Lubecensis*; Lubeck, 1720, in-4°; — des dissertations publiées dans les *Nova literaria maris Balthici*, que Melle rédigea seul de 1698 à 1700. O.

Goetten, *Jetztlebendes gelehrtes Europa*, t. I. — Seelen, *Athenæ Lubecenses*, t. I. — Moller, *Cimbria Literata*. — *Beyträge zu den Actis Historico-ecclesiasticis* (Weimar, 1746, t. I).

MELLEMA (*Elcie-Édouard-Léon*), écrivain hollandais, né en Frise, vers 1552, mort en 1622. Il n'est connu que par ses ouvrages. On sait seulement qu'il tenait le parti français contre Philippe II. On a de lui : *Frisia versu heroico descripta*; 1577; — *Carmen gratulatorium in inaugurationem lætumque urbis Antverpiensis introitum Francisci Valesii, ducis Alenconii*, dans une *Lettera apologetica;* ibid., 1594, in-4°; — *Parva ac parva quædam opuscula;* ibid., 1609. La *Vie de Marsile Ficin* qu'il avait composée n'a jamais paru, et on n'en a pas retrouvé le manuscrit.

MELLINI (*Giamballista*), cardinal, né en 1405, à Rome, où il est mort, en 1478, appartenait à une famille romaine qui a produit dès le quinzième siècle des personnages distingués par leur savoir ou par les emplois ecclésiastiques. Il fut évêque d'Urbin et légat à Milan. Il soutint avec beaucoup de fermeté auprès d'Eugène IV les privilèges de l'église de Latran, que ce pape avait attaqués.

MELLINI (*Savo*), créé cardinal en 1681 et mort en 1701, à Rome, remplit les fonctions de nonce en Espagne. Il chercha à réfuter la déclaration de Bossuet sur les libertés de l'Église gallicane dans l'ouvrage intitulé : *Autoritas infallibilis et summa cathedra S. Petri;* Salamanque, 1683, in-fol. P.

Barberini, *Bibliotheca.* — Negri, *Scrittori Fiorentini.* — *Mercure histor.*, 1701. — Doni d'Attichy, *Flores Historiæ Cardinalium*, II, 372.

MELLINI (*Giuseppe-Zama*), érudit italien, né le 24 janvier 1788, à Bologne, où il est mort, le 1er mars 1838. Il fit d'excellentes études dans la ville natale, fut ordonné prêtre en 1810, et enseigna ensuite la théologie à l'université, comme répétiteur depuis 1815 et comme professeur depuis 1824. Il remplit en même temps diverses fonctions, entre autres celles de chanoine métropolitain. On a de lui : *Lexicon Peripateticum, quo veterum theologorum locutiones explicantur;* Bologne, 1816, in-8°; une seconde édition, augmentée, a paru en 1834, et a été reproduite à Bruxelles, en 1837; — *Compendio della Dottrina Cristiana;* Bologne, 1829, in-8°; cinq éditions et une traduction en arménien; — *Gesù al cuore del giovine;* Bologne, 1830, in-12; souvent réimpr. et trad. en français; — *Institutiones biblicæ;* Bologne, 1832, 2 vol. in-16; 2e édit., augmentée, ibid., 1833, 3 vol. in-12 : ouvrage adopté dans plusieurs universités d'Italie; — *Pensieri a difesa della religione;* Venise, 1838, in-12. P.

Giornale letter. di Perugia, avril à juin 1838. — Tipaldo, *Biografia degli Italiani illustri*, VIII, 468-471. — *Mem. di relig.* Cont., 1838.

MELLO (*Dreux* DE), connétable de France, né en 1130, mort le 3 mars 1218. Issu d'une ancienne maison, qui tirait son nom d'un bourg du diocèse de Beauvais, il se distingua par ses services sous les règnes de Louis le Jeune et de Philippe-Auguste. En 1190 il accompagna ce dernier dans la Terre Sainte, et succéda en 1193 à Raoul de Clermont dans la charge de connétable. Il reçut en présent du roi le château de Loches et Châtillon-sur-Indre, qu'il avait conquis sur les Anglais. Cette famille s'éteignit à la fin du quinzième siècle. P. L.

Anselme, *Grands-Officiers de la Couronne.*

MELLO (*Guillaume* DE), auteur ascétique français, né à Nantes, vivait dans la seconde moitié du dix-septième siècle. Il était chanoine de l'église collégiale de Notre-Dame de Nantes. On a de lui : *Les Élévations de l'âme à Dieu par les degrés des créatures*, tirées du latin du card. Bellarmin; Nantes, 1666, in-4°; — *Le Devoir des Pasteurs*, trad. du latin de Barthélemi des Martyrs; Paris, 1672, in-12; — *Les divines Opérations de Jésus;* Paris, 1673, in-12; — *Le Prédicateur évangélique;* Paris, 1685, 7 vol. in-12. Ces ouvrages sont anonymes. On croit que Mello est aussi l'auteur d'une *Vie des Saints;* Paris, 1688, 4 vol. in-8°. K.

P. Levot, *Biographie Bretonne.*

MELLO (*Francisco-Manoel* DE), écrivain portugais, né à Lisbonne, le 23 novembre 1611, mort dans cette ville, le 13 octobre 1665. Élevé par les jésuites, il fit des progrès si rapides, qu'à dix-sept ans il avait acquis déjà une sorte de réputation littéraire. A la mort de son père, il choisit la carrière des armes, servit de la façon la plus distinguée dans les Pays-Bas, et gagna le grade de mestre-de-camp dans l'armée espagnole. A la suite de l'échauffourée qui eut lieu en 1637 sous le nom de *tumulte d'Evora*, on trouva qu'il avait agi avec trop de mollesse contre les insurgés, et il fut incarcéré. Lorsque la révolution de 1640 éclata, il résolut d'offrir son épée à la maison de Bragance; mais pour cela il lui fallut traverser la Catalogne et la France, passer en Angleterre et s'embarquer pour Lisbonne. Parvenu dans son pays, il trouva tout autre chose que ce qu'il attendait. Accusé de meurtre, il fut arrêté. En vain réclama-t-il le droit d'être jugé, il ne put l'obtenir, et demeura neuf ans en prison (1). Condamné enfin à l'exil, il se rendit au Brésil, et ne revint à Lisbonne qu'après la mort de son persécuteur. Ami intime de Quevedo, qu'il semble avoir pris parfois pour modèle, Mello a écrit autant en espagnol qu'en portugais. Telle fut la fécondité de cet écrivain, qu'on fait monter son œuvre à une centaine de volumes et que jamais la bibliographie complète de ses écrits n'a été donnée d'une façon précise. Le plus répandu de ses livres est intitulé : *Epanaphoras de varia historia portugueza, em cinco Relaçoes de successos pertencentes a este Reino;* Lisbonne, 1660, 1676, in-4°. Au point de vue historique, on recherche encore de lui la *Relação dos successos da Armada que a companhia geral do commercio expedio ao Estado do Brazil o anno de 1649;* Lisbonne, 1650. Son meilleur ouvrage sans contredit est le livre qu'il a écrit en espagnol sur les troubles advenus en Catalogne, et dont il fut témoin oculaire en bien

(1) En cette circonstance, Mello figure absolument comme un de ces aventureux personnages des comédies de cape et d'épée qu'il mettait lui-même en scène. Il paraît que durant une intrigue amoureuse il devint le rival préféré d'un puissant personnage, et l'outragea dans l'obscurité. Celui-ci ne lui pardonna jamais, et après lui avoir suscité la malheureuse affaire dont il est question ici, il le poursuivit de sa haine jusqu'en Amérique.

posait de constituer un comité *censorial*. Quelques beaux esprits demandèrent « un comité d'*aliénation* ». Cette saillie (qui plus tard produisit de tristes fruits, en perpétuant le tumulte et la violence des interpellations) fit rejeter la proposition de Mellinet. Lors du procès de Louis XVI, il vota pour l'appel au peuple, pour la réclusion pendant la guerre, avec le bannissement perpétuel à la paix. Il siégeait alors parmi les girondins. Le 31 mars 1793, il appuya Fouché, qui annonçait la révolte des provinces riveraines de la Loire, et demanda de promptes mesures pour réprimer et prévenir les désordres. Il parla le 24 avril, les 2 et 19 mai, pour le même objet, indiquant l'envoi immédiat d'une grande armée comme le seul moyen d'étouffer rapidement les troubles de l'ouest et prévenir une invasion des Anglais : il succomba un mois plus tard à une congestion cérébrale. H. L.

Le Moniteur universel, an. 1793, n°s 92, 116 et 128. — *Biographie moderne*; Paris, 1816. — Arnault, Jay, Jouy et Norvins, *Nouvelle Biographie des Contemporains*.

MELLINET (*Antoine-François*), officier français, fils du précédent, né le 29 août 1768, à Corbeil, près Paris. Élève de l'École Militaire, il commanda en 1792 une compagnie de soldats nantais à l'armée des Pyrénées, et devint lieutenant-colonel en 1793. Après la mort de son père, il se retira à Nantes, et occupa pendant deux ans la chaire d'histoire à l'École centrale. Il prit part au coup d'État du 18 brumaire, et obtint un emploi de sous-inspecteur aux revues (17 nivôse an x). Durant les Cent Jours, il fut, en qualité de chef d'état-major, chargé d'organiser la jeune garde, et combattit à Waterloo. Compris dans l'ordonnance du 24 juillet 1815 et banni par celle du 17 janvier 1816, il se retira en Belgique; son exil ayant fini en 1819, il vint se fixer à Nantes, où il est mort après 1830. On a de lui : *Aimar et Azalais, drame*, 1799; — *Fragments à la manière de Sterne, trad. de l'anglais*; Paris, 1799, in-12, fig.; — *Le Mari qui se croit trompé*, comédie jouée en 1801. Il a fait des additions à la seconde édition du *Guide de l'Officier en campagne*, du général Lacuée; Paris, 1804, 2 vol. in-8°, et il a publié avec des notes et un discours préliminaire les *Œuvres diverses et inédites de M.-J. Chénier*; Bruxelles, 1816.

MELLINET (*Camille*), parent du précédent, mort en août 1843, à Nantes. Il a exercé dans cette ville la profession d'imprimeur, et a fait paraître, entre autres : *De la Musique à Nantes*; 1837, in-8°; — *La Commune et la Milice de Nantes*, 1839-1844, 12 vol. in-8°; le dernier vol. finit avec 1815; — des pièces de théâtre, des notices et plusieurs mémoires insérés dans le recueil de la Société académique de Nantes, dont il était membre. K.

Biogr. des Hommes vivants. — *Littér. Fr. contemp.*

MELLING (*Antoine-Ignace*), peintre allemand, né à Carlsruhe, le 27 avril 1763, mort à Paris, le 15 septembre 1831. Il étudia la peinture chez son oncle et l'architecture près de son frère. A l'âge de dix-neuf ans, entraîné par son goût pour les voyages, il parcourut l'Italie, alla en Égypte, à Smyrne, à Constantinople, dans l'Asie Mineure et en Crimée. Il séjourna plusieurs années à Constantinople, où il fut nommé, en 1795, architecte de la sultane Hadidge, sœur de Sélim III. Après avoir exécuté plusieurs constructions en Turquie, il vint se fixer à Paris, où, mettant à profit les nombreux matériaux qu'il avait recueillis, il publia un *Voyage pittoresque à Constantinople et sur les rives du Bosphore*; Paris, 1807-1824, in-folio. Le succès de cet ouvrage et les paysages qu'il mit aux expositions du Louvre lui valurent le titre de peintre de l'impératrice Joséphine. Sous la Restauration, il fut attaché comme dessinateur au ministère des affaires étrangères, et au Cabinet du roi comme peintre paysagiste. Il publia aussi un *Voyage pittoresque dans les Pyrénées françaises et dans les départements adjacents*, avec un texte par Cervini, in-folio oblong. A la suite de cette publication, il fut nommé chevalier de la Légion d'Honneur. Outre quelquelques paysages, il a peint une *Vue du château d'Hartwell*, avec l'épisode du départ de Louis XVIII pour la France, et avec son fils deux tableaux l'un représentant *Louis XVIII faisant son entrée dans Paris*, l'autre *La Distribution des drapeaux à la garde nationale*. G. de F.

Annuaire des Artistes français, année 1832. — *Journal des Artistes*, octobre 1831.

MELLINI (*Domenico*), littérateur italien, né vers 1540, à Florence, mort vers 1610. Secrétaire de Jean Strozzi, il l'accompagna en 1562 au concile de Trente, et devint ensuite gouverneur de Pierre de Médicis, l'un des fils de Cosme Ier. Il mourut dans un âge avancé. On a de lui : *Descrizione dell' entrata in Firenze di Giovana d'Austria*; Florence, 1566, in-8°; — *Visione dimostratrice della malvagità del carnale amore*; ibid., 1566, in-4°, traité de morale dédié à Marie Colonna; — *Vita del capitano Filippo Scolari (chiamato Pippo Spano), conte di Temesvar*; ibid., 1570, 1606, in-8°; — *In veteres quosdam scriptores Christiani nominis obtrectatores lib. IV*; ibid., 1577, in-fol. C'est un recueil, très-rare et recherché, de tous les écrits anciens publiés contre le christianisme lorsqu'il commença à se répandre; — *Discorso dell' impossibilità del moto perpetuo nelle cose corruttibili*; ibid., 1583, in-8°; — *Trattato dell' origine, fatti, costumi e lodi di Matilda, la gran contessa d'Italia*; ibid., 1589, 1609, in-4°; composé d'après un poëme latin de Donizzoni, auteur contemporain de Mathilde; cet ouvrage fut critiqué par le bénédictin Lucchini, qui en 1592 publia en italien la *Chronique* de cette princesse; Mellini essaya de se justifier dans une *Lettera apologetica;* ibid., 1594, in-4°; — *Parra ac parra quædam opuscula;* ibid., 1609. La *Vie de Marsile Ficin* qu'il avait composée n'a jamais paru, et on n'en a pas retrouvé le manuscrit.

MELLINI (*Giambattista*), cardinal, né en 1405, à Rome, où il est mort, en 1478, appartenait à une famille romaine qui a produit dès le quinzième siècle des personnages distingués par leur savoir ou par les emplois ecclésiastiques. Il fut évêque d'Urbin et légat à Milan. Il soutint avec beaucoup de fermeté auprès d'Eugène IV les privilèges de l'église de Latran, que ce pape avait attaqués.

MELLINI (*Savo*), créé cardinal en 1681 et mort en 1701, à Rome, remplit les fonctions de nonce en Espagne. Il chercha à réfuter la déclaration de Bossuet sur les libertés de l'Église gallicane dans l'ouvrage intitulé : *Autoritas infallibilis et summa cathedra S. Petri;* Salamanque, 1683, in-fol. P.

Barberini, *Bibliotheca*. — Negri, *Scrittori Fiorentini*. — *Mercure histor.*, 1701. — Doni d'Attichy, *Flores Historiæ Cardinalium*, II, 342.

MELLINI (*Giuseppe-Zama*), érudit italien, né le 24 janvier 1788, à Bologne, où il est mort, le 1er mars 1838. Il fit d'excellentes études dans la ville natale, fut ordonné prêtre en 1810, et enseigna ensuite la théologie à l'université, comme répétiteur depuis 1815 et comme professeur depuis 1824. Il remplit en même temps diverses fonctions, entre autres celles de chanoine métropolitain. On a de lui : *Lexicon Peripateticum, quo veterum theologorum locutiones explicantur;* Bologne, 1816, in-8°; une seconde édition, augmentée, a paru en 1834, et a été reproduite à Bruxelles, en 1837; — *Compendio della Dottrina Cristiana;* Bologne, 1829, in-8°; cinq éditions et une traduction en arménien; — *Gesù al cuore del giovine;* Bologne, 1830, in-12; souvent réimpr. et trad. en français; — *Institutiones biblicæ;* Bologne, 1832, 2 vol. in-16; 2e édit., augmentée, ibid., 1833, 3 vol. in-12 : ouvrage adopté dans plusieurs universités d'Italie : — *Pensieri a difesa della religione;* Venise, 1838, in-12. P.

Giornale letter. di Perugia, avril à juin 1838. — Tipaldo, *Biografia degli Italiani illustri*, VIII, 466-471. — *Mem. di relig. Cont.*, 1838.

MELLO (*Dreux* DE), connétable de France, né en 1130, mort le 3 mars 1218. Issu d'une ancienne maison, qui tirait son nom d'un bourg du diocèse de Beauvais, il se distingua par ses services sous les règnes de Louis le Jeune et de Philippe-Auguste. En 1190 il accompagna ce dernier dans la Terre Sainte, et succéda en 1193 à Raoul de Clermont dans la charge de connétable. Il reçut en présent du roi le château de Loches et Châtillon-sur-Indre, qu'il avait conquis sur les Anglais. Cette famille s'éteignit à la fin du quinzième siècle. P. L.

Anselme, *Grands-Officiers de la Couronne*.

MELLO (*Guillaume* DE), auteur ascétique français, né à Nantes, vivait dans la seconde moitié du dix-septième siècle. Il était chanoine de l'église collégiale de Notre-Dame de Nantes. On a de lui : *Les Élévations de l'âme à Dieu par les degrés des créatures*, tirées du latin du card. Bellarmin; Nantes, 1666, in-4°; — *Le Devoir des Pasteurs*, trad. du latin de Barthélemi des Martyrs; Paris, 1672, in-12; — *Les divines Opérations de Jésus;* Paris, 1673, in-12; — *Le Prédicateur évangélique;* Paris, 1685, 7 vol. in-12. Ces ouvrages sont anonymes. On croit que Mello est aussi l'auteur d'une *Vie des Saints;* Paris, 1688, 4 vol. in-8°. K.

P. Levot, *Biographie Bretonne*.

MELLO (*Francisco-Manoel* DE), écrivain portugais, né à Lisbonne, le 23 novembre 1611, mort dans cette ville, le 13 octobre 1665. Élève par les jésuites, il fit des progrès si rapides, qu'à dix-sept ans il avait acquis déjà une sorte de réputation littéraire. A la mort de son père, il choisit la carrière des armes, servit de la façon la plus distinguée dans les Pays-Bas, et gagna le grade de mestre-de-camp dans l'armée espagnole. A la suite de l'échauffourée qui eut lieu en 1637 sous le nom de *tumulte d'Evora*, on trouva qu'il avait agi avec trop de mollesse contre les insurgés, et il fut incarcéré. Lorsque la révolution de 1640 éclata, il résolut d'offrir son épée à la maison de Bragance; mais pour cela il lui fallut traverser la Catalogne et la France, passer en Angleterre et s'embarquer pour Lisbonne. Parvenu dans son pays, il trouva tout autre chose que ce qu'il attendait. Accusé de meurtre, il fut arrêté. En vain réclama-t-il le droit d'être jugé, il ne put l'obtenir, et demeura neuf ans en prison (1). Condamné enfin à l'exil, il se rendit au Brésil, et ne revint à Lisbonne qu'après la mort de son persécuteur. Ami intime de Quevedo, qu'il semble avoir pris parfois pour modèle, Mello a écrit autant en espagnol qu'en portugais. Telle fut la fécondité de cet écrivain, qu'on fait monter son œuvre à une centaine de volumes et que jamais la bibliographie complète de ses écrits n'a été donnée d'une façon précise. Le plus répandu de ses livres est intitulé : *Epanaphoras de varia historia portugueza, em cinco Relaçoes de successos pertencentes a este Reino;* Lisbonne, 1660, 1676, in-4°. Au point de vue historique, on recherche encore de lui la *Relaçāo dos successos da Armada que a companhia geral do commercio expedio ao Estado do Brazil o anno de 1649;* Lisbonne, 1640. Son meilleur ouvrage sans contredit est le livre qu'il a écrit en espagnol sur les troubles advenus en Catalogne, et dont il fut témoin oculaire en bien

(1) En cette circonstance, Mello figure absolument comme un de ces aventureux personnages des comédies de cape et d'épée qu'il mettait lui-même en scène. Il paraît que durant une intrigue amoureuse il devint le rival préféré d'un puissant personnage, et l'outrage dans l'obscurité. Celui ci ne lui pardonna jamais, et après lui avoir suscité la malheureuse affaire dont il est question ici, il le poursuivit de sa haine jusqu'en Amérique.

des occasions : *Historia de los Movimientos y separacion Cataluna;* Saint-Vincent (Lisbonne), 1645, 1696, pet. in-4° ; Madrid, 1808, in-8° ; Paris, 1827, 2 vol. in-32, et dans le *Tesoro d'Ochoa.* On a encore de cet auteur *La Sciencia Cabala,* puis *La Carta de guia de Casados,* excellent livre de morale enjouée. Parmi ses ouvrages en vers, nous citerons : *Las tres Musas del Melodino;* Lisbonne, 1649 : recueil très-rare ; — *Doze senetos a morte de D. Ignez de Castro,* en espagnol ; Lisbonne, 1628, in-4°. Parmi ses ouvrages inédits, on cite des poëmes et un grand nombre de tragi-comédies, de comédies, de *farças,* d'*autos,* écrits presque tous en portugais. Ce que peut surtout regretter la littérature brésilienne, c'est un recueil de poésie composé durant l'exil de Mello, et qu'on n'a jamais pu retrouver. Ferd. DENIS.

Costa e Sylva, *Ensaio biographico-critico sobre os melhores Poetas Portuguezes.* — Barbosa Machado, *Bibliotheca Lusitana.* — *Revue des Deux Mondes,* 15 oct. 1848.

MELLO (*Paschoal-Jozé* DE), jurisconsulte portugais, mort en 1798. Il est considéré comme le plus grand jurisconsulte moderne qu'ait possédé le Portugal ; mais c'est surtout par ses recherches sur l'histoire du droit civil qu'il a acquis sa réputation. On a de lui : *Historiæ Juris civilis Lusitani liber singularis, jussu Academiæ Regiæ in lucem editus;* Lisbonne, 1800, 3e édit. Cette réimpression estimée a été donnée par les soins de Francisco Freire da Sylva Mello. F. D.

Balbi, *Études de Statistique sur le Portugal.* — *Memorias da Academia Real das Sciencias.* — Ribeiro, *Primeiros Traços d'huma resenha da Litteratura Portugueza.*

MELLO DE CASTRO (*Julio* DE), littérateur portugais, né en 1658, à Goa, mort le 19 février 1721, à Lisbonne. Fils d'Antonio de Mello de Castro, vice-roi des Indes, il fit ses premières armes en Asie. En 1682 il fut du nombre des gentilhommes envoyés à Nice au-devant du duc de Savoie, qui devait épouser l'infante du Portugal ; cette union ayant été rompue, il quitta le service militaire, visita l'Italie, et de retour à Lisbonne, il se livra entièrement à l'étude. L'extrême fécondité de son esprit le fit agréger à plusieurs sociétés, entre autres à celles des *Generozos,* des *Anonymos* et des *Illustrados.* Dans l'académie portugaise, établie en 1716, il fut chargé d'écrire les éloges des grands hommes de la nation, et l'on admire les parallèles ingénieux qu'il fit du roi Alfonse avec Vasco de Gama et du roi Sanche Ier avec Édouard Pacheco. En 1720 il fut admis, par ordre de Jean V, dans l'Académie royale d'Histoire, avec mission de recueillir les monuments qui concernent Sanche Ier et Alfonse II, dont il descendait, à un degré éloigné. Vers cette époque le naufrage d'un bâtiment qui portait toutes ses richesses le réduisit à un état voisin de la pauvreté. On a de lui : *Historia da Vida de Diniz de Mello;* Lisbonne, 1721, in-fol. ; — *Problema sobre os effeitos do amor e do odio;* ibid., 1752, in-4° ; — *Vida de Luiz do Couto,* réimpr. dans le *Tacito Portuguez;* — des *Romances* en l'honneur de saint Thomas et de la Vierge ; cette dernière, qui est inachevée, devait avoir deux mille strophes. Il n'a pas non plus terminé la *Vie du comte de Calveas,* son oncle. P.

Jose Barbosa, *Éloge de Mello,* dans les *Mémoires de l'Acad. roy. d'Histoire,* t. Ier.

MELLO E CASTRO (Dom *Joao* DE ALMEIDA DE), comte DAS GALVAS, diplomate portugais, né à Lisbonne, en 1767, mort à Rio-Janeiro, le 18 janvier 1814. Entré de bonne heure dans la carrière diplomatique, il fut successivement ministre de Portugal à La Haye, à Rome et à Londres. Dévoué à la politique anglaise, il devint ministre des affaires étrangères et de la guerre en 1797, et fut créé comte. Le ministère dont Pinto était le chef mécontenta le gouvernement français. Le Portugal attaqué par une armée franco-espagnole et abandonné par l'Angleterre dut céder, et le général Lannes, ambassadeur de France, exigea le renvoi des ministres. Appelé au conseil en 1807, Mello opina pour la défense du royaume contre les armées françaises ; mais cet avis ne fut pas jugé praticable. Mello suivit Jean VI au Brésil, et y reprit le portefeuille des affaires étrangères et de la guerre, qu'il conserva jusqu'à sa mort. J. V.

Biogr. univ. et portat. des Contemp.

MELLO (DE). *Voy.* CADAVAL.

MELLOBAUDES ou **MALLOBAUDES**, roi franc, vivait dans le quatrième siècle après J.-C. Il remporta une victoire sur Macrien, roi des Alamanni. Dans la campagne de l'empereur Gratien contre ces barbares en 377, il exerça les fonctions de comte des domestiques, et partagea avec Nannienus le commandement en chef. Il eut la principale part à la victoire d'Argentaria. On identifie quelquefois, sans invraisemblance, mais sans preuves, Mellobaudes avec Merobaudes, officier franc qui fut employé activement sous les empereurs Valentinien Ier et Gratien. Merobaudes fut deux fois consul en 377 et 383. Dans cette dernière année il commanda l'armée de Gratien contre l'usurpateur Maxime, et on l'accuse d'avoir trahi son maître. Cette inculpation n'est peut-être pas fondée. Dans tous les cas il ne profita pas de sa trahison, et fut mis à mort par l'ordre de Maxime. Y.

Ammien Marcellin, XIV, 11 ; XV, 5 ; XXX, 3, 10. — Pacatus, *Panegyricus ad Theodos.* — Tillemont, *Histoire des Emp.,* vol. V, p. 723.

MELLONI (*Giambattista*), biographe italien, né le 23 juin 1713, à Cento (États de l'Église), mort le 24 décembre 1781. Il fit ses études à Bologne, entra dans la congrégation des pères de l'Oratoire, et occupa la chaire de rhétorique au séminaire de sa ville natale. Son principal ouvrage est : *Atti o memorie degli uomini illustri in santità nati o morti in Bologna;* Bologne, 1773-1780, 3 vol. in-4°. Il a encore publié séparément les vies de quelques écrivains religieux de son temps. P.

Rotermund, *Supplém.* à Jöcher.

MELLONI (*Macédoine*), célèbre physicien italien, né à Parme, en 1801, mort à Naples, le 11 août 1853. Il occupait dans sa ville natale une chaire de physique, lorsqu'en 1831 il fut obligé de s'expatrier pour cause politique. Il passa près d'une année à Genève, consacrant ses loisirs à des recherches qui le conduisirent aux belles découvertes sur le calorique rayonnant, qui lui ont valu une réputation méritée. Il se fixa ensuite à Paris, où il trouva de nobles encouragements. Cependant, fatigué de l'exil, il sollicita et obtint sa rentrée en Italie, grâce à une lettre d'Arago à M. de Metternich, appuyée de la puissante recommandation d'Alex. de Humboldt. Bientôt après, il obtint à Naples (mars 1839) la place de directeur de conservatoire des arts et métiers et celle de professeur de physique au bureau de météorologie. Les événements de 1848 firent perdre à Melloni ses places et appointements : il vivait retiré à Portici lorsqu'une attaque de choléra l'enleva brusquement à la science et à ses nombreux amis.

Melloni débuta par des observations sur l'hygrométrie, qui témoignaient d'un expérimentateur sagace. Sa liaison avec Nobili l'amena bientôt à s'occuper de la pile thermo-électrique : il fit, en commun avec ce savant, un travail destiné à perfectionner cette pile et à en faire un instrument propre à mesurer « les plus légères différences de température ». S'appliquant ensuite à l'analyse du calorique rayonnant, il parvint à démontrer que ce *calorique renferme des éléments aussi hétérogènes que ceux dont se compose la lumière blanche*. Quelques physiciens, particulièrement De la Roche, avaient déjà observé que le calorique rayonnant peut traverser certains corps transparents, tels que le verre, instantanément et sans les échauffer, exactement comme le fait la lumière. Ils avaient en outre constaté que dans cette transmission une portion de la chaleur est arrêtée, mais que cette portion est d'autant plus faible que la source calorifique est plus intense, tellement que si cette source est le soleil, la plus intense de toutes, la presque totalité de la chaleur est transmise. Melloni ne se contentait plus de faire des expériences avec le verre : il opéra sur trente-six substances solides différentes, réduites en lames d'égale épaisseur, d'un peu plus de deux millimètres et demi, et sur vingt-huit liquides d'une épaisseur plus forte : il avait placé chacune de ces substances sur la route de rayons calorifiques émanés de quatre sources de chaleur différentes, savoir un vase rempli d'eau bouillante, une lame de cuivre chauffée à 400 degrés du platine incandescent et une lampe à huile dite de Locatelli. Chacune de ces sources était disposée à des distances telles de l'appareil thermométrique, qu'elles y produisaient toutes le même effet sans écran, c'est-à-dire que la plus intense était la plus éloignée, la plus faible la plus rapprochée, tandis que les deux autres se trouvaient à des distances intermédiaires. Il pouvait donc considérer les *quantités* de chaleur qui arrivaient à l'appareil thermométrique comme *égales*, mais comme de *qualités différentes*, puisqu'elles ne provenaient pas d'une seule et même source. Or, aucune des substances interposées comme des écrans ne se trouva, sauf une seule, transmettre la même proportion de chaleur rayonnante. Ainsi, pendant que la liqueur volatile de Thompson (carbure de soufre) en transmettait 63 pour 100, l'eau n'en laissait passer que 11 pour 100. Le sel gemme a seul la propriété de transmettre toujours la même proportion (environ 92 pour 100) de tous les rayons de chaleur de quelque source qu'ils émanent. Ces rayons se comportent donc comme les rayons de lumière, qui passent plus facilement les uns que les autres à travers des écrans diversement colorés. Le sel gemme est pour les rayons calorifiques ce qu'est un milieu incolore, par exemple une lame de verre, pour les rayons lumineux : ils le traversent tous avec une égale facilité. « Si notre tact, disait l'habile expérimentateur, était aussi sensible que notre œil, il est probable que de même que les rayons de lumière différents produisent sur nous des sensations différentes que nous désignons par le nom de couleurs, de même les rayons de chaleur différents nous procureraient aussi des impressions différentes. Nous sommes pour la chaleur ce que seraient pour la lumière ceux qui ne discerneraient pas les couleurs et ne seraient affectés que par le plus ou le moins d'intensité des rayons lumineux. » Il est à remarquer que les substances qui laissent le mieux passer la lumière ne sont pas celles qui transmettent le mieux la chaleur. Ainsi, l'eau, les cristaux d'alun et de sulfate calcaire, quoique très-transparents, ne laissent passer qu'une très-petite quantité de chaleur, tandis que le mica noir, parfaitement opaque, peut, en lames très-minces, transmettre de 40 à 60 pour 100 des rayons calorifiques émanés d'une source d'alcool. Pour exprimer des choses nouvelles il faut des noms nouveaux. Melloni appela *diathermanes* et *athermanes* les corps qui, pour la lumière, correspondent aux corps diaphanes et aux opaques : de même qu'il y a une coloration dans la plupart des corps diaphanes, il y a une *diathermansie* chez presque tous les corps diathermanes. La *coloration calorifique* reçut le nom de *thermochrose*. Poursuivant son analyse, le célèbre physicien, que M. A. de La Rive nomme le « Newton de la chaleur », parvint à déterminer la *diathermansie* propre à chaque substance, en mettant simultanément deux ou plusieurs écrans sur la route des mêmes rayons calorifiques; et de même qu'un verre bleu mis sur le parcours des rayons lumineux sortis d'un verre rouge n'en transmet aucun, parce que les rayons transmissibles par chacun de ces deux verres ne sont pas les mêmes, de même aussi les rayons calorifiques sortis d'une lame d'alun ne traversent pas une lame de sulfate calcaire, tandis qu'ils passent facilement à travers une autre substance En opposant ainsi les écrans de différentes natures les uns aux autres, il réussit à déterminer leur *diathermansie* relative. Bien qu'il n'y ait pas identité entre les corps diaphanes et les corps diathermanes, la chaleur rayonnante a cependant les mêmes propriétés générales que la lumière; comme celle-ci, elle se réflechit, se réfracte, se polarise, se décompose. On peut donc avoir aussi pour la chaleur des lentilles et des prismes, avec cette différence qu'il faut pour les fabriquer employer le sel gemme, au lieu du verre. Telles sont les belles applications que Melloni sut tirer de ses decouvertes et qu'il a développees dans son *Traité de la Thermochrose;* Paris, 18 ..Nous mentionnerons encore de lui son *Étude des proprietés de la Retine et du cristallin*, son *Analyse du spectre solaire;* son *Memoire sur l'identité des diverses radiations lumineuses, calorifiques et chimiques*, Genève, 1842, son travail *Sur la grotte d'azur*, près de Naples, dont il explique la coloration par la proprieté que possèdent les eaux limpides et profondes de la mer de reflechir les rayons azurés, tandis qu'elles absorbent et transmettent les autres éléments de la lumière répandus dans l'atmosphère. Dans sa *Demonstration de l'existence d'une puissance calorifique de la lumière lunaire*, il réussit, en concentrant la lumière lunaire par une lentille, à obtenir un foyer de chaleur dont l'intensité varie avec l'âge de la Lune et avec sa hauteur au-dessus de l'horizon. Un mois avant sa mort, il avait communiqué à son ami M. A. de La Rive le résultat de recherches intéressantes sur l'*Induction électrique* (1). Melloni fut correspondant de l'Academie des Sciences et chevalier de la Légion d'Honneur depuis 1841. Il était du nombre de ces savants d'élite qui pensent qu'à côté des interêts de la science il y a de la place pour les intérêts de la patrie, qu'un homme de cœur ne doit point négliger. F. H.

M. A. de La Rive, dans la *Bibliothèque universelle de Genève*, octobre 1854.

MELMOTH (*William*), jurisconsulte anglais, né en 1666, mort le 6 avril 1743, à Londres. Admis au barreau en 1693, il fut l'un des plus habiles et des plus vertueux jurisconsultes qui sortirent de la société de Lincoln's-Inn. Il fut chargé, par la cour de chancellerie, de publier, avec Peere Williams, le recueil d'arrêts laissé par Thomas Vernon (*Reports of cases argued and adjusted in the high court of chancery;* Londres, 1726-1728, 2 vol. in-fol.). Il avait aussi préparé une collection du même genre, qui n'a pas vu le jour. L'ouvrage par lequel il mérite le plus d'être connu est un excellent traité de morale religieuse intitulé : *The great Importance of a religious Life*, et dont il s'est vendu dans le siècle dernier plus de cent mille exemplaires. Walpole, dans ses *Noble and royal Authors*, en a faussement attribué la paternité au premier comte d'Egmont. La vie de Melmoth ne fut qu'une application constante des préceptes dont il recommande la pratique.
P. L—y.

Nichols et Bowyer, *Literary Anecdotes*. — *Gentleman's Magazine*, LXXXIII. — W. Melmoth, *Memoirs of an eminent Advocate*.

MELMOTH (*William*), littérateur anglais, fils du précédent, né en 1710, à Londres, mort le 15 mars 1799, à Bath. Nommé en 1756 commissaire des banqueroutes, il consacra presque toute sa vie à la culture des lettres, et résida tantôt à Shrewsbury, tantôt à Bath. Ses contemporains le représentent comme un homme affable, instruit et de manières accomplies; il écrivait avec élégance, et sa traduction de Pline a longtemps été regardée comme la meilleure qu'on eût en anglais de cet auteur. Ses principaux ouvrages sont : *Letters on several subjects;* Londres, 1742, in-8° : sous le nom de Fitz-Osborne; trad. en français, en 1820; — *A Translation of the Letters of Pliny;* Londres 1747, 2 vol. in-8°; — *Letters of Cicero, with remarks;* Londres, 1753, 3 vol. in-8°; — *Memoirs of late eminent advocate;* Londres, 1796, in-8°. On lui doit aussi une version anglaise des traités de Cicéron : *De Amicitia* (1773), et *De Senectute* (1771), et quelques pièces de vers. P. L—y.

Nichols et Bowyer, *Literary Anecdotes*. — Chalmers, *General Dictionary*.

MELOGRANI (*Giuseppe*), géologue italien, né le 29 juillet 1750, à Parghelia (Calabre), mort le 21 decembre 1827, à Zambrone. Après avoir été ordonné prêtre, il vint à Naples étudier les sciences naturelles. En 1789 il se rendit en Allemagne, aux frais du gouvernement, et suivit les cours de Werner à l'académie de Freyberg. A son retour il fut employé à l'inspection des mines de Calabre. Chargé en 1801 d'organiser et de classer le cabinet de minéralogie qu'on venait de fonder, il fut en 1812 appelé aux fonctions d'inspecteur général des eaux et forêts, et les conserva jusqu'à sa mort. On a de lui : *Manuale Geologico;* Naples, 1809, in-8°; l'auteur, comme il l'avoue du reste, s'est contenté de reproduire à peu près les leçons publiées par Werner; — *Istituzioni fisiche ed economiche de' boschi;* ibid., 1810, in-8°; — *Descrizione geologica e statistica di Aspromonte;* ibid, 1823, in-8°; — des mémoires dans les *Atti du real Istituto d'Incoraggiamento*, dont il etait membre. P.

Uomini illustri del regno di Napoli, XIV.

MELON (*Jean-François*), économiste

(1) *Bibliothèque universelle de Genève*, t. XXVI, p. 316.

français, né à Tulle, mort à Paris, le 24 janvier 1738. D'une famille de robe, il fut avocat et suivit le parlement de Bordeaux. Il se lia dans cette ville avec la plupart des gens de lettres, et leur suggéra le premier l'idée d'y fonder une société littéraire que le duc de La Force prit sous sa protection, et qui devint une académie le 12 septembre 1712. Melon en était le secrétaire lorsque le duc de La Force, prenant part au ministère, sous la régence, l'appela auprès de lui. Il travailla ensuite avec le garde des sceaux d'Argenson, et remplit pendant quelques mois les fonctions d'inspecteur général des fermes à Bordeaux. Rappelé à Paris, il fut premier commis du cardinal Dubois, de Law, et secrétaire de Philippe d'Orléans. « Le régent, dit un biographe, passait des heures entières avec lui dans son cabinet, pour discuter les points les plus importants de l'administration. Il l'a consulté sur toutes les affaires considérables de commerce ou de finance. » On a de Melon : *Mahmoud le Gasnevide, histoire orientale, traduite de l'arabe avec des notes*; Rotterdam, 1729 : c'est une satire de la régence; — *Essai politique sur le Commerce*, 1734, in-12; les édit. de 1736 et de 1761 sont augmentées de sept chapitres. Ce livre, réfuté sur quelques points par Dutot, trouva dans Voltaire un admirateur : « C'est, dit-il, l'ouvrage d'un homme d'esprit, d'un citoyen, d'un philosophe; il se sent de l'esprit du siècle. »

D'après Voltaire, ce fut Melon qui inspira au régent le dessein de rappeler Law, réfugié à Venise, et de faire revivre le système de cet Écossais en y apportant quelques modifications. C'était, ajoute-t-il, « un esprit systématique, très-éclairé, mais très-chimérique », paroles assez difficiles à concilier avec ce passage du même écrivain : « Melon est le premier homme qui ait raisonné en France par la voie de l'imprimerie, immédiatement après la déraison universelle de Law. » — *Lettre à la comtesse de Verrue sur l'apologie du luxe*, imprimée à la suite de la satire du *Mondain* par Voltaire; — *Dissertations* pour l'académie de Bordeaux; — *Éloge historique de l'abbé de Pons*, en tête des *Œuvres* de cet ecclésiastique, que Melon édita en 1738, in 12. Melon fut jusqu'à sa mort pensionnaire de la couronne, au traitement de mille écus par an. Martial AUDOUIN.

L'abbé Prevôt, *Le Pour et Contre*, t. XV, n° 209. — Voltaire, *Siècle de Louis XV*, chap. 3; *Satires et Poésies*; *Questions sur l'Encyclopédie*. — Dutot, *Reflexions politiques sur les finances et le commerce*. — Moréri, *Dict. Hist*. — *Nouveau Dict. Hist.*, par une société de gens de lettres, 1772.

MELONE. *Voy* ALTOBELLO.

MELCHI (*Pietro-Antonio*) peintre et littérateur italien, né le 12 mai 1761, à Imola, mort le 10 avril 1836, à Lugo. Il apprit son art sous la direction de Paolo Dardani et d'Angelo Gottarelli, et enseigna depuis 1818 le dessin au collége de Lugo. A Ancône, où il résida pendant plusieurs années, il fonda en 1794 une académie des beaux-arts qui subsista jusqu'en 1812. Pie VI le mit en 1804 au nombre des peintres du saint-siége. Les tableaux de cet artiste, qui a surtout traité des sujets de sainteté, se trouvent à Lugo et à Ancône. Il a publié quelques poésies italiennes, entre autres un recueil d'*Epigrammi serii e faceti* (Lugo, 1832, in-4°), et il a laissé en manuscrit *Vite de' Professori più celebri nelle arti del disegno della città d'Imola*. P.

Tipaldo, *Biogr. degli Italiani illustri*, III.

MELOT (*Anicet*), antiquaire français, né le 10 août 1697, à Dijon, mort le 20 septembre 1759, à Paris. Il fit à Dijon et à Paris de fortes études, et acquit une connaissance approfondie des langues anciennes et modernes, des mathématiques et de la jurisprudence; bien qu'il eût été reçu avocat au parlement, il renonça au barreau pour concentrer sur les différentes branches de l'érudition les facultés de son esprit. Admis en 1738 à l'Académie des Inscriptions, il remplaça en 1741 l'abbé Sevin comme garde des manuscrits de la Bibliothèque du Roi. Il mourut d'une attaque d'apoplexie. On a de lui : *Catalogus codicum manuscriptorum Bibliothecæ regiæ Parisiensis*; Paris, Impr. roy., 1739-1744, 4 vol. in-fol.; il a été aidé par Fourmont dans la rédaction du premier volume; — plusieurs mémoires insérés dans le *Recueil de l'Acad. des Inscr.*, entre autres : *Recherches sur la vie d'Archimède* (XIV, 1743); *De la Prise de Rome par les Gaulois* (XV, 1743); *Sur les Revolutions du Commerce des Iles Britanniques jusqu'à l'expédition de Jules César* (XVI, XVIII et XXIII, 1751, 1753 et 1756). On doit aussi à Melot la rédaction du t. VI du *Catalogue des livres imprimés de la Bibl. du Roi*, contenant le droit canonique, et il a eu part, avec Sallier et Capperonnier, à l'édition de l'*Histoire de saint Louis* par Joinville (1761, in-fol.). P. L.

Le Beau, *Éloge de Melot*, dans les *Mém. de l'Acad. des Inscr.*, XXIX.

MELOZZO DA FORLI (*Francesco*), peintre de l'école bolonaise, né à Forli, en 1438, mort en 1492 suivant Oretti (1). Tel était son désir d'apprendre que, bien que né au sein de la fortune, il ne dédaigna pas de se placer chez les maîtres les plus habiles de son temps en qualité de domestique et de broyeur de couleurs. Il est surtout célèbre par l'invention du *sotto in su*, l'art de faire *plafonner* les figures au moyen de la perspective verticale dont il eut découvrir et appliquer les règles. A la hardiesse, à la précision, il joignit le goût et le génie; ses têtes sont admirables, son coloris est pur et brillant, les mouvements sont vrais et variés, le jeu des lumières habilement compris et rendu, les rac-

(1) Il vivait encore en 1494, si l'on en croit Vasari, qui le nomme par erreur *Mirozzo*. C'est également à tort que plusieurs biographes et l'auteur même de sa vie, Oir. Reggiani, le confondent avec Marco Melozzo degli Ambrogi, maître ferrarais.

courcis étonnants de science et de vérité; les figures ont de la dignité, de la grandeur, de l'expression; la touche est pleine de finesse; en un mot le Melozzo paraît avoir mérité le jugement porté par son contemporain Paccioli, qui l'appelle *pittore incomparabile e splendor di tutta Italia*. Le chef-d'œuvre du Melozzo était autrefois à la voûte du rond-point de l'église des Saints-Apôtres, à Rome; il y avait peint en 1472 une *Ascension*, « où, dit Vasari, la figure du Christ se raccourcit tellement bien qu'elle semble percer la voûte aussi bien que deux anges qui, par deux mouvements différents, s'envolent dans le fond de cet espace. » En 1711, la voûte des Saints-Apôtres ayant eu besoin de réparation, la fresque du Melozzo fut enlevée avec soin et transportée à l'escalier du palais du Quirinal, où on l'admire aujourd'hui. Au musée du Vatican est une composition bien conservée du Melozzo, représentant *Sixte IV confiant à Platina la direction de la bibliothèque du Vatican*. Cette fresque, intéressante par les nombreux portraits qu'elle renferme, a été transportée sur toile sous Léon XII. A Forli, ses fresques ont beaucoup souffert. A l'église de l'Annunziata est un de ses rares tableaux représentant *Saint Antoine abbé, saint Jean-Baptiste et saint Sébastien*. E. B—N.

G. Reggiani, *Memorie intorno il pittore Marco Melozzo da Forlì*. — Paccioli, *Summa Aritmetica*. — Vasari, *Vite*. — Oretti, *Memorie*. — Scanelli, *Il Microcosmo della pittura*. — Baldinucci, *Notizie*. — Lanzi, *Storia della pittura*. — Casali, *Guida per la città di Forlì*. — Pistolesi, *Descrizione di Roma*.

MELUN, nom d'une ancienne famille qui a produit de grands guerriers, des prélats distingués et divers hauts officiers de la couronne. Cette maison tire son nom de Melun (autrefois *Melodunum*), importante ville de l'Ile de de France, aujourd'hui chef-lieu du département de Seine-et-Marne. Les Melun ont formé les branches des Château Landon, des d'Épinoy, des La Borde, des La Loupe-Marcheville, des Maupertuis, des Tancarville, des Ville-Fermoy, etc. (*voy.* ces noms). Les membres les plus remarquables de cette famille sont :

MELUN (*Guillaume* DE), surnommé *le Charpentier*, parce que, suivant la chronique, rien ne pouvait résister aux coups de sa hache d'armes. Il fut l'un des principaux chevaliers qui accompagnèrent Godefroi de Bouillon dans la croisade de 1096. Il était parent du roi Philippe Ier ou plutôt de son frère Hugues le Grand, comte de Vermandois, et se distingua fort en Terre Sainte.

MELUN (*Adam II*, vicomte DE), mort en Angleterre, en 1220. Il fut l'un des plus habiles capitaines de Philippe-Auguste, qui l'opposa, en 1208, à Amaury VII, vicomte de Thouars, commandant les troupes de Jean sans Terre, roi d'Angleterre, et à Savary de Mauléon, qui tous deux avaient envahi le Poitou. Adam battit ces seigneurs et fit prisonnier le vicomte de Thouars. En 1214, il dirigeait à Bouvines l'avant-garde de l'armée française, et contribua puissamment à décider la victoire. L'année suivante il accompagna Louis de France (depuis Louis VIII, dit *le Lion*), dans sa première croisade contre les Albigeois, et lorsque ce prince fut appelé pour régner en Angleterre (1216) par un parti hostile à Jean sans Terre, Adam le suivit encore. Il mourut pendant cette expédition, qui n'eut pas de suites favorables.

MELUN, sire DE LA LOUPE et DE MARCHEVILLE (*Simon* DE), tué à la bataille de Courtrai, en 1302. Il était allié par sa mère, comtesse de Sancerre, aux maisons royales d'Angleterre et de France. Il était sénéchal de Périgord et de Limousin lorsqu'il accompagna saint Louis en Afrique, en 1270; plus tard il fut chargé de soumettre les îles Baléares et de châtier les seigneurs de Narbonne, qui s'étaient alliés avec Alfonse X, roi de Castille, et avec Jaime, roi d'Aragon, contre la France. Philippe III, dit *le Hardi*, le créa grand-maître des arbalétriers, et, en 12[illegible], Philippe IV, dit le Bel, l'envoya en ambassade auprès d'Édouard Ier ou IV, roi d'Angleterre. Simon de Melun réussit à conclure une trêve qui amena le traité de Montreuil (1299). Il fut alors élevé à la dignité de maréchal de France. Il commandait un corps de troupes lorsqu'il fut tué à Courtrai après des prodiges de valeur.

MELUN, baron DES LANDES et DE NORMANVILLE (*Charles* DE), décapité au Petit-Andelys, le 20 août 1468. Il était lieutenant général, et avait été nommé grand-maître de France (1465) par Louis XI Sa conduite équivoque lors de la guerre dite *du bien public*, pendant laquelle il était gouverneur de Paris, lui fit perdre la confiance du soupçonneux monarque. Cependant ce fut lui qui signa avec son frère *Antoine* DE MELUN le traité de Conflans (5 octobre 1465) conclu entre le roi et Charles, comte de Charolais. Louis XI, devenu paisible possesseur du trône, s'occupa de frapper l'un après l'autre tous ceux qui lui avaient imposé des conditions les armes à la main ou qui l'avaient servi froidement. Charles de Melun, d'abord dépouillé de ses emplois, fut ensuite condamné à mort sur des aveux arrachés par la torture et décapité sur la place du Petit-Andelys. Un auteur contemporain rapporte qu'ayant été manqué au premier coup, il se releva pour protester de son innocence. Ses biens furent confisqués et donnés à Antoine de Chabannes, comte de Dammartin, qui fut aussi nommé grand-maître de France. C'était l'ennemi particulier de Charles de Melun. Sous le règne suivant, sur une requête présentée à Charles VIII, la mémoire de Melun fut réhabilitée et ses biens rendus à ses enfants (*voy.* LOUIS XI et CHABANNES).

MELUN, marquis DE MAUPERTUIS (*Louis* DE), général français, né en 1634, mort en 1721. Il entra fort jeune dans les mousquetaires, et se distingua au siége de Candie (1669), dans la campagne de

Hollande, et sous Turenne, dans la guerre contre Frédéric-Guillaume, grand-électeur de Brandebourg. En 1677, au siége de Valenciennes, à la tête d'une seule compagnie de mousquetaires, il s'empara de la ville en escaladant les remparts. Le roi le créa, sur la brèche même, marquis et brigadier de cavalerie. Maupertuis soutint sa réputation à la bataille de Cassel (1677) et au siége d'Ypres, où il renouvela le beau fait de Valenciennes. En le nommant capitaine-lieutenant de sa compagnie de mousquetaires (1684), Louis XIV disait de lui « que s'il connaissait quelqu'un plus digne que M. de Maupertuis de la commander il le choisirait ». Après avoir mérité par de nouveaux services le grade de maréchal de camp, puis celui de lieutenant général, le marquis de Maupertuis fut chargé, en 1694, de défendre Le Havre, que les Anglais et les Hollandais, commandés par l'amiral Barkley, menaçaient de réduire en cendres comme Dieppe. Maupertuis usa d'un stratagème qui sauva la ville d'une ruine certaine : il fit amener, en dehors des murs, des piles de bois qu'embrasèrent quelques fusées. Les ennemis s'y méprirent, et dirigèrent toutes leurs bombes sur ce feu; la ville n'eut donc à souffrir que peu de dommages causés par des projectiles égarés. La tempête força bientôt Barkley à s'éloigner. Maupertuis mourut plus qu'octogénaire.

E. Desnues.

Chronique de Saint-Denys, dans le *Recueil des Historiens de France*, t. XVII, p. 480. — *Manuscrits de Béthune*. — *Les Chroniques du roy Loys unziesme* (Paris, 1620, in-8°), p. 27, 137. — Anselme, *Hist. généalogique de la maison de France*, etc., passim. — Basin. *De Rebus gestis Ludovici XI*. — Van Tenac. *Histoire générale de la Marine*, t. III, p. 246. — Le Bas, *Dict. encyclopédique de la France*.

MELVIL ou **MELVILLE** (Sir *James*), homme d'État et historien écossais, né à Halhill, dans le Fifeshire, vers 1535, mort en 1606. Il était le troisième fils de sir John Melvil de Raeth qui embrassa de bonne heure la cause de la reforme et qui, après avoir longtemps souffert de l'animosité du cardinal Beaton, finit par périr victime de l'archevêque Hamilton, en 1549. A l'âge de quatorze ans James Melvil fut envoyé en France par la reine régente d'Écosse pour être page de la jeune princesse Marie Stuart, qui devait épouser le dauphin; mais le connétable de Montmorency, charmé de sa bonne mine et de son esprit, voulut l'avoir à son service, et le garda neuf ans. Après la disgrâce du connétable, Melvil se rendit en Allemagne, et passa trois ans à la cour de l'électeur palatin. Il visita ensuite l'Italie. De retour en Écosse, où régnait Marie Stuart, il fut nommé conseiller privé et gentilhomme de la chambre, et employé par la reine dans toutes les affaires importantes. Il servit fidèlement Marie jusqu'au moment où il s'aperçut qu'elle aimait Bothwell après le meurtre de Darnley; il lui fit alors de vives remontrances, dont elle ne tint pas compte et qu'elle communiqua même à Bothwell. Melvil s'enfuit pour échapper à la colère du puissant favori. Après la défaite du parti de Marie et de Bothwell, il revint à la cour, et jouit de la confiance des quatre régents qui gouvernèrent l'Écosse pendant la minorité de Jacques VI. Ce prince, en prenant possession du pouvoir, admit Melvil dans son conseil privé. Plus tard, allant occuper le trône d'Angleterre, il voulut emmener le vieux courtisan, qui s'en excusa sur son âge, et resta en Écosse, où il mourut peu après. Melvil semble avoir été un négociateur habile. Il s'accuse dans ses *Mémoires* d'avoir mis trop de fierté dans ses rapports avec les grands, et il semble avoir eu une haute idée de lui-même. Il ne joua cependant qu'un rôle peu considérable; et il serait inconnu aujourd'hui s'il n'avait laissé des *Mémoires* intéressants sur lui-même et son époque. Ces *Mémoires*, trouvés par hasard et en assez mauvais état, dans le château d'Édimbourg, en 1660, passèrent entre les mains du petit-fils de l'auteur, sir James Melvil de Halhill, qui les remit à Georges Scott. Celui-ci les publia sous ce titre : *The Memoirs of sir James Melvil of Halhill, containing an impartial account of most of the remarkable affairs of State during the last age, not mentionned by other historians : more particularly relating to the kingdoms of England and Scotland, under the reigns of queen Elisabeth, Mary queen of Scots and king James : in all which transactions the author was personally and publicly concerned. Now published from the original manuscript*; Londres, 1683, in-fol. Cette première édition est incomplète; une nouvelle édition a été publiée aux frais du *Bannatyne club*; Édimbourg, 1827, et 1833, in-4°. Le même club a fait publier un volume qui a pour titre : *The Diary of M. James Melvill*; Édimbourg, 1829, in-4°. Les *Mémoires* de Melvil ont été traduits en français, sous le titre de *Mémoires historiques.... sous le règne d'Élisabeth, de Marie Stuart et de Jacques Ier, trad. de l'anglais par J. D. S.*, La Haye, 1694; Paris, 1695, 2 vol. in-12; et sous le titre de *Mémoires de Melvil.... avec des additions considérables* (par l'abbé de Marsy); *Édimbourg* (Paris), 1745, 3 vol. in-12. Z.

Mémoires de Melvil et *Préfaces* des diverses éditions. — Robertson, *History of Scotland*. — Laing, *Preliminary Dissertation* de son *History of Scotland*. — Chalmers, *General Biographical Dictionary*.

MELVILL DE CARNBÉE (*Pierre*, baron) amiral hollandais, né à Dordrecht, le 2 avril 1743, mort en 1820. Il s'engagea dans la marine militaire, le 22 février 1757. Lieutenant en 1765, capitaine en 1777, il commandait la frégate *Le Castor*, de 36, lorsque attaqué dans le détroit de Gibraltar par la frégate anglaise *Flora*, de 44, il se vit contraint de se rendre, après un combat de plusieurs heures et avoir vu tomber cent cinq hommes de son équipage. Rendu à la liberté, il fit plusieurs croisières dans la Méditerranée et dans les mers des Indes. En 1789, il fut promu au grade de contre-amiral et chargé de conclure la paix avec le dey d'Alger; il fit un traité avantageux pour ses concitoyens. En 1793 et 1794 il combattit contre les Français. Il défendit avec succès Willemstadt, l'île de Bommel contre Daendels et Moreau (décembre 1794), et secondé par le général anglais Abercrombie, repoussa les Français devant Herwaarden; mais il ne put empêcher sa flotte, enfermée par les glaces dans le Zuyderzée, d'être prise par la cavalerie légère de Pichegru, soutenue de quelque artillerie volante (janvier 1795). Melvill ne sollicita aucun emploi sous la domination française. Ce ne fut qu'à la restauration de la maison d'Orange (1814) qu'il accepta du roi Guillaume Ier le grade de vice-amiral, les fonctions de ministre de la marine, et la croix de commandeur de l'ordre de Guillaume. Son âge avancé ne lui permit pas de garder longtemps le ministère.

A. de L.

Thiers, *Hist. de la Revolution française*, liv. XXV. — *Biographie étrangère*. — Van Tenac, *Hist. générale de la Marine*, t. IV, p. 89.

MELVILL VAN CARNBÉE (*Pierre*, baron), géographe et hydrographe hollandais, petit-fils du précédent, né à La Haye, le 20 mai 1816, mort le 24 octobre 1856, à Batavia. Admis à l'Institution nautique de Medenblik en 1831, il entra dans la marine en 1835, avec le grade d'aspirant. Il fut alors envoyé aux Indes orientales, où il commença cette série de travaux hydrographiques qui ont fait sa réputation. Lieutenant en 1839 et attaché au bureau hydrographique de Batavia, il publia un *Guide nautique de l'Océan indien* (Zeemans Guid); Amsterdam, 1842, 1849, et dressa ensuite une carte des côtes de Java en 5 feuilles; après quoi il aborda une œuvre plus difficile, l'hydrographie de la mer de Chine et de l'extrémité méridionale du détroit de Malacca. En même temps il recueillait sur les colonies néerlandaises une foule d'observations scientifiques, qu'il communiquait au *Journal des Indes néerlandaises*. Une *Carte hypsométrique de l'archipel indien* lui fournit l'occasion de publier le résultat des travaux géodésiques, presque sans nombre, dont cette mer était pour lui le théâtre (1843). Il revint en Europe en 1845, et s'associa avec M. de Siebold pour la publication du *Moniteur des Indes orientales*, recueil périodique publié en français, à La Haye (1847-1849, 3 vol.), et qui est une mine précieuse de renseignements de toutes natures sur la Malaisie, les Moluques et les contrées environnantes. Cette collaboration ne l'empêchait pas de travailler au *Journal des Indes néerlandaises*, où il a fait insérer, en 1849, une *Carte statistique générale des possessions néerlandaises d'outre-mer*. En 1850, Melvill repartit pour Batavia, et fut attaché, en qualité d'adjudant, à l'amiral Van den Bosch. Le bureau hydrographique fut dès lors placé sous sa direction. Il rédigeait depuis 1851 un *Atlas général des Indes orientales*, lorsqu'atteint d'une maladie grave, il mourut dans un hôpital de Batavia, avant d'avoir terminé ce travail.

C. J[illegible].

Gersdorf, *Leipziger Repertorium*, 1856.

MELVILLE (*Henry* Dundas, vicomte), homme politique anglais, né à Édimbourg, en 1741, mort le 29 mai 1811. Son père, Robert Dundas, était lord président du tribunal suprême d'Écosse, appelé *cour des Sessions*. Il fit ses études à l'université d'Édimbourg, et fut reçu au barreau en 1763. Fils cadet, il n'avait point de fortune, et dut chercher dans le travail et l'emploi du talent les moyens de s'élever. Comme avocat, il ne tarda pas à se distinguer dans l'assemblée générale de l'Église d'Écosse, alors la grande arène de l'éloquence du barreau. Il continua de se livrer à sa profession avec beaucoup de succès jusqu'en 1775, où il fut nommé lord avocat du royaume d'Écosse, et peu après membre de la chambre des communes pour le comté d'Édimbourg. Sa carrière politique commençait à une époque orageuse. La querelle des colonies américaines avec la mère patrie était arrivée à ce moment de crise qui faisait prévoir une révolution. Lord North était alors le chef du ministère. Suivant l'usage, Dundas se rangea d'abord parmi les membres de l'opposition, et débuta avec éclat au parlement. Doué de beaucoup de talent, il fut remarqué et bientôt accueilli par lord North, et soutint avec ardeur toutes les mesures violentes ou désastreuses du ministère, pendant le cours de la guerre d'Amérique. Il parvint, en formant des liaisons avec les hommes marquants du parti opposé, à jouir de la confiance de lord Rockingham, qui succéda à lord North. En même temps il se livrait avec assiduité à l'étude des diverses branches de l'administration, et prenait part à plusieurs discussions importantes à la chambre des communes. A la mort de lord Rockingham, il s'associa à lord Shelburne, qui avait reformé un ministère, et fut nommé trésorier de la marine (1782). L'administration de lord Shelburne n'eut pas une longue durée. Attaquée sans cesse par la coalition de lord North et de Fox, anciens adversaires qu'une chute commune avait réconciliés, elle succomba, et Fox rentra au ministère. Dundas fut privé de sa place. Il n'attendait qu'une occasion pour faire sentir son ressentiment, tout en paraissant défendre ses principes politiques. Fox, pour fortifier le pouvoir parlementaire dont il se croyait maître, aux dépens de la royauté dont il se défiait, avait imaginé le projet d'un bill qui, dépouillant la Compagnie des Indes d'une part de ses priviléges, attribuait à la chambre des communes la nomination directe des commissaires qui devaient surveiller l'administration de cette immense colonie. Dundas, qui avait fait une étude approfondie des affaires des Indes, attaqua les dispositions du fameux bill avec énergie. Néanmoins, le bill passa à la chambre des communes dont il flattait les idées de suprématie. Mais le roi, inquiet de cette extension de pouvoir, fit agir des hommes à lui dans la chambre des pairs, présenter avec une nouvelle force les objections que ce bill avait déja soulevées dans l'autre chambre, et la necessité d'arrêter un ministère dangereux; toutes ces démarches firent échouer le bill de l'Inde. Fox reçut à minuit sa demission, par un messager du roi. Pitt fut nommé premier ministre; il n'avait que vingt-quatre ans (décembre 1783). Dundas avait déjà formé avec lui des liaisons politiques. Peu à peu elles devinrent intimes. « Un des caractères de Pitt était d'attirer, de soumettre à lui des hommes qui, supérieurs dans les affaires, n'avaient pas cependant le haut génie du gouvernement, et dont l'habileté avait besoin d'un chef et d'un guide. Il se servait d'eux, les laissait parler à côté de lui, les faisait sous-ministres, ministres, et gouvernait. Un des plus habiles de ces hommes d'État auxiliaires était Dundas (Villemain, *Cours de Littérature*) » Il se devoua entièrement à Pitt, et pendant vingt ans ces deux hommes politiques semblèrent liés par un pacte indissoluble. Ce fut pendant cette période d'administration que se déployèrent dans toute leur étendue ses talents pour les affaires, son application infatigable et ses services Il fut nommé de nouveau trésorier général de la marine, place lucrative, et obtint en outre la place importante de président du bureau de contrôle de l'Inde. C'est surtout dans ces dernieres fonctions qu'il montra son profond savoir et sa capacite. « Ses celebres rapports sur toutes les questions compliquées de notre politique asiatique, dit lord Brougham, bien qu'ils ne puissent soutenir la comparaison avec quelques-uns de Burke pour la profondeur et l etendue des vues generales ainsi que le merite du style, sont pourtant des ouvrages du plus grand merite, et ou sont presentés avec une admirable clarte tous les faits de ce vaste sujet. » A la chambre des communes, c'etait un orateur facile, abondant, judicieux, habile à profiter des fautes de ses adversaires, et à défendre par des arguments bien choisis les projets ministeriels, et au besoin avec des paroles pleines d'eclat et d'assurance. C'etait avant tout ce que les Anglais appellent un excellent *debater*. Il fut un des auxiliaires les plus influents de Pitt. Lors de l'alienation mentale de Georges III, il soutint le credit du ministre, qui commençait à chanceler, et parvint a gagner du temps et a empêcher Fox et son parti de décerner la régence au prince de Galles, à qui elle semblait appartenir de droit, si ce n'est avec des restrictions que déterminerait le parlement. Le bill passa avec des conditions prevoyantes par lesquelles, en supposant la longue maladie du roi, le ministre assurait le maintien de son propre pouvoir. Une dernière sanction etait nécessaire pour donner force de loi au bill. De qui la recevrait-il? Les savants et les jurisconsultes se perdaient dans des subtilités sans résultat, lorsque Pitt annonça au parlement que le roi avait recouvré sa raison (1789). La reine ne manqua pas de faire valoir auprès de son époux les grands services rendus par Dundas, et il fut nommé secrétaire d'État au département de l'intérieur (1791), qu'il céda trois ans après pour celui de la guerre et des colonies, et obtint de plus la place de lord du sceau privé de l'Écosse. En raison de son origine, du vaste patronage dont il disposait, et de la conduite habile et cordiale qu'il suivait à l'égard de ses compatriotes, Dundas exerçait en ce pays une sorte de souverainete ministérielle. Il disposait au parlement de presque tous les votes des *commoners* et des pairs écossais. La dignité de lord du sceau privé lui servit à rendre ses relations avec l'Écosse plus intimes et plus puissantes.

Pour la politique générale, Dundas seconda puissamment, comme ministre de la guerre, les projets de Pitt contre la France, et se montra l'adversaire le plus décidé de la révolution française et de tous ses partisans en Angleterre. Il ne cessait d'attaquer par d'éloquentes déclamations les clubs anglais. En 1799 il eut beaucoup de part à l'incorporation de l'Irlande avec la Grande-Bretagne, et à la suite de cet acte il proposa des mesures très-sévères contre les *Irlandais unis*. Cette union avec l'Angleterre blessa cruellement l'orgueil national du pays. A toutes les époques de troubles, les Irlandais ont renouvelé avec énergie leur demande de rappel de cette mesure. Cependant l'expérience a montré qu'elle avait été plus favorable que funeste à leurs vrais intérêts. En 1800, Dundas se demit de sa place de président du bureau du contrôle de l'Inde Les directeurs de la Compagnie des Indes lui votèrent avec empressement une pension de 2,000 liv. st. Le ministre refusa de l'accepter, et leur fit entendre qu'il lui serait plus agréable de la voir offrir à sa femme; naturellement on déféra à ce désir. L'année suivante (1801), il quitta le ministère en même temps que Pitt, pour laisser à d'autres le soin de signer la paix d'Amiens, qui ne fut qu'une trêve rendue indispensable par les circonstances fâcheuses où la guerre avait jeté la Grande Bretagne. Ces deux ministres ne voulurent point prendre part à un traité qu'ils savaient bien devoir être rompu dans un prochain avenir. Dans l'intervalle, Dundas, qui entretenait des relations amicales avec le ministère Addington, fut élevé à la pairie, et créé *baron Dundas* et *vicomte Melville*. Il est plus que probable qu'il dut cette dignité, récompense des services passés, à l'influence secrète, mais encore toute puissante, de Pitt (décembre 1802). Lorsque ce ministre rentra au pouvoir, en 1804, Melville fut nommé premier lord de l'amirauté (ministre de la marine). Vers la fin de l'année, le rapport des commissaires chargés d'une enquête sur les affaires de la marine amena à la chambre des communes des investigations qui aboutirent à un acte d'accusation contre lord Melville pour détournement de fonds.

Ce ministre, par ses idées passionnées de torysme et ses mesures absolues, s'était attiré à la chambre et hors de la chambre un grand nombre d'adversaires politiques et même d'ennemis. Comme trésorier général de la marine, il avait eu le maniement de fonds considérables, et on l'accusait d'avoir, pendant seize ans d'administration, de 1784 à 1800, malgré les prescriptions d'un bill du parlement, passé en 1782, disposé des fonds de la marine déposés à la banque pour les employer provisoirement à des spéculations particulières, à des achats de rentes et d'actions de la Compagnie des Indes; de plus, d'avoir entièrement détourné du service de la marine des sommes considérables, sans qu'il voulût rendre compte de leur emploi, bien qu'il déclarât en avoir usé pour le service de l'État, mais dans des circonstances trop délicates pour être révélées au public. Un membre de la chambre, Withbread, s'emparant du rapport du comité, pressa la chambre d'en admettre les conclusions. Pitt prit la parole pour défendre avec énergie son ami et son collègue. Les efforts du premier ministre ne purent, après de vifs débats, déterminer une majorité à se prononcer contre les conclusions du rapport. La chambre se divisa. Deux cent seize voix furent pour les admettre, et deux cent seize pour les rejeter. Le président se déclara pour l'admission, et lord Melville dut être poursuivi. Ce vote arracha un cri d'angoisse au premier ministre, lorsqu'il reprit la parole, et il prononça ce mot d'*angoisse*, dit lord Brougham, avec une telle émotion que toute la salle en retentit. Quelques jours après, il annonça lui-même à la chambre qu'il avait conseillé au roi d'éloigner lord Melville. Il semblait exprimer en même temps le désir que tout fût terminé par cette disgrâce. Mais les accusateurs persistèrent dans l'intention de poursuivre. Un grand nombre de membres des communes voulaient que, prévenu de concussion, lord Melville fût renvoyé devant les tribunaux ordinaires. Tout ce que put obtenir Pitt, pour son ancien collègue, fut que la poursuite aurait lieu devant la chambre des lords. Lord Melville y comparut en avril 1806. Pitt était mort peu auparavant. Le gouvernement était entre les mains de son rival; les hautes places de l'État étaient occupées par les adversaires de l'accusé. « Il se justifia médiocrement », dit M. Villemain, et fut acquitté par un jugement du 12 juin de la même année; mais il resta déchu de ses emplois, accablé sous le poids de cette humiliante incertitude qui avait divisé la chambre des communes. On a dit que les amis de l'accusé et la protection spéciale de la cour avaient exercé leur influence sur le jugement rendu par les lords; cela n'est pas improbable. Quoi qu'il en soit, plus de trente ans après, lord Brougham, dont l'opinion libérale est bien connue, ayant écrit un article sur lord Melville, n'hésite point à exprimer sa conviction que beaucoup de passion et d'inimitié avaient présidé à cette poursuite, et que la déclaration des lords en faveur de l'accusé avait été juste et consciencieuse. C'est là le seul grand procès politique depuis le procès célèbre de Hastings. Il est curieux par les circonstances techniques et judiciaires beaucoup plus que par l'éloquence des débats. Mais il prend un haut intérêt, une grave signification si l'on considère deux circonstances caractéristiques. D'abord, ce premier ministre, si puissant, qui exerçait une espèce de dictature par l'éloquence et l'habileté, ne put cependant protéger le plus habile et le plus zélé de ses associés contre un soupçon déshonorant; et en second lieu, c'était une manifestation de la vigilance sévère que l'opinion et le parlement exercent sur l'administration publique, et une leçon de probité donnée aux hommes d'État et aux ministres qui, investis de grands pouvoirs, eussent été disposés à en abuser pour leur intérêt particulier. Renvoyé absous, lord Melville reprit sa place dans la chambre des lords. Il n'y fit entendre sa voix qu'une seule fois, en 1807, lors de la discussion du bill pour l'émancipation des catholiques. Dominé par les opinions et les actes de sa carrière politique, il se prononça avec force contre le bill, soutenant que son *étoile polaire*, Pitt, avait toujours été contraire à cette mesure. Ce fut le dernier acte de sa vie publique, et ses derniers accents furent consacrés à la défense de l'autorité et d'une odieuse iniquité qui, grâce aux efforts généreux et constants des whigs, a cessé d'exister. Lord Melville se retira entièrement de la scène politique, et mourut à Édimbourg, d'une maladie du cœur. Il s'était marié deux fois, et eut un fils et trois filles de son premier mariage.

Son fils, *Robert Saunders Dundas*, né en 1771, succéda à son titre et à sa fortune, et suivit comme son père la carrière politique. Entré au ministère en 1812, il fut successivement premier lord de l'amirauté, et membre du département du commerce et des colonies, sans égaler les talents de son père. J. Chanut.

Taylor, *National Portrait Gallery*. — Lord Brougham, *Eminent Statesmen of the time of George III*. — Lingard, *History of England*. — Ch. Knight, *Gallery of British and Foreign Portraits*, 1833. — Villemain, *Littérature au dix-huitième siècle*, t. IV.

* MELVILLE (*Herman*), romancier américain, né le 1er août 1819, à New York. Sa famille est d'origine écossaise. Fils d'un négociant, il s'embarqua à dix-huit ans, comme simple matelot, et fit un voyage en Angleterre. En 1841 il se joignit à l'équipage d'un baleinier. Après dix-huit mois de croisière dans l'océan Pacifique, il profita d'une relâche à Noukahiva pour descendre à terre en compagnie d'un jeune homme; son projet était de visiter l'intérieur de l'île, où aucun Européen n'avait pénétré. Il s'égara dans les montagnes, et tomba entre les mains d'une tribu de sauvages, qui le retint quatre mois dans une douce captivité. Recueilli à bord d'un bâtiment de Sidney, il débarqua à Taïti, résida quelque

aux îles Sandwich, et revint à New-York [...]me frégate américaine (octobre 1844). [...] depuis 1847, il vit à la campagne dans la [...]e. Ses aventures maritimes ont fourni à [...]lville le thème de quelques romans qui, [...] à une ardente imagination et à l'intérêt du sujet, ont obtenu une vogue extraor[...]; nous citerons : *Typee;* Londres et New-[...] 1846, 3 vol.; — *Omoo, a narrative of [...]tures in the South seas;* New-York, 3 vol.; — *Mardi and a voyage thither;* 1849; — *Redburn, his first voyage in [...]rchant-service;* New-York, 1849; — [...] *Jacket, or the world in a man-of-war;* 1850; — *Moby-Dick, or the whale;* ibid., — *Pierre, or the ambiguities;* ibid., — *Israel Potter;* ibid., 1854. K.

[...] *of American Literature*, II.

[...]LT-JANIN (*Jean-Marie* JANIN, dit), lit[...] français, né à Paris, en 1776, mort dans [...] ville, le 14 décembre 1827. Il fit de bonnes [...] au collége Sainte-Barbe, et entra tout jeune [...] journalisme. Il travailla au *Journal de [...]ire*, aux *Petites-Affiches* et à *La Quoti[...]e*. On lui doit : *Satire;* 1803, in-8°; — *Ode [...] Naissance du roi de Rome;* Paris, 1811, — *Ode sur le Mariage du duc de Berry;* 1816, in-8°; — *Vie de La Harpe*, en tête [...]dition du *Cours de Littérature*, publiée [...]stes, en 1813; — *Lettres champenoises,* [...]824, in-8°; — *Ode sur le Rétablissement [...] statue équestre de Louis XIV;* 1822, — *Ode sur le Sacre de Charles X*, in-8°. Comme auteur dramatique, il a [...] au second Théâtre-Français, en 1821, *Oreste*, [...]ie en cinq actes, qui après trois représen[...] [...]es, fut suspendue; — au théâtre [...] 1825, *Le Projet de Pièce*, opéra [...] en un acte; — au Théâtre-Français, en *Louis XI à Péronne*, comédie historique [...] actes et en prose, qui eut quelque suc[...] a laissé inachevé une tragédie en vers dont [...] était *Étienne Marcel*. J. V.

[...] *univ. et portat. des Contemp.* — Quérard, *La littérature.*

[...]ZI (*Francesco*), peintre de l'école mila[...] né à Milan, à la fin du quinzième siècle, encore en 1568. Issu d'une famille patri[...], il fréquenta dès sa tendre jeunesse l'é[...] Léonard de Vinci, qui avait pour lui la [...]ive affection et le regardait comme son [...]elzi l'accompagna en France dans son der[...]oyage, devint son exécuteur testamentaire [...]ta de ses dessins, instruments, livres et [...]crits. Parmi les peintures peu nombreuses [...]lzi, nous signalerons *Vertumne et Po[...]* au musée de Berlin, et un tableau du de Milan, où l'on retrouve les airs de tête [...]echerche des belles formes qu'il avait em[...]es à l'école du Vinci. E. B—N.

[...], *Vite.* — Lomazzo, *Idea del Tempio della Pit*[...] — Amoretti, *Memorie storiche del Vinci.* — Bal[...] Lanzi, Orlandi, Ticozzi.

MELZI D'ERIL (*François*), duc DE LODI, homme politique italien, né le 6 mars 1753, à Milan, où il est mort, à la fin de janvier 1816. Il appartenait à une famille ancienne et distinguée, et fut élevé au collége des nobles de Milan. Nommé, à vingt-trois ans, chambellan de l'impératrice Marie-Thérèse, il se rendit, en 1782, en Espagne pour recueillir la succession de sa mère, Espagnole d'origine, et le majorat d'Eril, auquel était attaché le titre de grand d'Espagne de première classe. Il se mit ensuite à parcourir en observateur l'Espagne, le Portugal, la Grande-Bretagne et la France. Il en rapporta des idées nouvelles, et surtout une aversion prononcée pour le despotisme qui pesait alors sur la plupart de ces pays. Le spectacle de l'Angleterre libre et florissante fit une profonde impression sur son esprit, et contribua beaucoup à fixer les opinions politiques qui dominaient dans le reste de sa vie. Fortement attaché à sa patrie, il adopta les principes qu'annonçait la révolution française, dans lesquels il voyait comme une aurore d'indépendance pour son pays. Lorsque le Milanais eut été affranchi de la domination allemande, Melzi fut un des plus puissants soutiens du parti qui établit la république Cisalpine. Aussitôt qu'elle eut été reconnue par le traité de Campo-Formio, il vint la représenter comme plénipotentiaire au congrès de Rastadt. Ce congrès ayant été dissous et les hostilités renouvelées entre la France et l'empereur d'Allemagne, Melzi, découragé par la perspective de voir son pays devenir de nouveau le champ de bataille des armées ennemies, alla en Espagne auprès de sa sœur, la comtesse de Palafox, avec l'intention d'y séjourner longtemps. L'avénement de Bonaparte au consulat et la célèbre victoire de Marengo vinrent préparer de nouvelles destinées à l'Italie. En 1801, il fut invité d'une manière pressante par le premier consul à se rapprocher de lui. Melzi refusa d'abord en prétextant le mauvais état de sa santé. Le roi d'Espagne et le prince de la Paix étant intervenus dans ces instances, il se rendit à Paris et de là dans sa patrie. L'année suivante, 1802, il parut à la consulte de Lyon, et fut nommé vice-président de la république italienne. Selon plusieurs historiens, il gouverna avec sagesse et modération. M. Thiers et les *Mémoires* du prince Eugène jugent avec une certaine sévérité cette phase de sa vie politique : ils reprochent au vice-président d'avoir entretenu les dispositions d'indé[...]

voir pas maintenu l'équilibre entre les divers partis qui s'agitaient autour de lui, et surtout de n'avoir pas rendu assez de justice aux hautes conceptions de la politique du premier consul. « La république italienne, dit M. Thiers, aurait été depuis deux ans un théâtre de confusion, sans la présidence du général Bonaparte. Melzi, honnête homme, assez sensé, mais morose, rongé de goutte, toujours prêt à donner sa démission, n'ayant pas le caractère nécessaire pour supporter les lourdes peines du gouvernement, était un représentant très-insuffisant de l'autorité publique. » La création de l'empire présageait la fin de la république italienne. Pour rétablir la couronne des Lombards, Napoléon n'avait qu'à le vouloir. Il songea un moment à élever son frère Joseph au trône d'Italie, et sur son refus il résolut de réunir la couronne de fer à la couronne impériale A cet effet, le vice-président Melzi, la consulte d'État et une députation furent appelés à Paris pour préparer ce changement. Napoléon fut déclaré roi d'Italie et invité à se rendre à Milan pour y *prendre* la couronne et donner au royaume une constitution définitive. On se flattait que l'empereur nommerait un Italien vice-roi. Melzi était désigné par le vœu public, et on a lieu de croire que lui-même aspirait à ce titre. Quoique satisfait de ses services, Napoléon craignit de ne pas trouver dans un Italien assez de docilité et de vigueur, ou peut-être que l'ambition altérât son dévouement. Il choisit comme vice-roi Eugène de Beauharnais, qu'il avait nommé prince et archichancelier d'État de l'empire. Son intention était de laisser plus tard le sceptre des Lombards à ce fils adoptif, qui n'avait alors que vingt-quatre ans, s'il se montrait digne de ce haut rang. Bien que déçu dans de plus hautes espérances, Melzi obtint une des plus grandes dignités de la couronne; il fut nommé grand-chancelier garde des sceaux. Deux ans plus tard, dans un voyage qu'il fit en Italie, Napoléon donna à Melzi le titre héréditaire de *duc de Lodi*, avec une dotation de 200,000 francs de rente en fonds de terre. L'acte contenant cette libéralité en énonçait ainsi les motifs : — « Voulant reconnaître les services que le sieur Melzi nous a rendus en toutes les circonstances, dans l'administration publique, où il a déployé pour le bien de nos peuples et de notre couronne les plus hauts talents et la plus sévère intégrité; nous souvenant qu'il fut le premier Italien qui nous porta, sur le champ de bataille de Lodi, les clefs et les vœux de notre bonne ville de Milan, etc. (décembre 1707). » Melzi fut ensuite nommé président du conseil des titres, et obtint les décorations de France et d'Italie. Pendant la durée de ce royaume, il seconda activement les améliorations dont l'initiative venait principalement de Napoléon, tout en s'efforçant d'atténuer les lourds sacrifices d'hommes et d'argent qu'entraînait la guerre continentale. Il était très-aimé de ses compatriotes, et jouissait parmi eux d'une haute considération et d'une grande popularité. On sait les graves événements qu'amenèrent les premiers mois de 1814. Malgré la rupture de ses rapports avec la France, le prince Eugène, dit-on, se flattait de l'espérance de se maintenir en Italie. Deux partis lui étaient contraires; l'un, dont les chefs étaient le général Pino et Melzi, voulait l'indépendance avec un autre roi, fût-il de la maison d'Autriche, l'autre le retour pur et simple de la domination autrichienne. La question fut vivement débattue dans le sénat. Il délibéra que trois députés seraient envoyés aux puissances pour faire cesser les hostilités, accorder l'indépendance au royaume, et protester de son admiration pour les vertus du vice-roi, et de sa reconnaissance pour la sagesse de son gouvernement. Mais déjà un esprit aveugle et passionné de réaction emportait les masses populaires. Une insurrection éclata, le sénat fut envahi, et le ministre des finances Prina fut massacré (avril 1814). L'armée française évacua l'Italie, et la force irrésistible des événements ramena la domination de l'Autriche. Melzi vécut depuis lors dans la retraite, et assez longtemps pour juger si la nouvelle domination était plus favorable à l'indépendance et au progrès de l'Italie, qui avaient été son rêve favori Il aimait les lettres, et publia une belle édition de *de Marchi*, qui lui coûta des sommes considérables. J. C.

Thiers, *Consulat et Empire*. — Botta, *Hist. de l'Italie depuis 1789*. — *Mémoires et Correspondance du prince Eugène*; 1859. — Tipaldo, *Biographie des hommes illustres de l'Italie*.

MELZI (*Gaétan*, comte), bibliographe italien, né en 1783, à Milan, où il est mort, le 10 septembre 1852. Sa richesse et son goût pour les lettres lui avaient permis de se faire une bibliothèque de plus de trente mille volumes d'éditions rares et précieuses, surtout de celles du quinzième siècle et plus spécialement d'ouvrages italiens Par son assiduité au travail, et pour atteindre le but littéraire qu'il s'était proposé, il avait établi une correspondance étendue avec les littérateurs, les bibliographes et les bibliophiles les plus illustres; et il ne laissait jamais échapper l'occasion de recueillir des notes, des manuscrits ou des imprimés, n'importe à quel prix, pour en enrichir son dictionnaire. On a de lui : *Bibliografia dei romanzi e poemi cavallereschi italiani*; Milan, 1838, in-8° : ouvrage apprécié par les connaisseurs et qui a révélé le mérite et l'étendue des connaissances bibliographiques et littéraires de l'auteur; — *Dizionario di opere anonime e pseudonime di Scrittori italiani o come che sia aventi relazione all' Italia*; Milan, 1848-1859, 3 vol. gr. in-8° à 2 col L'auteur est mort au moment où il finissait l'impression du 2e volume; mais les matériaux pour arriver jusqu'à la fin étaient préparés. Son fils *Alexandre*, aidé par un homme de lettres qui s'était déjà prêté à la correction des volumes précédents, a publié le troisième volume, avec préface, additions et corrections nombreuses. Un ouvrage rédigé sur un plan aussi vaste et conduit si bien à terme manquait à l'Italie; il est rempli de notices et de renseignements curieux, nouveaux et utiles aux gens de lettres et aux amateurs de livres. On y trouve enregistré les ouvrages dont le nom de l'auteur manque absolument, ceux dont le nom a été supposé ou altéré, ou signé seulement par les initiales. Le comte Melzi encourageait les lettres et les arts. Son corps était robuste et replet; frappé subitement d'un coup d'apoplexie, il succomba âgé de soixante-neuf ans. Le Dr Fossati.

Documents particuliers.

MEMMI (*Simone*), dit aussi *Simone* Martini ou *Simone di* Martino, peintre de l'école de Sienne, né dans cette ville, en 1284, mort en 1344, à Avignon (1). Un des plus grands artistes du quatorzième siècle fut ce Simon Memmi, auquel Pétrarque a consacré deux sonnets (2). C'est à Avignon qu'il se lia d'amitié avec ce grand poète, pour lequel il fit le *portrait de Laure*. Si l'on en croyait Vasari, Memmi aurait été élève du Giotto; mais la vérité de cette assertion est plus que douteuse. Il a pu connaître le Giotto et ses ouvrages et s'en inspirer parfois, soit à Avignon, soit à Rome, où il peignit sous le portique de l'ancienne basilique de Saint-Pierre une *Madone* à fresque, aujourd'hui transportée dans la crypte de la nouvelle église, où elle est en grande vénération, par suite d'un miracle qui lui est attribué. Ce qui est certain, c'est que Memmi ne réussit pas moins que le Giotto à s'éloigner de la manière des maîtres byzantins; souvent il l'égala et quelquefois même le surpassa. Son coloris est plus varié que celui du maître florentin; son dessin est souvent plein de pureté, et Vasari a dit de lui avec raison « qu'il avait travaillé non pas en maître de cette époque, mais en artiste de premier ordre des temps modernes. » Au retour de son premier voyage à Avignon, où il avait été envoyé par Pandolfo Malatesta de Rimini pour faire le portrait de Pétrarque, Memmi fut chargé à Sienne d'importants travaux. Il commença par peindre dans le palais public une *Madone* aujourd'hui détruite; mais dans la salle du conseil est encore une grande fresque de 1328, représentant le *Siége de Monte-Massi par Guido Ricci da Fagliano, général des Siennois*. Appelé ensuite à Assise, il y peignit quelques traits de la vie de saint Martin qui sont parvenus jusqu'à nous. A Florence, il décora Santa-Croce de peintures qui n'existent plus, et le chapitre de Santo-Spirito de fresques détruites en 1560; il exécuta dans la même ville les belles peintures de la chapelle des Espagnols à Sainte-Marie Nouvelle. C'est là qu'on peut voir quels progrès il avait faits en peu d'années. Si le coloris de ces fresques n'annonce pas encore beaucoup de science, en revanche la perspective est mieux observée, la composition mieux conçue, les expressions sont mieux senties. A droite, il a représenté *L'Église militante*, où il a placé pêle-mêle tous les ordres religieux et parmi eux, en première ligne, les dominicains, personnifiés sous la forme de chiens blancs et noirs, et *L'Église triomphante*, où l'on trouve une foule de portraits, parmi lesquels on reconnaît le Cimabué, Memmi lui-même, Jacopo et Arnolfo de Lapo, Pétrarque, etc. En face, est *Le Crucifiement*; à droite du chœur, *La Descente aux Limbes*, et à gauche *Le Portement de Croix*. Au-dessus de la porte d'entrée étaient les *Miracles de saint Dominique et ceux de saint Pierre martyr*, dont on retrouve à peine quelques traces. Ces peintures, qui datent de 1332, ont été restaurées au dix-huitième siècle par Agostino Veracini Rien ne peut nous fixer sur l'époque où Memmi peignit une *Madone entre deux anges* (dont l'un est aujourd'hui détruit) dans l'église de San-Gemignano, en Toscane; c'est à Pise, au Campo-Santo surtout, qu'il faut étudier ce grand maître dans toute sa gloire. D'abord se présente une *Assomption* pleine de légèreté et de noblesse. Viennent ensuite trois grands compartiments où sont représentés : *Saint Renier dans le monde*, *Le Départ du saint*, et *Les Miracles du saint*, la mieux conservée de ces trois compositions. Au centre de celle-ci, saint Renier, arrivé au Thabor, est témoin d'une seconde transfiguration. Il est curieux de rapprocher cette transfiguration de celle de Raphael; il résulte de cette comparaison que le peintre d'Urbin s'est évidemment inspiré de la peinture du maître siennois, ainsi que Michel-Ange ne s'est pas fait faute de mettre aussi le Campo-Santo à contribution pour son *Jugement dernier*. Après avoir terminé ces travaux, Memmi retourna à Sienne, où il entreprit de peindre un *Couronnement de la Vierge* sur la porte Camullia; il est probable qu'il ne put le terminer parce que ce fut alors qu'il fut appelé à Avignon par le pape Clément VI pour peindre la coupole de la métropole, qui dut être son dernier ouvrage. Ces fresques, qui ont beaucoup souffert, comprennent *L'Annonciation*, *les quatre Évangélistes*, et *Le Paradis*, composition où l'on ne distingue plus que quelques petits anges pleins de grâce et dont le style n'a presque rien de gothique.

Les tableaux de Simone Memmi sont assez rares dans les églises comme dans les galeries. A Florence, dans la galerie publique, est un triptyque offrant *L'Annonciation entre saint Ansan et sainte Giulitte*; un autre tableau du même maître à Sainte-Marie-Nouvelle. Au musée de Naples on voit un *Moine carmélite*; à celui de Munich, *Le Sauveur bénissant*; à celui de Berlin, deux *Madones* et une *Vierge glorieuse*. A la bibliothèque Ambroisienne de Milan, on conserve un manuscrit de Virgile ayant appartenu à Pétrarque et orné de miniatures de Memmi.

Memmi eut un parent connu sous le nom de *Lippo* Memmi, qui fut son élève et l'aida dans ses travaux, et un fils, *Francesco*, qui après sa mort termina plusieurs de ses ouvrages.

E. Breton.

Vasari, *Vite*. — Orlandi, *Abbecedario*. — Baldinucci, *Notizie*. — Ticozzi, *Dizionario*. — Rosini, *Campo-Santo*

(1) La date précise de sa mort est connue par le nécrologe de l'église Saint-Dominique de Sienne, où on lit que ses funérailles furent célébrées le 4 aout 1344. Ce même nécrologe nous apprend qu'il mourut, non pas à Sienne, comme prétend Vasari, mais bien à la cour, *in curia*, c'est-à-dire à Avignon, et que son corps fut rapporté dans sa patrie pour y être enseveli.

(2) LVII et LVIII.

di Pisa. — Lasinio, Affrecchi del Campo-Santo. — Plates of the frescoes which adorn the walls of the Campo-Santo at Pisa. — Fantozzi, Guida di Firenze. — Pistolesi, Descrizione di Roma. — Catalogues des musées de Naples, Florence, Munich et Berlin. — Morrona, Pisa illustrata. — Romagnoli, Cenni storico-artistici di Siena. — Della Valle, Lettere sanesi.

MEMMIUS (*Caius*), orateur romain, tué en 100 avant J.-C. Tribun du peuple en 111, il fit une opposition ardente au parti oligarchique à Rome pendant la guerre de Jugurtha. En exposant la vénalité et l'incapacité des généraux envoyés contre le chef numide, il contribua à faire confier la conduite de la guerre d'abord à l'incorruptible Metellus, puis au vaillant et habile Marius, et prépara ainsi le triomphe des armes romaines. Parmi les nobles qu'il fit mettre en accusation, on cite L. Calpurnius Bestia et M. Æmilius Scaurus. Il périt dans l'émeute excitée par Saturninus et Glaucia lorsqu'il se présentait comme candidat pour le consulat. Salluste, dans son *Jugurtha*, cite un discours de Memmius, qui n'est pas authentique du moins sous la forme où le présente l'historien. Un fragment d'un autre discours de cet orateur se trouve dans la *Vie de Térence* attribuée à Suétone. Y.

Salluste, *Jugurtha*, 27, 30 34. — Appien, *Bel. civ.*, I, 32. — Tite Live, *Epit.*, 69. — Florus, III, 16. — Cicéron, *De Orat.*, II, 19, 66, 70, *Pro Font.*, 7; — *Brutus*, 36. — Ellendt, *Prolog. in Cic. Brut.*, LXI. — Mayer, *Fragmenta romanorum oratorum*.

MEMMIUS (*Caius*) Gemellus, orateur et poéte romain, vivait dans le premier siècle avant J.-C. Tribun du peuple en 66, il fit de l'opposition à L. Lucullus, qui, au retour de ses campagnes contre Mithridate, demandait le triomphe. Sa carrière politique fut assez équivoque. Il avait des qualités plus brillantes que solides, et se laissait distraire de la politique par les plaisirs. Il courtisa la femme de Pompée et seduisit celle de M. Lucullus, frère du général. Aussi Cicéron, dans une lettre à Atticus, l'appelle « un Pâris qui non content d'outrager Ménélas (M. Lucullus) insulta encore Agamemnon (L. Lucullus). » Édile en 60, préteur en 58, Memmius appartenait alors au parti du sénat et faisait l'opposition la plus vive à Vatinius, à Clodius, à Jules César. Tout à coup il se rapprocha de César, qui promit de l'appuyer dans la demande du consulat en 54; mais il révéla indiscrètement cette coalition et indisposa César, qui l'abandonna. Accusé de brigue, il s'exila et alla vivre à Mytilène. A partir de ce moment il disparaît de l'histoire. Il épousa Fausta, fille du dictateur Sylla, et divorça d'avec elle après en avoir eu un fils. Il se distingua dans les lettres, mais on ne cite de lui qu'un poëme licencieux. Comme orateur il fut remarquable, bien que son indolence, la délicatesse de son goût et sa préférence exclusive pour les modèles grecs le rendissent peu propre aux luttes de la tribune. Lucrèce lui dédia son poëme *De Rerum Natura*, et Cicéron lui adressa trois lettres. Y.

Cicéron pour les nombreux passages de Cicéron où il est question de Memmius, voy. l'*Onomasticon tullianum* d'Orelli). — Plutarque, *Lucull.*, 37. — Suétone, *Illust. Gramm.*, 14; *Cæs.*, 23. 49, 73. — Pline, *Epist.*, V, 3. — Ovide, *Trist.*, II, 433. — Aulu-Gelle, XIX, 9.

MEMMO (*Tribuno*), vingt-sixième doge de Venise, mort en 991. Sa noblesse plutôt que sa capacité le firent élire en 979 pour succéder à Vitale Candiano. Son administration fut des plus orageuses et des plus inutiles pour le bien de la république. La guerre civile entre les Caloprini et les Morosini occupe entièrement son règne. Les premiers, appuyés par Memmo, prirent les armes, assassinèrent Domenico Morosini et chassèrent tous les siens. Enhardis par ce succès, ils tentèrent de s'emparer du gouvernement, et Memmo dut exiler leur chef, Stefano Caloprino. Ce seigneur se retira auprès de l'empereur Othon II, dont il gagna si bien l'esprit, que ce prince défendit tout commerce à ses sujets avec ceux de la seigneurie, jusqu'à ce que Caloprino fût satisfait et rétabli. La disette que cette mesure amena dans Venise anima le peuple contre les Caloprini, qui furent chassés et dont les palais furent pillés. Othon étant mort en 983, l'impératrice Adélaïde ménagea un accommodement au moyen duquel Memmo rappela les Caloprini; mais à peine rapatriés ils recommencèrent leur lutte avec les Morosini. Les combats, les massacres ensanglantèrent chaque jour la cité. Le trop faible doge fut impuissant à réprimer ces excès. Enfin il tomba gravement malade, et se fit porter au monastère de Saint-Zacharie, où il prit l'habit monastique. Six jours après il mourut, fort peu regretté des Vénitiens. Pietro Orseolo II lui succéda. A. de L.

Marino Sanuto, *Storia de' Duchi di Venezia*. — Sismondi, *Histoire des Républiques italiennes*. — Daru, *Hist. de la République de Venise*. — Laugier, *Hist. de Venise*.

MEMMO (*Giambattista*), mathématicien italien, né à Venise, à la fin du quinzième siècle. Il appartenait à la famille patricienne de ce nom, et fut professeur de mathématiques. On a de lui: *Apollonii Pergei Philosophi mathematicique Opera*; Venise, 1537, in-fol.

Memmo (*Giammaria*), littérateur italien, de la même famille que le précédent, siégea au sénat de Venise, et résida quelque temps à Padoue; en 1553 il mourut en mer, comme il retournait dans sa patrie. Il avait été créé chevalier par Charles Quint, auprès de qui la république de Venise l'avait envoyé en qualité d'ambassadeur. On a de lui: *L'Oratore*; Venise, 1545, 1564, in-4°; — *Dialogi della Sostanza e forma del Mondo*; Venise, 1546, in-4°. P.

Papadopoli, *Hist. Gymn. Patavini*, II, 58. — Ghilini, *Theatro*. — Agostini, *Scrittori Veneziani*.

MEMNON (Μέμνων), général grec, né à Rhodes, mort en 333. On ne connaît pas la date de sa naissance; mais Démosthène, dans son discours *contre Aristocrate*, parle de lui comme d'un jeune homme en 352, ce qui fait supposer qu'il était né vers 380. Beau-frère d'Artabaze, gouverneur de la basse Phrygie, il prit part à la révolte de ce satrape contre Darius Ochus. Les insurgés échouèrent, et furent forcés de se réfugier à la cour de Philippe de Macédoine; cependant les deux chefs de la révolte obtinrent leur grâce, par l'intervention de Mentor, frère de Memnon, favori du roi de Perse. A la mort de Mentor, vers 336, Memnon, qui avait déjà montré une grande habileté militaire, lui succéda comme gouverneur des côtes occidentales de l'Asie Mineure. Lorsque Alexandre envahit l'Asie, en 334, les satrapes Arsiles et Spithridates rassemblèrent en toute hâte des moyens de défense. Memnon, trouvant leurs forces insuffisantes, fut d'avis de ne pas risquer une bataille et de se retirer dans l'intérieur des terres après avoir dévasté le pays, au lieu d'attendre l'ennemi derrière le Granique. Les satrapes rejetèrent ses conseils, et hasardèrent la bataille. Après leur défaite Memnon, qui avait envoyé sa femme et ses enfants à Darius comme gages de sa fidélité, reçut le commandement suprême de toute l'Asie occidentale. Chargé de protéger la Perse contre l'invasion d'Alexandre, il ne fut pas au-dessous de cette tâche, et se montra le digne adversaire du conquérant macédonien. Il defendit la ville d'Halicarnasse avec autant d'habileté que d'obstination, et après avoir épuisé tous les moyens de résistance, il incendia la place et passa dans l'île de Cos, où il se prépara à recommencer la lutte. Pour forcer Alexandre à revenir en Europe, il résolut de porter la guerre dans la Grèce, qui frémissait sous le joug de la Macédoine et ne demandait qu'un appui pour se soulever. Avec l'argent que lui fournit Darius il rassembla une nombreuse armée de mercenaires et une flotte de trois cents vaisseaux. Il dirigea cet armement contre l'île de Chios, qui se rendit, puis contre Lesbos, qui offrit plus de résistance. Il avait déjà pris plusieurs villes de cette île, et venait de se rendre maître de Mytilène lorsqu'il tomba malade et mourut. Aucun événement ne pouvait être plus avantageux pour Alexandre, ni plus funeste à Darius. Si Memnon avait vécu, Sparte et d'autres États de la Grèce se seraient prononcés contre la Macédoine, Alexandre aurait dû revenir engager contre la confédération hellénique une lutte dont l'issue était difficile à prévoir, et probablement toute la carrière du futur conquérant de l'Asie aurait été changée. L. J.

Arrien, I, 12, 20-23; II, 1. — Diodore, XVI, 34, 52; XVII, 7, 18, 22, 24, 29, 31. — Clinton, *Fasti Hellenici*, II, 284.

MEMNON, historien grec, vivait dans le premier siècle ou au commencement du second siècle après J.-C. Né à Héraclée, ou ayant habité longtemps cette ville, il en écrivit l'histoire dans un ouvrage étendu, qui aurait péri sans laisser de traces si le hasard ne l'eût fait tomber dans les mains de Photius. Cet écrivain n'eut à sa disposition qu'une partie de l'ouvrage, du neuvième livre au seizième inclusivement; il en a donné une analyse intéressante. Le neuvième livre commençait par le récit de la tyrannie de Cléarque, disciple de Platon et d'Isocrate. La chute de sa dynastie, après une domination de quatre-vingt-quatre ans, était racontée dans le douzième livre Le treizième et le quatorzième conduisaient le récit jusqu'à la victoire des Romains sur Antigone (280-188). Le rôle d'Héraclée au milieu des événements de cette période était peu important; mais comme cette ville avait successivement assisté Ptolémée Céraunus contre Antigone, Nicomède contre Ziportes et Antiochus, les Byzantins contre les Gaulois, Memnon trouva dans ces faits un prétexte à des épisodes qui variaient sa narration. Ainsi le chapitre XX de l'extrait de Photius contient la série des rois de Bithynie; ensuite, à l'occasion de la guerre des Romains contre Antiochus, l'auteur esquisse rapidement l'histoire de Rome depuis son origine. Le dernier événement mentionné dans le seizième livre était la mort de Brithagoras, qui fut envoyé par les Héracliens en ambassade auprès de J. César. Comme aucun autre auteur ne cite Memnon, nous ignorons si son ouvrage s'étendait au delà de cette époque, et si l'historien vivait vers le même temps. Vossius le place par conjecture sous le règne d'Auguste; il est plus vraisemblable de le regarder, avec Orelli, comme un contemporain des Antonins. Photius prétend que son style est simple, clair et sa diction bien choisie. L'extrait que ce compilateur en a donné fut publié pour la première fois séparément avec les restes de Ctésias et d'Agatharchides par H. Estienne, Paris, 1557, in-8°, et réimprimé à Oxford, 1597, in-16. Gasp. Orelli en a donné une bonne édition : *Memnonis Historiarum Heracleæ Ponti Excerpta servata a Photio; græce cum versione latina Laur. Rhodomanni. Accedunt scriptorum heracleotarum Nymphidis, Promathidæ et Domitii Callistrati fragmenta; veterum historicorum loca de rebus Heracleæ Ponti et Chionis Heracleotæ quæ feruntur epistolæ, cum versione latina Jo. Caselii*; Leipzig, 1816, in-8°; et M. C. Müller l'a inséré dans les *Fragmenta Historicorum Græcorum* (de la *Bibliothèque grecque* de A. F. Didot), t. III, p. 325. Nic. Gedoyn l'a traduit en français dans les *Mém. de l'Acad. des Inscript.*, t. XIV; et Sp. Blandi en italien pour la collection des auteurs grecs publiée à Milan, *Storici minori*, t. I, 1826, in-8°. L. J.

Photius, *Bibliotheca*, cod. CCXXIV. — Vossius, *De Historicis Græcis*, édit. Westermann, p. 226. — Fabricius, *Bibliotheca Græca*, vol. VII, p. 748. — Paulmier de Grentemesnil, dans ses *Exercitationes ad optimos auctores græcos*; Leyde, 1668, in-4°. — Groddeck, *Initia Historiæ Græcorum literariæ*, II, 74.

MENA (*Juan* DE), poëte espagnol, naquit à Cordoue, vers 1411, et mourut en 1456, par suite d'une chute. Resté orphelin de bonne heure, il se consacra à l'étude, et il suivit les leçons des professeurs les plus en renom, d'abord à Salamanque, ensuite à Rome. Revenu dans sa patrie, il devint un des *veinte-quatro*, un des fonctionnaires qui avaient l'administration de cette cité; plus tard il obtint la faveur du roi de Castille Jean II, qui le nomma son secrétaire pour la langue latine et son historiographe. S'il fallait s'en rapporter à des lettres contenues dans le *Centon epistolario* de Cibdareal, mais dont l'authenticité est fort douteuse, le monarque aurait pris soin de faire savoir à Mena comment il devait raconter certains événements, comment il fallait insister fortement et à tout propos sur l'article de la louange. Il ne paraît pas d'ailleurs que ce qu'écrivit l'historiographe ait été inséré dans la *Cronica de Juan*. Indépendamment de sa prose, Mena composait des pièces de vers de circonstance à la gloire de son souverain. Ses qualités aimables lui assurèrent l'attachement de tous ceux qui le connurent; sa fin excita des regrets unanimes. Ses poésies furent fort goûtées, et ses compositions de peu d'étendue font partie des anciens *Cancioneros*. Il serait injuste de ne pas reconnaître chez lui des qualités poétiques, mais on regrette d'y trouver trop souvent de l'affectation, des allusions obscures. Un de ses écrits qui charmèrent le plus ses contemporains fut un poëme sur les sept péchés mortels; il se compose de près de 800 vers : il s'agit d'une guerre entre la raison et la volonté humaine. C'est une allégorie fastidieuse, mêlée de discussions subtiles et fatigantes. Laissé inachevé, cet écrit fut terminé par un moine, Geronimo de Olivarès, qui y joignit 400 vers. La *Coronacion* vaut mieux; on y trouve le récit d'un voyage imaginaire au Parnasse pour assister au couronnement des Muses et des Vertus des mains du marquis de Santillane, protecteur de notre poëte. On croit y voir une imitation de la *Divina Commedia;* car après avoir commencé par se représenter comme égaré dans une forêt épaisse, l'auteur visite des régions consacrées aux châtiments des méchants; il traverse ensuite la résidence des poëtes, y rencontre les hommes célèbres des anciens âges, et il finit par une sorte d'apothéose du marquis, qui était encore vivant lorsque cet hommage lui fut rendu. La versification est facile; les images ont parfois de la vivacité. Mais l'abus de l'érudition refroidit le lecteur : cet abus se montre dès le second titre donné à ce poëme : *Calamicleas*, mot hybride, formé de latin et de grec, et qui montre que l'auteur voulait chanter le malheur et la gloire. Le *Laberinto* est inspiré évidemment par la lecture du grand poëte florentin. Commencé de bonne heure, il fut longtemps l'objet des préoccupations de Juan de Mena, qui mourut sans le terminer; cet ouvrage comprend 2,500 vers, lesquels forment trois cents stances, ce qui fait qu'on le connaît aussi sous le nom de *las Trescientas*. Son but est d'exposer ce qui se rapporte aux devoirs et à la destinée de l'homme. Le poëte, égaré dans un bois, assailli par des bêtes féroces, est sauvé par la Providence, qui se montre à lui sous les traits d'une femme d'une grande beauté et qui le conduit à un point central de l'univers d'où son œil découvre toutes les contrées de la terre. Cette composition n'est point terminée; le roi la exprima le désir qu'elle s'étendît à 365 coplas, c'est-à-dire au nombre des jours de l'année. Le poëte se mit à l'œuvre pour obéir, mais il n'acheva que 24 coplas. Aujourd'hui personne ne lit ces vers, qui ont le tort d'être bien ennuyeux. Quelques épisodes, tels que celui du dévouement du comte de Niebla, qui perdit la vie au siége de Gibraltar en 1436, en s'efforçant de sauver un de ses compagnons d'armes, sont retracés avec énergie; mais ils ne rachètent pas la monotonie du fond et l'obscurité qui réclame de bonne heure les efforts d'un commentateur : Fernand Nuñez de Guzman écrivit sur le *Laberinto* une glose qui a été jointe à la plupart des éditions. Mena laissa en mourant quelques ouvrages, demeurés inédits; Antonio indique des *Memorias de algunos linages antiguos y nobles de Castilla* et une traduction en vers de trente-six capitulos d'Homère. Les *Trescientas*, imprimées pour la première fois à Séville, en 1496, ont eu une dizaine d'éditions dans l'espace de quatorze ans. Toutes sont rares et chères. Une édition des *Coplas de los siete pecados mortales* parut à Salamanque, en l'an 1500. Les œuvres complètes de Mena furent réunies à Séville en 1528, in-fol. Elles ont été réimprimées en 1534, en 1536, en 1540, en 1548. On en connaît aussi quatre éditions exécutées en Belgique (deux en 1552, une en 1554, une en 1586). L'édition d'Alcala 1566 est d'un aspect peu gracieux; mais on y a ajouté diverses poésies anciennes. Citons aussi celle de Salamanque, 1582, reproduite à Madrid en 1804, in-8°. G. Brunet.

N. Antonio, *Bibliotheca Hispana*, t. II, p. 178. — Clarus, *Darstellung der Spanischen Litteratur im Mittelalter*, II, 86-107. — Ticknor, *History of Spanish Literature*, I, 379. — Brunet, *Manuel du Libraire*, III, 349.

Mena (*Fernandez* de), médecin espagnol, né vers 1520, dans la Nouvelle-Castille. Il fut reçu docteur à l'université d'Alcala de Hénarès, et y fut attaché en qualité de professeur; ses talents le firent appeler à la cour de Philippe II comme premier médecin. On a de lui : *Claudii Galeni de Pulsibus Liber, e græco conversus et illustratus;* Alcala de Hénarès, 1553, in-4°; — *Galeni Liber de Urinis, cum interpretatione et commentariis*; ibid., 1553, in-4°; — *De ratione permiscendi medicamenta;* ibid., 1555, in-8°; Turin, 1587, in-8°; — *De septimestri Partu et purgantibus medicamentis;* Anvers, 1568, in-4°; précédé d'un traité plus ample, *Methodus Febrium omnium;* — *Commentaria in libros Galeni de Sanguinis Missione et Purgatione;* Turin, 1587, in-8°.

Un autre écrivain de ce nom, *Pedro* de Mena, né à Aranda (Vieille-Castille), vivant à même époque, a laissé : *Chronica del nacimiento, vida y milagros de S. Francisco de Paula;* Madrid, 1596, in-8°; — *Manuale ordinis Minimorum;* ibid., 1595, in-8°. Il était moine de l'ordre des Minimes. P.

Antonio, *Nova Biblioth. Hispana*.

MENA (*Felipe-Gil* DE), peintre espagnol, né à Valladolid, en 1600, mort en 1674. Il étudia son art à Madrid, dans l'atelier de Jan van der Hamen, et revint travailler dans sa ville natale, où il ouvrit une académie gratuite de peinture. Gil de Mena a beaucoup produit. Sa manière est plus affectée que gracieuse, mais il réussissait fort bien dans le portrait. Son meilleur tableau est la reproduction d'un *Auto-da-fé* que l'on fit de son temps à Valladolid : on voit aussi de lui quelques bonnes toiles dans la chapelle des Orphelins et dans l'église des Franciscains. Il laissa une nombreuse collection de dessins, d'estampes, d'ébauches et de modèles en tous genres, qui furent vendus plus de mille ducats (environ 12,000 fr.). A. DE L.

Quilliet, *Dict. des Peintres espagnols.*

MENA (Don *Pedro* DE), peintre et sculpteur espagnol, né à Adra (Grenade), en 1620, mort à Malaga, en 1693. Il se forma sous les leçons du célèbre Alonzo Cano, et devint peintre habile; mais il quitta la palette pour le ciseau. Ses ouvrages, tableaux ou statues, sont beaux et nombreux. On les admire dans les principaux monuments de Cordoue, Grenade, Malaga, Madrid, Tolède. Comme peinture on cite de lui à Gênes, palais Doria, un *Christ à l'agonie*, comme un un chef-d'œuvre. En sculpture ses meilleurs morceaux sont à Algendin, une *Conception de la Vierge*, groupe très-remarquable; à Grenade, *Saint Antoine de Padoue, tenant l'enfant Jésus*; — chez les Jésuites de Madrid, *Madeleine pénitente*, marbre plein d'expression et de grâce. A. DE L.

Cean Bermudes, *Diccionario historico de los mas illustres Profesores de las Bellas Artes en España.*

MENABREA (*Léon-Camille*), savant littérateur français, né à Bassens, près de Chambéry, le 12 avril 1804, mort à Chambéry, le 24 mai 1857. Issu d'une famille noble, originaire d'Allemagne, il étudia le droit à Turin, et y fut reçu docteur en 1827. Admis dans la magistrature savoisienne, il fut bientôt nommé conseiller à la cour d'appel de Chambéry, place qu'il occupait à sa mort. Appelé par sa carrière à séjourner dans diverses provinces où surgissent à chaque pas des ruines féodales, en face de cette nature grandiose riche de souvenirs, il conçut la pensée d'esquisser dans un vaste tableau, ayant pour titre *Les Alpes historiques*, les institutions et l'organisation du moyen âge. Les nombreux documents inédits qu'il parvint à réunir, l'intuition avec laquelle il savait découvrir ceux qui avaient le plus d'importance, lui permirent de rassembler les immenses matériaux de sa grande œuvre, que la mort ne lui permit pas d'achever. Malgré la sévérité de ses études, ses premiers essais littéraires furent des travaux d'imagination : *Feux Follets*; Paris, 1836, in-8° : recueil de légendes inspirées par les bords riants du lac d'Annecy; et *Requiescant in pace*; Paris, 1838, in-8°, roman. En 1839, un *Mémoire sur la marche des études historiques en Savoie et en Piémont, depuis le quatorzième siècle*, lui ouvrit les portes de l'Académie de Savoie, dont il devint secrétaire perpétuel, en remplacement de M. Rendu, nommé évêque d'Annecy. Il était aussi membre de l'Académie des Sciences de Turin. Il fit ensuite paraître dans les *Comptes rendus* de la Société de Chambéry : *Montmélian et les Alpes*, terminé par le journal, jusque là inédit, du dernier siége qu'eut à soutenir cette place; — *L'Abbaye d'Aulps*; — *De l'Origine, de la Forme et de l'Esprit des Jugements rendus au moyen âge contre les animaux*; Chambéry, 1846, in-8° : l'un des écrits les plus appréciés de l'auteur; — *De l'Organisation militaire au moyen âge*; — les trois premières livraisons *De l'Histoire de Chambéry*, publication suspendue à cause des événements de 1848, et qui est rédigée presqu'en entier; — *L'ancienne Chartreuse de Vallon*; — *Comptes rendus des travaux de l'Académie de Savoie*. Après la bataille de Novare (1849), Menabrea, profondément versé dans la science diplomatique, fut appelé en qualité de conseiller de légation à prendre part aux négociations de la paix entre le Piémont et l'Autriche. A cette occasion, il publia, par ordre du gouvernement : *Mémoire pour servir à l'intelligence des discussions qui ont existé entre le gouvernement de S. M. le roi de Sardaigne et S. M. l'empereur d'Autriche, depuis le traité de Worms* 1743 *jusqu'en* 1848; — *Histoire des Négociations qui ont précédé le traité de paix conclu le* 6 *août* 1849; — *Mémoire historique sur Monaco, Menton et Roquebrune*. A la même époque, il prit part aux travaux de la commission de législation. Il avait préparé un grand nombre de travaux, lorsque la mort vint le surprendre; il laissa près de dix-huit volumes manuscrits contenant des recherches sur l'*Histoire féodale de la Savoie et du Dauphiné*; — *Sur la langue romane*; — *Sur la duchesse Yolande de Savoie, sœur de Louis XI*, etc. En général, ses ouvrages se distinguent par le charme et la pureté du style, la vigueur et la clarté de la pensée. Son esprit, apte à toutes choses, traitait avec la même facilité les sujets les plus divers. G. GONZALO.

Renseignements particuliers.

MENABUOI (*Giusto*), dit *Giusto da Padova* ou le *Padovano*, peintre de l'école vénitienne, né à Florence, mort à Padoue, en 1397. Il vint dans cette dernière ville à la suite de son maître le Giotto, s'y fixa et y obtint le droit de cité. Son œuvre capitale fut la décoration du baptistère, qui avait été peint à fresque en dehors et en dedans. Il ne reste plus rien absolument des peintures extérieures, celles de l'intérieur sont bien conservées. Elles représentent des sujets tirés du Nouveau Testament. Parmi elles se trouvent quelques compositions inférieures aux autres, et qui paraissent d'une autre main. Quant à celles qui doivent être attribuées à Giusto, elles rappellent le style du Giotto, mais n'en ont pas toute la grâce; la manière est encore un peu byzantine. Sur le maître autel est un tableau, également de l'école du Giotto, qui peut être attribué au même maître; il renferme dans ses nombreux compartiments une *Madone* et divers sujets de l'Ancien Testament. E B—N.

Vasari, *Vite*. — Lanzi, *Storia della Pittura*. — P. Faccio, *Guida di Padova*.

MENÆCHME et **SOÏDAS** (Μέναιχμος et Σοΐδας), artistes grecs, vivaient vers 500 avant J.-C. Ils firent une statue en or et en argent de la déesse Artémis de Laphyra. Cette statue, placée dans le temple d'Artémis à Calydon, en fut enlevée par l'ordre d'Auguste et transportée dans la citadelle de Patras à Corinthe, où Pausanias la vit. Les deux artistes étaient nés à Naupacte, et vivaient peu après Canachus de Sicyone et Callon d'Égine. Pline, parmi les autorités de ses 33e et 34e livres, cite Menæchme comme auteur d'un traité sur la toreutique, art qui comprenait les statues chryséléphantines. Ce Menæchme est sans doute le même que l'artiste mentionné par Pausanias, et le P. Hardouin et Tiersch ont eu tort de l'identifier avec Menæchme de Sicyone, qui écrivit un ouvrage Περὶ τεχνιτῶν, *Sur les Acteurs*, et non *Sur les Artistes*, une *Histoire d'Alexandre le Grand* et un livre *Sur Sicyone*, et qui, suivant Suidas, vivait sous les successeurs d'Alexandre. (Athénée, II, XIV; *Schol. ad Pind. Nem.*, II, IX, 30; Vossius, *De Hist. Græc.*, p. 102, éd. Westermann.) Y.

Pline, *Hist. Nat. Elench.*, XXXIII, XXXIV. — Hardouin, *Index Auctorum* dans l'édit. de Pline. — Thiersch, *Epochen*, p. 202.

MÉNAGE (*Matthieu*), théologien français, né vers 1388, dans le Maine, mort à Angers, le 16 novembre 1446. Ses études achevées dans l'université de Paris, il y fut reçu maître ès arts vers 1408, et chargé de la chaire de philosophie dès 1413. Le succès qu'il obtint le fit élire vice-chancelier en 1416 et recteur de l'université en 1417. Il alla ensuite s'établir à Angers, où il enseigna la théologie (1432). La même année il fut député par l'église d'Angers, avec Gui de Versailles, au concile de Bâle, et par le concile, vers le pape Eugène IV à Florence. Il ne revint de Bâle qu'en 1437. En 1441, il reçut les fonctions de théologal. Sa *Vie* a été écrite par Gilles Ménage (1). C. P.

MÉNAGE (*Gilles*), célèbre érudit et critique français, né à Angers, le 15 août 1613, de Guillaume Ménage, avocat du roi dans la même ville, et de Guione Ayrault, sœur de Pierre Ayrault, lieutenant criminel, mort à Paris, le 23 juillet 1692. Il montra, dès sa plus tendre jeunesse, tant d'inclination pour l'étude, que son père n'épargna rien pour lui donner une éducation aussi complète que possible. Il étudia le latin sans faire de thèmes, et en passant tout de suite à l'explication des meilleurs auteurs, suivant la méthode renouvelée de nos jours et qui a eu d'assez nombreux partisans. Il s'appliqua ensuite, avec un grand succès, à l'étude de la philosophie; mais il ne put réussir ni dans la danse, ni, encore moins, dans la musique, malgré tous les efforts de ses maîtres. Le jeune Ménage se tourna de bonne heure vers l'érudition : il y était poussé à la fois par le goût du temps, la nature de son esprit et l'étendue de sa mémoire, véritablement prodigieuse. Le *Menagiana* nous apprend qu'il ne faisait jamais d'extraits des auteurs, et qu'il les citait tous de souvenir, se bornant à écrire, sur un papier qu'il jetait ensuite, les passages qu'il voulait se graver dans la tête. Il conserva ce don précieux jusque dans la vieillesse la plus avancée, et une pièce de vers latins qu'il composa, à l'âge de près de soixante-dix-huit ans, nous apprend qu'il venait de le recouvrer après l'avoir perdu un moment. Mais le père de Ménage voulut que son fils suivît la même carrière que lui. Il étudia donc le droit, plaida à Angers en 1632, puis à Paris, et il fut reçu avocat au parlement. S'il faut en croire Tallemant des Réaux, il n'aurait plaidé qu'une cause en province, et encore y serait-il demeuré court; mais Tallemant n'aime point assez Ménage pour être cru sur parole. Bayle, au contraire, regrette qu'il n'ait pas publié quelques-uns de ses plaidoyers. En 1634, il accompagna le parlement aux grands jours de Poitiers, ce qui fit dire à Costar que, « comme il y avait des sergents exploitants par tout le royaume, il était un avocat plaidant par tout le royaume ». A son retour, attaqué d'une sciatique, il alla se faire soigner à Angers, et, après sa guérison, qui ne se fit pas sans d'extrêmes douleurs, supportées avec un grand courage, son père se démit en sa faveur de sa charge d'avocat du roi; mais, dégoûté du barreau, le jeune homme ne tarda pas à lui en renvoyer les provisions. Il se tourna ensuite vers l'état ecclésiastique, et prit la soutane, mais sans entrer dans les ordres, et en se bornant aux conditions indispensables pour posséder ce qu'on appelait alors un bénéfice simple. Une fois pourvu de ce côté, il se remit avec une nouvelle ardeur à l'étude des belles-lettres, et rechercha la connaissance des savants. Chapelain le présenta à Paul de Gondi, coadjuteur de l'archevêque de Paris, et depuis cardinal de Retz, qui l'attacha à sa maison et le traita longtemps avec la plus grande faveur, dont il abusa quelquefois. Ménage était vaniteux, et poussait volontiers à la familiarité avec les personnages au-dessus de lui. Son humeur satirique n'épargnait même pas son protecteur. Pendant la Fronde, dit Tallemant, « il se mit à pes-

(1) Les notes qui l'accompagnent sont des plus précieuses. La première édition (Paris, 1674, in-8°) contient quelques pièces supprimées dans la seconde (1699, in-12, Paris), qui par suite, quoique augmentée dans le texte, est moins recherchée. Nous avons vu un exemplaire surchargé d'annotations manuscrites de la main même de Gilles Ménage. Il appartient à M. l'abbé Tardif, chanoine de l'église d'Angers. (C. P.)

ter, et disoit qu'elle lui étoit trois mille livres de rentes en bénéfices qu'il auroit sans doute, si le coadjuteur ne s'étoit point avisé de manger. » Non content de cela, il disoit cent choses dont il se fût fort bien passé : « A quoi bon tenir table, disoit-il, quand on doit et qu'on n'a encore récompensé personne? » Et aussi : « Mor[illegible]eu! je veux faire plus de bien à Girault (c'étoit son secrétaire) que M. le coadjuteur ne en fera. » Le coadjuteur finit par se fâcher; mais Chapelain les raccommoda, et Ménage, à qui, malgré ses grands airs, cette protection était fort utile, recommença à en abuser plus que jamais, jusqu'à faire manger un de ses laquais pendant cinq mois chez le coadjuteur, en dépit des représentations de l'argentier, et à y envoyer prendre tous les soirs sa chandelle. Enfin, il fit tant et si bien par sa conduite avec les familiers de Paul de Gondi, devenu alors le cardinal de Retz, qu'il dut se séparer de lui, et qu'ils demeurèrent brouillés. Son ami Sarrazin lui fit alors écrire par le prince de Conti, qui lui demanda son amitié, en lui offrant, s'il voulait s'attacher à sa maison, 4,000 francs de pension et l'expectative de plusieurs bénéfices : il refusa, disant qu'il ne voulait plus de maître, et il fut si fier de cette réponse que pendant trois mois il la porta toujours dans sa poche pour la montrer à tout venant. C'était assez son habitude de gâter ses belles actions à force de les prôner lui-même; sur quoi, Gombauld, à qui il avait rendu service, composa ce quatrain, sans y mettre son nom :

Si Charles (*lisez Gilles*), par son crédit,
M'a fait un plaisir extrême,
J'en suis quitte : il l'a tant dit
Qu'il s'en est payé lui-même.

Pour subsister, Ménage vendit une terre patrimoniale à Servien, surintendant des finances, qui lui passa en échange un contrat de 3,000 livres de rente. Retiré dans sa maison du cloître Notre-Dame, il s'y livra à son goût pour le monde, et en fit une espèce d'académie, où une foule de gens de lettres se réunissaient tous les mercredis. Chapelain, Furetière, Bautru, Conrart, Pellisson, Linière, Perrot d'Ablancourt, Sarrazin, Perrault, Galland, Boivin, Pinsson, l'abbé de Valois, Du Bos, l'avocat Nublé, étaient les hôtes les plus assidus de ces *mercuriales* (1), auxquelles se montraient aussi de loin en loin Catherinot, avocat du roi à Bourges, et Costar, archidiacre du Mans; sans oublier quelques hauts personnages, tels que le marquis de Coislin et le comte de Saint-Séran. Il y avait aussi bien du *fretin*. Ménage se montrait fort complaisant pour les auteurs infimes, qui en retour chantaient ses louanges sur tous les tons. Les étrangers n'y manquaient pas non plus, et ses *mercredis* contribuèrent beaucoup à étendre sa réputation. Les autres jours, il hantait assidûment le cabinet des frères du Puy, et après leur mort, celui de M. de Thou. C'était également un des commensaux de l'hôtel Rambouillet. Ses relations étendues le firent charger de dresser une liste de gens de lettres (1), qui lui valut à lui-même une pension de 2,000 livres, mais dont il ne jouit que quatre ans. Outre cette pension et la rente de 3,000 livres que lui payait Servien, il avait encore un revenu de 4,000 livres, provenant de la cession de son prieuré de Montdidier : il employait cette fortune, considérable pour le temps, à faire figure dans le monde, à se passer des fantaisies de libéralité et à publier ses ouvrages à ses frais. Ménage était alors fort connu, surtout à l'étranger. Il savait plusieurs langues vivantes, particulièrement l'espagnol et l'italien. Ses vers italiens furent même applaudis par l'académie de la Crusca, qui lui envoya un brevet d'associé. Les savants de France, d'Angleterre, des Pays-Bas et d'Allemagne correspondaient avec lui, le consultaient, lui dédiaient des livres, les uns par déférence réelle pour ses lumières, les autres, comme Vaugelas, Chapelain, Conrart, par crainte de se mettre mal avec lui. Il reçut les mêmes marques de considération de la part des Saumaise, des Bignon, des Grotius, des Sirmond, des Huet, des Bochard, du prince de Guéménée, de MM. de Bautru et de Montausier, de quelques prélats, et de ministres même, sans parler de tous ceux que nous avons déjà nommés.

Ménage était aussi très-lié avec Mlle de Gournay, Voiture et Arnauld, dont il fit les épitaphes. La reine Christine de Suède, qui attirait les gens de mérite à sa cour, l'invita à venir chez elle; il s'en excusa par une églogue en vers latins, demeurée célèbre, surtout à cause de l'*Avis* satirique et mordant qu'elle lui attira de la part de Gilles Boileau, et de la querelle qui s'ensuivit entre ces deux écrivains. Ménage trouva son maître, à la satisfaction générale, ce qui n'empêcha pas Christine, lors de son voyage à Paris, de le charger de lui présenter les auteurs les plus distingués.

Ce ne fut point là, à beaucoup près, la seule querelle que Ménage eut à soutenir. Son orgueil, son pédantisme, son penchant à l'épigramme et l'irritabilité de son caractère, qui gâtaient en lui d'excellentes qualités, lui valurent nombre d'ennemis et plus d'une mortification, qui ne le corrigèrent pas. Boileau l'avait d'abord nommé dans sa IIe satire; mais il remplaça son nom par celui de l'abbé de Pure. Molière, desservi par lui près de M. de Montausier, le mit en scène sous le masque de Vadius; mais Ménage, qui avait bien voulu profiter de la leçon des *Précieuses ridicules*, comme le prouve l'aveu qu'il fit à Chapelain en sortant, feignit de ne pas se reconnaître dans les *Femmes savantes*, et ne cessa

(1) Ainsi nommées du mercredi, où elles avaient lieu; de même les assemblées qui se tenaient les mardis chez l'abbé Dangeau, s'appelaient les *martiales*, et celles qui se tenaient les jeudis chez la reine Christine, les *joviales*.

(1) C'était à Costar que Mazarin et Colbert s'étaient directement adressés; mais Costar s'en rapporta à Ménage, plus expert que lui pour ce travail.

jamais depuis de rendre justice à Molière. Il soutint contre l'abbé d'Aubignac, à propos de l'*Heautontimorumenos* de Térence, une verte discussion, qui, commencée en 1640, dura plusieurs années et produisit de part et d'autre plusieurs volumes. L'abbé Cotin, irrité de quelques hexamètres de Ménage, qu'il trouvait injurieux pour lui, l'attaqua vivement, en 1666, dans sa *Ménagerie*, qui n'eut pas grand cours. M. de Salo ayant mal parlé des *Amœnitates Juris* (1665), Ménage, dans les *Observations sur Malherbe*, traita le *Journal des Savants* de *gazette* et de *billevesées hebdomadaires*. Baillet eut aussi à se repentir d'avoir recueilli avec trop de complaisance les jugements désavantageux portés contre les œuvres et, en particulier, contre les poésies du vaniteux érudit; car celui-ci lui répliqua par l'*Anti-Baillet*, qu'il fit imprimer en Hollande, parce qu'il n'avait pu obtenir l'autorisation de le publier en France. Bussy-Rabutin se fit une affaire avec lui pour avoir dit, dans son *Histoire amoureuse des Gaules*, que son âge, sa naissance et sa figure l'obligeaient de cacher la passion dont il poursuivait Mme de Sévigné, et pour avoir raconté à ce propos une anecdote où il jouait un rôle ridicule. Ménage répondit par une sanglante épigramme latine, ce qui ne l'empêcha pas, plus tard, de s'exprimer très favorablement sur le compte du satirique gentilhomme, dans la suite du *Menagiana*. Notre savant semble en effet avoir été amoureux de Mme de Sévigné, qui le traitait toujours comme un homme sans conséquence et fort peu dangereux, au point de le faire monter avec elle dans son carrosse, en l'absence de sa demoiselle suivante, et de le menacer, s'il faisait des façons, de l'aller voir jusque dans sa chambre. Ménage resta l'ami et le confident de la spirituelle marquise : « Je suis votre confesseur et j'ai été votre martyr », lui disait-il un jour. — « Et moi votre vierge », lui répondit elle. Tallemant l'accuse aussi d'avoir été le *mourant* de Mme de Cressy et de Mlle de La Vergne (depuis Mme de La Fayette) qui se moquaient de lui. Et, de fait, il avoue ses amours non-seulement dans ses poésies, mais dans l'épître dédicatoire de ses *Observations sur la Langue Françoise*. Il annonçait dans le même ouvrage un livre intitulé la *Defense de ses Mœurs*, où il se serait expliqué tout au long sur ce chapitre; mais ce livre n'a point paru. Ménage mêlait sans cesse son apologie ou l'attaque de ses ennemis à ses œuvres d'érudition. C'est encore là qu'il s'en prit aigrement au père Bouhours, qui l'avait blessé par quelques observations sur ses écrits, dans les *Doutes sur la Langue Françoise*. La guerre dura assez longtemps; mais cette fois Ménage fut vainqueur, et il ne se refusa pas à un raccommodement sincère. Il disait de lui-même qu'il n'y avait personne qui se réconciliât plus aisement que lui avec tous ceux qui l'avaient maltraité. Cependant il tint jusqu'au bout rancune à Gilles Boileau, dont il voulut empêcher l'élection à l'Académie, et il alla jusqu'à se brouiller avec son vieil ami Chapelain, qui refusait de servir les intérêts de sa haine. Toutes ces disputes finirent par porter un tort considérable à sa réputation. Il devint en quelque sorte de mode de dauber sur Ménage, qui prêtait à la raillerie par plus d'un côté. On se mit à dévoiler ses nombreux plagiats, à démontrer que ses vers latins et grecs n'étaient que des centons pillés çà et là. Il y eut même une épigramme qui, faisant allusion au nom latin de Mlle de Lavergne (*Laverna*), souvent chantée par lui, disait qu'il avait eu raison de choisir pour muse la déesse des voleurs. Conrart prétendait qu'il fallait le condamner à être conduit au pied du Parnasse et à y recevoir la fleur de lys pour les vols qu'il avait faits sur les anciens. On connaît les vers que Molière à mis dans la bouche de Trissotin parlant à Vadius :

> Va, va restituer tous les honteux larcins
> Que réclament sur toi les Grecs et les Romains.

Ménage confessait lui-même ces plagiats, et il en tirait gloire.

Son orgueil et ses intempérances de langue lui attirèrent encore bien d'autres humiliations publiques ou privées : « Monsieur, lui dit un jour Mlle de Rambouillet, j'ai ouï dire que vous me mêliez dans vos contes; je ne le trouve nullement bon, et vous prie de ne parler de moi ni en bien ni en mal ». Dans un endroit de ses *Origines de la Langue Françoise*, il écrit : « Cela se prouvera par la relation que M. de Loire doit me dédier. » Et M. de Loire ne la lui dédia point. Il était de ceux qui perdraient plutôt un ami qu'un bon mot. Il abondait en saillies, souvent heureuses; en voici quelques-unes des plus inoffensives. Lorsqu'il eut renvoyé sa charge à son père, comme on lui demandait pourquoi celui-ci était en colère contre lui : « Parce que je lui ai rendu un *mauvais office*, » répondit-il. Il disait des traductions de d'Ablancourt : « Qu'elles étaient comme une femme qu'il avait connue à Angers, belles, mais infidèles. » On en trouvera beaucoup d'autres dans le *Menagiana*. Mlle de Mourion lui reprochait un jour son penchant à médire : « Mais savez-vous bien ce que c'est que la médisance? » lui demanda-t-il. Elle répondit : « Pour la médisance, je ne le saurai bien dire; mais pour le médisant, c'est M. Ménage. » Et elle avait raison. De là vient qu'on lui imputait souvent, sur sa renommée, des intentions qui n'étaient pas dans son esprit. Ainsi il s'attira de graves désagréments, en 1660, pour une élégie latine au cardinal Mazarin, dans laquelle ses ennemis prétendirent trouver une allusion injurieuse à une députation envoyée alors par le parlement à ce ministre. Plusieurs conseillers en portèrent leurs plaintes à la grand'-chambre. Il se défendit en attestant qu'il avait composé sa pièce trois mois avant cette députation, et en publiant une déclaration solennelle qui convainquit de son innocence M. de Lamoignon.

Dans ses bons mots, presque toujours Ménage était quelque peu prétentieux et pédant; on y sentait la recherche plus que le naturel et la verve. De même il était bon conteur, mais étudié, long et abusant de tout ce qu'il avait lu. De là des répétitions fréquentes, qui fatiguaient ses auditeurs, et dont Tallemant rapporte des exemples. La mémoire chez lui jouait un plus grand rôle que l'imagination.

En 1684, il se présenta à l'Académie : il avait assez fait pour espérer d'y être reçu. Sa renommée, son érudition immense, le nombre et l'importance de ses ouvrages dans tous les genres littéraires, l'étendue de ses relations dans l'Europe entière en faisaient un des écrivains les plus considérables que pût choisir le docte corps. Par malheur, il avait débuté par une pièce de vers français, intitulée la *Requête des Dictionnaires*, où il raillait, avec assez de verve, l'Académie et beaucoup d'académiciens, surtout à propos de l'extrême rigidité qui présidait au choix des mots du dictionnaire. Il prétendait n'avoir pas eu l'intention de livrer cette satire à la publicité : c'était l'abbé Montreuil qui l'avait dérobée dans ses papiers et qui la fit imprimer malgré lui; mais il ne laissa pas de la recueillir lui-même dans ses *Mélanges* en 1652, longtemps avant qu'il ne fût question de sa candidature. Il assure, dans le *Menagiana*, qu'il n'avait point sollicité cet honneur, et qu'il remercia même les nombreux académiciens qui venaient le presser de se mettre sur les rangs, ajoutant seulement que si on le choisissait, il accepterait avec reconnaissance. Quoi qu'il en soit, malgré le conseil de Hubert de Montmor, qui soutenait qu'il fallait absolument l'adopter, comme on force un homme qui a déshonoré une fille à l'épouser, son nom, si bien appuyé qu'il fût, échoua à une majorité imposante, contre celui de Bergeret, en faveur duquel s'étaient ligués Racine, le père Lachaise et une grande partie de la cour. Cet échec donna lieu à plusieurs épigrammes contre Ménage et contre l'Académie.

Ménage était d'un excellent tempérament physique. Néanmoins l'étude, qui avait fort affaibli sa vue, et quelques maladies graves, le vieillirent de bonne heure. A quarante ans, il était déjà cassé. C'est à cette date que se rapportent les lignes suivantes du *Menagiana* : « Je viens de voir une femme à qui j'ai dit que j'avais bien mal aux jambes; elle m'a répondu : « On ne peut pas être et avoir été. » Revenant chez moi, j'ai vu un petit laquais qui écrivait quelque chose sur une table; j'ai pris le papier : c'était une lettre qu'il écrivait à sa mère, à qui il mandait : « Enfin, on m'a placé chez un vieux garçon. » Tallemant dit qu'à cinquante ans il alla chez toutes les belles de sa connaissance prendre congé d'elles, comme un homme qui renonçait à la galanterie. Le trait est caractéristique; reste à savoir s'il est bien vrai. Vers la fin de sa vie, il se démit la cuisse dans une église; puis il fit une chute qui lui démit l'épaule. Mis ainsi hors d'état de quitter sa chambre, il rendit sa petite académie quotidienne. A toute heure du jour, on pouvait le venir voir, et il recevait chaque visiteur avec la même affabilité, trouvant moyen de travailler encore sérieusement au milieu de ces continuelles distractions. En juillet 1692, il fut attaqué d'un rhume, suivi d'une fluxion de poitrine. Jusqu'à la fin, il ne cessa de revoir ses anciens ouvrages, et d'en composer de nouveaux, en sorte qu'on peut dire qu'il mourut la plume à la main, comme il l'avait toujours souhaité. Il avait légué sa bibliothèque aux jésuites de la maison professe de Saint-Louis. On l'enterra à Saint-Jean-le-Rond, où son ami, l'avocat Pinsson, décora son tombeau d'une longue épitaphe. La haine de ses ennemis ne l'épargna pas même après sa mort, et, sous prétexte de les rappeler à la modération, La Monnaye, qui pourtant devait donner une édition très-soignée du *Menagiana*, avec de nombreuses additions, composa une épigramme qui se terminait ainsi :

> Souffrez à son tour qu'il repose,
> Lui dont les vers et dont la prose
> Nous ont si souvent endormis.

Ménage fut un érudit lettré et bel-esprit, bien différent de ces savants hérissés qui ne vivent pas en dehors de leurs livres. C'était un homme de salon, et c'est par les salons, plus encore que par le mérite et la variété de ses travaux, qu'il parvint à sa renommée. Il avoue naïvement lui-même qu'il courtisait les dispensateurs de la gloire. Il était reçu, qui plus est, recherché dans le monde, malgré les vices de son caractère et le sans-façon qu'il y affichait; car il avait toujours le cure-dent à la main, et il ne craignait pas de se rogner les ongles chez lui devant des visiteurs qu'il connaissait à peine, ou de se nettoyer les dents avec un mouchoir d'une propreté équivoque, dans l'alcôve même de Mme de Rambouillet. Le pédantisme, que plusieurs de ses contemporains lui ont tant reproché, lui venait surtout de la recherche de l'esprit et de sa tournure au *précieux*. Bayle, qui professe une haute estime pour lui, l'a surfait en l'appelant le *Varron de son siècle* : c'est un savant ingénieux et laborieux, dont les travaux lexicographiques méritent encore aujourd'hui l'estime et l'attention. On a de lui : *Dictionnaire Étymologique, ou origines de la langue françoise*, 1650, in-4°; réimprimé avec des additions en 1694, in-fol. Rigault avait projeté un ouvrage analogue, qu'il abandonna lorsqu'il se vit devancé. La 2e édition, donnée d'après les matériaux mis en ordre par Ménage peu avant sa mort, renferme quelques travaux de divers autres auteurs. C'est au système étymologique, beaucoup trop aventureux, de cet ouvrage que se rapporte l'épigramme bien connue du chevalier de Cailly :

Alfana vient d'*equus* sans doute,
Mais il faut avouer aussi
Qu'en venant de là jusqu'ici
Il a bien changé sur la route.

Néanmoins, malgré cette excessive hardiesse dans les conjectures, et surtout, quoique Ménage ne fût pas versé dans les origines nationales de notre langue, son travail, bien supérieur à celui de ses devanciers, qu'il a, du reste, mis largement à contribution, est encore apprécié. En 1750, Jault en a publié, en deux volumes in-folio, une édition excellente, augmentée du *Trésor* de Borel; — *Miscellanea;* 1652, in-4° : recueil de diverses pièces grecques, latines et françaises, où l'on remarque surtout : *Mamurræ, parasito-sophistæ*, *Metamorphosis*, en vers, et *Vita Gargilii Mamurræ, parasito-pædagogi*. Ces deux satires se rattachent à la grande levée de boucliers entreprise contre Montmaur, que Ménage aurait dû ménager, du moins à titre de pédant. La *Vie de Gargilius Mamurra* est dédiée à Balzac, qui a dédié lui-même à Ménage son *Barbon*, satire contre le même personnage. Ces pièces avaient déjà été imprimées à part, ainsi que la *Requête des Dictionnaires*, et *Discours sur l'Heautontimorumenos*, en réponse à l'abbé d'Aubignac, qu'on y trouve également. Cette édition, qui contient en outre quelques lettres latines, est précédée du portrait de l'auteur. On a dans ce volume la plupart des poésies de Ménage, qu'il préférait à toutes ses autres œuvres. Dans la suite, il en grossit considérablement le nombre, et les fit imprimer séparément à Paris et en Hollande; il n'épargna ni soins ni dépenses pour en donner jusqu'à huit éditions; — *Osservazioni sopra* l'Aminta *del Tasso;* 1653, in-4°. — *Observations et corrections sur Diogène Laerce*, d'abord publiées à Paris, puis à Londres avec le texte de l'auteur, grec-latin, 1663, in-fol. Depuis, il augmenta tellement son commentaire qu'il donna envie aux libraires de Hollande de le réimprimer avec les portraits des philosophes tirés des meilleurs cabinets de l'Europe. Cette édition, pour laquelle plusieurs amis de l'auteur, notamment Petit, Huet et Bochart, lui avaient communiqué les résultats de leurs propres recherches, parut seulement en 1691, à Amsterdam, 2 vol. in-4° ; — un choix des *Poesies composées et publiées en l'honneur du cardinal Mazarin;* 1666, in-fol. Il a été aussi l'éditeur des poésies latines de Balzac; — *Poemata;* Paris, 1656, in-12; Amsterdam, 1687 : c'est le recueil spécial de ses poésies dont nous avons parlé plus haut. Pour expliquer les huit éditions qu'elles atteignirent, il faut se souvenir que Menage les faisait tirer à petit nombre, et n'attendait pas toujours l'épuisement d'une édition pour en donner une autre; il ne fallait pour l'y déterminer que la composition de quelques nouvelles pièces. Il a mêlé à ce recueil les éloges que plusieurs de ses contemporains firent de ses vers, et sa dissertation sur les sonnets de *La belle Matineuse;* — *Origini della Lingua Italiana;* Paris, 1669, in-4°; Genève, 16[illegible], in-fol., avec des additions considérables. A la suite de cet ouvrage, interrompu et repris pendant de longues années, il a donné une explication de quelques façons de parler proverbiales de la même langue, qu'il connaissait à fond, bien qu'il ne la parlât pas; — *Juris civilis Amœnitates;* 1664, in-8° : augmentées de moitié dans l'édition de 1677. Il y en a eu encore un certain nombre d'autres éditions, dans le courant des dix-septième et dix-huitième siècles; — *Observations sur les poésies de Malherbe;* Paris, 1666 et 1689, in-8°. On trouve beaucoup de remarques inutiles et puériles dans cet ouvrage, pour lequel Chevreau, qui avait entrepris la même tâche, lui intenta une accusation de plagiat; — *Annotazioni sopra le Rime di monsignor della Casa;* 1667, in-8° : il n'avait pas intention de les rendre publiques, mais il s'en répandit quelques exemplaires; — *Observations sur la Langue Françoise*, 2 vol. in-12, publiés le 1er en 1673, le 2e en 1676. Il comptait pour rien l'essai qu'il avait donné en 1671. C'est dans le second volume de cet ouvrage, qui n'a, du reste, qu'une importance philologique secondaire, qu'il désarçonna complétement le père Bouhours, dont les attaques contre son premier volume avaient allumé sa bile; — *Vita Mathæi Menagii, canonici et theologi Andegavensis* (d'Angers); 1674; réimpr. en 1672, in-8°, avec des additions et quelques suppressions; — *Vita Petri Œrodii* (Ayrault), *quæstoris regii Andegavensis, et Guillelmi Menagii;* 1675, in-4°: Pierre Ayrault et Guillaume Ménage étaient son aïeul et son père; — *Mescolanze*, ou Mélanges italiens; 1672, in-8°; réimpr. à Rotterdam, 1692, avec quelques additions; — *Histoire de Sablé;* 1682, in-4°, 1re partie. Sa mort arriva pendant qu'il travaillait à la seconde partie, qui a été conservée manuscrite. C'est un des ouvrages qu'il a le plus soignés et auxquels il attachait le plus de prix; — *Mulierum philosopharum Historia;* Lyon, 1690, in-12. C'est une sorte de complément de son travail sur Diogène Laerce, auquel on l'a aussi réuni : il y a 75 notices; — *Anti-Baillet;* La Haye, 1690, 2 vol. in-12; réimpr. à la suite des *Jugements des Savants* de Baillet, avec les notes de La Monnoye, qui a redressé quelques-unes de ses méprises. Baillet ayant vertement attaqué Menage, celui-ci y répondit par ce livre, où il prit l'offensive à son tour, en signalant longuement les erreurs de son adversaire. Ajoutons à cette longue liste les *notes sur Lucien*, dans l'édition de Grævius, Amsterdam, 1687, in-8°, et des additions aux *Vies des Jurisconsultes* par Bertrand, dans les *Vitæ tripartitæ Jurisconsultorum* de Franck; Halle, 1718, in-4°. On peut considérer aussi comme un de ses ouvrages le *Menagiana*, *ou les bons mots et remarques critiques, historiques, morales et d'érudition*, *de M. Ménage, recueillies par ses amis*; livre très-propre, dit Bayle, à faire connaître l'étendue d'esprit et d'érudition qui a été le caractère de notre auteur. Il faut toutefois lire ce curieux recueil, un des meilleurs et des plus intéressants du genre, avec une certaine défiance, surtout dans les premières éditions, car il renferme plus d'une méprise, et il n'est pas prouvé que les amis de Ménage ne lui aient attribué que ce qui lui revenait. En outre, il y a bien des vétilles dans cet amas d'historiettes et de remarques mises les unes au bout des autres, sans ordre, et sans le moindre lien. Le *Menagiana*, publié d'abord, à frais communs, par Boivin, Pinsson, Galland, l'abbé Du Bos et de Valois, parut en 1693, in-12, puis en 1694, 2 vol. in-12. C'est à la première édition que se rapporte l'*Anti-Menagiana, où l'on cherche les bons mots, cette morale, ces pensées judicieuses et tout ce que l'affiche du* Menagiana *nous a promis* (1693, in-12); par le médecin Jean Bernier. L'abbé Faydit, qui avait été l'ami de Ménage, fit quelques additions à la suivante. Puis La Monnoye doubla l'ouvrage en 1715 (4 vol. in-12); un certain nombre de passages trop libres firent exiger des cartons à 37 feuillets. En 1716, les libraires de Hollande ajoutèrent à l'édition du *Menagiana*, qu'ils avaient donnée en 1713, les additions de La Monnoye, réunies en deux volumes séparés.

Les ouvrages manuscrits que laissait Ménage et ceux qu'il promettait sont, suivant les *Mémoires pour servir à sa vie*, la deuxième partie de l'*Histoire de Sablé*, ses notes sur Marc-Aurèle, sur Anacréon, et sur les *Observations* de Cujas; la Vie de ce Jurisconsulte; les Origines et les dialectes de la langue grecque; l'Histoire des anciens Jurisconsultes, et celle des anciens Medecins; une Histoire de la botanique; des Observations sur Rabelais; d'autres sur les proses et poésies de La Casa; de Nouvelles observations sur l'*Aminte*; les Origines de façons de parler proverbiales françaises; une Dissertation sur les diverses collections des épigrammes grecques; une sur les romans; une autre sur les imitations et larcins poétiques, probablement dans un but de défense personnelle; les Vies des Courtisanes grecques en grec, et des lettres latines, françaises, italiennes à tous les savants de l'Europe. On voit par ce long catalogue quelle incroyable variété de travaux et d'études embrassait l'esprit de Ménage. Toutes ses œuvres témoignent d'une prodigieuse lecture, d'un esprit toujours ingénieux sinon toujours juste, d'une érudition vaste, mais parfois confuse et mal digérée. On y trouve des détails curieux sur la plupart des écrivains de son temps, avec qui nul plus que lui ne fut en rapports, et aussi sur lui-même, car il mêle étroitement sa personnalité à tout ce qu'il écrit. Victor FOURNEL.

Journal des Savants, du 11 août 1692. — *Mercure galant*, 1692. — *Menagiana*. — *Mémoires pour servir à la vie de M. Ménage*, en tête du *Menagiana* de 1715. — *Dictionnaire* de Bayle. — Moréri, éd. de Paris, 1699. — — Perrault, *Éloges*. — Tallemant des Réaux, éd. in-12, t. VII.

MÉNAGEOT (*François-Guillaume*), peintre français, né le 9 juillet 1744, à Londres, mort le 4 octobre 1816, à Paris. Fils d'un paysagiste, il fut amené de bonne heure à Paris, où il eut pour maîtres Boucher et Vien, et remporta en 1766 le premier prix de peinture; le sujet du concours était *La reine Tomyris faisant plonger la tête de Cyrus dans un vase plein de sang*. Après avoir passé cinq années à Rome en qualité de pensionnaire du roi, il composa *Les Adieux de Polyxène*, et dut à ce tableau d'être agréé par l'Académie royale, dont il devint membre, le 30 décembre 1780, en présentant une peinture allégorique exécutée avec beaucoup de talent, *Le Temps arrêté par l'Étude*, et qui se trouve aujourd'hui au Louvre. En 1781 il envoya à l'exposition *Léonard de Vinci mourant dans les bras de François Ier*, et fut nommé adjoint à ce professeur. En 1787, le roi lui accorda la direction de l'académie de France à Rome. Quelques temps après, malgré son absence, il reçut le titre de professeur des écoles spéciales (1790). A l'époque de la révolution, Ménageot parvint, par sa prudence et par sa fermeté, à sauver les artistes français de la fureur des Italiens, qui s'étaient soulevés. l'académie de France ayant été supprimée en 1793, il refusa différentes propositions des cours étrangères, et se retira à Vicence. Vers 1802 il revint à Paris, reprit ses fonctions de professeur, et fût admis en 1809 dans la quatrième classe de l'Institut, en remplacement de Vien. Ménageot était un peintre exact et soigneux; à force de travail, il rendit ses compositions pour ainsi dire irréprochables, et sut en rehausser le prix par une complète vérité de détails, la beauté du coloris et l'agrément des draperies. On désigne comme ses principaux ouvrages, avec ceux que nous avons cités: *Les Adieux de Cléopâtre au tombeau d'Antoine; Astyanax arraché des bras de sa mère; Diane cherchant Adonis; Méléagre; Dagobert ordonnant de construire l'église de Saint-Denis; Mars et Vénus; La Nativité*; et *La Vierge aux anges*, qui est à Vicence. P. L.

Landon, *Annales du Musée*, III et V. — *Biogr. univ. et portat. des Contemp.*

MÉNANDRE (Μένανδρος), le plus célèbre poëte de la comédie nouvelle, né à Athènes, dans la 3e année de la 109e olympiade (342-341 avant J.-C.), mort en 290 av. J.-C. Sa mère se nommait Hégésistrata. Son père était Diopithe, qui commanda les forces athéniennes sur l'Hellespont, et que Démosthène défendit dans son discours *Sur les Affaires de la Chersonèse*. Les grammairiens et les biographes qui aiment à établir entre les personnages célèbres des rapports fictifs prétendent que Démosthène entreprit la défense de Diopithe à la prière de Ménandre. Cette supposition est inadmissible, puisqu'à l'époque où fut prononcé le discours *Sur les Affaires de* *la Chersonèse* Ménandre était encore au berceau. Les mêmes auteurs placent le poëte comique au nombre des juges athéniens dans le procès de Ctésiphon, en 330, oubliant qu'il n'avait alors que douze ans. Un des contes les plus absurdes accrédités sur Ménandre se trouve dans Théodore Priscien (*Ad Euseb., de Phys. Scient.*, IV, p. 310, dans la collection des *Medici antiqui Latini* d'Alde). Cet écrivain rapporte que les premiers succès de Ménandre au théâtre excitèrent beaucoup de jalousie. Le jeune poëte imagina de faire porter sur la scène une laie qui était près de mettre bas. Il lui fit ouvrir le ventre devant les spectateurs, et ordonna de jeter les petits dans un courant d'eau. Les nouveau-nés, à demi morts, se soutinrent cependant sur l'eau. « Athéniens, dit-il alors, si vous vous étonnez que dès mes premiers ans je sois si habile, demandez-vous qui a appris à nager à ces petits animaux. » Cette bizarre historiette signifie simplement que les débuts de Ménandre passaient pour avoir été aussi précoces que brillants. En effet l'auteur anonyme du traité *De la Comédie* dit qu'il fit jouer sa première pièce sous l'archontat de Dioclès, lorsqu'il était encore éphèbe (c'est-à-dire de dix-huit à vingt ans). Il y a doute sur ce point. Eusèbe place le début de Ménandre dans la 4e année de la 124e olymp. (421-420 av. J.-C.); mais la différence n'est que de un ou deux ans, et l'on peut même supposer avec Meineke que Eusèbe parle de la première victoire et non de la première pièce du poëte.

Ménandre avait pour oncle le poëte comique Alexis, qui sans doute l'initia de bonne heure aux secrets de son art. Il trouva surtout un maître précieux dans le philosophe Théophraste, moraliste pénétrant, qui excellait à discerner les divers caractères et à les distinguer par des traits précis et délicats. Le petit livre des *Caractères* attribué à ce philosophe, et qui, s'il ne lui appartient pas sous sa forme actuelle, est du moins extrait de ses ouvrages, contient des esquisses finement tracées des portraits que le poëte peignit dans ses comédies avec plus de relief et de couleur. Un autre philosophe exerça sur son esprit encore plus d'influence que Théophraste; ce fut Épicure, né quelques mois après lui, son compagnon de jeunesse et son ami. Combien Ménandre admirait Épicure est attesté par une épigramme où, le rapprochant de Thémistocle (dont le père portait le même nom que celui d'Épicure), il le félicite d'avoir délivré sa patrie de la folie, comme l'autre fils de Dioclès l'avait délivrée de l'esclavage. Il ne fut point son disciple. Tous deux puisèrent la même philosophie dans la société élégante et amollie où ils vivaient; tous deux assignèrent à la vie comme buts essentiels le calme de l'esprit et le bien-être matériel, les jouissances intellectuelles et les plaisirs des sens. La liaison bien connue du philosophe et du poëte a donné lieu à certains anciens de représenter Ménandre comme un épicurien plongé dans les raffinements du luxe et de la mollesse. Phèdre raconte que lorsque Démétrius de Phalère prit possession du pouvoir à Athènes, la foule se pressa autour de lui pour l'acclamer. Les grands furent les premiers à baiser la main qui les opprimait. Les nonchalants eux-mêmes et les oisifs, de peur que leur absence ne leur nuisît, arrivèrent à la file. Parmi eux Ménandre, « inondé de parfums et avec des vêtements lâches, venait d'un pas mou et languissant :

> Unguento delibutus, vestitu adfluens,
> Veniebat gressu delicato et languido. »

C'est un portrait de fantaisie, tracé d'après quelque jeune épicurien romain. Le récit n'est point historique, puisque l'on y suppose que Démétrius, qui avait été déjà un des premiers magistrats d'Athènes, ne connaissait Ménandre que de réputation, mais il repose sur un fait incontestable, l'amitié de Démétrius pour Ménandre. L'administration de Démétrius, qui dura dix ans (317-307), fut une période de tranquillité sans grandeur et de prospérité sous la protection de la Macédoine. Cette époque de bien-être, exempte des nobles périls et des orages de la liberté, convenait parfaitement à la comédie de Ménandre, calme et sensée, finement moqueuse et plus élégante que morale. La chute de Démétrius de Phalère renversé par Démétrius Poliorcète rendit à Athènes l'apparence de la liberté, et provoqua une réaction qui atteignit tous les amis du magistrat déchu. Ménandre fut l'objet de plusieurs accusations, et aurait été mis en jugement sans l'intervention de Télesphorus, gendre de Démétrius Poliorcète. Démétrius de Phalère, retiré en Égypte, aurait voulu y attirer son ami. Le roi d'Égypte Ptolémée Lagus l'invita à s'y rendre. Ménandre refusa. Le spirituel rhéteur Alciphron a supposé entre la courtisane Glycère et le poëte son amant une correspondance où celui-ci expose les motifs qui le retiennent dans sa patrie. Parmi les raisons qu'il allègue, et qui sont presque toutes de l'invention du rhéteur, il en est une de plausible, c'est qu'il préfère les couronnes conquises dans les luttes poétiques des fêtes dyonisiaques à toutes les richesses de Ptolémée. Il resta donc à Athènes, multipliant ses chefs-d'œuvre et disputant à ses rivaux des couronnes que l'injustice et le mauvais goût lui ravirent souvent. Il mourut à l'âge de cinquante-deux ans. Un ancien scoliaste, commentant ce vers de l'*Ibis* d'Ovide :

> Comicus ut mediis periit dum nabat in undis,

nous apprend que ce poëte comique est Ménandre, qui se noya en se baignant dans le Pirée. L'assertion est formelle et n'a rien d'invraisemblable; mais on s'étonne qu'aucun des auteurs anciens, Eusèbe, l'auteur anonyme du traité *Sur la Comédie*, Apollodore, Aulu-Gelle qui ont indiqué la date de sa mort, n'en aient pas en même temps indiqué la cause. Il fut enseveli sur la route qui conduisait du Pirée à Athènes. Ses tombeau existait encore du temps de Pausanias.

Plusieurs monuments de l'art antique nous ont conservé les traits de Ménandre. Le plus remarquable est une statue qui dans une des salles du Vatican fait face à la statue d'un autre comique athénien, Posidippe. Schlegel, et M. Guillaume Guizot ont cru trouver dans ce marbre une image fidèle du génie de Ménandre.

« Assis avec abandon, et gracieusement accoudé sur le dossier de son siége, dit M. G. Guizot, vêtu d'une tunique qui laisse les bras presque entièrement nus et d'un manteau qui des épaules est ramené à grands plis autour du corps ; l'homme que représente cette belle œuvre d'un sculpteur inconnu a dans toute sa personne une remarquable expression d'assurance sans morgue et de calme attentif. Sa tête est un peu penchée et tournée à demi vers la gauche ; ni les rides de la vieillesse, ni les angoisses de la douleur ne l'ont contractée ou flétrie : mais l'habitude de la réflexion a imprimé sur ce front large et haut des signes austères ; et en même temps la bouche, relevée et doucement serrée par un sourire contenu, semble prête à transformer en piquantes épigrammes les pensées qui s'agitent sous ce front sérieux. L'aisance d'un esprit facile, la tranquillité que donne la longue expérience des hommes et de soi-même, la grâce d'une gaieté non forcée et d'une moquerie indulgente, respirent dans les mêmes traits. Les prunelles ne sont pas indiquées : mais ces yeux sans regards ont une profondeur et une vie qui étonnent. Ils suivent et embrassent une longue rangée de statues, comme si l'homme dont nous avons là l'image voulait encore, marbre lui-même, rechercher sur les marbres ses contemporains, les secrets de l'âme humaine qu'il avait étudiés jadis (1). »

Malgré son talent Ménandre n'obtint pas de ses contemporains toute l'admiration qu'il méritait. Il présenta au concours plus de cent pièces, et ne fut couronné que huit fois. Sa manière était peut-être trop délicate pour un public habitué aux grossières plaisanteries de l'ancienne comédie. Ses rivaux, qui savaient s'accommoder au goût de la foule, l'emportèrent sur lui. Philémon surtout eut souvent l'avantage dans ces joutes théâtrales, et il devait, dit on, ses triomphes plus à l'intrigue qu'au talent. On rapporte qu'un jour Ménandre, avec le sentiment de sa supériorité, lui dit : « Je te le demande, Philémon, quand tu l'emportes sur moi, n'es-tu pas honteux ? » Cependant, à sa mort, ses compatriotes semblèrent comprendre la perte qu'ils avaient faite, et lui élevèrent une statue dans le théâtre ; mais cet honneur, prodigué à une foule de poëtes médiocres, avait peu de prix. La postérité lui réservait une gloire plus choisie ; elle lui a décerné la première place dans la comédie nouvelle aussi incontestablement qu'à Homère dans l'épopée et à Démosthène dans l'éloquence. Tous les anciens s'accordent sur ce point. Si l'on en croit une inscription antique (Brunck, *Anal.*, III, p. 269), le célèbre grammairien Aristophane lui assignait parmi les poëtes la seconde place après Homère. C'est le même critique qui caractérisa si heureusement son talent par ces mots : « O Ménandre, ô vie, lequel de vous a imité l'autre ! » Plutarque composa une *Comparaison d'Aristophane et de Ménandre*, faible et singulièrement inintelligente en ce qui concerne Aristophane, mais qui atteste l'estime presque excessive qu'il faisait du chef de la comédie nouvelle. Alciphron et Lucien lui témoignèrent leur admiration en l'imitant. A Rome les meilleurs poëtes comiques, Plaute, Cécilius, Terence, Afranius, le copièrent et parurent d'autant plus excellents qu'ils se rapprochaient davantage de lui. Cinq siècles après sa mort ses pièces se jouaient encore et faisaient les délices des esprits les plus délicats de la Grèce et de Rome. Jusque dans l'extrême décadence byzantine, elles trouvèrent des admirateurs ; mais elles ne devaient pas franchir cette période. Alcyonius, dans son dialogue *De Exilio*, raconte, comme le tenant de Démétrius Chalcondyle, que les prêtres byzantins obtinrent des empereurs la permission de livrer aux flammes les poésies de Ménandre, de Philémon, de Sapho, d'Alcée, de Mimnerme. Si l'assertion est vraie, on s'étonne que les prêtres grecs, si sévères pour Ménandre, aient respecté Aristophane. Peut-être pensaient-ils que la rude licence de l'un était moins dangereuse que la mollesse raffinée de l'autre, parce qu'elle était beaucoup moins attrayante. Les destructeurs des comédies de Ménandre firent mentir à demi la prophétie d'Ovide : « Tant qu'il y aura un esclave fripon, un père dur, une entremetteuse malhonnête, une courtisane séduisante, Ménandre vivra » ; mais ils ne purent rien contre la gloire du poëte, qui subsiste après la disparition des œuvres sur lesquelles elle était fondée.

Il reste des pièces de Ménandre des fragments assez nombreux, mais en général très-courts, et qui ne peuvent nous donner aucune idée ni du plan, ni de l'intrigue, ni de la liaison des scènes, ni de la marche du dialogue. Ainsi la partie la plus importante de son art nous serait inconnue sans les imitations des poëtes latins. Ces imitations, qui furent très-nombreuses, qui commencèrent avec Nævius, au début de la littérature latine, qui se continuèrent jusque sous l'empire avec M. Pomponius Bassulus et Virgilius Roma-

(1) Des inductions morales tirées de la physionomie sont toujours arbitraires et incertaines. Cette statue même en est la preuve ; elle a longtemps passé pour être l'image de l'homme le moins semblable à Ménandre, de Marius l'héroïque, grossier et féroce soldat romain. Visconti le premier (*Mus. Pio Clement.*, t. III, p. 15), la restitua au comique athénien, en se fondant sur sa ressemblance avec un anaglyphe qui porte le nom de Ménandre. Outre la statue et l'anaglyphe, on connaît plusieurs autres représentations de Ménandre : un terme ou gaîne d'Hermès avec la tête de Ménandre (Fulvius Ursinus, *Imag.*, n° 90, Gronovius, *Thes. Ant. græc.*, t. II, p. 90, *Marmora Taurin.*, I, p. 169) ; — une peinture d'Herculanum (*Pit. Hercul.*, t. IV, tab. 39 Boettiger, *Prol.* 10) ; un diptyque du quatrième siècle environ de l'ère chrétienne (Jean de Witte, *Catalogue Durand*, p. 463) ; un buste à deux têtes dans lesquelles M. Welcker a cru reconnaître Aristophane et Ménandre (*Annales de l'Institut archéologique*, Rome, 1853, p. 250).

nus, sont en grande partie perdues. D'Afranius, qui selon Horace rivalisait avec Ménandre,

> Dicitur Afrani toga convenisse Menandro,

il ne reste rien qui nous permette de contrôler cet éloge. De Cæcilius, autre imitateur, il reste juste assez pour nous convaincre qu'il altérait par de grossières additions l'exquise beauté de son modèle. Lucius Lavinius et Trabea furent peut-être des copistes plus fidèles, mais le temps a détruit leurs œuvres. Des pièces subsistantes de Plaute, une seule, la *Cistellaria*, est indubitablement imitée de Ménandre. Plaute, plus habitué aux rudes et audacieuses railleries de la comédie sicilienne d'Épicharme qu'aux délicatesses de la nouvelle comédie athénienne, a pris de grandes libertés avec son auteur, et ce n'est pas sur cette copie pleine de verve, mais inexacte et sans finesse, qu'il faut juger de l'art de Ménandre. Il reste Térence, dont quatre pièces sur six sont empruntées au poëte athénien. Térence est un excellent écrivain. Si son style n'a pas l'élégante précision, la grâce parfaite de Ménandre, il a le charme et la grâce naïve d'une langue qui n'est pas encore complétement formée. Ce style, très-propre à l'expression des sentiments humains et tendres, convient beaucoup moins pour distinguer les caractères et noter avec fermeté les vices et les passions. La force manque à Térence et l'invention encore plus. Dans ses imitations, certaines scènes, trop spécialement athéniennes pour être intelligibles au public romain, devaient disparaître. Incapable de combler ces vides avec les ressources de son esprit, il imagina de les remplir par des emprunts faits à Ménandre lui-même et à d'autres comiques athéniens. Cet expédient, qui détruit l'unité et l'harmonie de ses copies, lui fut reproché par ses contemporains, et Jules César y songeait lorsque dans une épigramme célèbre il traitait Térence de demi-Ménandre (*voy.* Térence). Les imitations de Térence sont donc bien loin de représenter dans leur intégrité les pièces de Ménandre; mais puisque les originaux sont perdus, des copies même imparfaites sont précieuses, et nous aident à nous représenter le plus grand poëte de la comédie nouvelle.

L'ancienne comédie (*voy.* Cratinus), réprimée et contenue par la loi, dépouillée des chœurs, forcée de renoncer aux attaques personnelles et de se renfermer dans la satire générale des vices et des ridicules, devint la comédie moyenne qui, en se perfectionnant, en ajoutant à ses tableaux de mœurs l'attrait des intrigues d'amour, produisit la comédie nouvelle. Cette comédie, que tous les peuples civilisés ont adoptée, que Plaute et Térence ont naturalisée en latin, et dont Molière offre les plus admirables modèles, est bien connue et n'a pas besoin d'être décrite. Il suffit d'indiquer les qualités particulières que Ménandre déploya dans cette forme littéraire, dont il est l'inventeur. Trois éléments se combinent dans la comédie nouvelle : l'action, les caractères e[illegible] mœurs. Chez Aristophane et ses émules l'a[illegible] n'est que le développement poétique d[illegible] chez les auteurs de la comédie moye[illegible] est le lien qui rattache entre eux des [illegible] de mœurs épisodiques; avec Ménandre [illegible] vient une intrigue, c'est-à-dire une suite [illegible]dents qui naissent d'un fait de la vie d[illegible] le compliquent et le dénouent. Cette [illegible] quoique simple et peu variée parce que la vie privée chez les anciens était bien moins complexe que chez les modernes, suffit à mettre en jeu les caractères. Il semble que Ménandre excellait dans l'invention de la disposition de l'intrigue. Malheureusement rien dans ses fragments ne nous renseigne sur la structure de ses drames; nous ne connaissons que le plan d'une seule de ses pièces, et nous ne le connaissons que par une analyse sèche et écourtée de Donat. Cette pièce s'appelait l'*Apparition* (Φάσμα). La belle-mère d'un jeune homme a d'un premier amour une fille qu'elle fait élever avec une tendresse maternelle dans la maison du plus proche voisin. Une brèche, pratiquée en secret dans le mur mitoyen, lui permet d'entretenir sa fille. Pour écarter les importuns de la chambre où s'ouvre la brèche, elle en a fait un endroit sacré, une sorte de chapelle domestique. Là, sous prétexte d'offrir des sacrifices, elle jouit constamment de la société de sa fille. Mais un jour le jeune homme pénètre dans la chambre et aperçoit la belle *apparition*. Il est d'abord frappé d'une crainte religieuse, comme à l'aspect d'une vision interdite aux regards profanes; mais quand il reconnaît que la jeune fille n'est qu'une mortelle, il en devient éperdûment amoureux. Il parvient à faire partager sa passion, que couronne naturellement un mariage. On devine combien ce sujet prêtait à la poésie. Le culte domestique d'une dame athénienne, les effusions inquiètes de la tendresse maternelle, la terreur religieuse du jeune homme se changeant peu à peu en amour, la belle divinité se révélant comme une jeune fille avaient dû fournir au talent délicat et pathétique de Ménandre des motifs de scènes délicieuses; mais il ne reste pas de cette pièce un vers qui nous apprenne comment il avait traité un sujet si heureusement trouvé, où l'héroïne était pure et où ne figuraient pas, comme dans tant de comédies athéniennes, des courtisanes avec leur rebutant cortége de *lenones* et de *lenæ*.

Les caractères sont dans la comédie nouvelle plus importants que l'intrigue même. Ménandre accepta ceux que lui léguaient Épicharme, Cratès et les poëtes de la comédie moyenne; mais il les distingua avec plus de finesse et les développa avec plus d'art. Il mit encore des Athéniens en scène, mais il leur donna des passions communes à toute l'espèce humaine, des folies et des vices qui appartiennent à tous les temps. Les courtisanes et les jeunes gens amoureux avec les pères complaisants ou sévères, et les esclaves dévoués et fripons sont sans doute les acteurs les plus ordinaires de ses drames; mais les titres seuls de ses pièces montrent combien ses personnages étaient variés. On y voit figurer des hommes de toutes les professions, des pêcheurs, des laboureurs, des pilotes de tous les pays de la Grèce: le Béotien, l'Éphésien, le Périnthien, le Messénien, le Thessalien, le Carien, le Carthaginois; des hommes de toutes les humeurs, le soldat fanfaron, le morose, le flatteur, l'ennemi des femmes, celui qui se tourmente lui-même, le superstitieux. Ces personnages si divers permettaient à l'auteur de donner un tableau complet des mœurs de son temps.

Le style de Ménandre, malgré les critiques de quelques grammairiens obscurs et jaloux, était reconnu comme le modèle du plus pur attique. Le rapport parfait de la pensée et de l'expression, une limpidité brillante, une simplicité qui n'est jamais vulgaire, une précision sans effort, telles sont les qualités que les anciens admiraient chez Ménandre et que nous reconnaissons encore dans les fragments qui nous restent de lui. Ces restes précieux, qui ne nous apprennent rien sur le plan de ces pièces, qui nous apprennent très-peu sur les caractères mis en scène, sont bien plus explicites touchant la manière de penser du poëte. Cependant, avant d'en citer quelques-uns, il est juste de faire une réserve. On dirait que les auteurs qui les ont conservés ont choisi à dessein dans les comédies de Ménandre les plus sévères peintures du caractère humain. Bien loin de trouver dans ces fragments les saillies plaisantes que l'on attend d'un poëte comique, ou ces tableaux voluptueux dont parle Pline, ou ces scènes d'amour auxquelles Ovide fait allusion, on n'y rencontre qu'un triste étalage des misères, des folies et des regrets de l'humanité. Les trois passages suivants donnent une idée de cette amère et mélancolique philosophie.

Si un Dieu venant à moi, me disait : Criton, après ta mort tu revivras aussitôt; tu seras ce que tu voudras, chien, mouton, bouc, homme, cheval; mais il te faut vivre deux fois : c'est ta destinée; choisis ce que tu préfères. Il me semble que je dirais aussitôt : fais-moi tout, excepté homme; c'est le seul animal qui soit traité injustement et sans égard à son mérite. Un excellent cheval est mieux soigné qu'un autre; un bon chien est beaucoup plus estimé qu'un méchant chien; le coq vaillant a une nourriture choisie et le coq lâche craint le courageux. Mais l'homme, fût-il excellent, bien né, très-vaillant, cela ne lui sert de rien à notre époque. Le mieux traité est le flatteur, puis vient le sycophante et en troisième lieu l'homme de mauvaises mœurs.

J'appelle le plus heureux des hommes celui qui, après avoir vu, exempt de souffrances, ces choses sacrées, le soleil qui éclaire tous les hommes, les astres, les nuages, le feu, s'en retourne promptement là d'où il est venu. Qu'il vive cent ans ou qu'il ne vive qu'un très-petit nombre d'années, il verra toujours les mêmes choses et ne pourra rien voir de plus sacré que cela. Pense que ce temps de la vie est semblable à une grande foire où abondent la foule, les marchands, les voleurs, les joueurs, les oisifs. Si tu pars vite, tu t'en iras avec de meilleures provisions de voyage et sans t'être fait d'ennemis; mais celui qui s'attarde ne s'attarde que pour sa peine et pour perdre ses jours, pour vieillir tristement et devenir nécessiteux; il est entouré d'ennemis qui lui tendent des piéges. Il ne s'en va jamais par une bonne mort celui qui s'en va tard (1).

Lorsque tu veux savoir ce que tu es, regarde les tombeaux qui bordent ton chemin quand tu voyages. Là sont les ossements et la vaine poussière des rois, des tyrans et des sages, de ceux qui le plus s'enorgueillirent de leur naissance, de leurs richesses, de leur gloire ou de leur beauté. Et toutes ces choses ne les ont point préservés du temps. Tous mortels, ils sont descendus dans les mêmes demeures souterraines. Songe à cela, et reconnais qui tu es. »

Les anciens ne sont pas d'accord sur le nombre des comédies de Ménandre; les uns lui en attribuent cent cinq, d'autres cent huit ou cent neuf. Voici, par ordre alphabétique, les titres qui nous restent : Ἀδελφοί (*Les Frères*), traduite par Térence, qui y a intercalé une scène des *Synapothnescontes* de Diphile; — Ἁλιεῖς (*Les Pêcheurs*), imitée par Pomponius; — Ἀνατιθεμένη, ἢ Μεσσηνία (*La Parole rétractée, ou la Messénienne*); — Ἀνδρία (*L'Andrienne*), imitée par Térence, qui a combiné deux pièces de Ménandre, *L'Andrienne* et *La Périnthienne*); — Ἀνδρόγυνος ἢ Κρής (*L'Androgyne, ou le Crétois*); — Ἀνεψιοί (*Les Cousins*); — Ἄπιστος (*Le Perfide*); — Ἀῤῥηφόρος, ἢ Αὐλητρίς (*L'Arréphore, ou la joueuse de flûte*); — Ἀσπίς (*Le Bouclier*); — Αὑτὸν πενθῶν (*Celui qui se lamente*); — Ἀφροδίσια (*Les Fêtes de Vénus*); — Βοιωτία (*La Béotienne*); — Γεωργός (*Le Laboureur*); — Γλυκέρα (*Glycère*); — Δακτύλιος (*L'Anneau*; — Δάρδανος (*Dardanus*); — Δεισιδαίμων (*Le Superstitieux*); — Δημιουργός (*La Pâtissière*); — Δίδυμαι (*Les Sœurs jumelles*); — Δὶς ἐξαπατῶν (*Le double Trompeur*); — Δύσκολος (*L'Homme chagrin*); — Ἑαυτὸν τιμωρούμενος (*Le Bourreau de soi-même*), imité par Térence; — Ἐγχειρίδιον (*Le Poignard*); — Ἐμπιπραμένη (*La Femme incendiée*); — Ἐπαγγελλόμενος (*La Caution*); — Ἐπίκληρος (*L'Héritière*); — Ἐπιτρέποντες (*L'Arbitrage*); — Εὐνοῦχος (*L'Eunuque*), imité par Térence; Perse dans sa cinquième satire a donné une traduction abrégée de la première scène; — Ἐφέσιος (*L'Éphésien*); — Ἡνίοχος (*Le Cocher*); — Ἥρως (*Le Héros*); — Θαΐς (*Thaïs*) : — Θεοφορουμένη (*La Devineresse*); — Θετταλή (*La Thessalienne*); — Θησαυρός (*Le Trésor*): imité ou traduit en latin par Luscius Lavinius, le sujet en est indiqué par Donat (*ad prol. Eun. Terentii*), qui n'en fait pas connaître le dénoûment, d'ailleurs facile à deviner); — Θρασυλέων (*Thrasyléon*), imité par Turpilius

(1) Menandre a exprimé le même sentiment dans un vers souvent cité :

Celui que les dieux aiment meurt jeune.

Ὃν γὰρ θεοὶ φιλοῦσιν ἀποθνήσκει νέος.

— Ἱέρεια (*La Prêtresse*); — Ἰμβρίοι (*Les Imbriens*); — Ἱπποκόμος (*Le Palefrenier*); — Κανηφόρος (*La Canéphore*); — Καρίνη (*La Carienne*); imitée par Cécilius; — Καρχηδόνιος (*Le Carthaginois*), imitée peut-être par Plaute dans son *Pœnulus*; — Καταψευδόμενος (*Le Calomniateur*); — Κεκρύφαλος (*Le Réseau*); — Κιθαριστής (*La Joueuse de cithare*); — Κνιδία (*La Cnidienne*); — Κόλαξ (*Le Flatteur*): Térence a transporté une partie de cette pièce dans son *Eunuque*; — Κοτταβίζουσαι (*Les Joueuses de Cottabe*); — Κυβερνῆται (*Les Pilotes*); — Κωνειαζομέναι (*Les Femmes buvant la ciguë*); — Λευκαδία (*La Leucadienne*); imité par Turpilius; — Λοκροί (*Les Locriens*); — Μέθη (*Le Banquet*); — Μηναγύρτης (*Le Prêtre de Cybèle*); — Μισογύνης (*L'Ennemi des Femmes*): c'était, d'après Phrynichus, le chef-d'œuvre de Ménandre; — Μισούμενος (*L'Homme haï*): c'était encore une des meilleures pièces de Ménandre; — Ναύκληρος (*Le Patron du navire*); Νομοθέτης (*Le Législateur*); — Ξενολόγος (*Le Recruteur*); — Ὀλυνθία (*L'Olynthienne*); — Ὁμοπάτριοι (*Les Frères consanguins*); — Ὀργή (*La Colère*); — Παιδίον (*L'Esclave*); — Παλλακή (*La Concubine*); — Παρακαταθήκη (*Le Dépôt*); — Περικειρομένη (*La Femme tondue*); — Περινθία (*La Périnthienne*): Térence en a transporté quelques scènes dans son *Andrienne*; — Πλόκιον (*Le Collier*), imité par Cécilius; — Πρόγαμοι (*Le Sacrifice des noces*); — Προεγκαλῶν (*Le premier Accusant*); — Πωλούμενοι (*Les Vendus*); — Ῥαπιζομένη (*La Femme battue*); — Σαμία (*La Samienne*); — Σικυώνιος (*Le Sicyonien*); — Στρατιῶται (*Les Soldats*); — Συναριστῶσαι (*Un Souper de Femmes*); — Συνερῶσα (*L'Amante*); — Συνέφηβοι (*Les Compagnons de jeunesse*); — Τίτθη (*La Nourrice*); — Τροφώνιος (*Trophonius*); — Ὑδρία (*La Cruche*); — Ὕμνις (*Hymnis*); — Ὑποβολιμαῖος ἢ Ἄγροικος (*Le Fils supposé, ou le rustre*); — Φάνιον (*Phanium*); — Φάσμα (*L'Apparition*); — Φιλάδελφοι (*Les Frères amis*); — Χαλκεῖα (*Les Fêtes de Vulcain*); — Χαλκίς (*Chalcis*); — Χήρα (*La Veuve*); — Ψευδηρακλῆς (*Le faux Hercule*); Ψοφοδεής (*L'Homme inquiet*). Ménandre eut dans l'antiquité plusieurs commentateurs; le premier fut Lyncée de Samos, son contemporain et poëte comique lui-même. Puis vint le grammairien Aristophane, dont l'admiration pour Ménandre est bien connue, mais qui dans un traité cité par Eusèbe se plut cependant à relever les expressions que ce poëte avait dérobées à ses prédécesseurs (Παράλληλοι Μενάνδρου τε καὶ ἀφ' ὧν ἔκλεψεν ἐκλογαί). Eusèbe mentionne un traité d'un certain Latinus ou Cratinus sur les choses qui n'appartiennent pas à Ménandre (Περὶ τῶν οὐκ ἰδίων Μενάνδρου). Plutarque composa une *Comparaison de Ménandre et d'Aristophane*, injuste à l'égard de ce dernier, mais bonne à consulter en ce qui concerne Ménandre. Soteri-des d'Épidaure écrivit un *Commentaire sur Ménandre* (ὑπόμνημα εἰς Μένανδρον), et un Homère Sellius publia des *Arguments des pièces de Ménandre* (Περιοχαὶ τῶν Μενάνδρου δραμάτων). De tous ces ouvrages il ne reste que la *Comparaison* de Plutarque, encore n'en a-t-on qu'un abrégé.

Outre les fragments des pièces de Ménandre on a sous son nom deux épigrammes ou inscriptions, l'une que nous avons citée *Sur Épicure*, l'autre traduite en latin par Ausone (*Epigr.* 139). Des lettres à Ptolémée que Suidas mentionne, il ne reste rien, et on peut se demander si elles n'étaient pas, comme tant de prétendues lettres d'autres grands hommes de l'antiquité, des productions de rhéteurs. Les lettres de Ménandre insérées dans le recueil d'Alciphron sont d'une lecture agréable, et ont même du prix pour l'histoire du poëte, mais elles n'ont aucune prétention à l'authenticité. Suidas lui attribue plusieurs discours, vague renseignement que rien ne confirme, et Quintilien prétend qu'on lui attribuait les discours de Charisius (*voy.* Charisius).

Les *Fragments* de Ménandre furent publiés pour la première fois par Guillaume Morel, dans un recueil de sentences grecques tirées principalement des auteurs de la comédie nouvelle. Paris, 1553, in-8°; ils reparurent dans le recueil du même genre (*Vetustissimorum Comicorum quinquaginta Sententiæ*), publié par Jacques Hertel; Bâle, 1560, in-8°, dans les *Comicorum Græcorum Sententiæ* de H. Estienne, 1569, in-12; avec un petit traité de l'éditeur, *De habendo delectu sententiarum quæ passim a Græcis dicuntur* et la *Dissertatio de Menandro* de Greg. Gyraldi; puis vinrent *Menandri et Philistionis Sententiæ comparatæ, græce ex bibliotheca regia cum notis*, cura *Nic. Rigaltii*, Paris, 1613, in-8°, et *Menandri et Philistionis* Σύγκρισις, *cum versione latina et notis Jani Rutgersii et Dan. Heinsii*, dans les *Variæ Lectiones* de Rutgersius. Les *Fragments* font partie des *Excerpta ex Tragœdiis et Comœdiis Græcis* de Hugo Grotius; Paris, 1626, in-4°, avec une excellente traduction en vers latins par Grotius. Winterton inséra les *Menandri Sententiæ* dans ses *Poetæ minores Græci*, Cambridge et Londres, 1653, in-8°. Le premier essai d'une édition complète et critique fut tenté par Le Clerc : *Menandri et Philemonis Reliquiæ, quotquot reperiri potuerunt, græce et latine, cum notis Hug. Grotii et Joh. Clerici*; Amsterdam, 1709, in-8°. Bentley attaqua cette édition dans une sorte de pamphlet érudit intitulé : *Emendationes in Menandri et Philemonis Reliquias ex editione Joh. Clerici, ubi multa Hug. Grotii et aliorum, plurima vero Clerici errata castigantur, auctore Phileleuthero Lipsiensi*, Utrecht, 1710, in-8°, aussi amer que spirituel et dont Gronovius et Paw, défenseurs de Le Clerc, contestèrent vainement l'inexorable justesse; mais s'il rendit un grand service aux lettres en relevant les innombrables erreurs qui déparent cette édition, il eut tort de ne pas reconnaître à Le Clerc le mérite d'avoir entrepris et accompli (bien que faiblement) une tâche très-difficile. Telle était la difficulté de ce travail qu'aucun philologue du dix-huitième siècle n'osa le reprendre, et qu'avec toutes ses fautes l'édition de Le Clerc fut réimprimée en 1732, 1752, 1771, 1777. Enfin M. Meineke, profitant du travail de Le Clerc, en le rectifiant au moyen des corrections de Bentley et en l'enrichissant de ses propres observations, donna son excellente édition, *Menandri et Philemonis Reliquiæ*; Berlin, 1823, in-8°. Le même éditeur a fait entrer les *Fragments* de Ménandre, avec le commentaire (abrégé de sa première édition), et des améliorations dans le IV° volume de ses *Fragmenta Comicorum Græcorum*; Berlin, 1841, in-8°. Les *Fragments* de Ménandre, d'après Meineke, mais soigneusement revus, et avec une traduction latine, ont été publiés par M. Dubner à la suite de l'Aristophane, dans la *Bibliotheca Scriptorum Græcorum* de A.-F. Didot; Paris, 1840, in-8°. Quelques fragments de Ménandre ont été traduits en français par Levesque, dans le volume de la Collection des *Moralistes anciens*, intitulé : *Caractères de Théophraste et Pensées morales de Ménandre*; Paris, 1782, in-12. Poinsinet de Sivry en a traduit un bien plus grand nombre, à la suite de son *Théâtre d'Aristophane*. Dans la nouvelle édition du *Théâtre grec* du P. Brumoy, M. Raoul Rochette a donné une traduction des *Fragments de Ménandre*, t. XVI; Paris, 1825, in-8°. (*Voy.* Brumoy.) Léo Joubert.

Suidas, au mot Μένανδρος. — Anonyme, *De Comœdia*, XII. — Plutarque, *De falso Pudore*, p. 531; *Sympos.*, VIII, p. 712, *Comp. Aristophanis et Menandri.* — Alciphron, *Epist.*, II, 3, 4. — Diogene Laerce, V, 36, 80. — Strabon, XIV, p. 636. — Ovide, *Trist.*, II, 370. — Pline, *Hist. Nat.*, VII, 29. — Pausanias, I, 21. — Dion Chrysostome, XXXI, p. 628. — Quintilien, X, 1. — Phèdre, V, 1. — Donat, *Vita Terentii.* — Brunck, *Analecta vet.*, I, p. 208; II, 199; III, 268. — *Anthologia Palat.*, VII, 63, 70, 72; IX, 187 (vol. I, II, III, edit. Jacobs). — Hauptmann, *De Menandro atque illius Comœdiis*; Gera, 1763, in-4°. — G. de Rochefort, *Sur Ménandre et sur l'art qui régnait dans ses comédies*, dans les *Mém. de l'Académie des Inscriptions*, t. XLVI. — La Porte du Theil, *Sur le Recueil des maximes de Ménandre, rangées selon l'ordre alphabétique, qui se trouve dans un manuscrit grec du Vatican*, dans les *Notices et Extraits des Manuscrits de la Bibl. impériale*, t. VIII; Paris, 1810, in-4°. — Clinton, *Fasti Hellen.* ad ann. 342, 290. — Schlegel, *Cours de Littérature dramatique*, l. VII. — Meineke, *Préf.* de son édition de 1823 et *Epimetrum* de ses *Fragm. Com. Græc.*, t. IV, p. 706. — Bernhardy, *Grundriss der Griechischen Litteratur*, vol. II, p. 1014. — Ot. Muller, *History of Greek Literature.* — Guill. Guizot, *Ménandre; étude historique sur la Comédie et la société grecque*; Paris, 1855, in-8°. — Remusat, dans la *Revue des Deux Mondes*, 15 novembre 1855. — About, dans la *Revue Contemporaine*, 30 avril 1855. — Ch. Benoît, *Essai historique et littéraire sur la Comédie de Ménandre*; Paris, 1854. — Patin, dans le *Journal des Savants*, octobre 1855. — *Revue Contemporaine*, 31 août 1854. — *Westminster Review*, janvier, 1856. — *Quarterly Review*, janvier 1856. — A. Pitoudy, *Études sur la Comédie de Ménandre*, 1852, in-8°. — Hoffmann, *Bibliograph. Lexicon.*

MÉNANDRE, roi grec de Bactriane, vivait probablement dans le second siècle avant J.-C. Il fut, d'après Strabon, un des plus puissants souverains helléniques de ce pays et un de ceux qui firent dans l'Inde les conquêtes les plus étendues. Plutarque nous apprend que son règne fut doux et équitable, et qu'il se rendit si populaire parmi ses sujets que plusieurs villes de ses États se disputèrent l'honneur de lui faire de magnifiques funérailles et voulurent se partager ses restes. Strabon et Plutarque lui donnent le titre de roi de Bactriane; mais des orientalistes récents, Lassen, Wilson, pensent qu'il ne régna pas dans la Bactriane propre, mais seulement au sud du Paropamisus, ou Caucase indien. Suivant Strabon il étendit ses conquêtes au delà de l'Hypanis (*Sutlej*) et se rendit maître du district de Pattalène, à l'embouchure de l'Indus. L'auteur du *Périple de la mer Érythrée*, attribué à Arrien, dit que des monnaies d'argent de Ménandre et d'Apollodote circulaient encore de son temps parmi les marchands de Barygaza (*Baroach*); on en a découvert dans les temps modernes un grand nombre au sud de l'Hindoo Koosh et aussi loin que le Jumna. La date du règne de Ménandre est incertaine. Y.

Strabon, XI, 11. — Plutarque, *De Rep. Ger.* — Lassen, *Gesch. d. Bact. Kon.*, p. 225, etc. — Wilson, *Ariana*, p. 281, etc. — Visconti, *Iconographie Grecque*, 2° part., ch. XVII.

MÉNANDRE *le Protector* (Προτίκτωρ), c'est-à-dire *le garde du corps*, chroniqueur grec, fils d'Euphratas de Byzance, vivait sous le règne de l'empereur Maurice, à la fin du sixième siècle après J.-C. Dans un fragment conservé par Suidas, lui-même nous apprend qu'il avait un frère nommé Hérédote, qui s'appliqua à l'étude des lois. Pour lui, dit-il, il n'aimait que les courses de char, les danses et les pantomimes. Cependant avec l'âge il devint désireux de s'instruire. Il s'occupa d'abord de poésie, puis de rhétorique, et enfin il conçut le projet d'écrire l'histoire de son temps. Il prit le récit des événements au point où s'arrêtait Agathias, à la vingt-troisième année de Justinien, en 558, jusqu'à la mort de Tibère II, en 583. Un fragment étendu de cette histoire se trouve dans les *Extraits* (*Eclogæ*) *des Ambassades* de Constantin Porphyrogénète, publiés par Hœschel. Suivant Niebuhr il mérite la confiance comme historien; mais son style est une mauvaise imitation de celui d'Agathias. Le P. Labbe réimprima le fragment de Ménandre dans le *Protrepticon de Script. Byzantinis*; Paris, 1648, in-fol. Niebuhr l'a inséré à la suite de Dexippe dans la collection byzantine de Bonn. On trouve dans l'*Anthologie Grecque* (vol. XIII, p. 916, édit. Jacobs) une épigramme de Ménandre (1). Y.

Suidas au mot Μένανδρος. — Fabricius, *Bibliotheca Græca*, p. 380. — Vossius, *De Histor. Græcis*, p. 368, édit. Westermann.

(1) Fabricius et Meineke citent d'autres écrivains du même nom, mais moins importants, parmi lesquels on remarque :

MÉNANDRE *de Laodicée*, rhéteur grec d'une époque in-

MENAPIUS (*Guillaume*), surnommé *Insulanus*, érudit allemand, né à Grevenbrœck (duché de Juliers), mort à Aix-la-Chapelle, en 1561. Après avoir visité presque toutes les universités de l'Europe, il s'adonna particulièrement à l'étude de la philosophie à Padoue. Il vécut ensuite longtemps à Rome, dans la société des savants, et acquit des connaissances en médecine. De retour en Allemagne, il devint prévôt de l'église de Saint-Adelbert à Aix-la-Chapelle. Nous citerons de lui : *Ratio Victus salubris et sanitatis tuendæ*; Cologne, 1540, in-4°; Bâle, 1541, in-8°; — *Ratio curandi Febrim quartanam*; Bâle, 1541, in-8°; — *Encomium Febris quartanæ*; Bâle, 1542, in-8°; — *Statera calcographia, qua bona ipsius et mala simul appenduntur et numerantur*; Bâle, 1547, in-8°; réimprimé à la suite des *Historicæ Observationes*, autre ouvrage de Menapius, et des *Phrases historicæ ac sententiæ* de Nicolas Liburnico (Cologne, 1617, in-12), ainsi que dans les *Monumenta typographica* de Wolf (1740, t. Ier).

E. R.

Foppens, *Bibl. Belgica*. — Moréri, *Grand Dict. Hist.* — *Catal. de la biblioth. Sainte-Geneviève*.

MÉNARD ou **MEYNARD** (*François*), érudit français, né en 1570, à Stellenworf, en Frise, mort le 1er mars 1623, à Poitiers. Il était encore jeune lorsqu'il vint à Poitiers; après y avoir professé les humanités, il obtint une chaire de droit, qu'il conserva jusqu'à sa mort. Louis XIII lui accorda une pension de mille livres. On a de lui : *Regicidium detestatum, quæsitum, præcautum*; Poitiers, 1610, in-8°. Dans cet ouvrage, composé à l'occasion de l'assassinat d'Henri IV, il établit une distinction singulière entre les Français et les Gaulois, et rattache à ces derniers les Angoumoisins, qu'il rend tous solidaires du crime de Ravaillac, leur compatriote. Cette maladresse lui attira de violentes répliques de la part de Paul Thomas, de Villotfeau et de Victor de Thouard; celui-ci entassa contre lui injures sur injures, dans son *Apologia pro Francogallis* (Poitiers, 1610, in-8°); — *De J*[illegible] *Episcoporum*; Poitiers, 1612, in-8°; — [illegible]*tiones legitimæ*; Poitiers, 1614, in-8°. La [illegible]mière de ces dissertations oratoires est con[illegible] à la récolte du gui de chêne par les Druides, cé[illegible]rémonie dans laquelle l'auteur voit le [illegible] de la jurisprudence. On doit encore à [illegible] une grande partie des *Notes* jointes à [illegible] *sainte Radegonde*, publiée en 1621 [illegible] doux.

[illegible]

Dreux du Radier, *Hist. Littér. du Poitou*. — Du Ru[illegible], *Tableau des Regences*, 222.

MÉNARD (*Claude*), historien et érudit français, né le 7 décembre 1574, à Saumur, mort le 20 janvier 1652, au château d'Ardenne en Cerz (Anjou). Après avoir terminé son éducation chez les jésuites à Paris, il fut envoyé à Toulouse, où, en étudiant le droit, il prit le goût des chroniques et des vieux livres. En 1598 il se maria, et fut pourvu de la charge de lieutenant de la prévôté d'Angers. Il ne s'en défit au bout de dix ans que pour obéir plus librement à l'exaltation de ses sentiments religieux. Couchant sur la dure, voué d'un culte particulier à la Vierge, en l'honneur de laquelle il portait de petites menottes d'argent comme signe de servitude, il partageait son temps entre les pratiques de dévotion, les devoirs de charité et les études historiques. Prêchant d'exemple autant que de parole, il ménageait si peu sa bourse qu'il lui fallut vendre sa bibliothèque pour payer ses dettes. Il travailla à la réforme, si urgente à la fin du seizième siècle, des nombreux couvents d'Anjou, et fut l'ami de l'évêque Miron; il lui dédia plusieurs de ses ouvrages, et plaida pour lui contre le chapitre de Saint-Maurice, qui prétendait s'arroger la juridiction temporelle. Sa femme étant morte en 1637, il demanda aussitôt la prêtrise, et la reçut dans la même année. Presque tous ses enfants entrèrent en religion. Ménard n'est pas un compilateur vulgaire; ses nombreux écrits ne sont pas nourris de ceux de ses contemporains ou de ses devanciers; il avait recours aux sources authentiques; il lisait les chroniques et recherchait les manuscrits; il n'est même pas dépourvu de critique. Il mérite d'avoir été nommé par Ménage « le premier historien de l'Anjou ». On a de lui : *Recherche et Advis sur le corps de saint Jacques le Majeur*; Angers, 1610, in-8° : il y soutient, au grand scandale des Espagnols, qui firent brûler le livre par la main du bourreau, à Saint-Jacques de Compostelle, que les reliques du saint sont à Angers; — *Sancti Augustini contra secundam Juliani responsionem operis imperfecti lib. II priores nunc primum editi*; Paris, 1617, in-8°, avec le traité *De Gestis Pelagii*, du même père; — *Sancti Hieronimi Stridonensis Indiculus de Hæresibus Judæorum*; Paris, 1617, in-8°; — *Histoire de saint Louis par Joinville*; Paris, 1617, in-4°; — *Histoire de Bertrand Duguesclin, escrite l'an 1387, en prose*; Paris, 1618, in-4°; — *L'Ame dévote et*

certaine, auteur d'un *Commentaire sur l'Art* (τέχνη) d'Hermogène, *Sur les Exercices* (Προγυμνάσματα) de Minucianus, et d'autres ouvrages (*voy.* Suidas, au mot Μένανδρος). Son *Traité sur le genre démonstratif* a été publié pour la première fois dans les *Rhetores Græci* d'Alde. Il en a paru une édition séparée : *Menandri rhetoris Commentarius de Encomiis, ex recensione et cum animadversionibus A.-H.-L. Heeren. Præfixa est commentatio de Menandri rhetoris vita et scriptis simulque universa de Græcorum rhetorica*; Gœttingue, 1785. Walz l'a inséré dans ses *Rhetores græci*, t. IX.

MÉNANDRE *d'Éphèse*, auteur d'un ouvrage sur les actions des rois chez les Grecs et chez les barbares (τὰς ἐφ' ἑκάστου τῶν βασιλέων πράξεις παρὰ τοῖς Ἕλλησι καὶ βαρβάροις γενομένας), fondée sur les histoires particulières de chaque pays. Josèphe (*Cont. Apionem*, I, 18) en a cité un fragment considérable, concernant Hiram, roi de Tyr. Ce Ménandre paraît être le même que Ménandre de Pergame, auteur d'une *Histoire de la Phénicie* (*voy.* Vossius, *De Hist. Græcis*, p. 467, éd. Westermann, et C. Muller, *Fragmenta Historicorum Græcorum*, t. IV, p. 445, dans la *Bibliothèque grecque* de A. F. Didot).

son *chariot*; Paris, 1619; — *L'Alliance de la crèche avec la croix*; Paris, 1620; — *Plainte apologétique pour l'évêque d'Angers*; Angers, 1625, in-8° : c'est l'un des quatre ou cinq libelles historiques dirigés par l'auteur contre les chanoines de Saint-Maurice et leur défenseur Eveillon; — *Amphitheatri Andegavensis Disquisitio novantiqua*; Angers, 1637, pet. in-4°; — *Civitatis Andegavensis ad regiam de Rupellana victoria pompam Adclamatio*; Angers, 1628, in-4°; recueil de pièces latines à l'occasion de la prise de La Rochelle; — *Itinerarium B. Antonini martyris*; Angers, 1640, in-4°. On a encore de Ménard des œuvres considérables conservées en manuscrit à la bibliothèque publique d'Angers, notamment *Rerum Andegavensium Pandectæ*, manuscrit incomplet comprenant la biographie et la topographie de l'Anjou avec 159 pl.; *Chronologie des Empereurs romains d'après les médailles*; *Vies de quelques évêques d'Angers*. Un ouvrage manuscrit de Ménard, intitulé *L'Ordre du Croissant, institué par le roi René dans la ville d'Angers, en* 1448, se trouve à la Bibliothèque impériale. P.

Revue de l'Anjou, 1852.

MÉNARD (*Nicolas-Hugues*), théologien français, né à Paris, en 1585, mort dans la même ville, le 20 janvier 1644. Son père, Nicolas Ménard, secrétaire de la reine Catherine de Médicis, mourut président de la cour des Monnaies. Ayant achevé ses études au collége du Cardinal Le Moine, Hugues Ménard prit l'habit de bénédictin au monastère de Saint-Denis, le 3 février 1608. Il s'exerça d'abord à la prédication, et obtint de grands succès dans les principales chaires de Paris. Trouvant ensuite qu'il y avait trop de relâchement dans l'abbaye de Saint-Denis, il se rendit à Verdun, au monastère réformé de Saint-Vanne. Il enseigna plus tard la rhétorique à Cluni, et vint ensuite à Saint-Germain-des-Prés, où il termina sa laborieuse carrière. On a de lui : *Martyrologium SS. ord. S. Benedicti*; Paris, 1629, in-8° : ouvrage que l'on cite encore; — *Concordia Regularum, auctore S. Benedicto, Anianæ abbate*, avec des notes et de savantes observations; Paris, 1628, in-4°; — *D. Gregorii papæ, cognomento* Magni, *Liber Sacramentorum*; Paris, 1642, in-4°, publié d'après un manuscrit de saint Éloi de Corbie; — *De unico Dionysio, Areopagitica Athenarum et Parisiorum episcopo*; Paris, 1643, in-8°, contre le chanoine de Launoy; — *S. Barnabæ, apostoli, Epistola catholica*; Paris, 1645, in-4°; épître tirée par H. Ménard d'un manuscrit de Corbie, et publiée après sa mort par les soins de Luc d'Achery. B. H.

Niceron, *Mémoires*, XXII. — Ellies Dupin, *Bibl. des Aut. ecclés. du dix-septième siècle*. — *Hist. litt. de la Cong. de Saint-Maur*, p. 18.

MÉNARD (*Pierre*), littérateur français, né en 1606, à Tours, où il est mort, en 1701. Avocat au parlement de Paris, sa grande habileté dans les affaires le fit souvent employer par des personnes du premier rang, le maréchal de Bassompierre entre autres, auquel il témoigna beaucoup d'attachement pendant sa longue détention à la Bastille (1). Après avoir amassé une grande fortune, il revint à Tours, et passa plus de quarante années dans une application continuelle à l'étude. On a de lui : *L'Académie des Princes*; Paris, 2e édit., 1678, in-12; — *La nouvelle Science des temps, ou moyen de concilier les chronologies*; Paris, 1675, in-12; — *Elogium Gabr.-Mich. de La Roche-Maillet*, dans la *Biblioth. des Coutumes*; — *Vita B. Martini* et *Gregorii Turonensis Chronologia, cum notis*, imprimées dans l'*Ecclesia Turonensis* de Maan, sous le nom latinisé de *Petrus Menander*. Parmi les nombreux manuscrits qu'il a laissés, on remarque les *Vies des Philosophes grecs*, un *Exposé de la Philosophie de Pythagore*, une partie de l'*Anthologie grecque* trad. en vers latins, et un livre d'*Épigrammes latines*. P. L.

Mémoires de Trévoux, janv. et févr. 1701.

MÉNARD (*Jean de* LA NOE), prêtre français, né le 23 septembre 1650, à Nantes, où il est mort, le 15 avril 1717. Reçu avocat au parlement de Paris, il plaida avec succès à Nantes. Des scrupules de conscience le dégoûtèrent de sa profession, et il entra, en 1675, au séminaire de Saint-Magloire, où il étudia la théologie sous le P. Thomassin. Il reçut les ordres à Paris, et retourna dans sa ville natale; il refusa un canonicat à la Sainte-Chapelle, et tomba malade parce que le cardinal de Noailles l'avait proposé à l'évêché de Saint-Pol de Léon : il se contentait de son patrimoine, dont il distribuait la plus grande partie aux pauvres. Nommé directeur du séminaire de Nantes, il exerça avec honneur ces fonctions pendant plus de trente ans. Il est auteur d'un *Catéchisme* (Nantes, 1695, in-8°), qui a été approuvé par plusieurs prélats. Ce prêtre, qui mourut avec une réputation de sainteté, rendit de grands services à son diocèse et contribua à l'établissement d'une maison pour les filles repenties. Sa mémoire devint pendant quelque temps l'objet d'une sorte de culte, et son tombeau fut, dit-on, témoin de miracles et de guérisons extraordinaires. P. L.

Gourmeaux (Abbé), *Vie de M. de La Noë Menard, prêtre*; Bruxelles, 1734, in-12. — P. Levot, *Biogr. Bretonne*. — Tresvaux, *Vies des Saints de Bretagne*, V.

MÉNARD (*Léon*), antiquaire français, né le 12 septembre 1706, à Tarascon, mort le 1er octobre 1767, à Paris. Après avoir fait d'excellentes études au collége des jésuites à Lyon, il prit à Toulouse ses degrés en droit, et succéda à son

(1) Il avait composé avec les noms de *François de Bassompierre* l'anagramme : *France, je sors de ma prison*; il en fit un sonnet, qu'il réduisit à ces quatre vers :

Enfin, sur l'arrière-saison,
La fortune d'Armand s'accorde avec la mienne;
France, je sors de ma prison,
Quand son âme sort de la sienne.

père dans la charge de conseiller au présidial de Nîmes. Depuis 1744 il résida presque continuellement à Paris, où il avait été député pour les affaires de sa compagnie. Livré tout entier à la science de l'histoire et des antiquités, il se fit connaître par une bonne *Histoire des Évêques de Nîmes*, dont le succès lui ouvrit, en 1749, les portes de l'Académie des Inscriptions. Il fut aussi membre des Académies de Lyon et de Marseille. En 1762 il se rendit à Avignon, et, sur l'invitation expresse des magistrats, il s'occupa pendant deux années de rassembler les matériaux nécessaires à une histoire de cette ville; mais la maladie de langueur dont il était atteint ne lui permit pas de publier ce travail. On a de Ménard : *Histoire des Évêques de Nîmes*; La Haye (Lyon), 1737, 2 vol. in-12, refondue dans l'*Histoire* de cette ville; — *Les Amours de Callisthène et de Chariclée, histoire grecque* (anonyme); La Haye (Paris), 1740, 1753, in-12; réimpr. en 1766, sous le titre de *Callisthène, ou le modèle de l'amour et de l'amitié*, et avec le nom de l'auteur; le sujet de ce roman est tiré de Plutarque; — *Mœurs et Usages des Grecs*; Lyon, 1743, in-12. Cet ouvrage, dit Le Beau, « est plein d'une érudition très-curieuse. Il fut lu avidement, et donna lieu à Lefèvre de Morsans d'en composer un pareil sur les Romains. On lit avec plaisir ces deux livres, qui nous rendent, pour ainsi dire, présents au sein d'Athènes et de Rome »; — *Histoire civile, ecclésiastique et littéraire de la ville de Nîmes, avec des notes et les preuves*; Paris, 1750-1758, 7 vol. in-4°, avec fig. On ne peut reprocher à ce savant travail qu'une excessive prolixité. Il en a paru un *Abrégé* continué jusqu'en 1790; Nîmes, 1831-1833, 3 vol. in-8°; — *Réfutation du sentiment de Voltaire qui traite d'« ouvrage supposé »* le Testament du cardinal de Richelieu (anonyme); 1750, in-12. Foncemagne se joignit à Ménard pour soutenir l'authenticité d'un écrit que Voltaire persista à déclarer apocryphe; — *Pièces fugitives pour servir à l'histoire de France, avec des notes historiques et géographiques*; Paris, 1759, 3 vol. in-4°. Ce recueil estimé, publié en société avec le marquis d'Aubais, contient un grand nombre de recherches sur les personnes, les lieux, les dates, etc., depuis 1546 jusqu'en 1653; — *Vie de Fléchier*, à la tête d'une édition qu'il a donnée des *Œuvres* de ce prélat, et dont le t. Ier seul a paru (176.., in-4°). Ménard est encore auteur de plusieurs dissertations qui ont été imprimées dans les *Mémoires de l'Académie des Inscriptions*, entre autres : *Sur l'Arc de Triomphe de la ville d'Orange* (XXVI, 1759) : — *Sur l'Origine de la Laure de Pétrarque* (XXX, 1764); — *Sur la Position, l'Origine et les anciens Monuments d'une ville de la Gaule Narbonnaise appelée* Glanum Livii; — *Sur quelques anciens Monuments du comtat Venaissin* (XXXII, 1768). P. L.

Le Beau, *Éloge de Ménard*, dans les *Mém. d*
des Inscript., XXXVI. — *Nécrologe des Homme*
de la France, 1770.

MENAROLA (*Cristofano*), peintre d
vénitienne, né à Vicence, vers le milieu
zième siècle, vivait encore en 1727. Il f
de G.-B. Valpato, mais prit surtout p
dèle Giulio Carpioni. Il a beaucoup tr
Vicence, dont il remplit les églises de
dont les principaux sont : *Moïse su*
eaux, *La Multiplication des pains*, *L*
tion des bergers, *Le Jugement dern*
Madeleine, *La Résurrection de Laza*
E. B—

Melchiori, *Vite de' Pittori Veneti.* — Ve
Mosca, *Pitture e Scolture di Vicenza.*

MÉNART (*Quentin*), prélat françai
Flavigny (diocèse d'Autun), mort dans
teau de Gy, le 18 décembre 1462. Il
d'abord trésorier de la Sainte-Chapelle d
prévôt de Saint-Omer, conseiller du d
lippe de Bourgogne et son ambassad
des rois de France, d'Angleterre et de Ge
Les lettres du pape Eugène IV, qui
ensuite sur le siége métropolitain de
portent la date du 18 septembre 14
son entrée dans cette ville le 1er
n'y avait pas de royaume ou de
l'administration fût alors plus
de l'église de Besançon. L'ar
tendait, en vertu d'anciens tit
porel de la ville; mais les cito
ces titres, ce droit prétendu,
une entière liberté, qu'ils n'hési
fendre de toutes manières,
torche à la main; de telle sorte qu'en
chevêque et ses administrés la guerre é
manente. Quentin Ménart venait de
possession de son siége, quand son p
arrête un citoyen qu'il accuse d'hérési
fait condamner par le juge ecclésiastiq
citoyens déclarent que ce crime d'héré
qu'un frivole prétexte, et vont au
l'archevêque porter une plainte qui a
la menace. Celui-ci, forcé de céder,
conduite de son procureur et rend à
l'hérétique condamné. Bientôt s'élèvent
tumultes. Sur les hauteurs de Brégille
vêque possédait un château-fort, qui d
la ville de Besançon et l'i Un
s'étant offert, les à
et démolissent de
le château, mais maisons
Ménart se plaint à son tour; mais on ne
guère. Il se retire alors en son château
avec toute sa cour, et lance contre la v

(1) Dans ces lettres il est appelé *Atrebatensis*
ce qui a fait supposer à J.-J. Chifflet et à d'autr
riens que pour devenir archevêque de Besanço
abandonné l'evêche d'Arras : ce qui n'est p
Quelque temps auparavant, au mois de mars
lettres apostoliques avaient, en effet, appelé
Ménart au gouvernement de l'église d'Arras; m
vait pas accepté ce mandat.

sentence d'interdit. Nous sommes au milieu du quinzième siècle. La foi des vieux âges s'en va : la foi du monde nouveau l'exile des consciences. Les citoyens de Besançon subiront sans trop murmurer la peine que leur inflige le ressentiment de l'archevêque; ils ne se soumettront pas pour obtenir le retrait d'un interdit. Ménart se rend à Rome, invoque l'autorité du pape, et le pape charge de l'affaire un cardinal, qui aggrave même la sentence rendue contre les rebelles. Mais ces rebelles transportent la cause devant le tribunal de l'empereur, et celui-ci envoie successivement à Besançon plusieurs de ses conseillers, Didier de Montréal, Hartung de Cappel, qui déclarent à leur tour Quentin Ménart atteint et convaincu de rébellion. Enfin, en 1450, au mois d'avril, ce grand procès se termine, et Ménart en sort vainqueur. Le château de Brégille, détruit par la malveillance, fut reconstruit aux frais des citoyens. Ce jugement rendu, l'archevêque de Besançon rentra dans sa ville et dans son palais : mais il n'y fit pas un long séjour; il n'y aurait pu vivre en sûreté. B. H.

Dunod, *Hist. de l'Église de Besançon*, t. I. — L'abbé Richard, *Hist. des Dioc. de Besançon et de Saint-Claude*. — J.-Jac. Chifflet, *Vesontio*.

MENAS (Μῆνας), affranchi du grand Pompée et lieutenant de Sextus Pompée, mort en 35 avant J.-C. (Appien l'appelle Ménodore, nom qu'il prit peut-être après son affranchissement). En 40 Sextus Pompée, alors allié d'Antoine contre Octave, envoya Menas prendre possession de l'île de Sardaigne, qui fut bientôt reprise par Helenus, affranchi d'Octave. La même année il reçut le commandement d'une flotte dirigée contre Octave et Antoine, qui venaient de se réconcilier. Il se conduisit avec habileté et vigueur; mais il chercha à se rapprocher d'Octave en lui renvoyant sans rançon Helenus et d'autres prisonniers. Cependant, l'année suivante, il essaya vainement de dissuader son maître de conclure la paix, et dans la célèbre entrevue où les deux triumvirs se réunirent sur le vaisseau de Pompée au cap de Misène, il conseilla à Sextus de couper le câble qui rattachait le navire au rivage, de gagner la haute mer et de se défaire de ses deux rivaux. Pompée rejeta cette proposition, et ne tarda pas à concevoir de graves soupçons au sujet de la fidélité de son lieutenant. Il le manda pour lui faire rendre des comptes. Menas mit à mort les messagers, et passa avec toute sa flotte du coté d'Octave, qui lui en laissa le commandement, mais le plaça sous les ordres de Calvisius Sabinus (38 avant J.-C.). Lorsque les hostilités éclatèrent de nouveau entre Sextus Pompee et Octave, en 36, Menas, mécontent de la position inférieure qui lui était faite, revint à son ancien maître. Il semble qu'il ne prit ce parti que pour se faire payer plus cher une nouvelle défection; car il ne tarda pas à ramener ses vaisseaux à Octave. Estimé pour ses talents et méprisé pour ses trahisons, traité avec une considération apparente par un prince qui se défiait de lui, il suivit Octave dans une expédition au nord-est de l'Adriatique, et périt au siége de Siscia. D'après les anciens scoliastes d'Horace, Menas est le personnage attaqué dans la quatrième épode du poete. Ce point a été contesté par des critiques modernes; mais en l'absence de preuves contraires, il reste au moins vraisemblable. Y.

Dion Cassius, XLVIII, 30, 36-38, 45-48, 54; XLIX, 1, 37. — Appien, *Bel. civ.*, V, 56-90, 96, 100, 101. — Plutarque, *Antonius* 32. — Velleius Paterculus, II, 73, 77. — Dyer, *Classical Museum*, t. II.

MENCHIKOF (*Alexandre - Danilovitch*, prince), célèbre homme d'État russe, né le 6 novembre 1670, mort en Sibérie, le 22 octobre 1729. Il était fils d'un pâtissier. Grâce à une physionomie intelligente, il entra au service de Lefort, puis à celui de Pierre Ier, qui s'attachait surtout aux figures; il en fit son *denchtchik* (1), et le plaça ensuite dans cette fameuse compagnie habillée à l'allemande créée par Lefort, et qui fut le noyau de l'armée russe. Ses fonctions obligeaient le jeune Menchikof à ne quitter son souverain ni jour ni nuit, et à l'accompagner dans toutes ses excursions; il s'y montra valet assidu et enragé de l'être : doué d'une grande sagacité, il s'aperçut promptement de la fortune qu'il pourrait faire en se pliant aux emportements de son maître et à la nécessité qu'il partageait avec tous les despotes d'être entouré d'espions et de dénonciateurs infimes. Son nom se rencontre pour la première fois dans les mémoires du temps à l'occasion de la répression des streltz. Devenu sergent dans le régiment de Préobrajenski (1698), il fut chargé d'achever à coups de fusil leur agonie (2). Courtisan accompli, il se conduisit si adroitement qu'il hérita, à la mort de Lefort (1699), de toutes les bonnes grâces que le tzar prodiguait à ce Génevois, et fut dès lors son premier favori en titre. La part qu'il prit, le 12 octobre 1702, à la prise de Notembourg (aujourd'hui Schlüsselbourg) lui valut le commandement de cette place; celle qu'il eut, en 1703, dans les succès de l'empereur, qui s'empara lui-même de plusieurs bâtiments suédois à l'embouchure de la Néva, lui mérita le cordon de Saint-André. En 1704, Dorpat et Narva étant tombés entre les mains de ses soldats aguerris, Menchikof fut nommé général gouverneur de toutes les places conquises sur l'ennemi. Le 19 octobre 1706, il remporta une victoire complète sur les Suédois à Kalich en Pologne. Il était déjà comte du Saint-Empire romain (3); à la suite de ce beau fait d'armes, Joseph Ier lui envoya le diplôme de prince, et bientôt après (30 mai 1707) Pierre Ier le nomma

(1) *Denchtchik* veut dire domestique d'un officier; mais cette situation correspondait alors à celle d'aide de camp.

(2) *Zapiski Jeliabouj'skago* (Mémoires de Jéliabouj'ski), 1682-1709, publiés à Saint-Pétersbourg en 1840 par D. Jazikof.

(3) Il est le premier qui ait porté ce titre en Russie.

prince de l'empire russe avec le titre d'Altesse, qui est encore porté par ses descendants. Le 27 septembre 1708, il aida grandement Pierre à mettre en déroute à Lesnoi le général Lœvenhaupt, et obvia aux conséquences que pouvait avoir la trahison de Mazepa en brûlant Batourin, où cet attaman avait amassé, avec ses trésors, de vastes magasins de provisions de bouche et d'artillerie. Mais c'est surtout à la journée de Poltava (27 juin 1709) que Menchikof montra beaucoup de valeur et de capacité. Après un premier échec, les Suédois s'étaient reculés dans un bois, et s'y ralliaient pour fondre tous ensemble avec une vigueur nouvelle sur les retranchements russes. Menchikof prévint leur dessein : par une manœuvre habile, il empêcha la jonction de Schlippenbach, tailla en pièces les troupes de ce général, et le fit lui-même prisonnier. « Si Menzikoff, remarque Voltaire, fit cette manœuvre de lui-même, la Russie lui dut son salut : si le czar l'ordonna, il était un digne adversaire de Charles XII (1). » Le tzar l'en récompensa par le bâton de feld-maréchal. En 1710, Menchikof fit le siége de Riga; en 1711 il occupa la Courlande, et en 1712 la Poméranie; en 1713 il contribua à la prise de Teningen et à la défaite de Steinbock, qui allait rejoindre Charles XII à Bender; enfin, il termina sa carrière militaire en prenant, le 12 septembre de la même année, Stettin, qu'il donna en séquestre au roi de Prusse et à la cour de Holstein. Sa carrière politique est bien moins digne de louange. Gouverneur général de Saint-Pétersbourg, chef de l'administration des affaires de tout l'empire durant les absences fréquentes du tzar, il profita de son élévation pour augmenter frauduleusement ses biens, déjà considérables, et ses malversations devinrent si exorbitantes que Pierre en eut connaissance et le fit mettre en jugement. Ses juges, qui étaient ses rivaux, étaient d'avis de le condamner à mort. Pierre se contenta, en l'humiliant, de lui infliger une amende, et continua à lui témoigner une singulière bienveillance jusqu'à son dernier jour. Menchikof prévoyait que ce dernier jour du tzar devait être accéléré par ses habitudes de débauche; il songeait à jouer un rôle dans le drame qui se préparait.

Pierre, qui avait aboli toutes les vieilles traditions de la monarchie russe, s'était arrogé le droit de choisir son successeur, et à la place de son petit-fils, il avait désigné Catherine, sa femme. Menchikof ambitionnait de gouverner la Russie sous le nom de son ancienne obligée, et son parti était le plus fort, en ce sens qu'il tenait par son rang militaire toute l'armée, généralement composée d'officiers étrangers, et l'avait préparée de longue main à agir, dans un moment donné, d'après ses vues. Les partisans du grand-duc n'étaient pas d'accord entre eux. Les uns voulaient profiter de la minorité du souverain pour établir une monarchie tempérée; d'[illegible] voulaient jeter Catherine avec ses filles dans u[illegible] couvent et faire rentrer la noblesse dans [illegible] antiques priviléges. Tandis que les Ga[illegible]s, le[illegible] Troubetzkoi et les Dolgorouki dis[illegible] 27 janvier 1725, sur les bases du gouv[illegible] libéral à créer et se disputa[illegible] charges à distribuer le [illegible] les quitta furtivement pour a[illegible] ministre de Holstein, le comte Bassewitz, [illegible] l'avertir de songer à sa sécurité s'il ne voulait pas être pendu le lendemain sur la même potence que Menchikof. A demi-vêtu, Bassewitz se précipita au palais, et entraîna de force l'impératrice hors de la chambre du moribond, en lui disant : « La présence de Votre Majesté est désormais inutile ici, et nous ne pouvons rien faire sans vous; votre époux a mis une couronne sur votre tête pour que vous régniez, et non pour que vous versiez des larmes. » Catherine confia la garde du tzar agonisant à Théophane, archevêque de Pskof, et, rassemblant les dignitaires qui se trouvaient en ce moment au palais, elle leur promit à tous mille grâces et mille récompenses. Menchikof ne perdit pas un instant pour donner le mot d'ordre à ses nombreux affidés; il transporta le trésor de la couronne à la forteresse, dont le commandant, Allemand, lui était dévoué, puis dressa la liste des faveurs et des proscriptions sur lesquelles le futur règne devait s'élever. Le lendemain, 28 janvier, Pierre n'était plus. Aussitôt les sénateurs accoururent au palais. Bassewitz en était maître et faisait battre les tambours aux champs. Précédée par Menchikof, soutenue par le duc de Holstein, Catherine se présenta au sénat avec ces paroles : « Faisant trêve à ma douleur, je viens dissiper l'inquiétude dans laquelle vous devez vous trouver. Je vous déclare que, conformément aux intentions de mon époux, je suis prête à consacrer ma vie à l'administration pénible du gouvernement jusqu'à ce qu'il plaise à Dieu de me réunir à lui dans la vie éternelle. Si le grand-duc veut profiter de mes instructions, je pourrai avoir la consolation dans mon douloureux veuvage de vous préparer un souverain digne du nom et du sang de celui que vous venez de perdre. » Menchikof prit la parole pour tous; il répondit à son ancienne maîtresse « que les circonstances étaient si graves, qu'elles exigeaient une mûre considération, qu'ils demandaient la permission d'en délibérer librement pour ne pas encourir le blâme de la nation et de la postérité. » L'impératrice lui répliqua humblement : que, « plaçant le bien de l'État avant son avantage, elle ne redoutait pas leur jugement équitable; que non-seulement elle les autorisait à se saisir de cette affaire, mais encore leur enjoignait de la résoudre avec maturité, leur promettant d'avance de n'agir que d'après leur décision. »

Le sénat réuni en un simulacre de conseil dans une salle d'où on pouvait entendre les cris

(1) *Histoire de Charles XII*, l. IV.

de la foule en faveur de Catherine,
.of ouvrit la séance en demandant au
'e d'État Makarof si l'empereur avait
ır écrit ses dernières volontés. Makarof
pondu négativement, quelques membres
nt présenter leurs opinions; aidé par
êque Théophane, Menchikof soutint qu'il
n évident que l'intention de l'empereur
ouronner son épouse était de l'appeler
der, et mit un terme à la discussion qui
çait, en s'écriant: « Vive notre auguste
ice Catherine! » Et là-dessus il alla lui
nom de tous: « Nous te reconnaissons
re gracieuse souveraine et te consacrons
s et nos existences! » Puis, la menant
lcon, il la présenta à l'armée en jetant
rangs des soldats, qui n'étaient pas à
s poignées de monnaie pour stimuler
housiasme. Pendant ce temps, dans une
lle du palais, le parti opposé discutait
l aurait dû faire la veille. Menchikof
urlin enfoncèrent les portes de cette
déclarèrent au conciliabule intimidé que
ie était élue impératrice de toutes les
Pris au dépourvu, comme le sont hales honnêtes gens pour qui tous
ne sont pas bons, tous fléchirent.
que la Russie eut la honte de subir une
e sans nom et sans mœurs sur le trône,
nchikof qui en fut réellement le seigneur
iverain, et dans cette surprenante posi-
montra qu'une ambition et une cupidité
s, qui n'étaient retenues par aucunes
Il doubla sa fortune, qui était déjà de cin-
le paysans; il vint à bout d'empêcher
e de se donner à Maurice de Saxe,
échal de France, mais il ne réussit
aire élire à sa place. L'avénement au trône
'e II (6 mai 1727) ne fit qu'accroître
e avec l'audace de ses projets. D'a-
ire absolu de ce jeune prince et gonflé
ême, il le força à se fiancer avec sa
e lui promettre pour son fils la main
ur, la grande-duchesse Nathalie; mais
u frapper indignement tout ce qui s'op-
ses desseins et entourer l'empereur
partisans, sa tyrannie était trop intolé-
ur être plus longtemps supportée. Les
le l'empire parvinrent à en représenter
lé au jeune tzar et à lui faire signer
suivant, juste quatre mois après le
e Catherine: « Nous avons ordonné
r le prince Menchikof à Ranembourg (1)
nsignant d'y demeurer toujours et sans
la ville; nous ordonnons d'envoyer pour
un officier avec une escouade prise
régiments des gardes, qui se trouvera
llement près de sa personne; de le pri-
ous ses titres et de lui ôter ses ordres
lerie, en lui laissant toutefois la jouis-

du gouvernement de Rézan fondée par Men-
même.

sance de ses biens...». Espérant encore que cette mesure n'était que temporaire, Menchikof quitta fastueusement Pétersbourg, accompagné d'un grand nombre de valets, sinon d'amis, et emportant une partie de ses richesses; mais, arrivé à Tver, richesses et valets lui furent enlevés, ses équipages commodes furent changés en chariots, et dès qu'il eut atteint Ranembourg, on lui signifia que, convaincu d'être le principal auteur de la mort du tzarévitch Alexis, il fut condamné à avoir tous ses biens confisqués et à terminer ses jours à Bérézof, à 929 verstes au delà de Tobolsk.

« Relégué dans la contrée du Nord la plus glacée, isolé, abandonné de tous, étranger à l'Europe, dont quelque temps auparavant il avait gouverné à son gré la plus grande partie, Menchikof, dit judicieusement un biographe qui ne porte pas d'ordinaire de la mesure dans l'éloge (1), montra une fermeté admirable. Il supportait son malheur avec patience; jamais il ne murmurait contre son sort. Si la vue de ses filles et le souvenir de leur grandeur passée et de leur misère actuelle faisait saigner les plaies de son cœur et quelquefois ébranlait son âme, sur-le-champ il rappelait à sa mémoire la volonté du Tout-Puissant, et s'y soumettait avec la plus profonde résignation. Ayant toujours été d'une complexion faible, il devint dans son exil bien portant et prit de l'embonpoint; des restes de la somme qui lui était allouée pour son entretien, il éleva un temple, et faisait lui-même pendant la bâtisse les fonctions de charpentier. » Près de rendre le dernier soupir, il rassembla ses enfants, leur recommanda d'oublier les exemples qu'il leur avait donnés au faîte de ses grandeurs, de ne jamais oublier ceux qu'il leur avait donnés dans son exil, et mourut, le 22 octobre 1729, des suites d'un épaississement dans le sang. Il fut enterré dans l'église qu'il avait construite; son cercueil fut placé près de celui de sa fille favorite, Marie, qui avait été fiancée à Pierre II et était morte quelques mois auparavant, de la petite vérole.

Le prince Menchikof était marié à Dorothée Arsénief, morte sur la route de la Sibérie. L'impératrice Anne, en montant sur le trône, en 1730, rappela de l'exil sa seconde fille, mariée depuis au baron de Biren; son fils *Alexandre* MENCHIKOF mourut général en chef, en 1764.

Prince A. GALITZIN.

Rossiiskii Rodoslovnii Sbornik Kniazia Dolgoroukago, IV. — Veidemeyer, *Obozrnpreischestvii v' Rossii s' konchini Pétra vél. do vstoupiénia na prestol Elisavéti*. — *Kniaz Menchikof*; Saint-Pétersbourg, 1801. — *Kartina jizni Menchikova*; Moscou, 1808. — *Leben und Todt des Fürst Menschikoff*; Francfort, 1730. — *Merkw. Leben des F. Menschikof*; Leipzig, 1774. — *Journal de Pierre le Grand*; Stockholm, 1774. — Voltaire, *Histoire de Pierre le Grand*. — *Les Caprices de la fortune ou Histoire du*

(1) *Le Siècle de Pierre le Grand*, par Bantich-Kamenski. — Plus loin, cet auteur, trop enclin à canoniser ses héros, s'écrie: « Menchikof, sur le champ de Poltava, comme héros, est digne d'admiration; dans ses infortunes, comme sage, comme vainqueur de lui-même, il mérite des autels. »

p. *Menschikof*; Paris, 1778. — *Anecdotes secrètes de la cour du Czar*; Londres, 1780. — *Mémoires secrets de Villebois*; Paris, 1853. — *La Cour de Russie il y a cent ans*; Berlin, 1858. — *Le prince Menchikof et le comte Maurice de Saxe*, par Chtchebalski; *Messager russe*, janvier 1860.

* **MENCHIKOF** (*Alexandre-Sergeïvith*, prince), amiral russe, arrière-petit-fils du précédent, né en 1789. Entré au service en 1806, il fut d'abord attaché à l'ambassade de Russie à Vienne. Plus tard, il fit, comme officier d'ordonnance de l'empereur Alexandre, les campagnes de 1812 à 1815 et parvint jusqu'au grade de général. En 1823, il donna sa démission en même temps que Capo d'Istria, Strogonof et d'autres, parce que le gouvernement russe refusait d'intervenir dans les affaires de la Grèce. Après l'avénement au trône de l'empereur Nicolas, le prince Menchikof fut envoyé en ambassade extraordinaire en Perse : il trouva le chah disposé à la guerre, et à son retour il prit part aux premières opérations militaires qui suivirent la rupture entre les deux puissances. Dans la campagne de Turquie, en 1828, il fut chargé du commandement d'une expédition à Anapa, et il força cette place à capituler après un court investissement. Chargé ensuite du siége de Varna, il fut grièvement blessé en repoussant une sortie de la garnison turque, et dut abandonner le théâtre de la guerre. Quand sa santé se trouva rétablie, il fut placé, avec les titres de vice-amiral et de chef de l'état-major de la marine, à la tête de la flotte russe, qui depuis le règne de l'empereur Alexandre était beaucoup déchue et qu'il remit sur un pied respectable. Nommé aussi gouverneur général de la Finlande en 1831, il obtint en 1836 le grade d'amiral, et à la retraite de l'amiral Moller, il prit la direction immédiate du département de la marine. Au mois de mars 1853, il se rendit avec une suite brillante et en qualité d'ambassadeur extraordinaire à Constantinople, à l'occasion des difficultés soulevées par la question des lieux saints, avec la mission de forcer la Porte Ottomane à reconnaître à la Russie le droit de protectorat sur les populations de religion grecque en Turquie. Le sultan ayant repoussé cette demande, le prince Menchikof se rembarqua, le 21 mai, pour Odessa. Bientôt l'armée russe franchit le Pruth, et occupa les Principautés Danubiennes. L'armée turque défendit le Danube. La France et l'Angleterre envoyèrent leurs flottes en Orient pendant que la flotte russe détruisait une escadre turque à Sinope. Les puissances occidentales débarquèrent une armée à Gallipoli, et bientôt cette armée se rendit à Varna, et enfin les Russes ayant abandonné le siége de Silistrie, on résolut de porter le théâtre de la guerre en Crimée. Chargé de la défense de Sévastopol, le prince Menchikof ne put s'opposer au débarquement des troupes alliées à Eupatoria, le 14 septembre 1854, et perdit la bataille de l'Alma, le 20 septembre. Il ferma l'entrée de Sévastopol en y faisant couler des vaisseaux russes et fit fortifier la ville du côté de la terre, où elle était mal défendue. Les alliés n'osèrent tenter un assaut immédiat et commencèrent un siége en règle, rendu long par l'éloignement des approvisionnements, la difficulté des communications, l'impossibilité d'un investissement complet et le mauvais temps. L'officier du génie Todtleben exécuta avec rapidité des travaux gigantesques de défense en terre autour de la place, pendant que les troupes alliées exécutaient leurs travaux d'attaque. Une attaque des Russes contre les positions d'Inkermann échoua le 5 novembre 1854. Comme on le pressait d'attaquer les alliés, le prince Menchikof répondit : « Que nos soldats se reposent, les généraux janvier, février et mars feront bien mieux nos affaires que toutes les attaques possibles. » Le prince Menchikof s'était trompé; les alliés supportèrent admirablement toutes les privations et l'inclémence des saisons, et au retour du beau temps ils reprirent avec plus de vigueur les opérations du siége. Après la mort de l'empereur Nicolas, le prince Menchikof fut rappelé à Saint-Pétersbourg pour motifs de santé. Le 2 mars 1855, il remit le commandement au général Osten-Sacken en attendant l'arrivée du prince Gortchakof. Bientôt remis de ses fatigues, il reçut les félicitations du nouvel empereur, Alexandre II, qui lui donna en propriété le vaste hôtel où était établi le grand état-major de la marine à Saint-Pétersbourg. Le gouvernement de Cronstadt, dont le port était menacé par une flotte alliée, lui fut remis, et il fortifia cette place avec le général Todtleben. Révoqué de cet emploi, avant la paix du 30 mars 1856, il se trouva bientôt sans fonctions dans l'armée. Depuis il est venu visiter Paris, et en 1856 l'empereur Alexandre II lui a adressé ses félicitations à propos du cinquantième anniversaire de son entrée au service. Le prince Menchikof passe pour la personnification des vieilles prétentions moscovites. Il est un des plus riches propriétaires de la Russie, et possède un grand nombre de serfs. Il est économe, et aime peu les étrangers. On l'accuse d'être brusque et fantasque, et l'on cite à Saint-Pétersbourg beaucoup de ses bons mots. Le *Times* lui reproche d'avoir rempli sa mission de 1853 à Constantinople avec trop d'arrogance. « Comme amiral commandant de la flotte, ajoute ce journal, et comme ministre de la guerre, le prince Menchikof a continué avec beaucoup d'énergie à faire face à la tempête qu'il avait déchaînée sur son pays. Ses talents comme général d'armée en campagne paraissent avoir été au-dessous de sa présomption ; mais il est juste de reconnaître qu'il a déployé une rare vigueur et d'inépuisables ressources pour défendre Sévastopol. » J. V.

Desessarts, *Portraits des Hommes de la guerre d'Orient*. — *Conversations-Lexikon*. — *Dict. de la Convers.* — *Men of the Time*. — Leouzon-Leduc, *La Russie contemporaine*. — *Times*, 7 mars 1855. — *Journal de Sévastopol* dans le *Rorskii Zagranechnii Sbornik*.

MENCIUS (*Balthasar*), historien et biographe allemand, né à Niemeck, le 30 mars 1537, mort le 1er février 1617. Après avoir parcouru l'Allemagne, la Pologne, la Hongrie et l'Italie, il se fixa à Wittemberg, où il fut nommé adjoint à la faculté de théologie. On a de lui : *Sylrula Epigrammatum*; Wittemberg, 1579, in-8° : ouvrage qui fit donner à l'auteur le laurier poétique; — *Stammbuch der Hauser Sachsen, Brandenburg, Anhalt und Lauenburg* (Généalogie des Maisons de Saxe, Brandebourg, Anhalt et Lauenbourg); Wittemberg, 1597 et 1598, in-8°; — *Stammbuch der Churfursten von Sachsen* (Généalogie des Electeurs de Saxe); ibid., 1598, in-8°; — *Syntagma Epitaphiorum Wittenbergensium*; ibid., 1604, in-8°; — *Elogia præcipuorum Doctorum ac Professorum theologiæ academiæ Wittenbergensis*; ibid., 1608, in-8°; — *Historica Narratio de septem Electoribus Saxoniæ, insertis decem Wittenbergensium Pastorum primariorum vitis*; ibid., 1611, in-8°; — *Itinera sex a diversis Saxoniæ ducibus et electoribus in Italiam et Palæstinam facta*; ibid., 1612, in-8°. O.

Kreysig et Schöltgen, *Diplomatische Nachlese der Historie von Obersachsen*, t. XII, p. 257. — Rotermund, *Supplement à Jöcher*.

MENCKE (*Statius*), érudit allemand, né à Libke, en Westphalie, mort à Oldenbourg en 1699. Après avoir refusé des chaires qu'on lui offrit à Iena et à Rinteln, il accepta la direction de l'école d'Oldenbourg. Il ne fit rien imprimer; mais on trouva dans ses papiers, après sa mort, plusieurs ouvrages, parmi lesquels on cite un traité de logique. M. N.

MENCKE (*Othon*), érudit allemand, parent du précédent, né le 22 mars 1644, à Oldenbourg, mort d'apoplexie à Leipzig, le 29 janvier 1707. Il montra d'abord un goût très-prononcé pour les subtilités scolastiques et pour les discussions publiques, qui avaient encore lieu dans les universités allemandes et dans lesquelles il brillait. Il eut le bon esprit de renoncer bientôt à ces futiles exercices pour se livrer tout entier à l'étude de l'histoire. En 1667 il fut nommé professeur adjoint de morale à l'université de Leipzig. Peu de temps après, il conçut le projet d'un journal destiné à faire connaître, par des analyses, des extraits et des critiques, les ouvrages qui se publiaient dans les diverses parties de l'Europe. En 1680 il fit un voyage en Hollande et en Angleterre, pour s'assurer des collaborateurs. Enfin le journal commença à paraître en 1682, sous le titre de *Acta Eruditorum Lipsiensium*. Mencke en publia chaque année un volume avec des suppléments, paraissant irrégulièrement et tous les dix ans une table des matières. Lorsqu'il mourut, cette publication formait déjà 30 volumes. A son lit de mort, il fit promettre à son fils, Jean Burckhard, de la continuer. Ce journal eut le plus grand succès; il le dut à l'exactitude des analyses, à la modération des critiques, au discernement avec lequel étaient choisis les ouvrages dont il y était rendu compte et au grand nombre de pièces intéressantes qu'y insérait le savant éditeur. Il se soutint pendant près d'un siècle, et presque toujours dirigé par un descendant du fondateur. Il forme en tout 119 vol. in-4°. Struvius, dans sa *Biblioth. Litter.* (II, 124-134), donne la liste des écrivains qui y ont travaillé. Outre des éditions annotées de l'*Historia pelagiana* du cardinal Noris, du *Canon chronicus* de Marsham, de l'*Orbis politicus* de G. Horn, de l'*Historia universalis* de Boxhorn, à laquelle il ajouta une continuation et quelques autres ouvrages, on a de lui un grand nombre de mémoires et de dissertations, parmi lesquels nous citerons seulement : *Micropolitia seu, respublica in microcosmo conspicua*; Leipzig, 1666, in-4°; — *Jus majestatis circa venationem*; ibid., 1674, in-4°; — *De Justicia auxiliorum contra fœderatos*; ibid., 1685, in-4°; — *De Origine domus Hohenzollerianæ*; ibid., 1708, in-4°; — *Programma an recentiores logici, quos ab ideis non male, parum licet latine, ideales dixeris, semet aliis artis ratiocinativæ magistris jure meritoque præferant*; ibid., 1704, in-4°. M. N.

Niceron, *Mémoires*, XXXI. — Chaufepié, *Diction.* — Jöcher, *Allg. Gelehrten-Lexicon*.

MENCKE (*Jean-Burckhard*), savant allemand, fils du précédent, né à Leipzig, le 8 avril 1674, mort dans la même ville, le 1er avril 1732. Après avoir pris ses grades en philosophie et en théologie, il visita en 1698 la Hollande et l'Angleterre, où il fut affectueusement reçu par les nombreux correspondants et amis de son père. De retour à Leipzig en 1699, il fut nommé professeur d'histoire; mais il se fit suppléer pendant deux ans, qu'il employa à étudier le droit à Halle; il fut reçu docteur en 1701. Il prit alors possession de sa chaire d'histoire; il la remplit avec beaucoup de distinction. L'électeur de Saxe, Frédéric-Auguste, le nomma son historiographe en 1708, et lui conféra le titre de conseiller privé en 1709 et celui de conseiller aulique en 1713. Mencke jouissait d'une grande réputation. Il fut membre des Sociétés royales de Berlin et de Londres. Ses travaux d'érudition ne lui avaient pas enlevé un goût très-prononcé pour la poésie. Il portait un vif intérêt à la littérature allemande, au développement de laquelle il travailla avec succès, si non directement par ses écrits, du moins par ses conseils et l'influence qu'il exerça sur quelques jeunes gens qui en 1698 formèrent, sous ses auspices, une société consacrée au perfectionnement de la poésie allemande. Cette association, connue d'abord sous le nom de *Société de Gœrlitz* et plus tard sous celui de *Société Poétique allemande de Leipzig*, imprima un nouvel élan à la littérature. En 1726, Mencke, qui en était toujours le président, la mit sous la direction de Gottsched, auquel il avait confié l'éducation de ses enfants et dont il soutint les premiers pas dans la carrière littéraire. Il continua

fondées par son père. On lui doit de bonnes éditions de la *Respublica Jurisconsultorum* de Gennare et des *Opera selecta* d'Ant. Campani. Ses œuvres sont : *De Vita, Moribus, Scriptis, Meritisque Hier. Fracastorii*; Leipzig, 1732, in-4°, biographie excellente, pleine de recherches intéressantes, et fort estimée; — *Bibliotheca Virorum militia æque ac scriptis illustrium*; ibid., 1734, in-8°. Une dissertation de son père sur le même sujet, publiée en 1708, servit de base à ce travail, qui d'ailleurs est beaucoup plus étendu et plus exact. Cette bibliothèque passe pour un des meilleurs ouvrages de ce genre; elle contient 256 notices biographiques; — *Historia vitæ inque litteras meritorum Angeli Politiani*; ibid., 1736, in-4° : très-bonne étude littéraire sur un des écrivains les plus intéressants du seizième siècle; — *Specimen Animadversionum in Basilii Fabri Thesaurum eruditionis scholasticæ*; ibid., 1741, in-12; — *Observationum Linguæ Latinæ Liber*; ibid., 1745, in-8° : ouvrage estimé et qui sert de suite au précédent; — *Miscellanea Lipsiensia nova ad incrementum scientiarum*; ibid., 1742-1754, 10 vol. in-8° : recueil de pièces curieuses et de recherches utiles; — *De hodierna litterarum per præcipuas Europæ cultioris partes facie et statu*; dans les *Acta Societatis Latin. Jenensis* (II, 3-19); — *De Romanorum veterum Stipendiis militaribus Dissertatio*, à la fin de son édition de 1734 des *Dissertationes litterariæ* de son père. Michel NICOLAS.

Acta Eruditorum, 1758. — *Nouv. Biblioth. Germanique*, XV, 1re part.

MENCKE (*Luder*), jurisconsulte, cousin du précédent, né à Oldembourg, le 14 décembre 1658, mort à Leipzig, le 29 juin 1726. Il fut professeur de droit à l'université de Leipzig, depuis 1699 jusqu'à la fin de ses jours. On a de lui plusieurs ouvrages pleins d'érudition sur les pandectes, et le droit saxon, et un grand nombre de dissertations sur des matières de jurisprudence. M. N.

Jöcher, *Gelehrten-Lexikon*.

MENCKE (*Godefroi-Louis*), jurisconsulte allemand, fils du précédent, né à Leipzig, en 1683, mort à Dresde, en 1744. Après avoir enseigné depuis 1712 la jurisprudence à Leipzig et à Wittemberg, il fut appelé à Dresde comme conseiller au tribunal supérieur. Parmi ses soixante-treize dissertations sur diverses matières de droit, nous citerons : *Historia et Fata debitorum oberatorum apud varias gentes, maxime Romanos*; Wittemberg, 1731; — *De Dissensionibus et Logomachiis Doctorum circa divisionem inter feudum hereditarium et ex pacto et providentia*; Leipzig, 1712, in-fol.; — *De Renovatione Investituræ et vinculo obligationis quo dominus et vasallus in vicem constringuntur*; Wittemberg, 1719, in-4°; — *De eo quod justum est circa jubilæa*; ibid., 1730, in-4°; — *De Artibus malorum Judicum et Advocatorum*; ibid., 1737, in-4°; — *De Juribus Civium Misniæ et Thuringiæ acquirendi feuda equestria*; ibid., 1724, in-4°; — *De Novellarum glossatarum et non glossatarum Autoritate*; ibid., 1729, in-4°. O.

Moser, *Lexikon der Rechtsgelehrten*. — Rotermund, *Supplement à Jöcher*.

MENDAÑA DE NEYRA (*Alvaro*), navigateur espagnol, né en 1541, mort en 1595. On n'a aucun renseignement sur ses premières années; mais on suppose qu'il appartenait à une famille riche et puissante. Il se rendit à Lima, vers 1558, très-probablement appelé par son oncle, le licencié Lope Garcia de Castro, qui à cette époque était gouverneur du Pérou. Vers le milieu du seizième siècle on avait déjà la certitude que l'océan Pacifique offrirait à ceux qui voudraient l'explorer un vaste champ de découvertes. Garcia de Castro résolut d'entreprendre cette exploration, et il jeta les yeux sur son neveu, pour diriger l'entreprise qu'il méditait. On lui donna avec le titre de général deux navires assez mal équipés et montés par 125 hommes et 4 pilotes. Il mit à la voile du port de Callao, le 19 novembre 1567. Au bout de quelques semaines d'une navigation facile, comme on se trouvait à environ 900 lieues des terres américaines, on vit une petite île à laquelle on imposa le nom de *Bon-Jésus*, puis à 15 lieues de là on aborda une terre plus considérable, qu'on appela *Santa-Ysabel*. On peut dire que ce fut là en réalité le point où eurent lieu les premiers rapports des Européens avec la race polynésienne. On ne tarda pas à acquérir la preuve que ces peuples, dont les ressources alimentaires étaient bornées, se livraient à l'anthropophagie. Les relations, d'abord très-pacifiques, des naturels avec les Espagnols cessèrent bientôt d'être paisibles, et dans la lutte un indigène succomba.

Nos navigateurs visitèrent successivement *La Galera, Buenavista, San-Dimas, Sesarga, Guadalcanar, Borcé*, que l'on appela *San-Jorge*, A Guadalcanar, l'expédition perdit le cambusier, qui était allé à terre pour les besoins du service avec deux hommes qui furent tués aussi par les Indiens. Pendant ce temps le pilote Hernando Henriquez, qui commandait le second navire, continuait l'exploration de cet archipel; mais on n'a pas de renseignements bien précis sur les terres qu'il aborda. Les deux navires une fois réunis, une expédition partielle explora *La Atreguada, Las tres Marias* et *San-Juan*. Dans ces régions les indigènes se montrèrent hostiles à un point tel, que Mendaña se vit contraint de brûler un de leurs villages; un peu plus tard Fernam Muños Rio fut envoyé à la découverte, et ayant emmené avec lui à bord du brigantin l'habile Hernan Gallego, il explora de nouveau l'archipel en dépit des hostilités, qui succédaient presque toujours à un favorable accueil, et qui rendirent cette expédition funeste à plus d'un Espagnol. Les vivres diminuaient; les chances de former un établissement colonial dans ces pa-

p. Menschikof; Paris, 1778. — *Anecdotes secrètes de la cour du Czar*; Londres, 1780. — *Mémoires secrets de Villebois*; Paris, 1853. — *La Cour de Russie il y a cent ans*; Berlin, 1858. — *Le prince Menchikof et le comte Maurice de Saxe*, par Chtchbalski; *Messager russe*, janvier 1860.

* MENCHIKOF (*Alexandre-Sergeivith*, prince), amiral russe, arrière-petit-fils du précédent, né en 1789. Entré au service en 1806, il fut d'abord attaché à l'ambassade de Russie à Vienne. Plus tard, il fit, comme officier d'ordonnance de l'empereur Alexandre, les campagnes de 1812 à 1815 et parvint jusqu'au grade de général. En 1823, il donna sa démission en même temps que Capo d'Istria, Strogonof et d'autres, parce que le gouvernement russe refusait d'intervenir dans les affaires de la Grèce. Après l'avénement au trône de l'empereur Nicolas, le prince Menchikof fut envoyé en ambassade extraordinaire en Perse : il trouva le chah disposé à la guerre, et à son retour il prit part aux premières opérations militaires qui suivirent la rupture entre les deux puissances. Dans la campagne de Turquie, en 1828, il fut chargé du commandement d'une expédition à Anapa, et il força cette place à capituler après un court investissement. Chargé ensuite du siége de Varna, il fut grièvement blessé en repoussant une sortie de la garnison turque, et dut abandonner le théâtre de la guerre. Quand sa santé se trouva rétablie, il fut placé, avec les titres de vice-amiral et de chef de l'état-major de la marine, à la tête de la flotte russe, qui depuis le règne de l'empereur Alexandre était beaucoup déchue et qu'il remit sur un pied respectable. Nommé aussi gouverneur général de la Finlande en 1831, il obtint en 1836 le grade d'amiral, et à la retraite de l'amiral Moller, il prit la direction immédiate du département de la marine. Au mois de mars 1853, il se rendit avec une suite brillante et en qualité d'ambassadeur extraordinaire à Constantinople, à l'occasion des difficultés soulevées par la question des lieux saints, avec la mission de forcer la Porte Ottomane à reconnaître à la Russie le droit de protectorat sur les populations de religion grecque en Turquie. Le sultan ayant repoussé cette demande, le prince Menchikof se rembarqua, le 21 mai, pour Odessa. Bientôt l'armée russe franchit le Pruth, et occupa les Principautés Danubiennes. L'armée turque défendit le Danube. La France et l'Angleterre envoyèrent leurs flottes en Orient pendant que la flotte russe détruisait une escadre turque à Sinope. Les puissances occidentales débarquèrent une armée à Gallipoli, et bientôt cette armée se rendit à Varna, et enfin les Russes ayant abandonné le siége de Silistrie, on résolut de porter le théâtre de la guerre en Crimée. Chargé de la défense de Sévastopol, le prince Menchikof ne put s'opposer au débarquement des troupes alliées à Eupatoria, le 14 septembre 1854, et perdit la bataille de l'Alma, le 20 septembre. Il ferma l'entrée de Sévastopol en y faisant couler des vaisseaux russes et fit fortifier la ville du côté de la terre, où elle était mal défendue. Les alliés n'osèrent tenter un assaut immédiat et commencèrent [un siége] en règle, rendu long par l'éloignement des approvisionnements, la difficulté des communications, l'impossibilité d'un investissement complet et le mauvais temps. L'officier du génie T… exécuta avec rapidité des travaux g… de défense en terre autour de la place, pendant que les troupes alliées exécutaient leurs travaux d'attaque. Une attaque des Russes contre les positions d'Inkermann échoua le 8 novembre [1854]. Comme on le pressait d'attaquer les alliés, le prince Menchikof répondit : « Que nos soldats se reposent, les généraux janvier, février et mars feront bien mieux nos affaires que toutes les attaques possibles. » Le prince Menchikof s'était trompé; les alliés supportèrent admirablement toutes les privations et l'inclémence des saisons, et au retour du beau temps ils reprirent avec plus de vigueur les opérations du siége. Après la mort de l'empereur Nicolas, le prince Menchikof fut rappelé à Saint-Pétersbourg pour motifs de santé. Le 2 mars 1855, il remit le commandement au général Osten-Sacken en attendant l'arrivée du prince Gortchakof. Bientôt remis de ses fatigues, il reçut les félicitations du nouvel empereur, Alexandre II, qui lui donna en propriété le vaste hôtel où était établi le grand état-major de la marine à Saint-Pétersbourg. Le gouvernement de Cronstadt, dont le port était menacé par une flotte alliée, lui fut remis, et il fortifia cette place avec le général Todtleben. Révoqué de cet emploi, avant la paix du 30 mars 1856, il se trouva bientôt sans fonctions dans l'armée. Depuis il est venu visiter Paris, et en 1856 l'empereur Alexandre II lui a adressé ses félicitations à propos du cinquantième anniversaire de son entrée au service. Le prince Menchikof passe pour la personnification des vieilles prétentions moscovites. Il est un des plus riches propriétaires de la Russie, et possède un grand nombre de serfs. Il est économe, et aime peu les étrangers. On l'accuse d'être brusque et fantasque, et l'on cite à Saint-Pétersbourg beaucoup de ses bons mots. *Le Times* lui reproche d'avoir rempli sa mission de 1853 à Constantinople avec trop d'arrogance. « Comme amiral commandant de la flotte, ajoute ce journal, et comme ministre de la guerre, le prince Menchikof a continué avec beaucoup d'énergie à faire face à la tempête qu'il avait déchaînée sur son pays. Ses talents comme général d'armée en campagne paraissent avoir été au-dessous de sa présomption ; mais il est juste de reconnaître qu'il a déployé une rare vigueur et d'inépuisables ressources pour défendre Sévastopol. » J. V.

Desessarts, *Portraits des Hommes de la guerre d'Orient*. — *Conversations-Lexikon*. — *Dict. de la Convers.* — *Men of the Time*. — Leouzon-Leduc, *La Russie contemporaine*. — *Times*, 7 mars 1856. — *Journal de Sébastopol* dans le *Morskoi Zagranitchnii Sbornik*.

MENCIUS (*Balthasar*), historien et biographe allemand, né à Niemeck, le 30 mars 1537, mort le 1er février 1617. Après avoir parcouru l'Allemagne, la Pologne, la Hongrie et l'Italie, ıa à Wittemberg, où il fut nommé ad- la faculté de théologie. On a de lui : *a Epigrammatum*; Wittemberg, 1579, ouvrage qui fit donner à l'auteur le poétique; — *Stammbuch der Häuser n, Brandenburg, Anhalt und Lauen-* Généalogie des Maisons de Saxe, Brang, Anhalt et Lauembourg); Wittemberg, l'1598, in-8°; — *Stammbuch der Chur- s von Sachsen* (Généalogie des Élec- e Saxe); ibid., 1598, in-8°; — *Syntagma hiorum Wittenbergensium*; ibid., 1604, — *Elogia præcipuorum Doctorum ac sorum-theologiæ academiæ Wittenber-*; ibid., 1608, in-8°; — *Historica Nar- le septem Electoribus Saxoniæ, inser- 'em Wittenbergensium Pastorum pri- 'um vitis*; ibid., 1611, in-8°; — *Itinera diversis Saxoniæ ducibus et electori- Italiam et Palæstinam facta*; ibid., l°. O.

g et Schöltgen, *Diplomatische Nachlese der von Obersachsen*, t. XII, p. 257. — Rotermund, ent à Jöcher.

KE (*Statius*), érudit allemand, né à Libke, estphalie, mort à Oldenbourg en 1699. voir refusé des chaires qu'on lui offrit à à Rinteln, il accepta la direction de l'é- Oldenbourg. Il ne fit rien imprimer; mais va dans ses papiers, après sa mort, plu- ouvrages, parmi lesquels on cite un traité jue. M. N.

CKE (*Othon*), érudit allemand, pe- precédent, né le 22 mars 1644, à Ol- rg, mort d'apoplexie à Leipzig, le 29 jan- 07. Il montra d'abord un goût très-pro- pour les subtilités scolastiques et pour cussions publiques, qui avaient encore les universités allemandes et dans les- ıı brillait. Il eut le bon esprit de re- bientôt à ces futiles exercices pour se tout entier à l'étude de l'histoire. En fut nommé professeur adjoint de morale 'ersité de Leipzig. Peu de temps après, ːnt le projet d'un journal destiné à faire :, par des analyses, des extraits et niques, les ouvrages qui se publiaient :s diverses parties de l'Europe. En 1680 m voyage en Hollande et en Angleterre, 'assurer des collaborateurs. Enfin le jour- nmença à paraître en 1682, sous le titre *a Eruditorum Lipsiensium*. Mencke en chaque année un volume avec des sup- its, paraissant irrégulièrement et tous les ; une table des matières. Lorsqu'il mou- 'tte publication formait déjà 30 volumes. lit de mort, il fit promettre à son fils, Burckhard, de la continuer. Ce journal plus grand succès; il le dut à l'exactitude alyses, à la modération des critiques, au ement avec lequel étaient choisis les ou- dont il y était rendu compte et au grand nombre de pièces intéressantes qu'y insérait le savant éditeur. Il se soutint pendant près d'un siècle, et presque toujours dirigé par un descendant du fondateur. Il forme en tout 119 vol. in-4°. Struvius, dans sa *Biblioth. Litter.* (II, 124-134), donne la liste des écrivains qui y ont travaillé. Outre des éditions annotées de l'*Historia pelagiana* du cardinal Noris, du *Canon chronicus* de Marsham, de l'*Orbis politicus* de G. Horn, de l'*Historia universalis* de Boxhorn, à laquelle il ajouta une continuation et quelques autres ouvrages, on a de lui un grand nombre de mém‹o›ires et de dissertations, parmi lesquels nous citerons seulement : *Micropolitia seu, respublica in microcosmo conspicua*; Leipzig, 1666, in-4°; — *Jus majestatis circa venationem*; ibid., 1674, in-4°; — *De Justicia auxiliorum contra fœderatos*; ibid., 1685, in-4°; — *De Origine domus Hohenzollerianæ*; ibid., 1708, in-4°; — *Programma an recentiores logici, quos ab ideis non male, parum licet latine, ideales dixeris, semet aliis artis ratiocinativæ magistris jure meritoque præferant*; ibid., 1704, in-4°. M. N.

Niceron, *Memoires*, XXXI. — Chaufepié, *Diction*. — Jöcher, *Allg. Gelehrten-Lexicon*.

MENCKE (*Jean-Burckhard*), savant allemand, fils du précédent, né à Leipzig, le 8 avril 1674, mort dans la même ville, le 1er avril 1732. Après avoir pris ses grades en philosophie et en théologie, il visita en 1698 la Hollande et l'Angleterre, où il fut affectueusement reçu par les nombreux correspondants et amis de son père. De retour à Leipzig en 1699, il fut nommé professeur d'histoire; mais il se fit suppléer pendant deux ans, qu'il employa à étudier le droit à Halle; il fut reçu docteur en 1701. Il prit alors possession de sa chaire d'histoire; il la remplit avec beaucoup de distinction. L'électeur de Saxe, Frédéric-Auguste, le nomma son historiographe en 1708, et lui conféra le titre de conseiller privé en 1709 et celui de conseiller aulique en 1713. Mencke jouissait d'une grande réputation. Il fut membre des Sociétés royales de Berlin et de Londres. Ses travaux d'érudition ne lui avaient pas enlevé un goût très-prononcé pour la poésie. Il portait un vif intérêt à la littérature allemande, au développement de laquelle il travailla avec succès, si non directement par ses écrits, du moins par ses conseils et l'influence qu'il exerça sur quelques jeunes gens qui en 1698 formèrent, sous ses auspices, une société consacrée au perfectionnement de la poésie allemande. Cette association, connue d'abord sous le nom de *Société de Gœrlitz* et plus tard sous celui de *Société Poétique allemande de Leipzig*, imprima un nouvel élan à la littérature. En 1726, Mencke, qui en était toujours le président, la mit sous la direction de Gottsched, auquel il avait confié l'éducation de ses enfants et dont il soutint les premiers pas dans la carrière littéraire. Il continua les *Acta Eruditorum* de 1707 à 1732 ; trente-trois volumes, en y comprenant les suppléments et les index, furent publiés par ses soins. En mourant, il chargea son fils aîné, comme il en avait été chargé lui-même par son père, de poursuivre la publication de cet utile recueil. En 1715, il fonda un nouveau journal littéraire, sous ce titre *Neue Zeitungen von gelehrten Sachen* (Nouvelles Gazettes du monde savant), journal qui, écrit en allemand, s'adressait moins aux savants auxquels étaient destinés les *Acta Eruditorum*, qu'à tous les hommes de goût qui prenaient intérêt aux progrès des lettres. La même année, il publia un *Gelehrten Lexicon* (Dictionnaire biographique des savants). Plusieurs écrivains prirent part à cet ouvrage ; mais il leur fournit lui-même la plupart des matériaux, et les articles sur les savants italiens et anglais lui appartiennent en propre. Ce dictionnaire a servi de premier fonds à celui de Jöcher.

Outre ces divers travaux, on a de lui : *Gedichte* (Poésies) ; Leipzig, 1705-1706-1710, 4 vol. in-8°, sous le pseudonyme de *Philander von Linden*, 2e édit., ibid., 1713. Un grand nombre des pièces qui composent ce recueil sont des traductions ou des imitations du grec, du latin, de l'italien, du français et de l'anglais. En tête du 3e vol. se trouve un dialogue sur la poésie allemande et sur ses différents genres ; — *Bibliotheca Menckeniana ;* ibid., 1723, in-8° ; 2e édit. augmentée d'un quart, 1727, in-8° ; catalogue rédigé avec soin de la collection des livres et des manuscrits inédits recueillis par son père et par lui-même. On le recherche encore aujourd'hui comme un bon ouvrage de bibliographie. Il ouvrit au public cette belle bibliothèque pendant quelques années ; mais en 1728 il la vendit ; — *Dissertationes litterariæ ;* ibid., 1734, in-8° ; recueil publié, ainsi que les deux suivants, après sa mort par son fils aîné, qui a mis au commencement une vie de son père. Parmi les pièces de ce volume, il faut distinguer les suivants : *De Viris toga et sago illustribus ; De Causis bellorum inter eruditos ; Schediasma de Commentariis historicis quos Galli* Mémoires *vocant ;* — *Dissertationum academicorum decas ;* ibid., 1734, in-8°. On y remarque celle qui traite *De græcarum et latinarum Litterarum in Misnia Instauratoribus ;* — *Orationes academicæ, maximam partem litterariæ ;* ibid., 1734, in-8° ; recueil de 18 pièces diverses, entre autres *De Viris eruditis qui Lipsiam illustrem reddiderunt*, et *De Charlataneria Eruditorum*. Ce dernier écrit avait été déjà imprimé sous ce titre : *De Charlataneria eruditorum Declamationes duæ ;* Leipzig, 1715, in-8° ; et il a eu depuis cinq autres éditions, dont la dernière est d'Amsterdam (Leipzig), 1747, in-8° ; et la meilleure est de J.-D. Mansi, avec des notes ; Lucques, 1727. Les deux discours dont se compose cet ouvrage ont été réellement prononcés à l[illegible] sité de Leipzig, le premier le 9 févr[illegible] le second le 14 février 1715. Mencke [illegible] posé d'y dévoiler les [illegible]es employé[illegible] faux savants pour [illegible] une [illegible] ils sont indignes. Il [illegible] y trace ne sont pas [illegible] ; le [illegible] tacha tout de suite un [illegible] propre à [illegible] d'eux ; les vanités blessées se soulevèrent, [illegible] ceux qui crurent s'y reconnaître ou qui furent trop hautement désignés demandèrent la suppression de l'ouvrage. D'après la *Biographie universelle*, leurs plaintes ne furent pas écoutées ; mais, d'après Marchant, le livre aurait été réellement supprimé. Ce qui est certain, c'est qu'il eut un grand succès et qu'il est d'une lecture amusante, quoiqu'on puisse dire avec d'Alembert « qu'on ne saurait faire un plus mauvais livre avec un meilleur titre. » Cet ouvrage a eu trois traductions allemandes (celle de 1791, in-8°, est la meilleure) et une traduction française, accompagnée de remarques critiques de divers auteurs (La Haye, 1721, pet. in-8°). Il faut joindre à cet ouvrage la *Critique de la Charlatanerie des Savants ;* Paris, 1726, in-12 : attribuée par les uns à Camusat et par d'autres à Coquelet ou à lord Carle, et le chapitre intitulé : *Evangelii cosmopolitani Notæ ad Menckenium* De Charlataneria *Eruditorum*, de l'ouvrage d'Aug. Beyer : *Memoriæ historico-criticæ librorum rariorum ;* les notes de Beyer se rapportent en général à des savants espagnols. — On doit encore à Mencke des éditions estimées des *Lettres et Négociations de Sigismond-Auguste, roi de Pologne ;* Leipzig, 1703, in-8° ; des *Lettres et Poésies latines d'Ant. Campi ;* ibid., 1707, in-12 ; du *Medicus legatus* de P. Aligonius ; ibid., 1707, in-12 ; et un traduction allemande, avec des augmentations, de la *Méthode pour étudier l'histoire* par Lenglet-Dufresnoy. Enfin il édita l'importante collection des *Scriptores Rerum Germanarum, præcipue Saxonarum* (Leipzig, 1728-1730, 3 vol. in-fol.). La plupart des pièces de ce recueil étaient encore inédites.

Michel NICOLAS.

Acta Eruditorum, 1732. — Chaufepié, *Diction.* — Niceron, *Mémoires*, XXXI. — Jöcher, *Gelehrten-Lexicon*. — *Vies et Oraison funèbre* dans ses *Dissertationes latines* et *Dissertationum academicarum decas*.

MENCKE (*Frédéric-Otho*), érudit allemand, fils du précédent, né le 3 août 1708, à Leipzig, où il est mort, le 14 mars 1754, d'une hydropisie. Reçu maître ès arts en 1725, il parcourut une partie de l'Allemagne, pour visiter les universités et les bibliothèques. En 1732, il succéda à son père dans la chaire d'histoire à l'université de Leipzig, et devint membre de la Société royale de Londres, de celle de Berlin, de l'académie des Arcades de Rome. L'électeur de Saxe lui conféra le titre de conseiller aulique. Mencke continua depuis 1732 jusqu'au moment de sa mort les *Acta Eruditorum*, qui passèrent alors entre les mains de Bell, et les *Neue Zeitungen* fondées par son père. On lui doit de bonnes éditions de la *Respublica Jurisconsultorum* de Gennare et des *Opera selecta* d'Ant. Campani. Ses œuvres sont : *De Vita, Moribus, Scriptis, Meritisque Hier. Fracastorii*; Leipzig, 1732, in-4°, biographie excellente, pleine de recherches intéressantes, et fort estimée; — *Bibliotheca Virorum militia æque ac scriptis illustrium*; ibid., 1734, in-8°. Une dissertation de son père sur le même sujet, publiée en 1708, servit de base à ce travail, qui d'ailleurs est beaucoup plus étendu et plus exact. Cette bibliothèque passe pour un des meilleurs ouvrages de ce genre; elle contient 256 notices biographiques; — *Historia vitæ inque litteras meritorum Angeli Politiani*; ibid., 1736, in-4° : très-bonne étude littéraire sur un des écrivains les plus intéressants du seizième siècle; — *Specimen Animadversionum in Basilii Fabri Thesaurum eruditionis scholasticæ*; ibid., 1741, in-12; — *Observationum Linguæ Latinæ Liber*; ibid., 1745, in-8° : ouvrage estimé et qui sert de suite au précédent; — *Miscellanea Lipsiensia nova ad incrementum scientiarum*; ibid., 1742-1754, 10 vol. in-8° : recueil de pièces curieuses et de recherches utiles; — *De hodierna litterarum per præcipuas Europæ cultioris partes facie et statu*; dans les *Acta Societatis Latin. Jenensis* (II, 3-19); — *De Romanorum veterum Stipendiis militaribus Dissertatio*, à la fin de son édition de 1734 des *Dissertationes litterariæ* de son père. Michel NICOLAS.

Acta Eruditorum, 1758. — *Nouv. Biblioth. Germanique*, XV, 1re part.

MENCKE (*Luder*), jurisconsulte, cousin du précédent, né à Oldembourg, le 14 décembre 1658, mort à Leipzig, le 29 juin 1726. Il fut professeur de droit à l'université de Leipzig, depuis 1699 jusqu'à la fin de ses jours. On a de lui plusieurs ouvrages pleins d'érudition sur les pandectes, et le droit saxon, et un grand nombre de dissertations sur des matières de jurisprudence. M. N.

Jöcher, *Gelehrten-Lexikon*.

MENCKE (*Godefroi-Louis*), jurisconsulte allemand, fils du précédent, né à Leipzig, en 1683, mort à Dresde, en 1744. Après avoir enseigné depuis 1712 la jurisprudence à Leipzig et à Wittemberg, il fut appelé à Dresde comme conseiller au tribunal supérieur. Parmi ses soixante-treize dissertations sur diverses matières de droit, nous citerons : *Historia et Fata debitorum oberatorum apud varias gentes, maxime Romanos*; Wittemberg, 1731; — *De Dissensionibus et Logomachiis Doctorum circa divisionem inter feudum hereditarium et ex pacto et providentia*; Leipzig, 1712, in-fol.; — *De Renovatione Investituræ et vinculo obligationis quo dominus et vasallus in vicem constringuntur*; Wittemberg, 1719, in-4°; — *De eo quod justum est circa jubilæa*; ibid., 1730, in-4°; — *De Artibus malorum Judicum et Advocatorum*; ibid., 1737, in-4°; — *De Juribus Civium Misniæ et Thuringiæ acquirendi feuda equestria*; ibid., 1724, in-4°; — *De Novellarum glossatarum et non glossatarum Autoritate*; ibid., 1729, in-4°. O.

Meuer, *Lexikon der Rechtsgelehrten*. — Rotermund, *Supplement à Jöcher*.

MENDAÑA DE NEYRA (*Alvaro*), navigateur espagnol, né en 1541, mort en 1595. On n'a aucun renseignement sur ses premières années; mais on suppose qu'il appartenait à une famille riche et puissante. Il se rendit à Lima, vers 1558, très-probablement appelé par son oncle, le licencié Lope Garcia de Castro, qui à cette époque était gouverneur du Pérou. Vers le milieu du seizième siècle on avait déjà la certitude que l'océan Pacifique offrirait à ceux qui voudraient l'explorer un vaste champ de découvertes. Garcia de Castro résolut d'entreprendre cette exploration, et il jeta les yeux sur son neveu, pour diriger l'entreprise qu'il méditait. On lui donna avec le titre de général deux navires assez mal équipés et montés par 125 hommes et 4 pilotes. Il mit à la voile du port de Callao, le 19 novembre 1567. Au bout de quelques semaines d'une navigation facile, comme on se trouvait à environ 900 lieues des terres américaines, on vit une petite île à laquelle on imposa le nom de *Bon-Jésus*, puis à 15 lieues de là on aborda une terre plus considérable, qu'on appela *Santa-Ysabel*. On peut dire que ce fut là en réalité le point où eurent lieu les premiers rapports des Européens avec la race polynésienne. On ne tarda pas à acquérir la preuve que ces peuples, dont les ressources alimentaires étaient bornées, se livraient à l'anthropophagie. Les relations, d'abord très-pacifiques, des naturels avec les Espagnols cessèrent bientôt d'être paisibles, et dans la lutte un indigène succomba.

Nos navigateurs visitèrent successivement *La Galera*, *Buenavista*, *San-Dimas*, *Sesarga*, *Guadalcanar*, *Borcé*, que l'on appela *San-Jorge*. A Guadalcanar, l'expédition perdit le cambusier, qui était allé à terre pour les besoins du service avec deux hommes qui furent tués aussi par les Indiens. Pendant ce temps le pilote Hernando Henriquez, qui commandait le second navire, continuait l'exploration de cet archipel; mais on n'a pas de renseignements bien précis sur les terres qu'il aborda. Les deux navires une fois réunis, une expédition partielle explora *La Atreguada*, *Las tres Marias* et *San-Juan*. Dans ces régions les indigènes se montrèrent hostiles à un point tel, que Mendaña se vit contraint de brûler un de leurs villages; un peu plus tard Fernam Muños Rio fut envoyé à la découverte, et ayant emmené avec lui à bord du brigantin l'habile Hernan Gallego, il explora de nouveau l'archipel en dépit des hostilités, qui succédaient presque toujours à un favorable accueil, et qui rendirent cette expédition funeste à plus d'un Espagnol. Les vivres diminuaient; les chances de former un établissement colonial dans ces parages devenaient de moins en moins probables. Hernan Gallego fut consulté par le général sur l'opportunité de continuer le voyage; ce fut à son habileté qu'on dut en définitive le bonheur de regagner les côtes de l'Amérique. Le retour ne s'effectua pas sans difficulté. Après avoir subi les plus cruelles privations, on arriva enfin à Colima, au bout de cinq mois de navigation : le voyage entier de Mendaña avait duré treize mois et onze jours; et il revit le Pérou au mois de mars 1568 (1).

Mendaña retourna immédiatement à Lima; mais son voyage n'excita nullement l'enthousiasme au Pérou, et ce fut sans doute pour ne point perdre complétement le fruit de ses travaux qu'il jugea à propos de faire une sorte d'*el Dorado* (c'était le temps de pareilles légendes) de l'archipel qu'il avait visité, mais dont il ne connaissait, après tout, que bien imparfaitement la géographie. Les nouvelles découvertes, dont le gisement réel se trouvait si mal déterminé, reçurent le nom pompeux d'*Iles Salomon*, dans la supposition, dit Hakluyt, que la flotte de ce roi y venait chercher « tout l'or dont il orna le temple de Jérusalem ». Le mythe répandu ainsi par Mendaña était en pleine vigueur durant le dix-septième siècle, et Gemelli Carreri y fait allusion à propos de deux îles, situées par les 31° nord et qu'il appelle : *Ricca d'Oro*, et *Ricca di Plata*. Ce furent donc ces îles de Salomon, parées de richesses imaginaires, qui servirent de motifs à une seconde expédition dont Mendaña devait être encore le chef. Depuis son premier voyage, il s'était marié à une dame de haute naissance, nommée Isabel Baretto ou de Barretos, dont la famille lui prêtait un nouvel appui, et il avait lié des rapports avec le marin le plus habile de son temps, avec Queiros, dont la supériorité incontestable donna tant de lustre dès lors à ses travaux. L'expédition nouvelle se composait de quatre navires, montés par 400 hommes. On quittait l'Amérique, avec l'intention de coloniser cette île de San-Cristoval, qui avait été vue durant le premier voyage; d'après un ordre du cabinet de Madrid, on devait transporter dans cette région tous les hommes inutiles errant dans les rues de Lima et de Callao, et les jeunes femmes qui les voudraient suivre. Une foule d'individus des deux sexes se rendirent à l'appel du gouverneur. Comment en effet ne pas avoir confiance dans ce projet de colonisation, lorsque l'épouse du général elle-même, dona Isabel, se décidait à s'embarquer, et se faisait suivre de ses trois frères! Sur l'ordre exprès de Philippe II, D. Garcia de Mendoça, marquis de Cañete, avait remis le commandement de l'entreprise à Mendaña. Cette expédition se composait du *San-Jeronymo*, monté par le général, le mestre de camp, Pedro Merino Manriquez et le pilote en chef Queiros; de *La Santa-Ysabel*, sous les ordres de l'amiral Lope de Vega; du *San-Felipe*, et de *La Santa-Catharina*. Il ne paraît pas, malheureusement, qu'une grande prévoyance eût pourvu aux nécessités de tout ce monde : la suite ne le prouva que trop. Partie du port de Callao, le 11 avril 1595, mais contrainte de relâcher à Payta, la flottille ne quitta définitivement les côtes du Pérou que le 16 juin suivant. Au bout d'un mois de navigation, comme on se trouvait à mille lieues environ du point de départ, on aperçut une île, qu'on nomma *La Magdalena*; c'était la *Fatuiva* des indigènes. Le lendemain, 22 juillet, on entra en rapport avec la nombreuse population de la côte; des combats partiels ne tardèrent pas à signaler le premier rapprochement des Espagnols et de la race polynésienne; un vieillard et huit ou dix indigènes succombèrent dans la lutte : il y eut grand nombre de blessés; on conclut néanmoins la paix. On put s'assurer que La Magdalena n'avait pas moins de dix lieues de tour. Mendaña fut contraint d'avouer qu'il ne reconnaissait point dans cette terre verdoyante l'une des îles Salomon. On vit alors successivement *La Domenica*, ou *Kivaoa*, *Tacrinta*, qui figure dans nos atlas sous la dénomination de *Madre de Deos*, et bien d'autres îles moins importantes, parmi lesquelles il ne paraît pas qu'on doive compter Noukahiva et Ua-Pou, ou l'île Marchand. Le groupe entier fut baptisé par le chef de l'expédition, et Mendaña lui donna le nom de *Marquesas de Mendoça*, en l'honneur de l'épouse du gouverneur du Pérou. Appelées *îles Noukahiva* (1) par Cook en 1774, du nom indien qu'on donnait à la terre la plus considérable de tout l'archipel, on les nomme aujourd'hui les *Marquises*.

La flottille continua son exploration, et à partir du 5 août elle fit environ 400 lieues à l'ouest ou au nord-ouest. Plusieurs îles furent vues successivement entre autres les *îles Charlotte*. Le 7 septembre on perdit de vue le vaisseau amiral, et jamais depuis on n'eut aucune nouvelle du sort de Lope de Vega. On était alors devant une terre élevée sur laquelle se dressait un pic qui vomissait des flammes; il s'écroula devant la flottille : un effroyable tremblement de terre sous-marin se fit sentir à dix lieues en mer. Les équipages étaient désolés, les rêves dorés de Mendaña touchant l'archipel de Salomon s'étaient déjà évanouis. On entrait dans cet archipel qui compte parmi ses îles Vanikoro, où périt Lapérouse. Au commencement de septembre les trois navires jetèrent l'ancre dans ce port de Nitendi, que les Espagnols appelèrent *Santa-Cruz*, et à

(1) Le récit, écrit en espagnol, de ce premier voyage de Mendaña existe à la Bib. imp. sous le n° 1588, fonds français. M. Dulaurier en a donné une traduction française, accompagnée de notes et d'éclaircissements qu'il a insérés en 1852 dans les *Nouvelles Annales des Voyages*. Ce travail a été reproduit en partie par M. Édouard Charton dans le t. IV des *Voyageurs anciens et modernes*. Les dates altérées par De Brosses sont rectifiées désormais, grâce à ces publications.

(1) On plus correctement *Noukahiva*.

laquelle Carteret imposa plus tard le nom d'*Egmont*. Mendaña fit alliance dans cette île avec un chef appelé Malopé, et, selon la coutume océanienne, il changea de nom avec lui. Mais bientôt la discorde éclata. Les Indiens furent assaillis cruellement; il y eut parmi les Espagnols des séditions; le mestre de camp fut jugé par ses compatriotes et condamné a mort. Tous ces événements frappèrent au cœur Mendana, et il mourut le 17 octobre, en récitant les psaumes. Confiant dans le courage de sa femme, il lui avait délégué ses pouvoirs, et en cette circonstance il fit preuve d'un jugement plus sûr que celui qu'il avait montré dans deux occasions mémorables. Ce pouvait être un esprit résolu, habile à choisir les hommes de talent qui devaient le seconder dans ses entreprises; ce n'était pas un grand marin, capable de conduire une vaste exploration. Un titre pareil n'est dû qu'à Fernandez de Queiros, qui, de concert avec dona Isabel Barreto, ramena a Manille les débris de l'expédition.

En butte aux hostilités des Indiens, ne se laissant pas épouvanter par une guerre, qui lui avait enlevé son frère, Isabel assembla le conseil, le présida, fit donner par écrit à chacun des assistants son opinion motivée et remit le commandement des navires à Queiros, dont elle avait apprécié les lumières et le cœur généreux. La flottille, après bien des incidents, aborda a deux lieues de Manille, le 11 février 1596. La gouvernante (c'était le titre qu'on avait conservé à dona Isabel) fut reçue au bruit du canon dans la capitale. Les troupes vinrent lui rendre hommage et les corps constitués de l'île s'empressèrent de la haranguer publiquement. Au bout de quelque temps, elle s'embarqua pour le Mexique. Ici l'histoire en perd les traces, et pendant plusieurs siècles même, les souvenirs qui se rattachent a la dame amirale sont tellement altérés, que le president De Brosses confond son nom avec celui de dona Beatrix, qui fut seulement sa compagne. Ferdinand DENIS.

Antonio de Morga, *Successos de las islas Filippinas*; — Mexico, 1609 (rarissime). — De Brosses, *Hist. des Navigations aux Terres Australes*; Paris, 1756, 2 vol. in-4°. — *Roteiro de Mendaña de Neyra*, ms. espagnol de la Bib. imp. de Paris. — Le père Pingré, *Memoires sur la position géographique des îles de la mer du Sud*; Paris, 1767, in-4°. — *Voir* également les mss de Pingré a la bibliothèque Sainte-Geneviève. — Cristoval Suarez de Figueroa, *Hechos de D. Garcia Hurtado de Mendoza, Marques de Cañete*. — Edouard Charton, *Voyageurs anciens et modernes*, IV. — Comeiras, *Topographie medicale des Marquises*. — Jouan, *Archipel des Marquises*, dans la *Revue coloniale*, 1858.

MENDELSSOHN (*Mosès*), célèbre écrivain allemand, né à Dessau, le 10 septembre 1729, mort a Berlin, le 4 janvier 1786, la même année que Frédéric le Grand. Son père, qui était écrivain public et qui tenait en même temps une école primaire, lui donna, une excellente éducation. Il l'instruisit lui-même dans la langue hébraïque et dans les principes de l'érudition juive. Aussi le jeune Moïse annonça-t-il les dispositions les plus heureuses. Dès sa plus tendre enfance il se forma l'esprit par une lecture assidue de l'Ancien Testament et par ses propres réflexions. La poésie lyrique des Hébreux, qui l'enthousiasmait, lui fit faire des vers de très-bonne heure. Le rabbi Frankel lui fit dans la suite étudier les ouvrages de Maimonides. Il se livra à l'étude avec tant d'ardeur, qu'il fut atteint, à dix ans, d'une fièvre nerveuse, qui eut pour suite une gibbosité jointe à une grande débilité, dont il eut à souffrir toute sa vie. A l'âge de treize ans, où les jeunes Israélites doivent chercher les moyens de pourvoir à leur vie, il prit congé de son père, qui d'ailleurs ne pouvait plus venir à son secours. Ce fut en 1742. Il partit pour Berlin, où il vécut plusieurs années dans l'indigence. Plus tard, il fut employé comme copiste par le rabbi Frankel, ce qui le mit en rapport avec un de ses coreligionnaires, Israel Moses, qui pour ses opinions avait été chassé de plusieurs villes. Israel lui inspira le goût des mathématiques. Mendelssohn se lia aussi avec un jeune médecin juif de Prague, du nom de Kisch, qui lui enseigna le latin. Ce fut à cette époque que l'*Essai* de Locke *sur l'Entendement humain* lui tomba pour la première fois entre les mains. Sans comprendre tout à fait ce qu'il lisait, il en devinait le sens. Enfin, en 1748, Aron Salomon Gumperz, autre médecin israélite, l'initia aux langues modernes, ainsi qu'à la philosophie de Leibniz et de Wolf. Mendelssohn était associé de Bernard, riche manufacturier juif, dont il avait instruit les enfants, quand il fit, par l'intermédiaire de Gumperz, la connaissance de Lessing, qui était venu se fixer à Berlin. L'amitié qui s'établit bientôt entre eux exerça la plus heureuse influence sur Mendelssohn. Ils travaillèrent en commun à l'ouvrage : *Pope ein metaphysiker* (Pope métaphysicien); Dantzig, 1755. Dès lors la philosophie devint pour Mendelssohn une de ses occupations favorites. Bientôt après il fit paraître : *Briefe ueber die Empfindungen* (Lettres sur les Sentiments); Berlin, 1764, in-8°. Ces *Lettres* sont ses premiers essais en langue allemande : elles se distinguent par une grande clarté d'exposition, et ont été plusieurs fois traduites en français. L'auteur y examine la nature du plaisir en général, sous le nom de deux correspondants. Le plus jeune soutient que l'analyse de la beauté en détruit le plaisir, en faisant évanouir ce vague de la perfection qu'y attache l'imagination. L'autre, d'un âge plus mûr, rectifie cette théorie : « L'objet du plaisir doit, dit-il, pouvoir supporter l'analyse, mais à l'analyse doit se joindre la synthèse, qui réunit tous les éléments en un ensemble plein d'harmonie. Tout plaisir a une triple source : l'unité dans la variété, ou le *beau sensible*, l'harmonie dans la variété, ou la *perfection intelligible*, enfin une satisfaction de notre état physique, ou le *plaisir sensuel*. » A partir de ce moment Mendelssohn entretint des relations intimes avec Abbt et Sulzer, et plus tard aussi, en 1761, avec le savant libraire Nicolaï. La *Correspondance* d'Abbt est un monument de l'amitié de ces hommes éminents. Mendelssohn prit une part active à la *Bibliothek der schoenen Wissenschaften* (Bibliothèque des Belles-Lettres), ainsi qu'aux *Briefe die neueste Literatur betreffend* (Lettres concernant la littérature la plus récente), où la plupart de ses articles de critique sont signés : D. K. M. P. Z. Il fut aussi un des principaux collaborateurs de la *Nouvelle Bibliothèque des Belles-Lettres*, que publia, de 1761 à 1765, son ami Lessing, et qui a tant contribué aux progrès de la langue allemande.

En 1763, l'Académie royale de Berlin ayant proposé cette question : *Ueber die Evidenz der metaphysischen Wissenschaften* (Sur l'évidence dans les sciences métaphysiques), Mendelssohn obtint le prix, au mois de février 1771. Malgré ce triomphe, Frédéric le Grand raya le nom de Mendelssohn de la liste des candidats pour l'Académie. Suivant l'auteur, les vérités métaphysiques sont aussi certaines que les propositions mathématiques; mais elles ne sont pas aussi évidentes, si par *évidence* on entend un tel degré de clarté qu'il est impossible de se refuser à sa lumière. Il définit la philosophie la science des *qualités* des choses, et les mathématiques la science des *quantités*. « La vérité géométrique n'a, dit-il, d'autre ennemi à vaincre que l'ignorance; nul préjugé, nul intérêt, nulle passion ne vient résister à son évidence. En philosophie, au contraire, chacun a son opinion, d'avance arrêtée, et oppose à la démonstration de la vérité ses idées préconçues... Les lois morales sont aussi certaines et universelles que les lois de la nature. C'est là ce qu'admettent théoriquement tous les hommes éclairés; malheureusement, dans la pratique c'est tout autre chose. » En 1767, il publia, à Berlin : *Phædon, oder ueber die Unsterblichkeit der Seele* (Phædon, ou sur l'immortalité de l'âme). Cet ouvrage, qui est écrit dans une prose fort correcte et élégante, consolida la réputation de l'auteur. A l'exemple de Platon, le philosophe allemand se sert du dialogue, et met dans la bouche de Socrate ses arguments de l'immortalité de l'âme. Il y développe d'une manière aussi large que belle cette idée « que la perfectibilité infinie de nos facultés intellectuelles, les devoirs infinis que la conscience nous impose, cette soif de félicité que rien sur la terre ne peut satisfaire, assurent à l'homme une durée continue et infinie : sans l'immortalité, la mort par dévouement serait une absurdité ». Mendelssohn se plaça dès lors au premier rang des penseurs de son temps; son *Phædon* lui valut une juste célébrité. Quand Lavater, lors de son passage dans cette ville, vint le voir, il le trouva pesant de la soie dans les magasins de M. Bernard. On sait avec quelle franchise il répondit aux invitations et aux remontrances du physiognomoniste, qui, dédiant à Mendelssohn sa traduction de la *Palingénésie* de Bonnet, voulut convertir le philosophe israélite au christianisme, le conjurant ou de réfuter ses arguments, ou d'agir comme aurait fait Socrate s'il les avait trouvés sans réplique. Mirabeau, dans son opuscule *Sur Moïse Mendelssohn*, a inséré un extrait de la *Lettre* de ce dernier à Lavater. Dans cet opuscule, qui a paru à Londres, en 1787, et à Bruxelles et à Paris en 1788, in-8°, Mirabeau fit connaître Mendelssohn à la France.

Par son ouvrage *Jerusalem, oder ueber religiœse Macht und Judenthum* (Jérusalem, ou sur la puissance religieuse et le judaïsme), Berlin, 1783, Mendelssohn, attaquant d'anciens préjugés, se fit de nombreux ennemis parmi ses coreligionnaires. Il voyait dans l'Ancien Testament les éléments de la religion naturelle, et s'efforçait de rapprocher les juifs des chrétiens. Joignant les actes aux préceptes, il fonda et dirigea un établissement où des israélites pauvres étaient instruits dans les sciences modernes, si éloignées du savoir rabbinique.

Mendelssohn exposa les principes élémentaires de son système philosophique, particulièrement la doctrine sur Dieu, dans *Morgenstunden* (Matinées), prem. part., 1785, 1 vol.; 2° édit., ibid., 1786, in 8°. Ce sont des exhortations de philosophie, écrites pour ses enfants et ses amis. En disciple de Leibniz, mais ébranlé par les objections de Kant, l'auteur établit comme axiomes : « 1° ce qui est vrai doit pouvoir être connu comme tel par une intelligence positive; 2° ce dont la non-existence ne peut être reconnue par aucune intelligence positive n'existe pas réellement : c'est une illusion ou une erreur; 3° ce dont la non-existence ne peut être reconnue par aucun être raisonnable existe nécessairement : une idée qui ne peut être conçue sans réalité objective doit être, par là même, considérée comme réelle. » La partie la plus importante des *Matinées* c'est la réfutation du panthéisme, et particulièrement du spinosisme. La mort de l'auteur empêcha la continuation de ces remarquables entretiens. Ramler fit graver sur le buste de Mendelssohn cette inscription : *M. M. fidèle à la religion de ses ancêtres, sage comme Socrate, enseignant comme lui l'immortalité, et comme lui aussi s'immortalisant.*

Mendelssohn laissa trois fils et deux filles. L'aînée de celles-ci était mariée en secondes noces avec Frédéric Schlegel, et se convertit par la suite, avec son mari, à la religion catholique. La plus jeune, qui ne se maria pas, se voua à l'enseignement, et devint comme la seconde mère de la fille unique du général Sebastiani (la malheureuse duchesse de Praslin).

Outre les ouvrages déjà cités, et qui ont eu pour la plupart de nombreuses éditions, on a de Mendelssohn : *Le Prédicateur moral*, journal hebdomadaire, en hébreu; Berlin, 1750, in-4°; — *Milloth Higgaion*, en hébreu, dont il y a eu plusieurs éditions, entre autres à Francfort, 1761, et à Berlin, 1793 et 1795; — *Œuvres philosophiques*; Berlin, 1761 à 1771; ibid., 1777, 2 vol. in-8°. Cet ouvrage, qui renferme des *Discours philosophiques* et quelques *Mémoires*, parus dans des feuilles périodiques, a été traduit en latin, en italien, en hollandais, etc.; — *Notes* sur un écrit concernant les miracles du fameux Schrœpfer; réimprimé plusieurs fois; — *Lettre au Diacre Lavater*; Zurich, 1770; en hollandais, Utrecht, 1778, in-8°; — *Lois rituelles des Juifs*, concernant les successions, minorités, testaments, mariages, propriétés; Berlin, 1778; — *Essai d'une traduction allemande des cinq livres de Moïse*; Gœttingue, 1778; ibid., en caractères et en texte hébreux; Berlin, 1780 à 1783, avec des commentaires en langue rabbinique; — *Ueber die Rettung der Juden* (Sur la Délivrance des Juifs); Berlin, 1782; — *Les Psaumes*, traduits en allemand; Berlin, 1783 à 1788, in-8° (dans cette traduction, Mendelssohn a rendu la couleur générale du roi poëte, et prouve une fois de plus qu'il connaissait parfaitement la poésie lyrique orientale); — un grand nombre d'*Analyses et de critiques d'ouvrages*, qui ont été publiées dans la *Bibliothèque universelle allemande*, dans la *Revue mensuelle de Berlin*, dans le *Magasin de Physiologie* de M. Moritz, dans le *Philosophe pour le monde*, d'Engel, etc., etc. Jacobi lui-même a publié les lettres que lui écrivait Mendelssohn au sujet de leur discussion. Heinemann a fait paraître en 1831, à Leipzig, un ouvrage intitulé : *Sammlung theils noch ungedruckter, theils in andern Schriften zerstreuten Aufsætze und Briefe von ihm, an und ueber ihn* (Recueil de lettres et de mémoires de lui, à lui et sur lui, en partie non encore imprimés, ou dispersés dans d'autres écrits). L'édition la plus complète des *Œuvres* de Mendelssohn a été publiée par les soins de son petit-fils, G.-B. Mendelssohn; Leipzig, 1843 à 1845, 7 gros vol. Henri Wilmès.

Jordens, *Lexicon der deutschen Dichter und Prosacker* — Hirsching, *Hist. lit. Handbuch*, tom. III. — Buchel, *Vie de Mendelsohn*, Berlin, 1788, in-8°. — *Dictionnaire des Sciences philosophiques* (art. Mendelssohn).

Mendelssohn (*Joseph*), fils aîné du précédent, né le 11 août 1770, et mort le 24 novembre 1848. Il se fit surtout connaître par deux ouvrages intitulés, l'un, *Bericht ueber Rossetti's Ideen zu einer neuen Erlæuterung des Dante* (Notice sur les idées de Rossetti pour un nouveau commentaire du Dante), Berlin, 1840, et l'autre, *Ueber Zettelbanken* (Sur les banques à papier-monnaie); ibid., 1846. Il fonda, avec son frère Abraham, la maison de banque Mendelssohn et compagnie, à Berlin, et qui est continuée par les fils de ses fondateurs. Son frère Abraham (père du compositeur Félix Mendelssohn Bartholdy) est mort au mois de novembre 1835. Son troisième et plus jeune frère, Nathan Mendelssohn, étudia les sciences d'application. H. W.

Conv.-Lex.

* **Mendelssohn** (*Georges-Benjamin*), écrivain allemand, fils du précédent, né à Berlin, en 1794, est professeur à l'université de Rome. Outre la belle édition des œuvres de son grand-père, il publia un excellent travail, intitulé : *Das germanische Europa* (L'Europe germanique); Berlin, 1836, ouvrage qui parut plus tard, et qui a pour titre : *Die Stændischen Institutionen im monarchischen Staat* (Les Institutions constitutionnelles dans l'État monarchique); Bonn, 1846. H. W.

Conv.-Lexikon.

Mendelssohn-Bartholdy (*Félix*), compositeur allemand, né à Berlin, le 3 février 1809, et mort à Leipzig, le 4 novembre 1847. Petit-fils du célèbre philosophe israélite Moïse Mendelssohn, et fils d'un riche banquier, qui ajouta à son nom celui de la famille de sa femme, il fut élevé dans la religion luthérienne, que son père avait embrassée. Le jeune Félix Mendelssohn manifesta de bonne heure les plus heureuses dispositions non-seulement pour la musique, mais encore pour les lettres et les sciences. Confié aux soins de Berger pour le piano et de Zelter pour l'harmonie et le contre-point, il fit de si rapides progrès sous la sévère direction de ces deux maîtres, qu'à l'âge de huit ans il lisait à première vue la musique la plus difficile et écrivait correctement l'harmonie sur une basse donnée. Zelter, dont il était devenu l'élève favori, l'emmena avec lui dans un voyage qu'il fit à Weimar, en 1821, et le présenta à Gœthe, qui fut émerveillé du talent précoce du jeune virtuose. En effet, Mendelssohn, alors à peine âgé de treize ans, jouait déjà du piano en maître et excitait l'étonnement par ses improvisations. Doué d'une prodigieuse mémoire, il savait par cœur les plus belles compositions de Bach, de Hændel, de Haydn, de Mozart et de Beethoven, et il lui arrivait souvent d'accompagner de souvenir la partition entière d'un opéra. Une pareille organisation promettait un grand artiste. Grâce à la fortune de sa famille, il se voyait riche de loisirs et surtout préservé de cette triste exploitation qui, en mettant trop tôt le talent en contact avec le public, le condamne trop souvent, en vue d'un intérêt mercantile, au mauvais goût et à la trivialité. Nourri des études les plus fortes et les plus élevées, il publia en 1824 ses premières compositions, consistant en deux quatuors pour piano, violon, alto et violoncelle. Ces essais furent bientôt suivis d'une grande sonate pour piano et violon, et d'un troisième quatuor, où son imagination commençait à prendre un essor plus hardi. Il tenta alors d'aborder la scène lyrique, et écrivit un opéra intitulé : *Les Noces de Gamache*, qui fut représenté à Berlin en 1827. Le succès ne répondit pas aux espérances des amis de l'artiste. L'ouvrage, froidement accueilli par le public, fut presque aussitôt retiré du théâtre; mais l'auteur en fit graver la partition réduite pour le piano. Mendelssohn, peut-être pour se consoler de cet échec, peut-être pour ouvrir des voies nouvelles à sa pensée, voulut visiter l'Angleterre, la France et l'Italie. Il partit de Berlin en 1829, et arriva au mois d'avril à Londres, où il fit entendre, au concert de la Société Philarmonique, une grande symphonie de sa composition. Son extérieur agréable, la culture de son esprit, l'indépendance de sa position, le firent accueillir avec distinction par la haute société, et lui préparèrent des succès que justifia d'ailleurs complétement son talent hors ligne comme pianiste et comme compositeur. L'année suivante, il vint à Paris, où sa réputation l'avait précédé. Il y excita l'admiration des connaisseurs en jouant aux concerts du Conservatoire un concerto de Beethoven; il y fit entendre aussi une de ses plus charmantes productions, l'ouverture du *Songe d'une Nuit d'été*, de Shakspeare. Mendelssohn se rendit ensuite en Italie, et après quatre ans d'absence il retourna à Berlin. En 1834 on le retrouve à Aix-la-Chapelle, où il assista à la fête musicale de la Pentecôte. Il avait alors vingt-cinq ans. Son ancienne timidité juvénile avait fait place à l'assurance d'un artiste qui sent sa valeur. Une rivalité s'était établie entre lui et Ries à l'occasion des fêtes musicales du Rhin, parce qu'il venait d'accepter à Dusseldorf une position de maître de chapelle qui lui donnait la mission de diriger ces fêtes alternativement avec Ries. Mendelssohn déploya un rare talent dans la direction qui lui était confiée; mais des dissentiments qui s'élevèrent entre lui et les artistes et amateurs de Dusseldorf lui firent abandonner cette position en 1836. Dans le courant de la même année, il se rendit à Francfort, s'y maria, et accepta l'année suivante la place de directeur des concerts à Leipzig. La réputation de Mendelssohn grandissait chaque jour, et bientôt les productions de son génie le placèrent, dans l'opinion de l'Allemagne, immédiatement après Haydn, Mozart et Beethoven. En 1841, le roi de Prusse, Frédéric-Guillaume IV, le nomma son maître de chapelle et lui prodigua les encouragements les plus flatteurs. En 1847, Mendelssohn, qui avait déjà plusieurs fois visité l'Angleterre, où ses compositions instrumentales et son bel oratorio de *Paulus* avaient produit une vive sensation, y retourna pour y surveiller l'exécution du *Messie* de Hændel, à Exeter-Hall, par la Société d'Harmonie sacrée. Il alla ensuite faire entendre ce chef-d'œuvre, sous sa direction, à Birmingham et à Manchester, et revint bientôt après dans sa patrie. Sa santé déclinait depuis quelque temps. A peine était-il de retour chez lui, qu'il fut douloureusement frappé de la mort subite de sa sœur, qui lui ressemblait beaucoup sous le rapport du caractère et des talents, et à laquelle il était tendrement attaché. Il ne se releva pas de ce coup. On lui conseilla un voyage en Suisse. Là, vivant au milieu des siens, il reprit peu à peu ses forces; mais lorsqu'il revint à Leipzig, il eut une prompte rechute, et finit par succomber à l'affection cérébrale dont il souffrait. Il expira le 4 novembre 1847, avant d'avoir accompli sa trente-neuvième année.

Mendelsshon n'eut jamais à lutter contre les obstacles et les tribulations qui arrêtent trop souvent l'essor du génie. Heureux dans ses rapports domestiques, dans la culture de son art, et surtout heureux par sa belle intelligence et par une vie irréprochable, bien peu d'hommes ont eu une destinée plus enviable que la sienne. Plus soucieux du fini du travail que de l'abondance de ses œuvres, il n'écrivait qu'à ses heures. Un invincible dédain du lieu commun et les leçons du vieux Zelter le préservèrent de cette fécondité stérile et de cette facilité banale par lesquelles l'aiguillon de la nécessité a fait passer plus d'un compositeur avant de le laisser arriver à l'originalité et à l'invention. On pourrait dire que le talent de Mendelssohn est un talent aristocratique. La distinction en est la qualité dominante, la recherche en est le défaut. Que de charme n'a-t-il pas su répandre dans ses ouvertures du *Songe d'une Nuit d'été*, et de la *Grotte de Fingal*, que de force et de finesse, de passion et d'enjouement, de science et de clarté, d'impétuosité et de mesure ne trouve-t-on pas dans ses symphonies, dans son ottetto pour quatre violons, deux violes et deux violoncelles, ouvrage trop peu connu en France, et dans son concerto en *sol* mineur, pour le piano, admirable production, dont les accompagnements ont une importance vraiment symphonique. Parmi ses œuvres de musique instrumentale, nous devons citer aussi, comme une de ses plus fraîches et de ses plus élégantes inspirations, les six chants pour piano seul, sans paroles. Dans la musique religieuse, Mendelssohn s'est élevé à une grande hauteur en écrivant l'oratorio de *Paulus*, qui est son œuvre capitale en ce genre. Si l'on compare cet oratorio à celui de *Judas Macchabée*, de Hændel, on n'y trouve pas le cachet de grandeur et de simplicité biblique que le célèbre maître a imprimé à son ouvrage. Le souffle des passions humaines se fait sentir dans l'oratorio de *Paulus*; mais l'harmonie et l'instrumentation sont chargées de si riches détails qu'on ne peut se défendre d'une sorte d'éblouissement en entendant cette grande et belle composition.

Voici la liste des principales productions de ce compositeur : MUSIQUE INSTRUMENTALE : Trois symphonies à grand orchestre; — Quatre ouvertures ayant pour titre : *Le Songe d'une Nuit d'été*, *La Grotte de Fingal*, *Le Calme de la mer et l'heureux voyage*, et *La belle Mélusine*; — Un ottetto pour quatre violons, deux violes et deux violoncelles; — Un quintette pour deux violons, deux violes et basse; — Deux quatuors pour deux violons, viole et violoncelle; — Trois quatuors pour piano, violon, alto et basse; — Un assez grand nombre de morceaux pour piano, tels que concertos, sonates, pièces de caractère, rondos, fantaisies; six chants pour piano seul, sans paroles. — MUSIQUE POUR LE THÉATRE, CANTATES, etc. : *Die Hochzeit des Gamaches* (Les Noces de Gamache), opéra en trois actes, représenté à Berlin, en 1827; — Chœurs des tragédies d'*Antigone* et d'*Œdipe*, traduites de Sophocle; — Cantate pour la fête anniversaire d'Albert Durer; — Cantate pour la fête donnée par Alexandre de Humboldt aux naturalistes réunis à Berlin; — Autre cantate de *La Nuit de sainte Waldpurge*, sur le poëme de Gœthe; — Chants à voix seule, avec accompagnement de piano, etc.; — MUSIQUE RELIGIEUSE : *Paulus*, grand oratorio; — *Aus tiefer Noth*, chœur à quatre voix; — *Ave Maria*, à huit voix; — *Mitten wir im Leben sind*, chœur à huit voix; — Trois motets latins et allemands, avec orgue; — Le 42e psaume, avec orchestre. — Mendelssohn a laissé en mourant d'autres ouvrages manuscrits, entre autres un oratorio intitule : *Christus*, et la partition de *Lovely*, opéra romantique. On a aussi de lui une traduction allemande de *L'Andrienne*, comédie de Térence; Berlin, 1826. Dieudonné DENNE-BARON.

Gazette musicale de Leipzig. — *The English Cyclopædia.* — Fetis, *Biog. universelle des Musiciens.* — *Revue et Gazette musicale de Paris.* — Lampadius, *Mendelssohn Bartholdi*, Leipzig, 1848, in-8°.

MENDES (*Antonio-Felix*), grammairien portugais, né le 14 janvier 1706, à Pernez, village voisin de Santarem. Il enseigna la poésie latine et portugaise à Lisbonne, et fit partie de l'Académie royale. Il est auteur de deux ouvrages estimes : *Grammatica Latina de Araujo reformada*; Lisbonne, 1737, in-8° : il a disposé sur un plan nouveau la grammaire d'Araujo, qui avait paru en 1627; — *Arte de Gramatica*; Lisbonne, 1749, in-8°; et il a laissé, parmi ses manuscrits, *Exegesis rhetorica* et *Arte poetica Lusitano-Latina*. P.

Summario da Biblioth. Lusitana, I.

MENDES (*Affonso*), missionnaire portugais, né en 1579, a Evora, mort en 1656, à Goa. Il entra en 1592 dans la Société de Jésus. Après avoir expliqué l'Écriture Sainte au collége d'Evora, il reçut du pape Grégoire XV le titre de patriarche d'Éthiopie; il s'embarqua en 1623 pour ce pays, et fut bien accueilli du sultan régnant, Cequedo ou Saguedo, qui le laissa pendant huit ans poursuivre en paix ses travaux apostoliques. Mais forcé par le successeur de ce prince de retourner en Europe, il tomba, durant son voyage, entre les mains des Turcs, qui lui firent endurer une cruelle captivité. Racheté par les Jésuites, il devint en 1634 archevêque de Goa. On a de lui : *Relaçao da sua entrada na Ethiopia e varias cartas*, dans les œuvres du P. Telles; — *Branhaymant, id est Lux fidei*; Cologne, 1692, in-fol. : c'est un catéchisme éthiopien traduit en langue latine; — *Relatio de martyrio D. Apollinaris de Almeida*; Manille, 1641. Il a laissé en manuscrit *Expeditio Æthiopica*, 2 tom. in-fol.; — *Sermoes*, in-fol., et *Tratado da magica*. P.

Balth. Telles, *Hist Æthiop.* — A. de Andrada, *De Viris illustr.*, VI. — Sotwel, *Bibl. Soc. Jesu.* — Witte, *Diarium Biograph.* — Geddes, *Church History of Ethiopia*; Lond., 1696, t. II, 225.

MENDES DE CASTRO (*Manoel*), jurisconsulte portugais, né vers 1560, à Lisbonne. Il apprit le droit à Coïmbre, où il obtint une chaire après avoir pratiqué quelque temps le barreau à Madrid. Ses principaux ouvrages sont : *De annonis civilibus*; Madrid, 1592, in-4°; — *Repertorio das Ordenaçoes do reyno*; Lisbonne, 1604, 1608, in-fol.; — *Practica Lusitana*; Lisbonne, 1619, 1629, 2 vol. in-fol.; réimpr. en 1680, 1696 et 1736 à Coïmbre. Plusieurs juristes ont donné des suites à cet ouvrage, notamment Francisco da Fonseca (Coïmbre, 1739, in-fol.) et Feliciano da Cunha França (*Additiones aurexque illustrationes*; Lisbonne, 1752-1755, 2 vol. in-fol.). P.

Antonio, *Biblioth. Hispana*, III.

MENDES SILVA (*Rodrigo*), généalogiste portugais, né vers 1600, à Celorico (province de Beira), mort en Italie. Il occupa longtemps à Madrid les fonctions d'historiographe royal, et fut attaché au conseil suprême de Castille. Ayant donné des soupçons au tribunal du saint-office sur l'orthodoxie de ses sentiments religieux, il échappa aux poursuites en quittant l'Espagne, et termina ses jours dans un petit port de l'État de Gênes. Parmi ses nombreux ouvrages d'histoire et de généalogie nous citerons : *Eleccion en rey de Romanos del rey de Bohemia Ferdinando III*; Madrid, 1637, in-4°; — *Dialogo de la antiguedad y cosas memorabiles de Madrid*; ibid., 1637, in-4°; — *Catalogo real y genealogico de España*; ibid., 1637, in-8°, et 1639, 1656, in-4° : ces deux dernières éditions sont augmentées et portent le titre de *Genealogias reales y catalogos de dignidades ecclesiasticas y seglares*; — *Vida y hechos del gran condestable de Portugal D. Nuno Alvarez Pereira*; ibid., 1640, in-8°; — *Poblacion general de España, sus trofeos, conquistas, etc.*; ibid., 1645, in-fol. : ce dictionnaire géographique a été réimprimé en 1675, avec des additions de l'auteur et aux frais de J.-M. Merinero; — *Ascendencia, hechos y posteridad de Nunno Affonso*; ibid., 1648, 1656, in-4°; histoire de la famille de Cervantes; — *Vida de Fernando de Cordova Bocanegra*; ibid., 1649, in-8°; — *Noticia de los ayos y maestros de los principes de Castilla*; ibid., 1654, in-8°; — *Engaños y desengaños del mundo*; ibid., 1655; — *Vida de la emperadriz Maria, hija de Carlos V*; ibid., 1655, in-4°; — *Parangon de los dos Cromueles de Inglaterra*; ibid., 1656, in-8°. On doit au même auteur la généalogie de plusieurs grandes maisons d'Espagne, Pardo y Cañete

(1646), Pallavicina (1649), Valdez (1650), Saavedra (1653), Solomayor (1653), La Vega (1658), etc. Il a laissé entre autres ouvrages inédits, *De las casas solariegas de España* et *Nobiliario de las ciudades de España*. P.

Antonio, *Biblioth. Hispana*, IV, 289. — G.-E. de Frankenau, *Biblioth. Hispan. genealogico-heraldica*, 380-383. — *Summario da Biblioth. Lusitana*, III.

MENDIZABAL (Don *Juan-Alvarez* y), homme d'État espagnol, né à Cadix, vers 1790, mort à Madrid, le 3 novembre 1853. Son père professait la religion juive et faisait le commerce de la friperie sous le nom de *Mendez*. Lors de l'invasion des Français, en 1808, le jeune Mendizabal obtint un emploi dans l'administration des vivres de l'armée. Après la guerre, il entra chez un riche banquier de Madrid, dom Vicente Beltran de Lys; mais il se brouilla bientôt avec lui. Initié en 1819 par Galiano et Isturitz à la conspiration qui avait pour but le rétablissement de la constitution de 1812, Mendizabal rendit de grands services à l'armée révolutionnaire en lui procurant de l'argent. Une fois la constitution rétablie, il seconda puissamment le ministre Canga Arguelles dans l'exécution de ses emprunts. Quand la cause constitutionnelle eut succombé (1823), Mendizabal se réfugia en Angleterre; où il fut incarcéré pour dettes à la requête des capitalistes anglais, qui, par son intermédiaire, avaient prêté de l'argent au gouvernement constitutionnel de l'Espagne. Rendu bientôt à la liberté et avec quelques capitaux que lui prêta un vieil ami, il ouvrit à Londres une maison de commerce de détail qui devint bien vite florissante. Faisant de fréquents voyages pour affaires en Portugal, il y rencontra en 1827 un agent de don Pedro qui cherchait à contracter un emprunt au nom de ce prince. Mendizabal se chargea de cette négociation, et la mena à bonne fin. En 1833 il conclut plusieurs marchés pour des fournitures à faire aux troupes de la reine d'Espagne avec le général Alava, ambassadeur espagnol à Londres, et celui-ci le recommanda à son gouvernement comme une grande capacité financière. Deux ans après, le 13 juin 1835, le comte de Toreno le fit nommer ministre des finances d'Espagne. Mendizabal accepta, mais il resta quelque temps encore en Angleterre, pour mettre ordre à ses affaires personnelles et hâter l'armement de la légion étrangère. Dès le 4 août 1835, il concluait à Londres un emprunt de 1,156,170 liv. st. Reçu à Madrid avec de grandes démonstrations de joie, il se fit tort de finir la guerre civile en un mois. Toreno dut lui céder la place, et Mendizabal devint président du conseil des ministres par intérim le 14 septembre. Il convoqua les cortès à l'effet de reviser l'*estatuto real*, et s'engagea à terminer la guerre avant six mois. Les cortès lui accordèrent une levée de cent mille hommes et à la presque unanimité, le 16 janvier 1836, un vote de confiance pour l'autoriser à se procurer les ressources dont il avait besoin. Il fit procéder à la suppression de ce qui restait encore de couvents d'hommes; le papier de l'État s'avilit au milieu de tripotages financiers, et les charges publiques s'accrurent. Le 27 janvier il fit prononcer la dissolution des cortès. Lié intimement avec le ministre anglais, il ne craignit pas de blesser l'ambassadeur français, comte de Rayneval, qui travaillait activement à sa chute. La guerre civile était loin de se terminer comme Mendizabal l'avait promis; ses amis l'abandonnèrent, et il dut donner sa démission le 15 mai. Après l'insurrection militaire de La Granja, Calatrava ne trouvant pas de ministre des finances, pensa à Mendizabal. Celui-ci se chargea de ce portefeuille le 11 septembre, malgré les répugnances de la reine régente. Mais il avait perdu son crédit, et le 10 août 1837 il donna sa démission avec le ministère Calatrava. Député de la province de Madrid aux cortès pendant les trois années suivantes, il fit partie de la fraction la plus violente de l'opposition. En 1841, sous l'administration d'Espartero, il reprit encore une fois le portefeuille des finances; il tomba avec le duc de la Victoire, et fut alors forcé de se réfugier en Portugal, d'où il gagna l'Angleterre. Plus tard il vint en France, et enfin il rentra dans sa patrie. J. V.

Conversations-Lexikon. — *Dict. de la Conv.*

MENDO (*André*), savant jésuite espagnol, né en 1608, à Logroño, mort en 1685. Après avoir terminé ses études à Salamanque, il entra dans la Société de Jésus; il devint successivement prédicateur à la cour, conseiller de l'inquisition, recteur des collèges d'Oviedo et de Salamanque, vice-provincial de Castille et confesseur du duc d'Ossuna, pendant qu'il était vice-roi de Catalogne. Ses principaux écrits sont : *Bullæ sacræ cruciatæ Dilucidatio*; Madrid, 1651, in-fol.; — *De Jure academico*; Salamanque, 1655, in-fol.; Lyon, 1668 (avec addit.); — *De Ordinibus militaribus Disquisitiones theologico-morales*; Salamanque, 1657, in-fol.; — *Principe perfecto y ministros ajustados, documentos politicos*; ibid., 1657, in-4°; — *Quaresma, sermones*; Madrid, 1662-1668, 2 vol. in-4°; trad. par l'auteur en latin : *Quadragesima seu Conciones*; Lyon, 1672, in-4°; il a laissé en outre quatre autres recueils in-4° de sermons en espagnol; — *Statera opinionum benignarum in controversiis moralibus*; Lyon, 1666, in-fol.; — *Crisis de Soc. Jesu pietate, doctrina et fructu*; Lyon, 1666, in-12. P.

Antonio, *Biblioth. Hispana*, III, 79. — Alegambe, *Script. Soc. Jesu*.

MENDOÇA (*Francisco* DE), jésuite portugais, né en 1572, à Lisbonne, mort en 1626, à Lyon. Issu de la famille espagnole de Mendoça, il étudia la théologie à Coïmbre, et fut admis dans la Compagnie de Jésus. Après avoir enseigné les belles-lettres et la littérature sacrée, il fut envoyé à Rome en qualité de procureur, et en revenant dans son pays il mourut à Lyon.

e lui : *Commentaria in libros Regum;* e, 1621, 3 tom. in-fol.; réimpr. à Lisbonne, et à Cologne; — *Viridarium sacræ et æ Eruditionis;* Lyon, 1632, in-fol.; Co-1634, 1650, 1733, in-fol. et in-8°; — *Ser-* Lisbonne, 1632, 1649, 2 vol. in-fol. P.
o, *Biblioth. Hispana*, III.

DOZA ou **MENDOÇA**, nom d'une illustre espagnole qui fait remonter son origine à -Lopez, seigneur de Biscaye, mort vers douzième siècle. Elle a joué un rôle con-le dans les affaires du Portugal et de l'Es-ays où elle est encore représentée, et s'est en de nombreuses branches, telles que les adejar, les Corugna, les Priego, , lito, les Infantado, etc. P.

Famil. Hispan.

DOZA (*Inigo-Lopez* DE), marquis de ANE, né dans les Asturies, en 1398, mort . Il appartenait à une famille qui préten-nter jusqu'au Cid. Resté orphelin de eure, il vit la plus grande partie de l'hé-e son père, grand-amiral de Castille, pas-mains de seigneurs avides. Le jeune n'était pas d'un caractère à supporter nent cette spoliation. A l'âge de seize ans, e déjà comme un des dignitaires du au couronnement de Ferdinand d'Ara-ge de dix-huit ans, il recouvra les biens ls par des actions judiciaires et par la s armes, et dès lors « il fut compté pour me », dit Oviedo. Depuis cette époque il des premiers personnages de l'État. Il da l'armée de Castille contre les Navar-quoique vaincu par un ennemi supérieur re, il se distingua par son courage et . Il fit longtemps et heureusement la e les Maures, et après la bataille lo, en 1445, il fut élevé à la haute dignité quis, qui n'avait été portée jusque là que famille Villena. Ses relations avec le t favori, le connétable Alvaro de Luna, temps peu amicales, devinrent tout à fait vers 1448, et il entra en 1452 dans une tion contre le favori, qui fut sacrifié. La lu connétable, en 1453, l'avénement IV en 1454, auraient permis au marquis illane d'occuper la première place dans mais la mort de sa femme, en 1455, le ge qu'il fit à cette occasion au sanctuaire -Dame-de-Guadalupe tournèrent ses idées religion, et le décidèrent à passer dans la ses dernières années, que remplirent la des lettres et les exercices de piété. arquis de Santillane pensait que le savoir se pas la pointe d'une lance et n'affaiblit ras qui porte l'épée. Un écrivain qui vi-a cour dont Mendoza était l'ornement, le caractérise ainsi : « Il avait une grande de livres, et il s'adonna à l'étude, par-ment à celle de la philosophie morale et des choses étrangères et anciennes. Il avait toujours dans sa maison des docteurs et des maîtres avec lesquels il discourait du savoir et des livres qu'il étudiait. Il fit lui aussi des livres en vers et en prose très-utiles pour porter à la vertu et pour éloigner du vice. Dans cette sage occupation il passa la plus grande partie de son loisir. Il eut beaucoup de renom dans plusieurs royaumes hors de l'Espagne; mais il pensait qu'il valait mieux posséder l'estime des sages que d'être célèbre dans la multitude. » Élevé en Castille, patron des poëtes qui vivaient à la cour de Jean II, ami intime du marquis de Villena, qui favorisait dans l'Aragon l'introduction de la poésie provençale, le marquis de Santillane réunit dans ses œuvres les qualités originales de la vieille poésie espagnole et l'art délicat, l'élégance raffinée des troubadours. Il subit aussi l'influence des grands maîtres italiens, et se plut à transporter dans le dialecte castillan les formes de la versification de Dante et de Pétrarque. Son plus charmant poëme, intitulé *Una Serranilla* (petite chanson montagnarde), est tout à fait dans la manière provençale et imitée du troubadour Giraud Riquier; mais l'imitation est supérieure au modèle. L'influence des célèbres poëtes italiens Dante, Pétrarque, Boccace est bien sensible dans un long poëme en octaves *Sur la Mort du marquis de Villena*, dans *Le Couronnement de Jordi;* dans dix-sept sonnets « à la mode italienne », dit l'auteur lui-même. Parmi ses ouvrages, composés dans la manière espagnole et qui sont en général inférieurs aux précédents, on remarque *La Complainte de l'amour*, qui paraît se rapporter à l'histoire tragique de Macias (*voy.* ce nom); un poëme en trois cent trente-deux stances ou doubles *redondillas*, intitulé *Les Ages du monde*, abrégé de l'histoire universelle, qui commence à la création et va jusqu'au règne de Jean II (1); un poëme moral en forme de dialogue entre Bias et la Fortune, dans lequel l'auteur développe les doctrines stoïciennes pour consoler un de ses cousins qui avait été emprisonné en 1448 par l'ordre de don Alvar de Luna; un poëme sur la chute de la mort du connétable (*Doctrina de privados*). Dans ces deux derniers poëmes, et particulièrement dans le *Dialogue entre Bias et la Fortune*, on trouve des passages très-remarquables par l'énergie et l'élégance. Mais de toutes ses œuvres en ce genre la plus importante est la *Comedieta de Ponza*, ou *La petite Comédie de Ponza*, poëme dramatique en octaves, qui rappelle à la fois le chef-d'œuvre de Dante, que le marquis imite, et *Les Perses* d'Eschyle, qu'il ne connaissait pas; il a pour sujet la grande bataille navale de Ponza, livrée en 1435, et dans laquelle les rois d'Aragon et de Navarre, l'infant don

(1) M. Ochoa, qui l'a publié le premier (*Rimas ineditas*), l'attribue au marquis de Santillane, mais M. Amador de los Rios, dans ses *Estudios sobre los Judios de España;* Madrid, 1848, in-8°, l'attribue à Pablo de Santa-Maria.

Henri de Castille avec beaucoup de nobles espagnols tombèrent au pouvoir des Génois; il porte le titre de comédie parce que le dénoûment en est heureux (c'est la raison que Dante donne pour justifier le titre de son grand poëme). La *Comedieta* est une sorte de vision. Les reines de Navarre et d'Aragon et l'infante dona Catalina en sont les principaux personnages. Boccace y figure aussi avec assez peu de convenance, et uniquement comme l'auteur d'un traité *Sur les Désastres des Princes*. C'est à ce titre que la reine Leonora lui raconte la gloire et la grandeur de sa maison, en y ajoutant les présages d'un malheur prochain. A peine a-t-elle achevé son discours qu'une lettre lui apporte la nouvelle de la bataille de Ponza et de l'accomplissement de ces fâcheux présages. A cette lecture la reine tombe en défaillance. La Fortune, sous la forme d'une femme richement parée, la console en lui montrant dans le passé les grandeurs de sa famille et en lui annonçant pour cette famille dans l'avenir une destinée encore plus magnifique. Un autre ouvrage, sinon plus important du moins plus populaire que le précédent, est une collection de cent sentences rimées ou proverbes sous le titre de *Centiloquio*. Un pareil recueil est curieux, mais il n'y faut pas chercher de poésie. « Le marquis de Santillane, dit Ticknor, fut un poëte non pas d'un ordre élevé, mais un homme de beaucoup de lecture à une époque où la lecture était rare, un critique qui montra du jugement, quand le jugement et l'art de la critique marchaient difficilement ensemble. Enfin il fonda en Espagne une école de poésie italienne et de cour; école contraire à l'esprit national et finalement vaincue par lui, mais qui exerça une longue et puissante influence et qui fournit quelques-uns des matériaux qui au seizième siècle servirent à construire la littérature espagnole. »

Un recueil des Œuvres (*Obras*) du marquis de Santillane parut à Alcala, 1566, in-12. Ses poésies ont été insérées dans le *Cancionero general* et dans les *Poesias anteriores* de Sanchez. M. Ochoa a publié *Rimas ineditas* de don Inigo Lopez de Mendoza; Paris, 1844, in-8°. Les *Proverbes* ou *Centiloquio*, imprimés dès 1490, eurent neuf ou dix éditions dans le siècle suivant, et parurent en général avec un volumineux et savant commentaire du docteur Pedro Diaz de Tolède. On trouve une autre collection de proverbes par le marquis de Santillane dans les *Origines de la Lengua Castellana* de Mayans y Siscar, t. II, p. 179, etc. Ils ne sont ni rimés ni accompagnés de gloses, mais simplement arrangés par ordre alphabétique et tels que l'auteur les a recueillis « de la bouche des vieilles femmes au coin de leur cheminée ». Vers la fin de sa vie, la réputation de Santillane était répandue au loin. Jean de Mena dit que des hommes de distinction vinrent des pays étrangers rien que pour le voir. Le jeune connétable de Portugal lui demanda ses poëmes. Le marquis en les lui envoyant les fit précéder d'une *Lettre sur l'art poetique*, écrite vers 1455 et contenant des notices sur les poëtes antérieurs et sur les contemporains. Cette lettre, le document le plus important qui existe sur l'ancienne littérature espagnole, forme une sorte d'introduction ou *Cancionero* du marquis, et se trouve dans le 1er vol. des *Poesias anteriores* de Sanchez. Z.

Cronica de Don Juan el Segundo. — Pulgar, *Claros Varones*. — Nicolas Antonio, *Bibliotheca Hispana vetus*, t. II, p. 276. — Bouterweck, *Histoire de la Littérature espagnole*, I, trad. franç. — Ticknor, *History of Spanish Literature*, t. I, c. XIX.

MENDOZA (*Pedro-Gonzalez* DE), surnommé le *grand cardinal d'Espagne*, prélat espagnol, fils du précédent, né le 3 mai 1428, mort le 11 janvier 1495. D'abord évêque de Calahorra, puis de Siguenza, chancelier de Castille et de Leon, il fut chargé des affaires les plus importantes par le roi de Castille Henri IV, qui lui procura la pourpre romaine en 1473 et le choisit pour un de ses exécuteurs testamentaires en 1474. Le testament de Henri IV ne fut pas exécuté et Isabelle, femme de Ferdinand, roi d'Aragon, l'emporta sur Jeanne *Beltraneja*, que le roi de Castille avait désignée pour son héritière. Mendoza, qui s'attacha aux nouveaux souverains Ferdinand et Isabelle, jouit d'autant de faveur que sous le règne précédent et fut nommé archevêque de Séville, puis de Tolède en 1482. Il prit une part active à l'expédition contre les Maures, qui se termina par la conquête de Grenade. Il mourut peu d'années après à Guadalajara, et fut enseveli dans la cathédrale de Tolède. Ce prélat était fort instruit et l'on prétend que dans sa jeunesse il avait traduit l'*Iliade* d'Homère, Virgile et Salluste. Z.

Mariana, *Histor. Hisp.*, l. XXI, XXVI. — Ciaconius, *Vitæ Pontificum et Ca. dinalium*. — P. Salazar de Mendoza, *La Coronica del gran cardinal de España*. — *Originen de las dignidades de Castilla y Leon*.

MENDOZA (Don *Pedro* DE), capitaine espagnol, fondateur de Buenos-Ayres, né vers 1487, mort en mer en 1537. Il appartenait à une des plus nobles et des plus riches familles d'Espagne. Il était grand-échanson de Charles Quint lorsqu'il proposa à ce monarque de pousser les découvertes espagnoles jusqu'à l'extrémité méridionale de l'Amérique. L'empereur accepta, et le nomma *adelantado* (gouverneur) des pays qu'il pourrait découvrir depuis le rio de la Plata jusqu'au detroit de Magellan. Il lui permit aussi de porter les limites de son gouvernement jusqu'à la mer du Sud, lui accorda un traitement de 2,000 ducats (23,720) et une donation de 2,000 autres perçus sur les profits du pays, à condition qu'il y transporterait, dans l'espace de deux ans, mille colons, cent chevaux et juments, qu'il frayerait un chemin jusqu'à la mer du Sud, construirait trois forteresses, emmènerait huit moines, un médecin, un chirurgien, un apothicaire; il lui était interdit, en compensation, d'introduire dans sa colonie aucun avocat. Charles Quint, à ces conditions le nomma *alcade mayor et al-*

guazil mayor de la colonie où il résiderait, et lui promit que les deux charges seraient héréditaires dans sa famille. Mendoza avait droit en outre à la moitié des trésors des caciques qui *pourraient être tués* durant la guerre et aux neuf dixièmes de la rançon des prisonniers. La flotte de Mendoza, composée de douze navires, mit à la voile de San-Lucar en avril 1535; elle portait huit cents hommes. Mendoza avait pour vice-amiral un Italien expérimenté, Giovanni Osorio. En passant sous l'equateur, l'expedition eut à souffrir d'une terrible tempête qui la dispersa; une partie des bâtiments dut se refugier à Rio-Janeiro, où Osorio périt victime de la jalousie de ses officiers. Après un séjour de deux semaines dans ce port, Mendoza continua sa route jusqu'à la Plata, qu'il remonta jusqu'à l'île San-Gabriel. Il eut à soutenir plusieurs combats avec les indigènes; mais, toujours vainqueur, il put débarquer sur la rive occidentale de la Plata vis-à-vis de l'affluent de l'Uruguay (par 60° 15' lat. ouest et 33° 35' lat. sud), et y jeta les premiers fondements d'une ville qu'il nomma, à cause de la salubrité du climat, *Nuestro-Señora de Buenos-Ayres* (1). Peu après l'arrivée de l'expédition, les vivres commencèrent à manquer, et l'on réduisit les rations de chacun à six onces par jour. La maladie se déclara bientôt dans la colonie et enleva un grand nombre d'habitants. Les indigènes voyaient avec peine cet établissement s'elever au milieu d'eux; pour le détruire, ils ôtèrent aux Espagnols les moyens de subsister et attaquerent leurs fourrageurs. Don *Diego* DE MENDOZA, frère du général, marcha avec trois cents fantassins et trente cavaliers contre les Guirandies, tribu d'environ trois mille individus, qui avaient d'abord fourni des vivres aux aventuriers, mais qui, à la suite de mauvais procédés, avaient cessé de fréquenter le camp européen. Enveloppé dans un marais, don Diego fut tué ainsi que son neveu don Pedro de Benavides; il ne rentra à Buenos-Ayres que quatre-vingts hommes de cette excursion et presque tous blessés. Dans cette extrémité, Pedro de Mendoza expédia quatre brigantins pour chercher des provisions; ils remontèrent le fleuve jusqu'à une distance considerable sans pouvoir en trouver; car les Indiens se retiraient à leur approche, en incendiant tout ce qu'ils ne pouvaient emporter. La moitié des équipages mourut de faim; l'autre partie revint exténuee. Les Guirandies, les Bartenes, les Zechuras et les Timbues se réunirent pour attaquer la nouvelle ville; ils la brûlèrent ainsi que les quatre brigantins et massacrèrent une trentaine de colons. Pedro de Mendoza laissa une partie de ses gens pour reparer ce desastre, et lui-même, avec les plus valides, remonta le fleuve l'espace de vingt lieues, jusqu'à une île habitée par les Timbues, qui consentirent à lui laisser construire un fort, auquel il donna le nom de *Buen-Esperanza*. Il y rencontra un des hommes de Sebastien Cabot (*voy.* ce nom), nommé Gonzalo Romero, qui lui donna d'utiles renseignements sur le pays.

(1) Elle est aussi appelée par quelques historiens espagnols *Ciudad de la Trinidad*.

Deja deux cents personnes avaient péri par la famine, lorsqu'un frère du général, don Gonzalo de Mendoza, arriva du Brésil à Buenos-Ayres sur un navire chargé de vivres. Il y fut suivi par deux autres bâtiments à bord desquels se trouvaient le capitaine Mosquera avec ses colons de l'île de Catalina, échappés au massacre de Timbues, et quelques familles bresiliennes. L'adelantado envoya don Martinez de Irala, don Juan Ponce de Léon et don Luiz Perez sur trois barques et sous les ordres de don Juan de Ayolas, avec l'ordre de se procurer des vivres. Ayolas s'avança jusqu'à un petit port, qu'il nomma *Candelaria*. C'était dans le pays des Guaranis (par 20° 40' de lat.) qu'ayant appris qu'il existait dans l'ouest une contrée riche en or et en argent, il oublia sa mission pour s'emparer de ces mines, et fut massacré avec la plus grande partie de ses hommes par les Poyagoaès. Don Pedro de Mendoza, inquiet de son sort, envoya à sa recherche Gonzalo de Mendoza et le capitaine don Juan de Salazar y Espinosa avec quatre-vingts hommes. Ces deux officiers fondèrent la ville de l'*Ascencion del Paraguay* (aujourd'hui l'Assomption, capitale du Paraguay), mais ne purent faire parvenir de leurs nouvelles à Buenos-Ayres. Don Pedro de Mendoza tomba malade de désespoir, et s'embarqua pour l'Europe, avec son trésorier don Juan de Cacères. Dans la traversée le manque de vivres fut si complet que l'adelantado dut manger sa chienne, qui était pleine. Il fut presque aussitôt atteint d'aliénation mentale, et succomba dans un accès de rage. Alfred DE LACAZE.

Antonio Alcédo, *Diccionario geographico-historico de las Indias etc.* (Madrid, 1786, 5 vol. in-4°). — Herrera, *Decadas*, III, IV et V. — Charlevoix, *Histoire du Paraguay*, liv. I. — Southey, *Brazil*, chap. III. — R. Nicolas del Techo, *Historia provinciæ Paraquariæ*, lib. I, cap. III-V. — Gomara, *Hist. de las Indias*, cap. LXXXIX.

MENDOZA (*Diego* HURTADO DE), homme d'État et historien espagnol, né à Grenade, en 1503, mort à Madrid, en avril 1576. Il était arrière-petit-fils du premier marquis de Santillane. Son grand-père fut ambassadeur de Ferdinand et d'Isabelle auprès du saint-siége. Son père, le grand comte de Tendilla, combattit avec honneur dans l'expédition contre les Maures d'Espagne, en 1492, et devint gouverneur de Grenade peu après la capitulation de cette place. Diego, qui avait cinq frères plus âgés que lui, fut destiné à l'Église. Mais son caractère ne le portait pas vers la carrière ecclésiastique. Il acquit, il est vrai, beaucoup de savoir; il apprit, à Grenade, à parler l'arabe avec facilité, étudia avec succès le latin, le grec, la philosophie, les droits civil et canon à Salamanque. Cependant il montra une préférence déclarée pour les affaires politiques et les belles-lettres. On suppose que ce fut à

Salamanque qu'il composa son *Lazarille de Tormès*, petit roman fort amusant, mais qui n'aurait pas convenu à un futur prélat; aussi Mendoza renonça-t-il bientôt à la perspective des dignités ecclésiastiques : il alla servir en Italie, dans les armées espagnoles. Il ne négligea point les lettres, et dans l'intervalle de ses campagnes il écouta les leçons des plus célèbres professeurs de Bologne, de Padoue et de Rome. Un jeune homme de si haute naissance, et qui montrait des dispositions si remarquables, ne pouvait échapper à l'œil vigilant de Charles Quint. Ce prince le nomma dès 1538 ambassadeur auprès de la république de Venise. Dans ce poste diplomatique, alors un des plus importants de l'Europe, Mendoza trouva encore du loisir pour la culture des lettres. Il aida de ses conseils et de son patronage les Alde, alors au comble de leur réputation. Paul Manuce lui dédia son édition des *Œuvres philosophiques* de Cicéron. Il s'occupait en même temps avec un zèle digne de Pétrarque de rassembler des monuments des littératures grecque et latine. Il envoya en Thessalie et au mont Athos des émissaires chargés de recueillir des manuscrits grecs. Josèphe fut pour la première fois imprimé complet, d'après un manuscrit de sa bibliothèque, ainsi que quelques Pères de l'Église. Un jour, apprenant que le sultan Soliman tenait beaucoup à la délivrance d'un jeune Turc qui avait été fait prisonnier par les chrétiens, il racheta le captif, et le renvoya au grand-seigneur sans rançon. Soliman, touché de cet acte de courtoisie, fit demander à Mendoza comment il pouvait lui témoigner sa reconnaissance; celui-ci répondit qu'il préférait à tout des manuscrits grecs, et le sultan lui en envoya un grand nombre (1). Au milieu de ses études, Mendoza s'acquittait de ses fonctions avec assez de distinction pour que l'empereur l'appelât à un poste plus important. Il l'envoya comme son représentant aux premières sessions du concile de Trente. Mendoza adressa en cette qualité au pape Paul III une vigoureuse et solennelle protestation contre le déplacement du concile. Charles Quint le nomma ensuite ambassadeur à Rome et gouverneur de Sienne, avec mission de tenir en échec le pape et les Florentins. Suivant Sismondi, juge trop sévère, Mendoza « ne se fit connaître en Italie que par sa hauteur, son avarice et sa perfidie ». Placé dans un pays récemment soumis, et qui frémissait sous la suzeraineté espagnole, Mendoza avait à remplir une tâche difficile, et il s'en acquitta avec une rigueur qui le fit accuser de cruauté. Pour contenir l'opposition des citoyens de Sienne, il commença la construction d'une citadelle.

(1) Mendoza ne voulut pas que la précieuse collection qu'il avait réunie fut dispersée; il la légua au roi d'Espagne, et elle fut déposée dans la bibliothèque de l'Escurial. M. Miller, dans l'excellent *catalogue* qu'il a publié en 1848 des manuscrits grecs conservés dans les salles de ce monastère parle fort en détail de ceux qui proviennent de Mendoza. G. B.

Cette forteresse resta inachevée, et le[illegible] indignés, tournèrent leurs regards vers [illegible] et implorèrent la protection d'Henri II [illegible] tyrannie espagnole. L'insurrection [illegible] 1552, en l'absence de Mendoza, alors [illegible] Charles Quint, qui à cette époque [illegible] attaqué par Maurice de Saxe, [illegible] aux Siennois, et consentit à [illegible] espagnole. Mendoza resta encore [illegible] Italie, comme représentant de la [illegible] l'empereur; et lorsque les ci[illegible] nèrent dans cette politique de graves [illegible] ments, lorsque Charles Quint voulut, avant [illegible] diquer, se concilier les Italiens [illegible] tion, Diego Mendoza revint en Es[illegible] Philippe II, qui monta sur le trône [illegible] vante, négligea les vieux serviteurs de son p[illegible] Mendoza parut rarement à la cour, et n'y r[illegible] contra de la part du prince qu'un froid accu[illegible] bientôt même il tomba dans une disgrâce com[illegible] plète. Malgré ses soixante-quatre ans il a[illegible] conservé tout le feu de la jeunesse. Un jour i[illegible] se prit de querelle avec un gentilhomme d[illegible] l'intérieur du palais. Le gentilhomme ayant [illegible] son poignard, Mendoza le saisit par le milieu [illegible] corps et le jeta du haut d'un balcon dans la r[illegible] Le roi regarda cette violence comme un outrage à la majesté royale, et exila le vieil ambassadeur. Mendoza, dans sa retraite forcée, s'amusa à composer des vers, et écrivit une histoire de la guerre de Grenade. Il termina ce dernier ouvrage à l'âge de soixante-dix ans. Il reçut vers le même temps de Philippe II la permission de reparaître à la cour; mais il mourut peu après son arrivée à Madrid. Diplomate, homme de guerre, protecteur des lettres, romancier, poète, historien, Mendoza fut, à quelque point de vue que l'on le considère, un des hommes les plus remarquables de son temps. Ses ouvrages n'ont pas tous une égale valeur; mais ils sont tous empreints du génie national, et son histoire est un des chefs-d'œuvre de la littérature espagnole. Son ouvrage le plus populaire, *Lazarille de Tormès*, a le mérite de l'originalité. Rien de semblable n'avait paru en Espagne. On en était encore aux romans de chevalerie; on lut avec autant de plaisir que de surprise un petit livre où ne figuraient ni enchanteurs, ni paladins errants, ni amoureux à la façon d'Amadis, mais où l'on rencontrait des personnages empruntés à la vie réelle et aux conditions sociales les plus basses, des mendiants, des aubergistes fripons, des moines peu scrupuleux, des hommes de loi malhonnêtes et des femmes dignes de vivre dans cette société plus que vulgaire. Le héros et en même temps le narrateur de l'histoire, Lazarille, ou le petit Lazare, est né dans un moulin sur les bords de la Tormès, près de Salamanque. Sa méchante mère le donne pour guide à un aveugle mendiant. L'enfant prend assez gaiement son parti de cette triste condition, et acquiert à l'école du mendiant, brutal et fripon, une ex-

il tire profit dans les étranges et
positions où le hasard le place.
successivement au service d'un pré-
entilhomme vaniteux et indigent, d'un
n vendeur d'indulgences, d'un chape-
alguazil, jusqu'à ce qu'à la fin il se
r un motif des moins honnêtes et où
entre pour rien. Le roman finit brus-
ır cette union sans que l'on sache ce
le héros. « L'objet de cette amu-
Ticknor, est une poignante sa-
ucs les classes de la société que Laza-
in deshabillé et derrière la scène ; il
ns un style castillan pur, riche, hardi,
lle la *Célestine ;* quelques-unes de
ses sont parmi les plus fraîches et les
que l'on puisse trouver dans toute
es fictions en prose, si vives même et
ne deux d'entre elles, celle du moine
vendeur d'indulgences, furent mises
l'Église et retranchées des éditions
nt avec la permission de l'autorité. »
de Tormès devint le modèle d'un
l'on appela *picaresque*, auquel ap-
ızman d'Alfarache et même Gil-Blas, du
ı certaines parties (1).

ıière édition dont l'existence soit bien conn-
le de Burgos, 1554, pet. in-8° ; elle est ex-
rare et très-recherchée des bibliophiles. En
res, elle fut payée 31 liv. st. A Paris, en 1857,
: la bibliothèque de M. C. B., elle fut portée
0 fr. L'édition d'Anvers, 1554, est également
à rencontrer et très-chère. De 1586 à 1620,
u *Libraire* signale douze éditions imprimées
n Espagne ; on pourrait en mentionner quel-
celle de Barcelone, 1620, a des figures en
ıives. Les réimpressions modernes sont nom-
s celles qui ont vu le jour en Espagne sous
s cortès, de 1821 à 1823, les chapitres suppri-
saint-office ont été rétablis. L'édition de
est, à ce qu'il paraît, la première qui ren-
ontinuation des *Aventures de Lazarille*
n professeur de la langue espagnole, établi
e Luña. Cette suite n'a aucun mérite ; elle
l'anecdotes absurdes ; Lazarille fait partie de
de Charles Quint contre Alger ; il tombe
; il est avalé par un grand poisson, et il fait
ıur au fond des eaux. En voilà assez pour
ıbien la continuation s'est écartée de l'idée
de Mendoza. Une traduction française, attri-
braire lyonnais, Jean Saugrain, fut publiée à
, et plusieurs fois réimprimée. D'autres tra-
es au Flamand Jean van der Maeren, à un
il ne s'est fait connaître que par les initiales
nt aussi diverses éditions. Celle de l'abbé de
très-peu fidèle, et toutefois c'est celle qui a
eproduite. Elle parut en 1678 et en 1698 ; elle
à Bruxelles avec quelques corrections de
servit ainsi de modèle à celles qui se sont
uis, notamment à celle de Paris (Didot,
n-8°, avec 40 figures). Une bonne traduc-
rille avec des notes courtes et judicieuses,
roduction littéraire et bibliographique, serait
ice rendu à la cause des lettres. Le roman
arions a passé dans presque toutes les lan-
rope. On estime, en raison de sa fidélité et
', une version anglaise dont nous avons sous
édition datée de Londres, 1777, et indiquée
comme la dix-neuvième. Elle est due à un
connu, nommé Blakeston, et elle parut, à
croyons, pour la première fois en 1670 ; elle
cédée par une autre version, composée par
nd, Londres, 1586, 1672, etc. Les bibliogra-

Une des distractions de Mendoza dans sa retraite fut de composer des vers. Il en avait déjà écrit dans sa jeunesse. Plusieurs de ses poésies datent de l'Italie, entre autres une *Épître* au poëte Boscan, laquelle est en partie imitée de l'*Épître* d'Horace *à Numicius*. Mendoza connaissait bien les anciens ; mais il pensait qu'on ne doit pas les copier servilement. Son hymne en l'honneur du cardinal Espinosa, un de ses plus beaux ouvrages, réunit l'inspiration de Pindare au vieil esprit castillan. Mendoza autorisa par son exemple l'introduction des formes italiennes, tentée par Boscan et Garcilaso ; cependant il ne fut jamais infidèle à la poésie espagnole, et ses pièces les plus agréables appartiennent à ce genre que l'on appela depuis *letrillas ;* elles sont écrites avec une bonne humeur et une liberté plus dignes de l'auteur de *Lazarille* que d'un représentant de Charles Quint au concile de Trente. Le même esprit de satire plaisante se remarque dans deux lettres en prose, ou plutôt dans deux essais sous forme de lettres. La première, supposée écrite par un homme de cour, est une description de toute cette classe de *catariberas*, ou courtisans de bas étage et besoigneux, qui assiégeaient les portes du président du conseil de Castille. L'autre, adressée à Pedro de Salazar, tourne en ridicule une mauvaise histoire des guerres de Charles Quint. Cette lettre prouve que Mendoza avait beaucoup réfléchi sur l'histoire. Il montra bientôt son aptitude en ce genre par une composition de peu d'étendue mais d'un grand mérite. Il prit pour sujet la révolte des Maures sous Philippe II, de 1568 à 1570. Bien que ses sympathies soient pour ses compatriotes, il se montre juste pour les héroïques rebelles qui se soulevèrent contre une intolérable oppression. Cette honorable impartialité ne permit pas la publication immédiate de son histoire, qui ne parut qu'après l'expulsion définitive des Maures. Littérairement Mendoza a pris pour modèle les historiens latins et particulièrement Salluste. « Mon dessein, dit-il au début, est d'écrire la guerre que le roi catholique d'Espagne, don Philippe II, fils de l'invincible empereur don Carlos, eut à soutenir dans le royaume de Grenade contre les rebelles nouvellement convertis, guerre qu'en partie j'ai vue et en partie apprise des gens qui y appliquèrent leurs mains et leur esprit. » « Il continue sur ce ton, dit M. de Lavergne, et, en s'appliquant de plus en plus à donner à son récit les formes de l'histoire antique, il trace des caractères et des descrip-

phes mentionnent deux anciennes traductions allemandes ; Leipzig, 1656, et Ulm, 1769 ; elles ont été effacées par celle de J.-G. Keil, Gotha, 1810, in-8°. On pourrait signaler aussi des versions flamandes et italiennes. La *Bibliothèque des Romans*, août 1781, a donné un long extrait de *Lazarille*, et le texte espagnol a été reproduit dans le tom. Ier du *Tesoro de Novelistas españoles* publié par E. de Ochoa (Paris, 1847, 3 vol. in-8°), et dans le tome III de la *Biblioteca de Autores Españoles*, publié par Arribau (Madrid, 1846). G. B.

tions; il dispose des scènes et des épisodes; il tire des enseignements; il accompagne chaque fait important de réflexions et de sentences; il pousse l'imitation jusqu'à mettre des discours dans la bouche de ses personnages, et dans ces discours il reproduit fidèlement les tours les plus caractéristiques de ses modèles. Dans son premier livre, il suppose une allocution de Fernand de Valor aux Maures pour les exciter à la révolte, et là se retrouvent tous les procédés employés en pareil cas par Tacite ou par Salluste, tels que le brusque passage du discours direct au discours indirect, et réciproquement. Tous ces emprunts sont faits avec une énergie et une puissance remarquables; l'espagnol, enfant du latin, se prête sans effort à tout ce que veut Mendoza. C'est à la fois une résurrection et une création. » La première édition incomplète de la *Guerra de Granada hecha por el rey de España Felipe II, contro los Moriscos de aquel reino*, parut à Madrid, 1610, in-4°, et fut réimprimee à Lisbonne en 1627. La première édition complète est celle de Monfort; Valence, 1776, in-4°, qui a été plusieurs fois réimprimée. M. Ochoa l'a insérée dans le *Tesoro de historiadores españoles* de la collection des auteurs espagnols, de Baudry. Il n'existe qu'une édition des poésies de Mendoza. Elle fut publiée par Juan Diaz Hidalgo, avec un sonnet de Cervantes en tête: *Obras del insigne cavallero D. Diego de Mendoça;* Madrid, 1610, in-4°; elle est rare et recherchée Dans l'*Avertissement au lecteur*, il est dit que plusieurs pièces légères ont été supprimées, comme peu convenables à la dignité de l'auteur. La Bibliothèque impériale de Paris (ms. n° 8293) contient un recueil des poésies de Mendoza, plus ample que l'édition de Madrid. Les deux lettres sur les *Catariberas* et à Pedro Salazar ont été publiées dans le *Seminario erudito;* Madrid, 1789, in-4°, t. XVIII et XXIV. L. J.

Nicolas Antonio, *Bibliotheca Hispana nova*. — Iñigo Lopez. de la *Guerre de Granada*. — De Ayala, *Vie de Mendoza*, en tête de l'edition de Valence, 1776. — Sismondi, *Histoire des Républiques italiennes*, t. XVI. — Bouterweck, *Histoire de la Littérature espagnole*. — Ticknor, *History of Spanish Literature*, t. I. — *Wiener Jarhbücher*, t. CXXII, p. 99. — *Retrospective Review*, vol. II. p 133 — Léonce de Lavergne, *Revue des Deux Mondes*, 15 octobre 1852.

MENDOZA (*Juan Gonzalez* DE), missionnaire espagnol, né à Tolède, vers 1540, mort au Mexique, en 1617. Il appartenait à l'une des plus nobles et des plus riches familles de la Castille. Après avoir guerroyé durant quelques années, il quitta le harnais pour le froc, et entra chez les ermites de Saint-Augustin de sa ville natale. En 1580, Philippe II l'envoya en Chine avec la mission de recueillir des documents précis sur les mœurs des habitants, sur la politique, sur les productions du pays, le climat, le commerce, les moyens de trafic, etc. Le P. Mendoza employa trois années à ce voyage, et rapporta des observations fort curieuses, qu'il publia. Il passa ensuite en Amérique, où il resta environ deux ans. A son retour, il fut nommé évêque des îles Lipari, sur les côtes de Sicile (dans la mer Tyrrhénienne). En 1607 il revit le Mexique, en qualité de visiteur apostolique. Il occupa successivement les sièges épiscopaux de Chiapa-de-los-Espanoles (Ciudad-real) et de Popaian, dans la Nouvelle-Grenade. Il mourut dans cette dernière résidence. On a de lui: *Historia de las cosas mas notables, ritos y costumbres del gran reino de la China*; Madrid, 1586 et 1589, in-8°; Medina, 1595, in-8°; Anvers, 1596; Rome, 1585, 2 part. in-4°; trad. en français par Luc de la Porte, sous le titre de: *Histoire du grand royaume de la Chine, situé aux Indes orientales*, divisée en deux parties, contenant en la première: la situation, antiquités, fertilité, religion, cérémonies, sacrifices, rois, magistrats, mœurs, us, lois, et autres choses mémorables dudit royaume; et en la seconde trois voyages faits vers icelui en 1577, 1579 et 1581, avec les singularités plus remarquables y veues et entendues; ensemble un *Itinéraire du Nouveau Monde; et le Découvrement du nouveau Mexique, en l'an* 1583; Paris, 1589, in-8°. Dans son récit le P. Mendoza ne s'en rapporte pas à ses seules lumières: il cite également les renseignements obtenus par les voyageurs qui l'ont devancé, et rend ainsi son ouvrage très-intéressant. Il rapporte aussi, avec beaucoup de détails, la première découverte du nouveau Mexique par les PP. franciscains Augustin Ruiz et Francisco Lopez (1580), et l'expédition d'Antonio Lopez (1582), qui, en allant à la recherche de ces religieux, fit connaître cette découverte, et s'avança jusque sur les frontières de Los Tamos, au delà du 38° de lat. nord. A. DE L.

Antonio, *Bibliotheca Hispana nova*, t. III, p. 786. — Roch Pyrrhus, *Notitia Ecclesiarum Siciliæ*. — Egidio Gonzalez Davila, *Theatro Indico-ecclesiastico*.

MENDOZA (*Pedro* DE SALAZAR DE), historien espagnol, né vers 1550, à Tolède, où il est mort, en 1629. A vingt-et-un ans, il devint secrétaire du cardinal Gaspar de Quiroga, qui le pourvut de diverses fonctions dans l'église de Tolède, celles entre autres de chanoine et de pénitencier. Il était versé dans la connaissance du droit canonique et des annales de l'Espagne; on l'a quelquefois confondu avec un écrivain qui vivait un peu avant lui, Pedro de Salazar. On a de lui: *Cronica del cardenal Juan Tavera, arzobispo de Toledo;* Tolède, 1603, in-4°; — *San Ildefonso, arzobispo de Toledo;* ibid., 1618, in-4°; — *Origen de las Dignidades seglares de Castilla y Leon;* ibid., 1618; Madrid, 1657, in fol.; — *Chronicon de la casa de los Ponces de Leon;* ibid., 1620, in-4°; — *Coronica del gran cardenal de España, Pedro-Gonzalez de Mendoza;* ibid., 1625, in-fol°.; — *La Monarquia de España;* Madrid, 1770-1771, 3 vol. in-fol., publié par les soins de Barth. Ulloa. Cet auteur a laissé plusieurs ouvrages manuscrits

de différentes mai-
›pagne. P.

Nova Biblioth. Hispana.

OZA (Don *Bernardin* DE), diplomate ›ien espagnol, vivait dans la seconde › seizième siècle. Le commencement de ›t peu connu, et la fin est également mais le milieu de sa carrière appartient ›e. En 1584 il fut chargé d'une mission › roi Henri de Navarre, que Philippe II ›ngager dans une guerre contre Henri III. ›s il fut accrédité comme ambassadeur ›e ce même Henri III, et passa ensuite ›e titre en Angleterre, qu'il quitta à la ›a condamnation de Marie Stuart. Il re- ›rance, où ses intrigues eurent beaucoup ›e sur la formation de la Ligue. Après ›re du duc de Guise à Blois, en 1589, de sa position officielle pour envoyer ›le Mayenne un message qui probable- sauva la vie. Il résida quelque temps › Blois, pour y favoriser un complot ›urs ; puis il se rendit à Paris auprès ›l de l'Union, qu'il reconnut comme le ›ernement légitime. Représentant d'un ›e donnait pour le protecteur du catholi- qui élevait des prétentions au trône de Mendoza eut de l'autorité sur les plus ›u parti de la Ligue ; mais il trouva de ›on chez quelques politiques modérés du ›arti et entre autres dans le duc de ›. La chute des Seize porta un grand coup dit, et dans son dépit contre Mayenne une négociation avec Henri IV, qui se ›oncilié avec Philippe II et aurait épousé ›te d'Espagne. Cette négociation échoua, ›e de Henri IV à Paris mit bientôt fin à ›n de Mendoza. On a de lui : *Comenta- › sucedido en los Paises baxos desde DLXV II, hasta el de MDLXXVII*; 1592, in-4° ; le même ouvrage existe ›is, sous ce titre : *Commentaire mé- de don Bernardin de Mendoce des de Flandres et Pays-Bas, trad.* de ›ol (par P. Crespet) ; Paris, 1591, 1611, ›endoza avait déjà donné *Theorica y de Guerra* ; Madrid, 1577, in-4°. On a ›e lui : *La harangue au roi très-chré- ›e à Chartres par monseigneur l'am- ›r pour le roi d'Espagne vers Sa* 1588, in-8° ; — *Los seis libros de la ›le Justo Lipsio* ; Madrid, 1604, in-4°, ›atin de Juste Lipse. Au rapport de Nicolas ›l mourut vieux, et dans ses dernières fut privé de la vue. Z.

›ntonio, *Bibliotheca Hispana nova.* — Cape- ›oire de la Reforme et la Ligue* (pièces ex- Archives de Simancas).

OZA (*Jeronimo* DE), historien portu- ›u seizième siècle, à Porto, mort après ›ppartenait à la noblesse, et suivit le roi en Afrique, lors de la funeste expédition de 1578, pendant laquelle il fut témoin de la plupart des événements qu'il raconte. Après la journée terrible où périt la nationalité portugaise, il fut fait prisonnier ; mené avec une caravane à Maroc, il y demeura plusieurs mois, et il se loue en termes formels des secours que les chrétiens obtinrent des israélites. Racheté avec d'autres captifs en 1579, il fut conduit à Mazagan, ville au pouvoir des Portugais, et il passa de là à Lisbonne. On a de lui : *Iornada de Africa, em a qual se responde à Ieronymo Franqui e outros e se trata do successo da batalha, cativeiro*, etc. ; Lisbonne, 1607, in-4°, et 1785, in-8°. F. D.

F. Denis, *Chroniques chevaleresques de l'Espagne et du Portugal*, 2 vol. in-8°. — Barbosa Machado, *Bibliotheca Lusitana.*

MENDOZA (*Fernando* DE), jurisconsulte espagnol, né vers 1566, à Madrid, où il est mort, en 1648. Fils de Jean Hurtado de Mendoza, il montra dès sa première jeunesse des dispositions exceptionnelles pour l'étude ; mais un travail trop assidu lui fit perdre la raison. On a de lui : *Disputationes in locos difficiliores tituli de pactis in Digestorum libris* ; Alcala, 1586, in-fol. ; — *De Concilio Illiberitano libri tres* ; Madrid, 1594, in-fol. ; Lyon, 1665 ; cette dernière édition, due à Em. Gonzalen Tellen, contient de nombreuses additions. O.

Antonio, *Bibl. Hispana nova*, t. I.

MENDOZA (Don *Estaban* HURTADO DE), peintre espagnol, vivait à Séville en 1630. Il était chevalier de l'ordre militaire de Saint-Jacques de Compostelle. Il apprit la peinture sous les meilleurs professeurs espagnols, et lui-même devint une des gloires de l'école sévillanne. Ses tableaux, remplis de goût et remarquables par une parfaite exécution, sont très-rares. Ils ornent les principaux monuments de Séville, et représentent presque tous des sujets de religion. Don Hurtado a laissé aussi des dessins à la plume très-délicatement exécutés. A. DE L.

Cean Bermudez, *Diccionario historico de los Profesores de las Bellas-Artes en España.* — Quilliet, *Dictionnaire des Peintres espagnols.*

MENDOZA (*Antonio*) (1), poëte espagnol, né vers 1590, mort en 1644. Il jouit de la faveur de Philippe IV, et fut commandeur de l'ordre de Calatrava, secrétaire d'État et membre de l'inquisition. Suivant Nicolas Antonio, il écrivit sept ou huit comédies, qui, à cause de leur mérite, sont données comme exemple de ce genre de composition. Toutes parurent à Madrid, à diverses époques. Ses œuvres contiennent un grand nombre de pièces fugitives, adressées pour la plupart au duc de Lerme et à d'autres grands personnages du royaume, et une *Vie de Notre Dame*, qui forme près de huit cents *redondillas*. « Les comédies valent mieux, dit Tieknor. *Qui aime beaucoup mérite beaucoup* a

(1) Nicolas Antonio l'appelle Antonio Hurtado, probablement à tort, car il ne paraît pas que cet Antonio Mendoza appartient à la vieille famille de Santillane.

peut-être fourni des matériaux au *Dédain pour dédain* de Moreto; et c'est certainement un drame agréable, avec des situations naturelles et un dialogue facile. *La Société change les Mœurs* est une autre comédie réelle, qui a beaucoup de vie et de gaieté. Et *L'Amour pour l'amour*, qui passe pour le plus heureux effort de l'auteur, jouit de la faveur d'être jouée devant la cour par les filles d'honneur de la reine, qui se chargèrent de tous les rôles, de ceux des cavaliers aussi bien que de ceux des dames. » Une de ces pièces, *La Celestina*, est une imitation du roman dramatique de Rosas de Montalvan qui porte le même titre. On a encore de Mendoza : *La fiesta que se hizo en Aranjuez a los anos del Rey nuestro senor D. Felipe IV, con la comedia de* QUERER POR SOLO QUERER; Madrid, 1623, in-4°; — *Convocacion de las cortes de Castilla y juramento del principe de este nombre ano de MDCXXXII;* Madrid, 1632, in-4°. Ses *Œuvres* ne furent recueillies que longtemps après sa mort, et parurent d'après un manuscrit de l'archevêque de Lisbonne, Louis de Souza, sous le titre de : *El Fenix Castellano, D. Antonio de Mendoza renascido;* Lisbonne, 1690, in-4°. Une seconde édition, avec des additions peu importantes, parut à Madrid, 1728, in-4°. Z.

Montalvan, *Para Todos*. — Nicolas Antonio, *Bibliotheca Hispana nova*. — Ticknor, *History of Spanish Literature*, t. II, 296, etc. — A. F. von Schack, *Geschichte der dramatischen Literatur in Spanien*, t. II, p. 644.

MENDOZA. *Voy*. CANETTA (Marq. DE).

* **MÈNE** (*Pierre-Jules*), sculpteur français, né à Paris, le 25 mars 1810. Élève de René Compaire, il s'adonna particulièrement à la reproduction plastique des animaux dans de petites dimensions. Ses modèles, exécutés en bronze, obtinrent un grand succès. Ses principales productions sont : *Groupe d'animaux* (1838); — *Cheval attaqué par un loup* (1840); — *Panthère et gazelle* (1841); — *Jaguar et caïman* (1843); — *Chasse au cerf*, groupe, et *Jaguar du Brésil* (1844); — *Taureau normand*, et *Vache flamande avec son veau* (1845); — *Chasse au sanglier* (1848); — *Chasse au renard* (1849); — *Jument arabe et son poulain* (1850); — *Chevaux arabes*; — *Chevreuil et héron*, et *Chien et gibier* (1852); — *Combats de cerfs* (1854); — *Hallali sur pied* (1855); — *Chiens anglais* (1857); — *Chevreuil* (1859). M. Mène a reçu une médaille de 3e classe en 1855, une de 2e en 1848, une de 1re en 1852. G. DE F.

Journal des Beaux-Arts, 1841. — *Livrets du Salon*.

MENECHINO. *Voy*. AMBROGI (*Domenico degl'*).

MÉNÉCLÈS (Μενεκλῆς), de Barce, dans la Cyrénaïque, historien grec, vivait sous Ptolémée Physcon (146-118 avant J.-C.). Il écrivit un ouvrage sur la Libye, Λιβυκά, dont il ne reste que deux courts fragments. On pense que deux ouvrages mentionnés sous le titre de Συναγωγή et de Γλωσσόκομον lui appartiennent aussi. Enfin on lui attribue une histoire d'Athènes citée par Hippocration, Photius, Suidas. Les [fragments] de Ménéclès ont été recueillis par [C. Müller] dans les *Fragmenta Histor. Græcorum* (coll. A.-F. Didot), t. IV, p. 448.

Un Ménéclès d'Alabanda acquit une réputation comme orateur et professeur de rhétorique dans le premier siècle avant J.-C.; il enseigna la rhétorique à Rhodes avec son frère Hiéroclès. L'orateur romain Marc Antoine les entendit tous deux en 94 avant J.-C. Cicéron parle de Ménéclès avec éloge (*Brut.*, 95; *Orat.*, 69; *de Orat.*, II, 23.) Z.

Smith, *Dictionary of Greek and Roman Biography*.

MÉNÉCRATE (Μενεκράτης), médecin grec, né à Syracuse, vivait à la cour de Philippe, roi de Macédoine (359-336) avant J.-C. Il semble qu'il était très-habile dans la pratique de son art. Ses succès l'enorgueillirent au point qu'il prit le nom de Jupiter et réclama des honneurs divins. Il écrivit un jour à Philippe une lettre qui commençait par ces mots : « Ménécrate Jupiter à Philippe, salut » (Μενεκράτης Ζεὺς Φιλίππῳ χαίρειν). Le roi lui répondit : « Philippe à Ménécrate, bonne santé et bon sens ». (Φίλιππος Μενεκράτει, ὑγιαίνειν). Une autre fois le roi l'ayant invité à un magnifique repas le traita comme un être au-dessus des besoins humains, et ne lui fit servir que des libations et de l'encens. Ménécrate, d'abord flatté de cette distinction, s'aperçut bientôt que c'était une plaisanterie, et voyant qu'on ne lui offrait pas de mets plus substantiels, il se leva de mauvaise humeur, et partit. Y.

Athénée, VII. — Élien, *Variæ Historiæ*, XII, 51.

MÉNÉCRATE (*Tiberius-Claudius-Quirinus*), médecin grec, vivait dans le premier siècle après J.-C. Il acquit une grande réputation, fut le médecin des empereurs Tibère et Claude, et composa plus de cent cinquante ouvrages médicaux, dont il ne reste qu'un petit nombre de fragments. Il inventa l'emplâtre bien connu sous le nom de *diachylon* (διὰ χυλῶν). Sa recette pour composer le diachylon fut mise en vers par Damocrate. Ménécrate, s'étant aperçu que les abréviations dont on se servait dans les formules médicales donnaient souvent lieu à des méprises, avait l'habitude d'écrire ses prescriptions dans toute leur longueur. Ce soin, d'après Galien, ne profita guère à la postérité, parce que dans les transcriptions de ses ouvrages on employa les abréviations ordinaires (1). Y.

Galien, *De Composit. Medicamen.*, VII, 9, 10; XIII, p. 996.

(1) On cite encore plusieurs écrivains du nom de Ménécrate : un poëte comique (Meineke, *Hist. crit. Com. Græcor.*, p. 460); un poëte auteur de deux épigrammes de l'*Anthologie grecque* (Jacobs, *Anthol. Græca*, vol. I, p. 227); — MÉNÉCRATE *Elaïte*, auteur d'un *Traité sur les Fondations des Villes* (Κτίσεις), et d'un *Itinéraire de l'Hellespont* (Περιόδος Ἑλλησποντιακή), vivait sous Ptolémée Lagus; — MÉNÉCRATE *de Xanthe*, auteur d'une histoire de Lycie; — MÉNÉCRATE *de Tyr*, mythographe; — MÉNÉCRATE *de Nysa*, mythographe, vivait vers 180 avant

MÉNÉDÈME, philosophe grec, né à Érétrie, dans l'île d'Eubée, vers 350 avant J.-C., mort vers 276. Avant de devenir le fondateur de l'école d'Érétrie, Ménédème fut quelque temps disciple de Platon, d'abord à Mégare, où les disciples de Socrate s'étaient réfugiés après la mort de leur maître, puis à Athènes. Il s'attacha ensuite à l'école de Mégare, sous Stilpon, et enfin à l'école d'Élis, sous Phædon. Ce fut de cette école, transférée à Érétrie, qu'il devint le chef. Il y eut pour assesseur, plus encore que pour disciple, son ami Asclépiade. Les Érétriens, d'hostiles qu'ils lui avaient été d'abord, devenus plus équitables envers leur concitoyen, reconnurent son mérite, et lui conférèrent l'administration de leur cité. Diogène de Laerte (in Mened., l. II) rapporte que, dans une ambassade dont il était chargé auprès de Ptolémée et de Lysimaque, deux anciens généraux d'Alexandre devenus rois, l'un en Égypte, l'autre en Thrace, il fut accueilli par ces deux princes avec une grande distinction. S'il faut en croire Hermippus dans Diogène de Laerte, la faveur dont il jouissait auprès d'Antigone Gonatas, fils de Démétrius Poliorcète et petit-fils d'Antigone, tué à Ipsus, le rendit suspect à ses concitoyens. Accusé de trahison par Aristodème, il prit le parti de se réfugier à Orope; mais, les Béotiens l'en ayant chassé, il rentra secrètement dans sa patrie, emmena sa femme et ses filles, et se retira auprès d'Antigone, où il mourut, de tristesse. Tel est le récit d'Hermippus, dans Diogène de Laerte. Mais Héraclide, également dans Diogène, en parle tout autrement. Il dit que Ménédème, devenu le premier du sénat d'Érétrie, préserva plus d'une fois sa patrie de la tyrannie en rendant inutiles les efforts de ceux qui voulaient la livrer à Démétrius. Ce récit, d'après la remarque de Diogène de Laerte, est conforme à celui d'Antigone de Caryste. Héraclide ajoute que Ménédème mourut dans la soixante-quatorzième année de son âge, sous le règne d'Antigone Gonatas.

En ce qui concerne les doctrines philosophiques de Ménédème, il est regrettable que nous n'ayons conservé ni les écrits d'Héraclide, ni une biographie de Ménédème composée par Antigone de Caryste, ni le livre de Sphærus, cet élève du stoïcien Cléanthe, qui, au rapport de Diogène de Laerte (*in Cleanth.*, l. VII), avait écrit sur les philosophes érétriens. Élève de l'Académie, puis de l'école de Mégare, enfin de l'école d'Élis, les éléments dont se constituait la philosophie de Ménédème devaient appartenir, dans des proportions combinées, à chacune de ces trois sectes. Diogène de Laerte rapporte que notre philosophe n'estimait ni Platon ni Xénocrate, qui avaient été ses maîtres « τῶν δὲ διδασκάλων τῶν περὶ Πλάτωνα καὶ Ξενοκράτην κατεφρόνει ». Puis, quelques lignes plus bas, et sur l'autorité d'Héraclide, le même historien ajoute que Ménédème suivait la philosophie de Platon, sauf toutefois sa dialectique, qu'il n'estimait pas (ἐν μὲν τοῖς δόγμασι πλατωνικὸν εἶναι αὐτόν, διαπαίζειν δὲ τὰ διαλεκτικά). C'est en ces limites qu'il nous paraît convenable de restreindre l'assertion précédente de Diogène de Laerte. Au reste, le dédain de Ménédème paraît ne pas s'être étendu à la dialectique en général, et tout porte à croire qu'en rejetant celle de Platon il adopta celle des mégariques, ses maîtres ultérieurs. Nous lisons en effet dans Diogène de Laerte qu'il était plein d'admiration pour Stilpon, Στίλπωνα δὲ ἐπεθαύμαζε, et, chose plus décisive encore, qu'il excellait dans l'éristique, ἐριστικώτατός τε ἦν, assertion fondée sur le témoignage d'Antisthène en ses *Successions*, κατὰ φύσιν Ἀντισθένης ἐν διαδοχαῖς. Voici à cette occasion, et toujours d'après Diogène, un argument qu'il avait coutume de poser : « Deux choses étant données, l'une est-elle différente de l'autre? — Assurément. — Or, l'utile et le bien sont-ils deux choses? — Sans aucun doute. — Le bien n'est donc pas utile. » Faudrait-il en conclure que Ménédème niât sérieusement le caractère d'utilité dans le bien? Ce serait, ce nous semble, attacher trop d'importance à un sophisme, et il ne faut voir autre chose dans le raisonnement proposé qu'un de ces exercices éristiques, si familiers à cette école de Mégare, dont Ménédème avait été le disciple. C'est à cette même école que Ménédème avait appris l'art d'envelopper sa pensée, δυσκατανόητος, et de soutenir habilement une discussion ἐν τῷ συνθέσθαι δυσανταγώνιστος. Diogène de Laerte ajoute que Ménédème rejetait les propositions négatives, et n'admettait que les affirmatives, et que, parmi ces dernières, il approuvait surtout les propositions simples, et condamnait les autres, qu'il appelait conjonctives et complexes, συνημμένα καὶ συμπεπλεγμένα. D'après le témoignage du même historien, Ménédème joignait à une grande souplesse d'esprit une grande facilité d'élocution, ἐστρέφετό τε πρὸς πάντα, καὶ εὑρεσιλόγει. Diogène ajoute qu'il enseignait avec simplicité, sans appareil, et qu'on ne voyait dans son école ni siéges régulièrement disposés, ni rien de semblable, mais que chacun l'écoutait, soit assis, soit debout, soit en se promenant à volonté.

S'il faut en croire le témoignage d'Antigone de Caryste (1), dans Diogène de Laerte, Ménédème n'a rien écrit ni composé, γράψαι αὐτὸν μηδὲν, μηδὲ συντάξαι, et n'a été l'auteur d'aucun dogme. Il est resté pourtant des érétriens un précepte moral, conservé par Cicéron (*Acad.* II, 42), et qui consistait à dire que le bien réside tout entier dans l'esprit et dans cette faculté de l'esprit à laquelle nous devons de concevoir le vrai :

J. C. (C. Müller, *Fragmenta Historicorum Græcorum*, t. II). On cite aussi un Ménécrate sculpteur qui fut le maître d'Apollonius et de Tauriscus (Pline, *Hist. Nat.*, XXXVI, 5).

(1) Antigone de Caryste vivait vers la fin du règne de Ptolémée-Philadelphe, c'est-à-dire vers 250 av. J.-C.

« *A Menedemo autem, quod is in Eretria fuit*, Eretriaci *appellati : quorum omne bonum in mente positum et mentis acie, qua verum cernitur.* » Remarquons d'abord que ce principe est bien évidemment celui qui inspira la réponse de Stilpon, l'un des mégariques, et l'un des maîtres de Ménédème, à Démétrius Poliorcète, lorsque après la prise de Mégare ce prince demandant au philosophe s'il n'avait rien perdu : « Non, répondit celui-ci, puisque je possède encore tout mon savoir. » Remarquons, en outre, que ce précepte, rappelé par Cicéron, n'appartient pas seulement aux érétriens ; il pouvait être réclamé en même temps par les mégariques; et l'adoption commune qu'en firent les deux écoles constitue entre elles, indépendamment de tous les rapports qui les unissent d'ailleurs, un lien bien évident. En effet, que disaient les mégariques avec Euclide? Ils affirmaient que le bien, ἀγαθόν, est un, ἕν, et ils lui donnaient en même temps les noms de νοῦς et de φρόνησις. Or, nous retrouvons cette unité, en tant que caractère fondamental du bien, chez les érétriens comme chez les mégariques, puisque les érétriens n'admettaient d'autre bien que celui qui réside dans l'esprit. Cet *omne bonum in mente positum* des érétriens n'est donc autre chose que le ἀγαθὸν ἕν, appelé νοῦς par les mégariques. De plus, ce même ἀγαθὸν ἕν, auquel les mégariques donnaient le nom de φρόνησις, n'est-il pas précisément le *omne bonum positum in mentis acie, qua verum cernitur*, admis par les érétriens? Ces rapprochements n'ont rien de contraint ni de subtil; ils nous semblent fondés sur une juste appréciation de l'esprit et de la forme des deux préceptes dont il s'agit. Et cette analogie n'a pas échappé à Cicéron, lorsque, mentionnant le précepte des érétriens; il ajoute : « *Illi (megarici) similia, sed explicata uberius et ornatius.* » Non-seulement donc Ménédème fut l'élève de Stilpon et des mégariques, mais encore lui et les érétriens ses disciples adoptèrent un dogme philosophique que l'école de Mégare, dès Euclide, son fondateur, avait posé comme fondamental. Quels furent dans l'école d'Érétrie les disciples de Ménédème et d'Asclépiade? C'est ce qu'il est impossible de déterminer. Il faut qu'ils aient été bien obscurs, puisque leurs noms ne se trouvent même pas mentionnés dans Diogène de Laerte.

Il est fait mention dans Diogène de Laerte, au livre VI, d'un autre Ménédème, que cet historien range parmi les cyniques, et qui paraît avoir été disciple de Colotès de Lampsaque. C. MALLET.

Diogène de Laerte, l. II, art. *Ménédème*. — C. Mallet, *Histoire de l'École de Mégare et des Écoles d'Élis et d'Érétrie.*

MÉNEGAULT (*A.-P.-F.*), littérateur français, né vers 1770, mort après 1830. Il servit d'abord dans l'artillerie, tint sous l'empire un bureau de correspondance, et s'occupa ensuite d'opérations commerciales. Il était membre de l'académie de Turin et du Lycée des Arts à Paris. On a de lui, sous son propre nom et sous divers pseudonymes, un grand nombre d'écrits de circonstance, de pièces de vers, de romans et de drames; nous citerons : *Delphina, ou le spectre amoureux*; Paris, 1798, 2 vol. in-18, fig.; — *Le Garçon fille, ou la fille garçon*, comédie en vers; Paris, 1801, in-8°; — *Le Mérite des Hommes, poëme*; Paris, 1801, in-12 : ce poëme, composé sur les mêmes rimes que *Le Mérite des Femmes* de Legouvé, est sous le nom de Rose-Ange Gaëtan : Mme Briquet a consacré à cette prétendue demoiselle une notice dans son *Dictionn. Historique*; — *L'Aurore de la Paix, ode au premier consul*; Paris, 1801, in-8°; — *La Napoléide, poëme*; Paris, 1806, in-8°; — *Marie de Brabant, reine de France*, roman; Paris, 1808, 2 vol. in-12; — *Voyages dans l'Afrique et les deux Indes, de 1809 à 1812*; Paris, 1814, 2 vol. in-12; — *Martyrologe littéraire, ou dictionnaire critique de sept cents auteurs vivants, par un ermite qui n'est pas mort*; Paris, 1816, in-8°; — *Dictionnaire historique des Batailles, siéges et combats de terre et de mer qui ont eu lieu pendant la révolution française*; Paris, 1818, 4 vol. in-8°; cette compilation a encore eu pour rédacteurs MM. Antoine, Cels et Menut-Dessables; — *Le Robinson du faubourg Saint-Antoine, ou relations des aventures du général Rossignol, déporté en Afrique*; Paris, 1817, 4 vol. in-12; — *L'Impiété ou les Philosophistes, essai poétique en VIII chants, avec des notes, dédiés au roi*; Paris, 1821, in-8°. P. L.

Nouv. Biog. des Contemp. — Quérard, *La France littéraire.*

MÉNÉLAS d'*Ægæ*, poëte épique grec, d'une époque incertaine, mais probablement postérieure à l'ère chrétienne. Entre autres ouvrages qui ne sont pas spécifiés, il écrivit un poëme épique intitulé *Thébaïde*, en douze livres suivant Suidas, en treize d'après Eudocia. Longin mentionne Ménélas avec éloge. Étienne de Byzance cite plusieurs fois les cinq premiers livres de cet ouvrage, dont il ne reste pas de fragments importants.

On cite encore deux littérateurs de ce nom, l'un d'Anaea en Carie, qui est appelé par Étienne de Byzance, philosophe péripatéticien et grand historien, mais qui est d'ailleurs inconnu; — L'autre MÉNÉLAS de Marathon en Phénicie, rhéteur grec, qui assistait C. Sempronius Gracchus dans la composition de ses discours (Cicéron, *Brutus*, 26). Y.

Smith, *Dictionary of Greek and Roman Biography.*

MÉNÉLAOS, sculpteur grec, élève de Stephanus, vivait vers la fin du premier siècle après J.-C. Il reste de lui un groupe en marbre dans la villa Ludovisi, avec cette inscription : *Ménélas, élève de Stephanus, l'a fait.* Le groupe consiste en deux figures de grandeur naturelle, un homme et une femme. Le sujet de cette représentation a été differemment expliqué. On la rapporte généralement à l'histoire de Papirius et de sa mère. Thiersch pense aussi que le groupe représente une scène romaine; mais au sujet précédent il préfère Octavie et Marcellus. Winckelmann, au contraire, pense que la scène était grecque, et reconnaît dans les deux figures d'abord Phèdre et Hippolyte, puis Oreste et Électre. Y.

Winckelmann, *Geschichte d. Kunst*. — Thiersch, *Epochen*.

MÉNÉLAUS (1), géomètre grec, né à Alexandrie, vivait vers la fin du premier siècle après J.-C. Il fit des observations astronomiques à Rome, sous le règne de l'empereur Trajan, et c'est probablement de lui qu'il est question dans le dialogue de Plutarque, *De facie in orbe lunæ*. Il est mentionné par Pappus, Proclus et Ptolémée. Le seul de ses ouvrages qui nous soit parvenu est un traité *De la Sphère* en trois livres; encore le texte grec est perdu, et on n'a qu'une traduction latine faite sur une version arabe; cette traduction est l'œuvre de Maurolico, qui la publia avec les *Sphériques* de Theodose à Messine, 1558, in-fol. Le P. Mersenne l'inséra dans son *Universæ Geometriæ Synopsis*; Paris, 1644, in-4°. Halley prépara une nouvelle édition de ce géomètre, corrigée d'après une traduction hebraïque; le livre fut même imprimé, Oxford, 1707, in-8°; mais ses occupations ne lui ayant pas permis d'en écrire la preface, il ne livra pas au public, et se contenta d'en donner des exemplaires à quelques savants. L'ouvrage ne parut que beaucoup plus tard, par les soins de Costard, qui fit la preface : *Menelai Sphæricorum Libri tres. Quos olim, collatis mss. hebræis et arabicis, typis exprimendos curavit Ed. Halleyus; præfationem addidit G. Costard*; Oxford, 1758, in-8°. Les trois livres des *Sphériques* sont tout entiers consacrés aux triangles. Suivant Delambre les théorèmes sont presque tous de pure spéculation et d'un usage presque nul pour la pratique. Cependant le même historien reconnaît « que la première proposition du troisième livre, reproduite dans Ptolémée, était le fondement de la resolution des triangles sphériques chez les anciens ». Delambre pense que cette proposition appartient à Hipparque. Ménélaus avait aussi composé un traité en six livres sur le calcul des cordes; il n'en reste rien. Y.

Ptolemée, *Magna Syntaxis*, p. 170. — Costard, *Preface de l'édition de 1758*. — Montucla, *Histoire des mathématiques*, t. I, p. 291. — Delambre, *Histoire de l'Astronomie ancienne*, t. II, 248.

MENENDEZ (*Michel-Hyacinthe*), peintre espagnol, né à Oviedo, en 1679, mort à Madrid, en 1743. Il fut un des bons artistes de l'école madrilène, et est louable autant dans le dessin que dans la composition et la couleur. Philippe IV le prit pour son premier peintre en 1712. On cite parmi les meilleurs tableaux de Menendez, à Madrid, deux tableaux représentant des sujets tirés de la *Vie du prophète Élie*; — aux Récollets, une *Madeleine*; — à Saint-Gilles, *Les Apôtres*. Menendez a dessiné tous les tableaux que André de La Calleja (*voy.* ce nom) a exécutés dans l'église San-Felippe-el-Real. On connaît aussi de Menendez une estampe qui représente avec assez de talent *saint Isidore* à cheval, vêtu en pontife et exterminant les Maures.

MENENDEZ (*Francisco-Antonio*), peintre espagnol, fondateur de l'Académie de Peinture de Madrid, frère du précédent, né à Oviedo, en 1682, mort à Madrid, en 1745. Il commença l'étude de la peinture à Madrid, et en 1699 alla se perfectionner en Italie. Après avoir vu Gênes, Milan, Venise, Rome et Naples, il se trouva dans une telle misère qu'en 1700 il s'engagea dans l'infanterie espagnole. Il devint facilement officier; mais les révolutions et l'évacuation du royaume napolitain par les Espagnols le forcèrent à quitter l'épée. Il reprit le pinceau, vint à Rome, y eut du succès comme portraitiste et peintre de genre, et s'y maria avantageusement. Mais lorsqu'il voulut retourner dans sa patrie, les parents de sa femme lui intentèrent procès sur procès, et, les tribunaux pontificaux aidant, il rentra à Madrid, le 19 octobre 1717, aussi pauvre qu'il en était sorti. Il se mit courageusement à faire de la miniature, et, protégé par son frère, il réussit à élever sa nombreuse famille et même à acquérir une honnête aisance. Ce fut alors, en 1726, qu'il proposa au roi Philippe V de fonder une Académie des Beaux-Arts à Madrid (1). Ce vœu ne fut pas exaucé immédiatement; il dut souvent le réiterer; enfin, en 1744, on ouvrit un atelier de dessin à la Panaderia, et il en fut nommé directeur. Cette académie primitive fut la base de celle de San-Fernand. Menendez jouit peu de son œuvre; il mourut l'année suivante. Ses tableaux, nombreux en Italie, sont très-rares en Espagne. On y cite surtout *La Tempête* : il représente la tempête qu'il essuya avec sa famille lors de son retour d'Italie. Les divers effets y sont reproduits avec une grande vérité. Ce beau tableau a été transporté d'Atocha au Rosario de Madrid. A. DE L.

(1) Le nom de ce géomètre est quelquefois écrit par erreur *Mileus* ou *Milleus*. « C'est défigurer son nom, dit Montucla, que de l'appeler Mileus, comme ont fait quelques auteurs, qui le sont ainsi dans de mauvaises traductions faites d'après l'arabe. Cette erreur est fondée sur la méprise d'une lettre qui, avec deux points au-dessous forme un i, et avec un au-dessus, un n. Ceux qui connaissent un peu la langue arabe verront facilement comment dans un manuscrit sans voyelles et mal ponctué on a pu lire l'un pour l'autre.

(1) Cette demande était ainsi formulée : *Representation au roi à l'effet de mettre sous les yeux de S. M. les avantages que l'on peut tirer de l'etablissement d'une academie des arts du dessin, de la peinture, de la sculpture, et de l'architecture, à l'instar de celles de Rome et d'autres grandes villes d'Italie, de France et de Flandre; le lustre qui doit en rejaillir sur la ville de Madrid, et l'honneur qui doit en resulter pour la nation espagnole.*

La Constitucion y actas de la Academia de San-Fernando de Madrid. — Raphael Mengs, *Obras*. — Felippe de Guevarra, *Los Comentarios de la Pintura*. — Cean Bermudez, *Diccionario historico de los mas illustres*, etc. — Don Mariano-Lopez Aguado, *El real Museo*; Madrid, 1835.

MENENIUS AGRIPPA. *Voy*. AGRIPPA.

MENESES-OSORIO (*Francisco*), peintre espagnol, né à Séville, en 1630, mort dans la même ville, en 1705. Il fut l'élève d'Esteban Murillo, qui approcha le plus du faire de ce grand peintre. C'est au point qu'il faut très-bien connaître le style de l'illustre maître pour ne pas se tromper sur quelques productions du disciple, surtout pour quelques tableaux d'*enfants*, qui semblent de véritables Murillo. Meneses se lia d'une étroite amitié avec Juan Garzon, et travailla souvent avec cet artiste. En 1668 Meneses fut élu majordome de l'Académie de Peinture de Séville. Parmi les beaux et nombreux ouvrages de ce peintre on cite à Séville, dans le salon de l'Académie, une magnifique *Conception*; — *Saint Philippe de Neri adorant la Vierge*, dans l'église de la Congrégation de Séville; — à Madrid, dans l'église Saint-Martin, *Élie fortifié par un ange dans le désert*. Mais l'ouvrage qui fait le plus d'honneur à Meneses est le célèbre tableau du grand maître autel des Capucins de Cadix, que Murillo avait commencé et que son élève sut terminer d'une manière digne du grand artiste que l'Espagne venait de perdre (1682).

A. DE L.

La Constitucion y Actas de la Academia de Séville. — Raphael Mengs, *Obras*; Madrid, 1780. — Felippe de Guevarra, *Los Commentarios de la Pintura*; Madrid, 1788. — Aguado, *Museo el real*; Madrid, 1835. — Cean Bermudez, *Diccionario historico de los mas illustres Professores de las Bellas-Artes en España*.

MÉNESTRATE (Μενέστρατος), sculpteur grec, d'une époque incertaine. Son *Hercule* et son *Hécate* étaient très-admirés chez les anciens. Cette dernière statue était dans l'opisthodome du temple d'Artemis à Éphèse. Selon Pline, elle était d'un marbre si brillant que l'on avertissait les visiteurs de se voiler les yeux pour la regarder. D'après ce passage de Pline, Sellig conjecture que Ménestrate vivait du temps d'Alexandre le Grand. Tatien (*Adver. Græc.*, 52, p. 113, édit. Worth.) attribue à ce sculpteur une statue de la prêtresse Léarchis.

Un autre artiste du même nom, un mauvais peintre qui vivait vers le temps de Néron, ne nous est connu que par une épigramme de Lucilius, qui prétend que son *Phaéton* n'était bon que pour le feu et son *Deucalion* pour l'eau (Brunck., *Anal.* II, p. 337).

Y.

Pline, *Hist. Nat.*, XXXVI, 5.

MENESTRIER (*Jean-Baptiste* LE), antiquaire français, né en 1564, à Dijon, où il est mort, en 1634. D'une famille obscure, il parvint par son propre mérite aux emplois de conseiller du roi et de contrôleur provincial de l'artillerie au duché de Bourgogne. On voyait autrefois son épitaphe peinte sur une des vitres de la paroisse de Saint-Médard de Dijon, en ces vers burlesques :

Ci-gist Jean Le Menestrier ;
L'an de sa vie soixante et dix,
Il mit le pied dans l'estrier
Pour s'en aller en paradis.

Il [illegible] anci[illegible] méda[illegible] donna lui-même la [illegible] : [illegible], *Monnaies et Mon*[illegible] *antiques* [illegible] *impératrices romaines*; [illegible] 1625, in-4°. Cet ouvrage, assez superficiel, [illegible] 1642 avec un nouveau frontispice.

P. L.

Labbe, *Biblioth. Nummaria*, 287. — Hallervordius, *Bibliotheca curiosa*, 190. — Teissier, *Catal. Auctorum*, 448. — Naudé, *Mascurat*, 281. — Banduri, *Biblioth. Nummaria*. — Papillon, *Bibl. des Auteurs de Bourgogne*, II.

MENESTRIER (*Claude* LE), antiquaire français, cousin du précédent, né à Vauconcourt, près de Jussey, mort en 1639, à Rome. Fils d'un laboureur, il se rendit en Espagne, où il fut obligé de garder les troupeaux; à Rome il fut ordonné prêtre. Son goût pour les antiquités lui valut la protection du cardinal Fr. Barberini (plus tard Urbain VIII), qui le nomma son bibliothécaire et l'envoya en différents pays pour réunir des médailles et des objets d'art. Comme il retournait, en 1632, à Rome, son vaisseau fut assailli par une violente tempête, et on jeta à la mer une précieuse collection de monuments et de tableaux qu'il rapportait d'Espagne. Ce savant entretenait des rapports suivis avec Jérôme Aléandre, J.-J. et Ph. Chifflet. On a de lui : *Symbolicæ Dianæ Ephesiæ statua exposita*; Rome, 1657, in-4°, dissertation réimprimée en 1689 et insérée dans le t. VII du *Thesaurus Antiquit. Græcarum* de Gronovius.

P. L.

Papillon, *Bibl. des Auteurs de Bourgogne*, II.

MENESTRIER (*Claude-François*), savant antiquaire français, petit-neveu du précédent, né le 9 mars 1631, à Lyon, mort le 21 janvier 1705, à Paris. Fils d'un apothicaire, il fit de bonnes études au collége de La Trinité, que dirigeaient les jésuites; il y montra une grande facilité pour apprendre, une pénétration d'esprit singulière, beaucoup de ténacité au travail et une mémoire d'une étendue extraordinaire (1). Ses maîtres n'eurent pas de peine à le faire entrer dans leur compagnie. A quinze ans il fut chargé de la classe de rhétorique; ensuite il professa à Chambéry, à Vienne, à Grenoble, et fut rappelé à Lyon. Il travaillait sans cesse et recueillait les matériaux des ouvrages qu'il devait publier plus tard. Possédant à fond la théologie, il accompagna au synode de Die le P. de Saint-Rigaud, et brilla par sa dialectique dans les

(1) De passage à Lyon, la reine Christine de Suède visita le collége de La Trinité; les chefs ne manquèrent pas une si belle occasion de se faire honneur de leur jeune professeur. On dressa une liste de trois cents mots les plus bizarres qu'il fût possible de trouver, et on les lut une seule fois en présence de Menestrier, qui répéta les trois cents mots sans hésiter depuis le premier jusqu'au dernier, et en remontant du dernier au premier.

conférences qui eurent lieu avec les protestants. Il montra beaucoup de talent dans un genre bien différent, celui d'ordonner des fêtes et de régler les détails des cérémonies publiques; décors, machines, peintures, devises et emblèmes, mise en scène, chants et danses, tout était de son ressort. Lorsque Louis XIV vint en 1658 à Lyon, Menestrier dirigea les fêtes qui lui furent données au collége de La Trinité, et fit exécuter par les élèves deux ballets de sa composition. Ce fut aussi à lui qu'on s'adressa pour l'ordonnance des fêtes qui signalèrent le mariage de Françoise de Valois avec le duc de Savoie, et depuis il ne manqua aucune occasion semblable d'appliquer ses talents. Chargé en 1667 de la garde de la bibliothèque au collége de La Trinité, où il professait encore la rhétorique, il résigna cet emploi pour échapper à des contrariétés auxquelles il fut trop sensible, et se mit à voyager: après avoir parcouru l'Italie, la Bavière, l'Allemagne et l'Angleterre, il s'établit à Paris, dans une maison de son ordre (1670), et n'en sortit plus que pour faire à Lyon des apparitions courtes et rares. Il se livra d'abord à la prédication; quoiqu'il fût loin d'être éloquent, sa parole était abondante et facile; mais le style et le goût lui manquaient. On l'appela dans les principales villes de France pendant vingt-cinq ans pour l'entendre. Ses sermons étaient probablement improvisés; malgré leur grand nombre, aucun ne nous est parvenu et on n'en a pas trouvé trace dans ses papiers. Cependant il avait noué des relations suivies avec le P. La Chaise et avec quelques savants; il rédigeait en latin des inscriptions pour les estampes de Le Brun et pour les gravures des batailles de Louis XIV faites d'après les tableaux de van der Meulen. Menestrier considérait le blason comme une des études les plus sérieuses dans un pays monarchique; il n'attachait pas moins d'importance aux emblèmes et aux devises, et l'on ne saurait croire ce qu'il a déployé d'imagination et de science dans cette étude. Sa santé robuste finit par s'user dans cette continuité de travaux divers; des maux d'estomac le faisaient cruellement souffrir dans sa vieillesse, et il mourut d'un squirre au pylore, à l'âge de soixante-quatorze ans. Ses livres et manuscrits, transportés dans la maison des jésuites de Lyon, se trouvent aujourd'hui dans la bibliothèque publique de cette ville.

Menestrier travailla chaque jour de sa longue vie avec une régularité qui explique le grand nombre de ses écrits. Il avait l'imagination vive, l'esprit pénétrant et tourné au paradoxe. Comme érudit, il possédait des connaissances variées, dont il ne fut pas toujours le maître; il ignorait l'art de faire un livre, et se laissait absorber par les détails. Son style est diffus, négligé, d'un goût douteux. Il manquait tout à fait de critique. Son portrait, peint au pastel par Limon, a été gravé par J.-B. Nolin et par Trouvain, et son buste, sculpté par Legendre-Héral, est au musée des Lyonnais célèbres. — Les ouvrages de Menestrier sont tellement nombreux qu'il est presque impossible d'en donner la liste complète. Niceron et Pernetti en indiquent 83; M. Allut en décrit 144; mais il fait entrer dans ce chiffre des opuscules de quelques pages, des articles de journaux, des réimpressions et même des contrefaçons. Nous les classerons par groupes. — I. Blason, armoiries et noblesse. *Le véritable Art du Blason*; Lyon, 1658, in-12; — *L'Art du Blason justifié*; Lyon, 1661, in-12; — *Le véritable Art du Blason, ou l'usage des armoiries*; Lyon, 1672, in-12; la 2e édit. (Paris, 1673) a été augmentée d'un second volume; — *De la Chevalerie ancienne et moderne*; Paris, 1673, in-12; — *Origine des Armoiries*; Paris, 1679, in-12; — *Origine des Ornements des Armoiries*; Paris, 1680, in-12; — *Traité de l'Origine des Quartiers et de leur usage*; Paris, 1681, in-fol.; — *Diverses Espèces de Noblesse et manières d'en dresser les preuves*; Paris, 1681, in-12; — *Le Blason de la Noblesse*; Paris, 1683, in-12; — *Nouvelle Méthode raisonnée du Blason*; Lyon, 1688, in-12: l'édition de Lemoine (Lyon, 1754, in-12) n'est plus l'ouvrage de Menestrier; — *Jeu de Cartes du Blason*; Lyon, 1692, in-12. — II. Ballets, tournois et cérémonies. *Ballet des Destinées de Lyon*; Lyon, 1658, in-4°; — *Les Réjouissances de la Paix*; Lyon, 1660, in-4°; — *Traité des Tournois, joûtes, carrousels et autres spectacles publics*; Lyon, 1669, in-4°; — *Des Représentations en musique anciennes et modernes*; Paris, 1681, in-12; — *Des Ballets anciens et modernes, selon les règles du théâtre*; Paris, 1682, in-12; — *Les Décors funèbres, où il est amplement traité des tentures, des lumières, des mausolées, catafalques, etc.*; Paris, 1684, in-fol.; — *Remarques et Réflexions sur la pratique des Décorations pour les entrées solennelles et réceptions des princes dans les villes*; Grenoble, 1702, 2 part. in-fol. — III. Devises et emblèmes. *Étrennes de la Cour en devises et madrigaux*; Lyon, 1659, in-4°; — *L'Art des emblèmes*; Lyon, 1662, 1684, in-8°; — *La Devise du Roi justifiée, avec un Recueil de cinq cents devises faites pour S. M. et toute la cour*; Paris, 1679, in-4°; — *La Philosophie des Images*; Paris, 1682-1683, 2 vol. in-8°; — *La Science et l'Art des Devises*; Paris, 1686, in-8°; — *La Philosophie des Images énigmatiques*; Paris, 1694, in-12. — IV. Histoire. *Éloge historique de la ville de Lyon*; Lyon, 1669, in-4°; — *Histoire de Louis le Grand par les médailles, devises, inscriptions et armoiries*; Paris, 1689, in-fol.; 2e édit., augmentée des médailles satiriques; Amsterdam, 1691, in-fol.; Paris, 1693, 1699, in-fol. L'ouvrage eut peu de succès, et attira à l'auteur de vifs désagréments. L'Académie des Inscriptions, qui s'occupait du même sujet, lui reprocha d'avoir entrepris à lui seul un travail qui devait être l'œuvre collective d'une réunion d'érudits; — *Les divers Caractères des ouvrages historiques;* Lyon, 1694, in-12; — *Histoire civile ou consulaire de la ville de Lyon;* Lyon, 1696, in-fol. fig. et plans. Ce livre, qui devait avoir 3 vol., est peut-être, malgré de graves défauts, le plus important travail qui ait été écrit sur ce sujet. — V. MÉLANGES. *Lettres au sujet de la comète;* Paris, 1681, in-4°; — *Dissertation des loteries;* Lyon, 1700, in 12; — *Bibliothèque de divers ouvrages anciens et modernes de littérature et des arts;* Trévoux et Paris, 1704, 2 part. in-12. Le P. Menestrier a laissé, entre autres manuscrits, une *Histoire de l'église de Lyon*, 2 vol. in-fol., à laquelle il avait travaillé plus de trente ans et qui ne dépasse pas le septième siècle.

J.-B. MONTFALCON.

Éloge de Menestrier, dans les *Mémoires de Trévoux*, avril 1705. — Niceron, *Mémoires*, I, 69. — Colonia, *Hist. littér. de Lyon*, II, 325. — Pernetti, *Les Lyonnais dignes de mémoire*, I, 149. — Collombet, *Le P. Menestrier*, dans la *Revue du Lyonnais*, 1837, VI, 327. — Brunet, *Manuel du Libraire*, III. — P. Allut, *Recherches sur la vie et les œuvres du P. Menestrier*; Lyon, 1856, gr. in-8°.

MÉNEVAL (*Claude-François*, baron DE), historien français, né à Paris, en 1778, mort dans la même ville, le 20 avril 1850. Après avoir fait d'excellentes études, il remplit les fonctions de secrétaire auprès de Joseph Bonaparte, et fut employé pendant les négociations qui précédèrent la paix de Lunéville, le concordat et la paix d'Amiens. Joseph Bonaparte le proposa au premier consul, qui pensait à éloigner Bourrienne, dont il avait à se plaindre, et immédiatement après la signature du traité d'Amiens Méneval fut appelé dans le cabinet de Napoléon avec le titre de secrétaire du portefeuille, fonction qu'il remplit pendant la durée du consulat et de l'empire. Le secrétaire du portefeuille était chargé du travail courant et de tout ce qui était de nature à être traité de suite; il ouvrait et lisait toutes les lettres et pétitions adressées à l'empereur, les classait pour son examen et écrivait sous sa dictée. Méneval servit souvent d'intermédiaire à Napoléon pour la transmission de ses intentions et de ses bienfaits aux gens de lettres et aux savants. Il accompagna Napoléon dans ses campagnes. L'empereur le nomma baron et maître de requêtes au conseil d'État au retour de la campagne de Russie, pendant laquelle sa santé s'était gravement altérée, par suite de la fatigue et du travail. Méneval fut alors placé « en convalescence, » suivant l'expression de Napoléon, auprès de l'impératrice Marie-Louise, nommée régente. Il ne quitta pas l'impératrice dans la crise qui amena la chute de l'empire, et suivit cette princesse à Vienne, où il resta jusqu'en 1815. A cette époque, il vint rejoindre l'empereur à Paris, et après les Cent Jours il resta en France. Napoléon se souvint de lui à Sainte-Hélène, et dans son testament il le porta pour 150,000 fr., sur lesquels 62,143 furent payés (1). Méneval a publié : *Lettre à M. Thiers sur quelques points de l'histoire de Napoléon, et sur la mort du duc d'Enghien;* Paris, 1839, in-8°; — *Napoléon et Marie-Louise, souvenirs historiques;* Paris, 1843-1845, 3 vol. in-8°; 1844-1845, 3 vol. in-18; — *Récit d'une excursion de l'impératrice Marie-Louise aux glaciers de Savoie, en juillet 1814;* Paris, 1847, in-8° et in-12. M. Méneval a été un des collaborateurs de *Bourrienne et ses erreurs volontaires et involontaires;* 1830, 2 vol. in-8°.

Son fils aîné, *Eugène*, baron DE MÉNEVAL, entré dans la diplomatie, après avoir été secrétaire de légation à Dresde sous Louis-Philippe et premier secrétaire de légation à Vienne, a été ministre plénipotentiaire à Bade en 1851, puis à Munich. Chargé, en juillet 1859, de porter une lettre de l'empereur au pape dans laquelle se trouvaient formulées les réformes à opérer dans le gouvernement des États Romains, il a été admis à la disponibilité au mois de décembre suivant.

L. L—T.

Biogr. univ. et portat. des Contemp. — Birague, *Ann. biogr. et histor.*, 1844, 1re partie, p. 110. — Bourquelot, *La Littér. franç. contemp.*

MENEZES (*Pedro*), comte de VILLAREAL, capitaine portugais, mort le 22 septembre 1437, à Ceuta. La famille des Menezes fait remonter son origine à Fruela II, roi de Léon, qui régnait au commencement du douzième siècle; mais le premier rejeton qui l'ait illustrée est le soldat chanté par Camoëns. Don Pedro, élevé en Espagne, se distingua dans l'expédition de Ceuta (1415), où il fut armé chevalier par l'infant Duarte. Sur le refus de tous, il s'offrit à Jean Ier pour défendre Ceuta, dont on venait de faire la conquête, en disant ce mot immortalisé par un vers des *Lusiades* : « Pour garder contre les Maures cette clef de l'Afrique, il suffit d'un bâton d'olivier sauvage » (2). Avec 2,700 soldats aguerris, il fit des prodiges de valeur. En 1418, les Maures redoublèrent d'efforts pour le chasser; le roi de Grenade lui-même s'unit à eux. Mais Menezes les mit dans une complète déroute. En 1424, il fut créé comte de *Villareal*.

F. D.

Elogios dos varões que illustraram a nação portugueza. — Fernão Lopes, *Chronica del rey João I.* — D. Fernando de Menezes, *Vida e acções del rey João I.* — Damian de Goes, *Chronica de D. Joam I.*

MENEZES (*Jorge* DE), navigateur portugais, mort en 1531. Après avoir guerroyé sur les côtes de l'Inde, il fut nommé gouverneur des îles Moluques. Muni des instructions de Masca-

(1) Dans une nouvelle répartition faite en 18[illegible], ses héritiers ont reçu [illegible] fr.

(2) La tradition veut qu'il soit ici question d'un de ces bâtons recourbés, *aico*, avec lesquels on frappait des boules sur une aire pour les diriger sur un point indiqué. Le fameux bâton fut conservé durant des siècles dans la forteresse de Ceuta, et c'était sur cette espèce de crosse que chaque nouveau gouverneur devait prêter serment.

renhas, qui gouvernait les Indes, il quitta Malacca avec deux navires et un pilote musulman (août 1526, et parvint, à travers mille dangers, jusqu'à l'île de Burnei ou Bornéo. C'est à lui que revient l'honneur de l'avoir découverte le premier. Selon Diogo de Couto, Antonio de Abreu avait entrepris le même voyage dès 1523, mais il avait été contraint de retourner aux Moluques sans avoir aperçu la grande île. En poursuivant sa navigation, Menezes reconnut la terre des Papouas, qu'on baptisa du nom *d'Iles de dom Jorge*, et arriva à Ternate en mai 1527. Son voyage avait duré huit mois. Il essaya de nouveau d'explorer Bornéo, et y envoya trois Portugais, qui, malgré les présents dont ils étaient porteurs, furent expulsés. Sa conduite cruelle à Ternate le fit renvoyer à Lisbonne, où il fut condamné au bannissement perpétuel. Il mourut au Brésil en combattant contre les Indiens. F. D.

Diogo de Couto, *Continuation des Decadas de Barros.* — Sraiva, *Indice chronologico.*

MENESES (*Aleixo* DE), prélat et homme d'État portugais, né le 25 janvier 1559, mort le 3 mai 1617. Son père avait dirigé l'éducation du roi Sebastien. Élevé dans le palais, il entra, contre le gré de ses parents, dans le couvent des augustins de Lisbonne, le 24 février 1574, et alla terminer ses études à Coimbre. Nommé par Philippe II archevêque de Goa, il prit possession de son siége en septembre 1595. Il convoqua un synode provincial, dans lequel furent établies des réformes utiles; il organisa plusieurs missions et fit évangéliser, entre autres, les sauvages habitants de l'île de Socotora. Il s'occupa également des chrétiens de l'Abyssinie, et surtout de ces schismatiques nestoriens connus sous le nom de *chrétiens de Saint-Thomé*, et qui s'étaient réfugiés depuis des siècles dans les montagnes du Malabar. Ce que n'avaient pu faire l'évêque de Cochin, les jésuites, les dominicains, ni les disciples de Saint-François, il sut l'accomplir, et après tant de siècles de dissidence l'Église romaine vit rentrer dans son sein la plupart de ces chrétiens égarés. Le pape Clément VIII témoigna à Menezes sa satisfaction par un bref du 1er avril 1599. Ce prélat se vit ensuite chargé du gouvernement des Indes; il remplaça D. Martim-Afonso de Castro, et remplit les fonctions de vice-roi depuis le 3 mai 1606 jusqu'au 28 mai 1609. Pendant ce temps les Hollandais se présentèrent à deux reprises devant Mozambique, et menacèrent les possessions portugaises de l'Afrique orientale, ainsi que Malacca. Menezes se montra sévère à l'égard de quelques princes mahométans; mais les Indes conservèrent du moins la tranquillité sous son administration. Son mémorable voyage dans les montagnes est imprimé sous ce titre : *Jornada do arcebispo de Goa D. Aleixo de Menezes quando foi a serras do Malavar, em que morão os Antiguos christaõs de S.-Tomé por Fr. Antonio de Gouvea*; Coimbra, 1606, in-fol. On joint d'ordinaire à cette curieuse relation : *Sinodo diocesano da igreja e bispado de antiguos christaõs de S.-Tomé das serras de Malavar celebrado por D. Fr. Aleixo de Menezes*; ibid., 1606. Traduit en espagnol, en 1608, par François Muños, ce voyage parut bientôt en français : *Histoire orientale des grands progres de l'Eglise catholique en la reduction des anciens chrétiens dits* de Saint-Thomas, *avec la messe des anciens chretiens en l'évêché d'Angamale*; Bruxelles, 1609, in-8° : malheureusement le traducteur, J.-B. de Glen, a laissé plusieurs lacunes dans sa version.

Ferd. DENIS.

Barbosa Machado, *Bibliotheca Lusitana.* — Ternaux-Compans, *Biblioth. Asiatique et Africaine.* — Veyssière La Croze, *Hist. du Christianisme des Indes.* — Pedro Barreto de Resende, *Tratado dos Visos-Reis da India*, ms. de la Bib. imp. de Paris.

MENGHÉLY GHÉRAÏ I, khan de Crimée, d'une branche collatérale de la dynastie des Dginghiskhanides, né vers 1440, à Eski-Krim, mort à Baktchiséraï, en 1515. Second fils de Hadji-Ghéraï, fondateur de cette principauté, il détrôna, en 1468, son frère aîné, Nour ed Daulah. Mais, renversé du trône lui-même, en 1470, par Haidar, son frère cadet, Menghély Ghéraï se réfugia chez les Génois, qui possédaient encore les forteresses et les ports de Kaffa et de Mangkoup. Le sultan ottoman, Mahomet II, ayant profité de cette occasion pour chasser entièrement les Génois de ces parages, et leur ayant pris ces deux dernières places, en 1475, Menghély Ghéraï tomba entre les mains des Turcs, et fut amené à Constantinople. En 1478 il rentra en Crimée, après avoir reconnu la souveraineté de la Porte Ottomane, qui devait avoir pour toujours le droit de nommer et de déposer les khans et d'entretenir un gouverneur turc, qui, sous le nom d'*youli-agassi* (aga du rivage), occuperait les trois villes de Kaffa, Goeslava et Balaclava. A peine rétabli sur le trône, Menghély en fut chassé de nouveau par le khan de Kiptchak, et remplacé par son frère Ahmed Ghéraï, sous les ordres d'un gouverneur mogol, nommé Schéitan. Devenu enfin, à partir de 1480, tranquille possesseur de la Crimée, il s'allia tour à tour avec le czar Jean III de Russie contre les Polonais, ou avec ces derniers contre Jean. Au moyen de cette politique Menghély réussit à abattre, en 1506, la dynastie des khans de Kiptchak, dont le dernier, Saïd Ahmed, mourut dans la prison de Kowno, en Lithuanie. Après avoir dévasté indistinctement les territoires russe et polonais, et pénétré jusqu'au Niémen, il incorpora à ses domaines une partie de l'Ukaine avec Kiow, puis la Podolie et la Volhynie. Menghély releva aussi de ses ruines la ville d'Eski-Krim, ancienne résidence, qui a donné son nom à la principauté entière, et fonda la forteresse d'Oczakow, entre les embouchures du Bog et du Dniéper. Il agrandit et embellit la nouvelle résidence de Baktchiséraï, où le palais du khan rappelait par sa magnificence les splendeurs

de l'Alhambra de Grenade. Ce prince a donné à la Crimée le code de lois ainsi que l'organisation administrative qu'elle a conservés jusqu'au moment de son incorporation dans la monarchie russe. Il a créé enfin les huit grandes charges dont les titulaires s'appelaient le *kalga* (ou vicaire et successeur présomptif du khan), puis le *nouredin*, le *khanaga*, l'*orbeg*, le *chirinbeg*, le *visir*, le *defterdar*, et le *kadhi*. Menghély, qui laissa à sa mort un pouvoir bien affermi à son fils aîné Mohammed Ghéraï, avait introduit parmi les Tartares l'usage des silos ou fosses destinées à la conservation des grains.
Ch. ROMELIN.

Siestrencezewitch de Bohusz, *Histoire de la Chersonèse Taurique*. — Hadji-Khalfah, *Tablettes chronologiques* (en turc). — Hammer, *Histoire de la Horde d'Or du Kiptchak* (en allemand). — Hammer, *Histoire des khans de Crimée* (en allemand).

MENGHÉLY GHÉRAÏ II, khan de Crimée, de la même dynastie que le précédent, né à Baktchiséraï, vers 1700, mort en 1740, dans la même ville. Fils de Sélim-Ghéraï Ier, il succéda, en octobre 1724, à son frère Saadet Ghéraï III. A l'aide de ses fils Halym et Chahyn Ghéraï, qu'il s'était adjoints, Menghély II remporta des victoires signalées sur les Nogaïs, tribu mogole, qui s'était formée en troupes de brigands pour infester la Crimée et la Bessarabie. Peu après avoir reçu les honneurs du triomphe, à Constantinople, en avril 1729, Menghely Ghéraï II, lors de la déposition de son protecteur, le sultan Achmed III de Turquie, fut détrôné, en octobre 1730, et remplacé d'abord par Kaplan Ghéraï, puis par Féthah Ghéraï II. Retabli en juillet 1737, il battit, en 1739, les Russes, qui avaient déjà pénétré jusqu'au cœur de la Crimée, et les poursuivit jusqu'à Raesan. Il mourut, peu de temps après cette brillante victoire, pendant qu'il était occupé de la reconstruction de sa capitale, Baktchiséraï, brûlée par les Russes. Menghély Ghéraï II, qui fut, selon M. Hammer, le dernier poëte de cette dynastie, était en même temps un des meilleurs administrateurs. Il eut pour successeur Sélamet Ghéraï II. Ch. R.

Scherer, *Histoire de la Petite-Russie*. — Hammer, *Histoire des Khans de Crimée* (en allemand). — Cés. Famin, *La Crimée* (dans l'*Univers pittoresque*).

MENGIN-FONDRAGON (*Pierre-Charles-Joseph*, baron DE), littérateur français, né le 13 juillet 1783, à Lille, mort en juillet 1844. Garde du corps en 1814, il entra en 1815 dans le corps des maréchaux de logis du roi, avec le titre de capitaine. Dévoué à la cause de la branche aînée des Bourbons, il se mit en 1832 à la disposition du gouvernement comme otage de la duchesse de Berry. On remarque parmi ses ouvrages : *Une Saison à Plombières*; Paris, 1825, 1830, in-18; — *Les Soirées d'un Observateur, mélanges*; Paris, 1827, in-8°; — *Nouveau Voyage topographique, historique et moral en Italie*; Paris, 1833, 5 vol. in-8°; — *Les Bords du Rhin, la Hollande, l'Angleterre et l'Écosse*; Paris, 1838, in-12; — *La Belgique et l'Allemagne*; Paris, 1842, in-12. P. L.

Pascallet, *Le Biographe et le Nécrologe*. 1844.

MENGOLI (*Pietro*), géomètre italien, né en 1625, à Bologne, où il est mort, le 7 juin 1686. Après avoir été reçu docteur, il embrassa l'état ecclésiastique, et fut pourvu du prieuré de Sainte-Marie-Magdeleine, à Bologne. Dans les mathématiques il fut un des disciples du P. Bonaventure Cavalieri, l'inventeur des premiers principes du calcul des infiniments petits. Chargé d'enseigner la mécanique au Collége des Nobles, il occupa cette chaire jusqu'à la fin de sa vie. Il jouit parmi ses contemporains d'une grande réputation; toutefois, son nom est rapidement tombé dans l'oubli, et selon Montucla il l'a mérité. «.Si l'on en juge par les titres de ses divers ouvrages, il tâcha de servir la géométrie dans ce qu'elle a de plus difficile et relevé. Il y a même peut-être des choses neuves; mais il semble avoir voulu s'envelopper dans un langage particulier à lui. » On a de Mengoli : *Via regia ad methematicas per arithmeticam, algebram speciosam et planimetriam ornata*; Bologne, 1655, in-4°; dedié à la reine Christine de Suède; — *Geometriæ speciosæ Elementa*; ibid., 1659, in-4°; — *Refrassioni e Parallasse solare*; ibid., 1670, in 4°. Dominique Cassini écrivit contre ce livre une lettre en italien (Bologne, 1692), la troisième qu'il ait publiée sur les réfractions; — *Speculazioni di musica*; ibid., 1670 ou 1673, in-4°. « Il y expose, dit Fétis, l'anatomie de l'oreille, et trouve dans sa conformation le principe des combinaisons de la musique et des sensations qu'elle développe. Cette idée fausse est, longtemps après, devenue la base du *Principe acoustique de la théorie musicale* de Morel; » — *Circolo*; ibid., 1672, in-4°; — *L'Anno e il Mese*; ibid., 1673, in-4°; — *Theorema arithmeticum*; ibid., 1674, in-4°; — *Arithmetica realis*; ibid., 1675, in-4°. P.

Fantuzzi, *Scrittori Bolognesi*. — Montucla, *Hist des Mathemat.*, II, 92. — Fetis, *Biogr. univ. des Musiciens*.

MENGOTTI (*Francesco*, comte), ingénieur italien, né le 15 septembre 1749, à Fonzaso, près Bellune, mort le 5 mars 1830, à Milan. Il étudia la jurisprudence à Padoue, fut reçu docteur en 1771, et alla pratiquer le barreau à Venise. Il se fit connaître du monde savant par un mémoire en italien *Sur le Commerce des Romains depuis la seconde guerre punique jusqu'à Constantin* (Padoue, 1687, in 4°), mémoire qui obtint en 1786 le prix proposé par l'Académie française des Inscriptions, et qui fut suivi en 1791 d'un autre travail, *Sur l'Administration de Colbert*, couronné par l'Académie des Géorgophiles de Florence. Nommé en 1803 inspecteur des finances à Venise, il fut chargé en 1808 d'organiser ce service dans les trois départements de la Romagne; il entra au sénat italien dès la formation de ce corps (1809), et reçut en 1810 le titre de comte. Après la chute de Napoléon, il obtint du gouvernement autrichien plusieurs titres honorifiques, tels que ceux de conseiller aulique et de vice-président de la commission des finances à Milan (1819). Le principal ouvrage de Mengotti est intitulé : *Saggio sulle Acque correnti*; Milan, 1810-1812, 3 vol. in-8°; réimprimé depuis 1828, sous le titre d'*Idraulica fisica e sperimentale* : il y expose diverses expériences, faites sur le cours des fleuves, leurs confluents, leurs déviations, les causes de l'élévation et de la vélocité qu'ils acquièrent en diverses circonstances, et la nécessité de les maîtriser en reboisant les montagnes. Il est encore auteur de divers mémoires insérés dans le *Recueil de l'Institut de Milan*, tels que : *Sull' Oracolo di Delfo; Sulla Libertà del Commercio; Sui debiti degli Stati* et *Sull' Agricoltura antica é moderna*. P.

Tipaldo, *Biogr. degli Italiani illustri*, IX.

MENGOZZI (*Bernardo*), compositeur et chanteur italien, né en 1758, à Florence, mort en mars 1800, à Paris. Après avoir étudié le chant à la chapelle de Saint-Marc, à Venise, il se montra sur plusieurs scènes d'Italie; en 1787 il vint à Paris, fut applaudi dans les concerts donnés à la cour, et fit ensuite partie du théâtre de Monsieur. Après la dispersion des artistes d'élite qui formaient cette excellente troupe (1792), il resta à Paris, et y vécut en donnant des leçons de chant. Bientôt il fut attaché au théâtre Montansier, où il fit représenter quelques opéras de sa composition, qui obtinrent un brillant succès : *Les deux Visirs; Aujourd'hui; Isabelle de Salisbury* (avec Ferrari); *Pourceaugnac* (1793); *Brunet et Caroline* (1799); *Les Habitants de Vaucluse* (1801). On a encore de lui : *Gli Schiavi per amore* (1790), deux actes, au théâtre de Monsieur; — *Une Faute par amour* (1793), à Feydeau; — *L'Amant jaloux* (1793), au théâtre de la République; — *Gelico* (1793), trois actes, même théâtre; — *La Dame voilée* (1799), un acte, à Feydeau. A l'époque de l'organisation du Conservatoire de Musique, il y fut appelé comme professeur de chant. La femme de Mengozzi, Anna Benini, parut avec succès sur les scènes de Montansier et des Variétés. P.

Fétis, *Biogr. des Musiciens*. — *Biogr. nouv. des Contemp.*

MENGS (*Antoine-Raphael*), célèbre peintre allemand, né le 12 mars 1728, à Aussig, en Bohême, mort le 29 juin 1779, à Rome. Son père, *Ismael* MENGS, né en 1690, à Copenhague, et mort en 1764, à Dresde, fut un artiste de quelque talent : il réussit assez bien dans la peinture en émail, en miniature et au pastel, et passa presque toute sa vie à la cour d'Auguste III, électeur de Saxe et roi de Pologne, dont il était le pensionnaire. Mais ce qui lui fait plus d'honneur que les ouvrages qu'il a laissés, c'est d'avoir été l'instituteur de son fils Raphael, qui occupe dans l'histoire de l'art un rang considérable. Ce dernier fut élevé avec la sévérité la plus grande : la tâche qu'on lui imposait chaque jour devait être terminée le soir, sous peine de châtiment. En 1741, à l'âge de treize ans, il suivit dans un voyage en Italie son père, qui continua d'employer la même méthode pour le forcer à étudier les chefs-d'œuvre des maîtres. Cette éducation eut pour résultat de rendre le jeune artiste complétement étranger aux usages du monde, et influa d'une manière fâcheuse sur le reste de son existence. Cependant il fit des progrès remarquables et donna de son talent les plus légitimes espérances. Après un séjour de quatre années à Rome, il revint à Dresde (1744); ses premiers travaux, exécutés au pastel, plurent beaucoup au roi Auguste, qui le nomma peintre de sa cour. Raphael ne consentit à accepter ce titre qu'après un second voyage à Rome, où il perfectionna ses études. En 1748 il mit au jour quelques grandes compositions; l'une d'elles, qui représente une *Sainte Famille*, devint la cause de son mariage avec une belle paysanne, Margarita Quazzi, qui lui avait servi de modèle; en même temps il abjura la foi protestante. De retour, en 1749, à Dresde, il obtint la charge de premier peintre de l'électeur de Saxe, et il fut chargé de peindre le tableau d'autel pour la belle église catholique qui fut inaugurée en 1751 dans cette capitale. Il demanda à exécuter ce travail à Rome, où il fit cette fois un long séjour, auquel contribuèrent surtout les embarras suscités par la guerre de Sept Ans. En 1754 on lui confia la direction de l'école de peinture établie au Vatican.

Après avoir accompli beaucoup de travaux remarquables, parmi lesquels on cite une copie de l'*École d'Athènes* pour le comte de Northumberland, la décoration de l'église arménienne de Saint-Eusèbe à Rome et le plafond de la villa Albani, Mengs se rendit en Espagne, sur l'invitation du roi Charles III, qui l'avait connu à Naples. Nommé premier peintre de ce prince, avec 2,000 doublons de pension, un logement à la cour et un équipage, il termina à Madrid plusieurs grands tableaux, entre autres la magnifique *Ascension* qui est à Dresde, et l'*Assemblée des Dieux*, un de ses plus beaux titres de gloire auprès de la postérité. Les intrigues de ses rivaux le rappelèrent momentanément en Italie (1769); il s'arrêta quelque temps à Florence, et y reçut le titre de grand prince de l'Académie de Saint-Luc, qui n'avait été encore décerné qu'à Le Brun. Arrivé à Rome, il se remit aux travaux commandés par le pape Clément XIV, pour lesquels il obtint les insignes de l'Éperon d'Or. En 1775 il retourna à Madrid, pour accomplir son chef d'œuvre, le célèbre plafond de la salle du banquet, qui a pour sujet *Le Triomphe de Trajan*, et *Le Temple de la Gloire*. Deux ans plus tard (1777), le mauvais état de sa santé le força de s'établir définitivement à Rome. Il y mourut peu de temps après avoir perdu sa femme. Il fut enterré dans l'église de Saint-Michel, à côté de sa compagne, avec laquelle il avait toujours vécu dans une parfaite union. Père de vingt enfants, il ne leur laissa aucune fortune, bien qu'il eût eu des sommes considérables en sa possession; dans les vingt dernières années de sa vie il avait reçu plus de deux cent cinquante mille livres, et à peine trouva-t-on chez lui de quoi payer ses funérailles. Le roi d'Espagne adopta ses cinq filles, et accorda des pensions à deux de ses fils.

Mengs a exécuté un très-grand nombre de peintures à l'huile, au pastel, à fresque et en miniature. Épris de la perfection, il s'était proposé pour modèle l'expression de Raphael, la couleur du Titien, le clair-obscur du Corrége et le dessin des sculpteurs anciens. Bien loin de réunir les qualités qu'il croyait les plus saillantes chez les grands maîtres, il n'en posséda à peu près aucune à un degré éminent. Voici comment le jugeait de son vivant un amateur plein de goût, J.-J. Mariette : « Mengs est correct dans son dessin et sa façon de peindre est séduisante; il peint avec une propreté et avec un soin qui font l'admiration et l'étonnement des demi-connoisseurs. Mais pour ceux qui ont des yeux et qui sont en état de juger du vrai mérite, cet artiste ne passera jamais que pour un peintre froid et sans verve, et qui est encore bien éloigné de la place qu'occupe Raphael, dans laquelle ses partisans voudroient le faire asseoir. » Ce jugement sévère a été ratifié par la postérité. « Les tableaux de Mengs, dit un critique contemporain, annoncent l'étude des anciens, un grand goût, la noblesse de l'expression, et l'exécution en est soignée; mais en reconnaît qu'en cherchant trop le beau idéal il a laissé refroidir ce sentiment de la nature qui frappe le spectateur, éveille et soutient l'attention; qu'il manque de chaleur et de vivacité, et que son pinceau n'est pas exempt de sécheresse. » Les productions de Mengs se trouvent surtout en Italie et en Espagne; nous rappellerons les principales. A Dresde, *L'Ascension; Cupidon aiguisant une flèche;* — à Madrid, *L'Apothéose d'Hercule; Scènes de la Passion; La Nativité; Le Christ allant au Calvaire; Madeleine; Saint Pierre;* les portraits de *Charles III*, de *Charles IV*, de la reine *Marie-Louise* et du *peintre lui-même;* — à Paris, une *Sainte Famille;* — à Rome, *Saint Eusèbe environné d'anges; Apollon et les Muses sur le Parnasse; L'Histoire écrivant sur le dos du Temps;* — à Berlin, une *Sainte Famille;* — à Vienne, *Le Songe de saint Joseph; La Vierge, l'enfant Jésus et deux anges; L'Annonciation; Marie-Thérèse enfant;* — à Petersbourg, *Andromède délivrée par Persée.* Mengs a laissé en italien, en espagnol et en allemand plusieurs écrits, où l'on retrouve les défauts et les qualités de ses peintures; trop de subtilité et de recherches rendent ses préceptes souvent obscurs, et la perfection *objective*, ou simplement l'idéal du beau, qu'il poursuit avec ardeur, l'écarte à chaque instant de la vue du but de l'art. Winckelmann, qui fut son ami, l'aida beaucoup de ses conseils. Le premier recueil des œuvres de Mengs est dû au chevalier d'Azara : *Opere di Antonio-Raffaello Mengs, primo pittore di Carlo III*; Parme, 1780, 2 vol. gr. in-4°, et Bassano, 1783, 2 vol. in-8°; le même éditeur les a publiées en espagnol (Madrid, 1780, 1797, in-4°). On préfère à cette édition celle de Rome, 1787, in-4°, et 2 vol. in-8°, que recommande particulièrement le commentaire de Carlo Fea. Il y a des traductions en allemand (*Mengs Werke übersetzt von G.-F. Prange*, Halle, 1786, 3 vol. gr. in-8°); en anglais, Londres, 1796, 2 vol. gr. in-8°; et en français, Ratisbonne, 1782, pet. in-8°, par Doray de Longrais, et Paris, 1786, 2 vol. in-4°, par Jansen.

Deux sœurs de ce peintre ont acquis du talent dans la miniature : *Julia* et *Theresia-Concordia*, morte en 1806, à Rome (voy. Maron). L'aînée de ses filles, *Anna-Maria*, née en 1751, à Dresde, et morte en 1793, a aussi cultivé la peinture; on voit d'elle quelques tableaux en Espagne, où elle a passé presque toute sa vie. K.

Ratti, *Epilogo della vita del cavaliere A.-R. Mengs*; Gênes, 1779, in-4°. — Amaduzzi, *Discorso funebre*; Rome, 1780, in-8°. — Bianconi, *Elogio storico di Mengs*; Milan, 1780, in-8° (suivi d'un catalogue de ses tableaux). — Guibal, *Éloge hist. de Mengs*; Paris, 1781, in-8°. — Wackerbarth, *Vergleichende Züge zwischen A.-R. Mengs und sir J. Reynolds*; Londres, 1796, in-8°. — Mariette, *Abecedario*. — Fabroni, *Elogj Toscani*; Pisa, 1789. — Azara, *Notice* à la tête du recueil des Œuvres. — Bérissant, *Notice* dans la traduct. de Doray de Longrais. — Kugler, *Gesch. der Malerei*, VI. — Nagler, *Allgem. Künstler-Lexikon*. — Huber, *Künstler-Lexikon für Sammler*. — *Encycl. des G. du M.*

MENG-TSE, plus connu sous le nom latinisé de *Mencius*, le premier des philosophes après Confucius au dire des Chinois, naquit dans la première moitié du quatrième siècle avant notre ère, dans la ville de Tséou, située dans le département actuel de Yen-tcheou (province de Chan-toung), et mourut vers l'an 314 avant J.-C. Son petit nom était *Ko* et son surnom *Tse-yu*. On l'appelle souvent *Meng-ko*. Son père, Ki-Koung-yi, étant mort alors qu'il était encore en bas âge, sa mère, Tchang-chi, demeura seule chargée de son éducation. Les historiens chinois s'étendent longuement sur les qualités supérieures de cette femme et sur les bons principes qu'elle répandit dans l'esprit de son jeune fils : depuis longtemps elle est citée comme un exemple de vertus maternelles. Ces mêmes historiens racontent avec une admiration toute chinoise que Tchang-chi quitta successivement deux habitations, parce que l'une étant voisine d'un boucher, le jeune Meng-ko y prenait des goûts sanguinaires, tandis que dans l'autre il s'habituait à singer les cérémonies funèbres, se trouvant en vue d'un cimetière; elle alla donc se fixer près d'un gymnase, où son fils ne put rencontrer que d'excellents exemples. Dès lors « il allait et venait avec une petite gravité qui le faisait remarquer; il

à propos, saluait avec grâce; il cédait
out le monde »; aussi sa mère dit-elle :
est ici que je puis travailler avec succès
tion de mon fils. » Meng-ko en effet
peu de temps de solides connaissances
re, et essaya d'approfondir les *king*
crés ou canoniques). La pratique des
ites fut également une de ses plus cons-
ides. On est assez généralement d'ac-
r placer Mencius au nombre des dis-
philosophe Tse-sse, petit fils et lui-
ciple de Confucius.
s que Mencius se fut suffisamment pé-
la doctrine des anciens, et qu'il se fut
système de philosophie morale, il se
ger, et alla offrir successivement ses ser-
usieurs des princes qui régnaient à cette
ans de petits États formés au sein de la
fut généralement assez mal reçu. Les
du moraliste de Tseou et ses louanges
des saints empereurs de l'antiquité
ino semblaient assez importuns à
s souverains, à qui la guerre donnait
autres préoccupations. Découragé du
ncès de ses entreprises, Mencius se dé-
etourner dans son pays natal et à s'y
le nouveau à l'étude. C'est alors qu'il
à l'exemple de Confucius, d'une nou-
ension du *Chih-king* (Livre des Vers),
urieux des livres de la Chine antique.
sa en outre la substance de l'ouvrage,
vres, qui nous a été transmis sous son
ouvrage, intitulé Mencius (*Meng-tse*
rme la dernière et la plus considérable
Quatre-Livres (*Sse-chou*) que les lettrés
onsidèrent, après les livres canoniques
g), comme le monument le plus im-
e leur philosophie morale. Il a été mis
par les soins de Koung-Sun-tcheou et
tchang. La doctrine qu'il renferme re-
cipalement sur l'argumentation qui suit :
me par sa nature est radicalement bon
pen chen) : donc il est capable de
rtes de vertus. S'il est capable de toutes
vertus, il ne doit rien négliger de ce qui
e en lui la vertu. Or le meilleur moyen
ver à la vertu est d'apprendre à con-
s autres et à se connaître soi même,
à remplir ses devoirs vis-à-vis de la
à respecter les lois morales de l'indi-
sagesse se réduit donc à pratiquer l'hu-
la justice, et voilà tout (*jin-yi eul-i*). »
u-tse, voulant connaître les idées de
ur la nature de l'homme, lui dit : « Sui-
ilosophe Lao-tseu, la nature de l'homme
onne ni mauvaise; la vertu et le vice
nt de l'éducation; d'autres disent : La
ut être améliorée, elle peut aussi de-
uvaise; d'autres disent enfin : « Il y a
nes qui naissent naturellement bons,
ussi qui naissent méchants. Vous, vous
la nature de l'homme est bonne : ceux
qui pensent autrement sont-ils donc dans l'erreur? » Mencius répondit : « L'homme qui suit les impulsions de son cœur peut être bon. C'est pourquoi je dis que sa nature est bonne. S'il fait le mal, la faculté de l'homme de faire le bien n'en est pas pour cela infirmée. Tous les hommes ont le sentiment de la miséricorde; tous ont le sentiment de la honte et de la haine du vice; tous ont le sentiment de la déférence et du respect; tous ont le sentiment de l'approbation et du blâme. » (L. II, ch. v, 13-16.) Les commentateurs de l'édition des *Sse-chou*, rédigée pour l'instruction de l'empereur Khang-hi lorsqu'il était enfant (1), expliquent ainsi l'idée de Meng-tse, sur le mobile intérieur de nos actions : « C'est le cœur, disent-ils, qui gouverne en maître tout le corps de l'homme; ce *cœur* (en chinois : *sin*) c'est l'esprit intelligent de l'homme, c'est la raison que ce cœur connaît; mais c'est le ciel qui nous donne ce cœur et cette nature. Il en résulte donc que conserver cette lumière céleste sans jamais l'éteindre, c'est servir le ciel et ne lui être jamais rebelle. »

Ce qu'on est convenu d'appeler la philosophie de Mencius se réduit généralement à des conversations dans lesquelles le célèbre moraliste trouve l'occasion de disputer sur les devoirs réciproques du prince et du sujet, du père et du fils, de l'époux et de l'épouse, du frère et de la sœur, en un mot sur tous les rapports sociaux qui se rattachent à ce que les Chinois appellent *hiao* et que nous avons l'habitude de traduire, parfois assez imparfaitement par « piété filiale ». La politique et la morale sont ainsi les thèmes à peu près exclusifs sur lesquels s'exerce la sagacité de Mencius. En dehors de cela, métaphysique, théodicée, psychologie, logique, sont des choses qui lui sont à peu près, pour ne pas dire absolument, inconnues. Supérieur à Confucius dans la manière de présenter ses idées et surtout de les développer, il le suit pas à pas dans cette doctrine tout terre à terre, qui ne sut jamais s'élever au delà du monde matériel et pressentir pour l'homme des destinées futures. Les croyances primitives de la Chine, dont certaines poésies du *Chi-king* (Livre des anciens chants populaires) nous ont conservé de si précieux vestiges, méconnues par le moraliste de Lou, ne devaient pas être mieux comprises par son continuateur. En lisant les dialogues de Mencius on est même tenté de croire que la religion monothéiste des premiers temps de la monarchie chinoise s'était déjà complétement effacée sous le malheureux replâtrage de Confucius et de son école. Abel Remusat a caractérisé la philosophie de Meng tse avec plus d'impartialité qu'on n'était en droit de l'attendre d'un savant enthousiasmé de sa science. « Le genre de mérite qui a valu à Meng-tseu une si grande cé-

(1) Ces commentaires sont connus en Chine sous le nom de *Ji-kiang* (Explications journalières).

lébrité, dit-il, ne serait pas d'un grand prix aux yeux des Européens; mais il en a d'autres qui pourraient, si son livre était convenablement traduit, lui faire trouver grâce à leurs yeux. Son style, moins élevé et moins concis que celui du prince des lettrés, est aussi noble, plus fleuri et plus élégant. La forme du dialogue qu'il a conservée à ses entretiens philosophiques avec les grands personnages de son temps comporte plus de vérité qu'on ne peut s'attendre à en trouver dans les apophthegmes et les maximes de Confucius. Le caractère de leur philosophie diffère aussi sensiblement. Confucius est toujours grave et même austère; il exalte les gens de bien, dont il fait un portrait idéal, et ne parle des hommes vicieux qu'avec une froide indignation. Meng-tseu, avec le même amour pour la vertu, semble avoir pour le vice plus de mépris que d'horreur; il l'attaque par la force de la raison, et ne dédaigne pas même l'arme du ridicule. » — C'est par une sorte d'ironie, et par des pointes assez adroitement ménagées, qu'il parvient à mettre à nu la faiblesse du raisonnement de ses adversaires. La jeunesse chinoise affectionne tout particulièrement ce talent, auquel on doit à coup sûr en partie la fortune dont n'a cessé de jouir jusqu'à présent parmi les lettrés du Céleste-Empire le quatrième des Quatre Livres classiques (*Sse-chou*).

La politique de Mencius repose sur des principes dont il n'est guère possible de contester la moralité. Mais ces principes, acceptables si l'on veut en théorie, sont souvent inadmissibles dans la pratique. A un roi qui se voit menacé par des ennemis nombreux et bien armés, qui demande un conseil pour écarter le danger, répondre qu'il faut pratiquer la vertu et rien de plus, c'est en effet faire de la morale, mais ce n'est pas parler pour se faire entendre. Aussi Mencius ne fut-il pas écouté des princes auxquels il alla offrir les services de sa dialectique, et n'eut il qu'une très-médiocre influence sur le temps où il vécut. Il y avait cependant dans ses discours un instinct remarquable des intérêts démocratiques, et on s'aperçoit que dans son esprit la balance penche plus facilement du côté des peuples que du côté des rois. « Le peuple, dit Meng-tse, est ce qu'il y a de plus important; les génies de la terre et des fruits du sol ne viennent qu'en seconde ligne; le prince est de la moindre importance. » (L. II, ch. VIII, § 17.) Il arrive cependant à admettre pour les princes un droit de régner en vertu d'un mandat reçu du ciel et indépendant de la libre volonté des masses.

Comme Confucius, le moraliste de Tseou ne connaît rien de supérieur en politique à la manière de gouverner des saints empereurs Yao et Chun. « Si vous voulez comme prince, dit Mencius, accomplir dans leur plénitude les devoirs du prince; si vous voulez comme ministre accomplir dans leur plénitude les devoirs du ministre, imitez tout à la fois Yao et Chun, et rien de plus. Ne pas servir son prince [illegible] servit Yao, c'est manquer de r[illegible] prince; ne pas gouverner comme [illegible] son peuple, c'est opprimer le peuple. » — « S'écarter de la voie frayée par les saints empereurs de la haute antiquité, c'est vouloir être un tyran. » Or Mencius se prononce en termes menaçants contre le prince qui gouverne en s'appuyant sur la force et l'injustice. « Le prince qui se laisse aller à une tyrannie extrême, est mis à mort par ceux qu'il opprime et son royaume est détruit! » — « Les fondateurs des trois premières dynasties (des Hia, des Chang et des Tcheou) gagnèrent l'empire par l'humanité; leurs successeurs (les empereurs des Tcheou, Li-wang et Yeou-wang) perdirent l'empire par inhumanité. Ainsi tombent et surgissent les empires; ainsi ils se maintiennent et ainsi ils périssent. »

L'économie politique trouva peut-être dans Meng-tse un esprit plus pénétrant que chez aucun de ses prédécesseurs. « Les affaires du peuple (c'est-à-dire le développement de l'agriculture), dit-il, ne doivent pas être négligées. » La condition nécessaire pour que les peuples vivent en paix est qu'ils possèdent des terres suffisantes pour pourvoir à leur nourriture. Sans cela, « violation du droit, perversité de l'esprit, dépravation des mœurs, il n'est rien dont ils ne soient capables. Si on attend que les hommes soient tombés dans le crime pour les corriger par des châtiments, c'est prendre le peuple dans des filets .. » Une telle manière d'agir serait indigne d'un prince (P. Ire, ch. V, § 9) Un prince sage doit donc être réfléchi et économe, remplir ses devoirs envers ses inférieurs et n'exiger de tribut qu'autant que la justice le permet. Dans un État, quelque petit qu'il soit, il faut qu'il se trouve dans une juste proportion des sages pour gouverner et des paysans pour se livrer aux travaux des champs. — « Je voudrais, ajoutait Mencius, que dans les terres éloignées de la capitale sur neuf portions quadrangulaires égales il y en eût une de cultivée en commun pour subvenir aux besoins de la classe gouvernante, et que dans les campagnes situées près de la résidence royale, où la pléthore de la population rend ce système inapplicable, une dîme fût prélevée comme impôt. En outre, les fonctionnaires publics devraient tous posséder un champ dont les produits seraient exclusivement destinés aux sacrifices *tsi* en l'honneur des ancêtres. » Une telle division des terres avec des garanties de culture semble à Mencius essentiellement propre à attacher le peuple au sol et à développer en lui des sentiments de paix et de secours mutuels « Étant donné une certaine étendue de terrain, on le divise en neuf parties. Au milieu de ces parties, il en est une qui reçoit le nom de champ public. Huit familles, ayant chacune en propre un neuvième du terrain, entretiennent, à part, le sol qui leur est particulièrement affecté, le champ public. Une fois ce traacc ll, les individus de chaque famille … er librement à leurs occupations … bon…s. telle doit être la condition des pay…ns. » — « Les uns travaillent d'esprit, les autres … corps. Ceux qui travaillent d'esprit gouvern…nt les hommes; ceux qui travaillent de corps …ont gouvernés par les hommes. Ceux qui sont …uvernés par les hommes nourrissent les hom…s; ceux qui gouvernent les hommes sont …urris par les hommes. Dans le monde, telle … la loi de la justice universelle. » L'empereur …ige ces deux classes de sujets : il doit par …nséquent cultiver tout à la fois son esprit et …s forces physiques.

La morale de Mencius a le défaut de l'école …ière à laquelle elle appartient; elle renferme …lheureusement bien peu de principes et beaucoup de lieux communs. Suivant cette morale, le devoir de l'homme, essentiellement bon par nature, est d'avoir un cœur compatissant, de la honte pour ses propres défauts, de la répulsion pour ceux des autres, le sentiment du vrai et du faux, du juste et de l'injuste : « Celui qui n'a pas le sentiment de la compassion n'est pas un homme; celui qui n'a pas le sentiment de la honte et de la répulsion pour le mal n'est pas un homme. Celui qui n'a pas le sentiment du droit et de l'iniquité n'est pas un homme. » (Ch. III, § XLVI.) La doctrine de Mencius est surtout pratique; la théorie spéculative ne vient qu'en seconde ligne, ou plutôt ne vient pas du tout. Le respect des coutumes, l'observance rigoureuse des anciens rites, la conformité servile aux exigences d'une politesse outrée préoccupent souvent le moraliste, et lui fournissent d'amples sujets de discours. Le culte des ancêtres, ce débris respectable de la religion primitive, est tout spécialement enseigné et recommandé par Mencius. Les devoirs funèbres que l'on doit rendre à ses proches paraissent surtout au célèbre moraliste chinois d'une haute importance pour les mœurs. « C'est par une observance rigoureuse des rites relatifs aux obsèques de ses parents, dit-il, que l'homme devient accompli. » (P. Ire, ch. V, § 4.) Il ajoute ailleurs : « Nourrir les vivants (rendre les services que l'on doit à ses parents) ne saurait passer pour une haute action. Nourrir les morts (leur rendre les devoirs funèbres) peut seul passer pour une grande action. » (P. II, ch. II, § 18.) Meng-tse pense « que le plus grand des devoirs est celui qui consiste à servir son père et sa mère. Un homme sage ne doit pas instruire lui-même ses enfants, parce que si l'enfant n'agit pas convenablement, le maître doit se fâcher et punir, et qu'il est regrettable que le père soit obligé de châtier son fils. La désunion de cœur qui résulterait d'une pareille manière d'agir serait la cause des plus grands malheurs. »

Une certaine fierté rehausse parfois les pâles couleurs de la philosophie de Mencius. Un jour que son disciple Tchin-tai l'engageait à faire des avances aux princes de son temps, parce qu'ainsi *en se courbant d'une coudée on se relève de huit*, il lui répondit que le sage ne devait point tenir compte de la question de lucre, mais seulement de la droiture et de l'équité. Ailleurs Meng-tse dit qu'il désire posséder à la fois la droiture et la vie, mais que s'il ne peut posséder l'une et l'autre à la fois, il met de côté la vie et choisit la droiture. « Je tiens à la vie, dit-il, mais je souhaite en outre quelque chose de supérieur à la vie, la droiture : voilà pourquoi je la préfère à la vie. J'ai aversion de la mort, mais je crains encore quelque chose de plus dangereux que la mort : voilà pourquoi au besoin je ne la fuirais pas. » (L. II, ch. V, § 36.) Aussi le philosophe ne peut-il contenir son indignation en songeant aux hommes qui se relâchent : « On sait bien chercher une poule ou un chien qu'on a perdu, et on ne saurait pas rechercher de même les facultés du cœur qu'on a laissé perdre! » (Ibid., § 43.) La philosophie de Mencius semble, dans le septième chapitre du *Hia-Meng*, s'élever plus haut que nulle part ailleurs. On y trouve même quelques traces de métaphysique. Plusieurs apophthegmes qu'on y rencontre se rapprochent singulièrement des formules qui nous sont bien connues en Occident. « Cherchez, et vous trouverez, dit Meng-tse; renoncez à chercher, et vous perdrez tout. (§ 6.) Pour parvenir à connaître le ciel, il faut tout d'abord commencer à s'étudier et à se connaître soi-même (le γνῶθι σεαυτόν des Grecs). Développer le principe pensant qu'on a en soi, c'est suivre le *mandat* qu'on a reçu du ciel (*tien-ming*). Rien n'arrive sans l'ordre du ciel. Il faut donc accepter ses décrets avec soumission. Celui qui a pratiqué la loi du bien et qui meurt a accompli le *mandat* du ciel. Il existe une voie certaine pour la recherche; elle est purement intérieure. Toutes les choses ont leur raison d'être en nous. Ceux qui agissent et ne comprennent pas, ceux qui étudient et ne saisissent pas, ceux qui marchent toute leur vie et ne connaissent pas la voie, qu'ils sont nombreux! »

Dans un pays comme la Chine, où tout ce qui est ancien a droit à la vénération publique, Mencius, continuateur de la doctrine de Koung-fou-tseu, qui se prétendait lui-même restaurateur de l'antiquité, remplissait les conditions voulues pour acquérir une haute réputation. L'esprit rétréci des lettrés chinois s'enthousiasma en effet des doctrines que la tradition attribuait à Mencius, et après la persécution de Tsing chi-hoang-ti, il reçut le nom honorifique de *Ya-ching*, c'est-à-dire « le deuxième saint » ou le saint après Confucius. On lui décerna successivement d'autres titres pompeux; on lui éleva une chapelle et on consacra à sa mémoire un culte particulier. Le fanatisme développé autour du nom de Mencius fut tel, que lorsque Tai tsou, fondateur de la dynastie des Ming (1368 1384), s'étant choqué d'un passage du livre de Mencius, eut rendu un décret par lequel ce philosophe devait être dégradé et sa tablette ôtée du temple de Confucius, un lettré, bravant l'arrêt qui ordonnait aux officiers du palais de ne recevoir aucune requête à cet égard sous peine de voir leur auteur percé d'une flèche, vint présenter une requête à l'empereur en faveur du philosophe et subit la peine qui était attachée à sa dangereuse tentative. Pour nous, qui n'avons pas les mêmes motifs d'admirer Mencius, le livre de ce philosophe n'offre guère de l'intérêt qu'en raison de l'époque reculée à laquelle on le fait remonter. A cela près, la morale qu'il enseigne renferme trop de lieux communs et trop peu de principes solidement établis pour qu'il soit vraiment utile de l'étudier en dehors du point de vue historique. Cette manière de voir d'ailleurs a été celle des critiques allemands, qui n'avaient aucun motif pour louer ou critiquer la philosophie chinoise (1).

Placé, comme nous l'avons dit, au rang des Quatre-Livres classiques par excellence (*Sse-chou*), la philosophie morale de Mencius fait partie de l'enseignement supérieur de tous ceux qui aspirent à un grade littéraire en Chine. Aussi le nombre des éditions s'en est-il propagé avec une étonnante rapidité. Traduit dans les principales langues de l'extrême Orient, il a été imprimé en mandchou dans l'édition des Quatre-Livres publiée avec la paraphrase impériale sous le titre de ***Inengyidari giyangnakha Sse-chou-i dchourgan be soukhe bitkhe***, en vingt-quatre livres petit in-fol. Nous n'en connaissons pas d'édition mongole; mais il existe une version manuscrite en cette langue au Département asiatique de Saint-Pétersbourg. Enfin, nous en possédons personnellement une édition chinoise-japonaise, jusqu'à présent unique en Europe et intitulée : ***Mô-si syou-ki sit-tsyou***, publiée à Myako, en 1849, un vol. petit in-8°. On assure qu'il existe également des traductions de Mencius en coréen et en siamois : aucune d'elles n'est encore parvenue en Europe.

LÉON DE ROSNY.

TRADUCTIONS DE MENCIUS (rangées par ordre de date) : *Sinensis Imperii Libri classici sex*, Nimirum adultorum schola, Immutabile medium, Liber sententiarum, Mencius, etc., e sinico idiomate in lat. traducti a P. Fr. Noel, S. J.; Pragæ, 1711, in-4° min. — *Si-chou grh. be i sse tchetire knui*, traduit sur les textes mandchou et chinois, par Leontiewski; Saint-Pétersbourg, 1780, in-8°. — *Meng-tseu, vel Mencium, inter sinenses philosophos, ingenio, doctrina, nominisque claritate Confucio proximum, edidit et latine vertit Stanislaus Julien*; Lutetiæ Parisiorum, 1824, in-8° (publié par la Société Asiatique). — *The Chinese classical works commonly called the Four-Books*, translated and illustrated with notes by the late Rev. David Collie; Malacca, Mission press, 1828, in-8°. — *Les Quatre-Livres de Philosophie morale et politique de la Chine*, traduits par G. Pauthier; Paris, [illegible]

SOURCES ORIGINALES à consulter : *Sse-chou* (les Livres de Philosophie morale et politique), avec le commentaire et les explications de Tchou hi. — *Sse-ki* (Mémoires historiques), par le grand historiographe Sse-ma-tsien. — Ma-touan-lin, *Wen-hien toung kao* (Examen approfondi des Monuments écrits), liv. CLXXIX. — *Kin-ting Sse-kou tsuen-chou tsong-mou* (Catalogue général de la bibliothèque de l'empereur Kien-long, Péking). — *Chi-i king-wen-toui* (Demandes et réponses sur les onze Livres sacrés), par [illegible]

(1) Le célèbre critique allemand Nicolas Gundling s'est ainsi exprimé au sujet de la philosophie de Mencius dont on lui avait communiqué une traduction : « Non est optandum ut Jesuitæ Mencium alterum sinensium philosophum producant; neque enim meliora dare poterunt nec magis sana, nec magis utilia » (*Histor. Philos. moralis apud Orientales*, cap. V.)

MÉNIL-DURAND (*François-Jean* GRAINDORGE D'ORGEVILLE, baron DE), tacticien français, né à Lisieux, le 9 novembre [illegible], mort à Londres, le 31 juillet 1799. Issu d'une ancienne famille, il entra à quinze ans dans les pages du roi. Il fit la campagne de 1747, et obtint une épée d'honneur. Il entra dans le génie, devint aide de camp du maréchal d'Estrées, et, sous le maréchal de Broglie, aide major général des logis de l'armée. Colonel d'état-major en 1768, il fut chargé de l'inspection des [illegible] des côtes et des travaux de la Manche. En [illegible] il reçut la croix de Saint-Louis, et passa comme colonel au régiment de Navarre en [illegible] et au régiment de grenadiers royaux en [illegible]. En 1784 il fut nommé maréchal de camp, et en 1787 commandant de la Normandie. Il présidait aux travaux des ports du Havre et de Cherbourg lorsque éclata la révolution. Il émigra, et servit avec son grade dans l'armée des princes, et se retira ensuite à Londres, où il mourut. Ménil-Durand, qui avait fait une profonde étude de la tactique militaire, consacra une grande partie de sa vie à défendre un nouvel ordre de bataille, qu'il voulait substituer à celui alors généralement en usage, et se fit l'ardent défenseur du système de profondeur des bataillons contre celui de l'ordre mince, que soutenait Guibert. Une vive discussion s'éleva à ce sujet entre les tacticiens de l'époque. L'appui que le maréchal de Broglie donnait au système de Ménil-Durand détermina le gouvernement, en 1778, à en faire une expérience. Sous les ordres de ce maréchal, un camp de trente mille hommes fut formé à Vaissieux, près de Bayeux; mais le résultat fut peu satisfaisant, et malgré l'influence du maréchal de Broglie, l'opinion de l'armée sembla se prononcer contre Ménil-Durand. Celui-ci, cependant ne se découragea point : il continua de défendre son opinion dans les ouvrages qu'il publia et dans plusieurs journaux, entre autres dans le *Journal Militaire*, le *Journal des Sciences et des Beaux-Arts*, et le *Journal Encyclopédique*. Ses principaux écrits sont : *Projet d'un Ordre français en tactique, ou la phalange coupée et doublée soutenue par le mélange des armes, proposé comme système général*; Paris, 1755, in-4°. — *Fragments de Tactique*; Paris, 1774, in-4°, pl.; — *Suite des Fragments de Tactique*; in-4°, pl.; — *Collection de discours, pièces et mémoires pour achever d'instruire la grande affaire de tactique et donner les derniers* *éclaircissements sur l'ordre français*; Amsterdam, 1780, 2 vol. in-8°; — *Lettre sur le système, sur les esprits systématiques et sur leurs inconvénients dans les sciences et les affaires*; Londres, 1797, in-8°; — *Journal extraordinaire en un seul volume, ou extraits de quelques ouvrages intéressants, les uns philosophiques, les autres militaires*, par une société d'officiers français. G. DE F.

Journal Militaire, octobre 1780. — Grimm, *Corresp.*, mai 1779. — Querard, *La France Littéraire*.

MENIN (*Nicolas*), littérateur français, né à Paris, le 31 août 1684, mort à Metz, en 1770. Il était fils d'un gantier parfumeur (1). D'abord avocat au parlement de Paris, il devint en 1713 lieutenant particulier des eaux et forêts à la table de marbre de cette ville, et en 1720 conseiller au parlement de Metz. Il se montra très-dévoué à l'ambitieux évêque de Metz, Rouvroy de Saint-Simon (parent de l'auteur des *Mémoires*), et joua un rôle peu honorable dans les vives discussions que ce prélat eut avec cette cour souveraine. On a de lui : *Traité historique et chronologique du Sacre et couronnement des Rois et Reines de France depuis Clovis, et de tous les princes souverains de l'Europe*; Paris, 1722, in-12; 3e édit.; Amsterdam, 1724, in-12, plus correcte que les précédentes; — *Abrégé méthodique de la Jurisprudence des Eaux et Forêts*; Paris, 1738, in-12; — *Anecdotes politiques et galantes de Samos et de Lacédémone*; La Haye (Paris), 1744, 2 vol. in-12; — *Turlubleu, histoire grecque, tirée du manuscrit gris de lin trouvé dans les cendres de Troie*; Amsterdam, 1745, in-12 : cet opuscule, aussi attribué à l'abbé de Voisenon, est, dit Barbier, l'histoire de M. Bonier sous le nom de *Crésiphon*; — *Cléodamis et Lelex, ou l'illustre esclave*; La Haye (Paris), 1746, in-12, roman allégorique. Tous ces ouvrages, à l'exception du premier, ont paru sans nom d'auteur, et sont tombés dans l'oubli. E. R.

Dict. univ. Hist., crit. et bibliogr., 9e édit. — E. Michel, *Biogr. du Parlement de Metz*. — Barbier, *Diction. des Ouvrages anonymes*.

MENINSKI (*François* DE **MESGNIEN**), orientaliste allemand, né en 1623, en Lorraine, mort en 1698, à Vienne, en Autriche. Il étudia à Rome sous Giattini. Vers l'âge de trente ans, son goût pour les lettres le porta à accompagner l'ambassadeur de Pologne à Constantinople (1672), où il apprit la langue turque sous Bobovius et Ahmed, deux habiles maîtres du temps. Nommé deux ans plus tard premier interprète de la diète, il fut bientôt chargé de la représenter à la cour ottomane. Le succès de ses démarches fut si bien apprécié par Sobieski que ce prince lui accorda des lettres de naturalisation et de noblesse. Ce fut dans cette circonstance qu'il ajouta à son nom de famille, Mesgnien ou Menin, la finale polonaise *ski* en signe de son élévation nobiliaire. Il passa ensuite au service de l'empereur Léopold, qui l'accueillit avec distinction (1661), et continua ses fonctions auprès de la Porte. En 1669 il fit le voyage de Jérusalem pour visiter le Saint-Sépulcre, et fut admis parmi les chevaliers de cet ordre. De retour à Vienne en 1671, il ne quitta plus cette ville, et reçut le double titre de conseiller de la guerre et de premier interprète des langues orientales. Le principal ouvrage de Meninski est le *Thesaurus Linguarum Orientalium, præsertim turcicæ, arabicæ et persicæ, cum interpretatione latina, germanica, etc.*; Vienne, 1680, 3 vol. in-fol. Mettant à contribution les dictionnaires de Golius et de Castel, il s'écarta de la méthode qu'ils avaient suivie, et distribua les mots d'après les formes qu'ils reçoivent au lieu de les grouper par familles; il en figura la prononciation et plaça en regard les équivalents en latin, en allemand, en français, en italien et en polonais, langues qui lui étaient toutes familières. C'est la partie turque, négligée ou laissée incomplète jusque alors, qui donne à ce travail une utilité incontestable. Un grand nombre d'exemplaires ayant été consumés dans un incendie pendant le siége de Vienne en 1683, cet ouvrage était devenu extrêmement rare (1), lorsque quelques Anglais, au nombre desquels était sir William Jones, entreprirent de le réimprimer. Ce projet n'ayant pas eu de suite, l'impératrice Marie Thérèse en fit donner à ses frais une nouvelle édition par le baron de Jenisch, Fr. de Klezl et J. de Wallenbourg; elle a pour titre : *Lexicon Arabico-Persico-Turcicum*; Vienne, 1780-1802, 4 vol. pet. in-fol. On n'y a conservé que les équivalents italiens, et elle a été augmentée d'un tableau des études orientales chez toutes les nations de l'Europe depuis le seizième siècle et d'une foule de mots orientaux. Le fonds de cette magnifique édition fut transporté en 1810 de Vienne à Paris. Nous citerons encore de Meninski : *Grammatica seu Institutio Polonicæ Linguæ, in usum exterorum edita*; Dantzig, 1649, in-8°; — *Linguarum Orientalium Institutiones, seu Grammatica Turcica*; Vienne, 1680, in-fol.; réimprimées par les soins de Kollar, ibid., 1756, 2 tom. in-4°; — *Complementum Thesauri Linguarum Orientalium, seu Onomasticon Latino-Turcico-Arabico-Persicum*; Vienne, 1687, in-fol. Ce savant avait aussi, d'après dom Calmet, composé une grammaire française et une italienne. On a de lui quelques écrits relatifs à un démêlé assez violent qu'il eut avec un professeur de l'université de Vienne, Podesta, qui d'abord l'avait secondé dans ses travaux. K.

Vie de Meninski, à la tête de la 2e édit. du *Thesaurus*. — Rotermund, *Supplem.* à Jöcher.

(1) Plusieurs biographes disent par erreur que Menin appartenait à une famille de robe.

(1) D'après Peignot un exemplaire aurait été vendu 600 livres en 1770. A Londres, en 1790, un autre avait déjà été payé 60 guinées (1,500 f.).

MÉNIPPE (Μένιππος), philosophe et poëte grec, né à Gadara, dans la Cœlé-Syrie, vivait dans le premier siècle avant J.-C. Diogène Laerce, qui a donné sur lui une courte notice, prétend qu'il fut d'abord esclave. On ne sait comment il obtint sa liberté, ni pour quel motif il adopta les doctrines des cyniques. D'après Diogène Laerce il amassa beaucoup d'argent en faisant l'usure, et ayant été dépouillé de sa fortune par des voleurs, il se pendit de désespoir. D'autres attribuent son suicide aux railleries que lui attirait le métier d'usurier. Ménippe resta célèbre chez les anciens par l'âpreté mordante de ses sarcasmes. Lucien le représente comme « un vieillard chauve, qui porte un manteau plein de trous, ouvert à tous les vents, et plaisamment diversifié par les guenilles de toutes couleurs dont il est rapiécé, qui rit toujours, et raille le plus souvent les fanfarons de philosophie. » Comme son contemporain Méléagre, il composa des satires qui sont entièrement perdues; mais il nous reste assez de fragments des *Satires ménippées* de Varron pour nous donner une idée de ce genre de composition. Dans l'antiquité il circulait sous le nom de Ménippe des livres qui n'étaient pas de lui. Ses satires authentiques étaient au nombre de treize, suivant Diogène Laerce, qui cite les suivantes : *L'Évocation des Morts*, *Les Testaments*, des *Lettres* composées sous le nom des dieux et adressées aux philosophes physiciens, aux mathématiciens, etc. Y.

Diogène Laerce, VI, 8 (avec les notes de Ménage). — Étienne de Byzance, au mot Γάδαρα. — Strabon, XVI, p. 759. — Cicéron, *Acad.*, I, 2, 8. — Aulu-Gelle, II, 18. — Macrobe, *Sat.*, I, 11. — Varro, *Satiræ Menippeæ*, édit. d'Œhler.

MÉNIPPE, géographe grec, né à Pergame, vivait du temps d'Auguste, vers le commencement de l'ère chrétienne. Il composa un *Périple de la mer Intérieure* (Περίπλους τῆς ἐντὸς θαλάττης), dont Marcien fit un abrégé et dont il reste quelques fragments. Ménippe est plusieurs fois cité par Étienne de Byzance.

Menippe de Stratonice, Carien de naissance, fut le plus grand orateur de son temps en Asie (vers 79 avant J.-C.). Cicéron, qui l'entendit, le met presque au niveau des orateurs attiques (Cicéron, *Brutus*, 91; Plutarque, *Cic.*, 4; Diogène Laerce, VI, 101; Strabon, XIV, p. 160). — Suidas cite un *Menippus*, poëte comique; mais c'est probablement une méprise pour *Hermippus* (Meinecke, *Hist. crit. Com. Græcorum*, p. 494). Y.

Grotefend et H.-N. Ulrichs, *Menippos, der Geograph aus Pergamon, dessen Zeit und Werke*; Leipzig, 1841, in-8°.

MENIUS (*Justus*), théologien allemand, né le 13 décembre 1499, à Fulda, mort le 11 août 1588, à Leipzig. Il était diacre à Mühlberg lorsqu'il adhéra à la réforme de Luther; nommé pasteur à Erfurt, il devint en 1546 surintendant de Gotha et fut ensuite attaché à l'église de Leipzig. Ami zélé de Luther, il l'accompagna au colloque de Marpurg, et signa en 1537 les articles de défense adoptés dans la réunion de Smalcalde. Menius composa, avec Georges Spalatin, Cruciger, Myconius et Jean Webern, le premier rituel ecclésiastique de la Saxe. On cite de lui *Commentaria in lib. Samuelis et Acta Apostolorum*; Wittemberg, 1532, in-8°; — *Sepultura Lutheri*; 1538, in-4°; — *Vom Geist der Wiedertæuffer* (De l'Esprit des Anabaptistes); Wittemberg, 1544, in-4°; — *Von den Nothwehr* (De la légitime Défense); ibid., 1547, in-8°; — *Historica Descriptio de Bello Gothico*; 1568, in-8°. K.

Motschmann, *Erfordia Literata*. — Albrecht, *Sächsische Kirchengeschichte*, I, 308. — Tentzel, *Supplem. Reliqua Hist. Gothanæ*, 787.

MENIUS (*Friedrich*), savant suédois, né en Poméranie, mort en septembre 1659, en Suède. Après avoir exercé les fonctions pastorales en Livonie, il occupa en 1632 la chaire d'histoire et d'antiquités à Dorpat. En 1638 il passa en Suède, où il devint inspecteur des mines de cuivre. On a de lui : *Poemata artificiosa varii generis*; Leipzig, 1620, in-8°; — *Englische Komædien* (Comédies anglaises); Altembourg, 1620, 2 vol. in-8°; — *Vortrab der grossen universal Liflændischen Geschichten* (Introduction aux histoires générales de Livonie); Riga, 1630, in-4°; — *De maris Balthici nominibus et ostiis*; Dorpat, 1634, in-4°; — *Consensus hermetico mosaicus*; 1644. Dans ce livre, qui parut en Suède sous le nom de *Salomo Majus*, l'auteur, zélé pour les doctrines hermétiques, prétendit expliquer, au moyen d'un secret qu'il ne dévoile pas, l'origine certaine de toutes choses. Ses idées religieuses lui attirèrent les persécutions du clergé; on l'accusa d'avoir nié le mystère de la Trinité, de s'être écarté de la Bible en parlant des esprits et des anges, et d'avoir avancé que les astres étaient peuplés d'intelligences célestes. Jeté en prison, il ne dut sa liberté qu'à l'intervention du chancelier Oxenstiern. K.

Jænicke, *Gelehrtes Pommerland*. — Witte, *Diarium*. — Gadebusch, *Abhandlung von Livlændischen Geschichtschreibern*, 99 et suiv. — Le même, *Livland. Bibliothek*, II, 240. — Christ. Nettelbladt, *Biblioth.*, 9e part., p. 106-116.

MENJAUD (*Alexandre*), peintre français, né en 1773, mort en février 1832. Il étudia la peinture chez Regnault et à l'École royale des Beaux-Arts, où il remporta le premier grand prix en 1802. Il se fit bientôt connaître par son tableau du *roi Candaule*, exposé au salon de 1806, qui lui valut une médaille. Il exposa ensuite en 1810 *Crésius, roi de Samos, en prison*; *Une jeune Mère près de son fils mourant*; *François Ier et la belle Ferronnière*; — en 1812, *Napoléon et le roi de Rome*; *Fénelon rendant la liberté à des protestants*; *Louis XIV et Racine*; *Naissance de Louis XIII*; — en 1814, *Henri IV chez Michaut* (médaille de 1re classe); — en 1817, *Louis VI à ses derniers moments*; *Mort de l'abbé Edgeworth*; — en 1819, *Le*

Tasse couronné; *La Communion de la Reine*; *L'Avare puni* (au musée du Luxembourg); *Raphael et la Fornarina*; — en 1822, *La Mort du duc de Berry* (Musée du Luxembourg); *Le Tintoret et l'Arétin*; *Le jeune Raphael présenté par sa mère à la duchesse d'Urbin*; — en 1824, *La Vision du Tasse*; — en 1827, *François Ier tuant un sanglier*; *Les Adieux de Girodet à son atelier*. G. DE F.

Annuaire des Artistes français, 1832. — *Journal des Artistes*, 1832, 1er vol.

MENJOT (*Antoine*), médecin français, né vers 1615, à Paris, où il est mort, en 1696. Appartenant à une famille protestante, il fut reçu en 1636 docteur à Montpellier; quelque temps après il revint à Paris, fut pourvu d'une charge de médecin du roi et nommé conseiller. Lors de la révocation de l'édit de Nantes, il fut, malgré son grand âge, exilé à Limoges; mais il obtint, au prix d'une abjuration, la permission de continuer dans la capitale l'exercice de son art, où il avait eu un grand succès. « Les ouvrages qu'il a laissés sont assez bien écrits, dit la *Biographie Médicale*, mais fort peu remarquables sous le rapport de la doctrine que l'auteur y professa. Ce qu'ils offrent de plus piquant, c'est qu'ils servirent de justification à Bayle qui, voulant excuser les passages indécents par lesquels on lui reprochait d'avoir déparé plusieurs articles de son *Dictionnaire*, cite l'exemple de Menjot, qui avait mis beaucoup de lasciveté dans sa dissertation sur la nymphomanie et la stérilité. » On a de ce médecin : *Historia et curatio Febrium malignarum*; Paris, 1662, 1665, 1674, 1677, in-4°; la première édition, qui est anonyme, fut attribuée au doyen de la faculté de Paris, Jean de Goris; les éditions suivantes contiennent en outre : *Dissertationum pathologicarum Partes III*; — *De variis sectis amplectendis, adversus Hadriani Scauri ineptias defensio*; Paris, 1666, in-12; Utrecht, 1682, in-8°; — *Opuscules posthumes, contenant des discours et des lettres sur divers sujets*; Rotterdam, 1696, in-4°; Amst., 1697, in-4°. P. L.

Biogr. Méd. — Haag frères, *La France Protestante*.

MENLÖS (*Daniel*), physicien suédois, né le 27 novembre 1699, à Arboga, mort le 13 juin 1743, à Upsal. Il professa la physique expérimentale à l'université de Lund, et fut admis en 1736 à l'Académie des Curieux de la Nature. Il s'appliqua principalement à l'étude de l'hydraulique, et eut part à des entreprises importantes en Suède. On a de lui beaucoup de dissertations et un *Traité de l'Usage et de l'utilité de la Balance hydrostatique*; Stockholm, 1728. K.

Dœbeln (von), *Acad. Lundensis Historia*, sect. III. — Gezelius, *Biographiskt Lexikon*, IV, 362. — Stahl, *Lunds Professoren*, 184-187.

MENNANDER (*Carl-Fredrik*), savant prélat suédois, né le 19 juillet 1712, à Stockholm, mort le 22 mai 1786, à Upsal. Après avoir été évêque d'Abo en Finlande, il fut appelé à l'université d'Upsal pour y enseigner la physique. Vers la fin de sa vie, il reçut la dignité d'archevêque de cette ville. Il fit partie de l'Académie des Sciences d'Upsal. On cite de lui : *De Usu Logices in historia*; Abo, 1748; — *De Ophiolatria Gentilium*; ibid., 1752, in-4°; — *De Synodis Aboensibus*; ibid., 1773, in-4°; — plusieurs mémoires d'archéologie insérés dans le recueil de la société d'Upsal. K.

Biograph. Lexikon, IX.

MENNECHET (*Édouard*), littérateur français, né à Nantes, le 25 mars 1794, mort à Paris, le 24 décembre 1845. Son père, neveu de La Pérouse, était lieutenant de vaisseau, et fut massacré à Saint-Domingue, lors de l'insurrection des nègres conduits par Mayaca (1793). Le jeune Mennechet fut élevé au Lycée d'Anvers, où Napoléon lui avait donné une bourse. Ses débuts dans les études furent brillants : il remporta plusieurs premiers prix. Venu à Paris en 1813 pour faire son droit, il le terminait, lorsqu'eut lieu la restauration. D'abord secrétaire du duc de Duras, premier gentilhomme de la chambre du roi Louis XVIII, en 1820, ce monarque le prit pour chef du bureau de sa chambre et pour son lecteur. Charles X, en succédant à son frère, maintint Mennechet dans ses fonctions. Après juillet 1830 Mennechet rentra dans la vie privée, et ne s'occupa plus que de littérature. On a de lui : *Ode sur la Naissance du roi de Rome* (en latin), insérée dans les *Hommages poétiques* de 1811; — *Ode sur le Retour des Bourbons*; Paris, 1814, in-8°; — *Caton d'Utique*, tragédie, trois actes, imité de l'anglais; Paris, 1815, in-8°; — *Duché; van Dick; Colardeau*; contes anecdotiques en vers; Paris, 1822, in-8°; — *La Renaissance des lettres et des arts sous François Ier*, ode couronnée par l'Académie Française; Paris, F. Didot, août 1822, in-4°; — *Épître à un Juré sur l'institution du jury en France*, pièce également couronnée; Paris, 1822, in-8°; — *La Croix d'argent*, anecdote militaire; Nantes, 1823, in-8°; — *Lesage et Montménil*, conte anecdotique en vers; Nantes 1823, in-8°; — *Fielding*, comédie en vers; Paris, 1823, in-8°; — *Vendôme en Espagne*, drame lyrique (avec Empis); Paris 1823, in-8° : pièce de circonstance, « représentée, dit M. Quérard, à l'occasion du retour du duc d'Angoulême après sa *campagne* (ou plus exactement *promenade*) dans la Péninsule ». Elle eut beaucoup de succès, et valut de riches cadeaux aux auteurs. — *L'Héritage*, comédie en cinq actes en vers, Paris, 1825, in-8°; — *Contes en vers et Poésies diverses*; Paris, 1826, in-18. On y remarque une satire *Contre l'Enseignement mutuel*; — *Chronique de France*; Paris, 1832-1833, in-8°; — *Seize Ans sous les Bourbons de 1814 à 1830*; Paris, 1832-1834, 3 vol. in-8°; — *Le Panorama littéraire de l'Europe, ou choix des articles les plus remarquables sur la littérature, les sciences et les arts etc.* : recueil mensuel, qui a commencé à paraître en juillet

1833; — *Une bonne Fortune*, opéra comique; Paris, 1834, in-8°; — *Plutarque français, ou vies des hommes et femmes illustres de la France*, avec leurs portraits en taille-douce, 8 vol. in-8°; — *Law*, drame en trois actes; — *Un premier Pas*, opéra comique; — *La Jeunesse d'un cardinal*, vaudeville; — *Le Cornet à piston*, id.; — *Mila*, id. Mennechet a eu part à la traduction des continuateurs de Hume et Smollet (1820-1821). Il a traduit dans la collection des *Chefs-d'œuvre des théâtres étrangers* de Ladvocat, *Chacun dans son caractère*, comédie de Ben. Johnson, et *L'Homme franc*, comédie de Wygherley. E. Desnues.

Germain Sarrut et B. Saint-Edme, *Biographie des Hommes du Jour*, t. V, 1re partie, p. 308. — Quérard, *La France littéraire*.

MENNENS (*Guillaume*), alchimiste belge, né à Anvers en 1525, mort dans la même ville, le 28 décembre 1608. Il se proclamait lui-même poëte, physicien, théologien, médecin, et chimiste, et fut, dit-il, l'un des chercheurs

..... de la benoîte pierre
Qui peut seule enrichir tous les rois de la terre.

Dans ses écrits il montre quelques connaissances, mais peu de jugement. Son principal ouvrage est *Aurei Velleris, sive sacræ philosophiæ vatum selectæ et unicæ, mysteriorumque Dei, naturæ et artis admirabilium, Libri tres*; Anvers, 1604, in-4°. C'est une histoire allégorique, symbolique, physique, et alchimique de Gédéon et de Jason, ou plutôt un recueil de rêveries, qu'on a réimprimé avec divers autres dans le *Theatrum Chemicum*; Strasbourg, 1622 et 1659, in-12. L—z—e.

Sweert, *Athenæ Belgicæ*, p. 315. — Valère André, *Bibliotheca Belgica*, p. 329. — Mercklin, *Linden. renov.* p. 391.

* **MENESSIER-NODIER** (*Marie-Antoinette-Élisabeth* Nodier, Mme), femme poète française, née le 22 avril 1811, à Quintigny (Jura). Fille unique de Charles Nodier, qui vendit sa bibliothèque pour lui donner une dot, elle débuta de bonne heure dans les belles-lettres, et fournit beaucoup de pièces de vers et de nouvelles au *Journal des Femmes* et au *Journal des Jeunes Personnes*. Elle a publié en 1836 un recueil poétique intitulé *Le Perce-Neige* (Paris, in-8°). K.

Ballanche, *Notice* dans la *Biogr. des Femmes auteurs françaises contemporaines*, 1836, in 8°.

MENNON SIMONS, c'est-à-dire *Mennon, fils de Simon*, réformateur hollandais et reorganisateur de la secte des anabaptistes, né à Witmarsum (Frise), en 1505, mort le 13 janvier 1561, près de Lubeck. Il fut d'abord prêtre catholique dans le bourg de Pirmingum, et ensuite à Witmarsum. Il était à peine depuis un an dans cette dernière localité, lorsque l'exaltation des anabaptistes se communiqua à un grand nombre de ses paroissiens qui, prenant les armes, coururent, malgré ses prières, se ranger sous les drapeaux des fanatiques de Munster. Quand, après la prise de Munster (1536), il fut témoin des rigueurs de toutes sortes déployées contre ces malheureux, il conçut le dessein de ramener ces victimes de l'erreur à des opinions plus saines et de les réunir en une société pacifique. Il renonça à ses fonctions ecclésiastiques, et parcourut la Hollande et l'Allemagne pour les visiter et effacer jusqu'aux derniers vestiges de leur esprit inquiet et turbulent. C'était s'exposer sur une mer orageuse, pour sauver des naufragés. Il fut en effet poursuivi lui-même, et quand Charles Quint proscrivit les partisans de cette secte, la tête de Mennon fut mise à prix. Animé d'une forte conviction, possédant l'art de persuader, doué d'une grande douceur de caractère, recommandant la pratique des vertus simples du christianisme, autant par son exemple que par ses paroles, Mennon réussit à exercer une influence marquée sur un grand nombre de ces esprits exaltés; et il s'en servit pour leur faire rejeter la doctrine que l'Église allait être bientôt réformée par une effusion nouvelle et miraculeuse du Saint-Esprit. Il les fit en même temps renoncer à leurs principes licencieux touchant la polygamie. Tout en conservant les doctrines particulières sur le baptême, le règne de mille ans, la défense du serment, l'illégitimité de la guerre et l'exclusion des magistrats de leur communauté, il eut l'art de les modifier assez profondément pour leur enlever ce qu'elles avaient primitivement de bizarre et de blessant pour les autres communions protestantes. Par suite de ses travaux et de ses exhortations, les diverses fractions des anabaptistes convinrent unanimement d'exclure de leur société les fanatiques, d'abjurer toutes les doctrines qui pouvaient porter atteinte à l'existence et à l'autorité du gouvernement civil et de se réunir en une seule communauté. Mennon fut cependant témoin de quelques divisions dans le sein de cette secte; mais elles n'eurent aucune importance générale; elles ne furent que les effets de discussions théologiques sur quelques points de doctrine, et peut-être elles auraient été étouffées dès leur naissance s'il avait eu la fermeté nécessaire pour se prononcer et trancher la question dès le premier moment. Dès lors les anabaptistes se divisèrent en modérés et en rigides. L'absence de culture littéraire se fait sentir vivement dans les ouvrages de Mennon, qui sont écrits d'un style diffus et sans aucune méthode. Ils sont presque tous en langue hollandaise. Ils parurent d'abord séparément; on les a publiés réunis : Amsterdam, 1600, 1646, in-4°, et 1681, petit in-fol. Cette dernière édition est la meilleure, quoiqu'elle ne manque pas d'incorrections. Michel Nicolas.

Moller, *Cimbria Litterata*, II. — Herm. Schyn, *Plenior deductio historiæ Mennonit.*, cap. 6. — *Musée des protestants célèbres*, III, 39 et suiv. — Herzog, *Real-Encyclopädie für protest. Theologie*.

MENOCHIUS (*Jacques*), jurisconsulte italien, né en 1532, à Pavie, où il est mort, le 10 août 1607. A vingt-trois ans il surmontait l'obcarité de son origine par sa réputation dans la science des lois. Il devint professeur de droit à Mondovi, à Pise, à Pavie. Il occupa une chaire de droit à Padoue pendant vingt-trois ans. Philippe II, roi d'Espagne, le nomma conseiller et président au conseil de Milan. On a de lui : *De Possessione Commentaria*; Cologne, 1587, in-fol.; Lyon, 1606, 1629, in-8°; — *De Arbitrariis Judicum quæstionibus et causis centuriæ sex*; Lyon, 1605, in-8°; — *De Præsumptionibus conjecturis, signis et indiciis*; Genève, 1676, 1686, 1724, in-fol. R—n.

Terrasson, *Hist. de la Jurisprud. rom.*, 434. — Dupin. *Bibl. de Droit*, 1727-1728-1729.

MENOCHIUS (*Jean-Étienne*), savant italien, fils du précédent, né à Pavie, en 1576, mort à Rome, le 4 février 1655. Entré à l'âge de dix-sept ans chez les Jésuites, il enseigna la théologie dans divers colléges de son ordre; après avoir été recteur de ceux de Modène et de Rome, il devint provincial pour la province de Milan, puis pour celle de Venise, et fut enfin nommé assistant du supérieur général. On a de lui : *Hieropoliticon, sive institutiones politicæ e Scripturis depromptæ*; Lyon, 1625, in-8°; — *Institutiones œconomicæ e Scripturis depromptæ*; Lyon, 1627, in-8°; — *Brevis Expositio sensus litteralis totius Scripturæ*; Cologne, 1630, 2 vol. in-fol.; cet ouvrage estime fut réimprimé plusieurs fois; la meilleure edition est celle donnee a Paris, 1719, 2 vol. in-fol. par le P. Tournemine, reproduite a Avignon, 1768, 4 vol. in-4°; elle contient en appendice des commentaires sur la Bible dus à differents auteurs jesuites (sur l'ouvrage de Menochius, *voy*. Simon, *Histoire critique du Vieux Testament*, p. 416, et *Histoire critique des principaux Commentateurs du Nouveau Testament*. p. 651); — *Storie tessute di varie erudizione sacra, morale e profana*; Rome, 1646-1654, 6 vol. in-4°; le premier fut publié sous le pseudonyme de *J. Corona*; — *De Republica Hebræorum*; Paris, 1648 et 1652, in-fol.; — *De Œconomia christiana*; Venise, 1656, in-4°; — *Storia miscellanea sacra*; Venise, 1658, in-4°. O.

Alegambe et Sottwell, *Scriptores Societatis Jesu*. — Dupin, *Bibl. des Auteurs ecclés.*, t. XVII.

MÉNODORE (Μενόδωρος), sculpteur grec, né à Athènes, vivait dans le premier siècle après J.-C. Il fit pour les Thespiens une copie de la célèbre statue d'Éros par Praxitèle, statue que Caligula fit enlever de Thespie et transporter à Rome. Si, comme on le suppose, la copie fut exécutée lors de l'enlèvement de l'original et pour en réparer la perte, Ménodore vivait sous Caligula, et rien n'empêche de l'identifier avec un artiste du même nom qui, suivant Pline, se distingua par les statues d'athlètes, de soldats, de chasseurs et de sacrificateurs. Y.

Pline, *Hist. Nat.*, XXXIV, 8. — Pausanias, IX, 27.

MENON, écrivain culinaire français, vivait dans la seconde partie du dix-huitième siècle. On manque de renseignements sur ce savant gastronome, dont les ouvrages, nombreux, recherchés et fréquemment réimprimés, n'ont pas été dépassés par les travaux, plus récents, de Beauvilliers et de Carême. Nous citerons les plus connus : *Nouveau Traité de la Cuisine*; Paris, 1739, 3 vol. in-12; — *La Cuisinière bourgeoise*; Paris, 1746, 2 vol. in-12 : il est peu de livres qui, depuis leur apparition, aient donné lieu à un plus grand nombre de contrefaçons, de traductions ou d'éditions que ce manuel de l'art culinaire; — *La Science du Maître d'hôtel cuisinier, avec des Observations sur la connaissance et la propriété des aliments*; Paris, 1749, in-12; — *Les Soupers de la Cour, ou l'art de travailler toutes sortes d'aliments pour servir les meilleures tables*; Paris, 1755, 4 vol. in-12; — *Traité historique et pratique de la Cuisine*; Paris, 1758, 2 vol. in-12; — *Le nouveau Cuisinier français*; 3 vol. in-12; — *Manuel des Officiers de bouche*; Paris, 1759, in-12; — *La Science du Maître d'hôtel confiseur*; Paris, 1768, in-12. La plupart de ces ouvrages ont paru sans nom d'auteur. K.

Quérard, *La France Littér.*

MENON DE TURBILLY (*Louis-François-Henri*, marquis DE), agronome français, né près de La Flèche, en 1712, mort en 1776. Sa naissance l'ayant destiné aux armes, il servit d'abord dans un régiment de cavalerie, dont nous le voyons lieutenant-colonel à l'âge de vingt-cinq ans. Mais en 1737, à la mort de son père, libre enfin de ses actions et de sa fortune, il quitta le régiment, et vint cultiver sa terre de Villiers-Charlemagne, près Gres-en-Bouère, en Anjou. Les ronces et les bruyères occupaient alors les trois quarts des terres qui formaient la commune de Villiers, et la misère des habitants était extrême. Il traça des chemins a travers ces déserts, les fit défricher, et les peupla de troupeaux. Quarante années après la commune de Villiers était une de plus riches de la province; elle comptait deux fois plus d'habitants qu'en l'année 1737, et partout l'aisance avait remplacé la misère. Pour expliquer le secret de cette transformation, Menon de Turbilly publia, en 1760, in-12 : *Mémoire sur les Defrichements*. Ce mémoire eut un grand succès; il fut réimprimé en 1762, et traduit en anglais. C'est l'abrégé de cet ouvrage, intitulé *Pratique des Défrichements*, qui fut envoyé par le contrôleur général Bertin aux intendants des provinces, comme renfermant les plus utiles conseils. B. H.

N. Desportes, *Bibliogr. du Maine*. — B. Hauréau, *Hist. litt. du Maine*, t. IV, p. 318.

MENOT (*Michel*), fameux prédicateur français, né vers 1440, mort à Paris, en 1518. Il appartenait à l'ordre des Cordeliers, chez lesquels il professa longtemps la théologie. Ses sermons macaroniques, moitié en latin barbare, moitié en burlesque français, remplis de grossièretés, de bouffonneries, de trivialités, lui valurent une si grande réputation que ses auditeurs l'avaient surnommé *Langue d'Or*. L'imprimeur Claude Chevalier prit soin d'en recueillir un certain nombre, qui parurent sous ce titre : *Sermones quadragesimales olim Turonis declamati*; Paris, 1519 et 1525, in-8° (très-rare). Les *Sermons* prononcés à Paris parurent en 1530, in-8°; pour donner une idée du style du frère Menot nous emprunterons un passage de son sermon *Sur l'Enfant prodigue* : « Quand ce fol enfant est mal conseillé, *quando ille stultus puer et malè consultus habuit suam partem de hæreditate, non erat quæstio de portando eam secum; ideo statuit*, il en fit de la chiquaille; il la fait priser, il la vend, *et ponit* la vente *in sua bursa. Quando vidit tot piecias argenti simul, valde gavisus est, et dixit ad se : Oho! non manebitis sic semper! Incipit se respicere, et quomodo? Vos estis de tam bona domo, et estis* habillé comme un belitre? *Super hoc habebitur puisio. Mittit ad quærendum* les drapiers, les grossiers marchands de soie, et se fait accoutrer de pied en cap; il n'y avait que redire au service. *Quando videt, emit sibi pulchras caligas* d'écarlate, bien tirées, la belle chemise froncée sur le collet, le pourpoint fringant de velours, la toque de Florence, etc., ». Ses sermons sur la *Multiplication des pains* et sur *Le mauvais Riche* ne sont pas moins grotesques. Le commencement de celui *Sur le Salut* mérite une mention particulière : « Honorable, et, à mon sens, dévot auditoire, s'écrie le frère Menot, *si desideramus omnes salvare animas nostras, debemus esse imitatores Ecclesiæ, quæ prolando facit* les obsèques *primorum parentum nostrorum Adami et Evæ, qui fuerunt privati et banniti ex paradiso terrestri*, etc. » Comparant la mort à la nuit, il dit : *Cum nox est*, un chacun se retire dans sa maison. *Domine, nonne tota die ibitis ad faciendum* les crespes et mille dissolutions et *meretricia. Mirum est* que tant plus que *Ecclesia est magis devota et in dolore, et luctu! .. O Domine! populus est magis dissolutus! O Domine! quando bestia est* prise au pied, et la chandelle est soufflée, *qualiter revertitur in domum suam?* Les voyez-vous? *invenietis in una parochia meretricem*, etc.... *Erit in hac villa homo vitæ pessimæ*, renieur de Dieu. *De sero facit bonum vultum, de mane invenitur mortuus; quid dicitis de hoc, domini?* « Il termine ainsi : « L'Église est comme le fruit de la vigne, *vinum lætificat cor hominis! Amen!* » Un fragment de son sermon *Sur la Madeleine* mérite surtout d'être cité : *Et ecce Magdalena* se va dépouiller et prendre tant en chemises, *et cæteris indumentis*, les plus dissolus habillements que un quelqu'un *fecerat ab ætate septem annorum. Habebat suas domicellas juxta se in apparatu mundano : habebat* ses senteurs, *aquas ad faciendum relucere faciem, ad attrahendum illum hominem* (Jésus), *et dicebat : « Vere habet cor durum, nisi eum attraham ad meum amorem. Et si deberem* hypothéquer *omnes meas hæreditates numquam redibo Jerusalem, nisi colloqueo eum eo habito* » *Credo quod visa dominatione ejus, et comitiis facta est sibi* place, on a paré le siége, *cum panno aureo, et venit se præsentare*, face à face, son beau museau *ante nostrum redemptorem ad attrahendum eum* à son plaisir, etc. Henri Estienne a emprunté des citations aux prédications du frère Menot afin de prouver la démoralisation, l'ignorance et le mauvais goût des gens d'église de son époque. A. L.

Niceron, *Mémoires*, etc., t. XXIV. — *Dict. Hist.* (éd. de 1822). — Le Bas, *Dict. encyclopédique de la France*.

MENOU (*Jacques-François*, baron DE), général français, né en 1750, à Boussay de Loches (Touraine), mort à Venise, le 13 août 1810. Sa famille était noble et ancienne. Son père, capitaine des grenadiers de France, le fit entrer de bonne heure au service, et il était maréchal de camp depuis le 5 décembre 1781 lorsque la révolution éclata. Élu député aux états généraux en 1789, par la noblesse de Touraine, Menou embrassa dès le début la cause de la liberté. Il se réunit un des premiers au tiers état, et dès la fin de 1789 il proposa d'engager tous les citoyens à un impôt volontaire pour remplacer les anciens impôts, et il demanda la suppression des costumes distinctifs. Au commencement de l'année suivante, il proposa l'ordre du jour sur une motion tendant à déclarer la religion catholique religion nationale. Membre du comité de la guerre, il s'occupa activement de la formation de l'armée. Il proposa pour le recrutement des troupes une conscription de tous les jeunes citoyens, sans distinction, avec la faculté de se faire remplacer, projet décrété plus tard sous le Directoire. Le 28 février 1790, Menou appuya un article qui élevait la paye du soldat. Le 4 mars il demanda la suppression du parlement de Bordeaux. Le 15 mai, il proposa de déléguer le droit de paix et de guerre aux représentants de la nation. Attribuant les troubles de la France à la protestation de la minorité de la noblesse, il lui demanda une rétractation. Il proposa de supprimer les ordres honorifiques, de déclarer le roi le chef de la fédération entre les gardes nationales et les troupes réglées, et d'approuver la conduite du marquis de Bouillé à Nancy. Le 28 janvier 1791, il fit décréter que le service de la garde nationale serait compté comme service effectif, qu'elle serait armée de fusils, et vota la suppression de l'hôtel des Invalides. Le 16 avril il fit rendre un décret pour la levée, l'entretien et la répartition de cent mille soldats auxiliaires, et pour l'armement de la garde nationale des frontières et la création de dix officiers généraux. Il fit en outre décréter que les drapeaux, guidons, etc., de l'armée, seraient aux trois couleurs nationales. Après la fuite du roi jusqu'à

Varennes, Menou sembla faire un pas rétrograde, et, avec quelques-uns de ses collègues, il essaya de relever le trône constitutionnel par la formation du club des Feuillants, opposé à celui des Jacobins. Le 30 avril il fit un rapport à l'Assemblée constituante tendant à approuver les mesures prises par les commissaires pour la réunion du comtat Venaissin à la France; mais l'opposition de l'abbé Maury fit ajourner cette proposition, qui ne fut adoptée que le 14 septembre. Menou fit aussi un rapport pour la suppression de la garde nationale soldée de Paris, et pour sa réorganisation en régiments d'infanterie et en gendarmerie nationale.

Après la session, Menou reçut le commandement en second du camp formé sous Paris en 1792. Le 3 octobre Chabot le fit rayer de la liste des candidats au ministère de la guerre en rappelant qu'il commandait au château des Tuileries dans la nuit du 9 au 10 août. Menou écrivit une lettre justificative à ce sujet, et l'Assemblée passa à l'ordre du jour. Employé en 1793 en Vendée, il fut complétement battu par Henri de La Rochejaquelein. Robespierre porta un acte d'accusation contre lui : Menou fut traduit à la barre de la Convention. Barère prit sa défense, et le sauva. Devenu général de division après le 9 thermidor, il reçut le commandement des troupes de ligne envoyées, le 2 prairial an III, contre le faubourg Saint-Antoine soulevé. Il força les insurgés à capituler, et s'opposa avec fermeté à la volonté des commissaires de la Convention, qui voulaient mettre le feu à ce quartier remuant. La Convention mentionna honorablement la conduite et le zèle qu'avait montré Menou dans cette journée en concourant à rétablir l'ordre dans Paris, lui vota une armure complète et le nomma général en chef de l'armée de l'intérieur. Le 12 vendémiaire an IV, la section Lepelletier s'étant soulevée contre la Convention, Menou n'osa pas attaquer la garde nationale, et ne fit pas exécuter l'ordre qui lui avait été donné de désarmer cette section. L'insurrection prit une attitude menaçante. Dénoncé à la tribune, Menou fut destitué; Barras l'accusa d'avoir protégé les rebelles; son commandement fut remis le 13 à Bonaparte, qui dissipa l'émeute en quelques heures. Décrété d'accusation, Menou fut arrêté et traduit devant le tribunal, chargé de juger les auteurs de la révolte. Son procès fut instruit : Bonaparte le défendit, et le sauva. Ce tribunal ayant déclaré qu'il n'y avait pas lieu à accusation contre Menou, ce général fut rendu à la liberté.

Menou resta dans la retraite jusqu'au moment où Bonaparte, organisant l'expédition d'Égypte, lui confia le commandement d'une division de son armée. Débarqué un des premiers près du Marabout, devant Alexandrie, il commanda la gauche de l'armée qui investit et attaqua cette place. Blessé en arrivant sur les murs de la ville, il y pénétra pourtant, et alla ensuite établir son quartier général à Rosette. Il y épousa la fille d'un riche propriétaire de bains, et embrassa l'islamisme sous le nom d'*Abdallah*. Le général Menou se fit encore remarquer par sa bravoure à la bataille d'Aboukir. Après l'assassinat du général Kleber, le 25 prairial an VIII (14 juin 1800), Menou lui succéda dans le commandement en chef, comme le plus ancien général, et il fut confirmé dans ce poste par un arrêté du premier consul du 17 fructidor an VIII (4 septemb. 1800). Il y déploya peu de capacité, et ne paraissait pas posséder la confiance de l'armée. Il eut des altercations avec plusieurs officiers généraux, et renvoya en France le général Reynier, avec qui il avait eu une vive discussion. Aussitôt arrivé, le général Reynier publia un mémoire contre Menou, où il se fit l'écho du mécontentement de l'armée d'Orient. La désaffection avait fait de grands progrès, lorsque, le 8 mars 1801, dix-huit mille Anglais, commandés par lord Abercrombie, débarquèrent sur la plage d'Aboukir. Malgré la mort du général anglais à Canope, le 21 mars, les Français furent repoussés jusque dans les retranchements d'Alexandrie, après une perte de plus de 2,000 hommes. Le général Belliard, resté au Caire, dut bientôt traiter avec l'armée anglo-turque après une honorable défense. Quant aux débris de l'armée, enfermés dans Alexandrie avec Menou, entre la mer et l'inondation, et investis par l'ennemi, ils souffrirent pendant six mois toutes les privations et les horreurs d'un siége; la division qui régnait parmi les chefs français favorisait les opérations des alliés; enfin Menou céda, malgré son opiniâtreté, et il obtint une assez bonne capitulation, le 13 fructidor an IX (31 août 1801). Dans les premiers jours de l'an X (septembre 1801), les derniers bâtiments chargés de troupes françaises mirent à la voile pour la France, où plusieurs n'arrivèrent qu'en janvier 1802. Au mois de mai Menou parut devant le premier consul, qui lui donna gain de cause sur ses adversaires, et notamment sur Reynier, le plus acharné de tous. Le 27 floréal an X (17 mai 1802), Menou fut nommé membre du Tribunat et, quelque temps après, administrateur général de la 27e division militaire (Piémont). Il sut s'y faire aimer d'une partie de la population par la douceur et la modération de son gouvernement, par ses manières en général polies et conciliatrices, et par le faste de sa représentation. Nommé plus tard gouverneur de Venise, il mourut dans cette ville.

Au jugement du duc de Raguse, Menou était sans aucune espèce de talents militaires, mais non pas sans bravoure. « Pourvu d'esprit et de gaîté, ajoute-t-il, il était agréable conteur, fort menteur, et ne manquait pas d'une certaine instruction; son caractère, le plus singulier du monde, approchait de la folie. D'une activité extrême pour les très-petites choses, jamais il ne pouvait se décider à rien exécuter d'important. Écrivant sans cesse, toujours en mouvement dans sa chambre, montant chaque jour à cheval pour se promener, il ne pouvait jamais se mettre en route pour entreprendre un voyage utile ou nécessaire. Quand le général Bonaparte partit pour la Syrie, il lui donna le commandement du Caire; Menou arriva seulement huit jours avant le retour de Bonaparte, et l'absence de celui-ci avait été de cinq mois. Quand, après avoir perdu l'Égypte, il débarqua à Marseille, son premier soin semblait devoir être de venir se justifier; et il resta plus de quatre mois à Marseille sans avoir rien à y faire. Quand, plus tard, Bonaparte, premier consul, lui donna, par une faveur insigne, l'administration du Piémont, il retarda de jour en jour son départ pendant six mois, et ne partit que parce que Maret, son ami, le plaça lui-même dans sa voiture attelée de chevaux de poste. Après avoir montré son incapacité comme administrateur du Piémont, et en quittant cette fonction, on trouva dans son cabinet neuf cents lettres qui n'avaient pas été ouvertes. Constamment et partout le même, on ne cessa cependant de l'employer. A Venise, dont il eut le gouvernement, il devint éperdûment amoureux d'une célèbre cantatrice, dont il fut la risée, courant après elle dans toute l'Italie, arrivant toujours dans chaque ville après son départ. Il avait rêvé à Venise être grand-aigle de la Légion d'Honneur et commandeur de la Couronne de fer, et il avait pris les décorations de ces ordres, et les a portées pendant quinze mois. Toujours perdu de dettes et de dettes criardes, s'élevant souvent à trois cent mille francs, et acquittées plusieurs fois par Bonaparte, il ne pouvait se résoudre à rien payer et donnait tout ce qu'il avait. D'un caractère violent, il tua d'un coup de bûche, à Turin, un fournisseur de sa maison venu pour lui demander de l'argent. C'était un extravagant, un fou, quelquefois assez amusant, mais un fléau pour tout ce qui dépendait de lui. Incapable des plus petites fonctions, l'affection de Bonaparte pour lui et son obstination à l'employer vinrent de ce qu'à son départ d'Égypte il lui était resté fidèle, et s'était placé constamment à la tête de ses amis. Bonaparte n'oubliait jamais les preuves d'attachement qu'il avait reçues, et voilà tout le secret de son incroyable condescendance pour lui. » L. L—T.

De Courcelles, *Dict. des Généraux français*. — *Biogr. nouv. des Contemp.* — *Biogr. univ. et portat. des Contemp.* — Thiers, *Hist. du Consulat et de l'Empire*. — Duc de Raguse, *Mémoires*, t. Ier, p. 409 et suiv. — *Moniteur*, de 1810.

MENOUX (*Joseph* DE), jésuite français, né le 14 octobre 1695, à Besançon, mort le 0 février 1766, à Nanci. D'une famille de robe, il entra de bonne heure dans la Société de Jésus, professa les humanités dans différents colléges et s'appliqua avec succès à la prédication. Il obtint la confiance du roi Stanislas, qui le nomma son prédicateur ordinaire et supérieur d'un séminaire de missions pour la Lorraine. On le représente comme un homme d'esprit, intrigant, serviable, ami utile et ennemi dangereux. « Il fit croire, dit Voltaire, au pape [illegible] XIV. [illegible] traités in-folio [illegible] qu'il les tr[illegible] en [illegible] quelques pages et obtint pour son [illegible] bon bénéfice, dont il dépouilla des bénédictins, et se moqua ainsi de Benoît XIV et de saint Benoît. » Mais Voltaire, qui, dans sa correspondance secrète, traite Menoux de *faux frère*, s'assurait en toute circonstance de la protection du savant jésuite; la liaison qui s'établit entre eux ne fut sincère d'un côté ni de l'autre. Le P. de Menoux fut un des premiers membres de l'Académie de Nanci et fut associé à celle des Arcades de Rome. On a de lui : *Notions philosophiques des vérités fondamentales de la religion*, *ouvrage didactique d'un ordre nouveau*, 7e édit., revue et corrigée; Nanci, 1758, in-8°. Ce livre avait paru d'abord sous le titre de *Défi général à l'incrédulité*; « il en est peu, dit Fréron, d'aussi méthodiques, d'aussi clairs, d'aussi précis, d'aussi conséquents; » — *Heures du Chrétien*, *à l'usage des missions*; Nanci, 1741, in-12; — *Discours prononcé en 1753 à la séance publique de la Société Littéraire de Nanci*; ibid., 1753, in-4°; trad. en italien par ordre du pape Benoît XIV; — *Coup d'œil sur l'arrêt du Parlement de Paris concernant l'institut des Jésuites*; Avignon, 1761, 2 part. in-8°: on regarde Menoux comme l'auteur de cet écrit, signé par le P. Griffet, et il fournit à Cerutti des matériaux pour l'*Apologie générale de l'institut des Jésuites*. On lui attribue un poëme latin, *Aucupium*, *carmen*, *auctore P. J. M. S. J. sacerdote*, inséré dans le t. IV des *Poemata didascalica*. Enfin, il est encore auteur de quelques chansons ainsi que de discours imprimés dans le *Recueil de l'Académie de Nanci*, et il eut part aux ouvrages religieux et moraux de Stanislas. Cette collaboration secrète n'échappa point à J.-J. Rousseau, à propos de la *Réponse* du roi de Pologne *au Discours sur les sciences et les arts*. « Je me fiai, dit-il, à mon tact pour démêler ce qui était du prince et ce qui était du moine; et tombant sans ménagement sur toutes les phrases jésuitiques, je relevai, chemin faisant, un anachronisme, que je crois ne pouvoir venir que du révérend. » P. L.

Fréron, *Année littéraire*, 1758, 1766. — Durival, *Descript. de la Lorraine*, I, 226. — J.-J. Rousseau, *Confessions*, liv. VIII. — Voltaire, *Corresp.* — *La France Littér.* de 1769.

MENSA MOUSA Ier, sultan de Timbouctou et du Soudan, de la dynastie de Melli, né à Béled-Bâni, vers 1285, mort en 1331, dans la même ville. Petit neveu de Mari Djata Ier, qui le premier avait embrassé l'islamisme, et fils d'Aboubekr II, auquel il succéda, en 1311, Mensa Mousa fonda la première grande monarchie du Soudan, qui comprenait tous les pays du Niger depuis les confins du Sahara jusqu'à l'océan Atlantique. Après avoir, en 1324, entrepris un pèlerinage à La Mecque, où il s'était mis en rapport avec les descendants des Fatimites et des

Almohades, qu'il comptait rétablir sur leur trône de l'Afrique septentrionale, le sultan ramena de l'Égypte un poète arabe de l'Espagne, Abou-Ishak Ibrahim el Tonéidjan, qu'il chargea d'établir une académie à Oualata. D'autres artistes et ouvriers, appelés du Maroc et de l'Espagne, furent chargés de lui construire des palais, des châteaux, des mosquées dans le style moresque. Son meilleur général, Saghémendja, s'étant emparé enfin, en 1326, de Timbouctou, Mensa Mousa fit de cette ville la première métropole commerciale de l'Afrique centrale. Timbouctou ayant été, en 1330, pris et incendié par la peuplade païenne des Mossis, Mensa Mousa mourut au milieu des préparatifs qu'il fit pour le reprendre. Ce fut un prince versé dans les lettres, et très-généreux envers les savants.

MENSA MOUSA II, sultan de Timbouctou et du Soudan, de la même dynastie, né à Béled-Bâni, vers 1330, mort en 1307, dans la même ville. Fils de Mari Djata II, il succéda à son père en 1374. Il fit faire de grands embellissements à Timbouctou, et établit des relations avec les princes de Grenade, auxquels il envoya les premières girafes qui fussent venues en Europe. Mais, laissant tout le pouvoir entre les mains de son vizir Mari Djata, il ébranla le premier la monarchie de Melli, et laissa une autorité amoindrie à son frère Mensa Magha II.

MENSA SLIMAN (ou *Souléiman*), sultan de Timbouctou et du Soudan, de la même dynastie que les précédents, né à Béled-Bâni, vers 1300, mort dans la même ville, en 1359. Frère cadet de Mensa Mousa Ier, il succéda, en 1335, à Mensa Magha Ier, fils de ce dernier. Ayant reconquis, en 1336, la ville de Timbouctou sur les Mossis, il rétablit la puissance de la dynastie de Melli. Prince guerrier mais ombrageux, il chassa de sa cour son neveu Mari Djata, qui, réfugié à Kemborai, ourdit une conspiration contre lui, dans laquelle entra la sultane Caça, première femme de Mensa Sliman. Cette conspiration ayant été découverte, Caça fut enfermée à vie, tandis que le sultan éleva au rang de première sultane Bendjen, qui avait contribué à la découverte de cette conspiration. Mensa Sliman, qui était en relations suivies avec les chérifs du Maroc, accueillit à sa cour des savants et des voyageurs, entre autres le célèbre Ibn-Batouta, qui se plaignit cependant de l'avarice de son patron. Ch. RUMELIN.

Ibn-Batouta, *Voyages dans l'Afrique*. — Ibn-Khaldoun, *Histoire des Berbères de l'Afrique*. — Ahmed-Baba, *Histoire de Timbouctou*. — *Journal Asiatique* de Paris, année 1853. — *Journal Asiatique allemand* de Leipzig, vol. IX. — Barth, *Travels in Africa*.

MENSOR (*Balbus*). *Voy.* BALBUS.

MENTEL ou **MENTELIN** (*Jean*), premier imprimeur de Strasbourg, né à Schelestadt, vers 1410, mort à Strasbourg, le 12 décembre 1478. On a voulu enlever à Gutenberg l'honneur d'avoir inventé l'imprimerie, pour en faire l'apanage de J. Mentel. Les partisans de cette opinion se fondent sur deux passages d'une chronique allemande manuscrite qui est conservée à la bibliothèque de Strasbourg, et qu'on attribue à Specklin, intendant de cette ville dans la seconde moitié du seizième siècle. Ces prétentions ont été réfutées avec succès par Schœpflin, dans ses *Vindiciæ Typographicæ*, et récemment par M. A. Bernard dans son *Origine de l'Imprimerie*. Il ressort d'ailleurs avec évidence d'un ouvrage écrit par Wimpheling, compatriote et contemporain de Mentel, que ce dernier, qui vint de bonne heure s'établir à Strasbourg, s'y occupait déjà de l'imprimerie pendant que Gutenberg perfectionnait à Mayence son invention. Dès 1447, Mentel était fixé à Strasbourg, car son nom se trouve à cette époque sur les registres de cette ville, qui ont été publiés par Schœpflin (*Vindic. Typogr.*, p. 96); il y figure avec le titre d'écrivain en or (*guldenschriber*), c'est-à-dire enlumineur. Le 17 avril de la même année, il fut admis dans la corporation des peintres. Il ne tarda pas à s'occuper exclusivement de typographie, car dans la chronique des papes et des empereurs (*Cronica Pontificum Imperatorumque*) de Ricobalde de Ferrare, qui fut imprimée à Rome en 1474, par Philippe de Lignamine, on lit que Mentel avait dès 1458 à Strasbourg un atelier typographique où il imprimait, comme Fust et Gutenberg à Mayence, trois cents feuilles par jour. L'empereur Frédéric III anoblit Mentel en 1466, et dans ses lettres de noblesse il le qualifia de *primus Argentorati chalcographus*, titre auquel il a certainement droit. On sait que les premiers produits de la typographie furent vendus comme manuscrits; Mentel, ainsi que les autres imprimeurs de cette époque, n'indiquait donc sur ses livres ni son nom ni la date de l'impression; il est dès lors assez difficile de déterminer exactement quel fut le premier ouvrage exécuté par lui. Des souscriptions manuscrites, datées de 1466, se rencontrent sur un certain nombre d'ouvrages qui, selon toute apparence, émanaient de ses presses. D'après les derniers travaux faits sur cette matière, ses deux premières publications seraient une Bible allemande in-folio et une Bible latine. Le premier ouvrage où l'on trouve son nom est de 1469; en voici la souscription : *Explicit summa fratris Astexani arte impressoria formata per venerabilem virum Joh. Mentel anno Domini MCCCCLXIX.* Vers la même époque, il publia une *Concordance* de la Bible, les *Lettres* de saint Jérôme et la *Cité de Dieu* de saint Augustin. Mais l'œuvre capitale de Mentel, c'est sa collection des *Specula* de Vincent de Beauvais; elle forme dix volumes in-folio, et fut terminée le 4 décembre 1473. On croit que Mentel est le premier qui ait eu l'idée de répandre des prospectus pour annoncer ses publications. Deux spécimens de ce genre, extrêmement curieux, ont été découverts il y a quelques années. Le premier, qui est conservé à la Bibliothèque impériale, porte en tête : *Cupiens igitur prœcitatum volumen emere una cum ceteris subscriptis bene emendatis, veniat ad hospicium infra notatum, et habebit largum venditorem.* Le deuxième prospectus est à la bibliothèque royale de Munich : il annonce entre autres ouvrages les *Lettres* de saint Augustin, les *Antiquités* de Fl. Josèphe, un Virgile, un Térence et un Valère Maxime. Mentel fut enterré dans la cathédrale de Strasbourg; une inscription, jadis placée sur sa tombe, portait ces mots : « Je repose ici, moi Jean Mentel, qui, par la grâce de Dieu, ai le premier inventé à Strasbourg les caractères de l'imprimerie, et fait parvenir cet art à un tel degré de perfection qu'un homme peut aujourd'hui écrire en un jour autant qu'autrefois dans une année ». On attribue, mais sans fondement, à Mentel une légende, en vers allemands, sur les expéditions de Charles, duc de Bourgogne. Alfred FRANKLIN.

A. Bernard, *Origine de l'imprimerie en Europe*; Paris, 1853, 2 vol. in-8°. — Lambinet, *Orig. de l'Impr.* — Schœpflin, *Vindiciæ Typographicæ*. — *Mémoires de l'Acad. des Inscriptions*, t. XVII. — L. de Laborde, *Débuts de l'Imprimerie à Strasbourg*; Paris, 1840, in-8°. — Jacques Mentel, *De vera Typographiæ Origine*; Paris, 1650, in-4°. — Dorlan, *Notices histor. sur l'Alsace*; 1843, in-8°. — Panzer, *Annales Typographici*. — A.-F. Didot, dans l'*Encyclopédie moderne*, art. *Typographie*.

MENTEL (*Jacques*), savant médecin français, né en 1597, à Château-Thierri, mort en 1671, à Paris. Il prétendait appartenir à la famille du précédent, à qui plusieurs écrivains ont attribué l'invention de l'imprimerie, et il fit tous ses efforts pour accréditer cette opinion. Il étudia la médecine à Paris, et s'appliqua principalement à l'anatomie. Si l'on en croit Hénault, médecin de Rouen, il aurait observé, dès 1629, le réservoir du chyle sur un chien. Après avoir été reçu docteur en 1632, il fut chargé de professer la chirurgie et, depuis 1647, l'anatomie. On a de lui : *De Epicrasi*; Paris, 1642, in-8°; — *Brevis Excursus de loco, tempore et authore Inventionis Typographiæ*; Paris, 1644, in-8°; on conserve à la Bibliothèque impériale un exemplaire de cet ouvrage, qui parut anonyme, couvert de notes de la main de Mentel; il a été réimprimé dans les *Monum. typogr.* de Wolf (II, 197), avec des additions; — *De vera Typographiæ Origine Parænesis*; Paris, 1650, in-4°; et dans le recueil de Wolf (II, 241); — *Epistola ad Pecquetum de nova illius chyli secedentis a lactibus receptaculis notatione*; Paris, 1651, in-4°; — *Anaphoricus, sive de ascensionibus*; Paris, 1657, in-4°, trad. du grec d'Hypsiclès d'Alexandrie; — *Anecdoton ex Petronii Arbitri Satyricone fragmentum*; Paris, 1664, in-8°, sous l'anagramme de *Jo.-Caius Tilebomenus*. K.

Éloy, *Dict. hist. de la Méd.*, III. — Fabricius, *Biblioth.*

MENTELLE (*Edme*), géographe et historien français, né à Paris, le 11 octobre 1730, mort à Paris, le 28 décembre 1815. Il fit ses études, comme boursier, au collége de Beauvais, où Crevier fut son professeur. Il obtint ensuite un emploi dans les finances, emploi peu lucratif, qui lui laissait assez de loisir pour sacrifier aux *Muses*. Les recueils littéraires de son temps contiennent beaucoup de ses poésies légères, et plusieurs théâtres représentèrent de ses pièces. Devenu plus âgé et plus sérieux, il déserta la carrière poétique, et se livra exclusivement à l'étude de la géographie et de l'histoire. Il se fit remarquer par ses *Éléments de Géographie*, et obtint, en 1760, la chaire de professeur de géographie et d'histoire à l'École Militaire. Mentelle construisit pour le roi Louis XVI un globe, qui représentait les divisions naturelles et politiques de la terre; c'était une sphère de trois pieds de diamètre sur laquelle étaient retracées les bornes réelles des divers États; une espèce de calotte superposée, divisée par compartiments *enlevables* à volonté, reproduisait en relief les inégalités terrestres avec un soin infini. Mentelle compléta son œuvre en y ajoutant une calotte intermédiaire qui, percée à jour, donnait la différence de l'ancien monde connu avec le nouveau. L'École Militaire ayant été supprimée en 1792, Mentelle ouvrit un cours chez lui et donna des leçons particulières. Lors de l'organisation des écoles centrales, l'un des premiers il fut appelé à y professer la géographie; il enseigna ensuite à l'École Normale de 1794, et dès la création de l'Institut il vint siéger sur les bancs de cette société savante. Il cessa de professer vers 1810. En 1814 Louis XVIII le nomma chevalier de la Légion d'Honneur. Il mourut à la suite d'une opération de la pierre. Il fut le premier membre de l'Institut inhumé aux frais de ses collègues. M. Barbié du Bocage prononça un discours sur sa tombe. Les modifications apportées dans la circonscription de presque tous les États du monde ont fait perdre beaucoup de prix aux ouvrages de Mentelle. Outre ses poésies légères, publiées dans l'*Almanach des Muses*, dans le *Mercure de France* et dans d'autres recueils du même genre, nous citerons parmi les œuvres de sa jeunesse *Raton aux enfers*, poëme en six chants, imité de l'allemand; — *L'Intendant supposé*, comédie en prose jouée avec succès au théâtre Beaujolais; et *L'Amour libérateur*, comédie (avec des Essarts). Ses œuvres sérieuses sont : *Lettre à un seigneur étranger sur les ouvrages périodiques*; 1757, in-12; — *Manuel Géographique*; 1761, in-12; — *Éléments de l'histoire romaine avec cartes*; 1766 et 1774, in-12; — *La Géographie abrégée de la Grèce ancienne*; 1772, in-8°; — *Anecdotes orientales*; 1773, 2 vol. in-8°; — *Traité de la Sphère*; 1778, in-12; — *Géographie comparée, ou analyse de la géographie ancienne et moderne*, 1778 et ann. suivantes, 7 vol. in-8°, avec cartes; — *Cosmographie élémentaire*, 1781 et 1799, in-8°, avec fig. : l'auteur « se flatte de l'espoir que la géographie politique n'éprouvera plus qu'une bien légère modification, et que l'ordre géographique sera inébranlable ainsi que l'ordre chronologique ». Il écrivait celà en 1781! — *Choix de Lectures géographiques et historiques*; 1783-1784, 6 vol. in-8° : ouvrage intéressant, à cause des emprunts que l'auteur a faits à des voyages restés inédits; — *Éléments de Géographie*; etc., 1783, in-8°. — *Méthode courte et facile pour apprendre aisément la nouvelle géographie de la France*; 1791, in-8°; — *La Géographie enseignée par une méthode nouvelle, ou application de la synthèse à l'étude de la géographie*; 1795, 1799, in-8°; — *Considérations nouvelles sur l'instruction publique*; 1797, in-8°; — *Précis de l'histoire des Hébreux, etc., jusqu'à la prise de Jérusalem*; 1798, in-12, — *Cours complet de Cosmographie, de chronologie, géographie et d'histoire ancienne et moderne*; 1801-1802, 4 vol. in-8°; — *Précis de l'Histoire universelle pendant les dix premiers siècles de l'ère vulgaire*; 1801, in-12. Mentelle y traite Jésus-Christ d'*imposteur*; — *Précis de l'Histoire de France jusqu'à l'an IX de la république*, 1800, in-12; — *Géographie universelle* (avec Malte-Brun); Paris, 1803-1804, 16 vol. in-8°, avec atlas; — *Tableau synchronique des principaux événements de l'Histoire ancienne et moderne*; 1804, in-fol., avec texte in-8°; — *Exercices chronologiques et historiques*; in-12; — *Géographie classique*, etc, 1813, 2 vol. in-12. L'auteur insiste pour que l'Institut adopte une orthographe définitive pour les noms géographiques; — *Dictionnaire de la Géographie ancienne* (pour l'*Encyclopédie méthodique*), 3 vol. in-4°; — *Atlas universel* en 170 cartes (avec Chanlaire), avec plans des huit principales villes de l'Europe. — *Atlas élémentaire* (avec le même), 36 cartes; — *Atlas des commençants*; in-4°, avec texte, in-12; — *Mémoire sur la position de quelques lieux et de quelques fleuves dans l'étendue de l'Argolide*; dans les *Mém. de l'Institut* (sec. M. et Pol.), tome III, p. 467; — des *Notes historiques et géographiques* pour la traduction d'Homère par Gin; des *articles* à la *Bibliothèque française* de Pougens; aux *Annales des Voyages* de Malte-Brun, etc. — Le *Magasin Encyclopédique* a reproduit plusieurs morceaux lus par Mentelle à l'Institut, au Lycée et dans d'autres sociétés savantes. Mentelle a aussi dressé les cartes de *La Monarchie prussienne* par Mirabeau, celles des *Leçons de l'Histoire* par l'abbé P.-L. Gérard (Paris, 1787, 1806). A. DE B.

Deur Larche, *Notice sur Mentelle*; dans le *Magasin Encyclopédique* de 1816. — *Éloge de Mentelle*; dans les *Memoires de l'Académie des Inscriptions* de 1819. — Querard, *La France Littéraire*.

MENTELLE (*François-Simon*), ingénieur géographe français, frère du précédent, né à Paris, en 1731, mort à Cayenne, le 21 décembre 1799. Il apprit la géographie sous Buache et l'astronomie sous Lalande. Après avoir été employé quelque temps à l'observatoire de Paris, où sous la direction de César-François Cassini de Thury, il coopéra à la *Carte topographique de France*, il reçut l'ordre d'accompagner une expédition que le gouvernement français envoyait sous le commandement du chevalier Turgot (*voy.* ce nom) pour coloniser la Guyane. Il débarqua à Cayenne en juillet 1763, dirigea les colons sur Kourou, et s'occupa immédiatement du plan d'une ville et de la construction des abris nécessaires pour recevoir les nouveaux habitants. Mais la rapidité des arrivages dérangea ses prévisions : les vivres exposés en plein air se corrompirent, et les malheureux émigrants, entassés les uns sur les autres, périrent presque tous de la fièvre jaune ou du typhus. Mentelle s'était réfugié à Cayenne, où il organisa un service sanitaire et présida à la création de nouveaux quartiers. En 1766, il accompagna un détachement de troupes envoyé contre les nègres marons hollandais (de Surinam), qui désolaient les plantations des indigènes habitant la rive droite du Maroni. Il s'embarqua le 19 mars, remonta l'Oyapok (sud-est de Cayenne), puis les rivières Camopi et Tamouri. Cette expédition n'obtint aucun résultat : les nègres s'étaient retirés avant son arrivée et les Indiens fuyaient aussitôt son approche. Après avoir franchi une cinquantaine de lieues dans un pays désert et avec beaucoup de fatigues, Mentelle rentra à Cayenne, où il arriva le 13 juin en descendant le Tau et l'Araoua, qui se jettent dans le Maroni. Il dressa la carte de ce voyage, constata que les sources du Maroni n'étaient éloignées de celles de l'Oyapok que de quinze lieues. Il avait ressenti une secousse de tremblement de terre dans le pays des Aramichaux, et avait failli se noyer à Yroucanporti (embouchure est du Maroni). Il avait fait aussi des observations intéressantes pour la botanique, sur les rubiacées, les simaroubées, etc. Il rassembla alors tous les documents relatifs à la colonie et en forma un dépôt dont il s'établit le conservateur, titre qui lui fut confirmé par l'ordonnateur Malouet, en juillet 1777, avec un traitement de 2,000 livres.

Mentelle accompagna Malouet dans un voyage à Surinam, dont il dressa la carte. A son retour à Cayenne, il se livra à des observations scientifiques. Il construisit un cadran solaire dans la cour de l'Intendance, constata que l'aiguille aimantée déviait à Cayenne depuis 0' jusqu'à 5° nord-est, et que parvenue à ce maximum, elle remontait aussitôt. Il fit aussi d'intéressantes observations sur les marées et sur la météorologie (1). En 1788, le roi Louis XVI récompensa l'auteur de ces utiles travaux en le nommant chevalier de Saint-Louis. Mentelle, tout entier à l'idée de rendre la Guyane utile à la France, y demeura durant la période révolutionnaire. En 1798, il adoucit le sort des déportés du 18 fructidor, principalement de Barbé-Marbois, de Barthélemy, de Brotier. Il s'occupait

(1) Elles se trouvent à l'Observatoire de Paris.

encore de la généreuse mission qu'il s'était imposée lorsqu'il succomba en quelques heures à des coliques de miséréré. Il avait laissé de nombreux et intéressants documents, mais ils furent dispersés par les Portugais lorsque, le 12 janvier 1809, ils prirent possession de Cayenne. Le tombeau du savant ne fut même pas respecté et son cadran solaire fut détruit. Il ne reste de lui que son *Almanach de Cayenne*, des extraits imprimés dans les revues scientifiques du temps et les nombreux documents, qu'heureusement il avait envoyés en double au ministère de la marine à Paris. A. DE L.

Archives de la Marine. — Noyer, *Notice sur la vie et les travaux de S. Mentelle*, dans les *Annales maritimes* de 1822-1827 et mars et avril 1834.

MENTON (*François*), peintre et graveur hollandais, né à Alcmaer, vers 1530, mort après 1605. Il fut l'un des bons élèves de François de Vriendt (Franc-Flore); mais plus désireux de faire fortune que d'acquérir de la gloire, il abandonna la peinture historique pour le portrait, et s'enrichit dans ce genre. Il avait une belle touche, une couleur chaude. Son chef-d'œuvre est une *Assomption* dans l'église des Jésuites d'Anvers. Il gravait aussi avec goût et finesse. Ses estampes sont très-recherchées; elles représentent généralement des sujets religieux. A. DE L.

Descamps, *La Vie des Peintres hollandais*, etc.

MENTOR (Μέντωρ), général grec, né à Rhodes, frère de Memnon, vivait vers le milieu du quatrième siècle avant J.-C. Il fut un de ces aventuriers grecs audacieux et rusés dont la fortune commença pendant les troubles qui suivirent la mort d'Artaxerxès Mnémon. On le voit d'abord au service du satrape rebelle Artabaze. Quand celui-ci vaincu fut forcé de se réfugier à la cour de Philippe, roi de Macédoine, Mentor passa au service de Nectanabis, roi d'Égypte, qui lui confia le commandement d'un corps de mercenaires grecs. Il conduisit ensuite une autre bande de mercenaires au secours de Tennès, roi de Sidon, révolté contre Artaxerxès Ochus. Tennès ne tarda pas à livrer les Sidoniens au roi de Perse, et Mentor, complice de sa trahison, entra au service d'Artaxerxès (351 avant J.-C.). Il marcha alors contre ces mêmes Égyptiens qu'il avait défendus peu auparavant, et au moyen d'une intrigue assez compliquée, il s'attribua le principal honneur de la réduction de cette grande province. Artaxerxès, qui croyait lui devoir la conquête de l'Égypte, Bagoas, général en chef de l'armée perse, qui croyait lui devoir sa liberté, le comblèrent de faveurs. Il reçut la satrapie des côtes occidentales de l'Asie Mineure. Lui et Bagoas furent les véritables chefs de la Perse sous le règne d'Artaxerxès Ochus, dont l'autorité ne se manifestait que par des actes de cruauté. On manque de renseignements sur cette période. L'histoire ne cite plus qu'un seul fait de Mentor, c'est encore une trahison. Il s'assura perfidement de la personne de Hermias, tyran d'Atarnée, ami d'Aristote, se fit livrer au moyen de fausses lettres les places fortes de ce prince, et l'envoya à Artaxerxès qui ordonna de le mettre à mort. Mentor mourut en possession de sa satrapie, qu'il transmit à son frère Memnon. Sa femme se nommait Barsine. Ses trois filles tombèrent au pouvoir de Parménion, à la prise de Damas; une d'elles épousa plus tard Néarque. Y.

Diodore de Sicile, XVI, 42, etc., 50-52. — Arrien, VII. — Quinte-Curce, III, 13.

MENTOR, un des plus célèbres ciseleurs grecs, vivait probablement dans le quatrième siècle avant J.-C. Il excella surtout dans la ciselure sur argent. Pline prétend que ses plus belles œuvres périrent dans l'incendie du temple d'Artémis à Éphèse, et les autres dans l'incendie du Capitole, de sorte que du temps de Pline il n'en restait plus aucun. Cette assertion ne doit pas s'entendre à la lettre. Les ouvrages de Mentor étaient des vases, des coupes, particulièrement des coupes appelées *thériclécennes*. Les plus grands de ses ouvrages, ceux qui étaient de nature à trouver place dans des édifices publics, furent détruits; mais il en resta beaucoup de petits, et l'on sait par Cicéron qu'ils étaient très-recherchés. Y.

Pline, *Hist. Nat.*, XXXIII, 11; XXXV, 12.

MENTZEL (*Chrétien*), botaniste et sinologue allemand, né le 15 juin 1622, à Furstenwald, dans la marche de Brandebourg, mort à Berlin, le 17 janvier 1701. Il commença en 1643 l'étude de la médecine, et trois mois après accompagna en Pologne l'ambassadeur de Brandebourg Creutz; il alla ensuite passer un an à Dantzig, auprès du philologue Chrétien Rau. En 1650 il partit pour l'Italie, visita la plupart des îles de la Méditerranée, et se fit recevoir quatre ans après docteur en médecine à Padoue. S'étant fixé à Berlin, il y devint en 1658 médecin de l'électeur de Brandebourg, qu'il accompagna dans toutes ses campagnes; il remplit ces fonctions jusqu'en 1688, année où il obtint sa retraite. Dans les derniers temps de sa vie il s'adonna, sous la direction du P. Couplet, à l'étude de la langue chinoise. Membre de l'Académie impériale des Curieux de la Nature, il entretenait une correspondance avec les principaux savants de l'Europe. On a de lui: *Catalogus Plantarum circa Gedanum sponte nascentium*; Dantzig, 1645, in-4°; — *Lapis Bononiensis in obscuro lucens*; Bielefeld, 1675, in-12; — Πίναξ βοτανώνυμος πολύγλωττος, *sive Index nominum Plantarum multilinguis, plantarum genera, species, colorum et aliarum partium differentias ordine suo collocans, citatis classicorum autorum locis genuinis ab Hippocrate ad novissimos botanicos; adjectus est pugillus plantarum rariorum*; Berlin, 1682, 1696 et 1715, in-fol.; — *Sylloge minutiarum lexici latino-sinico-characteristici ex autoribus et lexicis Chinensium eruta*; Nuremberg, 1685, in-4°; sur la valeur de ce dictionnaire, voy. le *Plan d'un Dictionnaire Chinois* d'Abel de Remusat; — *Kurze chinesische Chronologia* (Chronologie abrégée des Chinois); Berlin, 1696, in-4° : cet ouvrage, le premier de ce genre, publié en Europe, contient un résumé de l'ambassade d'Isbrand en Chine; — *Icones Arborum fructuum et herbarum exoticarum*; Leyde, sans date, in-4°, avec 80 planches. Mentzel a laissé en manuscrit une *Flora Japonica*, en deux vol. in-fol., qui se trouvent à la bibliothèque de Berlin ainsi que ses autres ouvrages inédits, tels que *Clavis Sinica*, *Historia Regum Sinensium*, 10 vol. in-fol.; — *Dictionarium Sinicum*, 9 vol. in-fol.; il a aussi mis en ordre et fait relier en 4 vol. in-fol. les notices et dessins faits par ordre du prince Maurice de Nassau sur l'*Histoire naturelle du Brésil*; enfin, il a fait insérer un grand nombre de *Memoires* dans les *Miscellanea Academiæ Naturæ Curiosorum*. O.

Memoria Mentzeliana (Nuremberg, 1702). — *Miscellanea Academiæ Naturæ Curiosorum* (année, 1699, *Appendix*). — Manget, *Bibl. Scriptorum medicorum*, t. II. — *Historiches Portefeuille* (année 1784).

MENTZEL (*Balthasar*), mathématicien et astronome allemand, fils du précédent, né a Rinteln, le 21 février 1651, mort le 8 mars 1727. Nommé en 1676 professeur de mathématiques a l'université de Giessen, il fut destitué en 1695, pour avoir reproché diverses erreurs à la faculté de theologie; l'année d'après il fut chargé d'enseigner les sciences du calcul au gymnase de Hambourg. On a de lui : *Cometæ anno 1680 visæ Descriptio*; Giessen, 1681, in-4°; — *Positiones arithmeticæ, geometricæ et astronomicæ*; Giessen, 1682-1692, 2 parties, in-4°; — *De Immobilitate Terræ*; Giessen, 1689; — *Porismata Geographica et astronomica*; Giessen, 1691, in-4°; — *Nachricht von der zum viertenmale observirten Conjunction des Mercurii und der Sonne* (Notice sur la conjonction de Mercure et du Soleil, observée pour la quatrième fois); Hambourg, 1723, in-4°; — plusieurs *Observations astronomiques* sur des eclipses, des aurores boréales, etc. O.

Fabricius, *Memoriæ Hamburgorum*, t. VI. — Rotermund, *Supplement a Jocher*.

MENTZER (*Balthasar*), théologien allemand, né à Allendorf, le 27 février 1565, mort le 6 janvier 1627. Il enseigna depuis 1596 la théologie à Marbourg et à Giessen. Son intolérance l'engagea dans de nombreuses controverses, où il ne ménagea pas les injures à ses adversaires, catholiques ou calvinistes. Parmi ses quatre-vingts et quelques ouvrages, dont ceux écrits en latin ont été recueillis en 2 vol. in-4° (Francfort, 1609), nous ne citerons que son *Exegesis Augustanæ Confessionis*; Giessen, 1613, in-12; cinq fois réimprimé. O.

Strieder, *Hessische Gelehrten Geschichte*, t. VIII. — Witte, *Memoriæ Theologorum*. — Baillet, *Jugements des Savants*, t. VI.

MENTZER. Voy. FISCHART (*Jean*).

MENU DE CHOMORCEAU (*Jean-Étienne*), littérateur français, né à Villeneuve-sur-Yonne (Champagne) (1), le 23 mai 1724, mort dans la même ville, le 30 septembre 1802. Il était lieutenant général (président) au bailliage de sa ville natale lorsqu'il fut député aux états généraux en 1789 par le bailliage de Sens. Il fut le premier qui sous le titre de *doyen* présida la chambre du *tiers état*, ou des communes. Après la session de l'Assemblée constituante, Chomorceau ne reparut plus sur la scène politique, et échappa ainsi à la tourmente révolutionnaire. « Ses opinions furent moderées et justes comme son caractère », dit un de ses contemporains. On a de lui : *Renaud, poëme héroïque, imité du Tasse*; Paris, 1784, 1786, 1788, 2 vol. in-8°. Le style de cet ouvrage ne manque pas de verve; mais à l'exception des principales aventures de son héros, qui sont empruntées aux chroniqueurs, Menu de Chomorceau s'est plu à mettre en scène son pays, ses ancêtres, ceux de ses voisins et jusqu'aux noms de ses enfants, « inspiré et soutenu, disait-il, par le désir d'illustrer tout ce qu'il aimait ». Certes ce désir est louable; mais l'auteur ne réussit ainsi qu'à faire un *poëme de famille*. Menu a publié un grand nombre de *poésies*, qui parurent dans les feuilles littéraires de son temps et surtout dans le *Mercure*, alors dirigé par Marmontel. Il a laissé inachevé un *Dictionnaire de la Chevalerie*. E. D.

Biographie moderne (Paris, 1806). — *Dict. Historique* (1822). — Quérard, *La France Littéraire* (1834).

MENURET DE CHAMBAUD (*Jean-Jacques*), médecin français, né à Montélimart, en 1733, mort à Paris, le 15 décembre 1815. Il fut reçu docteur en médecine à Montpellier en 1758, et durant vingt-cinq années dirigea l'hôpital de sa ville natale. En 1785, le roi Louis XVI l'attacha au service de ses écuries. Peu après la comtesse d'Artois (Marie-Thérèse de Savoie) le prit pour médecin consultant. En 1791, Menuret entra dans l'état major de Dumouriez, et suivit ce général dans ses campagnes. Il émigra avec lui, et se fixa à Hambourg. Vers 1802 il profita de l'amnistie pour rentrer en France. Il mourut pauvre, car il consacra ses talents au soulagement des classes pauvres, des établissements de charité, des sociétés philanthropiques. On a de lui : *Nouveau Traité du Pouls*; Amsterdam (Paris), 1767, et 1768, in-12; — *Avis aux mères sur la petite vérole et la rougeole, ou lettres à Mme de *** sur la manière de traiter et de gouverner ses enfants dans ces maladies*, suivies d'une *Question proposée à MM. de la Société des Sciences de Montpellier relativement à l'inoculation*; Lyon, 1770 et 1802, in-12; — *Éloge de M. Venel, médecin*; Grenoble, 1777, in-8°; — *Essai sur l'action de l'air dans les maladies contagieuses*, dissertation couronnée

(1) Jusqu'en 1792 cette petite ville a porté le nom de *Villeneuve le-Roi*, ce qui a fait croire à quelques biographes que Menu de Chomorceau était né à Villeneuve-le-Roi, bourg de la Brie, à 20 kil. de Paris.

encore de la généreuse mission qu'il s'était imposée lorsqu'il succomba en quelques heures à des coliques de miséréré. Il avait laissé de nombreux et intéressants documents, mais ils furent dispersés par les Portugais lorsque, le 12 janvier 1809, ils prirent possession de Cayenne. Le tombeau du savant ne fut même pas respecté et son cadran solaire fut détruit. Il ne reste de lui que son *Almanach de Cayenne*, des extraits imprimés dans les revues scientifiques du temps et les nombreux documents, qu'heureusement il avait envoyés en double au ministère de la marine à Paris. A. DE L.

Archives de la Marine. — Noyer, *Notice sur la vie et les travaux de S. Mentelle*, dans les *Annales maritimes* de 1822-1827 et mars et avril 1834.

MENTON (*François*), peintre et graveur hollandais, né à Alcmaer, vers 1530, mort après 1605. Il fut l'un des bons élèves de François de Vriendt (Franc-Flore); mais plus désireux de faire fortune que d'acquérir de la gloire, il abandonna la peinture historique pour le portrait, et s'enrichit dans ce genre. Il avait une belle touche, une couleur chaude. Son chef-d'œuvre est une *Assomption* dans l'église des Jésuites d'Anvers. Il gravait aussi avec goût et finesse. Ses estampes sont très-recherchées; elles représentent généralement des sujets religieux. A. DE L.

Descamps, *La Vie des Peintres hollandais*, etc.

MENTOR (Μέντωρ), général grec, né à Rhodes, frère de Memnon, vivait vers le milieu du quatrième siècle avant J.-C. Il fut un de ces aventuriers grecs audacieux et rusés dont la fortune commença pendant les troubles qui suivirent la mort d'Ataxerxès Mnémon. On le voit d'abord au service du satrape rebelle Artabaze. Quand celui-ci vaincu fut forcé de se réfugier à la cour de Philippe, roi de Macédoine, Mentor passa au service de Nectanabis, roi d'Égypte, qui lui confia le commandement d'un corps de mercenaires grecs. Il conduisit ensuite une autre bande de mercenaires au secours de Tennès, roi de Sidon, révolté contre Artaxerxès Ochus. Tennès ne tarda pas à livrer les Sidoniens au roi de Perse, et Mentor, complice de sa trahison, entra au service d'Artaxerxès (351 avant J.-C.). Il marcha alors contre ces mêmes Égyptiens qu'il avait défendus peu auparavant, et au moyen d'une intrigue assez compliquée, il s'attribua le principal honneur de la réduction de cette grande province. Artaxerxès, qui croyait lui devoir la conquête de l'Égypte, Bagoas, général en chef de l'armée perse, qui croyait lui devoir sa liberté, le comblèrent de faveurs. Il reçut la satrapie des côtes occidentales de l'Asie Mineure. Lui et Bagoas furent les véritables chefs de la Perse sous le règne d'Artaxerxès Ochus, dont l'autorité ne se manifestait que par des actes de cruauté. On manque de renseignements sur cette période. L'histoire ne cite plus qu'un seul fait de Mentor, c'est encore une trahison. Il s'assura perfidement de la personne de Hermias, tyran d'Atarnée, ami d'Aristote, se fit livrer au moyen de [illegible] ses [illegible] ces fortes de ce prince [illegible] oya [illegible] ordonna de [illegible] à [illegible] rt. [illegible] se ses [illegible], qu [illegible] son avec [illegible]. Sa [illegible] se [illegible] sine. [illegible] trois filles [illegible] Parm[illegible], à la prise [illegible] épousa plus tard Néarque. [illegible]

Diodore de Sicile, XVI, 42, etc., 49-52. — Arrien VI. — Quinte-Curce, III, 13.

MENTOR, un des plus célèbres ciseleurs grecs, vivait probablement dans le quatrième siècle avant J.-C. Il excella surtout dans la ciselure sur argent. Pline prétend que ses plus belles œuvres périrent dans l'incendie du temple d'Artémis à Éphèse, et les autres dans l'incendie du Capitole, de sorte que du temps de Pline il n'en restait plus aucun. Cette assertion ne doit pas s'entendre à la lettre. Les ouvrages de Mentor étaient des vases, des coupes, particulièrement des coupes appelées *thériclées*. Les plus grands de ses ouvrages, ceux qui étaient de nature à trouver place dans des édifices publics, furent détruits; mais il en resta beaucoup de petits, et l'on sait par Cicéron qu'ils étaient très-recherchés. Y.

Pline, *Hist. Nat.*, XXXIII, 11; XXXV, 12.

MENTZEL (*Chrétien*), botaniste et sinologue allemand, né le 15 juin 1622, à Fürstenwald, dans la marche de Brandebourg, mort à Berlin, le 17 janvier 1701. Il commença en 1643 l'étude de la médecine, et trois mois après accompagna en Pologne l'ambassadeur de Brandebourg Creutz; il alla ensuite passer un an à Dantzig, auprès du philologue Chrétien Rau. En 1650 il partit pour l'Italie, visita la plupart des îles de la Méditerranée, et se fit recevoir quatre ans après docteur en médecine à Padoue. S'étant fixé à Berlin, il y devint en 1658 médecin de l'électeur de Brandebourg, qu'il accompagna dans toutes ses campagnes; il remplit ces fonctions jusqu'en 1688, année où il obtint sa retraite. Dans les derniers temps de sa vie il s'adonna, sous la direction du P. Couplet, à l'étude de la langue chinoise. Membre de l'Académie impériale des Curieux de la Nature, il entretenait une correspondance avec les principaux savants de l'Europe. On a de lui: *Catalogus Plantarum circa Gedanum sponte nascentium*; Dantzig, 1645, in-4°; — *Lapis Bononiensis in obscuro lucens*; Bielefeld, 1675, in-12; — Πίναξ βοτανώνυμος πολύγλωττος, *sive Index nominum Plantarum multilinguis, plantarum genera, species, colorum et aliarum partium differentias ordine suo collocans, citatis classicorum autorum locis genuinis ab Hippocrate ad novissimos botanicos; adjectus est pugillus plantarum rariorum*; Berlin, 1682, 1696 et 1715, in-fol.; — *Sylloge minutiarum lexici latino-sinico-characteristici ex autoribus et lexicis Chinensium eruta*; Nuremberg, 1685, in-4°; sur la valeur de ce dictionnaire, *voy.* le *Plan d'un Dictionnaire Chinois* d'Abel de Remusat; — *Kurze chinesische Chronologia* (Chronologie abrégée des Chinois); Berlin, 1696, in-4° : cet ouvrage, le premier de ce genre, publié en Europe, contient un résumé de l'ambassade d'Isbrand en Chine; — *Icones Arborum fructuum et herbarum exoticarum*; Leyde, sans date, in-4°, avec 80 planches. Mentzel a laissé en manuscrit une *Flora Japonica*, en deux vol. in-fol., qui se trouvent à la bibliothèque de Berlin ainsi que ses autres ouvrages inédits, tels que *Clavis Sinica*, *Historia Regum Sinensium*, 10 vol. in-fol.; — *Dictionarium Sinicum*, 9 vol. in-fol.; il a aussi mis en ordre et fait relier en 4 vol. in-fol. les notices et dessins faits par ordre du prince Maurice de Nassau sur l'*Histoire naturelle du Brésil*; enfin, il a fait insérer un grand nombre de *Memoires* dans les *Miscellanea Academiæ Naturæ Curiosorum*. O.

Memoria Mentzeliana (Nuremberg, 1702). — *Miscellanea Academiæ Naturæ Curiosorum* (année, 1699, *Appendix*). — Manget, *Bibl. Scriptorum medicorum*, t. II. — *Historiches Portefeuille* (année 1784).

MENTZEL (*Balthasar*), mathématicien et astronome allemand, fils du précédent, né à Rinteln, le 21 février 1651, mort le 8 mars 1727. Nommé en 1676 professeur de mathématiques à l'université de Giessen, il fut destitué en 1695, pour avoir reproché diverses erreurs à la faculté de théologie; l'année d'après il fut chargé d'enseigner les sciences du calcul au gymnase de Hambourg. On a de lui : *Cometæ anno 1680 visæ Descriptio*; Giessen, 1681, in-4°; — *Positiones arithmeticæ, geometricæ et astronomicæ*; Giessen, 1682-1692, 2 parties, in-4°; — *De Immobilitate Terræ*; Giessen, 1689; — *Porismata Geographica et astronomica*; Giessen, 1691, in-4°; — *Nachricht von der zum viertenmale observirten Conjunction des Mercurii und der Sonne* (Notice sur la conjonction de Mercure et du Soleil, observée pour la quatrième fois); Hambourg, 1723, in-4°; — plusieurs *Observations astronomiques* sur des eclipses, des aurores boréales, etc. O.

Fabricius, *Memoriæ Hamburgorum*, t. VI. — Rotermund, *Supplement a Jocher*.

MENTZER (*Balthasar*), théologien allemand, né à Allendorf, le 27 février 1565, mort le 6 janvier 1627. Il enseigna depuis 1596 la théologie à Marbourg et à Giessen. Son intolérance l'engagea dans de nombreuses controverses, où il ne ménagea pas les injures à ses adversaires, catholiques ou calvinistes. Parmi ses quatre-vingts et quelques ouvrages, dont ceux écrits en latin ont été recueillis en 2 vol. in-4° (Francfort, 1609), nous ne citerons que son *Exegesis Augustanæ Confessionis*; Giessen, 1613, in-12; cinq fois réimprimé. O.

Strieder, *Hessische Gelehrten Geschichte*, t. VIII. — Witte, *Memoriæ Theologorum*. — Baillet, *Jugements des Savants*, t. VI.

MENTZER. *Voy.* FISCHART (*Jean*).

MENU DE CHOMORCEAU (*Jean-Étienne*), littérateur français, né à Villeneuve-sur-Yonne (Champagne) (1), le 23 mai 1724, mort dans la même ville, le 30 septembre 1802. Il était lieutenant général (président) au bailliage de sa ville natale lorsqu'il fut député aux états généraux en 1789 par le bailliage de Sens. Il fut le premier qui sous le titre de *doyen* présida la chambre du *tiers état*, ou des communes. Après la session de l'Assemblée constituante, Chomorceau ne reparut plus sur la scène politique, et échappa ainsi à la tourmente révolutionnaire. « Ses opinions furent moderées et justes comme son caractère », dit un de ses contemporains. On a de lui : *Renaud, poëme héroïque, imité du Tasse*; Paris, 1784, 1786, 1788, 2 vol. in-8°. Le style de cet ouvrage ne manque pas de verve; mais à l'exception des principales aventures de son héros, qui sont empruntées aux chroniqueurs, Menu de Chomorceau s'est plu à mettre en scène son pays, ses ancêtres, ceux de ses voisins et jusqu'aux noms de ses enfants, « inspiré et soutenu, disait-il, par le désir d'illustrer tout ce qu'il aimait ». Certes ce désir est louable; mais l'auteur ne réussit ainsi qu'à faire un *poëme de famille*. Menu a publié un grand nombre de *poésies*, qui parurent dans les feuilles littéraires de son temps et surtout dans le *Mercure*, alors dirigé par Marmontel. Il a laissé inachevé un *Dictionnaire de la Chevalerie*. E. D.

Biographie moderne (Paris, 1806). — *Dict. Historique* (1822). — Quérard, *La France Littéraire* (1834).

MENURET DE CHAMBAUD (*Jean-Jacques*), médecin français, né à Montélimart, en 1733, mort à Paris, le 15 décembre 1815. Il fut reçu docteur en médecine à Montpellier en 1758, et durant vingt-cinq années dirigea l'hôpital de sa ville natale. En 1785, le roi Louis XVI l'attacha au service de ses écuries. Peu après la comtesse d'Artois (Marie-Thérèse de Savoie) le prit pour médecin consultant. En 1791, Menuret entra dans l'état major de Dumouriez, et suivit ce général dans ses campagnes. Il émigra avec lui, et se fixa à Hambourg. Vers 1802 il profita de l'amnistie pour rentrer en France. Il mourut pauvre, car il consacra ses talents au soulagement des classes pauvres, des établissements de charité, des sociétés philanthropiques. On a de lui : *Nouveau Traité du Pouls*; Amsterdam (Paris), 1767, et 1768, in-12; — *Avis aux mères sur la petite vérole et la rougeole, ou lettres à Mme de *** sur la manière de traiter et de gouverner ses enfants dans ces maladies*, suivies d'une *Question proposée à MM. de la Société des Sciences de Montpellier relativement à l'inoculation*; Lyon, 1770 et 1802, in-12; — *Éloge de M. Venel, médecin*; Grenoble, 1777, in-8°; — *Essai sur l'action de l'air dans les maladies contagieuses*, dissertation couronnée

(1) Jusqu'en 1792 cette petite ville a porté le nom de *Villeneuve-le-Roi*, ce qui a fait croire à quelques biographes que Menu de Chomorceau était né à Villeneuve-le-Roi, bourg de la Brie, à 20 kil. de Paris.

par la Société de Médecine de Paris; Paris, 1781, in 12. « Cette dissertation, dit Quérard, contient des idées très-ingénieuses; mais on y trouve aussi des explications hypothétiques sur les corpuscules qui charrient la contagion, et que l'auteur nomme *miasmes.* » — *Essai sur l'action médico-topographique;* Paris, 1786, in-12; nouvelle édition augmentée de *Lettres* sur différents sujets; Paris, 1804, in-12; — *Observations sur le débit du sel après la suppression de la gabelle, relatives à la santé et à l'intérêt des citoyens;* 1790, in-8°; — *Mémoire sur la culture des jachères :* couronné par la Société royale d'Agriculture; Paris, 1790, in-8°; — *Essai sur les moyens de former de bons médecins, sur les obligations réciproques des médecins et de la société,* partie d'un *Projet d'Éducation nationale relative à cette profession;* Paris, 1791, in-8°; seconde édition, très-augmentée; Paris, 1814, in-8°; — *Essai sur la ville de Hambourg, considérée dans ses rapports avec la santé, ou lettres sur l'histoire médico-topographique de cette ville;* Hambourg, 1797, in-8°; — *Discours sur la réunion de l'utile à l'agréable, même en médecine,* précédé de *Considérations sur l'état de la médecine et des médecins en France,* etc.; Paris, 1809, in-8°; — *Notice nécrologique sur P. Chappon, docteur en médecine;* Paris, 1810; — *Mémoire sur la topographie de Montélimart;* dans la *Revue des Observations sur les Hôpitaux* de Richard; — de nombreux articles dans les dix derniers volumes de l'*Encyclopédie,* entre autres : *Inflammation, Mort, Pouls, Somnambulisme,* etc. L—z—e.

Biographie moderne (1806). — Quérard, *La France Littéraire* (1834).

MENY-PENY (1) (*Guillaume*), seigneur écossais, au service de France, né vers le commencement du quinzième siècle, mort vers 1480. Il était probablement au nombre des gentilshommes qui, en 1436, accompagnèrent la fille de Jacques Ier, Marguerite d'Écosse, lorsque cette princesse vint épouser Louis dauphin, nommé depuis Louis XI. En 1439, il accompagna le dauphin Louis, comme écuyer d'écurie. Après la mort de la dauphine, il demeura au service du roi, qui lui confia diverses missions. En 1446 il fut son ambassadeur auprès de François Ier, duc de Bretagne. En 1448 il se rendit en Autriche, et négocia, de concert avec l'abbé de Saint-Thierry-lès-Reims, le mariage, qui s'accomplit peu de temps après, entre le duc d'Autriche Sigismond et la princesse Éléonore d'Écosse. En 1449 il fut adjoint comme ambassadeur à Guillaume Cousinot, conseiller du roi, pour réclamer auprès des Anglais, qui venaient de ranimer les hostilités dans la province de Normandie. En 1451 il se rendit avec le même personnage auprès de Jacques II, roi d'Écosse. Comme il retournait en France, le navire qui le portait fut assailli par une tempête. Jetés sur la côte d'Angleterre, les membres de la légation furent arrêtés, comme ennemis, et réduits à une dure captivité. Charles VII frappa un impôt spécial pour délivrer ses ambassadeurs, au moyen d'une forte rançon. Plus heureux que ses compagnons de naufrage et d'infortune, Meny-Peny demeura peu de temps prisonnier des Anglais. En 1452, il reçut une nouvelle mission politique auprès des Flamands.

Guillaume, devenu chevalier (1), avait obtenu de Charles VII la terre de Concressault, en Berry, qui avait été antérieurement octroyée, comme apanage, à Jean Steward de Dernley, connétable des Écossais au service du roi de France. En 1458, G. de Meny-Peny, chambellan et conseiller du roi, fut chargé de reconduire dans leur patrie Jeanne et Arabella Stuart, sœurs de Jacques II. Louis XI à son tour traita favorablement notre Écossais, et lui continua la confiance que lui avait accordée Charles VII. En 1467, Guillaume fit partie d'une ambassade, chargée de conclure la paix entre la France et l'Angleterre. De là il se rendit encore une fois en Écosse par ordre de Louis XI. Le roi de France récompensa ses services par diverses libéralités. En dernier lieu il lui conféra, par lettres du 10 octobre 1473, l'office de sénéchal de Saintonge, avec le gouvernement de La Rochelle, l'un des ports les plus importants du royaume. Guillaume succéda dans ce haut poste de confiance à un autre Écossais, nommé Patrick Foucard (2). A. V—V.

Cabinet des titres : dossier *Meny-Peny*. Ms. des Blancs-Manteaux sur la Bretagne, n° 48 B, f° 83. Ms. Legrand. t. 6. p. 298, v°. Ms. Baluze 9037,7, f° 144. Ms. Gaignières 772, 2, f° 612 et suiv. — *Mémoires de Bretagne,* 1744, in-f°, t. 2, colonne 1846. — Kervyn de Lettenhove, *Histoire de Flandres,* 1840, in-8°; t. 4, p. 486, 522 et s. — P. Clement, *Jacques Cœur, etc.,* t. 2, p. 439-436. — Jean Chartier, éd. Vallet de Viriville, t. 2, chapitre 268. — Ch. de Beaurepaire, *Notes sur six voyages de Louis XI à Rouen;* 1857, in-8°, p. 19 et 50. — Rymer, *Fœdera,* 1710, t. XI, p. 189, etc.

MENZ (*Frédéric*), érudit allemand, né à Langendortmund, en Westphalie, le 7 novembre 1673, mort à Leipzig, le 19 septembre 1749. Reçu en 1700 maître ès arts à Leipzig, il y fit pendant de longues années des cours libres sur divers sujets d'antiquités et de belles-lettres; nommé en 1725 professeur de la faculté de phi-

(1) Ce nom se trouve également écrit *Meny-Peny,* ou *Many-Peny* (littéralement *quelque argent* ou *beaucoup d'argent*). Plusieurs actes émanés de ce personnage portent cet intitulé : « Nous, Guillaume, *seigneur de Meny-peny,* de Concressault, d'Aubin, vicomte d'Auvillars, etc., et d'autres : Guillaume de Meny-Penny, *seigneur du dit lieu,* etc. » Malgré ces formules, ainsi libellées par suite des habitudes françaises, nous doutons que *Meny-Peny* soit un nom de lieu.

(1) Il fut fait chevalier avec G. Cousinot, le 16 octobre 1449, sous les murs de Rouen.

(2) Guillaume de Meny-Peny s'était établi en France. Il laissa après lui deux fils nommés *Alexandre* et *Georges.* De 1477 à 1486, Alexandre de Meny-Peny, écuyer d'écurie du roi et vicomte d'Auvillars, jouissait d'une pension de 300 fr. sur les fonds du Languedoc.

ie, il obtint cinq ans après la chaire de et en 1739 celle de physique. On a de lui : ırdanapalo; Leipzig, 1700, in-4°; — tiones in Gellii Libri II, caput 12, de s legibus; Leipzig, 1701, in-4°; — De is quas ad rem magicam facere credit veteres; Leipzig, 1705, in-4°; — Vita cli, martyris; Leipzig, 1712, in-4°; — tatio qua probatur Socratem nec of-m maritum nec laudandum patrem æ fuisse; Leipzig, 1716, in-4°; — Aris-, philosophus socraticus; Halle, 1719, — De Eruditorum Miseriis earumque ; Leipzig, 1725, in-4°; — De Consecra-Templorum Romanorum; Leipzig, 1729, — De primis initiis artis typogra-in urbe Lipsia; Leipzig, 1740, in-4°; Herm. à Kersenbroick Historia belli ptistarum Monasteriensi manuscripta; , 1743, in-4°; — De Pudore eru-Leipzig, 1749, in-4°; — De Cornelio Ne-Leipzig, 1749, in-4°; — beaucoup de rendus dans les Acta Eruditorum. O.

ing. Hist. Liter. Handbuch. — Meusel, Lexikon. Onomasticon, t. V, p. 889.

zel (Charles-Adolphe), historien alle-né à Grunberg, en Silésie, le 7 décembre mort le 19 août 1855. Nommé en 1809 eur à l'Elisabethanum de Breslau, il y inq ans après l'emploi de prorecteur; en devint membre du conseil de l'instruc-blique pour la province de Silésie. On a Topographische Chronik von Breslau ique topographique de Breslau); Breslau, 307, 2 vol.; — Geschichte Schlesiens e de Silésie); Breslau, 1807-1810, — Geschichte der Deutschen bis zur tion (Histoire des Allemands jusqu'au Réforme); Breslau, 1815-1823, 8 vol. la première histoire d'Allemagne tude consciencieuse des sources se trou-illiés les agréments du style; — Geschi-ısrer Zeit seit dem Tode Friedrichs II re de notre temps depuis la mort de II); Berlin, 1824-1825, 2 vol. in-8°; ere Geschichte der Deutschen von der ation bis zur Bundes acte (Histoire e des Allemands depuis la Réforme jus-cte de confédération); Breslau, 1826-4 vol. in-8° : cet ouvrage des plus re-bles expose, outre le tableau des événe-politiques, la situation morale, intellec-sociale de l'Allemagne pendant les der-cles; on y trouve notamment des dé-s-curieux sur les effets désastreux que ance protestante exerça pendant plus de nts ans sur les progrès de la civilisation nagne; — Historische Lehrstucke für is und Staatsthumskunde (Morceaux es concernant la religion et la poli-Breslau, 1854; — Staats-und Reli-schichte des Konigreichs Israel und Juda (Histoire politique et religieuse des royaumes d'Israel et de Juda); Breslau, 1853. O.

Conversations-Lexikon.

*MENZEL (Wolfgang), littérateur et historien allemand, né à Waldembourg en Silésie, le 21 juin 1798. Après avoir en 1815 pris part à la campagne contre la France, il étudia à Iéna et à Bonn la philosophie et l'histoire, et devint en 1820 professeur à l'école d'Aarau. S'étant fixé en 1835 à Stuttgard, il fut depuis 1830 élu à plusieurs reprises député à la seconde chambre de Wurtemberg; en 1838 il quitta avec ses amis Uhland et Pfirzer la carrière politique, et s'adonna exclusivement aux travaux littéraires. De 1848 à 1852 il siégea de nouveau aux états du Wurtemberg. Poëte distingué, critique éminent, Menzel a eu souvent le tort de donner à ses jugements sur les œuvres littéraires de ses contemporains une forme trop acerbe; de même ses appréciations sur la France sont généralement empreintes d'une amertume et d'un dénigrement systématiques, ce qui provoqua le célèbre pamphlet de Börne : Menzel der Franzosenfresser. On a de Menzel : Steckverse; Heidelberg, 1823 ce petit recueil renferme beaucoup d'aperçus ingénieux et spirituels; — Geschichte der Deutschen (Histoire des Allemands); Zurich, 1824-1825, 3 vol. in-8°; — Voss und die Symbolik; Stuttgard, 1825, écrit en faveur de Creuzer; — Die deutsche Literatur (La Littérature allemande); Stuttgard, 1828, 2 vol. in-8°; ibid., 1836, 4 vol. in-8°; — Rübezahl; Stuttgard, 1829; — Narcissus; Stuttgard, 1830; — Reise nach Œstreich (Voyage en Autriche); Stuttgard, 1831; — Reise nach Italien im Frühjahr 1835 (Voyage en Italie au printemps de 1835); Stuttgard, 1835; — Geist der Geschichte (Esprit de l'histoire); Stuttgard, 1835; — Europa im Jahre 1840 (L'Europe en 1840); Stuttgard, 1840; — Mythologische Forschungen (Recherches mythologiques); Stuttgard, 1842; — Die Gesänge der Völker (Les Chants des Peuples); Leipzig, 1851; — Furore; Leipzig, 1851, 3 vol.; roman historique; — Geschichte Europas von 1789 bis 1815 (Histoire de l'Europe de 1789 à 1815); Stuttgard, 1853, 2 vol.; Menzel a aussi rédigé plusieurs recueils périodiques, tels que : Europäische Blätter (Feuilles européennes); Zurich, 1824-1825 : publiées en commun avec Troxler, List, Tollen et Mönnich; Taschenbuch der neuesten Geschichte (Tablettes de l'histoire la plus récente); Stuttgard, 1829-1837, 6 vol.; — Das Literaturblatt; Stuttgard, 1825-1860 : cette revue est une des plus estimées de l'Allemagne. O.

Conversat.-Lexik.

*MENZEL (Adolphe), peintre et lithographe allemand, né à Breslau, le 8 décembre 1815. Il suivit les cours de l'Académie des Beaux-Arts de Berlin, dont il devint membre en 1853. Parmi ses tableaux à l'huile nous citerons : Une Con-

sultation de droit; Le Jour du jugement; Une Promenade de Frédéric le Grand; Le Dérangement; Frédéric le Grand à Sans-Souci; Un Concert à Sans-Souci. Les plus connues de ses lithographies sont : *Les Pérégrinations d'un artiste; Esquisses humoristiques; Le Pater; Essais sur pierre* (Berlin, 1851). Enfin il a illustré l'*Histoire de Prusse* de Friedländer (Berlin, 1847) et l'*Histoire de Frédéric le Grand* de Kugler. O.

Conversations-Lexikon.

MENZINI (*Benedetto*), poëte italien, né le 29 mars 1646, à Florence, mort le 7 septembre 1704, à Rome. Sa famille, qui était pauvre et obscure, pourvut avec peine à sa première éducation ; il fit concevoir de lui de si heureuses espérances que le marquis Vincenzo Salviati le prit en amitié et lui donna les moyens de cultiver ses talents. Il entra dans les ordres ; mais comme il avait du goût pour l'enseignement, il se mit, quoique encore bien jeune, à faire un cours d'éloquence, soit à Florence, soit à Prato, et en plus d'une occasion il montra combien il avait approfondi cet art, qu'il enseignait si facilement aux autres. Il s'attendait, avec un peu de présomption peut-être, à être appelé dans un avenir prochain à une des chaires de l'université de Pise. Tourmenté par la misère, il chanta les louanges de Cosme III, écrivit un traité de grammaire et disputa à Chiabrera la palme de la poésie lyrique; il s'offrit même dans plusieurs riches familles en qualité de précepteur ou de secrétaire ; mais rien ne lui réussit : le grand-duc n'aimait pas les vers, les gens de lettres le laissèrent dans l'oubli et les nobles refusèrent ses services. Indigné de se voir ainsi méconnu, Menzini composa alors des satires, qui peignent en traits véhéments les vices et les malheurs de cette époque. Pignatelli et le cardinal Azzolini ayant intéressé à son sort la reine Christine de Suède, il fut appelé en 1685 à Rome, où résidait cette princesse, et fit partie de sa maison. Délivré des angoisses du lendemain, il reprit avec joie le cours de ses études, et ce fut pendant ces quatre années qu'il écrivit ses plus belles pièces de vers, entre autres l'*Art Poétique*. Christine mourut en 1689, et le poëte retomba dans l'abandon et le dénuement. Il subsistait par les secours que lui envoyait Redi ; quelques prélats l'admettaient par compassion à leur table ; une de ses ressources habituelles était de composer des sermons pour les prédicateurs qui n'avaient, pour paraître éloquents, d'autre moyen que leur bourse. C'est à Menzini et à ce genre d'industrie que Settano a fait allusion dans ce vers :

Cogitur indoctis componere verba cucullis.

En 1691 le cardinal Ragotzki, primat de Pologne, lui proposa de remplir auprès de lui les fonctions de secrétaire. Menzini ne voulut pas quitter l'Italie, et trouva dans le cardinal Albani (plus tard Clément XI) un protecteur zélé, qui lui procura un canonicat à l'église de San-Angelo in Peschiera et, en 1701, une chaire d'éloquence au collége de la Sapienza. Il mourut bientôt après, d'hydropisie, à l'âge de cinquante-huit ans. « Il n'y a guère de genre de poésie, dit Tiraboschi, dans lequel Menzini ne se soit pas exercé. Ses odes manquent de l'élévation et de la rapidité qu'on admire chez Chiabrera et Filicaja ; mais elles n'en sont pas moins conduites avec autant d'art que d'élégance. Dans la poésie anacréontique, dans le sonnet, l'élégie ou l'hymne sacrée, peu de poëtes l'égalent, aucun peut-être ne lui est supérieur. Sa *Poétique* est, pour la pureté du style et l'excellence des préceptes, un des chefs-d'œuvre de la langue italienne. » Menzini avait été admis dans l'Académie des Arcades sous le nom d'*Euganeo Libade*. Il appartenait aussi à celle de la Crusca, et il souhaitait ardemment de voir ses vers cités comme autorité par cette compagnie; elle ne lui décerna cet honneur qu'en 1731, dans la quatrième édition de son *Dictionnaire*, et depuis il est regardé comme classique. On a de lui : *Poesie;* Florence, 1674, in-8° ; — *Della Costruzione irregolare della Lingua Toscana;* ibid., 1679, in-8° ; — *Poesie liriche*; ibid., 1680, in-8° ; — *Arte Poetica*; Rome, 1690, in-12; Florence, 1728, in-8° ; — *Lamentazioni di Geremia espresse ne' loro dolenti affetti;* Rome, 1704, in-8° ; Florence, 1728, in-4° (édit. corrigée par Salvini) ; — *L'Academia Tusculana*; Rome, 1705, in-12 : cet ouvrage, mêlé de vers et de prose, est une imitation de l'*Arcadie* de Sannazar ; — *Satire;* Amsterdam, 1718, in-8°. Ce recueil, qui se recommande par les grâces du style autant que par la finesse des pensées, a été longtemps recherché. Les meilleures éditions qu'on en ait données sont celles de Leyde (Lucques), 1759, in-8°, avec les notes de Salvini, de Biscioni et d'autres; de Naples, 1763, in-4°, avec les commentaires posthumes de l'abbé R. M. Bracci; et de Milan, 1808, in-8° (coll. des *Classiques italiens*). Les œuvres de Menzini (excepté les satires) ont été réunies sous le titre : *Rime di varj generi*; Florence, 1730-1734, 4 vol. in-8° ; ibid., 1731-1732, 4 vol. in-4° (édit. citée par la Crusca), et 1819, 5 vol. in-18 ; Venise, 1749, 4 vol. in-12. Les *Œuvres complètes* ont paru en 1783, à Nice ; on y trouve, outre les écrits déjà cités, *L'Eropedia* et *Il Paradiso terrestro*, poëmes ; des élégies, des discours, des déclamations, des harangues et des lettres latines, etc. P. Louisy.

G. Paolucci, *Vie de Menzini*; dans les *Vite degli Arcadi illustri*. — Fabbroni, *Vitæ Italorum*, VII, 244. — Tiraboschi, *Storia della Letteratura Italiana*, VIII.

MÉON (*Dominique-Martin*), littérateur français, né à Saint-Nicolas (Lorraine), le 1er septembre 1748, mort à Paris, le 5 mai 1829. Attaché au service administratif de l'armée sous la révolution, il fut destitué en 1790, et bientôt après il dut vendre une bibliothèque de livres rares et précieux qu'il avait formée. Les connaissances qu'il paraissait avoir en bibliographie le firent entrer comme employé surnuméraire à la Bibliothèque impériale, où il fut chargé de faire le catalogue des manuscrits français et des langues modernes. Il s'acquitta mal de ce travail : on lui reprocha de l'inexactitude dans les titres, un classement vicieux, des anachronismes, des méprises historiques, géographiques, un manque de méthode, etc. Une décision des conservateurs, basée sur divers motifs et particulièrement sur celui d'incapacité, le suspendit de ses fonctions. Un arrêté du ministre le rétablit dans son emploi, et en 1826 Corbière le nomma conservateur adjoint de la Bibliothèque royale, lui donna la croix d'Honneur et lui fit obtenir une pension de 1,200 fr. Méon s'était surtout occupé des vieux poetes français, et toutes ses publications s'y rapportent. On lui doit : *Blasons, poésies anciennes des quinzième et seizième siècles, extraits des differents auteurs imprimés et manuscrits;* Paris, 1807, in-8°. On a dû mettre des cartons pour remplacer des pièces trop obscènes; — *Fabliaux et Contes des poetes français des onzième, douzième, treizième, quatorzième et quinzieme siècles, recueillis par Barbazan;* Paris, 1808, 4 vol. in-8°, avec fig. : c'est une reimpression augmentee de l'edition donnee par Barbazan en 1756; — *Le Roman de la Rose*, par Guillaume de Loris et Jehan de Meung, nouvelle edition, revue et corrigee sur les meilleurs et les plus anciens manuscrits; Paris, 1813, 4 vol. in-8° avec gravures sur bois : Meon travailla quinze ans a cette édition, qui est préferable a celle qu'avait publiee Lenglet-Dufresnoy en 1735 et à celle qui parut en 1799; — *Nouveau Recueil de Fabliaux et Contes inedits des poetes français des douzieme, treizième, quatorzieme et quinzieme siècles*; Paris, 1824, 4 vol. in-8° ; — *Le Roman du Renard*, imprimé d'après les manuscrits de la Bibliothèque du Roi, des treizieme, quatorzième et quinzième siècles, et collationnee sur dix exemplaires; Paris, 1825, in-8°, avec fig. Méon prit part aussi à l'edition du *Roman du Rou*, donnée en 1826, et prepara l'edition des *Lettres de Henry VIII a Anne de Boleyn.* J. V.

Biogr. univ. et portat. des Contemp. — Querard, *La France Littéraire*

MERA (Don *Jose* DE), peintre espagnol, ne a Villa-Nueva-de-la-Serena, mort plus qu'octogenaire, a Seville, en 1734. Il était élève de Barnabé d'Ayala. Il composait parfaitement, avait une belle couleur et plissait bien ses draperies; mais ses têtes laissent beaucoup a desirer, et dans toutes ses œuvres on remarque trop de manierisme. Il faisait partie de l'Academie de Seville Ses tableaux ne sont pas rares dans cette ville. Les meilleurs sont au couvent des Carmes, et représentent des sujets empruntés à l'histoire du prophète Élie. A. DE L.

Quilliet, *Dictionnaire des Peintres espagnols.*

MÉRANGES (DE). *Voy.* CHABORRIER.

MERANO (*Francesco*), dit *il Paggio*, peintre de l'école génoise, né en 1610, à Gênes, où il mourut, de la peste, en 1657. Il doit son surnom aux fonctions de page qu'il avait remplies dans la famille Pavesi. Élève de Fiasella, dit le Sarzana, il imita son style avec une telle perfection qu'il eût été difficile de distinguer ses ouvrages de ceux du maître, si en lui empruntant tous ses defauts il avait su s'approprier aussi toutes ses qualités. Orlandi l'accuse d'une modestie outrée, qui, en lui ôtant toute confiance en lui-même, l'empêcha d'oser voler de ses propres ailes plutôt que de se laisser ainsi traîner à la remorque par le Sarzana. E. B—N.

Soprani, *Vite de' Pittori Genovesi.* — Orlandi, *Abbecedario.* — Lanzi, *Storia della Pittura.* — Ticozzi, *Dizionario.*

MÉRARD DE SAINT-JUST (*Simon-Pierre*), littérateur français, né à Paris, en 1749, mort le 17 août 1812. Maître d'hôtel du comte de Provence pendant quelques années, il résigna cette charge en 1782. Possesseur d'une grande fortune, il cultiva les lettres pour son plaisir, et traversa tranquillement la révolution. Il faisait imprimer ses ouvrages à un très-petit nombre d'exemplaires, ce qui les a fait rechercher d'une certaine classe d'amateurs. On lui doit : *Lettre de la presidente de Phelizole au vicomte de Saint-Algar;* 1764, in-8°; — *Laurette, conte de Marmontel, mis en scènes et en ariettes;* 1765, in-8°; — *La jolie Femme, ou la femme du jour;* 1767, in-12; — *Lettres de la baronne de Nollerise, jeune veuve, au chevalier de Luzeincour;* 1768, in-8°; — *Contes très-mogols, enrichis de notes, avis, etc., par un vieillard quelquefois jeune;* 1770, in-12; — *Poésies*, 1770, in-8°; — *Lettre d'Astiomphile à Mme Merard de Saint-Just;* 1781, in-12; — *L'Occasion et le Moment, ou les petits riens, par un amateur sans prétention;* 1782, 4 parties in-16; — *Catalogue des livres, en très-petit nombre, qui composent la bibliothèque de M. Merard de Saint-Just;* 1783, in-18; tiré à vingt-cinq exemplaires : ce livre contient des plaisanteries, et n'est pas toujours exact; — *Les Etrennes du Cœur, ou l'hommage des amis au château de Livry;* in-32, tiré à douze exemplaires; — *Eloge de Suger;* in-8°; — *Mémoires de M. d'Ablincourt et de mademoiselle Simon;* in-12; — *L'École des Amants;* in-12; — *Eloge de J.-B.-Louis Gresset;* 1788, in-12 : tire a deux cents exemplaires; — *Poésies diverses*, à la suite de *Mon Journal d'un an;* 1788, in-12 : ouvrage de sa femme; — *Espiègleries, Joyeusetés, bons Mots, Folies et Vérités;* 1789, 3 vol. in-18 : quelques exemplaires portent le nom de la *marquise de Palmarèze*, et beaucoup de pièces sont licencieuses; — *Mon Bouquet et vos Étrennes, hommage offert à* Mme *Bailly*; 1789, in-8°; — *Manuel du Citoyen S. P. D. M. S. J. C. S. F. H. P. E., éditeur*; 1791, petit in-12; — *Fables et Contes en vers*; 1791, 2 tomes en 1 vol. in-12 : des exemplaires ont la date de 1787, d'autres celle de 1792 et de l'an II de la république; — *Éloge historique de J.-S. Bailly, suivi de notes et de quelques pièces en prose et en vers*; 1794, in-18 : tiré à vingt-cinq exemplaires; — *Les Hautes-Pyrénées en miniature, ou épîtres réunies en forme d'extrait du beau Voyage à Barège et dans les Pyrénées de J. Dusaulx, membre du Conseil des Anciens et traducteur de Juvénal*; 1790, in-18; tiré à vingt-cinq exemplaires : le titre donné à Dusaulx est en contradiction avec la date, qui doit sans doute être reportée à 1795; — *Imitation, en vers français, des odes d'Anacréon*; in-8° : tiré à trente-six exemplaires; on trouve à la suite un dialogue en vers pour célébrer les victoires de la France et la paix, suivi d'un divertissement en musique et ballet; ce qui fait croire que ce volume est de l'an VI. M. Brunet cite une édition in-18 portant la date de 1798; — *La Corbeille de Fleurs*; 1797, in-18; — *Le petit Jehan de Saintré et la Dame des belles Cousines, romance, suivie de celle de Gérard de Nevers*; an VI, in-12; — *Mélanges de vers et de prose*; Hambourg (Paris), 1799, in-12 (1). J. V.

Brunet, *Manuel du libraire*. — Quérard, *La France littéraire*. — *Biographie univ. et portat. des Contemporains*.

(1) La femme de Mérard de Saint-Just, *Anne Jeanne-Félicité* D'ORMOY, née le 28 juillet 1765, à Pithiviers, a publié, sous le voile de l'anonyme, divers ouvrages, parmi lesquels nous citerons : *Bergeries et Opuscules de M*[lle] *d'Ormoy l'aînée*; en Arcadie (Paris), 1784 ou 1785, in-12; — *Mémoires de la baronne d'Alvigny*; Londres et Paris, 1788, in-12; réimprimés sous les titres de *Les Dangers de la passion du jeu* (1793) et *La Mère coupable*; — *Le petit Lavater, ou tablettes mystérieuses*, espèce d'almanach qui a paru de 1790 à 1801, 3 vol. in-18; — *Alexandrine de Bléramcourt*; Paris, 1822, 2 vol. in-12, fig. Cette dame est morte vers 1830. E.

FIN DU TRENTE-QUATRIÈME VOLUME.